JUS PRIVATUM

Beiträge zum Privatrecht

Band 192

Dirk A. Zetzsche

Prinzipien der kollektiven Vermögensanlage

Mohr Siebeck

Dirk A. Zetzsche, geb. 1975; Studium der Rechtswissenschaften in Düsseldorf und Toronto; 2004 LL.M. und Promotion; 2012 Habilitation und Verleihung der Lehrbefugnis für Bürgerliches Recht, Wirtschaftsrecht, Rechtsvergleichung, Rechtsökonomie und Rechtsethik; seit 2012 Universitätsprofessor an der Universität Liechtenstein und Inhaber des Propter Homines Lehrstuhls für Bank- und Finanzmarktrecht; Direktor des Instituts für Unternehmensrecht an der Heinrich-Heine-Universität Düsseldorf.

Gefördert von der Deutschen Forschungsgemeinschaft und dem Forschungsförderungsfonds der Heinrich-Heine-Universität Düsseldorf.

Gedruckt mit Unterstützung der Stiftung Kapitalmarktrecht für den Standort Deutschland sowie des Bundesverbands Alternative Investments e.V.

ISBN 978-3-16-152271-0
ISSN 0940-9610 (Jus Privatum)

Die deutsche Nationalbibliothek verzeichnet diese Publikation in der Deutschen Nationalbibliographie; detaillierte bibliographische Daten sind im Internet über *http://dnb.dnb.de* abrufbar.

Für Conny.
Für Sophia und Julia.

Vorwort

Die vorliegende Arbeit wurde im Wintersemester 2011/2012 von der Juristischen Fakultät der Heinrich-Heine-Universität Düsseldorf als Habilitationsschrift angenommen. Sie ist in der Zeit von 2007 bis 2011 am Institut für Unternehmensrecht und am Lehrstuhl für Bürgerliches Recht, Handels- und Wirtschaftsrecht an der Heinrich-Heine-Universität Düsseldorf, bei Forschungsaufenthalten an den Universitäten Cambridge, Oxford, Toronto, Tilburg und Liechtenstein sowie in den Jahren 2009 und 2010 auf einer von der Deutschen Forschungsgemeinschaft finanzierten eigenen Stelle sowie im Anschluss daran als Vertretungsprofessor an der Universität Liechtenstein entstanden.

Die Entstehung der Arbeit haben zahlreiche Menschen direkt und indirekt unterstützt. Ihnen allen gilt mein Dank. Besonders zu danken haben ich meinem akademischen Lehrer *Prof. Dr. Ulrich Noack* für die langjährige Förderung und Begleitung auch in stürmischen Zeiten. In mir großzügig gewährten Freiräumen konnte ich alle Rechtsfragen und Rechtsordnungen erforschen. Herr *Prof. Dr. Christian Kersting* hat für Diskussionen zur Verfügung gestanden und darüber hinaus das Zweitgutachten zügig erstellt. Herr *Prof. Dr. Dr. h.c. Carsten P. Claussen* diente als Vorbild für einen ethisch handelnden Finanzjuristen und unterstützte das Entstehen der Arbeit durch Rat und Tat. Frau *Prof. Dr. Katja Langenbucher* danke ich für die Bereitschaft, externe Gutachten im Kontext der Preisausschreibungen zu übernehmen.

Zu Dank verpflichtet bin ich zudem für Anregungen und Diskussionen von *Dr. Dan Awrey, Prof. Brian Cheffins, Dr. Benedikt Czok, Prof. Dr. Barbara Dauner-Lieb, Prof. Paul Davies, Frank Dornseifer, Prof. Dr. Eilis Ferran, Prof. Dr. Holger Fleischer, Prof. Dr. Tim Florstedt, Prof. Dr. Johua Getzler, Prof. Dr. Dr. Dr. h.c. mult. Klaus J. Hopt, Dr. Carsten Jungmann, Prof. Dr. Lars Klöhn, Prof. Richard Nolan, Thibaut Partsch, Prof. Dr. Stefan Simon, Ralph Sutter, Prof. Dr. Tobias Tröger* sowie einem anonymen Gutachter der Deutschen Forschungsgemeinschaft. Daneben hat die Arbeit von Seminaren und Workshops am Max-Planck-Institut für ausländisches und internationales Privatrecht in Hamburg sowie den Universitäten Cambridge, Düsseldorf, Köln und Oxford profitiert.

Tatkräftige Unterstützung haben meine Mitarbeiter geleistet: *David Eckner* hat mich über mehrere Jahre bei der Literaturrecherche und -verwaltung unterstützt. *Thomas Marte* und *Christina Preiner* haben im Rahmen der Drucklegung Verantwortung übernommen. *Nadja Dobler, Sebastiaan Hooghiemstra, Anna Rachbauer, Dr. Wilhelm Wachter* und *Prof. Dr. Seraina Grünewald* danke ich für die Einsatzfreude und die Unterstützung bei der Aktualisierung.

Meine Frau *Dr. Cornelia Zetzsche* hat zahlreiche Entbehrungen auf sich genommen, damit ich die Arbeit vor der Geburt unserer ersten Tochter abschließen konnte; *Sophia* und *Julia Zetzsche* mussten ihren Vater vor der Drucklegung häufig entbehren. Meine Eltern *Harmut und Regina Zetzsche* haben mir Mut zugesprochen, wenn ich zweifelte, und mich bei drohender Euphorie geerdet. Mein Bruder *Kay Zetzsche* war für Diskussionen rund um Investmentfonds aus ökonomischer Sicht stets ansprechbar.

Dank schulde ich schließlich den zahlreichen Stellen, die meine Arbeit großzügig finanziell unterstützt haben: Der Forschungsförderungsfonds der Heinrich-Heine-Universität Düsseldorf hat ein Stipendium zur Erstellung des Antrags bei der Deutschen Forschungsgemeinschaft und die Arbeit begleitende Sachmittel für Auslandsaufenthalte bereitgestellt. Die Deutsche Forschungsgemeinschaft hat mir eine intensive Forschung durch Finanzierung einer eigenen Stelle für einen Zeitraum von zwei Jahren ermöglicht. Das *Herbert Smith Visiting Scholarship* der University of Cambridge im Jahr 2008, Faculty of Law, sowie ein mehrwöchiger Aufenthalt auf Einladung der Faculty of Law der Oxford University im Jahr 2010 ermöglichten mir Zugang zu exzellent ausgestatteten Bibliotheken und damit zu anderen Rechtsordnungen.

Die Arbeit wurde mit dem „Forschungskompass – Innovationspreis der Freien und Hansestadt Hamburg", dem „1. Preis für Habilitationen" des Hochschulpreises des Deutschen Aktieninstituts e.V. sowie dem Forschungspreis der Stiftung Kapitalmarktforschung für den Standort Deutschland ausgezeichnet, ihre Drucklegung haben die Stiftung Kapitalmarktrecht für den Standort Deutschland und der Bundesverband Alternative Investments e.V. gefördert.

Die Arbeit befindet sich auf dem Stand 31. Dezember 2014. Nachfolgende Publikationen konnten vereinzelt berücksichtigt werden.

Düsseldorf, im April 2015   *Dirk Zetzsche*

Professional investment may be likened to those newspaper competitions in which the competitors have to pick out the six prettiest faces from a hundred photographs, the prize being awarded to the competitor whose choice most nearly corresponds to the average preferences of the competitors as a whole; so that each competitor has to pick, not those faces which he himself finds prettiest, but those which he thinks likeliest to catch the fancy of the other competitors, all of whom are looking at the problem from the same point of view. It is not a case of choosing those which, to the best of one's judgment, are really the prettiest, nor even those which average opinion genuinely thinks the prettiest. We have reached the third degree where we devote our intelligences to anticipating what average opinion expects the average opinion to be. And there are some, I believe, who practise the fourth, fifth and higher degrees...[1]

It is the long term investor, he who most promotes the public interest, who will in practice come in for most criticism, wherever investment funds are managed by committees or boards or banks. For it is in the essence of his behaviour that he should be eccentric, unconventional and rash in the eyes of average opinion. If he is successful, that will only confirm the general belief in his rashness; and if in the short run he is unsuccessful, which is very likely, he will not receive much mercy. Worldly wisdom teaches that it is better for reputation to fail conventionally than to succeed unconventionally.[2]

J.M. Keynes, The General Theory of Employment, Interest and Money, 1936, chapter 12.

---

[1] In deutscher Übersetzung S. 131.
[2] In deutscher Übersetzung S. 133.

Inhaltsverzeichnis

Erster Teil
Untersuchungsgegenstand

Erstes Kapitel: Definition und Typus 57

Zweiter Teil
Wirtschaftsethische Grundlagen

Dritter Teil
Entwicklung zum Sonderrecht

§ 1 – Einleitung

Organisationen zur gemeinsamen Vermögensanlage bezeichnet man im deutsch-sprachigen Rechtskreis als *Organismus für gemeinsame Anlagen*,[1] *Investment-fonds*,[2] *kollektive Kapitalanlage*[3] oder *Investmentunternehmen*,[4] in der engli-schen Sprache z.B. als *collective investment schemes* (CIS),[5] *investment entities*,[6] *collective investment undertakings*,[7] *investment funds*[8] oder *investment compa-nies*,[9] im Französischen als *organismes de placement collectif* (OPC) oder *fonds d'investissement*. Diese Organisationen sind in Bezug auf Ertragserwartung, Finanzfluss und Einflussnahme das Bindeglied zwischen traditionellen Bank-konten und unternehmerischer Beteiligung: Die Geldgeber erwarten, dass der Verwalter einen höheren als den Niedrigzins für Bankeinlagen erwirtschaftet. Der Verwalter führt die Anlegermittel zumindest indirekt einer unternehmeri-schen Nutzung zu. Ggf. bestehende rechtliche Möglichkeiten zur Mitbestim-mung sind in der Person des Verwalters konzentriert und mediatisiert.

Die rechtliche Organisation der Anlegerpartizipation an dem Anlageergeb-nis ist die zentrale Frage, der diese Untersuchung nachgeht. Es wird untersucht, ob und in welchem Umfang sich die gemeinsame wirtschaftliche Funktion aller

---

[1] Art. 1 Abs. 2 OGAW-RL sowie Art. 4 Abs. 1 a) AIFM-RL; § 1 Abs. 1 und 2 KAGB; § 31a Abs. 2 Satz 2 Nr. 1 Bst. d. WpHG; das im Jahr 2011 und 2012 in Liechtenstein verabschiedete UCITSG und AIFMG übernimmt die Terminologie der OGAW-RL bzw. der AIFM-RL.

[2] Vgl. das österreichische InvFG (Investmentfonds als Oberbegriff für Kapitalanlage- und Pensionsfonds) und als alternativer Investmentfonds Art. 4 Abs. 1 a) der AIFM-RL; mit sehr viel engerer Bedeutung in § 2 Abs. 1 InvG a.F., jetzt weiter § 1 Abs. 1 KAGB.

[3] Art. 2 Abs. 1 schweizerisches KAG 2007.

[4] Art. 2 Abs. 1 b) liechtensteinisches IUG 2005.

[5] So die Bezeichnung durch die International Organization of Securities Commissions (IOSCO), z.B. Governance for CIS (Anhörungen und Reports 2005 bis 2007); Part XVII des britischen Financial Services and Markets Act (FSMA) 2000.

[6] London Stock Exchange Admission and Disclosure Standards, S. 6 (glossary) mit Ver-weis auf Annex XV der Kommissions-VO 809/2004/EU.

[7] Als collective investment undertaking of the closed-end type gem. LR 14.5.1–LR 14.5.2, LR 14.5.4–LR 14.5.6 (Irish Stock Exchange).

[8] Als property investment fund gem. No. LR 14.7.16–LR 14.7.18 (Irish Stock Exchange).

[9] Vgl. den US-amerikanischen *Investment Companies Act* (ICA).

Kollektivanlagen („Fonds"[10]), gleich welcher Rechtsform, in gemeinsamen Wertungen, Rechtsgrundsätzen und -gedanken[11] widerspiegelt.

Dafür sind die gemeinsamen „Tiefenstrukturen"[12] unterschiedlicher Gestaltungen wie auf vertraglicher Grundlage statuierter Investment-Sondervermögen, Investment-AGs und Investment-KGs nach dem KAGB, von einem Geschäftsbesorger verwaltete Bruchteilsgemeinschaften, treuhänderische Vermögensverwaltungen, vermögensverwaltende Publikumspersonengesellschaften und Anlage-Aktiengesellschaften herauszuarbeiten. Mittels dieser „Prinzipien der kollektiven Vermögensanlage" sollen umstrittene Rechtsfragen entschieden und das Recht der kollektiven Vermögensanlage im Sinne einer wünschenswerten Rechtssicherheit fortentwickelt werden.

A. Kollektive Vermögensanlage als Finanzintermediation

Gegenstand der Untersuchung ist das Geld und dessen Verwaltung durch Dritte für eine Anlegermehrzahl. Allenfalls Liebe und Religion übertreffen den Stellenwert des Mammon im Werk der Dichter und Denker. Wenn *Aristoteles* den Menschen als ζῷον πολιτικόν (*zoon politikon),* als gesellschaftliches Wesen, versteht,[13] das dank Sprache und Vernunft sich Vorstellungen von Recht und Unrecht macht und eine von Tugend geprägte, glückliche Lebensführung (εὐδαιμονία / *eudaimonia)* um ihrer selbst Willen anstreben soll,[14] wird zwar nicht übersehen, dass das Fehlen anderer Hilfs- oder äußerer Güter – z.B. Reichtum, Freunde, Macht – das seelische Gleichgewicht trüben kann,[15] doch rechtfertige dies keinesfalls, die Hilfsgüter auf jede Weise zu erwerben. *Aristoteles* missbilligt die Mehrung des Vermögens aus sich selbst heraus, insbesondere die Zinsnahme (im weiteren Sinn) als inzestuös – der Abkömmling entspreche dem Ahnen.[16] Im Neuen Testament mahnt einerseits die Parabel von den Talenten[17] zum sorgsamen Umgang mit Geld („Wer hat, dem wird gegeben, wer

---

[10] Demgegenüber war der „Investmentfonds" eine rechtliche Kategorie gem. § 2 Abs. 1 InvG a.F. und – mit leicht anderer Bedeutung – gem. Art. 1 Abs. 3 der OGAW-RL, die sich auf europarechtskonforme, vertraglich organisierte Sondervermögen beschränkt. Wenn in dieser Untersuchung eine Kollektivanlage als „Fonds" bezeichnet wird, werden damit Kollektivanlagen in jeder zulässigen Rechtsform (Vertrag, Treuhand, Personengesellschaft, Korporation) bezeichnet.

[11] Vgl. zum Prinzipienbegriff *Bydlinski,* Methodenlehre, S. 14 f.; *Canaris,* Systemdenken und Systembegriff, S. 52 f.; *Larenz,* Methodenlehre, S. 169 ff., 474 ff.; *Röhl/Röhl,* Allg. Rechtslehre, S. 283 f. Zur Abgrenzung vom moralisch besetzten Prinzipienbegriff von *Ronald Dworkin Rüthers/Fischer/Birk,* Rechtstheorie, Rn. 391a ff.

[12] Vgl. *Röhl/Röhl,* Allg. Rechtslehre, S. 283: Prinzipien als „Tiefenstrukturen des Rechts."

[13] *Aristoteles,* Pol. 3, 6.

[14] *Aristoteles,* Pol. 1, 2.

[15] *Aristoteles,* Nikom. Ethik 1, 9, 1099a, 1099b.

[16] *Aristoteles,* Pol. 1, 1, 1258b.

[17] Näher Zweiter Teil, § 10.A.III.

nicht hat, dem wird genommen.") während an anderer Stelle dessen Verlockung im Zentrum steht: „Ihr könnt nicht Gott dienen und dem Mammon."[18] Heutzutage steht die makroökonomische Funktion des Geldes als Schmiermittel innovativer Wirtschaft und Beschäftigung im Blickpunkt des Rechts. Anfang und Wachstum des auch von *Aristoteles* positiv qualifizierten Handels und Güterverkehrs müssen finanziert werden.

Kapitalgeber werden Kapital nur bei befriedigendem Ertrags- und Risikoverhältnis bereitstellen, Kapitalnehmer dieses nur unter vernünftigen Konditionen aufnehmen und zurückzahlen (können). Um Kapitalgeber und -nehmer zusammenzuführen, bedarf es spezialisierter Intermediäre. Die kollektive Vermögensanlage ist eine Form der Finanzintermediation, bei der eine Vielzahl von Anlegern ein Teil ihres Vermögens zu Anlagezwecken einem Spezialisten überlässt, der das gebündelte Vermögen durch Anlage einer unternehmerischen Nutzung zuführt.

I. The Rise of Collective Investment

Die wirtschaftliche Entwicklung seit Mitte des 18. Jahrhunderts ist mit einem rasanten Anstieg der kollektiv angelegten Finanzmittel verbunden. Wirtschaftlicher Wohlstand führt zu einer Abundanz von Finanzmitteln, die über die Anlage in den Wirtschaftskreislauf zurückfließen. Das Anlegerkapital stärkt die Nachfrage nach Finanzmarktprodukten und damit die Funktionsfähigkeit der Kapitalmärkte. Unternehmen können Forschung und Wachstum finanzieren, die so finanzierte Innovation hilft wirtschaftliche Konzentration und Monopole zu überwinden.[19] Gleichwohl bilden die Anlageorganisationen selbst ein Oligopol,[20] dessen Einfluss regulatorische Reaktionen unter den Stichworten Aktionärsaktivismus und Systemrisiko hervorruft.

Mit dem Anstieg des Finanzvermögens verbunden ist spätestens seit der zweiten Hälfte des 20. Jahrhunderts eine Institutionalisierung: Mehr und mehr Anteile am vorhandenen Finanzvermögen werden über Zwischenpersonen gehalten, deren Hauptgeschäft die Vermögensanlage ist – den sogenannten institutionellen Investoren. Im Gegenzug reduziert sich der Anteil der von Einzelpersonen gehaltenen Aktien an der Marktkapitalisierung.[21] Die hier untersuch-

---

[18] Matthäus 6, Vers 24.

[19] *Immenga*, Investmentprinzip, S. 8 ff. S. zudem die grundsätzliche Chancen-Risiko-Bewertung von Finanzinnovationen bei *Möslein*, ZBB 2013, 7.

[20] Bereits im Jahr 1935 *Linhardt*, Investment Trust, S. 28.

[21] Vgl. für Großbritannien Myners Review (2002), S. 27: Anstieg Pensionsfonds von 6,4% auf 19,6%, Versicherungen von 10% auf 21,5% der Marktkapitalisierung. Der Anteil der Publikumskollektivanlagen sank im gleichen Zeitraum von 12,5% auf 9,7% der Marktkapitalisierung. Pensionsfonds und Versicherungen legen ihrerseits Vermögen in Spezialfonds an. Unberücksichtigt sind in diesen Zahlen institutionelle Investments ausländischer Anleger, deren Anteil sich in der gleichen Zeit vervierfachte (von 7% auf 29,3%). Die Zahlen für Deutschland sind nicht repräsentativ, weil bis zum Jahr 2000 nur ein Bruchteil der Gesamtbe-

ten Kollektivanlagen – ausgegrenzt sind Pensionsfonds, Versicherungen und die gebündelte Individualvermögensverwaltung von Banken[22] – trugen zum Bedeutungszuwachs der Finanzintermediäre bei. Kollektivanlagen sollen die „weltweit größte Finanzindustrie" sein.[23]

Die Berechtigung dieser Bezeichnung kann angesichts von Vermögens- und Währungsfluktuationen sowie uneinheitlichen Statistiken nicht allgemein festgestellt werden. Fest steht, dass Fonds im 20. und 21. Jahrhundert ein rapides Wachstum verzeichnen. Vor der letzten Finanzmarktkrise, im dritten Quartal 2007 erreichte das weltweite Vermögen in Investmentfonds[24] mit 18,21 Bio. € (20,64 Bio. US-$) einen ersten Höhepunkt.[25] Dies entspricht mehr als dem Siebenfachen des deutschen BIP im Jahr 2008, respektive das 1,4-fache des europäischen oder 1,8-fache des amerikanischen BIP. 38% des Vermögens hielten europäische, 43% US-amerikanische Fonds. Ende des Jahres 2014 liegt das weltweit verwaltete Vermögen bereits bei 27,24 Bio. € (30,89 Bio. US-$), das in Europa verwaltete Vermögen bei 11 Bio. €.[26]

US-amerikanische Publikums-Investmentfonds (Mutual Funds)[27] verwalteten als bedeutendste Investorengruppe – noch vor Pensionsfonds und Versicherungen – zum Ende des Jahres 1980 3%, zum Jahresende 2013 schon 22% des Finanzvermögens aller US-Haushalte[28] und hielten damit 25%[29] der in den USA börsengehandelten Aktien (1965: 4%).[30] Zur Jahrtausendwende existierten in den Vereinigten Staaten mehr Investmentfonds als an der New York Stock Exchange handelbare Wertpapiere.[31] Zum Jahresende 2013 wurden über 16.400 Investmentvermögen (mutual funds, closed-end funds, ETFs, unit trusts) von

---

völkerung Aktien besaß. Dennoch reduzierte sich die Anzahl der Aktionäre bis zum Jahr 2012 um 32,7% gegenüber dem Höchststand 2000, vgl. DAI-Kurzstudie 1/2013, S. 1. In der gleichen Zeit verläuft die Eigenkapitalaufnahme durch die im Verband BVK eingebundenen Beteiligungsgesellschaften und der im BVI organisierten Investmentfonds nur in Abhängigkeit der üblichen ökonomischen Zyklen, vgl. BVI, Jahrbuch 2013, S. 72 ff. (Höchststände des Jahres 2000 werden bereits im Jahr 2003 übertroffen); BVK Statistik – Das Jahr 2012 in Zahlen, S. 5 (Höchststand bei der Eigenkapitaleinwerbung aus dem Jahr 2000 wird im Jahr 2007 übertroffen, dann Einbruch in den Jahren 2009 und 2010 auf Stand vor 1997 sowie kurzfristiger Anstieg im Jahr 2011 vor erneutem Einbruch im Jahr 2012).

[22] Vgl. *Gruber*, (1996) 51 JF 783, 784 f.

[23] Vgl. *Fink*, S. 143 f. („largest financial industry in the world").

[24] Nicht berücksichtigt sind sog. Privatfonds (insbesondere Hedgefonds, Private Equity- und Venture Capital-Fonds sowie geschlossene Immobilienfonds).

[25] Efama, International Statistical Release (2009:Q3), efama.org.

[26] Efama, International Statistical Release (2014:Q3), efama.org.

[27] Die US-Investmentfonds hielten zudem 15% aller Schuldverschreibungen, 11% der Staatsanleihen, 25% der Kommunalobligationen und 45% der von Unternehmen emittierten *Commercial Paper* verwaltet. ICI, Factbook 2014, S. 13.

[28] ICI, Factbook 2014, S. 10.

[29] ICI, Factbook 2014, S. 13.

[30] US Federal Reserve, Flow of Funds Accounts (1965-1974), S. 82.

[31] *Rouwenhorst*, Origins of Mutual Funds, S. 249.

über 770 Verwaltungsgesellschaften verwaltet.[32] Hinzu kommen die in den Statistiken nicht erfassten Privatfonds (insbesondere Private Equity, Immobilien und Hedgefonds).

Ebenfalls bemerkenswert ist das Wachstum der europäischen Fondsbranche: Zwischen 1998 und 2012 hat sich das Vermögen europäischer Publikums-Investmentfonds mehr als verdoppelt.[33] Unter dem harmonisierten europäischen Recht für Publikums-Investmentfonds (UCITS/OGAW) waren per Jahresende 2014 36.148 Fonds zugelassen.[34] Auch in diesen Zahlen sind die alternativen Hedgefonds und Private Equity Fonds nicht enthalten.

Regional ist das europäische Fondsvermögen ungleich verteilt. Luxemburg nimmt die Spitzenstellung ein, vor Frankreich, Deutschland und Irland. Deutschland erwirtschaftete im Jahr 2012 ca. 20% des europäischen Bruttoinlandsprodukts, aber nur 14% des europäischen Fondsvermögens wurden hierzulande verwaltet. In Luxemburg (dort werden 0,3% des europäischen BIP erwirtschaftet) residierten Fonds, die 27,4% des europäischen Fondsvermögens repräsentieren.

Übersicht: Bedeutung der europäischen Fondsstandorte per Ende Dezember 2014[35]

AuM[36]	Lux	F	D	IE	UK	FL	CH	Rest[37]	Gesamt
Bio. €	3,09	1,58	1,58	1,66	1,32	0,04	0,42	1,65	11,34
In%	27,3	14,0	13,9	14,6	11,6	0,3	3,7	14,6	100

Das Wachstum hat vier Ursachen: Erstens steigt durch industrielle Produktionsmethoden die Wertschöpfung. Infolgedessen steht – eine moderate Steuer- und Abgabenlast unterstellt – dem Einzelnen mehr Anlagevermögen zur Verfügung. Zweitens hat die Geldmenge durch Inflation, Abkopplung von der Goldbindung und optimierter Möglichkeiten zur Kreditaufnahme infolge gestiegenen Vertrauens in die Wirtschaftsleistung und besserer Kontrollmethoden zugenommen. Drittens hat die Erbengeneration vielfach kein Interesse an der Fortführung des Familienunternehmens oder den von den Erblassern erworbenen Immobilien. Bei der Veräußerung werden Geschäfts- oder Zeitwerte realisiert und in Finanzmittel umgewandelt. Vierte Triebkraft ist die Altersvorsorge. Der Wegfall der Familienbindung in einer (post-)industriellen Gesellschaft bedingt

---

[32] ICI, Factbook 2014, S. 14, 20.

[33] Von 3,04 Bio. € auf 7,04 Bio. € zum Jahresende 2009. Vgl. FAZ vom 17.10.2009, Nr. 241, S. 22: „3000 Fonds in Europa geschlossen".

[34] Efama, Quarterly Statistical Release No. 60, Februar 2015, S. 8.

[35] Efama, Quarterly Statistical Release No. 60, S. 9. Zu den Ursachen der Verteilung *Engert*, Kapitalmarkteffizienz, Kap. 9, S. 304 ff., insbesondere 324 ff.

[36] Assets under Management (= verwaltetes Vermögen).

[37] Insgesamt 20 weitere Staaten, davon Italien und Schweden jeweils 2,2%, Spanien und Dänemark jeweils 2,0%, Österreich: 1,4%.

finanzielle Substitute für die Alters- und Krankheitssicherung. Für andere Jurisdiktionen ist der Zusammenhang von privater Altersvorsorge und Kollektivanlage belegt.[38] In Deutschland wird die Privatvorsorge erst seit dem Jahr 2005 planmäßig und flächendeckend steuerlich gefördert (Stichwort: *Riester- und Rürup-Rente*).[39] Ursache dafür war eine Intensivierung des Standortwettbewerbs infolge der Globalisierung, als dessen Folge eine Anhebung der Rentenbeiträge und damit indirekt der Arbeitskosten nicht ratsam erschien.[40] Die Werbung für staatlich organisierte Produkte induziert eine größere Aufmerksamkeit auch für die private Vermögensbildung.

Im Gegensatz zu Banken gehen institutionelle Investoren i.d.R. keine langfristige Kreditbeziehung ein, sondern sie erwerben jederzeit veräußerliche Finanzinstrumente. Das Verhältnis zwischen Kapitalgebern und -nehmern ist instabil. Je größer (liquider) die Kapitalmärkte sind, desto günstiger ist das Umfeld für institutionelle Investoren. Ob Kollektivanlagen Ursache oder Wirkung der Kapitalmarkttiefe sind, wird man nicht eindeutig beantworten können.[41] Fest steht: Ohne Nachfrage können Finanzinstrumente nicht bei Anlegern platziert werden. Die Ablösung der bank- durch die finanzmarktgestützte Unternehmensfinanzierung hat hierzulande seit der Jahrtausendwende an Dynamik gewonnen. Die Implikationen beschränken sich nicht auf die *Corporate Governance*,[42] sondern erstrecken sich auch und insbesondere auf die effiziente Binnenorganisation und angemessenen Verhaltenspflichten der Fonds – die *Fund Governance*.[43]

II. Erkenntnisdefizit

Auch wenn in anderen Rechtsordnungen bisweilen eine Distanz zwischen Recht und Finanzmärkten konstatiert wird,[44] sind die rechtlichen Konsequenzen dieser Entwicklung insbesondere hierzulande unzureichend durchdrun-

---

[38] Insbesondere in den USA sind ca. ein Viertel der steuerlich begünstigten K401-Anlagen solche in US-Mutual Funds; es handelt sich damit um die bedeutendste Asset Klasse für die Alterssicherung, vgl. *Fink*, S. 111 ff. (Stand 2008).

[39] Dazu *M. Roth*, Private Altersvorsorge, S. 80 f., 146 f.

[40] Vgl. *Leopold*, Die Geschichte der sozialen Versicherung, S. 273 (mit Nachweis der Änderungen zur Rentenversicherung seit der 8. Legislaturperiode S. 138 ff.); *M. Roth*, Private Altersvorsorge, S. 20 ff.

[41] Aus historischer Sicht treten die ersten Kollektivanlagen erst auf, nachdem die für die Fungibilisierung von Krediten erforderlichen Techniken (Zweckgesellschaft und Verbriefung) entwickelt waren. Vgl. Dritter Teil, § 14.C.II.

[42] Dazu z.B. *Simon/Zetzsche*, ZGR 2010, 918.

[43] Vgl. IOSCO, Governance for CIS, S. 4: „framework for the organization and operation of CIS that seeks to ensure that CIS are organized and operated efficiently". Vgl. dazu für die USA *Mardini/Veith*, Fund Governance (2009); *Robertson*, Fund Governance (2001); für Deutschland *Schäfer*, Fund Governance (2009), sowie *Köndgen*, FS Nobel, S. 534 ff.

[44] Vgl. *Pennington*, Investor and the law, S. 13 ("particular mystique of law and practice of investment"), sowie das Zitat vom Richter *Jackson* in *SEC v. Chenery Corp.*, 332 U.S. 194, 214

gen.[45] Art und Umfang der wissenschaftlichen Rezeption belegen das Erkenntnisdefizit. Von Zeit zu Zeit erleben spektakuläre Themen wie Fondsinsolvenzen auf dem grauen Kapitalmarkt,[46] Relationship Investing[47] – hierzulande besser bekannt als Aktionärsaktivismus[48] –, Private Equity und Hedgefonds[49] eine kurzlebige Hausse. Bei der politisierten Diskussion um das Verhalten institutioneller Anleger steht mit dem Beteiligungsverhältnis zwischen Fonds und Zielgesellschaft[50] das Außenverhältnis der Investmentbeziehung im Mittelpunkt. Grundlegende Monographien zum Innenverhältnis blieben trotz vielversprechender Ansätze vor[51] und nach Inkrafttreten des KAGG[52] seit Beginn der

---

(1947): "I give up. Now I realize fully what Mark Twain meant when he said, "The more you explain, the more I don't understand it".

[45] *Reuter*s Aussage (ZHR 173 (1973), 404), wonach die Publikums-AG als „Sorgenkind des Gesellschaftsrechts" „seit Jahren im Mittelpunkt der rechtspolitischen Diskussion" stehe, ist auch vierzig Jahre später nichts hinzuzufügen. Dies allein an der Anzahl der Aktienrechtsnovellen festzumachen, verengte den Blickwinkel und malte angesichts der ausgesprochenen Strategie einer Aktienrechtsreform in Permanenz (*Zöllner*, AG 1994, 336 ff.; aufgegriffen und begründet bei *Seibert*, AG 2002, 417) ein Zerrbild der Zustände. Namentlich das Finanzmarktrecht, das auch die Kollektivanlage reguliert, ist Gegenstand zahlreicher, teils europäisch induzierter Reformen.

[46] *Hopt*, Gutachten 51. DJT mwN G 28 ff.; aus jüngerer Zeit z.B. *Koch*, WM 2010, 1057; *Stupp*, DB 2010, 489.

[47] *Boatright*, Ethics in Finance, S. 125 ff.

[48] Siehe schon im Jahr 1971 (!) *Immenga*, Aktiengesellschaft, S. 28 ff.; *ders.*, Investmentprinzip, S. 13 ff., insbesondere S. 20 f., sowie *Reuter*, ZHR 173 (1973), 412. Aus neuerer Zeit *Arnold*, ZCG 2008, 221; *Eidenmüller*, DStR 2007, 2116; *Engert*, ZIP 2006, 2105; *Fleischer*, ZGR 2008, 185; *Kumpan*, AG 2007, 461; *Fraune*, Einfluss institutioneller Investoren (1996); *Schmidt/Spindler*, Finanzinvestoren (2008); *Schmolke*, ZGR 2007, 701; *Seibert*, FS Westermann S. 1505; *Thaeter/Guski*, AG 2007, 301.

[49] Erstmals für Deutschland behandelt, soweit ersichtlich, bei *Reuter*, ZHR 173 (1973), 407. Aus neuerer Zeit insbesondere *Eidenmüller*, DStR 2007, 2116; *Fleischer*, ZGR 2008, 185; *Graef* (2008); *Holzner*, Private Equity (2009); *Leible/Lehmann*, Hedgefonds und Private Equity (2009); *Müller*, BKR 2008, 351; *U.H.Schneider*, AG 2006, 577. Aus ökonomischer Sicht *Mietzner/Schweizer*, Hedgefonds and Private Equity: Differences in Value Creation (2008); *Fung/Hsieh*, (1999) 6 J. Empir. Fin. 309.

[50] So zum Beteiligungsvertrag von Wagniskapitalgesellschaften *Mellert*, NZG 2003, 1096; *Weingart*, Leistungsfähigkeit, S. 133 ff.; *Weitnauer*, NZG 2001, 1065; *Zetzsche*, NZG 2002, 942; aus ökonomischer Sicht *Zemke*, Beteiligungskapitalgesellschaften (1995).

[51] Insbesondere *Breitenfeld*, Bank A. 1930, 134 (mit Postulat für Sondergesetz, S. 136); *Erich*, Investment Trusts (1929); *E. Goldschmidt*, Bank A. 1929, 38 („selbständiges Zwischenglied zwischen produktiver Kapitalverwendung in Gesellschaftsform und dem Kapitalisten"); *R.F.Goldschmidt*, Investment Trusts (1932); *Haußmann*, ZHR 96 (1931) 369 und 97 (1932) 7; *Karger*, DStZ 1930, 196 (mit Erwägungen und Bericht zur Gründung des ersten Publikums-Investment Trusts); *Kilgus*, Kapitalanlagegesellschaften-Investment Trusts (1929); *Linhardt*, Britische Investment Trusts (1935); *Seischab*, Investment Trusts (1931); *Weinberger*, Amerikanische Management und Fixed Income Trusts (1933).

[52] Vgl. *G. Roth*, Treuhandmodell (1972); *Wendt*, Treuhandverhältnisse (1968); die kollektive Vermögensverwaltung ist zudem Thema bei *Hopt*, Kapitalanlegerschutz (1975), S. 78 f., 99 f., 136 f., 324 ff., 317 ff., 497 ff., 500 ff.; *Schwark*, Anlegerschutz (1979), S. 19 ff., 199 ff., 271 ff., 309 ff., 344 ff., und wird von *Canaris*, Bankvertragsrecht (1981), Rn. 2365 ff. behandelt.

1980er Jahre die Ausnahme.[53] Untersuchungen der Rechtspraxis und neutrale Statistiken sind Mangelware,[54] trotz mannigfaltiger Themenfelder. Exemplarisch zu nennen sind das Market Timing von Fondsanlegern, die vorübergehende Schließung offener Immobilienfonds, die Veruntreuung von Anlegergeldern durch Depotbanken, die Präferenz der Banken zum Vertrieb offener oder geschlossener Publikumsfonds und die Frage zur angemessenen Form und Höhe der Verwaltervergütung.

Für den Forschungs- und Untersuchungsbedarf kann dahinstehen, ob Ursache des Erkenntnisdefizits die europarechtliche Überformung des Rechts der Kollektivanlage, die Beschränkung des juristischen *Lehr*plans als implizite Determinante des *Forschungs*plans, der Rückstand der deutschen Wirtschaft in Sachen Institutionalisierung und Kapitalmarktorientierung[55] oder die verhältnismäßig geringe Bedeutung der deutschen Rechtsordnung für global organisierte und angelsächsisch geprägte Finanzmarktakteure ist. Das im Rechtsver-

---

[53] Soweit ersichtlich, behandelt nur *Engert*, Kapitalmarkteffizienz und Investmentrecht, Habil. München 2009, Fragen der Kollektivanlage; in einem weiteren Kontext auch *Roth*, Private Altersversorgung (2009). Sieben Jahre nach Inkrafttreten des Investmentgesetzes (2003) erschien mit dem Kommentar von *Berger/Steck/Lübbehüsen* der erste vollständige Kommentar zum InvG (das von *Beckmann/Scholtz/Vollmer* herausgegebene Handbuch mit Kommentierung des InvG blieb ein Torso). Anders dagegen zum KAGB *Weitnauer/Boxberger/Anders* (2014). Mehr Aufmerksamkeit hat die individuelle Vermögensverwaltung erfahren, vgl. *Sethe*, Anlegerschutz (2005); *Benicke*, Wertpapiervermögensverwaltung (2006); *Hammen*, Gattungshandlungsschulden (1995), S. 262 ff.; *Primaczenko*, Treuhänderische Vermögensverwaltung (2010).

[54] Vgl. demgegenüber die umfassende Aufarbeitung in den USA z.B. im SEC-Report (1939-1942); Wharton-Report (1962); seit 1988 die Berichte der President's Working Group on Financial Markets; für England z.B. den Radcliffe Report (Report of the Committee on the Working of the Monetary System, Cmd. (1959)); den Jenkins-Report (Report of the Company Law Committee, Cmd. 1749 (1962)); den Gower-Report (*Review of Investor Protection: Report Part I*, Cmd. 9125 (1984); *Part II*, (1985) und die diesbezügliche Strategie des Department of Trade and Industry, *Financial Services in the United Kingdom: A New Framework for Investor Protection,* Cmnd. 9432 (1985), die zum Erlass des FSA 1986 führten; aus jüngerer Zeit *Deloitte and Touche*, Costing Intermediary Services (2008); zudem FSA, Financial Capability Baseline Survey (2006); die FSA veröffentlicht zudem regelmäßig einen Financial Risk Outlook mit einem Sector Digest betreffend das Asset Management; s. des Weiteren die Studien im Auftrag der Europäischen Kommission, z.B. PWC, Investment funds in the European Union: Comparative analysis of use of investment powers, investment outcomes and related risk features in both UCITS and non-harmonised markets (2/2008); Europe Economics, Study on the Costs and Benefits of Potential Changes to Distribution Rules for Insurance Investment Products and other Non-MiFID Packaged Retail Investment Products – Final Report (2010).

[55] Im Jahr 1980 (1990/2007) betrug der Anteil des von institutionellen Anlegern gehaltenen Vermögens in Deutschland nur 17,5% (32,8%/117,3%) des Bruttoinlandprodukts; vgl. dagegen für USA 69,9% (113,2%/211,2%); Großbritannien 49,4% (103,9%/207,4% – Daten für 2005); Frankreich: 11,3% (50,8%/171,4%); Niederlande: 77,5% (119,3%/196,9%); Japan: für 1980 k.A. (82,3%/148,4%); Schweiz: 3,9% (110,9%/253,6% – Daten für 2005). Vgl. OECD, Financial Market Trends 2008, S. 4.

gleich[56] und mit Blick auf die Ökonomie[57] bemerkenswerte Erkenntnisdefizit gilt es zu beheben. Auch mit Bezug zu Fonds gilt die jedem Juristen obliegende, teils in sich widerstreitende Aufgabenstellung, zur Fairness und Effizienz rechtlicher Institutionen beizutragen.

III. Rechtsprechung

Eine grundsätzliche Untersuchung hat die Rechtsprechung zu Kollektivanlagen aufzunehmen und zu sortieren. Ein Ungleichgewicht fällt ins Auge. Nahezu unüberschaubar ist die Rechtsprechung zur Vertriebs- und Prospekthaftung bei geschlossenen Fonds.[58] Seit den 1990er Jahren kommt es neben der Initiatoren-

---

[56] Vgl. neben unzähligen Aufsätzen die Monographien und Handbücher von *Hudson, Macfarlanes, Pennington, Sin* und *Vaughan* zum britischen Recht, neben den frühen Monographien von *Speaker* (1924), *Robinson* (1926/1929), *Grayson* (1928) und *Steiner* (1929) die aktuellen Werke von *Frankel, Frankel & Hirsch, Frankel & Schwing, Spangler, Hudson, Pennington* zum US- und britischen Recht, der Dissertationen von *Amonn* (1965), *Bruggacher* (1933), *Boveri* (1945), *Franke* (1961), *Geiger* (1971), *Luggen* (1955), *Mollet* (1941), *Rassi* (1964), *Schönle* (1974), *Servien* (1958), *Spoerri* (1958), *Sutz* (1957), BSK-KAG (2009), der Handbücher von *Lemgauer* et al. (2009) und *Kühne/Schunk/Keller* zum Schweizer Recht sowie von *Kremer/Lebbe* zum Luxemburgischen Recht der Investmentfonds (2010, 2014). S. zudem die Überblickswerke von *Wymeersch* (2012), *Zetzsche* (2012) und *van Setten/Busch* (2014) zur AIFMD. Gleichwohl konstatiert *Morley*, (2014) 123 Yale L.J. 1231 zum US-Recht: „Little is known about foundational issues such as why investment funds adopt their basic patterns of organization …".

[57] Vgl. (ohne Anspruch auf Vollständigkeit) nur *Abromeit-Kremser*, Offene Immobilienfonds (1986); *Bals*, Anteilsinhaber offener Immobilienfonds (1994); *Bassen*, Institutionelle Investoren und Corporate Governance (2002); *Beer/Schäfer*, Perspektiven für Geldmarktfonds (1995); *Hehn*, Asset Management (2000); *Hößl*, Anlageerfolg (2008); *Loipfinger*, Marktanalyse (2006); *Lutz*, Marketing für Geldmarktfonds (1996); *Maurer*, Spezialfonds (1996); *Maurer/Somova*, Rethinking Retirement Income (2009); *Offner*, Holdinggesellschaften und Investment-Trusts (1933); *Pelzl*, Beurteilung von Geldmarktfonds (1999); *Postert*, Anlagestil deutscher Aktienfonds (2007); *R. Schmidt*, Präferenzbasierte Segmentierung von Fondskäufern (2006); *Stephan*, Mediatisierter Aktienbesitz (1977); *Tübke*, Anlegerrisiko und Anlegerschutz (1974); *Vogelsang*, Investmentfonds für die private Altersvorsorge (2002); aus den Fachaufsätzen z.B. *Häuselmann*, BB 1992, 312; *Lang/Röder*, ZfBF 60 (2008) 298; *Maurer/Stephan*, ZfB 1999, Erg.Heft 3, S. 169; die Beiträge in *Rehkugler*, Immobilie als Kapitalmarktprodukt (2009).

[58] Vgl. aus der Fülle der Entscheidungen zur Haftung des Vertriebsintermediärs BGHZ 160, 50 (Erwerb von Anteilen an einem Luxemburgischen Hedgefonds in Form einer Inv-AG ist kein Börsentermingeschäft); OLG Düsseldorf WM 1996, 1489 und WM 1995, 1349 (zur Aufklärungspflicht durch englischen Broker als Vermittler von Termingeschäften); zur Dokumentation der Erfüllung der Beratungs- und Aufklärungspflichten gegenüber Kapitalanlegern BGHZ 166, 56; zur Initiatorenhaftung aus c.i.c. z.B. BGHZ 71, 284 (51 Beteiligte, 1,4 Mio. DM Einlagen); BGHZ 79, 337 (mangels Offenlegung von Verflechtungen gegenüber 170 Kommanditisten und still Beteiligten bei 18 Mio. DM Einlagen); BGHZ 83, 222 (Gastronomie-Betriebs-KG); BGHZ 111, 314 (Bauherrenmodell: Wohnstift mit 306 Appartments); BGHZ 115, 213 (Mischung aus Anlage- und Bauherrentätigkeit im „Hamburger Modell"); BGH, WM 1985, 534 (Kurhotel-KG mit 450 Anlegern und 30 Mio. DM Kommanditkapital); BGH NJW 1987, 3255; BGHZ 123, 106 (nicht börsennotierte AG); BGHZ 126, 166 (Bauherrenmodell); BGH NJW 2001, 1203 (geschlossener Immobilienfonds); BGH NJW 2002, 1711

haftung vermehrt zur Inanspruchnahme von Treuhändern[59] oder Mittelverwendungskontrolleuren.[60]

Die Vielzahl von Entscheidungen zu geschlossenen Fonds steht im Gegensatz zu den wenigen Urteilen zur Innenbeziehung bei Investmentfonds nach dem früheren, im KAGB aufgegangenen InvG.[61] Mehr Aufmerksamkeit erfahren die

---

(s. Rn. 11) und BGH NJW-RR 2002, 915 (s. Rn. 12); BGH DStR 2003, 1494 (Immobilien-GbR); BGH, WM 2004, 2150; BGH, WM 2010, 796; BGH, WM 2010, 972 (geschlossener Immobilienfonds); OLG Brandenburg, NZG 2011, 233 (Immobilienfondsgesellschaft); OLG München, GWR 2011, 574 (Solarfonds); OLG München, BGWR 2011, 476 (Immobilienfonds); OLG Düsseldorf, EWiR 2012, 337 m. Anm. Bendermacher; BGH AG 2011, 554 (Immobilienfonds); BGH, WM 2012, 1184; BGH, WM 2012, 1293 (geschlossener Immobilienfonds); OLG Frankfurt, ZBB 2012, 233 (Immobilienfonds); BGH, WM 2013, 734; BGH, WM 2013, 258 (geschlossener Immobilienfonds); OLG Karlsruhe, WM 2013, 1182 (geschlossener Immobilienfonds); BGH, ZBB 2014, 421 (Innenprovision). Für Haftung des Emittenten als „Dritten" i.S.d. §§ 311 Abs. 3 S. 2 i.V.m. 241 Abs. 2 BGB Kersting, Dritthaftung, S. 492 ff.

[59] BGHZ 84, 141, 143; BGH, WM 1985, 533 (Bank als Treuhandkommanditist einer Immobilien-GmbH & Co.); BGHZ 120, 157 (anwaltlicher Treuhänder einer Immobilien-GbR mit mehr als 1.000 Anlegern); BGH, NJW 1995, 130 (Bank als Treuhandkommanditistin eines geschlossenen Immobilienfonds); BGH, NJW 1995, 1025 Rn. 7 ff.; OLG Hamm, NZG 2001, 331 (Steuerberater als Treuhänder einer Immobilien-KG); BGH, WM 2001, 2262 (Steuerberater); BGH, WM 2003, 1718 (Steuerberatungsgesellschaft als Treuhänder, Aufklärungspflicht hinsichtlich Umfang einer Mietgarantie); BGH, WM 2006, 860 und NJW 2006, 2410 (Steuerberater als Treuhänder für Publikums-KG); BGH, WM 2008, 1205; Hans. OLG Hamburg, NZG 2000, 658 Rn. 57 (Zurechnung des Initiator-Verschuldens an Treuhandkommanditist gem. § 278 BGB), aufgehoben durch BGH, NJW 2002, 1711; BGH, NJW-RR 2002, 915 sowie zur Haftung eines Wirtschaftsprüfers als Treuhandkommanditist desselben Medienfonds bejahend: BGH NJW-RR 2009, 329 Rn. 5 ff., BGH, Urteile vom 12.2.2009 (III ZR 90/08 und III ZR 119/08), jeweils Rn. 8 ff. (Juris) und ablehnend: BGH, WM 2010, 1017 Rn. 9 ff., BGH, BFH/NV 2010, 1599 Rn. 8 ff., BGH, WM 2010, 1537 Rn. 10 f.; DB 2010, 1874 Rn. 6 ff.; s. zudem die Haftung des Treuhänders im Fall einer GbR für spekulative Warenterminngeschäfte bei BGH, Urteil v. 7.3.2013, III ZR 106/12, BeckRS 2013, 05419.

[60] Z.B. BGH, NJW 1995, 1025; BGH, WM 2003, 2382; BGH, NJW-RR 2007, 1041; BGH, WM 2009, 2363, NJW 2010, 1279; BGH vom 28.1.2010, III ZR 30/09, 151/09 und GWR 2010, 115; BGH vom 11.2.2010 (III ZR 7/09, 9/09, 10/09, 11/09, 12/09, 120/09 und 128/09); BGH, WM 2013, 1016 und BGH, Urteil vom 11.4.2013, III ZR 80/12 (Juris); BGHZ 197, 75.

[61] Von den bis November 2014 in der Datenbank Juris zum InvG auffindbaren 42 Entscheidungen befassen sich mit der Fund Governance: Zum Anwendungsbereich des § 1 AIG a.F. und § 2 Abs. 8 InvG OLG Düsseldorf, WM 2009, 1464 (eröffnet, wenn Geschäftszweck Anlage in Geldvermögen ohne unternehmerischen Einfluss) – s. dazu auch die Urteile zum AIG – sogleich; zur einseitigen Änderung einer Anlagestrategie (bei ausländischem Genussschein-Fonds) und Hinweis auf § 112 InvG OLG Düsseldorf vom 18.3.2009, I-15 U 48/08 (Juris); OLG Celle, WM 2009, 1652 (zur Haftung des Vermögensverwalters für ungedeckte Leerverkäufe); zur Aussetzung der Anteilsrücknahme bei offenem Immobilienfonds gem. § 81 InvG LG Frankfurt, WM 2007, 2108 (keine Ersatzpflicht von Fonds und Depotbank gegenüber Anleger bei berechtigter Fondsschließung) und VG Frankfurt a.M. vom 22.12.2008, 1 L 4252/08.F (V) (Juris) und VG Frankfurt a.M., 30.9.2010, 1 K 1516/09.F (Juris) (Rücknahme von Anteilen aus Fondssparplänen); für Unzulässigkeit der Kostenvorausbelastung in Fondssparplänen VG Frankfurt a.M., NZG 2009, 120 sowie VG Frankfurt a.M., NZG 2009, 1230 und VG Frankfurt a.M. vom 20.8.2012, 9 K 87/11.F. (Juris) und Hess. VGH vom 23.9.2009 – 6 B 2322/09 (Juris). S.a. OLG Frankfurt a.M. vom 8.4.2010, 3 U 3/09 (Juris); gegen ein Recht des Grundbuchamts, die Eintragung einer Grundschuld von einem grundbuch-

Beitragspflicht zur Anlegerentschädigungseinrichtung[62] und das Steuerrecht, insbesondere zur Ertragssteuer und Quellensteuer auf Fondsgewinne, zur Umsatzbesteuerung der Auslagerung administrativer Aufgaben sowie zu der von Fondsgesellschaften an Banken gezahlten Kontinuitätsprovision.[63] Das Ungleichgewicht ist bemerkenswert, weil das in offenen Fonds nach dem früheren InvG verwaltete Vermögen das Vermögen in geschlossenen Fonds (die jetzt in das KAGB einbezogen sind) um mehr als das Fünffache überstieg.[64]

Auch zu den Vorläufergesetzen (KAGG und AIG) zeigt sich das gleiche Bild. Es dominieren steuerrechtliche[65] und solche Entscheidungen, die entweder die kurze Verjährung gem. § 20 Abs. 5 KAGG a.F. für andere Anlagen als solche

---

mäßigen Nachweis der Zustimmung der Depotbank gem. § 26 InvG abhängig zu machen, OLG Karlsruhe, RNotZ 2010, 326; gegen Eintragung der sachenrechtlichen Verfügungsbefugnis gem. § 31 Abs. 1 InvG in das Grundbuch OLG Nürnberg, WM 2010, 2055; für Eintragungsfähigkeit aber BGH, WM 2011, 1551; OLG Schleswig-Holstein, GWR 2011, 500; OLG Hamburg, GWR 2011, 500; OLG Frankfurt a.M., 18.5.2010 – 20 W 85/10 (Juris), Rn. 16 ff. s. zudem VG Frankfurt a.M. vom 18.2.2009, 7 K 4170/07.F (Juris) (kein Informationsanspruch nach IFG in Bezug auf Liquidationsbericht eines aufgelösten Investmentfonds); s.a. BSG vom 18.7.2006, B 1 A 2/05 R, z.B. DB 2006, 2690 zur Anlage in Spezialfonds durch eine Betriebskrankenkasse (mit Fokus auf dem Versicherungsaufsichtsrecht). Zum Aufsichtsrecht BGH, NJW 2010, 1077 (mit Parallelentscheidungen 33/08, 41/08, 42/08, 58/08) (keine Ersatzpflicht gem. § 823 Abs. 2 BGB i.V.m. § 32 Abs. 1 KWG bei zulässigem kollektiven Anlagemodell, aber Prospekthaftung); OVG Berlin vom 1.4.2010, OVG 1 S 52.09 (Fondsverwaltung durch Auslagerungsunternehmen als Finanzportfolioverwaltung).

Vf. ist darüber hinaus bekannt: Zu den Informationspflichten / Transparenz OLG Frankfurt a.M. vom 29.3.2007, 26 U 46/06 – *Toros vs. Universal* (mit Vorinstanz LG Frankfurt a.M. vom 2.10.2006, 2-19 O 110/06).

[62] Z.B. VG Berlin, Urteil vom 26.10.2012 – 4 K 205.12; OVG Berlin-Brandenburg, Urteil vom 23.8.2011 – OVG 1 B 47.09; OVG Berlin-Brandenburg, Beschluss vom 1.4.2010 – OVG 1 S 52.09; VG Berlin, Beschluss vom 17.3.2009 – 1 A 246.08 sowie die Nachweise bei *Zetzsche*, WuW 2014, 958, 959.

[63] Z.B. EuGH v. 4.5.2006, C-160/04 – *Abbey National*, dazu *Wäger*, UR 2006, 359; *Philipowski*, DB 2006, 1235; *Hahne/Winkler*, DStR 2003, 2005; EuGH v. 28.6.2007, C-363/05, insbesondere Ls. 3 – *JP Morgan Fleming* (Mehrwertsteuerbefreiung auf für Verwaltung geschlossener Fonds); EuGH v. 21.10.2004, C-8/03 – *BBL* (Mehrwertsteuerbefreiung und Ort der Verwaltung bei Investmentfonds in Form der SICAV); EuGH v. 18.12.2008, C-303/07 – *Aberdeen Property Fininvest Alpha* (Quellensteuerpflicht von SICAV und Juristischer Person unterhalb einer SICAV); des Weiteren OFD Frankfurt vom 8.4.2003 – S 7160 a A-1 – St I 22.

[64] Die Zahlen variieren. Das angegebene Verhältnis beruht auf der BVI-Investmentstatistik: Gesamtüberblick (Mai 2013) und bezieht die von deutschen Instituten über Luxemburg im Inland platzierten Fonds ein.

[65] Von den 104 Entscheidungen in der Datenbank Juris zum KAGG bis November 2014 ergingen 59 Entscheidungen zum Steuerrecht.

nach dem KAGG heranziehen[66] bzw. das KAGG nur am Rande[67] oder nur den investmentrechtlichen Bezeichnungsschutz[68] betreffen. Die Entscheidungen zur Geschäftstätigkeit und Organisation von regulierten offenen Fonds sind der Menge nach sehr überschaubar. Sie betreffen die Anlagetätigkeit,[69] Inhalt und Umfang der Depotbank-Kontrolle,[70] daneben in geringem Umfang die In-

---

[66] OLG Frankfurt a.M. vom 24.9.2008, 4 U 212/07 (Juris) Rn. 25 f.; OLG München, ZBB 2007, 510 Rn. 29; KG Berlin vom 24.5.2007, 20 U 107/05 (Juris) Rn. 37; OLG Stuttgart vom 28.3.2007, 14 U 49/06 (Juris) Rn. 40; OLG Koblenz vom 11.2.2005, 8 U 141/04 (Juris) Rn. 13 f.; OLG Stuttgart, BKR 2005, 74 Rn. 67 f.; OLG Oldenburg, DStR 2004, 207; OLG München, NZG 2002, 930 Rn. 27 ff.; OLG Köln, NZG 2001, 1149 Rn. 66; OLG München, NZG 2001, 860 und NZG 2001, 910; Hans. OLG Hamburg, NZG 2000, 658 (dort ist das KAGG nicht zitiert); OLG München, NZG 2000, 660 (dort ist das KAGG nicht zitiert); OLG Düsseldorf, NZG 1999, 609 Rn. 38 ff.; OLG Frankfurt a.M., WM 1997, 27; BGHZ 111, 314 Rn. 27 ff.; BGH, WM 1990, 1658 Rn. 30 f.; OLG Köln, WM 1990, 1082; BGHZ 83, 222 Rn. 8.

[67] Vgl. die acht Entscheidungen BGH, WM 2010, 1218 (doppelte Ausführung einer Übertragungsorder betr. Investmentfonds); OLG Stuttgart, NZG 2005, 432 (zur Anfechtungsbefugnis aus und Zurechnung von Aktien gem. § 28 WpHG, die in einem Spezialfonds gehalten werden); LG Frankfurt, WM 2004, 1282 (Oder-Konto); OLG Oldenburg, NJW-RR 2003, 289 (Währungsswap); OLG Nürnberg, BKR 2003, 550 (Wertpapierorder betr. Investmentfonds); KG Berlin, ZIP 2001, 1200 Rn. 66, 76 (zur Reichweite des Auskunftsanspruchs gem. § 131 Abs. 1 AktG); LG Stuttgart vom 20.4.2004, 15 O 467/04 (Juris) (Schuldscheindarlehen i.d.R. abstraktes Schuldversprechen mit Anlagegegenstand gem. §§ 7 a bis d KAGG) – nur i.E. bestätigt von OLG Stuttgart, WM 2005, 969.

[68] Fünf Entscheidungen ergingen zum Bezeichnungsschutz wegen Verwendung des Firmenbestandteils „Invest", „investment" und „Kapitalanlage" gem. § 7 KAGG a.F. in der Firma anderer als Anlageunternehmen, vgl. BayObLG, WM 1983, 573; BayObLG, WM 1984, 1569; BayObLG, WM 1988, 664; OLG Karlsruhe, WM 1995, 1753; BayObLG, NZG 1999, 398. Der streitgegenständliche Ausnahmetatbestand gem. § 7 Abs. 3 KAGG a.F. ist in den Nachfolgevorschriften §§ 3, 4 InvG entfallen.

[69] Vgl. die Entscheidungen BGH, WM 2005, 782; OLG Frankfurt a.M., WM 2004, 2460 und Urteil vom 19.4.2005, U 261/02 (Juris); LG Frankfurt a.M., BKR 2003, 69 und BKR 2003, 162 zur Bildung von Anlageschwerpunkten (Julius Bär Creative Fonds); OLG Frankfurt a.M., BKR 2008, 341 (kein Ersatzanspruch des einzigen Anlegers eines Spezialfonds wegen Versäumung der Absicherung der Aktien durch Stop-Loss-Order – Fokus auf Anlageermessen); OLG Frankfurt a.M. vom 3.7.2007, 5 U 22/06 (Juris) (keine Haftung für fehlerhafte Verwaltung wegen fehlender Kurssicherung bei einem für den Geschädigten aufgelegten Spezialfonds); OLG Celle, WM 2009, 1652 (Ersatzpflicht gegenüber einzigem Anleger eines Spezialfonds wegen Verstoß gegen Verbot ungedeckter Leerverkäufe – Fokus auf Sorgfalt eines ordentlichen Kaufmanns, wenn es an jeglichen Vergleichsfällen fehlt).

[70] BGHZ 149, 33 (Rechtmäßigkeits-, aber keine Zweckmäßigkeits- oder Kontrolle der Prospekteinhaltung); OLG Frankfurt a.M., AG 1997, 422 (keine c.i.c.-Haftung gegenüber Kapitalanlegern; Rechtmäßigkeits-, aber keine Zweckmäßigkeitskontrolle; keine weitergehenden Aufklärungs- oder Überwachungspflichten, insbesondere nicht Einhaltung des Grundsatz der geographischen Diversifikation); OLG Frankfurt a.M., NJW 1997, 745 (Rechtmäßigkeits-, aber keine Zweckmäßigkeitskontrolle; Haftung bei Pflichtverstoß nur gegenüber Gemeinschaft aller Fondsanleger, Geltendmachung im Wege der actio pro socio; keine c.i.c.-Haftung gegenüber Kapitalanlegern, auch nicht bei Repräsentanz im Anlageausschuss; keine Anwendung der Grundsätze vertraglicher Treuhänderschaft); i.E. ebenso OLG Frankfurt a.M. vom 26.10.2000, 16 U 90/99 (unv.); zum Rückforderungsanspruch der Depotbank, speziell ausländischen Zahlstelle, bei Falschberechnung und Auszahlung des zu hoch berechneten Rücknahmepreises BGHZ 154, 276.

formationshaftung[71] oder das Aufsichtsrecht.[72] Zu dem im Jahr 2003 in das InvG integrierte AIG dominieren Entscheidungen, die steuerrechtliche Fragen, Verjährungsfragen im Kontext anderer Anlagen unter Heranziehung von § 12 Abs. 6 AIG oder Randaspekte des Gesetzes betrafen.[73] Die verbleibenden Entscheidungen ergehen zu nur vier Anlagemodellen.[74] Dabei steht die Frage, ob

---

[71] LG Frankfurt a.M., WM 2006, 1103; OLG Frankfurt a.M. vom 19.4.2005, 8 U 261/02 (Juris).

[72] BVerwGE 116, 198 – *Phönix Kapitaldienst* (Pflicht zur getrennten Verwahrung); VG Berlin, BKR 2003, 128 8 (einseitige Änderung der Fondsbedingungen); OVG Berlin-Brandenburg vom 1.4.2010, OVG 1 S 52.09 (Juris) (Fondsverwaltung eines Auslagerungsunternehmens als Finanzportfolioverwaltung) mit Vorinstanz VG Berlin vom 17.3.2009 – VG 1 A 246.08, EWiR 2009, 583.

[73] Von den 188 bis November in die Datenbank Juris aufgenommenen Entscheidungen mit Bezug zum AIG (Suchbegriffe „AuslInvG", „AuslInvestmG") sind 157 steuerrechtliche Entscheidungen.

Die Verjährungsvorschrift des § 12 Abs. 5 AIG (später §§ 135, 127 Abs. 5 InvG) zitieren BGHZ 83, 222 Rn. 8; BGHZ 111, 314 Rn. 28 ff. und BGH, WM 1990, 1658 Rn. 30 f. – Verjährung beim Bauherrenmodell); OLG Frankfurt a.M. vom 24.9.2008, 4 U 212/07 (Juris) Rn. 25, Filmfonds in Form einer Beteiligungs-KG; KG vom 24.5.2007, 20 U 107/05, Rn. 37 (Juris); OLG Stuttgart vom 28.3.2007, 14 U 49/06 Rn. 40 f. (Juris); OLG Koblenz vom 11.2.2005, 8 U 141/04, Rn. 14 f. (Juris) – GmbH & Co. KG mit Treuhandkommanditist; OLG Stuttgart, BKR 2005, 74 Rn. 67 f. (stille Gesellschaft); OLG München, NZG 2002, 930 Rn. 27 ff. (KG); OLG Köln, NZG 2001, 1149 Rn. 66 f.; OLG München, NZG 2001, 860 und NZG 2001, 910 Rn. 64 ff. (aufgehoben durch BGH, WM 2003, 1718); OLG München, NZG 2000, 660 (30-jährige Verjährung bei Prospekthaftung; AIG wird nicht erwähnt); OLG Düsseldorf, NZG 1999, 609 Rn. 5 (Anlage in kanadische Spezialimmobilie); OLG Frankfurt a.M., WM 1997, 27.

Nebenfragen betreffen OLG Köln, OLGR Köln 2001, 208 (Verspätete Umsetzung der Wertpapierdienstleistungsrichtlinie begründet keinen Staatshaftungsanspruch in Bezug auf Schädigung infolge Beteiligung an Kollektivanlage und zur Gebührenberechnung für AIG-Vertriebsgenehmigungen OVG Berlin, BB 1973, 729 und OVG Berlin, OVGE BE 12, 148.

[74] *Hapimag* – BVerwG, NJW 1980, 2482 mit Vorinstanz OVG Berlin, BB 1973, 914 (zur Abgrenzung der diversifizierten Anlage vom Verbrauch durch Beteiligung an einem Ferienclub); *Intertrend Investitions-Rentenplan* – BGH, NJW 2008, 1084 Rn. 4 f. (Anwendung der Zinspflicht gem. § 849 BGB auch bei „Entziehung" durch unerlaubte Handlung wegen Verstoßes gegen § 7 Abs. 1 AIG, nicht nur bei Wegnahme-Delikten) gegen OLG Karlsruhe, WM 2006, 967 (Anlage unter Verstoß gegen AIG ist keine „Entziehung" i.S.d. § 849 BGB; § 2 AIG als Schutzgesetz); OLG Karlsruhe, WM 2006, 181 (zur Verjährung); OLG Stuttgart vom 2.11.2005, 9 U 108/05 (Juris) (§ 2 AIG als Schutzgesetz i.S.v. § 823 Abs. 2 BGB; § 1 AIG: Anlage nach Grundsatz der Risikomischung – Rn. 24; Haftung des Geschäftsführers nach § 826 BGB – Rn. 48 ff.); OLG Karlsruhe, WM 2006, 181 (Anwendung des § 852 BGB auf Ersatzansprüche gem. § 1 AIG i.V.m. § 823 Abs. 2 BGB. Zum *Konya-Modell* – Fälle *Yimpas* (ca. 120.000 Geschädigte) und *Kombassan* (ca. 35.000 Geschädigte) – mit einem Gesamtschaden von ca. 5 Mrd. Euro: Die vier Urteile des BGH vom 23.3.2010 (VI ZR 57/09), vom 29.6.2010 (VI ZR 122/09 und 90/09) und 20.7.2010 (VI ZR 200/09) (alle Juris), bestätigen die Entscheidungen des 17. Senats des OLG Düsseldorf u.a. vom 13.2.2009 (I-17 U 183/07) und 15.5.2009 (I-17 U 107/08) sowie OLG Hamburg vom 26.3.2009, 6 U 89/08, die gegen eine Anlage nach dem Grundsatz der Risikomischung entschieden hatten. Soweit bekannt, haben das OLG Düsseldorf (WM 2009, 1464 und vom 18.5.2008, I-16 U 252/06 (Juris) Rn. 19), das OLG Bamberg vom 7.8.2008, 1 U 208/07 (unveröffentlicht) und das LG Bremen vom 7.12.2006, 2 O 37/06 (Juris) Rn. 43 ebenfalls einen Ersatzanspruch abgelehnt; das Urteil des BGH vom 27.7.2010, VI ZR 347/08 hebt das Urteil des OLG Frankfurt a.M., WM 2008, 2208 Rn. 23 zugunsten

die Anlage zu Zwecken der Risikomischung erfolgte und deshalb das AIG anzuwenden sei, im Mittelpunkt.

Die geringe Anzahl investmentrechtlicher Entscheidungen zu regulierten offenen Fonds trotz erheblicher wirtschaftlicher Bedeutung lässt sich auf zweierlei Weisen erklären. Entweder ist die Regulierung offener Fonds der rein privatrechtlichen Ordnung überlegen; dann drängt sich deren Untersuchung als Lehrstück für andere Anlageformen und unternehmerische Organisationen auf. Oder die Praxis regulierter offener Fonds kennzeichnet Überwachungs- oder Informationsdefizite, als deren Folge die Gerichte selten in Anspruch genommen werden. Bekanntlich zeigen fehlende Skandale ebenso häufig, dass „alles gut geht", wie sie Beweis dafür sind, dass „doch nichts zu machen ist".[75] Beide Alternativen indizieren weiteren Untersuchungsbedarf.

B. Zieltrias des Kollektivanlagenrechts

Wie bei jeder finanzmarktorientierten Materie[76] sind im Fondsrecht das Sozialinteresse (Funktionsschutz) und Individualinteresse (Anlegerschutz) untrennbar miteinander verflochten.

I. Sozialinteresse (Funktionsschutz)

Die Belebung der kollektiven Anlagetätigkeit gilt als ordnungspolitisch wünschenswert:[77] Ohne Finanzintermediäre gibt es kein produktives Sparen; die Möglichkeit zur Geldverwendung beschränkt sich dann auf den Konsum. Damit begrenzt sich der Anreiz zur Wertschöpfung durch Innovation und Pro-

---

einer Anlage nach dem Grundsatz der Risikomischung auf; gleichfalls einen Ersatzanspruch gewährt, soweit bekannt, das mit WM 2008, 2208 identische Urteil OLGR Frankfurt 2009, 101 Rn.23. Einen Ersatzanspruch gewähren zudem OLG Celle, OLGR Celle 2008, 208 Rn.20, identisch mit OLG Celle, OLGR Celle 2007, 401 Rn.8; OLG Düsseldorf vom 16.5.2008, I-16 U 252/06 (Juris) Rn. 18ff.; OLG Koblenz vom 30.1.2009, 10 U 1110/08 (Juris) Rn. 38ff.; LG Bremen vom 7.12.2006, 2 O 37/06 (Juris) Rn.39f. Eine vertriebsrechtliche Lösung (§826 BGB wegen mangelnder Aufklärung) liegt der Entscheidung OLG Stuttgart, NZG 2008, 951 zugrunde; OLG Koblenz vom 30.10.2009, 10 U 1110/08 (Juris); OLG Koblenz, WM 2007, 742 Rn. 15 verweist noch mangels hinreichender Sachverhaltsaufklärung zurück. Des Weiteren sind bekannt die nicht veröffentlichen Entscheidungen Hans. OLG Bremen vom 30.8.2007, 2 U 14/07; OLG Karlsruhe vom 18.11.2008 – 1 U 95/08; OLG Karlsruhe vom 31.7.2008, 1 U 95/06; OLG Düsseldorf vom 11.7.2008, I 17 U 87/07.

Zudem BGH, NJW 2004, 3706 mit Vorinstanz OLG Celle, WM 2003, 325 (Stille Beteiligung als Anlage gem. §1 Abs.1 AIG; Haftung von Repräsentanten und Treuhändern aus §826 BGB).

[75] *Wiethölter*, Interessen, S.35.

[76] Vgl. *Hopt*, Kapitalanlegerschutz, S.51ff., 334f. (für Kreditinstitute); *Schwark*, Anlegerschutz, S.12f.; GK-AktG/*Assmann*, Einleitung, Rn.325ff.

[77] *Immenga*, Investmentprinzip, S.12ff.; früher bereits *Jörgens*, Finanzielle Trustgesellschaften, S.2ff.

duktionsoptimierung: Sobald die aktuellen Grundbedürfnisse gestillt sind, werden Müßiggang und andere Formen unproduktiver Tätigkeiten die einzig rationalen Formen zur Optimierung der eigenen Lebensbedingungen.[78] Leistungsfähige Finanzintermediäre (Banken, Versicherungen und Investmentfonds) und eine dynamische Wirtschaftsentwicklung gehen Hand in Hand.[79] Der müßige Streit unter Volkswirten, ob die Finanzinfrastruktur der wirtschaftlichen Entwicklung vorauseilt bzw. deren Existenz Wachstumsbedingung ist[80] und ob die finanzmarktgestützte einer bankgestützten Finanzierung der Volkswirtschaft vorzugswürdig ist,[81] ist an dieser Stelle nicht zu entscheiden. Unbestritten sind Kollektivanlagen ein „notwendiges Glied im System der Märkte."[82] Sie dienen als Alterssicherungsinstrument, leiten durch Erwerbs- und Veräußerungsentscheidungen kundiger Verwalter Kapitalströme an den Ort ihrer größten Produktivität und finanzieren kapitalsuchende Unternehmen alternativ zur traditionellen Bankbeziehung, indem sie Risiken z.B. in Form von Eigenkapitalbeteiligungen eingehen, die für Banken unattraktiv sind. Manche sehen deshalb im Kollektivanlagen-Kapitalismus die vierte Entwicklungsstufe nach der Agrar-, Produktions- und Dienstleistungsgesellschaft.[83] Die Dezentralisierung des Eigentums relativiert die in früheren Entwicklungsstufen eingetretene Konzentration von Produktionsmitteln. Zugleich integriert die Anlage die arbeitende Bevölkerung in den Kreislauf der produzierenden Wirt-

---

[78] *Pennington*, Investor and the law, S. 14 f.

[79] Vgl. *Goldsmith*, Financial Structure and Development, S. 48 ("In most countries a rough parallelism can be observed between economic and financial development …"). *Greenwood/ Jovanovic*, (1990) 98 J. Polit. Econ. 1076; *Saint Paul*, (1992) 36 Europ. Econ. Rev. 763; *Bencivenga/Smith* (1991) 58 Rev. Econ. Stud. 195.

[80] Dafür insbesondere bereits im Jahr 1911 (!) *Schumpeter*, Theorie der Ökonomischen Entwicklung (1911), insbesondere Kapitel III („Kredit und Kapital"); *Sylla*, (2002) J. Econ. Hist. 62, 277, 281 ff.; *ders.*, Comparing the UK and US financial systems, S. 209, 234. Empirische Belege z.B. bei *King/Levine*, (1993) 108:3 Qu. J. Econ. 717; *Rajan/Zingales*, (1998) 88:3 Am. Econ. Rev. 559. Für Wachstum als Bedingung der Finanzrevolution dagegen *Miwa/ Ramseyer*, (2006) 43:1 Explorations in Econ. Hist. 94 (für Japan). Ausdrücklich offen dagegen *Goldsmith*, Financial Structure and Development, S. 48 ("There is no possibility, however, of establishing with confidence the direction of the causal mechanism …").

[81] Vgl. z.B. *Deidda/Fattouh*, (2008) 17:1 JF Interm. 6 (Wechsel von bank- zu finanzmarktgestützter Finanzierung nicht zwingend wachstumsfördernd) gegen *R. Levine*, (2002) 11 J. Finan. Interm. 398.

[82] *Linhardt*, Investment Trust, S. 28.

[83] Bereits im Jahr 1935, als Vollendung der industriellen Wirtschaft, *Linhardt*, Investment Trusts, S. 25, 28; ausführlich dann *Drucker*, The Unseen Revolution (1976); mit Blick auf das Gesellschaftsrecht und einer leicht abweichenden Kategorisierung (intermediary capitalism als dritter und dem pension fund capitalism als vierter Stufe) *Clark*, (1981) 94 Harv. L. Rev. 561; *U.H.Schneider*, AG 1990, 317; *U.H. Schneider/Burgard*, FS Beusch, S. 783. Agenda zur Umwandlung Österreichs in einen Rentnerstaat („Grundeinkommen ohne Arbeit") bei *Loitslberger*, GesRZ 1991, 1 und 126 ff.

schaft: Anlage reduziert die Abhängigkeit vom Arbeitgeber. Es kommt zur „Demokratisierung der Finanzmärkte".[84]

Der Haben-Seite stehen Risiken gegenüber. So können solide Akteure das Vertrauen in die Finanzmärkte und damit deren Intermediationsfähigkeit fördern, unsolide Akteure aber ebendieses erschüttern. Wegen des Umfangs der verwalteten Vermögen zeitigen kleine Marktmanipulationen große Effekte. Dies gilt es im Sinne des Sozialinteresses an funktionierenden Märkten zu vermeiden. Ein weiterer Aspekt ist die Besorgnis um die Stabilität des Finanzsystems.[85] Diese Sorge ist eng mit dem von dem Zentralbanker *George Kaufmann* und der Politik geprägten,[86] wissenschaftlich aber wenig durchdrungenen[87] und leicht zu missbrauchenden[88] Begriff des Systemrisikos verknüpft. Der Systemgedanke hat zwei Aspekte. Einerseits geht es um eine Ausprägung des „Fluchs der Größe" (*curse of bigness*) von Finanzinstitutionen.[89] Der Zusammenbruch zu großer und instabiler Fonds kann über die Gegenparteien Ketteneffekte hervorrufen, die die Systemstabilität im Ganzen gefährden.[90] Andererseits führt das z.B. durch volkswirtschaftliche Parameter oder externe Schocks[91] gleichläufige, wenngleich auch nicht konzertierte Vorgehen einer Vielzahl von Fonds zu unerwünschten Effekten. Die zeitgleiche Investition verleitet zu euphorischer Kursbildung und ökonomisch sinnlosen Transaktionen. Wird zeitgleich veräußert, kommt es infolge des Überangebots von Wertpapieren zu Kursrückgängen, die die Fremdkapitalfinanzierung von Dienstleistung und Produktion

---

[84] Vgl. *Fink*, S. 58 ("democratizing finance"); dazu den Auszug aus der Cover Story der *Time*, "The Prudent Man", S. 74 (1959), zitiert nach *Fink*, ebendort: Funds have „taken the specialized world of Wall Street and put it within reach of every man with enough money to buy a fund share. ... The shares are bought by maids and wealthy dowagers, by doctors and factory workers, by labor unions and clergymen. No amount is too large ... or too small."

[85] Vgl. *Hellwig*, Gutachten 68. DJT (2010); *Frankel*, (2008) 39 Rutg. L.J. 657.

[86] Vgl. *Kaufmann*, (1996) 16 CATO J. 17, 21 n.5; *Kaufmann/Scott*, (2003) 7:3 Ind. Rev. 371 ("Systemic risk refers to the risk or probability of breakdowns in an entire system, as opposed to breakdowns in individual parts or components, and is evidenced by comovements (correlation) among most or all the parts."), jeweils m.w.N. zu Kaufmanns Arbeiten aus den 1980er und 1990er Jahren; des Weiteren G10, Report on Consolidation in the Financial Sector (2001), Chapter III Pt. 2, at p. 126 ("Systemic financial risk is the risk that an event will trigger a loss of economic value or confidence in, and attendant increases in uncertainty about, a substantial portion of the financial system that is serious enough to quite probably have significant adverse effects on the real economy.").

[87] Zu den wenigen fundierten Beiträgen zählt *Schwarcz*, (2008) 97 Georgetown L.J. 193.

[88] Zur Einordnung des systemischen Risikos in die traditionellen Zwecke des Kapitalmarktrechts sowie dessen Missbrauch als Einfallstor für Stakeholder-Interessen *Birkmose/Zetzsche*, S. 337 ff.

[89] *Brandeis*, Other People's Money, S. 162 ff.

[90] Beispiele bieten die mit Hilfe öffentlicher Stellen aufgefangenen Zusammenbrüche der LTCM- (1998) und Amaranth-Fonds (2006). Zu LTCM *Edwards*, (1999) 13 J. Econ. Persp. 189; President's Working Group on Financial Markets, Hedge Funds, Leverage, and the Lessons of Long-Term Capital Management (1999); *Mallaby*, S. 220 ff.; *Rajan/Zingales*, S. 97 f.; zu Amaranth *Mallaby*, S. 310 ff.; *Graef*, S. 29 f.

[91] Beispiel: Lehmann-Insolvenz.

erschwert (*contagion*). Die Systemaspekte werden im Fondskontext spätestens seit der Finanzmarktkrise 1929 ff. diskutiert,[92] haben aber erst im Lichte der Finanzmarktkrise 2006 pp., in der sich neben Runs auf offene Immobilienfonds ein bis dato kaum vorstellbarer Run auf Geldmarktfonds[93] sowie ein Hedgefonds zugeschriebener *Contagion*-Effekt realisierten, die Aufmerksamkeit der Legislative hervorgerufen.[94]

II. Individualinteresse

Fondsanleger können von der Expertise eines kundigen Verwalters und den Größeneffekten einer Kapitalbündelung durch bessere Risikoverteilung infolge Diversifikation oder durch niedrige Kosten profitieren.[95] Die Fondsanlage zielt auf bessere als risikofreie Renditen bei etwas höherem Risiko, ohne Risikograd und Rendite der Einzelanlage zu erreichen.

Im Gegenzug tragen sie die aus der Gesamtverfassung des Marktes resultierenden und die spezifisch aus dem Umstand der Fremdverwaltung resultierenden Risiken.[96] Die Marktrisiken bedrohen die Rendite *während*, die Verwalterrisiken die Rendite *nach* der Erwirtschaftung des Anlageertrags.

1. Marktrisiken

In jeder Anlage sind drei Risiken enthalten: Volatilität, Liquidität und Rentabilität. Volatilität betrifft das allgemeine Marktrisiko einer Wertschwankung der Anlagegegenstände, Liquidität die jederzeitige Verfügbarkeit der angelegten

---

[92] Vgl. die Nachweise zur Diskussion zwischen dem früheren Leiter der SEC Division Investment Management *David Schenker*, der die Folgen des Runs auf einen Mutual Fund mit denen des Runs auf eine Bank vergleicht und „undesirable effect upon the stock market in general" prophezeit, und dem Chairman des Massachusetts Investor Trust, *Merrill Griswold*, im Vorfeld des Investment Company Act 1940, bei *Fink*, S. 38 f. (damals wurde eine Größengrenze diskutiert). Der Auftrag der SEC aus dem Jahr 1958 unter s. 14(b) des ICA 1940 sah die Untersuchung der Größeneffekte von Fonds vor; der im Jahr 1962 veröffentlichte Wharton-Report sah das Hauptproblem indes nicht in der Fondsgröße, sondern in Interessenkonflikten, vgl. Wharton-Report (1962), S. 3, dazu Dritter Teil, § 14.A.I.4. In den 1980er Jahren wird die Forderung nach bankähnlicher Einlagensicherung und Anlagebeschränkungen u.a. mit Systemaspekten begründet, vgl. *Fink*, S. 150 ff. Aus dem Jahr 1994 für Regulierungsintensivierung *Kaufmann*, (1994) Econ. Rev., Federal Reserve Bank of Kansas City (2nd Qu. 1994), S. 5 ff.
[93] Vgl. *Frankel/Schwing*, 31.02 [A][13]; *Birdthistle*, (2010) 5 W.L.R. 1155.
[94] Vgl. Dritter Teil, § 17.A.
[95] *R.F.Goldschmidt*, Investment-Trusts, S. 17; *Kalss*, Anlegerinteressen, S. 81.
[96] Die Kategorisierung der Anlegerrisiken ist uneinheitlich, vgl. *Hopt*, Kapitalanlegerschutz, S. 83 ff. (Substanzerhaltungs-, Informations-, Abwicklungs-/Verwaltungs-, Interessenvertretungs- und Konditionenrisiko); *König*, Anlegerschutz, S. 27 (Liquiditäts-, Risikominimierungs-, Ertragsmaximierungs-, Aufwandsminimierungsinteresse); *Meier*, Anlegerschutz, S. 11 f. (Verwaltungs-, Informations-, Rechtsdurchsetzungsinteresse); *Engert*, Kapitalmarkteffizienz, Kap. 8, A. (Mechanismen der Anlegerschädigung); *Thiel*, Anlegerschutz, S. 14 f. (Verwaltungs- und Liquiditätsinteresse); Schwerpunkt auf das Fremdverwaltungsrisiko bei *Schäfer*, Fund Governance, S. 75 f.

Gelder und Rentabilität den Werterhalt und die Rendite über die Anlageperiode. In kurzen Perioden bemisst sich das Risiko anders als für lange Perioden. So kann in einer kurzen Periode eine festverzinsliche Anlage rentabel sein, die langfristig inflationsexponiert ist. Die drei Risiken können nur rückwirkend bestimmt werden. Retrospektive Anlegerinformationen[97] entfalten keine prognostische Wirkung. Insbesondere bei komplexen Produkten – z.B. solchen mit Kapitalwertsicherungsstrategien – ist eine Prognose unter Annahme verschiedener Szenarien aussagekräftiger.[98]

Über die drei Kernrisiken hinaus werden bei der Fondsanlage[99] die Liquidität der vom Fonds gehaltenen Anlagegegenstände (im Gegensatz zur gerade beschriebenen Verfügbarkeit der angelegten Mittel im Fonds), der potentielle Ausfall von Garantiegebern und Gegenparteien, Risiken aus der Verschuldung (Leverage) und dem Einsatz von Derivaten sowie operationelle Risiken aus der Organisation des Verwalters und der Verwahrung der Anlagegegenstände als wesentlich erachtet. Die Liquidität der Anlagegegenstände beschreibt deren Veräußerbarkeit zum angemessenen Preis. Ist die Liquidität eingeschränkt, kann es bei Auflösung des Fonds oder der Anteilsrückgabe zu einem Erlös unter Marktwert kommen. Der Ausfall von Garantiegebern und Gegenparteien kann die Kurssicherung oder Ertragshebelung (z.B. über Derivate) scheitern lassen. Der Verschuldungsgrad und Derivateeinsatz entscheiden über die Risikoexposition des Fonds gegenüber Marktschwankungen: Beide Anlagetechniken beinhalten einen Hebeleffekt. Solche Fonds nehmen an Marktschwankungen in stärkerem Umfang als schuldenfreie Fonds teil. Dies kann sich auf den Ertrag je nach Marktentwicklung positiv oder negativ auswirken, es erhöht aber jedenfalls das Risiko der Überschuldung und damit des Scheiterns des Fonds.

Der Ausschluss jeglichen Wagnisses bedeutet den Verzicht auf für die Unternehmensfinanzierung erforderliches Risikokapital. Soll ein volkswirtschaftlicher Nutzen erzielt werden, muss das Anlagerisiko beim Anleger bleiben. Das Recht kann bestenfalls die Kapitalströme durch Anlegerinformation angemessen steuern, so dass die gewählte Anlage der Risikotragfähigkeit des Anlegers entspricht, und durch Aufsicht und Vermögenstrennung die Gefahr einer Anlegerschädigung im Fall der Insolvenz oder Untreue eines Intermediärs reduzieren.[100]

---

[97] Vgl. z.B. Art. 16, 18, 19 Abs. 5 Kommissions-VO Nr. 583/2010.

[98] Vgl. Art. 36 Kommissions-VO Nr. 583/2010 für strukturierte OGAW.

[99] Vgl. Art. 8 Abs. 5 Kommissions-VO Nr. 583/2010. Über diese Marktrisiken muss der Verwalter und Vertriebsintermediär einer an Privatanleger gerichteten Anlage in einer wesentlichen Anlegerinformation (Key Investor Information Document – KIID) informieren, vgl. Art. 78 OGAW-RL, umgesetzt in § 166 KAGB sowie § 31 Abs. 3 WpHG.

[100] Im Sinne von *Hopt*, Kapitalanlegerschutz, S. 337 f. wird damit dem Substanzerhaltungs- und Informationsrisiko vorgebeugt.

2. Verwalterrisiken

Infolge der Verwalterrisiken wächst das Risiko einer Kapitalanlage mit der Zahl der Zwischenglieder zwischen Anleger und produktivem Nutzen.[101] Während über die Verwaltergebühren zu informieren ist[102] und damit das Konditionenrisiko vom Anleger beherrscht werden kann, bedrohen die indirekten Kosten aus der Verwaltertätigkeit den Ertrag des Anlegers.[103]

a) Verfügungsbefugnis des Verwalters

Mit der Übertragung der Verfügungsbefugnis eröffnen sich Handlungs- und Entscheidungsspielräume, die glücklos, unfähig oder opportunistisch genutzt werden können. Die Diskretion erweitert sich durch die für Dauerrechtsverhältnisse typische unvollständige Ausgestaltung der relevanten Vereinbarungen.[104] In der „notwendigen Verfügungsfreiheit der leitenden Stellen" wurde früher sogar der „hauptsächliche Hinderungsgrund für eine weitere Verbreitung des an und für sich einleuchtenden Prinzips des Investment Trust" gesehen.[105] So könnte der Verwalter seinen Nutzen durch Untätigkeit[106] oder Vermögensverschiebung maximieren. Virulent sind Vermögensverschiebungen durch Priorität des Gebühreninteresses des Verwalters oder der Interessen eines anderen Anlegers im Verhältnis zum Ertrags- oder Bestandsinteresse des betroffenen Anlegers. So kann der Verwalter die Fondsgröße und damit die größenbezogene Verwaltergebühr trotz sinkendem Anlageertrag steigern.[107] Alternativ kann er die Anlagegegenstände im Gegenzug für ihm (statt den Anlegern) vom Finanzkommissionär gewährte Vergünstigungen häufiger umschlagen,[108] aussichtsreiche Anlagen demjenigen von mehreren Fonds desselben Verwalters zuschlagen, bei dem es zur erwünschten Außendarstellung nützlich erscheint,[109]

---

[101] *Frank*, Investmenttrusts, S. 56 f.

[102] Vgl. für OGAW Art. 10 bis 12, 24 Kommissions-VO 583/2010. Dies gilt nur eingeschränkt für die Transaktionskosten. Für diese ist gem. Art. 7 Abs. 2 a) Kommissions-VO 583/2010 nur anzugeben, dass sie sich ggf. erheblich auf die Renditen auswirken.

[103] Vgl. *Hopt*, Kapitalanlegerschutz, S. 338 (Abwicklungs-/Verwaltungs- bzw. Interessenvertretungsrisiko); *Ekkenga*, Anlegerschutz, S. 27 ff. (zählt Verwalterrisiken zu Risiken während der Durchführungsphase der Anlagebeziehung); des Weiteren *Kalss*, Anlegerinteressen, S. 84 ff.; *Schwark*, Anlegerschutz, S. 10 f.; *Wiedemann*, BB 1975, 1594.

[104] *Kalss*, Anlegerinteressen, S. 93 ff.

[105] Vgl. *Jörgens*, Finanzielle Trustgesellschaften, S. 47 ff.; weitere Hinweise auf die „versteckten Agenturkosten" z.B. bei Berger/*Köndgen*, Einl. Rn. 2, 3.

[106] Vgl. das klassische Zitat zu den *directors* einer *company* aus *Adam Smith*, Wealth of Nations, Bd. II, Buch V, Kap. I, Pt. III, Art. I, S. 265: "Like the stewards of a rich man, they are apt to consider attention to small matters as not for their master's honour, and very easily give themselves a dispensation from having it. Negligence and profusion, therefore, must always prevail, more or less, in the management of the affairs of such a company."

[107] Vgl. *Yan*, (2008) 43 JFQA 741; zur optimalen Portfolio-Größe von Venture Capital-Firmen *Bernile/Cumming/Lyandres*, (2007) 13 JCF 564.

[108] Vgl. *N.N.*, (1971) 80 Yale L.J. 372; *Miller/Carlson*, (1971) 46 N.Y.U.L.R. 35.

[109] Zu dieser Praxis *Massa*, (2003) 67 JFE 249; *Gaspar/Massa/Matos*, (2006) 61 JF 61.

zur Förderung der Interessen des übergeordneten Finanzkonzerns oder bestimmter Emittenten überteuerte Emissionen zeichnen[110] oder im kollusiven Zusammenwirken mit anderen Verwaltern Marktbewegungen simulieren, um die Werte einzelner Anlagegegenstände hochzutreiben.[111]

b) Anlagekaskade

Eine Besonderheit des Fondsgeschäfts liegt in der Vielstufigkeit der Agenturkaskade. So kann sich z.B. ein Anleger als wirtschaftlich Berechtigter durch Vertriebsintermediäre zur Investition in Spezialfonds veranlasst sehen, die ihrerseits in Dachfonds anlegen, die wiederum in Zielfonds anlegen. Die Agenturkaskade hat eine Außen- und eine Innendimension. So ist keineswegs sicher, dass der Zielfonds am Ende der Anlagekaskade die Interessen des Anlegers vertritt. Die im Kontext der *Corporate Governance* geführte Diskussion um Sinn und Unsinn des *agency capitalism*[112] ist auf Fonds übertragbar. Bezüglich der Innendimension gründen die Bedenken auf den mit jeder Stufe verbundenen Kosten.[113] Das Agenturrisiko einer Stufe potenziert sich mit jeder weiteren Anlagestufe.

c) Verwalterauswahl als Vertrauenskredit

Verwalterrisiken sind keine fondsspezifische Besonderheit. Jeder Einsatz von Hilfspersonen erzeugt Agenturkosten.[114] Je größer das Einflusspotential, desto schädlicher wirkt sich der Einfluss eines illoyalen oder unfähigen, aber umso nützlicher der Einfluss eines loyalen und fähigen Agenten aus. Die Besonderheit des Fondsrechts liegt in der Kombination des Verfügungsrechts über erhebliche, sehr liquide Anlagevolumina mit der ersten Notwendigkeit, dem Verwalter zu vertrauen – Privatanleger beauftragen Verwalter regelmäßig zur Substitution eigenen Unvermögens –, und der zweiten Notwendigkeit, das Vermögen *vor* Erbringung der Verwalterleistung zur Verfügung zu stellen.[115] Die Auswahl des

---

[110] *R.F.Goldschmidt*, Investment-Trusts, S. 25 ff., 76 ff.

[111] *Kilgus*, Kapitalanlagegesellschaften, S. 58.

[112] Vgl. *Strine*, (2007-2008) 33 J. Corp. L. 1, mit Kommentaren von *Bainbridge*, (2007-2008) 33 J. Corp. L. 21; *Bogle*, (2007-2008) 33 J. Corp. L. 31; *Ferlauto*, (2007-2008) 33 J. Corp. L. 41; *Gilson*, (2007-2008) 33 J. Corp. L. 47.

[113] Vgl. dazu z.B. die von der FSA veranlasste Studie von *Deloitte and Touche*, Costing Intermediary Services (2008), S. 12 ff.

[114] Dazu *Fama/Jensen*, (1983) 26 JLE 301; *Fama*, (1980) 88 J. Pol. Econ. 288; *Jensen/Meckling*, (1976) 3 JFE 305; *Pratt/Zeckhauser*, Prinzipals and Agents (1985). Für alle Anlageverbände *Kalss*, Anlegerinteressen, S. 84 ff. Unter Agenturkosten (agency costs) versteht man in der Prinzipal-Agenten-Theorie die Kosten, die durch asymmetrische Informationen und deren Vermeidung aufgebracht werden müssen. Sie setzen sich zusammen aus Steuerungs-/Kontrollkosten (Anstrengungen des Prinzipals zur Verringerung des eigenen Informationsnachteils), Garantiekosten (Anstrengungen des Agenten zur Verringerung von Informationsasymmetrien) und dem verbleibenden Wohlfahrtsverlust, i.e. die Abweichung vom Idealzustand bei symmetrischen Informationen.

[115] Instruktiv *Frankel*, (2008) Finance & The Common Good 31/32, 87, 88: "For example,

richtigen Verwalters entscheidet über den Anlageerfolg. Angesichts fehlender
Maßgeblichkeit der Vergangenheit für die Zukunft ist diese Auswahlentscheidung schon für kundige Anleger ungemein schwierig; für unkundige Anleger
grenzt sie an Glücksspiel. Vergleichbare Risiken bestehen in der produktiven
Unternehmung nicht, wo ein erheblicher Teil des Kapitals unternehmensty-
pisch (z.B. in Maschinen) gebunden ist und deshalb weder veruntreut, noch
glücklos angelegt werden kann. Verwalterqualifikation, Interessenkonflikte
(*stealing*) und Inaktivität (*shirking*) sind zentrale Fragestellungen der Binnenorganisation.[116]

3. Reaktionen des Rechts

Ob die versprochenen Vorteile von Fonds die Kosten und Risiken aufwiegen
und ob Diversifikation und Fremdverwaltung nur auf diesem und nicht auf
preisgünstigerem Weg erreicht werden kann, ist umstritten, seitdem Fonds existieren.[117] Die Frage bedarf keiner Entscheidung: Fonds sind aufgrund ihrer
Größe und Verbreitung, zudem wegen ihrer Regelung im positiven Recht juristische Materie. Auch ist die Kapitalakkumulation in Fonds vom Gesetzgeber
gewünscht und gefördert. Anleger werden sich aber nur dann auf eine breite
Nutzung von Investmentfonds einlassen, wenn sie hinreichend vor Markt- und
Verwalterrisiken geschützt sind.[118] Andernfalls ziehen sie sich aus dem Markt
zurück, mit der gesamtwirtschaftlich unerwünschten Folge steigender Kapitalkosten von Unternehmen mangels ausreichenden Kapitalangebots.

Die Pönale als übliche Sanktion für Pflichtverletzungen ist im Fondsrecht
freilich unattraktiv: Der Verwalter wird regelmäßig nur die rechtlich und ökonomisch gebotene Kapitalausstattung im Unternehmen halten und den Rest

---

buying a newspaper does not require trusting the seller. The buyer can easily verify that the
newspaper is the one the buyer wants. And because the exchange of price for newspaper is
simultaneous, there is no need for guarantees. ... In this case the buyer can protect his interests. But if I hand over my life's savings to a money-manager, I have no choice but to trust the
manager. It is nearly impossible for me to verify what the manager will do with my money
without negating the very usefulness of his service. In addition, entrusting the money and
receiving the service are not simultaneous. I entrust my money to the manager first; only then
can the manager perform his service for me. Therefore, I am at risk that the manager might be
tempted to avoid telling the truth or abiding by his promises. In addition, the amount of money involved here could be large and the risk of losing it may affect my future. In this case I
must trust the manager and I may demand guarantees or regulation to reduce my risk of loss.
If I cannot trust him, I had better not entrust my savings to him. Trust in this case must be
supported by other mechanisms that protect from dishonesty."

[116] Vgl. IOSCO, Conflicts of Interest of CIS Operators (2000); *OECD*, Governance for
Collective Investment Schemes (2004), S. 16 ff.; *Köndgen*, FS Nobel, S. 535.

[117] Vgl. z.B. die kritische Position des Anwalts *Winkelman* bei *Fink*, S. 19 („After careful
consideration, the writer finds little justification for investment trusts of any kind. ...") mit
der Gegenposition des Autors auf S. 257 („Someday, someone may invent a better personal
financial mousetrap. But I've yet to see it.").

[118] *Engert*, Kapitalmarkteffizienz, Kap. 8 und 8.A.V. (S. 263, 284 ff.).

seiner Erträge an sich selbst bzw. seine Gesellschafter ausschütten. Im Hinblick
auf die Einzelanlage kumulieren sich geringfügige Schäden angesichts der erheblichen Gesamtinvestition schnell zu einer Summe, die die Kapitalausstattung des Verwalters übersteigt. Eine Haftung, die die Insolvenz des Haftenden
nach sich zieht, ist aus Anlegersicht unerwünscht. Ähnlich dem Geschäftsführer einer überschuldeten GmbH besteht ein Anreiz, das Heil in risikobehafteten Operationen auf dem Rücken der Anleger zu suchen.

Das Recht ist gut beraten, alternative Steuerungsmechanismen einzusetzen.
Diese sind in der Prävention zu suchen. Die Sozialisierung der Haftung mittels
Haftpflichtversicherung erscheint demgegenüber nur als zweitbeste Lösung.
Als Präventionsinstrumente stehen Reputationsfaktoren, private und öffentliche Kontrolle zur Verfügung. Hier deuten sich Besonderheiten an. Marktreak-
tionen nach negativer Publizität erscheinen als Teil der Corporate Governance
wünschenswert. Man unterstellt, die Unternehmung müsse regelmäßig den
Markt erneut in Anspruch nehmen, Sünden der Vergangenheit spiegeln sich zukünftig in höheren Finanzierungskosten wieder. Die schlechtverwaltete wird
gegenüber der gut verwalteten Unternehmung zurückfallen und infolge eines
Übernahmeangebots oder Insolvenz vom Markt verschwinden.[119] Dagegen ist
Publizität bei Fonds – wird sie zur Kenntnis genommen – ein zweischneidiges
Schwert.[120] So kann der koordinierte Mittelabzug bei Fonds des offenen Typs
zu Werteinbußen führen, die nicht der Publizitätsursache, sondern dem plötz-
lichen Verkaufsdruck geschuldet sind. Bei Fonds des geschlossenen Typs schlägt
sich die negative Folge ausschließlich im Börsenkurs des Fondsanteils nieder.
Der Verwalter (oder ein Dritter) kann die depressiv bewerteten Anteile günstig
erwerben und den geschlossenen Fonds anschließend mit Gewinn liquidieren.
Diese Charakteristik ist den Finanzintermediären wohlbekannt und zwingt
zur Neuorientierung der Binnenordnung im Verhältnis zur Unternehmung.

III. Fortentwicklung zur Zwecktrias

1. Unternehmerischer Impetus als notwendige Ergänzung

Erst der unternehmerische Anreiz auf Gewinn und Ertrag initiiert Innovationen, die mit traditionellen Produkten verbundene Schwächen beseitigen. Die
Auswirkungen des Wettbewerbs unter den Verwaltern – *Schumpeters* Kreislauf
kreativer Zerstörung – sind im Fondsbereich evident: Die Entwicklung passiver, kostengünstiger Indexfonds ist die Marktreaktion auf die Schwierigkeiten
aktiver Verwalter, mit ihren Anlageergebnissen den Markt nachhaltig zu übertreffen. Regionale und Spezialitätenfonds eröffnen Marktchancen, wenn globa-

---

[119] Z.B. *Merkt*, Unternehmenspublizität, S. 296 ff., 332 f.
[120] Vgl. bereits im Jahr 1902 *Jörgens*, Finanzielle Trustgesellschaften, S. 24: „Die große
Menge an Fonds erhöht die Schwierigkeit einer Kontrolle durch die Öffentlichkeit und lockt
passive, unkundigste Anleger an."

le und Fonds für Standardwerte kein Potenzial versprechen. Technische und mathematische Anlagestrategien werden nur entwickelt, wenn Einsatz und Ertrag potenziell im Einklang stehen. Die mit dem Fokus von Funktions- und Anlegerschutz verbrämte Perspektive darf nicht außer Acht lassen, dass jede Finanzintermediation ertragsorientiert, also ein Geschäft ist. Richtigerweise ist das Ertragsinteresse nicht nur Ursache eines Spannungsverhältnisses,[121] das mehr oder minder einseitig aufzulösen ist, sondern eine von drei juristischen Maximen.

Perfekter Anlegerschutz ist nur durch Abschaffung von Anleger und Anlage zu gewährleisten; dann gibt es freilich kein Finanzsystem. Schon dieses *argumentum ad absurdum* sollte eindimensionalen Lösungen entgegenwirken. Gesucht wird der schmale Grat im Anlageuniversum zwischen richtigem Anreiz und angemessenem Anlegerschutz. Im Fondsrecht ist die zutreffende Lösung in einem Zieldreieck aus Sozial-, Individual- und Unternehmerinteresse zu suchen. Bei funktionierendem Wettbewerb ist der gleichzeitig geringste Eingriff in das jeweilige Interesse prinzipiell die beste Lösung, weil Verwalter-, Anleger- und Systeminteresse miteinander im Einklang stehen.

2. Beispiel: Fondsgröße und Anlageliquidität

Exemplarisch lässt sich das Korrelat der drei Zielmaximen an dem Idealmaß für Fondsgröße sowie für Liquidität und Fungibilität der Anlagegegenstände belegen.

So steht die ideale Fondsgröße in Abhängigkeit von Verwaltungskosten und Anlageertrag: Einerseits entscheidet die Fondsgröße über die relative Höhe der Transaktionskosten und die Möglichkeit zur Risikostreuung (Diversifikation): Je mehr Transaktionen ein Fonds tätigt, umso eher kann der Verwalter gute Konditionen aushandeln, umso eher lohnt sich der Einsatz von EDV-Systemen (Skaleneffekte) und umso geringer sind die relativen Fixkosten pro Anteil. Auch die Vergütung des Verwalters richtet sich i.d.R. nach der Summe des verwalteten Vermögens. Andererseits findet ein sehr großer Fonds nur in sehr großen Märkten Anlagegelegenheiten. Je größer der Fonds, umso eher beeinflusst die Investition des Fonds die Marktpreisbildung, weil die Liquidität des Marktes in Relation zur Investmentgröße des Fonds zu gering ist, und umso geringer die Chance, aus einzelnen guten Investments („picks") für den ganzen Fonds bedeutende Erträge zu erzielen. Das Problem intensiviert sich bei einer Beschränkung des Anlageermessens.[122] Der pflichtgemäß handelnde Verwalter wird

---

[121] Vgl. *G.Roth*, S. 10 f.; *Thiel*, Anlegerschutz, S. 12.

[122] Vgl. das Beispiel des *Fidelity European Growth Fund*: Der Fonds unterliegt keinen Anlagebeschränkungen; er hatte zu 35 % in europäische Small- und Mid-Caps investiert. Der Fondsmanager *Anthony Bolton* hatte in der Krise 2001 bis 2003 die richtigen Entscheidungen getroffen. Der Fonds wächst von 8 Mrd. Euro (2003) binnen drei Jahren auf 20 Mrd. Euro (2006) an. Jetzt steht der Fondsmanager vor einem Dilemma: er kann die Aktienanzahl erhö-

dann z.B. den Fonds für neue Anlegergelder schließen, den Fonds spalten oder das Anlageermessen erweitern. Bei funktionierendem Wettbewerb gehen Verwalter-, Anleger- und Sozialinteressen Hand in Hand.

Grundsätzlich werden für die langfristige Mittelüberlassung wegen der Inkaufnahme der im Zeitablauf potenziell höheren Risiken höhere Zinsen gezahlt. Liquidität und Anlageertrag korrelieren im Regelfall in dem Sinne, dass ein kurzfristig verfügbares Kapital geringere Erträge abwirft als langfristig gebundenes Kapital. Je häufiger Anleger auf ihr Kapital zugreifen können, desto geringer muss der Ertrag aus der Verwaltung der Anlagegegenstände ausfallen. Im Idealfall sind der Anlagehorizont von Anleger und Fonds deckungsgleich. Ein geringerer Ertrag erhöht freilich den Anreiz, das verwaltete Vermögen aus der Verwaltung abzuziehen und sich selbst an der Anlage zu versuchen. Dies gilt unabhängig davon, ob die Anleger ihre Fondsanteile an den Verwalter zurückgeben dürfen (sog. offener Typ).[123] Denn bei Fonds des geschlossenen Typs findet die Preisbildung auf Sekundärmärkten statt; dort wirkt sich ein Überangebot in Form sinkender Kurse für Fondsanteile aus. Als Marktreaktion ist eine geringere Bereitschaft zur Kapitalüberlassung in der Zukunft zu erwarten. Für eine stabile Anlegerstruktur bedarf es im Marktvergleich zumindest durchschnittlicher Erträge. Dies sichert wiederum die Existenz des Fonds als Finanzier anderer Unternehmen. Erneut korrelieren das Ertragsinteresse des Verwalters sowie der Anleger- und Funktionsschutz.

3. Funktionierender Wettbewerb?

Die dargestellte Zwecktrias im Sinne einer Zweckkorrelation setzt auf zwei Prämissen: Wettbewerb einerseits, Anpassungsfähigkeit von Fonds und Verwalter andererseits. Dass Wettbewerb im Fondssektor als Regelungsziel *angestrebt* wird, lässt sich zahlreichen legislativen Maßnahmen entnehmen.[124] Dass dieses Regelungsziel in Europa *erreicht* ist, muss angesichts (noch) existierender Hürden für alternative Investmentfonds im grenzüberschreitenden Vertrieb an Privatanleger, jedenfalls aber angesichts der Vertriebspraktiken und des beschränkten Informations- und Rationalitätsniveaus unbedarfter Privatkunden, bezwei-

---

[123] hen, muss dann aber ggf. auch schlechtere Auswahlentscheidungen hinnehmen (was zu Under-Performance führt), oder er muss die geringere Liquidität einzelner Anlagegegenstände hinnehmen. Beides beeinflusst den Ertrag.

[123] Die juristische Formenwahl beeinflusst aber die Liquidität *in Bezug auf den einzelnen Fonds*. So empfehlen sich geschlossene Fonds für sehr lange oder unsichere Anlagezeiträume (Private Equity, Venture Capital, Immobilien, Schiffe etc.), offene Fonds für liquide Anlagegegenstände (Aktien etc.).

[124] So wurde z.B. mit Art. 78 ff. OGAW-RL eine wesentliche Anlegerinformation eingeführt, um die Vergleichbarkeit der Fonds und Kostentransparenz zu erhöhen, vgl. ErwGr 59 ff. der Richtlinie.

felt werden.[125] Die Divergenz von Status Volens und Status Quo bedingt eine zweckgerichtete Auslegung.

Ebenso regelt z.b. das KAGB – anders als etwa das liechtensteinische UCITSG und AIFMG – nur die Fondsverschmelzung, nicht aber die Spaltung. Das beschränkte Tableau der Möglichkeiten steht im auffälligen Gegensatz zum wettbewerbsorientierten Regelungsansatz. Die Offenlegung grundlegender Ordnungsprinzipien für andere Strukturmaßnahmen dürfte der Intention des Gesetzes entsprechen.

C. Kollektivanlage als Untersuchungsgegenstand

Die Kollektivanlage steht zwischen Privat-, Verfassungs- und sonstigem öffentlichen Recht.

I. Verfassungsrecht

Mit dem Eigentumsschutz, der Gewerbe- und Berufsfreiheit und dem Gleichbehandlungsgebot sind drei verfassungsrechtliche Dimensionen auszumachen.

1. Vermögen i.S.v. Art. 14 GG

Aus Sicht des Anlegers sind die angelegten Finanzmittel und Fondsanteile Teil seines verfassungsrechtlich geschützten Eigentums. Die Standardkommentare zum Grundgesetz schweigen zum Thema Investmentfonds – dies bestätigt das Erkenntnisdefizit –, jedoch ist die Rechtsprechung zum Aktieneigentum[126] und zu kapitalbildenden Lebensversicherungsverträgen[127] grundsätzlich übertragbar.

Teil des verfassungsrechtlichen Eigentums ist insbesondere der kommerzielle Wert des Fondsanteils. Im Mittelpunkt steht die Funktion der Vermögenswerte als Quelle zukünftiger Erträge. Analog zur Schutzpflicht bei kapitalbildenden Lebensversicherungsverträgen muss der Gesetzgeber dafür Sorge tragen, dass

---

[125] Ebenso für Deutschland *Engert*, Kapitalmarkteffizienz, Kap. 8, A., S. 265 ff.; *Hopt*, Kapitalanlegerschutz, S. 185 f. (Wechsel lohne sich eh nicht); *Klöhn*, Kapitalmarkt, S. 179 ff.; *Bhattacharya et al.*, „Is Unbiased Financial Advice To Retail Investors Sufficient? Answers from a Large Field Study" (Arbeitspapier Mai 2011); für den europäischen Markt *Europäische Kommission*, DG Markt, Consultation by Commission Services on legislative steps for the Packaged Retail Investment Products initiative (2010) sowie die im Auftrag der Kommission erstellte Studie von *Evers/Jung*, Survey of Financial Literacy Schemes in the EU27 (2007). Siehe dazu auch im Vierten Teil, § 27.B.II.

[126] Vgl. insbesondere BVerfGE 14, 263 – Feldmühle – sowie zum Squeeze-out BVerfG, NJW 2007, 828; BVerfG, NJW 2007, 3268.

[127] BVerfGE 114, 1; BVerfG, WM 2006, 633 Rn. 58 (Schutzpflichten aus Art. 14 Abs. 1 GG: Ausschluss des § 415 BGB bei Bestandsübertragung / Schuldnerwechsel); BVerfGE 114, 73; BGH, NJW 2005, 3559 und BGH vom 12.10.2005, IV ZR 177/03 (Juris). In diesen Verfahren beriefen sich die Beschwerdeführer auf eine Gleichbehandlung mit anderen Anlageformen, insbesondere Sparverträgen, vgl. BVerfG, WM 2006, 633 Rn. 33.

„die durch die [Anlage] im Rahmen der unternehmerischen Entscheidungen des [Verwalters] geschaffenen Vermögenswerte als Grundlage einer Schlussüberschussbeteiligung einsetzbar sind, soweit sie nicht durch vertragsgemäße Dispositionen, etwa für die Verrechnung mit laufenden Verwaltungskosten …, verbraucht worden sind."[128]

Der in Art. 14 Abs. 1 GG enthaltene objektivrechtliche Schutzauftrag umfasst im Entstehen begriffene Ansprüche, die durch die rechtlichen Vorgaben so vorgezeichnet sind, dass es sich um mehr als bloße Chancen handelt. Er erstreckt sich auf die Sicherung der späteren Konkretisierung und Realisierung des zunächst nur dem Grunde nach bestehenden Anspruchs auf Teilhabe an den zu schaffenden Vermögenswerten, nämlich auf Auszahlung des anteiligen Anlageerfolgs bei Ablauf der vorgesehenen Laufzeit, aber auch auf die Rückvergütung (den „Rückkaufswert") unter Berücksichtigung des bis dato erzielten Überschusses bei vorzeitiger Beendigung des Anlageverhältnisses.[129]

Jedoch deuten sich erste Besonderheiten der Kollektivanlage an: Bei der Kollektivanlage bleibt – ebenso wie bei von Mehrheitsgesellschaftern kontrollierten Gesellschaften – von dem in der Vereinigungsfreiheit enthaltenen Gedanken sich in freier Assoziation selbstbestimmender Mitglieder wenig übrig.[130] Im Konflikt zwischen der unternehmerischen Freiheit des Anlageverwalters und den Eigentumsinteressen der Anleger wird man – abweichend von der Rechtsprechung des BVerfG zur Umstrukturierung im Konzern[131] – den unternehmerischen Interessen nicht per se Vorrang einräumen und die Anleger auf Kompensation verweisen können. Ist der Verwalter – wie bei Publikumsfonds üblich[132] – nicht selbst an der Kollektivanlage beteiligt, beschränkt sich sein unternehmerisches Interesse auf den Betrieb der Kollektivanlage. Aus verfassungsrechtlicher Sicht steht der Verwalter dem Anleger nicht als Anleger und damit auf der gleichen Ebene, sondern als Eigentümer *seines Geschäftsbetriebs* gegenüber.

2. Gewerbe- und Berufsfreiheit

Regelmäßig ist die Gewerbe- und Berufsfreiheit (Art. 12 i.V.m. 2 Abs. 1 GG) von Verwalter und Verwahrer respektive ihrer Angestellten betroffen. Dies wird in der Entscheidung des BVerfG zur Zulassungspflicht einer von der Finanzmarktaufsicht als Finanzportfolioverwaltung eingestuften Tätigkeit[133] zwar nicht deutlich, weil sich die Beschwerdeführer auf Art. 3 GG beriefen.

---

[128] In Anlehnung an BVerfGE 114, 73 Rn. 63.
[129] Vgl. BVerfG, WM 2006, 633 Rn. 62; BVerfGE 114, 73 Rn. 64 ff.
[130] Dies rechtfertigt die Einstufung als Vermögensrecht und die Zuordnung zum Schutzbereich des Art. 14 Abs. 1 GG.
[131] So aber BVerfGE 14, 263, 282 f., dazu kritisch *Martens*, ZGR 1979, 495 ff.
[132] Abweichende Strukturen existieren bei Privatfonds, insbesondere Private Equity- und Hedgefonds, bei denen der Verwalter am Eigenkapital und Anlageerfolg beteiligt ist.
[133] Vgl. BVerfG, WM 2006, 959.

Doch handeln Verwalter und Verwahrer unzweifelhaft in Ausübung ihrer gewerblichen und damit beruflichen Tätigkeit. Jenseits der aufsichtsrechtlichen Zulassung zum Geschäftsbetrieb ist die Berufsausübungsfreiheit betroffen, die die Gesetzgebung in gewissem Umfang einschränken und gestalten kann.[134]

3. Gleichheit (Art. 3 GG)

Im Bereich der Vermögensanlage begegnet der Gleichheitsgrundsatz gem. Art. 3 Abs. 1 GG traditionell als Auffanggrundrecht.[135] So stand im Mittelpunkt der Verfassungsbeschwerde des Verwalters der K1-Fonds-GbR[136] die Zulassungspflicht der Geschäftsführung einer Fonds-GbR als Finanzdienstleistung gem. § 1 Abs. 1a Satz 2 Nr. 3 KWG. Der Beschwerdeführer rügte die Ungleichbehandlung seiner korporativ ausgestalteten GbR im Verhältnis zum Organ einer Korporation. Eine Korporation benötigte bei gleichem Geschäftsgegenstand nach damaligem Recht keine Zulassung, weil die Geschäfte der Korporation statt den Anlegern zugerechnet wurden. Das BVerfG folgte der Rüge nicht. Ob sich die Rechtsfähigkeit der GbR auf die Zulassungspflicht auswirke, dürften die Gerichte statt mit Blick auf die Rechtsfähigkeit des Marktakteurs mit Blick auf den Schutzzweck der Zulassungspflicht bestimmen.

In Form der *Belastungsgleichheit*[137] ist Art. 3 Abs. 1 GG wichtige steuerliche Leitlinie. Sowohl die steuerbegründenden Vorschriften als auch die Regelungen ihrer Anwendung müssen dem Prinzip der steuerlichen Lastengleichheit besonders sorgfältig Rechnung tragen.[138] Nach der Regelung des Ausgangstatbestands, für den dem Gesetzgeber ein weiter Gestaltungsspielraum zusteht, hat er die einmal getroffene Belastungsentscheidung folgerichtig im Sinne der Belastungsgleichheit umzusetzen.[139] Der Umfang der Judikatur erklärt sich u.a.

---

[134] Sachs/*Tettinger/Mann*, Art. 12 Rn. 81 ff. (zu formellen Anforderungen) und Rn. 100 ff. (zu Art. 12, 3-Stufen-Theorie).

[135] So wurde bereits Anfang der 1960er Jahre die Festsetzung des Ausgabepreises der VW-Aktien bei der Privatisierung des Volkswagenwerks unter Gleichheitsaspekten (erfolglos) gerügt. Vgl. BVerfGE 12, 354, 1. Leitsatz, insbesondere Rn. 36 ff., wonach der Gesetzgeber in gewissen Grenzen den Ausgabepreis abweichend vom inneren Wert des Unternehmens bestimmen konnte, um soziale Ziele zu verfolgen.

[136] BVerfG, WM 2006, 959.

[137] Grundlegend BVerfGE 13, 181, 202; seitdem st. Rspr., vgl. BVerfGE 84, 239 Rn. 105 – Zinsurteil. Der Grundsatz der Steuergerechtigkeit beruht danach auf einem Vergleich von Lebensverhältnissen, die nie in allen, sondern stets nur in einzelnen Elementen gleich sind. Welche Elemente der zu ordnenden Lebensverhältnisse maßgebend dafür sind, sie rechtlich gleich oder ungleich zu behandeln, muss zwar grundsätzlich der Gesetzgeber entscheiden. Die Gestaltungsfreiheit endet aber dort, wo die gleiche oder ungleiche Behandlung der Sachverhalte nicht mehr mit einer am Gerechtigkeitsgedanken orientierten Betrachtung vereinbar ist. Nur die Einhaltung dieser äußersten Grenzen der gesetzgeberischen Freiheit ist vom BVerfG nachzuprüfen.

[138] BVerfGE 35, 324, 335; zur „langen Regelungstradition" des Grundsatzes der steuerlichen Lastengleichheit vgl. BVerfGE 84, 239 Rn. 106 ff.

[139] BVerfGE 93, 121 Rn. 34 ff., 43, 46; BVerfGE 99, 88 Rn. 23 – Verlustabzug.

damit, dass ein Verstoß gegen die Belastungsgleichheit eine nachfolgende strafrechtliche Verurteilung wegen Steuerhinterziehung ausschließt.[140]

Im Zusammenhang mit der steueroptimierten Vermögensanlage wiederholen sich vier Themen: das Erhebungs-, Vollzugs- oder Durchsetzungsdefizit[141] in Bezug auf bestimmte Einkunftsarten, die Abgrenzung der steuerbaren von den nicht steuerbaren Erträgen[142] nebst sachlicher Beschränkung des Verlustabzugs,[143] die Besteuerung privater Kapital- oder Veräußerungserträge (sog. Spekulationsgewinne)[144] und die steuerliche Differenzierung zwischen verschiedenen zu gleichen wirtschaftlichen Zwecken eingesetzten Rechtsformen. Letzteres betrifft die Frage der rechtsformneutralen Besteuerung.[145] Aus Sicht des Europarechts ist *sedes materiae* die Verortung des Investmentfonds zwischen Niederlassungs- und Kapitalverkehrsfreiheit.[146]

---

[140] BVerfGE 11, 61, 63; BVerfG, HFR 2007, 276 Rn. 21 ff.; s.a. BVerfG, WM 2008, 1185.

[141] Vgl. BVerfGE 84, 239 Rn. 112 – Zinsurteil: Eine Steuerbelastung, die nahezu allein auf der Erklärungsbereitschaft des Steuerpflichtigen beruht, weil die Erhebungsregelungen Kontrollen der Steuererklärungen weitgehend ausschließen, trifft nicht mehr alle und verfehlt damit die steuerliche Lastengleichheit. BVerfGE 110, 94 Rn. 64 und S. 136 f. – Spekulationssteuer: Verfassungsrechtlich verboten ist der Widerspruch zwischen dem normativen Befehl der materiell pflichtbegründenden Steuernorm und der nicht auf Durchsetzung dieses Befehls angelegten Erhebungsregel. Ebenso BVerfGE WM 2006, 1168 Rn. 15 f. (private Spekulationsgeschäfte mit Wertpapieren); WM 2006, 1166 Rn. 22 (Optionsgeschäfte und private Spekulationsgeschäfte); DStR 2008, 197 Rn. 17 ff. (kein Vollzugsdefizit bei Kontenabrufverfahren ab 1999).

[142] Vgl. BVerfGE 13, 331; BVerfGE 21, 6; BVerfGE 27, 111 – Unterscheidung zwischen wesentlichen und Beteiligungen von weniger als 25% für die Besteuerung von Veräußerungsgewinnen verfassungskonform.

[143] BVerfGE 99, 88 Rn. 25 ff. – Verlustabzug (Völliger Ausschluss des Verlustabzugs bei Vermietung von Mobilien verfassungswidrig).

[144] Grundlegend BVerfGE 21, 6, 11; BVerfGE 26, 302 Rn. 26 ff. (Spekulationsabsicht nicht erforderlich); BVerfGE 27, 111 (Veräußerung wesentlicher Beteiligung); BVerfGE 84, 239, 268 f. (Zinsurteil); BVerGE 99, 88 (völlige Beschränkung des Verlustabzugs aus Vermietung beweglicher Sachen verstößt gegen Gleichheitsgebot); BVerfGE 110, 94 (Spekulationssteuer bei Wertpapieren) sowie eine Vielzahl an Kammer- und Nichtannahmebeschlüssen z.B. BVerfGE 19, 138; HFR 1975, 581; HFR 1977, Nr. 546; HFR 2006, 395; HFR 2006, 718. Noch anhängig sind Verfahren zur Belastungsgleichheit bei privaten Grundstücksveräußerungsgeschäften, vgl. 2 BvL 13/05, 2 BvL 2/04, 2 BvL 14/02;

[145] Für einheitlichen, vom Gesellschaftsrecht losgelösten steuerrechtlichen Tatbestand z.B. Tipke/Lang/*Hey*, § 18 Rn. 18, dazu *Pinkernell*, Einkünftezurechnung, S. 137 ff., 152 f., 161 f.; mit Einschränkungen auch *Haas/Drüen*, FS Priester, S. 133, 140 ff. S.a. *Hopt*, in Lutter/Wiedemann, S. 123, 136: „Wer für Wahl- und Gestaltungsfreiheit im Gesellschaftsrecht plädiert, wird also konsequent auch für ein insoweit neutrales Steuerrecht eintreten."

[146] Streubesitzbeteiligungen (unterhalb der 10%-Schwelle) in der alleinigen Absicht der Geldanlage sind nach st. Rspr. des EuGH ausschließlich am Maßstab der Kapitalverkehrsfreiheit gem. Art. 63 ff. AEUV zu messen. Vgl. EuGH v. 12.12.2006, C-446/04, Rn. 38, 92, 99 (Test Claimants in the FII Group Litigation I); EuGH v. 17.9.2009, C-182/08, Rn. 40, 45-52 (Glaxo Wellcome); EuGH v. 10.12.2011, C-436/08 und 437-08, Rn. 35 (Haribo Lakritzen); EuGH v. 15.9.2011, C-310/09, Rn. 33 (Accor); EuGH v. 19.7.2012, C.31/11, Rn. 23 (Scheunemann); EuGH v. 12.5.2012, verb. Rs. 338/11 bis 347/11, Rn. 15 (Santander Asset Management

4. Privatautonomie (Art. 2 Abs. 1 GG)

Die kollektive Vermögensanlage steht schließlich unter dem Diktat der Privatautonomie. Die Selbstbestimmung des Einzelnen ist als Teil der allgemeinen Handlungsfreiheit verfassungsrechtlich geschützt. Sie findet ihre Grenzen in der Entfaltungsfreiheit anderer und bedarf insbesondere im Vertragsrecht der gesetzlichen Ausgestaltung.[147]

Gerade mit Blick auf potenziell disparates Wissen und Einfluss von Verwalter und Anleger sind die Grenzen der Privatautonomie von Interesse: Immanente Voraussetzung einer Berufung auf die Privatautonomie ist, dass der Einzelne tatsächlich über sich selbst bestimmen kann.[148] Der verfassungsrechtliche Schutz der Privatautonomie durch Art. 2 Abs. 1 GG kann eine Pflicht des Gesetzgebers begründen, für eine rechtliche Ausgestaltung des Rechtsverhältnisses der davon betroffenen Vertragsparteien zu sorgen, die ihren Belangen hinreichend Rechnung trägt.[149]

II. Finanzmarktaufsichtsrecht

Zum Schutz der Anleger vor Schäden aus einer nicht angemessenen Verwaltung[150] sind bestimmte Kollektivanlagen zulassungspflichtig. So sind Unternehmen, deren Geschäftstätigkeit darauf gerichtet ist, inländische Investmentvermögen nach § 1 Abs. 1 KAGB zu verwalten, als Kapitalverwaltungsgesellschaften der Bundesanstalt für Finanzdienstleistungsaufsicht unterstellt, wenn keine der größen- oder tätigkeitsbezogenen Ausnahmen gem. § 2 Abs. 4 bis 7 KAGB einschlägig ist.[151]

Daneben stellt das Prospektrecht auf den Organismus für gemeinsame Anlagen ab.[152] Vor Inkrafttreten des KAGB am 22.7.2013 war die Rechtslage noch unübersichtlicher: Dem Erlaubnistatbestand des InvG lag ein formeller, kein materieller Investmentbegriff zugrunde.[153] Das Investmentgeschäft konnte nur

---

SGIIC SA), IStR 2012, 432 (m. Anm. *Patzner/Nagler*); EuGH v. 10.4.2014, C-190/12 (Emerging Markets Series of DFA Investment Trust Company) IStR 2014, 333.

[147] St. Rspr., vgl. BVerfGE 8, 274, 328; BVerfGE 72, 155, 170; BVerfGE 114, 73 Rn. 57 ff.

[148] BVerfGE 81, 242, 254 f.

[149] BVerfGE 114, 73 Rn. 57 ff. (objektivrechtlicher Schutzauftrag des Gesetzgebers bei Lebensversicherung); BVerfG, WM 2006, 633 Rn. 60.

[150] Vgl. *Podewils*, Investmentgesellschaften, S. 7.

[151] Vgl. §§ 17 ff. KAGB. Vgl. zu den Ausnahmen Möllers/Kloyer/Zetzsche, S. 152 ff. sowie Weitnauer/*Boxberger*/*Röder*, § 2 Rn. 20 ff. So sind etwa grundsätzlich AIFM mit einem verwalteten Vermögen unterhalb von 100 Mio. Euro (unter Einsatz von Leverage) bzw. 500 Mio. Euro (ohne Einsatz von Leverage) von der Verwalterregulierung nach §§ 17 ff. KAGB ausgenommen. Weitere Privilegierungen betreffen Kleinst-Publikums-AIF (§ 2 Abs. 4a KAGB) sowie Publikums-AIF in der Rechtsform der Genossenschaft (§ 2 Abs. 4b KAGB), KVGs von inländischen geschlossenen AIF (§ 2 Abs. 5 KAGB), Europäische Venture Capitalfonds (§ 2 Abs. 6 KAGB) und Europäische Sozialfonds (§ 2 Abs. 7 KAGB).

[152] Dazu Holzborn/*Zetzsche*/*Eckner*, EU-ProspV Art. 18 Rn. 5 ff.

[153] Berger/*Köndgen*, § 1 Rn. 8.

in der Rechtsform der Kapitalanlagegesellschaft oder einer spezifisch investmentrechtlichen AG (Inv-AG) betrieben werden.[154] Des Weiteren konnte eine Erlaubnispflicht gem. § 32 Abs. 1 KWG wegen gewerbsmäßiger Anlageverwaltung (§ 1 Abs. 1a Nr. 11 KWG) bestehen.[155] Vor Einführung der Erlaubnispflicht für die Anlageverwaltung[156] suchte die Finanzmarktaufsicht die Verwaltung eines Portfolios von Finanzinstrumenten zugunsten einer Mehrzahl von Anlegern mit wechselndem Erfolg als Finanzkommissionsgeschäft (§ 1 Abs. 1 Nr. 4 KWG)[157] bzw. Finanzportfolioverwaltung (§ 1 Abs. 1a Nr. 3 KWG)[158] einer Erlaubnispflicht zu unterstellen und den Vertriebsweg als erlaubnispflichtige Anlagevermittlung[159] zu qualifizieren. Erlaubnisfrei war noch die Verwaltung von Portfolios aus anderen Anlagegegenständen als Finanzinstrumenten,[160] insbesondere Immobilien, Rohstoffe, Edelmetalle und Spezialitäten wie Film- und Schiffsbeteiligungen. Eine Aufsicht über den Vertrieb geschlossener Fonds

---

[154] Von der Erlaubnisbedürftigkeit der Tätigkeit anderer Gesellschaften zur gemeinschaftlichen Anlage wurde lange Zeit bewusst abgesehen, vgl. BT-Drs. 15/1553, S. 74, 76 (keine Regulierung von Produkten des Grauen Kapitalmarkts).

[155] Die Vorschrift legaldefiniert Anlageverwaltung als „Anschaffung und Veräußerung von Finanzinstrumenten für eine Gemeinschaft von Anlegern, die natürliche Personen sind, mit Entscheidungsspielraum bei der Auswahl der Finanzinstrumente, sofern dies ein Schwerpunkt des angebotenen Produkts ist und zu dem Zweck erfolgt, dass diese Anleger an der Wertentwicklung der erworbenen Finanzinstrumente teilnehmen." Die Definitionen des KWG sind grundsätzlich auch für das WpHG maßgeblich, vgl. BVerwGE 116, 198 Rn. 31 – Phoenix Managed Account.

[156] Vgl. Art. 2 des Gesetzes zur Fortentwicklung des Pfandbriefrechts vom 20. März 2009, BGBl. I (2009), 607.

[157] Erfolgreich im Fall des Phönix Managed Accounts, BVerwGE 116, 198 Rn. 31. Abgelehnt durch BVerwGE 130, 262 – GAMAG. Der Fall betraf eine AG, die gegen Zahlung bestimmter Beträge Schuldverschreibungen als sogenannte Indexzertifikate an das interessierte Publikum ausgab und die eingenommenen Gelder im eigenen Namen und auf eigene Rechnung in solchen Finanzinstrumenten anlegte, aus denen der Index für den Rücknahmewert des Zertifikats ermittelt wird. Das BVerwG (Rn. 26 ff.) entschied, dass die Anschaffung und Veräußerung der Finanzinstrumente für eigene Rechnung (der AG) statt für fremde Rechnung (der Anleger) erfolgte. Es folgte damit der herrschenden rechtlichen Betrachtungsweise, die darunter nur Kommissionsgeschäfte i.S.v. §§ 383 ff. HGB fasst, vgl. *Dreher*, ZIP 2004, 2161, 2612; *Fock*, ZBB 2004, 365, 368; *Hammen*, WM 2005, 813, 814; *Bruski* in Bankrechtshandbuch, § 104 Rn. 3; *Assmann/Schütze/Roth*, 3. Aufl. § 10 Rn. 31; *Wolf*, DB 2005, 1723, 1724; bestätigt von BVerwG, ZIP 2009, 1899 Rn. 25 ff.; BGH, NJW 2010, 1077 (mit Parallelentscheidungen); a.A. (wirtschaftliche Betrachtungsweise) z.B. *Sahavi*, ZIP 2005, 929, 933; *Voge*, WM 2007, 1640, 1641.

[158] Erfolgreich im Fall der K1-Fonds-GbR (BVerwGE 122, 29); nicht zur Entscheidung angenommen durch BVerfG, WM 2006, 969. Für die Nachfolgegesellschaft K1-Invest-GbR ebenso BVerwG ZIP 2010, 1170. Abgelehnt durch BVerwGE 130, 262, 292 Rn. 58 (GAMAG) mangels Tätigkeit „für andere" BVerwG ZIP 2009, 1899 Rn. 33 ff. mangels Tätigkeit auf Einzelkundenbasis. Ebenso zuvor VGH Kassel ZIP 2006, 800 (keine Genehmigungspflicht wegen Eigenhandels; gesellschaftsrechtliche Verbundenheit steht bei Anlage-KG Tätigkeit für andere entgegen).

[159] So erfolgreich in BGH, ZIP 2005, 1223 (Inhaberobligationen); abgelehnt in VG Frankfurt a.M., BKR 2006, 171 (Multi Advisor Fund I GbR).

[160] Vgl. die Definition in § 1 Abs. 11 S. 1 KWG.

wurde mit § 3 VermAnlG idF des Gesetzes zur Novellierung des Finanzanlagenvermittler- und Vermögensanlagenrechts[161] eingeführt.[162]

Eine wirtschaftliche Betrachtung, die mit Blick auf den Anlegerschutz Unterschiede der öffentlich-rechtlichen Erlaubnistatbestände und Pflichten in KWG, WpHG und KAGB nivelliert, ist mit der Entstehungsgeschichte der einzelnen Tatbestände unvereinbar und begegnet in Anbetracht der gesetzlichen Ausdifferenzierung und verfassungsrechtlichen Bedenken.[163] Keinen solchen Restriktionen begegnet eine *zivilrechtliche* Untersuchung der Investmentbeziehung im materiellen bzw. funktionalen Sinn. Eine solche Analyse muss, um aussagekräftig zu sein, die Grenzen der öffentlich-rechtlichen Erlaubnistatbestände überschreiten. Ob die Finanzmarktaufsicht Private-Equity-Fonds wegen deren Einfluss auf die unternehmerische Entwicklung nicht als „reine Kapitalanlage" ansieht,[164] ob die Anlage diversifiziert sein muss[165] oder der Verwalter über Entscheidungsspielraum in Bezug auf die Anlageentscheidung verfügt,[166] sind Parameter des öffentlichen Rechts. Deren Relevanz im Hinblick auf das hier im Mittelpunkt stehende privatrechtliche Verständnis von Fonds und Kollektivanlage bedarf separater Prüfung.[167]

III. Privatrecht

Aus privatrechtlicher Perspektive zählen zum Recht der Kollektivanlage die Verträge und Organisationsbeziehungen zwischen Anleger, Verwalter und den sonstigen an der Geschäftstätigkeit eines Fonds Beteiligten. Für Fonds, die als Gesellschaften organisiert sind, und für Gesellschaften, deren Anleger Fonds sind, ist das Gesellschaftsrecht einzubeziehen.[168]

Des Weiteren bestehen privatrechtliche – nicht notwendigerweise vertragliche[169] – Rechtsverhältnisse zwischen Urhebern und Garanten von Fondsinformationen einerseits und den Anlegern andererseits (s.a. § 311 Abs. 2 und 3 BGB). Mit den Instrumenten des allgemeinen Zivilrechts hielt die Rechtsprechung zu Zeiten eines embryonal entwickelten Kapitalmarktrechts die Fondsinitiatoren

---

[161] BGBl. I (2011), 2481.

[162] Dazu *Sethe*, ZBB 2010, 265; *Bußalb/Vogel*, WM 2012, 1416; *Sönke/Weisner*, ZIP 2012, 756.

[163] Ebenso BVerwGE 130, 262, 269 Rn. 31; *Berger/Köndgen*, § 1 Rn. 8, wonach das InvG nicht dem Grundsatz „same business, same rules" folge.

[164] *BaFin*, Merkblatt Anlageverwaltung, Nr. 2d) [„Schwerpunkt der Tätigkeit"].

[165] Darauf verzichtet die BaFin z.B. beim Tatbestand der Anlageverwaltung, vgl. *BaFin*, Merkblatt Anlageverwaltung, Nr. 2e) [„Teilnahme an Wertentwicklung"].

[166] Vgl. den Tatbestand der Anlageverwaltung gem. § 1 Abs. 1a Nr. 11 KWG.

[167] Vgl. die Definition der Kollektivanlage im Ersten Teil.

[168] Vgl. dazu *Zetzsche*, AG 2013, 613 ff.

[169] Gegen die sogenannte Vertragslösung des BGH, wonach u.a. Garanten von Fondsprospekten auf der Grundlage eines Vertrags zugunsten Dritter einzustehen haben, und für ein gesetzliches Schuldverhältnis gem. § 311 Abs. 3 S. 2 BGB insbesondere *Kersting*, Dritthaftung, S. 332, 534 f.; *Koch*, AcP 204 (2004), 59, 77; *Löhnig*, Treuhand, S. 223.

an ihren Versprechungen fest.[170] Diese Tradition setzt sich in der modernen
Form der kapitalmarktrechtlichen Prospekthaftung fort.[171] Sie hat mit Inkrafttreten des KAGB einen Teil ihrer Bedeutung verloren.

Für früher bereits nach dem InvG organisierte vertragliche Fonds und Investmentgesellschaften mit veränderlichem Kapital existierten schon länger eigenständige Regelungen. Des Weiteren zu nennen sind Beteiligungsgesellschaften
nach dem UBGG. Es handelt sich um Spezialgesetze mit Doppelcharakter zwischen Zivil- und Aufsichtsrecht. Der zivilrechtliche Gehalt einzelner Regelungen ist jeweils separat festzustellen.

D. Untersuchungsparameter

Untersuchungsziel ist das zentrale Koordinatensystem des Rechts der Anlage-
organisation, an dessen durch rechtliche Parameter bestimmten Vektoren sich
Einzelfallentscheidungen auszurichten haben. Zu diesem Zweck sind drei
Schwerpunktsetzungen geboten.

I. Organisations- und Verhaltenspflichten

Im Mittelpunkt stehen die Organisations- und Verhaltenspflichten. Dieser Ausgangspunkt weicht von dem in Rechtsprechung und Wissenschaft etablierten
Usus ab, Organisations- und Verhaltensfragen mit Bezug zu Anlagemodellen
auf dem Umweg über die Vertriebs- oder Prospekthaftung[172] einer informati-
onsrechtlichen Lösung zuzuführen.[173] Ein Blick auf das Kapitalmarktrecht als
Konvolut aus Publizität, Aufklärungs- und Beratungspflichten, Haftung (i.d.R.
für fehlerhafte Information) und flankierender Aufsicht[174] verkürzt ebenso den

---

[170] Vgl. BGHZ 71, 284 und BGHZ 72, 382, dazu *Assmann*, Prospekthaftung, S. 74 ff., 216 ff.
(mit Varianten zur Bestimmung des Haftungsgrundes); *Wiedemann/Schmitz*, ZGR 1980,
128.

[171] Vgl. §§ 44 ff. BörsG; § 8 f. i.V.m. §§ 13, 13a VerkProspG und § 127 InvG sowie die Nachfolgevorschrift in § 306 KAGB. S. auch Anhang XV der Prospekt-VO, dazu Holzborn/Zetz-
sche/Eckner, EU-ProspV Art. 18 Rn. 2 ff.

[172] Grundlegend *Assmann*, Prospekthaftung (1985); *Kersting*, Dritthaftung, S. 492 ff.

[173] Z.B. BGH, NJW 2010, 1077 und Parallelentscheidungen verneinen einen Anspruch wegen fehlender Erlaubnis aus § 823 Abs. 2 BGB i.V.m. § 32 Abs. 1 KWG (mangels Finanzkom-
missions- und Investmentgeschäft), begründen aber mittels einer marginalen Prospektangabe
über tatsächliche Vermutungen eine Prospekthaftung im engeren Sinn (1078 f.). Ähnlich
BGH, NJW 2010, 2506, durch fondsspezifisches statt allgemeines Verständnis der „Erfah-
rungswerte der Vergangenheit" (Rn. 11 f.). Für Vertriebs- statt Organisationslösung zwecks
Erhaltung der Gestaltungsfreiheit *Hopt*, Kapitalanlegerschutz, S. 219 f., 230 f.; *ders.*, Gutachten 51. DJT, S. 81, 94 ff. und Beschlüsse Abteilung P, S. 207 f.; *Bälz*, ZGR 1980, 5; Fokus auf
Information auch bei *Assmann*, ZBB 1989, 49, 59 f.; *Kasten*, S. 33, 73 f. Grund für die Präferen-
zierung des Vertriebs-/Informationsmodells dürfte dessen Vereinbarkeit mit dem liberalen
Sozialmodell des Ursprungs-BGB sein, vgl. *Dauner-Lieb*, Verbraucherschutz, S. 67 ff.

[174] *Merkt*, FS Hopt, S. 2207, 2230.

Blick auf die Dinge wie die Behauptung, Kapitalmarktrecht verdränge das allgemeine Zivilrecht.[175] In beiden Fällen bleibt die zivilrechtliche Dimension des Organisationsrechts *terra incognita*.

Der traditionelle Fokus auf Information und Transparenz hat seinen Ursprung im US-Bundeskapitalmarktrecht unter dem SA 1933 und dem Securities Exchange Act 1934. Für die Mehrzahl der Finanzmarktprodukte beschränkt sich das US-Bundesrecht aus Gründen der Jurisdiktionsabgrenzung auf Offenlegungspflichten.[176] Die SEC praktiziert mit einem extensiv verstandenen *disclose or abstain*[177] eine Umwegregulierung, die fehlende Aufsichtskompetenzen ausgleicht.[178] Dies rechtfertigt nicht den Umkehrschluss, das US-Recht käme allein mit Informationsreglements und deren Durchsetzung aus.[179] Die Organisations- und Verhaltensnormen sind im Recht der Bundesstaaten und der Zivilrechtstradition des Common Law verortet, die privatrechtlich durchgesetzt, aber mangels einheitlicher Quellen eher selten rezipiert werden. Auch besteht für Investment Companies und Investment Adviser ein dichter werdendes Netz aus Spezialtreu- und Verhaltenspflichten, die bundesstaatliche Regelungen verdrängen.[180]

Der Vertriebsansatz erreicht mit den bereichstypischen Offenlegungs- und Konfliktregelungen bei Kollektivanlagen seine Wirkungsgrenze.[181] Ursache ist die Verlagerung der Anlageverantwortung auf einen Experten. So mag man mit einer Informationshaftung Schwindelgründungen adäquat begegnen.[182] Sie greift indes zu kurz, wenn für Maßnahmen keine Offenlegungspflicht besteht[183] und sich dennoch die Frage nach den Verhaltenspflichten der Beteiligten stellt. Der Informationsansatz wird umso fraglicher, je langfristiger die Investmentbeziehung ist. Die gebotene Fortentwicklung von Anlagestrategie und -technik bedingt ein flexibles Verhaltens- und Organisationsrecht. Schließlich sind angesichts der Vielzahl der beteiligten Anleger die potenziellen Schäden enorm hoch. Ein informationsgestützter, ggf. sogar strafrechtlich verstärkter Ersatzanspruch kommt regelmäßig zu spät,[184] nämlich zu einer Zeit, wo der Fondsverwalter insolvent ist oder infolge der Vielzahl zu befriedigender Ansprüche

---

[175] So *Sester*, AcP 209 (2009), 628, 643 f.; *Baums*, FS Hopt, S. 1612 für das Verhältnis von Kapitalmarktrecht und AGB-Verbraucherschutz.

[176] Vgl. *Louis Loss*, Securities Regulation, Bd. 1, 2. Aufl. 1961, S. 21: "Disclosure, again disclosure, and still more disclosure."

[177] Zum rechtsökonomischen Hintergrund vgl. *Easterbrook/Fischel*, (1984) 70 Va. L. Rev. 669.

[178] Darauf verweist bereits *Hopt*, ZHR 141 (177), 417.

[179] Zu den Grenzen der Publizität schon *Hopt*, Kapitalanlagenschutz, S. 162 ff.

[180] Vgl. im Einzelnen zur Entwicklung des US-Rechts Dritter Teil, § 15.A.

[181] Ebenso *Clark*, (1981) 94 Harv. L. Rev. 561, 571.

[182] Dies ist der Ursprung jeder Kapitalmarktregulierung, vgl. *Hopt*, ZHR 141 (177), 411 f.

[183] Vgl. BGH, WM 2005, 782 – *Julius Bär Creative Fonds II* – zum regionalen Anlageschwerpunkt.

[184] *Hopt*, ZHR 141 (177), 411 f.

alsbald sein wird. Stattdessen ist über organisatorische Sicherungen der Anleger vor einem Intermediärsversagen nachzudenken.

Jedenfalls wenn die Ersatzoption virtuell ist, ist die Prävention der Sanktion vorzuziehen. Repression und Prävention sind zu verknüpfen. Angemessenes Verhalten und Organisation wirken präventiv. Diese Erkenntnis ist auch im US-Recht durchgedrungen.[185] Hält man zudem den Informationsansatz für zweifelhaft, wo die Information mangels Zeit und Ressourcen unzureichend verarbeitet wird[186] oder mangels Fungibilität kein Zweitmarkt gegeben ist,[187] rechtfertigt auch dies für Kollektivanlagen eine eher gesellschaftsrechtliche Blickweise, in deren Fokus das Organisations- und Verhaltensrecht steht.[188]

Mit einem Schwerpunkt auf den Verhaltenspflichten und Kontrollinstrumenten von Emission und Emittent wird ein bereits in den 1970er Jahren von *Hopt* identifiziertes,[189] bislang nicht bestelltes Forschungsfeld aufgegriffen. Bis heute fehlt eine umfassende Untersuchung, welche gleichgelagerten Schutzprobleme zwischen der Beteiligung an Publikumspersonengesellschaften und Aktiengesellschaften bestehen und ob diese unter Heranziehung des Aktienrechts befriedigend zu lösen oder nicht andere Wege vorzugswürdig sind. Allgemeingültige „Standards gewissenhafter Geschäftsführung und Rechnungslegung, Aufsicht und Kontrolle, Interessenwahrung und Interessenvertretung, mit jeweils haftungsrechtlichen Konsequenzen" sind für Anlageorganisationen ebenso wenig bekannt wie eine klare Verortung einer „rechtlichen Abschluss- und Inhaltskontrolle" bei gleichzeitiger Sicherung der „Informations-, Kontroll- und Mitwirkungsrechte der Kapitalanleger durch die Schaffung von Zonen zwingenden Rechts."[190]

II. Rechtsformübergreifende Perspektive

Eine solche Untersuchung darf sich von Rechtsformgrenzen nicht aufhalten oder sogar abschrecken lassen. Zwar ist es „des Juristen bescheidenes Loos, die Rechtsformen und Rechtseinrichtungen, die völlig unabhängig von ihm … das geheimnisvolle Walten ganzer Völkerfamilien geschaffen hat, historisch und logisch zu erfassen, und dem Verständnis der Richter und Gesetzgeber näher zu

---

[185] Speziell für Kollektivanlagen sind die Offenlegungs- um einige Verhaltenspflichten ergänzt worden, deren Einhaltung Bundesbehörden überwachen. Vgl. z.B. s. 36(b) ICA 1940 sowie die Regelungen zur Mindestausstattung und Organisation in s. 9, 10, 17 des ICA 1940 (zu verbundenen Personen, zur Unabhängigkeit der Direktoren und zu Transaktionen mit nahestehenden Personen) sowie s. 18 ICA 1940 (Verbot bestimmter Kapitalstrukturen).

[186] So für geschlossene Fonds *Haar*, FS Hopt, S. 1865, 1881 f., 1891 (bei offener Konsequenz).

[187] So *Bornemann*, ZHR 166 (2002), 211, 221.

[188] Für unternehmensinternen Anlegerschutz auch *U.H.Schneider*, ZHR 142 (1978), 228; *Wawrzinek*, S. 122 ff.; *Mertens*, 51. DJT, P18 f.

[189] *Hopt*, ZHR 141 (177), 435 f.

[190] Vgl. jeweils *Hopt*, ZHR 141 (177), 436.

bringen."[191] An Untersuchungen zu Einzelfragen der offenen Investmentfonds des früheren InvG,[192] der kupierten oder integrierten, einstufigen oder mehrstöckigen, treuhänderisch oder direkt gehaltenen Publikumspersonengesellschaft (KG und GbR)[193] und stillen (Publikums-)Gesellschaft[194] besteht indes kein Mangel. Ohne den rechtsformübergreifenden Blick besteht die Gefahr, anlagetypische Eigenschaften für Fremdkörper und Fremdkörper für anlagetypisch zu halten und sodann im Wege der klassischen Auslegungsparameter das eine zu revidieren und das andere zu abstrahieren. Diese Untersuchung ordnet die „postmoderne Unübersichtlichkeit"[195] im Recht der *Anlage*formen. Gleichsam horizontal zu der klassischen rechtsformbezogenen Perspektive folgt sie der wirtschaftlichen Funktion. Eine solche Perspektive nimmt, soweit ersichtlich, im deutschsprachigen Raum nur die Untersuchung von *Kalss*[196] ein. Der Schwerpunkt der Untersuchung von *Kalss* liegt indes auf der Person des Anlegers und dessen Einbindung in *unternehmerische* Zusammenhänge. Davon abweichend fokussiert diese Untersuchung auf den *Anlagezweck* einer Organisation. Dafür gilt es aus der Vogelperspektive das Trennende und Gemeinsame

---

[191] *Fick*, ZHR 5 (1862), 1, 3.

[192] *G. Roth*, Treuhandmodell, mit den Besprechungen von *Reuter*, ZHR 173 (1973), 404, und *Geßler*, ZGR 1977, 524; *Engert*, Kapitalmarkteffizienz und Investmentrecht, Habil. München 2009; seit Erlass des InvG (2003 pp.) die Dissertationen von *Henke* (2004), *Schelm* (2008), *Reiss* (2006), *Schäfer* (2009), *Veltmann* (2007); zum früheren KAGG und AuslandsinvestmG *Dieterich* (2005), aus rechtsökonomischer Sicht *Roggatz* sowie *Fragos* (2003), *Seegebarth* (2004) und *Wilderink* (2003); *König* (1998), *Gschoßmann* (1995), *Rao* (1994), *Ohl* (1989), *Schmidt* (1988), *Schneider*, *Schäfer* (1987), *von Gronau* (1985), *Lütgerath* (1984), *Thiel*, *von Schenk* (1982), *Elsner* (1980), *Holschbach*, *Lammel* (1972), *Broermann* (1970), *Wernicke* (1969), *Graulich*, *Wendt*, *Kruhme* (1968), *Klenk* (1967), *Reuter*, *Roggatz* (1965), *vom Berge und Herrendorff* (1962), *Frank*, *von Pannwitz* (1961), *Ebner von Eschenbach* (1959) sowie aus betriebswirtschaftlicher Sicht mit juristischen Aspekten *Schäcker*, *Walter* (1961) und *Podewils* (1960); schon vor dem KAGG 1957 *Baum* (1956). Des Weiteren zu nennen sind die (übersichtlichen Handbücher) von *Förster/Hertrampf*, Das Recht der Investmentfonds, 3. Aufl. 2000 und *Tormann*, Die Investmentgesellschaften, 5. Aufl. 1978 sowie *Siara/Tormann*, KAGG (1957).

[193] Vgl. die Habilitationen von *Armbrüster* und *Blaurock*, sowie bei *Grundmann*, Treuhandvertrag, S. 482; die Dissertationen von *Bott* (1959), *Cölle* (1968), *Dietrich* (1988), *Hanne* (1971), *Hoffmann*, *Kapitza*, *Krenzel*, *Kümmerlein*, *Markwardt*, *Maulbetsch*, *Söll*, *Wagner* (1985), *Wawrzinek*, *Wolff* (1966), sowie *Bälz*, ZGR 1980, 1; *Bernstein/Schultze-von-Lasaulx*, ZGR 1976, 33; *Beuthien*, ZGR 1974, 26; *Bippus*, AcP 195 (1995), 13; *Ebbing/Grüner*, NZG 2000, 327; *Hopt*, ZGR 1979, 1; *ders.*, ZHR 131 (1977), 389, 404; *Heinze*, ZGR 1979, 106; *Kaligin*, NJW 1994, 1456; *Kraft*, ZGR 1979, 399; *Reuter*, AG 1979, 321; *ders.*, AcP 181 (1981) 1, 10; *U.H.Schneider*, ZHR 142 (1978), 228; *ders.*, ZGR 1978, 1; *H.Schneider/U.H.Schneider*, FS Möhring, S. 271; *Wiedemann/Schmitz*, ZGR 1980, 128; *Wiedemann*, ZGR 1975, 354. S.a. *Fastrich*, Inhaltskontrolle, S. 124 ff.; aus steuerlicher Sicht z.B. *Strobel/Ullrich*, ZGR 1976, 50.

[194] *Bornemann*, ZHR 166 (2002), 211; *Konzen*, FS Westermann, S. 1133; *Reusch*, Stille Gesellschaft (1989); *Schlitt*, Informationsrechte (1996); *K.Schmidt*, ZHR 140 (1976), 475; *Wiedemann*, WM 2014, 1985.

[195] *Schiemann*, FS Zöllner, S. 503, 518 (in Zusammenhang mit treuhänderischen Beteiligungen an Gesellschaften).

[196] *Kalss*, Anlegerinteressen, S. 26 ff.

der zu Anlagezwecken eingesetzten Organisationsformen herauszuarbeiten. Es soll untersucht werden, ob sämtliche Rechtsformen der Kollektivanlage auf einheitliche Grundlinien zurückzuführen sind, ungeachtet ihrer rechtlich-formalen Ausgestaltung als Korporation, Personengesellschaft, Trust oder Vertrag. Es besteht die Hoffnung, dass so die leitenden Gesichtspunkte, nach denen der Gesetzgeber die Tatbestände bildet und ihnen Rechtsfolgen zuordnet – die Bestandteile des Systems[197] der Kollektivanlage – offengelegt werden können.

Dies erfordert einen Brückenschlag über dogmatische Gräben. Zusammenzuführen sind das bürgerliche Recht zu den Personenmehrheiten, das Geschäftsbesorgungsrecht, das KAGB und das VermAnlG, die Diskussion um die Publikumspersonengesellschaften sowie das Recht der anlageverwaltenden Personen- und Kapitalgesellschaft. Ohne das Mysterium Treuhand ein weiteres Mal enträtseln zu wollen[198] sind die Erkenntnisse zu fiduziarischen Rechtsgeschäften einzubeziehen. Zu Doppelungen kommt es nicht: Der Schwerpunkt der deutschen Treuhanddiskussion liegt im Verhältnis von Treugeber und Treuhänder zu Dritten,[199] hier steht die Binnenorganisation im Mittelpunkt.

III. Kollektivität und Individualität

Die Forschung hat die Besonderheiten fiduziarischer *Mehr*personenverhältnisse bislang nicht akzentuiert. Die Untersuchung behebt dieses Defizit, indem sie auf die Rechtsfolgen der Kollektivbindung und die dem einzelnen Anleger trotz Kollektivbindung verbleibenden Rechte fokussiert. Inwiefern die rechtsformspezifische Zuordnung von Vermögen und Rechten zu einer juristischen Person, Gesamthand oder Gemeinschaft Modifikationen erfährt, mithin der Konflikt zwischen sowie das Ausmaß von Individualität und Kollektivität ist zentrale Fragestellung.

Es gilt, das von *Pennington*[200] bemerkte Paradoxon der Kollektivanlage einer

---

[197] Zum Systembegriff vgl. *Bydlinski*, System und Prinzipien des Privatrechts, S. 31 ff., der den hier verwandten Systembegriff als »inneres« System gegen die lediglich deskriptiven Ordnungen im »äußeren« System abgrenzt; *Larenz/Canaris*, Methodenlehre, S. 85, 87, 314 ff.

[198] Seit Anfang des 20. Jahrhunderts mit den zum BGB grundlegenden Arbeiten von *Schultze*, JherJB 43 (1901) 1; *Fischbach*, Treuhänder und Treuhandgeschäfte (1912); *Hengstberger*, Stellvertretung und Treuhand im Bürgerlichen Gesetzbuch (1912) sowie *Töndury*, Treuhand (1912) erlebte die Treuhand drei Entwicklungsschübe. Die vorerst letzte Treuhandwelle begann mit dem Aufsatz von *Henssler*, AcP 196 (1996), 45 und der Habilitation von *Grundmann*, Treuhandvertrag (1997), und fand in den drei Habilitationen von *Bitter*, Rechtsgeschäfte auf fremde Rechnung (2006), *Löhnig*, Treuhand (2006) und *Geibel*, Treuhand als Gesellschaftsrecht (2008) ihren Höhepunkt. Zur zweiten Treuhandwelle in den 1970er Jahren zählen *Asmus*, Treuhand (1977), *Coing*, Treuhand (1973), *Kötz*, Trust und Treuhand (1969), *Walter*, Unmittelbarkeitsprinzip (1974). Vgl. zur ersten Treuhandwelle in den 1930er Jahren z.B. *Siebert*, Das rechtsgeschäftliche Treuhandverhältnis (1933).

[199] Anders soweit ersichtlich nur *Löhnig*, Treuhand (2006), in Bezug auf Einzelfragen zum Innenverhältnis auch *Geibel*, Treuhand (mit speziellem Verständnis der Treuhand als GbR).

[200] *Pennington*, Investment Markets, S. 33.

Lösung zuzuführen: Die Kollektivanlage dient ausschließlich individuellen, gleichsam egoistischen Zwecken, bedient sich dafür aber kollektiver Organisationsformen und des dafür geschaffenen grob generalisierenden Anlegerschutzes. Die Individualität der Kollektivanlage zeigt sich in der Autarkie des Investmenterfolges des einzelnen Investors: Für diesen ist es grundsätzlich unerheblich, ob Mitinvestoren infolge betrügerischer Vertriebsmittler, unzureichender Organisation oder nachlässiger Anlageentscheidungen (mit-)geschädigt werden. Diese Beobachtung steht in sonderbarem Kontrast zum klassischen Gesellschaftsrecht mit seinem Fokus auf dem durch Treupflichten beschränkten Mehrheitsprinzip, effektiver Verwaltung der Gesellschaftsangelegenheiten und der typisierten Behandlung von Gesellschafterinteressen.

IV. Begrenzung des Untersuchungsgegenstands

Die effektive Suche nach dem Koordinatensystem der Kollektivanlage erzwingt eine Begrenzung. Die Fondswirtschaft ist international und global. Jenseits des Untersuchungsgegenstands liegen die Auswirkungen der Anlegerbeteiligung an operativ tätigen Unternehmen, insbesondere der börsennotierten AG.[201] Steuerliche Fragen der Kollektivanlage werden am Rande adressiert, das Aufsichtsrecht nur, soweit es auf das Innenverhältnis einwirkt, das Strafrecht gar nicht. Auch das Privatrecht, das im Mittelpunkt steht, kann nicht erschöpfend behandelt werden.

1. Vertriebsrecht

Nicht behandelt werden der Eigenvertrieb des Fondsinitiators und der Fremdvertrieb durch Anlagevermittler und -berater. Vertriebsrecht ist Informationsrecht. Dessen Berücksichtigung verwässerte den organisations- und verhaltensrechtlichen Fokus. Zudem ist das Vertriebsrecht ausreichend behandelt.[202]

2. Randformen der Kollektivanlage

Kollektivanlagen treten in nahezu allen Rechtsformen auf. Ohne damit die Geltung der erkannten Prinzipien in Abrede zu stellen stehen die seltener anzutref-

---

[201] Dazu *Kalss*, Anlegerinteressen; *Mülbert*, Aktiengesellschaft, Organisation und Kapitalmarkt; *Staake*, S. 95 ff., 230 ff.; *Zetzsche*, Aktionärsinformation (2006).
[202] Neben den grundlegenden Werken zur Informationshaftung von *Assmann* und *Kersting* siehe nur *Kasten*, Explorations- und Informationspflichten (2009); *Klöhn*, Kapitalmarkt, S. 177 ff., 253 ff. (für Anlegertest); *C. Schmidt*, Vertriebspublizität (1988); *Lang*, Informationspflichten, S. 24. Aber die Lücke schließen die vorzüglichen Kommentierungen zu § 31 WpHG von KK-WpHG/*Möllers/Leisch* und Assmann/Schneider/*Koller*, die wissenschaftlichen Handbuchbeiträge z.B. Assmann/Schütze/*Assmann*, § 5, und zahlreiche Aufsätze, z.B. zu Rückvergütungen *Hadding*, FS Nobbe, S. 565; *Koch*, BKR 2010, 177; *ders.*, WM 2010, 1057; zur Anlageberatung *Leuering/Zetzsche*, NJW 2009, 2856; zu den Informationspflichten der Vertriebsintermediäre *Strohn*, WM 2005, 1441; *Zetzsche*, WM 2009, 1020; zum Vertrieb von Investmentfonds *Nickel*, ZBB 2004, 197, zu Hedgefonds *Kugler/Lochmann*, BKR 2006, 46 f.

fende Genossenschaft, stille Gesellschaft[203] und AG & Co. KG sowie die hierzulande für Zwecke der Kollektivanlage bedeutungslose GmbH, KGaA[204] und
OHG nicht im Mittelpunkt. Die rechtsvergleichende Betrachtung fokussiert
ebenfalls auf die Rechtsformen mit der jeweils größten Bedeutung. Wenig verbreitete Formen – wie das seit dem Jahr 2000 zulässige englische Äquivalent zur
GmbH & Co. KG, die *Limited Liability Partnership*[205] – werden nur am Rande
einbezogen.

3. Corporate Governance und Market Governance

Ziel ist die Durchleuchtung der Binnenbeziehung. Im Mittelpunkt der Untersuchung stehen die Rechte und Pflichten der Anleger und der an der Fondsorganisation und -verwaltung Beteiligten. In Anlehnung an die angelsächsische
Diktion lässt sich von *Fund Governance* sprechen. Grundsätzlich außen vor
bleiben die mit dem Begriff aktivistische (Finanz-)Investoren[206] verbundene
Corporate Governance sowie die *Market Governance* mit den Themenkomple-
xen Marktpreiseffizienz[207] und Systemrisiko. Diese Themen werden nur behandelt, soweit sie das Innenverhältnis beeinflussen.[208]

---

[203] Vgl. aber BGH, NJW 2001, 1270 (AG mit 38.500 still Beteiligten).

[204] Anders für die USA *Pistor*, FS Emeritierung Hopt, S. 481, wonach die LLP der KGaA
entsprechen soll.

[205] *Macfarlanes*, Collective Investment Schemes, A2.058. Vgl. zur LLP *Morse et al.*, Palmer's Limited Liability Partnership Law, 2002; *Whittaker/Machell*, Limited Liability Partnerships, 3rd ed. 2009; *Lindley & Banks* on Partnership, 18th Ed., 2002, Rn. 28-11, *Blackett-Ord*, Partnership Law, 3rd Ed., 2007, Chpt. 25. S. 1 (2) des Limited Liability Partnership
Act 2000 versteht das britische Recht die LLP als korporative, nicht als personengesellschaftsrechtliche Form.

[206] Vgl. zum Einfluss aktivistischer Investoren auf börsennotierte Unternehmen aus ökonomischer Sicht *Admati/Pfleiderer/Zechner* (1994) 102 JPE 1097; *Carleton/Nelson/Weisbach*
(1998) 53 JF 1335; *Chen/Harford/Li*, (2007) 86 JFE 279; *Del Guercio/Hawkins* (1999) 52 JFE
293; *Smith* (1996) 51 JF 227; *Thomas/Cotter* (2007) 13 JCF 368; zum Einfluss einer guten
Unternehmensorganisation auf den Wert des Portfolios und die Bereitschaft zu institutionellem Investment *Gompers/Ishii/Metrick*, (2003) 118 Qu. J. Econ. 107; *Leuz/Lins/Warnock*,
(2009) 22(8) RFS 3245; *Bassen*, Institutionelle Investoren und Corporate Governance (2002);
Stephan, Mediatisierter Aktienbesitz, S. 57 ff. (Investmentgesellschaften als Aktionäre); zu
der umgekehrten Frage, wie die Unternehmensleitung den Umfang institutionellen Investments beeinflussen kann *Grinstein/Michaely*, (2005) 60 JF 1389 (zur Korrelation von Dividendenzahlungen und institutionellem Investment). Aus rechtlicher Sicht *Fraune*, Einfluss
(1996); *Kumpan*, AG 2007, 461; *Rock* (1990-91) 79 Geo. L.J. 445; *Strine*, (2007-2008) 33 J.
Corp. L. 1 (mit den Repliken u.a. von *Ferlauto* und *Silvers*); *Thaeter/Guski*, AG 2007, 301;
Athanassiou/Brav/Jiang/Kim, S. 195 ff.

[207] Vgl. *Engert*, Kapitalmarkteffizienz (2008) sowie die klassischen Aufsätze von *Hans-
mann/Kraakman* zu den „mechanisms of market efficiency", (1984) 70 Va. L. Rev. 549, mit
Rückblick (2003) 28 J. Corp. L. 215; aus ökonomischer Sicht z.B. *Gompers/Metrick*, (2001)
116 Qu. J. Econ. 229; *Lakonishok/Shleifer/Vishny*, (1992) 32 JFE 23; *Shleifer*, Inefficient Markets (2000).

[208] Beispiel: Frage nach einer Stimmpflicht, einer Pflicht zur Klageerhebung, zur Annahme
bzw. Ablehnung eines Übernahmeangebots, Frage, ob der Fondsverwalter die Schädigung
des einen von ihm verwalteten Fonds durch einen anderen, gleichfalls von ihm verwalteten

4. Rechtsvergleich

Der Horizont der Finanzmarktakteure endet nicht an den nationalen Grenzen. Deutsche Anleger kaufen luxemburgische und liechtensteinische Fonds, die von britischen und schweizerischen Kapitalverwaltungsgesellschaften verwaltet werden. Nur die rechtsvergleichende Perspektive zeigt die großen Entwicklungslinien auf. Freilich kann nur eine begrenzte Anzahl an Rechtsordnungen seriös erfasst werden. Mit Luxemburg und den USA werden die beiden weltweit wichtigsten Fondsrechtsordnungen einbezogen, sowie mit Deutschland, teilweise Frankreich und England die europäischen Nummern zwei bis vier. Als Nicht-EWR-Staat wird die Schweiz und als kleiner dynamischer Fondsplatz Liechtenstein einbezogen. Die letzten beiden Rechtsordnungen empfehlen sich wegen der rechtskulturellen Nähe und dem Selbstverständnis als Finanzplatz.

E. Systembedarf

Die Untersuchung strebt eine Systematisierung in dreierlei Hinsicht an.

I. Strukturen und Prinzipien

Erstens sollen das Trennende und das Gemeinsame, also die rechtlichen Verbindungslinien zwischen den unterschiedlichen Formen der Kollektivanlage offengelegt werden.

1. Rechtsformübergreifender Wertungstransfer

Dass solche Verbindungslinien bestehen, wurde verschiedentlich postuliert, aber bislang nicht nachgewiesen: Rechtsprechung[209] und Schrifttum[210] bedienen

---

Fonds dulden darf oder zu dulden hat, Frage, wie Systemrisiken die Entscheidungsfreiheit des Verwalters beeinflussen.

[209] Z.B. BGHZ 64, 238 und BGHZ 69, 207 (Haftung der Beiräte einer Publikums-KG richtet sich nach §§ 93, 116 AktG; § 708 BGB gilt nicht); BGHZ 66, 82 und BGHZ 71, 53 (Kapitalerhöhung durch Mehrheitsbeschluss auch ohne Obergrenze in Gesellschaftsvertrag oder sogar dann, wenn der Gesellschaftsvertrag keine Beschlussgegenstände nennt, also Einschränkung des Bestimmtheitsgrundsatzes, damit Abweichung von RGZ 91, 166); BGHZ 69, 160 Rn. 18 ff. (Beschluss über die Fortsetzung statt Auflösung mit Drei-Viertel-Mehrheit); BGH, WM 1977, 1446 Rn. 18 ff. (Pflichten des Aufsichtsrats einer Publikums-KG in entsprechender Anwendung des Aktienrechts); BGH, NJW 2003, 1729 (Übernahme des kapitalgesellschaftsrechtlichen Systems durch großherzige Auslegung des Gesellschaftsvertrags ermöglicht Klage gegen Publikums-KG ähnlich einer Anfechtungsklage statt Klage gegen alle einzelnen Gesellschafter); BGHZ 150, 1 (Eigenart der Anleger in Immobilienfonds begründet beschränkte Haftung); BGH, NZG 2010, 1381 (Bestellung eines besonderen Vertreters analog §§ 46 Nr. 8 Halbs. 2 GmbHG, 147 Abs. 2 S. 1 AktG); OLG Düsseldorf, WM 1984, 1080, 1084 (Prüfungspflichten des KG-Aufsichtsrats, § 708 BGB abbedungen); zurückhaltend BayObLG, WM 1985, 1231 (keine Einreichungspflicht betreffend Sonderprüfungsbericht bei Handelsregister).

[210] *R. Fischer*, FS Barz, S. 33, 42 f.; *Hopt*, Gutachten 51. DJT, S. G 62 ff., insbesondere

sich für die Publikumspersonengesellschaft unbekümmert bei (vermeintlich) anlegerschützenden Vorschriften des Aktienrechts. Das wirkmächtige Anlegerschutzprinzip ist aufgrund der impliziten Antinomien (groß – klein, kundig – unkundig, „gut" – „böse") Einfallstor für gesetzesüberschreitende Wertungsjurisprudenz. Aus Gründen der Praktikabilität und Plausibilität übernommene Wertungen drohen sich amorph weiter- und sodann ein Eigenleben zu entwickeln. Dies wiegt umso schwerer, als es sich bei Praktikabilität und Plausibilität letztlich um Umschreibungen für Billigkeit handelt.[211] Die Inpflichtnahme der AG- oder (allgemeiner) Verbandsanalogie gibt prima facie Rätsel auf: Der Gesetzgeber hat mit dem KAGB (und seinen Vorläufern InvG, KAGG und AIG) und VermAnlG Spezialgesetze zum Schutz der Investmentsparer erlassen. Das Spezialanlagerecht wird von der Rechtsprechung für Organisationsfragen nur ganz ausnahmsweise rezipiert.[212] Warum ist das AktG statt des KAGB/InvG heranzuziehen?[213] Lässt sich dafür aus der Verweisung für wirtschaftliche und nichtrechtsfähige Vereine gem. §§ 22, 54 S. 1 BGB etwas gewinnen?[214] Diese Kontrollüberlegung belegt die Wichtigkeit, die gemeinsamen Muster und Wertungen der rechtlichen Regelung wirtschaftlich ähnlicher Sachverhalte herauszuarbeiten. Soweit das Gesetz Raum lässt, könnten Wertungswidersprüche aufgelöst und, soweit sich Merkmale eines Systems der Kollektivanlage nachweisen lassen, offene Fragen einer system-stringenten Lösung zugeführt werden.

2. Grenzen der rechtsformbezogenen Betrachtung

Die Orientierung an anderen Rechtsformen indiziert, dass die Grenzen der rechtsformbezogenen Auslegung erreicht sind. Offenbar ist es nicht möglich,

---

G 77 ff.; *Kalss*, Anlegerinteressen, S. 152 ff. (zu Inhaltskontrolle), 393 ff. (zu „Voice"), 522 f. (zu „Exit"); *Nitschke*, Personengesellschaft, S. 156 f., 404 (als Grundsätze eines gemeinsamen Verbandsrechts); i.E. auch *Reusch*, S. 65 ff., 80 f., 296; *K. Schmidt*, ZGR 2008, 1, 14 f. (entsprechende Anwendung kapitalgesellschaftsrechtlicher Mindestquoren auf Publikumspersonengesellschaften); *U.H. Schneider*, ZHR 142 (1978), 228, 248 ff.; *A.Teichmann*, Gestaltungsfreiheit, S. 101 f. (auf der Grundlage einer Analogie); referierend auch *Wawrzinek*, S. 119 f. und z.B. 154 ff.; *Wiedemann*, FS Priester, S. 857; *Wiedemann/Schmitz*, ZGR 1980, 128; *Wiedemann*, BB 1975, 1591.
[211] Vgl. bereits *Reuter*, AcP 181 (1981), 1, 3.
[212] Soweit ersichtlich nur KG, ZIP 2001, 1200 Rn. 66, 76 f. zur Bestimmung der Reichweite des Auskunftsrechts des Aktionärs gem. § 131 Abs. 1 AktG unter Zuhilfenahme von § 24a KAGG a.F., dazu *Zetzsche*, Aktionärsinformation, S. 139 f. Das KG nutzt das KAGG interessanterweise zur Konkretisierung des *Aktienrechts*.
[213] Ausnahmsweise andersherum *Fleischer/Schmolke*, ZHR 173 (2009) 688, die das Aktiengesetz für Anlage-Nebentätigkeiten des Vorstands mittels des InvG konkretisieren; *Kalss*, Anlegerinteressen, S. 445 ff. diskutiert den „wechselseitigen Vorbildcharakter" von schuld- und mitgliedschaftlichem Regelungsmodell der Anlage. Siehe aber *Glaser*, DB 1959, 1278, 1279 f. (für analoge Anwendung des KAGG auf Fonds mit gemischter Effekten-Sachwertanlage, soweit Wertpapiere verwaltet werden); *Canaris*, Bankvertragsrecht, Rn. 2346 (für entsprechende Anwendung des KAGG); de lege ferenda auch *Lütgerath*, S. 104 f.
[214] Dafür wohl *Großfeld*, Zivilrecht als Gestaltungsaufgabe, S. 51 ff.; *D. Reuter*, AG 1979, 324 ff.

ausgehend von der rechtsformbezogenen Betrachtung, zu vertretbaren Ergebnissen zu gelangen. Der Systembedarf zeigt sich auch in dem bereits angemerkten praktischen Ungleichgewicht zwischen Informations- und Organisationshaftung. Infolge des „überzogenen Rechtsformdenkens"[215] besteht eine Vielzahl an Wertungswidersprüchen[216] im Hinblick auf Minderheitenschutz, Publizität und Organisation. Mangels entwickelten Binnen-Organisationsrechts verwendet die Rechtsprechung wertungsoffene Informationstatbestände. Dadurch wird die zivilrechtliche Dogmatik sukzessive perforiert, wie die inflationäre Verwendung der auf Ausnahmefälle zugeschnittenen Vorschrift des § 826 BGB belegt.[217]

3. Transparenz der Kollektivanlage

So ist die zentrale Frage nicht hinreichend beantwortet, wann das Recht die Kollektivorganisation und wann die dahinterstehenden Anleger in den Blick nimmt. Die traditionelle Rechtsformbetrachtung, wonach allein auf die Rechtsfähigkeit abzustellen ist, scheint jedenfalls durchbrochen. Danach müsste man bei vertraglichen Sondervermögen nach dem Miteigentumsmodell gem. § 92 Abs. 1 S. 1, 2. Alt. KAGB auf die Miteigentümer abstellen. Die §§ 92 bis 94 KAGB treffen eine gegenteilige Regelung. Von der offenbar oszillierenden Transparenz der Kollektivanlage hängen die umstrittenen Fragen zur Haftung der Kollektivanleger,[218] die Reichweite der Ausnahmen von den anlegerschützenden Organisations- und Vertriebspflichten[219] und die kapitalmarktrechtlichen Meldepflichten[220] ab.

Die Frage der Transparenz der Kollektivanlage stellt sich auch in der umgekehrten Dimension. So müsste sich der Ersatzanspruch eines geschädigten Anlegers bei unternehmensbezogenem Handeln des Verwalters eigentlich gegen die Kollektivanlage (AG, KG etc.) richten.[221] Die Mitanleger müssten dann für den Schaden aufkommen, es käme zum Klagewettlauf. Die Rechtsprechung zur Prospekthaftung entzerrt die dogmatisch stringente, aber vom Ergebnis her unerwünschte Lösung seit jeher durch einen weiten Initiatorenbegriff und groß-

---

[215] *Wiedemann*, GesR I, S. 38.

[216] Ebenso *Reuter*, AcP 181 (1981), 1, 13 f.

[217] Z.B. BGH, NJW 2004, 3706 mit Vorinstanz OLG Celle, WM 2003, 325 Rn. 45 ff. (Treuhänder); OLG Stuttgart vom 2.11.2005, 9 U 108/05 (Juris) Rn. 53 f. – Intertrend Investitions-Rentenplan.

[218] Vgl. zur Nachschusspflicht in einer Fonds-OHG insbesondere BGHZ 183, 1, zur Haftung der Anleger einer Immobilienfonds-GbR BGHZ 150, 1.

[219] Vgl. § 2 Abs. 4 bis 7 KAGB; zum früheren InvG (Prospektverzicht für Spezialfonds-Anleger und Berechtigung von Anlage-GbRs und Anlagetreuhändern, in Spezialfonds zu investieren) Beckmann/*Beckmann*, § 2 Rn. 18 f., 28; *Kandlbinder*, Spezialfonds, S. 35 f.; Brinkhaus/*Zeller*, § 1 Rn. 39; dagegen Berger/*Köndgen*, § 2 Rn. 7.

[220] Vgl. OLG Stuttgart, NZG 2005, 432.

[221] So *Verse*, ZHR 2006 (170) 398, 405 f. für Ansprüche aus Schutzpflichtverletzung gem. § 823 Abs. 2 BGB.

zügige Gewährung (quasi-)deliktischer Ansprüche aus § 311 Abs. 2 und 3 BGB, §§ 823 Abs. 2 BGB i.V.m. 264a StGB und § 826 BGB. Aus prospekthaftungsrechtlicher Sicht wird die Organisation derogiert, die Kollektivanlage ist gleichsam „transparent". Die gleiche Tendenz zeigt sich in einer Entscheidung des OLG Düsseldorf[222] zur Änderung der Anlagebedingungen; auch hier wird der Kreis der Haftenden in Anlehnung an die prospektrechtliche Initiatorenhaftung bestimmt.

II. Reichweite der Gestaltungsfreiheit

Unbekannt ist bislang das „Wesen" der Kollektivanlage und somit die Fähigkeit, „wesensfremde" Sachverhalte und Gestaltungen als solche zu erkennen. Davon hängt die rechtliche Anerkennung von Rechtsformwahl und Pflichtenkonkretisierung bzw. – häufiger – die Beschränkung der Initiatorenpflichten in Vertrag, Satzung und Gesellschaftsvertrag ab.

1. Grenzen der Privatautonomie

Offenzulegen sind die Grenzen der privatautonomen Gestaltungsfreiheit. Auch hier liegt der Systembedarf offen zu Tage: Die Rechtsprechung zeigt sich aus Anlegerschutzperspektive teils großzügig, teils restriktiv. Großzügig gewährt sie Prospekthaftungsansprüche nach penibler Sektion der Prospektinhalte, restriktiv verhält sie sich in Fragen der Organisation, wie am Beispiel der Nachschusspflichten und der Rückabwicklung fehlerhaft begründeter Anlageverhältnisse deutlich wird. Was die eine Hand gibt, nimmt die andere zurück. Die Ursache für die Ergebnisdivergenz liegt nicht bei der Rechtsprechung allein. Die Wissenschaft ist ihrer Funktion bislang nicht nachgekommen, angesichts der Fülle an Gestaltungen der Rechtsprechung ein System anzubieten, das im Rahmen des geltenden Rechts den wirtschaftlichen und sozialen Gegebenheiten Rechnung trägt. Stattdessen zeigt sich die Tendenz rechtsformbezogener Zurückhaltung und Einzelfallbetrachtung, die von der Rechtsprechung auf der Suche nach ausgewogenen Lösungen nicht goutiert werden kann. Auf ebendies läuft z.B. das Postulat hinaus, das SchVG sei – obgleich es nur Vertragsbeziehungen zwischen Anlegern und Emittenten regelt – funktionales Gesellschaftsrecht, weshalb in analoger Anwendung des § 310 Abs. 4 S. 1 BGB eine AGB-Kontrolle von Anleihebedingungen nicht in Betracht käme.[223]

Die Grenzen der Privatautonomie sind nicht nur für die Frage von Interesse, was Initiator, Verwalter und andere Beteiligte *nicht regeln dürfen*; von Bedeutung ist auch, ob sie bestimmte Regelungen treffen und Organisationsformen vorhalten müssen und ggf. welche Konsequenzen an eine Nichtregelung ge-

---

[222] Vgl. OLG Düsseldorf vom 18.3.2009, I-15 U 48/08 (Juris) Rn. 47.
[223] So *Sester*, AcP 209 (2009), 628, 638 ff.; *Baum*, FS Hopt, S. 1614, gegen die h.M.

knüpft sind. Beispielhaft zu nennen sind die Kollektivanlage mit geringen[224] oder sogar ohne den Verwalter bindende Beschränkungen[225] und Publikums-personengesellschaften ohne Anlage-Treuhänder bzw. Mittelverwendungskon-trolleur.

Ebenfalls Frage der privatautonomen Gestaltungsfreiheit ist, unter welchen Voraussetzungen einmal getroffene Abreden aufrechtzuerhalten sind, wenn sich die wirtschaftlichen Gegebenheiten verändern. So wird man die nach allge-meinem Vertragsrecht erforderliche Zustimmung aller Anleger eines vertragli-chen Investment-Sondervermögens kaum jemals einholen können. Folgt dar-aus, dass die übrigen Anleger an einer als überholt geltenden Anlagestrategie festgehalten werden können bzw. der Verwalter an einer Strategieanpassung gehindert ist? Ein Blick in das Gesellschaftsrecht zeigt hier ein zwischen Perso-nen- und Kapitalgesellschaft gespaltenes Bild. Die Zivilgerichte zeigen sich res-triktiv,[226] gewähren aber Ausnahmen für den Fall, dass ein einzelner Anleger betroffen ist. Das VG Berlin sieht keinen Grund für Einschränkungen; sofern die Änderung für die Anleger lediglich vorteilhaft ist, müsse die Aufsicht die Erlaubnis erteilen.[227] Dafür beruft es sich auf die Rechtsprechung zu einseitigen Änderungsvorbehalten in Verträgen[228] und zur Änderung von Versicherungs-bedingungen.[229]

Welche Linie zutrifft, ist mit Blick auf das Gesamtsystem zu bestimmen: Ver-schmelzungen von Kollektivanlagen und der Verwalterwechsel sind Änderun-gen grundlegender Art, die mit Verwalter-[230] und Bestandsrisiken verbunden sind. Gemäß dem einleitend dargestellten Verfassungsrecht müssen beim Ver-walter geschaffene Vermögenswerte als Quellen für die Erwirtschaftung von

---

[224] Vgl. dazu BGHZ 149, 33 (Kein Gebot zur regionalen Diversifizierung); BGH, WM 2005, 782 – Creativ Fonds II – (Anlageermessen bei Nichtangabe eines Anlageschwerpunkts im Prospekt).

[225] Vgl. OLG Stuttgart vom 2.11.2005, 9 U 108/05 (Juris) Rn. 53 f. – Intertrend Investi-tions-Rentenplan (mit der Folge eines Anspruchs aus § 826 BGB mangels Aufklärung über die Risiken): Eine „Mindestfestlegung [der Anlagestrategie ist] erforderlich, da nur so Mittelver-wendungskontrolle gewährleistet ist".

[226] OLG Frankfurt, BKR 2008, 341 Rn. 44. Die übrige Rechtsprechung positioniert sich nicht klar. Vgl. OLG Stuttgart vom 28.3.2007, 14 U 49/06 (Juris) Rn. 63, zur Haftung des Verwalters wegen Pflichtwidrigkeit der Umstrukturierung eines Wagniskapitalfonds; s. zur einseitigen Änderung einer Anlagestrategie (von fungiblen zu nicht-fungiblen Anlagen) bei ausländischem Genussschein-Fonds mit Hinweis auf § 112 InvG OLG Düsseldorf vom 18.3.2009, I-15 U 48/08 (Juris) Rn. 39 f.; Streitgegenstand sind eigentlich Interessenkonflikte, weil der Verwalter die Anlagestrategie wechselt, um Aktien eines verbundenen Unterneh-mens zu erwerben. Das OLG Düsseldorf löst den Fall über Informationshaftung (unzurei-chende Mitteilung vor der Änderung), es handelt sich aber um einen Fall der Organisations-haftung.

[227] VG Berlin, BKR 2003, 128.

[228] BGHZ 89, 206.

[229] BVerwGE 61, 59 (RechtsschutzV) und BVerwGE 30, 135 (PKV).

[230] I.e. das Risiko zukünftig schlechter Verwaltung.

Überschüssen erhalten bleiben und den Anlegern in gleichem Umfang zugute-
kommen wie ohne Verschmelzung oder Verwalteraustausch. Ggf. lassen sich
aus den vorhandenen Regelungen[231] Rückschlüsse auf die Schutzmechanismen
in anderen Fällen ziehen.

2. Interessenausgleich

Das zu erarbeitende System muss zahlreiche Interessen ausgleichen. Einzubeziehen sind neben Anlegern und Verwaltern Depotbanken, Verwahrer, Treuhänder, Mittelverwendungskontrolleure und Gläubiger.

In der Stellung der Gläubiger manifestiert sich das Systemdefizit der bisherigen Praxis. So lehnt sich die Rechtsprechung zum unerlaubten Vertrieb ausländischer Kollektivanlagen an die Rechtsprechung zu fehlerhaften Ad-hoc-Mit-
teilungen und Quartalsberichten[232] an (womit sich erneut die Orientierung am
Aktienrecht zeigt). Der Ersatzanspruch gem. § 823 Abs. 2 BGB i.V.m. § 32
Abs. 1 KWG könne gewährt werden, der Anlegerschutz gehe dem Gläubigerschutz vor.[233] Dagegen soll der Anleger einer Publikums-OHG nur unter Hinnahme einer Nachschusspflicht austreten[234] bzw. der Gesellschafter einer Publikums-GbR oder -KG unter Ausgleich des Fehlbetrags seine fehlerhafte Beteiligung[235] rückabwickeln können; es gelte nicht allgemein „Anleger- vor
Gläubigerschutz". Diese Differenzierung ist bemerkenswert, weil sowohl die
Erlaubnispflicht für ausländische Investmentvermögen als auch das Widerrufsrecht bei Haustürgeschäften gem. § 312 Abs. 1 BGB dem Anleger- bzw. Verbraucherschutz dienen. Warum in einem Fall der Anleger-, im anderen Fall der
Gläubigerschutz vorrangig sein soll, ist jedenfalls nicht offensichtlich.

Gleiches gilt für die scheinbar willkürlich entschiedene Frage der Beweislast-
verteilung im Ersatzprozess gegen den Verwalter. So muss nach den investmentrechtlichen Entscheidungen (unter Hinweis auf die allgemeinen zivilpro-
zessualen Grundsätze) der geschädigte Anleger irreguläres Verwalterverhalten

---

[231] §§ 181 bis 191, 281 KAGB.

[232] Vgl. BGHZ 160, 134 – *infomatec*; BGHZ 160, 149 – *infomatec*; BGH, NJW 2005, 2450.

[233] Z.B. OLGR Celle 2007, 401 Rn. 14; OLGR Celle 2008, 208 Rn. 26 f.; OLG Frankfurt
a.M., WM 2008, 2208 Rn. 32 ff. (aufgehoben durch BGH vom 27.7.2010 – VI ZR 347/08 (Juris), das die Frage nicht erörtert), identisch mit OLG Frankfurt a.M., OLGR 2008, 101 Rn. 31;
OLG Stuttgart, NZG 2008, 951 Rn. 27 ff., jeweils unter Bezug auf BGH, NJW 2005, 2450;
wohl a.A. LG Bremen vom 7.12.2006, 2 O 37/06 (Juris) Rn. 34 (aber begrenzt auf vertragliche
Rückzahlungsansprüche, für Delikt nicht thematisiert); anders noch RGZ 71, 97, 98 f. und
RGZ 88, 271, 272, mit Differenzierung zwischen einem primären Bezugsrecht und derivativem Erwerb; bei derivativem Erwerb ist BGB-Anfechtung nicht durch Aktienrecht gesperrt.

[234] BGHZ 183, 1.

[235] Im Anschluss an EuGH, Urteil v. 15.4.2010, C-215/08 – *E. Friz*, der BGH für GbR:
WM 2010, 262; WM 2010, 1555; BB 2010, 2058, für KG BGH, II ZR 189/09 (Juris).

darlegen und beweisen,[236] während andere[237] (unter Berufung auf das handelsrechtliche Schrifttum[238]) dem Verwalter-Komplementär einer Publikums-KG eine Exkulpationslast auferlegen. Nach den zu §§ 43 Abs. 2 GmbHG, 93 Abs. 2 AktG entwickelten Grundsätzen[239] – hier gelten korporative Wertungen für die KG! – müsse der geschäftsführende Gesellschafter darlegen und beweisen, dass er seinen Sorgfaltspflichten nachgekommen ist oder schuldlos nicht nachkommen konnte, oder dass der Schaden auch bei pflichtgemäßem Alternativverhalten eingetreten wäre.

3. *Verwalter- und Verwahrerpflichten*

Die weitere zentrale Frage nach dem Pflichtenkreis von Verwahrer und Verwalter ist ebenfalls nicht abschließend erforscht.

Im Bereich der Sorgfaltspflichten des Verwalters ist die Grenze zwischen den von der Rechtsordnung akzeptierten und übermäßigen Risiken zu bestimmen. Zu klären ist, wie der Verwalter zu investieren hat,[240] in welchen Fällen der Verwalter für Verluste aus der Anlagetätigkeit einstehen muss,[241] welche Tätigkeiten er aus zivilrechtlicher Sicht nicht auslagern darf[242] und in welchen Fällen er sich über den Erwerb des Anlagegegenstands hinaus engagieren muss.[243] Bei den Loyalitätspflichten ist die Trennlinie zwischen zulässiger und vorwerfbarer Verfolgung von Eigeninteressen des Verwalters unscharf konturiert. So profitiert der Verwalter von der Zunahme der Fondsgröße über die höhere Verwaltervergütung. Gleichzeitig reduziert sich der relative Ertrag der Anleger, wenn mit zunehmender Größe der Anlagesumme weniger profitable Anlagemöglichkeiten zur Verfügung stehen. Im Vergleich zur Diskussion in anderen Fondsju-

---

[236] Für Spezial-Sondervermögen nach InvG: OLG Frankfurt, BKR 2008, 341 Rn. 52: Keine Beweiserleichterung zugunsten Kläger, wonach sich Verwalter rechtfertigen muss oder einzelne Entscheidungen begründen muss; OLG Frankfurt, BKR 2008, 341 Rn. 34, 53: Pflicht des Klägers zur Darlegung der hypothetischen Depotentwicklung; Für ausländische Holding-AG (AIG) vgl. die Nachweise zum Konya-Modell (Fn. 74).

[237] Betreffend Publikums-KG: OLG Stuttgart vom 28.4.2007, 14 U 49/06 (Juris) Rn. 54 ff. (im Ergebnis aber Ersatzpflicht verneint); streitgegenständlich war, ob zwei Beteiligungen zulasten der Anleger wertmäßig zu gering angesetzt waren. Die verschärfte Beweislast soll für den Treuhandkommanditisten und deliktisch haftende Hinterleute gelten.

[238] Baumbach/*Hopt* § 114 Rn. 15; MünchKomm-HGB/*Rawert* § 114 Rn. 69.

[239] Vgl. für die GmbH z.B. BGHZ 152, 280 und Baumbach/Hueck/*Zöller/Noack* § 43 Rn. 38; für die Genossenschaft BGH, ZIP 2007, 322; für die AG Hüffer/*Koch* § 93 Rn. 16 f.

[240] Vgl. dazu BGHZ 149, 33 Rn. 15 (kein Gebot der regionalen Diversifikation).

[241] Vgl. dazu OLG Frankfurt, BKR 2008, 341 Rn. 21, 31 ff., 49 ff. (für Verwalterermessen in der Frage, ob ein „Stop loss" zu setzen ist); OLG Celle, WM 2009, 1652 (Ersatzpflicht der KVG gegenüber einzigem Anleger wegen Verstoß gegen Verbot ungedeckter Leerverkäufe).

[242] Vgl. aus öffentlich-rechtlicher Sicht *Hanten*, ZBB 2003, 291 sowie mit Blick auf die Gebühren für das Einlagensicherungssystem OVG Berlin-Brandenburg vom 1.4.2010, OVG 1 S 52.09 (Juris).

[243] Vgl. zur Stimmpflicht im Sinne einer Soll-Bestimmung § 94 Abs. 1 S. 3 KAGB; s.a. *Wong*, (2010) Butterworths JIBFL 408; *Strenger/Zetzsche*, AG 2013, 397, 398.

risdiktionen[244] erscheint die Verwaltervergütung geradezu als Stiefkind des deutschen Rechts. Bei der Erforschung der Materie sollte der Zusammenhang mit Kräften des Marktes nicht außer Acht bleiben.[245]

Rechtsformübergreifend gilt für Verwalter der Standard des ordentlichen Kaufmanns. Geschäftsführer von Komplementären einer Publikums-KG können sich nicht auf die Haftungsbeschränkung des § 708 BGB[246] (diligentia quam in suis) berufen.[247] Unter Nutzbarmachung der gleichen Wertung wird man dies für die Publikums-GbR vertreten können. Auch für die treuhänderische Unternehmensführung des Verwalter- oder Verwahrertreuhänders bei Publikumspersonengesellschaften gilt § 347 Abs. 1 HGB.[248] Gilt formal derselbe Pflichtenstandard, drängt sich die Frage nach dem gleichen Pflichteninhalt auf. Dagegen wird man die Unterschiede der Rechtsformen im Außenverhältnis nicht völlig ignorieren können, weil dies zulasten Dritter ginge.

Für Depotbank, Treuhänder oder Mittelverwendungskontrolleur ist schon der Rechtsgrund für die Pflichtenbegründung völlig ungeklärt – das Spektrum reicht von einem Gehilfen der KAG,[249] einem Vertrag zwischen Anleger und Verwahrer[250] über einen Vertrag zwischen Verwalter und Verwahrer zugunsten der[251] oder mit Schutzwirkung für die Anleger,[252] einer gesetzlichen Pflicht,[253]

---

[244] Vgl. zur US-amerikanischen Diskussion *Coates/Hubbard*, (2007) 33 J. Corp. L. 151; *Frankel*, (2010) 7 Int. J. Discl. Gov. 1 (Vergleich mit executive compensation); *Freeman*, (2007) 32 J. Corp. L. 739; *Freemann/Brown/Pomerantz*, (2008) 61 Okl. L. Rev. 83; *Freeman/Brown*, (2001) 26. J. Corp. L. 709; aus dem älteren Schrifttum *Crane/Walker*, (1976-77) 32 Bus. Lawy. 417; *Rogers/Benedict*, (1982) 57 NYU L. Rev. 1059; *Rottenberg*, (1970) 7:2 Harv. J. Leg. 309.

[245] Wettbewerb und Marktreaktionen spricht das VG Frankfurt a.M., NZG 2009, 120 Rn. 7 an. Zu Mutual Funds vgl. *Choi/Kahan*, (2007) 87 Bost. U.L. Rev. 1021, mit dem Versuch einer Abgrenzung von Skandalen, bei denen die Nachfrage nach Fondsprodukten reagiert, und solchen, bei denen keine Marktreaktion gegeben ist.

[246] In Verbindung mit §§ 161 Abs. 2, 105 Abs. 3 HGB.

[247] Vgl. BGH, NJW 1980, 589 (2. Ls.); BGH, NJW 1995, 1353, 1354 f.; Baumbach/Hopt/ *Roth*, Anh. § 177a Rn. 26; MünchKomm-BGB/*Schäfer*, § 708 Rn. 5; MünchKomm-HGB/*Rawert*, § 114 Rn. 59 m.w.N.

[248] *Liebich/Matthews*, S. 382.

[249] Abgelehnt von BGHZ 154, 276 Rn. 12 ff.

[250] Für InvG *Klenk*, Investmentanteil, S. 15; *Reiss*, S. 151 ff. Ebenso für das schweizerische Recht *Boveri*, S. 17, 70.

[251] Für InvG *König*, Anlegerschutz, S. 152; aus dem vorwiegend älteren Schrifttum *v. Berge und Herrendorff*, S. 113; *Geßler*, WM 1957, Sonderb. Nr. 4 S. 22; *Gläbe*, S. 154; *Müller*, Depotbank, S. 187; *Schäcker*, Entwicklung, S. 69 ff.; *Reuter*, Investmentfonds, S. 152; *Wendt*, Treuhandverhältnisse, S. 110 ff.; *Baum*, Schutz des Investmentsparers, S. 143. Zuletzt BGHZ 197, 75, 83 (Vertrag zugunsten Dritter nach § 328 BGB).

[252] Für InvG *Thiel*, Schutz, S. 161; *Müller*, DB 1975, 485, 487; Beckmann/*Beckmann*, § 20 Rn. 47 ff. Für Mittelverwendungskontrolleur außerhalb des InvG z.B. BGHZ 145, 187, 197; BGH, WM 2007, 1503 Rn. 27; BGH, WM 2007, 1507 Rn. 21; BGH, WM 2013, 736.

[253] Für das InvG h.M., vgl. OLG Frankfurt a.M., NJW 1997, 745; OLG Frankfurt a.M., AG 1997, 422, 423; *Canaris*, Bankvertragsrecht, Rn. 2464; *Berger/Köndgen*, Vor §§ 20-29 Rn. 2; *Brinkhaus/Schödermeier/Baltzer*, § 12 Rn. 17; *Gschoßmann*, S. 171 ff.; *Ohl*, Rechtsbe-

einen Vertrauenstatbestand (§ 311 Abs. 2, 3 BGB)[254] bis zum Delikt.[255] Auch der Pflichteninhalt wird uneinheitlich beurteilt. Wird die Zahlstellenfunktion,[256] Verwahrung, Prävention oder Reaktion, Kontrolle der Recht- und Zweckmäßigkeit,[257] periphere oder intensive Überwachung[258] und Anlegerinformation über in Erfahrung gebrachte Missstände[259] geschuldet? Unklarheit besteht auch bei der Aufgabenübertragung an Dritte[260] und in der Frage der Aktivlegitimation einzelner Anleger oder des Kollektivs zur Geltendmachung von Ersatzansprüchen.[261] Auf einen Wertungswiderspruch sei an dieser Stelle hingewiesen: Während die Rechtsprechung Verbindungen zwischen Fondsinitiator und Treuhandkommanditisten streng bewertet,[262] sieht sie keinen Hinderungs-

---

ziehungen, S. 97 ff. (anders auf S. 12); *Seegebarth*, Depotbank, S. 41 (mit ausführlicher Diskussion). Offen gelassen von BGHZ 149, 33.

[254] So für Publikums-Anlagen außerhalb des InvG für Desinformation bei Vertragsanbahnung BGH, NJW 1995, 1025; BGH, NJW 1995, 130.

[255] Vgl. BGH, NJW 2004, 3706 mit Vorinstanz OLG Celle, WM 2003, 325 Rn. 45 ff. (Stille Beteiligung als Anlage gem. § 1 Abs. 1 AIG; Haftung von Treuhändern aus § 826 BGB).

[256] BGHZ 154, 276 Rn. 12 ff. (inländische Zahlstelle eines luxemburgischen Fonds, Entgegennahme gefälschter Anteilsscheine).

[257] Vgl. BGHZ 149, 33 Rn. 12 ff.: Selbständige Stellung der Depotbank gegenüber KAG, Präventionspflicht, auf Einhaltung von Gesetz und Vertragsbedingungen beschränkt, Verweis auf § 12 Abs. 2 Satz 2 KAGG; keine Überwachungspflicht bzgl. Prospektaussagen (Rn. 19). OLG Frankfurt a.M., AG 1997, 422 sowie NJW 1997, 745 für Publikumsfonds: Depotbank schuldet Rechtmäßigkeit, nicht Zweckmäßigkeitskontrolle (Rn. 52); keine c.i.c.-Haftung wg Repräsentanz im Anlageausschuss (Rn. 32); keine Überwachungspflicht in Bezug auf Einhaltung des Diversifikationsgrundsatzes (Rn. 54); ähnlich *Canaris*, Bankvertragsrecht, Rn. 2474 f.; demgegenüber weiter *Müller*, DB 1975, 485, 486, 488.

[258] So lehnt OLG Karlsruhe vom 12.1.2010, 11 Wx 60/09 Rn. 12 (Juris) ein Recht des Grundbuchamts ab, die Eintragung einer Grundschuld von einem grundbuchmäßigen Nachweis der Zustimmung der Depotbank gem. § 26 InvG abhängig zu machen. Nicht bestmöglicher, sondern nur ein gewisser Schutz werde garantiert. Für Eintragungsfähigkeit des Depotbanksperrvermerks aber nachfolgend BGH, WM 2011, 1551.

[259] Entsprechend der Rechtsprechung zum Treuhandkommanditisten, z.B. BGH, WM 2003, 1718 (für Umfang der Mietgarantie).

[260] Vgl. zum Fall Madoff *Höverkamp/Hugger*, FS Hopt, S. 2015; als rechtspolitische Konsequenz werden die Depotbank-Pflichten vereinheitlicht (Stichwort OGAW-RL), dazu Europäische Kommission, DG Binnenmarkt, Consultation Paper on the UCITS Depositary Function and on the UCITS Managers' Remuneration, Markt/GD (2010) 950800.

[261] Zu regulierten Fonds: BGHZ 149, 33 Rn. 9, 10 (offengelassen); OLG Frankfurt a.M., NJW 1997, 745 Rn. 62 (Aktivlegitimation des einzelnen Anlegers gegenüber Depotbank nur im Wege der actio pro socio) unter Verweis auf *Canaris*, Bankvertragsrecht, Rn. 2482. Zur Publikums-KG: Das OLG Stuttgart vom 28.3.2007, 14 U 49/06 (Juris) Rn. 40 (indirekte Beteiligung an einer Unternehmensbeteiligungs-KG) bejaht die Aktivlegitimation gegen den Verwalter-Komplementär und den Treuhandkommanditisten. Ebenso die ganz einhellige Rechtsprechung zur Frage der Prospekthaftung des Treuhandkommanditisten, vgl. Einleitung.

[262] Vgl. OLG Stuttgart vom 2.11.2005, 9 U 108/05 (Juris) Rn. 55 – Intertrend Investitions-Rentenplan: „Nicht offen gelegt wird … der Umstand, dass die Kapitalsammelgesellschaft und die Verwaltungsgesellschaft sich gegenseitig schon deshalb nicht kontrollieren können, weil sie von ein und derselben Person geführt wurden." (Rechtsfolge: Haftung aus § 826 BGB; Organisationshaftung im Gewand der Vertriebshaftung).

grund für die ordnungsgemäße Überwachung in der Zugehörigkeit der KVG
zum Konzern der Depotbank-Muttergesellschaft. Wenn es gelingt, die Strukturen der Kollektivanlage offenzulegen und Parameter einer Übertragung von
Wertungen einer Organisationsform auf andere zu bestimmen, könnten diese
Fragen systematisch befriedigend beantwortet werden.

III. Rechtsbeziehungen der Anleger unter- und zueinander

Das Verhältnis der Anleger unter- und zueinander ist als drittes Ziel der Untersuchung offenzulegen.

1. Kollektivität vs. Individualität

Schon ein flüchtiger Blick in die Literatur belegt die Schwierigkeiten, die individuelle von der kollektiven Ebene zu trennen. Die h.M. verneint Rechtsbeziehungen unter den Anlegern, die über die Vermögensbeteiligung am Sondervermögen hinaus gehen,[263] während sie die actio pro socio des einzelnen Anlegers
bei Pflichten bejaht.[264]

Dahinter steht die jedem Gemeinschaftsverhältnis zugrundeliegende Frage
des Verhältnisses von Individual- und Kollektivrechten. Wie viel Individualität
verträgt die Kollektivanlage? Die Notwendigkeit zur grundlegenden Klärung
belegen die Beispiele, wo die Kollektivität als Grund für die Ablehnung individueller Ansprüche fruchtbar gemacht wird, sowie der Blick auf die Nachbar-
rechtsordnungen. So sucht das schweizerische Bundesgericht denselben Konflikt unter der Prämisse eines „supra-individuellen Leistungsinhalts" zu lösen.[265]

Das OLG Frankfurt a.M. (obiter auch das OLG Celle) und ein Teil des
Schrifttums[266] lehnen für Investment-Sondervermögen einen individuellen Informationsanspruch aus § 666 BGB ab. Über die investmentrechtliche Publizität hinaus stehe den Anlegern von Publikumsfonds kein Individualanspruch
z.B. auf Offenlegung von Transaktionskosten zu. Selbst bei außerordentlichen
Verlusten soll gegenüber den Anlegern (oder: dem einzigen Spezialfonds-Anleger!) keine Hinweispflicht bestehen.[267] Die pauschale Ablehnung individueller
Auskunfts- und Rechenschaftsansprüche begegnet zwei Bedenken. Erstens

---

[263] Berger/*Schmitz*, Vor §§ 30-45 Rn. 24 ff.
[264] *Canaris*, Bankvertragsrecht, Rn. 2437; Brinkhaus/*Schödermeier/Baltzer*, § 12c Rn. 18;
a.A. *Reiss*, Pflichten, S. 308.
[265] Botschaft zum KAG, S. 6417.
[266] OLG Frankfurt a.M. vom 29.3.2007, 26 U 46/06 (unveröffentlicht), unter Bestätigung
der Vorinstanz LG Frankfurt a.M. vom 02.10.2006, 2-19 O 110/06 (unveröffentlicht) – *Toros*
./. Universal; s.a. OLG Celle, WM 2003, 325 Rn. 32 (obiter, der Fall betraf eine ausländische
stille Gesellschaft und die Haftung nach dem AuslInvG); *König*, Anlegerschutz (1998),
S. 119 f.
[267] OLG Frankfurt, BKR 2008, 341 Rn. 57.

scheint eine Rechenschaftspflicht gem. § 666 BGB aus dogmatischer Sicht zwingend, wenn man das Verhältnis zwischen Verwalter und Anleger mit der h.M. zum InvG[268] als Geschäftsbesorgungsvertrag versteht. Zweitens werden in anderen Kollektivbeziehungen Individualansprüche auch dann gewährt, wenn Publizitätspflichten bestehen.[269] Vom Problemkern vergleichbar ist die Frage, ob der einzige Anleger eines Spezialfonds gegenüber dem Verwalter weisungsberechtigt ist.[270] Nach Geschäftsbesorgungsrecht müsste keine strenge, wohl aber eine generelle Weisungsbindung bestehen. Anders muss entscheiden, wer sich an der gesellschaftsrechtlichen Organisation orientiert. Auch die obiter geäußerte Meinung des 23. Zivilsenats des OLG Frankfurt a.M.,[271] wonach nur die Depotbank, nicht aber der Anleger eines Publikumsfonds Ersatzansprüche wegen fehlerhafter Verwaltung einklagen kann, und die Ansicht, dass die KVG Schadensersatz wegen fehlerhafter Verwaltung an das Sondervermögen statt den einzelnen Anleger-Kläger zu leisten hat,[272] finden ihre Bestätigung nicht in der geschäftsbesorgungsrechtlichen Dogmatik.

Im Aktienrecht ist die Klagebefugnis grundsätzlich beim Aufsichtsrat angesiedelt und der Gesellschaftsschaden in das Gesellschaftsvermögen zu leisten.[273] Dagegen soll der indirekt an einer Personengesellschaft beteiligte Anleger gegenüber Verwalter und Treuhänder aktivlegitimiert sein.[274]

2. Integration der professionellen Anlage

Das zu erarbeitende System muss ein grundsätzliches Versäumnis beseitigen: Die Ignorierung der qualifizierten respektive professionellen Anlage. Wie das Beispiel des Spezialfonds belegt, war es noch im InvG als Spezialgesetz für An-

---

[268] *Canaris*, Bankvertragsrecht, Rn. 2352; *Geßler*, WM 1957, Sonderbeil. Nr. 4, S. 20, *Liebich/Mathews*, S. 383; *G.Reuter*, Investmentfonds, S. 109; *Schäcker*, Investmentsparen, S. 56 f.; für vertragliche Beteiligungen *Liebich/Mathews*, S. 229.

[269] Vgl. insbesondere § 131 Abs. 1 AktG im Verhältnis zu § 175 AktG und §§ 325 ff. HGB; selbst bei für börsennotierte AG mit regelmäßigen Kapitalmarktinformationspflichten soll der Auskunftsanspruch nach h.M. nicht beschränkt sein, dagegen *Zetzsche*, Aktionärsinformation, S. 338 f. § 166 Abs. 1 HGB gilt grundsätzlich auch für die GmbH & Co. KG.

[270] OLG Frankfurt a.M., BKR 2008, 341 (kein Ersatzanspruch des einzigen Anlegers eines Spezialfonds wegen Versäumung der Absicherung der Aktien durch Stop-Loss-Order – Fokus auf Anlageermessen); OLG Frankfurt a.M. vom 3.7.2007, 5 U 22/06 (Juris) (keine Haftung für fehlerhafte Verwaltung wegen fehlender Kurssicherung bei einem für den Geschädigten aufgelegten Spezialfonds); OLG Celle, WM 2009, 1652 (Ersatzpflicht der KVG gegenüber einzigem Anleger eines Spezialfonds wegen Verstoß gegen Verbot ungedeckter Leerverkäufe).

[271] OLG Frankfurt, BKR 2008, 341 Rn. 29.

[272] *Canaris*, Bankvertragsrecht, Rn. 2437; *Brinkhaus/Schödermeier/Baltzer*, § 12c Rn. 18; *Reiss*, Pflichten der KAG, S. 308; a.A. *Gläbe*, S. 177.

[273] Vgl. §§ 148 f. AktG.

[274] OLG Stuttgart vom 28.3.2007, 14 U 49/06 (Juris) Rn. 51 (zur indirekten Beteiligung an einer Unternehmensbeteiligungs-KG).

lageverhältnisse nicht gelungen, die Beteiligung professioneller, sachkundiger Investoren an der Kollektivanlage überzeugend einzuordnen. Die historische Weichenstellung des KAGG als Gesetz zum Schutz der Investmentsparer mit kleinen Anlagebeträgen,[275] als „Kapitalwertsicherungsverein" wirkte fort. Jenseits des InvG zeigte sich das gleiche Bild. Den Urteilen zu Publikumspersonengesellschaften liegen teils Anlagebeträge zugrunde, die Kleinsparern nicht zur Verfügung stehen. Größenordnungen, die aus vertriebsrechtlicher Sicht Ausnahmen von anlegerschützenden Regelungen rechtfertigen, werden erreicht und überschritten, ohne dass dies Auswirkungen auf den Ausgang oder die Urteilsgründe hätte. Es scheint: Kleinanleger ist, wem es nützt, professioneller oder qualifizierter Akteur, wen die Kleinanlegereigenschaft hindert. Eine solche Nivellierung der Verhältnisse reduziert die einer Privatrechtsordnung immanente Grundentscheidung für die Privatautonomie und ist nicht mit fürsorglichem Verbraucherschutz erklärbar. Wie und ob die Anlegerkompetenzen zu berücksichtigen sind, bedarf gesonderter Überlegung.

Mit der Integration der geschlossenen Investmentvermögen in das KAGB und Einführung der semiprofessionellen Anleger zwischen Privat- und professionellen Anlegern[276] stellt sich die Integrationsaufgabe mit besonderer Dringlichkeit.

3. Gleichordnungsverhältnis

Fragen der Rangfolge oder Gleichbehandlung verschiedener Kollektive stellen sich im Zusammenhang mit mehreren Anteilsklassen derselben Kollektivanlage,[277] bei Umbrella-Fonds[278] und in Fondskomplexen, bei denen derselbe Verwalter eine Mehrzahl von Fonds verwaltet. So können die Verwaltervergütung für Anteilsklassen für (semi-) professionelle und Kleinanleger voneinander in einer Größenordnung abweichen, die die Bepreisung der Publikumsklasse als Quersubvention der professionellen Anlage erscheinen lässt. Bei Fondskomplexen stellt sich die Frage, ob eine – und ggf. welche – Kollektivanlage die erkannte Anlagegelegenheit zuerst, also zu den niedrigsten Kursen wahrnehmen darf, mit der Folge, dass die übrigen Fonds höhere Kurse bezahlen.

Fragen der Interessenüber- und -unterordnung stellen sich auch innerhalb desselben Kollektivs. So kann das Interesse der an einer Fortsetzung interessierten dem der verkaufswilligen Anleger zuwiderlaufen; die einen begünstigt in der Liquiditätskrise eines offenen Fonds[279] die vorübergehende Aussetzung der

---

[275] Vgl. Regierungsbegründung zum KAGG, BT-Drs. 2/2973, S. 1.

[276] Vgl. dazu *Hanke*, BKR 2014, 441; *Schubert/Schuhmann*, BKR 2015, 45; *Volhard/Jang*, DB 2013, 273; *Wollenhaupt/Beck*, DB 2013, 1950; *Zetzsche*, AG 2013, 613.

[277] Vgl. die Legaldefinition in § 96 Abs. 1 KAGB.

[278] Vgl. die Legaldefinition in § 96 Abs. 2 KAGB.

[279] Fonds des offenen Typs (im Gegensatz zu geschlossenen Fonds) nehmen grundsätzlich auf Verlangen der Anleger die Fondsanteile zurück und kehren im Gegenzug den Zeitwert der

Anteilsrücknahme, die anderen die Auszahlung aus eilig und damit zu preiswert veräußerten Anlagegegenständen.[280] Für Fondssparpläne, bei denen die Auszahlung nach monatlicher Anteilsrücknahme als Altersrente verwendet wird, hat die BaFin das Interesse des fortbestehenden Kollektivs über das kurzfristige Interesse der Rentiers gestellt und die Rückgabe und Auszahlung untersagt; sie wurde darin vom VG Frankfurt a.m. bestätigt.[281] Dies ist im Hinblick auf die Einordnung der Beziehung zur KVG als Geschäftsbesorgungsvertrag (s.o.) und der ablehnenden h.M. zum Rechtsverhältnis der Anleger untereinander (s.o.) bemerkenswert. Aus welchem Rechtsgrund sollte der eine Anleger die Interessen anderer berücksichtigen müssen?

Aus dogmatischer Sicht die gleichen Fragen ruft das nach h.M. rechtswidrige Market Timing und Late Trading[282] hervor. Im ersten Fall informiert der Fondsverwalter einzelne Anleger über die von ihm beabsichtigten Transaktionen, so dass diese von kurzfristigen Handelsbewegungen profitieren können, im zweiten Fall ermöglicht er ihnen den Anteilserwerb noch nach dem dafür festgelegten Letzttermin zum früheren Kurs.[283] In beiden Fällen verfolgt der Verwalter sein Interesse an einem größeren Volumen des verwalteten Vermögens und damit höheren Einnahmen auf Kosten des Kollektivs. Hinter den Praktiken verbirgt sich ein Konflikt zwischen professionellen und Privatanlegern: Die minimalen Kursdifferenzen sind nur bei entsprechenden Anlagevolumina und Hebeltechniken sinnvoll nutzbar. Fragen der Interessenüber- und -unterordnung verschiedener Anlegergruppen stellen sich schließlich bei der Entscheidung zwischen Ausscheiden und Nachschusspflicht in der geschlossenen, überschuldeten Publikums-Personengesellschaft.[284] Ob und ggf. wann das Bestands- das Ausscheidensinteresse überwiegt, ist bislang nicht überzeugend beantwortet.

Anteile aus. Vgl. §§ 98, 174 Abs. 4 KAGB, mit Sonderregeln für offene Immobilienfonds in §§ 255, 257, 346 Abs. 6 KAGB.

[280] Vgl. LG Frankfurt a.M., WM 2007, 2108 – Schadensersatz wegen Aussetzung der Anteilsrücknahme i.E. verneint.

[281] VG Frankfurt a.M. vom 22.12.2008, 1 L 4252/08.F (V) (Juris) (zu § 81 InvG – Aussetzung der Rücknahme von Anteilsscheinen bei offenem Immobilienfonds – Weiterhin Rücknahme bei Fondssparplänen); die Frage wurde mit dem Anleger- und Funktionsschutzverbesserungsgesetz 2011 im Sinne der Rentiers geregelt, vgl. § 80c InvG n.F., jetzt § 255 KAGB.

[282] *Bodie/Kane/Marcus*, Investments, S. 99 ff.

[283] Beim Late Trading erhalten die Anleger von „morgen" die Preise von „gestern", die Kostendifferenz trägt das Kollektiv.

[284] Vgl. insbesondere BGHZ 183, 1.

F. Gang der Untersuchung

Die somit abgesteckte Agenda wird in fünf Schritten abgearbeitet.

Im ersten Teil wird die Kollektivanlage definiert. Zwar soll nach *Walter Eu-cken* eine Definition nicht der Prolog, sondern der Epilog der Erkenntnisse sein.[285] Aber eine *juristische* Auseinandersetzung bedarf eines Comments, wor-über man spricht.[286] Rechtsfolgen lassen sich an einen Sachverhalt nur knüpfen, wenn die Konturen der Materie ein Mindestmaß an Schärfe aufweisen. Neben der Eingrenzung des Untersuchungsthemas dient der erste Teil der inhaltlichen Klärung und Zuordnung der verschiedenen auf nationaler, europäischer und rechtsvergleichender Ebene verwendeten Termini. An *Euckens* Mahnung trifft aber zu, dass ohne Mindesterkenntnisbestand die Gefahr besteht, verschiede-nen rechtlichen Gegebenheiten durch Zusammenführung Gewalt anzutun. Deshalb schließt sich der Definition eine Abgrenzung zu verwandten Rechtsin-stituten wie Pensionsfonds, Versicherungen und Investmentbanken an.

Der zweite und dritte Teil legen die argumentativen Fundamente für die nachfolgende dogmatische Einordnung. Eingedenk des häufig missverstande-nen[287] Monitums von *Windscheid*, wonach ethische, politische und volkswirt-schaftliche Erwägungen nicht Sache des Juristen als solche sind,[288] wird bei der Erarbeitung der wirtschaftsethischen und historischen Darstellung auf die Auswertung von Primärquellen verzichtet. Ziel soll einerseits die Offenlegung der Zusammenhänge mit der juristischen Entwicklung sein, andererseits soll die Entwicklung des Fondsrechts in den untersuchten Fondsstandorten (USA, Luxemburg, Frankreich, Deutschland, England, Schweiz und Liechtenstein) erfasst und in ihren Wechselbeziehungen aufbereitet werden. Dies geschieht in der Annahme, dass sich in grenzüberschreitenden Finanzmärkten die Rechts-setzung gegenseitig beeinflusst.

Im vierten Teil werden die gegenüber anderen Formen der Personen- oder Vermögensorganisation bestehenden Besonderheiten des Rechts der Anlageor-ganisationen herausgearbeitet. Es gilt, das Gesetz, Rechtsprechung und Praxis zugrundeliegende „Bild" der Kollektivanlage und dessen Rechtsfolgen zu kon-kretisieren. Auf der Grundlage dieses Bildes der Idealanlage wird sodann eine dogmatische Basis für ein gemeinsames Recht der Kollektivanlage an der Schnittstelle von Vertrags- und Verbandsrecht gesucht.

Im fünften Teil wird das Koordinatensystem der Kollektivanlage feinma-schig konturiert, mithin die im vierten Teil mit groben Linien begonnene Skiz-ze für einige Teilaspekte zu einem Bild zu Ende gemalt. An den Beispielen der

---

[285] *Walter Eucken*, Kapitaltheoretische Untersuchungen, S. 11.

[286] Vgl. *Pennington*, Investor and the law, S. 14 ("no discussion of legal topics can be carried out without definition").

[287] Vgl. *Rückert*, JuS 1992, 902, 907 – „einäugige Verwendung".

[288] *Windscheid*, in Oertmann (Hrsg.), B. Windscheid. Gesammelte Reden und Abhand-lungen, 1904, S. 122.

Leistungs- und Schutzpflichten, dem Vergütungsanspruch des Verwalters, den Anlegerrechten, bei Beendigung der Anlagebeziehung, bei Strukturmaßnahmen sowie im Fall der Insolvenz wird die Praxistauglichkeit der offengelegten Dogmatik unter Beweis gestellt.

Die Untersuchung schließt mit einem Fazit und einem Ausblick zur Übertragbarkeit der Erkenntnisse auf unternehmerische Organisationen.

Erster Teil

Untersuchungsgegenstand

Definition und Typus

Die Kollektivanlage ist eine spezielle Form der Vermögensakkumulation, -bindung und -bündelung. Deren definitorische Erfassung und Abgrenzung von anderen Wirtschaftsorganisationen (Unternehmen, Stiftungen, Banken, Versicherungen etc.) ist nicht trivial. Es gilt zu prüfen, mittels welcher Kriterien sich eine Kollektivanlage in Form der Aktiengesellschaft von sonstigen Aktiengesellschaften, eine als KG, BGB-Gesellschaft oder mehrgliedrige stille Gesellschaft organisierte Anlagepersonengesellschaft sowie auf Anlage ausgerichtete mehrseitige Vertragsbeziehung von Handelsgesellschaften und sonstigen Personenmehrheiten unterscheidet.

Der Untersuchungsgegenstand soll in zwei Schritten präzisiert werden. Zunächst werden im ersten Kapitel Definitions- und Typenmerkmale erarbeitet und rechtsvergleichend überprüft. Die derart konkretisierte Tätigkeit wird im zweiten Kapitel zu etablierten Termini des BGB-Vertragsrechts, des Rechts der Finanzdienstleistungen, der gewerblichen, unternehmerischen Aktivität und aleatorischen Verträgen abgegrenzt.

§ 2 – Definition

Die kollektive oder gemeinsame Vermögens- oder Kapitalanlage fand sich vor Erlass des KAGB im deutschen Recht nur vereinzelt als gesetzlicher Terminus,[1] womit es im auffälligen Gegensatz zu anderen Rechtsordnungen,[2] europäischen

---

[1] Vgl. § 1 S. 2 InvG: „Vermögen zur gemeinschaftlichen Kapitalanlage"; § 31a Abs. 2 S. 1 Nr. 1d) WpHG: „Organismen für gemeinsame Anlagen". S. a. Art. 4 Abs. 1 g) des Abkommens zum Informationsaustausch in Steuersachen zwischen der Regierung der Bundesrepublik Deutschland und der Regierung des Fürstentums Liechtenstein vom 2. September 2009 (Ausdruck „Investmentfonds oder Investmentsystem für gemeinsame Anlagen" bedeutet danach eine „Investitionsform für gemeinsame Anlagen, ungeachtet der Rechtsform").

[2] So sind in dem Schweizerischen Gesetz über Kollektivanlagen seit dem Jahr 2007 nahezu alle Formen der gemeinsamen Vermögensanlage geregelt, Ausnahmen gelten für bestimmte AGs. Das liechtensteinische Gesetz über Investmentunternehmen (IUG 2005) erfasste ebenfalls offene und geschlossene Fonds, praktische Bedeutung kam aber nur den Fonds des offenen Typs zu (AG mvK), s. aber die nächste Fn. Ansatzpunkt des britischen Rechts sind „collective investment schemes", vgl. ss. 235 et seq. FSMA 2000, der des luxemburgischen und französischen Rechts der *organisme de placement collectif*, vgl. Art. 1 OPC-G (Lux). Der US-Investment Company Act erfasst prinzipiell ebenfalls alle Kollektivanlagen, unabhängig

Richtlinien[3] sowie Wissenschaft und Praxis stand.[4] Zentralbegriff des Europäischen Rechts ist der „Organismus für gemeinsame Anlagen." Dieser hat mit Inkrafttreten des KAGB am 22.8.2013 auch in das deutsche Recht Eingang gefunden.[5] Eine gesetzliche Definition sucht man indes vergeblich: So sind Organismen für gemeinsame Anlagen in Wertpapieren (OGAW) „Organismen" des offenen Typs, deren ausschließlicher Zweck die Investition beim Publikum beschaffter Gelder für gemeinsame Rechnung nach dem Grundsatz der Risikostreuung in liquiden Finanzinstrumenten ist.[6] Alternative Investmentfonds (AIF)[7] gem. §1 Abs.3 KAGB sind Organismen für gemeinsame Anlagen, die Kapital von einer Anzahl Anleger einwerben, um diese gemäß einer vordefinierten Anlagepolitik für Rechnung der Anleger anzulegen; und keine OGAW sind.[8] Die AIFM-RL gilt jedoch nicht für Pensionsfonds, staatliche Banken, Verbriefungszweckgesellschaften, Mechanismen für die Arbeitnehmerbeteiligung und Holding-Gesellschaften.[9]

Eine Definition des Anlageorganismus bzw. der kollektiven Vermögensanlage trägt somit zur Rechtsklarheit bei. Diese soll aus den vier Bestandteilen der Synonyme „gemeinsame Portfolioverwaltung" und „kollektive Vermögensanlage" – Anlage, Kollektiv, Vermögen und (Fremd-)Verwaltung – entwickelt werden.

---

von der Rechtsform, allerdings nur, soweit in „securities" investiert wird und soweit keine Ausnahmen vom ICA gelten. Sammelbegriff des US-Rechts für alle Kollektivanlagen sind die „pooled vehicles".

[3] Vgl. insbesondere die Richtlinie 2009/65/EG betreffend „Organismen für die gemeinsame Anlage" und Art.4 Abs.1 a) AIFM-RL (Definition der AIFs als andere Organismen für die gemeinsame Anlage als OGAWs). Ebenso die Konzeption des im Jahr 2011 in Liechtenstein verabschiedeten UCITSG und des AIFMG; die EuVECA-VO und EuSEF-VO verweisen zur Definition des „Organismus für gemeinsame Anlagen" auf die AIFM-RL.

[4] Vgl. OVG Berlin-Brandenburg vom 1.4.2010, OVG 1 S 52.09 (Juris) Rn.7; *Benicke*, S.33ff., *Sethe*, S.33 und *Schäfer*, Anlegerschutz, S.41 (kollektive Verwaltung); *Gschoßmann*, Grundlagen, S.4; *Hammen*, Gattungshandlungsschulden, S.262f. („Sammelverwaltung"); *Lütgerath*, Erweiterung, S.70; mit Bezug zur Gewerbeeigenschaft *Siems*, Transformation, S.39.

[5] *Krause/Klebeck*, RdF 2013, 6f.; *Kind/Haag*, DStR 2010, 1526; *Emde/Dreibus*, BKR 2013, 90; *Zetzsche/Preiner*, WM 2013, 2103; *Dornseifer/Tollmann*, Art.2 Rn.37; *Emde/ Emde*, Einleitung Rn.53f.

[6] Art.1 Abs.2 OGAW-RL.

[7] Art.2 Abs.1 AIFM-RL; *Krause/Klebeck*, RdF 2013, 6f.; *Krause/Klebeck*, BB 2012, 2063, *Zetzsche/Zetzsche*, S.39ff.; Emde/*Emde*, Einleitung Rn.66; *Emde/Dreibus*, BKR 2013, 89; *Weiser/Hüwel*, BB, 2013, 1091; *Dornseifer/Tollmann*, Art.2 Rn.27ff.; *Zetzsche/Preiner*, WM 2013, 2101.

[8] Art.4 Abs.1 a) ii) AIFM-RL; zur Kritik an dieser Regelungstechnik siehe *Lezzi*, Rn.106ff.

[9] Art.2 Abs.3 AIFM-RL. Vgl. zum Zuschnitt dieses Anwendungsbereiches *Zetzsche/ Preiner*, WM 2013, 2101.

A. Anlage / Investment / Investition

Die Anlage ist einerseits vom Sparen zu unterscheiden. Sparen meint den Verzicht auf den Konsum eines Teils des erzielten Einkommens, während Anlage die Auswahl der Anlagegegenstände bezeichnet, in denen ein gespartes Vermögen künftig gehalten und vermehrt werden soll.[10] Nicht von vornherein offen zu Tage liegt das Verhältnis der Anlage zu dem Investment und der Investition. Wenn im Schrifttum das Investment als „kollektive, risikogestreute Anlage von Kapital durch ein beauftragtes Fondsmanagement zum Nutzen der Kapitalgeber"[11] beschrieben wird, ist dies eher Deskription als Definition, weil offen bleibt, was die Anlage, das Kollektiv, die Fremdverwaltung und die Nutzbarmachung zugunsten der Anleger ausmacht.

I. Investment und Investition

Für eine praktikable Definition ist eine Ebene tiefer, im Wortstamm anzusetzen.

1. Herkunft

Investment und Investition sind Lehnwörter.[12] Die Investition findet sich bereits im 14. Jahrhundert in der deutschen Sprache.[13] Das Investment wurde der englischen Rechtssprache[14] im 20. Jahrhundert entlehnt, z.B. in Form des *Investmentgesetzes*, des *Investmentsondervermögens*, des *Investmentfonds*, der *Inv-AG*.[15] Man folgte dem Vorbild der französischen Sprache,[16] in welche Anfang des 20. Jahrhunderts die ökonomische Bedeutung des Verbums *investir* und das Lehnwort *investissement* übernommen wurde.[17] In England ist die ökonomische Bedeutung des Verbs *to invest* und des Substantivs *investment*

---

[10] *Bodie/Kane/Marcus*, Investments, S. 9.

[11] *Lütgerath*, S. 75.

[12] Für Investition *Kluge/Seebold*, Etymologisches Wörterbuch, sub „Investition".

[13] *Kluge/Seebold*, Etymologisches Wörterbuch, sub „Investition".

[14] Vgl. investment fund, investment trust, investment company, investment services, investment services directive (so die englische Bezeichnung der aufgehobenen Wertpapierdienstleistungsrichtlinie 93/22/EWG), speziell für UK auch collective investment schemes respektive pooled investment vehicles (vgl. Myners Review (2002), S. 27), speziell für die USA Investment Company Act of 1940 (ICA); Investment Advisers' Act of 1940 (IAA).

[15] § 1 S. 2 und § 2 Abs. 1 und 5 InvG.

[16] Beispiele (Frankreich, Luxembourg, französische Schweiz): fonds d'investissement, Société d'investissement à capital variable (SICAV), Société d'investissement à capital fixe (SICAF), Société d'investissement en capital à risque (SICAR).

[17] Der Gebrauch des Wortes investissement ist erstmals für das Jahr 1924 dokumentiert, vgl. CNRS, Trésor de la Langue Française, 10. Bd. (1983), S. 526, sub „investissement"; Rey, Dictionnaire Historique de la Langue Française, S. 1878, sub „investissement". Etwa zur gleichen Zeit (1922) wird das Verb investir erstmals im ökonomischen Kontext verwandt, vgl. ebenda, sub „investir".

erstmals Ende des 16. Jahrhunderts nachgewiesen.[18] Sie geht zurück auf eine im 14. Jahrhundert (1333) in Italien aufkommende Verwendung des Verbums *investire*, die über die Niederlande (*investering*) oder nach Adaption auf den Schiffen der *Levant Company* und *Turkish Company* in den Sprachgebrauch der britischen *East India Company* eingegangen ist.[19]

Zu diesem Zeitpunkt hat die Wortwurzel „invest" bereits über 1500 Jahre eine Bedeutungserweiterung erfahren. Die wörtliche lateinische Bedeutung (*in* = ein, *vestire* = kleiden)[20] als einkleiden[21] ist in allen romanischen Sprachen verbreitet.[22] Weil sich die Stellung neuer Amtsinhaber an der neuen Kleidung (Talar, Robe) zeigte, wurde die Bezeichnung für die (symbolische) Einkleidung zunächst stellvertretend für die *Amtseinsetzung* (*Investitur*[23], altfranzösisch auch *investicïon* bzw. *investision*[24]), später für jede Ermächtigung im Sinne einer Befugnis- oder Rechtsbegründung oder -übertragung. Im dritten Schritt wird das rechtliche Vermögen (Amt, Befugnis) um das *Finanz*vermögen und eine egoistische Konnotation erweitert; der Vermögenseinsatz erfolgt z.B. im Rahmen eines Geschäfts zu Zwecken des eigenen Vorteils.[25] Es entwickelt sich die heutige abstrakte Bedeutung als Einsatz von Anlagegegenständen zur planmäßigen Erzielung von Einnahmen.[26]

2. Zwei Bedeutungen

Dieser Vermögenseinsatz hat zwei Ausprägungen. Die erste beschreibt den Erwerb von Anlagegegenständen in der Erwartung zukünftiger Wertsteigerungen oder Vermögensrückflüsse (Dividenden, Zinsen, Kapitalanteil),[27] die zweite

---

[18] Vgl. *Simpson/Weiner*, The Oxford English Dictionary, Vol. VIII (1989), S. 46, sub „invest", unter Verweis auf einen Gebrauch bei Floria im Jahr 1598, und S. 48, sub „investment", No. 5, unter Verweis auf einen Gebrauch von Holmden im Jahr 1615. Zur wörtlichen Bedeutung sogleich noch unten zur Investition.

[19] *Simpson/Weiner*, The Oxford English Dictionary, Vol. VIII (1989), S. 46, sub „invest", II. 9., erwähnt eine ökonomische Bedeutung in der Vocabularia della Crusca im Jahr 1333; Rey (Hrsg.), Dictionnaire Historique de la Langue Française, 1998, S. 1878, sub „investir".

[20] *Kluge/Seebold*, Etymologisches Wörterbuch, sub „Investition".

[21] Aus dem weiteren Wortsinn des Umhüllens entsteht im 14. Jahrhundert noch eine militärische Bedeutung als Belagerung. Vgl. CNRS, Trésor de la Langue Française, 10. Bd. (1983), S. 525, sub „investir".

[22] Vgl. *Meyer-Lübke*, Rom.-etym. Wörterbuch, S. 369.

[23] *Kluge/Seebold*, Etymologisches Wörterbuch, sub „Investition". Vgl. zum Investiturstreit Wilfried Hartmann, Der Investiturstreit, 3. Aufl., München 2007 sowie die Beiträge in Johannes Laudage (Hrsg.), Der Investiturstreit, 2. Aufl., Köln 2006.

[24] Vgl. *Tobler/Lommatzsch*, Altfranzösisches Wörterbuch, Vierter Band (G-J), S. 1422, sub „investicïon".

[25] In diesem Sinn *Florio* (1598), der das italienische investire u.a. übersetzt als „to laie out or emploi ones money upon anie bargaine for aduantage", zitiert nach *Simpson/Weiner*, The Oxford English Dictionary, Vol. VIII (1989), S. 46, sub „invest", II.

[26] Black's Law Dictionary, 7th Ed. 1999, sub „investment": "an expenditure to acquire property or assets to produce revenue".

[27] Vgl. *Crystal*, The Cambridge Encyclopedia, S. 567, sub „investment": "the acquisition of

den Vermögenseinsatz zur Schaffung oder Erweiterung einer produktiven Vermögensgesamtheit, als Aufwand, der z.b. einem Geschäftsbetrieb, einer technischen Anlage, einem Haus oder einem Schiff zu Gute kommt und den Ertrag verbessern soll.[28] Im zweiten Fall paart sich der Vermögenseinsatz mit einer weiteren Aktivität (z.B. Arbeit, Geschäftsbetrieb, Vertrieb, Umstrukturierung). Der Aufwand bezieht sich auf diese Aktivitäten und Vermögensgesamtheiten. Diese produktive Alternative zielt auf eine nachhaltige Werterhöhung eines z.b. zum Weiterverkauf bestimmten Wirtschaftsguts. Im Gegensatz zu beiden Bedeutungsvarianten steht der *Handel*, der einen alsbaldigen Wiederverkauf, einen „marktmäßigen Umschlag"[29] bezweckt.

Beide Bedeutungen können Hand in Hand gehen (Beispiel: Unternehmung emittiert Aktien, um eine neue Fabrik zu errichten) oder unabhängig voneinander erfolgen. So kann das Unternehmen die Kosten für die Fabrikerrichtung aus zurückgehaltenen Gewinnen bestreiten oder der Finanzier seine Mittel einer Bank zur Verfügung stellen, die diese als Kredit an einen Fabrikanten weiterreicht.

3. Deutsche Rechtssprache

Die deutsche Rechtssprache[30] differenziert regelmäßig zwischen den Bedeutungsvarianten. Für die planmäßige Kapital-, Vermögens-, Finanz- oder Geld-

---

financial assets with a view to income or capital gains"; *Simpson/Weiner*, The Oxford English Dictionary, Vol. VIII (1989), S. 48, sub „investment", Nr. 5 c): "An amount of money invested in some species of property; also, a form of property viewed as a vehicle in which money may be invested." In diesem Sinn auch die indirekte Definition in ss. 13, 14 des Prevention of Fraud (Investments) Act 1958, wonach es eine Straftat ist, durch Falschaussage jemanden dazu zu verleiten „(b) to take part ... in any arrangements with respect to property, being arrangements the purpose or effect ... of which is to enable persons to participate in or receive profits or income alleged to arise or to be likely to arise from the acquisition, holding, management or disposal of such property ... or (c) to enter into ... any agreement the purpose ... of which is to secure a profit to any of the parties by reference to fluctuations in the value of any property. ..." Dazu *Pennington*, The investor and the law, S. 36f.

[28] Vgl. *Crystal*, The Cambridge Encyclopedia, S. 567, sub „investment": "the creation of productive assets, which may be 'fixed investments') (ie buildings and equipment) or stocks and work in progress"; *Simpson/Weiner*, The Oxford English Dictionary, Vol. VIII (1989), S. 48, sub "investment", Nr. 5 b): „The conversion of money or circulating capital into some species of property from which an income or profit is expected to be derived in the ordinary course of trade or business".

[29] BFHE 195, 402 = BStBl. II (2001), 809 – Beteiligungshandel; BFHE 201, 264 = BStBl. II (2003) 464 Rn. 23: „Eine typische gewerbliche Tätigkeit ist – bezogen auf den Sachverhalt – der Handel. Sein Bild ist gekennzeichnet durch die wiederholte Anschaffung und Veräußerung von Wirtschaftsgütern im Sinn eines marktmäßigen Umschlags von Sachwerten." C.F. *Goldschmidt*, Investment Trusts, S. 96 (Erwerb zum Zweck des Wiederverkaufs ist kein Anlagezweck).

[30] Anders die englische Rechtssprache. Kollektivanlageformen werden als collective investments bezeichnet, während das investment law das Investitionsschutzrecht und investment arbitration die außergerichtliche Streitschlichtung in Bezug auf grenzüberschreitende Investitionen beschreibt. Investure und investiture sind reserviert für die Amtseinführung

anlage wird in jüngeren Gesetzen der Terminus Investment (oder Kapitalanlage) verwendet; der planmäßige Vermögenseinsatz, der die Ertragsfähigkeit z.b. eines Geschäftsbetriebs steigern soll, wird als Investition[31] erfasst.

Im Gesellschafts- und Finanzmarktrecht ist die Investition vergleichsweise selten, häufiger findet sich die „Anlage" (dazu sogleich). Über Investitionen muss der Vorstand dem Aufsichtsrat als Teil seiner Finanz-, *Investitions-* und Personalplanung berichten.[32] *Investitions*banken waren von manchen KWG-Pflichten befreit.[33] Unscharf formulieren jüngere Finanzmarktgesetze. So kann der Erwerb einer 10%-Beteiligung an einer börsennotierten Aktiengesellschaft[34] darauf abzielen, Handelsgewinne zu erzielen oder die Anteile in eine neue Zweckbindung zu überführen, was das Gesetz als Umsetzung strategischer Ziele bezeichnet. Mit Bezeichnung beider Alternativen als Investition[35] erfasst das Gesetz (lediglich) den qualifizierten Anteilserwerb in Höhe von mindestens 10% der Stimmrechte. Missverständlich ist es auch, wenn § 31a Abs. 1 Nr. 5 WpHG die Eigenschaft institutioneller Anleger daran festmacht, ob deren Haupttätigkeit in der *Investition* in Finanzinstrumente besteht – solche Anleger haben regelmäßig kein Interesse daran, eine Zweckbindung[36] einzugehen. Der *Investitions*grad als Teil der Legaldefinition der planmäßigen Verschuldung zur Hebung der Profitabilität (leverage) durch Hedgefonds[37] erklärt sich dagegen mit der fachspezifischen Bedeutung des englischen *investment grade* als Bezeichnung für die hinreichende Bonität eines Emittenten. Allein von dem Interesse an der Erhaltung des Steuersubstrats getragen ist dagegen die Differenzierung zwischen Investment- und Investitiongesellschaft im InvStG

---

respektive die Belagerung, vgl. *Simpson/Weiner,* The Oxford English Dictionary, Vol. VIII (1989), S. 48 f., sub „investiture" und „investure".

[31] Vgl. z.B. § 2 Abs. 1 Investitionszulagegesetz 2010: Begünstigte Investitionen sind die Anschaffung und die Herstellung von neuen abnutzbaren beweglichen Wirtschaftsgütern des Anlagevermögens Nr. 2: „die mindestens fünf Jahre nach Beendigung des Erstinvestitionsvorhabens (Bindungszeitraum) a) zum Anlagevermögen eines Betriebs oder einer Betriebsstätte eines begünstigten Betriebs im Sinne des § 3 Abs. 1 des Anspruchsberechtigten im Fördergebiet gehören, b) in einer Betriebsstätte eines begünstigten Betriebs im Sinne des § 3 Abs. 1 des Anspruchsberechtigten im Fördergebiet verbleiben". Siehe des Weiteren das Investitionshilfegesetz, das Gesetz über den Vorrang für Investitionen bei Rückübertragungsansprüchen nach dem Vermögensgesetz, das Übereinkommen vom 18. März 1965 zur Beilegung von Investitionsstreitigkeiten zwischen Staaten und Angehörigen anderer Staaten nebst zugehörigem Bundesgesetz.

[32] § 90 Abs. 1 Nr. 1 AktG.

[33] Vgl. § 1 Abs. 27 KWG sowie §§ 20 Abs. 6 Nr. 2 Bst. c, 21 Abs. 3 Nr. 3 KWG mit reduzierten Anforderungen bei Millionen- und Organkrediten. Die Privilegien sind in dieser Form jedoch mit dem CRD IV-UmsG entfallen. Gem. § 194 Abs. 1 Nr. 3 KAGB zählt die Europäische Investitionsbank zu den Emittenten, die Geldmarktinstrumente begeben dürfen.

[34] Vgl. § 27a Abs. 1 WpHG.

[35] § 27a Abs. 1 Nr. 1 WpHG.

[36] Beispiel: strategische Beteiligung.

[37] § 1 Abs. 19 Nr. 25 KAGB; dazu *Livonius,* WM 2004, 60; *Pütz/Schmies,* BKR 2004, 51; *Ricke,* BKR 2004, 60 sowie *Wentrup,* Hedgefonds, S. 36 f., 41 f., 88 f.

i.d.F. AIFM-StAnpG.[38] Im Grundsatz bleiben die offenen, diversifizierten Publikums-Investmentfonds unter dem InvG Investmentvermögen. Sonstige Fonds, insbesondere geschlossene Fonds sind Investmentgesellschaften und im Grundsatz dem für ihre Rechtsform geltenden Recht unterstellt.

Das mit dem Bezeichnungsschutz in § 23 KAGG im Jahr 1957 erstmals zum Wortschatz des Gesetzgebers hinzugefügte[39] und dann mit der KAGG-Reform und dem AuslInvG 1969 zum Zentralbegriff fortentwickelte[40] Investment findet sich im Kontext des *Investment*gesetzes (InvG) und jetzt auch im KAGB insbesondere als „Investmentvermögen", „Investmentaktiengesellschaft", „Investmentkommanditgesellschaft" bzw. als Verweis.[41] So erklärt sich der besondere Bezeichnungsschutz dieses Begriffs und seiner Wortwurzel „invest" in § 3 KAGB (vormals § 3 InvG): Diese Wortwurzel soll das Vertrauen in das Investmentsparen schützen, in dem es anderen als konzessionierten Kapitalanlagegesellschaften diese Bezeichnung verwehrt.[42]

Der Anwendungsbereich des InvG war begrenzt.[43] Jenseits des InvG, aber auch für die Definition des Investmentvermögens gem. § 1 S. 2 InvG[44] – dem

---

[38] AIFM-StAnpG, BT-Drs. 17/12603. Dazu *Patzner/Wiese*, IStR 2013, 73; *Kleutgens/ Geißler*, IStR 2014, 280; in Jesch/*Jesch/Klebeck/Bragrock*, S. 43 f.

[39] Gem. § 23 KAGG 1957 darf nur eine KAG den Namen „Investmentgesellschaft" führen, Investmentanteile müssen von einer KAG ausgegeben werden.

[40] Vgl. insbesondere § 7 KAGG, der als § 6a KAGG durch Art. 1 Nr. 5 des Gesetzes zur Änderung und Ergänzung des Gesetzes über KAG und der Gewerbeordnung vom 28.7.1969 (BGBl. I (1969), 992) eingefügt und als § 7 in das KAGG (1970) übernommen wurde, sowie die Definition der „ausländischen Investmentgesellschaft" und „ausländischen Investmentanteile".

[41] Z.B. vor dem AIFM-UmsG § 1 Abs. 3, Abs. 11 Nr. 4, Abs. 19 Nr. 1 und § 2 Abs. 1 Nr. 3b, Abs. 6 Nr. 5a, 5b, 8 KWG a.F.; § 2a Abs. 1 Nr. 7 WpHG a.F. sowie in § 1 S. 2 und § 2 Abs. 1 (Investmentfonds), Abs. 5 (Inv-AG), Abs. 9 (ausländische Investmentanteile) InvG, jetzt § 1 Abs. 1 KAGB (Investmentvermögen) bzw. anstatt „Investmentanteile" jetzt meist „Anteile oder Aktien an inländischen Investmentvermögen", vgl auch § 2 Abs. 6 Nr. 8 KWG, § 2 Abs. 2b WpHG oder § 314 Abs. 1 Nr. 18 und § 341b Abs. 2 HGB; vgl. zur Begrifflichkeit auch *Niewerth/Rybarz*, WM 2013, 1157. Die Kommentarliteratur verzichtete auf eine Konkretisierung der „Investmentanteile" in § 341b Abs. 2 HGB a.F., vgl. MünchKomm-HGB/*Hommel*, § 341b Rn. 119; Koller/*Morck*, § 341b Rn. 2; Ebenroth/*Wiedmann*, § 341b Rn. 89; die Vorschrift wurde mit dem Versicherungsbilanzrichtlinie-Gesetz (VersRiLiG) vom 24. Juni 1994 eingefügt, zu diesem Zeitpunkt war der spezifische KAGG-Bezug bereits etabliert.

[42] Vgl. zum Ausnahmetatbestand gem. § 7 Abs. 3 KAGG a.F. (wurde in §§ 3, 4 InvG und das KAGB nicht übernommen) BayObLG, WM 1983, 573; BayObLG, WM 1984, 1569; BayObLG, WM 1988, 664; BayObLG, NZG 1999, 398 Rn. 10; Beckmann/*Beckmann*, § 3 Rn. 1. Restriktiv zur Firmennutzung der „Kapitalanlagen" noch OLG Karlsruhe, WM 1995, 1753 Rn. 7 ff. (der Bezeichnungsschutz ist mit dem Investmentmodernisierungsgesetz vom 14.12.2003 entfallen).

[43] Vgl. § 1 InvG; zur rechtspolitischen Diskussion über den Anwendungsbereich des Vorgängergesetzes KAGG RegE zum AuslInvG, BT-Drs. V/3494, S. 14; BVerwG, NJW 1980, 2482, 2483 – Hapimag (zu AuslInvG).

[44] „Investmentvermögen im Sinne des Satzes 1 sind Vermögen zur gemeinschaftlichen Kapitalanlage, die nach dem Grundsatz der Risikomischung in Anlagegegenständen im Sinne des § 2 Abs. 4 [InvG] angelegt sind."

Zentralbegriff des Investmentgesetzes und deutschen Pendant[45] des französischen *fonds d'investissement* und englischen *investment fund* – sprach man von „Anlage". Dies verwirrte, weil eine Tätigkeit (investment) mit ihrer Übersetzung (Anlage) konkretisiert wurde. Die Unterscheidung wurde mit § 1 Abs. 1 KAGB weitgehend beseitigt. Restwirkungen der Unterscheidung finden sich aber noch im VermAnlG sowie im Erlaubnistatbestand der kollektiven Anlageverwaltung (§ 1 Abs. 1a S. 2 Nr. 11 KWG). Dies gibt Anlass, die Bedeutung der Anlage näher zu untersuchen.

II. Anlage

Im Gegensatz zum Investment und zur Investition gehört die Anlage als Abstraktum zu den Verben „anliegen" und „anlegen" zum deutschen Stammwortschatz.[46] Ihre wörtliche Bedeutung umfasst – neben dem Synonym zur Investition und als Vermögens-/ Finanz-/ Kapitalanlage zum Investment – als (ggf. technische) Anlage eine mit dem Boden verbundene Gesamtheit von Gegenständen zur Erfüllung eines bestimmen Zwecks (Güterproduktion, Grenzmarkierung etc.),[47] als Erbanlage eine erblich vorhandene Prägung eines Menschen, als Beilage ein dem Hauptschreiben zugefügtes Schriftstück,[48] als Veranlagung die Bemessung der zu zahlenden Steuer etc. Die jeweilige Bedeutung ist kontextspezifisch. Für diese Untersuchung von näherem Interesse ist der Gebrauch als Investition respektive Investment.

1. Bürgerliches Recht und Unternehmensrecht

Investment ist die Geldanlage gem. § 312b Abs. 1 S. 2 BGB, bei der infolge Fernabsatzes ein Widerrufsrecht entstehen kann, soweit das Investment keinen Wertschwankungen unterliegt (§ 312d Abs. 4 Nr. 6 BGB). Damit besteht beim Fernabsatz „traditioneller" Anlagen wie Aktien, Anleihen und Fondsanteilen gerade kein Widerrufsrecht. Die Anlage von Mietsicherheiten[49] und Mündel-

---

[45] Das InvG definierte zugleich den Investmentfonds, erheblich enger als den Begriff des Investmentvermögens. Gem. § 2 Abs. 1 InvG waren Investmentfonds nur von einer Kapitalanlagegesellschaft verwaltete Sondervermögen nach den Anforderungen der OGAW-Richtlinie(n). Gem. § 2 Abs. 2 InvG handelte es sich um nach dem InvG organisierte, vertraglich strukturierte Sondervermögen, bei denen die Anleger das Recht zur Anteilsrückgabe haben (sog. offener Typ). Diese Gesetzestechnik ist schwer verständlich: Fonds und Vermögen sind Synonyme; das KAGB übernimmt in § 1 den materiellen Investmentfondsbegriff der AIFM-RL, OGAW sind nunmehr eine Teilmenge der Investmentvermögen, vgl. dazu *Zetzsche/Preiner*, WM 2013, 2103.

[46] *Kluge/Seebold*, Etymologisches Wörterbuch, sub „Anlage".

[47] Vgl. in diesem Sinn §§ 556 Abs. 1, 648 Abs. 1, 907, 921, 1020 – 1022, 1028, 1037 f., 1092 f., 2123 Abs. 1 BGB, §§ 27 Abs. 1 S. 1, 52 Abs. 1 S. 1 AktG, §§ 266 Abs. 2 A. II. Nr. 2 und 3, 327 Nr. 1, 340e, 341b Abs. 1 HGB.

[48] Z.B. § 55 Abs. 1 Nr. 3 BGB.

[49] § 551 Abs. 3 BGB.

geld[50] sind Investments, weil es dem Mieter respektive Mündel darauf ankommt, über die Mittel am Ende der Miet- / Mündelzeit zu verfügen, diese also nicht in einer Zweckeinheit zu binden.

Als Investition zu verstehen ist die Tätigkeit der Anlagegesellschaft bei der Betriebsaufspaltung.[51] Die Anlagegesellschaft hält und verwaltet, die Betriebsgesellschaft nutzt den betriebs*notwendigen*[52] (und damit zweckgebundenen) Anlagegegenstand. Liquidität, Wertpapiere, Devisen und sonstige Finanzanlagen zählen nicht zum notwendigen Betriebsvermögen.[53] Hier zeigt sich die mit Anlage – gleich ob Investment oder Investition – verbundene Dauerhaftigkeit:[54] Verwaltung ist die Instandhaltung und Ersetzung der Anlagegegenstände;[55] ein Handel kann mit betriebs*notwendigem* Vermögen nicht stattfinden.

2. Handelsbilanzrecht

Die Trennlinie zwischen Investition und Investment verläuft bilanzrechtlich entlang der dauerhaften oder nur vorübergehenden Zweckbindung des Anlagegegenstandes. So ist das bilanzielle Anlagevermögen[56] grundsätzlich Investition. Dies folgt aus § 247 Abs. 2 HGB, wonach zum Anlagevermögen die Gegenstände zählen, die dem Geschäftsbetrieb *dauerhaft* dienen sollen.[57] Alle anderen Gegenstände zählen zum Umlaufvermögen (das Gesetz erwähnt exemplarisch die Wertpapiere).[58] Die wirtschaftliche Zweckbindung wirkt sich unmittelbar auf die Bewertung aus. Anlagevermögen – auch Finanzanlagen – sind grundsätzlich planmäßig über die Nutzungsdauer abzuschreiben.[59] Beim Umlaufvermögen[60] kann es zu außerplanmäßigen Abschreibungen auf den jeweiligen Bör-

---

[50] § 1807 Abs. 1 Nr. 5 BGB.

[51] § 134 UmwG.

[52] Neben dem Anlagevermögen kann auch Umlaufvermögen betriebsnotwendig sein, KK-UmwG/*Simon*, § 134 Rn. 8.

[53] KK-UmwG/*Simon*, § 134 Rn. 7.

[54] Ebenso *Rinsoz*, Rechnungsführung, S. 21; nach *Klöhn*, Kapitalmarkt, S. 24 sind Investoren Personen, die Gegenstände erwerben, um sie auf längere Sicht zu behalten.

[55] KK-UmwG/*Simon*, § 134 Rn. 13 f.

[56] § 266 Abs. 2, A. und § 247 Abs. 1 HGB; s. auch § 58 Abs. 2a AktG.

[57] Näher KK-RLR/*Braun*, § 347 HGB Rn. 27 ff. Siehe des Weiteren die Definition der Beteiligungen gem. § 271 Abs. 1 S. 1 und 2 HGB: „Beteiligungen sind Anteile an anderen Unternehmen, die bestimmt sind, dem eigenen Geschäftsbetrieb durch Herstellung einer dauernden Verbindung zu jenen Unternehmen zu dienen. Dabei ist es unerheblich, ob die Anteile in Wertpapieren verbrieft sind oder nicht." Ebenso § 270 Abs. 2 S. 3 AktG: „Anlagegegenstände des Anlagevermögens sind jedoch wie Umlaufvermögen zu bewerten, soweit ihre Veräußerung innerhalb eines übersehbaren Zeitraums beabsichtigt ist oder diese Anlagegegenstände nicht mehr dem Geschäftsbetrieb dienen; dies gilt auch für den Jahresabschluß."

[58] § 266 Abs. 2, B.III. HGB. Anders z.B. § 340c Abs. 2 HGB, soweit die Wertpapiere zum Anlagevermögen zählen.

[59] § 253 Abs. 3 HGB. Vgl. zur außerplanmäßigen Abschreibung gem. Satz 4 der Vorschrift noch sogleich.

[60] Für die Erstausweisung gilt das strenge Niederstwertprinzip, vgl. KK-RLR/*Braun*, § 247 Rn. 28.

sen- oder Marktpreis kommen, die bei Wegfall des außerordentlichen Abschreibungsgrundes erfolgswirksam zu korrigieren sind (§ 253 Abs. 4 und 5 HGB). Konsequenz der Zuordnung zum Umlaufvermögen ist eine Ausweisung zum Zeit- oder Marktwert.

Gegen die Dauerhaftigkeit der Zweckbindung als Differenzierungskriterium spricht nicht die Ausweisungspflicht für „Wertpapiere des Anlagevermögens" und „sonstige Ausleihungen"[61] in der Bilanz bei den Finanzanlagen. Zwar wird gelegentlich vertreten, es genüge, diese Wertpapiere dauerhaft im Betrieb zu halten, ohne dass sie gem. § 247 Abs. 2 HGB dem Geschäftsbetrieb dienen.[62] Zweck sei die Unterscheidung zwischen Kapitalanlage und Zahlungsmittel. Wertpapiere als Zahlungsmittel (Schecks etc.) zählten zum Umlaufvermögen, sonstige Wertpapiere zum Anlagevermögen. Dann ist für Wertpapiere des Anlagevermögens der Zeitwert nicht in der Bilanz und im Ergebnis, sondern im Anhang auszuweisen.[63] Aber diese Zuordnung übersieht, dass zum Umlaufvermögen auch Anteile an verbundenen Unternehmen zählen können (§ 266 Abs. 2, B.III. Nr. 1 HGB),[64] während Schecks zum Kassenbestand zählen (§ 266 Abs. 2, B.IV. HGB). Die Differenzierung zwischen Zahlungsmitteln (Liquidität) und Wertpapieren erfolgt nicht begrifflich, sondern entlang der Ordnungsposten innerhalb des Umlaufvermögens. Es bleibt bei der Zweckbindung als maßgeblichem Differenzierungskriterium zwischen Investition (= Anlagevermögen im bilanziellen Sinn) und Investment (= Umlaufvermögen im bilanziellen Sinn). Dies belegt die englische Fassung von Anhang III C.III. der EU-Bilanzrichtlinie noch deutlicher als die deutsche Gesetzesfassung, da sie mangels sprachlicher Alternative in beiden Fällen von „Investments" spricht, zum Anlagevermögen aber nur „investments held as fixed assets" zählt.

Das für Versicherungen geltende Sonderbilanzrecht führt den Begriff der *Kapitalanlage*[65] ein. Pensionsfonds gem. § 112 Abs. 1 VAG und Lebensversicherer gem. § 54b VAG müssen Kapitalanlagen für Rechnung und Risiko von Arbeitnehmern und -gebern und von Inhabern fonds- oder indexgebundener Lebensversicherungen immer mit dem Zeitwert unter Berücksichtigung des Grundsat-

---

[61] Vgl. § 266 Abs. 2, A. III., Nr. 5 und 6 HGB.

[62] MünchKomm-HGB/*Reiner/Haußer*, § 266 Rn. 47; dagegen betont KK-RLR/*Korth*, § 266 HGB Rn. 93 die Notwendigkeit der Einbindung in den Geschäftsbetrieb (zu Beteiligungen, allerdings für Ausweisung anderer Wertpapiere im Umlaufvermögen).

[63] Vgl. für Finanzinstrumente und Anteile an Investmentvermögen § 285 Nr. 18, 26 und § 314 Nr. 10, 18 HGB. Fragwürdig insbesondere MünchKomm-HGB/*Reiner/Haußer*, § 266 Rn. 45: „Danach hat der Posten „Wertpapiere des Anlagevermögens" (A.III.5.) – ebenso wie der Posten „Wertpapiere" des Umlaufvermögens (B.III.) – über die (lang- oder kurzfristige) Kapitalanlageaktivitäten der Unternehmen zu informieren. Gemeinsames Merkmal aller Wertpapiere im bilanzrechtlichen Sinn ist somit ihre Eigenschaft als Kapitalanlage."

[64] Für Maßgeblichkeit der dauerhaften Zweckbindung KK-RLR/*Korth*, § 266 HGB Rn. 181.

[65] §§ 341 Abs. 4, 341b Abs. 1 S. 2 und Abs. 2, 341d HGB.

zes der Vorsicht bewerten.[66] Die übrigen Risikoträger, insbesondere Risikoversicherer haben die in § 341b Abs. 2 HGB genannten fungiblen Kapitalanlagen[67] wie Umlaufvermögen mit dem Zeitwert zu bewerten, soweit die Anlagen nicht das Kriterium des § 247 Abs. 2 HGB (dauerhafte Zweckbindung) erfüllen. Zweckgebundene Kapitalanlagen und Beteiligungen sind als Anlagevermögen planmäßig abzuschreiben.[68] Die Zweckbindung ist gegeben und damit der Gegenstand dem Anlagevermögen zuzuordnen, wenn das Versicherungsunternehmen dazu fähig ist und beabsichtigt, die Wertpapiere dauerhaft, also grundsätzlich bis zum Ende der Laufzeit, im Unternehmen zu halten.[69] Das Sonderbilanzrecht für Kreditinstitute enthält ähnliche Bewertungsvorschriften.[70] Allerdings zählen alle gem. § 247 Abs. 2 HGB zweckfreien Forderungen zum Umlaufvermögen,[71] weil im Kreditgeschäft Ausleihungen regelmäßiger Geschäftsgegenstand sind. Auch im Sonderbilanzrecht gilt: Investments sind mit dem Zeitwert, Investitionen mit dem um Abschreibungen geminderten Anschaffungswert anzusetzen; die Trennlinie verläuft entlang der Zweckbindung gem. § 247 Abs. 2 HGB.

Eine weitere Konkretisierung des Anlagebegriffs folgt seit dem Jahr 2009[72] aus der Zuordnung eines Gegenstands zum Handelsbestand der Institute (§ 340e Abs. 3 HGB). Anders als Gegenstände des Anlagevermögens – insoweit gilt das gemilderte Niederstwertprinzip, mit der Folge der Abschreibung über die Nutzungsdauer – und solche des sonstigen Umlaufvermögens / Liquiditätsbestands – diesbezüglich gilt das strenge Niederstwertprinzip, mit der Folge der Ansetzung zum Anschaffungs- oder niedrigeren Zeitwert – sind Finanzinstrumente des Handelsbestands immer zum Zeitwert abzüglich eines Risikoabschlags zu bewerten. Dies indiziert eine andere Risikoorientierung des Handels im Verhältnis zu Investition und Investment. Zum Handelsbestand zählen Finanzinstrumente, die mit der Absicht einer kurzfristigen Weiterveräußerung gehalten werden, während für den Anlagebestand die Absicht und Fähigkeit zum dauerhaften Halten maßgeblich ist.[73] Es bestätigt sich die bereits erkannte

---

[66] §§ 341 Abs. 4, 341b Abs. 4, 341d HGB.

[67] § 341b Abs. 2 HGB nennt Aktien, Anteile oder Aktien an Investmentvermögen (zuvor unter InvG „Investmentanteile") und sonstige Wertpapiere.

[68] Eine Ausnahme von der Abschreibungspflicht besteht für Forderungen gem. § 341c HGB. Grund: Rückzahlung zum Nennbetrag ist möglich. Gem. § 54 RechVersV ist im Anhang die Summe des Zeitwerts der übrigen Kapitalanlagen anzugeben.

[69] Vgl. dazu den Auslegungsstandard IDW RS VFA 2 „Auslegung des § 341 b HGB (neu). Näher KK-RLR/*Böhlhoff/Kreeb*, § 341b Rn. 12.

[70] Vgl. insbesondere § 340e HGB im Verhältnis zu § 341b HGB.

[71] § 340e Abs. 1 S. 2 HGB, vgl. KK-RLR/*Braun*, § 340e Rn. 9. Die Bewertungsausnahmen gem. § 340e Abs. 2 und § 341c Abs. 1 HGB stimmen überein, wonach Forderungen abweichend von § 253 Abs. 1 S. 1 HGB zum Nennbetrag angesetzt werden dürfen.

[72] Eingefügt durch Art. 1 Nr. 72 des Gesetzes zur Modernisierung des Bilanzrechts (Bilanzrechtsmodernisierungsgesetz, BilMoG) am 28.5.2009, BGBl. I (2009), 1102.

[73] Vgl. BT-Drs. 11/6275, S. 23 (aktenkundig gemachte Entscheidung einer zuständigen

Nuance, dass sich Handel einerseits, Anlage (als Investment *und* Investition) andererseits in der planmäßigen Haltedauer des Wirtschaftsguts unterscheiden.

3. Finanzmarktrecht

Im Finanzmarktrecht bedeutet die Anlage durchweg Investment, so z.B. als Wortwurzel in der Kapital*anlage*gesellschaft des InvG (jetzt Kapitalverwaltungsgesellschaft nach §§ 17ff. KAGB), der *Anlage*verwaltung als erlaubnispflichtiger Finanzdienstleistung und in den Organismen für die gemeinsame Anlage in Wertpapieren (OGAW).[74] Beim Terminus OGAW handelt es sich um die missglückte Übersetzung der englischen *undertakings for collective investment in transferable securities* (UCITS) respektive französischen *organismes de placement collectif en valeurs mobilières* (OPCVM). Der „Organismus für gemeinsame Anlagen" findet sich zudem als Teil der AIF-Konkretisierung in § 1 Abs. 1 des KAGB, im WpHG und im Prospektrecht.[75] Die Definition der Kapital*verwaltungs*gesellschaft in § 17ff. KAGB[76] führt den Begriff der Verwaltung ein, ist für die Konkretisierung der als Anlage beschriebenen Tätigkeit aber unergiebig. Gleiches galt für das Erfordernis des „angelegt sein" in § 1 Abs. 1 KAGG und § 1 Abs. 1 S. 2 AuslInvG, weil die Anlage aufgrund der gebotenen wirtschaftlichen Betrachtungsweise[77] nur zusammen mit dem „Vermögen" und dem Diversifikationsgebot definiert wurde.[78] Die Gerichte legten den Schwerpunkt auf den Grundsatz der Risikomischung.[79]

Die gemeinschaftliche Kapitalanlage in der Nachfolgevorschrift (§ 1 S. 2 InvG) sowie im Gesellschaftsrecht des KAGB[80] wurde ebenfalls nicht definiert.[81] An Konkretisierungen versuchte man sich mit recht vagen Aussagen:

Stelle erforderlich); MünchKomm-HGB/*Böcking/Löw/Wohlmannstetter*, § 340e Rn. 42 f.; KK-RLR/Braun, § 340e Rn. 27.

[74] Der Begriff geht zurück auf die Richtlinie 85/611/EWG zur Koordinierung der Rechts- und Verwaltungsvorschriften betreffend bestimmte Organismen für gemeinsame Anlagen in Wertpapieren (OGAW), nach vier Änderungsrichtlinien (OGAW I bis IV) neu veröffentlicht als Richtlinie 2009/65/EG.

[75] Vgl. § 31a Abs. 2 S. 2 Nr. 1 Bst. d WpHG; Anhang XVI zur ProspektVO.

[76] Nach § 17 KAGB sind KVG Unternehmen, deren Hauptzweck in der Verwaltung von Investmentvermögen und ggf. daneben der individuellen Vermögensverwaltung besteht.

[77] BT-Drs. V/3494, S. 17.

[78] Brinkhaus/*Pfüller/Schmitt*, § 1 AuslInvG Rn. 44. Konsequent die Negierung des Anlagemerkmals bei Beckmann/*Beckmann*, § 1 KAGG Rn. 9; Brinkhaus/*Zeller*, § 1 Rn. 9 ff.

[79] Vgl. BVerwG, NJW 1980, 2482 – Hapimag; OLG Stuttgart vom 2.11.2005, 9 U 108/05 (Juris) Rn. 24 – Investitions-Rentenplan; BGH vom 27.7.2010, VI ZR 217/09 Rn. 18 ff. und VI ZR 347/08 Rn. 18 ff.; vom 20.7.2010, VI ZR 200/09 Rn. 17 ff.; vom 29.6.2010, VI ZR 122/09 Rn. 22 ff. und VI ZR 90/09 Rn. 17 ff.; vom 23.3.2010, VI ZR 57/09, Rn. 26 ff.; und OLG Düsseldorf, WM 2008, 1464, 1466 – Islam-Holdings/Konya-Modell.

[80] Vgl. die Bestimmungen zur Satzung der offenen Inv-AG (§ 110 KAGB), zum Gesellschaftsvertrag einer offenen Inv-KG (§ 125 KAGB), Inv-AG mit fixem Kapital (§ 142 KAGB), Gesellschaftsvertrag einer geschlossenen Inv-KG (§ 150 KAGB).

[81] Insofern steht das deutsche Recht im bemerkenswerten Gegensatz zum schweizerischen

Über die Kapitalanlage hinaus dürften keine Ziele verfolgt werden (Beispiel: Abschluss anderer Geschäfte).[82] Mit dem „Wesen des Investments" sei es „nicht vereinbar, dass eine Investmentgesellschaft beherrschenden Einfluss auf ein anderes Unternehmen" ausübt; die gemeinschaftliche Kapitalanlage, die Anlage und Verwaltung für gemeinschaftliche Rechnung sei alleiniger Unternehmenszweck.[83] Im Gegensatz zur Anlage stehe die Private Equity- und Venture Capital-Fonds zugeschriebene „aktive unternehmerische Tätigkeit", die der Erwerb von Mehrheitsbeteiligungen und Sperrminoritäten, die Übernahme von Organfunktionen und andere Formen der Einflussnahme indizierten.[84] Die Definition durch sich selbst und die Berufung auf Paranormales („Wesen") legen den Kern der Anlagetätigkeit nicht offen. Gleiches gilt für die mit dem Zweck der aufsichtsrechtlichen Zuständigkeit beschwerte Begriffseingrenzung. Nicht zuletzt die explizite Herausnahme operativer Unternehmen aus der Definition des Investmentvermögens (§ 1 Abs. 1 aE KAGB) weist indes auf die Notwendigkeit, die Anlage vom Unternehmertum abzugrenzen.

Auch die Legaldefinition der kollektiven Anlageverwaltung[85] hilft nicht weiter. Erlaubnispflichtig ist die Anlageverwaltung, wenn die Anschaffung und die Veräußerung von Finanzinstrumenten[86] der Schwerpunkt der Tätigkeit war und zu dem Zweck erfolgte, dass die Anleger an der Wertentwicklung der erworbenen Finanzinstrumente teilnehmen. Die Zweckbestimmung grenzt zum Effektengeschäft ab:[87] Keine „Teilnahme an der Wertentwicklung" und damit keine Anlage ist eine Tätigkeit, die auf die Erzielung von Kommissionen, Gebühren und Handelsmargen ausgerichtet ist. Damit wird das bereits in der Wortwurzel der Anlage verortete Kriterium der Mindesthaltedauer bekräftigt. Auch keine Erlaubnispflicht wegen Anlageverwaltung sah die BaFin (mit Un-

---

Recht, wo der Begriff der Kapitalanlage im Rahmen der Legaldefinition von Art. 7 Abs. 1 S. 1 KAG „von zentraler Bedeutung" ist, vgl. Botschaft zum KAG (2005), S. 6396, 6417.

[82] Schreiben des BAKred, zitiert nach Beckmann/*Beckmann*, § 1 Rn. 12; Berger/*Köndgen*, § 1 Rn. 19.

[83] Beckmann/*Beckmann*, § 1 Rn. 13.

[84] Vgl. OLG Düsseldorf, WM 2009, 1464, 1465 f. (zum AuslInvG – Konya-Modell); BaFin, Rundschreiben Anwendungsbereich des Investmentgesetzes (2008), unter I.4.a). Im Ergebnis wohl auch *Sethe*, S. 32 ff., der zwischen Investment- und Beteiligungsgeschäft unterscheidet. Siehe insoweit auch die Ktierien von Anhang XIII ProspektVO.

[85] Vgl. § 1 Abs. 1a Nr. 11 KWG i.V.m. §§ 32 ff. KWG. Nach § 2 Abs. 3 S. 3 WpHG ist die erlaubnispflichtige Anlageverwaltung der Finanzportfolioverwaltung hinsichtlich der §§ 9, 31 bis 34 und 34b sowie 36b WpHG sowie der Art. 7 und 8 der Verordnung (EG) Nr. 1287/2006 gleichgestellt. Die Verwaltung wird konkretisiert als Handeln (1) für eine Gemeinschaft von Anlegern, die natürliche Personen sind, (2) mit Entscheidungsspielraum bei der Auswahl der Finanzinstrumente, (3) zu dem Zweck, dass diese Anleger an der Wertentwicklung der erworbenen Finanzinstrumente teilnehmen.

[86] Vgl. § 2 Abs. 2b WpHG; § 1 Abs. 11 S. 1 KWG.

[87] Vgl. § 2 Abs. 3 Nr. 1 bis 3 WpHG, dazu BegrRegE, BT-Drs. 16/11130, S. 43; *Voge*, WM 2010, 913, 915; *v. Livonius/Bernau*, WM 2009, 1216; *Bärenz/Käpplinger*, ZBB 2009, 277; *Kühne/Eberhardt*, BKR 2008, 133; *Volhard/Wilkens*, DB 2008, 2411, 2412 ff.

terstützung der Gesetzesbegründung[88]) in der Tätigkeit von Immobilien- und Private-Equity-Fonds, weil bei solchen Fonds die Anschaffung oder Veräußerung von Finanzinstrumenten Nebentätigkeit sei.[89] Nunmehr besteht eine Erlaubnispflicht für deren Verwaltung gem. § 20 KAGB. Der Rückschluss, Immobilien- und Private Equity-Fonds seien aus zivilrechtlicher Sicht keine Kollektivanlagen, wäre indes verfrüht. Ebenso wenig bindet aus zivilrechtlicher Sicht die Beschränkung der öffentlich-rechtlichen Erlaubnispflicht auf Verwaltungen für natürliche Personen: Auch juristische Personen legen Finanzmittel gemeinschaftlich an. Früher waren sogar manche Anlageformen juristischen Personen vorbehalten (§ 2 Abs. 3 InvG).[90]

Nach Inkrafttreten des KAGB untersteht die Anlageverwaltung dem KAGB. Investmentvermögen sind aber auch geschlossene Fonds. Der KWG-Erlaubnistatbestand der Anlageverwaltung[91] ist gegenüber der Verwaltung von Investmentvermögen nach KAGB subsidiär. Die Erlaubnispflicht nach KWG ist weiterhin auf die Anlageverwaltung für *natürliche Personen* begrenzt.[92]

III. Anlage als Investment

Nach bisherigem Erkenntnisstand beschreiben die Begriffe Anlage, Investment und Investition den (1) Einsatz von Anlagegegenständen (2) zur planmäßigen Erzielung von Einnahmen (3) für eine gewisse Dauer (4) durch Partizipation an einer zukünftigen Wertentwicklung. Die Dauerhaftigkeit unterscheidet die Anlage vom *Handel*, bei dem der Händler grundsätzlich nur in sehr geringem Umfang bereit ist, das Risiko der Wertentwicklung zu tragen. Der Händler möchte Angebot und Nachfrage *zügig* zusammenbringen; je kürzer die Zeitspanne, umso höher der relative, risikoadjustierte Gewinn.

Auch konnte gezeigt werden, dass die Rechtssprache die Anlage teils im Sinne von Investment, teils im Sinne von Investition verwendet. Investment und Investition unterscheiden sich in Bezug auf die Zweckbindung des Aufwands, wie er paradigmatisch in § 247 Abs. 2 HGB zum Ausdruck kommt. Investitionen sind dazu bestimmt, einem Geschäftsbetrieb zu dienen, sie sollen den Wert des Geschäftsbetriebs *im Ganzen* steigern.[93] Das Investment sieht grundsätz-

---

[88] Vgl. BegrRegE, BT-Drs. 16/11130, S. 43, insbesondere *Bärenz/Käpplinger*, ZBB 2009, 277.

[89] BaFin, Merkblatt Anlageverwaltung (2011), Nr. 2e).

[90] Vgl. zum Gebrauch von Spezialfonds durch Versicherungen *Götz*, Institutionelle Bedingungen, S. 123 ff.; *Weigel*, FS Alte Leipziger, S. 183, 198.

[91] § 1 Abs. 1a S. 2 Nr. 11 KWG, dazu *Loritz/Uffmann*, WM 2013, 2193; Emde/*Verfürth*, § 1 Rn. 68.

[92] Dies wird mit dem Schutzzweck der Bestimmung begründet, vgl. BegrRegE, BT-Drs. 16/11130, S. 43.

[93] Beispiel: Die Errichtung einer Produktionsanlage (z.B. für Rohlinge) verspricht grundsätzlich aus sich selbst heraus zunächst keine Wertsteigerung; die Produktionsanlage dürfte im Wert selbst nicht zunehmen. Allerdings reduziert ein Weiterverarbeitungsbetrieb durch

lich keine solche Zweckbindung vor, die Wertentwicklung soll sich *im Anlage-gegenstand als solchem* widerspiegeln. Infolgedessen ist das Investment aus wirtschaftlicher Sicht übertrag- und ersetzbar,[94] nicht so die Investition, die nur in ihrer Zweckgesamtheit den Wert des Geschäftsbetriebs im größtmöglichen Umfang steigert.

Im Folgenden wird die Bedeutung der Anlage als Investition ausgeklammert; Investment und Anlage werden synonym gebraucht, als Einsatz von Anlagege-genständen zur planmäßigen Erzielung von Einnahmen für eine gewisse Dauer durch Partizipation an einer zukünftigen Wertentwicklung *des Anlagegegen-standes*.

IV. Rechtsvergleichende Verprobung

Auch wenn die Vorschriften anderer Rechtsordnungen das deutsche Recht nicht binden, gewinnen die Ergebnisse an Überzeugungskraft, wenn sich die erarbeiteten Weichenstellungen in wichtigen Fondsjurisdiktionen ebenfalls nachweisen lassen. Es spricht dann manches dafür, dass es sich um dem „We-sen", der „Natur" oder „Materie" der Kollektivanlage innewohnende Parameter handelt, die als Säulen der angestrebten Grundlegung tragfähig sind. Zudem sind die Bestandteile des Investmentvermögens – OGAW und AIF gem § 1 Abs. 2 und 3 KAGB – europäisch geprägte Begriffe. Insoweit trägt eine einheit-liche Auslegung zur Vollendung des Binnenmarktes bei.

Die betrachteten Rechtsordnungen konkretisieren die Anlage / das Invest-ment durch Rückausnahmen, Regelbeispiele, Rechtsprechung, Aufsichtspraxis, in den kontinentalen Rechtsordnungen zudem durch Gesetzesbegründung und Schrifttum. Die Ergebnisse weichen von der hier ermittelten Definition allen-falls graduell ab.

So ist Zweck der drei luxemburgischen Kollektivanlageformen OPC[95], FIS[96] und SICAR[97] die Anlage („placement").[98] Nach Auffassung der Finanzmarkt-aufsicht[99] ist Anlage der Erwerb oder Verkauf von Anlagegegenständen mit dem ausschließlichen Zweck, Ausschüttungen oder Wertzuwächse zu erwirtschaf-ten. Der Gegensatz zur Anlage ist die Beteiligung, für die Einfluss oder Kon-trolle der Zielgesellschaft typisch sind. Die Tätigkeit von Venture Capital- und

---

Errichtung der Anlage Zuliefer- und Transportkosten. Die Investition erhöht den Wert des Weiterverarbeitungsbetriebs; sie senkt dagegen den Wert des Weiterverarbeitungsbetriebs, wenn die Summe der Investitions- und Betriebskosten höher ist als die Summe der Zuliefer- und Transportkosten.

[94] Z.B. durch Austausch des Finanziers (Veräußerung einer Aktie).
[95] "Organismes de placement collectif".
[96] „Fonds d'investissement spécialisés".
[97] "Société d'investissement en capital à risque."
[98] Vgl. Art. 2 Abs. 2 OPC-G; Art. 1 Abs. 1 FIS-G; Art. 1 Abs. 1 SICAR-G.
[99] Circulaire IML (Institut Monétaire Luxembourgois, Vorläufer der CSSF) 91/75, unter B.I.

Private Equity-Fonds, bei der regelmäßig Einfluss auf die Zielgesellschaft ausgeübt wird, stuft man als Anlage ein, weil keine Absicht einer *dauerhaften* Beteiligung besteht. Speziell die Anlage *in Risikokapital* als Geschäftsgegenstand
einer SICAR ist exemplarisch[100] definiert als die direkte oder indirekte Einlage
von Vermögen in Unternehmen mit dem Zweck der Aufnahme des Geschäftsbetriebs, ihrer Entwicklung oder Börsennotierung.[101] Dadurch soll zur Holding mit unternehmerischer Zwecksetzung abgegrenzt werden. Demgegenüber
ist eine zu Zwecken der Kontrolle gegründete Finanzbeteiligungsgesellschaft
keine *Anlage*form.[102]

Das britische Recht enthält seit 1958 eine indirekte Investmentdefinition in ss.
13, 14 des Prevention of Fraud (Investments) Act 1958 zu Falschaussagen im
Rahmen der Anlagewerbung.[103] Heute ist das „Investment" der Zentralbegriff
des britischen FSMA für die Zulassungspflicht und Aufsicht.[104] Das Gesetz enthält eine über die Anlagetätigkeit hinausgehende,[105] sehr weite und deshalb
nicht praktikable Definition,[106] die mittels Regelbeispielen und Rückausnahmen auf einzelne Anlagegegenstände reduziert wird.[107] Speziell für Kollektivanlagen bemüht sich das britische Recht um abstrakt-generelle Konkretisierung, kommt aber um Regelbeispiele ebenfalls nicht umhin: Collective Investment Scheme ist danach eine Organisation, deren Erträge aus dem Erwerb, dem
Halten, der Verwaltung oder der Veräußerung der Anlagegegenstände oder aus
Summen stammen, die aus solchen Erträgen und Einnahmen gezahlt werden.[108]
Damit erfasst ist auch der Handel und die unternehmerische Beteiligung. Die
Reichweite der Definition wird per Verordnung wieder reduziert, wonach u.a.
alle Beteiligungen zu Geschäftszwecken und alle Beteiligungen an Korporatio-
nen, aber ebenso der Gebrauch oder Konsum von Gegenständen die Eigen-

---

[100] Parlamentsdokument No. 5201, Begründung zu den einzelnen Vorschriften.

[101] Art. 1 Abs. 2 SICAR-G von 2004: „(2) Par placement en capital à risque, on entend
l'apport de fonds direct ou indirect à des entités en vue de leur lancement, de leur développe-
ment ou de leur introduction en bourse."

[102] Circulaire IML (Institut Monétaire Luxembourgois, Vorläufer der CSSF) 91/75, unter
B.II.

[103] Vgl. oben Erster Teil, § 2. A. I. 2., Fn. 27.

[104] Vgl. *Nelson*, Capital Markets Law, S. 63 ff.

[105] Zutr. *FSA v. Fradley & Woodward* [2005] EWCA Civ 1183.

[106] S. 22 (4) des FSMA definiert „investment" als „any asset, right or interest".

[107] Vgl. Abschnitt II. der Schedule II zum FSMA sowie die Regulated Activities Order. Die
Regulated Activities Order zählt z.B. Shares, Debt Securities, Warrants, Options, Futures
und Units in a collective investment scheme auf, vgl. No. 76, 77, 79, 81, 83, 84 RAO. Die gleiche Regelungstechnik verwendet die Irish Stock Exchange, Code of Listing Requirements
and Procedures, Investment Funds, Definitions, sub "Investments".

[108] S. 235 (1) des britischen FSMA: „... the purpose or effect of which is to enable [the par-
ticipants] ... to participate in or receive profits or income arising from the acquisition, holding, management or disposal of the property or sums paid out of such profits or income."

schaft als Collective Investment Scheme ausschließen.[109] Der durch die AIFM-
RL eingeführte Begriff des AIF und das Konzept des CIS sind ähnlich, aber
nicht identisch. Die meisten CIS sind gleichzeitig AIFs, umgekehrt gilt dies aber
nicht. AIF können auch Investmentfonds in Gesellschaftsform (sog. „body corporates") sein, die nicht CIS sind.[110] Ein Manager der ein CIS verwaltet, das
weder AIF noch UCITS ist, ist ein „residual CIS operator". Das Investment
Funds Sourcebook der FCA (FUND) ist auf diese Manager nicht anzuwenden.[111]

Nach der Rechtsprechung des schweizerischen Bundesgerichts zum Anlagefondsgesetz, die nach der Botschaft zum KAG auch für das Kollektivanlagengesetz 2006 maßgeblich sein soll, ist Kapitalanlage „jede längerfristig geplante
Anlage von Geldern zur Erzielung eines Ertrages oder eines Wertzuwachses
oder wenigstens zur Erhaltung der Substanz".[112] Sie steht im Gegensatz zur aktiven unternehmerischen Investition oder Einflussnahme,[113] soll von gewisser
Dauer, kann aber auch kurzfristig sein.[114] Die Konkretisierung erfolgt durch
Ausgrenzung anderer Arten der Gewinnerzielung durch Gesetz oder Verordnung, insbesondere der Holding, Organismen für die soziale Sicherung und
bestimmter bankinterner Sondervermögen.[115]

Der Kollektivanlage entspricht in der US-Terminologie das „pooled investment vehicle". Nach dem hier maßgeblichen zivilrechtlichen Verständnis handelt es sich um Strukturen, bei denen alle Anlegerbeiträge als Teil einer Einheit
betrachtet werden und sich die Interessen der Anleger in der Teilhabe an dieser
Einheit wiederspiegeln.[116] Dazu zählen neben den Investment Companies gemäß dem Investment Companies Act 1940 auch andere in einem Trust-Verhält-
nis zusammengefasste Anlegervermögen („commingled trust funds"). Die
Reichweite der aufsichtsrechtlichen Definition[117] ist im US-Recht ebenso umstritten wie im deutschen Recht. Hintergrund ist die an der Trennlinie der „In-

---

[109] Vgl. Schedule zu The Financial Services and Markets Act 2000 (Collective Investment
Schemes) Order 2001, S.I. 2001/1062, No. 9, 13, 14, 21.

[110] FCA, PS 13/5, Nr. 16.5.

[111] 1.1.1 Abs. 2 FUND; die Grenzlinien werden entsprechend den europäischen Vorgaben
gezogen, siehe FCA, PERG 16; dazu Zetzsche/Preiner, WM 2013, 2104 ff.

[112] BGE 116 Ib 79; Bürli-Borner, Anlegerschutz, S. 33 ff.; übernommen durch Botschaft
zum KAG (2005), S. 6396, 6417. Krit. zum Merkmal der Längerfristigkeit BSK-KAG/Ray-
roux/du Pasquier, Art. 7 Rn. 11; dazu auch Lezzi, Rn. 106 ff.; Kunz, KSR 2012, 107 sowie
Kunz, ZBJV 2013, 149, 141.

[113] BSK-KAG/Rayroux/du Pasquier, Art. 7 Rn. 11 f.; Courvoisier/Schmitz, SZW 2006,
407, 412.

[114] Courvoisier/Schmitz, SZW 2006, 407, 410.

[115] Art. 1, 2, 4, 5 KAG und Verordnungsermächtigung in Art. 6 KAG; vgl. zur Abgrenzung
auch Reisser, ST 812, 567.

[116] Bines/Thel, (1997–98) 58 Ohio St. L.J. 459, 469 n. 49.

[117] Vgl. die aufsichtsrechtliche Definition in s. 8 (b) ICA: „For purposes of this section
„pooled investment vehicles" means any investment company as defined in section 3(a) of the
Investment Company Act of 1930 (15 U.S.C. 80a-3(a)) or any company that would be an in-

vestment Companies" gemäß Investment Company Act verlaufende Zuständig-
keitsabgrenzung zwischen der SEC und der weit weniger rigiden US-Banken-
aufsicht für von Geschäftsbanken etablierten Bank-Trusts.[118] Der ICA erfasst
als Anlage das „business of investing, re-investing or trading of securities" sowie das Halten und den Erwerbsvorschlag in Bezug auf „investment securities".[119] Der ICA ist nicht anwendbar, wenn die Investment Company nicht ihrerseits in Securities investiert. Der Inhalt des Security-Begriffs wird durch
Einzelaufzählung und Rückausnahmen konkretisiert. So nimmt z.B. s. 3(c)(5)
(C) ICA Fonds mit einem Anlageschwerpunkt auf direkten Real Estate-Inves-
titionen und s. 3(c)(9) ICA Öl- und Gasfonds vollständig aus dem Anwendungsbereich des ICA heraus.[120] Aufgrund der Aufsichtsabgrenzung zwischen
der Aufsichtsbehörde für Rohstoffhandel und der SEC[121] unterliegen z.B. sog.
Commodity Leveraged ETFs nur den Prospektanforderungen des SA, nicht
aber der Produktregulierung des ICA.

Innerhalb des Anwendungsbereichs des ICA existieren Rückausnahmen z.B.
für operative und Holding-Gesellschaften,[122] als Händler, im Emissionsgeschäft und Anteilsvertrieb tätige Intermediäre, Banken, Sparkassen und Versicherungen, Insolvenzverwalter und Liquidatoren, Pensionsfonds, Stiftungen,
des Weiteren Banken, die Trustvermögen aus Stiftungen und Hinterlassenschaften verwalten und in diesem Rahmen mehrere Vermögen bündeln.[123] Aus-

---

vestment company under section 3(a) of that Act but for the exclusion provided from that
definition by either section 3(c)(1) or section(7) of that Act (15 U.S.C. 80a-3(c)(1) or (7))."

[118] In Common Trust Funds organisieren US-Banken die Stiftungsverwaltung. Bereits im
Jahr 1936 werden sog. Collective Investment Funds von Ertragssteuern befreit. Seit 1938 bestimmen sich die trustrechtlichen Grundlagen nach dem Uniform Common Trust Fund Act.
1962 wird eine materielle Treupflichtregelung geschaffen. Die Aufsicht geht von der Federal
Reserve auf das Office of the Comptroller of the Currency über. Bank Trust Funds sind zwar
grundsätzlich Investment Companies i.S.d. ICA, aber die organisierenden Banken sind von
den Vorschriften des ICA befreit, wenn sie Hilfe bei der Verwaltung von Hinterlassenschaften leisten, keine Werbung betreiben und die Gebühren und Ausgaben im normalen Bereich
liegen oder die Trust Funds zu Zwecken der Alterssicherung dienen („collective trust fund").
Vgl. s. 3(c)(3) und (11) des ICA sowie *Rosenblum*, S. 351 ff., 554 ff.; dazu *Frankel/Schwing*,
§1.02 [B4].
Die Aufsichts- und Regelsetzungskompetenz der Federal Reserve ist seit je her umstritten,
Ursache ist, dass die Funktionsweise der Common Trust Funds der von Mutual Funds sehr
ähnlich ist. Vgl. *ICI v. Camp*, 301 US 617, 625 (1971): differences are "subtle at best" (i.E. für
Verletzung des Glass-Steagall Act); nach anderer Ansicht können Bank Holding Companies
als zugelassener Investment Adviser handeln; dazu Office of the Comptroller of the Currency, Handbook Collective Investment Funds (2005); *Lybecker*, (1977) 5:2/3 Sec Reg L.J. 110 ff.,
195 ff.; *Fink*, S. 138 ff.
[119] S. 3(a) ICA.
[120] Dazu *Rosenblum*, S. 413 ff. und 505 ff.
[121] Zum Hintergrund bis 2002 vgl. *Rosenblum*, S. 749 ff.
[122] S. 3(b)(1) und (2) ICA, dazu *Rosenblum*, S. 153 ff., 187 ff.; *Morley*, (2014) 123 Yale L.J.
1228, schlägt eine Abgrenzung nach der Organisationsform vor ("structure-based definition").
[123] S. 3(c) ICA. Zu den insgesamt 14 (!) Rückausnahmen *Rosenblum*, S. 315 ff.

genommen sind aber auch kleine Investment Companies, z.B. mit weniger als hundert Anteilseignern und ohne öffentlichen Anteilsvertrieb[124] oder solche des geschlossenen Typs mit geringem verwalteten Vermögen.[125] Neben den klassischen Investmentorganisationen (Investment Companies i.e.S., mutual funds) regelt der ICA Venture Capital-Fonds in Form der Business Development Company (BDC). BDCs müssen mindestens 70% ihres Vermögens in i.d.R. börsenferne Gesellschaften investieren und sollen diese durch Einflussnahme entwickeln.[126] Die Rechtsprechung schließt den Anteilserwerb zu Zwecken der Selbstnutzung bzw. des Konsums (Bewohnen einer Wohnung) mangels Gewinnerzielungsabsicht aus dem Investmentbegriff aus.[127]

B. Gemeinschaft von Anlegern / Kollektiv

Der zweite Zentralbegriff der kollektiven Vermögensanlage ist das Kollektiv. Die kollektive oder gemeinschaftliche Kapitalanlage setzt eine Anlegermehrzahl voraus.[128]

I. Terminologie

Die *Kollektiv*anlage findet sich ohne weitere Erklärung oder Definition in § 31a Abs. 2 S. 2 Nr. 1d) WpHG [„Organismen für gemeinsame Anlagen"]. Das Kollektiv ist Teil des Anlageverwaltungstatbestands (Gemeinschaft von Anlegern, die natürliche Personen sind[129]) und der Definition des Investmentvermögens (Organismus für gemeinsame Anlagen[130]). Die Literatur hat diesen Begriff im Zusammenhang mit der bankrechtlichen Erlaubnispflicht bestimmter kollekti-

---

[124] S. 3(c)(1) ICA.

[125] S. 6(d) ICA.

[126] S. 53 et seq. Vgl. SEC, Definition of Eligible Portfolio Company under the Investment Company Act of 1940, SEC Release No. IC–27538 (Oct. 25, 2006), F.R. 71/64086. Vgl. zur Ausnahme von VCF nach Dodd Frank SEC; Release No. IA-3222; File No. S7–37–10, RIN 3235-AK81.

[127] *United Housing Foundation, Inc. v. Forman*, 421 U.S. 837, 851 et seq. (1975). In dem Fall wurde der Anteil an einer staatlich geförderten Wohnkooperative, dessen Inhaberschaft ein Wohnrecht gewährte, nicht für eine „security" i.S.d. ICA gehalten. Maßgeblich war danach der Prospekt der Wohnungsbaugenossenschaft, der den „non-profit"-Aspekt betonte.

[128] Vgl. für die Anlageverwaltung als Finanzdienstleistung, die sich aber nur auf natürliche Personen bezieht, BR-Drs. 703/08, S. 72: „mindestens zwei Personen".

[129] § 1 Abs. 1a Nr. 11 KWG.

[130] § 1 Abs. 1 KAGB: zuvor „Vermögen zur gemeinschaftlichen Anlage" § 1 S. 2 InvG. Vgl. zudem aus anderen Gesetzen zur Umsetzung der AIFM-RL für Liechtenstein Art. 4 Abs. 1 Nr. 1 AIFMG; für Österreich § 2 Abs. 1 Nr. 1 öAIFMG; für Luxemburg („organismes de placement collectif"), vgl. Art. 1 Abs. 39 Loi du 12 juillet 2013 relative aux gestionnaires de fonds d'investissement alternatifs; für England („collective investment undertaking") Art. 3 Abs. 1 Alternative Investment Fund Managers Regulations 2013; für Frankreich („l'organisme de placement collectif"); Autorité des marchés financiers, consultation publique sur les modifications du Livre III du règlement général transposant la directive AIFM vom 12.6.2013; für

ver Anlagemodelle aufgegriffen.[131] Den Organismen für *gemeinsame* Anlagen
in Wertpapieren (OGAW) entsprechen im Kontext der Richtlinie 2009/65/EG
(OGAW) englischen *undertakings for collective investment in transferable securities* (UCITS) und französischen/luxemburgischen *organismes de placement
collectif en valeurs mobilières* (OPCVM). Die englische Rechtssprache verwendet alternativ die Begriffe *collective investment schemes* oder *pooled investment
vehicles*.[132] Das schweizerische *Kollektiv*anlagengesetz (KAG)[133] lehnt sich daran an. Alle Termini beschreiben eine Organisation mit bzw. für eine Anlegermehrzahl. Dieses Erfordernis wird von § 1 Abs. 1 S. 2 KAGB freilich bis zur
Unkenntlichkeit modifiziert.[134]

Die Anleger[135] sind typischerweise zugleich Einzahler der anzulegenden Finanzmittel und Begünstigte der Anlagetätigkeit. Indes sind auch Kollektivanlagen zugunsten Dritter zulässig und verbreitet, z.B. als Geschenk oder in Anlagekaskaden.[136] Anleger sind dann diejenigen Personen, (1) die vor der Anlage
formaler Inhaber der Finanzmittel (gewesen) sind und (2) die Finanzmittel freiwillig anlegen, (3) in der Hoffnung, die zukünftige Wertentwicklung verlaufe
für sie günstig, i.e. sie erhalten insgesamt einen größeren als den aufgewandten
Betrag zurück. Die formale Inhaberschaft als erstes Kriterium bestimmt den
Anleger innerhalb von Anlagekaskaden. Der gleiche formale Investorenbegriff
fand sich z.B. in § 229 Abs. 3 SolvV, wo dasjenige Institut als Investor galt, das
eine Verbriefungsposition hielt. Auf die hinter dem Institut stehenden Berechtigten kam es nicht an. Dies findet sich in der geltenden Fassung der SolvV so
zwar nicht mehr. Die direkt anzuwendende CRR nutzt den formalen Investorenbegriff aber entsprechend.[137] Die Freiwilligkeit als zweites Kriterium unterscheidet den Anleger von Fällen des gesetzlichen Zuordnungswechsels (Tod,
Zwangsvollstreckung). Die Erwartung[138] (statt Anspruch) einer positiven An-

---

die Niederlande Art. 1:1 Wft („beleggingsinstelling"); Schweiz „Vermögen [ ] zur gemeinschaftlichen Kapitalanlage" gem. Art. 7 Abs. 1 S. 1 KAG.

[131] Assmann/Schneider/*Assmann*, § 2 Rn. 102.

[132] Myners Review, 2002, S. 27.

[133] Botschaft zum KAG (2005), S. 6396, 6416.

[134] Vgl. § 1 Abs. 1 S. 2 KAGB: „Eine Anzahl von Anlegern im Sinne des Satzes 1 ist gegeben, wenn die Anlagebedingungen, die Satzung oder der Gesellschaftsvertrag des Organismus für gemeinsame Anlagen die Anzahl möglicher Anleger nicht auf einen Anleger begrenzen", dazu *Zetzsche/Preiner*, WM 2013, 2101, 2104; Baur/Tappen/*Jesch*, § 1 Rn. 9.

[135] Das Schrifttum setzt sich erstaunlich wenig mit den Anlegern auseinander. Vgl. z.B.
Armbrüster, Treuhand, S. 31 Fn. 155, der die Anlagegesellschaften, nicht aber die Anlage und
Anleger zu definieren sucht.

[136] Beispiel: Vater legt im eigenen Namen für sein Kind an. Aber auch: Beziehung zwischen
Spezialfonds-Anleger und den hinter dem Spezialfonds stehenden Pensionsberechtigten.

[137] Nach ErwGr 57 CRR sind Unternehmen, die in Verbriefungspositionen investieren,
Anleger.

[138] Die positive Entwicklung wird auch z.B. für festverzinsliche Anleihen erhofft, z.B. indem der Markt der Anleihe wegen einer angekündigten Zinssenkung einen höheren Wert
beimisst.

lageentwicklung grenzt die Anleger schließlich von Gläubigern im Synallagma ab. Diese vereinnahmen maximal die vereinbarte Gegenleistung.

Kein taugliches Abgrenzungskriterium ist das der Passivität. Zwar wird Anlegern typischerweise unterstellt, sie seien nicht daran interessiert, Mitwirkungsrechte persönlich wahrzunehmen.[139] Diese Unterstellung mag auf bestimmte Anlegergruppen zutreffen und für die Anlage kleiner Kapitalbeträge im ökonomischen Sinn rational sein. Institutionelle Anleger[140] sind indes regelmäßig zur Mitwirkung verpflichtet.[141]

II. Rechtsformen

Nach europäischem Recht ist die Rechtsform der Anlageorganisation unerheblich.[142] Die ersten deutschen Publikumsfonds waren aus steuerlichen Gründen als Bruchteilsgemeinschaft[143] und für Immobilienfonds als schuldrechtlicher Anspruch gegen einen Treuhänder (Treuhandvermögen)[144] organisiert. Die nach dem KAGG, dann InvG, heute dem KAGB vertraglich begründeten Sondervermögen[145] vermeiden die mit der Bruchteilsgemeinschaft verbundenen Nachteile.[146] Parallel zum InvG waren schuldrechtlich und als Personengesellschaft organisierte Anlagemodelle verbreitet,[147] bei denen ein Verwalter die An-

---

[139] *Armbrüster*, Treuhand, S. 50; *Hopt*, Gutachten 51. DJT, S. 32; *Schiemann*, FS Zöllner, S. 503, 506.

[140] Zu diesem Begriff sogleich § 5.B.I.

[141] Vgl. z.B. für Investment-Sondervermögen § 94 Abs. 1 KAGB, dazu *Strenger/Zetzsche*, AG 2013, 379; dies. JELS 2013, 503; nunmehr *Zetzsche*, NZG 2014, 1123; *Freitag*, AG 2014, 647.

[142] Art. 2 Abs. 2 Bst. b AIFM-RL; dazu BaFin, Auslegungsschreiben KAGB (2014), I.1.

[143] §§ 741 ff. BGB, mit den Folgen der Mitberechtigung und -gläubigerschaft; die Bruchteilsgemeinschaft ging mit einer von den Bruchteilseigentümern dem Initiator erteilten Vollmacht einher. Probleme stellten sich bei treuwidrigem Verwalterverhalten – gutgläubiger Erwerb der im Eigentum der Gemeinschaft stehenden Gegenstände –, bei der Ausgabe neuer Fondsanteile, dem Erwerb neuer Gegenstände für die Bruchteilsgemeinschaft und – als theoretisches Problem – wegen der nicht sachenrechtlich wirksam abdingbaren (§ 137 BGB) konkurrierenden Rechtsmacht von Verwalter und Gemeinschaft als Ganzem (§ 747 S. 2 BGB). Dazu *G.Roth*, Treuhandmodell, S. 118 m.w.N.

[144] Zur Vermeidung von Registeraufwand wird das Immobilieneigentum auf einen Treuhänder über- und auf dessen Namen in das Grundbuch eingetragen. Den Anlegern wird eine wirtschaftliche Beteiligung eingeräumt. In der Zwangsvollstreckung gegen den Treuhänder und in der Insolvenz des Treuhänders stellt sich die Frage, in welchem Umfang die wirtschaftlich Berechtigten einer Verwertung widersprechen oder daran jedenfalls vorrangig partizipieren können. Vgl. *G.Roth*, Treuhandmodell, S. 110 ff., 114 Fn. 22 ff. Die Frage ist bis heute nicht vollständig geklärt, vgl. *Bitter*, S. 140 ff. (für „funktional-teleologische Interpretation der §§ 47 InsO, 771 ZPO" und Analogie zu § 392 Abs. 2 HGB); *Geibel*, Treuhand, S. 27 ff.; *Löhnig*, Treuhand, S. 46 ff.; *M.Roth*, Private Altersvorsorge, S. 262 ff.

[145] §§ 92 ff. KAGB. Es handelt sich um einen rechtlich unselbstständigen Inbegriff an Anlagegegenständen gem. § 260 BGB.

[146] Zweifelnd *Geibel*, Treuhand, S. 73 ff.

[147] Vgl. § 1 Abs. 2 VermAnlG.

lagen im eigenen Namen für gemeinschaftliche Rechnung der Anleger verwaltete. Auch seit Inkrafttreten des KAGB wird von manchen vertreten, Genussscheinmodelle seien keine AIF und unterstünden nur dem VermAnlG. Dies soll auch für den Fall gelten, dass Gewinne das Gemeinschaftsvermögen und gemäß den Emissionsbedingungen den schuldrechtlichen Anspruch des Anlegers gegen den Initiator erhöhen.[148] Die Beteiligung der Anleger wird dann in Schuldverschreibungen („Zertifikate") verbrieft oder als Personengesellschaftsanteil den Anlegern übergeben.

Während außerhalb des KAGB Rechtsformwahlfreiheit besteht,[149] hat das KAGB für Investmentvermögen einen Numerus Clausus eingeführt.[150] Danach sind allein die vertragliche Form, die Inv-AG und die Inv-KG für Investmentvermögen zulässig.

Die gemeinsame Vermögensanlage ist sachenrechtlich unterschiedlich organisiert. So soll es teils zu einem *gemeinschaftlichen* Vermögen der Anleger im Sinne einer Gesamthand oder Bruchteilsgemeinschaft kommen, teils steht das Eigentum an den Anlagegegenständen einer Personen- oder Kapitalgesellschaft zu, an der die Anleger beteiligt sind (z.B. Inv-AG und Inv-KG gem. §§ 108 ff. bzw. 140 ff. KAGB).[151] Alternativ gründen Initiatoren eine GmbH & Co. KG, deren Kommanditbeteiligungen ein Treuhandkommanditist treuhänderisch für Anleger hält; dann ist der einzelne Anleger mit der Treuhandkommanditistin über einen „Treuhandvertrag" schuldrechtlich verbunden und mittelbar an der KG beteiligt.[152] Die Komplementärin oder ein beauftragter Dritter investiert das Anlagekapital im Namen der KG in Anlagegegenstände (z.B. Finanzinstrumente, Immobilien, Beteiligungen, sonstige Vermögenswerte, z.B. gewerbliche Schutzrechte).[153] Seltener kommt es zur unmittelbaren Kommandit-, GbR- oder stillen Beteiligung i.S.v. §§ 230 Abs. 1 HGB. Im Geltungsbreich des KAGB sind GbR- und stille Beteiligungen unzulässig, jenseits davon weiterhin zulässig.[154]

---

[148] Arg. ex § 1 Abs. 2 Nr. 4 VermAnlG, z.B. *Schroeter*, WM 2014, 1163; *Krismanek/Kol*, BB 2014, 153; a.A. BaFin, Auslegungsschreiben KAGB (2014), I. 2. B.; Bundesregierung, Antwort auf die Kleine Anfrage der Abgeordneten Dr. Schick u.a., BT-Drs. 17/14666, S. 4, wonach die anlagetypische gemeinsame Beteiligung an Gewinn- und Verlust nur ausgeschlossen ist, wenn ein unbedingter Rückzahlungsanspruch besteht. Dann handelt es sich um keine Anlage, sondern eine *Ein*lage.

[149] Vgl. § 1 Abs. 2 VermAnlG.

[150] Vgl. dazu *Niewerth/Rybarz*, WM 2013, 1158; *Freitag*, NZG 2013, 329, *Zetzsche*, AG 2013, 622 und *Möllers/Kloyer/Zetzsche*, S. 144 f.

[151] Näher *Freitag*, NZG 2013, 329; *Fischer/Friedrich*, ZBB 2013, 153; *Wagner*, NJW 2013, 198.

[152] Beispiele (vor Inkrafttreten des KAGB) BGH, NJW 2002, 1711; BGH, NJW-RR 2002, 915; OLG Koblenz vom 11.2.2005, 8 U 141/04, Rn. 14 f. (Juris). Dazu *Schäfer*, ZHR 177 (2013), 619. Diese Option ist auch unter dem KAGB angelegt, vgl. § 152 Abs. 1 S. 2 KAGB.

[153] *Eßer*, WM 2008, 671 f.; *Dreher/Görner*, ZIP 2005, 2139; s.a. *G. Roth*, Treuhandmodell, S. 111 („vorwiegend für Objektgesellschaften verbreitet"); ebenso *Sethe*, S. 18 f.

[154] Vgl. dazu *Zetzsche/Preiner*, WM 2013, 2101; *Kind/Haag*, DStR 2010, 1526; *Emde/Dreibus*, BKR 2013, 90.

Außerhalb des Anwendungsbereiches des KAGB liegen insbesondere industrielle Holdinggesellschaften, die im Gegensatz zu Private Equity Fonds eine Strategie zur Steigerung des „langfristigen Wert[es] der Tochterunternehmen, der verbundenen Unternehmen oder der Beteiligungen"[155] verfolgen. Daneben sind auch Einrichtungen der betrieblichen Altersversorgung, wie Pensionsfonds,[156] Arbeitnehmerbeteiligungssysteme oder Organismen supranationaler oder staatlicher Institutionen, die im öffentlichen Interesse handeln, sowie staatliche Fonds zur Unterstützung von Sozialversicherungs- und Pensionssystemen keine Investmentvermögen.[157] Außerhalb des KAGB liegen aber auch Vermögensstrukturen bereits bestehender Gruppen (z.B. Familien), die kein Kapital von Dritten einsammeln.[158] Auch die nicht klar definierten „Verbriefungszweckgesellschaften" sind keine Investmentvermögen.[159] In allen Fällen steht den Anlegern der Ertrag aus dem Halten oder der Verwertung der Anlagegegenstände abzüglich von Verlusten, Handels- und Transaktionskosten[160] und der Verwaltervergütung zu. Ob Genussschein-Emissionen die AIF-Merkmale erfüllen und deshalb Investmentvermögen sind, ist umstritten.[161] Jedenfalls handelt es sich, sofern keine unternehmerische Beteiligung gegeben ist (dazu unten, § 5), um einen Organismus für die gemeinsame Anlage; richtigerweise kommt es jedoch auch für die Eigenschaft als Investmentvermögen gem. § 1 Abs. 1 KAGB nicht auf die Rechtsform der Beteiligung an. Der Anwendungsbereich des KAGB kann, sofern die weiteren Merkmale des § 1 Abs. 1

---

[155] § 2 Abs. 1 Nr. 1 Bst. a KAGB; dazu Weitnauer/*Boxberger/Röder,* § 2 Rn. 7 ff.; ESMA/2013/611, S. 7; *Zetzsche/Preiner,* WM 2013, 2106; Dornseifer/*Tollmann,* Art. 2 Rn. 80 f.; Assmann/Schütze/*Eckhold/Balzer* § 22, Rn. 35; Baur/Tappen/*Jesch,* § 2 Rn. 4 f.

[156] Zur Ausnahme kritisch Dornseifer/*Tollmann,* Art. 2 Rn. 83 f.

[157] § 2 Abs. 1 Nr. 2 f. KAGB; dazu Weitnauer/*Boxberger/Röder,* § 2 Rn. 7 ff.

[158] ErwGr 7 AIFM-RL, dazu ESMA/2013/611, S. 4; *Krause/Klebeck,* BB 2012, 2063, Zetzsche/*Zetzsche,* S. 39 ff.; *Zetzsche/Preiner,* WM 2013, 2104 f.; kritisch Dornseifer/*Tollmann,* Art. 2 Rn. 127 f.; a.A. Emde/*Nietsch,* vor §§ 30–39 und 41–45 InvG Rn. 15, der die Bildung eines Sondervermögens (iSd InvG) verneint und individuelle Vermögensverwaltung annimmt.

[159] § 2 Abs. 1 Nr. 7 KAGB, dazu *Zetzsche/Preiner,* WM 2013, 2106; Dornseifer/*Tollmann,* Art. 2 Rn. 103 f.; *Wollenhaupt/Beck,* DB 2013, 1952; *Krause/Klebeck,* RdF 2013, 11; Baur/Tappen/*Jesch,* § 2 Rn. 14 f.

[160] Transaktionskosten entstehen bei der Übertragung des Anlageprodukts. Diese umfassen Informationskosten für die Suche nach Transaktionspartnern, Beratungs- und Vertragsabschlusskosten bzw. Versicherungsprämien zur Absicherung, Abwicklungs- und Restitutionskosten. Grundlegend *Coase,* (1937) 4:16 Economica 386; *Williamson,* The economic institutions of capitalism (1985).

[161] Dagegen z.B. *Schroeter,* WM 2014, 1163; *Krismanek/Kol,* BB 2014, 153; dafür aber BaFin, Auslegungsschreiben KAGB (2014), I. 2. B.; Bundesregierung, Antwort auf die Kleine Anfrage der Abgeordneten Dr. Schick u.a., BT-Drs. 17/14666, S. 4, wonach es nicht darauf ankommt, in welcher Form der Anleger an dem Vermögen beteiligt ist. Auch eine schuldrechtliche Beteiligung kann die Zugehörigkeit zu einem Investmentvermögen begründen. S.a. *Loritz/Uffmann,* WM 2013, 2193; Assmann/Schütze/*Eckhold/Balzer* § 22, Rn. 13; Baur/Tappen/*Jesch,* § 1 Rn. 6.

KAGB erfüllt sind, durchaus eröffnet sein. Die kollektive Vermögensanlage prägt allein die Anlage für Rechnung einer Anlegermehrheit, wobei die Mehrheit in beliebiger Form organisiert sein kann.[162] Dieses Ergebnis bestätigt Art. 2 Abs. 3 AIFM-RL, wonach die rechtliche Struktur des AIF unerheblich ist.[163]

III. Individuelle vs. kollektive Vermögensanlage

Gegenbegriff zur kollektiven ist die individuelle Vermögensanlage in Form der Direktanlage als Aktionär, Gläubiger oder mittelbar durch einen (individuellen) Vermögensverwalter. Während bei ersterer zahlreiche Einzelanlagen gebündelt sind, wird bei der Individualanlage das Vermögen Einzelner verwaltet.[164]

Kollektiv- und Individualanlage weisen in einem gewissen Umfang vergleichbare Informations- und Verwalterprobleme auf. Die Beziehungen zwischen Anleger und Intermediär sind bei der Individualanlage indes bipolar, während bei der Kollektivanlage wegen der Vielzahl betroffener Anleger eine Interessenpluralität auftritt, die es unmöglich macht, die Individualinteressen jedes Beteiligten zu erkunden und zu berücksichtigen. Dies wirft z.B. bei der Umsetzung der auf die individuelle Vermögensverwaltung zugeschnittenen Kundenexplorationspflichten gem. § 31 Abs. 4 WpHG Schwierigkeiten auf.[165]

Mischformen sind verbreitet. So gibt es die individuelle, auf Fondsauswahl beschränkte Vermögensverwaltung und die Individualverwaltung getrennt gehaltener Anlagegegenstände durch dieselben Verwalter unabhängig voneinander[166] oder nach einem für alle verbindlichen Musterdepot.[167] Bei der Kollektivanlage kann die Verwaltung an einen externen Verwalter gem. § 36 KAGB ausgelagert werden, dessen Tätigkeit für den jeweiligen Fonds als (individuelle) Finanzportfolioverwaltung einzustufen ist. Des Weiteren zu nennen sind die Ein-Anleger-Fonds.[168] Denkbar sind schließlich Anlagekaskaden mit wechselnden Anlegerzahlen.[169] Man mag in solchen Fällen danach abgrenzen, ob die

---

[162] Vgl. Berger/*Köndgen*, § 1 Rn. 21; Emde/*Verfürth*, § 1 Rn. 44; *Zetzsche*, ZVglRWiss 111 (2012), 371, 382 ff.

[163] Dazu Dornseifer/*Tollmann*, Art. 2 Rn. 14 ff.

[164] Vgl. EuGH v. 19.7.2012, C-44/11, Rn. 33, 34 – *Deutsche Bank AG*; *Zetzsche/Preiner*, WM 2013, 2103; *Krause/Klebeck*, RdF 2013, 7 f. Nach ESMA ist eines der drei zentralen Charakteristika des OGA, dass der Organismus das eingesammelte Kapital zusammenfasst, mit dem Ziel, eine gemeinschaftliche Rendite für die Investoren zu erzielen; sog. „pooled return", vgl. ESMA/2013/600, Annex III, Abschnitt II: „the return generated by the pooled risk arising from acquiring, holding or selling investment assets [...].".

[165] Die Vorschrift gilt gem. § 2 Abs. 3 S. 3 WpHG entsprechend für die Anlageverwaltung.

[166] Vgl. die Beispiele bei *Hopt*, Gutachten 51. DJT, G 41 ff.: Container-Eigentum, Bauträgerverträge.

[167] Dazu *Benicke*, S. 34 f.; *Sethe*, Anlegerschutz, S. 37 f.; erwähnt auch bei *Hammen*, Gattungshandlungsschulden, S. 263.

[168] Näher § 4.B.

[169] Beispiel: Viele Feeder-Fonds legen in einen anderen Master-Fonds an, der seinerseits einziger Anleger in einem Zielfonds ist.

jeweiligen Vermögen getrennt von dem eigenen Vermögen des Verwalters und dem Vermögen anderer Vermögensverwaltungskunden verwahrt werden.[170] Dies erfasst freilich nicht die Fälle, in denen die Verwahrung pflichtwidrig ungetrennt erfolgt.[171] Typisierend kann man auf die zugrundeliegenden Kapitalmarkttechniken schauen.[172] Doch sind auch Kollektivanlagen ohne Verbriefung und Anteils-„Verkauf" denkbar. Die Anlegermehrzahl allein genügt zur Abgrenzung nicht. Es muss ein weiteres Kriterium hinzutreten, das im Folgenden mit dem „Vermögen" herausgearbeitet werden soll.

IV. Rechtsvergleichende Verprobung

Konstitutiver Bestandteil der Kollektivanlagen ist in allen Rechtsordnungen[173] und Sprachen[174] das Kollektivelement. Das galt für die EWR-Staaten schon vor der Harmonisierung durch die AIFM-RL: So charakterisiert der EuGH „gemeinsame Vermögensfonds" als Vehikel, die Anlagen im eigenen Namen und für eigene Rechnung verwalten, während der einzelne Anleger nur Fondsanteile, nicht aber die Anlagegegenstände selbst besitzt.[175] So müssen Investmentfonds nach luxemburgischem Recht[176] *ungeteilte* Vermögen sein, die für gemeinschaftliche Rechnung der Anteilsinhaber verwaltet werden. Nach englischem Recht handelt es sich um ein Collective Investment Scheme („CIS"), wenn Einzahlungen und Erträge rechtlich zusammengefasst („pooled") sind oder das Vermögen aus Sicht des Fondsinitiators als Gesamtheit verwaltet wird („managed as a whole").[177] Das „arrangement", das zum Pooling führt, beschränkt sich nicht auf „trusts", der Begriff des FSMA reicht weiter und ist aus Anlegerschutzgründen weit auszulegen.[178] „Pooling" wird sowohl bei planmä-

---

[170] So OLGR Köln 2001, 208 Rn. 13; nach BaFin, Auslegungsschreiben KAGB (2014), I.1. und 2, sind folgende Kriterien heranzuziehen: (1) rechtlich oder wirtschaftlich verselbständigtes, gepooltes Vermögen, (2) Eingehung gemeinschaftlicher Risiken durch Kaufen, Halten und Verkaufen von Vermögensgegenständen, (3) Gewinn- und Verlustbeteiligung, (4) keine gemeinschaftliche Kapitalanlage bei Vereinbarung eines qualifizierten Rangrücktritts, (5) Verlustbeteiligung auch bei Mindestzahlungszusage.

[171] So nach Auffassung des BVerwG im Fall BVerwGE 116, 198.

[172] Dafür OLGR Köln 2001, 208 Rn. 15.

[173] Luxemburg: Art. 2 Abs. 2 OPC-G und Art. 1 Abs. 1 SICAR-G verwenden jeweils den Plural; für Großbritannien: s. 235 (3) und (4) FSMA und No. 1 der Schedule der FSMA (CIS) Order 2001 (SI 2001/1062) (zur Ausgrenzung von gemeinsamen Accounts mit separiertem Vermögen), dazu *Macfarlanes*, A2.038.

[174] Vgl. Kollektivanlagen, Organismen für gemeinsame Anlagen, Collective Investment Schemes, Organismes de placement collectif.

[175] EuGH v. 19.7.2012, C-44/11 Rn. 33, 34 – *Deutsche Bank AG*.

[176] Art. 5 OPC-G; Art. 4 FIS-G.

[177] S. 235 (3) und (4) FSMA. Dazu *Russell-Cooke Trust Co v. Elliott* [2001] (Unreported, July 16, 2001) (Laddie, J.) – zur gleichlautenden Definition unter s. 207 FSA.

[178] *Russell-Cooke Trust Co v. Prentis* et al., [2002] EWHC 2227 (Ch) ¶49 (mind. fünf verschiedene Collective Investment Schemes); *FSA v. Fradley & Woodward* [2004] EWHC 3008 ¶27, 32.

ßiger Vermögensmischung (*aggregation*)[179] als auch bei Zuweisung gesamtheitlichen wirtschaftlichen Eigentums (*beneficial ownership*) angenommen.[180] Gegen das Pooling sprechen nicht fehlende Miteigentums- oder Einflussrechte der Anleger, wohl aber die Identifizierbarkeit der Vermögensgegenstände jedes einzelnen Anlegers.[181] Das Pooling muss nicht Folge einer rechtlichen Bindung sein, es genügt die Umsetzung einer dahin gehenden Ankündigung (z.B. im Prospekt).[182] Für die gesamtheitliche Verwaltung ist die Kundenzahl aus Sicht des Anlageverwalters maßgeblich. Eine auf den Einzelanleger bezogene Rechnungslegung spricht nicht gegen das Pooling oder die gesamtheitliche Verwaltung.[183] Mehrere Fondsklassen gelten nicht als ein einziges, sondern als mehrere CIS, es sei denn, die Anleger sind berechtigt, zwischen den Eigentumsanteilen hin und her zu wechseln (Beispiel: Umbrella-Fonds).[184]

Dieser Ansatz wird innerhalb des EWR mit der Umsetzung der AIFM-RL beibehalten und verstärkt: Art. 4 Abs. 1 Bst. a AIFM-RL definiert den alternativen Investmentfonds als „Organismus für gemeinsame Anlagen einschließlich seiner Teilfonds, der i) von einer Anzahl von Anlegern Kapital einsammelt, um es gemäß einer festgelegten Anlagestrategie zum Nutzen dieser Anleger zu investieren, und ii) keine Genehmigung gem. Artikel 5 der Richtlinie 2009/65/EG benötigt".[185] Die nationalstaatlichen Umsetzungen im EWR übernehmen bei punktueller Konkretisierung[186] überwiegend den offenen Richtlinienwortlaut.[187]

Die schweizerische Definition der Kollektivanlage in Art. 7 Abs. 1 S. 2 KAG erfordert die Bildung eines gemeinschaftlichen Vermögens. Kennzeichnend ist nach dem schweizerischen Bundesgericht, dem die Gesetzesbegründung folgt, die Investition im Sinne eines „pot commun".[188] An die Stelle des Verfügungsrechts des einzelnen Anlegers trete die proportionale Beteiligung am Saldo aller

---

[179] So im Fall *Russell-Cooke Trust Company v. Prentis* et al., [2002] EWHC 2227 (Ch) ¶21 ff. (die Anlegermittel wurden zunächst auf ein gemeinsames Konto verbucht und von dort aus in Hypothekarkredite angelegt).

[180] *FSA v. Fradley & Woodward* [2004] EWHC 3008 ¶27; *Macfarlanes*, CIS, A2.043.

[181] *FSA v. Fradley & Woodward* [2004] EWHC 3008 ¶27, 41.

[182] *FSA v. Fradley & Woodward* [2004] EWHC 3008 ¶8; *Re Duckwari plc* [1999] Ch 235, 260.

[183] *FSA v. Fradley & Woodward* [2004] EWHC 3008 ¶27.

[184] S. 235 (3) und (4) FSMA.

[185] Diese offene Definition löste in der Folge aufwändige Konkretisierungsbemühungen seitens der Europäischen Kommission und ESMA aus, siehe Kommission Q&A ESMA, ESMA/2012/845 und ESMA/2012/117.

[186] Z.B. durch Herausnahme operativer Unternehmen in § 1 Abs. 1 aE KAGB.

[187] § 1 Abs. 1 KAGB; Art. 4 Abs. 1 Nr. 1 AIFMG; Art. 1 Abs. 39 FIA-G; FCA PS13/5 Question 2.40 und FCA PS13/5, S. 14; dazu *Zetzsche/Preiner*, WM 2013, 2101; *Zetzsche*, ZBB 2014, 1, 29 f.

[188] *Bürli-Borner*, Anlegerschutz, S. 34; BG vom 5.11.2010, 2C 571/2009, unter E.2.2; *Lezzi*, Rn. 114, grundlegend auch *Jutzi*, Recht 2011, 61 f.

Einlagen.[189] Keine Kollektivanlage besteht, wenn ein Vermögensverwalter aufgrund von Standardverträgen die Guthaben einer Vielzahl von Kunden verwaltet, deren Einlagen jedoch weiterhin individualisiert werden können.[190]

Zu einem notwendigen Kollektivkriterium kommt man im US-Recht auf der Grundlage eines zivilrechtlichen Verständnisses der „pooled investment vehicles".[191] Das US-Aufsichtsrecht beschreitet einen anderen Weg: „Investment Companies" im Sinne des ICA sind nicht zu verstehen als Kapitalgesellschaften im deutschen Recht – dafür verwendet das US-Recht den Begriff „corporation" –, sondern als jede organisierte Gruppe.[192] Trotz einer grundsätzlich zweckbezogenen und damit weiten Auslegung wird dieses Kriterium – soweit ersichtlich – ernst genommen. So muss die Investment Company für die Anwendbarkeit des ICA securities ausgeben.[193] Security ist jedes Interesse oder jedes Instrument, das gemeinhin als security bekannt ist, sowie jede Interessen- oder Beteiligungsbescheinigung.[194] Die Übersetzung als Wertpapier wäre zu eng. Die Gerichte rekurrieren auf den im Gesetz als Regelbeispiel genannten Anlagevertrag („investment contract[195]"). Dafür hat das grundlegende *Howey*-Urteil des Supreme Court[196] einen Vier-Stufen-Test etabliert, der trotz zahlreicher Unschär-

---

[189] BGE 116, Ib 73; Botschaft zum KAG (2005), S. 6396, 6417. S. dazu auch die ältere Rechtsprechung zum AFG, z.B. BGE 110, II 74.

[190] BSK-KAG/*Rayroux/du Pasquier*, Art. 7 KAG Rn. 13. Im umgekehrten Fall, dass keine Trennung mehr möglich ist, hat das Bundesgericht das Vorliegen einer Kollektivanlage angenommen, BGE 116, Ib 73, 79 f.

[191] SEC, Release No. 33–8766, FR 72:2 400 (2007) betreffend Rule 206(4)-8 unter dem IAA. Die SEC-Regel unterwirft „pooled vehicles", die als Private Fund nicht gemäß dem ICA und deren Verwalter nicht gemäß dem IAA registriert sind, einem allgemeinen Betrugsverbot. Verwalter von "Private Funds" müssen jetzt über einem bestimmten Betrag AuM (150 Mio) „Form PF" – registriert sein, vgl. SEC, FR, IA-3308, Oktober 2011.

[192] S. 2(a)(8) ICA: "Company" means a corporation, a partnership, an association, a joint-stock company, a trust, a fund, or any organized group of persons whether incorporated or not; …".

[193] Vgl. s. 3(a) ICA: ("any issuer which …"); "issuer" ist definiert in s. 2(a)(22) ICA als "person who issues or proposes to issue any security".

[194] „[A]ny interest or instrument commonly known as a security, or any certificate of interest or participation". Die umfangreiche Definition in s. 2(a)(36) ICA bietet eine Fülle von Regelbeispielen.

[195] Der investment contract findet sich als Teil der Definitionskataloge in s. 2(a)(15), (27) und (36) ICA; s. 202(a) (18) IAA; s. 2 a) (1) SA 1933; s. 3 a) (10) SEA 1934. Manche Gerichte legen die Begriffe in den genannten Vorschriften grundsätzlich identisch (weit) aus, vgl. *Reves v. Ernst & Young*, 494 U.S. 56, 60 n. 1 (1990); *Marine Bank v. Weaver*, 455 U.S. 551, 555 n. 3 (1982). Vgl. aber zu Unterschieden und Nuancen bei der Anwendung der verschiedenen Gesetze *Frankel/Schwing*, § 5.07[B][3].

[196] *SEC v. W.J. Howey Co.*, 328 U.S. 293 (1946). Der Fall betraf Anteile an einer Zitrusplantage verbunden mit einem Vertrag für die Kultivierung, Vermarktung der Zitronen und Gewinnausschüttung an Anleger. Der US Supreme Court sah einen „investment contract" als gegeben an.

fen[197] zum gesicherten Bestand des US-Rechts zu zählen ist.[198] Danach ist (1.) eine Anlegermehrzahl (folgt aus dem Verständnis der Investment Company als organisierte Gruppe) beteiligt an einer (2.) Vermögensanlage („investment of money") (3.) in Form eines gemeinsamen Unternehmens („in a common enterprise") mit (4.) Fremdverwaltung („with profits to come solely from the efforts of others"). Als negatives Tatbestandsmerkmal prüft der US Supreme Court, ob es sich um eine „gewöhnliche" Trust-Struktur handelt. Auf dieser Grundlage hätte der weite *Howey*-Test z.B. Raum gelassen,[199] die individuelle Vermögensverwaltung einzelner Vermögen als „investment contract" einzustufen; die SEC hat davon jedoch abgesehen.

C. Vermögen / Fonds

I. Rechtsbegriff

Soweit hier relevant,[200] bezeichnet das „Vermögen" in der Rechtssprache[201] teils allgemein materielle Güter[202] („Geld-, Finanzvermögen"), teils die Gesamtheit

---

[197] Vgl. die Diskussion bei *Allen*, Undefined Definition (2007); *Hazen*, Securities Regulation, § 1.5, § 20.3, § 20.4; *Frankel/Schwing*, § 5.07[B][1]; *Bines/Thel*, (1997–98) 58 Ohio St. L. J. 459, 466 n. 38 und 470 n. 58; *Schneider*, (1981) 12 Tex. Tech. L. Rev. 911.

[198] Vgl. *United Housing Foundation, Inc. v. Forman*, 421 U.S. 837, 852 (1975) (Anteil an Wohnungsbaugenossenschaft kein investment contract mangels Gewinnerzielungsabsicht; investment contract entails „an investment in a common venture premised on a reasonable expectation of profits to be derived from the entrepreneurial or managerial efforts of others."); *Marine Bank v. Weaver*, 455 U.S. 551, 556 (1982) (certificate of deposit mit der Funktion einer Zahlungsgarantie ist kein investment contract, "security" dient nicht als Auffangtatbestand für jeden Betrug, betrifft Element der Gewinnerzielung); *Reves v. Ernst & Young*, 494 U.S. 56, 64 pp. (1990) (Howey-Test auf „notes" nicht anwendbar, sondern es gilt ein 4-Faktor-Test, mit dem die Ähnlichkeit von notes mit securities ermittelt wird); *SEC v. Edwards*, 540 U.S. 389 (2004) (Versprechen eines fixed income steht Einstufung als investment contract nicht entgegen).

[199] Zutr. *Bines/Thel*, (1997–98) 58 Ohio St. L. J. 459, 469 n. 50.

[200] An dieser Stelle irrelevant ist das Vermögen i.S.v. Potenz und Können (vgl. § 138 Abs. 2 BGB („Urteilsvermögen"); § 297 Abs. 1 BGB („Unvermögen") und i.S.v. Volumen (Fassungsvermögen).

[201] Zum Bedeutungswandel des Vermögens von der Geschäftsführungsbefugnis (i.S.v. „können") zur Finanzbedeutung *Frese*, Vermögensverwaltung, S. 4 ff.; *Fuchs*, Vermögen und Vermögensverwaltung, S. 9 ff., samt Diskussion des philosophischen Problems, wonach eine Sache keine Beziehung zu einem Menschen haben kann; *Sethe*, S. 57 f.

[202] Vgl. *Fuchs*, Vermögen und Vermögensverwaltung, S. 15, mit Fokus auf das Zugriffspotential der Gläubiger („Vermögen im rechtlichen Sinne als Inbegriff von Rechten oder Sachen, der im Hintergrunde aller rechtlichen Beziehungen einer Person zu anderen Personen steht, d.h. das gemeinschaftliche Zugriffsobjekt aller Gläubiger einer Person"); so in § 253 Abs. 1 BGB: Schaden; §§ 343 Abs. 1, 1579 Nr. 5, 1745 BGB: Interesse; §§ 490 Abs. 1, 648a Abs. 1, 775 Abs. 1, 1314 Abs. 2 Nr. 3, 1361, 1581, 1606, 1629, 1760 Abs. 4, 1779 Abs. 2, 1981 Abs. 2, 2050 Abs. 2, 2128 BGB: Verhältnisse / Lage; §§ 517, 1640 Abs. 2 BGB: Erwerb; § 1817 Abs. 1 Nr. 2 BGB: Gefährdung; §§ 1078, 1083, 1286, 1365 Abs. 2, 1413, 1625 Abs. 1, 1639 Abs. 1, 1640 Abs. 1, 1642, 1649, 1667, 1698, 1803, 1817, 1825, 1840, 1854, 1890, 1891, 1909, 1914 BGB: Ver-

aller Güter und Ansprüche auf Güter (Geld, Aktien) im Eigentum einer Person,[203] teils eine rechtlich vom Individualvermögen getrennte Sammlung von Gegenständen oder Werten.[204]

Die kollektive Vermögensanlage vereinnahmt zwei der drei Bedeutungen. Erstens legen die Anleger materielle Güter an. Eine Einlage von Immaterialgüterrechten ist zulässig und möglich (im Sinne eines Patent-Pools[205]), aber praktisch die Ausnahme. Von den Finanzmitteln überwiegt das Giralgeld.[206] Das Finanzvermögen wird dann im Rahmen der Kollektivanlage in Anlagegegenstände (z.B. Finanzinstrumente, Devisen, Immobilien, Rohstoffe, gewerbliche Schutzrechte) umgewandelt. Diese erste Bedeutung dominiert auch in anderen Rechtsordnungen. Dort ist das Vermögen als Einlage des Anlegerkapitals offenbar so selbstverständlich, dass es selten weiter diskutiert wird.[207]

Zweitens bildet sich infolge der Kollektivanlage ein in anderer Weise als das Individualvermögen rechtlich gebundenes Vermögen: Die Inhaberschaft am Bargeld (bzw. beim Giralgeld der Forderung gegen die Bank) wandelt sich in einen Bruchteils-, Gesamthands-, Kommandit-Anteil, eine Aktie oder einen Anteil an einer Gläubigermehrheit gem. § 432 Abs. 1 BGB.

---

waltung; §§ 1493 Abs. 2, 1630 Abs. 2, 1648, 1666, 1698, 1698a, 1777, 1786, 1792, 1798 BGB: Sorge; §§ 1379 Abs. 1 S. 3, 1383, 1418, 1644, 1842 BGB: Gegenstände / Bestand; §§ 1577 Abs. 4, 1841 BGB: Wegfall, Ab- und Zugang; § 1908i BGB: vermögensrechtliche Hinsicht; §§ 1911, 1921, 2201: Angelegenheiten; § 1939: Vorteil.

[203] §§ 81 – 82 BGB: Stifter; § 105a S. 2 BGB: Geschäftsunfähige; § 239 Abs. 2 BGB: Bürgen; § 311b Abs. 2 und 3: künftiges und gegenwärtiges Vermögen; § 330: Vermögensübernahme; § 377 Abs. 2, § 418 Abs. 2 BGB: Schuldner; § 516 Abs. 1 BGB: Zuwendung aus Vermögen; § 551 Abs. 3 BGB: Vermieter; § 651k Abs. 1 und 6: Reiseveranstalter; §§ 728, 730 Abs. 1, 736 BGB: Gesellschaft und Gesellschafter; § 773 Abs. 1 BGB: Hauptschuldner; § 1059a: Juristische Person; § 1298 Abs. 1 BGB: Verlobten; §§ 1360, 1363, 1365, 1368, 1373 – 1379, 1385, 1390, 1416 Abs. 1, 1517, 1577 Abs. 4, 1580: Ehegatten; §§ 1485 Abs. 2: Abkömmling; §§ 1602 Abs. 2, 1620, 1625, 1626, 1629a, 1630 Abs. 2, 1638, 1649, 1698 BGB: Kind; 1605 Abs. 1, 1613 Abs. 1 BGB: Verwandte; § 1624: Eltern; § 1773 Abs. 1 BGB: Minderjährige; §§ 1793f., 1805, 1813 Abs. 1, 1816, 1818, 1822, 1835, 1836c, 1836d, 1854, 1890, 1891: Mündel; §§ 1903, 1908 BGB: Betreute; § 1922 Abs. 1 BGB: einer toten Person; § 2031 Abs. 1 BGB: Überlebender; §§ 2057a Abs. 1, 2087, 2286 BGB: Erblasser; § 2124: Vorerbe.

[204] §§ 45 – 52 BGB: „Vereinsvermögen"; §§ 82, 87, 88 BGB: Stiftungsvermögen; §§ 310 Abs. 1, 389 Abs. 4, 648a Abs. 6 Nr. 1, 1259 BGB: öffentlich-rechtliches Sondervermögen; §§ 716 – 720, 725, 730, 733, 735, 738, 739 BGB: Gesellschaftsvermögen; §§ 1085ff. BGB: Nießbrauch an einem Vermögen; §§ 1485 Abs. 1, 1605 Abs. 2, 1638 Abs. 2, 1640 Abs. 1, 1802 BGB: nachträglich erworbenes, weiteres, zugewandtes, geerbtes, vorhandenes Vermögen; §§ 1577 Abs. 3, 1581, 1603 Abs. 2 BGB: Vermögensstamm; § 1914 BGB: gesammeltes Vermögen; § 2032 Abs. 1 BGB: gemeinschaftliches Vermögen der Erben; §§ 1003 Abs. 1, 1971 BGB: unbewegliches Vermögen; § 2059 BGB: Vermögen außer Nachlass.

[205] Beispiel: Einzelne Inhaber gewerblicher Schutzrechte bündeln diese zu Zwecken der besseren, gemeinsamen Verwertung oder Verwaltung durch einen Dritten.

[206] Seltener werden Immobilien zur gemeinsamen Verwaltung und Verwertung gebündelt.

[207] Vgl. BSK-KAG/*Rayroux/du Pasquier*, Art. 7 Rn. 11 (kollektive Kapitalanlage ist begriffsnotwendig finanzieller Natur); *Jutzi*, Recht 2011, 61f. (für Verwertbarkeit) und *Lezzi*, Rn. 109f.

Das Vermögen im dritten Sinne der Gesamtheit aller Güter und Ansprüche einer Person bleibt bei der Kollektivverwaltung – im Gegensatz zur individuellen Vermögensverwaltung – außen vor. Die Anlage des ganzen Vermögens einer Person in eine einzelne Kollektivanlage ist eher ungewöhnlich und empfiehlt sich nicht. Dies bedeutete, mit seinem ganzen Vermögen den aus dem Kollektiv resultierenden Bindungen und Restriktionen unterworfen zu sein. Solche Restriktionen bestehen bei der individuellen Vermögensverwaltung nicht, weshalb diese für die Anlage des ganzen Vermögens vorzugswürdig ist. Eine *personenorientierte* Vermögensplanung kann umso effektiver Risiken für das Gesamtvermögen begegnen und die Ausschüttungen dem geplanten Konsum anpassen, je größer der Anteil des verwalteten an dem Gesamtvermögen des Anlegers ist.

Neben der expliziten Erwähnung des Vermögens im Anlagekontext[208] implizieren viele Fachbegriffe des Finanzmarktrechts die Vermögensrelevanz. Paradigmatisch (und tautologisch) ist der *Investmentfonds*. Neben dem Lehnwort *Investment* indiziert hier auch der zweite Wortteil die Vermögensanlage: Der Fonds hat seinen Ursprung im lateinischen *faenus*, teils auch *fenus* oder *foenus* = Geld, Vermögen[209] bzw. *fundus* = Boden, Landgut. Dessen moderne Bedeutung wurde der französischen[210] (und in geringerem Maße der englischen[211]) Rechtssprache entlehnt. Im Französischen bezeichnet *fonds*[212] (und ebenso das englische *fund*[213]) ein zur Erzielung von Einnahmen einzusetzendes, verfügbares Vermögen i.S.v. Kapital. Noch im 19. Jahrhundert wurden alle Effekten als „Fonds" bezeichnet, weil sie sich auf Erträge aus Vermögen beziehen.[214] Dem modernen Vermögensbegriff genügt freilich auch *jede* Rechtsansammlung; eine Beschränkung auf Finanzmittel oder Sachgegenstände lässt sich nicht begründen.[215]

---

[208] Vgl. z.B. § 1 Abs. 2 VermAnlG (dort mit der Definition des Treuhandvermögens als Vermögen, das der Emittent oder ein Dritter in eigenem Namen für fremde Rechnung hält oder verwaltet); die Definition der Finanzportfolioverwaltung in § 1 Abs. 1a Nr. 3 KWG, § 2 Abs. 3 Nr. 7 WpHG.

[209] Vgl. *Mrożek*, Faenus, S. 10.

[210] Vgl. fonds d'investissement und fonds commun de placement (FCP) in Frankreich und Luxemburg.

[211] Im Englischen hat sich aus historischen Gründen der Terminus investment trust durchgesetzt; die neue englische Rechtssprache verwendet den Begriff collective investment schemes, vgl. dazu Dritter Teil, § 14.E.II.

[212] Vgl. CNRS, Trésor de la Langue Française, 8. Bd. (1980), S. 1056, sub „fonds" (capital disponible, par opposition au revenu); Langenscheidt, Taschenwörterbuch Französisch, Aufl. 2007, sub „fonds".

[213] Black's Law Dictionary, 7th Ed. 1999, sub "fund".

[214] Vgl. *Ehrenberg*, Fondsspekulation, S. 1.

[215] Vgl. *FSA v. Fradley & Woodward* [2004] EWHC 3008 ¶22 (Gewinnberechtigung aus Pferderennen als "property").

II. Zuordnungswechsel als Trennlinie zur Individualanlage

Verwalter verwalten üblicherweise mehrere Vermögen gleichzeitig, weil sie so ihre Expertise und Organisation wirtschaftlich optimal einsetzen können.[216] In welcher Form sich infolge der Verwaltung *ein Vermögen* bildet, ist im öffentlichen Recht maßgeblich für die Zuordnung der Tätigkeit zur individuellen oder kollektiven Vermögensverwaltung mit den Aufsichtstatbeständen des Investmentgeschäfts nach KAGB respektive der Anlageverwaltung oder der Vermögensanlage nach dem VermAnlG; die Unterscheidung ist zudem für die Umsatzsteuerbefreiung,[217] sowie die Qualifikation als steuertransparentes Vehikel[218] relevant. Die Dienstleistung ist Finanzportfolioverwaltung,[219] wenn sie sich auf das Vermögen jedes einzelnen Kunden bezieht.[220] Keine Verwaltung eines *einzelnen* Vermögens liegt vor, wenn die eingezahlten Finanzmittel mehrerer Kunden *rechtlich verselbständigt*, also gebündelt (*gepoolt*) sind.[221]

Bei der individuellen Anlage wird einem Institut als Kommissionär oder individuellem Verwalter[222] Verfügungsmacht eingeräumt. Infolgedessen kann es auch zu einem Zuordnungswechsel kommen, indem der Anleger das Eigentum an seinen Finanzmitteln verliert und neues Eigentum (z.B. an Aktien, Schuldscheinen etc.) erwirbt. Damit geht indes keine rechtliche Verselbständigung im Sinne einer kollektiven Bindung – verstanden als Verbindung mit den Mitteln anderer Anleger – der Finanzmittel einher.[223] Diese Kollektivierung findet bei der Kollektivanlage vor der Investivhandlung (also mit Einzahlung der Finanzmittel) und eine Re-Individualisierung im Fall der Beendigung aller Anlagebeziehungen und Liquidation des Kollektivs[224] statt.

Eine kollektive Anlage liegt somit vor, wenn die Finanzmittel *mit Beginn der Dienstleistung* in eine andere, nicht notwendig gemeinschaftliche Rechtsträgerschaft überführt werden. Dies ist auch der Fall bei Einlagenzahlung als Aktio-

---

[216] Dies ist aufsichtsrechtlich zulässig, arg. ex § 1 Abs. 16 KAGB („zumindest"); unter dem InvG arg. ex §§ 7 Abs. 2, 9 Abs. 1 und 11 Abs. 2 Nr. 1 InvG (Plural). S. zur Finanzportfolioverwaltung die Definition in § 1 Abs. 1a Nr. 3 KWG (Plural!); BVerwGE 130, 262 Rn. 58; Assmann/Schneider/*Assmann*, § 2 Rn. 102; *Eßer*, WM 2008, 671.

[217] EuGH v. 19.7.2012, C-44/11 Rn. 33, 34 – *Deutsche Bank AG*.

[218] Vgl. Weitnauer/*Mann*, AIFM-StAnpG, Anhang 2 Rn. 35 f.

[219] Vgl. § 2 Abs. 3 Nr. 7 WpHG, § 1 Abs. 1a Nr. 3 KWG.

[220] Sog. Einzelkundenbasis, vgl. BaFin, Merkblatt Finanzportfolioverwaltung (2011), Nr. 1a) [„Verwaltung einzelner Vermögen"]. Beispiel: Der Verwalter V hat individuelle Vertragsbeziehungen mit den Kunden A, B und C. Vorbehaltlich anderer Abreden haben A, B und C kein Interesse daran, dass sich ihr Vermögen mit dem Vermögen des V und untereinander vermischt. Jedes Vermögen bleibt in rechtlicher und tatsächlicher Hinsicht von den übrigen Gütergesamtheiten getrennt.

[221] Assmann/Schneider/*Assmann*, § 2 Rn. 102 verweist auf BVerwGE 130, 262 Rn. 58 – Gamag; weiter *Eßer*, WM 2008, 671.

[222] Nach dem Vertretermodell, vgl. *Bennicke*, Vermögensverwaltung, S. 52 f.; *Sethe*, S. 66.

[223] BaFin, Auslegungsschreiben KAGB (2014), I 1. und I 2.

[224] Nicht so im Fall der Veräußerung an einen anderen Anleger.

när einer Inv-KG oder -AG, oder als stiller Gesellschafter nach dem VermAnlG. Zwar ist dann die jeweilige Gesellschaft / der Kaufmann (§ 230 Abs. 1 HGB) Rechtsträger. Allerdings steht den Anlegern der wirtschaftliche Erfolg zu. Bei der Ausgabe von Index-Zertifikaten – i.d.R. handelt es sich um Genussscheine oder Inhaberschuldverschreibungen – wird der Emittent (die Zweckgesellschaft) Eigentümer des „Treuhandvermögens",[225] die Anleger werden gemeinschaftliche Gläubiger. Ein Wechsel von Alleineigentum respektive Alleininhaberschaft zu Bruchteilseigentum respektive Gläubigermehrheit findet statt bei der Zeichnung von Schuldverschreibungen sowie der Miteigentumslösung[226] eines Sondervermögens. Bei der Treuhandlösung[227] wird das Vermögen (formal) Eigentum der KVG. In allen Fällen kommt es zu einem Zuordnungswechsel.[228]

Demgegenüber hat die Finanzmarktaufsicht,[229] der die Rechtsprechung gelegentlich folgte,[230] den Erlaubnistatbestand der Finanzportfolioverwaltung (i.e. die individuelle Vermögensverwaltung) zur Vermeidung vermeintlicher Schutzlücken vor Inkrafttreten des KAGB extensiv ausgelegt. Beispielhaft zu nennen ist die aufsichtsrechtliche Behandlung der BGB-Gesellschaften und Investmentclubs. Nach Ansicht der Finanzmarktaufsicht betreiben die GbR-Geschäftsführung[231] und die GbR[232] eine erlaubnispflichtige (individuelle) Finanzportfolioverwaltung. Diese ist bei entsprechender Größe (ab 50 Anleger oder 500 T€ verwaltetes Vermögen) gewerblich und damit erlaubnispflichtig. Wegen § 54 BGB muss die BaFin Entsprechendes für einen als nichtrechtsfähigen Verein organisierten Investmentclub vertreten. Diese Auffassung ist zwar abzulehnen, denn mit der durch Einzahlung neu entstehenden gesamthänderischen Bindung geht ein Zuordnungswechsel, vom Alleineigentum in gesamthänderisch gebundenes Eigentum einher. Eine Erlaubnispflicht konnte allenfalls als kollektive Anlageverwaltung (später gem § 1 Abs. 1 Nr. 11 KWG) bestehen. Die Bedeutung des Streits hat sich mit Inkrafttreten des KAGB verschoben. Jetzt ist

---

[225] Vgl. die Legaldefinition gem. § 1 Abs. 2 VermAnlG.

[226] § 92 Abs. 1 S. 1, 2. Alt. KAGB.

[227] § 92 Abs. 1 S. 1, 1. Alt. KAGB.

[228] BaFin, Auslegungsschreiben KAGB (2014), I 2.

[229] BaFin, Merkblatt Finanzportfolioverwaltung (2011), Nr. 1a) [„Verwaltung einzelner Vermögen"].

[230] BVerwGE 122, 29; BVerwG ZIP 2010, 1170, wegen der besonderen Ausgestaltung des GbR-Vertrags, der den Gesellschaftern alle Mitwirkungsbefugnisse entzog und diese auf den GbR-Geschäftsführer übertrug. Dem Geschäftsführer war die Finanzportfolioverwaltung bereits bestandskräftig untersagt worden. Dessen Handeln für die GbR bedeutet zugleich die Rechtswidrigkeit der Finanzportfolioverwaltung der GbR für die Anleger.

[231] Bei Abweichung von der gemeinschaftlichen Geschäftsführung (§ 709 Abs. 1 BGB) erbringe die Geschäftsführung gleich einem externen Verwalter eine Dienstleistung „für andere". Vgl. BaFin, Merkblatt Finanzportfolioverwaltung (2011), Nr. 1c) [„für andere"]; Assmann/Schneider/*Assmann*, § 2 Rn. 106.

[232] Vgl. BaFin, Merkblatt Finanzportfolioverwaltung (2011), Nr. 1c) [„für andere"].

maßgeblich, ob die Merkmale des Investmentvermögens erfüllt sind.[233] Dies
wird in den fraglichen Fällen regelmäßig gegeben sein.

Wie die Anlegermehrzahl ist der Zuordnungswechsel notwendiges, aber allein kein hinreichendes Kriterium. Auch bei der individuellen Vermögensverwaltung nach dem Treuhandmodell[234] kommt es zu einem Zuordnungswechsel
zu Beginn und Ende der Anlagetätigkeit, nämlich durch Übertragung der Anlagegegenstände vom Anleger auf den Treuhänder und zurück. Eine Kollektivanlage liegt nur vor, wenn Anlegermehrzahl und Zuordnungswechsel mit Beginn der Dienstleistung im Sinne einer Vermögensvermischung zusammen
kommen und ein gemeinschaftliches Vermögen gebildet wird.

III. Konsequenzen der Vermögensmischung

Im Rahmen der Individualanlage ergeben sich Rechtsbeziehungen nur zwischen Anleger und Verwalter. Zwischen mehreren Kunden des Verwalters besteht keine Rechtsbeziehung. Interessenkonflikten ist mit an den Verwalter gerichteten Organisations- und Verhaltenspflichten zu begegnen.[235]

Eine solche Herangehensweise scheint für die Kollektivanlage prima facie
unzureichend. Kommt es infolge der Kollektivanlage per definitionem zur Vermögensbündelung, vermutet man rechtliche Beziehungen der Anleger untereinander, mit der Folge gegenseitiger, ggf. durch die Kollektivanlage vermittelter
Leistungs- und Abwehransprüche. Ob sich dieser erste Eindruck bestätigt, bedarf vertiefter Betrachtung.

D. Fremdverwaltung

Mit der kollektiven Vermögensanlage geht eine Fremdverwaltung einher. Diese
ist bereits im Wortstamm (*invest*) angelegt. So versteht *Maitland* die Fremdverwaltung als integralen Bestandteil des Investments, als Ermächtigung eines anderen, das eigene Vermögen zu verwalten.[236] Auch *Lütgerath* zählt die Fremdverwaltung „schlechthin zum Wesen des Investment."[237] Sie ist nunmehr auch
europaweit als konstitutives Kriterium des Organismus für gemeinsame Anlagen anerkannt.[238]

---

[233] Unten § 2. E.
[234] *Bennicke*, Vermögensverwaltung, S. 52 f.; *Sethe*, S. 66.
[235] Vgl. § 31 Abs. 1 Nr. 2 WpHG. Dazu *Bennicke*, Vermögensverwaltung, S. 597 ff.; *Sethe*,
S. 789 ff.; bereits vor Erlass der Vorschrift auf der Grundlage allgemeiner zivilrechtlicher Erwägungen *Hamann*, Gattungshandlungsschulden, 275 ff.
[236] *Maitland*, Grünhuts Zeitschrift 32 (1904), 1, unter III. (a.E.).
[237] *Lütgerath*, S. 75.
[238] Dazu ESMA/2013/611, Nr. VI 12, S. 6; ESMA/2013/611 Nr. II S. 4; *Zetzsche/Preiner*,
WM 2013, 2103; Dornseifer/*Tollmann*, Art. 2 Rn. 60 f., 126; Weitnauer/*Volhard/Jang*, § 1
Rn. 9.

Die Fremdverwaltung ist nicht nur Motiv für viele Publikumsanleger, die sich von der Expertise eines Dritten eine kundige Anlagestrategie erhoffen. Sie ist auch Folge der Anlegervielzahl: Vertragliche Formen der Vermögensbündelung („Sondervermögen") sind rechts- und damit handlungsunfähig. Eine gemeinschaftliche Vertretung ist bei einer Anlegervielzahl ebenso unpassend wie die gemeinschaftliche Geschäftsführung und Vertretung (§§ 709, 714 BGB) einer Vielzahl von GbR-Gesellschaftern. Bei AG, KG, stiller oder Zweckgesellschaft bringt die Anlegerschaft als Aktionär, Kommanditist, stiller Gesellschafter oder Schuldverschreibungsinhaber schon nach der gesetzlichen Ausgangslage keine Geschäftsführungs- und Vertretungsmacht mit sich.

Was die Verwalterstellung[239] ausmacht, bedarf der Präzisierung. Das Zivilrecht kennt die Vermögensverwaltung als personenrechtliche Vermögenssorge,[240] als Geschäftsbesorgungsvertrag[241] und als Verhaltens-, Sorgfalts- und Haftungsmaßstab („ordnungsmäßige"[242] bzw. „wirtschaftliche"[243] Vermögensverwaltung). Der Begriff begegnet des Weiteren im Handels- und Steuerrecht: Die vermögensverwaltende Gesamthand kann Personenhandelsgesellschaft sein.[244] Zu Sonderformen der Vermögensverwaltung führen das Wohnungseigentum,[245] die Insolvenz[246] und die Zwangsverwaltung. Bei Halten und Verwal-

---

[239] Für den Verwalter kursiert in der Literatur eine Vielzahl an Begriffen, vgl. Kapitalverwaltungsgesellschaft (KVG) gem. § 17 Abs. 1 KAGB, Kapitalanlagegesellschaft (§ 2 Abs. 6 InvG), Investmentgesellschaft (*Podewils*, Investmentgesellschaften, S. 8), Kapitalwertsicherungsbetrieb (*Seischab*, Investment Trusts, S. 12), Effektenanlagegesellschaft (*Haußmann*, ZHR 96 (1931), 369, 373), Treuhand- oder Trust-Gesellschaft (*Jörgens*, Trustgesellschaften, S. 1).

[240] Vgl. zu Ehegatten §§ 1364, 1413 BGB, die Legaldefinition in § 1626 Abs. 1 BGB, sowie für den Betreuer § 1493 Abs. 2 BGB, für die Eltern §§ 1625, 1630 Abs. 2, 1639 f., 1648, 1667, 1698, 1777 BGB, für den Vormund z.B. §§ 1786, 1792, 1798, 1803, 1817, 1825, 1840, 1854 Abs. 2, 1890 f. BGB z.B. §§ 1786, 1798 BGB, für den Pfleger z.B. §§ 1909, 1914 BGB, für den Betreuer § 1493 Abs. 2 BGB, für den Testamentsvollstrecker §§ 2197 ff. BGB. Zum Inhalt Palandt/*Diederichsen*, § 1626 Rn. 20 ff., zur Testamentsvollstreckung Überblick bei *Benicke*, S. 243 ff.

[241] So für individuelle Vermögensverwaltung BGH, NJW 2002, 1868; BGHZ 137, 69 Rn. 24 – Iraner Fall; OLG Düsseldorf, WM 1991, 94, 95 Rn. 24; *Baltzer*, WM 2000, 441; *Hammen*, Gattungshandlungsschulden, S. 269 ff.; Palandt/*Sprau*, § 675 Rn. 15 und 27; *Sethe*, S. 99 ff.; s.a. *Benicke*, S. 192 ff. und S. 176 ff. zum Überwiegen dienstvertraglicher Elemente.

[242] Vgl. §§ 745 Abs. 1 (Bruchteilsgemeinschaft), 1078, 1083 (Mitwirkungspflicht bei Forderungs- und Wertpapiernießbrauch), 1286 (Kündigungspflicht des Pfandgläubigers bei Gefährdung der Sicherheit), 1365 Abs. 2 (Ehegatte im gesetzlichen Güterstand für Veräußerung des gesamten Vermögens), 1426, 1451 f., 1469 Nr. 2, 1472 Abs. 3 und 4 (Ehegatte für Gesamtgut und bei Auflösung der Gütergemeinschaft durch Tod), 1649 (Eltern für Kind), 2038 Abs. 1 (Miterben), 2216 Abs. 1 (Testamentsvollstrecker), 2313 Abs. 2 BGB (Rechtsverfolgungspflicht des Erben gegenüber Pflichtteilsberechtigten).

[243] § 1642 BGB (Eltern für Barvermögen des Kindes), § 1811 BGB (Vormund für Barvermögen des Mündels).

[244] Vgl. § 105 Abs. 2 BGB, eingefügt durch das Handelsrechtsreformgesetz vom 23.6.1998, BGBl. I (1998), 1474. Dazu vgl. Baumbach/*Hopt*, § 1 Rn. 17 m.w.N.

[245] §§ 26 f. WEG.

[246] §§ 56 ff., 148 ff. InsO.

ten *eigenen* Vermögens (im Gegensatz zu einem gewerblichen Geschäftsbetrieb)[247] entfällt die Gewerbesteuer.[248] Einnahmen aus der Vermögensverwaltung sind solche aus Kapitalvermögen und der Abschlagsteuer statt der progressiven Einkommenssteuer unterworfen.[249] Die Verwaltung von Investmentvermögen *für andere* ist umsatzsteuerbefreit.[250]

Schließlich bedient sich das Aufsichtsrecht der Vermögensverwaltung zur Definition der Finanzportfolio- und Anlageverwaltung als erlaubnispflichtige Finanzdienstleistungen.[251] Das KAGB bezeichnet die Tätigkeit der KVG als Verwaltung (eines Investmentvermögens),[252] wobei die Verwaltung dann gegeben ist, wenn der Verwalter das Portfolio- oder Risikomanagement ausübt.[253] Das BVerwG hat innerhalb der Bankgeschäfte eine Gruppe zum Typus der Vermögensverwaltung zählender Geschäfte ausgemacht, welche im Gegensatz zu den Effektengeschäften steht.[254] Manche[255] bezeichnen schließlich das Depotgeschäft der Banken[256] als Vermögensverwaltung; damit ist die *technische* – im Gegensatz zur wirtschaftlichen – Verwaltung gemeint.

Auf der Grundlage dieses Rechtsbestands lässt sich die Verwaltung einer Kollektivanlage als selbständige wirtschaftliche Vermögensverwaltung für Rechnung des Anlegerkollektivs konkretisieren.

I. Selbständigkeit

Die Selbständigkeit folgt als notwendiges Merkmal der Verwaltertätigkeit aus dessen Geschäftsbesorgungscharakter.[257]

---

[247] Vgl. § 14 Abs. 2 AO.
[248] § 9 Nr. 2 S. 1 Gewerbesteuergesetz.
[249] Bei der Definition der selbständigen Tätigkeit gem. § 15 Abs. 2 EStG ist die Vermögensverwaltung nach der Rechtsprechung „andere selbständige Arbeit" und damit negatives Tatbestandsmerkmal: Es liegt kein Gewerbebetrieb vor, wenn Vermögensverwaltung betrieben wird. Näher im Ersten Teil.
[250] Vgl. zur Vermögensverwaltung als Portfolioverwaltung § 4 Nr. 8h) UStG (Steuerbefreiungen bei Lieferungen und sonstigen Leistungen). Zur umsatzsteuerlichen Befreiung von Finanzdienstleistungen *Wäger*, UR 2004, 602 (zum InvG insbesondere 603), siehe dazu auch EuGH v. 7.3.2013, C-275/11 (GfBK), EuGH v. 13.3.2014, C-464/12 (ATP Pension Service A/S); EuGH v. 4.5.2006, C-169/04 (Abbey National plc/Inscape Investment Fund).
[251] § 1 Abs. 1a Nr. 11 KWG (Anschaffung und Veräußerung für eine Gemeinschaft von Anlegern … zu dem Zweck, dass diese Anleger an der Wertentwicklung der erworbenen Finanzinstrumente teilnehmen). S.a. zur Finanzportfolioverwaltung § 1 Abs. 1a Nr. 3 KWG („Verwaltung für andere").
[252] § 17 Abs. 1 KAGB.
[253] § 17 Abs. 1 S. 2 KAGB; daneben darf die KVG weitere, in § 17 Abs. 19 Nr. 24 KAGB genannte Tätigkeiten ausüben.
[254] BVerwGE 130, 262 Rn. 30f. – Gamag.
[255] MünchKomm-HGB/*Einsele*, Depotgeschäft, Rn. 3.
[256] Vgl. § 1 Abs. 1 S. 2 Nr. 5 KWG; § 2 Abs. 3a Nr. 1 WpHG: „die Verwahrung und die Verwaltung von Finanzinstrumenten für andere und damit verbundene Dienstleistungen (Depotgeschäft)".
[257] Palandt/*Sprau*, § 675 Rn. 12. Nach BGHZ 45, 223, 228, 229 Rn. 29f.; BGH, NJW-RR

Im Hinblick auf die Selbständigkeit werfen Zustimmungsvorbehalte der Anleger und die Verwaltung mit gebundener Marschroute (Investition in einen Index) Probleme auf. In beiden Fällen liegt nach Ansicht der BaFin[258] weder erlaubnispflichtige Finanzportfolioverwaltung noch Anlageverwaltung vor. Demgegenüber soll nach Ansicht der Finanzverwaltung[259] die steuerliche Vermögensverwaltung in beiden Fällen gegeben sein. Ausgangspunkt muss das gesetzliche Bild der Kollektivanlage sein. Das KAGB billigt und fördert Indexfonds, indem es weniger restriktive Ausstellergrenzen für Wertpapierindex-Sondervermögen als für andere Sondervermögen statuiert.[260] Ist das KVG-Geschäft definiert als *Verwaltung* von Investmentvermögen (§ 17 Abs. 1 KAGB), steht die bloße Indexnachbildung der Verwaltungstätigkeit nicht entgegen.

Das KAGB (wie zuvor auch das InvG) kennt keinen Zustimmungsvorbehalt *der Anleger* zu einzelnen Anlageentscheidungen.[261] Dies folgt u.a. aus § 162 Abs. 2 Nr. 1 KAGB, wonach die Vertragsbedingungen „die Grundsätze" enthalten müssen, nach denen die Auswahl der Anlagegegenstände erfolgt. Es bleibt bei § 93 Abs. 1 KAGB, wonach die KVG die Anlageentscheidungen im Rahmen der Vertragsbedingungen[262] mit Wirkung für und gegen das Sonder-

---

2004, 989 ist Geschäftsbesorgung eine selbständige Tätigkeit wirtschaftlicher Art zur Wahrnehmung fremder Vermögensinteressen. Ohne Selbständigkeit handelt es sich um eine Dienst- oder Arbeitsleistung.

[258] BaFin, Merkblatt Finanzportfolioverwaltung (2011), unter 1d) „mit Entscheidungsspielraum"; BaFin, Merkblatt Anlageverwaltung (2011), unter 2c) „Entscheidungsspielraum bei der Auswahl der Finanzinstrumente". Anders jeweils für Vetorechte, wenn der Verwalter bei Nichtausübung des Vetorechts über Entscheidungsspielraum verfügt.

[259] Vgl. Bundesministerium der Finanzen, Schreiben vom 9.12.2008 – IV B 9 -S 7117-f/07/10003 2008/0682415, unter 1. (Leistungsinhalt): „[Die Vermögensverwaltung] ist entsprechend der zuvor getroffenen Anlagerichtlinien oder -strategien nach eigenem Ermessen der Bank durchzuführen. Dabei kommt es dem Leistungsempfänger darauf an, von der Leistungserbringerin nicht in jede einzelne Verwaltungsleistung involviert zu werden und nicht vor jeder einzelnen Transaktion nach seinem Einverständnis mit der getroffenen Anlageentscheidung befragt zu werden. Die Transaktion wird nicht um ihrer selbst willen, sondern als Mittel zum Zweck der Verwaltung des Vermögens durchgeführt." Entscheidet der Unternehmer im Rahmen der Portfolioverwaltung im eigenen Ermessen über den Kauf und Verkauf von Wertpapieren ... liegt eine einheitliche, steuerpflichtige Leistung vor, vgl. dazu EuGH v. 19.7.2012, C-44/11 *Deutsche Bank AG* und BFH v. 11.10.2012, V R 9/10.

[260] Vgl. § 209 KAGB.

[261] Bereits ESMA/2012/117, S. 11: „The AIFM or internally managed AIF must have responsibility for the management of the AIF's assets. Investors have day-to-day no discretion or control over these assets." Dazu ESMA/2013/611, Nr. VI 12, S. 6 und Nr. II S. 4. In der Praxis etabliert ist eine gesetzlich nicht geregelte Zustimmungspflicht des Anlageausschusses bei Spezialfonds, vgl. *v. Gronau*, Spezialfonds, S. 101; *König*, Anlegerschutz, S. 120 f. Der Ausschuss ist paritätisch von KVG und Anlegern besetzt, im Streitfall entscheiden die Vertreter der Anleger. Zudem sieht das KAGB Zustimmungspflichten der Anleger bei gravierenden Änderungen vor, vgl. § 267 Abs. 3 KAGB.

[262] Nach der BaFin muss die festgelegte Anlagestrategie so beschaffen sein, „dass die Anlagekriterien genau bestimmt und die Handlungsspielräume des AIFM in den Anlagebedin-

vermögen trifft. Dafür spricht auch der erforderliche Schutzzweck: Bei gebundener Marschroute kann der Verwalter den Umstand ausnutzen, dass ihm ein nicht koordiniertes Anlegerkollektiv gegenüber steht; zudem können Anlegerinteressen miteinander kollidieren. Diese Risiken bestehen in einem geringeren Umfang, wenn jedes einzelne Geschäft abzusegnen ist. Eine Indexbindung, nicht aber Zustimmungsvorbehalte zu einzelnen Entscheidungen sind mit der „Selbständigkeit" der Verwaltung vereinbar.

II. Wirtschaftliche Vermögensverwaltung

Was das „Verwalten" ausmacht, ist damit noch ungeklärt. Das Schrifttum zur gewerblichen Vermögensverwaltung flüchtet sich in Deskription.[263] Verwaltung soll die zweckbestimmte und planmäßige Besorgung eigener und fremder Angelegenheiten[264] bzw. der Sammelbegriff für alle tatsächlichen und rechtlichen Maßnahmen im eigenen oder fremden Namen oder Interesse sein, die darauf gerichtet sind, das Vermögen zu erhalten, zu verwerten und zu mehren.[265] Auf dieser Grundlage gilt es zu präzisieren, was die Verwalterstellung ausmacht.

1. Abgrenzung

Das Recht kennt die laufende Verwaltung, die Abwicklungsverwaltung und die werbende Dauerverwaltung.[266] Die *laufende,* vom Gesetz auch als ordnungsmäßige[267] bezeichnete *Verwaltung* ist auf Substanzerhaltung ausgerichtet. Das Vermögen wird als Sachgesamtheit geschützt. Ein Austausch von Anlagegegenständen ohne Mitwirkung der wirtschaftlich Berechtigten respektive zu deren Schutz eingesetzter Institutionen ist nur in Ausübung einer Ersetzungsbefugnis zulässig. Es handelt sich um Substanzverwaltung.[268] Nur formal eine Ausnahme

---

gungen, der Satzung oder im Gesellschaftsvertrag eingeschränkt sind", siehe BaFin, Auslegungsschreiben KAGB (2014), Nr. I.5.

[263] *Benicke,* S. 16 f. belässt es bei der Feststellung, der Begriff des Verwaltens sei überaus weit; *Sethe,* S. 19 definiert Vermögensverwaltung als „aktive Verwaltung zu Zwecken der Kapitalanlage".

[264] *Gernhuber,* JuS 1988, 356.

[265] Palandt/*Diederichsen,* § 1626 Rn. 21 (zur Vermögenssorge).

[266] Vgl. *Grundmann,* Treuhandvertrag, S. 23 ff.; ihm folgend *Benicke,* S. 26 f.

[267] Z.B. §§ 745 Abs. 1, 1078 Abs. 1, 1083 Abs. 1, 1088 Abs. 1, 1265 Abs. 2, 1286, 1426, 1435, 1451, 1452, 1469, 1649, 2038, 2120 BGB.

[268] Dazu zählen z.B. die Verwaltung durch den WEG-Verwalter (§ 27 Abs. 2 Nr. 2 WEG), das Depotgeschäft (bei *Jendralski/Öhlenschläger,* S. 10 f. auch als statische Vermögensverwaltung bezeichnet), die Zwangsverwaltung und die vorläufige Verwaltung des Insolvenzverwalters sowie die Testamentsvollstreckung, bei der die Verwaltung entgegen § 2209 S. 2 BGB auf die Bestandserhaltung beschränkt ist. Auch sind bei der Betriebsaufspaltung gem. § 134 UmwG die Erhaltung und Ersetzung der (betriebsnotwendigen) Anlagegegenstände zulässig (KK-UmwG/*Simon,* § 134 Rn. 13 f.).

bildet die Pflicht zur festverzinslichen Anlegung,[269] weil Geldschulden Wertverschaffungsschulden und keine Sachschulden sind. Mit der Substanzerhaltung korrespondiert bei Finanzmitteln der Erhalt des *Nominalwertes*.[270] Die *Abwicklungsverwaltung* dient der Sicherung und ggf. bestmöglichen Verwertung vorhandenen Vermögens (Substanzauflösung). Dazu zählen z.b. die Liquidation des Nachlasses durch den Testamentsvollstrecker, des Vereins bzw. der Gesellschaft unter der Regie der Organe oder als Insolvenzverwaltung und Zwangsvollstreckung des Insolvenzverwalters, Vollstreckungsgerichts bzw. Gerichtsvollziehers.[271] Die werbende Dauerverwaltung bezeichnet das BGB auch als wirtschaftliche Vermögensverwaltung.[272] Sie soll das Vermögen *in seiner Kaufkraft* schützen und möglichst mehren. Soweit im Rahmen der Umschichtung planmäßig[273] gehandelt wird, kommt es auf den Erhalt einzelner Anlagegegenstände grundsätzlich nicht an.[274] Es geht um Wertoptimierung.[275]

Die als Selbstzweck betriebene Vermögensverwaltung gehört zur dritten Kategorie der werbenden,[276] besser wirtschaftlichen Vermögensverwaltung. Mit der Verwaltung sind typischerweise Umschichtungen verbunden, um die Anlagen in dem angestrebten Zieldreieck aus Rendite, Sicherheit und Liquidität zu halten.[277] Die Berechtigung zum Austausch der Anlagegegenstände muss nicht ausdrücklich vereinbart oder eingeräumt sein, weil und soweit Anpassungen im typisierten Interesse des Treugebers liegen.[278] Die laufende Anlage von Vermögensobjekten beinhaltet die an Wert- statt Substanzkriterien ausgerichtete,

---

[269] Vgl. z.B. für das Mündelvermögen § 1806 BGB.

[270] *Benicke*, S. 27, sieht hier einen fließenden Übergang zur werbenden Vermögensverwaltung.

[271] §§ 2204, 2042ff. BGB, §§ 47f., 726ff. BGB, §§ 145ff. HGB, §§ 264f. AktG, §§ 80, 156f. InsO.

[272] §§ 1642, 1811 BGB.

[273] Bei der Korporation ist der maßgebliche Plan der statutarische Vermögensgegenstand. Beim Investmentvermögen ist dieser den Anlagebedingungen zu entnehmen. Die Grenze der Planmäßigkeit verläuft, wo die Verwaltung grundlegend umgestaltet wird, z.B. bei der Fondsverschmelzung.

[274] Ausnahme bei Verwaltung von Kindesvermögen: z.B. für Immobiliengeschäfte gem. § 1643 Abs. 1 BGB.

[275] Hierzu zählen z.B. neben der Verwaltung des Kindesvermögens durch die Eltern und bei entsprechender gerichtlicher Zulassung auch des Vormunds (§§ 1642, 1811 BGB) die Geschäftsführung einer Gesellschaft und die auf Unternehmensfortführung ausgerichtete Insolvenzverwaltung.

[276] *Benicke*, S. 27.

[277] Dagegen zielen Vermögensmassen, die mittels Zweckgesellschaften verbrieft werden (sog. Asset Backed Securities), auf Liquidation der zugrundeliegenden Anlagen. Sie sind keine Kollektivanlagen, zutr. *Schnatmeyer*, WM 1997, 1796, 1798; s. auch *Zetzsche/Marte*, RdF 2015, 4.

[278] *Coing*, Treuhand, S. 117 (Surrogationsbefugnis kann sich aus Zweck der Treuhand ergeben); *Liebich/Matthews*, S. 188. Das typisierte Interesse richtet sich nach den der Verwaltung zugrundeliegenden Anlagerichtlinien, im Übrigen nach der sachkundig getroffenen Entscheidung des Verwalters.

planmäßige Vermögensumschichtung. Dazu zählen die Veräußerung und der Neuerwerb, darüber hinaus die Wiederanlage von Erträgen und Vornahme von Ausschüttungen. Unerheblich ist, ob das zu verwaltende Vermögen in Wertpapieren oder anderen Anlagegegenständen angelegt ist. Dies ist lediglich aufsichtsrechtlich von Interesse.[279]

2. Investmentprozess

Die Identifizierung und Gewichtung der Endanlage findet nach den etablierten Investmentprozessen in fünf Stufen statt, die als Kundenidentifikation, strategische Asset Allokation, taktische Asset Allokation, Titelselektion sowie Portfoliokonstruktion und Risikokontrolle bezeichnet werden können.[280]

Grafik: Investmentprozess

tief	Periodizität	hoch

Kunden-identifikation	Strategische Asset Allokation	Taktische Asset Allokation	Titelselektion	Portfolio-konstruktion, Risikokontrolle

Entscheidungsprämissen:

Individuelle Präferenz	Anlageumfeld (langfristig)	Gesamtmarkt, Ökonomie (mittelfristig)	Marktdynamik

Zunächst werden die Bedürfnisse des Kunden nach Risikoneigung und -bereitschaft, Ertragserwartungen und Liquiditätsbedürfnis identifiziert.[281] Auf der Ebene der strategischen Allokation wird sodann aus den mittelfristigen Ertragserwartungen (Rendite), den Schwankungsbreiten der Kursentwicklung (Volatilität) und der Relativbewegung der Kurse verschiedener Anlageklassen

---

[279] Nach Inkrafttreten des KAGB z.B. für den zulässigen Fondstyp. So ist der OGAW ein Fonds, der überwiegend in Werpapiere anlegt, vgl. § 1 Abs. 2 KAGB. Zur größeren Bedeutung vor Inkrafttreten des KAGB, vgl. *Balzer*, Vermögensverwaltung, S. 12 (sämtliche Vermögenswerte); *Lütgerath*, Erweiterung, S. 121 ff. (Erweiterung auf alle Anlagegegenstände), wohl auch *Sethe*, S. 40 ff., der die Beteiligungen ausgrenzt, sich aber auf S. 49 ff. gegen den im Aufsichtsrecht etablierten anlageobjektspezifischen Ansatz ausspricht; a.A. *Benicke*, S. 18: „Wertpapiervermögensverwaltung als eigener phänomenologischer Typ"; *Roll*, Vermögensverwaltung durch Kreditinstitute, S. 24 (der aber auf S. 258 ff., 287 ff. die Verwaltung von Beteiligungen und Immobilien als besondere Gebiete der Vermögensverwaltung einstuft).

[280] Vgl. *Halbach*, (1992) 77 Iowa L. Rev. 1151, 1162; *Dorner*, Vermögensverwaltung, S. 61 ff.; *Gilles et al.*, S. 5 ff.; *Söhnholz* et al., S. 35 f. Zu den mathematischen Grundlagen *Meucci*, Risk and Asset Allocation (2005).

[281] Man spricht vom Anlagedreieck aus Rendite, Sicherheit/Volatilität und Liquidität, z.B. *Dorner*, Vermögensverwaltung, S. 64.

(Kovarianz) ein theoretisch optimales Portfolio gebildet. Dabei soll eine den Kundenbedürfnissen entsprechende optimale Portfoliogewichtung ermittelt und damit eine Ertragserwartung definiert werden. Ergebnis dieses Vorgangs ist eine relative Gewichtung der Anlageklassen und -regionen. Dieser Vorgang wird zu Anfang der Anlagebeziehung getätigt und anschließend in eher großen Zeiträumen aktualisiert.[282]

In der taktischen Asset Allokation wird Vorsorge für besondere Marktumstände in der Gegenwart getroffen. So kann vereinbart werden, dass von den festgelegten Anlageklassen in einem definierten Maß abgewichen werden kann, um Marktchancen zu wahren oder den Portfoliowert zu schützen. Üblich ist dabei die Ermittlung von Erwartungen für die nächsten zwölf Monate. In diese Erwartungen fließen quantitative Faktoren (z.B. Preisentwicklung bestimmter Güter) und qualitative Faktoren (z.B. politische, makroökonomische Stabilität) ein. Die Ertragserwartung des Anlegers aus der strategischen Allokation wird mit dem konkreten Erwartungshorizont aus der taktischen Allokation in Einklang gebracht.[283] Daraus ergeben sich Vorgaben, in welche Anlageklassen und -märkte *in den nächsten zwölf Monaten* investiert (übergewichtet) und desinvestiert (untergewichtet) wird. Dieser Vorgang wird in mittleren Intervallen (sechs bis zwölf Monate) wiederholt.

Im vierten Schritt werden Anlagetitel identifiziert, die den konkreten Erwartungen entsprechen. Üblicherweise konzentrieren sich Verwalter auf bestimmte Kernmärkte nach Regionen oder Produkten und überlassen den Anlageentscheid jenseits der Kernmärkte auf solche Märkte spezialisierten Verwaltern. Grundlage der Titelselektion sind zumeist eine Vielzahl an quantitativen und qualitativen Daten, die in die Auswertungssysteme der Verwalter eingespeist sind. Jeder Verwalter verfolgt dabei eine gewisse Systematik, wobei sich die Systematik von Verwalter zu Verwalter unterscheidet. So setzen einige Asset Manager ausschließlich auf mathematische Modelle, andere entwickeln ihre eigene Gewichtung und orientieren sich lediglich an bestimmten Kennzahlen (Fundamentalanalyse).[284] In Abhängigkeit von der Systematik verlässt sich der Asset Manager entweder mehr auf seine Urteilsfähigkeit oder das mathematische Modell.

---

[282] Sofern keine besonderen Umstände vorliegen, alle drei bis fünf Jahre.

[283] Dafür kann auf verschiedene ökonomische Modelle zurückgegriffen werden, vgl. *Söhnholz* et al., S. 39 f.

[284] In das „Quant" genannte Asset Management-Modell der Liechtensteinischen Landesbank zur Steuerung von Aktienfonds fließen aus den je größten 5.000 Aktien in den USA und Europa sowie den größten 1.500 japanischen Aktien 85 Faktoren je Unternehmen ein. Aus insgesamt 425.000 Datensätzen und deren spezifischer Gewichtung wird sodann eine Rangliste gebildet. Diese Rangliste informiert und leitet den Portfoliomanager, ohne ihn zum Erwerb oder Verkauf zu zwingen. Für die Datenlieferung haben sich Spezialdienstleister etabliert.

Im letzten Schritt werden die derart selektierten Titel mit den vorgegebenen Volatilitäts-, Rendite- und Liquiditätsparametern in Einklang gebracht. Grundlage ist dabei die um aktuelle Indikatoren angepasste historische Kursentwicklung.

III. Handeln für Rechnung des Anlegerkollektivs

Das Handeln für Rechnung des Anlegerkollektivs ist Folge des Geschäftsbesorgungscharakters[285] und Element aller Verwaltertätigkeiten mit Vermögensbezug.[286] Mit der Organstellung, Fremdnützigkeit und Anlegerpartizipation am Anlageerfolg weist es drei Facetten auf.

Voraussetzung der Organstellung ist die Befugnis, mit Wirkung für Dritte zu handeln. Diese Rechtsmacht ist Teil der Verwalterstellung. Dies ist offensichtlich für die AG und KG bei Vertretung durch Vorstand und Komplementär bzw. geschäftsführendem Kommanditisten (selbstverwaltete Kollektivanlage). Sehr häufig und beim vertraglichen Investment-Sondervermögen (mangels Rechtsfähigkeit) ausschließlich anzutreffen ist die extern verwaltete Kollektivanlage. Dann handelt eine KVG für die Anlegergemeinschaft.[287] § 31 BGB gilt für Verwalter einer Gemeinschaft.[288] Der Verwalter darf über die seiner Verwaltung unterliegenden Gegenstände nach Maßgabe der Anlagebedingungen verfügen.[289] Nur dessen Handlungen und Willenserklärungen führen zur Verpflichtung des Kollektivvermögens. Die Dispositionsbefugnis ist bei Treuhandmodellen deckungsgleich mit der Rechtsmacht, Ansprüche für und gegen das Kollektivvermögen zu begründen.

Die Fremdnützigkeit steht im Gegensatz zur Tätigkeit im eigenen Namen auf eigene Rechnung (Eigenverwaltung).[290] Aus der Verfügungsmacht über fremdes Vermögen resultieren die Verlockungen und Interessenkonflikte des Verwalters. Für diese anlagespezifischen Gefahren müssen nicht alle verwalteten Mittel ausschließlich von Anlegern stammen; es genügt, wenn zumindest auch fremdes Vermögen verwaltet wird.[291] Auch könnten bei einem strengen Ver-

---

[285] Vgl. Schwintowski/*Schäfer*, Bankrecht, § 19 Rn. 1; *Kienle* in Bankrechtshandbuch § 111 Rn. 10; Unklar *Sethe*, S. 19 ff., der einige Abgrenzungsfunktionen dem von ihm neu eingeführten Merkmal der „aktiven Verwaltung zum Zwecke der Kapitalanlage" zuschreibt, aber auf eine Definition der Verwaltung und der Kapitalanlage verzichtet.

[286] Z.B. § 1 Abs. 1a Nr. 11 KWG; für Kapitalanlagen von Pensionsfonds § 112 Abs. 1 VAG.

[287] Vgl. § 93 Abs. 1 KAGB (Sondervermögen), sowie §§ 112, 129, 144, 154 KAGB für die Inv-AG/-KG. Vgl. zum Verhältnis Fremdverwaltung zur Vertretung Fünfter Teil, § 30.C.I.1.

[288] Vgl. für den WEG-Verwalter Palandt/*Bassenge*, § 27 WEG Rn. 1.

[289] Vgl. BaFin, Auslegungsschreiben KAGB (2014), I 6; dies ist auch die typische Organisationsform der Treuhandvermögen gem. § 1 Abs. 2 VermAnlG.

[290] Vgl. BaFin, Merkblatt Finanzportfolioverwaltung (2011), Nr. 1c) [„für andere"]; *Benicke*, S. 16 f.

[291] Eine „Investmentclub"-GbR mit gemeinschaftlicher Geschäftsführung ist nach diesem Verständnis keine Kollektivanlage. Vgl. dazu BaFin, Auslegungsschreiben KAGB (2014), I. 3b) (zum AIF-Kriterium „Kapitaleinsammeln").

ständnis nur Altruisten Verwalter sein, ein gewerblicher Markt könnte sich nicht bilden. Die Fremdverwaltung auf gemeinschaftliche Rechnung der Anleger schließt eine Partizipation des Verwalters am Anlageerfolg oder dessen Eigenbeteiligung nicht aus. Der Verwalter darf für seine Dienste vergütet werden.[292] Fremdnützigkeit liegt ebenfalls noch vor, wenn der Verwalter einen Teil des verwalteten Vermögens aufbringt, wie dies bei Fonds mit erheblicher Risikoexposition (Hedgefonds, Private Equity) üblich ist.[293] Eine Eigenbeteiligung der Handelnden (im kleineren Rahmen) ist für Publikumsfonds im Geltungsbereich des KAGB[294] und nach dem Recht anderer Rechtsordnungen (z.B. für US Mutual Funds gem. dem ICA) zulässig und üblich. Derartige Abreden fördern den Gleichlauf von Anleger- und Verwalterinteressen. Auf die Offenkundigkeit des fremdnützigen Handelns kommt es nicht an.[295] Der Verwalter kann die fremdnützige Dienstleistung im fremden Namen oder wie beim Handeln eines Gesellschaftsorgans im eigenen Namen erbringen.

Der Verwalter handelt für Rechnung der Anleger, wenn die materiellen Vor- und Nachteile den durch Beteiligung am gemeinschaftlichen Vermögen gebundenen Anlegern zugeordnet werden. Im Gegensatz zum Verständnis der BaFin des Merkmals „für andere" bei der Finanzportfolioverwaltung[296] gilt eine wirtschaftliche Betrachtungsweise. So genügt es, wenn ein Anleger von der Wert-

---

[292] Arg. ex § 1 Abs. 19 Nr. 33 Bst. c KAGB. Jenseits des KAGB kann die Vergütung die Erlaubnispflicht begründen, vgl. BaFin, Hinweise zur Erlaubnispflicht von Investmentclubs und ihrer Geschäftsführer nach § 32 KWG (Juni 2011), sub 3 d).

[293] Vgl. für Hedgefonds *Stulz*, (2007) 21 J. Econ. Persp. 21, 175, 178 f.; für Private Equity und Venture Capital Fonds *Cheffins/Armour*, (2008) 33 Del. J. Corp. L. 1, 10 ff.; *Gompers/ Lerner*, Venture Capital Cycle, S. 91; *Hellgardt*, FS Hopt, S. 765, 789 f.; *Pistor*, FS Emeritierung Hopt, S. 481 ff.; *Haar*, FS Emeritierung Hopt, S. 141, 146 ff.

[294] Vgl. §§ 119 Abs. 4 und 147 Abs. 4 KAGB für den Erwerb und die Veräußerung von Aktien der Inv-AG durch Mitglieder von Vorstand und Aufsichtsrat; siehe auch § 128 Abs. 3 KAGB bei der offenen, § 153 Abs. 4 KAGB für die geschlossene Inv-KG. Dazu BaFin, Auslegungsschreiben KAGB (2014), Nr. I. 6.

[295] *Sethe*, S. 15 f. S.a. BaFin, Merkblatt Finanzportfolioverwaltung (2011), Nr. 1c) [„für andere"]: „Ausreichend für die Erfüllung des Tatbestands ist darüber hinaus jede Form der Verwaltung „für andere", die nicht im eigenen Namen für eigene Rechnung erfolgt, beispielsweise wenn der Vertragspartner den Vertretungssachverhalt nicht erkennen kann, da der Kunde seinem Verwalter von ihm unterzeichnete Blankoorderformulare zur Verfügung gestellt hat."

[296] BaFin, Merkblatt Finanzportfolioverwaltung (2011), Nr. 1c) [„für andere"]. Danach kommt ein Handeln „für andere" im Sinne des § 1 Abs. 1a S. 2 Nr. 3 KWG nicht in Betracht, wenn eine Kapitalgesellschaft und eine Personenhandelsgesellschaft oder deren Organe das in Finanzinstrumente angelegte Gesellschaftsvermögen verwalten. Weitergehend zum KAGB vgl. BaFin, Auslegungsschreiben KAGB (2014), II.2: „Daraus folgt, dass eine gemeinsame Anlage vorliegt, wenn die Anleger an den Chancen und Risiken des Organismus beteiligt werden sollen. Diese Merkmale sind erfüllt, wenn sowohl eine Gewinn- als auch eine Verlustbeteiligung der Anleger an der Wertentwicklung der Vermögensgegenstände vorliegt, in die der Organismus investiert ist. Dies gilt auch, wenn die Gewinn- und/oder Verlustbeteiligung des Anlegers vertraglich begrenzt ist. Das „Entgelt" für die Kapitalüberlassung des Anlegers darf nicht betragsmäßig fixiert, sondern muss erfolgsbezogen ausgestaltet sein."

steigerung der Vermögensgegenstände einer AG über höhere Aktienkurse profitiert. Die Partizipation des Anlegerkollektivs grenzt gegen andere Verwaltungsformen ab, insbesondere zur Verwaltung von Eltern, Vormund und Testamentsvollstrecker zugunsten von Mündeln und Erben, zur Insolvenzverwaltung zugunsten der Gesamtheit der Gläubiger, zur Zwangsverwaltung zugunsten des Vollstreckungsgläubigers sowie der Schuldenverwaltung und Sanierungstreuhand als wirtschaftlichen Phänomenen.[297]

IV. Rechtsvergleichende Verprobung

Ein Verständnis der Fremdverwaltung als Handeln für Rechnung, aber ohne Mitwirkung der Anleger am Anlageentscheid bestätigt sich aus rechtsvergleichender Perspektive. Die Elemente treten in der OGAW-RL und AIFM-RL mit dem Gebot des Handelns für Rechnung[298] und als Voraussetzung für die Zulassungspflicht der Verwaltungsgesellschaft[299] einer nicht rechtsfähigen Anlage in Vertrags- oder Trustform oder einer fremdverwalteten Anlagegesellschaft deutlich hervor. Für selbstverwaltete Anlagegesellschaften ergibt sich die fehlende Mitwirkung der Anleger nur indirekt aus den Rechtsformen: Bei der korporativen Organisation, z.B. der Inv-AG, ist die Fremdverwaltung Teil der Gesellschaftsverfassung. So handelt der AG-Vorstand bei der Amtsausübung nicht für sich persönlich. Eine Inv-KG hat jedenfalls einen vom Komplementär verschiedenen Kommanditisten; grundsätzlich ist der Komplementär kraft eigener Stellung vertretungs- und geschäftsführungsbefugt.

Diese Grundentscheidung zeigt sich auch in anderen Rechtsordnungen. Der vertragliche FCP[300] (Luxemburg) bzw. Investmentfonds[301] (Liechtenstein) ist nicht rechtsfähig, es muss jemanden geben, der für den Fonds und die Anleger handelt. Bei der liechtensteinischen Kollektivtreuhänderschaft – eine Art kontinentaler Unit Trust – müssen Treugeber und Treuhänder per Definition verschieden sein. Für die Investment-Kommanditgesellschaft stellt das liechtensteinische Recht klar, Komplementär dürfe auch eine Verwaltungsgesellschaft sein.[302]

---

[297] Vgl. dazu *Fischbach*, Treuhänder und Treuhandgeschäfte, S. 303; BGH, NJW 1954, 190; *Rumpf*, AcP 119 (1921), 1, 140 ff.; zur außergerichtlichen Unternehmensreorganisation *Eidenmüller*, Unternehmenssanierung, S. 264 ff.

[298] Art. 1 Abs. 2 a) OGAW-RL; Art. 4 Abs. 1 b. i AIFM-RL. Dazu ESMA/2013/611 Nr. VI, 12 S. 6, für passive Anleger S. 31 und die Erläuterungen, S. 15.

[299] Art. 6, 27 OGAW-RL; gemäss Art. 5 Abs. 1 AIFM-RL muss jeder AIF einen für die Verwaltung und Regeleinhaltung verantwortlichen Verwalter haben, der extern oder intern sein kann und gemäss Art. 6 ff. AIFM-RL zulassungspflichtig ist.

[300] Luxemburg: Art. 5 OPC-G (für vertragliche Fonds, „pour le compte de propriétaires indivis"); Art. 1 Abs. 1 FIS-G und Art. 1 Abs. 1 SICAR-G („de faire bénéficier les investisseurs du résultat de la gestion de leurs actifs").

[301] Liechtenstein: Art. 5 f. UCITSG, Art. 6 f. AIFMG; dazu *Dobrauz/Igel*, S. 57 f.

[302] Art. 10 Abs. 4 AIFMG; dazu *Jesch/Dobrauz-Saldapenna/Igel*, S. 339 f.

Das Erfordernis der Fremdverwaltung konkretisiert s. 235 (2) des britischen FSMA.[303] Danach dürfen zumindest einige[304] CIS-Anleger keine Kontrolle über das Tagesgeschäft des Verwalters oder die Anlagegegenstände haben, und zwar auch dann nicht, wenn ihnen Beratungs- oder Weisungsbefugnisse zustehen.[305] Nach Ansicht der FCA liegt dann keine Fremdverwaltung vor, wenn strategische, finanzielle und operative Entscheidungen von allen Parteien getroffen werden und die Anzahl der Personen überschaubar genug ist, dass eine solche Mitwirkung glaubhaft ist.[306] Erwartungsgemäß stellen sich Abgrenzungsschwierigkeiten.[307] Die Verwaltung für gemeinschaftliche Rechnung folgt aus s. 235 (1) FSMA, wonach die CIS-Teilhabe den Anlegern ermöglichen muss, an Gewinn und Erträgen der Verwaltung teilzuhaben. Irrelevant ist, ob diese Teilhabe aus einer Eigentümerstellung oder einer anderen Berechtigung an den Anlagegegenständen resultiert.[308] Genussscheinmodelle sind danach auch CIS. In der Regel geht mit der Gewinn- auch eine Verlustbeteiligung einher. Die Definition der Investmentgesellschaft mit veränderlichem Kapital[309] verdeutlicht dies durch Zuweisung des *wirtschaftlichen* Eigentums an den Anlagegegenständen der Korporation an die Anleger.

Das Handeln für gemeinschaftliche Rechnung ist Teil der Definition gem. Art. 7 Abs. 1 KAG für schweizerische Kollektivanlagen. Die Verwaltung wird dort ebenfalls erwähnt, wobei „begriffsinhärent"[310] ist, dass es um Fremdverwaltung geht. Aus gewissen Mitwirkungsrechten wie die Organbesetzung bei körperschaftlich organisierten Kapitalanlagen oder die Bewilligung von Änderungen des Anlagereglements folgt noch keine dem Konzept der Fremdverwaltung entgegenstehende Selbstverwaltung.[311] Die Fremdverwaltung grenzt zur

---

[303] Der FSMA bildet den Stand der Dogmatik ab, der bereits vor Inkrafttreten des FSMA erreicht war. Vgl. *Sin*, S. 146 („A fundamental element of a unit trust is the non-participation of the unitholders …").

[304] Vgl. *FSA v. Fradley & Woodward* [2005] EWCA Civ 1138, 46.

[305] Vgl. s. 235 (2) FSMA: „The arrangements must be such that the persons who participate ("participants") do not have day-to-day control over the management of the property, whether or not they have the right to be consulted or to give directions."; FCA, PS 13/05, Nr. 2.47.

[306] Die FCA vermutet zudem, dass Privatanleger eine derartige laufende Ermessens- bzw. Kontrollbefugnis nicht wahrnehmen, siehe FCA, PS 13/05, Nr. 2.47.

[307] *Spangler*, Private Investment Funds, Rn. 5.13.

[308] S. 235 FSMA "CIS means any arrangements … the purpose or effect of which is to enable persons taking part in the arrangements (whether becoming owners of the property or any part of it or otherwise) to participate in or receive profits or income arising from" [the administration of the assets].

[309] S. 236 (3) FSMA: „The property condition is that the property belongs beneficially to, and is managed by or on behalf of, a body corporate („BC") having as its purpose the investment of its funds with the aim of (a) spreading investment risk; and (b) giving its members the benefit of the results of the management of those funds by or on behalf of that body".

[310] BSK-KAG/*Rayroux/Du Pasquier*, Art. 7 KAG Rn. 16. S. zudem Botschaft zum KAG, S. 6417; *Courvoisier/Schmitz*, SZW 2006, 406, 410.

[311] BGE 98, Ib 197 (das Urteil schließt sich im Ergebnis der Auffassung der Eidgenössischen Steuerverwaltung an, wonach, wenn der „Anlageentscheid" von Anlageausschuss und

Anlage durch den Anleger selbst, ggf. auch infolge eines individuellen Vermögensverwaltungsvertrags nach dem Vollmachtsmodell ab. So soll der gesetzliche Ausschluss der Investmentclubs (Art. 2 Abs. 2 Bst. f KAG) aus dem Geltungsbereich des KAG deklaratorisch sein, weil bereits die Fremdverwaltung fehle.[312]

Die Fremdverwaltung ist schließlich ein Element des US-amerikanischen *Howey*-Tests.[313] Entscheidend ist nicht die Rechtsform, sondern dass die Gewinnerwartung ausschließlich von der Tätigkeit des Verwalters bestimmt ist („solely from the efforts of others"). Das „solely" wird nicht ganz ernst genommen, es genügt, wenn die Tätigkeit anderer Personen als des Anlegers für den Anlageerfolg hauptursächlich ist. Eine geringfügige Mitwirkung der Anleger ändert daran nichts.[314] Die relevante Tätigkeit darf ggf. schon vor der Anlage abgeschlossen sein.[315] Rechtlich vermittelter, tatsächlich ausgeübter Einfluss und erhebliche Eigenleistungen des Anlegers sprechen gegen den Investment Contract.[316] So rechtfertigt sich die grundsätzliche Ausgrenzung des OHG-Äquivalents (partnership, joint venture), bei Einbeziehung des KG-Äquivalents (limited partnership) in die Investment Companies.[317] Auch hier zählt die Substanz, nicht die Form. Die US-Gerichte prüfen Partnerschafts- und

---

Vorstand getroffen werde, es sich um Fremdverwaltung handele; die Beschwerdeführer argumentierten zur Vermeidung der Stempelsteuer für die Selbstverwaltung); BGE 107, Ib 358 (Einstufung einer Ärzte-Genossenschaft als Fondsleitung, weil diese Treuhandvermögen für 14.000 Ärzte unterhält, unter Erwägung 3: „Erweisen sich die Rechtsbeziehungen zwischen Anleger und Vermögensverwaltung insgesamt als überwiegend vertraglicher Natur, kann nicht von einer selbstverwalteten Kapitalorganisation gesprochen werden."). Näher *Lezzi*, Rn. 116. Beide Urteile beruhen auf der Definition des Anlagefonds gemäss dem früheren AFG, das neben den vier behandelten Elementen die weiteren Elemente der öffentlichen Werbung, Anteilsverbriefung und Risikostreuung enthielt.

[312] BSK-KAG/*Pfenninger*, Art. 2 KAG Rn. 9. Jetzt auch BGer vom 5. November 2010, 2C_571/2009.

[313] *SEC v. W.J. Howey Co.*, 328 U.S. 293, 298 f. (1946): „an investment contract … means a contract, transaction or scheme whereby a person invests his money in a common enterprise and is led to expect profits solely from the efforts of the promoter or a third party, it being immaterial whether the shares in the enterprise are evidenced by formal certificates or by nominal interests in the physical assets employed by the enterprise".

[314] *SEC v. Life Partners, Inc.*, 87 F.2d 536 (D.C. Cir. 1996); *SEC v. Glenn W. Turner Enters., Inc.*, 474 F.2d 476, 481 f. (9th Cir. 1973). Ausdrücklich offen gelassen von *United Housing Foundation, Inc. v. Forman*, 421 U.S. 837, 852 (1975); dies wird als Zustimmung gewertet: *Rosenblum*, S. 33 f.; *Frankel/Schwing*, § 5.07[B][1].

[315] *SEC v. Mutual Benefits Corp.*, No. 04–14850 (2005) (11th Cir.) (i.E. von SEC v. Life Partners abweichend).

[316] Vgl. *Aqua-Sonic Prods. Corp.*, 687 F.2d 577, 585 (2d Cir. 1982). Dafür kann das Recht zur Bestellung von zwei Board-Mitgliedern und die Inhaberschaft des stellvertretenden Vorsitzenden einer LLC genügen, vgl. zur Abgrenzung zwischen "membership interest" und "stock" *Robinson v. Glynn*, 349 F.3d 166 (4th Cir. 2003) (Kein Schutzbedürfnis eines "active and knowledgeable executive at Geophone, rather than a mere passive investor in the company", deshalb keine Anwendbarkeit der securities laws.)

[317] *Ribstein*, Uncorporation, S. 186 ff.; *Sargent*, (1992) 19 Pepp. L. Rev. 1069, 1084 ff.

Joint Venture-Verträge im Hinblick auf eine KG-ähnliche Ausgestaltung.[318] Ob
Anteile an einer Limited Liability Company / Partnership (LLC/LLP) dem
Kriterium „benefits solely from the efforts of others" entsprechen und deshalb
Investment Contracts sind, hängt von der konkreten Gestaltung ab. Das Recht
eines Anlegers zur Direktorenbestellung und Partizipationsrechte in Anleger-
ausschüssen sprechen gegen die Fremdverwaltung, wenn eine realistische Erwartung besteht, dass diese Rechte dauerhaft wahrgenommen werden.[319]

Gelegentlich neigen die US-Bundesgerichte zu einer extensiven Auslegung.
So hat z.B. die Notwendigkeit, sich auf Empfehlungen hin für einzelne Geschäfte entscheiden[320] respektive durch persönlichen Einsatz zum Vertriebser-
folg beitragen zu müssen,[321] so dass es zu völlig unterschiedlichen Erträgen ein-

---

[318] Insbesondere *Williamson v. Tucker*, 645 F.2d 404, 424 (5th Cir.), cert. denied, 454
U.S. 897, 102 S.Ct. 396, 70 L.Ed.2d 212 (1981): "... absent one of the limited circumstances
discussed above, meaningful powers possessed by joint venturers under a joint venture agreement do indeed preclude a finding that joint venture interests are securities. ..., the plaintiffs
have an extremely difficult factual burden if they are to establish that the joint venture interests they purchased are securities."; *Holden v. Hagopian*, 978 F.2d 1115 (9th Cir. 1992) (investment contract abgelehnt bei erheblichem Einfluss auf Geschäftsführung der von der partnership betriebenen Pferdezucht), ¶11: „The heart of this inquiry is whether, although on the face
of the partnership agreement the investor theoretically retains substantial control over the
investment and an ability to protect the investment from the managing partner or hired manager, the investor nonetheless can demonstrate such dependence on the promoter or on a
third party that the investor was in fact unable to exercise meaningful partnership powers."
Dazu *DeFao*, (1993) 27 Suffolk U.L. Rev. 310; *Klaers v. St. Peter*, 942 F.2d 535 (8th Cir. 1991)
(betr. "non-managing general partners in an unsuccessful real estate partnership"); *Stone v.
Kirk*, 8 F.3d 1079 (6th Cir. 1993): "It is well established that a joint venture interest can qualify
as a security where the investor is "entirely passive and [where he] invested in the joint ventures in reasonable reliance on the expected efforts and expertise of the [managers]." *Professional Associates*, 731 F.2d 357. Cf. *Williamson v. Tucker*, 645 F.2d 424 (a joint venture interest
can qualify as a security where "the partner or venturer is so inexperienced and unknow-
ledgeable in business affairs that he is incapable of intelligently exercising his partnership or
venture powers").

[319] Ablehnend deshalb *Robinson v. Glynn*, 349 F.3d 166 (4th Cir. 2003); die Eigenschaft als
Investment Contract befürwortet *SEC v. Merchant Capital*, LLC, 483 F.3d 747 (11th Cir.
2007) (Debt Pool mit Investition in Kreditausfallrisiken mit 485 Partnern). Des Weiteren *SEC
v. Shiner*, 268 F.Supp.2d 1333, 1340 (S.D.Fla.2003); *Keith v. Black Diamond Advisors, Inc.*, 48
F.Supp.2d 326, 333 (S.D.N.Y.1999). Im Fall *US v. Leonard*, 529 F.3d 83, 89 (2d Cir. 2008)
wurde der Angeklagte, der LLC-Anteile vertrieben hatte, strafrechtlich belangt (mangels
„reasonable expectation of investor control").

[320] *SEC v. Brigadoon Scotch Distributors, Ltd.*, 388 F. Supp. 1288, 1292 (S.D.N.Y. 1975).
Zur Problematik *Bines/Thel*, (1997–98) 58 Ohio St. L.J. 459, 484ff.

[321] *SEC v. Koscot Interplanetary, Inc.*, 497 F.2d 473 (5th Cir. 1974) (betreffend die Investition in Vertriebsgewinnanteile an einem Kosmetikprodukt, das über Vertriebsveranstaltungen
in den Markt gedrückt wurde; Teilnahme der „Anleger" an Vertriebsveranstaltungen steht
dem Kriterium der Fremdverwaltung nicht entgegen), insbesondere 34 („the fact that an investor's return is independent of that of other investors in the scheme is not decisive.") und 33
("the critical inquiry is 'whether the efforts made by those other than the investor are the
undeniably significant ones, those essential managerial efforts which affect the failure or success of the enterprise.'").

zelner Anleger kommt, manches Gericht nicht daran gehindert, das Kriterium
von Gewinnen „solely from the efforts of others" als gegeben anzusehen.

E. Organismus für gemeinsame Anlagen vs. AIF

Der Organismus für gemeinsame Anlagen ist Definitionteil für OGAW und
AIF. Es kann Organismen für gemeinsame Anlagen geben, die weder Investmentvermögen, noch OGAW, noch AIF sind. Die dem KAGB unterfallenden
„Investmentvermögen" sind mithin nur ein besonders qualifizierter Typ Investmentfonds. (1) Über den „OGA" hinausgehende Merkmale des AIF sind
insbesondere das Einsammeln von Kapital, (2) die Anlage gemäß einer festen
Anlagestrategie, (3) die Anlage zum Nutzen der Anleger und (4) das Vorliegen
„einer Anzahl von Anlegern". Demgegenüber sind die in § 2 KAGB bzw. Art. 2
Abs. 3 AIFM-RL genannten Ausnahmen vom Begriff der Investmentvermö-
gen/des AIF – insbesondere jene für staatliche Akteure, die im öffentlichen Interesse handeln, Verbriefungszweckgesellschaften oder kollektive Alterssicherungssysteme – nur bedingt zur Begriffsschärfung geeignet.[322]
Bereits bestehende Gruppen, die kein Kapital von Personen außerhalb dieser
Gruppe einsammeln, sollen nach Ansicht von ESMA das Merkmal des Kapital-
einsammelns nicht erfüllen.[323] Diese Interpretation des Kapitaleinsammeln basiert auf dem ErwG 7 der AIFM-RL. Als Beispiel für bereits bestehende Gruppen wird meist die Familie genannt.[324] Es dürfte jedoch auch weitere Fallgruppen geben.[325]
Andere Elemente des AIF Begriffes, insbesondere das Erfordernis einer festgelegten Anlagestrategie, dienen nicht der Abgrenzung vom OGA, sondern der
Abgrenzung zum operativen Unternehmen. Nach Ansicht von ESMA muss die
Strategie in den konstituierenden Dokumenten verbindlich festgelegt sein, bei
Anteilzeichnung feststehen und Vorgaben für die Anlagetätigkeit, wie insbesondere zu den Anlagegegenständen oder der Risikomischung enthalten.[326]
Unklar ist, ob es sich bei den explizit statuierten Ausnahmen z.B. für Verbriefungszweckgesellschaften oder kollektive Alterssicherungssyteme um
Rückausnahmen trotz Erfüllung aller AIF/OGA-Merkmale oder um eine De-
klaration des Fehlens von OGA/AIF Merkmalen handelt. Diesen Merkmalen
wird im Folgenden zur Lösung von Zweifelsfragen bzw. als Teil der Abgrenzung Aufmerksamkeit zu widmen sein.

---

[322] *Zetzsche/Preiner*, WM 2013, 2106 f.
[323] ESMA/2013/611, S. 4; vgl. dazu BaFin, Auslegungsschreiben KAGB (2014), I. 3b).
[324] Dazu *Krause/Klebeck*, BB 2012, 2063; Baur/Tappen/*Jesch*, § 1 Rn. 12 f.; kritisch Dorn-
seifer/*Tollmann*, Art. 2 Rn. 127 ff.
[325] *Zetzsche/Preiner*, WM 2013, 2105.
[326] ESMA/2013/611, S. 7.

F. Zwischenergebnis

Die vier Begriffe Investment, Vermögen, Kollektiv und Fremdverwaltung charakterisieren die Kollektivanlage. Diesen Befund bestätigt ein Blick auf die in die Untersuchung einbezogenen europäischen Rechtsordnungen[327] sowie in das US-Recht, wo nach dem vierstufigen *Howey*-Test[328] die Kriterien erforderlich sind, die hier als definitorische Merkmale erkannt wurden. Auf dieser Grundlage ist die kollektive Vermögensanlage der Einsatz von Vermögenswerten für eine gewisse Dauer im Wege der Vermögensfremdverwaltung auf gemeinschaftliche Rechnung mehrerer Anleger mit dem Ziel der Erzielung von Einnahmen oder Wertzuwächsen.

Diese Definition ist rechtsformunabhängig; sie erfasst alles, was gemeinhin unter Anlage- oder Investmentfonds, Immobilienfonds oder einem kollektiven Anlagemodell verstanden wird, aber auch Spezialformen wie Real Estate Investment Trusts (REITs), Private Equity, Venture Capital- und Hedgefonds. Auch Zertifikate (Inhaberschuldverschreibungen gem. § 793 BGB)[329] und Schuldverschreibungen nach dem SchVG können einen Anteil an einer Kollektivanlage verbriefen. Das Investmentvermögen und seine Qualifikationen

---

[327] Für die Schweiz Art. 7 Abs. 1 S. 1 KAG, die Rechtsprechung fügt noch das ungeschriebene Merkmal der supra-individuellen Leistungspflicht hinzu; nach der Botschaft zum KAG (2005), S. 6396, 6416 sollen die Begriffe Kapitalanlage und Kollektivanlage die notwendigen Abgrenzungen bewirken; für England: s. 235 FSMA für Unit Trusts, s. 236 FSMA für OEICs, zusammengefasst als Collective Investment Schemes im FSA-Regelwerk COLL. Investment Trusts sind eine steuerliche Kategorie; Luxemburg: Der Organismus für gemeinsame Anlagen („Organismes de placement collectif") wird in den drei Fondsgesetzen (OPC-G, FIS-G, SICAR-G) nicht definiert, die Konkretisierung erfolgt durch Verwaltungserlasse, insbesondere das Circulaire IML (Institut Monétaire Luxembourgois, Vorläufer der CSSF) 91/75. Das SICAR-G richtet sich an Wagniskapitalgesellschaften, die ihre Mittel in Wagniskapital anlegen (Art. 1 Abs. 1 SICAR-G). Jeweils erforderlich ist eine Zulassung des Verwalters, im Fall der selbstverwalteten Kollektivanlage von dieser selbst, vgl. Art. 7 i.V.m. Teil IV, 15. Kapitel und Teil I, 3. und 4. Kapitel des OPC-G; Art. 6, Kapitel 3 und 4 FIS-G; Art. 12 SICAR-G. Für Österreich insbesondere *Kalss*, Anlegerinteressen, S. 67 ff., mit fünf Merkmalen; davon entspricht das Vermögen dem „Kapital" (S. 67), das Kollektiv der „Mehrzahl" (S. 71), anerkannt ist die Fremdverwaltung (S. 81), das Investment wird etwas unscharf als „dauernde Überlassung" (S. 89) bezeichnet, das fünfte Element sieht Kalss in der Risikobeschränkung / begrenzten Haftung (S. 86). Die liechtensteinischen Fondsgesetze (UCITSG und AIFMG) übernehmen dagegen die offene Konzeption der OGAW- und AIFM-RL; eine Konkretisierung erfolgt durch Verordnung.

[328] *SEC v. W. J. Howey Co.*, 328 U.S. 293 (1946): (1.) eine Anlegermehrzahl (folgt aus dem Verständnis der Investment Company als organisierte Gruppe) ist beteiligt an einer (2.) Vermögensanlage („investment of money") (3.) in Form eines gemeinsamen Unternehmens („in a common enterprise") mit (4.) Fremdverwaltung („with profits to come solely from the efforts of others").

[329] Diese werden zumeist nur im Kontext des Vertriebsrechts diskutiert, vgl. *Mülbert*, ZIP 2007, 1146; *Witte/Mehrbrey*, ZIP 2009, 744 (zum Fall Lehmann); *Moloney*, How To Protect Investors, S. 323 ff. Siehe aber zur funktionalen Komplementarität von strukturierten Produkten mit regulierten Kollektivanlagen *Moloney*, ebd., S. 180 ff., 322 ff. (unter Hinweis auf aus der Segmentierung entstehende Anlegerschutzlücken).

OGAW und AIF gem. § 1 Abs. 1 bis. 3 KAGB sind Kollektivanlagen, die besondere, europäisch definierte Zusatzvoraussetzungen erfüllen.

§ 3 – Typusmerkmale

Neben den klassifikatorischen Merkmalen sind weitere Aspekte für die Kollektivanlage charakteristisch, aber nicht in allen Fällen gegeben.[330]

A. Intermediär

Mit der Kollektivanlage geht typischerweise die Vermittlung von Informationen, Marktverbindungen und Zahlungsströmen einher.[331]

I. Informationsintermediär

Als Informationsintermediär[332] sammelt, bündelt und vermittelt der Verwalter der Kollektivanlage Informationen über die Anlagegegenstände und den Markt. So besteht grundsätzlich für alle Kollektivanlagen, die öffentlich angeboten oder zum Handel an einem organisierten Markt zugelassen werden sollen, eine Prospektpflicht.[333] Keine Prospektpflicht besteht für groß gestückelte und an qualifizierte Anleger vertriebene Anlagen. Insoweit sind gewisse prospektähnliche Mindestinformationen erforderlich.[334] Des Weiteren unterliegen Inv-AGs/ -KGs und Inv-Sondervermögen besonderen,[335] Anlage-Gesellschaften, Perso-

---

[330] Vgl. zum Typus als „allgemeine Ausdrucksform des nachgiebigen Rechts" *Westermann*, Vertragsfreiheit (1970), S. 12 ff., 57 ff., 95 ff.; *Weber-Grellet*, FS Beisse, S. 551 sowie zur steuerrechtlichen Diskussion z. B. *Mössner*, FS Kruse, S. 161

[331] Vgl. zu diesen Kategorien *Noack/Zetzsche*, FS Hopt, S. 2283 f. Das ökonomische Schrifttum bezeichnet die Trias aus Information-, Markt- und Finanzintermediation i.e.S. als Finanzintermediation im weiteren Sinn, vgl. *Bitz/Stark*, S. 2 ff.; *Hartmann-Wendels/Pfingsten/Weber*, S. 2 ff., 83 ff.; *Bodie/Kane/Marcus*, Investments, S. 12 ff. Speziell für Beteiligungsgesellschaften *Weingart*, Leistungsfähigkeit, S. 91 ff. Reserviert zur volkswirtschaftlichen Funktion der Kollektivanlage bis zum Jahr 1940 SEC, Economic influence, S. 333 ff.

[332] Das Paradigma der Informationsintermediäre sind die Rating-Agenturen, Finanzanalysten und Wirtschaftsprüfer, dazu *Leyens*, FS Emeritierung Hopt, S. 423 ff.; *Schroeter*, Rating, S. 50.

[333] § 1 Abs. 1 WpPG (Wertpapiere); §§ 6 ff. VermAnlG (sonstige Beteiligungen); §§ 297 f. KAGB (Investmentvermögen), siehe insbesondere für Publikumsinvestmentvermögen § 164 KAGB, für Feederfonds § 173 KAGB, für Sonstige Investmentvermögen § 224 KAGB, für Dach-Hedgefonds § 228 KAGB, für Immobilien-Sondervermögen § 256 KAGB.

[334] Art. 23 AIFM-RL, Kapitel V. bzw. Art. 103 ff. AIFM-VO; umgesetzt in § 307 KAGB, sowie Art. 13 EuVECA-VO und Art. 14 EuSEF-VO; dazu *Weitnauer*, GWR 2014, 142.

[335] Jahresbericht für OGAW/AIF-Sondervermögen nach § 101 KAGB; Halbjahresbericht für Publikumssondervermögen nach § 103 KAGB; Abschlussprüfung für Sondervermögen nach § 102 KAGB; Offenlegung nach § 107 KAGB; für Inv-AGs: Jahresabschluss gem. § 120 KAGB; Prüfung nach § 121 KAGB; Halbjahresbericht nach § 122 KAGB; Offenlegung und

nengesellschaften ohne natürliche Person als unbeschränkt haftendem Gesellschafter und sonstige kollektive Anlagemodelle jenseits des KAGB zumindest den allgemeinen Transparenzpflichten.[336]

II. Marktintermediär

Als Marktintermediär[337] öffnet die Kollektivanlage den Zugang zu Märkten, die dem Privatanleger verschlossen sind. Der Ausschluss kann tatsächlicher Art (Beispiel: Anleger weiß nichts von einer Anlagechance) oder rechtlicher Art sein. So stellen z.B. Registrierungserfordernisse eine Hürde für grenzüberschreitende Investitionen dar. Insbesondere in der Frühphase der Investmentfonds bedurften zumindest ausländische Marktteilnehmer einer Handelszulassung. Solche konnten Privatanleger nicht zu vernünftigen Kosten erlangen, ein Fondsinitiator dagegen schon.[338] Die zweite Fallgruppe der Marktintermediation zeigt sich heutzutage[339] in der Zuordnung der Kollektivanlagen zur Gruppe derjenigen Anleger, bei denen eine vorhergehende Pflichtinformation verzichtbar ist[340] und denen deshalb Anlagen für professionelle Anleger offen stehen: Geldmarktfonds (§ 197 KABG) öffnen den indirekten Zugang des Publikums zu den Geldmärkten. Kollektivanlagen können unabhängig von ihrer Rechtsform[341] Anteile an Spezial-AIF erwerben, die Privatanlegern verschlossen sind.[342] Ebenso dürfen Anteile an (Single-)Hedgefonds nur an professionelle und semiprofessionelle Anleger vertrieben werden.[343]

Vorlage bei der BaFin § 123 KAGB (ggf. i.V.m. § 148 KAGB); für die Inv-KG Offenlegung nach §§ 160 ff.; Jahresbericht für die offene Inv-KG § 135 KAGB, für die geschlossene Inv-KG § 158 KAGB.

[336] §§ 325 ff. HGB; §§ 15, 23 ff. VermAnlG.

[337] Der Grundfall der Marktintermediation findet sich bei Börsen und Alternativen Handelsplattformen, dazu *Kumpan*, Regulierung außerbörslicher Wertpapierhandelssysteme (2006).

[338] Vgl. *Rouwenhorst*, The Origins of Mutual Funds, S. 265 in Bezug auf die frühen niederländischen Fonds.

[339] Die Funktion als Marktintermediär war noch deutlicher ausgeprägt, als die Börsentermingeschäftsfähigkeit an besondere Voraussetzungen geknüpft war. Natürliche Personen ohne besondere Qualifikation konnten damals z.B. nicht Partei eines Derivatevertrags sein, vgl. dazu *Henssler*, Risiko, S. 633 ff.

[340] § 2 Abs. 6 WpPG, § 8 f Nr. 4 VerkProspG (Personen, die beruflich oder gewerblich für eigene oder fremde Rechnung Wertpapiere oder die Vermögensanlagen gem. § 8 f Abs. 1 VerkProspG erwerben), § 2 Abs. 4 VermAnlG, § 31a Abs. 2 Nr. 1 WpHG.

[341] Die Anteile werden auch bei Anlage-GbRs der Kollektivorganisation statt den Anlegern zugeordnet, vgl. Beckmann/*Beckmann*, § 2 Rn. 28; Brinkhaus/*Zeller*, § 1 Rn. 39.

[342] § 1 Abs. 6 KAGB (vormals § 2 Abs. 2 i.V.m. §§ 91 ff. InvG). Unter dem InvG nahm die BaFin u.U. die dahinterstehenden Anleger in den Blick, um eine Umgehung der Vorschriften für Publikumsfonds zu vermeiden, vgl. Beckmann/*Beckmann*, § 2 Rn. 30.

[343] § 283 KAGB. Zum Vertrieb § 293 KAGB sowie Zetzsche/*Zetzsche/Litwin*, S. 377 f.; *Loff/Klebeck*, BKR 2012, 357; *Jesch*, RdF 2014, 180, 186 f.

III. Finanzintermediär

Als Finanzintermediär transformiert die Kollektivanlage Losgrößen, Fungibilität, Zeitraum (Fristen), Risiko und Gegenstand von Finanzmitteln, so dass Anleger Kapital bereitstellen und Nachfrager es ihr abnehmen möchten. Zu diesem Zwecken werden bestehende Finanzinstrumente substituiert. Es handelt sich jedoch nur im formalen Sinn um eine Emission, weil *bestehende* Anlagegegenstände wie Aktien, Obligationen etc. durch Fondsanteile ersetzt werden.[344]

1. Fungibilität

Werden Rechte an einem Fondsanteil in bestimmter Weise[345] verbrieft – i.e. es werden Anteilsscheine (genauer: wenige Sammelurkunden) ausgestellt, deren Inhaberschaft das Recht am Fondsanteil belegt – wird das Recht grundsätzlich verkehrsfähig.[346] Die Anteilsinhaberschaft kann in Bankdepots eingebucht und an Finanzmärkten gehandelt werden. Die Kapitalströme illiquider Anlagen (z.B. Immobilien) werden in liquide Wertpapiere (z.B. eines offenen Immobilienfonds gem. §§ 230 ff. KAGB) transformiert.

Einige Kollektivanlagen *müssen* ihre Anteile verbriefen: Gem. § 95 KAGB sind Anteile an (vertraglichen) Sondervermögen in Anteilsscheinen auf den Inhaber oder Namen zu verbriefen. Schuldverschreibungen nach dem SchVG sind per Definition verbrieft. Für Anlagen in AG-Form (Anlage-, REIT- und Inv-AGs) entnimmt die h.M. der Vorschrift des § 10 Abs. 5 AktG eine (Global-)Verbriefungspflicht.[347] Treuhandgesellschaften[348] und die Anteilstreuhänder von Publikums-Personengesellschaften geben häufig zur Sicherung der Verkehrsfähigkeit und Steigerung der Anlageattraktivität Schuldverschreibungen aus. Dagegen sind unmittelbare Beteiligungen an einem geschlossenen Immobilien-, Schiffs- oder Beteiligungsfonds in Form der (Inv-KG) grundsätzlich nicht verkehrsfähig. So bedarf die Übertragung eines KG-Anteils vorbehaltlich einer abweichenden Bestimmung im Gesellschaftsvertrag (§ 163 HGB) der Zustimmung aller Mitgesellschafter.[349]

---

[344] Vgl. *Jörgens*, Finanzielle Trustgesellschaften, S. 28; *Liefmann*, S. 96: „Effektensubstitution".

[345] § 97 KAGB verbietet die Aufnahme von auf den Namen lautenden Anteilsscheinen eines (vertraglichen) Sondervermögens in die Sammelverwahrung im Sinne des Depotgesetzes.

[346] Ausgenommen sind vinkulierte Aktien gem. §§ 68, 69 AktG. Die Vorschriften gelten für Namens-Anteilsscheine eines Investment-Sondervermögens entsprechend (§ 95 Abs. 1 S. 2 KAGB,).

[347] MünchKomm-AktG/*Heider*, § 10 Rn. 11; a.A. KK-AktG/*Dauner-Lieb*, § 10 Rn. 20 f.; *Noack*, FS Wiedemann, S. 1141 f.

[348] Zur Trennung der Vermögensverhältnisse von Verwalter und Fonds hält bei kollektiven Anlagemodellen gelegentlich eine Treuhandgesellschaft (von dem Initiator gegründete GmbH) die von den Anlegern eingebrachten und im Laufe der Fondstätigkeit erworbenen Anlagegegenstände.

[349] Baumbach/*Hopt*, § 161 Rn. 8; zur Übertragung von Kommanditanteilen siehe jüngst *Bueren*, ZHR (2014) 715 f.

2. Losgröße

Die Kollektivanlage ermöglicht es Anlegern mit kleinem Anlagebetrag z.B. an institutionellen Anleihen mit großer Stückelung zu partizipieren. Viele kleine Beträge werden in einem großen, anlagetauglichen Betrag zusammengefasst.[350] Umgekehrt kann der erhebliche Anlagebetrag z.B. eines institutionellen Anlegers auf eine Vielzahl kleinerer Beträge aufgeteilt werden. In beiden Fällen kommt es zur Anpassung der Losgröße an Kapitalangebot und -nachfrage. Gesetzliche Mindestgrößen behindern die Losgrößentransformation. Sie sind deshalb kaum anzutreffen.[351] Soweit sie dennoch anzutreffen sind, sollen sie die Anleger vor bestimmten Risiken bewahren, so im Fall des Anlagevertriebs ohne Prospekt.[352]

3. Fristen

Es ist Zufall, wenn sich der Zeitraum, für den der Anleger das Kapital bereitstellen will, mit dem Zeitraum des Kapitalbedarfs des Zielobjekts (Unternehmen, Immobilien, Rohstoffe) deckt. Insbesondere offene Investmentvermögen, die die Anteile auf Verlangen der Anleger zurücknehmen und den Zeitwert des Anteils auskehren,[353] gleichen die unterschiedlichen Zeiträume von Kapitalangebot und -bedarf aus. Kollektivanlagen ohne Anteilsrücknahme auf Verlangen (sog. geschlossene Fonds) sind insbesondere für Kapital geeignet, bei dem sich Anlage- und Objektzeithorizont decken.

4. Risikotransformation durch Anlage

Anders als z.B. eine Bank tritt der Fondsverwalter nicht selbst in das Risiko ein. Zu einer Risikotransformation kommt es durch Umwandlung des Anlegerkapitals in Anlagegegenstände (Finanzinstrumente, Immobilien etc.).[354] Mittels der Gegenstandstransformation werden die Fristen-, Risiko- und Losgrößentransformation wirtschaftlich realisiert. Der Verwalter kann die Anlagebeträge aber

---

[350] In dieser „stock substitution" genannten Technik liegt der Ursprung der Kollektivanlage. So wurde die „schwere" Aktie der Niederländisch-Ostindischen Kompanie (Betrag: 3.000 Gulden) in viele kleine Anteilsscheine (z.B. je 100 Gulden) aufgeteilt und an Anleger ausgegeben. Näher Dritter Teil, § 14. B. II.

[351] Zu vernachlässigen ist die rechnerische Mindestgröße eines AG-Anteils in Höhe von 1 € gem. § 8 Abs. 1 und 3 AktG (i.V.m. § 108 Abs. 2 KAGB, § 1 Abs. 3 REIT-G).

[352] Vgl. § 4 Abs. 2 WpPG: Mindestbetrag von 50.000 Euro pro Anleger; § 2 Nr. 3 VermAnlG: Mindestbetrag von 200.000 Euro pro Anleger.

[353] Vgl. § 1 Abs. 4 i.V.m. §§ 98, 116, 113 KAGB.

[354] Die Erwartung einer profitablen Verwendung des Anlegerkapitals unterscheidet Kollektivanlagen von Finanzintermediären, die auf eigene Bilanz handeln: z.B. die Einlagekunden von Kreditinstituten interessiert nicht, was das Institut mit den Einlagen unternimmt (solange die Stabilität der Bank nicht gefährdet ist).

auch auf den für die Kollektivanlage geführten Konten liegen lassen,[355] ggf. mit infolge der Losgrößentransformation höherem Zinsertrag.

B. Fondstyp

I. Offener und geschlossener Typ

Geschlossene Fonds nehmen Anteile vor der Liquidation des Fonds grundsätzlich nicht zurück.[356] Anleger können den Wert der Beteiligung allenfalls über den Sekundärmarkt realisieren. Dort droht ihnen die Illiquidität. Die Anteilsrücknahme durch den Verwalter offener Investmentvermögen gem. § 1 Abs. 4 KAGB eröffnet eine Alternative zum Sekundärmarkt.[357]

II. Intermediärstheorien und offene Fonds

Fonds des offenen Typs können nur so viele Anteile zurücknehmen, wie sie an Kapital im Zeitpunkt der Rücknahme verfügbar haben. Der offene Fonds als Intermediär bleibt stabil, solange die Summe der Anteilsrücknahmen abzüglich Anteilsausgaben die Summe der flüssigen Mittel nicht überschreitet. Der Maximalbetrag der Anteilsrücknahme verhält sich umgekehrt zur Höhe der Anlagemittel, die für langfristige und illiquide Anlagen wie Immobilien und nicht börsengehandelte Beteiligungen zur Verfügung stehen. Je mehr Geld angelegt wird, umso weniger Anteile können langfristig zurückgenommen werden. Der Verwalter hat deshalb den optimalen Grenzwert zu ermitteln. Dafür kann der kalkulatorische Bodensatz, die potentielle Refinanzierungskraft aufgrund bestehender Anlagegegenstände oder die Summe der zu erwartenden kurzfristigen Auszahlungen herangezogen werden.[358] Misslingt die Grenzziehung kommt es jedoch – anders als bei Banken – nicht zur Insolvenz des Fonds wegen Zahlungsunfähigkeit. An dessen Stelle tritt die Aussetzung der Anteilsrücknahme, sog. Fondsschließung gem. § 98 KAGB.

---

[355] Gem. § 195 KABG sind Bankguthaben mit einer Laufzeit von bis zu 12 Monaten ein zulässiger Anlagegegenstand i.S.v. § 192 KAGB.

[356] Vgl. § 1 Abs. 5 i.V.m. §§ 139 bis 161 KAGB; vgl. zu geschlossenen Fonds *Bußalb/Unzicker*, BKR 2012, 309; *Emde/Emde*, Einleitung Rn 93 f.; *Dornseifer/Josek*, Art. 16 Rn. 35 f.

[357] Vgl. *Lobell* (1963) Va. L. Rev. 1, 55 (wichtigstes Anlegerrecht).

[358] Vier ökonomische Ansätze zur Steuerung des Rückzahlungsrisikos sind anerkannt: 1. Die Goldene Bankregel, nach *Otto Hübner*, Die Banken, 1854, S. 28, 59; 2. die sog. Bodensatztheorie, erstmals bei *Wagner*, in: Beiträge zur Lehre von den Banken, 1857, S. 162 ff.; 3. Realisations- oder Shiftability-Theorie, vgl. *Karl Knies*, Geld und Credit, 2. Bd. – Der Credit, 2. Hälfte, 1879, S. 242 ff.; *HG Moulton*, Commercial Banking and Capital Formation, (1918) J. Pol. Econ. 26, S. 484 ff. 638 ff., 705 ff. und 849 ff.; 4. die Maximalbelastungstheorie von *Wolfgang Stützel*, Ist die goldene Bankregel eine geeignete Richtschnur für die Geschäftspolitik der Kreditinstitute?, in Vorträge für Sparkassenprüfer, DSGV 1959, S. 34, 43, zitiert nach *Hartmann-Wendels/Pfingsten/Weber*, S. 417. Für analoge Anwendung im Investmentbereich *Lütgerath*, S. 96 f.

C. Anlagestrategie und -gegenstand

Die Anlagestrategien differieren in Abhängigkeit vom Verwaltungsmodus, den Anlagegegenständen, eingesetzten Kapitalmarkttechniken und der geplanten Ausschüttung.

I. *Verwaltungsmodus*

Die Anlagestrategie kann auf den Verwalter zugeschnitten sein, dem man oder der sich die Erkennung unterbewerteter Gegenstände zutraut (aktive Strategie, *Flexible oder Managed Funds*), oder auf die allgemeine Marktentwicklung, indem Gegenstände in feststehender Relation erworben werden (passive Strategie, *Fixed Funds*[359]). Die passive Verwaltung ist mit reduzierten Informations-, Transaktions- und Verwaltungskosten verbunden. Passiv verwaltet sind insbesondere Wertpapierindex-OGAW,[360] aber auch z.B. Objektgesellschaften. Größeres Ermessen hat der Verwalter, der sich nur an Indizes *orientiert*[361] oder Diversifikationsvorgaben nach Regionen oder der Art der Finanzinstrumente beachten muss.

1. *Organisationsrecht*

Nur in Grundzügen umschreibt das allgemeine Gesellschaftsrecht den Handlungsspielraum: In Personengesellschaften richten sich die Pflichten des geschäftsführenden Gesellschafters primär nach dem Gesellschaftsvertrag (§§ 109 S. 2, 116, 163 HGB). Der Gesellschaftsvertrag kann u.a. den Umfang der Geschäftsführungsbefugnis (auch abweichend von § 116 Abs. 1 HGB) regeln.[362] Dem Vorstand einer Anlage-AG steht grundsätzlich Leitungsermessen (§ 76 Abs. 1 AktG)[363] zu, wie er das für ihn nach h.M. maßgebliche Unternehmensinteresse[364] fördert. Die Satzung legt zwar den Unternehmensgegenstand und damit die Grenze der Geschäftsführungsbefugnis fest (§ 82 Abs. 2 AktG). Inner-

---

[359] Vgl. *Bitz/Stark*, S. 270; *v. Caemmerer*, JZ 1958, 41.

[360] § 209 KAGB. Der Anleger in Index-Fonds trägt das Veränderungsrisiko des entsprechenden Indexes. Solche Fonds müssen die Indexzusammensetzung nach Proportion der Indexgewichtung abbilden und jede relative Verschiebung innerhalb des Index nachvollziehen (z.B. Z-Aktie hat zunächst 3% Indexgewicht, später 2% Indexgewicht). Verändert sich die Index-Zusammensetzung, muss der Verwalter das ausgeschiedene Instrument (z.B. X-Aktie) durch das neue Instrument (Y-Aktie) ersetzen.

[361] Hier ist die Terminologie nicht ganz einheitlich ist. So verspricht der „iShares DJ EURO STOXX 50 (DE)" der Barclays Global Investors (Deutschland) AG nur eine „enge Orientierung an der Wertentwicklung des DJ Euro STOXX 50 Index". Es handelt sich aber um einen passiv gemanagten Indexfonds auf den DJ Euro Stoxx 50 Index.

[362] Baumbach/*Hopt*, § 116 Rn. 11

[363] Vgl. Hüffer/*Koch*, § 76 Rn. 10ff.; KK-AktG/*Cahn/Mertens*, § 76 Rn. 9.

[364] Zur Diskussion vgl. *Junge*, FS Caemmerer, S. 547 ff.; *Laske*, ZGR 1979, 173 ff.; *Mülbert*, ZGR 1997, 129, 142, 147 ff.; *Nörr*, ZHR 150 (1986), 155, 158 f.; *Raisch*, FS Hefermehl, S. 347 ff.; *Teubner*, ZHR 149 (1985), 470 ff.; *Zöllner*, Schranken, S. 20, 67 ff. (letzterer mit Abgrenzung von privatem Gesellschafter- und primär öffentlich-rechtlichem Unternehmeninteresse).

halb des statutarischen Gegenstands kann das Leitungsermessen nach h.M. freilich nicht beschnitten werden. Entscheidend wird damit, wie eng der Unternehmensgegenstand gefasst sein darf[365] und wo die Ermessensschranken ohne statutarische Konkretisierung verlaufen.[366]

Enger ausgestaltet ist der Handlungsfreiraum der KVG und selbstverwalteten Inv-Gesellschaften nach dem KAGB. Der Vorstand einer Inv-AG/-KG und die Geschäftsleitung einer KVG haben bei der Ausübung der Tätigkeit im ausschließlichen Aktionärsinteresse und der Marktintegrität zu handeln, die Verwaltung im besten Interesse des von ihm verwalteten Vermögens und der Marktintegrität auszuüben und Interessenkonflikte zu vermeiden bzw. im Anlegerinteresse zu lösen.[367] Weitere Handlungsbeschränkungen folgen aus dem Gebot der Risikomischung,[368] der Bezeichnung des Investmentvermögens (§ 3 KAGB) und den gesetzlich ausgestalteten Fondskategorien.[369] Weitere Beschränkungen folgen aus den Anlagebedingungen, wo u.a. die Grundsätze für die Auswahl der zu beschaffenden Anlagegegenstände und der zulässige Umfang festzulegen sind.[370] Bei Kollektivanlagen jenseits des KAGB können diese Angaben im Anlagevertrag, der Satzung bzw. dem Gesellschaftsvertrag enthalten sein.

2. Vertriebsrecht

Die für Kollektivanlagen maßgebliche Anlagepolitik, die Anlageziele und etwaige Anlagegrenzen und -beschränkungen müssen des Weiteren im Wertpapier- resp. Verkaufsprospekt bzw. den sonstigen an die Anleger gerichteten Vertriebsinformationen beschrieben sein.[371] Soweit der Inhalt von Prospekt und konsti-

---

[365] MünchKomm-AktG/*Pentz*, § 23 Rn. 68 f., insbesondere 85 f.; KK-AktG/*Arnold*, § 23 Rn. 72 f., 80, 89.

[366] Für Pflicht zur Vermeidung von Klumpenrisiken OLG Düsseldorf, ZIP 2010, 28, 32; *Lutter*, ZIP 2009, 197, 199; *Fleischer/Schmolke*, ZHR 173 (2009) 649 gegen *Baums*, ZGR 2011, 219, 231 f.; *Florstedt*, AG 2010, 315, 320 Fn. 65; *Dreher*, ZGR 2010, 496, 503 Fn. 31.

[367] Vgl. § 26 Abs. 2 Nr. 2 und 3 sowie §§ 18 Abs. 4, 26 Abs. 1 und §§ 119 Abs. 1 S. 2, 128 Abs. 1 S. 3, 147 Abs. 1 S. 2, 153 Abs. 1 S. 3 KAGB.

[368] §§ 110 Abs. 2, 125 Abs. 2, 214, 262, 282 Abs. 1 KAGB

[369] Vgl. zum Typenzwang im InvG Berger/*Köndgen*, Einl. InvG Rn. 18, 42; Emde/*Verfürth* § 1 Rn. 68. Diesbezüglich kritisch zum KAGB Emde/*Emde*, Einleitung Rn. 109, rechtfertigend BT-Drs. 791/12, S. 346 („um dem Bedürfnis insbesondere von Sozialkapital wie Versicherungen und Pensionskassen an der Beibehaltung von bewährten Produktregeln und gesetzlichen Rahmenbedingungen für die steuerliche und bilanzielle Einstufung Rechnung zu tragen.").

[370] §§ 111, 126, 151 i.V.m. 162, 267 bzw. 273, 284 KAGB.

[371] Ausführlicher Prospekt für Publikumsinvestmentvermögen § 165 Abs. 2 Nr. 2 KAGB, für geschlossene Publikums-AIF § 269 KAGB; wesentliche Anlegerinformation für Publikumsinvestmentvermögen § 166 Abs. 2 Nr. 2 KAGB, für geschlossene Publikums-AIF § 270 KAGB, beim Vertrieb von EU-AIF oder von ausländischen AIF an Privatanleger § 318 KAGB, für Vertrieb an qualifizierte Anleger § 307 KAGB; für AIF, die Wertpapiere emittieren, zudem § 7 WpPG i.V.m. Anhang XV der EU-ProspektVO Nr. 809/2004; für Vermögensanlagen vgl. zudem §§ 7 Abs. 1 und 13 VermAnlG i.V.m. der VermVerkProspV, Basisinforma-

tuierenden Dokumenten[372] identisch ist, wirkt sich eine ggf. zusätzliche Selbstbindung im Prospekt nicht aus. Werden *zusätzliche* Beschränkungen in den Prospekt aufgenommen, drohen bei Missachtung Ersatzansprüche und ggf. das Recht zur Anteilsrückgabe.[373]

Der angestrebte Vertriebsweg beeinflusst die Ausgestaltung der Kollektivanlage.[374] So dürfen OGAW, deren Anteile gem. §§ 312, 313 KAGB mittels des europäischen Passes für Publikums-Investmentfonds grenzüberschreitend angeboten werden sollen, nur in durch die OGAW-RL für zulässig erklärte Anlagegegenstände und bis zu den dort etablierten Anlage- und Ausstellergrenzen[375] anlegen.

II. Anlagegegenstände

An den Anlagegegenstand knüpfen rechtliche Differenzierungen. So sind richtlinienkonforme Publikumsfonds („OGAW") dem (allerdings zahlreich durchbrochenen[376]) Grundsatz nach auf Wertpapiere, Investment Companies im Wesentlichen auf die Anlage in „securities" beschränkt. Jedoch werden diese Grenzen in tatsächlicher und rechtlicher Hinsicht überschritten. Entsprechend empfehlen sich wirtschaftliche statt rechtliche Kategorien. So lässt sich nach der Liquidität der Anlagegegenstände zwischen Finanzinstrumenten und illiquiden Anlagen unterscheiden.

1. Finanzinstrumente

Neben einer großen praktischen Bedeutung ist die Wertpapieranlage vielfach Anknüpfungspunkt des Aufsichtsrechts.[377] Traditionell unterscheidet man innerhalb der Gruppe der Wertpapiere zwischen Schuldverschreibungen privater Emittenten („Bonds") und Eigenkapitalanlagen („Equity"). Zu letzteren zählen neben Aktien aktienvertretende Wertpapiere (Depository Receipts), Genussscheine und Wandelanleihen, aber auch Investmentfondsanteile.[378] Dann entsteht eine mehrstöckige Anlagestruktur aus Anleger – Kollektiv erster Stufe

---

tionsblatt vgl. für den Verkauf von Anlageprodukten an Privatanleger zudem die Bestimmungen der PRIIPs-VO.

[372] Sammelbegriff für die Vertragsbedingungen, den Gesellschaftsvertrag, die Statuten und eine ggf. davon separate Beschreibung der Anlagepolitik.

[373] Vgl. §§ 20 ff. VermAnlG bzw. §§ 21 ff. WpPG sowie § 306 KAGB. Dazu *Möllers/Kloyer/Möllers*, S. 250 ff.

[374] Vgl. BT- Drs. 17/12294, S. 190 f.

[375] Vgl. §§ 192 ff. KAGB.

[376] Vgl. Art. 49 ff. OGAW-RL.

[377] Vgl. die OGAW-Definition in Art. 1 Abs. 2 OGAW-RL; zum US-„securities"-Begriff oben § 2.A.IV.

[378] Vgl. § 2 Abs. 1 S. 2 WpHG. § 2 WpHG bezieht sich auf Fondsanteile nach dem KAGB, vgl. §§ 1 Abs. 1, 1 Abs. 14 i.V.m. 17 ff. KAGB, dazu BT-Drs. 17/12294, S. 308 f.

(sog. *Dachfonds*[379] oder *Feeder-Fonds*) – Kollektiv zweiter Stufe (sog. *Zielfonds* oder *Master-Fonds*).[380] Eine Anlagekaskade ist auch typisch für Spezialfonds.[381] Beispiel: Pensionsanwärter – Unternehmen (Bündelung) – Spezialfonds – Anlage in andere Kollektivanlagen. Üblich sind grenzüberschreitende Sachverhalte.[382]

Die Ausgabe von Geldmarktinstrumenten[383] deckt den kurzfristigen Finanzbedarf von Kreditinstituten und Unternehmen mit guter Bonität.[384] Liquiditätsüberschüsse und -unterdeckung von Unternehmen und Intermediären werden durch marktförmige Prozesse zum Ausgleich gebracht. Kapitalanbieter erhalten aufgrund der kurzen Kontraktlaufzeit bei geringem Risiko eine höhere Rendite als für Tagesgeld, Nachfrager zahlen niedrigere als Soll-Zinsen auf dem Bankkonto. Neben den Emittenten dürfen die Deutsche Bundesbank und institutionelle Anleger am Geldmarkt handeln. Kleinanleger partizipieren an möglichen Zinsvorteilen mittels Geldmarktfonds („money market funds").[385]

Derivate[386] als Anlagegegenstand können als Gegenposition zu einem anderen Anlagegegenstand das *Anlagerisiko vermindern* (sog. Hedging)[387] oder als *Spekulation* das Anlagerisiko erhöhen.[388] Investmentvermögen, deren Anteile von Privatanlegern gehalten werden, dürfen Derivate zur Risikominderung

---

[379] Vgl. z.B. Dach-Hedgefonds gem. §§ 225 ff. KAGB.

[380] Vgl. zu Master-Feeder-Fonds §§ 171 ff. KAGB (dazu BT-Drs. 17/4510, S. 6).

[381] § 1 Abs. 6 i.V.m. § 273 ff. KAGB.

[382] Vgl. zu einem Fall mit einem im Inland beaufsichtigten Kollektiv erster Stufe bei einem mit geringer Aufsicht beschwerten Kollektiv zweiter Stufe BVerwG WM 2008, 1359; *Hammen*, WM 2008, 1901; *Eßer*, WM 2008, 671.

[383] Vgl. z.B. § 194 KAGB, sowie die leicht abweichenden Definitionen in § 2 Abs. 1a WpHG, § 1 Abs. 11 S. 3 KWG, dazu Fuchs/*Fuchs*, § 2 Rn. 34 f.

[384] Durch Emission sog. Commercial Papers an institutionelle Anleger, i.e. verbriefte kurzfristige Forderungen.

[385] Vgl. § 194 KAGB, die Konkretisierung durch die BaFin, Richtlinie zur Festlegung von Fondskategorien gemäß § 4 Abs. 2 Investmentgesetz (2013), Art. 3 Nr. 3 und 4, sowie CESR/10–049 und ESMA/2013/476; ESMA/2014/294. Dazu Europäische Kommission, Vorschlag für eine Verordnung des Europäischen Parlaments und des Rates über Geldmarktfonds vom 4.9.2013, COM(2013) 615 final.

[386] Vgl. § 2 Abs. 2 WpHG, § 2 Abs. 11 S. 4 KWG. Derivate sind von einem Basiswert, i.d.R. einem Wertpapier oder anderen Finanzinstrument, abgeleitete Vermögenswerte. Das Gesetz kennt nur Regelbeispiele (Put, Call etc.), aber keine Definition des Derivatebegriffs.

[387] Beispiel: Die Kollektivanlage hält 100 X-Aktien, die zu 50 € gekauft wurden. Der Maximalverlust aus dem Aktienbestand beträgt 100 x 50 € = 5.000 €. Durch Erwerb von 100 Verkaufsoptionen zum Preis von 45 € sinkt der Maximalverlust aus dem Bestand an X-Aktien auf 500 €.

[388] Beispiel: Der Verwalter verpflichtet die Kollektivanlage in Erwartung sinkender Kurse zur Lieferung von 100 X-Aktien zum Preis von 50 € (Call). Das Anlagerisiko beträgt 100 x Kurspreis. Sofern der Fonds keine X-Aktien hält (Leerverkauf), ist das Risiko theoretisch unbegrenzt. Zur Ausübung wird es nicht kommen, wenn der Kurs unter 50 € liegt; die Call-Prämie steigert dann als Risikovergütung den Ertrag der Kollektivanlage.

einsetzen,[389] während die Spekulation auf das doppelte Anlagerisiko beschränkt ist.[390] Keinen Beschränkungen unterliegen grundsätzlich Spezialfonds (zu denen Hedgefonds zählen). Hedgefonds setzen Derivate mit dem Ziel einer von Marktschwankungen unabhängigen Rendite (Alpha) ein.[391]

2. *Illiquide Anlagen*

Mit Immobilienfonds („Real Estate Funds")[392] partizipieren Anleger an den ökonomischen Eigenschaften von Immobilien ohne Einsatz der für die Immobilienbewirtschaftung erforderlichen Zeit, Expertise und Finanzkraft. Immobilienfonds investieren mehrheitlich[393] oder ausschließlich[394] in Immobilien,[395] Immobilienbeteiligungen und verwandte Dienstleistungen. Immobilien gelten grundsätzlich als wert- und renditestabil: Langlaufende Mietverträge prägen die Einnahmeseite, während auf der Ausgabeseite (Abschreibungen) ein erheblicher Investitionszeitraum bis zu 60 Jahren zu veranschlagen ist. Dem stehen mangels individueller Vergleichbarkeit Bewertungsrisiken gegenüber. Zudem droht bei Kreditaufnahme die Insolvenz des Fonds, bei offenen Fonds die Aussetzung der Anteilsrücknahme.

Commodity Funds investieren in Rohstoffe, mangels Verkehrsfähigkeit des Rohstoffs aber primär über Rohstoffderivate.[396] Unterkategorien bilden Energie-Fonds (mit dem Anlageschwerpunkt energiebezogene Rohstoffe) und Edelmetall-Fonds. Strategische Rohstofffonds erwerben neben Rohstoff-Derivaten Aktien von Rohstoff-Produzenten, an deren Dividenden die Anleger partizi-

---

[389] Vgl. § 261 Abs. 3 KAGB. S.a. § 197 Abs. 1 KAGB (Derivateinsatz zu Investmentzwecken in begrenztem Umfang).

[390] Vgl. § 197 Abs. 2 KAGB. § 221 Abs. 5 KAGB lockert die Beschränkungen für sonstige Investmentvermögen.

[391] Vgl. zu Hedgefonds neben den Nachweisen in der Einleitung (unter § 1 A. II. Fn. 49) z.B. *Bednarz/Spindler*, WM 2006, 553, 601; *Wentrup*, Kontrolle von Hedgefonds (2009); *Wilhelmi*, WM 2008, 861; aus steuerlicher Sicht *Gstädtner*, Hedgefonds (2006); *Athanassiou*, Research Handbook (2012).

[392] Vgl. *Kruhme*, Immobilienfonds (1966); *Martini*, Immobilienzertifikat (1967); *Wechsler*, Immobilienfonds (1968); *Reichel*, BB 1965, 1117; *Wagner*, ZfIR 2004, 399, 402; speziell zu geschlossenen Fonds *Kapitza*, Rechtsstellung (1996); *Söll*, Probleme (1989); zu Spezialfonds *Thömmes*, ZfIR 2009, 550 und 578; aus steuerrechtlicher Sicht *Bujotzek*, Offene Immobilienfonds (2007); aus ökonomischer Sicht *Abromeit-Kremser*, Offene Immobilienfonds (1986); *Bals*, Anteilsinhaber offener Immobilienfonds (1994); *Loipfinger*, Marktanalyse (2006); *Maurer/Stephan*, ZfB 1999, Erg.-Heft 3, S. 169 ff.; Rehkugler (Hrsg.), Immobilie als Kapitalmarktprodukt (2009); *Zemp*, Immobilien-Spezialfonds (2007). Zu Spezialthemen vgl. *Lindemann/van der Planitz*, FB 2008, 710. Speziell unter dem KAGB *Görke/Ruhl*, BKR 2013, 142; *Niewerth/Rybarz*, WM 2013, 1158, *Hübner*, WM 2014, 106.

[393] §§ 231, 253 KAGB: maximal 49% anderes Vermögen als Liquiditätsreserve.

[394] § 1 Abs. 1 REIT-G (bezüglich Unternehmensgegenstand).

[395] Vgl. die Definition in § 1 Abs. 19 Nr. 21 KAGB („Immobilien sind Grundstücke, grundstücksgleiche Rechte und vergleichbare Rechte nach dem Recht anderer Staaten"). Zu den zulässigen Vermögensgegenständen vgl. § 231 KAGB.

[396] § 2 Abs. 2 Nr. 2 WpHG, aus ökonomischer Sicht *Geman*, Commodities, 2007.

pieren können. Das KAGB erlaubt nur die Anlage in Edelmetalle, deren Verkehrswert ermittelt werden kann.[397] Die Investition in andere Rohstoffe ist (nur) über Derivate erlaubt.[398]

Unter dem Oberbegriff Private Equity[399] (im Gegensatz zu Public Equity) werden Fonds zusammengefasst, die sich an Unternehmen jenseits der Börse durch Eigen- oder Fremdkapital beteiligen, um durch Wertsteigerung und zinsähnliche Erträge außerordentliche, dem hohen Risiko angemessene Renditen zu erzielen. *Venture Capital Fonds*[400] gehen Eigenkapitalbeteiligungen in sehr jungen oder noch zu gründenden Unternehmen ein. Wachstums- oder *Growth-Fonds* finanzieren über Eigenkapitalbeteiligungen das Wachstum bestehender Unternehmen. *Mezzanine-Fonds* legen Hybrid-Kapital (Genussscheine, Wandelanleihen) in reife Unternehmen an. *Buyout-Fonds* erwerben die Aktien börsennotierter Unternehmen, um diese jenseits der Börse zu restrukturieren, ggf. neu zusammenzustellen und mit Ertrag zu veräußern.[401] Private Equity Fonds erzielen die angestrebte Wertsteigerung neben der Finanzbeteiligung durch intensive Beratung und Unterstützung der Unternehmensleitung. Ein teilweise vertretener engerer als hier verwendeter Fondsbegriff grenzt diese Gesellschaften aus, weil die Ausübung von Kontrolle mit Kapitalverwaltung unvereinbar sei.[402] Dieser enge Begriff dürfte spätestens mit dem KAGB und der AIFM-RL überholt sein, die Private Equity Fonds ausdrücklich einbezieht.[403] Die §§ 287 ff.

[397] Vgl. für sonstige Investmentvermögen § 221 Abs. 1 Nr. 3 und Abs. 5 KAGB (bis zu 30% des Wertes des Sondervermögens); vgl. §§ 282 Abs. 2 S. 1, 284 Abs. 2 Nr. 2 und 285 KAGB für Spezial-AIF.
[398] Beckmann/*Herkströter*/*Loff*, § 91 Rn. 10.
[399] Vgl. neben den Nachweisen in der Einleitung (§ 1 A.II. Fn. 48 bis 50) aus juristischer Sicht *Kind* in Lüdicke/Arndt, Geschlossene Fonds, S. 418 ff.; Frankfurter Kommentar Private Equity (2009); *Fock*, Private Equity, 15; *U.H.Schneider*, NZG 2007, 888; die UBGG/WKBG-Kommentierung von Beckmann/*Vollmer*; *Watrin*/*Wittkowski*/*Pott*, DB 2007, 1939; aus steuerlicher Sicht *Pöllath*, Private Equity Fonds (2006); *Rodin*/*Veith*/*Bärenz*, DB 2004, 103. S.a. zur Regelung des §§ 287 ff. KAGB *Söhner*, WM 2014, 2110; *Zetzsche*, NZG 2012, 1164; *Möllers*/*Kloyer*/*Koch*, S. 112; *Viciano-Gofferje*, BB 2013, 2506; *Schröder*/*Rahn*, GWR 2014, 4; *Zetzsche*/*van Dam*/*Mullmaier*, S. 623. Aus ökonomischer Sicht z.B. *Kaserer*/*Diller*, European Private Equity Funds – A Cash-Flow Based Performance Analysis (2004); *Kaserer*/*Achleitner*/*von Einem*/*Schiereck*, Private-Equity in Deutschland (2007).
[400] Vgl. *Haar*, Personengesellschaft im Konzern, S. 80 ff.; *dies.*, FS Emeritierung Hopt, S. 141; aus ökonomischer Sicht *Cumming*/*Johan*, (2006) 12 Eur. Fin. Man. 535; *Dai*, (2007) 13 JCF 538; *Fulghieri*/*Sevilir*, (2009) 44 JFQA 1291; *Gompers*/*Lerner*, The Venture Capital Cycle; *Gompers et al.*, (2008) 87 JFE 1; *Bernile*/*Cumming*/*Lyandres*, (2007) 13 JCF 564; zudem Neuregelung durch die EuVECA-VO (Europäischer Risikokapitalfonds gem. § 337 KAGB), dazu Zetzsche/*Vermeulen*/*Nunes*, S. 593 f.; *Lezzi*, Rn. 967 ff.; *Siering*/*Izzo-Wagner*, BKR 2014, 242; *Weitnauer*, GWR 2014, 139.
[401] Die Terminologie variiert, hier verwendete Begriffe nach *Thum*/*Timmreck*/*Keul*, S. 8.
[402] So im Jahr 1932 *C.F.Goldschmidt*, Investment Trusts, S. 94, der auf *Robinson*, Investment Trust Organization, S. 13, das Zulassungsreglement der NYSE und die steuerliche Privilegierung von Kapitalverwaltungsgesellschaften (S. 88 f.) verweist. S.a. das Kontrollverbot in § 210 KAGB für OGAW.
[403] Vgl. ErwGr 78, Art. 26 f AIFM-RL.

KAGB enthalten sogar Spezialregelungen, die auf Sicherung der Portfoliogesellschaften nach Kontrollübernahme durch den Fonds abzielen.[404] Davon zu
unterscheiden sind illiquide Beteiligungen als Portfolio-Beimischung anderer
Kollektivanlagen. Solche Beimischungen sind in Abhängigkeit vom Fondstyp
nach dem KAGB begrenzt.[405]

Über die dargestellten Kategorien hinaus ist das Spektrum der Investitions-
möglichkeiten unbegrenzt: Das Risiko des Schiffsbetriebs tragen sog. Schiffsfonds, das der Filmindustrie sog. Film- und Medienfonds, das der Patentent-
wicklung und -verteidigung Patent- oder IP-Fonds, das erneuerbarer Energien
sog. Windenergiefonds. Einen liquiden Markt für Lebensversicherungspolicen
bilden sog. Versicherungsfonds.[406] Skurilitäten wie Expeditionsfonds („Schatzsuche"), Erderwärmungsfonds, Katastrophenfonds etc. runden das Spektrum
ab.

3. Mischformen

Welche Anlagegegenstände zulässig sind, ergibt sich aus dem Fondstyp: Für
gewöhnliche Publikumsfonds ist im Wesentlichen die Direktinvestition in
Edelmetalle und Zertifikate ausgeschlossen.[407] Spezial-AIF dürfen auch Edelmetalle, unverbriefte und stille Beteiligungen erwerben, wenn ein Verkehrswert
ermittelt werden kann.[408] Die vorgenannte Differenzierung soll dem Anlegerschutz dienen. Den Fiskus[409] schützen dagegen die Beschränkungen des Anlagegegenstands und -verhaltens für REIT-AGs[410] und Unternehmensbeteiligungsgesellschaften.[411]

---

[404] Vgl. *Zetzsche*, NZG 2012, 1164; Weitnauer/*Swoboda*, § 292 Rn. 3 ff. m.w.N.

[405] So darf der offene inländische Spezial-AIF mit festen Anlagebedingungen nach § 284
Abs. 3 KAGB in Beteiligungen an Unternehmen, die nicht zum Handel an einer Börse zugelassen oder in einen organisierten Markt einbezogen sind, nur bis zu 20 Prozent des Wertes
des AIF anlegen. Sonstige Investmentvermögen nach § 221 Abs. 1 Nr. 4 KAGB dürfen bis zu
30% des Wertes des Investmentvermögens in unverbriefte Darlehensforderungen, bis zu 20%
in sonstige Anlageinstrumente nach § 198 KAGB und bis zu 20% des Wertes in einem einzelnen anderen sonstigen Investmentvermögen anlegen – jedoch weder in Hedgefonds, Immobilienfonds noch direkt in Unternehmensbeteiligungen. OGAW dürfen nach § 198 KAGB bis
zu 10% in nicht börsennotierte Wertpapiere investieren; gemischte Investmentvermögen dürfen sich gem. § 219 KAGB bis zu 10% an gemischten (§§ 218, 219 KAGB) und sonstigen Inves-
tmenvermögen (§§ 220 bis 224 KAGB) beteiligen.

[406] Zu allem *Lüdicke/Arndt*, Geschlossene Fonds, S. 242 ff.

[407] § 192 KAGB.

[408] Vgl. § 283 KAGB.

[409] Gem. § 16 Abs. 1 REIT-G sind Reit-AGs, die die Voraussetzungen des Gesetzes einhalten, von der Gewerbe- und Körperschaftssteuer befreit. Gem. § 3 Nr. 23 GewStG sind UBG
von der Gewerbesteuer befreit. Vgl. zum abweichenden Regelungszweck (KAGB/InvG =
Anlegerschutz vs. UBG = Verhältnis zwischen Fonds und Zielgesellschaft) Beckmann/*Vollmer*, Einl. UBGG/WKGB, Rn. 8; zum Steuerrecht der UBG ebd. *Elser*, Oz. 456 Rn. 115 f.

[410] Z.B. §§ 1 Abs. 1, 14 REIT-G.

[411] § 1a Abs. 3 UBGG: Eigenkapitalbeteiligungen an Gesellschaften.

Desungeachtet hält jede Kollektivanlage eine Kombination verschiedener Anlagegegenstände. So verfügt ein Aktienfonds neben Eigenkapitalanlagen i.d.R. über Geldreserven. Die Anlagegrenzen entscheiden dann über die Bezeichnung.[412] Davon abzugrenzen sind *Mischfonds*, bei denen die Anlagestrategie die ganze Bandbreite zulässiger Anlagegegenstände umfasst. Dies ermöglicht Flexibilität bei der Anpassung der Strategie an die Marktentwicklung.[413] *Balanced Funds* kombinieren Eigenkapital ("equity"), Fremdkapital ("bonds") und Geldmarktanlagen ("money market"). Solche Kombinationen reduzieren die für Eigenkapital typische Dynamik und sind für risikoaverse Anleger empfehlenswert.

III. Ertrags- und Risikohebelung

Teils investiert der Fonds nur die Einlagen und ggf. Erträge (sog. Eigenmittelfonds), teils werden zusätzlich Kredite aufgenommen, sog. Verschuldungs- oder *Leveraged-Fonds*.[414] Insbesondere bei Hedgefonds gemäß § 283 Abs. 1 KAGB ist die Verschuldung Teil der Strategie. Je höher der Verschuldungsgrad, desto stärker wirken sich geringfügige Wertschwankungen im Anlagegut auf die Eigenkapitalrendite aus.[415] Sind die Kosten der Verschuldung niedriger als die Gesamtrendite des Fondsvermögens, kommt es zu einem Zusatzertrag, andernfalls zu einem zusätzlichen Verlust. *Kreditaufnahme* ist auch der Derivateeinsatz und insbesondere der Leerverkauf (sog. Short Sale[416]). Das mit einem Leerverkauf einhergehende Chancen-Risiko-Verhältnis verhält sich spiegelverkehrt zu einer klassischen Long-Position, wie sie mit dem Erwerb einer Aktie entsteht: Beim Erwerb eines Wertpapiers ist der maximal mögliche Verlust auf den Erwerbspreis begrenzt.[417] Beim Leerverkauf eines Wertpapiers ist die Chance in

---

[412] Vgl. § 4 KAGB. Ein Equity-Fonds ist z.B. ein Fonds, der überwiegend, aber nicht ausschließlich in Aktien investieren darf.

[413] So kann ein Mischfonds in Abwärtsphasen in festverzinsliche Wertpapiere hoher Bonität und bei Anzeichen für einen Konjunkturaufschwung in zyklische Aktien (z.B. Technologie, Stahl) umschichten.

[414] § 1 Abs. 19 Nr. 25 KAGB; vgl. *Bitz/Stark*, S. 270 f.

[415] Beispiel: Ein Fonds begibt S Anteile zu je N €. Darüber hinaus nimmt er pro Anteilsschein N € Kredit auf, so dass die Investitionssumme in € 2 x N x S beträgt. Erhöht sich der Wert des Investments um 10 %, beträgt der Gewinn pro Anteil 20 % abzüglich der Kosten für die Fremdfinanzierung. Verringert sich der Wert des Investments um 10 %, beträgt der Verlust pro Anteil 20 % zuzüglich der Kosten für die Fremdfinanzierung. Ob Verschuldung profitabel ist, richtet sich somit nach a) den Kosten der Fremdkapitalaufnahme und b) dem Risiko, dass die Kursentwicklung anders als geplant verläuft.

[416] Der Verwalter verkauft einen Anlagegegenstand, der derzeit nicht zum Vermögen der Kollektivanlage zählt, aber er hofft, den Gegenstand bis zum Erfüllungszeitpunkt günstig erwerben zu können. Der Fonds profitiert von dem Leerverkauf, wenn der Verwalter den Anlagegegenstand am Markt zu niedrigeren Deckungskosten als die vertragliche Gegenleistung erwerben kann. Vgl. dazu die Leerverkaufsverbote in §§ 205, 225, 265, 276 Abs. 1 KAGB.

[417] Beispiel (ohne Transaktions- und Finanzierungskosten): Der Investor erwirbt eine Aktie zu 50 €, der Emittent der Aktie wird insolvent. Der Maximalverlust beträgt 50 €.

Höhe des Marktpreises im Zeitpunkt des Verpflichtungsgeschäfts limitiert,[418] während die Short-Position ein theoretisch unbegrenztes Verlustrisiko aus einem Kursanstieg mit sich bringt.[419]

Zur Begrenzung der Verlustrisiken ist die Kreditaufnahme limitiert, im Übrigen kann die Finanzmarktaufsicht unter dem KAGB ein Limit anordnen.[420] Dies dient neben dem Anleger- auch dem Funktionsschutz:[421] Wird ein Fonds insolvent, streut sich der Verlust über den Gesamtmarkt und erfasst ggf. andere Marktteilnehmer. Die Bündelung großer Vermögen in der Kollektivanlage potenziert das Risiko. Aus dem gleichen Grund sind die Verwalter zum Einsatz von Liquiditäts- und Risikomanagementsystemen verpflichtet und Meldepflichten gegenüber der Finanzmarktaufsicht unterworfen.[422]

IV. Ausschüttung

Bei einem Ausschüttungsfonds wird der Gewinn am Ende einer Periode (meist einmal jährlich) ausgeschüttet. Bei positiver Entwicklung steigt der Anteilswert bis zum Ausschüttungstermin und sinkt mit der Ausschüttung auf den Anfangswert.[423] Thesaurierende Fonds investieren Zinsen, Dividenden und Verkaufserlöse, der Anleger profitiert vom Wertzuwachs der Anlage. Tatsächlich überwiegt eine Kombination aus Akkumulation und Ausschüttung, die sich an steuerlichen Faktoren, der Realisierbarkeit der Erträge und dem für die Zukunft erwarteten Mittelbedarf orientiert.

Während sich das allgemeine Vertragsrecht und das KAGB für vertragliche Sondervermögen in puncto Ausschüttung liberal zeigen und im Recht der Personengesellschaft der Kapitalschutz reduziert ist,[424] gelten für Anlage-Korpora-

---

[418] Beispiel (ohne Transaktions- und Finanzierungskosten): Der Investor kann die eine Aktie bestenfalls zu einem Preise nahe Null erwerben. Dann entspricht sein Erlös dem Preis der Aktie im Zeitpunkt des Verpflichtungsgeschäfts.

[419] Beispiel (ohne Transaktions- und Finanzierungskosten): Der Fonds verpflichtet sich, eine Aktie, die derzeit 50 € kostet, zu liefern, und erhält im Gegenzug den derzeitigen Preis von 50 €. Der Kurs der Aktie steigt bis zum Liefertermin auf 150 €. Der Fonds muss die Aktie zum Preis von 150 € erwerben, um seine Verpflichtungen zu erfüllen, erhält aber selbst nur 50 €. Der Verlust beträgt 100 €. Beim sog. Short Squeeze, wenn mehr Instrumente gefragt als im Markt verfügbar sind, kann der Verlust deutlich höher ausfallen.

[420] §§ 199, 221, 254, 263 KAGB sowie Art. 25 Abs. 7 AIFM-RL, Art. 112 AIFM-VO (Limit durch ESMA). S. a. für Leerverkäufe von Hedgefonds § 276 Abs. 2 KAGB.

[421] Vgl. § 276 Abs. 2 KAGB zum „Schutz der Anleger oder zur Gewährleistung der Stabilität und Integrität des Finanzsystems". Dazu Zetzsche/*Wilhelmi/Bassler*, S. 21 f.

[422] Vgl. §§ 28 Abs. 1 Nr. 1, 29 und 35 KAGB, die Art. 13 Abs. 1, 15, 16, 24 AIFM-RL, Art. 38 ff. AIFM-VO umsetzen. Dazu Zetzsche/*Zetzsche/Eckner*, S. 265; Zetzsche/*Klebeck*, S. 253; *Kort*, AG 2013, 582; *Timmerbeil/Sprachmüller*, DB 2012, 1425.

[423] Vgl. *Bitz/Stark*, S. 274 f.

[424] Näher *Zetzsche*, AG 2013, 615 f.

tionen jenseits des KAGB zum Schutz der Gläubiger die üblichen Ausschüttungsschranken.[425]

D. Risikomischung

Das Ausfallrisiko bezüglich des bei einem Kreditinstitut verbuchten Giralgelds
wandelt sich im Zeitpunkt der Anlage in das Risiko der Anlagegegenstände
(sog. Marktrisiko). Über die Anlage in verschiedene Anlagegegenstände lässt
sich der Risikograd steuern.

I. Ökonomische Funktion

Wie sich aus *Shakespeares* Kaufmann von Venedig belegen lässt, ist der ökonomische Effekt der Risikostreuung bereits im 16. Jahrhundert bekannt.[426] *Jörgens*
begrüßt im Jahr 1902 die Risikomischung durch Investmentfonds als anlagespezifische Applikation des alten Prinzips „genossenschaftlicher Vereinigung der
Schwachen", als „Effektenversicherung auf Gegenseitigkeit".[427] Schon im Jahr
1930 werden nur solche Aktiengesellschaften als Kapitalverwaltungsgesellschaften körperschaftssteuerlich privilegiert, die „den Erwerb, die Verwaltung
und die Veräußerung geringer Posten" von Wertpapieren zum Gegenstand haben.[428] Das 20. Jahrhundert hat vertiefte Erkenntnisse in Bezug auf Details und
Wirkungsweise der Diversifikation hervorgebracht.[429] Danach ist zwischen sys-

---

[425] Insbesondere für die Anlage-AG §§ 57, 62 Abs. 1 AktG.

[426] William Shakespeare, The Merchant of Venice (Der Kaufmann von Venedig) (1596–97),
Antonio im 1. Aufzug, 1. Szene: "Believe me, no: I thank my fortune for it, My ventures are
not in one bottom trusted, Nor to one place; nor is my whole estate Upon the fortune of this
present year: Therefore my merchandise makes me not sad" (dt. Übersetzung von August
Wilhelm von Schlegel, zitiert aus Classic Literature Library: „Glaubt mir, das nicht; ich dank
es meinem Glück – Mein Vorschuss ist nicht einem Schiff vertraut, noch einem Ort; noch
hängt mein ganz Vermögen – am Glücke dieses gegenwärtgen Jahrs; Deswegen macht mein
Handel mich nicht traurig.")

[427] *Jörgens*, Finanzielle Trustgesellschaften, S. 13 f. S. zudem S. 22: Investment Trusts könne man „vom volkswirtschaftlichen und sozialen Standpunkt nur auf das lebhafteste begrüs-
sen. Sie stellen eine Art der Anlage dar, die dem kleinen Besitz die Rentabilität des großen
verleiht, ihn dadurch kräftigt und zur Ersparung kleiner Kapitalien ermuntert. Andererseits
bewahren sie den kleinen Kapitalisten vor Börsenspekulationen, die bei seiner Unkenntnis
der Verhältnisse doch fast stets mit Verlust enden."

[428] Vgl. Ermächtigungsgesetz vom 9.6.1930, die 2. Notverordnung, 7. Teil Kap. IV § 1
Abs. 2 sowie § 11 Abs. 2 KStG und § 46a Abs. 2 RBewG vom selben Jahr; dazu die Begründung des Entwurfes zum ErmächtG „Der volkswirtschaftliche Nutzen solcher Unterneh-
meungen liegt darin, daß sie ihren Aktionären wegen der durch den Besitz zahlreicher Werte
in kleinen und kleinsten Posten bedingten Risikoverteilung einen stabileren Kurs und eine
gesichertere Rentabilität zu geben vermögen." Zitiert nach *C.F. Goldschmidt*, Investment
Trusts, S. 88.

[429] Zur Portfoliotheorie grundlegend *Markowitz*, (1952) 7 JF 77; *ders.*, Portfolio Selection,
1959; *Sharpe*, Journal of Finance 19 (1964) 425, 439. Aus dem juristischen Schrifttum *Engert*,
Kapitalmarkteffizienz, Teil 1, Kap. 3, B.I.2. (zum Risiko) und Teil 2, Kap. 7, A.I. (zur Portfo-

temischen, aus der Verfassung des Gesamtmarktes resultierenden Risiken und anlagespezifischen (unsystemischen) Risiken zu unterscheiden. Zu den anlagespezifischen Risiken gehört z.b. bei Anleihen das Insolvenzrisiko des Schuldners, bei Beteiligungen an Unternehmen z.b. das Risiko eines untreuen oder glücklosen Vorstands und bei Derivaten das Risiko des Ausfalls der Gegenpartei (Adressrisiko).

Ziel der Diversifikation ist nicht der (unmögliche) Schutz gegen sämtliche, sondern die Reduktion der anlagespezifischen (unsystemischen) Risiken. Zurück bleibt das systemische Risiko als Kursrisiko des Gesamt- oder relevanten Teilmarktes. Bricht dieser Markt zusammen, hilft Diversifikation nicht. Der Ausschluss der asystemischen Risiken wird durch eine Streuung über eine Mindestzahl von Anlagen erreicht, wobei ein spürbarer Diversifikationsgrad im Sinne einer Risikoreduktion schon in einem Portfolio mit zehn nicht miteinander korrelierenden Anlagegegenständen erreicht werden soll.[430]

Braucht ein Anleger das anlagespezifische Risiko nicht zu tragen, weil er es durch Streuung beseitigen kann, wird bei funktionierendem Wettbewerb und optimaler Information der Kapitalnachfrager nur das systemische Risiko vergüten. Die Risikoprämie (Zuschlag auf den Ertrag für risikofreie Anlagen) beinhaltet keine anlagespezifischen Risiken, weil diversifizierte Anleger solche Risiken nicht tragen. Freilich sind die Märkte nicht im modelltheoretischen Sinn maximal-effizient,[431] zudem fallen für die Auswahl im Sinne einer Diversifikation Informations- und Transaktionskosten an. Man kann diese Diversifikationskosten als Versicherungsprämie gegen anlagespezifische Risiken verstehen.

Diese Versicherungskosten lohnen sich nicht immer. Drei Gründe können gegen eine diversifizierte Strategie sprechen: Erstens können die Kosten für die Fremddiversifikation höher liegen als der durch den Nutzen der Diversifikation erwartete Ertrag. Dies ist insbesondere der Fall, wenn die direkten Kosten der Diversifikation durch Fondsanlage in Form von Gebühren und Aufwendungen zusammen mit den indirekten Kosten (Agenturkosten etc.) den Diversifikationsnutzen übersteigen.

Zweitens ist Kehrseite der Risikoreduktion die Chancenreduktion. Positive Ausreißer beeinflussen den Ertrag ebenso wenig wie negative Ausreißer. Der Portfolioertrag diversifizierter Portfolios nähert sich dem Mittel des relevanten

---

liobildung als unverzichtbarer Zweck); *Fleischer/Schmolke*, ZHR 173 (2009) 649, 653 ff.; *Schäfer*, Anlegerschutz, S. 59 ff.; *König*, Anlegerschutz, S. 28 ff. (zum Risikominimierungsinteresse).

[430] So *Evans/Archer* (1968) 23 JF 761; *Statman* (1987) 22 JFQA 353 hält für die vollständige Beseitigung des anlagespezifischen Risikos ein Portfolio von ca. 30 Wertpapieren für erforderlich.

[431] Vgl. zur Theorie effizienter Märkte *Fama*, (1965) 38 JB 34; *ders.*, (1970) 25 JF 383; dagegen *Fox*, The Myth of the Rational Market (2009) (nichtwissenschaftliche Zusammenfassung der Kritik gegen die Theorie effizienter Märkte).

Teilmarktes. Ein Anleger mit besonderen Suchfähigkeiten und Kenntnissen kann bewusst und planmäßig auf Diversifikation verzichten, um den Portfolioertrag zu steigern, z.B. indem er alles auf eine Karte setzt oder den Trend zu nutzen sucht.[432] (Eine solche Chance besteht nur bei zumindest temporärer informationeller Marktineffizienz, weil ansonsten bereits das öffentlich bekannte Wissen im Kurs berücksichtigt ist).

Drittens ist der Anlagehorizont zu beachten: Bei Annahme eines langfristigen unbegrenzten Wachstums bedeutet die Anlage in den Gesamtmarkt langfristig einen Gewinn. Diese Annahme lässt sich wirtschaftswissenschaftlich begründen: Nach der Neuen oder Endogenen Wachstumstheorie (New Growth Theory)[433] soll eine ständige Wissenszunahme langfristig Wachstum generieren. Weil sich Wissen abweichend von anderen Gütern insbesondere nahezu unbegrenzt steigern lässt, könne eine wissensbasierte im Gegensatz zu einer produktions- oder arbeitsbasierten Ökonomie unbegrenzt wachsen. Hilfsaspekt dafür ist, dass Wissen aus dem Kopf der Wissenden nicht getilgt, dieses also nur partiell monopolisiert werden kann. Die Wissensdiffusion aus dem Bereich des innovativen Unternehmens in die Allgemeinheit steigert wiederum die Effizienz zukünftiger Forschung und Entwicklung auch anderer als der innovativen Unternehmen. Die Theorie basiert auf einer endlosen Spirale aus Wissensgenerierung und -verwertung. Sie unterstellt, dass die positiven Effekte der Innovation deren zerstörerische Effekte (z.B. aus der Unrentabilität alter Geschäftskonzepte, Umweltzerstörung etc.) übersteigen, Innovation also ertragssteigernd wirkt. Zu der Frage, wie lang Anleger auf die Steigerung der Börsenkurse warten müssen, besagt die Theorie nichts.[434] Der für effektive Wertzuwächse (nach Kursschwankung und Inflationsausgleich) erforderliche Zeitraum kann länger als der vom Anleger beabsichtigte Anlagezeitraum sein.[435]

Die Diversifikation im Sinne der Portfolio-Theorie ist nützlich, um bei vorgegebener Rendite-Risiko-Liquiditäts-Korrelation das Portfolio zu optimieren. Zur Auswahl einer konkreten Risiko-Rendite-Struktur (portfolio selection) verhält sie sich nicht. Diese Aufgabe obliegt dem Fondsinitiator, der insoweit

---

[432] Vgl. zum Trend Tracking *Graham/Dodd*, Security Analysis, S. 618 f.; *Siegel*, Stocks for the Long Run, Chpt. 17, S. 283 ff. (erhöht Performanz); *Brock/Lakonishok/Le Baron* (1992) 47:5 JF 1731; *Lo/Mamaysky/Wang*, (2000) 55 JF 1705; dagegen *Malkiel*, A Random Walk Down Wallstreet, S. 133 (Trendhandel erhöht lediglich Handelsgebühren).

[433] Grundlegend *Romer* (1986) 94 J. Pol. Econ. 1002; *ders.*, (1990) 98:5 J. Pol. Econ. 71. Einordnung in den Kontext anderer Wachstumstheorien bei *Jones*, Economic Growth, S. 78 ff.; *Barro/Sala-I-Martin*, S. 146 ff. Umstritten ist, unter welchen Voraussetzungen das optimale wissensbasierte Wachstum eintritt. Die Theorie besagt zudem nichts zur Dauer der Wachstumszyklen.

[434] Die Beispiele von *Siegel*, Stocks for the Long Run, Chpt. 1, S. 3 ff. enthalten Zeiträume zwischen 20 und 100 Jahren.

[435] Zutr. *Getzler* in Payne/Getzler, S. 227 ff.; *Getzler*, (2009) 3 J Eq. 219 (Anhang).

einer Produktgestaltungsfreiheit unterliegt und diese gemäß Angebot und Nachfrage ausüben wird.[436]

II. Leitprinzip des KAGB?

1. Konstitutives Merkmal des InvG

Die Risikomischung war für die Anwendung des InvG konstitutiv, mit für in- und ausländische Fonds unterschiedlichem Gewicht.

So galt für inländische Anlageorganisationen aus Gründen der Rechtssicherheit[437] ein formeller Investmentbegriff, der außer dem Grundsatz der Risikomischung zumindest die Anlage in die Vermögensgegenstände gem. §2 Abs. 4 InvG, ein Handeln für Rechnung der Anleger, die Verwendung der Rechtsformen des InvG und die investmentrechtliche Erlaubnis voraussetzte.[438] Für ausländische Investmentvermögen (§2 Abs. 8 InvG) war aus Gründen des Anlegerschutzes[439] außer dem – wegen seiner Breite wenig wirksamen – numerus clausus der Anlagegegenstände gem. §2 Abs. 4 InvG allein auf die Anlage nach dem Grundsatz der Risikomischung abzustellen. Auf eine bestimmte Rechtsform, eine Erlaubnis oder Aufsicht im Herkunftsstaat kam es nicht an. Aus dem Anlagebegriff wurde abgeleitet, dass neben dem objektiven Diversifikationsgrad auch die *Zielsetzung* der Anlagetätigkeit auf Risikomischung ausgerichtet sein muss.[440] War die Diversifikation lediglich Nebeneffekt, aber nicht beabsichtigt, galt allgemeines Gesellschafts-, Kapitalmarkt- und Steuerrecht. Die Vertriebs- und Transparenzvorschriften des InvG, die weitreichenden Veröffentlichungspflichten gem. §§3 ff. InvStG und die steuerliche Transparenz gem. §§ 11 ff. InvStG waren dann nicht einschlägig.[441]

Die Rechtsprechung tat sich mit der Konkretisierung schwer. Danach sollte für Kollektivanlagen die Minderung von Verlustgefahren nicht der ausschließli-

---

[436] Vgl. Berger/*Köndgen*, §1 Rn. 25.

[437] RegE zum InvModG vom 20.8.2003, BR-Drs. 609/03, S. 296.

[438] §§1 und 2 Abs. 1 InvG; dazu Beckmann/*Beckmann*, §1 Rn. 3; *Köndgen/Schmies*, WM Sonderbeil. Nr. 1 zu Heft 11/2004, S. 1; Berger/*Köndgen*, §1 Rn. 8; Brinkhaus/*Zeller*, §1 Rn. 8; Emde/*Verfürth*, §1 Rn. 46.

[439] Zur Vorgängervorschrift RegE zum AuslInvG, BT-Drs. V/3494, S. 14; BVerwG, NJW 1980, 2482, 2483 – Hapimag (zu AuslInvG); krit. zur Schutzwirkung *Broermann*, Geltungsbereich, S. 32 ff. (streng regulierte Fonds bleiben fern, schwach regulierte werden zugelassen); für InvG z.B. Berger/*Köndgen*, §2 Rn. 54; *Volckens/Panzer*, IStR 2005, 426 f., 428 f. (aber einschränkend für Immobilienvermögen).

[440] BVerwG, NJW 1980, 2482 – Hapimag (zu AuslInvG). Einschränkungen des Zweckgebots werden für Immobilienvermögen diskutiert und von der BaFin praktiziert; bei Immobilienvermögen gehöre die laufende Bewirtschaftung zu den Aufgaben der Fondsverwaltung, so dass es allein auf die Anzahl der Grundstücke (mind. drei) ankommen soll. Dazu *Volckens/Panzer*, IStR 2005, 430 f.

[441] Beckmann/*Beckmann*, §1 Rn. 38; s.a. Brinkhaus/*Pfüller/Schmitt*, §1 AuslInvG Rn. 44 ff.; krit. *Gschoßmann*, Grundlagen, S. 55 ff., wonach der Zweck die Kapitalwertsicherung und Ertragsteigerung, die Risikomischung nur die Methode ist.

che Anlagezweck sein. Das Vermögen durfte auch auf Wertsteigerung ausgerichtet sein. Heranzuziehen waren objektive Kriterien wie eine Vielzahl miteinander nicht risikokorrelierende Anlagegegenstände und der objektive Geschäftszweck.[442] Auf die Zielvorstellung des Anlegers kam es nicht an.

2. *Bedeutung unter dem KAGB*

Obgleich die Risikomischung kein Merkmal des AIF und der Grundsatz der Risikomischung auch kein Definitionsmerkmal des Investmentvermögens nach § 1 Abs. 1 KAGB mehr ist, bleibt die Risikomischung für das Gros der KAGB-Fonds Pflicht. Für Publikums-AIF ist der Grundsatz der Risikomischung in § 214 und § 262 KAGB ausdrücklich normiert.[443] Für Fonds für professionelle und semi-professionelle Anleger unterscheidet das KAGB zwischen offenen und geschlossenen Fonds: Im Bereich der offenen Fonds ist die Risikomischung auch für den offenen inländischen Spezial-AIF mit festen Anlagebedingungen[444] sowie für allgemeine inländische Spezial-AIF[445] vorgesehen. Für geschlossene Spezial-AIF gilt dies nicht.[446] Die Koppelung von Anlegererfahrung, Risikotragfähigkeit und Risikomischung im KAGB zeigt sich zudem in einer Sonderregelung für geschlossene Publikums-AIF, die nur an Anleger vertrieben werden, die mindestens 20.000 € investieren und schriftlich erklären, dass sie sich der Risiken bewusst sind.[447] Bei einer solchen Anlegerschaft wird auf eine Pflichtdiversifikation verzichtet, sofern der Fonds nicht in börsenferne Unternehmensbeteiligungen investieren darf.[448]

Alle offenen Investmentvermögen[449] sowie geschlossene Publikums-AIF[450] sind Organisationen zur gemeinschaftlichen Kapitalanlage nach *dem Grundsatz der Risikomischung.* Dies gilt auch für (offene) Hedgefonds.[451] Hintergrund scheint bei offenen Fonds die Gewährleistung des Rücknahmeanspruchs der Anleger, bei Publikums-AIF der Kleinanlegerschutz zu sein.[452]

---

[442] BVerwG, NJW 1980, 2482 Rn. 32 f. mit Vorinstanz OVG Berlin, BB 1973, 914 – Hapimag.
[443] §§ 214, 262 KAGB.
[444] §§ 284 Abs. 1 KAGB i.V.m. § 282 Abs. 1 KAGB.
[445] § 282 Abs. 1 KAGB.
[446] Dazu Möllers/Kloyer/Zetzsche, S. 137 ff.
[447] § 262 Abs. 2 KAGB.
[448] § 262 Abs. 2 KAGB. Dazu BT-Drs. 17/12294, S. 271; vgl. dazu *Niewerth/Rybarz*, WM 2013, 1165.
[449] Vgl. § 214 KAGB für offene Publikums-AIF; § 282 KAGB für allgemeine offene inländische Spezial-AIF, § 284 für offene inländische Spezial-AIF mit festen Anlagebedingungen; s.a. § 110 Abs. 2, § 125 KAGB.
[450] § 262 Abs. 1 KAGB.
[451] Vgl. § 283 i.V.m. § 282 KAGB; Emde/*Verfürth*, § 1 Rn. 46 f.
[452] Möllers/Kloyer/Zetzsche, S. 137 f.

3. Technik

Das allgemeine Diversifikationsprinzip wird in § 262 Abs. 1 KAGB mit drei Anlagegegenständen quantitativ definiert. Alternativ steht die qualitative Darlegung zur Verfügung, wonach keine Korrelation zwischen den Ausfallsrisiken bestehen darf. Darüber hinaus wird Diversifikation auf drei Arten erreicht. Erstens bewirken die Ausstellergrenzen des KAGB Diversifikation.

Grafik: Diversifikation durch Ausstellergrenzen (quantitative Diversifikation)

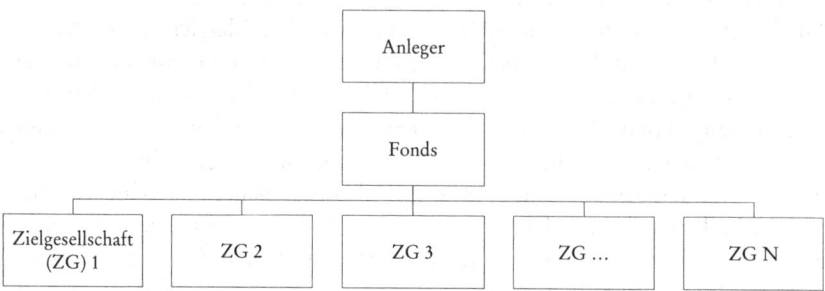

Offene Publikums-Investmentvermögen (mit Ausnahme der Sonstigen Investmentvermögen und Dach-Hedgefonds)[453] dürfen – vorbehaltlich höherer (bis zu 10%) Grenzen in den Vertragsbedingungen[454] – in Wertpapiere und Geldmarktinstrumente desselben Ausstellers maximal 5% des Gesamtvermögens investieren.[455] Maximal 20% des Vermögens dürfen in Anteile eines einzigen Investmentvermögens, maximal 30% insgesamt in Investmentvermögen angelegt werden, die keine OGAW sind (§ 207 KAGB). Maximal 20% des Vermögens dürfen kurzfristig Einlagen bei einem Kreditinstitut sein.[456] Großzügigere Grenzen gelten für Investmentvermögen, die einen Wertpapierindex nachbilden.[457]

Bei Sonstigen Investmentvermögen ist eine ausstellerbezogene Risikokonzentration zulässig. Anlagen in andere AIF (30%), in sonstige Anlageinstrumente nach § 198 KAGB (20%) sowie Derivate, Edelmetalle und unverbriefte Darlehnsforderungen (30%) sind jedoch prozentual limitiert.[458] Sonstige Investmentvermögen, die Mikrofinanzinstitute sind, können sogar bis zu 95% des Wertes des Investmentvermögens in unverbriefte Darlehnsforderungen von

---

[453] Die §§ 206 ff. KAGB gelten über die Verweisung in §§ 230, 218 entsprechend für Immobilien- und Gemischte – Sondervermögen. Nicht auf §§ 206 ff. KAGB verweisen § 220 KAGB für Sonstige Sondervermögen und § 225 KAGB für Dach-Hedgefonds.

[454] Für Wertpapiere und Geldmarktinstrumente bis 10%, bei einem Gesamtwert aller stärker konzentrierten (i.e. mehr als 5%-)Anlagen von maximal 40%, vgl. § 206 Abs. 1 KAGB.

[455] § 206 Abs. 1 KAGB.

[456] Vgl. §§ 195, 206 Abs. 4 KAGB.

[457] § 209 Abs. 1 S. 2 KAGB; § 219 Abs. 6 KAGB.

[458] § 221 KAGB.

regulierten Mikrofinanzinstituten anlegen. Allerdings ist nur eine maximale Kozentration von 10% pro Emittent und 15% je Sitzstaat erlaubt.[459]

Bei offenen Publikums-Immobilien-Sondervermögen soll eine Immobilie maximal 15% des Vermögens ausmachen, maximal 50% in Summe soll insgesamt in Immobilien mit einem Immobilienwert von über 10% des Fondsvermögens gebündelt sein.[460] Daneben besteht eine Vielzahl risikoorientierter Anlagegrenzen. So sollen z.B. Anlagegegenstände, die Währungsrisiken unterliegen, 30% des Wertes des Immobilien-Sondervermögens nicht überschreiten.[461]

Von den für Publikumsfonds bestimmten Ausstellergrenzen kann der Verwalter eines offenen inländischen Spezial-AIF mit festen Anlagebedingungen mit Zustimmung der Anleger abweichen.[462] Im Übrigen gelten für inländische Spezial-AIF keine detaillierten Ausstellergrenzen.[463]

Diversifikation tritt zweitens als Folge von Mehrstufigkeit ein. So legen Dachfonds einen Teil des Vermögens in einen Fonds an, dessen Verwalter wiederum Teile des von ihm verwalteten Vermögens in andere Fonds anlegt. Das Risiko reduziert sich mit jeder Stufe.

Grafik: Diversifikation durch Mehrstufigkeit

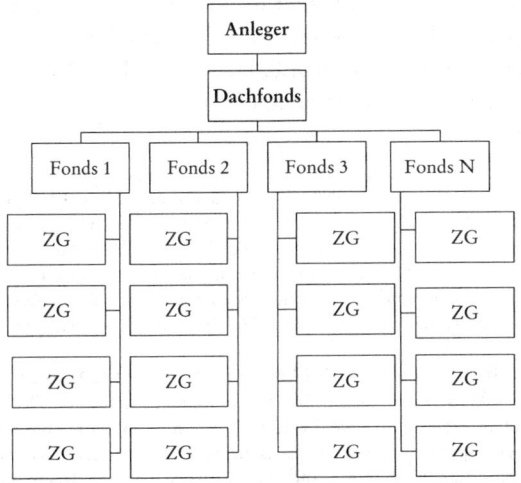

Jedoch mindern die Kosten für die Verwaltung und Verwahrung für jede Fondsebene den Anlageertrag. Eine Begrenzung der Mehrstufigkeit (sog. Kaskadenverbot) liegt im Anlegerinteresse und ist auch in anderen Rechtsordnungen ver-

---

[459] § 222 Abs. 1 letzter Satz KAGB. Zu Kreditfonds siehe *Zetzsche/Marte*, RdF 2015, 4.
[460] § 243 Abs. 1 KAGB.
[461] § 233 Abs. 2 KAGB.
[462] § 284 KAGB.
[463] Vgl. insbesondere § 285 KAGB.

breitet.[464] Ein OGAW-konformes Sondervermögen darf bis zu 20%[465] seines Wertes in einen einzelnen, seinem Schutzniveau nach gleichwertigen Investmentfonds investieren.[466] Der Zielfonds darf seinerseits nur maximal 10% seines Wertes in Anteile an anderen Sondervermögen investieren.[467] Gemischte Sondervermögen dürfen maximal 10%, sonstige Investmentvermögen bis zu 30% des Wertes in AIF-Anteile investieren.[468] Großzügig wird mit Indexfonds verfahren, denn dort kann ein Indexschwergewicht mehr als 10–30% ausmachen. Allgemein lässt sich sagen: Doppelstöckigkeit ist akzeptiert bzw. gewünscht, drei- oder mehrstöckige Fondskaskaden sind nur ausnahmsweise und im marginalen Umfang erlaubt.

Der Kompromiss aus Diversifikation und Kaskadenverbot zeigt sich am Hedgefonds. Eine Beteiligung von Privatanlegern setzt eine doppelstöckige Struktur voraus.[469] Dach-Hedgefonds müssen gem. § 225 Abs. 4 KAGB an mindestens fünf einzelnen (Single-)Hedgefonds gem. § 283 KAGB oder vergleichbaren AIF mit unterschiedlichen Verwaltern gleichmäßig beteiligt sein. Die Zwangsdiversifikation reduziert das in den einzelnen Hedgefonds konzentrierte Risiko. Dachfonds dürfen nicht in Hedgefonds anlegen, die ihre Mittel selbst in andere Zielfonds anlegen.[470]

Der europäische Gesetzgeber nutzt Mindestanlagegrenzen auch, um für bestimmte Anlageprodukte ein typisches Anlageprofil mit Wiedererkennungswert zu schaffen.[471] So müssen EuVECA-Fonds und EuSEFs 70% des Kapitals in „qualifizierte Anlagen" investieren, die dem Förderziel der jeweiligen Verordnung entsprechen.[472]

---

[464] Dies gilt namentlich für die USA, wo vor der Finanzkrise 1929 geschlossene Fonds Fondskaskaden zum Nachteil der Anleger gebildet hatten. Die Anlage in andere Investment Companies ist deshalb grundsätzlich auf maximal 10% des Wertes der erwerbenden Investment Company beschränkt. Die Anlage in eine andere Investment Company darf maximal 3% der Stimmrechtsaktien der Ziel-Investment Company und 5% des Wertes der erwerbenden Investment Company ausmachen. Vgl. s. 12 (d) ICA mit den Ausnahmen in s. 12(d)(E) bis (G) ICA.

[465] Wenn der Zielfonds seinerseits OGAW gem. § 196 Abs. 1 KAGB ist.

[466] § 207 Abs. 1 KAGB. Keine Diversifikationsvorgabe, sondern die Wahrung der Anlage- und Verwaltungscharakteristik bezweckt § 207 Abs. 2 KAGB, wonach der Dachfonds maximal 30% seines Vermögens in andere inländische Sondervermögen, Investmentaktiengesellschaften mit veränderlichem Kapital und ausländische offenen Investmentvermögen, die OGAW sind, investieren darf.

[467] § 196 Abs. 1 S. 3 KAGB.

[468] Ausnahmen gelten aber für Investmentvermögen, die einen Wertpapierindex nachbilden, siehe § 233 Abs. 2 KAGB, § 219 Abs. 6 KAGB.

[469] Vgl. § 214 i.V.m. § 225 KAGB. Sog. Single-Hedgefonds dürfen von professionellen und semiprofessionellen Anlegern gehalten werden, vgl. § 1 Abs. 6 i.V.m. § 283 KAGB; dazu BT-Drs. 17/12294, S. 190.

[470] § 225 Abs. 4 S. 2, 2. Alt. KAGB.

[471] ErwGr 22 EuVECA-VO.

[472] Vgl. Art. 3 Bst. e EuVECA-VO, Art. 3 Bst. e EuSEF-VO. Dazu *Weitnauer*, GWR 2014, 141; *Siering/Izzo-Wagner*, BKR 2014, 242; *dies.*, BKR 2015, 101, 102.

Zur Risikostreuung kommt es drittens bei einer Mischung schwach korrelierender Anlagegegenstände, wenn sich die Kurse erwartungsgemäß gegenläufig entwickeln.[473]

Grafik: Diversifikation durch Anti-Korrelation (qualitative Diversifikation)

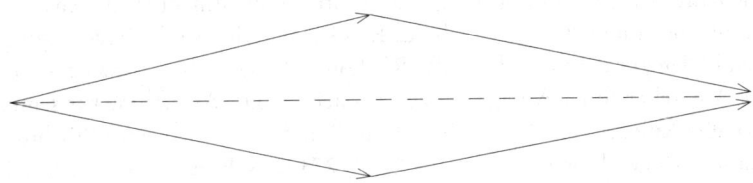

Die Korrelation hängt primär nicht vom Anlagegegenstand (Aktie oder Anleihe), sondern dem Emittenten ab. So erhöht sich das Ausfallrisiko bei Erwerb von Aktien zusätzlich zu den Anleihen desselben Emittenten, während bei Hinzuerwerb von Technologie- zu Goldaktien typischerweise gegenläufiges Verhalten zu erwarten ist. Die Anlagevorschriften des KAGB schreiben gemischte Strategien[474] nur ausnahmsweise vor.

4. Ausstrahlungswirkung jenseits der Anlagegrenzen?

Der Grundsatz der Risikomischung ist die argumentative Säule für die Grundidee des Investmentfonds als „Kapitalwertsicherungsverein", der höhere als Festzinserträge, im Verhältnis zu Aktien indes bescheidene, dafür aber verhältnismäßig sichere Renditen garantiert.[475] Die Reichweite dieses Grundsatzes ist wenig gesichert. So wird das Diversifikationsgebot gelegentlich für das Leitprinzip gehalten, das auf jede (!) Anlageentscheidung des Fondsmanagers ausstrahle.[476] Teils wird die Sorgfaltspflicht der KVG dahingehend präzisiert, infolge des Grundsatzes der Risikomischung habe die KVG Risikokonzentrationen zu vermeiden (Risikomischung als Risikominimierung).[477] Dagegen richtet sich

---

[473] Beispiel: Kombination von Geldmarktinstrumenten, die i.d.R. auf Zinsänderungen schnell reagieren, mit Immobilien, deren Finanzierung und Einnahmen langfristig angelegt sind.

[474] Beispiel: Der Fonds muss zu mindestens 30% in Wertpapiere, 30% in Anleihen und 40% in Geldmarktinstrumente investieren.

[475] *Reuter*, ZHR 173 (1973), 407.

[476] Schreiben der BaFin vom 28.7.2009 – WA 41 – Wp 2136–2008/0001 an den BVI betreffend den Grundsatz der Risikomischung; Goldfonds, abgedruckt bei Beckmann, 412 Rn.44, S.469. Nach Aufsicht der BaFin genügt es zur Einhaltung des Diversifikationsgebots nicht, die Ausstellergrenzen einzuhalten. Ebenso Emde/*Verfürth*, § 1 Rn. 47; Berger/*Köndgen*, § 1 Rn.25f., allerdings mit Präferenz für anlagespezifisches Verständnis des Diversifikationsgebots.

[477] Beckmann/*Beckmann*, § 1 Rn.36; Berger/*Köndgen*, § 9 Rn.26; *König*, Anlegerschutz, S.106; *Reiss*, S.220 (durchschnittlicher Anleger in Investment-Vermögen ist risikoavers); *Schäfer*, Anlegerschutz, S.55, 96ff.

eine formale Position, die den Grundsatz der Risikomischung allein in den An-
lage- und Ausstellergrenzen konkretisiert sieht. Sie verweist auf die mit der
herrschenden und von der BaFin vertretenen Auffassung vom Leitprinzip verbundenen Rechtsunsicherheit. In der Tat war unter dem InvG die regionale,[478]
qualitative[479] und quantitative Dimension der Diversifikation nicht gesichert.

Die Auffassung vom Leitprinzip hat für offene Investmentvermögen und Publikumsfonds im Geltungsbereich des KAGB weiterhin seine Berechtigung. In
diesen Fällen gilt der Grundsatz der Risikomischung auch dort, wo das Gesetz
keine Aussteller- oder Anlagegrenzen vorsieht.[480] Die Ausnahme für semiprofessionelle Anleger gem. § 262 Abs. 2 KAGB und das Fehlen einer Pflichtdiversifikation bei geschlossenen Spezial-AIF (§ 273 KAGB) ist dann als Ausnahme
von der Regel anzusehen. Ob diese Aufnahme mit einer völligen Freistellung
von der Diversifikationspflicht einhergeht, wird noch zu prüfen sein. Damit ist
noch keine Aussage dazu getroffen, ob das Leitprinzip lediglich eine quantitative oder auch eine qualitative Diversifikation im Sinne sich gegenläufig verhal-
tender Güter gebietet. Der quantitativen Auffassung ist grundsätzlich der Vorzug zu geben. Wie oben gezeigt, soll die Risikomischung nur den Einfluss einzelner Adressrisiken, nicht aber den Einfluss der Marktrisiken auf die
Portfoliozusammensetzung reduzieren. Gerade dazu käme es aber, wenn immer anti-korrelierende Gegenstände erworben werden müssten. Der Umfang
der Diversifikation muss sich an den Ausstellergrenzen orientieren. Liegen bei
Publikumsfonds die Grenzen für nicht diversifizierte Produkte zwischen 5%
und 10%, für schwankungsarme Produkte (Immobilien) bei 15% und für diversifizierte Produkte (andere Fonds) bei 20%, muss der gesetzliche Risiko-
grundsatz im Verhältnis dazu großzügiger sein, sonst wären die Ausstellergrenzen ohne Bedeutung. Dem Grundprinzip wird somit nicht erst bei guter Diversifikation im ökonomischen Sinn (ab 10 Anlagen), sondern bereits bei
verhältnismäßig wenigen Anlagen entsprochen. Damit gelangt man letztlich zu
dem gleichen Ergebnis wie die BaFin unter dem InvG zu offenen Immobilienfonds[481] und die luxemburgische Finanzmarktaufsicht CSSF zu Fonds für sachverständige Anleger, wonach dem Diversifikationsgebot schon bei Erwerb von

---

[478] Vgl. BGHZ 149, 33 Rn. 15: kein Gebot der regionalen Diversifikation.
[479] Vgl. dazu Schreiben der BaFin vom 28.7.2009 – WA 41 – Wp 2136–2008/0001 an den
BVI betreffend den Grundsatz der Risikomischung; Goldfonds, abgedruckt bei Beckmann,
412 Rn. 44, S. 468. Eine Anlage in nur einen Gegenstand (Goldzertifikate), wenngleich von
verschiedenen Emittenten, wird für unzulässig gehalten. Anders ist wohl BVerwG, NJW
1980, 2482 – Hapimag – zu deuten (nur Gebot, mehrere Gegenstände zu kaufen).
[480] Vgl. die Anknüpfung an die Rechtsformen in §§ 110 Abs. 2, 125 Abs. 2 KAGB. Das Fehlen der Klarstellung bei offenen Sondervermögen ist ein Redaktionsversehen, vgl. Möllers/
Kloyer/*Zetzsche*, S. 139.
[481] BaFin, Rundschreiben Anwendungsbereich des Investmentgesetzes (2008), unter
I.1.b); dazu Emde/*Verfürth*, § 1 Rn. 47; kritisch Berger/*Köndgen*, § 2 Rn. 55.

drei bis fünf Anlagegegenständen entsprochen sein kann.[482] Die Frage ist mit § 262 Abs. 1 KAGB für Direktanlagen dem Streit entzogen. Ab drei Anlagen darf man insoweit von Risikominderung ausgehen. Die Problematik besteht jedoch weiterhin in Anlagekaskaden. Gemäß dem erkannten Prinzip muss dort eine Anlage unzulässig sein, die formell die Anlagegrenze (auf der ersten Anlagestufe) beachtet, dann aber die Geldströme auf der zweiten Stufe wieder zusammenführt.

III. Übrige Organisationsformen

Gemäß dem wohl herrschenden Schrifttum, wonach die Diversifikation Teil jeglicher Anlagetätigkeit,[483] jedes Investmentfonds[484] oder sogar der „Geschäftszweck" der kollektiven Vermögensanlage[485] ist, müsste die Diversifikation (als Voraussetzung oder Rechtsfolge) nicht Typus-, sondern Klassifikationsmerkmal sein, mit der Folge der Ausgrenzung konzentrativer Anlagemodelle, wie Objektgesellschaften[486] und Fonds mit korrelierenden Anlagegegenständen und Adressrisiken.[487]

---

[482] CSSF Circulaire 07/309 vom 3. August 2007 zur Risikostreuung im Kontext von Spezialfonds (maximal 30% der Anlagen von demselben Emittenten). Kein Streuungsgebot existiert für SICARs, vgl. *Kremer/Lebbe*, Rn. 13.61. Auch nach der britischen Literatur zu OEICs soll eine relativ kleine Anzahl Anlagegegenstände dem Diversifikationsgebot genügen (*Macfarlanes*, A3.070, mit Empfehlung eines Diversifikationsplans).

[483] *Benicke*, S. 772 ff.; *Berger/Köndgen*, § 1 Rn. 25 (Prinzip jeglicher Vermögensverwaltung); *Hammen*, Gattungshandlungsschulden, S. 380 f.; *Primaczenko*, Treuhänderische Vermögensverwaltung, S. 29, 49; M.*Roth*, Private Altersvorsorge, S. 462 ff. (als Grundsatz vorsorgegerechter Anlage).

[484] Z.B. EuGH, C-363/05 v. 28.6.2007, *J.P. Morgan* [2007] ECR I-5517, No. 50; *Sethe*, S. 288 (Anlage-AGs des 19. Jahrhunderts mangels Risikostreuung kein Vorläufer des Investmentfonds); *Lütgerath*, S. 72 ff.; *Bruppacher*, Investment Trusts, S. 33 f.; *C.F.Goldschmidt*, Investment Trusts, S. 94; *Robinson*, Investment Trust Organization, S. 13; *Offner*, Holdinggesellschaften und Investment Trusts, S. 15 f.; *Baum*, Schutz des Investmentsparers, S. 19 (Ausgrenzung eines Immobilienfonds mangels Risikomischung); *Luggen*, Schweizerische Immobilien Investment Trusts, S. 30. A.A. *Broermann*, S. 102; *Cölle*, S. 5 f.

[485] *Fleischer/Schmolke*, ZHR 173 (2009), S. 673. Ähnlich bereits im Jahr 1909 der Schweizer Jurist *Arthur Stampfli*, Investment-Trusts, zitiert nach *Schuster*, ÖBA 1972, 422; *Just*, Kapitalanlage, S. 204 ff. („Grundgedanke").

[486] Beispiel: KG zur Verwaltung und Verpachtung eines Warenhauses. Dazu *Hopt*, Gutachten 51. DJT, G25, G38 ff.; aus der Rechtsprechung z.B. BGH, NJW 2002, 1711 und BGH, NJW-RR 2002, 915 mit Vorinstanz Hans. OLG Hamburg, NZG 2000, 658 Rn. 2 (Bau einer Klinik); OLG Düsseldorf, NZG 1999, 609 Rn. 5 (Anlage in kanadische Spezialimmobilie); OLG München, NZG 2001, 860 und NZG 2001, 910 Rn. 58 ff. (teilw. aufgehoben durch BGH, ZIP 2003, 1536) (ein mit Wohn- und Geschäftshaus bebautes Grundstück); OLG München, NZG 2000, 660 (Rehabilitationsklinik). Für separaten Geschäftsgegenstand einer Schiffs-Betriebs-KG im Verhältnis zu einer Schiffsbeteiligungs-KG OLG Bremen, NZG 2008, 225 Rn. 49 f.

[487] Z.B. Zeichnung von Schuldverschreibungen nur eines Emittenten.

1. Europäisches Gesellschafts- und Vertriebsrecht

Die h.M. kann für sich die Definition des (offenen) Organismus für gemeinsame Anlagen in der Prospekt-RL und der Transparenz-RL[488] in Anspruch nehmen, wonach solche Organismen beim Publikum eingesammelte Gelder jeweils nach den Grundsätzen der Risikostreuung anlegen (müssen). Diese Linie scheint sich mit Blick auf die Ausnahmen für Anlageorganisationen in den gesellschaftsrechtlichen EG-Richtlinien zu bestätigen. So können die Mitgliedstaaten „Investmentgesellschaften mit festem Kapital" von dem Ausschüttungsverbot gem. Art. 17 Abs. 7 der RL 2012/30/EU befreien und von einer Anwendung der Richtlinie auf „Investmentgesellschaften mit veränderlichem Kapital" vollständig absehen (Art. 1 Abs. 2 RL 2012/30/EU über gesellschaftsrechtliche Schutzbestimmungen). Weiterhin können die Mitgliedstaaten bestimmte geschlossene Organismen für gemeinsame Anlagen von den Vorschriften der Aktionärsrechte-RL befreien.[489] Solche Investmentgesellschaften respektive Organismen müssen ihre Mittel u.a. in verschiedenen Werten mit dem Ziel der Risikostreuung anlegen.[490] Weitere Bereichsausnahmen finden sich z.B. in der Richtlinie zu grenzüberschreitenden Verschmelzungen. Eine bilanzrechtliche Privilegierung offener Fonds wurde indes mit der Bilanz-RL abgeschafft.[491]

Doch erzwingt dies nicht ein auf diversifizierte Anlagen beschränktes Verständnis der Kollektivanlage. Für den Vertrieb maßgebliche Differenzierungen sind für die hier in Rede stehende Binnenorganisation höchstens indikativ. Zudem erfassen die gesellschaftsrechtlichen Richtlinien nicht alle Rechts- und Organisationsformen. So gelten die Richtlinien weder für vertragliche Fonds, noch für solche in Form von Personengesellschaften. Dagegen liegt dieser Untersuchung ein ganzheitlicher Ansatz zugrunde. Ursache des Diversifikationsmerkmals der europäischen Richtlinien mag denn auch weniger dessen sachliche Berechtigung, als die verhältnismäßig leichte Nachweisbarkeit einer diversifizier-

---

[488] Vgl. Art. 2 Bst. o Prospekt-RL und Art. 2 Bst. g Transparenz-RL 2004/109.

[489] Art. 1 Abs. 3 Aktionärsrechte-RL.

[490] Vgl. Art. 1 Abs. 2, 2 RL 2012/30/EU über gesellschaftsrechtliche Schutzbestimmungen; Art. 2 Nr. 15 der Bilanz-RL. Danach müssen die Aktionäre des Weiteren am Gewinn aus der Verwaltung beteiligt sein und die Aktien öffentlich platziert werden. Nach Art. 1 Abs. 3 der Aktionärsrechte-RL müssen die „Organismen" das beim Publikum beschaffte Kapital für gemeinsame Rechnung anlegen, „nach dem Grundsatz der Risikostreuung arbeiten ... und keine rechtliche oder wirtschaftliche Beherrschung eines der Emittenten der zugrunde liegenden Veranlagungen anstreben, sofern diese Organismen für gemeinsame Anlagen von den zuständigen Behörden zugelassen sind und deren Aufsicht unterliegen und sie eine Verwahrstelle haben, die die Aufgaben im Sinne der Richtlinie 85/611/EWG wahrnimmt."

[491] Bezüglich „Investmentgesellschaften" durften die Mitgliedstaaten unter der (Jahresabschluss-) Richtlinie 78/660/EWG nach Art. 5 Abs. 1 Sondergliederungen für den Jahresabschluss, nach Art. 36 die Möglichkeit von Wertberichtungen aus dem Eigenkapital und die Bewertung von Anlagegegenständen zum Marktpreis schaffen. Weiterhin sind nach Art. 36 Abs. 7 der EU-Bilanzrichtlinie „Investmentunternehmen" und Beteiligungsgesellschaften von den Vereinfachungen der EU-Bilanzrichtlinie für Kleinstunternehmen ausgenommen.

ten Anlagestrategie in der Praxis und die Verknüpfung mit dem Rückgaberecht der Anleger bei der offenen Form sein. Beide Argumente entfallen, wenn die Definition einer Kollektivanlage auf anderem Weg gelingt.

2. Organisationsrecht

Schaut man in die für die Binnenorganisation maßgeblichen Rechtsquellen, ist dort von einem Diversifikationsgebot nichts zu lesen: Das Aktienrecht[492] und das Personengesellschaftsrecht kennen keine Pflicht zur Diversifikation. Dies mag sich damit erklären, dass die Gesellschaftsformen auch für unternehmerische Zwecke eingesetzt werden. Keinem Diversifikationszweck, sondern einer Vermeidung steuerlichen Missbrauchs dienen die Anlagegrenzen des UBGG. Dies belegt die sehr hohe Anlagegrenze (bis zu 40% des Vermögens in einer Beteiligung).

Aussagekräftiger ist der Blick auf die öffentlich-rechtliche Zulassung. Der im Jahr 2009 speziell für kollektive Anlagemodelle eingeführte Tatbestand der Anlageverwaltung gem. § 1 Abs. 1 Nr. 11 KWG setzt keine Diversifikation voraus, und zwar aus guten Gründen: Die Diversifikation schützt die Anleger vor Wertverlust, das gleiche soll die finanzmarktrechtliche Erlaubnispflicht bewirken. Bei fehlender Diversifikation ist ein Plus, nicht ein Minus an Anlegerschutz und Aufsicht erforderlich! Entsprechend verzichtet die AIFM-RL, die ein Aufsichtsrecht für die Verwalter nahezu *aller* Kollektivanlagen außer OGAW etabliert, auf die Diversifikation als definitorisches Kriterium. Auch die EuVECA-VO und EuSEF-VO kennen keine Zwangsdiversifikation trotz erheblicher Risiken von Venture Capital Anlagen und Anlagen in soziales Unternehmertum. Ebenso verzichtet § 1 Abs. 2 VermAnlG auf die Risikomischung. Damit zeichnet sich eine gesetzgeberische Entscheidung gegen die Diversifikation als Definitionsmerkmal ab.

Diese Entscheidung bestätigen Wortsinn und Zweck: Eine auf diversifizierte Anlagen beschränkte Terminologie muss sich den Vorwurf eines wissenschaftlichen Kunstprodukts gefallen lassen, weil der übliche Sprachgebrauch auch konzentrierte Anlagestrategien für eine Vielzahl von Anlegern als Anlagefonds oder kollektives Anlagemodell bezeichnet. Namentlich für das Innenverhältnis zwischen Anleger und Verwalter ist nicht von vorneherein ersichtlich, dass es einen Unterschied macht, ob ein Anleger in ein diversifiziertes Portfolio oder einen einzigen Anlagegegenstand investiert. Worin unterscheidet sich das Innenverhältnis einer Kollektivanlage, die ein Warenhaus hält, von einer Anlage-

---

[492] *Fleischer/Schmolke*, ZHR 173 (2009), 688. Die Vorstandsmitglieder trifft keine allgemeine Pflicht zur Risikodiversifizierung bei der Ausfüllung des Unternehmensgegenstands. Auch jenseits der Hauptpflicht – bei der Anlage freien Vermögens – besteht keine dahingehende Pflicht, sondern allenfalls eine Rechtfertigungslast aufgrund des allgemeinen Gebots, die AG vor Schaden zu bewahren.

KG mit einem Portfolio aus fünf Klein-Immobilien, deren Mieter Einzelhandelsgeschäfte betreiben?

3. Rechtsvergleichende Verprobung

Eine Kategorienbildung gewinnt an Plausibilität, wenn ähnliche Kriterien auch in anderen Rechtsordnungen nachweisbar sind. Dann sind die Kriterien gemeinsamer Rechtsbestand, der aus kulturellen Wurzeln, internationaler Koordination oder der Natur der Sache heraus entstanden ist.

So verzichtet das liechtensteinische AIFMG für AIF in Orientierung am diversifikationsunabhängigen Anwendungsbereich der AIFM-RL auf den Grundsatz der Risikomischung. Die Regelungen gelten nach Art. 2 Abs. 3 AIFMG über den AIF-Begriff hinaus für alle Organismen für gemeinsame Anlagen. Aber auch vor Verabschiedung der AIFM-RL sind risikokonzentrierte Fonds in anderen Rechtsordnungen bekannt: Nach britischem Recht verläuft die Trennlinie des Gebots der Risikostreuung grundsätzlich, aber nicht stringent zwischen Publikums- und sonstigen Anlagen. Publikumsanlagen müssen diversifiziert sein: Das in der Definition des Collective Investment Scheme (CIS) gem. s. 235 FSMA nicht normierte Diversifikationsgebot wird durch Verordnungen der Finanzmarktaufsicht FCA nachträglich festgeschrieben.[493] Für diversifizierte Publikumsanlagen in Form der Open-ended Investment Company (OEIC) schreibt der FSMA die Diversifikation gesetzlich vor.[494] Auch Closed-ended Investment Funds, die aus steuerlichen Gründen börsennotiert sind, sind diversifizierte Publikumsfonds.[495] Von den Publikumsanlagen sind jedoch „single property schemes" nicht zur Risikomischung verpflichtet.[496] Es handelt sich um Objektgesellschaften, die eine Immobilie oder einen Immobilienkomplex verwalten. Für nicht zugelassene CIS, die nicht öffentlich vertrieben werden dürfen, besteht keine Diversifikationspflicht. Diese Kollektivauflagen richten sich regelmäßig an besonders qualifizierte Anleger.

---

[493] Vgl. für "UCITS schemes" COLL No. 5.2.3 und für "non-UCITS retail schemes" COLL No. 5.6.3 ("An authorized fund manager must ensure that … the scheme property of the UCITS/non-UCITS retail scheme aims to provide a prudent spread of risk."); für "qualified investor schemes" COLL No. 8.4.2 ("An authorized fund manager must take reasonable steps to ensure that the scheme property of a qualified investor scheme provides a spread of risk").

[494] S. 236 (3) FSMA: „The property condition is that the property belongs beneficially to, and is managed by or on behalf of, a body corporate („BC") having as its purpose the investment of its funds with the aim of – (a) spreading investment risk; and (b) giving its members the benefit of the results of the management of those funds by or on behalf of that body." Dazu Blair/Walker/Purves/*Lomnicka*, Financial Services Law, 869, Rn. 18.69 f.

[495] S. 1159, Condition E des Corporate Tax Act 2010. LR 15.2.2 R; LR Appendix 1, S. 4–5.

[496] S. 239 FSMA. Die Börsennotierung stellt aus englischer Sicht keine grundsätzliche Besonderheit dar. Das englische Recht kompensiert so für alle Publikumsanlagen des geschlossenen Typs das Fehlen eines Rückgaberechts für die Fonds-Anteile. Es gilt: Exit statt Einfluss.

Das luxemburgische Recht sieht das Diversifikationsgebot für Spezialfonds schon bei vier Anlagegenständen als erfüllt an.[497] Wagniskapitalgesellschaften sind gar nicht zur Risikostreuung verpflichtet.[498] In beiden Fällen sind nur sachkundige Anleger anlageberechtigt. Sofern man auf den Anteilsvertrieb an das Publikum verzichtet, können Kollektivanlagen z.b. in AG- oder Vertragsform den OPC-Status und damit das Diversifikationsgebot gänzlich vermeiden.[499]

Die Risikostreuung ist seit 2007[500] nicht mehr Definitionselement der schweizerischen Kollektiven Kapitalanlage, sie findet sich weder bei der Definition der inländischen (Art. 7 Abs. 1 S. 1 KAG) noch der der ausländischen Kollektivanlagen (Art. 119 KAG). Die Risikoverteilung ist Merkmal der einzelnen Fondstypen, so für alle offenen Fonds[501] sowie geschlossene SICAF (Art. 115 KAG). Von dem Risikoverteilungserfordernis kann aber mit Zustimmung der Finanzmarktaufsicht FINMA abgewichen werden. Die Zustimmung ist Fonds zu erteilen, deren Anteile ausschließlich von qualifizierten Anlegern gehalten werden.[502] Keinem Diversifikationserfordernis unterliegt die schweizerische Kommanditgesellschaft für Kollektive Kapitalanlagen. Hier wird die Risikoverteilung durch Gesellschaftsvertrag bestimmt, deren „Kommanditäre" müssen qualifizierte Anleger sein.[503]

Der US-amerikanische Investment Companies Act kennt „diversified" und „non-diversified Investment Companies".[504] Diversified Companies müssen 75% ihrer Aktiva in Wertpapiere oder bar anlegen, wobei in Höhe des 75%-Anteils eine Anlagegrenze von 5% und eine Emittentengrenze in Höhe von 10% der Stimmrechte zu beachten ist. Jenseits davon (25%) gelten keinerlei Grenzen, so dass z.B. Kontrolle über eine nichtbörsennotierte AG auch von einer Diversified Company ausgeübt werden kann.[505] Diversified Companies sind als solche registrierungspflichtig. Die Registrierungspflicht soll sicherstellen, dass Anleger tatsächlich eine diversifizierte Strategie erhalten, wenn sie in eine solche investieren. Infolgedessen müssen Diversified Companies Klumpenrisiken

---

[497] Es dürfen nicht mehr als 30% in ähnliche Assets desselben Emittenten investiert werden, siehe CSSF Circulaire 07/309; dazu *Kremer/Lebbe*, Rn. 13.09.

[498] Art. 1 Abs. 1 des SICAR-G von 2004.

[499] *Kremer/Lebbe*, Rn. 2.88 f., 13.02 und 13.10.

[500] Anders noch Art. 2 AFG 1994, der das Element der Risikoverteilung enthielt, vgl. BSK-KAG/*Rayroux/Du Pasquier*, Art. 7 Rn. 6. Jedoch unterstellte die Rechtsprechung Objektgesellschaften als den Anlegerfonds ähnliche Strukturen wegen eines vergleichbaren Anlegerschutzes ebenfalls dem AFG, vgl. BGE 110, II 74, 83.

[501] Vgl. für Effektenfonds Art. 57 KAGH, Immobilienfonds Art. 62 KAG, Art. 87 KVV, übrige Fonds Art. 69 KAG. Vgl. dazu Botschaft zum KAG, S. 6458; BSK-KAG/*Bürgi/Nordmann/Moskric*, Art. 58 Rn. 6 und 62 Rn. 3 ff.

[502] Siehe allgemein Art. 10 Abs. 5 KAG und Art. 87 Abs. 5 KKV. I.E. auch BSK-KAG/*Rayroux/Du Pasquier*, Art. 7 Rn. 6; BSK-KAG/*Bürgi/Nordmann/Moskric*, Art. 62 Rn. 7.

[503] Art. 98 Abs. 3 und 102 Bst. h KAG.

[504] S. 5b(1), (2) ICA; dazu *Frankel/Schwing*, Regulation of Money Managers, § 5.08[D].

[505] *Frankel/Schwing*, Regulation of Money Managers, § 5.08[D].

vermeiden. So dürfen sie sich am sog. Underwriter-Geschäft nur in geringem Umfang beteiligen.[506] Des Weiteren muss die Diversified Company offenlegen, welche Umschlaghäufigkeit (*portfolio turnover*) sie für die Anlagegegenstände anstrebt.[507] Dies soll Anlage- statt Handelsstrategien fördern. Der Wechsel einer Diversified Company in eine Non-Diversified Company bedarf der Zustimmung der Mehrheit der Stimmrechtsaktien,[508] der umgekehrte Fall hingegen nicht.[509] Im Übrigen drängt das US-Steuerrecht auf Diversifikation, weil steuerliche Transparenz die Einhaltung der gleichlautenden, gleichwohl steuerrechtlich stipulierten Anlagegrenzen voraussetzt.[510]

Somit bestätigt die rechtsvergleichende Perspektive das bislang sich abzeichnende Ergebnis, wonach die Diversifikation kein Definitionsmerkmal der Kollektivanlage, gleichwohl aber namentlich bei Publikumsfonds häufig anzutreffendes Typusmerkmal ist.

E. Zwischenergebnis

Kollektivanlagen sind typischerweise Finanzmediäre (im weiteren Sinn). In Kollektivanlagen lassen sich alle Anlagestrategien abbilden. Eine Begrenzung auf Wertpapiere, Finanzinstrumente etc. besteht ebenso wenig wie eine Vorgabe zum offenen oder geschlossenen Typ oder die Anknüpfung an einen besonderen, etwa den öffentlichen Vertrieb.

Der Grundsatz der Risikomischung ist ein gesetzliches Merkmal offener KAGB-Investmentvermögen. Zudem verlangt das KAGB für alle Publikumsfonds Risikomischung. Die Konkretisierung des Grundsatzes resultiert jedoch gleichsam in seiner Aufhebung, jedenfalls, soweit qualifizierte (professionelle und semiprofessionelle) Anleger betroffen sind. Jenseits des Anwendungsbereichs des KAGB ist die Pflichtdiversifikation gar nicht auszumachen. Die Diversifikation ist damit nicht Definitions- und Anwendungskriterium des Rechts der Kollektivanlage. Folglich sind die in dieser Untersuchung offenzulegenden Grundstrukturen des Anlagenrechts auch auf Fonds anzuwenden, deren Anlagestrategie nicht auf Risikomischung ausgerichtet ist (Beispiel: Objektgesellschaft). Damit ist noch nichts dazu gesagt, ob der Verwalter im Rahmen seiner Anlageentscheidung Risikoerwägungen auch dann zu berücksichtigen hat, wenn die Anlagestrategie nicht auf Risikomischung ausgerichtet ist. Dies ist aber keine Frage des Anwendungsbereichs des Fondsrechts, sondern der Verwalterpflichten.[511]

---

[506] S. 12(c) ICA.
[507] S. 8(b)(1), (2), (3) ICA.
[508] S. 13(a) ICA. SEC Rule 13a-1 stuft die Durchführung einer undiversifizierten statt diversifizierten Strategie als faktischen Strategiewechsel ein.
[509] *American Research & Dev. Corp.*, 23 S.E.C. 481 (1946).
[510] Näher Dritter Teil, § 15 A.I.2.
[511] Vgl. Fünfter Teil, § 30 A.II.1.c).

§ 4 – *Zweifelsfälle*

Zweifelsfragen an der Schnittstelle zwischen kollektiver und individueller Vermögensverwaltung ergeben sich bei sog. Pooled bzw. Managed Accounts / bankinterner Sondervermögen sowie bei Ein-Anleger-Fonds.

A. Managed Accounts

An der Grenze zwischen individueller und kollektiver Vermögensverwaltung liegen die „managed accounts". BaFin und BVerwG[512] haben im Fall des Phönix Managed Account, obwohl die rechtliche Zusammenfassung des Vermögens mehrerer Anleger planmäßig und vereinbart war, die Vorschriften zur (individuellen) Finanzportfolioverwaltung mit der Folge der Pflicht zur Vermögenstrennung gem. § 34a WpHG angewendet. Die Finanzportfolioverwaltung beschränke sich nicht auf Fälle, in denen jedes Kundenvermögen in ein eigenes Portfolio aufgeteilt sei.

Kein klares Ergebnis ist aus dem Portfolio-Begriff zu gewinnen, weil das „Portfolio" keine juristische Kategorie ist. Sofern man unter einem gemeinsamen „Portfolio" ausschließlich die gemeinsame Verwaltung aufgrund eines Musterdepots nach gleichen Kriterien ohne rechtliche Verbindung versteht,[513] liegt nach dem Kriterium der geänderten Vermögenszuordnung Individualanlage vor.[514] Gleichwohl können mit der Verwaltung nach Maßgabe eines Musterdepots für die Kollektivanlage typische Zuordnungsprobleme in Bezug auf Kosten, Verwaltervergütung etc. verbunden sein.[515] Helfen die Grundsätze für parallel bestehende Treuhandverhältnisse[516] nicht weiter, mag man sich am Recht für Kollektivanlagen orientieren.[517] Sofern man darunter aber die planmäßige Vermögensbündelung versteht, ist diese zusammen mit dem Tatbestand der Anlageverwaltung in § 2 Abs. 3 S. 3 WpHG seit dem Jahr 2009 auch aufsichtsrechtlich anerkannt. Denn die Vorschrift verweist nicht auf die Pflicht zur

---

[512] BVerwGE 116, 198. Dazu BGHZ 186, 58 (zivilrechtlicher Ersatzprozess gegen die Sparkasse, die für den Phönix Managed Account Konten für die Einzahlung von Kundengeldern führte; der BGH lehnt eine Drittwirkung des Kontoführungsvertrags zugunsten der geschädigten Anleger ab).

[513] Vgl. *Sethe*, S. 37f. Eine rechtliche Verbindung in Form einer Sammelverwahrung in einem Depot (sog. omnibus accounts) hat das BVerwG für unzulässig gehalten, BVerwGE 116, 198 Rn. 41ff.

[514] I.E. auch *Sethe*, S. 38 (auf anderer Argumentationsgrundlage); ebenso für das US-amerikanische Recht SEC Investment Company Act, Release 22,579; Investment Advisers Act Release No. 1623 vom 31.3.1997.

[515] Näher *Sethe*, S. 789ff.; Berger/*Köndgen*, § 1 Rn. 18.

[516] *Löhnig*, Treuhand, S. 345ff.

[517] So geschehen bei VG Frankfurt a.M., NZG 2009, 1230 (Anwendung der Grenze des § 125 InvG für die Kostenvorausbelastung auf Sparpläne, deren Durchführung als Finanzportfolioverwaltung eingestuft wurde).

Vermögenstrennung gem. §34a WpHG. Seit Inkrafttreten des KAGB sollte dem Streit die Schärfe genommen sein. Die Schnittstelle zwischen Organismus für gemeinsame Anlagen und Individualverwaltung ist mit der rechtlichen Bündelung mehrerer Vermögen klar bestimmt.[518]

Diese Grenzziehung lässt sich mit einem Bick auf andere Rechtsordnungen – wenn auch nicht eindeutig – belegen, so doch wenigstens für den EWR verdeutlichen. So sind nach englischem Recht „pooled accounts" kein Collective Investment Scheme, wenn getrennte Vermögen nur gemeinsam verwaltet werden.[519] Dafür dürfen weder die Einzahlungen, noch das Kapital oder die Erträge „gepoolt" sein, noch darf der Verwalter die einzelnen Gegenstände als eine Vermögensgesamtheit behandeln und verwalten. Jegliche Vermögensvermischung führt zur CIS-Qualifikation. Zu denselben Ergebnissen gelangt man nach liechtensteinischem Recht, das nach der Gemeinsamkeit der Anlage fragt.

Das luxemburgische Recht rekurriert dagegen auf den „Organismus": Das OPC-G und FIS-G ist jeweils auf Organismen für die gemeinsame Kapitalanlage (*organisme de placement collectif*) anzuwenden.[520] Bis zur Umsetzung der AIFM-RL wurden kollektive, ungeteilte Depositen als „collective saving funds" erfasst. Managed Accounts sollten bereits kein Organismus sein,[521] wenn sie für mindestens 20 Sparer zur Schaffung attraktiver Finanzbedingungen gemeinschaftlich verwaltet wurden. Für solche Strukturen galten zum Schutz der Sparer spezielle CSSF-Regeln.[522] Zudem führte der Gebrauch der in Luxemburg im Jahr 2003 neu geschaffenen[523] *fiducie* – einer Trust-Form – zu einem Organismus für gemeinsame Anlagen in Person des Verwalters, wenn der Anteil der Anleger verbrieft war.[524] Seit Umsetzung der AIFM-RL muss auch hier die An-

---

[518] *Zetsche/Preiner*, WM 2013, 2103 f.

[519] S. 325 (3)(a) und (b) sowie (5) FSMA i.V.m. No. 6 der Schedule zur The Financial Services and Markets Act 2000 (Collective Investment Schemes) Order 2001, S.I. 2001/1062. Nach Umsetzung der AIFM-RL vgl. FCA PS 13/105, Question 2.40. ("An individual investment management arrangement falls outside the definition of an AIF as there is no pooling and thus no CIU. [...] If the individual investment management agreements are being run on a common basis and as a single economic undertaking, then the arrangements may be considered as a single CIU. That means that the arrangements will be an AIF [...] Pooling for these purposes does not require that the underlying property is pooled. There must be pooling of capital, risk and return. If the capital is invested on a collective basis (in a way that creates pooled risk, for example by investment in a single project) there may be a single CIU. A firm that manages the portfolios of a number of separate clients using the same investment strategy and taking advantage of economies of scale does not, for that reason, stop being an individual portfolio manager. [...] Therefore, a scheme may be a CIU if it is part of the scheme's investment policy for investors' holdings to be managed as a single holding.").

[520] Art. 2 Abs. 1, 113 OPC-G; Art. 1 Abs. 1 FIS-G.

[521] Parl. Doc. No. 5085, Expl. St. 14.

[522] Art. 28–7 des Gesetzes vom 5. April 1993 betreffend den Finanzsektor (Rec Lég Pl Fin 97) in der Fassung des Gesetzes vom 2. August 2003 (Mémorial A 2003, 2374).

[523] Gesetz vom 27. Juli 2003 zu Trusts und Treuhandverträgen (Mémorial A 2003, 2620), in der Fassung des Gesetzes vom 20. März 2004.

[524] *Kremer/Lebbe*, Rn. 2.176 f.

knüpfung an das Merkmal der Gemeinsamkeit gelten.[525] Demnach bündelt der Organismus das eingesammelte Kapital zur Erzielung einer Gemeinschaftsrendite für die Anleger.[526]

Schweizerische interne Sondervermögen, bei denen die Sondervermögen sogar zusammengefasst sind, unterstehen dem KAG, mit der Folge einer Bewilligungspflicht für die konstituierenden Dokumente, wenn für sie Anteilsscheine ausgegeben werden oder die Sondervermögen vertrieben werden (Art. 4 KAG). Im Übrigen gilt allgemeines Bankrecht.

Größere praktische Bedeutung haben die Pooled oder Discretionary Trading Accounts im US-Recht wegen der Grenzziehung zwischen SEC- und Bankenaufsicht: So war bis in die 1970er Jahre hinein die Bildung eines gemeinschaftlichen Vermögens konstitutiv für die Abgrenzung der Investment Contracts von sonstigen Finanzdienstleistungen.[527] Nach einem Urteil aus dem Jahr 1972 genügte es nicht, dass ein Broker dieselben Verträge mit anderen Bankkunden abschließt, um den Anwendungsbereich des ICA zu eröffnen. Es handele sich nicht um eine Security i.S.d. ICA, weil die identische Verträge abschließenden Anleger nicht an derselben Unternehmung beteiligt seien. Dafür sei die Zusammenfassung der Vermögensgegenstände (Pooling) maßgeblich, wodurch es zur Abhängigkeit der Erträge des einen von denen der übrigen Anleger im Sinne einheitlicher Gewinne und Verluste komme.[528] Diese Rechtsprechung wird noch heute als *horizontal commonality*-Test von den meisten Gerichten praktiziert.[529]

---

[525] ESMA/2013/611, S. 6 f.; für collective savings funds und fiducie a.A. *Kremer/Lebbe*, Rn. 21.175, mit dem Hinweis, es fehle ein "undertaking". Allerdings füllt ESMA den Begriff des „undertakings" mit den AIF-Merkmalen aus, so dass dem Begriff keine eigenständige Abgrenzungswirkung zukommt.

[526] ESMA/2013/611, S. 6.

[527] Z.B. so noch SEC, Report of the Advisory Committee on Investment Management Services for Individual Investors, Small Account Investment Management Services, Fed. Sec. L. Rep. (CCH) no. 465, Pt. III (1973), S. 22 ff.

[528] *Milnarik v. M-S Commodities Inc.*, 457 F.2d 274, 276 f. (7th Cir. 1972) (discretionary trading account betreffend commodity futures ist keine security).

[529] *SEC v. SG Ltd.*, 265 F.3s 42, 50 (1st Cir. 2001) (horizontal commonality requirement is "majority view"). Im Einzelnen *Hirk v. Agri-Research Council*, Inc., 561 F.2d 96, 99 (7th Cir. 1977) (discretionary trading account ist keine security); *Salcer v. Merrill Lynch, Pierce, Fenner & Smith, Inc.*, 682 F.2d 459, 460 (3rd Cir. 1982) (commodity trading account); *Curran v. Merrill Lynch, Pierce, Fenner & Smith, Inc.*, 622 F.2d 216, 219 (6th Cir. 1980), aff'd on other grounds, 456 U.S. 353 (1982) (discretionary commodity trading account ist kein investment contract); *Hart v. Pulte Homes of Mich. Corp.*, 735 F.2d 1001, 1003 (6th Cir. 1984); *Deckebach v. La Vida Charters, Inc.*, 867 F.2d 278, 283 (6th Cir. 1989); *Wals v. Fox Hills Dev. Corp.*, 24 F.3d 1016, 1017, 1018 (7th Cir. 1994), dazu *Shook*, (1995) 30 Tulsa L.J. 727; *Revak v. SEC Realty Corp.*, 18 F.3d 81, 87 (2d Cir.1994); s.a. *SEC v. Lauer*, 52 F.3d 667, 670 (7th Cir. 1995), wo Pooling beabsichtigt war, aber es dazu mangels einer Anlegermehrzahl nicht kam; *SEC v. Life Partners*, Inc., 87 F.3d 536 (D.C. Cir. 1996) (Anlage in anteilige Ansprüche aus Lebensversicherungsverträgen i. E. kein investment contract, weil keine "efforts" nach Anlage); i.E. a.A. *SEC v. Mutual Benefits Corp.*, No. 04–14850 (2005) (11th Cir.) (investment contract auch,

Seit den 1970er Jahren rücken einige Gerichte vom *horizontal commonali-ty*-Test ab. Einerseits berufen sich Geschädigte von Rohstoff-Beteiligungen mit Erfolg auf die Securities-Eigenschaft der Anlage.[530] Andererseits bemüht sich die SEC, ihre Zuständigkeit (und damit die Geltung des ICA) für vertragliche Beteiligungsmodelle zu begründen, die Geschäftsbanken, die nicht der SEC-sondern der Bank-Aufsicht unterlagen, ihren Privatkunden anbieten.[531] In diesen „discretionary management programs" legt ein Verwalter Gelder für eine Vielzahl von Anlegern aufgrund einer einheitlichen Anlagestrategie und –technik an. Seither begründet nach Auffassung der SEC die im Wesentlichen gleiche Verwaltung von Vermögen mehrerer Bankkunden durch eine Bank die Anwendbarkeit des ICA.[532] Für individuell verwaltete Accounts hat die SEC im Jahr 1997 eine safe-harbour-Regelung erlassen,[533] deren wesentliche Elemente die Verwaltung nach persönlichen Interessen, das Recht des Anlegers zur Rücknahme oder Veräußerung einzelner Wertpapiere aus dem Depot, das Recht zur Stimmrechtsausübung aus Aktien und die Position des Anlegers als Rechtein-haber gegenüber dem Emittenten eines Wertpapiers sind. Auf dieser Grundlage hat die SEC im Jahr 2001 den Wunsch des Branchenverbands abgelehnt, seitens des Anlegers variierbare Folio-Programme als Investment Company einzustufen.[534] Die Gerichte sind dem vereinzelt gefolgt. So genügt dem Bundesgericht des 5th Circuit für die Anwendbarkeit des ICA in einem Fall die Abhängigkeit

---

wenn wesentliche Verwaltertätigkeit bereits abgeschlossen ist). Kritisch z.B. *Borsani*, (2008) 10 Duq. Bus. L.J. 1; *Albert*, (2011) 2 Wm. & Mary Bus. L. Rev. 1 (mit Fokus auf das Versiche-rungsgeschäft).

[530] *Bines/Thel*, (1997–98) 58 Ohio St. L.J. 459, 462 f.; *Bines/Thel*, Investment Management, S. 87.

[531] *SEC v. First Nat'l City Bank*, SEC Litigation Release No. 4534, 1970 WL 104562 Fed Sec. L. Rep. (CCH) ¶92,592 (Feb 6, 1970). Der Konflikt zwischen dem US-Bankrecht und der Reichweite des Investment Companies Act ist bis heute nicht geklärt. Siehe aus der Rechtspre-chung des Supreme Court *Board of Governors, FRS v. Investment Co, Inst.*, 450 U.S. 46 (1981) (das Gericht bestätigt eine Änderung der Bankregularien des FRSB, wonach Banken Investment Adviser von closed-end Investment Companies sein dürfen; das Gericht erkennt keinen Verstoß gegen den Bank Holding Company Act); *Investment Co. Inst. v. Camp*, 401 U.S. 617 (1971) (Betrieb eines collective investment fund der Art, wie er vom Comptroller of the Currency genehmigt wurde und in direktem Wettbewerb zu mutual funds steht, durch eine Bank verletzt Glass Steagal Act); *Lewis v. BT Investment Managers, Inc.*, 447 U.S. 27 (1980) (ein Gesetz eines Bundesstaates darf einer Bank nicht das Angebot von Investment Advisory Services untersagen); Überblick bei *Willis*, (1995) Colum. Bus. L. Rev. 221.

[532] SEC, Status of Investment Advisory Programs Under the Investment Company Act of 1940, Investment Company Act Release No. 21, 260 [1995 Transfer binder] Fed Sec. L. Rep. (CCH) ¶ 85,646 (July 27, 1995). Befürwortend, weil die den Anlegern drohenden Gefahren identisch seien, *Bines/Thel*, (1997–98) 58 Ohio St. L.J. 459, 500, 508 ff.

[533] Rule 3a(4) gemäß ICA.

[534] Vgl. SEC, Letter in Response to Petition for Rulemaking from ICI (Aug 23, 2001). Fo-lio-Programme bestehen aus drei Stufen: 1. Der Anleger wählt ein vorgefertigtes Portfolio aus. 2. Er kann das Portfolio beliebig varriieren. 3. Durch Eingabe der persönlichen Daten und Präferenz in ein Computer-Programm erhält der Anleger standardisierte Aussagen zu den Effekten des Erwerbs oder der Veräußerung einzelner Finanzinstrumente.

des Anlageergebnisses von dem Anlageerfolg des Verwalters. An die Stelle der rechtlichen Verbindung der Mittel mehrerer Anleger tritt die Ergebnisbeteiligung pro rata.[535] Diesen *Broad Vertical Commonality*-Test lehnt die h.M. aufgrund systematischer Unstimmigkeiten und wegen dessen expansiver Rechtsfolge ab.[536] Das Gericht des 9th Circuit vertritt einen engeren *Vertical Commonality*-Test, wonach eine Korrelation von Anlageerfolg des Anlegers und Verwaltervergütung genügt.[537] Dieser grenzt Kommissionsgeschäfte aus, bezieht jedoch identisch verwaltete, ansonsten aber rechtlich unabhängige Managed Accounts ein.

Die expansiven Tendenzen des Vertical Communality-Tests verschieben die hier etablierte Trennlinie zwischen planmässig gebündelten und nur ökonomisch identisch verwalteten Vermögen nicht. Das stärkste Argument zugunsten der extensiven Interpretation des US-Aufsichtsrechts – das identische Missbrauchspotential – lässt sich auf das EU-Recht nicht eins zu eins übertragen. Unabhängig von der Einstufung als „Security" ist die individuelle Vermögensverwaltung von in Finanzinstrumenten angelegten Vermögen seit Umsetzung der MiFID im ganzen EWR Finanzdienstleistung (§ 2 Abs. 3 Nr. 7 WpHG). Es gilt ein Aufsichtsregime, das insbesondere im Bereich der getrennten Verwahrung von Kundengeldern (§ 34a WpHG) strenger als das für die kollektive Anlageverwaltung (§ 2 Abs. 3 S. 3 WpHG) geltende Recht ist, während die Eigenmittelausstattung der Verwalter identisch ausfällt.[538] Sofern die Anlagebezie-

---

[535] Vgl. *SEC v. Continental Commodities Corp.*, 497 F.2d 516, 521 f. (5th Cir. 1974) (a common enterprise is "one in which the fortunes of the investor are interwoven with and dependent upon the effort and success of those seeking the investment or of third parties."); *SEC v. Glenn W. Turner Enterprises, Inc.*, 474 F.2d 476, 482 n.7 (9th Cir. 1973), cert. denied, 414 U.S. 821, 94 S.Ct. 117, 38 L.Ed.2d 53).

[536] Z.B. *Revak v. SEC Realty Corp.*, 18 F.3d 81, 87f. (2d Cir. 1994) (betreffend falsche Darstellung bei Immobilienprojekt, im Ergebnis investment contract abgelehnt); *Curran v. Merrill Lynch, Pierce, Fenner & Smith, Inc.*, 622 F.2d 216, 222f. (6th Cir. 1980), aff'd on other grounds, 456 U.S. 353 (1982) (betreffend discretionary commodity trading account, im Ergebnis investment contract abgelehnt); *Gordon*, (1988) Colum. Bus. L. Rev. 635, 664f. (mit eigenem "multiplicity test", der danach fragt, ob alle Anleger grundsätzlich identisch zum Verwalter stehen und eine Security bei Individualabsprachen ablehnt, S. 666ff.); *Monaghan*, (1995) 63 Ford. L. Rev. 2135, 2161 f. (für gleiche Ergebnisse aufgrund eines hybriden Ansatzes aus Horizontal und engerem Vertical Commonality-Test); *Loss/Seligman*, Securities Regulation, 933 ("Unless two or more persons in some sense share in the profitability of an undertaking, it is difficult to argue that there is a common enterprise."); *Frankel/Schwing*, § 5.07[C] ("a high probability that the Supreme Court will hold "vertical commonality" insufficient to satisfy the "common enterprise" feature of a security"). Freundlich demgegenüber *Bines/Thel*, (1997–98) 58 Ohio St. L.J. 459, 475 ff. (wirtschaftlich gleiche Behandlung sei Ausdruck der Entindividualisierung der internen Abläufe).

[537] *SEC v. R.G. Reynolds Enters., Inc.*, 952 F.2d 1125, 1130 (9th Cir. 1991); *SEC v. Goldfield Deep Mines Co. of Nevada*, 758 F.2d 459, 463 (9th Cir.1985). Dafür *Monaghan*, (1995) 63 Ford. L. Rev. 2135, 2161 f.; dagegen *Gordon*, (1988) Colum. Bus. L. Rev. 635, 664.

[538] Finanzdienstleistungsunternehmen ohne Eigenhandel (§ 33 Abs. 1 Nr. 1 Bst. b KWG) sowie externe KVGs (§ 25 Abs. 1 Nr. 1 Bst. b KAGB) benötigen ein Anfangskapital von 125 000 €, die interne KVG (§ 25 Abs. 1 Nr. 1 Bst. a KAGB) hingegen 300 000 €. Zudem müs-

hung keine Vermögensvermischung vorsieht, ist die Einstufung als individuelle statt kollektive Anlage geboten. Dem verbleibenden Schutzbedarf im Hinblick auf die individuelle Vermögensverwaltung anderer Anlagen als Finanzinstrumente genügt das Vertragsrecht.

B. Ein-Anleger-Fonds

An inländischen Spezial-AIF nach §§ 279 ff. KAGB ist typischerweise nur ein Anleger beteiligt.[539] Dies ruft die Frage hervor, ob Ein-Anleger-Fonds der kollektiven oder individuellen Vermögensanlage zuzurechnen sind.

I. Spezialfonds

Spezialfonds erreichen das Anlagevolumen der Publikumsfonds.[540] Der Umfang von Rechtsprechung[541] und juristischem Schrifttum[542] zur Thematik fällt demgegenüber bescheiden aus.

§ 1 Abs. 6 KAGB definiert Spezial-AIF als "AIF, deren Anteile auf Grund von schriftlichen Vereinbarungen mit der Verwaltungsgesellschaft oder auf

---

sen Finanzdienstleistungsunternehmen und KVGs Eigenmittel vorhalten, die mindestens einem Viertel ihrer Kosten entsprechen (§ 25 Abs. 4 KAGB, Art. 97 CRR).

[539] So in allen zu Spezialfonds veröffentlichten Entscheidungen, vgl. OLG Frankfurt a.M., BKR 2008, 341; OLG Frankfurt a.M. vom 3.7.2007, 5 U 22/06 (Juris); OLG Celle, WM 2009, 1652. S.a. *Reiss*, S. 32.

[540] Im November 2014 lagen von den 2.374 Mrd. € nach deutschem Recht organisierten Fondsvermögen ca. 1.221 Mrd. € in Spezialfonds, vgl. BVI, Zahlenwerk des deutschen Investmentmarktes.

[541] Vgl. dazu OLG Celle, WM 2009, 1652 (Streit zwischen KAG und einzigem Anleger über ungedeckte Optionsgeschäfte und Verstoß gegen Leerverkaufsverbot des § 59 InvG – Fokus auf Sorgfalt eines ordentlichen Kaufmanns); OLG Frankfurt, BKR 2008, 341 (Streit zwischen KAG und einzigem Anleger über Versäumung der Aktienkurssicherung durch Stop-Loss-Order – Fokus auf Anlageermessen); OLG Frankfurt a.M. vom 3.7.2007, 5 U 22/06 (Juris) (keine Haftung für fehlerhafte Verwaltung wegen fehlender Kurssicherung bei einem für den Geschädigten aufgelegten Spezialfonds); BSG, SBg 2007, 103 (Anlage einer Krankenkasse in Spezialfonds mit 30% Aktienanteil);

[542] Vgl. *v. Gronau*, Spezialfonds (1985); *Kestler/Benz*, BKR 2008, 403, 406 f.; *Thömmes*, ZFiR 2009, 550, 578 ff. (Immobilienspezialfonds) sowie aus steuerlicher Sicht *Hammer*, Spezialfonds (2007); *Otterbach*, Spezialfonds (2004); *Schaber*, DB 1994, 993 (mit kritischer Analyse). Handbuchartige Abhandlungen bei *Kandlbinder*, Spezialfonds (1991); *Kleeberg/Uhlenbruch*, Handbuch Spezialfonds (2005); *Laux/Päsler*, Spezialfonds (2001). Zur Bilanzierung, Bewertung und Wirtschaftsprüfung *Clemm/Huber*, WPg 1989, 289; *Häuselmann*, BB 1992, 312; *Loitz/Sekniczka*, WPg 2006, 355; *Lopatta/Kerstin*, WPg 2007, 296; *Weber/Böttcher/Griesemann*, WPg 2002, 905; *Weigel*, FS Alte Leipziger, S. 185. Aus betriebswirtschaftlicher Sicht *Maurer*, Spezialfonds (1995); *Münstermann*, Spezialfonds (2000); *Loipfinger*, Marktanalyse (2006); *Zemp*, Immobilien-Spezialfonds (2007); zum Anlageverhalten der Spezialfondsinvestoren *Götz*, Institutionelle Bedingungen (1991). Allgemeine Darstellungen bei *Eberstadt*, LfK 1987, 400; *Herzog*, ZfgKW 2004, 874; *Kandlbinder*, LfK 1987, 404; *ders.*, ZfgKW 1991, 689; ZfgKW 1992, 687; *ders.*, ZfgKW 1999, 822; *Kruppa*, ZfgKW 1991, 1142; *Platzek*, LfK 1991, 598; *Stolzenburg*, ZfgKW 1985, 277.

Grund der konstituierenden Dokumente des AIF nur von professionellen Anlegern nach § 1 Abs. 19 Nr. 32 und semiprofessionellen Anlegern nach § 1 Abs. 19 Nr. 33 KAGB gehalten werden dürfen". Ebenfalls muss schriftlich vereinbart werden, dass die Anteile nur mit Zustimmung der KVG von den Anlegern übertragen werden.[543] Im Gegenzug sind Spezial-AIF von anlegerschützenden Anlage- und Vertriebsvorschriften befreit. So sind z.b. anstelle eines Verkaufsprospektes nur die in § 307 KAGB enumerativ genannten Informationen sowie der Jahresbericht zur Verfügung zu stellen.[544]

Üblich ist die Konzeption eines Spezialfonds für einen professionellen Anleger. Insbesondere Versicherungen sichern mit Spezial-Sondervermögen ihre Leistungspflichten.[545] Ebenso handeln Unternehmen der betrieblichen Altersversorgung, Sozialversicherungsträger,[546] sonstige Vorsorgeeinrichtungen[547] sowie Kreditinstitute und Stiftungen im Rahmen der planmäßigen Vermögensanlage. Mit Spezialfonds lassen sich gegenüber der Direktanlage flexible Anlagestrategien realisieren und Anlagehindernisse überwinden. Zugleich sind offene Spezial-Investmentfonds gem. § 15 InvStG steuerlich privilegiert.[548] Z.B. können Kursgewinne, die anlässlich der Veräußerung von Wertpapieren realisiert werden, auf Ebene des Fonds steuerfrei thesauriert werden. Die externe Organisation der Altersversorgung mittels Sondervermögen anstelle von Pensionszusagen des Unternehmens entlastet die Bilanz sowie die langfristige Liquidität des Versorgungspflichtigen[549] und erleichtert die periodengerechte Zuweisung von Kosten zu Einnahmen. Des Weiteren mögen die Intransparenz der Wertentwicklung *einzelner* Vermögensgegenstände infolge Saldierung aller Vermögensbewegungen sowie die Ergebnisgestaltung durch Verrechnung vergangener Abschreibungen mit zukünftigen Erträgen sowie die Gestaltung der Ausschüttungen erwünscht sein.[550] Versicherungen müssen schließlich das Ver-

---

[543] § 277 KAGB, ähnlich bereits § 92 InvG. Nach einer Literaturauffassung, die sich selbst als herrschend bezeichnet (Berger/Steck, § 92 Rn. 3) hindert das Zustimmungserfordernis die rechtswirksame Übertragung der Anteile nicht, so auch Emde/Zirlewagen, § 93 Rn. 10. Nach der Gegenauffassung von *Köndgen/Schmies*, Bankrechtshandbuch, § 113 Rn. 94 entfaltet das Zustimmungserfordernis im Ergebnis dingliche Wirkung, weil der Anteilsschein ein Forderungsrecht verbrieft und gem. § 399 BGB die Fungibilität von Forderungsrechten eingeschränkt werden kann.

[544] Vgl. §§ 307 und 308 KAGB sowie Kapitel 5, Artikel 103 ff. AIFM-VO. Dazu Möllers/Kloyer/Zetzsche, S. 140 ff.; Zetzsche/Zetzsche/Eckner, S. 333 f.; Möllers/Kloyer/Weitnauer, S. 161 f.

[545] Vgl. *Maurer*, Spezialfonds, S. 3 (Stand 1995): 52% des Fondsvermögens.

[546] Vgl. das Muster für Besondere Vertragsbedingungen für ein Spezial-Sondervermögen für Sozialversicherungsträger mit allen Anlagemöglichkeiten (Stand: 27. April 2009).

[547] Insbesondere Pensionskassen und -fonds und berufsständische Versorgungseinrichtungen (z.B. Anwaltsversorgungswerk), vgl. Zemp, Immobilien-Spezialfonds, S. 7 ff.

[548] Siehe zur Rechtslage unter dem AIFM-Steuer-Anpassungsgesetz v. 18.12.2013, BGBl. (2013), 4318; *Wolf/Brielmaier*, DStR 2014, 1040; *Elser/Stadler*, DStR 2014, 23.

[549] *Zemp*, Immobilien-Spezialfonds, S. 86 ff.

[550] *Otterbach*, Spezialfonds, S. 260; *Weigel*, FS Alte Leipziger, S. 198. Das weitere Argu-

mögen nach Sicherungsvermögen, sonstigem gebundenen Vermögen und freiem Vermögen unterteilen[551] und das Sicherungsvermögen sowie das sonstige gebundene Vermögen nach den Grundsätzen der Sicherheit, Rentabilität, Liquidität und der Risikomischung und -streuung anlegen (§ 54 Abs. 1 VAG). Zur Gewährleistung der gebotenen Sicherheit verlangt die BaFin eine Quotenbildung nach Anlagegegenständen, wofür versicherungsaufsichtsrechtliche Transparenz (also ein Durchblick durch den Fonds) verordnet ist. Diese ist bei Spezialfonds gegeben.[552]

II. Kollektive Vermögensanlage?

1. Rechtslage unter dem KAGB

Die *Kollektiv*anlage scheint prima facie mit derartigen Ein-Anleger-Fonds unvereinbar. Das KAGB verzichtet indes auf eine Mindestanlegerzahl. Ausdrücklich wird in § 1 Abs. 1 S. 2 KAGB klargestellt: „Eine Anzahl von Anlegern im Sinne des Satzes 1 ist gegeben, wenn die Anlagebedingungen, die Satzung oder der Gesellschaftsvertrag des Organismus für gemeinsame Anlagen die Anzahl möglicher Anleger nicht auf einen Anleger begrenzen".[553] Der potenzielle Mehr-Anleger-Fonds ist dem echten Mehr-Anleger-Fonds gleichgestellt. Damit ist es allein formelle Gestaltungsfrage, ob man sich der Regelung für die kollektive oder die individuelle Vermögensverwaltung unterstellt.

Hintergrund der liberalen Regelung ist die unter dem InvG herrschende sog. Destinatärstheorie oder Transparenzhypothese, wonach Ein-Anleger-Spezialfonds „gebündeltes Sozialkapital" sein sollen.[554] Der Fonds ist dann als Vehikel hinwegzudenken, also im Rechtssinn transparent. Es genügt, wenn eine Anlegermehrzahl hinter dem Kunden des Verwalters steht. So kann z.B. die betriebliche Altersvorsorge über einen Spezialfonds organisiert werden, an dem nur ein betrieblicher Träger beteiligt ist, bei dem das Kapital einer Vielzahl von Rentenberechtigten gebündelt ist. Konzernunternehmen mit einer beliebigen Anzahl von Tochterunternehmen können die betriebliche Altersversorgung in einem einzigen Spezialfonds organisieren. Überwiegend befürwortet wird auch

---

ment einer stillen Reservenbildung ist dagegen mit der IFRS-Bilanzierung der meisten Großunternehmen und der Anpassung der HGB an die Fair-Value-Bilanzierung entfallen.

[551] § 54 Abs. 1 VAG.

[552] *Thömmes*, ZfIR 2009, 581.

[553] Dies entsprach vor Inkrafttreten des KAGB der Auffassung der Praxis, vgl. *Helios/Schmies*, BB 2009, 1100, 1105; krit. Berger/*Köndgen*, § 2 Rn. 8; *Köndgen/Schmies* in Bankrechtshandbuch, § 113 Rn. 94; Emde/*Verfürth*, § 1 Rn. 45; zur Rechtslage nach der AIFM-RL siehe ESMA/2013/611, S. 7; Dornseifer/*Tollmann*, Art. 2 Rn. 44 ff.; Baur/Tappen/*Jesch* § 1 Rn. 9.

[554] Beckmann/*Beckmann*, § 2 Rn. 18 f., 28; Brinkhaus/*Zeller*, § 1 Rn. 36; *Kandlbinder*, Spezialfonds, S. 35 f.; *Helios/Schmies*, BB 2009, 1105; dazu kritisch Berger/*Köndgen*, § 2 Rn. 8; Dornseifer/*Tollmann*, Art. 2 Rn. 48 ff.; zur Relevanz des Kriteriums für den AIF-Begriff *Zetzsche/Preiner*, WM 2013, 2104.

die Zulässigkeit einer Personengesellschaft oder Personenmehrheit als einziger Anleger eines Fonds, sofern sich der Kreis der Begünstigten nach Gründung des Fonds nicht erweitert.[555]

2. Ausländisches Recht

Die Erweiterung von dieser inhaltlichen Erwägung zu einer rein formellen Gestaltungsentscheidung unter dem KAGB erklärt sich mit dem Konkurrenzdruck, den die Öffnung des Fondsbegriffes für sog. Millionärsfonds in anderen Rechtsordnungen entfaltet hat. Die Begründung für die Zulässigkeit der Ein-Anleger-Fonds fällt indes unterschiedlich aus. So verfolgt das schweizerische KAG noch eine strenge Variante der Destinatärstheorie[556] und öffnet Ein-Anleger-Fonds nur für Einrichtungen der beruflichen Vorsorge, Lebensversicherungen und Sozialversicherungsträger. An Kommanditgesellschaften für die kollektive Kapitalanlage müssen dagegen mindestens zwei Anleger beteiligt sein (Art. 5 KKV).

Obwohl die nach dem US-amerikanischen ICA für einen Investment Contract erforderliche rechtliche Verbindung mehrerer Anleger („company") bei einem Ein-Anleger-Fonds nicht eintritt, kann auch nach US-Recht ein Ein-Anleger-Fonds Investment Contract sein, wenn der Initiator die Beteiligung mehrerer Anleger nur in Aussicht stellt.[557]

Noch großzügiger verhält es sich in Luxemburg. Für luxemburgische Spezialfonds (FIS) genügt die Anlage jedes sachkundigen Anlegers.[558] Dies fußt nicht auf dogmatischen Gründen, sondern allein auf Standorterwägungen: Nachdem die strengere Variante der Destinatärstheorie in Deutschland zunächst Millionärsfonds aus Steuergründen ausschloss, hat Luxemburg mit dem Spezialfondsgesetz (FIS-G), das reine Millionärsfonds zulässt, die Nachfrage bedient. Auch das liechtensteinische Recht lässt sog. Millionärsfonds für eine Person zu.[559]

---

[555] Schreiben des BAKred vom 29.11.1990 an den BVI zur Abgrenzung von Spezialfonds von Publikumsfonds – V4/01, abgedruckt bei Beckmann, 438 Nr. 56; Beckmann/*Beckmann*, § 2 Rn. 18 f., 28; *Kandlbinder*, Spezialfonds, S. 35 f.; Brinkhaus/*Zeller*, § 1 Rn. 39; ESMA/2013/611, S. 7; Dornseifer/*Tollmann*, Art. 2 Rn. 48 ff.; zum Konzernprivileg der AIFM-RL siehe *ders.* Art. 2 Rn. 8; Emde/*Verfürth*, § 2 Rn. 29; Assmann/Schütze/*Eckhold*/*Balzer* § 22, Rn. 38; a. A. Berger/*Köndgen*, § 2 Rn. 7.

[556] Zur alten Rechtslage (fünf Anleger) BSK-KAG/*Rayroux*/*Du Pasquier*, Art. 7 KAG Rn. 18; zur Frage der Mindestanlegerzahl als „safe harbour" *Raimondi*, GesKR_2012, 101 f und *Lezzi*, Rn. 114.

[557] Für US-ICA *SEC v. Lauer*, 52 F.3d 667, 670 (7th Cir. 1995). Wenn die Darstellung des Verwalters ein Pooling der Mittel mehrerer Anleger erwarten lässt, ist ein Investment Contract gegeben und der ICA anzuwenden, und zwar auch dann, wenn nur ein Anleger investiert.

[558] Art. 1 Abs. 1 FIS-Gesetz von 2007 und CSSF Circulaire 07/283, unter I. und II.; *Kremer*/*Lebbe*, Rn. 2.73.

[559] Art. 66 Abs. 2 Ziff. 3 AIFMV (als qualifiziert gelten auch Anleger, die einen schriftlichen Vermögensverwaltungsvertrag abgeschlossen haben); vgl. bereits die Vorgängerbestimmung Art. 29 Abs. 2 IUG 2005.

Soweit ersichtlich, sind einzig in England Single Investor Funds unzulässig: In englische unregulated CIS („private investment funds") müssen immer mehrere Anleger[560] investieren. Die FCA betont sogar, dass lediglich nominelle Kleinstinvestments des Treuhänders keine Anlegermehrzahl darstellen.[561]

Eine solche Mehrzahl verlangt zwar der Wortlaut der AIFM-RL. Gem. Art. 4 Abs. 1 Bst. b AIFM-RL[562] sind AIFs Fonds, deren Anteile von einer Anlegermehrzahl gehalten werden. Jedoch lässt die Auslegungsempfehlung der ESMA auch potentielle Mehr-Anleger-Fonds zu.[563]

Diese Auslegung ist zu befürworten. Aus dem Wortlaut der AIFM-RL ist kein Argument gegen die Zulässigkeit von Ein-Anleger-Fonds in Form potentieller Mehr-Anleger-Fonds zu gewinnen. Denn einerseits regelt die Richtlinie nicht, ob auf den Kunden der Verwaltungsgesellschaft oder den bzw. die wirtschaftlich Berechtigten abzustellen ist. Im zweiten Fall wäre der Weg für die Destinatärstheorie bzw. Transparenzhypothese eröffnet. Andererseits sprechen die besseren Argumente für die generelle Zulässigkeit von Ein-Anleger-Fonds. So kennt das moderne Organisationsrecht keine Mindestzahl für Kapitalgeber mehr: Ein-Personen-Aktiengesellschaften und -GmbH&Co. sind zulässig, und dies aus gutem Grund: Zu leicht lassen sich zahlenmäßige Vorgaben durch Strohleute oder Scheinanleger umgehen. Ein Rechtssystem muss auch auf effiziente Durchsetzung bedacht sein.

Der enge, eine Mehrzahl fordernde Fondsbegriff war primär an der Erhaltung des Steuersubstrats ausgerichtet. Diesem Anliegen ist durch strenge Handhabung des Kriteriums der Fremdverwaltung zu entsprechen: Mischt sich der Anleger in die Verwaltung des Vermögens ein, entfällt die Fremdverwaltung und *deshalb* – aber nicht mangels Anlegermehrzahl – die Eigenschaft als Kollektivanlage.

C. Perspektive: Objektive oder subjektive Sicht?

Schließlich ist zweifelhaft, welche Perspektive für die Ermittlung der Kollektivanlageneigenschaft maßgeblich ist. Das BVerwG[564] hat die Selbsteinstufung der

---

[560] *Spangler*, Private Investment Funds, Rn. 5.12 n. 19 (mehr als ein Anleger).

[561] Vgl. FCA PS13/5, S. 14 („[...] a limited partnership in which there is a single limited partner making a substantive contribution and a general partner making a nominal £1 contribution, will not be an AIF, [ ] A wholly nominal investment by an investor would not, in our view, meet the requirement for capital to be invested for the benefit of such an investor in accordance with a defined investment policy").

[562] Vgl. „jeder Organismus für gemeinsame Anlagen einschließlich seiner Anlagezweige, der von einer Gruppe von Anlegern Kapital einsammelt, um es gemäß einer festgelegten Anlagestrategie zum Nutzen der betreffenden Anleger zu investieren (Englisch „a number of investors", Französisch „qui lève des capitaux auprès d'investisseurs").

[563] ESMA/2013/600, Annex III, Abschnitt VIII.

[564] BVerwGE 116, 198.

Anlageorganisation als kollektives Anlagemodell für unzulässig gehalten. Daran trifft zu, dass die Selbsteinschätzung des Verwalters oder Initiators Lücken im Anlegerschutz eröffnet. Aus dem gleichen Grund kann für die Einstufung als Kollektivanlage nicht der jeweils anzutreffende Ist-Zustand maßgeblich sein. Der Verwalter könnte jeweils durch vertragswidrige Arrangements über das anwendbare Recht disponieren. Zu unangemessener Bevorzugung des einzelnen Anlegers führt indes die subjektive Sicht des Anlegers im Sinne eines ex ante oder ex post gewünschten Zustands. Zudem müsste die Kategorisierung anlegerspezifisch differenziert ausfallen (was dem Kollektivelement zuwiderläuft).

Stattdessen ist der vereinbarte Soll-Zustand heranzuziehen, wie er aus dem Gesamteindruck der Vertragswerke, Prospekte, Formulare, Anlegerinformationen, Werbematerialien und sonstiger Kommunikation zu ermitteln ist. Unerheblich ist, ob sich die Regelungen aus den bindenden Abreden oder den nur einseitigen Ankündigungen (im Prospekt) ergibt.[565] Denn aus Anlegersicht macht es keinen Unterschied, ob der Verwalter sein Handeln mit der Erfüllung von Vertragspflichten oder der Abwendung von Ersatzansprüchen begründet. So kann zur Ermittlung der Fondseigenschaft einer nicht börsennotierten Gesellschaft auf die Aussagen ihres Jahresabschlusses oder amtliche Dokumente abzustellen sein, z.B. für die Frage, ob durch Veräußerung der Beteiligungen Erträge für die Investoren erzielt werden sollen.[566] Bei Verwendung unterschiedlicher Unterlagen gegenüber mehreren Anlegern können ggf. sogar mehrere Kollektivanlagen in einer Anlageorganisation entstehen.[567] Soll es nach den Unterlagen zur Beteiligung mehrerer Anleger kommen, ist eine Kollektivanlage auch dann gegeben, wenn sich schließlich nur ein Anleger beteiligt.[568]

D. Fazit

Die kollektive Vermögensanlage ist der Einsatz von Vermögenswerten für eine gewisse Dauer im Wege der Vermögensfremdverwaltung auf gemeinschaftliche Rechnung mehrerer Anleger mit dem Ziel der Erzielung von Erträgen oder

---

[565] *FSA v. Fradley & Woodward* [2004] EWHC 3008 ¶ 8; *Re Duckwari plc* [1999] Ch 235, 260.

[566] § 2 Abs. 1 Nr. 1 KAGB, der Art. 4 Abs. 1 Bst. o ii) AIFM-RL umsetzt. Dazu *Zetzsche/Preiner*, WM 2013, 2104; *Zetzsche/Zetzsche*, S. 48 f. Ähnlich für die Abgrenzung von Holding und Investment Company SEC, Nature, classification, and origins (1939), S. 19 f.; *SEC v. Fifth Avenue Coach Lines*, 435 F.2d 519 (1970).

[567] I.E. ebenso Justice *Lindsay* für den englischen Fall *Russell-Cooke Trust Company v. Prentis* et al., [2002] EWHC 2227 (Ch) ¶ 20, 49. Die Verwendung unterschiedlicher Broschüren, Werbematerialien und Antragsformulare führte in diesem Fall zur Identifizierung mehrerer Collective Investment Schemes.

[568] Für US-ICA *SEC v. Lauer*, 52 F.3d 667, 670 (7th Cir. 1995). Danach ist, wenn die Darstellung des Verwalters ein Pooling der Mittel mehrerer Anleger erwarten lässt, ein Investment Contract gegeben und der ICA anzuwenden, und zwar auch dann, wenn nur ein Anleger investiert.

Wertzuwächsen. Die am deutschen Recht gezeigten vier Parameter der Kollektivanlage – Vermögen, Anlage, Kollektiv und Fremdverwaltung – halten der rechtsvergleichenden Verprobung im Wesentlichen stand. Zwar sieht keine der untersuchten Rechtsordnungen eine Definition vor, wie sie hier herausgearbeitet wurde; aber die mittels Rückausnahmen, Regelbeispielen und Einzelfallentscheidungen gefundenen Ergebnisse sind im Wesentlichen deckungsgleich. In allen untersuchten Rechtsordnungen geteilt wird schließlich die Entscheidung gegen die Diversifikation als notwendiges Merkmal der Kollektivanlage. Auch Objektgesellschaften zählen zu den Kollektivanlagen.

Drei Aspekte sind hervorzuheben. Ob die Erträge direkt oder über den Umweg einer juristischen Person an die Anleger fallen, ist für die Abgrenzung unerheblich. Die ordinäre AG, deren Geschäftszweck auf die planmäßige Erzielung von Einnahmen unter Ausnutzung der zukünftigen Wertentwicklung von Anlagegegenständen ausgerichtet ist („Anlage"-AG), kann Kollektivanlage sein. Dies gilt ebenso für jede andere Rechts- oder Gestaltungsform. Zweitens bestehen keine anlagespezifischen Restriktionen. Ob in Wertpapiere, Derivate, Geldmarktinstrumente, unverbriefte Beteiligungen oder Forderungen, Immobilien, Edelmetalle oder andere Spezialitäten investiert wird, ist für die Einstufung als Kollektivanlage unerheblich. Drittens ist für die Einstufung als Kollektivanlage der vereinbarte Soll-Zustand maßgeblich, der sich aus dem Gesamteindruck der Vertragswerke, Prospekte, Formulare, Werbematerialien und sonstiger Kommunikation sowie etwaigen sonstigen auch mündlichen Vereinbarungen ergibt.

Ob Managed Accounts Kollektivanlagen sind, hängt davon ab, ob die Vermögensgegenstände dem Inhaber des Depotkontos individuell zugewiesen werden, also das Vermögen mehrerer Anleger vermischt („gepoolt") wird. Ist dies der Fall, handelt es sich nach hier vertretener Auffassung um Kollektivanlagen. Bleibt das Vermögen rechtlich getrennt, ist z.B. der einzelne Anleger identifizierbar, ist er stimmberechtigt und sind seine Vermögensgegenstände separat verwahrt, liegt individuelle Vermögensverwaltung vor. Ein-Anleger-Fonds sind in zwei Fällen zu den Kollektivanlagen zu rechnen, wenn hinter dem Anleger eine Vielzahl von Anlegern steht (Destinatärstheorie) und wenn der Fonds nach seinen konstituierenden Dokumenten darauf ausgerichtet ist, weitere Anleger aufzunehmen. Mangels Fremdverwaltung (!) liegt keine Kollektivanlage vor, wenn der Anleger sich in die Anlageentscheidung einmischt.

Die bislang erarbeiteten vier Definitionsmerkmale ermöglichen die Abgrenzung zum Handel und zur individuellen Vermögensverwaltung. Als Herausforderung hat sich das Verhältnis zur unternehmerischen Investition herausgestellt. Zu klären ist zudem noch das Verhältnis von Anlage und Spekulation sowie zu anderen Bank- und Finanzdienstleistungen.

Zweites Kapitel

Abgrenzung

§ 5 – Holding

Im Hinblick auf die Unternehmung kulminiert die Abgrenzungsfrage in der Unterscheidung von Private Equity- und Venture Capital-Fonds auf der einen und beteiligungsverwaltenden Holding-Gesellschaften auf der anderen Seite. Die Unterscheidung ist keineswegs trivial, zumal vereinzelt Anlageorganismen auch als Untertyp der Holding eingeordnet wurden.[1] Die Differenzierung hat außer für die Reichweite dieser Untersuchung Bedeutung u.a. für das Konzern-, Aufsichts-, Steuer- und Bilanzrecht. Bislang werden dazu auf Kollektiv- und Anlegerebene unterschiedliche Ansätze herangezogen.

A. Anlageorganisation oder Holding

Auf der Ebene der Kollektivorganisation könnte man mittels der europäischen Richtlinien, der gesetzlichen Unternehmensbegriffe oder typisierender Betrachtung zwischen Anlageorganismus und Holding zu unterscheiden suchen.

I. AIFM-RL

Hinweise könnte die AIFM-RL liefern, deren Negativkatalog u.a. Holding-Gesellschaften aus dem Begriff der Alternativen Investmentfonds ausklammert, aber Private Equity-Fonds ausdrücklich einbezieht.[2] Danach müssen Holding-Gesellschaften zwei Voraussetzungen[3] erfüllen. Erstens gehen Holding-Gesellschaften Beteiligungen zur Umsetzung einer unternehmerischen Strategie ein, die auf langfristige Steigerung des wirtschaftlichen Wertes der Beteiligung ausgerichtet ist. Zweitens gilt als Holding nur eine Gesellschaft, die auf eigene Rechnung handelt und börsennotiert ist. Eine nicht börsennotierte AG darf nicht den Hauptzweck verfolgen, durch Veräußerung der Beteiligun-

---

[1] *Bruppacher*, Investment Trusts, S. 11.

[2] Vgl. Art. 2 Abs. 3 Bst. a (Ausgrenzung Holdinggesellschaften) und 8. ErwGr, Art. 26 ff. AIFM-RL (Regelung für Private Equity), sowie Kommission Q&A, Antwort auf Frage ID 1146. Scope and exemptions, "[...] private equity as such should not be deemed to be a 'holding company' in the sense of Article 4(1)(o)". Umgesetzt in § 2 Abs. 1 Nr. 1 KAGB; dazu *Zetzsche/Preiner*, WM 2013, 2107 ff. gegen Weitnauer/*Boxberger/Röder*, § 2 Rn. 5 f.

[3] Art. 4 Abs. 1 Bst. o AIFM-RL, vgl. § 2 Abs. 1 Nr. 1 KAGB.

gen Erträge für die Investoren zu erzielen. Im Umkehrschluss liegt eine börsennotierte Beteiligungsgesellschaft außerhalb des Anwendungsbereichs der AIFM-RL, sofern sie dabei eine unternehmerische Strategie verfolgt, die auf Werthaltigkeitssteigerung bei den Tochtergesellschaften gerichtet ist. Was eine unternehmerische Strategie ausmacht, bleibt indes im Dunkeln – und somit gleichermaßen die Grenze zwischen Anlageorganismus und Holding.

Die Konkretisierungsbemühungen der europäischen und nationalen Aufsichtsbehörden sind gleichfalls wenig ergiebig. Die Kommission definiert die Holding als ein Unternehmen, das auf eigene Rechnung und ohne Veräußerungsabsicht Anteile anderer Unternehmen hält.[4] Die FCA verlangt für Holdings eine kommerzielle oder industrielle Tätigkeit; diese soll dann nicht vorliegen, wenn das Geschäftsmodell auf finanziellen Vermögenswerten („financial assets") basiert.[5] Die CSSF unterscheidet bereits in einem Circulaire von 1991 danach, ob Einfluss und Kontrolle Zielsetzung des Anteilserwerbs (Holding) sind oder sich aus der Natur der Investition ergeben (Fonds).[6] Die BaFin unterscheidet anhand des Detailgrads der Vorgaben zur Verwaltung: Liegt eine allgemeine Geschäftsstrategie vor oder bestimmt eine festgelegte Anlagestrategie die Handlungsspielräume des AIFM *genauer?*[7] Die Wertungsoffenheit führt zu erheblicher Rechtsunsicherheit.

II. Gesetzliche Unternehmensbegriffe

Mehr Unterscheidungskraft erhofft man sich von den gesetzlichen Unternehmensbegriffen.

1. Verbraucher und Unternehmer (§§ 13, 14 BGB)

Der Unternehmer gem. § 14 BGB bestimmt sich rollenbezogen.[8] Unabhängig von seiner ökonomischen Potenz, Kundigkeit oder Erfahrung handelt der Unternehmer bei Abschluss eines Rechtsgeschäfts in Ausübung seiner gewerblichen oder selbständigen beruflichen Tätigkeit. Die Beifügung der Beruflichkeit im Jahr 2002 hat dem Streit[9] um den Inhalt des Gewerbebegriffs die Spitze ge-

---

[4] Kommission Q&A, Frage ID 1146.
[5] Vgl. FCA PS13/5, S. 14. Zum Merkmal der Anlagestrategie und zur Abgrenzung vom operativ tätigen Unternehmen BaFin, Auslegungsschreiben KAGB (2014), Nr. I 6; ESMA/2013/611, Nr. IX, 20. Siehe auch *Krause/Klebeck*, RdF 2013, 8 ff.; *Zetzsche/Preiner*, WM 2013, 2107 f.
[6] Circulaire IML 91/75, angepasst durch CSSF Circulaire 05/177.
[7] BaFin, Auslegungsschreiben KAGB (2014), Nr. I. 5.
[8] *Bülow*, FS Nobbe, S. 495, 497.
[9] Vgl. zum Gewerbebegriff in § 196 Abs. 1 Nr. 1 BGB a.F. BGHZ 74, 273 Rn. 12; BGHZ 33, 321, 324 f. Rn. 6 ff. (Landwirtschaft als Gewerbebetrieb); BGHZ 49, 258, 260 (Wasserversorgungsbetrieb einer Kleinstadt als Gewerbebetrieb); BGHZ 57, 191, 199 Rn. 38 ff. (öffentlich-rechtliche Filmproduktion kein Gewerbebetrieb); BGHZ 63, 32, 33 Rn. 12 ff.; BGH, NJW 1963, 1397; BGH, NJW 1968, 1962 Nr. 1 (Miethäuser-Errichtung als nicht gewerbliche

nommen. Ein Gewerbebetrieb bestimmter Größe oder Organisation ist nicht erforderlich.

Die Verwaltung und Anlage eigenen Vermögens ist – unabhängig von Größe und Umfang des angelegten Vermögens – weder Gewerbe noch Beruf i.S.v. § 14 BGB.[10] Die Unternehmereigenschaft lässt sich zwar für sog. Daytrader[11] mit guten Gründen befürworten, doch handelt es sich auf der Grundlage des hier erarbeiteten Anlagebegriffs nicht um Anleger, sondern allenfalls um Händler. Professionelle Anleger sind Unternehmer gem. § 14 BGB, weil die Anlage dauerhafte, planmäßige und entgeltliche Leistung für Dritte ist und einen entsprechenden Geschäftsbetrieb erfordert. Dies könnte man mit § 31a Abs. 2 S. 2 WpHG zu bestätigen suchen,[12] wonach professionelle Kunden i.S.d. WpHG „Unternehmen" sind, die als Kollektivanlagen, Pensionsfonds, Versicherungen etc. (Nr. 1) oder zulassungsfreie Organisationen gewisser Größe (Nr. 2) auf den Finanzmärkten tätig sind. Für die Anlage*gesellschaft* eines Privatanlegers oder Familienstammes kommt es auf Art und Umfang des Geschäftsbetriebs an. Kein Kriterium ist der Risikograd der getätigten Geschäfte.[13]

Immer beruflich ist die kommerzielle Tätigkeit der in die Organisation einer Kollektivanlage einbezogenen Intermediäre: Verwalter[14] bieten Anlegern die Organisation und Anlageentscheidung, Depotbank und Treuhänder die Ver-

---

Kapitalanlage); BGH, WM 1973, 329 Rn. 10; BGH, NJW 1981, 1665; OLG Saarbrücken, NJW-RR 1988, 1297; zuvor bereits RGZ 74, 150 (Weitervermietung von Räumen tendenziell kein Gewerbebetrieb.

[10] BGHZ 149, 80 Rn. 23 ff. (zu § 1 VerbrKrG a.F.); zu Art. 29 EGBGB auch OLG Frankfurt a.M., WM 2009, 718 Rn. 13 f. (für Verbraucher-Gerichtsstand) und LG Bremen vom 7.12.2006, 2 O 37/06 (Juris) Rn. 30; *Bülow*, FS Nobbe, S. 498; *Pfeiffer*, NJW 1999, 169, 172; speziell mit Blick auf Art. 2c der Klausel-RL *Remien*, ZEuP 1994, 34, 39; *Drygalla*, ZIP 1997, 968, 969; *Grundmann*, JZ 1996, 274, 284.

[11] Vgl. BGHZ 149, 294 mit Vorinstanz OLG Hamburg, ZIP 2000, 2246 (3. Ls.) (zum Differenzeinwand gem. §§ 762, 764 BGB a.F. beim Devisen-Daytrading) sowie OLG Karlsruhe, NZG 2002, 688 (zum Wertpapier-Daytrading), dazu *Braun*, BKR 2002, 361. S.a. zur pflichtwidrigen Vornahme von Daytrading-Geschäften eines Bankmitarbeiters OLG Frankfurt/ Main 23 U 35/07 (2008); zur heutigen Rechtslage *Binder*, ZHR 169 (2005), 329, 325 ff.; *Fuchs/ Jung*, Vor §§ 37e und 37g Rn. 22 ff. und § 37e Rn. 4. Zur öffentlich-rechtlichen Qualifikation der Annahme von Anlegergeldern zur Weiterleitung zwecks Daytrading BGH, WM 2011, 17 und WM 2011, 20. Für steuerrechtliche Gewerblichkeit bei Nachhaltigkeit und entsprechender Geschäftsorganisation FG Berlin-Brandenburg, DStRE 2008, 208, dagegen FG München, 13 K 1717/07 (2009).

[12] Für eine europarechtskonforme Auslegung des WpHG-Unternehmensbegriffs i.S.d. § 14 BGB Assmann/Schneider/*Koller*, § 31a Rn. 6; für Trennung des rollenbezogenen Konzepts der §§ 13, 14 BGB von dem statusbezogenen Konzept des § 31a WpHG *Bülow*, FS Nobbe, S. 495, 501 ff.

[13] Vgl. BGHZ 119, 252 Rn. 15 (zu §§ 24, 25 ARB): „Nicht einmal ein spekulativer Charakter der Geschäfte läßt den Schluss zu, die Verwaltung des Vermögens und diese Geschäfte würden als Beruf betrieben."

[14] Kapitalverwaltungsgesellschaft gem. § 17 KAGB; Anlageverwalter gem. § 1 Abs. 1a Nr. 11 KWG; Anlagetreuhänder beim vertraglichen Fonds auf Grundlage des BGB (jenseits des KAGB).

wahrung der Anlagegegenstände oder Gesellschaftsanteile, Abschlussprüfer die Abschlussprüfung und Mittelverwendungskontrolleure die Kontrolle der Verwaltung einer Kapitalanlage planmäßig, dauerhaft und entgeltlich an und richten ihren Geschäftsbetrieb auf eine Vielzahl gleichartiger Geschäfte aus.[15] Auch die selbstverwalteten Anlageorganisationen sind „Unternehmer" i.S.v. § 14 BGB: Zwar verwalten selbstverwaltete Anlageorganisationen, insbesondere Anlage-, REIT- und Inv-AGs und –KGs, GmbHs mit stillen Gesellschaftern und ggf. Emittenten von Schuldverschreibungen das eigene Vermögen. Jedoch wird die Organisation ausschließlich zu dem Zweck des Anlagebetriebs für Dritte geschaffen. Aus Anlegersicht handelt es sich um eine entgeltliche Leistung (in Form der Geschäftsführungs- und Vorstandsvergütung). Für die Verwaltung gesamthänderisch gebundenen Vermögens der Gesellschafter einer Personengesellschaft[16] ist die Unternehmer-Eigenschaft erst recht zu bejahen.

Mit Blick auf §§ 13, 14 BGB zeichnet sich damit ein klares Bild: Privatanleger sind Verbraucher, professionelle Anleger und Intermediäre Unternehmer. Doch ist für die Abgrenzung nichts gewonnen, weil auch die Holding jedenfalls selbständig und beruflich handelt und damit Unternehmer i.S.d. BGB ist.

2. Handelsrechtlicher Gewerbebegriff

Man könnte die Holding von der Kollektivanlage mittels des handelsrechtlichen Gewerbebegriffs[17] zu trennen suchen. Dies verspricht aussichtsreich zu sein, weil sich der handelsrechtliche Gewerbebegriff im Gegensatz zum BGB-Unternehmer nicht aus der externen Perspektive durch die Funktion des Akteurs auf dem Markt, sondern durch den Betrieb des Handelsgewerbes und damit die Binnenperspektive bestimmt. Wenn die h.M.[18] die Verwaltung eigenen Vermögens als reine Eigentumsnutzung der gewerblichen Tätigkeit gem. § 1 Abs. 2 HGB[19] gegenüberstellt, bleibt unklar, woran die Gewerbeeigenschaft bei der

---

[15] Vgl. zu diesen Kritierien: OLG Frankfurt a.M., WM 2009, 718 Rn. 13 f. (für individuellen Vermögensverwalter); BGHZ 149, 80 Rn. 24; zur Unternehmerdefinition OLG Frankfurt a.M., NJW 2004, 3433 Rn. 11.

[16] Komplementär-GmbH einer Anlage-KG, Geschäftsführungs-GmbH einer Anlage-GbR.

[17] §§ 1 Abs. 2, 105 Abs. 2 HGB; zur umstrittenen Regelungsmethodik eines Sonderprivatrechts für Kaufleute *Treber*, AcP 199 (1999), 525, 538 ff.; MünchKomm-HGB/*K. Schmidt*, vor § 1 Rn. 5 ff. (mit Plädoyer für Unternehmens- statt Kaufmannsbegriff), dagegen *Zöllner*, ZGR 1983, 84 f. (zur 2. Aufl. von *K. Schmidt*, Handelsrecht).

[18] Zu § 196 Abs. 1 BGB BGHZ 74, 273 Rn. 12 ff. und BGH, NJW 1963, 1397 f.; s.a. BGHZ 119, 256 Rn. 14 ff. (Vermögensverwaltung gehört zum privaten Bereich i.S.d. §§ 24, 25 Allgemeine Rechtsschutzversicherungsbedingungen, unter Heranziehung der Kriterien des § 196 BGB); BGHZ 149, 80 Rn. 22 ff. (zu § 1 VerbrKrG a.F., jetzt §§ 13, 14 BGB); Ebenroth/*Kindler*, § 1 Rn. 32 (unter Adaption der Vermögensverwaltung als negatives Tatbestandsmerkmal); MünchKomm-HGB/*K. Schmidt*, § 1 Rn. 28 m.w.N.; a.A. *Hopt*, ZGR 1987, 145, 176 f. (je nach Erscheinungsbild); *Siems*, NZG 2001, 738, 742 f.; *ders.*, Transformation, S. 36 f.

[19] Trotz einiger Streitigkeiten im Detail ist Gewerbe nach h.M. eine (1) erkennbar planmäßige, auf Dauer angelegte (berufsmäßige), (2) selbständige, (3) auf Gewinnerzielung bzw.

Verwaltung eigenen Vermögens scheitert. Teils wird dafür die fehlende Berufsmäßigkeit,[20] teils das Fehlen einer entgeltlichen anbietenden Tätigkeit am
Markt,[21] teils der unzureichende Umfang des Geschäftsbetriebs[22] oder der
Marktteilnahme,[23] teils mit Blick auf eine abweichende Risikostruktur der sub-
stanzerhaltenden Vermögensverwaltung im Gegensatz zur wagnisorientierten
Unternehmung ein Rückschluss aus § 105 Abs. 2 HGB[24] verantwortlich gemacht. Überwunden ist, dass die Vermögensverwaltung nicht dauerhaft oder
auf Gewinnerzielung ausgerichtet sei[25] bzw. der Gesamtumfang des verwalteten
Vermögens oder die Aufnahme von Fremdmitteln auf einen Gewerbebetrieb
schließen lassen.[26] Unklarheiten provoziert des Weiteren die Linie des BGH,

---

Entgeltlichkeit ausgerichtete, jedenfalls wirtschaftliche Tätigkeit am Markt (4) unter Ausschluss künstlerischer, wissenschaftlicher oder freiberuflicher Tätigkeit. Vgl. Baumbach/
Hopt, § 1 Rn. 12; Ebenroth/Kindler, § 1 Rn. 20 (zusätzlich mit Ausschluss der Vermögensverwaltung); MünchKomm-HGB/K. Schmidt, § 1 Rn. 22 ff.; Treber, AcP 199 (1999), 567 ff. Krit.
Siems, Transformation, S. 21 ff.
    [20] Dieses Merkmal war bis zur Novelle 1989 Teil der Börsentermingeschäftsfähigkeit gem.
§ 53 Abs. 2 Nr. 1 BörsG a.F. Für §§ 1 und 105 HGB Baumbach/Hopt, § 1 Rn. 13; Staub/Ulmer,
§ 105 Rn. 26; dagegen Schön, DB 1998, 1169, 1173. Die Rechtsprechung zu § 196 BGB a.F.
stellte standardmäßig auf die Berufsmäßigkeit ab, vgl. Ablehnung des Gewerbes mangels Berufsmäßigkeit BGHZ 74, 273 Rn. 13 f. (mit Ausnahme bei besonders umfangreicher Tätigkeit); BGH, NJW 1963, 1397 (für Hausbau zu Zwecken der Alterssicherung, mit Hinweis,
dass bei Verbindung von Beruf und Hausbau anders zu entscheiden sei); OLG Saarbrücken,
NJW-RR 1988, 1297 (für großes Wohn- und Geschäftshaus, mit Hinweis, dass bei Errichtung
weiterer Häuser anders zu entscheiden sei). Die Berufsmäßigkeit für Nebentätigkeit wird bejaht von BGH, NJW 1981, 1665 Rn. 12 ff. (Zahnarzt als Bauträger); mit Blick auf Vermutung
des § 344 Abs. HGB auch BGHZ 63, 32 Rn. 15.
    [21] Canaris, Handelsrecht, § 2 Rn. 5; K. Schmidt, Handelsrecht, § 9 IV.2.b); Baumbach/
Hopt, § 1 Rn. 16 f. In diesem Sinn auch zu § 196 BGB a.F. BGH, WM 1973, 329 Rn. 10, wonach
ein Wohnungsbau- und -finanzierungsunternehmen wegen der Absicht dauernder Gewinnerzielung gewerblich war. Dagegen Siems, Transformation, S. 36 f.; Schön, DB 1998, 1169,
1171.
    [22] So in Anlehnung an die Rechtsprechung zur Termingeschäftsfähigkeit (BGHZ 104, 205,
208 Rn. 13 ff.), wo allerdings die Berufsmäßigkeit Tatbestandsmerkmal i.S.v. § 53 Abs. 2
BörsG a.F. war, BGHZ 149, 80 Rn. 23 (zu § 1 VerbrKrG a.F., jetzt § 13, 14 BGB); BGHZ 119,
252 Rn. 15 (zu §§ 24, 25 ARB) (Umfang der für die Verwaltung notwendigen oder nützlichen
Geschäfte „das ausschlaggebende Kriterium"; Berufsmäßigkeit gegeben, wenn planmäßiger
Geschäftsbetrieb, wie etwa Büro und Organisation erforderlich). Ähnlich LG Nürn-
berg-Fürth, BB 1980, 1549 (für Betriebsaufspaltung betreffend Erlöschen der Firma); LG
Heidelberg, BB 1982, 142 f. (für KG-Eintragung); Heymann/Emmerich, § 1 Rn. 6 f.; Koller/
Roth, § 1 Rn. 7. – Dagegen Schön, DB 1998, 1169, 1171 f.; MünchKomm-HGB/K. Schmidt, § 1
Rn. 20 f.
    [23] Schulze-Osterloh, FS Baumbach, S. 325, 328 f.
    [24] Schön, DB 1998, 1169, 1173 f.; wohl auch Schlitt, NZG 1998, 580, 581; dagegen Siems,
NZG 2001, 738, 739; ders., Transformation, S. 38 f. unter Hinweis auf die Gesetzesmateriali-
en.
    [25] So i.E. auch BGH, WM 1991, 360 Rn. 7; BGHZ 119, 252 Rn. 15; OLG Celle, OLGR
2007, 615 Rn. 10; OLG Frankfurt a.M., WM 2009, 718 Rn. 14; überzeugend Schön, DB 1998,
1169, 1171 f.
    [26] BGHZ 149, 80 Rn. 23 f. (zu § 1 VerbrKrG, jetzt §§ 13, 14 BGB); BGHZ 119, 252 Rn. 8, 15
(zu §§ 24, 25 ARB).

wonach auf das „Gesamtbild"[27] abzustellen sei. Nur wegen § 105 Abs. 2 HGB ist im Ergebnis unstreitig, dass – ggf. mehrstöckige – Fonds-, Grundstücksverwaltungs-, Objekt- und Holding-Gesellschaften als OHG / KG in das Handelsregister eingetragen werden können.[28]

Hier interessieren die Grenzlinien der verworrenen Diskussion.[29] Die wichtigste Erkenntnis lautet: Die Vermögensfremdverwaltung als dauerhafte, entgeltliche und berufsmäßige *Dienstleistung für Dritte* ist immer gewerblich.[30] Dabei bleibt gleich, ob man dies aus der Ausrichtung auf eine Vielzahl gleichartiger Geschäfte,[31] mit *Hopt* aus der teleologisch-funktionalen Konzeption des Handelsrechts[32] oder mit *Röhricht* und *Schulze-Osterloh* aus dem erforderlichen Organisationsaufwand respektive Umfang der Marktteilnahme ableitet.[33] Auch mit *Schöns* risikostrukturbezogenem Ansatz[34] wird man zur Gewerblichkeit kommen, weil mit der typischen Fremdverwaltung von Anlagegegenständen der Auftrag zur situationsangepassten Umschichtung zwecks Realisierung von Wertsteigerungen und dem Erwerb von Ersatzobjekten verbunden ist. Solche Pekularien vermeidet die mit der Gesetzeshistorie zum Handelsrechtsreformgesetz 1998 begründete Ansicht von *Siems*,[35] wonach die Vermögensverwaltung immer Gewerbe ist. Nur mit Blick auf die Rückausnahme i.S.d. § 1 Abs. 2 HGB („es sei denn") komme es darauf an, ob ein in kaufmännischer Weise eingerichteter Geschäftsbetrieb erforderlich ist. Die Erforderlichkeit ist bei professionellen Verwaltern regelmäßig gegeben. Demgegenüber ist der Privatanleger, der sein eigenes Vermögen verwaltet, nicht Gewerbebetreibender, auch wenn er dies gewohnheitsmäßig tut und z.B. in Börsentermingeschäften bewandert ist.[36] Dies kann infolge Umfangs, Komplexität und Anzahl der mit der

---

[27] BGHZ 149, 87 Rn. 24; zustimmend Baumbach/*Hopt*, § 1 Rn. 17; Röhricht/von Westphalen/*Röhricht*, § 1 Rn. 42.

[28] Vgl. Baumbach/*Hopt*, § 105 Rn. 13; Ebenroth/*Werthenbruch*, § 105 Rn. 18, 20, 22 f.; MünchKomm-HGB/*K. Schmidt*, § 105 Rn. 64; Röhricht/von Westphalen/*von Gerkan/Haas*, § 105 Rn. 9, 9a; *Siems*, Transformation, S. 126 ff.

[29] Siehe des Weiteren RGZ 94, 162, 163 f. (zu § 196 Nr. 1 BGB für Vermietung als Gewerbebetrieb); *Hopt*, ZGR 1987, 145, 159 ff.; *E. Schaefer*, DB 1998, 1269, unter III.

[30] So im Ergebnis BGHZ 104, 205 Rn. 15 f. (für Börsentermingeschäftsfähigkeit gem. § 53 Abs. 2 Nr. 1 BörsG a.F.) für einen Richter, der für eine Gesellschaft wie deren geschäftsführendes Organ nach eigenem Ermessen in großer Anzahl und großem Umfang Börsentermingeschäfte vorgenommen hat und damit wie ein Vermögensverwalter auftrat; i.E. auch – ohne nähere Auseinandersetzung – OLG Frankfurt a.M., WM 2009, 718 Rn. 14 (Abschluss eines Vermögensverwaltungsvertrag mit Privatperson zählt für Zwecke der Gerichtsstandbestimmung zur gewerblichen Tätigkeit des Verwalters). Unklar, aber i.E. wohl auch MünchKomm-HGB/*K. Schmidt*, § 105 Rn. 60.

[31] Dafür BGHZ 149, 80 Rn. 24 (für § 1 VerbrKrG, jetzt §§ 13, 14 BGB).

[32] *Hopt*, ZGR 1987, 145, 177.

[33] Röhricht/von Westphalen/*Röhricht*, § 1 Rn. 37, 43; *Schulze-Osterloh*, FS Baumbach, S. 325, 328 ff.

[34] *Schön*, DB 1998, 1169, 1173 f.

[35] *Siems*, Transformation, S. 38 f.

[36] BGHZ 104, 205, 208 Rn. 13 (zur Börsentermingeschäftsfähigkeit gem. § 53 Abs. 2 Nr. 1

Vermögensverwaltung verbundenen Geschäfte – z.B. bei sehr hohem Privatvermögen – anders zu beurteilen sein.[37] Institutionelle Anleger, i.e. Organisationen, die für andere Geld anlegen,[38] handeln ebenfalls gewerblich, weil sie jedenfalls im wirtschaftlichen Sinn fremdes Vermögen verwalten.

Demgegenüber überzeugt die Auffassung, wonach jeder Holding die Gewerblichkeit fehlt,[39] nicht. Die unternehmensleitende Holding, die über Beteiligungen verschiedene Gewerbe steuert, tritt selbst berufsmäßig und selbständig wirtschaftlich am Markt auf. Die Gewerblichkeit der Einzelbeteiligungen infiziert die Dachorganisation, die diese *steuert*. Dagegen dürfte der beteiligungsverwaltenden Holding, die die Beteiligungen nicht selbst leitet, – ähnlich der Verwaltung eigenen Privatvermögens – die wirtschaftliche Tätigkeit am Markt fehlen. Jedoch liegt nach den soeben erkannten Kriterien Gewerblichkeit bei hohem Umfang, hoher Komplexität und einer Vielzahl der mit der Holdingverwaltung verbundenen Geschäfte oder dann vor, wenn das Holdingvermögen im wirtschaftlichen Sinn fremdes Vermögen ist und deshalb vom Holding-Vorstand gleich einer Dienstleistung für eine Vielzahl von Aktionären verwaltet wird. Eben dies würde man auch bei der Kollektivanlage als gegeben ansehen. Eine Abgrenzung von Holding und Kollektivanlage anhand des handelsrechtlichen Gewerbebegriffs misslingt.

3. Steuerrechtlicher Gewerbebegriff

Vom steuerrechtlichen Gewerbebegriff kann man sich praktikable Kriterien zur Unterscheidung zwischen Holding und Kollektivanlage erhoffen, weil sich anhand des steuerrechtlichen Gewerbebegriffs das Steuersubstrat ermittelt. Die steuerliche Abgrenzung folgt eigenen Regeln.[40] Wem die gewerbliche Tätigkeit zugerechnet wird, ist Unternehmer im Sinne des § 15 Abs. 2 EStG.

Die steuerliche Zuordnung weist zwei Dimensionen auf. Einerseits ist die Einstufung als Unternehmer maßgeblich dafür, ob der Ertrag Gewinn- oder Überschusseinkunft gem. § 2 Abs. 2 EStG ist.[41] In Abhängigkeit davon gelten

---

BörsG a.F.); zu dem gleichen Ergebnis muss *Siems*, Transformation, S. 38 ff. kommen, der in diesem Fall die Erforderlichkeit des kaufmännischen Geschäftsbetrieb verneinen muss.

[37] BGHZ 149, 80 Rn. 23 (zu § 1 VerbrKrG, jetzt § 13, 14 BGB); *Baumbach/Hopt*, § 1 Rn. 17; i.E. auch *Siems*, Transformation, S. 38 ff.

[38] Definition nach *Pennington*, Investor and the law, S. 33 f. Näher § 5.B.I.

[39] *Röhricht/von Westphalen/Röhricht*, § 1 Rn. 44 f.; *K. Schmidt*, NJW 1998, 2161, 2165; *Schulze-Osterloh*, FS Baumbach, S. 325, 332; für Besitzgesellschaft bei Betriebsaufspaltung auch BGH, WM 1990, 586 Rn. 15; OLG Hamm, NJW 1994, 392; MünchKomm-HGB/*K. Schmidt*, § 1 Rn. 28 (ohne Begründung); a.A. BFHE 98, 152B (zur steuerlichen Organschaft); *Baumbach/Hopt*, § 1 Rn. 18 und *Hopt*, ZGR 1987, 145, 178 (sofern sich Holding nicht auf bloße Anteilshaltung beschränkt, sondern entweder noch selbst unmittelbar am Markt tätig ist oder am Markt tätige Tochterunternehmen beherrscht); für Betriebsaufspaltung für Gewerblichkeit der Besitzgesellschaft auch OLG München, NJW 1988, 1036, 1037.

[40] *Blümich/Stuhrmann*, § 15 Rn. 14.

[41] *Tipke/Lang/Lang*, § 9 Rn. 181 ff.

unterschiedliche Vorschriften für die Art der zu berücksichtigenden Erträge
und die Möglichkeit zum Ausgabenabzug: Das zu besteuernde Einkommen ermittelt sich bei den Gewinneinkünften, zu denen gewerbliche Einkünfte zählen, nach der *von Schanz*schen Reinvermögenszuwachstheorie.[42] Gewinn ist
dann das Gesamtergebnis der unternehmerischen Betätigung einschließlich
Gewinne und Verluste aus der Veräußerung von Wirtschaftsgütern des Be-
triebsvermögens. Grundsätzlich sind alle Zuwächse zuzurechnen und alle Ausgaben abzuziehen. Das Ergebnis unterliegt neben der Einkommensteuer der
Gewerbesteuer.[43] Des Weiteren sind Umsätze umsatzsteuerpflichtig.[44] Dagegen
liegt den Überschusseinkünften die auf *Fuisting*[45] zurückgehende sog. Quellen-
theorie zugrunde, wonach die Erträge ständig fließender Quellen, nicht aber die
Quellen selbst zu besteuern sind. Das sog. Stammvermögen, das nicht veräußert
werden soll, gehört nicht zur Einkommenssphäre. Die Überschussermittlung
soll Substanz- und Wertveränderungen des Stammvermögens und Einkünfte
aus privaten Veräußerungsgeschäften nicht einbeziehen.[46] Eine Verrechnung
von Erträgen und Verlusten über die Einkunftsarten hinweg ist ausgeschlossen.[47] Andererseits geht es um die Zurechnung des Ergebnisses einer gewerblichen Tätigkeit zu einem anderen Unternehmen im Wege der steuerlichen Organschaft. Aus der Voraussetzung, dass der Organträger ein gewerbliches Unternehmen sein muss, in das die Organgesellschaft wirtschaftlich eingegliedert
ist,[48] hat die Rechtsprechung geschlossen, dass der Organträger selbst eine gewerbliche Tätigkeit gem. § 1 GewStDV entfalten muss. Der BFH vertritt die
Auffassung, die Ausübung der einheitlichen Leitung im Konzern durch das
herrschende Unternehmen reiche unter gewissen Voraussetzungen aus, um die

---

[42] *V. Schanz*, FinArch 13 (1896), 1, 7, 24.

[43] § 2 Abs. 1 GewStG.

[44] § 1 UStG i.V.m. § 2 Abs. 1 UStG. Vgl. dort Satz 1: „Unternehmer ist, wer eine gewerbliche oder berufliche Tätigkeit selbständig ausübt."

[45] *Fuisting*, Steuern, Bd. IV, S. 110 („Einkommen [ist] die Gesammtheit der Sachgüter, welche in einer bestimmten Periode dem Einzelnen als Erträge dauernder Quellen der Güterer-
zeugung zur Bestreitung der persönlichen Bedürfnisse für sich und für die auf den Bezug
ihres Lebensunterhaltes von ihm gesetzlich angewiesenen Personen (Familie) zur Verfügung
stehen") sowie S. 147 ff.

[46] Vgl. aber die sog. Abgeltungssteuer gem. § 43a EStG für Kapitalveräußerungsgewinne
gem. § 20 Abs. 2 EStG und für private Veräußerungsgeschäfte binnen gewisser Fristen in § 23
Abs. 1 EStG. Die Abgeltungssteuer erfolgt gem. § 43a EStG mit einem feststehenden, von dem
persönlichen Einkommensteuersatz unabhängigen Steuersatz i.H.v. 25% zzgl. Solidaritätszuschlag (5,5% der Abgeltungssteuer) und ggf. Kirchensteuer (8% oder 9% der Abgeltungssteuer). Mit der Abgeltungssteuer ist die auf Kapitalerträge und Wertsteigerungen entfallende
Einkommensteuer grundsätzlich abgegolten.

[47] § 23 Abs. 3 S. 7, 8 EStG.

[48] Eine körperschafts- und gewerbesteuerliche Organschaft gem. § 14 KStG, § 2 Abs. 2 S. 2
GewStG bewirkt die Zurechnung der Gewinne und Verluste der Tochtergesellschaft („Or-
gangesellschaft") zu denen des die Beteiligung haltenden Unternehmens („Organträgers").
Vgl. §§ 14–17 KStG zu den Voraussetzungen der Organschaft.

Annahme eines gewerblichen Unternehmens im Sinne der körperschaft- und gewerbesteuerrechtlichen Organschaft zu rechtfertigen, weil die Ausübung der einheitlichen Leitung im Konzern etwas anderes als Vermögensverwaltung sei: Die Konzernleitung beschränke sich nicht auf die Geltendmachung der aus der Beteiligung fließenden Rechte, sondern sei eine eigene unternehmerische Tätigkeit.[49]

Gem. § 15 Abs. 2 EStG[50] ist Gewerbebetrieb eine selbständige nachhaltige Betätigung mit Gewinnerzielungsabsicht, die sich als Beteiligung am allgemeinen wirtschaftlichen Verkehr darstellt. Die h.M. ergänzt diese Definition um das negative Tatbestandsmerkmal, es dürfe sich nicht um Vermögensverwaltung handeln.[51] Gemäß § 14 S. 3 AO liegt eine Vermögensverwaltung in der Regel vor, wenn Vermögen genutzt, zum Beispiel Kapitalvermögen verzinslich angelegt oder unbewegliches Vermögen vermietet oder verpachtet wird. Aus § 50d Abs. 3 S. 3 EStG wird eine Konkretisierung der Vermögensverwaltung aus der Unterscheidung zwischen der „Verwaltung von Wirtschaftsgütern" und „eigener Wirtschaftstätigkeit" abgeleitet. Nicht um Vermögensverwaltung, sondern um eigene Wirtschaftstätigkeit handele es sich, soweit geschäftsleitende Funktionen im Zusammenhang mit den jeweiligen Beteiligungen ausgeübt werden. Eine Geschäftsleitung soll vorliegen, wenn zu dem Halten der jeweiligen Beteiligung noch eine Managementtätigkeit hinzukommt.[52] Die terminologische Schärfe des Steuerrechts klingt für die gesuchte Abgrenzung von Kollektivanlage und Holding vielversprechend.

Die Hoffnung schwindet indes schnell, da die h.M. die Gewerblichkeit respektive Vermögensverwaltung nicht definitorisch, sondern als Typus versteht, dessen Merkmale in sich teils widersprüchlich ausgelegt werden.[53] So richtet sich die Abgrenzung zwischen Gewerbebetrieb einerseits und der nichtsteuerbaren Sphäre und anderen Einkunftsarten (z.B. Kapitalveräußerungseinkünfte, Einkünfte aus privaten Veräußerungsgeschäften) andererseits nach dem Gesamtbild der Verhältnisse und der Verkehrsanschauung.[54] In Zweifelsfällen ist die gerichtsbekannte und nicht beweisbedürftige Auffassung darüber maßge-

---

[49] BFHE 98, 152 Rn. 32 f.

[50] Die Vorschrift geht zurück auf die Rechtsprechung des Reichsfinanzhofs (RFHE, RStBl. 1934, 902), die sich ihrerseits an der Rechtsprechung des Preußischen OVG orientierte.

[51] St. Rspr., z.B. BFH (GrS), BFHE 141, 405 unter C.III. 3.b) aa); BFHE 162, 236 unter II.B.1 und 7a); BFHE 179, 353 unter III.2.; BFHE 209, 320 unter B.II.1.a); Blümich/*Stuhrmann*, § 15 Rn. 56; Schmidt/*Wacker*, EStG, § 15 Rn. 46.

[52] *Fischer*, DStR 2009, 398, 400.

[53] So wirft *Fischer*, DStR 2009, 398, 401 die Frage auf, „warum es dem Gesetzgeber nicht gelingt, die Rechtsbegriffe „Gewerblichkeit" und „Vermögensverwaltung" zumindest für das Steuerrecht in sich stimmig zu konzipieren."

[54] St. Rspr., vgl. BFH (GrS), BFHE 141, 405, unter C.III.3. b) aa); BFHE 151, 74; BFHE 191, 45, unter 3.b) dd); BFHE 201, 525 unter II.1.; aus der Literatur Tipke/Lang/*Lang*, § 9 Rn. 415 m.w.N. in Fn. 17; Schmidt/*Wacker*, EStG, § 15 Rn. 8; a.A. z.B. *Weber-Grellet*, FS Beisse, S. 551, 564 f.

bend, ob die Tätigkeit dem Bild entspricht, das nach der Verkehrsauffassung einen Gewerbebetrieb ausmacht und einer privaten Vermögensverwaltung fremd ist.[55] Grenzfälle sollen durch Ähnlichkeitsvergleich mit den Formen des § 15 Abs. 2 EStG und mit den Gewerbebetrieb typusprägenden Urbildern zu beurteilen sein. Rechtsprechung und Schrifttum bieten dafür einen bunten Kriterienstrauß. Ausgangspunkt der Betrachtung ist das Postulat, beim Gewerbebetrieb trete die Ausnutzung substanzieller Vermögenswerte durch Umschichtung (Anschaffungs- und Veräußerungsgeschäfte) in den Vordergrund, bei der Vermögensverwaltung dagegen die Fruchtziehung aus zu erhaltenden Substanzwerten.[56]

Auf dieser Grundlage wird teils mit Blick auf die Intensität der Marktinanspruchnahme und in Anlehnung an § 14 REIT-G für quantitative Lösungen plädiert,[57] teils wird – ähnlich *Schöns* Ansatz zum handelsrechtlichen Gewerbebegriff[58] – nach dem unternehmerischen Risiko gefragt,[59] teils wird die Absicht einer baldmöglichsten Veräußerung für zentral erachtet[60] oder die Wertschöpfung durch Vereinigung von Kapital und Arbeit herangezogen.[61] Nach der Rechtsprechung des BFH sollen (1) der Einsatz von Fremd- statt Eigenkapital, (2) ein Büro oder eine Organisation zur Durchführung von Geschäften, (3) die Ausnutzung des Marktes unter Einsatz beruflicher Erfahrungen, (4) das Anbieten von Wertpapiergeschäften einer breiten Öffentlichkeit gegenüber oder Wertpapiergeschäfte auch auf Rechnung Dritter und (5) eigenes unternehmerisches Tätigwerden in den Portfoliogesellschaften für gewerbliches Handeln sprechen.[62]

---

[55] BFH (GrS), BFHE 178, 86 unter C.I.; BFH, BStBl. II (1981), 522 unter I.1.c); BFH (GrS), BStBl. II (2002), 291, unter C.II.; BFHE 204, 419; BFH, BStBl. II (2005), 817, unter B.II.1.a).

[56] St. Rspr., vgl. BFHE 108, 190 (2. Ls.); BFHE 151, 74; BFHE 162, 236 unter II.B.7a); BFH (GrS), BFHE 197, 240, 243 unter C.III.1.; BFH (GrS), BFHE 178, 86 unter C.I.; aus der Literatur z.B. Tipke/Lang/Lang, § 9 Rn. 183.

[57] *Fischer*, DStR 2009, 398, 400 f.; *Hartrott*, FR 2008, 1095; *Soeffing/Seitz*, DStR 2007, 1841, 1846 (Rechtspraktikabilität und der Gesetzesvollzug erfordern Beibehaltung der Drei-Objekt-Grenze); krit. zum Unterfangen, „dem schwammigen Untergrund durch zahlenmäßige Pflöcke ein Fundament" zu geben *Jakob*, FS E. Schmidt, S. 115, 119 f.

[58] *Schön*, DB 1998, 1169, 1173 f.

[59] *Parczyk*, StuW 1967, 724, 732 („unternehmerisches risikobehaftetes Gewinnstreben eine innere Verhaltensweise"); BFHE 108, 190 Rn. 12 (Tätigkeit „auf eigene Rechnung und Verantwortung").

[60] *Groh*, DB 2001, 2569, 2571; ähnlich BFHE 130, 157 (1. Ls.); gegen rein subjektive Sicht wegen zweifelhafter Rechtssicherheit *Soeffing/Seitz*, DStR 2007, 1841, 1846.

[61] *Schnorr*, NJW 2004, 3214, 3218.

[62] BFHE 130, 157; BFHE 164, 53 unter 3b); BFHE 182, 567 unter 1. b) (betr. Devisentermingeschäfte); BFH, BStBl. II (1999), 448 (Ls.). Grundsatzurteil: BFHE 204, 419; dazu *Hartrott*, FR 2008, 1095, 1099 f.; zu den Merkmalen im Einzelnen mit Bezug zu Venture Capital und Private Equity *Rodin/Veith/Bärenz*, DB 2004, 103.

Dass die mit dem steuerlichen Gewerbebegriff verbundenen Imponderabilien mit denen des Handelsrechts vergleichbar sind, bestätigt die reichhaltige Kasuistik: Die Veräußerung von Grundstücken soll im Regelfall gewerblich sein, wenn mehr als drei Eigentumswohnungen oder Grundstücke innerhalb von fünf Jahren seit der Anschaffung veräußert werden.[63] Großzügiger wird bei Wertpapiergeschäften verfahren. Auch Wertpapiergeschäfte im größeren Umfang gehen grundsätzlich nicht über den Rahmen einer privaten Vermögensverwaltung hinaus.[64] Entspricht die Tätigkeit dem Bild eines „Wertpapierhandelsunternehmens" i.S.d. § 1 Abs. 3d S. 2 KWG bzw. eines „Finanzunternehmens" i.S.d. § 1 Abs. 3 KWG, entfaltet dies jedoch eine hohe Indizwirkung für das Vorliegen einer gewerblichen Wertpapierhandelstätigkeit.[65] Ein strengerer Maßstab gilt für nicht börsengehandelte Beteiligungen (z.B. GmbH-Anteile)[66] und die Veräußerung von Antiquitäten.[67]

Bei Übertragung der Kriterien auf die Diskussion um Holding und Kollektivanlage kommt es teilweise auf die Rechtsform an: Personengesellschaften und -mehrheiten sind zwar Steuerrechtssubjekt bei der Feststellung der Einkunftsart und der Einkünfteermittlung,[68] aber ertragsteuerlich transparent in dem Sinn, dass Subjekt der Ertragsteuern grundsätzlich die einzelnen Gesellschafter sind.[69] Erträge aus Tätigkeiten des Kollektivs gelten als Erträge aus eigenen Aktivitäten des Beteiligten, sofern zwischen den Aktivitäten des Kollektivs und der Gesellschafter ein Sachzusammenhang besteht.[70] Dies gilt nicht nur der Höhe, sondern auch der Einkunftsart nach. Ausschüttungen von Zinserträgen sind dann beim Anleger Kapitaleinkünfte, Rückzahlungen des Kapitals

---

[63] Sog. „Drei-Objekt-Grenze", vgl. BFH, BStBl. II (1988), 293; BFH (GrS), BFHE 197, 240, dazu BMF-Schreiben vom 19.2.2003, Gz. IV A 3 – S 2240 – 15/03; BFH, BStBl. II (2005), 35; zu Aufwechungstendenzen BFH, BStBl. II (2005), 817, unter B.II.1.d) und g); s.a. Schmidt/*Wacker*, EStG, § 15 Rn. 48 ff. Für unbebaute Grundstücke ist keine feste „Drei-Objekt-Grenze" aufgestellt worden.
[64] BFHE 130, 157, 162; BFHE 135, 316 unter b); BFHE 162, 236 (Umsatz von ca. 100 Mio. mit ca. 10 Geschäften binnen 5 Wochen spricht für Gewerblichkeit); BFHE 187, 287 (Ls.); BFHE 195, 402 Rn. 18 (bei Veräußerung von Anteilen an 11 GmbHs Gewerblichkeit gegeben), dazu krit. *Hey*, BB 2002, 870, 871; *Groh*, DB 2001, 2569, 2570.
[65] BFHE 204, 419 Rn. 37 ff.
[66] BFHE 195, 402.
[67] BFHE 135, 316 (abgelehnt für Erwerb von 9 Bildern).
[68] BFH (GrS), BFHE 141, 405 unter C.III.3.a)aa); BFH (GrS), BFHE 178, 86 unter IV.2.
[69] Bei gewerblicher Tätigkeit müssen die Gesellschafter, bei Einbindung eines Treuhänders die Treugeber, zudem steuerliche Mitunternehmer sein, also Mitunternehmerrisiko tragen und Mitunternehmerinitiative entfalten können, grundlegend BFH (GrS), BFHE 141, 405 unter V.; s.a. BFH (GrS), BFHE 171, 246 unter C.III.6.a) aa); BFH (GrS), BFHE 178, 86 unter IV.2.
[70] Vgl. *Pinkernell*, Einkünftezurechnung, S. 62 ff.; Schmidt/*Wacker*, EStG, § 15 Rn. 73; Tipke/Lang/*Hey*, § 18 Rn. 9 ff. jeweils m.w.N. So können Grundstücksverkäufe einer GbR einem Gesellschafter, der auch eigene Grundstücke veräußert, in der Weise zugerechnet werden, dass unter Einbeziehung dieser Veräußerungen ein gewerblicher Grundstückshandel des Gesellschafters besteht, vgl. BFH (GrS), BFHE 178, 86 unter IV.3.b).

durch Portfoliogesellschaften sind ebendies beim Anleger. Dagegen werden Gewinne einer Kapitalgesellschaft[71] nach dem Trennungsprinzip zunächst der Körperschaftsteuer und anschließend die Gewinnausschüttungen (§ 20 Abs. 1 Nr. 1 EStG) auf Gesellschafterebene der Abgeltungssteuer unterworfen. Dabei ist die Tätigkeit der Kapitalgesellschaft gewerblich kraft Rechtsform,[72] jede Anlage- und Holding-AG ist im Sinne des Steuerrechts gewerblich. Die Unterscheidung zwischen Gewerbe und Vermögensverwaltung ist nur für steuerlich transparente Kollektive relevant. Für die verbleibenden Fälle genügt das Streben nach Einfluss auf eine Kapitalgesellschaft nicht, um Gewerblichkeit zu begründen,[73] wohl aber – wie dargelegt – eine Konzernleitung.[74]

Zur Konkretisierung der Konzernleitung kann die EuGH-Rechtssprechung zu steuerlichen Beihilfen herangezogen werden.[75] Weiterhin erforderlich bleibt die Unterscheidung zwischen Private Equity-Fonds und beteiligungsverwaltenden (im Gegensatz zu unternehmensleitenden) Holdings: Vermögensverwaltung soll betreiben, wer Beteiligungsrechte wahrnimmt, aber keine eigene *unternehmerische* Tätigkeit ausübt.[76] Damit ist man nach vielen Worten so klug wie zuvor. Eine trennscharfe Abgrenzung zwischen beteiligungsverwaltender Holding und Private Equity-Fonds misslingt auch im Steuerrecht.

Das Steuerrecht schafft jedoch in Teilbereichen Rechtssicherheit, indem es die tätigkeitsbezogenen Umschreibungen des allgemeinen Steuerrechts durch die fondsspezifische Differenzierung zwischen Fonds und Investitionsgesellschaften gem. § 1 Abs. 1b und 1c InvStG ersetzt. So definiert das InvStG den Investmentfonds autonom, indem es objektiven Geschäftszweck von OGAW und AIF auf die Anlage und Verwaltung der Anlagemittel beschränkt; das Negativmerkmal der „aktiven unternehmerischen Bewirtschaftung der Vermögensgegenstände" schließt die Fondseigenschaft aus (vgl. § 1 Abs. 1b Nr. 3 InvStG[77]).

---

[71] Welche Rechtsformen Kapitalgesellschaften sind, richtet sich nach dem Zivilrecht. Die GmbH & Co. KG ist auch bei Mehrstöckigkeit keine Kapitalgesellschaft i.S.d. § 1 Abs. 1 Nr. 1 KStG und auch nicht z.b. nach § 1 Abs. Nr. 5 KStG als Zweckvermögen privaten Rechts körperschaftssteuerpflichtig; vgl. BFH (GrS), BFHE 141, 405 unter C.I.3. und C.II.

[72] § 2 Abs. 2 S. 1 GewStG.

[73] BFHE 130, 157 (2. Ls.).

[74] BFHE 98, 152 Rn. 32 f.

[75] EuGH v. 1 0.1.2006, C-222/04, Rn. 111 f. – *Cassa di Risparmio di Firenze*; dazu Zetzsche/Preiner, WM 2013, 2109 f.

[76] BMF vom 16.12.2003, Einkommensteuerliche Behandlung von Venture Capital und Private Equity Fonds; Abgrenzung der privaten Vermögensverwaltung vom Gewerbebetrieb, BStBl. I (2004), 40; vgl. dazu z.B. die Vfg. der OFD Magdeburg vom 5.4.2006 (S 2240 – 58 – St 214, DStR 2006, 1505) und OFD Rheinland v. 08.01.2007 (S 2241 – 1002 – St 222, DB 2007, 135); näher E. *Bachmann*, Steuer & Studium 2005, 342; *Rodin/Veith/Bärenz*, DB 2004, 103; *Wagner*, StuB 2009, 875, 878 f.; zu ausländischen Fonds *Lohmann/von Goldacker/Mayta*, BB 2006, 2448; zudem *Schmidt/Wacker*, EStG, § 15 Rn. 89 ff., zum carried interest § 17 Rn. 47 und § 18 Rn. 280 ff.

[77] Vgl. dazu Bundesministerium der Finanzen, Schreiben vom 3. März 2015, Auslegungsfragen zu § 1 Absatz 1b Nummer 3 InvStG, IV C 1 – S 1980-1/13/10007:003.

Damit sollen insbesondere Private Equity Fonds den Investitionsgesellschaften zugewiesen werden. Der Teilbereich der von § 1 Abs. 1b InvStG erfassten Publikumsfonds[78] wird fest der Vermögensverwaltung zugewiesen. Ebenso wird mittels der Differenzierung zwischen den offenen Publikumsinvestmentfonds und den übrigen Investitionsgesellschaften gem. § 1 Abs. 1b und 1c InvStG ein Teilbereich der Fonds fest der Vermögensverwaltung zugewiesen. Als deren Folge wird ein Thesaurierungsprivileg für Veräußerungsgewinne, eine Befreiung von der Gewerbesteuerpflicht, sowie eine Erstattung von Kapitalertragsteuern auf Fondsebene gewährt. Schließlich kommt es bei Privatanlegern zur Anwendung des Abgeltungssteuersatzes.[79] Mit diesen Kriterien wird Rechtssicherheit über den Anwendungsbereich der steuerlichen Fondsprivilegien erzielt. Ein Beitrag zur Abgrenzung zwischen Anlageorganisation und Holding wird damit jedoch nicht geleistet: Investitionsgesellschaften sind alle Investmentvermögen, die nicht Investmentfonds (im steuerlichen Sinn) sind. Die Ausgrenzung der Holding ist dieser steuerlichen Differenzierung vorgelagert.[80] Diese und andere Ungereimtheiten rechtfertigen die Diskussion um die Reformbedürftigkeit der Fondsbesteuerung.[81]

4. Steuer- oder Handelsrechtliches Unternehmen?

Das Unternehmen begegnet im Steuerrecht als „gewerbliches Unternehmen"[82] und steht im Gegensatz zum Unternehmen im funktionalen Sinn, also jeder Tätigkeit.[83] Das gewerbliche Unternehmen und der steuerliche Gewerbebetrieb sind Synonyme. Ein Rückgriff auf das gewerbliche Unternehmen im Sinne des Steuerrechts verspricht deshalb keine neue Einsicht. Gleiches gilt für einen Blick auf andere Steuerrechte. Denn einige Rechtsordnungen verwenden aus standortpolitischen Gründen einen großzügigen steuerlichen Holding-Begriff, der auch alle Kollektivanlagen erfasst.[84] Hier wird indes eine engere wirtschafts-

---

[78] Nach § 1 Abs. 1f, 1b InvStG sind Investmentfonds offene Investmentvermögen in Form eines Sondervermögens, einer Inv-AG oder Inv-KG, die beaufsichtigt sind, nach dem Grundsatz der Risikomischung anlegen, keine unternehmerische Einflussnahme ausüben, Kredite auf Fondsebene nur kurzfristig und bis maximal 30% des Fondswertes aufnehmen und die Anlagegrenzen des § 1 Abs. 1b InvStG einhalten; vgl. *Haisch/Helios*, BB 2013, 28. Vgl. zum Spannungsverhältnis zwischen dem Investmentvermögen gem. § 1 Abs. 1 KAGB und § 1 InvStG *Kußmaul/Kloster*, RdF 2014, 300.
[79] Vgl. Weitnauer/*Mann*, AIFM-StAnpG, Rn. 93, 188 f.
[80] § 1 Abs. 1a InvStG.
[81] Vgl. Bund-Länder-Arbeitsgruppe, Neukonzeption der Investmentbesteuerung, Bericht vom 24.2.2012; *Oestreicher/Bause*, StuW 2014, 159; *Terhürne/Otto*, DStR 2013, 2037, 2039; *Jansen/Lübbehüsen*, RdF 2013, 50; *Bachmann/Richter*, DB 2015, 274.
[82] § 15 Abs. 1 Nr. 1 EStG.
[83] BFHE 178, 86 unter C.I.
[84] Vgl. zu den weitläufigen Holding-Privilegien des liechtensteinischen, luxemburgischen und niederländischen Steuerrechts *Baum*, Schutz des Investmentsparers, S. 12 f. Die ersten luxemburgischen Fonds wurden unter dem Aktiengesetz von 1915 und dem Gesetz vom 31.

rechtliche Abgrenzung der Kollektivanlagen von Holding-Gesellschaften angestrebt.

Otto von Gierkes Erkenntnis, dass das Handelsrecht nicht mehr Recht der
Kaufleute, sondern das Recht derer sei, „denen Kaufmannseigenschaft ange-
dichtet" werde,[85] haben *Peter Raisch* und seinen Schüler *Karsten Schmidt* dazu
veranlasst, dem kaufmannsbezogenen ein unternehmens- bzw. außenprivat-
rechtliches Verständnis des HGB gegenüber zu stellen.[86] Des Weiteren begegnet
das Unternehmen in der gesellschaftsrechtlichen Diskussion um das „Unternehmen an sich" und beschreibt dort die Summe aller Partikularinteressen der
Stakeholder. Beide Ansätze sind inklusiver Natur in der Weise, dass sie gesetzliche Differenzierungen übertünchen. Neue Erkenntnisse ergeben sich daraus
nicht. Auf die Offenlegung des Kerns unternehmerischer Tätigkeit wird verzichtet.

5. Bilanzrecht

Auch im Bilanzrecht begegnet eine Differenzierung zwischen Vermögensverwaltung und Konzernleitung. Nach § 11 Abs. 5 S. 2 PublG sind Personenhandelsgesellschaften und Einzelkaufleute zur Aufstellung eines Konzernabschlusses nach diesem Abschnitt nicht verpflichtet, wenn sich ihr Gewerbebetrieb auf
die Vermögensverwaltung beschränkt und sie nicht die Aufgaben der Konzernleitung wahrnehmen. Wo die Trennlinie zwischen einer einheitlichen Leitung
und der Vermögensverwaltung genau verläuft, ist damit nicht gesagt. Die Gesetzesmaterialien verzichten auf eine Konkretisierung der Vermögensverwaltung, ihnen ist lediglich zu entnehmen, dass die einheitliche Leitung von einer
losen Koordinierung bis zu einer straffen Beherrschung reichen kann.[87] Nach
Biener soll die Vorschrift sicherstellen, dass die Vermögensverwaltung keine
einheitliche Leitung ist; dies folge aber bereits aus dem Begriff der einheitlichen
Leitung gem. § 11 Abs. 1 PublG, weshalb die gleiche Regel für alle Rechtsformen gelte.[88] Dann müsste man über die einheitliche Leitung, die nach Ersetzung
durch die potentielle Beherrschung als Kriterium für die Konzernbilanzie-

---

Juli 1929 zur Besteuerung von Finanzholding-Gesellschaften etabliert. Vgl. *Kremer/Lebbe*,
Rn. 11.01.

[85] *Von Gierke*, ZHR 45 (1896), 441, 452 (die Aussage bezieht sich auf den Kaufmann kraft
Rechtsform, insbesondere die AG und KGaA).

[86] Vgl. *Raisch*, Die Abgrenzung des Handelsrechts vom bürgerlichen Recht als Kodifikationsproblem im 19. Jahrhunderts (1962) und Geschichtliche Voraussetzungen, dogmatische
Grundlagen und Sinnwandlung des Handelsrechts (1965), jeweils noch mit der rechtspolitischen Forderung der Ausdehnung des HGB auf Unternehmen. Dann als Konzeption de lege
lata *ders.*, JuS 1967, 533, insbesondere 542 (Unternehmen als Rechtsprinzip); *ders.*, FS Stimpel,
S. 30; *ders.*, ZHR 154 (1990), 568 (Rezension); *K. Schmidt*, ZHR 145 (1981), 2, 21 (zur Haftungskontinuität); MünchKomm-HGB/*K. Schmidt*, vor § 1 Rn. 5 ff. Einordnung in den Kontext und zur methodischen Diskussion bei *Siems*, Transformation, S. 147 f.

[87] BT-Drs. V/3197, S. 23.

[88] *Biener*, BB 1969, 1097, 1101.

rungspflicht in § 290 Abs. 1 HGB[89] noch in § 18 AktG begegnet, die Vermögensverwaltung konkretisieren, die Vermögensverwaltung im PublG wäre ohne Inhalt. Zudem kann zwischen der einheitlichen Leitung und der Vermögensverwaltung noch die beteiligungsverwaltende Holding ohne tatsächlich ausgeübte Leitungsmacht[90] angesiedelt sein, über deren Grenzen zur Vermögensverwaltung Gesetz und Begründung schweigen. Jedenfalls führt die Vorschrift des § 11 Abs. 5 S. 2 PublG in der Frage der Abgrenzung zwischen Vermögensverwaltung und Holding nicht weiter, weil der Inhalt der Vermögensverwaltung und die Grenzen zur beteiligungsverwaltenden Holding unklar bleiben.

III. Typisierende Betrachtung

Als Grundlage einer Typisierung sind ein subjektives und drei objektive Kriterien – Diversifikationsgrad, Einfluss auf die Beteiligung und Einsatz von Kapitalmarkttechniken – verbreitet.

1. Literatur

Das Ziel der Anlagerentabilität als subjektives Kriterium verwenden z.B. *Jörgens*, *Linhardt* und *Sethe*.[91] Sei Zweck des Wertpapiererwerbs eine möglichst günstige Kapitalanlage und soll der Experte die Rentabilität *der Beteiligung* überwachen und sie ggf. wieder veräußern, handele es sich um Vermögensverwaltung. Im Gegensatz dazu stehe das Ziel der Kapitalanlage, bei dem der Erwerb wegen des primären Ziels der unternehmerischen Beteiligung (z.B. Erwerb der Mehrheit, um das Unternehmen zu leiten) sekundär sei. Das Ziel der Anlagerentabilität ist zur Konkretisierung des Inhalts der Anlagetätigkeit freilich untauglich, weil auch ein Unternehmer auf die Investitionsrentabilität zu achten und unrentable Geschäftsteile zu veräußern oder einzustellen hat. Die potentielle Veräußerungsabsicht ist ebenfalls unzureichend. Namentlich Objektgesellschaften und offene Immobilienfonds sehen sehr lange Haltedauern, teils bis zum Ende der prognostizierten Nutzungsdauer des Wirtschaftsgutes vor.

Überwiegend wird dagegen vertreten, bei der Holding stehe die direkte Einflussnahme und Mitwirkung an der Unternehmensleitung im Vordergrund.[92]

---

[89] Durch Art. 1 Nr. 36 des Gesetzes zur Modernisierung des Bilanzrechts (Bilanzrechtsmodernisierungsgesetz; BilMoG) vom 25. Mai 2009, BGBl. I (2009), 1102. Dazu KK-RLR/*Claussen/Scherer*, § 290 Rn. 6 ff.

[90] Bekanntlich verpflichtet bereits die Möglichkeit zur Beherrschung auch ohne Ausübung von Leitungsmacht nach dem Control-Konzept der 7. (Konzernabschluss-)Richtlinie zur Konzernbilanzierung, vgl. KK-RLR/*Claussen/Scherer*, Vor § 290 Rn. 27. Das PublG von 1969 ist freilich älter als das europäische Bilanzrecht der 1980er Jahre und beruht noch auf dem Leitungskonzept des deutschen Konzernrechts. Spätere europäische Regelungsansätze sind nicht aufgenommen worden.

[91] *Jörgens*, Finanzielle Trustgesellschaften, S. 2 f.; *Linhardt*, Investment Trusts, S. 254 f. („Augenmerk immer auf Ertrag aus Dividenden und Zinsen gerichtet"); *Sethe*, S. 19 f.

[92] Für engeren Holding-Begriff *Offner*, Holding-Gesellschaften und Investment-Trusts,

Der Aufbau wesentlicher, zur unternehmerischen Steuerung geeigneter Beteiligungen verstoße gegen das anlagespezifische Diversifikationsgebot, weshalb es sich dann um eine Holding handeln müsse. Gelegentlich tritt der Einsatz von Kapitalmarkttechniken als weiteres Kriterium hinzu:[93] Eine Kollektivanlage bediene sich intermediärstypischer Techniken, wie insbesondere der Verbriefung und Ausplatzierung von Zahlungsströmen und Risiken. Das Unternehmen trage diese Risiken selbst bzw. müsse andere Intermediäre einschalten, um sich dieser Risiken zu entledigen.

Bei genauer Betrachtung genügt keines dieser Kriterien. Der Grad der Einflussnahme ist namentlich bei Private Equity- und Venture Capital-Fonds, die nach ihrer Alltagsbezeichnung und dem Willen des europäischen Richtliniengebers[94] Kollektivanlagen sind, als Differenzierungskriterium nicht geeignet. Umgekehrt gibt es dezentrale (Laissez-Faire-) Managementprinzipien, wonach die Holding-Geschäftsführung auf Einflussnahme bei den Tochtergesellschaften verzichtet.[95] Bereits oben wurde gezeigt, dass die Diversifikation früher zwingend war, heute aber nicht notwendiges Merkmal der Kollektivanlage ist. Die Diversifkation überzeugt als Abgrenzungskriterium zudem inhaltlich nicht: Einerseits hängt von dem Verhältnis von Beteiligungs- zum Vermögenswert der Kollektivanlage ab, ob der Aufbau von wechselseitigen oder Mehrheitsbeteiligungen (§§ 16, 19 AktG) den Diversifikationsrahmen auf Kollektivebene sprengt.[96] Andererseits können Unternehmensgruppen planmäßig gegenläufige Geschäftsmodelle betreiben, um stabile Erträge zu erzielen. Dann kommt es zur Diversifikation trotz Einflussnahme. Kleine und mittlere Unternehmen mögen schließlich auf den Einsatz von Kapitalmarkttechniken verzichten, jedoch gilt dies nicht für die kapitalmarktorientierten Unternehmen (§ 264a HGB). Allenfalls als Typusmerkmal eignet sich die Beobachtung, dass eine Holding den Kurs ihrer unternehmerischen Beteiligungen i.d.R. nicht durch Optionsgeschäfte absichert, weil eine Veräußerung nicht beabsichtigt, der Marktpreis also für Ergebnis wie Bilanzansatz zunächst irrelevant ist. Dies weist auf einen Unterschied bei der Art der Ergebnisermittlung. Dann entpuppt

---

S. 15 f. und *Baum*, Schutz des Investmentsparers, S. 12 f.; *Benicke*, S. 22; *Bruppacher*, Investment-Trust, S. 33; *Haußmann*, ZHR 96 (1931), 372 (Kontrolle); *Linhardt*, Investment Trusts, S. 21 (Holding als verselbständigte Beherrschung der kontrollierten Unternehmen); *Podewils*, Investmentgesellschaften, S. 10; *Rinsoz*, Rechnungsführung, S. 19 ff. (aber „Feststellung tatsächlich schwierig"). Ähnlich definierte das US-Schrifttum vor 1940 die Investment Companies, vgl. SEC, Nature, classification, and origins (1939), S. 18 (die SEC lehnt die Definition ab und entwickelt eine eigene Klassifikation); siehe nun die „structure-based definition" von *Morley*, The Separation of Investments and Management (2013), 47 f.

[93] *Liefmann*, S. 148 ff.
[94] Vgl. Art. 26 ff. AIFM-RL.
[95] Ein Beispiel ist die von Warren Buffet gegründete Berkshire Hathaway, die gemeinhin als Holding bezeichnet wird. Vgl. *Frankel/Kirsch*, Investment Management Regulation, S. 120.
[96] Große Private Equity-Fonds können die Kontrolle über eine Vielzahl mittelgroßer Unternehmen unter Beachtung des Diversifikationsgrundsatzes erwerben.

sich das objektive als ein subjektives Kriterium: Man stellt darauf ab, ob eine Veräußerung der Beteiligung beabsichtigt ist oder nicht.

2. Ausländische Investmentvermögen

Die Abgrenzung zwischen Holding und Kollektivanlage war unter dem InvG zentrale Frage bei der Entscheidung über die Erlaubnispflicht des Vertriebs ausländischer Investmentanteile im Inland.[97] Auch wenn die öffentlich-rechtlichen Parameter nicht binden, könnte sich ein zivilrechtlicher Anlagebegriff daran orientieren.

Wegen der Vielzahl rechtlicher Gestaltungsmöglichkeiten[98] galt für die Zulassung des Vertriebs ausländischer Kapitalanlagen ein wirtschaftlicher Investmentbegriff.[99] Weil Investmentanteile das Bindeglied zwischen dem traditionellen Kontensparen und dem direkten Wertpapiererwerb darstellten,[100] waren Anlagen, die auf die Wertschöpfung aus der Teilnahme eines Unternehmens am allgemeinen Wirtschaftsverkehr gerichtet sind, selbst dann Anlage, wenn eine risikogestreute Vermögensanlage das Ergebnis sonstiger operativer Tätigkeit ist.[101] Den Gegensatz zur Anlage bildete die unternehmerische Einflussnahme auf und die Kapitalbeschaffung für die Beteiligungsgesellschaften. Für die Unterscheidung zwischen Holding und Vermögen zu Zwecken der Risikomischung war maßgeblich, ob der Geschäftszweck weit überwiegend gerade in der Anlage von Geldvermögen und nicht im unternehmerischen Einfluss oder der Finanzierung der Gesellschaften besteht.[102] Indiziell für einen tatsächlichen Einfluss der Zielgesellschaft sollten die Personalauswahl bei der Besetzung der

---

[97] Vgl. §§ 2 Abs. 8, 135 ff. InvG.

[98] Vgl. zu Aktien einer ausländischen AG vgl. die Nachweise zum Konya-Modell in der Einleitung § 1.A.III. Fn. 74; zu stillen Beteiligungen BGH, NJW 2004, 3706 mit Vorinstanz OLG Celle, WM 2003, 325 Rn. 29; zu Anteile an einem Trust-Vermögen britischen Rechts die Nachweise zum Intertrend Investitions-Rentenplan (IIR) in der Einleitung, § 1.A.II. Fn. 73.

[99] BGH, NJW 2004, 3706, 3707 und Vorinstanz OLG Celle, WM 2003, 325 Rn. 27 ff. (IIR); zum Konya-Modell: BGH vom 27.7.2010, VI ZR 217/09 Rn. 18 ff. und VI ZR 347/08 Rn. 18 ff.; vom 20.7.2010, VI ZR 200/09 Rn. 17 ff.; vom 29.6.2010, VI ZR 122/09 Rn. 22 ff. und VI ZR 90/09 Rn. 17 ff.; vom 23.3.2010, VI ZR 57/09, Rn. 26 ff.; OLG Düsseldorf, WM 2008, 1464, 1466; OLG Düsseldorf, WM 2009, 1464, 1465; OLG Düsseldorf vom 16.5.2008, I-16 U 252/06 (Juris) Rn. 19; OLG Celle, OLGR Celle 2008, 208 Rn. 19 f., identisch mit OLGR Celle 2007, 401 Rn. 7 f.; OLG Koblenz vom 30.10.2009, 10 U 1110/08 (Juris) Rn. 38 f.; OLGR Frankfurt 2009, 101 Rn. 18 ff., identisch mit OLG Frankfurt a.M., WM 2008, 2208 Rn. 21 f.; LG Bremen vom 7.12.2006, 2 O 37/06 (Juris) Rn. 39; BVerwG, NJW 1980, 2482 – Hapimag; Brinkhaus/*Pfüller*/*Schmitt*, § 1 AuslInvG Rn. 46; *Pfeiffer*, IPrax 2003, 233, 235; *Volckens*/*Panzer*, IStR 2005, 426, 427 f.

[100] BT-Drs. V/3494 S. 14.

[101] Die BaFin-Terminologie, die diese operative im Gegensatz zur investmentrechtlichen Risikomischung als „zufällige Diversifikation" bezeichnet (BaFin, Rundschreiben Anwendungsbereich des Investmentgesetzes (2008)), verkennt die Weitsicht operativer Unternehmensführung.

[102] Vgl. BGH vom 27.7.2010, VI ZR 217/09 Rn. 18 ff. und VI ZR 347/08 Rn. 18 ff.; vom 20.7.2010, VI ZR 200/09 Rn. 17 ff.; vom 29.6.2010, VI ZR 122/09 Rn. 22 ff. und VI ZR 90/09

Gesellschaftsorgane und die sonstigen aktiven oder beratenden Tätigkeiten sein. Der Geschäftsbetrieb musste nach seiner objektiven Ausgestaltung darauf ausgerichtet sein, dass sich Unternehmens- und Anlagerisiko decken.[103]

So klar diese Kriterien scheinen, waren sie nicht. So ist die Identität von Unternehmens- und Anlagerisiko, die im Kern nur das Handeln für Rechnung der Anleger beschreibt, niemals gegeben, weil jedenfalls das Verwalterrisiko hinzutritt. Die fehlende Trennschärfe belegt ein Blick auf die zwei Hauptfälle: Nach Ansicht des BGH war beim *Konya*-Modell entscheidend, dass eine Geldanlage unter Beachtung des islamischen Zins- und Spekulationsverbotes sich nicht auf die bloße Geldanlage beschränken durfte, sondern zumindest die Geschäfte der Unternehmen zu beeinflussen waren. Selbst ohne jegliche Einflussnahme hätte es sich um eine Finanzierungsgesellschaft (statt eine Investmentgesellschaft) gehandelt, weil das Kapital vollständig für die Beteiligungsunternehmen bestimmt war. Unerheblich sollte nach dieser Rechtsprechung eine das Wort „investment" beinhaltende Firma, das Fehlen einer Konzernumlage, die Existenz mehrerer Minderheitsbeteiligungen, die Anlage in verschiedene Branchen, ein neben der Verwaltung und Entwicklung von Beteiligungen auf Gewinnerzielung durch Kauf, Verkauf und Handel ausgerichteter Unternehmenszweck und die Vertriebsausrichtung auf Kleinanleger sein. Zum *Intertrend Investitions-Rentenplan* stützte sich die Rechtsprechung dagegen auf die Bezeichnung als „Rentenplan", die im Prospekt beschriebene Anlagepolitik bei unzureichenden Risikohinweisen, die internationale Anlagetätigkeit, den Wortlaut des Zertifikats, der Sicherheit von Rückzahlung und Rentenzahlung versprach, und die angestrebte Langfristigkeit der in Aussicht gestellten Rendite i.H.v. 25% auf das eingesetzte Kapital.[104]

Dass die unternehmerische Einflussnahme allein kein hinreichendes Kriterium ist, wurde bereits dargelegt. Die Finanzierungsfunktion ist jedenfalls kein Alleinstellungsmerkmal der Holding. Sie findet sich bereits im Jahr 1902 bei *Jörgens*[105] zur Abgrenzung der Kollektivanlage von *Emissionsbanken*. Richtig ist, dass die Anleger ihr Geld nicht einer Kollektivanlage übertragen, um ein

---

Rn. 17 ff.; vom 23.3.2010, VI ZR 57/09, Rn. 26 ff., unter Bestätigung von OLG Düsseldorf, WM 2008, 1464, 1466 – Konya-Modell.

[103] Schreiben des BAKred vom 1.7.1977, abgedruckt bei Beckmann, Rz. 448, Nr. 10, S. 13; *Volckens/Panzer*, IStR 2005, 426, 431; ebenso BGH zum Konya-Modell (vorherige Fn.).

[104] OLG Stuttgart vom 2.11.2005, 9 U 108/05 (Juris) Rn. 21 ff. (vgl. auch Rn. 41 ff. zur parallel erkannten Vertriebshaftung aus § 826 BGB mangels realistischer Aufklärung); OLG Karlsruhe, WM 2006, 967 Rn. 38. Das Revisionsurteil BGH, NJW 2008, 1084 korrigiert nur die Zinsentscheidung des OLG Karlsruhe, WM 2006, 181 (Ansprüche verjährt, keine Anwendung des § 849 BGB mangels Entziehung) zugunsten der Kapitalanleger (§ 849 BGB anwendbar).

[105] *Jörgens*, Finanzielle Trustgesellschaften, S. 4 ff.: Emissionsbanken finanzierten durch die Ausgabe von Anteilen ihre Geschäftätigkeit (beispielhaft wird der Credit Mobilier genannt).

bestimmtes Projekt – Forschung, Wachstum, Übernahme – zu finanzieren. Dieser Gedanke wird im Folgenden noch aufzugreifen sein.

IV. Zwischenergebnis

Mittels des handelsrechtlichen Gewerbe- und Unternehmensbegriffs und des steuerrechtlichen Gewerbebegriffs gelingt die Abgrenzung zwischen der Kollektivanlage und der unternehmensleitenden Holding; maßgeblich ist das Kriterium der Unternehmensleitung. Im Übrigen gelingt keine klare Abgrenzung, insbesondere konnte keine Trennlinie zwischen Private Equity-Fonds und beteiligungsverwaltender Holding gezogen werden. Bevor weitere Anstrengungen unternommen werden, soll in der Hoffnung auf weiterführende Erkenntnisse zunächst dem zweiten Anliegen, zwischen Anlegern einerseits sowie Aktionären und Gläubigern andererseits zu unterscheiden, Vorrang eingeräumt werden.

B. Kapitalgeber: Anleger vs. Aktionäre und Gläubiger

Kollektivanleger sowie unternehmerische Aktionäre und Gläubiger geben gleichermaßen Kapital im Gegenzug für eine Beteiligung an dem Geschäftsergebnis.

I. Anlegerkategorien

§ 1 Abs. 19 Nr. 31 bis 33 KAGB differenziert zwischen professionellen, semiprofessionellen und sonstigen (Privat-)Anlegern. Privatanleger bilden, kollektiv das Publikum.[106] Dieses entspricht in seiner Zusammensetzung dem in der gesellschaftsrechtlichen Diskussion als Klein- oder *Anlageaktionäre* oder -gesellschafter bezeichneten Personenkreis.[107] Deren Widerpart soll teils der unternehmerische, teils der (semi-) professionelle respektive der institutionelle Investor sein.

1. Professionelle (Institutionelle) Anleger

Die institutionellen Anleger finden sich als Begriff seit dem Jahr 2007 im WpHG und beschreiben dort eine Unterkategorie professioneller Kunden einer Wertpapierdienstleistung.[108] Zu den professionellen Kunden zählt das Gesetz u.a.

---

[106] § 1 Abs. 1 S. 2 Nr. 1 KWG; als Konsequenz werden Einlagen institutioneller Anleger nicht durch die Einlagensicherungseinrichtung geschützt, vgl. BaFin, Merkblatt Einlagengeschäft (2009), Nr. 1b) cc) [„Gelder des Publikums"]; Schwennicke/Auerbach/*Schwennicke*, § 1 Rn. 28.
[107] *Wiedemann*, GesR II, § 3 III 2, S. 209; zur Einordnung der Anleger als Publikum *Zetzsche*, Aktionärsinformation, S. 32 f.; das KAGB regelt „Publikums"fonds in §§ 162 bis 272.
[108] § 31a Abs. 2 S. 1 Nr. 1 und Nr. 5 WpHG.

Wertpapier- und Finanzdienstleister,[109] Versicherungsunternehmen,[110] Pensionsfonds nebst Verwaltungsgesellschaft,[111] Effektenhändler,[112] „Organismen für gemeinsame Anlagen" nebst Verwaltungsgesellschaft[113], „sonstige institutionelle Anleger", deren Haupttätigkeit keine der vorgenannten Aktivitäten darstellt,[114] sowie andere nicht zulassungs- oder aufsichtspflichtige institutionelle Anleger, deren Haupttätigkeit die Investition in Finanzinstrumenten darstellt.[115] Durch Verzicht von Gesetz und Kommentarliteratur[116] auf eine nähere Eingrenzung des institutionellen Anlegers bleibt offen, welche der vorgenannten professionellen Kunden zu den institutionellen Anlegern zählen bzw. ob professionelle Kunden und institutionelle Anleger deckungsgleich sind. Europäische Rechtsquellen und ein Teil der Literatur[117] definieren institutionelle Anleger vage als Institute, die professionell Anlagen (auch) im Namen von Kunden und Begünstigen tätigen.[118] Mit der Reform der Aktionärs-RL wird demgegenüber ein engerer Begriff der institutionellen Anleger vorgeschlagen, der nur Pensionsfonds und Lebensversicherungsunternehmen einbezieht. Diese Definition ist nicht übertragbar; sie erklärt sich mit spezifischen Erwägungen im Rahmen der Corporate Governance.[119]

Allerdings besteht bereits im Bank- und Kapitalmarktrecht Konkretisierungsbedarf. Aus § 1 Abs. 19 Nr. 31 bis 33 KAGB, § 31a WpHG sowie der Gruppe der qualifizierten Anleger gem. § 2 Abs. 6 Bst. a WpPG lassen sich drei Definitionselemente erschließen: (1) Es muss sich um andere als natürliche Personen handeln (Einrichtung respektive Institution). (2) Auf die Zulassungs- oder Aufsichtspflicht und damit die Kataloge der § 1 KWG, § 2 Abs. 3 und 3a sowie § 20 KAGB kommt es nicht an. (3) Die Anlagetätigkeit ist die Haupttätigkeit der handelnden Einheit. Eine Begrenzung auf die Anlage *in Finanzinstrumente*[120] ist gleichfalls kein notwendiger Bestandteil der institutionellen Anlage. Diese Begrenzung in WpHG-Vorschriften ist Folge des auf Finanzinstrumente be-

---

[109] Vgl. § 2 Abs. 3 WpHG, § 1 Abs. 1a KWG.

[110] § 1 Abs. 1 Nr. 1 VAG.

[111] § 112 Abs. 1 VAG.

[112] § 31a Abs. 2 S. 2 Nr. 1 f) und g) WpHG: Eigenhändler, Market Maker, Börsenhändler und Warenderivatehändler, vgl. dazu § 2 Abs. 3 Nr. 2 WpHG und § 1 Abs. 1a KWG.

[113] Das Gesetz definiert diesen Begriff nicht, er findet sich im Übrigen nur als Hinweis auf die OGAW I-RL. Interpretation bei *Fuchs/Fuchs*, § 31a Rn. 20: Investmentgesellschaften.

[114] Hierzu zählen z.B. Betriebskrankenkassen, vgl. dazu BSG, SGb 2007, 103 (Anlage in Spezialfonds mit Wertpapieranteil).

[115] Zu dieser Gruppe dürften Staatsfonds und Stiftungen gehören.

[116] Vgl. Assmann/Schneider/*Koller*, § 31a Rn. 6; *Fuchs/Fuchs*, § 31a Rn. 20, 24.

[117] *Pennington*, Investor and the law, S. 33 f. (Institutionelle Anleger als Organisationen, die für andere Geld anlegen); *Kalss*, Anlegerinteressen, S. 65 f. (Vermögensanlage als Unternehmensgegenstand).

[118] Europäische Kommission, Grünbuch europäischer Corporate Governance Rahmen, KOM(2011) 164/3, unter 2.1, S. 13.

[119] Dazu kritisch *Zetzsche*, NZG 2014, 1124 f.

[120] Vgl. § 2 Abs. 2b WpHG.

schränkten Anwendungsbereichs des WpHG.[121] Keine notwendige Eigenschaft des institutionellen Investments ist auch die Diversifikation. So kann eine Privatstiftung auf Grund des Stiftungszwecks zu einer konzentrierten Anlagestrategie gehalten sein.[122] Ein Finanzinstitut mag sich ebenso für eine Investition in eher wenige Anlagegüter entscheiden.

Institutionelle Anleger sind somit professionell organisierte und von Experten verwaltete Vermögen, die die planmäßige Gütervermehrung ex ipso als Hauptgeschäft betreiben und zu diesem Zweck regelmäßig und wiederkehrend Anlageentscheidungen treffen, diese also nicht nur vorbereiten oder vermitteln. Sie unterschieden sich von den Privatanlegern, die das im Hauptgeschäft (Arbeit) erworbene, entbehrliche Kapital zur Spekulation oder Altersversorgung anlegen, sowie den Unternehmen, die als Teil ordentlicher Finanzplanung überschüssige Liquidität möglichst gewinnbringend vorübergehend investieren; in beiden Fällen ist Anlage die Nebentätigkeit.

Nach der gesetzlichen Vermutung verfügen diese professionellen Kunden über ausreichende Erfahrungen, Kenntnisse und Sachverstand, um ihre Anlageentscheidungen zu treffen und die damit verbundenen Risiken angemessen zu beurteilen.[123] Im Gegenschluss ist dies Privatkunden[124] und kleineren Unternehmen, die ausweislich § 31a Abs. 2 WpHG nicht professionelle Kunden sind, nicht per se[125] zu unterstellen.

2. Kollektivanlage als Privat- und institutionelle Anlage

Nach G. Roth bedingt die „Vermögenssituation des kleinen Sparers im Verhältnis zum Kapitalbedürfnis eines Unternehmens und den Erfordernissen rationeller Verwaltung die organisatorische Zusammenfassung einer Vielzahl von Kapitalgebern mit relativ kleinen individuellen Einsätzen zu einer gemeinsamen oder Sammelverwaltung".[126] Ebendies indiziert die aufsichtsrechtliche Anlageverwaltung, wonach nur die gemeinschaftliche Vermögensverwaltung *für natürliche Personen* (jenseits des KAGB) erlaubnispflichtig ist.[127] Infolgedessen wird die Kollektivanlage zumeist als Sparform für Klein- und Privatanleger behandelt.[128] Die gemeinsame Anlage ist aber nicht nur Kleinanlegerphä-

---

[121] Vgl. § 1 Abs. 1 WpHG.

[122] Beispiel: Halten einer wesentlichen Beteiligung an einem Großunternehmen (Krupp-Stiftung).

[123] § 31a Abs. 2 S. 1 WpHG; S. a. § 1 Abs. 19 Nr. 33 KAGB.

[124] § 31a Abs. 3 WpHG.

[125] Vgl. aber § 31a Abs. 7 WpHG zur Möglichkeit eines Privatkunden, sich als professioneller Kunde einzustufen, sowie § 31 Abs. 5 WpHG zur Möglichkeit eines professionellen Kunden, als Privatkunde eingestuft zu werden.

[126] G. Roth, Treuhandmodell, S. 10.

[127] § 1 Abs. 1a Nr. 11 KWG.

[128] Ohl, Rechtsbeziehungen, S. 10 unter Berufung auf den Bericht des Abgeordneten Neuburger, BT-Drs. 2/29733, S. 1.

nomen. Professionelle Anleger bedienen sich in erheblichem Umfang der *gemeinsamen* Vermögensanlage, manche Formen sind speziell dafür geschaffen (Spezial-AIF, luxemburgische FIS, Schweizer und liechtensteinische Fonds für qualifizierte Anleger, US-amerikanische Private Funds, britische unregulated CIS etc.).[129] Die AIFM-RL führt zu einem Europäischen Pass für den grenzüberschreitenden Vertrieb ausschließlich an professionelle Anleger.[130] Dies wäre bei einem auf Privatanleger begrenzten Verständnis entbehrlich.

II. Anlegerbezogene Kriterien?

Man könnte versucht sein, zwischen Anlegern und Unternehmern *formal* danach zu unterscheiden, ob es zur Bündelung der Anlage mit anderen Anlegern im Sinne einer gleichgerichteten Anlageentscheidung kommt. In die gleiche Richtung verläuft der Ansatz, nach einer direkten oder indirekten Beteiligung zu differenzieren. Bei einem zweiten Blick überzeugen solche Versuche zur Unterscheidung zwischen Fonds- und „unternehmerischen" Anlegern nicht: Die gemeinsame Anlageentscheidung spiegelt sich in dem Umstand der *gemeinsamen Beteiligung* am Emittenten wider, dessen Vorstand bzw. Geschäftsleitung der Verwalter der gemeinsamen Anlage ist. Auch kann die Kollektivanlage ihrerseits Emittentin von Aktien[131] respektive Schuldverschreibungen[132] sein. Eine Beteiligung als (unternehmerischer) Aktionär oder Gläubiger erfolgt schließlich keineswegs immer unmittelbar (direkt) an dem produzierenden Unternehmen. Dies ist offensichtlich, wenn eine Holding-AG Aktien oder Schuldverschreibungen emittiert.

Ebenfalls untaugliches Kriterium ist der Grad der Einflussnahme des Investors: Trotz mit Schuldverschreibungen[133] und in der Regel auch Aktien[134] verbundener Stimmrechtsmacht ist der Einfluss eines atomistisch beteiligten Stammaktionärs oder Gläubigers auf die Unternehmensleitung marginal. Im Gegenzug findet die Stimme der professionellen Anleger in Unternehmen und Kollektivanlagen Gehör, in Spezialfonds z.B. über Anlageausschüsse.[135] Statt des objektiven ist das Selbstverständnis ebenfalls unergiebig. I.d.R. beteiligen

---

[129] Nach § 1 Abs. 6 KAGB dürfen semi-professionelle und professionelle Anleger in Spezial-AIF investieren. In der Praxis überwiegen die Spezialfondsinvestitionen von Versicherungsunternehmen, Pensionsfonds und Banken. Vgl. zur Anlage durch Betriebskrankenkassen in Spezialfonds BSG, SBg 2007, 103.

[130] Art. 32 AIFM-RL.

[131] Z.B. als Inv-AG gem. §§ 108 ff. bzw 140 ff. KAGB oder Anlage-AG.

[132] Z.B. kann ein Zertifikat die Investition in einen Korb („basket") von Finanzinstrumenten abbilden.

[133] Vgl. nunmehr §§ 5 ff. SchVG.

[134] § 133 Abs. 1 AktG. Ausnahme: §§ 140 Abs. 2, 141 AktG.

[135] Vgl. *König*, Anlegerschutz, S. 120 f.; *Sethe*, S. 39 f. Vgl. OLG Frankfurt a.M., BKR 2008, 341; OLG Frankfurt a.M. vom 3.7.2007, 5 U 22/06 (Juris) Rn. 11; OLG Frankfurt a.M. vom 3.7.2007, 5 U 22/06 (Juris).

sich Aktionäre mit größerem Anteil an einer Kapitalerhöhung, um den Unternehmenszweck z.B. durch Finanzierung einer bestimmten Investition zu fördern. Die Mehrheit der Kleinaktionäre wird sich solche Gedanken nicht machen und nach anderen Parametern, insbesondere einer erhofften Kurssteigerung oder hohen Dividende entscheiden.

Die vorstehenden Überlegungen lassen die Schwierigkeiten erahnen, die Finanziers-Gruppen auseinanderzuhalten. So erklärt sich auch, warum man vielfach auf eine sprachliche Differenzierung verzichtet. Als „Anleger" werden Kapitalgeber unabhängig davon bezeichnet, ob sie ihre Mittel dem Verwalter einer Kollektivanlage oder einem Unternehmen überlassen.[136] Zwischen Anleger einerseits und „sonstigem" (unternehmerischem) Aktionär und Gläubiger andererseits ist die Trennlinie ebenso undeutlich wie auf der Kollektivebene zwischen Anlage und Unternehmung.

III. Sonstige Anlegermehrheiten

Vielversprechender ist die Abgrenzung der Kollektivanlage zu anderen Anlegermehrheiten: Eine Aktionärs- oder Investorenvereinigung[137] bündelt die Interessenvertretung, jedoch nicht die Anlagetätigkeit. Investmentclubs[138] reduzieren – ähnlich einer Kollektivanlage – die für die Anlageentscheidung anfallenden Kosten durch gemeinsame *Information*sbeschaffung und -auswertung. Typischerweise fehlt die Bündelung der *Investition*. Ist ein Investmentclub (z.B. in Form einer BGB-Gesellschaft) so organisiert, dass die Mitglieder Beiträge leisten, die ein Anlageausschuss oder ein Dritter für sie anlegt und alle Mitglieder (z.B. pro rata) an dem Anlageergebnis partizipieren, kann es sich um eine Kollektivanlage handeln, insbesondere, wenn dahinter ein Initiator steht, der die Kapitalsammlung betreibt. Abschreibungs- oder Verlustzuweisungsgesellschaften[139] (z.B. in Form der Bruchteilsgemeinschaft, BGB- oder stillen Gesell-

---

[136] Zu Aktionären als Anleger *Mülbert*, Aktiengesellschaft, S. 55 ff.; *Staake*, S. 95 ff.; s. zudem die „neutrale" Formulierung in § 2 Nr. 6 WpPG („qualifizierte Anleger") und § 5 Abs. 1 S. 1 WpPG („Publikum").

[137] Dazu *Noack*, FS Lutter, S. 1463; *Simon/Zetzsche*, ZGR 2010, 918, 948 f.

[138] Vgl. auch BaFin, Auslegungsschreiben (2014), Nr. I.3.b) Abgrenzung von Investmentclubs anhand des Merkmals „Kapitaleinsammeln".

[139] Vgl. dazu OLG Köln, NZG 2001, 1149 Rn. 66 (GbR mit Treuhandvertrag) mit Revisionsurteil BGH, DStR 2003, 1494; OLG München, NZG 2001, 860 und NZG 2001, 910 Rn. 2 und Revisionsurteil BGH, ZIP 2003, 1536 (GbR mit Verwaltungstreuhänderin); OLG München, NZG 2000, 660 (KG; Natur des Treuhandvertrags blieb streitig); OLG München, NZG 2002, 930 Rn. 4 (Direktbeteiligung an KG). Zu steuersparenden Bauherren-, Bauträger- und Erwerbermodellen BGH, WM 2008, 971; BGH, WM 2007, 876 ff.; BGHZ 159, 294, 316; BGHZ 161, 15, 20; BGHZ 168, 1, 19 f. Rn. 41; BGH, WM 2005, 72, 76; BGH, WM 2005, 828, 830 (Aufklärungspflicht der beratenden Bank).
Zum Gesellschaftsrecht *Uhlenbruck*, Abschreibungsgesellschaften, 1970; *Armbrüster*, Treuhand, S. 85 f.; *Hopt*, Gutachten 51. DJT, G 28 ff.; *Liebich/Mathews*, S. 238 ff.; zum Steuer-

schaft, GmbH & Co. KG) sind indes keine Kollektivanlagen, weil nicht planmäßig Einnahmen erzielt, sondern zunächst Verluste zugewiesen werden sollen. Es handelt sich um eine andere Art der Vermögensoptimierung. Gewisse Gemeinsamkeiten mögen bestehen, die hier jedoch nicht ausgeführt werden können.

C. Rechtsvergleichender Rundblick

Wo die eigene Rechtsordnung an ihre Grenzen stößt, kann ein Blick über die Grenzen den Blick schärfen.

Soweit die in diese Untersuchung einbezogenen Rechtsordnungen operative und Holding-Gesellschaften von den Kollektivanlagen abgrenzen,[140] ist erheblicher Abgrenzungsaufwand festzustellen. Der Schwerpunkt liegt dabei ebenfalls auf der Abgrenzung von Venture Capital und Private Equity Fonds von den Holding-Gesellschaften.

Nach Ansicht der luxemburgischen CSSF liegt der Schwerpunkt auf der beabsichtigten Haltedauer. Die SICAR erwirbt Risikokapitalbeteiligungen mit dem Ziel, diese gewinnbringend zu veräußern, während die Holding eine Beteiligung erwirbt, um diese zu halten. Die Haltedauer der Finanzaktiva wird damit zum Zulassungskriterium.[141] Ein solches Vorgehen ist dogmatisch unbefriedigend, weil die Auseinandersetzung mit der Frage vermieden wird, worin der Unterschied in den Geschäftsmodellen liegt. Etwas konkreter ist demgegenüber eine Abgrenzung anhand, eines erhöhten Risikos und dem Willen zur Entwicklung der Zielgesellschaft beizutragen.[142]

Auch im englischen Recht wird die Abgrenzung diskutiert,[143] ebenfalls ohne überzeugenden Antworten: Zunächst schließt es alle „body corporates" aus dem Kreis der Collective Investment Schemes aus, um dann Rückausnahmen für „investment trusts" und „OEICs" zuzulassen. Eine Open-Ended Investment Company (OEIC) muss zu Zwecken der Risikostreuung anlegen.[144] Eine grundsätzliche Diskussion findet sich im englischen Schrifttum dazu nicht,

---

recht vgl. § 15 Abs. 3 Sätze 6 bis 8 EStG sowie BFH, BStBl. II (1984), 3. und 4. Ls. sowie unter C. IV.; Tipke/Lang/*Hey*, § 18 Rn. 41; Blümich/*Stuhrmann*, § 15 Rn. 40, 47. *Sethe*, S. 18, grenzt diese Steuersparmodelle mangels Dauerhaftigkeit aus; dies ist unzutreffend, da der Steuerspareffekt erst bei einer gewissen Dauer nennenswert ist.

[140] Großbritannien: Schedule zur The Financial Services and Markets Act 2000 (Collective Investment Schemes) Order 2001, S.I. 2001/1062, No. 9 (schemes entered into for commercial purposes related to existing business) sowie No. 21 (body corporate other than OEICs). Liechtenstein: Art. 2 Abs. 2 Bst. b AIFMG; Luxemburg: für SICARs Circulaire 06/241, 3.; Art. 1 Abs. 1 SICAR-G; Schweiz: Art. 2 Bst. d, e KAG; USA: s. 3(b) ICA.

[141] CSSF Circulaire 06/241, 3. Eine ähnliche Herangehensweise sieht das deutsche WKBG mit einer Beteiligungshöchstdauer von maximal 15 Jahren vor, vgl. § 9 Abs. 3 WKBG.

[142] Jesch/*Bartnik*/*Aldinger*, S. 104 f.

[143] Nachweise FCA PS 13/5, van Setten/Busch/*Rouch*, S. 130.

[144] S. 236 (2) FSMA.

weil OEICs ihre Anteile zurücknehmen müssen[145] – was bei Holding-Gesellschaften nicht vorkommen wird – und Investment Trusts steuerlichen Restriktionen unterliegen, die mit der Holding-Tätigkeit schwer vereinbar sind.[146] Mit Umsetzung der AIFM-RL versucht die FCA mit der Veröffentlichung eines an die ESMA angelehnten Kriterienkatalogs Rechtssicherheit zu schaffen. Kriterien betreffen unter anderem die Anzahl der Beschäftigten, aber auch die Häufigkeit von Aufsichtsratssitzungen sowie die Stellung des Aufsichtsrats.[147] Die Börsennotierung eigne sich nur in Bezug auf intern verwaltete Investmentvermögen zur Abgrenzung.[148] Die Frage, was die Anlage ausmacht, war indes bereits im 19. Jahrhundert relevant. So entschied der High Court, Investment Companies müssten zu Anschaffungswerten ggf. abzüglich Abschreibungen, Trading Companies (= Investmentbanken) zum Verkehrswert bilanzieren.[149]

Das schweizerische KAG, das operative und Holding-Gesellschaften ausgrenzt (Art. 2 Bst. d, e KAG), verzichtet auf eine Definition operativer Gesellschaften, während eine Holding-Gesellschaft als Gesellschaft bezeichnet wird, die durch Stimmenmehrheit oder auf andere Weise eine oder mehrere Gesellschaften in einem Konzern unter einheitlicher Leitung zusammenfasst (Art. 2 Bst. e KAG). Für konzernleitende Gesellschaften (Art. 633e Abs. 1 OR) soll die Existenz von Koordinations- und Leitungsstrukturen maßgeblich sein. Das Schrifttum erstreckt die Ausnahme auch auf beteiligungsverwaltende Gesellschaften ohne Leitungsfunktion, aber mit Konzerneinbindung.[150] Auf Holdinggesellschaften ohne Einbindung in eine einheitliche Leitung (Art. 671 Abs. 4 OR) wird Art. 2 Bst. e KAG nicht angewandt.[151] Dann kann eine Abgrenzung zur Kollektivanlage nur über die umstrittenen Kriterien für operative Gesellschaften erfolgen. Die Gesetzesmaterialien legen den Fokus auf Wertzuwachs und Kapitalerhaltung.[152] Das Schrifttum stellt auf die Wertschöpfung durch Eigenleistung,[153] die Haltedauer, den Diversifizierungsgrad,[154] den Grad

---

[145] S. 236 (3) FSMA.

[146] Gem. S. 1159 des Corporation Tax Act 2010 darf eine einzelne Beteiligung maximal 15% des verwalteten Vermögens ausmachen, maximal 15% der Erträge dürfen thesauriert werden und die Satzung muss die Ausschüttung von Dividenden aus Wertsteigerungen untersagen. Zudem muss die Gesellschaft von den Steuerbehörden als Investment Trust anerkannt sein.

[147] Vgl. FCA PS 13/5, Frage 2.18 und 2.19, Frage 2.21.

[148] FCA, PERG 16.6, Frage 6.3; Setten/Busch/*Rouch*, S. 130.

[149] *Jörgens*, Finanzielle Trustgesellschaften, S. 40 (die Suche des Vf. nach dem Urteilstext war erfolglos).

[150] BSK-KAG/*Pfenninger*, Art. 2 Rn. 16; *Kühne*, Bewilligungspflicht, S. 252 ff. (zum AFG 1994); *Lezzi*, Rn. 128.

[151] *Luchsinger-Gähwiler*, FS Forstmoser, S. 292; *Kühne*, Bewilligungspflicht, S. 251 (zum AFG 1994).

[152] Dafür 116 Ib 79, Botschaft zum KAG, S. 6417.

[153] Dafür *Luchsinger-Gähwiler*, FS Forstmoser, S. 281, 289.

[154] *Courvoisier/Schmitz*, SZW 2006, 407, 412 setzen bei der Portfoliotheorie an. Da eine Kollektivanlage diversifiziert sein müsse, bilde sie nur systemische Risiken ab. Diese Risiken

der Einflussnahme der Anleger[155] und eine typologische Betrachtung unter Berücksichtigung der vorherigen Merkmale ab, die mit Blick auf die mit der KAG-Anwendung verbundene Einschränkung der Wirtschaftsfreiheit restriktiv erfolgen müsse.[156] Gefordert wird schließlich eine formelle Grenzziehung, wonach mehr als 2/3 der Erträge aus Anlage- statt operativer Tätigkeit stammen sollen.[157] Das Bundesgericht hat in der Rechtssache Dr. Amann AG eine Gesamtbetrachtung unter Heranziehung von acht Kriterien praktiziert,[158] darunter auch die subjektive Sicht und Anzahl der Anleger.

Letztlich überzeugt keiner der Vorschläge: Auch operative Gesellschaften zielen auf Wertzuwachs und Kapitalerhaltung.[159] Bei der Kollektivanlage besteht die Eigenleistung in der Schaffung und Anwendung geistigen Eigentums (z.B. Anlagemodell). Die Haltedauer ist von Zufälligkeiten geprägt.[160] Die Diversifizierung ist (auch im Schweizerischen Recht) kein notwendiges Element der Kollektivanlage (mehr).[161] Moderne Gesetze[162] verpflichten die Verwalter zur Einflussnahme zum Schutz des Anlagewertes; insbesondere Private Equity- und Venture Capital-Fonds können ihr Geschäftsmodell nur bei gewissem Einfluss verfolgen. Die Flucht in die Typologie oder abstrakte / willkürliche Grenzwerte kommt einer Bankrotterklärung der Rechtssetzung vor der Wirklichkeit gleich.

Eine ausführliche Diskussion zu den Unterschieden zwischen Holding und Investment Company findet sich schließlich im US-Recht. Operating Compa-

---

könne ein Anleger aber nicht diversifizieren. Deshalb müsse immer dann, wenn eine Anlage diversifiziert sei, das KAG zum Schutz der Anleger greifen.

[155] *Kühne*, Bewilligungspflicht, S. 252; *Bohre*, GesKR 2011, 80.

[156] BSK-KAG/*Pfenninger*, Art. 2 Rn. 13.

[157] Dafür *Luchsinger-Gähwiler*, FS Forstmoser, S. 281, 289.

[158] BG vom 5.11.2010, 2C_571/2009, dazu *Raimondi*, GesKR 2012, 90, 102; *Kunz*, ZBJV 2013, 99; *Bloch/von der Crone*, SZW/RSDA 2/2011, 214f. Ähnlich zuvor bereits *Aeschlimann*, J.dr. banc. fin. 2008, 2009, S. 38f. Kriterien sind danach der statutarische Zweck, die Anlage der Mittel, Organisationsgrad und -form, die Art des Risikos, der Marktauftritt und als Hilfskriterien die Zahl sowie die subjektive Auffassung der Anleger. S. zur Problematik des Weiteren *Brack*, Formen kollektiver Kapitalanlagen nach dem KAG (2009).

[159] Zutreffend *Courvoisier/Schmitz*, SZW 2006, 407, 412.

[160] Zutreffend BSK-KAG/*Pfenninger*, Art. 2 Rn. 13; *Kühne*, Bewilligungspflicht, S. 251.

[161] Wohl unzutreffend dagegen BSK-KAG/*Pfenninger*, Art. 2 Rn. 10, der dem Gesetz den Bezug zu ökonomischen Sachverhalten abspricht.

[162] In der Schweiz Art. 23 KAG, in Deutschland § 94 KAGB; in den USA unterliegen Investment Advisers von Mutual Funds einer Stimmpflicht für inländische Gesellschaften, die aus der Sorgfaltspflicht des Investment Advisers abgeleitet wird, vgl. SEC, Final Rule: Proxy Voting by Investment Advisers, 17 CFR Part 275 (2003), wodurch Rule 206(4)-6 unter dem IAA eingeführt wurde. Siehe ebendort II.A.2. a) „The duty of care requires an adviser with voting authority to monitor corporate actions and vote client proxies." S. auch die Vorschläge zur Reform der Aktionärsrechte-RL, dazu *Zetzsche*, NZG 2014, 1121; *Freitag*, AG 2014, 647, 651.

nies[163] und Industrial Holding Companies[164] fallen nicht in den Anwendungsbereich des ICA.[165] Weil das Selbstverständnis der Emittenten nicht maßgeblich
ist, führt das komplexe Verhältnis der Investment Companies zu den Operating
und Holding Companies vielfach zur Einstufung von Gesellschaften als Investment Companies, die sich selbst für operative Gesellschaften halten (sog. Inadvertent oder Unintended Investment Companies).[166] Gem. s. 3(a)(1) ICA ist
zunächst zu prüfen, ob die Gesellschaft Investment Company gem. s. 3(a)(1)(C)
ICA ist. Dafür müssen mehr als 40% des Wertes aller Anlagegegenstände „investment securities" sein. Zur Ermittlung der Quote sind von allen Securities
neben Staatspapieren, Barbeständen[167] und Anteilen an Arbeitnehmerbeteili-
gungsgesellschaften insbesondere alle Mehrheitsbeteiligungen herauszurech-
nen.[168] Ratio ist, dass Holding-Gesellschaften ihre Geschäfte über im Mehrheitsbesitz[169] stehende oder von ihnen kontrollierte[170] Gesellschaften mit
ähnlichem Geschäftsgegenstand betreiben.[171] Abgrenzungsbedarf besteht insbesondere für Beteiligungen in einer Höhe zwischen 10% und 50%. Dafür ist
in einem zweiten Schritt gem. s. 3(a)(1)(C) ICA zu prüfen, ob sich die Gesellschaft im „business of investing, reinvesting, or trading in securities" betätigt.
In diesem Bereich empfiehlt die SEC den Rückgriff auf den Integrationsgrad,
das Handelsvolumen in diesen Aktien, die Häufigkeit der Verschiebung des An-
teilsgewichts und die öffentlichen Darstellungen zur Geschäftstätigkeit. Häufige Handelstätigkeit spreche für Investment Companies.[172]

---

[163] S. 3(b)(1) ICA. Dazu *Rosenblum*, S. 153 ff.; *Morley*, (2011) 6 Va. L. & Bus. Rev. 341, 351.

[164] S. 3(b)(2) ICA. Dazu *Rosenblum*, S. 187 ff.

[165] S. 3(b) ICA: Keine Investment Company sind Emittenten, die sich in hauptsächlich einem anderen Geschäft als das „business of investing, reinvesting, owning, holding, or trading
in securities" engagieren.

[166] Dazu *Kerr*, (1959) 12 Stanf. L. Rev, 29; *Kerr/Appelbaum*, (1969–70) 25 Bus. Law. 887;
Frankel/Schwing, § 5.03[A][3].

[167] Vgl. zu diesen Merkmalen *SEC v. Nat'l Presto Indus.*, 2007 U.S. App. LEXIS 11345 (7th
Cir. 2007), Rn. 11 bis 24.

[168] S. 3(a)(2)(C) ICA. Beispiel: Wert der Unternehmung beträgt 100, sie hält zwei Beteiligungen i.H.v. 15% der Stimmrechte, zum Wert von je 15, und zwei Mehrheitsbeteiligungen,
wovon eine 35 und eine 20 wert ist. 15 sind in Staatspapieren angelegt. Von 100 sind 70
(35+20+15) abzuziehen, es verbleibt ein Anteil an „investment securities" i.H.v. 30. Die Gesellschaft ist nicht Investment Company gem. s. 3(a)(1)(C) ICA.

[169] S. 2(a)(24) ICA: mind. 50% der Stimmrechte.

[170] Nach der Kontrollvermutung gem. s. 2(a)(9) ICA wird Kontrolle ab einem Stimm-
rechtsanteil von 25% vermutet; unterhalb der Schwelle wird vermutet, dass keine Kontrolle
besteht.

[171] S. 3(b)(2) ICA.

[172] SEC, Nature, classification, and origins (1939), S. 19 f. Auf diese Kriterien greifen die
Gerichte bis heute zurück. Vgl. *SEC v. Fifth Avenue Coach Lines*, 435 F.2d 519 (1970). Siehe
auch SEC No-Action Letter (June 16, 1973), *Entrepreneurial Assistant Group, Inc.* (abgedruckt bei *Frankel/Hirsch*, S. 118 f.); *Frankel/Hirsch*, S. 109 ff.; *Frankel/Schwing*, § 5.03; *Rosenblum*, S. 153 ff., 187 ff.

Ist die Gesellschaft nach diesen Tests noch als „Investment Company" einzustufen, ist sie doch keine Investment Company, wenn die Gesellschaft hauptsächlich („primarily") auf einem anderen Geschäftsfeld tätig ist. Dafür hat der
Supreme Court den fünfstufigen *Tonopah*-Test entwickelt.[173] Der Test findet
sich erstmals in einem Urteil zu Industrial Holding Companies gem. s. 3(b)(2)
ICA, gilt aber ebenso für Operating Companies. Die fünf Faktoren sind (1) die
Historie der Gesellschaft, (2) die öffentliche Darstellung ihrer Geschäftspolitik, (3) die Tätigkeit ihrer Direktoren und leitenden Angestellten, (4) die Art
ihrer Anlagegegenstände und (5) die Quelle der gegenwärtigen Erträge. Das
größte Gewicht misst die SEC den letzten beiden Aspekten bei. Eine Investment Company ist gegeben, wenn Anlagen den größten Anteil der Anlagegegenstände ausmachen und daraus die Mehrheit der Einnahmen erzielt werden.
Danach unterliegt z.B. die Tätigkeit von Special Situation Companies, die
Mehrheitsbesitz erwerben, um die Beteiligung später zu einem höheren Preis zu
veräußern, als Investment Company der SEC-Aufsicht.

Der *Tonopah*-Test ist eine Typologie – mit den bekannten Defiziten. Erstens
ist nach wie vor unklar, wann es sich um Anlagen und wann um unternehmerische Beteiligungen handelt. Zweitens führt der *Tonopah*-Test auch dann zur
Einstufung als Investment Company, wenn Vermögen für langfristige Ge-
schäftsprojekte eingeworben und angelegt wird, wie es z.B. für forschungsin-
tensive Branchen („Bio-Tech") erforderlich ist.[174] Drittens trägt der Test modernen Geschäftsmodellen nicht Rechnung, bei denen die Produktion vollständig
ausgelagert ist, die Gesellschaft also nur noch Design und Marketing betreibt
und deshalb die Finanzreserven die 40%-Grenzen der gesetzlichen Definition
übersteigen.[175] Schließlich ist die Gewichtung der fünf Elemente unklar.[176] Die
SEC hat versucht, durch verschiedene Rules nachzubessern,[177] muss aber insgesamt konzedieren, dass es nicht gelingt, abstrakt-generelle Regelungen zur Abgrenzung von Holding und Investment Company zu entwickeln.[178] Damit
scheitert die Suche nach abstrakt-generellen Kriterien auch im US-Recht.

---

[173] *In re Tonopah Mining Co.*, 26 S.C. 426 (1947). Dazu *Kerr*, (1959) 12 Stanf. L. Rev, 29;
Kerr/Appelbaum, (1969–70) 25 Bus. Law. 887, 890f.; *Frankel/Schwing*, § 5.02[E].

[174] Dies führte im Jahr 2003 zur safe-harbour-Rule 3a(8) unter dem ICA für R&D Com-
panies. Zuvor hatte u.a. Yahoo! eine Ausnahme erwirken müssen, weil es wegen des hohen
Anteils geistigen Eigentums und eines großen Liquiditätsbestands gemäß dem *Tonopah*-Test
Investment Company war. Vgl. Investment Company Act Release No. 24,494 (June 13, 2000).

[175] Vgl. einen solchen Fall bei *SEC v. Nat'l Presto Indus.*, 2007 U.S. App. LEXIS 11345 (7th
Cir. 2007), Rn.28.

[176] So spricht sich das Appelationsgericht des 7th Circuit für einen Test aus, der hauptsächlich auf den Eindruck abstellt, den das Geschäftsmodell auf potentielle Investoren macht. Vgl.
SEC v. Nat'l Presto Indus., 2007 U.S. App. LEXIS 11345 (7th Cir. 2007), Rn.34, dazu *Menconi*, (2007) 8 JoIC 4.

[177] Rule 3a (1) bis (8) unter dem ICA.

[178] Vgl. SEC, Certain Prima Facie Investment Companies, Investment Company Act Release No. 10,937 (Nov. 13, 1979), unter I.B.: "Since determining a company's primary engage-

D. Das Zweckkriterium des § 247 Abs. 2 HGB

Bevor man vor dem Erkenntnisstand kapituliert und im Typus Zuflucht sucht, soll eine am Anlagebegriff ansetzende Klärung versucht werden. Zum Bilanzrecht wurde gezeigt, dass sich Anlage als Investment und Anlage als Investition durch die Zweckbindung des Aufwands unterscheiden. Die Investition ist dazu bestimmt, dem Geschäftsbetrieb dauerhaft zu dienen, vgl. § 247 Abs. 2 HGB, die Anlage ist im Gegensatz dazu prinzipiell zweckfrei.

I. Zweckfreiheit auf der Anlegerebene

Für die Anlegerebene wurde gezeigt, dass Kleinbeteiligte an Unternehmen („Kleinaktionäre") und Beteiligte an Kollektivanlagen bei typisierter Betrachtung den Gesellschaftszweck nicht fördern wollen. Das tatsächliche Phänomen kehrt sich unter Verwendung von § 247 Abs. 2 HGB in das rechtliche Kriterium der Zweckfreiheit der Anlage auf Anlegerebene. Der Anleger ist an Gewinn, nicht an Zweckförderung interessiert. Anleger sind an einer Organisation beteiligt, ohne Mittel einer dauerhaften unternehmerischen Zweckbindung zuführen zu wollen, sie wollen Investments – nicht Investition – eingehen. Konsequent kann das Recht an die Motive des Erwerbs keine Rechtsfolgen knüpfen.[179] Dies hat auch das OLG Bremen im Ergebnis so gesehen. In dem Fall war nach dem Gesellschaftsvertrag der Komplementär einer Ein-Schiff-Betriebs-KG nur für den Fall zum Widerspruch berechtigt, dass ein Kommanditanteil auf einen Wettbewerber übertragen werden sollte. Nach Ansicht des OLG Bremen konnte Wettbewerber in diesem Sinn nicht ein Schiffsbeteiligungsfonds sein, der eine Vielzahl von Schiffsbeteiligungen hält. Denn als institutioneller Anleger sei der Fonds allein an möglichst hohen Renditen interessiert; dies könne dem Interesse der KG am Schiffsbetrieb nicht zuwiderlaufen.[180]

II. Zweckfreiheit auf der Kollektivebene

Kollektivanlagen sind reine Finanzinvestoren und verfolgen keine unternehmerischen Ziele.[181] Bei Anlagegesellschaften ist die Beteiligung Selbstzweck der dazu besonders errichteten Organisation.[182] Während ein Unternehmen ein Umwandlungsprozess von Geld in Güter und Güter in Geld ist,[183] wobei die

---

ment involves considering many factors, no specific guidelines can be established for concluding in all conceivable circumstances whether a company is an investment company."

[179] I.E. ebenso *Pennington*, Investor and the law, S. 18 ("The desirability or undesirability of the motives behind an individual's purchase of an investment are quite immaterial to [the lawyer]").

[180] OLG Bremen, NZG 2008, 225 Rn. 49 ff.

[181] *Köndgen*, FS Nobel, S. 537.

[182] *Liefmann*, S. 74.

[183] *Gutenberg*, Unternehmung, S. 43.

Betriebswirtschaft mit Geld jede Finanzierungsform, mit Gütern jede Produktion, Dienstleistung etc. meint, sind Kollektivanlagen – als Finanzintermediäre – Umwandlungsprozesse von Geld in Geld. Alleiniger Zweck ist die „Bewirtschaftung des Formalkapitals."[184] Das Zweckkriterium auf der Kollektivebene beschreibt also eine ausschließlich auf Wertmaximierung ausgerichtete, im Übrigen aber „zwecklose" Tätigkeit des Verwalters. Unter dieser Prämisse soll auch der Verwalter keinen konkreten Unternehmenszweck fördern. Der Mitteleinsatz ist allenfalls abstrakt (Gewinnerzielung, Anlageklasse), nicht aber konkret festgelegt. Das Gegenbeispiel bilden die Finanzierungsgesellschaften, deren Tätigkeit den Zweck der ganzen Unternehmensgruppe fördern.[185]

Ein Indiz dafür findet sich in der Definition der Beteiligungsgesellschaft in Art. 2 Nr. 15 der Bilanz-RL. Danach ist eine Beteiligungsgesellschaft (mit der Konsequenz potentieller Ausnahmen von den allgemeinen Bestimmungen der vierten und siebten Richtlinie) eine Gesellschaft, deren *einziger* Zweck im Erwerb, der Verwaltung und Veräußerung von Beteiligungen an anderen Unternehmen besteht, ohne in die Verwaltung dieser Unternehmen einzugreifen (unschädlich ist die Ausübung der Gesellschafterrechte). Des Weiteren sind §§ 110 Abs. 2, 125 Abs. 2 KAGB zu nennen, wonach Unternehmensgegenstand der Satzung einer Inv-AG bzw. des Gesellschaftsvetrags der Inv-KG „ausschließlich" die „gemeinsame Kapitalanlage" zum Nutzen ihrer Aktionäre bzw. Gesellschafter sein darf. Eine derartige, wenngleich bei erster Betrachtung noch etwas vage wirkende Grenzziehung entspricht auch dem allgemeinen Sprachgebrauch, so z.B. wenn *Fleischer/Schmolke* für das „freie Vermögen" von Aktiengesellschaften Diversifikation verlangen[186] oder *Pennington* konstatiert, selten werde mit dem Erwerb einer Anlage ein anderer Zweck verfolgt.[187] Die Kollektivanlage existiert nur zu dem Zweck, die Mittel der Anteilseigner gemäß der vereinbarten Anlagepolitik anzulegen, die Anlage ist Selbstzweck.[188]

Nahtlos ordnet sich die verschiedentlich als Kriterium postulierte Unternehmensleitung ein. Die Verpflichtung auf das Unternehmens- oder Gruppeninteresse ist die intensivste Form der Zweckbindung. Sie weicht von der zweckfreien Verfolgung von Anlegerinteressen schon deshalb ab, weil im Rahmen des Unternehmensinteresses andere Interessen als die der Kapitalgeber zu berücksichtigen sind. Die beteiligungsverwaltende Holding ist diesem Gruppenzweck

---

[184] So *Linhardt*, Investment Trusts, S. 22.

[185] Die Terminologie weicht ab von der bei *Liefmann*, Investment Trusts, S. 70 ff. Danach ist Finanzierungsgesellschaft eine Gesellschaft, die die Gründung finanziert. M.E. beschreibt *Liefmann* nur ein Stadium der Anlagetätigkeit (Gründungs- oder spätere Finanzierung), nicht aber eine eigene Tätigkeit. Die Finanzierungsgesellschaft im hier verwendeten Sinn dient der Kapitalbereitstellung innerhalb einer Unternehmensgruppe.

[186] *Fleischer/Schmolke*, ZHR 173 (2009) 687 f.

[187] *Pennington*, Investor and the law, S. 31 ("It is rare that the acquisition of an investment is incidental to the achievement of another object.")

[188] *Pennington*, Investor and the law, S. 34.

verpflichtet,[189] während der Verwalter eines Private Equity-Fonds nur die Wertsteigerung zugunsten der Kapitalgeber betreibt.[190] Für mehrstöckige Kollektivanlagen,[191] bei denen jeweils unternehmerisch handelnde Verwalter in andere Kollektivanlagen investieren, um sich die bereichsspezifische Expertise des dortigen Verwalters oder die Diversifikationsmerkmale der Zielanlage zu sichern, ist entsprechend eine mehrstöckige Zweckfreiheit möglich.

Zu unterscheiden ist das Zweckkriterium von dem Ansatz, durch Vereinigung von Kapital und Arbeit schaffe der Unternehmer Werte, während dies der Kapitalist nicht tue.[192] Ohne Kapitalbedarf des Unternehmers gibt es keine Kapitalisten. Nur die Vereinigung beider Faktoren schafft Werte. Das Anlegerkapital ist lediglich nicht durch eine weitergehende Zweckbindung mit anderen Produktionsfaktoren verknüpft.

III. Rechtliche Zweckfreiheit

An der Grenze zur Zweckfreiheit auf Verwalterebene liegen Objektgesellschaften, bei denen die kumulierten Anlagebeträge ein Objekt (Immobilie, Schiff, Film) finanzieren. Zu zutreffenden Ergebnissen kommt man, wenn man den Verwalterauftrag aus Anlegersicht bestimmt. Anlegern geht es nicht darum, sich als Architekten, Kapitäne und Regisseure zu gerieren; sie wollen allein an den wirtschaftlichen Vorteilen der Branche oder des Anlagegegenstands partizipieren. Der Verwalter hat sich entsprechend zu verhalten. Maßgeblich ist die rechtliche Verpflichtung, nicht das Verhalten des Verwalters. Ein anderes, z.B. das persönliche Interesse des Verwalters an Seeschifffahrt[193] ist unerheblich, wenn das Anlegerkapital mit einer ausschließlich renditebezogenen Versprechung im Prospekt eingeworben wird. Umgekehrt ist ein altruistisches oder

---

[189] Vgl. *Just*, Kapitalanlage, S. 225 (Holding-Gesellschaften entstehen im Interesse der Unternehmung, nicht der Anleger).

[190] *Luggen*, Schweizerische Immobilien Investment Trusts, S. 29 (wenn schon Kontrolle oder Übernahme, dann nur als Mittel zum Ertragszweck). Trotz der Anknüpfung an § 247 Abs. 2 HGB ist der Bilanzansatz zum Anschaffungswert abzüglich planmäßiger Abschreibung kein klares Indiz für die Zweckbindung. Spätestens seit dem BilMoG werden auch einige dauerhaft gehaltende Anlagegegenstände zum Zeitwert bilanziert. Umgekehrt können Kollektivanlagen Gegenstände bis zum Ende des Nutzungszeitraums planmäßig halten.

[191] Beispiel: Dach-Hedgefonds gem. § 225 KAGB; zu mehrstöckigen GmbH & Co. KGs *Hopt*, Gutachten 51. DJT, G32 ff.; zur steuerrechtlichen Anerkennung vgl. BFH (GrS), BStBl. 1991, 691, 698 und zur Reaktion des Gesetzgebers Tipke/Lang/*Hey*, § 18 Rn. 18, 40, 70, 75. Auch mehrstöckige Anlagen unterfallen dem AIG, vgl. die Urteile im Fall Kombassan, vgl. OLG Koblenz vom 30.10.2009, 10 U 110/08 (Juris); OLG Celle, OLGR Celle 2008, 208 Rn. 19 f.

[192] *Schnorr*, NJW 2004, 3214, 3218; BFH, BStBl. II (2005), 817, unter B.II.1.h), wonach Gewerblichkeit neben händlertypischem Verhalten (dazu BFH, BStBl. II (2003), 464) durch die nachhaltig betriebene Erhöhung des Wertes eines zum Weiterverkauf bestimmten Wirtschaftsguts geprägt sein könne.

[193] Vgl. dazu BaFin, Auslegungsschreiben KAGB (2014), I 7. B.

zweckbezogenes Interesse des Kapitalgebers grundsätzlich unerheblich, sofern die rechtliche Beziehung zweckfrei, also rein renditebezogen ist. Es kommt – wie generell bei der Einordnung als Kollektivanlage – auf die Plan- und Vereinbarungsgemäßheit der Zweckfreiheit an.

Damit lässt sich als Abgrenzungskriterium für die Kollektivanlage die doppelte rechtliche Zweckfreiheit auf Anlage- und Anlegerebene ausmachen. Bei Rückgriff auf die doppelte Zweckfreiheit sind Typusbetrachtungen verzichtbar.

§ 6 – *Aleatorische Verträge*

Historisch stehen sich Kollektivanlage, Versicherungen und andere aleatorische Verträge[194] nahe, wobei der römisch-rechtliche Typenzwang[195] dafür mitursächlich gewesen sein mag. Ursprünglich[196] wie gegenwärtig betreiben die gleichen Institutionen beide Tätigkeiten. Versicherer sind regelmäßig an KVG beteiligt, KVG sind Delegationsnehmer von Versicherungen. Insbesondere bei fondsgebundenen Lebensversicherungen (*variable life annuieties*) vermischen sich die Typen auch aus Sicht des Anlegers/Kunden.[197] Dass KVGs neben Investmentvermögen auch Pensionsfonds verwalten dürfen,[198] ist Grund für die Einstufung von Pensionsfonds und Kapitallebensversicherungen als spezielle Formen der kollektiven Vermögensanlage.[199] Investmentrechtliche Entscheidungen werden gelegentlich auf das Versicherungsrecht gestützt.[200] Diese Einordnung droht, das aleatorische Element zu missachten.

---

[194] Unter Hinnahme gewisser Unschärfen werden Versicherungen und Altersvorsorgeverträge als aleatorische Verträge eingeordnet. Zur Disskussion um die Versicherung als aleatorischer Vertrag *Ebel*, ZgVW 51 (1962), S. 68 ff.; *Perdiktas*, ZgVW 55 (1966), S. 425, 427.

[195] Vgl. *Schewe*, Gilden, S. 194 ff., 205. So wurden teils Finanzierungen simuliert, weil so die Gegenseitigkeit (do, ut des) entsprechend den Maßgaben der römisch-rechtlichen actio niedergelegt werden konnte.

[196] Vgl. z.B. *Schewe*, Gilden, S. 48 f. (Gilden als Seefahrt-Finanziers), S. 303, 314 (als Leibrenten-Garanten); *Perdiktas*, ZfgV 1966, 425, 502 ff. (aus Beteiligung in Form der commenda entwickelt sich Versicherung).

[197] Vgl. zur schwierigen Abgrenzung des US-Investment Company Act vom Versicherungsgewerbe *Fink*, S. 59 ff.; *Albert*, (2011) 2 Wm. & Mary Bus. L. Rev. 1; *Mason/Roth*, (1983) 15:3 Conn. L. Rev. 515.

[198] § 20 Abs. 3 Nr. 1 und 2 KAGB (Teil der individuellen Vermögensverwaltung), s.a. Art. 6 Abs. 3 a) OGAW-RL, Art. 6 Abs. 4 a) AIFM-RL.

[199] *Benicke*, S. 33; *Bruppacher*, Investment Trusts, S. 42; ähnlich *Bines/Thel*, Investment Management, die die Pflichten der Verwalter von Kollektivanlagen und Pensionsfonds in einem Kontext behandeln; differenziert Berger/*Köndgen*, § 1 Rn. 11 („manche Ähnlichkeit"); zur scharfen Unterscheidung zwischen Pensionsfondsregulierung und Investment Companies in den USA *Frankel/Schwing*, §1.05 [E].

[200] Vgl. VG Berlin, BKR 2003, 128 (zur einseitigen Änderung der Fondsbedingungen), welches BVerwGE 30, 135 und BVerwGE 61, 59 heranzieht. Das OLG Karlsruhe vom 12.1.2010, 11 Wx 60/09 (Juris) Rn. 4, 13 f. grenzt die relative Verfügungsbeschränkung gem. §§ 75 und 84 KAGB von der absoluten Verfügungsbeschränkung gem. § 72 VAG ab.

A. Versicherung

Eine Versicherung enthält ein Element der gesonderten Gefahrübernahme.[201] Gegenstand der Versicherung ist aus Sicht des Begünstigten eine über das bloße Anlagerisiko hinausgehende, zusätzliche Risikotragung. Der Ertrag der Kapitalanlage muss zunächst die übernommenen Risiken decken. Eine Partizipation am Anlageerfolg erfolgt ggf. in Form der Überschussbeteiligung. Bei der Vermögensanlage beschränkt sich das Interesse der Begünstigten dagegen auf den Anlageerfolg. Die Kapitalanlage ist Selbstzweck.[202] Der Unterschied wird am Beispiel des mittelmäßigen Abschneidens deutlich: Aus Sicht eines Seeversicherers macht es keinen Unterschied, ob das Schiff beschädigt oder intakt in den Hafen einläuft. Aus Sicht eines an der Gesamtunternehmung beteiligten Kapitalisten dagegen sehr wohl, denn der Gesamtgewinn reduziert sich mit jedem, nicht nur dem versicherten Schadensfall. Der Versicherungsnehmer ist typischerweise nicht so sehr am Anlageerfolg, dafür aber an der Leistungsfähigkeit des Versicherers interessiert. Dieses Petitum rechtfertigt Einschränkungen bei den Anlagestrategien.[203] Dennoch besteht eine sachliche Nähe zwischen Versicherung und Kollektivanlage: Anleger setzen Lebens- und Rentenversicherungen als Substitut für Kollektivanlagen ein. Die Versicherung legt die Prämien an. Sie erfüllt eine dem Verwalter von Kollektivanlagen ähnliche Organisations-, Sortier- und Selektionsfunktion.

Abgrenzungsschwierigkeiten stellen sich bei der (fondsgebundenen) Kapitallebensversicherung. Hier überwiegt aus Sicht der Versicherten vielfach das Element der Vermögensbildung.[204] Die Abgrenzung hat technisch danach zu erfolgen, ob der Versicherer ein zusätzliches Risiko trägt. Auch wenn die Ausschüttungssumme im Todesfall gering sein mag, ist die Kapitallebensversicherung anteilig Risikolebensversicherung. Der Versicherer trägt das Kurzlebigkeitsrisiko, i.e. das Risiko, dass der Versicherte vor Ende des Versicherungszeitraums stirbt. Nach der Vertragsstruktur geht das Risiko des Kontrakts über das Anlagerisiko hinaus. Das zusätzliche Risiko trägt der Versicherer. Die Kosten für die Risikotragung kompensiert er über Prämien. Dies führt aus Sicht des Anlegers zu niedrigeren Kapitalerträgen.

---

[201] *Schewe*, Gilden, S. 197, 207.

[202] *Bruppacher*, Investment Trusts, S. 42; *Podewils*, Investmentgesellschaften, S. 10.

[203] Vgl. BSG, SBg 2007, 103 zu § 80 Abs. 1 SGB IV, wonach in dem Dreieck aus Rendite, Liquidität und Sicherheit der Sicherheit Vorrang einzuräumen ist.

[204] So auch BVerfGE 120, 169 Rn. 26, wonach privaten Kapitallebensversicherungen in Ermangelung einer besonderen Vorsorgezweckbindung „reinen Kapitalanlagecharakter" aufweisen.

B. Altersvorsorge

Bei der *privaten Rentenversicherung* trägt der Versicherer anteilig das Langlebigkeitsrisiko, i.e. dass der Versicherungszeitraum die aktuarisch ermittelte Auszahlungsdauer (Renteneintritt bis zum Tod) überschreitet, weil der Begünstigte länger als erwartet lebt. KVGs mussten unter dem InvG die Anleger instruieren, dass sie derartige Lebenszeitrisiken im Rahmen von Altersversorgungs-Fonds nicht übernehmen (§ 90 Abs. 1 S. 2 InvG), mit einer aus Wettbewerbsgründen eingeführten Ausnahme für sog. Riester- und Rürup-Produkte.[205]

Die Unterschiede zwischen der Kollektivanlage und anderen Altersvorsorgeprodukten als Versicherungen, insbesondere den Pensionsfonds, Unterstützungskassen und sonstigen Altersvorsorgeeinrichtungen, scheinen bei erster Betrachtung marginal. Neben die versicherungsähnlichen Produkte, die im Alter eine Mindestauszahlung garantieren, treten Produkte, bei denen z.B. ein Arbeitgeber nur die Einzahlungen garantiert und sich die Auszahlung am Anlageerfolg orientiert.[206] Altersvorsorge und Kollektivanlage bündeln das Kapital einer Vielzahl von Einzahlern. Beide zählt das Gesetz zu den professionellen Kunden respektive institutionellen Anlegern.[207] Dies hat *Markus Roth* veranlasst, beide Anlegertypen unter dem Oberbegriff der privaten Altersvorsorge auf gemeinsame Strukturprinzipien hin zu untersuchen.[208]

Dass es sich dennoch um etwas anderes handelt, belegt die Differenzierung in § 2 Abs. 1 Nr. 2 KAGB und § 31a Abs. 2 S. 2 WpHG zwischen Pensionsfonds und Kollektivanlagen, die sich in unterschiedlichen Spezialgesetzen fortsetzt.[209] Diese Zweiteilung existiert, weil sie europäisch induziert ist, auch in anderen

---

[205] §§ 7 Abs. 2 Nr. 6 i.V.m. 1 Abs. 1 AltZertFG und 10 Abs. 1 Nr. 2 EStG. Ein Altersvorsorgevertrag i.S.d. § 1 AltZertG („Riester") muss für den Vertragspartner eine lebenslange und unabhängig vom Geschlecht berechnete Altersversorgung vorsehen, die nicht vor Vollendung des 60. Lebensjahres oder einer vor Vollendung des 60. Lebensjahres beginnenden Leistung aus einem gesetzlichen Alterssicherungssystem (Beginn der Auszahlungsphase) gezahlt wird. Der Anbieter sagt zu, dass zu Beginn der Auszahlungsphase zumindest die eingezahlten Altersvorsorgebeiträge für die Auszahlungsphase zur Verfügung stehen und für die Leistungserbringung genutzt werden. Ein Vertrag gem. § 10 Abs. 1 Nr. 2 EStG („Rürup") sind Beiträge des Steuerpflichtigen zum Aufbau einer eigenen kapitalgedeckten Altersversorgung, wenn der Vertrag nur die Zahlung einer monatlichen, auf das Leben des Steuerpflichtigen bezogenen lebenslangen Leibrente nicht vor Vollendung des 60. Lebensjahres oder die ergänzende Absicherung bei Berufsunfähigkeit und von Hinterbliebenen vorsieht.
[206] Vgl. zu sog. defined benefits (Leistungszusage) gegen defined contribution (Beitragszusage) *M. Roth*, Private Altersvorsorge, S. 22 ff.
[207] Insbesondere § 31a Abs. 2 Satz 2 Nr. 1 Bst. d und e WpHG.
[208] *M. Roth*, Private Altersvorsorge, insbesondere S. 131 ff. und im Dritten Teil, S. 313 ff.
[209] VAG und Pensionsfonds-RL vs. KAGB, WpHG bzw. OGAW-RL, AIFM-RL.

EU/EWR-Staaten,[210] aber auch jenseits des EU/EWR-Rechts.[211] Des Weiteren differenziert das Steuerrecht[212] zwischen der Basis-[213] und der zusätzlichen Altersvorsorge[214] einerseits, die nachgelagert besteuert wird,[215] und Kapitalanlageprodukten andererseits, die nicht notwendig der Altersvorsorge dienen, die vorgelagert besteuert, also aus dem Nettoeinkommen zu leisten sind und deren Erträge abgeltungsbesteuert werden.

Pensionsfonds und Kollektivanlagen unterscheiden sich in drei Aspekten: Erstens ist die Kollektivanlage zweckoffene Anlage. Ob man für Zwecke der Altersvorsorge, als Ansparung für Immobilienvermögen, als Zwischenlagerung überschüssiger Liquidität oder auf Kredit zu rein spekulativen Zwecken ohne Sparabsicht anlegt, ist dem Kollektivanleger selbst überlassen, nicht jedoch dem Pensionär. Infolgedessen ist der Anlagehorizont des Kollektivanlegers nicht fixiert; dies wirkt sich auf die verfügbaren Anlagestrategien – von sehr kurz- bis sehr langfristig – aus. Der Pensionär ist Langfristsparer, mit insbesondere zum Ende der Ansparperiode typisiert geringer Risikoneigung; andernfalls würde er seine Altersvorsorge verspielen. Als Konsequenz zielt der Pensionsfonds auf eine rentenartige Auszahlung im Alter.

Zweitens sind Pensionsfonds etc. eine personengebundene Anlageform. Begünstigter einer privaten Altersversorge ist immer eine natürliche Person, der Pensionär oder dessen Hinterbliebene. Bei der Kollektivanlage kann Anleger jede rechtlich handlungsfähige Einheit sein (juristische Personen des Privat- und öffentlichen Rechts, nicht rechtsfähige Stiftungen, Pensionsfonds etc.). Die Kollektivanlage kennt nicht das aleatorische Element der Er- oder Überlebens-

---

[210] Vgl. für England die Schedule zur The Financial Services and Markets Act 2000 (Collective Investment Schemes) Order 2001, S.I. 2001/1062 No. 17 bis 29, die neben insurance und "funeral contracts" auch "pension accounts" sowie "occupational and personal pension schemes" aus der Gruppe der Collective Investment Schemes ausgrenzt; für Liechtenstein vgl. die Regelung der betrieblichen Altersversorgung im Gesetz über die betriebliche Personalvorsorge (BPVG).

[211] Insbesondere sind Pensionsfonds in den USA auf bundesstaatlicher Ebene durch den Employee Retirement Income SA (ERISA) reguliert, Publikumsfonds dagegen durch den Investment Company Act 1940 (ICA), den Investment Advisers Act of 1940 und den SA of 1934, dazu *Frankel/Schwing*, §1.05 [E]. In der Schweiz unterfallen die Kollektivanlagen dem Kollektivanlagegesetz, die Pensionsfonds sind ausgenommen, Art. 2 Abs. 2 Bst. b KAG.

[212] Vgl. das nach den Vorschlägen der sog. Rürup-Kommission erarbeitete Alterseinkünftegesetz vom 5.7.2004, BGBl. I (2004), 1427. Dessen Verfassungsmäßigkeit bestätigt durch BFH, DStR 2009, 32. Vgl. zum Ganzen Tipke/Lang/*Lang*, § 9 Rn. 566 ff.

[213] Es handelt sich um die der gesetzlichen Rentenversicherung gleichgestellten Leistungen. Dazu zählen z.B. die weder beleih- noch veräußerbaren Anwartschaften aus gesetzlichen Rentenversicherungen und berufsständischen Versorgungen (§ 10 Abs. 1 Nr. 2a EStG) und kapitalgedeckten Leibrentenversicherungen (sog. Rürup-Rente) gem. § 10 Abs. 1 Nr. 2b EStG.

[214] § 10a EStG. Dazu zählen die private kapitalgedeckte Altersversorgung gem. §§ 10a Abs. 1, 79 ff. EStG (sog. Riester-Rente) und die betriebliche Altersversorgung.

[215] Die Beiträge können aus dem Bruttoeinkommen bezahlt und angelegt werden. Die Auszahlungen sind der Steuerpflicht unterworfen; dem Pensionär kommt zugute, dass sein Alterseinkommen reduziert ist.

dauer. Stirbt der Anleger, treten die Erben an dessen Stelle. Über Altersvorsorgeansprüche kann nur eingeschränkt verfügt werden, entsprechend eingeschränkt ist die Pfändbarkeit (§ 851 Abs. 1 ZPO). Der für den Pensionär geschaffene anteilige Kapitalstock ist von Gläubigern des Pensionärs in spe nur
eingeschränkt veräußer-, abtret- und pfändbar, da es sich nicht um Eigentum
oder Einkommen des Arbeitnehmers, sondern um Leistungen des Arbeitgebers
an den Träger der Altersvorsorge handelt.[216] So ist gem. § 4 BetrAVG für Leistungen der betrieblichen Altersvorsorge nur die Übertragung des Versorgungsverhältnisses auf einen neuen Arbeitgeber zulässig. Wie Arbeitseinkommen
und nur, soweit die Auszahlung das gesetzlich geschützte Ansparvermögen
gem. §§ 851c, 851d ZPO übersteigt, pfändbar sind Leistungen, die aufgrund von
Altersversorgungsverträgen gewährt werden.[217] Schutz besteht auch gegen
Pfändungen durch Gläubiger des Arbeitgebers. Bei Insolvenz des Arbeitgebers
treten kollektive Sicherungssysteme ein.[218] Dagegen kann der Kollektivanleger
jederzeit über den Kapitalstock oder die Ansprüche aus der Anlagebeziehung
verfügen. Beides ist auch nach allgemeinen Regeln als Eigentum des Anlegers
pfänd- und verwertbar; für die positive Anlageentwicklung oder zumindest den
Kapitalerhalt tritt kein Sicherungssystem ein.

Der dritte Aspekt betrifft die Anwachsungsgewinne im Fall des Vorversterbens anderer Kollektivangehöriger. Aus Sicht des Altersvorsorgenden tritt die
beste Anlageentwicklung in dem theoretischen Fall ein, dass alle Mitanspruchsberechtigten im Zeitpunkt des Renteneintritts versterben: Sie haben maximal
Kapital gebildet, ohne Leistungen zu beziehen. Der dem Kollektiv zuzurechnende Teil[219] fällt ggf. den Überlebenden zu. Jedenfalls entfällt in der aktuarischen Rechnung das Langlebigkeitsrisiko für die übrigen Kollektivangehörigen, so dass die dafür gebildeten Rückstellungen aufgelöst und die Rentenzahlungen erhöht werden können. Die Kollektivanlage kennt keinen morbiden
Profit *der Überlebenden*. Jeder Anleger profitiert oder leidet in Abhängigkeit
seines Anteils. Vom Tod profitieren allenfalls die Erben.

Zwei weitere Unterschiede zwischen Altersvorsorge und Kollektivanlage treten typischerweise, aber nicht zwingend auf. Erstens spart der Pensionär vielfach unfreiwillig, weil ihn oder seinen Arbeitgeber Tarifverträge oder gesetzliche Bestimmungen zur Einzahlung verpflichten, während die Kollektivanlageentscheidung in der Regel freiwillig gefällt wird.[220] Zweitens erfolgt die
Einzahlung teils durch den Arbeitgeber statt den Begünstigten. Es gibt dann

---

[216] So auch EuGH v. 7.5.2013, C-424/11, Rn. 25 – *Weels Common Investment Fund Trustees*.

[217] Eingefügt durch das Gesetz zum Pfändungsschutz der Altersvorsorge vom 26. März
2007, BGBl. I (2007), 386.

[218] Näher *M.Roth*, Private Altersvorsorge, S. 242 ff., 526 ff.

[219] Zur schwierigen Zuordnung, welcher Vermögensteil dem Altersvorsorgevermögen zuzuschreiben ist, vgl. *M.Roth*, Private Altersvorsorge, S. 488 ff.

[220] Siehe EuGH v. 7.5.2013, C-424/11, Rn. 28 (*Weels Common Investment Fund Trustees*).

keinen „Anleger" als gleichermaßen Einzahlenden und Begünstigten, Einzahler und Empfänger sind getrennt. Allerdings ist eine Kollektivanlage auch für Dritte möglich.[221] Das Risiko der erfolgreichen Kapitalanlage trägt nicht der einzelne Pensionsberechtigte, wenn ein im Voraus der Höhe nach definierter Anspruch besteht.[222]

Aus rechtlicher Sicht rechtfertigen die Zweck-, Personen-, Anbieterbindung sowie Art und Umfang der Kapitalbindung von Altersvorsorgeeinrichtungen einen erhöhten Grad gesetzgeberischer Sorge. Das bei Kollektivanlagen in vielerlei Hinsicht stichhaltige Argument des selbst gewählten Risikos entfällt. In funktionaler Hinsicht sind Altersvorsorgeeinrichtungen, die ihre Finanzmittel über Kollektivanlagen diversifizieren,[223] professionelle *Kollektiv*anleger. Sie sind Bündel-, Experten- und Auswahlinstitution für die Vielzahl nicht an der Anlageentscheidung beteiligter Pensionäre, also eine (weitere) Zwischenebene zwischen den Begünstigten und der unternehmerischen Verwendung des angelegten Kapitals. Es kommt zur Fondskaskade mit den Beteiligten Pensionär – ggf. Spezialfonds / Kollektivanlage – Pensionsfonds – Unternehmung.

C. Glücksspiel und Wette

Wegen des Wett- und Spieleinwands[224] ist die Abgrenzung zu Wette und zu Glücksspiel von Bedeutung. Der gewagte Charakter allein macht ein Rechtsgeschäft noch nicht zu Wette respektive Spiel gem. § 762 BGB.[225] Ebenso wie bei der Anlage ist bei der Wette der Gewinn für den Fall ausgesetzt, dass eine von zwei widerstreitenden Behauptungen zutrifft.[226] Bei der Wette steht die Bekräftigung des Rechthabens im Mittelpunkt. Es kommt auf den Status Quo, beim Investment auf die zukünftige Entwicklung an. Eine die Zukunft betreffende Behauptung ist allenfalls Spiel.[227]

Anleger und Spieler gründen ihren Mitteleinsatz auf die Hoffnung einer für sie positiven Entwicklung. Der Umfang des aleatorischen Elements entscheidet

---

[221] Z.B. als Geschenk eines Patenonkels für sein Patenkind.

[222] So auch EuGH v. 7.5.2013, C-424/11, Rn. 27 (*Weels Common Investment Fund Trustees*).

[223] Solche institutionellen Fonds sind keine Seltenheit. Das deutsche Recht hält dafür das Reglement für Spezial-AIF gem. §§ 273 ff. KAGB vor, das eine hohe Flexibilität auszeichnet.

[224] § 762 BGB. Dazu vor der Abschaffung des Differenz- und Termineinwands im Jahr 2002 durch das 4. FFG *Reiner*, Derivate, S. 85 ff.; *Henssler*, Risiko, S. 712 ff.

[225] Palandt/*Sprau*, § 762 Rn. 4. Mit Blick auf spekulatives Kassageschäft und Termineinwand auch BGH, NJW 1988, 1086 Rn. 18 f. (mit im Verhältnis zu § 762 Abs. 2 BGB umgekehrter Konstellation). Kritik und andere Kriterien bei MünchKomm-BGB/*Habersack*, § 762 Rn. 4.

[226] Palandt/*Sprau*, § 762 Rn. 3; MünchKomm-BGB/*Habersack*, § 762 Rn. 6.

[227] Anders das gängige Verständnis bei Sportwetten (vgl. BGHZ 5, 111); diese sind als Spiel einzuordnen.

darüber, ob Glücksspiel[228] oder Anlage vorliegt. Beim Glücksspiel entscheidet über Gewinn oder Verlust aus Sicht des Durchschnittsspielers der Zufall.[229] Fähigkeiten, Kenntnisse und Aufmerksamkeit der Spieler sind von untergeordneter Bedeutung.[230] Bei der Kollektivanlage kommt es dagegen maßgeblich – wenn auch nicht ausschließlich – auf die Fähigkeiten und Kenntnisse der Beteiligten an. Marktbeobachtung und -analyse sowie die strategische Portfolioauswahl und -absicherung beeinflussen das Anlageergebnis.[231] Käme es ausschließlich auf Glück an, wäre die Verwaltervergütung verschwendet. Dass der Verwalter mehr Fortune als ein Privatanleger hat, lässt sich nicht rational begründen. Der Wert einer kundigen Analyse und Verwaltung reduziert sich in dem gleichen Umfang wie es ausschließlich auf Glück ankommt.[232] Anlage und Glücksspiel unterscheidet somit die *Planmäßigkeit* der Einnahmeerzielung.

D. Spekulation?

Bei der Spekulation (von *speculare* = schauen, spähen) geht es einerseits um haltlose, nicht fundierte oder objektivierbare Behauptungen,[233] andererseits um die Eingehung eines Wagnisses zur Gewinnerzielung (z.B. den Erwerb von Anlagegegenständen bei erhofften Preissteigerungen). Die Doppelbedeutung der deutschen Sprache deckt sich mit dem englischen *speculation*[234] und dem französischen *spéculer*.[235]

Ob und wie sich Spekulation und Anlage unterscheiden, ist für die Frage nach der Rechtsverbindlichkeit der Anlagegeschäfte, ggf. Informations- und Aufklärungspflichten sowie einer eventuellen Haftung im Fall fehlgeschlagener

---

[228] Vgl. §§ 762 BGB, 284 ff. StGB; dazu (mit Abgrenzung zur Versicherung) *Ebel*, ZfgVW 51 (1962), 53, insbesondere S. 66 ff., 75; *Kessler/Heda*, WM 2004, 1812, 1813.

[229] Man kann Glücksspiel und Wette wohl im Sinne *Heideggers* als „Existentiale", als Grundbefindlichkeiten der menschlichen Existenz verstehen. Offenbar dominiert beim Spieler nicht die Einsicht in mathematische Wahrscheinlichkeit, sondern der Glaube an die Vorsehung und an das Schicksal.

[230] BGHSt 2, 276 Rn. 5 (zu § 284 StGB), im Anschluss an RGSt 41, 221; RGSt 41, 332; RGSt 43, 157; RGSt 62, 164. Allerdings kann ein (rechtlich verbindliches) Geschicklichkeitsspiel zum Glücksspiel werden, wenn es von Unkundigen gespielt wird, vgl. RGSt 43, 157.

[231] Näher § 6.D.II zur ökonomischen Diskussion der Spekulation.

[232] Vgl. *Graham/Dodd*, Security Analysis, S. 25: "The value of analysis diminishes as the element of chance increases".

[233] In diesem Sinn z.B. BVerfGE 12, 354 Rn. 39 – Volkswagenwerk; BGH, NJW 2010, 1077 Rn. 24; BGH vom 19.5.2009, VI ZR 160/08, Rn. 25; BGH vom 3.12.2008, 2 StR 435/08 Rn. 12; BGH vom 20.11.2008, IX ZR 180/07 Rn. 31; BGH vom 25.9.2008, EnVR 81/07 Rn. 21; BGH vom 8.5.2008, IX ZB 54/07, Rn. 8; BGH vom 18.03.2008, XI ZR 246/06 Rn. 28; BGH vom 11.3.2008, VI ZR 189/06 Rn. 8, 25; BGH vom 13.2.2008, 3 StR 507/07 Rn. 1; BGH vom 22.3.2007, V ZB 130/06 Rn. 41.

[234] Vgl. Black's law dictionary, sub „speculation": "1. The buying and selling of something with the expectation of profiting from price fluctuations"; "2. The act or practice of theorizing about matters over which there is no certain knowledge."

[235] CNRS, Trésor de la Langue Française, 8. Bd. (1980), S. 1056, sub „spéculer".

Anlage bedeutsam: So war aus § 9 Abs. 1 InvG ein Spekulationsverbot für KVGs abzuleiten.[236] Das gleiche Verbot dürfte auch § 26 Abs. 2 Nr. 1 und 2 KAGB zu entnehmen sein. Der Inhalt eines solchen Verbots gibt freilich Rätsel auf. Seitdem *Levin Goldschmidt* im Jahr 1875 mehr als ein Dutzend juristischer Definitionen der Spekulation mit dem gemeinsamen Kern der Erwerbs- oder Gewinnabsicht aufzählen konnte,[237] ist wenig Besserung eingetreten. Die dogmatischen Grundlagen des Spekulationsgeschäfts werden seit je her vernachlässigt.[238] Dies lässt eine tiefere Befassung ratsam erscheinen.

I. Juristische Diskussion

Gemeinsamer Ausgangspunkt von Anlage und Spekulation ist die Hoffnung auf eine positive, zukünftige Entwicklung.[239] Die im Verhältnis zum Glücksspiel abgrenzungswirksame Planmäßigkeit des Finanzmitteleinsatzes fruchtet im Fall der Spekulation nicht. Die Spekulation beinhaltet eine gewisse Kalkulation und Planmäßigkeit. Soweit heute noch relevant[240] sind in der juristischen Diskussion drei Differenzierungskriterien auszumachen: als objektive Kriterien (1) der Grad des übernommenen Risikos,[241] gemessen an der Verlustwahrscheinlichkeit und -höhe, und (2) die Umschlaghäufigkeit und -geschwindigkeit[242] sowie (3) die subjektive Hoffnung auf einen höheren als üblichen Ge-

---

[236] *Schäfer*, Anlegerschutz, S. 55; *Wendt*, Treuhandverhältnisse, S. 58; *v. Berge und Herrendorf*, S. 69 ff. Die Vorschrift ist jetzt in § 26 KAGB enthalten.

[237] *L. Goldschmidt*, Handelsrecht, § 40, S. 408 Fn. 13.

[238] Dies kritisieren bereits *Schwark*, FS Steindorff, S. 473, 474; *Henssler*, Risiko, S. 286.

[239] Vgl. neben *L. Goldschmidt* das moderne Verständnis von *Klöhn*, Kapitalmarkt, S. 23: „Spekulanten sind Personen, die dadurch Profit erzielen wollen, dass sie zukünftige Preise vorhersagen und Positionen nur kurzfristig einnehmen."

[240] Vgl. z.B. das Reichsgericht, wonach Großhandelsgesellschaften ein spekulativer Charakter immanent sei: RGZ 88, 172, 174 f.; RGZ 92, 322, 324 f.; RGZ 95, 41, 43; RGZ 102, 238, 240.

[241] So ist das Risikokriterium z.B. maßgeblich für die Spekulation als Bezeichnung einer nicht offengelegten kalkulatorischen Annahme des Bieters im Vergabeverfahren, deren Richtigkeitsgehalt zweifelhaft ist. Vgl. BGH vom 10.11.2009, X ZB 8/09 Rn. 46 (Kalkulation aufgrund dem Auftrag immanenter Umstände); BGH vom 18.12.2008, VII ZR 201/06 Rn. 15 ff. („Spekulation auf Mengenerhöhungen"); BGH vom 27.11.2007, X ZR 18/07 Rn. 39 (Spekulation auf nachträgliche Rüge). In diesem Sinn auch die Bedeutung des englischen speculative security, vgl. Black's law dictionary, sub „security": „A security that, as an investment, involves a risk of loss greater than would usu. be involved; esp. a security whose value depends on proposed or promised future promotion or development, rather than on present tangible assets or conditions."; für das US-Recht ähnlich *Taub*, S. 205 (Fehlen eines Aufsichtsinteresses).

[242] Z.B. für die Einstufung eines Grundstückshandels als Grundstücks- oder Bodenspekulation BGH vom 14.5.2009, IX ZR 141/06 betreffend Bauerwartungsland; BGH vom 12.3.2008, XII ZR 156/05 Rn. 22 mit der Feststellung, ein Gebäude auf einem Wochenendgrundstück werde nicht zu Spekulationszwecken sondern für eine lange Nutzung errichtet; s.a. BVerfG, WM 1996, 1372 Rn. 9; BVerfG vom 11.11.1999, 1 BvR 2550/96, Rn. 17; BVerfGE

winn.[243] Welches Kriterium maßgeblich ist, unterscheidet sich in Abhängigkeit von Fall und Betrachter, teils werden die Merkmale auch kombiniert.[244]

Die Richtigkeit und Bedeutung des Dreiklangs ist anhand der Spekulations-vorschriften des an Klarheit besonders interessierten Steuer- und Strafrechts sowie des Finanzmarktaufsichtsrechts zu verproben.

1. Steuerrecht

Als Spekulationsgeschäfte bezeichnete das Steuerrecht lange Zeit die Veräuße-rung von Wirtschaftsgütern binnen bestimmter Fristen.[245] An deren Stelle tra-ten im Jahr 1999 die „privaten Veräußerungsgeschäfte" gem. § 23 EStG mit ver-längerten Fristen;[246] die Terminologie hat die Rechtsänderung überlebt.[247] Im Jahr 2009 wurde mit Einführung der Abgeltungsbesteuerung für Kapitalein-künfte[248] die Veräußerung von Anteilen an einer Körperschaft, von Gewinnbe-rechtigungen und Termingeschäften aus dem Bereich der privaten Veräuße-rungsgeschäfte herausgenommen und so die Spekulationsfrist für diese Anlage-gegenstände abgeschafft. Damit trug man dem in den Jahren zuvor merklich artikulierten Petitum nach Belastungsgleichheit (nur) teilweise Rechnung. Un-befriedigend bleibt neben der fehlenden Systematik[249] die dogmatisch inkonsis-tente Ausgrenzung der Veräußerung sonstiger Mobilien (Kunstwerke, Schmuck) aus dem steuerbaren Bereich bei entsprechender Haltedauer.

102, 254 Rn. 320; BGH vom 22.6.2007, V ZR 260/06 Rn. 13, wonach die dreijährige Haltedau-er nach dem DDR-Verkaufsgesetz Bodenspekulationen entgegenwirken sollte.

[243] *Henssler*, Risiko, S. 291 ff., 321: „Spekulationsgeschäfte sind Verträge, die eine bewußte Risikoübernahme zumindest einer Partei enthalten, welche subjektiv durch die Hoffnung auf einen Gewinn motiviert ist, der in hauptsächlicher Abhängigkeit von einem Unsicherheitsele-ment erzielt werden soll." (*Henssler* sieht in den Spielverträgen eine Ausnahme vom rechtsver-bindlichen Spekulationsgeschäft) S.a. *Bischoff*, Vertragsrisiko, S. 213 ff. (spekulative Verträge als Ausschlussgrund der clausula rebus sic stantibus; Spekulation als Absicht aus „künftig zu erwartenden Verhältnisänderungen große Gewinne zu schlagen.")

[244] Vgl. z.B. *Ohl*, Rechtsbeziehungen, S. 18, der die Anlagestrategien der Anfang des 20. Jahrhunderts tätigen Massachusetts Trusts als spekulative Geschäftspolitik bezeichnet, weil sie auf Diversifikation verzichteten, Kredite zur Ertragshebelung einsetzten und auf rasche Gewinne abzielten.

[245] Vgl. § 23 Abs. 1 S. 1 Nr. 1 EStG a.F. Die Fristen betrugen zunächst zwei Jahre für Immo-bilien und sechs Monate für Mobilien (u.a. Wertpapiere). Z.B. BFHE 78, 352 Rn. 8, wonach „bei organisierten Spekulationsgeschäften größeren Ausmaßes die Grenze zum „privaten Handeln" und zur „reinen Vermögensverwaltung" nicht zu eng gezogen werden darf."

[246] Gemäß der §§ 22 Nr. 2, 23 EStG durch Art. 1 Nr. 31 des Steuerentlastungsgesetzs 1999/2000/2002 betrug die Frist zehn Jahre für Immobilien und ein Jahr für Mobilien bei Steuerbefreiung von selbstgenutzten Immobilien.

[247] Vgl. z.B. BGH vom 18.12.2008, IX ZR 12/05 (Spekulationsfrist); BGH vom 6.11.2008, IX ZR 140/07, Rn. 4, 18 ff. (Spekulationssteuer); BGH vom 9.10.2007, 5 StR 162/07, unter 2.

[248] § 20 Abs. 2 EStG.

[249] S.a. Tipke/Lang/*Lang*, § 9 Rn. 563: „Chaos des geltenden Rechts", „steuergesetzliche Flickschusterei".

Für die Abgrenzung von Spekulation und Anlage ist von Interesse, dass das Steuerrecht auf eine materielle Definition der Spekulation verzichtet. Es stellt stattdessen auf den Zeitraum, i.e. eine formelle Lösung[250] ab. In die gleiche Richtung weist die Aufgabe der Spekulationsbesteuerung für Wertpapiere. Zwar mag man damit fiskalische Interessen verfolgt haben. Aber zugleich trug man den trotz mehrfacher Nachbesserung nie verstummten Bedenken hinsichtlich der Belastungsgleichheit mangels materieller Differenzierbarkeit zwischen spekulativen und sonstigen Gewinnen Rechnung.

2. Strafrecht

In der Strafvorschrift zum gläubigergefährdenden Spekulationsgeschäft[251] verbinden sich der Risiko- und der Erwartungsaspekt. Bei Spekulationsgeschäften soll „ein besonders großes Risiko eingegangen" werden, „in der Hoffnung, einen größeren Gewinn als den sonst üblichen zu erzielen und um den Preis, möglicherweise einen größeren Verlust hinzunehmen."[252] Die Vorschrift hat keine Bedeutung; die befassten Staatsanwaltschaften wollen sich wohl nicht den tatbestandlichen Unsicherheiten aussetzen.

Nur der Risikoaspekt entscheidet nach Ansicht der Rechtsprechung über die Tatbestandsmäßigkeit beim gewerbsmäßigen Verleiten zur Börsenspekulation.[253] Der Tatbestand beruht auf der gesetzgeberischen Erwartung, Kapitalanlage und Börsenspekulation seien unterschiedliche Dinge, weshalb der Tatbestand des Kapitalanlagebetrugs (§ 264a StGB) nicht einschlägig sei.[254] Maßgeblich für die Spekulation ist, ob die Geschäfte, zu denen die Anleger verleitet werden, ein erhöhtes Risiko des Kapitalverlustes erwarten lassen.[255] Die Um-

---

[250] Vgl. z.B. § 23 Abs. 1 Nr. 1 a EStG, dazu BVerfGE 26, 302 2. Ls. und Rn. 27 ff.: „Der Begriff „Spekulationsgeschäfte" ist nach rein objektiven Merkmalen abgegrenzt. Folgt man der Auslegung, daß der Erwerber beim Erwerb eine Spekulationsabsicht gehabt haben muß, hält sich die für Grundstücksveräußerungen festgelegte Spekulationsfrist von zwei Jahren im Rahmen einer zulässigen Typisierung." I.E. ebenso BFHE 96, 520; BFHE 88, 182.

[251] § 283 Abs. 1 Nr. 2 StGB, eingefügt durch das Erste Gesetz zur Bekämpfung der Wirtschaftskriminalität vom 29.7.1976, BGBl. I (1976), 2034. Die Bedeutung der Vorschrift ist gering. Die Kommentarliteratur zitiert keine Rechtsprechung zu dieser Vorschrift, vgl. Schönke/Schröder/Heine, § 283 Rn. 8 ff.

[252] BT-Drs. 5/75, S. 35; der Regierungsbegründung folgen Schönke/Schröder/Heine, § 283 Rn. 10; Fischer, § 283 Rn. 8; s. zum strafrechtlichen Spielbegriff auch RGSt 15, 281; zu risikoreichen Geschäften RGSt 16, 238, 239 f. Vgl. die kritische Auseinandersetzung bei Henssler, Risiko, S. 286 f.

[253] §§ 26, 49 BörsG (seit FRUG); von 2002 (4. FFG) bis 2007 (FRUG): §§ 23, 62 BörsG a.F.; von 1976 – überarbeitet 1986 (2. WiKG) – bis 2002 (4. FFG): § 89 BörsG a.F.; ursprüngliche Regelung in § 94 BörsG a.F. (Verleitung zu Prämiengeschäften).

[254] BT-Drs. 10/318, S. 47 f.; näher Klöhn, Kapitalmarkt, S. 154 ff. mit Differenzierung zwischen „guter" und „schlechter" Spekulation.

[255] Dazu BGH vom 13.11.2007, 3 StR 462/06, Rn. 7 ff. (bejaht im Fall von Warentermin- und Optionshandel an US-Börsen, wo erfahrungsgemäß 80% der Anleger ihr Kapital ganz oder teilweise verlieren und nur etwa 20% der Anleger Gewinne erzielen); BGH vom 22.8.2001, 3 StR 191/01, unter I. und III.1. (geringe Gewinnchance bei sehr großer Wahr-

schlaghäufigkeit wird allenfalls im Nebensatz erwähnt.[256] Dagegen stellt das Schrifttum auf das Regelbeispiel des § 26 Abs. 2 BörsG und damit die Umschlaggeschwindigkeit ab. In Anlehnung an § 89 Abs. 2 BörsG a.F. soll Spekulationsgeschäft der An- und Verkauf mit dem Ziel sein, aus Preisunterschieden zwischen dem im Zeitpunkt des Vertragsschlusses festgelegten Preis und dem zur Lieferzeit vorhandenen Börsen- oder Marktpreis einen Gewinn zu erzielen, der durch ein Gegengeschäft realisiert werden soll.[257] Freilich ist jede Handels- und fast jede Anlageform darauf gerichtet, von (erhofften) Preisunterschieden zu profitieren. Zutreffend konzediert man Schwierigkeiten bei der Abgrenzung, weil Anleger häufig auch den Erwerb von Derivaten als Kapitalanlage verstünden.[258] Die Regierungsbegründung zu § 89 Abs. 2 BörsG a.F. grenzte deshalb alle Geschäfte aus, bei denen es zum Güteraustausch kommt; es müsse beabsichtigt sein, eine Preisdifferenz als Gewinn anzuziehen. Kapitalanlagegeschäfte seien keine Börsenspekulationsgeschäfte, weil es dort stets zum Güteraustausch komme. Dies gelte auch dann, wenn der Erwerb nur ganz kurzfristig erfolge und auf die Erzielung von Kursgewinnen ausgerichtet sei.[259] Diese Auffassung verlangt die Übernahme des Anlagegegenstands in den zumindest mittelbaren Anlegerbesitz. Sie ist in einer Zeit virtueller Portfolios durch Indexzertifikate etc. überholt.

Nach der strengeren, auch heute noch praktikablen Literaturauffassung soll statt des Güteraustauschs entscheidend sein, ob „nach der Art des Geschäfts ein geringer Einsatz zu erheblichen Gewinnen oder Verlusten führen" könne, also „das spekulative Moment" das Geschäft präge.[260] Die in den Regelbeispielen des § 26 Abs. 2 BörsG angelegte Umschlaggeschwindigkeit wird um das Risikokriterium ergänzt.

Für das Strafrecht ist als Zwischenergebnis zu konstatieren: Eine einhellige Auffassung zu den materiellen Kriterien des Spekulationsgeschäfts gibt es nicht.

---

scheinlichkeit eines Geldverlustes, da der Anbieter 45% als Gebühren einbehielt, so dass der Preisaufschlag 81,82% statt den marktüblichen ca. 20% betrug); BGH NStZ 2000, 36 (Prämienaufschlag von 81,8% auf die Originalprämie, hier auch Betrug).
S.a. für Betrugstatbestand BGHSt 29, 152 Rn. 8 (Vermögensgefährdung) und Rn. 13 (Subjektiver Tatbestand); BGHSt 31, 115, 116 (Preisaufschlag von 392%, so dass Option ihre Werthaltigkeit verlor); s.a. BGH vom 6.11.2007, VI ZR 34/07 Rn. 32 (für den subjektiven Tatbestand des § 263 StGB als Schutzgesetz gem. § 823 Abs. 2 BGB war maßgeblich, ob der Beklagte wusste, das mit dem Geld trotz vorgespiegelter Sicherheit riskante Spekulationsgeschäfte ausgeführt wurden).
[256] BGH vom 13.11.2007, 3 StR 462/06, Rn. 9.
[257] Vgl. § 89 Abs. 2 BörsG a.F.
[258] KMRK/*Schwark*, § 26 BörsG Rn. 3.
[259] Dafür BT-Drs. 10/318, S. 46; *Henssler*, Risiko, S. 288, der eine Nähe zum unverbindlichen Differenzgeschäft gem. § 764 BGB a.F. konstatiert; a.A. KMRK/*Schwark*, § 26 BörsG Rn. 2: Kriterium des Güteraustauschs ist unerheblich.
[260] KMRK/*Schwark*, § 26 BörsG Rn. 3.

Die Abgrenzung zur Kapitalanlage misslingt ebenso wie im Steuerrecht. Rechtssicherheit wird in (formellen) Regelbeispielen gesucht.

3. Finanzmarktrecht

a) Materielle Definition?

Das Gesetz hat trotz einer mehr als hundert Jahre umfassenden Erfahrung mit der Börsen- respektive Finanztermingeschäftsfähigkeit[261] keine materielle Qualifikation des Termingeschäfts etabliert, etwa im Sinne einer „spekulativen Anlage". Stattdessen findet sich ebenso wie im Strafrecht die wenig stringente Kombination aus Risikograd, Haltedauer und Ertragserwartung. So knüpfen nach der Rechtsprechung besondere Aufklärungspflichten für Vertriebsintermediäre von spekulativen Options- und Termingeschäften an das erhöhte Verlustrisiko. So kann ein Hinweis auf die Chancenlosigkeit einer Anlage wegen einer zu üppigen Optionsprämie oder Kommission geboten sein.[262] Andererseits steht das erhöhte Verlustrisiko einer Berechnung entgangenen Gewinns (§ 252 BGB) bei Aktienspekulationsgeschäften nicht entgegen, wenn der Geschädigte nachweist, dass nach den von ihm getroffenen Vorkehrungen ein derartiger Gewinn mit Wahrscheinlichkeit erwartet werden konnte.[263]

Die Gretchenfrage des Inhalts der Spekulation stellt sich bei der Wirksamkeit von Finanztermingeschäften, also der Abgrenzung des rechtsverbindlichen Spekulationsgeschäfts vom kupierten Spielgeschäft gem. § 762 BGB.[264] Die Rechtsprechung beschreibt Finanztermingeschäfte als standardisierte Verträge, die von beiden Seiten erst zu einem späteren Zeitpunkt (dem Laufzeitende) zu

---

[261] Die erste Regelung geht auf § 66 des Börsengesetzes vom 22.6.1896 zurück. Vgl. zur Entwicklung Assmann/Schneider/*Mülbert/Assmann*, Vor § 37e Rn. 2 ff., 5 f.; *Henssler*, Risiko, S. 633 ff.

[262] Nach der Rechtsprechung zur gewerblichen Vermittlung von Termingeschäften und Optionen muss neben der Information über die Prämienhöhe darüber informiert werden, ob das Geschäft nach Einschätzung durch den Fachhandel eine Gewinnchance hat, die die Prämie wert ist, und somit die Höhe des Preises der noch als realistisch angesehenen, wenn auch weitgehend spekulativen Kurswertungen entspricht. Dies ergibt sich typischerweise aus der Prämie. Vgl. BGHZ 80, 80, 81 Rn. 9; BGHZ 105, 108, 110 Rn. 12; BGHZ 124, 151, 153 Rn. 11 f.; BGH, WM 1983, 300 Rn. 9; BGH, WM 1988, 291, 293; BGH, WM 1991, 1410, 1411; BGH, WM 1992, 1935, 1936 Rn. 11 ff. (für Stillhalterposition); BGH, WM 1994, 453, 454; BGH, WM 1998, 1527 Rn. 12 ff.; BGH, WM 1999, 540, 541; BGH, WM 2001, 2313, 2314, unter II.2.a); BGH, WM 2003, 975 Rn. 25 f.; BGH, ZIP 2003, 2242 Rn. 17 ff.; BGH, WM 2004, 2205 Rn. 17 ff.; BGH, WM 2004, 1132 Rn. 14 f.; BGH, WM 2005, 27 Rn. 10 ff.; BGH, WM 2006, 84 Rn. 14 ff.; BGH vom 19.4.2007, III ZR 75/06, Rn. 12 f. (Aktienanlage gegen Gewinnbeteiligung im Familienkreis unterliegt nicht banktypischen Aufklärungs- und Beratungspflichten, solange der Beklagte „Aktiengeschäfte in einem konservativem Rahmen beabsichtige, also nicht den Ankauf von hochspekulativen oder mit besonderen Risiken verbundenen Papieren.").

[263] BGH, ZIP 1983, 327 Rn. 9 f.; auch OLG Hamm vom 11.08.2006 – 9 U 211/05.

[264] Vgl. zur Rechtslage vor dem 4. FFG und FRUG *Henssler*, Risiko, S. 285 ff.; *Reiner*, Derivate, S. 85 ff., 131 ff.; *Mülbert/Boehmer*, WM 2006, 941 ff.; *Kind*, Börsen- und Termingeschäfte (2004); *Kümpel*, WM 1982, Beil. 6, 5.

erfüllen sind und einen Bezug zum Terminmarkt aufweisen.[265] Wiederum zeigt sich der Risikoaspekt: Die besondere Gefährlichkeit bestehe darin, dass der Anleger durch den hinausgeschobenen Erfüllungszeitpunkt zur Spekulation auf eine günstige, aber ungewisse Entwicklung des Marktpreises in der Zukunft verleitet werde.[266] Das gegenüber dem Kassageschäft besondere Risiko bestehe in der Kombination aus erheblichem Verlustrisiko – im Fall der Stillhalterposition sogar einer Nachschusspflicht – und Hebelwirkung, die erhebliches Gewinnpotential suggeriere.[267] Nach h.M. stehen volkswirtschaftlich sinnlosen Finanztermingeschäften zu Zwecken der Spekulation[268] wirtschaftlich sinnvolle Geschäfte zur Kurssicherung und Arbitrage gegenüber.[269] Gleichwohl wird betont, Spekulationsgeschäfte seien für die Funktionsfähigkeit des Terminmarkts unentbehrlich, es handele sich nicht um „überflüssige Schmarotzer".[270] Diese Andeutungen sind allesamt nicht überzeugender als die allgemein verbreitete Trias aus Umschlagshäufigkeit, Risikograd und Gewinnstreben.

Auch wenn *Klöhn* unter Heranziehung der Ökonomie eine Unterscheidung zwischen aus volkswirtschaftlicher Sicht nützlicher und unnützer Spekulation abstrakt erarbeitet,[271] muss er schließlich konzedieren, dass man weder von der Art des Geschäfts noch nach den am Geschäft Beteiligten darauf schließen könne, ob es nützlich oder schädlich sei.[272] Infolgedessen präferiert er statt eines Verbots eine indirekte Spekulationsreduktion durch Vertriebsregulierung.

b) Formelle Ergebnissicherung

Statt materieller Kriterien sucht das Gesetz zunächst eine Ausnahme von dem Spiel-, Wett-, Termin- und Differenzeinwand gem. §§ 762, 764 BGB a.F.[273] in

---

[265] Für Standardisierung, Zukunftsbezogenheit und Beziehung zu einem Terminmarkt als Merkmale des Termingeschäfts insbesondere BGHZ 92, 317, 320 Rn. 9; BGHZ 114, 177, 179 Rn. 13; BGHZ 142, 345, 350 Rn. 17 (mit reduzierten Pflichten bei Discount-Brokern, 3. Ls.); BGHZ 149, 294, 301 Rn. 17; BGHZ 150, 164, 168 Rn. 18; BGHZ 160, 50 Rn. 15 ff.

[266] BGHZ 149, 294, 301 Rn. 18; BGHZ 150, 164, 169 Rn. 18; BGHZ 160, 55 Rn. 15.

[267] Mit unterschiedlichen Nuancen BGHZ 139, 1, 6 Rn. 22; BGHZ 150, 164, 169 Rn. 18; BGHZ 160, 50 Rn. 15.

[268] So für Daytrading *Braun*, BKR 2002, 361, 362.

[269] BT-Drs. 10/318, S. 47 f. (für Hedging); *Fuchs/Jung*, Vor §§ 37e und 37g Rn. 6; KMRK/*Schwark*, § 26 BörsG Rn. 3 (mit einem, wenn auch kurzfristigen Güteraustausch verbundene Kapitalanlage, aus denen sich der Anleger zukünftige Gewinne erhofft, ist keine Spekulation); a.A. *Rosset*, WM 1999, 574, 579 f. (Termingeschäfte als liquide Risikokontrakte, Handel grundsätzlich gewünscht).

[270] Ausdrücklich *Fuchs/Jung*, Vor §§ 37e und 37g Rn. 6; ebenso BGH, NJW 1986, 123 Rn. 13.

[271] Vgl. *Klöhn*, Kapitalmarkt, S. 259: „Um „schlechte" Spekulation handelt es sich, (1) wenn die Teilnehmer massenhafter Spekulation systematisch Urteilsverzerrungen unterliegen und (2) wenn aufgrund von Umständen spekuliert wird, die sich mit Sicherheit in nächster Zukunft aufklären."

[272] *Klöhn*, Kapitalmarkt, S. 77 f., 134 ff.

[273] Dazu umfassend *Henssler*, Risiko, S. 466 ff., 527 ff., 661 ff. Aus der Rechtsprechung z.B. BGHZ 103, 84.

Form einer rechtssicheren Börsenrechtssphäre zu schaffen.[274] Diese „Sphäre"
wird nur durch formelle Zusatzkriterien praktikabel: Zunächst durch eine Registerpflicht,[275] später durch eine status- und berufsbezogene Regelung für
Kauf- und Börsenleute,[276] die zunächst durch eine Termingeschäftsfähigkeit
kraft vollständiger Besicherung des Geschäfts,[277] später kraft standardisierter
Information[278] ergänzt wird. Mit Wegfall des Differenzeinwands im Jahr 2002
tritt an die Stelle der Termingeschäftsfähigkeit eine Pflicht zur schriftlichen Information.[279] Diese entfällt mit dem Finanzmarktrichtlinie-Umsetzungsgesetz
im Jahr 2007 zugunsten gesteigerter Kundenexplorationspflichten im Fall des
Handels mit komplexen Finanzinstrumenten auf Rechnung von Kunden.[280]

Auch jetzt noch sichert § 37e WpHG die „rechtsichere Finanzmarktsphäre"
formell: Von einem Unternehmen gem. § 14 BGB im Rahmen seiner Haupttätigkeit abgeschlossene Finanztermingeschäfte[281] unterliegen gem. § 37e S. 1
WpHG nicht dem Spieleinwand.[282] Die BaFin kann bestimmte Finanztermingeschäfte verbieten. Der Verbotskatalog beinhaltet dann ggf. eine Aufzählung
bestimmter Finanzinstrumente oder Emittenten.[283] Formeller geht es nicht.

Auch das KAGB setzt zur Unterscheidung zwischen gewünschter Anlage
und restriktiv gehandhabter Spekulation auf einen formellen Ansatz mit konkreten Grenzen statt auf generell-abstrakte Kriterien. Während z.B. OGAW
Kredite nur sehr eingeschränkt (bis zu 10% ihres Vermögens) und Derivate zu
Sicherungszwecken oder bis maximal zur Risikoverdoppelung einsetzen dür-

---

[274] RGZ 44, 103, 109; *Henssler*, Risiko, S. 641 f.; *Reiner*, Derivate, S. 88 f.; *Binder*, ZHR 169
(2005), 329, 332.
[275] Personen, die lediglich zur Befriedigung des Spieltriebs Termingeschäfte betreiben
wollten und deren Fachkenntnisse unzureichend waren, sollte eine gebührenpflichtige Registrierungspflicht abhalten (§§ 54, 57 Abs. 1, 66 BörsG 1896). Vgl. Entwurf eines Börsengesetzes, Sonderdruck, Berlin 1895, S. 58.
[276] § 53 des Börsengesetzes vom 18.5.1908. Unter dieser Regelung stand die Frage im Mittelpunkt, ob ein Geschäft „berufsmäßig" abgeschlossen wurde, vgl. BGHZ 104, 205 Rn. 12 ff.
[277] § 54 des Börsengesetzes vom 18.5.1908.
[278] § 53 Abs. 2 des Börsengesetzes vom 11.7.1989. Vgl. zu dieser Rechtslage die Einordnung
von Spiel-, Differenz- und Termineinwand bei *Reiner*, Derivate, S. 85 ff. sowie die kritische
Analyse von *Henssler*, Risiko, S. 712 ff.
[279] § 37d Abs. 4 WpHG a.F. in der Fassung des 4. FFG.
[280] Vgl. § 31 Abs. 5 mit der Ausnahme in Abs. 7 WpHG und der Definition der nicht komplexen Finanzinstrumente in § 7 WpDVerOV.
[281] Gem. § 37e S. 2 WpHG betrifft dies Derivate gem. § 2 Abs. 2 WpHG und Optionen.
[282] Vgl. BT-Drs. 14/8017, S. 96, wonach Finanztermingeschäfte, „die ausschließlich zu Spekulationszwecken getätigt werden" und nicht gem. § 37g WpHG mit Nichtigkeitsfolge verboten sind, als Abschluss einer Spielwette unter § 762 BGB fallen können sollen. Dazu Fuchs/
Jung, Vor §§ 37e und 37g, Rn. 6, 27; KMRK/*Zimmer*, § 37e WpHG Rn. 1.
[283] Vgl. zunächst das Verbot von Leerverkäufen von Aktien bestimmter Finanzunternehmen (Allgemeinverfügung gem. § 4 WpHG), später dann das jetzt auf § 4a WpHG i.V.m.
§§ 30h ff. WpHG gestützte Verbot ungedeckter Leerverkäufe.

fen, gelten solche formellen Grenzen des *Gearing* nicht für Spezial-AIF. Diese dürfen im Gegenzug nicht von Privatanlegern gehalten werden.[284]

Die gleiche Problemstellung und formelle Lösung zeigt sich im Ausland. Die analoge Diskussion drehte sich im britischen Recht um die Nichtigkeit sog. *wagering contracts* gemäß s. 18 des *Gaming and Wagers Act of 1845*.[285] Für solche Verträge versuchte sich die britische Rechtsprechung über hundert Jahre lang an einer materiellen Definition, insbesondere indem man Differenz- und Sicherungsgeschäfte aus der Spieldefinition herausnahm,[286] ohne dadurch rechtssichere Ergebnisse zu erzielen.[287] Weil Rechtssicherheit für Kapitalmarkttransaktionen unabdingbar ist, wurde mit dem FSMA 2000 jede Form des *investments* von dem Nichtigkeitsverdikt ausgenommen.[288] Sogar die gepoolten Gewinnberechtigungen eines Pferderennens können danach Anlagegegenstand eines CIS sein.[289] Ähnliche Abgrenzungsversuche waren im US Recht bis zum Jahr 2000[290] in Bezug auf die rechtliche Durchsetzbarkeit von „spekulativen" Derivaten, sog. „wagers", zu beobachten.[291] Dies alles belegt die Schwierigkeiten einer Grenzziehung zwischen Anlage und Spekulation.

4. Zwischenergebnis

Die juristische Diskussion belegt eine große Nähe zwischen Anlage und Spekulation, wobei die Kriterien des eingegangenen Risikos, der Umschlaghäufigkeit und des erwarteten Gewinns in unterschiedlichem Umfang Bedeutung erlangen. Mittels abstrakt-genereller Kriterien gelingt keine befriedigende Trennung zwischen Anlage und Spekulation.[292] Ist eine rechtssichere Abgrenzung aus fiskalischen, strafrechtlichen oder Handelsinteressen vonnöten, greift das Gesetz

---

[284] § 1 Abs. 6 KAGB.

[285] Vgl. dazu *Carlill v. Carbolic Smok Ball Co.* [1892] 2 QB 484, 490–491: Ein *wagering contract* ist "one by which two persons professing to hold opposite views touching the issue of a future uncertain event, mutually agree that, dependent upon the determination of that event, one shall win from the other … neither of the parties having any other interest in that contract than the sum … he will so win or lose."

[286] Vgl. die unterschiedlichen Ansätze in *Thacker v. Hardy*, 1878 QBD 685; *Morgan Grenfell and Co Ltd. V. Welwyn Hatfield General Council*, TLR, 1 June 1993, [1995] 1 All. E.R.1

[287] *Pennington*, Investor and the law, S. 18 ff., zu Differenzkontrakten, Optionen und kreditgestütztem „account trading".

[288] Vgl. s. 412 of the FSMA 2000; FSMA 2000 (Gaming Contracts) Order 2001, SI 2001/2510, dazu *Nelson*, Capital Markets Law, Rn. 3.2.1.8.

[289] FSA v. Fradley & Woodward [2004] EWHC 3008 ¶22.

[290] Änderung durch den Commodity Futures Modernization Act 2000.

[291] Siehe *Taub*, S. 205 f.

[292] I.E. wohl auch *C.F.Goldschmidt*, Investment Trusts, S. 91 ff. („sehr schwer, geeignete Maßnahmen gegen eine spekulative Trustleistung zu treffen"); *Henssler*, Risiko, S. 299, der keinen Anlass sieht, die vertragliche Risikoverteilung bei Spekulationsgeschäften anders zu beurteilen als bei Sicherungsgeschäften; *Reiner*, Derivate, S. 410 („Entgegen einem verbreiteten Missverständnis erfordern die Marktrisiken deshalb keine rechtliche Sonderbehandlung von Derivaten gegenüber Kassageschäften").

auf in sich selbst wenig stringente formelle Kriterien (Fristen, Qualifikation der Beteiligten) zurück, die ebenso gut anders festgelegt werden könnten.

II. Ökonomische Diskussion

Wo die juristische Diskussion unfruchtbar verläuft, könnte man sich Hilfe von den Nachbarwissenschaften erhoffen. Dabei dürfte eine verschiedentlich geäußerte ethische oder philosophische Disqualifikation der Spekulation kein fruchtbarer Ausgangspunkt sein, weil die Mitglieder des Sozialsystems hinsichtlich des Unwert- und Nutzenurteils der Spekulation im Einzelfall verschiedener Meinung sein dürften.[293] Weiterführend könnte die umfangreiche ökonomische Diskussion sein, die neben dem Bonmots, wonach die erfolgreiche Anlage Investment, die erfolglose dagegen Spekulation sei,[294] ernsthafte Anstrengungen zur Abgrenzung von Investments und Spekulation zu bieten hat.

Das ökonomische Schrifttum erklärt Spekulation auf vier Arten.[295] So dient Spekulation zunächst dem Transfer von Bewertungsrisiken. Die risikobereite Spekulation sichert den risikoaversen „Hedger". Spekulanten liefern dann die Liquidität für Sicherungsgeschäfte produktiver Unternehmen. Ohne die (spekulative) Hoffnung auf atypische Marktbewegungen gäbe es keine Gegenpartei zur Absicherung von Währungs- und Rohstoffrisiken.[296] Des Weiteren fördert Spekulation den Informationsaustausch: Infolge informierter Spekulation spiegeln die gegenwärtigen Kapitalmarktpreise nicht nur den Istzustand, sondern auch die Erwartungen der informierten Marktteilnehmer wider.[297] Eine Form ist z.B. der Preisausgleich zwischen verschiedenen Handelsplätzen. Uninformierte Marktteilnehmer können auf die (in diesem begrenzten Sinn) „Richtigkeit" der Kapitalmarktkurse vertrauen. Drittens führt Spekulation zum Ausgleich unterschiedlicher Erwartungen. Nur Individuen, die von der im Marktpreis abgebildeten Einschätzung abweichen, nehmen als Spekulanten oder Hedger am Markt teil. Treffen sich Pessimist und Optimist in ihren Handels-

---

[293] Ebenso *Henssler*, Risiko, S. 295, zu der Frage, ob aus dem Unwerturteil über §§ 138, 242 BGB rechtliche Konsequenzen zu ziehen sind.

[294] Vgl. die Definition eines Zynikers bei *Graham/Dodd*, Securities Analysis (1934), S. 50: "an investment is a successful speculation and a speculation is an unsuccessful investment."

[295] Überblick zur ökonomischen Literatur bei *Henssler*, Risiko, S. 296 f.; *Klöhn*, Kapitalmarkt, S. 25 ff.; *Reiner*, Derivate, S. 4 ff.

[296] Erstmals, soweit ersichtlich, bei *Hicks*, Value and Capital, S. 137 ff. („If forward markets consisted entirely of hedgers, there would always be a tendency for a relative weakness on the demand side; Futures prices are therefore nearly always made partly by speculators, who seek profit by buying futures when the futures price is below the spot price they expect to rule on the corresponding date").

[297] Z.B. *Grossman/Stiglitz*, 70 Am. Econ. Rev. 393 (1980): „[T]he price system makes publicly available the information obtained by informed individuals to the uniformed."

entscheidungen, berücksichtigt das Kursniveau beide Positionen.[298] Ist Arbitrage unbegrenzt möglich – dies ist jedoch ein unrealistisches Szenario –, kann Spekulation das Kursniveau nicht beeinflussen, weil sich jeweils eine Partei findet, die die Gegenposition einnimmt. Dann gibt es aber keine Spekulation, sondern nur Optimismus oder Pessimismus im Verhältnis zur aktuellen Bewertung. Der zweiten und dritten Position ist gemein, dass Spekulation die Bewertungsfunktion des Marktes optimiert.[299] Viertens wird Spekulation als Resultat von Interessenkonflikten und defizitären Vertragsgestaltungen im Verhältnis von Geldgeber und Intermediär interpretiert. Wenn es am besten sei, nichts zu tun (nach *Dow/Gorton:* „actively doing nothing"), könne der Kunde diese Passivität nicht von Untätigkeit unterscheiden („simply doing nothing"). Andererseits sei eine Intermediärsvergütung für Untätigkeit wegen ihrer sedierenden Wirkung gleichfalls suboptimal.[300] Verdient ein Intermediär Geld nur, wenn er aktiv ist, handelt er auch dann, wenn sich keine gute Anlagechance bietet. Die zu Zwecken der eigenen Portfoliooptimierung, also berechtigt handelnde andere Marktseite könne dann ihr Preisniveau überprüfen.

Wenngleich eine gewisse volkwirtschaftliche Nützlichkeit des „Effektenkapitalismus" nicht bestritten wird, zeigt sich die Sorge ob der erheblich größeren und mühelosen Spekulationsgewinne im Verhältnis zu regulären Tauschleistungen insbesondere im älteren Schrifttum: Anlage sei Kapitalwertsicherung; Rendite und das Ziel, Kapitalverluste zu vermeiden, stünden gleichwertig nebeneinander.[301] Der Kurs von Anlage- (im Gegensatz zu Spekulations-)papieren werde überwiegend vom Zins- oder Dividendenertrag bestimmt. Bei der Spekulation trete die öffentliche Meinung als unbestimmbarer Faktor hinzu, der die gerade herrschende Richtung verstärke.[302] Ganz ähnlich unterscheidet *John Maynard Keynes* zwischen *speculation* (Spekulation) und *enterprise* (Unternehmung). Gegenstand der Spekulation sei die Vorhersage der Marktpsychologie, während die Unternehmung auf die Vorhersage der voraussichtlichen Erträge eines Investments fokussiere.[303] Der Spekulant suche in einem Wettkampf der Gerissenheit mit seinen Berufsgenossen die kurzfristigen Verläufe zu prognostizieren, während den Anleger die langfristige Berechnung des Investitionswertes umtreibe. Wegen der Ungewissheit in Bezug auf die Zukunft sei die

---

[298] Insbesondere bei *Hirshleifer,* (1985) 89 Q.J. Econ. 519, 538f.

[299] Insbesondere *Working,* (1953) XLIII Am. Econ. Rev. 314, 320 (bei im Verhältnis zu *Hirshleifer* noch undifferenzierter Position.

[300] *Mahoney,* (1995) 81 Va. L. Rev. 713, 740ff.; *Dow/Gorton,* (1997) 105 J. Pol. Econ. 1024, 1028f. (*Dow/Gorton* schreiben dem noise trade die Funktion eines öffentlichen Guts zu. Der unnütze Handel verbessere die Bewertungsfunktion des Marktes, ebd., S. 1043).

[301] *Bruppacher,* Investment-Trusts, S. 33; *Ehrenberg,* Fondsspekulation, S. 208; *Liefmann,* S. 34ff.; *Mollet,* Schweizerische Investment-Trusts, S. 11; *Podewils,* Investmentgesellschaften, S. 9f.; *Rinsoz,* Rechnungsführung, S. 19; *Seischab,* Investment-Trusts, S. 12.

[302] *Ehrenberg,* Fondsspekulation, S. 208.

[303] *Keynes,* Allgemeine Theorie, S. 133f.

sozial wünschenswerte Anlagestrategie der Unternehmung selten gewinnbringend.[304] Nach der marktkritischen US-Kapitalmarktrechtlerin *Lynn Stout* tätigt eine Vielzahl unzureichend informierter Anleger eine Vielzahl volkswirtschaftlich sinnloser Verlustgeschäfte in der trügerischen Hoffnung auf schnellen Gewinn.[305] In den drei Stellungnahmen deutet sich die bereits im juristischen Schrifttum angedeutete Umschlaghäufigkeit als Kernkriterium der Spekulation an.

Einen – wenngleich auch vom Gedanken der Kapitalerhaltung beeinflusst – anderen Ausgangspunkt vertreten die Begründer der Wertpapieranalyse, *Benjamin Graham* und *David Dodd*.[306] Sie beschreiben die Anlage (*investment*) als Mitteleinsatz, der auf der Grundlage einer sorgfältigen Analyse die Sicherheit des Kapitals und eine befriedigende Rendite verspricht. Der maßgebliche Unterschied zwischen Investment und Spekulation bestehe in der sorgfältigen Analyse *vor* der Investition. Dies weist eine semantische Nähe auf zu der im allgemeinen Sprachgebrauch verbreiteten Bedeutung der Spekulation als unfundierter Behauptung. *Graham und Dodd's* Definition steht im Kontext der Weltwirtschaftskrise 1929/1930. Die Autoren halten den Hinweis für geboten, ihr Verständnis vom Investment sei breiter als sonst üblich und erfordere eine Erweiterung des etablierten Investmentkonzepts,[307] weil sie u.a. den Erwerb von Aktien, Arbitrage- und Hedging-Aktivitäten zur Anlagetätigkeit zählen. In diesem wissensbasierten Ansatz zeigt sich das bereits in der juristischen Diskussion erkannte Risikokriterium: Keine Anlage seien solche Strategien, die statt auf Analyse auf Glück setzten. Komme es nur auf Glück an, sei der Analyst entbehrlich.[308]

Die neuere ökonomische Literatur betont dagegen den Zusammenhang von Risiko und Ertrag: Nach dem ökonomischen Standardwerk zum Investment von *Bodie, Kane* und *Marcus*[309] soll bei der Spekulation das zusätzliche Risiko durch die Erwartung eines risikoadäquaten Ertrags (*commensurate gain*) ausgeglichen werden,[310] beim Glücksspiel (*gamble*) dagegen nicht. Ein Glücksspiel werde wegen des Genusses am Risiko gespielt, eine Spekulation werde *trotz* des Risikos wegen des erhofften positiven Verhältnisses von (hohem) Risiko und Ertrag eingegangen. Risikoabneigung und Spekulation seien deshalb durchaus miteinander vereinbar. Auch ein risikoabgeneigter Investor könne durch Ange-

---

[304] *Keynes*, Allgemeine Theorie, S. 130, 132 f.

[305] *Stout*, (1995) 81 Va. L. Rev. 611.

[306] *Graham/Dodd*, Securities Analysis (1934), S. 54.

[307] *Graham/Dodd*, Securities Analysis (1934), S. 55 f.

[308] *Graham/Dodd*, Securities Analysis (1934), S. 24 ff.

[309] *Bodie/Kane/Marcus*, Investments, S. 157.

[310] Beispiel: Der mathematische Erwartungswert ist für alle Gleichungen identisch, die die Bedingung Ertrag (E) x Wahrscheinlichkeit (p) = X erfüllen. Z.B. Gewinn von 1 mit 100% (sichere Annahme), 2 mit 50% oder 10 mit 10% Wahrscheinlichkeit. Bei einmaliger Durchführung steigt das Risiko (= p) dagegen beträchtlich an.

bot einer entsprechenden Risikoprämie zur Spekulation verleitet werden. So definiert einer der Väter der Portfolio-Theory, *Harry Markowitz*, Spiel und Lotterie als die Tätigkeit, die man um ihrer selbst willen, Spekulation als die, die man wegen der Gewinnerwartung tätigt.[311] Dann muss bei der Spekulation langfristig und durchschnittlich eine Gewinnerwartung bestehen. Dies entspricht dem, was man nach dem bisherigen Verständnis mit der Anlage assoziiert hat.

Gleichwohl schwankt die Bedeutung der einzelnen Aspekte in der Spekulationslehre. So hat *Fridson* 20 verschiedene Interpretationen der Spekulation ausgemacht.[312] Die Definitionen bezögen sich entweder auf Preisveränderungen, schnelle Gewinne, hohe Risiken oder eine Kombination der vorgenannten drei Elemente. Spekulation und lediglich unkonventionelle Anlagestrategien, die im Übrigen weder auf Preisveränderungen, schnelle Gewinne noch hohe Risiken setzten, hätten gemeinsam, dass sie gegen die überwiegende Marktrichtung (*consensus view*) ausgerichtet seien. Seine eigene Definition der Spekulation zielt auf einen höheren risikoadjustierten Ertrag. Der Spekulant verfolge nicht allein das Ziel, ein höheres als das allgemeine Marktrisiko[313] einzugehen, sondern innerhalb der von ihm gewählten Risikoklasse durch bestimmte Techniken den Ertrag überproportional zu hebeln.[314] Spekulation sei eine geeignete Bezeichnung für den Geldeinsatz, der aus anormalen Preisverläufen (z.B. einer Über- oder Unterbewertung) Gewinne zu erzielen suche.

Die drei Kriterien der juristischen Diskussion (Risikograd, Umschlaghäufigkeit, Ertragserwartung) sind somit auch in der ökonomischen Diskussion anzutreffen. Im Übrigen konnte über die Hinnahme erhöhten Risikos zwecks höherer Gewinne hinaus – schnelle Gewinne sind zeitadjustiert höhere Gewinne – kein Konsens in der Frage ausgemacht werden, wodurch sich Anlage und Spekulation unterscheiden. Aus ökonomischer Sicht ist der Unterschied zwischen Anlage und Spekulation mithin ebenso wie in der juristischen Diskussion nur ein gradueller, der mit den Merkmalen Risiko und Ertrag verknüpft ist.

III. Konsequenzen für die weitere Untersuchung

Als Zwischenergebnis ist zu konstatieren, dass eine definitorisch-trennscharfe Abgrenzung zwischen Anlage und einer auf Dauer angelegten Spekulation nicht möglich ist. Es betätigt sich die schon bei *Levin Goldschmidt* – damals galt

---

[311] *Markowitz*, (1952) 60 J. Pol. Econ. 151, 153 f.
[312] *Fridson*, (1993) 20 J. Portf. Man. 29.
[313] In der ökonomischen Diktion: Beta.
[314] Beispiel: Die vom Anleger gewählte Risikoklasse (z.B. eine Zusammenstellung bestimmter Aktien) erzielt im langjährigen Durchschnitt einen Ertrag von 10% über dem Zins für risikofreie Anlagen auf das eingesetzte Kapital. Anleger erwarten den Ertrag in dieser Größe. Spekulanten versuchen den Ertrag über den Erwartungszins hinaus anzuheben, z.B. durch den Einsatz von Verschuldung etc.

die Vermögensverwaltung als nicht gewerblich – zu findende Erkenntnis, dass der „speculative Charakter" kein taugliches Merkmal sei, um „gewerbliche von nichtgewerblichen Personen" zu unterscheiden.[315] Beide Formen des Mitteleinsatzes sind mit einem gewissen aleatorischen Element verbunden und werden in der Erwartung getätigt, zukünftig Gewinne zu erzielen. Fast schon bestätigt sich *Max Webers* Definition aus dem Jahr 1896,[316] wonach Spekulation (im engeren Sinne!) die Gewinnerzielung „durch Ausnutzung von Preisunterschieden eines Marktgutes, welche bestehen oder deren Entstehung erwartet wird, … zu verschiedenen Zeiten" sein soll. Bei einem solchen Verständnis ist jede Anlageform Spekulation.

Das Recht erkennt dies an, indem es statt unscharfer materieller Abgrenzungen auf formelle Kriterien setzt: Die Person der Gegenpartei (§ 37e WpHG), den Haltezeitraum (Steuerrecht), den Umfang des Risikogrades (§§ 197, 283 Abs. 1 Nr. 1 KAGB) und konkrete Verbotskataloge (z.B. das Verbot von Leerverkäufen bei bestimmten Publikumsfonds gem. § 205 KAGB). Zwar mag es gelingen, als „rein spekulative" Transaktionen mit ganz kurzfristiger Haltedauer, wie das Daytrading mangels Planmäßigkeit des Mitteleinsatzes auszugrenzen. Doch ist ein ganz kurzfristiger Mitteleinsatz schon mangels Dauerhaftigkeit keine Anlage. Der spekulative *Handel* ist kein Problem dieser Untersuchung, die spekulative *Anlage* dagegen sehr wohl. Anlage- und spekulative Strategien sind nicht per se gegensätzlich. Spekulation im Kontext dieser Untersuchung bezeichnet eine von stärkerem Risiko geprägte Anlagestrategie, z.B. aufgrund relativer Erhöhung des Verschuldungsgrads (Leverage), wie sie für Hedgefonds typisch, aber auch unter Immobilien- und Private Equity-Fonds verbreitet ist. Sie bildet den Gegensatz zu konservativen Anlagestrategien, bei denen das Verlustrisiko auf die angelegten Finanzmittel begrenzt ist. Auf der Ebene des Anlegers bezeichnet die spekulative Anlage den Mitteleinsatz eines risikofreudigen, die (einfache) Anlage die eines risikoneutralen und die konservative Anlage den Mitteleinsatz eines risikoabgeneigten Anlegers. Aber auch die risikoaverse Anlage ist niemals risikolos. Gewisse Risiken sind selbst der sichersten Anlage immanent.[317] Dies gilt es bei der Zuweisung von Verantwortung im Blick zu behalten.

---

[315] *L.Goldschmidt*, Handelsrecht, § 40, S. 408 ff.

[316] *M.Weber*, DJZ 1896, 207.

[317] Beispiel: Deutsche Staatsanleihen werden im Jahr 2015 grundsätzlich als sicher erachtet. Damit geht der Anleger eine Wette auf die langfristige Leistungsfähigkeit der deutschen Volkswirtschaft und die Selbstbegrenzung der deutschen Politik bei der Kreditaufnahme ein. Angesichts des globalen Wettbewerbsdrucks und politischer Kurzfristtendenzen sind beide Parameter für die Zukunft keineswegs „sicher".

§ 7 – Bankgeschäfte und Finanzdienstleistungen

Dass die zivilrechtlichen und aufsichtsrechtlichen Kategorien nicht deckungsgleich sind, wurde bereits gezeigt. Die Abgrenzung der Kollektivanlage zu Bankgeschäften und Finanzdienstleistungen markiert die Trennlinie zum *öffentlich-rechtlichen* Gewerbe- und Unternehmensbegriff.

A. Bankgeschäfte

Von den Bankgeschäften interessiert das Verhältnis der Kollektivanlage zu Einlage-, Kredit-, Depot- und Emissionsgeschäft.[318] Trotz vergleichbarer wirtschaftlicher Funktion ist die Zeichnung von Anleihen und Geldmarktinstrumenten durch die Verwaltungsgesellschaft für die Anleger kein Kreditgeschäft: Grundsätzlich geht die investmentrechtliche Erlaubnis der KWG-Zulassung vor (§ 2 Abs. 1 Nr. 3b und 3c KWG). In den Bereich der KWG-Bankgeschäfte können somit nur andere als nach dem KAGB zugelassene Kollektivanlagen gelangen.

Anlage- und Einlagengeschäft mit den von Literatur[319] und Gesetz[320] gelegentlich gleichgesetzten Begriffen An- und Einleger unterscheiden sich in Bezug auf die Mittelrückzahlung. Ausgangspunkt des nach langem Streit[321] mit der 6. KWG-Novelle[322] etablierten weiten Einlagenbegriffs sind das Einlagengeschäft gem. § 1 Abs. 1 Nr. 1 KWG[323] und die Einlage in § 2 Abs. 2 EAEG. Entscheidend ist die Fremdheit i.S.d. Rückzahlbarkeit. Nach Einzahlung kann der Anleger die Rückzahlung nicht mehr als Wertverschaffungsschuld, i.e. zum Nominalwert verlangen. Bei Kollektivanlagen des offenen Typs kann er die Anteile zwar grundsätzlich zurückgeben, er erhält aber nur den Zeitwert (§ 98 Abs. 1 KAGB). Bei solchen des geschlossenen Typs bleibt vor der Liquidation

---

[318] Zur Kreditvergabe durch Investmentfonds siehe *Zetzsche/Marte*, RdF 2015, 4.

[319] Vgl. Siara/Tormann/*Neuburger*, Einleitung, S. 5: „Kapitalanlagegesellschaften sind Unternehmen [die Finanzmittel in Effekten anlegen] und die einzelnen Geldgeber bzw. Einleger anteilsmäßig beteiligen".

[320] Z.B. § 34 Abs. 1 WpHG, § 1 Abs. 1 Nr. 1 KWG, § 2 Abs. 2 EAEG.

[321] Die frühere Rechtsprechung beschränkte den Einlagenbegriff auf Gelder, die „als Einlagen" angenommen wurden, i.e. fremde Gelder werden zwecks Finanzierung des Aktivgeschäfts des annehmenden Unternehmens, d.h. mit der Intention entgegengenommen, durch eine positive Differenz zwischen den Bedingungen der Geldannahme einerseits, des Aktivgeschäfts andererseits Gewinn zu erzielen, vgl. BVerwGE 69, 120, Ls. und Rn. 43 ff.– BMW; BGHZ 129, 90 Rn. 122 ff. Dagegen wendete sich die Literatur, vgl. z.B. *Wallat*, NJW 1995, 3236 f. Zum ganzen Schwennicke/Auerbach/*Schwennicke*, § 1 Rn. 10, 15 ff. m.w.N.; Boos/*Schäfer*, § 1 KWG Rn. 32 ff.

[322] BGBl. I (1997) 2518. Dazu *Demgensky/Erm*, WM 2001, 1445.

[323] [Bankgeschäfte sind] „Nr. 1 die Annahme fremder Gelder als Einlagen oder anderer rückzahlbarer Gelder des Publikums, sofern der Rückzahlungsanspruch nicht in Inhaber- oder Orderschuldverschreibungen verbrieft wird, ohne Rücksicht darauf, ob Zinsen vergütet werden (Einlagengeschäft)."

nur die Anteilsveräußerung. Die eingeschränkte Rückzahlbarkeit ist mit der einlagetypischen unbedingten Rückzahlbarkeit unvereinbar.[324] Verwendet das Institut die fremden Gelder dagegen nur zu eigenen Zwecken (z.b. durch Ausgabe eines zinslichen Darlehens an Dritte), mit dem Ziel einer positiven Differenz (= Ertrag) zwischen der übrigen Tätigkeit (vereinnahmte Kreditzinsen) und den Kosten des Passivgeschäfts, liegt regelmäßig ein Einlagengeschäft vor.[325] Nur entgegen ihrer Bestimmung weitergeleitete Anlagebeträge[326] können Einlagen sein. Schwierig ist die Zuordnung bei partiarischen Darlehen, stillen Beteiligungen und Schuldverschreibungen.[327] Moderater Fixzins, relative Sicherheit von Verwahrung und Verwendung sowie laufzeitabhängige Verfügbarkeit sprechen für die Einlage, hoher oder sehr hoher Zinsertrag und Spekulationszweck für die Anlage.[328] Für Kollektivanlagen mit Mindestzahlungszusagen müssen externe Kapitalverwaltungsgesellschaften deshalb über angemessene Eigenmittel verfügen.[329]

Das Depotgeschäft[330] ist Substanzverwaltung, die Kollektivanlage dagegen Werteverwaltung. Beim Depotgeschäft bleiben die Kundenvermögen zumindest rechnerisch getrennt und den Kunden zugeordnet.[331] Bei der Kollektivan-

---

[324] So entschieden für (1) Veräußerung eigener Aktien durch türkische AG (BGH 23.3.2010, VI ZR 57/09 – Konya-Modell); (2) zum Kauf von Wertpapieren im Rahmen einer Vermögensverwaltung verwendetes Kapital (BGHZ 125, 366, 379 f.); (3) Einzahlungen in einen Immobilienfonds ohne Anspruch auf Rückzahlung formal als Darlehen gewährter Einlagen (BGH, WM 1982, 124 – Wetterstein); (4) Entgegennahme von Geldern zur treuhänderischen Verwaltung und Anlage in Bauherrenmodellen (OVG Berlin, WM 1984, 865); (5) Ausgabe von Fondsbriefen gegen Kapitaleinzahlungen zur Begründung einer Bruchteilsgemeinschaft an Immobilienprojekt (OLG München vom 21.2.1985, unv.); Annahme von Geldern zur Weiterleitung zur Vornahme von Daytrading-Geschäften für Rechnung der Anleger, bei Bestehen eines Anlegerrisikos abgelehnt (BGH, WM 2011, 17 Rn. 11), im Fall garantierter Rückzahlung angenommen (BGH, WM 2011, 20 Rn. 13 ff.).

[325] BVerwGE 69, 120, 125 f.; BGHZ 129, 90, 95 f.; BGH, ZIP 2006, 1761, 1764 Rn. 23; BGH, ZIP 2006, 1764, 1767 Rn. 21.

[326] BaFin, Merkblatt Einlagengeschäft (2009), Nr. 1b) bb), unter „Geschäftsbesorgungsverträge (u.a. Weiterleitungsfälle)".

[327] VGH Kassel, ESVGH 58, 127 Rn. 9 ff. (für st. Ges. Einlagengeschäft abgelehnt, wenn Rückzahlung von Verlusten betroffen ist); VG Berlin NJW-RR 2000, 642 (st. Beteiligung mit 14.000 Kleinanlegern; garantierter Mindestgewinn spricht für Einlagengeschäft); restriktiv noch BGHZ 90, 310, unter Hinweis auf den gesellschaftsrechtlichen Charakter der stillen Einlage, ebenso *Blaurock*, FS Heinsius, S. 33, 44 f.; BaFin, Merkblatt Einlagengeschäft (2009), Nr. 1) b) bb); *Bornemann*, ZHR 166 (2002), 211, 215; *Ebbing/Grüner*, NZG 2000, 347, 348; *Tettinger*, DStR 2006, 849, 853 ff. (mit Zuweisung der Mitgesellschafterstellung nach einzelnen Merkmalen); *Loritz*, ZIP 2001, 309, 310 f.; für Einlagengeschäft bei Gewinn- ohne Verlustbeteiligung *Ruhl*, Einlagengeschäft, S. 134 ff., 243 ff., 296 f.

[328] BGHZ 129, 90, 95 f. (zur alten KWG-Fassung); weitergehend *Bornemann*, ZHR 166 (2002), 211, 225 ff., wonach die Anlage von Verlustteilnahme und Subordination des Rückzahlungsanspruchs, die Einlage von einem unbedingten, nicht subordinierten Rückzahlungsanspruch geprägt ist.

[329] §§ 20 Abs. 2 Nr. 7, 25 Abs. 5 KAGB.

[330] § 1 Abs. 1 S. 2 Nr. 5 KWG, § 2 Abs. 3a Nr. 1 WpHG; Boos/*Schäfer*, § 1 KWG Rn. 62 ff.

[331] § 14a Abs. 3 Nr. 1, 2 und Abs. 5 WpDVerOV. S.a. § 34a Abs. 2 WpHG.

lage ist das Kollektiv depotrechtlich ein Kunde.[332] Das Depotgeschäft betreiben i.d.R. spezialisierte Verwahrer, insbesondere die Depotbanken gem. §§ 68ff. KAGB. Kein Depotgeschäft ist die Verwahrung und Verwaltung *eigener* Finanzinstrumente.

Das Emissionsgeschäft (§ 1 Abs. 1 Nr. 10 KWG) kommt im Zusammenhang mit Kollektivanlagen nicht vor. Der Verwalter übernimmt von ihm gezeichnete Anteile schwerpunktmäßig nicht auf eigenes, sondern auf Anlegerrisiko.[333] KVGs ist das Emissionsgeschäft sogar untersagt (vgl. § 20 KAGB).

B. Finanzdienstleistungen

Ein Anlagevermittler muss zwei *andere* Parteien zusammenbringen (arg. §§ 93 HGB, 652 BGB). Verwalter und Kollektivanlage gelten jedoch unabhängig von ihrer Rechtsform als eine Partei. Eigenhandel und Eigengeschäft prägt das Handeln auf eigene Rechnung. Die Kollektivanlage ist von einem Handeln des Verwalters auf fremde, nämlich die Rechnung der Anleger geprägt. Soweit der Ertrag rechtlich dem Kollektiv (Anlage-AG etc.) zuzuordnen ist, greift die Ausnahme des § 1 Nr. 10 KWG, § 2a Nr. 10 WpHG.[334]

Bei der Anlageberatung entscheidet der Anleger, bei der Kollektivanlage der Verwalter, und zwar aus rechtlicher Sicht auch dann, wenn er die Anlageentscheidung im Innenverhältnis an Dritte übertragen hat.[335] Des Weiteren ist die Kollektivanlage Dauerschuldverhältnis, die Anlageberatung ist grundsätzlich[336] punktuelle Geschäftsbesorgung. Bei zutreffender Beratung ist mit einmaliger Beratung alles getan, fortdauernde Überwachungs- oder Warnpflichten bestehen grundsätzlich nicht.[337] Anlageberatung und Kollektivanlage sind aber eng verknüpft. Anlageberater beraten Verwalter bei der Auswahl von Anlagegegenständen und Anleger bei der Auswahl von Fonds. Die *Anleger*beratung in Bezug auf Anteile oder Aktien an inländischen Investmentvermögen ist aufsichtsrechtlich privilegiert.[338] Auch KVGs und extern verwaltete Investmentgesellschaften dürfen Anleger beim Erwerb ihrer Fondsanteile beraten.[339]

---

[332] Vgl. §§ 72 Abs. 1, 81 Abs. 1 KAGB: zum OGAW bzw. AIF gehörende Vermögensgegenstände.

[333] Zur historischen Einordnung *Liefmann*, S. 70ff., 96ff. (Investmentgesellschaft als „Beteiligungsgesellschaften" vs. Emissionsbanken als „Finanzierungsgesellschaften"); *Jörgens*, Finanzielle Trustgesellschaften, S. 1ff.

[334] Näher KMRK/*Kumpan*, § 2a WpHG Rn. 19.

[335] Vgl. § 36 Abs. 4 KAGB.

[336] Es existieren auch auf Dauer angelegte Beratungsformen. Die Grenzen sind fließend. Vgl. *Hopt*, Kapitalanlegerschutz, S. 103ff.; *Roll*, Vermögensverwaltung, S. 33f. (der die Dauerberatung als Vermögensberatung bezeichnet).

[337] *Balzer*, Vermögensverwaltung, S. 15; für Korrekturpflicht bei *von Anfang an* unzutreffender Information dagegen BGH, NJW 1998, 448 (2. Ls.).

[338] § 2 Abs. 6 Nr. 8 d) KWG.

[339] § 20 Abs. 2 Nr. 2 KAGB, § 2 Abs. 6 Nr. 5a KWG.

Das Finanzkommissionsgeschäft gem. § 2 Abs. 3 Nr. 1 WpHG, § 1 Abs. 1 Nr. 4 KWG ist Rechtsgrundverweisung auf die §§ 383 ff. HGB.[340] Der Anleger wird durch das Geschäft Inhaber der Finanzinstrumente. Die für die Kollektivanlage typische Wertpartizipation auf schuld- oder gesellschaftsrechtlicher Grundlage genügt dafür nicht. Unzureichend dürfte auch die bei vertraglicher Konstruktion anzutreffende Einräumung von Miteigentum sein.

C. Öffentlich-rechtliche Beteiligungsaktivität

Den Beteiligungsmarkt für junge, kleine und mittelständische Unternehmen kennzeichnet seit je her[341] eine Gemengelage von privaten und staatlichen Aktivitäten. Staatliche und kommunale Träger gründen vielfach Beteiligungsgesellschaften und Förderbanken („NRW-Bank") oder investieren über die bundeseigene KfW oder die Landesbanken in Beteiligungen. An der Gegenfinanzierung solcher Zweckgesellschaften sind private Rechtsträger (Banken, Wirtschaftsverbände etc.) beteiligt. Alternativ wird das in Form der Beteiligung getragene Anlagerisiko sozialisiert, indem Schuldverschreibungen zum günstigen staatlichen Refinanzierungszins ausgegeben werden. Die öffentlich-rechtliche Beteiligung ist keine Kollektivanlage, weil sie auf der Ebene des Verwalters nicht auf das Ertragsinteresse beschränkt ist. Es fehlt die nach hier vertretener Auffassung gebotene „Zweckfreiheit". Das Ertragsinteresse öffentlich-rechtlich organisierter Beteiligungsaktivität ist von wirtschaftspolitischen Zielvorstellungen, insbesondere der Ansiedlungs-, Beschäftigungs- und Mittelstandsförderung überfremdet. Dies rechtfertigt die Freistellung von der Erlaubnispflicht für die Vewaltung von Investmentvermögen.[342]

Wegen einer im weiteren Sinn öffentlich-rechtlichen Zwecksetzung, alternativ wegen Verfolgung eines übergeordneten Konzerninteresses ebenfalls keine Kollektivanlage sind die in Deutschland bereits seit Mitte des 19. Jahrhunderts verbreiteten Branchen- oder konzerngebundenen Beteiligungs- und Finanzierungsgesellschaften.[343] Solche, i.d.R. von Wirtschaftsverbänden, Emissionsbanken und/oder interessierten Konzernen getragenen Gesellschaften finanzierten zu einem wesentlichen Teil die industrielle Revolution in Form von Eisenbahn-

---

[340] BVerwGE 130, 262 – GAMAG; bestätigt durch BVerwG, ZIP 2009, 1899 Rn. 25 f.; BGH, NJW 2010, 1077 Rn. 13 ff., zuvor str.

[341] Soweit ersichtlich, war die erste staatliche Beteiligungsgesellschaft die vom (damals noch) niederländischen König im Jahr 1822 in Brüssel gegründete Société Générale des Pays-Bas (die heutige Banque de la Société Générale), in Frankreich ist die mit staatlicher Unterstützung im Jahr 1852 gegründete Société Générale de Crédit Mobilier zu nennen, vgl. *Liefmann*, S. 148 ff., 404 f.; *Hax*, Kapitalbeteiligungsgesellschaften, S. 12. Vgl. die Übersicht bei Beckmann/*Vollmer*, UBGG/WKBG-Einleitung Rn. 49 ff.; *Feldbausch*, S. 104 f.

[342] Vgl. BaFin, Auslegungsschreiben KAGB (2014), Nr. II.6; BT-Drs. 17/12294, S. 325.

[343] *Liefmann*, S. 404 ff., 506 f. Näher Dritter Teil, § 14 B.III. Es handelte sich aus Sicht des 19. Jahrhunderts um sehr gewagte Investitionen, vergleichbar mit modernem Venture Capital.

linien, Elektro- und Gasleitungen und refinanzierten sich am öffentlichen Schuldverschreibungsmarkt.

§ 8 – *Zwischenergebnis und Fortgang der Untersuchung*

Damit sind die Definition und Abgrenzung gelungen.

A. Definition

Die vier Begriffe Anlage, Vermögen, Kollektiv und Fremdverwaltung charakterisieren den Organismus für gemeinsame Anlagen, kurz Kollektivanlage. Die kollektive Vermögensanlage ist der Einsatz von Vermögenswerten für eine gewisse Dauer im Wege der Vermögensfremdverwaltung auf gemeinschaftliche Rechnung mehrerer Anleger mit dem Ziel der Erzielung von Einnahmen oder Wertzuwächsen und dem korrespondierenden Risiko des Wertverlustes.

Unter diese Definition fällt alles, was gemeinhin unter Anlage- oder Investmentfonds, Investmentvermögen, AIF und OGAW oder einem kollektivem Anlagemodell verstanden wird. Aber auch Spezialformen wie Real Estate Investment Trusts (REITs), Immobilienfonds, Private Equity-, Venture Capital- und Hedgefonds sind darunter zu fassen. In Abhängigkeit von der Gestaltung können auch Inhaberschuldverschreibungen gem. § 793 BGB (Zertifikate) und Schuldverschreibungen nach dem SchVG einen Anteil an einer Kollektivanlage verbriefen.

Die gesamtheitliche Betrachtung schließt nicht aus, dass unterhalb des Begriffs des Organismus für gemeinsame Anlagen Untergruppen zu bilden sind, so etwa die Investmentvermögen gem. § 1 Abs. 1 KAGB als Organismus für gemeine Anlagen, der die weiteren Definitionsmerkmale eines AIF oder OGAW gem. § 1 Abs. 1, Abs. 3 und Abs. 4 KAGB erfüllt. Jenseits der Investmentvermögen (AIF+OGAW) unterstehen die Kollektivanlagen dem VermAnlG.

Ob die Erträge direkt oder über den Umweg einer juristischen Person an die Anleger fallen, ist für die Abgrenzung unerheblich. Eine AG, deren Geschäftszweck ausschließlich auf die planmäßige Erzielung von Einnahmen unter Ausnutzung der zukünftigen Wertentwicklung von Anlagegegenständen ausgerichtet ist („Anlage"-AG), ist Kollektivanlage. Des Weiteren bestehen keine anlagespezifischen Restriktionen. Es bleibt gleich, ob in Wertpapiere, Derivate, Geldmarktinstrumente, unverbriefte Beteiligungen oder Forderungen, Immobilien, Edelmetalle oder andere Spezialitäten investiert wird.

Unmaßgeblich für die Qualifikation als Organismus für gemeinsame Anlagen ist die Rechtsform der Beteiligung. So sind genuin schuldrechtliche Genussscheinmodelle, die auf eine Gewinn- und Verlustchance des Anlegers hinauslaufen und eine anlagetypische Beteiligung ohne unternehmerische Zweckbindung mit sich bringen, Organismus für gemeinsame Anlage. Sie können zudem als Investmentvermögen dem KAGB unterstehen.

Managed Accounts sind nur im Fall der Vermischung mehrerer Anlegervermögen zu den Kollektivanlagen zu rechnen. Bleibt das Vermögen rechtlich getrennt, z.B. das einzelnen Anlegern gehörende Vermögen identifizierbar, ist der Anleger weisungsberechtigt und sind seine Vermögensgegenstände separat verwahrt, liegt individuelle Vermögensverwaltung vor. Ein-Anleger-Fonds sind den Kollektivanlagen zuzurechnen, wenn sie für meherere Anleger agieren oder geeignet sind (potentielle Mehr-Anleger-Fonds).

Für die Fonds-Eigenschaft ist jeweils die objektive Auslegung der Verlaut- und Vereinbarungen maßgeblich. Der Diversifikationsgrundsatz ist kein zwingendes Merkmal der Kollektivanlage. Auch Objektgesellschaften sind somit Kollektivanlagen.

B. Abgrenzung

Für die Kollektivanlage ist die doppelte Zweckfreiheit auf Anleger- und Anlageebene prägend und das zur Abgrenzung vom Unternehmertum (operatives Unternehmen, Konzern, Holding) taugliche Kriterium. An der Grenze zur Zweckfreiheit auf Verwalterebene liegen Objektgesellschaften, bei denen die kumulierten Anlagebeträge ein Objekt (Immobilie, Schiff, Film) finanzieren. Zutreffende Ergebnisse erzielt man durch Auslegung des Verwalterauftrags aus Anlegersicht.

Die Anlage unterscheidet sich von aleatorischen Verträgen durch die vollständige Zuweisung des Kapitalrisikos an den Anleger. Eine trennscharfe Abgrenzung zwischen Anlage und einer auf Dauer angelegten Spekulation ist nicht möglich. Spekulation bezeichnet im Kontext dieser Untersuchung eine Risikoerhöhung, z.B. aufgrund systematischen Einsatzes von Verschuldung (Leverage). Sie bildet den Gegensatz zu Anlagestrategien, bei denen das Verlustrisiko auf die angelegten Finanzmittel begrenzt ist.

C. Fortgang der Untersuchung

Bevor die Strukturen der Kollektivanlage mit dem Ziel der Erkenntnis betrachtet werden, was „wegen der Eigenart [von] Fonds" rechtlich geboten ist,[344] bedarf es zunächst eines soliden Fundaments. Zu diesem Zweck sind die wirtschaftsethischen Grundlagen (Zweiter Teil) sowie die Entwicklungslinien des Fondsrechts (Dritter Teil) offenzulegen.

---

[344] BGHZ 150, 1, 2. Ls. (keine persönliche Haftung bei geschlossenen Immobilienfonds).

Zweiter Teil

Wirtschaftsethische Grundlagen

Abweichend von dem Usus, den ethischen Diskurs unter Hinweis auf faktische Zwänge beiseite zu schieben – „Every revolution that sends bankers to the guillotine soon finds the need to resurrect them as the wheels of commerce grind to a halt"[1] –, sollen im Folgenden ethische Vorbehalte erklärt, in das rechtliche Umfeld eingeordnet und das Verhältnis von Moral und Recht und damit die Grenze der rechtlichen Steuerung definiert werden. Die wirtschaftsethische Analyse soll offenlegen, welche (ethischen) Normen der Funktion und dem Zweck der Kollektivanlagen entsprechen und deshalb als Leitlinie für die handelnden Personen sachgerecht sind.[2] Eine solche Analyse ist geeignet, Antworten auf drei Fragen zu liefern: (1) die Frage nach der gebotenen Regulierungsform – als Alternativen stehen sich generalklauselartige Standards und detailorientierte Regelsetzung gegenüber –, (2) die Frage nach dem rechtlich verfassten oder wünschenswerten Regulierungsinhalt und (3) die Frage nach dem Grund für den relativen Reifegrad eines Rechtsgebiets im Verhältnis zu anderen Rechtsordnungen.

---

[1] *Rajan/Zingales*, S. 124.
[2] In Anlehnung an *Koslowski*, Folgerungen, S. 26.

1. Kapitel

Ethik und Finanzmarktrecht

§ 9 – Interdependenz von Ethik und Recht

Grundlage der wirtschaftsethischen Analyse sind das Verhältnis von Recht, Wirtschaft und Ethik (A.), die gegenseitige Beeinflussung von Ethik und Recht (B.) und die Frage des Einflusses der Ethik auf Kapitalmarktakteure (C.).

A. Ethik, Ökonomie und Recht

I. Ethik und Recht als kontextuale Größen

Die Ethik als Theorie der Moral ist die Lehre vom richtigen Verhalten aufgrund bestimmter Wert- und Moralvorstellungen. Zwar handelt jeder, weil er meint das Richtige zu tun.[1] Bei Ethik geht es aber um prinzipiengeleitetes Verhalten auf der Grundlage eines bestimmten Menschenbildes und gemeinsamen Werten.[2] Fragen nach Ethik und Moral sind gemeinhin das Betätigungsfeld von Philosophen[3] und Moraltheologen. Im Gegensatz zum Recht als äußerer, durch Zwang vermittelter Pflichtenordnung (Rechtspflichten) ist Ethik im Sinne *Kants* das Gesetz der inneren Freiheit.[4] Über die sog. Tugendpflicht oder *officia honestatis* leistet die Ethik einen Gemeinwohlbeitrag, der über die Einhaltung von Regeln, Gesetzen und die Verfolgung von Gewinninteressen hinausgeht.

Gleichwohl besteht zwischen Ethik und Recht ein enger Zusammenhang. Je weniger sich etwas von selbst versteht, umso eher bedarf es der rechtlichen Ordnung.[5] „Die Rechtsordnung ist wertgeprägte Ordnung."[6] In Generalklauseln wie §§ 138, 242, 826 BGB,[7] aber auch Art. 14 Abs. 1 GG („Eigentum verpflichtet. …") und der Verpflichtung des Geschäftsleiters eines Handelsunternehmens auf das Handeln als ordentlicher Kaufmann (§§ 347 Abs. 1 HGB) zeigt

---

[1] *Aristoteles*, Pol. 1, 1: „Denn um dessen willen, was ihnen gut zu sein scheint, thun überhaupt Alle Alles, was sie thun".

[2] So auch *U.H.Schneider*, ZIP 2010, 603 f.

[3] Vgl. z.B. die Beiträge in Sandkühler (Hrsg.), Recht und Moral (2010).

[4] *Kant*, Grundlegung zur Metaphysik der Sitten, Zweiter Teil. Metaphysische Anfangsgründe der Tugendlehre – Einleitung, unter „IX. Was ist Tugendpflicht?".

[5] Ähnlich *Radbruch*, Rechtsphilosophie, S. 54 f., 106.

[6] *U.H.Schneider*, ZIP 2010, 604.

[7] Vgl. *Larenz/Wolf*, AT des BGB, §3 Rn. 84.

sich die Rechts- als Werteordnung.[8] Auch die (in Grenzen praktizierte) materielle Beschlusskontrolle und die Treupflicht von Verwaltung und Gesellschafter als Pflicht sich „anständig zu benehmen" verstehen sich vor dem Hintergrund der Rechts- als Werteordnung.[9] Diese Werteordnung meint den sozialen Comment (Sozialethik), nicht aber die elitäre Ethik eines Platon oder Aristoteles oder das an altrömische Senatoren gerichtete Verbot, Zinsen überhaupt oder über 4% p.a. zu nehmen.[10]

Divergenzen bestehen in Bezug auf den Geltungsgrund dieser Werteordnung. Hier steht das Naturrecht des Aristoteles, der Stoa und deren augustinische und scholastische Rezeption, wonach eine unabhängig von menschlichen Aktionen existierende, unveränderliche, für Menschen erkennbare normative Ordnung besteht,[11] einer auf menschliche Handlungen gegründeten Ethiktheorie gegenüber, die Moral u.a. als Folge subjektiver Präferenzen, sozialer Nützlichkeit (Utilitarismus), einer Auseinandersetzung der Individuen miteinander (Diskursethik), instinktiver menschlicher Emotionen oder einer Art Gesellschaftsvertrag versteht, den mit einem Schleier des Nichtwissens (*veil of ignorance*) versehene Menschen schließen (*Rawls*[12]).

Aus juristischer Sicht weist Ethik einige Eigenarten auf: Sie ist prinzipien- statt regelorientiert, mit der Konsequenz, dass an ihren Rändern immer Unschärfen auftreten. Nur über den Kern des missbilligten Verhaltens herrscht innerhalb eines Sozialgefüges Einigkeit. Moral, Ethik und Gerechtigkeit sind relativ in Zeit, Ort und Kultur.[13] Man mag Parallelen zur Änderung von Gesetzen ziehen, mit dem Unterschied, dass die Rechtsänderung durch Bekanntmachung im offiziösen Organ publik ist, während der Wertewandel zunächst unerkannt bleibt und den Traditionalisten überraschen kann. Des Weiteren ist nach dem Blickwinkel der ethischen Bewertung zu unterscheiden. Die Individualethik nimmt den Einzelnen, die Institutionen- oder Systemethik das Zu-

---

[8] *Esser*, Werte als Grundlage der Rechtsanwendung, 5 ff.

[9] Vgl. den Beitrag „Rechtsethische Maßstäbe im Unternehmens- und Gesellschaftsrecht" von *Wiedemann*, ZGR 1980, 147, 155 ff.; als bewegliche Schranken der Stimmrechtsmacht berücksichtigt *Zöllner*, Schranken, S. 288 ff., 335 ff. die Bindung an die guten Sitten, an Treu und Glauben und die Treupflicht, insbesondere S. 342 ff. (Korrelat von Einfluss und Verantwortung); noch gegen Schranken der Mehrheitsmacht die *Hibernia*-Entscheidung des Reichsgerichts, RGZ 68, 235, 243 f., 245 f.

[10] *Billeter*, S. 275.

[11] Zum Naturrecht *Braun*, S. 44 ff.; *Kaye*, Economy and Nature, S. 37 ff.; *Noonan*, Scholastic Analysis, S. 38 ff.

[12] *Rawls*, A Theory of Justice, § 24; Übersicht zur Kritik bei *Little*, Ethics, Economics, and Politics, 55 ff.; *Matthis*, Effizienz statt Gerechtigkeit, S. 144 ff.

[13] Diese gegen den kantianischen Idealismus gerichtete Erkenntnis wird heute interdisziplinär geteilt. Aus ökonomischer Sicht z.B. *Gerke*, Zfwu 6 (2005), 22, 24; aus philosophischer Sicht *Heydebreck* in Scherer/Hütter/Maßmann, S. 127; aus juristischer Sicht *U.H.Schneider*, ZIP 2010, 605, der sich selbst wiederum auf *Bork*, Allgemeiner Teil des BGB, Rn. 1186 beruft. Widerstand zeigt sich aus theologischer Perspektive, soweit es die Begründung betrifft.

sammenwirken von und in Organisationen, Gruppen oder der gesamten Gesellschaft in den Blick, es geht um die Verantwortung für das Ganze.[14]

Dabei ist das Verhältnis von Recht und Ethik umstritten. Nach den modernen Verbindungstheorien[15] muss von zwei Normauslegungen die moralisch Richtige gewählt werden. So leitet der Jurist *Alexy* die Grundrechte aus einer allgemeinen Theorie der Moral,[16] der Theologe *Lohmann* aus der evangelischen Sittsamkeitsmaxime ab, i.e. die jedem Christen obliegende Handlungspflicht entsprechend dem obersten Gebot.[17] Dem steht die positivistische Trennungslehre[18] gegenüber, wonach Moral das Sollen, Recht die Realität beschreibt. Recht ist danach im Kern amoralischer, quasi-technischer Werkstoff einer Gesellschaftsordnung. In der modernen Ausprägung überwindet die Trennungslehre das Spannungsverhältnis zur Moral durch eine Befugnis zur (offenen) Rechtsfortbildung.[19]

Grafik: Verhältnis von Recht und Moral

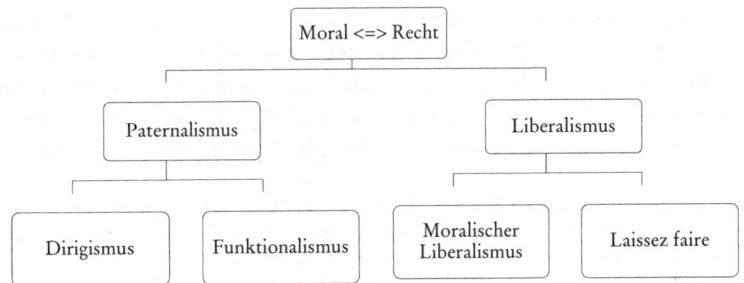

Zur Frage des Verhältnisses von Moral und Recht sind zwei Grundströmungen (Paternalismus und Liberalismus), mit jeweils einer extremen und einer gemäßigten Position, auszumachen.

---

[14] *U.H.Schneider,* ZIP 2010, 606, demonstriert den Unterschied anhand der Mantelteilung am Namenstag des St. Martin: Die Teilung des Mantels mag aus individualethischer Sicht hoch einzuschätzen, aber aus systemethischer Sicht zweifelhaft sein, weil nun möglicherweise zwei Frierende soziale Kosten hervorrufen. Jedoch ist das Gleichnis zu Ende zu denken: Wenn alle den symbolhaften Mantel teilen, wird sich alsbald eine Tür finden, die sich öffnet, um Bettler wie Ritter einzulassen.

[15] Vgl. *Radbruch,* Rechtsphilosophie, 3. Aufl. 1932, in: Gesamtausgabe, Bd.2, 1993; *Dworkin,* Taking Rights Seriously, 1977, 2. und 3. Kapitel; *ders.,* Law's Empire, 1986; *Alexy,* Theorie der Grundrechte, 1985; *ders.,* Begriff und Geltung des Rechts, 1992.

[16] *Alexy,* Begriff und Geltung des Rechts, 1992, S.201.

[17] *Lohmann,* Zwischen Naturrecht und Partikularismus (2002).

[18] *Kelsen,* Reine Rechtslehre, 2. Aufl. 1960; *HLA Hart,* The Concept of Law, 1961. Der Positivismus erklärt sich mit dem amoralischen Recht der Diktaturen des 20. Jahrhunderts. Seine gedanklichen Wurzeln gehen zurück auf *Benthams* Principles of Morals and Legislation, der allerdings die Fähigkeit von Moral und Religion, Schmerz und Vergnügen zu bereiten, durchaus anerkennt (vgl. unter III.2 und III.3) und diese zu Steuerungszwecken einsetzen möchte.

[19] Näher *Mahlmann,* Rechtsphilosophie, § 20 Rn. 10 ff.

Ausgangspunkt des Paternalismus ist die Funktion des Rechts, der Moral zur Durchsetzung zu verhelfen. Nach der extremen dirigistischen Position soll Recht eine vom Rechtssetzer für wünschenswert gehaltene Moral herbeiführen. Im Fokus steht die Moralveränderung. Der Dirigismus findet sich bei ideologiegetriebenen Diktaturen wie dem Faschismus, Stalinismus und Maoismus ebenso wie z.B. in manchen Ausprägungen der ökologischen Bewegung, in dem Versuch, eine neue Form der *political correctness* zu etablieren, und anderen Arten des sozialen (im Sinne von gesellschaftlichen) Paternalismus.[20]

Die gemäßigte funktionale Ausprägung des Paternalismus[21] möchte mit dem Recht die Moral schützen, weil ohne Moral kein Rechtsstaat auf Dauer funktioniert. Es geht um Konservierung des Bestandes durch gegenseitige Unterstützung, die das Vertrauen in das System und die öffentliche Ordnung fördern.

Nach der liberalen Grundposition soll das Recht keine Position zur Moral beziehen, diese also weder in ihrer Wirkung behindern noch durchsetzen. Vielmehr erhebt sich das Recht selbst zur Norm. Der moralische Liberalismus hält jeden Akteur für ein moralisches Wesen. Moral ist ungeschriebene Bedingung des Rechtsstaats. Diese Position teilen sich, was vielfach verkannt wird, der klassische Liberalismus des 18. und 19. Jahrhunderts mit seinen Repräsentanten *David Hume,*[22] *Adam Smith,*[23] *Jeremy Bentham,*[24] *John Stuart Mill,*[25] *Alexis de Toqueville*[26] mit liberalen Ökonomen des 20. Jahrhunderts wie *Ludwig Er-*

---

[20] Vgl. *Hayek*, Planning and The Rule of Law, in The Road to Serfdom, S. 115 (… "moral is not used in contrast to immoral but describes an institution which imposes on its members its views on all moral questions, … . In this sense the Nazi or any other collectivist state is "moral," while the liberal state is not."). Speziell für die ökologische und CSR-Bewegung *Lal*, Reviving the invisible Hand, S. 182 ff.; *Henderson*, Misguided Virtue, 2001, S. 82 ff. („global salvationism").

[21] Für die katholische Soziallehre insbesondere *Nell-Breuning*, Grundzüge der Börsenmoral, S. 129 ff., aus evangelischer Sicht *Herms*, Die Wirtschaft des Menschen, S. 8, 54 f., 178 ff.; *Jähnichen*, Wirtschaftsethik (2008); einschränkend auch *Hübner*, Grundsatzüberlegungen, S. 28 ff. Die Denkschrift der Evangelischen Kirche in Deutschland (EKD) „Unternehmerisches Handeln in evangelischer Perspektive" (2008) zielt auf einen Weg zwischen funktionalem Paternalismus und moralischem Liberalismus; sie wird von ihren (dirigistischen) Kritikern als „neoliberal" eingestuft, vgl. die Beiträge in *Duchrow/Segbers* (Hrsg.), Frieden mit dem Kapital?, insbesondere Das „Memorandum", S. 11 f. Aus der Philosophie/Ökonomie *Homann*, Ökonomik, S. 85, 98; aus der konservativen Rechtsphilosophie z.B. *Devlin*, Enforcement of Morals, S. 48.

[22] *Hume*, A Treatise on Human Nature, insbesondere Teil 2 und No. 2.3.3.4 ("reason is, and ought only to be, the slave of the passions").

[23] Vgl. *Smith*, Theory of Moral Sentiments, Pt. 1, S. III, Ch. III, S. 61 ("This disposition …"). Kritik bei *Mathis*, Effizienz statt Gerechtigkeit, S. 108 ff.

[24] *Bentham*, Principles of Morals and Legislation, Kapitel 1. Diskussion bei *Mathis*, Effizienz statt Gerechtigkeit, S. 125 ff.; *Posner*, (1979) 8 J. Leg. St. 103, 116 ff.

[25] Vgl. *Mill*, On Liberty, insbesondere im ersten Kapitel.

[26] Vgl. *Alexis de Toqueville*, Démocatrie en Amérique I (1835), Kapitel XVII, Überschrift zum 6. Unterabschnitt „Die Gesetze tragen mehr zum Erhalte der demokratischen Republik bei als die geographischen Umstände, und die moeurs noch mehr als die Gesetze." Dazu *Hereth*, PVS 46:3 (2005), 377.

hardt,[27] den Nobelpreisträgern *Friedrich Hayek*[28] und *Milton Friedman*[29] und Vertretern der liberalen Rechtsphilosophie wie *HLA Hart* und *Richard Posner.*[30] Der Staat soll insbesondere Übergriffe auf die Rechte anderer verhindern, im Übrigen Freiheit unter der Herrschaft des Rechts gewährleisten, aber sich nicht darauf beschränken. So sieht *Adam Smith* drei Aufgaben des Staates: Schutz vor Übergriffen fremder Staaten, Schutz vor Ungerechtigkeit durch andere Mitglieder der Gesellschaft und Bereitstellung öffentlicher Institutionen und Güter, wenn sich für Aufgaben keine privaten Anbieter finden, weil deren Bereitstellung durch einen Privaten diesem im Gegenzug nicht die Kosten für die Bereitstellung einbringt.[31] Der Unterschied zwischen moralischem Liberalismus und funktionalem Paternalismus reduziert sich auf die Begründung staatlicher Eingriffe (Moral-Basis vs. Ökonomie) und auf den Bezugspunkt respektive die Begründung der Moral: Wenn *Richard Posner* die Abwägung des Rechtsguts Leben gegen andere Rechtsgüter für zulässig hält,[32] liegt darin kein amoralisches, sondern ein unter den Primat der Reichtumsmaximierung gestelltes Wertsystem.[33]

Der um Moral beschränkten steht das Konzept einer in den Grenzen des Rechts schrankenlosen Handlungsfreiheit in Form des *Laissez faire*-Konzepts gegenüber.[34] Jedes nicht ausdrücklich gesetzlich verbotene Verhalten ist danach erlaubt. Beispiel: Ertragsgestaltung innerhalb der gesetzlichen Grenzen des Rechnungslegungsrechts.[35] Durch Marktprozesse und graduelle Gesetzesanpassungen – vermittelt durch die unsichtbare Hand des Marktes – soll es zu einer optimalen Wohlstandsproduktion und -verteilung kommen. Danach rufen

---

[27] *Erhardt/Müller-Armack*, Soziale Marktwirtschaft, S. 52 ff. (Lob der Wirtschaftslenkung als „gefühls- oder idelogiebeladene Vorurteile").

[28] *Hayek*, Die Verfassung der Freiheit, 1960, S. 83 f., sowie Why The Worst Get On Top, in The Road to Serfdom, S. 166 (mit Unterscheidung zwischen wünschenswerten *individual ethics* und totalitären *collectivist morals*).

[29] *Friedman*, Capitalism and Freedom, S. 23 ff., insbesondere S. 25 („In both games and society also, no set of rules can prevail unless most participants most of the time conform to them without external sanctions; unless that is, there is a broad underlying social consensus.") und S. 33 ("Freedom is a tenable objective only for responsible individuals.")

[30] Aus gesellschaftsliberaler Sicht *HLA Hart*, Law, Liberty and Morality, S. 32 f.; aus marktliberaler Sicht *Posner*, (1979) 8 J. Leg. St. 103, 121 ff. (Wealth Maximization als Maxime); vgl. die Diskussion bei *Matthis*, Effizienz statt Gerechtigkeit, S. 166 ff.

[31] Vgl. *Smith*, Wealth of Nations, 2. Bd., Buch IV, Kap. IX, S. 208 f. Zu letzterem zählen insbesondere Erziehung, Ausbildung, Versorgung von Kranken und Schwachen. Vgl. *Smith*, ebd., Buch V, Kap. I., Art. II, S. 282 ff., insbesondere 308.

[32] *Posner*, (1979) 8 J. Leg. St. 103, 131 ff.

[33] Vgl. insbesondere *Posner*, (1985) 2 Notre Dame J of Law, Ethics and Publ. Pol. 85, 90.

[34] Dafür (zumindest auf internationaler Ebene) *Lal*, Reviving the Invisible Hand (der gleichzeitig aber die Exzesse zu Beginn des 21. Jahrhunderts auf den Werteverfall im Westen zurückführt).

[35] Dagegen explicit *Erhard/Jensen* „Putting Integrity into Finance (2013), Sub. 6. ff.

moralische Schranken die Gefahr unnötiger Transaktionskosten hervor, welche die optimale Wohlstandsverteilung behindern.

Keine der vier Grundpositionen ist frei von Schwächen. Jede moralbezogene Position ist ein Wertediktat, dem die Frage vorangestellt ist, welche Werte durchgesetzt werden sollen. Dies ist verknüpft mit der Frage, wie Moral entsteht. Jede der drei anerkannten Erklärungen – durch Religion übergeordnetes, Natur- oder überpositives „Recht",[36] Tradition als Ausdruck eines effizienten Zusammenlebens[37] oder der freudianische Ansatz von der Moral als erziehungsinduziertes Ergebnis von Schuld und Schamgefühl[38] – ist vergangenheitsbezogen und wertkonservativ. Diese konservativen Werte können die Anpassungsfähigkeit der Gesellschaft in einer wettbewerbsgesteuerten Welt bedrohen.[39] Moralismus ist tendenziell wettbewerbsfeindlich. So mündet der christliche Gedanke der Gotteskindschaft hierzulande in einem religiös-kulturell motivierten Gleichheitspostulat.[40] Dagegen kann ein wahrhaft Liberaler nicht auf unbedingte Gleichheit aus sein, weil dies den Anreiz zur Eigeninitiative reduziert.[41]

Die Extrempositionen – Dirigismus und *Laissez faire* – rufen besondere Risiken hervor. Dirigismus – die moderne Form des Jakobinertums – entmündigt den Bürger und bedroht die Freiheit. Er gedeiht unter denjenigen, die der Frei-

---

[36] Diesen Ansatz teilen sich die Naturrechtler z.B. mit *Kants* universell-idealistischem Ansatz im kategorischen Imperativ in seinem Werk Grundlegung zur Metaphysik der Sitten. Letztlich dürfte auch *Karl Marx'* historischer Materialismus als Erlösungsphilosophie einzuordnen sein, die den Paradieszustand herbeisehnt und diesen mit bestimmten Werten assoziiert.

[37] Vgl. die Utilitaristen, insbesondere *Bentham*, Principles of Morals and Legislation (Kap. 1); *J.S. Mill*, Utilitarism, Kap. 2. Dazu *Little*, Ethics, Economics, and Politics, S. 39 ff.

[38] In diese Richtung wohl *Hume*, A Treatise of Human Nature, Book III, Pt. II., Sect. 1 (Justice, whether a natural or artificial virtue?, a.E.): "the sense of justice and injustice is not derived from nature, but arises artificially, though necessarily from education und human conventions"; "a sympathy with public interest is the source of moral approbation which attends that virtue." Parents "inculcate in their children from the earliest infancy, the principles of probity, and teach them to regard the observance of those rules by which society is maintained as worthy and honorable, and their violation as base and infamous." (Sect. 2 "Of the Origin of Justice and Property", a.E.). Man kann dies als vertragliches Moralmodell oder "morality by convention" bezeichnen, vgl. *Little*, Ethics, Economics and Politics, S. 82.

[39] Vgl. *Hayek*, Die Verfassung der Freiheit, S. 520, unter 3. ("... einer der Grundzüge der konservativen Einstellung [ist] eine Furcht vor Veränderungen, ein ängstliches Mißtrauen gegen das Neue als solches. ...").

[40] Vgl. *Traub*, Ethik und Kapitalismus, S. 64 ff.; *Herms*, Wirtschaft des Menschen, S. 352 (mit Ausprägung der Verteilungsgerechtigkeit).

[41] Vgl. *Hayek*, Die Verfassung der Freiheit, S. 523, unter 3. ("Der Liberale leugnet natürlich nicht, daß es höher stehende Menschen gibt – er ist kein Gleichheitsfanatiker –, aber er leugnet, daß irgend jemand die Befugnis hat zu entscheiden, wer diese höherstehenden Leute sind."); näher *Hayek*, State Planning and the Rule of Law (S. 117 f.) und Who, Whom? (S. 140 f.), jeweils in: The Road to Serfdom.

heit keinen eigenen Stellenwert beimessen.[42] In letzter Konsequenz mündet Dirigismus in Infantilisierung der Gesellschaft oder Revolution, sowie unflexiblen, und damit dynamischem Wandel und der Anpassung entgegenstehender Regeln. Die unter einem Regime des *Laissez faire* möglichen Exzesse bedrohen dagegen das Vertrauen in die Gesellschaftsordnung und den sozialen Frieden. Das Wirtschaftsrecht zielt deshalb auf einen gemäßigten Ansatz zwischen funktionalem Paternalismus und moralischem Liberalismus.

II. Wirtschaftsethik als Interdiszplin

Im Mittelpunkt der Wirtschaftsethik steht die Frage, wie ökonomisch Handelnde moralische Fragen analysieren, bearbeiten und entscheiden. Aus ökonomischer Sicht ist Moral – wie auch das Recht – Teil der institutionellen Infrastruktur und steht im Kontext der Kosten zur Interaktion zwischen Personen (Transaktionskosten). Moral und Recht beschränken gleichermaßen Handlungsspielräume, das Recht auf formelle, die Moral auf informelle Weise. Damit reduzieren sich einerseits die Transaktionskosten: Ohne Moral und Recht ist höherer Kontrollaufwand erforderlich. Moral ist unter Gleichgesinnten eine preisgünstige und damit effiziente Lösung, weil sie minimale Informations- und Durchsetzungskosten mit sich bringt. Andererseits erhöht Moral die Transaktionskosten, gerade weil bestimmte Verhaltensweisen inakzeptabel sind und deshalb vordefinierte Ziele nur[43] unter Beachtung bestimmter Vorgaben, ggf. auf Umwegen, erreicht werden können.

Erste Ansätze zu einer ethischen Restriktion sind so alt wie die Märkte selbst. Ob in babylonischer Zeit mit Hammurabis Zinsgesetzen, der klassischen Antike bei *Platon*, *Aristoteles* oder der Stoa, im Mittelalter bei *Augustinus*, den Thomisten oder auf der Grundlage des Neuen Testaments bei *Martin Luther und Calvin*: Das Spannungsverhältnis zwischen kurzfristigem Eigennutz und Schädigung anderer ist Gegenstand intensiver Auseinandersetzung. Diese wird seit *Max Weber* unter der Bezeichnung Wirtschaftsethik als eigene Wissenschaftsdisziplin geführt, die sich mit „den psychologischen und pragmatischen Zusammenhängen der Religionen gegründeten praktischen Antriebe zum Handeln" befasst.[44] Speziell mit Blick auf den Finanzmarkt zu nennen sind die Grundla-

---

[42] Zum Spannungsverhältnis zwischen Individualismus und Kollektivismus *Wapler*, Werte und das Recht, 2007; *Little*, Ethics, Economics, and Politics, Kapitel 8.

[43] Dazu *Phelps*, Introduction, in Phelps, Altruism, Morality, and Economic Theory, S. 5; *McKean* in Phelps, Altruism, Morality, and Economic Theory, S. 31; s. zudem die ganzheitlich ausgelegte Integritätslehre von *Erhard/Jensen*, Putting Integrity into Finance: A Purely Positive Approach (2013).

[44] *M. Weber*, Die Wirtschaftsethik der Weltreligionen, in: Jaffésches Archiv für Sozialwissenschaft und Sozialpolitik, 1915–1919, abgedruckt in *Weber*, Religion und Gesellschaft, S. 291 ff. Bereits 1904 hatte Max Weber an gleicher Stelle „Die Protestantische Ethik und der Geist des Kapitalismus" veröffentlicht.

genwerke von *Gottfried Traub*[45] und *Nell-Breuning*.[46] Seither hat sich die Disziplin unter Beteiligung der Philosophie,[47] Theologie,[48] Ökonomie,[49] Soziologie[50] und Politik[51] dynamisch entwickelt.[52]

Dabei stehen sich die konfrontative und die synthetisierende Wirtschaftsethik gegenüber. Nach der konfrontativen Position[53] ist Ökonomie lebensfeindlich, als Korrektiv postuliert man grundsätzliche Veränderungen im Wirtschaftsleben. So fordert die päpstliche Enzyklika Caritas et Veritate (2009) statt einer äußerlichen ethischen Etikettierung einzelner Wirtschaftsbereiche eine innere Ethik der gesamten Wirtschaft und des Finanzwesens.[54] Nach der synthetisierenden Gegenposition[55] vermag die konfrontative Wirtschaftsethik nicht zu erklären, wie es unter den Bedingungen des Wettbewerbs zur Implementierung ethischer Werte kommen soll: Wer soll als erster verzichten, wo verläuft die Grenze der Gemeinwohlbindung? So führt *Homann*[56] die Indivi-

---

[45] *Traub*, Ethik und Kapitalismus, 1904, 2. Aufl. 1909.

[46] *Nell-Breuning*, Grundzüge der Börsenmoral, 1928.

[47] Vgl. die Beiträge in Homann/Koslowski/Lütge, Wirtschaftsethik der Globalisierung; *Koslowski*, Prinzipien der Ethischen Ökonomie (1988); *ders.*, Ethik der Banken (1997); *ders.*, Folgerungen (2009); die Beiträge in Scherer/Hüther/Maßmann, Ethik für den Kapitalmarkt? (2003); *Sen*, On Ethics and Economics (1989); Übersicht zur älteren US-Diskussion bei *Stone*, Where the Law Ends (1975).

[48] *Herms*, Die Wirtschaft des Menschen (2004); *Jähnichen*, Wirtschaftsethik (2008); die Denkschrift „Gerechte Teilhabe" und die Unternehmerdenkschrift der EKG (2008) mit den kritischen Beiträgen in *Duchrow/Segbers*, Frieden mit dem Kapital? (2008).

[49] *Hohmann/Blome-Drees*, Wirtschafts- und Unternehmensethik (1992); *Hübner*, Grundsatzüberlegungen (2009); *Noll*, Wirtschafts- und Unternehmensethik in der Marktwirtschaft (2002); *Molitor*, Wirtschaftsethik (1989); *Suchanek*, Ökonomische Ethik, 2. Aufl. 2007; kritisch *Lal*, Reviving the Invisible Hand, S. 150 ff.

[50] Neben Max Weber insbesondere *Müller-Armack,* Genealogie der Wirtschaftsstile (1941); *ders.*, Genealogie der Sozialen Marktwirtschaft, 2. Aufl. 1981.

[51] Die Kathedersozialisten des 19. Jahrhunderts plädieren für ein Verständnis des Unternehmens als öffentlicher, damit verantwortungsgebundener Organisation. Vgl. *Schmoller*, S. 372, 394.

[52] Dies belegen u.a. die wirtschaftsethisch ausgerichteten Vereinigungen, z.B. European Business Ethics Network (EBEN); Deutsches Netzwerk Wirtschaftsethik (dne); Transparency Internatiojnal (TI); International Society of Business, Economics and Ethics (ISBEE); Arbeitsgruppe Wirtschaftsethik in der Deutschen Philosophischen Gesellschaft.

[53] Aus dem Umfeld der evangelischen Soziallehre *Traub*, Ethik und Kapitalismus (1904/1909); *Wünsch*, Evangelische Wirtschaftsethik (1927) für eine planwirtschaftliche Bedarfsdeckungswirtschaft; *Duchrow*, Alternative zur kapitalistischen Weltwirtschaft (1994), der die internationalen Finanz- und Gütermärkte als lebensfeindlich ansieht und für vernetzte Mikro-Wirtschaftseinheiten plädiert; ebenso in *Duchrow/Segbers*, Frieden mit dem Kapital?, S. 164 ff.; *Hengsbach*, Christliche Gesellschaftsethik (2001); *ders.*, Soziale Marktwirtschaft im Sog des Finanzmarktkapitalismus? (2008).

[54] Caritas et Veritate (2009), unter Nr. 45.

[55] Vgl. neben den im Folgenden genannten *Meckenstock*, Wirtschaftsethik (1997); *Jähnichen*, Wirtschaftsethik, S. 108 f. (Beeinflussung durch Dialog von Ethik und Ökonomik).

[56] *Homann*, Ökonomik, S. 85, 101 ff.; *ders.*, ZfB-Sonderheft 1/2007, S. 15, 16 f.; ebenso *Hübner*, Grundsatzüberlegungen, S. 16. Krit. zu Homanns instrumentellen Ethikverständnis *Herms*, (2002) 3/2 zfwu 137; *ders.*, Wirtschaft des Menschen, S. 198 ff.

dualethik auf ein Gefangenendilemma zurück: Niemand kenne die Kooperationsbereitschaft der übrigen Sozialakteure; deshalb müssten Anreize so gesetzt werden, dass ein Verhalten unter Wettbewerbsbedingungen, also im wohlverstandenen Eigeninteresse, zu den gewünschten Ergebnissen führe. Es gelte: Ethik ohne Ökonomie ist leer, Ökonomie ohne Ethik blind.

Keine der Disziplinen kann ohne die andere existieren: Ethik als bedeutungsloser, appellativer Moralismus ist nutzlos, während einem unmoralischen Wirtschaftsakteur langfristig Kunden, Mitarbeiter, Lieferanten, Kapitalgeber und Politik die Loyalität entziehen. Hier interessieren weniger Utopien; die synthetisierenden Modelle vermitteln Aussagen, die für eine rechtliche Analyse nützlich sind.

III. Compliance als juristische Dimension der Wirtschaftsethik

Jenseits der Rechtsphilosophie erreicht die Ethik-Diskussion das Unternehmensrecht zunächst unter dem Stichwort der unternehmerischen Verantwortung bzw. Gemeinwohlbindung,[57] seit Anfang der 1990er Jahre mit Blick auf den Kapitalmarkt als Teil der Compliance-Pflichten von Finanzintermediären.[58] Aus organisationsrechtlicher Sicht ist seit der Jahrtausendwende eine Ergänzung um nicht-juristische Aspekte zu bemerken.[59] Auch wenn die hiesige Rechtsordnung auf konkrete Vorgaben verzichtet, erntet wenig Zustimmung, wer der Unternehmensleitung ein Recht auf unanständiges, wenngleich nicht verbotenes Verhalten zubilligt. Soweit Konsens über die Missbilligung herrscht, weiß sich das Recht über Generalklauseln zu helfen. Jenseits davon ist die Beachtung der Regeln von Anstand und Moral eine vernünftige Art, den eigenen

---

[57] Vgl. für die Großunternehmung als öffentliche Institution schon *Rathenau*, Vom Aktienwesen, S. 38 f.; mit Fokus auf Wettbewerbsfragen *Ballerstedt*, FS Franz Böhm, S. 179, 180 und Fn. 4; *Meyer-Cording*, JZ 1964, 273 f., 310 f.; *Ott*, Recht und Realität der Unternehmenskooperation, S. 121, 127 (gegen die „Verschleierung unkontrollierter Macht im Gesellschaftsrecht"); *Wiedemann*, ZGR 1980, 147, 161 f. Damit korrespondiert in den USA die Diskussion um *corporate social responsibility*, vgl. nur *Manne/Wallich*, Corporate Social Responsibility, mit dem pessimistischen Beitrag von *Manne* (S. 1) im Kontrast zum optimistischen Beitrag von *Wallich* (S. 34); *Boatright*, Ethics in Finance, S. 193 ff.; kritisch *Lal*, Reviving the Invisible Hand, S. 196 ff., 205 ff.; *Henderson*, Misguided Virtue, S. 58 ff.; befürwortend auf der Grundlage christlicher Sozialethik *Herms*, Wirtschaft des Menschen, S. 253 ff.

[58] Vgl. nur § 25a KWG, §§ 33 ff. WpHG, §§ 26 bis 30 KAGB. Dazu *Spindler*, Unternehmensorganisationspflichten, 2001; speziell für das WpHG *Spindler/Kasten*, AG 2006, 785; *Veil*, WM 2008, 1093; *Spindler*, WM 2008, 905. Vgl. die Übersicht bei *Sethe*, ZBB 2007, 421. Zur Compliance-Organisation von AIFM *Zetzsche/Zetzsche*, S. 189 f.

[59] So verpflichtet der Swiss Code of Ethics zu Integrität, Respekt, Gerechtigkeit, Nachhaltigkeit, Transparenz und Corporate Citizenship. In den USA müssen gemäss § 406 des Sarbanes Oxley-Act Emittenten einen *Ethics Administrator* und einen *Code of Ethics* aufstellen. Kritische Bewertung der Effektivität solcher Verpflichtungen von *Seibert*, FS K. Schmidt, S. 1461.

Unternehmenswert zu erhalten und zu steigern.[60] Nur dieser Aspekt ist zu vertiefen.

B. Ethik als Gestaltungsprinzip des Rechts

Ethik hat in Bezug auf das Recht eine substituierende, treibende und limitierende Funktion.

I. Substitut

Die Ethik als Substitut des Rechts setzt Grenzen anstelle des Rechts. Diese Grenzfunktion ist Grund eines Rufes nach ethischer Bindung, wo die rechtliche Bindung mit einem liberalen Gesellschaftsbild unvereinbar oder wegen grenzüberschreitender Bezüge oder mangels staatlicher Durchsetzungsfähigkeit unzureichend ist.[61] Mittels (semi-)freiwilliger Kodizes und Selbstverpflichtungen können Marktakteure ein engeres Rechtsgeflecht zu vermeiden suchen. Diese Funktion kritisiert *Gerke*[62] „als Almosen" der Privilegierten „für diejenigen", denen „sie ihre Privilegien vorenthielten." Ethik sei „Ersatzdroge für die an Bindungskraft einbüßende Religion." Daraus wird die Forderung abgeleitet: „Ethik muss wehtun!" Gemeint ist Ethik als Verzicht oder uneigennützige Moral, im Gegensatz zur Förderung langfristiger Vertragsbeziehungen und Gewinnmaximierung. Ein solches Ethik-Verständnis denunziert die funktionale Position als „Trick" und „Marketing-Instrument" zur langfristigen Kunden- oder Mitarbeiterbindung. Ob ethisch gebotenes Handeln durch Gesinnung oder Profit gestützt ist, ändert am Ergebnis freilich nichts. Aus Sicht des Gesamtsystems dürfte dort die größte Regeltreue gegeben sein, wo Profit und Ethik Hand in Hand gehen;[63] Sanktionen sind dann weitestgehend verzichtbar. Aus juristischer, sprich auf Ordnung bedachter Sicht ist – im Gegensatz zur kantianischen Moralphilosophie[64] – das Motiv der Normbefolgung irrelevant. Insofern stehen Recht und Ökonomie gleich.[65]

---

[60] Für die Ethik-Compliance als Vorstandsaufgabe *U.H.Schneider*, ZIP 2010, 608, unter VIII.5. (ohne Rückführung auf die Steigerung des Unternehmenswertes).

[61] Dazu *Phelps*, Introduction, in Phelps, Altruism, Morality, and Economic Theory, S.6: Ethik als „self-enforcement" von „desirable resource allocations that could not be enforced by pecuniary incentives and legal sanctions of the government."

[62] *Gerke*, Zfwu 6 (2005), 22.

[63] Nach *McKean* in Phelps, Altruism, Morality, and Economic Theory, S.29, 32, hängt der Erfolg ethischer Kodizes von deren Verstärkung durch aufgeklärtes Selbstinteresse („enlightened self-interest") ab.

[64] Moral ist nach *Immanuel Kant* nicht nur die Kunst, das Richtige zu tun („pflichtgemäß zu handeln"), sondern auch, dieses aus den richtigen Motiven („aus Pflicht") zu tun, vgl. *Kant*, Grundlegung zur Metaphysik der Sitten, oben Fn. 6.

[65] Vgl. *Adam Smith*, The Wealth of Nations, Book I, Ch. II, S.18: "It is not from the benevolence of the butcher, the brewer, or the baker, that we expect our dinner, but from their regard to their own interest."

Zu kurz greift die Assoziation der Ethik mit Freiwilligkeit und Sanktionslosigkeit. An die Stelle der rechtlichen Pönale tritt die gesellschaftliche Ächtung. Ethische Normen verlieren nicht deswegen an praktischer Bedeutung, weil sie gerichtlich nicht durchgesetzt werden. Sie werden ersetzt durch gesellschaftliche Sanktionsmechanismen, von negativen Stellungnahmen bis zu Boykottaufrufen.[66] Mögen sich die Akteure heutzutage im Regelfall dadurch nicht mehr in den Selbstmord treiben lassen, so vermag Ethik, vermittelt durch Dissoziation und Boykottaufrufe, nach wie vor zu disziplinieren. Reputation, Kundenbindung und Absatz korrelieren. Die Reputation ist ein wichtiges, wenn nicht sogar das wichtigste Kapital einer Wirtschaftsorganisation. Bei einmal eingetretener Ächtung ist freilich keine Steigerung mehr möglich (ebenso wie Schadensersatz eine insolvente Person wenig zu schrecken weiß). Die Ächtung ist ein grob geschliffenes Schwert, eine Feinsteuerung schwer möglich.

In einer komplexen Welt ist das Recht als primär reaktives Steuerungsinstrument überfordert.[67] Eine ausschließlich rechtliche Ordnung muss unendlich detailliert und wird dennoch defizitär sein. In ethisch homogenen Strukturen kann Ethik die Kosten der Regulierung mindern. Gesellschaftliche Ächtung substituiert die rechtliche Sanktion. So mag es gelingen, einen leitenden Angestellten an das rechtliche Messer zu liefern, um die Organisation reinzuwaschen. Ethik setzt solchen Operationen Wirksamkeitsgrenzen. Zudem beugt eine fortentwickelte Ethik der Erosion nichtrechtlicher Institutionen vor. Sie verhindert das Eindringen des Staates in immer größere Lebensbereiche und erhält damit die Freiheit.[68] Schließlich mag man Moral / Ethik für ein preiswerteres Steuerungsinstrument als das Recht halten. Perfekte Detailregelungen sind in einer freiheitlichen Gesellschaft unendlich teuer, weil sämtliche Verhaltensvarianten und Reaktionsmöglichkeiten antizipiert und geregelt werden müssen.[69] Demgegenüber scheint eine ethikgetragene Regulierung vorteilhaft: Durch Generalklauseln (Standards) kann die Zielrichtung vorgegeben werden, die Ethik bindet die Akteure in den Details. Probleme ruft diese Form der Regulierung unter Akteuren mit divergenter Ethik hervor. Darauf wird im Folgenden noch einzugehen sein.

---

[66] *Frankel*, (2008) Finance & The Common Good 31/32, 87; *Homann* in Giersch, Money makes the world go round?, S., 13, 14 f.; *Seibert*, FS K. Schmidt, S. 1455, 1457 f.

[67] *Zöllner*, AG 2009, 259, 260: „Die sich ausbreitende Zügellosigkeit und Maßlosigkeit signalisieren, dass Religion und Moral ihre steuernde Kraft endgültig verloren [haben], mit der Folge, dass die Aufrechterhaltung guter Ordnung dem Recht seither allein aufgebürdet ist, das unter dieser Last allzu schwer zu tragen hat." I.E. ebenso *Awrey/Blair/Kershaw*, (2013) 38:1 Del. J. Corp. L. 198 f.

[68] *Hübner*, Grundsatzüberlegungen, S. 22.

[69] Vgl. zur Diskussion um Rules or Principles *Kaplow*, (1992) 42 Duke L.J. 557; pointiert *U.H. Schneider*, GS Gruson, S. 369, 373 („normative Anorexie" oder „adipöse Gesetzgebung").

II. Triebkraft

Auch das Finanzmarktrecht lässt sich auf ethische Erwägungen zurückführen. So rechtfertigt sich aus paternalistischer Sicht Finanzmarktrecht mit dem Schutz der Schwachen und Unkundigen vor den Raffinierten. Doch gelingt ebenso eine Rückführung auf die liberalistische Grundposition: Mit dem Finanzmarktrecht einhergehender Paternalismus ist zur Sicherung der Entscheidungsfreiheit des Einzelnen hinzunehmen. Die Regelungen sind dann Ausdruck der Erkenntnis, dass in einer komplexen Welt die geäußerte Präferenz häufig nicht der wirklichen Präferenz entspricht, weil die Faktoren der Präferenz den Erklärenden unbekannt, unverständlich oder mangels intellektueller Kompetenz von diesen nicht reflektiert worden oder auf andere, rechtlich schwer greifbare externe Faktoren wie Emotionen oder Druck zurückzuführen sind.[70] Ein so verstandenes Recht sichert die Entscheidungsfreiheit.

Ethisches Verhalten stabilisiert unsere Gesellschafts- und Wirtschaftsordnung, während unethisches Verhalten das Vertrauen in den Kapitalmarkt und seine Institutionen erschüttert.[71] Sofern man mit zahlreichen Autoren einen Werteverfall konstatiert[72] – dies tut freilich jede Generation in Bezug auf die nachfolgende Generation –, folgt daraus neben Erziehung und Ausbildung eine dichtere Regulierung. Durch Skandale hervorgerufene Empörung über vermeintlich unethisches Verhalten stimuliert die Legislative.[73] Wertbezogene, wenngleich nicht unbedingt ethische Gesetzgebung setzt Recht. Als Beispiel mag die Leverage-Begrenzung in §§ 283, 274 i.V.m. 215 KAGB und die Begrenzung von Anlagen in Hedgefonds durch Privatanleger dienen; für Privatanleger ist eine Hedgefonds-Anlage nur über Dachhedgefonds gem. §§ 225 ff KAGB zulässig.

Andererseits sorgt eine nur partikulare Ethik für die Schaffung rechtlicher Institutionen, mit denen auf formal erlaubtem Weg Ziele erreicht werden, die nach der Maxime, nicht aber dem Wortlaut des Gesetzes als ethisch missbilligt gelten können. So entstand das Rechtsinstitut des Trusts als Vollrechtsübertragung mit vertragsähnlicher Innenbindung des Trustees gegenüber dem Berechtigten u.a. mit dem Ziel der Umgehung des Rückfalls der Lehnsrechte an den Lehnsherrn, der Vermeidung von Besteuerung und alternativen Finanzgeschäften zu Zeiten des mittelalterlichen Zinsverbots, was in dem berühmten Ausspruch mündet, „fear and fraud" seien die Wurzeln des Trusts.[74] Die Anerkennung des Trusts durch den Lord-Chancellor Ende des 14. oder Anfang des 15.

---

[70] Vgl. ausgehend vom moralischen Liberalismus eines *John Stuart Mill* z.B. *HLA Hart*, Law, Liberty and Morality, S. 32 f. (ohne spezifischen Bezug zum Finanzmarktrecht).

[71] *U.H. Schneider*, ZIP 2010, 606 f.

[72] *Zöllner*, AG 2009, 259, 260.

[73] Dies erklärt sog. Crash-then-Law-Zyklen, vgl. *Partnoy*, (2000) 61 U. Pitt. L. Rev. 741.

[74] Vgl. *Moffat*, Trusts Law, S. 33 ff., 36 unter Verweis auf die Rechtsprechung des 16. Jahrhunderts.

Jahrhunderts[75] war auch ein Sieg der rechtlichen über die ethische Intuition. Dies verdient besondere Beachtung, weil dem Lord-Chancellor lediglich die Wahrung der allgemeinen Gerechtigkeit nach Art eines Gnadenrechts und zur gleichen Zeit den ordentlichen Gerichten (common law courts) die Wahrung der Gesetze oblag. Eine solche Entwicklung ist nur möglich, wenn ein rechtliches Gebot im Kreis der Rechtsunterworfenen nicht hinreichend verankert ist. Ebenso formalistisch ist heutzutage in vielerlei Hinsicht die Auslegung des islamischen Zinsverbots.[76]

III. Grenze

Ethik begrenzt die Wirkung des Rechts, indem ethische Metanormen das Recht im Ausnahmefall außer Kraft setzen. So vermag der formelle Rechtssetzungsakt ausnahmsweise einer Grundprinzipien der Gerechtigkeit widerstreitenden Vorschrift nicht zur Wirksamkeit zu verhelfen, man spricht von gesetzlichem Unrecht.[77] Häufiger setzt Ethik der Effizienz des Rechts Grenzen. Trotz Expansion des Rechts durch jakobinische Steuerungsbestrebungen[78] ist Recht notwendig lückenhaft, zumal sich der Kreis der Rechtsunterworfenen in Zeiten der Globalisierung und Internationalisierung laufend wandelt. Der ethische Insider mag sich immanenten Schranken ausgesetzt sehen, der ethische Outsider – gleich ob kraft Migration oder mangels ethischer Bildung – empfindet vergleichbare Zwänge nicht. Dies führt in Outsider- und Migrationsgesellschaften wie den USA notwendig zu einer dichten Regulierung, um die Werte in einem Umfeld ethischer Divergenz sicherzustellen.[79] Das gleiche Problem stellt sich in globalen Kapitalmärkten: Grenzüberschreitend handelnde Anlageorganisationen sind ethische Outsider. Je stärker die ethischen Differenzen zwischen Herkunfts- und Aufnahmestaat, desto größer ist das Risiko eines ethischen Konflikts, wenn im Aufnahmestaat ethische die rechtlichen Grenzen substituieren. Die kritische Aufnahme von Private Equity-Investoren[80] ist Beispiel dafür.

---

[75] *Maitland*, Grünhuts Zeitschrift 32 (1904), 1, 13 f.

[76] Vgl. dazu *Buckley*, S. 187 ff.; *Casper*, FS U.H. Schneider, S. 229.

[77] *Radbruch*, SJZ 1946, 105, 107; aufgegriffen vom BGH im Mauerschützenurteil BGHSt 39, 1 Rn. 39 f.

[78] Vgl. *Bonneau*, Revue Bancaire 2013, 1, der die Regelungsdichte in der EU und FR beklagt und mit einem Krebsgeschwür („cancer") vergleicht.

[79] Nach *McKean* in Phelps, Altruism, Morality, and Economic Theory, S. 32, 35, ist die Effektivität ethischer Steuerung stark von der Stabilität des Umfeldes abhängig. S. a. *Bolnick* in Phelps, Altruism, Morality, and Economic Theory, S. 202 (mit Bezug auf das Verhalten in einer Gruppe).

[80] Näher sogleich Zweiter Teil, 2. Kapitel, § 12.C.III.

C. Finanzmarkt als ethisches Nullsummenspiel?

Häufig gehen ethische Bewertungen von der Grundposition aus, auf Finanzmärkten werde einem faustischen Pakt gleich der Wohlstandsgewinn auf Kosten der eigenen Seele erworben.[81] *Hübner* sieht im Finanzmarkt ein nicht mehr steuerbares System der Getriebenen.[82] Paradigmatisch steht das zynische Bonmots, wonach das Buch „The Complete Book of Wall Street Ethics" nur leere, unbeschriebene Seiten enthalte.[83] Diese teils humoristischen, teils undifferenzierten Betrachtungen vermengen nicht selten die verschiedenen Dimensionen der Kollektivanlage – Anlage-, Außen- und Verwalterdimension. Diesen Knoten gilt es zu durchtrennen.

Doch könnte ein potentielles Unwerturteil über Investmentfonds sich gegen den Markt an sich richten und damit Ausdruck einer politischen statt ethischen Betrachtung sein. Deshalb ist zunächst ein ethischer Blick auf die Institution des Finanzmarkts erforderlich.[84]

I. Individualethik?

Am Finanzmarkt ist die einzelne Transaktion von normativem Egoismus getragen. Aus individualethischer Perspektive könnte man den Finanzmarkt für ein Nullsummen- oder sogar Negativspiel halten, weil der Gewinn des Einen notwendig der Schaden des Anderen ist (und die Intermediäre immer gewinnen). Das Nullsummenparadigma der Aristotelischen und thomistischen Ethik – einzelne (Reiche) können nur auf Kosten anderer (der Armen) reicher werden – hat die moderne Ökonomie widerlegt. Über Austauschprozesse der Kapitalmärkte in Form von guten, innovativen Gütern zu einem angemessenen Preis

---

[81] Z.B. die Beiträge in *Duchrow/Segbers*, Frieden mit dem Kapital?, und in *Wildow*, Finanzmarkt-Kapitalismus; mit differenzierter Ausgangsposition, im Ergebnis dann aber sehr pauschal zur Verantwortung institutioneller Investoren *Hübner*, Grundsatzüberlegungen, insbesondere S. 97 ff. Die Versuchung wird auch von *Stephen Green*, CEO von HSBC, konstatiert, vgl. *Green*, Serving God? Serving Mammon?, (1996) [zitiert nach Internetquelle]: „Christians can serve God in the world of finance and commerce, but it is also possible to fall into the trap of serving Mammon there." S. zudem *Frankel*, Trust and Honesty, S. 181 f., die aber Anzeichen für eine Kehrtwende zurück zu ethischem Handeln sieht.

[82] *Hübner*, Grundsatzüberlegungen, S. 96.

[83] Wiedergegeben von *Boatright*, Ethics in Finance, S. 4.

[84] Grundlegend: *Traub*, Ethik und Kapitalismus (1904/1909); *Nell-Breuning*, Grundzüge der Börsenmoral (1928); *Boatright*, Ethics in Finance (1999/2008); *Frankel*, Trust and Honesty (2006); *Gerke*, zfwu 6/1 (2005), 22; *ders.*, Erlanger Universitätsreden Nr. 68/2006; *Hübner*, Grundsatzüberlegungen (2009); die Beiträge in *Scherer/Hütter/Maßmann*, Ethik für den Kapitalmarkt? (2003); *Koslowski*, Prinzipien der ethischen Ökonomie (1988); *ders.*, Ethik der Banken und der Börse (1997); *ders.*, Folgerungen (2009); *U.H.Schneider*, ZIP 2010, 601.

Reserviert *Markowitz*, Markets and Morality, (1992) 18:2 J. Pf. Man't 84, 85 („The invisible hand can be clumsy" … [but] „Markets can be smarter than bureaucrats"), sowie mit dem Argument, dass trotz aller Exzesse letztlich auf Finanzmärkten nicht bessere oder schlechtere Akteure als anderswo tätig sind (S. 93).

profitieren alle von dem Nutzen und Vorteilsstreben des Einzelnen. Zu Transaktionen kommt es nur, wenn beide Seiten nach Abzug der Transaktionskosten von der Nützlichkeit des Geschäfts ausgehen. Moderne Märkte spielen durchweg Nichtnullsummenspiele.[85] Ein Teil der ethischen Disqualifikation der Märkte beruht auf dem Festhalten an der vormodernen Position durch Bestreiten des ökonomischen Paradoxons, dass aufgrund besserer Ressourcennutzung gleichzeitig mehrere von derselben Transaktion profitieren können. Hinter solcher Kritik steht im Kern eine marktfeindliche, planwirtschaftliche und damit politische, nicht aber per se eine ethische Position.

Die überwiegende Sozialethik erkennt dagegen die grundsätzlich positive Wirkung des Marktes an. Dies belegt die moderne Position der traditionell marktkritischen katholischen Kirche. Nach *Ratzinger*, dem späteren Papst Benedikt XVI., ist „[e]ine Moral, die … die Sachkenntnis der Wirtschaftsgesetze zu überspringen zu können meint, … nicht Moral, sondern Moralismus, also das Gegenteil von Moral."[86] Es stellt sich nur die Frage, ob jede einzelne Transaktion sozial nützlich sein muss.[87] Bejaht man dies, würde es zu Derivaten, Mehrfachverbriefungen und Leerverkäufen kaum mehr kommen können. Angesichts der Funktion der Finanzmärkte als Instrument zur Unternehmens- und Altersfinanzierung geht die Forderung nach der Sozialnützlichkeit jeder einzelnen Transaktion zu weit. Der Markt mag ethisch anrüchig sein, er ist dennoch die beste bekannte und insbesondere einer staatlichen Steuerung trotz aller Defizite überlegene Form der Zuleitung knapper Mittel an die Stelle ihres größtmöglichen Nutzens. Die Forderung nach Sozialnützlichkeit der einzelnen Transaktion übersieht, dass eine Grenze aus Sicht des Handelnden praktisch nicht zu ziehen ist, weil jede Transaktion die Marktliquidität unterstützt. Schließlich übersieht die Sozialmaxime die individualethische Balance auf informationseffizienten Märkten. Mit Ausnahme des – ethisch und rechtlich missbilligten – Insiderhandels besteht ein Gleichgewicht von Anreiz (Gewinn) und Strafe (Verlust), weil und solange kein Akteur die zukünftige Entwicklung kennt.

Ein weiteres Argument gegen die ethische Neutralität des Finanzmarkts ist empirisch widerlegt. Experimente der sog. Neuroökonomik resultieren in der

---

[85] *Homann* in Giersch, Money makes the world go around?, S. 18.
[86] *Ratzinger*, Marktwirtschaft und Ethik, in Roos, Stimmen der Kirche zur Wirtschaft, S. 50, 58.
[87] Dafür die h.M. unter Ethikern, z.B. *Koslowski*, Folgerungen, S. 62 ff., 250 ff.; *Hübner*, Grundsatzüberlegungen, S. 125 ff.; *Nell-Breuning*, Grundzüge einer Börsenmoral, S. 176 ff. (für Terminhandel); *Jähnichen*, Wirtschaftsethik, S. 193 f. Gegen Sozialnützlichkeit jeder Transaktion mit Blick auf den Markt als Institution *U.H. Schneider*, ZIP 2010, 601, 602. Die Europäische Kommission beschränkt sich in ihrer Strategie zu seltenen Rohmaterialien auf Maßnahmen zur Transparenz- und Effizienzsteigerung der Finanzmärkte mit Auswirkungen auf die Rohstoffmärkte, vgl. *Europäische Kommission*, Tackling the Challenges in Commodity Markets and on Raw Materials, COM(2011) 25 Final, No. 3 ff.

Erkenntnis, dass Marktakteure bei ihren Entscheidungen nicht nur von Nut-
zenkalkül, sondern auch von Werten und Kultur beeinflusst sind.[88] Danach fördern Märkte nicht Egoismus, sondern Kooperationsbereitschaft. In marktwirt-
schaftlichen Gesellschaften steigt das Gefühl für Fairness. Zugleich wird ein
Wirkungszusammenhang zwischen Fairness und Markteffizienz konstatiert:
Unter fairen Bedingungen erreichen Märkte die für das Gesamtwohl besten Ergebnisse.[89] Kann man darauf vertrauen, dass die Gegenseite angemessen koope-
riert und nicht um jeden Preis den größtmöglichen Vorteil sucht, sinken die
Transaktionskosten der einzelnen Transaktion und damit die Schwelle, ab der
sich eine Transaktion lohnt. Schon kleine Wertunterschiede gleichen sich über
die Institution „Markt" aus. Der Güteraustausch nähert sich optimalen, i.e.
Transaktionskosten-freien Bedingungen.

II. Systemethik?

Es bleibt der systemethische Streit, ob eine ethische Bindung der Marktakteure
wünschenswert oder geboten ist. Unter missverständlicher Anknüpfung an den
klassischen Liberalismus,[90] *Ludwig Erhardts* und *Alfred Müller-Armacks* Feststellung, wonach Wirtschaft an sich frei von moralischem Gehalt sei[91] – *pecunia
non olet* –, und einen (wohl missverstandenen) Nobelpreisträger *Milton Friedman*[92] dominiert bis zur Finanzmarktkrise der Jahre 2006 ff.[93] in der Ökonomie
die *Laissez Faire*-Position. In der Formel von *Mathis* herrscht „Effizienz statt
Gerechtigkeit".[94] Logischer Ausgangspunkt ist ein vermuteter Zielkonflikt
zwischen wirtschaftlicher Effizienz und *justitia distributiva*.[95] Nur eines der
Güter Effizienz und Verteilungsgerechtigkeit sei maximierbar, das andere dann

---

[88] Vgl. insbesondere die Experimente des Neuroökonomen Ernst Fehr, vgl. *Fehr/Klein/Schmidt*, (2007) 75:1 Econometrica 121; *Fehr/Gintis*, (2009) 33 Annu. Rev. Sociol. 43.
[89] Vgl. dazu *Hübner*, Grundsatzüberlegungen, S. 32 ff. m.w.N.
[90] Siehe dazu bereits oben („Ethik und Moral als kontextuale Größe").
[91] *Erhardt/Müller-Armack*, Soziale Marktwirtschaft, S. 53 f.
[92] Vgl. *Milton Friedmann*, The Social Responsibility of Business is to Increase its Profits, New York Times, 12. September 1962, sect. 6, p. 126, abgedruckt bei *Stone*, Where the Law Ends, 1975, S. 75 ff. Danach soll sich die Sozialpflichtigkeit des Unternehmens darauf be-schränken, so viel Geld wie möglich zu verdienen. Bedeutsam sind freilich die beiden Quali-fikationen des Gebots: „to make as much money as possible while conforming to the basic rules of society, both those embodied in the law *and those embodied in the ethical customs.*" (Hervorhebung durch Vf.)
[93] Dazu *Admati/Hellwig*, The Bankers' New Clothes, insbesondere S. 15 ff.; *Hellwig*, Gutachten E zum 68. DJT (2010); *Fox*, The Myth of the Rational Market, S. 309 ff.; *Mallaby*, S. 323 ff.; *Hunter*, (2009) 27 JF Trans. 45; *Posner*, A Failure of Capitalism (2009); *Rajan*, Fault Lines, insbesondere S. 101 ff., 134 ff.; *Reinhart/Rogoff*, S. 199 ff.; speziell zu Hedgefonds *Hell-wig* (ebd.) E42 und *Frankel*, (2008) 39 Rutg. L.J. 657. Allgemein zur Krise nach Preisblasen *Stiglitz*, (1990) 40:2 J. Econ. Persp. 13 ff. und die Beiträge im gleichen Heft.
[94] *Mathis*, Effizienz statt Gerechtigkeit, S. 232 (wobei *Mathis* das Primat des Effizienzziels in Abrede stellt und für eine „subtile Güterabwägung" plädiert).
[95] Vgl. zur austeilenden und ausgleichenden Funktion der Gerechtigkeit *Aristoteles*, Niko-

notwendig nur in reduziertem Umfang verfügbar. Infolgedessen halten u.a. der Nobelpreisträger *Paul Samuelson*,[96] die Ökonomen *Albach*[97] und *Lal*[98] und der Philosoph *Homann*[99] Ethik *als Handlungsanweisung für den Einzelnen* für einen marktunverträglichen Parameter. Ethik- statt ertragsorientierte Unternehmen würden dem Wettbewerbsdruck nicht standhalten und vom Markt verschwinden. Der Selbsterhaltungstrieb gebiete den Primat der Effizienz. Freilich bestehe im Kern kein Widerspruch zwischen Effizienz und Ethik, da kurzfristige Entscheidungshorizonte und Ressourcenverschwendung nicht nur unethisch, sondern auch unökonomisch seien. Richtig verstandene Marktwirtschaft sei zwangsläufig ethisch. Zur Korrektur einzelner Ausreißer bedürfe es keiner zusätzlichen (ethischen) Vorgaben, der Markt werde es schon richten.[100]

Die *ökonomische* Gegenposition zu Laissez Faire[101] beklagt den Missbrauch moderner Kapitalmarkttheorie zur Interessendurchsetzung kapitalstarker Minderheiten. Es drohten die Entmenschlichung der Entscheidungsfindung

---

machische Ethik V, 6, 1130b f. Dazu im Kontext der Law & Economics-Diskussion *Mathis*, Effizienz statt Gerechtigkeit, S. 214 ff.

[96] Vgl. das Zitat aus einem Interview am 11. Oktober 2003: „The market has no heart; the market has no brain. It does what it does."

[97] *Albach*, ZfB 2005, 809, 822 f., der als „institutionelle Stütze" der ethischen Basis der Theorie der Unternehmung die Prinzipien der Wirtschaftsfreiheit, des funktionsfähigen Wettbewerbs und der Subsidiarität versteht.

[98] *Lal*, Reviving the Invisible Hand, spricht sich gegen einen falsch verstandenen, weil Moral-beladenen Liberalismus, und für einen auf materielle Werte fokussierten und um seine „kosmologischen Überzeugungen" (*cosmological beliefs*) entkleideten Welt-Kapitalismus aus (*Liberal International Economic Order*); *Lals* Position ist widersprüchlich, weil er die Exzesse zu Beginn des 21. Jahrhunderts auf den moralischen Verfall im Westen zurückführt, sein Rezept einer zurückhaltenden Gesetzgebung (ausdrücklich gegen einen auf wohl verstandene Entscheidungsfreiheit ausgerichteten Liberalismus á la *Hart* auf S. 190 – „This is not classical liberalism but the route to 1984 and Big Brother") diesen Werteverfall aber nicht aufzuhalten oder zu korrigieren vermag.

[99] *Homann* in Giersch, Money makes the world go around?, S. 20 f. (Ökonomie als individuelles Vorteilsstreben in langfristiger, kooperative und sozialer Perspektive).

[100] Ebenso positionieren sich einige prominente Finanzmarktakteure. Dem Gründer des House of Morgan, J.P. Morgan, wird das Zitat „I owe the public nothing" als Reaktion auf eine von ihm verursachte Börsenpanik zugeschrieben, vgl. *Josephson*, Robber Barons, S. 441; *U.H. Schneider*, ZIP 2010, 605 zitiert den Deutschland-Geschäftsführer von Goldman Sachs mit der Aussage, es sei nicht Aufgabe der Banken, das öffentliche Wohl zu fördern (nach Handelsblatt v. 14.1.2010) sowie den US-CEO des gleichen Unternehmens mit dem auf Effizienzerwägungen beschränkten Verständnis seiner Tätigkeit: „I am doing God's work".

[101] Für ethische Grundierung der Marktwirtschaft z.B. *Thielemann/Weibler*, ZfB 2007, 179; *Green*, Serving God? Serving Mammon? (1996) [zitiert nach Internetquelle]: "Yet the kingdom of God can be found in the thick of the markets .... This does indeed involve risk – the risk of becoming compromised, of becoming obsessed with wealth and power, of selling one's soul. But the markets – flawed as they are, like every other human structure – can be used to contribute to human development. Being there also creates opportunities: to show an integrity that loves others as ourselves and treats them as ends rather than means; and to use the resources we are given as effective stewards should." Aus juristischer Sicht insbesondere *Frankel*, Trust and Honesty, S. 189 ff.

und die Identifikation von „Menschen mit negativem Marktwert".[102] Der Fokus auf Rendite- und Risikoüberlegungen reduziere Sozialstandards, etwa durch Verlagerung von Arbeitsplätzen.[103] Ethik müsse in die Rahmenordnung aus Recht, Branchen- und Berufskodizes eingebettet und wirksam durchgesetzt werden, andernfalls sie der Erosion durch Wettbewerb ausgesetzt sei. Ziel sei die kooperative Verwirklichung von Effizienz und Verteilungsgerechtigkeit, die Opferung des einen auf dem Altar des anderen Gutes abzulehnen. Effizienz sei neben der Gerechtigkeit, Zweckmässigkeit und Rechtssicherheit das vierte Leitprinzip des Rechts.[104]

Die moralistische, aber auch eine gemäßigte ethische Position ist mit dem neoklassischen Modell konfrontiert, wonach Märkte ausschließlich nach Ertrags-Risiko-Relationen funktionieren und sich einem Gleichgewichtstheorem entsprechend verhalten (sollten). In einem Effizienz-Modell á la *Harry Markowitz* und *William Sharpe* ist kein Raum für modellwidrige, weil irrational-ethische Markthandlungen. Nun könnte man die Irrationalität moralischen Handelns mit individuellen Nutzenpräferenzen einzufangen suchen; das gute Gefühl kann ebenso viel zählen wie ein pekuniärer Gewinn. Doch setzt dies moralische Akteure voraus. Auf ethisch divergenten, internationalen Finanzmärkten gibt es über Detailfragen keinen Wertekonsens (wenn es überhaupt Ethik gibt). Entsprechend würde nur ein „guter" Verwalter von ethisch gutem Verhalten profitieren. Die Argumentation erweist sich als zirkulär. Nach Erkenntnissen der *behavioral finance*-Forschung[105] sind Menschen jedoch nicht völlig rationale Akteure. Auf diese Erkenntnis stützen sich die Vertreter der ethischen Ökonomie mit ihrem Postulat, Ethik könne ein realitätsnäheres Menschenbild (und damit Resultat) bereitstellen.[106] Demgegenüber erklärt sich rational, dass die Ethik als Handlungsmaxime nach der Finanzmarktkrise 2006 ff. öffentlichkeitswirksam (wieder-)entdeckt wurde.

III. Konsequenzen

Laissez Faire verlangt eine rechtliche Konstituierung der Ethik, die moralische Position eine individuelle Verhaltenssteuerung durch Ethik. *Laissez Faire* bedingt die Deckungsgleichheit von Recht und Ethik, infolgedessen werden minutiöse Verhaltensanweisungen und kostenintensive Regulierung erforderlich.

---

[102] *Gerke*, Erlanger Universitätsreden 68/2008, S. 7.

[103] *Gerke*, zfwu 6/1 (2005), 22, 27.

[104] *Mathis*, Effizienz statt Gerechtigkeit, S. 233. (Dabei dürfte *Gustav Radbruch*, auf den die drei übrigen Prinzipien zurückgehen, die Effizienz als Teil der Zweckmäßigkeit angesehen haben).

[105] Vgl. die Überblicke bei *Glaser/Nöth/Weber*, Behavioral Finance; *Fox*, The Myth of the Rational Market; *Klöhn*, Kapitalmarkt, Spekulation und Behavioral Finance, S. 80 ff.; *Olsen*, (1998) 54:2 Fin. An. J. 10.

[106] Insbesondere *Koslowski*, Folgerungen, S. 21 ff.

Nach der moralischen Position ist Ethik eine in ihrer Wirkungsweise unsichere Handlungsanweisung neben dem Recht. Nach beiden Positionen sind Finanzmärkte aber einerseits nützlich, andererseits kein ethikfreier Raum. Möchte man im v. Goetheschen Bild bleiben, zeigt sich im Markt nicht so sehr *Faust* (in Form des Seelenverkaufs), sondern *Mephisto*. Die Akteure sind „(e)in Teil von jener Kraft, die stets das Böse will und doch das Gute schafft."[107] Präziser: Selbst wenn die Akteure das „Böse" (in Form von Egoismus, Gewinn etc.) wollen, schaffen sie, solange sie sich innerhalb der Rahmenordnung bewegen, doch das Gute.

---

[107] *Faust*, Der Tragödie erster Teil, Erster Aufzug.

2. Kapitel

Ethische Referenzpunkte der Kollektivanlage

Ist der Finanzmarkt weder per se unethisch, noch ethikfreier Raum, muss das Phänomen Kollektivanlage / Investmentfonds in seine Einzelteile zerlegt und jeweils geprüft werden, ob deren Partikel aus individual- und sozialethischer Perspektive die moralische Approbation verdienen.

Die Tätigkeit von Kollektivanlagen ist in dreifacher Hinsicht Gegenstand ethischer Bedenken. Dies betrifft erstens die Tätigkeit des Anlegers als Kapitalisten, der von der Vermehrung seines Geldes ohne eigenes Zutun profitiert (Anlagedimension). Zweitens betrifft dies die Tätigkeit des Verwalters im Verhältnis zu den Unternehmen, in die investiert, oder zum Kapitalmarkt, der in Anspruch genommen wird.[1] Dieser Aspekt wird im Folgenden als Außendimension bezeichnet. Die dritte (Verwalter-)Dimension betrifft das Verhalten des Verwalters gegenüber den Anlegern. So kann bei der Gebührenfestsetzung und bei der Anlageentscheidung die Unerfahrenheit der Anleger zum eigenen Vorteil ausgenutzt werden.

§ 10 – Anlagedimension

Kollektivanlage ist „zwecklos".[2] Der Anleger möchte an dem Vermögenszuwachs, nicht aber dem Betrieb eines Unternehmens partizipieren. Im Mittelpunkt der Anlagedimension steht die Gewinnerzielung aus Kapitalerträgen.

---

[1] Ein Beispiel ist die vielfach geäußerte Kritik an der „Ausschlachtung" (Asset Stripping) von Unternehmen durch Private Equity-Fonds oder die Empörung über Gewinne bei fallenden Kursen, wie sie im Gefolge der Finanzmarktkrise der Jahre 2006 ff. durch die Darstellung von Hedgefonds als Profiteure vom Leid anderer geäußert wurde. Vgl. als Reaktion darauf die Art. 30 AIFM-RL (§ 292 KAGB), dazu *Schröder/Rahn*, GWR 2014, 49; *Weitnauer*, AG 2013, 674; *Zetzsche*, NZG 2012, 1168 f.; Zetzsche/*Clerc*, S. 575, 579 f.; Zetzsche/*Zetzsche/Preiner*, S. 137 f.

[2] Vgl. Erster Teil, 2. Kapitel, § 5.D.

A. Antike: Kapitalanlage als Chrematistik

Zinsen sind seit der sumerischen Zeit als Gegenleistung für die Überlassung von Produktionsgütern bekannt.[3] Bei den altorientalischen Völkern[4] ist Zinsnahme legal. Der Kodex des Hammurabi regelt den Zins, bei Nichtbegleichung droht die Schuldknechtschaft.

I. Altes Testament

Die babylonische Erfahrung könnte der historische Hintergrund des alttestamentarischen Zinsverbots sein, wonach die Zinsnahme *von Glaubensgenossen* verboten ist. Dies folgt u.a.[5] aus Deuteronomium 23, 19f.[6] Diese Bibelstellen, obwohl nur auf Glaubensgenossen *in Not* bezogen, werden in den rabbinischen Auslegungen so interpretiert, dass ein Zins – gleich in welcher Höhe – von keinem Glaubensgenossen verlangt werden darf, während aufgrund des alttestamentarischen Talionsprinzips – „Auge um Auge …" – eine religiöse *Pflicht* zur Zinsnahme von allen Andersgläubigen besteht.[7] Die ethische Disqualifikation gilt nicht dem Zins im engeren Sinn, sondern dem Profit im weiteren Sinn. Dies folgt einerseits aus der Abwertung des Handels, wie sie z.B. im Buch Jesus Sirach 27, 2[8] zum Ausdruck kommt, andererseits aus der Wortbedeutung des hebräischen „mammon", der Besitz, Vermögen, Gewinn, aber auch das zu Unrecht Erworbene bezeichnet.[9] Das Alte Testament kennt kein schrankenloses, sondern nur ein dem Willen Gottes verpflichtetes Nutzungsrecht an Vermögensgegenständen. Eine dauerhafte Veränderung der Eigentumsordnung verschöbe die göttliche Ausgangslage. So sind im siebten oder Sabbatjahr alle

---

[3] Vgl. *van de Mieroop*, The Invention of Interest, S. 17, 23; interessant ist die bereits zu dieser Frühzeit entwickelte Differenzierung zwischen verhältnismäßig risikoarmen Gütern wie Silber (20 % Zinssatz) und risikoreichen Gütern wie Korn (33,33 % Zinssatz).

[4] Dazu *Hausmann*, unter 2.).

[5] Vgl. die Bücher 2. Mose (*Exodus*) 22,25 („Wenn du einem aus meinem Volke Geld leihst, einem Armen neben dir, so handle an ihm nicht als ein Wucherer; ihr sollt ihm keinen Zins auferlegen"); 3. Mose (*Levitikus*) 25,35–37 („Wenn dein Volksgenosse neben dir verarmt und sich nicht zu helfen vermag, so sollst du ihn aufrechterhalten, dass er wie ein Fremdling oder Beisasse neben dir leben kann. Du sollst keinen Zins und keine Zulage von ihm nehmen, sondern du sollst dich vor deinem Gott fürchten, so dass dein Volksgenosse neben dir leben kann"); des Weiteren Ezechiel 18,5–17 und 22,12; Psalmen 15,5; Sprüche 28,8. Zum ganzen *Braun*, S. 28 ff.; *Buckley*, Usury, S. 19 ff.; *Rushdoony*, S. 473, 478 f.

[6] „Du sollst von deinem Volksgenossen keinen Zins nehmen, weder Zins für Geld noch Zins für Speise, noch Zins für irgendetwas, was man leihen kann. Von den Ausländern aber magst du Zins nehmen, von deinem Bruder aber sollst du nicht Zins nehmen, auf dass der Herr, dein Gott, in allem, was du unternimmst, dich segne in dem Lande, dahin du ziehen wirst, es zu besetzen."

[7] *Braun*, S. 30; *Buckley*, Usury, S. 82.

[8] „Zwischen zwei Steine lässt sich ein Pflock stecken / so drängt sich zwischen Kauf und Verkauf die Sünde."

[9] *Hausmann*, unter 3.), E., Fn. 12.

Schulden von Volksgenossen erlassen, nur solche von Ausländern bestehen fort. Alle 50 Jahre soll ein Erlassjahr eintreten, in dem alle Eigentumsrechte an Sklaven, Grundpfandrechte und wohl auch Veräußerungen von Grund und Boden verfallen.[10] Dieses Gebot scheint aber nicht praktiziert worden zu sein.[11]

Das Zinsverbot nebst der ursprünglichen[12] Disqualifikation des Handels entspricht einerseits dem Solidaritätsbedürfnis agrarischer Gesellschaften: Bei schwankenden Ernteerträgen ist man auf gegenseitige Unterstützung angewiesen. Während das Schicksal der agrarischen Gemeinschaft an die gemeinsam erfahrene Ernte oder Missernte geknüpft ist, tauscht der Händler den Ertrag des Einen gegen das Missgeschick des Anderen.[13] Händler gehören nicht zur agrarischen Gemeinschaft, sie sind der Stammesethik nicht unterworfen. Infolgedessen muss der Preis in Zeiten der Not – in anderen kaufte man nur Luxusgüter – immer zu hoch erscheinen; erwirbt man dagegen von Sozialgenossen, verpflichtet diese das Beistandsgebot zum Verkauf zum Selbstkostenpreis. Die Argumentation ist auf die Zinsnahme übertragbar. Das Zinsverbot mag auch für den Zusammenhalt der israelischen Stämme auf dem Weg in das gelobte Land und später in der Diaspora förderlich gewesen sein.[14]

Dagegen ist die Einstellung des Alten Testaments zu Spekulation und Glücksspiel nicht eindeutig: So wird das Land Israel unter den Stämmen per Los verteilt,[15] König Saul wird durch Losorakel zum König bestimmt,[16] Salomons Sprüche erwähnen verschiedentlich das Los als gerechten Entscheidungsmodus.[17]

II. Griechisch-römische Philosophie

Von Solon (6. Jahrhundert v. Chr.) bis Justinian (6. Jahrhundert n. Chr.) ist die Zinsnahme gängige Praxis, die Zinshöhe schwankt in Abhängigkeit von der politischen Sicherheit.[18] Das Kapitalvermögen der Handelsschifffahrt in der Graecia Magna ließ die Kaufleute von staatlicher Macht unabhängig operieren.

---

[10] 2. Mose (*Exodus*) 23:10–12 (alle sieben Jahre Sabbatjahr); 3. Mose (*Levitikus*) 25, insbesondere 8 bis 13 (alle sieben Jahre Sabbatjahr, alle 50 Jahre Erlassjahr); 5. Mose (*Deuteronomium*) 15:1–3, 9 (Erlassjahr für Volksgenossen nach sieben Jahren).
[11] *Kirchner* in Handbuch Wirtschaftsethik, Rn. 2.2.1.2.
[12] Im modernen Judentum ruft der Handel offensichtlich keinen Konflikt mehr hervor, vgl. *Kristol*, Spiritual Roots, S. 1.
[13] *Lal*, Reviving the Invisible Hand, S. 2 f.
[14] *Buckley*, Usury, S. 82.
[15] 4. Buch Mose (Numeri) 26:55,6.
[16] 1. Buch Samuel 10, 17–21.
[17] Sprüche 16: 33 („Das Los wird geworfen in den Schoß; aber es fällt, wie der Herr will"); Sprüche 18:18 („Das Los stillt den Hader und scheidet zwischen den Mächtigen").
[18] *Hausmann*, unter 3.).

1. Zinsverbot

Dagegen wendet sich die elitäre Ethik u.a. von *Platon, Aristoteles* und *Seneca.*
Nach *Platon*[19] schädigt die Zinsnahme den Staat.[20] Das platonische Zinsverbot
richtet sich nicht gegen den Zins im engeren, sondern die Kapitaleinkunft im
weitesten Sinn. Einerseits werde dem Sozialkörper Geld entzogen, der es für
Allgemeinwohlaufgaben benötige, andererseits bilde sich in den Händen Privater freies Kapital, weil den Einnahmen keine Verpflichtungen gegenüber stän-
den. Parallelen zur Diskussion über grenzüberschreitende, globale Kollektivanlagen drängen sich auf. Als Sonderfall – gleichwohl nicht als Ausnahme, weil der
Handwerker den Kredit nicht freiwillig gibt – legitimiert *Platon* den Zins auf
die nicht beglichene Forderung eines Werkunternehmers.[21]

Auf naturrechtlicher Grundlage weist *Aristoteles'* Politik der Wirtschaft eine
dienende Funktion zu. Wirtschaft sei kein Selbstzweck, sondern diene der Erfüllung der Voraussetzungen für ein gelungenes Leben; der Primat komme Politik und Ethik zu. *Aristoteles* unterscheidet zwischen der ethisch gebotenen,
zumindest aber neutralen Haushaltsführung (Ökonomik) und der ethisch
missbilligten Akkumulation des Kapitals (Chrematistik).[22] Zinsdarlehen und
Wuchergeschäft seien „vollends mit dem größten Recht … verhasst, weil [diese]
unmittelbar aus dem Geld selber den Erwerb ziehen und nicht aus dem, wofür
das Geld doch allein erfunden ist. Denn nur zur Erleichterung des Tausches
kam es auf, der Zins aber vermehrt es an sich selber. Daher denn auch der grie-
chische Name für Zins so viel wie Junges bedeutet, denn das Junge pflegt seinen
Erzeugern ähnlich zu sein, und so ist auch der Zins wieder Geld vom Gelde.
Und dieser Art von Erwerbskunst ist denn hiernach die widernatürlichste von

---

[19] *Platon*, Nomoi (Gesetze/leg.) 5, 742 C-E; Nomoi 11. 921 Cf. Nomoi 8,842 C., wonach
„Reederei, Groß- und Kleinhandel, Darlehen und Zinsen samt Zinseszinsen" untersagt sein
sollen, steht im Widerspruch zur athenischen Wirklichkeit.
[20] *Platon*, Nomoi 5, 742 C-E: „Wer ferner Geld bei einem andern niederlegt, wird ihm vertrauen, und Jeder soll sich hüten auf Zinsen zu leihen, da es dem Schuldner freisteht sie nicht zu
bezahlen, ja nicht einmal das Kapital zurückzugeben. Daß es nun am besten für einen Staat sei
unter solchen Einrichtungen zu stehen, davon wird sich ein Jeder überzeugen können, wenn
er, wie billig, bei der Betrachtung welcher er sie unterwirft, sie beständig auf den Ursprung und
Endzweck des Staates bezieht. Es ist nämlich der Zweck welchen ein verständiger Staatsmann
vor Augen hat, behaupten wir, nicht der welchen ihm der große Haufe vorschreiben wird, daß
ein guter Gesetzgeber müsse darauf ausgehen, wenn anders er einen Staat bei seiner Gesetzgebung gut bedenken wolle, denselben so groß und so reich als möglich zu machen, so daß er
Gold und Silber besitze und über Länder und Meere in weitester Ausdehnung herrsche."
[21] *Platon*, Nomoi 11. 921 Cf.: „Wenn aber andererseits Jemand einem Handwerker den
gesetzlich ausbedungenen Lohn nicht richtig bezahlt […], so soll das Gesetz mit Hilfe der
Götter den letzteren zu beschützen suchen. Wer daher für eine an ihn ohne sofortige Ein-
tauschung des Geldes für dieselbe abgelieferte und von ihm angenommene Arbeit nicht zu der
ausbedungenen Zeit den Lohn zahlt, soll das doppelte schuldig sein, und wenn er die Zahlung
über ein Jahr lang anstehen läßt, so soll er überdies monatlich von jeder Drachme ein Sechstel
als Zinsen bezahlen, während sonst in unserem Staate nur zinslos Gelder ausgeliehen werden."
[22] *Aristoteles*, Pol. 1, 9 (1257a ff.).

allen."[23] Damit verurteilt *Aristoteles* eine kapitalgestützte Wirtschaft und insbesondere jede Anlagetätigkeit.

Die Substanz der Aristotelischen Ethik setzt sich in der Stoa fort: *Seneca*[24] sieht in Finanzprodukten wie Urkunden, Schuldverschreibungen und Bürgschaften mangels stofflicher Grundlage nur leere Sinnbilder des Besitzens, den Schatten der Habsucht. Diese täusche den Geist, weil sich der Geist an dem günstigen Urteil über Nichtiges erfreue. „Denn was sind diese Dinge, was Zinsgewinn, Schuldbuch und Profit, wenn nicht Namen für die Gier des Menschen, außerhalb der Natur gesucht?" Dagegen stellt *Seneca* (ebenso wie *Aristoteles*) die Naturrechtsidee, also eine unabänderliche normative Ordnung, die der Mensch durch Vernunft erfassen könne und in einer ethischen Gemeinschaft der Menschen als Vernunftwesen münde.[25] Der Stoa steht die von Moralzwängen befreite, hedonistisch-individualistische Ethik der Epikureer gegenüber.[26] Der Epikurismus zielt auf ein gefühlt glückliches Leben in Einsicht, Vollkommenheit und Gerechtigkeit. Gerechtigkeit ist dabei nichts Abstraktes, sondern ein im Umgang miteinander geschlossener Vertrag, einander nicht zu schädigen und sich nicht schädigen zulassen.[27] Ziel ist ein Leben ohne Schmerz in Körper und Seele. Vom Epikureismus wird Vermögen und Reichtum durchaus geschätzt, weil es zum seelischen Gleichgewicht beitragen kann. Doch ist dies kein Freibrief für Rücksichtslosigkeit und Egoismus. Überlieferte Lehrsätze Epikurs[28] lassen auf eine Zurückhaltung gegenüber irdischen Gütern und eine Missbilligung der Gier als zielstrebiger Vermögensakkumulation schliessen, weil das Streben nach Reichtum ein endloser Kreislauf ist, der die Seele aus dem Gleichgewicht hebt.

---

[23] *Aristoteles*, Pol. 1, 10 (1258b).

[24] *Seneca*, De beneficiis 7, 10, 3.

[25] Formulierung nach *Mahlmann*, Rechtsphilosophie, § 1 Rn. 85.

[26] Vgl. *Forschner*, Über das Glück des Menschen, S. 22 ff.; *Hossenfelder*, Epikur, S. 51 ff.; *Müller*, Epikureische Ethik, S. 43 f.

[27] Das epikureische Lustprinzip gleicht dem *principle of utility* in *Bentham*s Principles of Morals and Legislation (dort Kap. 1) oder des durch das Glücksprinzip („Greatest Happiness Principle") geleiteten Utilitarismus von *Mill*, Utilitarism (dort Kap. 2 „What Utilitarism is"), wonach jedem Individuum das Recht auf Streben nach Glück (pursuit of happiness) einzuräumen ist, mit der Einschränkung, dass der Utilitarismus stärker an der Gemeinschaft orientiert ist, während der Epikureismus das Gleichgewicht mit der Gemeinschaft als Mittel zum eigenen Glück versteht.

[28] Vgl. z.B. folgende Lehren Epikurs: „Wir bauen sehr auf die Mäßigkeit, nicht weil wir immer darben müssen, sondern um weniger Sorgen zu haben." „Besser ohne Angst auf einem Lager aus Blättern als unruhig in einem goldenen Bett schlafen." „Keine Lust ist an sich ein Übel. Aber, was bestimmte Lustempfindungen erzeugt, zieht Störungen nach sich, die um ein Vielfaches größer sind, als die Lustgefühle." „Der Reichtum, der keine Grenze hat, ist eine große Armut." „Der größte Reichtum ist die Selbstgenügsamkeit." „Wem das Seinige nicht ausreicht ist arm, und wenn er der Herrscher der ganzen Welt wäre." Zitatzusammenstellung nach einem Referat von *Günther Helbig*, Philosophischer Gesprächskreis der FH Worms.

Im Gegensatz zur Alltagsethik der Epikureer begründen *Platon* und *Aristoteles* die elitäre Ethik des klassischen Altertums. So sind römische Senatoren bei der Zinsnahme mal strengeren, mal liberaleren Grenzen unterworfen.[29] Zinsnahme und Buchgeld sind dennoch für die römische Republik und Kaiserzeit belegt[30] und juristisch legitimiert. Dabei versteht das römische Recht den Zins als Nutzungsentgelt (*usura*), der zusätzlich zur Darlehnsrückgewähr (*mutuum*) geschuldet wird. Das Verständnis von Zins als Risikokompensation (*quod interest*, im heutigen Englisch noch als *interest* zu finden) ist noch nicht ausgebildet.[31] Bestrebungen zur Verankerung der elitären Ethik in das Recht gibt es immer wieder: Das Zwölftafelgesetz enthält eine Zinsgrenze; *Livius* berichtet über ein noch zu Lebzeiten des *Aristoteles* (342 v. Chr.) in Rom eingeführtes, mehrfach erneuertes, aber sogleich umgangenes Zinsverbot.[32] Gelegentliche Schulderlasse lindern die Schuldnernot.[33]

2. Wider die Vermögensakkumulation

Eng mit der Zinsnahme verbunden ist das Wucherverbot. Dieses enthält ursprünglich keine Disqualifikation einer besonders hohen, sondern jeder Zinsnahme oder sonstigen Vergütung für die Geldüberlassung oder jedes sonstigen übermäßigen Profits. So wird die Vermögensakkumulation mit unterschiedlicher Begründung z.B. von *Platon*, *Aristoteles*, *Cato*,[34] *Cicero*[35] und *Seneca*[36] missbilligt.[37]

---

[29] *Billeter*, S. 275.

[30] *Mrozek*, Faenus, S. 9 f., 73 ff. verweist bereits auf Schuldbücher zur Zeit der Zwölftafelgesetze. Cicero nimmt zur Schuldrückzahlung Caesars im Jahr 47 v. Chr. Schuldbriefe von Caesars Schuldnern entgegen. Die Zinsnahme gehört zum normalen Wirtschaftsleben. Im zweiten nachchristlichen Jahrhundert ist eine vollständige Geldwirtschaft auszumachen. Umstritten ist, ob die Zinsnahme eine Folge der Machtlosigkeit des Staates oder Nützlichkeit für die jeweiligen Principes ist. Im erstgenannten Sinn *Mrozek*, Faenus, S. 15; im zweitgenannten Sinne einer geordneten Volkswirtschaftslenkung *Hausmann*, 3.) F.

[31] *Braun*, S. 18 ff.

[32] *Livius*, Ab urbe condita, 7, 42, 1 („Praeter haec inuenio apud quosdam L. Genucium tribunum plebes tulisse ad plebem ne fenerare liceret") und 35, 7, 2 ff. (die Stelle beschreibt eine Umgehung bestehender Wuchergesetze, indem man andere als römische Bürger (cives) zu Mittelsmännern einsetzte). Nach *Hausmann*, 3.) G) soll dieses aber durch das Alte Testament beeinflusst gewesen sein. Es ist unklar, warum die Texte Platons und Aristoteles in Rom nicht bekannt gewesen sein sollen, zumal die griechischen an die römischen und etruskischen Siedlungsgebiete grenzten.

[33] Vgl. die Darstellung bis zum 3. nachchristlichen Jahrhundert bei *Mrozek*, Faenus.

[34] Den Einsatz von *Marcus Porcius Cato* (Cato maior) gegen Wucherzinsen beschreibt *Livius*, Ab Urbe Condita, 32, 27, 3 als übermäßig hart.

[35] Cicero, *De Officiis*, (dazu sogleich).

[36] Seneca, *De Beneficiis*, VII, 10: („Quid enim ista sunt, quid foenus et calendarium et usura, nisi humanae cupiditatis extra naturam quaesita nomina?… quid sunt istae tabellae, quid computationes, et venale tempus et sanguinolentae centesimae? voluntaria mala ex constitutione nostra pendentia, in quibus nihil est, quod subici oculis, quod teneri manu possit, inanis avaritiae somnia.")

[37] Vgl. auch die Zusammenstellung von *Eugen von Böhm-Bawerk*, Capital und Capitalzins (1884), 1. Buch (Geschichte und Kritik der Kapitalzinstheorien), 1. Kapitel.

Platon wendet sich in der Politeia gegen den Geiz,[38] die Geldgier[39] und die Kapitaleinkunft im Allgemeinen,[40] weil diese die Sittlichkeit korrumpiere. Die Kapitalisten und deren Söhne leisteten keinen Dienst am Staat (Töchtern kommt damals keine öffentliche Funktion zu). Das aus dem Gewinn kraft Geldanlage resultierende Übel breite sich wie eine Krankheit aus. In Bezug auf den Handel

---

[38] *Platon*, Politeia (Staat) 8, 555 E2ff. "[…] was die öffentlichen Wettkämpfe mit seinen Mitbürgern anbelangt, so wird der sparsüchtige Geizkragen bei einem Ehrensiege oder bei Erringung eines sonstigen Ehrenpreises im Gebiet des Schönen ein schlechter Bewerber sein, weil er wegen eines gefeierten Namens und wegen der dahin führenden Wettkämpfe kein Geld aufwenden will, weil er fürchtet, die Aufwand kostenden Begierden aufzuregen und zur Beihilfe seiner herrschenden Begierde, aber hiermit zugleich zum Wettstreit mit dieser aufzufordern, und daher rückt er auf echte Oligarchenart nur mit wenigen Talern bei einem öffentlichen Kampfe zu Felde, tut sich meist nicht hervor, wird aber ein reicher Mann."
[39] Ebd. „Den Übergang aus der Oligarchie in die Demokratie, sprach ich weiter, bildet nun die Unersättlichkeit dessen, was in jener als höchstes Gut aufgestellt ist: daß man möglichst reich werden müsse? / S.: Wieso denn? / Da, wie ich glaube, die regierenden Häupter in der Oligarchie nur infolge der Größe des erworbenen Besitztums regieren, so beeilen sie sich nicht, alle diejenigen jungen Leute, die sich einem sinnlich ausschweifenden Leben hingeben, durch ein Gesetz in der Freiheit zu beschränken, das Ihrige zu verzehren und zu verschleudern, und die Absicht der Oligarchen hierbei ist keine andere, als daß sie das Vermögen solcher jungen Leute durch Kauf und Wucher an sich bringen, sonach reicher und damit auch vornehmer werden. / S.: Ja, auf alle Weise suchen sie das. / Nicht wahr, das ist also hinsichtlich eines Staates eine bereits ausgemachte Wahrheit, daß er unmöglich Hochachtung vor Reichtum und zugleich vor weiser Selbstbeherrschung unter den Bürgern behalten kann, sondern er muß notwendigerweise entweder das eine oder das andre hintansetzen? /S.: Ja, sattsam ausgemacht, sagte er. / Dadurch, daß die Häupter in den Oligarchien die liederliche Ausschweifung nicht kümmert, ja daß sie ihr noch Vorschub leisten, zwingen sie zuweilen Leute von gar nicht gemeiner Herkunft, arm zu werden. / S.: Jawohl."
[40] Ebd.: „Jene geldhungrigen Schacherer aber ducken sich bekanntlich und tun, als bemerkten sie diese Herabgesunkenen gar nicht, schießen jeden nächsten besten der übrigen jungen Herrn, der sich nicht zur Wehr setzt, mit einer Ladung ihres Geldes an, [556 St.] streichen die das Kapital weit übersteigenden Zinsen in und bringen also eine große Drohnen- und Bettlerzahl in dem Staate hervor. / S.: Ja, sagte er, allerdings muß diese groß werden. / Weder auf die oben erwähnte Weise, fuhr ich fort, wollen sie ja das auflodernde Feuer eines solchen Übels ersticken, nämlich durch Beschränkung der Freiheit, sein Vermögen auf beliebige Zwecke zu verwenden, noch auf folgende Weise, wonach zweitens nach einem anderen Gesetze dergleichen Übelstände sich erledigen. / S.: Nach welchem Gesetze denn? / Welches nach jenem das zweite ist und darin besteht, daß es den Bürgern einen absoluten Zwang auflegt, Tugend üben zu müssen. Denn wenn einmal irgend ein Gesetz verordnete, daß jeder Gläubiger auf seine eigene Gefahr die freiwilligen Borgschuldverträge abschließe, so würden einerseits die Schacherseelen weniger schamlos ihre Geldgeschäfte in dem Staate treiben, andrerseits würde weniger dergleichen Unkraut darin emporwachsen können, von dem eben die Rede war. / S.: Ja, viel weniger, sagte er. / Wie es aber heutzutage hierin steht, fuhr ich fort, so stürzen aus allen den gedachten Ursachen die Regierenden erstlich die Regierten im Staate, wie wir gesehen haben, in das vorhin beschriebene Unheil, sodann, was ihre eigenen Personen und ihre Familien betrifft, verleiten sie nicht vor allem die Söhne zur luxuriösen Liederlichkeit, zur Untätigkeit in bezug auf körperliche und geistige Anstrengungen, zu allzu großer Weichlichkeit, um als Mann in Lust und Schmerz sich zu benehmen, zum Hang für Faulenzerei? / S.: Ohne Zweifel. / Und bringen sie nicht sich selbst dahin, daß sie alles übrige außer dem Gelderwerb vernachlässigen, und daß sie ebensowenig sich Mühe für wahre Mannestüchtigkeit geben als ihre Besitzlosen? / S.: Ja, ebensowenig."

differenziert *Platon*. Der Kleinhandel sei nützlich, weil dieser für die Gesellschaft eine Bewertungsfunktion wahrnehme.[41] Das Problem des Handels liege in der Maßlosigkeit der Gewinnsucht. Wenn die Tüchtigsten Kaufleute würden, wäre der Ruf der Kaufleute alsbald hergestellt.[42] Die Nähe zur (späteren) christlichen Missbilligung der Gier als Todsünde[43] ist deutlich.

Aristoteles setzt an die Stelle von Platons Staatsdenken eine in ihrem Kern noch viel elitärere Handlungsethik: Nicht um des Geldes, sondern der Sache willen soll man handeln.[44] *Aristoteles* versteht Geld nur als unfruchtbares Tausch- und Zahlungs-, nicht als Investitions- und Anlagemittel. Echter Gewinn könne nur aus Arbeit entstehen, andere Gewinne seien widernatürlich. Eine solche Ethik steht jeder planmäßigen Vermögensbildung entgegen, weil bei dieser Gewinne trotz Untätigkeit entstehen und die Anlage als zweckfreies Handeln keiner Zweckbindung unterliegt. Den Kaufleuten gilt *Aristoteles'* Verachtung, weil sie sich um Reichtum statt das Wohl der Polis bemühen.[45] Handel und der dabei eintretende Gewinn entstünden nicht aus der Natur der Sache,

---

[41] *Platon*, Nomoi 11.918: „Den Bestimmungen über die Verfälschungen beim Handel und Wandel folgen nun auf dem Fuße die über das Geschäft des Kleinhandels selber nach. ... Alles was zum Kleinhandel gehört ist seiner eigentlichen Natur nach ursprünglich in den Staaten nicht zu schädlichen, sondern zu durchaus nützlichen Zwecken hervorgegangen. Denn wie sollte nicht Jeder eine wohltätige Wirkung ausüben welcher dazu beiträgt daß ein unverhältnismäßiges und ungleiches Vermögen, aus was für Dingen es immer bestehen möge, gleich und verhältnismäßig werde! Und wir können doch nicht leugnen daß wir dies der Macht des Geldes verdanken, und daß dies namentlich des Kaufmanns eigentliche Bestimmung sei."

[42] *Platon*, Nomoi 11.918 D.: „ ... gering ist schon von Natur die Zahl derjenigen Menschen, und diese wenigen müssen zu diesem Zwecke noch überdies eine vollendete Erziehung erhalten haben, welche im Stande sind, so bald das Bedürfnis und die Begierde nach gewissen Dingen in ihnen rege wird, sich auf das rechte Maß zu beschränken und, wenn sich die Gelegenheit ihnen darbietet Schätze zu sammeln, mit nüchternem Sinne einen mäßigen Besitz großem Reichtum vorziehen. Die große Masse der Menschen verfährt vielmehr in ganz entgegengesetzter Weise: sie sind maßlos in ihren Bedürfnissen, und wenn sich ihnen ein mäßiger Gewinn darbietet, so steigert dies ihre Gewinnsucht bis zum Unersättlichen. Dies ist der Grund weshalb Groß- und Kleinhandel und Gastwirtschaft und überhaupt alle Arten von Gelderwerb verachtet werden und in schlechtem Rufe stehen. Wollte dagegen Jemand ... [die trefflichsten] Männer welche ... einmal nötigen auf eine Zeit lang Gastwirtschaft oder Kleinhandel oder sonst ein ähnliches Gewerbe zu betreiben, oder gesetzt daß auch tugendhafte Frauen durch eine unvermeidliche Notwendigkeit sich genötigt sähen eine solche Lebensweise zu ergreifen, dann würden wir bald wahrnehmen, wie lieb und schätzbar ein jedes dieser Gewerbe werden würde. Würden sie also nur auf eine untadelhafte Weise betrieben, so würden sie alle wie Mutter und Amme geehrt werden." Ähnlich *Traub*, Ethik und Kapitalismus, S. 129f.

[43] Speziell zu Kaufleuten *Traub*, Ethik und Kapitalismus, S. 121ff.

[44] *Aristoteles*, Pol. 1, 9 (1258a, 11–14): „Denn die Tapferkeit ist nicht dazu da, um Geld zu erzeugen, sondern Heldenmuth, und die Kriegs- und Heilkunst hat gleichfalls nicht jene Bestimmung, sondern die erstere die, den Sieg und die letztere Gesundheit zu verschaffen, jene Art von Leuten aber macht dies Alles zu Mitteln des Gelderwerbs, als wäre Dies der Zweck."

[45] Dazu *Starbatty*, Ordo 57 (2005), S. 20, 23, wonach der Grund für *Aristoteles'* ethische Disqualifikation in dem negativen Einfluss der Vermögensakkumulation auf das Gemeinwesen in Form von Neid und Missgunst liege. Damit nähert sich *Aristoteles'* Ethik der *Platons*.

sondern aus Übereinkunft, weshalb sie unnatürlich und unsittlich seien.[46] *Aristoteles* unterscheidet zwischen dem Tausch als notwendiger und ethisch neutraler Transaktion zum Mangelausgleich[47] und auf Gewinnerzielung und Vermögensakkumulation ausgerichteten, widernatürlichen Geschäften.[48]

Nach *Cicero* sind alle Gegenstände ursprünglich Gemeingut (*natura fuerant communia*).[49] Privateigentum entsteht durch menschliches Handeln, durch Okkupation infolge Aneignung, Krieg oder durch Gesetz aufgrund eines Vertrags oder des Loses und ist damit grundsätzlich legitim.[50] Aus dem Ursprung im Gemeingut folgt die Pflicht des Besitzenden, das Eigentum zum gemeinsamen Nutzen (*utilitas communis*) einzusetzen.[51] Damit einher geht ein Menschenbild, das auf gegenseitigen Nutzen ausgerichtet ist.[52] Die Sozialbindung des Eigentums ist freilich keine Aufgabe des Staates – dieser hat sich auf den Rechtsschutz des privaten Eigentums zu beschränken –, sondern (ethische) Bürgerpflicht.[53]

Die von der klassischen Philosophie begründete Missbilligung der Vermögensakkumulation kann sich zwar ebenso wie das Zinsverbot nicht sozial durchsetzen, dennoch ist der persönliche Betrieb eines Handelsgeschäfts durch römische Senatoren verpönt.[54]

III. Neues Testament

Zahlreiche Aussagen des neuen Testaments richten sich gegen die maßlose Vermögensakkumulation. Neben den bekanntesten Stellen zur Aufforderung zur Vermögensveräußerung und Verteilung unter den Armen,[55] zudem *Matthäus* 6, 24[56] und *Lukas* 18,25[57], sind zahlreiche weitere Stellen zu nennen.[58] Die Missbil-

---

[46] *Aristoteles*, Pol. 1, 10 (1258b).
[47] *Aristoteles*, Pol. 1, 9 (1257a, 10–15).
[48] *Aristoteles*, Pol. 1, 9 (1257b, 19–22).
[49] *Cicero*, De Officiis I, 21.
[50] *Cicero*, De Officiis I, 20.
[51] Dieselbe Wertung liegt Art. 14 GG zugrunde.
[52] *Cicero*, De Officiis I, 22.
[53] *Cicero*, De Officiis II, 73 und 74.
[54] Vgl. *Fick*, ZHR 5 (1862), S. 28 f., insbesondere Fn. 23 (gesetzliches Verbot, Gleichstellung von Händlern und Kupplern).
[55] Lukas 12, 33; Markus 10, 17 bis 21.
[56] „Ihr könnt nicht Gott dienen und dem Mammon".
[57] „Denn es ist leichter, dass ein Kamel durch ein Nadelöhr gehe, als dass ein Reicher in das Reich Gottes komme".
[58] Vgl. Hebräerbrief 13,5 („Seid nicht geldgierig, und lasst euch genügen an dem, was da ist. Denn der Herr hat gesagt (Josua 1,5): Ich will dich nicht verlassen und nicht von dir weichen."; Prediger 5,9 („Wer Geld liebt, wird vom Geld niemals satt, und wer Reichtum liebt, wird keinen Nutzen davon haben. Das ist auch eitel"); 1.Timotheus 6,10a („Denn Geldgier ist eine Wurzel allen Übels"); Sprüche 17,16 („Wozu denn Geld in der Hand des Toren? Um Weisheit zu kaufen, da ihm doch der Verstand fehlt?"); Matthäus 6,21 („Denn wo dein Schatz ist, da ist auch dein Herz."). Siehe weitere Stellen bei *Kirchner*, Handbuch Wirtschaftsethik, Rn. 2.2.1.2.

ligung von Wucher, Vermögensakkumulation und Gier als Todsünde entspricht den im Zeitpunkt der Entstehung des Neuen Testaments herrschenden philosophischen Strömungen.

Dagegen findet sich im Neuen Testament – anders als im Alten Testament – keine klare Position zur Zinsnahme. Die für ein Zinsverbot verschiedentlich angeführte Stelle *Lukas* 6, 34 f.[59] zielt lediglich auf eine Rückerlangung des Geliehenen ab. Das Gleichnis von den Talenten / Minen kann sogar als Billigung der Zinsnahme zumindest im kommerziellen Zusammenhang interpretiert werden.[60] Ebenso ambivalent wie im Alten Testament ist die Position des neuen Testaments zur Spekulation / zum Glücksspiel.[61] Entsprechend leichter fällt in späteren Zeiten die Rechtfertigung der Vergütung eines eingegangenen Risikos – ähnlich eines Spieleinsatzes – im Verhältnis zur (scheinbar risikolosen) Kreditvergabe.

B. Hochzeit und Erosion der Aristotelischen Wirtschaftsethik

Seit dem Konzil von Nicäa (325 n. Chr.) gewinnt das Wucherverbot an zivilem Einfluss.

I. Von der elitären zur sozialen Ethik

Im Rahmen des Konzils von Nicäa werden zunächst Zins und Wucher (i.w.S.) für Kleriker unter die Strafe der Exkommunikation und Degradierung gestellt, im Jahr 397 folgt für kurze Zeit ein Zinsverbot für Senatoren.[62] Mit den Dekreten Papst Leos des Großen (590 bis 604) wird das Zinsverbot in der Karolingerzeit zunächst mit Exkommunikation bestraftes Kirchengesetz, seit Beginn des 8. Jahrhunderts ist Zinsnahme in den Bußbüchern enthalten. Die *admonitio generalis* Karls des Großen im Jahr 789 erklärt das Zinsverbot zum weltlichen

---

[59] „Und wenn ihr leihet, von denen ihr hoffet zu nehmen, was für Dank habt ihr davon? Denn die Sünder leihen den Sündern auch, auf daß sie Gleiches wiedernehmen. Vielmehr liebet eure Feinde, tut Gutes und leihet, ohne etwas zurückzuerwarten, und euer Lohn wird groß sein, ...“ Als Indiz für ein allgemeines, also den Kreis der Glaubensgenossen übergreifendes Zinsverbot verstanden z.B. von *Buckley*, Usury, S. 88 ff.

[60] Vgl. Matthäus 25,14–30; Lukas 19,12–27: Ein Verwalter überlässt Sklaven Güter zur Verwaltung und Vermehrung und begibt sich auf eine Reise. Einige Sklaven/Diener vermehren das Geld durch (wagnisreiche) Unternehmungen, der Dritte bewahrt es lediglich auf. Dem dritten wird das Geld entzogen und er wird bestraft. „Hättest Du doch mein Geld zu den Geldverleihern gebracht und ich hätte bei meiner Rückkehr das Meinige mit Zinsen zurückerhalten.“ Ebenso wie hier *Böhl*, Talentegleichnis, insbesondere S. 25 ff.; *Rushdoony*, S. 478. Vgl. die alternativen Deutungsvarianten bei *Buckley*, Usury, S. 92 ff. (alttestamentarische Gebote aufrecht erhalten).

[61] Vgl. z.B. Matthäus 27:35, wo die Kleider unter Jesus' Peinigern mit Losentscheid verteilt werden.

[62] *Hausmann*, 4.).

Verbot.[63] Die rechtliche wie ethische Disqualifikation stützt sich auf einen argumentativen Vierklang,[64] in dem die Argumente des Aristoteles und der Stoa gebündelt werden: 1) Wegen der Sterilität des Geldes lasse sich der Gläubiger Früchte bezahlen, die das unfruchtbare Geld nicht hervorbringen könne; 2) mangels Nutzwert werde ein nicht existenter Nutzen – mithin ein *nullum* – oder 3) ein solcher Nutzen verkauft, der aus der Arbeitskraft des Schuldners entstehe und deshalb bereits dem Schuldner gehöre, und 4) Zins repräsentiere den Zeitwert des Geldes und Zeit gehöre allen Menschen und könne nicht vom Gläubiger okkupiert werden. Infolgedessen ist Wucher entweder mit Diebstahl oder mit unsittlichem Gewinn gleichzusetzen.[65] Im Jahr 1311–12 wird mit dem Konzil von Vienne die Leugnung des Zinsverbots der Häresie gleichgestellt. Das bürgerliche und das Kirchenrecht stehen bis dato in Einklang.[66]

Im Frühmittelalter bleibt nur die *societas* als Organisationsform für wirtschaftliche Aktivität, bei der die Gesellschafter an Gewinn und Verlust persönlich und unbeschränkt teilnehmen.[67] Dies setzt grundsätzlich eine persönliche unbeschränkte Haftung *des Kapitalgebers* voraus.[68] (Freilich kommt es zu einer Haftung über den Einlagebetrag mangels Möglichkeit der Kreditaufnahme eher selten, weil der kommerzielle Kredit[69] verboten und damit die Verfügbarkeit von Fremdkapital beschränkt ist.) Darüber hinaus kommt es wohl seit dem 11. Jahrhundert zur Warenüberlassung an einen Handelsreisenden (*commendatarius*) mit dem Auftrag, diese Waren im Namen und Auftrag des *commendators* zu verkaufen. Zur persönlichen Berechtigung und Verpflichtung des *commendators* gilt das zur *societas* Gesagte.

Thomas v. Aquins Konkretisierung der Aristotelischen Wirtschaftsethik[70] gilt als Höhepunkt der Scholastik. Nach der thomistischen Lehre vom gerechten Preis (*iustum pretium*) ist Handel verwerflich, wenn eine Ware zu einem höheren als dem Erzeugungspreis verkauft wird. Grundsätzlich sollen beide Parteien eines Handels gleichermaßen profitieren. Ist dies nicht der Fall, ist zwischen den ethisch neutralen Tauschgeschäften und den Bargeschäften zu unterscheiden. Bei den Tauschgeschäften sei der Wertunterschied Teil der natürlichen

---

[63] *Braun*, S. 36 ff.; *Böhl*, Talentegleichnis, S. 94.

[64] Vgl. *Braun*, S. 46 ff.

[65] Näher *Noonan*, Scholastic Analysis, S. 17, 38 ff.; *Böhl*, Talentegleichnis, S. 95.

[66] *Hausmann*, 4.).

[67] *Böhl*, Talentegleichnis, S. 99; *Noonan*, Scholastic Analysis, S. 133 ff., dort auch mit Nachweisen zur strengeren Auslegung durch St. Raymond (S. 138) und Papst Innozenz IV. (S. 142).

[68] *Noonan*, Scholastic Analysis, S. 139.

[69] Zulässig war die Verzinsung eines aus Gründen der Barmherzigkeit gewährten Kredits. Ebenso konnte für den Verkauf eines Anteils an den Erträgen einer Immobilie (*census*) eine Gegenleistung in Geld gewährt werden. Der *census* war der am meisten verbreitete Kredit für die Anlage in Immobilien und die Staatsfinanzierung, vgl. *Noonan*, Scholastic Analysis, S. 154 ff.; *Poitras*, Early History, S. 89 f. (mit starken Bezügen zu *Noonan*).

[70] *Thomas Aquinas*, Summa Theologiae II-II, Fragen 77 (4).

Ordnung, weil beide Seiten ihren Bedarf decken. Bargeschäfte förderten dagegen das individuelle Streben nach Gewinn und Macht. Der Einsatz der Gewinne entscheidet über die ethische Qualifikation des Geschäfts. Verwerflich sind Geschäfte, wenn Gewinn und Macht zu Zwecken der individuellen (im Gegensatz zur sozialen) Bedürfnisbefriedigung erlangt werden soll. Gewinn zur Erhaltung der Lebensgrundlage oder für die Armenhilfe ist dagegen nicht ethisch fragwürdig, sondern das ordentliche Einkommen des Kaufmanns.[71] Der Einsatz der eigenen Arbeitskraft unterliegt keinen vergleichbaren Schranken. Die thomistische Ethik akzeptiert in Bezug auf Privatpersonen nur einen indirekten Zins in Form einer Vertragsstrafe (*poena conventionalis*) im Fall des Schuldnerverzugs. In Form des *damnum emergens* kann zudem Schadensersatz bis zum negativen Interesse verlangt werden. Ein Ersatz in Höhe des positiven Interesses (*lucrum cessans*) wird zunächst abgelehnt, weil Geld nur Tausch- aber kein Nutzwert zugewiesen wird.[72] Dagegen ist der Geldverleih an einen handeltreibenden Kaufmann erlaubt, solange der Zins nicht wucherisch ist. Wer zu hohe Zinsen nimmt, ist ein „Zeitdieb", weil der Zins dem Geld seinen Zeitwert nimmt; Geldverleih ist nur zum inneren Wert des Geldes zulässig. Wo dieser liegt, ist Gegenstand umfangreicher Diskussion.[73]

Der konservative Effekt der thomistischen Ethik[74] im Hinblick auf Organisations- und Rechtsformen bestimmt die offizielle katholische Position bis zur päpstlichen Enzyklika „Von den neuen Dingen" (Rerum Novarum) im Jahr 1891.

II. Scholastische Erosion

Das fünfte Laterankonzil (1517) bestätigt noch einmal das Zinsverbot, doch ist dessen Wirkung nach einem in der Hoch- und Spätscholastik einsetzenden Bedeutungsverlust bereits stark eingeschränkt.[75] Grund für die eingeschränkte Akzeptanz des Zinsverbots sind einerseits die ungelösten Abgrenzungsfragen und logischen Widersprüche in der thomistischen Ethik. Insbesondere ist die Frage unbeantwortet, warum sich Geld in einer *societas*, nicht aber in einem Darlehen aus sich selbst heraus vermehren darf, und warum Zinsen in Abhän-

---

[71] Man fragt sich, wie ohne Fremdkapitalaufnahme eine Wirtschaftsentwicklung möglich war. Eine Antwort gibt *Hausmann*, wonach eine methodische Inflation zu einer vollständigen Konsumption und maximalen Investition der Zahlungsmittel im 12. und 13. Jahrhundert führte, wodurch eine Phase der Hochkonjunktur gefördert worden sein soll.

[72] *Braun*, S. 74 ff.

[73] *Hübner*, Grundsatzüberlegungen, S. 56.

[74] *Noonan*, Scholastic Analysis, S. 143.

[75] *Fleckner*, Antike Kapitalvereinigungen, S. 28 erwähnt den Schutz individuellen Privatvermögens in Florenz (1408) und ein kaiserliches Zinsprivileg von Nürnberg aus dem 15. Jahrhundert. Ein Zinsprivileg hätte ein Kaiser bei deutlichem Widerspruch zur sozialen Ethik wohl nicht erteilt.

gigkeit von der Intention des Geldverleihers zu berechnen sind.[76] Andererseits dringt die Erkenntnis von der Risikotragungs- und Liquiditätsfunktion des Kapitals als ein die Arbeitskraft ergänzender Wirtschaftsfaktor durch. Die Erosion zeigt sich am deutlichsten[77] am Zinsverbot. So kommt es nach längerem Streit unter Scholastikern zur Anerkennung des *lucrum cessans* im Rahmen der *poena conventionalis*, worin sich widerspiegelt, dass die Geldanlage selbst profitabel sein kann, also einen über den Tauschwert hinausgehenden Nutzen – *Lessius' carentia pecuniae* – aufweist.[78] Die Zinsgrenzen im kaufmännischen Zinsverkehr werden durch Kauf und Rückkauf desselben Gegenstands zu einem höheren Preis umgangen. Zugleich wird eine Kapitalbeteiligung ohne unbeschränkte Haftung des Kapitalgebers ethisch akzeptabel, was zuvor am Zinsverbot (i.w.S.) gescheitert war.[79] Die Spätscholastik entwickelt (wohl unter Einfluss der Jesuiten) weitere Umgehungstechniken. Seit 1485 wird der sog. *contractus trinus* propagiert.[80] Der *contractus trinus* verknüpft den Gesellschaftsvertrag einer ethisch unverfänglichen *societas*, wonach das investierte Kapital anteilig an Gewinn und Verlust teilnehmen muss, mit zwei für sich allein betrachtet ebenfalls unverfänglichen Versicherungsverträgen: Der eine sichert das Kapital ab, der andere sichert gegen das Risiko zukünftiger Gewinnfluktuationen, indem dem Kapitalgeber ein sicherer Ertrag garantiert wird. Die Versicherungsprämien werden aus dem erwarteten Gewinn der Unternehmung finanziert, indem der Investor auf zukünftige Ausschüttungen auf seinen Gewinnanteil verzichtet. Im wirtschaftlichen Ergebnis kommt es zu einem Kapitaleinsatz mit festem Ertrag (= Zins) für Produktivkapital. Der *contractus trinus* wird insbesondere – wohl auf Betreiben der Fugger – durch *Luthers* Gegenspieler *Johannes Eck* propagiert,[81] mit dem augenscheinlichen Argument, wenn jeder einzelne Vertrag unverfänglich, eine *societas* ernsthaft beabsichtigt und die Gesamtintention gutgläubig sei, könne die Kombination der Verträge in einer einzigen Person zur gleichen Zeit nicht verwerflich sein. Des ungeachtet wird diese Konstruktion im Rahmen der Gegenreformation mit der päpstlichen Bul-

---

[76] *Braun*, S. 89 ff.; *Noonan*, Scholastic Analysis, S. 151 f., 193 ff.

[77] *Hübner*, Grundsatzüberlegungen, S. 46 ff., 56, betont die mit der Geldtheorie des Theologen Nikolaus von Oresmes (14. Jahrhundert) verbundene Aufhebung der feudalen Verkettung von Grund, Boden und Lehen, die die sozialen Veränderungen im Reformationszeitalter vorbereitet habe.

[78] *Braun*, S. 110 f.

[79] Spätestens ab dem 14. Jahrhundert werden Kaufleuten im Gegenzug für einen Gewinnanteil Geldbeträge ohne persönliche Einstandspflicht zur Verfügung gestellt. Vgl. *L. Goldschmidt*, De societate ex commandite, S. 11 ff.; mit Verweis auf den Einfluss des Zinsverbots auf S. 8. Nach *Fick*, ZHR 5 (1962), S. 35 f. soll diese Beteiligungsform ab dem 12. Jahrhundert in Florenz und Pisa entwickelt worden sein.

[80] *Böhl*, Talentegleichnis, S. 99; *Braun*, S. 89 ff.; *Buckley*, Usury, S. 136 ff., 139 unter Hinweis auf *Angelus Carletus de Clavasios* Summa angelica de casibus conscientiae und die Tübinger Schule; *Noonan*, Scholastic Analysis, S. 202 ff.

[81] *Buckley*, Usury, S. 136 ff.

le *Detestabilis avaritia* (Abscheuliche Habgier) 1586 verboten, freilich ohne deren Verbreitung zu verhindern.[82] In der gleichen Bulle wird immerhin die Kapitalbeteiligung am Handelsgeschäft mit beschränkter Haftung – der Kommandit-Kontrakt – gebilligt.[83] Die Auflösungserscheinungen liegen in der Zeit. So verteidigt *Eck* auch die Zinsnahme in Höhe von 5% als gerechten Ausgleich für die Kapitalbereitstellung.[84] Damit ist der Weg zur reinen Kapitalbeteiligung frei. Parallel dazu wird der Rentenkauf (*census*) so modifiziert,[85] dass beide Seiten das geliehene Geld ggf. vorzeitig, insbesondere vor Eintritt des Rentenfalls zurückzahlen können. Damit lassen sich alle Anlage- und Kreditgestaltungen abbilden, sofern man nur die Begriffe Darlehen und Zins vermeidet.[86] Ebenfalls zwischen dem 14. und 16. Jahrhundert wandelt sich die Funktion des Wechsels vom Zahlungs- zum Kreditinstrument und Handelsgegenstand.[87]

Der materiellen folgt eine formelle Erosion, insbesondere, aber nicht nur in den protestantischen Regionen. Die Zinsforderung wird im Laufe des 16. und 17. Jahrhunderts gerichtlich durchsetzbar. Mit der grundsätzlichen Akzeptanz des Zinses verlagert sich die Diskussion auf die Frage nach der angemessenen und maximal zulässigen Zinshöhe,[88] wie sie heute Gegenstand des § 138 BGB ist. Das katholische Zinsverbot (i.w.S.) verliert im 19. Jahrhundert seine Wirkung vollständig, es wird aber erst 1983 aus dem kanonischen Recht gestrichen.

III. Konfessioneller Dreiklang

1. Christliche Wirtschaftsethik nach der Reformation

Die Reformation reduziert den Einfluss der katholischen Kirche und damit den Einfluss der katholischen Wirtschaftsethik des Mittelalters. Der Heilige Stuhl in Rom hält im Zeichen der Gegenreformation am Zinsverbot und der thomistischen Wirtschaftsethik, die im Kern ein kollektivistisches, auf Gegenseitigkeit bedachtes Wirtschaftsmodell propagiert, zunächst fest. Konsequenz ist eine skeptische Einstellung gegenüber anonymen Märkten, die die Menschen zu der Missachtung ihrer christlichen Pflichten gegenüber der Gemeinschaft und zum Fokus auf das eigene Wohlergehen verleiten.

Der Lutheranismus, der sich in Nord-, Mittel-, Ostdeutschland und Skandinavien durchsetzt, übernimmt grundsätzlich die Disqualifikation des Ge-

---

[82] *Noonan*, Scholastic Analysis, S. 220 f. Eine enge Interpretation der Bulle eröffnete die Weiterverwendung des *contractus trinus*.

[83] *Fick*, ZHR 5 (1862), 34 f., der darauf hinweist, dass dem Papst wohl entgangen ist, dass das römisch-rechtliche Vorbild der *institution* noch die persönliche Haftung des Kommanditisten kannte.

[84] *Noonan*, Scholastic Analysis, S. 210.

[85] *Braun*, S. 93 ff.; *Noonan*, Scholastic Analysis, S. 159 f.; *Poitras*, Early History, S. 92.

[86] *Noonan*, Scholastic Analysis, S. 230 ff.; *Böhl*, Talentegleichnis, S. 99 f.

[87] *Braun*, S. 97 ff.

[88] Vgl. zu England *Braun*, S. 151 ff., 223 ff.

winnstrebens,[89] erhebt aber Ehrenhaftigkeit[90] und Arbeitsamkeit zum Gottesdienst. *Luther* setzt den Beruf (griechisch πονος) mit Berufung gleich: Egal an welche Stelle man von Gott gestellt wird – ob nun Bauer, Kaufmann, Edelmann – man verbringt Gottes Werk durch bestmögliche Pflichterfüllung und Tugendhaftigkeit; Untätigkeit und Unehrenhaftigkeit sind Sünde.[91] An die Stelle der kirchlich vermittelten irdischen Vergebung in Form des Ablasses und der Buße tritt die Verantwortung jedes Einzelnen vor Gott am Tag des höchstens Gerichts. Weil kein guter Christ eine Seele dem Teufel überlässt, muss die Gemeinde die Mitmenschen vor der Sünde bewahren. In lutherischen Gemeinden überlebt das kollektivistische, marktfeindliche Element, aber es entsteht ein Ethos der Strebsamkeit, verbunden mit irdischer Rechenschaftspflicht des Einzelnen gegenüber der Gemeinde.

Der Calvinismus (zu dem hier unter Hinnahme gewisser Ungenauigkeiten auch der Puritanismus und Methodismus gezählt werden), mit Verbreitungsschwerpunkten in der West- und Zentralschweiz, Südwestdeutschland, den Niederlanden, den USA,[92] bis 1587 in Frankreich und in Form des Methodismus ab Ende des 16. Jahrhunderts in England, übernimmt den lutherischen Gedanken der irdischen Kontrolle des Einzelnen durch die Gemeinde, verzichtet aber auf die negative Qualifikation von Gewinnstreben, Handel und Zinsnahme. Damit einher geht ein Bruch mit der abendländischen Ethik seit *Platon* und *Aristoteles*: *Calvin* wendet sich explizit gegen die Gegenständlichkeit der Aristotelischen Logik (Geld könne kein Junges gebären), indem er darauf hinweist, dass Darlehen nicht um ihrer selbst, sondern zu Produktionszwecken ausgereicht werden. Wenngleich *Calvin* keineswegs ein Befürworter hoher Zinsen ist, unterstellt er den Kapitalertrag allein der Goldenen Regel und dem durch das Barmherzigkeitsgebot geleiteten Gewissen des Handelnden. Danach ist Zinsnahme von Bedürftigen und Armen untersagt, im Übrigen aber erlaubt; auch durfte eine Sicherheit verlangt werden.[93] Dieses Gebot erlangt durch die

---

[89] Zu Ausnahmen vgl. *Braun*, S. 132 ff., der Luthers Ethik in Anbetracht des Standes der scholastischen Diskussion für rückständig hält.

[90] In diesem Aspekt stimmen die Reformatoren unter Verweis auf Leviticus 19:35 mit den frühen Kirchenvätern überein, wonach der Betrug dem Verbot des Stehlens gleichsteht, vgl. *Rushdoony*, S. 471 ff.

[91] *Weber*, Protestantische Ethik, I.3., S. 61 ff.; vgl. *Fullerton*, (1928) 21:3 Harv. Theol. Rev. 163, 166, 169 ff.; *Braun*, S. 135 f. (Berufung als Zentralbegriff des Weber-Theorems).

[92] Vgl. die Beiträge in *Thomas E. Davies* (Hrsg.), John Calvin's American Legacy, Oxford: 2010.

[93] Vgl. *Braun*, S. 136 ff.; *Noonan*, Scholastic Analysis, S. 365 ff.; *Rushdoony*, S. 474 ff. unter Verweis auf *Calvin*s Kommentar zu den vier letzten Büchern Mose, Teil III, S. 126 f.; einschränkend *Kerridge*, S. 23 ff. (bei *Calvin* wenig Neues), dann aber S. 30 ff. (Missverständnis von Calvin wegen unklarer Terminologie). Einordnung in den zeitgenössischen Kontext bei *Eugen von Böhm-Bawerk*, Capital und Capitalzins (1884), 1. Buch (Geschichte und Kritik der Kapitalzinstheorien), 2. Kapitel (auch unter Hinweis auf den französischen Juristen Carolus Molinaeus).

dem Protestantismus eigene unmittelbare Verantwortlichkeit vor Gott besondere Schärfe: Nach *Calvins* Prädestinationslehre (Gnadenwahl)[94] ist jedes menschliche Handeln determiniert, jeder Vorgang entspricht Gottes Wille. Nur die Auserwählten (*electi*) haben Zugang zum Paradies. Es gibt kein Mittel die Gnade Gottes denjenigen zuzuführen, denen Gott sie versagt.[95] Ein gläubiger Christ wird auf Erden gerecht, ehrlich und fair, dementsprechend verantwortlich und unter Beachtung der biblischen Gebote leben sowie andere dazu anhalten.[96] Gleichzeitig ist jedwede Emotion, jedes Beklagen untersagt, denn damit stellt man Gottes Wille in Frage. Folge ist eine auf gegenseitige irdische Kontrolle ausgerichtete Gesellschaft, mit innerer Abgeschiedenheit, Isoliertheit und Individualismus.[97]

Die Nachfolger *Calvins* konnten offenbar die Unsicherheit über die eigene Auserwähltheit nicht ertragen und entwickelten – entgegen *Calvins* eigener Lehre[98] – die Theorie des Zeichens. Danach offenbart sich, sofern man die Auserwähltheit nicht fühlt, in der Fähigkeit zur dauerhaften guten Tat – wozu nach der Interpretation des Berufs auch die Berufstätigkeit zählt – die eigene Auserwähltheit („Hilf Dir selbst, dann hilft Dir Gott").[99] In irdische Dimensionen übersetzt, zeigt sich in wirtschaftlichem Geschick und Streben die Ernsthaftigkeit des Einzelnen, Gott zu dienen. Damit entfernt sich der Calvinismus von dem protestantischen Kernprinzip, wonach allein der Glaube zählt, und nähert sich im Ergebnis, nicht aber in der Begründung der an Taten ausgerichteten katholischen Doktrin. Das Erworbene darf freilich nicht zu Konsumzwecken ausgegeben werden, Askese ist wesentlicher Bestandteil des Calvinismus.[100] Das so akkumulierte Kapital sucht Anlagemöglichkeiten. Ist die Wohlstandsmaximierung durch Handel und Industrie zugleich ethisch akzeptabel, entsteht zwangsläufig ein Bedarf für sinnvolle Kapitalanlagen. Der calvinistische Individualismus ist nicht mit Asozialität gleichzusetzen. Nur die Mittel der Sozialität unterscheiden sich: Während Lutheranismus und Katholizismus das Übel vom Einzelnen präsumtiv abzuwenden suchen, liegen Erfolg und Misserfolg in der

---

[94] *Weber*, Protestantische Ethik, II.1, S. 84 ff.

[95] *Fullerton*, (1928) 21:3 Harv. Theol. Rev. 163, 172 f.

[96] *Buckley*, Usury, S. 87, 157.

[97] *Weber*, Protestantische Ethik, II.1, S. 91.

[98] *Buckley*, Usury, S. 154 f., mit Zitaten zu Calvins Aussagen, dass sich Gottes Gnade nicht in irdischem Reichtum spiegele.

[99] *Weber*, Protestantische Ethik, II.1, S. 101 ff.; *Fullerton*, (1928) 21:3 Harv. Theol. Rev. 163, 177.

[100] *Weber*, Protestantische Ethik, II.2, S. 147 ff.; *Kristol*, Disaffection from Capitalism, S. 15, 18. Der Widerspruch aus Emsigkeitsgebot und Konsumverzicht ruft das Paradoxon hervor, dass größere Religiosität durch Fleiß und Sparsamkeit zu größerem Reichtum führt, und größerer Reichtum größere Versuchungen in Form von Stolz, Leidenschaft und Weltliebe hervorruft. In der Widerstandskraft gegen derartige Verlockungen beweist sich die eigene Religiosität. So bereits die Erkenntnis des Begründers der Methodisten, John Wesley, zitiert nach *Weber*, Protestantische Ethik, II.2., S. 175.

Logik der Theorie des Zeichens. Der Calvinismus fordert als Verkörperung von Gottes Werk auf Erden einerseits Ehrlichkeit und Fairness in allen wirtschaftlichen Fragen, andererseits die Wohltätigkeit der Auserwählten zugunsten der Gefallenen. Dabei ist das *ehrliche und ehrenhafte* Scheitern in calvinistischen Gesellschaften jeglicher Schuldzuweisung entkleidet, denn darin hat sich lediglich Gottes Wille realisiert bzw. offenbart. Dies öffnet Raum für unternehmerische und auch finanzielle Experimente.

Indiz für die unterschiedliche Einstellung zum individuellen Gewinnstreben ist die Stellung des Talentegleichnisses innerhalb der Konfessionen: Das Talentegleichnis ist bis zur zweiten Hälfte des 20. Jahrhunderts in der katholischen und lutherischen Sonn- und Festtagsleseordnung nicht enthalten.[101] Auch *Luthers* Katechismen verzichten auf das Talentegleichnis. *Luther*, der Zeit seines Lebens gegen Kaufleute, Zinsnahme und jüdische Geldverleiher agitierte,[102] setzt sich – obwohl er im Übrigen nahezu jede Bibelstelle kommentiert – nicht mit dem Gleichnis auseinander. Der Lutheranismus übernimmt die kritische Distanz zur Vermögensakkumulation.[103] Sie ist nach *Rushdoony* Ursache der kontinentalen Tradition, andere für die eigenen Verfehlungen in Form von Finanzproblemen und fehlendem finanziellen Erfolg zu beschuldigen, womit dem Antisemitismus ein fruchtbarer Boden bereitet wurde.[104] Auch in der katholischen Kirche findet sich eine Rezeption des Talentegleichnisses erst seit dem 16. und 17. Jahrhundert.[105] *Calvin* hat das Gleichnis dagegen gleichsam seziert und daraus Vorgaben für eine gerechte Zinsnahme und Wirtschaftstätigkeit abgeleitet, die im Wesentlichen auf die Goldene Regel – man verhalte sich so, wie man es von anderen erwarten würde – zurückgeführt werden kann. Dies beinhaltet die zinslose Kreditvergabe an Arme und Bedürftige und erlaubt Kirchenrepräsentanten die Kreditvergabe nur an Kaufleute,[106] ist aber im Übrigen mit einer Verzinsung von Krediten im Rahmen ordentlicher Wirtschaftstätigkeit vereinbar.[107]

---

[101] *Böhl*, Talentegleichnis, S. 14 Fn. 5. *Böhl* gelangt aus einem Vergleich der Kathechismen (S. 230 ff.) zu der Schlussfolgerung, dass das Gleichnis im katholischen Raum mehr Bedeutung als im protestantischen Raum hatte (S. 262 ff.). Das Gleichnis ist nur etwas Besonderes, wenn die kommerzielle Aktivität nicht bereits aus anderen Maximen gebilligt wird.

[102] Vgl. die Exzerpte aus *Luthers* Werk bei *Kerridge*, S. 97, 113, 145 ff., die sich insbesondere mit dem Wiederkauf befassen.

[103] Insbesondere *Traub*, Ethik und Kapitalismus, S. 151 ff.; *Braun*, S. 132 ff.

[104] *Rushdoony*, S. 476.

[105] Vgl. *Böhl*, Talentegleichnis, S. 109 ff., 143 ff., 189 ff., der aus der späten Rezeption des Talentegleichnisses in der katholischen Kirche aber keine Schlüsse ableitet. Es liegt nahe, dass die Auseinandersetzung eine Reaktion auf Calvin gewesen ist.

[106] Damit geht wegen des Zeitwerts des Geldes ein sicherer Verlust des Gläubigers einher; die milde Gabe liegt im Verzicht auf Zinsen, nicht im Verzicht auf Tilgung, vgl. Rushdoony/North, S. 804.

[107] *Buckley*, Usury, S. 152 ff., die darauf hinweist, dass Calvins bourgeoise Nachfolger allzu gerne die Qualifikationen zugunsten einer allgemeinen Billigung fallen ließen; ähnlich *Kerridge*, S. 30 ff., der den Grund in terminologischen Unklarheiten sieht; *Braun*, S. 137 ff.

2. Das Weber-Theorem

Im Mittelpunkt der soziologischen Arbeiten von *Max Weber* steht der Einfluss der Religionen auf die wirtschaftliche Entwicklung. Nach *Weber* prägt die vorherrschende Ethik die Geschwindigkeit der wirtschaftlichen Entwicklung. Ist für eine katholische Wirtschaftsethik ein rein kapitalistisches System mit dem Fokus auf Gewinnerzielung ethisch inakzeptabel, entwickelt sich Kapitalismus langsamer und unter größeren Restriktionen als in einer Gesellschaft, die solche Institutionen goutiert. Entsprechend muss sich ein kapitalistisches Wirtschaftssystem in den calvinistisch geprägten Ländern besser entwickeln.

Das Weber-Theorem hat weltweit einen interdisziplinären Forschungsstrang hervorgerufen,[108] an dem die Rechtswissenschaften partizipieren.[109] Über die Richtigkeit des Weber-Theorems besteht angesichts seiner Generalität naturgemäß Uneinigkeit. Insbesondere umstritten ist die Frage der Kausalität: Die Wahl der Religion kann lediglich bereits etablierten wirtschaftlichen Interessen entsprochen haben. Doch konzedieren selbst Gegner des Weber-Theorems, dass der protestantische Impetus zum Erlernen von Lesen und Schreiben zwecks Bibellektüre für die wirtschaftliche Entwicklung in einer wissensgeprägten Wirtschaftsumgebung förderlich ist.[110] Der Einfluss des Calvinismus leuchtet für die nördlichen Niederlande und die USA in der frühindustriellen Phase ein. Schwierigkeiten stellen sich bei heterogenen Gesellschaften. So ist für Großbritannien ein differenzierter Blick erforderlich, weil die anglikanische Kirche am katholischen Wirtschaftsethos festgehalten hat; erst auf den zweiten Blick erkennt man die wirtschaftliche Dominanz des puritanischen und metho-

---

[108] Vgl. zur älteren Literatur den Überblick bei *Robert W. Green*, Protestantism and Capitalism – The Weber thesis and its critics (1959), insbesondere zu *R. H. Tawney*, Religion and the Rise of Capitalism (1926/1990) und *A. Fanfani*, Le Origini dello Spirito Capitalistico in Italia (1933); aus neuerer Zeit z.B. *J. Baechler*, The Origins of Capitalism (1975) (mit Fokus auf die Frühgeschichte Mesopotamiens); *H. Berman*, Law and Revolution (1983) (Einfluss der Päpste im Machtkampf mit den weltlichen Herrschern zwischen 6. und 11. Jahrhundert ist Ursache des Kapitalismus); *Böhl*, Talentegleichnis (2007) (Nutzenstreben und Arbeitsamkeit als Teil aller christlichen Konfessionen); *Buckley*, Usury, S. 157 f. (Kapitalismus existierte seit Salomons Zeiten, aber Fehldeutung von Calvins Aussagen habe Wirtschaft von Zwängen des Altkatholizismus befreit); für Förderung des Kapitalismus durch „Calvinismus und Quäkertum" *Traub*, Ethik und Kapitalismus, S. 131 f.; kritisch aus katholischer Sicht z.B. *Ratzinger*, Marktwirtschaft und Ethik, in Roos, Stimmen der Kirche zur Wirtschaft, S. 56 f.
[109] Vgl. die „Law & Culture"-Literatur, insbesondere *Coffee*, (2001) 149 U. Pa. L. Rev. 2151; *Cooter/Eisenberg*, (2001) 149 U. Pa. L. Rev. 1717; *Eisenberg*, (1999) 99 Colum. L. Rev. 1253; *Ferran*, Corporate Law, Codes and Social Norms (2003); *Langevoort*, (2001) 89 Geo. L.J. 797; *Amir N. Licht*, (2004) 29 Del. J. of Corp. L. 649; *ders.*, (2001) 26 Del. J. Corp. L. 147; *ders.*, Accountability and Corporate Governance (2002); sowie *Licht/Goldschmidt/Schwartz*, Culture Rules (2004); *dies.*, (2005) 25:2 Int. Rev. L Econ. 229; *Mitchell*, (1999) 49 Univ. of Toronto L.J. 177; *Pistor*, Legal Ground Rules (2005); *Procaccia*, Property Rights (2007), der das Weber-Theorem anhand der Kunstgeschichte nachweist; *Rock/Wachter*, (2001) 149 U. Pa.L. Rev. 1619; *Zetzsche*, An Ethical Theory (2007), mit Nachweis des Weber-Theorems im Gesellschaftsrecht.
[110] Vgl. *Berman*, Law and Revolution, S. 42, 64.

distischen Mittelstands seit dem 17. Jahrhundert. Für Deutschland ist die Einschätzung erschwert durch die Zwangsvereinigung der protestantischen Gemeinden zu Beginn des 19. Jahrhunderts. Wegen der weiten Verbreitung des
Luthertums, des etwa gleich starken Katholizimus und der Staatsfokussierung
preußischer Politik liegt eine Dominanz der katholischen und lutherischen Elemente in der Wirtschaftsethik nahe. Dies erklärt soziale Reservationen gegen
ungehemmt wirkende Finanzmärkte.[111]

3. Konsequenzen für die Gegenwart

Im Kontext dieser Untersuchung interessiert die Recht- und Kultur-Bewegung
wegen ihres Erklärungsansatzes für die Frage, warum Werte des 16. und 17.
Jahrhunderts Einfluss auf die Werte und Rechtssetzung der Gegenwart haben
sollten. Nach Erkenntnissen der Neuropsychologie und Soziologie ändern sich
Werte in Abhängigkeit von Raum und Zeit, aber es kann sehr lange dauern, bis
grundsätzliche Veränderungen eintreten. Kulturelle Orientierungen sind relativ stabil. Veränderungen im Gesellschaftsethos benötigen Dekaden und Jahrhunderte.[112] In sozialen Präferenzen werden die Bedingungen, Erfahrungen
und intellektuellen Errungenschaften der Vergangenheit konserviert.[113] So mag
man es dem Zufall zuschreiben, dass sich die ersten Fonds in den Niederlanden
entwickeln und diese später in der französischen Schweiz (Genf!), Großbritannien und den USA reüssieren.[114] Ebenso mag es Zufall sein, dass der Preuße
Ehrenberg die Gründung der Darmstädter Bank als Aktienbank im Stil des
Crédit Mobilier im Jahr 1854 missbilligt und ähnliche Banken in Preußen noch
längere Zeit verboten bleiben,[115] während *Carl von Savigny* den anderswo akzeptierten Börsenhandel mit Glücksspiel gleichsetzt.[116] Mangels marktförmiger
Alternativen musste *Bismarck* seine Sozialversicherung im 1881 auf den Gene-
rationenvertrag stützen (was er interessanterweise mit der Aussage rechtfertigt,
der Staat sei von Humanität und Christentum durchdrungen[117]). Die Recht-

---

[111] Näher *Zetzsche*, An Ethical Theory (2007).

[112] *Licht/Goldschmidt/Schwartz*, Culture Rules, unter I., V.; *Mitchell*, (1999) 49 UofT L.J.
177, 222.

[113] Nach *Putnam*, Making Democracy Work (1993) reicht die demokratische Tradition in
manchen italienischen Regionen auf das 12. Jahrhundert zurück und erklärt dort die vergleichsweise gute Funktionsweise des föderalen Systems; *Schwartz/Ros*, (1999) 1 World Psychology 99; *Inglehart/Baker*, (2000) 65:1 Am. Soc. Rev. 19, 49 („Empirical evidence from societies indicates that values can and do change, but also that they continue to reflect a society's cultural heritage."); *Moghaddam/Chrystal*, (1997) 18 Political Psychology 355 (für Einstellung gegenüber Behörden); s. aber *Schwartz/Bardi/Bianchi*, Value Adaptation, S.217, 234,
die einen Einfluss des Kommunismus' auf Basiswerte durch Vergleich des Ist-Zustands West/
Ost nach dem Fall des Eisernen Vorhangs nachweisen. Siehe den Überblick zu politisch-kul-
turellen Untersuchungen von *Pye*, Concept of Culture, S.18, 27f.

[114] Vgl. detailliert im Dritten Teil, § 14.B.

[115] *Ehrenberg*, Fondsspekulation, S.82ff., insbesondere S.108f.

[116] *Fleckner/Hopt*, FS Hamb. Börse, S.261 m.w.N.

[117] Zitiert nach *Kleis*, Soziale Versicherung, S.97.

und Kultur-Bewegung sieht in solchen Präferenzen dagegen die Ausprägung lange zuvor etablierter ethischer Grundlagen.

C. Gegenwartsethik

Beeinflusst – entsprechend den Argumenten der Recht- und Kultur-Bewegung – die Geschichte die Gegenwart, wundert es nicht, wenn sich in der Ethik der Gegenwart die Strömungen der Vergangenheit abbilden.

I. Vermögensakkumulation durch Kapitalanlage

Zur Vermögensakkumulation finden sich heute im Wesentlichen drei Positionen. Eine Extremposition lehnt die Kapitalanlage als Instrumentalisierung kurzfristiger Marktkräfte grundsätzlich ab,[118] während nach der liberalen Position die unsichtbare Hand des Marktes als effektiver Verteilungsmechanismus möglichst unbeschränkt agieren soll.[119] Dazwischen ist das vermittelnde Spektrum angesiedelt. Danach dient die Kapitalanlage der Altersversorgung und Unternehmensfinanzierung. Der Arbeitnehmer nimmt als Kapitalist an der wirtschaftlichen Entwicklung teil, die Kapitalbeteiligung am Produktivunternehmen reduziert die Abhängigkeit von der eigenen Arbeitskraft. Gleichwohl ist keine schrankenlose Tätigkeit gewünscht. Diese vermittelnde Position ist die des Rechts. Das *Dostojewski*-Zitat „Geld ist geprägte Freiheit" wird in dem Urteil des BVerfG zur Währungsunion zitiert.[120] Das Aktieneigentum wird zwar in seinem Anlagewert rechtlich geschützt, aber Anlagetätigkeit und Gewinnstreben werden nur mit Blick auf den konkreten Zweck der Altersversorgung und als Mittel zur Unternehmensfinanzierung gebilligt und z.B. durch steuerliche Regeln und Insolvenzvorrang staatlich gefördert. Die prinzipiell zwecklose Tätigkeit der Kollektivanlage muss sich im Hinblick auf diese Wohlfahrtsziele rechtfertigen lassen.

Dem mittleren Weg haben sich insbesondere die großen Kirchen angeschlossen. Die Mitglieder der Synode der Evangelischen Kirche in Deutschland (EKD) haben sich zur Vermögensakkumulation liberaler, die protestantischen Weltverbände restriktiver positioniert.[121] Die katholische Kirche hat mit den Sozialenzykliken Rerum Novarum (1891), Quadragesimo Anno (1931), Populorum Progressio (1968)[122] und Caritas et Veritate (2009) ihre Einstellung zu Märkten

---

[118] Z.B. die Beiträge in *Duchrow/Segbers* (Hrsg.), Frieden mit dem Kapital? (2008).

[119] Vgl. die Nachweise zum *Laissez faire*-Ansatz oben § 9.C.II.

[120] BVerfGE 97, 350, 371.

[121] *Herms*, Wirtschaft des Menschen, S. 350ff. (unter der Prämisse der Altersversorgung) einerseits und *Hübner*, Grundsatzüberlegungen, S. 97ff.; *Traub*, Ethik und Kapitalismus, S. 153 („Geldgenuß ohne Lebensarbeit" sei „ehrlos") andererseits.

[122] Explizit zur Idee eines Weltfonds, der Kapital mit wechselnden Zinshöhen vergibt, um „Bequemlichkeit und Schmarotzertum" entgegen zu wirken, dort Nr. 54.

und Kapital von einer ablehnenden zu einer moderat befürwortenden Position modifiziert. Die katholische Soziallehre[123] hat das Kapital als paritätischen Wirtschaftsfaktor neben Wissen und Arbeit anerkannt. Kapitalakkumulation verhilft zur Unabhängigkeit von wirtschaftlichen Zwängen; die Vermögensakkumulation ist zwar nicht als Ziel einer Lebensführung, aber als legitimes Zwischenziel für ein verantwortliches christliches Leben ethisch positiv besetzt. Freilich ist das Verhältnis zu Marktkräften und Gewinn nicht barrierefrei. So rechtfertigen sich die propagierte Sozialbindung aller rechtlichen und Marktinstitutionen[124] und Forderungen nach einer strengen Regulierung und Transaktionssteuer („Tobin-Steuer") zur Stabilisierung der Finanzmärkte.[125]

Die vermittelnde Position geht mit einem Eingriff in die persönliche Nutzenpräferenz des Anlegers einher, der möglicherweise keine Altersversorgung, sondern allgemeine Vermögensbildung oder Spekulation zum Lustgewinn betreibt. Sie übersieht zudem, dass auch eine „zwecklose Anlage" nützlich ist, indem sie Gelder dem Finanzmarkt zur Verfügung stellt und diesen somit liquider und möglicherweise effizienter gestaltet. Die Prämisse der dienenden Funktion von Kapitalmärkten erleichtert zudem eine Instrumentalisierung der Finanzmärkte für Eigeninteressen der Machthaber (Politik). Die traditionelle (s.o.) Missbilligung von Gewinn, Markt und Kapital lässt sich zu politischen Zwecken nutzen. Damit soll für Investmentfonds kein *Laissez faire*, sondern eine auf Exzesskontrolle[126] beschränkte Finanzmarktethik befürwortet werden. Auf der Anlegerebene besteht das Risiko derartiger Exzesse in einer aus ex post-Sicht euphorischen oder depressiven Bewertung. Die Zuführung oder der plötzliche Abzug von Kapital durch Fonds als Intermediäre führt zu Überreak-

---

[123] Neben dem „Nestor" der katholischen Sozialethik, *Nell-Breuning*, Grundzüge der Börsenmoral, insbesondere S. 140 ff. zur moralisch indifferenten Einschätzung des Marktes, vgl. *Kruip* in Giersch, Money makes the world go round?, S. 55; *Rauscher*, Katholische Soziallehre und liberale Wirtschaftsauffassung, S. 279; *ders.*, Wirtschaft und Ethik (1998); die Beiträge in *Novak* (Hrsg.), Capitalism and Socialism (1979); *Kristol*, Spiritual Roots, S. 1; *ders.*, Disaffection from Capitalism, S. 15. Auseinandersetzung und Fortentwicklung in der Enzyklika „Caritas et Veritate" (2009).

[124] Diese Position ist international. So unterstützten US-Katholiken z.B. *Roosevelts* New Deal-Politik, der zum Erlass des SA 1933, des Securities Exchange Act 1934 und des Investment Companies Act und des Investment Adviser Act 1940 und dem Aufbau einer Kapitalmarktaufsichtsbehörde führte. *Sagent*, (2004) 1:2 J. of Cath. Soc. Thought 2, unter IV. m.w.N.

[125] Dafür z.B. *Stout*, (1995) 81 Va. L. Rev. 611; *Kruip* in Giersch, Money makes the world go round?, S. 55, 65; *Hübner*, Grundsatzüberlegungen, S. 135; *Wiemeyer*, in Konrad-Adenauer-Stiftung (2008), S. 28; zurückhaltend EKD, Unternehmerdenkschrift, S. 87. Krit. *Klöhn*, ZBB 2011, 130 f.

[126] I.E. wohl auch der ehemalige Vorstandschef der Commerzbank, *Klaus-Peter Müller*, in Giersch, Money makes the world go round?, S. 25, 27 („Verantwortungsbewusstes Handeln kann durch staatliche Gesetze, interne Richtlinien und ständige Kontrollen nur gefordert und gefördert, niemals aber garantiert werden. Denn Menschen sind fehlbar"). Die Exzessperspektive nimmt auch *McCosh*, in Adams, Split Crisis, S. 159 ff. ein. Gegen Möglichkeit zur „Herbeiregulierung" der Normbefolgung aus psychologischer Sicht *Haueisen* in Scherer/Hütter/Maßmann, S. 107 ff.

tionen, mit der systemimmanenten Folge von Volatilität und zyklischer Arbeitslosigkeit.[127] Haben selbst die Marktteilnehmer kein Gespür für Euphorie und Depression, ist man auch beim Staat nicht in sicheren Händen. Ist keine dritte Institution zum Schutz in der Lage, ist der Selbstschutz die einzig ethisch akzeptable Lösung. Dafür ist eine angemessene Schulung der Anleger[128] und die Aufklärung über die eingegangen Risiken geboten; so kann jeder Anleger selbst entscheiden, ob er die mit Kollektivanlagen verbundenen Risiken eingeht.

II. Glücksspiel / Spekulation

Die Fairness der Spekulation aus individualethischer Perspektive – wer riskiert, muss auch verlieren können – besteht bei Verzicht auf illegitime Hilfsmittel wie z.B. Insiderinformationen.[129] Zu einem Gleichgewicht aus Anreiz (Gewinn) und Strafe (Verlust) kommt es jedoch nur, wenn derjenige die Strafe erleidet, der spielt. Dies trifft für die Anlagedimension zu – der Anleger trägt die wirtschaftlichen Folgen der Anlage. Für den Verwalter gilt das Gleichgewicht aus Anreiz und Strafe dagegen gar nicht oder nur mit Einschränkungen: Dessen Vergütung nimmt proportional zum Gewinn zu, den Verlust tragen die Anleger regelmäßig allein. Soweit dies nicht auf Weisungen des Anlegers zurückzuführen ist, ist die Spekulation durch den Vermögensverwalter ebenso wie bei Familienvätern, die Haus und Hof, Königen, die ihr Reich,[130] und Vorständen, die die Zukunft von Wirtschaftsunternehmen riskieren, ethisch bedenklich.

Die ökonomischen Argumente[131] sind als systemethische Argumente für die Spekulation heranzuziehen: Spekulation reduziert die Unsicherheit über den zukünftigen Wandel während der Investitionsperioden einer Unternehmung und fördert damit die „Realwirtschaft". Erst durch Spekulation gewinnt der Markt an Liquidität. Absicherungsgeschäfte werden möglich, mit stabilisierender Wirkung für die Unternehmen. Der Gewinn ist Risiko- und Informationsprämie des Spekulanten.

---

[127] *Rajan/Zingales*, S. 226 ff.

[128] *Moloney*, How to Protect Investors, S. 374 f.

[129] Zur ethischen Disqualifikation des Insiderhandels *Boatright*, Ethics in Finance, S. 143 ff.; *Koslowski*, Folgerungen, S. 78 ff.

[130] Das altindische Epos Mahabharata, zweites Buch Sabhaparva, stellt die Macht des Glücksspiels für den Menschen plastisch dar. Ein Falschspieler, der König Sakuni, fordert den weisen König Yudhishthira zum Würfelspiel heraus. Der weise (?) König setzt sein Königreich und sich selbst als Einsatz und verliert. Der Berater Vidura konstatiert: „Ich weiß, dass das Glücksspiel die Wurzel unseres Elends ist". Vgl. die Nachweise bei *Koslowski*, Folgerungen, S. 166 f.

[131] Vgl. Erster Teil, § 6.D. Im Kontext der ethischen Diskussion z.B. *Koslowski*, Folgerungen, S. 68 ff., 129, 160 ff.; *Fischer*, (2003) 5 Wirtschaftspsychologie 74, 75 f.; *Traub*, Ethik und Kapitalismus, S. 163 ff. Auf entsprechende Tendenzen in Großbritannien (im Jahr 1968) lassen Anmerkungen von *Pennington*, Investor and the Law, S. 13 („vaguely anti-social") und S. 18 (Sozialisten würden zwischen „real" oder „genuine investments" und Spekulation unterscheiden) schließen.

Demgegenüber schränken Vertreter der christlichen Soziallehren (mit Blick auf die Missbilligung der Gier)[132] und Philosophie[133] die Rechtfertigung der Finanzmarktspekulation ein. Ab einer nicht präzise zu bezeichnenden Grenze habe der Spekulant nur noch mit den Preisen, der Effektivhändler nur mit der Ware zu tun. Dort soll die Grenze zwischen Real- und Finanzwirtschaft liegen. Der gängige Vergleich von Absicherungsgeschäften mit Feuerversicherungen gehe fehl, weil letztere auf den Nichteintritt, Spekulanten dagegen auf den Eintritt der widrigen Bedingungen spekulierten.[134] Spekulation sei ein „Geschäftszweig, der mit moralischer Notwendigkeit allgemein schwer korrumpierend wirke".[135] Mehrwertaneignung durch sozial unnütze Spekulation laufe der strengen Gerechtigkeit zuwider.[136] Mit dem Grad der Spekulation steige die Gefahr, dass das kurzfristige Gewinnziel die Verantwortung für die gesamtwirtschaftlichen Folgen des Handelns verdränge.[137]

Dieser Kritik sind vier Argumente entgegen zu halten. Erstens werden Marktmanipulation und Spekulation vermischt. Nur die Marktmanipulation ist bei Strafe verboten (§ 20a WpHG). Der Manipulator möchte bestimmte Kursereignisse *herbeiführen*, während der Spekulant aufgrund von Information oder Glück nur auf den Eintritt *hofft*. Zweitens versucht man sich an einer künstlichen und unpraktikablen Grenzziehung. Auf die im ersten Teil dargestellten Abgrenzungsschwierigkeiten zwischen spekulativem und kalkuliertem Handeln sei verwiesen. Drittens ist die wirtschaftliche Konsequenz der Anti-Spekulationsethik fragwürdig: Unterstellt man, jeder „Spekulant" verließe den Markt, gäbe es für viele Risiken keine Gegenparteien. Das Risiko müsste in den Unternehmen der Realwirtschaft konzentriert bleiben. Denn die Risiken „im Markt" sind lediglich die bei einigen Vermögensmassen (Kollektivanlagen) konzentrierten Teil-Risiken der unternehmerischen Tätigkeit. Auch Versicherer tragen das Risiko längst nicht mehr selbst, sondern lagern die Risiken in den Markt aus (z.B. an sog. Katastrophenfonds). Zwar hofft der Kapitalgeber, dass das Risiko nicht eintritt. Aber selbstverständlich lebt eine Versicherung davon, dass sie Risiken besser kalkuliert, nicht davon, diese Risiken abzuschaffen; denn dann entfiele der Versicherungsbedarf. Die künstliche, gleichwohl weit

---

[132] Vgl. aus katholischen Soziallehre insbesondere *Nell-Breuning*, Grundzüge der Börsenmoral, S. 141 ff.; *Kettern*, (2001) 55 Die neue Ordnung 16, 24 f. (vgl. zur Wurzel der Argumentation in der spanischen Spätscholastik *Kaye*, Economy and Nature, S. 79 ff., insbesondere 116 ff.). Die päpstliche Enzyklika „Caritas et veritate" (2009), unter Nr. 35, 53 ff. missbilligt eine vom reinen Profitstreben geleitete Wirtschaftsentscheidung. Aus der evangelischen Soziallehre zu Beginn des 20. Jahrhunderts *Traub*, Ethik und Kapitalismus, S. 167 f.; aus neuerer Zeit *Hübner*, Grundsatzüberlegungen, S. 126; *Jähnichen*, Wirtschaftsethik, S. 192 f. (gegen „reine Gewinnspieler").

[133] *Koslowski*, Folgerungen, S. 160 ff.

[134] *Hübner*, Grundsatzüberlegungen, S. 123, 127.

[135] *Nell-Breuning*, Grundzüge der Börsenmoral, S. 153.

[136] *Nell-Breuning*, Grundzüge der Börsenmoral, S. 163.

[137] *Jähnichen*, Wirtschaftsethik, S. 193.

verbreitete Grenzziehung zwischen Real- und Finanzwirtschaft ist als ethische Grenze untauglich. Die *rechtliche* Grenze zwischen Manipulation und Spekulation eignet sich jedoch auch als ethische Grenze. Wer schicksalhaft die Unsicherheit der zukünftigen Entwicklung erträgt, handelt ethisch einwandfrei. Vorwerfbar ist nur, dem Schicksal „nachzuhelfen". Schließlich ist die generalpräventive Wirkung einzubeziehen. Zwar mag Spekulation kurzfristig zur Gier verleiten, doch kommen Gier und Ethik in Zyklen.[138] Dem Anreiz in Hausse-Phasen folgen Ernüchterung und Vorsicht. Schon Lord *Palmerstone* wird nach einer der vielen Aktienkrisen der ersten Hälfte des 19. Jahrhunderts mit der Aussage zitiert, „Losses provide salutary warning to others".[139]

Als letztes Argument gegen die Spekulation verbleibt das Argument der Pflicht zur Nächstenliebe (Caritas). In Kollektivethiken entsteht bei den Mitgliedern das schlechte Gewissen, den Spekulanten seinem Schicksal zu überlassen. Insoweit lebt die katholische und lutherische Präventionspflicht im kollektiven Selbstverständnis der Gemeinschaften fort. Ein so gerechtfertigtes Spekulationsverbot ist freilich nicht ethisch, sondern egoistisch begründet: Wegen des kollektiven schlechten Gewissens *der Gesellschaft* wird dem Spekulanten die Spekulation verboten. Eine individualistische Ethik, wie sie z.B. im Calvinismus und der darauf gegründeten anglo-amerikanischen Gesellschaft vorherrscht, fokussiert dagegen auf „Caveat Emptor". Jeder hat das unveräusserliche Recht, sich selbst zum Narren zu machen. Es gibt ein Recht auf Scheitern, aber auch – mangels Vorwerfbarkeit (Prädestination!) – auf Neustart. Diese grundsätzliche Divergenz innerhalb kulturell nahestehender und durch einen gemeinsamen Binnenmarkt verbundener Gesellschaften erklärt die unterschiedliche Entwicklung und rechtliche Behandlung risikoreicher Kollektivanlagen.

D. Zwischenergebnis

Die soziale Bewertung des Anlegers hat sich von Missbilligung und Restriktion zur Billigung als Finanziers von Innovation und Produktion gewandelt, der durch Dienst an Anderen (Unternehmens- und Liquiditätsförderung) zugleich einen Dienst an sich selbst verrichtet (Altersversorgung). In einer industriellen Wirtschaft, die neben Arbeit auf Kapital und Wissen angelegt ist, ist die Anlagetätigkeit sozial nützlich. Für das Inland ist als ethischer Konsens eine vorsichtige Befürwortung zu konstatieren. In Restriktionen spekulativer Anlagen lebt der Kollektivschutz der Aristotelischen in Form der katholischen und lutherischen Wirtschaftsethik fort. Eine abweichende euphorische oder restriktive Beurteilung ist partikulare oder elitäre, nicht aber soziale Ethik.

---

[138] *Martin Weber*, „Gier und Ethik kommen in Zyklen", FAZ v. 25.10.2002, Nr. 248, S. 23.
[139] Vgl. bei *Lal*, Reviving the Invisible Hand, S. 126.

Im europäischen Binnenmarkt sind die Divergenzen tiefgreifender, weil in manchen Staaten die individualistische calvinistische Ethik einflussreich (gewesen) ist. Bei divergenten Wertvorstellungen erzielt eine rechtlich gestützte ethische Ordnung keine Rechtssicherheit. Das Recht muss auf Detailregelungen setzen, Wertkonflikte sind im Rahmen der Gesetzgebung auszutragen. Wert- und Wirtschaftskonflikte sind vorprogrammiert: Die Erhebung eigener über die Werte anderer Rechtsordnungen bürdet anderen Rechtsordnungen Zwang und Kosten auf.

§ 11 – Verwalterdimension

Bei der Verwalterdimension stehen die adäquate Anlegerinformation (A.), Interessenkonflikte des Verwalters, (B.) die Vergütungsstrukturen (C.) und die Chancengleichheit im Verhältnis zu anderen Anlegern (D.) im Mittelpunkt.[140] Die Trennlinie zwischen moralisch gebotenem und verwerflichem Handeln ist ex ante schwer zu ziehen. Die Rechtfertigung der ethischen bedarf angesichts der rechtlichen Grenzen genauer Betrachtung.

A. Anlegerinformation

Ohne Anlegerinformation sind weder Kontrolle noch Veräußerung möglich. Die Kodizes der Industrieverbände[141] verpflichten zu compliance, zumindest aber zu „comply-or-explain."[142] Weil diese Kodizes einen Standard für ange-

---

[140] Der ebenfalls kritische Vertrieb unpassender Anlageprodukte ist nicht Gegenstand dieser Untersuchung, dazu aus ethischer Sicht *Boatright*, Ethics in Finance, S. 69 ff.; *U. H. Schneider*, ZIP 2010, 602, 607 f.; *Koslowski*, Folgerungen, S. 64 ff.; *Müller* in Giersch, Money makes the world go round?, S. 25, 28 f. S. a. Rushdoony/*North*, S. 799 ff. mit einer Rückführung jeder Form des Stewardship auf die Prinzipien *charity* und *calling*. Ersteres verlangt ggf. einen Verzicht auf einen möglichen, aber ethisch anrüchigen Gewinn, letzteres die gewissenhafte Wahrnehmung der Anlagechancen. Ebd. mit Kritik zu „*life annuities.*"

[141] BVI, Wohlverhaltensregeln des BVI (September 2012) (zit.: BVI-WVR); CFA Institute, Code of Ethics and Standards of Professional Conduct (2010) (zit.: CFA, Code of Ethics); EVCA / Walker Working Group, Professional Standards – Code of Conduct (Repr. Juli 2011) (zit.: EVCA, Code of Conduct); EFAMA, A Code of Conduct for the European Investment Management Industry – High Level Principles & Best Practice Recommendations (12.01.2006) (zit.: EFAMA, Code of Conduct); Hedge Fund Standards Board (HFSB), The Hedge Fund Standards (16.02.2012) (zit.: HFSB Standards); British Venture Capital Assoziation (BVCA), Guidelines on Disclosure and Transparency in Private Equity (November 2007) (zit. Walker-Guidelines).

[142] BVI-WVR: implizit, vgl. Teil I (= „Allgemeinverbindlichkeitserklärung"), den die Ba-Fin zur Auslegung des InvG herangezogen hatte, und Teil II zur Selbstregulierung der Branche; CFA, Code of Ethics, Preamble (compulsory complying mit Selbstverpflichtung auf den Code); EVCA, Code of Conduct: implizit in Introduction a. E. (= „The objectives of the Code are to state the principles of ethical behaviour that members of EVCA abide by EFAMA, Code of Conduct, p. 4 (Introduction), No. 13 (esp. concerning shareholder and creditor

messenes Verhalten darstellen, beinhalten sie für ethische Insider teils Selbst-
verständlichkeiten.[143] Zum innovativen Teil solcher Kodizes zählt z.b. eine ver-
walter- statt fondsbezogene Offenlegungspflicht bereits vor einer europäisch
harmonisierten Verwalterregulierung,[144] obwohl die Anleger nicht am Verwalter beteiligt sind. Des Weiteren zu nennen sind die Berichtspflichten der Fonds
(gleich welcher Rechts-, Organisations- oder Sitzform) gegenüber Anlegern
nach dem Vorbild von börsennotierten Kapitalgesellschaften gegenüber ihren
Aktionären.[145] Damit wird der Einfluss rechtlicher Gestaltungsvarianten auf
die Anlegerinformation reduziert. Die Offenlegungspflichten gem. Art. 22 bis
24 AIFM-RL haben diese Standards nachempfunden. Für Ethik im Sinne eines
freiwilligen Handelns bleibt wenig Raum. Selbst wo Raum verbleibt, ist zu be-
zweifeln, ob Kodizes angesichts der erheblichen Komplexität der regulierten
Industrie und der auf Missachtung drängenden Anreize innerhalb der Finanzunternehmen ohne strikte Durchsetzung von außen Steuerungswirkungen
hervorrufen.[146]

---

rights), No. 14 (esp. concerning investor information in general), No. 15 (esp. concerning
clients and intermediaries/distributors); HFSB Standards, p. 1 (introduction/illustration);
Walker-Guidelines, Executive Summary, No. 5. Zu den Abkürzungen vgl. Fn. 251.

[143] So verpflichten sich die gemäß den Vorgaben der FSA bereits zulassungspflichtigen
Mitglieder der BVCA dazu, im Jahresabschluss den oder die Eigentümerfonds neben den zuständigen Personen und Dienstleistern anzugeben, die Auswirkungen auf die zukünftige
Entwicklung im Hinblick auf die Geschäfts-, soziale und Mitarbeiterentwicklungen und zudem eine Finanzberichterstattung mit den Risiken und Strategien zur Abwendung von Risiken aus der Geschäftstätigkeit, inklusiver solcher aus der Aufnahme von Verschuldung (Leverage) darzustellen. Die Anteilsbewertung und Berichterstattung an Anleger soll anerkannten Standards und Verfahren folgen. Mitarbeiter sollen zeitig und angemessen über strategische
Änderungen informiert werden. Vgl. Walker-Guidelines, Executive Summary, No. 3, 6, 7.

[144] Beispiele (vor AIFM-RL): BVCA-Mitglieder schulden seit 2007 eine jährliche und Zwi-
schenberichterstattung über die Struktur und Anlagestrategie der Verwaltungsgesellschaft,
der britischen Unternehmen in ihrem Portfolio sowie des Führungsstabs der Verwaltungsgesellschaft und ihrer Vorkehrungen gegen Interessenkonflikte sowie eine geographische und
typenbezogene Aufschlüsselung ihrer Anleger (limited partner), vgl. Walker-Guidelines,
Executive Summary, No. 3 bis 5. Siehe des Weiteren BVI-WVR, Teil I Abschn. III Nr. 1
UAbs. 2 (Hinweis in Jahresbericht bei Transaktionsabwicklung durch Dritte), Teil II Abschn.
IV Nr. 9 (Kosten-/Vergütungstransparenz im Jahresbericht), Nr. 11 (Änderung der Anlagepolitik); FEFSI, Inv. Pol. Princ., No. 4 (regular reporting on investment policy); FEFSI, Princ.
Bus. Trans., No. 5 (compliance to investors); EFAMA, Code of Conduct, No. 9 (broker relation disclosure), No. 13 (disclosure of usage of shareholder/creditor rights), No. 14 (investor
information in general); HFSB Standards, Sec. A Sub. [1] (investment policy and risk disclosure), Sub. [2] (commercial terms disclosure), Sub. [3] (performance measurements disclosure). Der CFA, Code of Ethics, und EVCA, Code of Conduct, verpflichten zur Offenlegung
von Interessenkonflikten (dazu sogleich).

[145] Beispiel BVCA: Verweis auf die Reporting Standards der EVCA, wonach u.a. eine
Pflicht zur Quartalsberichterstattung, zu Vergütungen (inkl. carried interest), Anteilswert
und Interessenkonflikte in Bezug auf den Fonds erforderlich sind.

[146] Vgl. *Awrey/Blair/Kershaw*, (2013) 38:1 Del. J. Corp. L. 201.

B. Interessenkonflikte

Interessenkonflikte sind der Rahmen für das Postulat eines Werteverfalls und eines auf eigene Vorteile bedachten Verwalterwesens. Moral werde durch informationsbezogene Regulierung ersetzt, mit der sich jedes Ergebnis rechtlich rechtfertigen lasse. Das Recht der Treupflichtigen (*fiduciary law*) sei zum Vertragsrecht (*contract law*) degeneriert. Statt ethisch vertretbarem sei formal richtiges Handeln gefragt. Konsequent fordert man die Rückkehr der Moral in den Markt.[147] Ein Konflikt zwischen Ökonomie und Ethik besteht insoweit nicht. Selbstbeschränkung der Akteure und gegenseitiges Vertrauen sind Kerngedanken jedes funktionierenden Marktes. Märkte mit wiederkehrenden Parteien funktionieren am effektivsten bei gegenseitigem Vertrauen, weil Vertrauen Transaktionskosten reduziert. Schwierig ist freilich die Konkretisierung der Parameter, die bei Kollektivanlagen Vertrauen signalisieren. Am Anlageergebnis kann man nicht erkennen, ob der Verwalter untreu oder lediglich glücklos war.

Die Branche sucht das Vertrauen durch Selbstverpflichtung herzustellen bzw. zu steigern. Die einschlägigen Kodizes verpflichteten schon vor einer verbindlichen Regulierung zu Maßnahmen gegen Interessenkonflikte, daneben zur Integrität, Objektivität, Kompetenz und Sorgfalt.[148] Durch diesen Standardinhalt der Berufsethiken sucht die Finanzbranche die öffentliche Bedeutung des Berufsstands zu demonstrieren, sie gibt ein justiziables Versprechen auf die genannten Werte ab.[149] Damit wird zugleich die Grenze von Moral und Recht passiert: (Erst) Die Verpflichtung, für diese Werte auch rechtlich einzustehen,[150] verleiht der Selbstverpflichtung Glaubwürdigkeit. Ob die Kodizes derart justiziabel sind, muss hier freilich nicht erörtert werden.

---

[147] *Frankel*, (2008) 31/32 Finance & The Common Good 87, 89ff.; *dies.*, Trust and Honesty, S. 101f. (am Beispiel des Market Timing); *Awrey/Blair/Kershaw*, (2013) 38:1 Del. J. Corp. L. 205f.

[148] Beispiele (vor AIFM-RL): BVI-WVR, Teil I Abschn. II (Interessenkonflikte), Teil II Abschn. V. Nr. 1 (Anforderungen an die Geschäftsleitung); CFA, Code of Ethics, Sec. I Sub. A (knowledge of the law), Sub. B (Independence and Objectivity), Sec. III Sub. A (Duties to Clients/Loyalty, Prudence, and Care), Sec. VI (Conflict of Interest); EVCA, Code of Conduct, No. 3.1. (Integrity), 3.3. (Disclosure of Conflict of Interest); EFAMA, Code of Conduct, No. 1 (Fiduciary Duty), No. 2 Sub. 2 (Prerequisites of Directors) and Sub. 3 (Sufficient autonomy and independence), No. 3 (Conflicts of Interest), No. 4 (Organisation and Procedure/Due skill, care and diligence); HFSB Standards, Sec. B Sub. [5] (disclosure of conflicts of interest in case of segregation of functions in valuation), Sec. C Sub. [11] (disclosure of conflicts of interest in risk monitoring process), Sub. [20] (disclosure of conflicts of interest within outsourcing risk management/third party service providers), Sec. D Sub. [21] (fund governance/fully disclosure of conflicts of interest in general).

[149] Vgl. zur Funktion einer Berufsethik *Bachmann*, Private Ordnung, S. 32, 37ff.; *Boatright*, S. 44ff.; *Koslowski*, Folgerungen, S. 63.

[150] Vgl. dazu *Bachmann*, Private Ordnung, S. 229ff.

Ein regulatorischer Gegensansatz zielt auf Ethik durch oder nach Verfahren.[151] Durch spezialisierte Ethik- und Kontrollgremien, verbunden mit internen Berichts- und externen Reporting-Pflichten sollen ethische Verhaltensweisen wie eine Dominanz der Kundeninteressen bei der eigenen Entscheidungsfindung erreicht werden. Dieser Regelungsansatz hat trotz der immanenten Nachteile – Erstarrung der Organisation, hohe Fixkosten und eine Deresponsibilisierung der Leitungsorgane[152] – auch die jüngere Finanzmarktgesetzgebung beeinflusst. Das Recht der Kollektivanlagen prägt seit der Finanzmarktkrise 2006 ff. eine dichte Regulierung. Maßnahmen gegen Interessenkonflikte aller Art wurden intensiviert[153] – dazu zählen im weitesten Sinne auch Verpflichtungen zu einem angemessenen Risiko- und Liquiditätsmanagement.[154] Für Ethik jenseits von oder ohne rechtliche Verpflichtung bleibt wenig Raum.

C. Verwaltervergütung

Die Höhe der Verwaltervergütung entscheidet über die Nützlichkeit der Anlage für den Anleger. Der Verwalter muss neben der Kapitalrendite die eigene Vergütung erwirtschaften.[155] Alternativ kann er wegen einer auf kurzfristigen Erfolg ausgerichteten Vergütungsstruktur eine kurzfristige Anlagepolitik verfolgen.[156] Extrem hohe Vergütungen reduzieren die Bindung an Verwalter und Kunden. Die handelnden Personen sind nach Erhalt des Bonus unabhängig und können sich im Fall des Scheiterns der Anlagestrategie den Folgen ihres beruflichen Misserfolgs entziehen. Dadurch nimmt die Neigung zur Eingehung hoher kurzfristiger Risiken zu. Vergütungshöhe und -struktur sowie Anlagerisiko korrelieren.

Deshalb soll sich nach der Unternehmer-Denkschrift der EKD jedes Gehalt vor den Empfängern der geringsten Löhne des Unternehmens rechtfertigen lassen. Aus den Maximen des ökumenischen Rates der christlichen Kirchen wird abgeleitet, der Mehrwert einer Unternehmung dürfe nicht einigen wenigen in

---

[151] Die Bezeichnung variiert. Verbreitet sind *proceduralization, process-based* oder *management-based regulation, meta-regulation*. Vgl. *Parker*, Meta-Regulation; *Gilad*, (2010) 4:4 IJRG 485; *Gilad*, (2010) 5 IJRG 309; *Coglianese/Lazer*, (2003) 37 L. & Soc. Rev. 691; *May*, (2007) 1:1 IJRG 8, 10; *Gunningham /Sinclair*, (2009) 43 L. & Soc. Rev. 865.

[152] Vgl. *Enriques/Zetzsche*, ECFR 2012, S. 271 ff.

[153] Vgl. nur das Generalprinzip in Art. 12 Abs. 1 Bst. d AIFM-RL: „[managers shall] take all reasonable steps to avoid conflicts of interests and, when they cannot be avoided, to identify, prevent, manage and monitor, and where applicable, disclose, those conflicts of interest in order to prevent them from adversely affecting the interests of the AIF and its investors and to ensure that the AIF it manages are fairly treated." Umgesetzt in § 26 Abs. 2 Nr. 3 KAGB.

[154] Vgl. Art. 12 Abs. 1 Bst. a und 51 OGAW-RL i.V.m. Art. 10, 12 Kommissions-RL 2010/43; Art. 15, 16 AIFM-RL; i.V.m. Art 38 f. und 46 f. delegierte Kommissions-VO, umgesetzt in § 29 und 30 KAGB.

[155] *Koslowski*, Folgerungen, S. 238 ff.

[156] *Koslowski*, Folgerungen, S. 197 ff.

Form exzessiver Vergütungen, sondern müsse globalen Aufgaben zur Verfügung stehen. Der kurzfristige Finanzanreiz beeinträchtige die Entscheidungsfreiheit des einzelnen Kapitalmarktakteurs.[157] Zur Funktionssicherung der unsichtbaren Hand des Marktes müssten der Dienstgedanke (*finis operis*) und der Gewinngedanke (*finis operantis*) harmonisiert werden.[158] Exzessive Vergütungen förderten die Abkopplung der Finanzmarktakteure von den Sorgen und Ängsten normaler Menschen (Hybris).[159]

Doch ist ein häufig übersehener Zusammenhang zu beachten: Ethische Disqualifikation und Vergütungserwartung stehen in einem umgekehrten Zusammenhang. Je intensiver die soziale Ächtung einer Berufsgruppe, desto höher muss der pekuniäre Anreiz sein, um qualifizierte, tugendhafte Kräfte für diese Tätigkeit zu gewinnen. Wirkungsvolle Maßnahmen gegen exzessive Vergütungen setzen deshalb ein gewandeltes – positives – Bild des Fondsmanagers etc. voraus, welches nach den o.g. Erkenntnissen zur Langfristigkeit eines Wertewandels hierzulande nicht zu erwarten ist. Das Problem ist nicht so sehr das Gewinnstreben der Akteure – dieses ist bis zu einem gewissen Grad wünschenswert[160] –, sondern eine unpassende Vergütungsstruktur, die Fehlallokationen von Kapital und deshalb auf lange Sicht die Instabilität des Marktes fördert.[161] Kommt es infolgedessen zum Vertrauensverlust, sinkt die Markteffizienz. Erneut gehen Ethik und Wirtschaft Hand in Hand. Schon die Selbstverpflichtungen der Wirtschaft sehen gewisse Einschränkungen vor.[162] Die ethischen *und* wirtschaftlichen Bedenken wurden in der Regulierungswelle nach der Finanz-

---

[157] *Hübner*, Grundsatzüberlegungen, S. 92, unter Hinweis auf das erste „mittlere Axiom" von *J.H. Oldham* aus dem Jahr 1948, wonach der materielle Lohn der gemeinsamen internationalen Unternehmung gleichmäßig zu verteilen sei.

[158] *Koslowski*, Folgerungen, S. 201.

[159] *Koslowski*, Folgerungen, S. 205.

[160] *Posner*, A Failure of Capitalism, S. 107 („[W]e want them to be profit maximizers").

[161] S. dazu *Posner*, A Failure of Capitalism, S. 97 ff., der falsche Vergütungsstrukturen insbesondere bei Banken und nur zu einem geringen Teil bei Hedgefonds und Private Equity ausmacht.

[162] BVI-WVR, Teil I Abschn. II Nr. 5 (Ausschluss/Verbot des Empfangs von tätigkeitsbezogenen Zuwendungen), Abschn. III Nr. 4 (Rückvergütungen/Aufwendungen zulasten des Sondervermögens), Nr. 5 (sonstige geldwerten Vorteile), Nr. 6 (window dressing), Teil II Abschn. IV Nr. 9 (Kosten-/Vergütungstransparenz im Jahresberichterstattung), Nr. 14 (Hinweis auf Vertriebs-/Vertriebsfolgeprovisionen in Verkaufsunterlage), Abschn. V Nr. 5 (Zuwendungsverbot an Mitglieder des Aufsichtsrats); CFA, Code of Ethics, Sec. I Sub. B. (Zuwendungsverbot), Sec. VI Sub. C. (referral fees, disclosure); EVCA, Code of Conduct (not explicitly), No. 3.6. a.E. (generalklauselartiges Verbot, alles zu unterlassen, was das Potenzial besitzt, das Image oder die Interessen der Industrie zu gefährden); FEFSI, Princ. Bus. Trans., No. (2) (transparent policy for brokerage and other transactions); EFAMA, Code of Conduct, No. 14 (in "Best Practice Recommendations": disclosure of all costs); HFSB Standards, Sec. A Sub. [2] (commercial terms disclosure which includes fees and expenses); FEFSI, Principles for the Transparency of Fees, Usage and Publication of Total Expenses Ratio (TER); FEFSI, Code of Good Conduct on the Presentation of Performance Records and the Classification of Investment Funds, Provisions Sec. I No. 6 (information on performance).

marktkrise 2006 ff. aufgegriffen. Das allgemeine Regelwerk zur Vergütungsstruktur von Beschäftigten im Finanzmarktsektor verpflichtet seit der AIFM-RL auch die Verwalter von Kollektivanlagen.[163] Die Zusatzregeln der AIFM-RL wurden in das OGAW-Regelwerk übernommen.[164] Erneut bleibt für Ethik wenig Raum.

D. Chancengleichheit der Anleger

Weil offene Fonds nicht an Märkten gehandelt, sondern die Anteile dem Initiator zurückgegeben werden, wird die Chancengleichheit – anders als bei börsengehandelten Finanzprodukten – vernachlässigt. Insbesondere in den USA haben die Skandale rund um das Market Timing und Late Trading das Vertrauen in Fonds erschüttert. Dabei wird einigen, meist professionellen Anlegern ermöglicht, Schwankungen zwischen Märkten auszunutzen (*Market Timing*), oder diesen Anlegern wird eine Ausgabe- oder Rückgabemöglichkeit noch nach dem Termin der Preisfestsetzung und dem letzten Termin für den Orderempfang eingeräumt, so dass sie von Marktschwankungen zwischen dem Termin und dem letzten, nur ihnen gewährten Zeitpunkt auf Kosten der im Fonds befindlichen Anleger profitieren können (*Late Trading*).[165]
Chancengleichheit zielt nicht auf allgemeine Gerechtigkeit oder Ergebnisgleichheit; es handelt sich ungeachtet dessen, dass viele Rechtstheoretiker und Rechtsanwender sie – unmittelbar zu Gott – fühlen oder konstatieren zu können glauben, um einen weder in seinen Voraussetzungen beschreibbaren noch messbaren Sachverhalt.[166] Für die Richtigkeit seiner Auswahlentscheidung muss jeder Anleger selbst verantwortlich bleiben. Die Chancengleichheit kann – ebenso wie bei anderen Finanzmarktprodukten – allenfalls in Form einer Informationszugangsgleichheit und einer strengen Gleichbehandlungspflicht bestehen. Die hier befürwortete Form der Chancengleichheit sichert das Vertrauen, unter gleichen Bedingungen wie andere Anleger sein „Glück" zu versuchen. Es geht um das ethische Gleichgewicht von Anreiz und Strafe. Die vertrauensbildende Funktion der Chancengleichheit ist im Soft Law der Fonds anerkannt. Die Branchenkodizes verpflichten für Fonds des offenen Typs zu Maßnahmen gegen Late Trading und Market Timing.[167] Doch auch hier hat das Recht die

---

[163] Art. 13 und Anhang II AIFM-RL, umgesetzt in §37 Abs. 1 KAGB. Dazu *Volhard/ Kruschke*, DB 2011, 2645; *Kerisit/Dautriat*, Revue Banque 2013 No 755–756; ESMA, Leitlinien für solide Vergütungspolitiken unter Berücksichtigung der AIFMD, ESMA/2013/232 vom 3.7.2013.

[164] Vgl. Art. 14a und 14b OGAW V-RL.

[165] Vgl. *Boatright*, Ethics in Finance, S. 99 ff. Dazu ausführlich Dritter Teil, §16.C.III.4.

[166] In Anlehnung an *Zöllner*, AcP 196 (1996), 1, 35 (zur angeblich gestörten Vertragsparität).

[167] BVI-WVR, Teil I Abschn. I Nr. 2 (marktkonforme Preisbildung), Nr. 4 (Mechanismen gegen Zeitzonenarbitrage); CFA, Code of Ethics (not explicitly), Sec. I Sub. D (misconduct),

Ethik eingeholt. So müssen gem. Art. 60 Abs. 2 OGAW-RL (umgesetzt in § 172 Abs. 2 KAGB) Maßnahmen gegen das Market Timing getroffen werden. Im Bereich der Verwalterdimension ist der Primat des Rechts somit vollendet.

§ 12 – Außendimension

Die ethischen Verwerfungen der Außendimension haben Kollektivanlagen wenig schmeichelhafte Vergleiche mit der Tierwelt eingebracht.[168] Die Berechtigung solcher Werturteile gilt es zu untersuchen, wobei Maßstab der ethischen Bewertung der Einfluss der Institution auf das Individuum und die soziale Nützlichkeit sind.[169]

A. Kritik der Investmentfonds

Der anerkannten Nützlichkeit der Kollektivanlagen wird eine Reihe systemethisch begründeter Bedenken entgegen gehalten.

I. Systemethische Verantwortung?

So wird bei Fehlgebrauch der in Fonds gebündelten Vermögensmassen ein destabilisierender Effekt befürchtet. Gemäß der ethisch begründeten Maxime, wonach Macht mit Verantwortung korreliert,[170] wird verantwortungsbewusstes Handeln gefordert. Die Bindungskraft solcher Postulate für den einzelnen Verwalter ist zweifelhaft. Darf der Verwalter, wenn er einbrechende Märkte vermutet, nicht veräußern, weil er damit die Wertreduktion beschleunigt? Darf er nicht in überhitzte Märkte investieren? Ist er gehindert, das kurzfristige

---

Sec. II Sub. B (market manipulation); EVCA, Code of Conduct (not explicitly), No. 3.6 (Avoidance of practices with foreseeably „damaging image & interest of industry"); EFAMA, Code of Conduct, No. 12 (fund unit trading).

[168] Verbreitet sind Bezeichnungen als „Geier-Fonds" oder „Heuschrecken". Der ehemalige Bundesarbeitsminister *Müntefering* hat den Heuschrecken-Vergleich unter Hinweis auf seine Bibelkunde geprägt, polemisch auch *Seifert/Voth*, Invasion der Heuschrecken, 2006; dazu *Sievers* in Gierch, Money makes the world go round?, S. 45 f. Im 2. Buch Mose 10, 12–15 sind die Heuschrecken die achte, von Mose im Auftrag Gottes gesandte Strafe, mit denen der ägyptische Pharao für seine Weigerung bestraft wird, das Volk Israel ziehen zu lassen. Der Vergleich hinkt somit. Allenfalls müsste man die „Heuschrecken" als Strafe für ungebührliches (unrentables) Verhalten der von Private Equity-Fonds übernommenen Unternehmen verstehen. Auch in anderen europäischen Staaten stießen Hedgefonds und Private Equity auf Kritik, in den Niederlanden wegen der Übernahme von „national champions", vgl. *Hament*, (2009) 16 MJ 2; s. für die USA *Mallaby*, S. 348 ff.

[169] Für Finanzmarkt / Börse ebenso *Nell-Breuning*, Grundzüge einer Börsenmoral, S. 129; *Hübner*, Grundsatzüberlegungen, S. 107 (Sinn des Subsystems Finanzmarkt darf nicht aus dem Blick geraten).

[170] Zur Anerkennung im Recht *Zöllner*, Schranken, S. 342.

Marktsentiment auszunutzen und damit die Überhitzung noch anzutreiben? Selbstverständlich würde der Markt nie schwanken, wenn niemals jemand Vermögensgegenstände handelt, aber ist der Handlungsverzicht systemethisch geboten?

Eine systemethische Verhaltensbindung ist grundsätzlich abzulehnen. Der Verwalter hat im Anlegerinteresse zu handeln. Wer eine Prävalenz systemethischer Prämissen fordert, übersieht, dass nicht der einzelne Fonds, sondern nur das Zusammenwirken einer Vielzahl von Akteuren prozyklisches Verhalten fördert. Ähnlich dem Privatanleger im Verhältnis zum Fonds ist der einzelne Fonds im Verhältnis zum Gesamtmarkt ein geringfügiger Faktor. Ebenso wie der einzelne Kleinaktionär einer börsennotierten AG grundsätzlich über keinen hinreichenden Einfluss verfügt und deshalb prinzipiell nicht treupflichtig ist, ist der einzelne Verwalter im Verhältnis zum Gesamtmarkt nicht treupflichtig. Der Vergleich des Fonds mit dem Kleinaktionär deutet zugleich die Grenzen des ethischen Freiraums an. Beherrscht ein einzelner Fonds einen Markt oder kommt es zur Koordination einer für den Gesamtmarkt relevanten Anzahl von Fonds, so dass aus der Koordination Einfluss entsteht, begründet dies systemethische Verantwortlichkeit. Solche Konglomerate werden freilich selten entstehen, weil dies die Suche nach Anlagemöglichkeiten und die Veräußerung von Anlagegegenständen erschwert. Ein Verwalter, der Fonds einer solchen Größe zulässt, dürfte gegen das Gebot zur Verwaltung im Sinne der Anleger verstoßen. Zuvor hat er den Fonds für Neuzuflüsse zu schließen, notfalls zu spalten. Die Schutzpflicht zugunsten der Anleger – ein rechtlicher Aspekt aus der Verwalterdimension – erübrigt als Reflex den systemethischen Konflikt. Den Restrisiken ist durch eine systemorientierte Aufsicht Rechnung zu tragen.[171]

II. Kurzfristiges Kapital?

Institutionelle Investoren haben in Deutschland erst seit Mitte der 1990er Jahren die traditionelle, auf Vertrauen und Langfristigkeit angelegte Bankbeziehung in ihrer Bedeutung verdrängt.[172] Die ethisch-sozialen Verwerfungen im Zusammenhang mit Investmentfonds lassen sich als Begleiterscheinungen während des Anpassungsprozesses von einer Beziehungs- zu einer finanzmarktgestützten Unternehmensfinanzierung begreifen.[173] Dagegen richten sich Protagonisten der Ethik-Bewegung, wonach Investmentfonds einen durch übermäßige Renditeversprechen selbst geschaffenen Druck an die Unternehmen

---

[171] Vgl. § 215 KAGB. Dazu *Zetzsche/Dornseifer*, S. 557 ff.

[172] Damit folgt die deutsche der internationalen Entwicklung mit deutlicher Verzögerung. Vgl. *Drucker*, The Unseen Revolution (1976); *Clark*, (1981) 94 Harv. L. Rev. 561; *Jensen*, Harvard Bus. Rev. 67 (1989), S. 61, konstatiert im Jahr 1989 „the eclipse of the public corporation"; aus deutscher Sicht kritisch *U.H. Schneider*, AG 1990, 317 f.; Konsequenzen bei *U.H. Schneider/Burgard*, FS Beusch, S. 783.

[173] *Rajan/Zingales*, S. 248 ff.

weitergeben würden. Infolgedessen sähen sich Unternehmen zur kurzfristigen Renditemaximierung statt langfristiger Strategie gedrängt.[174] Das kurzfristige (renditemaximierende) Kapital der Investmentfonds substituiere das „geduldige", auf moderate Gewinne, im Übrigen aber auf Existenzsicherung ausgerichtete Kapital der relationalen Finanzierungsbeziehung (*relationship banking*). Die Kurzfristorientierung verhindere Langfristinvestitionen, während die Kosten der Mediatisierung den Anlagesteuerungsnutzen überstiegen. Beide Aspekte vernichteten Werte.[175] Zudem stehe wegen der Konzentration in der Finanzwirtschaft den Unternehmen eine „geballte Kapitalmacht" gegenüber, die dem Gebot einer freiheitlichen Weltordnung zuwider liefe.[176]

Der Vergleich der „geringen" Renditeerwartungen der Hausbank mit der Eigenkapital-Rendite eines Aktionärs vergleicht Äpfel mit Birnen. Ohne die Auflösung der Hausbank-Beziehung erhalten nur solche Unternehmen Kapital, die Sicherheiten stellen können. Zahlreiche innovative Unternehmen erhalten in einem bankgestützten Finanzierungsumfeld kein Kapital, obwohl sie langfristig für das Gemeinwesen vor Ort nützlicher sind als weltweit agierende Konglomerate. Die Kritik übersieht zudem, dass Unternehmen an den Kapitalmärkten nicht nur Eigenkapital in Form von Aktien, sondern auch langfristiges Fremdkapital durch Begebung von Anleihen einwerben. Sie müssen dafür – ähnlich wie bei der relationalen Bankfinanzierung – lediglich begründen, wie sie die Verbindlichkeiten zurückzahlen werden. Infolge einer stärkeren Bankregulierung im Gefolge der Finanzmarktkrise verteuert sich die Kreditvergabe durch Banken an die Unternehmen. Die Lücke, die dadurch entsteht, können Investmentfonds schließen.[177]

Des Weiteren wird verkannt, dass die „heile Welt" der relationalen Bankfinanzierung seit Ende der 1970er Jahren mit unterdurchschnittlichem Wachstum, hoher Arbeitslosigkeit, einer unterfinanzierten Altersversorgung und im Verhältnis zu anderen Industrienationen geringem Wohlstandszuwachs einher ging. Dies mag nicht zuletzt an dem geringen Effektivitätsdruck einer bankge-

[174] Dem widerspricht der empirische Befund von *Schreyögg/Unglaube*, AG 2013, 97 ff., wonach sich der (formell ausgeübte) Einfluss von Finanzinvestoren auf unternehmenspolitische Entscheidungen in deutschen Publikumsgesellschaften in Grenzen hält.
[175] *Hübner*, Grundsatzüberlegungen, S. 72, 95 ff.; Windolf/*Deutschmann*, S. 60, 64 ff.; Windolf/*Windolf*, S. 20, 23 ff., 35 ff.; *Wiemeyer*, in Konrad-Adenauer-Stiftung (2008), S. 21 ff.
[176] *Hübner*, Grundsatzüberlegungen, S. 99 m.w.N., der einen Verstoß gegen das 5. ökumenische Prinzip sieht.
[177] Diese wünschenswerte Funktion wird unter dem pejorativen Terminus der „Schattenbanken" diskutiert. Vgl. dazu Europäische Kommission, Grünbuch Schattenbankwesen, (März 2012); Europäische Kommission, Mitteilung: Schattenbankwesen – Eindämmung neuer Risikoquellen im Finanzsektor, (September 2013); FSB, Shadow Banking: Strengthening Oversight and Regulation, Recommendations of the Financial Stability Board (Oktober 2011), FSB, Strengthening Oversight and Regulation of Shadow Banking, Policy Framework (August 2013); *Schaffelhuber*, GWR 2011, 488; Dauses/*Burgard/Heimann*, 2013, E. IV Rn. 190 f.

stützten Finanzierung liegen; es genügt ja, der Bank Zins und Tilgung zu bezahlen. Einige Menschen auf Kosten der zukünftigen Generation um jeden Preis in Lohn und Brot zu halten, während andere erwerbslos sind, ist eine „Ethik der Besitzenden", die an anderer Stelle von den gleichen Personen kritisiert wird. Die Bewahrung des Vorhandenen – nichts anderes fordert die Kritik an der „Kurzfristigkeit" – ist nicht ethisch positiv, sondern neutral.

Schließlich darf nicht übersehen werden, dass Banken bestimmte Risiken nicht übernehmen können (und sollten), weil sie für das System wichtige Funktionen erfüllen: Wer gleichzeitig den Zahlungsverkehr abwickelt und die Gelder von Kleinsparern verwaltet, ist schlecht beraten, über seine Handelsplattformen wie ein Risikonehmer zu agieren.[178] Er muss Risiken aus seiner Intermediärsfunktion in den Markt weitergeben, und zwar unabhängig davon, ob es sich um Kredit- oder gesamtökonomische Risiken handelt. Einzelne Investmentfonds sind i.d.R. nicht für das System, sondern nur die Anleger wichtig. Sie können Risiken ohne Systemgefährdung übernehmen. Der Verlust ist – bei ordnungsgemäßer Absicherung der Gegenparteien durch Kreditlimitierung und -sicherheiten – auf den Kreis der Anleger begrenzt. Gelingt die Isolation vom System, ist das individualethische Gleichgewicht aus Anreiz und Strafe gegeben.

III. (Krisen-)Treiber?

Es bleibt die Frage nach dem Verantwortungsanteil von Investmentfonds an Finanzmarktblasen und -krisen.[179] Jeder Kapitalüberschuss fördert zyklische Übertreibungen. Ebenso kommt es im Fall des zyklischen Kapitalabzugs aus den Fonds zu übertrieben-negativen Kursreaktionen (Kontraktion oder De-Leveraging). Der Investmentfonds kann durch seine Handelstätigkeit in einem solchen Umfeld schuldlos, weil fremdindiziert, Übertreibungen in positiver wie negativer Hinsicht fördern. Der Verwalter ist an Übertreibungen als Intermediär notwendig beteiligt. Er kann allenfalls kurzfristig durch Veräußerung bestimmter, bei Erhalt anderer Positionen sein Anlageermessen geltend machen. Gegen zyklische Wellen ist er indes machtlos. Die Ursache für die Zyklik liegt woanders, meist in einer euphorischen oder depressiven Gesamtstimmung oder in einer zu laxen oder zu restriktiven Zinspolitik. Restriktionen lassen sich damit freilich nicht rechtfertigen. Denkt man sich die Fonds weg, käme es, wenn die Anleger in jedem Fall in bestimmte Aktien investieren möchten, ebenfalls zu einer Hausse. Für Marktmanien braucht es keine Intermediäre.[180]

---

[178] Dies ist die zentrale Lehre aus der Finanzmarktkrise der Jahre 2006 ff. Infolgedessen wurde die Handelstätigkeit der US-Banken mit dem Dodd-Frank-Act 2010 eingeschränkt. Dazu Dritter Teil, § 17 B.I.2.

[179] Dazu Zetzsche/*Wilhelmi/Bassler*, S. 21 ff. Siehe auch oben Zweiter Teil, 1. Kapitel § 9. C II.D.

[180] Dies belegt die niederländische Tulpenmanie im Jahr 1637. Ursachen, Umfang und ge-

Zwar können Anleger offener Fonds jederzeit die Rücknahme von Fondsanteilen verlangen (§ 98 Abs. 1 S. 1 KAGB). Aber in normalen Marktperioden entsteht durch den Bodensatz aus Ein- und Auszahlung ein Kapitalsockel, der jederzeit zu Finanzierungszwecken zur Verfügung steht. Dieses Gleichgewicht gerät aus den Fugen, wenn die Anleger großflächig Kapital aus den Fonds abziehen, wie es in Krisenzeiten geschieht. Der Kapitalabzug mindert die Möglichkeiten der Unternehmen zur Refinanzierung. Solche Krisen werden i.d.R. durch reduzierte Ertragserwartungen, entweder aufgrund zyklischer Entwicklungen oder externer Schocks (z.B. 11. September) ausgelöst. Doch kommt es bei Banken aus den gleichen Gründen zur Kreditknappheit (sog. Kreditklemme), weil die reduzierte Ertragserwartung zu einer höheren Insolvenzwahrscheinlichkeit führt. Somit sind Banken und Fonds letztlich in ähnlichem Umfang an Krisen beteiligt.

Kollektivanlagen eignen sich auch nicht gut als Wächter (*gatekeeper*), z.B. indem man ihnen die Annahme von Geldern bei zyklischer Hausse verbietet oder einen Mittelabzug bei zyklischer Baisse untersagt. Denn ob ein Kursniveau übertrieben oder gerechtfertigt ist, können selbst Experten ex ante i.d.R. nicht erkennen. Dies ergibt die einfache Testüberlegung: Würden Verwalter Haussen oder Baissen im Vorhinein erkennen, könnten sie auf eigene Rechnung durch optimale Ausnutzung ihres Informationsvorsprungs unter Einsatz der Hebelfinanzierung (Leverage) unbegrenzte Gewinne erzielen. Den Beruf des Verwalters fremder Geldvermögen gäbe es nicht. Von solchen Gewinnen ist nichts bekannt. Verwalter sind im Durchschnitt ebenso unbedarft wie der Gesamtmarkt.

IV. Wiederherstellung der Freiheit?

Finanzmarktethiker halten Finanzmarktakteure nicht nur für Täter, sondern auch für Getriebene.[181] In einem wettbewerbsorientierten Umfeld hätten diese die Herrschaft über die eigene Entscheidung verloren. Der Wettbewerb dränge sie zu immer waghalsigeren Versprechungen gegenüber den Anlegern, denen sie anschließend nacheifern müssten. Dies gelinge nur durch Inkaufnahme größerer Anlagerisiken und erhöhten Druck auf die Unternehmen. Gefordert wird eine Wiederherstellung der Entscheidungsfreiheit für einzelne Akteure. Den Freiheitsraum müssten diese dann verantwortlich nutzen.[182]

---

sellschaftliche Folgen dieser Übertreibung sind im Einzelnen freilich unklar, dazu *Galbraith*, Financial Euphoria, S. 26 ff.; *Garber*, (1989) 97:3 J. Pol. Econ. 535; *ders.*, (1990) 4:2 J. Econ. Persp. 35; *ders.*, Famous First Bubbles, S. 33 ff.; *Goldgar*, Tulipmania (2007).

[181] Insbesondere EKD, Unternehmerdenkschrift, S. 84; *Fetzer* in Konrad-Adenauer-Stiftung, S. 31 ff.

[182] *Hübner*, Grundsatzüberlegungen, S. 92, unter Hinweis auf das erste „mittlere Axiom" von *J.H. Oldham* aus dem Jahr 1948, wonach der materielle Lohn der gemeinsamen internationalen Unternehmung gleichmäßig zu verteilen sei.

Die Kritik bleibt den Nachweis schuldig, Investmentfonds stellten *exzessive* Renditen in Aussicht. Freilich ist jedem Finanzmarktakteur besser als jedem Ethiker bewusst, dass Rendite und Risiko untrennbar verknüpft sind. Gleiches gilt für die Lästigkeit von Prospekthaftungsklagen. Von großflächigen Klagewellen hört man im Bereich geschlossener Fonds, nicht aber regulierter Investmentfonds des offenen Typs. Somit sind die Versprechungen für traditionelle Fonds entweder nicht so exzessiv wie behauptet, oder die Fonds haben die Anlegererwartungen grundsätzlich erfüllt. Der intensive Wettbewerb unter Fonds *in Bezug auf das Renditeversprechen* als zweite Säule des Arguments ist ebenfalls nicht bewiesen. Es stellt gerade ein Defizit im Verhältnis von Publikumsanlegern und Verwalter dar, dass die Fonds vielfach über ihre Hausbank vertrieben werden, womit der Leistungs- zum Vertriebswettbewerb mutiert. Professionelle Anleger vergüten die Verwalter im Verhältnis zu Privatanlegern niedriger. Dies spricht gegen eine Renditeorientierung; denn für eine bessere Leistung sollte man bereit sein, eine höhere Vergütung zu bezahlen. Nur ist es in informationseffizienten, stochastisch-normalverteilten Märkten äußerst ungewiss, ob ein Verwalter nachhaltig bessere Ergebnisse als der Markt erzielt. Renditeversprechen des Verwalters sind von vornherein unglaubwürdig. Dies schließt nicht aus, dass der Renditedruck auf anderem Wege, nämlich über Vergütungsstrukturen entsteht, oder sich Investmentfonds auch ohne solche Anreize, z.B. aus Gründen des besseren Vertriebs, um rentable Anlagen bemühen.

Das Problem reduziert sich damit auf die allgemeinpolitische Frage, ob man Wettbewerb um Kapital befürwortet oder ablehnt. Unabhängig von der persönlichen Position gibt es für und gegen Wettbewerb valide Argumente. Eine allgemeinverbindliche *ethische* Disqualifikation der politischen Entscheidung zugunsten eines wettbewerbsorientierten Systems lässt sich darauf nicht gründen.

B. Ethical Investment

Die verbreitete Befürwortung ethischer Investments[183] suggeriert, es sei aus ethischer Sicht wünschenswert, dass Verwalter bei der Anlageentscheidung bestimmte Werte in den Blick nehmen. Bezieht man die systemethische Verantwortung für den Gesamtzustand der Welt in eine kurz- oder langfristig ausgerichtete Individualperspektive ein,[184] ist ethisch nur ein solches Handeln, das langfristig funktioniert, also nachhaltig ist. Die Langfristigkeit / Nachhaltigkeit kann zur Anlagemaxime erhoben werden. Beispiele bieten sog. Ethik-Fonds, die auf Anlagen in Alkohol, Drogen, Waffen oder in Unternehmen mit

---

[183] *Jähnichen*, Wirtschaftsethik, S. 236 (für ethische Orientierung des Konsumentenverhaltens); für ein Ethik-Rating *Haßler* in Scherer/Hütter/Maßmann, S. 205 ff.; Übersicht bei *Boatright*, Ethics in Finance, S. 119 ff.; zur Verankerung in der AIFM-RL Zetzsche/*Zetzsche*/*Preiner*, S. 137.

[184] Grundlegend *Jonas*, Prinzip Verantwortung, S. 84 ff. („Pflicht zur Zukunft").

zweifelhaften Produktionsmethoden verzichten. Noch enger ist die Ausrichtung in religiös motivierten z.B. Sharia-Fonds. Jeweils wird einer Gruppen-Ethik Rechnung getragen; der Anleger soll sein Werteverständnis bei seiner Anlage-Tätigkeit praktizieren können.

Ein individual- und systemethischer Idealzustand ist erreicht, wenn die ethische zugleich die profitabelste Anlagestrategie darstellt. Ob ethische Strategien höhere oder niedrige Erträge erzielen, ist nicht geklärt. Nach einer Schwächephase ethischer Investments während einer Anfangsperiode zu Beginn der 1990er Jahre sind risikoadjustierte Ertragsunterschiede wohl nicht mehr auszumachen.[185] Zumindest bei langfristigen Anlagehorizonten spricht für eine geringere Risikoausrichtung ethischer Investments, dass ein sozio-kulturell motivierter Übergriff auf die Vermögensgegenstände z.B. durch Werkschließungen, Lizenzentzug etc. bei ethisch akzeptierten Tätigkeiten schwerer zu rechtfertigen und deshalb unwahrscheinlicher ist. Zudem dürfte die Nachfrage nach solchen Produkten in geringerem Umfang ethisch motivierten Schwankungen unterworfen sein.[186] Man könnte hoffen, dass sich die geringeren Risiken in höheren Erträgen niederschlagen. Auf effizienten Kapitalmärkten sollte das reduzierte Risiko aber bereits im Marktpreis berücksichtigt sein. Ertragspotential besteht nur bei relativ illiquiden Anlagen, z.B. Aktien mit geringer Marktkapitalisierung.[187] Aber selbst bei gleichem oder niedrigem Ertrag ist für ethisch bewusste Investoren der Zugewinn an Genugtuung in der anlegerspezifischen Nutzenpräferenz zu berücksichtigen.[188] Selbst bei finanziellen Verlusten kann der Ertrag aus Anlegersicht positiv sein. Sofern der Anleger die Welt verbessern möchte, dürfte er sich aber enttäuscht sehen. Ein Einfluss von Ethik-Fonds auf das ethische Verhaltensniveau der Zielgesellschaften ist nicht nachweisbar.[189] Es geht um „sich gut fühlen", weniger um „Gutes tun". Diese selbstreflexive, egoistische Komponente stellt die ethische Rechtfertigung für Ethik-Fonds in Abrede.

---

[185] *Bauer/Koedijk/Otten*, (2005) 29 J. Bank. Fin. 1751; *Heidrich* in Giersch, Money makes the world go round?, S. 35, 38 f. (ohne Quellenangabe).

[186] Beispiel: Bericht über Umweltverschmutzung, Kinderarbeit lässt Nachfrage einbrechen.

[187] *Boatright*, Ethics in Finance, S. 124 f.

[188] *Heidrich* in Giersch, Money makes the world go round?, S. 35, 43; empirischer Nachweis des persönlichen Nutzens i.S.v. „gut fühlen" bei *Bollen*, (2007) 42 JFQA 683; der Nutzen steigt, wenn zugleich Ertrag erwirtschaftet wird.

[189] *Haigh/Hazelton*, (2004) 52 J. Bus. Eth. 59 (mit Vorschlag zur Verbesserung der SRI-Performance durch Lobbying). Ursache scheint u.a. die Indexierung ethischer Anlagen zu sein. Für Nützlichkeit dennoch *Kahlenborn* in Scherer/Hütter/Maßmann, S. 196 f.

C. Spezielle Anlagestrategien

Bislang konnte weder der Institution Kollektivanlage noch sog. ethischen Investments eine besondere ethische Qualifikation nachgewiesen werden. Diese könnte in einzelnen Anlagestrategien begründet sein.

I. Hedgefonds

Protagonisten der Ethik-Diskussion sehen in Hedgefonds ein Sinnbild des entfesselten Finanzmarktkapitalismus. Man nimmt übel, dass Hedgefonds gewinnen, wenn andere verlieren. Der systemethische Vorwurf fokussiert auf die durch Hedgefonds und Leverage hervorgerufenen Risiken für die Finanzmarktstabilität. So rechtfertigt der Umstand, dass einige Hedgefonds in der Vergangenheit zusammengebrochen sind,[190] nach Ansicht mancher eine Begrenzung des Verschuldungsgrads und eine intensive Aufsicht.[191] Dabei wird dem Markt nur begrenzte Lernfähigkeit konzediert.

1. Alter Wein in neuen Schläuchen

Rhetorisch eingängige Behauptungen[192] wie die Loslösung der Finanz- von der Realwirtschaft, der Behauptung enormer Betrugsanreize aufgrund des potenziell hohen Gewinns respektive der Substitution der Risikotransformation durch Risikoexplosion oder dass die Trendsetter- und Signalgeberfunktion von Hedgefonds andere zum Herdentrieb verleite, sind nicht bewiesen. Der traditionelle Hedgefonds profitiert von der Anti-Zyklik seiner Position. Liegt er damit richtig, gebührt ihm als Informationsurheber der größte Gewinn. Letztlich ist die ethische Disqualifikation von Hedgefonds nichts anderes als alter Wein in neuen Schläuchen. Es handelt sich um die schon seit der Antike traditionelle Philippika gegen die Spekulation im neuen Gewand; dazu ist nicht erneut Stellung zu nehmen.

2. Exzessprävention

Damit soll nicht bestritten werden, dass es Exzesse gibt; insoweit – aber nicht durch Pauschalverurteilung – sind ethische Bedenken angebracht. Betroffen ist die Ethik als Mechanismus zur Exzessprävention. Hedgefonds finanzieren den Finanzierungshebel (Leverage) über Kredit und Derivate, deren Gegenpartei

---

[190] Vgl. zum Beinahe-Zusammenbruch der LTCM- (1998) und Amaranth-Fonds (2006) § 1.B.I. Während der Finanzmarktkrise 2006ff. traten die größten Verluste freilich in den Handelsabteilungen der Banken auf.

[191] Z.B. *Hübner*, Grundsatzüberlegungen, S. 121 ff.; *Jähnichen*, Wirtschaftsethik, S. 194; i.E. ebenso (bei moderater Grundhaltung) *Zetzsche/Wilhelmi/Bassler*, S. 21 ff.

[192] Vgl. *Jähnichen*, Wirtschaftsethik, S. 192; *Hübner*, Grundsatzüberlegungen, S. 106, 122 f.; *Funk* und *Wiemeyer* in Konrad-Adenauer-Stiftung (2008), S. 18, 22; Betrug ist aber keine Eigenart von Hedgefonds.

der Primebroker[193] ist. Bei anderer als der erwarteten Kursentwicklung droht ein Glücksspiel auf dem Rücken der Gläubiger: Mit Verzehr des Eigenkapitals hat man nichts mehr zu verlieren. Weitere Verluste trägt der Gläubiger. Dies kann zu exzessiven Risiken verleiten. Dieses Problem rechtfertigt bei Unternehmen die Insolvenzverschleppungshaftung der Geschäftsleiter. Allerdings haben die Märkte diese Verhaltensweise bereits antizipiert. Deshalb sind für die Aufrechterhaltung oder Steigerung eines Verschuldungsgrades Sicherheitszahlungen (collateral, margin) zu leisten[194]. Bei Zahlungsunfähigkeit sind die Positionen aufzulösen. Bei Umsetzung des gesetzlich gebotenen Risiko- und Liquiditätsmanagements ist das Ausfallrisiko auf außerordentliche Marktereignisse beschränkt. Risiken außerhalb des Einflussbereichs einer Person können dieser aber nicht zum Vorwurf gereichen. Es ist die Aufgabe staatlicher Institutionen, durch geeignete Maßnahmen, wozu eine Beschränkung des maximalen Hebels oder eine Anhebung des Zinsniveaus zählen können, das Systemrisiko zu beschränken. § 215 KAGB sowie § 6b KWG i.Vm. Art. 429 ff. CRR sehen zur Regulierung des Verschuldungsgrundes auch grenzüberschreitende Mechanismen vor.

II. Venture Capital

Venture Capital-Fonds statten im Extremfall nur eine Idee mit Kapital aus, daraus entstehen erst später andere Produktionsfaktoren wie Arbeit, gewerbliche Schutzrechte etc. Die innovationsfördernde Funktion von Venture Capital ist unbestritten, wird als ethisch wünschenswert erachtet und rechtfertigt ggf. steuerliche Privilegien. Hinzu tritt der politische Effekt: Venture Capital-Fonds eröffnen den Zugang zu Kapital für diejenigen, die nach ihrer Herkunft keinen Zugang zu Kapital haben, und deshalb ohne Venture Capital ihre Idee nicht realisieren könnten. *Rajan/Zingales* bezeichnen die in klassischen Bankfinanzierungen angelegte Barriere als „Tyrannei von Kapitalsicherung und Verbindungen".[195] Ein Immigrant oder anderer „Outsider", der mangels sozio-familiären Hintergrundes weder Sicherheiten stellen noch Verbindungen zu Privatfinanziers aufbieten kann, ist ohne Venture Capital zur lohnabhängigen oder kleinunternehmerischen Beschäftigung und damit zu einem niedrigeren bis mittleren Einkommen verdammt. Venture Capital ermöglicht im Erfolgsfall den sozialen Aufstieg, ohne den Unternehmer im Fall des Scheiterns im modernen Schuldturm langfristiger Verbindlichkeiten und Restschuldbefreiung festzusetzen.[196] Nach dem etablierten Wertverständnis westlicher Zivilisation ist die Chance zum sozialen Aufstieg ethisch wünschenswert.

---

[193] Vgl. zu Primebrokern Zetzsche/*Zetzsche*, S. 489 f.
[194] Zur Funktionsweise im Detail Zetzsche/*Zetzsche*, S. 489 ff.
[195] „The Tyranny of Collateral und Connections", *Rajan/Zingales*, S. 30 ff.
[196] *Rajan/Zingales*, S. 64 ff.

III. Private Equity

Die gleiche Erosionswirkung für kastenartige Sozialstrukturen ist Folge von Private Equity-Investitionen. Leveraged Buy-Out-Fonds ermöglichen Marktoutsidern den Zugang zum Markteintritt durch Erwerb des ganzen Marktakteurs. Management Buy-Out-Fonds eröffnen dem lohnabhängigen mittleren Management die Chance zum Einrücken in die Position des Unternehmers.[197] Die ethische Kritik, die sich gegen Arbeitsplatzverluste und Instabilität der Unternehmen durch höhere Verschuldung richtet,[198] rechtfertigt jedoch einen sozio-ökonomischen Blick.

1. Verpflichtung von Fonds auf das Unternehmensinteresse?

Eine Unternehmensführung muss nach hierzulande herrschender rechtlicher und ethischer[199] Auffassung neben den Interessen der Kapitalgeber auch die sonstiger am Unternehmen interessierter Kreise (*stakeholders*) berücksichtigen. Diese Wertung ist auf Kollektivanlagen nicht übertragbar. Die Verwalter von Private Equity-Fonds trifft im Verhältnis zur Zielgesellschaft eine unternehmerische Verantwortung schon deshalb nicht, weil sie insoweit kein Unternehmen betreiben. Dies mag man mit Blick auf die (vorübergehende) unternehmerische Kontrolle durch solche Fonds bestreiten. Doch bindet das Unternehmensinteresse die Unternehmens*leitung*; dass es Aktionäre und deren Einfluss gibt,[200] ist kein neuer Aspekt der Diskussion. Wer Beharrlichkeit des Vorstands gegenüber den Aktionären und Repräsentanz von Arbeitnehmer- und Sozial-Interessen für Unternehmen fordert, wird keine Ausnahme für Unternehmen zulassen, deren Aktionäre Private Equity-Fonds sind; vielmehr wird er wegen der zeitlichen Begrenzung der Aktionärsstellung auf einen Horizont von drei bis zehn Jahren für eine intensivierte Treubindung des Kontrollaktionärs gegenüber dem Unternehmen eintreten.[201] Wer ein Primat des Aktionariats im Verhältnis zu anderen Stakeholdern sieht, wird unter Berufung auf das Eigentumsrecht und Effizienzsteigerungen infolge Umstrukturierung gegen Schranken eintreten.

---

[197] *Rajan/Zingales*, S. 62, 70 ff.

[198] Z.B. *Jähnichen*, Wirtschaftsethik, S. 191 f.; *Boatright*, Ethics in Finance, S. 139 ff. S.a. die Nachweise bei *Otto*, AG 2013, 357. Allerdings belegt *Otto*, AG 2013, 362 ff., dass sich Private-Equity Investments regelmäßig positiv auf Beschäftigung und Effizienz auswirken.

[199] Z.B. *Koslowski*, Folgerungen, S. 32; *Franz* in Scherer/Hütter/Maßmann, S. 59; *Otto*, AG 2013, 367 ff. Siehe auch *Baumol* in Phelps, Altruism, Morality, and Economic Theory, S. 46, der auf die fehlende demokratische Legitimation von „volunteer social responsibility" hinweist und stattdessen die Regulierung via Besteuerung bevorzugt (S. 49 ff.); kritisch *Arrow* in Phelps, Altruism, Morality, and Economic Theory, 20 ff.

[200] Dass dieser Einfluss durch Investmentfonds nicht übermäßig ist, zeigen *Schreyögg/Unglaube*, AG 2013, 97 ff.

[201] So insbesondere *Spindler/Schmidt*, Finanzinvestoren, S. 269 f. (aber praktische Umsetzung schwierig).

Dass ein eher kurzfristiges Gesellschafterinteresse mit anderen Stakeholder-Interessen kollidieren kann, ist ein Allgemeinplatz, der keiner Vertiefung bedarf.

2. AIFM-RL als nicht-ethisches Recht

Zu den ethischen Aspekten der Anlagetätigkeit in Zielgesellschaften verhalten sich die Kodizes nicht. *U.H. Schneider* wendet sich unter der Prämisse der Systemethik gegen die Rekapitalisierung von Unternehmen durch Private Equity Fonds („Eigenkapitalräuber"). Zur Korrektur fordert er ein systemethisches Verhalten der Marktteilnehmer.[202] Diese und ähnliche pointierte Sichtweisen haben das Europäische Parlament in der Regulierungswelle nach der Finanzmarktkrise 2006 ff. zu Maßnahmen gegen das sog. Asset Stripping veranlasst.[203] Neben ethisch getragenen Verhaltensgeboten, wie eine angemessene Information der Zielgesellschaft und ihrer Arbeitnehmer über den Kontrollerwerb und die wesentlichen Auswirkungen der Transaktion, darf die Verwaltungsgesellschaft u.a. binnen zwei Jahren nach Erwerb der Zielgesellschaft keine Maßnahmen zur Reduktion des in der Zielgesellschaft vorhandenen Eigenkapitals fordern oder fördern.

Doch kann man für solche Beschränkungen *die Ethik* nicht in Anspruch nehmen. Das knappe Gut Kapital kann ggf. an anderer Stelle mehr Arbeitsplätze und damit dort Gutes schaffen.[204] Es gibt keine ethische Maxime, wonach Wohlstand an einem Ort zu konservieren und einem anderen Ort (z.B. Schwellen- und Entwicklungsländern) vorzuenthalten ist, wo das Kapital größeren Ertrag und damit Nutzen stiften könnte. Auch der Hinweis auf die hinter den Fonds stehenden vermeintlichen Kapitalisten trägt keine ethische Rechtfertigung von Maßnahmen gegen den Vermögensabzug. Hinter den Fonds stehen die Alterssicherungssysteme (Pensionsfonds, Lebensversicherungsträger) und Anleger, die zu Zwecken der Alterssicherung investieren. Der Rentner finanziert seinen Altenteil durch Mittelabzug von der leistungsstarken jüngeren Generation. Der Rentner hat aber nur noch sein Kapital (in Form eines Rentenanspruchs), während die jüngere Generation ihre Arbeitskraft einsetzen kann. Insbesondere vor diesem Hintergrund ist unklar, warum ein Familienunternehmen ggf. mit Milliarden-Vermögen sich durch Eigenkapitalentzug vom Zielunternehmen bereichern darf, während diese Verhaltensweise einem Private Equity-Fonds untersagt ist.

---

[202] *U.H. Schneider*, ZIP 2010, 606 f.; *ders.*, NZG 2007, 888.
[203] Art. 26 bis 30 AIFM-RL, umgesetzt in §§ 287 ff. KAGB. Dazu *Zetzsche*, NZG 2012, 1164 ff.
[204] *Eidenmüller*, ZHR 171 (2007), 644, 653 ff. zweifelt bereits die tatsächlichen Grundlagen der Kritik an: Empirische Belege für eine Verringerung von Forschung und Entwicklung und der Gesamtzahl an Arbeitsplätzen infolge Private Equity gebe es nicht, ebenso *Otto*, AG 2013, 362 ff. (auf empirischer Grundlage).

Das in § 292 KAGB enthaltene Verbot des Asset Stripping ist sogar als un-ethisch einzustufen, weil es in seiner übernahmefeindlichen Wirkung – Über-nahmen lassen sich schwerer refinanzieren – geeignet ist, insbesondere gut be-zahlte Geschäftsleiter und Vorstandsmitglieder in ihren Positionen auch dann zu halten, wenn diese eine unterdurchschnittliche Leistung erbracht haben. Die Einschränkung des Asset Stripping ist eine politische Entscheidung, ethisch ge-rechtfertigt ist sie nicht.

3. Kapitel

Gestaltungsparameter der Binnenorganisation

§ 13 – Grenzen der ethischen Steuerung

Die ethische Demarkationslinie verläuft nicht zwischen Egoismus und Altruismus,[1] sondern zwischen einem individualistischen Vorteilsstreben *auf Kosten anderer*, im Gegensatz zu einem Vorteilsstreben, an dem andere reflexartig partizipieren. Über die Austauschprozesse der Kapitalmärkte profitieren alle von dem Nutzen und Vorteilsstreben des Einzelnen.

A. Ethik als Gestaltungsprinzip

Ethik ist Gestaltungsprinzip des Rechts: Sie ist auf Ordnung ausgerichtet, dient als „Suchanweisung",[2] wie ethische Prinzipien und Werte in einem Sozialsystem zur Geltung gelangen können, und ist kraft Wertkonsens und sozialer Interaktion innerhalb einer ethisch konvergenten Gemeinschaft verbindlich. Aufgrund einer Vielzahl von Regulierungsschritten ist in dem engen Regelungsgeflecht des modernen Fondsrechts kaum noch Raum für die Gegenposition einer Ethik als Handlungsanweisung für den Einzelnen. Soweit – wie am Beispiel Private Equity gezeigt – das Interesse einer bestimmten Gruppe die Regelsetzung dominiert, ist dieser Gesetzesbefehl nur kraft seiner prozeduralen, nicht aber seiner ethischen Autorität zu befolgen. Insoweit reicht das Recht über die Ethik hinaus.

Hier ist auch der Konflikt zwischen schnellem Gewinn und langer Investition anzusiedeln. Wo wegen kurzfristiger Akteurshorizonte die Kurzfristigkeit im Mittelpunkt steht, vermag eine langfristige Geschäftsstrategie durch das Recht oder durch Rückgriff auf Ethik-Kodizes etc. abgesichert sein. Wo viele Akteure mit unterschiedlichem kulturellem Hintergrund zusammenkommen, ist eine solche Absicherung sogar unverzichtbar. Dann gehen Ethik und ökonomisches Kalkül jedenfalls pro forma Hand in Hand. Dies ist geboten, aber auch genügend. Aus juristischer Sicht kommt es auf das Handeln, nicht die Überzeu-

---

[1] Vgl. *Homann* in Giersch, Money makes the world go around?, S. 13, 17, wonach keines der drei großen Prinzipien der abendländisch-christlichen Ethik – die Goldene Regel, das christliche Liebesgebot (*caritas*) und der kategorische Imperativ – das individuelle Vorteilsstreben als solches verurteilt.

[2] Begriff nach *Homann* in Giersch, Money makes the world go round?, S. 22.

gung an. Aber auch die Systemethik und ökonomisches Kalkül sind bei mittel- und langfristigem Horizont i.d.R. deckungsgleich. Über den Parameter des Vertrauensverlusts, der zum frustrierten Ausscheiden von Marktteilnehmern und bei den Verbleibenden zu höheren Kontroll-Transaktionskosten führt, sind Systemethik und Kapitalmärkte untrennbar verbunden. Ethik und Ökonomie ist der Wunsch nach langfristiger Orientierung der Handelnden und Handlungen gemein. Entsprechend müssen die notwendig unvollständigen Vertragsbeziehungen zwischen Anleger und Verwalter nicht opportunistisch, sondern mit Fairness und dem Ziel gegenseitigen Vertrauens ausgelegt[3] sowie Anlage- und Vergütungshorizont des Fondsverwalters aneinander angepasst werden.[4]

B. Ethische Neutralität der Anlageorganisation

Erkennt man die grundsätzlich nützliche Funktion der Märkte als Verteilungsmechanismus an, sind Kollektivanlagen sozial nützlich und damit ethisch neutral, wenn nicht sogar wünschenswert. Sie dienen als Instrument für die Altersversorgung, Innovations- und Unternehmensfinanzierung. Sie erfüllen jeweils eine Informationsverarbeitungs-, Transformations-, Liquiditäts- und Integrationsfunktion. Die ersten drei Funktionen sind mit jeder Finanzintermediation verbunden.[5] Die Integrationsfunktion reduziert die Zugangskontrolle der Etablierten über das Machtmittel Kapital. Der Zugang zu Kapital ermöglicht Innovation, wobei allein die Idee, nicht sozialer Stand und Vernetzung zählen.

Weder sind sog. ethische Investments ethisch hervorzuheben, noch sind Private Equity- und Hedgefonds ethisch zu missbilligen. Traditionelle Wertpapierfonds fördern den Markt für Unternehmensfinanzierungen, Private Equity-Fonds den Markt für Unternehmensübernahmen und Restrukturierungen, Hedgefonds fördern den Derivatemarkt, Commodity-Fonds den Rohstoffmarkt, Venture Capital den Innovationsmarkt etc. Die Intermediation durch Kollektivanlagen macht marktförmige Prozesse vielfach erst möglich.

Gleich ob dies eine inadäquate Vergütung, Insolvenzverschleppung oder Rücksichtslosigkeit gegenüber anderen Marktteilnehmern betrifft – die im Fondskontext diskutierten Exzesse sind aus anderen Wirtschaftsbereichen bekannt. Fondsverwalter sind nicht besser, aber auch nicht schlechter als andere Akteure. Die Vorbehalte, die auf die Kurzfristigkeit des Anlagehorizonts, die Abkopplung von der Realwirtschaft oder die Ausbeutung erworbener Unternehmen rekurrieren, erklären sich einerseits historisch. Handel, Akkumulation von Reichtum und Wohlstandsgewinn ohne korrespondierende Arbeitstätig-

---

[3] Dafür allgemein *Homann* in Giersch, Money makes the world go around?, S. 23.

[4] Vgl. zur rechtlichen Vorgabe einer langfristigen oder zumindest mit dem Anlagehorizont abgestimmten Orientierung der Vergütungsstrukturen von Angestellten der Fondsverwalter Fünfter Teil, § 31.

[5] Vgl. Erster Teil, § 3.A.

keit sind seit der Antike ethisch disqualifiziert. Andererseits verbirgt sich hinter solchen Bildern das (genuin unethische) Interesse an Besitzstandswahrung auf Kosten neu hinzugetretener Akteure (Outsider) oder fremder Gemeinwesen. Kollektivanlagen reduzieren den Einfluss der Etablierten auf die Güterverteilung, der zur Verteidigung des eigenen Besitzstandes und Lasten der Allgemeinheit genutzt werden könnte – eine Gefahr, auf die bereits *Adam Smith* hingewiesen hat.[6]

C. Recht statt Ethik in disparaten Sozialgefügen

Die ethische Akzeptanz von Kollektivanlagen ist nicht gleichzusetzen mit pauschaler Legitimation aller mit der Verwaltung fremder Vermögen verbundener Einflussmöglichkeiten. Die ethische Aufmerksamkeit muss der Exzesskontrolle dienen. Es geht einerseits um Exzessprävention, andererseits um alternative Sanktion im Fall der Gesetzesübertretung. Ethik vermag und sollte in ethisch homogenen Gesellschaften unvollständiges Recht (zu) komplementieren, und zwar sowohl in Bezug auf den Regelinhalt als Grundlage der Konkretisierung von Generalklauseln als auch die Sanktion. Insoweit stärkt Ethik das Recht. Das Steuerungsinstrument des Vertrauensverlustes trifft freilich nicht nur den Urheber desselben, sondern ist auch Kollektivstrafe für den Gesamtmarkt. Für eine effektive Kontrolle einzelner Akteure ist der Vertrauensverlust zu langfristig und in seiner Steuerungswirkung zu grobkörnig. Ethik ist also schon unter „Insidern", i.e. Personen mit vergleichbarer Ethik, kein Garant für soziale Nützlichkeit.

Finanzströme sind aber grenzüberschreitend. Die Wertvorstellungen unterschiedlicher Gemeinwesen treffen aufeinander. Was im Herkunftsland des Fondsverwalters akzeptabel ist, kann im Aufnahmestaat ungeschriebene moralische Grenzen überschreiten. Eine weltweite Moral der Investmentfonds existiert nicht. Die von der Branche erarbeiteten Kodizes bilden nur den kleinsten gemeinsamen Nenner ab. Dies führt zu einer schwer handhabbaren Abstraktionsebene mit mannigfaltigen Auslegungsvarianten und wenig Wertsicherheit.

---

[6] *Smith*, The Wealth of Nation, Bd. I, Buch I, Kap. XI, S. 278 : „The interest of the dealers … is always in some respects different from, and even opposite to, that of the public. To widen the market and to narrow the competition, is always the interest of the dealers. To widen the market may frequently be agreeable enough to the interest of the public; but to narrow the competition must always be against it, and can serve only to enable the dealers, by raising their profits above what they naturally would be, to levy, for their own benefit, an absurd tax upon the rest of their fellow-citizens. The proposal of any new law or regulation of commerce which comes from this order, ought always to be listened to with great precaution, and ought never to be adopted till after having been long and carefully examined, not only with the most scrupulous, but with the most suspicious attention. It comes from an order of men, whose interest is never exactly the same with that of the public, who have generally an interest to deceive and even to oppress the public, and who accordingly have upon many occasions, both deceived and oppressed it."

Der Konflikt von Insidern und Outsidern ist letztlich rechtlich zu lösen – über dichte Regulierung und Reduktion der Freiheitsräume. Impetus dafür können externe Schocks wie die Finanzmarktkrise 2006 ff. sein: Nach Krisen folgt typischerweise Regulierung. Entsprechend reduziert die Detailregulierung durch die OGAW-RL und die AIFM-RL den Raum für Ethik im Recht der Kollektivanlagen.

Die zwangsläufige Infantilisierung der Regelungsadressaten und Atomisierung des Regelungsstils ist kostenintensiv, verzögert und fehlerhaft, aber wegen des aufgezeigten Konflikts von Insider- und Outsider-Ethik in grenzüberschreitenden Finanzmärkten letztlich unvermeidbar. Mangels Verlässlichkeit ethischer Parameter muss das moderne Recht der Kollektivanlagen auf Detailsteuerung bedacht sein. Die Binnenordnung betreffende rechtliche Institutionen müssen eine angemessene Information, Behandlung von Interessenkonflikten sowie Vergütungsstruktur und -höhe sichern sowie der Anlegerungleichbehandlung entgegen treten, soweit es dadurch zur Chancenungleichheit kommt.

Dritter Teil

Entwicklung zum Sonderrecht

Die Kenntnis der Entwicklung fördert das Verständnis im heutigen Recht verankerter Institute. Zugleich werden Grad und Umfang einer gegenseitigen Beeinflussung der in die Untersuchung einbezogenen Rechtsordnungen offenbar. Schließlich sind die Vorgänge, die zur Regulierung führen, instruktiv für die Einschätzung, ob Vorgänge in der Gegenwart ein Novum oder Wiederholungen im Lauf der Geschichte sind. Dies alles rechtfertigt einen vertieften Blick auf die Entwicklung des Rechts der Investmentfonds.

1. Kapitel: Ursprung im Privatrecht

§ 14 – Techniken der Anlagepartizipation

Die passive Beteiligung an unternehmerischen Wagnissen[1] ist so alt wie das Unternehmertum. Schon in Zeiten der Antike[2] finden sich Formen der kapitalistischen Wagnispartizipation, bei denen sich Unternehmer mit wenigen kundigen Finanziers die Erträge teilten. Sehr viel später entwickelt sich die passive Beteiligung einer Vielzahl unkundiger Anleger.

A. Frühe Anlageformen

I. Professionelle Anlage in der Antike

Seit der Antike werden mit der Übertragung von Kapital auf einen kundigen Sklaven, wodurch ein Sondergut (*peculium*) mit Haftungsbeschränkung entsteht,[3] später der *commenda*, dem Seedarlehen und der *societas maris* wagnisreiche Seefahrten finanziert.[4] Es handelt sich jeweils um befristete Verbindungen.

Bei der *commenda*, einer Vorläuferin der heutigen KG, stellen ein oder mehrere Kapitalisten (commendator) dem Unternehmer (accomendatarius, tractator) das für die geplante Unternehmung erforderliche Kapital bereit. Der Unternehmer, der seine Arbeitskraft und ggf. das Schiff einbringt und das persönliche Überlebensrisiko der Seefahrt (in entlegene Gefilde des Schwarzen Meers, von Nord- und Ostsee) trägt, erhält ein Viertel des Ertrags, drei Viertel stehen den Kapitalisten zu. Diese Form entwickelt sich nach *Pryor* durch Rückgriff auf die byzantinische *chreokoinonia*, die jüdische *isqa* und arabische *qirad*,[5] nach *Fick*

---

[1] Davon abzugrenzen ist die hier nicht behandelte Frage, wann die Aktiengesellschaft entstanden ist. Die h.M. hält die niederländisch-ostindische Kompanie für die erste AG modernen Typs, vgl. *Neal*, Venture Shares of the Dutch East India Company, S. 165. *Von Orelli* (nach *Fick*, ZHR 5 (1862), 22 Fn. 15) und *Malmendier*, Roman Shares, S. 31 ff., halten unter Berufung auf ein Cicero-Zitat die im 3. vorchristlichen Jahrhundert dokumentierten *societates publicanorum* für die ersten Korporationen; dagegen *Fick*, ZHR 5 (1862), 22 f.; *Fleckner*, Antike Kapitalvereinigungen (2010), letzterer auf Grundlage eines umfassenden Quellenstudiums. *Fick*, ZHR 5 (1862), 39 f. hält die genuesische Georgsbank (Casa die S. Giorgio) für die erste Aktiengesellschaft.

[2] Vgl. *Fick*, ZHR 5 (1862), 8 ff.; *Schewe*, Gilden, S. 197.

[3] *Fick*, ZHR 5 (1862), 30 ff.

[4] *Schewe*, Gilden, S. 197 ff.; *Braun*, S. 11.

[5] *Pryor*, (1977) 52 Speculum 5 ff. verweist auf ein Statut in Pisa aus dem Jahr 1156, das der

dagegen infolge einer Fehlrezeption des römischen Rechts[6] ab dem 12. Jahrhundert zu einer allgemein verfügbaren Organisationsform für Wirtschaftstätigkeiten. Die ersten Haftungsbeschränkungen sind wohl im Statut der Tolomei-Gesellschaft von Siena (1339) sowie in einem florentinischen Gesetz von 1408 zu finden, das die *accomandita* legalisiert[7] und von der Bedrohung durch das Zinsverbot befreit.[8] *L.Goldschmidt* unterscheidet dafür drei Entwicklungsphasen: Der Mitgabe von Waren zur Veräußerung im Namen des Herrn (*commendator*) im 11. bis 15. Jahrhundert folgt im 14. bis 17. Jahrhundert die Überlassung von Kapital an einen Kaufmann mit der Abrede eines Gewinnanteils, bevor ab dem 17. Jahrhundert die Verselbständigung der Organisation zu einer eigenen Rechtsform folgt.[9] Solche Gesellschaften konnten sich zu Organisationen mit dem Charakter moderner Kapitalgesellschaften entwickeln.[10]

Die Societas Maris verlangt von dem Unternehmer (*socius tractans*), neben dem Einsatz seiner Arbeitskraft und ggf. seines Lebens, die Aufbringung von 1/3 des benötigten Kapitals, 2/3 erhält er von den Kapitalisten. Entsprechend wird der Ertrag geteilt.

Bei dem Seedarlehen (*pecunia traiectitia*, oder *foenum nauticum*) respektive der Bodmerei stellen mehrere Kapitalisten einem Reeder / Schiffer Kapital zur Verfügung, der davon Ware kauft. Das Kapital ist mit Zuschlag zurückzubezahlen, wenn das Schiff seinen Heimathafen erreicht, andernfalls erlischt die Schuld.[11] Diese Formen überleben in verschiedenen Varianten die Jahrhunderte:

---

byzantinischen *chreokoinonia*, der jüdischen *isqa* und arabischen *qirad* nachgebildet ist. Die These, dass die Commenda auf die arabische *qirad* zurückgeht, vertritt (auf der Grundlage, dass nur bei der *qirad* oder *mudabara* die Haftung des Verwalters beschränkt sei) insbesondere *Udovitch*, „At the Origins of the Western Commenda: Islam, Isreal, Byzantium?" (1962) 37:2 Speculum 198; *ders.*, Partnership and Profit in Medieval Islam (PUP 1970), zitiert nach *Koehler*, (2009) 29:4 Economic Affairs, 89, 91.

[6] *Fick*, ZHR 5 (1862), 25 f., 31 f. Im römischen Recht konnte das Geschäft nur einem *socius institutor* übertragen werden, der die übrigen Gesellschafter (mit der Rechtsfolge persönlicher Haftung) vertrat. Zur Haftungsbeschränkung kam es nur bei Bildung eines Sonderguts.

[7] *Mueller*, Venetian Money Markets, S. 96 m.w.N.

[8] Der Einfluss des Zinsverbots auf die Entwicklung der *commenda* seit dem 12. Jahrhundert ist umstritten. Für einen solchen Zusammenhang z.B. *Pennington*, Investor and the law, 16; *Ribstein*, Uncorporation, S. 61; Gegen einen solchen Zusammenhang z.B. *M.Weber*, Handelsgesellschaften, sub IV. S.a. *Perdiktas*, ZgVW 55 (1966), 425, 477 ff. (commenda weist Nähen zur Geschäftsbesorgung auf, keine affectio societatis auszumachen).

[9] Vgl. *L.Goldschmidt*, De societate ex commandite, S. 11.

[10] Die ab 1434 belegte Große Ravensburger Gesellschaft entwickelt sich bis zum Beginn des 16. Jahrhunderts in eine Handelsorganisation mit 119 Familien und Niederlassungen in zehn Städten, wobei einem Regenten die Leitung, neun Männern die beratende oder aufsichtsführende Mitwirkung, den aktiven Hauptherren ein Mitsprache- und den zahlreichen Einlegern ein Gewinnrecht zustand. *Boesebeck*, S. 21 f.

[11] Zumeist war der Zuschlag in einem erhöhten Nominalbetrag enthalten, von dem nur ein Anteil zurückgezahlt wurde. Beispiel: Der Reeder erhält ein Darlehen von 100, ihm werden 50 ausbezahlt. Kommt das Schiff am Bestimmungsort an, muss er 100 zurückbezahlen. In diesem Zuschlag sind Zins und Wagnis berücksichtigt, die Zuschläge variieren in Abhängigkeit von Herkunfts- und Bestimmungsort zwischen 3% und 50%. Wegen des Zinsanteils

Das vor dem Jahr 950 datierte Gildenstatut der englischen Hafenstadt Exeter / Devon verpflichtet zur Gildenabgabe von fünf Pfennig für den Fall des „oet supfore"(„auf Südfahrt gehen").[12] Diese Beteiligung finanziert dem Schiffer und Kaufmann, der das Risiko einer Seefahrt durch die Straße von Gibraltar ins Mittelmeer auf sich nimmt, die Waren und die Schiffsausrüstung. Im Gegenzug erhalten die Gildenmitglieder einen Ertragsanteil.

II. Die Publikumsanlage im Spätmittelalter

Religiöse Institutionen wie Klöster, Ordensgemeinschaften und Kirchen, seit dem Mittelalter – wohl in Anlehnung an die arabische *waqf* – auch weltliche Privatstiftungen und städtische Gilden[13] sind die ersten professionellen Anleger. Diese verwalten Stiftungen, Spenden,[14] später auch Leibrenten, zur Finanzierung von Kirchen, Schulen, Kranken-, Waisen- und Armenhäuser sowie – als Element der Hinterbliebenenversorgung – Witwen- und Waisenrenten.[15] Versicherungsleistungen auf Gegenseitigkeitsbasis bei Krankheit, Invalidität und Tod gehören im Mittelalter zum Aufgabenbereich der städtischen Gilden.[16] Dagegen gründen Versicherungsunternehmen ihre Leistungsfähigkeit zunächst – wie heute der britische Lloyd – auf das Vermögen der persönlich haftenden Partner.[17] Erst im 18. Jahrhundert treten in den Niederlanden ca. zwanzig Versicherungs-AGs auf, mit zahlreichen Aktivitäten, die man heutzutage dem Investmentbanking zuordnet.[18] Rentenversicherungen modernen Typs, bei denen die Vermögensanlage die Leistungsfähigkeit für die prospektive Leistungsdauer (Lebenszeit) absichert, existieren noch nicht. Deren wirtschaftliche Funktion erfüllen Personalobligationen berufsständischer und religiöser Institutionen.

---

werden Seedarlehen im Jahr 1234 dem Zinsverbot unterworfen (wohl ohne Auswirkungen auf die Schifffahrtspraxis). Vgl. *Schewe*, Gilden, S. 198, 224; *Braun*, S. 11 f.; nach *Perdiktas*, ZgVW 55 (1966), 425 ff. gelangt das Seedarlehen erst Ende des 14. Jahrhunderts zum Durchbruch. Zuvor hatte die *commenda* dessen wirtschaftliche Funktion übernommen. Zur umstrittenen Qualifizierung als Versicherung *Ebel*, ZfgVW 51 (1962), 53, 55.

[12] *Schewe*, Gilden, S. 48 f.

[13] Noch heute existiert im Raum Münster eine um das Jahr 900 gegründete Stiftung. Ab ca. 1300 sind Gilden rechtsfähig und können eigene Kassen führen, vgl. *Schewe*, Gilden, S. 310.

[14] *Kleeis*, Soziale Versicherung, S. 22.

[15] Bekannt ist z.B. die im Jahr 1511 von Jakob Fugger mit 15.000 Gulden initiierte Unterkunft für arme Handwerker.

[16] *Schewe*, Gilden, S. 41 ff., 137 ff.; *von der Schulenburg*, Versicherungsökonomik, S. 115.

[17] Vgl. für die sehr leistungsfähigen Seeversicherer Amsterdams *Spooner*, Risks at Sea, S. 25 f.

[18] *Spooner*, Risks at Sea, S. 24 ff.; 60 ff. (für das Jahr 1720), darunter die Maatschappij van Assurantie, Disconteering en Beleening der Stadt Rotterdam (1720 f.); erste Inkorporierungsversuche waren diesbezüglich 1635 noch gescheitert.

1. Leibrente als Anlageersatz

Leibrenten sind bereits für 205 v. Chr. vermerkt und im Mittelalter zur Absicherung Hinterbliebener in Italien, Frankreich, Mittel- und Nordeuropa verbreitet.[19] Sie erleben seit dem 12. Jahrhundert eine Blütezeit: Der „Investor" erhält bis zu seinem Lebensende oder dem Lebensende eines Angehörigen einen Geldbetrag für die Überlassung eines Geldbetrags an den Leistungspflichtigen im Zeitpunkt des Vertragsschlusses. Aus finanzmathematischer Sicht wettet der Leistungspflichtige auf ein kurzes, der Investor auf (s)ein langes Leben. Es handelt sich um einen Vorläufer der modernen Rentenversicherung.[20] Die Zahlung des Rentenpflichtigen ist eine Mischung aus Zins und Tilgung. Zinsen unterliegen jedoch dem mittelalterlichen Zinsverbot. Stattdessen erhalten Finanziers, gegen Zahlung eines bestimmten Betrags an Klöster,[21] Städte,[22] seit dem 16. Jahrhundert den Staat,[23] seit Mitte des 18. Jahrhunderts auch an Privatpersonen,[24] einen lebenslangen Rentenanspruch, in dessen Höhe ein Zinsanteil verdeckt enthalten ist.

Obwohl eine altersabhängige Kalkulation der Leibrente erst seit ca. 1670 bekannt ist,[25] wird eine planmäßige Vermögensanlage zur Absicherung der Zahlungspflichten aus den Leibrentenversprechen schon vorher unverzichtbar.[26] Bis zur praktischen Durchsetzung dieser Einsicht vergeht eine gewisse Zeit. Zunächst finanzieren die Rentenpflichtigen ihre laufenden Ausgaben durch Vereinnahmung von Geschenken, Steuern und sonstigen Beiträgen, wie z.B. durch den Ablasshandel, die Gildenbeiträge etc. So leisten in den Niederlanden Gilden die Hinterbliebenen- oder Invalidenrenten – ohne Kapitaldeckung – aus häufig

---

[19] *Houtzager*, Hollands Lijf- en Losrenteleningen voor 1672, S. 12. Vgl. auch die Darstellung zur römischen *annua* bei *Poterba*, Annuities in Early Modern Europe, S. 209. S. zudem *Alter/George*, (1986) 10 Res. Econ. Hist. 1; *Poitras*, Early History, S. 54 ff. und S. 187 ff.

[20] *Von der Schulenburg*, Versicherungsökonomik, S. 114.

[21] Vgl. *Poterba*, Annuities in Early Modern Europe, S. 209 f.: Der Bischof von Bremen kaufte vom Abt des Klosters St. Denis eine Annuität i.H.v. 2.400 Livres, um bis zu seinem Lebensende eine Rente i.H.v. 400 Livres p.a. zu erhalten. *Schewe*, Gilden, S. 303, 314, erwähnt einen Rentenkauf flandrischer Städte ab ca. 1228.

[22] Die Leibrente wurde zur Gegenfinanzierung von Infrastrukturmaßnahmen eingesetzt. Nach *Poterba*, Annuities in Early Modern Europe, S. 210, finanzierten sich auf diese Weise u.a. Städte in Oberitalien (im 12. Jahrhundert), Calais (1260), und Ghent (ab 1275).

[23] *Poterba*, Annuities in Early Modern Europe, S. 210, erwähnt eine Kriegsfinanzierung der holländischen Republik (1554), Frankreichs (1688) und Englands (1692).

[24] *Poterba*, Annuities in Early Modern Europe, S. 222, bezeichnet die im Jahr 1759 in Pennsylvania gegründete „Corporation for the Relief of Poor and Distressed Presbyterian Ministers and Distressed Widows and Children of Ministers" als erste private Rentenversicherung.

[25] Die ersten Berechnungen gehen zurück auf die Niederländer Jan de Witt und Jan Hudde.

[26] Im Jahr 1535 machten Zins- und Rentenpflichten 60% des städtischen Haushalts der Städte Amsterdam und Leiden aus, die der Städte Gouda und Haarlem lagen nur wenig darunter.

unzureichenden Gildenbeiträgen.[27] Die (häufig Minderjährigen oder alten) Berechtigten tragen das Risiko der Unterdeckung.

Erst allmählich setzt sich eine geordnete Finanzplanung durch, deren zwingende Folge die geplante und zielgerichtete Vermögensanlage ist: Überschüsse müssen für Erweiterungen, als Rücklage für die Zukunft und die Kapitaldeckung der Leibrentenversprechen gewinnbringend angelegt, das Vermögen dem Zugriff weltlicher Herrscher entzogen und vor den Risiken aus Raubüberfällen und kriegerischen Auseinandersetzungen geschützt werden. Erste Anlageportfolios venezianischer Krankenhäuser, christlicher Orden und Kirchen sind aus dem 13. Jahrhundert bekannt.[28] Dass die Vermögensanlage zum Schutz der Berechtigten erfolgt, ist jedoch zweifelhaft. Es besteht ein natürliches Interesse der Institutionen, die Finanzmittel nicht z.B. durch Konsum zu sehr in Mitleidenschaft zu ziehen: Die gegenwärtige Leistungsfähigkeit beeinflusst die Bereitschaft finanzkräftiger Bürger, ihre Hinterbliebenen durch Leibrenten gerade bei dieser Institution (Kloster, Stadt, Gilde etc.) abzusichern. Die Finanzplanung und -anlage für die Zukunft sichert die eigene Reputation und damit die Refinanzierung. Entsprechend funktionieren Reputationsmechanismen noch heute.

2. Anlagestrategie

Wegen des Zinsverbots investieren frühe institutionelle Anleger überwiegend in Grundstücke. Sie vereinnahmen Pachterträge, Ernteanteile aus der Bewirtschaftung durch Leibeigene und Verkaufserlöse aus Grundstücken, die seitens des Investors entwickelt und bebaut werden.[29] Das Portfolio bereichern – soweit möglich – verzinsliche Darlehen an Einzelpersonen, Kaufleute und den Staat. Im späten 14. Jahrhundert entwickelt sich die Anlage in frei handelbare Staatsanleihen auch ausländischer Staaten,[30] später in Aktien. In der zweiten Hälfte des 17. Jahrhunderts verdrängen Staats- und Kolonialanleihen die vormals bedeutsamen Privatdarlehen, doch übertrifft der Portfolioanteil der Wertpapiere erst Ende des 18. Jahrhunderts den der Immobilieninvestments.[31] Der Wandel vom Immobilien- zum Wertpapierportfolio beginnt im Spätmittelalter in den oberitalienischen Städten, insbesondere Genua, Bologna und Venedig. Mit der

---

[27] *Bos*, Uyt liefde tot malcander, S. 71, 81, 103, 135.

[28] Vgl. *Mueller*, The Venetian Money Market, S. 463 f.; 545 f., s. aber auch S. 558 (Seeräuber und Söldner halten bedeutende Anlagesummen).

[29] *Gelderblom/Jonker*, With a View to Hold, S. 71, 78 f. beschreibt dieses Vorgehen für das Amsterdamer *Burgerweeshuis* – eine städtische Stiftung für Waisenkinder und zugleich einem der größten institutionellen Investoren, und vergleicht diese Anlagestrategie mit der Tätigkeit moderner Projektentwickler.

[30] Für Venedig vgl. *Mueller*, The Venetian Money Market, S. 544 ff.; für Genua im 15. Jahrhundert vgl. *Heers*, Gênes au XVe siècle, S. 184 – 190; für Amsterdams *Burgerweeshuis* seit 1578 *Gelderblom/Jonker*, With a View to Hold, S. 73 ff.

[31] *Gelderblom/Jonker*, With a View to Hold, S. 94.

Befreiung der protestantischen Niederlande von der habsburgisch-katholischen Herrschaft im Jahr 1578 werden die Niederlande und insbesondere Amsterdam zum Finanzzentrum. Privatbankiers[32] im übrigen Europa folgen mit einiger Verspätung.[33]

Die Wertpapieranlage nimmt aus drei Gründen zu. Erstens verteuern sich Immobilienanlagen durch Bevölkerungszuwachs in den urbanen Zentren. Die Anlage in Immobilien wird unrentabel oder mangels Angebots unmöglich.[34] Das Rentabilitätsdefizit paart sich mit Arbeitsintensität: Vertrauenswürdige Pächter müssen gefunden, Renovierung und Ausbauinvestitionen finanziert werden. Zweitens entwickelt sich im Laufe des 18. Jahrhunderts ein Sekundärmarkt für Wertpapiere.[35] Die Substitution der bislang ertragslosen Geldreserve durch Wertpapiere erhöht den Ertrag des Portfolios. Dritte Ursache ist die mit der Erosion des Zinsverbots verbundene Erweiterung der Anlage- und Beleihungsmöglichkeiten. Mit der Schwerpunktverlagerung im Anlageportfolio entsteht ein in Krisen zu Tage tretendes Auswahlproblem: Welche *Kombination* an Wertpapieren erfüllt die Bedürfnisse des Anlegers? Diese Frage initiiert die nachfolgenden Innovationswellen.

3. Vergleich mit modernen Kollektivanlagen

Die frühen Anleger unterscheiden sich von heutigen Investmentfonds in drei Aspekten. Erstens obliegt die Anlageentscheidung meist dem Kassenwart des Klosters, des Krankenhauses, der Gilde etc. bzw. dem Verwaltungs- oder Stiftungsrat. Der Rückgriff auf externe Experten, insbesondere Anlageverwalter ist nicht institutionalisiert. Allerdings wird aus zeitgenössischer Sicht das jeweilige Kloster als Finanzexperte gegolten haben. Zweitens sind das institutseigene und das Anlagevermögen deckungsgleich. Sofern man in dem Kloster den Anleger sieht, fehlt die für heutige Investmentfonds typische Bündelung von Einzelinvestments und gemeinsame Beteiligung an einem Anlagevermögen (sog. Pooling).[36] Paradigmatisch ist das Fehlen jeglicher Aufteilung in einzelne Invest-

---

[32] Bis Mitte des 18. Jahrhunderts war Frankfurt a.M. das Zentrum der in Deutschland ansässigen Finanzindustrie, mit den Bankiersfamilien Bethmann und Rothschild, vgl. *Wandel*, Banken und Versicherungen, 1998, S. 1.

[33] Vgl. *Grell/Cunningham*, Health Care and Poor Relief in Protestant Europe 1500–1700; *Grell/Cunningham/Jütte*, Health Care and Poor Relief in 18th and 19th Century Northern Europe; *Grell/Cunningham/Roeck*, Health Care and Poor Relief in 18th and 19th Century Southern Europe; später bedeutende Finanzzentren wie London, Frankfurt a.M. / Berlin, Paris und New York sind zu diesem Zeitpunkt nur von regionaler Bedeutung.

[34] Vgl. *Gelderblom/Jonker*, With a View to Hold, S. 74 ff. (die Bevölkerung der Stadt Amsterdam stieg zwischen den Jahren 1580 und 1670 von 30.000 auf 200.000 Einwohner, vgl. ebd., S. 72).

[35] Vgl. *Gelderblom/Jonker*, With a View to Hold, S. 95.

[36] Selbstverständlich kommt es in einem übertragenen Sinn auch hier zur Verknüpfung. So leiden unter einem Staatsbankrott alle Zeichner von Staatsanleihen, unter der Insolvenz der AG alle Aktionäre, unter einem Krieg alle vom Freihandel abhängigen Investments.

mentanteile (z.B. zum Nennwert). Eine solche Perspektive übersieht freilich die Funktion der Klöster, Gilden etc. als Bündelinstitution für Sozialkapital. Ähnlich modernen Spezialfonds tragen die hinter der Bündelinstitution stehenden Leistungsberechtigten das Risiko der Leistungsfähigkeit. Drittens ist die strategische Vermögensanlage, z.B. die planmäßige Diversifikation durch Streuung von Risiko und Ertrag, nicht dokumentiert. Angesichts der wenigen Anlageoptionen war Diversifikation nur eingeschränkt möglich. Zudem dürften kundige Kassenwarte damals wie heute überlegt haben, wie sie die Mittel klug verwalten.

B. Private Equity als Staatsräson

I. Oberitalienische Staatsanleihen

Im Hoch- und Spätmittelalter besteht ein enger Zusammenhang zwischen öffentlichen Interessen und privater Anlage. So finanziert die Republik Venedig ihre Kriege über Zwangsanleihen bei ihren Bürgern, die nach erfolgreicher Kampagne zurückgezahlt werden (sollen). Allerdings wird die Rückzahlung nach einer Phase glückloser Feldzüge ausgesetzt, ab 1262 werden venezianische Anleihen aus einer „schwebenden Schuld" (dem sog. *Monte Vecchio*) mit wechselnder Verlässlichkeit bedient, wobei der Zins regelmäßig 5% oder mehr beträgt. Ab dem 15. Jahrhundert begibt man ewige Anleihen. Staatsanleihen werden von einer indirekten Steuer zum Anlagegegenstand. Es entwickelt sich ein dynamischer Handel, als dessen Folge der Zinssatz für weiterveräußerte Anleihen reduziert wird.[37]

II. Die Niederländisch-Ostindische Kompagnie (VOC)

Die *Vereenigde Oostindische Compagnie* (Niederländisch-Ostindische Kompanie, im Folgenden VOC) finanziert seit 1602 Schiffsexpeditionen in die unerforschten Regionen „Ost- und Westindiens" (Asien und Amerika). Viele Schiffe kommen nicht zurück, die restlichen begründen Kolonien und den Welthandel und damit die Basis der merkantilistisch geprägten niederländischen Seeherrschaft im 16. und 17. Jahrhundert. In die Zeit der VOC fällt das sog. goldene Zeitalter der Niederlande. Die VOC-Aktie mit einem Nennwert von 50 bis 60.000 Gulden wird durch Marktusancen in Höhe von 3.000 Gulden standardisiert und zum ersten liquiden, in großem Umfang gehandelten Wertpapier einer (semi-)privaten Organisation. Die damit verbundenen Finanzinnovationen schaffen die Voraussetzungen für die Kollektivanlage.[38]

[37] *Mueller*, The Venetian Money Market, S. 453 ff.; *Pezzolo*, Bonds and Government Debt in Italian City-States, S. 152 ff.
[38] *Berghuis*, Beleggingsfondsen, S. 28 ff.

Die VOC-Geschäfte leitet ein siebzehnköpfiges Direktorium (sog. „Heren XVII"), dem Repräsentanten der sechs beteiligten Regionen und Städte (sog. Kammern) sowie ein neutraler Direktor angehören. Jede Region verfügt wiederum über ein Sub-Direktorium aus regionalen Kaufleuten und Würdenträgern. Zudem muss jeder Direktor in erheblichem Umfang (6.000 Gulden pro Direktor) beteiligt sein; so liegen zunächst 5,6%, nach Ausbau des Direktoriums um einen Rat der 60 sogar über 10% des Aktienkapitals in den Händen der Direktoren.[39] Die Inhaber der Stimmrechtsaktien (sog. *bewindhebber*) entscheiden, wohin die Expeditionen gehen. Die Inhaber der Aktien ohne Stimmrecht (sog. *participanten*) sind rein finanziell beteiligt. Die Aktienanteile jeder Region sind streng limitiert, um eine Ausnutzung der VOC zur Förderung des eigenen Handels auf Kosten anderer Regionen zu verhindern. Dies belegt die große Bedeutung des Kolonialhandels für den Kapitalimport und die regionale Entwicklung.

Das Wagnis bringt außerordentlichen Ertrag. Zwischen 1602, dem Jahr der VOC-Gründung, und 1798 – dem Jahr der VOC-Auflösung nach Eroberung der Niederlande und der napoleonischen Neuschöpfung der Batavischen Republik – beträgt die Rendite durchschnittlich mehr als 16% p.a. als Geld- und Naturaldividende bei einer Ausschüttungsquote i.H.v. 99% des erzielten Gewinns.[40] Das Aktienkapital von etwas über 6 Mio. Gulden bleibt über fast 200 Jahre nahezu stabil.[41] Allerdings steigt der Verschuldungsgrad durch Ausgabe von VOC-Anleihen kontinuierlich, was auf einen proportional zur Wirtschaftsaktivität steigenden Finanzbedarf hinweist. Die VOC legt für die gesamte Dauer ihrer Existenz niemals offen Rechnung; die hohe Ausschüttung signalisiert wirtschaftlichen Erfolg. Dies genügt für die Kreditwürdigkeit.[42]

III. (Public) Private Equity (19. Jahrhundert)

Der VOC vergleichbare semi-private Institutionen prägen die Wirtschaftspolitik insbesondere im 19. Jahrhundert. Diese Institutionen lassen sich als frühe Private Equity-Fonds einordnen; freilich überwiegt das öffentliche häufig das Ertragsinteresse.

1. Société Générale (1822 pp.)

So wird die *Société Générale des Pays-Bas pour favoriser l'industrie nationale*[43] 1822 als institutionelle Staatskasse des (bis 1830) niederländischen Königs Wil-

---

[39] *Neal*, Venture Shares of the Dutch East India Company, S. 167 ff.

[40] *Neal*, Venture Shares of the Dutch East India Company, S. 171.

[41] Dafür könnte die politische Konstellation ursächlich sein. Die Dominanz einer Region (insbesondere Amsterdam) sollte um jeden Preis vermieden werden.

[42] *Neal*, Venture Shares of the Dutch East India Company, S. 169 f.

[43] Übersetzung: Allgemeine Gesellschaft der Niederlande zur Förderung der nationalen Wirtschaft.

helm I. in Brüssel konstituiert. Die *Société Générale* soll die Domänen verwalten, mit Staatspapieren handeln und aus Infrastrukturinvestitionen und Wirtschaftsförderung Rendite erzielen. Risikomischung wird nicht praktiziert. Das Anfangskapital beträgt 30 Mio. Gulden und zusätzlich 20 Mio. Gulden in königlichen Domänen. Weiteres Kapital wird durch Obligationen eingeworben. Nach der Gründung Belgiens im Jahr 1830 finanziert die nunmehr *Sociètè Generale de Belgique*[44] aus ihrem Holding-Portfolio Infrastrukturmaßnahmen. Zwischen 1835 und 1862 geht sie 62 Beteiligungen ein, bis 1853 ist sie zugleich zur Notenausgabe berechtigt. Im Jahr 1935 wird die Wirtschaftsförderung durch Beteiligung an kleinen und mittleren Unternehmen der alleinige Gesellschaftszweck. Der Erfolg der *Sociètè Generale* führt zu zahlreichen Nachahmungsgründungen, u.a. der *Banque des Bruxelles* (1871) und der gemeinnützigen *Sociètè Nationale d'Invertissement* (SNI) in Brüssel (1962). Als private Beteiligungsgesellschaft entwickelt sich die im Umfeld der AEG im Jahr 1898 gegründete SOFINA seit 1906 zur größten Elektro-Finanzierungsgesellschaft Europas.

2. Crédit Mobilier (1852)

Die 1852 unter Mithilfe von Napoleon III. gegründete *Société Générale de Crédit Mobilier* beruht auf früh-sozialistischem Gedankengut der Bewegung um *St. Simon*.[45] Alle Bürger sollen an der Mitte des 19. Jahrhunderts boomenden Wirtschaftsentwicklung teilhaben, während Staat und Unternehmen profitieren, indem ihnen der *Crédit Mobilier* Kapital zur Verfügung stellt. Der Spagat misslingt. Statt als Kollektivanlage versteht sich die aus den Brüdern *Pereires* bestehende Geschäftsleitung als Effektenbank, die Großprojekte finanziert und mit Einlagen spekuliert.[46] Statt Aktien werden hauptsächlich Obligationen ausgegeben, weil die staatliche Einstandspflicht günstige Konditionen ermöglicht. Dies reduziert die Partizipation der Anleger am Geschäftserfolg und macht den *Crédit Mobilier* krisenanfällig. Nach der durch finanzielle Engpässe der Vereinigten Staaten ausgelösten Wirtschaftskrise von 1857 veräußern die Brüder *Pereires* einige Gründeraktien, was die Bank vorübergehend stabilisiert. Die Verluste aus Eigenhandel nach einem durch Implosion der Baumwollpreise im Jahr 1864 verursachten Börsentief greifen dann das Eigenkapital der *Crédit Mobilier* an. Die Spekulation in österreichischen Staatspapieren führt schließlich zur Insolvenz, als Österreich im Jahr 1866 den Krieg gegen Preußen verliert.

---

[44] Als Vorläufer der Investmentidee bezeichnet von *Berghuis*, Beleggingsfondsen, S. 94 ff.; Brinkhaus/Zeller, Einl Rn. 3; *Bullock*, Investment Companies, S. 1; *Liefmann*, S. 148 ff., 453 ff.; zur niederländischen Frühphase *Laureyssens*, (1972) 3 Revue Belge d'histoire contemporaine 119.

[45] Vgl. dazu *Ehrenberg*, Fondsspekulation, S. 85 ff., 116 f.; *Jörgens*, Finanzielle Trustgesellschaften, S. 4 f.; *Plenge*, Gründung und Geschichte des Crédit Mobilier, 1903 (Nachdruck 1976); *Liefmann*, S. 166 ff., 405 f.

[46] *Jörgens*, Finanzielle Trustgesellschaften, S. 4 f.

Der (zunächst) erfolgreiche *Crédit Mobilier* findet zahlreiche Nachahmer. So inspiriert die Bank die englischen *Finance Companies*.[47] Deren Entstehung begünstigt das zögerliche AG-Gründungsverfahren (sog. Sukzessivgründung) unter dem britischen Companies Act 1862. Danach ist kein Nachweis der Kapitalaufbringung erforderlich. Die *Finance Companies* reduzieren durch Übernahme des Gründerkapitals und Platzierung bei Dritten den Finanzaufwand der Gründer. Weil die *Finance Companies* gelegentlich auf den übernommenen Effekten sitzen bleiben oder durch Halten auf Kurssteigerungen spekulieren, verlagert sich der Geschäftsschwerpunkt einiger Gesellschaften seit 1880 vom *underwriting* (moderner Investmentbanken) zum *investment business*. Aus den *Finance Companies* entsteht im Jahr 1945 unter Beteiligung aller britischen Banken eine auf Beteiligung an mittelständischen Unternehmen gerichtete *Finance Company*, die als „3i" heute einer der größten europäischen Verwalter von Venture Capital ist. Vergleichbare Geschäfte betreibt die im Jahr 1853 konzessionierte *Bank für Handel und Industrie* mit Sitz in Darmstadt aus dem Umfeld des *Crédit Mobilier*, die neben der Gründungsfinanzierung auch „Zweige des regulären Bankgeschäfts kultivieren"[48] soll. Innerhalb Preußens werden Banken mit vergleichbarem Geschäftsgegenstand zunächst nicht als AG konzessioniert, sie müssen auf die wegen der persönlichen Haftung der Komplementäre unbeliebte KGaA ausweichen. Dies geschieht vereinzelt und führt zu eher vorsichtiger Geschäftstätigkeit.[49] Prägend mögen auch die Verluste aus dem Beteiligungsgeschäft (z.B.) der deutschen Diskonto-Gesellschaft[50] gewesen sein.

IV. Vergleich mit modernen Investmentfonds

Zwar steht die öffentlich-rechtliche Zwecksetzung[51] der beschriebenen Gesellschaften einer Einordnung als Kollektivanlage entgegen. Aber es handelt sich um notwendige Entwicklungsschritte für die Kollektivanlage modernen Typs.

1. VOC als Wagniskapitalfonds

So adressiert bereits das VOC-Statut das ewige Problem der Interessenkonflikte: Die VOC-Direktoren sind durch den Beteiligungszwang erheblich am Geschäftserfolg interessiert. Sie werden von einflussreichen und kundigen Großinvestoren überwacht, die die Kontrolle zugleich für die passiven Anleger ausüben, deren Anteile aber wegen ihres wirtschaftlichen und politischen Gewichts

---

[47] Beckmann/*Vollmer*, UBGG/WKBG-Einleitung Rn. 56 ff.; *Ehrenberg*, Fondsspekulation, S. 137 ff.; *Liefmann*, S. 412 ff.; *Linhardt*, Investment Trusts, S. 3 ff.

[48] *Ehrenberg*, Fondsspekulation, S. 101; dazu *Model/Loeb*, Effektenbanken, S. 42 ff.

[49] *Ehrenberg*, Fondsspekulation, S. 108 ff.

[50] Dazu *Model/Loeb*, Effektenbanken, S. 20 f.

[51] Ausdehnung des Einflussbereichs (VOC), Industrialisierung (Belgien), Entwicklung der Verkehrswege (Frankreich).

nicht fungibel sind. Die VOC-Organisation ist entpersonalisiert und von Leben und wirtschaftlicher Potenz der Gründer unabhängig. Die Effektivität der Kontrollstruktur belegt die nahezu 200-jährige Tätigkeit der VOC (ohne jegliche Transparenz). Der *Crédit Mobilier* mit passiven Investoren und einem gutmütigen Staat existiert dagegen keine zwanzig Jahre. Die Wagnisorientierung der VOC bei Ausgewogenheit von Anreiz und Kontrolle weist manche Parallele zu einem modernen Wagniskapitalfonds mit dem Geschäftsgegenstand „Expeditionsfinanzierung / Schatzsuche" auf.

2. Offener vs. geschlossener Typ

Ausgangspunkt der Entwicklung ist der offene Typ, bei dem der Anleger gegen Rückgabe der „Anteile" an den Emittenten den investierten Betrag zuzüglich Gewinne abzüglich Verluste ausbezahlt. Die venezianischen, genuesischen und florentinischen Republiken finanzieren mit (Zwangs-)Staatsanleihen ihrer Bürger ursprünglich Eroberungen und Kriege. Wenn die Auseinandersetzung wirtschaftlichen Ertrag in Form von Beute oder Steuern einbringt, können die Anleger ihre „Anleihen" an den Staat zurückgeben. Die Rückgabeoption wird erst im 13. Jahrhundert ausgeschlossen.[52] Infolgedessen gewinnt die alternative Exit-Option – der Verkauf / die Handelbarkeit – an Bedeutung.[53]

Auch die VOC ist nach ihrem Ursprungsstatut aus dem Jahr 1602 eine Investition des offenen Typs. Die Einlagen sind jeweils für Expeditionen bestimmt, nach deren Abschluss Investoren ihre Einlage zurückverlangen können. Spätestens ab 1610 missachten die VOC-Direktoren das Rückgaberecht, in späteren VOC-Statuten (ab 1612 pp.) taucht es nicht mehr auf. Dies führt zum historisch wohl ersten feindlichen Übernahmeversuch eines aus Antwerpen nach Amsterdam geflohenen Finanziers. Zwar scheitert der Versuch, doch dürfte die Höhe der durchschnittlichen Renditen i.H.v. 16,5 % p.a. bzw. 99 % der erzielten Gewinne[54] auch als Übernahmeprävention zu verstehen sein.

C. Fremdverwaltetes Kollektiv (Pooling)

Die Vermögensbündelung (Pooling) wird im Versicherungskontext entwickelt und erst später von Anlageorganismen genutzt.

---

[52] *Pezzolo*, Bonds and Government Debt in Italian City-States, 1250–1650, S. 147.
[53] Zu der eindrucksvollen Entwicklung des Sekundärmarkts für venezianische Anleihen *Pezzolo*, Bonds and Government Debt in Italian City-States, S. 154 ff. (Transaktionskosten < 0,5 %).
[54] *Neal*, Venture Shares of the Dutch East India Company, S. 167 bis 169.

I. Die Tontinengesellschaft (ca. 1650 pp.)

Die gezielte Bündelung von Privatvermögen zu einer ertragsorientierten Beteiligung an einem Anlagevermögen (Pooling) wird erstmals in einer Spezialform der Leibrente fruchtbar gemacht, der sog. Tontine oder Tontinengesellschaft.[55]

1. Soziale Sicherung mit morbidem Element

Eine Tontine verwenden die italienischen *montes pietates* – wohltätige Anstalten in Form kirchlicher oder staatlicher Leihhäuser[56] – bereits im Hochmittelalter, um sich die für niedrigverzinsliche Kredite an Handwerker etc. erforderlichen Mittel zu verschaffen. So kann man laut *Jean Bodin* den *montes pietatis* im 16. Jahrhundert zur Geburt einer Tochter einen Betrag übergeben, dessen zehnfacher Betrag zum achtzehnten Geburtstag der Tochter als Brautaussteuer zurückgegeben wird. Verstirbt die Tochter früher, besteht kein Rückzahlungsanspruch.[57] Die hohe Garantierendite von ca. 14,5% p.a. erklärt sich neben einer risikoreichen Anlagestrategie mit hoher Kindersterblichkeit. Aus Sicht des Teilhabers ist die Tontine eine Lebensversicherung mit glücksspielartigen Elementen:[58] Ähnlich der Leibrente bietet sie den Investoren eine bis zum Tode oder einem anderen Ereignis fortgesetzte Geldleistung, mit zwei Unterschieden: Erstens wachsen die Anteile der Versterbenden den Überlebenden zu. Dem letzten Überlebenden wird die Investitionssumme des Kollektivs zzgl. des verbleibenden Ertrags ausgezahlt. Zweitens tragen im Gegensatz zur Leibrente die Teilnehmer das Langlebigkeitsrisiko; bei der Leibrente trägt dieses der Leistungspflichtige (i.e. der Versicherer). Die Geldleistung wird ausschließlich aus dem Anlageertrag und den investierten Mitteln gespeist.

Mittels der Zins-Tontine sucht *Tonti* im 17. Jahrhundert die französischen Staatsfinanzen zu sanieren,[59] gleiches wird in den Niederlanden,[60] Preußen[61]

---

[55] Benannt nach dem neapolitanischen Bankier *Lorenzo de Tonti* (geboren um 1602; gestorben vermutlich 1684). Vgl. *Koch*, VW 1995, S. 1640 f.; *Körber*, VW 1995, S. 1102; *Goetzmann/Rouwenhorst*, Origins, S. 251–253; *Gelderblom/Jonker*, With a View to Hold, S. 90.

[56] Vgl. zur theologischen Rechtfertigung in Zeiten des Zinsverbots *Braun*, S. 80 f.; *Buckley*, Usury, S. 132 ff.; *Mueller*, The Venetian Money Markets, S. 483 ff.; *Poitras*, Early History, S. 89 f.

[57] Vgl. *Bodin*, Les six livres de la republique, S. 891 f.

[58] Vgl. *Poterba*, Annuities in Early Modern Europe, S. 218.

[59] Lt. *Koch*, VW 1995, S. 1640, 1641 wird die erste französische Tontine im Jahr 1689 begeben. Im Jahr 1763 wird der Tontinenverkauf verboten und die Inhaber existenter Tontinenanteilscheine um ihren Vermögenszuwachs gebracht, vgl. *Poterba*, Annuities in Early Modern Europe, S. 218 f.

[60] Lt. *Koch*, VW 1995, S. 1640, 1641 nimmt die Stadt Kampen im Jahr 1670 auf diese Weise 100.000 Gulden auf. Nach *Wagenvoort*, Tontines, S. 116 ff. begeben öffentliche Körperschaften zwischen 1670 und 1799 insgesamt 45 Zins-Tontinen mit einem Investitionsvolumen von 6,5 Mio. Gulden.

[61] Kurfürst Friedrich Wilhelm III., seit 1701 König in Preußen, legt im Jahr 1698 eine Zins-Tontine i.H.v. 100.000 Reichstalern über je 100 Taler Einzahlung zu 5% auf. Die Über-

und Nürnberg[62] sowie in romanischen Ländern praktiziert: Bürger sollen in einen gemeinsamen Fonds Geld einlegen, im Gegenzug garantiert der Staat die Zahlung von Leibrenten. Nach dem Tod des letzten Teilhabers fällt das Fondsvermögen an den Staat. Ähnlichkeiten mit modernen Lebensversicherungen und Investmentfonds weisen die Kapital-Tontinen oder Tontinengesellschaften auf,[63] eine Art Hinterbliebenen- und Altersversorgung auf Gegenseitigkeitsbasis, die eine frühe Blütezeit in Amsterdam (1670 bis Ende des 17. Jahrhunderts)[64] und in Dänemark erlebt.[65] Kapital-Tontinen müssen das Investivkapital für die Dauer des Bestehens der Tontinengesellschaft profitabel anlegen. Nach dem Ertrag richten sich die regelmäßigen Ausschüttungen, der letzte Anleger erhält den Vermögensstock.[66] Infolgedessen bilden sich die ersten professionell verwalteten Wertpapierportfolios: In Amsterdam sind VOC-Aktien ein beliebter, häufig sogar der ausschließliche Anlagegegenstand. Später wird in europäische Staatsanleihen investiert, das Portfolio mancher Tontinen ist diversifiziert.[67]

Nach großen Erfolgen im 18. Jahrhundert geht das Interesse an Zins-Tontinen zurück.[68] Bis heute erfolgt die Auseinandersetzung von Personenmehrheiten in Frankreich und im englischsprachigen Raum mittels Kapital-Tontinen. An die Stelle des Todes treten gelegentlich Alternativzeitpunkte (z.B. Beendigung der Berufstätigkeit etc.). Der Differenzbetrag zwischen Überschuss und Buchwert wächst den Verbleibenden an. Das Europarecht erweckt die Tontine im Jahr 1995[69] zumindest als Vertragsform wieder zum Leben, als Gemeinschaften, „in denen sich Teilhaber vereinigen, um ihre Beiträge gemeinsam zu

---

nahme der Tontine wird mit der großen Anzahl Hugenotten in Preußen seit dem Edikt von 1685 erklärt (*Koch*, VW 1995, S. 1642).

[62] Es beteiligten sich u.a. Personen aus J.W. v. Goethes Weimarer Kreis an einer Tontine zu 4%. Vgl. *Koch*, VW 1995, S. 1642.

[63] *Gelderblom/Jonker*, With a View to Hold, S. 90f.

[64] Zwischen 1670 und 1700 soll es in den Niederlanden zum Abschluss fast 200 solcher Kapital-Tontinen gekommen sein; nach einem Betrugsskandal reduzierte sich das Interesse; bis zum Ende des 18. Jahrhunderts wird von weiteren 100 Abschlüssen berichtet. Die Gesamtzahl der in den 300 Tontinen gezeichneten Anteile betrug 8.500 Stück; bei einem durchschnittlichen Nominalbetrag von 500 Gulden betrug die Gesamtinvestition ca. 4,3 Mio. Gulden. Vgl. die vollständige Aufzählung bei *Wagenvoort*, Tontines, S. 116ff.

[65] *Koch*, VW 1995, S. 1641.

[66] *Goetzmann/Rouwenhorst*, Origins, S. 253.

[67] *Goetzmann/Rouwenhorst*, Origins, S. 253 nennt als Beispiel die Tontine "Uit Voorzorg" (Zur Vorsorge).

[68] Dies lässt sich mit der Verbreiterung des Anlagespektrums (sogleich) und der Entstehung versicherungsrechtlicher Alternativen wie der Rentenversicherung, alternativ mit dem morbiden Element – Investoren profitieren vom Tod ihrer Mitinvestoren – und der Nähe zum Glücksspiel erklären. Vgl. *v. Gierke*, Versicherungsrecht, 1. Bd., 1937, S. 85; *Koch*, VW 1995, S. 1640, 1642. Vgl. zur ethischen Disqualifikation des Glücksspiels Zweiter Teil, § 10.C.II., zum morbiden Element der privaten Rentenversicherung Erster Teil, § 6.B.

[69] Vgl. Nr. 22 der Anlage A zum VAG, eingefügt durch das dritte Durchführungsgesetz/EWG zum VAG vom 21.7.1994 (BGBl. I (1994), 1630). Dazu *Koch*, VW 1995, S. 1640.

kapitalisieren und das so gebildete Vermögen entweder auf die Überlebenden oder auf die Rechtsnachfolger der Verstorbenen zu verteilen."[70]

2. Vergleich mit heutigen Kollektivanlagen

Ebenso wie bei modernen Kollektivanlagen erwirbt bei Kapital-Tontinen eine Anlegermehrzahl[71] nach einem Nennwert (i.d.R. 500 Gulden) bemessene Anteile. Die Teilnahme am Kollektiv erleichtert den Zugang zu schweren Aktienwerten. Manche Kapital-Tontinen gehen auf professionelle Initiatoren zurück bzw. deren Vermögen wird professionell angelegt; einige Tontinen werden sogar als Gesellschaftervereinbarung von der VOC initiiert und dem VOC-Buchhalter verwaltet. Auch von standardisierten Verträgen wird berichtet.[72] Die Nähe zu modernen Fonds bestätigt ein Blick auf die Schattenseiten: Im Jahr 1703 begeht der VOC-Buchhalter Kapitalanlagebetrug durch Fälschung der Bücher einer VOC-Tontine.[73]

Tontinen und Kollektivanlage unterscheiden sich in drei Aspekten: Der Ertrag speist sich bei der Tontine nicht nur aus dem Erfolg der eigenen Anlage, sondern ähnlich einer Lebensversicherung durch Zuwachs aus Mitteln Dritter (der Vorverstorbenen), die Tontinte ist nicht „zweckfrei" auf Anlageerfolg, sondern auf eine pensionsähnliche, stabile Rente („income smoothing") ausgerichtet, und Tontinen-Anteile sind nicht übertragbar.

II. Die Negotiatie: vertraglicher Fonds mit Börsennotierung

Einen weiteren Innovationsschritt leitet die Firma *Jean Deutz & Soon*[74] mit der Erfindung der Kreditverbriefung Ende des 17. Jahrhunderts ein.

1. Plantagenfonds

Deutz initiiert erstmals im Jahr 1695 eine Negotiatie, i.e. eine vertraglich organisierte Vermögensmasse („Fonds"), mit dessen Hilfe ein Kredit an Österreich-Habsburg im Umfang von 1,5 Mio. Gulden syndiziert wird.[75] Die Anleger erhalten die auf ihren Anteil entfallenden Zinsen. Die Negotiatie ist eine innovative Form der Gegenfinanzierung von Verbindlichkeiten des Staates ge-

---

[70] Vgl. Art. 1 Nr. 2a der 1. EG-LebensversicherungsRL 79/267/EWG i.V.m. Art. 10 Abs. 2 der 2. EG-LebensversicherungsRL 90/619/EWG, mittlerweile aufgehoben durch Richtlinie 2002/83/EG.

[71] Laut *Gelderblom/Jonker*, With a View to Hold, S. 91 zählt eine Kapital-Tontine anfangs zwischen 10 und 30 Teilnehmer; ab dem 18. Jahrhundert steigt der Durchschnitt auf 50 Teilnehmer, Tontinen mit mehr als 100 Teilnehmer sind keine Seltenheit.

[72] *Gelderblom/Jonker*, With a View to Hold, S. 91.

[73] *Wagenvoort*, Tontines, S. 108 ff.

[74] Die Familie Deutz verwaltete ein Quecksilber-Monopol, das ihr von den österreichischen Habsburgern verliehen worden war.

[75] *Gelderblom/Jonker*, With a View to Hold, S. 92; *Goetzmann/Rouwenhorst*, Origins of Mutual Funds, S. 253 f.; *Berghuis*, Beleggingsfondsen, S. 32 f.

genüber seinen Lieferanten: Das von den Anlegern eingenommene Kapital finanziert indirekt Quecksilber-Lieferungen der Deutz-Familie an die kaiserlichen Manufakturen. *Willem Gideon Deutz* (1697 bis 1757) entwickelt das Konzept seines Vaters im Jahr 1753 mit einer Negotiatie fort, die die Kreditvergabe zu Zwecken der Erschließung und Inbetriebnahme von Plantagen in den niederländischen Kolonien finanziert.[76] Die zunächst erfolgreiche Strategie führt zur wohl ersten Fonds-Hausse, mit anschließender Baisse. Binnen ca. 25 Jahren werden 80 Mio. Gulden in Form von mehr als 200 Plantagenkrediten ausgereicht. Die Negotiatie machen an der Amsterdamer Börse – damals einem der liquidesten Märkte der Welt – knapp 25 Jahre lang die Mehrheit der Neuemissionen aus.[77]

Das Anlagekonzept scheitert als Folge des vierten Englisch-Niederländischen Seekrieges und der nachfolgenden Finanzkrise 1772–1773.[78] Die Plantageneigner können die Ernte nicht mehr an ihre Abnehmer in den Niederlanden liefern und mangels Einnahmen die Kredite nicht mehr bedienen. Das Eigentum an den Plantagen fällt an die Fonds, die jedoch mangels Expertise und Ressourcen die Plantagen nicht bewirtschaften können. Eine Verwertung scheitert mangels Nachfrage.

2. Vergleich mit heutigen Kollektivanlagen

Die Negotiatie ist eine vertraglich begründete Anlagebeziehung zwischen Publikumsanlegern und einem professionellen, externen Verwalter. Das in den Fonds investierte Vermögen wird von der Firma *Deutz* verwaltet und in wenigen, illiquiden Krediten angelegt; eine planmäßige Diversifikation findet nicht statt. Manche Verträge räumen dem Verwalter Anlageermessen ein.[79] Ebenso wie bei modernen Fonds und im Gegensatz zu den Tontinen richtet sich der Ertrag nach dem anteiligen Investment. Einsatz und Ertrag sind proportional ausgestaltet. Aus heutiger Sicht handelt es sich um einen Fonds des geschlossenen Typs mit börsengehandelten Anteilen. Ein Anspruch auf Rückgabe der Fondsanteile besteht nicht.

---

[76] Die erste Negotiatie investierte im Jahr 1753 1 Mio. Gulden in Plantagen in Surinam. Vgl. *Gelderblom/Jonker*, With a View to Hold, S. 92 f.; *Goetzmann/Rouwenhorst,* Origins, S. 253 f.

[77] *Goetzmann/Rouwenhorst*, Origins, S. 253 f.

[78] *Gelderblom/Jonker,* With a View to Hold, S. 92; *Goetzmann/Rouwenhorst,* Origins, S. 253 f.; *Den Otter*, Anlagefonds-Geschichten, sub II. (für Zusammenhang mit der zeitgleichen britischen Aktienkrise: niederländische Händler hätten auf wertlose Aktien der British East India Compagnie spekuliert).

[79] *Goetzmann/Rouwenhorst,* Origins, S. 253 f.

D. Diversifikation

I. Niederländische Fonds

Der niederländische Kaufmann *Adriaan van Ketwich* reagiert auf die Finanzkrise von 1772–73 mit einer weiteren Finanzinnovation: der planmäßigen Diversifikation. Im Jahr 1774 gründet er den Fonds (heute „*Beleggingsfondsen*")
mit dem niederländischen Landesmotto «Eendragt Maakt Magt» (frei übersetzt: „Gemeinsam sind wir stark.").[80]

1. „Gemeinsam sind wir stark"

Van Ketwich nutzt die von der Firma *Deutz* etablierte Negotiatie. Im Frühjahr
1775 werden alle Aktien platziert und zum Handel an der Amsterdamer Börse
zugelassen. Die ursprüngliche Marktkapitalisierung des Fonds beträgt 1 Mio.
Gulden, aufgeteilt auf 2.000 Anteile zum Nennwert von 500 Gulden. Im Prospekt verpflichtet sich Van Ketwich zu guter und sorgfältiger Verwaltung. Im
Gegenzug erhält er 0,5 % anlässlich der Gründung zzgl. 100 Gulden Verwaltervergütung p.a.

Zur Vermeidung von Interessenkonflikten überlässt *Van Ketwich* die Anlageentscheidung zwei Direktoren. Zum Schutz der Anleger und zur Sicherung
der Anlagestrategie wird das Entscheidungsermessen der Direktoren beschränkt. Die Wertpapierurkunden verwahrt *Van Ketwich* persönlich – in einer
eisernen Kiste mit dreifach gesichertem Schloss; zwei Schlüssel haben die Direktoren, den dritten Schlüssel verwahrt der Notar *Paulus Huntum*.[81] Soweit
ersichtlich, handelt es sich um die erste Verwahrung mit physischer und rechtlicher Trennung des Fonds- vom Privatvermögen des Verwalters. Derselbe Notar
hat die Anteilsausgabe und -rücknahme zu beurkunden. Obwohl die Negotiatie keine juristische Person ist, findet nach den Vertragsbedingungen eine Versammlung der Anteilseigner statt. Um der Unter- und Mittelschicht ertragreiche Investitionen zu reduziertem Risiko zu bieten, werden die Direktoren auf
das Prinzip der *regionalen* Diversifikation verpflichtet. Sie müssen das Gesamtportfolio über zehn Gruppen im Prospekt dargestellter Anleihen und Planta-
genkredite streuen.[82]

Der Investmentanreiz wird mittels einer Lotterie gesteigert. Diese in den
Niederlanden im 18. Jahrhundert verbreitete Methode[83] macht allerdings eine

---

[80] Dazu *Berghuis*, Beleggingsfondsen, S. 46 ff. („De eerste beleggingsfondsen ter wereld");
Goetzmann/Rouwenhorst, Origins, S. 254 ff.

[81] *Goetzmann/Rouwenhorst*, Origins, S. 257.

[82] Finanziert werden z.B. Plantagen in (Niederländisch-)Guyana.

[83] *Berghuis*, Beleggingsfondsen, S. 59 ff. Ursache mag die calvinistische Prägung der nördlichen Niederlande sein. Nach der Lehre vom Zeichen mag der Gewinner der Lotterie darin
ein Zeichen gesehen haben, dass er zur Gruppe der Auserwählten gehört, denen Gott Zugang
zum Paradies gewährt. Näher Zweiter Teil, § 10.B.III.1. Allerdings wandelt sich die liberale

faire Bewertung der Fondsanteile nahezu unmöglich:[84] Der Fonds verspricht eine Dividende iHv von 4% p.a., was geringfügig unter der durchschnittlichen Nominalrendite der Anleihen im Fondsportfolio liegt. Bei planmäßiger Bedienung der Anleihen kann der Fonds die Dividende bezahlen. Der Mehrbetrag aus der Differenz zwischen Ausschüttung (4%) und durchschnittlicher Nominalrendite der Anleihen (+ 4%) wird in eine Kapitalrücklage einbezahlt. Aus der Kapitalrücklage werden zufällig bestimmte Anteile zu einem Preis zu 10% über dem Nominalwert gekauft.[85] Zugleich erhöht sich die Dividende der benachbarten Anteilsnummern.[86] Der Anteilsrückkauf führt zu einer endlichen Laufzeit des Fonds, weil sich die Anzahl der Anteile ständig verringert; im Jahr 1824 wird die „starke Gemeinschaft" liquidiert.

2. *Blüte und Niedergang*

Dem Vorbild der *Van Ketwich*-Fonds folgen weitere, mit wechselhaftem Erfolg: Im Jahr 1776 gründet ein Utrechter Bankenkonsortium den Fonds „Voordeelig en Voorsigtig" (Ertragreich und Vorsichtig).[87] *Van Ketwich* ist als Zahlstelle und Emittent potentieller Investments beteiligt. „Ertragreich und Vorsichtig" soll u.a. in den ersten *Van Ketwich*-Fonds „Gemeinsam sind wir stark" investieren. Im Jahr 1779 initiiert *Van Ketwich* einen zweiten Fonds mit der lateinischen Übersetzung des Namens seines ersten Fonds („Concordia Res Parvae Crescunt"), dieses Mal mit Anlageermessen des Verwalters.[88] Auf eine Liste zulässiger Anleihen wird verzichtet. Der Fonds soll in solide und solche Wertpapiere investieren, die unterhalb ihres inneren Wertes erworben werden können. *Van Ketwich* kreiert damit den ersten wertorientierten Investmentfonds (sog. "Value Investor"). Zwar wird wiederum eine Dividende von 4% versprochen, aber der Anteilsrückerwerb flexibel ausgestaltet. Diejenigen, deren Anteile zurückerworben werden, erhalten eine Prämie von 20% auf den Nominalbetrag. Diesen wie weiteren Fonds ist weniger Erfolg beschieden. Als Kolonialkriege die von Kolonien begebenen Anleihen entwerten, wird zunächst der Anteilsrückerwerb ausgesetzt, dann die Dividendenzahlung reduziert. Gegen Ende des 18. Jahrhunderts werden die *Van Ketwich*-Fonds nur noch außerbörs-

---

Einstellung im 17. Jahrhundert unter dem Eindruck des *windhandels* (i.e. Leer- und Terminverkäufe sowie Insiderhandel), vgl. *Poitras*, Early History, S. 94 ff.

[84] *Goetzmann/Rouwenhorst*, Origins, S. 257 ff.

[85] Der Anteilsinhaber erhält statt der von ihm bezahlten 500 Gulden den Betrag von 550 Gulden. Je früher dies während des Investments geschieht, umso höher ist seine Nominalrendite: Der Rückkauf nach Ablauf des zweiten Jahres führt z.B. zu einer Rendite i.H.v. 9% p.a. (2 x 4% zzgl. 10%), nach dem dritten Jahr i.H.v. 7,33% (3 x 4% zzgl. 10%), nach dem vierten Jahr i.H.v. 6,5% (4x4% zzgl. 10%) etc.

[86] Beispiel: Der Anteil mit der Nummer 100 wird für den Rückkauf ausgewählt. Für die Anteile 99 und 101 wird ein Dividendenaufschlag gezahlt. Statt 4% erhalten die Anteilsinhaber für dieses Jahr eine Dividende von 6%.

[87] *Berghuis*, Beleggingsfondsen, S. 56 f.

[88] *Berghuis*, Beleggingsfondsen, S. 58 f.

lich zu deutlichen Kursabschlägen gehandelt (der Fondsinitiator beteiligt sich
am Handel sub par). Concordia Res Parvae Crescunt wird im Jahr 1893 liquidiert, die Ausschüttung beträgt 430,55 flämische Gulden pro 500 Gulden Anteilsschein, oder 87% des Investmentwertes.

Zwischen 1787 und 1804 werden nach dem Vorbild der *Van Ketwich*-Fonds
29 Fonds an der Amsterdamer Börse gehandelt, die in nordamerikanische Anleihen und damit den Krieg gegen England investieren.[89] Dennoch bleibt der
Anteil der Negotiatie an den niederländischen Gesamtanlagen mit 1,5‰ gering.[90] Bereits hier ist ein Missbrauch der Verwalterstellung belegt: So investiert
z.B. ein 1788 begebener Fonds in nordamerikanische Anleihen, ausweislich des
Prospekts zu 60% des Nominalwertes. (Die Reduktion spiegelt das Risiko wider, dass die Vereinigten Staaten den Krieg verlieren.) Zur Zeit der Gründung
des Fonds notieren die Anleihen bei 15% bis 40% des Nominalwertes. Die
Fondsinitiatoren kaufen die Anleihen zunächst auf eigene Rechnung (für maximal 42% des Nominalwertes) und veräußern diese an den Fonds (zu 60% des
Nominalwertes). Der Ertrag aus dem Weiterverkauf i.H.v. 50% auf den eingesetzten Betrag fließt den Initiatoren zu, zusätzlich zu der Verwaltungsgebühr
von 1% p.a. während der auf 25 Jahre angelegten Laufzeit des Fonds.[91]

Hatte Amsterdam mit innovativen Investmentbanken und einer beispiellosen
Kapitalstärke über zwei Jahrhunderte die Finanzwelt dominiert, reduzieren
Kriege mit England und zahlreiche Staatsinsolvenzen[92] als Folge der französischen Revolution und napoleonischen Kriege (1793 bis 1815) die Bedeutung des
Finanzplatzes. Für den Einstieg in die moderne Industriefinanzierung – Finanzbedarf gibt es in Folge der industriellen Revolution reichlich – fehlen
schließlich die personellen[93] und finanziellen[94] Ressourcen. Als Relikt der Inno-
vationszeit überleben die für die großvolumige Staats- und Kolonialfinanzie-
rung entwickelten Kapitalmarkttechniken[95] der Umgruppierung („re-packa-
ging") und Verbriefung von Finanzströmen („securitization") sowie die ersten
Investmentfonds, die in der Folgezeit in Genf, London, Paris und Frankfurt
a.M. verfeinert werden.

---

[89] *Riley*, Government Finance, 1980, S. 185 ff.; *Goetzmann/Rouwenhorst*, Origins,
S. 259 ff.
[90] *Berghuis*, Beleggingsfondsen, S. 228, 209 ff.
[91] *Goetzmann/Rouwenhorst*, Origins, S. 264 f.
[92] *Riley*, Government Finance, S. 215 f., 242.
[93] Bis 1815 waren die großen niederländischen Investmentbanken des 18. Jahrhundert entweder insolvent oder die alte Bankiers-Generation durch blasse Nachfolger ersetzt. Vgl. *Riley*, Government Finance, S. 247 f.
[94] *Riley*, Government Finance, S. 215 f., 242.
[95] *Riley*, Government Finance, S. 248 f.

II. Schweizerische geschlossene Fonds (1849)

Die traditionelle Form der passiven Beteiligung in der Schweiz ist die Kommandit-Aktiengesellschaft.[96] Davon abweichend errichten die drei Genfer Privatbanken *Bonna & Co., Paccard, Ador & Co.* und *Ph. Roget & Fils* am 5. März 1849 die *Omnium, Société Civile Génévoise d'Emploi de Fonds*.[97] Motiv ist der Wunsch nach Risikominderung durch Streuung bei Erträgen oberhalb des sicheren, aber inflationsbedrohten Zinsniveaus. Das Fondsvermögen von zwei Millionen Franken wird in britische, türkische und serbische Staatspapiere sowie in Aktien europäischer Bank-, Minen- und Industriegesellschaften angelegt. Die *Omnium* existiert mindestens 30 Jahre und schüttet im Jahr 1882 4% Dividende auf 5 Mio. Franken Kapital aus.[98]

Seit den 1880er Jahren werden in der Schweiz zudem zahlreiche Beteiligungs-AGs gegründet, die als Treuhandgesellschaften Vermögen für Anleger verwalten. Rückblickend ist nicht auszumachen, ob es sich um Holding-Gesellschaften, Effektenbanken oder reine Anlagegesellschaften handelte, es überwiegen Mischformen. Dies gilt z.B. für die 1885 in Genf gegründete *Banque de Fonds d'État* und die 1888 gegründete *Société Financiére Franco-Suisse*, die in Staatspapieren und Obligationen anlegen.[99] Im ersten Weltkrieg wird die Schweiz zum Fluchtort für Kapital. Es entsteht die heute für die Schweiz typische Vermögensverwaltungsindustrie, zunächst in Form der Aktiengesellschaft. Eine ertragsschädliche Doppelbesteuerung auf AG- und Anlegerebene vermeidet das Schweizer Beteiligungsprivileg. Paradigmatisch wird der Glarner Rechtsanwalt, der die Vermögensverwaltung für einzelne Mandanten in AG-Form organisiert. Seltener kommt es zur Gründung großer Anlagegesellschaften mit einer Vielzahl von Beteiligungen.[100] Anfang des 20. Jahrhunderts verwalten 985 Beteiligungsgesellschaften ein Aktienkapital von mehr als 2,5 Mrd. CHF.[101]

---

[96] Nach *Fick*, ZHR 5 (1862), 14 ff. werden 551 Kommanditgesellschaften mit einem Kapital von 2 Milliarden Franken zwischen dem 1.7.1855 und dem 30.6.1856 allein im Departement Seine gegründet. Eine Aussage dazu, ob ein Teil dieser Kommanditgesellschaften auch zu Zwecken der Vermögensverwaltung gegründet wird, findet sich nicht.

[97] *Mollet*, Schweizerische Investment-Trusts, S. 251; BSK-KAG/*Kapalle*, Vor Art. I Rn. 1204; *Kilgus*, S. 131 f. (mit Details zur Anlagepolitik); *Liefmann*, S. 207 ff.

[98] *Kilgus*, S. 132.

[99] *Jörgens*, Finanzielle Trustgesellschaften, S. 25; *Liefmann*, S. 207 f. Für Einordnung der *Société Financiére Franco-Suisse* als Anlagegesellschaft im Jahr 1942 aber *Mollet*, Schweizerische Investment-Trusts, S. 90 ff. Der Markt scheint stark konzentriert gewesen zu sein. *Mollet* führt die Anlagegesellschaften aus der Perspektive des Jahres 1942 auf zwei Finanzgruppen zurück. Dies könnte freilich auch eine Kriegsfolge sein.

[100] *Liefmann*, S. 217.

[101] *Liefmann*, S. 213 ff. nennt die Thesaurus Continentale Effektengesellschaft, die Financière Omnia und die Société internationale de Placement (SIP).

E. Ausdifferenzierung: Rechtsform, Verwalterermessen, Typ

Die in den Niederlanden und der Schweiz gelegten Grundlagen werden zunächst in Schottland und England fortentwickelt.

I. Schottische Investment Companies

In Schottland entwickelt sich in der zweiten Hälfte des 19. Jahrhunderts eine bemerkenswerte Investmentindustrie. So zahlt die in Glasgow unter dem Joint Stock Companies Act 1956 als limited liability company inkorporierte *Scottish-American Investment Company* aus Anlagen in Nordamerika bereits im Jahr 1960 eine Dividende von 10%.[102] Es folgen die *Mining Shares Investment Company* von 1864 und die *Marine Investment Company* von 1865. Diese frühen Investment Companies werden in englischsprachigen Quellen häufig unterschlagen. Dies mag an der Rechtsform der Gesellschaft liegen; spezifisch ist nur der Geschäftsgegenstand der Anlage.

International bedeutsam werden der im Jahr 1873 von *Robert Fleming* aus Dundee gegründete *First Scottish American Investment Trust*, der in hypothekarisch gesicherte US-Eisenbahnanleihen investiert,[103] und die von *William Menzies* gegründete *Scottish American Investment Company Ltd. Menzies* emittiert für risikoscheue Investoren Obligationen (zu 5,5%), während Aktionäre über die Ertragsdifferenz Dividenden von bis zu 10% erhalten sollen.[104] *Menzies* setzt systematisch und erfolgreich[105] Verschuldung zur Steigerung des relativen Eigenkapitalertrags (Leverage) ein und begründet damit den ersten Split Capital Trust.[106] Die schottischen Investmentorganisationen finanzieren zu einem erheblichen Teil den transkontinentalen Eisenbahnbau in den USA. Der Kapitaltransfer legt den Grundstein für einen liquiden US-Finanzmarkt und die Entstehung der US-Investmentbanken.[107] Die schottischen Organisationen bringen drei neue Elemente ein: planmäßiges (statt spekulatives) Leverage, die korporative Form (Investment Company) und eine aktive Verwaltung, letztere als Folge der unübersichtlichen Verhältnisse in den USA in der zweiten Hälfte des 19. Jahrhunderts.

---

[102] *Liefmann*, S. 168; *Pennington*, Investor and the law, S. 217.

[103] *Robert Fleming* bleibt nach Umwandlung des Trust in eine *Company* für 15 Jahre deren Secretary. Seit 1900 baut er ein Trust-Imperium in London mit 56 Fonds und einem Vermögen von 114,5 Mio. Pfund auf. Näher *Bullock*, Investment Companies, S. 5 ff.

[104] Von der ursprünglichen Investitionssumme i.H.v. 430.000 £ stammten nur 100.000 £ von den Aktionären.

[105] Trotz Barings-Krise 1890 und dem ersten Weltkrieg werden auf die Aktien jedes Jahr Dividendenzahlungen von 12,5 bis 18% auf das eingesetzte Kapital ausgeschüttet.

[106] Vgl. *Adams* in Adams, Split Crisis, S. 24 ff.

[107] Vgl. *Cameron et al.*, International Banking (1870–1914), S. 57 f.; *Wilkins*, History of Foreign Investments in the United States to 1914, S. 499; *Jenks*, (1951) 11:4 J. Econ. Hist. 375, 381; zur Entwicklung des "House of Morgan" *Josephson*, The Robber Barons, S. 404 ff.

II. Englische Investmenttrusts (1868 pp.)

Am 19. März 1868 gründet der englische Rechtsanwalt *Philipp Rose* mit dem *Foreign and Colonial Government Trust* (F & C)[108] die wohl erste englische Kollektivanlage.[109] Struktur und Investmentstrategie ähneln dem niederländischen Vorbild „Gemeinsam sind wir stark":[110] Die Anlagen sind auf Staatsanleihen beschränkt und diversifiziert.[111] Die projektierte Fondsdauer beträgt 24 Jahre. Die gelegentliche Bezeichnung als erster Investmentfonds trifft angesichts der niederländischen, schweizerischen und schottischen Vorgänger nicht zu. F & C ist aber die älteste *noch existierende* Fondsgesellschaft und Ausgangspunkt einer dynamischen Entwicklung bis zur ersten Spezialregulierung Mitte des 20. Jahrhunderts.

1. Halbstarrer Trust

Der *F & C* wird als Trust gemäß den Regeln des Common Law gegründet. Rechtsfolge des Trusts ist die Separierung einer Vermögensmasse von dem Vermögen des Verwalters und der Anleger. Nach dem Trust Deed (≈ Treuhanderklärung) sollen die Anleger bei Beendigung des Trusts oder Auflösung einen Betrag in Höhe des Wertes der zugrundeliegenden Anlagegegenstände erhalten. Aus den Überschüssen nach Deckung von Verwaltungskosten und einer Mindestdividende von 6% wird eine bestimmte Anzahl durch Los ermittelter Anteile zurückerworben. Aus dem Rest – die Dividendenauszahlung unterschreitet die erwartete Dividende – wird ein Reservefonds gebildet und in die zulässigen Anlagen investiert. Im Fall des Rückkaufs erhält jeder Investor ein Rückkaufszertifikat. Nach Rückkauf aller Anteile soll das Restvermögen unter den Zertifikatsinhabern verteilt werden können.[112] Die Wahl der Trustform er-

---

[108] Vgl. zum Folgenden insbesondere *Bullock*, Investment Companies, S. 2 f.; Glasgow's Guide to Investment Trust Companies (1939); *Glasgow*, The Scottish Investment Trust Companies (1932); *Glasgow*, The English Investment Trust Companies (1930); *Grayson*, Investment Trusts, S. 11 ff.; *R. F. Goldschmidt*, Investment Trusts, S. 5 ff.; *Jörgens*, Finanzielle Trustgesellschaften, S. 13 ff.; *Kilgus*, S. 20 ff.; *Liefmann*, S. 167 ff.; *Linhardt*, Investment Trusts, S. 25 ff., 50 ff.; *Macfarlanes*, A1.010 bis A1.016; *Pennington*, Investor and the law, S. 217 ff.; *Speaker*, Investment Trusts, S. 7 ff.; *Steiner*, S. 17 ff. (jeweils mit Vorgeschichte); *Walker*, (1940) 4:15 Econ. Hist. 341.

[109] *Speaker*, Investment Trusts, S. 10 bezeichnet die im Jahr 1863 gegründeten The London Financial Association und The International Financial Society als erste Investment Trusts, es handelt sich aber um Financial Companies, die sich erst später dem Anlagegeschäft verschreiben, vgl. *Linhardt*, Investment Trusts, S. 51.

[110] *Jörgens*, Finanzielle Trustgesellschaften, S. 18 sieht in dem Investment Trust eine Anwendung des alten Prinzips genossenschaftlicher Vereinigung der Schwachen auf die Vermögensanlage, quasi eine Effektenversicherung auf Gegenseitigkeit.

[111] Nach den Prospektbedingungen sollte der Kleinanleger gleichermaßen wie der Großkapitalist in die Lage versetzt werden, das Risiko durch Streuung der Kapitalanlage auf eine Anzahl verschiedener Anlagen zu reduzieren. Kleinanleger wurden indes durch die hohe Mindestanlage von 85 Pfund abgeschreckt.

[112] Tatsächlich kommt es wegen der nachträglichen Umwandlung in die Company-Form

klärt sich mit Blick auf die angestrebte Auslosung und Vermögensrückzahlung vor Liquidation, die mit dem seit 1862 geltenden Companies Act 1862 unvereinbar sind.[113] Des Weiteren spricht die kritische Haltung englischer Gerichte zum Erwerb von Aktien anderer Unternehmen durch Handelsgesellschaften gegen die Gesellschaftsform.[114] Schließlich mag die schlechte Reputation der Company als Rechts- und Organisationsform wegen zahlreicher Insolvenzen zwischen 1856 und 1865 (37% der 4.859 gegründeten Gesellschaften) und des Zusammenbruchs der *Overend Guernsey Bank* Grund gewesen sein. Letztere führte zu einer Nachschusspflicht der Aktionäre in Höhe von 166% auf das gezeichnete Kapital.[115]

Die Verwaltung des Trusts übernehmen fünf Trustees – zwei Abgeordnete im britischen Unterhaus und ein zukünftiger Lord Chancellor – sowie ein jährlich von den Anlegern gewähltes Komitee von fünf Anteilseignern. Depotbank ist die Vorgängergesellschaft der Royal Bank of Scotland, Buchprüfer die Vorgängergesellschaft von PWC, die beide noch heute für F & C tätig sind. Die Anteile werden zum Börsenhandel zugelassen. Nach dem Trust Deed besteht kein Verwalterermessen bei der Auswahl der Anlagegegenstände („Fixed Trust"). Eine im Trust Deed bestimmte Anzahl von Wertpapieren ist zu erwerben und zu halten. Die Ausgabe weiterer Anteile oder der Erwerb anderer Anlagegegenstände erfordert eine Änderung des Trust Deeds. Die mit Fixed Trusts verbundene passive Verwaltung vermeidet – ähnlich modernen Indexfonds – die mit der aktiven Strategie verbundenen Interessenkonflikte (und häufig enttäuschte Erwartungen auf eine überdurchschnittliche Wertentwicklung). Zur Vermeidung der andernfalls zwangsläufigen Verluste bei Kursrückgängen ermächtigt der Trust Deed in begrenztem Maße zur Veräußerung von Anlagewertpapieren.[116]

---

nur beim Submarine Cables Trust zur Auflösung und Auszahlung. Dessen Gesamtergebnis bezeichnet *Walker*, (1940) 4:15 Econ. Hist. 341, 354 als "very fine record".

[113] *Pennington*, Investor and the law, S. 217 f. Vgl. *Trevor v. Whitworth* (1887) 12 App. Cas. 409 (Kapitalreduktion durch Aktienrückkauf ist *ultra vires*).

[114] In *Colman v. Eastern Counties Railway Co.* (1846), 10 Beav. 1 (Eisenbahn), und in *Re European Society Arbitration Acts* (1878), 8 Ch.D. 679 (Versicherungsunternehmen), wird der Gesellschaft jeweils eine implizite Befugnis (implied powers) zum Erwerb von Anteilen in anderen Gesellschaften, in *Johns v. Balfour* (1889), 5 T.L.R. 389, der Immobilienerwerb zu Anlagezwecken versagt. Der Erwerb war jeweils *ultra vires*.

[115] *Den Otter*, Anlagefonds-Geschichten, sub III. Der *Joint Stock Companies Act 1844* als erstes britisches Gesetz mit Inkorporationsrecht – vorherige Gründungen bedürfen einer Royal Charter – sieht eine persönliche unbegrenzte Haftung der Aktionäre über ihre Einlage hinaus vor. Die persönliche Aktionärshaftung wird mit dem *Limited Liability Act 1855* und dem *Joint Stock Companies Act 1856* abgeschafft.

[116] *Macfarlanes*, A1.015; *Mollet*, Schweizerische Investmenttrusts, S. 27 spricht deshalb von halbstarren Trusts.

2. Commercial Trusts als Umgehung des Companies Act

Den Trust Deed des 1872 gegründeten *Government and Guaranteed Securities Permanent Trust* hält die *Chancery Division* (in Person des höchsten englischen Einzelrichters) im Fall *Sykes -v- Beadon*[117] für eine Umgehung des Companies Act 1862 / 1867. Der englische Anleger *Henry Sykes* hatte u.a. aufgrund der namentlichen Nennung der Trustees, zu denen *Sir Cecil Beadon* zählte, auf die Seriosität des Trusts vertraut. *Sykes* stellt nach Zeichnung, aber vor Einzahlung von 18.800 £ in besagten Trust fest, dass der Trust für eine Börsennotierung nicht das notwendige Mindestkapital aufweist. Der Secretary des Trusts versichert ihm, die Börsennotierung werde dennoch erfolgen. Später kann der Trust die im Prospekt garantierte Dividende und Kapitalrückzahlung nicht leisten (es hätte eines Durchschnittsertrags oberhalb von 8% bedurft). Der Einzelrichter sieht eine Verletzung von S. 4 des Companies Act 1862. Danach ist die Verbindung von mehr als 20 Personen zum Zweck der gewerblichen Tätigkeit mit Gewinnerzielungsabsicht („carrying on business for gain") in anderer Form als der einer registrierten „company" verboten.[118] Der Trust Deed sei wegen Gesetzesverstoßes nichtig. Die Entscheidung ist das erste belegte Beispiel für die schwierige Grenzziehung zwischen den Organisationsformen der Kollektivanlage. Obwohl das Appellationsgericht eine gleichlautende erstinstanzliche Entscheidung zum Submarines Cables Trust aufhebt, weil der Trustee nicht Beauftragter („agent") der Anleger sei,[119] werden die bestehenden Trusts i.d.R. liquidiert oder in Companies umgewandelt. Mit der Umwandlung in Companies verbunden ist eine Befreiung des Verwalters von den Trust-typischen Verfügungsbeschränkungen. Der Name „Investment Trust" bleibt.

3. Die britische Fondskrise 1890

In der ersten Entwicklungsphase zwischen 1868 und 1886 werden 12 britische Investment Trusts mit einem Gesamtvermögen von 16,5 Mio. £ gegründet. Soweit ersichtlich halten diese Trusts ihre Versprechungen, größere Skandale sind nicht bekannt. Ob die stabil-hohen Erträge statt Ergebnis der Diversifikation ein solches einer gelungenen Spekulation während einer langen Hausse sind, kann nicht abschließend beurteilt werden.[120]

Nach 1886 setzt infolge der Reduktion der Zinsen für Staatsanleihen ein Trust-Boom ein. Schon 1888 gibt es 19, in den Folgejahren kommt es zur Gründung von insgesamt ca. 200 Investment Trusts. In den Jahren 1889 und 1890

---

[117] *Sykes -v- Beadon* (1879) 11 Ch D 170, 187 et seq. (Jessel M.R.). Dazu z.B. *Day/Harris*, S. 22 f.; *Ford*, (1960) 23:2 M. L. Rev. 129 ff.; *R.F.Goldschmidt*, Investment Trusts, S. 36 ff.; *Sin*, S. 124 ff.; *Spavold*, (1991) 3:2 Bond L. Rev. 249.

[118] Die Vorschrift war noch in S. 434 CA 1948, S. 716 (1) CA 1985 enthalten. Zudem hatte Sir *George Wessel* (nicht tragende) Bedenken hinsichtlich des Lottery Act (ibid, p. 190).

[119] *Smith -v- Anderson* (1880) 15 Ch D 247.

[120] *Jörgens*, Finanzielle Trustgesellschaften, S. 22.

steuern Investment Trusts ein Siebtel zum Gesamtvolumen aller Emissionen
bei.[121] Die große Menge der Fonds verringert die Kontrolle von Anlegern und
Öffentlichkeit über die Initiatoren. Nach Entwertung argentinischer Staatsanleihen und dem Zusammenbruch der Barings-Bank kommt es 1890 zur Fondskrise. Es zeigt sich, dass die neu gegründeten Trusts oftmals wertlose oder nicht
hinreichend gestreute Anlagegegenstände halten. Dem geht eine Erweiterung
und Veränderung der Geschäftsprinzipien voraus: Einerseits sucht man in
überhitzten Märkten spekulative Gewinne, weil eine nachhaltige Wertentwicklung angesichts der hohen Einstiegskurse nicht zu erhoffen ist. Die größere Verfügungsfreiheit des Verwalters in der company-Form ermöglicht einen häufigen
Umschlag der Wertpapiere, weswegen man keine Informationen mehr über die
Anlagegegenstände veröffentlicht. Andererseits verfolgen die Initiatoren in einem gänzlich unregulierten Umfeld eigene statt Anlegerinteressen.[122] Anlagen
werden in denselben Tätigkeitsfeldern konzentriert. Die gleichen Personen sorgen als Direktoren mehrerer Trusts für einen Handel unter den Trusts zu
Mond- statt Marktpreisen. In der Hoffnung auf hohe Gewinne wird in illiquide, nicht börsengehandelte Wertpapiere investiert, die sich in den Bilanzen op-
timistisch darstellen lassen. Die Struktur der Gründer-Aktien verleitet die Initiatoren zur Spekulation auf dem Rücken der Anleger.[123] Parallel zur Verwaltung der Kollektivanlage wird das Emissionsgeschäft betrieben. Überzeichnete
Emissionen werden bei Dritten, unterzeichnete Emissionen bei den eigenen
Fonds plaziert. Verbreitet ist auch der Aktiensplitt in „sichere" und „risikoreiche" Anteile sowie die Ausgabe teileingezahlter Aktien, was die Nachfrage erhöht, aber die Stabilität des Fonds reduziert.

In der Fondskrise 1890 verlieren die sog. neuen Trusts ca. 40 bis 60% ihres
Kapitals. Der Kursrückgang der Investment Trusts beträgt durchschnittlich
33% gegenüber dem Emissionspreis. Es zeigen sich aus der Gegenwart bekannte Verhaltensweisen: Hatte man bei steigenden Kursen die Anlagen gerne zum
Kurswert bilanziert, will man sie nun zu Anschaffungskosten bilanzieren. Dies
führt zu einem bemerkenswerten Urteil des High Court im Jahr 1890, das zwischen „Investment Companies" – dies sind die Kollektivanlagen – und „Trading
Companies" (entspricht Investment Banken) mit ganz kurzer Haltedauer differenziert. Erstere dürfen zu Anschaffungskosten, letztere müssen zu Verkehrs-
werten bilanzieren.[124] In der Folgezeit findet die Branche zum konservativen
Geschäftsgebaren zurück: Gründeraktien werden abgeschafft, periodische Pu-

---

[121] *Jörgens*, Finanzielle Trustgesellschaften, S. 22.

[122] Vgl. *Jörgens*, Finanzielle Trustgesellschaften, S. 29 ff.

[123] Nur wenn höhere als die versprochenen Gewinne erzielt werden, werden diese Aktien
bedient. Der Gewinn macht dann die Hälfte des Mehrertrags aus. Es lohnt sich somit, erhebliche Risiken einzugehen, um in mehreren Jahren zumindest einmal in den Genuss des außerordentlich hohen Gewinnanteils zu kommen.

[124] *Jörgens*, Finanzielle Trustgeschäfte, S. 40 (Suche des Vf. nach dem Urteil war erfolglos).

blizität wieder hergestellt, es gibt weniger Neugründungen. Engagierte, mittelgroße Investoren bilden den Kreis der Anteilseigner. Der Markt beruhigt sich, erreicht aber bis zum 20. Jahrhundert nicht seine alte Stärke.

4. Unit Trusts (Flexible Trust, offener Typ)

Anfang der 1930er Jahre wird in England die Trustform für Zwecke der Kollektivanlage wieder entdeckt. Initialzündung ist die Gründung der schweizerischen *Société Internationale de Placements (SIP)* mit einem Aktienkapital von 1,25 Mio. CHF durch sechs internationale Banken, darunter eine Basler Privatbank. Die SIP gibt auf vertraglicher Grundlage unter dem Namen *International Investment Deposits Certificates* Anteile an einem festgelegten, halbstarr verwalteten Portfolio von Wertpapieren aus zehn Staaten aus, die Anteile werden u.a. in London vertrieben. Die Zertifikate repräsentieren Miteigentumsrechte an Vermögen und Ertrag von bei der Schweizerischen Bankgesellschaft als Treuhänder verwahrten Effekten. Die Anteile können zum Inventarwert zurückgegeben werden.[125]

Die Gründung des *The First British Fixed Trust* im Jahr 1931 folgt diesem Vorbild, mit zwei wesentlichen Fortschritten für das Trust-Recht: Einerseits räumt das Trust Deed dem Verwalter – aus britischer Sicht: erstmals – ein begrenztes Anlageermessen ein. Dies ebnet in England die Entwicklung zur aktiven Verwaltung.[126] Andererseits erhalten die Anleger ein Rückgaberecht, indem sich der Fondsverwalter verpflichtet, die Anteile zum Nettovermögenswert zurückzukaufen[127] (insofern bestehen Unterschiede zu den Unit Trusts des US-Rechts). Über den Umweg einer Andienung an den Verwalter (statt Rücknahme durch die Kollektivanlage) wird der offene Typ später auf Anlagekorporationen übertragen. Das britische Handelsministerium führt im Jahr 1935 wegen der zunehmenden Anzahl offener Kollektivanlagen zur besseren Unterscheidung von den Investment Trusts die Bezeichnung Unit Trusts ein. Zum Jahresanfang 1938 verwalten 73 Unit Trusts und 14 Verwaltungsgesellschaften ein Gesamtvermögen von 80 Mio. £. Die *Midland Bank Executor und Trustee Corporation Ltd.* verwaltet 34 „trusteehips" gleichzeitig.[128] Der *flexible trust* ist seither etabliert.

---

[125] Die ersten drei Portfolios bestanden aus internationalen Anlagewerten, Aktien von Rohstoffunternehmen und südafrikanischen Goldminenaktien. Das Fixed-Trust-Modell soll Missbräuche verhindern. Vgl. *Den Otter*, Anlagefonds-Geschichten, sub VI.; *Mollet*, Schweizerische Investmenttrusts, S. 165 ff.

[126] Während das Trust Deed des *The National Fixed Trust* (1932) das Anlageermessen nur geringfügig erweitert, sieht der *Foreign Government Bond Trust* (1934) ein nennenswertes Verwalterermessen vor. Noch weitergehend darf der Verwalter des *The Producers' Investment Trust* (1936) jedes an der Londoner Börse gehandelte Wertpapier erwerben. Vgl. *Day/Harris*, S. 4.

[127] *Day/Harris*, S. 4.

[128] *Day/Harris*, S. 5.

5. Anlagegenossenschaften

Mit der Gründung von *Co-operative Investment Trusts* auf der Grundlage des *Industrial and Provident Societies Act* von 1893/1913 durch *E.A.Davies*[129] entwickeln sich Anlagegenossenschaften. Jedoch sind rechtsformtypisch der Anteil des einzelnen Mitglieds und die Gesamtgröße des Trusts begrenzt. Bei Übersteigen der Grenze wird ein neuer Trust mit gleicher Personenbesetzung gegründet. Die Anlagegenossenschaften bilden das Motto der frühen *Van Kettwich*-Fonds („Gemeinsam sind wir stark") nunmehr in der prädestinierten Rechtsform ab.

III. Niederlande: Reanimation der Fondsidee (1869 ff.)

In den Niederlanden kommt die Fondsidee unter Führung des Administratiekantoors im Jahr 1858 wieder in Mode, als sich die Finanziers amerikanischer Händler und Farmer nach einer amerikanischen Bankenkrise refinanzieren müssen.[130] Selbständig initiierte Fonds werden erst wieder nach Wiederbelebung der niederländischen Wirtschaft durch die Industrialisierung einerseits und eine Vielzahl neuer Aktien an der Amsterdamer Börse mit weltumspannenden Anlagezielen – insbesondere US-Eisenbahn- und Industrieaktien – andererseits errichtet. Letztere lassen eine diversifizierte Anlage sinnvoll erscheinen.[131] Zwischen 1869 und 1914 werden dreizehn Fonds gegründet, fünf Fonds – dem Lotteriekonzept entsprechend – auf Zeit und acht seit 1876 gegründete Fonds mit quasi-offener Struktur. Die Fonds der zweiten Generation erreichen mit 7,5‰ der niederländischen Gesamtanlagen[132] nicht die wirtschaftliche Bedeutung der zur gleichen Zeit gegründeten englischen und US-amerikanischen Investment Trusts. Sie verdienen jedoch wegen ihrer juristischen Vielfalt Erwähnung: Die Mehrheit der Fonds firmiert als Treuhand-Aktiengesellschaft (N.V. als Verwalter eines *beleggingsdepots*), zumindest zwei als KG-Variante (*commanditaire vennootschap*) und ein Fonds unmittelbar als Anlagedepot auf vertraglicher Grundlage (*beleggingsdepot*). Die früher verwendete Vertragsform der Negotiatie tritt nicht mehr auf. Zudem werden einige Fixed Trusts

---

[129] Vgl. *Mollet*, Schweizerische Investmenttrusts, S. 20; *Mollet* hält – wohl unzutreffend – die frühen englischen Investmenttrusts bis zur Umwandlung in *companies* für Genossenschaften.

[130] Vgl. *Berghuis*, Beleggingsfondsen, S. 86 f.: „Kinder der Not".

[131] *Berghuis*, Beleggingsfondsen, S. 98 ff.

[132] *Berghuis*, Beleggingsfondsen, S. 228, 209 ff., der die Ursache für den geringen Erfolg im Individualismus der Anleger, der Vielzahl potenziell lohnender Investitionsoptionen, der Risikobereitschaft und damit verbundener Selbstanlage und der mageren Anlageergebnisse sieht. Auf Seiten der Banken wird fehlender Kooperationssinn und mangelnde Expertise beklagt.

über den Administratie- en trustkantoren aufgelegt, der über Sammeldepots von Wertpapieren Zertifikate ausstellt.[133]

Die Fondsidee erlebt dann nach dem Zweiten Weltkrieg einen deutlichen Aufschwung. Insbesondere Anlagegesellschaften mit veränderlichem Grundkapital (beleggingsfondsen met open kapitalisatie) erfreuen sich seit 1952 großer Beliebtheit. Diese sind nach niederländischem Gesellschaftsrecht zulässig. Zu einer Spezialgesetzgebung kommt es bis in die 1960er Jahre hinein nicht.[134]

IV. Deutsche Industriebeteiligungsgesellschaften (1873 pp.)

Die passive Kapitalanlage entwickelt sich in Deutschland[135] später als in anderen Staaten.

1. Beteiligungs-AG mit Bankhintergrund

Bis zur Einführung des Normativsystems im Jahr 1870 floriert die Kommanditgesellschaft. Wegen einer im Lichte französischer Erfahrungen eher kritischen Grundhaltung staatlicher Konzessionsbehörden bevorzugen auch Bank- und Finanzgesellschaften Personengesellschaften, die mit Generalversammlung und Verwaltungs-/Aufsichtsrat körperschaftlich ausgestaltet sind.[136] Insbesondere ist die gesamtwirtschaftlich bedeutende Disconto Gesellschaft im Jahr 1851 zu nennen. In solchen Gesellschaften sowie den mit dem Namen *Melvissen* verbundenen ersten Aktienbanken dürfte auch Anlagetätigkeit stattgefunden haben. Die ersten Kollektivanlagen treten aber, soweit ersichtlich, erst im Jahr 1871 in der Rechtsform der Aktiengesellschaft auf: Als „reine" Beteiligungsgesellschaften werden im Jahr 1871 die vom *A. Schaafhausenschen Bankverein* ausgehende *Aktiengesellschaft für rheinisch-westfälische Industrie* in Köln und die *Bergisch-Märkische Industriegesellschaft* im Umfeld des Barmer Bankvereins gegründet, es folgt die Hannoversche Gesellschaft für industrielle Unter-

---

[133] *Bruppacher*, Investment Trusts, S. 246 f. (mit dem Hinweis, dass in gleicher Weise auch Voting Trusts und Zweckgesellschaften ohne jeglichen Anlagezweck strukturiert sind).

[134] *Walter*, Entwicklung, S. 67 ff.

[135] Zum Beteiligungsgeschäft der Aktienbanken *Model/Loeb*, S. 20 f., mit Aufstellung der Gewinne aus Emissions- und Konsortialgeschäft auf S. 163 f.; zu den frühen Beteiligungsgesellschaften *Jörgens*, Finanzielle Trustgesellschaften, S. 47 ff., 150; *Kilgus*, S. 154; *Liefmann*, S. 217 ff.; gegen Einordnung als frühe Fonds mangels Risikostreuung *Sethe*, S. 286 ff. S. a. *A.Weber*, Depositenbanken, S. 48 ff., 64 (keine Trust- und Finanzgesellschaften in größerer Zahl; wenn, dann verlustreich), aber mit Hinweis auf die Gründertätigkeit und der Beteiligungen durch Banken S. 256 ff., 268 ff.

[136] Vgl. *Boesebeck*, S. 25 ff. mit Verweis auf *Anschütz-v. Bölderndorff*, ADHGB, Bd. 2, S. 345 ff. und *Auerbach*, Das Gesellschaftswesen (1861), S. 136. Vgl. die frühen Entscheidungen zur kapitalistischen KG RGZ 36, 60 (Gewerbebank mit 159 Gesellschaftern), RGZ 91, 166 (Zuckerrübengesellschaft mit 65 Gesellschaftern; Erhöhung der Rübenlieferungspflicht und Verlängerung der Gesellschaftsdauer), Bankarchiv 14, 70 (Bank-OHG mit 49 Gesellschaftern; Einsichtsrecht gem. § 118 Abs. 1 HGB bei körperschaftlicher Struktur nicht automatisch ausgeschlossen).

nehmungen (1897).[137] Auf Risikostreuung setzt man zunächst nicht. *Liefmann*
führt dies auf die späte Bildung eines Nationalstaats zurück: Aufgrund des zer-
splitterten Territoriums besteht ein Investitionsrückstand. Während das niederländische und britische Kapital in schwer überschaubare Regionen der Welt
fließt, findet das Kapital in Deutschland zahlreiche Anlagemöglichkeiten in
unmittelbarem Umfeld und muss nicht ortsferne, ausländische, unübersichtli-
che, schwer kontrollierbare und *deshalb* risikoreiche Anlagen suchen. Auch ist
das Verwalterermessen – anders als bei den frühen niederländischen, schweizerischen und britischen Organisationen – nicht beschränkt. Grund könnte die
örtlich nahe und ökonomisch versierte Aktionärsstruktur sein, die rechtliche
Schranken – i.e. institutionelle Kontrolle – durch flexible Ad-hoc-Kontrolle
substituiert.

Die Grenze zwischen Beteiligungsgesellschaften und den sog. Effekten- oder
Spekulationsbanken – in heutiger Definition: „Investmentbanken" – verläuft
fließend. So sind die seit 1896 verbreiteten Industrietrustgesellschaften keine
Kollektivanlagen, sondern Investmentbanken. Nicht die Vermögensverwaltung, sondern Kommissionserträge aus dem Erwerb und der Aktienemission
von Unternehmen sind Geschäftsgegenstand.[138] Eine Nähe zu heutigen (Corporate) Venture Capital-Gesellschaften zeigt sich bei den konzernabhängigen
Eisenbahn- und Elektrizitätsbeteiligungs- und -trustgesellschaften des 19.
Jahrhunderts, die Unternehmensneugründungen mit Kapital und Marktkennt-
nissen unterstützen.[139] Diese Gesellschaften gründen auch eigene Bahn- und
Elektrizitätsgesellschaften.[140] Die Veräußerung der Portfoliogesellschaften ist
nicht Teil des Geschäftsplans, sondern diese sollen der Muttergesellschaft Aufträge bescheren. Es handelt sich eher um Holding-Tochtergesellschaften. An-
teilseignerkreis und Zweck der *branchengebundenen* Beteiligungsgesellschaften ist öffentlich-rechtlich geprägt. Neben dem Ertragsinteresse verfolgt man
die Verbesserung der Verkehrsinfrastruktur.[141] Die sog. Losgesellschaften, die
Anleger zum gemeinsamen Erwerb überzeichneter Wertpapiere bilden,[142] erhöhen die Zuteilungschance des Einzelnen bei überzeichneten Emissionen; der
Erfolg wird unter den Mitgliedern aufgeteilt. Für die Einstufung als Kollektivanlage fehlt jedenfalls die Dauerhaftigkeit der Organisation. An der Grenzlinie
zwischen Depotgeschäft und Vermögensverwaltung und als Konkurrenz zu
vermögensverwaltenden Privatbankiers und Rechtsanwälten anzusiedeln sind

---

[137] *Jörgens*, Finanzielle Trustgesellschaften, S. 150; *Kilgus*, S. 154; *Liefmann*, S. 218, 428.
[138] *Jörgens*, Finanzielle Trustgesellschaften, S. 146 ff.
[139] Vgl. die Beschreibung bei *Jörgens*, Finanzielle Trustgesellschaften, S. 77 ff., 116 ff. So
z.B. die im Jahr 1881 gegründete „Deutsche Lokal- und Straßenbahn-Gesellschaft" (später
AGIV), die zum AEG-Konzern gehörte.
[140] Dazu *Jörgens*, Finanzielle Trustgesellschaften, S. 100, 120.
[141] *Liefmann*, S. 358 ff., 426 ff.
[142] *Jörgens*, Finanzielle Trustgesellschaften, S. 25 Fn. 2.

schließlich die gegen Ende des 19. Jahrhunderts auftretenden Treuhandgesellschaften, die auch das Wirtschaftsprüfungs- und Revisionswesen aufbauen.[143]

2. Ursache für das Fehlen diversifizierter Kollektivanlagen

Eine den britischen Investment-Trusts vergleichbare Organisationsform für Privatanleger – gemeint sind Stoffhändler, kleine Fabrikanten und Hochseefischer, die in Schottland und England die ersten Finanziers stellen[144] – gibt es im Deutschland des 19. Jahrhunderts nicht. *Jörgens* schreibt dies aus der Perspektive des Jahres 1902 den negativen Erfahrungen mit den Schwindelgründungen und Anlegerübervorteilungen während der ersten britischen Investment Trust-Welle bis 1890 zu.[145] Diese Erklärung überzeugt nicht, weil bis zur ersten englischen Fondskrise zwanzig erfolgreiche Jahre vergehen. *Linhardt* sieht im Dreiklang aus „Volksreichtum, Volkscharakter und Mentalität der britischen Kaufleute" die Wurzel des Erfolgs der Kollektivanlage in Großbritannien.[146] Entkleidet um fragwürdige Typisierungen geht es um eine Vermögensmehrung goutierende Sozialethik, eine mittelständische Praxis der Anlage von Vermögen außerhalb der eigenen Unternehmung und die Existenz von Kapitalüberschüssen. Keine der drei Voraussetzungen ist hierzulande im 19. Jahrhundert gegeben: Die kritische Einstellung zur Vermögensakkumulation wurde bereits im zweiten Teil dieser Untersuchung (§ 10.C.) dargestellt. In der Praxis britischer Kaufleute, einen Teil ihres Vermögens statt im Unternehmen als Reserve rentieren zu lassen, sieht *von Waltershausen* in Verkennung der risikomindernden Diversifikationseffekte im Jahr 1907 wirtschaftliche Dekadenzerscheinungen.[147] Schließlich hat das Proletariat keinen Anlagebedarf – zunächst mangels Kapital[148] und später wegen der Bismarck'schen Sozialgesetzgebung,[149] die zu einer sicheren Altersversorgung, aber zu niedrigeren *verfügbaren* Löhnen und damit wenig freiem Kapital führt. Selbst soweit Kapital verfügbar gewesen sein mag, hatte ein paternalistischer Gesetzgeber dieses in (vermeintlich) sichere

---

[143] *Nachod*, Treuhänder, S. 99 ff.; *P. Roth*, Treuhandgesellschaften, S. 19 ff.; *Sethe*, S. 288 ff.

[144] *Linhardt*, Investment Trusts, S. 49.

[145] *Jörgens*, Finanzielle Trustgesellschaften, S. 46 f.

[146] Vgl. *Linhardt*, Investment Trusts, S. 30 ff., mit Nachweisen zur außerordentlichen Vermögensakkumulation in Großbritannien in der zweiten Hälfte des 19. und frühen 20. Jahrhunderts.

[147] Zitiert nach *Linhardt*, Investment Trusts, S. 36: „In deutschen und belgischen Häusern Londons wird ganz anders geschafft, die Arbeitszeit ist lang und die Inhaber der Firma sind den ganzen Tag auf dem Posten".

[148] Für einen solchen Kapitalmangel gibt es gute Gründe: Deutschland hat keine Kolonialwirtschaft, auf dem Territorium werden im 19. Jahrhundert drei Kriege geführt (bis 1815, 1866 und 1970/71), eine durch Kleinstaatengrenzen geprägte Splitterwirtschaft verhindert den Aufbau einer effizienzgetriebenen Wirtschaft.

[149] Zur Entstehung *Kleeis,* Soziale Versicherung, S. 95 ff., 138 ff.

Anlagen staatlicher Emittenten geleitet.[150] Das verständige Bürgertum kann angesichts des industriellen Aufschwungs in unmittelbarer Nähe investieren oder diversifiziert auf Anleger- statt Anlageebene. Für solche Anlagen ist die Industriebeteiligungs-AG die angemessene Anlageform: An die Stelle einer in schlechten Zeiten fatalen Einschränkung des Verwalterermessens wie beim britischen Fixed Trust tritt die laufende Kontrolle des Verwalter-Vorstands durch kundige und honorige Bürger im Aufsichtsrat.

3. *Privatanlage-Strukturen der 1920er Jahre*

Seit den 1920er Jahren mindert zudem das Steuerrecht die Attraktivität der Anlage-AG: Auf der AG-Ebene werden die Anlageerträge mit ca. 35% Körperschafts-, Gewerbe- und Vermögensteuer belastet.[151] Die hiesigen Anlageorganisationen gehen deshalb andere Wege:

Der im Jahr 1923 gegründete „Zickert'sche Kapitalverein"[152] – seit 1928 „Deutscher Kapitalverein" – wählt die Rechtsform des nichtrechtsfähigen Vereins. Dieser ist wie eine Gesellschaft bürgerlichen Rechts zu behandeln (§ 54 S. 1 BGB). Die Vereinsform soll eine Fluktuation im Mitgliederbestand ermöglichen. Die Haftung der Mitglieder wird statutarisch auf den Vereinsbeitrag beschränkt. Der Verein verwaltet als Treuhänder ein Sondervermögen der Mitglieder, das aus deren Beiträgen gebildet wird. Der Verein selbst besitzt kein Vermögen. Die Statuten untersagen Spekulationsgeschäfte (dies hätte zur steuerlichen Gewerbeeigenschaft geführt). Die Anlagen müssen mindestens drei Monate gehalten werden. Ein Mitgliederausschuss überprüft Bücher, Bestände und Verwaltungstätigkeit. Die Entscheidung über An- und Verkauf steht im Ermessen des Verwalters. Der Reichsfinanzhof[153] stellt den Kapitalverein im Jahr 1928 einem Verein (statt einer GbR) gleich, mit der Folge einer Vermögensteuerpflicht. Allerdings indiziert der RFHE unter Hinweis auf eine frühere Entscheidung[154] eine Auslegung, wonach der Verein nur Treuhänder des Vermögens der einzelnen Vereinsmitglieder sein könne. Diese Auslegung wird später von der Finanzverwaltung bestätigt: Mangels eigenen Vereinsvermögens fällt keine Vermögensteuer an. Im steuerlichen Ergebnis wird der Verein der BGB-Gesellschaft gleichgestellt.[155] Weil Einkommensteuer beim Mitglied anfällt und die Gewinne in voller Höhe ausgeschüttet werden, entfällt zudem die

---

[150] Vgl. zur Beratung der zweiten Aktienrechtsnovelle 1884 *Fleckner/Hopt*, FS Hamb. Börse, S. 264.

[151] Rechtslage unter dem EStG vom 29.3.1920, KStG vom 30.3.1920, LandesStG vom 30.3.1930 und VermStG vom 8.4.1922, vgl. *R.F.Goldschmidt*, Investment Trusts, S. 12f., 128ff.

[152] Vgl. *Kilgus*, S. 158ff.; *Liefmann*, S. 222, 575f.; *R.F.Goldschmidt*, Investment Trusts, S. 136ff.; *Schäcker*, Investmentsparen, S. 26.

[153] RFHE 24, 79.

[154] RFHE 24, 79, 82 verweist auf RFHE 19, 21.

[155] Vgl. *R.F.Goldschmidt*, Investment Trusts, S. 137 Fn. 54, mit der zweifelhaften Behauptung, der Verein sei BGB-Gesellschaft gewesen.

Körperschaftssteuer auf der Ebene des Vereins.[156] Allerdings ist die Verwalter-vergütung als gewerbliche Dienstleistung umsatzsteuerpflichtig. Der „Verein" hat 1927 bereits 1.341 Anleger, 1928 sogar 1.532 Anleger, das verwaltete Vermö-gen erreicht 2,5 Mio. Reichsmark, der Verein unterhält Depots in Berlin, Amsterdam, New York, Mailand und London. Keine Anlage geht über 10% des angelegten Vermögens hinaus. Für das Jahr 1928 wird eine Dividende von 8,5% ausgeschüttet. Dennoch führt die Weltwirtschaftskrise zu gravierenden Verlus-ten, die überwiegend durch die Insolvenz einer Verwahrstelle bei unzureichen-der Vermögenstrennung hervorgerufen werden.[157] Der Initiator *Dr. Zickert* zeigt sich im Jahr 1933 als Fondsskeptiker: Für Leute, die zugleich „gut essen und gut schlafen" möchten, habe der Kapitalmarkt seit je her Zwischenformen produziert, die die Illusion erwecken, man könne die Chance der Beteiligung mit der Sicherheit der Forderung vereinigen. Doch sei der Erwerb von Units der Investment Trusts nur eine Flucht vor der Entscheidung zwischen bestimmten Anlagen.[158]

Der Deutsche Kapitalverein wird nach der Krise zum Deutschen Invest-ment-Verein, eingetragene Genossenschaft mit beschränkter Haftung.[159] Der Aufsichtsrat der Genossenschaft nimmt AG-ähnliche Funktionen wahr, dessen Mitglieder sowie der erste Vorstand („Präsident") werden von den Genossen gewählt. Neben dem genossenschaftlichen Geschäftsguthaben werden Anlage-erträge auch auf verzinsliche Guthaben ausgeschüttet. Der hohe Anteil derart ergebnisabhängiger Schuldverschreibungen reduziert das der Doppelbesteue-rung unterliegende Ergebnis.[160] Mit der Genossenschaft verbundene Einschrän-kungen der Kündigung und Anteilsübertragung lassen sich dagegen nicht ver-meiden. Zudem hat der ausscheidende Genosse jedenfalls keinen Anspruch auf die Rücklagen, soweit die Gewinne nicht realisiert sind, muss aber Buchverluste mittragen. Beides verhindert einen Fonds des offenen Typs. Schließlich scheint das Stimmrecht nach Köpfen unpraktikabel.[161]

Die im Jahr 1926 von *Belke* gegründete *Bayerische Investment AG*[162] erwirbt als Treuhand-Anlagegesellschaft Wertpapiere treuhänderisch für die Anleger und hinterlegt diese bei einer Depotbank. Nach den Vertragsbedingungen schuldet sie dem Anteilsscheininhaber die Verwaltung der Wertpapiere, Ersatz-beschaffung ausgeloster Stücke und den Ersatz notleidender Effekten. Die Ef-fekten stehen den Anlegern gemeinschaftlich zu, über gewisse Verwaltungsvor-

---

[156] Vgl. *R.F.Goldschmidt*, Investment Trusts, S. 137 f.

[157] *R.F.Goldschmidt*, Investment Trusts, S. 68 f.

[158] *Hermann Zickert*, im „Spiegel der Wirtschaft" (1933), zitiert nach *Den Otter*, Anlage-fonds-Geschichten, sub VI.

[159] *R.F.Goldschmidt*, Investment Trusts, S. 68 f.

[160] Vgl. *R.F.Goldschmidt*, Investment Trusts, S. 138 ff.

[161] *R.F.Goldschmidt*, Investment Trusts, S. 71 ff.

[162] Dazu *Liefmann*, S. 223, 577; *R.F.Goldschmidt*, Investment Trusts, S. 49 ff. Der Gründer steht in Beziehungen zur *Equitable Trust Co.* in New York, was die Gestaltung erklären mag.

gänge haben diese per Beschluss zu entscheiden. Nach den Vertragsbedingungen gehen mit der Übertragung der Anteilscheine alle Rechte des Inhabers daraus über. Der Inhaber kann aus der Gemeinschaft jederzeit ausscheiden und erhält, wenn er zu diesem Zweck weniger als zwanzig Anteilscheine einreicht, den vertragsmäßigen Anteil in bar, darüber hinaus in Wertpapieren. Die übrigen Inhaber setzen das Gemeinschaftsverhältnis miteinander fort. Die Anteilscheine repräsentieren Anteile an einem Korb von mindestens zwanzig inländischen Obligationen oder Aktien. 50% müssen in Pfandbriefen oder Obligationen, höchstens 25% in notierten Aktien und höchstens 25% in dinglich gesicherten langfristigen Krediten an hochwertigen Unternehmen angelegt werden. Keine Anlage darf mehr als 10% des Aktienkapitals betragen. Der Ertrag wird jährlich ausgeschüttet, die Laufzeit ist auf zwölf bzw. 22 Jahre begrenzt. Die Organisation ist zur Ausgabe von Obligationen bis zum zehnfachen des Aktienbetrags ermächtigt. Dies hätte eine außerordentliche Ertragshebelung erlaubt, doch kommt es nicht zur Inanspruchnahme der Ermächtigung. Der Gründer übernimmt zunächst nahezu alle Aktien selbst. Nach seinem Tod bei einem Eisenbahnunfall im Jahr 1929 wird die Gesellschaft liquidiert. Auch die Gestaltung der *Bayrischen Investment AG* ist zunächst steuerlich umstritten.[163] Der Reichsfinanzhof[164] sieht in dem Verhältnis der Anleger untereinander eine Bruchteilsgemeinschaft. Auf Gesellschaftsvermögen fällt nach damaliger Rechtsauffassung Körperschaftssteuer an. Trotz Stimmrecht der Anleger sieht der Reichsfinanzhof aber keine Gesellschaft unter den Anlegern: Das SchVG 1899 demonstriere, dass es Gemeinschaften mit Abstimmungen ohne Gesellschaftsverhältnis gibt.

Der Reichstag ermächtigt mit Gesetz vom 9. Juni 1930 die Reichsregierung zu Steuererleichterungen für Kapitalverwaltungsgesellschaften, jedoch macht die Regierung von der Ermächtigung keinen Gebrauch. § 2 Abs. 2 der zweiten Notverordnung vom 5. Juni 1931[165] reduziert dann die Körperschafts- und Vermögenssteuer auf ein Zehntel der für andere AGs geltenden Höhe, sofern die Aktien der Kapitalverwaltungsgesellschaft an einer deutschen Börse zugelassen sind, ihre Satzung von der Industrie- und Handelskammer genehmigt ist[166] und eine jährliche Revision stattfindet.

Trotz der für Publikumsstrukturen notwendigen Gestaltungsformen und steuerlichen Parameter setzt sich der Anlagegedanke in der Zeit zwischen den Weltkriegen nicht durch. Dies mag einerseits am Kapitalmangel – dieses Mal

---

[163] Vgl. die Entscheidungen RFHE 26, 248 ff. (zur Gesellschaftssteuer) und RFHE 26, 254 ff. (zur Wertpapiersteuer), dazu *Liefmann*, S. 577 f.; *R. F. Goldschmidt*, Investment Trusts, S. 133 f. (mit Hinweis auf eine weitere Entscheidung vom 15.5.1931 auf S. 135).

[164] RFHE 26, 248, 250 f.; RFHE 26, 254, 255.

[165] Siebter Teil, Kapitel IV, RGBl. I (1931), S. 312, dazu *R. F. Goldschmidt*, Investment Trusts, S. 139 ff.

[166] Die Genehmigung sollte auf Richtlinien des Reichsfinanzministers gestützt werden, die bis zum Jahr 1932 noch nicht erlassen sind, vgl. *R. F. Goldschmidt*, Investment Trusts, S. 16.

wegen der Reparationszahlungen aus dem Ersten Weltkrieg und der Wirtschaftskrise –, andererseits trotz mancher Unterstützung,[167] an der skeptischen
Haltung bedeutender Vertreter der Wissenschaft gelegen haben. *A.Weber* vermisst den Nachweis dafür, dass englische Investment Trusts Erhebliches geleistet oder zumindest den Bedarf von Geld- und Kapitalmarkt befriedigt hätten.
Die Kapitalströme flössen ganz und gar zufällig, im Gegensatz zu der Tätigkeit
deutscher Banken würden diese nicht zum produktivsten Nutzen gesteuert.[168]
Nach *Liefmann* entfernte sich der Berechtigte durch Kapitalanlagegesellschaften „noch weiter" von dem produktiven Unternehmen als „bei gewöhnlicher
Effektifizierung des Kapitals." Der Anleger habe keinerlei direkten Einfluss
auf das „allein wirtschaftlich tätige Sachkapital."[169] Die große Verfügungsfrei-
heit des Verwalters rufe Missbrauchsgefahren hervor und reize zur Spekulation.[170] Auch die Börsennotierung der Anteile, die z.B. in England und der
Schweiz wegen der damit verbundenen Transparenz gefördert wurde, soll ein
Missbrauch sein.[171] Aus volkswirtschaftlicher Sicht seien Anlagegesellschaften
„überwiegend schädlich:" Im Inland könnten sie zwar in der Depression den
Kapitalmangel beheben, aber in Hausse-Phasen förderten sie ausschließlich die
Preistreiberei.[172] Anlagen im Ausland förderten den Kapitalexport, ein Missverhältnis von Anlagetätigkeit und Konsum sei zu befürchten. Mit Pfandbriefen als alternativer Anlageempfehlung[173] ignoriert *Liefmann* freilich wenige
Jahre nach einer Hyperinflation das Inflationsrisiko. Wünschenswert sei zudem eine unmittelbare Kapitalbeteiligung der Anlage-Öffentlichkeit an produktiven Unternehmen über die einfache, klare, rechtssichere Struktur der
AG. Konsequent lehnt er steuerliche Maßnahmen zur Abschaffung der Doppelbesteuerung für Anlage-AGs ab, wie sie zur gleichen Zeit in Frankreich diskutiert werden.[174] Erst nach dem Zweiten Weltkrieg greift man mit der *Allgemeinen Deutschen Investment GmbH (ADIG)*[175] die Idee der Kollektivanlage
wieder auf.

V. Offener Typ: US-Mutual Funds (1907, 1924 pp.)

Wesentlich dynamischer verläuft die Entwicklung zwischen den Weltkriegen in
den USA. Umstritten ist die Gründung eines Investment Trusts im US-Bundes-

---

[167] Vgl. die Nachweise bei *R.F.Goldschmidt*, Investment Trusts, S. 14 Fn. 29 sowie S. 17ff.
[168] *A.Weber*, Depositenbanken, S. 317ff., insbesondere S. 324.
[169] *Liefmann*, S. 553ff.
[170] *Liefmann*, S. 225f., 553ff.
[171] *Liefmann*, S. 218.
[172] *Liefmann*, S. 229.
[173] *Liefmann*, S. 232f.
[174] *Liefmann*, S. 553ff., 578, 603ff.
[175] Die ADIG wurde im Jahr 2006 mit der Cominvest Asset Management GmbH verschmolzen.

staat Massachusetts im Jahr 1823.[176] Gesichert sind einige, später bedeutungslo-
se Gründungen in den Jahren 1890 pp.[177] Die älteste noch existierende US-In-
vestmentgesellschaft, der *Boston Personal Property Trust*, wird 1893 als Gesell-
schaft geschlossenen Typs („closed-end") gegründet. Im Jahr 1904 folgen „The
Colonial Fund" und dann bis zum Jahr 1914 nur acht weitere Gesellschaften.[178]
Bedingt durch Industrialisierungs- und Infrastrukturinvestitionen sind die
USA im 19. Jahrhundert Kapitalnachfrager. Investoren und Fonds kommen aus
Übersee. Erst infolge des Ersten Weltkrieges werden die USA im Jahr 1916
Gläubigerland auf den internationalen Kapitalmärkten.[179]

1. Retailisation, Boom und Bust des geschlossenen Typs

Nach dem ersten Weltkrieg sucht die fragile, dezentral organisierte, aber zunehmend wohlhabende US-Industriegesellschaft Anlageformen für die Altersversorgung. Mit der Öffnung der Investmentgesellschaften für ein breites Publikum („retailisation") erfahren Kollektivanlagen eine Initialzündung. Zunächst
dominieren Investmenttrusts (in Gesellschaftsform) des geschlossenen Typs.[180]
Abweichend vom britischem Vorbild gewähren die US-Statuten dem Board
durch einen weitgefassten Gesellschaftszweck nahezu unbegrenzte Verwal-
tungsmacht.[181] Ihre Blütezeit erreichen diese Fonds in der zweiten Hälfte der
1920er Jahre. Sind im Jahr 1926 ca. 160 Investment Trusts mit einem Gesamtvermögen von unter 1 Mrd. US-$ zu verzeichnen, entstehen in den nächsten drei
Jahren ca. 600 weitere Trusts. Das Gesamtvermögen steigt bis kurz vor dem
Börsencrash des Jahres 1929 auf über 8 Mrd. US-$.[182] Das Emissionsvolumen
steigt von 15,07 Mio. p.a. im Jahr 1925 – dies sind weniger als 0,02% aller Emissionen von Privatunternehmen – auf 2.223,73 Mio. p.a. im Jahr 1929 und macht
dann mehr als 30% aller Aktienemissionen aus.[183] Die Mehrheit der Anleger

---

[176] *Bullock*, Investment Companies, S. 14 und *Steiner*, S. 40 (der dafür *J.G. Smith*, The Development of Trust Companies in the United States (1928), S. 238 ff. zitiert) erwähnen die
Massachusetts Hospital Life Insurance Company, die "annuities in trust" und "endowments
in trust" entgegen genommen hat; gleiche Funktionen werden den Genossenschaftsbanken
zugeschrieben. Krit. *Seligman*, Transformation of Wall Street, S. 222.
[177] *Bullock*, Investment Companies, S. 14 f. („New York Stock Trust", im Jahr 1899); *Liefmann*, S. 185 ff.; *R.F.Goldschmidt*, Investment Trusts, S. 6.
[178] *Bullock*, Investment Companies, S. 15 ff.; *Liefmann*, S. 197.
[179] *Grayson*, Investment Trusts, S. 133 f.; *Robinson*, Investment Trust Organization, S. 5;
Kilgus, S. 51.
[180] Zur frühen Hochphase der closed-end funds SEC, Report – Part 1 (1939), S. 37 ff. und
Part 3 (1940); *Bullock*, Investment Companies, S. 25 ff. ("The Roaring Twenties"); *Fink*, S. 9 f.;
R.F.Goldschmidt, Investment Trusts, S. 8 ff.; *Kilgus*, S. 51 ff.; *Perkins*, S. 223 ff. (als Ursache,
warum Charles Merrill bis in die 1960er Jahre hinein den Fondsvertrieb einschränkte und
statt dessen monatliche Investmentpläne bevorzugte); *Rottersman/Zweig*, (1994) 51 F. Fin.
Hist. 12; *Den Otter*, Anlagefonds-Geschichten, sub VI.; *Schäcker*, Investmentsparen, S. 19 ff.
[181] *Grayson*, Investment Trusts, S. 156.
[182] *Seligman*, Transformation of Wall Street, S. 222.
[183] Dies entspricht einem Zuwachs von 14.756%. Die Daten von *Liefmann*, S. 52 f. und 197,

hält Anlagen von maximal 500 US-$.[184] Die Anteile werden unter Verweis auf den Erfolg der schottischen und englischen Trusts, die Diversifikation, vor allem aber die Expertise des Verwalters vermarktet. Die größten Trusts verwalten führende Investmentbanken (Morgan Stanley, Goldman Sachs, Lehmann) und Wertpapierfirmen, die gerne schwer verkäufliche Wertpapiere dort ablegen. 97% des Vermögens werden in Trusts verwaltet, deren Anlagepolitik keinen Beschränkungen unterliegt. Mangels Begrenzung der Kreditaufnahme ist exzessives Leverage an der Tagesordnung, wobei das *gearing* häufig Folge der Ausgabe mehrerer, teils schuldverschreibungsähnlicher Anteilsklassen ist.[185] Zu einer Selbstregulierung der Branche kommt es nicht: Zwar gelten an der New York Stock Exchange strenge Notierungsvoraussetzungen, aber die Börsennotierung ist freiwillig. Zudem sperrt sich die NYSE lange gegen die Notierung der von ihr argwöhnisch beäugten Investment Trust-Aktien.[186] Der Generalanwalt von New York scheitert mit einem Regulierungsvorschlag, Investment-Trusts der Aufsicht der Bankenkommission zu unterstellen.[187]

Investment Companies sind „the most notable piece of speculative architecture of the late twenties."[188] Die erhebliche Nachfrage nach den wenigen Vehikeln zur risikogestreuten Anlage in scheinbar ständig steigende Märkte[189] führt zur Hausse, die Aktien werden mit einer Prämie bis zu 47% über ihrem inneren Wert gehandelt. Im Gegensatz zu den (früher) englischen Fonds verfolgen die US-Fonds spekulative Strategien. Pyramidenstrukturen und wechselseitige Anlagen in Anteile anderer Fonds sind an der Tagesordnung. Die Auswirkungen zeigen sich im Börsencrash 1929: Die Prämie von +47% auf den Nettoinventarwert wandelt sich in einen Abschlag (*discount*), der im Jahr 1937 immerhin noch 37% beträgt.[190] Das Eigenkapital genügt vielfach nicht zur Bedienung der aufgenommenen Kredite. Mindestens 28 Trusts melden Insolvenz an, von mehreren Hundert überleben nur drei geschlossene Fonds. Im Gefolge des Börsencrashs reduziert sich das verwaltete Vermögen auf 2,6 Mrd. US-$ und fällt

---

differenzieren nicht zwischen Anlagen des offenen und des geschlossenen Typs. Es dürfte sich überwiegend um geschlossene Fonds gehandelt haben.

[184] Vgl. SEC, Part I, S. 1, 36; Part II, S. 363 und 386 f.

[185] Beispiel: Derselbe Investment Trust gibt *common stock*, *preferred stock*, *junior* and *senior debt* aus. Übersteigt der Kapitalertrag auf das geliehene Kapital die Zinskosten und die Höhe der Vorzugsdividenden, nimmt der Gewinn der *common stockholders* zu. Ein Minderertrag geht zu ihren Lasten und kann sogar das Eigenkapital vollständig aufzehren – ein Zustand, der ohne *gearing* unmöglich ist.

[186] Zur Erstnotierung kommt es erst kurz vor dem Crash. Vgl. die Notierungsbedingungen vom 7. Juni 1929 bei *Robinson*, Investment Trust Organization, S. 582 ff.

[187] Dazu *Steiner*, S. 301 ff.

[188] *Galbraith*, The Great Crash, S. 46.

[189] Zwischen 1924 und seinem Höchststand am 3. September 1929 vervierfacht sich der Dow Jones Index nahezu (+381,17%).

[190] SEC, Report, Part II, S. 267.

bis zum Jahr 1940 auf 785 Mio. US-$.[191] Presse und Wissenschaft fordern nachdrücklich eine Regulierung.[192]

2. Offener Typ, Mutual Funds

Neben den in den 1920er Jahren nicht zur Kenntnis genommenen Interessenkonflikten und Verwaltungsfehlern sind Anteile an Investment Trusts teilweise illiquide. So kann es sich die Unter- und Mittelschicht nicht leisten, ihr Kapital langfristig zu binden, andererseits sind US-Staatsobligationen mit Stückelungen von 500 US-$ zu schwer – in den 1920er Jahren kostet der T-Ford als erstes Massenauto 250 US-$. Diesem Bedarf entspricht, soweit ersichtlich, erstmals der im Jahr 1907 gegründete *Alexander Fund*[193] in Pennsylvania, dessen Anteile gegen Auszahlung des anteiligen Vermögenswertes abzüglich einer Verfahrensgebühr (Rücknahmeabschlag) zurückgenommen werden (open-ended). Eine Person verwaltet auf der Grundlage von Bausspargenossenschaften entlehnten Vertragswerken als nichteingetragener Verein[194] das in einem separaten Bankdepot gebündelte Vermögen von mindestens 1.700 Kunden. Die Fondsanteile sind verbrieft und börsennotiert. Später werden die Vermögenswerte einer Depotbank zur Verwahrung übergeben. Das Portfolio setzt sich aus 250 Aktien zusammen, ein fünfköpfiger Beirat überwacht die Geschäftstätigkeit. Der Fonds erzielt in den ersten 21 Jahren eine Rendite nach Kosten von 15,5% p.a. Er wird nach über vierzigjähriger Geschäftstätigkeit im Jahr 1941 aufgelöst.[195] In den 1920er Jahre verwalten *Brooke, Stokes, and Company* einen Fonds auf der Grundlage eines dreiseitigen Vertrags zwischen dem Anleger, Brooke als Verwalter und einem Treuhänder, der die Anlagegegenstände verwahrt.[196] In beiden Fällen kommt wieder die Drei-Personen-Struktur, die bereits die *Van Ketwich*-Fonds prägte, zum Einsatz.

Für die weitere Entwicklung der offenen Fonds bedeutsam ist die Gründung des *Massachusetts Investors Trust* (MIT) durch *Edward G. Leffler*, der als „Voluntary Association created by Agreement and Declaration of Trust"[197] in Form des Massachusetts Business Trust mit einem Kapital von 50.000 US-$ am 21. März 1924 gegründet wird. Die Trustform weist einerseits den Vorteil steuerlicher Transparenz auf.[198] Andererseits verzichten MIT und die anderen Bostoner Fonds auf *gearing*, emittieren nur eine Anteilsklasse, diese aber permanent. Die Gesamtzahl der Anteile ist von Anfang an unbestimmt („offen"). Seit Septem-

---

[191] *Fink*, S. 18.
[192] *Seligman*, Transformation of Wall Street, S. 223.
[193] Dazu *Grayson*, Investment Trusts, S. 253 ff.; *Robinson*, Investment Trust Organization, S. 121 ff.
[194] *Grayson*, Investment Trusts, S. 253.
[195] *Bullock*, Investment Companies, S. 16 f.; *Grayson*, Investment Trusts, S. 256.
[196] *Grayson*, Investment Trusts, S. 155.
[197] Vgl. das *offering circular* aus dem Jahr 1924, abgedruckt bei *Fink*, S. 12.
[198] *Grayson*, Investment Trusts, S. 152 f.

ber 1924 sichern die Trustees den Anlegern den Aktienrückkauf binnen sieben Tagen zum Buchwert abzüglich einer Rücknahmekommission von 2 US-$ zu. Am 29. Juli 1924 gründet *Paul C. Cabot* die *State Street Investment Corporation*, die seit 1927 – auf gesellschaftsrechtlicher Grundlage – unbeschränkt Anteile ausgibt und zurücknimmt. Dies ist möglich, weil das Gesellschaftsrecht des Staates Massachusetts anders als das britische und moderne europäische Recht kein fixes Kapitalsystem vorsieht. Mit *Incorporated Investors* folgt am 23. November 1925 der erste fremdverwaltete offene Fonds, der zunächst unbegrenzt Anteile ausgibt und seit 1928 auch zurücknimmt.[199] Die Anlagestrategie der konservativen, auf Diversifikation setzenden Bostoner *Mutual Funds*,[200] die in intensivem Wettbewerb zu den spekulativen New Yorker Investment Trusts (von denen einige in Maryland inkorporiert sind) stehen, setzt auf „buy and hold" erstklassiger Aktien; Spekulationsgeschäfte sind untersagt. So haben die Trustees von MIT die Anlage in 200 US-Aktien genehmigt, die die „strongest companies in representative lines of business" sein sollen.[201] Freilich handelt es sich nicht um ein Kleinanlegerprodukt: Die Mindestanlage entspricht in etwa dem Preis eines T-Ford.[202] Nach einem Jahr hat MIT 200 Anleger und ein verwaltetes Vermögen von 392.000 US-$ – im Lichte des Booms der Fonds des geschlossenen Typs recht wenig. Die Qualitätsstrategie bewährt sich in der Krise. Während der Blue-Chip-Index 89,2% verliert, reduziert sich der Inventarwert der Bostoner Mutual Funds unterproportional.[203] Dividendenzahlungen und Anteilsrücknahme werden in der Krise fortgesetzt. 1934 verwaltet MIT 30.8 Mio. US-$ von 21.000 Anlegern. Heute ist der *MFS Massachusetts Investors Trust* einer der größten Bluechip-Aktienfonds weltweit. Ebenso gut halten sich die von 1928 bis 1974 (!) von *Paul C. Cabot*[204] verwaltete *State Street Investment Corporation*[205] und die *U.S. & Foreign Securities Corporation*. 1928 folgt ein von *Scudder, Stevens & Clark* aufgelegter Fonds, der auf Ausgabeaufschläge

---

[199] *Fink*, S. 11 ff.; *Robinson*, Investment Trust Organization, S. 121 ff.; SEC, Report – Part I, S. 1, 97 ff.

[200] Der Begriff geht offenbar zurück auf *Durst*, Handbook of Investment Trusts, 1932.

[201] Vgl. das *offering circular* aus dem Jahr 1924, abgedruckt bei *Fink*, S. 12.

[202] Fünf Aktien zu einem Gesamtausgabepreis inkl. Kommission von 262,50 US-$.

[203] Die Zahlen variieren. Nach *Seligman* reduziert sich das Vermögen des MIT um 83%, während *Fink*, S. 17 unter Berufung auf *Groh* für MIT die Zahl von „nur" 75% nennt (State Street: 71%, Incorporated Investors: 81%).

[204] *Paul Cabot* erzielte während seiner Tätigkeit als Vermögensverwalter eine durchschnittliche Rendite von 14,4% jährlich, der Standard & Poors Index dagegen nur 10,9% p.a. Er schreibt im April 1929 – kurz vor dem Börsencrash –, ein Fondsmanager müsse sich vor allem bei sinkenden Kursen bewähren. „Wir brauchen schließlich einen Arzt auch nur, wenn wir krank sind. Der Fondsmanager muss auf seinem Gebiet genauso bewandert sein wie ein Arzt in der Medizin. Wenn die Börse steigt, kann jedermann Geld verdienen. Gute Fondsmanager sollten aber in der Lage sein, in guten Zeiten mehr zu verdienen als der Durchschnittsanleger sowie in Börsenbaissen ihre Verluste zu begrenzen." (Zitiert nach *Den Otter*, Anlagefondsgeschichten, sub VI.).

[205] Die älteste Vorgängerbank von State Street war mit der Union Bank eine Gründungsin-

verzichtet („no-load-fund"). In den Jahren 1929 bis 1936 steigt der Anteil von Mutual Funds an den Investment Companies von 5% auf 25%.[206]

3. Fixed Unit Investment Trusts des geschlossenen Typs

Neben den Mutual Funds reüssieren nach der Weltwirtschaftskrise als Trust konstituierte, von einer *management company* fremdverwaltete Unit Investment Trusts des offenen Typs. Erfolgsursache ist, nach den Missbräuchen bei Investment Trust Companies, die mit der Trustform verbundene Beschränkung des Handlungsermessens von Trustee und Managern.[207] Laufzeit des Trusts (Laufzeitfonds), Höchstzahl der Anteile und Anlageermessen sind rigide begrenzt. Der schon im 16. Jahrhundert in den Niederlanden, im 18. Jahrhundert in der Schweiz und in England verbreitete Fixed Trust erlebt eine Renaissance. Das im Prospekt beschriebene Portfolio muss grundsätzlich bis zum Laufzeitende gehalten werden. Zwischen 1929 und 1933 verdreifacht sich die Anzahl von Fixed Trusts von 26 auf 85, der Anteil nimmt von 9,5% auf 22,5% aller Investment Companies zu.[208]

VI. Entwicklung in anderen Staaten

Frankreich[209] verfügt im 19. Jahrhundert über einen Kapitalüberschuss aus dem Kolonialgeschäft, der in der Tradition des *Credit Mobiliéré* konzentriert in einzelne Branchen oder Anlagegegenstände angelegt wird. Um die Mitte des 19. Jahrhunderts entstehen einige wenige wirtschaftlich unerhebliche Treuhandfonds, bei denen ein Treuhänder über die bei ihm hinterlegten Aktien Zertifikate mit proportionalem Anrecht an Eigentum und Ertrag ausgibt.[210] Größere Bedeutung erlangen die Gesellschaften für Goldmineneffekten, so z.B. die *Anglo-French Exploration Company*, und seit 1900 verschiedene Öl-Aktiengesellschaften. Die erste französische Kollektivanlage ist, soweit ersichtlich, die im Jahr 1906 errichtete und im Jahr 1916 liquidierte *Société Financiére Franco-Américaine*. Die Kapitalia aus den Reparationszahlungen nach dem ersten Weltkrieg führen zu einem Anwachsen der Goldreserven, mit der Folge niedriger Zinsen, welches wiederum die Gründung der *Union Trust* (1925), der *Compagnie Francaise De Placement* (1928) und der spekulativ ausgerichteten *Sofinest* (1929) befördert. Erst 1927 wird das Diversifikationsprinzip mit der *Cie.*

---

stitution der NYSE in 1792, so dass sich State Street heute als älteste Bank, die durchgehend existiert, und zweitälteste Bank überhaupt bezeichnet.

[206] *Fink*, S. 18, 35.

[207] *Pennington*, Investor and the law, S. 220, der darauf verweist, dass nach dem britischem Companies Act eine Beschränkung durch Satzung zulässig ist, die Satzung aber geändert werden kann.

[208] SEC, Report – Part II, S. 112.

[209] *Liefmann*, S. 198 ff.

[210] *Bruppacher*, Investment Trusts, S. 238 ff.

française de Placement mit 11 Mio. Francs Kapital rezipiert.[211] Weitere Anlage-gesellschaften entwickeln sich aus der Aufgabe der produktiven Tätigkeit, z.B. nach Veräußerung des Geschäftsbetriebs. Wegen der gegen gewagte Unterneh-men und ausländische Anlagen gerichteten Anlegerstimmung erscheinen Fonds als ideale Lösung.[212] Ein erster Gesetzentwurf aus dem Jahr 1930, der insbeson-dere die Doppelbesteuerung der Kapitalerträge von „Sociétés de Placement" im Fall der Fondsanlage beseitigen und Anlagegrenzen von 5% pro Emittent vor-sehen soll,[213] wird nicht verabschiedet, weil man die Stärkung aus- statt inländi-scher Unternehmen fürchtet.[214] Zur Vermeidung der prohibitiven Besteuerung gründen französische Gesellschaften die *Union Internationale de Placements* mit Sitz in Luxemburg (unter dem dortigen Holdingprivileg).[215] Zu einer Fonds-regulierung kommt es erst nach dem zweiten Weltkrieg.

In den Niederlanden[216] entstehen zwischen 1876 und 1930 sieben Investment-fonds mit einem Gesamtumfang von 19 Mio. Gulden, entsprechend 0,4% des Bruttoinlandsprodukts. Die Durchschnittsrendite beträgt 4,5% p.a. Sowohl die vertragliche, als auch die korporative Organisationsform sind verbreitet.[217]

Im Großherzogtum Luxemburg – heute einer der wichtigsten Fondsstandor-te – wird erst im Jahr 1959 mit dem *„FCP Eurunion"* der erste Fonds gegrün-det.[218] Der Fonds ist vertraglich organisiert und durch die Trust-Strukturen in Großbritannien und den USA beeinflusst. Die Verhältnisse der Beteiligten re-geln sog. Verwaltungsrichtlinien (vergleichbar mit Allgemeinen Geschäftsbe-dingungen). Alle Anleger schließen denselben Vertrag mit dem Verwalter ab. Dabei werden drei mittlerweile etablierte Grundelemente vertraglicher Fonds vereinbart: Die Anleger werden (pro forma) Miteigentümer der Anlagegegen-stände, einer Verwaltungsgesellschaft obliegen Verwaltung und Aufbau des Anlageportfolios, eine Depotbank verwahrt die Gegenstände für die Anleger und kontrolliert die Verwaltungsgesellschaft. Die Fondsentwicklung in Liech-

---

[211] Zu dem gleichen Mutter-Finanzkonzern zählen zudem die *Cie. belge et internationale de Placement* (in Brüssel), die *English & International Trust* in London und die *Thesaurus*, kontinentale Anlagegesellschaft in Zürich.

[212] *R.F.Goldschmidt*, Investment Trusts, S. 11.

[213] Sog, „Projet Tardieu", zum Inhalt *Rinsoz*, Rechnungsführung, S. 26; *Baum*, Schutz des Investmentsparers, S. 194 f.; *Bruppacher*, Investment Trusts, S. 239 f.

[214] *R.F.Goldschmidt*, Investment Trusts, S. 11.

[215] *Bruppacher*, Investment Trusts, S. 240.

[216] *Slot*, Iedereen kapitalist, de ontwikkeling van het beleggingsfonds in Nederland gedu-rende de 20e eeuw, S. 100.

[217] Treuhänder der vertraglich organisierten Kollektivanlage ist der *Hollandsche Adminis-tratie-Cantor*. Der *English & Dutch Investment Trust* wird in Gesellschaftsform gegründet, vgl. *Liefmann*, S. 206 f.; *v. Caemmerer*, JZ 1958, 42 ff.; *J.C.W*, Bank A 43, 85 f., wonach in den Niederlanden Effektensubstitution mittels des *Administratie-Cantor* als Zentralverwahrer erfolgt oder eine Anlagegesellschaft (*Beleggingsmaatschappij*) gegründet wird.

[218] *Chèvremont*, in Les Fonds d'Investissement (1988), S. 5 ff.; *Kremer/Lebbe*, 1. Aufl., Rn. 1.20.

tenstein beginnt ebenfalls in den 1960er Jahren mit dem „First Suisse Liechtenstein Fund" auf der Grundlage des Fondsgesetzes von 1960.

F. Zwischenergebnis

Aus rudimentären Ansätzen und einer Beschränkung auf wenige, quasi-unternehmerische Kapitalisten entwickelt sich bis zum Anfang des 20. Jahrhunderts das heutige Spektrum, das von einer professionellen, über eine „bürgerliche Anlage" in Beteiligungsgesellschaften bis zu einer Publikumsanlage mit diversifizierter Anlagestrategie reicht. Das quasi-sozialistische Element des diversifizierten Fonds – „Einheit macht Stark" – veranlasst *Jörgens* (im Jahr 1902) zu der euphorischen Feststellung, man könne Investment Trusts „vom volkswirtschaftlichen und sozialen Standpunkt nur auf das lebhafteste begrüßen. Sie stellen eine Art der Anlage dar, die dem kleinen Besitz die Rentabilität des großen verleiht, ihn dadurch kräftigt und zur Ersparung kleiner Kapitalien ermuntert. Andererseits bewahren sie den kleinen Kapitalisten vor Börsenspekulationen, die bei seiner Unkenntnis der Verhältnisse doch fast stets mit Verlust enden."[219] Dass Diversifikation allein keinen hinreichenden Schutz vermittelt, belegen die Fondskrisen der Jahre 1890 und 1929. Insbesondere der Börsencrash 1929 belegt, welche eruptive Kraft für die Sozialordnung einem an das breite Publikum vermarkteten Finanzprodukt innewohnt, dessen Verhältnisse nicht geordnet sind. Diese Erkenntnis, die der Schweizer Jurist *Arthur Stampfli* bereits im Jahr 1909 artikuliert,[220] ist Grund und Ursache der in den 1930er Jahren einsetzenden Fondsregulierung.

---

[219] *Jörgens*, Finanzielle Trustgesellschaften, S. 22 f. (der zugleich vor Missbrauch warnt).

[220] *Stampfli*, Investment-Trusts, Mitteilungen aus dem Handelswissenschaftlichen Seminar der Universität Zürich, 1909, Heft 2, zitiert von *Schuster*, ÖBA 1972, 422, 424: „Es ist Pflicht des Staates, diese neue Form der kapitalistischen Entwicklung zu studieren und durch geeignete gesetzliche Bestimmungen darauf hinzuwirken, dass einerseits die Vorzüge der Investment Trusts der nationalen Wirtschaft zugute kommen und andererseits dem Entstehen von Missständen vorgebeugt wird."

2. Kapitel

Regulierung zwischen Anleger- und Funktionsschutz

§ 15 – Beginn der anlegerschützenden Regulierung

A. USA

Auf der Ebene der US-Bundesstaaten unterliegt der Anteilsvertrieb durch „Investment Companies"[1] seit Erlass des ersten „Blue Sky" Laws[2] in Kansas im Jahr 1911 einer Zulassungspflicht. Die Zulassung ist zu verweigern, wenn (im Fall von Kansas) der Bank Commissioner befindet, dass irgendein Aspekt der Gesellschaft unfair, ungerecht, unangemessen, für eine Anteilsklasse benachteiligend oder die Gesellschaft insolvent oder nicht beabsichtigt ist, einer fairen und ehrlichen Geschäftstätigkeit nachzugehen.[3] Innerhalb von zwei Jahren erlassen 23 weitere US-Bundesstaaten ähnliche Generalklauseln. Nach Bestätigung ihrer Verfassungsmäßigkeit durch den US Supreme Court im Jahr 1917[4] folgen die übrigen Bundesstaaten. Im Jahr 1933 gelten in allen US-Bundesstaaten mit Ausnahme von Nevada vergleichbare Regelungen. Die Blue Sky Laws vermögen jedoch einem Anlageschwindel nicht vorzubeugen, weil sie durch ein die Bundesstaatsgrenze überschreitendes Angebot zu umgehen und die bundesstaatlichen Behörden zur Durchsetzung inadäquat ausgestattet sind.[5]

---

[1] Dabei dürfte es sich zunächst nicht um Kollektivanlagen, sondern um operative Gesellschaften gehandelt haben, die ihre Aktien an Anleger vertrieben.

[2] Die Bezeichnung geht auf eine Aussage des Bank Commissioners im US-Bundesstaat Kansas *J.N. Dolley* im Jahr 1911 zurück. Danach sind Aktienschwindler im Zaun zu halten, die so dreist sind, dass sie sogar Bauflächen im blauen Himmel verkaufen würden („promoter who would sell building lots in the blue sky in fee simple"). Vgl. *Seligman*, Transformation of Wall Street, S. 44 f.; *Merkt*, FS Hopt, S. 2207, 2210. Im modernen Sinn meint Blue Sky Law die allgemeinen Bestimmungen der Bundesstaaten gegen Betrug und unfairen Wettbewerb, vgl. *Joseph C. Long*, Blue Sky Law (2002). Die Vorschriften sind durch den *Uniform SA* von 1956 vereinheitlicht. Die Bundesstaaten sind seither für kleine Anlageverwalter zuständig.

[3] Kansas Laws 1911, Chapter 133.

[4] *Hall v. Geiger-Jones Co.*, 242 U.S. 539 (1917) (betr. Ohio), *Caldwell et al. v. Sioux Falls Stock Yards Co. et al.*, post, 242 U.S. 559 (1917) (betr. South Dakota) und *Merrick et al. v. Halsey & Co. et al.*, post, 242 U.S. 568 (1917) (betr. Michigan).

[5] *Seligman*, Transformation of Wall Street, S. 43 ff. Differenzierte zeitgenössische Einschätzung bei *Robinson*, Investment Trust Organization, S. 524 f.

I. US Securities Regulation

Die Finanzmarktkrise von 1929 ist der politische Anlass für ein US-Bundes-Kapitalmarktrecht. Als Teil von *Franklin D. Roosevelts* New Deal-Gesetzgebung[6] werden binnen weniger als zehn Jahren in den USA sieben grundlegende Finanzmarktgesetze verabschiedet.[7] Kollektivanlagen betreffen – in chronologischer Reihenfolge – die Vertriebsregulierung durch den *SA* und *Securities Exchange Act*,[8] die Produktregulierung durch den *Investment Companies Act of 1940* (ICA) und die Verwalterregulierung durch den *Investment Adviser Act* (IAA). Letztere ist allerdings erst seit den 1970er Jahren auf Verwalter von Investment Companies anzuwenden.

1. *Vertriebsregulierung: SA mit Securities Exchange Act (1933, 1934)*

Die Vertriebsregulierung durch den SA of 1933 ist der Grundpfeiler des US-Kapitalmarktrechts. Der SA regelt das Angebot von *securities*. Insbesondere verpflichtet der SA zur Publikation und Aktualisierung eines vollständigen Prospekts, solange Anteile ausgegeben werden (*continuous disclosure*).[9] Der Anteilsvertrieb ohne Prospektvorlage ist untersagt.[10] Einerseits sollen betrügerische Handlungen und willkürliche Schädigungen oder Benachteiligungen von Marktteilnehmern unterbunden werden (*fraud prevention*).[11] Das allgemeine Betrugsverbot gilt bei Angebot, Erwerb oder Veräußerung von *securities* (Transaktionsorientierung).[12] Für Kollektivanlagen ist der Anwendungsbereich in doppelter Hinsicht eröffnet: Auf der Anlegerebene, weil Anleger vom Fonds emittierte *securities* erwerben oder veräußern, und der Verwalterebene, weil der Verwalter gleiches für die Kollektivanlage tut. Andererseits setzt das US-Kapitalmarktrecht der Verwaltungstätigkeit auch *zugunsten* einzelner Anleger

---

[6] Zum Hintergrund *Seligman*, Transformation of Wall Street, S. 1 ff.; *Fink*, S. 19 ff. Politische Theorie des New Deal als Ausdruck einer Grundhaltung unter Einfluss bestimmter korporativer Akteure bei *Roe*, Strong Managers, Weak Owners, S. 26 ff.

[7] SA of 1933, Ch. 38, Tit. I, 48 Stat. 74; Banking Act of 1933, Ch. 89, 48 Stat. 162; Securities Exchange Act of 1934, Ch. 404, 48 Stat. 881; Public Utility Holding Company Act of 1935, Ch. 687, Tit. I, 49 Stat. 803; Trust Indenture Act of 1939, Ch. 411, 53 Stat. 1149; ICA, Ch. 686, Tit. I, 54 Stat. 789; IAA, ch. 686, Tit. II, 54 Stat. 847.

[8] *Frankel/Kirsch*, Chapter 17 und Chapter 18.

[9] *Frankel/Kirsch*, Chapter 19.

[10] Vgl. s. 5 SA 1933. Ausgenommen ist nur sog. *tombstone advertising* (Grabstein-Werbung) ohne Produktbeschreibung und werbende Aussage. Im Jahr 1978 dringt das ICI mit verfassungsrechtlichen Bedenken gegen die Werbebeschränkung im Hinblick auf das Recht zur freien Meinungsäußerung durch. Unter SA Release No. 6116 (1979) und der neuen SEC Rule 283 sind nunmehr Fernsehwerbespots zulässig. Infolgedessen wird die Vertriebskraft der Broker-Dealers geschmälert, der Direktvertrieb gewinnt an Effektivität. Vgl. *Fink*, S. 101 f.

[11] Vgl. s. 17(a) SA 1933 sowie s. 10(b) (i.V.m. Rule 10b-5) und s. 15(c) des SEA. Die Anti-Fraud-Rules werden durch SEC-Rules speziell für Kollektivanlagen konkretisiert.

[12] *Bines/Thel*, § 2.03.

Grenzen, z.B. mit dem Verbot zur Weitergabe von Insiderinformationen. Der kurz nach dem SA verabschiedete Securities Exchange Act of 1934 installiert mit der Securities & Exchange Commission – soweit ersichtlich – weltweit die erste staatliche Finanzmarkt-Spezialbehörde. Darüber hinaus sollen Spezialvorschriften zu Kollektivanlagen den Wechsel von fixen zu verhandelbaren Kommissionen für Wertpapiergeschäfte beschleunigen.[13]

2. *Revenue Act of 1936 als Produktregulierung*

Wegen potentieller Machtkonzentrationen steht die New Deal-Gesetzgebung Finanzkonglomeraten und Holding-Gesellschaften kritisch gegenüber. Infolgedessen führt der Revenue Act of 1936[14] die Besteuerung von zwischen Gesellschaften ausgeschütteten Dividenden und Gewinnen auf Ebene des Empfängers ein. Bestimmte Mutual Funds, von denen keine Gefahr einer Risikokonzentration ausgeht – aber nicht Investment Trusts des geschlossenen Typs –, werden von der Besteuerung der Gewinne auf Fondsebene freigestellt. Grundlage ist die von *Merrill Grisworld*, dem Chairman des MIT, entwickelte sog. Leitungs- oder Röhren-Theorie (*conduit theory*), wonach Mutual Funds selbst nur eine Bindeglied – eine Durchleitungstechnik – zwischen Vermögensgegenstand und Anleger sind. Danach kommt Mutual Funds außer den volkswirtschaftlich wünschenswerten Diversifikations- und Kostenreduktionseffekten keine wirtschaftliche Funktion zu, weshalb sie steuerlich transparent sein müssten. Im Ergebnis wird der Anleger – unabhängig von der Rechtsform des Bindeglieds – so besteuert, als ob er die Vermögensgegenstände anteilig direkt im Depot hält.[15]

Wirtschaftliche Konzentration in den Händen der Fonds vermeidet eine Ausstellergrenze von 10%. Dass keine unternehmerische Tätigkeit stattfindet, stellt die sog. *Good Income*-Regel sicher, wonach 95% des Einkommens aus Dividenden, Zinsen und Wertpapiererträgen stammen müssen. Diversifikation wird

---

[13] Nach s. 11 (a) SEA unterliegt die kombinierte Erbringung von Broker- und Verwaltungsdienstleistungen für bestimmte Börsentransaktionen einer Zustimmungs- und Berichtspflicht. S. 28 (e) SEA erlaubt für ergänzende Dienstleistungen höhere als die üblichen Gebühren.

[14] Revenue Act of 1936, Pub. L. No. 740, 49 Stat. 1648 (1936), dort s. 48(e). Dazu *Jones/Moret/Storey*, (1988) 13:2 Del. J. Corp. L. 421, 448ff. (dort auch mit Übersicht zur weiteren Entwicklung der US Fondsbesteuerung); *Baum*, Schutz des Investmentsparer, S.137; *Roe*, Strong Managers, Weak Owners, S.106ff.

[15] Vgl. *Nathalie R. Grow*, The Boston-Type Open-End Fund – Development of A National Institution, Ph.D.-Thesis (Harvard University) (unv.) S.446ff., zitiert nach *Fink*, S.26 bis 28; die Conduit-Theory greift das Senate Committee on Banking and Commerce im Rahmen des ICA auf: "It appears that the nature of these companies in many respects, constituting a conduit for distribution of income to the smaller investor, is such that they should not be subjected to the same type of taxation as the ordinary business corporation." Vgl. Senate Report 1775/4108, 76th Cong., 3rd sess., 1940, 12. S. zudem House Committee on Interstate and Foreign Commerce, HR 2639/10065, 76th Cong., 3rd sess., 1940, 10.

durch eine Investitionsgrenze von 5% des Fondsvermögens in einen Vermögensgegenstand erreicht. Eine fixe Ausschüttungsquote von 90% vermeidet die
Reduktion des Steuersubtrats durch Thesaurierung auf Fondsebene. Hinzu
kommt mit der sog. *Short-Short*-Regel ein Spekulationsverbot: Maximal 30%
des Ertrags dürfen aus dem Handel mit Beteiligungen stammen, die weniger als
90 Tage gehalten werden. Die Regeleinhaltung soll die SEC auch im Interesse
der Anleger öffentlich überwachen.

Politischer Hintergrund des an eine Produktregulierung geknüpften Mutual
Fund-Steuerprivilegs dürfte deren relativ gutes Abschneiden während der Finanzmarktkrise 1929 pp. gewesen sein, verbunden mit geschickter Positionie-
rung der Bostoner Vermögensverwalter als Gegenentwurf zu dem in Verruf
geratenen Finanzzentrum New York. Die steuerlich motivierten und vom Geist
des New Deal geprägten[16] Grundprinzipien im Revenue Act 1936 setzen Standards für Publikums-Wertpapierfonds des offenen Typs bis zur Gegenwart.[17]
Die an die Einhaltung fünf einfacher Anlageregeln mit SEC-Aufsicht geknüpfte steuerliche Transparenz ist nach *Fink* sogar „the most important event in
mutual fund history".[18] Gestärkt durch den steuerlichen Wettbewerbsvorteil
nimmt der Anteil von Mutual Funds im Verhältnis zu den geschlossenen Fonds
von 25% im Jahr 1936 auf 36% im Jahr 1940 zu, im Jahr 1944 wird erstmals
mehr Vermögen in Mutual Funds als in geschlossenen Fonds verwaltet.[19]

3. *Produktregulierung des Investment Companies Act 1940*

Zur Verwalterregulierung und zur Erstreckung der Produktregulierung auf die
geschlossenen Fonds kommt es am Ende des New Deals. Nach sechsjähriger
Untersuchung veröffentlicht die SEC in den Jahren 1939 ff. ihre voluminöse Studie „Investment Trusts und Investment Companies". Die Studie, die sich überwiegend mit Fonds des geschlossenen Typs befasst, belegt neben Verfehlungen
vor der Krise von 1929 auch Defizite danach. Exzessive Verwaltergebühren, das
Abladen schwergängiger Wertpapiere in die Fonds aus anderen Geschäftsberei-
chen der Investmentbanken, Spekulation und Gebührenschneiderei durch Leverage (der Verschuldungsgrad erhöht das verwaltete Vermögen), der Handel
der Anlagegegenstände des Fonds über das eigene Brokerage-Business[20] und die

---

[16] Vgl. *Roe*, (1991) 91 Colum. L. Rev. 10, 20 ff.
[17] Kleine Änderungen betreffen den Good Income-Test, der im Jahr 1942 von 95% auf
90% abgesenkt wurde. Seitdem ist auch die Ausschüttung langfristiger Wertsteigerungen zulässig. Seit dem Tax Reform Act 1986 zählen auch Erlöse aus der Veräußerung von Derivaten
als „good income". Im Jahr 1997 wird der „short-short"-Test mit dem Taxpayer Relief Act of
1997 aufgehoben, weil dessen Beschränkungen nicht mehr mit modernen Anlagetechniken
vereinbar sind. Insbesondere geriet die steuerliche Transparenz in Gefahr, wenn arithmeti-
sche Modelle zu hohen Gewinnen binnen kurzer Zeit führten. *Fink*, S. 205 ff.
[18] *Fink*, S. 26, 28.
[19] *Fink*, S. 18, 35, 56.
[20] Vgl. *Frankel/Kirsch*, Chapter 9.

Ausgabe von Gratisaktien oder Bezugsrechten an Initiatoren und Mitarbeiter werden als übliche Praxis beschrieben.[21] Dividenden leistet man auf Kredit statt aus Erträgen.[22] Manche Verwaltungsgesellschaften kontrollieren über das von Anlegern eingezahlte Vermögen ganze Industriezweige, was im Lichte der dekonzentrativen Strömungen des New Deals anrüchig ist.[23] Weil nach der Krise von 1929 viele Trust-Aktien unter dem Nettoinventarwert notieren, verkaufen Investmentbanken die Verwaltungsrechte an Dritte. Die Erwerber liquidieren die Kollektivanlage und vereinnahmen die Differenz. Die Investmentbanken tragen durch entsprechende „Anlageempfehlungen" zum nachteiligen Umtausch oder Verkauf der Trust-Aktien an die Aufkäufer bei.[24] Die regulatorische Antwort fällt aufgrund der innenpolitischen Lage während des Zweiten Weltkrieges moderat aus.[25] Der ICA, dem nachgesagt wird, er habe „bis auf ein paar Kommas" den Statuten des MIT entsprochen,[26] und der IAA, werden mit Zustimmung der Investment Bankers Association verabschiedet.[27]

a) Investment Company als Urform

Der ICA stellt das Angebot zum Erwerb oder Verkauf von sowie den Handel mit *securities* durch sog. Investment Companies sowie die Tätigkeit als Vermögensverwalter (Investment Adviser) für Investment Companies unter Registrierungsvorbehalt.[28] Die Investment Company ist keine Rechts-, sondern eine Unternehmensform. Die diversen Realformen der Investment Trusts und Mutual Funds teilen sich nur den Geschäftsgegenstand einer Anlagetätigkeit für Dritte mit Gewinnerzielungsabsicht.[29] Dieses weite Kriterium wird in den ICA übernommen. Der ICA erfasst alle Kollektivanlagen gleich welcher Rechtsform[30] und gilt für offene und geschlossene, diversifizierte und konzentrierte Anlagen.

b) Anlegerschutzvorschriften

Die Registrierung verpflichtet zur Einhaltung von Anlegerschutzvorschriften, die die fünf Regelungsgrundsätze des Revenue Act ergänzen. Ein erstes Anforderungsbündel zielt auf die Seriosität des Verwalters: So muss die Investment

---

[21] Vgl. *Morley*, (2012) 6 Va. L. Bus. Rev. 341.
[22] SEC, Part III, S. 11 f.
[23] SEC, Part IV, Chpt. I, A. ("The quasi-holding company"), S. 2 ff.
[24] SEC, Part III, S. 23 f.
[25] *Seligman*, The Tranformation of Wall Street, S. 226 f.
[26] *Fink*, S. 34.
[27] Zum Hintergrund *Seligman*, Transformation of Wall Street, S. 222 ff.; *Bines/Thel*, §2.04[A]; *Fink*, S. 31 ff.; *Frankel*, The Regulation of Money Managers. *Steck*, Investment Companies, S. 38 ff.; *Roe*, (1991) 91 Colum. L. Rev. 10; *ders.*, (1991) 139 U. Pa. L. Rev. 1469; *ders.*, Strong Managers, Weak Owners, S. 106 f. (mit politischem Erklärungsansatz); bei *Bullock*, Investment Companies, S. 79 ff.; *Jaretzki*, (1941) 26 Wash. U. L. Q. 303.
[28] S. 7, 8 ICA; s. 203 IAA. Dazu *Frankel/Schwing*, §3.01[A].
[29] SEC Report, 1939, Pt. I, S. 15. S.a. *Frankel/Kirsch*, Chapter 1.
[30] Arg.: Definition der „Company" gem. s. 2 (8) ICA.

Company gem. s. 14 ICA den damals eindrucksvollen Betrag von 100.000 US-$ als Mindestkapital vorweisen. Wegen Vermögensdelikten vorbestrafte Personen dürfen gem. s. 9 ICA weder Organ noch Gehilfe von Investment Company und Adviser sein.

Ein zweites Maßnahmenpaket soll die Unabhängigkeit und Unparteilichkeit des Verwalters sichern: Eine Personalunion von Trustleitung und Trustee respektive Board der Investment Company und dem Investment Adviser ist gem. s. 10 ICA untersagt. Zum Schutz vor Interessenkonflikten müssen 40% der Sitze des Board of Directors der Investment Company gem. s. 10(a) ICA mit anderen als *interested persons* besetzt sein. Als *interested persons* gelten Personen, die mit der Investment Company, dem Investment Adviser oder dem Emissionsgehilfen (der Haupt-Investmentbank der Company) in beruflicher oder mit deren leitenden Angestellten und Organen in familiärer Verbindung stehen (s. 2(19) ICA). Die Vergabe von Kommissionsaufträgen (brokerage), Emissionsgeschäft (principal underwriting) und anderer Aufträge im Rahmen des Investmentbanking an interessierte oder mit diesen verbundene Banken, Adviser und Personen ist gem. s. 10(b) bis (d) ICA beschränkt. Ebenfalls stark eingeschränkt sind Transaktionen zwischen Investment Companies und interessierten Personen, mit diesen verbundenen Banken und Advisers sowie Personen in einem Kontrollverhältnis zur Investment Company (ss. 12 (d) und 17 ICA).

Ein drittes Maßnahmenpaket zielt auf eine transparente Beziehung zwischen Fonds und Verwalter: Die Tätigkeit als Investment Adviser setzt einen schriftlichen Vertrag zwischen der Investment Company und dem Investment Adviser voraus. Die Wirksamkeit des Vertrags und jeder seiner Änderungen bedarf der Zustimmung einer Mehrheit der nicht interessierten Direktoren im Board der Investment Company, im Fall des Common Law Trust einer Zustimmung der Anlegermehrheit. Der Vertrag ist gem. s. 15 ICA nach Ablauf von zwei Jahren jährlich zu verlängern und kann mit einer Frist von 60 Tagen gekündigt werden. Entgegen ersten Vorstellungen der SEC ist der Verwalter jedoch keiner bundesrechtlich durchsetzbaren allgemeinen Treupflicht unterworfen.[31] Der Kongress billigt nur das bereits im SA 1933 etablierte und seither für alle Kapitalmarktrechte prägende[32] Mittel der Offenlegung (*disclosure*, Informationsansatz). Die Offenlegung schützt jedoch nicht Personenkreise, die die Benachteiligung durch Investment-Insider trotz vollständiger Information nicht erkennen. Dieses Defizit ist bei Kollektivanlagen Grund weiterer Missstände.

---

[31] *Seligman*, Transformation of Wall Street, S. 230. Vgl. Zur Treupflicht eines Directors US Court of Appeals, 7th Cir. 644 F.3d 123 (*Brown v. Calamos*).

[32] Vgl. zum amerikanischen Kapitalmarktrecht *Assmann*, Prospekthaftung, S. 77, 98 ff.; *Hopt*, ZHR 140 (1976), 201, 204 ff.; *ders.*, ZHR 141 (1977), 389, 414 f.; *Kohl/Kübler/Walz/Wüstrich*, ZHR 138 (1974), 1, 28 ff.; zu seiner Ausprägung im Europäischen Kapitalmarkt- und Gesellschaftsrecht *Segré*-Bericht, S. 267 ff.; *Hopt/Baum* in Hopt/Rudolph/Baum, Börsenreform, S. 287, 315 f.; *Grundmann*, ZGR 2001, 783, 799 f. („dominierendes Prinzip"); *Möllers*, AG 1999, 433, 434; *Assmann*, ZBB 1989, 49, 56.

Schließlich beschränkt der ICA die Anlagepolitik: Die Ausgabe anderer Wertpapiere als Stammaktien (common stock) und der Verschuldungsgrad (leverage)[33] sind gem. s. 18 ICA auf moderate Maße beschränkt. Die weitere Form der Verschuldung, durch Leerverkäufe und Derivate, steuert die SEC durch ihre Kompetenz unter s. 7 des Securities Exchange Act zur Festsetzung der Margenanforderungen. Einer wesentlichen Änderung der Anlagepolitik, wozu die Aufgabe der Eigenschaft als Investment Company zählt, muss gem. s. 13(a) und (b) ICA eine Anlegermehrheit zustimmen.

c) Enforcement

Ein dichtes Aufsichtsnetz sichert die Durchsetzung der gesetzlichen Voraussetzungen: Die Investment Company unterliegt Mindestbestimmungen zur Anlegerinformation, Rechnungslegung und Prüfung.[34] Der SEC ist über diverse Aktivitäten, insbesondere Umstrukturierungen[35] zu berichten. Die Investment Company muss im Einzelnen konkretisierte Aufbewahrungs- und Buchführungspflichten erfüllen, Gerichtsdokumente sind bei der SEC einzureichen.[36] Für Investment Adviser gilt ein spezielles Strafrecht.[37] Die SEC kann gegen eine Investment Company Zivilklage erheben.[38] Sie kann Ausführungsbestimmungen und Anordnungen erlassen (die vor einem Appellationsbundesgericht angefochten werden können).[39] Die Innovationsfähigkeit des ICA – und zugleich die besondere Stellung der SEC – resultiert indes aus s. 6(c) ICA, wonach sie von jeder Bestimmung befreien kann, wenn dies mit dem Anlegerschutz und öffentlichen Interesse vereinbar ist. Keineswegs jede Regel gilt immer und ausnahmslos. Durch Ausnahmen und Befreiungen zunächst im Einzelfall, die dann durch umfangreiche SEC-Regeln („rule") generalisiert werden, hat die SEC ihre Auslegung des ICA über die Jahre konkretisiert.[40]

4. Verwalter- und Gebührenregulierung der 1970er Jahre

Nach Inkrafttreten des ICA steigt das in Investment Companies verwaltete Nettovermögen von 450 Mio. US-$ (1940) auf 38.2 Mrd. US-$ im Jahr 1966 (Faktor 85) und 60 Mrd. US-$ im Jahr 1972 (Faktor 130), die Anzahl der Anleger von 300.000 auf 3,5 Mio. Anleger (Faktor 12) im Jahr 1966 und 11 Millionen

---

[33] Dazu *Morley*, (2013) 30 Yale J. Reg. 343 sowie die Erwiderung von *Macchiarola*, (2013) 31 Yale J. Reg. 60.
[34] S. 29, 31 ICA.
[35] S. 25 ICA.
[36] S. 30, 32 ICA.
[37] S. 33 ff. ICA.
[38] S. 35 ICA.
[39] S. 37 ff. ICA.
[40] Vgl. *Fink*, S. 45 ff.

Anleger im Jahr 1972.[41] Den Aufstieg begünstigt ein nahezu 30 Jahre andauernder Aktienboom; 90% des Mutual Fund-Vermögens ist in Aktien angelegt.[42]

Während traditionell unabhängige Vermögensverwaltungsfirmen als Fondsverwalter auftreten und der Anteilsvertrieb über unabhängige Finanzvermittler (sog. Broker-Dealer) erfolgt, begründen in den 1960er Jahre einige US-Vermögensverwalter erfolgreich Vertriebsrepräsentanzen. Versicherungsunternehmen erwerben Fondsverwalter und expandieren in den Fondsmarkt. In einem (sehr erfolgreichen) Fall (*Vanguard*) erwerben die verwalteten Fonds auch ihre Verwalter und Vertriebspartner, so dass Gewinne aus der Vertriebs- und Verwaltertätigkeit den Fonds zu Gute kommen; umgekehrt führt dies zur Notwendigkeit, auch den Vertrieb aus dem Fondsvermögen zu bezahlen.[43]

Spätestens seit Mitte der 1960er Jahre stehen die Praktiken der Investment Companies und ihrer Adviser erneut im Fokus. Die Sorge gilt zunächst dem mit der Person von *Gerald Tsai*[44] und *Howard Stein* verbundenen, neuen „performance-orientierten" Stil, der seit Anfang der 1960er Jahre zu einer Umschichtung ausgewogener Portfolios in wachstumsstarke Aktien und einem häufigen Umschlag („turnover") der gehaltenen Aktien führt. Einige Verwalter erwerben aggressiv Wachstumsaktien (sog. Growth Stocks), die sie kurz halten und anschließend weiterveräußern. Dies begründet die Bezeichnung „Go-Go-Funds" und der 1960er Jahre als „Go-Go-Years."[45] Des Weiteren rufen Offshore-Fonds mit aus Steuergründen anonymer Anlegerschaft und hohen Ausgabeaufschlägen sowie exzessive Verwaltergebühren als Folge der Monopolisierung der Fondsverwaltung durch den externen Investment Adviser und der Abhängigkeit, jedenfalls aber Harmlosigkeit der Direktoren, Bedenken hervor. Vier einflussreiche Studien[46] untermauern die Besorgnis. Der *Weiner*-Bericht (1961) formuliert in Anlehnung an ein Grußwort des früheren Vorsitzenden der

---

[41] *Seligman*, Transformation of Wall Street, S. 363; *Fink*, S. 55f., 63, 78.

[42] *Fink*, S. 55ff.

[43] Vgl. zur umstrittenen SEC Rule 12b-1, wonach eine solche Zahlung in gewissen Grenzen zulässig ist, *Fink*, S. 63f., 105ff., sowie unten, § 15 A.4.

[44] Dazu *Brooks*, The Go-Go-Years, S. 132f.

[45] *Brooks*, The Go-Go-Years, S. 128; *Fink*, S. 63.

[46] 1) *Joseph Weiner*, "The Administration of the Investment Company Act" (Dec. 21, 1961), unveröffentlicht, zugänglich in Cary SEC Commissioner Files, Container No. 205, zitiert nach *Seligman*, Transformation of Wall Street, S. 364ff.; 2) University of Pennsylvania's Wharton School of Finance and Commerce, "A Study of Mutual Funds" (Wharton Report) (1962), dazu *Lobell*, (1963) 49 Va. L. Rev. 1 (kritisch) und *Herman*, (1963) 49:1 Va. L. Rev. 938 (befürwortend); 3) SEC, Special Securities Market Study, Chapter IV, 1963; 4) SEC, Report of the Securities and Exchange Commission on the Public Policy Implications of Investment Company Growth, H.R. Rep. No. 2337, 89th Cong., 2d Sess. (1966). Der im Jahr 1971 veröffentlichte Institutional Investor Study Report der SEC (2283, H.R. Doc. No. 64, 92d Cong., 1st Sess. (1971)) befasst sich mit dem Einfluss von Banken, Versicherungen, Mutual Funds, Pensionsfonds und anderen Institutionen auf die Kapitalmärkte und nimmt damit die Marktperspektive ein.

SEC *Edward Gasby* die Maxime der SEC in den Folgejahren.[47] *Joseph Weiner* fordert u.a. ein Verbot von Ausgabeaufschlägen bei langlaufenden Produkten. Nach der Studie der *Wharton School of Business and Commerce* (1962) übertrifft der durchschnittliche Gewinn aktiv verwalteter Mutual Funds in den Jahren 1952 bis 1958 nicht den Ertrag eines zufällig zusammengestellten Wertpapierportfolios.[48] Zwischen Verwaltervergütung und Ausgabeaufschlägen einerseits und dem Ergebnis der Verwaltertätigkeit andererseits ist kein Zusammenhang nachweisbar. *Weiner*-Bericht und *Wharton*-Studie erkennen als Ursache der Missstände Interessenkonflikte und den Wegfall ergebnisoffener Verhandlungen zwischen Investment Company und Investment Adviser. Der Investment Adviser sei Initiator des Mutual Funds, er verstehe diesen als sein Eigentum und handele entsprechend. Das Unabhängigkeitskriterium für die Direktoren der Mutual Funds sei unzureichend, weil zu eng formuliert, die Stimmrechtsmacht der Aktionäre mangels Kundigkeit und Koordination wertlos.[49] Skalenökonomien durch Größenzuwachs würden nicht an die Anleger weitergegeben. Die Gebühren der Verwalter von Mutual Funds übersteige die Gebühren für die individuelle Vermögensverwaltung oder für institutionelle Portfolios deutlich, die Verwaltungskosten bei Fremdverwaltung überträfen die der Selbstverwaltung.[50] Die Fragwürdigkeit der Vertriebspraktiken untermauert das vierte Kapitel der *Special Securities Market Study* der SEC (1963). Der SEC-Bericht zu Implikationen des Fondswachstums (1966) plädiert ebenfalls für Anlegerschutz, schwächt jedoch das Moment mangels ökonomischer Fundierung seiner rechtspolitischen Forderungen.[51] Nach über dreijähriger Beratung wird schließlich der *Investment Company Amendments Act of 1970*[52] verabschiedet.

---

[47] „Unlike any other form of business enterprise, [mutual funds] are not managed by their nominal managers but by investment advisers. The typical compensation is a percentage of the assets of the investment company, ordinarily at the rate of ½ or 1 percent per annum. This of course means that any purchase of [mutual fund shares] automatically results in an increase in the advisory fee. With the long-continued bull market and the increasing success of mutual funds salesmen the advisory fees have grown to astronomical proportions. The result of this has been that in the large funds today the fees paid to investment advisers have no substantial relation to the cost of performance of the service or to its results, they do not reflect the economies of scale, and are obviously not the product of arm's length bargaining. They sometimes resemble a toll levied on the investment company as a result of the strategic position occupied by the investment adviser." (Zitiert nach *Seligman*, Transformation of Wall Street, S. 364 f.).

[48] Wharton Report, S. X und S. 294 ff. Der demokratische Senator *Thomas McIntyre* belegt in einem nichtwissenschaftlichen Selbstversuch der Jahre 1957 bis 1966 diese Aussage, indem er zufällig Dartfeile auf einen Kurszettel wirft und diese Aktien erwirbt. Vgl. *Seligman*, Transformation of Wall Street, S. 366; wissenschaftlich organisierte Studien bestätigen das Ergebnis.

[49] Wharton Report, S. X.

[50] Wharton Report, S. XII f. und S. 427 ff.

[51] *Werner*, (1968) 68 Columb. L. Rev. 2, insbesondere 30 ff.

[52] Pub. L. 91–547, § 24, 84 Stat. 1413 (Dec. 14, 1970).

a) Verwalterregulierung für externe Verwaltungsgesellschaften (1970)

Entscheidende Neuerung ist die Anwendung des IAA auf die externen Verwaltungsgesellschaften von Investment Companies. Bis dato beschränkte sich die Geltung des IAA auf die Beziehung von Investment Advisern zu Individualkunden.[53] Die SEC legt den Begriff des Investment Advisers weit aus; es geht nicht nur um Anlageberatung, sondern allgemein um Vermögensverwaltung und alle damit zusammenhängenden Dienstleistungen. Adviser sind bei der SEC registrierungspflichtig. Die anlegerschützende Wirkung ist aber begrenzt, weil die Registrierung nicht an materielle Voraussetzungen wie ein Mindestkapital oder erfahrene Geschäftsleiter geknüpft ist. Motiv der Beschränkung scheint die Öffnung des Berufszweigs für Neueinsteiger, der *disclosure approach* der New Deal-Gesetze im Übrigen oder der Vorrang der bundesstaatlichen gegenüber der Bundesregulierung zu sein.[54] Zudem ist mit dem IAA kein auf Schadensersatz gerichtetes Anlegerklagerecht verbunden.[55]

Wesentliche Wirkung des IAA ist die Ersetzung von *caveat emptor* durch die Disclosure-Doktrin des US-amerikanischen Kapitalmarktrechts.[56] Eine Auslegung des IAA im Sinne einer betrugsreduzierenden Tendenz wird von s. 206 IAA[57] indiziert und vom Supreme Court anerkannt.[58] Des Weiteren sind Advisers nach dem IAA und dem ICA ihren Kunden gegenüber zur Treue verpflichtet,[59] mit der Folge, dass sie die Kundenbeziehung nicht ohne Weiteres übertragen und im Fall von Interessenkonflikten das eigene Interesse zurücktreten lassen oder offenlegen müssen.[60] Dabei ergänzen sich die Treupflichten nach dem IAA und dem ICA. Freilich sind die Anwendungsbereiche von ICA und IAA nicht vollständig abgestimmt; so kann eine Verwaltung nur auf Selbstkostenbasis vom ICA ausgenommen, aber der Adviser dennoch dem IAA unterworfen sein.[61]

Zweck der Ausdehnung des IAA ist eine Pflichtbindung des externen Verwalters nach Intensität und Umfang, die der eines direkt durch Mitgliedschaft, Vertrag oder Trust Deed gebundenen internen Verwalters entspricht. Der IAA verhält sich nicht zu Direktoren, der Geschäftsleitung, dem internen Verwalter sowie den Trustees und Mitgliedern von Beratungsgremien der Investment

---

[53] S.3(b)(2) IAA, wonach Adviser von Investment Companies ausgenommen sind, wird gelöscht.
[54] *Frankel/Schwing*, § 1.02[A].
[55] *Transamerica Mortgage Advisers, Inc. v. Lewis*, 444 U.S. 11, 17 f. (1979). Das "implied private right of action" beschränkt sich auf Anfechtung, Wiederherstellung oder Unterlassung. Näher *Frankel/Schwing*, § 34.02.
[56] *Frankel*, (2010–2011) 30 R. Bank Fin. L. 123; *Laby*, (2011) 91 Boston Univ L. Rev. 1051.
[57] Die Vorschrift enthält ein Betrugsverbot, das Kunden und zukünftige Kunden schützt.
[58] *SEC v. Capital Gains Research Bureau, Inc.*, 375 U.S. 180, 195 (1963).
[59] *Laby*, (2012) 87 Washington L. Rev. 707.
[60] Vgl. *Frankel/Schwing*, § 1.02[A][3].
[61] Vgl. s. 2 (a)(20)(iii) ICA einerseits und s. 2 (a)(11) IAA andererseits.

Company. Geschäftsleiter und interne Verwalter sind nicht eigenständig. Weil sie unter der Kontrolle der Direktoren der Investment Company stehen, können sie nicht Adviser sein. Für die Direktoren sollen dagegen die internen Bindungen des Gesellschafts-, Vertrags- und Trustrechts hinreichend wirksame Substitute zur Verwalterregulierung des Advisers Act sein.[62] Im Ergebnis wird auch der Trustee einer Investment Company vom IAA freigestellt, der als Direktor der Investment Company fungiert.[63] Vor diesem Hintergrund überrascht die Entscheidung des Appellationsgerichts des 2nd Circuit, wonach der General Partner einer LP Investment Adviser sein soll. Der General Partner berate, indem er Kontrolle über die Anlagen ausübe.[64] Gem. s. 2(a)(12), (20) ICA sind General Partner dagegen als Direktoren und der Geschäftsleitung gleichgestellte Personen keine „adviser".

b) Rate Regulation (1970)

Der *Investment Company Amendments Act of 1970* führt mit s. 36(b) ICA eine gesetzliche Loyalitätspflicht des Verwalters in Bezug auf seine Vergütung und ein Klagerecht der Anleger im Fall der Pflichtverletzung ein. Die Loyalitätspflicht bleibt jedoch hinter dem von der SEC geforderten Angemessenheitsstandard („reasonableness doctrine") zurück.[65] Nach der Gesetz gewordenen Fassung tragen die Anleger die Beweislast für die Pflichtverletzung. Im Übrigen stärkt das Gesetz formell die Unabhängigkeit der Direktoren von dem Investment Adviser.[66] Statt der Eindämmung des Aufgabeaufschlags wird die Selbstregulierungsorganisation der Wertpapierhändler (NASD)[67] gem. s. 22(b) ICA ermächtigt, gegen exzessive Ausgabeaufschläge vorzugehen, mit dem Resultat einer Festschreibung geltender Industriepraxis, wonach Aufschläge von 8,5% erhoben werden.[68] Für langlaufende Fondssparpläne wird statt des angestrebten Verbots einer Verrechnung des Ausgabeaufschlags zu Beginn der Anlageperiode eine 50%-Grenze eingeführt. Bei vorzeitigem Ausstieg kann der Anleger gem. s. 27 ICA einen Teil des Aufschlags zurückerlangen.

---

[62] *Frankel/Schwing*, § 3.03[A].

[63] Nach *Selzer v. Bank of Bermuda*, Ltd., 385 F. Supp. 415, 420 (S.D.N.Y. 1974) kann ein Trustee, der das Eigentum an den Anlagegegenständen formal hält, sich nicht selbst beraten. Dagegen bezieht die „company"-Definition in s. 202(a)(5), s. 2(a)(5) IAA Trustees ein. Die SEC befreit aber Direktoren-Trustees, vgl. *Frankel/Schwing*, § 3.03[B].

[64] *Abrahamson v. Fleschner*, 568 F.2d 862, 871 f. (2d Cir. 1977), cert. denied, 436 U.S. 905, 913 (1978), dazu Note, 29 Case W. Res. L. Rev. 634 (1979); *Hacker/Rotunda*, 78 Colum. L. Rev. 1471 (1978).

[65] *Seligman*, Transformation of Wall Street, S. 376, 381.

[66] Näher *Bines/Thel*, § 1.01[c][2] S. 18 f.; *Curtis/Morley*, (2013) 30 J.L. Econ & Org. 275.

[67] Seit 2007 Financial Industry Regulatory Authority (FINRA), dazu *Birdthistle/Henderson*, (2013) 99 Cornell L. Rev. 1.

[68] *Fink*, S. 69.

c) Offenlegung und verdeckte Erträge: Securities Acts Amendments of 1975

In der Stagflation der 1970er Jahre können die Verwalter von Mutual Funds, deren Vermögen zu 94% in Aktien liegt, bei fallenden oder sich seitwärts bewegenden Aktienkursen selten risikoadäquate Erträge erzielen. Das in Mutual Funds verwaltete Vermögen sinkt von 60 Mrd. US-$ im Jahr 1972 auf 31 Mrd. US-$ im Jahr 1974. Die Anleger präferieren geschlossene Fonds mit „echten" Vermögenswerten wie Öl, Gas und Rohstoffen, obgleich auch diese von einem Konjunkturrückgang betroffen sind.

Drei Innovationen stabilisieren die offenen gegenüber den geschlossenen Fonds. Seit 1974 investieren sog. Money Market Funds in kurzfristige, großgestückelte Staats-, Gemeinde- und Industrieanleihen (sog. Commercial Paper). Hintergrund ist eine gesetzliche Zinsgrenze auf Bank- und Spardepots von 4 bis 4,5%, die während der Hyperinflation der 1970er Jahre zu Zinsen auf Spareinlagen unterhalb des Inflationsniveaus führt. Die Anlage in Geldmarktfonds erlaubt die Partizipation an den wesentlich höheren Marktzinsen für kurzfristige Ausleihungen. Geldmarktfonds etablieren sich als Alternative zu Aktien- und Anleihefonds,[69] weil damit auch in Baissephasen keine oder nur geringfügige Kursrückgänge verbunden sind. Als (scheinbar) risikolose, ertragreiche Alternative zum Bankkonto müssen Geldmarktfonds seit 1991 zu 95% in Geldmarktinstrumente mit den beiden höchsten Rating-Klassen investiert sein.[70]

Die zweite Produktinnovation der 1970er Jahre sind Indexfonds.[71] Statt auf die ex ante zweifelhafte Auswahlfähigkeit eines Verwalters[72] setzt man auf die

---

[69] Geldmarktfonds wachsen binnen weniger Jahre auf 220 Mrd. US-$ oder 57% des gesamten Vermögens von US-Mutual Funds im Jahr 1982 an. Zur gleichen Zeit machen Equity-Funds 33% und Bond-Funds 10% des Vermögens in Mutual Funds aus. Während der darauffolgenden Hausse-Periode bis zum Jahr 2000 steigt die Anlagesumme auf 1,8 Bio. US-$, der Anteil am gesamten Mutual Fund-Vermögen sinkt auf 27,6% (Equity: 59,89%; Bonds: 12,45%). Vgl. die Entwicklung der mit den Namen *Dreyfus* und *Fidelity* verbunden Geldmarktfonds und die Diskussion um eine bankähnliche Regulierung bei *Fink*, S. 80ff., 144, 149ff.

[70] Nach SEC Rule 2a-7 darf die NAV-Kalkulation von Geldmarktfonds auf 1 US-$ pro Anteil ausgerichtet sein. Nachdem mit *Integrated Reserves* und *Mortage & Realty Trust* zwei große Emittenten von Commercial Papers ihre Verpflichtungen nicht erfüllen können, wird bei Unterschreitung der 1$-Grenze (sog. „to break a buck") eine Geldmarktpanik befürchtet. Die SEC beschränkt mit ICA Rel. no. 18005 (1991) die Anlage im Wesentlichen auf die beiden höchsten Rating-Kategorien. Zum Ganzen *Fink*, S. 177f. S. zudem unten, § 17. B.II.

[71] Beschreibung der Entwicklung bei *Bogle*, Common Sense, S. 151ff. Einfache ökonomische Begründung der Ertragsvorteile bei *Sharpe*, (1991) 47:1 Fin. Anal. J. 7. Die wissenschaftliche Fundierung von Indexfonds geht, soweit ersichtlich, zurück auf *Samuelson*, „Challenge to Judgment", (1974) 1:1 J. Portf. Man't 17; *ders.*, (1965) 6 Ind. Man. Rev. 41; *Ellis*, (1975) 31:4 FAJ 19. Zu Details vgl. *Goetzmann/Massa*, (2002) 37 JFQA 375 (zum gegenläufigen Effekt von Index- und Momentum-Strategien); *dies.*, (2003) 76 J. Bus. 1 (zum Einfluss von Indexfonds auf die Größe des Aktienmarktes); *Kostovetsky*, (2003) 29 J. Portf. Man. 80 (zu börsengehandelten Indexfonds); *Lang/Röder*, ZfBF 60 (2008), 298 (zu Kosten des Indextracking); *Siegel*, Stocks, S. 351ff., sowie zu Indexoptionen als synthetischer Alternative S. 258ff. Aus rechtlicher Sicht krit. *Lobell* (1963) 49 Va. L. Rev. 1, 24ff.; *Langbein/Posner*, (1976) 62 ABA

Entwicklung des relevanten Teilmarkts. Kann der durchschnittliche Verwalter mangels prophetischer Gabe die Marktentwicklung nicht übertreffen, sollten Anleger zu niedrigen Kosten in die Zusammensetzung des Marktes investieren. Der Portfoliomehrertrag macht dann zumindest die Kostendifferenz zwischen dem aktiv und dem passiv verwalteten Portfolio aus. Die Gewichtung innerhalb des Index erfolgt nach der Marktkapitalisierung[73] oder nach gewissen Fundamentaldaten (Umsatz, Ertrag, Buchwerte, Dividenden) der Index-Unternehmen.[74] Die dritte Innovation ist die Einbeziehung von Mutual Funds in die staatliche geförderte Altersversorgung und der Wandel von der Arbeitgeberverwalteten Erfolgszusage (*defined benefit*) zur Arbeitnehmer-verwalteten Beitragszusage.[75]

In dem auf Innovation und Konsolidierung ausgerichteten Umfeld werden Verwalter, die insgesamt ein Vermögen von mehr als 100 Mio. US-$ verwalten, durch den *SA Amendments of 1975*[76] zur Offenlegung der aggregierten Anlagegegenstände unter Angabe der einzelnen Wertpapiere verpflichtet, bei großen Transaktionen unter Angabe von Größe und Preis.[77] Bei Gelegenheit wird der Verwalterwechsel in s. 15(f) ICA geregelt. Im Fall *Rosenfeld v. Black*[78] hatte das Appellationsgericht für den 2nd Circuit unter Bezug auf Prinzipien des Trust-

---

Journal 887 sowie (1976) 1 ABA Found. Res. J. 1 und (1977) 1 ABA Found. Res. J. 1, mit dem Hinweis, Indexfonds reduzierten die Kapitalmarkteffizienz.

[72] Vgl. bereits im Jahr 1961 *Frank*, Investmenttrusts, S. 43 f. Nach IBM Institute for Business Value, Financial Markets 2020 (unv.), vernichtet die Fondsindustrie jährlich Anlegergelder im Wert von 1,3 Bio. US-Dollar durch nicht gerechtfertigte Gebühren. Zitat nach Financial Times Financial Management (7.4.2011).

[73] Dafür *Malkiel*, Random Walk, S. 356 ff.; *Bogle*, Common Sense, S. 145 ff. (auf der Basis des weiten Wilshire 5000 Index, der alle US-Aktien erfasst); *Bogle* war Chairman der Vanguard-Gruppe, seit 1976 Emittentin des Vanguard First Index Investment Trust und des Vanguard 500 Index Fund, zwei der weltweit größten Indexfonds.

[74] So das sog. "fundamental indexing", dazu *Arnott/Hsu/Moore*, (2005) 61:2 FAJ 83; *Siegel*, Stocks, S. 353 ff. (Argument: die Indexaufnahme als offensichtliches Kriterium führt zur Überbewertung der entsprechenden Aktie). Differenzierend *Kaplan*, (2008) 64:1 FAJ 32.

[75] Vgl. *Fink*, S. 111 ff., 215 f. Mit vier Gesetzen werden Fondsanteile tauglicher Gegenstand für die staatlich geförderte Altersversorgung: Keogh-Pans (1962) für Selbständige, ERISA (1974) für Angestellte, 1978 folgt die Entwicklung sog. 401(k)-Pläne. Ab 1981 können Anleger Mutual Funds für alle Individual Retirement Accounts und 401(k)-Pläne auswählen. Gegenwärtig stellen Altersvorsorgevermögen ca. 40% aller in Mutual Funds angelegter Vermögen.

[76] Pub. L. 94–29, 89 Stat. 97 (June 4, 1975).

[77] Einfügung des neuen s. 13 (f) SEA. Die Befugnis wurde konkretisiert durch SEC Rule 13-f, eingefügt durch Exchange Act Release No. 14852 (June 15, 1978). Auslegungshilfen gibt die SEC in ihrem Exchange Act Release No. 15292 (Nov. 2, 1978). Die danach ursprünglich jährlich zu erfüllende Pflicht wurde zu einer quartalsweise zu erfüllenden Pflicht mit der Änderung von s. 13-f durch SEC Exchange Act Release No. 15461 (Jan 5, 1979).

[78] *Rosenfeld v. Black*, 445 F.2d 1337 (2d Cir. 1971), cert. dismissed, 409 U.S. 802 (1972); anders dagegen noch *SEC v. Insurance Secs.*, Inc., 254 F.2d 642 (9th Cir. 1958) und *Kukman v. Baum*, 346 F. Supp. 55 (N.D. Ill. 1972), wonach ein Wertansatz oberhalb des Buchwertes des verwalteten Vermögens im Rahmen der Übertragung der Verwalter-Stellung keine Verletzung der Verwalter-Treupflicht darstellt.

rechts entschieden, die Anleger müssten über den wirtschaftlichen Wert der Verwalterstellung eines Fonds klar und hinreichend informiert werden, damit deren Zustimmung auch eventuelle Vorteile des Verwalters aus der Veräußerung der Verwalterstellung legitimiert. S. 15(f) ICA regelt die formellen Voraussetzungen für den Transfer der Verwalterbeziehung. Nachdem Vorschläge zur Einführung materieller Regelungen zu einer Mindestqualifikation der Verwaltergeschäftsleitung, Verhaltensstandards und Klagerechten im IAA erneut keine Zustimmung finden,[79] hebt die SEC das Schutzniveau durch Offenlegungspflichten zur Ausbildung, Organisation und den Gebühren des Advisers.[80]

II. Venture Capital und Private Equity

Die Entwicklung von Venture Capital und Private Equity verläuft teils parallel, teils abweichend vom ICA und IAA.

1. SBIC (1958)

Seit 1946 investiert die börsennotierte *American Research and Development Corporation* (ARDC) als kommerzielle Beteiligungsgesellschaft in Unternehmen mit überdurchschnittlichen Wachstumserwartungen.[81] Die ARDC lenkt die politische Aufmerksamkeit auf die Finanzierungsschwierigkeiten von Unternehmensgründern.

Im Jahr 1958 verabschiedet der Kongress mit dem Small Business Investment Act[82] das „Small Business Investment Company (SBIC) program." Ratio ist, dass kleine innovative Unternehmen mehr sozialen als privaten Nutzen für die Eigentümer stiften und deshalb eine staatliche Förderung gerechtfertigt erscheint. Als Anlagegesellschaften in Privateigentum und -verwaltung sollen SBICs eigenes und staatliches Eigen- oder Fremdkapital zu Vorzugsbedingungen zur Verfügung stellen. Meist geht dies mit einer Beratung der Unternehmensleitung einher. Die SBIC ist wiederum eine Unternehmensform, die von der Small Business Administration (SBA) lizensiert wird. Aufgabe der SBA ist der Schutz des staatlichen Förderprogramms. Sie hat die Einhaltung der Förder-

---

[79] *Bines/Thel*, § 1.01[C][1], S. 14 n. 39.

[80] Insbesondere wurde der zweite Teil (Part II) der Form ADV erweitert, der gemäß der „brochure rule" zukünftigen Kunden auszuhändigen ist, vgl. 17 C.F.R. § 275.204–3.

[81] Vgl. zur Entwicklung des US-Venture Capitals *Haar*, FS Hopt, S. 141, 143 f.; *Gompers/ Lerner*, Venture Capital Cycle, S. 8; *Weingart*, Leistungsfähigkeit, S. 105 ff. Aus betriebswirtschaftlicher Sicht *Zemke*, Beteiligungskapitalgesellschaften, S. 27 ff.; *Hax*, Kapitalbeteiligungsgesellschaften, S. 57 ff. Zur Zulassung unter dem ICA *American Research & Dev. Corp.*, 23 S.E.C. 481 (1946).

[82] 15 U.S.C. §§ 661–88 (Supp. V) (effective Aug. 5, 1958). Dazu *Turner*, (1971) 57 ABA Journal 692; *Brewer*, (1995) 33:3 J. Sm. Bus. Man't 38; *Beckmann/Vollmer*, UBGG/ WKBG-Einleitung Rn. 62 ff.; *Feldbausch*, S. 127 ff.; *Hax*, Kapitalbeteiligungsgesellschaften, S. 20 ff.

bedingungen sicherzustellen. Nicht förderungswürdig sind Unternehmen mit Sitz im Ausland, andere Anlage- und Immobiliengesellschaften (s. 681 (a) SBIA). Die SBIC muss über eine unabhängige, qualifizierte Geschäftsleitung und ausreichend Kapital verfügen. Mit der Zulassung sind Berichts- und Compliancepflichten verbunden. Untersagt sind Handlungen zum direkten oder mittelbaren eigenen Vorteil („self-dealing")[83] und die Kreditaufnahme bei den geförderten Unternehmen (Umgehung). Die Maximalinvestition in eine Beteiligung beträgt gem. s. 686 SBIA 10% des eingesetzten Kapitals. Die SBIC darf nicht dauerhaft Mehrheitseigner oder persönlich haftender Gesellschafter sein, sie muss gem. s. 681(d) SBIA eine Rechtsform mit beschränkter Haftung (corporation, L.P. oder LL.P.) aufweisen. Eigentümer sind typischerweise wenige lokale Anleger oder Geschäftsbanken. Seltener finden sich börsennotierte SBICs. Das Gründungskapital beträgt gem. s. 682(a), (c) SBIA mindestens 5 Mio. US-$, wovon 30% von anderen Finanziers als der Geschäftsleitung der SBIC stammen müssen. Die staatliche Kreditgarantie beträgt das Dreifache des Eigenkapitals, höchstens 150 Mio. US-$, für besonders geförderte Regionen und Anlagen bis zu 175 Mio. US-$, bei einer Laufzeit von maximal zehn Jahren (s. 682(b)(2) SBIA). Das derart beschaffte Kapital ist in die Beteiligungsunternehmen zumindest anteilig als Eigenkapital zu investieren. Hinzu kommen Steuervorteile. Die Höhe der an das Zielunternehmen berechneten Fremdkapitalzinsen richtet sich nach Vorgaben der SBA. Der Anteilserwerb von Dritten ist grundsätzlich untersagt. Die Mindestdauer der Beteiligung beträgt 5 Jahre (ss. 684, 685 SBIA).

2. Business Development Companies (1980)

Die unter dem Dach der US-Securities Regulation im Jahr 1980 mit dem *Small Business Investment Incentive Act* (SBIIA)[84] geschaffene Unternehmensform der Business Development Company („BDC") soll die Finanzausstattung kleiner, wachsender und in finanziellen Schwierigkeiten befindlicher Unternehmen verbessern. Bei Einwahl in die BDC-Vorschriften sind BDCs, obwohl eigentlich Closed-end Investment Company, von einigen Restriktionen des ICA befreit.[85] Dafür müssen 70% der Anlagegegenstände in förderfähige Gesellschaf-

---

[83] Vgl. zu Interessenkonflikten s. 687d SBIA.

[84] Pub. L. 96–477, 94th Stat. 2274 (1980), umgesetzt insbesondere in 15 U.S.C. § 53 et seq. Zum Hintergrund vgl. H.R. Rep. No. 1341, 96th Cong., 2d Sess. 21 (1980) ("House Report"); SEC, Adoption of Permanent Notification Form for Business Development Companies; Statement of Staff Position, SEC Release No. IC-12274 (Mar. 5, 1982); SEC, Definition of Eligible Portfolio Company Under the Investment Company Act of 1940, SEC Release No. IC–27538 (Oct. 25, 2006).

[85] S. 6(f)(1) ICA. Die BDC-Regeln sind zu unterscheiden von den Vorschriften für State Development Companies gem. s. 6(a)(5) ICA, dazu *Rosenblum*, S. 831. State Development Companies müssen u.a. Gesellschaften des geschlossenen Typs und auf Ebene der US-Bundesstaaten reguliert sein, 80% der Anleger müssen aus diesem Bundesstaat stammen. Dazu *Steck*, Investment Companies, S. 205 ff.

ten investiert werden.[86] Dazu zählen Gesellschaften, deren Anteile nicht im Rahmen öffentlicher Angebote erworben werden, die bereits zum Portfoliobestand einer BDC gehören oder die sich in finanziellen Schwierigkeiten befinden. Zunächst richten sich die zulässigen Portfoliogesellschaften nach Bankrecht, seit 2006 legt die SEC eigene Kriterien für die Auswahl der Portfoliogesellschaften fest.[87] Zulässige Anlagegegenstände sind i.d.R. alle nicht an einer Börse gehandelten Aktien einer operativen Gesellschaft. Im Gegensatz zur SBIC, die für kleine Venture Capital Gesellschaften geeignet sind, kann jede Venture Capital- und Private Equity-Gesellschaft BDC sein.

3. Freie Beteiligungsgesellschaften

Mit Absinken der Capital Gains Tax (Steuer auf Wertzuwächse) im Jahr 1981 zunächst von 49,5% auf 29% und dann auf 20% wird ein Geschäftsmodell profitabel, das sich statt auf Gewinnausschüttung auf eine langfristig angelegte Erhöhung des Unternehmenswertes spezialisiert. Ab ca. 1987 ist eine Produktdifferenzierung auszumachen, wonach sich manche Fonds auf die Frühphase („seed"), manche auf die Gründungsphase („venture"), manche auf spätere Wachstumsperioden („growth") oder den Kontrollwechsel („buy out") konzentrieren.

Dafür sind die SBIA- und BDC-Regeln ungeeignet.[88] Insbesondere sind leistungsbasierte Anreize wie der branchentypische Carried Interest für Investment Adviser nur eingeschränkt zulässig.[89] Deshalb konstituieren sich zunächst wenige Kollektivanlagen als BDC.[90] Die Mehrheit nutzt die bis zum *Dodd-Frank-Act 2010* großzügigen Ausnahmen vom Investment Company Act für Private Funds (dazu § 17.B.I.). Es entwickelt sich unter Rückgriff auf das allgemeine Gesellschaftsrecht, insbesondere in Form der Limited Partnership (KG-Äquivalent), ein vitaler Beteiligungsmarkt.

---

[86] S. 55a ICA. Dazu den House Report (Fn. 85) S. 23 ("The restrictions are designed to assure that companies electing special treatment as [BDCs] are in fact those that [SBIIA] is intended to aid—companies providing capital and assistance to small, developing or financially troubled businesses that are seeking to expand, not passive investors in large, well-established businesses.").

[87] Rule 2a(76) und 55a(1) des ICA, eingefügt durch SEC, Definition of Eligible Portfolio Company Under the Investment Company Act of 1940, SEC Release No. IC–27538 (Oct. 25, 2006).

[88] So müssen die Aktien der BDC z.B. börsennotiert sein (s. 53(a) ICA), die Mehrheit der Direktoren muss unabhängig sein (s. 55(a) ICA), Transaktionen zwischen der BDC und den Portfolio-Gesellschaften und die Wahl der Kapitalstruktur sind stark reglementiert (s. 56, 60 ICA), es besteht eine Prüfungspflicht für die Rechnungslegung (s. 63 ICA); im Übrigen gelten die Bestimmungen für registered closed-end Investment Companies (vgl. insbesondere s. 58 ICA).

[89] Vgl. s. 205 (1) IAA; die SEC hat unter Rule 205–3 zum IAA zahlreiche Ausnahmen von dem Verbot der Performance Fees zugelassen. Dazu *Frankel/Schwing*, § 12.03.D.

[90] Im Jahr 2010 waren fünf große BDCs börsennotiert.

III. US-Bundesstaaten

Unterhalb der Größenschwellen des ICA gelten auf bundesstaatlicher Ebene weiterhin die Blue Sky Laws sowie das Zivilrecht der US-Bundesstaaten. Paradigmatisch sind die einschlägigen Modellgesetze der Law Commissioners der US-Bundesstaaten[91] sowie die Zusammenfassung des Case Law in den *Restatements of Law* der American Bar Association (ABA). Im Geltungsbereich des ICA ist das Zivilrecht der Bundesstaaten teilweise durch Bundesrecht überlagert. So gilt für die Beziehung zwischen einem rechtlich verselbständigten Fonds (Investment Company, Trust) und dem externen Adviser grundsätzlich Vertrags- und Geschäftsbesorgungsrecht,[92] aber Bundesrecht konkretisiert die Loyalitätspflichten. Dies rechtfertigt einen kurzen Blick auf das für das Innenverhältnis maßgebliche Recht der Bundesstaaten zu Trusts, Corporations oder Limited Partnerships.

1. Trust Law

Traditionell werden die meisten Investment Companies als Business Trusts nach dem Recht des US-Bundesstaates Massachusetts gegründet.[93] Der Massachusetts (Business) Trust ist eine freiwillige Vereinigung („voluntary association"), die ihren Aufschwung dem früher für Corporations geltenden Verbot des Immobilienhandels verdankt.[94] Dieses Verbot scheint auf eine international anerkannte Handelssitte zurückzugehen, wonach es der Natur der Immobilie widerstrebt, Gegenstand eines Güteraustauschs und damit des Zwecks einer Handelsorganisation zu sein.[95] Alternativ handelt statt der Corporation ein Trust für diese oder die Gesellschafter. Die Entwicklung des Trustrechts für Kollektivanlagen verläuft unübersichtlich. So ignoriert die zweite Auflage der *Restatements of Trust* (1959) die Business Trusts. Diese sind zwar spätestens seit Anfang des 20. Jahrhunderts verbreitet, der zuständige Berichterstatter *Austin Scott* zählt diese aber zum Securities Law und beschränkt sich auf den Trust als

---

[91] Modellgesetze sollen die Vielfalt in 51 Bundesstaaten reduzieren, ohne die Zuständigkeit für die Rechtssetzung auf die Zentraleinheit zu verlagern.

[92] Die *Restatements of Agency* konsolidieren die Grundsätze zu den Dienstverhältnissen zwischen Officer und Corporation, aber auch zwischen Geschäftsbesorger und Auftraggeber. Deren zweite Auflage (2nd) wird 1958, deren dritte Auflage (3rd) (Vl. 1 & 2) 2006 vom American Law Institute veröffentlicht.

[93] Vgl. Mass. Gen. L. Ann. ch. 182, § 1 et seq.

[94] Vgl. zur Entwicklung des Business Trust *Jones/Moret/Storey*, (1988) 13:2 Delaw. J. Corp. L 425ff.; *Langbein*, (1995) 105 Yale L.J. 625, 632ff.; *ders.*, (1997) 107 Yale L.J. 165; *Minkin v. Commissioner of Revenue*, 425 Mass. 174, 680 N.E.2d 27, 30 (1997); Annot. 88 A.L.R.3d 704, 711 (1978); *State Street Trust Co. v. Hall*, 31 Mass. 299, 41 N.E.2d 30, 34 (1942). Zu ursprünglich bestehenden Steuervorteilen als Entwicklungstreiber für *australische* Business Trusts vgl. *Spavold* (1991) 3:2 Bond L. Rev. 249, 253.

[95] Vgl. *L. Goldschmidt*, Handelsrecht, S. 428 bis 430, 677ff. mit Nachweisen zum gemeinen Recht und zu zahlreichen Rechtsordnungen.

Institut für die entgeltlose Vermögensübertragung.[96] Entsprechend konservativ fallen die Anlageregeln des Restatements aus. Im Wesentlichen hält man an dem *prudent man principle* der Harvard College-Entscheidung aus dem Jahr 1830 fest,[97] das – als Grundsatz der Vorsicht übersetzt – eine Beschränkung auf mündelsichere Anlagen bedeutet.

Eine gewisse Berechtigung erhält die Ausgrenzung der kommerziellen von den sonstigen Trusts durch die Aussonderung der Common Trust Funds (CTFs) aus dem allgemeinen Trustrecht. In CTFs und Collective Investment Funds organisieren US-Banken zunächst die Stiftungsverwaltung und betriebliche Altersversorgung für Arbeitgeber, indem kleine Trustvermögen miteinander gepoolt werden. Später treten Managed Accounts und andere gepoolte Anlagemodelle hinzu. Bereits im Jahr 1936 werden CTFs von Ertragssteuern befreit. Der Uniform Common Trust Fund Act von 1938 begründet ein Sonderrecht für gepoolte Trustvermögen. 1962 wird eine materielle Treupflichtregelung geschaffen und die Aufsicht von der Federal Reserve auf das Office of the Comptroller of the Currency verlagert.[98] Bank Trust Funds sind definitionsgemäß Investment Companies gem. ICA, aber Bank-CTFs sind von den Vorschriften des ICA befreit, wenn die Bank damit Hilfe bei der Verwaltung von Hinterlassenschaften oder der betrieblichen Altersversorgung (in Collective Investment Funds) leistet, keine Werbung betreibt, sich die Gebühren und Ausgaben im normalen Bereich bewegen oder die Trust Funds der Alterssicherung dienen.[99] Die erste Ausnahme erklärt sich mit dem gewöhnlichen Trustgeschäft der Banken, die zweite damit, dass Arbeitgeber grundsätzlich kundige Anleger sind und den Schutz des ICA nicht benötigen. Die Vermögensverwaltung richtet sich in diesem Fall nach den Regeln des Comptroller of the Currency.[100]

Im Jahr 1972 wird mit dem Modellgesetz zur Verwaltung institutionellen Vermögens (UMIFA)[101] die Vermögensverwaltung von Stiftungen grundlegend reformiert. Neben Ausschüttungen darf erstmals die nicht realisierte Werterhö-

---

[96] Vgl. *Langbein*, (1995) 105 Yale L.J. 625, 644f.

[97] *Harvard College v. Amory*, 26 Mass. 446, 9 Pick. 454, 461 (1830), dazu z.B. *Bines/Thel*, § 1.01[A].

[98] Die Aufsichts- und Regelsetzungskompetenz der Federal Reserve über Collective Investment Funds ist umstritten. Vgl. *ICI v. Camp*, 301 US 617 (1971) (für Verletzung des Glass-Steagall Act); nach einem Urteil des Supreme Court von 1981 dürfen Bank Holding Companies dagegen Investment Adviser zugelassener Investment Companies sein; siehe zur Abgrenzung auch Office of the Comptroller of the Currency, Handbook „Collective Investment Funds" (2005), Annex D.; *Lybecker*, (1977) 5:2/3 Sec Reg L.J. 110ff., 195ff.; *Fink*, S.71ff., 138ff.; *Seligman*, Transformation of Wall Street, S.682f.

[99] Vgl. s. 3(c)(3) ICA.

[100] Vgl. 12 C.F.R. § 9, mit Vorschriften zur Anlage, Verwaltung, Buchführung, Verwahrung, Interessenkonflikten und Vergütung, vgl. *Bines/Thel*, § 2.05[A]; *Langbein*, (2005) 114 Yale L.J. 931, 972f.

[101] *Uniform Management of Institutional Funds Act* (1972); das Modellgesetz wurde 2006 ersetzt durch den *Uniform Prudent Management of Institutional Funds Act* (UPMIFA). Siehe dazu auch *Bines/Thel*, § 1.01[C], S. 14 n. 39.

hung für Stiftungszwecke eingesetzt werden.[102] Das Recht zur Wert- statt Liquiditätsausschüttung verhindert eine Veräußerung schwergängiger Anlagegegenstände in Drucksituationen. Erstmals ist ein *prudent investment* auch der Erwerb risikoreicher Gegenstände, wenn hinreichende Streuung gegeben ist.[103] Sprachlich zeigen sich die Neuerungen durch Ersetzung des *prudent man principles* durch das *prudent investor principle*. Ebenfalls zulässig wird die Delegation an einen externen Anlageverwalter unter Aufsicht eines aufmerksamen Stiftungsvorstands.[104] Das *prudent investor principle* steht Pate für andere Vermögensverwaltungsrechte, insbesondere für das dritte *Restatement of Trusts* (1992 bis 2006) und das Gesetz zur Sicherung der Alterseinkommen (ERISA) von 1974.[105] Es stärkt die Nachfrage nach Fondsprodukten, weil Anteile an Mutual Funds zuvor keine mündelsicheren Anlagen waren und zudem die Sole Interest-Rule des Trustrechts für Investition in Fonds aus dem gleichen Finanzkonzern aufgehoben wird: Der Trustee kann durch Anlage in Fonds aus dem eigenen Haus doppelt verdienen.[106] Für Kleinstiftungen etablieren sich auf Stiftungszwecke ausgerichtete Fonds (Stiftungsfonds).

Für Business Trusts generell und damit auch für Fonds hält Massachusetts aus historischen Gründen lange Zeit ein Quasi-Monopol, das sich auf eine Historie als Fonds- und Vermögensverwaltungsstandort, eine entsprechend spezialisierte Praxis und ein das Gesetzesrecht[107] ergänzendes, schwer replizierbares Fallrecht gründet. Der US Bundesstaat Delaware greift mit Erlass eines wirtschaftsfreundlichen *Delaware Statutory Trust Act*[108] im Jahr 1988 das Quasi-Monopol von Massachusetts an.[109] Im *Statutory Trust Entity Modell Act of 2010* setzt sich die Entwicklung fort. Wichtige Fondsjurisdiktionen wie der US-Bundesstaat Maryland erlassen daraufhin ebenfalls einen *Statutory Trust Act*.

2. Corporate Law

Über 80% der als *corporation* konstituierten Investment Companies des offenen Typs werden im US Bundesstaat Maryland gegründet.[110] Das im Bereich

---

[102] S. 2 UMIFA.
[103] S. 4 UMIFA.
[104] S. 5 UMIFA.
[105] Vgl. Gesetz zur Sicherung der Alterseinkommen (ERISA) von 1974 (Pub.L. 93–406, 88 Stat. 829 (September 2, 1974), dazu *Langheim/Posner*, (1980) Mich. L. Rev. 72; *Wakeman*, (1996) 68 J. Pens. Planning & Compliance 67 ff.
[106] *Langbein*, (2005) 114 Yale L.J. 931, 973 ff.
[107] Mass. Gen. L. Ann. ch. 182, § 1 et seq.
[108] 12 Del. C. § 3801 et seq.
[109] Im Jahr 2013 sind 3.868 oder 38% (2003: 4.124 oder 62,1%) der Mutual Funds in Trust Form solche des Massachusetts Business Trust und 3.766 oder 37% (2003: 2.040 oder 30,1%) solche des Delaware Statutory Trust. Quelle: ICI, 2014 Investment Company Fact Book – A Review of Trends and Activities in the U.S: Investment Company Industry, 54th edition, 225.
[110] Vgl. für Gesellschaften des offenen Typs: Maryland: 81,85% (entspricht 1.819 Gesell-

der Unternehmung dominante Delaware Corporate Law hat geringe Bedeutung. Dies deutet auf andere Bedürfnisse des Rechtsverkehrs bei Anlageorganisationen im Verhältnis zu operativen Unternehmen hin. Der Ursprung als Fondsrechtsordnung wird dem Zufall zugeschrieben. Nachdem einige Fondsgesellschaften Vorteile – z.B. eine gute Vereinbarkeit mit Bundessteuergesetzen und eine niedrige Ansiedlungssteuer (franchise tax) – erkennen und sich in Maryland ansiedeln, gewinnt die Entwicklung an Eigendynamik, die Branche wirkt auf ihnen günstige Regeln hin.[111] Entsprechend passt Maryland in den 1980er Jahren das Gesellschaftsrecht dem Trustrecht an. Seither kann statutarisch auf die Abhaltung von Gesellschafterversammlungen und die Zustimmung der Aktionäre zur Kapitalerhöhung und zur Ausgabe neuer Aktien verzichtet werden.[112] Die einmal begründete Pfadabhängigkeit, die mit Ansiedlung entsprechender Beratungsunternehmen einhergeht, begründet bis zur Gegenwart eine Sonderstellung.

3. Partnership Law

Delaware hat seine starke Position im Korporationsrecht auf das LP- und LLP-Recht übertragen können. Unter den relativ wenigen Investment Companies, die als Personengesellschaften strukturiert sind, machen in Delaware gegründete Limited Liability Partnerships 94% der geschlossenen und 79% der LLPs des offenen Typs aus.[113] Für Private Funds sind keine Daten bekannt. Die Anzahl der Fälle indiziert auch insoweit eine Dominanz des Delaware-Rechts für Venture Capital und Private Equity-Fonds. Angesichts der nahezu deckungsgleichen einschlägigen Gesetze ist als Ursache die mit diesem Fallrecht begründete Rechtssicherheit sowie die Spezialisierung der befassten Praxis zu vermuten.

B. Europäische Vertriebsstaaten

Die ersten europäischen Fondsrechte werden in den Staaten mit Vertriebspotential erlassen.[114] Die Motivation variiert von Staat zu Staat. Während in Großbritannien den US-Verhältnissen ähnliche Missstände eingedämmt werden sollen,

---

schaften), Minnesota: 6,7%, Delaware: 3,3%, Massachusetts: 2%. Für Gesellschaften des geschlossenen Typs: Maryland: 66,34% (entspricht 209 Gesellschaften), Minnesota: 13,3%, Delaware: 8,9%, Massachusetts: 7,9%. Quelle: ICI (vgl. ausgehändigte Aufstellung).

[111] *Kahan/Kamar*, (2002) 55 Stanf. L. Rev. 679, 721; *McDonnell*, (2004) 30 Iowa J. Corp. L. 99, 113.

[112] *Kahan/Kamar*, (2002) 55 Stanf. L. Rev. 679, 721; *Langbein*, (1997) 107 Yale L.J. 165, 187.

[113] Dies entspricht 48 (von 51) respektive 79 (von 100) LLPs. Quelle: ICI (vgl. ausgehändigte Aufstellung).

[114] Vgl. über die im Folgenden behandelten Rechtsordnungen hinaus für Belgien das Gesetz über Gemeinschaftliche Anlagefonds vom 27.3.1957 (Gesetzblatt 1957, S. 1054ff.) mit Kgl. Verordnung über die Zulassung und Kontrolle der Anlagefondsgesellschaft vom 22.4.1958 (Belgisches Staatsblatt 1958, S. 3040ff.); für Österreich das Bundesgesetz vom 10.7.1963 über Kapitalanlagefonds – Investmentfondsgesetz (BGBl. Nr. 192/1963). Irland

zielen die französischen und deutschen Regeln auf sozial- und wirtschaftspolitische Zwecke (Investmentsparen, Förderung von Fondsindustrie und Mittelstand). Der Anlegerschutzaspekt rückt erst später in den Fokus.

I. Großbritannien (1939 pp.)

1. Investment Trust Companies

Nicht spezifisch auf Investment Trusts ausgerichtet, gleichwohl aber wegen deren korporativer Struktur auf diese anzuwenden sind die *disclosure laws* des Companies Act 1907 und des Companies Act 1929, die den mündigen wohlinformierten Anlegern eine Entscheidung ermöglichen sollen.[115]

Der britische *Companies Act 1948* erweitert die Offenlegungspflichten für *public companies*. Umfangreiche Prospektpflichten regeln das öffentliche Angebot von Aktien.[116] In begrenztem Umfang wird eine konsolidierte Rechnungslegung[117] und ein Antragsrecht zur Bestellung von Inspektoren (Sonderprüfer) eingeführt.[118] Derart offengelegte Informationen können zu Gerichts-, Kriminal- oder Liquidationsverfahren Anlass geben.[119] Seit 1964 verlangt die London Stock Exchange zudem für neu notierte Aktien die Veröffentlichung von Halbjahresberichten, für zuvor notierte Aktien wird dies empfohlen.[120]

2. Unit Trusts: Prevention of Fraud (Investments) Act 1939 und 1958

Zur ersten britischen Spezialregulierung kommt es parallel zum Erlass des US-amerikanischen ICA: Ein Bericht der Londoner Börse fordert im Jahr 1935 Maßnahmen zum Schutz des Publikums außerhalb der Möglichkeiten der Börse. Im August 1936 kommt ein Bericht des Unit Trust Committee zu identischen Schlussfolgerungen und empfiehlt gesetzliche Anlegerschutz-, Verwaltungs- und Organisationsstandards.[121] Der im Jahr 1939 verabschiedete *Prevention of Fraud (Investments) Act 1939* tritt zusammen mit den zu seiner Ausführung erlassenen ersten *Conduct of Business Rules* des Board of Trade

---

folgt mit dem The Unit Trusts Act vom 26.12.1990 nach dem Beitritt zur Europäischen Union, entwickelt sich dann aber dynamisch.

[115] Vgl. *Smith*, Prevention of Fraud (Investments) Act 1939, S. 5 ff. (mit Abdruck der relevanten Vorschriften in Appendix B); *Pennington*, Investor and the law, S. 158 ff.; *Merkt*, FS Hopt, S. 2207, 2211.

[116] Vgl. s. 55 *Companies Act 1948* (zur Definition der "invitation to the public"). Wenn ein öffentliches Angebot gegeben ist, sind die Unterlagen als Prospekt anzusehen und bei Angebot an neue Aktionäre oder Obligationäre sind die Vorschriften der Fourth Schedule zum Companies Act 1948 einzuhalten, vgl. S. 38 *Companies Act 1948*. Zu allem *Pennington*, Investor and the law, S. 133, 146 ff.

[117] *Companies Act 1948*, Eighth Schedule, 15 (4) und (5).

[118] Ss. 164 bis 167 *Companies Act 1948*.

[119] *Pennington*, Investor and the law, S. 493 f.

[120] *Pennington*, Investor and the law, S. 570 f.

[121] Cmd. 5259 (1936).

(erst) im Jahr 1944 in Kraft.[122] Der PF(I)A 1939 stellt den gewerblichen Handel mit *securities* unter Erlaubnisvorbehalt. Unit Trusts, die in *securities* investieren, unterstehen dem PF(I)A 1939, nicht aber solche, die ausschließlich in Immobilien oder Rohstoffe investieren.[123] Kein solches Verbot besteht für die Manager und Trustees von Authorized Unit Trusts (AUTs).[124] Für die Autorisierung, die auf ein Verhältnis gegenseitiger Kontrolle abzielt, müssen Manager und Trustee unabhängig voneinander im Trust Deed die in der Schedule zum PF(I)A 1939 aufgeführten Mindestangaben machen und der Trustee mit einem Mindestkapital von 500.000 £ ausgestattet sein.[125] Nach der Schedule muss das Trust Deed die Anteilsbewertung, die Verwahrung durch den Trustee, die Zustimmung des Trustee zu den Vertriebsunterlagen, die Berechnung der Verwaltungskosten, Rechnungslegung und Prüfung durch einen Abschlussprüfer sowie das Recht des Trustees regeln, im Interesse des Trusts und der Anteilseigner den Rücktritt des Managers zu verlangen. Letzteres verstärkt die Überwachungsfunktion gegenüber dem Manager und ersetzt Mitwirkungsrechte der *beneficiaries*.[126] Der Trustee hat des Weiteren die Werbematerialien zu prüfen[127] und die Verwahrung aller Gegenstände durch ihn selbst sicherzustellen.[128] Verstöße bei Vertriebspraktiken, Betrug und Täuschung sind strafbewehrt.[129] Die Versendung von Vertriebsunterlagen (*circulars*) wird gleichfalls erlaubnispflichtig, deren Inhalt reguliert.[130] Die Regelungen des PF(I)A bleiben dennoch hinter den US-Vorschriften des ICA zurück.[131]

Parallel zu den gesetzlichen Regelungen gilt das (Common Law) Trustrecht und der Trustee Act.[132] Danach sind die *beneficiaries* gemeinschaftlich wirtschaftliche Eigentümer des in Trust gehaltenen Vermögens, während der Trustee rechtlicher Eigentümer ist. Der Trustee steht in einem Treueverhältnis zu den *beneficiaries*. Er darf nur die vom Trust Deed gewährten Vorteile aus dem Trustvermögen entnehmen[133] und muss Interessenkonflikte vermeiden.[134] Für

---

[122] *Macfarlanes*, A1.020 bis 0.22, mit Referenz zum Report of the Unit Trust Committee (Comnd. 5259 of 1936). Abdruck des PF(I)A 1939 bei *Smith*, Prevention of Fraud (Investments) Act 1939, im Appendix. Beschreibung des Steuerrechts inkl. Stamp Duty bei *Day/ Harris*, S. 128 ff., 134 ff.

[123] Vgl. die Definition in s. 26 (1) PF(I)A und die Auslegung von *Smith*, Prevention of Fraud (Investments) Act 1939, S. 12 ff. (teilweise Anlage in Securities genügt).

[124] Ss. 1, 2 (a) PF (I) A 1939.

[125] S. 16 PF (I) A 1939.

[126] Vgl. Schedule 1, para. 6 zum PF(I)A 1939, entspricht para. 7 zum PF (I) A 1958, dazu *Day/Harris*, S. 30 f.

[127] Schedule 1, para. 3 zum PF(I)A 1939, entspricht para. 4 zum PF (I) A 1958.

[128] Schedule 1, para. 2 zum PF(I)A 1939, entspricht para. 2 zum PF (I) A 1958.

[129] S. 12 (1) PF (I) A 1939 sowie S. 17 PF (I) A 1939, entspricht s. 14 (6), (7) PF (I) A 1958.

[130] S. 13 PF (I) A 1939.

[131] *Day/Harris*, S. 10.

[132] *Pennington*, Investor and the Law, S. 234; *Day/Harris*, S. 98 ff.

[133] Vgl. *Keech v. Sandford* (1726), Sel. Cas. T. King 61, [1726] EWHC Ch J 70.

[134] *Costa Rica Railway Co. v. Forwood* [1901] 1 Ch. 746.

den Transfer von Vermögensgegenständen zwischen dem Privat- und dem Trustvermögen benötigt er die Zustimmung eines Gerichts.[135] Pflichtverletzungen (*breach of trust*) begründen eine Ersatzpflicht.[136] Als Ausnahmen vom Trustrecht gelten das Verbot ewiger Trusts (*rule against perpetuities*)[137] und das Verbot der Einkommensakkumulation, wonach thesaurierende Fonds verboten wären, nicht für Unit Trusts.[138] Gleichwohl beschränkt das Trust Deed die Laufzeit i.d.R. auf 20 bis 25 Jahre, mit Verlängerungsoption.[139] Der Manager steht zwar gleichfalls in einer Treuebeziehung, doch beschränken die gängigen Trust Deeds die Haftung auf vorsätzliche Pflichtverletzungen.[140] Die Anleger können – wie im ordinären Individualtrust – Schadenersatz beanspruchen, im schlimmsten Fall den Manager oder Trustee ersetzen oder eine Untersuchung durchführen, um Beweise gegen den Manager zu erlangen.[141]

1951 werden die Anteile des ersten und wegen des paternalistischen Ansatzes der London Stock Exchange lange Zeit einzigen AUT zum Börsenhandel zugelassen.[142] 1958 folgt mit dem zweiten *Prevention of Fraud (Investments) Act* und den zweiten *Conduct of Business Rules* des Board of Trade – zulässig ist jetzt das Department of Trade and Industry (DTI) – eine Zulassungspflicht für alle Unit Trusts, deren Anteile an das Publikum vertrieben werden.[143] Der zweite Regulierungsschritt kennzeichnet eine stärkere Verwalterregulierung. Die gesetzlichen Anforderungen an Manager und Trustee werden intensiviert.[144] Als Sanktion bei Verstößen kann das Department die Zulassung widerrufen[145] oder Sonderprüfer bestellen, die über die Verwaltung zugelassener und nicht zugelassener Unit Trust berichten, wenn dies im öffentlichen Interesse liegt.[146] Einschränkungen bei der Anlagestrategie ergeben sich, weil das DTI keine Anlagen in

---

[135] *Fox v. MacKreth* (1791), 2 Cox 320, 30 E.R. 148 (mit Rechtsfolge Herausgabe des zu unrecht Erlangten an den Begünstigten); Näher zu der sog. Sole Interest-Doktrin *Day/Harris*, S. 104 f.; *Langbein*, (2005) 114 Yale L.J. 929; *Moffat*, S. 418 ff.

[136] *Day/Harris*, S. 13.

[137] *Day/Harris*, S. 14.

[138] *Re A.E.G. Unit Trust (Managers) Ltd.'s Deed* [1957] Ch. 415.

[139] *Pennington*, Investor and the Law, S. 233.

[140] *Day/Harris*, S. 13.

[141] S. 12 (1) PF(I)A 1958, dazu *Pennington*, Investor and the Law, S. 241.

[142] *Day/Harris*, S. 6; *Macfarlanes*, A1.023. Zu den restriken Notierungsvoraussetzungen vgl. *Pennington*, Investor and the law, S. 229 f.; *Day/Harris*, S. 111. Danach muss der Manager dem Trustee für neu auszugebende Anteile zunächst das Geld der Anleger hinterlegen, dann werden die Anlagegegenstände erworben und der Anteil verbrieft (sog. Cash fund trust im Gegensatz zu Appropriation Trusts, dazu *Day/Harris*, S. 47 f.; *Klenk*, Investmentanteil, S. 17 f.; *Boveri*, S. 72 f.), es besteht ein Verbot zur Zahlung von Vertriebskommissionen, der Verwalter unterliegt einem Handelsverbot betr. ausgegebener Anteile, Erträge aus der Anteilsausgabe fließen dem Fonds zu und Einnahmen aus dem Verkauf von Bezugsrechten dürfen nicht an Anteilseigner ausgeschüttet werden.

[143] S. 14(3) (a) (iv) PF(I)A 1958.

[144] S. 17(1) PF(I)A 1958.

[145] S. 17 (2) PF(I)A 1958.

[146] S. 12 (1) PF(I)A 1958. Näher *Day/Harris*, S. 39 ff.

Immobilien zulässt.[147] Anders als bei Investment Trusts (i.e. companies) ist eine Ertragshebelung (*gearing*) durch Kreditaufnahme untypisch.[148] Die Regelung für falsche Vertriebsaussagen wird auf alle Investments – nicht nur mit Bezug zu *securities* – erstreckt.[149] Die gesetzlichen Regelungen werden seit 1959 ergänzt durch Vorgaben der Association of Unit Trust Managers zur Transparenz der Werbung, Gebührenhöhe und Qualifikation des Vertriebspersonals.[150]

3. Anlagegenossenschaften unter dem Industrial and Provident Societies Act

Die genossenschaftliche Form unter den *Industrial and Provident Societies Acts* von 1913 und 1965 bildet in Großbritannien die dritte Säule der Kollektivanlage. Der Anteilsvertrieb ehrlich gemeinter und gemeinnütziger Genossenschaften wird zunächst dem PF(I)A 1939 unterstellt.[151] Nicht als ehrlich gemeint gelten Genossenschaften, die Kapitalerträge zugunsten der society oder einer Person erzielen sollen.[152] Für solche Genossenschaften gilt der Companies Act. Die Anteile solcher Genossenschaften sind typischerweise nicht übertragbar, der Anleger verfügt über ein Rückgaberecht.

4. Financial Services Act 1986

Trotz rapiden Wachstums der Unit Trusts unter dem PF(I)A 1958[153] bleibt die Vorrangstellung der Investment Trust Companies bestehen. In den Investment Trusts werden insbesondere die Auslandsaktien gebündelt.[154] In der Folgezeit erweitert das DTI seine Anforderungen für Unit Trusts,[155] zugleich setzt die Fondsindustrie auf Selbstregulierung durch Standards der Association of Unit Trust Managers (später Unit Trust Association).[156] Infolge des Jenkins Com-

---

[147] *Day/Harris*, S. 14, zu Property Unit Trusts S. 122 ff.
[148] *Day/Harris*, S. 15 f.
[149] Ss. 13, 14 PF(I)A 1958.
[150] *Day/Harris*, S. 8.
[151] S. 10 PF(I)A 1939.
[152] S. 10 (9) PF(I)A 1939.
[153] Im Jahr 1962 (1931/ 1965 / 1973) verwalten 51 (98 / 121 / 347) Unit Trusts 191 Mio. BPD (80 Mio. BPD / 521 Mio. BPD / 2,5 Mrd. BPD). Im Jahr 1973 existieren über 90 Management Companies, die Gelder von ca. 2,3 Mio. Anlegern verwalten. Über 20 Gesellschaften fungieren als Trustees, darunter zehn Clearing-Banken (mit einem Marktanteil von 80%), fünf Versicherungen und drei Tochtergesellschaften von Handelsbanken. Die größte Bank – Midland – hält 77 trusteeships, vgl. *Day/Harris*, S. 8; *Pennington*, Investor and the law, S. 221.
[154] Im Jahr 1965 verwalten 296 Investment Trusts 3.140 Mio. BPD, also sechs Mal so viel Mittel wie die AUTs. Weniger als 10% der Anlagen von AUTs sind Auslandsaktien, während der Bestand an Auslandsaktien in Investment Trusts ca. 1/3 ausmacht, vgl. *Pennington*, Investor and the law, S. 221 f.
[155] *Macfarlanes*, A1.024.
[156] *Blair/Minghella/Taylor/Threipland/Walker*, in Blackstone's Guide to the Financial Services and Markets Act 2000 (2001), sub "Collective Investment Schemes – Origins and Developments".

mittee (1962)[157] und des Gower Reports (1984) kommt es zu einer Totalrevision des britischen Finanzmarktrechts, bei der der lange vorherrschende Gedanke der Selbstregulierung in eine dreifach abgestufte, semi-staatliche Kontrollstruktur überführt wird.[158] Der Financial Services Act („FSA 1986"), der zum 29. April 1988 in Kraft tritt, widmet dem Recht der Kollektivanlagen einen eigenen Abschnitt („*Collective Investment Schemes*").[159] Erfasst sind zunächst nur Authorized Unit Trusts, für Anlagegenossenschaften und Investment Trust Companies bleibt es bei der rechtsformspezifischen Regelung und damit bei der Trilogie aus Trust-, Gesellschafts- und Genossenschaftsrecht.[160]

II. Frankreich (1945 pp.)

In Frankreich entstehen die Investmentgesellschaften als Nebeneffekt aus der Reprivatisierung während der Okkupations- und Kriegszeit enteigneter Unternehmen. Mit der Verordnung vom 2.11.1945[161] wird zunächst ein Rechtsrahmen für staatliche Investmentgesellschaften geschaffen. Die französische Investment-AG (*société anonyme par action*) muss ein eingezahltes Mindestkapital von 750 Mio. Franc aufweisen.[162] Das hohe Gründungskapital, die Anforderungen zur Auswahl der Direktoren (Art. 11) und weitgehende Publizitätspflichten (Art. 10) sollen seriöse Gründer anziehen. Die Geschäftstätigkeit ist auf die Anlage in Wertpapieren beschränkt, die von Emittenten mit mindestens dreijähriger Offenlegungshistorie stammen; jegliche andere Handels- oder industrielle Tätigkeit ist untersagt.[163] Die Anlagestrategie muss diversifiziert sein. Dabei wird die 5%-Grenze des US-amerikanischen *Steuer*rechts übernommen.[164] Hinzu kommt eine maximale Emittentengrenze i.H.v. 10% an Kapital- und Stimmrechten des Emittenten; davon ausgenommen sind nur staatliche Beteiligungsgesellschaften.[165] Die heute in Europa für Publikumsfonds typischen starren Anlage- und Emittentengrenzen sind somit französischen Ursprungs. Ge-

---

[157] Cmnd. 1749 (1962). Dazu die kritische Diskussion von *Pennington*, Investor and the law, S. 241 ff. (zu Unit Trusts), 596 f. (zur Offenlegung).

[158] Oberste Ebene ist das Finanzministerium, auf der mittleren Stufe steht das Securities and Investment Board, unten sind die Self-Regulatory Organisations (SROs) angesiedelt. Siehe zum ganzen *Merkt*, FS Hopt, S. 2207, 2216.

[159] Ss. 75 et seq. FSA 1986.

[160] Kritisch *Pennington*, Investor and the law, S. 241 ff. (zur Rechtslage unter dem PF(I)A 1958).

[161] Vgl. *Ordonnance relative aux sociétés d'investissement* No. 45–270 vom 2. November 1945 (J.O. vom 5.11.1945, S. 7290, mit nachfolgenden Berichtigungen); dazu *Baudouin-Bugnet*, AcP 152 (1952,53), S. 60 ff.; *Baum*, Schutz des Investmentsparers, S. 135 f., 194 f.; *v. Caemmerer*, JZ 1958, 42 ff. m.w.N.

[162] Art. 1 der *Ordonnance No. 45–270.*

[163] Art. 6 Abs. 2 der *Ordonnance No. 45–270.*

[164] Art. 6 Abs. 1 und 8 der *Ordonnance No. 45–270.* Dazu *Rassi*, S. 38 ff. (mit Nachweisen auch zum vertraglichen Fonds).

[165] Art. 8 der *Ordonnance* No. 45–270.

sellschaftsrechtlich wird auf das allgemeine Aktienrecht verwiesen, so dass es zunächst beim Grundsatz der Kapitalerhaltung und Reservebildung bleibt.

Zu privaten Gründungen kommt es erst nach steuerlichen Begünstigungen durch das Décret vom 30.6.1952. Das Gesetz vom 28.12.1957 erlaubt zudem eine Investment-AG mit veränderlichem Kapital auf der Grundlage des Gesetzes für Gesellschaften mit flexiblem Kapital von 1867. Diese muss eine gespaltene Kapitalstruktur mit fixem Gründeranteil und variablem Anlegeranteil aufweisen.[166] 1957 folgt ein Décret zu vertraglich organisierten Investmentfonds.[167] Bei dieser Organisationsform sind die Anleger dem Namen nach (*fonds communs*) Miteigentümer der Anlagegegenstände. Jedoch erlässt das Finanzministerium zunächst nicht die für FCPs erforderlichen Ausführungsbestimmungen.[168] Bis 1959 werden 17 private Investmentgesellschaften mit einem Grundkapital von 14 Mill. Franc gegründet, hinzu kommt die staatliche *Société Nationale d'Investissment* mit einem Kapital von 5 Mill. Franc.[169]

Ein im Jahr 1962 zur Erarbeitung der Ausführungsbestimmungen eingesetzter Arbeitskreis verzichtet auf den Erlass solcher Bestimmungen für FCPs, weil die trustähnliche Eigentumszuweisung beim FCP mit der Bruchteilsgemeinschaft (*indivision*) des Code Civil unvereinbar scheint. Entsprechend werden im Jahr 1961 nur zur SICAV Ausführungsbestimmungen erlassen.[170] 1967 werden Details zum FCP speziell für Pensionsfonds geregelt.[171]

Nach einer moderaten Entwicklung bis 1978 – es werden 60 SICAVs gegründet –, lösen die Steuerprivilegien des Monory-Gesetzes von 1978[172] eine dynamische Entwicklung aus. Der Erfolg der Pensionsfonds motiviert eine kapitalmarktfreundliche Regierung, die dogmatischen Bedenken zur Eigentumsordnung außer Acht und die Ausführungsbestimmungen für FCP zu erlassen.[173] Die Reformen des Rechts der offenen Fonds der Jahre 1979,[174] 1983[175] und 1986 führen zu einer im Rechtsvergleich auffälligen Ausdifferenzierung der Rechtsquellen

---

[166] *Rassi*, S. 32.

[167] *Décret relatif aux fonds communs de placement* vom 28. Dezember 1957.

[168] *Gallais-Hamonno*, SICAV, S. 56. Der Grund scheinen Befürchtungen zu sein, dass Anleger statt Staatsanleihen Fonds zeichnen können.

[169] *Baum*, Schutz des Investmentsparers, S. 196.

[170] *Gallais-Hamonno*, SICAV, S. 60 f.

[171] *Gallais-Hamonno*, SICAV et FCP, S. 7; 2. Commission des opérations de bourse, Les fonds communs de placement: évolution de 1969 à 1979 (1981), S. 17.

[172] *Loi no. 78–741 due du 13 juillet 1978 relative à l'orientation de l'épargne vers le financement des entreprises*, benannt nach dem Politiker *René Monory*, Das Gesetz sieht u.a. einen Sparerfreibeitrag für Anlageerträge vor.

[173] *Roblot*, S. 58.

[174] *Loi no 79_12 du 3 janvier 1979* betreffend SICAV und loi no 79–594 du 13 Juillet 1979 betreffend FCP.

[175] La loi sure le compte d'épargne en actions (CEA).

und -typen. So existieren im Jahr 1986 bereits vier Formen des vertraglichen Fonds.[176]

Bis zum Inkrafttreten der OGAW I-RL (im November 1988) wird Frankreich mit einem verwalteten Vermögen von 1.374 Mrd. Franc in 747 SICAVs und 3.500 vertraglichen Fonds (FCP) die größte europäische Fondsjurisdiktion und nach den USA und Japan die drittgrößte weltweit. 60% des Aktivvermögens werden in SICAVs verwaltet.[177] 75% des Aktivvermögens machen Geldmarktfonds aus.[178]

III. Deutschland (seit 1957)

In Deutschland ist die erste Fondsregulierung ebenfalls steuerlicher Art. Im Jahr 1930 reduziert die 2. NotVO für Kapitalverwaltungsgesellschaften mit diversifizierter Anlagestrategie, deren Aktien an einer Börse zum Handel zugelassen werden und deren Satzungen von der Handelskammer genehmigt sind, die Körperschafts-, Vermögens- und Landesgewerbesteuer auf ein Zehntel des Ursprungsbetrags.[179] Die für die Durchführung nötigen Richtlinien werden aber zunächst nicht erlassen. Im „Dritten Reich" ist die privatrechtliche Vermögensakkumulation nicht opportun, nach dem 2. Weltkrieg dann mangels Anlagekapitals kein vordringlicher Politikgegenstand. Ab der zweiten Hälfte des 20. Jahrhunderts zeichnet sich eine Spaltung ab. Die Trennlinie verläuft zwischen den offenen Fonds, deren Regeln sich zunächst nach Vertragsrecht, ab 1957 dem KAGG und seit dem Jahr 2003 dem InvG bestimmen, und den geschlossenen Fonds als Personengesellschaft („Publikums"-GmbH & Co. KG bzw. -GbR) oder Korporation (Anlage-AG). Erst mit dem KAGB, das im Juli 2013 in Kraft tritt, wird diese Trennung überwunden.

1. Offene Fonds

1949 wird mit der ADIG die erste inländische Kapitalanlagegesellschaft gegründet, die offene Fonds zunächst als Vertrag zwischen KVG und einer Vielzahl von Anlegern organisiert. Die vertragliche Organisation zieht die Haftung des Verwalters für Fondsverbindlichkeiten, die Zuordnung des Fondsvermögens zum Vermögen des Verwalters im Fall seiner Insolvenz, Schwierigkeiten

---

[176] FCP à vocation générale, FCP de la participation (auf Grund der ordonnances du 17 aout 1967 et due 21 octobre 1986); der FCP à risques, und der fonds d'intervention, vgl. *Delavenne*, in Les Fonds d'Investissement (1988), S. 17.

[177] *Chèvremont*, in Les Fonds d'Investissement (1988), S. 10; *Delavenne*, in Les Fonds d'Investissement (1988), S. 15.

[178] Das französische Recht wird im Folgenden nur erwähnt, soweit sich daraus Besonderheiten oder Impulse für die weitere Entwicklung ergeben. Für die Details sei auf Spezialabhandlungen verwiesen, insbesondere *Lorenzini*, SICAV et FCP (2007); *Riassetto/Storck*, OPCVM (2002); *Gallais-Hamonno*, Sicav et Fonds (1995).

[179] Notverordnung vom 6.6.1931, Siebter Teil Kap. IV, RGBl. I S.312f., dazu *C.F. Goldschmidt*, S. 95ff., 118, 139ff.

bei der Grundbucheintragung zugunsten der Anleger, steuerliche Imponderabilien und bilanzielle Ausschüttungsschranken nach sich.[180]

Das KAGG[181] sucht die Schwierigkeiten der vertraglichen Organisation einzudämmen; es soll einerseits Anleger schützen, andererseits die Investmentidee fördern und breite Bevölkerungskreise am Produktionskapital beteiligen. Die mit der Zwischenschaltung der KVG verbundenen steuerlichen Nachteile werden zugunsten einer steuerlichen Transparenz beseitigt.[182] Sondervermögen werden von dem bilanziellen Niederstwertprinzip, das die Berücksichtigung unrealisierter Gewinne bei der Anteilsbewertung verbietet, ausgenommen. Der Anwendungsbereich des KAGG wird auf Kollektivanlagen beschränkt, die von einer zugelassenen und beaufsichtigten KVG verwaltet werden. Einzig zulässiger Anlagegegenstand sind Wertpapiere, § 1 Abs. 1 KAGG 1958. Trotz der Restriktionen erfüllt das KAGG zunächst seinen Zweck: So sind im Jahr 1957 fünf Gesellschaften mit acht Fonds und einem Anlagevolumen von 151 Mio. D-Mark tätig.[183] Im Jahr 1969 verwalten zwölf Kapitalanlagegesellschaften 35 Sondervermögen und Anlagevermögen von 7,75 Mrd. D-Mark.[184]

Die KAGG-Novelle im Jahr 1969[185] steht unter dem Einfluss des zeitgleich erarbeiteten AuslInvG. Neben Detailerweiterungen des Anlegerschutzes werden die Rechtsverhältnisse offener, diversifizierter Immobilienfonds in §§ 26 ff. KAGG geregelt[186] und die steuerlichen Bestimmungen im neunten Abschnitt des Gesetzes gebündelt. Nach kleineren Anpassungen des KAGG an die Fortentwicklung des Bank- und Kapitalmarktrechts[187] wird 1986 der Fondstyp der

---

[180] Dazu *Consbruch*, BB 1957, 341; G.*Roth*, Treuhandmodell, S. 110 f.; *Schäcker*, Investmentsparen, S. 30 f.

[181] BGBl. I (1957), 378. Der erste Entwurf des KAGG (BT-Drs. I/4199) soll insbesondere die Anleger der ADIG sichern und wurde im März 1953 in den Bundestag eingebracht, wurde aber in der Legislaturperiode nicht mehr verabschiedet. Der leicht überarbeitete zweite Entwurf (BT-Drs. II/1585) erhält erst im Vermittlungsausschuss seine endgültige Fassung. Dazu *Consbruch*, BB 1957, 337 ff.

[182] §§ 21, 22 KAGG 1958, dazu *Consbruch*, BB 1957, 341.

[183] *Consbruch*, BB 1957, 337; *Schäcker*, Investmentsparen, S. 27.

[184] Statistische Beihefte zu den Monatsberichten der Deutschen Bundesbank, Reihe 2, Juni 1969 Nr. 6.

[185] Gesetz vom 28.7.1969, BGBl. I, 986, 992.

[186] Vgl. zu vertraglichen Vorläufern *Baum*, Schutz des Investmentsparers, S. 13 ff.

[187] Vgl. Zweites Gesetz zur Änderung des Gesetzes über das Kreditwesen vom 24. März 1976 (BGBl. I (1976), 725), welches die Einlagensicherung betrifft; das Gesetz zur Änderung des Gesetzes über Kapitalanlagengesellschaften vom 8. September 1980 (BGBl. I (1980), 1653) lässt den Erwerb von Wertpapieren zu, deren spätere Einbeziehung in den geregelten Freiverkehr vorgesehen ist. Mit dem Gesetz zur Verbesserung der Rahmenbedingungen für institutionelle Anleger vom 16. Dezember 1986 (InstAnlG, BGBl. I (1986), 2485) entfällt die Genehmigungspflicht von Spezialfonds bei Beschränkung des Erwerbs auf bestimmte Wertpapiere. Mit dem Börsenzulassungsgesetz vom 16. Dezember 1986 (BGBl. I (1986), 2478) wird der Anlagekatalog gem. § 8 KAGG um Wertpapiere erweitert, die am geregelten Markt gehandelt werden.

Beteiligungs-Sondervermögen geschaffen (§§ 25a bis 25j KAGG).[188] In stark reglementierter Form wird der Erwerb von Wertpapieren und stillen Beteiligungen an nicht börsennotierten Unternehmen zugelassen.

2. *AuslInvG (1969)*

Steht das KAGG ganz im Sinne der Förderung des Investmentsparens, treten die aus anderen Rechtsordnungen bekannten Missbrauchsgefahren erst in den 1960er Jahren auf und geraten damit in den Fokus der Gesetzgebung. Bis zur Einführung der DM-Konvertibilität im Jahr 1958 bleibt der Absatz ausländischer Investmentgesellschaften im Inland gering. Anschließend steigt er bis in das Jahr 1967 auf mehr als ein Drittel des Absatzes deutscher KVG; dabei fehlt wegen des nur partiellen Regelungsansatzes des KAGG jeglicher Anlegerschutz.[189] Dies führt im Lichte der Erfahrungen der IOS-Krise im Jahr 1969 (vgl. § 15.C.III.) zur Verabschiedung des AuslInvG,[190] das gemäß dem Prinzip der Rechtsformneutralität alle nach dem Grundsatz der Risikomischung strukturierten Anlagen erfasst.[191] Der *öffentliche* Vertrieb (§ 1 Abs. 1 S. 1 AuslInvG) ausländischer Investmentanteile – den Gegensatz bildet der Vertrieb an einen individuell bestimmten Personenkreis – bedarf seither unabhängig von der Rechtsform der Anteile oder Emittenten der Anzeige beim BAKred, das den Vertrieb untersagen kann (§§ 7, 8 AuslInvG). Zum Zeitpunkt des Kaufabschlusses ist dem Erwerber ein aktuelles Prospekt auszuhändigen (§ 3 Abs. 2 AuslInvG), deren Richtigkeit haftungsbewehrt ist (§ 12 AuslInvG). Die ausländische Investmentgesellschaft muss gem. §§ 1, 2 AuslInvG einen Repräsentanten im Inland bezeichnen, die Depotbankverwahrung der Anlagegegenstände ist obligatorisch. Im Übrigen gelten Mindestanforderungen an die Vertragsbedingungen (§ 2 Nr. 4), den Verkaufsprospekt (§ 3), die Werbung (§ 10) und die Publizität (§ 4). Infolge der Erfahrungen in der IOS-Krise gilt ein absolutes Dachfondsverbot.[192] Wegen seiner Vertriebsorientierung und Unabhängigkeit von der förmlichen Gestaltung sieht *Hopt* in dem AuslInvG erstmals eine „echte kapitalmarktrechtliche Gesetzgebung"[193] realisiert, für die das Publizitätsprinzip kennzeichnend ist.

---

[188] Zweites Vermögensbeteiligungsgesetz vom 19. Dezember 1986 (BGBl. I (1986), 2495); parallel dazu werden die Unternehmensbeteiligungsgesellschaften geschaffen.

[189] *Brinkhaus/Zeller*, Einl Rn. 10; *Hopt*, ZHR 141 (1977) 389, 398f. (40% im Jahr 1970).

[190] Gesetz über den Vertrieb ausländischer Investmentanteile und über die Besteuerung der Erträge aus ausländischen Investmentanteilen – AuslInvestmentG, BGBl. I (1969), 896. Gesetzentwurf vom Sommer 1968: BT-Drs. V/3494; geringfügige Änderungen werden infolge des Schmidhuber-Berichts vorgenommen, BT-Drs. V/4414. Dazu *Assmann*, Prospekthaftung, S. 71 ff.; *Hopt*, ZHR 141 (1977) 389, 398f.; *Onderka*, BB 1969, 1018 ff.

[191] Näher *Volckens/Panzer*, IStR 2005, 426, 427 ff.

[192] § 2 Abs. 1 Nr. 4 d) AuslInvG. Das Verbot wird mit dem 3. FMFG im Jahr 1998 gelockert und die entsprechende Regelung im KAGG angepasst.

[193] *Hopt*, ZHR 141 (1977) 389, 398.

3. Geschlossene Fonds

a) Beteiligungsgesellschaften

In den 1960er Jahren wird die Eigenkapitallücke der deutschen Wirtschaft offenbar. Seither gilt erwerbswirtschaftlich ausgerichteten Beteiligungsgesellschaften erhöhte Aufmerksamkeit.[194] Neben der Mittelstandsförderung gilt das öffentliche Interesse der Gründung und Ansiedlung von Technologie-Unternehmen.[195] Während der Beteiligungsvertrag ausreichend Beachtung gefunden hat,[196] ist in Deutschland über die Investmentbeziehung zwischen Anleger und Beteiligungs- (in moderner Terminologie: Private Equity-)Gesellschaft wenig bekannt.[197] Dies überrascht, weil seit den 1920er Jahren die optimale Form für die institutionelle Kapitalbeteiligung an mittelständischen Unternehmen diskutiert wird. So soll nach *Pabst* die aufkommende Investmentidee genutzt und der Anlagekatalog für börsenferne Wertpapiere und Beteiligungen geöffnet werden.[198] Nach anderen Vorschlägen sollen Banken die Stammaktien von Beteiligungs-AGs zeichnen und sich per Stimmrechtsaktien über die Börse refinanzieren oder eine Beteiligungsgenossenschaft die Kapitalgeber-Genossen anteilig partizipieren lassen. *Persé* wendet sich aus steuerlichen Gründen und wegen des bekannten Discounts auf den Nettoinventarwert gegen das AG-Modell[199] und präferiert eine indirekte Miteigentumslösung, bei der ein Treuhänder die Beteiligungen erwirbt und die Anleger am Ergebnis schuldrechtlich partizipieren.

Keine der rechtspolitischen Initiativen der 1960er Jahre kann sich durchsetzen.[200] Auch ohne staatliche Privilegierung oder spezielle Unternehmensform gründen Kreditinstitute auf der Grundlage des allgemeinen Gesellschaftsrechts mehrere erwerbswirtschaftlich ausgerichtete Beteiligungsgesellschaften, parallel werden gemeinwirtschaftliche Gesellschaften gegründet.[201] Freie (universelle) Beteiligungsgesellschaften vereinnahmen seit den 1970er Jahren ca. 70% des börsenfernen Beteiligungsvolumens auf sich.[202] Seit den 1990er Jahren orientiert

---

[194] *Feldbausch*, S. 15; *Gerke*, Kapitalbeteiligungsgesellschaften, S. 20 ff. (mit Gesetzentwurf zu Kapitalbeteiligungsgesellschaften in Anlehnung an das Investmentrecht, S. 94 ff.); *Kahlich*, Beteiligungsfinanzierung, S. 40 f.; *Hax*, Kapitalbeteiligungsgesellschaften, S. 20 ff.

[195] *Kaserer/Achleitner/von Einem/Schiereck*, Private Equity in Deutschland, S. 30, 175 f. (mit Vorschlag de lege ferenda zum Ausbau des UBGG).

[196] *Mellert*, NZG 2003, 1096; *Weitnauer*, NZG 2001, 1065; *Zetzsche*, NZG 2002, 942.

[197] Dazu *Zemke*, Beteiligungskapitalgesellschaften, 105 ff.

[198] *Pabst*, Industrieschaften, S. 14 ff.

[199] *Persé*, Partner-Investmentgesellschaft, S. 113 ff., 135 ff.

[200] V. *Boehm-Bezing*, Eigenkapital, S. 153 ff.; *Freyer*, Kapitalbeteiligungsgesellschaften, S. 31 ff.

[201] Zur zweiten Gruppe wird man auch die im Jahr 1975 gegründete Deutsche Wagnisfinanzierungs-GmbH zu rechnen haben, die 27 Privatbanken auf Betreiben des Bundesforschungsministeriums mit Unterstützung der deutschen Industrie gründen, weil die Bundesrepublik bis zu 75% der Verluste binnen der ersten 15 Betriebsjahre auszugleichen hat.

[202] V. *Boehm-Bezing*, Eigenkapital, S. 203; *Haack*, UBG, S. 21 f.

man sich auch hierzulande an den US-amerikanischen Venture Capital-Gesellschaften: Der Anlagehorizont beträgt fünf bis acht Jahre. Parallel zur Finanzierungszusage bei Erreichen von Zwischenzielen (sog. Meilensteine) wird das Management beraten und das Unternehmen durch Kontakte unterstützt. Häufig stehen hinter einer solchen Venture Capital-Finanzierung mehrere Banken, Versicherungen, Pensionsfonds und grosse Familienvermögen, die einem professionellen Verwalter das Tagesgeschäft im Gegenzug für eine risikoadäquate, eher hohe Rendite überlassen. Dies bedingt eine Fokussierung auf mittelgroße bis große oder jedenfalls infolge Wachstumspotentials potenziell große Unternehmen. Auf dem ertragsschwachen und deshalb subventionsgetriebenen Segment sehr kleiner Unternehmen sind die gemeinwirtschaftlichen und steuerlich subventionierten Gesellschaften tätig.

b) Sonderrecht der Publikumspersonengesellschaft (1970 pp.)

Der Aktiengesellschaft als klassischer Organisationsform für Unternehmen mit großem Kapitalbedarf entsteht ab den 1960er Jahren Konkurrenz in Form der Publikumspersonengesellschaft. Eine solche Nutzung bleibt vor dem zweiten Weltkrieg die Ausnahme[203] bzw. gibt nicht zur Abkehr vom Gesellschaftsrecht Anlass, weil eine Kapitalmarktorientierung nicht vorstellbar ist.[204] Befördert durch ihre steuerliche Transparenz erfahren Personen- und stille Gesellschaften „ihre zweite Karriere als Massengesellschaft."[205] Während in offenen Immobilienfonds nach dem KAGG zwischen 1968 und 1978 ca. 3 Mrd. DM verwaltet werden, sind es in geschlossenen Publikumspersonengesellschaften fast das Vierfache (11 Mrd. DM).[206] Entgegen dem Typus Personengesellschaft geht es allein um die Fähigkeit des „Mitglieds" zur Kapitalbereitstellung. Die Ausgestaltung des Gesellschaftsvertrags erfolgt ohne Mitwirkung der Anleger. Den Anlegern werden vielfach unrealistische Steuervorteile in Aussicht gestellt. Vertriebsanstrengungen substituieren ein stimmiges Unternehmenskonzept.

Der zur Entscheidung berufene zweite Senat des BGH entwickelt, beginnend mit der Leitentscheidung vom 14. Dezember 1972,[207] in mehr als zwanzig Urtei-

---

[203] Vgl. RGZ 36, 60 (Gewerbebank-OHG mit 159 Gesellschaftern); RGZ 91, 166 (Zuckerrüben-OHG mit 65 Gesellschaftern); *Lehmann*, Bank-Archiv XV (1915), S. 32 f. verweist auf eine kapitalistische Massen-KG mit Ausgestaltung ähnlich einer stillen Beteiligung. Dazu ebd. S. 35: „Emolument Einzelner [bildet] das Detriment Anderer."

[204] Vgl. *Boesebeck*, insbesondere S. 62 f.

[205] *U.H.Schneider*, ZHR 142 (1978) 228, 229; s.a. *Cölle*, insbesondere S. 170 (aktionärsähnliche Stellung) und 184 ff. (Steuerrecht); *Kruhme*, S. 86 ff. (steuerliche Behandlung); *Schilling*, DB 1972, 1, 3 (modernes Kapitalsammelbecken). Überblick zur Rechtsprechung der frühen 1970er Jahre bei *Hopt*, ZHR 141 (1977), S. 406 ff.

[206] *U.H.Schneider*, ZHR 142 (1978) 228, 229.

[207] BGH, NJW 1973, 1604 (GmbH & Co. KG mit 500 Kommanditisten; i.E. AG-ähnliche Einlagehaftung des Kommanditisten auch bei Täuschung durch Komplementär, der Gesellschaftsverträge im Namen aller Gesellschafter geschlossen hatte), dazu *Hopt*, ZHR 141 (1977), 407.

len ein Sonderrecht für Personengesellschaften, die als Massengesellschaft nicht auf einen festen Mitgliederbestand und ein besonderes Vertrauensverhältnis unter den Gesellschaftern angelegt sind.[208] In diesem Sonderrecht bemisst sich die Gestaltungsfreiheit anders als für personalistische Personengesellschaften.[209] Für den Gesellschaftsvertrag gilt in Orientierung an aktienrechtlichen Wertungen das Schriftlichkeitsgebot.[210] Wegen des wechselnden Mitgliederbestands und mangels Vertrauensverhältnis sind Gesellschaftsverträge objektiv wie AG-Satzungen auszulegen (damit wird deren Auslegung revisionsrechtlich überprüfbar).[211] Das Recht zur fristlosen Kündigung des einzelnen Gesellschaftsverhältnisses geht dem Recht zur Aufkündigung der Gesellschaft vor; es besteht im Wege der ergänzenden Vertragsauslegung aus wichtigem Grund auch ohne Grundlage im Gesellschaftsvertrag.[212] Pflichteninhalt und -standard von Geschäftsleitung und Kontrollorgan orientieren sich an der AG und kaufmännischen Standards.[213] Gesellschaftsverträge sind gleich Austauschverträgen einer Inhaltskontrolle (allerdings aus § 242 BGB) zu unterziehen, weil die Anlagegesellschafter aus dem Publikum öffentlich geworben werden, in keiner näheren Beziehung stehen und überdies zumeist geschäftlich unerfahren sind.[214] Des

---

[208] BGHZ 63, 338; BGHZ 64, 238; BGHZ 66, 79; BGHZ 66, 82; BGHZ 69, 160; BGHZ 69, 207; BGHZ 70, 61; BGHZ 71, 53; WM 1974, 318; WM 1975, 536; NJW 1975, 1700; NJW 1976, 851; NJW 1976, 894; WM 1977, 997; WM 1977, 1446; NJW 1978, 424; NJW 1978, 425; NJW 1978, 755; WM 1978, 88; NJW 1978, 1000.

[209] So sind die Grenzen einer Vertragsänderung durch Mehrheitsbeschluss bei der Publikums-KG anders gezogen; eine Kapitalerhöhung durch Mehrheitsbeschluss ist auch zulässig, wenn der Gesellschaftsvertrag keine Obergrenze setzt (BGHZ 66, 82, dazu *Wiedemann*, ZGR 1977, 690) oder sogar dann, wenn der Gesellschaftsvertrag keine Beschlussgegenstände nennt, der Bestimmtheitsgrundsatz gilt also nicht (BGHZ 71, 53). Für den Beschluss über die Fortsetzung genügt statt Einstimmung eine Drei-Viertel-Mehrheit, BGHZ 69, 160 Rn. 18 ff.

[210] BGHZ 66, 82, 2. Ls. (Schriftlichkeitsgebot und Protokollpflicht statt Unterschrift jedes einzelnen Gesellschafters, im Ergebnis ähnlich § 23 Abs. 3 AktG); BGH, NJW 1978, 755 (Unwirksamkeit einer mündlichen Nebenabrede der Gründer auch bei Treuhand-Beteiligung).

[211] BGHZ 64, 239, 241.

[212] Für arglistig getäuschte Gesellschafter noch vorsichtig bei Grundlage in GesV BGH, NJW 1973, 1604; WM 1974, 318; BGH, NJW 1975, 1700; NJW 1976, 894 (Anfechtung wegen arglistiger Täuschung ist im Zweifel fristlose Kündigung des Beteiligungsverhältnisses); davon losgelöste Rückführung auf zu vermutenden Willen der Gesellschafter bei BGHZ 63, 338 2. Ls. (außerordentliches Kündigungsrecht statt Gestaltungsklage auch ohne entsprechende Vertragsgestaltung im Wege ergänzender Vertragsauslegung bei arglistiger Täuschung); BGHZ 69, 160 (Rn. 12: arglistige Täuschung stets wichtiger Grund für Beendigung der Beteiligung, aber nicht bei Unerreichbarkeit des Gesellschaftszwecks – dann Auflösungsklage, Rn. 13 ff.); Rechtsfolge soll eine Haftung für zwischen Beitritt und Kündigung eintretende Verluste sein, vgl. BGH, NJW 1976, 851 Rn. 15 f.

[213] BGHZ 64, 238 (dreimonatige Verjährungsfrist für Ansprüche gegen Aufsichtsrat einer KG ist unwirksam). Zu Mindestpflichten eines Kontrollorgans und Nichtanwendbarkeit von § 708 BGB BGH, WM 1977, 1446 Rn. 18 ff. (Pflichten des Aufsichtsrats einer Publikums-KG in entsprechender Anwendung des Aktienrechts bei entsprechender Klausel im Gesellschaftsvertrag).

[214] BGHZ 64, 225, 238; BGHZ 69, 207 Rn. 51 ff., dazu *Hopt*, ZHR 141 (1977), 408 f. (in Rechtsprechung realisiert sich die genuin kapitalmarktrechtliche Vertriebsorientierung);

Weiteren sind mit der „Eigenart der Gesellschaft als Kapitalsammelbecken" Mehrheitsbeschlüsse über Kapitalerhöhungen vereinbar.[215]

Die für einige Anleger schmerzhaften Verluste[216] rufen auch die Rechtspolitik auf den Plan.[217] Der 51. Deutsche Juristentag zum Thema Anlegerschutz mit den Gutachten von *Hopt* und *Mertens* unterbreitet verhaltene Vorschläge. 1977 wird ein Entwurf eines Vermögensanlagengesetzes, mit Vorschriften zur Rechnungslegung, einem Rechenschaftsbericht des Verwalters, einer Pflicht zur Abschlussprüfung und einem Abhängigkeitsbericht entsprechend § 312 AktG nach Kritik im Schrifttum[218] nicht verabschiedet.

Die Sonderrechtsprechung vermag die Attraktivität der Anlage-KG vorerst nicht zu schmälern. Während in den 1970er Jahren die Publikums-Personengesellschaften in personeller Hinsicht relativ klein sind (i.d.R. mit nicht mehr als 20 Gesellschaftern) und überwiegend wohlhabende oder sachkundige Kommanditisten investieren,[219] werden seit Anfang der 1980er Jahre Immobilienspargesellschaften als Massengesellschaften mit mehr als 200, teils über 1.000 Anlegern konzipiert. Die Einzahlung in Monatsraten soll die Attraktivität für Kleinanleger steigern.[220] Die Parallele zu den US-Investment Companies der 1920er Jahre ist deutlich. Entsprechend erweitert sich der Kreis der Geschädigten im häufigen Fall des Scheiterns. Dabei darf nicht verkannt werden, dass nach wie vor institutionelle und Großanleger Beteiligungen in Anlagepersonengesellschaften organisieren. Der typische Venture Capital- und Private Equity-Fonds ist GmbH & Co. KG. Die tatsächliche Dichotomie ist bislang nicht hinreichend erfasst.

c) UBG (1986) und WKG (2008)

Das im Jahr 1986 erlassene UBGG[221] zieht eine Trennlinie zwischen den freien Beteiligungsgesellschaften (zumeist in Form der GmbH & Co. KG), die dem allgemeinen Gesellschafts-, Steuer- und Insolvenzrecht unterliegen, und regulierten Beteiligungsgesellschaften. Zweck ist gem. § 1a Abs. 2 und § 4 Abs. 2 UBGG die Bereitstellung von risikotragendem Kapital an Mittelstandsunternehmen. Die Unternehmensform UBG soll nicht in Wettbewerb zu freien Be-

---

U.H.Schneider, ZGR 1978, 1, 6 ff.; *Westermann*, AcP 175 (1975) 375, 408 f.; *Schwark*, ZGR 1976, 271, 292 f.

[215] BGHZ 66, 82.

[216] Zu nennen sind die Fälle Pan-International, Steglitzer Kreisel und Bremer Treuhand.

[217] Vgl. *Kohl/Kübler/Walz/Wüstrich*, ZHR 138 (1974), 1.

[218] Z.B. *U.H.Schneider*, ZHR 142 (1978) 228, 249 ff.

[219] *U.H.Schneider*, ZHR 142 (1978) 228, 237 f.

[220] Vgl. den Fall BGHZ 120, 157 Rn. 13 f. Das Urteil BGH, WM 1985, 534 (Kurhotel) behandelt eine Immobilien-KG mit 450 Anlegern und einem Kommanditkapital von über 30 Mio. DM.

[221] *Bilstein*, FS Wöhre, S. 51; *Kerbert/Hauptmann*, AG 1986, 244; *Marsch-Barner*, ZGR 1990, 294; *Menzel*, WM 1987, 705; *Weingart*, Leistungsfähigkeit, S. 216 ff.

teiligungsgesellschaften treten (dies erklärt zahlreiche Restriktionen), sondern speziell Beteiligungen fördern, bei denen die Renditechance im Verhältnis zum Risiko zu gering ist. (Dies provoziert die vernachlässigte Frage zur Förderungswürdigkeit solcher Unternehmen.)

UBGs werden Bezeichnungsschutz, Sanierungsprivileg und Steuerbegünstigung gewährt, sie müssen im Gegenzug die Selbständigkeit der Unternehmen wahren. Der marktferne Ansatz verbunden mit diesen Restriktionen dürfte Grund dafür sein, dass UBGs überwiegend von öffentlich-rechtlichen Trägern (Sparkasse, Landesbank) zur Förderung der regionalen Wirtschaft gegründet werden.[222] Dabei bleibt es trotz Nachbesserungen in den Jahren 1998,[223] 2008[224] und 2013.[225] Die Abkehr von dem für Kollektivanlagen typischen Ertragsinteresse, die den öffentlichen Förderbanken nahestehende Zwecksetzung und der angestrebte Fokus sind Grund, die UBG im Folgenden nicht näher zu behandeln.

Das auf Subventionsvehikel lokaler Wirtschaftsförderung beschränkte tatsächliche Einsatzfeld von UBGs wird im Verhältnis zu anderen Staaten – insbesondere den Niederlanden und Luxemburg (SICAR) – ebenso als Nachteil empfunden wie die im Verhältnis zu den Restriktionen geringfügigen Privilegien.[226] Nachdem das Vorhaben der Fortentwicklung des UBG zu einem Private Equity-Gesetz scheitert,[227] wird mit dem Wagniskapitalbeteiligungsgesetz (WKB-G)[228] eine Unternehmensform für Gesellschaften geschaffen, die sich gem. § 2 Abs. 3 WKBG mit Eigenkapital an sehr jungen kleinen und mittleren Unternehmen beteiligen soll ("Venture Capital"). Bei Einhaltung der WKGB-Vorgaben ist die steuerlich unsichere Einstufung der Tätigkeit als Vermögensverwaltung (§ 19 WKBG) garantiert.

Im Gegensatz zur luxemburgischen SICAR soll die WKG aber nicht Deutschland zum Zentrum einer europäischen Venture Capital- oder Private Equity-Industrie machen, sondern moderne Industrien im Inland ansiedeln (helfen).

---

[222] *Watrin/Wittkowski/Pott*, DB 2007, 1942 nennen die Zahl von 80 UBGs bundesweit.

[223] Dazu *Ehlermann/Schüppen*, ZIP 1998, 1513; *Vollmer*, ZBB 1998, 221, mit Bestandsaufnahme von *Jäger*, NZG 1998, 833; monographische Darstellung bei *Haack*, UBG (2003).

[224] Durch das Gesetz zur Modernisierung der Rahmenbedingungen für Kapitalbeteiligungen (MoRaKG) vom 12.8.2008, BGBl. I (2008), 1672; dazu mit Bezug zu UBG *Fischer*, WM 2008, 857.

[225] Durch das AIFM-Umsetzungsgesetz vom 04.07.2013, BGBl. I (2013), 1981.

[226] Gesetzentwurf des Bundesrates auf Initiative der Bundesländer NRW, BW, Hamburg und Niedersachen, BT-Drs. 16/3229 vom 2.11.2006, dazu *Fock*, DB 2006, 1543; *Kaserer/Achleitner/von Einem/Schiereck*, Private Equity in Deutschland (2007); *Watrin/Wittkowski/Pott*, DB 2007, 1939; EVCA, Private Equity Structures in Europe (1/2006), S. 73 f.; *Fleischer/Hupka* in Wymeersch, S. 194 ff.

[227] Dafür neben dem Branchenverband BDK insbesondere *Kaserer/Achleitner/von Einem/Schiereck*, Private Equity in Deutschland (2007).

[228] Gesetz zur Modernisierung der Rahmenbedingungen für Kapitalbeteiligungen (MoRaKG) vom 12.8.2008, BGBl. I (2008), 1672; dazu *Haag/Veith*, BB 2008, 1915; *Friedl*, WM 2009, 1828; *Fock*, Private Equity.

Nicht der Intermediär, nur dessen Finanz- und Förderkraft ist gewünscht. Dies mag ein Grund für die geringe Anerkennung der WKG und schließlich die Aufhebung des WKBG durch Art. 7 des AIFM-StAnpG (2013) gewesen sein.

C. Europäische Finanzzentren

In den heutigen Fondszentren ist zunächst kaum Regulierung auszumachen. Dies dürfte u.a. die Gründung von Finanzintermediären begünstigt haben.

I. Liechtenstein (1960)

In Liechtenstein erfolgen die umfänglichen Vermögensverwaltungen zunächst auf der Grundlage der seit 1928[229] in Art. 897 ff. des liechtensteinischen Personen- und Gesellschaftsrechts (PGR) geregelten Treuhänderschaft.[230] Mit dem Gesetz über Kapitalanlagegesellschaften, Investment-Trusts und Anlagefonds vom 21. Dezember 1960[231] wird – einige Jahre vor der Schweiz, mit der eine Zollunion besteht – ein Spezialgesetz zu Investmentfonds erlassen. Dieses umfasst allerdings nur vier Artikel (Begriffsbestimmungen, Bewilligungsvoraussetzung, Sanktionen, Inkrafttreten), bietet kaum Anlegerschutz und Anlagemöglichkeiten und reguliert einen einzigen Fonds (den „First Liechtenstein Swiss Fonds").[232]

II. Schweiz (AFG 1966)

Die schweizerische Bankwirtschaft, die seit Mitte des 19. Jahrhunderts die Entwicklung der Fondsindustrie betreibt, gründet Kollektivanlagen zunächst auf der Grundlage des Obligationenrechts; typisch ist eine starke Stellung der Depotbank.[233] Daneben kann seit je her die ordinäre AG als Anlageorganisation des geschlossenen Typs genutzt werden. Einer Gesellschaft mit variablem Kapital steht das fixe Kapitalsystem des Obligationenrechts entgegen.[234] Im Gegensatz zu der britischen Terminologie bezeichnet man in der Schweiz Fonds des offenen Typs als Investment Trusts.[235] Wesentliche Station der Entwicklung ist das Jahr 1938 mit der Gründung des ersten europäischen offenen Immobilien-

---

[229] Eingefügt durch das Gesetz vom 10. April 1928 über Treuunternehmen, LGBl. 1928 Nr. 6.

[230] Dazu *Moosmann*, Trust und die liechtensteinische Treuhänderschaft; *Kulms*, ZEuP 2001, 653, 667 f.; *Coing*, Treuhand, S. 237 ff.

[231] LGBl. 1961 Nr. 1. Dazu *Zwiefelhöfer*, S. 21.

[232] Vgl. *Wirth/Erny*, S. 21; *Zwiefelhöfer*, S. 14.

[233] *V. Caemmerer*, JZ 1958, 42 ff. m.w.N. in Fn. 18; *Amonn*, Eigentumsverhältnisse, S. 47 f.; *Servien*, S. 58 f.; *Schuster*, ÖBA, 1972, 422, 423. Zum Steuerrecht *Rassi*, S. 144 f.

[234] *Servien*, S. 36.

[235] Vgl. *v. Caemmerer*, JZ 1958, 42 ff. m.w.N. in Fn. 18; *Amonn*, Eigentumsverhältnisse, S. 6; *Jutz*, S. 137 f.

fonds „Swissimmobil Serie D" durch die SIP in Basel, der Gründung der „Fondsleitungsgesellschaft AG für die Verwaltung von Investmenttrusts AG" (Intrag) und der von der Intrag noch im gleichen Jahr veranlassten Gründung des ersten schweizerischen Fonds mit Anlageermessen („America-Canada Trust Fund – AMCA"). Bei Auswahl von einer Haupt- oder Reserveliste und Beachtung der 5%-Anlagegrenze kann die Anlagepolitik des AMCA grundsätzlich frei gestaltet werden. Innovativ ist der AMCA auch durch Verzicht auf eine Laufzeit.[236] Dessen Wachstum wird durch den zweiten Weltkrieg zunächst beschleunigt, dann werden die Anlagegegenstände des AMCA wie alle schweizerischen Vermögenswerte (bis 1947) dem US-Embargo unterstellt. Nach dem zweiten Weltkrieg nimmt das in der Schweiz verwaltete Fondsvermögen wieder zu.[237]

Nach einer aus rechtsvergleichender Perspektive langen Periode ohne Spezialrecht häufen sich in den 1950er Jahren unseriöse Spekulationen in Immobilien und Bergbauaktien. Bau- statt Bankunternehmer erkennen in der Fondsinitiative eine Möglichkeit, sich selbst Aufträge zu verschaffen. Die Anzahl der Immobilienfonds steigt binnen zehn Jahren von 12 auf 50. Die proportional steigende Immobiliennachfrage erhöht den Anschaffungspreis und reduziert die Objektrenditen.[238] Die konservativen Fonds verzichten auf Mittelzuflüsse, während die neuen Fonds Liegenschaften überwertet in den Bilanzen[239] ausweisen. Mit dem Kollaps einiger Immobilienfonds Mitte der 1960er Jahre wird der Handlungsbedarf akut.

Das Bundesgesetz über die Anlagefonds (AFG)[240] vom 1. Juli 1966 tritt am 1. Februar 1967 in Kraft. Gegen die korporative Form sprechen aktien- und steuerrechtliche Argumente. Als einzige Rechtsform regelt das AFG mit dem vertraglichen Anlagefonds eine trustähnliche Struktur.[241] Abweichend von den Bestimmungen des Schweizerischen Obligationenrechts gewährt Art. 17 AFG 1966 ein Aus- bzw. Absonderungsrecht für das Kollektivvermögen in der Insolvenz der Fondsleitung.[242] Die Trustleitung wird zur Fondsleitung, der Trustee

---

[236] *Mollet*, Schweizerische Investment-Trusts, S. 232 f.

[237] Im Jahr 1946 gibt es in der Schweiz acht Wertschriften- (= Effekten) und vier Immobilienfonds, im Jahr 1957 bereits 28 Fonds, im Jahr 1968, nach Erlass des AFG 1966, dann 111 Fonds mit einem Gesamtvermögen von 6,9 Mrd. CHF. Je zur Hälfte handelt es sich um Immobilien- und Effektenfonds.

[238] *Schuster*, ÖBA 1972, 422, 423 f.

[239] Vgl. zum Fondsbilanzrecht *Rinsoz*, Rechnungsführung, S. 40 f., 106 ff.; *Mollet*, Schweizerische Investment-Trusts, S. 76 f., 272 f.

[240] Bundesgesetz über die Anlagefonds (Anlagefondsgesetz), BBl. 1966 I, 1162 ff. Dazu *Amonn*, Eigentumsverhältnisse, S. 50 ff., 59 ff. (de lege ferenda); *Geiger*, Schutz des Anlegers (1971); *Müller*, Depotbank, S. 43 ff., 48 ff.; *Schuster*, ÖBA 1972, 422, 424 f.

[241] Die Einführung des angelsächsischen Trusts wird diskutiert, aber zunächst abgelehnt, vgl. das Gutachten von *Gubler*, Treuhand (1954). Die Diskussion ist nicht abgeschlossen, vgl. *Wolf*, Der Trust (2008).

[242] Dazu *Geiger*, Schutz des Anlegers, S. 118 ff. Zuvor entbehrte nach Auffassung von

zur Depotbank, der Trust Deed zum Fondsreglement. Den Vertrag zwischen Anleger einer-, Fondsleitung und Depotbank andererseits bezeichnet man als Kollektivanlagevertrag. Die Fondsleitung steht unter der Aufsicht der Eidgenössischen Bankenkommission. Die Fondsleitung ist zunächst nur ein Büro innerhalb der Initiator-Bank (die juristische Trennung zwischen Bank und Fondsleitung erzwingt erst das AFG 1994). Strenge Anlageschranken sind ebenso Teil einer fürsorglichen Konzeption[243] wie die weitreichende Überwachungspflicht der Depotbank.[244] Anlagen in Rohwaren sind untersagt. Die Fondsleitung hat die Anlagegegenstände aus einer vom Verwaltungsrat autorisierten Anlageliste zu wählen. Soll das Vehikel Anlagefonds genannt werden, dürfen höchstens 7,5% des Fondsvermögens – im Fall von Immobilienfonds höchstens 25%[245] – in einer Unternehmung / einem Grundstück angelegt sein. Der Rechenschaftsbericht wird detailliert geregelt.[246] Der einzelne Anleger hat Anspruch auf die Verbriefung seines Anteils, den jederzeitigen Widerruf des Fondsvertrags (Rückgaberecht), auf Auskunft, soweit es die Anlegergemeinschaft nicht schädigt, und auf Erfüllung.[247] Anlegern steht zudem ein (in der Praxis wenig wirksames) Individualklagerecht auf Schadensersatz zu.[248]

Das AFG 1966 führt zur Bereinigung der schweizerischen Fondslandschaft. Die Zahl der Immobilienfonds sinkt bis Ende 1971 von 85 auf 49. Im Bereich der Wertschriftenfonds verschwinden Kuriositäten aus dem Anlagespektrum – so der in der Schweiz notorische „Whytru Whisky Fund".[249]

III. Luxemburg (seit 1972)

Luxemburg ist zunächst Standort für Offshore-Fonds, die man vor einer Investition „einzeln unter die Lupe nehmen" muss.[250] Die ersten Kollektivanlagen werden in Luxemburg auf der Grundlage des Gesetzes über Handelsgesellschaften von 1915[251] und des am französischen Code Civile orientierten luxemburgischen Zivilgesetzbuchs errichtet. Hinzu treten Verwaltungsrichtlinien und -empfehlungen des Finanzministeriums, der Registerbehörde und des Be-

---

Amonn, Eigentumsverhältnisse, S. 55, das Fondsvermögen jeden sicheren Schutzes. Das Aussonderungsrecht ist jetzt in Art. 35 KAG 2006 enthalten.

[243] BSK-KAG/*Winzeler*, Art. 1 Rn. 4.

[244] *Geiger*, Schutz des Anlegers, S. 126 ff.; *Müller*, Depotbank, S. 260 ff.

[245] Das AFG 1966 enthält insofern keine Regel. Die 25%-Grenze leitet die Bankenkommission aus dem Generalprinzip der Risikostreuung ab, vgl. *Schuster*, ÖBA 1972, 422, 426.

[246] Vgl. *Schuster*, ÖBA 1972, 422, 428 ff.; *Geiger*, Schutz des Anlegers, S. 110 ff.

[247] *Geiger*, Schutz des Anlegers, S. 138, 141, 151, 161 ff.

[248] *Schuster*, ÖBA 1972, 422, 428; *Geiger*, Schutz des Anlegers, S. 175 ff.

[249] Nach *Den Otter*, Anlagefonds-Geschichten, sub VI., hielt der Fonds ca. 3 Mio. CHF in Whisky-Anlagen und daneben (weitere) „flüssige Mittel" von ca. 3 TCHF. Die EBK liquidierte den Fonds, weil er weder Bewertung noch Einnahmen aus seinen Whisky-Beständen vorweisen konnte. 50% des Wertes gingen verloren.

[250] Vgl. *Den Otter*, Das Schweizer Fonds-Jahrbuch 2007, 14.

[251] Vgl. Loi du 10 août 1915 sur les sociétés commerciales, Mém. A n° 90 du 30.10.1915, 925.

auftragten für das Bankwesen. Das Gesetz über die Besteuerung von Finanz-holdings von 1929[252] sichert den Verwaltungsgesellschaften und selbstverwalte-ten Korporationen eine vorteilhafte Besteuerung.

Ein Sonderrecht wird erst im Jahr 1972 erlassen, nachdem Ende der 1960er Jahre die Lückenhaftigkeit des geltenden Rechts die Existenz des Finanzstand-orts Luxemburg bedroht. Ursache sind die Skandale rund um IOS und Gramco, welche in Deutschland Anlass für den Erlass des AuslInvG sind: Die Investors Overseas Services (IOS) Ltd.[253] wird vom Amerikaner *Bernie Cornfeld* im Ap-ril 1960 mit Sitz in Panama gegründet und als Konzernmutter eines globalen Finanzvertriebs dirigiert. *Cornfeld* – ursprünglich Vertriebsvertreter der US-amerikanischen Investor Planning Corporation – baut binnen zehn Jahren ein globales Finanzimperium mit einem verwalteten Vermögen von 2,5 Mrd. US-$ (1970) auf. *Cornfeld* paart alle Unsitten des Geschäfts mit gehörigem Er-findungsreichtum: Die IOS beginnt zunächst mit dem Verkauf von Fondsspar-plänen – diese sind in den USA seit 1930 bekannt – an Auslandsamerikaner, mit einem bis dato unbekannten Ausmaß an Gebührenschneiderei.[254] Im Dezember 1960 gründet die IOS als Vertriebsorganisation (!) zunächst eine Bank (u.a. in Genf), dann mit dem *International Investment Trust* ihren ersten Fonds in Luxemburg (in Vertragsform, FCP), der ein Volumen von bis zu 700 Mio. US-$ erreicht. Im Jahr 1962 wird die fondsgebundene Lebensversicherung erfunden, die zunächst als Dover-Plan in England Vertriebserfolge feiert und bei der die Prämien in IOS-Fonds investiert werden. Sitz der Tochtergesellschaft *Interna-tional Life Insurance Company* ist ebenfalls Luxemburg, dort liegt der zentrale Vertriebsknotenpunkt der europäischen Cornfeld-Aktivitäten. Eine weitere Cornfeld-Erfindung ist der Funds of Funds (Dachfonds), der als mehrstufige Kaskadenstruktur korrigiert wird. Im IOS-Konzern vertretene Banken plat-zieren nach dem Vorbild der englischen 1890er Krise wenig gefragte Aktien bei den eigenen Fonds. Alle IOS-Produkte prägen eine Ausreizung der für den In-itiator nützlichen Möglichkeiten, insbesondere extensive, grenzüberschreitende Aufsichtsarbitrage durch Offshore-Firmen und global operierende, intranspa-rente Gebilde, Strukturvertrieb unter Einsatz von Schneeballsystemen, Gebüh-ren- statt Ertragsmaximierung, geringe Regeltreue bei Reputations-heischender Selbstdarstellung und anlegerschädliche Umstrukturierungen. Zur Abwen-dung finanzieller Schwierigkeiten sucht sich IOS Ende der 1960er Jahre durch Emission der eigenen Aktien zu befreien. Die Börsenpublizität bewirkt jedoch ein besseres Informationsniveau über die IOS-Aktivitäten. Nach Zusammen-

---

[252] Loi du 31 juillet 1929 sur le régime fiscal des sociétés de participations financières (hol-ding companies), Mém. A n° 39 du 03.08.1929, 685.
[253] Vgl. *Raw/Page/Hodson*, Do You Sincerely Want To Be Rich? (1971); *Brooks*, The Go-Go-Years, S. 270f.
[254] 18% Gesamtkosten zuzüglich jährlicher Verwaltungsgebühr von 1% und einer Perfor-mance-Fee von 10%.

bruch der IOS-Aktie wird *Cornfeld* am 8. Mai 1970 entmachtet. Der neu besetzte Verwaltungsrat bringt alle offenen IOS-Fonds ohne Zustimmung der
Anleger in einen geschlossenen Fonds ein. Der Kurs der Fondsanteile bricht um
mehr als die Hälfte ein. Die IOS gerät zum Spielball einer weiteren zwielichten
Gestalt (*Robert Vesco*). Am Ende sind ca. 700.000 Anleger geschädigt, die verwalteten Vermögen nahezu vollständig verloren.[255]

Es folgt mit dem Großherzoglichen Erlass zur Überwachung von Investmentfonds vom 22.12.1972[256] die erste luxemburgische Spezialregulierung. Der
Erlass definiert die Bezeichnung „Investmentfonds"[257] und unterstellt in- und
ausländische Fonds, deren Anteile dem Publikum angeboten werden, der Aufsicht durch den Beauftragten für das Bankwesen. Die Kollektivanlage unterliegt
einer monatlichen Berichtspflicht sowie einer Pflichtprüfung durch einen qualifizierten Abschlussprüfer.[258]

Die dynamische Entwicklung des Fonds- und Finanzstandorts Luxemburg
verdeutlicht die Notwendigkeit einer systematisch ausgereiften Regulierung
der Organisation, des Betriebs und der Aufsicht über Kollektivanlagen. Am
31.12.1979 wird ein Gesetzentwurf in das Parlament eingebracht,[259] aber die
Verabschiedung verzögert sich um weitere vier Jahre, weil man die Regelungen
einer europäischen Fondsrichtlinie (die spätere OGAW I-RL) berücksichtigen
möchte.[260] Als im Kern nationale Regelung wird mit 40 bis 25-jähriger Verspätung gegenüber den Vertriebsstaaten im Jahr 1983 das Kollektivanlagengesetz[261]
erlassen. Zu diesem Zeitpunkt werden in Luxemburg ca. 100 Fonds mit einem
Vermögen von ca. 200 Mrd. Franc verwaltet. Das Gesetz von 1983 soll Anleger
schützen und Rechtsunsicherheiten beseitigen.[262] Neben den vertraglichen

---

[255] Vgl. *Kremer/Lebbe*, 1. Aufl., Rn. 1.23.

[256] Arrêté grand-ducal du 22 décembre 1972 ayant pour objet le contrôle des fonds d'investissement, Mém. A n° 80 du 29.12.1972, 2112.

[257] Gem. Art. 1 Abs. 1 des Erlasses (vom 22. Dezember 1972). Erfasst sind Investmentfonds
in Form des fonds commun de placement (FCP), der Investmentgesellschaft oder vergleichbare Organismen für die kollektive Anlage (pour activité le placement collectif) unabhängig
von deren Rechtsform, die beim Publikum oder privat eingeworbenes Vermögen anlegen und
deren Wertpapiere diese Werte repräsentieren. Risikostreuung ist kein Merkmal des Investmentfonds.

[258] Art. 3 des Erlasses sowie Reg No. VM/1 vom 8. November 1974, gebilligt durch Arrêté
ministériel du 19 novembre 1974 portant approbation du règlement n° VM/1 du 8 novembre
1974 du Commissaire au contrôle des banques concernant l'établissement et le dépôt de situa-
tions financières mensuelles à dresser par les fonds d'investissement soumis à sa compétence,
Mém. A n° 79 du 26.11.1974, 1718.

[259] Vgl. Parlamentsdokument No. 2366/1979.

[260] Parlamentsdokument No. 2366/1979, Az. J-1979-O-0070, S. 17 f. (3. Exposé des motifs).

[261] Loi du 25 août 1983 relative aux organismes de placement collectif, Mém. A A n° 68 du
30.08.1983 1462.

[262] Vgl. Parlamentsdokument No. 2366/1979, Rapport de la Commission spéciale – Discussion générale, Az. C-1982-O-087–0002 vom 13.07.1983, S. 5527 sowie Az. J-1979-O-0070,
S. 17 f. (3. Exposé des motifs).

Fonds (FCP) wird in Anlehnung an das französische Vorbild und anknüpfend an die Verordnung von 1972 eine Investment-AG mit variablem Kapital als *Société d'investissement à capital variable (SICAV)*[263] geregelt. Nach den europäischen Vorarbeiten zu einer OGAW-RL wird die Risikostreuung definitorisches Merkmal.[264] Durch eine Auffangregelung für alle weiteren Rechtsformen[265] und eine rechtsvergleichend ungewöhnliche Verordnungslastigkeit bleibt das luxemburgische Recht flexibel: Die Höhe des regulatorischen Mindestkapitals, die Offenlegungspflichten gegenüber Anlegern und Berichtspflichten gegenüber der Aufsichtsbehörde (seit Mai 1983 dem *Institut Monétaire Luxembourgeois*) werden mit Verordnung[266] festgelegt.

§ 16 – Internationalisierung, Optimierung, Intensivierung

Die dritte Entwicklungsphase ist vom Ausbau, der Optimierung und einer besseren Durchsetzung des Rechts der Investmentfonds geprägt.

A. Europäische Union und EWR

In Europa liegt der Schwerpunkt auf der Schaffung eines Binnenmarktes für Fondsanteile als Teil eines einheitlichen Kapitalmarkts.[267] Zu ersten Harmonisierungsbestrebungen kommt es nach internationalen Anregungen[268] in Form einer Empfehlung des Europäischen Rats im Jahr 1972.[269]

I. Bereichsausnahme

In Vorwegnahme späterer Regulierung erreichen Anlageorganismen erste legislative Erwähnung zunächst als Ausnahme von den europäischen Richtlinien auf

---

[263] Art. 22 bis 36 (Chapitre II.) des Kollektivanlagengesetzes.

[264] Art. 1 Abs. 1 des Kollektivanlagengesetzes.

[265] Art. 37 bis 40 (Chapitre III.) des Kollektivanlagengesetzes.

[266] Großherzogliche Verordnung vom 25. August 1983 (Mém. A 1983, 1476) und Großherzogliche Verordnung vom 29. Dezember 1983 (Mém. A 1983, 2676).

[267] Zur europäischen Rechtsangleichung vgl. Kommission der Europäischen Gemeinschaften, Der Aufbau eines europäischen Kapitalmarkts (1966) („Segré-Bericht"); *Assmann*, Bankrechtstag 1993, S. 61 ff.; *Sethe*, S. 428 ff.

[268] Vgl. OECD, Report by the Committee on Financial Markets of February 1972 [C (71) 234].

[269] Europäischer Rat, Résolution (72) 28 relative aux fonds de placement et Résolution (72) 50 relative aux organismes de placement collectif étrangers et rapports explicatifs, COE.M.7/73 FO 1973, angenommen durch die Fachminister am 19. September 1972 anlässlich des 213. Stellvertretertreffens. Die Empfehlung skizziert bereits die Grundzüge der späteren OGAW-RL, z.B. mit der Risikostreuung als Definitionsmerkmal (Art. 1) und Empfehlungen zur Verwahrstelle (Art. 13 und 14).

dem Gebiet des Gesellschaftsrechts. Es deutet sich damit ein Sonderrecht für Kollektivanlagen an.

1. Gesellschaftsrecht

Dies belegen bereits die von Beginn an für Kollektivanlagen etablierten Ausnahmen in den gesellschaftsrechtlichen Richtlinien. Nach dem dort etablierten Enumerativprinzip werden entweder die AG, die KGaA und die GmbH,[270] nur die Aktiengesellschaft,[271] die GmbH[272] oder Kapitalgesellschaften & Co.[273] geregelt. Der vertragliche Investmentfonds und der Unit Trust fallen nicht in den Anwendungsbereich der Richtlinien, und zwar unabhängig davon ob man den Unit Trust mit *Sin* (für den angelsächsischen Rechtsraum)[274] als „unincorporated association" oder mit *Hudson*[275] als Hybrid aus mehrseitigem Vertrag und Trust qualifiziert.

Von Relevanz sind die gesellschaftsrechtlichen Richtlinien ggf. für die korporativ organisierte Kollektivanlage (AG, GmbH, KGaA, Kapitalgesellschaften & Co.). Innerhalb der geregelten Rechtsformen und ohne stringentes Muster werden Kollektivanlagen jedoch vom Richtlinieninhalt ausgenommen: Art. 1 Abs. 2 der Zweiten (Kapital-)Richtlinie 77/91 gewährt den Mitgliedstaaten ein Wahlrecht, ob sie die Kapital-RL auf Investmentgesellschaften mit *veränderlichem* Kapital anwenden möchten.[276] Wenden sie die Richtlinie nicht an, haben sich solche Gesellschaften als „Investmentgesellschaften mit veränderli-

---

[270] Art. 1 Abs. 1 der Ersten (Publizitäts-)Richtlinie 68/151, die Überarbeitung durch die Richtlinie 2003/58 hat insofern keine Änderungen bewirkt. Art. 1 Abs. 1 der Elften (Zweigniederlassungs-)Richtlinie 89/666 bezieht sich auf Art. 1 Abs. 1 der Ersten (Publizitäts-)RL. Art. 1 Abs. 1 der Vierten (Jahresabschluss-)-RL; Art. 4 Abs. 1 der Siebenten (Konzernabschluss-)RL 83/349/EWG ((jetzt Art. 1 Abs. 1 und Anhang I der Bilanz-RL).

[271] Art. 1 Abs. 1 der Zweiten (Kapital-)Richtlinie 77/91; Art. 1 Abs. 1 der Dritten (Verschmelzungs-)RL 78/855; Art. 1 der Sechsten (Spaltungs-)Richtlinie 82/891 bezieht sich auf Art. 1 Abs. 1 der Verschmelzungsrichtlinie;

[272] Art. 1 Abs. 1 der Zwölften (Ein-Personen-Gesellschaft-)Richtlinie 89/667.

[273] Die (Kapitalgesellschaften & Co-)Richtlinie 90/605 ergänzt den Anwendungsbereich der Vierten (Jahresabschluss-)-RL und der Siebenten (Konzernabschluss-)RL 83/349/EWG um OHG und KG, bei denen keine natürliche Person direkt oder indirekt unbeschränkt für die Gesellschaftsverbindlichkeiten einzustehen hat.

[274] *Sin*, S. 129 ff.; das britische Recht verlangt für die Anerkennung einer Personengesellschaft eine gewinnorientierte Geschäftstätigkeit, die in etwa vergleichbar mit dem vor 1998 in Deutschland erforderlichen Gewerbe ist und vermögensverwaltende Tätigkeiten für Personengesellschaften ausschließt. Konsequenz dieser Qualifikation ist die Anwendung des Rechts mehrseitiger Verträge (statt des Trustrechts). Diese Einstufung rückt den Unit Trust in die Nähe des deutschen Miteigentümer-Modells.

[275] *Hudson*, Investment Entities, S. 191 ff.

[276] Investmentgesellschaften mit veränderlichem Kapital definiert die Kapital-RL als Gesellschaften, 1) deren Gegenstand es ausschließlich ist, ihre Mittel in verschiedenen Wertpapieren, in verschiedenen Grundstücken oder in anderen Werten anzulegen mit dem einzigen Ziel, das Risiko der Investitionen zu verteilen und ihre Aktionäre an dem Gewinn aus der Verwaltung ihres Vermögens zu beteiligen, 2) die sich an die Öffentlichkeit wenden, um ihre eigenen Aktien unterzubringen, und 3) deren Satzung bestimmt, dass ihre Aktien in den

chem Kapital" zu bezeichnen. Die Mitgliedstaaten können zudem Investmentgesellschaften mit *festem* Kapital[277] in gewissen Grenzen von den Ausschüttungsschranken gem. Art. 15 Kapital-RL befreien. Der Geschäftsgegenstand
beider Gesellschaftsformen ist die Anlage mit dem Ziel, das Risiko der Investitionen zu verteilen und ihre Aktionäre an dem Gewinn aus der Verwaltung ihres Vermögens zu beteiligen. Die erste Variante ist auf die (damals) französische
und luxemburgische SICAV zugeschnitten, die zweite auf den britischen Investment Trust (arg.: Börsennotierung).

Privilegien bestehen zunächst[278] auch für die Rechnungslegung: Gem. Art. 5
Abs. 1 Vierte (Jahresabschluss-)RL sind Sondergliederungen für den Abschluss
zulässig für Investment-[279] und Beteiligungsgesellschaften.[280] Gem. Art. 36
können die Mitgliedstaaten einer Investmentgesellschaft gestatten, Wertberich-
tigungen bei Wertpapieren unmittelbar aus dem Eigenkapital vorzunehmen,
wenn die Investmentgesellschaft die Beträge auf der Passivseite der Bilanz gesondert ausweist. Art. 60 ermächtigt Investmentgesellschaften zur Ermittlung
der Werte anhand des Markt- statt des Buchwerts. Nach Art. 5 Siebte (Kon-
zernabschluss-)RL 83/349/EWG können Beteiligungsgesellschaften, die sich
aus der Leitung oder Aufsicht ihrer Beteiligungen heraushalten, die Kredite
über den Bilanzstichtag nur an Beteiligungen vergeben und denen die Befreiung
behördlich genehmigt wird,[281] von der Erstellung eines Konzernabschlusses
und Angabepflichten im Abschluss befreit werden.[282] Diese Privilegien gelten
zunächst ebenso nach der Kapitalgesellschaften & Co. RL.

Grenzen eines Mindest- und eines Höchstkapitals jederzeit von der Gesellschaft ausgegeben,
zurückgekauft oder weiterveräussert werden können.

[277] Art. 15 Abs. 4, 2. Unterabsatz der Zweiten (Kapital-)RL 77/91 definiert Investmentgesellschaften mit festem Kapital als Gesellschaften, 1) deren Gegenstand es ausschließlich ist,
ihre Mittel in verschiedenen Wertpapieren, in verschiedenen Grundstücken oder in anderen
Werten anzulegen mit dem einzigen Ziel, das Risiko der Investitionen zu verteilen und ihre
Aktionäre an dem Gewinn aus der Verwaltung ihres Vermögens zu beteiligen, und 2) die sich
an die Öffentlichkeit wenden, um ihre eigenen Aktien unterzubringen.

[278] Die Bilanz-RL sieht diese Privilegien nicht vor.

[279] Vgl. Art. 5 Abs. 2 der Vierten (Jahresabschluss-)RL (die Definition ist heute als solche
der Investmentunternehmen in Art. 2 Nr. 14 Bilanz-RL zu finden).

[280] Art. 5 Abs. 3 der Vierten (Jahresabschluss-)RL (die Definition ist heute in Art. 2 Nr. 15
Bilanz-RL zu finden).

[281] Gem. Art. 5 Abs. 1 der Siebten (Konzernabschluss-)RL 83/349 darf die Beteiligungsgesellschaft a) während des Geschäftsjahres nicht in die Verwaltung des Tochterunternehmens
eingegriffen haben, b) das Stimmrecht bei der Wahl der Leitungs- und Aufsichtsorgane im
laufenden und in den letzten fünf Geschäftsjahren nicht ausgeübt haben oder die bestellten
Mitglieder müssen ohne Einmischung oder Einflussnahme der Beteiligungsgesellschaft ihr
Amt ausüben können, c) Darlehen über den Bilanzstichtag nur an Beteiligungsunternehmen
gewährt werden und d) die Befreiung von einer Behörde nach Prüfung der vorstehend aufgeführten Voraussetzungen erteilt worden ist.

[282] Vgl. Art. 5 Abs. 2 der Siebten (Konzernabschluss-)RL 83/349/EWG.

Die Achte (Abschlussprüfer-)RL 84/253[283] gilt für die gemeinschaftsrechtlich obligatorische Pflichtprüfung des Abschlusses und des Lageberichts von „Gesellschaften". Nach dem Enumerativprinzip der Richtlinie unterliegen Kollektivanlagen in anderer Rechtsform folglich keiner Prüfungspflicht. Eine Prüfungspflicht besteht für solche Kollektivanlagen allerdings gem. der OGAW I-RL (dazu sogleich), aber nicht, weil es sich um Gesellschaften handelt, sondern weil die Achte (Abschlussprüfer-)RL 84/253 explizit für OGAW gleich welcher Rechtsform gilt.[284] Für Anlage-AG mit veränderlichem oder festem Kapital gelten im Zeitpunkt des Inkrafttretens der OGAW-RL im Herbst 1989 nur die Zweigniederlassungs-, die Verschmelzungs- und Spaltungs-RL ausnahmslos.[285]

Die exklusive Tendenz ist auch in späteren Richtlinien zu erkennen: So klammern Art. 1 Abs. 2 der Übernahme-RL 2004/25 und Art. 3 Abs. 3 der Richtlinie zu grenzüberschreitenden Verschmelzungen 2005/56 solche Gesellschaften aus ihrem Anwendungsbereich aus, deren Zweck es ist, die vom Publikum bei ihnen eingelegten Gelder nach dem Grundsatz der Risikostreuung gemeinsam anzulegen, und deren Anteilscheine auf Verlangen der Anteilsinhaber zulasten des Vermögens dieser Gesellschaften zurückgenommen oder ausgezahlt werden.[286]

Die Aktionärsrechte-RL 2007/36 gilt nur für börsengehandelte Stimmrechtsaktien. Solche gibt es gelegentlich bei Anlage- und Inv-AGs des geschlossenen Typs.[287] Im Ausland sind Stimmrecht und Börsennotierung von Anlageaktien (und sonstigen Fondsanteilen) weit mehr verbreitet (näher Fünfter Teil, § 34.A.). Zudem können die Mitgliedstaaten bestimmte Kollektivanlagen aus dem Anwendungsbereich der Richtlinie herausnehmen. Dazu zählen mit den OGAW-Richtlinien konforme „Organismen für gemeinsame Anlagen" (also solche mit veränderlichem Kapital) sowie „Organismen", „deren ausschließli-

---

[283] Vgl. Art. 1 Abs. 1 der Achten (Abschlussprüfer-)RL 84/253. Die Beschränkung auf Gesellschaften ist in der überarbeiteten Fassung der Achten Richtlinie 2006/43 nicht mehr enthalten.

[284] Art. 31 OGAW I-RL, heute Art. 73 OGAW-RL.

[285] Auch deren Anwendungsbereich stellen spätere Ergänzungen der OGAW-RL in Frage. In Bezug auf Zweigniederlassungen vgl. die Ergänzungen der OGAW I-RL durch die Verwalter-RL (jetzt Art. 16, 17, 19 und 20 der OGAW-RL), in Bezug auf die Verschmelzung von Kollektivanlagen die Art. 37 ff. OGAW-RL.

[286] Diesen Rücknahmen oder Auszahlungen gleichgestellt sind Handlungen, mit denen eine Gesellschaft sicherstellen will, dass der Kurs ihrer Anteilscheine nicht erheblich von deren Nettoinventarwert abweicht.

[287] Inv-AGs mit veränderlichem Kapital geben nur Stimmrechtsaktien aus, wenn die Satzung dies vorsieht, vgl. § 108 Abs. 2 KAGB. Zudem gelten sie nicht als börsennotiert, selbst wenn ihre Anteile ausnahmsweise auch über die Börse gehandelt werden (§ 108 Abs. 2 S. 2 KAGB). Spezialfonds in Form der Inv-AG (vgl. § 109 Abs. 1 KAGB) sind i.d.R. nicht börsennotiert. Kollektivanlagen als Personengesellschaften und in Vertragsform geben keine Aktien aus. Eine Inv-AG des geschlossenen Typs gibt es unter dem KAGG/InvG bis zum InvModG 2003, diese erlangt jedoch keine praktische Bedeutung. Vgl. jetzt aber die neue geschlossene Inv-AG gem. §§ 140 ff. KAGB.

cher Zweck es ist, beim Publikum beschafftes Kapital für gemeinsame Rechnung anzulegen, die nach dem Grundsatz der Risikostreuung arbeiten und die keine rechtliche oder wirtschaftliche Beherrschung eines der Emittenten der zugrunde liegenden Veranlagungen anstreben, sofern diese Organismen für gemeinsame Anlagen von den zuständigen Behörden zugelassen sind und deren Aufsicht unterliegen und sie eine Verwahrstelle haben, die die Aufgaben im Sinne der Richtlinie 85/611/EWG wahrnimmt." Diversifikation, Publikum, Kontrollverzicht und das Aufsichtserfordernis finden sich auch in anderen Richtlinien, das Kriterium der Drittverwahrung ist ein Novum.

2. Kapitalmarktrecht

Auch in der ersten Generation des europäischen Kapitalmarktrechts deuten sich – wiederum recht unterschiedlich gestaltete – Sonderregelungen für Kollektivanlagen an: Sofern nur Wertpapiere emittiert werden,[288] gelten die Börsenprospekt-RL 80/390[289] und die Emissionsprospekt-RL 89/298[290] nicht für Anlagen des offenen Typs.[291] Die Börsenzulassungs-RL 79/279[292] gewährt den Mitgliedstaaten ein Wahlrecht, offene Anlageformen auszunehmen. Die Zwischenberichts-RL 82/121 gilt nicht für die Inv-AG des offenen Typs,[293] die Beteiligungs-RL 88/627 schließt gleich alle Kollektivanlagen aus.[294] Aus der ersten

---

[288] Siehe die gleichlautenden Definitionen in Art. 2 Bst. a der Börsenzulassungs-RL 79/279, Art. 2 Bst. a der Zulassungsprospekt-RL 80/390 und Art. 2 Bst. a der Emissionsprospekt-RL 89/298, wonach jeweils Investmentfonds und Investmentgesellschaften zu den Organismen für gemeinsame Anlagen im Sinne der Richtlinie zählen.

[289] Vgl. Art. 1 Abs. 2 der Richtlinie 80/390/EWG des Rates vom 17. März 1980 zur Koordinierung der Bedingungen für die Erstellung, die Kontrolle und die Verbreitung des Prospekts, der für die Zulassung von Wertpapieren zur amtlichen Notierung an einer Wertpapierbörse zu veröffentlichen ist: „Diese Richtlinie gilt nicht für ... Anteilscheine, die von Organismen für gemeinsame Anlagen eines anderen als des geschlossenen Typs ausgegeben werden".

[290] Art. 2 Abs. 1 der Richtlinie 89/298/EWG des Rates vom 17. April 1989 zur Koordinierung der Bedingungen für die Erstellung, Kontrolle und Verbreitung des Prospekts, der im Falle öffentlicher Angebote von Wertpapieren zu veröffentlichen ist, lautet: „Diese Richtlinie gilt nicht ... 2. für folgende Wertpapierarten: b) für Anteilscheine, die von Organismen für gemeinsame Anlagen eines anderen als des geschlossenen Typs ausgegeben werden".

[291] Damit sind alle OGAW gem. der OGAW I-RL aus dem Anwendungsbereich ausgeschlossen, vgl. Art. 2 Abs. 1 OGAW I-RL, heute Art. 3 OGAW-RL.

[292] Vgl. Art. 1 Abs. 2 der Richtlinie 79/279/EWG des Rates vom 5. März 1979 zur Koordinierung der Bedingungen für die Zulassung von Wertpapieren zur amtlichen Notierung an einer Wertpapierbörse: „Die Mitgliedstaaten brauchen diese Richtlinie nicht anzuwenden auf: ... Anteilscheine, die von Organismen für gemeinsame Anlagen eines anderen als des „closed-end" Typs ausgegeben werden".

[293] Vgl. Art. 1 Abs. 2 der Richtlinie 82/121/EWG des Rates vom 15. Februar 1982 über regelmäßige Informationen, die von Gesellschaften zu veröffentlichen sind, deren Aktien zur amtlichen Notierung an einer Wertpapierbörse zugelassen sind: „Vom Anwendungsbereich dieser Richtlinie ausgenommen sind jedoch Investmentgesellschaften eines anderen als des geschlossenen Typs."

[294] Art. 1 Abs. 3 der Richtlinie 88/627/EWG des Rates vom 12. Dezember 1988 über die bei

Generation des europäischen Kapitalmarktrechts gilt nur die Insider-RL ausnahmslos für alle (börsennotierten) Anlagen, weil es sich entweder um Aktien oder – für Anteile in Vertrags-, Treuhand- oder Personengesellschafts-Form – mit Aktien vergleichbare Effekten im Sinne von Art. 1 Abs. 2 a) Insider-RL handelt. Dies erklärt sich mit Blick auf den angestrebten Anlegerschutz: Für OGAW ist die Insider-RL Korrelat zum zulässigen Verzicht auf eine Verwahrstelle im Fall der Börsennotierung: Wird die Preisbildung nicht von einer Verwahrstelle überwacht, muss zumindest der zur Preisbildung führende Börsenhandel ordnungsgemäß sein. Das Argument gilt analog für andere börsennotierte Anlagen.

Auch nach Erlass der OGAW I-RL bleibt die für die erste Entwicklungsphase bemerkte Sonderstellung von Kollektivanlagen erhalten: Die WpDL-RL versteht unter den handelbaren Wertpapieren, die ihren Anwendungsbereich begrenzen, nicht Ansprüche auf Anteilsrücknahme durch den Emittenten. Zugleich werden explizit Organismen für die gemeinsame Anlage und deren Verwahrstellen, selbst wenn sie handelbare Wertpapiere emittieren, aus dem Anwendungsbereich ausgeklammert, sofern darauf abgestimmte Sonderregelungen gelten.[295] Die Kapitalmarktpublizitäts-RL 2001/34[296] regelt die Primär- und Sekundärmarktinformation grundsätzlich für alle Wertpapiere, Ausnahmen bestehen für offene Kollektivanlagen.[297] Diese Ausnahmen könnte man mit Blick auf die Sondervorschriften der OGAW-RL zu Prospekten und Zwischenberichten zu erklären suchen,[298] diese sind jedoch nicht auf OGAW-konforme Investmentanteile beschränkt.

Die Marktmissbrauchs-RL 2003 behält die Weichenstellung der Insider-RL bei, mit der Konsequenz, dass die Richtlinienregelungen grundsätzlich für Anteile an Kollektivanlagen gelten: Art. 1 Nr. 3 der Richtlinie zählt zu den Finanzinstrumenten „Anteile an Organismen für die gemeinsame Anlage in Wertpa-

---

Erwerb und Veräußerung einer bedeutenden Beteiligung an einer börsennotierten Gesellschaft zu veröffentlichenden Informationen lautet: „Diese Richtlinie gilt nicht für den Erwerb und die Veräußerung einer bedeutenden Beteiligung an Organismen für gemeinsame Anlagen."

[295] Vgl WpDL-RL, ErwGr, 2. Spalte (mit der Folge, dass englische *Industrial and Provident Societies* ausgeklammert sind) und 3. Spalte (für alle Anlageorganismen).

[296] Richtlinie 2001/34/EG des Europäischen Parlaments und des Rates vom 28. Mai 2001 über die Zulassung von Wertpapieren zur amtlichen Börsennotierung und über die hinsichtlich dieser Wertpapiere zu veröffentlichenden Informationen.

[297] Die Prospektvorschriften (Art. 20 bis 41) gelten für offene Kollektivanlagen gar nicht. Die Anwendung der allgemeinen Vorschriften über die amtliche Börsennotierung von Wertpapieren (Art. 5 bis 19), der besonderen Bedingungen für die Zulassung von Aktien (Art. 42 bis 69) und der Pflichten der Emittenten von Schuldverschreibungen (Art. 78 und 84) auf offene Kollektivanlagen steht aber im Ermessen der Mitgliedstaaten (vgl. Art. 2 Abs. 2 und 3 Abs. 1). Offene Inv-AGs, deren Aktien zur amtlichen Notierung zugelassen sind, müssen keine Zwischenberichte gem. Art. 70 bis 77 der Richtlinie erstellen.

[298] Art. 27 bis 33 und Anhang I OGAW I-RL, jetzt Art. 68 bis 75 und Anhang I der OGAW IV-RL.

pieren" (OGAW) und „Wertpapiere" im Sinne der Richtlinie 93/22. Man könnte in der Beschränkung auf OGAW – W steht für Wertpapieranlagen – eine
Ausgrenzung alternativer, z.B. Immobilienfonds sehen. Demgegenüber dürfte
in der Tradition der Insider-RL eine Subsumtion der Anteile alternativer Organismen für die gemeinsame Anlage unter den kapitalmarktrechtlichen Wertpapierbegriff zutreffen, soweit deren Anteile den Kriterien für Wertpapiere (Standardisierung, Handelbarkeit, Fungibilität)[299] entsprechen. Eine solche Auslegung entspricht dem Schutzzweck, wonach ein Börsenhandel, soweit er
stattfindet, auch ordnungsgemäß sein soll, wenn Anteile an Kollektivanlagen
gehandelt werden, und vermeidet die kaum durchführbare Abgrenzung[300] zwischen Wertpapieren und Anteilen an Organismen für gemeinsame Anlagen.
Das Marktmanipulationsverbot gem. Art. 5 Marktmissbrauchs-RL gilt dann
vollumfänglich für OGAW- und sonstige fungible AIF-Anteile. Das Insider-
handels- und -weitergabeverbot gem. Art. 3 bis 5 der Richtlinie gilt dagegen nur,
wenn die Anteile zum Handel auf einem geregelten Markt zugelassen sind. Die
an den Emittenten gerichteten Veröffentlichungspflichten (Art. 6) gelten
schließlich nur, wenn die Zulassung zum Börsenhandel auf Betreiben der Kollektivanlage oder ihrer Verwaltungsgesellschaft erteilt wird (Beispiel: ETF).

Der Prospekt-RL und Transparenz-RL liegt offensichtlich ein gemeinsames
Regelungskonzept zugrunde. Beide Richtlinien gelten für „Wertpapiere". Nach
der ProspektRL sind alle übertragbaren Wertpapiere[301] erfasst, nach der Transparenz-RL nur an geregelten Märkten zugelassene Wertpapiere (bzw. deren
Emittenten). Anteile an Kollektivanlagen fallen in den Anwendungsbereich beider Richtlinien, sofern und weil es sich um Wertpapiere handelt.[302] Wie auch bei
den Vorgängerrichtlinien[303] gilt jedoch eine Bereichsausnahme für Anteilschei-

---

[299] Vgl. zum Wertpapierbegriff Art. 1 Nr. 18 MiFID; *Lehmann*, Finanzinstrumente, S. 11,
14 f.

[300] So kann eine Investmentgesellschaft Aktien emittieren; Anteile an vertraglichen Inves-
mentfonds sind regelmäßig Wertpapier gem. Art. 1 Nr. 18 MiFID, § 2 Abs. 1 Satz 2 WpHG.
Die Ausgrenzung verschiedener geschlossener Fonds durch Art. 2 der Definitions-RL zur
OGAW-RL erfolgt mit Blick auf den Schutzzweck, OGAW als kleinanlegertaugliches Produkt zu erhalten, ist nicht auf andere europäische Richtlinien übertragbar.

[301] Gem. Art. 1 Abs. 1 der Prospekt-RL. Vgl. Art. 2 Abs. 1 Bst. p der Prospekt-RL: a)
„Wertpapiere" [sind] übertragbare Wertpapiere im Sinne von Artikel 1 Absatz 4 der Richtlinie
93/22/EWG mit Ausnahme von Geldmarktinstrumenten im Sinne von Artikel 1 Absatz 5 der
Richtlinie 93/22/EWG mit einer Laufzeit von weniger als zwölf Monaten. Für diese Instrumente können einzelstaatliche Rechtsvorschriften gelten.

[302] Wann dies der Fall ist, ist nicht so klar. Vgl. dazu die identischen Art. 2 Abs. 1 Bst. p) der
Prospekt-RL und Art. 2 Abs. 1 Bst h) der Transparenz-RL: „Anteile an Organismen für gemeinsame Anlagen" [sind] Wertpapiere, die von einem Organismus für gemeinsame Anlagen
begeben werden und die Rechte der Anteilsinhaber am Vermögen dieses Organismus verbriefen.

[303] Börsenzulassungsprospekt-RL 80/390, Zwischenberichts-RL 82/121, Emissionsprospekt-RL 89/298 und Kapitalmarktpublizitäts-RL 2001/34.

ne von Anlageorganisationen des offenen Typs.[304] Privilegiert sind diversifizierte Publikumsvermögen, deren Anteile auf Verlangen des Anteilsinhabers zulasten des Vermögens dieser Organismen zurückgekauft oder abgelöst werden.[305] Eine Offenlegungspflicht trifft aber ggf. das Mutterunternehmen der Verwaltungsgesellschaft (Art. 12 Abs. 4 Transparenz-RL).

Dass auch geschlossene Kollektivanlagen eine Sonderstellung genießen, geht aus Art. 18 Prospekt-VO deutlich hervor, wonach für solche Anlagen ein besonderes Prospektschema (XV) zu verwenden ist. Voraussetzung ist ein gemischtes Portfolio, die nationale Anerkennung des Organismus (gemeint: Aufsicht?) und Kontrollverzicht bezüglich der Zielgesellschaften.[306]

3. Bank- und Wertpapierdienstleistungen

Die Verwaltung von Kollektivanlagen ist auch aus dem allgemeinen Bank- und Finanzmarktrecht ausgeklammert: Nach der ersten WpDL-RL[307] sowie der Ersten[308] und Zweiten Bankrechtskoordinierungs-RL[309] ist deren Verwaltung weder Wertpapierdienstleistung noch Bankgeschäft, und zwar unabhängig von Rechtsform, Typ (offen/geschlossen) und einer etwaigen Rechtskoordination durch Gemeinschaftsrecht. Dies steht im Gegensatz zur Regelung der (individuellen) „Portfolioverwaltung und -beratung" bzw. der individuellen Vermögensverwaltung mit Ermessensspielraum, die Gegenstand der BankrechtskoordinierungsRL[310] und der WpDL-RL sind.[311] Die kollektive Vermögensverwaltung hielt man für ein Spezifikum.[312] Die Besonderheit wird durch die

---

[304] Vgl. Art. 1 Abs. 2 Bst. a Prospekt-RL und Art. 1 Abs. 2 Transparenz-RL.

[305] Vgl. Art. 2 Bst. o Prospekt-RL und Art. 2 Bst. g Transparenz-RL.

[306] Näher Holzborn/*Zetzsche*/*Eckner*, EU-ProspV Art. 18 ProspektV, Rn. 1 ff.

[307] Vgl. Art. 2 Abs. 2 WpDL-RL sowie den 16. ErwGr: „Aus dem Auswendungsbereich der Richtlinie auszuklammern sind Organismen für gemeinsame Anlagen, unabhängig davon, ob sie auf Gemeinschaftsebene koordiniert worden sind, sowie die Verwahr- und Verwaltungsgesellschaften derartiger Organismen, sofern für sie eine unmittelbar auf ihre Tätigkeit abgestimmte Sonderregelung gilt."

[308] Die Erste Richtlinie 77/780/EWG des Rates vom 12. Dezember 1977 zur Koordinierung der Rechts- und Verwaltungsvorschriften über die Aufnahme und Ausübung der Tätigkeit der Kreditinstitute verhält sich nicht zu Anlagetätigkeiten.

[309] Siehe den Hinweis im 11. ErwGr der Zweiten Richtlinie 89/646/EWG des Rates vom 15. Dezember 1989 zur Koordinierung der Rechts- und Verwaltungsvorschriften über die Aufnahme und Ausübung der Tätigkeit der Kreditinstitute: „Die Harmonisierung bestimmter finanzieller Dienstleistungen und solcher auf dem Gebiet der Kapitalanlagen wird, soweit erforderlich, durch besondere Gemeinschaftsrechtsakte weiterverfolgt, insbesondere um den Schutz der Verbraucher und Kapitalanleger zu gewährleisten."

[310] Vgl. Nr. 11 des Anhangs der Richtlinie 89/646.

[311] Vgl. Anhang A Nr. 3 WpDL-RL.

[312] Vgl. die ErwGr der WpDL-RL, 3. Spalte, wonach Organismen für gemeinsame Anlagen, ihre Verwalter und Verwahrer aus dem Anwendungsbereich der Richtlinie auszuklammern sind, „sofern für sie eine unmittelbar auf ihre Tätigkeit abgestimmte Sonderregelung gilt." (Im Richtlinientext ist die Bedingung einer abgestimmten Sonderregelung nicht enthalten).

Ausnahme gem. Art. 2 f) der WpDL-RL bestätigt: Für die Weiterleitung von Aufträgen (z.B.) an zum öffentlichen Anteilsvertrieb berechtigte Kollektivanlagen, deren Geschäftsleiter und börsennotierte Investmentgesellschaften mit festem Kapital gilt die Richtlinie nicht, wenn die Tätigkeit einzelstaatlich reguliert ist.

Die in ihrer Vorgängerrichtlinie 93/22 begründete Bereichsausnahme findet sich des Weiteren in Art. 2 Abs. 1 Bst. h MiFID. Danach gilt die MiFID nicht für Organismen für die gemeinsame Anlage sowie die Verwahrer und Verwalter solcher Organismen. Auf eine Definition und nähere Einschränkung wird verzichtet. Den Sonderstatus belegen zudem die zahlreichen Durchführungsakte, z.B. in Bezug auf Mitarbeitergeschäfte[313] und im Hinblick auf die den Kunden vor Vertragsschluss zu übermittelnden Informationen – grundsätzlich genügt die Übergabe der Pflichtdokumente gem. der OGAW-RL.[314] Die Börsenzulassung von Fondsanteilen soll keine Umgehung der OGAW-Regelungen ermöglichen.[315] Der Kapitaladäquanz-RL 2006/49 sind schließlich umfangreiche Vorgaben (aber keine Definition) für die Verbuchung von Anteilen an Organismen für die gemeinsame Anlage im Handelsbuch der Banken und Wertpapierfirmen zu entnehmen.[316]

4. Sonderstatus

Die Betrachtung des europäischen Gemeinschaftsrechts lässt einen Sonderstatus der Kollektivanlagen erkennen. Die in den Ausnahmevorschriften angelegte rechtstechnische Abkopplung vom Gesellschaftsrecht verwundert aus historischer Perspektive, insbesondere mit Blick auf die britischen Investment Trusts, welche gerichtlich in das Korporationsrecht gezwungen wurden. Auch existieren bei Inkrafttreten insbesondere der gesellschaftsrechtlichen Ausnahmen europäische Spezialregelungen für Kollektivanlagen (noch) nicht. Unklar bleiben der *Grund* und die Kriterien für die Ausnahmen im Einzelfall. Beides ist Voraussetzung für das zutreffende Verständnis des Rechts der Kollektivanlagen. Die Diversifikation, Börsennotierung, Aufsicht, Beteiligung des Publikums, Verwahrung durch eine Verwahrstelle und häufiger die offene Form wechseln sich als Kriterien ab. Einzig konstante Faktoren sind die Anlage und eine für eine Anlegermehrzahl geeignete Organisationsform. Dies indiziert einen Sonderstatus – ganz allgemein – der Kollektivanlage, wie sie im ersten Teil definiert wurde.

---

[313] Art. 11 Abs. 3 Bst. b der MiFID-Organisation-RL.
[314] 54., 55. und 61. ErwGr sowie Art. 34 der MiFID-Organisations-RL.
[315] 20. ErwGr der MiFID-Durchführungs-VO.
[316] Anhang, Nr. 46 ff.

II. OGAW I-RL bis FSAP

Nach 17-jähriger Vorarbeit verabschiedet der EG-Ministerrat schließlich am 20.12.1985 die OGAW I-RL.

1. OGAW I-RL

a) Produkt- und Vertriebsregulierung

Die OGAW I-RL etabliert für OGAW[317] EG-einheitliche Mindeststandards für das Produkt und den Vertrieb. Die Produktregulierung beinhaltet Vorgaben zur Rechtsform, Organisation, Anlagestrategie, Offenlegung, Transparenz und Aufsicht: Die Anlage muss vertraglicher Investmentfonds, Unit Trust oder durch Satzung verfasste Investmentgesellschaft[318] des offenen Typs[319] sein. Die Verwahrung der Anlagegegenstände ist einer Verwahrstelle anzuvertrauen, die die Durchführung der Anlagen, die Anteilsrücknahme und die Preisberechnung der Fondsanteile überwacht.[320] Grundsätzlich sind nur Anlagen in Wertpapieren zulässig.[321] Für den einzelnen Anlagegegenstand gelten Anlagegrenzen. In Wertpapiere desselben Emittenten dürfen höchstens 5% des Fondsvermögens investiert werden. Eine erhöhte Anlagegrenze von 25% gilt für Schuldverschreibungen bestimmter Kreditinstitute.[322] Das Investment des OGAW darf höchstens 10% der Wertpapierklasse eines Emittenten ausmachen. Kreditaufnahme und Hebeltechniken sind beschränkt.[323] Prospekt, eine Kurzform desselben (vereinfachter Prospekt), Zwischenbericht und Jahresabschluss sind in bestimmter Form zu gestalten, zu prüfen und zu veröffentlichen.[324] Die Kollektivanlage selbst ist zulassungspflichtig. Die Aufsicht erstreckt sich auf die Einhaltung der Richtlinien- und ggf. strengere nationale Vorschriften.[325]

Rechtsfolge der OGAW-Konformität ist ein Recht zum grenzüberschreitenden Vertrieb von Fondsanteilen.[326] Dieses Vertriebsrecht ermöglicht insbeson-

---

[317] Vgl. die Definition in Art. 1 Abs. 2 OGAW I-RL. Zum Anwendungsbereich der OGAW I-RL vgl. *Moloney*, EC Securities Regulation, S. 215 f.

[318] Art. 1 Abs. 3 OGAW I-RL, jetzt Art. 1 Abs. 3 OGAW-RL.

[319] Art. 1 Abs. 2 und Art. 34, 37 OGAW I-RL, jetzt 1 Abs. 2 Bst. b und Art. 76, 84 OGAW-RL. Die Anteile müssen also auf Verlangen der Anleger zurückgenommen und der Nettoinventarwert des Anteils im Rückgabezeitpunkt ausgezahlt werden.

[320] Art. 14 OGAW I-RL, jetzt Art. 32 OGAW-RL.

[321] Art. 1 Abs. 2 und Art. 19 OGAW I-RL, jetzt Art. 1 Abs. 2 Bst. a und Art. 50 OGAW-RL.

[322] Eingeführt vor Inkrafttreten der OGAW I-RL durch die RL 88/220/EWG vom 22.3.1988.

[323] Art. 22, 25, 41, 42 OGAW I-RL, jetzt Art. 52, 56, 88, 89 OGAW-RL.

[324] Art. 27 bis 35 OGAW I-RL, jetzt Art. 68 bis 82 OGAW-RL. Der vereinfachte Prospekt wurde im Rahmen der OGAW IV-Reform durch die Wesentlichen Informationen für den Anleger ersetzt.

[325] Art. 4 Abs. 1 OGAW I-RL, jetzt Art. 5 Abs. 1 OGAW-RL.

[326] Vgl. Art. 45 bis 48 OGAW I-RL, jetzt in stark veränderter Form Art. 91 bis 96 Abs. 1 OGAW-RL.

dere in Jurisdiktionen mit wenigen Anlegern (= Einwohnern) hinreichende Fondsgrößen, zugleich wird der Wettbewerb um die Fondsindustrie von der Frage der Größe des Vertriebsmarktes abgekoppelt. Zu diesem Zweck wird ein neues Instrument geschaffen, der sog. Europäische Pass: Wenn aufgrund eines EU-weit harmonisierten Katalogs die Heimatstaatbehörde die Zulassung erteilt und die Einhaltung der Zulassungsbedingungen überwacht und damit garantiert, wirkt die Zulassung des Finanzprodukts (oder später: des Akteurs) im Heimatstaat auch gegenüber den Behörden anderer EG/EU-Staaten. Das Konzept eines Europäischen Passes steht seither Pate für die europäische Finanzmarktregulierung.[327]

b) Weichenstellungen

Nach Vorbereitung durch die Bereichsausnahmen folgt mit der OGAW-RL eine unvollständige regulatorische Ausgestaltung der Kollektivanlagen: Einerseits steht es den Mitgliedstaaten frei, Anlageorganismen für andere Anlagegegenstände (z.b. Immobilien) und mit anderen Regeln zuzulassen. Andererseits fehlt zunächst eine europäische Regelung für Anlagen des geschlossenen Typs. Allerdings sind mit der OGAW-RL drei bis heute einflussreiche Entscheidungen verbunden.

Die erste Weichenstellung ist die Orientierung an den Bedürfnissen der Kleinanleger. Die OGAW-RL fördert zunächst die Investition in aktiv verwaltete Kollektivanlagen, was sich eher unter dem Blickwinkel eines der kundigen Auswahl fähigen Investors als eines beratungsbedürftigen Kleinanlegers erklären lässt. Alternativ hätte man die Kleinanleger auf eine Investition in Indexprodukte verweisen können.[328] Die Möglichkeit dazu wird erst später geschaffen. Aus volkswirtschaftlicher Sicht hätte eine Optimierung des Anlageumfelds für professionelle Anleger (Banken, Versicherungen und Pensionsfonds) nahegelegen, die im Verhältnis zu den Kleinanlegern seit je her bedeutende Volumina verwalten. Diese Weichenstellung deutet ein – in späteren Regulierungsschritten noch deutlicher akzentuiertes – Verständnis von der Professionalität institutioneller Anleger an.

Die zweite Weichenstellung ist die Entscheidung für die Anlage in Wertpapieren und gegen andere Anlagegegenstände.[329] Auch dies ist keineswegs zwingend. Insbesondere in Deutschland als der größten europäischen Volkswirtschaft emittieren im Jahr 1985 nur wenige Unternehmen Aktien. Die deutsche Wirtschaft ist überwiegend kreditfinanziert, der Anleihemarkt infantil entwickelt. Der Fokus auf Wertpapiere ist Konsequenz der ersten Weichenstellung. Das Rückgaberecht der Anleger ist nur zu realisieren, wenn der Anlagegegen-

---

[327] *Moloney*, EC Securities Regulation, S. 204 f.
[328] Dafür z.B. *Choi*, (2000) 88 Cal. L. Rev. 279.
[329] Z.B. Immobilien, GmbH-Anteile, Edelmetalle, illiquide Darlehen, Beteiligungen.

stand notfalls veräußert werden kann, um die für die Auszahlung des Anlegers erforderliche Liquidität zu erhalten. Wertpapiere sind im Jahr 1985 die einzigen hinreichend liquiden Anlagegegenstände.

Die dritte Weichenstellung betrifft die Institutionalisierung einer Verwahrstelle als Garant des Rechts zur Anteilsrückgabe und der korrekten Berechnung des Ausgabe- und Rücknahmepreises. Die Vorgabe ist den Rechten der vertraglichen Fonds einiger Mitgliedstaaten (z.B. Deutschland, Frankreich und Luxemburg) entlehnt. Bei den britischen Unit Trusts übernimmt der Trustee die gleiche Funktion. Entsprechende Sicherungsmechanismen gibt es für operative Unternehmen nicht. Dort setzt man auf Aktionärsaktivität und Kapitalmarktdruck.[330] Diese Weichenstellung indiziert ein Verständnis der getrennten Verwahrung von Kundeneigentum als Prinzip des Finanzmarktrechts.[331] Freilich lässt sich fragen, was den einen Intermediär dazu bringen soll, den anderen zu überwachen, von dem er ausgesucht und beauftragt wird.

2. OGAW II und III: Produkt- und Verwalter-RL (2001)

Die zweite Entwicklungsphase des Kollektivanlagenrechts umfasst den Zeitraum bis zur Verabschiedung der Maßnahmen des Finanzmarktaktionsplans (FSAP) der Europäischen Kommission.[332] Neben der Anpassung der Finanzmarktrichtlinien[333] zwecks Intensivierung der Abschlussprüfung infolge der Insolvenz der *Bank of Credit and Commerce International* (BCCI) und zwecks grenzüberschreitender Aufsicht sind auf europäischer Ebene insbesondere die Produkt- und Verwalter-RL zu nennen. Nach einer Vervielfachung des Fondsvolumens in den 1990er Jahren stehen die Zeichen für OGAW auf Konsolidierung und Optimierung. Dies sollen die Verwalter-RL 2001/107 und die Produkt-RL 2001/108 bewirken.

Die Verwalter-RL ergänzt die Produktregulierung der OGAW I-RL um eine Verwalterregulierung. Nunmehr sind Produkt *und* Verwaltungsgesellschaft

---

[330] Vgl. zur Diskussion um Aktionärs- und Marktkontrolle GK-AktG/*Assmann*, Einl. Rn. 452; *Ekkenga*, Anlegerschutz, S. 30 f., 60 f.; *Kalss*, Anlegerinteressen, S. 6 f.; *Mertens*, AG 1990, 49, 52; *Spindler*, ZGR 2000, 420, 439; *Zetzsche*, Aktionärsinformation, S. 168 f.

[331] Vgl. *Hammen*, Handlungsgattungsschulden, S. 351; *Hopt*, Kapitalanlegerschutz, S. 300 f. (erstmals gesetzlich geregelt im DepotG 1896, dann ausgebaut im DepotG 1937). Für Finanzdienstleistungen nunmehr Art. 13 Abs. 7 und 8 MiFID sowie Art. 16 ff. MiFID-Organisations-RL; für Deutschland § 34a WpHG, §§ 9a, 14a WpDVerOV.

[332] Mitteilung der Kommission vom 11. Mai 1999 „Umsetzung des Finanzmarktrahmens: Aktionsplan», KOM(1999) 232 endg.

[333] Anpassung der OGAW-RL durch die Richtlinie 95/26/EG des Europäischen Parlaments und des Rates vom 29. Juni 1995 zur Änderung der Richtlinien 77/780/EWG und 89/646/EWG betreffend Kreditinstitute, der Richtlinien 73/239/EWG und 92/49/EWG betreffend Schadenversicherungen, der Richtlinien 79/267/EWG und 92/96/EWG betreffend Lebensversicherungen, der Richtlinie 93/22/EWG betreffend Wertpapierfirmen sowie der Richtlinie 85/611/EWG betreffend bestimmte Organismen für gemeinsame Anlagen in Wertpapieren (OGAW) zwecks verstärkter Beaufsichtigung dieser Finanzunternehmen, ABR. L 168 vom 18/07/1995 S. 0007–0013.

zulassungs- und aufsichtspflichtig.[334] Im Gegenzug dürfen Verwalter nunmehr u.a. für Pensionsfonds die Vermögensverwaltung und EU-weit[335] Anlageberatung als Nebendienstleistung anbieten.[336] Das Ziel einer grenzüberschreitenden Fondsverwaltung wird jedoch zunächst nicht erreicht. Die KVG kann nicht direkt im Ausland Fonds gründen und deren Anteile vertreiben. Die Harmonisierung der rechtlichen Bedingungen für Verwalter bereitet aber der weiteren Entwicklung den Boden.[337] Die Verwalter-RL verpflichtet zur Information mittels vereinfachten Prospekts.[338] Dieser mutiert alsbald zu einem Werk, das den Namen nicht mehr verdient.

Die Produkt-RL liberalisiert die Regelungen zur Anlagepolitik: Mit zunehmender Entwicklung der Kapitalmärkte haben andere Anlagegegenstände als Wertpapiere einen Grad an Liquidität und Sicherheit erreicht, der eine Ausdehnung der Produktvielfalt ermöglicht, ohne das Rückgaberecht als das zentrale Anlegerschutzinstrument zu gefährden. OGAW dürfen jetzt als Geldmarktfonds in Geldmarktinstrumente,[339] als Indexfonds in Indexzertifikate oder als Dachfonds in andere OGAW und sonstige Kollektivanlagen investieren oder das Kundengeld in Bankguthaben anlegen.[340] Der Einsatz von OTC-Derivaten wird zulässig.[341] Die Anlagegrenzen werden liberalisiert.[342] Im Gegenzug unterliegen die Verwaltungsgesellschaften einer gesteigerten Pflicht zu Risikomanagement und -überwachung,[343] u.a. wird für die Risikoermittlung eine Konzernbetrachtung eingeführt.[344] OGAW können mit einer für Publikumsfonds atypischen Risikostruktur gestaltet werden (Stichwort: Hedgefonds light), die die Geeignetheit als Kleinanlegerprodukt in Frage stellt. Die Erweiterung des Produktspektrums ermöglicht neue Spezialisierungen für Fondsstandorte. So

---

[334] Art. 1 Nr. 3 der Verwalter-RL fügt Art. 4 Abs. 3 und 3a OGAW I-RL ein – jetzt Art. 5 Abs. 4 und 5 OGAW-RL – sowie Art. 5 bis 6c OGAW I-RL ein, jetzt Art. 6 bis 21 OGAW-RL.

[335] Art. 1 Nr. 3 der Verwalter-RL fügt Art. 6 bis 6c OGAW I-RL ein, jetzt Art. 16 bis 21 OGAW-RL.

[336] Art. 1 Nr. 3 der Verwalter-RL fügt Art. 5 Abs. 3 OGAW I-RL ein, jetzt Art. 6 Abs. 3 OGAW-RL.

[337] *Moloney*, EC Securities Regulation, S. 205 f.

[338] Art. 1 Nr. 8 bis 14 der Verwalter-RL fügt Art. 28 Abs. 3 ein und ändert Art. 29, 30, 32, 33 und 35.

[339] Dies sind Finanzinstrumente, die üblicherweise auf dem Geldmarkt gehandelt werden, liquide sind und deren Wert jederzeit genau bestimmt werden kann.

[340] Art. 1 Nr. 5 der Produkt-RL ändert und ergänzt Art. 19 Abs. 1 Bst. a bis f der OGAW I-RL, jetzt Art. 50 OGAW-RL.

[341] Art. 1 Nr. 5 der Produkt-RL fügt Art. 19 Abs. 1 Bst. g der OGAW I-RL ein, jetzt Art. 50 Abs. 1 Bst. g OGAW-RL.

[342] Art. 1 Nr. 9 der Produkt-RL ändert Art. 22 ff. und fügt Art. 22a, 24a der OGAW I-RL ein, jetzt Art. 52 bis 57 und 70 OGAW-RL.

[343] Art. 1 Nr. 9 der Produkt-RL ändert Art. 21 und fügt Art. 22a, 24a OGAW I-RL ein, jetzt Art. 52 bis 57 und 70 OGAW-RL.

[344] Art. 1 Nr. 10 der Produkt-RL fügt Art. 22 Abs. 5, 3. Unterabsatz OGAW I-RL ein, jetzt Art. 52 Abs. 5, 3. Unterabsatz OGAW-RL.

entwickelt sich Irland nach Einführung des Euro zur Schwerpunktjurisdiktion für Geldmarktfonds und fokussiert parallel dazu auf Alternative Investmentfonds: Irland wird zum größten Verwaltungszentrum weltweit für (allerdings im Ausland angesiedelte) Hedgefonds und der bedeutendste europäische Börsenplatz für den Handel mit Fondsanteilen.[345]

III. FSAP bis OGAW IV-RL

In ihrem Finanzmarktaktionsplan von 1999 bezeichnet die Europäische Kommission den Erfolg der europäischen Fonds-Industrie und den grenzüberschreitenden Zugang zu Fondsprodukten als einen kritischen Erfolgsfaktor für Stabilität und Wachstum des EU-Finanzsystems.[346] Neben der Optimierung der OGAW-Fonds soll das Fondsuniversum auf andere Fondsprodukte ausgeweitet werden.

1. OGAW

a) Definitions-RL

In Bezug auf OGAW soll die Definitions-RL „nur" Rechtsunsicherheiten beseitigen. Wegen zunehmender Vielfalt der an den Märkten gehandelten Finanzinstrumente ist unklar, ob bestimmte Arten von Finanzinstrumenten unter die Definitionen der OGAW-RL fallen.[347] So regelt Art. 2 der Definitions-RL u.a. das Verhältnis des Wertpapierbegriffs der OGAW I-RL zu geschlossenen Anlageorganisationen, die Wertpapiere ausgeben.

b) OGAW IV-RL

Die „OGAW IV" genannte Reform mündet in einer Neufassung der Richtlinie 85/611 als Richtlinie 2009/65. Der Gedanke des Europäischen Passes für Verwaltungsgesellschaften aus der Verwalter-RL wird mit der grenzüberschreitenden Portfolioverwaltung zu Ende geführt.[348] Weil europäische Fonds im Vergleich zu US-Fonds als zu klein erscheinen, wird mit den Vorschriften zur grenzüberschreitenden Fondsverschmelzung[349] und zu Master-Feeder-Strukturen[350] der Zugang zu Größenvorteilen erleichtert. Vorschriften zur grenz-

---

[345] Das verwaltete Vermögen beträgt nach 285 Mrd. € im Jahr 2001, Ende des Jahres 2014 bereits 3.237 Mrd. €. Ende 2014 verwalten irische Geldmarktfonds 316 Mrd. € (2001: 110 Mrd. €). Die Irish Funds Industry Association (IFIA) führt aus: "Ireland is also the largest hedge fund administration centre in the world with over 43% of global hedge fund assets serviced in Ireland.", vgl. IFIA, „Statistics", Irish Stock Exchange – Investment Funds Monthly report – August 2014 sowie Monthly Statistics Factsheet September 2014.

[346] Europäische Kommission, Finanzmarktaktionsplan, KOM (1999)232.

[347] 2. ErwGr Definitions-RL.

[348] Art. 19 OGAW-RL.

[349] Art. 37 ff. OGAW-RL und Art. 3 bis 7 RL 2010/44/EU. Vgl. *Moloney*, EC Securities Regulation, S. 223.

[350] Art. 58 ff. OGAW-RL und Art. 8 bis 29 RL 2010/44/EU.

überschreitenden Aufsicht flankieren die Regelungen. Des Weiteren hat sich der sog. vereinfachte Prospekt zur Farce entwickelt, weil sich die Praxis mittels hundertseitiger „vereinfachter" Prospekte zu enthaften sucht. An dessen Stelle tritt die auf das Notwendigste und zwei bis drei Seiten Umfang beschränkte Wesentliche Information für den Anleger (sog. Key Investor Information Document – KIID).[351]

In formeller Hinsicht ist eine Verschiebung der Regelungsebenen von der Primär- zur Sekundär- und Tertiärebene zu konstatieren: Gemäß dem Lamfalussy-Konzept ist die Europäische Kommission mit Durchführungskompetenzen ausgestattet, die durch eine abgestimmte Praxis der Aufsichtsbehörden mittels Leitlinien der ESMA (umfangreich) ergänzt werden.

2. Alternative Investmentfonds

Weil eine Vollharmonisierung des Gründungs- und Vertriebsrechts die Fondsgrößen an den US-Durchschnitt angleichen und die Verwaltungskosten um ein Drittel senken soll,[352] wird die Optimierung des Rechtsrahmens für Investmentfonds nach Abschluss des FSAP zur Priorität.[353] Die Kommission prüft drei Regulierungansätze: eine Produktregulierung für AIF nach Vorbild der OGAW I-RL, eine Vertriebsregulierung gemäß der Prospekt-RL und eine der Verwalter-RL entsprechende Regulierung.

a) Produktregulierung

Drei von der Kommission eingesetzte Expertengruppen kommen zu uneinheitlichen Ergebnissen: Die Expertengruppe zu offenen Immobilienfonds[354] spricht sich grundsätzlich für eine Ausdehnung des OGAW-Passes auf offene Immobilienfonds mit der Maßgabe aus, immobilienspezifische Regelungen zu ergänzen. Die Praxis begrüßt den Vorschlag.[355] Als Alternative wird der Erlass einer allgemeinen EU-Richtlinie zur Vermögensverwaltung angedeutet. Die Empfehlungen der Expertengruppe zu Alternativen Investmentfonds – mit Untergruppen zu Hedgefonds und Private Equity Fonds – werden mangels selbstkritischer Reflexion weniger freundlich aufgenommen. Die Private Equity-Gruppe[356] spricht sich für eine Beachtung ihrer spezifischen Bedürfnisse im Gesellschafts-, Finanzmarkt-, Rechnungslegungs- und Steuerrecht aus, insbe-

---

[351] Art. 78 ff. OGAW-RL, Kommissions-VO(EU) 583/2010, sowie CESR/10–674 (ongoing charges); CESR/10–673 (SRRI).

[352] CRA, Potential cost savings in a fully integrated European investment fund market, September 2006, S. 7 ff.

[353] Vgl. Europäische Kommission, Weißbuch für den Ausbau des Binnenmarktrahmens für Investmentfonds vom 15.11.2006, {SEK(2006)1452}, KOM(2006) 686 endgültig.

[354] Expert Group „Open-ended real estate funds", Report, 13.3.2008, S. 37 f.

[355] Feedback Statement on Responses to EOREF Expert Group Report, July 2008.

[356] Report of the Alternative Investment Expert Group, "Developing Private Equity", Juli 2006.

sondere wird eine steuerlich transparente Fondsstruktur für ganz Europa, Staatshilfe für Venture Capital- und Seed-Investments und ein Vertriebsrecht für Privatplatzierungen ohne korrespondierende Offenlegungs- und Verhaltenspflichten gefordert. Die Hedgefonds-Gruppe[357] fordert den Abbau der in den Mitgliedstaaten verbreiteten Produktregulierung,[358] eine Beschränkung des Anteilsvertriebs auf professionelle Anleger und eine Verwalterregulierung durch Einstufung der Tätigkeit von Hedgefonds als Wertpapierfirma i.S.d. MiFID. Kontrolle soll ggf. indirekt über die Primebroker ausgeübt werden. Mit Beginn der Finanzmarktkrise 2006 pp. werden diese Forderungen – insbesondere die Forderung nach nur indirekter Aufsicht über Primebroker – mangels Schutz vor prozyklischem Verhalten (deleveraging) unhaltbar.[359]

b) Private Placement

Die Europäische Kommission konsultiert in den Jahren 2006 bis 2009 zu den Hindernissen für grenzüberschreitende Privatplatzierungen[360] u.a. von neuen Fondsprodukten (Single Hedgefonds, Private Equity-Fonds, bestimmte Warenfonds). Ein grenzüberschreitendes Vertriebsrecht für AIF-Anteile erweist sich als unzureichend, weil die Anlagevorschriften institutioneller Anleger (insbesondere Versicherungen, Pensionsfonds) eine Aufsicht über Produkt und Verwalter verlangen. Der 10%-Anteil am Anlagevermögen für nicht überwachte Produkte nach Art. 50 Abs. 2 OGAW IV-RL genügt nicht für einen liquiden grenzüberschreitenden AIF-Binnenmarkt.

IV. EU-/EWR-Mitgliedstaaten

Zwischen der ersten (1985) und der vierten (2009) OGAW-RL verändern sich die Rahmenbedingungen. Luxemburg wird zum Zentrum der europäischen Fondsindustrie, Irland spezialisiert sich auf Geldmarkt- und Hedgefonds. Damit einher gehen Reaktionen in den übrigen Mitgliedstaaten der EU und des EWR.

---

[357] Report of the Alternative Investment Expert Group, "Managing, Servicing and Marketing Hedge Funds in Europe", Juli 2006, S. 6 ff. Siehe auch *Friedrich/Taisch*, SZW 2011, 149.

[358] Vgl. für Deutschland § 283 Abs. 1 KAGB.

[359] Europäische Kommission, DG Markt Services Working Document, Feedback Statement – Summary of Responses to Hedge Fund Consultation Paper, 12.3.2009.

[360] Vgl. Europäische Kommission – GD Markt, Financial Services Policy and Financial Markets, Call for Evidence regarding Private Placement Regimes in the EU – Summary of Stakeholder Responses –, 24.9.2007; Private Placement Regimes in the EU – Summary Report of Workshops organized by FG Internal Market and Services, 15.1.2008 und 7.2.2008; Arbeitspapier der Kommissionsdienststellen – Folgenabschätzung zum Privatplatzierungsregime (SEK(2008) 2340), 17.7.2008, SEK(2008) 2341. Privatplatzierungen sind eine Vertriebsmethode, mit der professionelle Marktteilnehmer untereinander Finanzinstrumente veräußern und erwerben können, ohne die Vorschriften für das Angebot an das Publikum oder Privatanleger einhalten zu müssen.

1. Luxemburg

Die Entwicklung des luxemburgischen Rechts läuft dreigeteilt, jeweils in Abhängigkeit von der Unternehmensform:[361] Das OPC-Gesetz gilt für Publikumsfonds, das FIS-Gesetz für Spezialfonds und das SICAR-G für Venture Capital- und Private Equity-Gesellschaften.[362]

a) Publikumsfonds (OPC)

Nach langem Rückstand in der Fondsregulierung setzt Luxemburg die OGAW I-RL als erster EG-Mitgliedstaat mit dem OPC-Gesetz vom 30. März 1988[363] um, während andere Mitgliedstaaten die Umsetzungsfrist (1. Oktober 1989) vielfach überschreiten.[364] Die Umsetzung wird durch die vorauseilende Anpassung des 1983-er Gesetzes an die Vorversionen der Richtlinie beschleunigt. Die frühzeitige (liberale) Umsetzung führt zusammen mit günstigen steuerlichen Rahmenbedingungen zur Ansiedlung zahlreicher Verwaltungsgesellschaften, die den Europäischen Pass für OGAW-Fonds in Anspruch nehmen wollen.[365] Das OPC-Gesetz soll das bestehende Rechtskleid verbessern und den Anwendungsbereich für Kollektivanlagen erweitern.[366] Details wie das regulatorische Mindestkapital werden durch Verordnung geregelt,[367] auf nationale Ergänzungen (sog. *goldplating*) weitgehend verzichtet. Die Auslegungen und Verlautbarungen der Aufsichtsbehörde CSSF treten an die Stelle starrer Regelungen, was eine flexible Anpassung ermöglicht.

Die Verwalter- und Produkt-RL führen zu einer Revision des 1988er Gesetzes durch das OPC-Gesetz vom 20. Dezember 2002,[368] welches zum 1. Januar

---

[361] Jedes der nachfolgend dargestellten Gesetze kann theoretisch von jeder Rechtsform genutzt werden, wenngleich sich bestimmte Rechtsformen für bestimmte Fondstypen aufdrängen.

[362] *Lebbe/Partsch* in Wymeersch, S. 261 ff.

[363] Loi du 30 mars 1988 relative aux organismes de placement collectif, Mém. A n° 13 du 31 mars 1988, p. 140 doc. parl. n° 3172, Rec Lég Soc, 463. Zugleich wird die luxemburgische Finanzmarktaufsicht reformiert durch das Circulaire de l'Institut monétaire luxembourgeois du 08 avril 1988, n° 48.

[364] Das deutsche Umsetzungsgesetz tritt z.B. am 1.3.1990 in Kraft.

[365] Frankreich ist im Jahr 1988 die dominierende europäische Fondsnation, es folgen UK, Italien und Deutschland. Zwischen 1983 und März 1988 vervierfacht sich die Anzahl luxemburgischer OPCs von 99 auf 438. 193 Promoter sind 1988 in Luxemburg tätig, insbesondere aus Frankreich, UK und USA und mit japanischer Beteiligung. Vgl. *Chèvremont*, in Les Fonds d'Investissement (1988), S. 7 f. Im Jahr 2014 generiert der Wirtschaftssektor Finanzdienstleistungen 36% der luxemburgischen Bruttowertschöpfung. Der Finanzsektor macht ca. 10% der Gesamtbeschäftigung und 17% der Steuereinnahmen aus.

[366] Vgl. Rapport de la Commission des Finances et du Budget, PROJET DE LOI N 3172/2 (17.3.1988), sub I.

[367] Règlement grand-ducal du 30 mars 1988 déterminant le droit fixe applicable aux rassemblements de capitaux dans les organismes de placement collectif régis par la loi du 30 mars 1988 relative à ces organismes, Mém. A n° 13 du 31.03.1988, 168.

[368] Loi du 20 décembre 2002 concernant les organismes de placement collectif et modifiant la loi modifiée du 12 février 1979 concernant la taxe sur la valeur ajoutée, Mém. A n° 151 du 31

2003 in Kraft tritt. Damit setzt Luxemburg die Richtlinien erneut als erster EU-Staat um.[369] Die Struktur des 2002er Gesetzes entspricht dem Vorgängergesetz aus dem Jahr 1988, ergänzt um die Inhalte der Verwalter- und Produkt-RL.[370] Zugleich folgt als nationale Optimierung die haftungsrechtliche Trennung der Unter-Fonds einer Umbrella-Struktur.[371] Das OPC-G 2002 ist in fünf Teile unterteilt. Der erste Teil regelt die Rechtsformen und die Anlagepolitik für OGAW-konforme Fonds. Es ist weiterhin zulässig, in Luxemburg Kollektivanlagen zu gründen und zu vertreiben, die nicht der OGAW-RL entsprechen (nach dem zweiten Teil des Gesetzes sog. Partie II-Fonds).[372] Teil IV enthält die Anforderungen an die Verwaltungsgesellschaften, Teil V Generelles, wie die Zulassung (Art. 93 pp.), Aufsicht (Art. 97 pp.), Publizitätspflichten (Art. 109 pp.) sowie Straf- und Steuervorschriften. Der Verzicht auf legislative Details und Verlass auf die CSSF wird beibehalten. Im Jahr 2005 werden Kollektivanlagen des geschlossenen Typs vom Anwendungsbereich der Prospektvorschriften des OPC-G 2002 ausgenommen.[373] Für solche Fonds gilt seither die Prospekt-VO. Diese gelten auch für den Vertrieb ausländischer Fonds in Luxemburg.[374]

Die Umsetzung der OGAW (IV)-Richtlinie, die bis zum 1. Juli 2011 zu erfolgen hat, geschieht nach (mittlerweile) bewährtem Muster. Auf der Grundlage des Entwurfs vom 6. August 2010[375] setzt Luxemburg mit Gesetz vom 17. Dezember 2010 die OGAW-RL erneut als erster Mitgliedstaat um.[376] Das OPC-Ge-

---

décembre 2002, p. 3660; doc. parl. 5033; Reg Lég Soc 413. Das 1988er Gesetz tritt nach fünfjähriger Koexistenz der Gesetze zum 13. Februar 2007 außer Kraft. Vgl. zur komplizierten Übergangsregelung *Kremer/Lebbe*, 1. Aufl., Rn. 1. 58 ff.

[369] Vgl. Europäische Kommission, Implementation of UCITS Directives 2001/107/EC & 2001/108/EC – Status Quo, Working Document DG MARKT/G/4 (October 2006).

[370] Die Rechtsquellen verweisen auf das Vorgängergesetz und sind im Rahmen des OPC-G 2002 zu beachten.

[371] Unter Art. 111 Abs. 2 OPC-G 1988 haftet die Dachorganisation (Umbrella) für Verbindlichkeiten der Teilfonds, so dass sich die Teilfonds in einer Haftungsgemeinschaft befanden. Die Vorschrift wurde mit Art. 133 Abs. 5 OPC-G 2002 so gefasst, dass jeder Teilfonds nur für die selbst begründeten Verbindlichkeiten einstehen muss, dazu *Kremer/Lebbe*, 1. Aufl., Rn. 2.166, 2170. Irland ändert im Jahr 2005 mit dem gleichen Ziel sein Recht für Investment Companies, vgl. The Investment Funds, Companies and Miscellaneous Provisions Act (30.6.2005). Zuvor hatte bereits Frankreich das SICAV-Recht angepasst.

[372] Vgl. *Lebbe/Partsch* in Wymeersch, S. 262.

[373] Loi du 10 juillet 2005 relative au prospectus pour valeurs mobilières et portant transposition de la directive 2003/71/CE du Parlement Européen et du Conseil du 4 novembre 2003 concernant le prospectus à publier en cas d'offre au public de valeurs mobilières ou en vue de l'admission de valeurs mobilières à la négociation (…), Mém. A n° 98 du 12.07.2005, 1726.

[374] Art. 76 OPC-G 2002.

[375] Projet de loi concernant les organismes de placement collectif et modifiant la loi midfiée du 4 décembre 1967 concernant l'impôt sur le revenue (6.8.2010), Parl. Doc. 6170/2010.

[376] Loi du 17 décembre 2010 concernant les organismes de placement collectif et – portant transposition de la directive 2009/65/CE du Parlement européen et du Conseil du 13 juillet 2009 portant coordination des dispositions législatives, réglementaires et administratives

setz von 2010 ersetzt ab 1. Juli 2011 das OPC-Gesetz von 2002. Das Gesetz von
2010 übernimmt die Richtlinienbestimmungen im Wesentlichen wörtlich in das
Gesetz und ermächtigt zur Detailregulierung durch Verordnung. Die umfangreichen Kommissions-RL 2010/43/EU zu Master-Feeder-Fonds und Verschmelzungen von OGAW sowie RL 2010/44/EU zur Binnenorganisation der
Verwaltungsgesellschaft werden mit Verordnung umgesetzt. Die Mindestregelungen werden ergänzt durch eine vorteilhafte steuerliche Anordnung des effektiven Orts der Verwaltung. Für die dem luxemburgischen Recht unterworfenen Akteure wird frühzeitig Rechtssicherheit geschaffen und eine Eingewöh-
nungszeit gewährt.

b) Spezialfonds (FIS)

Im Jahr 1991 wird in Anlehnung an das deutsche Vorbild[377] ein Spezialfondsgesetz (FIS-G)[378] erlassen, das im Jahr 2007 revidiert wird. Es soll qualifizierten
Anlegern die Anlage in luxemburgische Fonds erleichtern. Auf Schutzvorschriften zugunsten des Publikums wird verzichtet. Das FIS-G 1991 besteht
nur aus sieben Artikeln und verweist überwiegend auf das 1988er OPC-Gesetz.
Eine Definition der zur Anlage Berechtigten wird, um Flexibilität zu wahren,
nur in die Gesetzesmaterialien aufgenommen.[379] Erfasst sind Einheiten, deren
Zweck die Verwaltung erheblicher Vermögen darstellt; als Regelbeispiele werden professionelle Finanzakteure, Versicherungen, Pensionsfonds, große Finanzunternehmen und deren Zweckgesellschaften genannt.

Im Gegensatz dazu handelt es sich bei dem neuen FIS-G 2007[380] um ein eigenständiges Gesetzeswerk, mit zwei inhaltlichen Neuerungen. Erstens wird der
Kreis der zur Investition in Spezialfonds berechtigten Anleger über institutionelle Anleger hinaus um wohlhabende und speziell als kundige Anleger akkre-
ditierte Personen erweitert.[381] Zweitens werden die Anlagevorschriften liberalisiert. Allein maßgeblich sind die vertraglichen Regelungen zwischen Anleger

---

concernant certains organismes de placement collectif en valeurs mobilières (OPCVM),
Mém. A n° 239 du 24.12.2010, p. 3928; *Kremer/Lebbe*, Rn. 1.73.
    [377] Vgl. §§ 1 Abs. 2, 15 Abs. 2 S. 1 KAGG i.d.F. des Finanzmarktförderungsgesetzes von
1990.
    [378] Gesetz vom 18. Juli 1991 betreffend Kollektivanlagen, deren Wertpapiere nicht zur Plat-
zierung beim Publikum bestimmt sind (Reg Lég Soc, 463).
    [379] Parlamentsdokument No. 3467/1991, Anmerkungen zu Artikel 3. Vgl. die Erläuterung
in der Mitteilung der CSSF vom 27. Dezember 1999.
    [380] Loi du 13 février 2007 relative aux fonds d'investissement spécialisés et portant, Mém.
A n° 13 du 13 février 2007, p. 368; doc. parl. 5616).
    [381] Art. 2 Abs. 1 b) (ii) FIS-G 2007.

und Verwalter,[382] so dass – anders als nach deutschem Recht[383] – luxemburgische Spezialfonds auch Private Equity- und Hedgefonds sein können.[384]

c) Wagniskapitalfonds (SICAR)

Die Anlage in Risikokapital, wie sie Venture Capital- und Private Equity-Fonds tätigen, gestatten zunächst die Fondsgesetze von 1983, 1988 und 2002, die näheren Voraussetzungen sichert ein Rundschreiben der Aufsicht.[385] Das OPC-G 2002 enthält jedoch einige als unpassend erachtete Voraussetzungen: So muss ein anerkannter Initiator beteiligt sein, die Regelungen sind auf endlose Fonds zugeschnitten (VC-/PE-Fonds sind i.d.R. Laufzeitfonds) und der Risikokapitalbegriff ist auf junge Firmen beschränkt, während Buy-Out-Fonds eher ältere Unternehmen erwerben. Auch das Spezialfondsrecht scheint unpassend, da es Risikostreuung verlangt.[386] Zudem wünscht man sich ein eigenes Markenzeichen für Private Equity und Venture Capital-Fonds, um dieser stark wachsenden Gattung eine rechtstechnische Heimat zu bieten. Das im Jahr 2004 erlassene Gesetz über Risikokapitalgesellschaften (SICAR-G)[387] gilt für Personen- oder Kapitalgesellschaften,[388] die in Risikoanlagen[389] investieren und sich für eine Organisation unter dem SICAR-G entscheiden (Opt-in). Das Mindestkapital der SICAR i.H.v. mindestens 1 Mio. € ist binnen 12 Monaten aufzubringen.[390] Jeder Anleger hat 5 % des Nominalwertes und das Agio nach der Gesetzesfassung von 2004 vollumfänglich bei Zeichnung einzuzahlen. Die Aufnahme der Tätigkeit ist zulassungspflichtig; die konstituierenden Dokumente, der Verkaufsprospekt und die Wahl der Depotbank unterliegen einer Genehmigungspflicht durch die CSSF.[391] Die CSSF überwacht die Qualifikation und den Leumund der Geschäftsleitung der SICAR und deren laufende Geschäftsführung.[392] Erleichterungen gelten für die Delegation. Die SICAR unterliegt der Pflichtprüfung durch einen Wirtschaftsprüfer.[393] Die Anlage ist kundigen An-

---

[382] Art. 12 Abs. 2 Bst. b FIS-G 2007.
[383] Vgl. die zwingenden Anlagegrenzen für deutsche Spezialfonds in § 284 Abs. 3 KAGB; S. zudem für Österreich *Kamptner*, ÖBA 2013, 127.
[384] *Lebbe/Partsch* in Wymeersch, S. 263–265.
[385] IML Rundschreiben 91/75; Vgl. *Lebbe/Partsch* in Wymeersch, S. 261 ff.
[386] Art. 1er (1), 1. SpStr. des FIS-G 2007, sowie die Interpretation durch die CSSF im circulaire 07/309, wonach zumindest drei Anlagegegenstände erforderlich sind.
[387] Loi du 15 juin 2004 relative à la Société d'investissement en capital à risque (SICAR), Mém. A n° 95 du 22 juin 2004 p.1568, doc.parl.5201, im Folgenden SICAR-G.
[388] Als Rechtsform lässt Art. 1 Abs. 1 SICAR-G 2004 zu die société anonyme – SA (AG); société à responsabilité limitée – Sàrl (GmbH); société en commandite par actions – SCA (KGaA); société coopérative organisée en société anonyme (als AG organisierte Genossenschaft) und die société en commandite simple – SCS (KG).
[389] Vgl. zum Verständnis der Risikoanlagen das CSSF Circulaire 06/241.
[390] Art. 4 Abs. 1 SICAR-G 2004.
[391] Art. 11, 12 SICAR-G 2004.
[392] Art. 12 Abs. 3 SICAR-G 2004.
[393] Art. 27 SICAR-G 2004.

legern[394] vorbehalten. Das Kapital der SICAR ist grundsätzlich variabel, mit Ausnahme der SICAR in KG-Form.[395] Alternativ können risikodiversifizierte VC- und PE-Gesellschaften als Spezialfonds firmieren oder sich für den Status einer nicht regulierten Aktiengesellschaft, Kommanditgesellschaft etc. entscheiden.

Mit dem Finanzplatzverbesserungsgesetz vom 24. Oktober 2008[396] wird das Recht der mittlerweile über 220 luxemburgischen SICARs aufgrund der gesammelten Erfahrungen optimiert. Dies soll angloamerikanische Finanzierungspraktiken aus dem Private Equity-Geschäft ermöglichen. Die Reform zielt auf eine Flexibilisierung des international gebräuchlichen KG-Rechts unter dem SICAR-Mantel durch Einführung einer KG mit variablem Kapital.[397] In diesem Fall muss die Satzung vorsehen, dass das KG-Kapital mit dem Nettovermögenswert (NAV) zu allen Zeiten identisch sein muss. Zugleich entfällt abweichend von Art. 6 des Gesellschaftsgesetzbuchs von 1915 und dem Gesetz von 2002 über Gesellschaftsregister die Registrierungspflicht für SICAR-Anleger. Für das KG-Recht übliche Verwendungsbeschränkungen in Bezug auf Gesellschaftsmittel werden abweichend von Art. 17 des Gesellschaftsgesetzbuchs von 1915 abgeschafft. Der Komplementär darf nunmehr Gesellschaftskapital in jeder Form, gleich ob als Zinsen, Aufwertung des Kapitalanteils, Gewinn oder auf sonstige Weise entgegennehmen, deklarieren und ausschütten. So kann er z.B. zinslose Darlehen pro rata der Gesellschaftsanteile entgegennehmen, mit potenziell positiven steuerlichen Effekten und einer Verbesserung der Stellung in der Insolvenz der KG. Das SICAR-G ist, soweit es die KG betrifft, nach der Reform nur noch pro forma an das ordinäre Gesellschaftsrecht angekoppelt. Die Entwicklung zu einem Sonderrecht der Kollektivanlagen setzt sich fort.[398]

d) Rechtshistorische Einordnung

Luxemburg gelingt durch die frühzeitige Umsetzung der OGAW I-RL der Schritt zum Zentrum der europäischen Fondsindustrie. Die führende Stellung wird mit zügigen und maßvollen Rechtsanpassungen ausgebaut. Zugleich verzichtet man soweit europarechtlich zulässig, auf Restriktionen. Eine Ausnahme stellen Vorgaben zu Delegationen dar.[399] War man zunächst lax, um Private Label-Strukturen anzuziehen, hat die Aufsichtspraxis seit Erlangung einer starken Stellung als Fondsdomizil angezogen. Die Beschränkung der Aufgaben-

---

[394] Art. 1 Abs. 1, 3. Spiegelstrich SICAR-G 2004.

[395] Art. 4 Abs. 2 SICAR-G 2004.

[396] Vgl. Loi du 24 octobre 2008 portant amélioration du cadre législatif de la place financière de Luxembourg, Parl. Doc. 5842/2008, Mém. A n° 161 du 29.10.2008, 2250. Zur optimierten SICAR vgl. *Oostvogels/Pfister/Feyten*, SICAR Luxembourg (2009).

[397] Vgl. Art. 3 und 4 SICAR-G i.d.F. von 2008.

[398] Die Bestrebungen, SICARs von Kollektivanlagen abzugrenzen, konzentrieren sich auf das Gebot der Risikostreuung, vgl. *Oostvogels/Pfister/Feyten*, SICAR Luxembourg, S. 9.

[399] Vgl. *Kremer/Lebbe*, 1. Aufl., Rn. 6.173 ff., 6.230 ff.

übertragung erleichtert die Aufsicht und sichert die Wertschöpfung für Luxemburg.

Das Wachstum des Standorts zeigt sich u.a. in der Entwicklung der Verwaltungssteuer. Luxemburgische Fonds müssen ursprünglich eine jährliche Pauschalsteuer in Höhe von 0.06% des verwalteten Vermögens bezahlen, wodurch die Ansiedlung von Fonds mit geringer Rendite, wie Geldmarktfonds, in Luxemburg unattraktiv wird. Der Steuersatz wird für Geldmarktfonds und für inländische Fondskaskaden – i.e. Fonds, die wiederum in luxemburgische Kollektivanlagen investieren – im Jahr 1994 auf 0,03% gesenkt.[400] Im Jahr 1996 werden die Sätze erneut gesenkt, auf 0,01% für Geldmarkt-, Einlagen- und Spezialfonds. Fonds, deren Mittel in andere luxemburgische Fonds angelegt werden, sind seither vollständig befreit.[401] Zur Präzisierung des Steuerprivilegs definiert eine Verordnung erstmals den Begriff der Geldmarktinstrumente.[402] Im Jahr 2000 wird der reduzierte Satz für institutionelle Fonds auf Anteilsklassen und Unter-Fonds erstreckt, in denen nur institutionelle Anleger investieren.[403] Im Jahr 2001 sinkt die allgemeine Steuer dann auf 0.05% des verwalteten Vermögens.[404] Im Jahr 2003[405] werden Geldmarktfonds, die in Anlagen mit kurzer Laufzeit und Best-Rating investieren, im Jahr 2004[406] auch Altersvorsorgefonds und im Jahr 2007[407] Fonds, die in luxemburgische Spezialfonds investieren, von der Verwaltungssteuer völlig ausgenommen. Keine Aussage ist damit zu der vereinzelt europarechtswidrig anmutenden Gestaltung der Fondssteuer getroffen.

Die luxemburgische Fondsgesetzgebung kennzeichnet einen weitgehenden Verzicht auf legislative Festlegungen. Die Gesetze sind Rahmengesetze. Auch auf eine Regulierung durch Verordnung wird weitgehend verzichtet, obwohl die Gesetze Verordnungsmacht einräumen[408] und eine Verfassungsänderung im Jahr 2004 klarstellt, dass die Aufsichtsbehörde CSSF Verordnungsmacht hat.[409]

---

[400] Art. 12 des Gesetzes vom 23. Dezember 1994 (Mém. A 1994, 2481).

[401] Art. 5 des Gesetzes vom 24. Dezember 1996 (Mém. A 1996, 2911).

[402] Großherzogliche Verordnung vom 24. Dezember 1996 (Mém. A 1996, 2914).

[403] Das Gesetz vom 17. Juli 2000 (Mém. A 2000, 1226 ff.) änderte Art. 108 Abs. 3 des Gesetzes von 1988. Siehe dazu die Anmerkungen in dem Rundschreiben 00/14 der CSSF.

[404] Das Gesetz vom 21. Dezember 2001 (Mém. A 2001, 3312 f.) änderte Art. 111 Abs. 2 des Gesetzes von 1988. Bis zu der Änderung hafteten die Teilfonds einer Umbrella-Struktur für die Verbindlichkeiten aller anderen Teilfonds. Seit der Änderung beschränkt sich die Einstandspflicht vorbehaltlich einer anderen Regelung in den konstituierenden Dokumenten auf den jeweiligen Teilfonds, für den die Verbindlichkeiten eingegangen werden.

[405] Art. 12 des Gesetzes vom 19. Dezember 2003 (Mém. A 2003, 3687 f.).

[406] Art. 45 des SICAR-G 2004 ändert Art. 129 Abs. 3 OPC-G 2002.

[407] Art. 72 FIS-G 2007 ändert Art. 129 Abs. 3 OPC-G 2002.

[408] Z.B. Art. 67, 72, 75 OPC-G 2002.

[409] Art. 108bis der luxemburgischen Verfassung gemäß der Änderungen durch das Gesetz vom 19. November 2004 (Mém. A 2004, 2784).

Stattdessen greift die CSSF regelmäßig[410] auf Rundschreiben und Hinweisschreiben zurück, durch die sie sich bis zum Erlass eines abweichenden Schreibens selbst bindet.[411] Diese Technik sichert die für schnelle Reaktionen erforderliche Flexibilität und Anpassungsfähigkeit. Der Zugang zum luxemburgischen Recht gestaltet sich allerdings recht schwierig (was intendiert sein kann). Auch berichten Marktteilnehmer von einem Zusammenhang zwischen der Mandatierung von Spezialkanzleien und dem Erfolg des Zulassungsantrags.

Neben der rechtstechnischen besteht auch inhaltliche Flexibilität. Die drei Spezialgesetze – OPC-G 2002, SICAR-G 2004 und FIS-G 2007 – stehen grundsätzlich zur Einwahl (Opt-in) offen, parallel dazu können die Formen des allgemeinen Gesellschafts- und Zivilrechts genutzt werden. Das OPC-G 2002 bzw. das FIS-G 2007 gilt nur zwingend, wenn Zweck der Anlage die Risikostreuung ist und deren Anteile gleichzeitig öffentlich vertrieben werden sollen. Innerhalb der Spezialgesetze besteht gleichfalls eine Offenheit für Gestaltungsvarianten. Eine Kollektivanlage kann AG-, SE-, GmbH- oder Genossenschaftsäquivalent, die SICAR zudem KG-Äquivalent sein.

2. Deutschland

Die deutsche Gesetzgebung fokussiert auf den Bereich der regulierten Fonds; eine Standortförderung ist nicht auszumachen.

a) KAGG und InvG

Anders als die luxemburgische tastet sich die deutsche Gesetzgebung vorsichtig an die OGAW I-RL heran. Diese wird mit dem (ersten) Finanzmarktförderungsgesetz restriktiv umgesetzt.[412] Zuvor wird der Anlagekatalog des § 8 KAGG erweitert. Der Einsatz „neuer" Finanzinstrumente (Derivateeinsatz, Wertpapierleihe), die Erweiterung der Anlagegrenzen und die Einführung von Geldmarktfonds wird zunächst zurückgestellt.[413] Erstmals wird der gesetzliche Rahmen für Spezialfonds liberalisiert.[414] Diese erfahren in der Folgezeit ein rasantes Wachstum.

Zu einer Liberalisierung der Publikumsfonds kommt es erst in weiteren Reformen, jeweils in kleinen Schritten: Das 2. Finanzmarktförderungsgesetz[415] ermöglicht Geldmarkt- (§§ 7a bis 7d KAGG) und Staatsanleihenfonds (§ 8a

---

[410] In den Jahren 2000 bis 2008 hat die CSSF über 35 solcher nicht-förmlichen Informationen veröffentlicht, vgl. die Übersicht bei *Kremer/Lebbe* 1. Aufl., Rn. 1.70.

[411] Das luxemburgische Verwaltungsrecht ist an das deutsche Verwaltungsrecht angelehnt.

[412] Gesetz zur Verbesserung der Rahmenbedingungen der Finanzmärkte vom 22. Februar 1990, BGBl. I (1990), 266 – FMFG oder Große KAGG-Novelle. Dazu *Gerke/Rapp*, ZBB 1992, 85; *Laux*, WM 1990, 1093.

[413] Brinkhaus/*Zeller*, Einl. Rn. 28.

[414] §§ 1 Abs. 2, 15 Abs. 2 S. 1 KAGG, zudem gelten abweichende Publizitäts- und Prüfungsvorschriften, vgl. *Sorgenfrei/Tischbirek*, WM 1990, 1809, 1814.

[415] Gesetz über den Wertpapierhandel und zur Änderung börsenrechtlicher und wertpa-

KAGG n.F.). In begrenztem Umfang wird die Wertpapierleihe (§§ 9a bis 9d KAGG) und ein stärkeres Engagement auf den Derivatemärkten zulässig. Das 3. Finanzmarktförderungsgesetz[416] soll dann umfangreich liberalisieren und deregulieren. Mit AS-Sondervermögen werden erstmals Zielfonds zulässig (§§ 37h bis m KAGG), das Gesetz führt Dachfonds (§§ 25k – 25m KAGG), Gemischte Wertpapier- und Grundstückssondervermögen (§§ 37a bis 37g KAGG), geschlossene Fonds in der Rechtsform der AG („Investment-AG" gem. §§ 51 bis 67 KAGG) sowie Aktienindex- und Laufzeitfonds (§§ 8g, 15 Abs. 3 Bst. k KAGG) ein. Die Möglichkeiten des Derivateeinsatzes von Wertpapierfonds werden in Form von Zins- und Währungsswaps erweitert, der Handel an OTC-Märkten und Wertpapier-Pensionsgeschäfte zugelassen. Im Gegenzug werden die Befugnisse des BAKred sowie die Einreichungs- und Mitteilungspflichten der KAG erweitert. Das 4. Finanzmarktförderungsgesetz[417] erweitert und präzisiert die Pflichten der KAG. KAG dürfen nun konzernfremde Fondsanteile vertreiben, Dritte bei der Anlage beraten (§ 1 Abs. 6 S. 1 Nr. 2, 2a und 6 KAGG) und Anteile mit unterschiedlichen Rechten ausgeben (§ 18 Abs. 2 KAGG). Die Anlagemöglichkeiten für Wertpapier- und Grundstücksvermögen werden erweitert, insbesondere die Anlagegrenzen für Immobilienfonds flexibilisiert. Die BaFin wird zum Erlass von Leitlinien für die Behandlung von Interessenkonflikten ermächtigt.

Während das deutsche KAGG die Optionen der Verwalter-RL überwiegend umsetzt, öffnet die Gesetzgebung die Optionen der Produkt-RL zögerlich. Das Investmentmodernisierungsgesetz vom 15. Dezember 2003[418] setzt einen Teil der Produkt-RL um, dabei werden das KAGG und das AuslInvG in einem neuen Investmentgesetz (InvG) zusammenfasst. Das InvG soll u.a. die Abwanderung inländischer Fonds ins Ausland (Luxemburg) stoppen.[419] Dafür werden neue Fondstypen geschaffen, das Anfangskapital der KAG gesenkt, die zulässige Geschäftätigkeit ausgeweitet und die Auslagerung von Tätigkeiten ermöglicht (§ 16 InvG). Die bisher geschlossene Inv-AG wird zur Inv-AG mit veränderlichem Kapital.[420] Die steuerlichen KAGG-Vorschriften werden in ein sepa-

---

pierrechtlicher Vorschriften vom 26. Juli 1994, BGBl. I (1994), 1749 – 2. FMFG. Dazu *Kempf/ Tratz*, Die Novellierung des Investmentrechts 1994, S. 11 f.

[416] Gesetz zur Fortentwicklung des Finanzplatzes Deutschland vom 24. März 1998, BGBl. I (1998), 529 – Drittes FMFG. Dazu *Pötzsch*, WM 1998, 949, 958 f.

[417] Gesetz zur weiteren Fortentwicklung des Finanzplatzes Deutschland vom 21.6.2002, BGBl. I (2002), 2010 – 4. FMFG. Näher *Brinkhaus/Zeller*, Einl. Rn. 49 ff.

[418] BGBl. I (2003), 2676. Vgl. dazu *Fragos*, Investmentrecht (2006) sowie die Überblicksaufsätze von *Kaune/Oulds*, ZBB 2004, 114; *Köndgen/Schmies*, WM 2004, Sonderbeilage Nr. 1/2004; *Lang*, WM 2004, 53; *ders.*, VuR 2004, 201; *Wagner*, ZfIR 2004, 399.

[419] BegrRegE BT-Drs. 15/1553, S. 524.

[420] Dazu *Hermanns*, ZIP 2004, 1297.

rates InvStG ausgelagert.[421] Neu werden Hedgefonds rigide reguliert.[422] Die Vertriebsvorschriften des AuslInvG werden in §§ 121 ff. InvG gebündelt.[423]

Das InvG 2003 enthält noch zahlreiche Regelungen, die über den Mindestrahmen der OGAW I bis III-RL hinausgehen. Das Investmentrechtsänderungsgesetz[424] führt das InvG auf die europäischen Mindestregelungen zurück und setzt zugleich die Definitions-RL um. Die Kreditinstitutseigenschaft der KAG wird abgeschafft (§§ 5 bis 5b, 7 bis 7b InvG),[425] die Zulässigkeit von Mindestzahlungszusagen für Garantiefonds klargestellt (§ 7 Abs. 2 Nr. 6a InvG) und das Organisationsreglement in § 9a InvG konkretisiert. Den Fondsstandort soll eine moderate Neuregelung zur Behandlung von Interessenkonflikten der KAG stärken.[426] Die Möglichkeit zur Vorausgenehmigung von Musterbedingungen (§ 43a InvG) vereinfacht die Genehmigungspraxis. Im Recht der Spezialfonds werden privatanlegerorientierte Schutzregelungen beseitigt.[427] Mit den Infrastrukturfonds (ÖPP-Fonds gem. §§ 90a bis 90f InvG)[428] und Sonstigen Sondervermögen (§§ 90g bis 90k InvG)[429] kommen zwei Fondstypen hinzu. Nach den Fondsschließungen der Jahre 2004 und 2005 erfährt das Recht der offenen Immobilienfonds eine grundlegende Überarbeitung. Die KAG muss geeignete Risikomanagementsysteme betreiben, darf nun aber in geeigneten Fällen von der Verpflichtung zur täglichen Anteilsrücknahme gemäß den Vertragsbedingungen und den Angaben im Verkaufsprospekt abweichen (§§ 80a bis 80d InvG). Die Immobilienbewertung wird transparenter, die Arbeit der Sachverständigenausschüsse unabhängiger.[430] Weiterer Schwerpunkt ist die Reform der Inv-AG. Das Sonderrecht für Inv-AG mit fixem Kapital in §§ 96 bis 111a InvG wird abgeschafft, das Recht der Inv-AG mit veränderlichem Kapital flexibilisiert.[431]

2009 folgt die Streichung des § 7 Abs. 1 S. 3 InvG, wonach die BaFin die Zulässigkeit zum Geschäftsbetrieb auf einzelne Fondstypen beschränken durf-

---

[421] *Lübbehüsen/Schmitt*, DB 2003, 1696; *Meinhard*, DStR 2003, 1780; *Philipowski*, UR 2004, 501; *Schultze*, UR 2004, 1475; *Wäger*, UR 2004, 602.

[422] Vgl. §§ 112 ff. InvG; dazu *Livonius*, WM 2004, 60; *Pütz/Schmies*, BKR 2004, 51; *Ricke*, BKR 2004, 60. Seither wurden sehr wenige Hedgefonds in Deutschland gegründet.

[423] *Nickel*, ZBB 2004, 197.

[424] Gesetz zur Änderung des Investmentgesetzes und zur Anpassung anderer Vorschriften vom 21. Dezember 2007, BGBl. I (2007), 3089. Vgl. *Roegele/Goerke*, BKR 2007, 393; *Zetzsche*, ZBB 2007, 438.

[425] Dazu *Engert*, Konzern 2007, 477.

[426] Dazu *Schmolke*, WM 2007, 1909.

[427] Vgl. *Zetzsche*, ZBB 2007, 438.

[428] *Campbell*, WM 2008, 1774.

[429] Vgl. Berger/*Köndgen*, Einl Rn. 30 („Hedgefonds light" für Kleinanleger).

[430] Erforderlich ist eine Geschäftsordnung für die Arbeit der Sachverständigenausschüsse. Die KVG ist nicht mehr berechtigt, an den Sitzungen der Sachverständigenausschüsse teilzunehmen (§ 77 Abs. 1 S. 2 und Abs. 1a InvG).

[431] Dazu *Dornseifer*, AG 2008, 54; *Eckhold*, ZGR 2007, 654; *Wallach*, Konzern 2007, 487.

te.[432] Dies hebt die Anforderungen an die Geschäftsleiter, die nunmehr zusammen zu allen Fondstypen befähigt sein müssen (auch Hedge- und Immobilienfonds).[433] Allerdings erkennt die BaFin statutarische Beschränkungen auf bestimmte Fondstypen an und lässt die KAG dann unter Auflagen zu.[434] Des Weiteren wird klargestellt, dass die Anlageverwaltung fremder Investmentvermögen individuelle Vermögensverwaltung ist. Seither sind Auslagerungsunternehmen Finanzportfolioverwalter, deshalb genehmigungs- und an den Einlagensicherungsfonds beitragspflichtig.[435]

Infolge der Finanzmarktkrise sieht die Politik erneut Handlungsbedarf im Bereich der Anlageberatung. Hinzu kommen Mechanismen zur Bewältigung von Liquiditätskrisen bei offenen Immobilienfonds, als deren Ursache die Nutzung solcher Langfristvehikel zur vorübergehenden Einlagerung überschüssiger Liquidität durch institutionelle Anleger gesehen wird.[436] Das Anleger- und FunktionsschutzverbesserungsG vom Frühjahr 2011[437] bringt deshalb neben seinem Schwerpunkt im Vertriebsrecht[438] und bei den Offenlegungspflichten für kapitalmarktorientierte Unternehmen Neuerungen für offene Immobilienfonds. Hervorzuheben ist die Neuregelung des Rückgaberechts: Danach dürfen Anteilssummen oberhalb eines Wertes von 30 T€ erstmals nach einer zweijährigen Mindesthaltefrist zurückgegeben werden (§ 80c Abs. 3 InvG n.F.). Anschließend hat der Großanleger eine Kündigungsfrist von bis zu zwölf Monaten zu beachten. Danach darf die KAG die Rücknahme noch mehrfach verweigern, wenn eine werterhaltende Rückzahlung nicht möglich ist. Sie muss aber damit rechnen, dass bei fortwährender Weigerung das Verwaltungsrecht erlischt. Ist eine Veräußerung trotz Weigerung nicht zu angemessenen Bedingungen möglich, können die Anleger in die Veräußerung zu unangemessenen Bedingungen einwilligen (§ 81b InvG). Damit wird in Deutschland ein Stimmrecht für Anleger vertraglicher Fonds eingeführt.

---

[432] Vgl. Art. 4 Nr. 3 des Gesetzes zur Umsetzung der Beteiligungsrichtlinie vom 12.3.2009, BGBl. I (2009), 470.

[433] *Fleischer/Hupka* in Wymeersch, S. 183 bis 191; S. 194 bis 199.

[434] Berger/*Steck*/*Gringel*, § 7 Rn. 11 f.; krit. Beckmann/*Beckmann*, § 7 Rn. 76.

[435] Vgl. § 36 Abs. 1 Nr. 1, 6–8 KAGB (§ 16 Abs. 1a und 2 InvG) i.d.F. von Art. 6 Nr. 2a) des Gesetzes zur Änderung des Einlagensicherungs- und Anlegerentschädigungsgesetzes und anderer Gesetze vom 25.6.2009, BGBl. I (2009), 1528, 1532, 1533; in Kraft getreten am 30.6.2009. Vgl. die Beschlussempfehlung des Finanzausschusses des Deutschen Bundestags vom 13.5.2009, BT-Drs. 16/13024, S. 2 und Bericht vom 14.5.2009, BT-Drs. 16713038, S. 9, unter Hinweis auf die Entscheidung des VG Berlin vom 17.3.2009, aufgehoben durch OVG Berlin-Brandenburg vom 1.4.2010, OVG 1 S 52.09, sowie *Steck/Fischer*, ZBB 2009, 188, 194.

[436] Vgl. zur Diskussion über die Abschaffung offener Immobilienfonds im Rahmen des KAGB *Niewerth/Rybarz*, WM 2013, 1154; *Görke/Ruhl*, BKR 2013, 142.

[437] Gesetz zur Stärkung des Anlegerschutzes und zur Verbesserung der Funktionfähigkeit des Kapitalmarkts vom 05.04.2011, BGBl. I (2011), 538.

[438] Insbesondere ist Anlegern ein Kurzinformationsblatt vorzulegen, das seinem Zweck nach der Wesentlichen Anlegerinformation gem. OGAW-RL entspricht.

Angesichts der übervollen nationalen Agenda verläuft die OGAW (IV)-Umsetzung schleppend. Während sich der Ministerialentwurf vom August 2010 im Wesentlichen auf die Umsetzung der Richtlinienvorgaben beschränkt, führt der Regierungsentwurf vom Januar 2011[439] neben diversen steuerlichen Änderungen[440] zu Anpassungen des nationalen Rechts.[441] Als Lehre aus der Lehmann-Insolvenz erhält die BaFin die Befugnis zur Anordnung eines Depotbankwechsels.[442] Zudem werden die Anlegerrechte gestärkt: Bei fehlerhafter Anteilsbewertung soll ein spezielles Entschädigungsverfahren unter Einbindung eines Wirtschaftsprüfers die Geltendmachung eines Schadens durch Anleger gegenüber der KAG erleichtern.[443] Die kurze Verjährung gem. § 127 Abs. 5 InvG entfällt.[444] Anteilsklassen können nicht nur nach Rechten, sondern auch nach anderen Ausgestaltungsmerkmalen differenziert werden.[445] Parallel dazu fördert der Finanzausschuss[446] in begrenztem Umfang eine Deregulierung: Eine auch durch Anteilsrücknahme zum Nettoinventarwert nicht abdingbare Pflicht zur Vorlage eines zwingenden Umtauschangebots an die Anleger bei wesentlichen Änderungen der Anlagestrategie und bei Verschmelzungen von Fonds mit divergierender Anlagestrategien wird nur für offene Immobilien- und Infrastrukturfonds beibehalten; im Übrigen bleibt es bei einem besonders ausgestalteten Recht zur Anteilsrückgabe.[447] Des Weiteren wird die Frist zwischen Bekanntmachung und Inkrafttreten von Änderungen der Anlagepolitik auf drei Monate reduziert.[448] Ebenfalls auf Anregung des Finanzausschusses[449] wird zugunsten der Verwaltungsgesellschaften die Beweislast für den Nichtzugang des dauerhaften Datenträgers über Verschmelzungsinformationen und Informationen bei Änderungen der Vertragsbedingungen klargestellt. Diese Beweislast trägt der Anleger, die KVG muss nur die Übermittlung des dauerhaften Datenträgers beweisen. Schließlich wird die Anlage in Mikrofinanz-Instituten dereguliert, um einen Markt für Mikrofinanzfonds unter dem Dach des InvG zu entwickeln. Das Kredithöhekriterium für Mikrofinanz-Institute steigt von 7 T€ auf

---

[439] BT-Drs. 16/4510.

[440] Vgl. Art. 9 des OGAW IV-UmsG. Insbesondere wird wegen drohender Steuerausfälle aus Leerverkäufen das Kapitalertragsteuerabzugsverfahren bei sammel- und streifbandverwahrten Aktien und Anteilen neu geregelt und die Einziehungspflicht für die Kapitalertragsteuer auf die Depotbank des Fonds verlagert.

[441] *Blankenheim*, ZBB 2011, 345.

[442] § 21 Abs. 1 a.E. InvG.

[443] § 28 Abs. 3 InvG (neu).

[444] Art. 1 Nr. 83 Bst. e) des OGAW IV-UmsG.

[445] § 34 Abs. 1 InvG n.F. ersetzt „Rechte" durch „Ausgestaltungsmerkmale".

[446] BT-Drs. 17/5403.

[447] § 43 Abs. 3 S. 4 InvG n.F.

[448] § 43 Abs. 3 InvG n.F.

[449] BT-Drs. 17/5403 regt eine Änderung des Wortlauts von § 43 Abs. 5 InvG n.F. an.

maximal 10 T€.[450] Das Gesetz tritt schließlich kurz vor Ablauf der Umsetzungs-frist in Kraft.[451]

b) Sonstige, insbesondere geschlossene Fonds

Nach der Finanzmarktkrise geraten die geschlossenen Fonds in den Fokus der Legislative. So wird das Vertriebsrecht für geschlossene Fonds sukzessive aus-gebaut.[452] Die Produkt- und Verwalterregulierung verläuft im Gegensatz dazu verhalten: Nach dem Scheitern des Versuchs der Aufsicht, kollektive Anlage-modelle als Finanzkommission zu erfassen,[453] wird im Frühjahr 2009 die Anla-geverwaltung gem. § 1 Abs. 1a Nr. 11 KWG zur erlaubnispflichtigen Tätigkeit.[454] Weiterhin zulassungsfrei bleiben zunächst geschlossene Fonds mit anderen An-lagen als Finanzinstrumenten, insbesondere Immobilien, Schiffs- und Medien-beteiligungen.

Der Entwurf für ein Anlegerstärkungs- und Funktionsverbesserungsge-setz[455] mündet nach Abspaltung der die regulierten Fonds betreffenden Aspekte in ein Vermögensanlagengesetz.[456] Danach untersteht das öffentliche Angebot von Vermögensanlagen der Aufsicht der BaFin.[457] Der Begriff der Vermögens-anlagen orientiert sich an § 8f VerkProspG a.F. und erfasst diversifizierte und konzentrierte Anlagen. Zu den Prospektpflichten des früheren VerkProspG tritt nach Vorbild der wesentlichen Anlegerinformation ein Vermögensanla-gen-Informationsblatt (§§ 13, 15 VermAnlG).[458] Hinzu kommt eine Prüfungs- und Offenlegungspflicht für alle Vermögensanlagen auch dann, wenn die Vor-aussetzungen der §§ 325 ff. HGB nicht erfüllt sind.[459] Die Prospekthaftung nach §§ 12 ff. VerkProspG wird in §§ 20 bis 22 VermAnlG übernommen, die Sonder-verjährung entfällt. Vermittler geschlossener Fonds sollen der Gewerbeaufsicht unterstellt werden.[460] Bei Gelegenheit wird zudem die Prospekthaftung auch für Wertpapieremissionen aus dem BörsG in das WpPG verlagert und die kurze Verjährung des § 46 BörsG beseitigt.

---

[450] § 222 Abs. 1 KAGB.

[451] Gesetz vom 22. Juni 2011, BGBl. I (2011), 1126.

[452] Vgl. zum Prospektrecht das Wp-VerkProspG vom 17.7.1996, BGBl. I (1996) 1047; Wp-VerkprospG 1998 i.d.F. vom 9.9.1998, BGBl. I (1998), 2701; WertpapierprospektG vom 22.6.2005, BGBl. I (2005), 1698; zur Entwicklung *Assmann*, Prospekthaftung, S. 62; KMRK/*Heidelbach*, Einl WpPG und Vor § 8f VerkProspG Rn. 2 ff. sowie KMRK/*Schwark*, 3. Aufl., Vor § 1 VerkProspG.

[453] Vgl. die Nachweise in der Einleitung, § 1 C.II.

[454] Artikel 2 des Gesetzes zur Fortentwicklung des Pfandbriefrechts vom 20. März 2009, BGBl. I (2009), 607.

[455] Dazu *Sethe*, ZBB 2010, 265.

[456] Vgl. Vermögensanlagengesetz vom 6. Dezember 2011, BGBl. I (2011), 2481.

[457] Vgl. §§ 1 bis 4 und §§ 16 ff. VermAnlG.

[458] Vgl. *Sethe*, ZBB 2010, 265, 279: „verfrüht".

[459] §§ 23 ff. VermAnlG.

[460] § 34f GewO n.F. Dazu kritisch *Sethe*, ZBB 2010, 265, 279 (für Aufsicht durch BaFin).

3. England

Die englische Fondsentwicklung verläuft für regulated collective investment schemes (CIS), die an das Publikum vertrieben werden dürfen, und unregulated CIS unterschiedlich. Eine dritte Regelungsebene bildet das Recht der Investment Trust Companies und Anlagegenossenschaften.

a) Regulated CIS

Die OGAW I-RL wird durch die ss. 75 et seq. des FSA 1986 zu *Collective Investment Schemes* sowie durch Ausführungsverordnungen des Securities and Investments Board („SIB") – des Vorgängers der britischen Aufsichtsbehörde FSA – im SIB Rule Book[461] umgesetzt. Das SIB Rule Book tritt an die Stelle der bis dato dominierenden Selbstregulierung der Branche, wobei die Aufsicht über die Einhaltung der SIB-Regeln zunächst noch an die Berufsverbände delegiert wird.[462]

Im Jahr 1997 wird auf Betreiben der Branche[463] die in der OGAW I-RL angelegte Option zugunsten einer Investmentgesellschaft mit veränderlichem Kapital genutzt.[464] Dem stand zuvor,[465] außer im Fall einer ordentlichen Kapitalherabsetzung, das Gebot der Kapitalerhaltung, verbunden mit dem Verbot der Kapitalminderung entgegen. Nur Authorized Unit Trusts konnten richtlinienkonforme Anlagen des offenen Typs sein. Die Open-ended Investment Companies (OEIC) erfreuen sich seither großer Beliebtheit.

Der Financial Services & Markets Act 2000 (FSMA) behält die infolge der OEIC Regulation 1997 eingetretene rechtstechnische Spaltung bei. Seither finden sich die Regelungen zu den Unit Trusts in den ss. 235 bis 284 FSMA, während der FSMA zu den OEICs außer der Definition (s. 236 FSMA) und dem Vertriebsverbot für alle nicht zugelassenen Collective Investment Schemes (ss. 238 bis 241 FSMA) nur eine Verordnungsermächtigung (s. 262 FSMA) enthält.[466] Das Finanzministerium übt die Ermächtigung mit der *The Financial Services and Markets (The Open-Ended Investment Companies) Regulations 2001*[467] aus. Der FSMA und die OEIC Regulations sind wegen der fast identi-

---

[461] Die Bestimmungen der OGAW I-RL werden umgesetzt durch die *The Financial Services (Regulated Schemes) Regulations 1991.*

[462] Die Zuständigkeit war zwischen der IMRO (UK Investment Management Regulatory Organisation) für unregulierte CIS und LAUTRO (Life Assurance and Unit Trust Regulatory Organisation) für regulierte CIS aufgeteilt.

[463] *Macfarlanes*, A1.019.

[464] Durch die Financial Services (Open-ended Investment Companies) Regulations 1997 des SIB. Die SIB ist dazu ermächtigt aufgrund der parlamentarisch erlassenen Open-ended Investment Companies (Investment Companies with Variable Capital) Regulations 1996 (SI 1996, 2827). Vgl. zum OEIC-Rechtsrahmen *Hudson*, Law and Regulation of Finance, S. 1469 ff.

[465] *Trevor -v- Whitworth* (1887) 12 A.C. 409.

[466] Vgl. *McVea* in Wymeersch, S. 348.

[467] S.I. 2001/1228.

schen Richtlinienvorgaben[468] nahezu deckungsgleich. Detailregelungen, zu denen u.a. alle Bestimmungen zur Anlagepolitik gehören, werden jeweils an die FSA delegiert.[469]

Die Verwalter- und Produkt-RL werden zunächst zum 1.1.2004 in das alte Regelungsgefüge integriert.[470] Anlässlich der Umsetzung revidiert die FSA jedoch ihren Regelbestand und verabschiedet am 14.3.2004 das neue *Collective Investment Sourcebook* (COLL).[471] COLL ergänzt mit Wirkung vom Februar 2007 die Vorschriften der ss. 235 ff. FSMA und der OEIC Regulation 2001. Dabei wird eine 1:1-Umsetzung angestrebt. Nationale Domäne sind die Vorschriften zur Umstrukturierung und Änderung der Anlagepolitik.

Die OGAW (IV)-Umsetzung erfolgt in England schleppend. Per Dezember 2010 veröffentlichen das britische Finanzministerium und die FSA eine gemeinsame Konsultation zur Umsetzung.[472] Danach sollen Steuerbarrieren für die grenzüberschreitende gemeinsame Portfolioverwaltung abgeschafft und eine steuerlich transparente Master-Feeder-Struktur möglich werden. Die Investment Management Association wünscht zudem aus Wettbewerbsgründen die Abschaffung der Stamp Duty. Sie äußert Klärungsbedarf im Hinblick auf den Begriff der „Marketing Communication". Des Weiteren soll für Qualified Investor Funds auf die wesentliche Anlegerinformation verzichtet werden. Per Juni 2010 wird eine überarbeitete Version des FSA-Handbuchs vorgestellt,[473] die Umsetzung erfolgt auf den Punkt (1. Juli 2011).[474]

b) Unregulated CIS

Unregulated CIS werden so bezeichnet, weil insoweit keine Produktregulierung greift.[475] Jedoch unterliegen die Verwalter der englischen Verwalterregulierung, die grundsätzlich den Vorgaben der MiFID entspricht. Entsprechend hat die Umsetzung der MiFID die maßgeblichen Vorschriften für Verwalter

---

[468] Vgl. Art. 12 bis 18 OGAW I-RL, entspricht Art. 27 bis 36 OGAW-RL, die nahezu vollständig auf die Regelungen für vertragliche Fonds verweisen oder identische Regelungen treffen.

[469] Ausgeübt durch das *Collective Investment Schemes Sourcebook Instrument 2001 (CIS 2001)*, FSA 2001/20, in Kraft getreten am 22.6.2001.

[470] Act Nr. 594/2003 On Collective Investment and Amendment of some Acts, veröffentlicht am 31.12.2003.

[471] FSA 2004/33, in Kraft getreten am 13.2.2007.

[472] HM Treasury and FSA, Transposition of UCITS IV – Consultation Document (December 2010).

[473] FSA 2011/xx, „UCITS IV Directive Instrument 2011 – Near-Final Draft of FSA Handbook Rules and Guidance" (June 2011). Vgl. FSA, Transposition of the revised UCITS Directive, PS11/10.

[474] FSA 2011/39 "„UCITS IV Directive Instrument 2011"; siehe auch FSA, Collective Investment Schemes Sourcebook (ICVC Sub-Funds) Instrument 2011, FSA 2011/76.

[475] Vgl. *McVea* in Wymeersch, S. 351–355.

grundlegend berührt, ohne für Collective Investment Schemes Spezifisches vorzusehen.[476]

Speziell Unregulated CIS betrifft die Diskussion um Hedgefonds. Im Verhältnis zu den USA (dazu sogleich) kommt es in England zu relativ wenigen Skandalen im Zusammenhang mit Hedgefonds, was sich trotz der Zurückhaltung der FSA für professionelle Anlagebeziehungen[477] mit der Verwalterregulierung erklärt. Schwerpunkt der Konsultationen seit der Jahrtausendwende[478] sind Marktmissbrauchsrisiken und eine bessere Transparenz für Anleger. Letzteres betrifft die Gebührenstruktur mit dem Problem der Side Letters, die Anteilsrücknahme bzw. deren Aussetzung (Hedgefonds sind Fonds des offenen Typs), die Anteilsbewertung, Anlagestrategie, Verwaltung und Ergebnisberichterstattung.[479]

Seit 2006 können Hedgefonds-Anteile in England an der Börse gehandelt werden. *Moloney* sieht darin ein Anzeichen für die De-Spezialisierung des Kapitalmarkt- und Investmentrechts.[480] Diese systematische Deutung geht wohl fehl. Die Zulassung ist eine Wettbewerbsreaktion auf das Listing von Fondsanteilen in Irland. Von England aus werden zum Jahresende 2006 25% des weltweiten und 79% des europäischen Hedgefonds-Vermögens verwaltet. Im Jahr 2014 19%.[481] Ende 2007 wird die Investition von Kleinanlegern in Dach-Hedgefonds zugelassen.[482]

Die englische Diskussion um Private Equity[483] steht unter dem Eindruck spektakulärer Leveraged Buy-outs. Die positiven Effekte für die Kapitalmarkteffizienz werden begrüßt, die Auswirkungen auf das Vertrauen der Marktteilnehmer gefürchtet. Die FSA sieht Interessenkonflikte, insbesondere bei der

---

[476] Vgl. zur Umsetzung der MiFID in England, Nelson, Capital Markets Law (2008).

[477] *Spangler*, Private Investment Funds, Rn. 5.05.

[478] FSA, Hedge Funds and the FSA, DP 16 (2002); FSA, Hedge funds: a discussion of risk and regulatory engagement, DP 05/04 und Feedback Statement 06/2; FSA, Financial Risk Outlook for 2006 (Schwerpunkt auf Abwehr von Marktmissbrauch, der durch die enge Beziehung zwischen Verwalter und Prime Broker erleichtert wird); FSA, Wider range retail investment products, DP 05/03 mit Feedback Statement 06/3 (Anlegerverwirrung durch Vielzahl der Produkte soll klare Unterscheidung zwischen sophisticated products und für Kleinanleger geeignete Produkte beseitigen). Dazu *Spangler*, Private Investment Funds, Rn. 8.31, S. 182.

[479] Den Bedenken sucht die Branche durch Selbstregulierung entgegenzutreten, vgl. die unter Vorsitz von Sir Andres Large erarbeiteten „Hedge Fund Standards", Consultation Paper (10/2007).

[480] *Moloney*, EC Securities Laws, 2. Aufl., S. 250.

[481] *Dan Waters*, FSA-Director of Retail Policy and Asset Management Sector Leader, "FSA Regulation of Alternative Investments" (29.3.2007); FCA, Hedge Fund Survey 2014, S. 10.

[482] FSA, Funds of Alternative Investment Funds (FAIFs), Consultation Paper 07/6. Vgl. für Deutschland §§ 225–227 KAGB.

[483] FSA, Private Equity: A discussion of risk and regulatory engagement, DP 06/6 mit Feedback Statement 07/3. Dazu *Spangler*, Private Investment Funds, Rn. 8.41, S. 185 f.

Beteiligung des Verwalter-Personals[484] und der Allokation von Verwalter-Ressourcen nach Abschluss einer Refinanzierung.[485] Die Öffentlichkeit beschäftigen steuerliche Vorteile für den Carried Interest und der Verlust von Arbeitsplätzen. Mit dem Walker-Report verpflichtet sich die Branche zu größerer Transparenz.[486] Der zeitgenössischen Sicht entspricht *Spanglers* Bezeichnung exzessiven Leverages als „emotionale Frage."[487] Systemeffekte stehen bis zum Beginn der Finanzmarktkrise nicht im Fokus.

Unregulated CIS sind schließlich Gegenstand einer grundlegenden Studie der FSA, die u.a. durch die sich ankündigende AIFM-RL motiviert ist. Erkannt werden Defizite bei der Identifizierung von kundigen und anderen qualifizierten Anlegern, der Beratungsqualität, dem Risikomanagement und der Aufsicht.[488]

c) Investment Trusts

Die Entwicklung der praktisch bedeutsamen Investment Trusts verläuft lange unspektakulär. Nachdem in den Jahren 1999 bis 2001 über 80 sog. Split Investment Trust Companies („Splits") gegründet wurden, kommt es jedoch im Jahr 2001 zur Split Crisis.[489] Splits sind Investmenttrusts, die zugleich Anleihen mit festen Zinserträgen und Aktien mit variablen Dividendenerträgen ausgeben. Die Spaltung lohnt sich, wenn die Dividenden- und Zinsbesteuerung unausgewogen ist, so dass die jeweilige Anlegergruppe davon profitiert, Einkünfte nur einer Einkunftsart zu erhalten. Die erste steuergetriebene Split-Struktur des neuen Typs entsteht in Großbritannien mit der *Dualvest Ltd* aus dem Jahr 1965, kurz nach Erlass des Finance Act of 1965. Nach Änderung des Steuerrechts dienen solche Strukturen zur Abwehr feindlicher Übernahmen und ab 1987 zur Steuerverschiebung in die Zukunft (durch Zero dividend preference shares). Spätestens seit Anfang der 1990er Jahre werden die Strukturen durch Quer-Beteiligungen unter Split-Verwaltern, exzessive Verschuldung und zweifelhafte

---

[484] Diese Beteiligung erfolgt typischerweise über Co-Investment-Vehicles, an denen nur das Personal des Verwalters beteiligt ist. Teils ist das Vehikel am Fonds, teils an den Portfolio-Gesellschaften beteiligt. Es besteht die Gefahr der privilegierten Auswahl guter Investments („cherry picking").

[485] Gelingt die Ausbriefung (securitization) des Risikos, ist der Eigenkapitalanteil des Verwalters und Fonds an der Investition sehr gering, was zur Spekulation auf Kosten der Gläubiger verleitet.

[486] British Venture Capital Association, "Disclosure and Transparency in Private Equity", Consultation (July 2007) und Walker Guidelines (November 2007).

[487] *Spangler*, Private Investment Funds, Rn. 5.52.

[488] FSA, Unregulated Investment Collective Schemes: "Project Findings" und "Good and poor practice report" (7/2010).

[489] Vgl. die Beiträge in *Adams*, Split Crisis (2004); *Newlands*, Split Capital and Highly geared Investment Trusts (2000); House of Commons Treasury Committee, Split Capital Investment Trusts (Third special report of session 2002–03) und Responses to the Committee's Third Report (Fourth special report of the session 2002–03).

Buchführung angereichert, ab 1997 erleben die Splits dank ständig fallender Festzinsen eine Hausse. Der Marktanteil von Splits steigt auf ca. 1/6 des Volumens aller britischen Investment Trusts oder ca. 15 Mrd. £.[490] Mangels Anlegerinteresse an den niedrig verzinsten Anleihen übernehmen Banken die Fremdkapitalgeberfunktion, mit den korrespondierenden Vorrechten in Insolvenz und einem gläubigertypischen Restrukturierungsinteresse. Zugleich wird das Portfolio aufgeteilt in einen „Growth"-Teil, der in vermeintlich innovative, wachstumsstarke Branchen investiert, und einen verzinslich angelegten „Income"-Teil. Der Verschuldungsgrad erhöht die „Assets under Management", damit die Grundlage für die Gebührenberechnung des Verwalters (durchschnittlich auf das Dreifache des Marktüblichen) und somit den Druck auf den Verwalter, zur Erzielung einer positiven Rendite für die Anleger noch größere Risiken einzugehen.[491] Mit Zusammenbruch der Internet-Blase und im Gefolge des Börsenzusammenbruchs nach dem 11. September 2001 geraten Splits in Schwierigkeiten. Es kommt zu Einstellungen der Börsennotierung und Abschlägen von 70% auf die vorhergehenden Aktienkurse.[492] Die FSA sieht die Ursache in Vertriebsproblemen („Mis-selling"), gepaart mit unzureichendem Risikoverständnis bei den Anlegern, excessivem Gearing und einer ineffizienten Board-Überwachung gegenüber dominanten Anlageverwaltern.[493]

Freilich ist die Kombination aus Leverage, hohen Gebühren, Überkreuzbeteiligungen, mangelnder Transparenz und inadäquater Unternehmensführung ein perpetuum mobile der Regulierung geschlossener Fonds.[494] Sie begegnet in der ersten britischen Fondskrise der 1880er Jahre, dem Great Crash des Jahres 1929 sowie der IOS-Krise und dürfte nicht zuletzt eine Ursache der Dauerkrise der deutschen geschlossenen Fonds sein. Als Split Crisis kehrt die Problematik nach England zurück und führt dort zu intensiverer Regulierung: Mittels ihrer Zuständigkeit für die UK Listing Rules intensiviert die FSA[495] die Offenlegungspflichten[496] und implementiert ein Kaskadenverbot, sofern der Zieltrust mehr als 15% seiner Anlagegegenstände in andere Trusts anlegen darf. Des

---

[490] *Adams* in Adams, Split Crisis, S. 27 ff.

[491] *Adams* in Adams, Split Crisis, S. 39 ff.

[492] *Adams* in Adams, Split Crisis, S. 46 ff.

[493] FSA, DP 10/2001, Split Capital Closed-end Funds (December 2001); Policy Statement "Split Capital Investment Trusts (Splits) – Update report on FSA's enquiry into the Split Capital Investment Trust Market" (May 2002); CP164/2003: Investment Companies (including Investment trusts) – Proposed changes to the Listing Rules and the Conduct of Business Rules Changes to the Model Code; Policy Statement "Feedback on CP164 and made text" (October 2003). Dazu *Gardner/Wood* in Adams, Split Crisis, S. 121 f.

[494] A.A. *Angus* in Adams, Split Crisis, S. 145 f.

[495] Vgl. den Nachweis zu den einzelnen Regelungen in FSA, Policy Statement on Investment Companies (Including Investment Trusts) (October 2003), Appendix 1.

[496] In den Prospekt sind spezifische Risikofaktoren und Warnungen im Fall eines hohen Gearings aufzunehmen. Monatlich ist die Anlage in andere Investment Trusts offenzulegen, die selbst über 15% der Anlagegegenstände in andere Investment Trusts anlegen dürfen.

Weiteren erhöht die FSA die Unabhängigkeit des Board of Directors vom Anlageverwalter (höchstens eine verbundene Person) und fordert die Zustimmung der Anleger für jeden wesentlichen Wechsel der Anlagepolitik. Diese Maßnahmen orientieren sich am Recht der Unit Trusts, was die materielle Nähe von Investment und Unit Trusts und die Entwicklung zu einem Sonderrecht der Fonds belegt. Die Association of Investment Trust Companies (AITC) steuert ihren Teil über einen Code of Corporate Governance für Investment Trusts bei.

4. Liechtenstein

Das als Folge des EWR-Beitritts (1. Mai 1995) erlassene Gesetz über die Investmentunternehmen (IUG) vom 3. Mai 1996[497] legt den Grundstein für eine dynamische Fondsentwicklung in Liechtenstein, welche auf individuell zugeschnittene Fondsprodukte (Fonds als Strukturprodukt speziell für Family Offices), traditionell niedrige Steuersätze und große Vertraulichkeit gegründet ist.[498] Das IUG 1996 verlangt die Trennung von Verwalter und Depotbank (Art. 39 Abs. 1 IUG 1996) und kennt drei Typen von Investmentunternehmen (für Wertpapiere, Immobilien und andere Werte).[499] Es orientiert sich terminologisch und inhaltlich am Schweizer Recht.[500] Vom Schweizer Vorbild abweichend gründet sich der Anlagefonds auf das liechtensteinische Treuhandrecht.[501] Die Parallelen zum britischen Unit Trust sind jedoch nur theoretischer Natur, weil nach liechtensteinischem Recht der Verwalter der Treuhänder ist, während in England der Trustee Verwahrstelle ist. Sind bis zum Erlass des IUG 1996 lediglich fünf Fonds mit einem Volumen von 436 Mio. CHF zugelassen, sind es im Jahr 2002 bereits 77 Fonds (75 als Anlagefonds, zwei als Anlagegesellschaften).[502]

Spätestens seit dem Jahr 2003/2004 setzt in Liechtenstein ein Politikwechsel vom Offshore-Gedanken zu einer professionellen Finanzdienstleistungsindustrie ein. Das IUG wird im Jahr 2005 nach dem Beitritt zum EWR der OGAW-Verwalter- und der Produkt-RL angepasst und wettbewerbsfreundlich novelliert. Das Gesetz beschränkt sich auf die Grundprinzipien und verweist im Übrigen auf die Verordnung zum Gesetz über Investmentunternehmen (IUV 2005). Investmentunternehmen für Wertpapiere werden OGAW-konform gestaltet. Als Rechtsform treten neben den Anlagefonds auf der Grundlage des liechtensteinischen Trustrechts („Kollektivtreuhänderschaft") die Anla-

---

[497] LGBl. 1996 Nr. 89. Dazu *Zwiefelhöfer*, S. 28 ff.

[498] *Zwiefelhöfer*, S. 8 ff.; *Wirth/Erny*, S. 59 ff.

[499] Art. 26 bis 35 IUG 1996.

[500] So werden z.B. die Investmentfonds in Treuhandform als „Anlagefonds" bezeichnet (wenngleich im Übrigen auf die liechtensteinische Besonderheit der Kollektivtreuhänderschaft zurückgegriffen wird); der Abschlussprüfer ist „Revisionsstelle".

[501] Rechtsform der Kollektivtreuhänderschaft, Art. 3 Abs. 2 IUG i.V.m. Art. 897 bis 932 PGR.

[502] *Zwiefelhöfer*, S. 17; *Wirth/Erny*, Fondsplatz Liechtenstein, S. 21.

gegesellschaften. Der Anleger verfügt über ein Recht zur Kündigung nach Maßgabe des Prospekts, auf Auskunft und auf Erfüllung der Prospektinhalte.[503] Die Vorschriften zur Anlagegesellschaft mit variablem Kapital (Inv-AG mit veränderlichem Kapital) verweisen auf die Vorschriften zur AG oder SE mit veränderlichem Kapital des liechtensteinischen Personen- und Gesellschaftsrechts.[504] Der Verweis ermöglicht eine flexible Ausgestaltung, weil das PGR in weitem Umfang Vertrags- bzw. Satzungsfreiheit einräumt. So können z.B. die Mitbestimmungsrechte der Aktionäre satzungsdispositiv ausgestaltet werden.[505] Für beide Anlageformen begründet abweichend vom deutschen Recht der Fondsprospekt, nicht etwa der Treuhandvertrag oder die Satzung, die Anlegerrechte. Im Konkursfall sind Sachen und Rechte zugunsten der Anleger abzusondern.[506] Rechtssicherheit bringen die gesetzlich fixierten, moderaten Bearbeitungsfristen vor der FMA (mit 6 Wochen-Frist für die Produktzulassung von Wertpapierfonds, im Übrigen vier Monate; 3 Monatsfrist für die Verwalterzulassung).[507] Weil in Liechtenstein besonders viele Fonds für qualifizierte Anleger gegründet werden und Ansatzpunkt des Gesetzes jeweils das öffentliche Angebot von Fondsanteilen ist, erlangt das Private Placement-Regime mit 48h-Notifizierungsfrist eine besondere Bedeutung; sofort nach Eingang der FMA-Empfangsbestätigung kann mit dem Vertrieb der Fondsanteile begonnen werden.[508] Insbesondere für Schweizer Vermögensverwalter ist das Auslagerungsregime und die Aufsichtspraxis der liechtensteinischen FMA ein Grund, über den Europäischen Pass liechtensteinischer Verwalter, der die Fondsadministration übernimmt und die Anlageentscheidung an den Vermögensverwalter delegiert, in Europa Fondsanteile zu vertreiben.[509] Per 31.12.2014 verwalten 18 Verwaltungsgesellschaften ca. 690 Kollektivanlagen mit einem Volumen von ca. 37 Mrd. CHF.[510]

Die OGAW (IV)-RL ist Anlass einer Totalrevision des IUG und dessen Ersetzung durch zwei Kollektivanlagengesetze, das UCITSG und das für später geplante AIFMG. Zweck der Revision ist eine Orientierung an der EU und die Stärkung des Fondsstandorts durch größtmögliche Flexibilisierung. Das UCITSG wird am 28. Juni 2011 verabschiedet[511] und setzt die OGAW-RL

---

[503] Art. 19 bis 21 IUG.

[504] Subsidiär wird auf Art. 261–367 PGR verwiesen. Vgl. *Wirth/Erny*, S. 26 f.

[505] Art. 33, 65 Abs. 2 IUG. Dazu *Zwiefelhöfer*, S. 50.

[506] Art. 37 IUG.

[507] Art. 57 f. IUG. Dazu *Wirth/Erny*, S. 38 ff.

[508] Art. 28 IUV.

[509] *Wirth/Erny*, S. 43 ff.

[510] Vgl. die Angaben auf der Internetseite des Liechtensteinischen Anlagefondsverbands, www.lafv.li.

[511] Vgl. Gesetz vom 28. Juni 2011 über bestimmte Organismen für gemeinsame Anlagen in Wertpapieren (UCITSG), Lichtensteinisches LGBl. Nr. 295 (2011), vgl. dazu die Referendumsvorlage 951.31, sowie Bericht und Antrag der Regierung Nr. 26/2011 und 58/2011; *Rütti-*

wortgetreu um. Leitender Grundsatz ist das Vertragsprinzip. Neu eingeführt wird die Rechtsform des vertraglichen Investmentfonds. Zur Steigerung der Transparenz werden Investmentfonds – wie zuvor schon die Kollektivtreuhänderschaften – deklaratorisch zur Eintragung im Grundbuch- und Öffentlichkeitsregister verpflichtet. Das UCITSG prägt eine sehr kurze Genehmigungsfrist für Standard-OGAWs, deren Zulassung von zugelassenen Verwaltern unter Nutzung von Musterdokumenten beantragt wird (10 Tage). Das Strukturmaßnahmen-Regime des UCITSG sieht klare Regelungen für jedwede Strukturänderung vor und fördert so die Rechtssicherheit. Auf der Verordnungsebene werden die europäischen Level 2-Maßnahmen Eins-zu-Eins implementiert.

B. Schweiz

Die Entwicklung des schweizerischen Rechts ist von der Fortentwicklung des EG-/EU-Rechts beeinflusst, weil sich der Finanzplatz Schweiz nicht nur als Abnehmer, sondern auch als Fonds-Produzent versteht.[512] Die Situation gestaltet sich jedoch mangels EU- oder EWR-Mitgliedschaft der Schweiz zunehmend schwierig.

I. Anlagefondsgesetz 1994

Die Reform des Anlagefondsgesetzes im Jahr 1994 (AFG 1994)[513] prägen zwei Maßnahmen. Erstens vollzieht das AFG 1994 den Wechsel vom paternalistischen Ansatz des AFG 1966 zum zeitgenössischen Informationsansatz. Infolgedessen werden die Anlagegegenstände liberalisiert und Derivate zugelassen.[514] Zweitens wird das schweizerische Recht an die OGAW I-RL angepasst. In Art. 43 Abs. 3 AFG 1994 wird ein dynamischer Verweis aufgenommen. Danach sind bei Ausgestaltung der Anlagevorschriften für Effektenfonds die jeweiligen, ggf. künftigen Anforderungen des EG-Rechts zu beachten. Eine schweizerische Besonderheit regelt Art. 4 AFG 1994 zu bankinternen Sondervermögen.[515] Damit reagiert die Gesetzgebung auf die Praxis der Banken – vor dem AFG 1994 auch von Effektenhändlern und Vermögensverwaltern –, wegen der Restriktionen des AFG 1966 Anlegergelder statt in Kollektivanlagen in bankintern zusammengefassten Vermögen[516] zu verwalten. Bis zum AFG 1994 gilt für

---

mann/Sprenger, Fondsplatz Liechtenstein, Der Schweizer Treuhänder, ST 8/12, 569; Zetzsche in Heiss, S. 9 ff.; Dobranz/Igel, Liechtenst. Investmentrecht, S. 54 ff.

[512] Botschaft zum Bundesgesetz über die kollektiven Kapitalanlagen (Kollektivanlagengesetz) vom 23. September 2005, BBl. 2005, 6395, 6494 ff.

[513] BBl. 1994 II, 297 ff.

[514] BSK-Kapitalmarktrecht (1999)/Kroll/Koeferli, Art. 43 Rn. 1 f.

[515] Dazu BSK-KAG/Trippel, Art. 4 Rn. 3 ff.

[516] Die Bezeichnungen dafür variieren. Verbreitet ist die Bezeichnung als sog. „pooled ac-

solche Vermögen die privatautonome Parteivereinbarung. Das AFG unterstellt bankinterne Sondervermögen zwecks Rechtssicherheit und Anlegerschutz teilweise den AFG-Bestimmungen.[517]

II. Kollektivanlagengesetz 2006

Die von einer Expertenkommission unter Vorsitz von *Peter Forstmoser*[518] vorbereitete „Totalrevision" des Anlagefondsgesetzes 1994 mündet in einem Kollektivanlagengesetz 2006.[519] Es bezweckt die Modernisierung und Verbesserung der Standortbedingungen und vertieft die Europa-Orientierung des schweizerischen Kollektivanlagenrechts. Das KAG 2006 unterscheidet erstmals zwischen Kollektivanlagen für qualifizierte Anleger und solchen, die sich an das Publikum richten.[520] Qualifizierten Anlegern unterstellt das Gesetz hinreichendes Know-How für Anlageentscheidungen. Fonds für qualifizierte Anleger werden von anlegerschützenden Vorschriften befreit, u.a. in Bezug auf die Anlagepolitik und –gegenstände.[521] Für sie gilt auch eine vereinfachte Zulassung: Die Zulassung traditioneller Fonds[522] soll ohne weitere Prüfung mit Eingang des Zulassungsantrags als erteilt gelten, bei alternativen Anlagen[523] nach

---

counts", interner Anlagepool, internes Kollektivportfolio, aber auch (missverständlich) als „inhouse funds" oder interne Fonds.

[517] Nach Art. 4 Abs. 5 AFG 1994 kann der Bundesrat einzelne AFG-Vorschriften für anwendbar erklären. Er erließ stattdessen aber per Verordnung eine eigenstände Regelung (Art. 3 AFV). U.a. werden Sondervermögen auf Banken begrenzt, eine Buch- und Rechenschaftspflicht eingeführt, eine Anzeigepflicht für Errichtung und Auflösung beim sowie die Überprüfung der Regeleinhaltung durch den Abschlussprüfer; den Anlegern wird ein jederzeitiges Widerrufsrecht und ein Barauszahlungsanspruch eingeräumt.

[518] Totalrevision des Bundesgesetzes über die Anlagefonds vom 18. März 1994, Erläuterungsbericht samt Gesetzesentwurf der vom Eidg. Finanzdepartement eingesetzten Expertenkommission, November 2003.

[519] Bundesgesetz über die kollektiven Kapitalanlagen vom 23. Juni 2006 (*Kollektivanlagengesetz*; SR 951.31), BBl. 2006, 5805, in Kraft getreten zum 1.1.2007; *Reisser/Straub*, ST 8/12, 566.

[520] Vgl. die Definition in Art. 10 Abs. 3 bis 5 KAG sowie Art. 17 KKV.

[521] Z.B. ist die Anlage in Risikokapital (Art. 103 KAG) in Form einer Kommanditgesellschaft für kollektive Kapitalanlagen qualifizierten Anlegern vorbehalten. Vgl. *Kunz* in Kunz/Jörg/Arter, S. 195; *Reisser/Straub*, ST 8/12, 566.

[522] Vgl. Art. 70 KAG i.V.m. Art. 100 KKV. Kollektivanlagen für traditionelle Anlagen dürfen Kredite bis zu 25% des Nettvermögens aufnehmen, höchstens 60% des Nettovermögens verpfänden oder zur Sicherung übereignen und ein Gesamtengagement von höchstens 225 des Nettofondsvermögens eingehen. Die FINMA hat sich per 1.1.2014 zur Einführung eines „Fast-Track-Verfahrens" bekannt, wonach allen traditionellen Fonds eine Bewilligung binnen 30 Tagen garantiert wird.

[523] Vgl. Art. 71 KAG i.V.m. Art. 100 KKV. Kollektivanlagen für alternative Anlagen dürfen Kredite bis zu 50% des Nettvermögens aufnehmen, sie dürfen höchstens 100% des Nettovermögens verpfänden oder zur Sicherung übereignen und ein Gesamtengagement von höchstens 600% des Nettofondsvermögens eingehen.

Ablauf von vier Wochen.[524] Allerdings behält sich die FINMA eine materielle Prüfung weiterhin vor.

Das KAG lockert den Typenzwang, in dem es die Rechtsformen für Kollektivanlagen erweitert. Außer den seit 1966 etablierten vertraglichen Anlagefonds öffnet das KAG die Körperschaft in der offenen (SICAV[525]) und geschlossenen (SICAF[526]) Form. Die Anlage-AG ist nur im Fall der Börsennotierung ihrer Aktien aus dem Anwendungsbereich des KAG ausgeschlossen (Art. 110 Bst. c KAG). Dann unterliegt sie keiner Finanzmarktaufsicht, es gilt allgemeines Aktienrecht und das Wertpapierrecht für börsenkotierte AG. Nur qualifizierte Anleger dürfen die Kommanditgesellschaft für kollektive Kapitalanlagen nutzen.[527] Die Europa-Orientierung zeigt sich in einer an der Verwalter-RL ausgerichteten Zulassungspflicht für die Fondsleitung.[528] Die unter dem AFG 1994 eingeführte dynamische Verweisung für Anlagebestimmungen auf das EU-Recht wird auf alle Bereiche des Kollektivanlagenrechts ausgedehnt. Gem. Art. 152 KAG haben Bundesrat und Finanzmarktaufsicht (die „FINMA") „beim Erlass von Verordnungen die maßgebenden Anforderungen des Rechts der Europäischen Gemeinschaften" zu beachten. Das KAG 2006 nimmt bankinterne Sondervermögen wieder aus dem KAG heraus.[529] Die Spezialvorschrift des Art. 4 KAG ermächtigt neben Banken auch Effektenhändler zur Schaffung interner Sondervermögen und kehrt damit zur Praxis vor dem AFG 1994 zurück.[530] Zu der von der *Forstmoser*-Kommission angeregten Liberalisierung des Vertriebsrechts[531] und Einbeziehung der Anlagestiftungen in das KAG kommt es nicht.[532]

Das KAG 2006 folgt zwei Leitmotiven: Einerseits wird der Anlegerschutz als alleinige Motivation des AFG 1966[533] und des AFG 1994[534] um die „Transparenz

---

[524] Art. 17 KAG i.V.m. Art. 17 Abs. 1 KKV.

[525] Art. 8, 36 ff. KAG.

[526] Art. 110 ff. KAG.

[527] Art. 98 ff. KAG.

[528] Art. 13 ff. KAG i.V.m. Art. 7, 10 bis 13, 19 bis 23 KKV.

[529] Dazu BSK-KAG/*Trippel*, Art. 4 Rn. 5 f.

[530] Die Vorschrift untersagt im Übrigen die öffentliche Werbung für und Verbriefung der Anteile von bankinternen Sondervermögen. Deren Errichtung und Auflösung ist dem Abschlussprüfer anzuzeigen. Zugehörige Anlagegegenstände unterliegen einem Absonderungsrecht zugunsten der Anleger. Verstöße sind neuerdings strafrechtlich sanktioniert. Art. 148, 149 KAG.

[531] Vgl. zur Schweizer öffentlichen Werbung im Sinne des KAG *Jutzi*, recht 2011, S. 60; *Schären*, GesKR 2011, S. 267.

[532] Näher BSK-KAG/*Winzeler*, Art. 1 Rn. 7.

[533] Botschaft AFG 1965, S. 276; darauf bezugnehmend BKE 93 I 480, seitdem st. Rspr., z.B. BGE 116 Ib 84; BGE 112 II 276; BGE 110 II 82; dazu *Werlen*, Grundlagen, S. 169 m.w.N. zur gleichlautenden Auffassung der Eidgenössischen Bankenkommission und der herrschenden Literatur, sowie mit dezidierter Gegenauffassung (S. 172 ff.) im Sinne eines Schutzes des Anlagefondsmarktes.

[534] Vgl. Art. 1 AFG 1994; Botschaft AFG Revision 1992, 44. Ein Teil der schweizerischen

und Funktionsfähigkeit des Marktes für kollektive Kapitalanlagen" erweitert. Diese Formulierung meint den Funktionsschutz[535] und soll den mit Kollektivanlagen verbundenen systemischen Risiken Rechnung tragen.[536] Der zweite Grundsatz lautet: „Same business, same risks, same rules".[537] Gemeint ist die rechtliche Gleichstellung ökonomisch gleicher Sachverhalte und Tätigkeiten.[538]

Nachdem Schweizer Fonds trotz OGAW-Konformität des KAG kein Vertriebszugang zum EWR eingeräumt wird und deshalb bilaterale Abreden erforderlich bleiben,[539] zögert die Schweiz bei der Umsetzung der OGAW (IV)-RL. Lediglich zur Kostenreduktion und zur Steigerung des Anlegerschutzes werden die Vorschriften zur wesentlichen Anlegerinformation in Anhang 3 der Kollektivanlagenverordnung übernommen.[540] Im Übrigen verlangt die FINMA die Einhaltung des KAG, selbst wenn dies eine Abweichung von der OGAW-RL bedeutet. So sieht das KAG im Verhältnis zur OGAW-RL eine andere Mindestkapitalausstattung und andere Mindestgrößen der Fonds vor. Davon unberührt bleiben die Möglichkeiten zur Delegation an einen Schweizer Vermögensverwalter unter dem Dach einer EWR-Verwaltungsgesellschaft nach Art. 13 OGAW-RL, soweit der Vermögensverwalter einer ausreichenden prudentiellen Überwachung untersteht und die Zusammenarbeit zwischen den Aufsichtsbehörden gewährleistet ist. Eine solche Aufsicht besteht für eine Fondsleitung nach dem KAG, nicht aber für einfache Vermögensverwalter, weil die Schweiz die MiFID zunächst nicht umgesetzt hat.

C. US-Securities Regulation

Gestützt von einem haussierenden Aktienmarkt – der S&P Index wächst von August 1982 bis März 2000 um 19,7% p.a. – wird die US-amerikanische Fondsindustrie in den 1980er von einer Nischenindustrie zur größten Finanzindustrie weltweit.[541] In diesen Zahlen sind die Privat- und geschlossenen Fonds nicht

---

Literatur vertrat bereits zum AFG 1994 eine Einbeziehung des Funktionsschutzes, vgl. *Werlen*, Grundlagen, S. 181 ff. m.w.N.; a.A. BSK-Kapitalmarktrecht (1999)/*Steiner*, Art. 1 Rn. 8.

[535] Botschaft zum Bundesgesetz über die kollektiven Kapitalanlagen (Kollektivanlagengesetz) vom 23. September 2005, BBl. 2005, 6395, 6435.

[536] BSK-KAG/*Winzeler*, Art. 1 Rn. 15.

[537] Botschaft zum Bundesgesetz über die kollektiven Kapitalanlagen (Kollektivanlagengesetz) vom 23. September 2005, BBl. 2005, 6395, 6408, 6413, 6415.

[538] Vgl. BSK-KAG/*Winzeler*, Art. 1 Rn. 5, der eine entsprechende Pflicht verfassungsrechtlich aus Art. 8, 27 und 94 der schweizerischen Bundesverfassung ableitet.

[539] Etwa für schweizer Effektenfonds das Memorandum zu verfahrensrechtlichen Aspekten grenzüberschreitender Tätigkeiten im Finanzbereich, wodurch schweizer Effektenfonds nach Deutschland notifiziert werden können, vgl. FINMA-Mitteilung 54 (2014) vom 6.1.2014).

[540] Vgl. Verordnung des Bundesrates vom 29. Juni 2011 (As 2011, 3177), in Kraft getreten per 15. Juli 2011; vgl. dazu die FINMA-Mitteilung 26 (2011) vom 15. Juli 2011.

[541] Die Anzahl der Anleger in Mutual Funds wächst von ca. 4,6 Mio. im Jahr 1980 auf 52 Mio. im Jahr 2000, die Anzahl der Fonds von 857 auf 8.155 und das verwaltete Vermögen von

enthalten. Die Hausse-Phase geht mit Reformen zum Anteilsvertrieb und bei den Aufsichtskompetenzen einher; zu deren Ende bewirken Missstände tiefgreifende Reformen der Fund Governance.

I. Anteilsvertrieb

1. Vom Disclosure Creep zur Key Information

Unter den Prospektregeln[542] des SA werden die maßgeblichen Vorschriften statt aus Anlegerperspektive unter Vorsichtsaspekten ausgelegt. Rechtsanwälte und SEC verlangen immer detailliertere, ausführlichere Prospekte, erstere um ihre Mandanten zu schützen, letztere im Sinne eines fehlverstandenen Strebens nach Anlegerschutz. Erschwerend tritt bei offenen Fonds hinzu, dass die Prospekte wegen der laufenden Anteilsausgabe ständig aktuell und vollständig sein müssen. Folge sind nach Inhalt und Umfang unleserliche Prospekte mit mehreren hunderten Seiten. Der Offenlegungswucherung („disclosure creep") sucht die SEC (erfolglos) im Jahr 1983 mit einer Differenzierung zwischen einem vereinfachten Prospekt und einem umfangreichen Zusatzdokument zu begegnen,[543] seit 1988 schreibt sie die Verwendung einer einheitlichen Gebührentabelle vor, in die alle Gebühren und Kosten von Anlegern und Fonds einzutragen sind.[544] Seit 1. Oktober 1998 gebietet SEC Rule 421 die Verwendung klarer Sprache (sic!).[545] Im Jahr 2007 folgt die Abkehr vom prospektbezogenen (full disclosure)-Konzept zur Offenlegung nur der wichtigsten Anlegerinformationen, unter Verweis auf weitere Informationen auf der Internetseite des Emittenten.[546]

2. Zwischenberichterstattung (2004)

Seit je her sensibel sind Detailangaben in Zwischenberichten. Offenlegung erhöht potenziell die Marktkontrolle und gilt deshalb als wünschenswert. Speziell bei Fonds erleichtert die zeitige Offenlegung der Vermögensgegenstände indes Plagiate der Anlagestrategie und entzieht damit Anlagechancen; denn die Auswahl der Anlagegegenstände spiegelt das marktentscheidende geistige Eigentum des Verwalters wider. Statt der geforderten Verkürzung des Berichtsturnus von sechs auf drei Monaten mit zeitnaher Offenlegung von Art und Höhe aller Gegenstände verpflichtet die SEC deshalb im Jahr 2004 die Fonds, über Vermögensgegenstände der SEC quartalsweise zu berichten, während sich die Offenlegungspflicht auf die fünfzig größten und darüber hinaus solche Ver-

---

297 Mrd. US-$ auf 6,9 Bio. US-$, wovon 3,9 Bio. US-$ (57%) in Aktien, 0,811 Bio. US-$ (12%) in Bonds, 1,8 Bio. US-$ (26%) in Geldmarktinstrumente und der Rest in gemischte Anlagen investieren. Vgl. *Fink*, S. 144, 210, 215 f.

[542] *Frankel/Kirsch*, Chapter 4.

[543] ICA Rel. no. 13436 (1983).

[544] ICA Rel. no. 16244 (1988).

[545] Sog. Plain English Rule, ICA Rel. no. 23011 und 23064 (1998).

[546] SA 1933 Rel. no. 8861 (2007).

mögensgegenstände beschränkt, die mehr als 1% des Gesamtvermögens ausmachen.[547]

3. Vertrieb: Werbung und Vertriebskostenverteilung

Nach Aufgabe der prospektbezogenen Werbung durch Rule 482 im Jahr 1979 gehen zahlreiche Versuche dahin, direkt an die Anleger gerichtete Werbemaßnahmen transparent und anlegerschützend zu gestalten. So wird die Ertragsberechnung von Geldmarktfonds auf einer sieben-Tage-Basis vereinheitlicht[548] und die Verwendung von Effektivzinsen (*compound yields*) vorgeschrieben.[549] Größeren Aufwand zieht die Vereinheitlichung der Ertragsangaben von Anleihefonds nach sich, weil Gewinne und Verluste zulässigerweise zu mehreren Zeitpunkten verbucht und damit das Ergebnis gestaltet werden kann.[550] Gegenstand einer Regulierung durch die NASD ist die Verwendung von Fondsratings als Teil der Werbung.[551] Die SEC befasst sich zudem mit Newslettern.[552]

Als Teil ihrer ständigen Bemühungen um Senkung der Fondsgebühren[553] dringt die SEC auf eine faire Kostenbelastung für den Fall, dass der Fonds – also die Gesamtheit der gegenwärtigen Anleger – anstelle der zukünftigen Anleger oder des Verwalters mit den Vertriebskosten belastet wird. Die im Jahr 1980 eingeführte Rule 12b-01 erlaubt die Belastung des Fonds mit den Vertriebskosten in Höhe von maximal 0,25% des verwalteten Vermögens. Bei Fonds, die auf jegliche Ausgabeaufschläge verzichten (sog. no-load-fund, z.B. *Vanguard*-Gruppe) kann es aus Sicht der Anleger nützlich sein, mittels *Direkt*vertrieb auf eine effiziente Fondsgröße hinzuwirken. Kehrseite ist ein Konflikt zwischen gegenwärtigen und zukünftigen Anlegern und der Aufbau eines Fondsimperiums des Verwalters auf Kosten der Anleger.[554] Seit 1988 sind in einer Gebührentabelle die Transaktionskosten und die jährlichen Gebühren separat auszuweisen.[555] Im Jahr 1992 wird die Maximalgrenze für die Belastung des Fonds auf 0,75% angehoben.[556] Der Vorschlag der SEC einer single unitary fee[557] lässt sich indes politisch nicht durchsetzen. Gleiches gilt für den im Jahr 2010 veröffentlichten Vorschlag zur Abänderung von Rule 12b-01.[558] Danach sollen die anteiligen kumulierten Vertriebsgebühren pro Investor unabhängig davon begrenzt

---

[547] SA 1933 Rel. no. 8393 (2004).
[548] ICA Rel. no. 11379 (1980).
[549] ICA Rel. no. 13049 (1983).
[550] Vgl. ICA Rel. no. 15315 (1986) & ICA Rel. no. 16245 (1988), dazu *Fink*, S. 165 f.
[551] National Association of Securities Dealers, SEA Rel. n. 34354 (1994).
[552] *Fink*, S. 170 f.
[553] Vgl. nur *Lobell* (1963) 49 Va. L.R. 1, 29 ff.; *Warburton*, (2007–08) 33 J. Corp. L. 745, 750 f.: „perennial story") der US-Securities Regulation.
[554] *Fink*, S. 105 ff.
[555] ICA Rel. no. 16244 (1988).
[556] SA 1933 Rel. no. 30897 (1992).
[557] SEC, Protecting Investors (1992), S. 327, 332 ff.
[558] ICA Rel. no. 29367 (2010).

werden, ob sie zum Zeitpunkt des Anteilserwerbs, zum Zeitpunkt der Rücknahme oder anteilig während des Anlagezeitraums berechnet werden. Des Weiteren sollen Gebühren deutlicher im Prospekt und den Finanzberichten und in dem an die Investoren gerichteten Bestätigungsschreiben anzugeben sein.

II. Aufsichtskompetenzen

1. National Securities Market Improvement Act of 1996

Während der ersten 56 Jahre bestehen die Vorschriften des ICA 1940, seit 1970 zudem des IAA und die Blue Sky Laws der Bundesstaaten nebeneinander. Jeder Staat kann zusätzliche Anforderungen für die Registrierung der Fondsanteile stellen. Weil die meisten Investment Companies eine US-weite Vertriebszulassung anstreben, setzt de facto das jeweils strengste Recht den Standard. Zu ernsthaften Problemen führen widersprüchliche Regelungen, z.B. zu Derivateeinsatz oder Prospektgliederung.[559]

Der *National Securities Market Improvement Act of 1996* (NSMIA)[560] grenzt schließlich die bundesstaatliche und Bundes-Wertpapierregulierung und -aufsicht über Mutual Funds ab.[561] Qualifizierte, über das allgemeine Straf- und Wettbewerbsrecht hinausgehende Vorschriften der Bundesstaaten gelten nicht mehr für (u.a.) Securities bei der SEC registrierter Investment Companies, für Securities, die „qualified purchasers" (dazu sogleich) angeboten oder an diese verkauft werden, sowie für Securities, die im Rahmen einer Privatplatzierung[562] ausgegeben und verkauft werden. Die mit Gebühreneinnahmen der Bundesstaaten verbundene Registrierungspflicht im Fall des Anteilsvertriebs sowie die Kompetenz der Bundesstaaten zur Verfolgung von Rechtsverstößen bleiben unberührt.[563] Die Aufsichtskompetenz über Investment Adviser wird größenabhängig geteilt.[564] Investment Adviser, deren verwaltetes Vermögen 25 Mio. US-$ übersteigt, registrieren sich gem. s. 203 IAA bei der SEC. Werden geringere Mittel und keine bei der SEC registrierte Investment Companies verwaltet, obliegen Aufsicht und Regulierung den Bundesstaaten.

Nach Vorschlägen der SEC[565] werden zugleich Investment Companies aus dem Anwendungsbereich des ICA herausgenommen, deren Anteile ausschließ-

---

[559] *Fink*, S. 196 ff.; *Stevens/Tyler*, (1996) 52 Bus. Law. 419, 430 ff.

[560] Pub. L. No. 104–209, 110 Stat. 3416 (1996). Dazu *Stevens/Tyler*, (1996) 52 Bus. Law. 419, 438 ff.; *Seligman*, Transformation of Wall Street, S. 679 f.; *Fink*, S. 199 ff.; *Steck*, Investment Companies (2000).

[561] S. 18 des SA 1933. Zugleich untersagt s. 15(h) (I) des SEA n.F. weitergehende Kapital-, Verwahrungs-, Buchführungs- und sonstige Pflichten für Wertpapierhändler.

[562] Vgl. dazu s. 4 (2) SA 1933.

[563] *Seligman*, Transformation of Wall Street, S. 680.

[564] Vgl. s. 28 SA 1933; s. 36 (a)(I) SEA 1934, eingeführt durch Title III des NSMIA ("The Investment Advisers Supervision Coordination Act").

[565] SEC, Division of Market Regulation, "Protecting Investors: A Half Century of Investment Company Regulation" (Mai 1992), S. 103 ff.

lich von wohlhabenden Anlegern gehalten werden; die bis dato bestehende Zahlengrenze von 100 Anlegern wird aufgehoben.[566] Zu der neu geschaffenen Kategorie der „qualified purchasers"[567] zählen natürliche Personen, die über mindestens 5 Mio. US-$ verfügen und dieses Vermögen nach ihrem Ermessen anlegen können; für juristische Personen beträgt die Grenze mindestens 25 Mio. US-$.

2. Gramm-Leach-Biley Act (1999)

Der Glass-Steagall Act 1933 hatte die Trennung des Commercial Bankings vom Investment Banking erzwungen. Die Trennung wird durch verschiedene Ausnahmebewilligungen der Bankaufsicht bis zur Reform im Jahr 1999 ausgehöhlt, welche Kreditbanken (commercial banks) u.a. die Beratung von Investment Companies ermöglichen (oben § 15.A.III.1.). Diese Praxis führt zu Abgrenzungsschwierigkeiten zwischen den vier regionalen Bankaufsichtsbehörden des Federal Board of the Reserve und der SEC. Nach dem Gramm-Leach-Biley Act müssen Tätigkeiten „finanzieller Natur" in von der SEC beaufsichtigte und regulierte Tochtergesellschaften ausgelagert werden.[568] Damit steht den Banken die Tätigkeit als Verwaltungsgesellschaft eines Fonds offen. Jedoch können die Banken weiterhin eine SEC-Aufsicht durch geschickten Zuschnitt ihrer Tätigkeiten vermeiden.

III. Fund Governance (2000 bis 2004)

1. Code of Ethics

Um einer Vermischung der Eigeninteressen des Fondspersonals mit denen der Anleger entgegenzuwirken, wird bereits im Jahr 1980 mit SEC Rule 17j-1[569] ein Code of Ethics eingeführt, der das Frontrunning untersagt, zu Berichten über Privattransaktionen in Wertpapieren gegenüber dem Fonds verpflichtet und die Code-Verletzung unter privatrechtliche Sanktionen der Fondsorganisation stellt.[570] Vergleichbare Kodizes sind bei anderen Finanzintermediären damals unbekannt. Nach Entlassung eines Invesco-Managers im Jahr 1994 wird der Kodex noch strenger gefasst.[571] Transaktionen in von Fonds selbst emittierten Wertpapieren bleiben von den Kodex-Regeln unberührt.

---

[566] S. 3(c)(7) ICA. Vgl. *Stevens/Tyler*, (1996) 52 Bus. Law. 419, 469ff.; kritisch *Fink*, S. 191, 203f., wonach der ursprüngliche Entwurf noch 100 / 10 Mio. US-$ betragen habe.

[567] S. 2(a)(51) ICA und die Ausführungsbestimmungen in Rule 2a(51–1) bis (51–3) zum ICA.

[568] S. 5(c)(4)(A) des Bank Holding Company Act of 1956, geändert durch den Gramm-Leach-Biley Act.

[569] ICA Rel. no. 11421 (1980), dazu *Fink*, S. 181ff.; *Frankel/Schwing*, § 14.05[A], 14–239 pp.

[570] Vgl. ICI, An Investment Company Director's Guide to Oversight of Codes of Ethics and Personal Investing (2000).

[571] ICI, Report of the Advisory Group on Personal Investing (1995).

2. Board of Directors

Nach dem ICA sollen die unabhängigen Direktoren *eine* zusätzliche Kontrolle über den Verwalter darstellen.[572] Namentlich in fremdverwalteten Investment Companies stellt sich jedoch die Frage nach den Restfunktionen der Direktoren bzw. wie die Direktoren ihre Kontrolle über den Verwalter ausüben müssen.[573] Nach dem ICA müssen die Direktoren u.a. dem Vertrag mit einer externen Verwaltungsgesellschaft, dem Broker oder Underwriter bei Begebung der eigenen Aktien zustimmen, den Abschlussprüfer auswählen und illiquide Vermögensgegenstände bewerten.[574] Des Weiteren knüpft die SEC die Inanspruchnahme von Ausnahmen vom ICA an die Zustimmung nur der unabhängigen Direktoren.[575] Die damit einhergehende Komplizierung prägt das Schlagwort vom *directors' creep* (Direktorenwucherung).[576] Andererseits wird der Entscheidungs- und damit Kontrollraum der Direktoren eingeschränkt durch die Wahl eines Anlageverwalters durch die Anleger; anders als der Aufsichtsrat einer Gesellschaft den Vorstand kann das Board den Verwalter nicht unbesehen entlassen.[577] Manche halten das System in seiner Grundform für ausgewogen,[578] andere rufen die Direktoren zu mehr Selbstbewusstsein und verantwortlichem Handeln auf,[579] wieder andere präferieren eine Investment Company ohne Board, ähnlich dem europäischen vertraglichen Investmentfonds,[580] während eine vierte Gruppe den Ausbau des Board zu einer unabhängigen Verwalter-, Kontroll- und Geschäftsleitungsinstanz mit Treupflichten gegenüber den Anlegern for-

---

[572] Vgl. das Zitat von *David Schenker*, dem Leiter der Investment Division der SEC anlässlich der Beratungen des ICA, nach *Fink*, S. 188 Fn. 45: „[W]e felt that there should be some check on the management and that is why the provision for 40 percent independents was inserted".

[573] Vgl. *Frankel/Kirsch*, Chapter 14.

[574] S. 28(a)(41) ICA (Bewertung); s. 10(b) ICA (Broker, Underwriter); s. 15 (a)(2) ICA (Vertrag mit Investment Adviser); s. 32(a)(1) ICA (Abschlussprüfer).

[575] Für Zustimmung des Board vgl. z.B. SEC Rule 17f-1 (betreffend custody); Rule 10f-1 (underwritings); Rule 17a-8 (fund mergers); Rule 18f-3 (share classes); Rule 2a-7 (money market funds); sogar nur Zustimmung der *independent* directors: Rule 12b-1 (use of fund shares for distribution).

[576] So *Fink*, S. 187.

[577] *Fink*, S. 189 Fn. 47 zitiert Quellen für zwei Beispiele, wo die Entlassung des Verwalters am Widerstand der Anleger gescheitert sein soll.

[578] *Lobell* (1963) 49 Va. L. Rev. 1, 41 ff. Vgl. den Nachweis der (vermeintlichen) Überlegenheit des Korporationsmodells im Verhältnis zum Vertragsmodell bei *Warburton*, (2007–08) 33 J. Corp. L. 745, 749f.

[579] So *Warren Buffet*, nach *Fink*, S. 189 Fn. 48; ICI, Report of the Advisory Committee on Best Practices for Fund Directors: Enhancing a Culture of Independence and Effektiveness (1999); *Mostoff*, in Fuchita/Litan, Pooling Money, S. 114 ff.; *Steck*, Investment Companies, S. 96 ff.

[580] *Wallison/Litan*, Competitive Equity, S. 99 ff.; *Wallison*, in Fuchita/Litan, Pooling Money, S. 103, 110 ff.; dafür auch *Ribstein*, (2010) Cato S. Ct. Rev. 301, 303 (board als "unnecessary corporate trapping").

dert, die den Verwalter ersetzt und Einzelaufgaben delegiert.[581] Obwohl die SEC im Jahr 1992 noch einen Mutual Fund – die Unified Fee Investment Company (UFIC) – mit deutlich geringeren Direktoratskompetenzen insbesondere im Bereich der Gebühren vorschlägt,[582] entscheidet sie sich im Jahr 2000 für die Beibehaltung der Korporationsanalogie und der Board Struktur.[583] Zur Verbesserung der Board-Funktionen müssen Compliance-Standards eingeführt und kontrolliert werden; hinzu kommt eine Berichtspflicht eines hochrangigen Compliance Officers unmittelbar an die unabhängigen Direktoren und das Board of Directors der Investment Company.[584] Viele als Investment Company registrierte Fonds erfahren die Intensivierung der Buchführungs-, Governance- und Offenlegungspflichten durch den Sarbanes-Oxley-Act, der für alle *public companies* und damit auch Investment Companies gilt.[585] Investmentvehikel außerhalb des ICA, insbesondere Common Trust Funds der Banken, Privatfonds (insbesondere Hedgefonds) und fondsgebundene Lebensversicherungen werden keinen vergleichbaren Vorschriften unterworfen.[586]

3. Proxy Voting

Im Jahr 2002 werden Mutual Funds verpflichtet, ihr Abstimmungsverhalten in Hauptversammlungen der Beteiligungsgesellschaften offenzulegen.[587] Dies soll einerseits die öffentliche Aufsicht über „Corporate America", andererseits den Anlegerschutz fördern, indem man Interessenkonflikten innerhalb von Finanzkonzernen unter Beteiligung von Mutual Funds entgegen wirkt. Jedoch kann eben dadurch die Unternehmensleitung ihre Anstrengungen um Fondsstimmen intensivieren und so Interessenkonflikte erhöhen. Zudem befremdet, dass andere Finanzintermediäre keinen vergleichbaren Vorschriften unterworfen sind.

4. Late Trading und Market Timing

In einem von depressiven Aktienkursen[588] geprägten Umfeld suchen Verwalter sowie deren Mutter- und Schwestergesellschaften mit professionellen Anlegern durch einen bevorzugten Zugang für einzelne Anleger zu Fondsanteilen und -informationen Geschäft zu generieren. Die im Jahr 2001 etablierten Governan-

---

[581] In diese Richtung wohl *Bogle*, Common Sense, S. 483 f., insbesondere S. 500.

[582] SEC, Protecting Investors (1992), S. 282 ff.; dazu *Wang*, Wash. L. Rev. 69 (1994), 927, 1024 ff.; ähnlich *Stephen K. West*, "Is There A Better Way To Regulate Mutual Funds?" (March 6, 2008) im Nachgang zu einem Vorschlag aus dem Jahr 1980, zitiert nach *Fink*, S. 191.

[583] SA 1933 Rel. no. 7932 (2001).

[584] ICA Rel. no. 25925 (2003) und ICA Rel. no. 26299 (2003).

[585] Vgl. *Cunningham*, (2003) 36:3 Connecticut L. Rev. 915, 941 ff.

[586] *Fink*, S. 220.

[587] SA 1933 Rel. no. 8131 (2002), dazu krit. *Fink*, S. 175 f.; Vergleich mit dem europäischen Recht bei *Schmolke*, (2006) 7 EBOR 767.

[588] Von seinem Höchststand 2000 verliert der NASDAQ-Index bis zum Jahr 2002 knapp 75 %, der Dow Jones-Index immerhin noch 1/3. Bis zum Februar 2002 verlieren 100 Mio. Anleger insgesamt 5 Bio. US-$, vgl. *Fink*, S. 218.

ce-Standards vermögen den bis dato größten Skandal der Fondsindustrie rund um Late Trading und Market Timing[589] nicht zu verhindern.

Market Timing ist eine Form der Zeitzonenarbitrage: Professionelle Anleger mit großem Anlagehebel nutzen Kenntnisse über unzutreffende Wertansätze im Fondsvermögen zulasten der übrigen Anleger aus. Weil die ausländischen Börsen vor dem Termin für die Bewertung von US-Fonds schließen, liegt einem hohen Volumen von Auslandsanlagen ein veralteter Börsenkurs zugrunde. Insbesondere bei kursbeeinflussenden Ereignissen (z.B. Erdbeben) können Anleger gegen den bestehenden Anteilskurs risikolos in Kenntnis der neuen Informationen spekulieren. Durch Auszahlung des überhöhten Rücknahmepreises mindert sich der anteilige Vermögenswert der übrigen Anleger.[590] Der Zeitzoneneffekt lässt sich durch eine Wertanpassung des Anteilswerts vor Ausgabe des neuen Fondsanteils vermeiden. Grundsätzlich sind nach s. 2(a)(41) ICA Vermögensgegenstände mit dem Marktwert anzusetzen. Ist ein Marktwert nicht verfügbar, ist von dem Board of Directors ein „fair value" anzusetzen. Eine Neubewertung zum Fair Value ist jedoch kostenintensiv und anfällig für individuelle Präferenzen und Manipulationen. Die Rechtslage scheint hier nicht ganz klar gewesen zu sein: In Kenntnis der Probleme sieht die SEC Anfang der 1980er Jahre eine Pflicht zur Nachbewertung bei signifikanten Vorgängen,[591] im Jahr 1998 stellt sie die Fair Value-Pflicht als „kann"-Regelung dar,[592] bevor sie im Jahr 2001 zur früheren Auffassung von einer Fair Value-Pflicht zurückkehrt, aber bereits starke Marktschwankungen (Volatilität) als für eine Fair Value-Bewertung signifikante Tatsache versteht.[593] Eine einheitliche Praxis etabliert sich nicht.[594] Vielfach schließen Fondsprospekte das Market Timing aus.

---

[589] Vgl. *Birdthistle*, (2012) 37 J. Corp. L. 771; *Bullard*, (2005–06) 52 Hous. L. Rev. 1271 (mit dem Hinweis, die SEC habe fälschlicherweise den häufigen Handel statt die Arbitrage zu sanktionieren gesucht); *ders.*, (2005) 84 Oregon L. Rev. 821 (gegen Gleichstellung mit Insidertrading); *Note*, (2005) 56 Hast. L.J. 585; *Ciccotello, Edelen, Greene & Hodges*, (2002) 7 Va. J.L. & Tech. 6 (zum Technologieeinsatz als tatsächlicher Hintergrund); *Fink*, S. 223ff.; *Frankel/Schwing*, § 26.02[C], 26–55 pp.; *Frankel/Cunningham*, (2006) 25:1 ARBFL 236; *Zitzewitz*, (2003) 19 JLEO 245. Vergleichbare Missstände hat die BaFin für Deutschland nicht feststellen können. Zur deutschen Rechtslage *Schäfer*, Fund Governance, S. 164ff.

[590] Beispiel: Ein US-Fonds, der in europäische Standardwerte investiert, hat zehn Aktien ausgegeben und einen Portfoliowert von 100. Nachdem die europäischen Börsen schließen, steigen US-Aktien um 10%. Erfahrungsgemäß folgen europäische Standardwerte den Vorgaben der US-Börsen. A erwirbt deshalb vom Verwalter zum Handelsschluss der NYSE zwei Anteile. Zum Handelsschluss beträgt der Anteilswert (und damit Ausgabekurs für den Erwerber) 100/10 = 10. Der Portfoliowert steigt am nächsten Tag um 10%, der Gesamtportfoliowert beträgt zum Ende des Handelsschlusses 130 (100+10% = 110 + 20 Mittelzufluss durch A, der noch nicht in gleicher Proportion investiert ist und deshalb nicht mitsteigen kann). A verlangt nun die Anteilsrücknahme. Der Anteilswert beträgt 130/12 = 10,83 (= +8,3%), ohne A's Transaktionen würde der Wert dagegen 11 (= +10%) betragen.

[591] ICA Rel. no. 14244 (1984).

[592] ICA Rel. no. 23064 (1998).

[593] Siehe die Nachweise bei *Fink*, S. 226.

[594] Vgl. ICI, Valuation and Liquidity Issues for Mutual Funds: 2002 Supplement (2002).

Wirksame Gegenmaßnahmen sind hohe Rücknahmeaufschläge oder längere Rücknahmezeiten. Zum Skandal wird das Market Timing, weil manche Finanzkonzerne trotz anderslautender Darstellung im Fondsprospekt das Market Timing im großen Stil zulassen oder sogar fördern, indem Broker-Dealer auf Rücknahmeabschläge zugunsten des Arbitrageurs verzichten, Kredite für entsprechende Transaktionen bereitstellen, gegenüber dem Verwalter die Identität von Auftraggebern verschleiern, der Verwalter einzelne Anleger treuwidrig auf besondere Arbitrage-Gelegenheiten (also unzutreffende Bewertungen) hinweist oder sogar dessen Personal durch Eigenhandel von der Arbitrage gegen die übrigen Anleger profitiert.

Late Trading beschreibt die Anteilsausgabe (= Verkäufe) und -rücknahme (= Ankäufe) nach dem offiziellen Handelsschluss zu bekannten Anteilswerten.[595] Der zu Erwerb oder Veräußerung zugelassene Anleger kann dann gegen die Kollektivanlage spekulieren: Bei steigenden Anteilswerten ist der fixierte NAV geringer als der Wert im Zeitpunkt der Transaktion, der *Erwerb* ein sicherer Gewinn („risk-free arbitrage"). Bei sinkenden Anteilswerten ist der fixierte NAV höher als der Wert im Zeitpunkt der Transaktion, die *Veräußerung* ein sicherer Gewinn. Der Ertrag stammt aus dem kollektiven Vermögen und geht zulasten der übrigen Anleger. Nach dem NAV-Termin eines Handelstages beauftragte Transaktionen sind deshalb zum (unsicheren) Kurs des nächsten NAV-Termins abzuwickeln (Verbot des Late Trading).[596] Wer entgegen dem Late Trading-Verbot nach dem NAV-Termin eingehende Aufträge als vor dem NAV-Termin eingehend einstuft, bevorzugt den Auftraggeber zulasten der übrigen Anteilseigner. Zumindest vier US-Verwaltungsgesellschaften haben das Late Trading nicht nur ermöglicht, sondern gefördert.

Weil es jeweils um eher geringe Differenzen geht, lohnen beide Strategien nur bei geringen Transaktionskosten und hohen Volumina, also insbesondere für Großanleger. Es handelt sich um einen Interessenkonflikt zwischen Anlegergruppen. Als Reaktion werden fünf Gesetzentwürfe[597] eingebracht, keiner wird

---

[595] Wenn z.B. als Termin für die Ermittlung des Nettovermögenswertes (NAV) einer weltweit investierenden Kollektivanlage MEZ 17.00 Uhr festgelegt ist, sind die Transaktionen vor dem Termin mit Unsicherheiten über die zukünftige Wertentwicklung behaftet, die Transaktionen danach hingegen nicht, wenn sie noch zu dem um 17.00 Uhr MEZ fixierten Zeitpunkt abgewickelt werden. Vgl. *Frankel/Kirsch*, Chapter 18a.

[596] S. 22(c) ICA, i.V.m. Rule 22c-1 unter dem ICA.

[597] S. 1971: Mutual Fund Investor Confidence Restoration Act 2003: bessere Transparenz bezüglich Gebühren und Kosten für Anleger und Verbesserung der Corporate Governance; S. 2059 & H.R. 4505: Mutual Fund Reform Act of 2004: Verbesserung der Governance und Regulierung von Mutual Funds; H.R. 2420: Mutual Funds Integrity and Fee Transparency Act of 2003; S. 1958: Mutual Fund Investor Protection Act of 2003; S. 1822: Mutual Fund Transparency Act of 2003.

Gesetz. Die SEC[598] und US-weit angestrengte *class actions*[599] erzielen auf der Grundlage des geltenden Rechts befriedigende Ergebnisse. Ergänzend verschärft die SEC die Regeln zur Anteilsbewertung: Insbesondere müssen alle Transaktionen bis 4 Uhr nachmittags Eastern Time (der Zeit am Ort der NYSE) beim Fonds – nicht beim Vertriebsmittler – eingehen. Rücknahmeabschläge in Höhe von 2% werden für Transaktionen oberhalb von 2.500 US-$ obligatorisch. Als Nebenfolgen werden Compliance-Standards und ein Compliance-Officer[600] obligatorisch, Offenlegungspflichten werden erweitert.[601]

Des Weiteren werden die Anstrengungen zur Verbesserung der Funktionsfähigkeit des Boards als Folge der Market Timing- und Late Trading-Skandale intensiviert. Nach der SEC-Regeländerung[602] müssen 75% der Direktoren und der Chairman des Board unabhängig, das Rechnungslegungskommittee ausschließlich mit Unabhängigen besetzt und die neuen unabhängigen Direktoren von den alten Unabhängigen ausgewählt sein. Zudem sollen die unabhängigen Direktoren Zugriff auf eigene Rechtsberater haben. Die 75%- und die Vorsitzenden-Regel werden im Jahr 2006 per Gerichtsentscheid aufgehoben, weil die Regeländerungen auf unzureichende Auswirkungsstudien gegründet sind.[603]

D. Zwischenergebnis

Die dritte Periode ist von einer Intensivierung des Anlegerschutzes geprägt. Die neuen Regeln werden entgegen dem bis dato etablierten Usus teils konfrontativ und ohne Abstimmung mit der Fondsindustrie durchgesetzt. Hinzu tritt der Aspekt der Internationalisierung: Innerhalb der EU wird an dem europäischen

---

[598] SEC, 68 Fed. Reg. 74714 (Dec. 24, 2003) ["Compliance Rule"]: SEC, 69 Fed. Reg. 22 300 (Apr. 23, 2004) ["Disclosure Rule"]. Gegen die implizite Pflicht zur Fair Value Bewertung gerichtete Klagen von Anlegern scheitern mangels direkter Betroffenheit, vgl. *DH2, Inc. v. United States SEC*, 422 F.3d 591, 592 (7th Cir. 2005).

[599] Die Anlegerklagen aus dem Market Timing-Skandal gegen 16 Verwaltungsgesellschaften und Fondskomplexe weist das Judicial Panel on Multidistrict Litigation am 27.2.2004 sachlich dem District of Maryland zu, wo es als *In re Mutual Funds Investment Litigation*, MDL-1586 (D. Md.) geführt wird. Die Einzelfälle werden nach bis zu zehnjähriger Verfahrensdauer überwiegend verglichen.

[600] *Frankel/Kirsch*, Chapter 21D.

[601] Amendments to Rules Governing pricing of Mutual Fund Shares, ICA Rel. no. 26288 (2003), 68 Fed Reg. 70,388, 70,398 etc. (Dec. 17, 2003) (17 C.F.R. § 270.22c); Mandatory Redemption Fees for Redeemable Fund Securities, ICA Rel. no. 26375A (2004), 69 Fed. Reg. 11,762 (Mar. 11, 2004); Disclosure Regarding Market Timing and Selective Disclosure of Portfolio Holdings, ICA Rel. no. 26418 (2004), 69 Fed. Reg. 22,300 (Apr. 23, 2004).

[602] ICA Rel. no. 26520 (2004), 69 Fed. Reg. 46,378, 46, 381 (Aug. 2, 2004). Dazu *Frankel/Schwing*, § 9.04[E].

[603] Zunächst *Chamber of Commerce v. SEC*, 412 F.3d 133, 143 ff. (D.C. Cir. 2005), dann endgültig *Chamber of Commerce v. SEC*, 443 F.3d 890, 901 ff. (D.C. Cir. 2006). Dazu *Sherwin*, Stan. J.L. Bus. & Fin. 12 (2006), 1, 24 ff.

Fondsbinnenmarkt gefeilt, außerhalb wird die traditionelle Bindung von Verwalter und Fonds an den Heimatort des Anlegers aufgehoben. Die Folge sind eine erleichterte steuerliche und Aufsichtsarbitrage.

Ein dritter Aspekt deutet sich erst an: Die SEC behandelt Systemschutzfragen im Kontext von Hedgefonds als Teil des Late Trading Skandals erstmals im Jahr 2003, das Schweizer KAG im Jahr 2006. In beiden Fällen erreicht der Systemschutz aber noch nicht den Stellenwert wie in der Zeit nach der Finanzmarktkrise 2006 pp.

§ 17 – Funktionsdualismus: Anleger- und Systemrisiken

Die vierte Entwicklungsphase prägt – initiiert durch die Finanzmarktkrise – die Fortentwicklung des Systemschutzes zum gleichwertigen Parameter neben dem Anlegerschutz. Mit der Finanzmarktkrise rücken die Fragen nach unerwünschten Marktreaktionen in Folge eines gleichgerichteten – wenngleich nicht koordinierten – Verhaltens von Marktteilnehmern mit großer Kapitalkraft und den Ketteneffekten bei Ausfall eines solchen Akteurs in den Mittelpunkt. Gemäß dem für den Finanzmarkt typischen Kreislauf aus Krise und Regulierung geht diese vierte Phase mit einer globalen Regulierungswelle einher, deren Umfang allenfalls mit der US-New Deal-Gesetzgebung vergleichbar ist.

A. Systemschutz als Handlungsmaxime (IOSCO, G20)

Ziel der im März 2007 veröffentlichten Prinzipien des Verbands der Wertpapieraufsichtsbehörden (IOSCO) zur Bewertung von Hedgefonds ist,[604] den Investoren einen angemessenen Rückkaufspreis zu sichern. Zwei Jahre später wird neben dem Anleger- auch der Systemschutz zum Aufsichtsziel erklärt.[605]

Auch aus Systemperspektive werden Vorschriften zum Umgang mit Interessenkonflikten der Verwalter von Private Equity-Fonds,[606] Anforderungen des Vermögensverwalters bei Anlage in strukturierte Produkte,[607] Regulierungen von Dachhedgefonds insbesondere wegen zunehmender Anlage durch Privat-

---

[604] IOSCO, Principles for the Valuation of Hedge Fund Assets, 2007; *Karmel*, (2012) 37 J. Corp. L. 856–867; *Hologan/Masson*, Revue Banque n°758, 2013.

[605] Vgl. den Vortrag des Chairman des Executive Committee von IOSCO, *Jane Diplock* in UN Conference on Trade and Development, S. 89, 94 ff.

[606] IOSCO, Private Equity Conflicts of Interest (November 2009).

[607] IOSCO, Good Practices in Relation to Investment Managers' Due Diligence When Investing in Structured Finance Instruments (July 2009).

anleger[608] sowie die Aufsichtsvorgaben mit Blick auf Hedgefonds formuliert.[609] Die Forderung nach größerer Transparenz von Hedgefonds und Private Equity gründet sich (inhaltlich zweifelhaft) darauf, dass diese Akteure sich selbst der regulierten Märkte bedienen. Vergleichbar erheben die G20 erstmals im Herbst Jahr 2008 den Systemschutz zum Ziel. Kein Finanzmarktakteur soll unbeaufsichtigt agieren, kein systemrelevantes Institut unbegrenzt Risiken eingehen können.[610]

In der Folgezeit fokussieren die Bestrebungen insbesondere auf Hedgefonds, Infrastruktur- und Geldmarktfonds, die wegen ihrer alternativen Finanzierungsfunktion als Schattenbanken diskreditiert und zum Gegenstand von Regulierungsbestrebungen gemacht werden.[611]

B. USA: Private Funds und Money Market Funds

I. Private Funds

Private Funds sind Kollektivanlagen, die vom Geltungsbereich des Investment Company Act durch Inanspruchnahme der Private Issuer Exemption gem. s. 3(c)(1) ICA[612] und seit 1996 der Qualified Purchaser Exemption gem. s. 3(c)(7)

---

[608] IOSCO, Hedge Funds Oversight, Report of the Technical Committee – Final Report (2009) sowie Elements of International Regulatory Standards on Funds of Hedge Funds Related Issues Based on Best Market Practices (September 2009). Im Mittelpunkt stehen Liquiditätsrisiken und die Auswahl der Zielfonds.

[609] IOSCO, Hedge Funds Oversight (June 2009): "Hedge funds and/or their managers or advisers must be registered and subject to ongoing regulatory requirements in relation to organizational and operational standards; conflicts of interest and other conduct rules should be established; investors should be entitled to regular disclosures, and prudential regulation should be mandatory. Prime brokers and banks that fund hedge funds must also be registered, regulated and supervised, and have risk management systems and controls for monitoring their counterparty credit risk exposures to hedge funds. Hedge fund managers/advisers and prime brokers should provide regulators with information relevant to systemic risk, and regulators should encourage the development, implementation and convergence of industry good practices."

[610] Dazu *Zetzsche*, NZG 2009, 962.

[611] Vgl. The Financial Stability Board (FSB), in consultation with the International Organization of Securities Commissions (IOSCO), Assessment Methodologies for Identifying Non-Bank Non-Insurer Global Systemically Important Financial Institutions: Proposed High-Level Framework and Specific Methodologies (Assessment Report), January 8, 2014; *Claessens/Pozsar/Ratnovski/Singh*, Shadow Banking: Economics and Policy, IMF Staff Discussion Note, December 4, 2012, SDN/12/12, 15; *Moloney*, EC Securities Regulation, S. 261. Zum europäischen Regelungsprogramm vgl. Europäische Kommission, Mitteilung Schattenbankwesen – Eindämmung neuer Risikoquellen im Finanzsektor, COM/2013/0614 final. Zum Verhältnis von Finanzinnovation und Schattenbanken s.a. *Möslein*, ZBB 2013, 1, 11.

[612] Privilegiert ist der Anteilsvertrieb an bis zu 100 "wirtschaftliche" Eigentümer, vgl. *Rosenblum*, S. 235 ff.

ICA[613] ausgenommen sind.[614] Solche „Privatfonds" sind häufig Private Equity-, Venture Capital- und Hedgefonds,[615] denn mit der Ausnahme ist ursprünglich zugleich der Verzicht auf die für Publikumsfonds existierenden Anlagerestriktionen,[616] Aufsichts- und Berichtspflichten[617] verbunden. Insbesondere sind die Verwalter von Privatfonds, die unter die Private Adviser Exemption[618] fallen, nicht zulassungspflichtig und unterliegen nicht der Aufsicht durch die SEC.[619] Die Ausnahme steht bis in das Jahr 2010 insbesondere Verwaltern mit weniger als 15 Verwaltungskunden offen. Dabei zählt grundsätzlich jeder Fonds als einzelner Kunde.[620] Mit der Ausnahme von der Produkt- und Verwalterregulierung korrespondiert eine Ausnahme von der Vertriebsregulierung unter dem SA 1933.[621] Danach ist ein Prospekt verzichtbar, wenn die Anteile ausschließlich *accredited investors*[622] angeboten werden. Dies sind Investoren, bei denen man aufgrund ihrer Tätigkeit, ihres Vermögens oder ihrer Institutionalisierung davon ausgehen kann, dass sie sich die erforderlichen Informationen auf anderem Weg beschaffen können.

---

[613] Privilegiert ist der Anteilsvertrieb an "qualified purchasers" gem. s. 2(a)(51) ICA. Für die Ausnahme maßgeblich ist das Vermögen der Anleger oder deren (mutmaßliche) Erfahrung. Dazu *Rosenblum*, S. 439 ff.

[614] Vgl. s. 202(a)(29) ICA, eingefügt durch den Dodd-Frank-Act 2010.

[615] *Steck*, Investment Companies, S. 187 f.

[616] Restriktionen bestehen in Form des Verbots illiquider Investments, von Short Selling, des Einsatzes von Fremdkapital (leverage), der Risikokonzentration und des Derivateeinsatzes. Dazu *Spangler*, Private Investment Funds, S. 8 f., Rn. 1.25.

[617] SEC, Reporting by Investment Advisers to Private Funds and Certain Commodity Pool Operators and Commodity Trading Advisors, IAA Rel. no. 3221 (2011); SEC, Reporting by Investment Advisers to Private Funds and Certain Commodity Pool Operators and Commodity Trading Advisors on Form PF, IAA Rel. no. 3308 (2011).

[618] Gem. s. 203(b) IAA.

[619] *Ordower* in Wymeersch, S. 407 ff.

[620] S. 203(b)(3) IAA. Die Frage, wie sich die Kundenanzahl bestimmt, regelt Rule 203(b) (3)-1 zum IAA. Danach ist eine Kollektivanlage grundsätzlich ein Mandant, aber in Fällen von „private funds" kann auch jeder Anteilseigner als Kunde zählen, sofern die Anleger nicht gerade wegen der besonderen Kenntnisse und Fähigkeiten des Advisers in den Fonds investiert haben. Rechtsunsicherheit hatte dahingehend das Urteil *Abrahamson v. Fleschner*, 568 F.2d 862, 871 (2d Cir. 1977), cert. denied, 436 U.S. 905, 913 (1978) hervorgerufen. Ein Versuch der SEC, die dahinterstehenden Anleger als Kunden anzusehen (wie im Rahmen des Investment Company Act), schlägt fehl, vgl. *SEC v. Goldstein*, 451 F.3d 873 (D.C. Cir. 2006). Vgl. dazu *Kaal*, 44 Vand. J. Transnat'l L. 419 (2011). Des Weiteren sind u.a. Verwalter von Versicherungen, Stiftungen und Pensionsplänen ausgenommen. Diese unterliegen anderem Bundes- oder Staatenrecht.

[621] S. 4 (5) SA 1933 betreffend Angebote an *accredited investors*.

[622] Dies sind Privatpersonen, deren Vermögen in den letzten 4 Jahren jeweils mehr als 1 Mio. US$ beträgt. S. dazu SEC, Net Worth Standards for Accredited Investors, Rel. nos. 33–9287; IA-3341; IC-29891 (2012); *Egen/Staub*, GesKR 2012, 65 f.; *Kaal*, 44 Vand. J. Transnat'l L. 389 (2011) 442 ff., 434 ff.

1. *Insbesondere: Hedgefonds*

Die SEC und die Vertreter der regulierten Fonds[623] setzen sich seit der Jahrtausendwende für die Regulierung von Hedgefonds ein.[624] Der SEC-Bericht aus dem Jahr 2003 spricht bereits Anlegerschutz- *und* Systemrisiken an, die aus dem Einsatz von Verschuldung und Leerverkäufen entstehen können.[625] Im Mittelpunkt steht die Insolvenzanfälligkeit bei Marktschwankungen wegen des relativ geringen Eigenkapitals solcher Fonds im Verhältnis zum Risiko. Infolgedessen können Gläubiger, die auf Margenzahlungen verzichten, in Schwierigkeiten geraten. Bei den Gläubigern handelt es sich meist um systemisch wichtige Großbanken. Ein zweites Anliegen ist die Eindämmung betrügerischer Handlungen.[626]

Im Jahr 2004 begründet die SEC per Verordnung (Rule) eine Registrierungspflicht für bestimmte Hedgefonds-Adviser unter dem IAA.[627] Indem sie ihren Existenzzweck vom Anleger- zum Systemschutz ausdehnt – letzterer ist bis dato Domäne der US Federal Bank of the Reserve –,[628] unterfallen nunmehr eine Vielzahl der Hedgefonds-Verwalter der SEC-Aufsicht.[629] Das Appellationsgericht des D.C. Circuit hebt die Verordnung auf, weil „client"[630] i.S.v. s. 206(1) und (2) IAA der Pool / Fonds und nicht die dahinter stehenden Kunden sind.[631] In der Folgezeit „deregistrieren" sich die meisten Verwalter von Hedgefonds. Infolgedessen erlässt die SEC auf der Grundlage ihrer allgemeinen Zuständigkeit zur Betrugsbekämpfung Regeln gegen unzutreffende Werbeinformationen und andere betrügerische Machenschaften durch „pooled vehicles", die als Private Fund nicht gemäß dem ICA und deren Verwalter nicht gemäß

---

[623] Vgl. *Fink*, S. 191 ff.

[624] Vgl. *Kaal*, 44 Vand. J. Transnat'l L. 389 (2011); *Rivière*, (2011) 10 Rich. J. GL. L&B 263.

[625] SEC, Staff Report to the SEC, „Implications of the Growth of Hedge Funds"(2003).

[626] Zwischen 2000 und 2005 eröffnet die SEC 51 Verfahren gegen US-Verwalter, die einen Schaden von 1 Mrd. US-$ hervorgerufen haben sollen. Diese Anzahl ist im Verhältnis zu den Verfahren gegen andere Finanzakteure nicht sonderlich hoch, vgl. *Spangler*, Private Investment Funds, Rn. 8.32.

[627] SEC, Registration Under the Advisers Act of Certain Hedge Fund Advisers, Investment Advisers Act Release No. IA-2333, 84 SEC Docket 1032 (Dec. 2, 2004). Dazu *Kaal*, 44 Vand. J. Transnat'l L. 414 (2011).

[628] *Paredes*, (2006–5) U. Ill. L. Rev. 975, 990 ff., insbesondere S. 998 ff. ("Protecting the System").

[629] Zum Zeitpunkt des Erlasses sind nur ca. 40% der Verwalter der SEC-Aufsicht unterworfen.

[630] Dazu *Krug*, (2010) 55 Villanova L. Rev. 661; *ders.*, (2011–2012) 63 Hastings L.J. 1; *Kaal*, 44 Vand. J. Transnat'l L. 414 (2011).

[631] *Goldstein v. Securities and Exchange Commission*, 451 F.3d 873 (D.C. Cir. 2006); *Kaal*, 44 Vand. J. Transnat'l L. 415 (2011).

dem IAA registriert sind.[632] In diesem Kontext intensivieren sich die legislativen Anstrengungen.[633]

2. Dodd-Frank-Act 2010

Zu einer Regulierung kommt es erst nach der Finanzmarktkrise mit dem Dodd-Frank-Act (2010),[634] der größten US-Finanzmarktreform seit dem New Deal. *Alle* Kollektivanlagen oder deren Verwalter können danach als systemisch wichtige "nonbank financial companies" identifiziert werden und müssen sich dann den Verhaltens- und insbesondere Mindestkapitalanforderungen der Federal Reserve unterstellen; damit einher geht eine gesonderte Registrierungspflicht. Der Dodd-Frank-Act ergänzt die Offenlegungspflichten gem. s. 13(d) und (f) SEA für u.a. Investment Companies um Swap-Positionen, deren Basiswert securities sind.[635] Investment Companies und andere „institutional money managers" müssen nunmehr monatlich ihre Leerverkaufspositionen offenlegen. „Manipulative" Leerverkäufe sind untersagt, die SEC ist zur Durchsetzung berufen.[636] Die SEC wird zur Regelung der Wertpapierleihe und zur Einführung diesbezüglicher Offenlegungspflichten ermächtigt.[637] Der Handel mit Derivaten wird an eine separate Registrierungspflicht mit umfangreichen Folgepflichten als „swap dealer", „major swap participant" etc. bei der Commodity Futures

---

[632] SEC, SA 1933 Rel. no. 8766 (2007) betreffend Rule 206(4)-8 unter dem IAA. Dazu kritisch *Spangler*, Private Investment Funds, Rn. 8.21.
[633] Vgl. die sechs Gesetzesinitiativen zwischen 2005 und 2010: 111th Congress (2009–2010): S. 344 Hedge Fund Transparency Act; H.R. 173: hedge Fund Study Act; H.R. 711: Hedge Fund Adviser Registration Act of 2009; 110th Congress (2007–08): H.R. 3417: Commission on the Tax Treatment of Hedge Funds and Private Equity Act of 2007; S. 3739: Derivatives and Hedge Fund Regulatory Improvement Act of 2008; S. 1402: Hedge Fund Registration Act of 2007; 109th Congress (2005–06): H.R. 5712: Securities and Exchange Commission Restoration Act of 2006. Gemeinsame Aufsichtsprinzipien veröffentlicht am 22.2.2007 die President's Working Group on Financial Markets, "Agreement Among PWG And US Agency Principals On Principles And Guidelines Regarding Private Pools of Capital". Der Bericht wird zu Beginn der Finanzmarktkrise 2006 pp. veröffentlicht und weist bereits auf Systemrisiken hin, enthält aber keine Forderung nach weiterer Regulierung. Für Ausdehnung des ICA auf Hedgefonds und speziell für Verständnis des carried interests der Verwalter als securities *Bullard*, (2007–2008) 13 Stan. J.L. Bus. & Fin. 286, 314 ff.; für bei der Quelle des leverage ansetzende *Frankel*, (2008) 39 Rutg. L.J. 657.
[634] *Dodd Frank Wall Street Reform and Consumer Protection* (Dodd-Frank) Act, Pub. L. No. 111–203, 124 Stat. 1376 (2010). Vgl. dazu mit Bezug zu Fonds Titel IV.; *Frankel/Schwing*, § 1.02[B][3][f].
[635] SEC, Further Definition of "Swap," "Security-Based Swap," and "Security-Based Swap Agreement"; Mixed Swaps; Security-Based Swap Agreement Recordkeeping, Joint final rule, Interpretations; SA 1933, Rel. no. 9338 (2012).
[636] S. 929X des Dodd Frank Act "Short Sale Reforms" ändert s. 13 (f)(2) SEA (mindestens monatliche Berichtspflicht). S. 9 (d) SEA verbietet nunmehr "manipulative short sales of any security."
[637] Vgl. s. 10 SEA n.F.

Trading Commission geknüpft.[638] Dies betrifft bestimmte Hedgefonds mit kurzfristigen Handelsstrategien.

Der vierte Titel des Gesetzes unter der eigenen Kurzbezeichnung „Private Fund Investment Advisers Regulation Act of 2010" unterwirft viele bisher unregulierte Investment Adviser von Private Equity- und Hedgefonds dem IAA. Die wichtigste Ausnahme von der Verwalterregulierung – die *private adviser exemption*[639] für Investment Adviser mit bis zu 15 Kunden – entfällt. Ausgenommen sind weiterhin Verwalter der als wünschenswert und systemisch ungefährlich eingestuften Small Business Investment Companies (SBICs),[640] ausländische Verwalter von Private Funds mit geringem US-Vermögen,[641] Verwalter von Venture Capital Funds[642] und von Private Funds mit einem verwalteten Vermögen von nicht mehr als 150 Mio. US-$ (de minimis-Grenze).[643] Die Verwalter von VC-Fonds und kleine Verwalter unterliegen dennoch Berichtspflichten gegenüber der SEC. Die Beratung von Family Offices ist dagegen nicht mehr Verwaltung im Sinne des IAA 1940 (neue Ausnahme).[644] Der Dodd-Frank-Act verpflichtet Private Funds auch zur Depotverwahrung der Anlagegegenstände und regelmäßigen Inventarprüfung.[645]

---

[638] S. 4s of the Commodity Exchange Act, 7 U.S.C. 1 et seq. Vgl. dazu SEC, Further Definition of "swap dealer," "security-based swap dealer," "major swap participant," "major security-based swap participant" and "eligible contract participant.", Proposed rules; SEA Rel. no. 69490 (2012); SEC, Cross-Border Security-Based Swap Activities; Re-Proposal of Regulation SBSR and Certain Rules and Forms Relating to the Registration of Security-Based Swap Dealers and Major Security-Based Swap Participants, SEA Rel. no. 69490 (2013); SEC, Capital, Margin, and Segregation Requirements for Security-Based Swap Dealers and Major Security-Based Swap Participants and Capital Requirements for Broker-Dealers, Final rule, ICA Rel. no. 30268 (2012).
[639] Vgl. zur Broker-Dealer exemption: US Court of Appeals, 10th Cir. 631 F.3d 1153 (*Thomas v. Metropolitan Life Insurance*).
[640] S. 203(b)(7) IAA.
[641] S. 203(b)(3) IAA und s. 202(a)(30) IAA. Die Ausnahme gilt für Verwalter ohne Niederlassung in den USA mit weniger als 15 Kunden, die weniger als 25 Mio. US-$ verwaltetes Vermögen zum Private Fund beisteuern (die SEC darf den Schwellenwert erhöhen) und sich weder öffentlich als Verwalter anbietet noch eine regsitrierte Investment Company oder eine Business Development Company verwaltet.
[642] S. 203(l) IAA. Die SEC hat den Begriff der Venture Capital Funds definiert. Vgl. SEC, Exemptions for Advisers to Venture Capital Funds, Private Fund Advisers With Less Than $150 Million in Assets Under Management, and Foreign Private Advisers, Final Rule, IAA Rel. no. 3222 (2011); SEC, Rules Implementing Amendments to the Investment Advisers Act of 1940, Final Rule, IAA Rel. No. 3221 (2011), S. 9–75; dazu *Alden*, 8 Berkeley Bus. L.J. 107 (2011), S. 114.
[643] S. 203(m) IAA.
[644] S. 202(a)(11)(G) IAA. Dazu SEC, Family Offices, Final Rule, IAA Rel. no. 3220 (2011).
[645] S. 223 IAA. SEC, Reporting by Investment Advisers to Private Funds and Certain Commodity Pool Operators and Commodity Trading Advisors, Final Rule, IAA Rel. no. 3221 (2011); SEC, Reporting by Investment Advisers to Private Funds and Certain Commodity Pool Operators and Commodity Trading Advisors on Form PF, IAA Rel. no. 3308 (2011).

An den neu eingeführten Berichtspflichten für Verwalter von Private Funds zeigt sich – ebenso wie in Europa mit der AIFM-RL – eine grundsätzliche Neuausrichtung auf Systemrisiken: Zwar gibt es schon immer Eingriffsbefugnisse, die auf das öffentliche Interesse („public interest") gestützt sind.[646] Jedoch überwiegt aufgrund der Erfahrungen der 1920er Jahre traditionell der Anlegerschutz als Eingriffs- und Regulierungsgrund, der Systemschutz ist Aufgabe der US Federal Bank of the Reserve.[647] Bei der Konkretisierung der neuen Berichtspflichten hat sich die SEC am öffentlichen Interesse, Anlegerschutz *und den vom Fonds ausgehenden Systemrisiken* zu orientieren.[648] Für Kollektivanlagen oberhalb der Marginalgrenze, aber mit mittlerer Größe („mid-sized private funds") muss die SEC die Folgepflichten jetzt in Abhängigkeit vom Systemrisiko des *mid-sized private fund* abstufen.[649] Kollektivanlagen mit hohem Gearing und Leverage (Hedgefonds) unterliegen intensiveren Pflichten als solche mit konservativen Strategien. Wenn dies zur Ermittlung systemischer Risiken erforderlich ist, darf die SEC Identität und Einzelheiten von Kunden abfragen.[650] S. 404 des Dodd-Frank-Acts schreibt zudem die Datensammlung über systemische Risiken vor.[651]

Die Anlegerschutz-Zuständigkeit wird dagegen reduziert. Seit dem NSMIA 1996 unterliegen Verwalter mit einem verwalteten Vermögen von unter 25 Mio. US-$ den Aufsichtsbehörden der US-Bundesstaaten, sofern sie nicht für Mutual Funds[652] tätig sind. Der Wert wird auf 100 Mio. US-$ oder einen höheren, von der SEC festgelegten Wert angehoben.[653] Die Ausnahmen von der Produkt- (ICA) und Vertriebsregulierung (Prospektpflicht gem. SA 1933) werden grundsätzlich beibehalten. Allerdings modifiziert s. 413 des Dodd-Frank-Acts den Begriff des *accredited investors* gemäß SA 1933, der wegen der Höhe seines Privatvermögens ggf. auch ohne Einsichtnahme in einen Prospekt in einen Private Fund investieren darf.[654]

---

[646] Vgl. z.B. s. 7(d) ICA betreffend ausländische Investment Companies.

[647] *Paredes*, (2006–5) U. Ill. L. Rev. 975, 990 ff.

[648] S. 204(b) IAA. Die Berichtspflichten umfassen mindestens Informationen zum verwalteten Vermögen, zu den Adressrisiken, zur Bewertung, Anlage- und Handelsstrategie, zu den gehaltenen Anlagegegenständen und zu Nebenabreden mit Anlegern.

[649] S. 203(l) IAA.

[650] S. 210(c) IAA.

[651] Gem. s. 4(b) IAA sind Investment Adviser verpflichtet, über die von Private Funds ausgehenden systemischen Risiken zu berichten.

[652] I.E. Open-end Investment Companies (vgl. s. 5 ICA), die unter dem ICA registrierungspflichtig sind. Die Aufsicht über kleine closed-end companies unterliegt den Bundesstaaten.

[653] S. 203A(a)(2) IAA. Eine Registrierungspflicht bei der SEC besteht unterhalb dieser Schwelle nur, wenn sich der Adviser in mindestens 15 Bundesstaaten registrieren müsste, für Mutual Funds oder Business Development Companies tätig ist *oder* in seinem Herkunftsstaat keine Registerpflicht besteht.

[654] Das freie Vermögen der privilegierten Investoren in den letzten vier Jahren muss jeweils mehr als 1 Mio. US-$ betragen. Das Eigenheim ist bei der Ermittlung des freien Vermögens

Als Konsequenz des Dodd-Frank-Act sind Hedgefonds, bei denen man die größten systemischen Risiken vermutet, und regelmäßig auch Private Equity-Fonds registrierungs- und berichtspflichtig.[655] Immobilienfonds sind zulassungsfrei, wenn sie direkt oder über 100 % -ige Tochtergesellschaften ausschließlich in Immobilien investieren. Die Anlage in Immobilien*beteiligungen* begründet eine Zulassungspflicht. Mit der Registrierung sind eine Pflichtinformation von Anlegern und Aufsicht mittels des Formblatts „ADV",[656] die Ernennung eines Chief Compliance Officers und der Erlass schriftlicher Compliance-Leitlinien (inkl. Code of Ethics, Insiderhandels-Richtlinien, Risikomanagement-Richtlinien etc.), eine Anpassung der Geschäftätigkeit an die Vorgaben des IAA 1940 sowie regelmäßige SEC-Untersuchungen verbunden. Obwohl sich der Verwalter mittels der ADV-Information[657] öffentlich darstellt, bleibt es bei der Ausnahme von der Vertriebsregulierung (keine Prospektpflicht!).

II. Geldmarktfonds

Als Nebenfolge der Finanzmarktkrise kommt es zudem zur Krise der Geldmarktfonds.[658] Ein „Run" auf Geldmarktfonds – also die massenhafte Anteilsrückgabe – wird zwar seit 1929 diskutiert,[659] von der Branche aber lange für

außen vor. Der Comptroller General of the United States (entspricht dem Bundesrechnungshof) untersucht die Rechtfertigung dieser Schwellenwerte im Rahmen einer Studie (S. 415 Dodd-Frank-Act). Die SEC hat die Schwellenwerte der Inflation anzupassen (s. 205(e) IAA). Der US-Rechnungshof hat zu prüfen, ob eine berufsständische Organisation zu Zwecken der Selbstregulierung von Private Funds sinnvoll ist. Siehe dazu SEC, Net Worth Standards for Accredited Investors, Final Rule, ICA Rel. no. 29891 (2012).

[655] *Alden*, 8 Berkeley Bus. L.J. 107, 114 (2011).

[656] See SEC, Final Rule: Amendments to Form ADV, Rel. No. IA-3020 (July 28, 2010); 75 FR 49234 (Aug. 12, 2010). ADV Part 2 enthält die Anlegerinformationen.

[657] Die ADV-Informationen sind auf der von der SEC betriebenen Investment Adviser Public Disclosure Website zugänglich.

[658] Vgl. IMF, Global Financial Stability Report – Sovereigns, Funding, and Systemic Liquidity (October 2010), S. 3, 58 ff., 69. Vgl. dazu Financial Stability Oversight Council, Proposed Recommendations Regarding Money Market Mutual Fund Reform, 77 Fed. Reg. 69455. Vgl. SEC, Money Market Fund Reform; Amendments to Form PF, Proposed Rule, ICA Rel. no. 31166 (2014).

[659] Vgl. die Nachweise zur Diskussion zwischen dem früheren Leiter der SEC Division Investment Management *David Schenker*, der die Folgen des Runs auf einen Mutual Fund mit denen des Runs auf eine Bank vergleicht und „undesirable effect upon the stock market in general" prophezeit, und dem Chairman des Massachusetts Investor Trust, *Merrill Griswold*, im Vorfeld des Investment Company Act 1940, bei *Fink*, S. 38 f. (damals wurde eine Größengrenze diskutiert). Der Auftrag der SEC aus dem Jahr 1958 unter s. 14(b) des ICA sah die Untersuchung der Größeneffekte von Fonds vor; der im Jahr 1962 veröffentlicht Wharton-Report sah das Hauptproblem indes nicht in der Fondsgröße, sondern in Interessenkonflikten, vgl. Wharton-Report (1962), S. 3, dazu Dritter Teil, § 15.A.I. 4. In den 1980er Jahren wird die Forderung nach bankähnlicher Einlagensicherung und Anlagebeschränkungen u.a. mit Systemaspekten begründet, vgl. *Fink*, S. 150 ff. Aus dem Jahr 1994 *Kaufmann*, Economic Review, Federal Reserve Bank of Kansas City (2nd Qu. 1994), S. 5 ff.; *Birdthistle*, (2012) 37 J. Corp. L. 774.

unmöglich gehalten. Weil sich die Sicherheit von Geldmarktfonds neben der Diversifikation auf die Rating-Urteile über die Emittenten (insbesondere Banken) stützt und viele Geldmarktfonds in kurzfristige Bank- und Commercial Paper investiert sind, bei denen sich das Rating-Urteil als unzureichend erweist, entziehen die Anleger den als einlagengleich gehandelten Geldmarktfonds ihr Vertrauen, als die Unverlässlichkeit der zugrundeliegenden Bewertung offenbar wird. Damit realisiert sich zugleich das Systemrisiko im Bereich der Publikumsfonds.[660] Geldmarktfonds stellen mit einem Volumen von ca. 2 Bio. US-$ einen wesentlichen Teil der Interbanken-Liquidität. Dem Systemaspekt trägt eine Regulierung von Rating-Agenturen, dem Anlegerschutz eine intensivierte Offenlegungspflicht über die zusätzlichen Risiken von Geldmarktfonds im Verhältnis zu Bankeinlagen Rechnung.[661]

C. Europa: AIFM & OGAW V/VI

Im Dezember 2006 fordert die Europäische Zentralbank die Einführung eines Hedgefonds-Registers zur Prävention gegen eine globale Finanzkrise. Zu diesem Zeitpunkt sind viele US-Banken bereits in Schwierigkeiten. Politische Initiativen adressieren die Interessenkonflikte, Investorengleichbehandlung und Transparenz der institutionellen Anleger; im Übrigen beherrschen die Sorgen um heimische Arbeitsplätze und der Verlust nationaler Industrien infolge Übernahme durch renditeorientierte Fonds die europäische Diskussion.[662] Zu einer Regulierung nahezu aller bislang nicht der OGAW-RL unterworfenen Verwaltungsgesellschaften (und Fonds) kommt es schließlich als Reaktion auf die Finanzmarktkrise und in Umsetzung der G20-Beschlüsse durch die AIFM-RL.

---

[660] Vgl. U.S. Treasury Department, Financial Regulatory Reform: A New Foundation (2009), S. 38 f.; President's Working Group on Financial Markets, Report of the President's Working Group on Financial Markets: Money Market Fund Reform Options (2010); *Frankel/Schwing*, § 31.02[A][13]; *Birdthistle*, (2010) 5 Wisconsin L. Rev. 1155.

[661] Zu den zusätzlichen SEC-Regeln zu Geldmarktfonds vgl. ICA Rel. no. 29132 (2010), insbesondere mit einer strengeren Risikobegrenzung durch Neufassung von Rule 2a-7; SEC, Money Market Fund Reform; Amendments to Form PF, Proposed Rule, ICA Rel. no. 30551 (2013); Financial Stability Oversight Council, Advance Notice of Proposed Rulemaking Regarding Authority to Require Supervision and Regulation of Certain Nonbank Financial Companies (Oct. 6, 2010). Dazu *Geffen/Fleming*, (2011) 5:4 Bloomberg L. Rep.: Securities Law, mit der Forderung nach einer Differenzierung zwischen Geldmarktfonds und gewöhnlichen Mutual Funds bei der Kontrolle des systemischen Risikos und einer Steuerung des systemischen Risikos durch Kontrolle der institutionellen Anleger; dazu *Birdthistle*, (2010) 5 Wisconsin L. Rev. 1155.

[662] Überblick bei *Zetzsche*, Der Konzern 2009, 147, 153 ff.; *ders.*, NZG 2009, 962, jeweils mit Hinweis auf *Naik*, Hedge Funds – Transparency and Conflict of Interest (2007); Europäisches Parlament, Bericht mit Empfehlungen an die Kommission zu Hedge-Fonds und Private Equity, 2007/2238(INI), 11.9.2008, A6–0338/2008 (Rasmussen-Bericht); Bericht mit Empfehlungen an die Kommission zur Transparenz institutioneller Investoren, 2007/2239(INI), 9.7.2008, A6–0296/2008 (Lehne-Report); *McGowan*, (2013) 14 No. 2 Bus. L. Int'l 114.

Nach einem ersten Kommissionsentwurf im Frühjahr 2009[663] wird die Richtlinie im November 2010 politisch und im Mai 2011 endgültig verabschiedet und ist bis zum 22. Juli 2013 umzusetzen.[664]

I. Europäische Vorgaben

1. Verwalterregulierung für AIFs

Art. 2 Abs. 1 Bst. a AIFM-RL definiert als Alternative Investmentfonds (AIF)[665] in Abweichung von der Branchenterminologie, die unter alternativen Produkten nur Hedgefonds und Private Equity versteht, alle Kollektivanlagen, die nicht der Regulierung durch die OGAW-RL unterliegen.[666] Die AIFM-RL harmonisiert die Regulierung für Verwalter von AIF und erhöht die Transparenz der Aktivitäten gegenüber Anlegern und Aufsicht.[667] Als Lehre aus der Finanzmarktkrise möchte man bei Bedarf koordinierte und wirksame Maßnahmen zur Sicherung der ordnungsgemäßen Funktionsweise der Finanzmärkte vornehmen können.[668] So kann der gleichzeitige Abbau kreditfinanzierter Anlagepositionen aller Fonds (de-leveraging) oder der gleichzeitige Verkauf eines Typs von Anlagegegenständen eine Abwärtsbewegung des Gesamtmarktes und damit eine Kettenreaktion mit unerwünschten Folgen für die Volkswirtschaft[669] auslösen: Banken können

---

[663] Europäische Kommission, Vorschlag für eine Richtlinie des europäischen Parlaments und des Rates über die Verwalter alternativer Investmentfonds und zur Änderung der Richtlinien 2004/39/EG und 2009/ /EG vom 30.4.2009, SEK(2009) 576, 577, KOM (2009) 207. Dazu *Bibby/Marshall/Leonhard*, J. Inv. Compl. 10 (2009), 54; *Lhabitant*, JF Transf. 27 (2009) 49, 51 f. (zu Verhaltensregeln); *Nietsch/Graef*, ZBB 2010, 12; *Kübler*, FS Hopt, S. 2143; *Haar*, FS Hopt, S. 1864, 1888; zu den Vorbereitungen *Zetzsche*, NZG 2009, 962; *ders.*, Der Konzern 2009, 147.

[664] Dazu vgl. die Beiträge in Zetzsche, AIFMD; *Weitnauer*, BKR 2011, 143; *Kramer/Recknagel*, DB 2011, 2079; *Spindler/Tancredi*, WM 2011, 1393, 1441, 1441; *Payne*, (2011) 12 EBOR 559; *Moloney*, EC Securities Regulation, S. 269 ff. Zur Umsetzung in einigen europäischen Staaten s. a. die Beiträge in van Setten/Busch.

[665] Vgl. dazu ESMA, Final report: Draft regulatory technical standards on types of AIFMs vom 2.4.2013, ESMA/2013/413; Final report: Guidelines on key concepts of the AIFMD, 2.4.2013, ESMA/2013/600; Consultation paper: Draft regulatory technical standards on types of AIFMs, 19.12.2012, ES MA/2012/845; Discussion paper: Key concepts of the Alternative Investment Fund Managers Directive and types of AIFM, 23.2.2012, ESMA/2012/117; vgl. zudem die informell erteilten Hinweise im Kommission Q&A.

[666] Vgl. *Krause/Klebeck*, RdF 2013, S. 4 ff.; *Krause/Klebeck*, BB 2012, 2063, Zetzsche/Zetzsche, S. 39 ff.; Emde/*Emde*, Einleitung Rn. 66; *Emde/Dreibus*, BKR 2013, 89; *Weiser/Hüwel*, BB 2013, 1091; *Görke/Ruhl*, BKR 2013, 142, *Niewerth/Rybarz*, WM 2013, 1158; *Freitag*, NZG 2013, 329; *Bußalb/Unzicker*, BKR 2012, 309; *Fischer/Friedrich*, ZBB 2013, 153; *Zetzsche/Preiner*, WM 2013, 2101; *Lezzi*, S. 186, 187.

[667] *Lezzi*, S. 196 ff.

[668] 2., 3., 49. bis 51. ErwGr der AIFM-RL.

[669] Zwischenzeitlich sprach man von „Realwirtschaft" im Gegensatz zur Finanzwirtschaft, die virtuelle (=irreale?) Werte schafft. Dies übersieht, dass die Finanzwirtschaft die Zahlungsströme der „Realwirtschaft" abzubilden sucht. Sind dort die Zahlungsströme virtualisiert (in Folge von Überbewertungen, fehlender Wettbewerbsfähigkeit etc.), sind sie es

sich mangels Nachfrage nicht mehr am Kapitalmarkt refinanzieren, infolgedessen keine Kredite mehr an Unternehmen ausreichen, die infolgedessen nicht mehr investieren, sondern Arbeitsplätze reduzieren. Die Richtlinie ermöglicht eine Beschränkung der Hebelfinanzierung. Systemschutz[670] tritt neben den Anlegerschutz.[671] Ein beide Schutzziele betreffendes Regelungsthema sind die Anreizstrukturen durch Vergütungssysteme.[672]

Die Regeln für die Organisation des Verwalters entsprechen im Wesentlichen den Vorgaben der OGAW-RL. Hinzu treten Eigenmittelanforderungen und Detailregelungen zur Aufgabenübertragung. Zu weiteren Berichten und erhöhter Transparenz sind gem. Art. 25 bis 30 AIFM-RL Verwalter beim Einsatz von Hebeltechniken und der Übernahme nicht börsennotierter Unternehmen verpflichtet. Damit löst sich die AIFM-RL von dem für die Produktregulierung prägenden Typenzwang; es kommt zur indirekten Produktregulierung.

2. Grenzüberschreitender AIF-Vertrieb und Verwaltung

Die AIFM-RL kombiniert die für Privatplatzierungen angestrebte Vertriebsregulierung mit der Verwalterregulierung der Verwalter-RL sowie der MiFID: Regulierte Verwalter von AIF dürfen gem. Art. 32 ff. AIFM-RL innerhalb des EWR grenzüberschreitend Anteile an professionelle Kunden vertreiben und Fonds in anderen Jurisdiktionen verwalten, wenn sie in ihrem Heimatstaat zugelassen sind und nach ihrem Heimatsstaatrecht zur Einhaltung der Standards der AIFM-RL verpflichtet sind.

3. Verwahrstellenregulierung

Gegenüber den Pflichten gem. Art. 22 bis 26 der OGAW-RL erweitert Art. 21 AIFM-RL die Pflichten der Verwahrstelle. Dies steht im Einklang mit den Entwicklungen in Richtung OGAW V: Im Winter 2008/2009 wird der *Madoff*-Skandal aufgedeckt. Luxemburgische Verwahrstellen von vier OGAW hatten

---

auch auf den Finanzmärkten. Aber die Einordnung rechtfertigt sich damit, dass Finanzwerte allein durch Vertrauen geschaffen werden und damit theoretisch unbegrenzt zunehmen könne

[670] Vgl. 2., 17., 49., 73. ErwGr und Art. 15 Abs. 4 Bst. d, 24 Abs. 5, 25 Abs. 1,3, 36 Abs. 1 Bst. b, 42 Abs. 1 Bst. b AIFM-RL sowie 12., 86., 123., 132., 133. ErwGr und Art. 112 Abs. 2, 116 Bst. b AIFM-VO. Zum Systemrisiko s. zudem die Nachweise in der Einleitung, § 1.B.I.; *Nietsch/Graef*, ZBB 2010, 12 kritisieren, der Kommissionsvorschlag für eine AIFM-RL enthalte nur Mittel zum Schutz der Anleger, aber nicht solche zum Schutz vor Systemrisiken. *Kübler*, FS Hopt, S. 2143, 2148 f. weist auf den Funktionsdualismus hin und befürwortet die systemischen Komponenten des (Kommissions-)Vorschlags (S. 2156); s.a. *Duncan/Curtin/Crosignani*, (2011) 6 Capital Markets L. J. 326; *Ferran*, (2011) 12(3) EBOR 379.

[671] Vgl. insbesondere ESMA, Final report: Guidelines on sound remuneration policies under the AIFMD vom 11.2.2013, ESMA/2013/201; ESMA, Consultation paper: Guidelines on sound remuneration policies under the AIFMD, 28.06.2012.

[672] Dazu *Engert*, ZBB 2014, 108; *Möllers/Hailer*, ZBB 2012, 178; *Boxberger/Klebeck*, BKR 2013, 441.

Madoff-Unternehmen als Unterverwahrer bestellt, die Anlagegegenstände im Wert von ca. 1,6 Mrd. € veruntreuten.[673] Im September 2009 kollabiert die Investmentbank Lehmann Brothers. In beiden Fällen sieht man Defizite bei den OGAW-Verwahrstellen. Die Konsultation der Europäischen Kommission zum Recht der Verwahrstellen[674] offenbart Unterschiede im Verwahrstellenrecht der 27 Mitgliedstaaten[675] insbesondere zu Art und Umfang vertraglicher Haftungsausschlüsse.[676] Art. 21 AIFM-RL führt deshalb eine umfangreiche Verwahrstellenregulierung ein. Dabei soll zugleich die Haftung der Verwahrstellen gegenüber den Anlegern harmonisiert werden. Beide Regelungsansätze werden als „OGAW V-RL" in den Anwendungsbereich der OGAW-RL übertragen, wobei der Grad der Vertragsfreiheit privatanlegerorientiert eingeschränkt wird.[677]

4. Europäische Produktregulierung

Weil die AIFM-RL beim Verwalter statt bei dem Produkt (dem Fonds) ansetzt, sind alle Kollektivanlagen erfasst, deren Verwalter der AIFM-RL unterstehen, unabhängig von Rechtsform, Anlagepolitik, Diversifikationsgrad oder Typ (offen/geschlossen). Dieser Generalansatz ergänzt die früheren Weichenstellungen zugunsten einer Bereichsausnahme für Kollektivanlagen von den Vorschriften des allgemeinen Unternehmensrechts. Die AIFM-RL konsolidiert insoweit das europäische Bank- und Finanzmarktrecht. Zugleich erhöht sich der Bedarf, System und Struktur des Sonderrechts aufzuzeigen.

Der Fokus der AIFM-RL auf eine Regulierung der Verwalter von Fonds, die an professionelle Anleger vertrieben werden und die mindestens 100 resp. 500 Mio. € Vermögen verwalten (vgl. Art. 3 Abs. 2 AIFM-RL), erzeugt zweierlei Regelungsbedarf. Einerseits sollen kleine Fondsverwalter gefördert werden, die volkswirtschaftlich oder sozial wünschenswerte Anlagestrategien verfolgen. Vor diesem Hintergrund sollen die Europäischen Verordnungen zu Venture Capital Fonds (EuVeCa-VO) und zu Fonds für Soziales Unternehmertum (EuSEF-VO) einen europaweiten Vertrieb an professionelle und vermögende Privatanleger ermöglichen.[678] Andererseits sollen Fondanleger zu langfristigen

[673] Dazu *Höverkamp/Hugger*, FS Hopt, S. 2015.

[674] Europäische Kommission, Working Document of the Commission Services (DG Markt), Consultation Paper on the Ucits Depositary Function, Juli 2009; Summary of Responses to UCITS Depositaries Consultation Paper – Feedback Statement –; Working Document of the Commission Services (DG Markt), Consultation Paper on the UCITS Depositary Function and on the UCITS Managers' Remuneration (Dezember 2010); Feedback on public consultation on the UCITS V (Februar 2011).

[675] CESR/09-175, "Mapping of duties and liabilities of UCITS depositaries" (1/2010).

[676] Vgl. 26., 27., 29. ErwGr, Art. 24 Abs. 3 OGAW V-RL.

[677] Europäische Kommission, Working Document of the Commission Services (DG Internal Market and Services): Consultation Paper on the UCITS Depositary Function and on the UCITS Managers' Remuneration (14.12.2010), S. 5 f., 7 ff.

[678] Verordnung (EU) Nr. 345/2013 […] über Europäische Risikokapitalfonds, Abl. L 115/1 vom 25.4.2013; Verordnung (EU) Nr. 346/2013 […] über Europäische Fonds für soziales Un-

Investitionen motiviert werden, um den Rückzug der Banken als langfristige Kreditgeber zu kompensieren. Dies führte zu Entwürfen für eine Verordnung zu langfristig anlegenden Investmentfonds (ELTIF-VO).[679] Unter der Prämisse des Systemschutzes steht schließlich die europäische Regulierung von Geldmarktfonds an.[680]

II. Umsetzung in den Mitgliedstaaten

Ob und wie einige Rechtsordnungen den Umsetzungsspielraum der AIFM-RL genutzt haben, der aus dem Richtliniencharakter (Art. 288 AEUV) und den von der Richtlinie explizit eingeräumten Wahlrechten[681] entsteht, kommt über den Spezialbereich der Investmentfonds hinaus Bedeutung zu, weil die AIFM-RL als eine der ersten Richtlinien auf das Europäische Aufsichtssystem[682] zurückgreift und in Bezug auf die Verwalterregulierung dem Ziel der Maximalharmonisierung verpflichtet ist.

1. Integration oder Separation der Fondsregulierung

In Deutschland (KAGB), den Niederlanden (Wft) und der Schweiz (KAG) finden sich alle Regelungen für Fonds in einem Rechtsakt. Dabei übernehmen die Vorschriften der AIFM-RL die Funktion eines allgemeinen Teils. Die teils abweichenden Regeln für OGAW-Verwaltungsgesellschaften sind in die separate OGAW-Produktregulierung integriert.[683] Noch weiter geht der Integrationsansatz im französischen *Code monétaire et financier* (CMF), der als societé de gestion de portefeuille auch Vermögensverwalter anderer Kollektivstrukturen

---

ternehmertum, Abl. L 115/18 vom 25.4.2013. Dazu *Moloney*, EC Securities Regulation, S. 311 f.; *Siering/Izzo-Wagner*, BKR 2014, 242; *dies.*, BKR 2015, 101, 102.

[679] Dazu *Moloney*, EC Securities Regulation, S. 315 f.

[680] Europäische Kommission, Vorschlag vom 4.9.2013 für eine Verordnung über Geldmarktfonds, COM/2013/0615.

[681] Z.B. Art. 2 Abs. 2 Bst. b und 10. ErwGr AIFM-RL (Rechtsformen des AIFs); Art. 3 Abs. 2 AIFM-RL (zum sog. „kleinen" AIFM); Art. 6 Abs. 4 AIFM-RL (zusätzliche Zulassungen des externen AIFMs); Art. 8 Abs. 4 AIFM-RL (tranchierte Zulassung); Art. 21 Abs. 3 Bst. c Satz 3 AIFM-RL (Qualifikation der Verwahrstelle für geschlossene Fonds, die illiquide Anlagen halten); Art. 22 Abs. 3 AIFM-RL (zum Rechnungslegungs- und Prüfungsstandard für den Jahresbericht); Art. 26 Abs. 7 und 58. ErwGr AIFM-RL (zur Meldepflicht beim Erwerb wesentlicher Beteiligungen und der Zerschlagung von Unternehmen); Art. 36 Abs. 2, Art. 42 Abs. 2 AIFM-RL (zur Zulassung des Vertriebs von AIF durch Drittstaaten-AIFM in nur einem Mitgliedstaat); Art. 43 Abs. 1, 2. UAbs. AIFM-RL (zur Regulierung von AIF und AIFM, die Produkte für Privatanleger anbieten).

[682] Mit dem europäischen Aufsichtssystem wurde die Funktion der Europäischen Kommission zum Erlass bindender Rechtsakte gestärkt und den europäischen Aufsichtsbehörden, in Bezug auf die AIFM-RL der ESMA, eine die nationalen Aufsichtsbehörden bindende Koordinierungs- und Streitschlichtungszuständigkeit eingeräumt. Vgl. *Möllers*, 11 Eur. Bus. Org. L. Rev. 370 (2010); *Kost de Sevres/Sasso*, 7 Capital Markets L.J. 30 (2012).

[683] Vgl. Abschnitt 2 KAGB; Art. 2:69c Wft; Art. 70ff. KAG (für Effektenfonds als OGAW-Pendant).

als AIF und OGAW – namentlich Verbriefungs- und Arbeitnehmerbeteiligungsvehikel – erfasst.

Dem *Integrationskonzept* steht das *Separationskonzept* gegenüber. Dabei haben sich Liechtenstein (mit dem UCITSG und AIFMG) und Irland (UCITS Reg 2011 respektive AIFM Reg 2013) für je einen Rechtsakt *pro Richtlinie* entschieden. In Luxemburg wurde an den drei bereits vor der AIFM-RL bestehenden *produktbezogenen* Gesetzen festgehalten: Dem OPC-G für OGAW und sonstige Partie II-Publikumsfonds stehen das FIS-G für Spezialfonds sowie das SICAR-G für Risikokapitalfonds (insbesondere Venture Capital und Private Equity Fonds) gegenüber. Jeweils gibt es neben der gesetzesspezifischen Verwalterregulierung einen Verweis auf das AIFMG, welches zusätzlich einschlägig ist, sofern der verwaltete Fonds ein AIF ist. Danach kann eine Fondsverwaltungsgesellschaft in Luxemburg über bis zu vier Gesetze zugleich unterstehen. Ganz ähnlich ist die Umsetzung in Österreich unterteilt in das AIFM-Gesetz als Verwalter- und dem Immobilienfondsgesetz (ImmoInvFG) sowie dem Investmentfondsgesetz (InvFG) als Produktregulierung für OGAW, steuerlich begünstigte „Pensionsinvestmentfonds", Spezialfonds und „andere Sondervermögen".

Die englische Umsetzung hält an der Dreiteilung teils in ss. 235- 284 FSMA 2000, teils durch Regierungsverordnung[684] und teils durch Verordnung der Aufsichtsbehörde fest. Das frühere Aufsichtskompendium COLL, das auf den Begriff der *collective investment schemes* rekurriert und geschlossene Fonds dem Gesellschaftsrecht und den Listing Rules überlassen hatte, wird in ein neues „AIF-basiertes" Regelwerk FUND[685] überführt, das sich an COLL orientiert.[686]

2. Regulierung des AIFM

a) Großer AIFM

Nationale Unterschiede zeigen sich bei der beschränkten Zulassung unter Auflagen („tranchierte Zulassung"), der Anwendung des in der AIFM-RL angedeuteten Proportionalitätsprinzips,[687] bei der Handhabung der Auslagerungsbestimmungen sowie in der Frage der Mindestsubstanz.[688] Hinter der Uneinigkeit bei der Auslegung der Richtlinie steht regelmäßig ein Konflikt zwischen den Asset Manager- und den Administratorstandorten. Von Delegationsbe-

---

[684] Insbesondere *The Alternative Investment Fund Managers Regulations* 2013, S.I. (2013) No. 1773.

[685] Financial Conduct Authority (FCA), Alternative Investment Fund Managers Directive Instruments 2013, 27 June 2013, FCA 2013/51.

[686] Vgl. FCA G.1.1.3 betreffend FUND.

[687] Z.B. Art. 13 Abs. 2, Art. 18 AIFM-RL und Art. 22 Abs. 2, Art. 31 Abs. 1, Art. 40 Abs. 1 AIFM-VO.

[688] Vgl. die Details bei *Zetzsche*, ZBB 2014, 25, 26.

schränkungen profitieren die Staaten mit starkem Asset Management, woran das Gros der Wertschöpfung anknüpft. Von liberaler Delegation profitieren Staaten, deren Intermediäre für eine Vielzahl von Asset Managern Bündelfunktionen ausüben. Delegationsbasierte Geschäftsstrategien wie die Master-KVG und das Private Label-Geschäft, bei denen die KVG nur das Risikomanagement und Teile der Administration übernimmt, bleiben nach deutschem Recht weiterhin zulässig.

Die Beispiele legen ein grundsätzliches Problem der AIFM-Verwalterregulierung offen. Unbestimmte Rechtsbegriffe werden ohne europaweit harmonisierte Bedeutung verwendet. Die Konkretisierung durch ESMA-Leitlinien befriedigt nicht. Einflussreiche Aufsichtsbehörden werden ihre Interessen im ESMA-internen Verfahren frühzeitig absichern, selbstbewusste Behörden diese nachträglich durchsetzen. Damit droht das Ziel eines Level Playing Fields im Binnenmarkt verfehlt zu werden. Rechtssicherheit könnten allgemeine Proportionalitäts-Schwellenwerte für kleine Vermögensverwaltungs- und Fondsgesellschaften schaffen, etwa nach Art der „KMU-Definition" des allgemeinen Unternehmensrechts.[689]

b) Kleiner AIFM: Registrierung oder Zulassung?

Art. 3 AIFM-RL i.V.m. Art. 2 bis 5 AIFM-VO schreiben für AIFMs, die AIF im Gesamtvolumen unterhalb von 100 Mio. € für offene oder AIF mit einem gewissen Hebeleinsatz, in sonstigen Fällen 500 Mio. € verwalten, nur eine Registrierung und turnusmäßige Berichtspflichten an die Aufsichtsbehörden sowie eine Anzeige- und Zulassungspflicht im Fall der Schwellenüberschreitung vor.

aa) Publikums- und professionelle AIF

Für Verwalter von *AIF, die an professionelle Anleger vertrieben werden,* verzichten Deutschland, Luxemburg, die Niederlande und Österreich[690] auf eine Zulassung des kleinen AIFM. In diesen Staaten besteht neben der Registrierung keine permanente Aufsicht. Über die Mindestpflichten der Richtlinie hinaus werden in manchen Staaten jedoch Vorschriften der Richtlinie auf kleine AIFM angewendet, z.B. in Österreich gem. § 1 Abs. 5 öAIFMG die Vorschriften zum Kontrollerwerb an nicht börsennotierten Unternehmen.

Nach Art. 2 Abs. 2h und 2bis des Schweizer KAG sind Vermögensverwalter inländischer Fonds für qualifizierte Anleger, deren verwaltetes Vermögen un-

---

[689] Vgl. Empfehlung der Kommission vom 6. Mai 2003 betreffend die Definition der Kleinstunternehmen sowie der kleinen und mittleren Unternehmen, 2003/361/EG. Die KMU-Schwellenwerte sollen z.B. zur Konkretisierung der CRD IV-Proportionalitätsgebote herangezogen werden.

[690] § 2 Abs. 4 KAGB; Lux: Art. 3 Abs. 3 FIA-G; NL: Art. 2:66a Wft; Ö: § 1 Abs. 5 öAIFMG.

terhalb der Schwellenwerte von 100 Mio. respektive 500 Mio. CHF liegen, dem KAG nicht unterstellt. Eine Registrierungspflicht bei der FINMA kann mittels Bundesratsverordnung eingeführt werden. Der Vermögensverwalter kann sich dem KAG aber freiwillig unterstellen, wenn dies vom Vertriebsstaatenrecht gefordert wird.

Eine Zulassung und permanente Aufsicht etablieren das französische und irische Recht. Französische kleine AIFM (wie auch Verwalter von Arbeitnehmerbeteiligungs- und Verbriefungsvehikeln) benötigen immer eine Zulassung.[691] Jedoch wird von den Vorschriften zur Bewertung, zur Anlegerinformation sowie zur Übernahme nichtbörsennotierter Unternehmen und ggf. den Verwahrstellenpflichten dispensiert. Hinzu treten Offenlegungspflichten nach näherer Vorgabe im AMF-Reglement. Das irische Recht erleichtert die Verwalterregulierung nur für die ersten zwei Jahre der Geschäftstätigkeit des AIFM, wenn dieser Qualified Investor-AIF (QIAIF) verwaltet. Neben den Minimalanforderungen der Richtlinie muss der kleine AIFM aber von Anfang an wesentliche Teile der Verwalterregulierung für große AIFM erfüllen,[692] u.a. das regulatorische Mindestkapital von 125 T€ respektive ¼ der Gemeinkosten, eine integre und fachlich geeignete Geschäftsleitung („fit & proper"), die Organisationsvorschriften sowie die Kardinalverhaltensgebote gegenüber den Anlegern.[693] Nach Ablauf der Zweijahresfrist ist eine Zulassung als (großer) AIFM zu beantragen. Hinzu tritt die zwingende Produktregulierung für QIAIF, von der nicht dispensiert wird.[694]

Strenger fällt das Reglement für kleine Verwalter von Publikumsfonds aus. Dies erklärt sich mit der nach Art. 5f. OGAW-RL europaweit geltenden Zulassungspflicht für Verwalter von OGAW – dem Paradetyp des Publikumsfonds. Allerdings bestehen zahlreiche Ausnahmen. Eine Zulassungspflicht besteht in Frankreich, Österreich und Irland.[695] Hinzu tritt in Österreich (§ 35 ImmoInvFG) und Frankreich[696] die Pflicht zur Bestellung einer Verwahrstelle. Nach niederländischem Recht ist beim Vertrieb an Privatanleger eine Zulassung zwar

---

[691] Art. L 214–24 III CMF und Art. 532–9 CMF, welche auf L214–24 II CMF verweisen.

[692] CBI, AIF Rulebook, July 2013, Chapter 2 – Qualifying Investor AIF Requirements, Part. III. Additional Provisions Applicable to Qualifying Investor AIFs which have a registered AIFM.

[693] CBI, AIF Rulebook, July 2013, Chapter 4 – AIF Management Company Requirements, i. Capital requirements, 163, sub 2. (d) „ act honestly, fairly, professionally, independently and in the interest of the AIF and the unitholders of the AIF."

[694] CBI, AIF Rulebook, July 2013, Chapter 2 – Qualifying Investor AIF Requirements, Part. III. Additional Provisions Applicable to Qualifying Investor AIFs which have a registered AIFM.

[695] F: Art. L214–24 II und Art. 532–9 CMF. Ö: § 1 Abs. 5 letzter Satz, § 48 Abs. 1 öAIFMG; Irl: CBI, AIF Rulebook, July 2013, Chapter 1- Retail Investor AIF Requirements, Section 2: Supervisory requirements, i. General Conditions, 1.

[696] Vgl. zu allem AMF, Guide des mesures de modernisation apportées aux placements collectifs français (Julliet 2013), S. 3ff., S.21ff.

grundsätzlich erforderlich; allerdings sind Privatplatzierungen kein Vertrieb und die Definition der Privatplatzierung ist nach Art. 2:66a Wft sehr weitherzig (unten IV.4.). §§ 2 Abs. 4a bis 5 i.V.m. 44 bis 48 KAGB nimmt nur Verwalter von Publikumsfonds mit ganz wenigen Privatanlegern, von ökologischen Liebhaberprojekten (mit zweifelhaftem Wert für die Anleger) wie Energiegenossenschaften sowie von geschlossenen Fonds bis 100 Mio. € von der Zulassungspflicht aus. Für besagte geschlossene Fonds gilt jedoch ein Teil der Richtlinienpflichten, insbesondere zur Einrichtung einer Verwahrstelle und zur Rechnungslegung.[697]

bb) Einheitsansätze
Luxemburg und Liechtenstein statuieren eine einheitliche Verwalterregulierung unabhängig davon, ob der Fondsanteil an professionelle oder Privatanleger vertrieben wird (allerdings differenziert die Produkt- bzw. Vertriebsregulierung). Das luxemburgische Recht stellt Verwalter von Spezialfonds (SIFs), SICARs und Partie II-Fonds unterhalb der Schwellenwerte der AIFM-RL zulassungsfrei.[698] Art. 3 AIFMG verlangt eine erleichterte Zulassung, die „Registrierung" genannt wird, mit prudenzieller Aufsicht, Verwahrstellenpflicht und Delegationsbeschränkungen an beaufsichtigte Verwalter auch im Fall der Verwaltung von AIF, die nur an professionelle Anleger vertrieben werden. Allerdings wird kein Minimalkapital verlangt, die Vorschriften zur Verbriefung sowie zur Vergütung der leitenden Mitarbeiter des AIFM gelten nicht. Zudem wird ein Teil der im Fall der Vollzulassung der Aufsicht obliegenden Aufgaben durch einen privatrechtlichen Organisationsvertrag zwischen dem kleinen AIFM und seinem Administrator ersetzt.[699]

cc) Produktbezogene Differenzierung
Die englische produktbezogene Differenzierung ist als nationaler Sonderweg zu bezeichnen:[700] Intern verwaltete geschlossene Investmentgesellschaften, Verwalter von Venture Capital Fonds nach der EuVeCa-VO und Vermögensverwalter bestimmter Immobilienfonds, die keine anderen Vermögensgegenstände als Anteile ihrer Beteiligungsgesellschaften halten, unterliegen der Registrierungspflicht der AIFM-RL (Minimalbestand).[701] Alle übrigen kleinen

---

[697] Näher *Nelle/Klebeck*, BB 2013, 2499; *Möllers/Kloyer/Zetzsche*, S. 152, 139.
[698] Art. 80 FIS-G. Art. 47 SICAR-G, Art. 88–2 OPC-G,
[699] Art. 3 Abs. 4 Bst. d AIFMG. Dazu *Zetzsche/Preiner*, RIW 2013, 269.
[700] Vgl. Financial Services Authority (FSA), Implementation of the Alternative Investment Fund Managers Directive – Part 2, CP 13/9, March 2013, 3. Operating requirements for full-scope and sub-threshold AIFMs, 23–25; FCA, Implementation of the Alternative Investment Fund Managers Directive, PS 13/5, June 2013, 3. Operating requirements for full-scope and sub-threshold AIFMs, 19–23.
[701] FUND 1.3.7. Hinzu treten Umgehungsbeschränkungen. So dürfen die Immobilienbeteiligungsgesellschaften nur direkt oder indirekt in Immobilien anlegen.

AIFM unterliegen gem. FUND 1.3.6 den bislang geltenden englischen Zulassungspflichten, die im Verhältnis zur AIFM-RL weniger streng und detailliert sind.

3. Produktregulierung

Die AIFM-RL überlässt die Ausgestaltung der Produkte den Mitgliedstaaten.

a) Typenzwang und Anlagestrategien

Unterschiede bestehen bei der Ausgestaltung der Anlagestrategien. Für Schutz durch Produktregulierung steht die OGAW-RL Pate, auf der anderen Seite steht die MiFID, welche produktseitig völlige Freiheit einräumt und sich mit einer Verwalterregulierung begnügt.[702] Fondstypen kommt in dieser Gemengelage zwei Funktionen zu: eine Informationsfunktion durch Kurzzusammenfassung der Anlagestrategie und eine Steuerungsfunktion durch Begrenzung des Anlageermessens des Verwalters. Die *Informationsfunktion* ist in fast allen Rechtsordnungen anerkannt. Nur die Niederlande regeln über OGAW hinaus keine Fondstypen. Fondstypen sind gelegentlich nur durch Verordnung geregelt,[703] an anderer Stelle finden sich gesetzliche Regelungen[704] oder es gibt sogar, wie in Luxemburg, pro Fondstyp je einen Rechtsakt (FIS, SICAR, Partie II-Fonds). Die Rechtfertigung der *Steuerungsfunktion*, die aus einem gesetzlichen Typenzwang resultiert, ist dagegen umstritten. Der Gesetzgeber maßt sich die Weisheit an zu wissen, welche Produktkombinationen für den Anleger in der Zukunft günstig sind. Dabei entfällt infolge der Anlagegrenzen ein Teil des Renditepotentials. Dem stehen ein bei typenfreier Gestaltung erhöhtes Verwalterrisiko und die aus der Risikosicherung auf Anlegerebene kraft Konzentration auf Anlageebene folgenden Kosten gegenüber.

In den Niederlanden und Liechtenstein fehlt jeglicher Typenzwang. Der Verwalter muss nur die produktrelevanten Anforderungen erfüllen, z.B. bei erheblichem Hebeleinsatz ein dem Risiko entsprechendes Risikomanagement vorweisen. Anlegerschutz soll über die Vertriebsregulierung realisiert werden.

---

[702] Zetzsche/*Wagner/Schlömer/Zetzsche*, S. 99, 103.

[703] Vgl. FL: Art. 62–65 AIFMV; Irl: für Publikums-AIFs: Central Bank, AIF Rulebook, July 2013, Chapter 1 – Retail Investor AIF Requirements, Part II. Specific fund-type requirements; betreffend AIF für qualifizierte Anleger: Central Bank, AIF Rulebook, July 2013, Chapter 2, Qualifying Investor AIF Requirements.

[704] D: Offene Publikums-AIF: § 214–260 KAGB, Offene Spezial-AIF: § 278 ff. KAGB, geschlossene geschlossene-Publikums-AIF: § 261 KAGB, geschlossene Spezial-AIF: § 285, 286 KAGB, CH: Das KAG regelt nur Fondstypen für offene Fonds in Art. 53 ff. (Effektenfonds), Art. 58 ff. (Immobilienfonds), Art. 70 (Übrige Fonds für traditionelle Anlagen), Art. 71 (Übrige Fonds für alternative Anlagen); Ö: §§ 163, 166, 168 InvFG, § 1 ImmoInvFG; § 48 Abs. 5 und 7 öAIFMG.

In den meisten Rechtsordnungen existieren jedoch Mischformen. So ist die deutsche Produktregulierung für Spezial-AIF nach §§ 278 ff., 285 f. KAGB reduziert. Ein Typenzwang besteht hingegen für Publikumsfonds. Restriktiv geregelt sind z.B. Hedgefonds, Immobilienfonds und Gemischte Investmentvermögen. Letztere dürfen nach § 219 KAGB nicht in (Dach-)Hedgefonds und nur begrenzt in illiquide Gegenstände anlegen. Ähnlich verhält es sich in Irland,[705] der Schweiz[706] und England: So kennt das englische Recht eine Produktregulierung neben OGAW für Non-UCITS Retail Schemes (NURS) und – im Wesentlichen auf Offenlegungspflichten reduziert – für Qualified Investor Schemes (QIS). Alle drei vor der AIFM-RL als Authorised Investment Fund (AIF – sic!) bezeichneten Typen sollen im Kern beibehalten werden.[707] NURS (künftig RAIF) dürfen u.a. in Immobilien, Gold und Anteile unregulierter Investmentfonds investieren. Daneben bestehen strikte Anlagegrenzen, z.B. pro Anlagegegenstand von 35% des Fondswertes. Bis zu 20% des Fondsvermögens können in unqualifizierte Wertpapiere angelegt werden. Bei Anlagen in Immobilienfonds darf die Kreditaufnahme bis zu 20% des Vermögens ausmachen.[708] Die Anlagebeschränkung in *unregulierte* CIS dient insbesondere bei den ansonsten liberal regulierten QIS ohne Anlagehöchstgrenzen dem Umgehungsschutz:[709] Jenseits von OGAW, NURS und QIS entfällt die Produktregulierung.

Irischen QIAIFs ist die Emission von Schuldverschreibungen an das Publikum explizit verboten (Umgehungsschutz). Ebenso untersagt ist die Kreditvergabe und Garantieübernahme sowie der wesentliche Einfluss auf eine Zielgesellschaft (ausgenommen sind Private Equity Fonds). Kaskadenanlagen in andere Fonds sind zulässig, an die Stelle eines Kaskadenverbots treten das Verbot von Mehrfachgebühren und eine intensivierte Gebührentransparenz.[710]

Ausgeprägt ist die Produktregulierung auch in Österreich und Frankreich. Für steuerlich begünstigte Pensionsinvestmentfonds gelten die OGAW-Bestimmungen, mit Ausnahme der Prospektvorschriften (§ 131 öInvFG). Selbst Spezialfonds mit nur zehn Anlegern und einer Mindestanlage von 250 T€ sind auf liquide Finanzanlagen beschränkt (§ 163 öInvFG). Zulässige Anlagen ande-

---

[705] Central Bank, AIF Rulebook, July 2013, Chapter 2, Qualifying Investor AIF Requirements.

[706] Übrige Fonds für alternative Anlagen nach Art. 71 KAG.

[707] Vgl. Financial Services Authority (FSA), Implementation of the Alternative Investment Fund Managers Directive – Part 2, CP 13/9, March 2013, 9. Das neue Regelwerk „FUND" liegt in einzelnen Kapiteln vor. Danach erhalten die NURS die neue Bezeichnung Retail AIF (RAIF), aus QIS werden die QIAIFs.

[708] Vgl. COLL 5.6.2., zukünftig FUND 4 (Common requirements for all retail funds), FUND 5 (additional requirements for RAIFs) und FUND 6 (QIAIF).

[709] Vgl. COLL 8.4.3. und 8.4.5 (künftig FUND 6).

[710] CBI, AIF Rulebook, July 2013, Chapter I, General Rules, Section 1, Qualifying Investor AIF restrictions, i. General restrictions, 6. bis 12.

rer Sondervermögen gem. § 166 öInvFG sind liquide Finanzanlagen sowie Anteile an bestimmten Fonds (anderen Investmentfonds nach § 71 öInvFG, inländischen „Spezialfonds", sonstigen diversifiziert anlegenden Organismen für gemeinsamen Anlagen, Immobilienfonds sowie anderen Sondervermögen). Jeweils bestehen Anlagegrenzen, z.B. für Immobilienfonds maximal 20% des Fondsvermögens insgesamt bzw. max. 10% für Anlagen in ein und denselben Fonds. Das französische Recht stülpt die Zweiteilung zwischen organismes de placement collectif en valeurs mobilières (OPCVM = OGAW) und Fonds d'Investissement Alternatifs (FIA = AIF) den bereits bestehenden Fondstypen über. Daneben wird zwischen regulierten und sonstigen AIFs (*FIA régulés* vs. *autres FIA*) differenziert.[711] Reguliert sind die schon in Art. L214–1 CMF genannten, teils rechtsformspezifischen Publikumsfondstypen[712] und vier Typen professioneller Fonds.[713] Zu den nicht regulierten „Autres FIA" zählen u.a. bestimmte Immobilien- und Risikokapitalgesellschaften. Die weitere Kategorie anderer Kollektivanlagen (autres placements collectives) erfüllt weder die AIF- noch die OGAW-Definition. Beispiele sind Arbeitnehmerbeteiligungsfonds (les fonds d'épargne salariale) und Verbriefungsvehikel (les organismes de titrisation).[714]

b) Mindestdiversifikation

Vier Regelungstechniken führen zu Diversifikationspflichten. Erstens durch Typenregulierung; so muss gem. Art. 1 Abs. 2 OGAW-RL die Anlagestrategie von OGAWs dem Gebot der Risikomischung entsprechen. Ähnlich allgemein sind die Diversifikationspflichten z.B. für luxemburgische SIFs,[715] englische

---

[711] Vgl. Art. L214–1, L214–24 CMF.

[712] Les fonds d'investissement à vocation générale (vgl. Art. L214–24–24 CMF, Art. 422–2 ff. AMF Règl. gén.) (ehemals OPCVM à vocation générale non coordonnés); Les fonds de capital investissement – FCPR / FCPI/FIP (vgl. Art. 214–27 CMF, Art. 422–120–1 AMF Règl. gén.); Les organismes professionnels de placement collectif immobilier – OPCI (vgl. Art. L214–35 CMF, Art. 422–121 ff. AMF Règl. gén.) (ehemals OPCI und OPCI RFA SEL); Les sociétés civiles de placement immobilier – SCPI (vgl. Art. L214–86 ff., L214–114 ff. CMF, Art. 422–189 ff., 422–223 ff. AMF Règl. gén.); Les sociétés d'épargne forestière – SEF (vgl. Art. L214–86 ff., L214–121 ff. CMF, Art. 422–189 ff., 422–238 ff. AMF Règl. gén.); Les sociétés d'investissement à capital fixe – SICAF (vgl. Art. L214–127 CMF); Les fonds de fonds alternatifs (vgl. Art. L214–139 ff. CMF, Art. 422–250 ff. AMF Règl. gén.) (ehemals OPCVM de fonds alternatifs).

[713] Zulassungspflichtig sind Les fonds professionnels à vocation générale (vgl. Art. L214–143 ff., Art. 423–1 ff. AMF Règl. gén.) (ehemals OPCVM ARIA EL und SEL) und les OPCI professionnels (vgl. Art. L214–148 ff. CMF, Art. 423–12 ff. AMF Règl. gén.) (ehemals OPCI RFA EL). Anzeigepflichtig sind Les fonds professionnels spécialisés (vgl. Art. L214–154 ff. CMF, Art. 423–16 AMF Règl. gén.) (ehemals OPCVM contractuels und FCPR contractuels) und les fonds professionnels de capital investissement (vgl. Art. L214–159 ff. CMF, Art. 423–37 AMF Règl. gén.) (ehemals FCPR allégés).

[714] Vgl. Art. L214–163 ff., Art. L214–167 ff. CMF.

[715] Z.B. Luxemburgische SIFs, vgl. CSSF Circulaire 07/309, Concerne: répartition des risques dans le contexte des fonds d'investissement spécialisés (« FIS »).

QIS[716] und vier französische Fondstypen,[717] demgegenüber intensiver die aufgrund konkreter Anlagegrenzen entstehende Streuung.[718] Zweitens kann es sich um ein konstitutives Definitionsmerkmal *aller* Investmentfonds handeln. Trotz Verzicht der AIFM-Richtlinie auf ein solches Merkmal wird dies in Malta aus der Definition des Organismus für gemeinsame Anlagen als Oberbegriff des AIF abgeleitet.[719] Drittens finden sich in manchen Staaten Diversifikationspflichten für offene Fonds, so in Irland für die VCC, in Deutschland für die offene Inv-Ges und in der Schweiz für die SICAV.[720] Damit wird der Rückgabeanspruch der Anleger abgesichert. Schließlich finden sich *vertriebsabhängige* Vorgaben für Publikumsfonds in Deutschland und beim Vertrieb von Managed Futures Fonds in Österreich.[721]

Auf eine Mindestdiversifikation als Teil der Produktregulierung verzichten das liechtensteinische AIFMG und das niederländische AIF-Recht generell, das Reglement für irische Qualified Investor Funds (QIFs) (als ICAV, Unit trusts, Partnership), für französische *fonds professionnels spécialisés* und geschlossene deutsche Spezial-AIF, das Recht mancher Staaten zu geschlossenen Anlagegesellschaften, insbesondere der französischen *sociétés d'investissement à capital fixe* (SICAF)[722] sowie das Recht unregulierter Fonds, z.B. englischer unauthorised AIF, französischer autres FIA und der nur dem Gesellschaftsrecht unterstellten Schweizer börsennotierten oder auf qualifizierte Anleger beschränkten Inv-AG.

Soweit undiversifizierte Anlagefonds an Privatanleger vertrieben werden dürfen, wird die Produktregulierung durch Vertriebsregulierung in Form von Hinweispflichten vor Anteilserwerb substituiert.

---

[716] No. COLL 8.4.2, künftig FUND 6.

[717] Dies gilt für fonds d'investissement à vocation générale Art. R214–32–25 CMF, und für fonds de capital investissement als FCPR (Art. R214–35 ff. CMF verweist auf R214–32–25), jedoch nicht als FCPI und FIP (ausgenommen durch R214–48 CMF und R214–66 CMF); für organismes professionnels de placement collectif immobilier – OPCI (vgl. Art. R214–81 à R214–128 CMF) und für fonds professionnels spécialisés (vgl. Art. R214–202 ff. CMF, der auf R214–32–35 CMF verweist).

[718] Vgl. z.B. UK: COLL 5.6 und 5.7 für NURS und FAIFs (künftig FUND 4 and 5); D: § 243 KAGB für Immobilienfonds sowie zur differenzierten Ausgestaltung der Diversifikationspflicht im deutschen KAGB in Möllers/Kloyer/*Zetzsche*, S. 136; F: nur für drei Fondstypen gelten keine Anlagegrenzen, die fonds professionnels spécialisés (vgl. Art. R214–202 ff. CMF), die OPCI professionnels (vgl. Art. R214–200 ff. CMF) und die sociétés d'investissement à capital fixe – SICAF (vgl. Art. D214–179 ff. CMF).

[719] Z.B. in Malta: Art. 2 Abs. 1 Chapter 370 Investment Services Act: „Alternative Investment Fund or AIF" means a collective investment scheme (…) "collective investment scheme" means any scheme or arrangement (…) which has the following characteristics: (*a*) the scheme or arrangement operates according to the principle of risk spreading; (…)."

[720] Irl: Art. 253 Abs. 2 Part XIII Companies Act 1990; D: §§ 10, 125 Abs. 2, 214 Abs. 1, 282 Abs. 1 KAGB; CH: Art. 57 KAG und für Immobilienfonds Art. 62 KAG.

[721] D: § 214, 262 KAGB; Ö: § 48 Abs. 7 Ziff. 1 öAIFMG.

[722] F: Art. D214–179 ff. CMF.

4. Die Umsetzung der AIFM-RL im System des europäischen Kapitalmarktrechts

a) Verwalter-, Produkt- oder Vertriebsregulierung

Die AIFM-RL hat eine fundamentale Neugestaltung des Fondsrechts der europäischen Staaten ausgelöst, wobei der Richtlinie die Funktion eines „Grundgesetzes" der europäischen Fondsregulierung zukommt. Damit ist noch nicht gesagt, ob dieses Grundgesetz als Verwalter-, Produkt- oder Vertriebsregulierung in den EWR-Staaten aufgefasst wurde. Bei der Umsetzung in den Niederlanden und Liechtenstein wird – analog zur MiFID – auf die Verwalter- und Vertriebsregulierung gesetzt. Zumeist überwiegt jedoch eine Mischung zwischen Produkt- und Verwalterregulierung, die entlang der Linie „Spezial-AIF/ Fonds für qualifizierte Anleger" und „Publikumsfonds" verläuft. Bei ersteren müssen es die Staaten bei der Verwalterregulierung belassen, für Publikumsfonds halten viele Staaten an ergänzender Produktregulierung fest.[723]

Im Bereich der Vertriebsregulierung ist dagegen eine weitgehende Standardisierung zu vermerken: Fonds für qualifizierte Anleger werden grundsätzlich mit den Mindestinformationen der AIFM-RL vertrieben, Publikumsfonds mit der Kombination aus Prospekt und Wesentlicher Anlegerinformation resp. vereinfachtem Prospekt.

b) Anleger- vs. Funktionsschutz

Als Postkrisenregulierung rechtfertigt sich die AIFM-RL mit dem Funktionsschutz in der Ausprägung des Systemschutzes, daneben aber auch mit Anleger- und sonstigen Stakeholder-Schutzerwägungen.[724] Diese Schwerpunkte haben sich in den nationalen Umsetzungen verschoben. Im Zentrum steht bei stark gehebelten Produkten („Hedgefonds") der Schutz von Publikumsanlegern, während es die Staaten in Bezug auf den Systemschutz weitgehend beim Mindestbestand gem. Art. 25 AIFM-RL belassen haben.[725]

So verlangt das liechtensteinische Recht für Fonds mit starker Hebelung eine Zulassung (im Übrigen genügt eine Registrierung). Das deutsche Recht verbietet den Vertrieb von Single-Hedgefonds an Privatanleger gleich ganz, zulässig bleibt der Vertrieb von Dach-Hedgefonds (§§ 225 ff. KAGB). In beiden Staaten wird die Definition gem. Art. 111 AIFM-VO (300% NAV) zur Definition einer

---

[723] Aufgrund seines engeren Anwendungsbereichs und nationaler Eigenheiten der Fondsregulierung gilt das Gesagte nicht für das Schweizer KAG.

[724] *Zetzsche* in Birkmose/Neville/Sorensen, S. 344 ff.

[725] D: §§ 215, 274 KAGB; FL: Art. 94 f. AIFMG, Ö: § 23 öAIFMG; UK: FUND 3.4.5; LUX: Art. 23 FIA-G; F: Art. L214–24–20 IV. CMF; Irl: Art. 24 AIFM Regulations.

starken Hebelung herangezogen.[726] Dagegen dürfen irische Publikumsfonds[727] und englische QIAIF[728] nicht mehr als 100% NAV hebeln. Dies entspricht Art. 51 Abs. 3 OGAW-RL. Gem. § 48 Abs. 7 Ziff. 7 öAIFMG gilt mit 35% vom NAV in Österreich eine noch restriktivere Hebelschwelle für Managed Futures Fonds. Differenziert fallen in der Schweiz die Hebelschwellen aus, die der Bundesrat gem. Art. 71 KAG bezüglich Fonds für alternative Anlagen festgelegt hat; maximal sind 600% NAV zulässig.[729] Die Schweizer FINMA schöpft diesen Rahmen in der Praxis nicht aus. Keine Hebelschwelle kennt das luxemburgische Recht für SIFs und SICARs. Die Hebelung von Partie II-Fonds ist bis zu 300% vom NAV zulässig.[730]

Die Zurückhaltung beim System- und die Überbetonung des Anlegerschutzes erklärt sich mit dem Umstand, dass zeitgleich der Funktionsschutz im Mittelpunkt der Debatte um Fonds als „Schattenbanken" steht. Die AIFM-RL ist also keineswegs der Endpunkt der Systemdiskussion.

c) Vertriebs- vs. Produktionstaat

Die international auszumachende Differenzierung zwischen Produktions- und Vertriebsstaaten von Finanzprodukten[731] lässt sich auch für die Umsetzung der AIFM-RL nachweisen. Vertriebsstaaten kennzeichnen insbesondere eine strikte Produkt- und Vertriebsregulierung für Publikumsfonds, was sich mit dem Schutz(bedarf?) der heimischen Anleger erklärt. Produktionsstaaten kennzeichnen zügige Verwaltungsverfahren und liberale Gestaltungsmöglichkeiten auf der Ebene des Privatrechts. Letzteres wird in Luxemburg und Irland durch eine Vielzahl auf bestimmte Zwecke zugeschnittene Einzelgesetze und -rechtsformen, in Liechtenstein durch einen Primat der Vertragsfreiheit im Geltungsbereich der zwingenden Verwalterregulierung und in den Niederlanden durch

---

[726] D: § 283 Abs. 1 Satz 2 KAGB; FL: Art. 68 AIFMV. Differenzierte Hebelgrenzen setzt das französische Recht, vgl. für fonds d'investissement à vocation générale Art. L214–24–24 ff. CMF, für fonds de fonds alternatifs Art. L214–139 ff. CMF, für fonds professionnels à vocation générale Art. L214–143 ff. CMF, für fonds professionnels spécialisés Art. L214–154 ff. CMF.

[727] CBI, AIF Rulebook, July 2013, Part I., General Rules, Section 1., Retail Investor AIF restrictions, iv. Financial derivative instruments, 24: "A Retail Investor AIF using the commitment method shall ensure that its global exposure does not exceed its total net asset value. The Retail Investor AIF may not therefore be leveraged in excess of 100% of net asset value."

[728] COLL 8.4.10; ebenso für NURS: COLL 5.6.

[729] Vgl. Art. 100 KKV, wonach z.B. Kredite in der Höhe von höchstens 50% des Nettofondsvermögens aufgenommen werden dürfen; höchstens 100% des Nettofondsvermögens dürfen verpfändet oder zur Sicherung übereignet werden; zulässig ist ein Gesamtengagement von höchstens 600% des Nettofondsvermögens. Nach Art. 101 kann die FINMA im Einzelfall Ausnahmen von den Bestimmungen über zulässige Anlagen, Anlagetechniken, Beschränkungen und die Risikoverteilung zulassen.

[730] CSSF Circulaire 02/80, les règles spécifiques applicables aux organismes de placement collectif („OPC»); Vgl. *Kremer/Lebbe*, Rn. 3.431.

[731] *Zetzsche* in Bachmann/Breig, S. 60 ff.

eine 1:1-Umsetzung der Richtlinie auch für Verwalter von Publikumsfonds erreicht. Jeweils wird für nahezu jeden Bedarf eine Lösung im Sinne eines *enabling approach* bereitgestellt.

§ 18 – Entwicklungslinien

A. Vier Phasen

Die Entwicklung der Kollektivanlage lässt sich in vier Phasen unterteilen. In der ersten Phase entwickeln sich die Anlage- und Beteiligungstechniken, es entstehen Rechts- und Organisationsformen, Anteilsverbriefung und Handelbarkeit; die ökonomischen Eigenschaften treten zu Tage. Ohne regulatorische Zwangsmaßnahmen bildet sich die Arbeitsteilung zwischen dem Träger der Anlageentscheidung (Verwalter) und dem Verwahrer der Anlagegegenstände heraus.

Die zweite Phase ab dem Börsencrash von 1929 bis zum Anfang der 1980er Jahre unterwirft die bisher auf der Grundlage des Vertrags-, Trusts- und Gesellschaftsrechts strukturierten Produkte einem Sonderrecht zum Schutz der Anleger. Die Bindung an allgemeinwirtschaftliche Interessen wie das Systemrisiko wird in dieser Zeit teils vehement abgelehnt.[732] Nach der umfassenden US-Regelung folgen die europäischen Flächenstaaten, was sich mit der Größe von Absatzmarkt und potentiellem Anlegerschaden erklärt. Die Initiatorenstaaten kommen zunächst ohne Spezialregelungen aus. Erst nach Skandalen in der zweiten Hälfte der 1960er kommt es auch hier zu einer (moderaten) Regulierung.

Internationalisierung sowie Optimierung und Intensivierung des Anlegerschutzes prägen die dritte Phase. Die drei Aspekte hängen zusammen: Die grenzüberschreitende Tätigkeit kompensiert Größennachteile des Heimatmarktes. Die heutigen Finanzzentren Luxemburg, Irland und Liechtenstein sowie Offshore-Domizile erlangen Bedeutung, indem sie neben einem günstigen Steuerrecht flexible, auf die Bedürfnisse der Initiatoren und Anleger angepasste Spezialregelungen bieten. Dort entwickeln sich spezialisierte Dienstleister, die Produktinnovationen vorantreiben. Die Intensivierung der rechtlichen Vorschriften ist die Gegenreaktion der Vertriebsstaaten.[733] Auf europäischer Ebene wird eine Grundlagenregulierung durch Richtlinie zu einer Detailregulierung durch sog. Level 2 und 3-Maßnahmen. Aus einer Mindest- wird für bestimmte Fondsbereiche (z.B. Fondsverschmelzungen und Master-Feeder-Strukturen) eine Maximalharmonisierung. Aus einer rudimentären Vertriebs- und Pro-

---

[732] Vgl. *R.F.Goldschmidt*, Investment-Trust, S. 24 (Wirtschaftspolitische Effekte sozusagen nur nebenher).
[733] Vgl. zum Verhältnis Produktions- und Vertriebsstaaten *Zetzsche* in Bachmann/Breig, S. 48 ff.

duktregulierung entsteht zur Vermeidung regulatorischer Arbitrage eine Verwalterregulierung mit risiko- oder prinzipienbasierten Regelungsansätzen.

In der vierten Phase rückt die Sorge um die Stabilität des Finanzsystems (und gelegentlich auch den Erhalt des Steuersubstrats) in den Fokus. Systemschutz wird zum gleichwertigen Ziel neben dem Anlegerschutz. Die AIFM-RL unterwirft Fondsverwalter unabhängig von den Anlagegenständen einer Verwalterregulierung. Der Spezialregelung für Wertpapierfonds durch die OGAW-RL wird mit der AIFM-RL für alle anderen Fonds ein allgemeiner Teil des Rechts der Kollektivanlagen nachträglich beigeordnet. (Unterhalb der Anwendungsschwellen der Richtlinie und jenseits der AIF-Definition, insbesondere für Ein-Anlegerfonds und Familienvermögen bleiben den Mitgliedstaaten Spielräume). Die gleiche Tendenz zur Verwalterregulierung zeigt sich in den USA mit der Reduzierung der Ausnahmen für Private Funds und der Regelsetzung durch die SEC für „pooled vehicles" auch jenseits des ICA und IAA.

Die Rechts- folgt der Wirtschafts- und Sozialentwicklung mit einiger Verzögerung. Nach dem Prinzip kommunizierender Röhren beeinflussen sich Praxis und Recht, es ist ein Kreislauf von Krise und Regulierung (*Crash-then-Law-Cycle*[734]) zu konstatieren. Krisen sind freilich kein Beweis für die immanente Schwäche des Kollektivanlagerechts. Sie sind vielmehr Indiz für die einer Privatrechtsordnung innewohnenden Innovationskraft. Diese in die richtigen Bahnen zu lenken ist Aufgabe des Rechts.

Intensivierung der Regulierung bedeutet schließlich nicht rechtliche Perfektionierung. Die Organisation und Verwaltung der Kollektivanlage, die Verwahrung und die Beziehung zwischen Anleger und Verwalter bleiben trotz Umfangreicher „Level 2"-Maßnahmen und behördlicher Auslegungsschreiben rudimentär geregelt. Für die zivilrechtliche Perspektive bleibt ein Betätigungsfeld.

B. Rechtliche Kontrapunkte

I. Privat- und Aufsichtsrecht

Seit den 1930er Jahren kennzeichnet das Recht der Kollektivanlage eine Dichotomie von Privat- und Aufsichtsrecht. Wer für die erste Entwicklungsphase allein auf das Fehlen öffentlich-rechtlicher Regeln rekurriert und diese für eine rechtlose Zeit hält, verkennt die Bedeutung der privatrechtlichen Ordnung unabhängig von und jenseits aufsichtsrechtlicher Verstärkung. So ist der Dreiklang aus Missbrauch, Krise und Reaktion einmal zivilrechtlich – durch strengere Vertragsbedingungen oder Satzungsklauseln – und einmal aufsichtsrechtlich zu deuten. Lange vor einer staatlichen Intervention suchen die honorigen Parteien nach einem optimalen Interessenausgleich zwischen Initiator- und Anlegerinteresse. Jede weitere Krise ist Lehrstunde. Es ist anzunehmen, dass sich die

---

[734] *Partnoy*, (2000) 61 U. Pitt. L. Rev. 741.

privaten Akteure in nahezu 500-jähriger Fondsgeschichte der idealen Fondsorganisation angenähert haben, zumal sie fast 400 Jahre ohne den für eine staatliche Intervention paradigmatischem Zeitverzug agieren. Im Folgenden muss es Ziel sein, die Bestandteile dieser idealen Organisation zu identifizieren.

II. Private und professionelle Anlage

Von dem Ruf eines Produktes für den kleinen Mann mit beschränkter Anlagestrategie entwickeln sich Kollektivanlagen zu einem Produkt mit großer Vielfalt und Bedeutung für private und institutionelle Investoren. Ursprünglich sind Kollektivanlagen mit wenigen Anlegern und geringen Anlagebeträgen vom Sonderrecht ausgenommen, sie organisieren ihre Anlagetätigkeit auf der Grundlage des allgemeinen Vertrags- und Verbandsrecht. Dies erklärt sich mit der Aufsichtsökonomie: Ein geringer Schaden rechtfertigt nicht die Mobilmachung des ganzen Apparats. Die Beteiligung professioneller Akteure führt zu einer Differenzierung des Sonderrechts. Seit den 1990er Jahren tritt eine qualitative Differenzierung neben die quantitative Betrachtungsweise. Die Gesetze sehen Ausnahmen für den Fall vor, dass nur institutionelle, professionelle oder sonstige kundige Anleger beteiligt sind. Diese Gegenbewegung kompensiert die zunehmend strengeren und umfangreicheren Anlegerschutzbestimmungen für die Publikumsanlage. Sie findet eine Grenze in der rechtlichen Berücksichtigung der Systemrisiken zu Beginn des 21. Jahrhunderts.

III. Anleger- und Funktionsschutz

Die enorme Aktivität der US-Rechtssetzung[735] im 20. Jahrhundert spiegelt die große Bedeutung der Kollektivanlage für die private Altersversorgung wider.[736] Im Mittelpunkt steht lange Zeit der Schutz des unkundigen, unerfahrenen und passiven Kleinanlegers vor dem umtriebigen Initiator.[737] Der Wandel seit Anfang des 21. Jahrhunderts führt in den USA zum Dodd-Frank-Act 2010, hierzulande zur AIFM-RL. Die Regulierung systemischer Risiken ist die anlagespezifische Ausprägung des Funktionsschutzes. Auch wenn bereits in dem Bestreben Deutschlands und Frankreichs zur Förderung des Investmentwesens Funktionsschutzaspekte anklingen, vollendet erst die Berücksichtigung des Systemschutzes die Entwicklung des Kollektivanlagenrechts zu einem Son-

---

[735] Hierzu zählt Vf. auch die Rechtssetzung durch aufsichtsbehördliche Verordnung („SEC Rules").

[736] Fondsanteile sind wesentlicher Bestandteil von Individual Retirement Accounts, die zu einer bevorzugten steuerlichen Behandlung des zu Alterssicherungszwecken zurückgelegten Vermögens eingesetzt werden. Zur abweichenden deutschen Rechtslage M.*Roth*, Private Altersversorgung, S. 80, 94f.

[737] Dies belegen die zahlreichen Reformen zur Verbesserung der Fund Governance und zur Sicherung einer anleger- statt vertriebsorientierten Gebührenstruktur, sowie den Ausschluss institutioneller Fonds aus dem Anwendungsbereich des ICA.

der-Kapitalmarktrecht, für welches die Zweckdualität aus Anleger- und Funktionsschutz kennzeichnend ist.[738]

Als Teil des Funktionsschutzes gilt es auch die Leistungsfähigkeit des Akteurs zu beachten. Kollektivanlagen sind nicht gefährliche Güter, die es einzudämmen gilt, sondern volkswirtschaftlich nützliche Institutionen. Nicht deren Beseitigung, sondern die Exzesskontrolle ist Aufgabe des Rechts. Damit bestätigt die Entwicklung das Ergebnis der wirtschaftsethischen Analyse.

C. Zwischenergebnis und Fortgang der Untersuchung

Wenngleich dies mit Blick auf das deutsche Recht nicht ganz deutlich wird – hierzulande gelten für Anlage-AG bislang nur die Vorschriften (insbesondere) von AktG und WpHG –, hat der Blick auf das Europarecht sowie auf dessen Entwicklung den Status der Kollektivanlage als Sonderrechtsmaterie an der Schnittstelle zwischen Gesellschafts-, Bank- und Finanzmarktrecht offengelegt und bestätigt damit die Ergebnisse des ersten und zweiten Teils der Untersuchung.

Die historische Entwicklung mit unzähligen Skandalen und Krisen deuten den Regelungsbedarf zwar an. Im gleichen Maße wie ehrliche Akteure zur Fortentwicklung funktionierender Strukturen beitragen, schädigen Gier und Fahrlässigkeit den Ruf von Kollektivanlagen. Aber diese Indizien ersetzen nicht die Herausarbeitung dessen, was das Besondere an der Kollektivanlage ist – schließlich sind Skandale und Krisen auch im Aktienrecht für operative Gesellschaften keine Unbekannten. Die Begründung der Bereichsausnahme entscheidet über die rechtliche Weichenstellung, welche anerkannten Prinzipien des Vertrags-, Gesellschafts-, Bank- und Finanzmarktrechts für Kollektivanlagen gelten bzw. für welche Bereiche tätigkeitsspezifische Prinzipien herauszuarbeiten sind. Diese Frage ist im nächsten Teil zu beantworten.

---

[738] Vgl. *Hopt*, Kapitalanlegerschutz, S. 51 ff., 334 f. (für Kreditinstitute); *Schwark*, Anlegerschutz, S. 12 f.; GK-AktG/*Assmann*, Einl. Rn. 325 ff.

Vierter Teil

Idealanlage

Die wirtschaftsethische und die rechtshistorische Betrachtung im zweiten und dritten Teil haben eine Sonderstellung der Kollektivanlage zwischen Gesellschafts-, Vertrags-, Bank- und Finanzmarktrecht belegt. In einem Kreislauf aus Innovation, Krise und allmählich dichter werdender Regulierung werden dem allgemeinen Vertrags- und Gesellschaftsrecht Bestimmungen hinzugefügt, die die Bezeichnung als „Recht der Kollektivanlage" rechtfertigen. Als Zwecke des Sonderrechts wurden der Anlegerschutz – mit seinem Schwerpunkt auf der Eindämmung von Fehlverhalten und Missbrauch der Intermediärsstellung – sowie der Funktionsschutz als Prävention gegen die aus der Bündelung von Kapital entstehenden Risiken für die Finanzmärkte herausgearbeitet.

Auf der Untersuchungsagenda ist noch offen, wie die Rechtsbeziehungen der Anleger untereinander, zu Verwahrern, Verwaltern und Dritten geregelt sind. Ungeklärt ist auch, in welchen Fällen Gemeinsamkeiten und Unterschiede zwischen den unterschiedlichen Gestaltungen bestehen und in welchen Fällen privatautonomer Gestaltung die Wirksamkeit zu versagen ist.

Zur Beantwortung dieser Fragen ist zunächst zu prüfen, ob aus der Zuordnung zu einem Sonderrecht gemeinsame Prinzipien folgen. Ausgangspunkt der Betrachtung sind die formellen Divergenzen; dabei stehen wegen des Fokus auf der Binnenorganisation Unterschiede in den Rechts- und Unternehmensformen im Mittelpunkt (§ 19). Sodann soll – ausgehend von Ansätzen in Rechtsprechung und Schrifttum, die auf rechtsformübergreifende Gemeinsamkeiten hinweisen, ohne diese befriedigend zu erklären (§ 20) –, zunächst untersucht werden, ob die Rechtsformen eine vergleichbare Funktion erfüllen (§ 21), Kollektivanlagen im Wesentlichen vergleichbar strukturiert sind (§ 22) und ob das Recht unabhängig von der Rechts- oder Unternehmensform den gleichen Zweck verfolgt (§ 23). Ist dies gegeben, drängt sich die Folgefrage auf, ob die erkannten Äquivalenzen in identischen rechtlichen Ergebnissen münden (§ 24).

Damit die Erkenntnisse des im ersten Kapitel entwickelten Äquivalenztheorems zur Grundlage von Rechtsauslegung und -fortbildung erhoben werden können, müssen sie auf eine belastbare dogmatische Basis gestellt werden. Dies geschieht im zweiten Kapitel, in welchem die Stellung der Kollektivanlage zwischen Vertrag und Verband untersucht wird. Im dritten Kapitel ist sodann zu klären, wie die Erkenntnisse des ersten und zweiten Kapitels auf das geltende Recht einwirken.

Erstes Kapitel

Äquivalenztheorem

§ 19 – Formelle Divergenz

Angesicht der von Krisen und Irregularitäten getriebenen Entwicklung gilt es im ersten Schritt das Dickicht der formellen Vielfalt zu ordnen. Als Kriterien dienen die Rechtsform (A.), die Vorgaben des spezifischen Unternehmensrechts (B.) und die Besteuerung (C.).

A. Rechtsform

I. Vertrag

Eine Kollektivanlage als mehrseitiger Vertrag beruht auf einem Vertrag zwischen (zumindest) dem Verwalter und einer Vielzahl von Anlegern.[1] Der Verwalter verpflichtet sich gegenüber dem einzelnen Anleger, das Sondervermögen in der vereinbarten Weise zu verwalten und jeden Anleger pro rata am Verwaltungsergebnis zu beteiligen. Verfügungsbefugt ist jeweils der Verwalter.

1. Miteigentumsmodell

Die rechtliche Zuordnung der Anlagegegenstände variiert: Je nach Rechtsordnung soll sich eine Bruchteilsgemeinschaft unter den Anlegern,[2] Eigentum des Verwalters oder Eigentum der Depotbank bilden.[3] Das Miteigentumsmodell gem. § 92 Abs. 1 S. 1, 2. Alt. KAGB[4] ist eine gesetzlich optimierte Variante eines

---

[1] In der Schweiz dem Kollektivanlagevertrag (Fondsvertrag) gem. Art. 25 Abs. 1 KAG; in Liechtenstein dem Fondsvertrag (Art. 5 UCITSG; Art. 7 Abs. 2 AIFMG); in Luxemburg le règlement de gestion du fonds commun de placement (Art. 13 OPC-G).

[2] Vgl. für den französischen fonds commun de placement (FCP) Delavenne in Fonds d'Investissement (1988), S. 17 („copropriétés").

[3] Für den niederländischen AIF und OGAW ist die Eigentumslage ungeklärt; für diesen Fall werden alle der drei genannten Eigentumslagen vertreten. Vgl. Art. 4.37j(1) Wft (für AIFs) und Art. 4:44(1) Wft (für OGAWs). Vgl. *Grundmann- van de Krol*, 225.

[4] Vormals § 30 Abs. 1 S. 1, 2. Alt. InvG. Dazu *Beckmann*, § 30 InvG Rn. 22; *Emde/Nietsch*, § 30 Rn. 3 f.; *v. Caemmerer*, JZ 1958, 41, 46; *Geßler*, WM 1957, Sonderbeilage Nr. 4, S. 10, 17; Staudinger/*Langhein*, Bearb. 2008, § 741 Rn. 196 ff.; *Löhnig*, Treuhand, S. 294; *Ohl*, Rechtsbeziehungen, S. 28 ff.; MünchKomm-BGB/*Schmidt*, § 741 Rn. 50 ff.; weiterhin für die Bruchteilsgemeinschaft Baur/Tappen/*Lichtenstein*, § 92 Rn. 17; für Gesamthand: *Schulze-Osterloh*, Gesamthänderische Bindung, S. 143 ff. Für das österreichische InvFG *Kammel/Thierrichter*, ÖBA 2011, 239 ff.

vertraglichen Fonds, welche die mit der Bruchteilseigenschaft verbundenen Nachteile durch die alleinige Verfügungsmacht des Verwalters (§ 93 Abs. 1 KAGB) vermeidet.

2. Treuhandmodell

Die vertragliche Treuhand erfährt im Außenverhältnis jedenfalls nicht die gleiche Anerkennung wie der angelsächsische Trust. Von besonderer Bedeutung ist deshalb die sog. Treuhandlösung gem. § 92 Abs. 1 S. 1, 1. Alt. KAGB, wonach die zum Sondervermögen gehörenden Gegenstände nach Maßgabe der Vertragsbedingungen im Eigentum der KVG stehen. Die Befugnisse der KVG sind im Verhältnis zu den Anlegern auf rechtmäßige Verwaltungshandlungen beschränkt, während den Anlegern in Höhe der Wertentwicklung ihres Anteils eine Forderung gegen den Verwalter eingeräumt wird. Der Zugriff der Gläubiger des Verwalters auf das verwaltete Vermögen ist beschränkt.[5] Trotz der Aversion gegen den Treuhandbegriff im Übrigen sind die „Treuhänderschaft" bzw. das „Treuhandverhältnis" in den offiziösen Überschriften der §§ 93, 245 KAGB zu finden. Für offene Immobilienfonds ist zwingend auf das Treuhandmodell zurückzugreifen (§ 245 KAGB).

Jenseits des KAGB ist die sog. „Treuhandbeteiligung" mit den Imponderabilien behaftet, die jeder Vollrechtsübertragung auf einen Dritten innewohnen. Das Innenverhältnis findet gegenüber Dritten nur in eingeschränktem Umfang Anerkennung. Dies betrifft alle Fälle der sog. offenen, einvernehmlichen, fremdnützigen und qualifizierten Treuhand (sog. Verwaltungstreuhand).[6] So schließt der Verwaltungstreuhänder einer nach allgemeinem Vertragsrecht organisierten „Vermögensanlage" gem. § 1 VermAnlG einen Geschäftsbesorgungsvertrag[7] mit jedem einzelnen Anleger. Die Vertragsbedingungen regeln die Verwaltervergütung, räumen Miteigentum oder einen wirtschaftlichen Anteil an den verwalteten Anlagegegenständen ein und verpflichten den Anleger zur Zahlung des Anlagebetrags. Der Verwalter verpflichtet sich zu vertragsgemäßer Anlage und Verwaltung, Anlegerinformation und Ertragsausschüttung. Ebenfalls mit jedem einzelnen Anleger kontrahiert der Vollrechts-Treuhänder,[8] der einen Kommanditanteil, eine GbR- oder stille Beteiligung treuhänderisch

---

[5] Vgl. §§ 93, 99, 100 KAGB; dazu *Beckmann/Beckmann*, § 30 InvG Rn. 24; *Emde/Nietsch*, § 30 Rn. 4; *Canaris*, Bankvertragsrecht, Rn. 2352; *Geßler*, WM 1957, Sonderbeil. Nr. 4, S. 20; *Liebich/Mathews*, S. 383; *Löhnig*, Treuhand, S. 294, 692 f.; *Ohl*, Rechtsbeziehungen, S. 29; *G. Reuter*, Investmentfonds, S. 109; *G. Roth*, Treuhandmodell, S. 116; *Schäcker*, Investmentsparen, S. 56 f.

[6] Zu diesen Kategorien *Armbrüster*, Treuhand, S. 20 f., 91 f. (in Anlehnung an den Rechtsgedanken des § 112 Abs. 2 HGB).

[7] *Liebich/Mathews*, S. 229.

[8] Dazu *Armbrüster*, Treuhand, S. 28 f.; *Hüffer*, JuS 1979, 457, 460; OLG Düsseldorf, DB 1982, 536.

für die Anleger hält.[9] Ein Geschäftsbesorgungsverhältnis begründet nach Auffassung des BGH auch die externe Verwaltung einer atypisch gestalteten Publikums-GbR, deren Gesellschaftsvertrag dem Verwalter eine auf die Aufnahme neuer Gesellschafter und Durchführung der Kapitalanlage beschränkte Geschäftsführungs- und Vertretungsmacht im Namen und mit Wirkung für alle Gesellschafter einräumt.[10]

Das vertragliche Treuhandmodell ist (bei Unterschieden in der Eigentumszuordnung) auch in anderen Rechtsordnungen verbreitet: Das Treuhandmodell gem. § 92 Abs. 1 S. 1, 2. Alt. KAGB entspricht grundsätzlich dem schweizerischen vertraglichen Anlagefonds gem. Art. 25 ff. KAG und dem liechtensteinischen (vertraglichen) Investmentfonds.[11] Beim irischen common contractual fund hingegen stehen die Anlagegegenstände im Miteigentum der Anleger.[12] Wird in den USA ein Unit Investment Trust[13] oder eine Investment Company[14] durch gleichlautenden Verwahrungs- oder Verwaltungsvertrag konstituiert, richtet sich die Zuordnung der Anlagegegenstände nach den vertraglichen Regelungen. Für die praktische Durchführung der kollektiven Vermögensverwaltung ist das Eigentum an den Anlagegegenständen offensichtlich von geringer Bedeutung, auf das Verwaltungsrecht kommt es an.

3. Unit Trust als vertragsartige Form

Ein Trust beschreibt die Rechtsbeziehung zwischen dem Treugeber, einem Begünstigten (*beneficiary*) und dem Treuhänder (*trustee*) in Bezug auf Rechte oder Vermögensgegenstände. Der (Unit) Trust als Urform der britischen Publi-

---

[9] Bei der GbR ermöglicht dieser Treuhandvertrag den Verzicht auf die ansonsten erforderliche Eintragung aller Anleger-Gesellschafter gem. § 47 Abs. 2 GBO.

[10] S. a. BGH, NJW 1982, 877, 878; BGH, WM 1982, 583 Rn. 5: Bei Gesellschaften, die als Massengesellschaft organisiert und darauf angelegt seien, zur Kapitalansammlung eine unbestimmte Vielzahl von Gesellschaftern aufzunehmen, die in keinerlei persönlichen Beziehungen zueinander stehen, bestünden im Hinblick auf die Selbstorganschaft (§ 709 BGB) keine Bedenken, einem Dritten, der nicht Gesellschafter ist, solche von den Rechten der Gesellschafter abgeleitete Befugnisse zu übertragen, wenn die Grenzen der Ermächtigung im Gesellschaftsvertrag insbesondere nach Kapitalbeträgen festgelegt werden.

[11] Art. 5 UCITSG; Art. 7 AIFMG. Das liechtensteinische Gesetz über Investmentunternehmen (IUG 2005) kannte noch keine Fonds als mehrseitige Verträge. Die liechtensteinischen Regeln des Investmentfonds orientieren sich an den luxemburgischen und deutschen Vorbildern, weisen aber ein deutlich höheres Maß an Vertragsfreiheit als Korrelat zu einer strikten Verwalterregulierung auf.

[12] S. 6 Investment Funds, Companies and Miscellaneous Provisions Act 2005; dazu van Setten/Busch/*Jackson*/*Counihan*, S. 233.

[13] Vgl. s. 4(2) ICA: "Unit Investment Trust" means an investment company which (A) is organized under a trust indenture, *contract of custodianship or agency*, or similar instrument, (B) does not have a board of directors, and (C) issues only redeemable securities, each of which represents an undivided interest in a unit of specified securities, but does not include a voting trust. (Hervorhebung durch Vf.)

[14] Anders als nach britischem Verständnis bezeichnet *company* nur eine organisierte Personenmehrheit, vgl. s. 2 (a)(8) ICA.

kumsanlage ist ein Spezialfall des englischen Trustverhältnisses,[15] bei dem das Trustvermögen pro rata den Anteilseignern rechnerisch zugewiesen wird. Der Unit Trust wird durch einseitige Erklärung – sog. Trust Deed – begründet und ist damit seinem Ursprung nach kein Vertrag. So beruhen die weit verbreiteten[16] Massachusetts Business Trusts oder Delaware Statutory Trusts in der Unternehmensform der Investment Company gem. ICA[17] auf einer Declaration of Trust. Aber die Trust-Dogmatik hat sich fortentwickelt. Nach dem Recht des Staates Massachusetts entsteht ein Business Trust kraft Vereinbarung zwischen Trustee und Begünstigten.[18] Quasi-vertragliche Regelungen können in das Trust Instrument und Trust Deed aufgenommen werden,[19] z.B. die Grenzen der Rückgriffsbefugnis des Trustees auf das treuhänderisch (*in trust*) für Rechnung der Anleger gehaltene Vermögen. In Europa wird dies noch deutlicher: Verwalter und Trustee eines zugelassenen Fonds müssen in Großbritannien ein Trust Instrument zeichnen, wonach der Verwalter die Anlageentscheidungen trifft und der Trustee die mit Anlegermitteln erworbenen Anlagegegenstände *in trust* für die Anteilseigner hält.[20] Auch in Irland ist der trustee der legal owner der Vermögensgegenstände, auf der Grundlage eines vom Verwalter und Trustee gezeichneten trust deed.[21] Ebenso kennt Liechtenstein – die einzige kontinentale Rechtsordnung mit Trust-Tradition – den Kollektivanlage*vertrag* zwischen Verwalter-Treuhändern, Depotbank und Anleger-Treugebern für die am Schweizer vertraglichen Anlagefonds orientierte „Kollektivtreuhänderschaft".[22]

---

[15] *Bauer*, Rechtliche Struktur, S. 163.

[16] 2013 wiesen 75% oder 7.634 von 10.179 der Investment Companies des offenen Typs (*mutual funds*) die Rechtsform des Trusts auf. 38% (oder 3.868 Trusts) waren nach dem Recht des Staates Massachussetts, 37% (oder 3.766 Trusts) nach dem Recht von Delaware konstituiert. Vgl. ICI, 2014 Investment Company Fact Book, Appendix A (Figure A.1).

[17] Die Definition der „Company" erwähnt die Rechtsform des Trust ausdrücklich, vgl. s. 2(a)(8) ICA. Zwar suggeriert s. 7(a) ICA eine korporative Form: „No investment company organized or otherwise created under the laws of the United States or of a State *and having a board of directors*, unless registered under section 80a-8 of this title, shall …". Aber aus s. 16(c) ICA, der Sonderregeln für Common Law-Trusts trifft, lässt sich entnehmen, dass auch Rechtsformen mit einem Board of Trustees den Vorschriften des ICA unterliegen.

[18] Mass. Gen. L. Ann. ch. 182, §1, dazu *Jones/Moret/Story*, (1988) 13 Delaw. J. Corp. L. 421, 424.

[19] *Langbein*, (1995) 105 Yale L.J. 625; begrenzt auf das Innenverhältnis zwischen Begünstigtem und Trustee auch *Hansmann/Mattei*, (1998) 73 N.Y.U. L. Rev. 434, 446, 469 ff.; *Frankel*, (2001) 23 Cardozo L. Rev. 325, 328, 332 betont, ein Trust könne zwar durch konsensuale Vereinbarung gegründet werden, sei dadurch aber noch kein Vertrag.

[20] Vgl. die Details in COLL No. 3.2.3 und 3.2.6 für Authorized Unit Trusts.

[21] Unit Trusts Act 1990; dazu van Setten/Busch/*Jackson/Counihan*, S. 232.

[22] Art. 6 UCITSG, Art. 8 AIFMG (vormals Art. 4 Abs. 1a) und Abs. 2 IUG 2005). Als Kollektivtreuhänderschaft ist ca. die Hälfte der 700 zugelassenen liechtensteinischen Fonds organisiert. Dabei geht der Verwalter inhaltlich identische Treuhänderschaften mit einer unbestimmten Zahl von Treugebern (Anlegern) ein, wobei die einzelnen Treugeber pro rata beteiligt sind. Grundlage ist das liechtensteinische Trustrecht gem. Art. 897 ff. PGR. Um die Wurzeln im Trustrecht deutlich zu machen, dürfen solche Fonds die Bezeichnung „unit trust" führen, vgl. Art. 12 Abs. 2 Bst. b UCITSG.

Dagegen räumt das Trust Indenture (oder der Trustvertrag, s.o.) eines US-amerikanischen Unit Investment Trusts (US-UIT) – es handelt sich um eine passiv verwaltete Investment Company – kein Verwaltungsermessen ein.[23] Mangels Ermessens benötigt der US-UIT weder ein *board of directors* respektive ein *board of trustees* noch eine Einflussnahmemöglichkeit der Anteilseigner (i.e. es gibt kein *general meeting*). Umso bedeutsamer ist die Möglichkeit, die Grenzen der Befugnisse des Trustee ex ante vertragsgleich zu regeln.

Ein Vergleich mit dem deutschen Treuhandmodell führt je nach Rechtsordnung zu unterschiedlichen Ergebnissen. Übereinstimmendes Merkmal der Trust-Rechtsordnungen ist das Eigentum des Treuhänders an den Anlagegegenständen.[24] Die Eigentümerrechte werden regelmäßig an den Verwalter (Manager/Operator) delegiert.[25] Die Anleger sind in ihrer Gesamtheit wirtschaftlicher, aber nicht rechtlicher Eigentümer der „in trust" gehaltenen Anlagegegenstände.[26] Zu wem eine Rechtsbeziehung besteht, ist dabei umstritten.[27] Des ungeachtet steht ihnen in der Insolvenz ein Privileg gegenüber (anderen) Gläubigern zu, das vertraglich nur mit Zustimmung aller Gläubiger in gleicher Form begründet werden könnte.[28] Das Trustvermögen ist rechnerisch in gleich große Teile („units") aufgeteilt, jeder Anleger hält Anteile pro rata. Des Weiteren ist in allen Trust-Rechten die Haftung des Begünstigten nicht per se auf die Einlage beschränkt.[29]

Unterschiede bestehen im Hinblick auf die Aufgaben des Trustees: Der Trustee ist in Großbritannien Verwahrer, die Anlageentscheidungen trifft ein davon verschiedener *operator*. In den USA ist Verwahrer ein von der Investment Company separater *custodian*, ein von dem Board of Trustees bestellter Investment Adviser trifft die Anlageentscheidungen. Dagegen ist der liechtensteinische Treuhänder Verwalter, während die Verwahrung einer Depotbank übertragen

---

[23] S. 4(2) ICA ("'Unit Investment Trust' means an investment company which (A) is organized under a trust indenture, contract of custodianship or agency, or similar instrument, (B) does not have a board of directors, and (C) issues only redeemable securities, each of which represents an undivided interest in a unit of specified securities, but does not include a voting trust)." Die Wertpapiere werden bis zu dem im Trust Indenture bestimmten Ablaufdatum gehalten (*buy and hold assets*), der Veräußerungserlös wird zu diesem Termin ausgeschüttet. Jeder Anteil repräsentiert einen ideellen Anteil an einem Korb speziell definierter Wertpapiere. Gelegentlich werden auch Indexfonds als US-UIT organisiert.

[24] Arg. s. 237 (2) FSMA, Definition des „depositary".

[25] *Day/Harris*, S. 18.

[26] *Macfarlanes*, A2.021.

[27] Nach Auffassung der Investment Management Association soll es nicht zu Rechtsbeziehungen zwischen den Anlegern und dem Trustee / der Verwahrstelle kommen, vgl. Investment Management Association, Schreiben vom 21. März 2011, „Transposition of UCITS IV: Consultation Document", S. 2.

[28] *Hansmann/Mattei*, (1998) 73 N.Y.U. L. Rev. 434, 440, 466.

[29] Vgl. *Hardoon v Belilios* [1901] A.C. 118; *JW Broomhead (Vic) Pty Ltd v JW Broomhead Pty Ltd* (1985) 9 A.C.L.R. 953; *Hansmann/Mattei*, (1998) 73 N.Y.U. L. Rev. 434, 474 (mit Parallele zum piercing of the corporate veil).

ist. Damit steht die liechtensteinische Kollektivtreuhänderschaft der deutschen
und schweizerischen Treuhandlösung nahe, während das britische und US-
Recht der Urform der niederländischen *negotiatie* nahe kommen, wonach der
Treuhänder die Anlagegegenstände verwahrt, während ein Externer die Anlageentscheidungen trifft.

4. Komplementäre Funktionen

Der ursprünglich bestehende dogmatische Unterschied zwischen Trust – einseitige Erklärung – und Vertrag – mehrseitige Erklärung – ist auf Seiten des
Trust-Rechts eingeebnet. Dagegen haben die Rechtsordnungen ohne Trust-
Recht insolvenzbezogene Bestimmungen getroffen, wodurch sich das Vertrags-
an das Trustrecht annähert. Danach zeitigt die Verwaltungsbeziehung auch in
der Insolvenz des Verwalters Wirkung.[30] Das sich abzeichnende Zwischenergebnis einer funktionalen Komplementarität von Vertrag und Trust bestätigt
die grenzüberschreitende Praxis insbesondere in den Jurisdiktionen, in denen
keine rechtsformspezifische Regelung für die jeweils andere Rechtsform existiert bzw. existierte. So war bis zur Umsetzung der AIFM-RL in Großbritanni-
en der öffentliche Vertrieb einer inländischen Kollektivanlage in Vertragsform
(„contract-based common fund") unzulässig.[31] Stattdessen wurden Anteile von
Authorized Unit Trusts öffentlich vertrieben. Das schweizerische Kollektivanlagengesetz, das luxemburgische Recht zu Kollektivanlagen[32] und das französische Recht kennen wiederum keine Kollektivanlage in Trustform; der Fonds in
Vertragsform wird angloamerikanischen Anlegern als „unit trust without legal
personality" schmackhaft gemacht.[33] Die Rechtsordnungen erkennen dennoch
ausländische Kollektivanlagen in Vertrags- respektive Trustform unter bestimmten Voraussetzungen an.[34] Dieses Ergebnis bestätigen die europäischen
Vorschriften zum europäischen Pass für Investmentfonds, wonach alle Organismen für die gemeinsame Anlage unabhängig von ihrer Konstituierung als
Vertrag oder Trust grenzüberschreitend vertrieben werden dürfen.[35]

---

[30] § 38 Abs. 3 KAGB, siehe Emde/*Gutsche*, § 38 InvG Rn. 23.

[31] Vgl. s. 238 (4) FSMA a.F., dazu *Macfarlanes*, A2.004. Die Vorschrift wurde geändert
durch The Collective Investment in Transferable Securities (Contractual Scheme) Regulations 2013, Nr. 1388 Teil 2 reg. 3(7) (Einfügung eines neuen Bst. (aa) (an authorised contractual scheme)).

[32] Zwar wurde mit der *fiducié* eine Trust-ähnliche Struktur in das luxemburgische Recht
eingeführt. Dabei handelt es sich aber zwingend um einen zweiseitigen Vertrag.

[33] van Setten/Busch/*Puel*, S. 172, Rn 3.08.

[34] In Ländern mit Trustrecht wird die vertragliche Form und in Ländern, deren Recht nur
die Vertragsform kennt, das Trustrecht anerkannt. Vgl. für England: ss. 264, 270, 272 FSMA.

[35] Vgl. zur Rechtsform Art. 1 Abs. 3 OGAW-RL; Art. 2 Abs. 2 Bst. b AIFM-RL, zum Europäischen Pass Art. 91 ff. OGAW-RL; Art. 31 ff. AIFM-RL.

Diese rechtsordnungsübergreifenden Konvergenzen rechtfertigen es, Unit Trusts, Eigentums- und Treuhandmodell einer einheitlichen Obergruppe des Vertrags zuzuordnen.

II. Gesellschaft

Im Anlagekontext begegnen die Korporation und die (modifizierte) Partnerschaft als KG oder OHG.

1. Korporation

Bei der Korporation ist zwischen offenen und geschlossenen Fonds zu unterscheiden.

a) Korporation mit veränderlichem Kapital

Die Anlage des offenen Typs begegnet als Anlageaktie (§ 109 Abs. 3 KAGB) einer Inv-AG mit veränderlichem Grundkapital gem. §§ 108 ff. KAGB.[36] Dieser entspricht in Luxemburg, Belgien, Frankreich, Liechtenstein und der Schweiz[37] die SICAV, in Irland die offene Investment Company gem. Part XIII of the Companies Act 1990 und das offene Irish collective asset-management vehicle (ICAV) gem. s. 46 Irish Collective Asset-management Vehicle (ICAV) Bill 2014, in Großbritannien die Open-ended Investment Company (OEIC)[38] und im US-Recht die „open-end companies" gem. s. 5 (a) (1) ICA, die gemeinhin als Mutual Funds bezeichnet werden. Das Sonder-Unternehmensrecht trifft punktuell abweichende Regelungen und verweist im Übrigen auf das allgemeine Gesellschaftsrecht. So ist die SICAV nach deutschem Recht eine modifizierte AG, in Liechtenstein zudem eine SE, Stiftung oder Anstalt,[39] die englische OEIC eine „company", während ein US-Mutual Fund – soweit kein Trust gewählt wird (s.o.) – am häufigsten Maryland Corporation ist. In Frankreich und Luxemburg ist jede Korporationsform (SE, AG, GmbH, KGaA-Äquivalent) zulässig.[40]

Die Abweichungen vom allgemeinen Aktienrecht sind bemerkenswert: So gilt für die Inv-AG nicht die Satzungsstrenge (§ 108 Abs. 2 KAGB). Die liechtensteinische SICAV ist durch Satzung zu organisieren. Nur wenn die Satzung nichts regelt, greifen gem. Art. 7 Abs. 2 UCITSG, Art. 9 Abs. 2 AIFMG die gesetzlichen Bestimmungen für die AG, Anstalt, Stiftung oder SE. Das US-Recht, das für das Gesellschaftsrecht grundsätzlich dem *contractual approach* folgt,

---

[36] Zu §§ 96 ff. InvG *Eckhold*, ZGR 2007, 654; *Wallach*, Konzern 2007, 477; *Fock/Hartig*, FS Spiegelberger, S. 653; *Dornseifer*, AG 2008, 54; Emde/*Dornseifer*, § 96 InvG Rn. 22 f.; zum KAGB *Zetzsche*, AG 2013, 651; Weitnauer/*Lorenz*, § 108 Rn. 1 ff.

[37] Vgl. Art. 36 ff. KAG. Dazu *Kunz* in Müller/Tschannen, S. 116 f.

[38] S. 236 (1) FSMA; dazu Blair/Walker/Purves/*Lomnicka*, Rn. 18.05.

[39] § 108 Abs. 1 KAGB; Art. 7 Abs. 1 UCITSG (nach Art. 4 Abs. 3 UCITSG können weitere Rechtsformen als Investmentgesellschaften anerkannt werden); Art. 9 AIFMG.

[40] van Setten/Busch/*Dusemon/Hemery/Moulla*, S. 323 f.; van Setten/Busch/*Puel*, S. 171 f.

sieht für Mutual Funds weitgehend zwingende Regelungen vor. Gleiches gilt für die Schweizer Anlagegesellschaft und die britische OEIC.

b) Korporation mit fixem Kapital

Eine Anlage des geschlossenen Typs können Anteile einer Inv-AG mit fixem Kapital (Inv-AG mfK) gem. §§ 140 ff. KAGB, einer REIT-AG gem. § 11 Abs. 4 REIT-G[41] sowie einer gewöhnlichen AG bzw. KGaA sein. Insbesondere bei der UBG, im Übrigen aber mangels Anteilsfungibilität selten, ist die Anlegerpartizipation als GmbH-Gesellschafter. Der Anlage-AG entspricht in Luxemburg, der Schweiz,[42] Belgien und Frankreich die SICAF, in Liechtenstein die Inv-Ges mit festem Kapital, in den USA die „closed-end company" gem. s. 5 (a) (2) ICA und in Großbritannien der Investment Trust, in Irland die geschlossene Investment Company gem. Part XIII of the Companies Act 1990 und das geschlossene ICAV.[43] Weil bestimmte „bodies corporate" ausgenommen sind, gilt der britische FSMA mit den Kollektivanlagenregeln nicht für Investment Trusts.[44] Auch nach der Umsetzung der AIFM-RL im Jahr 2013 gilt nur die nach Europarecht zwingende Verwalterregulierung für Investment Trusts, die closed-ended corporate AIF sind (weiterhin nicht gelten die Vorschriften für collective investment schemes). Im Übrigen bleibt es für Investment Trusts bei dem allgemeinen Gesellschaftsrecht des Companies Act 2006, ergänzt um steuerliche Vorgaben des Corporate Tax Act 2010 und ggf. Zusatzvorgaben der Listing Rules.

Das englische Kapitalgesellschaft & Co.-Äquivalent – die nach dem Limited Liability Partnerships Act 2000 geformte Limited Liability Partnership (LLP) – ist zwar nach h.M. Korporation. Grundsätzlich ist der Companies Act 2006 anzuwenden. Einzig in Bezug auf die Besteuerung und die Zuweisung der Mitwirkungsbefugnisse an die Gesellschafter folgt das LLP-Recht personengesellschaftsrechtlichen Grundsätzen.[45] Der Ausschluss der bodies corporate aus der Definition der Collective Investment Schemes (CIS)[46] gilt dennoch nicht für LLPs.

---

[41] Zur Anwendung des KAGB auf REIT-AGs siehe *Merkt*, BB 2013, 1986.

[42] Vgl. Art. 110 ff. KAG. Dazu *Kunz* in Müller/Tschannen, S. 109 f.

[43] S. 46 Irish Collective Asset-management Vehicle (ICAV) Bill 2014.

[44] Vgl. *Macfarlanes*, A2.021; Blair/Walker/Purves/*Lomnicka*, Rn. 18.56. Nicht ausgenommen sind OEICs und LLPs.

[45] *Macfarlanes*, A2.058; *Davies/Worthington*, S. 6 f.

[46] No. 21 The Financial Services and Markets Act 2000 (Collective Investment Schemes) Order 2001 (SI 2001/1062).

2. Personengesellschaften

a) Inland

Anlagepersonengesellschaften werden mit Blick auf die gewünschte steuerliche Durchlässigkeit als Inv-KG gem. §§ 124 ff. bzw. §§ 149 ff. KAGB,[47] jenseits des KAGB insbesondere als GbR und GmbH & Co. KG, seltener als AG & Co. KG oder OHG[48] konstituiert. Für Venture Capital- und Private Equity-Fonds sowie für Hedgefonds ist die ggf. mehrstöckige GmbH & Co. KG eine beliebte Struktur. Gelegentlich anzutreffen sind stille Gesellschaften, bei denen der Geschäftsinhaber weder am Gewinn noch am Verlust beteiligt ist und stattdessen Vergütung und Aufwendungsersatz erhält. Die stille Gesellschaft tritt in mehrgliedriger Form[49] oder als Anleger-GbR auf, die einen stillen Gesellschaftsanteil hält.[50] Ebenfalls verbreitet sind Genussscheinmodelle, mit denen die europäische Fondsregulierung der AIFM-RL ausgehebelt werden soll.[51] Die interne Struktur richtet sich gemäß allgemeinem Gesellschaftsrecht grundsätzlich nach einem (ggf. um körperschaftliche Elemente angereicherten) Gesellschaftsvertrag.[52]

Das KAGB modifiziert mit dem Ziel der Rechtsformneutralität der Anlage[53] das allgemeine Gesellschaftsrecht: Der Beitritt des Anlegers wird erst mit der Eintragung ins Handelsregister wirksam, was eine Voreintragungshaftung des Anlegers verhindert.[54] Die persönliche Haftung des Anlegers ist immer ausgeschlossen, sobald er seine Einlage erbracht hat. Die Einlagenrückgewähr an den Anleger ist gem. §§ 152 Abs. 2, 127 Abs. 2 KAGB nur mit dessen Zustimmung und nach einer Aufklärung über das Haftungsrisiko zulässig. Die Erfüllung des Abfindungsanspruchs bei Anteilsrückgabe ist keine Einlagenrückzahlung gem. § 172 Abs. 4 HGB, die die Haftung des Inv-Kommanditisten aufleben lässt.[55] Schließlich ist die Rechtsstellung des Treugebers, soweit eine Treuhandbeziehung zulässig ist, immer dem Kommanditisten gleichgestellt.[56]

---

[47] Dazu *Emde/Dreibus*, BKR 2013, 93; *Freitag*, NZG 2013, 329; *Fischer/Friedrich*, ZBB 2013, 153; *Wiedemann*, NZG 2013, 1041; Westermann/*Stöber* § 54a Rn. 3167 ff.; Weitnauer/ *Mann*, AIFM-StAnpG Rn. 284 f.; Möllers/Kloyer/*Zetzsche*, S. 157.

[48] S. aber BGH, NJW 2010, 2197.

[49] BGHZ 127, 179 Rn. 11; Baumbach/*Hopt*, § 230 Rn. 7; es handelt sich um eine Vielzahl identisch ausgestalteter Zweipersonenbeziehungen, weil die stille Gesellschaft nur zweigliedrig sein kann, vgl. *K. Schmidt*, ZHR 140 (1976) 475, 481.

[50] Vgl. BGHZ 125, 74 Rn. 8.

[51] Dazu *Loritz/Uffmann*, WM 2013, 2193; *Krismanek/Kol*, BB 2014, 153.

[52] Vgl. §§ 705 ff. BGB, §§ 161 ff. bzw. 230–232 HGB. Dazu *Wagner*, NJW 2013, 198, 200.

[53] Vgl. BT-Drs. 17/12294, 245, 428 f.

[54] §§ 151 Abs. 4 und 6, 127 Abs. 4 KAGB; dazu *Zetzsche*, AG 2013, 625; *Freitag*, NZG 2013, 329, 335; Westermann/*Stöber* § 54a Rn. 3170o.

[55] § 133 Abs. 2 KAGB, dazu Westermann/*Stöber* § 54a Rn. 3170k; Weitnauer/*Lorenz*, § 134 Rn. 12.

[56] Vgl. §§ 127, 152 KAGB. Vgl. *Zetzsche*, AG 2013, 628 f.; Möllers/Kloyer/*Zetzsche*, S. 154; Westermann/*Stöber* § 54a Rn. 3170l.

Die Inv-KG kann offen oder geschlossen ausgestaltet sein. Bei der offenen Inv-KG umfasst das Gesellschaftsvermögen die Summe der Kapitalkonten der geschäftsführenden und Anlage-Gesellschafter.[57] Die Anteilsrückgabe stellt eine (Teil-)Kündigung dar und ist rechtsformneutral ausgestaltet.[58] §§ 128 Abs. 1 Satz 2, 153 Abs. 1, 156 KAGB billigen die Differenzierung zwischen der nur haftenden Kompelentärs-GmbH und dem nur geschäftsführenden Kommanditisten. Das Geschäftsleitungsorgan besteht auch bei der Inv-KG aus zumindest zwei geeigneten natürlichen Personen.[59] Für intern verwaltete, geschlossene Publikums-Inv-KGs ist ausdrücklich ein Beirat zu bestellen, für den gem. § 153 Abs. 3 KAGB bestimmte aktienrechtliche Vorschriften ensprechend gelten.

b) Ausland: Partnerschaft mit begrenzter Anlegerhaftung

Im Ausland begegnet die Personengesellschaft im Anlagekontext als GmbH & Co. KG (LP) bzw. KGaA.

Das britische KG-Äquivalent ist die Limited Partnership (LP) gemäß dem *Limited Partnership Act 1907*, dessen s. 7 auf den Partnership Act 1890 und das Common Law zur Personengesellschaft verweist. Wie bei der KG muss es einen persönlich haftenden Gesellschafter geben. Dieser General Partner haftet für seine Handlungen vertraglich und deliktisch.[60] LPs werden wegen der damit in anderen Rechtsordnungen verbundenen steuerlichen Transparenz häufig als Kollektivanlagen eingesetzt, insbesondere für Venture Capital-, Private Equity- und Immobilienfonds.[61] Die britische LP ist grundsätzlich nicht juristische Person (anders die limited liability partnership/LLP).[62] Die Law Commission hat vorgeschlagen, der LP zwecks steuerlicher Optimierung auf Antrag den Status einer juristischen Person zu verleihen.[63] (Diese Option steht bei den Konkurrenzrechtsformen in Luxemburg und Liechtenstein bereits zur Verfügung[64]). Die LP eignet sich für wenige institutionelle Anleger mit großem Anlagebetrag. Anders als Korporationen schließt die *Collective Investment Schemes Order*[65] LPs nicht aus dem Bereich der Collective Investment Schemes gem.

---

[57] §§ 129 Abs. 2, 130, 131 Abs. 1 KAGB.

[58] §§ 116 Abs. 2 Satz 6, 133 Abs. 1 Satz 5 (mit Verweis auf § 98 KAGB) KAGB.

[59] §§ 128 Abs. 1 Satz 2, 153 Abs. 1 Satz 2 KAGB.

[60] S. 4 (2) Limited Partnership Act 1907.

[61] *Macfarlanes*, A2.055; *Davies*, S. 7.

[62] Law Commission (2003), unter No. 3.46; *Mujica*, 3 Rev. E-Mercatoria 1 (2004), 6.

[63] Law Commission (2003), unter No. 3.46; *Haar*, FS Emeritierung Hopt, S. 160 f.; *McCahery/Vermeulen*, (2004) 5 EBOR 61.

[64] Vgl. Art. 10 AIFMG; Art. 16, 22–1 des luxemburgischen Gesetz vom 10. August 1915 über Handelsgesellschaften.

[65] The Financial Services and Markets Act 2000 (Collective Investment Schemes) Order 2001 (SI 2001/1062).

s. 235 FSMA aus.[66] Es gelten somit die detaillierten CIS-Regeln. Daneben unterliegt der General Partner einer Zulassungspflicht, weil er als CIS-Operator einzustufen ist.[67] Beauftragt die LP einen externen Verwalter, der nicht General Partner ist, ist dieser als CIS-Operator zulassungspflichtig.[68] Keine Collective Investment Schemes sind LPs, bei denen alle Teilhaber gewerblich handeln („carrying on business"); die Anlagetätigkeit für das CIS selbst ist keine gewerbliche Tätigkeit.[69]

Obwohl seit 1994 in Irland die Option einer investment limited partnership (ILP) zur Verfügung steht, wird diese wenig genutzt.[70] Andere Vertrags- oder Korporationsformen sind offensichtlich hinreichend attraktiv. Kommanditgesellschaften sind eine unter dem luxemburgischen SICAR-G beliebte Rechtsform. Zudem sind offene Kollektivanlagen unter dem OPC-G 2002/2010 (beschränkt auf die société commandite par actions) oder dem FIS-G 2007 als Personengesellschaft zulässig. Eine Anlage-KG kann zudem nach luxemburgischem Gesellschaftsrecht als SCS (société en commandite simple) mit Rechtspersönlichkeit oder als SCSp (société en commandite spéciale) ohne Rechtspersönlichkeit organisiert sein, sofern sie weder Anlagerisiken streut, noch Anteile öffentlich anbietet. Diese Ausnahme kann z.B. für Hedgefonds attraktiv sein, wenn es gelingt, die AIF-Qualifikation zu vermeiden; andernfalls gilt neben dem Gesellschaftsrecht die AIFM-Verwalterregulierung.[71]

Nach Schweizer Recht[72] ist die KG für kollektive Kapitalanlagen gem. Art. 98 ff. KAG spezialgesetzliche Personengesellschaft ohne Rechtspersönlichkeit für Anlagen in Risikokapital (Private Equity, Venture Capital und Hedgefonds). Komplementär muss eine AG mit Sitz in der Schweiz (Art. 98 Abs. 2 S. 1 KAG), Kommanditisten müssen qualifizierte Anleger sein (Art. 98 Abs. 3 KAG). In Liechtenstein, dessen Privat- und Gesellschaftsrecht die KG durchaus kennt,[73] wurde eine solche Rechtsform wegen der zurückhaltenden Besteuerung der Korporation und den Vorzügen der Kollektivtreuhänderschaft

---

[66] Gelegentlich sind LPs kombiniert mit einer Trustform, indem der General Partner oder ein Beauftragter die Anlagegegenstände treuhänderisch für die Anleger hält, um eine Verhaftung für Verbindlichkeiten des General Partners zu vermeiden.
[67] Van Setten/Busch/*Rouch*, S. 133 f., Rn. 2.39.
[68] Zudem besteht eine Produktaufsicht: Ist die LP Collective Investment Scheme, sind die LP-Anteile Anlagen gemäß No. 81 der *Regulated Activities Order*, mit der Folge, dass die Vorschriften für die Konstitution und Bewerbung von Finanzprodukten und CIS-Anteilen gem. ss. 21, 238 FSMA anzuwenden sind.
[69] No. 9 der Collective Investment Schemes Order.
[70] Vgl. van Setten/Busch/*Jackson/Counihan*, S. 234.
[71] Van Setten/Busch/*Dusemon/Hemery/Moulla*, S. 318 ff. und die Beiträge von *Schleimer* (zur Eigentumsordnung), *Mischo* (zum Steuerrecht) und *Dumeson/Pogorzelski* (zur Fremdverwaltung und regulatorischen Einordung der ScSp) in Boyer u.a., S. 9, 31 und 79 ff.
[72] Vgl. *Kunz* in Entwicklungen im Gesellschaftsrecht VII, 195 ff.; Müller/Tschannen/*Kunz*, 111 ff.; *Schären*, S. 66.
[73] Art. 368 ff. PGR.

lange Zeit für entbehrlich gehalten. Die vermögensverwaltende liechtensteinische Korporation weist mit Ausnahme der steuerlichen Transparenz alle Vorteile der KG auf und vermeidet zudem die Haftung des Komplementärs. Bemerkenswert ist deshalb, dass die Anlage-KG *über das Sonderrecht* an Attraktivität gewinnen soll. Art. 10 bis 13 des liechtensteinischen AIFMG stellen mit der KG / GmbH & Co. KG als Anlagevehikel ausländischen Initiatoren eine ihnen bekannte Gestaltungsform zur Verfügung. Jeweils sind die Anleger nach Einzahlung ihrer vertraglich geschuldeten Einlagen von weiterer Haftung befreit, vgl. Art. 98 Abs. 1 KAG, Art. 10 Abs. 1 AIFMG.

In den USA zählen Partnerships, Limited Partnerships (LPs), Limited Liability Partnerships (LLPs) und Limited Liability Corporations (LLCs) zu den „un-corporations". Die Partnership wird wegen der damit verbundenen Gesellschafterhaftung nur selten und von kundigen Anlegern für spezifische steuerliche Zwecke eingesetzt. Die LP ist ebenso wie in England und Deutschland wegen ihrer steuerlichen Transparenz attraktiv. Sie besteht aus drei Kernelementen: die als Gegengewicht zur Kontrolle konzipierte Treubindung des Verwalters,[74] die relative Freiheit der Limited Partners (Anleger)[75] und die haftungsrechtliche Umqualifizierung des Limited Partners, der Kontrolle ausübt und sich wie ein General Partner geriert, in einen unbeschränkt haftenden General Partner.[76] Das einschlägige Modellgesetz kennt außer Informationsrechten keine Minimalrechte; es entscheidet der Gesellschaftsvertrag.[77] Daneben hat die in ihrer Binnenausgestaltung sehr flexible LLC Bedeutung erlangt, weil – abweichend vom Recht der general partnership (OHG-Äquivalent) – keine unternehmerische Tätigkeit („business for profit") erforderlich ist[78] und sie deshalb für Zwecke der Vermögensverwaltung eingesetzt werden kann.[79] Die LLC-Gesetze der US-Bundesstaaten schließen die persönliche Haftung der Gesellschafter aus; sie sehen neben einer dispositiven Regelung, wonach die Geschäftsführung und

---

[74] Der General Partner ist nach s. 402 des Uniform Limited Partnership Act (ULPA) 2001 Beauftragter (agent) der LP. Vgl. dazu *Brickell Partners v. Wise*, 794 A.2d 1, 4 (Del. Ch. 2001), wonach sich der General Partner in einer Position fortwährenden Konflikts zwischen Eigeninteressen und Treubindung befindet. Der Delaware Uniform Partnership Act ermöglicht indes die gesellschaftsvertragliche Modifikation der Treubindung.

[75] Gem. s. 305 ULPA 2001 sind die Limited Partners keiner Treupflicht unterworfen, sofern sie keine Kontrolle ausüben.

[76] Vgl. s. 107 ULPA 2001. Zur Entwicklung *Haar*, FS Emeritierung Hopt, S. 154 ff., wonach die frühere *control rule* durch Rechtsscheinsgrundsätze („Estoppel") ersetzt ist. Die Haftungsbeschränkung findet ihre Grenze zunächst in der Übernahme der Kontrolle und Beteiligung an der Geschäftsführung, vgl. s. 303 Revised Uniform Limited Partnership Act. Strenger noch s. 7 des früheren Uniform Limited Partnership Act, dagegen z.B. *Basile*, (1985) 38 Vand. L. Rev. 1199, 1217 f. Der Uniform Limited Partnership Act 2001 sieht keine entsprechende Regelung mehr vor. Dies ist auch die Rechtslage für LLPs. Kritisch dazu *Gulinello*, (2006) 70 Albany L. Rev. 303, 334 f.

[77] S. 304 ULPA 2001.

[78] S. 6 (1) Uniform Partnership Act (1997); s. 101 (6) Revised Uniform Partnership Act.

[79] *Ribstein*, Uncorporation, S. 183.

Vertretung durch die Gesellschafter erfolgt, Optionen für die Verwaltung durch einen Gesellschafter oder die externe Verwaltung durch einen Dritten vor. Die meisten LLC-Statute weisen den Gesellschaftern außerdem Stimmrecht zu.[80] Jedoch droht bei der anlagetypischen Alleinverwaltung durch einen Gesellschafter-Initiator oder Dritten der Verlust der steuerlichen Transparenz nach dem maßgeblichen *Kintner*-Test.[81] Infolgedessen sind die Gesellschaftsdauer und die Übertragbarkeit der Anteile regelmäßig beschränkt. Die LLC eignet sich deshalb für Anlageformen mit eher großer Beteiligung und Einfluss des einzelnen Anlegers.

3. Funktionale Komplementarität

Allen Gesellschaftsformen ist die Rechtsfähigkeit und die fehlende direkte rechtliche oder wirtschaftliche Berechtigung der Aktionäre an den Anlagegegenständen der Gesellschaft gemein.[82] (Anderes gilt im Fall der Liquidation.[83]) Durch Aufnahme einer juristischen Person als Komplementär werden wesentliche Anlageaspekte – insbesondere die externe Verwaltung durch einen Komplementär bei begrenzter Anlegerhaftung und statutarischer Flexibilität – auch bei den Personengesellschaften in Form der AG oder GmbH & Co. KG erreicht. Insofern weisen Korporation und Personengesellschaft für Anlagezwecke trotz formeller Divergenz eine funktionale Komplementarität auf.

Diese ist aber nicht vollständig. So haben im Ausland die Anlage-GbR oder -OHG keine Verbreitung gefunden. Deren Bedeutung ist nunmehr auch hierzulande durch den numerus clausus des KAGB eingegrenzt, der – soweit es sich um OGAW und AIF handelt –, Investmentvermögen in der Rechtsform der GbR und OHG untersagt. Die ausländischen Rechte sind zudem auf den Komplementär zugeschnitten. Abweichend von der hierzulande haftungs- und steuerinduzierten Anerkennung des geschäftsführenden Kommanditisten ist häufiger Bestandteil ausländischer KG-Äquivalente, dass der Kommanditist grundsätzlich nicht nach außen auftreten darf.[84] Zudem erstreckt sich das anlagespezifische Sonder-Unternehmensrecht auch auf Personengesellschaften.

---

[80] Vgl. die Nachweise in *Ribstein*, (1994) 51 Wash. & Lee L. Rev. 816 f., 819.

[81] *United States v. Kintner*, 216 F.2d 418 (9th Cir. 1954). Danach ist eine Struktur einer Korporation ähnlich, so dass die steuerliche Transparenz verloren geht, wenn drei der folgenden vier Merkmale erfüllt sind: Haftungsbeschränkung der Anleger, zeitlich unbegrenzte Existenz, Konzentration der Verwaltungsrechte und freie Übertragbarkeit der Anteile.

[82] Vgl. für den englischen Investment Trust *Salomon v Salomon Co* [1897] A.C. 22.

[83] Vgl. für das britische Recht *IRC v Olive Mill Spinners* [1963] 1 W.L.R. 712; *Macfarlanes*, A2.021.

[84] UK: S. 6 (1) Limited Partnerships Act 1907: Verbot der Teilnahme am Management; CH: Art. 605 OR; F: Art. L. 222–6 Code de commerce. Andere Regelungen treffen nunmehr das Recht von Delaware, Luxemburg und Liechtenstein. Hier deutet sich eine weitere Konvergenz an.

Dieser Zustand wurde unter dem deutschen Recht erstmals mit der Inv-KG des KAGB erreicht.[85]

III. *Rechtsformunabhängigkeit der Anlagefunktion*

Die Anlagefunktion ist folglich an keine rechtliche Organisationsform gebunden. Kollektivanlagen können in jeder Rechtsform auftreten, mit denen sich Personenmehrheiten dauerhaft organisieren. Die Organisation der Kollektivanlage lässt sich auf die vier international etablierten Grundformen Vertrag,[86] Treuhand / Trust,[87] Korporation[88] und Personengesellschaft,[89] insbesondere in Form der KG / Limited Partnership zurückführen. Anleger sind Bruchteilsberechtigte, Gläubiger oder Gesellschafter. Die mit dem mitgliedschaftlichen

---

[85] Westermann/*Stöber* § 54a Rn. 3167 f.

[86] D: Für offene Fonds §§ 92–107 KAGB; für geschlossene Fonds § 139 KAGB; F: Les fonds d`investissement à vocation générale (Art. L214-24–25 CMF), Fonds de capital investissement (Art. L214-27 CMF), Organismes de placement collectif immobilier (Art. L214-33 CMF), Fonds de fonds alternatifs (Art. L214-139 CMF), Fonds ouverts à des investisseurs professionnels (Art. L214-143 CMF); Lux: Art. 5–24, 89 ff. OPC-G, Art. 4 ff. FIS-G (FCP); CH: Anlagefonds gem. Art. 25 ff. KAG; FL: Art. 7 FL-AIFMG; UK: authorized contractual scheme nach s. 235A(2) FSMA; Irl: common contractual fund nach dem Investment Funds Act, Companies and Miscellaneous Provisions Act, Part 2. Keine Spezialregelung sehen das österreichische und niederländische Recht vor, wenn der Vertragsfonds bzw. der *fonds voor gemene rekening* (FGR) als Fonds eingesetzt werden. Allerdings enthält die Fondsbeschreibung Rechtsformmerkmale, so z. B. § 168 InvFG für Pensionsinvestmentvermögen (Sondervermögen, das in gleiche, in Wertpapieren verkörperte Anteile zerfällt und im Miteigentum der Anteilsinhaber steht).

[87] FL: Kollektivtreuhänderschaft nach Art. 8 FL-AIFMG; UK: unit trust nach s. 248 FSMA; Irl: unit trust nach dem Unit Trusts Act 1990.

[88] D: Inv-AG für offene Fonds §§ 108 bis 123 KAGB; für geschlossene Fonds §§ 140 bis 148 KAGB; F: SICAF und SICAV, insbes. Les fonds d`investissement à vocation générale (Art. L214-24–25 CMF), Fonds de capital investissement (Art. L214-27 CMF), Organismes de placement collectif immobilier (Art. L214-33 CMF), Sociétés civiles de placement immobilier et les sociétés d`épargne forestière (Art. L214-86 CMF), Sociétés d`investissement à capital fixe (Art. L214-127 CMF), Fonds de fonds alternatifs (Art. L214-139 CMF), Fonds ouverts à des investisseurs professionnels (Art. L214-143 CMF), Fonds d`épargne salariale (Art. L214-163 CMF), Autres placements collectifs (Art. L214-191 CMF); Lux: SICAF und SICAV nach Art. 25–39, 89 ff. Lux-UCITSG, Art. 25–37 FIS-G, Art. 1 SICAR-G; CH: gem. Art. 36 ff., Art. 110 ff. KAG; FL: Inv-Ges nach Art. 9 FL-AIFMG; UK: investment company nach ss. 262, 263, FSMA und der OEIC Regulations 2001; Irl: investment company nach dem Companies Act 1990, Part XIII. Keine fondsrechtliche Spezialregelung sehen das österreichische und niederländische Recht vor, wenn die AG bzw. besloten vennootschap (BV) als Fonds eingesetzt werden.

[89] D: für offene Fonds §§ 124 bis 138 KAGB, für geschlossene Fonds §§ 149 bis 161 KAGB; Lux: Art. 25 FIS-G, Art. 1 SICAR-G; CH: Anlagefonds gem. Art. 98 ff. KAG; FL: nach Art. 10 f. FL-AIFMG; UK: (limited) partnership nach s. 235A(2) FSMA; Irl: limited partnership nach dem Investment Limited Partnerships Act 1994. Keine fondsrechtliche Spezialregelung sehen das österreichische und niederländische Recht vor, wenn die GmbH & Co. nach §§ 161 ff. UGB oder commanditaire vennootschap (CV) nach Art. 19 bis 21, 30 Abs. 2 Wetboek van Koophandel, Art. 7a:1655 BW als Fonds eingesetzt werden.

Stammrecht verbundenen Einflussrechte oder eine Beteiligung am Liquidationserlös können den Anlegern zustehen, sind aber nicht in jeder Anlageform garantiert. Dies bedeutet freilich nicht, dass sämtliche Unterschiede eingeebnet sind. So sind Körperschaften mit einer begrenzten Haftung verbunden, die bei Trusts erst herzustellen ist, während z.B. das flexible Kapitalsystem für den Trust[90] und Vertrag spricht. Jedoch ist die Bedeutung der Rechtsformwahl deutlich reduziert, soweit es das Vertrags-, Trust- und Gesellschaftsrecht betrifft. Andere Parameter, insbesondere das Steuerrecht gewinnen an Bedeutung.

B. Sonderunternehmensrecht

Das Sonderunternehmensrecht ist nach Vertriebs-, Produkt- und Verwalterregulierung zu unterteilen. Die Vertriebsregulierung durch Prospekt ist die Älteste.[91] Mit Beginn des Sonderrechts für Kollektivanlagen kommt eine Produktregulierung hinzu. Jedoch führen fortdauernde Innovationen bei einem Produktansatz zu Regelungslücken, weshalb man den Intermediär zum Regelungsadressaten erklärt und – produktunabhängig, dafür risikoorientiert[92] – Anforderungen unterwirft. Besonders deutlich zeigt sich die Dreigliedrigkeit im US- und Schweizer Recht, wo jede Ebene separat geregelt ist.[93] Etwas weniger deutlich sind die drei Elemente in der OGAW-RL und damit allen EWR-Rechten inklusive des KAGB.[94] Die konzeptionell moderne AIFM-RL ist dagegen

[90] *Jones/Moret/Story*, (1988) 13:2 Delaw. J. Corp. L. 421, 458.

[91] *Merkt*, FS Hopt, S. 2207, 2217 f.

[92] Vgl. zur risikobasierten Aufsicht *Moloney*, EC Securities Regulation, S. 945 f.; *Park*, (2007) 57 Duke L.J. 625; FSA, Principles-based Regulation, Focusing on the Outcomes that Matter (2007).

[93] Der ICA gilt für das Produkt, der IAA für den Verwalter-Intermediär und der Securities Act 1933 für den Vertrieb. Das Schweizer KAG sieht für die Zulassung des Produkts (Anlagefonds), des Intermediärs (Fondsleitung, Depotbank) und des Vertriebs jeweils eigene Zulassungstatbestände vor: vgl. die Bewilligungspflicht für die Fondsleitung, den ggf. separaten Vermögensverwalter und die Depotbank in Art. 13 i.V.m. Art. 18 ff., 28 ff. KAG, Art. 72 ff., für die Produktgestaltung Art. 15 Abs. 1 KAG. Der Vertrieb ausländischer kollektiver Kapitalanlagen an nicht qualifizierte Anleger bedarf gem. Art. 120 KAG einer Genehmigung der FINMA. Vertriebsträger unterstehen einer Bewilligungspflicht, wenn sie an nicht qualifizierte Anleger vertreiben (Art. 13 Abs. 2 Bst. g KAG); der Vertrieb von schweizerischen kollektiven Kapitalanlagen an qualifizierte Anleger ist hingegen weder bewilligungspflichtig noch bewilligungsfähig (Art. 13 Abs. 1 KAG e contrario). Allerdings darf der Vertrieb von ausländischen kollektiven Kapitalanlagen an qualifizierte Anleger nur durch in der Schweiz oder im Ausland angemessen beaufsichtigte Finanzintermediäre erfolgen (Art. 19 Abs. 1bis KAG). Um in der Schweiz als angemessen beaufsichtigt im Sinne von Art. 19 Abs. 1bis KAG zu gelten, verlangt die FINMA eine Vertriebsträgerbewilligung oder eine Befreiung vom Bewilligungserfordernis gem. Art. 8 KKV. Ausführlich Entwurf FINMA-RS 2013/9 Vertrieb kollektiver Kapitalanlagen, Rz. 22 ff. Siehe auch *Herzog/Derungs*, ST 08/12, 525 ff.; *Meyer/Frigo*, ST 08/12, 529 ff.

[94] Vgl. die Verwalter- und Verwahrerregulierung in Art. 6 bis 26, die Produktregulierung in Art. 5, 27 bis 67 sowie Art. 83 bis 90 OGAW-RL sowie die Vertriebsregulierung durch Prospekt, Finanzberichte, Anteilspreise und wesentliche Anlegerinformation in Art. 68 bis 82

primär Vertriebs- und Intermediärsregulierung; Bestimmte Produktaspekte werden in Art. 25 ff. AIFM-RL indirekt durch Vorgaben an den Verwalter reguliert. Die Einhaltung der Regulierungstrias überwacht jeweils die für die Finanzmarktaufsicht zuständige Behörde, in Deutschland die BaFin.[95] Für die angestrebte Prinzipienbildung ist ein kurzer Blick auf die drei Ebenen zur Verdeutlichung der harmonisierenden Wirkung des Sonderrechts hilfreich.

I. Verwalterregulierung

1. Grundsätze

Die Verwaltung von Kollektivanlagen steht unter Verbot mit Erlaubnisvorbehalt.[96] Die Erteilung der Erlaubnis zum Geschäftsbetrieb ist an finanzielle, organisatorische und personelle Voraussetzungen geknüpft. Mit der Zulassung verbunden ist eine fortlaufende Verpflichtung zur Einhaltung materieller Vorgaben betr. Mindestkapital,[97] Organisation,[98] Geschäftsleitung, Anteilseig-

---

mit den Vorschriften zum grenzüberschreitenden Vertrieb in Art. 91 ff. OGAW-RL. Umgesetzt in §§ 17 ff. KAGB (Verwalter), §§ 162 f., 173, 266 f., 316 KAGB (Produkte) und §§ 297 ff. KAGB (Vertrieb).

[95] Vgl. Art. 97 ff. OGAW-RL; Art. 44 f AIFM-RL; §§ 5 ff. KAGB. Schweiz: Art. 132 ff. KAG; USA (für Produktregulierung) s. 8(e) ICA.

[96] Vgl. Art. 6 bis 8 OGAW-RL; Art. 6 Abs. 1 AIFM-RL; Deutschland: § 339 Abs. 1 Nr. 1 KAGB, § 54 Abs. 1 Nr. 2 KWG; gegen unerlaubte Geschäfte kann die BaFin gem. § 15 Abs. 1 KAGB, § 37 KWG einschreiten; s.a. die Ermittlungsbefugnisse gem. § 14 KAGB, § 44c KWG; Lux: Art. 101 Abs. 1 OPC-G; Art. 12 Abs. 1 SICAR-G; Art. 6, 42 FIS-G; UK: S. 19 FSMA enthält den generellen Verbotstatbestand, von dem Personen mit entsprechender Erlaubnis („authorized persons") ausgenommen sind. Einschlägig ist die Tätigkeit „establishing, operating, or winding up collective investment schemes (CISs)" gemäß Art. 57 der *Regulated Activities Order*. Liechtenstein: Art. 8 UCITSG, Art. 16 AIFMG; Schweiz: Art. 13 ff., 18, 28 bis 35 KAG und Art. 19 bis 29, 42 bis 50 KKV, dazu BSK-KAG/*Frick/Häusermann*, Art. 13 Rn. 8; USA: s. 8 ICA und s. 203 IAA.

[97] Für Verwaltungsgesellschaft zwischen 125.000 € und 10 Mio. €, bei interner Verwaltung 300.000 € nach Art. 7 Abs. 1 und 10 Abs. 1 OGAW-RL; Art. 9 AIFM-RL; Liechtenstein: Art. 17 Abs. 1 UCITSG, Art. 32 Abs. 1 und 2 AIFMG; Lux: Art. 102 Abs. 1 Bst. a und 125–1 Abs. 2 Bst. a OPC-G (i.V.m. Art. 6 FIS-G) bzw. Art. 4 Abs. 1 SICAR-G (1 Mio. €, Fall der internen Verwaltung); UK: Chapter 11 IPRU-INV, Teil des FCA-Handbuchs; Deutschland: § 25 Abs. 1 KAGB; gem. § 33 Abs. 1 Nr. 1a) i.V.m. 10 Abs. 2a Satz 1 KWG: 50.000 € für Anlageverwalter und Finanzportfolioverwalter; Schweiz: Art. 28 Abs. 2 KAG, 43 KKV (1 Mio. CHF); USA: s. 14 ICA (mind. 100.000 US $).

[98] Mit geeigneten Regelungen zu dem Umgang mit Interessenkonflikten, der Sicherstellung der Wohlverhaltensregeln, der Dokumentation ausgeführter Geschäfte, der internen Revision und angemessenen Kontrollverfahren für den EDV-Einsatz, vgl. Art. 12, 14 OGAW-RL; Art. 15, 16, 18 AIFM-RL. Deutschland: § 23 Nr. 8 i.V.m. §§ 27 f. KAGB; § 32 Abs. 1 Nr. 5, § 33 Abs. 1 Nr. 7 i.V.m. § 25a KWG; Lux: Art. 109 Abs. 1 und OPC-G (i.V.m. Art. 6 FIS-G), Art. 12 SICAR-G sieht keine Spezialvorgaben vor, s. aber Art. 7bis SICAR-G zu Interessenkonflikten; Art. 42bis Abs. 2 FIS-G. UK: geregelt in „SYSC", Teil des FCA-Handbuchs; Liechtenstein: Art. 20, 21, 23 UCITSG, Art. 35, 37, 38, 39 AIFMG; Schweiz: Art. 28 Abs. 4 i.V.m. 44, 45 KKV sowie die allgemeinen Vorschriften in Art. 20 bis 24 KAG, 14 KAG i.V.m.

nern[99] sowie zum Risiko- und Liquiditätsmanagement.[100] Wesentliche Änderungen der Zulassungsvoraussetzungen bedürfen der erneuten Zulassung.[101] Bei Wegfall der Erlaubnisvoraussetzungen kann die Aufsichtsbehörde das zur Wiederherstellung Notwendige veranlassen,[102] etwa die Erlaubnis zur Verwaltung von Kollektivanlagen entziehen[103] oder die Geschäftsleiter abberufen.[104]

2. Differenzierungsmerkmale

Die Verwalterregulierung ist in den untersuchten Rechtsordnungen uneinheitlich. In Abhängigkeit von Angebotsart, Anlagegegenstand, Rechtsquelle, Diversifikation, Rechtsform, interner oder externer Verwaltung, Börsennotierung (teils kombiniert) bzw. dem Umfang des verwalteten Vermögens sind bestimmte Kollektivanlagen von der Verwalterregulierung ganz oder teilweise befreit. Die AIFM-RL bewirkte insoweit in den EU-Staaten, Liechtenstein und – durch autonomen Nachvollzug – der Schweiz eine Harmonisierung.

Art. 12, 12a, 31–34 KKV; USA: s. 1(b) ICA, s. 211(g) IAA und die zugehörigen Ausführungsbestimmungen.

[99] Mindestens zwei zuverlässige Geschäftsleiter. Auch die wesentlichen Anteilseigner müssen zuverlässig sein. Personelle und sonstige Verflechtungen des Intermediärs dürfen die Aufsicht nicht behindern. Vgl. Art. 7 Abs. 1 Bst. b und Abs. 2 sowie Art. 8 OGAW-RL; Art. 8 Abs. 1 Bst. c, d und Abs. 2 AIFM-RL. Deutschland: § 21 Abs. 1 Nr. 2 bis 6, § 22 Abs. 1 Nr. 6, § 23 Nr. 2 bis 6, 8 KAGB; § 32 Abs, 1 Nr. 2 bis 4, 6, 7 i.V.m. § 33 Abs. 1 Nr. 2 bis 5 und Abs. 3 KWG; Lux: Art. 102 Abs. 2, 103 OPC-G (i.V.m. Art. 6 FIS-G), Art. 125–1 Abs. 2 Bst. c OPC-G und Art. 12 Abs. 3 SICAR-G beschränken diese Vorgaben auf einen einfachen „fit & proper"-Test; Art. 42 Abs. 3 FIS-G. UK: geregelt in „FIT", Teil des FCA-Handbuchs; Liechtenstein: Art. 15 Abs. 1 b, d und 19 UCITSG, Art. 30 Abs. 1 Bst. b, d und 34 AIFMG; Schweiz: Art. 14 KAG i.V.m. 10, 11 KKV; dazu *Müller/Fischer*, ST 08/12, 558; *Wirth/Bögli/Valenti*, ST 08/12, 560 f.; USA: s. 17(g) ICA und s. 203(c)(1)(B) und (G) IAA.

[100] Vgl. Art. 6 ff. OGAW-RL; Art. 15, 16 AIFM-RL. Deutschland: §§ 28 Abs. 1 Nr. 1, 29, 30 KAGB i.V.m. §§ 5, 6 KA Verordnung; Lux: Art. 42 Bst. a, 91 Abs. 1 Bst. b, 96 Abs. 1 Bst. b, 99 Abs. 1 Bst. b, 109 Abs. 1 Bst. a, 114 Abs. 2 Bst. b OPC-G (i.V.m. Art. 6 FIS-G); Art. 42bis Abs. 1 FIS-G; UK: geregelt in „SYSC 7 und 12", Teile des FCA-Handbuchs; Liechtenstein: Art. 23 UCITSG, Art. 39, 40 AIFMG; Schweiz: Art. 12a KKV; dazu *Müller/Fischer*, ST 08/12, 557 f.; *Wirth/Bögli/Valenti*, ST 08/12, 562.

[101] Folgt aus Art. 7 Abs. 1 Bst. b und Abs. 2, 3. UA sowie Art. 29, 2. UA OGAW-RL; ausdrücklich Art. 10 Abs. 1 AIFM-RL. Deutschland: § 34 KAGB; Lux: z.B. Art. 12 Abs. 4 SICAR-G; UK: Art. 44 FSMA und „SUP 6.3 Applications for variation of permission", Teil des FCA-Handbuchs; Liechtenstein: Art. 18 UCITSG, Art. 33 AIFMG; Schweiz: Art. 16 KAG.

[102] Z.B. Schweiz: Art. 133 Abs. 1, 134 KAG; Lux: Art. 142 ff. OPC-G; Art. 11 Abs. 3 SICAR-G, Art. 45 Abs. 3 FIS-G; USA: s. 38, 40 ICA, s. 211 IAA.

[103] Vgl. Art. 7 Abs. 5 Bst. c OGAW-RL; Art. 11 Bst. c AIFM-RL. Deutschland: § 39 Abs. 3 Nr. 2, 3 KAGB, § 35 Abs. 2 Nr. 3 und 5 KWG; UK: S. 33 FSMA; Liechtenstein: Art. 28 UCITSG, Art. 51 Abs. 1 Bst. a AIFMG; Schweiz: Art. 134 f. KAG (mit Rechtsfolge der Liquidation oder Überführung der verwalteten Kollektivanlage); USA: s. 36, s. 9(f) ICA, s. 203(k) IAA, s. 203A (e), (f) IAA.

[104] Z.B. Deutschland: § 40 KAGB, § 36 KWG; UK: S. 56 FSMA; Liechtenstein: Art. 129 Abs. 2 Bst. c UCITSG (Berufsausübungsverbot); Luxemburg: Art. 142 Abs. 2 Bst. g OPC-G; 12 Abs. 3 SICAR-G, Art. 45 Abs. 3 Bst. g FIS-G; Schweiz: Art. 133 Abs. 1 KAG i.V.m. 33 FINMAG (Berufsverbot); USA: s. 203A (h) IAA.

So erstreckt sich der Anwendungsbereich des englischen FSMA[105] auf jede Verwaltertätigkeit unabhängig von Anlagegegenstand und Zulassungspflicht des Produkts (im Inland).[106] Vor Umsetzung der AIFM-RL bestanden umfangreichere Ausnahmen. So war es z.B. für nicht regulierte CIS (sog. Private Investment Funds) üblich, das Kollektiv in Form eines GmbH & Co.-Äquivalents (LP) im Ausland (Caymans, Irland, Luxemburg) anzusiedeln, während der Anlageverwalter von London aus das Fondsvermögen verwaltete. Die im Ausland ansässigen LPs und Komplementäre („general partners")[107] waren in England zulassungsfrei, die für die LP tätigen Anlageverwalter zulassungspflichtig. Ein in England angesiedelter Komplementär konnte allerdings wegen Verwahrung und Verwaltung von Anlagevermögen („Safeguarding and administering investments" gem. Art. 40 *Regulated Activities Order*) zulassungspflichtig sein.[108] Solche Gestaltungen unterliegen jetzt den Vorgaben der AIFM-RL zur grenzüberschreitenden Verwaltung. Der Komplementär muss ggf. den Vorschriften für Verwahrstellen genügen.[109] Ausgenommen waren zuvor intern verwaltete sonstige Korporationen („bodies corporate").[110] Während der externe Verwalter von Investment Trusts (i.e. Anlage-AG) zulassungspflichtig war, galt dies nicht für intern verwaltete Investment Trusts. Zum Erhalt des Steuerprivilegs waren einzig die Produktvorgaben (Diversifikation, Börsennotierung) zu beachten. Auch diese Ausnahme war infolge der AIFM-RL zu beseitigen, die AIF gleich welcher Rechtsform erfasst.[111]

Interne Verwaltung, Angebotsart, Anlegerqualifikation und Börsennotierung sind vor und nach der KAG-Reform 2013! nach Art. 2 Abs. 3 des Schwei-

---

[105] Für Collective Investment Schemes ist aus der Liste der erlaubnisfähigen Tätigkeiten die Inbetriebnahme, der Betrieb oder die Auflösung eines CIS einschlägig („establishing, operating, or winding up collective investment schemes (CISs)" gem. Art. 57 der *Regulated Activities Order*). Maßgeblich ist die Anlageentscheidung. Unterliegt der Verwalter der Erlaubnispflicht, hat er die als Verordnungsrecht zu charakterisierenden Vorschriften des FCA-Handbuchs einzuhalten, die im Wesentlichen der OGAW- und MiFID-RL entnommen sind. Die sog. High Level Standards sind in den Abschnitten PRIN und SYSC und die Standards zur Geschäftstätigkeit in dem Abschnitt Conduct of Business Rules (COBS) enthalten. Für Auslagerungsunternehmen gelten zudem die Prudential Standards der MiFID-RL.

[106] *Spangler*, Private Investment Funds, Rn. 5.12 No. 20 und 5.15.

[107] Der General Partner haftet als korporative Hülle in Form einer Ltd. ausschließlich für die Fondsverbindlichkeiten.

[108] Zu Abgrenzungsschwierigkeiten in Bezug auf die Erlaubnispflicht bei nicht rechtsfähigen vertraglichen Fonds vgl. *Spangler*, Private Investment Funds, Rn. 5.07 No. 15.

[109] Vgl. The Alternative Investment Fund Managers Regulations 2013, Nr. 1773, Regulation 80, Schedule 1 Part 1, die Art. 2 Abs. 1 Bst. a, Art. 33 AIFM-RL umsetzt. Dazu Zetzsche/ *Zetzsche/Litwin*, S. 367 f.; *Bonneau*, Revue Banquaire et Financier 2013, 23 ff.

[110] No. 21 The Financial Services and Markets Act 2000 (Collective Investment Schemes) Order 2001 (SI 2001/1062) (the CIS Order).

[111] Vgl. The Alternative Investment Fund Managers Regulations 2013, Nr. 1773, Part 1, Regulation 3 und Art. 2 Abs. 2 Bst. c, AIFM-RL.

zer KAGs[112] die Kriterien für die Befreiung intern verwalteter Inv-AGs des geschlossenen Typs von der Verwalterregulierung. Dafür müssen die Anteile „börsenkotiert" sein oder dürfen ausschließlich von qualifizierten Anlegern gehalten werden. Im US-Recht ist heute noch die interne Verwaltung maßgeblicher Grund für die Befreiung der Organe einer Investment Company von den Vorschriften des IAA.[113]

Auf den Anlagegegenstand bezog sich vor Inkrafttreten des KAGB insbesondere die deutsche Regulierung. Das deutsche Recht kannte als Erlaubnistatbestände das Investmentgeschäft gem. § 7 InvG und die Anlageverwaltung gem. § 1 Abs. 1a Nr. 11 KWG.[114] Wegen des formellen Investmentbegriffs des InvG[115] und des auf Finanzinstrumente beschränkten Anwendungsbereichs von WpHG und KWG unterlagen Verwalter und geschäftsführende Gesellschafter von Publikumspersonengesellschaften und sonstigen Beteiligungen einer Vertriebsregulierung gem. § 3 VermAnlG, aber nicht der Verwalterregulierung und -aufsicht, wenn in andere Gegenstände als Finanzinstrumente, z.B. Immobilien investiert wurde. Die Anknüpfung an „Finanzinstrumente" hat mit dem materiellen Fondsbegriff des § 1 Abs. 1 KAGB an Bedeutung verloren, die Regelung des § 1 Abs. 1a Nr. 11 KWG hat aber weiterhin für Kollektivanlagen jenseits der AIF-Definition Bestand.

Anlagebezogen definiert sich heute noch der Anwendungsbereich des US-IAA durch Beschränkung auf Anlagen in Securities. Anlagebezogen sind auch die Verwalter von Venture Capital-Fonds[116] befreit. Eine auf Venture Capital

---

[112] Dazu *Schären*, S. 43. Kritisch dazu *Kunz* in Müller/Tschannen, S. 110 f., weil die Aufsicht durch die Börse „milder" sei als die der FINMA.

[113] S. 2(a)(20) ICA, wonach „a bona fide officer, director, trustee, member of an advisory board or employee of such company acting as such" grundsätzlich kein Adviser ist. In Einzelfällen sind die Adviser-Vorschriften dennoch anzuwenden, z.B. nach s. 9 ICA die Disqualifikationsregeln, nach s. 36(c) ICA die fiduciary duties und die Vorschrift des s. 15(f) ICA zum Verkauf des Unternehmens.

[114] Die Erlaubnispflicht besteht für die Verwaltung kollektiver Anlagemodelle, die in Finanzinstrumente investieren, deren Anteile an Privatpersonen öffentlich vertrieben werden und dem Verwalter Ermessen einräumen. Nicht erfasst sind professionelle kollektive Strukturen, Emissionsvehikel und Zweckgesellschaften von Emissionsbanken und wohl auch nicht Strukturen ohne Anlageermessen wie die traditionellen fixed trusts. Keine Genehmigungspflicht besteht, wenn die Muttergesellschaft des Instituts bereits über eine einschlägige Spezialgenehmigung, insbesondere bzgl. der Portfolioverwaltung verfügt (§ 2 Abs. 4 KWG).

[115] Nur Verwalter, die inländische Investmentvermögen in Form eines Investmentfonds (§ 2 Abs. 1 InvG) oder einer Inv-AG (§ 2 Abs. 5 InvG) verwalten, unterlagen der Erlaubnispflicht nach § 7 InvG. Der Betrieb einer Kapitalanlagegesellschaft (KAG), deren Hauptzweck in der Verwaltung inländischer Investmentvermögen nach Maßgabe des InvG besteht (§ 2 Abs. 6 InvG), sowie einer Inv-AG bedurften einer Erlaubnis gem. § 7 InvG.

[116] Dazu s. 203(b) (7) und (l) IAA für SBICs und Verwalter von Venture Capital. Die SEC hat den Begriff der Venture Capital Funds zu definieren. Kernmerkmale der Definition nach Rule § 275.203(l)-1 und IAA Rel. no. 3111 (2010), 3222 (2011) sind: 1) 80% der vom Fonds gehaltenen Wertpapiere werden direkt von der Portfoliogesellschaft erworben; 2) die Portfoliogesellschaft erhält wesentliche Führungs-, Management- oder Geschäftsberatung vom

beschränkte Ausnahme von der AIFM-RL bzw. ein korrespondierender europäischer Pass wurde auch in Europa diskutiert,[117] aber letztlich abgelehnt: Die
EuVECA-VO schafft stattdessen einen Europapass unterhalb der Schwellenwerte der AIFM-RL, der als Privileg gemeint ist und keine zwingende Regulierung für alle Verwalter mit sich bringt.[118]

Vor Umsetzung der AIFM-RL maßgeblich für die Zulassungspflicht des Verwalters war bei luxemburgischen Publikumsfonds, ob der Anteil öffentlich angeboten und ob eine diversifizierte Strategie verfolgt wurde.[119] Für luxemburgische FIS, die sich an qualifizierte Anleger richten, kam es allein auf die Mindestdiversifikation an.[120] Ohne Verpflichtung auf die Diversifikation konnten
Spezialfonds auch nur allgemeinem Vertrags- und Gesellschaftsrecht unterstellt
werden. Heute sind das öffentliche Angebot und die Diversifikation im Geltungsbereich der AIFM-RL überlagert durch die europäische Verwalterregulierung. Beide Kriterien behalten ihre Bedeutung für die Produktzulassung eines
Publikumsfonds und für Fonds jenseits der AIF-Definition.[121]

Im Geltungsbereich der Zulassungspflicht differenziert das Schweizer KAG
zwischen der Bewilligung der Fondsleitung und der des Vermögensverwalters.[122] Die Differenzierung entspricht der schweizerischen Praxis, wonach die
Fondsleitung die Vermögensverwaltung häufig an Vermögensverwalter mit
KAG-Zulassung delegiert.[123] Für andere als europarechtskonforme Publikumsfonds darf die Vermögensverwaltung auch an die Depotbank delegiert werden.[124]

Größenabhängige Differenzierungen kennen schließlich Art. 3 AIFM-RL
und damit die Umsetzungsgesetze im EWR-Raum. Ausgenommen von dem
Zwang zur Verwalterregulierung sind Verwalter, deren verwaltetes Vermögen
die de minimis-Grenze von 100 / 500 Mio. € nicht erreicht.[125] In gleicher Manier

---

Fonds oder seinem Verwalter; 3) Beschränkungen der Kreditaufnahme auf 15% des Eigenkapitals des Fonds; 4) es handelt sich um einen geschlossenen Fonds, den Anteilseignern werden
keine Rückgaberechte eingeräumt.

[117] Europäische Kommission, Staff Working Paper „A new European regime for Venture
Capital – Consultation Document" (15.6.2011).

[118] Art. 2 EuVECA-VO. Vgl. dazu Zetzsche/*Vermeulen*/*Nunes*, S. 593; *Siering*/*Izzo-Wagner*, BKR 2014, 242 (zu den praktischen Hürden aber *dies.*, BKR 2015, 101); *Weitnauer*, GWR
2014, 139.

[119] Art. 2 Abs. 2, 1. SpStr. OPC-G.

[120] Art. 1er Abs. 1, 1. SpStr. FIS-G.

[121] Art. 5 OPC-G.

[122] Art. 13 Abs. 2 Bst. a und f KAG. Die Fondsleitung, aber auch Banken und Effektenhändler sind automatisch auch als Vermögensverwalter von Kollektivanlagen bewilligt, vgl.
Art. 8 Abs. 1 und 1bis KKV.

[123] BSK-KAG/*Fritz*/*Häusermann*, Art. 13 KAG Rn. 23.

[124] Art. 31 Abs. 5 KAG e contrario. BSK-KAG/*Fritz*/*Häusermann*, Art. 13 KAG Rn. 13.
Dies ist nach europäischem Recht unzulässig, vgl. Art. 25 Abs. 1 OGAW-RL, Art. 20 Abs. 5
Bst. a AIFM-RL.

[125] Näher Dornseifer/*Tollmann*, Art. 3 Rn. 17 ff.; *Zetzsche*, ZBB 2014, 26 f. Diese Ausnah-

unterliegen ausländische Verwalter von Private Funds mit geringem US-Vermögen[126] und Verwalter von Private Funds mit einem verwalteten Vermögen von nicht mehr als 150 Mio. US-$ (de minimis-Grenze gem. s. 203(m) IAA) nicht dem IAA (ggf. aber der Regulierung der US-Bundesstaaten).

II. Vertriebsregulierung

Der Vertrieb von Fondsanteilen setzt die Vertriebsbefugnis zum Anteilsvertrieb und eine obligatorische Anlegerinformation voraus.

1. Europäischer Pass

Die Befugnis zum Vertrieb von Fondsanteilen im Herkunftsstaat des Verwalters ist impliziter Bestandteil der Verwalterzulassung.[127] Die Befugnis zum *grenzüberschreitenden* Vertrieb von Fondsanteilen resultiert aus dem Europapass. Gem. Art. 91 Abs. 1 OGAW-RL sind Verwalter von OGAW zum Anteilsvertrieb an das Publikum berechtigt. Der Europapass der AIFM-RL berechtigt zum grenzüberschreitenden Vertrieb an professionelle Anleger, während sich der Vertrieb an Privatanleger gem. Art. 43 AIFM-RL weiterhin nach dem Recht der Mitgliedstaaten richtet. Dieses kann z.B. eine Prospektinformation vorschreiben. Die Pflicht zur Vorlage einer wesentlichen Anlegerinformation gebietet daneben Art. 12 f. der europäischen PRIIP-VO. Zum grenzüberschreitenden öffentlichen Angebot an alle Anlegergruppen berechtigt zudem der Prospektpass gem. Prospekt-RL für Wertpapiere. Wird dieser Pass für den Vertrieb von Wertpapier-Anteilen an alternativen Investmentfonds in Anspruch genommen, muss der Verwalter zusätzlich nach den Vorschriften der AIFM-RL zugelassen und überwacht sein.[128]

---

me gilt in Deutschland (§ 2 Abs. 4 KAGB), Luxemburg (Art. 3 Abs. 3 Lux-AIFMG), den Niederlanden (Art. 2:66a Wft) und Österreich (§ 1 Abs. 5 öAIFMG) für Verwalter von AIF, die zum Vertrieb an professionelle Anleger bestimmt sind. Es besteht nur eine Registrierungspflicht. In Liechtenstein werden kleine AIFM im Rahmen eines vereinfachten Zulassungsverfahrens registriert (Art. 3, 92 AIFMG); eine Zulassungspflicht besteht in Frankreich (Art. L 214–24 III CMF und Art. L 532–9 CMF, welche auf L 214–24 II CMF verweisen).

[126] S. 203(b) (3) IAA (ergänzt durch Private Fund Investment Advisers Registration Act of 2010; dazu *Kaal*, 44 Vand. J. Transnat'l L. 419 (2011), 412 ff., 418 ff.) und s. 202(a) (30) IAA. Die Ausnahme gilt für Verwalter ohne Niederlassung in den USA mit weniger als 15 Kunden, die weniger als 25 Mio. US-$ verwaltetes Vermögen zum Private Fund beisteuern (die SEC darf den Schwellenwert erhöhen) und sich weder öffentlich als Verwalter anbieten noch eine registrierte Investment Company oder eine Business Development Company verwalten.

[127] Vgl. Art. 6 Abs. 2 und Anhang II OGAW-RL; Art. 31 Abs. 1 und Anhang I Abs. 2 Bst. b AIFM-RL.

[128] Vgl. § 295 Abs. 8 KAGB. Dazu Holzborn/*Zetzsche/Eckner*, Anh. XVI Prospekt-VO; Möllers/Kloyer/*Zetzsche*, S. 144 f.

2. *Registrierung vs. Zulassung*

Nach Art. 32 Abs. 2 und 3 AIFM-RL hat der AIFM für den Vertrieb an professionelle Anleger in seinem Herkunftsstaat bei der dortigen Aufsichtsbehörde ein standardisiertes Anzeigeschreiben einzureichen. Die Aufsichtsbehörde muss innerhalb von 20 Tagen den Vertrieb genehmigen oder untersagen. Der Vertrieb darf nur bei Verstoß gegen Vorschriften der AIFM-RL untersagt werden. Die Prüfung z.b. nationaler Fondstypen und des Fondsprivatrechts entfällt und kann deshalb in sehr kurzer Zeit geschehen. Strengere nationale Vorschriften, z.b. eine Zulassungspflicht, sind für den Vertrieb von Publikums-AIF erlaubt.

3. *Anlegerinformation*

Die obligatorische Anlegerinformation besteht beim Anteilsvertrieb an das Publikum resp. Privatanleger gem. § 1 Abs. 19 Nr. 31 KAGB aus einem Basisinformationsblatt (wesentliche Anlegerinformation)[129] und einem ausführlichen Prospekt.[130] Beim Vertrieb an andere Anleger besteht keine Prospektpflicht.[131] Professionelle Anleger und in Deutschland zudem semiprofessionelle Anleger gem. § 1 Abs. 19 Nr. 33 KAGB erhalten gem. § 307 KAGB ein Dokument mit den grundlegenden Anlageparametern. Neben einer geprüften Rechnungslegung sind Informationen zur Anteilsausgabe, -rücknahme und -bewertung bekanntzumachen.[132] Werbung „muss redlich und eindeutig sein und darf nicht irreführend sein."[133]

III. Produktregulierung

Die Produktregulierung besteht aus dem Zulassungstatbestand (Verbot mit Erlaubnisvorbehalt, bei Spezialfonds nur Vorlagepflicht)[134] und den Folgepflichten. Für die Zulassung müssen bestimmte Gestaltungsfragen in den konstituie-

---

[129] Vgl. Art. 78 ff. OGAW-RL und Kommissions-VO 583/2010, umgesetzt in § 165 KAGB; Art. 5 Abs. 1 PRIIP-VO.

[130] Vgl. Art. 68 ff. und Anhang I OGAW-RL, umgesetzt in § 164 f. KAGB, sowie § 3 Abs. 1 WpPG i.V.m. der Prospekt-RL bzw. § 6 VermAnlG.

[131] Vgl. §§ 273 ff. KAGB sowie die Ausnahmen gem. § 3 Abs. 2 WpPG, § 2 VermAnlG.

[132] Vgl. 19 Abs. 3, 22 AIFM-RL; Art. 68 ff., 76 und Anhang I OGAW-RL, umgesetzt in §§ 101 ff., § 122 f., §§ 135 ff, §§ 158 ff., § 170 KAGB.

[133] Art. 77 OGAW-RL; § 302 Abs. 1, 2 KAGB.

[134] Art. 5 OGAW-RL; für englische regulated CIS ss. 235 ff., insbesondere s. 242 (für unit trust schemes) FSMA und No. 12 der OEIC Regulation i.V.m. COLL 2.1; für das KAGB ergibt sich die Produktregulierung aus der Genehmigungspflicht für die Anlagebedingungen gem. §§ 163, 267 KAGB und aus der Vorlagepflicht für Spezialfonds gem. § 273 KAGB; gleiche Regelungstechnik in der Schweiz gem. Art. 15 KAG; für USA vgl. s. 7 ICA. Danach sind die Anteilsausgabe und -rücknahme und der Anteilsvertrieb verboten, sofern das Kollektiv selbst nicht gem. s. 8(a) ICA registriert ist oder unter die Ausnahme gem. s. 6 ICA fällt. Vgl. für Frankreich: AMF, Directive AIFM: Impacts et opportunités pour la gestion francaise, S. 43–49.

renden Dokumenten[135] geregelt und deren fortwährende Einhaltung sichergestellt sein. Änderungen sind ebenfalls genehmigungspflichtig.[136]

1. Grundsätze

Der Inhalt der konstituierenden Dokumente[137] ist nach Regelungen zur ver-
trags- oder gesellschaftsrechtlichen Binnenorganisation und solchen zur Anlagestrategie mit Details zu den Anlagegegenständen, -regionen, -grenzen, -tech-
niken sowie des Kredit- und Derivateeinsatzes (sog. Anlagebedingungen) zu
unterteilen.[138] Zur Binnenorganisation zählen u.a. der Name und Typ des
Fonds, die Ausgabe- und Rücknahmebedingungen, die Art, Höhe und Berechnung von Vergütung, Kommissionen und Kosten, der Umfang der Ertragsthe-
saurierung, Häufigkeit und Ort zum Abruf der Rechnungslegung sowie Angaben zu Anlageklassen, Master-Feeder-, Teil- und Umbrellafonds. Eine deutsche
Besonderheit ist die Wahl zwischen Miteigentums- und Treuhandmodell (§ 92
Abs. 1 KAGB). Der englische Zulassungskatalog gem. COLL 3.2.6 fordert u.a.
für Unit Trusts eine Regelung, wonach der Unitholder zu nicht mehr als der
Einzahlung des Anlagebetrags, insbesondere nicht zur persönlichen Haftung
verpflichtet ist.[139] Das liechtensteinische UCITSG und AIFMG sind dem Vertragsprinzip (sog. enabling approach) verpflichtet, das als Korrelat einer strengen Verwalterregulierung verstanden wird. Jeweils wird von den Vorschriften
des allgemeinen Vertrags- und Gesellschaftsrechts im ABGB oder PGR dispensiert, z.B. auch in Bezug auf die Binnenordnung der Aktiengesellschaft oder SE.

---

[135] Fondsvertrag, Treuhandvertrag, Gesellschaftsvertrag zzgl. einer etwaigen separaten
Anlagepolitik und die entsprechenden ausländischen Dokumente mit gleicher Funktion, z.b.
das luxemburgische règlement de gestion du fonds commun de placement.

[136] Nach Art. 5 Abs. 6 OGAW-RL ist jeder Wechsel von Verwaltungsgesellschaft und Verwahrstelle und jegliche Änderung der konstituierenden Dokumente genehmigungspflichtig;
nach Art. 31 Abs. 4 AIFM-RL besteht eine Anzeigepflicht für wesentliche Änderungen und
eine Widerspruchsmöglichkeit der Behörde; Deutschland: alle Änderungen außer Gebühren-
und Kostenregelungen für Publikumsfonds sind genehmigungspflichtig nach § 163 KAGB
(für mit den bisherigen Anlagegrundsätzen unvereinbare Regelungen ist eine Karenzzeit von
sechs Monaten einzuhalten), für Spezial-AIF besteht eine Anzeigpflicht nach § 273 KAGB;
Liechtenstein: Art. 18 UCITSG; Art. 25 AIFMG; Schweiz: Art. 16 KAG (bei Änderung der
Umstände, die der Bewilligung zugrunde liegen).

[137] Vgl. § 162 Abs. 2 KAGB; Schweiz: Art. 26 Abs. 2, 3 KAG i.V.m. Art. 35a Abs. 1 KKV;
Liechtenstein: Art. 5 Abs. 3, Art. 6 Abs. 3 und Art. 7 Abs. 3 UCITSG, Art. 4 Abs. 1 Bst. 39
i.V.m. Art. 7 Abs. 3, Art. 8 Abs. 3, Art. 9 Abs. 3, Art. 11, Art. 14 Abs. 3 AIFMG; Lux: Art. 13
OPC-G; für englische regulated CIS ss. 235 ff., 242 (für unit trust schemes) FSMA und No. 12
der OEIC Regulation i.V.m. COLL 2.1.

[138] Diese Unterteilung ist namentlich im Schweizer KAG abgebildet, vgl. die Vorgaben zur
Anlagestrategie in Art. 53 bis 57 KAG i.V.m. Art. 70 bis 85 KKV (für Effektenfonds); Art. 58
bis 67 KAG i.V.m. Art. 86 bis 98 KKV (Immobilienfonds); Art. 68 bis 71 KAG, Art. 99 bis 102
KKV (übrige Fonds) im Gegensatz zu den rechtsformbezogenen Regelungen in Art. 36 bis 52
KAG i.V.m. 51 bis 65 KKV (SICAV), Art. 110 ff. KAG (SICAF) und Art. 98 ff. (KGK).

[139] COLL 3.2.6 No. 3 und für Qualified Investor Schemes COLL No. 8.2.6 No. 2 (4) (b)
[ICVC] und (5) (c) [AUT].

Im Schweizer Fondsvertrag sind gem. Art. 26 Abs. 3 KAG i.V.m. Art. 35a Abs. 1 Bst. c KKV die mit der Anlage verbundenen Risiken aufzuführen, was anderswo Teil der Vertriebsinformation ist, daher lagert die Praxis die Risikobeschreibung in einen Antrag zum Fondsvertrag und den Prospekt aus.

Die Binnenorganisation der Kollektivanlage ist regelmäßig Teil von Fondsvertrag, Treuhandvertrag, Satzung oder Gesellschaftsvertrag, während die Anlagestrategie in separaten Anlagebedingungen oder -grundsätzen[140] enthalten sein kann. Dies empfiehlt sich bei dem Einsatz von Musterdokumenten und erwarteten Änderungen.

2. *Differenzierungsmerkmale*

Die Produktregulierung divergiert in Abhängigkeit von Rechtsform, Anlegerschaft, Typ und Anlagestrategie.

a) Rechtsform

Aus rechtsvergleichender Sicht überwiegt ein rechtsformunabhängiger Ansatz. Am deutlichsten ausgeprägt ist dies in der AIFM-RL, die alle AIF erfasst, und in den USA, wo der ICA für alle Investment Companies gilt, gleich ob Trust, Vertrag, Personengesellschaft oder Korporation, und unabhängig davon, ob es sich um einen Fonds des offenen oder geschlossenen Typs[141] handelt. Der ICA geht aufgrund der historischen Erfahrungen mit Investment Trusts, aber aus moderner Sicht wirklichkeitsfremd vom Typus der intern verwalteten Kollektivanlage aus und behandelt die externe Verwaltung folglich als überwachungsbedürftigen Ausnahmetatbestand. Dies erklärt die umfangreichen Inhabilitätsvorgaben für das Board der US Investment Company. So beschränkt s. 10(a)(g) und (h) ICA neben in der Person liegenden Gründen[142] die „interested persons" im *board of directors* und jedem Beirat auf höchstens 60% der Mandatsträger. Die Beschäftigten *eines* Finanzkonzerns dürfen nicht die Mehrheit der Board-Sitze innehaben. Nur ein Board-Sitz muss von einer *disinterested person* besetzt sein, wenn die Summe aus Ausgabeaufschlag und Rücknahmeabschlag 2% und die Verwaltungsgebühr 1% nicht überschreitet und ausschließlich eine

---

[140] Deutschland: z.B. § 111 oder 126 KAGB; Schweiz: Art. 15 Abs. 1 Bst. b, d KAG (Statuten und Anlagereglement von SICAV und SICAF); gem. Art. 44 KAG gelten die Inhaltsvorgaben zum Fondsvertrag für die SICAV entsprechend; das liechtensteinische Recht kennt ebenfalls eine separate Anlagepolitik. Vgl. demgegenüber USA: Anlagestrategie als Teil der Genehmigungsunterlagen gem. s. 8(b) ICA; Lux: law politique d'investissement als das règlement de gestion du FCP.

[141] Vgl. die Definition der „closed-end company" in s. 4(3) und (5) ICA; für closed-end companies gilt in s. 23 ICA eine Spezialregelung; kleine closed-end companies können von der Geltung des ICA ausgenommen sein (s. 6(d) ICA).

[142] S. 9 ICA. Personen sind wegen bestimmter Straftaten mit einschlägigem Vermögensbezug oder kraft Ordnungsverfügung von der Tätigkeit für Investment Companies sowie mit diesen verbundenen Unternehmen ausgeschlossen.

Anteilsklasse mit gleichem Stimmrecht ausgegeben wird. Des Weiteren darf kein verbundenes Unternehmen als Wertpapierhändler oder Emissionsbank beauftragt werden. Investmentbanker dürfen nicht von der Investment Company angestellt, deren Direktoren oder leitende Angestellten sein. Aufgrund dieser Regelungen wird – wirklichkeitsfremd – unterstellt, die Investment Company sei vom externen Verwalter unabhängig, jedenfalls aber dessen Auftraggeber.[143]

In den Niederlanden überlässt das Fondsrecht, soweit möglich oder tunlich, die privatrechtlichen Beziehungen dem allgemeinen Gesellschafts-, Vertrags- oder Treuhandrecht. Andere Staaten verfügen über ein funktionsbezogenes Sonderprivat- und Gesellschaftsrecht. Das deutlichste Beispiel ist das liechtensteinische AIFMG, welches vier – das ABGB-Vertragsrecht und PGR-Gesellschaftsrecht verdrängende – Spezialrechtsformen vorsieht. Eine Restbedeutung behalten ABGB und PGR als Rückfallregelung (default rule) für den Fall, dass die Parteien keine Spezialregelung getroffen haben.[144]

Als Mischform verweist Art. 26 des luxemburgischen FIS-G, ähnlich wie §§ 108 Abs. 2, 140 KAGB, auf das allgemeine Aktienrecht. In Bezug auf die GmbH & Co. / LP greift das luxemburgische Recht einerseits auf das allgemeine KG- und KGaA-Recht (société en commandite simple, société en commandite par actions) zurück, andererseits stellt es seit der AIFM-RL-Umsetzung ein Spezialregime für die Anlage-KG bereit (société en commandite spéciale – SCS).

In anderen Rechtsordnungen hat das Sonderrecht dagegen mehr oder minder große Lücken. So verläuft die britische Produktregulierng quer zum AIF-Begriff, wobei die Unterscheidungen schwer auszumachen sind. Weiterhin wird an der Spezialregulierung für CIS festgehalten. Britische Collective Investment Schemes können seit Einführung der „authorized contractual schemes" gem. s. 235A(2) FSMA mit der Umsetzung der AIFM-RL grundsätzlich in jeder zulässigen Rechtsform offen oder geschlossen organisiert sein. Zwar gilt das CIS-Regime nicht für Korporationen, allerdings ist das GmbH & Co.-Äquivalent der Limited Liability Partnership – obwohl aus englischer Sicht Korporation – dem CIS-Regime unterstellt, während für Inv-AG mit variablem Kapital (Open Ended Investment Companies – OEICs) ein gesonderter Regelbestand existiert, der OEICs im Ergebnis den CIS gleichstellt.[145] Die Korporation des geschlossenen Typs – der britische Investment Trust – liegt gänzlich außerhalb

---

[143] Diese Unterstellung treibt bisweilen wundersame Blüten. So hat der US Supreme Court in *Janus Capital Group v. First Derivative Traders*, 131 S. Ct. 2296 (2011), entschieden, eine von der Management Company ausgehende fehlerhafte Prospektveröffentlichung könne nur der Investment Company, nicht aber der Management Company zugerechnet werden; dagegen das überwiegende US-Schrifttum, vgl. *Birdthistle*, (2012) 37 J. Corp. L. 771; *Poser*, (2011) 44 Rev. Sec. & Commodities Reg. 205; *Langevoort*, (2013) 90 Wash. U.L. Rev. 933; *Morley*, (2014) 123 Yale L.J. 1287 („this outcome is rather silly").

[144] Vgl. *Zetzsche*, ZVglRWiss 111 (2012), 387; *Zetzsche/Preiner*, RIW 2012, 265.

[145] Dazu Blair/Walker/Purves/*Lomnicka*, Rn. 18.05.

des CIS-Rechts. Jedoch muss der Investment Trust für seine steuerliche Anerkennung neben Diversifikationsvorgaben und Kontrollbeschränkungen insbesondere börsennotiert sein.[146] Die Listing Rules, die von der FSA in ihrer Funktion als Listing Authority erlassen und exekutiert werden, kennen für closed-ended investment funds traditionell zahlreiche Sonderregeln, z.B. Anforderungen an die Veröffentlichung der Anlagestrategie und den Zwang, Änderungen durch Aktionäre absegnen zu lassen. Diese Sonderregeln gelten seit April 2010 nur noch für *funds* mit sog. Premium-Notierung. Für die Standard-Notierung bleibt es bei der europäischen Minimalregulierung für Wertpapieremissionen.

Das Schweizer KAG gilt nicht für AGs der geschlossenen Form, die börsennotiert sind oder nur von qualifizierten Anlegern gehalten sind und Namensaktien ausgeben (Art. 2 Abs. 3 KAG). Die erste Ausnahme rechtfertigt sich mit dem Sonderbörsenrecht der Swiss Stock Exchange für börsennotierte Investmentgesellschaften, die zweite mit der Systematik des KAG, das eine reduzierte Produktregulierung für Fonds vorsieht, deren Anteile von qualifizierten Anlegern gehalten werden. Eine Zwitterstellung nimmt das luxemburgische Recht ein, wonach jede Rechtsform den drei Sonderrechten unterstellt sein kann, aber nur im Geltungsbereich der AIFM-RL unterstellt sein muss.[147]

b) Investoren

Nach der Anlegerschaft ist eine Differenzierung zwischen einem weit gestreuten Publikum und einer besonders qualifizierten Anlegergruppe verbreitet, die in Spezialfonds[148] investieren dürfen. Für qualifizierte Anleger ist die Produktregulierung reduziert. So können die Anlagebedingungen freier gestaltet werden als bei Publikumsfonds.[149] Meist genügt eine Vorlage („Registrierung") statt Genehmigung der Anlagebedingungen, oder es gelten verkürzte Fristen.[150]

---

[146] Van Setten/Busch/*Rouch*, S. 127, Rn. 2.11 f.

[147] Vertragsform: Art. 5–24, 89 ff. OPC-G, Art. 4 ff. FIS-G (FCP); SICAF und SICAV nach Art. 25- 39, 89 ff. OPC-G, Art. 25- 37 FIS-G, Art. 1 SICAR-G; Personengesellschaften nach Art. 25 FIS-G, Art. 1 SICAR-G. Dazu van Setten/Busch/*Dusemon/Hemery/Moulla*, S. 318 ff.

[148] Z.B. deutsche Spezialfonds, Luxemburger fonds d'investissements spécialisés (FIS), englische Qualified Purchaser's Funds und unregulated CIS, Schweizer Kommanditgesellschaften für kollektive Kapitalanlagen (KGK); US-amerikanische private funds.

[149] Vgl. neben § 273 KAGB Art. 18 Abs. 2 FL-AIFMG (schwache Form der Produktregulierung unter dem Blickwinkel des Systemschutzes, im Übrigen Vertragsfreiheit); für luxemburgische FIS gilt nur der Grundsatz der Risikostreuung gem. Art. 1 FIS-G.

[150] Für Deutschland § 273 KAGB. Lux: Art. 42 Abs. 1 FIS-G, Art. 129 OPC-G; Art. 12 SICAR-G; Liechtenstein: Genehmigungspflicht nur bei zulassungspflichten AIF (solche mit starker Hebelung) gem. Art. 7 Abs. 7, Art. 8 Abs. 5, Art. 9 Abs. 11 AIFMG. Frankreich: Zulassungspflicht für Publikumsfonds mit Ausnahme der SICAF (Art. L214–24–24, Art. 214–27, Art. L214–35, Art. L214–39), Anzeigepflicht für sonstige Fonds (Art. L214–154 a L214–158, Art. L214–159 a L214–162, Art. L214–86- L214–92. GB: nur authorised AIF unterliegen der Zulassungspflicht (s. 235 FSMA und COLL 1.2.1 R); vgl. *Zetzsche*, ZBB 2014, 32 f.

Großzügiger ist zudem die Regelung zur Aussetzung der Anteilsrücknahme.[151] Abstriche werden daneben bei der Besetzung des Aufsichts- oder Beirats mit unabhängigen Mitgliedern[152] und bei den Anlegerinformationen gemacht.[153] Ebenso gelten die Organisationsvorgaben des US-ICA gem. s. 3(1)(7) ICA nicht für Investment Companies, an denen nur qualifizierte Anleger oder daneben bis zu 100 sonstige Anleger beteiligt sind (sog. *private funds*).

Die Qualifizierung knüpft an die Institutionalität oder Professionalität des Anlegers. Daneben waren bis zur Umsetzung der AIFM-RL hierzulande alle juristischen Personen qualifiziert (§ 2 Abs. 3 InvG), während z. b. in Liechtenstein, Luxemburg, England, der Schweiz und den USA auch sehr wohlhabende Einzelpersonen (High Net Worth Individuals, HNWI),[154] in Liechtenstein und der Schweiz daneben von einem Vermögensverwalter betreute Personen[155] als qualifiziert gelten (können).

c) Offene und geschlossene Fonds

Weil das Rückgaberecht das wichtigste Recht von Anlegern offener Fonds ist,[156] werden dessen Effektivität, Werthaltigkeit und Frequenz gesetzlich abgesichert. Die Werthaltigkeit sichern insbesondere die Pflichten zur Berechnung nach Maßgabe des Nettoinventarwerts, zur Prüfung und Veröffentlichung von Ausgabe- und Rücknahmepreis.[157] Die Rückgabefrequenz und die Gründe für deren Aussetzung sind in den konstituierenden Dokumenten zu regeln; für Immobilienanlagen sind jeweils längere Maximalfristen als für liquide Anlagen zulässig.[158] Formal abweichend gewährt das Schweizer Recht ein *jederzeitiges* gesetzliches Rückgaberecht. Für Immobilien gilt jedoch eine zwölfmonatige Auszahlungsfrist und für schwer bewert- oder veräußerbare Gegenstände können die konstituierenden Dokumente das Rückgaberecht auf maximal vier Ter-

---

[151] Lux: Art. 8, 28 Abs. 2 FIS-G (nur noch eingeschränkt).

[152] § 18 Abs. 3 KAGB, auf den § 119 Abs. 3 S. 2, § 147 Abs. 3 S. 2 und § 153 Abs. 3 S. 2 KAGB verweisen.

[153] Vgl. für Deutschland: §§ 1 Abs. 6 i.V.m. 273 ff. und 307 KAGB; dazu Möllers/Kloyer/Zetzsche, S. 132; Lux: Art. 52 FIS-G; Liechtenstein: Art. 129 ff. AIFMG und Art. 154 f, 187 AIFMV.

[154] Vgl. Schweiz: Art. 10 Abs. 3bis KAG (mit opt-in für HNWI und opt-out für Kunden eines Vermögensverwalters); Liechtenstein: Art. 154 AIFMV; Lux: Art. 2 FIS-G; Art. 2 SICAR-G; USA: s. 2 (a)(51) ICA; UK: COLL 8.1 i.V.m. COLL 8 Annex 2; COBS 4.12.6 R; vgl. Zetzsche, ZBB 2014, 33 f.

[155] Vgl. Schweiz: Art. 10 Abs. 3ter KAG; Liechtenstein: Art. 154 Abs. 3 AIFMV.

[156] G. Roth, Treuhandmodell, S. 78 ff., 165 f.; BSK-KAG/du Pasquier/Rayroux, Art. 78 Rn. 17; Morley, (2014) 123 Yale L.J. 1231, 1246.

[157] Vgl. Art. 76 OGAW-RL: mindestens zwei Mal, im Ausnahmefall einmal monatlich ist der Ausgabe- und Rücknahmepreis zu veröffentlichen, ausnahmsweise monatlich (umgesetzt in § 170 KAGB); für USA: s. 11(a) ICA (Berechnung des NAV).

[158] Art. 84 OGAW-RL; für Deutschland: z.B. §§ 98, 255 KAGB; Liechtenstein: vgl. die Vertragsregelungen in Art. 5 Abs. 3 Bst. b, 6 Abs. 3 Bst. b und 7 Abs. 3 Bst. b UCITSG sowie Art. 78, 85 UCITSG i.V.m. Art. 10 UCITSV.

mine pro Jahr beschränken.[159] Die Rücknahme kann ausnahmsweise zum Schutz der Anleger durch die KVG oder behördlich ausgesetzt werden.[160] Anlass dazu gibt ein negativer Liquiditätsstatus. Dieser kann namentlich bei illiquiden Anlagegegenständen wie Immobilien und nicht börsennotierten Beteiligungen in stark schwankenden Märkten auftreten, wenn Anleger die Anteile zurückgeben möchten. Für diesen Fall trifft das KAGB weitere Vorsorge.[161] Die starken Austrittsrechte erübrigen weitergehende Sicherungen der Anleger: Wenn ihnen die Verwaltung nicht zusagt, ziehen sie ihr Kapital ab.

Bei den geschlossenen Fonds[162] müssen an die Stelle der Anteilsrückgabe andere Schutzinstrumente treten, z.B. die Handelbarkeit der Anteile oder Stimmrechte der Anleger. Je schwächer das Austrittsrecht, desto stärker die Notwendigkeit sonstiger Sicherungen. Dies erklärt die zwingende Vorgabe eines Aufsichts- und Beirats bei der intern verwalteten, geschlossenen Publikums-Inv-Ges.[163]

d) Anlagestrategie

Ein bedeutender Anknüpfungspunkt ist schließlich die Anlagestrategie. Der europäisch induzierte Organismus für gemeinsame Anlagen *in Wertpapieren* (OGAW) investiert zwar nicht ausschließlich, aber doch überwiegend in liquide Wertpapiere und gleichgestellte Finanzinstrumente. Daneben darf ein OGAW flüssige Mittel halten. Die Anlage u.a. in Edelmetalle ist untersagt.[164] Der US-ICA differenziert für Mutual Funds zwischen diversifizierten und nicht-diversifizierten Investment Companies[165] sowie nach dem Einsatz von Finanzinstrumenten in Margenaccounts (also Derivate) und Leerverkäufen.[166] Zumindest

---

[159] Vgl. Art. 78 Abs. 2 (für SICAV i.V.m. Art. 42 Abs. 1), Art. 79 KAG i.V.m. Art. 109 KKV sowie für Immobilien Art. 66 KAG. Zum Spezialfall der Exchange Traded Funds *Schären*, AJP 2012, 342 f., 347 f.

[160] Art. 84 OGAW-RL; Deutschland: § 98 Abs. 2 und 3; Liechtenstein: Art. 85 UCITSG; Schweiz: Art. 79 KAG i.Vm. Art. 109 KKV (Beschränkung des Rückgaberechts mit Zustimmung der FINMA auf bis zu maximal fünf Jahre); Art. 81 Abs. 2 KAG i.V.m. Art. 110 KKV (Aufschub der Rückzahlung).

[161] Zu den offenen Immobilienfonds vgl. *Görke/Ruhl*, BKR 2013, 142; noch zum InvG, insbes. § 257 KAGB zur Rücknahme, *Paul*, in: Habersack et al., Stärkung des Anlegerschutzes, S. 38–44.

[162] § 1 Abs. 5 i.V.m. Art. 1 Abs. 3 der Delegierten Verordnung (EU) Nr. 694/2014; §§ 139–161 KAGB; noch vor dem KAGB *Rotter*, in: Habersack et al., Stärkung des Anlegerschutzes, S. 55 ff.; *Bußalb/Unzicker*, BKR 2012, 309 ff.

[163] § 153 Abs. 3 KAGB i.V.m. § 18 Abs. 2 Satz 4 und Abs. 3 KAGB. Dies steht im Einklang mit der Rechtsprechung zur Publikums-KG, vgl. BGHZ 64, 238 und BGHZ 69, 207 (Haftung des Beirats nach §§ 93, 116 AktG; § 708 BGB gilt nicht); BGH, WM 1977, 1446 Rz. 18 ff. (Pflichten des Aufsichtsrats in entsprechender Anwendung des Aktienrechts).

[164] Art. 46 ff. OGAW-RL, umgesetzt in §§ 192 ff. KAGB.

[165] Diversifizierte Unternehmen müssen 75 % in liquiden Anlagen halten, davon 5 % maximal in einem Anlagegegenstand und höchstens 10 % der Stimmrechtsaktien eines Emittenten, vgl. s. 5(b) ICA.

[166] Der Einsatz solcher Strategien unterliegt separaten SEC-Rules, vgl. s. 12(a) ICA.

das zweite Element greift Art. 24 Abs. 4, 5 AIFM-RL auf, der das Systemrisiko zur zentralen Überwachungsmaxime erhebt. Nur für „Risikoanlagen" (gemeint sind Private Equity-, Venture Capital- und Hedgefonds) bestimmt sind z.B. die schweizerische Kommanditgesellschaft für kollektive Kapitalanlagen und die Luxemburger SICAR. Die deutsche UBG und die US-BDC sind für Venture Capital- und Private Equity-Fonds, EuVECA-Fonds und die US-SBIC nur für Venture Capital und EuSEF insbesondere für Anlage in soziale Unternehmen[167] gedacht. Anlagespezifische Differenzierungen ergeben sich auch bei rechtsvergleichender Betrachtung[168] aus dem im KAGB deutlich ausgeprägten Typenzwang: So gelten z.B. für Immobilienfonds gem. §§ 230 ff. KAGB und für Dach-Hedgefonds gem. § 225 KAGB anlagespezifische Spezialregelungen; dies gilt ebenso für eine Reihe weiterer Fondstypen.

Mit Blick auf das Untersuchungsziel, gemeinsame Prinzipien für Kollektivanlagen offenzulegen, werden anlagespezifische Eigenheiten im Folgenden außer Acht gelassen.

3. Intern verwaltete Kollektivanlagen

Eine intern verwaltete Kollektivanlage benennt keinen externen Verwalter, stattdessen treffen deren Organe die Anlageentscheidungen selbst.[169] Weil nur Gesellschaften Organe haben, sind intern verwaltete Kollektivanlagen notwendig Gesellschaften. Dann gelten sowohl die Verwalter- als auch die Produktregulierung.[170] Dies zeigt sich am deutlichsten im Schweizer KAG, wo die intern verwaltete SICAV, SICAF und KGK, obwohl sie als Verwalter bereits Bewilligungsträger gem. Art. 13 KAG ist, zusätzlich eine Produktbewilligung nach Art. 15 KAG benötigt, weil unterschiedliche Themen Gegenstand der Zulassungsprüfung sind. Die für die Erstzulassung erforderlichen Eigenmittel sind

---

[167] Das sind Unternehmen, die neben finanziellem Return auch die Erzielung messbarer, positiver sozialer Wirkungen verfolgen. Vgl. § 338 KAGB, Art. 3 Abs. 1 Bst. d EuSEF-VO.

[168] Vgl. demgegenüber das Schweizer KAG mit Effektenfonds (Art. 53 ff. KAG), Immobilienfonds (Art. 58 ff. KAG) und den „Übrigen Fonds für traditionelle und alternative Anlagen" (Art. 68 ff.) als Auffangtatbestand. Im Kern ebenso das liechtensteinische IUG 2005, mit Investmentunternehmen für Wertpapiere (Art. 40 ff. IUG), für Immobilien (Art. 45 ff. IUG) und „andere Werte" (Art. 42 ff. IUG). Ebenso das liechtensteinische IUG 2005. Das französische Recht unterscheidet zwischen OPCVM (OGAW) und FIA (AIF) und zwischen regulierten und sonstigen AIF (FIA regules vs. autres FIA), vgl. L.214–1, L214–24 CMF. Das luxemburgische OPC-G regelt OGAW in Partie I und AIFM in Partie II (vgl. Art. 81 Abs. 1 OPC-G: „Tout OPC relevant de la partie II de la présente loi se qualifie comme FIA au sens de la loi du 12 juillet 2013 relative aux gestionnaires de fonds d'investissement alternatifs."). COLL 5 kennt außer UCITS schemes noch non-UCITS schemes und Dachfonds für alternative Investments (funds of alternative investment funds); dazu *Zetzsche*, ZBB 2014, 30 f.

[169] Vgl. Art. 5 Abs. 1 Bst. b AIFM-RL; § 1 Abs. 12 und § 17 Abs. 2 Nr. 2 KAGB; Art. 5 Abs. 3, Art. 9 Abs. 5 und 10, Art. 10 Abs. 4 AIFMG; Schweiz: Art. 51 Abs. 1 KKV; dazu *Zetzsche*, AG 2013, 614.

[170] Art. 27 ff. OGAW-RL; Art. 6 AIFM-RL. S.a. § 17 Abs. 2 Nr. 2 KAGB; Schweiz: Art. 44 KAG (verweist für das Anlagereglement der SICAV auf den Fondsvertrag).

indes regelmäßig niedriger als bei einer externen Verwaltung,[171] weil sich die höhere Kapitalisierung des externen Verwalters mit seiner Verwaltungsbefugnis für eine Vielzahl von Fonds rechtfertigt. Die Verwaltung fremder Fonds ist gem. § 20 Abs. 7 KAGB intern verwalteten Investmentgesellschaften untersagt.

Im Verhältnis zu extern verwalteten Fonds fällt die Produktregulierung wegen gesellschaftstypischer Anforderungen z.b. zur Organbestellung umfangreich aus. Dies kann durch eine ermöglichende Gesetzgebung angedeutet und im Übrigen den Statuten überlassen[172] oder durch das Sonderrecht (USA, Schweizer SICAV und KGK gem. Art. 43 KAG) oder durch Verweis auf das allgemeine Gesellschaftsrecht (Luxemburg, Schweizer SICAF[173]) gesetzlich geregelt sein. Freilich überwiegen Mischformen.

IV. Zivilrechtsgestaltende Wirkung

Die wirtschaftspolizeiliche Dimension des Sonderunternehmensrechts liegt jedenfalls dort offen zu Tage, wo dessen Anwendungsbereich – wie § 5 KAGB indiziert – mit Zulassung und Aufsicht verbunden ist. Gegenstand dieser Untersuchung ist die zivilrechtliche Dimension des Sonderrechts. Für zivilrechtliche Prinzipien sind ausschließlich hoheitlich wirkende Vorschriften keine tragfähige Basis. Ob und wie das Sonderunternehmensrecht zivilrechtsgestaltend wirkt, ist keineswegs trivial. Für andere Finanzmarktgesetze und insbesondere die Verhaltenspflichten von Intermediären gem. §§ 31 ff. WpHG ist die zivilrechtsgestaltende Wirkung höchst umstritten. Das Meinungsspektrum erstreckt sich von einer Ablehnung jeglicher zivilrechtlichen Wirkung[174] über eine diffuse Ausstrahlungswirkung,[175] die z.B. in einer Schutzgesetzeigenschaft münden kann, bis hin zu einer Kongruenz von öffentlichem und Zivilrecht.[176]

---

[171] Vgl. Art. 29 Abs. 1 OGAW-RL und Art. 9 Abs. 1 AIFM-RL: 300.000 €; § 25 Abs. 1 Nr. 1 Bst. a KAGB; Schweiz: Mindesteinlage bei Gründung von 500.000 CHF (Art. 37 Abs. 2 KAG i.V.m. Art. 54 KKV); die Fondsleitung muss ein Mindestkapital von 1 Mio. CHF aufweisen, vgl. Art. 28 Abs. 2 KAG i.V.m. Art. 43 KKV.

[172] Beispiel für ein solches Konzept ist die liechtensteinische Fondsgesetzgebung, vgl. etwa die Anordnung vollständiger Vertragsfreiheit in Art. 7 UCITSG und Art. 9 AIFMG, die auch die Ausgestaltung einer intern verwalteten Inv-Ges betrifft, soweit keine zwingende Verwalterregulierung eingreift.

[173] Art. 110 KAG i.V.m. Art. 620 ff. OR.

[174] BGHZ 191, 119-Rn. 48 ff. – *Lehmann Brothers; Assmann,* FS U.H.Schneider, S. 37, 45 ff.; *ders.* ZBB 2008, 30; *Fuchs,* WpHG, 2009, § 31 Rn. 18; *Veil,* ZBB 2008, 42; inkonsequent hingegen BGH vom 3.6.2014, X IZR 147/12, dazu *Freitag,* ZBB 2014, 360 f.

[175] So die h.M.: BGHZ 142, 345, 346; *Sethe,* S. 747 ff.; *ders.* AcP 212 (2012), 121 ff. m.w.N.; Assmann/Schneider/*Koller,* vor § 31 Rn. 3.

[176] Für Doppelwirkung und damit Vollharmonisierung z.B. *Balzer,* ZBB 2007, 345; KK-WpHG/*Möllers* § 31 Rn. 6 ff., 44; *Mülbert,* WM 2007, 1149, 1157 ff.; *Nikolaus/d'Oleire,* WM 2007, 2129, 2134; *Weichert/Wenninger,* WM 2007, 635; *Zetzsche,* WM 2009, 1020, 1027; *Dieckmann,* AcP 213(2013), 1; *Benicke,* Wertpapiervermögensverwaltung, 2006, S. 457 ff., 473 ff.; *Enriques* in Ferrarini/Wymmersch, S. 323; Ebenroth/*Grundmann,* § 31 WpHG Rn.

Das identische Problem stellt sich im Sonderunternehmensrecht der Kollektivanlage. Zudem stellt das Aufsichtsrecht[177] die Anlageverwaltung der Finanzportfolioverwaltung in Teilen gleich, wofür die §§ 31 ff. WpHG gelten. Für diese Vorschriften hat der EuGH festgestellt, dass den Mitgliedstaaten die Entscheidungsfreiheit über die zivil- oder öffentlich-rechtliche Umsetzung von Richtlinien zusteht.[178]

Wo europäisches Recht Vollharmonisierung bezweckt, muss dies das Aufsichts- *und* das Zivilrecht umfassen. Dies gilt schon deshalb, weil z.b. das britische Recht nicht zwischen Zivil- und Aufsichtsrecht differenziert. Vollharmonisierung ist im Kollektivanlagerecht z.b. mit den Vorschriften der OGAW-RL zu grenzüberschreitenden Fondsfusionen und zum grenzüberschreitenden Pass bezweckt. Die Mehrheit des KAGB beruht indes auf der AIFM-RL und damit zumindest teilweise europäischer Mindestharmonisierung.[179] Im Fall der Mindestharmonisierung ist die Schlechterstellung von EU-ausländischen Intermediären, nicht aber die Heraufsetzung von Verhaltensanforderungen heimischer Intermediäre verboten. Insoweit ist die Frage von der europäischen Dimension entkleidet. Hier eine Trennlinie in Abhängigkeit danach zu ziehen, ob öffentlich-rechtlicher Individualschutz gegenüber der Aufsichtsbehörde gewährt wird, verkehrt die Parameter.

Die Frage der öffentlich-rechtlichen Staatshaftung und Verfahrensbefugnis ist von der zivilrechtlichen Gestaltungswirkung unabhängig.[180] Man wird die Frage nicht für alle Regelungsmaterien gleich, man muss sie in Ansehung der einzelnen Vorschrift beantworten. Prozedurale Aufsichtsvorschriften (z.B. §§ 14, 16, 41, 42 KAGB), denen jede zivilrechtliche Wirkung zu versagen ist, stehen neben Organisations-, Verhaltens- und Informationspflichten, bei denen sich eine zivilrechtliche Dimension aufdrängt und bei denen es besonderer Begründung bedarf, wenn die öffentliche nicht zugleich eine zivilrechtliche Organisationspflicht des betroffenen Intermediärs nach sich zieht. Mit einer solchen Grobeinteilung bewegt man sich im guten internationalen Mittelfeld: In Groß-

---

VI 269; *Herresthal*, WM 2012, 2263 f.; *Köndgen*, JZ 2012, 260, 261; 85; KMRK/*Koch*, § 31a WpHG Rn. 60.

[177] § 2 Abs. 3 Satz 3 WpHG i.V.m. § 1 Abs. 1a Nr. 11 KWG.

[178] EuGH v. 30.5.2013, C-604/11, Rn. 57- *Genil 48/Bankinter*; BGH, NZG 2013, 1226, Rn. 27; dazu *Grundmann*, 9 Rev. Europ. Contr. L. 267 (2013); Grabitz/Hilf/*Nettesheim*, Art. 288 AEUV, Rn. 114; *Flick*, GWR 2013, 496; *Harnos*, BKR 2014, 1.

[179] Vgl. z.B. Art. 3 Abs. 3, 15 Abs. 3 AIFM-RL; Dornseifer/*Tollmann*, Art. 2 Rn. 3; Dauses/*Follak*, F. III Rn. 87 ff.

[180] Dies wurde an anderer Stelle ausführlich dargelegt und bedarf hier keiner Vertiefung. Vgl. *Zetzsche* in Towfigh et al., S. 159, 177 ff.; KMRK/*Zetzsche*, § 4 WpHG Rn. 11.

britannien,[181] der Schweiz,[182] in Liechtenstein[183] und Luxemburg[184] überlagert und gestaltet das jeweilige Sonderrecht das allgemeine Vertrags- und Gesellschaftsrecht. Das unternehmensbezogene Sonderrecht entfaltet zugleich zivilrechtsgestaltende Wirkung. Ob diese Wirkung in Leistungs-, Schutz- oder deliktsrechtliche Ansprüche mündet, kann nicht abstrakt bestimmt werden. Dafür muss zunächst Licht in die Art der Rechtsbeziehung zwischen Anleger und Intermediär gebracht werden.

C. Steuern

Ein bedeutender Faktor sind die steuerlichen Folgen der gewählten Struktur.[185] Vom Ideal einer rechtsformneutralen Besteuerung als Ausdruck der Belastungsgleichheit[186] ist das hiesige Steuerrecht weit entfernt. Es ist geprägt von

---

[181] Anders lässt sich nicht erklären, warum das britische Recht z.B. die Aufnahme bestimmter Regelungen in das konstituierende Dokument des CIS verlangt.

[182] Die zivilrechtsgestaltende Wirkung ist in Art. 1 KAG zwar nicht genannt, doch handelt es sich nach h.M. um eine gesetzgeberische Auslassung ohne Auswirkungen, weil die zivilrechtsgestaltende Wirkung des KAG außer Frage steht, vgl. BSK-KAG/*Winzeler*, Art. 1 Rn. 17. Die Interpretation und Konkretisierung des zivilrechtlichen Reglements erfolgt zum Anlagefonds anhand des erreichten Bestands zum AFG, im Übrigen nach dem allgemeinen Obligationenrecht.

[183] Vgl. die Verweise auf das allgemeine Personen- und Gesellschaftsrecht in Art. 5 Abs. 2, 6 Abs. 2, 7 Abs. 2 UCITSG sowie die Mindestkataloge zum Inhalt der konstituierenden Dokumente jeweils in Abs. 3 der Art. 5 bis 7 des UCITSG und jeweils in Abs. 3 der Art. 7–9 sowie Art. 11 AIFMG.

[184] Die allgemeinen Vorschriften des luxemburgischen Gesellschaftsrechts (Gesetz von 1915, Reg Lég Soc, 41) und des luxemburgischen Zivilgesetzbuchs sind subsidiär zum Spezialrecht für Kollektivanlagen anzuwenden (*Kremer/Lebbe*, Rn. 1.116 ff.) Auf das allgemeine Gesellschaftsrecht ist zurückzugreifen, soweit das OPC-G und das darauf aufbauende FIS-G keine Regelungen treffen, vgl. Art. 26 Abs. 1 OPC-G (für SICAV ist grundsätzlich Aktienrecht anzuwenden). Das luxemburgische Zivilgesetzbuch regelt die zivilrechtlichen Verhältnisse des mehrseitigen Vertrags, der dem FCP zugrunde liegt, und trifft gegenüber dem Gesetz von 1915 und den Fondsgesetzen subsidiäre gesellschaftsrechtliche Regelungen.

[185] Zum InvStG: *Carlé*, DStZ 2004, 74; *Fock*, BB 2003, 1589; *Ramackers*, Investmentsteuerrecht; *Kayser/Steinmüller*, FR 2004, 137; speziell zum Outsourcing der Portfolio-Verwaltung *Hahne/Winkler*, DStR 2003, 2005; speziell zu Hedgefonds *Gstädtner*, Investmentbesteuerung; *Hagen/Schmitt*, DStR 2004, 837 sowie *Jarass/Obermair*, S. 79 ff.; *Lüdicke* in Lüdicke/Arndt, S. 71 f.; *Bäuml*, FR 2013, 746; *Hechtner/Wenzel*, DStR 2013, 2370; *Kleutgens/Geißler*, IStR 2014, 280; zu Private Equity-Fonds *Jarass/Obermair*, S. 86 ff.; Pöllath (Hrsg.), Private Equity Fonds (2006); zu offenen Immobilienfonds z.B. *Bujotzek*, Offene Immobilienfonds; zu Spezialfonds *Hammer*, Spezialfonds (2007); *Otterbach*, Spezialfonds (2004).

[186] Vgl. *Hopt* in Lutter/Wiedemann, S. 123, 136: „Wer für Wahl- und Gestaltungsfreiheit im Gesellschaftsrecht plädiert, wird also konsequent auch für ein insoweit neutrales Steuerrecht eintreten." Aus ökonomischer Sicht *Homburg*, Allgemeine Steuerlehre, 5. Aufl. 2007, S. 256 ff. Eine rechtsformunabhängige Besteuerung wurde von den Gutachtern *Max Lion*, *Rainer Walz* und *Christian Seiler* anlässlich des 33. Deutschen Juristentags 1924, des 53. Deutschen Juristentags 1980 und des 66. Deutschen Juristentags 2006 rechtspolitisch befürwortet. Dazu *Crezelius*, FS Reiß, S. 399, 402 f. (differenzierte Besteuerung als Wahlfreiheit); *Drüen*, GmbHR 2008, 393 ff. (gegen verfassungsrechtlichen Imperativ, aber als rechtspoliti-

einem Dualismus aus proportionaler Körperschaftssteuer und progressiver Einkommenssteuer.[187] Die Wahl der Organisationsform ist davon beeinflusst, ob und in welcher Höhe das Investmentvermögen ertrags- und umsatzbesteuert wird.

Die steuerliche Gestaltung von Kollektivanlagen richtet sich grundsätzlich nach zwei Kriterien.[188] Das erste Ziel ist die Vermeidung der Besteuerung auf der Fondsebene. Bei steuerlicher Transparenz des Fonds treffen die steuerrechtlichen Folgen den Anleger. Andernfalls reduzieren die Ertragssteuern auf der Fondsebene[189] den Investmentertrag. Der zweite Aspekt betrifft die steuerliche Qualifikation auf der Ebene der Investoren. Für private Investoren mit mittleren bis hohen Einkommen ist erheblich, ob Gewinne aus der Fondsbeteiligung der Pauschalbesteuerung auf Einkünfte aus Kapitalvermögen[190] oder als gewerbliche Einkünfte der progressiven Einkommensbesteuerung und ggf. der Gewerbesteuer unterliegen, im Gegenzug dafür aufgebrachter Aufwand von den Einkünften abziehbar ist.

I. Körperschaften

Der Fonds als Körperschaft i.S.d. § 1 Abs. 1 Nr. 1 KStG ist unbeschränkt körperschaftsteuerpflichtig und gem. § 2 Abs. 2, 3 GewStG als Kaufmann kraft Rechtsform gewerbesteuerpflichtig. Auf die Gewerblichkeit des Unternehmens im Sinne des Einkommensteuergesetzes[191] kommt es nicht an. Zwar unterliegen Ausschüttungen der Körperschaft grundsätzlich auf Ebene des Privatanlegers der Abgeltungssteuer, doch im Verhältnis zur steuerlichen Transparenz bleibt ein negativer Saldo. Infolgedessen werden Fonds insbesondere dann als steuerliche „Körperschaft" strukturiert, wenn die Ertragsbesteuerung auf der Fondsebene nach dem Recht des Sitzstaats des Anlegers zur Steuerreduzierung auf der Anlegerebene führt, die mit der Körperschaft verbundene Haftungsbegrenzung zur Begrenzung der Anlegerrisiken erforderlich ist oder steuerliche Ausnahmetatbestände trotz körperschaftlicher Rechtsform zur (weitgehenden)

---

sche Forderung); *Hey*, JZ 2006, 851, 856 (für dahingehendes Optimierungsgebot), *Hennrichs/Lehmann*, StuW 2007, 16, 17 (aus rechtsformbezogenem Blickwinkel für Körperschaftsbesteuerung der GmbH & Co. KG); *Lang*, FS Schaumburg, S. 45 (für Betonung des Leistungsprinzips), jeweils m.w.N.

[187] *Drüen*, GmbHR 2008, 393; *Lüdicke* in Lüdicke/Arndt, S. 71 f.

[188] Der bis zur Einführung der Abgeltungssteuer dritte wesentliche steuerliche Aspekt, die Einkommensart – Zins oder Gewinnanteil – hat durch die Abgeltungssteuer (eingeführt durch die Unternehmenssteuerreform 2008) seit dem 1.1.2009 an Brisanz verloren. Auf eine Behandlung der Problematik wird deshalb verzichtet.

[189] Insbesondere die Körperschaftssteuer iHv 15% (§ 23 KStG) und die von den Kommunen festgesetzte Gewerbesteuer gem. § 16 GewStG, deren Gesamthöhe vom Gewerbesteuerhebesatz abhängig ist, vgl. dazu *Scheffler*, Besteuerung von Unternehmen – Bd. I, S. 155.

[190] Sog. Abgeltungssteuer gem. § 32d EStG iHv 25% zzgl. Kirchensteuer und Solidarzuschlag.

[191] Dies ist grundsätzlich die Anknüpfung gem. § 2 Abs. 1 Satz 2 GewStG.

steuerlichen Transparenz führen. Solche Regeln existieren für die Inv-AG, REIT-AG und UBG (dazu sogleich).

II. Personengesellschaft und Vertragsform

Personengesellschaften und vertraglich begründete Sondervermögen sind nicht körperschaftssteuerpflichtig, und zudem nicht gewerbesteuerpflichtig, sofern sie nicht gewerblich handeln.[192] Dann ist bei Fonds-Personengesellschaften nach der Vermögensverwaltung als negatives Tatbestandsmerkmal der Gewerblichkeit gem. § 15 Abs. 2 EStG zu fragen, das – wie gezeigt[193] – Unschärfen aufweist. Im Fall der Vermögensverwaltung muss sich die Betätigung noch als Nutzung von Vermögen i.S. einer Fruchtziehung aus zu erhaltenden Substanzwerten darstellen. Schließlich darf die Ausnutzung substanzieller Vermögenswerte durch Umschichtung nicht entscheidend in den Vordergrund treten.

Die definitionsimmanenten Imponderabilien und die steuerliche Qualifikation als Vermögensverwaltung[194] beschränken die Verwaltertätigkeit: Die aktive Verwaltung eines Aktien- oder Private Equity-Portfolios kann zur steuerlichen Gewerblichkeit des Fonds führen, sofern keine Ausnahmetatbestände greifen. Zudem dürfen als Folge der steuerlichen Vermögensverwaltung Verluste auf Gesellschafts- und Gesellschafterebene nur in eng begrenztem Rahmen vom Ertrag abgezogen werden. Deshalb prägen Initiatoren (unter Hinnahme der Gewerbesteuerpflicht auf Fondsebene) die Personengesellschaft insbesondere bei potenziell verlustreichen Investments[195] durch Wahl einer Kapitalgesellschaft als Komplementär „gewerblich".[196] Dahinter steht die formale Erwä-

---

[192] Arg. ex. § 1 Abs. 1 Satz 2 GewStG i.V.m. § 15 Abs. 1 Nr. 1 EStG.

[193] Vgl. dazu Erster Teil, § 5.A.II.4.

[194] Dem Bild eines *gewerblichen* Wertpapierhandels entsprechen auf Fondsebene (1) der Einsatz von Bankkrediten statt Anlage von Eigenkapital, (2) die Unterhaltung eines Büros oder einer Organisation zur Durchführung von Geschäften, (3) Ausnutzung eines Marktes unter Einsatz beruflicher Erfahrungen, (4) das Anbieten von Wertpapiergeschäften einer breiten Öffentlichkeit gegenüber oder Wertpapiergeschäfte auch auf Rechnung Dritter, sowie (5) das eigene unternehmerische Tätigwerden in den Portfolio-Gesellschaften. Die Finanzverwaltung verlangt darüber hinaus für die Vermögensverwaltung, dass (6) Unternehmensbeteiligungen mittelfristig (drei bis fünf Jahre) gehalten und (7) Erlöse ausgeschüttet werden. Vgl. BFHE 130, 157; BFHE 162, 236; BFHE 164, 53; BFHE 182, 567; BFHE 187, 287. Schreiben des Bundesministeriums der Finanzen an die Obersten Finanzbehörden der Länder vom 16.12.2003, „Einkommensteuerliche Behandlung von Venture Capital und Private Equity Fonds; Abgrenzung der privaten Vermögensverwaltung vom Gewerbebetrieb", IV A 6 – S 2240 – 153/03, Teilziffer 6 ff.

[195] Vgl. *Lüdicke* in Lüdicke/Arndt, S. 71 f.: Produktions- und Erfolgsrisiken bei Medien- und Filmfonds; Herstellungs- und Charterrisiken bei Schiffsfonds; Errichtungs- und Wetterrisiken bei Windenergiefonds etc.

[196] Vgl. § 15 Abs. 3 Nr. 2 EStG; dazu auch BMF, Schreiben des Bundesministeriums der Finanzen an die Obersten Finanzbehörden der Länder vom 16.12.2003, „Einkommensteuerliche Behandlung von Venture Capital und Private Equity Fonds; Abgrenzung der privaten Vermögensverwaltung vom Gewerbebetrieb", IV A 6 – S 2240 – 153/03. Tz. 17.

gung, dass eine Kapitalgesellschaft kraft Rechtsform ein Handelsgewerbe betreibt und die gewerbliche Tätigkeit des Komplementärs auf die Qualifikation der KG „durchschlägt". Besteht daneben Gewinnerzielungsabsicht,[197] gilt die Tätigkeit der GmbH & Co. KG insgesamt als gewerblich. Nach Auffassung des BFH[198] genügt dies für die Mitunternehmerstellung der Kommanditisten der kapitalistischen GmbH & Co. KG, obwohl hier gute Gründe bestehen, kraft Rechtsform analog zur Körperschaft zu besteuern.[199] Ist private Vermögensverwaltung im steuerlichen Sinn (s.o.) unstreitig gegeben – dies gilt insb. für Immobilienfonds[200] –, kann der Initiator die Vorteile der steuerlichen Transparenz trotz eines körperschaftlichen Komplementärs durch Bestellung eines geschäftsführenden Kommanditisten erhalten.[201]

III. Steuerliche Ausnahmetatbestände

Steuerliche Ausnahmetatbestände existieren für das Investmentgeschäft nach Maßgabe des InvStG und für REIT-AGs. Zudem erhalten wachstumsstarke junge Unternehmen gewisse steuerliche Vorteile (Venture Capital). Diese werden aufgrund ihrer wechselhaften Behandlung durch den Gesetzgeber und der Zweifel ob ihrer beihilferechtlichen Zulässigkeit im Folgenden ausgeklammert.[202]

---

[197] Dieses Merkmal grenzt die früher verbreiteten Verlustzuweisungsgesellschaften aus. Dabei handelte es sich nicht um Vermögensanlagen, sondern Steuersparmodelle.
[198] BFH, GrS 4/82, BStBl. II (1984) 751.
[199] *Hennrichs/Lehmann*, StuW 2007, 16, 21; *Drüen*, GmbHR 2008, 403.
[200] *Bost/Halfpap* in Lüdicke/Arndt, S. 9 ff.
[201] *Bost/Halfpap* in Lüdicke/Arndt, S. 9 f.
[202] Mit dem AIFM StAnpG wurde das Wagniskapitalbeteiligungsgesetz aufgehoben. Die Regierungskoalitionen der 18. Legislaturperiode haben die Erarbeitung eines Venture Capital-Gesetzes angekündigt (vgl. BT-Drs. 18/1266). Ein „INVEST-Zuschuss für Wagniskapital" in Höhe von 20% der investierten Summe bei Investition in bestimmte nicht-börsennotierte Unternehmen soll den Wagniskapitalmarkt beleben (vgl. Bundesministerium für Wirtschaft und Energie, Richtlinie zur Bezuschussung von Wagniskapital privater Investoren für junge innovative Unternehmen INVEST – Zuschuss für Wagniskapital – Neufassung – vom 2. April 2014, BAnz AT 17.04.2014 B1. Der Zuschuss wurde eingefügt in den Entwurf für ein Gesetz zur Anpassung der Abgabenordnung an den Zollkodex der Union und zur Änderung weiterer steuerlicher Vorschriften. Seit Mai 2013 hat das zuständige Bundesamt Zuschüsse in Höhe von 5,3 Mio. Euro an 345 private Kapitalgeber bewilligt, vgl. BT-Drs. 18/1266, S. 7). Zudem soll die anteilige Steuerbefreiung des sog. Carried Interests gem. § 18 Abs. 1 Nr. 4 i.V.m. § 3 Nummer 40a EStG beibehalten werden. Nach der sog. Mantelkaufregelung des § 8c KStG bleiben (nur) Verlustvorträge in Höhe der vorhandenen stillen Reserven erhalten. Zur Frage der beihilferechtlichen Zulässigkeit der Verlustbehandlung im Fall von Gesellschafterwechseln gem. § 8c KStG (sog. Sanierungsklausel) soll die Entscheidung des EuGH abgewartet werden. Zu den beihilferechtlichen Fragen im Zusammenhang mit Risikokapital siehe *Soltész/Hellstern*, EuZW 2013, 489, 490 f.; *Klemt*, DStR 2013, 1057; *Hackemann/Sydow*, IStR 2013, 786; EuGH v. 3. Juli 2014, Rs. C-102/13 P.

1. Investmentsteuergesetz

Das deutsche Steuerrecht gewährt inländischen Inv-Fonds gem. § 1 Abs. 1 InvStG fünf Vorteile. 1) Kursgewinne, die anlässlich der Veräußerung von Wertpapieren realisiert werden, können auf Ebene des Fonds steuerfrei thesauriert werden. Solche Gewinne sind gem. § 1 Abs. 3 S. 3 Nr. 1 InvStG keine ausschüttungsgleichen Gewinne. Insoweit kommt es zur Schlussbesteuerung. 2) Inländische Inv-Fonds des offenen Typs sind gem. § 11 Abs. 1 InvStG von der Gewerbesteuer, offene Inv-AGs zudem von der Körperschaftsteuer befreit.[203] 3) Die auf Erträge des Fonds angefallene Kapitalertragsteuer wird nach § 11 Abs. 2 InvStG im Zuflusszeitpunkt erstattet, regelmäßig aber bereits infolge Abstandnahme gar nicht erst erhoben. Erst bei Ausschüttung oder Thesaurierung der Erträge nach Geschäftsjahresende wird die Kapitalertragsteuer fällig. 4) Fonds-Managementgebühren sind umsatzsteuerfrei.[204] 5) Bei inländischen Privatanlegern gelten die Erträge gem. § 2 Abs. 1 InvStG als Kapitaleinkünfte und unterliegen der 25-prozentigen Abgeltungsteuer zzgl. 5,5% Solidaritätszuschlag gem. § 20 Abs. 1 i.V.m. § 43a EStG.

Der für die steuerliche Transparenz definierte Anwendungsbereich sollte unter dem KAGB grds. beibehalten werden, während der Anwendungsbereich des KAGB mit dem Wechsel vom formellen zum materiellen Investmentbegriff gegenüber dem InvG erheblich ausgedehnt wurde. Hintergrund waren befürchtete Reduktionen des Steuersubstrats insbesondere durch Umgestaltungen unternehmerischer Einheiten in Private Equity Fonds. §§ 1, 15 ff. InvStG idF des AIFM-Steueranpassungsgesetzes[205] unterscheiden nunmehr zwischen Investmentfonds und Investitionsgesellschaften. Um als Investmentfonds zu gelten, muss der Fonds gem. § 1 Abs. 1b InvStG grundsätzlich die Voraussetzungen für Investmentvermögen nach dem früheren InvG erfüllen: Diversifikation, Anteilsrücknahme, Aufsicht. Gegenüber den Rechtsformen des InvG (Investment-Sondervermögen und –AG) neu hinzu getreten ist gem. § 1 Abs. 1 f. InvStG die inländische offene Inv-KG. Diese gilt als transparent und ist zudem von der Gewerbesteuer befreit. Obwohl pro forma kein Investmentfonds, sondern Investitionsgesellschaften, werden AIF und OGAW, die in ÖPP-Projektgesellschaften oder die Erzeugung, erneuerbarer Energien investieren, auch bei wesentlicher Beteiligung von 10% als steuerlich transparent behandelt.

---

[203] Dies gilt formal auch für Sondervermögen. Nachdem § 11 Abs. 1 S. 1 InvStG zunächst durch Zweckvermögensfiktion eine Körperschaftsteuerpflicht herstellt, sieht § 11 Abs. 1 S. 3 InvStG eine Rückausnahme vor.

[204] § 4 Nr. 8 h) UStG, der auf Art. 13 Teil B Buchst. d Nr. 6 der Richtlinie 77/388/EWG zurückgeht. Für ein weites Verständnis der Umsatzsteuerbefreiung EuGH v. 7.3.2013, C-275/11 – _GfBk_ nach Vorlage durch BFH, Urteil vom 11.4.2013, V R 51/10.

[205] Gesetz zur Anpassung des Investmentsteuergesetzes und anderer Gesetze an das AIFM-Umsetzungsgesetz, BGBl. I (2013), 4318. Dazu _Bäuml_, FR 2013, 746; aus internationaler Perspektive _Kleutgens/Geißler_, IStR 2014, 280; Blümich/_Wenzel_, AStG, § 10 Rn 100.

Dagegen sind Personen-Investitionsgesellschaften auf Ebene der Gesellschaft und der Anleger rechtsformbezogen zu besteuern.[206] Bei Kapital-Investitionsgesellschaften ergeben sich jedoch auf Anlegerebene Abweichungen zum allgemeinen Steuerrecht. Die Beteiligungsertragsbefreiung gilt beispielsweise für Ausschüttungen und Veräußerungen nur, wenn der Anleger nachweist, dass die EU/EWR-Investitionsgesellschaft im jeweiligen EU/EWR-Staat nicht von der Kapitalgesellschaftsbesteuerung befreit ist bzw. in einem Drittstaat mit einem zumindest 15-prozentigen Steuersatz belastet wird.[207] Dieser rechtsvergleichend eher ungewöhnlichen Trennlinie verdankt das KAGB eine gewisse Unattraktivität. Im Ausland ist eine Abgrenzung des Transparenzprinzips aufgrund des materiellen Fondsbegriffs durchaus verbreitet.[208]

2. REIT-AG

REIT-AGs[209] sind von der Körperschafts- und Gewerbesteuer befreit (§ 16 Abs. 1 REIT-G). Im Gegenzug beschränkt § 1 Abs. 1 REIT-G den Unternehmensgegenstand auf den Handel und die Verwaltung von Eigentum und dinglichen Nutzungsrechten an Immobilien i.S.v. § 3 Abs. 7, 8 REIT-G und Immobilienbeteiligungen gem. § 1 Abs. 1 Nr. 2 bis 4 REIT-G. Mindestens 75% der Aktiva und Umsatzerlöse müssen aus unbeweglichem Vermögen stammen; höchstens 20% dürfen REIT-Dienstleistungsgesellschaften beisteuern (§ 12 Abs. 2 REIT-G). Zur Vermeidung einer Umgehung steuerlicher Mindesthaltefristen für Immobilien dürfen REIT-AGs nicht regelmäßig mit Immobilien handeln.[210] Die REIT-AG muss gem. §§ 8, 9 REIT-G Sitz und Handelsregistereintragung im Inland haben. Ihre Anteile müssen börsennotiert, maximal 10% der Aktien in der Hand eines Gesellschafters und der Mindeststreubesitz von 15% der Aktien gesichert sein.[211] Das Mindesteigenkapital darf gem. §§ 13, 15

[206] Für Personen-Investitionsgesellschaften siehe §§ 1 Abs. 1c i.V.m. § 18 InvStG, für Kapital-Investitionsgesellschaften siehe §§ 1 Abs. 1c i.V.m. § 19 InvStG.
[207] Vgl. § 19 Abs. 2 InvStG. Dabei ist umstritten, ob nur persönliche oder auch sachliche Steuerbefreiungen zum Verlust der Beteiligungsertragsbefreiungen führen, siehe *Kleutgens/Geißler*, IStR 2014, 280, 285; *Elser/Stadler*, DStR 2014, 233.
[208] Vgl. § 186 des österreichischen InvFG, der inländische AIF im Sinne des AIFMG mit Ausnahme von AIF in Immobilien als transparent ansieht; nach Art. 44 des liechtensteinischen Steuergesetzes sind Organismen für gemeinsame Anlagen grds. im Inland steuerpflichtig (Ausn.: Anlage-KGs ohne Rechtspersönlichkeit).
[209] Vgl. dazu *Neudecker*, Die deutsche REIT-AG im Kreis der Immobilieninvestmentformen; *Claßen*, Besteuerung von REITs; *Grashoff/Grashoff*, Steuerrecht, Rn. 319f.; *Blümich/Vogt*, AStG § 7, Rn. 100; *Kleutgens/Geißler*, IStR 2014, 280, 285.
[210] Gem. § 14 Abs. 2 REIT-G ist Handel gegeben, wenn binnen der letzten 5 Jahre mehr als die Hälfte der Erlöse aus der Veräußerung von unbeweglichem Vermögen erzielt wurden, die mehr als die Hälfte des Wertes des durchschnittlichen Bestandes an unbeweglichem Vermögen innerhalb desselben Zeitraums ausmachen.
[211] § 11 Abs. 1 und 4 REIT-G. Streubesitz ist definiert als weniger als 3% der Aktien in einer Hand.

REIT-G 45% des unbeweglichen Vermögens nicht unterschreiten, die Mindestausschüttung ist auf 90% des Ertrags festgesetzt. Eine Thesaurierung auf der REIT-Ebene zur Vermeidung der Besteuerung auf der Anteilseignerebene ist ausgeschlossen. Es herrscht Ausschüttungszwang (§ 13 Abs. 1 REIT-G) bei gleichzeitiger Vollbesteuerung auf Anteilseignerebene (sog. Vorteilskompensationsprinzip[212]). Ziel ist die ausschließliche Besteuerung beim Anteilseigner, und zwar in voller Höhe seines persönlichen Steuersatzes. Allerdings unterliegen private Anteilseigner einer Besteuerung nur gemäß der Abgeltungssteuer für Kapitaleinkünfte, so daß grundsätzlich die gleiche Regelung wie für Investmentfonds gilt: keine Besteuerung auf Fonds-, Abgeltungsbesteuerung auf Privatanlegerebene. Der REIT stellt damit eine Alternative zur rechtsformbezogenen Besteuerung für Kollektivanlagen des geschlossenen Typs dar, die nach dem InvStG als Investitionsgesellschaft zu qualifizieren sind.

D. Arbitrage als Gestaltungsparameter

Gegenstück zur Gestaltungsfreiheit sind Regulierungs- und Aufsichtsarbitrage. Die üblichen Anlegerrisiken verstärken sich namentlich bei der Vertragsform und der KG, GbR und OHG. Diese Einschätzung bestätigt prima facie der zahlenmäßige Umfang der Publikumspersonengesellschaften betreffende Entscheidungen.

I. Sonderunternehmensrecht

Allerdings wirken sich eine überflüssige Regulierung und Fehlverhalten des Verwalters in gleicher Weise negativ auf den Anlageertrag aus. Die Wahl eines liberalen Umfelds ist deshalb per se weder verwerflich noch schädlich. Jedenfalls für Fonds mit aus Sicht von Anlegern und Aufsicht erheblichen, aber schwer eingrenzbaren Missbrauchs- und Systemrisiken empfiehlt sich jedoch ein Mindestregelbestand.

Auf dieses Gleichgewicht zielt das Sonderrecht. So bestimmt sich der Anwendungsbereich der AIFM-RL funktional statt rechtsformabhängig.[213] Raum für rechtsformbezogene Arbitrage bleibt unterhalb der de minimis-Schwelle bei einem verwalteten Vermögen des AIFM von weniger als 100 Mio resp. 500 Mio €. Allerdings wurde dieses Risiko durch die Restriktionen des § 44 Abs. 1 KAGB eingegrenzt. Dem Regulierungsgefälle im Vertriebsrecht wird mit Produktinformationsblättern zunächst im WpHG[214] und dann auf europäischer

---

[212] Vgl. §§ 19 Abs. 3, 19a REITG, i.V.m. § 3 Nr. 40 EStG, § 8b KStG. Vgl. dazu BT-Drs. 16/4026, S. 24.

[213] Vgl. Art. 2 Abs. 2 Bst. c AIFM-RL; dazu Zetzsche/*Zetzsche*, S. 39; Zetzsche/*Preiner*, WM 2013, 2103 f.

[214] § 31 Abs. 3a WpHG. Die sonstigen Vermögensanlagen – Anteile an Publikumsperso-

Ebene mit der PRIIP-VO begegnet.[215] Zudem wirkt die Koordinierung der Aufsicht durch die europäische Wertpapieraufsichtsbehörde ESMA Aufsichtsarbitrage entgegen. Kommt es zu rechtlicher und Aufsichtskonvergenz und beeinflusst – was zu begrüßen ist – allein die Kompetenz und Geschwindigkeit der regionalen Aufsicht die Ansiedlungsentscheidung des Initiators, wirft dies die Folgefrage nach der Rechtfertigung der formellen Divergenz auf.

II. Steuerrecht

Eine solche Rechtfertigung bietet namentlich das Steuerrecht. Steuerarbitrage ist die Reaktion auf die ungleiche Besteuerung bestimmter Anlagestrategien und Gestaltungen. Im Mittelpunkt der steuerlichen Förderung stehen anlageübergeordnete Zwecke, wie die Einnahmensicherung, Erschließung des Hochtechnologiesektors oder der Standortsicherung. Jedoch nicht diese übergeordneten, sondern die formellen Parameter beeinflussen die zivilrechtliche Gestaltung z.B. bezüglich der Rechte und Pflichten von Anlegern und Verwalter. Lediglich offensichtlich missbräuchlichen Gestaltungsentscheidungen steht § 42 AO entgegen. Ist infolge der Ausdehnung des Sonderunternehmensrechts eine Konvergenz der Rechtsformenattraktivität zu erwarten, wird das Steuerrecht noch deutlicher als bisher maßgebliche Prämisse.

§ 20 – Kollektivanlage als rechtsformübergreifende Materie

Zwar dominieren in Rechtsprechung und Schrifttum – entsprechend dem früheren formellen Investmentbegriff des InvG oder dem von der Securities-Eigenschaft abhängigen Anwendungsbereich des ICA – formelle Betrachtungen der Anlageorganisationen (A.). Dennoch finden sich auch Ansätze, die unabhängig von Rechtsform, Anlagegegenstand und aufsichtsrechtlicher Qualifikation Gemeinsamkeiten betonen (B.). Diese haben massgeblich mit der AIFM-RL bzw. § 1 Abs. 1 KAGB eine gesetzliche Grundlage gefunden. Auf dieser Grundlage lässt sich in einem ersten Schritt zur Überwindung der formellen Divergenz die Reichweite des Sonderrechts abstecken (C.).

---

nengesellschaften sowie wirtschaftlich ähnliche Produkte – wurden mit Erlass des VermAnlG einbezogen.

[215] Siehe dazu Europe Economics, Study on the Costs and Benefits of Potential Changes to Distribution Rules for Insurance Investment Products and the Non-MIFID Packaged Retail Investment Products (29. September 2010); befürwortend *Moloney*, How To Protect Investors, S. 180 ff., 322 ff.; *Haar*, FS Hopt, S. 1889; *Möllers/Wenninger*, NJW 2011, 1697 f.; *Seitz/Juhnke/Seibold*, BKR 2013, 1.

A. Rechtsformbezogene Position

Traditionell sind im Inland die rechtsform- und die am formellen Investmentbegriff orientierten Auffassungen. Pars pro toto zu nennen ist *Mertens* Stellungnahme zum 51. Deutschen Juristentag, wonach Kapitalanleger als Kategorie ungeeignet seien, weil diese Kategorie rechtsformspezifische Unterschiede vermenge.[216] Nicht grundsätzlich ablehnend, dennoch in die gleiche Richtung weisen die einschlägigen Habilitationsschriften von *Günther Roth*,[217] *Eberhard Schwark*[218] und *Andreas Engert*.[219] *Schwarks* Untersuchung aller Organisationsformen der Kapitalbündelung konstatiert für Personengesellschaften Defizite, für Aktiengesellschaften geringfügigen Verbesserungsbedarf und für Investmentgesellschaften nach dem KAGG einen befriedigenden Zustand. Der Verbesserungsbedarf wird jeweils rechtsformspezifisch ermittelt, nicht aber unter dem Blickwinkel einheitlicher wirtschaftlicher Funktionen. *Günther Roth* stellt das Rückgaberecht bei Anlagen des offenen Typs als Alternative zu mitgliedschaftlich begründeten Einflussrechten vor, während *Engert* das Recht der Publikumsfonds des InvG in seinen finanzmarktökonomischen Zusammenhängen sortiert. Beiden Arbeiten liegt ein formeller Ansatz zugrunde, wonach der Anwendungsbereich des KAGG / InvG die Grenze des Untersuchungsgegenstands markiert. *Engert* nimmt sogar die professionellen Fonds aus und konzentriert sich auf die Teilmenge der Publikumsfonds.[220] *Günther Roth* überschreitet die Grenze zwar denktheoretisch, indem er die Übertragbarkeit des offenen Typs auf die Korporation postuliert.[221] Indes sieht er den offenen Typ nicht als spezifisches Charakteristikum der Kollektivanlage, sondern als ein technisches Mittel zur Disziplinierung jedes, auch eines unternehmerischen Verwalters. Die Verwaltung einer Kollektivanlage ist danach keine *besondere*, sondern nur eine von mehreren Verwaltertätigkeiten.

Die rechtsformbezogene Betrachtungsweise findet sich auch in anderen Rechtsordnungen. So wird unter dem Prevention of Fraud (Investments) Act 1958 eine Harmonisierung des für Unit Trusts und Investment Trust Companies geltenden Rechts diskutiert, aber von dem nach seinem Vorsitzenden *Jenkins* benannten Company Law Committee abgelehnt. Insbesondere ließe sich der offene Typ in Form einer Gesellschaft nicht ohne eine Überwachungsinstanz gleich dem Trustee / der Depotbank realisieren, eine Harmonisierung beider Rechte müsse übermäßig komplex ausfallen.[222] Als Konsequenz sollte

---

[216] Vgl. *Mertens*, Gutachten 51. DJT, P 14 ff.

[217] *G. Roth*, Treuhandmodell (1972).

[218] *Schwark*, Anlegerschutz; *ders.*, ZGR 1976, 271, 305 f.

[219] *Engert*, Kapitalmarkteffizienz, 2008 (unveröffentlicht).

[220] Vgl. den Untertitel der Arbeit von *Engert*, Kapitalmarkteffizienz – „Ökonomische und rechtliche Struktur des Publikums-Investmentfonds", sowie die Darstellung S. 339 ff.

[221] Vgl. *G.Roth*, Treuhandmodell, S. 335 f.

[222] Report of the Company Law Committee (Cmnd. 1749), ¶327.

ausländischen Investment Companies der Anteilsvertrieb in Großbritannien untersagt werden.[223] Noch im Jahr 1974 verkünden *Day/Harris*: „A unit held under [the] trust deed is fundamentally different from a share in a company".[224] Insbesondere erwerbe der Trustbegünstigte eine Berechtigung an den Anlagegegenständen, der Aktionär nicht. Die AG könne Kredite aufnehmen, der Trustee mit Wirkung für den Trust i.d.R. nicht. Die AG halte Aktionärstreffen ab, der Trust i.d.R. nicht.

B. Ganzheitliche Ansätze

Die ganzheitlichen Ansätze überwinden die Rechtsformgrenzen aus gesellschaftsrechtlichem Blickwinkel unter dem Aspekt der Anlage (I.), aus vertragsrechtlicher Sicht mit einem weiten Begriff der Treupflichtigen (II.) oder berufen sich auf die gemeinsame wirtschaftliche Funktion (III.).

I. Anleger im Fokus

Namentlich *Wiedemann* unterscheidet private Unternehmen nach ihrer Eignerstruktur, also ob die Gesellschafter Mitunternehmer oder Kapitalanleger sind.[225] *Wiedemann* bezieht diese Unterscheidung auf Eigner- und Anlagegesellschaften.[226] Er zählt zu den Anlagegesellschaften neben der börsennotierten AG die modernen Investmentfonds. Abgrenzungskriterium soll das Gesellschafterengagement mit der Grunddifferenzierung zwischen Förder- und Finanzierungspflicht sein. Mit der hier entwickelten Position stimmt der funktionale Ansatz überein, doch beendet *Wiedemann* seine Betrachtungen dort, wo diese Betrachtung anfängt, nämlich bei der Einbeziehung von Anlageunternehmen, die im formellen Sinn keine Gesellschaften sind. Im Ansatz mit *Wiedemann* vergleichbar ist der gesellschaftsrechtliche Ansatz von *Kalss*, jedoch bezieht *Kalss* Anlagemodelle auf anderer rechtlicher Organisationsgrundlage – insbesondere vertragliche Investmentfonds – ein.[227] Ihre Betrachtung stellt Anlageorganisationen auf eine Stufe mit unternehmerischen Organisationen, an denen Anleger beteiligt sind. Sie vertritt damit in moderner Form die – soweit ersichtlich – von *Hopt* in den 1970er Jahren begründete und vielfach übernommene Ansicht,[228] wonach Anlegerschutz grundsätzlich objekt- und rechtsformunabhängig ist. Das *Hopt*sche „Unternehmensverhaltensrecht" differen-

---

[223] Report of the Company Law Committee (Cmnd. 1749), ¶ 325.
[224] *Day/Harris*, S. 15.
[225] *Wiedemann*, ZGR 1975, 385, 419 ff.; *ders.*, BB 1975, 1591; *ders.*, FS Priester, S. 857.
[226] *Wiedemann*, GesR II, 1 II § 1 d), S. 21.
[227] *Kalss*, Anlegerinteressen, S. 38 ff.
[228] *Hopt*, Kapitalanlegerschutz; *ders.*, ZHR 141 (1977), S. 428 ff.; *Schwark*, Anlegerschutz; *ders.* ZGR 1976, 271 ff.; *Pistor*, FS Emeritierung Hopt, S. 500. Gesellschaftsinterne Orientierung bei *U.H. Schneider*, ZHR 142 (1978), 228, 238; *Wawrzinek*, S. 122.

ziert nicht zwischen kapital*anlegenden* und sonstigen, sondern erfasst alle Effekten ausgebenden und vermittelnden Unternehmen.[229] Die von *Hopt* bei Gelegenheit mitbehandelten KVG stehen zwischen diesen Kategorien: Durch Ausgabe von Effekten mitteln sie die Beteiligung an (anderen) Effekten und sonstigen Anlagegegenständen. Zudem sind Fonds nicht auf Effekten begrenzt. Bei (u.a.) *Hopt, Kalss, Wiedemann und U.H. Schneider* steht der Anleger und nicht die Anlageorganisation im Mittelpunkt. Nur eine Variante davon ist die u.a. von *Staake* präferierte Trias aus Unternehmeraktionären, Anlegern und institutionellen Investoren.[230]

II. Recht der Treupflichtigen

Jegliche Form der Anlageverwaltung inkludiert die – soweit ersichtlich – hierzulande erstmals von *Alfred Hueck,*[231] im Übrigen aber weltweit vertretene Position eines allgemeinen Rechts treupflichtgebundener Vermögensverwalter (*fiduciary law*). So verweist *Coing* auf die grenzüberschreitende Geltung der zugrundeliegenden Wertung,[232] *Hopt* arbeitet diese für Beratungs- und Verhaltenspflichten der Kreditinstitute[233] und später alle professionellen Mandatare[234] aus, während *Lutter* die Gemeinsamkeiten von Treuhand- und Gesellschaftsrecht zum tauglichen Forschungsgegenstand erklärt.[235] *Hammen* ordnet die Vermögensverwaltung als Handlungsgattungsschulden ein und postuliert für die kollektive und individuelle Verwaltung ähnliche Prinzipien (ohne diese im Detail herauszuarbeiten).[236] Kollektivanlagen werden in Anlehnung an die US-amerikanische Law & Finance-Doktrin als gesetzliches Treuhandrecht von *Grundmann* auf der Grundlage einer Interessenwahrungspflicht strictu sensu[237] und von *Löhnig* als Teil eines Treuhand-Innenrechts herangezogen.[238] *Möllers* sieht eine Tendenz zu einheitlichen fiduziarischen Pflichten für alle Finanzintermediäre.[239] Ebenfalls all-inklusiv ist *Jacobys* Theorie vom privaten Amt.[240] Im US-Schrifttum finden sich vergleichbare Ansätze z.B. bei *Frankel,*[241] im eng-

---

[229] Insbesondere *Hopt*, Kapitalanlegerschutz, § 13, S. 288 ff., 340 f.

[230] *Staake*, S. 98 ff.

[231] *A. Hueck*, Der Treuegedanke im modernen Privatrecht, S. 18 (Treupflicht als Ausprägung jedes echten Gemeinschaftsverhältnisses).

[232] *Coing*, AcP 167 (1967) 99, 107 ff.

[233] *Hopt*, Kapitalanlegerschutz, S. 351 ff.

[234] *Hopt*, ZGR 2004, 1.

[235] *Lutter*, AcP 180 (1980), 85, 92.

[236] *Hammen*, Handlungsgattungsschulden, S. 351.

[237] *Grundmann*, Treuhandvertrag, S. 122 ff. (zu den „Gesamtverträgen"), 126 f. (zum KAGG).

[238] *Löhnig*, Treuhand, S. 692 f., 762 ff.

[239] *Möllers*, FS Hopt, S. 2247, 2254.

[240] Vgl. *Jacoby*, S. 32 (zur Kapitalanlagegesellschaft).

[241] *Frankel*, Fiduciary Law.

lischen Recht bei *Conaglen*[242] und *Nolan*.[243] Die offensichtliche Schwäche dieses Ansatzes liegt in seiner Uferlosigkeit. So stellt z.B. *Löhnig* Fondsverwalter, Vorstände einer Aktiengesellschaft, Handelsvertreter, Versicherungsunternehmen, Vorerben, Vormund, Zwangsverwalter und Testamentsvollstrecker gleich.[244] Die Ergebnisse im Einzelfall geraten wenig praktikabel.

III. Kollektivanlagenrecht i.w.S.

Demgegenüber spezifisch versteht eine finanzmarkrechtliche Position die Kollektivanlage als Teil eines *Kollektiv*investmentrechts i.w.S., das Mutual Funds, Private Equity-Fonds, Pensionsfonds, Stiftungen und die kollektive Verwaltung zugunsten von Anliehegläubigern einbezieht. Ein solcher Ansatz findet sich z.B. bei *Harvey Bines*.[245] Während *Bines* konzediert, dass sich Compliance-Regeln an der Person von Anlageverwalter und Anleger orientieren, handelt es sich bei den Differenzierungen seiner Ansicht nach um Nuancen. Das Gemeinsame überwiege das Trennende. *Bines* etabliert mit den Pflichten zur angemessenen Sorgfalt, getreuen Wahrnehmung der Verwaltungsgeschäfte und einer Marktteilnehmern gegenüber geschuldeten Fairnesspflicht drei Säulen der Verwalterpflichten.[246] Der Fortschritt gegenüber der traditionellen Position zeigt sich einerseits in der Herausarbeitung von Fremdverwaltung und Kollektiv als den entscheidenden Kriterien; beides zusammen dränge den Einfluss des einzelnen Anlegers zurück und intensiviere die Missbrauchsgefahr.[247] Damit gelingt die Abgrenzung zum Individualvertrag. Andererseits sieht *Bines* in der unternehmerischen Organisation ein aliud.

Anknüpfend an den seit 1986 in England zunächst mit dem Financial Services Act, seit 2000 dem FSMA verfolgten funktionalen Regelungsansatz, der alle gewerblichen Investmenttätigkeiten zunächst demselben Recht unterwirft und dann Subdifferenzierungen vornimmt, dabei jedoch Investment Trusts ausnimmt,[248] argumentiert *Alistair Hudson* für die Anlagetätigkeit als Differenzierungsaspekt im Recht der Treupflichtigen (*fiduciary law*).[249] *Hudson* strebt „Einheit in Vielfalt" der Kollektivanlagen auf Grund des Equity-Prinzips des Common Law an. Equity – gemeint ist die Abweichung von der *stare deci-*

---

[242] *Conaglen*, Fiduciary Loyalty.
[243] *Nolan*, (2009) 68 C.L.J. 293 ff.
[244] *Löhnig*, Treuhand, S.152
[245] *Bines*, Modern Portfolio Theory and Investment Management Law: Refinement of Legal Doctrine, 76 Colum. L. Rev. 721 (1976), sowie in der ersten Auflage von *Bines*, The Law of Investment Management, 1978. Fortgesetzt als *Bines/Thel*, The Law of Investment Management and Regulation, 2nd Ed., 2004.
[246] *Bines/Thel*, § 1.01 und § 1.02: duty of care, duty of loyalty, Public-Duty Principle.
[247] See *Bines/Thel*, § 1.01[A][3] („The Expanded Opportunities for Abuse of Duty in Connection with Pooled Investment Vehicles").
[248] Vgl. *Nelson*, Capital Markets Law, S. 63 ff.
[249] *Hudson*, Law of investment entitities, S. 330.

sis-Doktrin des Common Law aus Gerechtigkeitserwägungen – rechtfertige in gewissen Grenzen eine Harmonisierung des Rechts der Anlageorganisationen. So habe sich der Trust der vertraglichen Organisation angenähert, die Unterscheidung zwischen Eigentumsordnung (Law of Trusts) und vertraglicher Ordnung (Law of Contract) verschwimme.[250] Gleichzeitig müsse und dürfe man nicht alle Unterschiede einebnen. Die Stärke des Equity-Prinzips liege darin, das Identische zu betonen und den individuellen Gegebenheiten noch Raum einräumen zu können. So differenziert *Hudson* zwischen privaten und sozialförderlichen Investmentorganisationen. Bei den privaten Anlageorganisationen genüge eine auf Risikoverteilung ausgerichtete, also zurückhaltende gesetzliche Regelung. Bei den sozialgebundenen Anlageorganisationen, zu denen er insbesondere die Pensionsfonds zählt, bedinge die öffentliche Zwecksetzung und Struktur der Begünstigten größere gesetzgeberische Sorgfalt.[251] In die gleiche Richtung weist *Markus Roth*, der einen Querschnitt aus Versicherungsprodukten, Investmentfonds und Pensionsfonds als eine Rechtsmaterie vorstellt, die wegen der Zweckbindung für die private Altersvorsorge von ähnlichen Wertungsmustern geprägt ist.[252]

C. Indizien für Sonderrecht

Die rechtsformübergreifenden Ansätze deuten auf funktionsbezogene Gemeinsamkeiten hin. Die all-inkludierende Prämisse von einem allgemeinen Teil aller Verwalterfunktionen oder einem allgemeinem Anlegerrecht vermag indes die Feinheiten der *kollektiven* Anlagebeziehung nicht zu erfassen. Diese Schwäche vermeidet der finanzmarktbezogene Kollektivansatz, er missachtet aber die im ersten Teil herausgearbeitete Besonderheit der Anlage als zweckfreie kapitalistische Tätigkeit mit unterschiedlichen Rechtsquellen, Anlegerinteressen und Aufsichtsregeln. Die Ansätze stellen deshalb bestenfalls Indizien für Gemeinsamkeiten, keinesfalls aber das für die Ableitung von Rechtsfolgen erforderliche solide Fundament dar.

Jedoch deutet sich, ohne dass diese in extensu ausgearbeitet wäre, eine speziell auf privatnützliche Kollektivanlagen zugeschnittene Auffassung sporadisch an. Diese speist sich aus drei Argumentationssträngen.

I. Wertungstransfer

Erstens indiziert der reichlich befürwortete rechtsformübergreifende Wertungstransfer eine tatsächliche Ähnlichkeit: Rechtsprechung und Schrifttum[253]

---

[250] *Hudson*, Law of investment entitities, S. 330.
[251] *Hudson*, Law of investment entitities, S. 331 f.
[252] *M. Roth*, Private Altersvorsorge.
[253] Dazu *Haar*, FS Hopt, S. 1865, 1875; *Kalss*, Anlegerinteressen, S. 393 ff. (betreffend

zum Anlegerschutz bei geschlossenen Fonds in Form der Publikumspersonengesellschaft lehnen sich fallbezogen an Regelungen für andere Rechtsformen an. Durch Anwendung von § 242 BGB auf Gesellschaftsverträge kommt es bei Publikumspersonengesellschaften zu einer Inhaltskontrolle, die eigentlich vertragstypisch ist.[254] Gleiches gilt, wenn die Rechtsprechung im Wege der ergänzenden Vertragsauslegung auf ein Recht zur fristlosen Kündigung des einzelnen Gesellschaftsverhältnisses aus wichtigem Grund auch ohne Grundlage im Gesellschaftsvertrag erkennt, das dem Recht zur Aufkündigung der Gesellschaft vorgeht:[255] Ein für vertragliche Dauerschuldverhältnisse etabliertes Prinzip (§ 314 BGB) wird den differenzierten Kündigungsregelungen des Personengesellschaftsrechts übergestülpt. In Richtung Korporation geht der Wertungstransfer bei Übertragung aktienrechtlicher Prinzipien in das Recht der Personengesellschaft.[256] Rechtstechnisch ist ein Wertungstransfer eine Analogie. Die Lückenfüllung durch Analogie setzt neben einer Lücke im Gesetz die Ähnlichkeit der Lehn-Norm voraus. Nur dort, wo man eine vergleichbare Interessenlage vermutet, rechtfertigt sich die Analogie. Dies deutet auf gemeinsame Interessen und Situationen unabhängig von der gewählten Rechtsform.

Der Wertungstransfer beschränkt sich nicht auf das deutsche Recht. Bereits im Jahr 1933 konstatiert *Siebert* für den Unit Trust eine starke Einwirkung ge-

---

„Voice"), 522 f. (betreffend „Exit"); *K. Schmidt*, ZGR 2008, 1, 14 f. (entsprechende Anwendung kapitalgesellschaftsrechtlicher Mindestquoren auf Publikumspersonengesellschaften); *U.H. Schneider*, ZHR 142 (1978), 228, 248 ff.; *A. Teichmann*, Gestaltungsfreiheit, S. 101 f. (auf der Grundlage einer Analogie); *Wiedemann*, FS Priester, S. 857; *Wiedemann/Schmitz*, ZGR 1980, 128; *Wiedemann*, BB 1975, 1591; *Paul*, in Habersack et al., Stärkung des Anlegerschutzes, S. 31.

[254] BGHZ 64, 238, dazu *U.H. Schneider*, ZGR 1978, 1; *Wawrzinek*, S. 92 ff.

[255] Für arglistig getäuschten Gesellschafter noch vorsichtig bei Grundlage in GesV BGH, NJW 1973, 1604; BGH, WM 1974, 318; BGH, NJW 1975, 1700 (Anfechtung wegen arglistiger Täuschung ist im Zweifel fristlose Kündigung); davon losgelöste Rückführung auf zu vermutenden Willen der Gesellschafter bei BGHZ 63, 338 2. Ls. (außerordentliches Kündigungsrecht statt Gestaltungsklage auch ohne entsprechende Vertragsgestaltung im Wege ergänzender Vertragsauslegung bei arglistiger Täuschung); BGHZ 69, 160 Rn. 12 ff. arglistige Täuschung stets wichtiger Grund für Beendigung der Beteiligung, aber bei Unerreichbarkeit des Gesellschaftszwecks Auflösungsklage; Rechtsfolge soll eine Haftung für zwischen Beitritt und Kündigung eintretende Verluste sein, vgl. BGH, NJW 1976, 851 Rn. 15 f.

[256] Aus der umfangreichen Rechtsprechung z.B. BGHZ 66, 82; BGHZ 71, 53 (Kapitalerhöhung durch Mehrheitsbeschluss auch ohne Obergrenze in Gesellschaftsvertrag oder sogar dann, wenn der Gesellschaftsvertrag keine Beschlussgegenstände nennt, also Einschränkung des Bestimmtheitsgrundsatzes, Abweichung von RGZ 91, 166); BGHZ 69, 160 Rn. 18 ff. (Beschluss über die Fortsetzung statt Einstimmung mit Drei-Viertel-Mehrheit); BGH, WM 1977, 1446 Rn. 18 ff. (Pflichten des Aufsichtsrats einer Publikums-KG in entsprechender Anwendung des Aktienrechts); BGH, NJW 2003, 1729 (Übernahme des kapitalgesellschaftsrechtlichen Systems durch großherzige Auslegung des Gesellschaftsvertrags ermöglicht Klage gegen Publikums-KG ähnlich einer Anfechtungsklage statt Klage gegen alle einzelnen Gesellschafter); BGHZ 150, 1 (Eigenart der Anleger in Immobilienfonds begründet beschränkte Haftung).

sellschaftsrechtlicher Formen und Begriffe.[257] In gleicher Manier plädiert *Pennington* im Jahr 1968 für die Harmonisierung des Rechts von Investment Trust Companies und Unit Trusts mit Blick auf die identischen Probleme und Lösungsansätze.[258] Die Offenlegungs-, Stimmrechts-, Verschuldungs- und Vergütungsregelungen des Unit-Trustrechts sollten an die weltweit bewährten Regeln des Gesellschaftsrechts angepasst werden. Doch argumentiert *Pennington* de lege ferenda, womit er den Ist-Zustand als Trennung beschreibt. Er resümiert skeptisch: „[T]he British habit of becoming fond of institutions when they have existed for a long time will probably prove too strong in this case, as in many others, to be overcome by the appeal of logic."[259]

Der Wertungstransfer weist auch Schattenseiten auf. So erklärt *Frankel* das Recht der Mutual Funds, z.B. zur Vergütung und Haftung, mit einer gegenseitigen Beeinflussung von Gesellschafts- und Trustrecht. Im Gesellschaftsrecht fehle ein Maßstab für den Eingriff in das Geschäftsleiterermessen. Eine korporative Auslegung des Fondsrecht müsse zwangsläufig zu großzügig sein.[260]

II. Formenvermischung

Zweitens weisen Unklarheiten bei der Zuordnung zu Anlagezwecken genutzter Rechts- und Organisationsformen darauf hin, dass die rechtsförmliche Einordnung letztlich nicht relevant ist. So wird verschiedentlich eine Tendenz des Gesetzgebers erkannt, die Inv-AG dem traditionellen Sondervermögen gleichzustellen.[261] Unklar ist der Gravitationspunkt dieser Gleichstellung: *Fock/Hartig*[262] sehen diesen für Publikums-Inv-AGs eher bei den vertraglichen Fonds, während *Köndgen* den Korporationscharakter in den Mittelpunkt stellt.[263] *Bines/Thel* und *Langbein* für das US-Recht[264] sowie *Hudson* und *Warburton* für das britische Recht[265] betonen die Nähe des vermögensverwaltenden Trusts zum Vertrag. *Sin* rückt den Unit Trust in die Nähe der nichtinkorporierten (Personen-) Gesellschaft. Mit Blick auf die Binnenorganisation sehen *Pennington*[266] (für das britische Recht) sowie *Frankel*, *Warburton* und *Hansmann/Mattei* für das US-Recht[267] dagegen Übereinstimmungen zwischen Unit Trust und

---

[257] *Siebert*, Treuhand, S. 60 Anm. 27.

[258] *Pennington*, Investor and the law, S. 216, 246.

[259] *Pennington*, Investor and the law, S. 246.

[260] *Frankel*, (2010) 7 Int. J. Discl. Gov. 1, 4.

[261] *Steck/Schmitz*, AG 2004, 658, 663; *Fischer*, NZG 2007, 135.

[262] *Fock/Hartig*, FS Spiegelberger, S. 653, 663 f.

[263] *Köndgen*, FS Nobel, S. 529, 533 f.; angedeutet bei *Köndgen/Schmies*, WM-Beilage Nr. 11/2004, 17.

[264] *Bines/Thel*, § 1.01[A][2]; *Langbein*, (1995) 105 Yale L.J. 625.

[265] *Hudson*, Law of Investment Entities, S. 330 f.; *Warburton*, (2007–08) 33 J. Corp. L. 745, 758 ff. („contractual model").

[266] *Pennington*, Investor and the law, S. 246.

[267] *Frankel*, (2001) 23 Cardozo L. Rev. 325, 340 f. (bezüglich der Sorgfalts- und Loyalitäts-

inkorporierter Company; letztere stellen sogar die Frage, ob der Intensitätsgrad
der Konvergenz, die sie in der Eigentumsorganisation und den Pflichten der
Beteiligten von Trust und Korporation ausmachen, noch die Existenz zweier
Rechtsformen rechtfertige.[268] Das Mirakel unterschiedlicher Qualifikation
identischer Institute löst sich auf, wenn jede Kollektivanlage Mischelemente
verschiedener Rechtsformen aufweist. Dann lässt sich mit Blick auf einzelne
Elemente die Nähe zu jeder Rechtsform begründen. Zugleich aber deutet dies
bislang nicht klar konturierte Gemeinsamkeiten an. In gleicher Weise erklärt
sich die Zwitterstellung der regelmäßig zu Anlagezwecken eingesetzten GmbH
& Co. KG bzw. LLP. Sie ist „der Form nach Personengesellschaft", aber „sachlich Gesellschaft mbH".[269] In England wird die LLP als *bodies corporate* angesehen, während man sie in der US-Diskussion den „uncorporations"[270] zuordnet, zu der auch die Business Trusts zählen.[271] Auch hier scheint die formale
Zuordnung letztlich irrelevant.

III. Kollektivanlage als Spezifikum

Drittens wird die besondere wirtschaftliche Funktion der Anlage (im Gegensatz zur Unternehmung) verschiedentlich anerkannt, indem man diese zum
Grund für deren Modifikation erhebt. So meint die Behauptung von einem
„Sonderrecht der Publikumspersonengesellschaften"[272] regelmässig ein Sonderrecht der Anlagegesellschaften. Dies belegt der Bedeutungswandel in Bezug auf
etablierte Rechtsinstitute. So schützt das investmentrechtliche Sacheinlageverbot gem. §§ 71 Abs. 1, 109 Abs. 5, 141 Abs. 2, 152 Abs. 7 KAGB nicht – wie bei
Kapitalgesellschaften – die Gläubiger, sondern den Wert der Beteiligung anderer Anleger.[273] Derartige Stellungnahmen finden sich in Rechtsordnungen mit
längerer Anlageerfahrung pronouncierter: Bereits im Jahr 1929 – und damit vor
der mit dem ICA veranlassten Konvergenz – differenziert *Robinson* statt nach
der Rechtsform danach, in welchem Umfang es Dispositionen von Parteien be-

---

pflichten); *Warburton*, (2007–08) 33 J. Corp. L. 745, 747 ff. („corporate model"); *Hansmann/
Mattei*, (1998) 73 N.Y.U.L. Rev. 434, 475 ff. (Delaware Statutory Trust Law sei „effectively a
generic corporate statute").

[268] *Hansmann/Mattei*, (1998) 73 N.Y.U.L. Rev. 434, 478 („Both law and practice concerning business trusts have evolved to the point where they have prompted to pose the question
quite directly whether business trusts may substitute business corporations"). Diese Frage
wird von *Frankel*, (2001) 23 Cardozo L. Rev. 325, 337 ff. mit Blick auf den unterschiedlichen
Geschäftsgegenstand verneint („Monitoring is not operating.")

[269] BGHZ 62, 216, 227 Rn. 23.

[270] *Bainbridge*, (2005) Ill. L. Rev. 77.

[271] *Sitkoff*, (2005) Ill. L. Rev. 31.

[272] Z.B. *Jacobs*, Atypische GbR, S. 189; *Reusch*, S. 36 ff.

[273] *Steck/Fischer*, ZBB 2009, 188, 189. Ähnlich die Interpretation des Kapitalerhaltungsge-
bot bei der Inv-AG, ebendort S. 191 f. S. jetzt ausdrücklich BT-Drs. 17/12294, 248, 251; wohl
anders *Casper*, ZHR 179 (2015), 64 f. (auf personengesellschaftsrechtlicher Grundlage).

dürfe, um die Anlagetätigkeit aufzunehmen.[274] Der Terminus „Investment Trust" sei ökonomisch, nicht aber rechtlich relevant. „[T]he particular legal structure (...) does not fundamentally affect either their purposes or their methods."[275] In gleicher Manier meint *Steiner,* „[l]egal form is relatively unimportant in comparison with financial structure". Durch die Trustdeklaration werde eine nichtkorporierte Vereinigung geschaffen, die zu einer Struktur führe, die „as far as possible analogous to the ordinary corporation" sei.[276] Unter dem ICA intensiviert sich dieses Verständnis. Die Wahl der Rechtsform hat bei Investment Companies keine Bedeutung.[277] Eine ähnliche Tendenz ist *Langbeins* Erkenntnis zum Wandel des Trusts zu entnehmen. Der Trust sei eigentlich eine Form der einseitigen Vermögensübertragung gewesen, reüssiere nunmehr aber in Form des Business Trust im Bereich der kommerziellen Vermögensverwaltung. Die „securities lawyers" statt der Trust und Equity Lawyers dominierten das Recht des Business Trusts: „[T]he trust in its most important dimension ... has become the province of others."[278] Dieser Wandel indiziert die Entwicklung des Rechtsinstituts von der Eigentums*zuordnung* zur Eigentums*verwaltung.* Für das britische Recht deuten *Sin* mit seiner Einordnung des Unit Trusts als „species of its own",[279] *Gardner/Wood*[280] sowie *Pennington* und *Hudson* in die gleiche Richtung.

Für das Spezifische an der Kollektivanlage werden gleichfalls Gründe dargeboten. In Abgrenzung zu anderen Finanzintermediären – Versicherungen, Pensionsfonds und Banken – rechtfertigt sich die Sonderstellung der Kollektivanlagen (i.e.S.) mit der fehlenden Pflichtversicherung gegen Anlageverluste.[281] Im Verhältnis zu Unternehmen stechen die erheblichen Risiken aus Interessenkonflikten des Verwalters[282] bei wenig pronouncierten Selbstschutzoptionen des

---

[274] Organisationsformen mit umfangreicher Parteidisposition bezeichnet er als „contractual form", solche, die auf gesetzes Recht (Common Law, Statutes) zurückgreifen, als „statutory form".

[275] *Robinson,* Investment Trust Organisation, S. 125.

[276] *Steiner,* S. 85 f.

[277] I.E. ebenso bereits *G.Roth,* Treuhandmodell, S. 80; *Thiel,* Schutz, S. 27; *Dieterich,* Outsorucing, S. 229.

[278] *Langbein,* (1997–98) 107 Yale L.J. 165, 189.

[279] *Sin,* S. 4.

[280] „There are several areas of commonality between investment trusts and unit trusts", in *Adams,* Split Crisis, S. 126.

[281] Für das US-Recht *Frankel & Kirsch,* Investment Management Regulation, S. 33. Dies gilt ebenso für das deutsche Recht: Die KAG ist kein Institut i.S.v. § 1 Abs. 1 Nr. 3 EAEG, vgl. *Steck/Fischer,* ZBB 2009, 194 f. Ein Wertsicherungssystem für Kleinanleger wird im Rahmen der Reform der Anleger-Entschädigungs-Richtlinie (1997/9/EG) diskutiert. Vgl. Europäische Kommission, Working Document of the Commission Services (DG Internal Market and Services), Consultation Paper on the UCITS Depositary Function and on the UCITS Managers' Remuneration, MARKT/G4 D (2010) 950800 vom 14. Dezember 2010, sub S. 4, 17 ff.

[282] Vgl. *Spangler,* Private Investment Funds, Rn. 1.03.

Anlegers (etwa durch Einflußnahme auf die Anlageentscheidung) hervor.[283] Die Makrotendenz belegt auch die jüngere US-Rechtsentwicklung. So sind Investment Companies von der Mehrzahl der Sondervorschriften des US-Sarbanes-Oxley-Acts für börsennotierte AGs[284] ausgenommen, obgleich Investment Companies Emittenten im Sinne des US-Kapitalmarktrechts sind. Die zuständigen Ausschüsse in Senat und Abgeordnetenhaus hielten die Spezialgesetzgebung unter dem ICA für hinreichend.[285] Umgekehrt erstrecken sich die nach der Finanzmarktkrise eingeleiteten Reformen des Dodd-Frank-Act nur auf Investment Companies.

Dies alles indiziert ein Verständnis, wonach es neben dem formellen Investmentbegriff einen materiellen Fondsbegriff geben muss, der alle Vermögen zur gemeinschaftlichen Kapitalanlage ohne Rücksicht auf die Rechtsform des Investmentvermögens erfasst. Dieses Verständnis konnte sich bereits auf die Vertriebszulassung von ausländischen Investmentvermögen gem. § 2 Abs. 8 InvG a.F. stützen, der ein materieller, gleichwohl mit dem Grundsatz der Risikomischung belasteter Fondsbegriff zugrunde lag.[286] Gleiches soll für § 54b Abs. 1 Nr. 1 VAG und § 20 Abs. 1 Nr. 6 EStG gelten.[287] Bei diesen Vorschriften geht es um die Frage, in welchen Fällen der fondsgebundenen Lebensversicherung das versicherungsrechtliche Steuerprivileg greift, indem von der nach allgemeinem Recht gebotenen steuerlichen Transparenz zugunsten einer nachgelagerten Ertragsbesteuerung im Auszahlungszeitpunkt abgewichen werden darf. Dieses Privileg soll gewährt werden, wenn die Versicherung die Prämien in einen Fonds statt in eine individuelle Vermögensverwaltung in Form eines Fonds anlegt. Zwar ist die Fondsdefinition mit steuerlich bedingten Restriktionen behaftet und schon deshalb nicht übertragbar. Sie belegt aber das allgemeine Verständnis, dass Kollektivanlagen – obgleich in verschiedenen Rechtsformen organisiert – jeweils spezifischer Bezugspunkt von Rechten und Pflichten sind.

---

[283] *Courvoisier/Schmitz*, SZW 2006, 412.

[284] Sarbanes-Oxley Act § 405, 15 U.S.C. § 7263, Pub. L. No. 107–204, 116 Stat. 745.

[285] Report of the Senate Committee on Banking, Housing, and Urban Affairs, Public Company Accounting Reform and Investor Protection Act of 2002, Sen. Rpt. 205, 107th Congress, 2nd Sess. (2002) („The bill exempts Investment Companies from certain disclosure requirements. The Committee feels that the objectives of those disclosure sections are adequately addressed by existing Federal Securities laws and the rules thereunder affecting Investment Companies."); Report of the House Committee, Corporate and Auditing Accountability, Responsibility, and Transparency Act of 2002, House Rpt. 414, 107th Cong., 2nd Sess. (2002) („Certain provisions of the bill are not meant to apply to Investment Companies registered with the Commission under the Investment Company Act of 1940. Because those companies are already subject to a thorough regulatory regime, the application of these provisions would be inadequate.").

[286] Vgl. Erster Teil, § 3.D.

[287] *Brückner*, VW 2010, 135.

IV. Problemfall Anlage-AG und Anlage-KG

1. Historie und Systematik

Bis zur Umsetzung der AIFM-RL existierten für die Anlage-AG und die zu Anlagezwecken eingesetzte GmbH & Co. KG weder eine Produkt- noch eine Verwalterregulierung. Doch ist damit noch keineswegs gesagt, dass das Zivilrecht entlang der Demarkationslinie des Aufsichtsrechts verläuft. Bei historischer Betrachtung spricht einiges für die Besonderheit von Anlage-AG und -KG im Verhältnis zur Unternehmung. So war die Ostindische Kompagnie wohl die erste Venture Capital Gesellschaft, das britische Urteil *Sykes -v- Beadon* zwang die Trusts zur Umwandlung in die Company und die ersten Beteiligungsgesellschaften des 19. Jahrhunderts waren hierzulande Anlage-*Aktiengesellschaften*. Doch ist die Überzeugungskraft des historischen Arguments durch die jüngere Entwicklung erschüttert: Dass die Ausnahme der europäischen Richtlinien auf dem Gebiet des Gesellschaftsrechts zu Investment- und Beteiligungs-AGs[288] zunächst in Anspruch genommen und die geschlossene Investment-AG dann im Jahr 2007 abgeschafft (bevor sie im Jahr 2013 in §§ 140 ff. KAGB neu geschaffen) wurde, könnte man als Indiz gegen die Anerkennung der Anlage-AG als Spezifikum und für die Zuordnung zum allgemeinen Gesellschaftsrecht deuten.

Auch die Systematik des Gesetzes erzwingt keine Anerkennung von Anlage-AG und -KG als Spezifikum. Spezialformen sind zwar im UBGG und waren im WKBG zu finden,[289] doch von der Praxis nur in geringem Umfang akzeptiert. Es bleibt die durch Art. 18 und Anhang 15 der Durchführungsverordnung zur Prospekt-RL vermittelte Sonderstellung, wonach bei Ausgabe von Wertpapieren spezifische Angabepflichten und eine besondere Gliederung des Prospekts beim Anteilsvertrieb geschlossener Fonds geboten sind. Jedoch handelt es sich um Vertriebs-, nicht um Hinweise auf die gesuchte Verwalter- oder Produktregulierung.

2. Rechtsvergleichender Befund

Aus rechtsvergleichender Sicht stellte sich die lange Zeit zu vermerkende Absenz von Verwalter- und Produktregulierung für die Anlage-KG als Ausnahme dar: Die luxemburgische SICAR, die schweizerische Kommanditgesellschaft für kollektive Kapitalanlagen (KGK)[290] und die liechtensteinische Anlage-KG sind einem Spezialrecht unterworfen, wobei die Einwahl in das luxemburgische SICAR-Recht optional ist.[291] Für die britische LP und LLP gilt dagegen die

---

[288] Dritter Teil, § 16.A.
[289] Dazu *Fleischer/Hupka* in Wymeersch, S. 197.
[290] Vgl. Art. 98 bis 109 KAG, dazu *Kunz* in Kunz/Jörg/Arter, Entwicklungen, 171, 195 f.
[291] Van Setten/Busch/*Dusemon/Hemery/Moulla*, S. 319, Rn 7.24 f.

Verwalter-[292] und Vertriebsregulierung sowie bei öffentlichem Vertrieb die Produktregulierung des COLL-Regelwerkes. Nach US-Recht sind LP und LLPs Investment Companies unter dem ICA.

Dagegen ergibt ein vorschneller Blick für die Anlage-AG einen unklaren rechtsvergleichenden Befund. Namentlich das englische und Schweizer Recht nehmen die börsennotierte Anlage-AG des geschlossenen Typs (Investment Trusts, SICAF) vom Sonderrecht aus, während das luxemburgische Recht auf das allgemeine Aktienrecht verweist.[293] Soweit ersichtlich, erfasste im Stadium vor Umsetzung der AIFM-RL nur das liechtensteinische Fondsrecht die Anlage-AG vollständig.[294]

Doch würde die Schlussfolgerung, die Anlage-AG sei exkludiert, den Gesamtzusammenhang vernachlässigen. Einerseits ist die Ausnahme nach englischem Recht auf *intern verwaltete* Investment Trusts beschränkt.[295] Andererseits nimmt No. 21 der *Collective Investment Schemes Order* zwar Investment Trusts aus dem Anwendungsbereich der CIS-Regeln aus. Für diese gelten die Vorschriften des Companies Act 2006 (mit Sonderausschüttungsregeln in ss. 832 bis 835 CA 2006) und ggf. für börsennotierte AGs die Listing Rules.[296] Aber die steuerliche Transparenz wird nur diversifizierten, börsennotierten Investment Trusts gewährt,[297] so dass die Börsennotierung die Regel ist. Entsprechend war das Sonderrecht für börsennotierte Investment Trusts Teil der UK Listing

---

[292] S. 22 und Schedule 2 des FSMA.

[293] Traditionell steht das luxemburgische Sonderrecht auch für Kollektivanlagen des geschlossenen Typs offen, so für die Partie II-Fonds gem. Art. 115 ff. OPC-G. Deshalb musste im Jahr 2005 der Anwendungsbereich der Prospektvorschriften des OPC-G reduziert und durch die Spezialvorgaben für geschlossene Fonds gemäß Annex 1 und 15 und der Prospekt-VO 2004/809 zur Prospekt-RL ersetzt werden. Loi du 10 juillet 2005 relative aux prospectus pour valeurs mobiliéres, Mém. A 2005, 1726, vgl. dazu *Kremer/Lebbe*, Rn. 7.17 f; *van Setten/Busch/Dusemon/Hemery/Moulla*, S. 318 ff.

[294] Vgl. die Anlagegesellschaft mit fixem Grundkapital (AGmfK) des IUG 2005 sowie Art. 9 AIFMG.

[295] Die externe Verwaltungsgesellschaft eines britischen Investment Trusts bedarf der Verwalterzulassung für die Verwaltung des Investment Trust Portfolios, den Vertrieb der Wertpapiere (Aktien) des Investment Trusts und etwaiger Nebendienstleistungen (z.B. das Angebot von Sparplänen). Vgl. *Macfarlanes*, A2.037.

[296] Vgl. Listing Rules, Chapter 15.

[297] Ss. 1158 et seq. Corporate Tax Act 2010. S. 1158 („Meaning of „investment trust"") des Corporation Tax Act (Royal Assent vom 3. März 2010, in Kraft getreten zum 1.1.2012) definiert Investment Trust als „company", die von den Steuerbehörden zugelassen ist und nicht eine „close company" (geschlossene Gesellschaft) in dem betreffenden Jahr ist. Zulassungsbedingung ist gem. s. 1159 des Corporation Tax Act u.a. (Condition B): „The shares making up the company's ordinary share capital (or if they are of more than one class, those of each class) must be included in the official UK list throughout the accounting period." Die in Bezug genommene offizielle Liste ist die „official list" der UK Listing Authority, in der alle zum Börsenhandel zugelassenen Aktien aufgeführt sind. Die Liste ist auf der Internetseite der UKLA abrufbar. S. dazu die Ausführungsbestimmungen in den Investment Trust (Approved Company) (Tax) Regulations 2011 (the Trust Regulations 2011).

Rules.[298] Erst seit April 2010 ist ein Standard Listing der Aktien von Investment Trusts an regulierten Märkten unter den Minimalanforderungen des europäischen Kapitalmarktrechts zulässig.[299] Diese Nivellierung der Sonderregeln ist keine Entscheidung gegen die Besonderheit der Kollektivanlage, sondern Reaktion auf die Abwanderung der Investment Trusts an die irische Börse, seitdem diese zum 1. Juli 2005 von den Listing-Bedingungen der UK Listing Authority abweichende Notierungsbedingungen erlassen hatte.[300] Der Wettbewerb um die Börsennotierung führte zur Derogation der Produktregulierung: Die Sonderregeln für Closed-ended Investment Funds[301] (und auch für Open-ended Investment Companies)[302] werden jetzt unter der Bezeichnung „Premium Listing" angepriesen. Aber diese Entwicklung wird mit gewisser Missbilligung betrachtet: Wer in den Index aufgenommen werden möchte, muss die Premium-Vorgaben erfüllen.[303] Die Alt-Listings werden in das Premium Listing überführt, für einen Wechsel in das Standard-Segment gewisse Hürden errichtet.[304]

Ebenso substituiert das Schweizer Börsenrecht die fehlenden KAG-Regeln für börsennotierte SICAFs.[305] Darüber hinaus privilegiert das KAG die ausschließlich von qualifizierten Anlegern gehaltenen Anteile einer SICAF.[306] Dies erklärt sich mit dem verminderten Schutzbedarf der qualifizierten Anleger. Dass keine Gleichstellung mit operativen Gesellschaften gewünscht ist, zeigt sich daran, dass der Ausnahmetatbestand für operative Gesellschaften separat geregelt ist. Nur Investmentgesellschaften, die die Zulassung als SICAF (gem. Art. 110 KAG) erlangen können, können sich auf die Ausnahme gem. Art. 2 Abs. 3 KAG für börsenkotierte Investmentgesellschaften berufen.[307]

Damit spricht der rechtsvergleichende Befund für die Zuordnung von Anlage-AG und -KG zum Sonderrecht der Kollektivanlage.

---

[298] S.a. *Macfarlanes*, A2.026.

[299] Vgl. Listing Rules, Chapter 14 – Standard Listing (shares).

[300] Bis dahin galten die Listing-Bedingungen der UKLA. Seit Erlass der abweichenden Vorschriften umgehen Initiatoren die strengeren Vorschriften der UKLA durch eine Börsennotierung an der Irish Stock Exchange in Dublin. Die dortigen Börsenregeln sind speziell auf Fonds zugeschnitten, vgl. Irish Stock Exchange, Listing Rules, Chapter 14 („Collective Investment Undertaking of the Closed-End Type").

[301] Vgl. Listing Rules, Chapter 15 – Closed-Ended Investment Funds: Premium Listing.

[302] Listing Rules, Chapter 16 – Open-Ended Investment Companies: Premium Listing.

[303] Listing Rules, Chapter 15.

[304] Vgl. Listing Rules, Chapter 5 – Suspending, cancelling and restoring listings and reverse takeovers: All securities, No. 5.4A. U.a. ist die qualifizierte (75%-)Zustimmung der Anteilsigner einzuholen (No. 5.4A.4).

[305] Vgl. SIX Exchange Regulations (Kotierungsreglement) 11/10, dort Art. 65 bis 76 (für Anlageorganisationen ohne KAG-Bewilligung); die Art. 110 bis 118 enthalten Zusatzvorschriften für nach KAG bewilligte Fonds.

[306] Zum Begriff der qualifizierten Anleger Art. 10 Abs. 3 bis 3ter KAG. Näher im Folgenden § 27.A.II.

[307] BSK-KAG/*Pfenninger*, Art. 2 Rn. 24.

3. AIFM-RL und KAGB

Das Spannungsverhältnis zwischen einem im nationalen Recht schwach verankerten Recht der Anlageorganisation und einer abweichenden Praxis in den europäischen Nachbarstaaten löst die AIFM-RL auf. Deren Anwendungsbereich – mit der Folge einer Verwalter- und indirekten Produkt- wie Vertriebsregulierung – erstreckt sich auf jeden Organismus für gemeinsame Anlagen oder Teilfonds, unabhängig davon, ob dieser als Vertrag, Trust oder Gesellschaft konstituiert, ein Fonds der offenen oder geschlossenen Form oder dieser intern oder extern verwaltet ist.[308] Einziges Differenzierungskriterium ist die Größe des verwalteten Vermögens: Die AIFM-RL gilt für Verwalter, die bei Leverage-Einsatz oder Fonds der offenen Form mit einem Vermögen von 100 Mio. €, ansonsten 500 Mio. € verwalten. Die Ausnahme für kleine Verwalter rechtfertigt sich mit dem geringeren systemischen Risiko und der erheblichen Kostenbelastung,[309] nicht aber mit einer genuin abweichenden Tätigkeit oder geringerem Schutzbedarf für die Anleger. Spätestens seit Verabschiedung der AIFM-RL sind somit Anlage-AG und -KG dem Sonderrecht zuzuordnen. Dies belegen die Spezialausprägungen der geschlossenen Inv-AG in §§ 140 ff. KAGB und der offenen und geschlossenen Inv-KG in §§ 124, 149 ff. KAGB. Beide Rechtsformen werden an die spezifischen Anlagebedürfnisse angepasst. Selbst unterhalb der Anwendungsschwellen der AIFM-RL sorgt § 44 KAGB vor und verbietet z.B. die Anlage-GbR. Zwingende Produktregulierung fehlt noch für Anlagegestaltungen jenseits der Investmentvermögen gem. § 1 Abs. 1 KAGB.

§ 21 – Funktionale Äquivalenz: Komplementarität und Substitution

Die Indizien stehen mangels dogmatischer Grundierung überwiegend auf wackeligen Fundamenten. Die dogmatische Grundierung des Rechts*gefühls*, wonach ein Wertungstransfer aufgrund tatsächlicher Nähe gerechtfertigt ist, wird damit zur dringlichen Herausforderung. Dass Kollektivanlagen gleich welcher Rechts- und Organisationsform in anderen Rechtsordnungen und nach der Wertung des Europarechts Gegenstand eines Sonderrechts und Objekt europäischer Regelung sind, mag einen funktionalen Fondsbegriff indizieren. Dies ersetzt aber nicht den Nachweis für das hiesige Rechtssystem, dass mit der vergleichbaren wirtschaftlichen Funktion der gemeinschaftlichen Vermögensanlage ein identisches Recht einhergeht. Dieser wird im Folgenden im Hinblick auf funktionelle (§ 21), strukturelle (§ 22), teleologische (§ 23) und Ergebnisäquivalenzen (§ 24) zu führen sein.

---

[308] Vgl. die Definition in Art. 4 Abs. 1 Bst. b AIFM-RL. Dazu auch *Bußalb/Unzicker*, BKR 2012, 311; Zetzsche/*Zetzsche*, 39 ff.

[309] *Guillot/Bérard*, Révue Banque [no. 746 (2012)]; *Bußalb/Unzicker*, BKR 2012, 312.

Im ersten Schritt (§ 21) ist der Frage nachzugehen, ob jede Rechtsform aus Sicht von Anleger und Intermediär die gleiche Funktion erfüllen kann.

A. Initiatorenperspektive

Initiatoren müssen vor der Konzeption eines Fonds die Frage nach einer Befristung (endlos vs. Laufzeitfonds[310]), des Typs (offener vs. geschlossener Typ[311]), der Handelbarkeit der Fondsanteile und der Beschränkung des Verwalterermessens beantworten.[312]

I. Befristung

Eine Befristung kann aus steuerlichen Gründen, für den optimalen Mitteleinsatz des Initiators oder die Finanzplanung der Anleger von Interesse sein, weil die Organisation der Willensbildung für einen Auflösungsbeschluss[313] und das einseitige Kündigungsrecht z.B. des GbR-Gesellschafters (§ 723 Abs. 1 S. 1 BGB) mit Imponderabilien behaftet sind. Eine Befristung lässt sich bei allen Rechtsformen realisieren. Satzung oder Gesellschaftsvertrag können die Laufzeit der Kollektivanlage festlegen.[314] Ebenso ist die Dauer eines Vertrags- oder Treuhand-Dauerschuldverhältnisses nach § 163 BGB befristbar. Verschiedene

---

[310] Fonds können auf *unbestimmte Dauer* errichtet oder für eine bestimmte Laufzeit aufgelegt und am Ende liquidiert werden (sog. *Laufzeitfonds*); im zweiten Fall ist schon bei Fondsgründung die Liquidation zu einem bestimmten Zeitpunkt in der Zukunft vorgesehen. Die Errichtung auf unbestimmte Dauer ist für deutsche Publikumsfonds der Standardfall (*Bitz/Stark*, S. 269f.). Geschlossene Immobilien-, Private Equity- und Venture Capital-Fonds sind i.d.R. Laufzeitfonds, wobei die Laufzeit neben dem für eine erfolgreiche Anlage erforderlichen Zeitraum steuerlichen Erwägungen Rechnung trägt.

[311] Vgl. § 1 Abs. 4 Nr. 2 KAGB und Artikel 1 Absatz 2 der Delegierten Verordnung (EU) Nr. 694/2014. *Offene Fonds* sind solche, deren Anteile vor Beginn der Liquidations- oder Auslaufphase auf Ersuchen eines Anteilseigners direkt oder indirekt aus den Vermögenswerten des Fonds zurückgekauft oder zurückgenommen werden. Bei *geschlossenen Fonds* werden die Anteile vor Beginn der Liquidations- oder Auslaufphase erst nach einer Wartezeit von mindestens fünf Jahren zurückgenommen bzw. zurückgekauft. Ein geschlossener Fonds orientiert sich bei der Anteilsausgabe an dem Kapitalbedarf für die avisierten Projekte. Eine Anteilsrücknahme auf Wunsch des Anlegers erfolgt deshalb grundsätzlich nicht.

[312] Nicht Gegenstand der folgenden Ausführungen ist die gesetzgeberische Entscheidung, bestimmte Organisationsformen nur für bestimmte Anlagetypen und -strategien zu öffnen. So stand z.B. für Kollektivanlagen des geschlossenen Typs im Jahr 2011 das InvG nicht zur Verfügung. Anders das KAGG in der Fassung zwischen 1998 und 2003, das, wie das heutige KAGB (§§ 140 ff), eine Inv-AG des geschlossenen Typs vorsah. Ebenso fehlt heute die Option einer offenen Inv-KG für Publikumsfonds. Es handelt sich dabei nicht um eine Entscheidung für oder gegen eine bestimmte Rechtsform; Verträge mit Treuhandelement und Korporationen können auch außerhalb des KAGB bzw. vormals InvG realisiert werden.

[313] § 131 Abs. 1 Nr. 2 HGB i.V.m. § 161 Abs. 2 HGB; § 262 Abs. 1 Nr. 2 AktG; § 60 Abs. 1 Nr. 2 GmbHG.

[314] § 723 Abs. 1 Nr. 2 BGB; § 131 Abs. 1 Nr. 1 HGB i.V.m. § 161 Abs. 2 HGB; § 262 Abs. 1 Nr. 1 AktG; § 60 Abs. 1 Nr. 1 GmbHG. Für stille Gesellschaft Baumbach/*Hopt*, § 234 Rn. 2.

Vorschriften des KAGB bestätigen die Geltung der allgemeinen Grundsätze für offene Publikumsfonds.[315] Ausgenommen sind offene Publikums-Immobilienfonds gem. § 230 Abs. 2 KAGB. Dort gebieten die Anlagegegenstände ein sehr langfristiges Handeln.

II. Typ

Die Realisierung des geschlossenen Typs wirft in allen Rechtsformen grundsätzlich keine Probleme auf, weil mangels Auszahlung aus dem Mittelbestand der Gesellschaft keine Gläubigerinteressen betroffen sind. Der offene Typ lässt sich als Korporation mittels der dafür geschaffenen Inv-AG gem. §§ 108 ff. KAGB realisieren. Ein Fondsinitiator kann zudem einen quasi-offenen Typ als Anlage- und REIT-AG unter Einschaltung einer Rückkaufsgesellschaft organisieren, die sich gegenüber den Anlegern zum Rückkauf verpflichtet.[316] Die Verbote der §§ 71a bis 71e AktG gelten nur im Fall eines Rückkaufs für Rechnung der Gesellschaft oder einer ihrer Tochtergesellschaften. Erfolgt der Rückkauf durch oder für Rechnung der externen Verwaltungsgesellschaft oder deren Mutterkonzern, stehen §§ 71a ff. AktG nicht entgegen: Weder bringt die Verwaltungsbeziehung eine gesellschaftsrechtliche Beteiligung an der AG mit sich, noch erfolgen Ausgabe und Rückkauf der Anteile für Rechnung und damit ggf. zulasten des Vermögens der AG. Man wird die Übernahme der Rückkaufsverpflichtung als Dienstleistung, nicht aber als Rückkauf *für die Anlage-AG* zu verstehen haben, weil die AG niemals die Inhaberschaft an ihren eigenen Aktien erlangt. In dem Extremfall, dass alle Gesellschafter ihre Anteile zurückgeben, wird die Rückkaufsgesellschaft Alleinaktionärin. Sie kann die Anlage-AG durch Beschluss auflösen und das Liquidationsguthaben vereinnahmen. Die Rückkaufsverpflichtung legt der Rückkaufsgesellschaft ein Liquiditätsrisiko und ggf. das Risiko von Marktpreisschwankungen in Bezug auf die gehaltenen Anteile auf. Ein Substanzrisiko besteht indes nicht, solange der Rückkauf zum Nettoinventarwert erfolgt. Die Rückkaufsgesellschaft ist einerseits Liquiditätsgarant (wie der börsliche Market Maker, der einer Eintrittspflicht gegenüber den Wertpapierinhabern unterliegt). Sie sichert andererseits als Preisgarant einen Handelspreis möglichst nah am Nettovermögenswert. Mit dem aktienrechtlichen Kapitalschutz ist es noch vereinbar, wenn die Rückkaufsverpflich-

---

[315] Z.B. § 162 Abs. 2 Nr. 7 KAGB für offene Publikumsfonds; s. des Weiteren § 138 Abs. 1 und § 161 Abs. 2 KAGB (arg. ex „vor dem Ablauf der für ihre Dauer bestimmten Zeit").

[316] Eine solche Gestaltung war in Luxemburg bis zur gesetzlichen Regelung des offenen Typs (SICAV) gebräuchlich. Britische Kollektivanlagen nutzten dieses Mittel zur Umgehung der Kapitalschutzbestimmungen des Companies Act. Art. 1 Abs. 2 Bst. b OGAW-RL stellt deshalb der Rücknahme oder Auszahlung Handlungen gleich, mit denen ein OGAW sicherstellt, dass der Kurs seiner Anteile nicht erheblich von deren Nettoinventarwert abweicht. S. dazu auch die Definition der closed-ended funds durch die Irish Stock Exchange, Code of Listing Requirements and Procedures, Investment Funds, Definitions.

tung über die indirekte Vergütung durch Ausgabeaufschlag und Rückgabeab-
schlag hinaus moderat vergütet wird; dies folgt aus einer Parallelwertung zum
Market Maker bzw. Designated Sponsor eines Emittenten, dessen Liquiditäts-
dienstleistung durch verbindliche Kursofferten vom Emittenten ebenfalls separat vergütet wird.[317]
Personengesellschaften sowie Anlageorganisationen in Vertrags- und Treuhandform sind keinem strengen Kapitalschutzrecht unterworfen. Komplementär, Verwaltungsgesellschaft oder Treuhänder können sich zum Anteilsrückkauf verpflichten. Dies bestätigt für vertragliche und Treuhandfonds die Vorschrift des § 98 Abs. 1 S. 1 KAGB, wonach die KVG grundsätzlich zur
Rücknahme verpflichtet ist. Des Weiteren lässt sich der offene Typ immer durch
Zwischenschaltung einer Rückkaufsgesellschaft analog zur AG realisieren.

III. Handelbarkeit der Fondsanteile

Die Handelbarkeit der Fondsanteile folgt aus dem Dreiklang von Abtretbarkeit,
Verbrief- bzw. Verbuchbarkeit und Börsenfähigkeit. Hier stehen höchstpersönliche Anlageformen (z.B. § 719 Abs. 1 BGB) sehr liquiden Anlagen wie z.b. den
Anteilen an einer börsennotierten Beteiligungs-AG[318] oder KGaA oder einer
Inv-AG gem. §§ 108 ff. KAGB gegenüber. Als Wertpapier per definitionem handelbar (§ 2 Abs. 1 Satz 2 WpHG) sind die vertraglichen Rechte und Pflichten, die
ein Anteilschein an einem Investmentsondervermögen gem. § 1 Abs. 10 KAGB
repräsentiert. Dies bestätigt die insoweit deklaratorische Regelung des § 95
KAGB. Ihr konstitutiver Gehalt besteht in der zugleich statuierten *Pflicht* zur
Verbriefung. Die Vorgabe, dass Anteile an Spezial-AIF nur an professionelle
oder semiprofessionelle Anleger übertragen werden dürfen (§ 277 KAGB), ist
eine Ausnahme von dem Grundsatz der freien Handelbarkeit. Sofern kein Ausschluss gem. § 399, 2. Alt. BGB vereinbart wird, sind auch vertragliche Forderungen gegen einen Treuhänder z.B. aus „Beteiligungen", abtret- und – als
Schuldverschreibung gem. § 793 ff. BGB – verbriefbar.
   Als Zwitterform erweist sich die GmbH & Co.-KG: Kommanditbeteiligungen sind nach der gesetzlichen Ausgangslage nicht übertragbar (wohl aber Aktien der KGaA). Im 19. Jahrhundert galt die Nichtübertragbarkeit des Anteils

---

[317] Vgl. § 23 Abs. 4 WpHG (Zuordnung zur Wertpapierdienstleistung „Eigenhandel", also
für eigene Rechnung des Auftragnehmers), § 76 Abs. 2 BörsO FWB (Handeln im Auftrag des
Emittenten) sowie § 76 des Mustervertrags der Deutschen Börse, wonach der Designated
Sponsor eine Pauschalvergütung p.a. zzgl. einer performanceabhängigen variablen Vergütung
für die Bereitstellung von Zusatzliquidität erhält; vgl. zur Tätigkeit des Market Maker *Münch-
Komm-HGB/Ekkenga*, Effektengeschäft Rn. 117; *KMRK/Beck*, § 27 BörsG Rn. 42; Ass-
mann/Schütze/*Franke*, 3. Aufl. § 2 Rn. 85 ff.; *Eisele/Faust* in Bankrechts-Handbuch, § 109
Rn. 17.
[318] Aktien, sofern sie nicht vinkuliert (§ 68 Abs. 2 AktG) sind, sind jedenfalls gem. §§ 398 ff.
BGB abtretbar. Sofern sie verbrieft sind, ist das Wertpapier (richtigerweise alternativ zur Abtretung) nach sachenrechtlichen Grundsätzen übertragbar und fungibel.

sogar als das personalistische Merkmal der KG.[319] Entsprechend ist die Übertragung eines KG-Anteils an die Zustimmung aller Mitgesellschafter geknüpft.[320] Zudem fehlt eine Standardisierung mangels numerischer Messbarkeit von Geschäftsanteilen an Personengesellschaften. Der Gesellschaftsvertrag kann die Übertragbarkeit jedoch abweichend regeln (§ 163 HGB).[321] Weil die KG rechtsfähig ist, kann sie KG-Anteile prinzipiell auch verbriefen. Dies ist in Deutschland für die KG – anders die KGaA – zwar nicht üblich. Zudem stand die Kommanditistennachhaftung einer völligen Fungibilität lange Zeit entgegen.[322] Dieses Argument sollte mit dem Haftungsausschluss nach Leistung der Einlage gem. §§ 127, 152 KAGB entfallen sein. Dies liegt auf einer international auszumachenden Linie: Nach Art. 15 des liechtensteinischen AIFMG bestimmt der Gesellschaftsvertrag über die Wertpapiereigenschaft. KG-Anteile werden regelmäßig als „Wertpapier" im Sinne des niederländischen Rechts angesehen,[323] luxemburgische FIS- und SICAR-Anteile können an der luxemburgischen Fonds-Börse[324] und die Anteile von Fonds in Form der Limited Partnership an der Irish Stock Exchange zum Handel zugelassen werden.[325] Das Premium-

---

[319] *Boesebeck*, S. 24 f. *Bueren*, ZHR 178 (2014), 717.

[320] Baumbach/*Hopt*, § 161 Rn. 8.

[321] Entgegen §§ 161 Abs. 2, 105 Abs. 3 HGB i.V.m. § 719 Abs. 3 BGB ist die Übertragung der Kommanditanteile einer GmbH & Co. KG zulässig, wenn der Gesellschaftsvertrag die Übertragbarkeit vorsieht (Ebenroth/*Strohn*, HGB, § 173 Rn. 10) oder die Mitgesellschafter zustimmen (RG, DNotZ 1944, 195, 198; BGHZ 13, 179, 185 f. Rn. 11 f.: Genehmigung jedes Gesellschafters erforderlich, sonst schwebende Unwirksamkeit; BGHZ 81, 82, 84; *Wiedemann*, Übertragung, S. 58 ff.: blanco-Zustimmung zulässig). Die daneben erforderliche Anmeldung zur Eintragung in das Handelsregister in öffentlich beglaubigter Form (§ 12 Abs. 1 HGB) ist kein Wirksamkeitserfordernis der Anteilsübertragung (Ebenroth/*Strohn*, HGB, § 173 Rn. 10). Alternativ kann jeweils das Ausscheiden und der Neueintritt im Namen und mit Wirkung für alle Gesellschafter vereinbart werden, freilich ohne Rechtskontinuität in der Mitgliedschaft.

[322] Ausführlich *Bueren*, ZHR 178 (2014), 719 ff. Aus diesem Grund verneint die h.M. die Wertpapiereigenschaft von KG-Anteilen im Sinne des WpHG oder des WpPG. Vgl. RegE FRUG, BT-Drs. 16/4028, S. 54; Fuchs/*Fuchs*, § 2 Rn. 23; KMRK/*Kumpan*, § 2 Rn. 19 (de lege lata); *Voß* BKR 2007, 45, 52 f. (aber für Gestaltungsspielraum des nationalen Gesetzgebers); *Bruchwitz/Voß*, BB 2011, 1226, 1228; *Sester*, ZBB 2008, 369, 382; für Erfassung geschlossener Fonds wegen vergleichbaren Schutzbedarfs Assmann/Schneider/*Assmann*, § 2 Rn. 16 f.; *Haar*, FS Hopt, S. 1865, 1870 f. Dieser Argumentation ist durch die partielle Gleichstellung von geschlossenen Fonds mit Wertpapieren für Zwecke der §§ 31 ff. WpHG die Basis genommen.

[323] Art. 5 (1) des niederländischen Finanzmarktaufsichtsgesetzes (NFSA) beschränkt sich ebenso wie NYSE Euronext Rule Book I (unter Art. 1.1 „Investment Fund" und „Investment Companies") auf die europäische Definition eines Wertpapiers / Security gemäss der Prospekt-RL. Unter Anwendung dieser Grundsätze wurde im Jahr 2006 die KKR Private Equity Investors L.P. mit Sitz in Guernsey zum Börsenhandel zugelassen.

[324] Vgl. *F. Lifrange*, Listing of SIFs and SICARs: Hurdles und Solutions, Luxemburg Fund Review, No. 1, S. 10 (SICAR als Securities, Lösung für Übertragungsbeschränkungen gefunden). Zur Settlement-Frage vgl. Clearstram Banking Luxembourg, Doc. 6448, „Guidelines for acceptance of Investment Fund Shares for custody and settlement in Clearstream Banking Luxembourg („CBL")".

[325] Vgl. Irish Stock Exchange, Code of Listing Requirements and Procedures – Investment

Listing gemäß der englischen Listing Rules für „closed-end investment funds"
steht LPs und LLPs offen.[326] Auch das US-Recht betrachtet die Nichtübertragbarkeit von Partnership-Anteilen als einer anderen Regelung zugängliche *default rule*.[327] LP-Anteile sind regelmäßig und LLC-Anteile jedenfalls dann Investment Contract und damit Securities, wenn Fremdverwaltung gegeben ist.[328]

Gegen die Fungibilität im technischen Sinn spricht auch nicht die Pflicht zur
Handelsregistereintragung des Kommanditisten (§ 162 HGB). Diese ist nach
den AGB nicht Wirksamkeitserfordernis für die Übertragung, sondern Voraussetzung für die Haftungsbeschränkung des Kommanditisten (arg. ex. § 176
HGB). Nimmt man das (aus Anlegersicht schwer erträgliche) Risiko der Haftung für den Zeitraum zwischen Erwerb und Eintragung hin, kann die direkte
KG-Beteiligung fungibel ausgestaltet sein. Allerdings schlägt §§ 177 Abs. 4
KAGB den gegensätzlichen Weg ein: Danach wird der Beitritt erst mit der Handelsregistereintragung wirksam. Diese Regelung erklärt sich jedoch einzig mit
dem Ziel einer vollständigen Haftungsbefreiung der Anleger. Die Wirkung des
§ 176 HGB lässt sich durch Zwischenschaltung eines Treuhandkommanditisten
beheben, der für alle Beteiligten im Handelsregister eingetragen ist und der die
Beteiligten wirtschaftlich so stellt, als ob sie Kommanditisten wären. Dies erleichtert § 152 Abs. 1 KAGB für die Publikums-Inv-KG. Die fehlende Fungibilität der Kommanditbeteiligung ist somit keine Grundsatzentscheidung des
Rechts, sondern Gestaltungsfrage.

Die Hürde wider die Übertragung eines GbR- oder stillen Gesellschafts-„Anteils" gem. §§ 717 S. 1, 719 BGB lässt sich ebenfalls durch Einbindung eines
Treuhänders umgehen. Die Treuhandbeteiligungen sind grundsätzlich nach
§§ 398 ff. BGB abtret-, ggf. auch als Zertifikate verbrief- und handelbar.

IV. Stellung des Verwalters

Das Verwalterermessen lässt sich im Außen- oder Innenverhältnis beschränken.
Bei einer Beschränkung im Außenverhältnis verpflichten Handlungen des Verwalters die Anleger nur im Rahmen des definierten Umfangs. Dies ist bei der
Vertragsform durch Beschränkung der Vollmacht auf bestimmte Geschäfte
möglich. Nur innerhalb der Vertretungsmacht abgeschlossene Geschäfte wir-

---

Funds, Definitions, sub „Funds": „Funds means an undertaking which is a company, unit
trust, limited partnership or other entity with limited liability the objective of which is the
collective investment of its capital."

[326] Vgl. die Definition des closed-ended investment fund gem. Appendix 1 der Listing Rules der London Stock Exchange: „an entity (a) which is an undertaking with limited liability,
including a ... limited partnership, or limited liability partnership ...".

[327] *Ribstein*, Uncorporation, S. 79.

[328] Vgl. *Ribstein*, Uncorporation, S. 186 ff. Für generelle Herausnahme der LLCs aus dem
Begriff der Investment Contracts und damit der Securities hingegen *Ribstein*, (1994) 51 Wash.
& Lee L. Rev. 807 (Argument: Form over Substance); *Sargent*, (1992) 19 Pepp. L. Rev. 1069,
1080 ff. (aufgrund einer Auswertung der Einzelfallentscheidungen zur Security-Definition).

ken für und gegen die Anleger (§ 164 Abs. 1 S. 1 BGB). Der Rechtsverkehr kann sich durch Anforderung einer Vollmachtsurkunde schützen (§§ 172, 174 BGB), wozu er durch das Handeln im fremden Namen veranlasst wird. Bei der Treuhand wirken Geschäfte zunächst nur für und gegen den Treuhänder. Erst über den Herausgabeanspruch des Auftraggebers und den Ersatzanspruch des Geschäftsbesorgers (§§ 675, 667, 670 BGB) kommt es zur Leistungszuordnung an den Treugeber. Beide Ansprüche bestehen grundsätzlich nur im Rahmen des erteilten Geschäftsbesorgungsauftrags (Ausn. § 665 BGB), jenseits davon gelten die Regeln zur Geschäftsführung ohne Auftrag.

Aus Gründen des Verkehrsschutzes trifft § 93 KAGB eine differenzierte Lösung. Die KVG muss für von ihr begründete Verbindlichkeiten jedenfalls persönlich einstehen. Das Handeln der KVG verpflichtet zunächst weder die Anleger noch das Sondervermögen (Abs. 2), sie hat sich mit ihrem Anspruch auf Ersatz von Aufwendungen und Vergütung aus dem Sondervermögen schadlos zu halten (Abs. 3). Aus im Widerspruch zu den § 93 Abs. 4 bis 7 KAGB abgeschlossenen Geschäften entsteht kein Aufwendungsersatzanspruch. Befriedigt sich die KVG dennoch aus dem oder veräußert sie unmittelbar Gegenstände des Sondervermögens, ist die Transaktion zwar Dritten gegenüber wirksam,[329] die KVG macht sich aber ersatzpflichtig. Ersatzansprüche gegen die KVG oder Herausgabeansprüche gegen Dritte fallen in das Sondervermögen, vgl. § 93 Abs. 8 KAGB für die Anteilsausgabe ohne Zufluss des Gegenwerts.[330]

Für Personenhandelsgesellschaften ist zwischen Vertretungs- und Geschäftsführungsmacht zu differenzieren. Die Vertretungsmacht liegt immer beim Komplementär. Sie kann allenfalls in personeller Hinsicht, z.B. durch Eintragung einer unechten Gesamtvertretung gem. § 125 Abs. 2 und 3 HGB, nicht aber dem Umfang nach beschränkt werden.[331] Die h.M. sieht mit dem Vertretungsmonopol indes kein Leitungsmonopol verknüpft:[332] Bei der Geschäftsführung sind die im Gesellschaftsvertrag bestimmten Restriktionen zu beachten.[333] So kann ein Geschäft an die Zustimmung eines oder aller Kommanditisten geknüpft oder im Gesellschaftsvertrag ein Weisungsrecht durch Gesellschafterbeschluss vorgesehen sein.[334] Sogar eine Gestaltung, bei der einem mit Prokura oder Handlungsvollmacht ausgestatteten Kommanditisten die ausschließliche Geschäftsführungsbefugnis eingeräumt wird und der Komplementär nur kraft seiner Vertretungsmacht im Außenverhältnis widerspruchsbefugt ist (und bei Ausübung gegen Restriktionen des Gesellschaftsver-

---

[329] Ausnahme: Verstoß gegen das Aufrechnungsverbot nach § 93 Abs. 6 KAGB.
[330] Allgemein auch Berger/*Schmitz*, § 31 Rn. 13, 21 ff.; Emde/*Nietsch*, § 31 Rn. 20.
[331] §§ 161 Abs. 2, 125, 126 HGB.
[332] Vgl. *Westermann*, Vertragsfreiheit, S. 10 m.w.N.; a.A. *Wiedemann*, GesR II, § 9 II 2, S. 772.
[333] §§ 161 Abs. 2, 109, 1. Hs. HGB.
[334] BGHZ 76, 160, 164 Rn. 18 (im konkreten Fall aber mangels der gesellschaftsvertraglich erforderlichen Zustimmung des Komplementärs abgelehnt).

trags verstößt), soll zulässig sein. Eine solche Gestaltung ist aus steuerlichen Gründen bei Publikums-KGs häufig anzutreffen.[335]

Bei Überschreitung der Geschäftsführungsbefugnis ist das Geschäft wirksam, der Komplementär haftet nach h.M. den Kommanditisten aus Geschäftsführung ohne Auftrag (§§ 677 ff., insbesondere § 678 BGB); auf § 708 BGB kann er sich nicht berufen.[336] Wie dem Treuhänder, der jenseits des Treuhandauftrags handelt, wird ihm Aufwendungsersatz aus dem Gesellschaftsvermögen (§ 683 S. 1 BGB) versagt, er muss aber persönlich für die Verbindlichkeit einstehen (§ 128 Abs. 1 HGB). Dennoch bestehen Unterschiede im Außenverhältnis: Die Gläubiger können zunächst offene Einlageverpflichtungen der Kommanditisten (§ 171 Abs. 1 HGB) oder das gesamthänderisch gebundene Vermögen zur Befriedigung heranziehen.

Für die GbR kommt es bekanntlich vorbehaltlich abweichender Regelungen im Gesellschaftsvertrag zur Gesamtvertretung (§§ 709, 714 BGB). Die Vertretungsmacht reicht im Zweifel soweit wie die Geschäftsführungsbefugnis (§ 714 BGB). Nach der gesetzlichen Regelung stützt sich der Verkehrsschutz damit nur auf die Eigeninitiative der §§ 712, 714 BGB und die Risikoverteilung des § 179 BGB. Dabei mag es bleiben, wenn man § 174 S. 1 BGB analog anwendet.[337] Ein Teil des Schrifttums hält den Verkehrsschutz jedoch für unzureichend und deutet die Vorschrift des § 714 BGB in eine unwiderlegbare Vermutung um, soweit der Geschäftsbereich des Gesellschafters reicht.[338] In beiden Fällen lässt sich die Vertretungsmacht des geschäftsführenden Gesellschafters begrenzen, im ersten Fall durch Begrenzung der Vertretungsmacht, im zweiten Fallen durch einen Zuschnitt des Geschäftsbereichs *dem Umfang* nach. Bei der stillen Gesellschaft als Innengesellschaft wirken Beschränkungen nur zwischen Geschäftsinhaber und Gesellschafter. Der Gesellschaftsvertrag kann Regelungen zum Innenverhältnis treffen, z.B. Zustimmungsrechte der einzelnen Gesellschafter vorsehen oder bestimmte Geschäfte untersagen. Bei deren Verletzung macht sich der Geschäftsinhaber ersatzpflichtig.[339]

Zunächst weder im Innen- noch im Außenverhältnis beschränkt ist die Vertretungs- und Geschäftsführungsmacht des AG-Vorstands. Gewisse Beschränkungen, die nach h.M. nur im Innenverhältnis wirken, folgen aus dem statutari-

---

[335] Einkünfte einer GmbH & Co.-KG gelten nach § 15 Abs. 3 Nr. 2 EStG wegen der Geschäftsführung durch ausschließlich beschränkt haftende Gesellschafter als gewerblich. Jedoch kann die steuerliche Einstufung als Vermögensverwaltung durch Übertragung von Geschäftsführungsbefugnissen auf einen Kommanditisten erreicht werden, vgl. BFH, DStR 1996, 1443, 1444; *Kind/Oertel*, BKR 2009, 319 f., dort auch zu möglichen prospekthaftungsrechtlichen Folgen.

[336] MünchKomm-BGB/*Ulmer/Schäfer*, § 708 Rn. 5; BGH, NJW 1997, 314 Rn. 7.

[337] BGH, NJW 2002, 1194, Ls. und Rn. 9; nach *Wiedemann*, GesR II, § 7 III 3 a), S. 654 gilt dann für die Gegenseite § 174 S. 1 BGB analog.

[338] *Wiedemann*, GesR II, § 7 III 3 v), S. 656.

[339] *Wiedemann*, GesR II, § 10 III 1 a), S. 894 f.

schen Unternehmensgegenstand und den Zustimmungspflichten des Aufsichtsrats für bestimmte Geschäfte (§ 111 Abs. 4 S. 2 AktG). Diese müssen indes die
aktienrechtliche Grundordnung (§ 23 Abs. 5 AktG) unberührt lassen, wonach
der Vorstand die Geschäfte führt (§ 78 AktG). Dabei bleibt es für die Anlage-
und REIT-AG. Keine solche Grenze besteht für die Inv.-AG. §§ 108 Abs. 2, 140
Abs. 2 KAGB bedingen § 23 Abs. 5 AktG ab. Soweit ersichtlich, wird im Schrifttum bislang nicht diskutiert, ob §§ 108 Abs. 2, 140 Abs. 2 KAGB einen Eingriff
in das Verwalterermessen dergestalt ermöglichen, dass die in §§ 76 bis 78 AktG
verankerte organschaftliche Stellung des Vorstands modifiziert wird. Richtigerweise ist zwischen Innen- und Außenverhältnis zu differenzieren. Dass es
Vorstand und Aufsichtsrat geben soll, folgt aus §§ 119, 147 KAGB. Da der Vorstand der intern verwalteten Inv.-AG am Kapitalmarkt auftreten soll – er tätigt
die Geschäfte für die Inv.-AG –, ist eine Einschränkung der Vertretungsmacht
des § 78 AktG mit dem öffentlichen Interesse an Transaktionssicherheit unvereinbar. Im Innenverhältnis kann man abweichende Regelungen treffen. Dass
eine Einschränkung der Geschäftsführungsbefugnis in größerem Umfang als
bei der AG nach dem AktG möglich ist, zeigt bereits § 110 Abs. 2 Nr. 1 i.V.m.
§ 192 KAGB, wonach die Satzung bei OGAW-konformer Gestaltung die Anlage auf bestimmte Finanzinstrumente beschränken soll. Die Satzung der Inv-
AG kann die Geschäftsführungsbefugnis somit restriktiv oder liberal ausgestalten. An dieser Stelle noch nicht abschließend zu beantworten ist schließlich
das Verhältnis der KVG, die die Anlageentscheidungen, das Risiko- und Liquiditätsmanagement übernimmt, zur Kompetenz von Vorstand und Aufsichtsrat
der extern verwalteten Inv.-AG gem. §§ 112 Abs. 1, 144 Abs. 1 KAGB.[340]

Für alle Kollektivanlagen limitieren schließlich die Inhalte der Mindestanle-
gerinformation, Prospekte und Werbung den Handlungsspielraum.[341] Jeder
Verwalter ist zum rechtmäßigen Handeln[342] und nach Möglichkeit zur Vermeidung von Prospekthaftungsansprüchen verpflichtet, und zwar unabhängig davon, ob sich diese Ansprüche wie bei der intern verwalteten Anlage- oder
REIT-AG gegen die Kollektivanlage oder wie bei einem extern verwalteten vertraglichen Investmentfonds gegen die KVG richten.

B. Anlegerperspektive

Somit können in allen Rechtsformen die wesentlichen Organisationsentscheidungen abgebildet werden. Gelegentlich bedarf es dafür etwas mehr Mühe,
durch Einschaltung von Treuhändern und den Aufbau von Parallelstrukturen

---

[340] Dazu Fünfter Teil, § 30.C.I.1.
[341] Vgl. für OGAW Art. 68 ff. und Anhang I der OGAW-RL, für AIF Art. 23 AIFM-RL,
für Emittenten von Wertpapieren § 3 Abs. 1 WpPG – für beaufsichtigte Anlage-AGs i.V.m.
Anhang I und XI der Prospekt-VO – sowie § 1 VermAnlG.
[342] § 26 Abs. 2 Nr. 5 KAGB; Art. 61 AIFM-VO.

(z.B. Rückkaufsgesellschaft). Auch bestehen Unterschiede in Bezug auf die Möglichkeiten, die Befugnisse des Verwalters zugunsten der Anleger einzugrenzen. Dies wird den Initiator indes wenig kümmern.

Die Frage, ob die Rechtsformwahl aus Sicht der Anleger entscheidende Weichenstellungen mit sich bringt, lässt sich anhand *U.H.Schneiders* Mindeststandards für den unternehmensinternen Anlegerschutz verproben. Danach muss „[u]nabhängig von der einzelnen Rechtsform"[343] Gründungsschwindel vermieden, die gesellschaftsinterne Entscheidungsorganisation gewissen Mindestanforderungen unterworfen, das Entscheidungsverfahren formalisiert, die Kapitalverwendung durch die Unternehmensleitung mittels repräsentativer Aufsichtsgremien und Rechnungslegung kontrolliert und schließlich das Lösungsrecht des Gesellschafters durch Verkauf, Kündigung, Austritt oder Rückgabe gesichert werden. Für das Austrittsrecht wurde bereits gezeigt, dass Anteile in jeder Rechtsform rückgeb- oder übertragbar gestaltet werden können. Im Folgenden zu behandeln sind die übrigen Anforderungen.

I. Qualitative Anforderungen an die Unternehmensleitung

In rechtlicher Terminologie geht es bei der Vermeidung von Gründungsschwindel ebenso wie bei der Frage formalisierter Entscheidungsprozesse um qualitative Anforderungen an die Unternehmensleitung.

Rechtsformbezogene Gründungsregeln bestehen bei der AG, diese sind aber nicht wirksam: Die Aufbringung von 50.000 € Mindestkapital wird einen Betrüger ebenso wenig abschrecken wie das aufwendige Gründungs- und Eintragungsverfahren der §§ 23 ff. AktG. Zweifelsohne kann ein Initiator Ehrlichkeit signalisieren, indem er einen größeren Betrag aufbringt. Auch kann eine Treuhand-GmbH (oder UG haftungsbeschränkt!) umfangreich kapitalisiert oder der Verwalter im Vertragsmodell zugleich als Kredit- oder Finanzdienstleistungsinstitut mit anderer Geschäftätigkeit zugelassen sein und aufgrund des Umfangs seiner Geschäftätigkeit und Organisation Seriosität signalisieren. Aber dann sind nicht die Rechtsform der Kollektivanlage, sondern freiwillige Parameter maßgeblich. Die wesentlichen Weichenstellungen sind nicht Folge der Rechtsform, sondern des einschlägigen Sonderrechts, das eine Mindestkapitalisierung,[344] geordnete Geschäftsorganisation und Risikoprozesse[345] verlangt.

---

[343] *U.H.Schneider*, ZHR 142 (1978), 228, 238.

[344] Danach ist eine Kapitalausstattung zwischen 300.000 € (für die intern verwaltete Kollektivanlage) bzw. 125.000 € und 10 Mio. € für die Verwaltungsgesellschaft, die Anlageorganismen in erheblichen Umfang verwaltet, erforderlich. Vgl. Art. 9 AIFM-RL sowie Art. 7 Abs. 1 Bst. a und Art. 29 Abs. 1 OGAW-RL, umgesetzt in §§ 25, 114 KAGB. Hinzu tritt eine Pflichtversicherung für operative Risiken (z.B. Rechtsverstöße von Mitarbeitern). Die Eigenmittelanforderungen der Anlageverwalter (§ 1 Abs. 1a Nr. 11 KWG) entsprechen denen für die individuelle Finanzportfolioverwaltung.

[345] Vgl. Art. 12, 14 bis 16, 18, 19 AIFM-RL sowie Art. 12 bis 14 OGAW-RL, umgesetzt insbesondere in §§ 26 bis 28 KAGB.

Unter Berücksichtigung des Sonderrechts ist die Schutzintensität keine Frage der Rechtsform.

II. Anlegerbeteiligung an Entscheidungsprozessen

Die von *U.H.Schneider* postulierte gesellschaftsinterne Entscheidungsorganisation meint Anlegerbeteiligung an Entscheidungsprozessen. Nur bei der AG ist das Mitentscheidungsverfahren streng formalisiert (§§ 23 Abs. 5, 118 ff. AktG). Die Wirksamkeit dieses Schutzes ist zweifelhaft. Der Anteil des einzelnen Anlage-Aktionärs ist marginal, die für die Ausübung von Aktionärsrechten anfallenden Informations- und Koordinationskosten verzehren i.d.R. den Nutzen der Rechtsausübung. Infolgedessen ist Passivität die Folge einer im ökonomischen Sinn rationalen Entscheidung (rationale Apathie).[346] So ist der Aktionärseinfluss in der AG häufig nicht die Folge von Informations- und Stimmrecht, sondern deren legislative Verstärkung über das Anfechtungsrecht. Dies mag in Rechtsbeziehungen seine Berechtigung haben, in denen ein Vorstand den Unternehmenszweck[347] gemäß seinem eigenen Verständnis ausfüllt oder den Aktionären ein Kontrollaktionär gegenübersteht. Indes wurde gezeigt, dass das Handlungsermessen des Verwalter-Vorstands typischerweise durch präzise Anlagebestimmungen in den konstitutiven Dokumenten, Prospekten oder Werbeangaben auf bestimmte Anlagetätigkeiten beschränkt ist. Dies reduziert den Bedarf für ein allgemeines Kontrollrecht. Entsprechend unterstellen die EU-Richtlinien zwar den Entscheidungsprozess in der operativ tätigen AG, nicht aber den in der Anlage-AG, zwingend den Vorschriften der Aktionärsrechte-RL.[348] Auch die OGAW- und AIFM-RL stellen die Frage der Anleger-Stimmrechte in das Belieben des nationalen Gesetzgebers.[349] In den USA bedarf gem. s. 13 ICA jede Abweichung von den konstituierenden Dokumenten in Bezug auf die Anlagestrategie der Zustimmung der Mehrheit der ausgegebenen Stimmrechtsaktien, beim *common law trust* – hier werden keine Stimmrechtsaktien ausgegeben – der schriftlichen Zustimmung der Anteilseigner.

Der Gesetzgeber hat sich grds. gegen Stimmrechte für Anlageaktien bei der offenen Inv-AG entschieden (§ 109 Abs. 3 S. 2 KAGB). Die soeben geäußerte Kritik zur Schutzwirkung des Stimmrechts in Anlagebeziehungen wird jeden-

---

[346] Die Bezeichnung findet sich, soweit ersichtlich, erstmals bei *Clark*, (1979) 29 Case West. Res. L. Rev. 776, 779; die Erkenntnis ist erheblich älter. Aus dem deutschen Schrifttum z.B. *U.H. Schneider/Burgard*, FS Beusch, S. 783, 786 ff.; *Baums/von Randow*, AG 1994, 145, 147, aus dem US-Schrifttum *Berle/Means*, Modern Corporation, S. 76 („As his personal vote will count for little or nothing at the meeting unless he has a very large block of stock, the stockholder is practically reduced to the alternative of not voting at all or else of handing over his vote to individuals over whom he has not control and in whose selection he did not participate").
[347] Vgl. dazu *Semler*, FS Hopt, S. 1391.
[348] Vgl. die Ausnahme gemäß Art. 1 Abs. 3 Aktionärsrechte-RL.
[349] Art. 44 OGAW-RL; die AIFM-RL trifft keine Regelungen zu Stimmrechten.

falls für die offene Inv-AG offensichtlich geteilt. Dass in anderen Anlageformen das Stimmrecht entweder gar nicht besteht (Vertrags-, Treuhandform, stille Gesellschaft) oder über Treuhänder in einer Form mediatisiert ist, die den Anlegern Einfluss nimmt (KG, GbR), erscheint deshalb nicht als Mangel. Allerdings knüpft das KAGB bestimmte Handlungen an die Individual-Zustimmung der Anleger.[350] Wiederum ist der Mitwirkungsumfang im Wesentlichen keine Rechtsform-, sondern Gestaltungsfrage.

III. Kontrolle der Unternehmensleitung

Die Kontrolle der Unternehmensleitung besteht nach *U.H.Schneider* aus der dauerhaften Kontrolle durch ein Repräsentativorgan der Anleger (Aufsichtsrat) und einer angemessenen Rechnungslegung.

Der erste Aspekt soll zunächst zurückgestellt werden.[351] In Bezug auf die Rechnungslegung sind die rein gesellschaftsformbezogenen Vorgaben für die häufig als Anlagegesellschaft auftretende GmbH & Co. KG und AG seit Inkrafttreten der Kapitalgesellschaften & Co.-RL identisch (§§ 264a bis c HGB), aber abhängig von der Unternehmensgröße.[352] Weitergehende Pflichten bestehen unabhängig von Größe und Rechtsform im Fall der Kapitalmarktorientierung (§§ 264d, 327a HGB). Eine Börsennotierung ist nach deutschem Recht – anders als beim englischen Investment Trust, der steuerliche Privilegien für seine Anleger anstrebt, und der schweizerischen Anlage-AG, die sich von den KAG-Regeln befreien will – nicht zwingend. Keine an die Anleger gerichtete Rechnungslegung existiert der Rechtsform nach jenseits der wenig praxisrelevanten Schwellenwerte des PublG für Anlagevehikel in Form der GbR, des Vertrags- oder des Treuhandmodells. Dann können sich Anleger allenfalls über die Person der Vertragspartner (des Treuhänders etc.) im Unternehmensregister orientieren.

Der rechtsformbezogenen Disparität hilft wiederum das Sonderunternehmensrecht ab. Das KAGB (in Umsetzung europäischen Rechts) und das VermAnlG schreiben präzise die Aufstellung, Gliederung, und Prüfung des Abschlusses und der Zwischenberichte vor.[353] Eine geprüfte periodische Anlegerinformation ist auch dann geboten, wenn dies nach der Rechtsform nicht

---

[350] Vgl. z.B. § 284 Abs. 2 Nr. 1 KAGB für die Abweichung des Verwalters von Spezialfonds von den Schutzbestimmungen für Publikumsfonds; § 132 Abs. 7 Nr. 2 KAGB für die im Verhältnis zur gesetzlichen Sechs-Monats-Frist frühere Auflösung eines Teilgesellschaftsvermögens einer offenen Inv-KG; § 281 Abs. 1 S. 2 KAGB für die Fondsverschmelzung.

[351] Vgl. zum Anlagedreieck § 22.A.

[352] §§ 264 Abs. 1, 290 Abs. 1, 267 HGB; die §§ 325 bis 327a HGB betreffen die Offenlegung. Die Anleger haben als Gesellschafter indes bereits regelmäßig vorher Zugang zu den aufgestellten Abschlüssen.

[353] Art. 68 Abs. 1 Bst. b, 69 Abs. 3 und 4 i.V.m. Anhang I OGAW-RL; Art. 22 AIFM-RL i.V.m. Art. 103 ff. AIFM-VO, umgesetzt in §§ 101 bis 107 KAGB für Sondervermögen, §§ 120 bis 123 und §§ 148 KAGB für die Inv-AG, §§ 135 bis 138 und §§ 158 bis 160 KAGB für die Inv-KG; §§ 101; §§ 23 ff. VermAnlG.

erforderlich ist (vgl. insb. § 23 VermAnlG). Die rechtsformbezogenen Unterschiede werden eingeebnet.

C. Modifikation und Substitution

Kommt es nicht auf die Rechtsform, sondern deren konkrete Ausgestaltung (Realform) an, kann jede Rechtsform so dargereicht werden, dass sie Anlegerschutzkriterien entspricht, aber ebenso können diese in ihr Gegenteil verkehrt werden. Das Sonderrecht für Kollektivanlagen regelt deshalb rechtsformneutral.

I. Funktionale Substitution

Dies wirft die Frage auf, ob es unter Berücksichtigung der Vorgaben des spezifischen Unternehmens- und Aufsichtsrechts aus Initiator- oder Anlegerperspektive auf die der Kollektivanlage zugrunde gelegte Rechtsform noch ankommt. Der Blick auf die Entwicklung, bei der Fixed Trusts erst als vertragsähnliche Negotiatie, später in Großbritannien zunächst als Trust, dann als Korporation (als Investment Trust Companies), nach der Finanzmarktkrise von 1929 in den USA und Großbritannien wieder als Unit Investment Trust respektive Authorized Unit Trust organisiert wurden, während die Schweiz das gleiche Ziel zur selben Zeit auf vertraglicher Grundlage erreichte, suggeriert, dass die Formen funktional substituierbar sind. Dies indiziert auch der Verzicht mancher Rechtsordnungen auf manche Organisationsformen: Luxemburg (im Fondsbereich), Frankreich und die Schweiz verzichten auf den Trust. Das englische Fondsrecht (bis 2013) und bis zum UCITSG 2011 das liechtensteinische Recht kennen die Vertragsform nicht, während sie in den USA bekannt, aber nur für bankinterne Sondervermögen (*managed accounts / common trust funds*), nicht aber unter den Investment Companies des ICA Verbreitung gefunden hat.

Schon länger in Deutschland („Miteigentümer-Modell", „Treuhandmodell", „Inv-AG"), seit 2011 zudem in Liechtenstein („Investmentfonds", „Kollektivtreuhänderschaft", „Investmentgesellschaft") und seit 2013 in England (common contractual fund, authorized unit trust, open-ended investment company) bestehen die Vertrags-, Treuhand- und Satzungsform nebeneinander. Für Deutschland beschränkt sich die Formenvielfalt freilich auf den Anwendungsbereich des KAGB. Jenseits davon hatte lange Zeit die GbR Funktionen übernommen, die anderswo dem Trust obliegen.[354] In Japan ist der Trust seit der Übernahme im Jahr 1900 die ganz vorherrschende Form der Kollektivanlage.

---

[354] *Flume*, Personengesellschaft, § 3 III, S. 45; *Hopt*, ZGR 1987, 159 f. Im Anwendungsbereich des KAG untersagt § 44 Abs. 1 Nr. 7 KAGB die Nutzung der GbR als Rechtsform, wohl aufgrund der mit der Haftung einhergehenden Gefahren für die Anleger. Für GbR-Strukturen bleibt das VermAnlG.

Von anderen Rechtsformen ist nichts bekannt, ohne dass das Fehlen von Alternativen als Defizit erkannt worden wäre.[355] In der Schweiz, Liechtenstein und Luxemburg war die vermögensverwaltende Personengesellschaft bis zu den Jahren 2006 respektive 2011 verzichtbar, weil auf der Ebene der Korporation sehr geringe Steuern anfielen und steuerliche Transparenz über das Holding-Privileg hergestellt werden konnte.

Für den EWR wird die Gleichwertigkeit der Rechtsformen belegt durch Art. 2 Abs. 2 Bst. b AIFM-RL, wonach ein AIF unabhängig davon gegeben ist, ob es sich um einen Vertrag, einen Trust, eine Gesellschaft oder eine andere Rechts- oder Organisationsform handelt; jeweils sind die gleichen Vorschriften einschlägig. Nach Art. 1 Abs. 3 OGAW-RL können europarechtskonforme Publikumsfonds (OGAW) als Vertrag, Unit Trust oder Inv-Ges strukturiert werden, ohne dass dieses im Fall der externen Verwaltung Differenzierungen nach sich zieht. Die funktionale Substitution bestätigt ein Blick auf die Definition der „company" gem. s. 2 (8) ICA und des „Collective Investment Schemes" gem. s 235 FSMA, die ausdrücklich zunächst alle Rechtsformen erfassen und dann über Rückausnahmen nicht als Kollektivanlagen angesehene Gestaltungen oder solche, für die mangels Größe oder anderer Gesetze kein Regelungsbedarf besteht, wieder ausklammern. Rechtsformbezogene Kriterien sind in der US Securities Regulation nicht zu finden und beschränken sich in England auf die intern verwaltete Investment Trust Company.

Weiteres Indiz für die Komplementarität der Rechtsformen ist der Wechsel zwischen den Rechtsformen in Abhängigkeit von anderen Parametern als der Anlagestrategie. Dieser Wechsel ist seit den 1920er Jahren, also bereits vor der ersten anlegerschützenden Regulierung belegt.[356] In den USA gibt aus Sicht des Initiators u.a. die Zulassungssteuer („registration tax"),[357] aus Sicht der Anleger u.a. die Erbschaftssteuer[358] den Ausschlag dafür, ob man sich nach dem Recht des Staates Maryland als Investment Company in Korporationsform, in Massachusetts oder Delaware als Business oder Statutory Trust oder in Delaware oder Minnesota als LLP bzw. LLC ansiedelt. Jenseits des ICA-Privilegs entscheidet bei Investment Trusts die partnerschafts- oder korporationsähnliche Ausgestaltung über die steuerliche Transparenz.[359] Business Trust, Korporation und

---

[355] *Arai/Kimura*, (1995) 4 J. Int'l Tr. & Corp. Plan. 67, 68.

[356] *Steiner*, S. 86 ff., verweist im Jahr 1929 auf Formwechsel der frühen Massachusetts Business Trusts in Maryland Corporations in den Jahren 1924 pp., die dadurch motiviert gewesen seien, dass die ursprünglichen Vorteile der Business Trusts durch nachfolgende Gesetzgebung zugunsten der Maryland Corporation entfielen. Zu diesem Zeitpunkt ist noch kein regionaler Schwerpunkt auszumachen. Maryland, New York und Delaware sind bedeutsam, ebenda S. 88 f.

[357] *Langbein*, (1997–98) 107 Yale L. J. 165, 187 f.

[358] So mit Stand 1930 *Liefmann*, S. 187.

[359] *Bishop*, (2010) 153 Suff. U. L. Rev. 529, 555 f. Für die korporationsähnliche Gestaltung

Limited Partnership können „the closest of substitutes",[360] mithin funktional „das Gleiche" sein. Mit dem Statutory Trust, der Limited Liability Company (i.e. der Korporation) und der Limited Partnership unter Rückgriff auf eine Korporation als General Partner / Komplementär lassen sich bei entsprechender Vertragsgestaltung identische Ergebnisse erzielen.[361] Dies geht soweit, dass *Frankel* erörtert (und dies schließlich ablehnt), ob das neue geschriebene Delaware-Trust-Recht funktional das traditionelle Gesellschaftsrecht ersetzt.[362]

Die funktionale Substitution setzt sich auf der Ebene der Rechtszuordnung fort. So kann die Rechtsinhaberschaft den Anlegern gemeinschaftlich,[363] dem Verwalter,[364] der Verwahrstelle[365] oder einer separaten juristischen Person[366] zustehen. Aus Sicht der Fund Governance ist irrelevant, wer die Rechte an den Anlagegegenständen innehat. So schadet es offensichtlich nicht, wenn etwa in den Niederlanden die Rechtsinhaberschaft an den Anlagegegenstände für manche Gestaltungen bis heute nicht geklärt ist.[367] Schließlich sehen die Rechtsordnungen, die in einem Bereich erfolgreich sind (so Luxemburg mit seinen vertraglichen Fonds und Inv-AGs mit veränderlichem Kapital) offenbar Potenzial, den Erfolg in andere Bereiche (insbesondere die SICAR mit dem praktischen Schwerpunkt der Personengesellschaft) zu übertragen. Dafür wurden im Jahr 2013 aufwendig modifizierte Personengesellschafts-Formen geschaffen. Solche Vorhaben sind sinnlos, wenn nicht auch der Markt für Kollektivanlagen die Übertragbarkeit der Rechtsformen erkennt. Zwischen den Rechtsformen der Kollektivanlage besteht somit eine gegenseitige Nähe bis hin zur völligen Austauschbarkeit.[368]

---

spricht eine weitgehende Entscheidungsfreiheit des Trustees zur Umschichtung der Anlagegegenstände.

[360] *Langbein*, (1997–98) 107 Yale L.J. 165, 188.

[361] *Rutledge/Habbart*, (2010) 65 Bus. Lawy. 1055 („With appropriate drafting, the same results in terms of risk sharing, management, voting rights, limits on duties and liabilities, and bankruptcy remoteness may be obtained whether using a statutory trust, a limited partnership, or a limited liability company."); *Bishop*, (2010) 153 Suff. U.L. Rev. 529, 531 („The statutory trust is now being used to conduct businesses previously conducted in partnership or limited liability company forms").

[362] *Frankel*, (2001) 23 Cardozo L. Rev. 325 (Grund für ihre Einschätzung ist das Festhalten an Trustprinzipien, die fehlende grenzüberschreitende Akzeptanz des Trusts und die Vielfalt und Anpassungsgeschwindigkeit die Gesellschaftsrechts).

[363] Deutsche Miteigentumslösung; luxemburgischer und französischer FCP.

[364] Deutsche, liechtensteinische und schweizerische Treuhandlösung.

[365] Trustee des englischen Rechts; Mutual Fund in Trustform; Banktrustee beim Common Trust Funds.

[366] Personen- und kapitalgesellschaftliche Organisation, z.B. Deutsche Inv-AG, Anlage-AG, REIT-AG, SICAV, OEIC, SICAF etc.

[367] Vgl. die Nachweise oben § 19 Fn. 3.

[368] I.E. auch *Langbein*, (1997–98) 107 Yale L.J. 165, 186 ff.; *Kalss*, Anlegerinteressen, S. 26 („funktionale Gleichwertigkeit der Gestaltungen"); *Hopt*, Gutachten 51. DJT, G44 („Rechtsformbezogenes Schutzgefälle trotz funktionaler Austauschbarkeit").

II. Konvergente Transformation

Die funktionale Substitution wird ergänzt durch eine Transformation in Richtung einer Rechtsformenkonvergenz. Mit der Motivation, das Investmentsparen, den Anlegerschutz oder die Initiatoreninteressen zu fördern, werden die Trennlinien zwischen den Rechtsformen sukzessive perforiert, indem sie in Abhängigkeit von dem Unternehmensgegenstand „Kollektivanlage" Privilegien gewähren, die einem operativen Unternehmen gleicher Rechtsform nicht zur Verfügung stehen.

Triebkräfte der Konvergenzbewegung, die die hergebrachten Rechtsformen an ihre Grenzen führen, sind der Produkt- und Standortwettbewerb. Innovationen treten infolge eines intensiven Standortwettbewerbs alsbald den Weg über die Grenze an. Dabei geht die Konvergenz sowohl vom Vertrag in Richtung Gesellschaft als auch vice versa. So beschleunigt die Nachfrage nach steuerlich transparenten Produkten,[369] einem flexiblen Kapitalsystem und Befreiung von Wettbewerbsverboten die Modifikation der Korporation in Richtung Vertrag und Trust, während das Streben nach Insolvenzschutz und Haftungsprivilegien die Anpassung von Vertrag, Trust und Personengesellschaft an die in diesen Punkten günstige Korporationsform begünstigt.[370]

1. Makrotendenz Vertrag/Trust

Die Migration der Anlage-Korporation weg von dem gesetzlichen Typus in Richtung Vertrag und Trust indizieren neben den Ausnahmen vom zwingenden EU-Richtlinienrecht für bestimmte Anlagekorporationen[371] insbesondere Anpassungen im Kapitalsystem, der Binnenorganisation und der Anlegerrechte.

a) Kapitalsystem

So ist die – soweit ersichtlich – in Frankreich seit 1867 geregelte, in den Niederlanden und den USA im Anlagekontext gebräuchliche Kapitalgesellschaft mit variablem Kapital, die eine Abweichung vom strikten AG-Kapitalschutz britischer und deutscher Prägung beinhaltet, über Luxemburg nach Liechtenstein (1996), England (1997) und Deutschland (2003) migriert und mit dem KAG 2007 auch in der Schweiz ansässig geworden.

---

[369] Vgl. *Spangler*, Private Investment Funds, S. 2, Rn. 1.06, der den Grund für den Einsatz der Partnerschaftsform in deren steuerlicher Transparenz (tax transparency) und für den Einsatz von Offshore companies in deren effektiver Nichtbesteuerung (tax exemption) am Sitzort sieht.

[370] Die Bestrebungen rufen Reaktionen der nationalen oder supranationalen Regelsetzer hervor, die das Gleichgewicht durch Harmonisierung wieder herzustellen suchen. So führt die Verlagerung der Geschäftstätigkeit aus dem Sektor der streng zu den weniger streng regulierten Fonds zu einem Harmonisierungsdruck im Bereich bislang schwach oder nicht regulierter Fonds. Dazu *Zetzsche* in Bachmann/Breig, S. 47, 56 ff.

[371] Dritter Teil, § 16.A.

Gleiches gilt für die Regelungen zum fixen Höchstkapital einer Anlage-Korporation. Während ein Unit Trust grundsätzlich unbegrenzt Anteile ausgeben kann,[372] ist die Inv- und Anlage-AG in dieser Frage limitiert.[373] Die Anhebung des statutarischen Mindest- und Höchstkapitals bedarf regelmäßig eines satzungsändernden Beschlusses[374] und kann Bezugsrechte der Aktionäre auslösen. Die Regelung zur Inv-AGmvK derogiert den Verwässerungsschutz des allgemeinen Aktienrechts und ermächtigt den Vorstand zur Ausgabe neuer Anlageaktien (§ 115 S. 1 KAGB). Allerdings bleiben die Grenze eines Höchstkapitals und zum Schutz des verfassungsrechtlichen Eigentums gem. Art. 14 Abs. 1 GG[375] Bezugsrechte zugunsten von Stimmrechtsaktionären bestehen (§ 115 S. 2 und 3 KAGB). Weiter gehen Art. 7 Abs. 2 des liechtensteinischen UCITSG und Art. 9 Abs. 2 AIFMG, wonach Vertragsfreiheit besteht, soweit dies mit der Richtlinie 2012/30/EU über gesellschaftsrechtliche Schutzbestimmungen vereinbar ist. Die Richtlinie 2012/30/EU gilt ohnedies nicht für Investment-Stiftungen und Anstalten, die nach liechtensteinischem Recht auch Inv-Ges sein können, und muss auf offene Inv-AG nicht angewendet werden (vgl. Art. 1 Abs. 2 RL). Für diese Inv-Ges kann auf die Festsetzung eines statutarischen Höchstbetrags, einen satzungsändernden Beschluss *der Aktionäre* einer offenen Inv-AG zur Anhebung des Höchstkapitals und Bezugsrechte der Stimmrechtsaktionäre verzichtet werden.[376] UCITSG und AIFMG ermöglichen dann eine „Korporation" mit dem trusttypischen *unbegrenzten* Höchstkapital.

b) Binnenorganisation

Die Verwahrstelle, deren Herkunft in der niederländischen Negotiatie, dem Trust und den kontinentaleuropäischen Vertragsstrukturen liegt, expandiert als zusätzliches Überwachungsorgan in die Korporationssphäre hinein[377] und konfligiert dort mit den intra-korporativen Governance-Strukturen. Dies bedeutet insbesondere für die Rechtsordnungen mit eingliedriger Organstruktur (*one-tier system*) eine Herausforderung.

---

[372] *Jones/Moret/Storey*, (1988) 13 Del. J. Corp. L. 421, 443 f.

[373] Das System des fixen Nennkapitals gilt in Grenzen auch für die Inv-AG. So setzt § 116 Abs. 1 KAGB ein Höchstkapital voraus. Die Regelung geht auf Art. 1 Abs. 2 der Richtlinie 2012/30/EU über gesellschaftsrechtliche Schutzbestimmungen zurück.

[374] Vgl. für die Inv-AG den Verweis auf das AktG in § 108 Abs. 2 und § 140 Abs. 2 KAGB, dazu Berger/*Fischer/Steck*, § 104 Rn. 7 sowie § 105 Rn. 2. Für Delaware § 242(b)(2) Del. Gen. Corp. L.

[375] *Baums/Kiem*, FS Hadding, S. 741, 746 f.; *Fischer*, Investment-AG, S. 58 ff.

[376] Nach Art. 1 Abs. 2 der RL 2012/30/EU muss die RL auf offene Investmentgesellschaften nicht angewendet werden.

[377] Die Entwicklung dürfte mit der Umwandlung der englischen Trusts in Investment Trust Companies im 19. Jahrhundert eingeleitet worden sein. Sie wird mit den custody-Erfordernissen in s. 17(f) ICA zementiert und gelangt über Art. 14 OGAW I-RL 1985 in Europa zum Durchbruch. So wird das luxemburgische 1988er Gesetz gegenüber dem 1983er Gesetz um eine Verwahrstellenpflicht für SICAV ergänzt, vgl. *Kremer/Lebbe*, Rn. 6.639 f.

Die extern verwaltete AG, die ebenfalls der AG-Verfassung wider-, dafür aber dem Initiatoreninteresse entspricht, findet sich zuerst in den schottischen Investment Trust-Imperien in den letzten Jahren des 19. Jahrhunderts. Sie wird in den USA mit dem ICA gesetzlich geregelt (und später durch den Investment Advisers Act ergänzt). Durch Erstreckung der externen Verwaltung auf Personengesellschaften werden – quasi nebenher – drei rechtsformtypische Eigenschaften ausgehebelt: Die Eigenverwaltung durch Gesellschafter, das Wettbewerbsverbot und die Beschränkung auf gewerbliche/unternehmerische Tätigkeiten. Heute ist die vermögensverwaltende Personengesellschaft Standardrepertoire in allen Fondsrechten. Das Recht des US Bundesstaates Maryland für die Investment Company (seit 1987),[378] das liechtensteinische Recht (seit 1996)[379] und das deutsche Recht der Publikums-Inv-AG (seit 2007)[380] ermöglichen einen Verzicht auf die Einflussnahme durch Aktionäre im Rahmen der Hauptversammlung und erreichen damit einen Zustand, wie er für die Vertrags- und die Trustform kennzeichnend ist. Die rechtsformüberschreitende Transformation entspricht *Günther Roths* Plädoyer, das trusttypische, mit dem Kapitalerhaltungsgrundsatz unvereinbare Open-End-Prinzip als Substitut für das Stimmrecht in das Aktiengesetz zu übernehmen.[381]

Gleichfalls in Richtung Vertrag / Trust läuft die Einschränkung des Verwalterermessens: Nach Fondskrisen und zur Kostensenkung erlebt der uralte Fixed Trust in seinen modernen Gewändern des Indexfonds oder anderer strenger Anlagereglemente eine Hausse. Dies geschieht zunächst außerhalb der Korporation (in Trust- oder Vertragsform). Jedoch leitet die Rechtsprechung die Reduktion des Leitungsorgans / des Board auf ein Exekutivorgan ähnlich einem weisungsgebundenen Geschäftsführer oder eben eines Trustees bereits im Jahr 1879 ein, indem sie das Korporationsrecht für maßgeblich erklärt, die Organe aber an die vereinbarte Anlagepolitik gebunden bleiben. Die heutige Wirkung ist in §§ 108 Abs. 2, 140 Abs. 2 KAGB zu finden, wonach in gewissem Maße von der Binnenordnung der AG abgewichen, dafür aber das geschäftsbesorgungsähnliche KAGB für anwendbar erklärt wird.

---

[378] Maryland Code Ann. § 2–501. Eine Satzungsbestimmung kann danach den Verzicht auf „annual meetings" vorsehen. Davon unberührt bleiben die Zustimmungspflichten der Anleger nach dem Bundesrecht des ICA. Die Zustimmung muss freilich nicht mittels Meeting, sondern kann auch anders ermittelt werden.

[379] Das IUG 1996 und IUG 2005 verwiesen auf das liechtensteinische PGR, das stimmrechtslose Aktien in unbegrenztem Umfang ermöglichte. Jetzt deutlicher in Art. 7 Abs. 7 UCITSG und Art. 9 Abs. 7 AIFMG.

[380] Vgl. § 99 Abs. 1b und 1c InvG i.d.F. InvÄndG 2007, BGBl. I (2007), 3089; jetzt § 109 Abs. 3 KAGB.

[381] *G. Roth*, Treuhandmodell, S. 225 ff., 357 ff.

2. Makrotendenz Korporation

Die Entwicklung ist indes auch umgekehrt auszumachen, indem vertragliche Organisationen korporationstypisch modifiziert werden, um Hürden für die Anlagetätigkeit sukzessive einzuebnen.

a) Haftungsbeschränkung

Vertragstypisch ist die persönliche Haftung der Anleger als Konsequenz der Zuordnung vertraglicher Rechtsfolgen zum Vertragspartner. Danach müsste der Anleger für Verluste einstehen. Zur Steigerung der Anlageattraktivität führen das französische FCP-Décret (1957), das KAGG (1958), das schweizerische AFG/KAG (1966) sowie das luxemburgische (1972) und liechtensteinische (2011) Recht einen Vertrag ohne persönliche Haftung der anderen Vertragsseite (der Anleger) ein. Auch nach dem Trustrecht kann es grundsätzlich zu einer Einstandspflicht des Anlegers gegenüber dem Trustee für Verluste kommen, wenn die Tätigkeit des Trusts Verluste erwarten lässt. Dies ist bei Vermögensanlagen jedenfalls nicht ausgeschlossen.[382] Entsprechend wird in den Trustrechten der US-Bundesstaaten in bewusster Orientierung des Wortlauts am Gesellschaftsrecht[383] die persönliche Haftung von Trustee und Anleger für die Trustverbindlichkeiten beschränkt.[384] Das englische Recht erhebt für regulated CIS den Ausschluss persönlicher Haftung im Trust Deed zur Genehmigungsvoraussetzung.[385] Art. 6 Abs. 1 UCITSG und Art. 8 Abs. 1 AIFMG beschränken die persönliche Haftung der Anleger vertraglicher Fonds von vornherein auf den Anlagebetrag. Dieses Anlegerprivileg rückt die vertragliche Gestaltung in Richtung Korporation.

b) Rechtsfähigkeit, Aussonderungsrecht

Mangels Rechtsfähigkeit können Trust und Vertrag ursprünglich selbst keine Verbindlichkeiten eingehen, zudem sind Gewinne aus Anlagen solche des Verwalters, für Verluste aus anderen Tätigkeiten haftet das verwaltete Vermögen. Während Aussonderungsrechte der Anleger aus Sicht des Common Law kein

---

[382] Nach der Rechtsprechung in *Hardoon v. Belilios* [1901] A.C. 118 kann ein Unit Holder dem Trustee gegenüber ersatzpflichtig sein, z.B. wenn der Trust in teileingezahlte Aktien investiert. Die Entscheidung *Wise v. Perpetual Trustee Co., Ltd.* [1903] A.C. 139 beschränkt die Einstandspflicht auf Trusts, nach deren Natur eine Haftung gewöhnlich erwartet werden kann.

[383] Vgl. *Rutledge/Habbart*, (2010) 65 Bus. Lawy. 1055, 1068 n. 92. Zu den Hintergründen der Kodifizierung des Trustrechts als Kernteil des Common Law *Langbein*, (2007) 58 Alab. L. Rev. 1069.

[384] Delaware Statutory Trust Act § 3803; Maryland Code Ann. § 12.302(a) („Same limitations of personal liability as shareholders of a ML corporation") und § 12.401 (betr. Trustee); Uniform Statutory Trust Entity Act, §§ 304, 305. Das gleiche Ergebnis erzielt das Massachusetts Trust Law durch Erklärung in der Declaration of Trust, vgl. *Jones/Moret/Storey*, (1988) 13 Del. J. Corp. L. 421, 441 f.

[385] COLL 3.2.6 R, No. 3 und 6. Zum Common Law Hintergrund *Day/Harris*, S. 14.

Problem darstellen, sind hier die Fungibilität der Trustberechtigungen nicht gesichert[386] und die Ewigkeitsregel (*rule against perpetuities*) lästig, wonach es nur
Trusts mit Ablaufdatum geben darf.

Diese Probleme werden überwunden, indem man dem Verwalter gestattet,
von seinem eigenen Vermögen getrennte Sondervermögen zu begründen (§ 92
Abs. 1 S. 2 KAGB), diese steuerlich als Zweckvermögen einstuft und an deren
Existenz Rechte und Pflichten knüpft (vgl. § 93 KAGB).[387] Weil die Rechtsprechung ein Aussonderungsrecht des Treugebers in der Insolvenz des Treuhänders bei ständigem Wechsel des Treuguts nur zögerlich gewährt, wird der Gesetzgeber tätig (§ 99 Abs. 3 S. 2 KAGB). Damit werden die Anlagegegenstände
behandelt, als ob sie in eine separate Gesellschaft mit eigener Rechtspersönlichkeit eingebracht wären. Dieses Anlegerprivileg rückt das Vertragsrecht in Richtung Trust und Korporation. Es wird im schweizerischen AFG (1966), in Luxemburg (1972) und Liechtenstein (1996, 2011, 2012) übernommen und findet
sich jetzt in allen Rechtsordnungen, in denen Vertragsfonds verbreitet sind.

Die US-Bundesstaaten gehen dogmatisch einen Schritt weiter, indem sie den
Trustee zur Anteilsverbriefung *für den Trust* ermächtigen und dem Trust mit
dem „entity"-Status (Teil-)Rechtsfähigkeit verleihen.[388] Zugleich setzen sie die
Ewigkeitsregel außer Kraft.[389] In den englischen COLL-Rules wird diese vom
Regel- zum Ausnahmefall,[390] nach Art. 6 Abs. 2 des liechtensteinischen UCITSG
und Art. 8 AIFMG kann die Dauer der Kollektivtreuhänderschaft nach dem
Prinzip der Vertragsfreiheit frei bestimmt werden.

Den letzten Schritt veranlasst hierzulande das Europarecht: Eigentlich kann
der Trust mangels Rechtsfähigkeit nicht aufnehmende Seite einer Fusion sein.[391]
Die OGAW-RL (und in deren Umsetzung die Trustjurisdiktionen England
und Liechtenstein) sowie darüber hinaus ganz allgemein für AIFs das liechtensteinische AIFMG überwinden auch diese trusttheoretische Grenze.[392] Sie

---

[386] *Jörgens*, Finanzielle Trustgesellschaften, S. 18

[387] Ob man das Sondervermögen (zutreffend) für teilrechtsfähig hält, ist damit nur noch
eine terminologische Nuance. Dagegen Berger/*Schmitz*, Vor §§ 30–45 Rn. 10; *Einsele*, AcP
214 (2014), 794, 811 f.

[388] Uniform Statutory Trust Entity Act 2010, s. 302 („A statutory trust is an entity separate from its trustees and beneficial owners."); bereits zuvor Mass. Gen. L. Ann. ch. 182, s. 6;
Del. Code Ann. Tit. 12, § 3810(a)(2) („A statutory trust formed under this chapter shall be a
separate legal entity, the existence of which as separate legal entity shall continue until cancel-
lation of the statutory trust's certificate of trust.") sowie § 3804; vgl. *Rutledge/Habbart*,
(2010) 65 Bus Lawy. 1055, 1060, 1067.

[389] Uniform Statutory Trust Entity Act, § 306(a), dazu *Rutledge/Habbart*, (2010) 65 Bus.
Lawy. 1055, 1069; für Massachusetts vgl. *Howe v. Morse*, 174 Mass. 491503f.; 55 N.E. 213
(Nov. 20, 1899), dazu *Jones/Moret/Storey*, (1988) 13 Del. J. Corp. L. 421, 444f. Des Weiteren
Delaware Statutory Trust Act, § 3808(a); Maryland Code Ann. § 12–202. Ebenso für das bri-
tische Trustrecht *Day/Harris*, S. 16.

[390] COLL 3.2.6 R, No. 3 und 6. Zum Common Law Hintergrund *Day/Harris*, S. 14.

[391] *Jones/Moret/Storey*, (1988) 13 Del. J. Corp. L. 421, 456 n. 218.

[392] 27. bis 31. ErwGr und Kapitel VI OGAW-RL sowie Art. 78 und Art. 76 Abs. 2 Bst. b

schließen damit zu den US-amerikanischen Bundesrechten auf, wonach Business Trusts und Korporationen für die Umwandlung und Verschmelzungen gleichgestellt sind.[393]

c) Fund Governance

Bestehen nach Trustrecht ursprünglich ein Delegationsverbot[394] und strenge Anlagevorschriften, die mit einer Verfügungsfreiheit der Treuhänder über die Kapitalanlage unvereinbar sind,[395] dürfen in den Trust Deeds nunmehr die Anlagebefugnisse auf einen externen Manager übertragen und flexible Anlagerichtlinien festgelegt werden. Auch das trust-typische Verbot der Einkommensakkumulation, das thesaurierende Fonds verhindert, wird für Unit Trusts außer Kraft gesetzt.[396] Dadurch rückt der Trust jedoch in Richtung Korporation, für welche Rechtsfähigkeit und Leitungs-, ergo: Anlageermessen und kommerzielle Risikoübernahme statt (ehrenhalber geschuldeter) Bestandskonservierung typisch sind. Ebenso ebnet der ICA den Unterschied zwischen Trust und Korporation ein, indem er in Orientierung am Korporationsmodell die gleichen Loyalitäts- und Verhaltenspflichten für Verwalter von Kollektivanlagen in Korporations- und Trustform statuiert.[397] Strengere Rechte der US-Bundesstaaten nivelliert der Wettbewerb der Regelsetzer um Fondsansiedlungen.

Auch war die Klagebefugnis der Anleger ursprünglich streitig: Weil der Anleger keine eigene Rechtsstellung gegenüber dem Anlagegegenstand hat – formaler Eigentümer ist der Trustee –, kann er nur aus abgeleitetem Recht klagen. Nach Vertrags- und Trustgrundsätzen gibt es kein Rechtssubjekt, an dessen Stelle er klagen könnte. Zudem schließen die Trustees ihre Haftung gegenüber dem Trust nicht selten in der Declaration of Trust aus.[398] Diese Bedenken sind überwunden. Im Hinblick auf den gebotenen Anlegerschutz gewährt der Massachusetts Supreme Judicial Court wegen der strukturellen Identität von Business Trust und Business Corporation den Anlegern eines Business Trust das Recht zur *derivative suit*[399] und wendet die einschlägigen Regelungen des Mass-

AIFMG, der die Vorschriften zu Verschmelzungen des UCITSG für entsprechend anwendbar erklärt.

[393] Mass. Gen. L. Ann. ch. 182, s. 2(2); Delaware Statutory Trust Act § 3815; Maryland Code Ann. § 12–601; Uniform Statutory Trust Entity Act, § 701 ff. (conversion and mergers).

[394] Für USA § 703 des Uniform Trust Code („[a] trustee may not delegate to a cotrustee the performance of a function the settlor reasonably expected the trustees to perform jointly,"), dazu *Langbein*, (1994) 59 Miss. L. R. 104; für UK *Day/Harris*, S. 100 f. (ausdrückliche Übertragungsermächtigung im Trust Deed erforderlich).

[395] *Jörgens*, Finanzielle Trustgesellschaften, S. 18.

[396] *Re A.E.G. Unit Trust (Managers) Ltd.'s Deed* [1957] Ch. 415.

[397] *Jones/Moret/Storey*, (1988) 13 Del. J. Corp. L. 421, 435 f. (mit Verweis auf s. 17(h) ICA); *Frankel/Kirsch*, S. 29 ([ICA] „adapts fiduciary law to the environment of Investment Companies.")

[398] *Jones/Moret/Storey*, (1988) 13 Del. J. Corp. L. 421, 443 f.

[399] *Peterson v. Hopson*, 306 Mass. 597, 29 N.E.2d 140 (1940) (betreffend die vertragswidri-

achusetts Business Corporation Act zur *derivative suit* auf Fonds in Form des Business Trust an.[400]

Die Tendenz pro corporatione belegt schließlich die Modifikation des Trustrechts in Bezug auf die Mitwirkung der Anleger. Mitbestimmungsbefugnisse führen nach trust- und gesellschaftsrechtlichen Grundsätzen eigentlich zur Einstufung der Begünstigten als Partner (mit persönlicher Haftung) und der Qualifikation der Organisation als *partnership*. Um konform mit dem ICA zu sein, trennt man die Versammlung vom Stimmrecht, setzt auf *proxy voting* und erklärt dies für trustkonform.[401] Heute ist auch das Recht von Trust-Anteilseignern anerkannt, für die Wahl der Trustees wie bei der Korporation Stellvertreter zu bestellen (*proxy voting*).[402] Eine persönliche Rechtswahrnehmung ist nicht mehr erforderlich.

In Richtung Korporation drückt schließlich die Übertragung AG-typischer Prinzipien unter der Prämisse eines Anlegerschutzes in das Recht der Personengesellschaft. So ist der Grundsatz der Selbstorganschaft, der zu den eisernen Prinzipien des Personengesellschaftsrechts zählen soll,[403] für Publikumspersonengesellschaften nach Anerkennung einer Vertretung der Gesellschafter durch den Fremdverwalter im Namen und Auftrag aller Gesellschafter[404] bis zur Un-

---

ge Verwendung von Vermögensgegenständen); *Tracy v. Curtis*, 10 Mass. App. 10, 405 N.E.2d 656 (1980), *aff'd*, 16 Mass. App. 910, 449 N.E.2d 701, rehearing denied, 398 Mass. 1105, 452 N.E.2d 1158 (1983) (zur Nutzung von Anlagechancen durch Trustee für eigenen Nutzen statt zugunsten der Anleger).

[400] Massachusetts Supreme Judicial Court (SJC), MA SJC-10642 (23 August 2010) – *Halebian vs Berv* („Because a business trust 'in practical effect is in many respects similar to a corporation,' ... the statute regulating derivative actions applies to a shareholder bringing such a claim against a corporation or a business trust.") Zur Entscheidung vorgelegt durch US Court of Appeals, 2nd Cir. 590 F.3d 195, 199–200 (2d. Cir. 2009). Der Fall betrifft einen Investmentfonds (CitiFunds Trust III).

[401] *Jones/Moret/Storey*, (1988) 13 Del. J. Corp. L. 421, 452f.

[402] *Comstock vs. Dewey*, 323 Mass. 583, N.E.2d 257 (1949).

[403] BGHZ 26, 330, 333 Rn. 9 (Vertretung durch eine oder mehrere persönlich haftende Gesellschafter muss möglich sein, bei nur einem Komplementär ist unechte Gesamtvertretung unzulässig); BGHZ 41, 367, 369 Rn. 10 (bei Ausscheiden des einen vertritt der verbleibende persönlich haftende Gesellschafter, auch wenn Gesellschaftsvertrag Gesamtvertretung vorsieht); BGHZ 51, 198, 199 Rn. 7 (Vertretungsbefugnis kann dem einzigen persönlich haftenden Gesellschafter nicht entzogen werden); aber für Aussetzung in liquidationsähnlichen Sonderlagen BGHZ 33, 105 Rn. 12; BGH, NZG 2010, 1381 Rn. 19). Plädoyer für Selbstorganschaft bei *Jacoby*, S. 189ff.; *Nitschke*, Personengesellschaft, S. 238, 244f.; siehe auch *Köhn*, Der Konzern 2011, 530, 544f.; als Differenzierungsmerkmal zwischen personalistischen und kapitalistischen KGs *Boesebeck*, S. 16ff. (mit dem Hinweis, es handele sich um einen Typus, keine Definition); für Fortgeltung in der Inv-KG *Casper*, ZHR 179 (2015), 60, 76f.; zu den Erosionstendenzen *Teichmann*, Gestaltungsfreiheit, S. 116ff. (mit Kritik an der Selbstorganschaft); *Westermann*, Vertragsfreiheit, S. 153ff., 329ff., S. 445ff. (für vertragsdispositive Fremdorganschaft); *D. Reuter*, Privatrechtliche Schranken, S. 178ff.; *Weber*, Privatautonomie und Außeneinfluss, S. 174ff., 188ff. (weder Verstoß gegen HGB-Vorschriften noch gegen Interessen der Gesellschafter) und S. 277ff. (Drittorganschaft zulässig).

[404] Vgl. BGH, NJW 1982, 877, 878; BGH, WM 1982, 583 Rn. 5f.; BGH WM 1982, 394 –

kenntlichkeit deformiert.[405] Trotz bisweilen unklarer Rechtstechnik ist die Wirkung unverkennbar. Bei unterschiedlicher dogmatischer Basis nähert sich die Publikumspersonengesellschaft der Korporation.

III. Gravitationsfeld und Idealanlage

Es zeigt sich, dass keine der dafür heute eingesetzten Rechtsformen speziell für Zwecke der Kollektiv*anlage* geschaffen ist. Infolgedessen wird keine der betrachteten Rechtsformen unmodifiziert, quasi in Reinform eingesetzt. Der Anleger erhält eine schlechte Kopie der Rechtsform, nicht aber – im Sinn der platonischen Ideenlehre[406] – das Urbild der Kollektivanlage, das der Wirklichkeit zugrundeliegt. Dieses Urbild oder „Wesen" der Kollektivanlage wird im Folgenden nach dem altgriechischen ἰδέα (idea = Urbild, Vorstellung) als Idealanlage bezeichnet.

Bei der Anfertigung der Kopie kommt es zu grundlegenden Modifikationen: Der Trust – aus historischer Sicht die Rechtsform für unentgeltliche Vermögensübertragungen[407] – wird für die Organisation einer Austauschbeziehung eingesetzt. Der Vertrag als typischerweise bilaterale Austauschbeziehung mit unbeschränkter, persönlicher Haftung der Vertragsparteien wird für Zwecke der Kollektivanlage zum mehrseitigen Vertrag und die Haftung der Anleger ist beschränkt (§ 93 Abs. 3, 2. Hs. KAGB). Das Korporations- und Partnerschaftsrecht geht von Mitgliedern mit Interesse an Förderung eines von den Individualinteressen der Mitglieder losgelösten Gesellschaftszwecks aus; bei der Kollektivanlage besteht ein solches Interesse schon definitionsgemäß nicht. Dass die Modifikationen Einfluss auf die Rechtsauslegung haben, drängt sich auf. Nicht offensichtlich ist, wie dieser Einfluss wirkt.

Holiday Inn (Betriebsführungsvertrag); BGH, WM 1994, 237 (aufrechterhalten wegen pro forma-Widerruflichkeit in Insolvenz); BGH, NJW 2006, 2980 Rn. 18 („allgemein üblich"); s.a. die Anlage-GbR mit Fremdverwaltung bei BGH, WM 1984, 1407 und BGHZ 186, 253.

[405] Kritisch deshalb z.B. *Ulmer*, ZIP 2005, 1341, 1343 (Geschäftsbesorger als Gesellschaftsorgan); *Westermann*, FS Lutter, S. 955, 963 ff.

[406] *Platon*s Ideenlehre beschreibt das Verhältnis des in Form von Abbildern (εἰκόνας) erfahrbaren Reichs der Wahrnehmung (Sinnenwelt) zum Reich der Ideen (ἰδέα, εἶδος, παράδειγμα = Urbild, wahres Sein, Musterbild) als wirklicher Welt. Die Idee ist das metaphysische „Wesen" eines Gegenstands oder eines Wertes (z.B. Tugend, Schönheit etc.). Die sinnlich erfahrbare Wirklichkeit eifert der Idee nach, entspricht ihr aber niemals vollkommen, weil die Sinneswahrnehmung ein fließender Vorgang ist. Dennoch ist die Suche nach dem Urbild hilfreich, weil man durch Betrachtung relativ identischer Dinge etwas über die Art des dahinterstehenden Urbilds erfährt. Platons Ideenlehre ist nicht komprimiert niedergelegt, ergibt sich aber aus der Synthese der Dialoge der mittleren Schaffensperiode, u.a. im *Phaidon*, *Symposion*, *Phaidros*, *Parmenides* sowie der *Politeia* mit dem berühmten Höhlengleichnis (514a-517a). Vgl. *Flach*, Grundzüge der Ideenlehre (1997); *Graeser*, Platons Ideenlehre (1975); *Natorp*, Ideenlehre. Der deutsche Idealismus um *Schelling*, *Fichte* und *Hegel* verleiht der Idee seine im zeitgemäßen Sprachverständnis angedeutete positive Konnotation im Sinne von „optimal".

[407] *Langbein*, (1997) 107 Yale L.J. 165 (gratuitous transfers).

Bislang steht nur fest, dass es nicht *die* Rechtsform für die Kollektivanlage gibt. Jede Rechtsform kann nahezu alle Gestaltungen abbilden. Die vier Grundformen Vertrag, Trust, Korporation und Personengesellschaft bilden gleichsam ein Gravitationsfeld, in dessen Mitte die Idealanlage schwebt, die – Antimaterie gleich – die vier Rechtsgebiete zusammenhält. Der virtuelle, durch Verbindung zwischen den vier Gebieten herzustellende Kreis markiert die äußerste Grenze rechtsformbezogener Gestaltungsfreiheit. Gestaltungen auf Basis jeder der vier Rechtsformen sind mit anhaltender Praxis zu einem gemeinsamen Zentrum hin migriert. Innerhalb des ersten Kreises ist als zweiter Zirkel das unternehmensformbezogene Zusatzrecht anzusiedeln, welches den Spielraum für Extremgestaltungen weiter einengt und dazu zwingt, jeweils Elemente aus dem anderen Rechtsgebiet zu übernehmen. Es ist Ausdruck der gesetzgeberischen Erkenntnis, dass je größer die Ausgestaltungsfreiheit bei der Kollektivanlage ist, sie umso größere Unsicherheiten im Hinblick auf den Emittenten, die Anlegerrechte und die Preisgestaltung birgt.[408]

Grafik: Gravitationsfeld der Kollektivanlage

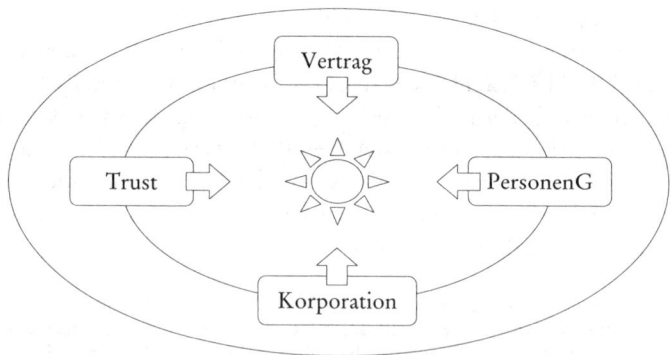

Gegenstand der nachfolgenden Untersuchungsschritte muss die Ermittlung der Beschaffenheit der Idealanlage in der Mitte des Gravitationsfeldes sein. Auch wenn damit entgegen platonischer Vorstellung Urbild und Abbild deckungsgleich wären, dürfte diese Idealanlage und ein als solcher zu ermittelnder Typus der Kollektivanlage (als Rechtsbegriff[409]) eine gewisse Nähe zueinander aufweisen, wenn nicht sogar identisch sein.

Nach den bisherigen Erkenntnissen ist klar, dass es sich weder um eine typusgerechte Korporation, noch um einen Vertrag handeln wird. Damit bewahrheitet sich die staunende Beobachtung eines Kommentars, der anlässlich der Emis-

---

[408] *Kalss*, Anlegerinteressen, S. 457.
[409] Vgl. zum Typus als rechtlicher Kategorie *Weber-Grellet*, FS Beisse, S. 551; *Mössner*, FS Kruse, S. 161.

sion des ersten Investment Trusts 1868 in England in der Financial Times erschien: „Es ist kein Trust, es ist keine Korporation, aber es ist eine gute Idee."[410]

§ 22 – Strukturelle Äquivalenz: Das Anlagedreieck

Als Annäherung an die Beschaffenheit der Idealanlage ist es hilfreich, sich trotz der Vielzahl der Rechts-, Unternehmens- und Gestaltungsformen die strukturellen Ähnlichkeiten vor Augen zu führen. Zugleich erhofft man sich eine Antwort auf die Frage, worin das Besondere der Kollektivanlage gegenüber anderen Unternehmensformen besteht.

Kalss hat für die Anlagebeziehung eine strahlenförmige Koordination des Initiators/Emittenten ausgemacht, ähnlich dem Bild eines Rads, bei dem jede Speiche einer Anlagebeziehung entspricht. Die zweiseitigen Vertragsverhältnisse einer Vielzahl von Anlegern liefen beim gemeinsamen Koordinator zusammen, der dadurch zum vielfachen Vertragspartner von Verträgen gleicher Art wird. Entscheidend sei die konzentrische oder strahlenförmige Wirkung von Handlungen des Emittenten im Verhältnis zu den mehr oder weniger verbundenen Anlegern. Jedes Tun des Emittenten wirke sich auf die einzelnen Anleger vollkommen gleich aus.[411]

Grafik: Anlageorganisation nach *Kalss*

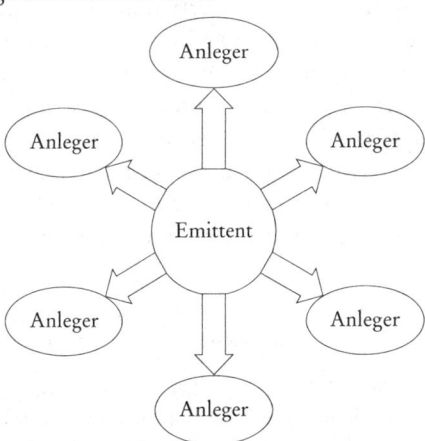

Kalss illustriert mit ihrem vom Bild jeder Mitgliedschaft als Vielheit von Verträgen (*nexus of contracts*[412]) entlehnten Ansatz die Interessenlage, leitet daraus

---

[410] Zitiert nach *Den Otter*, Anlagefonds-Geschichten.
[411] *Kalss*, Anlegerinteressen, S. 77 ff., 456.
[412] Zur Unternehmung als nexus of contracts *Alchian/Demsetz* (1972) 62 Am. Econ. Rev. 777; *Jensen/Meckling* (1976) 3 JFE 305; *Fama* (1980) 88 J. Pol. Econ. 288; für Deutschland z.B.

indes keine Aussage zur rechtlichen Behandlung der einzelnen Beziehungen als Vertrags- oder Mitgliedschaftsrecht ab. Ihr Fokus auf dem Initiator/Verwalter lässt zudem die weiteren, in die Anlagebeziehung eingebundenen Akteure außer Acht. Gelingt es, neben Anleger und Verwalter auch Depotbanken, Mittelverwendungskontrolleure und Treuhänder in die Anlageorganisation einzubinden, ist damit ein Schritt in Richtung der Idealanlage getan.

A. Investmentdreieck

Das Verhältnis der Parteien gemäß den Vorgaben des KAGB bezeichnet man als Investmentdreieck[413] mit den Eckpunkten Anleger, Verwalter und Verwahrer. Die Anlage nach dem KAGB erschöpft sich nicht in der Rechtsbeziehung zwischen Anlegern und KVG, sondern bezieht die Verwahrstelle als dritte Beteiligte ein.

I. Zweck

Jede Kollektivanlage geht mit einem Vertrauensvorschuss der Anleger einher. Indes droht ein Vollstreckungsrisiko, wenn sich Gläubiger *des Verwalters* aus dem Anlegervermögen befriedigen können. Zudem entsteht aus der Anlage- als Dauerbeziehung und der Beteiligung einer Vielzahl von Anlegern Missbrauchspotential: Proportional zur Verwaltungsdauer erhöht sich die Gefahr des Verwalterfehlverhaltens, weil sich für die Verfügungsberechtigten umso häufiger die Chance zu Untreue und Vertuschung bietet. Die Anreize und Fähigkeiten eines Anlegers zur Überwachung eines Verwalters verhalten sich proportional zur Anteilsgröße; je geringer der eigene Anteil, umso weniger schreckt den Verwalter die Drohung des Mittelabzugs, umso unwirtschaftlicher ist die Klageerhebung für den einzelnen Anleger und umso mehr partizipieren andere Anleger in der Überwachungsarbeit des Einzelnen. Eine weitere Gefahr droht aus dem Unternehmensrecht. Ohne Einbindung einer weiteren Person können sich Ver-

---

Grundmann, Treuhand, S. 122 ff. (Gesellschaften als Gesamtverträge). Dagegen z.B. *Otto von Gierkes* Konzept des Verbandsrechts mit der Verbandsgründung als einseitigem Gründungsakt, vgl. *Gierke*, Genossenschaftstheorie, 1887/1963, S. 133; ähnlich *Siebert*, FS Hedemann, S. 266 f., 287 f. (Gründung als körperschaftliche Schöpfungshandlung).

[413] S. *Geßler*, WM 1957, Sonderbeilage 4, 11 f. (Kapitalanlagegesellschaft, Sondervermögen und Verwahrstelle als die drei im Investmentrecht geregelten Rechtsträger); wohl zuerst so griffig bei *Schäcker*, Entwicklung und System des Investmentsparens, 1961, S. 40 f., seitdem allgemein verbreitet; s. z.B. *Engert*, Kapitalmarkteffizienz, Kapitel 13, E.II.; *Mauser*, Anlegerschutzlücken, S. 67; *Oldenburg*, Marktprozessansatz, S. 77; *Ohl*, Die Rechtsbeziehungen innerhalb des Investmentdreiecks und S. 26 ff.; *Seegebarth*, Stellung und Haftung der Depotbank im Investment-Dreieck, sowie die Überschrift des zweiten Teils von *Gschoßmann*, Grundlagen, S. 77 („Rechtsbeziehungen innerhalb des Investmentdreiecks"); Brinkhaus/Schödermeier/Baltzer, § 12 KAGG Rn. 10; *G. Roth*, Treuhandmodell, S. 124 („drei Pole"); Berger/Köndgen, Vor §§ 20–29 Rn. 1.

änderungen auf Seiten des Verwalters, z.b. dessen Übernahme, auf die langfristig geplante Anlagestrategie nachteiliger auswirken als bei Einbindung eines Dritten, der die ursprünglichen Absprachen garantiert.[414]

Die Einbindung einer Depotbank soll diese Schwächen der Kollektivanlage reduzieren und zugleich die mit der Einbindung des Verwalters bezweckte Flexibilität erhalten.[415] Die OGAW-KVG hat ein für das Depotgeschäft zugelassenes Kreditinstitut mit der Verwahrung und den sonstigen Aufgaben nach Maßgabe der §§ 68 ff. KAGB zu beauftragen. Die Verwahrstelle eines AIF kann auch eine Wertpapierfirma oder eine andere, einer Beaufsichtigung und ständigen Überwachung unterliegende Einrichtung bzw. im Fall geschlossener AIFs ein Treuhänder sein (§ 80 Abs. 1 bis 3 KAGB). Damit wird ein „in allen Fragen der Geld- und Vermögensanlage kompetenter Kontrolleur"[416] in das Investmentdreieck eingebunden.

II. Gesetzliche Aufgabentrias

Der Verwahrstelle obliegen drei Aufgaben:[417] Erstens ist sie allgemein mit der Kontrolle des Verwalters beauftragt (*Kontrollfunktion*). So bedürfen Kreditaufnahmen, Bankanlagen bei anderen Instituten und Verfügungen – die Belastung erwähnt das Gesetz separat – über Immobilien und Immobilienbeteiligungen gem. §§ 75, 84 KAGB der Zustimmung der Verwahrstelle. Im Übrigen hat sie gem. §§ 76, 83 KAGB sicherzustellen, dass die Vorgaben in Gesetz und konstitutiven Dokumenten eingehalten und Rechtsgeschäfte wirksam abgeschlossen und ordnungsgemäß erfüllt werden.

Zweitens erfüllt die Verwahrstelle regelmäßig als Substanzverwalter eine Reihe von banknahen Einzelaufgaben, die eigentlich zum Bereich der Administration zählen (*Zahlstellenfunktion*).[418] Diese Aufgabenzuweisung an die Verwahrstelle mindert das Einwirkungspotential des Verwalters auf das Kollektivvermögen (also die Anlegerinteressen) und bietet Vollstreckungsschutz gegen die Gläubiger der KVG. Insbesondere hat die Verwahrstelle gem. §§ 72, 73

---

[414] Vgl. *Haar*, FS Emeritierung Hopt, S. 146.
[415] *Ohl*, Rechtsbeziehungen, S. 10 f.
[416] *Ohl*, Rechtsbeziehungen, S. 11 f.
[417] Nach *Ohl*, Rechtsbeziehungen, S. 11, hat die Verwahrstelle vier Funktionen (Kontrolle, Verwahrung, Anteilsscheinverwaltung, Wertermittlung); *Seegebarth*, S. 88 ff. zählt sechs Funktionen. Drei Funktionen zählen z.B:. *Reiss*, S. 147 f.; *Gschoßmann*, S. 169 f.; *Lachgar*, Révue Banque 2012, unter I. (Zahlstelle („surveillance des flux de liquidité"), Verwahrung („conservation"), Kontrolle („surveillance"/„contrôle"). S.a. EuGH v. 4.5.2006, C-169/04 Abbey National, No. 87, 95, 97 („safekeeping" und „supervisory functions" als Hauptpflichten). Zur Funktionsabgrenzung im Investmentdreieck vgl. *Schultheiß*, WM 2015, 133 (mit Blick auf Wirtschaftsprüfer); *Decker*, BKR 2014, 397 (CCP).
[418] Ein Teil der Aufgaben der Zahlstelle ist für OGAW-Verwahrstellen in §§ 71, 74 KAGB geregelt, für AIF-Verwahrstellen fehlt eine entsprechende Vorschrift. Dazu *Kobbach/Anders*, NZG 2012, 1171 f., wonach der AIF-Verwahrstelle keine Zahlstellenfunktion zukommen soll. Dabei wird ein eigener Verwahrstellenbegriff zugrundegelegt.

KAGB alle Anlagegegenstände des Kollektivs gesperrt zu verwahren; der Immobilienbestand, der auf den Namen der KVG lautet (§ 245 KAGB), ist zu überwachen. Sie hat den Gegenwert aus allen für Rechnung der Anleger getätigten Geschäften in ihre Verwahrung zu nehmen und aus dem Vermögen berechtigte Ansprüche zu befriedigen.[419] Die Verwahrstelle muss zudem die ordnungsgemäße Ausgabe und Rücknahme der Anteilscheine sicherstellen, insb. dass der Gegenwert in das Fondsvermögen fließt. Dabei ist sicherzustellen, dass der Anteilswert den Vertragsbedingungen entspricht[420] und an die Verwahrstelle geleistet wird; Ausgabeaufschläge und Rücknahmeabschläge leitet sie an die KVG weiter (vgl. § 71 KAGB).

Dritte Aufgabe ist die *Interessenvertretung.* Die Verwahrstelle hat gem. §§ 78 Abs. 1, 89 Abs. 1 KAGB Ansprüche der Anleger aus Pflichtverletzungen der KVG im eigenen Namen geltend zu machen und den Bestand des Kollektivvermögens z.B. durch Drittwiderspruchsklage gem. § 771 ZPO zu verteidigen. Die Anleger dürfen zwar auch selbst gegen die KVG vorgehen. Aber wenn der Verwahrer *gegenüber dem Verwalter* zur Geltendmachung verpflichtet ist, stehen dem Verwalter die atomisierten Anlegerrechte z.B. auf Schadensersatz in Person der Verwahrstelle gebündelt gegenüber. Pro rata kleine Schäden sind kumuliert eine Klage wert. Nach der Rechtsprechung folgt aus der Kontrollaufgabe zugleich eine Pflicht zum vorbeugenden Eingreifen. Dies rechtfertigt es zugleich, die Interessensvertretung im Folgenden als Annex zur und im Zusammenhang mit der Kontrollfunktion zu betrachten.[421]

III. Anlagedreieck als gleichschenkliges Dreieck

Damit von einem Dreieck gesprochen werden kann, müssen Rechtsbeziehungen jeweils zwischen Anleger und Verwalter, Verwahrer und Verwalter sowie Anleger und Verwahrer bestehen. Verwahrer und Verwalter sind aufgrund des Depotbankvertrags (einem gemischttypischen Vertrag mit dominantem Geschäftsbesorgungselement[422]) zu gegenseitiger Kontrolle verpflichtet. Dies ist an der Berechtigung und Verpflichtung der KVG zur Geltendmachung von Ersatzansprüchen gegenüber dem Verwahrer gem. §§ 78 Abs. 2 S. 1, 89 Abs. 2 S. 1 KAGB abzulesen. Das Rechtsverhältnis zwischen Anlegern und Verwalter wird durch den Investmentvertrag begründet.

---

[419] §§ 71 Abs. 2 bis 4, 74, 79 KAGB.

[420] Eine Kontrolle des von der KVG ermittelten Wertes genügt, arg. ex §§ 76 Abs. 1 Nr. 1 und 83 Abs. 1 Nr. 1 KAGB. A.A. wohl *Ohl*, Rechtsbeziehungen, S. 11, der eine Pflicht der Verwahrstelle zur Berechnung sieht.

[421] BGHZ 149, 33, 1. Ls. (zu § 28 InvG).

[422] H.M., vgl. Berger/*Köndgen*, Vor §§ 20–20 Rn. 2; Emde/*Dreibus*, Vor §§ 20–29 Rn. 8 f.; *Canaris*, Bankvertragsrecht, Rn. 2355; a.A. *Ohl*, Investmentbeziehungen, S. 88 f. (BGB-Innengesellschaft).

Während unstreitig Rechtsbeziehungen zwischen Anlegern und Verwahrstelle bestehen – nur das ist an dieser Stelle wesentlich –, ist unklar, wie diese rechtlich einzuordnen sind. Die Beziehung zwischen Anleger und Verwahrstelle soll Vertrag zugunsten (§ 328 BGB)[423] oder mit Schutzwirkung zugunsten der Anleger,[424] quasi-vertragliches Verhältnis infolge Vertragsanbahnung,[425] eigenständiger Vertrag zwischen Verwahrstelle und Anleger,[426] nach der h.M. aber ein atypisches gesetzliches Schuldverhältnis im Sinne eines Treuhandverhältnisses zugunsten der Anleger sein.[427] Letztlich sprechen die besseren Gründe für eine unmittelbare Vertragsbeziehung nicht nur zwischen Verwalter und Anlegern sowie Verwalter und Verwahrer, sondern auch zwischen Verwahrer und Anlegern. Dieser Deutung steht eine gesetzliche Typenprägung – wie sie auch aus dem BGB bekannt ist – nicht entgegen. So fokussiert *Canaris'* Deutung als gesetzliches Schuldverhältnis auf das InvG und dessen Unvereinbarkeit (z.B.) mit §§ 328 ff. BGB. Jedoch ist das InvG (ebenso wie sein Nachfolgegesetz KAGB) selbst Typenprägung, so dass sich einzig die Frage stellt, welchem BGB-Typus die Fondsgesetzgebung am nächsten kommt.

Das bedeutendste Argument gegen die unmittelbare Vertragsbeziehung ist die typische Reihenfolge vertraglicher Arrangements. Nach §§ 68, 80 KAGB schließt die KVG bzw. die intern verwaltete Inv-AG mit der Verwahrstelle einen Verwahrungsvertrag bereits vor der Anlegerbeteiligung. Vorher darf die KVG weder Sondervermögen auflegen noch Anteilsscheine ausgeben. Um die gleichzeitige Bestellung von Anlegerrechten geht es dabei noch nicht.[428] Diese

---

[423] *König*, Anlegerschutz, S. 152; aus dem vorwiegend älteren Schrifttum *Baum*, Schutz des Investmentsparers, S. 143; *v. Berge/Herrendorff*, S. 113; *Geßler*, WM 1957, Sonderb. Nr. 4 S. 22; *Gläbe*, S. 154; *Müller*, Depotbank, S. 187; *Schäcker*, Entwicklung, S. 69 ff.; *G. Reuter*, Investmentfonds, S. 152; *Wendt*, Treuhandverhältnisse, S. 110 ff. Die h.L. lehnt dies ab, weil die Drittberechtigung des Anlegers nicht von dem Vertragswillen von Verwahrstelle oder KVG abhängen können, der Anleger entgegen § 333 BGB die Drittberechtigung nicht zurückweisen könne und Einwendungen der Verwahrstelle aus dem Vertrag zwischen KVG und Verwahrstelle zulasten der Anleger gingen (§ 334 BGB).

[424] *Thiel*, Schutz, S. 161; *Müller*, DB 1975, 485, 487; Beckmann/*Beckmann*, § 20 InvG Rn. 47 ff.

[425] *Kümpel*, 3. Aufl. 2004, Rn. 12.173; jetzt offengelassen von Kümpel/Wittig/*Reiter*, Rn. 9.160 (Meinungsstreit ohne praktische Relevanz).

[426] *Klenk*, Investmentanteil, S. 15; *Reiss*, S. 151 ff. Ebenso für das schweizerische Recht *Boveri*, S. 13 ff. Diese Position soll nach der h.M. daran scheitern, dass nicht davon auszugehen sei, dass die Depotbank im Zeitpunkt der Ausgabe von Anteilscheinen ein entsprechendes Angebot an den Anleger auf Vertragsschluss abgeben will und zudem eine Annahme durch den Erwerber fehle.

[427] OLG Frankfurt a.M., NJW 1997, 745; OLG Frankfurt a.M., AG 1997, 422, 423; darauf bezugnehmend OLG Frankfurt a.M. vom 26.10.2000, 16 U 90(99 (unv.), S. 12 f.; *Canaris*, Bankvertragsrecht, Rn. 2464; Berger/*Köndgen*, Vor §§ 20–20 Rn. 2; Brinkhaus/*Schödermeier/Baltzer*, § 12 Rn. 17; Emde/*Dreibus*, Vor §§ 20–29 Rn. 11; Weitnauer/*Klusak*, § 68 Rn. 10; *Gschoßmann*, S. 171 ff.; *Ohl*, Rechtsbeziehungen, S. 97 ff. (anders auf S. 12); *Seegebarth*, Depotbank, S. 41 (mit ausführlicher Diskussion). Offen gelassen von BGHZ 149, 33 Rn. 10.

[428] Zutr. *Klenk*, Investmentanteil, S. 14.

Abfolge erzwingt freilich nicht, dass bestenfalls ein Verwahrungsvertrag zwischen KVG und Verwahrstelle als Vertrag zugunsten oder mit Schutzwirkung zugunsten der Anleger zustande kommen kann. So kann der zwischen Anleger und der KVG oder intern verwalteten Inv-Ges geschlossene Vertrag durchaus die Annahme eines Angebots des jeweils dritten Eckpunkt des Dreiecks beinhalten, das durch den Handelnden als Bote übermittelt wird. Die Annahme erfolgt nach § 151 S. 1 BGB: Sie wird durch den Anleger erklärt, muss aber der am Vertragsschluss nicht beteiligten Verwahrstelle nicht zugehen. Sie wird stattdessen sogleich praktiziert. Die Abläufe widersprechen einer unmittelbaren Vertragsbeziehung nicht.

Für den unmittelbaren Vertragsschluss sprechen indes das Leistungsinteresse der Anleger und die ansonsten bestehende Abhängigkeit von der Disposition des Initiators: Die Anleger möchten in der Regel auf den durch die Inhaltskontrolle vorformulierter Verträge gewährten Schutz nicht verzichten. Dazu käme es aber, wenn der zwischen KVG und Verwahrstelle (als Unternehmer i.S.v. § 310 Abs. 1 BGB) abgeschlossene Vertrag lediglich Schutzwirkung entfaltet oder zugunsten der Anleger i.S.v. § 328 BGB wirkt. Auch hätte der Anleger keinen Einfluss auf die zwischen Verwahrstelle und KVG vereinbarten Einwendungen, die zu seinen Lasten wirken (§ 334 BGB[429]). Nur eine unmittelbare Vertragsbeziehung sichert den vollständigen Dispositionsschutz der Anleger. Erhellend ist, dass bei Spezialfonds regelmäßig ein echter Drei-Parteien-Vertrag zwischen Anleger, Verwahrstelle und KVG konzediert wird.[430] Die kundigen Spezialfondsanleger scheinen somit auf die unmittelbare Vertragsbeziehung wert zu legen. Aber auch das Interesse der KVG ist nicht auf einen Vertrag zugunsten der Anleger gerichtet. Einwendungen aus dem Valutaverhältnis zwischen KVG und Anleger würden im Verhältnis zwischen Verwahrstelle und Anleger nicht berücksichtigt.[431] Dieses Ergebnis bestätigt ein Blick auf das Schweizer Recht: Gem. Art. 25 Abs. 2 KAG nimmt die Depotbank beim schweizerischen vertraglichen Anlagefonds „nach Maßgabe der ihr durch Gesetz und Fondsvertrag übertragenen Aufgaben am Fondsvertrag" als Vertrags-

---

[429] Beispiel: Der Verwahrer könnte dem Anleger gegenüber ein Zurückbehaltungsrecht geltend machen, wenn der Verwalter die Entnahme der dem Verwahrer zustehenden Beträge nicht gem. § 79 Abs. 2 KAGB genehmigt.

[430] Berger/*Steck*, Vor §§ 91 bis 95 Rn. 14; *Köndgen/Schmies* in Bankrechtshandbuch, § 113 Rn. 94, 113 f.

[431] Beispiel: Verwalter und Anleger schließen einen Begebungsvertrag über 10 Anteile, der Verwalter händigt versehentlich Anteilscheine über 100 Anteile aus. Verlangt nun der Anleger die Dividendenausschüttung für 100 Anteile von dem Verwahrer gem. § 74 Abs. 2 Nr. 3 KAGB, muss dem Verwahrer die Einrede der ungerechtfertigten Bereicherung zustehen, weil andernfalls die übrigen Anleger durch Verwässerung ihres Gewinnanteils den relativ höheren Gewinn des Anlegers trügen.

partei teil. Der Fondsvertrag umschreibt neben der Rechtsstellung von Anlegern und Fondsleitung auch die der Depotbank.[432]

Für die sich abzeichnende Auffassung einer direkten Vertragsbeziehung auch zwischen Verwahrstelle und Anleger spricht zudem, dass die Verwahrstelle bei der Anteilsverschaffung und Anteilsrücknahme (§ 71 Abs. 1 KAGB) durch Entgegennahme der Einlage, jedenfalls aber Kontrolle des Zahlungseingangs[433] und deren Wiederauszahlung mitwirkt. Entgegen der h.M., die darin nur eine Kontrollfunktion im Verhältnis zur KVG erblickt, lassen sich diese Mitwirkungshandlungen als auf einen Vertragsschluss abzielende Willenserklärungen deuten. Die Unmittelbarkeit der Vertragsbeziehung zwischen Anleger und Verwahrstelle vermeidet nicht zuletzt die Umdeutung der Gebührenumbuchung und des Aufwendungsersatzes unmittelbar vom Fondskonto auf das Konto der Verwahrstelle in „lediglich einen abgekürzten Zahlungsweg".[434] Die Verwahrstelle erfüllt vielmehr eine eigene Vertragspflicht gegenüber dem Anleger.

Damit erweist sich das Investmentdreieck als gleichschenkliges Dreieck. Die erkannte Struktur wird durch Primäransprüche jeweils zwischen Anleger, KVG und Verwahrer vollständig abgebildet. Diese Primäransprüche können, müssen aber nicht Rechtsfolge separater Schuldverhältnisse sein. Häufig wird es sich um einen einzigen, mehrseitigen Anlagevertrag mit Primärrechten und Pflichten der drei Parteien zueinander handeln. So schuldet die Verwahrstelle den Anlegern die Kontrolle und Verwahrung der mit ihrem Vermögen erworbenen Anlagegegenstände (§§ 72, 76, 83 KAGB), während die KVG und die Anleger einen Anspruch auf Verwahrung der Gegenstände durch die Verwahrstelle haben.

IV. Defizite

Das Investmentdreieck ist kein perfekter Schutz. Die Einbindung der Verwahrstelle ist nur so gut wie der Verwahrer selbst. Wirtschaftliche Impotenz, persönliche Untreue und Interessenkonflikte gefährden die Erfüllung der Verwahrerpflichten. Diese Sorge spiegelt sich im KAGB durchaus wider: Die Pflichterfüllung prüft jährlich ein Abschlussprüfer, die für das Depotgeschäft zuständigen Geschäftsleiter müssen kundig und erfahren sein, das Institut bedarf der erforderlichen Vorkehrungen und eines haftenden Kapitals i.H.v. mind. 5 Mio. €.[435] Auch die Treuhänder illiquider AIF-Anlagen sollen durch Organisationspflichten in ihrer Qualität und Ehrlichkeit bestärkt werden.[436]

---

[432] Art. 26 Abs. 2 KAG. Im Einzelnen zum Fondsvertrag *Jutzi*, Recht 2011, 70 f.

[433] §§ 76 Abs. 1 Nr. 1, 83 Abs. 1 Nr. 1 KAGB

[434] Berger/*Schmitz*, § 41 Rn. 7.

[435] § 68 Abs. 4 bis 7 KAGB; dies folgt für AIF-Verwahrstellen aus § 80 Abs. 2 KAGB und Art. 92 ff. AIFM-VO.

[436] Vgl. § 80 Abs. 3 KAGB, dazu BaFin, Merkblatt Treuhänder als Verwahrstelle (2013); *Giesler*, DStR 2013, 1912; *Emde/Dreibus*, BKR 2013, 97; *Jäger/Maas/Renz*, CCZ 2014, 63, 69;

Damit bleiben das Interessenvertretungsrisiko eines Konflikts zwischen Ei-
gen- und Kundeninteressen sowie das Delegationsrisiko einer Übertragung an
untreue Unterverwahrer. Dass der Verwalter eine ihm willfährige Verwahrstelle auswählt, sucht die behördliche Genehmigung der Auswahl und notfalls die
behördliche Bestellung der Verwahrstelle zu verhindern.[437] Interessenkonflikte
sollen organisatorisch[438] und durch die Vorgabe eingedämmt werden, die Verwahrstelle habe unabhängig von der KVG und ausschließlich im Anlegerinteresse zu handeln. Jedoch akzeptiert das KAGB Interessenkonflikte zwischen der
Verwahrstelle-Muttergesellschaft und der KVG-Tochtergesellschaft.[439] Dies
lässt sich mit der Erwartung erklären, die Verwahrstellen-Muttergesellschaft
werde die KVG zum Schutz ihrer eigenen Reputation hinreichend überwachen.
Auch das Delegationsrisiko suchen die §§ 73, 82 KAGB einzudämmen, indem
eine Unterverwahrung nur durch qualifizierte Unterverwahrstellen erfolgen
darf. Wie die Erfahrung in Luxemburg lehrt, kann eine solche Vorgabe Schädigungen nicht vollständig verhindern.[440] Dennoch hat sich die Dreiecksstruktur
im Allgemeinen bewährt.

B. Dreiecksstruktur jenseits des Sonderrechts (InvG, KAGB)

Gerichtskundig sind andere Anlagemodelle geworden. Eine Ursache könnte ein
Fehlverständnis der Beteiligten über die ihnen auferlegten Pflichten sein. Andere Ursachen, die mit der Dreiecksstruktur nur indirekt zusammenhängen,
könnten die Minderwertigkeit des Geschäftsmodells und/oder die mindere
Qualität von Verwalter oder Verwahrer sein, die nicht den institutionellen
Schutzvorkehrungen des KAGB und früheren InvG unterliegen. Zur Offenlegung der Struktur der Kollektivanlage erscheint es sinnvoll, sich über die Funktion der Beteiligten Klarheit zu verschaffen.

I. Treuhandbeteiligung

Treuhandverträge gehören zum Standardrepertoire der Gestaltung von Anlagebeziehungen (s.a. § 1 Abs. 2 Nr. 2 VermAnlG).

1. Gestaltungen

Jenseits des KAGB bzw. InvG werden Anlagefonds unter Einbindung eines
Treuhänders organisiert, der formal Eigentümer der Anlagegegenstände ist und

---

Dornseifer/*Tollmann*, Art. 21 Rn. 43; Weitnauer/*Boxberger*, § 80 Rn. 19; aus rechtsvergleichender Sicht *Zetzsche*, ZBB 2014, 28.
  [437] § 69 (für OGAW) und § 80 Abs. 4 KAGB (für AIF-Treuhänder).
  [438] §§ 18 Abs. 2 bis 5, 70 Abs. 2, 4, 76 Abs. 2, 85 Abs. 2 S. 2, 3 und Abs. 5 KAGB.
  [439] Vgl. dazu insbesondere *Schmolke*, WM 2007, 1909.
  [440] Dies ruft die Frage der Einstandspflicht des Verwahrers im Fall der Schädigung durch
den Unterverwahrer hervor. Vgl. *Hövekamp/Hugger*, FS Hopt, S. 2015; *Kobbach/Anders*,
NZG 2012, 1171 f. zur Rechtslage vor Umsetzung der AIFM-RL.

Grafik: Treuhandmodell

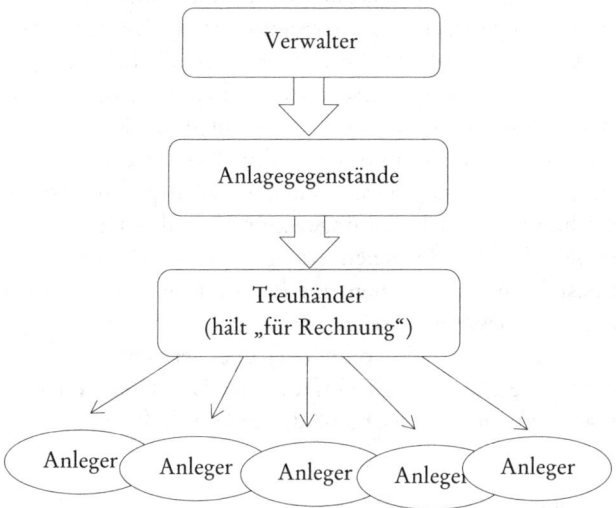

die Rechte daraus gegenüber dem Verwalter wahrnimmt.[441] Die zunächst übliche Direktbeteiligung der Anleger in Publikumsgesellschaften wird spätestens seit den 1970er Jahren[442] durch eine gleichförmige Treuhandbeteiligung einer Anlegermehrzahl an den Vermögensgegenständen oder an einem Personengesellschaftsanteil ersetzt.[443] In die Organisation geschlossener Fonds in Form der Bruchteilsgemeinschaft,[444] Publikums-GbR[445] und atypischen stillen Gesellschaft[446] sind regelmäßig Treuhänder eingebunden. Die Treuhänder üben Ei-

---

[441] *V. Caemmerer*, JZ 1958, 41, 49; *Geßler*, WM 1957, Sonderb. Nr. 4, S. 10, 12; *Ohl*, Rechtsbeziehungen, S. 11.

[442] Vgl. zur Einbindung von Treuhändern in Anlagegesellschaften aus dem älteren Schrifttum (bis 1975) *Beuthien*, ZGR 1974, 26; *Wiedemann*, Übertragung, S. 343 ff.; *Wolff*, Treuhänderkommanditist, S. 117 ff.; *Cölle*, S. 18 f., 153 ff.; *Kruhme*, Immobilienfonds, S. 46 ff.; *Kümmerlein*, S. 66 ff., 88 ff.; *Hanne*, S. 55 ff.; *Markwardt*, S. 52 ff.

[443] *Bälz*, ZGR 1980, 1; *Blaurock*, Unterbeteiligung, S. 73 f., 133 ff.; *Geibel*, Treuhand, S. 252 ff., 432 ff.; *Wiedemann*, GesR II, § 9 I 4 b), S. 762, § 9 IV 1 b), S. 838.

[444] *Liebich/Mathews*, S. 229. Nachweis der Zulässigkeit einer auf Halten und Verwalten ausgerichteten Dauergemeinschaft gem. § 741 BGB bei *Madaus*, ZHR 178 (2014), 98, 113.

[445] Vgl. z.B. BGH, WM 2001, 2262; BGH, WM 2003, 2382; OLG Köln, NZG 2001, 1149 (Revision durch Versäumnisurteil, BGH, DStR 2003, 1494); OLG München, NZG 2001, 860 und NZG 2001, 910 Rn. 2 und Revisionsurteil BGH, ZIP 2003, 1536; KG vom 24.5.2007, 20 U 107/05, Rn. 37 (Juris); OLG Stuttgart vom 28.3.2007, 14 U 49/06 (Juris); *Liebich/Mathews*, S. 232.

[446] Vgl. BGH, NJW 2001, 1270 Rn. 9; BGH, NJW 2004, 3706, 3707 mit Vorinstanz OLG Celle, WM 2003, 325 Rn. 4 und 46 ff.; *Reusch*, S. 87 f. Vgl. zu Gestaltungen ausnahmsweise ohne Treuhänder BGH, WM 1982, 40; BGH, WM 183, 1407. Des Weiteren zu „stillen" Anlage-Gesellschaften jeweils mit zwischengeschalteter GbR ohne Ausführungen zu Treuhändern BGH, WM 1990, 714 (keine Änderung des Gesellschaftsvertrags durch abweichende

gentümer- oder Gesellschafterrechte aus, überwachen als „Mittelverwendungs-treuhänder" die Voraussetzungen, unter denen eine Einlage zu erfolgen hat,[447] und übermitteln den Anlegern den Beteiligungsertrag. Ebenso kann eine Beteiligung über eine Treuhand-GmbH organisiert sein, die formal Eigentümer der von einer Geschäftsführungsgesellschaft verwalteten Anlagegegenstände ist.

Dieses Modell gibt es in zahlreichen Varianten. So kann der Treuhänder GbR-„Anteile" oder als Gestionskommanditist KG-Anteile treuhänderisch für Anleger halten oder als professioneller Geschäftsführer-Treuhänder der BGB-Gesellschaft in Rechtsbeziehungen zum Verwalter treten.[448] In allen Fällen sind drei Beteiligte auszumachen: Anleger, Treuhänder und Verwalter. Unzweifelhaft besteht in diesen Fällen eine Rechtsbeziehung zwischen Anlegern und Treuhänder – dieser ist direkter Vertragspartner der künftigen Anleger („Treuhandvertrag")[449] – sowie Treuhänder und Verwalter. Zweifelhaft ist, ob der Treuhandvertrag dem Anleger nützt, ob der Treuhänder die identifizierten Funktionen wahrzunehmen hat und ob die Anleger in Beziehung zum Verwalter stehen.

2. Schutzzweck der Treuhand

Man kann den Treuhänder dem Kreis des Initiators zuordnen oder das Verhältnis zwischen Treuhänder und Anleger als Geschäftsbesorgungsverhältnis zugunsten des Anlegers verstehen. Zweck der Typenumformung ist aus Initiatorensicht eher selten, sich selbst einen Kontrolleur in den Nacken zu setzen (dies mag er in der Werbung freilich anders darstellen). In der Regel wird sich der Initiator zuvörderst der persönlichen unbeschränkten Haftung und zugleich des gesellschaftsrechtlichen Einflusses der und der Koordinationslast in Bezug auf die Anleger-Gesellschafter entledigen wollen.

Die Rechtsprechung spricht hier eine klare Sprache und sieht in der Einbindung eines Treuhänders regelmäßig eine Sicherung zugunsten der Anleger.[450]

Praxis, Schriftlichkeitsprinzip); BGHZ 125, 74 (kein Recht des „Geschäftsinhaber-Verwalters" zur Hinauskündigung); BGH, ZIP 1995, 738 (Schutzbereich des Vertrags zwischen Verwalter-GmbH und ihren Geschäftsführern erstreckt sich auch auf die Anleger); BGH, NJW 1998, 1946 (Gesellschafterversammlung, Beiratsvergütung); zu Explorations-Anlage-GbR BGH, NJW 1984, 2470 (Einsichtsrecht der Anlage-Gesellschafter).

[447] Ausdrücklich BGH, WM 2003, 2382; *Armbrüster*, Treuhand, S. 34.

[448] Hintergrund dieser Gestaltungen war nach früherem Bankaufsichtsrecht der Versuch, eine Entgegennahme von Geldern „des Publikums" zu vermeiden, dazu *Bornemann*, ZHR 166 (2002), 211, 218.

[449] Vgl. BGH, ZIP 2003, 1536, unter II.1.

[450] Vgl. BGH vom 13.5.2004, III ZR 368/03 (Juris), unter II.1.a) aa) (für vertraglich zur Verwahrung auf einem Treuhandkonto verpflichteten Rechtsanwalt). Dem Anleger muss eine Rechtsstellung entsprechend einem unmittelbaren Gesellschafter eingeräumt werden, vgl. BGH, NZG 2013, 379; BGH, NZG 2013, 384; BGH, NJW 2013, 2190 (Auskunftsrecht); BGH, ZIP 2013, 619, 622; BGHZ 196, 131 (Auskunft über Namen und Adressen von Mitgesellschaftern); BGH, NZG 2011, 1432 Rn. 17; BGH, NZG 2012, 1342 Rn. 13 (zur vertraglichen Regelung im Innenverhältnis); *Wiedemann*, NZG 2013, 1041, 1044; *Wertenbruch*, NZG

Der Treuhandvertrag wirkt zugunsten (§ 328 BGB)[451] oder mit Schutzwirkung[452] zugunsten der Anleger. Sie teilt damit die Bedenken der Literatur
gegen eine Umkehrung des der Treuhand immanenten Schutzzwecks.[453]
Dieser Auffassung ist zuzustimmen. Die privatrechtliche Gestaltungsfreiheit
wirkt nicht zugunsten des Initiators, weil die verwendete Rechtsform aus Sicht
der Anleger erhöhten Schutz signalisiert. Die ggf. verursachte Unklarheit kann
dieser nach dem in § 305c Abs. 2 BGB angelegten Grundsatz nicht zu seinen
Gunsten in Anspruch nehmen. Deutete man das Treuhandverhältnis entgegen
der hier vertretenen Auffassung aus Sicht des Initiators, handelte es sich um eine
eigennützige Treuhand. Die Existenz der eigennützigen Treuhand wird wegen
der damit verbundenen antagonistischen Interessenverteilung überwiegend abgelehnt.[454] Es entspräche dem allgemeinen Verständnis der Übergabe „zu treuen
Händen", dass der Treuhänder zu jeder Zeit die Interessen des Treugebers
wahrzunehmen hat. *Grundmann* hält die Interessenwahrungspflicht stricto
sensu sogar für wesensbestimmend, also allein maßgeblich.[455] Diesen Grundpfeiler des Rechts vermag ein einseitig geäußerter interessengeleiteter Wille
nicht zu verrücken.

3. *Aufgabentrias*

Ein Blick in die Rechtsprechung offenbart eine funktionale Nähe zwischen dem
fremdnützigen Treuhänder und der Verwahrstelle. Der Treuhandkommanditist
ist verpflichtet, „die Interessen der Treugeber sachverständig wahrzunehmen
und alles Erforderliche zu tun, um deren Beteiligung und ihren wirtschaftlichen Wert zu erhalten und zu mehren, und alles zu unterlassen, was sie gefährden könnte."[456] Insbesondere hat sich der Treuhandkommanditist die notwendige Kenntnis zu verschaffen, um die für die Beteiligten besonders wichtigen
Mitwirkungs-, Kontroll- und Überwachungsrechte ausüben zu können. Schon
in diesen seit den 1970er Jahren geltenden Grundsätzen offenbaren sich die

---

2013, 285. Eine unmittelbare Pflichtenbeziehung, die der KG einen Anspruch auf Leistung
der Einlage gegen den Anleger und damit Treugeber einräumt, besteht ohne gesonderte vertragliche Vereinbarung nicht, vgl. BGH, NZG 2011, 1432 Rn. 15 ff.; BGH, NZG 2012, 1342
Rn. 13; dazu Ebenroth/*Henze/Notz,* Anhang B., Rn. 165 f.
[451] BGH, NJW 1995, 1025 Rn. 11; BGH, WM 2003, 2382, 2383.
[452] OLG Düsseldorf, WM 1984, 1080, 4. Ls. (Schutzbereich des Vertrags zwischen Treuhandkommanditistin und ihren Geschäftsführern erstreckt sich auch auf KG); OLG Hamburg WM 2001, 299, 302; OLG Köln, GI 1997, 71. Nur angedeutet bei BGH, WM 2001, 2262,
2266.
[453] *U.H.Schneider,* ZHR 142 (1978), 228, 244; *Armbrüster,* Treuhand, S. 83: Zweck des
Treuhänders ist Anlegerschutz gegenüber Gesellschaft.
[454] Gegen eine Treuhand bei antagonistischer Interessenverteilung im Bereich der Sicherungsgeschäfte z.B. *Geibel,* Treuhand, S. 26 f., 165 ff.; *Grundmann,* Treuhandvertrag, S. 19 ff.;
Löhnig, Treuhand, S. 121 ff.; früher bereits *Schultze,* JherJB 43 (1901), 1, 2; *Gaul,* AcP 168
(1968) 351, 367 f.; *Reich,* AcP 169 (1969), 247, 254; *Siebert,* Treuhand, S. 169 f.
[455] *Grundmann,* Treuhandvertrag, S. 19 ff., 307.
[456] BGHZ 84, 141 Rn. 11; BGHZ 73, 294, 297.

Pflicht zur Kontrolle und Interessenvertretung. Die Interessenvertretung zeigt sich auch darin, dass bei geschlossenen Immobilienfonds zur Sicherung des Anspruchs der Fondsanleger eine Vormerkung auf den Namen der Treuhänderbank eingetragen wird.[457] Die Kontrollpflicht des Treuhandkommanditisten wird ebenso wie für Verwahrstellen als Präventionspflicht verstanden. So lässt die ständige Rechtsprechung[458] (fast schon pauschal) Ersatzansprüche wegen Verschuldens bei Vertragsverhandlungen bzw. Vertragspflichtverletzung zu, weil der Treuhandkommanditist die Anleger nicht über beteiligungserhebliche Tatsachen aufgeklärt habe, die ihm, nicht aber den Anlegern vor Vertragsschluss bekannt gewesen sind. Wenn die Kontrolle der Mittelverwendung Gegenstand der Treuhänderpflichten ist, bejaht der BGH Ersatzansprüche in Höhe des Zeichnungsschadens, wenn der Mittelverwendungskontrolleur die Anleger nicht auf die von dem Prospekt abweichende Mittelverwendung von sich aus hinweist.[459] Eine abweichende Haftungsregelung ist unwirksam.[460] Die Bezeichnung als Mittelverwendungskontrolleur statt als Treuhänder hilft nicht.[461]

---

[457] *Liebich/Mathews*, S. 232.

[458] Beginnend mit BGHZ 84, 141, 144 f. (in Bezug auf Anlagerisiken); WM 1985, 533 Rn. 12 (Abgrenzung zur Sachwalterhaftung); BGH, NJW 1995, 1025 Rn. 11; BGHZ 120, 157 Rn. 5 (mit Grenze der Kontrollpflicht bei Verlass auf fremdes Gutachten); BGH, ZIP 2003, 1651; BGH, NJW-RR 2003, 1351 (Prospekt steht nicht entgegen); BGH, WM 2006, 1621 Rn. 9; BGH, NJW 2006, 2410 Rn. 7; BGH, NJW-RR 2007, 406, 407 Rn. 9 (keine Entlastung über Hinweis auf Nichtvornahme von Prüfungen); NJW-RR 2007, 1041, 1043 Rn. 15 (aber keine Aufklärungspflicht über Inhalt und Reichweite des Treuhandvertrags); BGH, NJW-RR 2008, 1129, 1130 Rn. 8 (Aufklärung über regelwidrige Auffälligkeiten); NJW-RR 2009, 613, 614 Rn. 8 (Aufklärung über regelwidrige Auffälligkeiten) sowie die Urteile in Bezug auf die Medienfonds der „Gesellschaft für internationale Filmproduktion" wegen verdeckter Vertriebsprovisionen, z.B. BGH, WM 2008, 1205 Rn. 8; BGH, WM 2010, 1017 Rn. 11 f.; BGH, DB 2010, 1874 Rn. 8, 16 f.; BGH, WM 2010, 1537 Rn. 24 f.; zurückhaltend noch BGHZ 71, 284, 286 (später als Ausnahme gedeutet); BGH, NZG 2013, 980, 982 f. (Haftung für Pflichtverletzungen Dritter). Der Anleger kann aber allfällige Schadenersatzansprüche nicht gegen Freistellungsansprüche des Treuhandkommanditisten aufrechnen, die dieser an Gläubiger abgetreten hat, vgl. BGHZ 194, 180 Rn. 32 ff.; BGH, NZG 2013, 229, 232 f.; Ebenroth/*Henze*/*Notz*, Anhang B., Rn. 166 f.; *Wertenbruch*, NZG 2013, 287 f.; *Wagner*, GWR 2013, 12; *Schäfer*, ZHR 177 (2013), 619; *Klöhn*, VGR 2013, S. 143.

[459] BGH, NJW 2010, 1279; BGH, ZIP 2009, 2446; BGH, 28.1.2010, III ZR 30/09, 151/09 und GWR 2010, 115 Rn. 3; BGH, 11.2.2010 (III ZR 7/09, 9/09, 10/09, 11/09, 12/09, 120/09 und 128/09); zuvor bereits OLG Köln, GI 1997, 71; grundsätzlich auch OLG Hamm, NZG 2001, 331 (im konkreten Fall abgelehnt, mangels Beweisantritt des Klägers). Zu den Haftungsrisiken des Mittelverwendungskontrolleurs siehe *Grunewald,* FS Goette, S. 113 ff.; *Habbe*/*Angermann*, RdF 2013, 37; *Stari*/*Beuster*, DStR 2014, 271; *Wertenbruch*, NZG 2013, 285 ff.

[460] Subsidiaritätsklausel verstößt gegen § 309 Nr. 7b BGB: BGH, ZIP 2009, 2446, 2447 Rn. 11 f.; GWR 2010, 115 Rn. 3; GWR 2010, 145 Rn. 11 ff.

[461] Während der Treuhandkommanditist in unmittelbaren Kontakt mit den Anlegern tritt, ist dies bei einem Mittelverwendungskontrolleur nicht zwingend der Fall. Dazu *Koch* WM 2010, 1057.

Die Zahlstellenfunktion ist ebenfalls gegeben, wenn – wie üblich[462] – der Treuhänder die Anlagebeträge einzieht und über die Einzahlung ein Zertifikat ausstellt (etwa als Abwicklungskommanditist).

Ob und wie eine Begrenzung auf einen Pflichtbereich anzuerkennen ist – so macht *Koch* eine strengere Rechtsprechung für den Fall aus, dass der Dritte als „Treuhänder" statt als Mittelverwendungskontrolleur bezeichnet wird[463] – ist an dieser Stelle noch nicht zu beurteilen.

4. Beziehung Verwalter und Anleger

Bei den Treuhandmodellen nicht offensichtlich ist die Rechtsbeziehung zwischen Verwalter und Anleger. Die Beteiligung der Anleger an der Kollektivorganisation ist ihrerseits mediatisiert, Verträge werden nur zwischen Anleger und Treuhänder geschlossen. Mit Blick auf die Gesamtorganisation lässt sich allerdings nicht abstreiten, dass der Verwalter die Verwalterbefugnis nicht zu Zwecken der Selbst-, sondern der Fremdbereicherung der Anleger innehat. Dieser Eindruck verstärkt sich unter Berücksichtigung der Aufgabenteilung. Der Verwalter oder ein hinter ihm stehender Initiator organisiert regelmäßig die Kapitalwerbung, nimmt also zunächst rechtsgeschäftlichen Kontakt auf, um die geworbenen Anleger anschließend in ein Vertragsverhältnis mit dem Treuhänder zu überführen. Dies ist der Grund für die Einbeziehung der Initiatoren und Verwalter in die Reichweite der Informationshaftung. Mit den gleichen Erwägungen bezieht die Rechtsprechung gelegentlich die Anleger in den Schutzbereich von Geschäftsführungsverträgen ein.[464] Die Beziehung zwischen Anleger und Verwalter verstärken häufig sog. „als-ob"-Klauseln,[465] wonach die Anleger in Bezug auf alle oder einzelne Rechte wie unmittelbar an der Beteiligungs-KG beteiligte Kommanditisten gestellt werden.[466] (Für Publikums-Inv-KG gibt ebendies jetzt § 152 Abs. 1 S. 3 KAGB vor.) Es drängt sich somit auf, dass auch eine Rechtsbeziehung zwischen Anleger und Verwalter besteht. Das *Anlage-* ist ebenso wie das Investmentdreieck gleichschenkliges Dreieck.

---

[462] Das Zertifikat hat keinen Wertpapiercharakter, sondern ist Beweisurkunde für den Vertragsschluss respektive die Gesellschafterstellung. *Liebich/Mathews*, S. 229, 241.

[463] *Koch*, WM 2010, 1057, 1063.

[464] BGHZ 75, 321, 1. Ls. (Schutzbereich des Vertrags zwischen Komplementär-GmbH und ihren Geschäftsführern erstreckt sich auch auf die KG); BGH, ZIP 1995, 738 (Schutzbereich des Anstellungsvertrags zwischen Verwalter-GmbH und ihren Geschäftsführern erstreckt sich auch auf die Anleger).

[465] Dazu *Armbrüster*, FS Kanzleiter, S. 31, 48 f.

[466] Vgl. BGH, NJW 2006, 2410 Rn. 7; BGH, NJW 1987, 2677; BGH, WM 2006, 1621 Rn. 10.

II. Anlage-Korporation

Ein Verwahrer mit entsprechenden Pflichten und Rechtsbeziehungen zu den Anlegern – und damit die Struktur des Anlagedreiecks – ist auch für die Anlage- und REIT-AG nachzuweisen.

1. Funktion des Aufsichtsrats

Dem Aufsichtsrat der Anlage- und REIT-AG obliegt die Kontrolle von Recht- und Zweckmäßigkeit des Vorstandshandelns. Nach der h.M. hat er zudem das Unternehmensinteresse zu wahren. Das Unternehmensinteresse einer Anlage-AG reduziert sich auf die Anlage-Tätigkeit. Weil Anlage eine zweckfreie Geldvermehrung ist, gibt es kein von dem Aufsichtsrat zu schützendes Interesse jenseits der Anlage- und Anlegerinteressen. Dies belegt das Recht der Inv-AG: Die Mitglieder des Aufsichtsrats müssen gem. § 119 Abs. 1 und 3, § 147 Abs. 1 und 3 KAGB ihrer Persönlichkeit und Sachkunde nach die Wahrung der Interessen der (Anleger-[467])Aktionäre gewährleisten. Das recht verstandene Unternehmensinteresse ist bei der Anlage-AG also deckungsgleich mit dem Anlegerinteresse. Des Weiteren obliegt dem Aufsichtsrat die Interessenvertretung für die Aktionäre, indem er die Interessen des Kollektivs (der AG) gegenüber dem Verwalter-Vorstand vertritt (§ 112 AktG). Damit sind die Kontroll- und Interessenvertretungsfunktionen nachgewiesen.

Nicht offensichtlich ist die Zahlstellenfunktion. Diese muss bei Anlagen des offenen Typs deutlich akzentuiert sein. Bei Anlagen des geschlossenen Typs kommt es selten zur Anteilsausgabe, entsprechend ist die Zahlstellenfunktion weniger ausgeprägt. Kommt es aber zur Anteilsausgabe, muss der Vorstand zwar den Ausgabekurs berechnen, doch obliegt dem Aufsichtsrat eine Kontrollfunktion z.B. in Bezug auf den korrekten Ausgabepreis. Diese Kontrollfunktion genügt, weil sie den reduzierten Pflichten für AIF-Verwahrstellen entspricht (vgl. § 83 Abs. 1 KAGB). Die Kontrollfunktion ist bei der ordentlichen Kapitalerhöhung wegen der vorhergehenden Aktionärszustimmung reduziert,[468] beim genehmigten Kapital besteht eine Zustimmungspflicht des ganzen Organs (§ 204 Abs. 1 S. 2 AktG). Die Kontrollfunktion des Aufsichtsrats gebietet immer dann Nachfrage und -prüfung, wo man sich möglicher Beeinträchtigung neutraler Amtsführung des Vorstands gewahr ist.[469] So wird man den Aufsichtsrat bei potentiellen Interessenkonflikten des Vorstands in Bezug auf die Auswahl der Anlagen in der Pflicht sehen. Die Unabhängigkeit der Aufsichtsratsfunktionen sichern Inhabilitätsregeln (z.B. § 105 AktG). Somit ist in

---

[467] So zwar nicht deutlich, jedoch aus den Beispielen erkennbar Berger/*Fischer*/*Schmitz*, § 106 Rn. 3 und § 106a Rn. 2.

[468] Der Beschluss und dessen Durchführung ist von dem Vorstand und Aufsichtsratsvorsitzenden gemeinsam beim Handelsregister anzumelden (§§ 184, 188 AktG).

[469] Vgl. § 111 Abs. 1 AktG sowie Schmidt/Lutter/*Drygala*, § 11 Rn. 15 ff.; Münch-Komm-AktG/*Habersack*, § 111 Rn. 42 ff.; GK-AktG/*Hopt*/*Roth*, § 111 Rn. 301 ff.

der Anlage-Korporation – auch ohne zusätzliches Sonderrecht – der Vorstand als Verwalter und der Aufsichtsrat als Verwahrer mit der Maßgabe anzusehen, dass beim geschlossenen Typ die Zahlstellenfunktion reduziert ist.

2. Beziehung der Aktionäre zu Vorstand und Aufsichtsrat

Dass Rechtsbeziehungen auch zwischen Vorstand, Aufsichtsrat und Aktionären existieren, lässt sich der aktienrechtlichen Ordnung entnehmen. So entlasten die Aktionäre die Mitglieder von Vorstand und Aufsichtsrat (§ 120 AktG), im Fall des Aufsichtsrats wählen sie diese auch (§ 101 AktG). Auch wenn das jeweils eine Organ die AG bei der Geltendmachung der Ansprüche gegen das andere vertritt, können die Aktionäre die Mitglieder des Aufsichtsrats bei Pflichtverletzung auf Ersatz an das Kollektiv in Anspruch nehmen (§§ 147, 148 AktG). Das Etikett der Organschaftsverhältnisse als solche mitgliedschaftlicher Art ändert nichts an der *funktionellen* Verpflichtung gegenüber den Aktionären. Ob mit der funktionellen eine *rechtliche* Verpflichtung gegenüber den Aktionären einhergeht, ist damit noch nicht beantwortet. Einzelnen Entscheidungen wird man eine solche Tendenz durchaus entnehmen können. So sieht das OLG Karlsruhe eine Pflicht des Aufsichtsrats einer Verwaltungs-AG zum Einschreiten, wenn ihm Umstände bekannt werden, die auf einen systematischen Betrug des Vorstands beim Vertrieb von Immobilienfonds-Anteilen schließen lassen. Bei Verstoß gegen eine solche Pflicht könne der Aufsichtsratsvorsitzende den Anlegern aus unerlaubter Handlung wegen Beihilfe zum Betrug haften, wenn er an Aufsichtsratsbeschlüssen mitwirke, die als Billigung der illegalen Vertriebshandlungen verstanden werden können.[470]
Die Frage, ob unter Berufung auf das Amtswalterverhältnis jegliche Schutzpflichten gegenüber den Aktionären abzulehnen und Organpflichten nur gegenüber der Gesellschaft zu befürworten sind,[471] kann für Anlageverhältnisse jedoch erst beantwortet werden, wenn die zugrundeliegende Dogmatik offengelegt ist.

III. Personengesellschaft

Auf den ersten Blick scheint in der Personengesellschaft der Nachweis des Anlagedreiecks schwierig, doch wurde gezeigt, dass keine der vier Rechtsformen typengerecht eingesetzt wird. Ursache ist, dass der Verwalter-Initiator i.d.R. nicht bereit ist, die mit Mitgliedschaft und Geschäftsführung verbundene unbeschränkte Haftung zu übernehmen. Deshalb wird nahezu immer eine weitere

---

[470] OLG Karlsruhe, AG 2008, 900.
[471] So z.B. *Jacoby*, S. 568, wonach für das Amtswalterverhältnis bei der Korporation „wesenstypisch" sei, dass Dritten gegenüber keine schuldrechtlichen Pflichten bestehen; *Kuntz*, Informationsweitergabe, S. 29 ff. Dagegen für unmittelbare Treubindung der Organe gegenüber den Aktionären *Wiedemann*, GesR I, § 4.IV.2.b), S. 241 f.; *Schmolke*, Organwalterhaftung, S. 148 ff. (aus gesetzlichem Schuldverhältnis ohne primäre Leistungspflicht).

Person installiert. In diesen Realformen lässt sich das Anlagedreieck wieder nachweisen.

1. Publikums-KG mit Beirat

Verhältnismäßig einfach gestaltet sich der Nachweis des Anlagedreiecks bei den häufigen Publikums-KGs mit Beirat oder Aufsichtsrat. Hier hat die Rechtsprechung schon früh eine Gleichstellung mit dem AG-Aufsichtsrat vollzogen. So haften Beiräte nach aktienrechtlichen Vorschriften.[472] Sie unterliegen den Organpflichten des AG-Aufsichtsrats[473] und können, wenn sie zum organschaftlichen Vertreter bestellt werden, die Gesellschaft im Aktivprozess gegen den Komplementär vertreten.[474] Das zum AG-Aufsichtsrat Gesagte gilt entsprechend.

2. GmbH & Co. mit externem Verwalter

Bei der international verbreiteten GmbH / Ltd. & Co. / LLP / LLC mit externem Verwalter ist der Komplementär Administrator der Mitgliedschaftsverhältnisse und Haftungsträger, der Verwalter ist mit der GmbH & Co. über einen Verwaltungsvertrag verbunden, nur er gilt aufsichtsrechtlich als Manager oder Operator. Direkte Verbindungen bestehen zwischen Komplementär und Anlegern kraft Gesellschaftsvertrag. Mit der Administrator-Funktion ist dann die Zahlstellenfunktion verbunden. Die Interessenvertretungsfunktion des Komplementärs folgt aus dem Ausschluss der Kommanditisten von Geschäftsführung und Vertretung.[475] Die Alleinvertretungsmacht bringt als Kehrseite die Alleinvertretungslast mit sich, die Interessen der ganzen KG – und damit auch die der Anleger – durch hinreichende Kontrolle zu sichern. Es widerspricht gesellschaftsrechtlichen Grundsätzen, wenn sich die allein kompetenten Gesellschaftsorgane oder alle berechtigten Gesellschafter ihrer Geschäftsführungs- und Vertretungsbefugnisse vollständig begeben und keinerlei Kontrolle über denjenigen ausüben, an den die Befugnisse delegiert werden.[476] Danach müssen Verwaltungsverträge einen Mindestbestand an Mitsprache vorsehen.

Ebenso wie bei der Treuhandbeteiligung ist das Verhältnis zwischen Anlegern und Verwalter nicht offensichtlich. Aus den gleichen Gründen wie beim Treuhandmodell ist dem Vertrag zwischen Gesellschaft und Verwalter eine – ihrer Natur nach noch unbestimmte – Wirkung zugunsten der Anleger beizumessen. Dies folgt aus einem argumentum a maiore ad minus: Der Komplemen-

---

[472] BGHZ 64, 238 und BGHZ 69, 207 (Haftung nach §§ 93, 116 AktG; § 708 BGB gilt nicht).

[473] BGH, WM 1977, 1446 Rn. 18 ff.

[474] BGH, NZG 2010, 1381 Rn. 8 ff.

[475] §§ 164, 170 HGB i.V.m. §§ 114 bis 117 HGB.

[476] WM 1982, 394 Rn. 66 f. (Betriebsführungsvertrag für Hotelbetrieb bei Familien-KG); *Huber*, ZHR 152 (1988), 1, 27 ff.

tär agiert bei Abschluss des Verwaltervertrags nicht persönlich, sondern für die Gesamthand bzw. das gesamthänderisch gebundene Kollektivvermögen. Verwalter und Anleger sind über den virtuell gedachten Gesamthandssplitter verknüpft.

3. Venture Capital- und Private Equity-GmbH & Co.

Bei der typischen Gestaltung von Venture Capital- / Private Equity-Fonds in der Form der GmbH & Co. obliegt der Komplementär-GmbH die laufende Geschäftsführung, sie ist aber am Vermögen der KG nicht beteiligt. Zur laufenden Geschäftsführung gehören die Prüfung und Überwachung der Beteiligungen, die Verhandlung der Beteiligungsverträge, das Berichtswesen, die Kapitalabrufe und Betreuung der Anleger. Die letztverantwortlichen Anlageentscheidungen trifft dann die Initiator-GmbH & Co. KG.[477] Die Tätigkeit des Fonds besteht regelmäßig im Erwerb von Beteiligungen. Für wichtige Geschäftsführungsmaßnahmen wird der Initiator-KG ein Zustimmungsvorbehalt (analog § 111 Abs. 4 Satz 2 AktG) eingeräumt. Anleger und Initiatoren beteiligen sich als Kommanditisten. Schon die Anlehnung an aktienrechtliche Vorschriften belegt, dass der Komplementär Verwalter, die Initiator-KG Verwahrer ist.

Die Zustimmungsvorbehalte und das Eigeninteresse der Initiator-KG sichern in diesem Fall die Kontrolle und Interessenvertretung über die Geschäftsführungs- / Verwalter-GmbH. Die Zahlstellenfunktion ist eingeschränkt, doch besteht dafür aus drei Gründen weniger Bedarf: Erstens handelt es sich zumeist um geschlossene Fonds. Zweitens sind Initiator und Anleger über die Beteiligungen und darauf gegründeten Zahlungseingängen bestens im Bilde, weil eine persönliche Beziehung unter den Anlegern für solche Strukturen üblich ist. Die Veräußerung eines Anteils erfolgt lediglich mit Zustimmung, so dass die Einnahmenseite ebenfalls kontrolliert ist. Der Komplementär-GmbH bleibt die Verwaltervergütung. In solchen Fällen ist die Bedeutung der Zahlstellenfunktion reduziert. Dies bestätigen die §§ 80 ff. KAGB für AIF-Verwahrstellen. Nach diesen Regelungen hat die AIF-Verwahrstelle ebenfalls nur eine reduzierte Zahlstellenfunktion. Drittens besteht eine mitgliedschaftliche Beziehung zwischen Geschäftsführungs-Komplementär und Kommanditisten, die zur Rechtswahrnehmung der Interessen der KG gegenüber anderen Parteien ver-

---

[477] Vgl. *Rodin/Veith/Bärenz*, DB 2004, 103 f. Dafür erhält sie zwischen 1,5% und 2,5% des Zeichnungskapitals. Die Initiatoren erhalten unmittelbar oder mittelbar über die Initiator-KG neben ihrem Gewinnanteil für ihre letztverantwortlichen Anlageentscheidungen und sonstigen immateriellen Beiträge eine Vergütung von meist 20% der Gewinne, die erst nach Ausschüttung der Gewinne an die übrigen Gesellschafter ausgezahlt wird (sog. Carried Interest). Der Fonds hält die Beteiligungen im Durchschnitt 3 bis 5 Jahre und hat eine durchschnittliche Laufzeit von 8 bis 12 Jahren. Die Beteiligungen werden ausschließlich mit Eigenmitteln des Fonds (und ggf. staatlichen Zuschüssen als Darlehen) erworben. Die Verwaltung erfolgt i.d.R. nur über die gesetzlichen und die üblichen durch Gesellschaftsvertrag eingeräumten Rechte.

pflichtet. Das zur GmbH & Co. mit externem Verwalter Gesagte gilt entsprechend.

C. Interessengeprägte Struktur der Kollektivanlage

Das Anlagedreieck ist in den Realformen mit Anlagezweck nachzuweisen. Eine dahingehende Üblichkeit begründet noch keine Rechtspflicht. Ohne Rechtspflicht ist die Dreiecksstruktur letztlich Zufall. Darauf lässt sich eine Prinzipienbildung schwerlich gründen. Dies wirft die Frage auf, ob die Einbindung des Verwahrers Folge zwingender Organisationsentscheidungen des Gesetzgebers ist. Zur Beantwortung ist der Hinweis unzureichend, dass im dualistischen AG-System aus Vorstand und Aufsichtsrat bereits viel vom Anlagedreieck implementiert ist. So ist die dualistische Struktur seit Umsetzung der SE-RL keineswegs die einzige für Korporationen mit Streubesitz mögliche Organisationsform. Die Existenz einer Dreiecksstruktur im Fall eines auf die Anlage begrenzten Unternehmenszwecks belegt allenfalls die grundsätzliche Funktionsfähigkeit dieser Struktur zum Schutz der Anleger, weil auch die (unternehmerische) AG Kapital des Publikums anlocken soll.

Eine Rechtspflicht zum Anlagedreieck machte die Kollektivanlage zum „interessengeprägten Recht":[478] Eine gewisse Interessenlage rechtfertigt einen besonderen Regelungsbestand, der wiederum eine besondere Kontrollstruktur (Anlagedreieck) hervorruft. Die „Interessengeprägtheit" der Kollektivanlage rechtfertigt sich teleologisch mit dem System gegenseitiger Kontrolle zur Eindämmung der Verwalterrisiken für Anleger und System. Wegen der mangelnden Durchsetzbarkeit abstrakter Rechtsstandards tritt an die Stelle einer materiellen Verhaltenspflicht des Verwalters eine auf gewisse Strukturen gegründete Ordnung der Anlagebeziehung, die für sich eine hinreichende Interessensicherung bewirken soll.

Könnte man für den Fall, dass der Verwalter kein Anlageermessen hat und der Anleger weder unkundig noch passiv ist, eine Abweichung vermuten, gerät diese Argumentation angesichts des dualen Schutzzwecks der Kollektivanlage ins Wanken. Es ist gerade nicht nur Anlegerschutz bezweckt, sondern auch die Stabilität aller Anlagebeziehungen als Teil des Systemschutzes. Der Ausfall eines großen Kapitalbündels trifft nicht nur die Anleger, sondern hat die mit dem Fonds verbundenen Folgen für Gegenparteien (Gläubiger) und Anleger hinter dem Anleger in der Anlagekaskade in den Blick zu nehmen. Damit wird die Kontrolle der Beteiligten durch Struktur zum Selbstzweck, der geeignet ist, eine Prinzipienbildung zu tragen. Die besondere Dreiecksstruktur mit ihren

---

[478] Vgl. dazu *Bines/Thel*, §2.04[A], S.56 („ectoplasmic law" als Bezeichnung für den SEC-Ansatz zugunsten der Investment Company mit externem Adviser).

Interessenkonflikten und Kontrollmechanismen ist dann „das Gemeinsame", das ein Sonderrecht rechtfertigt.

I. Anlagedreieck als Organisationsgebot

Im inländischen Schrifttum finden sich allgemein gehaltene Stellungnahmen, wonach der Emittent mittels Bestellung eines Mittelverwendungskontrollers oder Treuhänders für die notwendige Interessenwahrung der Anleger Sorge zu tragen habe.[479] Präziser ist der Vorschlag von *Loitslberger*, wonach der Abschlussprüfer bei Umwandlung eines Gemeinwesens in einen planmäßigen Rentiersstaat mit kapitalgestütztem Grundeinkommen durch Emission zahlreicher „stiller Beteiligungen auf Wertpapierbasis" an die Bevölkerung auch die Ordnungsmäßigkeit der Geschäftsführung zu prüfen habe.[480] Nach *Grote* soll bei Publikums-KGs eine Rechtspflicht zur Einrichtung eines Beirats als Teil eines „allgemeinen rechtsethischen Prinzips" aus der Notwendigkeit entstehen, die Vielzahl der Anleger zu bündeln.[481] *Arndt Teichmann* hält auf der Grundlage einer weitgehenden Analogie zum Aktienrecht den Gesellschaftsvertrag einer Publikumspersonengesellschaft im Fall des Fehlens eines Kontrollorgans für nichtig.[482] Nach *Dietrich Reuter* soll sich das Organisationsgefüge der vom gegenwärtigen Gesellschafterbestand unabhängigen Satzungsgesellschaften an der AG orientieren, nicht jedoch der auf den jeweils kontrahierenden Gesellschafterkreis begrenzten Vertragsgesellschaften.[483] Mit einem von der AG-Analogie losgelösten, auf extensive Auslegung der Vertreterklausel[484] gegründeten Ansatz erklärt *Ulrich Bälz* den Treuhandkommanditisten zum eigenständigen Organ der KG, dem die nach der gesetzlichen Ausgangslage zugewiesenen Mitbeteiligungs- und Mitwirkungsrechte der einzelnen Kommanditisten zuständen und die dieser im Sinne und zum Schutz der Kommanditisten auszuüben habe; etwaige Beiräte und Anlegerausschüsse gingen in dieser Organtreuhand auf.[485] Eine Zwischenposition nimmt *K. Schmidt* ein, wonach im Zwei-Parteien-Verhältnis (Verwalter, Anleger) eine *virtuelle* Dreiecksstruktur zur Konkretisierung der Verwalterpflichten herangezogen werden soll: Ist bei der GmbH & Still die GmbH zugleich Vermögensträgerin und Verwaltungsgesellschaft, habe

---

[479] *Gerlach*, Vertrauensschutz und Anlegerinteressen, S. 37, 44 f.

[480] *Loitslberger*, GesRZ 1991, 1, 126, 134.

[481] *Grote*, Anlegerschutz bei der Publikums-KG, S. 93 ff., 125 ff.

[482] *A. Teichmann*, Gestaltungsfreiheit, S. 102.

[483] *D. Reuter*, Privatrechtliche Schranken, S. 165 ff., 172 ff.; ähnlich *ders.*, AG 1979, 321, 330 (erst dann Analogie zum Aktienrecht in Bezug auf Gesellschafterrecht, wenn auch Organisationsvorschriften analog angewendet werden).

[484] Mit Vertreter- oder Repräsentantenklauseln übertragen die Kommanditisten respektive Anleger-Treugeber dem Treuhänder ihre Rechte zur Wahrnehmung gegenüber der KG, vgl. *Bälz*, ZGR 1980, 13 f.; *Schnorr*, Gemeinschaft, S. 160 ff.; *K. Schmidt*, ZHR 146 (1982), S. 525 ff.

[485] *Bälz*, ZGR 1980, 55 ff.

sich die GmbH gegenüber den stillen Gesellschaftern so zu verhalten, als ob die stillen Kommanditisten solche einer von der GmbH verwalteten GmbH & Co. KG seien. Die GmbH sei dann „Treuhänderin für einen hypothetischen Treugeber, der virtuellen Kommanditgesellschaft.“[486] Mit der Fiktion einer Dreiecksstruktur werden im Beispielsfall der GmbH die Pflichten von Verwahrer und Verwalter gleichermaßen zugewiesen.

Diese Stellungnahmen sind Ausreißer. Der BGH schließt von der Freiwilligkeit des GmbH-Aufsichtsrats auf eben dies für den der KG.[487] Im Schrifttum überwiegen *rechtspolitische* Vorschläge zur Etablierung einer laufenden Anlegervertretung,[488] im Umkehrschluss besteht (jenseits von § 153 Abs. 3 KAGB) keine Rechtspflicht *de lege lata*.[489] In die gleiche Richtung weist die ablehnende Grundhaltung zur Frage der analogen Anwendung von § 18 Abs. 2 KAGB und eines obligatorischen Aufsichtsrats für die UBG.[490] Nach Auffassung von *Kalss* lässt sich „weder mit Hilfe der vertraglichen Inhaltskontrolle noch aufgrund einer marktrechtlichen Verhaltenspflicht" eine Pflicht zur Übertragung der „Ausübung und Durchsetzung der Rechte der gesellschaftsrechtlich verfassten Anleger auf eine interessenwahrende Person oder Einrichtung" ableiten.[491] Der Gesetzgeber habe nur den Gesellschaftsorganen Kontrollaufgaben übertragen. Die materielle Prospektkontrolle müsse nicht prüfen, ob der Gesellschaftsvertrag in angemessener Weise für die Interessenwahrung der Anleger durch eine Aufsichtseinrichtung Vorsorge treffe. Überlegungen de lege ferenda ließen sich nicht zu einer normativen Pflicht zur Bestellung eines Kontrollorgans verdichten.[492] Diese Position bestätigt § 94 Abs. 1 Nr. 7 KAGB, wonach ein Verwalter ohne Aufsichts- oder Beirat für sog. „kleine" AIF durchaus zulässig ist.

*K. Schmidt*s innovative Zwischenposition ist abzulehnen, weil sie den gewünschten Anlegerschutz nicht gewährleistet. Bei der Bündelung von Verwal-

---

[486] *K. Schmidt*, FS Bezzenberger, S. 401, 406.

[487] BGHZ 64, 238, 245. Ähnlich BGH, WM 1979, 1425, 1329; OLG Düsseldof, WM 1984, 1080, 1084.

[488] *Hopt*, Gutachten 51. DJT, G 122; *Hüffer*, ZGR 1980, 320, 357f.; *Schneider*, ZHR 142 (1978), 250, 258; *Schwark*, FS Stimpel, S. 1087, 1104f.; *ders.*, ZGR 1976, 271, 293. Kritisch wegen Eindämmung der innovativen Kraft der Kautelarjurisprudenz durch zwingendes Recht auch *Westermann*, AcP 175 (1975), 375, 411.

[489] Ausdrücklich *Hüffer*, ZGR 1980, 357f. (obligatorischer Aufsichtsrat als ultima ratio); *Schwark*, FS Stimpel, S. 1104f. (Domäne des Gesetzgebers); *Reusch*, S. 84f., 196ff. (aber mit dem Hinweis, alle Gesellschaftsverträge stiller Publikumsgesellschaften enthielten Beiratsregelungen); i.E. wohl auch *Bornemann*, ZHR 166 (2002), 211, 220ff., der aber die Reduktion staatlicher Aufsicht im Fall eines funktionierenden Kontrollorgans diskutiert (S. 242f.). *Wawrzinek*, S. 192ff. verweist lediglich darauf, dass es vielfach Aufsichts- und Beiräte gebe und diskutiert deren Rechte im Verhältnis zu denen der Anleger.

[490] Beckmann/*Vollmer*, Einl. UBGG/KAGG Rn. 118; *Haag*, Unternehmensbeteiligungsgesellschaften, S. 114f. (mangels Anlegerschutzbedarf ablehnend für kleine UBG mit wenigen Gesellschaftern, offen gelassen für publikumsoffene UBG).

[491] *Kalss*, Anlegerinteressen, S. 446f.

[492] *Kalss*, Anlegerinteressen, S. 447.

ter- und Bewahrerpflichten müsste sich der Verwalter selbst kontrollieren. Dieser Gefahr beugt das Anlagedreieck vor. Die Idee eines virtuellen Dreiecks ist aber hilfreich – und nur soweit möchte *K. Schmidt* diese fruchtbar machen – zur Bestimmung der Idealpflichten der GmbH in der bipolaren Beziehung. Aber auch die h.M. ist nicht zu teilen: Zwar genießt die Mittelwahlfreiheit als Ausprägung der Wettbewerbsfreiheit grundsätzlich Verfassungsrang.[493] Danach kann ein Unternehmen seinen Organisationspflichten im Umfang von ihm selbst gesetzter Zweckmäßigkeitserwägungen nachkommen. Allerdings gebieten die Verkehrspflichten eine Organisation, die eine ordnungsgemäße Pflicht- und Aufgabenerfüllung gewährleistet. Die technisch-organisatorische Ausstattung ist ziel- und branchenspezifisch. Organisationspflichten bestehen in Abhängigkeit von Art, Umfang, Komplexität und Gefährdungspotential des Geschäfts und konkretisieren sich bei der Konstruktion, Fabrikation und Instruktion des relevanten Produkts.[494] Die Finanzintermediation bringt wegen des großen Umfangs an Kunden und deren Finanzmittel ein erhebliches Schadenspotential mit sich. Die jeder Finanzintermediation immanente standardisierte Pflicht zur Interessenwahrung konkretisiert sich deshalb nicht nur in Verhaltens-, sondern auch in Organisationspflichten.[495] Dieses gesetzgeberische Verständnis kommt in den zahlreichen kapitalmarktrechtlichen Vorschriften deutlich zum Ausdruck, die eine ordnungsgemäße Organisation vorschreiben.[496] Für Investment-Sondervermögen, Inv-AG und Inv-KG als Prototypen der Anlagebeziehung spricht deren Struktur eine deutliche Sprache. Für diese Spezial-Anlageformen statuiert das Gesetz eine doppelte Verwahrer- und Bewahrerposition aus einem auf das Anlegerwohl verpflichteten Aufsichtsrat (der KVG bzw. Inv-AG oder Inv-KG) einerseits und der Verwahrstelle (§§ 68, 80 ff. KAGB) andererseits, sofern diese Rechtsformen für Publikumsfonds eingesetzt werden.[497] Ebenso finden sich Aufsichtsorgane rechtsformunabhängig in vielen anderen Anlagebeziehungen (i.w.S.).[498] Dies deutet auf einen gemeinsamen Strukturge-

---

[493] Vgl. BVerfGE 98, 83 – Landesabfallgesetze – Rn. 136 ff.

[494] Z.B. BGHZ 80, 186, 194 Rn. 15 ff. (Pflanzenschutzmittel); BGH, NJW 1975, 685 Rn. 21 (Waschanlage).

[495] Vgl. aus dem Bankrecht Kümpel/Wittig/*Schelm* Rn. 2.126 ff.; zur kollektiven Vermögensanlage Beckmann/*Beckmann*, § 9a InvG Rn. 6 ff.; aus dem Schrifttum zur individuellen Vermögensanlage: *Benicke*, S. 597 ff.; *Löhnig*, Treuhand, S. 357 ff.; *Sethe*, S. 613 f., 626 f., 849 f. jeweils m.w.N. Die Erkenntnis hat mittlerweile auch Eingang in das Verbandsrecht gefunden. Vgl. § 91 Abs. 2 AktG sowie KK-AktG/*Mertens/Cahn*, § 91 Rn. 19 ff.

[496] Insbesondere §§ 26 bis 30 KAGB; § 31 Abs. 1 Nr. 2 und § 33 Abs. 1 Nr. 3 WpHG (die z.B. von Anlageverwaltern gem. § 1 Abs. 1a Nr. 11 KWG einzuhalten ist). Für Banken vgl. § 25a KWG.

[497] § 18 Abs. 2 und 4 KAGB (für externe KVG); § 119 Abs. 3 und § 147 Abs. 3 KAGB (für Inv-AG); § 153 Abs. 3 KAGB (für geschlossene Publikums-KG).

[498] Vgl. z.B. den Treuhänder, der für den Deckungsstock für Lebensversicherungen nach § 70 VAG oder die vorschriftsmäßige Deckung der Pfandbriefe durch die Grund- oder Schiffspfandrechte nach § 8 PfandBG zuständig ist, dazu *Jacoby*, S. 151 ff.; die Gläubigervertretung nach § 7 SchVG, dazu *Schmolke*, ZBB 2009, 8 ff.

danken hin, wonach eine Anlageorganisation ohne Bewahrer- und Überwachungsorgan einen haftungsbegründenden Konstruktionsfehler aufweist. Die klaren Konturen dieses Strukturgedankens müssen indes noch herausgearbeitet werden.

II. Verankerung in der Fondsregulierung

Obwohl eine Arbeitsteilung zwischen Verwahrer und Verwalter bereits bei den ersten niederländischen Plantagenfonds bestand, schreibt erstmals der ICA 1940 eine Hinterlegungspflicht für Wertpapiere vor, jedoch verzichtet man auf weitergehende Kontrollfunktionen der Verwahrstelle. Mit dem KAGG wird im Jahr 1959 die Fremdverwahrung um (der Schweizer Praxis entlehnte) Schutzpflichten ergänzt. Zur Harmonisierung innerhalb Europas hat auch das Verwahrstellenerfordernis im deutschen AuslInvG für ausländische Investmentanteile beigetragen; der Zugang zum größten Vertriebsmarkt knüpfte an die Bestellung einer Verwahrstelle.[499] Bereits Anfang der 1970er Jahre empfehlen die OECD[500] und der Europäische Rat eine Drittverwahrung für Investmentfonds mit Verwahr- und Kontrollfunktion des Verwahrers.[501] Im Jahr 1994 empfiehlt die IOSCO den ihr angehörigen Aufsichtsbehörden die gleiche Regelung.[502] In den Details bestehen jedoch durchaus Unterschiede. Rechtsvergleichend lassen sich mit dem Vertrags- und Korporationsmodell zwei Grundtypen unterscheiden.

1. Externe Verwahrung („Vertragsmodell")

Bei der externen Verwahrung wird dem vertraglichen Fonds, dem Unit Trust und der Inv-Ges eine externe Verwahrstelle beigeordnet, der die Kontrolle, Interessensvertretung und Zahlstellenfunktion gem. §§ 60 ff. KAGB obliegt.[503]
Jedoch gelten einige Ausnahmen.[504]

---

[499] *Kremer/Lebbe*, Rn. 6.630.

[500] OECD, Standard Rules for the Operations of Institutions for Collective Investment in Securities (1971), Report by the Committee on Financial Markets of February 1972 [C (71) 234].

[501] Art. 13 und 14 der Resolution (72)28 betreffend Investmentfonds, angenommen durch die Fachminister am 19. September 1972 anlässlich des 213. Stellvertretertreffens. Die Empfehlung wird im Jahr 1985 für OGAW zur Verpflichtung. Vgl. Art. 22 bis 26 OGAW-RL. Umgesetzt durch § 68 Abs. 1 KAGB; Lux: Art. 34 Abs. 2 OPC-G (*établissement de credit*); Liechtenstein: Art. 32 Abs. 2 UCITSG; UK: trustee des AUTs oder depositary der OEIC muss zugelassen sein für „safeguarding and administering investments" gem. Art. 40 Regulated Activities Order; Schweiz (freiwilligem Nachvollzug): Art. 72 Abs. 1 KAG.

[502] IOSCO, Principles for the Regulation of CIS (1994).

[503] Vgl. IOSCO, Guidance on Custody Arrangements for Collective Investment Schemes – A Discussion Paper (9/1996).

[504] Siehe neben den sogleich erörterten Ausnahmen für grenzüberschreitende Beziehungen die Erleichterungen des Art. 36 AIFM-RL sowie den Verzicht auf eine Verwahrstellenpflicht gem. Art. 42 AIFM-RL bei Privatplatzierungen.

a) Gesellschaft mit externer Verwahrung

Dies betrifft zunächst die extern verwaltete Inv-Ges. So ist die englische OEIC-Verwahrstelle ebenso wie der englische Trustee treupflichtig (*fiduciary*).[505] Aber statt der Anleger ist die Inv-Ges Eigentümerin der Anlagegegenstände, die Verwahrstelle hält die Gegenstände für die Inv-Ges.[506] Hinzu treten die gesellschaftseigenen Organe als zweite Überwachungsinstanz. Dabei kommt es zur Trennung zwischen der operativen (Asset Management-)Ebene, die z.B. eine juristische Person als Authorized Director (AUD) einer englischen OEIC ausübt, und den *non-executive directors*. Diese müssen „reasonable steps" unternehmen „to place themselves in a position to guide and monitor the management of the company".[507] Die Direktoren sollen die Aktionärs- und Arbeitnehmerinteressen berücksichtigen und nur der Gesellschaft gegenüber verpflichtet und verantwortlich sein.[508]

b) Verwahrstelle für illiquide Assets

Die Mindestqualifikation der Verwahrstelle für geschlossene AIFs, die illiquide Assets halten (insbesondere Private Equity-AIFs), ist gem. Art. 21 Abs. 3 Bst. c S. 3 AIFM-RL (§ 80 Abs. 3 KAGB) reduziert. Während für andere AIF nur Banken oder Wertpapierfirmen Verwahrstelle sein dürfen, genügt es für Private Equity-AIF, dass die Verwahrstelle im Rahmen ihrer professionellen Tätigkeit handelt, über eine einschlägige Berufszulassung mit relevanten Verhaltensregeln und ausreichende finanzielle und professionelle Garantien zur Wahrnehmung der Verwahraufgaben verfügt. Ziel der Regelung ist einerseits die Einbindung von Experten mit Qualifikation für die Rechtsübertragung an illiquiden Vermögenswerten, andererseits die Senkung der Verwahrkosten für Anlagegegenstände, die selten übertragen werden.

c) Qualifizierte Anleger

Weitere Ausnahmen betreffen die Reichweite und den Umfang der Verwahrstellenpflicht und erklären sich mit der Überzeugung, die Kontrolle durch qualifizierte Anleger genüge. So sind außerhalb des Anwendungsbereiches der AIFM-RL und der OGAW-RL Verwahrstellen luxemburgischer Spezialfonds (FIS)[509] von bestimmten Überwachungspflichten befreit.[510] Dies wird mit ge-

---

[505] *Hudson*, Investment Entities, 8–11, S. 220 (der eine direkte Anwendung wegen des europäischen Hintergrunds ablehnt).

[506] *Hudson*, Investment Entities, 8–06, S. 217 f.; ebenso für Deutschland *Wallach*, ZGR 2014, 289, 308.

[507] *Daniels v. Andersen* (1995) 16 ACSR 607.

[508] Sehr deutlich No. 32 OEIC Reg., S.I. 2001/1228 („The duty imposed by this regulation on a director is owed by him to the company (and the company alone) and is enforceable in the same way as any other fiduciary duty owed to a company by its directors").

[509] Art. 16 bis 19 FIS-G. Dazu *Lacroix/Tristan* in Arendt/Medernach, S. 71 f.

[510] *Kremer/Lebbe*, Rn. 2.103.

ringeren Verwahrkosten und einer tendenziell kundigen und aktiven Anleger-schaft erklärt.[511] Die qualifizierten Anlegern vorbehaltene Schweizer KG für kollektive Kapitalanlagen muss gem. Art. 102 S. 1 Bst. j KAG nur über eine De-pot- und Zahlstelle verfügen, welche – im Gegensatz zur Depotbank gem. Art. 73 Abs. 3 KAG – die Berechnung des Nettoinventarwerts, die Einhaltung der Anlageentscheide und die Erfolgsverwendung nicht zu kontrollieren hat.[512] Des Weiteren kann die FINMA Fonds für qualifizierte Anleger von den KAG-Vorschriften und damit auch der Verwahrpflicht befreien (Art. 10 Abs. 5 KAG).

2. Korporationsmodell

In den USA dominiert ein Modell, wonach die Gesellschaft bzw. Investment Company als Eigentümerin der Anlagegegenstände diese selbst verwahrt bzw. dafür Sorge zu tragen hat. Dieses ist noch heute in der Schweiz für die außer-halb des KAG geregelte börsennotierte Anlage-AG zu finden und war in Irland und England (bis zur Umsetzung der AIFM-RL) für Investment Trust Compa-nies ebenfalls verbreitet.

a) Pflicht zur externen Verwahrung

Nach US-Recht kann es auf zwei Wegen zu einer externen Verwahrung kom-men. Erstens vertritt das Board of Directors / Trustees die Interessen der Invest-ment Company und der Anleger gegenüber dem externen Verwalter. Dem Board obliegt dann neben einer Kontrollpflicht[513] eine Rechtspflicht zur Bestel-lung eines externen Verwahrers (*custodian*) nach den Verwahrvorschriften des IAA,[514] wenn der *externe* Verwalter *property* oder *custody*, i.e. die Rechtsinha-berschaft oder die Möglichkeit des Zugriffs auf Anlagegegenstände hat.[515] Dies wird regelmäßig gegeben sein. Zweitens muss seit dem Dodd-Frank-Act 2010 der externe Verwalter eines Private Funds (insbesondere Hedgefonds und Pri-vate Equity) die Depotverwahrung der Anlagegegenstände nebst regelmäßiger Inventarprüfung veranlassen.[516] Das ist bemerkenswert, weil die besonderen Verwalterpflichten im Übrigen nicht gelten. Jedoch gilt die Verwahrung durch

---

[511] *Kremer/Lebbe*, Rn. 6.687.

[512] BSK-KAG/*Haeberli*, Art. 114 Rn. 3 ff.

[513] Näher Dritter Teil, § 15.A.III.2. sowie *Warburton* (2007–08) 33 J. Corp. L. 746, 750 ff.; *Krug*, (2012) 86 South. Cal. L. Rev. 263, insbes. 279 ff., wonach das Board den Investment Adviser oft gar nicht sinnvoll überwachen kann („equivalent to overseeing a veritable black box").

[514] Im Jahr 1960 wurde mit s. 206 (4) IAA eine Bestimmung eingefügt, die die SEC ermäch-tigt, angemessene Anti-Betrugsregelungen zu schaffen. Dadurch sollte u.a. der Austausch oder die Weiterveräußerung von Vermögensgegenständen auf Veranlassung des Advisers an Kunden desselben Advisers unterbunden werden. Die SEC hat daraufhin Rule 206(4)-2, C.F.R. § 275.206(4)-2 erlassen, wonach ein Adviser Zugriff nur über einen qualifizierten Cus-todian haben darf. Zu allem *Frankel/Schwing*, § 17.02.

[515] Vgl. die Definition in Rule 206(4)-2(c)(1), 17 C.F.R. § 275.206(4)-2(c)(1).

[516] S. 223 IAA. Die Details richten sich nach SEC-Rules.

den General Partner einer LP oder den verwaltenden Gesellschafter (managing member) einer LLC bereits als als externe Verwahrung. Die Verwalter- und Kontrollfunktion fallen bei der intern verwalteten Investment Company zusammen. Geht die interne Verwaltung mit *custody* des Board of Directors oder des Trustees einer Investment Company einher, wird nach Anlagegegenständen und Rechtsform differenziert.[517] Securities und vergleichbare Anlagen von intern verwalteten (*managing*) Investment Companies des offenen und geschlossenen Typs müssen in professionelle Verwahrung gegeben werden.[518] Die Investment Company darf eigene Girokonten führen, also vorübergehend Zugriff auf liquide Mittel haben. Das Gesamtkontoguthaben darf die für Zwecke missbräuchlichen Handelns durch Gesellschaftsorgane gestellte Sicherheit[519] zugunsten der Anleger nicht übersteigen.[520] Die Initiatoren (*depositors* oder *principal underwriters*) eines Unit Investment Trusts[521] müssen dagegen eine Bank zum Trustee oder Custodian bestellen. Diesem obliegen dann Ver- und Bewahrungspflichten. Damit wird das fehlende Board of Trustees substituiert, dem ansonsten die Ver- und Bewahrungspflichten oblägen.

Die Verwahrungsregeln sind intensiviert, wenn aus der Beziehung der Organe der Investment Company zu den Vermögensgegenständen und dem Verwahrer oder der minderen Qualifikation der Verwahrstelle besondere Gefahren erwachsen.[522] Dann sind die Vermögensgegenstände im Bankdepot einer zugelassenen und überwachten Verwahrstelle aufzubewahren, lediglich die Rechtspflichten unterstellen ein Missbrauchspotential aufgrund der tatsächlichen Zugriffsmöglichkeit. Die im Ergebnis ähnlichen Custody-Regeln des Office of the Comptroller of the Currency[523] sind dagegen einschlägig, wenn eine Bank *custody* in Bezug auf die Vermögensgegenstände von Collective In-

---

[517] S. 17(f), s. 26(a) und s. 28(c) ICA (für Managed Investment Companies) -26(a) (für Unit Investment Trusts) und -28(c) (für Face Amount Certificate Companies). Dazu *Frankel/Schwing*, § 17.03. Die Regelungen für Face Amount Certificate Companies sind bedeutungslos; die SEC entscheidet die Fälle einzelfallbasiert. Sie werden im Folgenden außer Acht gelassen.

[518] S. 17(f)(1) ICA, mit Rule 17f-1 für National Securities Exchange Custodians, Rule 17f-1 für Management Company Custody und Rule 17f-3 für Bank Custodians. Als Verwahrstelle kommt eine Bank, ein als Verwahrstelle zugelassenes Börsenmitglied oder die Gesellschaft selbst unter unter Einschaltung einer Bank in Betracht. Bei Verwahrung durch ein Börsenmitglied ist der Verwahrungsvertrag jährlich vom Board of Directors der Investment Company zu ratifizieren.

[519] *Fidelity bond* gem. s. 17(g) ICA mit einem Mindestvolumen von 1 Mio. US-$.

[520] Regelung eingeführt durch Act of Dec. 14, 1970, Pub. L. No. 91–547, §9, 84 Stat. 1420.

[521] S. 26(a), speziell (D) ICA.

[522] Vgl. Rule 17f-2. Beispiel: Die Organe, Angestellten oder Beauftragten (Investment Advisers!) haben *custody*, also Zugriff auf die Vermögensgegenstände, die Verwahrstelle ist weder Bank noch Börsenmitglied (z.B. eine Sparkasse) oder zwischen Fonds und Investment Adviser bestehen enge Beziehungen. *Frankel/Schwing*, § 17.03[A][3].

[523] 12 C.F.R. § 9.13 (custody of assets).

vestment Funds oder Managed Accounts hat, die nicht dem IAA unterstellt sind.

Somit kommt es nach US-Recht grundsätzlich immer zu einer Fremdver-wahrung bei einem *custodian*, jedoch wird die Kontroll-/Bewahrfunktion des Board of Directors respektive des Board of Trustees im Verhältnis zum *custodian* stärker betont als im europäischen Recht.[524]

b) Verwahrerpflichten

Trotz der unterschiedlichen Quellen der US-Verwahrpflicht lassen sich gemein-same Grundsätze der Drittverwahrung[525] ausmachen. Diese umfassen 1) die Auswahl einer geeigneten, unabhängigen Verwahrstelle,[526] 2) die Fremdver-wahrpflicht[527] – die Verwahrstelle muss die Vermögensgegenstände für die An-leger (*in trust*) besitzen bzw. Zugriff darauf haben, darf die Gegenstände nicht zu eigenen Zwecken einsetzen und nur ihre Vergütung entnehmen, 3) die *asset segregation*[528] – die Verwahrstelle hat die Anlagegegenstände des Fonds von ei-genem und anderem fremden Vermögen getrennt zu halten, 4) das *earmarking*[529] – die Vermögensgegenstände müssen physisch und in der Buchprüfung so klar als Eigentum des Fonds gekennzeichnet sein, dass sie jederzeit als solche er-kennbar sind, und 5) die Pflicht, eine ungerechtfertigte Mittelentnahme zu ver-hindern.[530]

---

[524] Zetzsche/*Zetzsche*, S. 489 ff.

[525] Es bestehen Unterschiede im Detail. Die Pflicht zur Sicherstellung der Drittverwah-rung richtet sich beim UIT an den Verwalter (s. 26 ICA), während für Managed Investment Companies die interne Verwaltung zugrunde gelegt und deshalb das Board of Directors ver-pflichtet wird (s. 17f ICA). Beim UIT ergeben sich die Verwahrpflichten aus dem Treuhand-vertrag, bei der Investment Company aus Gesetz und Verordnung. Kleinere Unterschiede bestehen auch bei Ausnahmen z.B. für Versicherungen und bei Verwahrung durch Clea-ring-Stellen.

[526] Insbesondere Banken, aber auch Broker-Dealer und andere Börsenmitglieder oder Rohstoffhändler, vgl. s. 17(f), s. 26(a), s. 28(c) ICA und Rule 17f-2(b); Rule 206(4)-2(a)(2) (Inv. Adviser); für Collective Investment Funds erlaubt der Comptroller of the Currency na-tionalen Banken die Depotführung bei ihnen selbst, vgl. 12 C.F.R. § 9.10(b). Zur Aufhebung der Sole Interest-Rule des Trustrechts für diesen Fall vgl. Uniform Trust Code s. 802(h)(4), dazu *Langbein*, (2005) 114 Yale L.J. 931, 970.

[527] S. 26(a)(2)(D) ICA und Rule 17f-3 (UIT und Bankverwahrung); Rule 17f-1(2) und (3) (NSE Custodian); Rule 17f-2(b) (Selbstverwahrung); Rule 206(4)-2(a) (Investment Adviser); für Collective Investment Funds 12 C.F.R. Ch. I, § 9.13(a).

[528] Rule 17f-1(1) (NSE Custodian); Rule 17f-2(b) (Selbstverwahrung); s. 26(a)(2)(D) ICA (UIT und Bankverwahrung); Rule 206(4)-2(a)(1) (Investment Adviser); für Collective Inves-tment Funds 12 C.F.R. Ch. I, § 9.13(b); § 1 des Uniform Common Trust Fund Act (1938) schränkt das Vermischungsverbot (rule against commingling) ein, weil der Sinn der Collec-tive Investment Trusts in der Verbindung mehrerer kleiner Trustvermögen liegt.

[529] Rule 17f-1(1) (NSE Custodian); Rule 17f-2(d) (Selbstverwahrung); s. 26(a)(2)(D) ICA (UIT und Bankverwahrung); Rule 206(4)-2(a)(1) (Investment Adviser); für Collective In-vestment Funds 12 C.F.R. Ch. I, § 9.13(b).

[530] Insbesondere Rule 17f-2(c) (Selbstverwahrung, mit Katalog zulässiger Transaktionen) und Rule 17f-2(d) (Zugriff nur, wenn Beschluss des Board of Directors vorliegt und nach dem

Die Verwahrbeziehung ist als Trust zu qualifizieren und damit eine Rechtsbeziehung zugunsten der Anleger. Zugleich muss der zur Drittverwahrung verpflichtete – der Investment Adviser, das Board of Directors oder der UIT-Initiator – gem. s. 26(a)(2)(A) bis (C) ICA sicherstellen, dass die Verwahrstelle (oder ein externer Verwalter) nur die für geleistete Dienste zugesagte Vergütung aus dem Trustvermögen für sich entnimmt (Gegenkontrolle). Während die Verwahrfunktion den europäischen Regelungen und IOSCO-Standards entspricht, ist die Überwachungsfunktion bei der externen Verwaltung zwischen Verwahrstelle und dem Board of Directors / Trustees als Organ der Investment Company aufgeteilt. Allerdings wurden als Reaktion auf den Madoff-Skandal die Berichtspflichten der Investment Advisers zu Verwahrarrangements intensiviert. Die dadurch zugleich begründete Haftung lässt sich als Tendenz zur Intensivierung der Überwachung und damit einen Schritt in Richtung des europäischen Rechts deuten.[531]

III. Rechtsökonomische Verprobung

Variieren die Verwahrerpflichten auch im Detail, ist die Pflichtendualität – Überwachung einerseits, Verwahrung andererseits – grundsätzlich anerkannt. Damit bestätigt sich die These vom interessengeprägten Recht aus rechtsvergleichender Perspektive. Sollte sich die Dreiecksstruktur nicht nur als rechtlich geboten, sondern auch als effizient im ökonomischen Sinn erweisen, ist das Anlagedreieck auch Teil der Idealanlage.

Eine interessengeprägte Struktur der Kollektivanlage ist effizient, wenn die Strukturvorgabe die Kosten für die Anleger mindert. Infolgedessen sinken die Kosten der Unternehmen für die Kapitalbeschaffung, die Gesamtwirtschaft steht besser. Dies ist nur gewährleistet, wenn zwei Agenten (Verwalter, Verwahrer) in der Dreiecksstruktur zusammen besser funktionieren als einer allein.

Die Dreiecksstruktur ersetzt insbesondere die Passivität und Unkenntnis der Anleger durch ein System gegenseitiger Kontrolle. Für solche Anleger bedarf es eines kundigen, engagierten, neutralen Aufsichtsorgans, das die Anlegeraktivität substituiert.[532] Fraglich ist der Sinn einer Dreiecksstruktur für den Fall kundiger und einsatzfreudiger Anleger. In diesem Fall könnte man vermuten, dass sich Anleger und Verwalter unmittelbar aufeinander ein- und auf andere Kontrollinstrumente verlassen (z.B. Einsichtsrechte gem. § 166 Abs.1 HGB oder Zustimmungspflichten). Ist ein vollständiger Verzicht zulässig, müssten auch

---

Vier-Augen-Prinzip); s. 26 (c) ICA (UIT und Bankverwahrung); Rule 17f-2(d) (NSE Custodian); Rule 206(4)-2(a) (Investment Adviser).

[531] Zu Änderungen betreffend Items 7 und 9 von Part 1 and Abschnitt 7.A der Schedule D („part 1 Custody Amendments") vgl. *SEC*, Custody of Funds or Securities of Clients by Investment Advisers, Rel. No. IA-2968 (Dec. 30, 2009), 75 FR 1456 (Jan 10, 2010).

[532] *Bornemann*, ZHR 166 (2002), 211, 244.

alle Zwischenstufen der vertraglichen Abrede zugänglich sein. Doch überzeugt dieser Einwand nur dann, wenn die Anlegerkontrolle die Gefahrenquellen mit der gleichen Effizienz wie die Einbindung einer Verwahrstelle ausschließt. Bei Wegfall der Verwahrstelle müssten die Anleger letztlich jede einzelne Transaktion prüfen und genehmigen. Der Verwalter wäre kein Verwalter im Rechtssinn mehr, es handelte sich um Eigenverwaltung unter Einbindung von Gehilfen. Mit der Einbindung einer Verwahrstelle lassen sich dagegen Spezialisierungsgewinne realisieren: Ein auf Verwahrung ausgerichteter Geschäftszweck ermöglicht bei gleichbleibend guter Überwachungsintensität eine auf die Massenverwahrung ausgerichtete Infrastruktur.[533] Die Verwahrung ist die Auslagerung der den Anlegern eigentlich selbst obliegenden Überwachungspflichten auf eine spezialisierte, damit massenhaft befasste und deshalb kostengünstige Einheit.

In der typisierten Betrachtung sind Verwalter und Verwahrer nur an Nutzenmaximierung interessiert. Ist der Vorteil nur hinreichend groß, wird sich auch der Verwahrer zu Unschärfen verleiten lassen. Allerdings steigen die Kosten der Kollusion: Erstens sind zwei Personen beteiligt. Der Nutzen der Irregularität muss deshalb hinreichend groß sein, um den potentiellen Reputationsverlust zweier Beteiligter zu kompensieren. Gleichzeitig steigt die Wahrscheinlichkeit der Entdeckung, weil diese proportional zur Anzahl der involvierten Personen zunimmt. Die fehlerhafte Substanzverwaltung des Verwahrers ist weit stärker dem Risiko der Entdeckung und aufsichtlicher oder gerichtlicher Maßnahmen ausgesetzt, als geschäftliche Misserfolge des wirtschaftlichen Vermögensverwalters. Andererseits kann der Verwahrer auf dem Markt für Verwahrer durch getreue Verwahrung Geschäft und Nutzen generieren.

Unter dieser Prämisse erscheint es grundsätzlich als weniger risikoreich und damit als langfristig profitabel für beide Seiten, ehrlich zu sein. Wird zudem der eigene Einsatz des Verwahrers gesteigert – neben der eigenen Reputation muss z.B. die Verwahrstelle erhebliche Eigenmittel vorweisen – muss der potenzielle Nutzen aus einer Regelwidrigkeit außerordentlich sein, um ein kollusives Zusammenwirken von Verwahrer und Verwalter zu rechtfertigen. Hinzu kommt, dass bestimmte Verwahrer nicht nur Einzelpersonen, die zu einem bestimmten Zeitraum in Pension gehen, sondern als Kreditinstitute, Wertpapierfirmen und Trustunternehmen ewige Marktteilnehmer (perennial players) sind. Diese „ewigen" Marktteilnehmer sind vorrangig daran interessiert, ihre Reputation auf dem Verwahrermarkt zu schützen. Setzt dies Regeltreue voraus, wird darauf ein Schwerpunkt der Tätigkeit liegen. Im Gegenzug wird es ungemein kostenintensiv sein, eine Regelverletzung des Verwalters durch Zahlung an den Verwahrer zu kompensieren. Somit erreicht die Einbindung renommierter (!) Ver-

---

[533] Insbesondere durch entsprechende Computerprogramme, die automatisch die Einhaltung der Anlagegrenzen prüfen und bei Verstößen zunächst die Freigabe respektive Zustimmung verweigern.

wahrer, dass die Regelverletzung nur noch in weit weniger häufigen extremen Fällen profitabel ist. Bei wirtschaftlich handelnden Akteuren sollte dies zu einer Reduktion der Regelverletzungen führen.

D. Zwischenergebnis und Fortgang der Untersuchung

Eine gleichschenklige Dreiecksstruktur aus Anleger, Verwalter und Verwahrer prägt alle Kollektivanlagen, unabhängig von Rechts- oder Unternehmensform. Die in die Anlageorganisation eingebundenen Intermediäre haben sich jeweils zugunsten und im Auftrag der Anleger zu kontrollieren, darüber hinaus hat der Verwalter Anlageentscheidungen zu treffen und der Verwahrer die Vermögensgegenstände zu verwahren. Diese Prägung ist nicht nur Gewohnheit oder ökonomische Logik, sondern echte Rechtspflicht, die sich aus den Vorschriften des KAGB, der Rechtsprechung zur Funktion von Treuhändern und Gesellschaftsorganen sowie der ökonomischen Logik speist. Weitere Unterstützung erhält der interessengeprägte (nach *Bines/Thel*: „ektoplasmische") Ansatz aus der rechtsvergleichenden Perspektive: In vielen Fondsjurisdiktionen muss es drei Beteiligte mit den für das Investmentdreieck typischen Kontrollbeziehungen geben. Zwar gibt es in formaler Hinsicht Unterschiede. Aber es geht um funktionale, nicht formelle Komplementarität. Ausländische Rechtsinstitute können trotz anderer Form den gleichen Zweck und die gleiche Funktion aufweisen. Somit zählt das Anlagedreieck zur „Tiefenstruktur"[534] des Rechts der Anlageorganisation.

Die anlageorientierte Ausgestaltung der Rechtsformen, verstärkt um das spezifische Unternehmensrecht, tendiert – einem durch vier Eckpunkte markierten Gravitationsfeld gleich – in die Richtung einer idealen Kollektivanlage. Als Struktur dieser idealen Kollektivanlage wurde ein Dreieck nachgewiesen. Anleger, Verwalter und Verwahrer stehen jeweils in Rechtsbeziehung zueinander. Das Verhältnis von Verwahrer und Verwalter ist ein solches gegenseitiger Kooperation und Kontrolle („checks and balances") zugunsten der Anleger. Diese Dreiecksbeziehung scheint auf ein Gleichgewicht hinauszulaufen. Auch wenn je nach Ausgestaltung ein Schenkel des Dreiecks gelegentlich etwas kürzer ausfällt, zeigt sich die innewohnende Weisheit dieser Struktur am bildlichen Vergleich mit einem Schemel. Solange kein Bein zu kurz ist und keine externe Belastung (z.B. eine Finanzmarktkrise) auf den Schemel einwirkt, wird ein Dreibein weder wanken noch fallen.

---

[534] Zum Prinzip als Tiefenstruktur eines Rechtsgebiets *Röhl/Röhl*, Allg. Rechtslehre, § 33.I., S. 283.

§ 23 – *Teleologische Äquivalenz: Anleger- und Funktionsschutz*

Gestaltungsgemeinsamkeiten erzwingen noch kein identisches Recht. Dafür bedarf es der Rückführung der interessengeprägten Form auf innere Werte. Es ist zu untersuchen, ob und ggf. wie die ähnlichen Gestaltungen miteinander rechtlich verknüpft sind. Ausgangspunkt ist eine teleologische Untersuchung, ob für die einzelnen Rechtsformen, wenn sie zu Kollektivanlagezwecken eingesetzt werden, jeweils identische Zwecke nachgewiesen werden können. Nur bei identischer Zwecksetzung ist eine gleichgerichtete Auslegung zu vertreten.

Eine dichotome Zwecksetzung aus Anleger- und Funktionsschutz ist jeder Finanzmarktregulierung eigen.[535] Historisch wurde die dichotome Zwecksetzung bereits nachgewiesen. Erst mit der Berücksichtigung der Systemrisiken wurde das Kollektivanlagenrecht zum vollwertigen Finanzmarktrecht. Dabei ist der Funktionsschutz als Gegengewicht zu den Anlegerinteressen zu verstehen. Der Verwalter darf Anlegerinteressen nicht auf Kosten der Marktintegrität und -stabilität verfolgen, der Funktionsschutz fungiert als immanente Grenze des Handlungsspielraums. Umgekehrt kann der Verwalter nicht haftbar gemacht werden, wenn er die Marktintegrität und -stabilität berührende Methoden nicht eingesetzt hat, um Anlegerinteressen zu wahren. Dabei nimmt die intern verwaltete, börsennotierte Anlage-AG eine Zwitterstellung zwischen dem Kollektivanlage- und dem allgemeinen Gesellschafts- und Finanzmarktrecht ein. Doch diese zwingt die AIFM-RL jedenfalls innerhalb der EU in das Sonderrecht für Verwalter alternativer Investmentfonds, wenn die de minimis-Grenze für das verwaltete Vermögen überschritten und die AIF-Qualifikation – in Deutschland § 1 Abs. 1 KAGB – erfüllt ist.

Auch die ethische und ökonomische Perspektive haben den Bedarf für die Zweckdichotomie belegt.[536] Diese ist deshalb geeigneter Ausgangspunkt für die weiteren Überlegungen.

A. Verwalter

Offen ist, *wie* die Umsetzung des dichotomen Zwecks erfolgt. Als Alternativen stehen eine abstrakte Zwecksetzung, die nur die Aufsichtsbehörde, und eine solche zur Verfügung, die auch die dem Recht unterworfenen Akteure bindet. Im deutschen Recht wurde die zweite Alternative – beschränkt auf die handelnden Intermediäre – realisiert. So hat die KVG gem. § 26 Abs. 2 Nr. 2 KAGB bei

---

[535] *Assmann* ZBB 1989, 61 f.; *Hopt*, Kapitalanlegerschutz, S. 51 f., 334 f.; *ders.*, ZHR 141 (1977), 389, 398 (Investmentrecht als Tendenzwende wegen Abkehr von Rechtsformbezogenheit), 411 ff.; *Kohl/Kübler/Walz/Wüstrich*, ZHR 138 (1974), 1, 2; *Merkt*, FS Hopt, S. 2207, 2209, 2224 ff. (Funktionsdualismus des Kapitalmarktrechts); für Präferenz des Funktions- bei wünschenswertem Ausbau des Anlegerschutzes *Benicke*, S. 380 ff.

[536] Vgl. Zweiter Teil, § 13.

der Ausübung der Tätigkeit „im besten Interesse der von ihr verwalteten Investmentvermögen oder der Anleger dieser Investmentvermögen und der Integrität des Marktes zu handeln". Die Marktintegrität ist weit auszulegen und erfasst neben den transaktionsbezogenen Risiken (Insiderhandel etc.) auch Systemrisiken.[537] Die Systemkomponente ist auch Teil der Pflicht zum angemessenen Risikomanagement (§ 28 Abs. 1 Nr. 1 KAGB).[538] Die gleichen Pflichten treffen den Vorstand der Inv-AG und die Geschäftsleitung der Inv-KG.[539] Zwar formuliert das Aktienrecht nicht so deutlich, doch hat auch der Vorstand einer Anlage- und REIT-AG die Interessen von Aktionären[540] und – als Teil seiner Verpflichtung zu rechtmäßigem Handeln – die Marktintegrität zu wahren. Ganz allgemein liegt dem Aktienrecht die finanzmarktrechtliche Zweckdichotomie zugrunde: So wurden die mit der Aktienrechtsnovelle 1884 gewährten Aktionärsbefugnisse nach den Schwindelgründungen in der Gründerzeit auch mit Blick auf das öffentliche Interesse an einer ordnungsgemäßen Funktion der AG als Kapitalsammelstelle begründet.[541] Dadurch wurde bereits frühzeitig ein Zusammenhang zwischen dem Individualschutz der Aktionäre und dem Funktionsschutz des Marktes für Risikokapital hergestellt.[542] Aktienrecht ist Aktien*kapital*marktrecht. Die Systemschutzkomponente erlangt zudem weiteres Gewicht durch die Einstufung in der Kreditintermediation aktiver Fonds als „Schattenbanken".[543] Dieses Ergebnis bestätigt die AIFM-RL, bei der die duale Zwecksetzung den Erwägungsgründen und Einzelregelungen zu entnehmen ist.[544] Von dieser Erkenntnis zu einer Extension, die die Verwalter vertraglicher und personengesellschaftsrechtlicher Fonds einbezieht, ist es rechtstechnisch nur ein kleiner Schritt: Sehen die Spezialgesetze diese Zwecksetzung vor, liegt eine Analogie für solche Bereiche auf der Hand, wo weniger spezielle Vorschriften keine entsprechende Regelung treffen. Dies gilt namentlich für die durch § 1 Abs. 1a Nr. 11 KWG erfassten kollektiven Anlagemodelle gem. § 2 Abs. 3 S. 3 WpHG; §§ 31 bis 34 WpHG beschränken sich auf anlegerschützende Vorschrif-

---

[537] Vgl. zu § 91 InvG Beckmann/*Beckmann*, § 9 Rn. 124: „Die Leistungsfähigkeit eines Finanzmarktes hängt entscheidend von dem Vertrauen der Marktteilnehmer in die Funktionsfähigkeit, Stabilität und Transparenz des Marktes ab. [Eine KAG] hat Missständen im Finanzdienstleistungswesen entgegenzuwirken, welche erhebliche Nachteile für die Gesamtwirtschaft herbeiführen können". Reserviert Berger/*Köndgen*, § 9 Rn. 2 (wenige Vorschriften des InvG) mit Berührungspunkten zur Marktintegrität.
[538] Das Schrifttum versteht die Vorschrift dagegen vorwiegend als Verstärkung des Anlegerschutzes, vgl. Beckmann/*Beckmann*, § 9a Rn. 35 ff.
[539] §§ 119 Abs. 1, 128 Abs. 1, 147 Abs. 1, 153 Abs. 1 KAGB.
[540] GK-AktG/*Hopt/Roth*, § 93 Rn. 151; *Eckhold*, ZGR 2007, 697.
[541] Vgl. Allgemeine Begründung, in: Hundert Jahre modernes Aktienrecht, S. 407, 413.
[542] *Mülbert*, Aktiengesellschaft, S. 56.
[543] Fonds, die nur Eigenkapitalbeteiligungen (etwa Aktien) halten, sind keine Schattenbanken, vgl. die Definition in FSB, Global Shadow Banking Monitoring Report 2014, S. 21 ff.
[544] Vgl. z.B. den 2. ErwGr der AIFM-RL („die Geschäfte von AIFM [können] dazu beitragen, Risiken über das Finanzsystem zu verbreiten oder zu verstärken"). Zur systemschützenden Begrenzung der Hebelfinanzierung in Abstimmung mit ESMA Art. 25 AIFM-RL.

ten. Die MiFID II verstärkt hier den Systemaspekt,[545] jedoch stehen Individual-
portfolios im Mittelpunkt. Die Lücke ist durch allgemeine Prinzipien des
Fondsrechts zu schließen. Zu erwägen ist zudem eine wegen der geringen Volumina vorsichtige Extension auf Anlagemodelle, die keinem Aufsichtsrecht unterliegen, etwa Investmentfonds, deren Verwalter Vermögen in einem Gesamtumfang unterhalb der Schwellenwerte gem. § 2 Abs. 4 KAGB verwalten,
und Kollektivanlagen, die dem VermAnlG unterstehen.

B. Verwahrer

Nach §§ 76 Abs. 1, 83 Abs. 1 KAGB obliegt dem Verwahrer ausschließlich die
Wahrung der Anlegerinteressen. Insoweit muss er präventiv tätig werden. Soweit es um Systemaspekte geht, besteht keine Pflicht zum Handeln, jedoch dürfen solche Weisungen der KVG als Gesetzesverstoß ggf. nicht ausgeführt werden (§§ 76 Abs. 2, 83 Abs. 2 KAGB). Weitgehender sind die Pflichten der gesell-
schaftsinternen Be- und Verwahrer, insbesondere des Aufsichtsrats: Insoweit
ist die Pflicht zur Wahrung der Anlegerinteressen und der Marktintegrität
emphatisch zu verstehen. Ist der Vorstand ohnedies zur Wahrung der Anlegerinteressen und Marktintegrität verpflichtet, muss der Aufsichtsrat dies schon
nach allgemeinem Recht, und erst Recht kraft der Regelung im KAGB sicherstellen. Dies erklärt sich mit der Befähigung des Aufsichtsrats, die Geschäftsleitung abzusetzen. Nachhaltige Gesetzesverletzungen sind ein Grund, der dieses
gebieten kann.

C. Anleger

Keine Pflicht zum Handeln im Sinne des Anleger- oder Systemschutzes obliegt
den Anlegern. Diese nehmen nur über den Verwalter am Finanzmarkt teil. Dessen dichotome Verhaltenspflicht zugunsten von Anlegern und Markt begrenzt
die Fähigkeit der Anleger, auf die Marktintegrität einzuwirken. Diese Einstufung bleibt auch durch Bestrebungen zur Verpflichtung auf das Langfristinter-
esse unberührt (dazu unten, § 39.B.).

§ 24 – Ergebnisäquivalenz

Bislang wurde nachgewiesen, dass alle Fonds a) ungeachtet ihrer Rechtsform
eine im Wesentlichen identische wirtschaftliche Funktion erfüllen (funktionale
Äquivalenz), b) auf einer im Wesentlichen identischen personellen Aufgabentei-

---

[545] 52., 68., 164. ErwGr MiFID II.

lung in Form eines Anlagedreiecks beruhen (strukturelle Äquivalenz)[546] und c) die rechtliche Ordnung aller Kollektivanlagen unter der Prämisse der Zweckdichotomie aus Anleger- und Funktionsschutz steht (teleologische Äquivalenz). Die strukturelle, funktionale und Zweckäquivalenz provoziert die Frage nach identischen Ergebnissen im Einzelfall. Hält man identische Ergebnisse für wünschenswert, könnte die Ergebnisäquivalenz als Auslegungsleitlinie zu der strukturellen, funktionalen und teleologischen Äquivalenz hinzutreten. Zugleich wäre man dem Bild der Idealanlage ein deutliches Stück näher gekommen.

Ergebnisäquivalenz bedeutet: Gleiches Recht für wirtschaftlich vergleichbare Tätigkeiten und Anlagen trotz unterschiedlicher rechtsförmlicher Gestaltung. Dabei geht es nicht um allgemeinen Anlegerschutz als Feigenblatt für gesetzesferne Gleichmacherei,[547] sondern um die auf Anlageorganisationen (im Gegensatz zu Anlegern) zugeschnittene Frage, ob dieselbe wirtschaftliche Funktion dieselben Regeln nach sich ziehen soll („same business, same risks, same rules").

A. Tendenzen

I. Schrifttum

Jenseits des Steuerrechts, das Teile des Schrifttums dem Ziel einer rechtsformneutralen Besteuerung unter dem Aspekt der Belastungsgleichheit verpflichtet sehen,[548] wird die Frage der Ergebnisäquivalenz über alle Rechtsformen hinweg für Anlageorganisationen zurückhaltend diskutiert.

Frank Schäfer hält für unerheblich, ob das zu verwaltende Vermögen dem Verwalter übereignet oder als Miteigentum der Anleger verwaltet wird. Bei beiden Varianten könne der einzelne Anleger auf Grund der Größe des gepoolten Vermögens und der dadurch hervorgerufenen Vielzahl an Transaktionen den Verwalter kaum noch mit vertretbarem Aufwand kontrollieren.[549] Allerdings lehnt *Schäfer* i.E. Eingriffe in die Vertragsfreiheit „mit allen ihren Konsequenzen" ab. Die Entwicklung eines auf den Anlagesektor beschränkten Machtbindungsansatzes würde die Fortentwicklung des Vertragsrechts gefährden, zudem geriete „der Ausgangspunkt der Einschränkung der Vertragsfreiheit aus dem Gesichtsfeld". Er führt sodann den Nachweis, dass das Gesetz bereits die „richtigen" Ergebnisse erziele. (Für dieses Ergebnis muss er freilich zahlreiche Mindermeinungen vertreten). Damit betont *Schäfer* die Grenzen der Rechtsfortbildung.

---

[546] Die Aufsichtsäquivalenz bleibt wegen des zivilrechtlichen Schwerpunkts außer Acht.

[547] So könnten Kritiker die auf die Anlage fokussierte Position u.a. von *Wiedemann*, *Hopt* und *Kalss* überspitzt bezeichnen.

[548] Vgl. die Nachweise oben bei § 19.C.

[549] *Schäfer*, Anlegerschutz, S. 39 ff. *Schäfers* Ausführungen stehen im Kontext des damaligen KAGG / InvG, sind aber exemplarisch gemeint (S. 41) und auf andere Bereiche der Kollektivanlage übertragbar.

Zu Ergebnisäquivalenz zwischen vertraglicher und personengesellschaftsrechtlicher Form führt auch *Geibels* Auffassung von der Treuhand als BGB-Gesellschaft zwischen Treuhänder (Verwalter) und Treugeber (Anleger). Bei der
individuellen Verwaltung soll es pro Anleger eine BGB-Gesellschaft, bei der
kollektiven Verwaltung ein einziges mehrgliedriges Verhältnis zwischen allen
Anlegern und dem Treuhandkommanditisten geben.[550] Die Negation der Anwendung von Vertrags- und BGB-Gemeinschaftsrecht führt nebenbei zur
Angleichung der Ergebnisse nach Maßgabe der §§ 705 ff. BGB. Daran trifft jedenfalls zu, dass mittels der GbR hierzulande das Fehlen der Trust-Rechtsform
kompensiert wird.[551]

Während *Köndgen* im Vertriebsrecht einen rechtsformunabhängigen Ansatz
präferiert,[552] differenziert er im Organisationsrecht: Die Zweiteilung zwischen
kollektivvertraglicher und korporationsrechtlicher Vermögensverwaltung sei
nur sinnvoll, wenn die Governance-Strukturen mit unterschiedlichem institutionellen Design um die Gunst der Anleger konkurrieren.[553] Angesichts der
Identität von Aktionären und Investmentanlegern bei der Inv-AG mit fixem
Kapital (SICAF) bedürfe es bei Letzterer im Wesentlichen nur einer funktions-
gerechten Adaption allgemeiner Corporate Governance-Prinzipien. Offen
bleibt, wie ein traditionelles Corporate Governance-Modell funktionieren soll,
wenn ausschließlich Privatanleger beteiligt sind, deren geringer Beteiligungs-
umfang eine aktive Partizipation als Zufall erscheinen lässt – einen Umstand,
den *Köndgen* im SICAV-Kontext pointiert beschreibt.[554] Ebenfalls unklar bleibt
die Konsequenz aus dem Postulat, das Korporationsmodell bedinge die Einstufung der Anleger- als Mitgliedschaftsrechte, während die Anleger beim Vertragsmodell außerhalb der Korporation stehen, es sich somit um „sonstige
stakeholders" handle.[555] Indem *Köndgen* den im Schweizer Recht etablierten
Grundsatz „same business, same risks, same rules" auf das Steuerrecht und Fragen des Anlegerschutzes überträgt,[556] betont er trotz kritischer Diktion die Gemeinsamkeiten in Fragen der Binnenorganisation. Noch deutlicher verhält er
sich zur Inv-AG mit flexiblem Kapital: Diese sei „eigentlich gar keine Gesell-

---

[550] *Geibel*, Treuhand, S. 432 f.

[551] *Flume*, Personengesellschaft, § 3 III, S. 45; *Hopt*, ZGR 1987, 159 f.

[552] *Köndgen*, FS Hopt, S. 2137 f.

[553] *Köndgen*, FS Nobel, S. 531.

[554] *Köndgen*, FS Nobel, S. 551 (Generalversammlung als „ziemlich gespenstische Veranstaltung").

[555] *Köndgen*, FS Nobel, S. 533 f.

[556] *Köndgen*, FS Nobel, S. 541 konstituiert vier Grundpfeiler: 1) Trennung von Verwaltung
und Verwahrung, 2) treuhänderische Vermögensverwaltung, 3) Anlagevorschriften und 4)
Transparenz. S. zudem S. 540 f. „Wenn man Birnen so züchtet, dass sie wie Äpfel aussehen und
schmecken, werden die Verbraucher zu den ihnen vertrauteren Äpfeln greifen."

schaft, sondern nur ein Finanzprodukt, dem ein gesellschaftsartiges „Rechtskleid" übergestülpt" worden ist.[557]

II. Judikative

In der Rechtsprechung deutet sich die Ergebnisäquivalenz gelegentlich an. Aus der Makroperspektive ist die Überwindung des gesellschaftsrechtlichen Gläubigerschutzes in Form des Verbots der Einlagenrückgewähr gem. § 57 AktG zugunsten des Anlegerschutzes Indiz für Ergebnisäquivalenz, weil in den alternativen Organisationsformen – Personengesellschaft, Trust und Vertrag – kein Kapitalschutz existiert. Dies wurde nicht nur für Fälle der Informationshaftung wie bei fehlerhafter Ad-hoc-Mitteilung und Quartalsberichten für die unternehmerische AG,[558] sondern auch spezifisch für (vermeintliche) Verstöße gegen das AIG durch Anlagen in AG-Form so entschieden.[559] Die gleiche Grobtendenz in Richtung eines Investmentprinzips liegt Aussagen in der Rechtsprechung zugrunde, wonach sich die Reichweite des Auskunftsanspruchs des Aktionärs in der Hauptversammlung gem. § 131 Abs. 1 AktG unter Heranziehung der Informationsregeln des damals anwendbaren KAGG konkretisiere.[560]

Mit der Statuierung einer Pflicht zur Jahresabschluss-Erstellung und -Prüfung für Publikums-KGs (jenseits des KAGG, InvG, KAGB) und der übrigen Rechtsprechung zur Anwendung „körperschaftlicher" Prinzipien auf die kapitalistische KG wird die Personengesellschaft der AG angenähert.[561] Dagegen rückt die Inhaltskontrolle von Gesellschaftsverträgen nach § 242 BGB[562] und die übrige Rechtsprechung zur Anwendung „körperschaftlicher" Prinzipien auf die kapitalistische KG die Anlage-Personengesellschaften in Richtung vorformulierter Vertragsbedingungen. Des Weiteren indiziert die Rechtsprechung zur Prospekthaftung i.e.S. Ergebnisäquivalenz, wonach die (vormals) kurze Sonderverjährung der investmentrechtlichen Prospekthaftung[563] auf Kapitalan-

---

[557] *Köndgen*, FS Nobel, S. 553. Wenn *Köndgen* an gleicher Stelle Vorzüge der SICAV gegenüber dem vertraglichen Fonds verneint, bleibt die aus Sicht der Initiatoren wesentliche Haftungsbeschränkung von Anlegern *und Verwalter* bei der extern verwalteten Inv-AG außer Acht.

[558] Z.B. Vgl. BGHZ 160, 134; BGHZ 160, 149; BGH, NJW 2005, 2450; anders noch RGZ 71, 97; RGZ 88, 271, mit Differenzierung zwischen originärem und derivativem Erwerb; EuGH, Urteil v. 19.12.2013, C–174/12 – Hirmann.

[559] OLG Celle, OLGR Celle 2007, 401 Rn. 14 f.; OLG Frankfurt a.M., WM 2008, 2208 Rn. 32 ff.

[560] KG, ZIP 2001, 1200.

[561] Explizit BGHZ 69, 207, 221 Rn. 51; BGH, WM 1977, 1446, 1448 Rn. 28 ff.; dazu *Armbrüster*, Treuhand, S. 87 m.w.N.

[562] Z.B. BGHZ 64, 238, 241; BGHZ 84, 11; BGH, WM 1983, 1407 Rn. 9.

[563] Vgl. zunächst § 20 Abs. 5 KAGG und § 12 Abs. 5 AIG a.F., dann die damaligen §§ 13, 13a VerkProspG i.V.m. § 46 BörsG und § 127 Abs. 5 InvG (anwendbar über § 135 InvG). Die Sonderverjährung ist mit dem Gesetz zur Novelierung des Finanzanlagenvermittler- und Vermögensanlagenrechts (VermAnlG) entfallen.

lagen in Form der Publikums-GmbH & Co. KG und -GbR entsprechend anzuwenden war.[564] Diese Rechtsprechung übernimmt nicht nur die Rechtsfolge,
sondern auch die Begründung[565] aus einem Rechtsbereich, in dem der funktionale Investmentbegriff gilt. Entscheidungen, wonach für Immobilienfonds eine
längere Verjährung gelten sollte,[566] ist der BGH[567] entgegen getreten. Bei Inanspruchnahme persönlichen Vertrauens[568] und für Bauherrenmodelle[569] wird die
Analogie u.a. wegen der Fokusverschiebung vom Kauf (mit kurzer Verjährung)
zum Werkvertrag (mit langer Verjährung) abgelehnt. Doch kann man diese
Ausnahmen auch als Anerkennung der anlagespezifischen Typizität deuten,
wonach ein Anleger das Errichtungsrisiko regelmäßig vermeiden möchte. Die
Errichtung eines Hauses ist Investition statt Investment, weil die Geldmittel
nur zusammen mit einem anderen Faktor (Arbeit etc.) eine Wertsteigerung erzielen. Dagegen entsteht die Chance bei Kapitalanlagen aus dem Wertpotenzial
des Anlagegegenstands. Sie ist der unternehmerischen statt Anlagesphäre zuzu-

[564] BGHZ 79, 337 (KG); BGHZ 83, 222, 224 Rn. 8 (KG); BGH, NJW 1984, 2523 Rn. 7 f.
(KG); BGH, WM 1985, 534, 535 Rn. 8 (KG); BGHZ 120, 157 (bezüglich Treuhänderhaftung
Aufklärungsmangel nur in Zusammenhang mit fehlerhaftem Prospekt einer Anlage-GbR);
BGH, NJW 2001, 1203 (geschlossener Immobilienfonds); BGH, NJW 2002, 1711 Rn. 8 (ge-
schlossener Immobilienfonds); BGH, NJW-RR 2002, 915 Rn. 9 (geschlossener Immobilienfonds); BGH, WM 2008, 1205 Rn. 7 (statt Prospekthaftung Haftung wegen Aufklärungs-
pflichtverletzung); OLG Frankfurt a.M., WM 1997, 27 (Nennung von Bank als „Partner" für
Prospekthaftung ungenügend, wenn nicht zugleich Initiator; Verwirkung der Haftung wegen
Aufklärungsmangels); OLG Düsseldorf, NZG 1999, 609 Rn. 40; OLG München, NJW-RR
2000, 624 (keine Haftung der KG wegen Verbots der Einlagenrückgewähr aus §§ 172 Abs. 4,
171 Abs. 1 HGB); OLG Köln, NZG 2001, 1149 Rn. 66 ff. (Verjährung bei unterschiedlichen
Beteiligten bzgl. Abschreibungs-GbR), aufgehoben durch BGH, DStR 2003, 1494; OLG
München, NZG 2002, 930 Rn. 27 ff. (Immobilienfonds-KG); KG vom 24.5.2007, 20 U 107/05,
Rn. 37 (Juris) (GbR); OLG Stuttgart, WM 2006, 233 Rn. 17 – 3-Länder-Fonds (GmbH & Co.
KG); OLG Stuttgart vom 28.3.2007, 14 U 49/06 (Juris) Rn. 40 (indirekte Beteiligung an Unternehmensbeteiligungs-KG); OLG Frankfurt a.M. vom 24.9.2008, 4 U 212/07 (Juris) Rn. 25
– Filmfonds in Form einer Beteiligungs-KG mit Begründung zu neuem Verjährungsrecht
nach der Schuldrechtsreform.
[565] Vgl. die Bezugnahme auf die Amtliche Begründung zu KAGG/AuslInvestmG, S. 24, in
BGHZ 111, 314, 322 Rn. 31, wonach zunehmende Beweisschwierigkeiten, das Ziel einer Vermeidung einer Rechtsausübung nach spekulativen Gesichtspunkten und die Rechtssicherheit
maßgeblich sind.
[566] Vgl. OLG München, NZG 2001, 860 Rn. 64 ff. (aufgehoben durch BGH, ZIP 2003,
1536). Weitergehend auch noch OLG München, NZG 2000, 660 (30-jährige Verjährung bei
Prospekthaftung; analoge Anwendung des AIG wird nicht geprüft).
[567] BGH, NJW 2001, 1203 Rn. 6; BGH, NJW 2002, 1711 Rn. 8; BGH, NJW-RR 2002, 915
Rn. 9; für Differenzierung auch *Schmidt/Weidert* DB 1998, 2309, 2314.
[568] Dann wird eine c.i.c.-Haftung befürwortet, vgl. Ausführungen bei BGHZ 83, 222, 223,
227 Rn. 8 (zur Differenzierung zwischen typisiertem und persönlichem Vertrauen); BGH,
NJW 1995, 130; BGH, NJW-RR 1986, 1102, 1103; OLG Düsseldorf, NZG 1999, 609 Rn. 38,
40.
[569] BGHZ 111, 314; BGH, WM 1990, 1658 Rn. 30 f.; BGHZ 115, 214 Rn. 59 f.; BGHZ 126,
166 (1. Ls.); a.A. *Kiethe* BB 1999, 2253, 2254.

ordnen, wobei eine Grauzone konzediert wird. Gleichwohl sind die jeweils tragenden Erwägungen nicht klar konturiert.

Deutliche Hinweise auf die Ergebnisäquivalenz finden sich schließlich im Umsatzsteuerrecht. So bestehen nach Ansicht des EuGH,[570] der über die Grenze der Umsatzsteuerbefreiung für die Verwaltertätigkeit zu entscheiden hatte, keine offensichtlichen Unterschiede zwischen Fonds in Trustform und Investmentgesellschaften, welche den Ausschluss von Investment Trust Companies aus dem Umsatzsteuerprivileg gem. Art. 13B Bst. d (6) der Sechsten Mehrwertsteuer-RL rechtfertigen. Unterschiede werden aber sehr wohl zur gepoolten Verwaltung von Pensionsansprüchen und zur individuellen Vermögensverwaltung gesehen.[571]

III. Legislative

Der Gedanke der Ergebnisäquivalenz ist in der deutschen Gesetzgebung bekannt, jedoch erst in neuerer Zeit dominant: So liegt zwar schon dem AIG seit jeher eine „wirtschaftliche Betrachtungsweise"[572] zugrunde. Zu Recht preist *Klaus Hopt* diesen Regelungsansatz als genuin kapitalmarktrechtlich,[573] weil es aus Sicht des geschädigten Anlegers unerheblich ist, ob er als Aktionär, Kommanditist, Treugeber oder Trust-beneficiary[574] sein Vermögen verliert. Der umfassenden Diskussion zur Regulierung geschlossener Fonds[575] folgt zwar eine nahezu 30 Jahre andauernde Schwerpunktverlagerung auf das Vertriebsrecht. Aber auch der Ausbau des Vertriebsrechts durch Einführung einer umfassenden Prospektpflicht mit Auffangtatbestand im VermAnlG (vormals VerkProspG) erklärt sich mit dem Ziel, für alle Anlageformen gleiche Informationspflichten zu schaffen. Der im Jahr 2009 geschaffene Tatbestand der Anlageverwaltung[576] und die im Jahr 2011 gem. § 1 Abs. 2 und 3 VermAnlG[577] intensivierte Aufsicht der BaFin über Vermögensanlagen, bei denen die Beteiligung der Anleger nicht

---

[570] Ausdrücklich EuGH v. 28.6.2007, C-363/05, Rn. 21, 45, 50 – JP Morgan Fleming Claverhouse Investment Trust and The Association of Investment Trust Companies; EuGH v. 19.7.2012, C-44/11, Rn. 30 ff. – Deutsche Bank (betr. Vermögensverwaltung mit Wertpapieren); EuGH v. 7.3.2013, C-275/11, Rn. 20 ff. GfBk – betr. Beratungsdienstleistungen. Zuvor angedeutet in EuGH v. 4.5.2006, C-169/04, Rn. 53 – Abbey National.

[571] EuGH v. 7.3.2013, C-424/11, Rn. 25 ff. – Wheels Common Investment Fund Trustees Ltd.; EuGH v. 19.7.2012, C-44/11, Rn. 33 ff. – Deutsche Bank.

[572] BT-Drs. V/3494, S. 14.

[573] *Hopt*, ZHR 141 (1977), 389, 398.

[574] Vgl. OLG Karlsruhe WM 2006, 967, Rn. 38.

[575] Insbesondere Gutachten DJT (1976) sowie den Referentenentwurf zu einem Vermögensanlagengesetz, dazu *Wawrzinek*, S. 72 ff.; *Bälz*, ZGR 1980, 4 f. mit Nachweisen zur Begründung (Verbraucherschutz durch Vertriebsrecht).

[576] Vgl. Gesetz zur Fortentwicklung des Pfandbriefrechts, BGBl. I (2009), 607, 616 ff., dazu BT-Drs. 16/11130, S. 43.

[577] Vgl. dazu Gesetz zur Novellierung des Finanzanlagenvermittler- und Vermögensanlagerechts, BGBl. I (2011), 2481.

in Wertpapiere verbrieft ist, widmen sich erneut den Anlageorganisationen über Rechts- und Organisationsformen hinweg.

Die AIFM-RL verleiht der Entwicklung neue Dynamik, weil deren erklärtes Ziel die aufsichtsrechtliche Gleichstellung der regulierten mit den bislang unregulierten Fonds ist.[578] In die gleiche Richtung der Rechtsformunabhängigkeit und funktionalen Austauschbarkeit weist die europäische Fortentwicklung der Regeln zur Mindestvertriebsinformation für Kleinanlegerprodukte, die in einer Vereinheitlichung durch die PRIIP-VO[579] münden. Jeweils gilt: Gleiche Regeln für Produkte mit austauschbarer wirtschaftlicher Funktion. Bemerkenswert ist dabei, dass die AIFM-RL nach deren 8. ErwGr auf die Regulierung der rechtlichen Struktur (i.e. Rechtsformen) der alternativen Investmentfonds (AIFs) verzichtet, weil eine solche Regulierung „unverhältnismäßig" sei. Weil man dennoch einen europäischen Pass für den Anteilsvertrieb an professionelle Anleger gewährt, muss im Umkehrschluss die zivilrechtliche Innenstruktur der Fonds unerheblich sein.

Das Postulat der Ergebnisäquivalenz findet in ausländischen Sonderrechten Unterstützung, insbesondere Rechtsordnungen mit einem funktionalen, gleichwohl in seinen Grenzen variierenden Regelungsansatz (Großbritannien, Schweiz, Liechtenstein, USA). Vereinzelt wird die Ergebnisäquivalenz zudem zum Telos erhoben: So ist Leitmotiv des im Jahr 2006 verabschiedeten Schweizer KAG ausweislich der offiziösen Botschaft der – allerdings nicht pedantisch durchzuführende – Grundsatz „same business, same risks, same rules".[580] In der wirtschaftlichen Betrachtungsweise konkretisiere sich der Grundsatz der Rechtsgleichheit,[581] wonach – ebenso wie in Art. 3 Abs. 1 GG – Gleiches entsprechend seiner Gleichheit gleich zu behandeln ist.[582] In den USA kommt dieser Grundsatz in der bewusst offenen Definition der Investment Company gem. s. 2(8) ICA sowie des weiten Verständnisses der Securities zum Ausdruck, deren Kernbegriff der *investment contract* ist.[583] Schon nach den Blue Sky Laws der U.S.-Bundesstaaten war die Form unerheblich, abgestellt wurde auf die Sache und ökonomische Realität.[584] Dieses Konzept hat der U.S. Supreme Court

---

[578] Nach dem 3. ErwGr soll die AIFM-RL bislang nicht von der OGAW-RL regulierte Fonds erfassen und diese gem. dem 4. ErwGr einer harmonisierten und stringenten Regulierung unterwerfen; dazu *Kübler*, FS Hopt, S. 2143, 2145; *Nietsch/Graf*, ZBB 2010, 12 und *Lhabitant*, (2009) 27 J. Fin. Trans. 49 (mit Kritik am vermeintlich systemischen Regelungsansatz); zur Regelungsgeschichte Zetzsche/*Zetzsche*, S. 1 ff.

[579] Dazu *Schäfer/Schäfer*, ZBB 2013, 23.

[580] Botschaft zum Bundesgesetz über die kollektiven Kapitalanlagen (Kollektivanlagengesetz) vom 23. September 2005, BBl. 2005, 6395, 6408, 6413, 6415.

[581] BSK-KAG/*Winzeler*, Art. 1 Rn. 5.

[582] Vgl. Art. 8, ggf. i.V.m. 27 und 94 der schweizerischen Bundesverfassung. Der Grundsatz gilt auch unter juristischen Personen.

[583] Erster Teil, § 2.B.IV.

[584] *State v. Gopher Tire & Rubber Co.*, 146 Minn. 52, 56, 177 N.W. 937, 938.

mit der *Howey*-Entscheidung übernommen,[585] weil das flexible Prinzip des *investment contract* anpassungsfähig genug ist, um die zahlreichen Varianten derjenigen zu erfassen, die an das Geld anderer Leute zu gelangen suchen.[586]

B. Anleger- und Systemschutz vs. Privatautonomie

Die Makroprinzipien des Anleger- und Systemschutzes sind für eine konkrete Rechtsfortbildung recht vage. Angesichts ihrer Wertungsoffenheit läuft man Gefahr, die Wertung des Rechtssetzers durch die des Rechtsanwenders zu ersetzen. Man wird den seriösen Initiatoren indes keinen Zwang antun, wenn man ihnen den Willen unterstellt, eine Idealanlage zu gestalten, und dieses Vorhaben allein an der Unzulänglichkeit der vom Recht bereitgestellten Formen scheitert. Mit anderen Worten: Liegt die Idealanlage offen zu Tage, entspricht es dem mutmaßlichen Willen seriöser Akteure, sich dieser und nicht anderer Formen zu bedienen. So verstanden, wird die Privatautonomie nicht mittels Ergebnisäquivalenz derogiert, sondern realisiert. Andernfalls würde das Recht für das gemeinschädliche Anliegen instrumentalisiert, unausgewogene Ergebnisse zu erzielen. Cleverness substituierte neutrale Professionalität.

In paritätischen Beziehungen ist gegen Cleverness durch privatautonome Gestaltung nichts einzuwenden. Doch ist fraglich, ob dies für Kollektivanlagen ebenso gilt. Wenngleich der Anleger nicht die operativen Risiken aus der Binnenorganisation des Verwalters trägt – diese Management-Risiken sind im Verwalter isoliert –,[587] entspricht die Gefahrverteilung bei Kollektivanlagen nicht der einer typischen Austauschbeziehung, weil der Anleger weiterhin Agentur- und Anlagerisiken trägt. Ohne damit einer verfassungsrechtlichen Argumentation aus Art. 3 Abs. 1 GG das Wort zu reden, hat der seriöse Akteur die berechtigte Erwartung an den Gesetzgeber, vom Recht nicht benachteiligt, also bei Ausgestaltung der Kollektivanlage entsprechend der (noch im Einzelnen zu identifizierenden) Idealanlage im Ergebnis dem auf seinen Vorteil bedachten Akteur gleichgestellt zu werden.

---

[585] *SEC v. Howey Co.*, 328 U.S. 293, 298: "The term [investment contract] was common in many state "blue sky" laws in existence prior to the adoption of the federal statue. [broadly construed] Form was disregarded for substance, and emphasis was placed upon economic reality. An investment contract thus came to mean a contract of scheme or profit from its employment." … "it follows that the arrangements whereby the investors' interests are made manifest involve investment contracts, regardless of the legal terminology in which such contracts are clothed."

[586] *SEC v. Howey Co.*, 328 U.S. 293, 299: the definition of investment contract „embodies a flexible rather than a static principle, one that is capable of adaptation to meet the countless and variable schemes devised by those who seek the use of money of others on the promise of profits."

[587] Vgl. zur Separierung von „investment risk" und „management risk" *Morley*, (2014) 123 Yale L.J. 1228, 1258.

C. Grenzen

I. Idealanlage statt Anlegerschutz

Keine Idealanlage ist eine solche, die einseitig die Interessen der Anleger oder der Systemaufsicht betont. Ein Initiator hat in einem solchen Fall keinen Anreiz mehr, sein Kapital in erfolgreiche Geschäftskonzepte zu investieren. Die kollektive Vermögensverwaltung ist kein Betätigungsfeld für Altruisten, sondern von professionellen Akteuren, die ihr Wissen gewinnbringend zum eigenen *und fremden* Nutzen einsetzen. Einseitige Ergebnis-Determination – in jeder Richtung – läuft funktionierenden Märkten zuwider. Mit diesen Vorgaben ist eine eindimensionale Anlegerschutzpräferenz unvereinbar, wie sie in den anlegerfokussierten Ansätzen zu Tage tritt.[588] Das mit dem Postulat der Ergebnisäquivalenz beförderte Leitbild der Idealanlage zielt auf Interessenausgleich.

II. Methodische Basis

Das Postulat einer Ergebnisäquivalenz führt zu einer ergebnisbezogenen Gleichschaltung unterschiedlicher Gestaltungen. Der „wirkmächtige Gedanke der Gleichbehandlung alles Gleichartigen drängt [zwar] allerorten auf uniforme Lösungen."[589] Im Zweifel dürfte die Rechtsordnung zudem keine Wertungswidersprüche dulden, so dass die Gleichheit der Interessenlage die Gleichheit der rechtlichen Regelung erfordert.[590]

Aber das Streben nach Gleichmacherei findet dort seine Grenze, wo ihm das Gesetz entgegensteht. Man wird dem Streben nach Ergebnisäquivalenz nur da Geltung verleihen können, wo sich der Wunsch nach einheitlichen Ergebnissen im Gesetz niedergeschlagen hat. Ansonsten liefe man Gefahr, vom Gesetzgeber bewusst geschaffene Differenzierungen und Unterschiede zu vermengen, mithin kraft Gesetzes Ungleiches gleich zu behandeln. Soweit im Gesetz Differenzierungen angelegt sind, können diese auch nicht mit Blick auf eine gewünschte Ergebnisäquivalenz negiert werden.

III. Substanz über Form?

Die Anerkennung der Ergebnisäquivalenz als Postulat ist keine pauschale Negierung der Form zugunsten der (vermeintlichen) Substanz einer Regelung.

1. Rechtstheoretische Einordnung

Der Grundsatz Substanz über Form[591] ist z.B. im Steuerrecht, Bilanzrecht nach IFRS und US-GAAP, bei der Ermittlung der Mindesteigenmittelausstattung

---

[588] Aus dem gleichen Grund kritisch *Mertens*, 51. DJT, P14 f.

[589] *Fleischer*, Informationsasymmetrie, S. 561 f.

[590] *Reuter*, AcP 181 (1981), 1, 14.

[591] Siehe dazu sowie zur verwandten Diskussion zur Vorzugswürdigkeit von *rules* oder

von Finanzintermediären,[592] im Kartellrecht unter dem Blickwinkel der wirtschaftlichen Einheit von Konzerntochter und -mutter,[593] als Rechtfertigung für die hierzulande sehr vorsichtig gehandhabte Durchgriffshaftung[594] sowie für die Frage etabliert, ob ein *investment contract* nach der US-Securities Regulation vorliegt und deshalb der Anwendungsbereich des ICA eröffnet ist.[595] Jeweils geht es um eine die rechtsförmige Gestaltung vernachlässigende Rechtsfolgenkorrektur. Damit kann der Rechtsanwender – ein Gericht oder eine Aufsichtsbehörde – dem Zweck des Gesetzes zur Durchsetzung verhelfen, weil die Gestaltung entweder nicht als eine Ausnahme rechtfertigende Spezifität anerkannt oder als Gesetzesumgehung[596] eingestuft wird. Eine solche Rechtsfolgenkorrektur stützt sich dann jeweils auf die Einbeziehung weiterer, die bloße Vereinbarung (Form) überschreitende, z.B. allgemeine wirtschaftliche oder Gerechtigkeitserwägungen.[597] Die Gegenargumente liegen auf der Hand. Sie betreffen die Auswirkungen auf die Rechtssicherheit sowie die Substitution des gesetzgeberischen oder in privaten Dispositionen konstituierten Willens durch die Wertungen einer gerichtlichen ex post-Kontrolle.[598] Für eine extensive Interpretation kann indes das Streben nach materieller Gerechtigkeit und der Schutz wirtschaftlicher Interessen in Anspruch genommen werden. Ein Blick auf die Substanz, also den Inhalt hinter einer Rechtsfolgenanordnung, schützt zudem solche Parteien eines Vertrags, die nicht über alle für die Entscheidung erforderlichen Informationen verfügen, den ganzen Vertragsinhalt eher nicht überblicken, emotional entscheiden oder ihnen nachteiligen Konventionen folgen.[599]

Interessanterweise wird die ökonomische Analyse des Rechts in diesem Kontext als neuer Formalismus, als Unterwerfung unter die ökonomische Heuristik

---

standards *Ehrlich/Posner,* (1974) 3 J. Leg. St. 257; *Diver,* (1983) 93 Yale L.J. 65; *Rose,* (1988) 40 Stan. L. Rev. 577.

[592] Vgl. *Tanega,* (2005) J.I.B.L.R. 617 und (2006) J.I.B.L.R. 1.

[593] EuGH v. 10.9.2009, C-97/08 – *Akzo Nobel,* ebenso EuG v. 3.3.2011, T-117/07 und T-212/07 – *Areva;* dagegen *Voet van Vormizeele,* WuW 2010, 1008; befürwortend *Kersting,* Der Konzern 2011, 445.

[594] Vgl. dagegen zur praktisch bedeutsamen US-amerikanischen Piercing the corporate veil-Doctrine *Schwarcz,* (2004) 60 Bus. Lawy. 109.

[595] In Anlehnung an den Howey-Test *Tcherepnin v. Knight,* 389 U.S.332, 336 (1967); *Aqua-Sonic Prods. Corp.,* 687 F.2d 577, 585 (2d Cir. 1982). Einschränkend *Ribstein,* (1994) 51 Wash. & Lee L. Rev. 807, 824 (mit Plädoyer für Ausnahme betreffend LLC); eher formale Interpretation bei *SEC v. National Presto Industries, Inc.,* 486 F.3d 305 (7th Cir. 2007).

[596] Dazu *Benecke,* Gesetzesumgehung, S.70f.; aus Sicht des Kartellrechts *Wiedemann/ Wiedemann,* § 3, Rn. 17; *Eidenmüller/Rehberg,* § 6, Rn 153f.

[597] *Katz,* (2004) 104 Colum. L. Rev. 496, 498.

[598] *Katz,* (2004) 104 Colum. L. Rev. 496, 501f. m.w.N. in Fn.18; *SEC v. National Presto Industries,* Inc., 486 F.3d 305 (7th Cir. 2007), ¶15.

[599] *Eric A. Posner,* (1998) 146 U. Pa. L. Rev. 553, 534; *Katz,* (2004) 104 Colum. L. Rev. 496, 501f. m.w.N. in Fn. 19 (mit einer Auflistung der jeweiligen Auswirkungen formaler oder extensiver Interpretation).

einsortiert.[600] Die im US-Recht verbreitete Lehre, wonach ökonomisch ineffizienten Gestaltungen die Gefolgschaft zu verweigern sei und dort (z.B.) zur Missachtung der Gesellschaft als juristischer Person führt, insbesondere weil gesellschaftsintern entstandene Kosten extern abgeladen werden (sog. Externalitäten),[601] ist für die hiesige Rechtsordnung zwar so pauschal nicht etabliert, wohl aber ist der Gedanke im Verbot eines Vertrags zulasten Dritter, der AGB- oder gesellschaftsvertraglichen Inhaltskontrolle und den Generalklauseln aus §§ 138 Abs. 1, 242, 826 BGB enthalten. Zudem wird man nicht abstreiten können, dass das Wirtschaftsrecht grundsätzlich auf wirtschaftlich effiziente Abläufe ausgerichtet ist, weil eine ineffiziente Rechtsfolgenanordnung Verschwendung wäre.

2. Wirtschaftliche Betrachtungsweise

Nicht vollständig gleichzusetzen, aber in ihren Wirkungen doch eng damit verflochten, ist die verschiedentlich berufene wirtschaftliche Betrachtungsweise. Diese hat im Recht indes nur Raum, wo sie sich auf rechtliche Parameter gründen lässt, sie also durch die rechtliche Perspektive gestützt ist.[602] Gelingt die Rückführung auf rechtliche Parameter, ist der erste Einwand gegen die Bevorzugung der Substanz über die Form – die Gefahr eines impliziten Gesetzesbruchs – speziell für Anlageorganisationen entkräftet. Zugleich ist die Rechtssicherheit gewährleistet, wenn nicht sogar gefördert: Das Postulat der Ergebnisäquivalenz fördert die Rechtssicherheit, weil die Fall- und Vergleichsbasis rechtsformübergreifend erweitert wird. Mehr Kasuistik bedeutet mehr juristische Expertise und infolgedessen gesteigerte Rechtssicherheit.

Bisher konnte zwar nachgewiesen werden, dass insbesondere die AIFM-RL rechtsformunabhängig reguliert. Doch ist daraus nicht der Umkehrschluss zu ziehen, dass die Rechtsform mit Blick auf die Binnenorganisation bedeutunglos ist. Dafür bedarf es einer genuin zivilrechtlichen Perspektive. Insoweit ist auf *Canaris* zurückzugreifen, der – ausgehend von den Privilegien des Kommittenten (§ 392 Abs. 2 HGB) – als Einfallstor für die wirtschaftliche Betrachtungsweise das *Handeln für fremde Rechnung* herausarbeitet[603] und das darauf gegründete objektiv-teleologische Verständnis auf die ganze Privatrechtsordnung erstreckt.[604] Danach ist eine wirtschaftliche statt rechtliche Zuweisung dem Handeln für fremde Rechnung implizit. Jedoch bedingt eine Abweichung von

---

[600] Vgl. den Titel des Aufsatzes von *Charny*, (1999) 66 U. Chi. L. Rev. 842 („The New Formalism in Contract").

[601] *Schwarcz*, (2004) 60 Bus. Lawy. 109.

[602] Beispiel: Nach § 290 Abs. 2 Nr. 4 HGB ist eine Zweckgesellschaft, deren Mehrheit der Risiken und Chancen „bei wirtschaftlicher Betrachtung" bei einem Unternehmen liegt, in den Konzernabschlus des Unternehmens aufzunehmen. Dazu KK-RLR/*Claussen/Scherer*, § 290 Rn. 66 ff.

[603] *Canaris*, FS Flume I, S. 405 ff.

[604] *Canaris*, FS Flume I, S. 423 f.

der formellen Rechtszuweisung durch Vertrag, Besitz und Eigentum Rücksicht auf den Rechtsverkehr. Ist die Derogation von der formellen Rechtszuweisung aber offensichtlich, sei der Rechtsverkehr gewarnt. Auf dieser Grundlage postuliert *Canaris* als Korrektiv für die wirtschaftliche Betrachtungsweise die Offenkundigkeit des Handelns für fremde Rechnung. Im Fahrnisrecht folge die Offenkundigkeit aus dem Beruf des Handelnden. Bringe dieser, wie bei Banken und Verwaltungstreuhändern, regelmäßig das Handeln für fremde Rechnung mit sich, habe sich der Rechtsverkehr auf eine wirtschaftliche Betrachtungsweise einzustellen.

3. Rückführung auf den wahren Parteiwillen

Mit *Canaris'* Auffassung mag die wirtschaftliche Betrachtungsweise *im Verhältnis zu Dritten* etabliert sein, eine damit einhergehende Derogation der Parteidispositionen *innerhalb der Anlageorganisation* ist damit noch nicht gerechtfertigt. Dieser zweite Einwand ist im Folgenden ernst zu nehmen. Aus ihm folgt erstens die Notwendigkeit einer Rückführung der Prinzipien auf gesetzliche Leitgedanken und zweitens die Berücksichtigung der privatautonomen Dispositionen der Parteien. Das zweite Caveat – die Negierung des Willens der Vertragsparteien – erzwingt als Ausgangspunkt für die weitere Untersuchung die Rückführung auf den Grundpfeiler jeder Vertragsgestaltung: den wohlverstandenen Willen der Vertragsparteien, der sich in der Idealanlage realisieren soll. Dabei ist, entsprechend der soeben dargelegten Erkenntnis, dass die Rückführung auf formale Dispositionen den gescheiten, erfahrenen und professionellen Akteur bevorzugt, nicht am formal geäußerten, sondern am wahren Willen anzusetzen. Wie sich dieser im Detail konstituiert, ist nunmehr offenzulegen.

D. Zwischenergebnis und Fortgang der Untersuchung

Alle Anlageorganisationen weisen trotz rechtsformeller Divergenz Äquivalenzen in Bezug auf ihre wirtschaftliche Funktion, den Zweck der zugrundeliegenden Vorschriften, ihre Organisationsstruktur und die Ergebnisse der Rechtsanwendung auf. Die Ergebnisse des nationalen Rechts bestätigen sich bei einem Blick über die Grenzen auf andere Rechtsordnungen mit Signifikanz im Fondsbereich sowie die Nachbardisziplin der Ökonomie. Diese Äquivalenzen sind aus regulatorischer Sicht wünschenswert, vereinzelt lässt sich sogar ein dahingehender gesetzgeberischer Wille nachweisen. Damit ist ein starkes Fundament für eine rechtsformübergreifende Prinzipienbildung erarbeitet.

Das Äquivalenztheorem als dogmatischer Grundstein kann vergleichbare Wertungen in Gesetzgebung, Rechtsprechung und Lehre erklären, die bislang nicht in den Zusammenhang der Kollektivanlage eingeordnet wurden. Mangels dogmatischer Fundierung wirkte manches Ergebnis bislang im Einzelfall eher gefühlt und damit diffus als stringent abgeleitet. Dieses Defizit ist nunmehr zu beheben: Das Bild der Idealanlage als Ursache und Ursprung dogmatisch und rechtstheoretisch nicht anders zu erklärender Ergebnisse hat aus dem Nebel in den Vordergrund zu treten.

Wenn die Auslegung unabhängig von der konkreten Rechtsform der Kollektivanlage zu vergleichbaren Ergebnissen gelangen soll (nur dies besagt die Ergebnisäquivalenz), ist damit die Richtung der Ergebnisfindung noch keineswegs bestimmt. Welche Leitlinien sind einer Auslegung zugrundezulegen? Welche rechtliche Konsequenz bringt die wirtschaftliche Funktion als Kollektivanlage mit sich? Auch die Antwort auf diese Fragen richtet sich nach dem noch verhüllten „Bild" der Kollektivanlage, wie es Gesetz und Rechtsprechung offenbar zugrundeliegt. Nur wenn die Herausarbeitung der Konturen der Idealanlage in konkrete Ergebnisse mündet, taugt sie als Leitlinie für Einzelfallentscheidung und Rechtsfortbildung. Dafür sind die Erkenntnisse zu konkretisieren, also das Bild des Anlagedreiecks mit Leben zu füllen, die zutreffende Länge der Schenkel des Dreiecks im Einzelfall abzumessen sowie das Verhältnis der Innenbeziehungen zu Dritten zu bestimmen.

Zweites Kapitel

Vertrag mit korporativer Vermögensorganisation

Zur weiteren Konkretisierung der Idealanlage soll deren Kontur nun in drei Schritten nachgespürt werden, von denen sich der erste der Rechtsform (§ 25), der zweite den Verwalterpflichten (§ 26) und der dritte dem Verhältnis der Anleger zueinander (§ 27) widmet.

§ 25 – Kollektivanlage als Hybrid

Bereits erkannt wurde, dass keine der vier zu Anlagezwecken verwendeten Rechtsformen (Vertrag, Trust, Korporation, Personengesellschaft) typusgerecht für Zwecke der Kollektivanlage verwendet wird.

Die beiden naheliegenden Erklärungen der Anlagebeziehung – Gesellschaft und Treuhand – sollen nunmehr auf Defizite hin untersucht werden (A.). Dies weist auf die angestrebte Charakteristik einer Kollektivanlage (B.), woraus weitere Rechtsfolgen für die Binnenorganisation (C.) und die Vermögensordnung (D.) abzuleiten sind.

A. Defizite traditioneller Erklärungsmodelle

Anlagemodelle werden gemeinhin als Gesellschaften dem Gesellschaftsrecht oder als Treuhandbeziehungen den Vorschriften für treuhänderisch gehaltenes Vermögen unterworfen. Keiner der beiden Ansätze überzeugt.

I. Kein gemeinsamer Zweck

Ob der Zweck der „Schöpfer des ganzen Rechts"[1] ist, mag hier dahinstehen, in seiner spezifischen Gestalt als gemeinsamer Zweck (§ 705 BGB) ist er jedenfalls Schöpfer seines Abkömmlings, des *Gesellschafts*rechts. Der Zweck gibt den Sonderinteressen der Mitglieder eine gemeinsame Richtung, in ihm laufen die Interessen aller Mitglieder zusammen.[2] Wird ansonsten z.B. bei der Gestaltung

---

[1] Nach *Rudolph von Jhering*, Der Zweck im Recht (1877/1884): „Der Zweck ist der Schöpfer des ganzen Rechts." (Leitspruch des zweibändigen Werks).
[2] *Müller-Erzbach*, AcP 154 (1954), 300, 316 f.; *Zöllner*, Schranken, S. 24, der *Rudolf Fischer* in Ehrenbergs Handbuch III:1, S. 357 zitiert.

des Gesellschaftsvertrags der BGB-Gesellschaft sehr viel Gestaltungsspielraum zugestanden, sind Zweck und dessen Gemeinsamkeit nicht disponibel. Es geht um das „konstituierende Element"[3] bzw. den „Polarstern der Gesellschaft"[4] bzw. „die *essentialia negotii* des Gesellschaftsvertrags."[5] Diese Strenge erklärt sich mit der Sortierfunktion des konstitutiven Elements, ordnet doch die Gewährung eines gemeinsamen Zwecks den Gesellschaftsvertrag zwischen ordinären Austauschverträgen wie Miet-, Dienst- und Kaufvertrag einerseits und auf Förderung des Interesses nur einer Vertragspartei ausgerichteter Verträge wie Schenkung und Auftrag andererseits ein. Des Weiteren rechtfertigt die Zweckbindung das Bestreben des Gesetzgebers, das gemeinschaftliche Unternehmen durch rechtliche Bindung der Betriebsmittel in einem Gesamthands- oder Gesellschaftsvermögen zu erhalten.[6]

Die große Bedeutung der *Gemeinsamkeit* des Zwecks steht in auffälligem Gegensatz zur Präzision ihrer dogmatischen Kontur. Weder § 705 BGB noch die Gesetzesmaterialien zum BGB[7] verhalten sich zu der Frage, wann der Zweck ein gemeinsamer ist. Nach Rechtsprechung und Schrifttum soll der verfolgte Zweck gemeinsam sein, „wenn jeder Partner ihn sowohl als den eigenen wie als den Zweck des anderen zu fördern verspricht."[8] Der Zweck sei ein solcher der „Gesellschafter in ihrer Verbundenheit",[9] der „nach dem übereinstimmenden Willen der Gesellschafter unteilbar"[10] ist. Zu einer Differenzierung zwischen Eigen- und Fremdzweck der Gesellschafter kommt es nicht. Erforderlich ist die Interessenverschmelzung.[11] Schlichte Übereinstimmung oder auch nur eine gleiche Interessenausrichtung genügen ebensowenig wie die Überzeugung oder Behauptung der Parteien, einen Gesellschaftsvertrag geschlossen zu haben, wenn nach dem wahren Vertragsinhalt kein Gesellschaftsvertrag geschlossen

---

[3] *Flume*, Personengesellschaft, § 3 I, S. 38 f. und *Lutter*, AcP 180 (1980), 85, 90.

[4] *Wiedemann*, GesR II, § 2 III 1, S. 122.

[5] Nach *Geibel*, Treuhand, S. 101, der dafür *Tuhr*, AT II/1, § 52 II.1 (S. 194 f.) zitiert.

[6] *Würdinger*, Interessengemeinschaft, S. 21.

[7] Dort findet sich nur der Hinweis, dass eine Gewinnbeteiligung trotz Befreiung von der Beitragspflicht oder eine bloße Verlustbeteiligung kein Gesellschaftsvertrag ist. Vgl. Mot. II, 594, bei *Mugdan* II, S. 332. Für *societas leonina* als Gesellschaft für Außen-GbR BGH, NJW 1987, 3124 Rn. 11; offen gelassen von BGHZ 14, 264 f. *Flume*, Personengesellschaft, § 3 II und V, S. 41 f., 48 f. (Grenze: § 138 BGB); *Geibel*, Treuhand, S. 140 f. (für dessen Treuhandtheorie diese Frage bedeutsam ist, weil der Verwalter nicht an Gewinn und Verlust der Anlagegegenstände teilnimmt); für Schenkung *Ballerstedt*, JuS 1963, 253, 255 f.; *K. Schmidt*, GesR, § 4 I 1, S. 58.

[8] *Ballerstedt*, JuS 1963, 253, 255; *Flume*, Personengesellschaft, § 3 I, S. 38; *Geibel*, Treuhand, S. 119 ff.; *Schulze-Osterloh*, Gemeinsamer Zweck, S. 10 Fn. 41; MünchKomm-BGB/ *Ulmer/Schäfer*, § 705 Rn. 153.

[9] *Flume*, Personengesellschaft, § 3 I, S. 39.

[10] *Ballerstedt*, JuS 1963, 254, 255.

[11] *Geibel*, Treuhand, S. 119; RGZ 105, 315, 316 f. („enge Verknüpfung der beiderseitigen Belange"); *Ballerstedt*, JuS 1963, 253, 255; MünchKomm-BGB/*Ulmer/Schäfer*, § 705 Rn. 148.

wurde.[12] Schließlich folgt aus dem Gemeinsamkeitserfordernis, dass die Vereinbarung allein noch nicht zur Zweckverschmelzung führt.[13]

Im Übrigen ist nahezu alles streitig. So soll nach der auf die Gewichtigkeit kaprizierenden Auffassung bei antagonistischen Interessen gemeinsamer Zweck derjenige sein, der den Interessen jedes Beteiligten entspricht[14] oder „Hauptzweck"[15] ist. In diesem Kontext ist die Judikatur zu stellen, wonach jeder Beteiligte den gemeinsamen Zweck über seine persönlichen Motive stellen müsse.[16] Nur eine Nuance weichen die Aussagen ab, der gemeinsame Zweck müsse nicht der finale Beweggrund, sondern das gemeinsame Mittel zur Erreichung der egoistischen Motive, also der Zwischenzweck sein.[17] Dagegen dient nach *v. Ihering* „die Sozietät ihrer Verkehrsfunktion und Bestimmung gemäß nicht dem Wohlwollen, sondern dem Egoismus."[18] Auf dieser Grundlage gewährt eine objektive, am Erfolg orientierte Gegenauffassung den gemeinsamen Zweck tendenziell großzügig. So genügt *Schön* die Ergebnisbeteiligung der Gesellschafter,[19] mit der Folge der Einstufung partiarischer Darlehen als Gesellschaften. Das Erfolgskriterium begegnet auch in subjektiver Colour, z.B. in *Böhmers* Postulat, es genüge, wenn alle Beteiligten mit der Vereinbarung dasselbe Ziel erreichen wollen (z.B. Gewinn), sowie in objektiv-subjektiver Fassung mit *Kellermanns* Analogie zum strafrechtlichen mittäterschaftlichen Tatentschluss.[20] Das Meinungsspektrum verdeutlicht sich an der unklaren Position zu dem Betrieb eines Handelsgewerbes als gemeinsamer Zweck: Nach *Schulze-Osterloh* ist der Betrieb eines Handelsgewerbes mangels Kriterien für die Feststellung eines gemeinsamen Betriebs kein die Gesellschaft konstituierender Zweck,[21] während nach *Flume* ohne Belang ist, wenn die Gesellschafter trotz Vereinbarung eines gemeinsamen Betriebs je für sich eigene Zwecke verfolgen; dies soll selbst dann gelten, wenn die Eigenzwecke Eingang in den Gesellschaftsvertrag gefunden haben.[22] Angesichts der Vielfalt des Meinungsbildes verwundert we-

---

[12] Vgl. RGZ 95, 147, 149 (rechtliche Beurteilung durch Gesellschafter ist ohne Belang, Gesellschaftsvertrag kann immer nur mit einem bestimmten Inhalt, nicht als abstrakter Begriff bestehen).
[13] *Böhmer*, JZ 1994, 983.
[14] *Ballerstedt*, JuS 1963, 253, 255.
[15] *Böhmer*, JZ 1994, 982, 985 f.
[16] RGZ 95, 147, 149 f.; *Geibel*, Treuhand, S. 120 leitet daraus seine gesellschaftsrechtliche Treuhandtheorie ab, weil der Treuhänder seine Eigeninteressen dem gemeinsamen Interesse unterordnen müsse.
[17] BGH, NJW 1951, 308 Rn. 23; *Geibel*, Treuhand, S. 120 beschreibt diese Auffassung als herrschend; *Schulze-Osterloh*, Gemeinsamer Zweck, S. 5 f.
[18] *V. Ihering*, der Zweck im Recht, 1. Bd., 3. A., 1904, Nr. 209 (S. 162), zitiert nach *Geibel*, Treuhand, S. 120.
[19] *Schön*, ZGR 1993, 210, 222.
[20] *Kellermann*, Zweck, S. 115 ff.
[21] *Schulze-Osterloh*, Gemeinsamer Zweck, S. 23.
[22] *Flume*, Personengesellschaft, § 3 II, S. 41.

nig, dass sich die Rechtsprechung – verborgen hinter „Scheinbegründungen"[23] – in typologische Betrachtungen flüchtet.

Dieser Meinungsstreit muss hier nicht ausgefochten werden. Gemeinsamer Kern aller Auffassungen ist, dass der Zweck gemeinsam und als solcher vereinbart sein muss. Die Mitglieder versprechen als Inhalt ihrer Mitgliedschaft den gemeinsam festgelegten Zweck gemeinsam zu verfolgen.[24] Es geht um die Fixierung eines gemeinsamen Willens zur partnerschaftlichen Zusammenarbeit (*affectio societatis*).[25] Möchte kein Anleger einen anderen Zweck als seine persönliche Bereicherung fördern, liegt das konstitutive Gesellschaftselement freilich nicht vor. Nun wollen aber die Anleger (und der Verwalter) bereits nach der im ersten Teil dieser Untersuchung erarbeiteten Definition der Kollektivanlage keinen gemeinsamen Zweck fördern. Ihnen fehlt jegliche *affectio societatis*.[26] Dies belegt die Testüberlegung, dass sich nur ein Anleger beteiligt, wie es in Spezialfonds oder beim ersten Anleger einer neuen Kollektivanlage der Fall ist: Ob und wie viele andere Anleger zeichnen, ist Risiko des Fondsverwalters, dessen Vergütung sich nach dem verwalteten Vermögen bemisst. Für die Anleger ist die Zahl der Mit-Anleger – 0 bis n – grundsätzlich unerheblich. Auch wenn (zunächst) nur ein Anleger beteiligt ist, muss sich der Verwalter vereinbarungsgemäß verhalten. Die *Anleger* wollen nicht „gemeinsam" Vermögen verwalten. Das wohl von allen Anlegern geteilte Interesse an einem Anlagegewinn[27] genügt als gemeinsamer Zweck allein nicht. Die Gewinnerwartung ist „entfernterer", „allgemeiner" oder „mittelbarer" Zweck und dann allenfalls *ein Teil* des gemeinsamen Zwecks i.w.S. Dann muss aber ein gemeinsamer näherer, spezieller oder unmittelbarer Zweckteil, z.B. ein Unternehmensgegenstand hinzutreten.[28]

---

[23] *Kellermann*, Zweck, S. 174.

[24] *Lutter*, AcP 180 (1980) 84, 102.

[25] Vgl. zu diesem Merkmal als Kernbestandteil der GbR EuGH Urteil v. 15.4.2010, C-215/08 – E.Friz, Schlussantrag der Generalanwältin *Trstenjak*, Rn. 44 ff. Der Begriff geht auf Ulpian zurück (Dig. 17, 2, 32) und grenzt, verstanden als gemeinsamer Wille, die *societas* von u.a. dem *locatio conductio* (entgeltliche Geschäftsbesorgung oder Austauschvertrag als Erfüllung des Willens des Auftraggebers) ab, vgl. *Harke*, Societas, S. 43, 60 f. Vgl. zum französischen Recht *Tat*, Rechtssubjektivität, Fn. 119 f., wonach die *affectio societatis* der Gemeinsamkeit des Zwecks und der darauf gestützten Treuebindung entspricht.

[26] So ausdrücklich für das schweizerische Recht die Botschaft zum revidierten AFG 1992, S. 273. Die Botschaft bezieht sich auf vertragliche Anlagefonds und gilt unter dem KAG fort, das auch die Gestaltung als Korporation (SICAF, SICAV) und Personengesellschaft (KGK) kennt. Der Umstand, dass einzelne Anleger gerichtlich die Ernennung eines Vertreters der Anlegergemeinschaft verlangen können (Art. 86 KAG), soll ebenfalls keine Gemeinschaft unter den Anlegern schaffen, ebenso wenig wie die übrigen individuellen Anlegerrechte auf Auskunft (Art. 84), Rückerstattung bei widerrechtlichem Entzug von Vermögenswerten (Art. 85 KAG) und Schadensersatz (Art. 145 ff. KAG). BSK-KAG/*Rayroux*/*du Pasquier*, Art. 7 KAG Rn. 14 f.

[27] Die nach *Schulze-Osterloh*, Gemeinsamer Zweck, S. 25 ff. für eine Gesellschaft erforderliche Risikopartizipation ist gegeben.

[28] So z.B. *Zöllner*, Schranken, S. 27 f. m.w.N. zum älteren Schrifttum, insbesondere *Ritter/Ritter*, Aktiengesetz, § 16 Anm. 5; *Godin/Wilhelmi*, Aktiengesetz, § 16 Anm. 14.

Nach moderner Auffassung ist die Gewinnerzielungsabsicht als Beteiligungs-motiv vom gemeinsamen Zweck zu trennen.[29]

Das Zweckdefizit bestätigt bereits ein Blick in die englische Rechtsprechung des 19. Jahrhunderts zur Einordnung der Investment Trusts.[30] Sie wurde von *Jörgens* zu Beginn des 20. Jahrhunderts erneut diskutiert.[31] Die zugrundeliegen-de Erkenntnis wird auch heute zahlreich geteilt: Der Anleger wolle keinen ge-meinsamen Zweck fördern, sondern ausschließlich Rendite erwirtschaften; Fondsanleger sähen den Erwerb ihrer Anteile als Verwaltungsform für ihr An-lagekapital, nicht aber als Kapitalbeteiligung an einem gewerblichen Unterneh-men.[32] Die kollektive Vermögensanlage schaffe unter den Anlegern eine weitge-hende Parallelität der Interessenlage. Diese Vergemeinschaftung sei aber nur eine objektiv-sachgesetzliche und basiere anders als bei der Gesellschaft nicht auf einem gemeinsamen Willen der Anleger.[33] Initiator und Anleger verfolgten im Grunde andere Zwecke, die Publikums-Personenengesellschaft sei eher Austauschvertrag als Aktiengesellschaft.[34] Anlegergemeinschaften prägten nicht parallele Interessen, sondern nur parallele Rechte.[35] Das US-Schrifttum stellt deshalb der dem ICA zugrundeliegenden Körperschaftsanalogie ein Kon-zept der Anlage als Vielzahl gleichlautender Verträge gegenüber.[36] Einsichts-reich formuliert der BGH zur Rückabwicklung fehlerhafter Anlagebeziehun-gen wegen Anwendbarkeit der Vorschriften zum Widerrufsrecht bei Haustür-

---

[29] MünchKomm-BGB/*Ulmer/Schäfer*, § 705 Rn. 147. I.E. auch *Flume*, Personengesell-schaft, § 3 II, S. 43 (Gewinninteresse des einzelnen Gesellschafters ist Individualzweck und hinsichtlich des „gemeinsamen Interesses" irrelevant); a.A. OLG Düsseldorf, BB 1973, 1325.

[30] So wird das Urteil *Sykes v Beadon*, wonach Investment Trusts als companies dem Com-panies Act unterstehen sollten, aufgehoben, weil es sich nicht um eine „association for profit" handele, denn die beteiligten Personen hätten nichts miteinander zu tun, vgl. *Smith -v- An-derson* (1880) 15 Ch D 247.

[31] Vgl. *Jörgens*, Finanzielle Trustgesellschaften, S. 18 f. Danach sind Investment Trusts kei-ne Gesellschaften, weil sie durch eine Reihe von individuellen Abmachungen zwischen den Treuhändern und den einzelnen Kapitalisten zustande kommen, die zu beliebigen Zeit-punkten einem Vertrauensmann die Anlage ihres Vermögens auf dessen Anerbieten hin über-trügen.

[32] *Westermann*, Vertragsfreiheit, S. 10; *Nitschke*, Personengesellschaft, S. 19 ff. Für die Schweiz *Boveri*, S. 22 f.; für USA *Phillips*, (1982) 37 Bus. Lawy. 903, 908 (1982) (fund share-holders „view their purchase of fund shares as a vehicle for obtaining management of their investment capital rather than equity ownership of an operating business."); *Ribstein*, (2010) Cato S. Ct. Rev. 301, 303 („Mutual fund investors buy a product rather than investing in a firm, and the law should treat investors accordingly." – mit Plädoyer für Abschaffung der Korporationsanalogie auf Bundesebene, S. 322 ff.); für UK *Sin*, S. 153 („the trustee, the mana-ger, and the unitholders are associating under a single multipartite contract but they are not carrying on any business in common with a view to profit. ... Primarily, the parties are asso-ciating together for the purpose of investment ...").

[33] *Köndgen*, FS Nobel, S. 543.

[34] *Westermann*, FS 50 Jahre BGH II, S. 247, 252; einen Vergleich zwischen AGB und der Gestaltung von Publikumspersonengesellschaften zieht auch *Loritz*, JZ 1986, 1077.

[35] Berger/*Schmitz*, § 30 Rn. 29.

[36] Z.B. *Lobell*, (1963) 49 Va. L. Rev. 1, 30 ff.

geschäften in der dem EuGH in der Rechtssache *Friz* (I) vorgelegten Frage: „Ist die Bestimmung des Art. 1 Abs. 1 der Richtlinie dahin auszulegen, dass davon der Beitritt eines Verbrauchers zu [einem Verband] umfasst ist, wenn der *Zweck des Beitritts* vorrangig *nicht darin besteht, Mitglied der Gesellschaft* … zu werden, sondern … die mitgliedschaftliche Beteiligung nur ein anderer Weg der Kapitalanlage oder der Erlangung von Leistungen ist, die typischerweise Gegenstand von Austauschverträgen sind?" (Hervorhebungen durch Vf.).[37]

Alternativ könnte man darauf abstellen, dass die Anleger jedenfalls die Gründung der Anlageorganisation, z.B. eines Rechtsträgers einer KG, gemeinsam bezwecken, weil das Rechtssubjekt für die Anlagetätigkeit ansonsten nicht zur Verfügung steht.[38] Doch wurde nachgewiesen, dass die Anlagetätigkeit nicht die Gründung einer Gesellschaft bedingt. Die Organisationsformen lassen sich funktional und vom Ergebnis her äquivalent ausgestalten. Konsequent ist einem klar denkenden *Anleger* auch nicht zu unterstellen, er wünsche die Gründung einer Anlageorganisation in Form einer Gesellschaft. Anders liegt es freilich beim Verwalter, der durch Gründung einer Gesellschaft (z.B. einer Inv-AG, nur teilweise bei der Inv-KG) seine Haftung unkompliziert beschränken kann.

Der gemeinsame Zweck ist der kumulative, bei Gründung oder durch spätere Abänderung fixierte Wille der Mitglieder. Wie *Zöllner* zutreffend betont, sind die Mitglieder das „Substrat" des Verbands, „auf dem seine Existenz beruht und von dem er sich nicht völlig loslösen kann."[39] Einem wie auch immer eruierten, vom Willensbestand der Mitglieder abstrahierten „Verbandsinteresse"[40] ist die rechtliche Anerkennung zu verweigern; denn dies hieße, entgegen den privatautonomen Dispositionen externen Interessen zur Durchsetzung zu verhelfen. Dogmatisch zwangsläufig erscheint die Konsequenz, dass ein Zusammenschluss von Personen, die keinen gemeinsamen Zweck fördern und nicht Mitglied werden wollen, jedenfalls nicht Gesellschaft ist. Dies sehen BGH und h.M. bei der Abgrenzung zwischen stiller Gesellschaft und partiarischem Darlehen ebenso.[41] Die gleiche Erwägung trägt die nach h.L.[42] gegebene und vom

---

[37] EuGH v. 15.4.2010, C-215/08, E. Friz, Rn. 19. In den nachfolgenden Endurteilen verkürzt sich dies auf die Formel, der Zweck des Beitritts bestehe nicht vorrangig darin, Mitglied dieser Gesellschaft zu werden, sondern Kapital anzulegen. BGH, DB 2010, 1931.

[38] Vgl. zu diesem Kriterium *K. Schmidt*, GesR, § 4 I 2; *Tettinger*, DStR 2006, 849, 854.

[39] *Zöllner*, Schranken, S. 19 f.

[40] Dieses ist vom Unternehmensinteresse als Sammelbegriff öffentlicher Interessen sorgsam zu trennen, zutr. *Zöllner*, Schranken, S. 20.

[41] Vgl. BGH, NJW 1951, 308 Rn. 23; BGHZ 90, 310, 314; BGH, NJW 2001, 1270 Rn. 4 (Fall); *Blaurock*, FS Heinsius, S. 33, 44; *Geibel*, Treuhand, S. 127 f. (mit dem Hinweis, die Gewinn-/Verlustbeteiligung, Ausfallsicherheit sowie Kontroll- und Mitwirkungsrechte seien indiziell für den gemeinsamen Zweck); i.E. ähnlich in Auslegung des Aufsichtsmerkmals der gesellschaftsrechtlichen Bindung *U.H. Schneider*, DB 1991, 1865, 1868 (stille Beteiligung, wenn Darlehen den Gesellschaftszweck fördern soll und mit dem unternehmerischen Risiko belastet ist); *Loritz*, ZIP 2001, 309, 311; abweichend *Bornemann*, ZHR 166 (2002), 211, 228

Reichsfinanzhof bestätigte[43] Qualifikation des Verhältnisses der Teilhaber an einem für die Kollektivanlage gebildeten Treuhandvermögen als *Bruchteilsgemeinschaft*: Die Anlagegegenstände stehen den Anlegern gemeinschaftlich zu. Sie schließen mit dem Treuhänder gleichlautende Verträge ab und erlangen anteilige Rechte an den Anlagegegenständen. Bei Vorliegen eines gemeinsamen Zwecks müsste die Anlegergemeinschaft auf der Grundlage der h.M.[44] Gesellschaft bürgerlichen Rechts, OHG, ggf. auch nichtrechtsfähiger Verein sein.

Die gleiche Konsequenz vermisst man für Anlage-„Gesellschaften". Der Gesellschaftsgedanke wird sogar noch intensiviert, indem man sich im Wege der Analogie Wertungen anderer „Gesellschafts"-Formen bedient. Hier verkommt die Aussage, eine Gesellschaft liege nicht vor, wenn nicht jeder Gesellschafter verpflichtet sei, den Gesellschaftszweck zu fördern,[45] zum Lippenbekenntnis. Mangels gemeinsamen Zwecks liegt das Entgegengesetzte nahe: eine Orientierung am Recht der gegenseitigen Verträge.

Das gesellschaftsrechtliche Schrifttum bleibt von solchen Anfechtungen, soweit ersichtlich, unberührt: Heute scheint unverrückbares Datum, dass das gemeinsame Halten und Verwalten von Eigentum dem gesellschaftsrechtlichen Zweckbegriff genügt.[46] Dagegen haben u.a. *Ballerstedt*[47] und das OLG Düsseldorf[48] differenziert Stellung bezogen. Mit Recht, denn diese h.M. trägt die Ge-

---

Fn. 88, wonach *Innen*gesellschaften die Gesellschaftsqualifikation fehlt, wenn die unbedingte Rückzahlung versprochen und die Verlustbeteiligung ausgeschlossen ist – bei Außengesellschaften ergebe sich die Gesellschaftseigenschaft aus der damit verbundenen Außenhaftung, sowie *Schön*, ZGR 1993, 210ff. (auf Grundlage eines weiten Gesellschaftsbegriffs).

[42] Vgl. schon im Jahr 1932 *R.F.Goldschmidt*, Investment Trusts, S.53 gegen *Haußmann*, ZHR 96 (1931) 369 und 97 (1932) 1, 39, der noch für GbR eintrat, seither ganz herrschend, vgl. z.B. *Madaus*, ZHR 178 (2014), 107f.

[43] Vgl. RFHE 26, 248, 250f., dazu § 14.E.IV.3., sowie Liefmann/*Kilgus*, S. 577; *R.F.Goldschmidt*, Investment Trusts, S. 133f. Obwohl die Vertragsbedingungen der Bayrischen Investment AG den Anlegern ein Stimmrecht einräumte, sah der Reichsfinanzhof in dem Verhältnis der Anleger untereinander keine Gesellschaft.

[44] Dingliche Konzeption der Bruchteilsgemeinschaft dagegen bei *Schnorr*, Gemeinschaft, S. 153ff.; dagegen *Madaus*, AcP 212 (2012) 251, 287ff.

[45] *Schulze-Osterloh*, Gemeinsamer Zweck, S. 14 Fn. 61; MünchKomm-BGB/*Ulmer/Schäfer*, § 705 Rn. 153.

[46] BGH, NJW 1982, 170 Rn. 12f.; BGH, NJW-RR 1991, 422 Rn. 8 (als eine Auslegungsvariante); *Flume*, Personengesellschaft, § 3 III, S. 45; *Geibel*, Treuhand, S. 134ff., 351 (bei Unabhängigkeit des Bestands der GbR von den Gesellschaftern), dessen Treuhandtheorie einen gemeinsamen Zweck zwischen Treugeber und Treuhänder, nicht aber zwischen verschiedenen Anlegern zugrundelegt; *Hadding*, FS Canaris I, S.379, 393f. (gegen die Entscheidung BGHZ 140, 43, 66f. – Rittergut Balzheim); MünchKomm-BGB/*Ulmer/Schäfer*, vor § 705 Rn. 46; *K.Schmidt*, BB 1983, 1697, 1699.

[47] *Ballerstedt*, JuS 1963, 254, 260f.: Beim gemeinsamen Gebrauchtwagenkauf mit anschließend nach Tagen aufgeteilter Nutzung bestehe eine BGB-Gemeinschaft nur bis zum Abschluss des dinglichen Erwerbs, anschließend handele es sich um Miteigentum mit Nutzungsabrede.

[48] OLG Düsseldorf, BB 1973, 1325f.: Vereinbarung über Nutzung eines KFZ ist kein geeigneter gemeinsamer Gesellschaftszweck. Dagegen *Flume*, Personengesellschaft, § 3 III,

sellschaftsqualifikation der Fonds nicht. So führt *Flume* aus: „Zwar ist das Grundstück als solches oder die Mitberechtigung mehrerer Personen als solche kein Zweck, der unter den Beteiligten eine Gesellschaft begründen könnte. Die gemeinsame Innehabung und Verwaltung und Nutzung eines Vermögensgegenstandes ist aber ein legitimer Gesellschaftszweck. Das gilt für Grundstücke ebenso wie für andere Vermögensgegenstände." (Es folgt das Beispiel eines gemeinsamen Kontos zur Erzielung eines höheren Zinses.)[49] Infolge der Fremdverwaltung kommt es bei der Kollektivanlage aber niemals zu einer „gemeinsamen" Verwaltung. Die Kollektivanlage ist gleichsam die Antithese zur gemeinsamen Verwaltung.

Ob allein die Bezeichnung als Personengesellschaft genügt, um Gesamthandseigentum zu begründen, mag gleichfalls zweifelhaft sein.[50] Für die Anlage stellt sich diese Frage nicht, weil eine Änderung der Vermögenszuordnung weiteres definitorisches Element der Kollektivanlage ist. Schließlich wird ein Zustand / Status (Mitberechtigung) zum gemeinsamen Zweck erklärt. Soweit dies mittels Differenzierung zwischen dem Status selbst, der kein Zweck sein soll, und – analog zur Denkmalpflege – der *Bewahrung* des Zustands, der als Zwecksetzung genügen soll,[51] oder der Behauptung, bei gemeinschaftlichem Gewinninteresse sei immer eine GbR anzunehmen,[52] gerechtfertigt wird, überzeugt dies nicht. Gerade bei Gewinninteresse kann lediglich die (nach *Schnorr* dingliche, nach h.M. schuldrechtliche) Bindung durch die §§ 741 ff. BGB und keine gesellschaftsrechtliche Förderpflicht gewollt sein.[53] Es bleibt die Grundsatzthese, es bestehe Typenwahlfreiheit, der Gesetzgeber habe das Halten und Verwalten von Gegenständen nicht auf die Gemeinschaft beschränkt.[54] Vielmehr könne mittels schuldrechtlicher Absprachen jede Form zwischen rein dinglicher Bindung, loser oder intensiverer schuldrechtlicher Verknüpfung bis zu der rechtlichen Vereinigung in einer juristischen Person gewählt werden, die man ihrerseits wieder durch schuldrechtliche Nebenabreden perforieren könne.[55]

Der dogmatische Fehltritt dieser These liegt darin, auch bei Hinzutreten eines externen Verwalters, der alle Initiator-, Promotor- und Koordinationsfunktionen übernimmt und zudem die dingliche Verfügungsbefugnis über alle

---

S. 45 f.; *Hopt*, ZGR 1987, 159 f. („überholt", aber ohne Argumente); auf der Grundlage seiner dinglichen Gemeinschaftstheorie auch *Schnorr*, Gemeinschaft, S. 157 f.

[49] *Flume*, Personengesellschaft, § 3 III, S. 45.

[50] *K. Schmidt*, AcP 182 (1982), 481, 506 (für „Ehegatten-GbR").

[51] *Flume*, Personengesellschaft, § 3 III, S. 45.

[52] *Geibel*, Treuhand, S. 136 f. mit Nachweisen zur Rechtsprechung betreffend der Innengesellschaft unter Lebenspartnern.

[53] Deshalb im Zweifel für Bruchteilsgemeinschaft *Schnorr*, Gemeinschaft, S. 155; i.E. wohl auch MünchKomm-BGB/*K. Schmidt*, § 741 Rn. 5 (Verwaltungs- und Nutzungsregelungen lassen Einstufung als Miteigentum unberührt, Organisation als GbR muss gewollt sein).

[54] Staudinger/*Huber*, § 741 Rn. 130; *Geibel*, Treuhand, S. 135; i.E. auch *Schnorr*, Gemeinschaft, S. 158 f. (Formenvielfalt der Interessenbündelung im BGB).

[55] *Schnorr*, Gemeinschaft, S. 158 f.

Anlagegegenstände hat, vorbehaltlos Gesellschaftsrecht auf Anlagebeziehungen anzuwenden. Dieser zweite Schritt fußt auf einer förmlichen Schlussfolgerung: Ist Anlage der Gesellschaftszweck und bedient sich der Verwalter Formen des Gesellschaftsrechts, z.b. indem er sich Komplementär oder Kommanditist nennt, müsse auch das entstehende Konstrukt *Gesellschaft unter den Anlegern*[56] sein. Für diesen zweiten Schritt gibt die Anerkennung der Vermögensverwaltung als gemeinsamer Zweck jedoch nichts her. § 105 Abs. 2 HGB nimmt die Tätigkeit auf Ebene der Gesellschaft (arg. „ihr Vermögen") in Bezug, nicht aber die Intention ihrer Gesellschafter, diesen Zweck „gemeinsam" zu verfolgen. So lässt sich auch *Flumes* Feststellung einordnen, wonach, wenn sich mehrere zusammentäten, *um als Gesellschaft* ein Grundstück zu haben, die Gesellschaft als Gruppe einen gemeinsamen Zweck i.s.v. § 705 BGB habe und nicht nur eine Mitberechtigung mehrerer Personen aufweise.[57] Zwischen den Beteiligten muss gerade die intensivierte Pflichtbindung der Gesellschaft gewollt sein.[58] Die Finalität des Zusammenschlusses („um als Gesellschaft") fehlt in extern verwalteten Anlageorganisationen. Der Umstand der Fremdverwaltung steht der Intention zum Handeln *als Gesellschaft* entgegen. An die Stelle des auf die gemeinsame Handlungs- und Gestaltungsfähigkeit der Gesellschafter gerichteten Willens tritt der auf das Verwalterhandeln gerichtete Wille. Die Mitgesellschafter (?) sind dem Mitanleger herzlich egal. Deren Mitwirkung ist ein notwendiges Übel: Die Mitanlegerschaft führt zur beschränkten Verfügungsmacht des einzelnen. Nur weil die Verwaltung des separaten Anlegerteils unwirtschaftlich ist, muss er *Mit*anlegerschaft hinnehmen.

Auch wenn dies noch keine Gesellschaft *unter den Anlegern* begründet, sei der Vollständigkeit halber angemerkt, dass auch der Verwalter im Idealvertrag nicht als Mitgesellschafter der Anleger anzusehen ist.[59] So erbringt der Verwalter bereits regelmäßig keine oder eine nur unerhebliche Einlage; ohne Einlagen der Anleger existierte die Organisation nicht. Nun könnte der Verwalter seine Einlage zwar als Dienstleistung erbringen. Aber auch seine Vergütung orientiert sich nicht am Anlageertrag; er profitiert nicht pro rata, sondern nach anderen, dienst- oder erfolgsbezogenen Parametern. Zu einem Gleichlauf kommt es allenfalls, um ein Handeln im Anlegerinteresse sicherzustellen. Aber auch dann bedeuten hohe Gewinne für den Verwalter nicht zwingend eine hohe Vergütung, et vice versa.[60] Zudem profitiert nur der Verwalter von anderen, z.B. Re-

---

[56] Eine Gesellschaft zwischen Treugeber *und Treuhänder* befürwortet in diesem Fall *Geibel*, Treuhand, S. 137 f.

[57] *Flume*, Personengesellschaft, § 3 III, S. 47.

[58] *Schnorr*, Gemeinschaft, S. 157 f.

[59] Vgl. zu diesem Kriterium für die stille Gesellschaft z.B. OLG Schleswig, NZG 2003, 1059, 1060; *Tettinger*, DStR 2006, 849, 854.

[60] Beispiel: Die rein technisch bestimmte Vergütung der Anbieter von Indexfonds; die an Vergleichsindizes orientierte Vergütung der Anbieter traditioneller Fonds. Eine Besonderheit stellt insoweit die Ertragsbeteiligung z.B. bei Private Equity-Fonds dar.

putationseffekten seiner Gesamtorganisation. Ein Interessengleichlauf ist nicht zu konstatieren.[61]

Die „gemeinschaftliche Kollektivanlage" entfernt sich damit von der Gesellschaft und nähert sich dem mehrseitigen Vertrag. Bereits erkannt wurde, dass – wenn man den Ver- und Bewahrer außer Acht lässt –, die Gesellschaftsbeziehung bipolar ist, mit den zwei Polen der „Gesamtheit der Gesellschafter" einerseits und dem „Geschäftsführungsorgan" andererseits, während sich die Anlagebeziehung als Stern darstellen lässt.[62]

Grafik: Gesellschafts- und Anlageorganisation

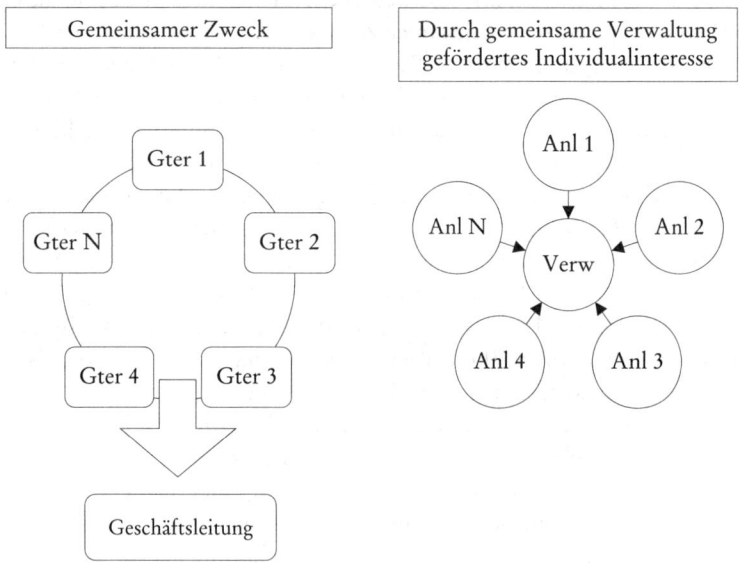

Nunmehr ist die gesellschaftsrechtliche Konsequenz dieser Erkenntnis zu ziehen und der Vertragsauslegung der maßgebliche Parteiwille der Anleger zugrunde zu legen: Wollen die Beteiligten den Zweck nicht *gemeinsam*, sondern individuell, lediglich verknüpft über den gemeinsamen Verwalter fördern, wird daraus keine Gesellschaft, auch wenn die Vorschrift des § 105 Abs. 2 HGB die (möglicherweise[63]) fehlende Gewerbeeigenschaft der Vermögensverwaltung legitimiert. Der Anlegerwille verdrängt eine anderslautende formale Gestaltung, weil die Organisation – für alle erkennbar – dem Anlagezweck dient und dieser jenseits der gemeinsamen Gewinnerzielung Zwecklosigkeit bedingt. Dies wi-

---

[61] A.A. wohl *Geibel*, Treuhand, S. 113 f. (unter zielgerichteter Interpretation zahlreicher Merkmale der GbR).

[62] Vgl. *Kalss*, Anlegerinteressen, S. 77 ff., 456.

[63] Dagegen *Siems*, NZG 2001, 738.

derspricht keineswegs der soeben berufenen Gestaltungsfreiheit, die „Archety-pen der Gemeinschaftsformen"[64] bleiben unangetastet. Die Gestaltungsfreiheit realisiert sich lediglich mit der hier vertretenen Auslegung, indem nicht der vom Initiator einseitig gestellte, sondern der von den Anlegern *gewollte* Vertragsin-halt zugrunde gelegt wird.

An dem fehlenden gemeinsamen Zweck ändert auch ein Organ zur gemeinsa-men Willensbildung nichts, wie es das KAGB in wenigen Fällen vorschreibt.[65] Das SchVG demonstriert, dass es Mitwirkungsrechte ohne Gesellschaftsver-hältnis gibt. Umgekehrt gibt es als Gesellschaft anerkannte Gestaltungen (insb. stille Gesellschaften), in denen die Mitwirkungsrechte stark beschränkt sind. Im Übrigen widerspricht einer solchen Argumentation die starke Stellung des Verwalters, der – entgegen gesellschaftsrechtlichen Prinzipien (vgl. §§ 709, 714 BGB) – tatsächlich i.d.R. weder anweis- noch austauschbar ist, ohne die Anla-gestrategie zu desavouieren. Aufgrund dessen stuft das Aufsichtsrecht be-stimmte Anlagemodelle als Scheingesellschaften ein, mit der Folge, dass die Initiatoren mit dem Hinweis auf die Existenz vermeintlicher Außengesellschaf-ten nicht gehört werden.[66]

Nun kann man darüber sinnieren, ob der gemeinsame Zweck im Einzelfall abdingbar ist.[67] Aber damit folgt der ersten Gewalttat an der Dogmatik eine zweite. Stattdessen drängt sich die Suche nach einem Konzept auf, das den Wil-len der Anleger respektiert, keinen *gemeinsamen*, sondern den höchst individu-ellen Zweck der Selbstbereicherung zu verfolgen. Dafür empfehlen sich ein paar Schritte zurück. Schon bei den Gesellschaftern der mittelalterlichen *commenda*, die gemeinhin als Urform der KG – eines Gesellschaftstyps – gilt, ist die *affectio societatis* kaum erkennbar. Der Commendatar unternimmt es, für den Com-mendator dessen Interessen zu besorgen und für dessen Rechnung Geschäfte zu tätigen. Die Leistung von Diensten kaufmännischer Natur ist das „hervorste-chende Element."[68] Ebendies hat sich in fast 1.000 Jahren nicht gewandelt, war-

---

[64] *Schnorr*, Gemeinschaft, S. 159.
[65] Vgl. insbesondere § 259 KAGB für die Entscheidung der Anleger eines offenen Immobi-lienfonds, ob dem Liquiditäts- oder Profitabilitätsinteresse Vorrang einzuräumen ist.
[66] *Voge*, WM 2010, 913 spricht von „vorgeblich gesellschaftsrechtlich organisierten An-lagemodellen." Nach BVerwGE 116, 198, 203 und BVerwG 122, 29, 40 kann sich „der Ver-mögensverwalter nicht im Zusammenhang mit seiner erlaubnispflichtigen Dienstleistung ein [gesellschaftsrechtliches] Gebilde schaffen, um sich dem Schutzmechanismus des Gesetzes zulasten der wirklichen Anleger zu entziehen". Einschränkend dann BVerwGE 122, 262, 292 Rn. 51: Maßgeblich sei in dem Fall BVerwGE 122, 29 gewesen, dass die Anleger nach dem Gesellschaftsvertrag weitgehend von der Mitwirkung in der Gesellschaft ausgeschlossen wa-ren und daher ihre gesellschaftsrechtliche Einbindung den Charakter der Tätigkeit als Dienst-leistung für andere nicht aufhob. Anders sei zu entscheiden, wenn die Anleger der Gesell-schaft als Fremdkapitalgeber und Gläubiger gegenüberständen. Bestätigt durch BVerwG ZIP 2010, 1170. In diesem Sinn auch *Bornemann*, ZHR 166 (2002), 211, 228 ff. (Irrelevanz des ge-sellschaftsrechtlichen Charakters).
[67] Vgl. *Hellgardt*, FS Hopt, S. 765.
[68] *Perdiktas*, ZgVW 55 (1966), 479.

um sollte es auch? Den Anlegern geht es heute wie damals darum, ihre Vermögensinteressen durch vertrauenswürdige Experten wahrnehmen zu lassen. Durch gemeinschaftliches Handeln fördern die Anleger ihre *eigenen* Belange. Im Kern der Vermögensanlage steht nicht die Gesellschafts-, sondern die Genossenschaftsidee (§ 1 Abs. 1 GenG). Dies bestätigt die historische und zeitweilig auch rechtliche Nähe zum Genossenschaftsrecht, von der Bezeichnung der ersten Fonds („gemeinsam sind wir stark") über die Umformung des Deutschen Kapitalvereins in eine Genossenschaft[69] bis zu den britischen *Industrial and Provident Societies*. Allerdings kann die Anlage*genossenschaft* bereits wegen der Starrheit des Genossenschaftsrechts[70] und der Doppelbesteuerung infolge Körperschaftssteuerschuld der Genossenschaft (§ 1 KStG) nicht reüssieren. Hinzu kommt, dass keiner der Anleger eine genossenschaftstypische Treupflicht akzeptieren möchte, wonach der Genosse bereit sein muss, selbst zu Gunsten und zum Wohl aller tätig zu werden und im Konfliktfall seine eigenen Interessen dem Gesamtinteresse der Genossen bzw. der Genossenschaft ggf. unterzuordnen.[71]

Die anlagespezifisch-egoistische – statt gesellschaft- oder genossenschaftliche – Zwecksetzung bedeutet jedoch nicht den Verzicht auf die Anwendung jeglichen Gesellschaftsrechts. Ebenso wie in der Theorie Gesellschaften ohne gemeinsamen Zweck keine Gesellschaften sind, ist anerkannt, dass geeignete gesellschaftsrechtliche Vorschriften auf gesellschafts*ähnliche* Rechtsverhältnisse angewendet werden können.[72]

II. Beschränkte Treupflicht des Verwalters

Vielfach findet sich in Rechtsprechung und Schrifttum die Äußerung, der Verwalter einer Kollektivanlage sei Treuhänder des Anlegervermögens.[73] Der – soweit ersichtlich – weiteste Treuhandbegriff von *Grundmann*, *Löhnig* und *Beyerle*[74] erfasst nach dem Vorbild des US-Rechts der *fiduciary relations* alle

---

[69] *R.F.Goldschmidt*, Investment Trusts, S. 68 ff.

[70] Das Genossenschaftsrecht lässt weder eine initiatorengetriebene Bewirtschaftung des gemeinsamen Gutes, noch die Ausschüttung von Kursgewinnen oder die Rückzahlung der Einlage außerhalb der Liquidation zu.

[71] *Paulick*, Das Recht der eingetragenen Genossenschaft (1956), S. 199, zitiert nach *Zöllner*, Schranken, S. 324, sowie BGH, WM 1978, 1205; BGH, WM 1986, 1348; RG, JW 1936, 181; OLG Hamburg, BB 1951, 430; Lang/Weidmüller/*Schulte*, § 18 Rn. 37 f.

[72] Vgl. *Wiedemann*, GesR II, § 2 III 1, S. 126. Exemplarisch genannt wird die Willensbildung bei Bruchteilsgemeinschaften.

[73] Assmann/Schütze/*Baur*, 3. Aufl. § 20 Rn. 213; *Ebner von Eschenbach*, S. 20; *Geibel*, Treuhand, S. 73 ff.; *Gericke*, DB 1959, 1276, 1277; *Grundmann*, Treuhand, S. 40, 71 f.; *Köndgen*, FS Nobel, S. 541; *Löhnig*, Treuhand, S. 294; *Ohl*, Rechtsbeziehungen, S. 51 ff.; *Möllers*, FS Hopt, S. 2247, 2254; *Seegebarth*, Depotbank, S. 24; *Wendt*, Treuhandverhältnisse, S. 135; *v. Pannwitz*, Verfügungsmacht, S. 147.

[74] *Beyerle*, Treuhand, S. 7, 19 (jegliche „vertretungsweise uneigennützige Belangwahrung").

Treupflichtigen. Treuhänder sind danach alle Personen, die fremde Vermögensinteressen wahrnehmen, also auch der AG-Vorstand[75] und der persönlich haftende Gesellschafter einer Personengesellschaft.[76] § 675 Abs. 1 BGB wird zur
„treuhänderischen Generalnorm" (*Löhnig*). Genügt jeder Vermögensbezug,
muss *Löhnig* die vollständig anonyme Erbringung von Zahlungsdiensten mittels EC- oder Kreditkarte gem. § 1 Abs. 2 ZAG für Treuhandtätigkeiten halten.[77] Auch bei dem Verhältnis zwischen Verlierer und Finder gem. §§ 965 ff.
BGB handele es sich „im weitesten Sinne um ein Treuhandverhältnis."[78] Ein so
definierter Treuhandbegriff ist deskriptiver Natur; mangels Kontur ist er zur
Begründung von Rechten und Pflichten *wegen* der Einordnung als Treuhandverhältnis untauglich. Auch im Verhältnis zu anderen Schuldverhältnissen wird
die Trennlinie fließend, weil jedes Schuldverhältnis den jeweils anderen Teil zur
Rücksicht auf die Rechte, Rechtsgüter *und Interessen* des anderen Teils verpflichtet (§ 241 Abs. 2 BGB).

Nach der ebenfalls wenig trennscharfen h.M.[79] ist das besondere Vertrauensverhältnis im Sinne einer persönlichen Interessenwahrung für Treuhandverhältnisse charakteristisch. So hält *Grundmann* für die werbende Treuhand die
Interessenwahrungspflicht stricto sensu[80] und (im Ergebnis ähnlich) *Martinek*
die Subordination der Treuhänder- unter die Treugeberinteressen[81] für das allein entscheidende Merkmal. Dieser naturalistische Treuhandbegriff[82] hat mangels gesetzlicher Verankerung *Löhnig*s Widerspruch[83] provoziert, entspricht
aber wohl eher dem Wortsinn und allgemeinen Sprachverständnis als *Löhnig*s
von methodischer Konsistenz inspirierte Lehre. Ähnlich naturalistisch erschließt sich, dass eine handelsrechtliche Firma gem. § 18 Abs. 2 HGB den Bestandteil „Treuhand" nur enthalten darf, wenn das Unternehmen fremdes Vermögen zur Verwaltung übernimmt. Nach Ansicht der Gerichte besteht die Tä-

---

[75] *Löhnig*, Treuhand, S. 154, 202; *Grundmann*, Treuhand, S. 87 ff., 97.
[76] *Löhnig*, Treuhand, S. 154.
[77] Vgl. *Löhnig*, Treuhand, S. 194.
[78] *Löhnig*, Treuhand, S. 155.
[79] Nach *Coing*, Treuhand, S. 85 ff., sind definitorische Elemente das Treugut, die Verfü-
gungsgewalt des Treuhänders und das Sondervermögen. Die Treuhand weise ein persönliches
und ein sachliches Element auf. „Das persönliche Interesse besteht in der Bindung des Treuhänders durch die Treuhandabrede, die ihn verpflichtet, das Treugut für bestimmte fremde
Interessen zu halten und mit ihm entsprechend dieser Verpflichtung zu verfahren." „Das
sachliche Element besteht darin, daß sich die Verpflichtung gerade darauf bezieht, bestimmte Rechte zu halten." S.a. *Boveri*, S. 100.
[80] *Grundmann*, Treuhand, S. 87 ff., 98.
[81] Staudinger/*Martinek*, Neub. 2006, § 675 Rn. A24.
[82] Vgl. *Grundmann*, Treuhand, S. 88: „Stand nicht am Anfang der Satz, daß der Treugeber
sein Vertrauen bei dem suchen solle, in den er es gesetzt hatte, d.h. beim Treuhänder, nicht bei
einem Dritten, der von diesem Rechte ableitete?".
[83] Der Tonfall bewegt sich am Rande des wissenschaftlichen Commants, vgl. *Löhnig*,
Treuhand, S. 149: „ Grundmann wählt überzeitliche und supranationale Beschwörungsfor-
meln als Ersatz für Armut an Argumenten".

tigkeit eines Treuhänders „nach der Verkehrsauffassung" in der Verwaltung fremden Vermögens.[84]

Diese Verkehrsauffassung ist auf die individuelle Vermögensverwaltung zugeschnitten,[85] aber schon da gewagt, weil der Verwalter nicht persönliche Interessenwahrung, sondern eine solche mittlerer Art und Güte (entsprechend § 243 Abs. 1 BGB) schuldet.[86] Präziser sollte nur die Vollrechtsübertragung auf den Treuhänder als Treuhandverwaltung bezeichnet werden.[87] Dies berechtigt aber nicht zu einem kritiklosen Transfer der Treuhandqualifikation auf die Fälle der *kollektiven* Vermögensverwaltung. Ein klarer Blick auf die Dinge offenbart, dass – ebenso wie bei der Gesellschaft – das Kernmerkmal dessen fehlt, was die Treuhandtätigkeit ausmacht. So mutet es angesichts des Kräfteverhältnisses zwischen KVG, die regelmäßig Teil eines Finanzkonzerns ist, und Privatanlegern merkwürdig an, von einem Subordinationsverhältnis des Treuhänders unter die Interessen des Treugebers zu sprechen. Die Disparität des Kräfteverhältnisses hat (in anderem Zusammenhang) die Rechtsprechung vielmehr zur Feststellung einer strukturellen Überlegenheit der Anbieterseite und der Anwendung des BGB-Verbraucherschutzes veranlasst.[88] Der Standard-Kollektivanlage fehlt zudem jegliche persönliche Komponente der Pflichtenwahrnehmung.[89] Die Interessen des Anleger-Geschäftsherrn und die vom Verwalter zu vertretenden Interessen können und werden sich in bestimmten Fällen widersprechen.[90] An-

---

[84] RGZ 99, 23, 29; BayObLG WM 1989, 680 (2. Ls.), 681.

[85] *Löhnig*, Treuhand, S. 152, 191, 341; zwar lehnen *Hammen*, Handlungsgattungsschulden, S. 275 ff., und *Roll*, Vermögensverwaltung, S. 47 eine (Außen-)Treuhand unter Hinweis auf die durch das Aufsichtsrecht verursachte vorherrschende Praxis der Vollmachtstreuhand ab, kommen aber aufgrund eines Interessenwahrungsverhältnisses (S. 281 ff. bzw. S. 47 f.) i.E. zu der gleichen Bindung wie die auf *Beyerles* Treuhand, S. 17 ff., zurückgehende, aber auf das Innenverhältnis fokussierte Treuhandlehre von *Grundmann* und *Löhnig. Sethe*, S. 22 differenziert zwischen Geschäftsbesorgung mit Treuhandcharakter und Vermögensverwaltung, wobei letztere sich von ersterer „durch die Zielsetzung und den Umfang der Pflichten hinsichtlich der Kapitalanlage" unterscheide.

[86] *Hammen*, Handlungsgattungsschulden, S. 308, 350, 359 ff.

[87] Vgl. *Benicke*, S. 52 f.

[88] Vgl. zur Inhaltskontrolle von Verbraucherverträgen im Zusammenhang mit Finanzdienstleistungen BGHZ 163, 311 (Bedingungen von Inhaberschuldverschreibungen); BGH, ZIP 2009, 1558 (Anleihebedingungen); BGH 119, 305, 312 (Genussscheinbedingungen); im unternehmerischen Verkehr zudem LG Frankfurt a.M. v. 10.3.2008, 2–04 O 388/06 (Zinsswaps). Gegenstand zahlreicher Verfahren waren früher Rechtswahlklauseln in AGB ausländischer Wertpapierunternehmen, vgl. z.B. OLG Düsseldorf, IPRspr 2001, 55; heute tritt an deren Stelle die Auslegung dessen, was Verbrauchervertrag iSd Lugano-Übereinkommens ist, vgl. BGHZ 187, 156 (für Vermögensverwaltung) sowie ein großzügiges Verständnis des Vertragsgerichtsstands (und damit auch des Verbrauchergerichtsstands), vgl. EuGH v. 15.3.2014, C-548/12 (Brogsitter) (zum Verhältnis von ROM I und ROM II). Plädoyer für eine Intensivierung der Kontrolldichte bei *Knops*, ZBB 2010, 479.

[89] Vgl. *Lobell* (1963) 49 Va. L. Rev. 1, 24 ff. („individual consultation with shareholders is pointless"). Ausnahmen sind für Spezial-AIF geboten. Dazu Vierter Teil, § 26.B.

[90] Beispiel: Anleger präferiert ethische Aspekte der Vermögensanlage stärker oder weniger stark als der Verwalter.

ders als der individuelle Vermögensverwalter kann der Verwalter einer Kollektivanlage auf Partikularinteressen auch keine Rücksicht nehmen: Ein solches Vorgehen ist angesichts der relativ kleinen Einzelbeträge unwirtschaftlich. Der Verwalter betreibt seine Tätigkeit als Profession mit Gewinnerzielungsabsicht. Ihm liegt es völlig fern, eine in ihrer Dimension schwer einschätzbare Pflicht zur Interessenwahrung zu übernehmen. Er bietet eine *anonyme* Dienstleistung mit Vermögenscharakter an.

Der Verwalter einer Kollektivanlage ist somit kein Wahrer der *persönlichen*, sondern bestenfalls der typisierten, auf den Ertrag reduzierten Interessen des Anlegers oder aller Anleger. Seine Stellung entfernt sich von der des Treuhänders und nähert sich der des AG-Vorstands. Ebenso entfernt sich die Stellung des Anlegers von der des Kunden der individuellen Vermögensverwaltung und nähert sich von der AG bekannten mitgliedschaftlichen Vermögensrechten.[91] Ist die Interessenwahrungspflicht Anwendungsvoraussetzung („Tatbestandsmerkmal") des Treuhandrechts, müsste man die vertragsschließende Willenserklärung des Verwalters vom maßgeblichen Empfängerhorizont her so auslegen, dass er etwaige *individuelle* Interessenwahrungspflichten vertraglich abbedingen, damit die strikten Rechtsfolgen reduzieren und an deren Stelle die Pflicht zum Hinarbeiten auf Vermögensmehrung setzen möchte. Solche Klauseln hielten einer AGB-Kontrolle stand, weil sie der für beide Seiten offensichtlichen Interessenverteilung entsprechen und nicht überraschend sind. Dass keine Pflicht zur Wahrung individueller Vermögensinteressen besteht, ist für das KAGB anerkannt.[92] Im schweizerischen Recht bezeichnet man die Verwalterpflicht deshalb als *supra*-individuelle Leistungspflicht.[93]

Zugunsten der Treuhandqualifikation spricht deren Verankerung in den offiziösen Überschriften des § 93 KAGB („Verfügungsbefugnis, Treuhänderschaft, Sicherheitsvorschriften") und § 245 KAGB („Treuhandverhältnis"[94]). Allerdings findet sich der Treuhandbegriff im deutschen Recht weit über 100 Mal; es handelt sich jedenfalls nicht um eine ganz außergewöhnliche Terminologie, aus

---

[91] Instruktiv die Beobachtung *Linhardts*, Investment Trusts, S. 2 aus dem Jahr 1935: „In der heutigen Verbindung des Wortes Trust mit Investment … ist nicht etwa ein persönliches Vertrauensverhältnis zwischen einem Vermögensverwalter und seinem Auftraggeber … gegeben … . Der Name Investment Trust bezeichnet ein Verhältnis, in welchem Aktionäre und Obligationäre zu einer AG stehen, die das Geschäft der Kapitalanlage in Effekten betreibt. … Es lautet auf satzungsgemäß normierte Mitgliedschafts- und Vermögenrechtsrechte … ."
[92] Emde/*Steck*, § 9 Rn. 89; Beckmann/*Beckmann*, § 9 Rn. 101 ff.; Berger/*Köndgen*, § 9 Rn. 35 („Anders als bei der individuellen Vermögensverwaltung kann die KAG nicht nach unterschiedlichen Anlegerinteressen differenzieren"; mit Erwägung einer Ausnahme für Spezialfonds mit sehr kleinem Anlegerkreis).
[93] Botschaft zum KAG, S. 6417; Ausgleichsmittel ist die in Art. 7 Abs. 1 S. 2 KAG verankerte Gleichbehandlungspflicht.
[94] Die Vorschrift lautet: „Abweichend von § 92 Absatz 1 können Vermögensgegenstände, die zum Immobilien-Sondervermögen gehören, nur im Eigentum der AIF-Kapitalverwaltungsgesellschaft stehen."

der außerordentliche Rechtsfolgen abzuleiten sind. Auch wird die Vollrechts-übertragung an den Anlagegegenständen auf die KVG gem. § 92 Abs. 1, 1. Alt. KAGB unwidersprochen als Treuhandlösung bezeichnet.[95] Erschöpft sich das treuhänderische Element in der Vollrechtsübertragung an die KVG mit Rück-gewährspflicht und in vertraglichen Vorgaben zur Behandlung der anvertrauten Gegenstände, müsste auch die Sicherungsübereignung Treuhandverhältnis sein. Für diese ist ein Treuhandverhältnis wegen der antagonistischen Rollenvertei-lung abzulehnen.[96] Nun ließen sich diese strukturellen Bedenken durch Hin-weis auf atypische oder typenfremde Treuhandstrukturen ignorieren und die Treuhand mit den besonderen Rechtsfolgen des KAGB erklären. Dies beant-wortete aber nicht die Frage, was das Treuhand*spezifische* an der Verwaltung einer Kollektivanlage ist. *Heermanns* Verdacht, dass die Treuhand eine „plasti-sche, aber trotzdem ziemlich vage Kurzbezeichnung für gewisse, im Einzelnen unterschiedliche Rechtslagen [ist], die nahezu ausnahmslos mit den vorhande-nen Vorschriften" bewältigt werden können,[97] lässt sich mit dem Hinweis auf das KAGB nicht wiederlegen.

Das Misstrauen gegenüber einer Treuhandqualifikation bestätigt sich mit Blick auf die im Schrifttum etablierten Treuhandzwecke.[98] Bei Kollektivanla-gen steht der Vereinfachungs- und Entlastungszweck im Vordergrund: Der An-leger muss nicht selbst das Anlagewissen erwerben und die Zeit für die Verwal-tung aufwenden, er bedient sich eines Experten. Beim Immobilienerwerb wer-den Grundbucheintragungen und Beteiligungsveräußerungen erleichtert. Die Willensbildung unter den (Privat-)Anlegern als zweite Zweckgruppe entfällt jedenfalls im Anwendungsbereich des KAGB und ist für Treuhandbeteiligun-gen selbst bei sog. „als ob" Klauseln deformiert.[99] Die weiteren Treuhandzwe-cke sind noch schwächer ausgeprägt. Der Vereinfachungs- und Entlastungs-zweck ist freilich der unspezifischste Treuhandzweck. Der Vereinfachung und

---

[95] Beckmann/*Beckmann*, § 30 Rn. 23; Berger/*Schmitz*, § 30 Rn. 9 ff. spricht von Voll-rechtstreuhand im Gegensatz zur Ermächtigungstreuhand bei der Vollmachtslösung.

[96] *Geibel*, Treuhand, S. 26 f., 165 ff.; *Grundmann*, Treuhand, S. 19 ff.; *Löhnig*, Treuhand, S. 121 ff.; früher bereits *Schultze*, JherJB 43 (1901), 1, 2; *Gaul*, AcP 168 (1968) 351, 367 f.; *Reich*, AcP 169 (1969), 247, 254; *Siebert*, Treuhandverhältnis, S. 169 f.; *Zetzsche*, AcP 209 (2009), 543, 574 m.w.N.; a.A. RGZ 86, 301, 303; RGZ 91, 218, 225; RGZ 94, 305, 308; *Asmus*, Treuhand, S. 328 (Sicherungsübereignung sogar „prägnantester Anwendungsbereich" der Treuhand); *Coing*, Treuhand, S. 81 f., 100; Henssler, AcP 196 (1996), 45; *Walter*, Treuhand, S. 44 ff.

[97] MünchKomm-BGB/*Herrmann*, § 675 Rn. 107.

[98] *Armbrüster*, Treuhand, S. 49 ff. zählt zwölf Treuhandmotive, die er in die drei Hauptmo-tive Vereinfachung/Entlastung, Diskretion und Umgehung zusammenfasst (S. 90); *Liebich*/*Matthews*, S. 75 ff. sehen fünf Funktionen (Vereinfachung, Diskretion, Umgehung, Kredit und Schutz); s.a. *Löhnig*, Treuhand, S. 115 ff.

[99] Die von *Armbrüster*, Treuhand, S. 54 des Weiteren als Zweck identifizierte Begrenzung der Einwirkungsmacht dient allein dem Initiator. Die Vermeidung der Außenhaftung gem. § 176 HGB (S. 82) vereinfacht den Kommanditistenbeitritt. Dass Umschichtungen innerhalb Sondervermögen privilegiert sind (S. 82), trifft nach heutigem Recht auf steuerlich privile-gierte Kollektivanlagen zu (z.B. nach § 11 InvStG).

Entlastung dient ebenso der Erwerb eines Gegenstands von einem Dritten (§§ 433 ff. BGB) statt seiner Eigenproduktion; dies macht den Verkäufer nicht zum Treuhänder. Der Streit um die Treuhandeigenschaft bewegt sich mangels aussagekräftiger Gesetzesquellen im Sphärischen und ist damit letztlich fruchtlos. Jedenfalls lassen sich mit der Bezeichnung als Treuhand weiterreichende als im Gesetz bezeichnete Pflichten weder begründen noch ablehnen. Die Verwalterstellung begründet bestenfalls ein atypisches, eher ein nur treuhand*ähnliches* Rechtsverhältnis.

Damit ist eine Anwendung von „Treuhandprinzipien" (?) auf die Rechtsbeziehung zwischen Verwalter und Anleger nicht blockiert: Ähnlich der Anwendung gesellschaftsrechtlicher Partikel auf gesellschaftsähnliche Rechtsbeziehungen lassen sich in Ansehung der Umstände einzelne Rechtsfolgen der „Treuhand" auf treuhandähnliche Verhältnisse übertragen und so die gesetzlichen Regelungen z.B. des KAGB widerspruchsfrei einordnen. In gleicher Manier kann *Grundmann*s Interessenwahrungspflicht stricto sensu eine *Rechtsfolge* der Verwaltertätigkeit sein und in ihrer konkreten Gestalt den Inhalt anderer Pflichten prägen.[100]

B. Idealvertrag

Während die eine potentielle Erklärung der Anlagebeziehung – Gesellschaft – scheitert, weil die Anleger keinen gemeinsamen Zweck verfolgen wollen, steht der anderen naheliegenden Erklärung – Treuhand – der Wille des Verwalters entgegen, der sich typischerweise nicht *besonderen* Interessenwahrungspflichten *gegenüber dem einzelnen Anleger* unterwerfen möchte. Die Anlagebeziehung ist dann weder Gesellschaft noch Treuhand; nicht ausgeschlossen ist die Einstufung als gesellschafts- oder treuhand*ähnliches* Rechtsverhältnis. Wo die Grenzlinie verläuft, ist durch Rückbesinnung auf den ursprünglichen Willen der Vertragsparteien, den die Idealanlage abbilden soll, zu ermitteln: Was wollen die Parteien der Kollektivanlagebeziehung?

Die Anleger möchten eigentlich eine individuelle (also personenbezogene) Geschäftsbesorgung erhalten, mit individualisierter Interessenwahrungspflicht und dem Haftungsvorteil aus der Verschuldensvermutung im Fall der Pflichtverletzung aus § 280 Abs. 1 S. 2 BGB. Abschreckend wirkt die Haftung des Anlegers für eventuelle Verluste (§§ 675 Abs, 1, 670 BGB) – dies behindert Anlagestrategien, bei denen das Verlustrisiko den Anlagebetrag übersteigt, z.B. bei Einsatz von Verschuldung oder Leerverkäufen. Für Anleger kleiner Vermögen ist eine individuelle Vermögensverwaltung aber wegen relativ zu hoher Transaktions- und Verwalterkosten unwirtschaftlich und erreicht i.d.R. auch keinen sinnvollen Diversifikationsgrad. Die einzelnen Anleger akzeptieren die Mi-

---

[100] Dafür *Canaris*, Bankvertragsrecht, Rn. 2424.

schung der von ihnen eingezahlten Mittel mit dem Vermögen anderer Anleger, weil sie nur dann von den ökonomischen Eigenschaften der großen Zahl profitieren können. Für professionelle Anleger ist die Arbeitsentlastung, die Bewertung und die angesichts großer Beträge fehlende Liquidität der Forderung gegen den Verwalter ein Argument gegen die individuelle und für die kollektive Vermögensverwaltung.

Der Verwalter möchte ebenfalls eine Geschäftsbesorgung anbieten, aber nicht für die Verluste aus der Geschäftsbesorgung persönlich einstehen und die Vermögensgegenstände jedes einzelnen Anlegers separat verwahren müssen.[101] Ihm ist des Weiteren an einer Fremdzurechnung seines Verhaltens gelegen (Vollmachts- statt Treuhandmodell). Zudem möchte er nicht auf die Bedürfnisse einzelner Anleger kleiner Vermögen eingehen, also die persönliche Interessenwahrung ausschließen. Sein Interesse ist auf die Standardisierung von Weisung (§ 665 BGB), Auskunft und Rechenschaft (§ 666 BGB) ausgerichtet.

An der AG reizt beide Seiten vor allem die Vermögensordnung, mit auf die Anlage beschränkter Haftung, Rechtszuteilung pro rata, Anteilsfungibilität und Zurechnung des Verwalterhandelns zur AG statt zum Verwalter, woraus ein Schutz der Vermögenswerte durch Abtrennung („asset segregation") resultiert. Für beide Seiten ist die Innenordnung der AG weniger attraktiv: Gegenstand des Gesellschaftsrechts sind in der Regel Konflikte zwischen der Mehrheit und der Minderheit.[102] Diese treten im Rahmen der Kollektivanlage i.d.R. nicht auf; an deren Stelle tritt ggf. der Konflikt zwischen Verwalter und Anleger. Auf die Lösung von Mehrheits-/Minderheitskonflikten ausgerichtete Topoi (Stichwort: mitgliedschaftliche Treupflicht, nach *Martens* „Rechtsethos"[103]) sind entbehrlich. Kein Interesse haben die Anleger auch an einem weiten Leitungsermessen des AG-Vorstands und der Rechtfertigung „unternehmerischer" Alleingänge mittels der Business Judgment Rule gem. § 93 Abs. 1 S. 2 AktG oder eines Hauptversammlungsbeschlusses (§ 93 Abs. 4 S. 1 AktG), während die Beweislastumkehr aus § 93 Abs. 2 S. 2 AktG zusagt. Weil sie sich nicht mit anderen Anlegern auseinandersetzen möchten, ist die Hauptversammlung nebst Stimmrecht überflüssig. Ein Aufsichtsrat, der andere als ausschließlich die Anlegerinteressen im Blick haben darf, wie sie die nach h.M. gegebene Verpflichtung auf das Unternehmensinteresse mit sich bringt, ist aus Anlegersicht suboptimal. Schließlich missfällt die Doppelbesteuerung auf AG- und Anlegerebene. Aus Verwaltersicht ist der Kapitalschutz, die aufwendige Gründung und Kapitalerhöhung eine Hürde. Zum Interessenkonflikt kommt es im Hinblick auf Informationsrechte. Die jährliche Information durch Abschluss und das Auskunftsrecht sind aus Anlegersicht unzureichend, aus Verwaltersicht wünschenswert.

---

[101] BVerwGE 116, 198 Rn. 10ff. – Phoenix Managed Account, jetzt § 34a WpHG.
[102] Vgl. dazu *Martens*, ZGR 1979, 495ff.
[103] *Martens*, ZGR 1979, 498.

Die Personengesellschaft ist dagegen – mit Ausnahme ihrer steuerlichen Folgen für Mitunternehmer-Modelle (Abschreibungsgesellschaften) – in ihrer Grundform gänzlich unattraktiv: Aus Verwaltersicht sind weder das Wettbewerbsverbot (§ 112 HGB) noch die Selbstorganschaft mit der persönlichen Haftung des handelnden Gesellschafters wünschenswert. Zudem muss der Verwalter die Einsicht seiner Papiere und Bücher hinnehmen (§ 166 Abs. 1 HGB). Den Anlegerinteressen widersprechen die grundsätzlich bestehende persönliche Haftung – zumindest bis zur Handelsregistereintragung (§ 176 HGB) – und die fehlende Anteilsfungibilität. Die Personengesellschaft erlangt ihre praktische Attraktivität nur durch ihre erhebliche Flexibilität, die eine Ausgestaltung in *körperschaftlicher* Manier – *H.P. Westermann* spricht von „Institutionenleihe“[104] – aber ohne Anlegermitbestimmung ermöglicht. In der Ausgestaltung kommt der Wille zum Ausdruck, eigentlich keine Personengesellschaft gründen zu wollen, sondern sich bestimmte Vorteile der Personengesellschaft zu sichern, während man mittels der Vertragsfreiheit einen Zwitter aus Geschäftsbesorgung und AG kreiert.

C. Abbildung der Vertragsanalogie in den Organisationsformen

Ohne rechtliche Gestaltungsvorgaben und -formen würden die Parteien voraussichtlich einen Geschäftsbesorgungsvertrag vereinbaren, bei dem die Vermögensordnung[105] AG-ähnlich ausgestaltet ist und die Kapitalschutzvorschriften außen vor bleiben. Dieses Zwischenergebnis ruft neue Herausforderungen hervor. Geht das mutmaßliche Interesse auf einen Zwitter aus gesellschafts- und geschäftsbesorgungsrechtlichen Elementen, kollidieren zwei fundamental unterschiedliche Konzepte: die auf flexible Anpassung durch permanente Kooperation der Beteiligten und eine eher gerichtsferne Binnenordnung ausgerichtete Unternehmenshierarchie (*corporate governance*) und der auf punktueller Rechtszuweisung, egoistischen Anreizstrukturen und der Option gerichtlicher Anspruchsdurchsetzung beruhende Vertrag (*contractual governance*).[106] Die Institutionenvermischung könnte jede Institution ihrer spezifischen Ausgewogenheit und Effizienz berauben, ohne dass die Substitute eine neue in sich stimmige Struktur bilden.[107] Diese Gefahr vermag ein Verständnis der Verbände als Vertragsnexus, wonach es prinzipiell keinen Unterschied machen soll, Rechtsbeziehungen innerhalb oder außerhalb eines Unternehmenskontexts an-

---

[104] Dazu *Westermann*, Vertragsfreiheit, S. 9.

[105] Mit folgenden Parametern: Ausschluss der Haftung für Verwalter- und *Gesellschafter*-verbindlichkeiten; Anteile „pro rata“ statt Einheitsanteile; Möglichkeit eines Agio, weil Wertschwankungen ausgeglichen werden müssen; Haftung des Eintretenden in Höhe der ausstehenden Einlage und in dieser Höhe für Altverbindlichkeiten; Übertragbarkeit der Anteile.

[106] Vgl. *Williamson*, (1991) 26 Admin. Sc. Qu. 269 ff. (hierarchy/corporate governance vs. autonomy/contract governance).

[107] Vgl. *Köndgen*, FS Nobel, S. 545 („institutionelles mismatch“).

zusiedeln,[108] nicht zu bannen. Denn ob die spezifische Kombination aus lega-
listischer Rechtszuweisung und kooperativen Elementen die Funktionsfähigkeit der Gesamtorganisation für den Nutzen der Kollektivanlage intensiviert
oder derogiert, wird mit dem Bild vom Vertragsnexus nicht beantwortet. Aber
ebensowenig indiziert allein die Typenvermischung institutionelle Ineffizienz.
Im Gegenteil: Hybride Strukturen sind unter bestimmten Rahmenbedingungen unter Berücksichtigung eines Mindestrechtsbestands, gewisser – etwa
rechtlich induzierter – Transparenz, permanenter Adaptionsnotwendigkeit, einer (nicht zu hohen) Unsicherheit über die zukünftige Entwicklung und bei
Existenz von Reputationsmechanismen den Phänotypen Vertrag und Geselll-
schaft überlegen.[109]

Wie die Hybridstruktur der Idealanlage die einzelnen Elemente absorbiert,
also der Grad institutioneller Degenerierung oder Optimierung, ist deshalb im
Detail zu untersuchen.

I. Vertrag

Die vertragliche Ausgestaltung gemäß der Idealanlage führt zunächst zu einem
zwischen Verwalter und dem einzelnen Anleger bilateral geschlossenen Vertrag.[110]

1. Bilaterales Schuldverhältnis mit korporativem Element

Bei Abschluss einer Vielzahl gleichförmiger Verträge zwischen Verwalter und
Anlegern handelt es sich mangels gemeinsamen Zwecks (s.o.) nicht um eine Gesellschaft, die §§ 705 ff. BGB sind nicht einschlägig. Für das Innenverhältnis des
jeweils bilateral begründeten Dauerschuldverhältnisses gilt Geschäftsbesorgungsrecht, welches im Fall mehrerer Anleger mit dem Ziel einer supra-individuellen Leistungspflicht um individuelle Komponenten bereinigt wird (z.B.
wird die Pflicht zur persönlichen Interessenwahrung abbedungen). Nach dem
Vertragsinhalt sind die anzulegenden Mittel auf den Geschäftsbesorger zu dessen Verfügung gemäß den Vertragsbedingungen zu übertragen. Der Verwalter
soll die Mittel indes weder in seiner Substanz erhalten, noch von dem Vermögen
anderer Anleger, mit dem er denselben Anlagevertrag schließt, getrennt halten.
Er soll das vom Anleger eingebrachte Vermögen mit dem anderer Anleger – entgegen den für die individuelle Vermögensverwaltung geltenden Grundsätzen[111]
– vermischen. Der einzelne Anleger erhält im Gegenzug einen rechnerischen
Anteil am Gesamtvermögen pro rata. An die Stelle der eingezahlten Summe

---

[108] Oben § 22.
[109] Vgl. *Williamson*, (1991) 26 Admin. Sc. Qu. 269, 286 ff.
[110] Vgl. die Anlage als Vertragsmehrheit von *Lobell*, (1963) 49 Va. L. Rev. 1, 30 ff.
[111] § 34a WpHG; *Hammen*, Handlungsgattungsschulden, S. 351 f.; *Sethe*, S. 866 ff. (mit Beschränkung auf Ermächtigungstreuhand); *Benicke*, S. 366 ff.

tritt ein Wertersatzanspruch in Höhe des jeweiligen Zeitwerts des Anteils am verwalteten Vermögen, dessen Fälligkeit nach Maßgabe der jeweiligen Vertragsbedingungen beschränkt sein kann.[112]

Zu einer Sonderrechtsbeziehung unter den Anlegern (Miteigentum, Gemeinschaft, Gesellschafter etc.) kommt es nach dem Idealvertrag auch nachfolgend nicht. Diese könnte aus Vertrag oder Gesetz entstehen. Dass der Wille der Anleger nicht auf eine rechtliche Verbindung mit anderen Anlegern gerichtet ist, wurde bereits gezeigt (oben § 22.A.I. und C.). Es bleibt der Miteigentumserwerb kraft Gesetzes. Durch Einzahlung der Anlegermittel aufgrund des Geschäftsbesorgungsvertrags in eine Kasse entsteht trotz der Vermischung (§ 948) kein Miteigentum, weil sich die Einzahlungen zu verhältnismäßigen Kosten wieder trennen lassen. Geld ist im Zweifel Summen-, keine Sachschuld.[113] Die Einzahlung auf ein Konto des Verwalters (oder an seiner Stelle den Verwahrer) führt nur zur Ersetzung der eigenen Mittel durch einen Rückzahlungsanspruch gegen den Verwalter, bei Zahlung an den Verwahrer erlangt der Verwalter eine Forderung in Höhe des Einzahlungsbetrags gegen den Verwahrer. Zu einem anderen Ergebnis kommt es aber auch dann nicht, wenn die Anleger Finanzinstrumente oder Wertpapiere einlegen oder man analog zur Sammelverwahrung des DepotG unterstellt, der Verwalter würde von den Anlegermitteln die Anlagegegenstände erwerben und erst danach in den Fonds einlegen. Auch dann fehlt die tatsächliche Untrennbarkeit, weil die Einlieferung feststellbar und damit die Aussonderung nach Einfügung möglich bleibt.[114] Eine dem § 6 Abs. 1 DepotG entsprechende Anordnung, wonach es qua Gesetz zum Miteigentum kommt, fehlt gerade![115]

Auch durch die nun folgende Anlage der vermischten, aber trennbaren Mittel z.B. in einen einzigen großen Anlagegegenstand entsteht keine Gemeinschaft. Denn für die Anlage werden die eingebrachten Gegenstände nicht etwa nach § 948 BGB[116] vermischt, sondern sie werden – in diesem Moment sind sie noch trennbar – gegen die Anlagegegenstände oder ggf. auch nur einen einzigen Anlagegegenstand eingetauscht. Nach der Rechtsgeschäftslehre kommt es auch in dem Moment des Erwerbs nicht zur Rechtszuweisung von Miteigentum an die Anleger. Denn jedenfalls bei offenen und börsengehandelten Fonds wechseln die Anleger ständig. Der Verwalter kann nicht wissen, für welche Anleger er handelt. Nach der zutreffenden h.M. hilft das Geschäft für den, den es angeht,

---

[112] Bei Immobilienfonds z.B. auf den Zeitpunkt der Veräußerung der Immobilie.

[113] *L.Goldschmidt*, Handelsrecht, Band C, § 105, S. 1146.

[114] Vgl. *Boveri*, S. 33 ff.

[115] *Düringer/Hachenburg*, Nach § 424 HGB („Bankdepotgeschäft"), Anm. 7, begründen eine Miteigentümerstellung durch Vermischung im Effektendepot (obwohl nur eine Form Wertpapiere in Sammelverwahrung gegeben werden kann); auf dieser Grundlage für Fonds i.E. *Boveri*, S. 51 ff., 86 ff.

[116] Eine solche Vermischung führte zwingend zum Miteigentum; die Vorschrift ist nicht dispositiv, vgl. Bamberger/Roth/*Kindl*, § 948 Rn. 3,

allenfalls[117] über das fehlende Wissen der anderen Vertragsseite hinweg. Der Erwerber (= Verwalter) muss dagegen schon wissen, wem er Eigentum vermitteln will. Gekünstelt wirkt indes die Annahme, der Verwalter wolle allen Fondsanlegern zusammen jeweils Besitz und Eigentum an den Anlagegegenständen vermitteln. Im Fall der Anteilsübertragung müsste es dann konkludent zu einer Übertragung des Bruchteilseigentums an den jeweils eintretenden Anleger kommen; doch stellte sich dann die Frage, was im Fall des Widerspruchs des einzelnen Anlegers geschieht. Auch kann dies kein Bruchteilseigentum i.S.d. §§ 741 ff. BGB sein, weil dieses Recht an den einzelnen Gegenständen, nicht aber an Sachgesamtheiten entsteht. Dies alles zeigt, dass die „Miteigentumslösung" des KAGB jedenfalls nicht mit sachenrechtlichem Bruchteilseigentum gleichzusetzen, so auszulegen oder so abzubilden ist.[117a]

Die naheliegende Alternative eines Eigentumserwerbs *für den Fonds* scheitert nach h.M. an der fehlenden Rechtsfähigkeit des Sondervermögens als Archetyp der Kollektivanlage. Es ist somit davon auszugehen, dass der Verwalter zu Eigentum, aber für Rechnung der Gesamtheit der jeweils existierenden Anleger pro rata erwirbt. Entgegen der missverständlichen Bezeichnung in § 93 KAGB als Miteigentumslösung kommt es also nicht zu Miteigentum gem. §§ 741 ff. BGB – insbesondere das Recht auf Disposition über die Person des Verwalters ist ausgeschlossen –, sondern zu einer Rechtszuweisung eigener Art: Nach dem Idealvertrag sind die Anlagemittel und Vermögensgegenstände lediglich Berechnungsziffer für die Wertermittlung und Sicherungsmittel im Fall der Insolvenz des Verwalters.

Zu ganz ähnlichen Schlüssen kommen das französische und luxemburgische Recht.[118] Nach dem luxemburgischen Code Civil gilt der Verwalter eines fonds communs de placement (FCP) als vergüteter Repräsentant des einzelnen Anlegers. Eine Rechtsbeziehung der einzelnen Anleger unter- und zueinander entsteht aus der ungeteilten Verwaltung von Vermögensgegenständen durch den gleichen Verwalter nicht. Die maßgeblichen Spezialgesetze enthalten keinen Verweis auf die Bestimmungen des Code Civil zum Miteigentum. Art. L214–8 des französischen Code monétaire et financier (CMF) schließt die Anwendbarkeit des Code Civil zur *indivision* als ungeteilter Rechtsbeziehung zu *einem* Gegenstand ausdrücklich aus. Stattdessen statuiert Art. L214–8 CMF eine spezifische Form der Mitberechtigung (*copropriété*). Diese Mitberechtigung ist gläubigerähnlich von einer Vermögensbeteiligung pro rata und Insolvenzschutz

---

[117] Ein dingliches Geschäft für den, den es angeht, scheitert zudem nach der h.M. daran, dass der Erwerb der Anlagegegenstände ein solches von größeren und wertvolleren Gegenständen ist, vgl. OLG Stuttgart, NJW 1951, 445, 447; Bamberger/Roth/*Valenthin*, § 164 Rn. 30; MünchKomm-BGB/*Schramm*, § 164 Rn. 53.

[117a] Anders aber *Einsele*, AcP 214 (2014), 794, 811 ff., die trotz der Erkenntnis, der Anleger sei „materiell" nicht Miteigentümer (S. 816), die IPR-Grundsätze für Miteigentum an den einzelnen Vermögensgegenständen anwenden möchte (S. 812 ff.).

[118] *Kremer/Lebbe*, Rn. 2.128; *Viandier*, (1980) Revue societe, 249.

geprägt. Die Verwaltungsrechte an den Anlagegegenständen sind aber der Verwaltungsgesellschaft zugewiesen.[119] Die Anleger haben keinerlei Zugriff auf die Anlagegegenstände und können (z.B.) die Auflösung des Fonds auf keine Weise erwirken.[120] Die dogmatische Inkonsistenz wegen Unvereinbarkeit mit den Code Civil-Kategorien[121] hat die Nutzung des FCPs zu Anlagezwecken in Frankreich sogar über zwanzig Jahre verzögert.[122]

2. Gestaltungsalternativen

Lässt man mit Blick auf die offiziöse Bezeichnung in § 92 KAGB die dogmatische Inkonsistenz der Miteigentumslösung außer Acht, stehen für den Umgang mit den Anlegermitteln drei Alternativen zur Verfügung.

Erstens kann der Verwalter die Anlagegegenstände im Namen *aller* Anleger-Einzahler erwerben (*Ermächtigungstreuhand*), die Anleger werden Miteigentümer (§ 1008 BGB). Dann kann, was aus Sicht des Verwalters unerwünscht ist, jedenfalls der Aufhebungsanspruch bei Vorliegen eines wichtigen Grundes aus § 749 Abs. 2 BGB nicht abbedungen werden (§ 749 Abs. 3 BGB). Nicht einmal die Abfindung in Höhe des Wertanteils soll den Aufhebungsanspruch ausschließen.[123] Während die h.M. mangels Vertrauensverhältnis zwischen den Miteigentümern einen im Verhältnis zu der Aufhebung der Gesellschaft gem. § 723 BGB strengen Maßstab anlegt,[124] ist nach der Auffassung von *K. Schmidt* die Auslegung entlang der für § 314 BGB geltenden Grundsätze geboten.[125] Danach könnte ein unvorhergesehener Finanzbedarf eines Teilhabers ein wichtiger Grund sein. Versteht man die im Geschäftsbesorgungsvertrag enthaltene Verwalterbestellung als Verwaltungsregelung gem. § 745 Abs. 1 BGB, kann diese

---

[119] Art. L214-8-8 weist dem Verwalter die Vertretungs- und Klagebefugnis zu.

[120] Vgl. *Storck*, Fonds commun de placement, S. 511.

[121] Kritisch *Nizard*, Revue Banque, 2003, S. 76; für Einstufung als GmbH-Äquivalent *Chatain-Autajon*, S. 72; mit Blick auf die englischen Trusts für juristische Person *Lepaulle*, S. 31.

[122] Trotz Grundlagen im Decree von 1957 wurden die Ausführungsbestimmungen erst durch Loi 79–594 vom 13. Juli 1979 erlassen. Zuvor wurde im Jahr 1967 eine vergleichbare Berechtigungsform für Pensionsfonds eingeführt. Vgl. Dritter Teil, § 15.B.II.

[123] Staudinger/*Langhein*, § 749 Rn. 81.

[124] BGH, WM 1962, 464 (Verfeindung und dauerhafter Vertrauensbruch genügen zur Aufhebung hälftigen Miteigentums nicht; dauerhafter Nutzungsentzug kann genügen, i.E. aber mangels Vorwerfbarkeit abgelehnt); BGH, WM 1984, 873 (Miteigentum an Zweifamilienhaus; Aufhebung bejaht, weil Absprachen schlechthin nicht mehr möglich; unzumutbare Härte wegen Wertverlusts und einer Belastung mit Darlehensschuld verneint); BGH, NJW-RR 1995, 334 (Miteigentümer eines Grundstücks; Maßstab des § 723 BGB abgelehnt; gegenseitiger Vertrauensverlust nicht genügend, weil Nutzungsabgrenzung so, dass jeder Teil über alleiniges Nutzungsrecht verfügt, zudem ist Zerwürfnis dem Kläger vorwerfbar, in diesem Fall unzumutbare Härte zu berücksichtigen). I.E. ebenso Erman/*Aderhold*, § 749 Rn. 36; Bamberger/Roth/*Gehrlein*, § 749 Rn. 7.

[125] MünchKomm-BGB/*K. Schmidt* § 749 Rn. 10 (allgemeine Grundsätze für Dauerschuldverhältnisse); dagegen Staudinger/*Langhein*, § 749 Rn. 79.

bei unveränderter Sachlage jedenfalls einstimmig, bei veränderter Sachlage auch durch Mehrheitsbeschluss wieder aufgehoben werden.[126] Diese Unsicherheiten nimmt ein Verwalter wegen seiner erheblichen Anfangsinvestitionen ungern in Kauf. Sie sind mit der Idealanlage als für beide Seiten möglichst optimaler Gestaltung unvereinbar.

Zweitens kann der Verwalter die Anlagegegenstände im eigenen Namen erwerben und den Anlegern einen Anspruch in Höhe des Wertes der von ihnen eingezahlten Mittel einräumen (*Vollrechtstreuhand*). Dann tragen die Anleger ein erhöhtes Risiko einer ungetreuen Verwaltung und zudem das Insolvenzrisiko des Verwalters: Es ist zweifelhaft, ob die Quasi-Treuhand in der Insolvenz des Verwalters Anerkennung findet. Nach der herrschenden Auffassung sind die Ansprüche des Treugebers gegen den Treuhänder schuldrechtlicher Natur.[127] Die Aussonderung und Drittwiderspruchsbefugnis des Treugebers gem. §§ 47 InsO, 771 ZPO ist nach der Rechtsprechung bislang nur in zwei Fällen gesichert: Erstens, wenn der Erwerb von Dritten durch den Treuhänder im Rahmen eines offenkundigen uneigennützigen (Verwaltungs-)Treuhandverhältnisses in Ausübung der Treuhandtätigkeit gewollt ist,[128] und, zweitens, wenn der Gegenstand aus dem Besitz des Treugebers in den des Treuhänders gelangt und insofern dem Treuhänder anvertraut ist (sog. Unmittelbarkeitsgrundsatz oder Übertragungstreuhand).[129] In beiden Fällen muss das Treugut vom Eigengut getrennt gehalten werden. Im Übrigen – und insbesondere für die hier einschlägige Erwerbstreuhand[130] – sind die Treugeberrechte umstritten.

---

[126] BGH, NJW 1961, 1299, 1300 f.; großzügiger MünchKomm-BGB/*K. Schmidt*, § 745 Rn. 18, 35, wonach sogar ein einzelner Teilhaber bei geänderten Verhältnissen die Abänderung der Verwaltungsregelung verlangen kann; ähnlich Staudinger/*Langhein*, § 745 Rn. 30 ff. („i.d.R., aber Differenzierung nach Tragweite der Bindungswirkung").

[127] Beeindruckender Überblick bei *Löhnig*, Treuhand, S. 46 ff.; keine Festlegung auf eine schuldrechtliche Beziehung zwischen Treugeber und dem Treuhänder als sachenrechtlichen Eigentümer ist mit der von *Grundmann*, Treuhandvertrag, S. 82 f. und *Löhnig*, Treuhand, S. 160 f. vertretenen Binnen-Treuhandlehre verbunden. Danach genügt jede Pflicht zur Interessenwahrung (*Grundmann*) bzw. jede Einwirkungsmacht auf die Interessen des Treugebers (*Löhnig*). Für Verdinglichung insbesondere *Canaris*, FS Flume I, S. 410 ff.; *Siebert*, Treuhand, S. 196 ff. Für gesamthänderische Bindung als Folge der gesellschaftsrechtlichen Konstruktion *Geibel*, Treuhand, S. 173 ff.

[128] BGHZ 61, 72 Rn. 25; BGH, WM 1996, 662 Rn. 5; BGHZ 155, 227 Rn. 14, 19 f. (im konkreten Fall aber abgelehnt). Für Anderkonto bereits vorher BGH, NJW 1954, 190 (soweit in BGHZ 11, 37 nicht abgedruckt). Theoretische Grundlegung bei *Canaris*, FS Flume I, S. 413 („Soweit Offenkundigkeit gewährleistet ist, kommt es auf Unmittelbarkeit nicht an." Mit Differenzierung im Weiteren zwischen Liegenschafts- und Fahrnisrecht, wo das Gewerbe/ der Beruf des Treuhänders maßgeblich sein soll).

[129] St. Rspr., z.B. RGZ 84, 214, 217 (bei Verzicht auf Unmittelbarkeitserfordernis würde Treuhandbegriff „ins Unbestimmte zerfließen"); BGH, NJW 1959, 1223, 1225; BGHZ 155, 227 Rn. 14; näher *Löhnig*, Treuhand, S. 84 ff.

[130] Gegen Aussonderungsbefugnis und Drittwiderspruchsbefugnis des Treugebers im Fall der Erwerbstreuhand RGZ 91, 12, 15 f.; dazu *Geibel*, Treuhand, S. 199 (Kriterium, ob Erwerb „für die Gesellschaft" gem. § 718 Abs. 1, 2. Alt. BGB erfolgt ist); *Kötz*, Treuhand, S. 129 bis

Gesichert scheint lediglich, dass auf ausschließlich zu Treuhandzwecken genutzte Konten überwiesene Mittel vor deren zweckentsprechender Nutzung zum Erwerb von Anlagegegenständen auszusondern sind,[131] und zwar auch, wenn mehrere Treugeber auf das Konto eingezahlt haben.[132] Allein maßgeblich soll dafür die Beschränkung der Rechtsmacht des Verwaltungstreuhänders im Innenverhältnis durch Bindung an die Weisungen des Treugebers sein. Auf die Offenkundigkeit des Treuhandverhältnisses oder den Unmittelbarkeitsgrundsatz soll es nicht ankommen.[133] Der Aussonderungsanspruch soll jedoch entfallen, wenn der Kontotreuhänder den Kontenbestand nicht mehr für die Treugeber halten möchte.[134] Solche Unsicherheiten nehmen Anleger ungern hin.

Die offensichtlichen Schwächen von Ermächtigungs- und Vollrechtstreuhand weisen auf den nach dem Idealvertrag gewünschten dritten Weg, der das Verwalterrisiko durch Einschaltung des Verwahrers reduziert und, sofern der Verwahrer zugleich Zahlstelle sein soll, das Insolvenzrisiko des Verwalters durch das des Verwahrers substituiert. Das zuvor auf der Grundlage einer Strukturbetrachtung nachgewiesene Anlagedreieck ist also Bestandteil des Idealvertrags. Die Substitution des Insolvenzrisikos des Verwalters mit dem des Verwahrers lohnt sich freilich nur, wenn 1) der Verwahrer alle Vermögensgegenstände verwahren kann, 2) der Verwahrer weniger insolvenzanfällig als der Verwalter ist, und 3) bei Vollstreckung in das Vermögen des Verwahrers die Aussonderung unzweifelhaft gelingt. Die Voraussetzungen sind bei Banken und Wertpapierdienstleistungsunternehmen gegeben: Die „Verwahrung" insbesondere von Rechten ist als Teil des Depotgeschäfts gem. § 1 Abs. 1 S. 2 Nr. 5 KWG zulässig, Mindestkapitalausstattung und Aufsicht reduzieren die Insolvenzanfälligkeit der Verwahrstelle. Das Verwahrgeschäft ist immer Verwahrung *für andere*, nämlich den Hinterleger/Depotinhaber. Damit ist im Regelfall für den Rechtsverkehr offenkundig, dass ein Treuhandverhältnis besteht, so dass es nach der BGH-Rechtsprechung[135] nicht mehr auf die Unmittelbarkeit der Vermögens-

---

136 (gegen Unmittelbarkeitsprinzip, aber für Interventionsrechte des Treugebers); *Löhnig*, Treuhand, S. 807 ff. (aufgrund Sondervermögens, dessen Träger der Treuhänder sei); *Bitter*, Treuhand, S. 298 f. (auf Treuhand kommissionsrechtliche Vorschrift des § 392 Abs. 2 HGB analog anwendbar).

[131] BGH, NJW 1954, 190, 191 (nicht abgedruckt in BGHZ 11, 37) zum Treuhandgiro-Ander-Kontenvertrag; BGH, NJW 1959, 1223, 1225 (Sonderkonto eines Vereinskassenwarts genügte für Widerspruch nach § 771 ZPO); BGH, NJW 1971, 559, 560 Rn. 12 (aber abgelehnt, weil Rechtsanwalt das Konto als Privatkonto genutzt hat, dazu Rn. 10: Nicht jedes Geschäftsbesorgungs- ist ein Treuhandverhältnis); aber verneint bei nicht offenkundiger Eigenschaft als Treuhandkonto von BGH, WM 1993, 83, 84 Rn. 11 f. (unter Bestätigung der vorhergehenden Rechtsprechung).

[132] BGH, NJW-RR 2003, 1375, 1376 Rn. 10 (aber im konkreten Fall abgelehnt, weil Treu- und Eigengut auf einem Konto vermischt waren); BGH, ZIP 2005, 1465, 1466 Rn. 10 (Zahlungen nach Beendigung des Treuhandvertrags); *Lange*, NJW 2007, 2514 f.

[133] BGH, WM 1996, 662 Rn. 11 f.; kritisch *Geibel*, Treuhand, S. 11.

[134] BGH, NJW 1959, 1223, 1225.

[135] BGH, WM 1973, 895.

verschiebung ankommt. Der Depotinhaber ist als Eigentümer der in Verwahrung befindlichen Papiere in der Insolvenz der Verwahrstelle aussonderungsberechtigt (§ 47 InsO) und in der Zwangsvollstreckung drittwiderspruchsbefugt (§ 771 ZPO). Der Behauptung der *Verwahrstelle*, es handele sich um Eigen- statt Fremdbestände, steht die Pflicht zur Führung eines Verwahrungsbuches gem. § 14 DepotG entgegen. Die dortigen Eintragungen erzeugen eine Privaturkunde gem. § 416 ZPO, die vom Gericht gem. § 286 ZPO frei zu würdigen ist.[136] Bei anderen als Finanzdienstleistern sind diese Voraussetzungen keineswegs gesichert. So beschränkt sich die BGB-Verwahrung nach § 688 BGB auf bewegliche Sachen; § 691 BGB schließt die Drittverwahrung aus, so dass eine z.b. im Ausland belegene Sache (Rohstoffe) nicht mittels Drittverwahrung gesichert werden kann. Auch dürfte die Offenkundigkeit der Treuhand jeweils im Einzelfall zu beweisen sein. Infolgedessen beinhaltet die „Verwahrerstellung" entgegen ihrem Wortsinn häufig nur eine Kontrolleurstellung. Der Verwahrer der Anlagegegenstände ist dann Bewahrer der Anlegerinteressen.

Im Fall des Zweiterwerbs der Fondsanteile kommt es in Erfüllung des Rechtskaufs (§ 453 BGB) zur Abtretung der Ansprüche des Erst-Anlegers aus dem Anlagevertrag an den Erwerber. Ein Abtretungsverbot gem. § 399 BGB wird regelmäßig nicht vereinbart sein, weil es für den Verwalter grundsätzlich irrelevant ist, wem gegenüber er die Verwaltung erbringt. Mit der Abtretung rückt der Erwerber in die Stellung des Veräußerers ein. Ist über die Beteiligung eine Beweisurkunde ausgestellt („Fondszertifikat"), ist dieses Zertifikat Urkunde i.S.v. § 405 BGB. Möchte der Verwalter vollständige Anteilsfungibilität, kann er die Hauptpflicht durch Schuldverschreibung auf den Inhaber (§ 793 BGB) anonymisieren.

3. Investment-Sondervermögen als Prototyp

Die Struktur des idealen Anlagevertrags bestätigt sich mit Blick auf die gesetzliche Ausgestaltung der Investment-Sondervermögen gemäß §§ 92 ff. KAGB. Die Vorschriften sollen die vertragliche Organisation von Kollektivanlagen erleichtern, das KAGB sucht den Idealvertrag abzubilden. Nach h.M. ist der Investmentvertrag des KAGB zwischen einzelnem Anleger und KVG ein Geschäftsbesorgungsvertrag mit Dienstcharakter.[137] Diese Einordnung ist ange-

---

[136] Vergleichbare Sicherungen sieht das DepotG für andere Verwahrgegenstände als Sachen sowie die Drittverwahrung vor. So hat der Depotinhaber im Zusammenhang mit noch nicht ausgeführten Geschäften aus Einkaufskommission den Insolvenzvorrang aus § 32 DepotG. Der Insolvenzschutz erstreckt sich durch die unwiderlegliche Fremdvermutung gem. § 4 Abs. 1 DepotG, die den gutgläubigen Eigentumserwerb des Drittverwahrers ausschließt, auch auf die Verwahrung durch Dritte anstelle der Depotbank (allerdings nicht bei Drittverwahrung im Ausland). Vgl. z.B. zur Wertrecht-Gutschriften *Gößmann* in Bankrechtshandbuch, § 72 Rn. 149.

[137] Assmann/Schütze/*Eckhold/Balzer*, § 22 Rn. 81; Beckmann/*Beckmann*, § 43 Rn. 4; Berger/*Schmitz*, § 43 Rn. 6 f.; Brinkhaus/*Schödermeier/Baltzer*, § 15 Rn. 8; *Canaris*, Bankver-

sichts der erkannten Entpersonalisierung des Vertragsverhältnisses,[138] der antagonistischen Rollenverteilung zwischen Anleger und KVG und mangels Weisungsrecht der Anleger nicht akkurat. Es handelt sich um ein Schuldverhältnis sui generis mit Elementen der Geschäftsbesorgung, also eine Quasi-Geschäftsbesorgung.[139]

Von den Imponderabilien der Treuhanddogmatik werden die Anleger durch die Vorschrift des § 93 Abs. 2 S. 1 KAGB befreit, wonach das Sondervermögen nicht für Verbindlichkeiten der KVG haftet. Die aus der Vertragslogik entwickelte Dreiecksgestaltung wird durch Einbindung der kraft gesetzlicher Mindestanforderungen, einem beschränkten Geschäftsgegenstand sowie Zulassung und Aufsicht vertrauenswürdigen Verwahrstelle erreicht ("Investmentdreieck").

Dies alles erfolgt, ohne *die Anleger* in einer Sonderrechtsbeziehung miteinander zu verknüpfen. Abzulehnen sind sowohl die h.M., wonach die Anleger eine (schuldrechtliche) Bruchteilsgemeinschaft bilden,[140] als auch die Gegenauffassung, wonach das Vermögen mangels Verfügungsberechtigung der Anleger über ihren Anteil an den einzelnen Gegenständen ein solches zur gesamten Hand sein soll.[141] Auf der Grundlage von *Schnorrs* dinglicher Gemeinschafts-

---

tragsrecht, Rn. 2352; *Ebner von Eschenbach*, S. 92; *Gläbe*, S. 136; *Klenk*, Investmentanteil, S. 12; *Mauser*, Anlegerschutzlücken, S. 69; *Ohl*, Rechtsbeziehungen, S. 45 f.; *G.Reuter*, Investmentfonds, S. 109; *Schäcker*, Investmentsparen, S. 57; *Seegebarth*, Depotbank, S. 22; *v. Berge und Herrendorff*, S. 83; leichte Abweichung bei *Reiss*, Pflichten, S. 95 (Beteiligungs- und Geschäftsbesorgungsvertrag); *Gschoßmann*, Grundlagen, S. 125, 167 sieht nur einen Beteiligungsvertrag des Anlegers am Sondervermögen; die Geschäftsbesorgungselemente seien Rechtsfolge eines gesetzlichen Schuldverhältnisses kraft des Beteiligungsvertrags nach Maßgabe des KAGB (vormals InvG). A.A. Emde/*Rozok*, § 43 Rn. 14 ff.; s.a. Weitnauer/*Rozok*, § 162 Rn. 2b (Rechtsnatur bedeutungslos).
[138] Die Anonymität der Leistung bestätigt die Regelung des § 95 KAGB. Danach sind die "Anteile an Sondervermögen" auf den Inhaber oder Namen zu verbriefen. Der jeweilige Inhaber bzw. namentlich Berechtigte rückt in die Stellung des Vertragsgläubigers ein. Regelmäßig kümmert es den Geschäftsbesorger nicht, wer die Anteile innehat; deshalb sind Verbriefungen auf den Inhaber die Regel (Beckmann/*Beckmann*, § 33 Rn. 4; Berger/*Schmitz*, § 33 Rn. 11). Bei Anteilsübertragung (Fall des Zweiterwerbs) knüpft die Verpflichtung an den Besitz des Anteilsscheins (§ 793 Abs. 1 S. 1 BGB); diesen bildet die Buchung auf dem Depot des Anlegers ab.
[139] I.E. ebenso *Köndgen/Schmies* in Bankrechts-Handbuch, § 113 Rn. 115 wegen Fehlens des Weisungsrechts.
[140] Baur/Tappen/*Lichtenstein*, § 92 Rn. 22; Brinkhaus/*Zeller*, § 6 Rn. 7; *R.F.Goldschmidt*, Investment Trusts, S. 53; *Löhnig*, Treuhand, S. 294; *G.Reuter*, Investmentfonds, S. 126; *G. Roth*, Treuhandmodell, S. 116; *Schäcker*, Investmentsparen, S. 126; MünchKomm-BGB/*K. Schmidt*, § 741 Rn. 50; für die Schweiz *Boveri*, S. 22; dagegen *Barocka*, Investment-Sparen, S. 68; *Gericke*, DB 1959, 1276; *Klenk*, Investmentanteil, S. 10 (atypische Bruchteilsgemeinschaft mit Nähe zur Gesamthand); Berger/*Schmitz*, Vor §§ 30–45 Rn. 24 ff. (der in Rn. 29 für schlichte Rechtsgemeinschaft eigener Art zwischen Bruchteils- und Gesamthandsgemeinschaft eintritt).
[141] *Schulze-Osterloh*, Gesamthänderische Bindung, S. 144 f.; *Canaris*, Bankvertragsrecht, Rn. 2397.

theorie handelt es sich jedenfalls nicht um den „Archetyp", weil die Vorschriften der §§ 741 ff. BGB modifiziert sind. Dies liegt zwar nicht an der typischerweise Vielzahl an Anlagegegenständen.[142] Aber, wie vorstehend gezeigt, möchte der Verwalter eine Bruchteilsgemeinschaft unbedingt vermeiden, weil das dort gesetzlich gewährte gemeinschaftliche Recht zur Aufhebung von Verwaltung und Gemeinschaft eine Mitwirkung aller Gemeinschafter bei Verfügungen mit sich bringt.[143] Diesem Petitum trägt § 99 KAGB Rechnung: § 99 Abs. 3 und 4 KAGB beschränken den Verlust des Verwaltungsrechts auf die Insolvenz, die Zwangsauflösung und den Verlust der Verfügungsbefugnis der KVG. § 99 Abs. 5 KAGB schließt das Recht des einzelnen Anlegers auf Aufhebung der in Ansehung des Sondervermögens bestehenden Gemeinschaft aus. Nach der h.M. ist dieser Ausschluss endgültig und kann auch nicht durch einstimmigen Beschluss aller Anleger beseitigt werden.[144] Dass kein Bruchteilseigentum gemeint ist, zeigt sich insbesondere in der Insolvenz des Verwalters: Rechtsfolge der h.M. müsste ein Aussonderungsanspruch gem. §§ 47 ff. InsO sein. § 100 KAGB verpflichtet die Verwahrstelle indes zur Verwertung für Rechnung und Erlösauskehr an die Anleger. Diese Regelung bestätigt einerseits, dass die Anleger selbst in der Insolvenz miteinander nichts zu tun haben wollen (und sollen), andererseits etabliert das Gesetz eine Regelung, die funktional einer abgesonderten Befriedigung gem. §§ 50, 51 Nr. 1 InsO, nicht aber einer Aussonderung gleicht. Gleich einer Sicherungsübereignung an einer Sachgesamtheit besichert das „Sondervermögen" nur die schuldrechtlichen Anlegeransprüche gegen den Verwalter zur Rückgabe des zur Ausführung des Auftrags Erlangten (§ 667 BGB).

Eine Ableitung von Rechtsfolgen aus der Gesamthandseigenschaft ist angesichts der Vielgestaltigkeit der Gesamthandsformen per se nicht aussichtsreich. Ein Verweis auf die Gesamthand ersetzt die Betrachtung der sachen- und schuldrechtlichen Dispositionen folglich nicht.[145] Dennoch mag auch der Gegenauffassung ein kurzer Blick gewidmet sein. Wenn *Canaris* und *Schulze-Osterloh* aufgrund des Verlusts der Verfügungsbefugnis über den Anteil *am einzelnen Gegenstand* gem. § 747 S. 1 BGB und mangels Anordnung der Bruchteilsgemeinschaft analog § 6 S. 1 DepotG die Anlegergesamtheit für eine Gesamthand halten, so sind dies zwar stichhaltige Argumente gegen das Vorliegen einer Bruchteilsgemeinschaft, aber nicht *für* die Gesamthand. Aus dem Gesamthandsbestand wird die genehme Rechtsfolge der §§ 718, 719 BGB herausgegrif-

---

[142] Für Zulässigkeit einheitlicher Gemeinschaften an Sach- und Rechtsgesamtheiten überzeugend *Madaus*, AcP 212 (102) 251, 290.

[143] Vgl. *Madaus*, ZHR 178 (2014), 106.

[144] Vgl. *Canaris*, Bankvertragsrecht, Rn. 2396; Brinkhaus/*Schödermeier/Baltzer*, § 10 Rn. 14; *Ebner von Eschenbach*, S. 62; *Graulich*, Sondervermögen, S. 65 ff.; *G. Roth*, Treuhandmodell, S. 147; *Wendt*, Treuhandverhältnisse, S. 147 f.; a.A. *v. Pannwitz*, Verfügungsmacht, S. 12; *Reiss*, Pflichten, S. 87 ff.; *Emde/Gutsche*, § 39 Rn. 34.

[145] Zutr. *Wiedemann*, GesR I, § 5.I., S. 247 f.

fen. Dass eine Gesamthand als „mitgliedschaftsbezogene Sondervermögensorganisation" (*Wiedemann*) strukturelle Parallelen zur treuhänderischen Sondervermögensorganisation aufweist, ist keine neue Erkenntnis.[146] Über diese strukturellen Parallelen hinaus ist jedoch wenig zu konstatieren: Bereits der Entstehungsgrund der Gesamthand ist unklar, will der einzelne Anleger mit den übrigen Anlegern doch so wenig wie möglich zu tun haben. Die dem Gesetz nach um die Rechtsfolge der §§ 718, 719 BGB herum gebildete Organisation weist mit Fremdorganschaft, auf den Anlagebetrag begrenzter Haftung, Anteil pro rata und Anteilsfungibilität deutlich weniger gesamthänderische als korporative Züge auf.[147] *Jacobys* Erkenntnis, wonach die „sondervermögensspezifische Wirkung, dass nicht die gemeinschaftlichen Rechtsinhaber, sondern ein besonderer Funktionsträger die Rechte geltend machen kann," nicht „auf einer gesamthänderischen Bindung der Anteilsinhaber untereinander, sondern auf der Rechtsstellung jedes einzelnen Anteilsinhabers zu der KVG als Treuhänder"[148] beruht, ist nichts hinzuzufügen.

Ebenso wie der Geschäftsbesorgungsvertrag nur ein solcher sui generis ist, handelt es sich trotz der missverständlichen Terminologie des Gesetzes[149] bestenfalls um eine Gemeinschaft oder Gesamthand *sui generis*.[150] Mit solchen Unschärfen ist nichts gewonnen. Letztlich ist eine Abkehr von den BGB-Kategorien im Sinne einer „quantitativen Aufspaltung des Eigentums"[151] zu konstatieren. Diese Aufspaltung ist für unsere Rechtsordnung außergewöhnlich. Sie führt zu einer Verdinglichung[152] der Anlegerposition im Verhältnis zum Verwalter: Zwar steht dem Verwalter als formalem Eigentümer Klageschutz (mit korrespondierenden Herausgabe-, Beseitigungs- und Unterlassungs- sowie Deliktansprüchen) sowie Verfügungs-, Insolvenz- und Zwangsvollstreckungsschutz in Bezug auf die Anlagegegenstände zu. Aber dem Anleger werden Rechte in einem Umfang zugewiesen, der ihn *im Verhältnis zum formalen Eigentümer* (Verwalter) gleichsam als Eigentümer erscheinen lässt, weil ihm *insoweit* alle Rechtskategorien eines Eigentümers zustehen. So sind Beseitigungs-,

---

[146] Vgl. *Wiedemann*, GesR I, § 5 I 2, S. 248 f. (zum Verhältnis von Gesamthand und Konkursverwalter bzw. Testamentsvollstrecker).

[147] Zu diesem Gegensatz *Wiedemann*, GesR II, § 1 I 1 b), S. 7 f.

[148] *Jacoby*, S. 39.

[149] Z.B. § 92 Abs. 1, 2. Alt. KAGB („Miteigentum der Anleger"); § 99 Abs. 5 KAGB („Gemeinschaft der Anleger).

[150] Berger/*Schmitz*, Vor §§ 30–45 Rn. 24 ff., 29; *Gericke*, DB 1959, 1276 (jeweils Rechtsgemeinschaft eigener Art mit Bruchteils- und Gesamthandselementen). *Klenk*, Investmentanteil, S. 9 f. sieht eine atypische Bruchteilsgemeinschaft mit Nähe zur Gesamthand, weil die Anleger nicht über ihren Anteil an den Gegenständen des Sondervermögens verfügen können, sondern nur über ihren Anteil im Ganzen, gleichzeitig aber jedem Einzelnen die Rechte gegenüber KVG und Verwahrstelle zustehen.

[151] *G.Roth*, Treuhandmodell, S. 145 ff., 149 f.; dagegen *Canaris*, Bankvertragsrecht, Rn. 2396, der selbst aber einen Grenzfall konzediert.

[152] Vgl. zu den Voraussetzungen einer Verdinglichung *Canaris*, FS Flume I, S. 372, 373 ff.

Unterlassungs- und Deliktansprüche gegen den Verwalter aus §§ 78, 89 KAGB abzuleiten; Verfügungsschutz gewähren das Aufrechnungsverbot gem. § 93 Abs. 6 S. 1 KAGB, der Surrogatanspruch aus § 92 Abs. 2 KABG sowie die Begrenzung des Aufwendungsersatzes auf pflichtgemäße Aufwendungen; Insolvenz- und Zwangsvollstreckungsschutz folgen aus dem Trennungsgebot (§ 92 Abs. 1 S. 2 KAGB), der Begrenzung auf Fondsverbindlichkeiten (§ 93 Abs. 2 KAGB), dem Belastungsverbot (§ 93 Abs. 5 KAGB) und der Bestimmung des § 99 Abs. 3 S. 2 KAGB, wonach die Sondervermögen nicht zur Insolvenzmasse der KVG gehören. Selbst ein Abwehranspruch gegen Dritte lässt sich konstruieren, wenn man mit *Canaris* § 869 BGB analog auf alle Treuhandbeziehungen anwendet.[153] Die Rechtsstellung des Anlegers ist jedenfalls deutlich komfortabler als die eines Kommittenten oder Vertragstreuhänders.

Die investmentrechtlichen Regelungen verteilen das Eigentum in eigener Weise auf zwei Rechtsträger, die den sachenrechtlichen Numerus Clausus um eine Variante erweitern. Vor dem Inkrafttreten des KAGG und entsprechender Regelungen im Schweizer Recht unternommene Bemühungen, dieses Verhältnis zwischen obligatorischen und dinglichen Rechten anzusiedeln,[154] sind entbehrlich geworden. Weder KVG noch Anleger besitzen ein qualifiziertes Übergewicht an Rechtszuständigkeit, das eine Klassifizierung als Eigentum mit seinen korrespondierenden Befugnissen zur Ausschließung anderer (§ 903 BGB) und Verfügung erlaubt. Im Ergebnis nähert man sich *Schultze*s germanistischen, aus langobardischen Erbfolgeregelungen abgeleitetem Treuhandkonzept[155] und *Asmus'* Lehre der BGB-Treuhand als von den kausalen Rechtsbeziehungen der Parteien geprägtem, relativen Eigentum.[156] Gleichzeitig bewegt man sich in Richtung der angloamerikanischen Trust-Dogmatik, die sowohl dem Trustee, als auch den Begünstigten Rechtsinhaberschaft (*property*) an den ungeteilten Anlagegegenständen zuweist,[157] während gleichzeitig den Regelungen im Trust Deed zum Innenverhältnis Außenwirkung im Verhältnis zu Dritten zukommt.[158] Zu ganz ähnlichen Schlüssen kommen das luxemburgische und fran-

---

[153] *Canaris*, FS Flume I, S. 372, 422 f.

[154] Vgl. die „Besitztreuhandschaft" nach *Siebert*, Treuhand, S. 366 (für Deutschland); *Boveri*, S. 100 (für die Schweiz) leitet entsprechende Rechtsfolgen aus einer Anwendung der Regelungen zum Sammeldepot ab, wofür sie mangels einer Vorschrift entsprechend § 6 Abs. 1 DepotG auf vertragliche Dispositionen rekurriert.

[155] Vgl. *Schultze*, Treuhand, S. 64 ff., 76 ff.: resolutiv bedingtes Eigentum des Treuhänders in dinglicher Beschränkung. Übertragung in den BGB-Kontext dann bei *Schultze*, Iher Jb. 43 (1901) S. 32 ff. Dazu *Coing*, Treuhand, S. 49 f.; *Asmus*, Treuhand, S. 44, f. 202 ff.

[156] *Asmus*, Treuhand, S. 320 ff.

[157] Für australische Unit Trusts *Costa & Duppe Properties Pty Ltd v Duppe* [1986] V.R. 90, 95 (unit-holders together have proprietary interest); *Octavo Investments Pty Ltd v Knight* (1979) 144 C.L.R. 360, 27. A.L.R. 129 (beneficiaries *and* trustee have beneficial interests); *Spavold* (1991) 3 Bond L. Rev. 249, 258 ff.; für England *Nolan*, (2004) 120 L.Q.R. 108, 116 f.; für USA *Hansmann/Mattei*, (1998) 73 N.Y.U.L. Rev. 434, 440.

[158] *Nolan*, (2004) 120 L.Q.R. 108, 136. Einer Personifizierung des Fonds durch Zuweisung

zösische Recht. Zwar zieht das Schrifttum[159] – ähnlich wie hierzulande – Parallelen zum Bruchteilseigentum an Vermögensgesamtheiten, insbesondere an Gebäuden oder ungeteilten Hinterlassenschaften.[160] Nach h.L. handelt es sich jedoch um eine Rechtsbeziehung eigener Art an der Schnittstelle zwischen traditionellem Sachenrecht und zweckspezifisch geschaffenem Sonderrecht.[161] Die Bezeichnung als *patrimoine d'affectation* lässt sich wohl am besten als Zweck- oder Sondervermögen übersetzen.[162] Auch aus rechtsvergleichender Sicht schließt sich der Kreis.

Von Interesse sind die Konsequenzen dieser Einordnung als „Nicht-" oder „Doppel-Eigentum" in Zwangsvollstreckung und Insolvenz. Daraus folgt ein unüberwindbares Vollstreckungshindernis *in Bezug auf die Anlagegegenstände*. Entweder hat der Schuldner (Verwalter oder Anleger) kein Eigentum, oder der jeweils andere Berechtigte kann immer sein Eigentum gegen den Vollstreckungs- oder Insolvenzbeschlag des Gläubigers des einen Berechtigten einwenden. In beiden Fällen ist der Bestand der Gesamtheit der Anlagegegenstände gesichert. Die Vollstreckung muss sich auf den anteiligen Wert beschränken. Die Rechtsstellung der Anleger, gleich ob eigentums- oder treuhandrechtlich begründet, ist zu einem „Wertsubstanzrecht ohne Herrschaftscharakter denaturiert".[163]

II. Gesellschaft

Angesichts der Interpretation von Gesellschaften als spezifische Vertragsnetzwerke[164] und der im Personengesellschaftsrecht weitreichenden Vertragsfreiheit[165] ist die hier entwickelte Vertragsanalogie als Leitbild der Idealanlage keine grundsätzliche Herausforderung für das Gesellschaftsrecht. Um den Vorwurf der Institutionenmischung zu entkräften, gilt es jedoch, die vertragsrechtlichen Wertungen im konkreten Fall zu verorten.

---

eigener Rechte und Pflichten, die zur Teilrechtsfähigkeit des Sondervermögens führt, steht man indes reserviert gegenüber.

[159] Vgl. *Chartier*, Les nouveaux FCP, Rn. 26–28; *Delvaux*, (1961) XVII Pas lux 54, 59; zur unklaren Eigentumszuordnung bei der ScSp regt *Boyer/Schleimer*, S. 9, 20, 23 f. eine Lösung zwischen Trust und copropriété an.

[160] Letztere sind nach deutschem Recht Gemeinschaft oder Gesamthand.

[161] Für Luxemburg *Kremer/Lebbe*, Rn. 2.114; *A. Viandier*, (1980) Rev. soc. 249; *Chartier*, Les nouveaux FCP, Rn. 35; für Frankreich *Bonneau*, S. 1; mit Blick auf die britischen Trusts bereits früher *Lepaulle*, S. 31.

[162] Der Code Civil regelt die patrimoine d'affectation nur partiell, z.B. für Stiftungen (seit Loi 87–571 vom 23. Juli 1987).

[163] *Zöllner*, Wertpapierrecht, § 30 III 1 a.E.

[164] Oben § 22.

[165] Vgl. zur Vertragsfreiheit als Erfolgsfaktor der Limited Partnership in den USA und England *Haar*, FS Emeritierung Hopt, S. 144 ff., 160 ff.; *McCahery/Vermeulen*, Limited Partnership Reform in the UK (2004).

1. Quasi-Gesellschaft

Möchten die Gesellschafter keinen gemeinsamen Zweck verfolgen, handelt es sich mangels die Gründung einer Gesellschaft tragender Willenserklärungen um eine Quasi-Gesellschaft, auf die Gesellschaftsrecht als Ersatzorganisationsrecht allenfalls teilweise Anwendung findet.[166] Die Eintragung in das Handelsregister überwindet nicht den entgegenstehenden Willen der „Aktionäre" oder „Kommanditisten", mangels gemeinsamen Zwecks keine AG oder KG gründen zu wollen. Mit der Eintragung geht keine Formenwandlung einher. Ebenso wie es einem „Akt an Zauberei" gleichkommt, „sollte die Eintragung einen individualistischen Zusammenschluss zu einem körperschaftlichen werden lassen",[167] verwandelt sich ein Vertragsnetz durch Eintragung nicht in eine Gesellschaft. Eine Umdeutung gem. § 140 BGB der auf Errichtung einer Anlageorganisation lautenden in eine gesellschaftstragende Erklärung ist ausgeschlossen, weil kein Teilgeschäft nichtig ist (die auf Errichtung der Anlageorganisation lautende Erklärung ist wirksam). Umgekehrt trifft es zu: Die formell gesellschaftstragende ist als die Anlageorganisation konstituierende Erklärung auszulegen. Auch liegt kein Scheingeschäft i.S.v. § 117 BGB vor, weil die Erklärung ernsthaft und ohne Willensmängel, lediglich mit einem anderen Erklärungsgehalt abgegeben wird. Des Weiteren besteht kein Irrtum, wenn Verwalter und Anleger Erklärungen zur Errichtung einer Anlageorganisation abgeben.

Schließlich handelt es sich nicht um eine fehlerhafte Gesellschaft (i.e.S.):[168] Die Nutzung gesellschaftsrechtlicher Formen und Regeln ist von den Beteiligten gewünscht, obwohl die Anleger keinen gemeinsamen Gesellschaftszweck verfolgen möchten. Weder die Anfechtbarkeit der Gründungserklärungen, noch Formmangel oder Inkongruenz der Willenserklärung ist gegeben, so dass die Anwendung der Lehre von der fehlerhaften Gesellschaft (in Reinform) scheitert. Der im Rahmen von Gesellschaftsverhältnissen allgemein zurückhaltend anzuwendende[169] § 139 BGB greift ebenfalls nicht, erneut weil kein Teilgeschäft nichtig ist. Mit Blick auf den Rechtsgedanken des § 814 BGB (Kenntnis der Nichtschuld) unbillig ist auch die gemeinhin an die Fehlerhaftigkeit geknüpfte Rechtsfolge eines Ausscheidensrechts ex nunc oder sogar eine Auflösung der Kollektivanlage. Allen Beteiligten ist die Fehlerhaftigkeit bekannt. Sie wollen diese sogar, weil die nach den Regeln der Idealanlage modifizierte Gesellschaft die beste Form für die rechtliche Abbildung des gemeinsamen Willens von Anlegern und Initiator ist.

[166] Abweichend von der von *Wiedemann*, GesR II, § 2 V 1 a), S. 150 vorgestellten Quasi-Gesellschaft dient in diesem Fall das Gesellschaftsrecht als Ersatzorganisationsrecht.

[167] *H.P. Westermann*, Vertragsfreiheit, S. 10.

[168] Dazu *C. Schäfer*, Fehlerhafter Verband (2002); *K. Schmidt*, AcP 186 (1986), S. 421, 424 ff.; *Wiedemann*, GesR II, S. 148 ff. Speziell für mittelbare Beteiligung an Immobilienfonds-GbR BGHZ 186, 253; für geschlossene Fonds *Haar*, FS Hopt, S. 1879.

[169] *C. Schäfer*, Fehlerhafter Verband, S. 236.

2. Bilateral geordnete Binnenstruktur

Welches Recht gilt für diese Quasi-Gesellschaft? Zu unterscheiden ist zwischen dem Organisationsrecht (Innenrecht) und dem die Beziehungen der Gesellschaft zu Dritten regelnden Recht (Außenrecht). Abweichend von der Konzeption der Quasi-Gesellschaft nach *Herbert Wiedemann*, bei der das Gesellschaftsrecht die Binnenordnung prägt,[170] muss das Gesellschaftsrecht als Ersatz für das *Außen*verhältnis herhalten:

Kollektivanlagen sind zwecklose Unternehmen mit einer durch die vereinbarte Anlagepolitik gebundenen Marschrichtung. Das unternehmenstypische Problem entfällt, eine künftige Unternehmens- und Investitionspolitik zu steuern und den sich ständig wechselnden Gegebenheiten anzupassen.[171] Im Innenverhältnis genügt deshalb die Bindung an die zu Beginn getroffene Vereinbarung. Gegen eine vertragliche Gestaltung des Innenverhältnisses ist nichts einzuwenden, solange nur die Interessen von Verwalter, Anleger und Verwahrer berührt sind. Der gleichfalls bestehende Wille der Beteiligten, die Vermögensgegenstände haftungsrechtlich aus dem Vermögen von Verwalter und Anleger abzutrennen, ist indes nicht anzuerkennen, weil und soweit Gläubiger und Dritte betroffen sind. Ansonsten könnten die Beteiligten das Anlageverhältnis als Vertrag zulasten Dritter gestalten. Durch Nutzung der jeweiligen Rechtsform ist aus Sicht des Rechtsverkehrs ein Rechtschein zurechenbar veranlasst. Die Berufung im Außenverhältnis auf die fehlende *affectio societatis* erscheint geradezu treuwidrig. Dies bedeutet jedoch nicht, dass Gläubigern in keinem Fall mit Blick auf den Unternehmensgegenstand Selbstschutz zuzumuten ist: Ein Rechtschein gilt nur zugunsten Gutgläubiger. Jedoch müssen gläubigerschützende Vorschriften *im Regelfall* weiterhin gelten, weil ansonsten die Verkehrsfähigkeit aller Gesellschaften erheblich eingeschränkt wird. Dies gilt bei der Anlage-AG insbesondere für die Kapitalschutzregeln, bei der KG für die unbeschränkte Haftung des Komplementärs und die auf den Einlagebetrag beschränkte Kommanditistenhaftung, bei der OHG oder GbR für die Haftung der Gesellschafter sowie in allen Gesellschaftstypen für die Vertretungsmacht des „Gesellschafts"-Organs. So kann weiterhin der Verwalter die Stimmrechte in den Zielgesellschaften ausüben und Geschäfte mit Wirkung für und gegen

---

[170] Nach *Wiedemann*, GesR II, § 2 V 1 a), S. 150 soll bei Quasi-Gesellschaften das Gesellschaftsrecht für die Lösung von Binnenkonflikten herangezogen werden. Er grenzt diese zu den Scheingesellschaften ab, bei denen jemand als Gesellschafter auftrete, ohne dies zu sein, und aus Rechtscheingründen daran festgehalten wird. Die Situation liegt anders als bei der Scheingesellschaft, jedoch können ebenso Rechtscheingrundsätze herangezogen werden.

[171] *Köndgen*, FS Nobel, S. 546 f. Wenngleich der Anlagevertrag kein im Sinne der rechtsökonomischen Vertragstheorie „perfekter" Vertrag ist, bedarf es mangels ewiger Bindung der Vermögensgegenstände und offener Fragen im Verhältnis von Anleger und Verwalter keiner permanenten Mitwirkung der Anleger zur Nachkorrektur des „nicht perfekten" Anfangsvertrags. Entsprechend genügt eine durch bilateralen, gleichwohl gleichlautenden Vertrag zwischen Verwalter und Anleger begründete Binnenordnung.

das verbundene Anlegervermögen abschließen. Indes kann sich ein Gläubiger nicht darauf berufen, dass keine Gesellschaft existiert und deshalb ggf. direkt auf das Vermögen einzelner Anleger zugreifen. Der Wille der Parteien geht auf Existenz einer Gesellschaft *im Außenverhältnis*. Gläubiger sind i.e. nicht besser gestellt, als sie bei Existenz einer Gesellschaft stünden.

Die Quasi-Gesellschaft führt somit zu einer Zwangsmodifikation im Sinne des Idealvertrags. Eine solche ist aus anderen Rechtsordnungen bekannt. So richtet sich die Anwendbarkeit des anlegerschützenden und weitgehend zwingenden ICA auf Personengesellschaften danach, ob die Anteile als „Membership Interests" (= Mitgliedschaft) oder „Stock" (= Anteil) ausgestaltet sind. Im zweiten Fall überlagert das Sonderrecht des ICA die Anlagebeziehung.[172] Gleichfalls hat das schweizerische Bundesgericht im Jahr 1981 eine genossenschaftliche Gestaltung einer Anlageorganisation dem AFG unterstellt. In Wahrheit handele es sich wegen des Zuschnitts auf den Initiator um eine Organisation vertragsrechtlicher Art, mit der Folge, dass der Anwendungsbereich des AFG eröffnet und vertragsdispositive Regelungen durch zwingendes Recht zu ersetzen seien.[173]

3. Inv-AG als Prototyp

Der Intention nach einer insbesondere von der aktienrechtlichen Formenstrenge abweichenden Binnenregelung – darauf läuft die „Gründung" der „Gesellschaft" ohne gemeinsamen Zweck der Anleger untereinander hinaus – ist auch deshalb zur Geltung zu verhelfen, weil der Gesetzgeber eben dies für die Inv-AG als spezielle Form der Anlage-AG anerkannt hat: Die Inv-AG folgt dem Vertragsprinzip. § 108 Abs. 2 KAGB bedingt die Satzungsstrenge gem. § 23 Abs. 5 AktG ebenso ab wie im Fall der Börsennotierung die Verpflichtung zur Abgabe der Corporate Governance Erklärung gem. § 161 AktG. Auch wenn dies keine völlig grenzenlose Gestaltungsfreiheit bedeutet, entkräftet es doch die im Aktienrecht vorherrschende Auffassung, die aktienrechtliche Formenstrenge schütze die Anleger und sei schon deshalb per se unverzichtbar.[174]

Die Inv-AG (mit fixem und veränderlichem Kapital) ist nahezu deckungsgleich mit der soeben vorgestellten Konzeption des Idealvertrags in der Hülle der Anlage-„Gesellschaft": Obschon im Außenverhältnis eine Korporation, gewähren die §§ 108 Abs. 2 S. 1, 140 Abs. 2 KAGB im Innenverhältnis grundsätzliche Gestaltungsfreiheit.Ein Mindestbestand zwingender Vorschriften nähert die Inv-AG den am Idealvertrag orientierten Regelungen für Investment-Son-

---

[172] *Robinson v. Glynn*, 349 F.3d 166 (4th Cir. 2003).

[173] BGE 107 IB 358 (1981), insbesondere Rn. 33; früher bereits *Jäggi*, La loi sur les fonds de placement, JdT 1967 I, S. 239 ff. (zitiert nach BGE), gegen die bis dato herrschende Meinung.

[174] Vgl. *Kalss*, Anlegerinteressen, S. 117 (Substitution des Verbraucherschutzes); für Anlegerschutz durch institutionelle Gleichförmigkeit gem. § 23 Abs. 5 AktG z.B. *Möllers*, AG 1999, 433, 442.

dervermögen an. Dass die Gestaltungsfreiheit nicht im mitgliedschaftlichen Sinne wie bei der GmbH, sondern vertraglich einzuordnen ist, indizieren die §§ 111 S. 2, 151 S. 2 KAGB, wonach die Inv-AG die Anlagepolitik auch außerhalb der Satzung in Anlagebedingungen regeln kann, die nicht der notariellen Beurkundung bedürfen.

Deutlich auf eine vertragliche Ordnung weisen zudem die Regelungen für Inv-AG mit veränderlichem Kapital zum Teilgesellschaftsvermögen (TGV). Bei Auflegung eines Teilgesellschaftsvermögens kommt es zu einer haftungs- und vermögensrechtlichen Trennung innerhalb des AG-Vermögens.[175] Infolgedessen beschränken sich Gewinnanspruch und Verlusttragung der Aktionäre auf den Anteil am jeweiligen TGV (§ 117 Abs. 3 KAGB). Die Anlagebedingungen solcher TGV sind (wiederum) kein Satzungsbestandteil, der Vorstand kann mit Zustimmung des Aufsichtsrats über die Auflegung neuer TGV separat entscheiden, ein HV-Beschluss ist nicht nötig (§ 117 Abs. 1 KAGB). Gleichwohl regeln die Anlagebedingungen das Rechtsverhältnis der Anleger in Bezug auf das spezielle TGV „auf vertraglicher Ebene".[176] Entsprechend müssen die *Anlage*beziehungen vertraglicher, sie können nicht mitgliedschaftlicher Natur sein. Die Situation ist analog zur Ausgabe von Schuldverschreibungen durch eine unternehmerisch tätige AG, mit der Maßgabe, dass die Haftungsseparation bei Schuldverschreibungen nicht gesetzlich oktroyiert ist.

Damit beschränkt sich der Unterschied zwischen der Inv-AG mit veränderlichem Kapital und dem Inv-Sondervermögen aus Sicht der Anleger auf die Frage der Einstandspflicht des Verwalters für Sozialverbindlichkeiten.[177] Bei der extern verwalteten AG steht der Verwalter nicht für Sozialverbindlichkeiten ein, während beim Inv-Sondervermögen der Verwalter zunächst vorleisten und Aufwendungsersatz aus dem Sondervermögen verlangen muss (§ 670 BGB, § 93 Abs. 3 KAGB). Die Einstandspflicht des Verwalters ist bei potenziell verlustreichen Strategien unattraktiv. Im Übrigen geht es um Nuancen: Herrschaftsrechte sind dem Anlageaktionär nicht garantiert, Stimm- und Partizipationsrechte an der HV hierzulande abbedungen. Mit Blick auf die Binnenbeziehung bleibt der aus heutiger Sicht wesentliche Unterschied in Bezug auf die Vermögensorganisation.[178]

---

[175] § 117 Abs. 2 KAGB. Die Struktur ähnelt anglo-amerikanischen *tracking stocks*, die nur die Entwicklung gewisser Geschäftsbereiche abbilden sollen.

[176] BT-Drs. 16/5576, S. 86. Kritisch dazu Berger/*Fischer*/*Steck*, § 97 Rn. 14 („stets gesellschaftsrechtliche Beteiligung").

[177] Diese kann es auch noch bei Vermögenstrennung der TGV gem. § 117 Abs. 2 KAGB geben, z.B. für Gemeinkosten oder Ansprüche aus Delikt. Näher Berger/*Fischer*/*Steck*, § 100 Rn. 13; *Fischer*, Inv-AG, S. 109 ff.

[178] Doch auch dies ist weniger bedeutsam als es scheint. So war bei den Aktiengesellschaften des frühen 19. Jahrhunderts zunächst noch die Satzungsklausel zu finden, dass das gesamte Vereinsvermögen pro rata der Aktien Eigentum der Aktionäre sei. Vgl. *Fick*, ZHR 5 (1862), 20.

4. Inv-KG als Prototoyp

Ebenfalls auf eine vertragliche Binnenordnung weisen schließlich einige Vorschriften für die Inv-KG. Die Anteilsrückgabe, die bei der Inv-KG eine (Teil-) Kündigung darstellt, ist gem. §§ 133 Abs. 1, 161 Abs. 1 KAGB bei wichtigem Grund – und damit vertragstypisch – immer zulässig. Für die übrigen Details verweisen §§ 129 Abs. 1 S. 5 und Abs. 2, 154 Abs. 1 S. 5 und Abs. 2 KAGB auf die Regelung für vertragliche Sondervermögen. Um Rechtsformneutralität für alle offenen Fonds zu gewährleisten, sind die rechtsformtypischen Bestimmungen des HGB aufgehoben.[179]

Dagegen zeigt sich die Korporationsorientierung bei der Haftungsverfassung. Die Haftung der Anleger ist vor dem Hintergrund zahlreicher Rechtsstreitigkeiten rund um geschlossene Fonds[180] gem. § 127 Abs. 3, § 152 Abs. 2 bis 4 KAGB beschränkt. Die Einlagenrückgewähr an den Anleger ist nur mit dessen Zustimmung und nach einer Aufklärung über das Haftungsrisiko zulässig (§§ 152 Abs. 2, 127 Abs. 2 KAGB). Dass der Beitritt des Anlegers erst mit der Eintragung ins Handelsregister wirksam wird, verhindert eine Voreintragungshaftung.[181] Eine Nachhaftung vermeidet für Publikums-Kommanditisten § 152 Abs. 6 KAGB. Die Erfüllung des Abfindungsanspruchs stellt dann keine Einlagenrückzahlung gem. § 172 Abs. 4 HGB dar.[182]

D. Zwischenergebnis und Fortgang der Untersuchung

Kollektivanlagen entsprechen weder dem Typus der Gesellschaft noch dem der Geschäftsbesorgung. Es handelt sich um ein gesellschafts- und geschäftsbesorgungsähnliches Verhältnis eigener Art. Für die Gesellschaft fehlt den Anlegern der Wille, einen gemeinsamen Zweck zu verfolgen, für die Geschäftsbesorgung fehlt die Bereitschaft des Verwalters, die *persönlichen* Anlegerinteressen wahrzunehmen. Stattdessen möchten Anleger und Verwalter eine Rechtsbeziehung mit korporativen und Geschäftsbesorgungselementen; im Sinne einer Standarddienstleistung vereinbaren. Der Idealvertrag ist ein um bestimmte individuelle Rechte entkleideter Geschäftsbesorgungsvertrag, die Vermögensordnung im Verhältnis zu den anderen Anlegern orientiert sich am Aktienrecht.

Der Idealvertrag ist in die gewählten Formen einzubinden. Dem Willen der Vertragsparteien nach einer hybriden Ausgestaltung verhilft die Rechtsord-

---

[179] Vgl. BT-Drs. 17/12294, 245, 428 f.

[180] Vgl. dazu die grundsätzlich restriktive Rechtsprechung: BGH, NJW-RR 2005, 1347, 1348; BGH, NJW-RR 2006, 829, Ls. 2; BGH, NZG 2008, 65; BGH, NZG 2008, 335; BGH, ZIP 2006, 754, Ls. 3.

[181] §§ 151 Abs. 4 und 6, 127 Abs. 4 KAGB; dazu *Freitag*, NZG 2013, 329, 335; Westermann/ *Stöber* § 54a Rn. 3170o; *Zetzsche*, AG 2013, 613, 625.

[182] § 133 Abs. 2 KAGB, dazu Westermann/*Stöber*, § 54a Rn. 3170k; *Zetzsche*, AG 2013, 613, 618 f.

nung aufgrund ihrer beschränkten Formenvielfalt nur bedingt zur Wirksamkeit. Insbesondere richtet sich das Außenverhältnis von gesellschaftsrechtlich organisierten Kollektivanlagen aus Gründen des Verkehrsschutzes nach der gewählten Rechtsform. Während deshalb im Außenverhältnis zu Dritten Unterschiede bestehen, ist das Innenverhältnis nebst Vermögensorganisation unabhängig von der gewählten Organisation als Vertrag oder Gesellschaft nahezu identisch, nämlich nach dem Willen der Parteien geschäftsbesorgungsrechtlich geregelt. Gesellschaftsrechtliche Ordnungsprinzipien sind für die Binnenordnung der Anlageorganisation nur anzunehmen, sofern diese Teil des Idealvertrags sind. Diese Erkenntnis sichert das bisher von allgemeinen Erwägungen getragene Postulat der Ergebnisäquivalenz dogmatisch ab.

Zu einer Institutionenvermischung mit der Folge der Erosion institutionenspezifischer Effizienz kommt es bei der Idealanlage nicht. Diese bedient sich jeweils abgeschlossener Systeme. Die Binnenbeziehung zwischen Anleger, Verwalter und Verwahrer setzt auf die vertragliche Ordnung (*contractual governance*) mit den fondsspezifischen Schutzinstrumenten des Anlagedreiecks, der an den Interessen der Anleger orientierten Vermögensverwaltung, Bindung an Anlagevorschriften und vertragstypischen Transparenz.[183] Davon abgekoppelt, richtet sich das Außenverhältnis nach der jeweils gewählten Rechtsform. *Köndgen*s institutionelles *mismatch* mag freilich im Einzelfall offenbar werden und ist für die weitere Untersuchung als Merkposten zu veranschlagen.

Im Schrifttum mangelt es nicht an Versuchen, einzelne Realformen rechtlich anderen Formen zuzuweisen, um dem Gedanken „Substance over Form" zur Durchsetzung zu verhelfen. So sieht *Wiedemann*[184] in der Publikums-GmbH & Co. KG „der Sache nach" eine der KGaA ähnliche Organisationsform, *Großfeld* und *Dieter Reuter* halten diese für einen wirtschaftlichen Verein,[185] während *Gschoßmann* Parallelen zwischen den Vertragsbedingungen eines Investment-Sondervermögens und der Satzung einer AG zieht.[186] Darum geht es bei dem hier entwickelten Vertragsmodell der Kollektivanlage nicht. Im Gegenteil: Dieses zielt darauf, dem wahren Willen der Beteiligten zur Anerkennung zu verhelfen. Parteidispositionen sind nur in den Grenzen des Verkehrsschutzes zu akzeptieren. Das Vertragsmodell und die damit verbundenen Prinzipien wirken im Innenverhältnis, während sich die Gestaltung als Vertrag oder Gesellschaft vorrangig im Außenverhältnis, im Verhältnis zu Dritten auswirkt.

Im Folgenden ist das bislang nur schemenhaft erkennbare dogmatische Gerüst durch Offenlegung seiner Grundpfeiler zunächst skizzenhaft zu verfeinern (§§ 26, 27). So dann ist der Blick auf die Rechtsfolgenseite zu richten (§§ 28,

---

[183] Vgl. zu diesen Kriterien *Köndgen*, FS Nobel, S. 541.
[184] *Wiedemann*, GesR II, § 9 I 4 b), S. 762.
[185] *Großfeld*, Zivilrecht als Gestaltungsaufgabe, S. 48; *D. Reuter*, AG 1979, 324.
[186] *Gschoßmann*, Grundlagen, S. 121 f., 167.

29). Erst danach kann die Wirkung des Idealvertrags anhand von Einzelfragen demonstriert werden.

§ 26 – *Intermediärspflichten*

Als Grundpfeiler des Vertragsmodells sind Haupt- und Nebenpflichten herauszuarbeiten. Aufgrund ihrer Nukleus-Funktion ist bei den Intermediären anzusetzen.

A. Gläubiger der Leistung

Mangels gemeinsamen Zwecks unter den Anlegern steht zwischen Anleger und Intermediär *im Innenverhältnis* keine Gesellschaft. Auch dann ist im Innenverhältnis nicht die Korporation oder Gesellschafter-Gesamtheit, sondern der jeweilige Anleger Gläubiger der Verwalter- und Verwahrleistung. *Insoweit* bestehen unmittelbar Rechtsbeziehungen zwischen den Organen der Korporation und den Anlegern.[187] Nehmen die konstituierenden Dokumente die Gesellschaft in Bezug, steht diese pars pro toto für die Gesamtheit der Anleger. Effizienzverluste infolge rechtlicher Mehrstufigkeit werden vermieden. Die Verknüpfung des Vertragsmodells mit der strukturellen Äquivalenz in Form des Anlagedreiecks nimmt die Intermediäre – gleich ob Verwaltungsgesellschaft, Vorstand oder Komplementär, Aufsichts- oder Beirat, Treuhänder oder Verwahrstelle – unmittelbar in die Pflicht.[188]

B. Hauptpflicht

I. Verwalter: Anlage

Die Umsetzung der vereinbarten Anlagestrategie ist die Hauptpflicht des Verwalters.[189] Wegen der Rückführung der Anlagebeziehung auf ihre vertraglichen Grundlagen ist der Verwalter-Vorstand oder geschäftsführende KG-Kommanditist (seltener: Komplementär) einem von den Anlageleitlinien losgelösten Gesellschafts- oder Unternehmenszweck nicht verpflichtet. Ein solcher Zweck ist allenfalls Auslegungshilfe zur Konkretisierung der Anlageleitlinien.[190] „Unter-

---

[187] A.A. (für operative Gesellschaft) *Jacoby*, S. 568; *Kuntz*, Informationsweitergabe, S. 29 ff. m.w.N.; dagegen für ein kapitalmarktrechtliches Sonderrechtsverhältnis der Emittenten (Verwaltung) gegenüber den Anlegern *Hellgardt*, Kapitalmarktdeliktsrecht, S. 220 ff., 432 ff.

[188] Monitum von *Hopt*, ZHR 141 (177), 435 f.

[189] *Hammen*, Handlungsgattungsschulden, S. 351; ähnlich *Sethe*, S. 80.

[190] Beispiel: Schwerpunkt auf erneuerbare Energien kann als Anlageleitlinie auszulegen sein.

nehmerischer" Freiraum des Leitungsorgans besteht nur im Rahmen der Anlageleitlinien. Jenseits der Anlagetätigkeit besteht auch kein Bedarf für die auf unternehmerische Entscheidungen zugeschnittene Business Judgment Rule gem. § 93 Abs. 1 S. 2 AktG. Geschuldet wird die strikte Regelbefolgung. Restriktive Vorgaben z.b. in der Satzung verstoßen nicht gegen die gesetzliche Kompetenzverteilung des Aktienrechts.

II. Verwahrer: Kontrolle, Verwahrung

Die Verwahrerpflichten sind Gegenpol zu den besonderen Risiken der Kollektivanlage. Die Hauptpflicht umfasst die Verwahrung *und* Überwachung (Kontrolle): Die Verwahrung soll die Gefahren aus der Insolvenz des Verwalters, die Kontrolle das Risiko untreuer Verwaltung eindämmen. Optimaler Schutz ist gewährt, wenn beide Funktionen zusammenkommen.

C. Nebenpflichten

Die Nebenpflichten umfassen einerseits das Verhältnis des Intermediärs zum einzelnen Anleger, andererseits das der Anleger zueinander.

I. Sorgfalt und Loyalität

Allgemeiner Bestand des Geschäftsbesorgungsrechts und zugleich aller Anlagebeziehungen ist die Pflicht des Geschäftsbesorgers zu sorgfältiger, sachkundiger und loyaler Wahrnehmung der fremden Angelegenheiten.[191] Das damit verbundene Pflichtenbündel lässt sich in Anlehnung an das Common Law des Trustrechts[192] auf die Sorgfaltspflichten (*duty of care*) und die Loyalitätspflichten (*duty of loyalty*) zurückführen: Die Sorgfaltspflicht des Vermögensverwal-

---

[191] Vgl. Art. 25 Abs. 2 OGAW-RL, Art. 21 Abs. 10 AIFM-RL: „Die Verwaltungsgesellschaft und die Verwahrstelle handeln bei der Wahrnehmung ihrer Aufgaben unabhängig und ausschließlich im Interesse der Anteilsinhaber." S. zudem Art. 12 Abs. 1 Bst. a AIFM-RL. Für Anlageverwaltung und individuelle Vermögensverwaltung § 31 Abs. 1 Nr. 1 WpHG = Sorgfaltspflicht, § 31 Abs. 1 Nr. 2 WpHG = Loyalität, dazu *Sethe*, S. 101 f.; *Benicke*, S. 438 ff., sowie 597 ff.; für allgemeinen Grundsatz des Anlagerechts *Kalss*, Anlegerinteressen, S. 245 f.; *Möllers*, FS Hopt, S. 2247, 2250. Vgl. für die GmbH & Co. KGaA *Pistor*, FS Emeritierung Hopt, S. 488 f. (mit anlegerschützender Interpretation); für die Limited Partnership *Haar*, FS Emeritierung Hopt, S. 149 ff.
[192] Zum US-Recht für verwaltenden Vertragspartner eines Joint Ventures *Meinhard v. Salmon*, 249 N.Y. 458, 164 N.E. 545 (1928); für General Partner einer Limited Partnership *Boxer v. Husky Oil Co.*, 429 A.2d 995, 997 (Del.Ch.1981), *aff'd* 483 A.2d 633 (Del. 1984); *Davenport Group v. Strategic Inv. Partners*, 685 A.2d 715, 721 (Del.Ch.1996); *Gotham Partners v. Hallwood Partners*, 817 A.2d 160, 170 (Del. 2002), soweit nicht gem. § 17–1101 des Delaware Revised Uniform Limited Partnership Acts modifiziert. Vgl. die Rückführung der Treupflichten auf das Trustrecht und der objektiven Sorgfaltspflicht auf das Schadensrecht (law of negligence) sowie deren späte Übertragung des objektiven Standards auf das englische Korporationsrecht in s. 174 des Companies Act 2006 bei *Davies/Worthington*, Rn. 16–12, 16–17 ff.

ters (*duty of care*) geht zurück auf die *Harvard College*-Entscheidung aus dem Jahr 1830 zur Verwaltung von Stiftungsvermögen und beschreibt das Verfahren vor der Anlageentscheidung,[193] während die Loyalitätspflicht eine Summe von Einzelpflichten zu Transaktionen zwischen dem Trustee und dem Trust bezeichnet.[194]

Die Dualität aus Sorgfalts- und Loyalitätspflicht adressiert die wesentlichen Risiken aus der Intermediärstätigkeit: Die Sorgfaltspflicht sichert die sachgerechte Tätigkeit, die Loyalitätspflicht das Handeln im Anlegerinteresse. Beides zusammen erhöht die Wahrscheinlichkeit einer erfolgreichen Anlageverwaltung. In diese Oberkategorien lassen sich die spezifischen Schutzpflichten des Gesellschaftsrechts[195] oder der Sonderrechte einsortieren, z.B. die Einschränkung des Selbstkontrahierens bei Erwerb und Veräußerung von Immobilien gem. § 239 KAGB als Ausprägung der Loyalitätspflicht. So ist es illoyal, wenn die Mitglieder der Geschäftsführung des General Partners einer Limited Partnership Vermögensgegenstände der LP unter dem oder ohne marktmäßig taxierten Wert aus dem Gesellschaftsvermögen erwerben.[196] Der General Partner muss im Bewusstsein eines ständigen Interessenkonfliktes den Ausgleich zwischen den Eigen- und den Anlegerinteressen suchen.[197] Gleiches gilt für Generalklauseln wie die Anti-Fraud Rule des US-ICA für „pooled investment vehicles".[198] Die Vorschrift etabliert Treupflichten insbesondere für die Vorphase der Anlage,[199] die funktional mit den Grundsätzen der bürgerlichen Prospekthaftung vergleichbar sind. In den soeben dargestellten Kategorien handelt der unvorsätzlich falsche Informant regelmässig unsorgfältig, der vorsätzlich Handelnde illoyal.

In der Streitfrage, ob die Loyalitäts- und Sorgfaltspflichten aus Gesetz, Vertrag oder gesellschaftsrechtlichen Parametern abzuleiten sind,[200] deutet das Vertragsmodell der Kollektivanlage auf eine vertragliche Grundlage. Daran knüpfen die Folgefragen, ob ein Pflichtengrundbestand erhalten bleiben muss, also in

---

[193] *Harvard College v. Amory*, 26 Mass. 446, 9 Pick. 454 (1830).

[194] Vgl. zum US-Recht die Zusammenfassung in § 170 (1) des ersten *Restatement of Trusts* (1935) und § 387 des *Restatement of Agency* (1933) zu einem Verbot von Transaktionen mit sich selbst (*prohibition of self-dealing*), dazu *Bines/Thel*, § 1.01[A]. Die geläufige Bezeichnung als sole-interest-Rule, die eine Berücksichtigung einzig der Treugeber-Interessen suggeriert, ist indes strenger als die Realität, vgl. *Langbein*, (2005) 114 Yale L.J. 929.

[195] Vgl. z.B. das Wettbewerbsverbot gem. §§ 161 Abs. 2 i.V.m. 112, 113 HGB; § 404 (b)(2) des Revised Uniform Partnership Act (1997).

[196] *In re USACaces, L.P. Litigation*, 600 A.2d 43, 48 (Del. Ch. 1991); *Matter of Bennett*, 989 F.2d 779, 789f. (5th Cir. 1993).

[197] Vgl. *Brickell Partners v. Wise*, 794 A.2d 1, 4 (Del. Ch. 2001).

[198] Rule § 275.206(4)-8.

[199] *Bines/Thel*, (1997) 58 Ohio St. L.J. 459, 462.

[200] Vgl. Beckmann/*Beckmann*, § 9 Rn. 24 und 39: aus Gesetz (§ 26 KAGB, vormals § 9 InvG) und Vertrag; nach *Löhnig*, Treuhand, S. 203 f., 323 ff. sollen diese Pflichten kraft einer Fiktion gelten, wonach für die Pflichten z.B. eines Vermögensverwalters die Stellung eines Gesellschaftsorgans fingiert wird.

welchem Umfang die Sorgfalts- und Loyalitätspflichten vertraglich ausgestaltet werden können,[201] ob die Ausgestaltung einer Inhaltskontrolle standhalten muss und welcher Kontrollmaßstab ggf. heranzuziehen ist.

1. Dogmatische Zuordnung

Die Pflicht zur Interessenwahrung *strictu sensu* hat insbesondere *Grundmann* zum Fixpunkt seiner auf das Innenverhältnis fokussierten Treuhandlehre erklärt.[202] Darauf aufbauend hält die Majorität die unbedingte Interessenwahrungspflicht mit ihren Ausprägungen Sorgfalt und Loyalität für eine Leistungspflicht i.S.d. § 241 Abs. 1 BGB.[203] Andere erheben die Pflicht zur Interessenwahrung zum Definitionsmerkmal und verzichten auf eine Zuordnung zu den Leistungs- und Schutzpflichten.[204] Zwischen den (möglichen) Anwendungsvoraussetzungen einer wie auch immer begründeten Treuhand- und Geschäftsbesorgungslehre und deren Rechtsfolgenbestimmung durch Leistungs- und Schutzpflichten ist sorgsam zu trennen.

Der Inhalt der Leistungspflichten des § 241 Abs. 1 BGB und der Rücksichtnahmepflichten gem. § 241 Abs. 2 BGB ist aus dem konkreten Schuldverhältnis abzuleiten. Der Verweis in § 675 Abs. 1 BGB auf das Dienst- und Werkvertragsrecht lässt erkennen, dass die Leistungspflichten den §§ 611, 633 ff. BGB zu entnehmen sind, Vertragsinhalt also ein Dienst oder Werk sein soll. Dagegen beschreibt die Sorgfalts- und Loyalitätspflicht einerseits den Erfüllungs*modus*, also die Umstände der Leistungserbringung, andererseits den gebotenen Grad der Rücksichtnahme. Als Besonderheit wirkt sich bei der Verwaltung und Verwahrung eine mindergute Leistung immer auch in den übrigen, zur Leistungs-

---

[201] Vgl. Delaware Revised Uniform Limited Partnership Act (DRULPA), Del. Code Ann. Tit. 6, § 117–1101 (d), wonach die Treupflichten durch Gesellschaftsvertrag modifiziert werden können; dazu *Gotham Partners v. Hallwood Partners*, 817 A.2d 160, 170 (Del. 2002) (Erwerb von Vermögensgegenständen durch Geschäftsführung eines GP); *Abry Partners V, L.P., et al., v. F & W Acquisitions LLC*, Del. Ch. 891 A.2d, 1032 (2006) (Haftungsausschluss bei Anteilsverkauf durch einen P.E. Fund an einen anderen P.E. Fund); *Rosenberg*, (2002) 2 Colum. Bus. L. Rev. 363, 388 f.; *Haar*, FS Emeritierung Hopt, S. 151 ff.; *Pistor*, FS Emeritierung Hopt, S. 490 f.

[202] *Grundmann*, Treuhand, S. 166 ff., insbesondere S. 169: Der Treupflichtige erbringe keine Gegenleistung für den vorübergehenden Einfluss auf das vom Treugeber übertragene Vermögen. Die Einflussposition sei geldwert, aber nicht vergütet. Vielmehr vergüte der Treugeber den Treupflichtigen, damit dieser den Einfluss in seinem Sinne ausübe.

[203] MünchKomm-BGB/*Heermann*, § 675 Rn. 13; Staudinger/*Martinek*, Neub. 2006, § 675 Rn. A24 (Hauptpflicht des Geschäftsbesorgers ist die weisungsgebundene Interessenwahrung zugunsten der anderen Partei). Wohl auch *Grundmann*, Treuhand, S. 169, der eine Gleichsetzung der Interessenwahrungspflicht *strictu sensu* und gewöhnlicher Nebenpflichten ablehnt; wohl auch *Hammen*, Handlungsgattungsschulden, S. 351 (Interessenwahrungspflicht als untrennbarer Bestandteil der Verwalteraufgaben).

[204] Insbesondere *Löhnig*, Treuhand, S. 143 ff., der die Interessenwahrung *quasi mea* zum Definitionsmerkmal erhebt; Staudinger/*Martinek*, Neub. 2006, § 675 Rn. A.23 f. (Handeln im Interesse eines anderen als wichtigstes typologisches Merkmal); Palandt/*Sprau*, § 675 Rn. 4.

ausführung überlassenen Mitteln der Anleger aus. Mit gleich guten Argumenten lässt sich deshalb in Bezug auf den Güterschutz eine leistungsnahe Schutzpflicht i.S.v. § 241 Abs. 2 BGB oder im Hinblick auf die Güterbewegung eine leistungsbezogene Nebenpflicht i.S.v. § 241 Abs. 1 BGB vertreten.[205] Wegen der Nebenfolgen im Anlegervermögen wird hier eine leistungsnahe Schutzpflicht präferiert. Doch rechtfertigt die Unterscheidung keinen weiteren Aufwand: Ein qualitativer Sprung zwischen (Neben-)Leistungs- und Schutzpflichten ist angesichts identischer Rechtsfolgen in den §§ 280 ff. BGB nicht zu konstatieren.[206] Jedenfalls bei eingetretenem Schaden kommt es nicht zu abweichenden Ergebnissen. Unabhängig von der Zuordnung zu Abs. 1 oder 2 des § 241 BGB ist jeweils das geschützte *Interesse* zu ersetzen, das – wie sonst auch – auf Leistung oder Bestandsschutz gerichtet sein kann.[207] Auch die im Wortlaut des Abs. 1 angelegte Suggestion eines Unterschieds in Form der Klagbarkeit erweist sich als unzutreffend. Auch wenn vieles ungeklärt ist,[208] sind selbst im Bereich des vorbeugenden Rechtsschutzes infolge Zuweisung je eigener Zwecke zu jeder Pflicht, großzügiger Schadensbegriffe und einem liberal gehandhabten Anspruch auf Naturalrestitution Unterschiede schwer zu finden, jedenfalls aber nicht aus der Zuordnung als leistungsnaher Schutzpflicht oder Nebenleistungspflicht ableitbar. Statt fruchtloser Kategorienbildung ist die Aufmerksamkeit dem Pflichteninhalt zu widmen.

2. Standardisierte Loyalität

Die Loyalitätspflicht ist bei Kollektivanlagen nicht höchstpersönlich wie beim Rechtsanwalt, der im Fall eines Konfliktes mit einem anderen Mandat das neue Mandat allenfalls nach vollumfänglicher Information und Zustimmung des ers-

---

[205] Vgl. zu den Kategorien von Güterschutz und Güterbewegung als Kriterien des § 241 BGB Bamberger/Roth/*Sutschet*, § 241 Rn. 1.

[206] Vgl. MünchKomm-BGB/*Bachmann/Roth*, § 241 Rn. 54 ff., die nach Pflichteninhalt statt nach der Zuordnung zu Abs. 2 differenzieren; Bamberger/Roth/*Sutschet*, § 241 Rn. 42 f. fasst alle Nebenpflichten unter Abs. 2 zusammen.

[207] Kein Unterschied besteht bei bereits eingetretenem Schaden und einem Ersatzanspruch *neben* der Leistung gem. § 280 Abs. 1 BGB. Bei Schadensersatz *statt* der Leistung weichen die Kriterien geringfügig voneinander ab: Gem. § 281 BGB muss eine Nachfrist für die Leistungspflicht gesetzt oder diese entbehrlich sein, wobei eine Abwägung beider Interessen erfolgt. Bei § 282 BGB genügt zwar de lege lata die Unzumutbarkeit aus Sicht des Schuldners, aber diese liegt i.d.R. nur nach Abmahnung vor (Palandt/*Heinrichs*, § 282 Rn. 4), sofern die Abmahnung nicht nach schwerwiegenden Verstößen verzichtbar ist (§ 281 Abs. 2, 2. Alt. BGB analog); im Übrigen richten sich die Voraussetzungen nach § 281 BGB. § 283 zur nachträglichen Unmöglichkeit greift für Rücksichtnahmepflichten nicht; aber wenn die Einhaltung der Loyalitäts- und Sorgfaltspflichten unmöglich wird (z.B. bei unlösbarem Konflikt), dürfte Unzumutbarkeit gem. § 282 BGB gegeben und die Abmahnung entbehrlich sein. Ein gleiches Ergebnis konstatiert deshalb auch Palandt/*Heinrichs*, § 241 Rn. 8.

[208] Vgl. MünchKomm-BGB/*Bachmann/Roth*, § 241 Rn. 38 ff.

ten Mandatars aufnehmen darf.[209] Korrelat zur *standardisierten* Interessenwahrungspflicht ist eine standardisierte Loyalitätspflicht. Folglich sind Verwalter und Verwahrer grundsätzlich nicht gehindert, gleichartige Dienstleistungen anderen Anlegern anzubieten. Im Gegenteil, die Übernahme einer Vielzahl gleicher oder ähnlicher Verwaltungsmandate ermöglicht erst die Spezialisierung des Verwalters und den Aufbau seiner Organisation.[210] Entsprechend genügt gem. § 20 Abs. 5 KAGB eine Klausel, wonach neben den zur Anlage des eigenen Vermögens der KVG erforderlichen „nur" die im Katalog des § 20 Abs. 2 KAGB genannten Dienstleistungen zulässig sind. Entgegen der restriktiven Terminologie wird damit ein bunter Strauß an Dienstleistungen rund um die Vermögensverwaltung zulässig, neben der kollektiven insbesondere die individuelle Vermögens- und Immobilienverwaltung, die Anlageberatung und die Abgabe von Mindestzahlungszusagen für Garantiefonds.

Die Loyalitätspflicht beschränkt sich bei Kollektivanlagen auf Konflikte zwischen Vertragspflichten und persönlichen Interessen des Verwalters und seiner Mitarbeiter.[211] Im weitesten Sinn geht es um Grenzen des Selbstkontrahierens. So verbietet § 239 KAGB den Erwerb von Immobiliar aus dem Eigentum der KVG und mit ihr verbundenen Unternehmen für Rechnung des Sondervermögens. Die KVG darf gem. § 20 Abs. 4 KAGB das Vermögen eines Einzelkunden, das sie verwaltet, nur in eigene Fondsanteile anlegen, wenn der Kunde zugestimmt hat. Das Schrifttum verbietet es der KVG darüber hinaus, Anteilsscheine zu eigenem Recht zu erwerben.[212] Ganz allgemein soll eine weitreichende Analogie zu § 181 BGB aus der Stellung des Verwalters als Amtsinhaber folgen.[213] Die konstituierenden Dokumente sollen das Selbstkontrahieren im Rahmen ordnungsgemäßer Verwaltung aber gestatten können.[214] Näher liegt die Annahme, dass die allgemeinen Verhaltens- und Organisationspflichten gem. §§ 26 ff. KAGB diesen Konflikt bereits im Sinne eines Gebots einer ordnungsgemäßen Verwaltung auflösen und eine ausdrückliche Befreiung von dem Verbot des Selbstkontrahierens entbehrlich, jenseits der gesetzlichen Bestimmungen aber auch nicht zulässig ist.

[209] Vgl. zu dieser „fully-informed-consent-rule" des Rechts englischer Pflichtenträger *Conaglen*, Fiduciary Loyalty, S. 142 ff.
[210] Vgl. *Morley*, (2014) 123 Yale L.J. 1259 ff.
[211] In der Terminologie von *Conaglen*, Fiduciary Loyalty, S. 39 ff. sog. Duty-Interest-Conflicts; vgl. § 27 KAGB und Art. 30 AIFM-VO.
[212] Berger/*Köndgen*, § 9 Rn. 40; *Canaris*, Bankvertragsrecht, Rn. 2451. Die Rechtslage entspricht damit der bei britischen Authorized Unit Trusts.
[213] Beckmann/*Beckmann*, § 9 Rn. 144 f.; *Reiss*, Pflichten, S. 85 f., jeweils unter Verweis auf BGHZ 30, 67, 69; BGHZ 51, 209, 215 Rn. 31 f. zum Testamentsvollstrecker; aufgrund der Annahme einer Theorie des privaten Amts *Jacoby*, S. 362 ff.; a.A. Brinkhaus/*Zeller*, § 5 Rn. 9.
[214] Beckmann/*Beckmann*, § 9 Rn. 144; a.A. *Reiss*, Pflichten, S. 86, der bezweifelt, dass die BaFin solche Klauseln genehmigt. Ebenfalls kritisch, aber nicht konkret, Berger/*Köndgen*, § 9 Rn. 40.

II. Gleichbehandlung

Kollektivanlagen-spezifisch intensiv ist die Verwalterpflicht zur Gleichbehandlung (vgl. dazu § 26 Abs. 3 KAGB, § 2 Abs. 2 KAVerOV). Wer sich die individuelle Vermögensverwaltung nicht leisten oder allein die gewünschten Skalenökonomien („Gesetz der großen Zahl") nicht erreichen kann, weil sein Vermögen zu klein ist, oder über die Fondsstruktur kostengünstig diversifizieren, Expertise nutzen oder steuerliche, sachenrechtliche (Aussonderung) oder Bewertungseffekte erzielen möchte, muss auf die kostenintensive Individualorientierung der individuellen Vermögensverwaltung verzichten. Der Vertrag gewinnt infolgedessen an Abstraktion / Standardisierung. Die Schutzrichtung der Gleichbehandlungspflicht einerseits und der Pflichten zur Sorgfalt und Loyalität andererseits unterscheiden sich. Sorgfältige und loyale Anlagetätigkeit nützt allen Anlegern im Verhältnis zum Verwalter, ist also ein Schutzinstrument auf vertikaler Achse, während die Gleichbehandlung die Anleger eines Kollektivs im Verhältnis zueinander, also auf der Horizontalachse schützt.

1. Vertragspflicht des Geschäftsbesorgers

Obwohl die Notwendigkeit der Gleichbehandlungspflicht im Grundsatz unbestritten ist,[215] ist deren dogmatisches Fundament kaum durchleuchtet. Nach den bisherigen Erkenntnissen drängt sich eine vertragliche Begründung auf. Ausgangspunkt ist das Verhältnis zwischen individueller und kollektiver Vermögensanlage. Insoweit lässt sich eine Analogie zu dem von Individual- und öffentlichem Verkehr bilden: Der Mietwagen (Taxi) fährt zu deutlich höheren Kosten unmittelbar zum *gewünschten Ziel*, während die gewählte Buslinie zu deutlich niedrigeren Kosten, ggf. über Umwege mit Zwischenhalten nur *in die gewünschte Richtung* fährt. Doch ist es für die übrigen Passagiere grundsätzlich inakzeptabel, wenn der Busfahrer von der versprochenen Route abweicht, um einzelne Passagiere zu deren individuellen Zielen zu befördern, weil sich der Weg für die anderen Passagiere verlängert.

Übertragen auf die Kollektivanlage bedeutet dies: Kein Anleger wird auf die Individualität der Leistungsausführung verzichten, wenn Rechtsfolge eine im Verhältnis zu anderen Anlegern willkürliche Behandlung ist. Als Ausgleich für den Verzicht auf die individuelle Gestaltungsfreiheit erhalten die Anleger das Versprechen des Geschäftsbesorgers, im Verhältnis zueinander in wesentlichen Aspekten gleich behandelt zu werden. So verstanden, ist die Gleichbehandlung nicht etwa – wie die von der h.M. vertretene Einordnung der Anlegerschaft als Bruchteilsgemeinschaft, Gemeinschaft, Gesamthand oder Korporation mit sich

---

[215] Vgl. z.B. *Köndgen/Schmies* in Bankrechts-Handbuch, § 113 Rn. 125; *Schäfer*, Fund Governance, S. 161 ff.; jetzt differenzierend für das in § 26 Abs. 3 KAGB formulierte Verbot der Vorzugsbehandlung vorbehaltlich einer vertraglichen Regelung Weitnauer/*Swoboda*, § 26 Rn. 20 ff.

bringt – Rechtsfolge einer Gesamthand,[216] Gemeinschaft,[217] Gesellschaft oder Korporation,[218] Verteilungsmacht über beschränkte Mittel[219] oder der auch im englischem Recht erörterten Schicksalsgemeinschaft (*common misfortune*),[220] sondern ausschließlich ein vertraglich begründetes Versprechen, das den Vertrag als Ganzes aus Sicht des einzelnen Anlegers attraktiv werden lässt. Mangels Sonderrechtsbeziehung oder Gemeinschaft der Anleger untereinander besteht seit Überwindung von *Würdinger*s Lehre der schlichten Interessengemeinschaft[221] für einen Gleichbehandlungsanspruch keine andere rechtliche Grundlage als eine auf Gleichbehandlung ausgerichtete Schuld.[222]

Dieser vertragliche Begründungsansatz erhält Unterstützung insbesondere durch Art. 7 Abs. 1 S. 2 des Schweizer KAG, wonach die Anlagebedürfnisse der Anleger „in gleichmässiger Weise" zu befriedigen sind.[223] Dies versteht sich vor dem Hintergrund der schweizerischen Rechtsprechung, wonach Gegenstand der kollektiven Kapitalanlage ein „supra-individueller Leistungsinhalt" in dem Sinne ist, dass die Anleger – ungeachtet der Rechtsform – in keinem Rechtsverhältnis zueinander stehen. Als Korrelat dazu sind nach ständiger Rechtsprechung des Bundesgerichts die Anleger strikt gleich zu behandeln.[224] Diese Gleichbehandlung ist als *Chancengleichheit*, nicht als Inhalts- oder Zugriffsgleichheit im Sinne eines Anspruchs auf Beteiligung an professionellen Anlagen zu deren Bedingungen zu verstehen.[225] Soweit Anleger in die gleiche Kollektivanlage investieren, muss für alle Anleger der gleiche Ausgabe- und Rücknahmepreis festgelegt werden.[226] Die gleiche Rechtsfolge ergibt sich aus Art. 5 Abs. 1 des liechtensteinischen UCITSG und Art. 8 Abs. 1 AIFMG, wonach der Verwalter mit den Anlegern jeweils inhaltlich identische Treuhand- oder Fondsver-

---

[216] Für gleichberechtigtes Nebeneinander der Gesamthänder z.B. MünchKomm-BGB/*Ulmer/Schäfer*, § 705 Rn. 199.

[217] *Hueck*, Gleichbehandlung, S. 151 ff.; *Bydlinksi*, System, S. 297 ff. (welche mit der Interessengleichrichtung als Ursache der Gleichbehandlung in der Argumentation eine Nähe zu *Würdinger*, Interessengemeinschaft, S. 21 ff. aufweisen); speziell für InvG Beckmann/*Beckmann*, § 9 Rn. 44; *Löhnig*, Treuhand, S. 294 (Gleichbehandlung entsteht aus dem Gemeinschaftsverhältnis); für alle Kapitalanlagen *Kalss*, Anlegerinteressen, S. 250 f.

[218] § 53a AktG; dazu *Kalss*, Anlegerinteressen, S. 249 („in allen Verbandsformen anerkanntes Prinzip"); als Verbot unsachlicher Differenzierung für Prinzip des Gesellschaftsrechts *Wiedemann*, GesR I, § 8 II 2, S. 427 ff. unter Verweis auf *Donahue v. Rodd Electrotype Co.*, 328 N.E. 2d 505 (Mass. 1975) für den US-Bundesstaat Massachussets und *Greenhalgh v. Arderne Cinemas Ltd.* (1950) 2 Alll. E.R. 1120, 1126 (für England); s.a. die Diskussion des letzten Falls bei *Davies/Worthington*, Rn. 19.7 ff.

[219] *L. Raiser*, ZHR 111 (1948), 75 ff.

[220] *In re Walter J. Schmidt & Co. ex parte Feuerbach* (1923) 298 F 314, 316.

[221] *Würdinger*, Interessengemeinschaft, S. 22 ff.

[222] MünchKomm-BGB/*K. Schmidt*, § 741 Rn. 72; *Löhnig*, Treuhand, S. 296, 559 f.; Staudinger/*Langhein*, § 741 Rn. 174.

[223] Botschaft KAG, S. 6417.

[224] BGE 116 Ib 73, 79; BGE 110 II 74, 86; BGE 101 Ib 422, 424; EBK.-Bulletin. 33 /1997, 66.

[225] BSK-KAG (2006)/*Winzeler*, Art. 1 Rn. 16.

[226] BGE 132 III 186, 190.

träge schließt. Im Ergebnis zu nichts anderem wird man nach britischem Common Law kommen. Die grundsätzlich bestehende Pflicht eines Treupflichtigen (*fiduciary*) zur Vermeidung von Interessenkonflikten[227] ist in ihrer strengen Form unpraktikabel, weil mehrere Anleger in das Collective Investment Scheme investieren. Es kann nur um die angemessene Verwaltung solcher Konflikte gehen; dafür sind die Offenlegung und Einholung der Zustimmung der Betroffenen die Instrumente.[228] Der Umstand, dass eine Kollektivanlage gegeben ist, beinhaltet die Offenlegung, dass auch andere Anleger zu bedienen sind; deren Investment in die Kollektivanlage beinhaltet die Zustimmung, so wie in den Vertragsbedingungen beschrieben zu verfahren. Ihnen wird darin lediglich versprochen, Konflikte innerhalb der Kollektivanlage gleichmäßig aufzulösen. Abweichungen von diesem Versprechen müssen bei Eintritt in die Anlage verbindlich geregelt sein; bei nachträglicher Änderung sind die Regeln für Vertragsänderungen zu berücksichtigen.

Die Intensität von Standardisierung und Gleichbehandlungspflicht korrespondiert mit der Anzahl der Anleger in der Kollektivanlage: Ebenso, wie man die Zustimmung weniger Passagiere zu einem Umweg einholen kann, kann der Verwalter als „Zugführer der Kollektivanlage" bei wenigen oder sogar nur einem Anleger Individualismen abstimmen und berücksichtigen.

2. Konsequenzen

Die Gleichbehandlungspflicht der Intermediäre in kollektiven Anlagebeziehungen strahlt nahezu auf alle Rechtspositionen der Anleger aus. An dieser Stelle sind die Problemkreise nur anzudeuten.[229]

Aufgrund der Gleichbehandlungspflicht ist die Leistung an alle Anleger identisch zu erbringen. Obgleich nicht Bruchteilsgemeinschaft, sind die Anleger kraft Vereinbarung Gläubiger einer unteilbaren Leistung („Mitgläubiger" oder „Gesamtleistungsgläubiger" gem. § 432 BGB).[230] Die Gleichbehandlung durch den Verwalter gewährleistet, dass alle Anleger nur gemeinsam Gewinn erzielen *können*. Dies wirft die Frage auf, ob die Gegenleistung oder einzelne Informations- oder Herrschaftsrechte der Anleger unterschiedlich bestimmt sein können. Weitere Frage ist die nach der Aktivlegitimation einzelner Anleger für sich selbst oder zugunsten des Anlegerkollektivs im Fall der Verletzung von Intermediärspflichten. Nach dem Vertragsmodell der Anlageorganisation erklärt sich jedenfalls nicht, warum eine *actio pro socio* des einzelnen Anlegers

---

[227] *Kelly v Cooper* [1993] AC 205 (Grundstücksmakler); *Clark Boyce v Mouat* [1994] 1 AC 428 (Rechtsanwalt).

[228] *Spangler*, Private Investment Funds, Rn. 1.70 ff.; insbesondere unter Verweis auf das FCA-Handbuch, SYSC 10.1.8R und PRIN 1.1 (6) und (8).

[229] Vgl. dann im Einzelnen im Fünften Teil, § 32.B. (Inhalt der Gleichbehandlungspflicht) sowie zur Vertragsänderung § 36.

[230] Zur Abgrenzung *Hadding*, FS Canaris I, S. 379, 386 ff.

zulässig sein soll;[231] ohne *societas* gibt es keine *socii*. Zu klären ist auch, wie sich ein ggf. bestehendes Klagerecht der Anleger zu einem solchen von Verwahrer respektive Verwalter gegen den jeweils anderen Intermediär verhält und an wen ggf. Ersatz zu leisten ist.

Auch wird die *Grenze* eines Fonds zum entscheidungserheblichen Parameter; jenseits davon (also im Verhältnis zu anderen Fonds) gilt nicht die Gleichbehandlungs-, sondern allenfalls die allgemeine Fairnesspflicht der Marktteilnehmer.[232] Damit lässt sich eine Pflicht zur Gleichbehandlung nur im Ausnahmefall begründen. Des Weiteren kann die nach allgemeinem Geschäftsbesorgungsrecht gewährleistete Weisungsbefugnis des Anlegers (arg. ex § 665 BGB) ebenso wie die Primärleistung von Verwalter und Verwahrer nur in standardisiertem Umfang in Form von Anlagerichtlinien realisiert werden. Dies ruft die Frage hervor, inwiefern daneben Weisungsrechte bestehen (können). Die Gleichbehandlungspflicht wirkt sich schließlich bei der Frage aus, ob und ggf. wie die Geschäftsbesorger Auskunft und Rechenschaft schulden (§ 666 BGB). Damit verbunden ist die Frage nach dem Verhältnis des Individualanspruchs zur Pflichtpublizität.

§ 27 – Differenzierung zwischen professionellen und Privatanlegern

Persönliche und finanzielle Anlagevoraussetzungen gebieten in tatsächlicher Hinsicht Anpassungen der Anlagestrategie und -organisation. Seit je her wird eine Berücksichtigung derartiger Umstände in Form einer Differenzierung zwischen Klein- und Großanlegern, professionellen oder privaten Akteuren, im Bankjargon *retail* oder *wholesale*-Kunden gefordert.[233] Wie sich diese Differenzierung im Recht der Anlageorganisation abbildet, bedarf vertiefter Überlegung.

---

[231] Für InvG aber Beckmann/*Beckmann*, § 28 Rn. 33 f. (Ansprüche gegen KVG, mit Einschränkung für Ansprüche gegen Verwahrstelle, Rn. 38), zudem unklar, weil zuvor für rechtliche Unteilbarkeit bejaht wird; für KAGG OLG Frankfurt a.M., NJW 1997, 745, 747; *Canaris*, Bankvertragsrecht, Rn. 2437, 2482 (analog §§ 432, 1011, 2039 BGB); Brinkhaus/*Schödermeier/Baltzer*, § 12c Rn. 18; a.A. (für Anwendung der §§ 420, 432 BGB) *Reiss*, Pflichten, S. 308 („keine actio pro socio im eigentlichen Sinn"); Berger/*Köndgen*, § 28 Rn. 16; *Köndgen/Schmies* in Bankrechts-Handbuch, § 113 Rn. 139; zum KAGG *Ebner von Eschenbach*, S. 153; *Gläbe*, S. 177; wohl auch *Seegebarth*, Depotbank, S. 172 f.; offengelassen von BGHZ 149, 33 Rn. 10.

[232] Z.B. FCA-Handbuch, PRIN 1.1 (6) und (8); zum Verhältnis von Fairness (als moralisch-rechtlicher Standard) zur Treupflicht. S.a. *Conaglen*, Fiduciary Loyalty, S. 106 ff.

[233] Vgl. *Hopt*, Kapitalanlegerschutz, S. 8, 80 ff.; ders., ZHR 141 (1977), 428 ff.; *Schwark*, Anlegerschutz, S. 12; *Thiel*, Schutz, S. 12.

A. Dichotome Anlegertypologie

I. Zivilrechtliche Kategorien

Während der Wortlaut des Gesellschaftsrechts auf Differenzierungen verzichtet, befasst sich das rollenbezogene BGB-Verbraucherrecht nur mit Randzonen der Anlagetätigkeit: Bei Anlage-Haustürgeschäften steht dem Verbraucher-Anleger das Widerrufsrecht nach § 312 BGB zu. Beim Anlage-Fernabsatz wird ein Widerruf i.d.R. an § 312d Abs. 4 Nr. 6 BGB scheitern. Ein Anleger, der Spekulationen zu privaten Zwecken auf Kredit bei einer Bank finanziert, schließt einen Verbraucherdarlehensvertrag gem. §§ 491 ff. BGB, bleibt aber bei Scheitern des Finanzierungsgeschäfts i.d.R. an das Anlagegeschäft gebunden.[234]

II. Anlegertypologien des Finanzmarktrechts

Mehr Einsicht versprechen die Anlegertypologien des Finanzmarktrechts.[235] Für die hiesigen Zwecke ist das in verschiedenen Vorschriften[236] angedeutete Bild eines Referenzanlegers untauglich. Es statuiert für das jeweilige Finanzprodukt nur einen einheitlichen Informationsstandard, der z.B. im Rahmen einer richterlichen Inhaltskontrolle zugrunde zu legen ist, beschreibt aber nicht die vorhandenen Anleger. Im Übrigen war die Typenbildung je nach Rechtsquelle uneinheitlich und wurde erst im Kontext der Umsetzung der AIFM-RL vereinheitlicht. Entsprechend ist zu unterscheiden zwischen der Phase bis zur Umsetzung der AIFM-RL (sogleich 1.) und der anschließenden Harmonisierungsperiode (unten 2. und 3.).

1. Varianten der Anlegertypologie bis zur Umsetzung der AIFM-RL

So sind Spezial-Sondervermögen und –Inv-AGs nach Maßgabe des InvG noch solche Fonds, deren Anteile aufgrund schriftlicher Vereinbarungen mit der Kapitalanlagegesellschaft ausschließlich von Anlegern gehalten werden, die nicht natürliche Personen sind. Alle übrigen Fonds sind Publikumsfonds (§ 2 Abs. 3 InvG). Spezialfonds dienen zunächst als Organisationsform für Unterstüt-

---

[234] Ausnahmsweise anderes gilt für verbundene Geschäfte gem. §§ 358 Abs. 3, 359 BGB, vgl. *Kümpel/Wittig/März*, Rn. 10.356 f. (für Immobiliardarlehen/Immobiliengeschäfte), m.w.N. zur BGH-Rechtsprechung.

[235] Vgl. zur Suche nach einem Privatanleger-Typus auf Ebene der EU *Moloney*, How to Protect Investors, S. 30 ff.

[236] § 5 Abs. 1 WpPG und §§ 7 Abs. 1, 13 Abs. 2 VermAnlG (Publikum); § 3 SchVG (sachkundiger Anleger), dazu *Sester*, AcP 209 (2009), S. 648 ff.; *Schlitt/Schäfer*, AG 2009, 485 ff.; zum Anlegerleitbild auch *Buck-Heeb*, ZHR 177 (2013) 310, 333; *Mülbert*, ZHR 2013, 178; *Langenbucher*, ZHR (2013), 680 f. Die gleiche Funktion erfüllt die umstrittene Figur des „aufmerksamen Lesers und verständigen Durchschnittsanlegers" (z.B. BGH, NJW 1982, 2823, 2824) bzw. im Aktienrecht der „vernünftig oder objektiv denkende Durchschnittsaktionär" (z.B. BGHZ 149, 158, 164; BGHZ 119, 1, 19; BGHZ 122, 211, 239; BGHZ 107, 297, 306 f.; BGHZ 86, 1).

zungskassen. Weil Fonds grundsätzlich einer Mehrzahl von Anlegern dienen sollen, lässt man gem. der Destinatärtheorie[237] Fonds mit nur einem Anleger zu, hinter dem eine Vielzahl an Begünstigten steht, so z.B. von Versicherungsunternehmen, Unterstützungskassen und Pensionsfonds aufgelegte Fonds. Der soziale Bezug als Zulassungskriterium entfällt mit dem ersten Finanzmarktförderungsgesetz 1990.[238] Die Anlegerhöchstzahl ist zunächst auf zehn Anleger begrenzt (§ 1 Abs. 2 KAGG a.F.), wird mit dem InvModG 2003 auf 30 Anleger angehoben (§ 91 Abs. 1 InvG a.F.), bis sie mit dem InvÄndG 2007 entfällt. Zugleich wird zur Vermeidung sog. „Millionärsfonds"[239] der Zugang zu Spezialfonds auf andere als natürliche Personen beschränkt. Treten nach Gründung des Fonds natürliche Personen bei, wandelt sich der Spezial- zum Publikumsfonds und hat die dafür geltenden Aufsichts- und Anlagebestimmungen zu beachten.[240] Illustrativ ist die Differenzierung bei der Festsetzung der Höhe der Verwaltergebühren. Die Vorschrift des § 95 Abs. 8 InvG für Spezialfonds schließt die Anwendung des § 41 InvG aus, die eine detaillierte Kostenfestsetzung in den Vertragsbedingungen gebietet. Die Vorschrift des § 95 Abs. 8 InvG soll „administrative Hemmnisse" beseitigen „und unnötige Regelungen für institutionelle Anleger in Spezialfonds" abschaffen, weil „institutionelle Anleger kein ähnlich hohes Anlegerschutzniveau benötigen wie Privatanleger."[241]

Abweichende Typologien sind im Vertriebsrecht zu finden: Investmentanteile, Wertpapiere und andere Anlagen dürfen grundsätzlich nur auf der Grundlage einer Prospektinformation (bei ausländischen Investmentanteilen zzgl. einer Vertriebszulassung) öffentlich vertrieben werden.[242] Ausnahmen bestehen für sehr kleine Emissionen, Austauschemissionen, Emissionen von qualifizierten Emittenten, Emissionen, für die eine ausreichende Information nach anderen Vorschriften sichergestellt ist, Angebote mit sehr großer Stückelung oder an bestimmte Anlegergruppen. Auch das InvG privilegiert Angebote an bestimmte Anlegergruppen: Die weite Definition des öffentlichen Vertriebs gem. § 2 Abs. 11 S. 1 InvG erfasst jede auf den Abschluss zielende Tätigkeit. Der Negativkatalog des § 2 Abs. 11 S. 2 InvG sieht deshalb Ausnahmen vor. Danach ist kein öffentlicher Vertrieb u.a.[243] der Vertrieb an bestimmte institutionelle Anleger (Nr. 1).

---

[237] Vgl. Erster Teil, § 4.B.II.
[238] *Laux/Päsler*, Spezialfonds, S. 11 f.
[239] BT-Drs. 11/5411 (1. FMFG), Begründung zu Art. 1 Nr. 1 Bst. b), S. 25.
[240] *Reiss*, Pflichten, S. 50.
[241] Begründung zum Investmentänderungsgesetz (2007), BT-Drs. 16/5576, S. 83.
[242] Die Pflicht zur Vorlage ist unterschiedlich ausgestaltet. Vgl. § 2 Abs. 11 i.V.m. §§ 121 ff. InvG; §§ 3, 4 WpPG; §§ 8 f, 9 VerkProspG bzw. §§ 6 ff. VermAnlG; kritisch *Athanassiou/Lang*, S. 399 f.
[243] Privilegiert ist auch die Nennung der Kollektivanlage im Rahmen nach anderen Vorschriften erforderlicher Information, vgl. im Einzelnen Nr. 2: namentliche Nennung; Nr. 3: Veröffentlichung von Ausgabe- und Rücknahmepreis; Nr. 4: Verwendung von Verkaufsun-

Die privilegierten Anlegergruppen stimmen jedoch nicht überein. Rigide privilegiert das InvG nur den Vertrieb an Kredit- und Finanzdienstleistungsinstitute, Versicherungen, in und ausländische Investmentgesellschaften, Pensionsfonds sowie deren Verwalter (sowie alle Spezialfonds-Anleger).[244] Eine Prospektpflicht kann grundsätzlich auch dann bestehen, wenn sich eine Emission ausschließlich an institutionelle und sehr vermögende Privatanleger richtet und sich dies in einer sehr großen Anteilsstückelung zeigt. Eine an die Anteilsstückelung i.H.v. mindestens 200 T€ knüpfende Ausnahme kennt dagegen das VerkProspG/VermAnlG, im Übrigen privilegiert es allgemein Angebote an „Personen, die beruflich oder gewerblich Vermögensanlagen erwerben oder veräußern." Über den vom InvG privilegierten Kreis institutioneller Anleger hinaus ist insbesondere kein Prospekt erforderlich bei einem Angebot an große Industrieunternehmen und die jeweils für diese Unternehmen in den einschlägigen Positionen handelnden Personen.[245] Nach dem WpPG besteht einerseits keine Prospektpflicht bei allen nach dem VerkProspG privilegierten Anlegern; darüber hinaus sind Warenderivatehändler und ganz allgemein alle Einrichtungen privilegiert, deren einziger Geschäftszweck – ohne Zulassung oder Aufsicht – in der Wertpapieranlage besteht. Auch wenn diese ausdrücklich nicht genannt sind, erstreckt sich das Privileg im Wege des argumentum a minus ad maiore auch auf Anlageverwalter, die einer Zulassung und Aufsicht unterliegen, weil sie für andere in Finanzinstrumente anlegen (vgl. § 1 Abs. 1a Nr. 11 KWG). Darüber hinaus sind Angebote an solche kleinen und mittleren Unternehmen (KMUs)[246] sowie natürliche Personen von der Prospektpflicht befreit, die sich für die Dauer eines Jahres als qualifizierte Anleger registriert haben.[247]

Eine dritte Anlegertypologie wird mit der Umsetzung von Art. 4 Abs. 1 Nr. 10 bis 12 und Anhang II MiFID in § 31a WpHG eingeführt.[248] Danach ist zwischen professionellen und Privatkunden zu unterscheiden. Professioneller Kunde kann gem. § 31a Abs. 2 S. 2 WpHG ein Unternehmen kraft spezifischer

---

terlagen, die über nicht öffentlich vertriebene Teilfonds informieren, wenn dies anlässlich des Vertriebs eines öffentlich vertriebenen Teilfonds geschieht; Nr. 5: Bekanntmachung der Besteuerungsgrundlagen gem. § 5 InvStG; in Befolgung gesetzlicher Pflichten des Wertpapierprospekt- bzw. Verkaufsprospektgesetzes (Nr. 6) bzw. als ausländischer börsennotierter Emittent in Befolgung der Zulassungsfolgepflichten (Nr. 7).

[244] Eine Harmonisierung der Begriffe mit anderen Finanzmarktgesetzen war im Rahmen des InvModG 2003 geplant. Darauf wurde jedoch wegen der indirekten Vertriebsmöglichkeiten von Hedgefonds-Produkten und befürchteter möglicher Nachteile für deutsche Anbieter verzichtet, vgl. *Beckmann/Lindemann/Kayser*, § 112 Rn. 36 ff.

[245] KMRK/*Heidelbach*, § 8f VerkProspG Rn. 28.

[246] Die Schwellenwerte des § 2 Nr. 7 WpPG entsprechen denen gem. § 267 HGB.

[247] § 27 WpPG. KMUs müssen dafür keine weiteren Voraussetzungen erfüllen, natürliche Personen müssen zwei der drei folgenden Kriterien nachweisen: Kenntnisse, Handelsaktivität und ein großvolumiges Wertpapierportfolio.

[248] Dazu KMRK/*Koch*, § 31a WpHG Rn. 6 ff.; KMRK/*Rothenhöfer*, § 31 WpHG Rn. 345 ff.; *Bülow*, FS Nobbe, S. 495, 501 ff.; *Kasten*, BKR 2007, 261; *ders.*, Explorations- und Informationspflichten, S. 175 ff.; *Buck-Heeb*, ZHR 177 (2013) 310, 333 f.

Zulassung, Größe, staatlicher Organisation oder Tätigkeit sein. Zu den professionellen Kunden kraft Zulassung und Tätigkeit zählen institutionelle Anleger, und zwar unabhängig von einer evtl. öffentlich-rechtlichen Aufsicht: Professionelle Kunden kraft Zulassung sind insbesondere „Organismen für gemeinsame Anlagen und ihre Verwaltungsgesellschaften" sowie „sonstige institutionelle Anleger." Professionelle Kunden kraft Tätigkeit sind nicht zulassungs- oder aufsichtspflichtige institutionelle Anleger, deren Haupttätigkeit in der Investition in Finanzinstrumente besteht. Alternativ kann sich ein Privatkunde durch ein Wertpapierdienstleistungsunternehmen (WPU) als professioneller Kunde zertifizieren lassen (sog. gekorener professioneller Kunde). Dafür muss das WPU prüfen, ob der Kunde aufgrund seiner Erfahrungen, Kenntnisse und seines Sachverstandes in der Lage ist, eine Anlageentscheidung zu treffen und die damit verbundenen Risiken angemessen zu beurteilen. Vermögen allein genügt nicht für die Einstufung als professioneller Anleger (oder geeignete Gegenpartei).[249] Auch der Wohlhabende kommt in den Genuss des Anlegerschutzes, unterliegt aber umgekehrt seinem Zwang. Rechtliche Konsequenz der Einstufung ist eine niedrigere vermutete Schutzbedürftigkeit als bei Privatkunden: Bei einem professionellen Kunden darf das WPU gem. § 31 Abs. 9 WpHG im Hinblick auf seine Explorationspflicht (§ 31 Abs. 4 WpHG) davon ausgehen, dass die für bestimmte Geschäfte erforderlichen Kenntnisse und Erfahrungen gegeben sind. Im beratungsfreien Geschäft mit professionellen Kunden kann auf eine Angemessenheitsprüfung gem. § 31 Abs. 5 WpHG verzichtet werden, weil die Kenntnisse und Erfahrungen des Kunden, die für die Beurteilung der Angemessenheit maßgeblich sind, vermutet werden (§ 31 a Abs. 2 S. 1 WpHG).

Eine vierte einkommens- und vermögensbezogene Anlegertypologie sieht nunmehr das KleinanlegerschutzG in § 31 Abs. 5a WpHG vor. Diese ist, soweit ersichtlich, ausschließlich für Vertriebszwecke bedeutsam und hat weder im KAGB noch im VermAnlG einen gesetzlichen Anknüpfungspunkt. Sie wird deshalb im Folgenden außer Acht gelassen.

2. *Privat- und professionelle Anleger als europäische Kernkategorien*

Allen Anlegertypologien ist gemein, dass dem außerhalb des Kreises der gewerblichen/beruflichen (VermAnlG), qualifizierten (WpPG) oder professionellen (WpHG) Anleger stehenden Investor der volle Schutzumfang des Rechts zu Gute kommt. Dies gilt unabhängig von der Willensrichtung des Betroffenen, insoweit ist die Privatautonomie eingeschränkt. Umgekehrt erfährt ein innerhalb des Privilegs angesiedelter Anleger nur eingeschränkten Schutz. In allen Finanzmarktgesetzen, unabhängig von der Art des Angebots und der Ausge-

---

[249] Vgl. § 31a Abs. 7 S. 3 WpHG, wonach 1) ein Wertpapierportfolio im Wert von 500 T€, 2) eine Handelstätigkeit mit mindestens 10 Transaktionen pro Quartal oder 3) eine einjährige einschlägige Berufstätigkeit am Kapitalmarkt erforderlich ist. Zwei der drei Kriterien müssen erfüllt sein.

staltung der Privilegierung wird jeweils vermutet, dass der professionelle, berufliche, qualifizierte, sachverständige Anleger „über ausreichende Erfahrungen,
Kenntnisse und Sachverstand verfügt, um … Anlageentscheidungen zu treffen
und die damit verbundenen Risiken angemessen beurteilen zu können."[250] Die
Typologien decken sämtliche Rechtsformen ab, in denen Kollektivanlagen organisiert sein können.[251] Zudem sind in der Rechtsprechung vergleichbare Tendenzen nachzuweisen. So sind Intermediäre intensiven Informationspflichten bei
Finanzterminkontrakten mit einem Privatanleger unterworfen, während berufsmäßige oder sich als gleichkundig darstellende Akteure nur eingeschränkt
zu informieren sind.[252] Von daher lässt sich bei der Differenzierung zwischen
professionellen und Privatanlegern von einem *Prinzip* im Sinne eines leitenden
Rechtsgedankens bzw. einer grundlegenden, jedoch nicht die Alleinvertretung
okkupierenden Wertung[253] des Finanzmarktrechts sprechen.

3. Anlegertypologien des KAGB

Durch das Europarecht wird die in das WpHG aufgenommene Anlegertypologie der MiFID mit ihrer Unterscheidung zwischen kundigen und unkundigen
Anlegern zum Modell eines einheitlichen europäischen Finanzmarktrechts
fortentwickelt. So verweisen die Reform der Prospekt-RL,[254] Art. 4 der PRI-
IP-VO, Art. 6 Abs. 1 EuVECA-VO, Art. 6 Abs. 1 EuSEF-VO und Art. 4 Abs. 1
(ah) und (ak) AIFM-RL auf die in Anhang II Abschnitt I Nr. 1 bis 4 MiFID
enthaltene Differenzierung zwischen geeigneten Gegenparteien und professionellen Anlegern. Die Ratio dieser Grundentscheidung wird konzeptionell auf
alle Anlageorganisationen übertragen. Außerdem wird Regulierungsarbitrage
vorgebeugt. So wird das Verbot eines vertraglichen Haftungsausschlusses bei
Übertragung der Regelungen für AIF-Verwahrstellen in die OGAW-RL damit

---

[250] So ausdrücklich § 31a Abs. 2 S. 1 WpHG; i.E. ebenso für § 8f VerkProspG (jetzt § 2
VermAnlG) KMRK/*Heidelbach*, § 8f VerkProspG Rn. 28; für § 2 Nr. 6 WpPG KMRK/*Heidelbach*, § 2 WpPG Rn. 33; für Spezialfonds nach dem InvG Beckmann/*Herkströter/Loff*, § 91
Rn. 2; zum KAGB Möllers/Kloyer/*Zetzsche*, S. 132 ff., *Buck-Heeb*, ZHR 177 (2013) 310,
333 ff.

[251] Aktie = WpPG, Anleihe = WpPG, SchVG, sonstige gesellschaftsrechtliche Beteiligung
= VermAnlG (vormals VerkProspG), Investmentanteil = KAGB.

[252] Vgl. BGH, WM 1996, 1214, 2. Ls. und 1216 Rn. 22; BGH, WM 1997, 309, 311 Rn. 20;
BGH, ZIP 2003, 2242, 2244 (promovierter Wirtschaftsprüfer); BGH, WM 2004, 2205 Rn. 17;
BGH, WM 2006, 84 Rn. 24.

[253] Vgl. *Bydlinski*, Methodenlehre, S. 14 f.; *Canaris*, Systemdenken und Systembegriff,
S. 52 f.; *Larenz*, Methodenlehre, S. 169 ff., 474 ff.; *Röhl/Röhl*, Allg. Rechtslehre, S. 283 f. Zur
Abgrenzung vom moralisch besetzten Prinzipienbegriff von *Ronald Dworkin Rüthers/Fi-
scher/Birk*, Rechtstheorie, Rn. 391a ff.

[254] Vgl. 7. ErwGr und Art. 2 Abs. 1 Bst. e der Richtlinie 2010/73/EU vom 24. November
2010 zur Änderung der Richtlinie 2003/71/EG betreffend den Prospekt den Prospekt, der
beim öffentlichen Angebot von Wertpapieren oder bei deren Zulassung zum Handel zu veröffentlichen ist ( ), ABl. (EU) L 327/1 vom 11.12.2010.

gerechtfertigt, dass die *zulasten* der Anleger nutzbare Gestaltungsfreiheit zu reduzieren sei.[255]

Allerdings deuten die die AIFM-RL begleitenden Produktverordnungen für EuVECA und EuSEF darauf hin, dass die Anlegertypologie der MiFID noch Fragen offen lässt, die insbesondere wohlhabende Privatanleger betreffen. Solche Anleger sollen zur Anlage in die sehr risikoreichen Venture Capital Fonds (Art. 6 Abs. 1 EuVECA -VO) und zur selten ertragreichen Anlage in soziales Unternehmertum qualifiziert (Art. 6 Abs. 1 EuSEF-VO) nicht aber befugt sein, in diversifizierte geschlossene AIF anzulegen.

Mit der Übernahme dieser Differenzierung in den Referentenentwurf des KAGB fallen nach der zu engen Lesart der Gesetzesredakteure[256] einige potenziell qualifizierte Spezialfonds-Anleger aus dem Kreis der qualifizierten Anleger heraus. Diese Anlagekunden werden deshalb als sog. semiprofessionelle Anleger in einer separaten Anlegerkategorie in § 1 Abs. 19 Nr. 33 KAGB zusammengefasst, sachlich jedoch den professionellen Anlegern vollständig gleichgestellt. „Spezial-AIF" sind nunmehr „AIF, deren Anteile … nur von professionellen *oder semiprofessionellen* Anlegern gehalten werden dürfen. Ist diese Bedingung nicht erfüllt, handelt es sich gem. § 1 Abs. 6 um Publikumsinvestmentvermögen.

Semiprofessioneller Anleger wird man auf drei Arten. *Erstens* durch eine Kombination von Mindestanlage, Risikobewusstsein, Sachverstand und Erfahrung. Die erste Variante orientiert sich[257] an den zur Anlage in Europäische Venture Capital Fonds und Europäische Fonds für Soziales Unternehmertum Berechtigten, s. Art. 6 EuSEF-VO; Art. 6 Abs. 1 EuVECA-VO. Allerdings wurden die europäische Mindestinvestition von 100.000 € auf 200.000 € verdoppelt und für das Verfahren Komponenten beibehalten, die in früheren Verordnungsfassungen noch enthalten waren und sich an dem Verfahren für den gekorenen professionellen Kunden gem. § 31a WpHG orientierten. Damit gibt es zwei Schwellenwerte für die Anlegerqualifikation: 200.000 € (für KAGB-Investmentvermögen) und 100.000 € (für Anlagen in EuVECAs und EuSEFs gem. §§ 337, 338 KAGB).

Zweitens werden nach dem Vorbild der Art. 6 EuVECA-VO und Art. 6 EuSEF-VO die Geschäftsleiter, Risiko- und Kontrollträger des AIFM gem. § 37 Abs. 1 KAGB den professionellen Anlegern gleichgestellt, wenn dieser Perso-

---

[255] Vgl. Europäische Kommission, Working Document of the Commission Services (DG Internal Market and Services), Consultation Paper on the UCITS Depositary Function and on the UCITS Managers' Remuneration, MARKT/G4 D (2010) 950800 vom 14. Dezember 2010, sub I.B., S. 12 ff.

[256] Demgegenüber für wörtliches Verständnis der AIFM-RL Möllers/Kloyer/*Zetzsche*, S. 142 f., wonach professionelle Anleger i.S.v. Art. 4 Abs. 1 (ah) und (ak) AIFM-RL diejenigen sind, die nach der MiFID professionelle Kunden sein *können*; auch zu weiteren Zweifelsfragen bei der Abgrenzung. S. aber zur Gegenauffassung *Schubert/Schumann*, BKR 2015, 45, 47.

[257] Vgl. BT-Drs. 17/12294, S. 326.

nenkreis in von ihnen verwaltete AIF investiert. Hier sollte von Fachwissen auszugehen sein. *Drittens* wird man durch die erhebliche Investitionssumme von 10 Mio. € in ein Investmentvermögen zum semiprofessionellen Anleger. Reichtum induziert zwar keineswegs Weisheit, aber bei solchen Anlagesummen ist gute Beratung zu vermuten.

Der Schutz des Gesetzes ist in allen drei Fällen ähnlich entbehrlich wie bei professionellen Anlegern. Das KAGB differenziert entsprechend zwischen kraft Kundigkeit oder Reichtum Qualifizierten – sog. HNWis –[258] und sonstigen (Publikums-) Anlegern.

III. Anerkennung als Organisationsprinzip?

Die Typologien reüssieren beim Vertrieb von Finanzdienstleistungen und Fonds. Insoweit kann man von einem Prinzip des Aufsichts- und Vertriebsrechts sprechen. Anders als die rollenbezogene Differenzierung des BGB-Verbraucherrechts, aber vergleichbar mit dem HGB-Gewerbebegriff ist diese Differenzierung statusbezogen.[259] Neu wäre der Schritt von einer Vertriebsregel zu einem – auch zivilrechtlich wirksamen – Generalprinzip der Anlage*organisation*.

Dafür ist zumindest ein methodischer Einwand zu entkräften: die Qualifikation der Finanzmarkttypologien als ausschließlich öffentliches Recht. Eine solche Qualifikation ist aus drei Gründen verfehlt: Erstens erfüllen die meisten Normen des Wirtschaftsrechts öffentliche und private Zwecke und rufen öffentlich- und zivilrechtliche Rechtsfolgen hervor, so dass deren Zuordnung zum Zivil- oder öffentlichen Recht misslingt. So knüpfen an die Anleger-Desinformation die Ersatzpflicht (z.B. § 306 KAGB) und ein Widerrufsrecht (§ 305 KAGB). Zweitens ist die zivilrechtsgestaltende Wirkung vieler Vorschriften unstreitig. Wenn z.B. §§ 162 f., 173 Abs. 3, 266 f. KAGB bestimmte vertragliche Regelungen untersagt, führt die Zuwiderhandlung zur Teilnichtigkeit gem. § 139 BGB. Drittens können auch ausschließlich öffentlich-rechtliche Anlegerschutzvorschriften über die zivilrechtliche Drittwirkung gem. § 823 Abs. 2 BGB in das Zivilrecht hineinwirken.

Es bleiben die reservierten Stimmen, die empirische Belege für die Unter- bzw. Überlegenheit der Anlegergruppen einfordern[260] oder die Ungleichge-

---

[258] Vgl. Regierungsbegründung, BT-Drs. 17/12294, S. 188: „Diese in der AIFM-Richtlinie vorgesehenen Regelungen für Verwalter und AIF für professionelle Anleger werden im vorliegenden Gesetz auf Verwalter und AIF für sog. semi-professionelle Anleger ausgeweitet, soweit dies nach der AIFM-Richtlinie zulässig ist. Denn semi-professionelle Anleger sind solche Anleger, bei denen es sowohl im Hinblick auf die Investitionsvolumina als auch im Hinblick auf ihre Expertise gerechtfertigt ist, sie mit professionellen Anlegern gleichzustellen."

[259] *Bülow*, FS Nobbe, S. 495, 501 ff.

[260] *König*, Anlegerschutz, S. 20.

wichtslage als Gefühlsjurisprudenz brandmarken.[261] Nur vereinzelt finden sich in Rechtsprechung und Schrifttum Vorarbeiten, welche für ein Prinzip der Anlegerdichotomie fruchtbar gemacht werden können.

1. Beurteilungsfähigkeit

Organisationsbezogen ist *U.H. Schneiders*[262] Ansatz zur Fortentwicklung des unternehmensinternen Anlegerschutzes. Dieser müsse nicht bei allen Anlageformen gleich ausgestaltet sein. U.a. sei danach zu differenzieren, ob unerfahrene Kleinanleger oder institutionelle Großanleger bzw. kundige oder beratene Einzelanleger angesprochen werden. *Hellgardt* differenziert in seinem Plädoyer für die Abbedingung der organschaftlichen Treupflicht für Venture Capital- und Private Equity-Gesellschaften nach kundigen, zum Selbstschutz fähigen und unkundigen Anlegern.[263] Bei geschäftlich weniger erfahrenen Personen dürfe man einen Verzicht auf die Treupflicht nur bei Einhaltung gewisser Mindeststandards zulassen bzw. man müsse das Resultat einer Inhaltskontrolle unterwerfen. Ohne Erwähnung der Kapitalmarktkategorien sollen die unkundigen Anleger zunächst indirekt durch Marktkräfte geschützt werden (gemeint ist die indirekte Einwirkung der professionellen Anleger auf die Marktpreise). Wo ein solcher indirekter Schutz nicht gegeben sei, ende die Vertragsfreiheit. Diese Ansätze rekurrieren auf die Fähigkeit der Anleger zur Beurteilung der gesellschaftsvertraglichen Abreden.

2. Risikotragfähigkeit

Schon eine zufällige Auswahl der BGH-Entscheidungen belegt, dass sich unter den Geschädigten Personen befinden, bei denen die Vermögenskomponente für die Kür zum professionellen Anleger gegeben ist.[264] Im Verhältnis dazu ist die Risikotragfähigkeit eher selten Entscheidungskriterium. Anderes gilt für einen Fall, bei dem sich ein Anleger mit 300.000 DM an zwei Medienfonds beteiligt

---

[261] *Zöllner*, AcP 196 (1996), 1, S. 35 („Die Redeweise von der Ungleichgewichtigkeit der Vertragspartner ist eine bequeme Argumentationsfigur, die von genauem Nachdenken und sachbezogener Begründung abhält. Ungleichgewichtigkeit ist, ungeachtet dessen, daß viele Rechtstheoretiker und Rechtsanwender sie – unmittelbar zu Gott – fühlen oder konstatieren zu können glauben, ein weder in seinen Voraussetzungen beschreibbarer noch meßbarer Sachverhalt."). Der Schwerpunkt der Abhandlung liegt auf dem Schuld- und Arbeitsrecht.

[262] *U.H. Schneider*, ZHR 142 (1978) 228, 234 und 238.

[263] *Hellgardt*, FS Hopt, S. 765, 772, 792.

[264] Vgl. BGHZ 84, 141: 200.000 DM Investitionssumme im Jahr 1971; WM 1985, 533: 42.000 DM/1971; BGHZ 120, 157: 105.000 DM/1985; OLG Hamm, NZG 2001, 331: 102.500 DM und 31.500 DM/1993; NJW 1995, 1025: 1.363 Mitglieder legen 3.289.447 DM an, durchschnittlich 2.413 DM; NJW 2006, 2410: 96.000 DM/1997; WM 2006, 1621: 70.000 DM/1995; DB 2010, 2057: 300.000 DM/1999; WM 2010, 1537: 50.000 DM/1999; BFH/NV 2010, 1598: 100.000 DM/1999; WM 2010, 1017: 250.000 DM/1999; NJW 2010, 2197: 80% bzw. 96% von 31,3 Mio. DM/1993; EuGH, C-215/08: 384.000 DM/1991. Naturgemäß konzentrieren sich wegen des Berufungs- und Revisionsmindeststreitwerts vor dem BGH die Fälle mit hohen Anlagebeträgen.

und später auf eine übermäßige Gebührenhöhe berufen hatte. Der Prospekt bot dazu Informationen unter der Überschrift „Investition". Der Kläger wandte ein, bei Komplementärsgebühren i.H.v. einem Fünftel der Anlagesumme könne man nicht von einer Kapitalanlage zur Gewinnerzielung sprechen. Der BGH lehnte das Organisations- zugunsten des Informationsarguments ab, wonach man von einem Anleger, der sechsstellige Beträge investiere, eine sorgfältige und eingehende Prospektlektüre erwarten könne.[265] Dies stimmt mit der Schrifttumsansicht überein, es bedürfe besonderer Begründung, wenn der BGH Publikumskommanditisten, die „sich typischerweise aus Millionärskreisen rekrutieren, die entweder selbst über Geschäftserfahrung verfügen oder sich doch leicht professionellen Rat verschaffen können",[266] z.b. mit der Inhaltskontrolle von Gesellschaftsverträgen zur Seite steht.

3. Private und qualifizierte Anleger

Nur gelegentlich bildet sich das Statusmodell der Finanzmarktgesetze ab. So möchte *Armbrüster* die Privatanleger in geschlossenen Fonds-GbR und -OHG auf das Risiko einer Verlusthaftung gem. § 735 BGB analog dem früheren § 37d WpHG explizit hinweisen lassen; für professionelle Anleger soll dies entbehrlich sein.[267] *Haar*[268] plädiert für ein Verständnis der AIFM-RL als „koordinationsorientierte Regulierung". Indirekt würden die Publikumsanleger durch bessere Information und damit bessere Entscheidung der professionellen Anleger geschützt. *Köndgen* befürwortet im Zusammenhang mit strukturierten Produkten eine Zweiteilung des Marktzugangs. In Anlehnung an die Zugangsregulierung zu Hedgefonds sollen komplizierte Produkte nur professionellen Anlegern offenstehen, Privatanlegern die Investition ausschließlich über Dachzertifikate möglich sein.[269] Kein Gegenbeispiel ist die nach teilweise vertretener Auffassung zulässige Informationsbevorzugung der professionellen Anleger mit Blick auf deren preisbildende Funktion am Markt.[270] Dabei geht es um die Frage einer differenzierten Behandlung innerhalb einer Unternehmung bzw. die Interpretation des Unternehmensrechts als „Recht der Stellvertreter".[271]

---

[265] BGH, DB 2010, 1874 Rn. 13 f. Der Klage wurde dennoch wegen Aufklärungspflichtverstoßes des Treuhand-Kommanditisten in Bezug auf verborgene Umstände stattgegeben.

[266] *D. Reuter*, AcP 181 (1981), 1, 12, der aber die Inhaltskontrolle mit der Maßgabe befürwortet, „es gehe um den Schutz des Rechtsverkehrs, die Funktionsfähigkeit des Kapitalmarkts und – last not least – die Absicherung des politischen Zwecks steuerrechtlicher Abschreibungsprivilegien."; kritisch *Buck-Heeb*, ZHR 177 (2013), 340.

[267] *Armbrüster*, ZGR 2009, 27 f.; *ders.*, Gesellschaftsrecht und Verbraucherschutz, S. 42 f.

[268] *Haar*, FS Hopt, S. 1865, 1888.

[269] *Köndgen*, FS Hopt, S. 2113, 2136 f.; zur Produktintervention nach MifiD II *Langenbucher*, ZHR (2013), 697 f.; ablehnend *Buck-Heeb*, ZHR 177 (2013) 342; *Mülbert*, ZHR 2013, 201 ff.

[270] Nachweise bei *Zetzsche*, Aktionärsinformation, S. 371 ff.

[271] Vgl. zu institutionellen Anlegern als „Kontrollfilter" im Corporate Governance System *Kalss*, Anlegerinteressen, S. 351 ff.; *Schmolke*, ZGR 2007, 701, 707 ff.; *Staake*, S. 98 ff., 119 ff.,

B. Anlegerdichotomie als Generalprinzip der Anlageorganisation

Sind die Finanzmarktkategorien damit im Zivilrecht der Anlageorganisation keineswegs anerkannt, muss die Frage des Wertungstransfers untersucht werden. Dies ist in drei Schritten vorzunehmen: Nach grundsätzlichen Überlegungen zur Differenzierung zwischen Privatrechtsakteuren (I.) soll mittels ökonomischen und rechtsvergleichenden Überlegungen der Zweck einer solchen Anpassung erörtert (II.) und schließlich die Vereinbarkeit mit dem System verprobt werden (III.).

I. Anlegertypologien als Gewährsträger der Privatautonomie

1. Strukturelles Ungleichgewicht als Marktstörung

Die mit der Differenzierung zwischen Anlegern verbundene Abkehr von dem auf formell-abstrakte Gleichheit von Rechtssubjekt und Verwendungszweck gestützten liberalen Sozialmodell des BGB[272] ist keine Unbekannte (mehr). Sie wurde spätestens mit dem Gesetz über allgemeine Geschäftsbedingungen hierzulande offenbar[273] und hat sich trotz teils kritischer Begleitung durch die Lehre[274] zum etablierten Bestand des Zivilrechts entwickelt.[275] Damit wurde das duale System aus Bürger- und Kaufmannsrecht zu einem Dreiklang aus Verbraucher-, Bürger- und Kaufmannsrecht.[276]

Paternalismus ist damit nicht *bezweckt* (wenngleich die zwangsläufige Folge[277]): Nach der europarechtlichen Intention sollen die Verbraucherregeln die Privatautonomie nicht beeinträchtigen, sondern sichern. Der Verbraucher sei

---

speziell zu Exit und Voice S. 197 ff.; *Zetzsche*, (2008) 8 JCLS 289, 298 ff.; aus dem US-Schrifttum z.B. *Admati/Pfleiderer/Zechner*, (1994) 102 JPE 1097; *Black*, (1992) 39 UCLA L.R. 811; *ders.*, (1990) 89 Mich. L. Rev. 520, 524; *Gilson/Kraakman*, (1990–91) 43 Stan. L. Rev. 863; *Roe*, Strong Managers – Weak Owners, S. 169, 187 ff. Wenig enthusiastisch *Rock*, (1990–91) 79 Geo. L.J. 445.

[272] Dazu *Dauner-Lieb*, Verbraucherschutz, S. 51 ff.; *Reymann*, Sonderprivatrecht, S. 46 ff.; *Westermann*, AcP 178 (1978) 151, 152 ff.

[273] Zur Historie des Verbraucherschutzrechts *Reymann*, Sonderprivatrecht, S. 78 ff.; Rückführung auf die Kautelarpraxis des 19. Jahrhunderts bei *Hellwege*, AGB, S. 19 ff.

[274] *Westermann*, AcP 175 (1975) 375, 389 konstatiert eine „Krise des liberalen Vertragsdenkens" und warnt vor dem Richter als „Sozialingenieur" (aber befürwortet gleichwohl die Inhaltskontrolle von Gesellschaftsverträgen, S. 406); vorsichtig *ders.*, AcP 178 (1978) 151; *Lieb*, AcP 178 (1978), 196, 225 („gefährliches Instrument der Inhalts- und Angemessenheitskontrolle"); *Zöllner*, AcP 196 (1996), 1, 35. befürwortend dagegen *Dauner-Lieb*, Verbraucherschutz (1983).

[275] Die umfangreiche Diskussion ist Spezialuntersuchungen vorbehalten, insbesondere *Dauner-Lieb*, Verbraucherschutz (1983); *Hellwege*, AGB (2010); *Meller-Hannich*, Verbraucherschutz (2005); *Reymann*, Sonderprivatrecht (2009).

[276] Vgl. *Reymann*, Sonderprivatrecht, S. 19 f., 497 f.

[277] Die Freiheitsbeschränkung zur Sicherung des Wohls des Beschränkten ist Definitionselement paternalistischer Bestimmungen, vgl. *Schmolke*, S. 10 f. Dass auch die Marktfunktionen gesichert werden sollen, ändert an den paternalistischen Auswirkungen der Bestimmungen nichts.

„als Teil eines Massenmarktes und … Ziel von Werbekampagnen und Pressionen durch mächtige, gut organisierte Produktions- und Absatzsysteme … nicht mehr voll in der Lage, als Marktteilnehmer seine Rolle eines Gleichgewichtselements zu spielen. In der Folge der Entwicklung der Marktbedingungen [komme es] zur Störung dieses Gleichgewichts zwischen Lieferant und Verbraucher zugunsten des Lieferanten."[278] Die materiale (im Gegensatz zur formellen) Vertragsfreiheit ist danach Voraussetzung eines funktionierenden Wettbewerbs. Ohne gesetzgeberische Hilfestellung droht bei Vertragsschlüssen überforderter Verbraucher ein Marktversagen.[279] Als Nebeneffekt mag man sich Wohlfahrtsgewinne durch Transaktionskostenminderung erhoffen.[280]

2. Anlagespezifischer Verbraucherschutz

Ausgehend von der Rechtsprechung zu Wucherdarlehen[281] und zur Sittenwidrigkeit (§ 138 Abs. 1 BGB) der Bürgschaft naher Angehöriger[282] wurden diese und die übrigen für die AGB-Kontrolle vorgebrachten Intentionen[283] im Bank- und Finanzmarktrecht dankbar aufgenommen. Die Abkehr vom liberalen Rechtsstaat ist seit den 1970er Jahren auch im Finanzmarktrecht mit der Anerkennung des Anlegerschutzes als Ausprägung eines sozialschützenden Rechts[284] vollzogen.

Der Schutz der (Privat-)Anleger verlängert den Gedanken des strukturellen Ungleichgewichts in das Gesellschafts- und Finanzmarktrecht hinein.[285] So

---

[278] Vgl. die Begründung im Ersten Programm der Europäischen Wirtschaftsgemeinschaft für eine Politik zum Schutz und zur Unterrichtung der Verbraucher vom 14. April 1975, ABl. EG C 92/1 vom 25.4.1975, Tz. 6/7 sowie das Zweite Programm vom 19.5.1981, ABl. EG C 122/1 vom 3.6.1981, zitiert nach *Bülow*, FS Nobbe, S. 498. S.a. *Wackerbarth*, AcP 200 (2000), 46, 69 ff. (mangelnder Konditionenwettbewerb als Voraussetzung des liberalen Vertragsmodells nicht gegeben); *Meller-Hannich*, Verbraucherschutz, S. 67 ff.

[279] *Basedow*, AcP 200 (2000), 446, 486 f.; kritisch *Leuschner*, AcP 207 (2007), 491, 502; zu den Grenzen dieses Zusammenhangs siehe *Mülbert*, ZHR 2013, 176 ff.

[280] Als alleinige „überindividuelle Rechtfertigung" verstanden bei *Leuschner*, AcP 207 (2007), 491, 503 f.

[281] BGHZ 80, 153, 160, 161; BGHZ 104, 102; BGHZ 128, 255, 268 Rn. 31 f., dazu *Bülow*, FS Nobbe, S. 499 f.

[282] Für Verlobte BGHZ 136, 347, 350 Rn. 14 ff. (Verlobte); für Ehegatten/Lebenspartner BGHZ 146, 37 Rn. 14 ff.; BGH, NJW 2002, 744; BGH, NJW 2000, 1182 Rn. 12; auf erwachsene Geschwister nur anwendbar, wenn vergleichbar enge Beziehung besteht, nach BGHZ 137, 329.

[283] Vgl. *Hellwege*, AGB, S. 538 f. mit neun Begründungsansätzen.

[284] *Hopt*, Kapitalanlegerschutz, S. 289 ff., 304 ff.; *Schwark*, Anlegerschutz, S. 72; Assmann/Schütze/*Eckhold/Balzer* § 22, Rn. 73.

[285] Vgl. *Odersky* in Lutter/Wiedemann, S. 103, 110 ff. mit einer Exegese der Gründe für richterliche Rechtsfortbildung am Beispiel des § 138 BGB; siehe auch *Riesenhuber*, ZBB/JBB 2014, 134, 145 f.; *Mülbert*, ZHR 2013, 160, 181; *Buck-Heeb*, ZHR 177 (2013) 340 f.; *Langenbucher*, ZHR (2013), 685; ähnlich für die Schweizer AFG 1966 und 1992 *Werlen*, Grundgedanken, S. 188 („Wiederherstellung der Privatautonomie im Anlagefondsbereich").

konstatiert das BVerfG[286] zur Zillmerung bei Lebensversicherungsverträgen, bei Schwäche eines Vertragspartners könne der verfassungsrechtliche Schutzauftrag zugunsten der Privatautonomie eine Pflicht des Gesetzgebers begründen, für eine adressaten-adäquate Ausgestaltung des *Vertrages* zu sorgen. Anlegerschutzrecht ist dann *anlagespezifisches Verbraucherschutzrecht.* Ohne eine verfassungsrechtliche Regelungspflicht zu berufen,[287] unterstützt die Begründungslinie des Europarechts und des BVerfG den Transfer der finanzmarktrechtlichen Anlegerdichotomie in die zivile Anlageorganisation, indem sie verfassungsrechtliche Einwände gegen eine statusbezogene Differenzierung zum Schweigen bringt. Ist gegen das BGB-Verbraucherschutzrecht verfassungsrechtlich nichts zu erinnern oder hält man dies sogar für einen Gewährsträger der Privatautonomie, gilt dies erst Recht für das Anlegerschutzrecht und deren Spezialausprägung in der finanzmarktrechtlichen Typendifferenzierung.

Infolge des Wertungstransfers realisiert sich die Privatautonomie in dem jeweils gebotenen Umfang: Erkennt man an, dass Privatanleger bei typisierter Betrachtung der Unterstützung bedürfen, ist zur Sicherung der freien Willensbetätigung *der Privatanleger* die rechtliche Gestaltungsmacht *des Verwalters* einzuschränken, mit der Folge, dass er die Privatautonomie zu eigenen Zwecken in deutlich geringerem Umfang für sich geltend machen kann. Für den professionellen Anleger ist die gleiche Fürsorge eine unbillige Beschränkung des eigenen Tätigkeitsfeldes. In diesem Fall bleibt es bei der Grundwertung des Art. 2 Abs. 1 GG, wonach eine Beschränkung der Vertragsfreiheit besonderer Rechtfertigung bedarf.

Die Anlegerdifferenzierung der Finanzmarktgesetze verschiebt jedoch die Kategorien. Statt der Rolle als Verbraucher oder Unternehmer ist die Beurteilungs- oder Risikotragfähigkeit der Anleger maßgeblich. Personen, die des Schutzes nicht bedürfen, können durch Zertifizierung nach § 31a Abs. 7 WpHG zum professionellen Anleger „aufsteigen," während sich professionelle Anleger nach § 31a Abs. 6 und § 31b Abs. 1 S. 2 WpHG zum Privatkunden herabstufen lassen können. Dies rechtfertigt sich mit der Erkenntnis, dass im Beruf oder aus gleichwertigen Tätigkeiten privaten Umfangs erlangte Sonderkenntnisse auf Herstellung der Vertragsparität gerichtete Rechtspflichten obsolet machen.[288] Durch diese Ausstiegsoption aus der jeweiligen Kategorie – *Bülow*[289] spricht von einem beweglichen Schutzsystem – wird die finanzmarktrechtliche Anlegertypologie liberaler als das starre BGB-Verbraucherschutzrecht.

---

[286] BVerfGE 114, 1; BVerfG, WM 2006, 633 Rn. 60.

[287] Gegen verfassungsrechtliche Regelungs*pflicht* für BGB-Verbraucherrecht, bei Anerkennung der gesetzgeberischen Entscheidung zugunsten eines solchen Rechts *Reymann*, Sonderprivatrecht, S. 239 ff.

[288] So bereits *Dauner-Lieb*, Verbraucherschutz, S. 105 ff.; zur Gleichheits- und Freiheitsmaxime der Vertragsparität auch *Reymann*, Sonderprivatrecht, S. 162 ff.

[289] *Bülow*, FS Nobbe, S. 502.

II. Teleologische Grundlegung

Um den Blick für die Grenzen des Wertungstransfers zu schärfen, gilt es zunächst den Zweck der typologischen Unterscheidung herauszuarbeiten. Dafür ist ein Blick auf die ökonomischen Grundlagen[290] und auf vergleichbare Regelungen in anderen Rechtsordnungen hilfreich.

1. Wohlstand und Wissen als Anlageparameter

Unterstellt man ein langfristiges Ertragsinteresse, rationale Entscheidung und eine Orientierung der Anlegerschaft an Fundamentalwerten,[291] beeinflussen das Volumen der zu Anlagezwecken verfügbaren Finanzmittel und der Grad der anlagespezifischen Kenntnisse die Anlageneigung und das Anlageverhalten.

So steigt mit zunehmendem Mitteleinsatz das mit einem Fehlverhalten des Verwalters verbundene absolute Risiko. Unter solchen Umständen lohnen die Kosten für Kontrolle in Form eigenen Zeitaufwands, externe Beratung und Analyse von Marktvergleichszahlen. Dies erklärt ein höheres Informationsniveau und genaue Zielvorstellungen wohlhabender Anleger. Umgekehrt sind Anleger mit geringem Einkommen wegen ihres geringeren Informationsniveaus leichter durch Intermediäre beeinflussbar.[292] Dies kann bis zu einer Art Abhängigkeit (*investor capture*) gehen. Diese Abhängigkeit erleichtert ein Marktversagen mit höheren Preisen, schlechterer Qualität und/oder die Verknüpfung sinnvoller und sinnloser Produkte.[293] Proportional zu Einkommen und Vermögen steigt auch die Fähigkeit der Risikotragung. Ein in absoluten Zahlen identischer Maximalverlust berührt den wohlhabenden nicht im gleichen prozentualen Maße wie den weniger wohlhabenden Anleger. Bei wohlhabenden Anlegern ist Mittelabundanz, i.e. das Vorhandensein von Mitteln, die nicht für die Kosten der Lebenshaltung (i.e.S.) und Alterssicherung erforderlich sind, in größerem Umfang anzutreffen. Die Fähigkeit zur spekulativen Anlage nimmt proportional zur Abundanz zu. Zudem können sie Liquiditätsüberschüsse langfristig, also illiquide anlegen. Dagegen präferieren Anleger mit geringem Vermögen und Einkommen Anlagen, die sie unter Zugrundelegung gewisser Vorurteile[294] für sicher halten. Dies spiegelt sich in schneller Liquidier-

---

[290] Vgl. *Tübke*, Anlegerrisiko und Anlegerschutz, S. 4 ff.; *Ruda*, Ziele privater Kapitalanleger, S. 68 ff.

[291] Für unterschiedliche Ziele der Anlegerschaft *Ruda*, Ziele privater Kapitalanleger, S. 251 f.; zu sog. *noise tradern Engert*, Kapitalmarkteffizienz, S. 118 ff.; zu irrational und uninformierten Anlegern *Moloney*, How to Protect Investors, S. 67 ff.

[292] *Ruda*, Ziele privater Kapitalanleger, S. 74 f.; diese Prämissen sind von der britischen Financial Services Authority (jetzt FCA) empirisch belegt, vgl. FSA, Financial Risk Outlook (2004), S. 62; Financial Capability Baseline Survey (2006); Financial Risk Outlook (2007), S. 81; Financial Risk Outlook (2010), S. 57.

[293] FSA, Financial Risk Outlook (2010), S. 58. Empirischer Beleg für Indexfonds bei *Boldin/Cici*, (2010) 34 JBF 33.

[294] Vgl. zu systematisch auftretenden Vorurteilen und Verhaltensmustern FSA, Consumer

barkeit, geringer Volatilität bei hohen Ausschüttungen (im Gegensatz zu Wertsteigerungen) und Anlagen in eher bekannte Produkte wider.[295] Diese Präferenzen begründen z.B. die Attraktivität von Fonds mit Kapitalgarantie oder Absolute Return-Produkten, wie er seit der OGAW III-RL aus dem Jahr 2001 als OGAW zulässig ist. Insbesondere bei komplexen Produkten scheint auf die Kosten eher wenig geachtet zu werden, was auf gewisse Verständnisprobleme der Anlegergruppe deutet.[296] Dies betrifft insbesondere die meist erheblichen Kosten für eine vorzeitige Auflösung des Finanzprodukts.[297]

Anlagespezifische Kenntnisse steigern einerseits das Selbstvertrauen und reduzieren damit Anlagebarrieren, andererseits verringern sie die Informationskosten. Kenntnisse ermöglichen zudem eine planmäßige Diversifikation auf *Anleger-* statt Anlageebene. Die Abhängigkeit von der Diversifikationsleistung des Verwalters nimmt ab. Eine Spekulation auf Anlageebene kann im Rahmen einer Diversifikation auf Anlegerebene als Ausgleich statt Wagnis anzusehen sein.

Wohlstand und Kundigkeit zeitigen auch im Laufe einer Anlagebeziehung Folgen, indem sie den Anreiz zu aktivem Handeln erhöhen: Ein Kundiger kann seine Einflussnahme besser begründen; dies erhöht die Überzeugungskraft. Die Gefolgschaft der Mitanleger lässt sich mit guten Argumenten leichter gewinnen. Ein Wohlhabender kann über einen absolut und relativ größeren Anteil an der Gesamtanlage im Verhältnis zu einem Kleinanleger verfügen. Für eine effektive Einflussnahme – sei es durch Drohung mit einem Ausstieg oder substantieller Opposition – benötigt er weniger Koordinationspartner. Für den unbedarften Kleinanleger gilt dagegen: „Je größer die Gruppe, um so kleiner ist der Anteil am gesamten Gruppenanteil, den der Einzelne, der im Gruppeninteresse handelt, erzielt, und umso weniger angemessen ist die Belohnung für gruppenorientiertes Handeln."[298] Des Weiteren gewinnt das Engagement eines wohlhabenden Anlegers an Glaubwürdigkeit, weil dieser relativ einen größeren Teil des Risikos trägt. Schließlich kann mittels Wohlstand Kundigkeit substituiert werden, indem man kundige Berater beauftragt.

Bei unterschiedlichen Ursachen zeitigen Wohlstand und Kenntnis dieselben ökonomischen Folgen: Der Anreiz zur Verwalterkontrolle und die Fähigkeit zur Risikotragung nehmen zu. Im Umkehrschluss reduziert sich der rechtliche Schutzbedarf. Der zum Selbstschutz fähige Anleger bedarf der paternalistischen Fürsorge eines notwendig grobkörnig gemahlenen Rechts in geringerem Um-

---

Responsibility, FSA Discussion Paper 08/5 (12/2008); FSA, Financial Capability: A Behavioural Economics Perspective, (7/2008).

[295] *Ruda*, Ziele privater Kapitalanleger, S. 253 f.

[296] *Ruda*, Ziele privater Kapitalanleger, S. 253 f.

[297] Financial Services Consumer Panel, Financial Services and Later Life: A Scoping Project (6/2009).

[298] Aus nationalökonomischer Sicht *Olson*, Logik des kollektiven Handelns, S. 33, 46 f.

fang als der vom Anlegerschutz abhängige Anleger.[299] Die individualisierte, persönliche Interessenwahrung durch aktive Anleger ist einem standardisierten Schutz durch Intermediäre (Verwahrer) und Aufsicht überlegen, weil sie aus Perspektive des Anlegers überflüssige Arrangements entbehrlich macht, also Transaktionskosten senkt. Eigeninitiative und funktionale Substitute mindern die mit der Anlage verbundenen Transaktionskosten, was den Ertrag unabhängig vom Anlageerfolg steigert. Dies gilt in besonderem Maße für den Verzicht auf anlegerschützendes Recht, das vielfach auf die Bedürfnisse unkundiger Anleger mit geringem Anlagevermögen zugeschnitten ist.[300] So hält *Pennington* zwingendes Recht im Anlagekontext nur dann für geboten, wenn dadurch das öffentliche Interesse oder Personen mit geringem Vermögen geschützt werden, die sich keine Beratung leisten können.[301] Dies erklärt die weltweit unternommenen Initiativen zur Wissensvermittlung an Privatanleger (*investor education*).[302]

Danach lassen sich zwei Anlegertypen zeichnen. Einerseits das Bild des kundigen oder kraft seines Vermögens engagierten und risikofähigen Anlegers, der mit dem Anlageverwalter auf gleicher Stufe verkehrt und den Schutz des Rechts nur dort benötigt, wo mit Aktivität – wozu auch die Koordinierung mit anderen Anlegern zählen kann – nichts auszurichten ist. Das Gegenstück bildet der mangels Kenntnissen oder Vermögen tendenziell passive und risikoabgeneigte, also von der Diversifikationsleistung des Verwalters abhängige Anleger. Dessen Beziehung zum Verwalter ist von Disparität geprägt. Weil solche Anleger das Risiko scheuen und sich mit relativ geringen Erträgen zufriedengeben, gleichzeitig aber die Expropriation solcher Anleger durch Unfähigkeit oder Untreue besonders einfach ist, sind rechtliche Maßnahmen zu deren Schutz in einem größeren Umfang gerechtfertigt.

2. *Lücken des Informationsansatzes*

Kapitalmarktrechtliche Informationspflichten sollen zumindest das Verständnis der Art und Risiken des angebotenen Finanzmarktprodukts bei hinreichender Information fördern, so dass die Anleger auf informierter Grundlage Anlageentscheidungen treffen können. Ein solcher Schutzansatz beruht auf drei

---

[299] Die Freiheitsbeschränkung erfolgt zum Wohle des Adressaten der Einschränkung; Dies kann nach Ansicht des BVerfG geboten sein, wenn die Bedingungen zu einem de facto Verlust der Privatautonomie führen; vgl. BVerfGE 81, 242, 254 f.; BVerfGE 89, 214, 232; BVerfGE 103, 89, 116; zur theoretischen Abgrenzung der paternalistischen Intervention, siehe *Schmolke*, S. 12 f.

[300] Für das KAGB BT-Drs. 17/12294, S. 332. Zur Orientierung des InvG am Leitbild des Kleinanlegers vgl. BT-Drs. 2/2973, S. 1 („breite Bevölkerungskreise"); *Buck-Heeb*, ZHR 177 (2013) 310, 333 ff. Kritisch zum Konzept des effizienzsteigernden („unreinen") Paternalismus *Schmolke*, S. 13, 134 ff.

[301] *Pennington*, Investor and the law, S. 32.

[302] Vgl. Europäische Kommission, Staff Document, Review of the Initiatives of the European Commission in the Area of Financial Education (31 March 2011); *Every/Jung*, Survey of Financial Literacy Schemes in the EU 27 (11/2007).

Prämissen. Erstens werden Privatanleger nicht vor Verlusten, sondern nur vor uninformierten Entscheidungen geschützt. Jedem Anleger verbleibt das unveräußerliche Recht sich selbst zum Narren zu machen.[303] Dass der Anleger ex post erkennt, dass Verlustursache eine (seine!) falsche Auswahlentscheidung war, ist damit keineswegs sichergestellt. Auch bei optimaler Information kann das Vertrauen Schaden nehmen. Zweitens wird eine unbegrenzte Informationsverarbeitungskapazität des Privatanlegers unterstellt. Er ist uninformiert, aber im Übrigen zu einer durchdachten Entscheidung fähig.[304] Drittens wird unterstellt, dass professionelle Anleger bereits über die notwendigen Informationen verfügen oder sich diese auf der Grundlage bilateraler Aktionen vom Verwalter besorgen können.[305]

Von einem anderen Ausgangspunkt aus lässt sich die Einschränkung des Gestaltungsermessens begründen: Die Eingriffe in die Vertragsfreiheit sollen den Anleger vor Gestaltungen bewahren, in denen er sich mangels Übersicht und Kenntnis solcher Rechte begibt, die ein kundiger Anleger nicht aufgeben würde. Der Anleger soll vor Übertölpelung und unsachlich veranlassten Mittelabflüssen bewahrt werden. Bei erfolgreicher Anlage soll der Gewinnanteil, im Fall des Scheiterns jedenfalls das gesetzeskonforme (und bestenfalls ehrenhafte) Verhalten des Intermediärs gesichert sein. Dagegen ist der für das Gesellschaftsrecht zutreffende Einwand, auf eine rechtliche Differenzierung nach Anlegergruppen möge wegen der geringen Diversifikationskosten verzichtet werden,[306] auf Kollektivanlagen nicht übertragbar. Denn zumindest für Privatanleger sollen Fondsanteile zum Zweck der Diversifikation und damit anstelle der Anlage in eine Vielzahl von Wertpapieren und Anlagen genutzt werden.

Wenn Kundigkeit Aktivität fördert, sollte es genügen, das Informations-, also das Vertriebsrecht zu optimieren. Das Organisationsrecht könnte unangetastet bleiben. Gegen diese hypothetische Argumentation ist anzuführen, dass Informationspflichten den Risikoeintritt nicht verhindern. Dies ist gerade wegen des erheblichen Schadenspotentials und der geringen Haftfähigkeit des Verwalters im Anlagekontext unbefriedigend. Des Weiteren ist erwiesen, dass eine vollständige Information allein nicht die gewünschte Rechtsfolge nach sich zieht. Eine Grundpassivität wird auch durch beste Information und Kundigkeit nicht ausgeglichen. Diese Erkenntnis, die sich in zahlreichen Volksweisheiten wider-

---

[303] *Loss*, ZHR 129 (1967), 197, 208.

[304] Ob diese Voraussetzung gegeben ist, wird teils in Abrede gestellt, vgl. zum psychologischen Profil von Kleinanlegern *Fischer*, (2003) 5 Wirtschaftspsychologie 74; zu Informations- und Rationalitätsasymmetrien im Verhältnis von Anlegern und Intermediären auch *Engert*, Kapitalmarkteffizienz, S. 264 ff.; *Buck-Heeb*, ZHR 177 (2013) 326; *Langenbucher*, ZHR (2013), 680.

[305] Dies ist „asymmetrisch paternalistische Regelungstechnik […] in Reinform", vgl. *Schmolke*, S. 222.

[306] *Easterbrook/Fischel*, 35 Stan. L. Rev. 1, 8–9 (1982) (Rechtsneutralität wünschenswert, da Diversifikationskosten gering).

spiegelt,[307] ist empirisch belegt,[308] und Ratio der an Anlegerinteressen orientierten aktienrechtlichen Satzungsstrenge. Vor allem entspricht die Grundpassivität der Anleger aber dem Idealvertrag, denn dieser beinhaltet die Fremdverwaltung – i.e. jemand anderes soll die Hauptlast der Anlageentscheidung tragen. Ein Informationsansatz in Reinform zwingt Anleger, die passiv sein *möchten*, wieder zur Aktivität. Demgegenüber realisiert sich in einem austarierten Gefüge aus Informations- und Organisationspflichten der Anlegerwille, passiv bleiben zu dürfen. Die mit Organisationsvorgaben verbundene Starrheit und Kostenlast, die letztlich zulasten des Anlegers geht, ist als notwendiges Folgeübel zu akzeptieren.[309]

3. Asymmetrischer Paternalismus

In welchem Umfang jeweils Informations- und Organisationsrecht zu betonen ist, und wo die Pflichten starr und wo sie flexibel gestaltet sein können, ist damit noch nicht ausgemacht. Je nach Betonung der Informations- oder Organisationspflichten kommt es zu einem liberalen Modell – jeder Anleger kann ohne jede Einschränkung und Zwangsinformation jede Anlageentscheidung treffen – oder einem paternalistischen Modell, wonach der Staat vermeintlich schädliche Anlageentscheidungen für die Anleger unterbindet. Wo diese Trennlinie zu ziehen ist, lässt sich mit rechtlichen Mitteln nicht beantworten; dem vermeintlichen Argument des liberalen Rechtsstaats ist mit dem Sozialstaatsprinzip und dem Hinweis zu kontern, Anlegerschutz sei sozialschützendes Recht.[310]

Eine effizienzbasierte Argumentation[311] mit Bezug zur Funktionsfähigkeit der Kapitalmärkte kommt bei dieser Ausgangslage nicht zu eindeutigen Ergebnissen: Aus liberaler Perspektive lässt sich behaupten, das Gesetz lege eine rationale Anlageentscheidung zugrunde,[312] ein wettbewerbsgesteuerter Markt brächte die dafür erforderlichen Informationen aus sich selbst heraus hervor. Auch würden Pflichtinformationen nur manchen Anlegern weiterhelfen; die

---

[307] Weder kann man einen Hund zum Jagen tragen noch ein Pferd, das nicht trinken will, zum Saufen zwingen. Vgl. das bereits im Jahr 1175 registrierte altenglische Sprichwort *Hwa is thet mei thet hors wettrien the him self nule drinken* (*Who can give water to the horse that will not drink of its own accord?*), zitiert nach *Bhattachary et al.* (2012) 25 Rev. Financ. Stud. 4, 975; zum Problem des Information Overload *Schmolke*, S. 180; *Stahl*, S. 165 ff.; *Mülbert*, ZHR 2013, 169, 187; *Langenbucher*, ZHR (2013), 687.

[308] *Bhattachary et al.* (2012) 25 Rev. Financ. Stud. 4, 975.

[309] Im Gegensatz zu vielen gesetzgeberischen Eingriffen nach der Finanzmarktkrise 2006 ff. (dazu krit. *Langenbucher*, ZHR 177 (2013), S. 700) ist diese Konsequenz nicht in neumodisch-paternalistischen Erwägungen, sondern der Funktion der Kollektivanlage als Bündelinstanz mit Fremdverwaltung begründet.

[310] *Hopt*, Kapitalanlegerschutz, S. 289 ff., 304 ff.; *Schwark*, Anlegerschutz, S. 72.

[311] Zur ökonomischen Analyse im Gesellschafts- und Kapitalmarktrecht siehe *Eidenmüller*, Effizienz als Rechtsprinzip; *ders.*, Ökonomischen Theorie, S. 35 ff.; *Posner*, Economic Analysis of Law, § 15.8, S. 458.

[312] Z.B. für Deutschland *Assmann*, ZBB 1989, 49, 62; *Möllers*, AG 1999, 433, 434; früher bereits *Kohl/Kübler/Walz/Wüstrich*, ZHR 138 (1974), 1, 16 f.

Publizitätspflichtigen müssten aber die Kosten für alle Anleger bezahlen, was die Transaktionskosten steigere und damit die Markteffizienz mindere. Aus paternalistischer Sicht[313] lässt sich die Risikoaversität der Privatanleger anführen, die ihre Altersversorgung betreiben, und deshalb z.B. in diversifizierte Produkte gezwungen werden sollen. Um diese Strategie umzusetzen, ist *Wissen* erforderlich, das beim Durchschnitts-Privatanleger ggf. nicht vorhanden ist.[314] Zudem verhindern Wissen und Erfahrung – wie die Erkenntnisse der *behavioral finance* zu Rationalitätsdefiziten auf der Ebene der individuellen Präferenzen und der Urteilsbildung belegen[315] – irrationale Entscheidungen nicht vollständig. So halten Anleger z.B. typischerweise auch dann an der Anlageentscheidung fest (statt die Anlage zu veräußern), wenn der Verbleib ihre bereits eingetretenen Verluste noch erhöht, oder sie verarbeiten Informationen dann auf eine unzutreffende Weise, wenn nur genügend andere es auch tun (Herdeneffekt). Einmal geschädigt, mag sich der Anleger frustriert vom Markt abwenden, der dadurch Liquidität verliert. Das Sozialwesen hat dann den Verlust des Einzelnen in Form von höheren Sozialleistungen im Rentenalter auszugleichen, während bereits der gegenwärtige Markt weniger liquide ist.

Speziell für diese Gemengelage haben *Camerer, Issacharoff, Loewenstein, O'Donoghue* und *Rabin*[316] die Doktrin des *Asymmetrischen Paternalismus* entwickelt. In Unkenntnis, welcher Regelungsadressat rational bzw. irrational handelt, müsse das Recht Schutzinstrumente vorsehen, die dem irrational Handelnden nützen, während der rational agierende Marktteilnehmer und die Marktinstitutionen durch die gleiche Maßnahme wenig oder gar nicht belastet werden. Diesen Anforderungen genügen durch Individualvertrag abdingbare Schutzvorschriften[317] und standardisierte Vorab-Informationen. Andere, insbesondere Zwangsmaßnahmen, sind kostenträchtig und tragen die Gefahr in sich, für den Einzelnen über das Ziel hinauszuschießen und diesen zu frustrieren, mit entsprechend negativen Folgen für dessen Bereitschaft zur Marktteilnah-

---

[313] In diesem Sinne *Choi*, (2000) 88 Cal. L. Rev. 279, 297 ff.

[314] Mathematisch betrachtet ist zwar der erwartete Gewinn aus einer 100% Chance auf einen Gewinn von 10 und einer 1% Chance auf einen Gewinn von 1000 gleich groß. Um die zweite Chance nutzen zu können, könnte indes eine Portfoliostruktur erforderlich sein, deren Komplexität das Planungs- und Umsetzungsvermögen des unkundigen Anlegers übersteigt.

[315] Dazu *Kahneman/Tversky*, (1979) 47 Econometrica 263; *Thaler*, (1980) 1 J. Econ. Behav. & Org. 39; Übersicht bei *D. Hirshleifer*, (2001) 56 JF 1533; *Rabin*, (2002) 46 Eur. Econ. Rev. 657; *Stracca*, (2004) 25 J. Econ. Psychol. 373. Aufarbeitung aus juristischer Sicht bei *Klöhn*, Kapitalmarkt, Spekulation und Behavioral Finance, S. 80 ff.; *Engert*, Kapitalmarkteffizienz, 4. Kap., B., S. 121 ff.; *Schmolke*, S. 178 ff.; *Mülbert*, ZHR 2013, 169 f.; *Buck-Heeb*, ZHR 177 (2013) 326 f.

[316] *Camerer* et al., (2002–03) 151 U. Pa. L. Rev. 1211, 1219, dazu *Schmolke*, S. 221 f.

[317] Vgl. *Ayres/Gertner*, (1989) 99 Yale L. J. 87, 92 ff.; *Schmolke*, S. 222 zu einer Theorie der *default rules*.

me.[318] Ein von dem Esprit des asymmetrischen Paternalismus getragenes Recht schützt, wo einseitig formulierte Vertrags- und Gesellschaftsbedingungen Anleger um die Schutzwirkung gesetzgeberischer Disposition bringen können. Rational handelnde Intermediäre können unkundigen und unerfahrenen Anlegern ihre Rechte nicht durch einseitig gestellte Organisationsverträge „abschwätzen". Gleichzeitig schränkt asymmetrischer Paternalismus kundige Anleger nur geringfügig ein, weil sie sich durch Individualdisposition aus der Sphäre eines ungewollten Überschutzes begeben können. Vor dem Hintergrund unklarer rechtlicher und Effizienzerwägungen drängt sich ein am Bild des asymmetrischen Paternalismus orientiertes Binnenrecht der Kollektivanlage auf.

4. Rechtsvergleichende Verprobung

Kommt es dank asymmetrischen Paternalismus zu einer Insellösung im inländischen Wirtschaftsrecht, provozierte dies aus europarechtlicher Perspektive die Frage nach den Auswirkung auf den gemeinsamen Kapitalmarkt und aus globaler Sicht die nach der Wettbewerbsfähigkeit europäischer Fondsdomizile. Aufgrund der Erörterungen zur formellen Divergenz (oben, § 19) kann sich die rechtsvergleichende Verprobung an dieser Stelle auf den Nachweis des asymmetrischen Paternalismus im Organisationsrecht beschränken. Dessen Kernmerkmale umfassen a) die Beschränkung bestimmter Anlageorganisationen auf eine qualifizierte Anlegergruppe und b) eine damit einhergehende Reduktion der anlegerschützenden Vorschriften.

a) Qualifizierte Anlageformen

Im europäischen Fondsrecht folgt die Akzeptanz der Anlegertypologie aus dem Zuschnitt der Europapässe für OGAW auf den Anteilsvertrieb an das Publikum,[319] während der Europapass für AIF gem. Art. 31, 32 AIFM-RL auf den Vertrieb an professionelle Anleger beschränkt ist. Für den Vertrieb von AIF-Anteilen an das Publikum können die Mitgliedstaaten weitergehende Anforderungen an das Produkt und den Vertrieb vorsehen.[320] Hier wird häufig zwischen

---

[318] *Camerer* et al., (2002–03) 151 U. Pa. L. Rev. 1211, 1224, 1230.

[319] Vgl. die OGAW-Definition in Art. 1 Abs. 2 Bst. a OGAW-RL („beim Publikum beschafftes Kapital") und Art. 3 Bst. b OGAW-RL (Ausschluss solcher Organismen, die sich Kapital beschaffen, ohne ihre Anteile beim Publikum in einem Teil der Gemeinschaft zu vertreiben). S. zudem den europäischen Pass gem. Art. 16 ff. und 91 ff. OGAW-RL; das Verfahren ist bei der Herkunftsstaatbehörde gebündelt.

[320] Vgl. Kapitel 8 (Vertrieb an Kleinanleger) der AIFM-RL; dazu Dornseifer/*Jesch*, Art. 43 Rn. 1 ff. Das liechtensteinische AIFMG verlangt für den Anteilsvertrieb an Privatanleger über den Mindestbestand der Richtlinie hinaus einen Prospekt und eine aktuelle, wesentliche Anlegerinformation analog zu den OGAW-Vorschriften, vgl. Art. 17 Abs. 4, 5 und Art. 22 Abs. 4, 5 AIFMG. Auch in Frankreich, wo für Publikumsfonds nach L214–127 ff. CMF eine Zulassungspflicht besteht, ist beim Privatanlegervertrieb zusätzlich ein Fondsprospekt notwendig, vgl. z.B. betreffend fonds d'investissement a vocation generale Art. 422–71 AMF Regl. gen.,

Publikums-AIF und Fonds für qualifizierte Anleger unterschieden: Dies betrifft insbesondere sog. High Net Worth Individuals (HNWis), deren Einbeziehung in die Regelungen für AIF, die an professionelle Anleger vertrieben werden, europarechtlich nicht vorgegeben ist.

Während für Privatanleger konzipierte luxemburgische OPCs grundsätzlich auch professionellen Anlegern offen stehen,[321] dürfen sich an dem FIS und der SICAR nur sachkundige Anleger („investisseurs avertis") beteiligen.[322] Sachkundig sind institutionelle Anleger, professionelle Anleger i.S.d. MiFID, die Angestellten und Organe der Verwaltungsgesellschaft, sowie vermögende Privatpersonen, die mindestens 125.000 € in die Kollektivanlage investieren oder denen ein unbeteiligter Finanzintermediär Expertise, Erfahrung und Kenntnisse bescheinigt.[323] Die Einbeziehung der letzten Gruppe war weniger von dem Wunsch nach methodisch einwandfreier Anlegerschutzdifferenzierung, als von dem Bestreben getragen, luxemburgische Spezialfonds für die nach deutschem Recht unter dem InvG von Spezialfonds noch ausgeschlossenen wohlhabenden Privatpersonen zu öffnen.

Das britische Recht differenziert zunächst zwischen „regulated" und „unregulated" Collective Investment Schemes. Die Bewerbung von Anteilen nicht zugelassener CIS ist auf solche Werbemaßnahmen beschränkt, bei denen keine Gefahr besteht, dass Personen angesprochen werden, für die die Anlage unangemessen ist.[324] Die Anlage in unregulated CIS ist angemessen für professionelle, wohlhabende, kundige oder sich selbst für kundig haltende oder von Intermediären als kundig erachtete Anleger.[325] Innerhalb der regulated CIS wird

---

fonds de capital investissement Art. 422–120–1 AMF Regl. gen., fonds de fonds alternatifs Art. 422–250 AMF Regl. Gen.

[321] Es genügt, wenn *auch* das Publikum angesprochen wird. Dies ist nach Auffassung der CSSF der Fall, wenn die zur gemeinsamen Anlage bestimmten Mittel nicht lediglich innerhalb eines beschränkten Personenkreises beschafft werden. Mit diesem Kriterium grenzt das luxemburgische Recht Familienholdings und Investmentclubs aus. Circulaire IML (Institut Monétaire Luxembourgeois, Vorläufer der CSSF) 91/75, unter B.I. und II.

[322] Art. 1 Abs. 1, 3. Spiegelstrich SICAR-G; Art. 1 Abs. 1, 2. Spiegelstrich FIS-G. Die identischen Definitionen sind in Art. 2 SICAR-G und Art. 2 FIS-G enthalten. Näher *Pierot/Benizri*, in Arendt/Medernach, S. 24 ff.; *Kremer/Lebbe*, Rn. 2.79 ff., S. 38 ff.; *Oostvogels*, SICAR, S. 11.

[323] Vgl. Art. 2 FIS-G; Art. 2 SICAR-G. Gemäß der Regierungsbegründung zum FIS-G sind institutionelle Anleger Organisationen, denen die Verwaltungsverantwortung für eine große Summe von Vermögensgegenständen obliegt, vgl. Parl Doc No. 3467, Anmerkungen zu den Artikeln, S. 3.

[324] S. 238 (10) FSMA. S. 238 FSMA statuiert ein Verbot mit Erlaubnisvorbehalt, mit Rückausnahme für den Fall der Werbung gegenüber einem anderen Personenkreis als dem Publikum.

[325] Insbesondere No. 14, 21 bis 24 der FSMA (Promotion of Collective Investment Schemes) (Exemptions) Order 2001 (SI 2001/1060), wonach u.a. investment professionals, certified high net worth individuals (COBS 4.12.6 R), die auf bestimmte Berufsgruppen beschränkten certified sophisticated investors (COBS 4.12.7 R), self-certified sophisticated investors (COBS 4.12.8 R) und Verbindungen der vorgenannten Anleger von den Vertriebsregeln

wiederum zwischen ordinären und Qualified Investor Schemes differenziert. Letztere stehen ausschließlich qualifizierten Anlegern offen (COLL 8.1.3. und Annex 1 R zu COLL 8). Entsprechend sind die Vertriebsbeschränkungen ausgestaltet (COLL 8.1.4.). Vertrieben werden darf an große Anleger in authorised contractual schemes und an Bestandsanleger. Große Anleger legen zumindest 1 Mio. britische Pfund an (COLL 8 Annex 2). Den Qualified Investor Schemes entsprechen die liechtensteinischen Fonds für qualifizierte Anleger, die – prospektfrei – an ebensolche vertrieben werden dürfen (Art. 29 IUV 2005; Art. 66 AIFMV). Privatanleger qualifizieren sich dort durch eine Mindestanlage von 100 T€, wenn der Anleger über Gesamt-Finanzanlagen in Höhe von 1 Mio. € verfügt, oder der Anleger die Risikoübernahme erklärt und ihm der AIFM ausreichende Expertise bescheinigt. Qualifizierte Anleger sind daneben auch solche, für die ein zugelassener Vermögensverwalter aufgrund eines Vermögensverwaltungsvertrags handelt. Für den irischen Qualifying Investor AIF steht jede Rechtsform zur Verfügung. Die Mindestanlage beträgt 100 T€ und dem Anleger muss ein beaufsichtigter Finanzdienstleister ausreichende Expertise und Erfahrung bescheinigen oder der Anleger bestätigt selbst seine Eignung schriftlich bzw. bestätigt einschlägige berufliche Erfahrung.[326]

An zwei der vier französischen durch den Anlegerstatus qualifizierten Fondstypen dürfen sich Anleger beteiligen, die mind. 100 T€ investieren. Dies betrifft die (zulassungspflichtigen) Fonds professionnels à vocation générale und den Organismes professionnels de placement collectif immobilier.[327] Die Anlage in (anzeigepflichtige) Fonds professionnels spécialisés und Fonds professionnels de capital investissement ist zudem Anlegern ab einem Betrag von 30 T€ gestattet, wenn sie entsprechende Expertise vorweisen können.[328] Die Niederlande definieren keine separate Anlegerqualifikation jenseits der „professionellen Kunden" nach Art. 4 Abs. 1 Nr. 11 i.V.m. Anhang II MiFID. Indirekt ergibt sich eine solche jedoch durch den vom Anleger investierten Betrag (100 T€ bzw. 250 T€). Ab einem solchen Betrag gilt die Vermarktung nicht mehr als Publikumsvertrieb.[329]

Als rechtsvergleichende Summa ist festzustellen: Alle betrachteten Rechtsordnungen haben den als zu eng erachteten MiFID-Begriff erweitert durch 1) Mindestanlagesumme, 2) Expertise des Anlegers, entweder kraft eigener Tätigkeit (Beruf oder Anlageerfahrung) und/oder der Tätigkeit qualifizierter Dritte

---

ausgenommen sind. Darüber hinaus bestehen situationsspezifische Ausnahmen (Beispiel: Angebot nur an bereits bestehende Anleger); dazu *Zetzsche*, ZBB 2014, 34.

[326] CBI, AIF Rulebook 2014, Nr. I.1. i.

[327] Für fonds professionnels à vocation générale Art. 423–2 Abs. 2 AMF Règl. gén, für organismes professionnels de placement collectif immobilier Art. 423–14 Abs. 2 AMF Règl. gén.

[328] Für fonds professionnels spécialisés Art. 423–27 Abs. 3 AMF Règl. gén., für Fonds professionnels de capital investissement Art. 423–49 Abs. 3 AMF Règl. gén.

[329] Art. 2:66a Wft. Eine erweiterte Liste professioneller Anleger enthält die Definition in Art. 1:1 Wft.

(externe Vermögensverwalter), und/oder 3) selbständige Risikoübernahme. Die Gleichstellung bestimmter Privatanleger mit professionellen Anlegern drängt sich auch vor dem Hintergrund des Europapasses für Risikokapitalfonds und Fonds für Anlagen in soziale Unternehmen auf, wonach jeweils ein grenzüberschreitender Vertrieb auch an risikobewusste Privatanleger mit 100 T€ Anlagesumme zulässig ist.

Die Anleger-Dichotomie zeigt sich auch im Organisationsrecht außerhalb des EWR. So dürfen grundsätzlich Anteile an Schweizer Kollektivanlagen an alle Anleger öffentlich vertrieben werden.[330] Qualifizierten Anlegern sind aber gem. Art. 98 Abs. 3 KAG Anlagen in Anteile einer schweizerischen Kommanditgesellschaft für kollektive Kapitalanlagen (KGK) und gem. Art. 2 Abs. 3 KAG in Aktien von Kollektivanlage-AGs vorbehalten, die vom Anwendungsbereich des KAG vollständig ausgenommen sind, weil deren Aktien ausschließlich Namensaktien sind, die von qualifizierten Anlegern i.S.d. Art. 10 Abs. 3, 3bis und 3ter KAG gehalten werden. Des Weiteren differenziert Art. 3 Abs. 1 KAG beim Vertriebsbegriff: Das zielgemäße Anbieten an beaufsichtigte Finanzintermediäre gem. Art. 10 Abs. 3 Bst. a und b KAG, Versicherungsgesellschaften und andere qualifizierte Anleger[331] ist danach kein Vertrieb, so dass die Zusatzschutzinstrumente wie ein bewilligungspflichtiger Vertriebsbeauftragter beim Vertrieb von Auslandsfonds nicht zu gewährleisten sind. Qualifizierte Anleger sind dabei neben institutionellen Anlegern und bestimmten juristischen Personen etwa solche mit professioneller Vermögensverwaltung, insbesondere Privatpersonen mit einem Vermögen von 5 Mio. CHF, die diesen Status nach Aufklärung durch den Intermediär mittels ausdrücklicher Erklärung selbst wählen.[332] Alternativ genügt ein Vermögen von mindestens 500 TCHF in Verbindung mit dem Nachweis der notwendigen Kenntnisse aufgrund beruflicher Erfahrung oder Ausbildung.[333] Eine Sonderstellung genießen Personen, die einen Vermögensverwaltungsvertrag abgeschlossen haben. Für sie gilt, ähnlich wie in Liechtenstein, gem. Art. 10 Abs. 3ter KAG die gesetzliche Vermutung, dass es sich um qualifizierte Anleger handelt.

Die US-Securities Regulation soll ursprünglich die passiven Anleger schützen,[334] seit der Finanzmarktkrise 2006 pp. ist der Systemschutz als zweiter Leit-

---

[330] Zur Kundensegmentierung im Schweizer Finanzmarktrecht *Eggen/Staub*, GesKR 2012, 55ff., insbes. 60f. zum geänderten Begriff des qualifizierten Anlegers gem. der KAG-Teilrevision 2013.

[331] Insbesondere öffentlich-rechtliche Körperschaften, Vorsorgeeinrichtungen, Unternehmen mit professioneller Tresorerie. Vgl. *Oberholzer*, GesKR 2012, 582f.

[332] Art. 10 Abs 3bis KAG, Art. 6 Abs. 1 Bst. b und Abs. 2 KKV und Art. 6a KKV. Es zählt das Vermögen inkl. Finanzanlagen und Treuhandvermögen, immobile Vermögenswerte sind nur eingeschränkt anrechenbar; dazu Möllers/Kloyer/*Luchsinger Gählwiler/Schott*, S. 293.

[333] Art. 6 Abs. 1 Bst. a KKV, dazu Möllers/Kloyer/*Luchsinger Gählwiler/Schott*, S. 294.

[334] Deutlich *Aqua-Sonic Prods. Corp.*, 687 F.2d 577, 585 (2d Cir. 1982): "It is the passive investor for whose benefit the securities laws were enacted." *Morley/Curtis*, (2010) 120 Yale

gedanke gleichwertig etabliert. Konsequent werden zunächst alle Investment Companies dem Investment Companies Act (Produktregulierung), dem Investment Advisers Act (Verwalterregulierung) und dem Securities Act (Vertriebsregulierung) unterstellt, um dann per Rückausnahme sog. Private Funds für accredited oder sophisticated investors in Abhängigkeit von den mit der Anlage verbundenen Anleger- und Systemrisiken von der Produkt- und Vertriebsregulierung zu befreien.[335]

b) Reduzierter Anlegerschutz

Auch der zweite Aspekte der Anlegerdichotomie – die Reduktion des Anlegerschutzes – deutet sich im europäischen Recht an: Im Rahmen der einheitlichen europäischen Verwahrstellenregulierung[336] obliegen der AIF-Verwahrstelle bestimmte Zahlstellenpflichten nicht, die der OGAW-Verwahrstelle obliegen. OGAW-Verwahrstellen müssen Kreditinstitute und Wertpapierfirmen, AIF-Verwahrstellen für illiquide Assets dürfen auch sonstige Treuhänder sein. Daneben ist für Auswahl und Wechsel der Verwahrstelle bei Publikums-AIF eine Genehmigung der BaFin erforderlich (§ 87 KAGB). Die zwingende Produktregulierung und die Pflichtpublizität gem. Art. 5, 37 ff., 68 ff. OGAW-RL finden in der AIFM-RL kein Pendant.[337] Die Publizitätspflichten für AIF beschränken sich auf eine Vertriebsinformation, jährliche Finanzberichterstattung und Angaben zum Anteilswert. Kleine Verwalter von AIF mit geringem Vermögen können zudem von der Verwalterregulierung befreit sein.

Der eingeschränkte Anlegerschutz zeigt sich bei einem Blick auf die Umsetzung dieser Vorgaben: So genügen nach niederländischem Recht in allen Fällen die Verwalterzulassung, das Anzeigeschreiben und die nachfolgende, dem Umfang nach beschränkte Prüfung durch die niederländische AFM. In den meisten Staaten wird jedoch zwischen Registrierung mit einem reduzierten Prüfungsumfang und der Zulassung als Vollprüfung inkl. Produktvorschriften differenziert. Nach dem liechtensteinischen AIFMG unterliegen zugelassene AIFM über den zwingenden Richtlinienbestand hinaus weder einer Produktregulierung noch einem Typenzwang. Die Verwalter können sich aber gem. Art. 91 Abs. 2 AIFMG freiwillig bestimmten Fondstypen unterwerfen. Die *Registrie-*

L. J. 84, 106 ff. argumentieren, dass Investoren sich in der Regel passiv verhalten (bzw. ihr Exit-Recht geltend machen), unabhängig von ihrer Grösse oder Erfahrenheit.

[335] Siehe dazu bereits oben, sowie *Karmel*, (2003) 28 Brooklyn J. Int. L. 495, wonach auf Ebene der Bundesstaaten die Sorge um den Privatanleger (= Wähler) dominiere, während auf der Bundesebene der professionelle Anleger in den Mittelpunkt gestellt werde. Diese These lässt sich seit dem Dodd-Frank-Act nicht mehr aufrechterhalten.

[336] Vgl. Art. 22 Abs. 3 OGAW-RL (umgesetzt in §§ 68 Abs. 2, 71, 74 KAGB) gegen Art. 21 Abs. 3, Abs. 7 bis 9 AIFM-RL (umgesetzt in § 80 Abs. 3, § 83 und 88 KAGB).

[337] Vgl. Art. 22, 23 AIFM-RL, nur für leveraged AIF und Private Equity-Fonds sehen die Art. 25 ff. AIFM-RL gesonderte Produktregeln vor. Dazu *Kramer/Recknagel*, DB 2011, 2082 f.; Dornseifer/*Dornseifer* Art. 25 Rn. 1 ff.

rung steht nach dem liechtensteinischen AIFMG allen AIF offen, die *entweder* an professionelle Anleger vertrieben werden *oder* einem der durch Verordnung geregelten Fondstypen unterliegen. Im ersten Fall sollen sich professionelle Anleger selbst schützen, im zweiten Fall stellt der Fondstyp einen gewissen Schutz der Privatanleger sicher. Die Einhaltung der Produktvorschriften wird anlässlich der turnusmäßigen Prüfungen *des AIFM* unter die Lupe genommen. In beiden Fällen ist die Bearbeitungsfrist in Liechtenstein sogar auf 10 Tage verkürzt.[338] Eine *Zulassung* (binnen 20 Tagen nach Eingang des vollständigen Antrags) benötigt man in Liechtenstein gem. Art. 94, 16 Abs. 2 Bst. c AIFMG für die Gestaltung „freier" Publikums-AIF sowie stark gehebelter AIF (mehr als 300% NAV). Letzteres schützt das Finanzsystem, insbesondere die Gegenparteien stark gehebelter Fonds. Differenzierungen bei der Verfahrensdauer sind auch in Irland, Luxemburg und der Schweiz verbreitet.[339]

Während alle französischen Publikumsfonds mit Ausnahme der SICAF nach L214–127 ff. CMF zulassungspflichtig sind,[340] sind von den vier professionellen Fondstypen die Fonds professionnels à vocation générale und Organismes professionnels de placement collectif immobilier professionnels zulassungspflichtig, der Vertrieb von Fonds professionnels spécialisés und Fonds professionnels de capital investissement ebenso wie der Vertrieb sonstiger AIF nur anzeigepflichtig.[341]

---

[338] Art. 18, 19 FL-AIFMG. Hintergrund ist die Zulassungsregel für liechtensteinische UCITS, wonach binnen 10 Tagen eine Zulassung zu erteilen ist, vgl. Art. 10 Abs. 4 UCITSG. Es wäre widersprüchlich, für einen geringeren Prüfungsumfang eine längere Bearbeitungsdauer vorzusehen.

[339] Für Irland vgl. die rechtsformspezifischen (!) Zulassungstatbestände in Art. 4 Unit Trust Act 1990; Art. 256 Companies Act, 1990 Part XIII; Art. 7 Investment Limited Partnership Act, 1994; Art. 8 Investment Funds, Companies and Miscellaneous provisions Act 2005 sowie Head 10, General Scheme of the Irish Collective Asset-management Vehicle (ICAV) Bill 2014. Jeweils verweisen die Gesetze auf eine nähere Ausgestaltung der Zulassung durch die Irische Zentralbank. Chapter 1 und 2 des „AIF Rulebook" der irischen Zentralbank differenziert schließlich zwischen retail investor AIF (RIAF) und qualifying investor AIF (QI-AIF). Luxemburg: Art. 129 OPC-G; Art. 12 SICAR-G; Art. 41 ff. FIS-G. Schweiz: Art. 13 KAG.

[340] Die folgenden Publikumsfonds müssen zugelassen werden: Art. L214–24–24 (Fonds d'investissement à vocation générale), Art. 214–27 (Fonds de capital investissement), Art. L214–35 (Organismes de placement collectif immobilier), Art. L214–39 (Fonds de fonds alternatifs). Die folgenden AIF für professionele Anleger müssen zugelassen (`Fonds agréés´) werden: Fonds professionnels à vocation générale (Art. L214–143 à L214–147), Organismes professionnels de placement collectif immobilier (Art. L214–148 à L214–151). Die folgenden professionnellen AIF unterfallen eine Registrationspflicht (`Fonds déclarés´): Fonds professionnels spécialisés (Art. L214–154 à L214–158), Fonds professionnels de capital investissement (Art. L214–159 à L214–162); Sociétés civiles de placement immobilier und les sociétés d'épargne forestière (Art. L214–86- L214–92).

[341] Die folgenden AIF für professionelle Anleger müssen zugelassen (`Fonds agréés´) werden: Les fonds professionnels à vocation générale (vgl. Art. L214–143 ff., Art. 423–1 ff. AMF Règl. gén.) und les OPCI professionnels (vgl. Art. L214–148 ff. CMF, Art. 423–12 ff. AMF Règl. gén.). Registrationspflicht (`Fonds déclarés´) besteht für fonds professionnels spécialisés

Das mit der Umsetzung der AIFM-RL in England eingeführte Regelwerk FUND differenziert zwischen authorised AIF (NURS und QIS) und unauthorised AIF. Nur erstere sind gem. s. 235 FSMA und COLL 1.2.1 R zulassungspflichtig. AIFs ohne Zulassung unterliegen einer Vertriebsbeschränkung.[342] Die Dichotomie geht jedoch noch eine Dimension tiefer: Nach dem in S. 2(2) FSMA bestimmten Gesetzeszweck muss die FCA das Marktvertrauen und die Finanzstabilität wahren, die Verbraucher schützen und Finanzkriminalität eindämmen. Die FCA nimmt in professionellen Anlagebeziehungen grundsätzlich den Blick eines Dritten ein („externalist view").[343] Fragen der Binnenorganisation und des Anlegerschutzes werden nicht erörtert. Dies geht auf die in COLL 8.1.2 niedergelegte Annahme zurück, qualifizierte Anleger seien erfahren und fachkundig sowie wegen Diversifikation auf Anleger- statt Anlageebene bzw. kraft erheblichen Vermögens risikobereit oder risikoneutral (diversifiziert) statt risikoavers.

Für FIS- und SICAR-Anlagen verzichtet die luxemburgische CSSF grundsätzlich auf die Prüfung der Beteiligungsbedingungen, -rechte und -pflichten und der Anlegergleichbehandlung. Ratio ist, dass Status und Wissen der Beteiligten eine angemessene Beurteilung dieser Aspekte durch die Anleger ermöglichen.[344] Ist der FIS kein AIF, muss die Verwahrstelle die Einhaltung der Bestimmungen der konstituierenden Dokumente und die Bewertung durch die Verwaltungsgesellschaft nicht überwachen.[345] Weitere Vereinfachungen betreffen die Kommunikation mit den Anlegern,[346] die Anteilsausgabe und -rücknahme[347] und Auszahlungen an die Anleger.[348]

Während in den USA seit dem Dodd-Frank-Act 2010 die Verwalter von Private Funds der Verwalterregulierung unterliegen, sind Private Funds gem. s. 202 (a)(29) IAA nach wie vor durch die Private Issuer Exemption[349] und die

---

(Art. L214–154 ff. CMF, Art. 423–16 AMF Règl. gén.) und fonds professionnels de capital investissement (Art. L214–159 ff. CMF, Art. 423–37 AMF Règl. gén.). Für sonstige AIF auch L214.191 CMF.

[342] Vgl. Financial Promotion Order (vgl. ss. 21 und 238(5) FSMA); COBS 4.12 sowie Promotion of Collective Investment Schemes (Exemptions) Order 2001 (SI 2001/1060).

[343] *Spangler*, Private Investment Funds, No. 5.05.

[344] CS SF Jahresbericht 2004, S. 77 (zum Vorgänger-Spezialfondsgesetz 1991).

[345] Art. 16, 33 ff., 40 Abs. 2 FIS-G; Art. 8 bis 10 SICAR-G; vgl. *Kremer/Lebbe*, Rn. 2.103 f. Davon zu unterscheiden ist die Überwachungspflicht in Bezug auf den Verwahrort der Anlagegegenstände, die weiterhin besteht. Vgl. *Lacroix/Tristan*, in Arendt/Medernach, S. 54, 71 ff.

[346] Art. 52 bis 57 FIS-G; Art. 23 bis 29, 31 SICAR-G. Zu den Unterschieden zwischen SICARs und OPCs vgl. *Kremer/Lebbe*, Rn. 13.13 ff.

[347] Art. 8, 28 Abs. 2 FIS-G; Art. 5 SICAR-G. Danach kann der Ausgabe- und Rücknahmepreis in den konstituierenden Dokumenten frei bestimmt werden, es besteht keine Pflicht zur Ausgabe zum Nettoinventarwert (NAV).

[348] Art. 15, 29 Abs. 2, 31 Abs. 1 FIS-G; Art. 6 Abs. 2 u. 3 SICAR-G. Es gilt die Regelung in den konstituierenden Dokumenten.

[349] Nach der Private Issuer Exemption gem. s. 3(c)(1) ICA ist der Anteilsvertrieb an bis zu 100 „wirtschaftliche" Eigentümer privilegiert. Dazu *Rosenblum*, S. 235 ff.

Qualified Purchaser Exemption[350] vom Geltungsbereich des ICA und damit den anlegerschützenden Anlagerestriktionen, Aufsichts- und Berichtspflichten für Publikumsfonds ausgenommen. Zudem gilt die Vertriebsregulierung für öffentliche Angebote gem. s. 4(2) SA 1933 nicht,[351] wenn der Fonds auf accredited investors beschränkt ist.[352, 353]

III. Systematik

Konnte für die Übertragung der finanzmarktrechtlichen Anlegertypologie in das Organisationsrecht ein solides teleologisches Fundament aus ökonomischen, regulierungstheoretischen und rechtsvergleichenden Pfeilern errichtet werden, gilt es noch die Vereinbarkeit mit der gesetzlichen Systematik zu verproben.

1. Reduzierte Produktregulierung

Für eine Wiedergabe der Anlegertypologie im deutschen Investmentrecht spricht die Freistellung der Spezial-AIF von anlegerschützender Produktregulierung. Diese betrifft neben der Aufsicht[354] und den Publizitätspflichten[355] ins-

---

[350] Gem. s 3(c)(7) ICA ist das Anteilsvertrieb an „qualified purchasers" gem. s. 2(a)(51) ICA privilegiert. Für die Ausnahme maßgeblich ist das Vermögen der Anleger oder deren (mutmaßliche) Erfahrung. Dazu *Rosenblum*, S. 439 ff.

[351] Vgl. dazu „Nonpublic Offering Exemption", SA Rel. no. 4552/1962.

[352] Accredited Investors sind u.a. Privatpersonen, deren freies Vermögen in den letzten vier Jahren jeweils mehr als 1 Mio. US-$ beträgt. Das Eigenheim ist bei der Ermittlung des freien Vermögens außen vor zu lassen.

[353] Die meisten Private Funds nutzen dabei die Konkretisierung (*safe harbor rule*) gemäß „Regulation D", 17 CFR § 230.501 et seq. Regulation D kennt drei Befreiungstypen. Neben den behandelten Rules 505 und 506 befreit Rule 504 ganz kleine Emissionen und ist im hiesigen Kontext irrelevant. In den Fällen der Rules 505 und 506 ist der Wiederverkauf binnen des ersten Jahres untersagt (restricted securities). Die praktisch bedeutsame Rule 505 zu Regulation D befreit Privatemissionen in limitierter Höhe an *accredited investors* sowie an bis zu 35 sonstige Anleger, vgl. Rule 501 der Regulation D. Des Weiteren privilegiert Rule 506 zu Regulation D Privatemissionen in unbeschränkter Höhe an *sophisticated investors*; abweichend von Rule 505 ist eine Anteilsausgabe an unkundige Anleger vollständig untersagt. Dazu *Eggen/Staub*, GesKR 2012, 65 f.; *Kaal*, 44 Vand. J. Transnat'l L. 389 (2011), 422 ff., 434 ff.

[354] An die Stelle der Genehmigungspflicht der Anlagebedingungen für Publikums-AIF tritt gem. § 163 Abs. 1 KAGB bei Spezialfonds die Vorlagepflicht nach § 273 KAGB. Daneben sind diverse kleinere Privilegien auszumachen, u.a. sind nach § 99 Abs. 1 KAGB eine verkürzte Kündigungsfrist und der Verzicht auf Bekanntmachung zulässig, nach § 100 Abs. 3 KAGB die Übertragung der Verwaltung eines Spezialsondervermögens ohne Genehmigung (bloße Anzeigepflicht). Bei einer Spezial-Inv-AG sind Wechsel unter den Unternehmensaktionären nicht der BaFin anzuzeigen (§ 109 Abs. 2 S. 6 KAGB). § 281 Abs. 1 S. 3 KAGB verzichtet auf eine Genehmigung der Verschmelzung von Spezial-AIF (nur Zustimmung der Anleger erforderlich). Konsequent im Hinblick auf die zahlreichen Abweichungen ist die Umwandlung von Publikums- in Spezialfonds verboten (§ 213 KAGB); offene Inv-KG dürfen nur Spezialfonds sein (§ 91 Abs. 2 KAGB), im Gegensatz zu Privatanlegern können professionelle Anleger dem Geschäftsbeginn vor Eintragung zustimmen (§ 152 Abs. 6 KAGB). Weitere Beispiele bei *Möllers/Kloyer/Zetzsche*, S. 135.

besondere die Vorschriften zur ordentlichen Fonds-Organisation (Fonds Governance i.e.S.) und zur Anlagestrategie.

Während mindestens ein Mitglied im Aufsichtsrat von KVG, die Publikumsfonds verwalten, von der Geschäftsorganisation der KVG und mit dieser verbundenen Unternehmen unabhängig sein muss, entfällt eine solche Pflicht für Spezialfonds gem. § 18 Abs. 3 S. 3 KAGB. Der Mindestinhalt der Vertragsbedingungen ist seinem Umfang nach reduziert. Im Fall der Fondsverschmelzung gelten nicht die materiellen Vorgaben, dass die Anlagestrategie und die von den Anlegern zu bestreitenden Kosten nicht wesentlich voneinander abweichen dürfen. An die Stelle der BaFin-Genehmigung der Vertragsbedingungen tritt die Vorlagepflicht gem. § 273 KAGB.[356] Auch entfällt bei Spezialfonds das Sacheinlageverbot.[357] Zudem kann vereinbart werden, dass die Ermittlung des Anteilswertes nicht börsentäglich und die Anteilsrücknahme nur zu bestimmten Terminen erfolgt; sie muss gem. § 98 Abs. 1 S. 2 KAGB allenfalls einmal jährlich möglich sein.

Für Spezial-AIF entfallen zahlreiche Anlagerestriktionen. Während diese unter dem InvG noch als Einzelausnahmen konzipiert waren,[358] beschränkt sich das KAGB auf den Mindestbestand der AIFM-RL (Ausnahme: Begrenzungen des § 284 KAGB), während für Publikums-AIF nach wie vor am Typenzwang festgehalten wird. So sind die Vorschriften zur Mindestliquidität von offen Publikumsfonds dispositiv gestellt und die Kreditaufnahme darf bis zu 50 % des Verkehrswertes ausmachen (§ 284 Abs. 2 KAGB). Der Verzicht auf Anlagerestriktionen ist vertretbar, wenn Verwalter und Anleger die einschlägigen Regeln miteinander vereinbaren. Folglich wird die Anlegerzustimmung zur Rechtmäßigkeitsvoraussetzung (§ 284 Abs. 2 Nr. 1 KAGB), während bei Publikumsfonds einseitige Vertragsänderungen nur mit Genehmigung der BaFin erfolgen dürfen.

---

[355] Siehe § 164 KAGB zur Anlegerinformation bei Publikumsfonds einerseits, § 273 für Spezial AIF andererseits (der sich an Art. 23 AIFM-RL orientiert). Nach § 295 Abs. 1 KAGB ist § 318 KAGB zum Verkaufsprospekt und den wesentlichen Anlegerinformationen nicht auf den Vertrieb an professionelle und semiprofessionelle Anleger anwendbar.

[356] Die Vorlagepflicht entspricht der Registrierung nach Art. 31 AIFM-RL. Unter dem InvG war die Unterscheidung noch deutlicher: § 97 Abs. 7 InvG verzichtete als Ausnahme von § 40 S. 1 Nr. 2 bis 4 InvG auf eine Genehmigung der BaFin.

[357] Arg. ex §§ 109 Abs. 5, 141 Abs. 2, 152 Abs. 7, 71 Abs. 1 KAGB. Zur Vorgängernorm des § 95 Abs. 8 (i.V.m. § 99 Abs. 3) InvG *Steck/Fischer*, ZBB 2009, 188, 189 f. (Grund: Kein Anlegerschutz erforderlich). Die Ausnahme vom Sacheinlageverbot belegt zudem die zentrale These, dass eine Kollektivanlage im Kern eine Austauschbeziehung, also lediglich ein Vertrag zwischen Anleger und Verwalter ist. Bei einer Gesellschaft besteht das Sacheinlageverbot (mit korrespondierenden Publizitätspflichten) zum Schutz der Gläubiger; wohl a.A. *Casper*, ZHR 179 (2015), 64 f.

[358] Vgl. z.B. die Ausnahme vom Kaskadenverbot in § 95 Abs. 5a InvG (Ausnahme von § 50 Abs. 1 InvG); die Abweichung von den Anlagebedingungen mit Zustimmung der Anleger, dazu *Kestler/Benz*, BKR 2008, 403, 405 f.; die liberale Auswahl der Anlagegegenstände gem. § 91 Abs. 3 InvG.

Der für Spezialfonds reduzierte Anlegerschutz im KAGB ist Ausdruck eines gesetzgeberischen Willens, wonach in qualifizierten Anlagebeziehungen auch im Bereich der Binnenorganisation verminderter Schutzbedarf besteht und infolgedessen in einem größeren Umfang auf die Dispositionen der Parteien gesetzt werden kann. Weil das KAGB Prototyp der Kollektivanlage ist, lassen sich die Wertungen als pars pro toto eines allgemeinen Rechts der Kollektivanlage deuten und auf andere Kollektivanlagen übertragen, an denen ausschließlich qualifizierte Anleger beteiligt sind.

Somit gilt auch für die Binnenorganisation der Anlagebeziehung: Ein restriktiver, anlegerschützender Ansatz ist bei Publikumsfonds geboten, während für qualifizierte Kollektivanlagen der privatautonomen Gestaltung unter den Parteien i.d.R. Rechnung zu tragen ist.

2. Funktion der Aufsicht

Zwar ist das Aufsichtsrecht nicht auf das Zivilrecht abgestimmt – beide Rechtsgebiete folgen ihren eigenen Wertungen und Prinzipien –,[359] aber der Gedanke der Einheit der Rechtsordnung steht einem Konzept entgegen, das trotz zivilrechtlicher Schlüssigkeit die staaliche Aufsicht vernachlässigt. Eine dichotome Anlegertypologie überzeugt nur, wenn die Funktion der Finanzmarktaufsicht im Gesamtgefüge weiterhin überzeugend erklärt werden kann.

Trotz reduzierter Produktregulierung untersteht der Verwalter einer qualifizierten Anlage grundsätzlich weiterhin der Verwalterregulierung und einer darauf ausgerichteten Aufsicht: Mit Ausnahme des Verzichts auf das eine unabhängige Aufsichtsratsmitglied befreit das KAGB nicht von der *Verwalter*regulierung. Darin kommt einerseits der Restbedarf eines Anlegerschutzes zum Ausdruck, der sich auf Fälle beschränkt, die Aktivität und Kundigkeit der Anleger nicht vermeiden können. Andererseits ist die Verwalteraufsicht eine Ausprägung des Systemschutzes: Kettenreaktionen in andere Wirtschaftsbereiche hinein sind zu befürchten, wenn ein qualifizierter Anleger (z.B.) einer Schwindelgründung aufsitzt und dabei erhebliches Finanzvermögen verloren geht. Eine Grundstabilität wirtschaftlich wesentlicher Verwalter liegt im Allgemeininteresse. Dieser Befund bestätigt sich mit Blick auf Art. 9, 12 ff. AIFM-RL (§§ 17 ff. KAGB), die eine europäisch harmonisierte Verwalterregulierung für Verwalter aller wesentlichen Kollektivanlagen in Orientierung an den Vorgaben der EU-Verwalter-RL von 2001 (OGAW III) oktroyieren. Der Systemschutz als Aufsichtsmaxime verdeutlicht sich in den Vorschriften zur Aufsichtskooperation. Jedenfalls in terminologischer Hinsicht abweichend von Art. 101 OGAW-RL, wonach ein Informationsaustausch zum Schutz öffentlicher Interessen und der Integrität des Finanzmarkts zulässig ist, ermächtigt Art. 53

---

[359] Vgl. zur verwaltungsrechtlichen Drittwiderspruchsbefugnis vs. zivilrechtlicher Klagebefugnis gem. § 823 Abs. 2 BGB *Zetzsche* in Towfigh et al., S. 159, 164 ff.

AIFM-RL zum Informationsaustausch in Bezug auf potentielle systemische Konsequenzen der Aktivität von Verwaltern alternativer Investmentfonds. Dieser Aspekt wird durch rechtspolitische Maßnahmen zur Systemrelevanz von Schattenbanken verstärkt.[360] Aufsichtszweck im dichotomen Anlegersystem ist für AIF jedenfalls der Systemschutz.

Berechtigte Kritik hat der Umstand hervorgerufen, dass die Vorschriften der AIFM-RL Systemschutz bezwecken, aber materiell anlegerschützende Regelungen beinhalten.[361] So ist unerklärlich, welcher Systemschutzaspekt mit Pflichtinformationen und berichten *gegenüber den (qualifizierten) Anlegern* verfolgt wird und warum professionelle Anleger und Verwalter nicht eine Minderinformation vereinbaren dürfen. Die dirigistische Regelungstendenz, die sich teils mit dem Zeitgeist im Gefolge der Finanzmarktkrise erklärt und teils als ein von der Privatgesellschaft abweichendes Gesellschaftskonzept offenbart, kann man als zweck- und systemwidrig geißeln, aber in ihren Rechtsfolgen nicht negieren. Man mag sie als Ausdruck effizienter Rechtssetzung verstehen: Solche Regelungen entsprechen dem üblichen Vertragsinhalt auch von qualifizierten Anlegern, deren Durchsetzung auf öffentlich-rechtlichem Weg erscheint zur Kostensenkung wünschenswert.

Der Schutz von Finanzsystem und Marktintegrität ist auch bei Privatanlagen Zweck der Aufsichtstätigkeit. Hinzu tritt der Anlegerschutz. So prüft die Behörde bei der grenzüberschreitenden Verschmelzung von Publikumsfonds gem. § 182 Abs. 4 KAGB etwa die Angemessenheit der Anlegerinformation. Gegen die anlegerschützende Funktion der Aufsicht spricht nicht, dass der bei Publikumsfonds erforderlichen Genehmigung der Anlagebedingungen gem. §§ 163, 278 KAGB nach h.M. zu § 43 Abs. 2 und 3 InvG[362] ausschließlich aufsichtsrechtliche Wirkung zukommt und seit dem InvModG 2003 die Wahrung der Anlegerinteressen durch die Vertragsbedingungen nicht mehr zu prüfen ist. Es genügt die Einhaltung der gesetzlichen Voraussetzungen.[363] Die Vorprüfung der BaFin substituiert auch weiterhin[364] einen Teil der fehlenden Verhandlungsstär-

[360] Vgl. dazu FSB, IOSCO, Assessment Methodologies, S.5f.; Dauses/*Burgard/Heimann,* E. IV Rn. 190 f.; *Claessens/Pozsar/Ratnovski/Singh,* S. 15; FSB, Global Shadow Banking Monitoring Report 2014; *Jackson,* (2013) 127 Harv.L. Rev. 729.
[361] *Nietsch/Graf,* ZBB 2010, 12; distanziert auch *Kübler,* FS Hopt, S.2143, 2149 (Gesellschaftsrecht soll Domäne der Mitgliedstaaten bleiben).
[362] BVerwGE 30, 135 (zu Versicherungsbedingungen); Beckmann/*Beckmann,* § 43 Rn. 87; *Canaris,* Bankvertragsrecht, Rn. 2368; *Ebner von Eschenbach,* S. 90 f.; auch *Reiss,* Pflichten, S. 120 (keine privatrechtsgestaltende Wirkung).
[363] § 163 Abs. 2 S. 1 KAGB. Noch zum InvG BT-Drs. 15/1553, S.215, wonach die AGB-Kontrolle die durch Wegfall des § 15 Abs. 2 S. 2 KAGG entstehende Lücke füllt; zur geographischen Ausweitung der Anlagepolitik VG Berlin, BKR 2003, 128 Rn. 5; s.a. *Reiss,* Pflichten, S. 120; Beckmann/*Beckmann,* § 43 Rn. 92, wonach die Wahrung der Anlegerinteressen als gesetzliche Voraussetzung aus § 9 Abs. 2 Nr. 1 InvG (jetzt § 26 Abs. 2 Nr. 1 KAGB) und kraft des Treuhandverhältnisses zwischen KAG und den Anlegern weiterhin zu prüfen ist.
[364] Vgl. *Schäfer,* Anlegerschutz, S. 43 f. (zur Rechtslage vor 2003).

ke der Privatanleger. Behördlicher Anlegerschutz muss nicht perfekt sein. Der Gesetzgeber kann die Prüfung der Vertragsbedingungen gerade bei eng definierten Anforderungen auf die Gesetzeskonformität beschränken und weitergehende Anlegerinteressen der Prüfung durch die Zivilgerichte überantworten. Somit fügt sich die Aufsichtsfunktion in das System der dichotomen Anlegertypologie. Sie beschränkt sich für qualifizierte Anleger auf den Systemschutz sowie Bereiche, in dem Kundigkeit und Aktivität nichts bewirken können, während für Publikumsfonds ein Grund-Anlegerschutzniveau für unkundige und untätige Anleger zu sichern ist.

3. Typologie als Grenzunrecht

Durch paternalistische Intervention wird die Selbstbestimmung nur grundsätzlich, aber nicht im Einzelfall gesichert. Naturgemäß zieht das Bank- und Finanzmarktrecht – ebenso wie das allgemeine Zivilrecht[365] – eine *grobe* Trennlinie zwischen schutzbedürftigen und zum Selbstschutz fähigen, sprich: qualifizierten Anlegern.

So kann der einschlägig vorgebildete Wirtschafts- oder Juraprofessor, wenn er nicht ausnahmsweise sehr vermögend oder mit Aufgaben in Aufsichtsorganen von Finanzinstituten betraut ist, selbst bei umfangreichster (privater) Handelsaktivität keine Befreiung erlangen. Sein Beruf ist ja kein solcher „am Kapitalmarkt" i.S.v. § 31a Abs. 7 S. 3 Nr. 3 WpHG. Er wird seitens des Rechts zwangsgeschützt. Wie häufig sind derartige Ergebnisirrtümer das Resultat eines Kompromisses zwischen Rechtssicherheit durch Rechtsklarheit und Einzelfallgerechtigkeit. Ein auf effiziente Regelungen bedachtes Recht kann nicht jeden Einzelfall abbilden,[366] grobe Schnitte gehören zu der mit jedem Recht verbundenen Typizität: Eine „perfekte Regel" verliert sich in Einzelfällen. Sie müsste z.B. den Kapitalmarktrechts-Professor einbeziehen, aber den traditionellen Strafrechtsprofessor exkludieren, während beim Wirtschaftsstrafrechtler dessen Befassung mit Kapitalmarktfragen im Einzelfall maßgeblich sein müsste. Ein abstrakt-genereller Standard („verständiger Anleger") schafft dagegen Rechtsunsicherheit. Rechtssicherheit ist jedoch kein absoluter Wert. In dieser Gemengelage ist es durchaus vertretbar und mit Blick auf die Privatautonomie auch verfassungsrechtlich nicht angreifbar, wenn der Gesetzgeber Rechtsklarheit vor Einzelfallgerechtigkeit setzt, solange sich die Gesamtregelung im Rahmen der Verhältnismäßigkeit bewegt. Unverhältnismäßigkeit wird man der Grundunterscheidung zwischen qualifizierten und Privatanlegern indes nicht unterstellen können.

---

[365] Zur „Typisierungskonvergenz" im Privatrecht *Reymann*, Sonderprivatrecht, S. 307 ff.
[366] *Diver*, (1983) 93 Yale L. J. 65; *Ehrlich/Posner*, (1974) 3 J. Leg. St. 257; *Kaplow*, (1992) 42 Duke L. J. 557; *Rose*, (1988) 40 Stan. L. Rev. 577.

Umgekehrt kann man geteilter Meinung in der Frage sein, ob qualifizierte Anleger schutzbedürftig sind. So zeigt *Klöhn* mittels der behavioral finance-Forschung, professionelle Anleger seien ebenfalls unzureichend informiert und für systematische Entscheidungsfehler ebenso anfällig wie Privatanleger.[367] Man könnte sogar der Auffassung sein, professionelle Anleger müssten besonders gut geschützt werden, weil sie gebündeltes Sozialkapital verwalten und deren Fehler ernste Folgen für eine Vielzahl von Kleinsparern und Pensionären und damit die Stabilität einer Gesellschaft nach sich ziehen können. Doch geht es hier – anders als in der Untersuchung von *Klöhn* – nicht um rechtspolitische Anliegen,[368] sondern den Zustand de lege lata.

IV. Zwischenergebnis

Die Differenzierung zwischen qualifizierten Anlegern, die als kundig, engagiert und potenziell risikotragfähig gelten, und Privatanlegern, die unkundig, passiv und risikoavers sein sollen, prägt als allgemeines Prinzip der Anlageorganisationen neben dem Vertriebs- und Aufsichtsrecht auch die Binnenorganisation der Kollektivanlage. Sind *nur* qualifizierte Anleger beteiligt, ist privatautonomen Gestaltungen grundsätzlich nicht unter der Prämisse des Anlegerschutzes entgegenzutreten. Anleger, Verwalter und Verwahrer verkehren auf Augenhöhe, die Vertragsparteien sind nicht disparat. Die Grenze rechtlicher Zurückhaltung liegt dort, wo auch mit Kenntnis und Einsatz Schädigungen oder Benachteiligungen nicht zu vermeiden sind. Bei Privatanlegern ist der Anlegerschutz dagegen eine systematisch belastbare Erwägung, die eine Beschränkung privatautonomer Gestaltungsmacht und Nebenpflichten der Intermediäre zugunsten der Anleger rechtfertigt.

Freilich darf diese Form der Aktivität, Kundigkeit und Risikotragfähigkeit nicht als Aktivität im Sinne der Einmischung in oder Übernahme des Tagesgeschäfts verwechselt werden.[369] Das Kernkriterium der Fremdverwaltung als konstitutives Element der Kollektivanlage bleibt unberührt.

C. Statusdifferenzierung als Maxime der Anlageorganisation

Abschließend ist zu klären, wie bei Überschneidung der Anlegerkreise innerhalb einer Anlage oder einer Anlagekaskade zu verfahren ist.

---

[367] *Klöhn*, Kapitalmarkt, Spekulation und Behavioral Finance, S. 168 ff.

[368] So ist das von *Klöhn*, Kapitalmarkt, Spekulation und Behavioral Finance, S. 174 ff. präferierte Filtermodell mit geltendem Prospektrecht unvereinbar, wonach Prospekte nur an professionelle Anleger ausgereicht werden sollen. Die Prospektpflicht besteht nach geltendem Recht nur bei Beteiligung von Privatanlegern, was *Klöhn* ebenfalls erkennt (S. 198 f.).

[369] Solches Verständnis von Aktivität und Passivität der Anleger in Venture Capital-Fonds bei *Gulinello*, (2006–07) 70 Alb. R. Rev. 303, 307 ff., insbesondere mit dem Gegenbeispiel aus Taiwan (S. 348 ff.).

I. Private und professionelle Anleger in einer Kollektivanlage

Investieren sowohl Privat- als auch qualifizierte Anleger in einer Anlage, stellt sich die Frage nach dem rechtlich gebotenen Schutzniveau. Ein – wenngleich mit anderem Personenkreis – analoges Problem stellt sich bei der Inhaltskontrolle von Anleihebedingungen. In Abhängigkeit von Unternehmer- oder Verbraucherqualifikation der anderen Vertragsseite gilt der Maßstab des § 310 Abs. 1 BGB oder der des § 310 Abs. 3 BGB mit den Rechtsfolgen einer vereinfachten Einbeziehung und der Klauselverbote gem. §§ 308, 309 BGB. Liegt der Ersterwerb noch in der Hand des Emittenten, stellen sich schwierige Fragen beim derivativen Rechtserwerb. Im Ergebnis abzulehnen ist eine ggf. gespaltene AGB-rechtliche Unwirksamkeit,[370] weil diese die Verkehrsfähigkeit beeinträchtigt und die Beweisschwierigkeiten evident sind. Nach der wohl herrschenden Ansicht setzt sich das jeweils strengere Recht durch,[371] wobei auch der abredewidrige Verkauf eines Unternehmers an einen Verbraucher zur Anwendung des strengeren Maßstabs führen soll.[372] Die Gegenauffassung stellt auf die Zielrichtung der Emission ab, wobei insbesondere *Sester* die prospektrechtliche Anlegertypologie fruchtbar machen möchte:[373] Richte sich eine Emission ausschließlich an professionelle Anleger – Indiz dafür ist z.B. die Inanspruchnahme einer Prospektbefreiung wegen einer auf professionelle Anleger beschränkten Emission – und komme dies in den Bedingungen unmissverständlich zum Ausdruck, führe ein abredewidriger Verkauf nicht rückwirkend zu einem strengeren AGB-Prüfungsmaßstab.

Die ebenfalls auf vertragsrechtliche Prinzipien gegründete Differenzierung ist auf Anlageverhältnisse (im hier definierten Sinn) übertragbar. In der Streitfrage ist dagegen zwischen Ersterwerb vom Initiator und Zweiterwerb über eine Börse etc. zu unterscheiden. Für den Ersterwerb gelten keine Besonderheiten. Bei Beteiligung an einer Publikumsanlage muss der qualifizierte Anleger die Restriktionen in Bezug auf die Anlagestrategie etc. hinnehmen. Die Gleichbehandlungspflicht verbietet dem Verwalter eine differenzierte Behandlung verschiedener Anleger der gleichen Anlage, während die Obliegenheit zum Anlegerschutz ihn zur Sicherung des maximal gebotenen Anlegerschutzniveaus verpflichtet. Es steht jedem Initiator frei, ob er sich den Bindungen aus der Einbeziehung von Privatanlegern unterwerfen möchte. Anderes gilt für den Zweit-

---

[370] Erwogen, aber im Ergebnis abgelehnt von *Baum*, FS Hopt, S. 1595, 1608; i.E. wie hier *Ulmer/Habersack* in Ulmer/Brandner/Hensen, AGB-Recht, § 305 Rn. 71 ff.

[371] *Kalss*, Anlegerinteressen, S. 537 f.; *Masuch*, Anleihebedingungen, S. 100 ff.; *Wolff*, FS Zöllner, S. 651, 663; wohl auch *Ulmer/Habersack* in Ulmer/Brandner/Hensen, AGB-Recht, § 305 Rn. 71 f.

[372] *Grundmann* in Bankrechtshandbuch, § 112 Rn. 33.

[373] *Sester*, AcP 209 (2009) 628, 650 ff. in Anlehnung an Begr. RegE, BT-Drs. 16/12814, S. 17, wonach das Produkt für den jeweiligen Adressaten nach dessen durchschnittlichem Verständnishorizont durchschaubar sein muss. I.E. ebenso *Baum*, FS Hopt, S. 1595, 1610; *Schlitt/Schäfer*, AG 2009, 477, 486.

erwerb. Hier hat der Initiator keinen Einfluss. Eine sachenrechtliche Unwirksamkeit des Übertragungsvorgangs zwischen Veräußerer und Erwerber ist auf rechtsgeschäftlichem Weg nicht zu erreichen (§ 137 S. 1 BGB) und ist nach zutreffender Ansicht auch nicht Folge der Beschränkungen von Spezialfonds auf professionelle Anleger.[374] Der Verwalter kann das Recht für Privatanleger anwenden und seinen Schaden beim Veräußerer liquidieren oder an dem Reglement für professionelle Fonds festhalten. Ratio ist, dass nur bei Ansprache des Publikums *in größerem Umfang* signifikante Risiken für die Anleger bestehen. Dies ist Ausdruck effizienter Rechtssetzung im Sinne des Funktionsschutzes: Trifft ein einzelner Publikumsanleger eine falsche Entscheidung, untergräbt dies allein noch nicht das Vertrauen der Öffentlichkeit in die Ordnung des Finanzmarkts. Nur das massenhafte Übel rechtfertigt die mit Gesetzgebung und Aufsicht verbundenen Kosten.[375]

II. Anlagekaskade

Kenntnis und Beteiligung an den Entscheidungen sind nicht nur Investitionsvorteil und -anreiz, sondern Folge der ökonomischen Logik, wenn Einsatz zu Wertsteigerungen führt.[376] Die Alternative zur Beteiligung stellt der Verkauf dar. Dieser kann im Fall der geschlossenen Anlage wegen der Höhe der Beteiligung zu einem Kursabschlag führen[377] und im Fall der offenen Anlage die Rücknahmefähigkeit des Fonds übersteigen. Die Prämissen des § 31a Abs. 2 WpHG – Beurteilungs- und Risikotragfähigkeit, Aktivität – beschreiben die Erwartungshaltung des Gesetzgebers an qualifizierte Anleger. Diese Erwartungshaltung ist nicht nur Vertriebskriterium, sondern integraler Bestandteil der Ver-

---

[374] Vgl. wie hier zu § 110 Abs. 3 KAGB (Spezial-Inv-KG mvK), § 125 Abs. 2 S. 2 i.V.m. § 127 Abs. 1 KAGB (offene Inv-KG), § 142 Nr. 2 KAGB (Spezial-Inv-AG mfK) und § 150 Abs. 2 S. 2 KAGB (Spezial-Inv-KG mfK) Weitnauer/*Lorenz*, § 110 Rn. 12; *Loff/Klebeck*, BKR 2012, 358; *Zetzsche*, AG 2013, 615; *Casper*, ZHR 179 (2015), 64; a.A. *Freitag*, NZG 2013, 334 (mit Differenzierung bei Treuhandbeteiligung). § 92 InvG hatte nach h.M. keine dingliche Wirkung, vgl. Berger/*Steck*, § 92 Rn. 3; Brinkhaus/*Zeller*, § 1 Rn. 42; nach *Köndgen/Schmies* in Bankrechtshandbuch, § 113 Rn. 94, sollte dingliche Wirkung indes gegeben sein, weil der Anteil ein Forderungsrecht verbrieft und die Fungibiliät von Forderungsrechten gem. § 399, 2. Alt. BGB beschränkt werden kann. Die h.M. überwand diesen Einwand mit Hinweis auf die sachenrechtliche Übertragung der Anteilsscheine.

[375] Eine ähnliche Regelungstechnik findet sich an verschiedenen Stellen im Bank- und Finanzmarktrecht: So ist die nicht gewerbliche Finanzdienstleistung grundsätzlich nicht genehmigungspflichtig, weil die gelegentliche Tätigkeit keine erheblichen Risiken hervorruft; vgl. für Deutschland § 1 Abs. 1 S. 1 KWG; für Großbritannien z.B. No. 4 der Schedule zur The Financial Services and Markets Act 2000 (Collective Investment Schemes) Order 2001, S.I. 2001/1062.

[376] Ob aktive Einmischung bei eher geringen Beteiligungen wertsteigernd ist, ist umstritten. Für eher wenige, aktiv verwaltete Beteiligungen deshalb *Gilson/Kraakman*, (1993) 45 Stanf. L. Rev. 985. Dieser Zustand kann im Verhältnis des professionellen Anlegers zu seinem Verwalter eher erreicht werden.

[377] Für Außenbeziehung des Fonds *Köndgen*, FS Nobel, S. 532.

walterpflichten zu sorgfältiger Vermögensverwaltung. Vorschriften, wonach Stimmrechte aus Beteiligungen ausgeübt werden sollen (nicht müssen!),[378] sind *pars pro toto* eines Prinzips der Aktivität, Beurteilungs- und Risikotragfähigkeit des qualifizierten Anlegers, der selbst Verwalter von Mitteln privater Anleger ist. Die Auswirkungen zeigen sich insbesondere in der Anlagekaskade.[379]

In der Anlagebeziehung zwischen qualifizierten Anlegern und Verwalter handelt es sich um eine Obliegenheit des qualifizierten Akteurs. Können Kenntnis und Einsatz Schäden vermeiden, gereicht Passivität dem qualifizierten Anleger zum Nachteil. Er wird einen Verwalter nicht in Anspruch nehmen können, wenn ein Schaden bei angemessener Beurteilungs- und Risikotragfähigkeit und Aktivität hätte abgewendet werden können, z.b. durch Portfolioanpassung auf Anleger- statt Anlageebene.

Grafik: Anlagekaskade

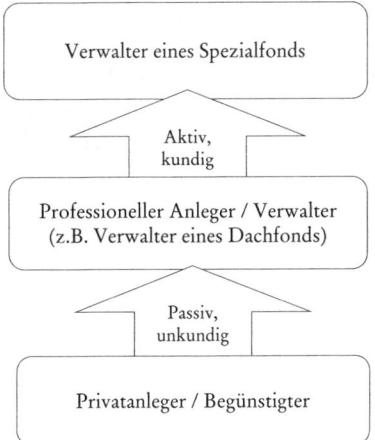

Im Verhältnis zu privaten Anlegern, deren Mittel ein qualifizierter, insbesondere ein institutioneller Anleger verwaltet, kann sich der qualifizierte Anleger nicht darauf berufen, er habe einen Schaden nicht zu vertreten, wenn der Schaden im Rahmen des vereinbarten Handlungsermessens durch maximengerechte Beurteilungs- und Risikotragfähigkeit und Aktivität hätte abgewandt werden können. Dabei sind die Handlungsoptionen bei aktiv verwalteten Fonds weiter und bei passiv verwalteten, z.B. Indexfonds, geringer.

---

[378] § 94 Abs. 1 S. 3 KAGB. S. zudem die Pflichten zur Erstellung der Stimmrechtsstrategie in Art. 37 AIFM-VO i.V.m. § 3 KAVeroV. Näher unten, § 39.B.

[379] So standen im Fall LG Köln, AG 2005, 696 Rn. 4, hinter der Gesellschafterin zu 90% die B. Corp. aus Boston als General Partner sowie acht Private-Equity Fonds als Limited Partner, an denen eine Vielzahl institutioneller Anleger beteiligt waren. Irgendwo in der Anlagekaskade werden Privatanleger als Endinvestoren auftreten, z.B. als Einzahler von Pensionsfondsbeiträgen.

Der Unterschied zu den im Schrifttum gelegentlich diskutierten Handlungspflichten[380] zeigt sich in der rein qualifizierten Anlagebeziehung, z.B. also zwischen professionellen Anlegern und dem Verwalter eines Spezialfonds. Der Verwalter ist gegenüber Spezialfonds-Anlegern nur dann ersatzpflichtig, wenn eine pflichtgemäße Aktivität, Beurteilungs- und Risikotragfähigkeit *der Spezialfonds-Anleger* den Schaden nicht abwenden konnte. Aus der dichotomen Anlegertypologie erwächst die Obliegenheit zur Schadensminderung.

Die jeweils höhere Stufe der Fondskaskade hat sich entsprechend ihrer Einstufung zu verhalten: Der Vater ist für seine Tochter zwar nicht zu gesteigerter Sorgfalt verpflichtet, wohl aber der Dach-Fondsverwalter, der für den Vater die Mittel der Tochter verwaltet und dafür (z.B.) in Spezialfonds investiert. Die Pflichtenintensität wird über die Intermediärskette hinweg transportiert. Andernfalls könnten sich die Anleger die Verwaltungskosten sparen.

---

[380] Z.B. *Köndgen*, FS Nobel, S. 536 ff.

Drittes Kapitel

Rechtsfolgen

Auf der Untersuchungsagenda noch offen sind die Rechtsfolgen des Vertragsmodells (i.e. der geschäftsbesorgungsrechtlichen Erklärung des Fondsinnenverhältnisses) und der erkannten Prinzipien der kollektiven Vermögensanlage. Diese dienen in bestehenden Anlagebeziehungen als Auslegungsmaxime sowie zur Begrenzung der privatautonomen Gestaltung und Anspruchsbegründung.

§ 28 – Auslegungsleitlinie

Auf Gesetzesebene beeinflussen die Anlageprinzipien die der Subsumtion vorgeschaltete Konkretisierung unbestimmter Rechtsbegriffe (Definition) und leiten die Entscheidung über die Wahl des zutreffenden Mittels, wenn das Gesetz mehrere Mittel zur Auswahl stellt.

So bestimmen sich bei wertungsoffenen Normen die maßgeblichen Werte unter Berücksichtigung der Anlageprinzipien: Der objektive Empfängerhorizont nach §§ 133, 157 BGB richtet sich nach dem Empfängerhorizont der Anleger, ggf. auch nur der qualifizierten oder Privatanleger. Die gleiche Auslegungsleitlinie bestimmt, welche Form der Leistungserbringung nach Treu und Glauben mit Rücksicht auf die Verkehrssitte (§ 242 BGB) geboten ist, gilt für den sachverständigen Anleihegläubiger (§ 3 SchVG), wenn Kollektivanlagen als Anleihen gestaltet sind, und konkretisiert die Teile des unternehmerischen Verkehrs, auf die für Handelsbräuche gem. §§ 310 Abs. 1 BGB, 346 HGB abzustellen ist. Im Rahmen des §§ 138 Abs. 1, 826 BGB ist nicht auf das Anstandsgefühl aller billig und gerecht Denkenden,[1] sondern auf das der billig und gerecht denkenden (Privat- oder qualifizierten) Anleger abzustellen.

Leitungsermessen und Treupflicht des Vorstands der Anlage-AG ist nicht anhand des Unternehmensinteresses zu konkretisieren – dieses gibt es in der Anlagebeziehung nicht –, es wird durch die Anlageprinzipien substituiert. Wenn die Mitglieder des Aufsichtsrats der KVG gem. § 18 Abs. 4 S. 1 KAGB ihrer Persönlichkeit und Sachkunde nach die Wahrung der Anlegerinteressen gewährleisten müssen, sind nicht abstrakte oder Maximal-, sondern die durch die An-

---

[1] Zu §§ 138 Abs. 1, 826 BGB st. Rspr. seit RGZ 48, 114, 124, z.B. BGHZ 141, 357, 361; BGHZ 160, 149, 157; BGH, GWR 2010, 601; OLG Düsseldorf vom 7.4.2011 – I-6 U 7/10 (Juris).

lageprinzipien getragenen Interessen maßgeblich. Entsprechend der Maxime, dass sich der für die Sorgfaltsanforderungen maßgebende Idealtyp nach der Art des Geschäfts richtet, sind für die Pflicht der Geschäftsleitung der KVG, des AG-Vorstands, geschäftsführenden Kommanditisten und anderer Verwalter zum Handeln mit der Sorgfalt eines ordentlichen Kaufmanns nicht die Bräuche im Handels-, sondern die im Anlageverkehr und zudem maßgeblich, dass der Vorstand das Vermögen gem. § 26 Abs. 1 KAGB im Interesse der Anleger verwaltet. In welchem Umfang die Vermeidung, Offenlegung oder Auflösung von Interessenkonflikten gem. § 27 Abs. 1 KAGB zu erfolgen hat, ist nicht abstrakt, sondern mit Blick auf das Vertragsmodell und die Pflichten im Anlagedreieck zu definieren. So lässt sich die auch von der h.L. befürwortete Pflicht von Verwahrer und Verwalter zur Prävention statt Kompensation („dulde und liquidiere") dogmatisch einwandfrei begründen: Die potenziell hohen Schäden aus Pflichtverletzungen übersteigen regelmäßig den Finanzhorizont der Intermediäre. Angesichts verwalteter Vermögen in Milliardenhöhe sind die regulatorischen Eigenmittel von maximal 10 Mio. € (§ 25 Abs. 1 Nr. 2 KAGB) zzgl. einer Unterlegung für operative Risiken in Höhe von 0,01% des verwalteten Vermögens (Art. 14 Abs. 2 AIFM-VO) ein geringes Pfand. Die Summe ermöglicht ein „Spiel auf dem Rücken der Anleger".

Weil die Kompensationsoption untauglich ist, dient den Anlegern allein die Prävention. Das geschäftsbesorgungstypische Handeln für den und im Interesse des Geschäftsherrn gebietet ein Einschreiten vor Eintritt des Schadens. Die Einbindung einer wirtschaftlich potenten Verwahr- und Kontrollstelle dient als Garant effizienter Aufsicht und Puffer in der Insolvenz des Verwalters.

Die erkannten Prinzipien sind zudem Auslegungsleitlinie für privatautonome Gestaltungen. Weil die Anlagebeziehung ein Dauerschuldverhältnis ist und solche weder vertraglich noch gesetzlich ex ante vollständig ausgestaltet werden können, ist der Auslegungs- und Konkretisierungsbedarf erheblich. Dann beeinflussen die Anlageprinzipien den Gehalt sog. „als ob"-Klauseln in Gesellschaftsverträgen, wonach der Treugeber den Gesellschaftern gleichgestellt sein soll, und von „Gesellschaftsverträgen" kollektiver Anlagemodelle, in denen die Arbeitsteilung zwischen Verwahrer und Verwalter geregelt ist. Bei der Entscheidung über die Zulässigkeit von Betriebsführungsverträgen (bei AGs) und Fremdorganschaft (bei Personengesellschaften) ist die anlagetypische Dreiecksstruktur zu berücksichtigen.

§ 29 – Begrenzung

Neben ihrer Funktion als Auslegungsdirektiven setzen die Anlageprinzipien der privatautonomen Gestaltung Grenzen. Diese Grenzen sind vor den Zivilgerichten im Wege der AGB-Kontrolle geltend zu machen. Für solche Grenzen gibt es grundsätzlich zwei Rechtfertigungen, die Unfähigkeit zum Selbstschutz und den Schutz nicht am Vertrag beteiligter Dritter (Externalitäten).[2] Die Inhaltskontrolle als Dienstleistung der Rechtsordnung zugunsten des Anlegers muss sich folglich proportional zur Selbstschutzkapazität bewegen. Die Anlegertypologie bewirkt diesbezüglich eine differenzierte Kontrollintensität.

A. Privatanleger

Entsprechend deutlich ist die Begrenzungsfunktion bei Kollektivanlagen für Privatanleger konturiert: So ist im Rahmen der AGB-Kontrolle für Vertragsbedingungen von Publikums-Investment-Sondervermögen[3] ein Verstoß gegen Kardinalpflichten gem. § 307 Abs. 2 Nr. 1 BGB und das Bestimmtheitsgebot des § 307 Abs. 1 S. 2 BGB an der erarbeiteten Idealanlage abzumessen. Zwar entstehen allein aus der Zusammenfassung der Einzelvermögen keine *besonderen* Risiken, sondern nur die gewünschten ökonomischen Effekte.[4] Aber die eingangs erörterten Verwalterrisiken erhöhen sich durch die Kombination der Fremdverwaltung mit der Atomisierung des Anteils durch Anlegervielzahl. Dies ist zugleich der tiefere Grund und die Rechtfertigung für die Geltung der drei Privilegierungen des Verbrauchers gem. § 310 Abs. 3 BGB im Verhältnis zum professionellen Intermediär.

Für Fonds nach dem KAGB gehört die doppelspurige Kontrolle durch Aufsichtsbehörde und Gerichte zum gesicherten Bestand.[5] Ist die Innenbeziehung zwischen Anleger und Geschäftsbesorger (Verwalter, Verwahrer) betroffen, kommt es nach hier vertretener Auffassung auch jenseits des Anwendungsbereichs des KAGB zu einer Inhaltskontrolle entlang der §§ 305 ff. BGB. Dies ist keine Neuigkeit bei vertraglichen kollektiven Anlagemodellen, und zwar unabhängig davon, ob man die Vertragsbeziehung als Geschäftsbesorgungs-, Dienst-, Treuhand-[6] oder Mittelverwendungsvertrag bezeichnet. Auch bei

---

[2] Vgl. *Ayres/Gertner*, (1989) 99 Yale L.J. 87, 88f.; *Easterbrook/Fischel*, Economic Structure, S. 22 ff.

[3] Vgl. BGHZ 154, 276 Rn. 19; wegen der Pflichten zur Genehmigung (§§ 163, 267 KAGB) und Aushändigung der Vertragsbedingungen vor Anteilserwerb (§ 297 Abs. 5 KAGB) „stellt" die KVAG den Privatanlegern die Vertragsbedingungen gem. § 305 Abs. 1 S. 1 BGB. Unstr., vgl. Beckmann/*Beckmann*, § 43 Rn. 7, 16 ff.; Brinkhaus/*Schödermeier/Baltzer*, § 15 Rn. 10; *Reiss*, Pflichten, S. 112; *G. Reuter*, Investmentfonds, S. 109; *Schmidt*, Vertriebspublizität, S. 109; anders kann dies bei Spezialfonds zu beurteilen sein, weil hier nur eine Vorlagepflicht nach § 273 KAGB besteht. Deren Vertragsbedingungen können Ergebnis ernsthafter Verhandlungen sein, vgl. *v. Gronau*, Spezialfonds, S. 81. Für das österreichische Recht *Kalss*, Anlegerinteressen, S. 149 f. m.w.N.

[4] Zutr. *Schäfer*, Anlegerschutz, S. 43 f.

[5] *Casper*, ZHR 179 (2015), 55 (jedenfalls für Publikumsfonds); *Fehrenbach/Maetschke*, WM 2010, 1149; Beckmann/*Beckmann*, § 1 Rn. 134 (unstr.).

[6] Wer mit *Geibel*, Treuhand, S. 113 ff. die Treuhand als GbR versteht, kommt bei Publikumsgesellschaften zur Inhaltskontrolle gem. § 242 BGB (so *Geibel*, S. 394 f.), dazu sogleich.

Schuldverschreibungen nach Maßgabe des SchVG befürwortet die h.M. bisher schon eine Inhaltskontrolle der Anleihebedingungen.[7] Der Kritik der Gegenauffassung, es fehle an einem prüfungsfähigen Leitbild,[8] ist für Anlageorganisationen jenseits des KAGB unter Hinweis auf das KAGB und die erkannte Anlegerdichotomie zu begegnen.[9] Diese Vorgehensweise ist z.B. bei der Ausgabe von Schuldverschreibungen gerechtfertigt, weil der Referenzanleger gem. § 3 SchVG eine Gestaltung nach dem Erfahrungsgrad der angesprochenen Anleger ermöglichen, der rechtliche Schutz sich an der jeweiligen Schutzbedürftigkeit ausrichten soll.[10]

Aber auch bei Kollektivanlagen im Gesellschaftsmantel findet nach dem Vertragsmodell eine Inhaltskontrolle der Regelungen zur Binnenorganisation statt, unabhängig davon ob es sich um eine Personengesellschaft oder eine Korporation handelt. Zwar greift gem. § 310 Abs. 4 S. 1 BGB die AGB-Kontrolle bei Gesellschaftsverhältnissen grundsätzlich nicht ein.[11] Aber diese Aussage erweist sich als äußerst perforiertes Feigenblatt, weil die Rechtsprechung[12] mit Unter-

---

[7] Die h.M. geht zurück auf die Begr. RegE zum AGBG, BT-Drs. 7/3919, S. 18; für Genussscheinbedingungen BGHZ 119, 305, 3. Ls. und 312f. – Klöckner; BGHZ 120, 141 – Bremer Bankverein (aktienrechtliche Inhaltskontrolle); OLG Düsseldorf, WM 1991, 1375, 1379 (AGBG anwendbar); OLG Frankfurt a.M., WM 1993, 2089 (AGBG grundsätzlich anwendbar, aber nicht bei Übernahme durch Bankenkonsortium); BGHZ 162, 311 Rn. 13 (in Rn. 14ff. hält der BGH aber § 305 BGB / § 2 AGBG a.F. für nicht anwendbar); BGH, WM 2009, 1500 Rn. 20; *Claussen*, Bank- und Börsenrecht, Rn. 319; *Hopt*, FS Steindorff, S. 341, 364f.; *Horn*, ZHR 173 (2009), 12, 35ff.; *Köndgen*, NJW 1996, 558, 563 (ohne nähere Ausführungen); *Masuch*, Anleihebedingungen, S. 58, 157ff. (Ausn: indirekte Platzierung nur bei Unternehmern); für Österreich *Kalss*, Anlegerinteressen, S. 149f. m.w.N.; jetzt auch *Ulmer/Habersack* in Ulmer/Brandner/Hensen, AGB-Recht, § 305 Rn. 70a ff. (unter Hinweis auf im Rahmen des SchVG geäußerte gesetzgeberische Intention): a.A. *Assmann*, WM 2005, 1053, 1057f. (nach § 307 Abs. 3 BGB kontrollfeste Leistungs- und Produktbeschreibung); *Baum*, FS Hopt, S. 1596ff. (wohl de lege ferenda); *Eidenmüller*, Unternehmenssanierung, S. 214ff. (aus teleologischen Erwägungen); *Ekkenga*, ZHR 160 (1996), 59, 71f. (nur Objektbeschreibungen); *Schmidt/Schrader*, BKR 2009, 397, 400f.; differenzierte Ansicht (Inhaltskontrolle bei Eigenemissionen, auf § 242 BGB beschränkte Kontrolle bei Fremdemissionen) *Gottschalk*, ZIP 2006, 1121, 1123f. (mit Forderung nach Ausschluss sämtlicher Emissionsbedingungen de lege ferenda); *Joussen*, WM 1995, 1861, 1863f.

[8] Für Ausschluss der AGB-Inhaltskontrolle wegen Analogie zu § 310 Abs. 4 S. 1 BGB *Sester*, AcP 209 (2009), 628, 638ff.; einen Vorrang des SchVG sehen *Schlitt/Schäfer*, AG 2009, 485f.

[9] Dafür i.E. auch *Sester*, AcP 209 (2009), 628, 650ff.; differenzierend *Casper*, ZHR 179 (2015), 77f.

[10] *Schlitt/Schäfer*, AG 2009, 485f.

[11] Vgl. BGHZ 127, 176, 183 (für st. Ges.); *Drygala*, ZIP 1997, 968, 970 unter Verweis auf die Erwägungsgründe zur Klauselrichtlinie.

[12] BGHZ 64, 238; BGHZ 84, 11; BGH, NJW 1982, 2495; BGHZ 104, 50, 53f.; BGH, NJW 1991, 2906, 2907; BGH, NJW 2001, 1270, 1271 Rn. 6; OLG Hamburg vom 30.12.1999, NZG 2000, 658, Rn. 50 und 72 (ausführlicher), dazu jeweils BGH, NJW 2002, 1711 Rn. 23 und BGH, NJW-RR 2002, 915 Rn. 24; für Inhaltskontrolle der Treuhandbedingungen zur Haftung des Treuhandkommanditisten: BGH, NJW 2006, 2410, 2411; WM 2006, 1621; OLG

stützung der h.L.[13] für *Publikumspersonengesellschaften* unter Rückgriff auf die sehr viel allgemeineren Vorschriften der §§ 138, 242 BGB und nicht weiter konkretisierte Grundprinzipien des Gesellschaftsrechts letztlich doch eine Inhaltskontrolle durchführt, so dass es als nicht entscheidungsrelevant bezeichnet wird, ob das Gesellschaftsrecht von der Inhaltskontrolle erfasst sei.[14] Die Trennlinien zwischen einer Inhaltskontrolle gemäss § 242 BGB und den übrigen Fällen sind seit je her unscharf. Als einziger Unterschied manifestiert sich die Verbandsklagebefugnis bei der AGB-Kontrolle. Dabei ist dem Schrifttum keine Untätigkeit vorzuwerfen. Jedoch konnte sich weder die Differenzierung nach Gesellschaftsformen, wonach i.E. AG-Satzungen keiner Inhaltskontrolle unterliegen,[15] noch eine solche zwischen Verträgen zur Förderung des gemeinsamen Gesellschaftszwecks und sonstigen Austauschverträgen,[16] ebenso wenig die Gegenüberstellung korporativer (materieller/echter) und schuldrechtlicher (formeller/unechter) Satzungsbestandteile[17] oder gar eine typologische Gesamtbetrachtung[18] durchsetzen.

Das Vertragsmodell beseitigt diese dogmatische Unschärfe. Weil im Innenverhältnis keine Gesellschaft, sondern Geschäftsbesorgung – also eine Austauschbeziehung – gewollt ist, muss der Anordnung des § 310 Abs. 4 S. 1 BGB für Kollektivanlagebeziehungen die Folgsamkeit verweigert werden. Rechtstechnisch steht eine teleologische Reduktion des § 310 Abs. 4 S. 1 BGB in Rede. In der Sache weist diese Konsequenz Nähe zu dem Schrifttum auf, das Verträge ohne gemeinsame Zwecksetzung der AGB-Kontrolle unterwirft. Sie hat jedoch den Vorteil der Rechtssicherheit, weil an die ggf. auch aufsichtsrechtlich zertifizierte Qualifikation als Kollektivanlage die zivilrechtliche Folge der Inhaltskontrolle knüpft. Daraus folgen auch Unterschiede in der praktischen Reichweite.

Stuttgart vom 28.3.2007, 14 U 49/06 Rn. 53; für stille Beteiligung BGH, NJW 2004, 3706 Rn. 19; BGH, NJW 2001, 1270 Rn. 6 ff.

[13] Baumbach/*Hopt*, Anh. § 177 a Rn. 68; *Westermann*, AcP 175 (1975), 376, 407 ff.; *Hopt*, ZHR 141 (1977) 389, 406 f.; *Wiedemann*, ZGR 1977, 690, 697; *U.H.Schneider*, ZGR 1978, 1, 6 ff.; allgemein: *Lieb*, AcP 178 (1978), 196; *Westermann*, AcP 178 (1978), 151; *ders.*, FS 50 Jahre BGH II, S. 245, 252 ff.; *Großfeld*, Zivilrecht als Gestaltungsaufgabe, S. 50 („nur folgerichtig"), obwohl *Großfeld* im Folgenden die Einstufung über §§ 22, 54 S. 1 BGB als wirtschaftlichen Verein diskutiert; für Österreich auch *Kalss*, Anlegerinteressen, S. 149 m.w.N. Krit.: *D.Reuter*, AG 1979, 321 (Inhaltskontrolle grundsätzlich entbehrlich, da Publikumspersonengesellschaften wirtschaftliche Vereine mit sofortigem Austrittsrecht sind; Ausnahme: Abschreibungsgesellschaften, Austrittsrecht wird steuerlich behindert). S. zudem die Nachweise zur Auffassung, die sich gegen § 242 BGB richtet, bei *Casper*, ZHR 179 (2015), 55 Fn. 29.

[14] *Pistor*, FS Emeritierung Hopt, S. 495; ähnlich *Reuter*, AG 1979, 322, der die Inhaltskontrolle als Analogie zu den allgemeinen Geschäftsbedingungen beschreibt. Herausarbeitung der Unterschiede aber bei *Bieder*, ZHR 174 (2010) 705, 708 ff.

[15] MünchKomm-BGB/*Basedow*, § 310 Rn. 86; *Drygala*, ZIP 1997, 968, 971; *Fastrich*, Inhaltskontrolle, S. 146.

[16] Für stille Beteiligungen *H.Schmidt*, ZHR 159 (1995) 734, 743 f.

[17] *Grunewald*, FS Semler, S. 183 ff.

[18] Dafür *Bieder*, ZHR 174 (2010), 705, 724 ff.

Aus verbandsrechtlicher Sicht scheint der Gedanke einer Inhaltskontrolle für korporativ verfasste Kollektivanlagen gewöhnungsbedürftig. Wegen der wirtschaftlichen Funktion der AG als „Kapitalsammelstelle"[19] und „natürlichen Lebensform für Investment Trusts"[20] gilt die durch die Satzungsstrenge gezogene Gestaltungsgrenze bereits als Ergebnis einer Gesetzeskonkretisierung zum Schutz der Anleger.[21] Diese Grenze hat jedenfalls dort keinen Bestand, wo die Vorschrift des § 23 Abs. 5 AktG nicht gilt, wie bei dem Gesellschaftsvertrag der Inv-KG und der Satzung der Inv-AG.[22] Materieller Grund für die Abbedingung von § 23 Abs. 5 KAGB ist die Zwitterstellung der Satzung zwischen organisationsrechtlichem Statut und investmentrechtlicher Zweckbestimmung.[23] Weil die Satzungsstrenge gem. § 23 Abs. 5 AktG abbedungen ist, besteht wie bei anderen kollektiven Anlagemodellen Kontrollbedarf. Rechtstechnisch folgt die Gleichstellung mit Vertragsbedingungen, für die die AGB-Inhaltskontrolle anerkannt ist (s.o.), aus der möglichst einheitlichen Regelung der Vertragsbedingungen für vertraglich begründete Investment-Sondervermögen, Inv-KGs und Inv-AGs. Aber auch im Bereich der übrigen Anlage-„Korporationen" (Anlage- und REIT-AG) verdrängt die Satzungsstrenge des § 23 Abs. 5 AktG die Inhaltskontrolle nicht, denn Rechtsfolge der Einstufung als Quasi-Gesellschaft ist eine privatautonome und damit kontrollbedürftige Ordnung des Innenverhältnisses, die der aktienrechtlichen Binnenordnung widersprechen kann.

Für diese Auffassung lässt sich letztlich auch das Europarecht fruchtbar machen. Der (zunächst politisch umstrittene) Kommissionsentwurf für eine VerbraucherRL aus dem Jahr 2008, gedacht als europäische Grundlage für die Inhaltskontrolle von Verbraucherverträgen, umfasste zunächst auch Verträge über

---

[19] Vgl. Allgemeine Begründung zur Aktienrechtsnovelle 1884, in: Hundert Jahre modernes Aktienrecht, S. 407, 413; *Großfeld*, Aktiengesellschaft (1967) hat das Bild von der AG als „Kapitalpumpe" geprägt. Zur Zwitterstellung der AG zwischen von den Mitgliedern getragenem Verein und Kapitalmarktinstitution vgl. *Assmann*, in: GK-AktG, Einl. Rn. 344 ff., 363 ff.; *Mülbert*, Aktiengesellschaft, S. 56; *Zetzsche*, Aktionärsinformation, S. 92 ff. jeweils m.w.N.
[20] *C.F. Goldschmidt*, Investment Trusts, S. 75.
[21] Vgl. *Drygala*, ZIP 1997, 968, 970 f.; *Hirte* in Lutter/Wiedemann, S. 61; *Fastrich*, Inhaltskontrolle, S. 146 ff. (Aktionärsschutz durch Standardisierung); *Kalss*, Anlegerinteressen, S. 117 (Substitution des Verbraucherschutzes); *Möllers*, AG 1999, 433, 442 (Anlegerschutz durch institutionelle Gleichförmigkeit gem. § 23 Abs. 5 AktG); *Bayer*, Gutachten DJT, E 84 f. m.w.N. (§ 23 Abs. 5 AktG als Ausdruck staatlicher Fürsorgepflichten für Anleger); für Ausweitung der Satzungsautonomie auch im Sinne des Anlegerschutzes *Hopt* in Lutter/Wiedemann, S. 126, 144 f.
[22] §§ 108 Abs. 2 S. 1, 140 Abs. 2 KAGB (für Inv-AG). Für die Inv-KG gilt ohnedies die HGB-Gestaltungsfreiheit für KG-Gesellschaftsverträge, soweit die §§ 124 ff., 149 ff. KAGB nichts anderes bestimmen. Diese Frage wird im einschlägigen Schrifttum soweit ersichtlich nicht erörtert, vgl. *Dornseifer*, AG 2008, 54; *Eckhold*, ZGR 2007, 654; *Wallach*, Der Konzern 2007, 487. Eine Erklärung dafür ist, dass wegen der entsprechenden Geltung des Rechts der Fondsvertragsbedingungen stillschweigend von der Geltung des § 310 Abs. 4 BGB ausgegangen wird.
[23] Vgl. zu dieser Doppelfunktion *Dornseifer*, AG 2008, 54, 64.

Finanzdienstleistungen.[24] Art. 3 Abs. 3 der verabschiedeten Verbraucher-RL nimmt Verträge über Finanzdienstleistungen vom Anwendungsbereich aus, ruft aber im 32. ErwGr die Mitgliedsstaaten dazu auf, „gleiche Ausgangsbedingungen für alle Verbraucher und alle Verträge über Finanzdienstleistungen" zu schaffen.[25] Nach Art. 2 Nr. 12 Verbraucher-RL ist Finanzdienstleistung u. a. „jede Bankdienstleistung sowie jede Dienstleistung im Zusammenhang mit einer Kreditgewährung, Versicherung, Altersversorgung von Einzelpersonen, Geldanlage oder Zahlung". Der Gegenstand dieser Untersuchung ist als Dienstleistung im Zusammenhang mit einer Geldanlage von der Verbraucher-RL ausgenommen. Soweit das Europarecht Lücken beim Anlegerschutz läßt – das betrifft insb. die Ausgestaltung der Fonds-Rechtsformen – soll eine Orientierung am EU-Recht im Recht der EU-Mitgliedstaaten die gewünschten gleichen Ausgangsbedingungen gewährleisten. Dafür müssen alle Anlageverträge einer vergleichbaren Inhaltskontrolle unterworfen werden. Dies mit gutem Grund: Im Innenverhältnis gegenüber dem Anleger handelt es sich um Geschäftsbesorgungsverträge mit Dienstcharakter, und Dienstverträge sind seit je her Gegenstand der AGB-Klauselkontrolle.[26]

B. Qualifizierte Anlage

Die durch die Anlageprinzipien markierte Gestaltungsgrenze gilt grundsätzlich auch für die Konditionen der qualifizierten Anlage, wenn ein Verwalter die Vertragsbedingungen „stellt." Allerdings ist der professionelle Anleger „Unternehmer", so dass die eingeschränkte AGB-Kontrolle nach Maßgabe des § 310 Abs. 1 BGB zum Tragen kommt. Kraft der gesetzlichen Wertung des § 1 Abs. 19 Nr. 33 KAGB sind semiprofessionelle Anleger den professionellen Anlegern gleichgestellt. Diese gelten für Zwecke der AGB-Kontrolle als Unternehmer. Von Bedeutung ist insbesondere die Öffnungsklausel gem. § 310 Abs. 1 S. 2, 2. Hs. BGB: Auf die im Anlage- (statt Handels-)verkehr geltenden Gewohnheiten und Bräuche ist angemessen Rücksicht zu nehmen. Bekanntermaßen ist der BGH wenig geneigt, dem Souverän bei dieser Differenzierung Folge zu leisten und ein Unternehmer-Sondervertragsrecht zu entwickeln. Stattdessen beruft er

---

[24] Vgl. Art. 3 Abs. 3 Europäische Kommission, Vorschlag für eine Richtlinie (…) über Rechte der Verbraucher vom 8.10.2008, KOM(2008)614 endg.

[25] Vgl. 32. ErwGr der VerbraucherRL 2011/83/EU: „Das geltende Unionsrecht unter anderem über Finanzdienstleistungen für Verbraucher, Pauschalreisen und Teilzeitnutzungsverträge enthält zahlreiche Verbraucherschutzbestimmungen. Deshalb sollte diese Richtlinie für Verträge in diesen Bereichen nicht gelten. Was Finanzdienstleistungen betrifft, sollten die Mitgliedstaaten ermutigt werden, sich bei der Schaffung von neuen Rechtsvorschriften in nicht auf Unionsebene geregelten Bereichen von den maßgeblichen bestehenden Rechtsvorschriften der Union in diesem Bereich anregen zu lassen, so dass gleiche Ausgangsbedingungen für alle Verbraucher und alle Verträge über Finanzdienstleistungen gewährleistet sind."

[26] Unstr., vgl. nur *Heinrichs*, NJW 1994, 1380, 1381.

sich im Rahmen einer „Parallelwertung in der Unternehmersphäre"[27] recht freimütig und weitgehend auf eine Indizwirkung der §§ 308, 309 BGB.[28] Danach ist eine in §§ 308, 309 BGB gegenüber Verbrauchern untersagte Regelung im Zweifel auch gegenüber Unternehmern eine unangemessene Benachteiligung. Zugleich wird einem engen Verständnis der Individualvereinbarung nach § 305 Abs. 1 S. 3 BGB der Vorzug gegeben.[29]

In beiden Fragen ist der Kritik[30] zu folgen, die für den unternehmerischen Verkehr im Anschluss an die Gesetzesmaterialien[31] flexiblere Maßstäbe als für Verbraucher fordert. Die etablierte Aufhebung der Indizwirkung der §§ 308, 309 BGB durch die Handelsbräuche nach § 310 Abs. 1 BGB[32] genügt aus drei Gründen nicht. Erstens wird ein traditionalistisches Verständnis[33] des Handelsbrauchs zugrunde gelegt, welches der Fortentwicklung für neue Geschäftszweige entgegensteht. Zweitens liegt kaum noch ein Handelsbrauch vor, weil der überwiegende Teil der Pflichten im Unternehmerverkehr heutzutage schriftlich fixiert und damit zur Rechtspflicht wird, so dass der Freiwilligkeit als Entstehungsgrund für den Handelsbrauch der Boden entzogen wird. Drittens bewirkt der alleinige Verlass auf die Generalklausel des § 307 Abs. 2 BGB Rechtsunsicherheit, weil ein im unternehmerischen Verkehr gänzlich unerfahrener Richter geneigt sein könnte, sein an Verbrauchergeschäften geschultes Rechtsgefühl mit den Notwendigkeiten professioneller Handelsteilnehmer zu verwechseln. Diese Gefahr belegt der nur scheinbar als Gegenargument taugli-

---

[27] Begriff nach MünchKomm-BGB/*Basedow*, § 310 Rn. 7.

[28] Vgl. BGH, NJW 1981, 1501 (kein AGB-Ausschluss der Wandlung); BGHZ 90, 273 (keine AGB-Verkürzung der Gewährleistungsfrist); BGH, NJW 1993, 2436 (kein AGB-Ausschluss der Wandlung); BGHZ 150, 299 (Bürgschaft auf erstes Anfordern in Baubesteller-AGB); BGHZ 174, 1 (keine umfassende AGB-Haftungsfreizeichnung für grob fahrlässig verursachte Gesundheitsschäden); BGHZ 178, 158 (keine „starren" Fristen für Schönheitsreparaturen in Mietvertrag mit Änderungsschneiderei). Aus der Instanzrechtsprechung z.B. OLG München, NJW-RR 2009, 450 Rn. 47.

[29] Vgl. BGHZ 143, 103; 153, 311, 321 f.

[30] Kritisch zur BGH-Rechtsprechung *Berger*, NJW 2010, 465, 466, wonach die AGB-Rechtsprechung zum Bedeutungsverlust des deutschen Rechts im Handelsverkehr beiträgt; *Lenkaitis/Löwisch*, ZIP 2009, 441; *Miethaner*, S. 255 f.; begrenzt auf den Zustand, dass die Kosten für die Überwindung der situativen Unterlegenheit in einem angemessenen Verhältnis zum Vertragsgegenstand stehen (M&A-Geschäfte); *Leuschner*, AcP 207 (2007), 491, 515 ff.; *ders.*, JZ 2010, 875, 884 (für Obergrenze der AGB-Kontrolle in Abhängigkeit von Transaktionskosten im Verhältnis zum Volumen); speziell für das Aushandeln i.S.v. § 305 Abs. 1 S. 3 BGB Palandt/*Grüneberg*, § 305 Rn. 22; *Stoffels*, AGB-Recht, Rn. 186; *Wackerbarth*, AcP 200 (2000), 45, 82 f.; a.A. *Graf v. Westphalen*, NJW 2009, 2977.

[31] BT-Drs. 14/6857, S. 54.

[32] Für diese Gegenindizwirkung MünchKomm-BGB/*Basedow*, § 310 Rn. 9 f.

[33] Ein Handelsbrauch muss sich nach st. Rspr. im Verkehr der Kaufleute untereinander als verpflichtende Regel herausgebildet haben, auf einer gleichmäßigen, einheitlichen und freiwilligen Übung beruhen, die sich innerhalb eines angemessenen Zeitraums für vergleichbare Geschäftsvorfälle gebildet hat und der eine einheitliche Auffassung der Beteiligten zugrunde liegt. Vgl. BGH, NJW 1994, 659, 660; BGHZ 147, 279, 283.

che Einwand der Befürworter des Status Quo, Motor der Rechtsprechungsentwicklung sei „fast ausschließlich die genuine Interpretation der Generalklausel des § 307 BGB".[34] Den Parteidispositionen ist (wieder) stärkere Bedeutung beizumessen. Dabei geht es nicht um tiefgreifende Modifikationen, sondern nur um eine methodische Absicherung der von nahezu allen dazu vernehmbaren Stimmen geteilten Forderung, den Eigenheiten der Vertragspartner Rechnung zu tragen. Formal gleiche sind nicht materiell gleich gerechte Entscheidungen.

Der Einwand größerer statt geringerer Rechtsunsicherheit durch Einzeldifferenzierung mangels klarer Gruppenkriterien[35] ist nicht zu leugnen, ihm ist aber durch prägnante Ausarbeitung von Kriterien zu begegnen. Nach den bisherigen Erkenntnissen lauten diese wie folgt: Im qualifizierten „Anlageverkehr" ist ebenso wie im Handelsverkehr besondere Sorgfalt, Kundigkeit und Aktivität geboten. Mithin steht ein geringeres Schutzniveau für bestimmte Gruppen in Rede:[36] Ein qualifizierter Anleger, der den Verzicht auf anlegerschützende Regelungen vorher akzeptiert hat, kann den Anlegerschutz nachher nicht zu seinen Gunsten einwenden. Der Verzicht auf anlegerschützende Regelungen ist in qualifizierten Anlagebeziehungen keine *unangemessene* Benachteiligung gem. § 307 Abs. 2 S. 1 BGB. Anlegerschützende Vorschriften sind für qualifizierte Anlagebeziehungen ius dispositivum, das eingreift, wenn das Gesetz nicht zwingend gilt und die Parteien nichts anderes regeln.[37] Doch auch unter qualifizierten Anlegern verbleibt ein Restbereich für die Inhaltskontrolle. Dieser liegt nach den dargestellten Grundsätzen dort, wo sich die Anleger trotz aller Sorgfalt etc. nicht selbst schützen *können* – z. B. im Fall des Betrugs[38] –, und dort, wo es um den Schutz Dritter geht. Letzteres erkennt die Rechtsordnung als Marktoder Systemschutz an: Die Vertragsparteien können nicht zulasten der Allgemeinheit disponieren.

---

[34] *Graf v. Westphalen*, NJW 2009, 2977, 2978.
[35] *Graf v. Westphalen*, NJW 2009, 2977, 2980 gegen *Lenkaitis/Löwisch*, ZIP 2009, 441, 446f.; *Berger*, NJW 2010, 465.
[36] Dafür, bezogen auf Unternehmer, *Lenkaitis/Löwisch*, ZIP 2009, 441, 443f., mit branchenbezogener Differenzierung *Berger*, NJW 2010, 465, 469f. gegen *Graf v. Westphalen*, NJW 2009, 2977, 2979f.; für qualifizierte Anleger (auf Grund einer gesellschaftsrechtlichen Wertung) *Casper*, ZHR 179 (2015), 55f.
[37] Vgl. zur Theorie des dispositiven Rechts (default rules) *Ayres/Gertner*, (1989) 99 Yale L.J. 87ff. Zu Hintergrund und Steuerungsfunktion *Möslein*, FS Hopt, S. 2861. Im Kontext von VC-Fonds und institutionellen Anlegern *Rosenberg*, (2002) 2 Colum. Bus. L. Rev. 363, 388f.
[38] Im Ergebnis wohl auch *Abry Partners V, L.P., et al., v. F & W Acquisitions LLC*, 891 A.2d, 1032 (Del. Ch. 2006) (Haftungsausschluss bei Anteilsverkauf durch einen P.E. Fonds an einen anderen P.E. Fonds, der auf Zusicherungen des Veräußerers beruht, verstößt gegen „public policy", wenn die Zusicherungen nicht korrekt sind).

C. Konsequenzen

Trotz des vertraglichen Verständnisses des Organisationsreglements ist dieses objektiv auszulegen. Dies folgt auf der Grundlage des Vertragsmodells aus der Qualifikation als allgemeine Geschäftsbedingung.[39] Das aus der AGB-Dogmatik gewonnene Ergebnis bestätigt der Blick auf die Gleichbehandlungspflicht. Diesem Gebot kann nur bei einer gleichlautenden Auslegung aller Einzelverträge Rechnung getragen werden. Individualitäten sind subkutan abbedungen. Eine subjektive Auslegung könnte dagegen zu einem parteibezogenen individuellen Verständnis desselben Vertrags führen.[40] Dafür besteht kein Bedarf, weil die Geschäftsbesorger keine persönliche, sondern eine typisierte Interessenwahrung schulden. Dieses *Ergebnis* (nicht aber die Begründung) deckt sich mit der vorherrschenden Meinung zu Anleihebedingungen,[41] Personengesellschaften[42] und AG-Satzungen.[43] Kehrseite der objektiven Auslegung ist die revisionsrechtliche Nachprüfbarkeit.[44] Als weitere Folge kommt es gegenüber Privatanlegern für die Frage der Einbeziehung von Vertragsklauseln auf die Willensrichtung grundsätzlich nicht an (§ 305 Abs. 2 BGB). Dieses *Ergebnis* ist – im Gegensatz zu seiner Begründung – wiederum keine Neuigkeit.[45]

Wie bei allen AGBs kommt es bei der Auslegung zunächst auf den Wortlaut der betroffenen Klausel an. Ist dieser nicht eindeutig, ist der Vertragstext aus

---

[39] St. Rspr., vgl. BGHZ 102, 384 Rn. 20; BGH, WM 2008, 1350 Rn. 15; für Anleihebedingungen WM 2009, 1500 Rn. 20. Grundlegend *Hellwege*, AGB, S. 133 f., 280 f., 517 f.

[40] Vgl. ebenso zum Schweizer KAG BSK-KAG/*Bünzli/Winzeler*, Art. 25 Rn. 16 und Art. 26 Rn. 4 („Wegen des supra-individuellen Charakters des Kollektivanlagevertrages wäre dessen Auslegung nach der jeweiligen Vertrauenslage undenkbar; sie müsste zum unterschiedlichen Verständnis ein und desselben Vertrags führen. Vielmehr ist eben deshalb eine objektivierende, für alle Zeichner des Fonds einheitliche, sich insoweit der Interpretation von Gesetzes- und Verordnungsrecht annähernde Auslegung zu wählen.").

[41] RGZ 117, 379, 382; BGHZ 28, 259, 265; BGHZ 163, 311, 317; BGH, WM 2009, 1500 Rn. 21. Danach ergibt sich das Erfordernis der gleichlautenden Auslegung aus dem Interesse der Verkehrsfähigkeit der Kapitalmarktpapiere und der Funktionsfähigkeit des Wertpapierhandels. Die Verkehrsfähigkeit von Kollektivanlagen in Anleiheform ist tatsächlich aber nicht gesichert.

[42] BGHZ 64, 239, 241.

[43] BGHZ 14, 25, 36 ff.; BGHZ 123, 347, 350 f, BGHZ 96, 245, 250; BGH, NZG 2008, 309 Rn. 2; MünchKomm-AktG/*Pentz*, § 23 AktG, Rn. 49, Hüffer/*Koch*, § 23 Rn. 39.

[44] *Hellwege*, AGB, S. 134, 283, 523 f.

[45] Dass es auf die konkrete Einbeziehung nicht ankommen kann und § 305 BGB funktional zu reduzieren ist, um den Rechtsverkehr nicht unnötig zu behindern, entspricht wieder der h.M. zu Anleihebedingungen. Vgl. BGHZ 163, 311 Rn. 14 ff.; *Claussen*, Bank- und Börsenrecht, Rn. 319; *Grundmann* in Bankrechts-Handbuch, § 112 Rn. 115; *Hopt*, FS Steindorff, S. 341, 367; *Horn*, ZHR 173 (2009), 12, 37 f.; *Ulmer/Habersack* in Ulmer/Brandner/Hensen, AGB-Recht, § 305 Rn. 71; *Wolff*, FS Zöllner, S. 657 ff.; a.A. noch *Than*, FS Heinsius, S. 809, 831; *Assmann*, WM 2005, 1053, 1062 ff.; *Ekkenga*, ZHR 160 (1996), 59, 71; *Baum*, FS Hopt, S. 1595, 1611. Die h.M. stützt sich wiederum auf Anleihen als Verkehrsgegenstand. Ein Abdruck der AGB auf Urkunden sei im stückelosen Effektenverkehr sinnlos, eine persönliche Aushändigung nicht praktikabel.

Sicht der typischerweise an Geschäften dieser Art beteiligten Verkehrskreise auszulegen.[46] Dies ist – was nunmehr klar ist – entweder der Privat- oder der qualifizierte Anlegerkreis. Schließlich gehen verbleibende Zweifel nach der contra proferentem-Regel des § 305c BGB zulasten der Verwender.[47] Dies werden i.d.R. die Intermediäre sein. Ausnahmen mag es bei Fonds für qualifizierte Anleger geben.

---

[46] BGH, NJW 1993, 1381; BGH, WM 2007, 2078 Rn. 23 m.w.N.
[47] Grundlegend *Hellwege*, AGB, S. 132f., 275f., 498ff.

Zwischenergebnis und Fortgang der Untersuchung

Das eingangs nur postulierte Äquivalenztheorem ist nunmehr auf eine tragfähige Basis gestellt und in seinen Konturen geschärft. Im Bereich der Kollektivanlagen besteht eine funktionale, teleologische, strukturelle sowie eine Ergebnisäquivalenz der Rechtsformen. Die vier für die Kollektivanlage eingesetzten Rechtsformen sind aus Sicht von Anlegern und Intermediären so gestaltbar, dass mit jeder Rechtsform eine vergleichbare wirtschaftliche Funktion wahrgenommen werden kann (funktionale Äquivalenz). Die vier für die Organisation eingesetzten Rechtsformen stecken ein Gravitationsfeld der Extremgestaltungen ab. Innerhalb des Zirkels begrenzt das unternehmensspezifische Sonderrecht aus Gesetzen, Rechtsprechung und Selbstregulierung die Gestaltungsvarianz. In der Mitte dieses Gravitationsfeldes ist die Idealanlage angesiedelt. Kollektivanlagen sind als Dreieck strukturiert, in dem ein Intermediär (der Verwalter) die Anlageentscheidungen trifft, während der zweite Intermediär (der Ver- oder Bewahrer) zum Schutz der Anleger eingebunden ist (strukturelle Äquivalenz). Das Anlagedreieck ist ein gleichschenkliges Dreieck: Zwischen Anleger, Verwalter und Bewahrer besteht ein Vertrag, der die Rechte und Pflichten der Parteien zueinander begründet. Übereinstimmend verfolgen die verwendeten Rechtsformen Anleger- und Systemschutz (teleologische Äquivalenz). Der Anlegerschutzgedanke reduziert sich bei qualifizierten Anlagen vorbehaltlich anderer privatautonomer Gestaltungen auf Vorkehrungen, die nicht durch Aktivität und Expertise substituiert sind.

Die Offenlegung der Idealanlage legt die systematischen und methodischen Grundlagen für allgemeine Prinzipien der kollektiven Vermögensanlage. Durch Heranziehung des Bildes können Auslegungsfragen einer Lösung zugeführt, „untypische" Gestaltungsvarianten erkannt, in ihrer Wirksamkeit im Innenverhältnis durch AGB-Kontrolle begrenzt und ggf. Ansprüche abgeleitet werden.

Die Konturen der Idealanlage wurden wie folgt nachgezeichnet: Die Rechtsformwahl ist Ausprägung des rechtlichen Typenzwangs und Folge anlageexterner Faktoren, insbesondere des Steuer- und Aufsichtsrechts. Die Idealanlage ist dagegen ein Hybrid aus Vertrags- und Gesellschaftsrecht. Mangels gemeinsamen Zwecks *der Anleger untereinander* führt die Wahl einer Gesellschaftsform nur zu einer Quasi-Gesellschaft. Mangels Pflicht zur Wahrung der *persönlichen* Interessen der Anleger handelt es sich gleichfalls nur um eine Quasi-Treuhand. Diese Rechtsquellenspaltung erklärt das Dilemma von Praxis und Wissenschaft bei der Einordnung der Kollektivanlage. Sie ist ein Kompositum zwischen zwei nach etablierter Dogmatik alternativen Gestaltungen. Gewünscht ist eine Mischform, bei der die Beziehung zum Verwalter als Geschäftsbesorgungsvertrag und die Vermögensorganisation wie bei der Aktiengesellschaft ausgestaltet ist. Konsequent wirken in der Kollektivanlage vertragliche und korporative Aspekte zusammen. Während dem Geschäftsbesorgungsrecht – entkleidet um dessen persönliche Komponente – die Regelung des Innenverhältnisses zu entnehmen ist, ist die Vermögensordnung korporativ organisiert. Desungeachtet entfaltet die gewählte Rechtsform aus Gründen des Verkehrsschutzes Wirkung im Verhältnis zu Dritten.

Gilt innerhalb der Binnenorganisation Vertragsrecht, liegt es näher, statt der vielfach postulierten Nähe zur Korporation (sog. Korporationsanalogie) die zur Austauschbeziehung zu betonen. Auf der dogmatischen Grundlage der Vertragsanalogie ist das KAGB und, soweit Lücken bleiben, das Recht der individuellen Vermögensverwaltung zur Konkretisierung heranzuziehen. Als weitere Konsequenz grenzt die auf Einheitlichkeit dringende Inhaltskontrolle vorformulierter Verträge die Gestaltungsfreiheit der Beteiligten ein. Den ersten im Gesellschaftskontext gehörten Einwand,[1] die Inhaltskontrolle würde allzuoft durch nicht schutzwürdige Vertragspartner missbraucht, entkräftet der Hinweis auf die Anlegerdichotomie als Differenzierungskriterium. Der zweite Einwand, wonach ein Vergleichsmaßstab für eine sachgerechte Inhaltskontrolle fehle, während Einzelanalogien der Rechtssicherheit abträglich sind, kann auf der Grundlage des Vertragsmodells besser als mit der Korporationsanalogie entkräftet werden, weil das Investmentrecht detaillierte, auf Anlagebeziehungen zugeschnittene Regelungen vorhält.

Der Nachweis für diese Behauptung lässt sich nur mittels Konkretisierung für Einzelfragen und -fälle führen. Dieser Aufgabe ist im fünften Teil nachzugehen.

---

[1] Vgl. statt vieler die Diskussion bei *Fastrich*, Inhaltskontrolle, S. 128 ff.; *Reuter*, AG 1979, 322 ff.

Fünfter Teil

Rechtsbeziehungen im Anlagedreieck

Die im vierten Teil gezeichnete Skizze ist nunmehr für ausgewählte Bereiche zu einem Bild der Kollektivanlage zu vervollständigen. Dazu bedarf es der Hervorhebung der Konturen und Nuancen und der Ausleuchtung bislang vernachlässigter Ecken und Kanten, insbesondere der durch die Rechtsformwahl indizierten Brüche. Die Demonstration der Wirkungsweise der Prinzipien der kollektiven Vermögensanlage soll die im Raum stehenden Bedenken im Hinblick auf eine zu grobmaschige Generalisierung einerseits und das Fehlen von Vergleichsmaßstäben für die Inhaltskontrolle andererseits entkräften.

Auf der Grundlage des Vertragsmodells widmen sich das erste und zweite Kapitel den Rechten und Pflichten der Vertragsparteien im Anlagedreieck. Nach Behandlung dieser die Binnenordnung betreffenden und damit nach der Idealanlage mittels des Vertragsrechts zu beantwortenden Fragen bezieht sich das dritte Kapitel zur Änderung und Beendigung des Anlagevertrags sowie zur Insolvenz auf Konstellationen, in denen auch die Vermögensordnung betroffen ist.

Erstes Kapitel

Intermediäre

Die Stellung der Intermediäre definiert sich über Haupt- und Nebenpflichten (§§ 30, 32) sowie den Vergütungsanspruch (§ 31).

§ 30 – Hauptpflichten der Intermediäre

Das Anlagedreieck bringt die Eigentümlichkeit mit sich, dass der eine Teil der für den Kapitalisten typischen Rechte – die Anlageentscheidung – auf den Verwalter und der andere Teil – das Halten der Anlagegegenstände – auf den Be- und Verwahrer verlagert ist. Von der Leistungsfähigkeit dieser Aufteilung ist der Erfolg der Anlage abhängig. Die Leistungspflichten der Intermediäre sind zum Nachweis der Tauglichkeit der erkannten Struktur auf subsumtionsfähige Einzelvorgaben herunterzubrechen.

A. Verwalter

So bedarf der Klärung, welche Tätigkeiten zur „Verwaltung" zählen.[1]

I. Anlageverwaltung als konstitutive Pflicht

Die Verwaltung ist abzugrenzen von den Nebendienstleistungen im Zusammenhang mit der Kollektivanlage, die in § 20 Abs. 1 bis 3 KAGB aufgeschlüsselt sind. So ist mit jeder Verwaltung die Administration verbunden, insbesondere die Buchführung, Dokumentation und Berichterstattung über die getätigten Transaktionen. Darüber hinaus muss der Verwalter die für das Kollektivvermö-

---

[1] Anleihen im Steuerrecht sind unergiebig. Nach dem EuGH ist Vermögensverwaltung mit Wertpapieren die entgeltliche Entscheidung aufgrund eigenen Ermessens über den Kauf und Verkauf von Wertpapieren und deren Vollzug, vgl. EuGH Urteil v. 19.7.2012, C-44/11 – *Deutsche Bank*, 1. Die Trennlinien bleiben unscharf. Zwar hält die Generalanwältin am EuGH zur Umsatzsteuerpflicht eines übertragenen Teils der Verwaltertätigkeit für maßgeblich, ob die Tätigkeit für die Verwaltungstätigkeit charakteristisch sei, ob sie von anderen Tätigkeiten abgrenzbar sei, ob es sich um spezifische und essentielle Verwaltungstätigkeiten handle, vgl. EuGH Urteil v. 4.5.2006, C-169/04 – *Abbey National*, Schlussantrag GA Kokott, Rn. 63, 83, 100 f. Dieses wurde für die Bewertung der Anlagegegenstände bejaht. Aber im Fall der Selbstvornahme sollen *sämtliche* Tätigkeiten des Verwalters steuerprivilegiert sein, ebd. Rn. 57.

gen geltenden rechtsgeschäftlichen, steuerlichen und sonstigen gesetzlichen Pflichten erfüllen (Compliance). Des Weiteren zählt die Einwerbung von Anlegern (i.e. der Vertrieb von Fondsanteilen) zum Geschäftsbereich des Verwalters. Der Vertrieb kann unmittelbar durch den Verwalter, durch Delegationsnehmer in der Praxis häufig einen hinter dem Verwalter stehenden Initiator oder mittelbar über unabhängige Vertriebsintermediäre erfolgen.

Die ältere investmentrechtliche Literatur rekurriert – ohne gesetzliche Verankerung – überwiegend auf die Anlageentscheidung.[2] Zweifel ruft daran der Charakter der Anlage als Dauerentscheidung[3] auf: Mit der einmaligen Entscheidung ist es nicht getan. Der Verwalter hat ständig zu erwägen, ob der Gegenstand zu halten, aufzustocken oder zu veräußern ist. Alternativanlagen sind zu prüfen, Anlagerisiken abzuschätzen und die Prämissen der Anlageentscheidung zu überdenken. Zudem sind Liquiditätsprobleme und Interessenkonflikte in der Anlageorganisation auszumachen und zu bearbeiten. „Vermögensverwaltung erfordert die laufende Überwachung und Anlage von Vermögensobjekten".[4]

Nach § 17 Abs. 1 S. 1 KAGB sind KVG Unternehmen, deren Geschäftsbereich auf die Verwaltung von Investmentvermögen gerichtet ist. Aber das Gesetz lässt unbestimmt, was zur Verwaltung gehört. Dies ergibt sich aus der OGAW-RL und der AIFM-RL.[5] Beide Richtlinien nennen als Bestandteile der „gemeinsamen Portfolioverwaltung" (OGAW-RL) respektive „kollektiven Verwaltung" (AIFM-RL) die Verwaltung kollektiver Anlagen, den Vertrieb und die Administration,[6] die AIFM-RL zudem anlagenspezifische Tätigkeiten wie die Immobilienverwaltung. Nach dem in § 17 Abs. 1 S. 2 KAGB und Art. 4 Abs. 1 Bst. w und Anhang I AIFM-RL angelegten Stufenverhältnis bedeutet die Verwaltung von AIF die Übernahme der Portfolioverwaltung, also des Anlageentscheids und des Risiko- und Liquiditätsmanagements,[7] während Vertrieb

---

[2] Vgl. *Benicke*, S. 762: Investitionsprozess als Kern der Verwaltertätigkeit. Weiter *Reiss*, Pflichten, S. 176 (Anlage- und Überwachungspflicht).

[3] Bereits *Zetzsche*, Aktionärsinformation, S. 299; aus betriebswirtschaftlicher Sicht *Ballwieser*, KoR 2002, 115.

[4] BVerwGE 122, 29, 37; BGH, WM 2011, 17 Rn. 23; *Sethe*, S. 22.

[5] Vgl. Art. 6 Abs. 2 OGAW-RL i.V.m. Anhang II OGAW-RL. Deutlicher Art. 6 Abs. 2 bis 4 AIFM-RL i.V.m. Art. 4 Abs. 1 Bst. w, x und Anhang I AIFM-RL. Dazu Zetzsche/*Zetzsche*, S. 159, 160 f.

[6] Zur Administration zählen die Rechnungslegung, die Beantwortung von Kundenanfragen, die Bewertung und Preisfestsetzung einschließlich Steuererklärungen, die Überwachung der Einhaltung der Rechtsvorschriften, die Führung des Anlegerregisters, die Gewinnausschüttung, Ausgabe und Rücknahme von Anteilen, Kontraktabrechnungen (einschließlich Zertifikateversand) und die Führung von Aufzeichnungen. Vgl. Anhang I Nr. 2 Bst. a AIFM-RL, Anhang II OGAW-RL. Siehe dazu Zetzsche/*Zetzsche*, S. 159, 163 f.

[7] §§ 29, 30 KAGB, die Art. 15, 16 AIFM-RL umsetzen, sowie Abschnitt 3 und 4 AIFM-VO und für OGAW die Detailvorgaben in Art. 51 Abs. 1 OGAW-RL und Kapitel VI der Kommissions-RL 2010/43/EU. Dazu Zetzsche/*Zetzsche/Eckner*, S. 265 ff.; *Timmerbeil/Spachmüller*, DB 2012, 1425; Weitnauer/*Swoboda*, § 29 Rn. 1 ff.; Weitnauer/*Swoboda*, § 30 Rn. 1 ff.

und Administration den „anderen Tätigkeiten" des Verwalters zugeordnet werden. Teil der Anlageverwaltung ist somit auch die Überwachung der aus der Anlageentscheidung erwachsenden Konsequenzen für Anleger, Markt und Anlageorganisation. Die übrigen Tätigkeiten sind für die gemeinsame Portfolioverwaltung fakultativ.

Grafik: Verwalterpflichten

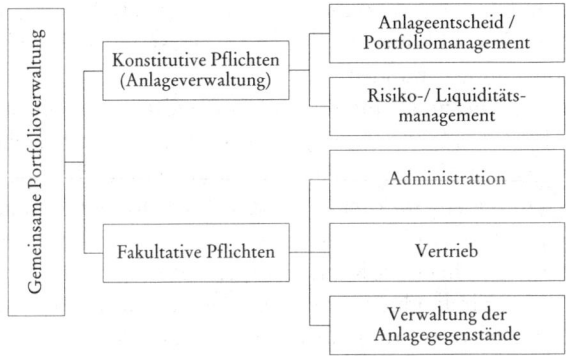

Die Unterscheidung zwischen konstitutiven und fakultativen Tätigkeiten zieht drei Rechtsfolgen nach sich: Erstens ist eine Person Verwalter und damit zulassungspflichtig, wenn sie die konstitutiven Tätigkeiten für Fonds ausübt bzw. auszuüben beabsichtigt. Zweitens ist die Bezugnahme auf die Anlageverwaltung z.B. im Rahmen der Aufgabenübertragung an Dritte gem. § 36 Abs. 1 Nr. 3 KAGB als Übertragung einer der konstitutiven Tätigkeiten (Anlageentscheidung, Risiko- oder Liquiditätsmanagement) zu verstehen. Die Zuordnung zum konstitutiven Teil ist indes nicht gleichbedeutend mit der Pflicht zur persönlichen Ausübung besagter Aufgaben. Dies ist eine Frage der Grenzen der Delegationsbefugnis. Drittens folgen aus den aufsichtsrechtlichen Kategorien zivilrechtliche Konsequenzen. Anlageentscheid und Risikomanagement bilden den Mindestumfang der Verwalterpflichten. Dies bedeutet zwar nicht, dass der Verwalter für die sonstigen Aufgaben wie die Berechnung des Anteilswertes etc. nicht verantwortlich ist, wenn er diese Pflichten übernimmt. Insbesondere viele OGAW-KVGs verfolgen Geschäftsmodelle, die z.B. auf die Administration fokussieren und den Anlageentscheid vollständig delegieren. Aber der Verwalter muss für die im Folgenden untechnisch und in Abgrenzung von der schuldrechtlichen Leistungspflicht gem. § 241 Abs. 1 BGB als Hauptpflicht bezeichnete Anlageverwaltung immer einstehen.

II. Inhalt der Hauptpflicht

Aus der geschäftsbesorgungsrechtlichen Prägung der Idealanlage folgt der Umfang der Weisungsbindung: Der Geschäftsbesorger ist zum denkenden (nicht blinden) Gehorsam verpflichtet, vgl. § 665 BGB.[8] Für geschäftsführende Gesellschafter einer Personengesellschaft liegt darin keine Neuerung (§ 713 BGB). Weil sich das Bild der Idealanlage im Innenverhältnis durchsetzt, ist ein unternehmerischer Freiraum wie bei der Leitung der AG gem. § 76 Abs. 1 AktG aber selbst dann nicht gegeben, wenn die Kollektivanlage als AG organisiert ist. Ist die Weisung hinreichend konkret, ist auch der Vorstand der intern verwalteten Anlage-AG vollständig gebunden.

Der Umfang der Weisungsbindung im Übrigen ist nicht evident. Dies belegt ein Blick auf die individuelle Vermögensverwaltung. Dort besteht eine durch Vertrag konkretisierte Weisungsbindung gem. § 665 BGB, die – bei Unterschieden im Detail – durch ein Spekulationsverbot,[9] ein Diversifikationsgebot[10] und ein Gebot zur produktiven Verwaltung[11] ergänzt wird. Obwohl diese Ge- und Verbote im Kontext kollektiver Kapitalanlagen entwickelt wurden,[12] lassen sich die Erkenntnisse zur individuellen Vermögensanlage nicht Eins-zu-eins auf die kollektive Vermögensverwaltung übertragen. Wegen der potentiellen Vielzahl an Geschäftsherrn kann es – anders als bei der individuellen Vermögensverwaltung – nicht auf eine individuell geäußerte Weisung jedes einzelnen Anlegers ankommen. Auch der Widerruf und die Anpassung einer erteilten Weisung mit Wirkung für die Zukunft[13] ist bei einer Anlegervielzahl unpraktikabel. Die notwendig gleichförmige Verwaltungstätigkeit steht einer strengen Weisungsbindung entgegen. Ohne Maßstab für die Weisungsbindung kann aber der ge- oder verbotene Umfang der Spekulation, Diversifikation und produktiven Verwal-

---

[8] Palandt/*Sprau*, § 665 Rn. 1.

[9] OLG Frankfurt a.M., WM 1996, 665 (2. Ls.); OLG Hamm, WM 1996, 669, 670 (aber mit Hinweis auf Vereinbarkeit einer ausschließlich spekulativen Anlage); *Balzer*, Vermögensverwaltung, S. 108; *Benicke*, S. 767 ff. (mit Rückführung auf das US-amerikanische Trustrecht); reserviert *Sethe*, S. 912. Zu Investmentfonds *R.F. Goldschmidt*, Investment-Trusts, S. 27 f.; 77 ff.; *Assmann/Schütze/Schäfer*, § 23 Rn. 68; *Schäfer*, Anlegerschutz, S. 55; *v. Berge und Herrendorff*, S. 69 ff.; *Wendt*, Treuhandverhältnisse, S. 58; a.A. *Schelm*, S. 38 f.

[10] BGH, NJW 1994, 1861, 1863; OLG Düsseldorf, WM 2006, 1576 Rn. 4; *Balzer*, Vermögensverwaltung, S. 108; *Sethe*, S. 910 f.; *Assmann/Schütze/Schäfer*, § 23 Rn. 68; *Benicke*, ZGR 2004, 760 ff.

[11] *Balzer*, Vermögensverwaltung, S. 108; *Sethe*, S. 903 f.; *Assmann/Schütze/Schäfer*, § 23 Rn. 26 f.; *Benicke*, ZGR 2004, 760 ff.

[12] Dies bemerkt zu Recht *Benicke*, S. 764; vgl. zum Spekulationsverbot *Balzer*, Vermögensverwaltung, S. 108; *Wendt*, Treuhandverhältnisse, S. 58; *Berge vom Herrendorff*, S. 63 f.; zum Gebot der produktiven Verwaltung als Rezeption des US-Rechts *Schäfer*, Anlegerschutz, S. 56; zum Diversifikationsgebot vgl. die Definition in § 1 Satz 2 InvG („nach dem Gebot der Risikomischung", konkretisiert in § 60 InvG/§ 8a KAGG) sowie *Köndgen/Schmies* in Bankrechtshandbuch, § 113 Rn. 69 f.

[13] BGHZ 17, 317, 326.

tung nicht konkretisiert werden. Für die kollektive Vermögensverwaltung muss ein abstrakt genereller Standard erst noch gewonnen werden.

1. Kardinalpflichten

Die Pflicht zum Handeln im Anlegerinteresse mit dem daraus abgeleiteten Glücksspielverbot und dem Gebot zur Vermeidung risikoloser Rendite sind Fundamentalprinzipien der Anlageverwaltung, die insbesondere gelten, wenn keine spezifischen Regelungen und Vereinbarungen getroffen werden.

a) Handeln im Anlegerinteresse

Aus Geschäftsbesorgungsrecht, das durch die §§ 26, 18 Abs. 4 KAGB konkretisiert wird, folgt als Leitbild jeder Verwaltertätigkeit das Handeln im Interesse[14] der Anleger als Geschäftsherren. Ein eigenständiges Unternehmens- oder Stakeholderinteresse – dies könnte z.B. das Interesse der Gesellschafter und Angestellten der KVG sein – hat dahinter zurückzutreten, und zwar selbst dann, wenn die Kollektivanlage in einer Form organisiert ist, für die ein eigenständiges Unternehmensinteresse nach gesellschaftsrechtlichen Grundsätzen anzuerkennen ist. Kraft Verpflichtung auf das Anlegerinteresse darf der Verwalter nur solche Geschäfte tätigen, die er nach den maßgeblichen Entscheidungskriterien (dazu sogleich) als gut erkannt hat; überflüssige Kosten sind zu vermeiden. Man mag dies in Anlehnung an das US-Recht hochtrabend als Gebot der produktiven Verwaltung bezeichnen,[15] gewonnen ist damit nichts.

Das Handeln im Anlegerinteresse muss nach den im vierten Teil erarbeiteten Erkenntnissen den jeweils maßgeblichen Anlegertypus berücksichtigen. Ein Geschäftsbesorger muss bei einem Privatanleger-Fonds die Interessen passiver, unkundiger und auf der Fondsebene Diversifikation suchender Anleger gewährleisten. Dies erfordert im Zweifelsfall eine konservativere, eher auf Werterhaltung denn auf Rendite ausgerichtete Strategie als bei Verwaltung und Verwahrung einer Kollektivanlage für qualifizierte Anleger, bei der von aktiven und kundigen Anlegern auszugehen ist, die ggf. auf Anlegerebene diversifizieren. Ebenso beeinflusst die Anlegerschaft die Antwort auf die umstrittene Frage einer Stimm- und Aktivitätspflicht[16] des Fonds im Verhältnis zu den Zielgesellschaften: Der aktive Verwalter eines Privatanleger-Fonds hat für typischerweise mittel- bis langfristig ausgerichtete Privatanleger optimale Maßnahmen für die spezifische Strategie zu ergreifen. Wird eine aktivistische Strategie versprochen oder sind z.B. die Aktien einer Zielgesellschaft längerfristig zu halten (z.B. aufgrund einer Indexorientierung), korrespondiert damit eine Stimmpflicht, wenn durch die Teilnahme an der Abstimmung Werte geschaffen wer-

---

[14] Ausführlich für individuelle Vermögensverwaltung *Sethe*, AcP 212 (2012), 81, 84 f.

[15] *Benicke*, S. 776 ff.; *Schäfer*, Anlegerschutz, S. 56.

[16] Vgl. dazu *Boatright*, Ethics in Finance, S. 128 ff.; *Strenger/Zetzsche*, AG 2013, 397, 398, sowie unten, § 39.B.

den (Beispiel: Entscheidung über Strukturmaßnahmen). Für qualifizierte Anleger rechtfertigt das Argument der Aktivität und Diversifikation auf Anleger- statt Anlageebene ggf. eine abweichende Entscheidung. Hier darf man ausdrückliche Vereinbarungen erwarten.

b) Glücksspielverbot

Das Glücksspielverbot als Konkretisierung der Pflicht zum Handeln im Anlegerinteresse beruht auf dem Gedanken, dass Vermögensverwalter nicht wegen ihrer Spielerqualitäten, sondern ihrer Expertise ausgesucht werden. Die Anlageentscheidung muss sich auf die Anwendung der vereinbarten, bei fehlender Vereinbarung auf anerkannte Entscheidungsmethoden stützen.[17] Dafür benötigt der Verwalter (nur) die für die jeweilige Entscheidungsmethode erforderlichen Informationen.[18]

Die Umschreibung als Spekulationsverbot ist zumindest unscharf, wenn nicht unzutreffend. Nach der im ersten Teil begründeten Diktion ist Spekulation eine Anlage mit erhöhtem Verlustrisiko. Ein generelles Verbot zur Eingehung erhöhter Risiken besteht nicht. Fonds in- und außerhalb des KAGB dürfen risikoreiche Strategien verfolgen. So gelten etwa bei relativer Erhöhung des Fremd- zum Eigenkapitals („Leverage")[19] gewisse Organisationsregeln und Berichtspflichten; innerhalb der ggf. festgelegten Grenzen[20] wird Spekulation dadurch legitimiert. Ein Spekulationsverbot lässt sich auch nicht mit allgemeinen Erwägungen begründen: Zumindest auf semi-stark effizienten Kapitalmärkten steht dem erhöhten Verlustrisiko eine entsprechende Ertragschance gegenüber. Ein grundsätzlicher Fokus auf Kapitalerhaltung[21] zulasten der Rendite ist im Recht der Kollektivanlage – anders als bei der mündelsicheren Anlage

---

[17] Ähnlich *Benicke*, S. 772 (Grenze der Verwaltungstätigkeit ist das nicht abschätzbare Risiko); zuvor schon *Than*, Bankrechtstag 1995, S. 144 f.; ebenso für das US-Recht *Bines/Thel*, § 6.01, S. 289 ff. (mit Darstellung des Common Law zum Prudent Investing und dem traditionellen Spekulationsverbot des Trustrechts (§ 6.02[A]) sowie § 8.05 (zum modernen Blick auf die Spekulation auf der Grundlage der Portfolio-Theorie).

[18] Für Investitionsverbot bei unzureichender Information *Balzer*, Vermögensverwaltung, S. 105 f.; Assmann/Schütze/*Schäfer*, § 23 Rn. 63 ff., die aber das Informationsgebot nicht mit dem gebotenen Entscheidungsmodus verknüpfen und deshalb zu einem umfangreicheren Informationserfordernis gelangen. Zurückhaltender (Informationspflicht, aber „keine Pflicht zur Fundamentalanalyse") *Benicke*, S. 772, 783.

[19] Zur Berechnung siehe Art. 8 AIFM-VO.

[20] Die BaFin kann nach § 215 KAGB i.V.m. Art. 112 AIFM-VO den Einsatz von Leverage begrenzen, wenn sie dies zur Gewährleistung der Stabilität und Integrität des Finanzsystems als nötig erachtet; Art. 25 Abs. 7 AIFM-RL ermächtigt die ESMA zur Empfehlung von Maßnahmen zur Eindämmung systemischer Risiken. Explizit genannt wird die Begrenzung des Verschuldungsgrades; dazu Zetzsche/*Wilhelmi/Bassler*, S. 21, 32 ff.

[21] Vgl. zum früheren US-Trustrecht *Gordon*, (1987) 62 NYU L. Rev. 52, 59 ff. mit Rückführung auf die Entscheidung *Harv. College v. Amory*, 26 Mass. (Pick) 446 aus dem Jahr 1830; dazu *Bines/Thel*, § 6.02.

(§ 1807 BGB) – keine allgemeine, sondern allenfalls eine anlegerspezifische Präferenz. Damit diese zur Rechtspflicht wird, bedarf es einer Vereinbarung.

c) Vermeidung renditelosen Risikos

Vor einer Diskussion eines Diversifikationsgebotes als Rechtspflicht ist es hilfreich, Ziel und Wirkung der Diversifikation in Erinnerung zu rufen.[22]

aa) Typen der Diversifikation

Zu unterscheiden ist zwischen der Annäherung an die Standardvarianz des Gesamtmarktes (ß) und die Ausschließung adressspezifischer, asystemischer Risiken innerhalb eines relevanten Teilmarktes. Die erste Variante meint die Reduktion erhöhter Einzelrisiken durch Auswahl anti-korrelierender Anlagen zu einem niedrigeren Durchschnittsrisiko. Der Risikograd des ganzen Portfolios nähert sich dann der Standardvarianz des Gesamtmarktes. Freilich reduziert sich damit die Ertragschance.[23] Eine solche Anlage ist eine Wette auf die positive Entwicklung des Gesamtmarktes. Unter der Prämisse endlosen Wachstums und einer Börsenkursentwicklung, die die Inflationsrate übersteigt, geht damit langfristig eine Rendite einher. Die Diversifikation kann sich andererseits auf die Reduzierung adressspezifischer Risiken unter Beibehaltung der ökonomischen Charakteristik der zugrundeliegenden Anlagegegenstände beschränken. Bei Auswahl einer Vielzahl von Vermögensgegenständen mit identischer Standardvarianz vom Marktdurchschnitt (β) entspricht die Risikostruktur des Portfolios dem der zugrundeliegenden Vermögensgegenstände.[24] Zwar wird man selten Gegenstände mit *identischer* Abweichung von der Standardvarianz des Marktes finden, aber der erste Typ der Diversifikation im Sinne einer Minderung des Risikogrades des Gesamtportfolios tritt schon dann kaum mehr deutlich hervor, wenn die Standardabweichung der einzelnen Gegenstände ähnlich ist.[25] Bei der zweiten Form der Diversifikation wirken sich unternehmensspezifische Risiken auf die Entwicklung des Portfolios nicht mehr entscheidend aus. Der Risikograd des Portfolios nähert sich dem z.B. des Öl-, Gold- oder Halb-

---

[22] Vgl. Erster Teil, § 3.D.I.

[23] Beispiel: Goldaktien gelten als gutes Korrelat zu Ölaktien: Ölaktien steigen mit der Industrieproduktion, Goldaktien gelten als Anlage für wirtschaftliche Krisen. Stimmt diese Annahme, wird ein Portfolio mit Gold- *und* Ölaktien weder in der Konjunktur noch der Wirtschaftskrise sehr schlecht dastehen. Andererseits wird es nicht an den Höchststand herankommen, der durch Investition nur in Gold oder nur in Öl erreichbar ist. Es gilt: $\beta\ (P) = (\beta\ [Gold] + \beta\ [Öl])/2$.

[24] Es sei (β) die Standardvarianz vom Marktdurchschnitt, $\beta\ [P])$ die Standardvarianz des Portfolios vom Marktdurchschnitt und (β) [Asset 1] = (β) [Asset 2] = (β) [Asset n]. Dann gilt (β) [P] = (β) [Asset 1/2/n].

[25] Beispiel: Das Portfolio besteht nur aus Aktien von Halbleiterherstellern. Zwar unterscheiden sich die regionalen Produktions- und Vertriebsschwerpunkte und damit ein Teil der ökonomischen Erfolgsvoraussetzungen, aber Schwankungen auf dem Gesamtmarkt für Halbleiter werden keinen Hersteller unberührt lassen.

leitermarktes an. Es handelt sich um eine „Wette" auf die positive Entwicklung des relevanten Teilmarktes, bei Reduktion der spezifischen Risiken der Einzelanlage.

Nach Ansicht der BaFin meint Risikomischung im erstgenannten Sinn die Auswahl gegenläufig korrelierender Gegenstände.[26] Das OLG Düsseldorf hat dieser Auffassung obiter zugestimmt.[27] Das BVerwG[28] und wohl auch der BGH[29] befürworten die zweite Auffassung. Manche älteren Entscheidungen lassen sich aber mit dem Ziel erklären, Wachstumsfonds in den Geltungsbereich des anlegerschützenden AuslInvG einzubeziehen. Der Literatur[30] ist gleichfalls kein klares Bild zu entnehmen. Die Streitfrage kann man einerseits in Anlehnung an die gesetzlichen Vorgaben auflösen. Zu einer Diversifikation im Sinne einer Reduktion asystemischer Risiken kommt es zwangsläufig bei Beachtung der Ausstellergrenzen für Publikumsfonds und offene Fonds nach dem KAGB.[31] Gegen eine Pflicht zur Anti-Korrelation spricht, dass sich dann alle Kollektivanlagen – unabhängig von ihrem Typus – dem Risiko des Gesamtmarktes annäherten. Für die Anlage in den Gesamtmarkt bedarf es aber keiner aktiven Strategie. Der Erwerb eines Indexprodukts bildet die Gesamtmarktentwicklung zu günstigen Kosten ab. Somit spricht das System des KAGB bei offenen und Publikumsfonds für eine Diversifikation im zweiten Sinne (Reduktion asystemischer Risiken).

Dieses Ergebnis bestätigt die ökonomische Logik. Eine Pflicht zur Annäherung des Portfolios an den Gesamtmarkt behindert die Ausnutzung von Informationsvorteilen. Der Informationserzeuger könnte seinen Wissensvorsprung (z.B. die Erkenntnis, der Goldmarkt werde sich positiv entwickeln) wegen rechtlicher Barrieren nicht nutzen. Dies reduziert den Anreiz zur Produktion neuer Informationen, was zulasten der Effizienz des Gesamtmarktes geht. Anders liegt es bei der Diversifikation im Sinne der Reduktion adressspezifischer

---

[26] Stellungnahme der BaFin vom 28.7.2009 – WA 41 – Wp 2136–2008/0001 an den BVI „Grundsatz der Risikomischung; Goldfonds", abgedruckt bei Beckmann, Kz. 411 S. 468.

[27] OLG Düsseldorf vom 16.5.2008, I-16 U 252/06 Rn. 19: „Nach der Lebenserfahrung ist der Kleinanleger wegen seiner begrenzten Mittel primär an der Kapitalwertsicherung interessiert."

[28] Vgl. BVerwG NJW 1980, 2482 (Hapimag): Risikomischung meint, mehrere Gegenstände zu kaufen.

[29] Vgl. BGHZ 149, 33 Rn. 15 (kein Gebot der regionalen Diversifikation, wenn der Prospekt keine Hinweise darauf enthält).

[30] Explizit *Benicke*, S. 770; wohl auch *Fleischer/Schmolke*, ZHR 174 (2009), S. 649, 673 ff. Die Aussage, es gibt eine Diversifikationspflicht des AG-Vorstands allenfalls für „freies Vermögen" geht von der operativ tätigen AG aus, bei der das Vermögen (im operativen Geschäft) zweckgebunden ist. Bei der Anlage-AG ist aber alles Vermögen „zweckfrei". Mit Blick auf das US-Recht zum grobgestrickten Diversifikationsgebot des zweiten Restatement of Trust *Bines/Thel*, § 6.02[D], zur neuen *prudent investor rule* des dritten Restatement of Trust ebendort, § 8.04[B]; *Halbach*, (1992) 77 Iowa L. Rev. 1151, 1162 ff., insbesondere 1166.

[31] Z.B. § 206, 214, 218 i.V.m. 219 Abs. 6, 243, 262, 282 KAGB; dazu Möllers/Kloyer/Zetzsche, S. 131, 137 ff. (Ausstellergrenzen für offene Fonds sichern den Rückzahlungsanspruch).

Risiken: Wirken sich adressspezifische Risiken bei angemessenem Diversifikationsgrad nicht auf die Renditeentwicklung aus, werden derartige Risiken in
einem effizienten Kapitalmarkt auch nicht vergütet. Wegen des Preiswettbe-
werbs unter den Kapitalanbietern wird die Rendite nur die Übernahme der systemischen, also der Risiken des relevanten Teilmarktes abbilden. Ein unzureichend diversifiziertes Portfolio ist mit unvergüteten Risiken belastet, es dürfte
somit in effizienten Märkten keine *risiko-adäquate* Rendite erreichen. Beim
Diversifikationsgebot des KAGB geht es also nicht um die Beseitigung der Aus-
wahlkonsequenz, sondern es verbietet lediglich innerhalb einer festgelegten
Risikoneigung die Hinnahme nicht vergüteter Risiken. Ein so verstandenes Diversifikationsgebot schützt die Anleger vor sinnlosen, weil ertragslosen Risiken, es gebietet aber keine vorsichtige Anlagestrategie.

bb) Allgemeine Diversifikationspflicht?

Damit ist noch nicht entschieden, ob das Recht eine Pflicht zur Vermeidung
renditeloser Risikotragung für *alle* Kollektivanlagen gebietet. Die Generalisierung des Streuungsgebots mag für die individuelle Vermögensverwaltung und
die Alterssicherung ihre Berechtigung haben. Mit Alterssicherung und dem
ganzen Vermögen einer Person, das Gegenstand der individuellen Vermögensverwaltung ist, „spielt man nicht". Derartige Zweckbelastungen bestehen für
die Kollektivanlage nicht.

Die in Anbetracht der ökonomischen Überzeugungskraft nachgerade phari-
säerhafte Frage, ob und wie Diversifikation als Vermeidung renditelosen Risikos geboten ist, bestreitet nicht die grundsätzliche Weisheit der Risikostreuung,
sondern ob die Streuung gemäß der rechtlichen Parameter *auf der Ebene der
Kollektivanlage* erfolgen muss. Die Diversifikationsvorgabe des KAGB für Publikumsfonds ist monolithisch und eindimensional. Sie geht von der wirtschaftlich sinnwidrigen (und in Deutschland wohl auch unzutreffenden Prämisse)
aus, dass ein Anleger alle Eier in einen Korb legt, sprich: ein Fondsverwalter das
gesamte Vermögen eines Anlegers verwaltet, und gleichzeitig keinerlei Vermögensbildung zum Ausgleich asysemischer Risiken in Form von Wertpapieren,
Immobilien, staatlicher und betrieblicher Rente etc. stattfindet. Dies mag man
für Privatanleger hinnehmen, denen das Gesetz Passivität und Unkundigkeit
sowie infolgedessen Risikoaversion unterstellt. Auch spricht der geringe Umfang des Einzelinvestments für ein Diversifikationsgebot, weil die individuelle
Diversifikationsnotwendigkeit einer Vielzahl von Kleinanlegern aus praktischen Gründen nicht berücksichtigt werden kann. Dann entspricht der Verwalter dem Gleichbehandlungsgebot, indem er die asysemischen Risiken im Portfolio ausgleicht, so dass sich jeder Anleger auf die Portfolioneutralität verlassen
kann. Diese Erklärung der Diversifikationspflicht im KAGB stimmt mit der
Konzeption eines der Vorgängergesetze (KAGG) als Privatanleger-Schutzge-

setz überein. Die Spezialfonds gelangen erst mit dem 1. Finanzmarktförderungsgesetz (1990) in das KAGG.

Diversifikation kann indes ebensogut auf der Anleger- statt auf Fondsebene stattfinden. So kann eine Portfolioanreicherung des *Anleger*portfolios durch Beteiligung an einer Reihe von Objektgesellschaften durchaus bezweckt sein. Eine Zwangsdiversifikation auf der Fondsebene durchkreuzt diese Strategie. Soweit Anleger mit einer konzentrierten Strategie rechnen dürfen, besteht für eine Diversifikationspflicht kein Raum. Umgekehrt besteht für eine Konzentration kein Raum, wo die Anlage gezielt auf Diversifikation setzt (Beispiel: Dachfonds).

Eine zweite Ausnahme betrifft qualifizierte Anleger. Diversifikationsvorgaben sind für qualifizierte Anleger verfehlt, gerade weil sie die Diversifikation des Verwalters statt des Anlegers erzwingen. Das Recht unterstellt dem qualifizierten Anleger, dass er über die zur Risikoerkennung und Anlagensteuerung erforderlichen Kenntnisse und Methoden verfügt. Dann ist die Annahme nur konsequent, dass ein qualifizierter Anleger zu einer anderen kurzfristigen Markteinschätzung als der Verwalter gelangen oder Risiken früher als der Verwalter erkennen kann, von einer Umstellung der Asset Allokation (also der Grobeinstellung seiner Anlageprämissen) indes aus Kostengründen absehen möchte. Stattdessen präferiert er den Abschluss eines Sicherungsgeschäfts oder eine Risikokompensation in einem anderen Anlagenteil als dem ausgewählten Fonds. Bei einer pauschalen Diversifikationspflicht könnte es im Anlegerportfolio durch die rechtlich induzierte Reaktion des Verwalters zu kostenintensiven Überkompensationen kommen.[32]

Insbesondere professionelle Anleger vertreten eine Vielzahl von Anlegergruppen. Sie sind Vermögensverwalter (n)-ter Stufe. Wie sich das Portfolio auf der (n-1)-ten Stufe – der Anleger des qualifizierten Anlegers – zusammensetzt, ob also die spezielle Anlage für den Anleger Konzentration oder Diversifikation bedeutet, ist dem Verwalter auf der (n+1)-ten Stufe i.d.R. nicht bekannt, zumal dies mit der Zusammensetzung der Kundschaft ständig wechselt. Eine pauschale Diversifikationspflicht bedeutete eine Missachtung der Reaktionsmöglichkeiten und differenzierten Interessen innerhalb der Anlagekaskade. Dies alles zeigt, dass die Annahme einer Diversifikationspflicht auf der Prämisse einer einstufig angelegten, passiven Anlage beruht.

Das bei einer Anlegervielzahl zutreffende Argument der Unmöglichkeit zur individuellen Diversifikation trifft auf Spezialfonds mit wenigen Anlegern nicht zu. Ein mit diesen Implikationen konfrontierter Asset Manager wird regelmäßig auf die Möglichkeit zur Anpassung der strategischen oder taktischen

---

[32] Beispiel: Wenn der qualifizierte Anleger *und* der Verwalter zur gleichen Risikoeinschätzung gelangen und daraufhin zur Risikokompensation jeweils X- und Y-Aktien erwerben, aber Z-Aktien abstoßen, sind im Gesamtportfolio des qualifizierten Anlegers X- und Y-Aktien über- und Z-Aktien untergewichtet.

Allokation verweisen. Er fühlt sich für den übernommenen Teilbereich alleinzuständig. Dies konfligiert mit der gesetzlichen Prämisse vom kundigen und aktiven Anleger. Die unzureichende Integration der Rechtspflichten über die Anlagekaskade hinweg darf das Recht nicht noch durch Anpassungsgebote auf der Fondsebene verstärken. Möchte ein qualifizierter Anleger sich ausschließlich auf die Diversifikationsleistung seines Verwalters verlassen und ein in asystemischer Hinsicht neutral gewichtetes Portfolio erhalten, kann er dies zur Vertragspflicht erheben. So erklärt sich bei geschlossenen Spezial-AIF der Verzicht auf eine Mindest-Diversifikation.[33]

cc) Insbesondere: Objektgesellschaften

Nach Vorgenanntem bereitet die im ersten Teil als Problem des Anwendungsbereichs charakterisierte Objektgesellschaft[34] keine Probleme mehr. Zu unterscheiden ist zwischen der planmäßigen und der zufälligen Objektgesellschaft.

Gegen die planmäßige Objektgesellschaft ist aus Sicht des Vermögensverwaltungsrechts nichts zu erinnern. Welche anderen Gegenstände sollte der Verwalter auch erwerben? Dafür gibt es weder Kriterien noch Weisungen. Solche planmäßigen Objektgesellschaften sind auch in anderen Ländern zulässig, wobei damit gelegentlich weitere Schutzmaßnahmen verbunden sind (z.B. Hinweispflicht, Börsennotierung, eine behördliche Prüfung oder die Zustimmungspflicht der Anleger beim Wechsel von einer diversifizierten in eine nichtdiversifizierte Anlagestrategie).[35] Ähnlich liegt es im deutschen Recht. Hier gebietet die Pflicht zum Handeln im Anlegerinteresse bei Vertrieb an Privatanleger eine risikoadäquate Information: Mit dem Wort „Anlage" assoziieren Privatanleger einen gewissen Grad an Kapitalwertsicherung. Ist keine Kapitalsicherung gegeben, müssen die Anlegerinformationen (und ggf. die Vertriebsintermediäre) das in der Abweichung von Rechts- und Wortsinn begründete Missverständnis korrigieren.

Die zufällige Objektgesellschaft kann entstehen, wenn der Verwalter trotz Anlageermessens oder sogar konkreter Weisungen nur wenige Gegenstände erwirbt. Der (nach einer Aufbauphase einsetzende dauerhafte) Fokus auf einen

---

[33] Vgl. Möllers/Kloyer/*Zetzsche*, S. 131, 138 f.

[34] Erster Teil, § 3.D.III.

[35] Vgl. z.B. die englischen „single property schemes" gem. s. 239 FSMA. Es gelten dieselben Organisations- und Vertriebsvorgaben wie für alle CIS, vgl. *Macfarlanes*, A3.130. Für die USA die „non diversified companies" gem. s. 5(b)(2) ICA, dazu *Frankel/Schwing*, § 5.08[D]; nach Rule 13a-1 müssen die Anleger einem Wechsel von der diversifizierten zur nicht-diversifizierten Form zustimmen, aber mangels Risikosteigerung nicht andersherum. Gem. Art. 7 des Schweizer KAG ist die Diversifikation kein Kriterium der Kollektivanlage. In Luxemburg unterliegt die SICAR keiner Diversifikationspflicht, vgl. Art. 1 (1) SICAR-G gegen z.B. Art. 2 (2) OPC-G. Zum Hintergrund *Kremer/Lebbe*, Rn. 13.61. Die CSSF prüft, wenn nur ein Vermögensgegenstand vorhanden ist, ob dies gerechtfertigt ist, z.B. weil die Ressourcen nur für eine Risikoanlage genügen, vgl. CSSF Circulaire 06/241, sub I.

einzigen Anlagegegenstand ist mit einer qualifizierten Anlage, aber nicht mit
einer Publikumsanlage vereinbar. Misslingt mangels geeigneter Anlagegegenstände eine diversifizierte Anlage, muss der Verwalter die Publikumsanlage auflösen.

dd) Insbesondere: Fonds ohne Anlagevorgaben

Die Frage einer immanenten Pflicht zur Diversifikation bleibt noch für Fonds
ohne Vorgaben in Gesetz, Vertrag und Publizität zu klären. Sofern man mangels Anlagestrategie die Eigenschaft als Investment-Vermögen gem. § 1 Abs. 1
KAGB ablehnt, gelten die Anlagegrenzen des KAGB nicht.[36] Das Verwalterhandeln hat sich dennoch immer am Anlegerinteresse zu orientieren. Eine
Pflicht zur Vermeidung renditeloser Risiken scheint dann nichts anderes als
eine Selbstverständlichkeit.

Ob diese Selbstverständlichkeit auch eine Rechtpflicht ist, richtet sich nach
der betroffenen Anlegergruppe: Bei Publikumsfonds substituiert der Verwalter
die den Privatanlegern fehlenden Kenntnisse und das für eine planmäßige Diversifikation unzureichende Vermögen. Eine Diversifikation im Sinne der Vermeidung renditeloser Risiken ist mangels anderer Vorgaben geboten. Theoretische Kenntnisse zur planmäßigen Portfoliodiversifikation sind nach dem gesetzlichen Anlegerleitbild bei qualifizierten Anlegern zu erwarten, zudem ist
das verwaltete Vermögen hinreichend groß, um innerhalb des Anlegerportfo-
lios effizient zu diversifizieren. Insofern bedarf es keiner gesetzlichen Bevor-
mundung. Weil jedoch professionelle Anleger die Interessen ihrer Kunden zu
schützen haben, besteht *dort* eine Rechtspflicht sicherzustellen, dass der in Anspruch genommene Fondsverwalter nicht unvergütete Risiken eingeht. Zudem
mag es schwierig sein, die variierenden Diversifikationsnotwendigkeiten mehrerer professioneller Anleger zu berücksichtigen. Schon deshalb wird man jedenfalls im Hinblick auf das freie Vermögen häufig Diversifikation vereinbaren.

2. Quellen anlagespezifischer Weisungsbindung

An die Stelle einer individuellen Weisung (arg. § 665 S. 1 BGB) treten bei der
Kollektivanlage die alle Anleger und die Geschäftsbesorger bindenden Abreden. Dafür bedarf es zunächst einer Klärung, auf welche Art die Parteien gebunden werden.

a) Konstituierende Dokumente

Eine solche Bindung folgt am deutlichsten aus den konstituierenden Dokumenten der Kollektivanlage. Dabei handelt es sich um die Vertrags- oder Anleihebedingungen einer Kollektivanlage nach dem Vertrags- oder Treuhandtyp, die
Satzung einer Anlage-, REIT- oder Inv-AG /-SE/-KG oder den Gesellschafts-

---

[36] Allerdings können andere Grenzen z.B. des REIT-G einschlägig sein.

vertrag einer Personengesellschaft. So müssen z.B. die investmentrechtlichen Vertragsbedingungen gem. § 162 Abs. 2 Nr. 1 KAGB angeben, nach welchen Grundsätzen die Auswahl der zu beschaffenden Vermögensgegenstände erfolgt, insbesondere welche Vermögensgegenstände in welchem Umfang erworben werden dürfen. Anzugeben sind zudem die zulässigen Anlagetechniken sowie welcher Anteil in Bankguthaben und Geldmarktinstrumenten zu halten ist.[37] Sind neben dem Organisationsvertrag (Fondsvertrag, Satzung und Gesellschaftsvertrag der Investmentgesellschaft) separate Anlagebedingungen zu erstellen (§§ 162 ff., 266, 273 KAGB) sind die anlagespezifischen Weisungen Teil der Anlagebedingungen.

b) Vertriebsinformationen?

Gegenstand aller Vertriebsinformationen ist eine Beschreibung der Anlageziele, -politik und -beschränkungen.[38] So muss in den Verkaufsprospekt eine Beschreibung der Anlageziele, einschließlich der finanziellen Ziele (Kapital- oder Ertragssteigerung), der Anlagepolitik mit ggf. geografischer Spezialisierung oder Wirtschaftsbereiche, etwaigen Beschränkungen der Anlagepolitik sowie der einzusetzenden Techniken und Instrumente sowie der Befugnisse zur Kreditaufnahme aufgenommen werden.[39] Eine Kurzbeschreibung der Anlageziele und -strategie ist Teil der wesentlichen Anlegerinformation.[40] Erforderlich sind darüber hinaus Angaben zu Anlagekaskaden, zur Anlage in effektive Stücke, bei Immobilienfonds eine Beschreibung der Immobilie nebst Erwerbs- und Unterhaltskosten sowie Details zum Derivateeinsatz.[41]

Zu der Frage, inwiefern Vertriebsinformationen den Inhalt der Hauptpflicht präzisieren, rekurriert die h.M. für das KAGB pauschal auf die Anlagebedingungen.[42] Die Antwort ist für die Abgrenzung der auf das positive (Erfüllungs-) Interesse gerichteten Leistungsansprüche[43] von den grundsätzlich auf den Ersatz des negativen Interesses ausgerichteten Ansprüchen aus Informations-

---

[37] Ausführlich dazu Möllers/Kloyer/*Weitnauer*, S. 161, 165 ff.
[38] Prospekte gem. §§ 165, 173 Abs. 1, 224, 228, 256 und 268–270 KAGB, § 3 ff. WpPG i.V.m. Anhang XV der Kommissions-VO (EG) Nr. 809/04, § 23 VermAnlG i.V.m. VermVerkProspV; die wesentliche Anlegerinformation gem. § 166 KAGB; das Basisinformationsblatt nach Art. 4 Bst. a, 5 ff. PRIIP-VO für Kleinanleger die in verpackte Anlageprodukte investieren; an die Anleger gerichtete Informationen vor der Investition gem. §§ 295 Abs. 6, 7, 297 Abs. 2, 307 Abs. 1 KAGB. Vgl. dazu Holzborn/*Zetzsche/Eckner*, Art. 18 EU-ProspV Rn. 1 ff.; Zetzsche/ *Zetzsche/Eckner*, S. 333 ff.
[39] Vgl. § 165 Abs. 2 Nr. 2 und 5 KAGB; Anhang I, Schema A, Linke Spalte, No. 1.15 OGAW-RL; Möllers/Kloyer/*Weitnauer*, S. 161, 175 ff.
[40] § 166 Abs. 2 Nr. 2 KAGB; Art. 8 Abs. 3 PRIIP-VO.
[41] Vgl. §§ 165 Abs. 4, 166 Abs. 6, 229 Abs. 2 Nr. 3 KAGB; Anhang XVI Prospekt-VO.
[42] So für Überwachungspflicht der Anlagegrenzen durch die Depotbank gem. § 27 Abs. 1 Nr. 5 InvG BGHZ 149, 33; Berger/*Köndgen*, § 27 InvG Rn. 9; *Hövekamp/Hugger*, FS Hopt, S. 2015, 2021.
[43] Anspruch auf Erfüllung der Verwaltungspflicht bzw. der auf das positive (Erfüllungs-) Interesse ausgerichteten Sekundäransprüche gem. §§ 281 bis 283 BGB.

pflichtverletzung von Bedeutung. Bei Ausschluss der bürgerlich-rechtlichen Prospekthaftung respektive der allgemein-zivilrechtlichen Ansprüche aus § 311 Abs. 2 und 3 BGB durch die spezialgesetzliche Prospekthaftung[44] geht es zudem um die Frage, in welchem Umfang die in §§ 21 ff. WpPG, §§ 20, 21 und 22 Verm-AnlG und § 306 KAGB enthaltenen Privilegien[45] gegenüber den Leistungsansprüchen aufrechtzuerhalten sind. Je mehr man zur Hauptpflicht zieht, umso mehr überschneiden sich die vertraglichen und die Prospekthaftungsregeln.

Keine eindeutige Antwort ist dem KAGB zu entnehmen. Gem. § 163 Abs. 2 S. 9 KAGB sind die Vertragsbedingungen in den Prospekt aufzunehmen oder der Prospekt muss sich auf die Vertragsbedingungen beziehen. Für die grenzüberschreitende Fonds-Verschmelzungsprüfung sind den Behörden Prospekt und wesentliche Anlegerinformation, nicht aber die Vertragsbedingungen im Status ex ante zu übermitteln.[46] Eine Hilfe ist beim europäischen Recht nicht zu erwarten. Anders als zum Prospekt kennt die OGAW-RL keinen Detailkatalog der Mindestangaben in den Vertragsbedingungen. Wo man den Inhalt der Verwaltungstätigkeit regelt, ist nicht festgelegt. Entsprechend sind alle Dokumente zeitnah in geänderter Fassung zu veröffentlichen.[47]

Zu dem gleichen Ergebnis kommt der untaugliche Versuch, eine Pflicht zur Konkretisierung der Anlagetätigkeit in die Satzung einer Inv-/Anlage-AG oder den Gesellschaftsvertrag einer Inv-/Anlage-KG hineinzulesen. Der Mindestangabepflicht eines Unternehmensgegenstands wird man mit dem Begriff Vermögensverwaltung Rechnung getragen haben. Entsprechend kurz werden die konstituierenden Dokumente gefasst. Über die geplanten Anlagen wird nur im Prospekt oder den Anlagebedingungen informiert. Dies erklärt die Leichtigkeit, mit welcher die Rechtsprechung auf die Informationshaftung abstellt, und verdeutlicht die Schwierigkeiten bei der Konkretisierung der Hauptpflicht als Voraussetzung einer Verhaltenshaftung.

In dieses Dickicht ist entlang der folgenden drei Leitlinien eine Schneise zu schlagen. Erstens: Kein Problem stellt sich, wenn in den konstituierenden Do-

---

[44] So die h.M., z.B. Regierungsbegründung zum 3. FMFG, BT-Drs. 13/8933, S. 81; OLG Frankfurt a.M., ZIP 2004, 1411, 1415; Schwark/Zimmer/*Schwark*, §§ 44, 45 BörsG Rn. 79 und § 47 BörsG Rn. 3; dezidiert a.A. *Kersting*, Dritthaftung, S. 504 ff.

[45] Zugunsten des Anlegers z.B. die Beweislastumkehr beim Verschulden gem. §§ 45 BörsG, § 306 Abs. 3 S. 1 KAGB. Z.B. zugunsten des Verwalters die Sonderverjährung gem. §§ 46 BörsG, § 306 Abs. 5 KAGB (ein Jahr ab Kenntnis, maximal drei Jahre ab Erwerb).

[46] Art. 39 Abs. 2 Bst. b OGAW-RL, umgesetzt in § 182 Abs. 2 Nr. 2 KAGB. Die konstituierenden Dokumente ex post sind Teil des Verschmelzungsplans, vgl. Art 40 Abs. 1 Bst. h OGAW-RL / § 184 Nr. 8 KAGB.

[47] Vgl. zur regelmäßigen Aktualisierungspflicht für wesentliche Prospektänderungen und Änderungen der wesentlichen Anlegerinformationen § 164 Abs. 3 KAGB, § 313 Abs. 2 S. 1 KAGB, Art. 72, 81 OGAW-RL sowie die Kommissions-VO (EU) 583/2010; zur Prospektaktualisierung *Kalss*, FS Hopt, S. 2061. Für OGAW ist jede Änderung der Vertragsbedingungen und Satzungen genehmigungspflichtig. § 163 Abs. 4 KAGB verpflichtet zur Bekanntmachung der Änderung.

kumenten die Angaben gem. § 162 Abs. 2 Nr. 1, 2 KAGB vollständig enthalten sind und die entsprechenden Abschnitte im Prospekt wiedergegeben werden. Dann beschreiben diese Angaben den Inhalt der Hauptpflicht.

Zweitens: Enthalten die konstituierenden Dokumente keine oder nur einen Teil der Leistungsbeschreibungen, ist der Katalog in § 162 Abs. 2 Nr. 1, 2 KAGB maßgeblich für die Abgrenzung der Hauptpflicht von den Neben- und Schutzpflichten betreffenden Angaben. Der Katalog ist gesetzliches Leitbild dessen, was ein pflichtgemäß handelnder Anlageverwalter als Leistungsversprechen versteht und nicht nur informationshalber bereitstellt. Aus wie vielen Dokumenten sich diese Leistungsbeschreibung zusammensetzt, ist unerheblich. Alle Informationen zusammen ergeben die vertragliche Hauptpflicht.

Drittens: Bei Unklarheiten und Widersprüchen gilt das für die Anleger günstigste Verständnis (§ 305c Abs. 2 BGB). Aufgrund der supra-individuellen Leistungspflicht ist nicht das subjektive, sondern das objektive Anlegerinteresse an einer optimalen Rendite-Risiko-Liquiditäts-Relation maßgeblich. Informationen, die lediglich einzelnen Anlegern einer Kollektivanlage zugänglich sind, z.B. bilaterale oder mündliche Zusagen, stehen Unklarheiten und Widersprüchen gleich und gehen zulasten des Verwalters. Weil der Verwalter aufgrund der supra-individuellen Leistungspflicht alle Anleger bei der Leistung gleich behandeln muss, definiert die anlegergünstigste Zusage den Inhalt der Hauptpflicht. Kommt der Verwalter dieser Vorgabe jedoch nicht nach, kann sich nur derjenige darauf berufen, demgegenüber das Versprechen gemacht wurde. Den übrigen Anlegern steht lediglich ein Gleichbehandlungsanspruch zu, der aber bei gleich schlechter Behandlung nicht verletzt wird. Günstiger als eine Anpassung der Hauptpflicht kann aus Sicht des Verwalters deshalb die Nichterfüllung eines einem einzelnen Anleger gegebenen Leistungsversprechens bei Hinnahme einer Schadensersatzpflicht sein.

c) Nicht: Periodische Informationen

Periodische Informationen, z.B. der Jahresabschluss, Halbjahres- oder Quartalsbericht[48] werden typischerweise nach der Anlageentscheidung erstellt und präsentiert. Anleger erwarten dort nur einen Rechenschaftsbericht über die abgelaufene Periode. Die Anlageentscheidung nach Veröffentlichung eines Berichts kann deshalb nicht als Zustimmung zu einem in solchen Berichten möglicherweise enthaltenen Hinweis gewertet werden.

Der Erfolg in früheren Perioden mag aus Anlegersicht ein Entscheidungskriterium sein.[49] Die Falschinformation mag deshalb eine *Information*shaftung

---

[48] Vgl. §§ 101, 103, 104, 120, 122, 135, 148 sowie 158 KAGB; § 300 Abs. 1 KAGB; dazu Zetzsche/*Zetzsche*/*Eckner*, S. 332, 342 ff.; Möllers/Kloyer/*Weitnauer*, S. 161, 182 ff.

[49] Dazu und zu den Beurteilungsfehlern mangels Masse und Repräsentativität *Klöhn*, Kapitalmarkt, Spekulation und Behavioral Finance, S. 130, 181.

begründen,[50] sie berührt aber den Inhalt der Hauptpflicht und damit die Verhaltenshaftung nicht. Der Bericht über die Vergangenheit bindet den Verwalter nicht in der Zukunft. Hat z.b. der auf Technologieaktien festgelegte Verwalter in der Vergangenheit nur deutsche Technologieaktien erworben, darf er – soweit keine anderen Festlegungen in die konstituierenden Dokumente und Vertriebsunterlagen aufgenommen werden – in der Zukunft auch Technologieaktien aus anderen Ländern erwerben.

3. Anlagespezifische Weisungen

Sind die Quellen anlagespezifischer Weisungen konkretisiert, gilt es nunmehr noch den Inhalt anlagespezifischer Weisungen zu präzisieren. Dies ist bedeutsam, weil dem Verwalter auf Grund des Kriteriums der externen Verwaltung ein Letztentscheidungsspielraum verbleiben muss.

a) Anlageparameter

Der mögliche Umfang anlagespezifischer Weisungen ergibt sich einerseits aus den ökonomischen Parametern, andererseits aus den gesetzlichen Vorgaben zur Gestaltung der konstituierenden Dokumente und Prospekte. Zentrale Weisungsbestandteile sind die Anlagezielbestimmung, die Politik, Gegenstände, Grenzen und Techniken der Anlage.

Die Anlagezielbestimmung ist die Zentralsteuerung für die Anlagetätigkeit, die das Handeln im Anlegerinteresse konkretisiert. Ihr hoher Stellenwert zeigt sich darin, dass alle Rechtsquellen mit Anlagebezug eine entsprechende Angabe verlangen.[51] Das Anlageziel verortet die Kollektivanlage in dem Spannungsdreieck aus Rendite, Risiko und Liquidität. So sollten z.B. langfristige Anlagen wegen der damit verbundenen Übernahme zeitlicher Unsicherheit (also Risiko) mit tendenziell hoher Rendite einhergehen, sie sind aber wenig liquide. Umgekehrt wird eine risikoarme, ständig liquide Anlage geringe Rendite abwerfen. Wird als Anlageziel Kapitalwertsicherung vereinbart, ist eine risikoarme Ausrichtung des Portfolios geboten.[52] Liegt der Fokus auf Rendite, sind auch Verluste in Kauf zu nehmen. Bei gewünschter jederzeitiger Verfügbarkeit des Kapi-

---

[50] Ablehnend BGH, WM 2005, 782.
[51] Anlagezweckbestimmung gem. Art. 23 Abs. 1 Bst. a AIFM-RL, § 307 Abs. 1 Nr. 1 bis 5 KAGB; Pflichtangabe der wesentlichen Anlegerinformation gem. § 166 Abs. 2 Nr. 2 KAGB; das Basisinformationsblatt nach Art. 5 ff. PRIIP-VO; Art. 78 Abs. 3 Bst. b OGAW-RL und Prospektpflichtangabe gem. § 165 Abs. 2 Nr. 2 und 5 KAGB, Anhang I Schema A, Nr. 1.15 OGAW-RL, Anhang XV Nr. 1.1 Prospekt-VO. Die Grundsätze für die Auswahl der zu beschaffenden Vermögensgegenstände (§ 162 Abs. 2 Nr. 1 KAGB) umfassen auch die Anlageziele.
[52] Dies bedeutet nicht: Erwerb nur risikoarmer Vermögensgegenstände; durch Diversifikation kann bei Erwerb risikoorientierter Gegenstände das Gesamtportfolio risikoarm gestaltet sein.

tals kommen nur kurzfristig verfügbare oder jederzeit handelbare Vermögensgegenstände in Betracht.

Die Anlagepolitik[53] beschreibt die vom Verwalter zu praktizierenden Grundsätze für die Auswahl der Vermögensgegenstände, also wie eine Anlageentscheidung vorbereitet werden soll. Dies betrifft einerseits die Grundentscheidung zwischen einer aktiven oder passiven Strategie (*buy and hold*). Eine gesetzliche Präferenz besteht nicht,[54] das KAGB lässt beide Typen zu. Als
Spezialform der aktiven wird man zudem die aktivistische Strategie einzuordnen haben, die auf Wertsteigerung durch Stimmausübung und Dialog mit dem
Unternehmen setzt. Andererseits betrifft die Anlagepolitik die Wahl z.B. zwischen Fundamentalanalyse, Charttechniken, Arbitrage oder mathematischen
Modellen. Der Verwalter schuldet die Technik, die er verspricht. Weisungen zur
Auswahl der Anlagegegenstände[55] begrenzen die Realisierungsmöglichkeiten.
Die Anlagetechniken[56] beschreiben die Wahl zwischen einem einfachen Halten,
der Ertrags- (und Risiko-)Hebelung durch Fremdkapitalaufnahme oder Derivateeinsatz, der Erzielung von Zusatzeinnahmen durch Pensionsgeschäfte und
Wertpapierleihe oder dem Versuch, aus fallenden Kursen durch Leerverkäufe zu
profitieren. Aus den Anlagegrenzen folgen schließlich Art der und Erwerbs-
grenze für die Anlagegegenstände.

b) Anforderungen an die Vertragsgestaltung?

Durch die Wahl eines Fondstyps der §§ 192 ff. KAGB[57] werden die Anlagepara-
meter eingeschränkt und damit in gewissem Umfang Weisungen erteilt. Durch

---

[53] § 165 Abs. 2 Nr. 2 KAGB (Anlagepolitik) sowie § 163 Abs. 1 und 2 (Anlagestrategie) und
§ 162 Abs. 2 Nr. 1 KAGB (Grundsätze für Auswahl der Vermögensgegenstände), Anhang I
Schema A Nr. 1.15 OGAW-RL, Art. 23 Abs. 1 Bst. a AIFM-RL, § 307 Abs. 1 Nr. 1 bis 5
KAGB, Anhang XV Nr. 1.0 Prospekt-VO.

[54] Für Unzulässigkeit aktiver Strategien mangels höherer Rendite bei höheren Kosten auf-
grund der Random Walk-These *Langbein/Posner*, (1976) 62 ABA Journal 887 sowie (1976) 1
ABA Found. Res. J. 1 und (1977) 1 ABA Found. Res. J. 1; *Schanze*, AG 1977, 102, 103 f.; *Roll*,
BB 1978, 981,982; dagegen *Bines/Thel*, § 8.04[A], S. 427 ff. (mit Auflistung der Chancen aus
Fundamental- und technischer Analyse); *Benicke*, S. 780 f.

[55] Pflichtangabe gem. § 162 Abs. 2 Nr. 1 KAGB und als „geografische Spezialisierung oder
Wirtschaftsbereiche" gem. § 165 Abs. 2 Nr. 2 KAGB, Anhang I Schema A Nr. 1.15 OGAW-
RL; s.a. Art. 23 Abs. 1 Bst. a AIFM-RL, § 307 Abs. 1 Nr. 1 bis 5 KAGB sowie Anhang XV
i.V.m. Anhang I Nr. 8 Prospekt-VO (mit weiteren Details zu den Anlageobjekten, z.B. Reali-
sierungsgrad).

[56] § 162 Abs. 2 Nr. 1 KAGB sowie § 165 Abs. 2 Nr. 2 und 5 KAGB (einzusetzende Techni-
ken und Instrumente sowie der Befugnisse zur Kreditaufnahme); Art. 23 Abs. 1 Bst. a AIFM-
RL, § 307 Abs. 1 Nr. 2 und 5 KAGB (einzusetzende Techniken und Fremdmittelaufnahme);
Anhang XV Nr. 1.1 und 1.2 Prospekt-VO.

[57] Siehe §§ 192 ff. KAGB für OGAW, § 219 Abs. 1 KAGB für gemischte Investmentvermögen, § 221 Abs. 1 und 2 KAGB für sonstige Investmentvermögen, § 231 für Immobilien-Sondervermögen, § 261 Abs. 1 bis 3 KAGB für geschlossene inländische Publikums-AIF, § 282
Abs. 2 KAGB für offene inländische Spezial-AIF, § 285 KAGB für geschlossene inländische
Spezial-AIF.

die Bezeichnung als Hedgefonds (§ 283 KAGB) wird eine spekulative Weisung erteilt. Bei anderen AIF bedürfen derartige Weisungen grundsätzlich der vertraglichen Konkretisierung. Immanente Grenzen sind allenfalls dem Grundsatz der Firmenwahrheit zu entnehmen. So muss ein Immobilienfonds mehrheitlich Immobilien halten, ein Hedgefonds Hebeltechniken einsetzen etc. Wie konkret die Vertragsgestaltung ausfallen muss, ist damit noch nicht gesagt. Dies ist im Geltungsbereich des KAGB bei Fondstypen mit beschränkten Anlagegegenständen und Anlagegrenzen unproblematisch, da mit der Produktzulassung eine Typenauswahl und infolgedessen allenfalls konkrete Anlagegrenzen verbunden sind, jenseits davon freilich unklar. Bei der individuellen Vermögensverwaltung besteht nach der h.M. keine Pflicht zur Vereinbarung von Anlagerichtlinien.[58] Die Aufteilung der Vermögensgegenstände soll durch den Verwalter erfolgen können und sich nach der generellen Zielsetzung („konservativ", „risikoreich" etc.) und der vereinbarten Strategie (aktive oder passive Verwaltung) richten, bei Fehlen einer generellen Ausrichtung soll eine Nachfrage geboten sein.[59] Eine Nachfrage ist bei einer Anlegermehrzahl jedoch nicht praktikabel. Zwar soll der Prospekt alle für die Anlageentscheidung erforderlichen Informationen enthalten.[60] Indes hat der BGH (zum früheren KAGG) entschieden, dass nicht alle Informationen im Prospekt abgebildet sein müssen. Innerhalb bestehender Anlagegrenzen dürfe es auch tatsächliche *Schwerpunkte* der Anlagetätigkeit ohne Prospektänderung geben.[61]

Damit stellt sich die Frage nur als solche nach dem die Anlagepolitik betreffenden Mindestvertragsinhalt. Ist (in Anlagevertrag oder Prospekt) deutlich darauf hingewiesen, dass sich der Verwalter die Anlage in sämtliche Vermögensgegenstände ohne Begrenzung vorbehält und die Entscheidung in Abhängigkeit von erkannten Chancen trifft (sog. *opportunity funds*), könnte man solche Prospekte mit Blick auf den weiten Handlungsspielraum, der Missbrauch erleichtert, für unzulässig erklären. Doch verpflichtet das Prospektrecht nicht zur Schrankensetzung, es wird nur über bestehende Grenzen informiert. Aus dem gleichen Grund erfüllt auch eine an den prospektrechtlichen Maßstäben

---

[58] *Balzer*, Vermögensverwaltung, S. 82 f.; *Benicke*, S. 789, zur Haftung s. a. S. 817 ff.; *Kienle* in Bankrechtshandbuch, § 111 Rn. 20 m.w.N.; OLG Köln NZG 1999, 1177; eine solche Praxis ließ der BGH unbeanstandet in BGH, NJW 1994, 1861; a.A. *Sethe*, S. 870 (Pflicht zu Anlagerichtlinien aus Interessewahrungspflicht).

[59] *Benicke*, S. 789 ff.

[60] Art. 69 Abs. 1 OGAW-RL (fundiertes Urteil über Anlage und vor allem über die damit verbundenen Risiken); § 5 Abs. 1 WpPG; § 7 Abs. 1 VermAnlG; s.a. den Katalog gem. §§ 165 Abs. 1 und 2, 173 Abs. 1, 224, 228, 256 und 269 KAGB.

[61] BGH, WM 2005, 782 (Julius Bär). Beispiel: Prospekt definiert Technologie-Aktien als Anlagegebiet, Verwalter wählt überwiegend deutsche Technologie-Aktien.

orientierte Offenlegung nicht per se die Anforderungen der einschlägigen Produktvorschriften.[62]

Dass das Prospekt keine konkreten Schranken setzt, besagt nicht, dass es *keinerlei* Schranken gibt. Die dargestellten Schranken des Organisationsrechts (Glücksspielverbot, Verbot renditelosen Risikos, Pflicht zum anlegerorientierten Handeln und die Schutzpflichten) gelten auch dann, wenn sie nicht ausdrücklich vereinbart worden sind. Des Weiteren gebietet das Vertragsmodell die Beachtung des Bestimmtheitsgebots (§ 307 Abs. 1 S. 2 BGB). Dieses verbietet es, einer Partei schrankenloses Ermessen hinsichtlich solcher Faktoren einzuräumen, die sich unmittelbar auf das Leistungsversprechen auswirken.[63] Weil die Leistung des Verwalters die Anlageverwaltung ist, stößt ein schrankenloses Anlageermessen auf Vorbehalte. Insoweit führt die Anlegerdichotomie zu einer differenzierten Lösung: Für Privatanleger sind zwar nicht die Anlagegegenstände, aber die Entscheidungskriterien, wann von einer Anlagechance auszugehen ist, detailliert ex ante festzulegen. Dagegen genügt für qualifizierte Anleger eine gröbere Darstellung durch Verweis auf wesentliche Parameter („erwarteter Ertrag übersteigt Kapitalkosten" etc.). Sogar darauf kann verzichtet werden, wenn der Fondsvertrag individuell ausgehandelt wird.

c) Anlagepflicht?

Die h.M. zum KAGB statuiert darüber hinaus eine Anlagepflicht. Der Verwalter soll nicht berechtigt sein, das Geld auf Sperrkonten untätig herumliegen zu lassen.[64] Diese h.M. ist zum Teil eine Selbstverständlichkeit,[65] im Übrigen als irreführend abzulehnen.

Obgleich nicht übertragbar, ist hier ein Blick auf das Gesellschaftsrecht instruktiv: Nach gesellschaftsrechtlichen Grundsätzen muss das Kapital nicht um jeden Preis unternehmerischen Zwecken zugeführt werden. Der Vorstand kann überflüssiges Kapital durchaus eine Weile vorhalten, wenn dies z.B. mangels Investitionsgrund geboten ist,[66] oder ausschütten, wenn das Kapital nicht benötigt wird. Die Aktionäre verfügen über die Gesellschaftsmittel nur in Höhe des Bilanzgewinns (§ 58 Abs. 4 AktG). Für Kollektivanlagen gelten keine strenge-

---

[62] A.A. *Sester*, AcP 209 (2009), 655 f., wonach das Transparenzgebot des § 3 SchVG erfüllt sein soll, wenn prospektrechtlich einwandfrei informiert wird.

[63] BGH, NJW 2004, 1598, 1600; MünchKomm-BGB/*Wurmnest*, § 307 Rn. 59.

[64] *Ohl*, Rechtsbeziehungen, S. 44 f.; *Reuter*, Investmentfonds, S. 139; *G. Roth*, Treuhandmodell, S. 154; *Schäcker*, Entwicklung, S. 100; wohl auch *Reiss*, Pflichten, S. 176, der von Anlagepflicht spricht, aber die Fragestellung nicht konkretisiert. Für individuelle Vermögensverwaltung auch *Benicke*, S. 776 f. in Anlehnung an das US Restatement Trusts 3rd, § 184 d), und US Restatement of Agency 2nd, § 425 b); *Sethe*, S. 903 f.

[65] Soweit nach BGH, NJW-RR 1995, 577 der Testamentsvollstrecker überflüssiges Kapital möglichst zinsgünstig anlegen darf, folgt dies schon aus der Pflicht zum Handeln im Anlegerinteresse.

[66] Dazu *Fleischer/Schmolke*, ZHR 174 (2009), 649, 677 f.

ren Grundsätze. Diese Einschätzung folgt aus dem KAGB als Spezialgesetz für Anlagezwecke.[67] Die noch im KAGG enthaltene Mindestinvestitionsgrenze wurde in das InvG und das KAGB bewusst nicht übernommen.[68] Die Zulässigkeit eines höheren Geldguthabens indiziert nunmehr das Diversifikationsgebot des § 206 Abs. 4 KAGB, wonach maximal 20% des Wertes des Sondervermögens in Bankguthaben einer Bank angelegt sein darf.

Wird keine Bestandsgrenze vereinbart, folgt eine Anlagepflicht nur aus den Fundamentalprinzipien. Wird eine Bestandsgrenze vereinbart, kann die eigentlich bestehende Anlagepflicht entfallen, wenn ein Grund zur Abweichung von der generellen Weisung gem. § 665 S. 1 BGB gegeben ist.[69]

III. Erfolgs- vs. Verhaltenshaftung

1. Einschätzungsprärogative

a) Grundsatz

Mit Überschreitung der Anlagegrenzen verletzt der Verwalter seine Hauptpflicht. Für Schäden hat er einzustehen, ohne dass es auf Fehler im Rahmen der Durchführung ankommt; entscheidend ist allein, ob ihm der Kompetenzverstoß vorwerfbar ist. Das ergibt sich aus allgemeinen Grundsätzen[70] und bedarf keiner Vertiefung. Hat sich der Geschäftsbesorger aber an die mehr oder weniger konkreten Weisungen gehalten, begründet eine Schlechtleistung im Sinne einer negativen Anlageentwicklung grundsätzlich keinen Ersatzanspruch. Das Anlagerisiko tragen die Anleger.[71] Der rechtlose, nicht aber der glücklose Verwalter ist haftbar.

Die Einschätzungsprärogative des Verwalters vermeidet die Verlagerung des Anlagerisikos vom Anleger auf den Intermediär. An die Stelle des fehlenden Ersatzanspruchs treten die Informationshaftung, eine Fachaufsicht und Regelungen zum Verhalten und zur Organisation von Finanzintermediären (Com-

---

[67] § 206 Abs. 4 KAGB statuiert für OGAW nur Emittentengrenzen, die vor einer Insolvenz der Bank schützen, bei der die Bankguthaben (§ 195 KAGB) gehalten werden, aber keine Anlagemindestgrenze. § 253 KAGB fordert für Immobilienfonds nur eine Mindestreserve von 49% des Anlagevermögens u.a. in Bankguthaben. Auf Vorgaben verzichten auch die §§ 218 f. KAGB für gemischte Sondervermögen, §§ 220 ff. KAGB zu sonstigen Sondervermögen, § 261 KAGB für geschlossene inländische Publikums-AIF, § 282 KAGB für allgemeine offene inländische Spezial-AIF, § 284 KAGB zu Spezial-AIF mit festen Anlagebedingungen und § 283 KAGB zu Hedgefonds.
[68] Vgl. § 195 KAGB, dazu Berger/*Brümmer*, § 49 InvG Rn. 3.
[69] Dazu § 30.A.II.
[70] §§ 281 Abs. 1, 280 Abs. 1 BGB, dazu Berger/*Köndgen*, § 28 InvG Rn. 5. Die Sachlage entspricht der bei Überschreitung der im Gesellschaftsvertrag eingeräumten Kompetenzen durch den Geschäftsführer einer OHG oder Komplementär-GmbH, dazu BGH, NJW 1997, 314; MünchKomm-BGB/*Schäfer* § 708 BGB Rn. 8, 11; Baumbach/*Hopt* § 114 HGB Rn. 15.
[71] *Berge vom Herrendorff*, S. 110 f.; Brinkhaus/*Schödermeier/Baltzer*, § 10 KAGG Rn. 13.

pliance-Pflichten i.w.S.).[72] Nach den Verhaltensregeln[73] müssen Fondsverwalter z.B. im ausschließlichen Interesse ihrer Anleger und sachkundig handeln. Die Organisationspflichten[74] erfordern etwa die Einrichtung von Risikomanagementsystemen und organisatorische Maßnahmen zur Vermeidung von Interessenkonflikten sowie geeignete Regeln für Mitarbeitergeschäfte. Diese Pflichten sollen Anleger vor Verlusten aus übermäßig risikoreichen oder von Eigeninteressen geleiteten Organisations- und Verhaltensweisen, nicht aber vor mangelnder Fortune des Intermediärs bewahren.

b) Garantiefonds

Der Grundsatz der fehlenden Erfolgsgarantie gilt vorbehaltlich einer abweichenden Vereinbarung. Die Schaffung von Garantiefonds sieht das KAGB vor;[75] eine Garantiekomponente kann auch Bestandteil der steuerlich geförderten kapitalgedeckten Altersversorgung gem. AltZertG / § 10 Abs. 1 Nr. 2 Bst. b EStG sein.[76] So steht es dem Verwalter frei, einen bestimmten Anlageerfolg zu garantieren. Das Aufsichtsrecht reagiert mit angemessenen Eigenmittelanforderungen,[77] um das Vertrauen in das Garantieversprechen kapitalistisch abzusichern. Freilich handelt es sich nicht mehr um Kollektivanlagen: Mit Übernahme der Garantie wird die für Kollektivanlagen typische Handlungs- zu einer Haftungsintermediation. Das Anlagerisiko wird nur noch partiell vom Anleger getragen, die Verwalterfunktion rückt in die Nähe einer Versicherung oder Bank.

2. Abweichung von Weisungen?

Das Geschäftsbesorgungsrecht kennt keinen blinden, sondern nur denkenden Gehorsam. Die komplexen wirtschaftlichen Zusammenhänge einer langfristigen Vermögensanlage lassen sich nicht mit abstrakten Geboten abbilden. Gelänge dies, bräuchte man keinen fachkundigen Experten (Verwalter). Man könnte – in noch größerem Umfang als bislang schon – die menschliche durch die automatisierte Anlageentscheidung substituieren.

a) Erfolgshaftung gem. § 665 S. 1 BGB?

Dies spiegelt sich in der Vorschrift des § 665 S. 1 BGB wider, wonach der Verwalter zur Abweichung von Weisungen für den Fall berechtigt ist, dass der Ge-

---

[72] Dazu *Spindler*, Unternehmensorganisationspflichten (2001); *Spindler/Kasten*, AG 2006, 785; *Veil*, WM 2008, 1093; *Spindler*, WM 2008, 905; Zetzsche/*Zetzsche*, S.159; Zetzsche/*Zetzsche/Eckner*, S.265; Möllers/Kloyer/*Kort/Lehmann*, S.197; Möllers/Kloyer/*Möllers*, S.247, 256.
[73] Vgl. §§ 26 KAGB, 25a KWG, 33 WpHG, 64a VAG.
[74] §§ 27 Abs. 1 und 28 KAGB, 25a KWG, 33, 33b, 34, 34a WpHG, 64a VAG.
[75] § 20 Abs. 2 Nr. 7 KAGB; dazu BaFin, Auslegungsschreiben KAGB (2014), Nr. I. 2.
[76] Sog. „Riester-Rente". Vgl. § 20 Abs. 2 Nr. 6 und Abs. 3 Nr. 8 KAGB sowie *M.Roth*, Altersversorgung, S. 142ff.
[77] § 25 Abs. 5 KAGB.

schäftsherr die Abweichung voraussichtlich billigen würde. Dafür bedarf es nach der Rechtsprechung eines begründeten Einzelfalls.[78] Der Verwalter befindet sich dann zwischen Skylla und Charybdis: Im Fall eines fehlgeschlagenen Vermögensschutzes[79] könnten sich Anleger auf dem Rücken des Verwalters sanieren; bei Untätigkeit könnte ihm vorgehalten werden, verkannt zu haben, dass sich das Recht aus § 665 S. 1 BGB im Einzelfall zur Handlungspflicht verdichtet.[80] Dies betrifft freilich nur Fälle der bewussten, vorsätzlichen Abweichung. Bei unbeabsichtigter Abweichung (z.b. im Fall der passiven Überschreitung von Anlagegrenzen wegen Verschiebung von Wertrelationen der Anlagegegenstände) muss der Verwalter vorrangig die Wiedereinhaltung der Anlagegrenzen anstreben, wenn dies im Anlegerinteresse liegt.[81] Das Anlegerinteresse ist gegeben, wenn sich die Überschreitung nicht nur als vorübergehender Zustand darstellt.[82]

Dass in manchen Fällen auch die Abweichung von Weisungen im Anlegerinteresse liegt, ist dem KAGB zu entnehmen.[83] Folgt man der h.M. zum Geschäftsbesorgungsrecht, wird indes kaum ein Verwalter die Abweichung riskieren:[84] Weicht er nicht ab, liegt das Nachweisrisiko für die Pflicht zur Abweichung bei den Anlegern. Weicht er ab, trägt er das Nachweisrisiko, dass die Abweichung von den Auftraggebern bei Kenntnis der Sachlage gebilligt worden wäre, während sich der Nutzen bei den Anlegern konzentriert. Misslingt der Nachweis, schuldet er Ersatz gem. §§ 280 ff., 249 ff. BGB. Dass eine lediglich positive Wertentwicklung eine Sanktionierung der Abweichung nach Treu und Glauben ausschließt[85] – für Ansprüche aus § 281 BGB fehlt bereits der Schaden, während der Ausschluss nach Treu und Glauben auf die Rechte bei Verletzung einer Leistungspflicht aus §§ 284, 285 BGB zielt –, ist ein schwacher Trost: Streitbefangen sind die Fälle des gutmeinenden, aber glücklosen Verwalters.

---

[78] Vgl. für die individuelle Vermögensverwaltung BGHZ 137, 69, 74 Rn. 29, 31.

[79] Beispiel: Abweichend von den anlagespezifischen Vorgaben werden alle Vermögensgegenstände veräußert, weil eine negative Preisentwicklung erwartet wird. Es kommt aber zu einer Preissteigerung.

[80] Vgl. Palandt/*Sprau*, § 665 Rn. 6 (Pflicht zur Abweichung nach den Umständen des Einzelfalls); Staudinger/*Martinek*, § 665 Rn. 9, 16 f.; MünchKomm-BGB/*Seiler*, § 665 Rn. 33 f.

[81] Vgl. § 211 Abs. 2 KAGB, der Art. 57 OGAW-RL umsetzt. Die Vorschrift gilt gem. §§ 218, 230, 284 KAGB entsprechend, beinhaltet aber auch einen allgemeinen Rechtsgrundsatz.

[82] I.E. auch für individuelle Anlageverwaltung *Sethe*, S. 902 (bei Schwellenüberschreitung um 10% und 14 Tage); *Balzer*, Vermögensverwaltung, S. 101 f.; für Fonds Weitnauer/*Kayser*/ *Holleschek*, § 211 Rn. 8 (mehr als 10 Börsentage).

[83] Vgl. § 211 Abs. 1 KAGB, wonach bei Ausübung von Bezugsrechten die Anlagegrenzen überschritten werden dürfen, sowie § 211 Abs. 3, § 244 und § 262 Abs. 1 S. 3 KAGB für die Anfangsperiode.

[84] Vgl. zur Beweislast im Rahmen von § 665 S. 1 BGB RGZ 90, 129, 131; KG OLGZ 1973, 18, 19 (obiter); BGH VersR 1977, 421; Palandt/*Sprau*, § 665 Rn. 6; für individuelle Vermögensverwaltung *Benicke*, S. 829 f.

[85] Vgl. BGH, WM 1980, 587, 588; BGH, ZIP 1983, 781 (1. Ls.).

b) Verfahrenshaftung: Investment Judgement Rule

Dieser h.M. ist für Kollektivanlagen entgegenzutreten. Sie rechtfertigt sich für Individualverhältnisse mit Blick auf die Möglichkeit, sich durch Anzeige und Nachfrage zu vergewissern (§ 665 S. 2 BGB). Hinweis-, Nachfrage- und Warnpflichten[86] treffen den Verwalter von Kollektivanlagen nicht. Es gibt niemanden, bei dem er nachfragen könnte, weil niemand für alle Anleger weisungsbefugt ist. Zudem dürfte man von Privatanlegern wenig verwertbare Weisungen erhalten; Experte ist der Verwalter, nicht der Anleger. Ein Hinweis könnte panikartige Verkäufe und Anteilsrückgaben herbeiführen, mit denen niemandem geholfen ist. Steht die Option des § 665 S. 2 BGB nicht zu Gebote, muss der Verwalter selbst eine Entscheidung treffen.

Damit kommt es wieder zur Gretchenfrage: Überwiegt die Regelkonkretisierung (Anlagegrenze) oder das Generalprinzip (Wahrung des Anlegerinteresses)? Zu deren Beantwortung ist ein Schritt früher anzusetzen. § 665 S. 1 BGB berechtigt zur Abweichung, wenn diese dem mutmaßlichen subjektiven Interesse entspricht. Im vierten Teil wurde nachgewiesen, dass die kollektive Vermögensanlage keine Beziehung zur Wahrung individueller, sondern nur typisierter Interessen ist. Nicht das subjektive, sondern das supra-individuelle, objektivierte Anlegerinteresse – verstanden als Ertragsinteresse – muss dann für die Frage der Weisungsabweichung maßgeblich sein. Man kann mit etwas gutem Willen eine verfahrensorientierte Auslegung in den Sorgfaltsstandard des KAGB zum Handeln im besten Interesse von Sondervermögen und Marktintegrität[87] hineinlesen. Weicht der Verwalter von Anlagegrenzen ab, begrenzt sich die Rechtfertigung dann auf den Nachweis sorgfältigen Handelns zur Wahrung des Ertragsinteresses. Damit nicht jegliche Anlagerichtlinie zur Makulatur wird, sind an die Substantiierung des Vortrags und den Nachweis strenge Anforderungen zu stellen.

Obwohl bei § 93 Abs. 1 S. 2 AktG[88] nicht die Rechtfertigung eines Verstoßes gegen gesetzliche oder vertragliche Pflichten, sondern in Rede steht, welche von mehreren legalen Varianten der Vorstand beschreitet, lässt sich in Anlehnung an die Business Judgement Rule von einer Investment Judgement Rule sprechen. Dass sich der Gesetzgeber nur im Recht der operativ tätigen Korporation zu der Verfahrens- statt Erfolgshaftung bekennt,[89] ist nicht als Stellungnahme gegen

---

[86] Vgl. für Rechtsanwalt BGH, NJW 1985, 42.

[87] § 26 Abs. 2 Nr. 2 KAGB sowie §§ 119 Abs. 1 Nr. 2, 128 Abs. 1 Nr. 2, 147 Abs. 1 Nr. 2 und 153 Abs. 1 Nr. 2 KAGB.

[88] Gem. § 93 Abs. 1 S. 2 AktG muss der Vorstand nur nachweisen, dass er vernünftigerweise annehmen durfte, auf der Grundlage angemessener Information zum Wohle der Gesellschaft zu handeln.

[89] Immerhin ist kein klares Votum gegen eine Verfahrenshaftung auszumachen: So gilt ausweislich der §§ 108 Abs. 2 bzw. 140 Abs. 2 KAGB die Vorschrift des § 93 Abs. 1 S. 2 AktG für den Vorstand der Inv-AG; im Fall der REIT- und Anlage-AG gilt die Vorschrift ohnehin unmittelbar.

die Verfahrenshaftung zu werten. Ihr Fehlen bei Personengesellschaften erklärt sich mit dem Verweis in § 713 BGB auf § 665 BGB, dem die Prämisse eines überschaubaren Anlegerkreises und einer persönlichen Nähebeziehung zugrunde liegt. Diese Prämisse ist bei Kollektivanlagen nicht erfüllt. Insofern ist – wie dargestellt – eine rechtsfortbildende Auslegung allein aus den erarbeiteten Vertragsprinzipien der Kollektivanlage abzuleiten.

Der Inhalt der Investment Judgement Rule stellt sich wie folgt differenziert dar: Von der Pflicht zum Handeln im Anlegerinteresse darf niemals, von den übrigen Prinzipien dann abgewichen werden, wenn dem Verwalter der Nachweis gelingt, dass die Abweichung aus pflichtgemäßer Ex-ante-Sicht im Anlegerinteresse lag. Bei der Abweichung von den anlagespezifischen Weisungen ist der Nachweis erforderlich, dass der Verwalter im Zeitpunkt der Abweichung annehmen durfte, auf der Grundlage vernünftiger Information zur Steigerung des Ertragsinteresses zu handeln, wobei an den Nachweis strenge Anforderungen zu stellen sind.

Damit soll nicht systemwidrig die zuvor abgelehnte korporative Ordnung dort berufen werden, wo ihre Ergebnisse genehm sind. Insbesondere ist unerheblich, dass die Business Judgement Rule nach US-Recht, welches der Korporationsanalogie folgt, auch die Direktoren bzw. Trustees im Board einer Investment Company schützt.[90] Diese Personen treffen bei der typischen extern verwalteten Anlageorganisation nicht die Anlageentscheidung. Als Vergleichbasis könnte man allenfalls die im Verhältnis zu § 665 BGB sehr viel strengere Haftung des Investment Advisers nach den Grundsätzen des Dienstleistungs- (*agency*) oder Trustrechts heranziehen.[91] Diese Strenge erklärt sich mit der Möglichkeit, beim Board of Directors um Dispens nachzusuchen, dessen Entscheidung dann durch die Business Judgement Rule geschützt wird. Die gleiche Möglichkeit besteht bei den gemäß dem Anlagedreieck konstituierenden Strukturen nicht, wohl aber ein vergleichbares Flexibilitätsbedürfnis.

---

[90] *King v. Douglass*, 973 F. Supp. 707, 714 (S.D. Tex. 1996); betreffend eine Investment Company in Trust-Form *Halebian vs Berv*, MA SJC-10642 (23 August 2010) (MA SJC); zur Entscheidung vorgelegt durch US Court of Appeals, 2nd Cir. 590 F.3d 195, 199–200 (2d. Cir. 2009). Der Fall betraf den CitiFunds Trust III. Generell *Helm/Dodds/Geffen*, (2010) 17:7/8 Inv. L. 5; *Frankel/Schwing*, § 9.05[A]. Kompakte Wiedergabe bei *Schelm*, S. 49f.

[91] Danach setzt die Ausübung der gebotenen Sorgfalt (duty of care) die Einhaltung der Anlagerichtlinien voraus. Eine Abweichung davon gilt als Pflichtverstoß, vgl. Restatement (Third) of Agency § 8.08 (2006); Restatement (Third) of Trusts, § 76 comment b 82003). Zudem sieht die SEC Abweichungen von den Anlagerichtlinien als Verstoß gegen die Antibetrugsregeln an, vgl. den Vergleich betreffend *Blake, Stephens & Kittride, Inc.*, in IAA Rel. no. 392 (1973) betreffend einen Adviser, der die Investment Company entgegen den Anlagerichtlinien zum Erwerb von Wandelschuldverschreibungen veranlasst hatte. Schließlich kann darin ein Verstoß gegen die Treupflichten des ICA zu sehen sein, vgl. *Lutz v. Boas*, 39 Del. Ch. 585, 171 A.2d 381 (1961). Die US-Diskussion dreht sich um die Enthaftung bei fahrlässigen Verstößen, vgl. *Frankel/Schwing*, § 16.03[D] („issue remains unsettled.").

3. Haftungsbeschränkung

Der Verwalter könnte seine Verpflichtungen durch Haftungsbeschränkung zu reduzieren suchen. Die Rechtsprechung hält einen Haftungsausschluss jedenfalls gegenüber Prospekthaftungsansprüchen für unwirksam.[92] Fragen und Wertungen der Informationshaftung determinieren nicht solche der Organisations- und Verhaltenshaftung. Nach dem hier zugrunde gelegten Vertragsmodell der Kollektivanlage richtet sich die Frage der Haftungsbeschränkung nach Vertragsrecht.

Ein Haftungsausschluss kommt mit Blick auf § 309 Nr. 7b BGB allenfalls in Form einer Beschränkung auf Haftung für Vorsatz und grobe Fahrlässigkeit in Betracht. Aus § 309 Nr. 7b BGB werden zudem ein Verbot der summenmäßigen Haftungsbeschränkung und der Beschränkung auf bestimmte Schäden,[93] ein Verbot der Verjährungsverkürzung,[94] von Subsidiaritätsklauseln[95] und der Abbedingung von Sorgfaltspflichten[96] abgeleitet. Der letzte Fall ist betroffen, wenn für die Abweichung von Weisungen die dafür nach hier vertretener Auffassung konstitutiven Verfahrensanforderungen reduziert werden sollen. § 309 Nr. 7b BGB gilt nicht im Verkehr zwischen Unternehmern (§ 310 Abs. 1 BGB). Aber nach Ansicht des BGH[97] sind die gem. § 309 Nr. 7 b BGB untersagten Klauseln als Verstoß gegen § 307 BGB anzusehen, der gem. § 310 Abs. 1 S. 2 BGB die Unwirksamkeit der betreffenden Klausel auch im unternehmerischen Verkehr begründet. Folgt man dem, kann sich der Verwender etwa im Bereich der Kardinalpflichten nicht von der Haftung für leichte Fahrlässigkeit seiner Erfüllungsgehilfen freizeichnen.[98]

Für das Kollektivanlagerecht bedürfen diese Wertungen weiterer Differenzierung: Eine abweichende Regelung für Publikumsanlagen ist als Abweichung von dem Idealbild der Kollektivanlage nicht nur mit § 309 Nr. 7b BGB, sondern auch mit § 307 Abs. 2 BGB unvereinbar. Unkundige, untätige und unerfahrene Anleger sind nicht in der Lage, die fehlende Einstandspflicht durch Kontrollmaßnahmen zu ersetzen. Im Bereich der qualifizierten Anleger ist eine abweichende Haftungsregelung dagegen vertretbar. Durch Aktivität, Engagement und Kontrolle lässt sich fahrlässigem Verhalten des Verwalters bis zu einem gewissen Grad entgegen wirken. So könnte die Einstandspflicht für leichte Fahrlässigkeit im professionellen Anlageverkehr auf die Versicherungssumme der

---

[92] BGH, NJW 2002, 1711, 1712 (betreffend Treuhandkommanditisten).
[93] BGH, NJW 1987, 2818, 2820, unter 4.
[94] BGH, NJW-RR 1987, 1252, 1254; LG Düsseldorf, NJW-RR 1995, 440.
[95] *Canaris*, JZ 1987, 1002 f.
[96] BGH, NJW 2001, 751.
[97] Vor Inkrafttreten des AGBG abgeleitet aus § 242 BGB, vgl. BGHZ 70, 356, 364; BGHZ 20, 164. Danach noch BGH, WM 1989, 1521. Dagegen dezidiert 4. Teil, § 29.B.
[98] BGHZ 89, 367; BGH, NJW 1985, 915.

Berufshaftpflicht[99] beschränkt werden. Der qualifizierte Anleger, der zustimmt, wird zugleich den Nachweis einer angemessenen Versicherung verlangen. Insbesondere wird auf diese Weise aber die Zulässigkeit anderer, aus Sicht qualifizierter Anleger effizienterer Regelungen eröffnet: So ist nichts dagegen einzuwenden, dass der Verwalter, der von Weisungen abweichen möchte, statt einer Prüfung mit Risikoübernahme gemäß der Investment Judgement Rule (s.o.) die Frage der Abweichung einem Anlageausschluss zur Prüfung und Beratung vorlegt, in dem kundige Anleger vertreten sind.

B. Be- und Verwahrer

I. Handeln im Anlegerinteresse

Bereits aus dem Geschäftsbesorgungsverhältnis zwischen Verwahrstelle und Anleger als Teil des Anlagedreiecks ergibt sich die nicht beschränkte Pflicht zum Handeln der Verwahrstelle im Anlegerinteresse, vgl. §§ 70 Abs. 1, 85 Abs. 1 KAGB.

II. Kardinalpflichten

Aus dem Anlagedreieck folgen als Kardinalpflichten der Verwahrstelle die Verwahrung der Vermögensgegenstände und die Überwachung des Verwalters.[100]

1. Verwahrung der Vermögensgegenstände

Die Verwahrpflicht besteht aus dem Verwahrungsgebot[101] und der Pflicht zur (nur) weisungsgebundenen Entnahme.[102] Verwahrungstauglich sind insbesondere Wertpapiere.[103] In Bezug auf andere Gegenstände substituiert die Überwachungs- die Verwahrungspflicht (§§ 72 Abs. 3, 81 Abs. 1 Nr. 2 KAGB, dazu sogleich). Zum Verwahrungsgebot gehört des Weiteren die Sorge, dass der Gegenwert aus Geschäften für Rechnung der Kollektivanlage binnen angemessener Frist übertragen wird, mit der Annexpflicht, den Zahlungsverkehr zu überwachen.[104]

---

[99] § 25 Abs. 6 KAGB; dazu Zetzsche/*Walker*, S. 199; Dornseifer/*Vollhard/Jang*, Art. 9 Rn. 18 ff.

[100] S. dazu bereits Vierter Teil, § 26.B.II.

[101] §§ 68 Abs. 1, 72, 76 Abs. 1 Nr. 2 sowie §§ 81 Abs. 1 Nr. 1, 83 Abs. 1 Nr. 2 und Abs. 6 KAGB; Art. 22 Abs. 1 und Abs. 3 Bst. d, 32 Abs. 1 und Abs. 3 Bst. b OGAW-RL; differenzierte Regelung in Art. 21 Abs. 7, 8 Bst. a und Abs. 9 Bst. d AIFM-RL.

[102] §§ 76 Abs. 2, 83 Abs. 5 KAGB; Art. 22 Abs. 3 Bst. c OGAW-RL; keine Konkretisierung kennt die OGAW-RL für die Verwahrstelle einer Investmentgesellschaft, siehe aber Art. 21 Abs. 9 Bst. c AIFM-RL.

[103] §§ 72 Abs. 1, 81 Abs. 1 Nr. 1 KAGB; vgl. 10. ErwGr und Art. 88 AIFM-VO für AIF-Verwahrstellen.

[104] §§ 76 Abs. 1 Nr. 2, 83 Abs. 1 Nr. 2 und Abs. 6 KAGB; Art. 22 Abs. 3 Bst. d, 32 Abs. 3 Bst. b OGAW-RL; Art. 21 Abs. 7 und Abs. 9 Bst. d AIFM-RL; Art. 85, 86 AIFM-VO.

Diesen Vorgaben entspricht der Verwahrer nach dem Vorbild der §§ 72, 74 Abs. 1 KAGB, indem er die Anlagegegenstände im Namen oder für Rechnung der Kollektivanlage bei einem Kreditinstitut oder einer Wertpapierfirma auf einem Sperrkonto verbucht. Zweck der Sperrdepots und -konten ist, dass sich der Verwalter ggf. mit dem Verwahrer über die Frage der Rechtmäßigkeit eines Geschäfts auseinandersetzen muss.[105] Des Weiteren muss gewährleistet sein, dass die Gegenstände als solche der Kollektivanlage (statt solche der Verwahrstelle oder KVG) identifiziert und im Fall der Insolvenz des Verwahrers zugunsten der Anlegergesamtheit ausgesondert werden können.[106] Auf der Grundlage der (für Finanzinstrumente zweifelhaften[107]) Sachanalogie des DepotG meint Verwahrung insoweit *getrennte* Verwahrung (vgl. Art. 89 Abs. 2, 99 AIFM-VO), also in einer Form, in der die Anlagegegenstände und Einlagen des Anlegerkollektivs – im Gegensatz zu den Mitteln einzelner Anleger, wie im Regelfall des § 34a WpHG[108] – von denen anderer Depotkunden separiert sind.[109] Gemäß der Konkretisierung der geschäftsbesorgungsrechtlichen Weisungsbindung in § 72 Abs. 2 S. 2 und § 74 KAGB darf die Verwahrstelle nur nach (rechtmäßiger) Weisung Guthaben von Sperrkonten übertragen, Zahlungspflichten begleichen, die für die Erfüllung von Verpflichtungsgeschäften notwendigen Übertragungen vornehmen oder Gewinne an Anleger ausschütten.

Bei Vornahme des Zahlungsverkehrs handelt die Verwahrstelle nicht als Gehilfin des Verwalters (i.S.v. § 278 BGB),[110] sondern als Kontrolleur im Interesse, aber außerhalb des Rechtskreises der Anleger. Darin zeigt sich die institutionelle Zwitterstellung[111] von Verwahrer und Verwalter. Beide handeln für die Anleger. Ihr Wissen ist dem einzelnen Anleger aber nicht entsprechend § 166 Abs. 1 BGB zuzurechnen, weil beide nicht vollständig im Lager der Anleger, sondern auch in enger Verbindung zum Verwahrer respektive Verwalter als Geschäftspartner stehen.[112]

---

[105] *Bauer/Ziegler*, Investmentgeschäft, Rn. 9/134. Für Zurückbehaltungsrecht der Depotbank bei Verstoß gegen Gesetz oder konstituierende Dokumente deshalb *Müller*, DB 1975, 485, 488; *Wendt*, Treuhandverhältnisse, S. 78; *Reiss*, Pflichten, S. 344.

[106] AIF-Verwahrstellen prüfen für nicht verwahrfähige Vermögensgegenstände das Eigentum des AIF, vgl. § 81 Abs. 1 Nr. 2 KAGB, Art. 90 AIFM-VO; s.a. Art. 22 Abs. 5 Bst. b OGAW V-RL.

[107] *Lehmann*, Finanzinstrumente, S. 16 ff., 147 ff.

[108] Vgl. BVerwGE 116, 198 Rn. 44. Die Vorschrift des § 34a WpHG wurde mit dem FRUG zum 1. November 2007 dahingehend geändert, dass eine Sammelverwahrung nach Belehrung des Anlegers mit dessen ausdrücklicher Zustimmung zulässig ist.

[109] BVerwGE 116, 198 Rn. 42 (zu § 34a WpHG a.F.) („bezeichnet ... einen Gegensatz zu jeglicher Vermischung oder Verbindung").

[110] I.E. wie hier *Canaris*, Bankvertragsrecht, Rn. 2484; für Substitution gem. § 664 Abs. 1 S. 1 BGB *Ebner von Eschenbach*, S. 97; a.A. *Reiss*, Pflichten, S. 344 f.; *Wendt*, Treuhandverhältnisse, S. 66 f.

[111] So das OLG München, NZG 2001, 860 und NZG 2001, 910 Rn. 60 für den Treuhänder in der Publikumspersonengesellschaft.

[112] OLG München, NZG 2001, 910 Rn. 58. Der BGH, NJW 1968, 1471, hat den Grundsatz,

2. Überwachung des Verwalters

Die Überwachungspflicht der Verwahrstelle umfasst die Sicherung des kollektiven Anlegervermögens zumindest durch Überwachung der Anteilsausgabe-, rücknahme und -bewertung sowie der Verwendung des Anlegervermögens.[113] Daraus erwächst nicht nur das Recht und die Pflicht zur Geltendmachung von Ersatzansprüchen, sondern auch zum vorbeugenden Einschreiten.[114] Das KAGB differenziert zwischen den Pflichten einer OGAW- und einer AIF-Verwahrstelle.[115] Klärungsbedürftig ist, ob die Kontrollpflicht auf Tatbestände jenseits des KAGB übertragbar ist, und ob die Kontrolle nur die Recht-, oder auch die Zweckmäßigkeit gewährleisten soll.

a) Prinzip des Anlagedreiecks

Die erste Frage ist zu bejahen: Die Überwachungspflicht des Verwahrers folgt aus der Logik des Anlagedreiecks, das auf ein System gegenseitiger Kontrolle zugunsten der Anleger setzt. Über den Pflichteninhalt des KAGB für OGAW hinaus muss die AIF-Verwahrstelle gem. § 83 Abs. 6 KAGB gewährleisten, dass alle Zahlungsströme im Zusammenhang mit dem AIF angemessen überwacht sind, alle Zahlungen von oder an die Anleger aus der Ausgabe oder Anteilsrücknahme zu- bzw. abgehen und alle flüssigen Mittel des AIF im Namen oder für Rechnung des AIF auf Sperrkonten verbucht sind.[116] Damit wird die Zahlstellenfunktion der OGAW-Verwahrstelle (§ 74 KAGB) substituiert: Inhaltlich entspricht § 83 Abs. 6 KAGB der zu Zahlungs- und Lieferpflichten gem. § 74 KAGB mit der Maßgabe, dass die nach § 74 KAGB erforderliche Eigenhandlung der OGAW-Verwahrstelle eine besonders qualifizierte Form der Gewährleistung ist, die die AIF-Verwahrstelle schuldet. Versteht man das KAGB als Leitbild für alle Kollektivanlagen, besteht kein Zweifel an der umfassenden Geltung der Kontrollpflicht der Verwahrstelle für Kollektivanlagen auch jenseits des KAGB.

b) Rechtmäßigkeitskontrolle

Die Verwahrstelle ist gem. §§ 74, 76 Abs. 1, 83 KAGB zur Mittelverwendungs- und Verhaltenskontrolle verpflichtet und muss sicherstellen, dass der Verwalter nur zu gesetz- und vertragsmäßigen Zwecken auf das Fondsvermögen zugreift.

---

dass aus einem Rechtsgeschäft keine Rechte hergeleitet werden können, welches der Bevollmächtigte erkennbar unter Missbrauch seiner Vollmacht vorgenommen hat, nicht auf das Rechtsverhältnis eines Gesellschafter-Treuhänders übertragen.

[113] Vgl. §§ 72 Abs. 3, 74 bis 78 KAGB für OGAW-Verwahrstellen sowie §§ 83, 84 KAGB für AIF-Verwahrstellen i.V.m. Art. 92 bis 97 AIFM-VO.

[114] Für InvG unstr., *Canaris*, Bankvertragsrecht, Rn. 2475; *Müller*, DB 1975, 485 ff.; *Hövekamp/Hugger*, FS Hopt, S. 2015, 2020; Weitnauer/*Klusak*, § 78 Rn. 3.

[115] Vgl. Vierter Teil, § 21 C.

[116] Art. 85 bis 88, 93 AIFM-VO; vgl. Dornseifer/*Tollmann*, Art. 21 Rn. 142 ff.; Weitnauer/*Boxberger*, § 83 Rn. 26.

Wo sie keine Zugriffskontrolle ausüben kann (z.B. weil sie das Vermögen nicht verwahrt, wie bei Immobilienfonds gem. § 249 KAGB, oder nicht verwahrfähigen Forderungen aus Derivaten, Bankguthaben, Wertpapierdarlehen oder Pensionsgeschäften), muss sie sicherstellen, dass sich das Verhalten des Verwalters in den Grenzen von Gesetz und konstituierenden Dokumenten bewegt.[117] Dazu gehört die Versicherung, dass nicht verwahrfähige Gegenstände solche der Kollektivanlage sind.[118]

Streitig sind die Grenzen der Überwachungskompetenz: Nach h.M.[119] beschränkt sich die Kontrollaufgabe der Verwahrstelle aus § 76 Abs. 2 und § 83 Abs. 5 KAGB auf die Rechtmäßigkeitskontrolle. Die Gegenauffassung bezieht sich auf § 26 Abs. 2 Nr. 2 KAGB, wonach die KVG im Anlegerinteresse handeln muss. Ein zweckwidriges Handeln sei interessewidrig und deshalb mit Blick auf § 26 Abs. 2 Nr. 2 KAGB rechtswidrig.[120] Zu Divergenzen kommt es insbesondere bei der Überprüfung weit gefasster Prinzipien, wie dem der Risikomischung und der wirtschaftlichen Vertretbarkeit, die an der Grenzlinie zwischen Rechts- und Zweckmäßigkeitskontrolle angesiedelt sind. Letztlich ist der h.M. zuzustimmen. Aus diversen KAGB-Vorschriften ist abzuleiten, dass nur die Einhaltung der Vorschriften des KAGB und der Vertragsbedingungen sicherzustellen ist.[121] Dies grenzt zunächst alle Teile der Verwalterregulierung, z.B. die Risikomessung und -steuerung im Rahmen des Risikomanagements aus dem Überwachungsbereich aus. Aber auch von einer Zweckmäßigkeitskontrolle ist dort nichts zu lesen. Eine solche Zweckmäßigkeitskontrolle würde die Zuständigkeitsbereiche von Verwalter und Verwahrer vermischen, der Verwahrer würde zum Ersatz-Verwalter. Dann bliebe aber unklar, wer bei Meinungsverschiedenheiten die Letztentscheidung zu treffen und zu verantworten hat. Dies ergibt sich auch nicht aus europäischem Recht[122] oder aus allgemeinen

---

[117] Insbesondere §§ 72 Abs. 3, 75, 84, 83 Abs. 3 KAGB.

[118] § 81 Abs. 1 Nr. 2 KAGB und Art. 90 AIFM-VO; Art. 22 Abs. 5 Bst. b OGAW V-RL.

[119] BGHZ 149, 33 (1. Ls); OLG Frankfurt a.M., NJW 1997, 745 f. Rn. 52 ff.; *Beckmann/ Beckmann*, § 20 InvG Rn. 26; *Brinkhaus/Schödermeier/Baltzer*, § 12 KAGG Rn. 15; *Canaris*, Bankvertragsrecht, Rn. 2474 (der aber die Regelung teils für widersprüchlich hält); *Hövekamp/Hugger*, FS Hopt, S. 2015, 2020; *Ohl*, Rechtsbeziehungen, S. 62; *Reiss*, Pflichten, S. 353 ff. (mit umfassender Diskussion); *Seegebarth*, S. 100 ff.; so auch BaFin, Rundschreiben 6/2010 (WA) zu den Aufgaben und Pflichten der Verwahrstelle nach §§ 20 ff. InvG, sub VIII.1. und 5; dazu BaFin, Entwurf vom 17.04.2014 zum Rundschreiben/2014 (WA) zu den Aufgaben und Pflichten der Verwahrstelle nach Kapitel 1 Abschnitt 3 des KAGB 7.1 und 7.5; *Weitnauer/Klusak*, § 76 Rn. 14.

[120] *Reiss*, Pflichten, S. 353 f. (aber i.E. für eine formelle Rechtmäßigkeitskontrolle); für Prüfung der allgemeinen wirtschaftlichen Vertretbarkeit *Berger/Köndgen*, § 22 InvG Rn. 5; für Plausibilitätskontrolle *Köndgen/Schmies* in Bankrechtshandbuch, § 113 Rn. 134 a.E.; *Müller*, DB 1975, 485, 486 möchte mit Blick auf die Pflicht der Depotbank, Anlegerschäden gegen die KVG geltend zu machen, der Depotbank bei nicht sachgerechten oder wirtschaftlich nicht vertretbaren Entscheidungen ein Recht zur Verweigerung der Mitwirkung einräumen.

[121] §§ 72 Abs. 2, 75 Abs. 2 S. 1, 76 Abs. 1, 83 Abs. 1 bis 4, 84 Abs. 2 S. 1 KAGB.

[122] §§ 75, 76 KAGB setzen Art. 22, 32 OGAW-RL um. Die Vorschriften verpflichten zur

Treuhanderwägungen.[123] Schließlich ist eine Diskussion zwischen Verwahrer und Verwalter über unklare Begriffe insbesondere bei transaktionsintensiven Anlagestrategien nicht praktikabel bzw. sie riefe gravierende Haftungsrisiken für den Kontroll-Intermediär hervor, dessen Eingriff sich letztlich als haltlos erweist. Schon aus Zweckerwägungen ist deshalb nicht die Einhaltung jeglicher „Anlagegrundsätze" i.S.v. § 162 Abs. 2 Nr. 1 KAGB zu überprüfen. Die Prüfpflicht beschränkt sich auf die vertraglichen Vorgaben für die Auswahl (§§ 76 Abs. 2, 83 Abs. 5 KAGB) und den Umfang (§ 83 Abs. 1 Nr. 3 KAGB) der erworbenen Gegenstände. An dieser Stelle muss – wie häufig im Kapitalmarktrecht – der Transaktionssicherheit Vorrang vor einem (vermeintlichen) Anlegerschutz eingeräumt werden.

Bei der Rechtmäßigkeitsprüfung ist der Inhalt der Vertriebsinformation nur soweit heranzuziehen, wie darin Informationen zu finden sind, die – wie z.B. die Anlagepolitik – substantiell zum Inhalt der konstituierenden Dokumente gehören. Denn die Verwahrstelle soll nicht Vertriebs-, sondern Organisations- und Verhaltensrisiken entgegenwirken. Für die Funktion als Organisations- und Verhaltensgarant kommt es nicht auf den tatsächlichen, sondern auf den durch § 162 Abs. 2 KAGB definierten Inhalt der Vertragsbedingungen an. Im Bereich der Publikumsfonds nach dem KAGB werden wegen der Genehmigungspflicht[124] tatsächlicher und gebotener Inhalt regelmäßig übereinstimmen. Die Konkretisierung hat Bedeutung für andere Anlageverhältnisse innerhalb und außerhalb des KAGB.

Ein Teil des Schrifttums versteht die Anteilscheinverwaltung als eigenständige OGAW-Verwahrstellenpflicht.[125] Dafür mag die separate Regelung in § 71 KAGB sprechen, doch erhellt der europarechtliche Regelungshintergrund, dass es um eine Ausprägung der Überwachungspflicht geht. Danach hat die Verwahrstelle zu gewährleisten, dass Verkauf, Ausgabe, Rücknahme, Auszahlung und Aufhebung der Anteile gemäß dem einschlägigen nationalen Recht und den konstituierenden Dokumenten erfolgen. Diese Gewährleistungspflicht kann auch durch Übertragung der ganzen *Anteilseigner*verwaltung auf die Verwahrstelle erfüllt werden. Die Zuständigkeit für die Anteilseignerverwaltung ändert nichts am Tätigkeits*schwerpunkt*.[126] Dieser besteht nicht in der Abwicklung, sondern der Rechtmäßigkeitsgewähr. Von einer rechtswidrigen Anteilsausgabe

---

Gewährleistung der Einhaltung der anwendbaren nationalen Rechtsvorschriften sowie der Vertragsbedingungen des Investmentfonds respektive der Satzung der Investmentgesellschaft. Ebenso jetzt, bei Differenzierungen im Detail, §§ 81 Abs. 1, 83 und 84 KAGB (Umsetzung von Art. 21 Abs. 7 bis 9 AIFM-RL) i.V.m. Art. 85 bis 99 AIFM-VO.

[123] I.E. ebenso OLG Frankfurt a.M., WM 1997, 364 Rn. 65 ff.

[124] §§ 162 Abs. 1, 163 Abs. 1 bis 3 sowie 266 Abs. 1, 267 Abs. 1 bis 3 KAGB.

[125] Insbesondere *Ohl*, Rechtsbeziehungen, S. 11; wohl auch *Reiss*, Pflichten, S. 341.

[126] Dies zeigt auch § 76 Abs. 1 Nr. 1, 1. Alt KAGB; die Vorschrift ist vor dem Hintergrund der ausführlichen Regelung des § 71 KAGB nur als Emphase sinnvoll.

und -rücknahme haben die Anleger selbst dann nichts, wenn diese durch die Verwahrstelle erfolgt.

Die Verwahrstellenaufgaben im Rahmen der Anteilsbewertung sind ebenfalls nur Teil der Überwachungspflicht.[127] Dies folgte früher aus der eindeutig geäußerten gesetzgeberischen Intention.[128] Unter dem KAGB beschränkt sich die Pflicht der Verwahrstelle gem. Art. 94 AIFM-VO ausdrücklich auf die *Sorge* um die rechtmäßige Anteilswertermittlung (§ 76 Abs. 1 Nr. 1, § 83 Abs. 1 Nr. 1 KAGB[129]).

c) Annexkompetenzen

Die Verwahrstelle kann ihre Kontrollfunktionen ohne Information über die Zahlungsströme etc. nicht ausüben. Die angemessene Information der Verwahrstelle durch die KVG ist Nebenpflicht zu dem Verwahrstellenvertrag.[130] Für Umfang und Inhalt gelten §§ 259, 260 BGB entsprechend. Annex zur Kontrolle ist die Befugnis, beim Verwalter zunächst auf Abhilfe zu drängen und, wenn dies nicht fruchtet, die BaFin zu informieren. Schließlich folgt aus der Überwachungskompetenz auch das Recht zur Geltendmachung von Ansprüchen im Namen der Verwahrstelle zugunsten von Anlegern und Kollektivanlage.[131] So kann sie rechtswidrige Vorgänge, die den Bestand der Kollektivanlage gefährden (z.B. rechtswidrige Zahlungsabflüsse, Überschreitung der Anlagegrenzen, Vollstreckung eines Gläubigers der KVG in das Fondsvermögens),

---

[127] A.A. *Ohl*, Rechtsbeziehungen, S. 11 f.; *Reiss*, Pflichten, S. 341 f. ordnet die Anteilsbewertung der als separater Pflicht verstandenen Anteilsverwaltung zu.

[128] Mit dem 4. FMFG (2002) wurde das Bewertungsmonopol der Depotbank unter dem KAGG abgeschafft. Vgl. BegrRegE, BT-Drs. 14/017, S. 104: „Die KAG arbeiten heutzutage meist mit mehreren unterschiedlichen Depotbanken – zum Teil Global Custodians – zusammen. Dabei treffen unterschiedliche Organisationsgebilde mit individuellen Informationssystemen, unterschiedlichen Buchungszeitpunkten und Kursquellen zusammen. Mittels einer doppelten Erfassung von Mengen und Preiskomponenten durch die Depotbank und die KAG mit anschließendem Vergleich ist eine Anteilwertberechnung im Zeitalter des Massengeschäfts kaum mehr durchführbar; das haben die aufsichtlichen Erfahrungen der letzten Jahre gezeigt. Es ist deshalb sachgerecht, dass der Anteilwert auch von der KAG auf Grund der ihr vorliegenden Daten der Fondsbuchhaltung berechnet werden darf und dass er anschließend von der Dpotbank kontrolliert wird (§ 12b Nr. 1 KAGG). Eine solche Anteilpreisberechnung ist auch systemkonform; denn die KAG nimmt wie in anderen Regelungsbereichen des KAGG die Anteilpreisberechnung als Verwaltungsaufgabe wahr und der Depotbank obliegt die Kontrolle." (Abkürzungen nicht im Original)

[129] Dazu Dornseifer/*Tollmann*, Art. 19 Rn. 170 ff.

[130] Art. 21 Abs. 1 OGAW V-RL i.V.m. Art. 30 Bst. b bis c der Kommissions-RL 2010/43/EU (zur Standardvereinbarung bei abweichendem Herkunftsstaat von Verwahrer und Verwalter) und Art. 21 Abs. 2 AIFM-RL verlangen als Teil des Verwahrstellenvertrags die Vereinbarung von Informationsrechten im für die Aufgabenerfüllung notwendigen Umfang. Die Vorschriften wurden umgesetzt in §§ 68 Abs. 1 S. 3 und Abs. 6, 80 Abs. 1 S. 2 KAGB. Vgl. die Einzelheiten für AIF-Verwahrstellen in Art. 83 AIFM-VO. Für Informationsanspruch aus § 666 BGB *Reiss*, Pflichten, S. 351 f.; *Müller*, DB 1975, S. 485, 487 f., der der Depotbank sogar ein ungeschriebenes Einsichtsrecht in Geschäftsbücher der KAG einräumt.

[131] Ausdrücklich §§ 78 Abs. 1 S. 1, 89 Abs. 1 S. 1 KAGB.

rückgängig machen oder die KVG zur Kompensation anhalten oder im Namen der Anleger Drittwiderspruchsklage erheben.

Ist der Verwalter nicht mehr zur Verwaltung fähig, folgt als weitere Annex-kompetenz ein Kündigungsrecht des Verwaltungsverhältnisses, das sich bei rechtlicher Unmöglichkeit der Verwaltungstätigkeit[132] zur Pflicht verdichtet. Für eine Übergangszeit fallen dann Verwahrungs- und Verwaltungsverhältnis zusammen.[133] Weil dies mangels Systems gegenseitiger Kontrolle unerwünscht ist, muss der Verwahrer gem. § 100 KAGB baldmöglichst den Fonds abwickeln oder im Namen der Anleger einen neuen Verwalter beauftragen. Die Auswahl eines neuen Verwalters unterliegt gesteigerten Sorgfaltspflichten. Schließlich kann die Verwahrstelle im Einzelfall zur Anlegerinformation verpflichtet sein. Dies hat der BGH für den Fall der Änderung wesentlicher Pflichten eines Ver-wahrungstreuhänders[134] zutreffend entschieden. Danach sind die schriftlichen Abreden nicht allein maßgeblich. Die Informationspflicht entsteht aus der Ein-bindung des Verwahrers in ein Sicherungssystem zugunsten der Anleger.

III. Zwingendes Recht

Die vorgenannten Verwahrerpflichten im Anlagedreieck sind zwingendes Recht. Bislang schon nahmen Rechtsprechung und Lehre gegenüber einschrän-kenden Klauseln eine kritische Haltung ein. Doch überzeugten die vertragli-chen oder auf Vertrauensschutzerwägungen[135] gestützten Begründungen bis-lang nicht. Richtigerweise gewährt ein Vertrag zwischen einem Verwalter und einem Verwahrer zugunsten der Anleger den Anlegern nichts, was ihnen nicht aufgrund des Leitbildes der Idealanlage zusteht. Dies erklärt sich teils mit den dem Verwahrer übertragenen Aufgaben zum Schutz des Finanzsystems. Über-zeugender ist in Bestätigung der hier vertretenen Position von der Kollektivan-lage als interessengeprägtem Recht das Argument, dass eine Anlagebeziehung dreiecksförmig gestaltet sein soll, weil sich so ein Gleichgewicht aus Eigennut-zen und Fremdkontrolle herstellen lässt, welches bei typisierter Betrachtung am besten geeignet ist, die Anleger vor Enttäuschungen zu bewahren und die Kapi-talia einem gesamtwirtschaftlich produktiven Nutzen zuzuführen. Auf Ver-tragsdispositionen möchte der Gesetzgeber in diesem kritischen Punkt nicht

---

[132] Vgl. exemplarisch § 99 Abs. 4 KAGB für den Fall der Auflösung und Insolvenz der KVG sowie bei Erlass eines allgemeinen Verfügungsverbots.

[133] Die zahlreichen damit verbundenen Fragen können hier nicht erörtert werden; dazu dezidiert vor Inkrafttreten des KAGB *Ohl*, Rechtsbeziehungen, S. 74f., 104ff.

[134] BGH, NJW-RR 2004, 1356 Rn. 25. In casu war der Treuhänder-Rechtsanwalt zunächst zur Weiterleitung der Gelder vom Anleger zum Broker und vom Broker zurück zum Anleger verpflichtet, nach der Änderung dagegen nur noch zur Weiterleitung zum Broker, die Rück-leitung sollte über den treuwidrig handelnden Verwalter erfolgen.

[135] Z.B. BGH, NJW-RR 2004, 1356 Rn. 24ff.; BGH, WM 2009, 2363, dazu *Koch*, WM 2010, 1057f.

setzen; die Nähe zwischen Verwalter und Verwahrer könnte sich auch zulasten der qualifizierten Anleger auswirken.

Die Effektivität zwingenden Rechts ohne korrespondierende zivilrechtliche Sanktionen ist zweifelhaft. Ein Haftungsausschluss in Bezug auf Sekundäransprüche der Anleger wegen mangelhafter Pflichterfüllung des Verwahrers ist deshalb nicht an § 309 Nr. 7b BGB, sondern an § 307 Abs. 2 Nr. 1 BGB zu messen. Dieses Ergebnis bestätigt sich mit Blick auf die Vorschriften, wonach die Verwahrstelle für den Verlust von verwahrten Finanzinstrumenten und schuldhafte Pflichtverletzungen haftet.[136] Bei Zulässigkeit weitreichender Haftungsausschlüsse wären diese Vorschriften sinnlos.[137]

C. Aufgabenübertragung

I. Interne vs. externe Verwaltung

Die externe Verwaltung, bei der Anlageverwaltung, Vertrieb und Administration der Kollektivanlage auf eine externe KVG übertragen sind, ist für die InvGes explizit geregelt.[138] Aber auch bei vertraglich organisierten Personenmehrheiten kann der von allen Anlegern einzeln bevollmächtigte Vertreter die Anlageentscheidung auf einen Verwalter delegieren. Nach der Wertung des KAGB ist die externe Verwaltung weder Delegation i.S.v. § 36 KAGB, noch Unternehmensvertrag.[139] Vielmehr ist der Rückgriff auf einen spezialisierten Verwalter im Rahmen der Anlagetätigkeit üblich und rechtlich gebilligt. Damit verbunden sind zwei Fragen: Die nach den Restfunktionen der Gesellschaftsorgane im Geltungsbereich des KAGB und die nach der Übertragbarkeit der Wertungen auf Anlageorganisationen jenseits des KAGB.

---

[136] Vgl. §§ 77, 78 Abs. 2 S. 2, 88, 89 Abs. 2 S. 2 KAGB; Art. 24 OGAW V-RL, wonach die Verwahrstelle für schuldhaftes Handeln nach dem Recht des Herkunftsstaats des OGAW haftet; zu Art. 21 Abs. 12 AIFM-RL, wonach die Depotbank grundsätzlich für fahrlässige und vorsätzliche Pflichtverletzungen einzustehen hat, Zetzsche/*Clerc/Deege*, S. 447; Zetzsche/*Siena*, S. 455; Weitnauer/*Klusak*, § 77 Rn. 1 ff. sowie Weitnauer/*Boxberger*, § 88 Rn. 1 ff. Zu Ausnahmen im Rahmen der Drittverwahrung sogleich § 30. C. III. 3.

[137] Ebenfalls streng in Bezug auf den Haftungsausschluss eines Mittelverwendungskontrolleurs BGH, WM 2009, 2363 und Parallelurteile, allerdings auf Vertrauensschutz statt auf zwingendes Recht gestützt. Zugunsten von OGAW-Verwahrstellen ist ein Haftungsausschluss gem. Art. 24 Abs. 3 und 4 OGAW V-RL nicht mehr zulässig.

[138] § 17 Abs. 2 i.V.m. §§ 112 Abs. 1 S. 1, 129 Abs. 1 S. 1, 144 S. 1, 154 Abs. 1 S. 1 KAGB. Dazu *Böhme*, BB 2014, 2380, 2382 f.; *Casper*, ZHR 179 (2015), 58 ff.; *Wallach*, ZGR 2014, 289, 324 f.; *Weiser/Hüwel*, BB 2013, 1091; *Fischer/Friedrich*, ZBB 2013, 153, 155; *Freitag*, NZG 2013, 329, 331 ff.

[139] Vgl. §§ 112 Abs. 1 S. 3, 129 Abs. 1 S. 3, 144 S. 3, 154 Abs. 1 S. 3 KAGB; *Zetzsche*, AG 2013, 613 (614); *Wallach*, ZGR 2014, 300; Emde/*Dornseifer*, § 96 InvG Rn. 68, 76; ebenso *Dieterich*, Outsourcing, S. 234 f. (für US-Investment Companies).

1. Residuale Funktionen der Gesellschaftsorgane?

Im Fall der externen Verwaltung könnte man den Vorstand der Inv-Ges noch für verpflichtet halten, als Leitungsorgan und gesetzlicher Vertreter der Gesellschaft zu fungieren. Dafür scheint sich die wohl h.L. auszusprechen, die der KVG Organfunktionen der Inv-AG abspricht.[140] Das hier präferierte Vertragsmodell spricht gegen derartige Relikte der Korporationsanalogie, zumal Residualfunktionen aus dem Gesetz nicht ersichtlich sind.[141] Die KVG ist *ein* Organ der KGV. Ob es das einzige Leitungsorgan ist, hängt an der Ausgestaltung der Satzung. Der Dispens von § 23 Abs. 5 AktG in §§ 108 Abs. 2, 140 Abs. 2 KAGB sieht keine Grenze vor. Der Ausschluss der Satzungsstrenge reicht in die Kernfunktionen der Organe hinein. So obliegt die Vertretung der Gesellschaft im Bereich der Anlageverwaltung der KVG. Die in § 93 Abs. 1 KAGB angelegte Befugnis, mit Wirkung für das Kollektivanlagevermögen Anlagegeschäfte zu tätigen, ist genuiner Bestandteil des Verwaltungsverhältnisses für alle Rechtsformen. Während der Dauer des Verwaltungsverhältnisses ist die KVG immer vertretungsberechtigt, ihre Vertretungsmacht in Bezug auf Anlagegeschäfte steht und fällt mit dem Verwaltungsvertrag. Ein Entzug der Vertretungsmacht bei Fortgeltung des Verwaltungsvertrags ist unzulässig: Es würde keine Fremdverwaltung mehr gegeben sein.[142] Eine Leitungs- und Aufsichtsfunktion ohne Unterbau, der Einsicht und Information garantiert, ist nutzlos. Insbesondere können die Geschäftsleitungs- und Aufsichtsorgane der Inv-Ges die Einhaltung des Verwaltungsvertrag mit der KVG nicht sinnvoll überwachen, sofern sie nicht als Initiatoren oder Asset Manager über Sonderwissen verfügen.[143] Des Weiteren vermischt die Einräumung von Residualfunktionen die Verantwortlichkeiten. So muss die h.L. rätseln, wie die Anleger die KVG in Anspruch neh-

---

[140] Vgl. Begr. RegE, BT-Drs. 16/5576, S. 85; *Campbell/Müchler*, ILF WPS 101, S. 5.

[141] Dazu *Zetzsche*, AG 2013, 613, 621; a.A. Emde/*Dornseifer*, § 96 InvG Rn. 69; *Fischer/Friedrich*, ZBB 2013, 153, 155 (Prinzipalfunktionen). Bei der Inv-KG sollen die Bestellung und Kündigung der externen KVG, die Einberufung und Durchführung von Gesellschafterversammlungen, die Aufnahme neuer Kommanditisten, die Erhöhung der Beteiligung bereits beigetretener Kommanditisten, die Abwicklung der (Teil-)Kündigung von Kommanditanteilen sowie die Bildung und Auflösung von Teilgesellschaftsvermögen bei der Geschäftsführung verbleiben, vgl. *Wallach*, ZGR 2014, 289, 300; *Casper*, ZHR 179 (2015), 60.

[142] Für Vertretungsmacht kraft Verwalterstellung zutreffend *Wallach*, ZGR 2014, 289, 300; Weitnauer/*Lorenz*, § 112 Rn. 4; a.A. auf Grund eines gesellschaftsrechtlichen Blickwinkels *Böhme*, BB 2014, 2380, 2381; *Casper*, ZHR 179 (2015), 58 ff.; Weitnauer/*Paul*, § 154 Rn. 10; *Fischer/Friedrich*, ZBB 2013, 153, 155. Jedoch ist eine gesellschaftsrechtliche Betrachtung des Innenverhältnisses nicht veranlasst (ausführlich Vierter Teil, § 25); zudem kann ein Rechtsträger mehrere vertretungsberechtigte Personen haben: die KVG für Anlagegeschäfte, die Gesellschaftsorgane für Organgeschäfte, wozu u.a. der Abschluss des Verwaltungsvertrags zählt.

[143] Sogar die Funktionsfähigkeit des mit wesentlich stärkeren Rechten unter dem ICA ausgestatteten Board of Directors ist umstritten, vgl. § 15.A.III.2.

men können.[144] Eine solche Residualzuständigkeit ist insbesondere zweifelhaft, wenn die extern verwaltete Inv-Ges auf Initiative und in der Domäne der KVG, nicht aber ihrer Anleger oder unternehmerischer „Gründer" ins Leben gerufen wird. In solchen Fällen sollten Vorstand und KVG identisch sein. In funktionaler Sicht tritt dann die KVG *an die Stelle des Geschäftsleitungsorgans.* Für die Zulässigkeit der Identität spricht, dass die §§ 108 bis 161 KAGB keinerlei Inhabilitätsvorschriften zwischen Gesellschaftsorganen und KVG enthalten, während die Inhabilitätsvorschriften im Verhältnis zur Verwahrstelle für das Geschäftsleitungsorgan von Inv-Ges und KVG deckungsgleich sind.[145] Dann ist es zulässig, als Geschäftsleitungsorgan die KVG einzutragen, mit der Folge, dass sich die Pflichten des KAGB für die Geschäftsleitung der Inv-Ges[146] an die KVG richten. Die damit verbundene Ersetzung des Geschäftsführungs- und Vertretungsorgans durch eine juristische Person (KVG) ist z.B. dem Aktienrecht nicht vollständig fremd. Eine entsprechende Option kennt das AktG für die Abwicklung.[147] Bei der Inv-KG kann die Geschäftsführung ausdrücklich eine juristische Person wahrnehmen.[148]

Die Satzung bzw. der Gesellschaftsvertrag kann die Aufsichts- oder Beiratsfunktion zwar nicht vollständig abbedingen, sie kann diese aber dem Aufsichtsrat *der KVG* übertragen. Nach der hier vertretenen Auffassung ist eine *organidentische* externe Verwaltung der Inv-Ges zulässig. Es gibt keine Residualfunktion, die ausschließlich den Gesellschaftsorganen der Inv-Ges zugewiesen werden müsste.[149]

Daraus erwächst keine unvertretbare Schutzlücke: Das Aufsichtsorgan hat wegen der Weisungsbindung bei der Anlageverwaltung (s.o.) keine strategische Funktion. Angesichts der qua Gesetz der Verwahrstelle übertragenen Rechtmäßigkeitskontrolle bliebe von den aktienrechtlichen Aufsichtsratsfunktionen nur die der Zweckmäßigkeitskontrolle. Eine Zweckmäßigkeitskontrolle könnte aber – mangels strategischen Spielraums – ebenfalls nur die Diskussion einzelner Anlageentscheidungen sein. Dieser zusätzliche Schutz ist entbehrlich, weil die gleiche Aufgabe dem Aufsichtsrat *der KVG* zwingend übertragen ist (§ 18 Abs. 4 KAGB). Die Entbehrlichkeit bestätigt der Blick auf vertragliche Sondervermögen, wo es keinen Aufsichtsrat speziell für jedes Sondervermögen gibt

---

[144] Restriktiver Ansatz in Bezug auf die Organe der Inv-AG bei großzügiger Position zur KVG bei *Campbell/Müchler*, ILF WPS 101, S. 5 ff.; *Fischer/Friedrich*, ZBB 2013, 153, 156.

[145] Gem. §§ 119 Abs. 1 S. 3, 128 Abs. 1 S. 4, 147 Abs. 1 S. 3 und 153 Abs. 1 S. 4 KAGB hat das Geschäftsleitungsorgan unabhängig von der Verwahrstelle zu handeln. S. zudem §§ 70 Abs. 1, 85 Abs. 1 KAGB.

[146] §§ 119 Abs. 1 S. 2, 128 Abs. 1 S. 3, 147 Abs. 1 S. 2 und 153 Abs. 1 S. 3 KAGB.

[147] §§ 265 Abs. 2 S. 3, 266 Abs. 1 AktG.

[148] §§ 128 Abs. 1 S. 2 und 153 Abs. 1 S. 2 KAGB.

[149] Für *personen*identische Besetzung der Geschäftsleitungsorgane auch *Wallach*, ZGR 2014, 300, 322 f.

Grafik: Externe Verwaltung mit organidentischer Inv-AG

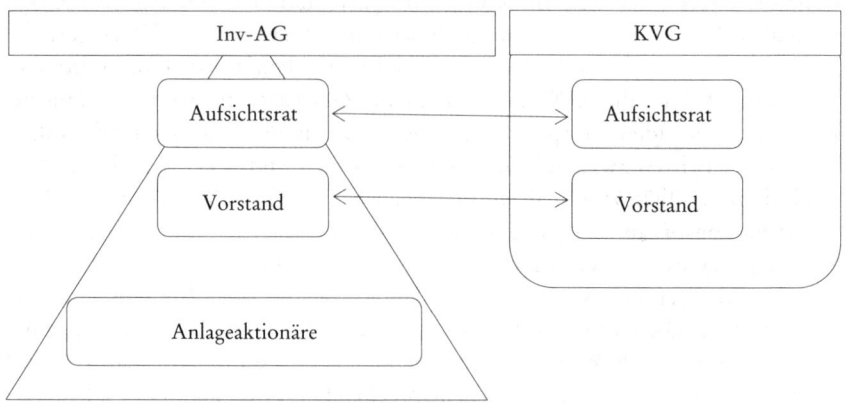

(§ 92 Abs. 2 S. 1 KAGB). Das zuletzt genannte Beispiel erhellt, dass die Verpflichtung der KVG-Organe gegenüber mehreren Fonds und deren Anlegern
nicht als relevante Hürde anzusehen ist. Letztlich gewährt die Organidentität
sogar einen besseren Schutz als die Organtrennung, weil die Mitglieder von
Vorstand und Aufsichtsrat *der KVG* unmittelbar in Anspruch genommen werden können.

Das scheinbar mehrgliedrige Gebilde der Inv-AG – die Literatur spricht von
Anlage*viereck*[150] – lässt sich so in ein lupenreines Anlagedreieck umgestalten,
bei dem die KVG mit ihrem Aufsichtsrat die Funktion der AG mit deren Aufsichtsrat respektive der Inv-KG ggf. mit deren Beirat (§ 153 Abs. 3 KAGB) übernimmt. Im Ergebnis nähert man sich wieder der h.L., die – ungeachtet des
postulierten Vierecks – aus der Verantwortung, die das KAGB der KVG zum
Schutz der Aktionärsinteressen auflegt, ein gesetzliches Schuldverhältnis zwischen KVG und Anlageaktionären auch für die extern verwaltete Inv-Ges ableitet und so einen Anspruch aus §§ 280 Abs. 1, 31 BGB analog begründet.[151] Doch
zeigt sich die Brüchigkeit der Argumentation der h.L. im Fall der Spezial-Inv-
KG, bei der kein Beirat vorgeschrieben ist. Demgegenüber ist die hier vertretene
Auffassung stringent, wonach es gleich beim Dreieck bleiben kann und die zwi-
schengeschaltete juristische Person wegen der vertragsrechtlichen Ausgestaltung des Innenverhältnisses zu ignorieren ist.

[150] *Campbell/Müchler,* ILF WPS 101, S. 19; Berger/*Fischer/Steck,* § 96 InvG Rn. 9, 35; *Fi-
scher/Friedrich,* ZBB 2013, 153, 156.
[151] *Wallach,* Der Konzern 2007, 487, 493 f.; *ders.* ZGR 2014, 301; *Dornseifer,* AG 2008, 53,
59 Fn. 38; *Campbell/Müchler,* ILF WPS 101, S. 9 ff.; Berger/*Fischer/Steck,* § 96 InvG Rn. 37;
Fischer/Friedrich, ZBB 2013, 153, 155.

Das Vertragsmodell und die Befreiung von § 23 Abs. 5 AktG lassen Raum für Zwischenstufen.[152] Solche Zwischenstufen begegnen namentlich im sogenannten Private Label-Geschäft. Dabei bedient sich ein nicht als Verwalter zugelassener Initiator oder Promotor einer KVG, um ein Produkt zu strukturieren und seinen Kunden anzubieten. Der Initiator nutzt die Organisationsstruktur der KVG und lässt seinen Namen in die Produktbezeichnung einfließen.[153] Namentlich dann, wenn auf den Initiator die Anlageentscheidung gem. § 36 KAGB ausgelagert wird und er deshalb über profunde Kenntnisse in Bezug auf die Anlageentscheidungen verfügt, die KVG sich also auf die Administration, ein Kernrisikomanagement und allenfalls den Vertrieb konzentriert, kann es sinnvoll sein, dass der Initiator den Vorstand oder Aufsichtsrat der Inv-AG besetzt, um seine Interessen zu wahren.[154] Ein auf dieser Grundlage von der KVG verschiedener Vorstand oder Aufsichtsrat substituiert dennoch nicht die nach dem Leitbild der Idealanlage bestehenden Pflichten von KVG (als Verwalter) und Verwahrstelle (als Verwahrer). Diese Gestaltung wird deshalb im Folgenden vernachlässigt.

2. Übertragbarkeit auf andere Gesellschaftsformen

Die zweite Frage der Übertragbarkeit der soeben gewonnenen Erkenntnisse auf Kollektivanlagen außerhalb des KAGB ist eine solche des nationalen Rechts: Auch im Geltungsbereich von OGAW- und AIFM-RL ist die Organisation der Kollektivanlage Domäne der Mitgliedstaaten.[155] Die hierzulande h.M. für Personengesellschaften hält überwiegend an dem Grundsatz der Selbstorganschaft fest.[156] Die Auslagerung der Tätigkeit eines Komplementärs oder geschäftsführenden GbR-Gesellschafters ist danach unzulässig. Gleichfalls enge Grenzen setzen manche für den Abschluss von Betriebsführungsverträgen durch eine Korporation. So soll nach *Huber*, wenn die Weisungsbefugnis der Gesellschaftsorgane gegenüber dem Betriebsführer ausgeschlossen wird, das Fehlen oder der Ausschluss eines sofortigen Kündigungsrechts für die Generalvollmacht die Nichtigkeit des Betriebsführungsvertrags gem. § 139 BGB begründen, und zwar unabhängig davon, ob Personen- oder Kapitalgesellschaften be-

---

[152] Dies wird nach dem liechtensteinischen UCITSG deutlicher, wo die Satzung die Funktionen und Aufgaben der Gesellschaftsorgane bei der externen Verwaltung zu bestimmen hat. Vgl. insbesondere Art. 7 Abs. 3 Bst. i des liechtensteinischen UCITSG.

[153] Deshalb „Private Label", vgl. Berger/*Schmitz*, § 34 InvG Rn. 16.

[154] Dafür muss der Initiator zumindest über eine Zulassung als Vermögensverwalter verfügen (Art. 13 OGAW-RL). Dies kann außer einer Zulassung nach der OGAW- oder AIFM-RL eine solche als Finanzportfolioverwalter nach der MiFID oder eine gleichwertige Zulassung aus Nicht-EWR-Staaten sein.

[155] 8. ErwGr AIFM-RL. Anderes gilt für die Mindestqualifikation der Geschäftsleitung.

[156] Vgl. die Nachweise im Vierten Teil, § 21.C.II.2.c).

troffen sind.[157] Betriebsüberlassungs- bzw. -pachtverträge bedürfen jedenfalls einer Zustimmung der Hauptversammlung gem. § 292 Abs. 1 Nr. 3 AktG.

Vor der Entscheidung über die Zulässigkeit und Bedingungen der Aufgabenübertragung bei Kollektivanlagen bedarf es zunächst einer Klärung der Terminologie. Während die Betriebsüberlassung ein Handeln in eigenem Namen auf eigene Rechnung nach sich zieht, begründet ein Betriebsführungsvertrag grundsätzlich ein Recht zum Handeln im fremden Namen auf fremde Rechnung.[158] Zweck der externen Verwaltung einer Anlagegesellschaft ist die Beschränkung eingegangener Verpflichtungen auf das Gesellschaftsvermögen. Dann handelt die KVG in der Tat im fremden Namen auf fremde Rechnung. Soweit andere als rechtsfähige Einheiten (KG, AG) verwaltet werden, handelt die KVG im eigenen Namen auf fremde Rechnung. Diese zweite Fallgruppe wird teils als unechter Betriebsführungsvertrag denselben Regeln wie ein „echter" Betriebsführungsvertrag unterstellt.[159] Beide Fälle haben im Anlagekontext jedoch mit Betriebsführung nichts zu tun, denn die extern verwaltete Anlageorganisation hat kein Eigenleben und kein Unternehmen, das mittels gesellschaftsinterner Aufsichtsinstrumente zu schützen ist. Das Anlagevehikel ist ein Gebilde der KVG und etwaiger dahinter stehender Fonds-Promotoren und -Initiatoren. Somit wird auch keine Tätigkeit von einer Gesellschaft weg übertragen. Bei der ursprünglichen externen Verwaltung[160] sind die Tätigkeiten niemals bei der Anlagegesellschaft angesiedelt. Eine Kündigung des externen Verwaltungsrechts konfrontiert die KVG sogar mit dem Dilemma, die Verwaltung trotz vertraglich gegenüber den Anlegern begründeter Erfüllungspflicht[161] aus Rechtsgründen nicht erbringen zu können (Fall des § 283 BGB).

Die Gesellschaftsform erweist sich im Innenverhältnis der Anlageorganisation wiederum als funktionslose Hülle, die als Anknüpfungspunkt der rechtlichen Argumentation ungeeignet ist. Auf der Grundlage des Vertragsmodells sind die Anleger nicht gesellschaftsrechtlich – durch Übertragungsbeschränkungen, Delegationsverbot oder residuale Organbefugnisse –, sondern vertragsrechtlich und durch das Sonderunternehmensrecht für Investmentbeziehungen geschützt. Im Ergebnis ist der BGH-Rechtsprechung zuzustimmen, die entsprechenden Arrangements in Publikums-Personengesellschaften nicht entgegen getreten ist. Dieses Ergebnis ist freilich nicht mit Modifikationen, sondern einer *Verdrängung* des Gesellschaftsrechts durch investment-vertragsrechtliche Wertungen im Innenverhältnis der Anlagebeziehung zu begründen.

---

[157] *Huber*, ZHR 152 (1988), 1, 27 ff., gegen BGH vom 5.10.1981, II ZR 203/80, WM 1982, 394 Rn. 66 f. (Familien-KG).

[158] *Huber*, ZHR 152 (1988), 1, 3.

[159] *Huber*, ZHR 152 (1988), 1, 4 f., 35.

[160] Vgl. zu Umwandlung der selbstverwalteten in eine extern verwaltete Inv-AG unten § 36.D.

[161] Vgl. zur Übertragbarkeit von Ausführungspflichten in Treuhandbeziehungen *Löhnig*, Treuhand, S. 186 ff. m.w.N.

Die entsprechenden Wertungen des KAGB beanspruchen auch für Anlage-Gesellschaften jenseits des KAGB Geltung. Danach bestehen bei Anlageorganismen keine inhaltlichen Übertragungsgrenzen oder Widerrufsrechte von Gesellschaftsorganen oder Gesellschaftern.

II. Delegation der Verwaltung

Für die kollektive Vermögensverwaltung vertrat das BAKred zum KAGG lange Zeit die Ansicht, die Anlageverwaltung – bestehend aus Anlageentscheidung, Risiko- und Liquiditätsmanagement – dürfe als Kerntätigkeit der KVG nicht auf externe Anlageverwalter ausgelagert werden.[162] Nach der Literatur zur individuellen Vermögensverwaltung sprachen gegen die Auslagerung die Verwaltung als Geschäft kraft Vertrauens, auf das § 664 Abs. 1 BGB entsprechend anzuwenden sei,[163] die Notwendigkeit zur unmittelbaren Anpassung an kundenindividuelle Wünsche und die mit einer Delegation verbundenen Mehrkosten,[164] dafür indes die Möglichkeit, im Interesse des Anlegers auf fremdes Fachwissen zuzugreifen.[165] Entsprechend sollte die überwiegende Anlage in Fonds, die von anderen Verwaltern verwaltet werden (sog. Fondspicking), nur bei expliziter Vereinbarung zulässig sein.[166] Nach der differenzierten Ansicht von *Sethe* gewähren die Outsoucing-Vorschriften (§§ 33 Abs. 2 WpHG, 25a Abs. 2 KWG) indes hinreichenden Anlegerschutz, so dass gegen eine Auslagerung der Anlageentscheidung nichts zu erinnern ist, wenn für die auszulagernde Tätigkeit exakte und nachprüfbare Kriterien festgelegt werden.[167] Auslagerungsfähig sind danach das Fondspicking und die standardisierte Verwaltung. Eine Auslagerung der Individualverwaltung dürfte dagegen an den nicht eingrenzbaren Ermessens- und Entscheidungskriterien scheitern.[168] Mittlerweile gestaltet sich das Aufsichtsrecht deutlich auslagerungsfreundlicher.[169] Die zivilrechtlichen

---

[162] Vgl. BAKred, „Auslagerung des Fondsmanagements bei Kapitalanlagegesellschaften und Anteilswertermittlung gemäß § 21 Abs. 2 KAGG" vom 29.9.1997, V 1/02 – 17/97; ebenfalls noch kritisch Beckmann/*Beckmann*, § 10 KAGG Rn. 2a; befürwortend *Marwede*, FS Peltzer, S. 301, 311; *Eyles*, WM 2000, 1217, 1234. Zur Entwicklung *Bergmann*, S. 491 ff.; *Campbell*, ZBB 2008, 148, 149 f.; *Dieterich*, Outsourcing, S. 65 ff.; *Fragos*, S. 102; *Schäfer*, Fund Governance, S. 187, 194; Berger/*Steck*, § 16 InvG Rn. 24.

[163] *Roll*, Vermögensverwaltung, S. 50.

[164] *Balzer*, Vermögensverwaltung, S. 121; *Kienle* in Bankrechts-Handbuch, § 111 Rn. 21 (aber i.E. für Ermessen des Verwalters).

[165] *Marwede*, FS Peltzer, S. 301, 311.

[166] *Benicke*, S. 793 ff.

[167] *Sethe*, S. 644 ff.

[168] *Sethe*, S. 646.

[169] Vgl. *Bergmann*, S. 193 ff., 198; *Campbell*, ZBB 2008, 148, 152 f. (zur Reform durch das Finanzmarktrichtlinie-Umsetzungsgesetz von 2007); zum KAGB *Weiser/Hüwel*, BB 2013, 1091, 1093 f.; Baur/Tappen/*Hanten*, § 36 Rn. 21 ff.; BaFin, Häufige Fragen zum Thema Auslagerung gemäß § 36 KAGB vom 10.7.2013, WA 41-Wp 2137–2013/0036.

Konsequenzen der Liberalisierung für die Kollektivanlage sind hingegen nach wie vor nicht hinreichend erfasst.[170]

Ausgangspunkt ist wiederum das Vertragsmodell. Nach Rechtsprechung und h.L.[171] ist § 664 Abs. 1 BGB auf Geschäftsbesorgungsverträge anzuwenden. Gem. § 664 Abs. 1 S. 1 BGB darf der Beauftragte die Ausführung im Zweifel nicht auf Dritte übertragen. Das in § 664 Abs. 1 BGB enthaltene Verbot der Substitution – der Einsatz von Gehilfen ist auch im Geltungsbereich des § 664 Abs. 1 BGB zulässig[172] – steht im systematischen Kontext zu § 613 S. 1 BGB. Während § 613 S. 1 BGB den Dienst zur höchstpersönlichen Pflicht erklärt und damit der Gehilfeneinsatz unzulässig ist, untersagt § 664 Abs. 1 S. 1 BGB nur den Austausch des Vertragspartners. Zwar ist bei der kollektiven Vermögensanlage das Vertrauensverhältnis nicht persönlicher, sondern typisierter, auf Gewinnerzielung ausgerichteter Natur. Damit ist indes nur die Intensität der Bindung des Intermediärs an die Interessen des Anlegers beschrieben. Zur Frage, ob der Intermediär Gehilfen einsetzen (Frage des § 613 S. 1 BGB) oder sich selbst durch Substitution aus der Vertragsbeziehung lösen und seine Haftung – ähnlich § 831 BGB – auf eine ordnungsgemäße Auswahl und Einweisung des Substituten (*culpa in eligendo*[173]) beschränken kann (Frage des § 664 Abs. 1 S. 1 BGB), ist damit nichts gesagt.

1. Gründe für die Auslagerung

Die Auslagerung ist eine Frage der Geschäftsorganisation des Verwalters. In den drei Regulierungskategorien aus Verwalter-, Produkt- und Vertriebsregulierung ist die erste Kategorie betroffen.

Mit der kosten-, qualitäts- und regulierungsinduzierten Aufgabenübertragung lassen sich drei Auslagerungsgründe unterscheiden.[174] Kostenreduktion ist der Grund für die Bündelung administrativer Aufgaben und der Nutzung gemeinsamer EDV-Plattformen. Unterschiedliche Steuervorschriften fördern

---

[170] Ansätze bei *Bergmann*, S. 489 f., 550 f.; *Dieterich*, Outsourcing, S. 68 ff., 281 f.; *Schäfer*, Fund Governance, S. 183, 198 f.; monographisch für Kreditinstitute *v. Gablenz*, Die Haftung der Banken bei Einschaltung Dritter (1983).

[171] So RGZ 78, 310, 31; RGZ 109, 229; BGHZ, LM BGB § 664 Nr. 1; vorübergehend abgelehnt durch RGZ 161, 68, 70, für nur analoge Anwendung dann RGZ 163, 377; aus dem Schrifttum (für analoge Anwendung) *Dieterich*, Outsourcing, S. 72 ff.; *Koller*, ZIP 1985, 1243, 1246, jeweils m.w.N. Für individuelle Vermögensverwaltung z.B. Assmann/Schütze/*Schäfer*, 3. Aufl. § 23 Rn. 30.

[172] §§ 664 Abs. 1 S. 3 i.V.m. 278 BGB.

[173] *Koller*, ZIP 1985, 1243.

[174] Dazu *Dieterich*, Outsourcing, S. 9 ff., speziell für KVG S. 48 ff.; Zetzsche/Partsch/Mullmaier, S. 217, 223; diese Auslagerungsgründe teilt Art. 76 Abs. 1 AIFM-VO in folgende Kriterien auf: Optimierung von Geschäftsfunktionen- und -verfahren, Kosteneinsparungen, Fachkenntnisse des Beauftragten im Bereich der Verwaltung oder auf bestimmten Märkten oder mit bestimmten Anlagen sowie Zugang des Beauftragten zu den globalen Handlungsmöglichkeiten.

zudem die Auslagerung an Niedrigsteuer-Standorte, unterschiedliche Bearbeitungsfristen die Ansiedlung von Fonds und KVGs an Standorten, deren Finanzmarktaufsicht eine kurze Genehmigungsfrist erwarten lässt. Kostensenkend wirkt auch die Spezialisierung durch Nutzung von Skaleneffekten. Indem sich eine KVG auf die Fondsorganisation (inkl. Administration) beschränkt, können über die gleiche EDV-Plattform eine Vielzahl von Vermögensverwaltern (Asset Manager) Anlageentscheidungen treffen und die Fondsanteile über ihre Vertriebswege vertreiben.[175] Die Einbindung eines oder mehrerer externer Asset Manager[176] ermöglicht zudem die qualitative Verbesserung der Anlageentscheidung. So kann ein Experte für Südost-Asien die dortigen und ein anderer die US-Anlagen verwalten oder ein Anlageverwalter eingebunden werden, der über geistiges Eigentum in Bezug auf mathematische Anlagemodelle verfügt. Regulierungsinduzierte Auslagerung kann einerseits legitimen Zwecken dienen. So kann z.B. der Asset Manager als Teil eines internationalen Finanzkonzerns in Frankfurt, die KVG in Vaduz und der Fonds mit zugehöriger Depotbank in Luxemburg angesiedelt sein. Auch ermöglicht die Auslagerung die Einwahl in den europäischen Pass, z.B. bei Verknüpfung eines nach dem KAG zugelassenen Vermögensverwalters innerhalb des EWR (Liechtenstein) mit einem Asset Manager mit Sitz außerhalb des EWR (Schweiz). Andererseits kann gezielt die Auslagerung in Staaten mit laxer Aufsicht und allzu initiatorenfreundlichen Reglements betrieben werden.

Den Vorteilen der Auslagerung stehen operationelle Risiken aus einer impliziten Abänderung der Leistung des Verwalters, dem reduzierten Zugriff auf den Vermögensverwalter, einer Reduktion der KVG auf eine leere Hülle (sog. Briefkastengesellschaft) und der damit verbundenen Umgehungen anleger- und systemschützender Vorschriften gegenüber. Dies erklärt den Argwohn der Aufsicht gegenüber Auslagerungsentscheidungen der Fondsindustrie. Tatsächlich geht es aber um einen Risikotausch, denn auch die persönliche Pflichtenwahrnehmung ist risikobehaftet: Das operationelle Risiko der verwaltereigenen Organisation (i.e. dass die Mitarbeiter und EDV-Systeme wie gewünscht funktionieren) wird durch das Risiko des Auslagerungsunternehmens zuzüglich des Risikos, dass der Verwalter seinen Kontrollpflichten angemessen nachkommt, substituiert. Namentlich weil Fondsgesellschaften keine EDV-Unternehmen sind kann sich daraus unter dem Strich ein positiver Ertrag ergeben.

2. Rechtsvergleichender Rundblick

In den USA ist eine Delegation der wirtschaftlichen Vermögensverwaltung durch die *Investment Company* oder die Bank, die den Common Trust Fund

---

[175] Vgl. zu Outsourcing-Modellen im Finanzdienstleistungsbereich *Gupta/Venditti*, (2009) 27 J. Fin. Trans. 53.
[176] Zur Zulässigkeit *Hanten*, ZBB 2003, 291, 292 f.

unterhält („maintained"), an einen Anlageberater (*investment adviser*) gängige Praxis. Auch in der Schweiz und Liechtenstein ist die Differenzierung zwischen Fondsleitung, der die Administration obliegt, und dem Vermögensverwalter üblich. Für irische, liechtensteinische und luxemburgische Hedgefonds treffen (häufig) Vermögensverwalter in London oder Frankfurt die Anlageentscheidung.

Eine absolute Delegationsgrenze statuieren die insofern identischen Art. 13 Abs. 2 S. 2 OGAW-RL und Art. 20 Abs. 2 AIFM-RL, die in § 36 Abs. 5 KAGB umgesetzt sind. Die Aufgaben dürfen nicht in einem Umfang übertragen werden, der die KVG zu einer Briefkastengesellschaft werden lässt.[177] Im Übrigen bestehen formelle[178] und materielle Delegationsanforderungen.[179] Insbesondere muss die KVG weiterhin die Kollektivanlage im Interesse der Anleger verwalten können. Die Person muss für die übertragene Aufgabe qualifiziert sein, eine Delegation an die Verwahrstelle und andere potenziell konfliktbehaftete Personen ist verboten. Der Einfluss der Geschäftsleitung der KVG, insbesondere die Überwachung, muss nach wie vor gesichert sein. Zum Schutz der Anleger müssen Weisungsrechte und das Recht zur Entziehung der übertragenen Aufgaben bestehen. Die Delegation ist gem. § 165 Abs. 2 Nr. 35 KAGB den Anlegern offenzulegen. Auch die Unter-Delegation ist geregelt:[180] Die KVG muss zustimmen und ihre Überwachungsbehörden über Auslagerungen informieren; die für die einfache Delegation geltenden Beschränkungen gelten auch für die Unter-Delegation.

Die Auslagerungsperspektive variiert innerhalb der EWR-Jurisdiktionen. So könnten einige europäische Fondszentren die Wertschöpfung im Inland zu maximieren suchen. Durch theoretisch strenge Anforderungen an Mindesttätigkeiten im Inland, die – dank einer flexiblen Aufsichtspraxis – bei Bedarf modifiziert werden können, kann die starke Stellung und Dienstleistungsstruktur des Fondszentrums nur nutzen, wer weitere Beschäftigung im Inland generiert. Oder ein Standort setzt auf Auslagerungsmodelle, etwa wie die deutsche Master-KAG.[181] Solche Praxisunterschiede spiegeln sich selten in Rechtssätzen wider. Deshalb ergibt ein Blick auf die Rechtslage in den europäischen Ländern

---

[177] Siehe insbesondere Art. 82 AIFM-VO; dazu *Weiser/Hüwel*, BB 2013, 1091, 1096; *Buß-alb/Unzicker*, BKR 2012, 309, 317; *Möllers/Kloyer/Kuper*, S. 51, 55 ff.; BaFin, Häufige Fragen zum Thema Auslagerung gemäß § 36 KAGB vom 10.7.2013, WA 41-Wp 2137–2013/0036, Ziff. 11; *Zetzsche/Partsch/Mullmaier*, S. 217, 228 f.

[178] Anzeigepflicht gegenüber Behörden gem. § 36 Abs. 2 KAGB; Verbot, die Wirksamkeit der Aufsicht zu beeinträchtigen; bei grenzüberschreitender Delegation muss die Behördenkooperation gesichert sein, vgl. Art. 78, 79 AIFM-VO und § 36 Abs. 1 Nr. 5 KAGB; Delegation nur an zugelassene und beaufsichtigte Vermögensverwalter gem. § 36 Abs. 1 Nr. 3 KAGB.

[179] Art. 76, 77, 80 und 82 AIFM-VO und § 36 Abs. 1 Nr. 3, 6 und 7 sowie Abs. 3 KAGB.

[180] Art. 81 AIFM-VO und § 36 Abs. 4, 6 und 7 KAGB.

[181] Vgl. zur Master-KAG Dornseifer/*Tollmann*, Art. 5 Rn. 11, Art. 20 Rn. 132; Weitnauer/*Volhard/Jang*, § 36 Rn. 8.

ein recht einheitliches Bild.[182] Stärkere Unterschiede zeigen sich bei einem Blick
in Drittstaaten. Nach Schweizer Recht muss die Delegation von Aufgaben
durch Fondsleitung und Vermögensverwalter, im Interesse einer sachgerechten
Verwaltung liegen, die Instruktion und Kontrolle muss sichergestellt sein, und
die Delegation darf nur an qualifizierte Personen erfolgen.[183] Anders als z.B. das
englische Fondswesen, das auf die Vermögensverwaltung durch Anwälte und
damit höchstpersönliche Beziehungen zurückgeht, liegt der Ursprung des
Schweizer Fondswesens in der Tätigkeit integrierter Finanzkonzerne. Das
Schweizer Recht steht der Einbindung des Depotbank-Mutterkonzerns deshalb
freundlich gegenüber. Während für Fonds mit Inlandsvertrieb die europäischen
Standards übernommen werden, kann für Fonds, die außerhalb der EU vertrieben werden, die Anlageentscheidung nach wie vor auf die Depotbank übertragen werden.

   Anders als nach europäischem Recht setzt der ICA von vornherein auf einen
Funktionsablauf in vernetzter Struktur.[184] Viele Funktionen stehen weder Investment Company noch Adviser originär zu, sondern können nur durch externe Funktionsträger erfüllt werden. Das hier als Anlageverwaltung bezeichnete
Bündel aus Anlageentscheid und Risikomanagement wird mit dem Advisory
Contract dem Investment Adviser zugeordnet.[185] Parallel dazu geht die Investment Company Vertragsbeziehungen für die Administration und den Vertrieb
mit anderen Dienstleistern (*transfer agent, principal underwriter*) ein. Für eine
Aufgabenübertragung innerhalb der Verwalterorganisation besteht deshalb
weit weniger Anlass. Zudem bedarf die Bestellung des Investment Advisers der
Zustimmung der Mehrheit der unabhängigen Direktoren im Board of Directors
der Investment Company sowie der Anleger. Gleiches gilt für Delegationen und
andere *assignments* gem. s. 2(a) (4) ICA, wozu die Übertragung wesentlicher
Geschäftsanteile an dem Investment Adviser zählt. Ohne die Zustimmung von
Board und Anlegern der Investment Company erlischt der (Sub-)Advisory
Contract kraft Gesetzes gem. s. 15(a) (4) ICA, zudem kann der Vertragsschluss
gegen die Anti-Betrugsvorschriften des IAA verstoßen.[186] Wiederum entscheidet nicht die Bezeichnung (Form), sondern die ausgeübte Funktion. Parallel gilt
das Common Law für Treupflichtige. Danach darf ein Treupflichtiger weder
Entscheidungsermessen noch seine ganze Stellung ohne Zustimmung des Begünstigten auf Dritte verlagern; die Letztentscheidung muss beim Adviser blei-

---

[182] *Zetzsche*, ZBB 2014, 22, 26.
[183] Art. 18b, Art. 31 Abs. 1 und 2 KAG sowie Art. 26 KKV. Dazu Art. 66 KKV-FINMA;
Lezzi, Rn. 404.
[184] *Dieterich*, Outsourcing, S. 233 f.
[185] Vgl. zum Begriff *Frankel/Schwing*, § 4.04.
[186] Dazu *Frankel/Schwing*, § 12.04 [A].

ben.[187] Im Fall *Lutz v. Boas*[188] wurde ein Broker, der von dem formell bestellten Adviser mit der Auswahl der Wertpapiere betraut wurde, als Investment Adviser i.S.d. Gesetzes eingestuft und wegen Nichterfüllung von Registrierungs-, Offenlegungs- und Berichtspflichten eines Investment Advisers belangt. Der übertragende Adviser haftete nach Common Law. Weil eine entsprechende Vorgabe für die Administration (*transfer agent*) und den Vertrieb (*principal underwriter*) nicht existiert, sind insofern Aufgabenübertragungen zulässig. Inhaltliche Anforderungen an den Auslagerungsvertrag können sich hier aus verschiedenen Aufsichtsverlautbarungen für Back-Office- und Bankdienstleistungen ergeben.[189] Schließlich darf sich das Board of Directors bzw. Trustees seiner Organfunktionen nicht begeben, weil es sich ebenfalls um Treupflichtige handelt (s.o.).

3. Umfang der Aufgabenübertragung

Konkretisierungsbedürftig sind die Grenzen der Auslagerung.

a) Substitution?

Die Reputation der Fondsgesellschaft beeinflusst die Wahl einer bestimmten Anlage durch die Anleger, daran ist der Verwalter festzuhalten. Die Regelung des US-Rechts, die auf eine materielle Substitution im Fall der Unterhöhlung der Advisory-Beziehung hinausläuft, ist dagegen mit Rechtsunsicherheit in Bezug auf die Frage verbunden, wo die Trennlinie zur Übertragung verläuft. Sie erweist sich zudem für eine arbeitsteilige Wirtschaft als sperrig. Gegen die mit dem US-Modell verbundene Umqualifizierung spricht schließlich das Vertragsmodell. Zwar wird § 664 BGB im Katalog des § 675 Abs. 1 BGB nicht genannt. Eine entsprechende Anwendung des § 664 Abs. 1 BGB auf Geschäftsbesorgungsverhältnisse wird mit Blick auf das regelmäßig gegebene Vertrauensverhältnis aber allgemein befürwortet.[190] Danach ist die KVG im Zweifel nicht zur Substitution im fremden Namen und zur Vertragszession, wohl aber zum Gehilfeneinsatz und zur Substitution im eigenen Namen berechtigt.[191]

---

[187] Vgl. z.B. § 80 Restatement (Third) of Trusts (2007); comment c, to §§ 3.04 des Restatement (Third) of Agency (2006). Dazu *Frankel/Schwing*, § 12.04[A].

[188] *Lutz v. Boas*, 39 Del. Ch. 585, 171 A.2d 381 (1961).

[189] Vgl. die Übersicht bei *Dieterich*, Outsourcing, S. 240 ff.

[190] Vgl. BGH, NJW 1952, 257 (1. Ls.); BGH, NJW 1993, 1704, 1705; BGHZ 78, 310, 313 ff.; die anderslautende Entscheidung RGZ 161, 68, 70 blieb Episode; *Bergmann*, S. 561 f.; für Verständnis als allgemeiner Grundsatz des Geschäftsbesorgungsrechts unter Hinweis auf die Motive zum BGB Erman/*Ehman*, § 664 Rn. 7; MünchKomm-BGB/*Seiler*, § 664 Rn. 19; *Koller*, ZIP 1985, 1243, 1245 m.w.N.

[191] Vgl. zum mehrdeutigen Begriff der Substitution MünchKomm-BGB/*Seiler*, § 664 Rn. 4, 12; zur Abgrenzung von Substitution und Erfüllungsgehilfeneigenschaft *Metzler*, AcP 159 (1960/61), 143 ff. A.A. wohl *Dieterich*, Outsourcing, S. 279, der aus Anlegerschutzgründen die Zustimmung der Anleger im Fall des nachträglichen Outsourcings fordert (allerdings ohne § 664 BGB zu nennen).

b) Höchstpersönliches Geschäft?

Zumindest der Privatanleger hat regelmäßig keinen Bezug zu den innerhalb der Fondsgesellschaft handelnden natürlichen Personen. Er sucht diese aufgrund personenunabhängiger Kriterien, wie Gebührenhöhe, Anlagegegenstände, historischem Erfolg der KVG und ggf. Empfehlung von Vertriebsintermediären aus. Im Zweifel ist die Verwaltungstätigkeit kein höchstpersönliches Geschäft, der Gehilfeneinsatz somit zulässig.

In Bezug auf einzelne Aspekte der Verwaltertätigkeit mag es auf die Person des Handelnden ankommen und deshalb gem. § 613 S. 1 BGB kein Zweifel bestehen. Dies gilt z.b., wenn ein bestimmter, namentlich genannter Fondsmanager seine persönlichen historischen Erfolge in den Prospekten hervorhebt (und damit konkludent ein Vertrauen in die höchstpersönliche Durchführung hervorruft) oder ein qualifizierter Anleger zur Vermeidung von Überschneidungen mit anderen von ihm mit derselben KVG getätigten Anlagen eine höchstpersönliche Anlageentscheidung einer bestimmten Person wünscht. Das Gebot höchstpersönlicher Durchführung gilt dann kraft Vereinbarung, nicht kraft Vermutung gem. § 613 S. 1 BGB.

c) Vier-Stufen-Modell des § 36 KAGB

Auf Grundlage des Vertragsmodells ist grds. eine sehr weitgehende Delegation an Gehilfen gem. § 278 BGB zulässig. Dies ruft einerseits die Gefahr einer Delegation wesentlicher Aufgaben auf minderqualifizierte Unternehmen hervor. Solchen Einwendungen könnte man mit dem Hinweis auf die Einstandspflicht für Gehilfen gem. § 278 BGB begegnen; im Eigeninteresse wird ein Verwalter nur solche Gehilfen auswählen, die ordnungsgemäß handeln. Dieser Einwand überzeugt indes wegen des potenziell erheblichen Schadens nicht. Die Haftungsfähigkeit des Intermediärs ist in Anbetracht des Umfangs des verwalteten Vermögens schnell erschöpft. Jenseits davon schützt die Haftung nicht, im Gegenteil, es wird ein Anreiz zur Risikoerhöhung auf Kosten der Anleger gesetzt. Andererseits gibt es zahlreiche Unterstützungshandlungen ohne *unmittelbaren* Bezug zur Verwaltertätigkeit,[192] deren Vorhaltung durch den Verwalter unverhältnismäßige Kosten nach sich zieht.

Diesen Konflikt zwischen der Zweifelhaftigkeit grenzenloser und der Ineffizienz des Verzichts auf jegliche Delegation regelt § 36 KAGB. Die Vorschrift betrifft nur die Übertragung verwaltertypischer Aufgaben. Für Aufgaben jenseits des Kernbereichs der Verwaltertätigkeit gelten die allgemeinen Sorgfaltsstandards.[193] Nach § 36 KAGB muss die KVG jede Auslagerung anhand objek-

---

[192] Beispiel: Reinigung des Geschäftsgebäudes, Inkassowesen, Informationsdienste.
[193] Beckmann/*Beckmann*, § 16 InvG Rn. 24; Berger/*Steck*, § 16 InvG Rn. 9; *Schäfer*, Fund Governance, S. 193; *Roegele/Görke*, BKR 2007, 393, 394; *Weiser/Hüwel*, BB 2013, 1091, 1093 f.

tiver Gründe rechtfertigen.[194] Dabei bezieht sich der Grund entweder auf eine Effizienzsteigerung der Geschäftsabläufe (Optimierung und/oder Kosteneinsparung)[195] oder auf Eigenschaften des Beauftragten (etwa Spezialkenntnisse bei der Verwaltung oder Zugang zu globalen Handelsmöglichkeiten).[196] Die detaillierten Auswahlkriterien des § 36 KAGB lassen sich in der Kurzformel zusammenfassen, die Ausführung durch das Auslagerungsunternehmen muss aus Anlegersicht mindestens ebenso gut wie die Ausführung durch den Verwalter sein. Die Delegation lässt die öffentlich- und zivilrechtliche Verantwortung des Verwalters unberührt. Dieselben Anforderungen gelten für eine eventuelle Unter-Delegation.[197]

Das KAGB setzt jedoch Schranken. Das Verbot von Briefkastenfirmen gem. § 36 Abs. 5, 10 KAGB ist gem. Art. 82 Abs. 1 Bst. b AIFM-VO verletzt, wenn der Verwalter keinerlei Leitungs- und Kontrollfunktionen mehr selbst wahrnimmt. Zu den nicht auslagerbaren Leitungsfunktionen ist die Unternehmensplanung, -koordination, -kontrolle sowie die Besetzung der Führungskräfte zu rechnen.[198] Es soll zudem zu prüfen sein, ob die Gesamtheit der bei Einzelbetrachtung zulässigen Auslagerungen die in der KVG verbleibenden Bereiche an Umfang und Bedeutung deutlich übertreffen.[199] Bei einer solchen Totalauslagerung ist der Verwalter nicht mehr Verwalter, sondern bloße Hülle.

Die Abstufungen des § 36 KAGB lassen sich als Vier-Stufen-Modell einordnen: Soweit keine gesetzesimmanenten Schranken eingreifen, gilt im Bereich der unwesentlichen und verwalteruntypischen Aufgaben § 664 BGB i.V.m. mit den allgemeinen Organisations- und Kontrollanforderungen (erste Stufe).[200] Für wesentliche allgemeine Aufgaben gilt der strengere Maßstab der § 36 Abs. 1

---

[194] § 36 Abs. 1 Nr. 1 KAGB sowie Art. 76 AIFM-VO; dazu Baur/Tappen/*Hanten*, § 36 Rn. 32 f.

[195] Art. 76 Abs. 1 Bst. a und b AIFM-VO.

[196] Art. 76 Abs. 1 Bst. c und Bst. d AIFM-VO.

[197] Ausdrücklich § 36 Abs. 6 Nr. 3 KAGB (Umsetzung von Art. 20 Abs. 3 und 4 AIFM-RL) sowie Art. 81 AIFM-VO. Vgl. dazu vor der AIFM-RL *Schäfer*, Fund Governance, S. 193; *Dieterich*, Outsourcing, S. 112 f. Im Rahmen des Madoff-Skandals der Jahre 2008/09 hatten Fonds das Portfoliomanagement an eine Bank delegiert, die es ihrerseits wieder an dieselbe Bank unterdelegierte, die für den Fonds im Wege der Unterdelegation als Verwahrer fungierte, vgl. *Hövekamp/Hugger*, FS Hopt, S. 2015. Eine solche Delegation verstößt auf den Unterebenen gegen das Gebot der Trennung von Verwahrer und Verwalter.

[198] Art. 60 Abs. 2 AIFM-VO führt zwingende Aufgaben der Geschäftsleitung auf. Dazu Berger/Steck, § 16 InvG Rn. 18; Beckmann/*Beckmann*, § 16 InvG Rn. 34 f., der sich auf das Auslagerungsrundschreiben der BaFin vom 6.12.2001 (11/2001) Rn. 13 stützt; *Schäfer*, Fund Governance, S. 190.; Emde/*Döser-Langer*, § 16 InvG Rn. 42.

[199] *Schäfer*, Fund Governance, S. 190; ausführlich Baur/Tappen/*Hanten*, § 36 Rn. 121 f. Art. 82 Abs. 1 Bst. d AIFM-VO definiert qualitative und quantitative zum Umfang der Auslagerung.

[200] Vgl. für das KAGB § 28 KAGB, für Anlageverwalter nach dem WpHG § 33 Abs. 1 WpHG. Dafür spricht auch der 82. ErwGr AIFM-VO, wonach unterstützende Aufgaben wie administrative und technische Funktionen nicht im Anwendungsbereich der Delegationsregeln sind, dazu auch Zetzsche/*Partsch/Mullmaier*, S. 217, 220 ff.

Nr. 1, 2, 5 bis 8 KAGB (zweite Stufe), speziell für die Auslagerung der – konstitutiven – Portfolioverwaltung für OGAW-KVG bzw. für Portfolioverwaltung oder Risikomanagement für AIF-KVG als Haupttätigkeit gelten die weiteren Kriterien des § 36 Abs. 1 Nr. 3 und 4 und Abs. 8 KAGB i.V.m. den Vorschriften der AIFM-VO (dritte Stufe). Auf der vierten Stufe der Leitungsfunktionen ist die Auslagerung unzulässig.

Das Vier-Stufen-Modell des § 36 KAGB lässt sich auf der dogmatischen Basis des Vertragsmodells generalisieren. Die allen Kollektivanlagen gemeinsame Rückführung auf geschäftsbesorgungsrechtliche Prinzipien gebietet eine Festlegung der Delegationsgrenzen im Bereich unwesentlicher Aufgaben aus § 664 BGB, im Bereich wesentlicher Aufgaben aus § 36 KAGB und für Kernaufgaben unter Berücksichtigung der Kriterien des § 36 Abs. 1 Nr. 3 und 4 KAGB. Leitungsaufgaben wie Strategie-, Personal-, Organisations- und Kontrollhoheit müssen beim Verwalter bleiben. Dann müssen z.B. Anlageverwalter abweichend von § 2 Abs. 3 S. 3 WpHG nicht nur die Vorschrift des § 33 Abs. 2, 3 WpHG, sondern auch die weitergehenden Vorgaben des § 36 KAGB berücksichtigen, wenn sie wesentliche Aufgaben auslagern. Bei intern verwalteten Kollektivanlagen in Gesellschaftsform konkretisiert § 36 KAGB die gesellschaftsrechtlichen Sorgfalts- und Organisationspflichten.

4. Zivilrechtliche Konsequenzen

Rechtsfolgen der Auslagerung sind eine Überwachungspflicht der KVG (z.B. durch Einbeziehung des Auslagerungsunternehmens in das Risikomanagement[201] und die Kontrollverfahren[202]), eine Offenlegungspflicht im Prospekt und eine Einstandspflicht des Verwalters für das Auslagerungsunternehmen wie für eigenes Verschulden.[203] Die KVG hat der BaFin eine Auslagerung anzuzeigen, bevor die Auslagerungsvereinbarung in Kraft tritt.[204] Die weiteren zivilrechtlichen Folgen der Auslagerung sind weithin ungeklärt.

a) Wissenszurechnung: Delegationsnehmer als „Wissensvertreter"?

Zu einer pauschalen Wissenszurechnung analog § 166 Abs. 1 BGB kommt es in der Delegationskette nicht. Zwar genügt nach einem Teil der Rechtsprechung dafür jede Wahrnehmung von Tätigkeiten und Aufgaben für andere, sofern das Wissen typischerweise aktenmäßig festgehalten, weitergegeben und vor Vertragsschluss abgefragt werde.[205] Zu dem gleichen Ergebnis kommt man bei der

---

[201] Vgl. §§ 28 Abs. 1 Nr. 1, 29 Abs. 1 sowie 30 Abs. 1 KAGB; Emde/*Döser*/*Reul-Langer*, § 16 InvG Rn. 103.

[202] Vgl. § 28 Abs. 1 Nr. 7; i.E. ebenso Beckmann/*Beckmann*, § 16 InvG Rn. 66 ff.; Emde/*Döser*/*Reul-Langer*, § 16 InvG Rn. 100 ff.

[203] § 36 Abs. 4 und Abs. 9 KAGB.

[204] § 36 Abs. 2 KAGB. Nach § 16 Abs. 5 InvG war eine aufsichtsrechtliche Mitteilung aller bestehenden Auslagerungen der KAG zum Ende des Geschäftsjahres ausreichend.

[205] BGH NJW 2001, 359, 360.

Auslagerung, wenn man eine funktionale Einheit zwischen den Beteiligten fordert.[206] Aber diese Auffassung geht erkennbar zu weit. So wird niemand das Wissen für subalterne Tätigkeiten als wesentlich erachten und schon deshalb auch in Kenntnis und bei pflichtgemäßer Beachtung der Rechtspflicht zur Wissensorganisation in arbeitsteiligen Wirtschaftsorganisationen[207] keine Verfahren installieren, die auf einen Wissensfluss innerhalb der Organisation ausgerichtet sind. Überzeugender ist demgegenüber die Rechtsprechungslinie, die eine Pflicht zur Wissensorganisation annimmt, wenn ein konkreter Vertrauenstatbestand gegeben ist.[208] Ein solcher Vertrauenstatbestand entsteht mit der Offenlegung der Auslagerung für Publikumsfonds gem. §36 Abs. 9 KAGB, weil insoweit Kontroll- und Weisungsrechte (§36 Abs. 1 Nr. 7 KAGB) und Sorgfaltspflichten zur Auswahl (§36 Abs. 1 Nr. 6 KAGB) gegeben sind. Analog zu §36 KAGB setzt (nur) die Auslagerung von wesentlichen und Kernaufgaben (zweite und dritte Stufe) einen für die Wissenszurechnung genügenden Vertrauenstatbestand.

b) *Auslagerungsverhältnis*

Wie sich Verstöße gegen §36 KAGB auswirken, ist für das Vertragsmodell zu untersuchen. Die h.M. zu §§25 KWG, 33 WpHG verneint eine Nichtigkeit gem. §134 BGB oder eine Vertragsanpassung bei Verstoß gegen §36 KAGB mit dem Hinweis, die einschlägigen Vorschriften beschränkten sich auf aufsichtsrechtliche Vorgaben.[209] Konsequenz dieser Auffassung ist, dass bei Verzicht auf Weisungs- und Kontrollrechte im Auslagerungsvertrag solche nicht bestehen. Dies überzeugt nicht. Ob §36 KAGB respektive Art. 13 OGAW-RL und Art. 20 AIFM-RL nur Aufsichts- oder auch Zivilrecht sind, ist den Rechtsquellen nicht zu entnehmen. Allerdings spricht §36 Abs. 4 KAGB zur Verschuldenszurechnung klar für eine zivilrechtliche Wirkung der Vorschrift. Im Zweifel kommt es dem Richtliniengeber nicht auf den Fachbereich, sondern die Wirkung an. Eine auf die Aufsicht beschränkte Durchsetzung übersieht, dass eine Auslagerung grundsätzlich nicht genehmigungspflichtig,[210] die Funktion der Aufsicht somit beschränkt ist. Für die effektive Durchsetzung (*effet utile*) des Gemeinschaftsrechts ist bei der Auslagerung eine zivilrechtliche Verstärkung des Richtlinien-

---

[206] *Bergmann*, S. 567f. (für Outsourcing durch Kreditinstitute nach §25a KWG).

[207] Vgl. BGHZ 109, 327, 330ff. (für Organvertreter einer Gemeinde); BGHZ 117, 104, 106ff. (Sachbearbeiter im Baurechtsamt); BGHZ 132, 30, 35ff. (GmbH & Co. KG); BGHZ 135, 202, 205 (Mitarbeiterwechsel in Bank).

[208] BGHZ 109, 327, 332; BGHZ 123, 224, 229f. (Wissensverbund zwischen Agenten und Versicherern, bei Zustimmung der Kunden).

[209] Vgl. *Bergmann*, S. 556f. m.w.N.

[210] Die BaFin muss gem. §36 Abs. 1 Nr. 3 KAGB die Auslagerung der Portfolioverwaltung bei OGAW- und AIF-KVG sowie das Risikomanagement bei AIF-KVG nur genehmigen, wenn das Auslagerungsunternehmen nicht für die Zwecke der Vermögensverwaltung oder Finanzportfolioverwaltung zugelassen sind.

inhalts geboten. Dann sind die einschlägigen Vorgaben als Teil der Idealanlage Vertragsinhalt jedes Auslagerungsvertrags. Die Aufsicht kann ggf. die KVG anweisen, von den Weisungs-, Änderungs-, Kontroll- und Kündigungsrechten auch dann Gebrauch zu machen, wenn diese nicht ausdrücklich vereinbart wurden. Untersteht z.B. das Auslagerungsunternehmen weder Aufsicht noch Zulassungspflicht, kann die sofortige Kündigung veranlasst werden. Unter diesen Voraussetzungen bedarf es in der Tat keiner Nichtigkeit gem. § 134 BGB. Sie würde die Anleger schädigen, da Weisungsrechte entfallen und bei der Rückabwicklung ggf. der Entreicherungseinwand aus § 818 Abs. 3 BGB zur Verfügung stehen könnte.

Hinsichtlich der Ersatzansprüche der KVG gegen das Auslagerungsunternehmen ist zwischen solchen bei der Vertragsgestaltung und solchen bei der Vertragsausführung zu unterscheiden. Ersatzansprüche wegen rechtswidriger Vertragsgestaltung scheitern regelmäßig am Mitverschulden des Verwalters (§ 254 BGB). Für Ersatzansprüche wegen fehlerhafter Vertragsausführung gelten die allgemeinen Regeln der §§ 280 ff. BGB. Weil jegliche Auslagerung im Geltungsbereich des § 36 KAGB (zweite bis vierte Stufe) im Anlegerinteresse liegen muss (arg. § 36 Abs. 3 KAGB), ist zudem an einen Anspruch der Anleger gegen das Auslagerungsunternehmen aus Vertrag mit Schutzwirkung (§ 328 BGB analog) zu denken. Bejaht man dies (entgegen der h.M. zu §§ 25a KWG, 33 WpHG), könnte ein Mitverschulden des Gläubigers (ergo: Verwalter) dem Dritten nach den Rechtsgedanken der §§ 334, 846 BGB zuzurechnen sein und darf dann nicht dem Schuldner (ergo: Auslagerungsunternehmen) angelastet werden.[211] Besteht dennoch ein Ersatzanspruch, kann dieser für die Anlegergesamtheit durch den Verwalter geltend gemacht werden (arg. § 93 Abs. 1 KAGB). Es bleibt die von der h.M. zu §§ 25a KWG, § 33 WpHG[212] verneinte Frage zu klären, ob § 36 KAGB deliktsrechtliches Schutzgesetz gem. § 823 Abs. 2 BGB zugunsten der Anleger ist.[213] Sie ist im Zusammenhang mit den Rechtsschutzoptionen der Anleger erneut aufzugreifen.[214]

---

[211] BGHZ 33, 247 Rn. 17; BGHZ 56, 269, 272 Rn. 24; BGH, NJW 1975, 867, 869; siehe aber BGH, NJW 1995, 392, 393 (§ 334 BGB abbedungen).

[212] Zu § 25a KWG: Boos/Fischer/Schulte-Mattler/*Fischer*, Einf. Rn. 67; zu § 33 WpHG: Fuchs/*Fuchs*, WpHG § 33 Rn. 6; Schwark/Zimmer/*Fett*, § 33 WpHG Rn. 4; Assmann/Schneider/*Koller*, Vor § 31 Rn. 7 und § 33 Rn. 2; a.A. Ebenroth/*Grundmann*, § 33 WpHG Rn. VI 320. Abweichend davon stuft die Rechtsprechung Verstöße gegen den Erlaubnisvorbehalt gem. § 32 Abs. 1 KWG als Verstoß gegen ein Schutzgesetz ein, vgl. BGH, NJW 2005, 2703; BGH, NJW-RR 2006, 630, 632; BGH, NJW-RR 2006, 1713, 1714; OLG München WM 2006, 1765 (3. Ls.).

[213] Freundlich gegenüber Drittschutzqualität der Vorschriften des InvG Berger/*Köndgen*, § 9 InvG Rn. 13; Emde/*Steck*, § 9 InvG Rn. 3 ff., messen dem Theorienstreit keine besondere praktische Bedeutung bei.

[214] Unten § 35.C.II.2. und III.3.

c) Anlageverhältnis

Ob der Anleger infolge einer nachträglichen Auslagerung zu einer außerordentlichen Kündigung und Schadensersatz berechtigt ist, ist auf der Grundlage des Vier-Stufen-Modells differenziert zu beantworten. Kündigungsrecht und Ersatzanspruch sind bei Verstoß gegen die vierte Stufe (Auslagerung der Leitungs- und Kontrollfunktionen) unzweifelhaft, weil dem Anleger dann kein als solcher zu bezeichnender Verwalter mehr gegenüber steht. Die nachträgliche Auslagerung der Anlageverwaltung (dritte Stufe) steht in ihren Auswirkungen einem Verwalterwechsel gleich, was eine Gleichstellung auch hinsichtlich der Rechtsfolgen rechtfertigt.[215] Eine nachträgliche Auslagerung auf der dritten Stufe (wesentliche Aufgaben) berechtigt ggf. bei Rechtswidrigkeit zu Kündigung und Ersatz, Verstöße auf der vierten Stufe lassen die Anlagebeziehung unberührt.

Entgegen § 664 Abs. 1 S. 3 BGB ist die Einstandspflicht aus § 36 Abs. 4 KAGB nicht vertraglich abdingbar. Für Schädigungen durch Auslagerungsunternehmen auf der zweiten bis vierten Stufe ist gegenüber Privatanlegern kein Haftungsausschluss möglich (Orientierung an § 36 Abs. 4 KAGB). In Bezug auf qualifizierte Anleger sind abweichende Regelungen zulässig, weil Aktivität und Engagement die fehlende Einstandspflicht ersetzen können. Damit ist für unwesentliche und verwalteruntypische Leistungen (erste Stufe) ein Haftungsausschluss für Vermögensschäden infolge leichter Fahrlässigkeit zulässig (Orientierung an § 664 Abs. 1 S. 3 BGB). So kann die KVG eine Haftung für Schäden durch leicht fahrlässige Rechtsberatung ausschließen, weil die Rechtsberatung nicht zum Kerngeschäft des Verwalters zählt.[216] Für grob-fahrlässige Mängel (und im seltenen Fall der Gesundheitsschäden) greift das absolute Klauselverbot des § 309 Nr. 7 BGB. Die Grenze liegt dort, wo Einsicht und Engagement nicht wirksam schützen.

III. Delegation der Verwahrung

Die Verwahrung der Gegenstände erfolgt am Aufbewahrungsort. Obwohl Finanzinstrumente lediglich auf Konten verbucht und damit vollständig digital verwaltet werden, ist aufgrund der herrschenden Sachfiktion für Wertpapiere eine Kontenbeziehung zum Zentralverwahrer erforderlich, bei dem alle Teilverwahrungsströme eines Emittenten zusammen laufen („Silo"). Diese Kontenbeziehung wird als Verwahrungsverhältnis bezeichnet und von den Verwahrstellen des Fonds koordiniert. Die Aufrechterhaltung der Verwahrbeziehung zu

---

[215] Unten § 36.C.

[216] In diesem Fall wird es zur Drittschadensliquidation kommen müssen: Die KVG hat den Anspruch, aber keinen Schaden. Die Anleger haben den Schaden, aber keinen Anspruch gegen den Rechtsberater.

anderen Verwahrstellen wird wiederum aufgrund der Sachfiktion als Delegation der Verwahrung oder Unterverwahrung erfasst.

Für eine Delegation der Verwahrung von Vermögensgegenständen besteht insbesondere im grenzüberschreitenden Geschäft eine Notwendigkeit. Ohne Unterverwahrung kommen nur die wenigen Verwahrstellen weltweiter Aktienfonds in Betracht, die in allen betroffenen Ländern mit Zweigstellen vertreten sind. Selbst weltweit tätige Bankengruppen würden angesichts der üblichen Gründung nationaler Tochtergesellschaften die Voraussetzung nicht erfüllen. Die konzernüberschreitende Unterverwahrung und ggf. Unter-Unterverwahrung ist notwendiges Pendant zu globalen Anlagestrategien. Daraus erwachsen Risiken, die als Nebenfolge des Madoff-Skandals in das Blickfeld geraten sind.

1. Verwahrung der Vermögensgegenstände

Obwohl das Pflichtenduo aus Verwahrung und Bewahrung (Überwachung) in den untersuchten Rechtsordnungen grundsätzlich akzeptiert wird, bestanden zur Einstandspflicht der Depotbank vor der europäischen Harmonisierung durch die AIFM- und OGAW V-RL signifikante Unterschiede.[217] Die Unterschiede bezogen sich zum einen auf die Voraussetzungen der Unterverwahrung. So konnten in manchen Staaten die Vermögenstrennung und die Unabhängigkeit vom Verwalter auf der Ebene des Unterverwahrers unterlaufen werden, die Regelungen zur Überprüfung der Verlässlichkeit des Unterverwahrers waren uneinheitlich. Zum anderen variierte die Haftung für Schäden aus dem Unterverwahrungsverhältnis. Dabei stand die Einstandspflicht wie für eigenes Handeln oder Gehilfen einem Konzept gegenüber, wonach sich die Bank mit der Einhaltung bestimmter Auswahl- und Überwachungsstandards exkulpieren konnte.[218] Im zweiten Fall konnten Anleger durch den Verlust von Gegenständen beim Unterverwahrer geschädigt werden.[219]

Die Unterschiede wurden durch §§ 77, 88 KAGB, die Art. 21 AIFM-RL und Art. 22a OGAW V-RL umsetzen, eingeebnet. Nach der Funktionsaufteilung im Anlagedreieck ist die Verwahrungsdelegation unter strengen Auflagen zu-

---

[217] Vgl. CESR's response to the European Commission's consultation on the UCITS depositary function, CESR/09–845; CESR, Mapping of duties and liabilities of UCITS depositaries, CESR/09–175 (mit Rechtsvergleich für alle EU-Staaten).
[218] So für Großbritannien gem. No. 6.6 COLL. Vgl. zu den Verpflichtungen von Unit Trusts nach Common Law *Sin*, S. 242ff.
[219] Entsprechend regten die Aufsichtsbehörden eine Harmonisierung an. Vgl. CESR's response to the European Commission's consultation on the UCITS depositary function, CESR/09–845; danach sind die Bedingungen, unter denen die Unterverwahrung stattfinden darf, Kernfrage. CESR spricht sich dafür aus, dass der Unterverwahrer Gegenstand einer Aufsicht in seinem Heimatstaat sein, dessen Existenz und die Einhaltung der Verwahrerpflichten durch einen Wirtschaftsprüfer regelmäßig bestätigt werden, der Verwahrer angemessene und proportionale Strukturen vorhalten und der Verwahrer selbst adäquate Bücher und Dokumente über die Delegation führen muss.

lässig. Für die Unter-Delegation gelten die Anforderungen entsprechend. Zu
unterscheiden ist dann zwischen der Auswahl- und der Zwangsdelegation.

Bei der Auswahldelegation hat die Verwahrstelle die Wahl, ob sie Aufgaben
überträgt, zumindest aber, welchen Drittverwahrer sie einsetzt. In diesem Fall
muss (1) für die Delegation ein objektiver Grund bestehen – dies kann z.B. Ver-
wahrungsbedarf für Finanzinstrumente aus Ländern ohne Zweigniederlassung
des Verwahrers sein –, (2) der Drittverwahrer muss eine Reihe von Kriterien
erfüllen, die im Wesentlichen darauf hinauslaufen, dass der Drittverwahrer aus
Sicht eines objektiven Anlegers so gut organisiert, zugelassen, beaufsichtigt etc.
sein muss wie die Verwahrstelle selbst (vgl. den Katalog der §§ 73 Abs. 1 Nr. 4,
82 Abs. 1 Nr. 4 KAGB) und (3) die Verwahrstelle muss bei der Auswahl und
Überwachung des Drittverwahrers mit der gebotenen Sachkenntnis, Sorgfalt
und Gewissenhaftigkeit handeln.[220] Als Rechtsfolge wird die delegierende Verwahrstelle zur fortdauernden Prüfung mit gleichbleibender Sorgfalt verpflichtet, ob die Voraussetzungen der Auswahl und Ernennung erfüllt sind.[221] Abweichend von § 3 Abs. 2 S. 2 DepotG genügt die einmalige sorgfältige Auswahl somit nicht. Kommt es trotz aller Sorgfalt bei Auswahl und Überwachung zu
Verlusten, haftet die Verwahrstelle für den beim Drittverwahrer oder dessen
Unterverwahrer eingetretenen Verlust der verwahrfähigen Finanzinstrumente.[222] Allerdings kann bei entsprechender Vereinbarung mit Wirkung für die
jeweilige Kollektivanlage die Haftung ausgeschlossen werden. Dafür muss die
Verwahrstelle erstens ihren Auswahl- und Überwachungspflichten vollständig
nachgekommen sein – dies entspricht der Exkulpation gem. § 831 Abs. 1 S. 2
BGB – und zweitens der Drittverwahrer durch Vertrag mit der Verwahrstelle
die Haftung gegenüber der Kollektivanlage respektive KVG übernommen haben.[223] Allerdings steht Art. 24 Abs. 2 OGAW V-RL einer Exkulpation der Verwahrstelle für Unterverwahrstellen nach dem Vorbild der AIFM-RL entgegen.
Für Publikumsfonds kommt es deshalb zu einer strengeren Haftung der Verwahrstelle als für qualifizierte Fonds.

Die Zwangsdelegation betrifft die Drittverwahrung in Ländern, in denen die
lokale Verwahrung bei einem Zentralverwahrer vorgeschrieben ist. Die Inanspruchnahme einer solchen Unter-Verwahrstelle setzt eine angemessene Anlegerinformation und die Weisung der KVG voraus. Hat der Verwahrer keinen
Einfluss auf die Auswahl, entfällt jegliches Auswahlverschulden. Zudem ist
Überwachung wenig wirksam, wo der Überwachte mangels Alternativen keinen Sanktionen ausgesetzt ist. Die Verwahrstelle kann sich dann von der Haftung befreien (§§ 77 Abs. 5, 88 Abs. 5 KAGB).

---

[220] §§ 73 Abs. 1 Nr. 3, 82 Abs. 1 Nr. 3 KAGB i.V.m. Art. 98 Abs. 2 AIFM-VO.

[221] §§ 73 Abs. 1 Nr. 3 und 4, 82 Abs. 1 Nr. 3 und 4 KAGB i.V.m. Art. 98, 99 AIFM-VO.

[222] §§ 77 Abs. 1 und 3, 88 Abs. 1 und Abs. 3 KAGB; Art. 100, 101, 102 AIFM-VO. Vgl.
Hooghiemstra, TvFR 2013, 178, 184.

[223] §§ 77 Abs. 4 Nr. 2 Bst. a, 88 Abs. 4 Nr. 2 Bst. a KAGB.

2. Überwachung

Die Delegation der Überwachungsaufgaben kann nicht auf §§ 73, 82 KAGB gestützt werden; § 3 DepotG zur Unterverwahrung ist nicht anwendbar. Damit bleibt es bei den allgemeinen Regeln. Eine Höchstpersönlichkeit der *Überwachungspflicht* analog § 613 S. 1 BGB ist jedoch ebenso wie bei den Verwalterpflichten zur Förderung einer effektiven Geschäftsorganisation abzulehnen. Der Gehilfeneinsatz ist zulässig. Insbesondere bei der grenzüberschreitenden Verwahrung dürfte sogar eine Rechtspflicht dazu bestehen, weil ansonsten eine Überwachung ineffektiv sein dürfte.

Es bleibt die Frage, ob § 664 Abs. 1 S. 1 BGB mit der Folge gilt, dass eine Substitution der Überwachungspflicht des Verwahrers im Zweifel unzulässig ist. Diese Frage ist zu bejahen. Denn eine Substitution von Verwahrung und Überwachung gleichzeitig führt die Anleger in die Irre, weil die formell als Ver- und Bewahrer bestellte Person weder die Ver- noch die Bewahrung ausübt. Ist die Substitution damit ausgeschlossen, obliegen der Verwahrstelle immer zumindest die Überwachungsaufgaben. Insoweit lässt die Aufgabenübertragung auf Dritte die Einstandspflicht jedenfalls unberührt (vgl. §§ 77 Abs. 3, 88 Abs. 3 KAGB). Die Verwahrstelle ist somit immer Bewahrer – mit Zurechnung von Gehilfenhandeln gem. § 278 BGB –, während die Substitution der Verwahrung zulässig ist. § 664 Abs. 1 S. 2 BGB wird bei der Verwahrungssubstitution durch eine § 831 Abs. 1 BGB entsprechende Einstandspflicht verdrängt.

§ 31 – Intermediärsvergütung

Die Vergütung ist die Gegenleistung für die Anlageverwaltung; Anlageverwaltung und Intermediärsvergütung stehen im Synallagma (§§ 611 Abs. 1, 675 Abs. 1 BGB). Art und Höhe der Vergütung sind zentral für die Wirtschaftlichkeit einer Kollektivanlage: Jedes Gebühren-Promille muss durch Rendite ausgeglichen werden. Gelingt dies nicht, ist der Anlageertrag im Verhältnis zur risikolosen Anlage (definiert als Staatsanleihen) negativ. Aus rechtsvergleichender Sicht[224] ist die inländische Spezialliteratur[225] selbst bei Berücksichtigung der thematisch nahestehenden individuellen Vermögensverwaltung[226] erstaunlich

---

[224] Vgl. z.B. zum US-Recht *Bines/Thel*, § 5.03, S. 245 ff.; *Frankel/Schwing*, § 12.03; *Frankel*, (2010) 7 Int. J. Discl. Gov. 1; *Freeman/Brown*, (2001) 26. J. Corp. L. 709; *Freemann/Brown/Pomerantz*, (2008) 61 Okl. L. Rev. 83; *Glick*, (1970) 25 Bus. Lawy. 1471; *Johnson*, (2008) Vand. L.R. 61:2, 497; *Rogers/Benedict*, (1982) 57 NYU L. Rev. 1059; *Rottenberg*, (1970) 7:2 Harv. J. Leg. 309; *Wymmersch*, (1967–80) 17 Buffalo L. Rev. 747.

[225] Vgl. *Einmahl*, ZIP 2002, 383; *Fehrenbach/Maetschke*, WM 2010, 1149; *Köndgen/Schmies* in Bankrechtshandbuch, § 113 Rn. 123 ff.; *Schmolke*, ZBB 2007, 454; *Berger/Schmitz*, § 41 InvG Rn. 6 ff.; Spezialfragen bei *Nieding*, WM 1995, 965 (Belastung des Sondervermögens mit Zinsabschlagsteuer).

[226] Vgl. *Benicke*, S. 920 ff.; *Sethe*, S. 80 ff.; *Hellner/Steuer/Schäfer*, S. 11/47.

verhalten. Hierzulande überwiegt die Auseinandersetzung mit den Vertriebs-
wegen (Stichwort: verdeckte Innenprovision). Dies verwundert, weil die Gesamthöhe der Anlegerkosten z.B. die in den USA um nahezu das Doppelte
übersteigt.[227] Über die Angemessenheit der Verwaltervergütungen wird unter
dem Stichwort Carried Interest bzw. Performance Fee im Kontext von Hedgefonds und Private Equity-Fonds gestritten. Aber statt des Schutzes der (überwiegend professionellen) Investoren steht die Frage der für das Finanz- und
Sozialsystem nachteiligen Anreizwirkung exorbitant hoher Gewinnbeteiligun-
gen – und damit die Vergütung der *Mitarbeiter* des Verwalters – im Mittelpunkt.[228] Beide Aspekte rechtfertigen einen tieferen Blick auf die Verwaltervergütungen.

A. Arten der Intermediärsvergütung

Zu differenzieren ist zwischen Erwerbskosten, regelmäßigen und erfolgsabhängigen Verwaltergebühren sowie Veräußerungskosten.

I. Erwerbskosten, insbesondere verdeckte Innenprovisionen

Erwerbskosten fallen in Form von Ausgabeaufschlägen oder Agios i.d.R. beim
Erwerb von Publikumsfonds über Hausbanken oder Vertriebsorganisationen
(„Strukturvertrieb") an.[229]

1. Ausgabeaufschläge

Ausgabeaufschläge können auf drei Arten verwendet werden. Erstens können
Ausgabeaufschläge an den Fonds selbst fließen, um Einstiegskosten abzude-
cken, die andernfalls zulasten aller Anleger gingen. Diese anlegerschützende

---

[227] CRA, Potential cost savings in a fully integrated European investment fund market,
September 2006, S. 7 ff. Gemäß dem US-amerikanischen Fondsverband ICI, Trends in the
Fees and Expenses of Mutual Funds (2014), betragen die jährlichen Verwaltungskosten von
US-Investoren in Publikumsfonds (Mutual Funds) durchschnittlich 0,74 % (74 Basispunkte)
im Fall von Aktienfonds, 0,61 % bei Anleihefonds und 0,17 % bei Geldmarktfonds. Die durchschnittliche Belastung mit Ausgabeaufschlägen bzw. Rücknahmeabschlägen ist seit 1990 um
fast 75 % auf nun 1 % gesunken. Von 1990 bis 2012 sank die Gesamtbelastung (jährliche Gesamtkosten aus Total Expense Ratio zzgl. einem typisierten Aufgabeaufschlag) um 50 % bei
Aktienfonds, etwas mehr bei Anleihefonds, etwas weniger bei Geldmarktfonds.
[228] *Schmidt/Spindler*, S. 283 ff., 313 ff.; *Möllers/Hailer*, ZBB 2012, 178; *Boxberger/Klebeck*,
BKR 2013, 441; *Insam/Heisterhagen/Hinrichs*, DStR 2013, 913; *Engert*, ZBB 2014, 108.
[229] Lt. Stiftung Warentest, Finanztest, Februar 2010, S. 23 betrug der Ausgabeaufschlag für
Investmentfonds nach dem InvG bzw. der OGAW-Richtlinie regelmäßig 5 % der Anlagesumme. In der Rechtsprechung zu verdeckten Innenprovisionen sind geschlossene Fonds mit erheblich höheren Vertriebskosten zu finden. Nach s. 27(a) ICA darf der sales load maximal 9 %
der gesamten Zahlungen eines über einen längeren Zeitraums laufenden Plans oder 50 % der
Einzahlungen des ersten Jahres betragen; zu Reformen bis zum Jahr 2003 vgl. *Seligman*, The
Transformation of Wall Street, S. 365.

Verwendung lässt sich am Beispiel „schwerer" Vermögensgegenstände wie Immobilien darstellen: Ist die Immobilie profitabler als die liquide Anlage, reduziert der Zufluss von Finanzmitteln, die für den Erwerb einer gleich profitablen Rendite nicht genügen, den zukünftigen Ertrag der gegenwärtigen Anleger. Ein Ausgabeaufschlag hebt dann den Ertrag zugunsten der Alt- und zulasten der Neuanleger. Dies schützt den Bestand des Fonds. Gegen solche Aufschläge ist nichts zu erinnern.

Zweitens können Ausgabeaufschläge der KVG zufließen. Dies ist eher selten, weil die KVG primär am Wachstum des verwalteten Vermögens („AuM") interessiert ist. Drittens vergüten Privatanleger damit indirekt die Kosten für die Anlagevermittlung bzw. die vor dem Erwerb erfolgte Anlageberatung. Verwalter – oder wenn dieser nicht personenidentisch ist – der Initiator schütten einen Teil oder den ganzen Betrag des Aufschlags an den Vertriebsmittler aus oder reduzieren gleich den Erwerbspreis zugunsten des Intermediärs. Dies soll Banken und Vertriebsorganisationen zum Vertrieb der Fondsanteile anhalten, z.B. durch Aufnahme besagter Fonds in die Empfehlungsliste. Qualifizierte Anleger sind prinzipiell nicht bereit, Aufschläge der zweiten und dritten Art zu tragen. Privatanleger können solche Kosten reduzieren, wenn sie Fondsanteile über die Börse oder bei Direktbanken erwerben (bei Inkaufnahme von Handelsgebühren).

Die Zulässigkeit von Ausgabeaufschlägen ist de lege lata bei transparenter Darstellung in den Vertragsbedingungen unumstritten.[230] De lege ferenda sind solche Aufschläge national wie international[231] Gegenstand nachhaltiger Diskussion. So belasten sie einerseits den Anlageertrag, andererseits kann sich daraus eine Wettbewerbsbeschränkung für den Fall ergeben, dass – wie nach US-Recht – Ausgabeaufschläge von Mutual Funds auch für die Vertriebsintermediäre verbindlich sind. Doch reduziert sich die Brisanz solcher Aufschläge proportional zur Entwicklung eines Sekundärmarktes für Fondsanteile. Kann sich ein Anleger zwischen einer Beratung gegen Aufschlag und dem Verzicht auf Beratung ohne Aufschlag entscheiden, ist gegen Ausgabeaufschläge nichts zu erinnern. Diesen Weg beschreitet MiFID II.[232]

2. Verdeckte Innenprovisionen

Gelegentlich geht der Betrag der Erwerbskosten über den ausgewiesenen Betrag des Ausgabeaufschlags / Agios hinaus,[233] oder es wird nicht vollständig offenge-

---

[230] Die Zulässigkeit folgt aus verschiedenen Vorschriften des KAGB, z.B. §§ 96 Abs. 1, 165 Abs. 2 Nr. 8 KAGB; vgl. Emde/Hölscher/Rozok, § 41 InvG Rn. 17ff.; Weitnauer/Polifke, § 162 Rn. 38.

[231] Vgl. für das US-Recht Fink, S. 42 f.

[232] Art. 24 Abs. 7 MiFID II. Vgl. dazu Buck-Heeb, ZBB 2014, 221.

[233] So hatte die beratende Bank im Fall BGH, NJW 2009, 1416, 1417 Rn. 12 neben dem Agio i.H.v. 5% eine Vergütung für die Übernahme des Platzierungsrisikos i.H.v. 3% erhalten.

legt, dass und in welcher Höhe der Vertriebsintermediär rückvergütet wird. Die
sog. verdeckte Innenprovision ist kein inländisches Spezifikum.[234]

Die KVG wurde, soweit ersichtlich, bislang nicht für verpflichtet gehalten,
über die nach §§ 165 Abs. 3 Nr. 8, 166 Abs. 2 Nr. 4, KAGB erforderlichen Angaben im Prospekt und den wesentlichen Anlageinformationen hinaus über von
ihr gezahlten Rückvergütungen aufzuklären.[235] Im Übrigen ist die konfliktträchtige verdeckte Innenprovision vorrangig eine Frage der Vertriebsinter-
mediation. Sie hat bereits ein breites Echo in der Rechtssprechung,[236] Literatur[237] und Gesetzgebung[238] gefunden und braucht deshalb hier nicht erneut behandelt zu werden.

II. Regelmäßige Gebühren

Während in den USA gelegentlich Pauschalbeträge vom verwalteten Vermögen
berechnet werden (*wrap fee programs, All-In-Fees*),[239] überwiegt hierzulande
eine Dreiteilung aus Verwaltungs-, Verwahr- und transaktionsbezogenen Kos-

---

[234] In England sind vom Anbieter bestimmte Provisionen verboten, Section 6.1A und 6.1B
Conduct of Business sourcebook (COBS); zur Schweiz BGE 132 III 460; *Schmid*, Retrozessionen S. 38 ff.; *Schubarth* in SBT 2007, S. 169 ff.; zu Liechtenstein vgl. Art. 11 Abs. 2 IUG (Zuweisung an Fondsvermögen). In den USA steht im Fokus, dass an Finanzvermittler Provisionen für die Aufnahme in das Sortiment, also das „im Regal stehen" (shelf space) gezahlt werden. Besondere Gefahren entstehen aus Rule 12b-01, wonach Vertriebsvergütungen auch aus
dem Fondsvermögen geleistet werden können. Nach Auffassung der SEC muss die schriftli-
che Orderbestätigung alle Gegenleistungen des Vertriebsintermediärs aufzählen, also auch
Vergütungen für *shelf space*. Seit dem Jahr 2003 verlangt ein NASD-Vorschlag die vollständige Offenlegung indirekter Vergütungen. Nach Ansicht der SEC müssen solche Vergütungen
auch in die Anlegerkurzinformation aufgenommen werden. Die fehlerhafte Information über
Innenprovisionen verfolgt die SEC nunmehr als Betrug unter der Anti-Fraud-Rule. Siehe
dazu *US v. Leonard*, 529 F.3d 83, 86 (2d Cir. 2008); *Fink*, S. 171 ff.; *Frankel/Schwing*, § 14.
[235] Anders freilich BGH, WM 2001, 297 (1. Ls.), wonach die *Depotbank* bei Vertrag mit
einem Vermögensverwalter zur Offenlegung von Rückvergütungen verpflichtet ist. Der Fall
betraf eine Zuführungsprovision i.H.v. einem Drittel der Effektenprovisionen. Dies charakterisieren *Brocker/Klebeck*, ZIP 2010, 1369, 1375 als „systemwidrige Aufklärungshaftung"
im Dreiecksverhältnis.
[236] Leitentscheidungen sind die Urteile des elften Senats vom 19.12.2006 (BGHZ 170, 226)
und 20.1.2009 (NJW 2009, 1416 = JR 2010, 118 m. Anm. *Zetzsche*; sowie 3.6.2014 [ZBB 2014,
421]). Hinweise auf eine Missbilligung der Praxis verdeckter Innenprovisionen („kick-
Backs") bei vermittelten Warentermingeschäften enthielten bereits die Urteile BGH, WM
1989, 1047, 1051 und WM 1990, 462, 464. Nach Ansicht des BGH stehen deshalb Beratungen
seit 1990 auf dem Prüfstand (BGH, NJW 2010, 2339 Rn. 5).
[237] Vertiefte Auseinandersetzung z.B. bei *Benicke*, S. 936 ff.; *Brocker/Klebeck*, ZIP 2010,
1369; *Haar*, FS Hopt, S. 1880; *Hopt*, ZGR 2004, 1, 27 f.; *Koch*, BKR 2010, 117; *Lang*, Informationspflichten, § 24 Rn. 50 ff.; *Löhnig*, Treuhand, S. 258 ff.; *Schäfer*, FS Nobbe, S. 725; Berger/
Schmitz, § 41 InvG Rn. 31 ff.; *Schäfer*, Fund Governance, S. 143 ff.; zu Rückvergütungen allgemein: Emde/*Rozok*, § 41 InvG Rn. 45 ff.; *Möllers/Hailer*, ZBB 2012, 178, 186; *Freitag*, ZBB
2014, 357.
[238] Vgl. insbesondere für die unabhängige Anlageberatung nach Art. 24 Abs. 7 MiFID II.
[239] *Frankel/Schwing*, § 12.03[A]. Vgl. die Offenlegungspflichten in Rule 204–1 und 204–3
zum IAA.

ten. Ursache mag dafür neben der Pflicht zu Detailangaben gem. §§ 101 Abs. 2 Nr. 2, 162 Abs. 2 Nr. 13 sowie 165 Abs. 3 Nr. 7 KAGB der Umstand sein, dass zur Abwehr der AGB-rechtlichen Unwirksamkeit zumindest bei Privatanlegerfonds in Bezug auf die enthaltene Aufwandskomponente (z.B. Transaktionskosten) der Gegenbeweis zulässig sein muss, dass die Kosten in der jeweiligen Höhe nicht entstanden sind (vgl. §§ 308 Nr. 7 und 309 Nr. 5 BGB).[240] Ein solches Regime macht Pauschalgebühren unattraktiv, weil der Verwalter von Kosteneinsparungen nicht profitiert.

1. Berechnungsbasis

Regelmäßige Verwaltungskosten berechnen sich typischerweise vom verwalteten Vermögen.[241] Bei im Inland vertriebenen Publikums-Aktienfonds mit aktiver Verwaltung beträgt die jährliche Gebühr zwischen 1% und 3%.[242] Eine transaktionsbezogene Verwaltungsgebühr für den Erwerb von Immobilien berechnen Verwalter offener Immobilienfonds („bis zu 3%").[243] Die Verwaltungsgebühr für institutionelle Anlageklassen liegt i.d.R. deutlich niedriger als die für Publikumsfonds. Die Verwahrkosten bemessen sich i.d.R. ebenfalls nach einem Prozentsatz des verwalteten Vermögens.

Die Höhe der Transaktionskosten hängt von der Umschlagshäufigkeit des Vermögens (*turn over rate*) ab. Interessenskonflikte können Erwerb und Veräußerung von Gegenständen des Fondsvermögens (Maklergebühren etc.) beeinflussen: Einerseits kann eine Fondsgesellschaft in einen Finanzkonzern eingebunden sein, dessen Handelsparte von den Transaktionskosten profitiert. Andererseits kann die Fondsgesellschaft durch Zuweisung von Aufträgen zu einem bestimmten Makler direkt (durch Rückvergütungen) oder indirekt (durch Vergünstigungen anderer Art) profitieren.

2. Zuwendungen

Mittelbare Vorteile (z.B. *soft commissions*) reduzieren die Vergütungstransparenz und Bindung des Intermediärs an die Anlegerinteressen und fördern die Spesenreiterei (*churning*). Vergleichbare Probleme bestehen im Bereich der indi-

---

[240] Ebenso Berger/*Schmitz*, § 41 Rn. 30; dagegen Weitnauer/*Polifke*, § 162 Rn. 37.

[241] Vgl. *Möllers/Hailer*, ZBB 2012, 178, 182 f.

[242] Stiftung Warentest, Finanztest, Februar 2010, S. 34; nach einer Studie des Münchner Instituts für Vermögensaufbau (2011) beträgt die durchschnittliche Gebührenbelastung 1,75%.

[243] Für Zulässigkeit der „bis zu"-Klauseln Weitnauer/*Polifke*, § 162 Rn. 32 (unter Hinweis auf die Musterbausteine der BaFin); *Fehrenbach/Maetschke*, WM 2010, 1149 nach dem Maßstab des § 162 Abs. 2 Nr. 11 KAGB gegen *Einmahl*, ZIP 2002, 381, 382 f. (für Grundgebühr), der darin eine intransparente und damit unzulässige Form der Preisanpassung erblickt und Anlegern, deren Gebühren auf dieser Grundlage berechnet wurden, einen Bereicherungsanspruch zugesteht.

viduellen Vermögensverwaltung.[244] Eine Auflösung solcher Konflikte zulasten der Anleger ist unzulässig. Aus diversen Vorschriften des KAGB und der AIFM-VO,[245] die lex specialis zu § 31d WpHG sind, lässt sich für alle Formen der Kollektivanlage ein Rechtsfolgendreiklang aus Verbot, Offenlegungs- und Herausgabepflicht mit zivil- und aufrichtsrechtlicher Wirkung[246] gewinnen.

Grundsätzlich gilt ein Verbot der Zahlung und Entgegennahme von Zuwendungen, vgl. Art. 24 Abs. 1 AIFM-VO (gilt gem. § 2 Abs. 1 KAVerOV ebenso für OGAW-KVG). Davon sind drei abschließend zu verstehende Ausnahmen anzuerkennen: (1) Die Zuwendung kommt der Kollektivanlage zugute, wie die anteilige Rückvergütung, die in das Fondsvermögen fließt; (2) die Zuwendung kommt anderen Personen (z.B. dem Verwalter) zugute, wird aber vor Erbringung der konflikträchtigen Handlung den Anlegern offengelegt und zielt auf eine Qualitätsverbesserung der Verwaltung. Hierzu zählen z.B. Analysen von Märkten oder Anlagegegenständen, die dem Verwalter speziell mit Blick auf die Anlagestrategie des Fonds bereitgestellt und von diesem zur Vorbereitung der Anlageentscheidung dieses Fonds genutzt werden. Die Offenlegung hat in den konstituierenden Dokumenten, im Prospekt, in den periodischen Berichten und den wesentlichen Anlegerinformation ggf. zusammengefasst, aber in transparenter Weise (§ 307 Abs. 1 S. 2 BGB) zu erfolgen (vgl. Art. 24 Abs. 2 AIFM-VO). (3) Es handelt sich um eine Gebühr, die die Durchführung der Dienstleistung erst ermöglicht, aber ihrer Art nach keine Interessenkonflikte hervorruft. Hierzu zählen z.B. Vergütungen für die Wertpapierleihe oder gesetzliche Gebühren.

Verbotswidrig entgegengenommene Zuwendungen sind gem. §§ 667, 2. Alt., 675 Abs. 1 BGB als im Rahmen der Geschäftsbesorgung mittelbar erlangte Vorteile dem Anlageorganismus herauszugeben. Nach den gleichen Grundsätzen sind ggf. erhaltene Vorweg-, Zuführungs- und Bestandsprovisionen[247] an die verwalteten Kollektivanlagen auszukehren.[248] Für pauschale Zuwendungen für die Zuführung einer Mehrzahl von Transaktionen von Fonds desselben Verwalters gilt im Verhältnis der Kollektivanlagen zueinander § 420 BGB.[249] Die Um-

---

[244] Vgl. Art. 26 der MiFID-Organisations-RL zu soft commissions; dazu *Balzer*, Vermögensverwaltung, S. 131; *Benicke*, S. 925 f.; *Esters*, Depotverwalter, S. 82; *Sethe*, S. 143 f.; *Sethe*, AcP 212 (2012) 80, 132. Für die englischen Conduct of Business Rules *Macfarlanes*, A5.039 ff.

[245] § 26 Abs. 1, Abs. 2 Nr. 2, Abs. 5, 6 und 8, § 27 Abs. 1, § 119 Abs. 1 Nr. 1 und 3, § 128 Abs. 1 Nr. 1 und 3, § 147 Abs. 1 Nr. 1 und 3, § 153 Abs. 1 Nr. 1 und 3, § 165 Abs. 3 Nr. 8, 1. Alt. Insbesondere Art. 24 AIFM-VO.

[246] Beckmann/*Beckmann*, § 9 InvG Rn. 2 f.; Berger/*Köndgen*, § 9 InvG Rn. 13; *Schäfer*, Fund Governance, S. 153 f.; Weitnauer/*Swoboda*, § 26 Rn. 8.

[247] Solche Zuwendungen werden von Subfonds für die Investition durch Dachfonds gezahlt.

[248] I.E. ebenso OLG Koblenz, NJW-RR 1991, 921 (für konfliktbetroffene Anlageempfehlung eines Steuerberaters); *Benicke*, S. 927 f. (für individuelle Vermögensverwaltung).

[249] *Benicke*, S. 928 f. (für individuelle Vermögensverwaltung); a.A. OLG Koblenz, NJW-RR 1991, 921, 922 (Gesamtgläubiger i.S.v. § 428).

stände der Zuwendung und die Quote an der Pauschalzuwendung sind über den Auskunftsanspruch gem. § 666 BGB zu ermitteln, im Übrigen analog § 287 ZPO zu schätzen (arg.: Zuwendung als potentieller Anlegerschaden).

Weil das Zuwendungsverbot ein Element des Anlegerschutzes ist, können nach hier vertretener Auffassung qualifizierte Anleger jedenfalls ausserhalb des KAGB Abweichendes vereinbaren.[250] So mag ein individuell gewährter, indirekter Profit des Verwalters die Verwaltungskosten insgesamt reduzieren. Die Einschätzung, ob dies der Fall ist und wie die dann entstehenden Risiken einzudämmen sind, setzt jedoch komplexe Bewertungen voraus, die die Kapazität von Privatanlegern regelmäßig überfordert.

III. Erfolgsabhängige Vergütung

Erfolgsabhängige Gebühren können den Verwalter zur Eingehung größerer als der vereinbarten Risiken verleiten, um den Minderertrag aus Anlagetätigkeit auszugleichen. Andererseits kann eine gut gestaffelte Gebührenstruktur Interessenkonflikte zwischen Verwalter und Anlegern mindern und so die Einsatzbereitschaft für die Kollektivanlage erhöhen.

1. Parameter

Erfolgsabhängige Gestaltungen finden sich in unterschiedlicher Form.[251] Sie setzen sich aus den vier Parametern Erfolgsmaßstab, Berechnungsintervall, Brutto-Netto-Prinzip und Beteiligungsquote zusammen.

Bei einer Höchstandregelung (*high water mark*) fällt eine erfolgsbezogene Gebühr an, wenn der Anteilswert einen neuen Höchststand erreicht hat. Eine absolute Erfolgsmessung setzt eine absolute Steigerung des Anteilswertes voraus, die aus Anlegersicht einer festen Rendite entsprechen soll (*hurdle rate*). Eine relative Erfolgsmessung vergleicht, ob der Fonds gegenüber seinem Maßstab – i.d.R. einem Vergleichsindex – zurückgeblieben ist. Klar zu regeln ist neben dem Erfolgsfall die Behandlung von Rückständen. Solche können einerseits auf die nächste Abrechnungsperiode vorgetragen werden. Dieser Rückstand ist zunächst aufzuholen, bevor die Erfolgsgebühr fällig wird. Andererseits kann der Erfolg in Intervallen gemessen werden. Zurückliegende Verluste werden „vergessen", sie sind für die Erfolgsprämie irrelevant. Ob dieses „Vergessen" aus Anlegersicht gut oder schlecht ist, hängt von der Risikoorientierung des Anle-

---

[250] Gegen Anwendung des Art. 24 AIFM-VO auf Spezialfonds Weitnauer/*Swoboda*, § 26 Rn. 11 f.

[251] Vgl. die Zusammenstellung bei Stiftung Warentest, Finanztest, Februar 2010, S. 34 ff. Ökonomische Analyse einer erfolgsabhängigen Entgeltgestaltung des individuellen Vermögensverwalters bei *Benicke*, S. 940 ff.; aus ökonomischer Sicht für Kollektivanlagen *Elton/Gruber/Blake*, (2003) 58:2 JF 779. Kurze Übersicht bei Berger/*Köndgen*, § 29 InvG Rn. 4; *Möllers/Hailer*, ZBB 2012, 178, 183; *Boxberger/Klebeck*, BKR 2013, 441, 447; Weitnauer/*Boxberger*, § 37 Rn. 21 ff.; Dornseifer/*Boxberger*, Anh II Rn. 1 ff.

gers ab. Muss der Verwalter vor einer Erfolgsbeteiligung zunächst einen Rückstand aus den Vorjahren aufholen, wird er dafür größere Risiken eingehen: Eine Risikorealisierung trifft den Verwalter nur eingeschränkt (er behält die fixe Vergütung), eine Chancenrealisierung begünstigt ihn vollständig. Ein auf Anlegerebene diversifizierter Anleger kann solche höheren Risiken tragen. Der Anleger, der über den Fonds diversifiziert (i.d.R. Privatanleger), sieht sein Anlageziel enttäuscht. Dies spricht für eine grundsätzlich zurückhaltende Verwendung einer Rückstandklausel in Publikumsfonds.

Ein anderer Faktor ist die Auswahl des Vergleichsindex. Im Interesse der Anleger sollten sich die Risikostruktur der Kollektivanlage und die des Vergleichsindizes decken. Ein Vergleich eines risikolosen Indexportfolios (z.B. Leitzinssätze der Zentralbank) mit einem risikobehafteten Aktienfonds hat wenig Aussagekraft. Wählt die Fondsgesellschaft einen *Preisindex*, der nur den Kurs der Anlagegegenstände (ex Dividende) abbildet, stärken die unterjährig in das Fondsvermögen geleisteten Dividenden den Anteilswert, während der Preisindex diese nicht berücksichtigt. Ein *Performance-Index* berücksichtigt die Ausschüttungen; er bildet das Szenario eines untätigen Haltens des Indexportfolios ab und ist bei dividendenstarken Werten schwerer zu erreichen als der Preisindex.

Für die Erfolgsmessung können tägliche, monatliche, quartalsweise, jährliche oder längere Intervalle, bei Laufzeitfonds bis hin zum ganzen Anlagezeitraum herangezogen werden. Weiterer Faktor ist die Bezugsgröße. Der Erfolg kann vor (brutto) oder nach (netto) Abzug der Verwaltungs- und Transaktionskosten gemessen werden. Im Fall der Brutto-Messung kommt der Verwalter schon bei einem um den relativen Anteil der Kosten niedrigerem Ertrag (bei Aktienfonds durchschnittlich 2%) in den Genuss der Erfolgsprämie. Dann divergieren Verwalter- und Anlegererfolg. Die Aussagekraft einer Erfolgsbeteiligung hängt schließlich von der Höhe der Erfolgsbeteiligung ab (Beteiligungsquote). Je höher der relative Prozentsatz am Gesamterfolg, umso geringer die Anlegerrendite im Erfolgsfall, aber umso höher die Motivation des Verwalters, die Erfolgsgrenze zu erreichen.

2. Anlegerinteresse

Erfolgsbeteiligungen erweisen sich als sinnvolle Gestaltung, wenn die Erfolgsfaktoren in erheblichem Umfang vom Verwalter beeinflusst und damit gleichgerichtete Interessen erreicht werden.[252] So hängt z.B. die Aussagekraft einer absoluten Erfolgsmessung erstens von dem zugrundegelegten absoluten Wert,[253] zweitens von dem allgemeinen Börsenumfeld und drittens dem Erfolgsturnus

---

[252] Ausführlich *Engert*, ZBB 2014, 108, 110 ff.

[253] Bei 20% der betrachteten Aktienfonds weltweit durch die Stiftung Warentest, Finanztest, Februar 2010, S. 34 ff. lag die Erfolgsmarke bei 5%. Als Erfolg wurde somit verbucht, dass sich das Fondsvermögen nicht reduziert hat.

(täglich, monatlich, quartalsweise, jährlich, ganzer Anlagezeitraum etc.) ab: Bei zyklischen Aufwärtsbewegungen ist die Zielerreichung bei traditionellen Aktienfonds tendenziell leicht, in Abwärtsbewegungen schwer. Die geringe Abhängigkeit von Fähigkeit und Fortune des Verwalters zieht die Angemessenheit einer Erfolgsmessung bei börsennotierten Anlagegegenständen und kurzen Erfolgsintervallen in Zweifel.[254] Bei börsenfernen Anlagegegenständen, einem mit dem Anlagezeitraum deckungsgleichen Erfolgsintervall und angemessenen Ertragsgrenzen können absolute Erfolgsmaßstäbe trotz der möglicherweise risikoreichen Handlungsweise des Verwalters[255] durchaus dem Anlegerinteresse an einer nachhaltigen Rendite entsprechen. Sie sind deshalb für Private Equity- und Venture Capital-Fonds Gegenstand üblicher Vertragsgestaltungen. Eine Verlustbeteiligung des Verwalters im Fall eines schlechten Abschneidens ist dagegen nicht üblich.[256] Aus wirtschaftlicher Sicht kommt es zu einer Verlustbeteiligung freilich bei Beteiligung des Verwalters an der Kollektivanlage (sog. Co-Investment), wie sie wiederum für Hedgefonds und Private Equity- / Venture Capital-Fonds typisch ist.

3. *Zulässigkeit*

Die Gestaltung von Erfolgsbeteiligungen im Verhältnis von KVG zum Anleger (vgl. aber zur Binnenorganisation der KVG § 37 KAGB) muss – unter Berücksichtigung gewisser Mindestangaben (insbesondere § 166 Abs. 5 S. 4 KAGB – (lediglich) transparent und bestimmt erfolgen. Weiter gingen oder gehen andere Rechtsordnungen: Die britische FCA hat das Verbot erfolgsabhängiger Vergütungen erst im Jahr 2004 aufgegeben.[257] Seither muss die Gestaltung fair sein, die Vergütung muss nach Abzug aller übrigen Kosten kalkuliert werden, die Auswahl des Vergleichsindex muss angemessen und kontinuierlich erfolgen, die Hurdle Rate darf flexibel oder variabel festgesetzt werden. Sowohl die Vergleichsindexbemessung als auch die Hurdle Rate müssen auf zukünftige Perioden vorgetragen werden. Schließlich muss die Bemessungsperiode und -häufigkeit angemessen sein, nachträgliche Anpassungen sind gem. der Auslegungsleitlinie zu No. 6.7.6 COLL untersagt. Vergleichbare Zusatzregeln, die als Swiss Finish gebrandmarkt wurden, hat die Schweizer Eidgenössische Bankenkom-

---

[254] Einzelne Publikums-Aktienfonds kombinieren eine 0%-Erfolgsgrenze mit einem täglichen oder monatlichen Abrechnungszeitraum, vgl. Stiftung Warentest, Finanztest, Februar 2010, S. 36. Konsequenz ist eine Erfolgsprämie, wenn sich der Anteilswert an einzelnen Börsentagen (!) nicht reduziert. Diese Praxis ist gemäß der BaFin-Musterbausteine zur Vergütung nicht mehr genehmigungsfähig. Vgl. Weitnauer/*Polifke*, § 162 Rn. 29.

[255] Vgl. *Benicke*, S. 946 f.

[256] Dies kritisiert die Stiftung Warentest, Finanztest, S. 34.; zur Eigenbeteiligung als „Verlustbeteiligung" siehe *Möllers/Hailer*, ZBB 2012, 178, 183; für Rückzahlungspflicht zuviel gezahlter Erfolgsprämien als Malusregelung Weitnauer/*Boxberger*, § 37 Rn. 25.

[257] FSA, The CIS sourcebook – A new approach, PS 04/7 (zusammen mit dem neuen COLL-Regelwerk).

mission (Vorgängerin der FINMA) zum 1. April 2008 aufgegeben. In den konstituierenden Dokumenten genügt seitdem die Angabe von Art, Höhe und Berechnung der Performance Fee.[258] Zu erfolgsabhängigen Vergütungen gelten für Investment Adviser von US-Investment Companies seit dem Jahr 1972 Sonderregeln.[259] Eine erfolgsbezogene Vergütung ist ab einem verwalteten Vermögen von mindestens 1 Mio. US-$ zulässig. Der Vergleichsmaßstab muss angemessen sein. Maßgeblich ist die durchschnittliche, nicht die maximale Werterhöhung. Relativer Erfolg und Verlust müssen korrelieren: Steigt die Vergütung ab einem gewissen Schwellenwert um x%, muss der Verlust bei einem Misserfolg vergleichbaren Umfangs ebenfalls x% betragen. Der bis dato geregelte Mindestzeitraum für die Erfolgsberechnung von einem Jahr und die Hinweispflicht auf eine risikoreichere Verhaltensweise des Investment Advisers sind im Jahr 1998 entfallen.[260]

Vor diesem rechtsvergleichenden Hintergrund scheint für das deutsche Recht eine Anlegerschutzlücke zu bestehen. Doch übersieht eine solche Einschätzung die – trotz grundsätzlicher Freistellung von Preisabsprachen – restriktive Wirkung des AGB-rechtlichen Transparenz- und Bestimmtheitsgebots (§ 307 Abs. 2 BGB). Jedenfalls komplexe Anreizstrukturen zum Nachteil der Anleger scheitern daran. Einen größeren Einfluss auf die Höhe und Struktur der Verwaltergebühren haben i.d.R. qualifizierte Anleger. Insoweit sind Individualvereinbarungen (§ 305b BGB) verbreitet und nach hier vertretener Auffassung bei Beachtung der Vorgaben des Art. 24 AIFM-VO auch zulässig. Im Übrigen ist bei der Beurteilung der Zulässigkeit einer Erfolgsbeteiligung die Gesamthöhe der Verwaltervergütung zu berücksichtigen (zur Obergrenze sogleich § 31.B.III.).

IV. Rücknahmeabschlag

Insbesondere bei Fonds des offenen Typs ist eine Reduktion des Rücknahmepreises gegenüber dem Anteilswert im Zeitpunkt der Rückgabe um bis zu 7%[261] verbreitet. Solche Rücknahmeabschläge sind rechtshistorisch jüngeren Datums,[262] über deren Funktion und Wirkungsweise ist vergleichsweise wenig bekannt.[236]

---

[258] Siehe Eidgenössische Bankenkommission, „Performance Fee", November 2007.

[259] Vgl. s. 205 IAA sowie die zugehörigen Rules 205–1/2/3, 37 FR 17468 (Aug 29, 1972). Dazu *Frankel/Schwing*, § 12.03[D][3] und [F]. Zuvor galt der IAA 1940 nicht für Investment Adviser von Investment Companies. Mit Erstreckung auf solche Investment Adviser wurde das in S. 205 IAA ursprünglich enthaltene Verbot erfolgsabhängiger Vergütungen gelockert.

[260] SEC, 63 Fed.Reg. 39022, 39027 (July 21, 1998). Dazu *Frankel/Schwing*, § 12.03 [F] [3].

[261] *Tunkel*, Managed Funds, Rn. 4.74.

[262] Eingefügt in das KAGG durch Art. 3 Nr. 17 Bst. c des 4. Finanzmarktförderungsgesetz (2002), dazu BT-Drs. 14/8017, S. 103. In England wurden *exit charges* im Jahr 1994 durch eine Änderung des CIS-Regelwerks zulässig, dazu *Tunkel*, Managed Funds, Rn. 4.74. Die US-Definition der rückzukaufenden Anteile („redeemable securities") gem. s. 2(a)(32) ICA wurde

Drei Einsatzzwecke sind auszumachen: Erstens können Abschläge die Langfristigkeit der Anlage in Investmentfonds fördern.[264] Sie stehen dann den Fonds,
nicht der KVG zu. Die Gesetzesbegründung regt dafür eine Staffelung des
Rücknahmeabschlags abhängig von der Dauer des Anteilsbesitzes bis auf Null
an.[265] Rücknahmeabschläge werden insbesondere als probates Mittel gegen das
Market Timing angepriesen.[266] Dem Market Timing können jedoch auch strikte
Regeln zum Rücknahmetermin und deren Exekution über die Intermediärskette begegnen, vgl. §§ 26 Abs. 6, 172 Abs. 2 KAGB. Zweitens können Rücknahmeabschläge den Auflösungsaufwand verursachergerecht zuordnen. Die Transaktionskosten und etwaige Verkaufsabschläge gegenüber dem Marktwert aus
großvolumiger Auflösung gehen dann nicht zulasten des Fonds, also der verbleibenden Anleger, und Administrationsaufwand nicht zulasten des Verwalters. Dies hat nicht nur anlegerschützende Wirkung. So können Rücknahmeabschläge auch das aus der Implusion von Geldmarktfonds entstehende systemische Risiko reduzieren.[267] Drittens kann, was die Gesetzesmaterialien nicht
erwähnen, der Verwalter schlicht Zusatzeinkünfte erzielen wollen. Dass jede
der drei Einsatzzwecke zulässig ist und der Abschlag – wie es hierzulande der
Regel entspricht[268] – auch vollständig der OGAW-KVG überwiesen werden
darf, folgt einerseits aus § 71 Abs. 4 KAGB, andererseits aus diversen Vorschriften, wonach die Höhe des Abschlags und dessen Verwendung im Prospekt und
beim Anteilsvertrieb offenzulegen ist.[269] Dies entspricht internationaler Praxis.[270] Im Gegenzug ist der Abschlag nach Höhe und Form zu begrenzen.

---

bis zum Jahr 1979 so eng ausgelegt, dass jede *redemption fee* die Rückkaufseigenschaft entfallen lassen hätte. Seither wird eine *redemption fee* bis zu 2% akzeptiert. Im Jahr 2005 wurde im
Wege der Ausnahme Rule 22c-2 unter dem ICA als gesicherte Rechtsgrundlage zur Reduzierung des Market Timing geschaffen, vgl. IC-26782 (March 11, 2005), 70 Fed. Reg. 13,328.
Danach darf darf ein Anteil nicht binnen sieben Tagen zurückgekauft werden, es sei denn, das
Board of Directors erhebt einen Rückkaufsabschlag bis zu 2%, um die Auflösungs- und Ver-
wässerungskosten zu decken, oder es hält einen solchen Abschlag nicht für erforderlich.

[263] Berger/*Köndgen*, § 23 InvG Rn. 11 („dunkel"); Emde/*Rozok*, § 41 InvG Rn. 20 ff.

[264] Ebenso Emde/*Dreibus/Stabenow*, § 23 InvG Rn. 33.

[265] BT-Drs. 14/8017, S. 103.

[266] Vgl. Dritter Teil, § 16.C.III.4. Nach CESR, "Investigations of Mis-Practices in the European Fund Industry", CESR/04–407, S. 5, soll ein erhöhter Rücknahmeabschlag berechnet
werden, wenn Anteilserwerb und -veräußerung binnen drei Tagen erfolgen; dazu *Schäfer*,
Fund Governance, S. 168 ff.

[267] *Geffen/Fleming*, (2011) 5:4 Bloomberg L. Reports ("A Proposed Solution to the
Now-Reframed Systemic Risk").

[268] Berger/*Köndgen*, § 23 InvG Rn. 12 (Auszahlung an KVG); a.A. *Schäfer*, Fund Governance, S. 169 (Aufschlag kommt Fondsvermögen zugute).

[269] §§ 162 Abs. 2 Nr. 12, 165 Abs. 3 Nr. 4 und 306 Abs. 1 S. 2 KAGB. A.A. wohl *Köndgen/
Schmies* in Bankrechtshandbuch, § 113 Rn. 130 (keine Rentabilitätssteigerung der KAG, aber
Begründung unklar).

[270] In England gehen die *exit charges* an den Verwalter, vgl. *Tunkel*, Managed Funds,
Rn. 4.74. In Liechtenstein werden die Abschläge teils den Fonds, teils den Verwaltern zugewiesen.

Geht es um die Kostenzuweisung zum Entstehungsort, muss die Höhe und Zuweisung des Rücknahmeabschlags dem Aufwandsprinzip der §§ 675 Abs. 1, 670 BGB entsprechen. Zwar entspricht es dem Gebot der Gerechtigkeit, wenn z.b. der erhebliche Aufwand für die Veräußerung von Immobilien durch Verwalter offener Immobilienfonds den Verursachern in Rechnung gestellt wird. Dies gilt indes nur, wenn der Rücknahmeabschlag dorthin fließt, wo der Aufwand entsteht. Entstehungsort ist in Bezug auf Transaktionskosten und Verwässerungseffekte das Sondervermögen, in Bezug auf den Administrationsaufwand das Verwaltervermögen. Gegenüber Privatanlegern ruft ein aufwandsbezogener Rücknahmeabschlag in unbestimmter, erst aus der Transaktion entstehender Höhe im Hinblick auf das Transparenzgebot Bedenken hervor, weil dies bei der nach der Rechtsprechung im Verbandsprozess maßgeblichen nachteiligsten Auslegung[271] als einseitiges Leistungsbestimmungsrecht aufgefasst werden kann. Eine pauschalierte Staffelung mit ansteigenden Sätzen begegnet keinen Bedenken, wenn die Staffelung dem zu erwartenden Schaden der übrigen Anleger entspricht und ausdrücklich der Nachweis eines geringeren Schadens gestattet ist (§ 309 Nr. 5 BGB). Zulässig dürfte zudem der Vorbehalt sein, den Schaden höher oder niedriger anzusetzen, wenn der Verwalter insoweit die Beweislast trägt.[272] Gegenüber qualifizierten Anlegern ist dagegen eine aufwandsbezogene Abrechnung mit Handelsbräuchen (§ 310 Abs. 1 BGB) durchaus vereinbar. Zudem sind Doppelzahlungen zu vermeiden: Soweit die vertraglich bestimmte Methode der Ermittlung des Rücknahmepreises Verwässerungseffekte bereits einbezieht,[273] würde der veräußernde Anleger einen Teil des Aufwands doppelt ersetzen. Gleiches gilt für den Kostenersatz zugunsten des Verwalters, denn insoweit decken Rücknahmeabschläge Administrationsaufwand, den die Anleger bereits mit ihrer regulären Verwaltervergütung abdecken.[274] Die Erhebung des Abschlags bedingt somit eine Herausnahme der jeweiligen Aufwandsposten aus der sonstigen Kostenbelastung.

Prohibitiv hohe Abschläge verstoßen gegen § 307 Abs. 2 BGB.[275] Ein Fonds mit hohen Abschlägen darf jedoch als geschlossener Typ vertrieben werden. Als

---

[271] BGHZ 91, 55, 61; BGH, NJW 1993, 2369 (jeweils für Verbandsprozess).

[272] Vgl. zu § 309 Nr. 5 BGB BGHZ 185, 178 (betreffend AGB eines Gebrauchtwagenhändlers).

[273] So für UK bei Wahl des „single pricing" *Tunkel*, Managed Funds, Rn. 4.75. § 168 Abs. 7 KAGB schreibt dagegen die Verwendung des Tageskurses vor; dieser kann in engen Märkten von dem tatsächlich erzielbaren Veräußerungspreis abweichen.

[274] Vgl. *Engert*, Kapitalmarkteffizient, D.IV., S. 556 („mit den Verwaltungskosten austauschbar").

[275] *Berger/Köndgen*, § 23 InvG Rn. 12; *Kalss*, Anlegerinteressen, S. 470. Über die zulässige Höhe mag man im Einzelfall durchaus geteilter Meinung sein. So stand nach Ansicht der BaFin, Rundschreiben 14/2008 (WA) zum Anwendungsbereich des Investmentgesetzes nach § 1 Satz 1 Nr. 3 InvG, ein Abzug in Höhe von bis zu 15% des Nettoinventarwerts aufgrund von Rücknahmeabschlägen, Abzügen für Transaktionskosten oder vergleichbaren Abzügen der Annahme eines Rückgaberechts für die Zwecke der Bestimmung des Anwendungsbe-

Teil des Transparenzgebots muss zudem die nach § 162 Abs. 2 Nr. 12 a.E. KAGB
zu fordernde Berechnung des Abschlags nachvollziehbar sein. Soll die Langfristigkeit der Anlage gesichert werden, muss auf den Abschlag verzichtet werden, wenn der Zweck durch Maßnahmen des Verwalters (z.b. die Liquidation
oder Umstrukturierung des Fonds) vereitelt wird und dieser Zweck wie bei
langfristigen Fondssparplänen schon durch die Vertragsgestaltung erfüllt ist.[276]
Weitere Verzichtsgründe können sich aus der Gleichbehandlungspflicht ergeben. Schließlich ist der Abschlag in die Berechnung einer etwaigen Obergrenze
der Verwaltervergütung einzubeziehen (dazu sogleich § 31.B.III.).

Auch der vollständige Verzicht auf Rücknahmeabschläge (sog. „no-load
funds") ist weiterhin zulässig, der *nachträgliche* Verzicht dagegen nur dann,
wenn der Abschlag vollständig der KVG zu Gute kommen würde. Ansonsten
würde dem einen das Vermögen der anderen Anleger geschenkt.

B. Höhe der Verwaltervergütung

Noch offen ist die Frage nach der zulässigen Gesamthöhe der Verwaltervergütung. Diese Frage lässt sich erst nach einem Blick in das Ausland (I.) sowie zur
Vertiefung des Verständnisses in das Aufsichtsrecht (II.) beantworten.

I. Rechtsvergleichender Rundblick

In der Schweiz hat die Eidgenössische Bankenkommission verschiedentlich in
den Preiswettbewerb eingegriffen,[277] jedoch macht das Schweizer KAG keine
Gebührenvorgaben und die FINMA darf die Gebührenhöhe nicht prüfen.[278]
Allerdings kommt es aufgrund der Leitlinien der eidgenössischen Steuerverwaltung zu einer faktischen Höchstgrenze von 1,5 % p.a. des Nettofondsvermögens. Liegt der Totalbetrag über dieser Grenze, ist der übersteigende Anteil als
realisierter Kapitalverlust zu verbuchen.[279] Als zivilrechtliche Grenze ist einerseits das Verbot der Übervorteilung anerkannt (Art. 21 OR), das dem Wucherverbot des § 138 BGB entspricht, andererseits ist die Fondsleitung aufgrund ihrer Treupflicht gegenüber den Anlegern nach Art. 20 Abs. 1 Bst. a KAG daran
gehindert, die Gebührenhöhe so festzusetzen, dass eine Anlage voraussichtlich

---

reichs des InvG nicht entgegen. Diese Grenze war von dem Bestreben getragen, den Anwendungsbereich des InvG nicht für Fonds zu verschließen, deren Gebührenhöhe als sittenwidrig
einzustufen ist. Für die Zwecke der Abweichung vom gesetzlichen Leitbild des offenen Typs
ist eine deutlich niedrigere Grenze veranlasst.

[276] Im Ergebnis ebenso für Verstoß gegen § 307 Abs. 2 BGB, aber wegen unzumutbarer
Gesamtbelastung des Sparers *Köndgen/Schmies* in Bankrechtshandbuch, § 113 Rn. 130.

[277] *Abegglen*, ZSR 127 (2008) I, S. 41, 49 ff.

[278] Vgl. zum schweizerischen Anlagefonds Art. 33 Satz 1 a KAG, dazu BSK-KAG/*Abegglen*, Art. 33 Rn. 4.

[279] BSK-KAG/*Portmann*, Art. 87 Rn. 52.

ökonomisch sinnlos ist, also den risikolosen Zinssatz nicht übersteigt.[280] Zudem kann die FINMA die aufsichtsrechtlichen Mindeststandards für Vergütungssysteme im Einzelfall für Bewilligungsträger nach Art. 13 Abs. 2 und 4 KAG zwingend für anwendbar erklären.[281]

Unter dem liechtensteinischen IUG 2005 setzte die FMA mittels Wohlverhaltensregeln eine Exzessgrenze. Für das UCITSG nennt die offiziöse Begründung Gebührenexzesse als einen Fall, in dem sich die Finanzmarktaufsicht auf die aufsichtsrechtliche Generalklausel berufen soll. Leitlinie soll das Doppelte der üblichen Gebührenhöhe sein.[282]

Unter der Geltung des englischen PF(I)A 1939 hat das damals zuständige Board of Trade die Zulassung eines Authorised Unit Trust abgelehnt, weil es die Vergütung von Manager und Trustee für unangemessen hielt.[283] In der Folgezeit setzte das Board of Trade recht willkürlich erscheinende Grenzen, z.B. 13,5% kumuliert in 20 Jahren Anlagedauer.[284] Von derart starren Grenzen ist man abgerückt. Im Jahr 2007 hat die FSA (jetzt FCA) sogar das Exzessverbot für Fondsgebühren mangels angemessenen Vergleichsmaßstabs aufgegeben. Die Funktion eines Preisregulators wird seither ausdrücklich abgelehnt.[285] Den Verwaltern von regulierten Publikums-Kollektivanlagen sind aber gem. No. 6.7.5 (2) COLL „unfaire Zahlungen" untersagt. Die Unfairness kann sich u.a. aus Gesamthöhe oder -nutzen aus Sicht des Empfängers ergeben.[286] Jeder zugelassene Finanzdienstleister, also auch der Verwalter zugelassener qualifizierter und nicht regulierter Fonds, unterliegt zudem den Principles of Business, nach dessen Principle 6 bei jeder Handlung das Kundeninteresse zu berücksichtigen und die Kunden fair zu behandeln sind.[287] In Anbetracht der expliziten Aufgabe der Preisregulation ist der Fairness-Test wohl nicht als Preis-, sondern als Transparenzregulierung zu verstehen: Unverständliche Gebühren sind unfair.

Art. 9 Abs. 1 des luxemburgischen OPC-G für Publikumsfonds ermächtigt zu einer Verordnung, in der nach Vorschlag oder auf Empfehlung der CSSF die maximale Höhe der Ausgaben und Provisionen festgelegt werden kann. Die Ermächtigung wurde bislang nicht ausgeübt. Sie hängt wie ein Damokles-Schwert über den KVGs. Die CSSF verlangt derzeit auch ohne weitere Detailvorgaben,

---

[280] *Abegglen*, ZSR 127 (2008) I, S. 41, 55 ff.

[281] *Lezzi*, Rn. 510; FINMA-RS 10/1, Rn. 4 ff.

[282] Begründung zu Art. 129 des UCITSG-E.

[283] In *Allied Investors' Trusts, Ltd. V. Board of Trade* [1956] Ch. 232 wurde dem Board of Trade die Befugnis zugesprochen, andere als die gesetzlichen Kriterien, insbesondere die Gebührenhöhe zum Teil der Zulassungsprüfung zu machen.

[284] Vgl. zu England im Jahr 1974 *Day/Harris*, S. 31, 80.

[285] FSA, PS 07/6.

[286] No. 6.7.5 (2) COLL „payments" (Guidance).

[287] Im Zusammenhang mit der Verwaltergebühr *Macfarlanes*, Nr. A5.041; für englische AIFM vgl. COBS 2.1.4.

dass die Kosten und Aufschläge/Abschläge im Verhältnis zum Marktstandard angemessen sein müssen.[288]

In den USA steht die Frage angemessener Fondsgebühren seit Erlass des ICA auf der Agenda.[289] Das US-Recht kennt eine zivilrechtliche Exzesskontrolle, jedoch, weil es auf der Korporationsanalogie beruht, aus einem anderen Blickwinkel als das deutsche Recht: Exzessive Verwaltergebühren versteht man als Folge eines Interessenkonfliktes im Board der Investment Company.[290] Der externe Verwalter (Investment Adviser) des Mutual Funds monopolisiere das Verwaltungsrecht, die Direktoren der Investment Companies seien vom Adviser abhängig, seien aber diesem gegenüber jedenfalls nicht kritisch eingestellt.[291]

Seit den 1960er Jahren, in denen Beobachter die Verwaltervergütung mit einem Zoll, den der Investment Adviser der Kollektivanlage in Rechnung stellt, verglichen,[292] haben zahlreiche Anleger eine zivilrechtliche Exzesskontrolle wegen Verstoßes gegen die Loyalitätspflichten eines Treupflichtigen (des Advisers) nach Common Law angestrengt.[293] Die Gerichte folgen indes der anlegerunfreundlichen „waste doctrine". Danach hat der Anleger zu beweisen, dass die von der Investment Company an den Adviser gezahlte Vergütung wegen ihrer unvertretbaren oder schockierenden Höhe einer Verschwendung und damit einem erheblichen Missbrauch des Einflusspotentials gleichkommt.[294] Insoweit ist eine Parallele zur Sittenwidrigkeit gem. § 138 BGB angezeigt. Nach Ablehnung eines anlegerfreundlichen Vorschlags der SEC, wonach die Angemessenheit (reasonableness) zu überprüfen gewesen wäre, besteht seit 1970 mit s. 36(b)(2) ICA eine bundesrechtliche Treupflicht des Advisers speziell für den Emp-

---

[288] So *Kremer/Lebbe*, Rn. 5.114.

[289] *Seligman*, Transformation of Wall Street, S. 364; die Vertriebspraktiken waren u.a. Gegenstand der Special Study der SEC, Band IV (1963). S. zudem die zahlreichen Urteile im Folgenden.

[290] *Daily Income Fund, Inc. v. Fox*, 464 U.S. 523, 541; *Birdthistle*, (2006) 80 Tul. L. Rev. 1401; *Freeman/Brown*, (2001) 26. J. Corp. L. 709; *Johnson*, (2008) 61 Vand. L. Rev. 497; dagegen Nachweis der Board-Effizienz anhand eines Kostenvergleichs mit englischen Fonds *Warburton*, (2007–08) 33 J. Corp. L. 745.

[291] Vgl. *Seligman*, Transformation of Wall Street, S. 365; dafür sprächen die Erhöhung von Ausgabeaufschlägen trotz intensivierter Skalenökonomien dank steigender Anlagevolumina. Preiswettbewerb um den Endinvestor werde durch „Korruptionswettbewerb" um die erfolgreichsten Vertriebsmittler substituiert. Obwohl „no loads" (Fonds ohne Aufschläge) existierten, waren diese mangels Unterstützung durch die Vertriebsintermediäre zunächst wenig erfolgreich.

[292] SEC, 1966 Investment Company Report, S. 132 bis 137: "they do not reflect the economies of scale, and are obviously not the product of arm's length bargaining. They sometimes resemble a toll levied on the investment company as a result of the strategic position occupied by the investment adviser." (zitiert nach *Seligman*, The Transformation of Wall Street, S. 364f.).

[293] Im Jahr 1960 waren ca. 50 Gerichtsverfahren gegen 18 Investment Companies anhängig, von denen fast alle durch Vergleich erledigt wurden. Drei ausgeurteilte Verfahren gingen zulasten der Anleger aus.

[294] Vgl. *Daily Income Fund, Inc. v. Fox*, 464 U.S. 523, 540 n. 12.

fang der Verwaltervergütung. Die SEC scheiterte im Jahr 1974 erneut mit einer Initiative zur Einführung des „reasonableness standards"[295] und führte anschließend auf der Grundlage des ihr zugestandenen Informationsansatzes weitreichende Offenlegungspflichten u.a. in Bezug auf die Gebühren des Advisers ein.[296] Im Ergebnis kommt es zu einer komprimierten Darstellung[297] ähnlich der wesentlichen Anlegerinformation gem. §§ 166 Abs. 1 bis 4, 319 Abs. 5 KAGB.

Seitdem beruht die Governance der Verwaltervergütung auf drei Säulen. Erstens bedarf der Erstabschluss des Vertrags mit dem Adviser der Zustimmung der Aktionäre (s. 15(a) ICA). Zweitens hat der vollständig informierte Verwaltungsrat der Investment Company[298] gem. s. 15(a)(2) ICA den Vertrag mit dem Adviser jährlich zu verlängern. Dabei wird der Einschätzung des Boards ein gerichtlich nicht nachprüfbarer Ermessensspielraum (*deference*) eingeräumt.[299] Drittens legt s. 36(b)(1) ICA dem Investment Adviser bei Abschluss des Vertrags besagte kapitalmarktrechtliche Treupflicht bei der Festsetzung der Verwaltervergütung auf.

Für die gerichtliche Überprüfung der kapitalmarktlichen Treupflicht hat der US Supreme Court im Jahr 2010 den sog. *Gartenberg*-Standard anerkannt. Danach ist zu prüfen, ob die festgesetzte Verwaltungsvergütung im Wesentlichen dem Ergebnis einer fairen Verhandlung unter fremden Dritten (*at arm's length*) entspricht. Für eine Verletzung von s. 36(b) ICA haben die Kläger nachzuweisen, dass die Gebühr so außergewöhnlich hoch festgesetzt wurde, dass sie in keinem nachvollziehbaren Verhältnis zu den vereinbarten Diensten steht und deshalb nicht als Verhandlungsergebnis unter fremden Dritten angesehen werden kann.[300] Zur Auslegung greift der US Supreme Court[301] auf die insolvenz-

---

[295] *Bines/Thel*, § 1.01[C][1], S. 14 n. 39.

[296] Insbesondere wurde der zweite Teil (Part II) der Form ADV (17 C.F.R. § 279.1) erweitert, der gemäß der „brochure rule" zukünftigen Kunden auszuhändigen ist, vgl. 17 C.F.R. § 275.204–3.

[297] Die „front page publication" von Ausgabeaufschlägen und Gebühren forderte bereits *Irwin Friend*, nach *Seligman*, Transformation of Wall Street, S. 373f.

[298] *Burks v. Lasker*, 441 U.S. 471, 482 und 486.

[299] *Gartenberg v. Merrill Lynch Asset Management, Inc.*, 694 F.2d 923, 930 (CA2).

[300] Insbesondere *Gartenberg v. Merrill Lynch Asset Management, Inc.*, 694 F.2d 923, 928 (CA2): („To be guilty of a violation of § 36(b) the adviser must charge a fee that is so disproportionately large it bears no reasonable relationship to the services rendered and could not have been the product of arm's length bargaining."); bestätigt durch *Jones et al. v. Associates L.P.* 559 U.S. (No. 08-586, 2010), dazu kritisch *Ribstein*, (2010) Cato S. Ct. R. 301; *Grospe*, (2011) 31 Pace L. Rev. 771; ebenso, bei Befürwortung des vorinstanzlichen Urteils von Chief Judge *Easterbrook* aus Gründen der Senkung der Gesamtkosten für die Anleger *Henderson*, (2010) 77 U. Chic. L. Rev. 1027; zu den Vorinstanzen vgl. *Birk*, (2010) 104 NW. U. L. Rev. 1587; *Johnson*, (2008) 61 Vanderbilt L. Rev. 497 (für eine Übernahme der Unabhängigkeitsstandards der *Corporate* Governance); *Frankel/Schwing*, § 12.03. Siehe dazu auch *Tkoc* und *Bradley* in Fuchita/Litan (eds.), Pooling Money, S. 19ff., 125 ff. Einen Zwischenerfolg konnte ein Anleger, soweit ersichtlich, nur im Fall *Gallus et al. v. Ameriprise Financial Inc.*, No.

rechtlichen Regelungen zu gläubigerbenachteiligenden Transaktionen zurück[302] und verknüpft den *Gartenberg*-Test mit der zweiten Säule – der Board-Entscheidung der unabhängigen Direktoren. Die Treupflicht zwinge den Adviser nicht dazu, mit zwei unterschiedlichen Kunden zu den gleichen Konditionen abzuschließen. Ein Gericht habe deshalb das Verfahren und den Inhalt der Entscheidung des Boards bei der Erwägung eines Treupflichtverstoßes zu berücksichtigen. Habe das Board ordentlich gearbeitet, sei dessen Entscheidung grundsätzlich zu respektieren, und zwar schon deshalb, weil Gerichte für die Nachüberprüfung ökonomischer Vorgänge schlecht ausgestattet und ungeeignet seien. Der Hinweis im *Gartenberg*-Test auf die Außergewöhnlichkeit der Gebührenhöhe spiegele den im Gesetzgebungsverfahren sorgsam austarierten Kompromiss wider, primär auf die intra-korporativen Schutzmechanismen und das Board als unabhängigen Wächter statt auf eine behördliche oder gerichtliche Gebührenregulierung zu setzen. Dennoch soll die Treupflicht keinesfalls zu einer Gebührenkontrolle durch Gerichte oder Aufsichtsbehörden, sondern zu einer impliziten Kontrolle innerhalb der Anlageorganisation führen. Die Literatur misst dem Klagerecht aus s. 36(b) ICA aufgrund einer Reihe von Inkonsistenzen und Fehlanreizen eine geringe Wirksamkeit zu.[303] Insbesondere entscheide statt der Gebührenhöhe oder -struktur allein die Größe des Finanzkonzerns über Klageerhebungen.[304] Bei diesen Beklagten darf man aufgrund der Reputationseffekte einen höheren Vergleichsdruck erwarten.

Parallel zu anderen Rechtsordnungen hat sich das deutsche Recht entwickelt: Im Geltungsbereich des InvG (und früheren KAGG) hatte die Aufsicht (damals das BAKred) bis zum Jahr 1998 die Angemessenheit von Vergütung und Aufwandserstattung vor der Genehmigung der Vertragsbedingungen zu prüfen.[305] Mit dem Finanzmarktförderungsgesetz wurde die Angemessenheitsprüfung abgeschafft, um unternehmerische Entscheidungsspielräume nicht einzuschränken.[306]

Festzuhalten ist: Eine Grenze der Verwaltergebühren hat in manchen Rechtsordnungen früher existiert, wurde aber abgeschafft. Heute überwiegen vage Standards, die weniger als materielle Grenze und mehr als Exzessgrenze ähn-

---

07–2945 (8th Cir., 2009) erzielen; der District Court of Minnesota, an den die Sache zurückverwiesen wurde, entschied dann im Sinne von *Ameriprise*, vgl. *Gallus v. Ameriprise*, Civil No. 04–4498, Dec. 9, 2010 (order reinstating summary judgment in favor of Ameriprise).

[301] *Jones et al. v. Harris Associates L.P.* 559 U.S. (No. 08-586, 2010).

[302] Vgl. *Pepper v. Linton*, 308 U.S. 295, 306–07.

[303] Vgl. *Curtis/Morley*, (2015) 32 Yale J. on Reg. 1 (mit detaillierter Auflistung der Defizite). Grundsätzlicher *Curtis/Morley*, (2010) 120 Yale L.J. 84 mit dem auf den ICA beschränkten Argument, Mutual Funds würden als Kapitalmarktprodukt und nicht als Mitgliedschaft vertrieben; infolgedessen gehe die Erwartung der Anleger nicht auf mitgliedschaftstypischen Selbstschutz, sondern auf Austritt und Gewährleistung über das Vertriebsrecht.

[304] *Curtis/Morley*, (2014) 30 J.L. Econ & Org. 275.

[305] Beckmann/*Beckmann*, § 43 InvG Rn. 85.

[306] Vgl. BT-Drs. 13/8933, S. 20, 113 zu § 15 Abs. 2 S. 1 KAGG.

lich der Sittenwidrigkeit gem. § 138 Abs. 1 BGB verstanden werden können. Damit unvereinbar sind Gebühren, die unter keinem Aspekt eine rentable Anlage ermöglichen.

II. Vergütungsstruktur

Anforderungen an die Vergütungs*struktur* stellt das europäische Recht für AIF- und OGAW-KVG.[307] Damit sollen die von KVGs ausgehenden systemischen Risiken adressiert werden.[308] Das Vergütungssystem der KVG muss die Anreizstruktur der wesentlichen Risikoträger[309] berücksichtigen, um diese von Risiken abzuhalten, die die Existenz der KVG oder der von ihr verwalteten Kollektivanlagen auf Mittel- oder Langfristsicht bedrohen.[310] Die Vorgaben betreffen nicht die vom Verwalter dem Anleger zu berechnende, sondern die von den *Angestellten* des Verwalters zu beanspruchende Vergütung. Daraus ergibt sich (nur) reflexartig ein Schutz der betroffenen Anleger: Die Vergütung der Angestellten des Verwalters muss auch die Interessen der Anleger berücksichtigen und Interessenkonflikte vermeiden, die Erfolgsmessung längere Zeiträume vorsehen und mit dem Anlagezeitraum und Rückkaufsverhalten der Kollektivanlage übereinstimmen.[311] Ein wesentlicher Vergütungsbestandteil muss einstweilen zurückgehalten werden.[312] Variable Vergütung darf nur ausgeschüttet werden, wenn dies mit der Gesamtsituation der KVG vereinbar ist. Malus- oder „claw-back"-Vereinbarungen sollen ggf. Teil einer Bonus-Regelung sein.[313]

KVGs werden auf Grund dieser Vorgaben bestimmte Vergütungsmodelle im Außenverhältnis nicht abschließen. Eine zivilrechtliche Außenwirkung ist mit § 37 KAGB jedoch nicht verbunden.[314]

---

[307] § 37 Abs. 2 KAGB verweist auf Anhang II AIFM-RL; dazu 24. ff. ErwGr der AIFM-RL sowie ESMA/2013/232; zudem Art. 14a, 14b OGAW V-RL. Zur unterschiedlichen Umsetzung in den EU-Staaten *Zetzsche*, ZBB 2014, 22, 24 f.

[308] *Möllers/Hailer*, ZBB 2012, 179; *Boxberger/Klebeck*, BKR 2013, 441; *Insam/Heisterhagen/Hinrichs,* DStR 2014, 913; *Dornseifer/Boxberger*, Art. 13 Rn. 1 ff.; kritisch *Engert*, ZBB 2014, 108, 109 ff.

[309] Zur Identifikation der relevanten Mitarbeiter ESMA/2013/232 Rn 19 ff.; *Boxberger/Klebeck*, BKR 2013, 441, 443 f.; *Engert*, ZBB 2014, 108, 118; *Klebeck/Boxberger*, GWR 2014, 253, 254 f.

[310] Vgl. 2. ErwGr OGAW V-RL; kritisch *Engert*, ZBB 2014, 108, 111 f.

[311] Anhang II Ziff. 1 Bst. b, h AIFM-RL; Art. 14b Abs. 1 Bst. b, h OGAW V-RL; *Boxberger/Klebeck*, BKR 2013, 441, 445; *Insam/Heisterhagen/Hinrichs,* DStR 2014, 913, 915; ESMA/2013/232, Rn. 99, 100.

[312] Dazu ESMA/2012/232 Rn. 127 bis 131; *Engert*, ZBB 2014, 108, 121.

[313] Anhang II Ziff. 1 Bst. l, o AIFM-RL; Art. 14b Abs. 1 Bst. l, o OGAW-RL, ESMA/2013/232, Rn. 148 ff.; *Engert*, ZBB 2014, 108, 121; Weitnauer/Boxberger, § 37 Rn. 25.

[314] Zutr. Weitnauer/*Boxberger*, § 37 Rn. 5.

III. Zivilrechtliche Exzessgrenze

Auch bei Fehlen einer spezialgesetzlichen Regelung könnte eine zivilrechtliche Exzessgrenze Teil der Idealanlage und damit des unabdingbaren Mindestbestandteils des Anlagevertrags zumindest für Privatanleger sein. So könnte man mit einem Teil der Literatur auf das zugrundeliegende Treuhandverhältnis rekurrieren und vertreten, dass die Anlegerinteressen bei der Festsetzung der Fondsgebühren zu wahren sind.[315] Eine solche Exzesskontrolle hätte gravierende Folgen. So könnten Anleger nach Abschluss des Anlagevertrags aus ungerechtfertigter Bereicherung auf Rückerstattung eines Vergütungsanteils klagen. Gerichte entschieden über die Angemessenheit der Verwaltergebühren als genuin wirtschaftliche Fragen. Andererseits sind die potentielle Intransparenz möglicher Gestaltungen und damit verbundene Gefahren einer Fehlsteuerung von Kapitalströmen nicht von der Hand zu weisen.

Bevor man sich den zivilrechtlichen Grundlagen der Verwaltervergütung zuwendet, ist zu klären, ob Regelungsbedarf besteht. Ist dies der Fall, bliebe die Aufgabe, die Exzessgrenze ggf. rechtsfortbildend im Gesetzeswortlaut und -system zu verankern.

1. Wettbewerb als alternativer Mechanismus? (Teleologie)

Alternativer Steuerungsmechanismus zu einer juristischen Kontrolle ist der Verlass auf Marktkräfte. Märkte funktionieren unter den Bedingungen optimaler Information, geringer Transaktionskosten und rationaler Akteure am effizientesten. Ob eine Marktdifferenzierung nach Preis, Qualität und Gegenleistung bei Anlageprodukten erfolgt, ist insbesondere für Kleinanleger umstritten. Eine Position, die grundlegende Äquivalenzstörungen im Wettbewerb verneint,[316] steht der Gegenauffassung gegenüber, wonach solche Störungen in einem Umfang bestehen, dass von einer Marktsteuerung nicht mehr auszugehen ist.[317] Grund dafür sei die Dispositionsfreiheit der Verwalter in Bezug auf die

---

[315] Beckmann/*Beckmann*, § 43 InvG Rn. 86.
[316] Gegen eine grundsätzliche Äquivalenzstörung im Wettbewerb für Publikumsfonds *Engert*, Kapitalmarkteffizienz, Kap. 10.C.III., S. 264 ff. (mit Blick auf die Diskussion um passive vs. aktiv verwaltete Fonds deutet *Engert* Überrenditen aktiver Fonds an, die lediglich durch hohe Gebühren aufgezehrt würden; deshalb wäre die Investition in aktive Fonds nicht per se irrational; zudem seien Kapitalströme in günstigere Fonds nachweisbar, bei der Erstinvestition sei somit intensiver Wettbewerb zu konstatieren). Aus dem US-Schrifttum ebenso *Baumol* et al., S. 111 ff. (bereits im Jahr 1990); *Hubbard et al.* (2010); *Coates/Hubbard*, (2007) 33 J. Corp. L. 151; ebenso die Vorinstanz zum US Supreme Court-Urteil in *Jones et al.*, *Jones v. Harris Associates L.P.*, 527 F.3d 627, 631–32 (7th Cir. 2008), *reh'g denied*, 537 F.3d 728 (7th Cir. 2009), *vacated*, 130 S.Ct. 1418 (2010), sowie der Brief of law and finance amici curiae in support of respondents vom 3.9.2009.
[317] *Robert Litan, Joseph Mason* und *Ian Ayers*, Amicus Curiae Brief zur Unterstützung von Peters, *Jones v. Harris Associates*, 2009 WL 1759017; *Birdthistle*, (2010) U. Ill. L. Rev. 61; *Bogle*, Common Sense, S. 439 f.; *Freeman/Brown*, (2001) 26. J. Corp. L. 709; *Freemann/Brown/Pomerantz*, (2008) 61 Okl. L. Rev. 83; *Grospe*, (2011) 31 Pace L. Rev. 771; *Ribstein*,

Fondsgebühren, die Abhängigkeit der Publikumsanleger von den Vertriebs-mittlern und die dem Unkundigen gering erscheinende Höhe der Verwalterge-bühren. Überträgt man die umfangreiche US-Diskussion auf die hiesige Rechts-ordnung, unterliegt der mögliche Einfluss *der KVG* den gleichen Anfechtungen wie der des US-Board of Directors einer Investment Company. Hinzu kommt, dass weder die Depotbank auf die Angemessenheit der Gebühren zu achten hat, noch Privatanleger – wie bei der börsennotierten AG – reflexartig durch die Kontrolle qualifizierter Anleger geschützt werden.

Kein scharfes Bild zeichnen die zahlreichen empirischen Studien zur Wettbe-werbsintensität bei Publikumsfonds, die hier nur kursorisch wiedergegeben werden können. So wird nachgewiesen, dass etablierte Fonds bei einem Markt-eintritt neuer Fonds mit ähnlicher Anlagepolitik und niedrigeren Kosten Fondsvolumen verlieren; die Verwalter reagieren darauf mit Senkung der Ver-walterkosten. Weil aber zugleich die Vertriebskommissionen erhöht werden, um das Volumen wieder anzuheben, ist der Ertrag aus Investorensicht gering. Manche Fonds werden auch geschlossen. Dies lässt sich als Zeichen für funkti-onierenden Wettbewerb deuten.[318] Andere Untersuchungen[319] belegen einen Zusammenhang zwischen der Fund Governance und der Höhe der Fondsge-bühren. Größere Fonds und Fondskomplexe berechnen niedrigere Gebühren als kleine und Offshore-Fonds. Diese Feststellungen sind mit Wettbewerb im Fondssektor vereinbar: Die Verwaltung größerer Fonds weist Skalenökonomi-en auf.[320] Verwalter geben die Effizienzgewinne indes nur bei funktionierendem Wettbewerb an die Anleger weiter. Andere Studien fokussieren auf die Gebüh-rensensitivität der Anleger: US-Fonds mit einer Vielzahl von Anteilsklassen und einer geringen Anzahl unabhängiger Direktoren berechnen höhere Gebüh-ren. Jedoch entwickele sich der Marktanteil solcher Fonds umgekehrt zur Ge-bührenhöhe. Zudem nehme das Wachstum von Fondsgruppen zu, die eine Viel-zahl von Fonds mit eher geringen Gebühren anzubieten haben.[321] Auch belege das Wachstum von Indexfonds und anderen passiv verwalteten Produkten das Kostenbewusstsein der Anleger. Eine dritte Gruppe fokussiert auf die Erfolgs-sensitivität: Es bestehe ein Zusammenhang zwischen früheren Anlageerfolgen und dem Wachstum einzelner Fonds.[322] Auch erkläre sich nur so, dass etwa die Hälfte der Verwalter auf ungefähr die Hälfte der zu beanspruchenden Gebüh-

(2010) Cato S. Ct. Rev. 301, 326 ff.; *Palmiter/Taha*, (2008) Colum. Bus. L. Rev. 934; *Curtis/Morley*, 30 (2014) J.L. Econ. & Org. 275; *Fisch/Wilkinson-Ryan*, (2014) 162 U. Pa. L. Rev. 605.
[318] *Wahal/Wang*, (2011) 99 JFE 40.
[319] *Khorana/Servaes/Tufano*, Mutual Fund Fees (2006) (bezieht ca. 47.000 Fonds ein, die 86% des weltweiten Anlagevermögens repräsentieren); *Adams/Mansi/Nishikawa*, (2012) 36 JBF 2245.
[320] *Iannotta/Navone*, (2012) 36 JBF, 846; *Dieu*, (2014) 34 RIBAF 66.
[321] *Khorana/Servaes*, (1999) 12 RFS 1043.
[322] *Sirri/Tufano*, (1998) 53 JF 1622 (die Anleger nehmen aber wegen zurückliegender An-lageerfolge auch höhere Gebühren in Kauf).

ren verzichteten, um den Anlegerertrag zu steigern und damit das Fondswachstum zu beschleunigen.[323] Schließlich wird behauptet, die Investoren bevorzugten Sicherheit und Liquidität gegenüber dem maximalen Anlageerfolg. Restprobleme erklärten sich als solche des Vertriebs, nicht aber des Fondsmarktes.[324] Andere Studien belegen die Passivitäts- und Irrationalitätsthese: Anleger unterschätzen die Bedeutung der Gebühren; selbst in Kenntnis ihrer Bedeutung sehen sie von einer Gebührenoptimierung ab. Wichtiger scheint der historische Erfolg des Fonds seit der Gründung.[325] Die Gebühren der Vertriebsintermediäre und das Wachstum von Investmentfonds ohne korrespondierenden Anlegernutzen korreliert.[326] Auch können Fonds mit schlechtem Anlageerfolg Gebührenerhöhungen durchsetzen, ohne Marktanteile zu verlieren; dies wird als Teil einer Strategie gedeutet, die auf die Anziehung solcher Anleger ausgerichtet ist, die den Anlageerfolg nicht erkennen oder nicht darauf achten.[327] Naive Kleinanleger seien durch Vertriebsintermediäre beeinflussbar und bezahlten höhere Gebühren, auch wenn sie in scheinbar preiswerte Indexfonds investieren; sie fühlten sich durch die Informationen schlicht überfordert.[328] Beides besagt freilich nichts zur Höhe der Verwaltergebühren. Insofern belegt eine Studie, dass Anleger zwar Kommissionen, nicht aber in anderen Gebühren versteckten Marketing-Aufwand kritisch betrachten.[329] Andere begründen fehlenden Wettbewerb mit der sedierenden Wirkung der Einheitsregulierung und den auf Einheitlichkeit dringenden Anlegerklagen in den USA.[330] Als Indiz für fehlenden Wettbewerb speziell in Europa lässt sich deuten, dass die europäischen Fonds im Verhältnis zu US-Fonds relativ klein sind und relativ hohe Gebühren berechnen.[331] Diesem Missstand sollen u.a. die Möglichkeiten zur Fondsverschmelzung und Master-Feeder-Fonds abhelfen.

[323] *Christoffersen*, (2001) 56 JF 31.
[324] *Coates/Hubbard*, (2007) 33 J. Corp. L. 151, 173ff. (insbesondere unter Hinweis auf die kostenintensiven Fund Supermarkets).
[325] *Choi/Laibson/Madrian*, (2010) 23 RFS 1405 (Kandidaten eines Experiments waren College-Studenten von US-Topuniversitäten, 60% sogar Graduate-Absolventen. Keine Kandidatengruppe erkannte, dass sie bei dem Experiment am besten abschnitt, indem sie die Gebühren reduziert).
[326] *Bergstresser/Chalmers/Tufano*, (2009) 22 RFS 4129.
[327] *Gil-Bazo/Ruiz-Verdu*, (2009) 64 JF 2154.
[328] *Boldin/Cici*, (2010) 34 JBF 33.
[329] *Barber/Odean/Zheng*, (2005) 78 JB 2095.
[330] *Wallison/Litan*, Competitive Equity, S. 48, 75; *Ribstein*, (2010) Cato S. Ct. Rev. 301, 326ff.
[331] CRA, Potential cost savings in a fully integrated European investment fund market, September 2006, S. 7ff., wonach eine Senkung der Verwalterkosten auf US-Niveau die nominalen Anlagerenditen um 3% steigern würde. Unklar ist der Anteil der regulierungsinduzierten Kosten.

2. Systementscheidung des Gesetzes

Es nicht Ziel dieser Untersuchung, ökonomische Streitfragen zu entscheiden. Allein maßgeblich ist, welcher Perspektive sich der Gesetzgeber angeschlossen hat. Dies ist aus dem Gesamtsystem der anlegerschützenden Maßnahmen zu erschließen.

a) Anleger- statt Intermediärspräferenzen

Nach den bisherigen Erkenntnissen mag ein ausschließlich auf freien Wettbewerb gestütztes Konzept im Anlagebereich widersprüchlich erscheinen. Denn – wie gezeigt – vermutet das Gesetz bei Privatanlegern Risikoaversität, Unkundigkeit und Passivität. Selbst wenn alle Informationen offen zu Tage liegen – wie dies die gebührenbezogenen Publizitätsvorschriften[332] bezwecken –, könnten solche Anleger diese nicht verwerten, so dass eine Kernvoraussetzung der Markteffizienz nicht gegeben ist. Keine Bedenken bestehen bei qualifizierten Anlegern, die risikoneutral, kundig und aktiv sein sollen. Die Frage des Wettbewerbs als Alternativmechanismus zur zivilrechtlichen Exzesskontrolle ist für qualifizierte und Privatanleger differenziert zu beantworten.

Dieses Zwischenergebnis erzwingt noch keine materielle Gebührenkontrolle für Publikumsfonds. Dem Souverän steht die Reaktion auf ein vermutetes Defizit frei. So kann sich das Recht vollständig neutral verhalten. Grenzüberschreitende Kapitalmärkte sind keine abgeschlossenen Systeme, es kommt zu Externalitäten. Ein Gesetzgeber kann Anlegerschutzdefizite hinnehmen, weil er davon ausgeht, dass Defizite auf den Vertriebsmärkten durch Wohlfahrtsgewinne (Arbeitsplätze, Innovation, Steuereinnahmen) bei den heimisch angesiedelten Intermediären (Arbeitsplätze, Innovation, Steuereinnahmen) kompensiert werden. Dies gilt insbesondere für klassische Finanzplätze mit stark grenzüberschreitendem Bezug, so Luxemburg für UCITS-Fonds, Irland für Geldmarktfonds und hochrisikoreiche Newcits- (UCITS III-)Fonds („hedgefund light") und Liechtenstein für individuelle alternative Investmentfonds für Familienvermögen. Bei diesen Rechtsordnungen sind der Vertriebs- und der Intermediärsmarkt nicht deckungsgleich.[333] Dagegen ist die Präferenz zugunsten der Intermediäre in klassischen Vertriebsmärkten mit erheblichen Kosten verbunden, die die politische Elite angesichts der Vielzahl an Privatanleger-Wählern nicht akzeptieren kann. Dies erklärt die allgemein anerkannte

---

[332] Vgl. insbesondere §§ 101 Abs. 2 und 3, 162 Abs. 2 Nr. 11 bis 14, 165 Abs. 3, 166 Abs. 2 Nr. 4 und Abs. 5 KAGB. Nr. 3.1 bis Nr. 3.3 des Anhangs XV der Prospekt-VO verpflichtet zur Angabe des tatsächlichen oder Höchstbetrags wichtiger Vergütungen, zu Beschreibungen jeglicher Vergütungen sowie der Leistungen Dritter, die im Zusammenhang mit der Verwaltung des Fonds stehen und nicht zugeordnet werden können (*soft dollar*).

[333] Zur Risikosymmetrie als Leitparameter vgl. *Zetzsche* in Bachmann/Breig, Finanzmarktregulierung, S. 48, 60 f.

(wenngleich angesichts europäischer Harmonisierung wenig sinnvolle[334]) Präferenzierung der Anlegerinteressen im deutschen, aber auch im französischen und britischen Recht. Eine solche Präferenz kommt z.b. in einer frühen und strengen Verwalter-, Produkt- und Vertriebsregulierung für Hedgefonds gem. §§ 225 ff. KAGB und dem Verbot der Kostenvorausbelastung bei Fondssparplänen gem. § 125 InvG a.f.[335] zum Ausdruck. Unter dem KAGB setzt sich eine rechtsvergleichend restriktive Produktregulierung fort, die auch für Auslandsanbieter, die an Privatanleger gem. § 269 Abs. 1 KAGB vertreiben, Geltung beansprucht. Dies indiziert ein Selbstverständnis als Vertriebsmarkt. Konsequenz ist eine Reaktion auf die nach der gesetzlichen Vermutung zwangsläufigen Wettbewerbsdefizite im Privatanlegermarkt.

b) Ausbau des Informationsmodells

Statt einer materiellen Gebührenkontrolle können den Privatanlegern kundige Intermediäre an die Seite gestellt oder die Informationsaufnahmekapazität als Kernkriterium eines effizienten Wettbewerbs verbessert werden (*investor education*). Die Optimierung des Informationsmodells ersetzt dann eine materielle Produktregulierung. In den Kategorien des Vertragsmodells sind die umfangreichen Vertriebsinformationen *vor* der Anlage die für Privatanleger erforderliche Nachricht i.S.v. § 666, 1. Alt. BGB. Derartige Benachrichtigungspflichten bestehen schon vor Ausführung des Auftrags. Der Geschäftsherr soll seine Rechte und Pflichten kennen, um ihnen nachkommen zu können.[336] Dazu zählt auch die Kenntnis der Vergütung als Hauptpflicht des Geschäftsherrn.

Eine unklare oder schwer verständliche Vergütungsregelung verstößt dann gegen das AGB-rechtliche Transparenzgebot (§ 307 Abs. 1 S. 2 BGB), das auf die Beschreibung der Leistungspflichten Anwendung findet (§ 307 Abs. 3 S. 2 BGB).[337] Dagegen wird man nicht einwenden können, die § 162 Abs. 2 Nr. 11 und 12, § 165 Abs. 3 Nr. 4, § 171 Abs. 2, § 280 KAGB enthielten eine investmentrechtliche Transparenzkontrolle, welche die AGB-Kontrolle ersetzt.[338] Der Wortlaut des § 162 KAGB enthält keinen Hinweis auf einen von den §§ 305 ff. BGB abweichenden Prüfungsstandard. Kommt es damit zwar nicht zu einer Preis-, aber zu einer Verständlichkeits- und Transparenzprüfung, weicht die Rechtsfolge im

---

[334] Zutr. *Engert*, Kapitalmarkteffizienz, Kap. 9, S. 304 ff., insbesondere 324 ff.

[335] Dazu *Engert*, Kapitalmarkteffizienz, Kap. 9.C., S. 330.

[336] Palandt/*Sprau*, § 666 Rn. 2.

[337] § 307 Abs. 3 BGB schließt nur eine Angemessenheitskontrolle, nicht aber eine Verständlichkeits- und Transparenzprüfung aus, vgl. in Bezug auf Leistungsbeschreibungen OLG Köln, ZIP 2000, 1836, 1838 (betreffend Begebungsvertrag bei Telefonkarten); BGH, NJW 1993, 2369 (zu Wissenschaftlichkeitsklauseln in Krankenhaustagegeldversicherungen). Dies übersieht Weitnauer/*Polifke*, § 162 Rn. 5.

[338] Dafür aber *Fehrenbach/Maetschke*, WM 2010, 1149, 1151; a.A. *Einmahl*, ZIP 2002, 381, 383 f.; *Köndgen/Schmies* in Bankrechtshandbuch, § 113 Rn. 118, 127; *Berger/Schmitz*, § 41 InvG Rn. 11; Emde/*Rozok*, § 41 InvG Rn. 15.

Fall des Verstoßes von der aus vertriebsrechtlicher Sicht typischen Lösung vom Vertrag[339] ab. Der Anleger wird grundsätzlich an dem Vertrag unter Auslassung der inkriminierten Klausel festgehalten. Streitig ist lediglich, ob zur Lückenfüllung auf die ergänzende Vertragsauslegung zurückzugreifen ist.[340] Will man auf die ergänzende Vertragsauslegung für die Anlagebeziehung als Dauerschuldverhältnis nicht verzichten, erhält der Verwalter statt der unklar beschriebenen eine marktübliche Vergütung (Rechtsgedanke des § 315 Abs. 1 BGB). Im Ergebnis kommt es zu einer gerichtlichen Festsetzung der Vergütungshöhe, jedoch mit der Einschränkung, dass der Verwalter durch eine unbestimmte Beschreibung nichts zu verlieren hat. Der Präventionsgedanke spricht freilich gegen die Anwendung der Grundsätze zur ergänzenden Vertragsauslegung im Sinne einer geltungserhaltenden Reduktion.[341] Der Verwalter erhält dann bei Unbestimmtheit keine Vergütung.

c) Verbleibender Schutzbedarf

Das Informationsmodell ist dennoch lückenhaft, weil die AGB-Verständlichkeits- und Transparenzprüfung exzessiven, aber deutlich dargestellten Vergütungen nicht entgegensteht. Doch ist auch jetzt noch keine Exzesskontrolle zwangsläufig geboten. Bei den allein noch zu betrachtenden Kollektivanlagen für Privatanleger besteht eine besondere Abhängigkeit von dem Vertriebsintermediär. Mit diesem besteht auch eine Vertragsbeziehung, so dass einer ggf. Fehlberatung oder Desinformation im Verhältnis von Vertriebsmittler und Privatanleger nachgegangen werden kann. Wer freiwillig auf Vertriebsmittlung verzichtet, trägt die Auswahlrisiken selbst.

3. Materielle Exzesskontrolle für Privatanleger?

Die Existenz einer Exzesskontrolle neben dem Informationsmodell ist keine Glaubens-, sondern eine Frage der Rechtsquellen und gesetzesimmanenten Wertungen. Ist danach eine Exzesskontrolle für qualifizierte Anleger entbehr-

---

[339] Vgl. zur Vermutung aufklärungsrichtigen Verhaltens und dem daraus folgenden Rückgaberecht als Teil der Naturalrestitution gem. § 249 Abs. 1 BGB die Rspr., z.B. BGHZ 61, 118, 121 f.; BGHZ 64, 46, 51; BGHZ 89, 95, 103; BGHZ 116, 209, 212; BGHZ 124, 151, 159 f. Danach sind Aufklärungspflichten beim Anlagegeschäft regelmäßig auf den Gesamterfolg des in Aussicht genommenen Geschäfts gerichtet. Der Partner des Anlagegeschäfts haftet daher grundsätzlich für alle durch die nachteilige Anlageentscheidung hervorgerufenen Schäden. Die Kausalität zwischen Pflichtverletzung (falsche Aufklärung, Anlageberatung) und Schaden (defizitäres Anlagegeschäft) wird vermutet. Dazu *Kersting*, Informationshaftung, S. 275 ff.

[340] Vgl. MünchKomm-BGB/*Busche*, § 157 Rn. 44 f.; Staudinger/*Schlosser*, § 306 Rn. 12 ff.; Staudinger/*Roth*, § 157 Rn. 46 ff.; *Graf v. Westphalen/Thüsing* in Graf v. Westphalen, Vertragsrecht und AGB-Klauseln, Abschnitt 28 Rn. 27 ff.; *Stoffels*, AGB-Recht, Rn. 612 f.

[341] So die h.M., vgl. MünchKomm-BGB/*Busche*, § 157 Rn. 36; Staudinger/*Schlosser*, § 306 Rn. 22 ff. Für Verbot der geltungserhaltenden Reduktion im Kontext der Verbraucherschutz-RL auch EuGH v. 14.6.2012, S. C-618/10 Rn. 89 – *Banco Español de Crédito/Joaquin Calderón Camino*.

lich, stellt sich die Frage nach einer gesetzlichen Exzesskontrolle nur für Privatanleger.

a) Aktienrechtliche Exzesskontrolle?

Man könnte eine materielle Exzesskontrolle aus vergleichbaren Regelungen anderer Unternehmensformen abzuleiten suchen. Eine zivilrechtliche Exzessgrenze kennt das Aktienrecht. Gemäß § 87 Abs. 2 AktG hat der Aufsichtsrat auf die Angemessenheit der Vorstandsvergütung zu achten. Bei börsennotierten AGs ist die Struktur der Vergütung auf Nachhaltigkeit auszurichten. Die Aktionäre setzen zudem die Aufsichtsratsvergütung fest.[342] Diese Vorschriften gelten scheinbar auch für Inv-AG, sind aber dispositiv (§§ 108 Abs. 2, 140 Abs. 2 KAGB). Anleger könnten über das Klagezulassungsverfahren ein Vorgehen gegen den Aufsichtsrat erzwingen, der den Vorstandsmitgliedern exzessive Vergütungen gewährt.

Allerdings tritt nach hier vertretener Auffassung eine geschäftsbesorgungsrechtliche und durch § 37 KAGB in Vergütungsfragen zwingend geregelte Binnenorganisation an die Stelle der aktienrechtlichen Kompetenzverteilung. Klagerechte pro societate sowie Klagequoren und -zulassung gem. §§ 147 ff. AktG sind in der mitgliedschaftlichen Verbundenheit begründet, die eine Rücknahme des Eigeninteresses zugunsten des gemeinsamen Unternehmenszwecks rechtfertigt. Eine solche Verbundenheit fehlt bei der Kollektivanlage. Die Berufung auf § 148 AktG käme einer Wiedergeburt der beerdigten Korporationsanalogie gleich. Eine Gestaltung, die auf eine Polizeifunktion einzelner Anleger abzielt, erscheint zudem im hier diskutierten Privatanlegerkontext zweifelhaft: Wenn sich jeder Anleger dem gesetzlichen Leitbild entsprechend verhält (passiv, untätig, unkundig), gibt es keine Klageerzwingung. Dann ist auch mit dem Verweis auf eine gesetzliche Treupflicht des jeweils anderen Organs (Vorstand, Aufsichtsrecht bzw. Verwalter und Verwahrer) wenig gewonnen. Was im Unternehmenskontext unter Beteiligung qualifizierter Anleger funktioniert, funktioniert in der ausschließlich privaten Anlagebeziehung nicht.

b) Investment- oder geschäftsbesorgungsrechtliche Exzesskontrolle?

Ein dem US-Recht entsprechender, treupflichtbezogener Ansatz könnte beim Treuverhältnis zwischen den Beteiligten des Anlagedreiecks und dem einzelnen Anleger ansetzen.[343] So könnte man nach Vorbild des englischen Rechts auf die aus dem Geschäftsbesorgungsverhältnis resultierenden Treuebeziehungen rekurrieren. Jedoch ist die Exzesskontrolle letztlich Preiskontrolle. Das Zivilrecht steht Preiskontrollen nicht zuletzt aus verfassungsrechtlichen Gründen[344]

---

[342] Gem. § 113 Abs. 1 S. 2 AktG entweder direkt durch HV-Beschluss oder indirekt durch Satzungsregelung.

[343] So ist wohl Beckmann/*Beckmann*, § 43 InvG Rn. 86 zu verstehen.

[344] Vgl. Palandt/*Heinrichs*, § 307 Rn. 41.

zurückhaltend gegenüber. Preisabreden unterliegen nicht der AGB-Inhaltskontrolle, soweit sie Art und Umfang der Vergütung für die vertragliche Hauptleistung unmittelbar regeln oder soweit sie das Entgelt für eine rechtlich nicht geregelte, zusätzlich angebotene Sonderleistung bestimmen.[345] Während im Übrigen das KAGB taugliche Parameter bietet, fehlt für eine Preiskontrolle jeglicher Maßstab und damit ein gesetzliches Leitbild, das Maßstab der Preiskontrolle sein könnte. Eine Exzesskontrolle substituierte Verwalter- durch Richterwillkür.[346] Den ersten sucht sich der Anleger aus, den zweiten gibt ihm das Gesetz vor. Die erste Lösung ist die einer Privatgesellschaft vorzugswürdige Lösung.

Das Treueverhältnis ist durch das KAGB detailliert ausgestaltet. Ansatzpunkt für eine treupflichtbezogene Exzesskontrolle könnten die wertungsoffenen Pflichtenbeschreibungen des KAGB sein. So sollen die Aufsichtsratsmitglieder der KVG die Wahrung der Interessen der Anleger gewährleisten.[347] Vorstand bzw. Geschäftsführer der KVG haben gem. § 26 Abs. 1 KAGB „bei der Wahrnehmung ihrer Aufgaben" im ausschließlichen Anlegerinteresse zu handeln.[348] Zu gleichem sind der Vorstand und Aufsichtsrat der Inv-AG sowie die Geschäftsführung und der Beirat der Inv-KG verpflichtet.[349] Doch steht eine solche Rechtsfortbildung auf unsicherer Grundlage: Neben dem historischen Argument, dass eine allgemeine Begrenzung der Gebühren aus dem InvG ohne Alternativregel wieder gestrichen wurde, ist die Pflicht zur Wahrung des Anlegerinteresses auf die „Tätigkeit" beschränkt. Die Festsetzung der Vergütung geht der Tätigkeit regelmäßig voraus. Zudem handelt das Aufsichtsorgan von KVG und Inv-Ges nicht gegenüber den Anlegern.

Im Übrigen ergeben sich Grenzen aus der Limitierung der sogenannten Zillmerung gem. § 304 KAGB. Danach dürfen Zahlungen des ersten Jahres höchstens zu einem Drittel für die Deckung von Kosten verwendet werden. Die Re-

---

[345] BGHZ 106, 42, 46 Rn. 17 f. (aber im Ergebnis bejaht); BGHZ 124, 254, 256 (aber im Ergebnis Inhaltskontrolle für Barabhebungsgebühren von Bankschalter als Preisnebenabrede bejaht); BGH, NJW 1999, 864 (Pflegekostentarif); BGH, NJW 2002, 2386 f. (Deaktivierungsgebühr); BGHZ 137, 27 (Auslandseinsatzgebühr für Kreditkarten: AGB-Kontrolle abgelehnt); BGHZ 141, 380 (Gebühren für die Bearbeitung und Überwachung von Pfändungsmaßnahmen: im Ergebnis AGB-Kontrolle bejaht); BGHZ 161, 189 Rn. 8 (Entgeltklauseln für Wertpapierübertragung in ein anderes Depot: im Ergebnis AGB-Kontrolle bejaht); BGHZ 180, 257 Rn. 16 (Entgelt-, Preisanpassungs- und Zinsänderungsklausel: im Ergebnis AGB-Kontrolle bejaht); BGH, WM 2011, 1329 Rn. 19 (Kontoführungsgebühren für Privatkonten: im Ergebnis AGB-Kontrolle bejaht); BGH, NJW 2014, 2420, 2422 (Bearbeitungsentgelt beim Privatdarlehen im Ergebnis als Preisnebenabrede bejaht).

[346] Dagegen hat der BGH eine Preiskontrolle in Fällen anerkannt, in denen eine gesetzliche Vergütungsregelung existiert, vgl. BGHZ 81, 232 (HOAI); BGHZ 115, 395 (GOÄ); BGH, NJW 1998, 1786, 1789 (GOZ).

[347] Die Praxis versteht diese Vorgabe als Pflicht, im Konflikt mit dem Eigeninteressen der KVG den Anlegerinteressen Vorrang einzuräumen, vgl. *Schäfer*, Fund Governance, S. 220 f.

[348] Näher *Schäfer*, Fund Governance, S. 92 ff.

[349] Vgl. § 119 Abs. 1 und 3, § 147 Abs. 1, Abs. 3 und §§ 128 Abs. 1, 153 Abs. 1 KAGB.

gelung ist auf andere Anlageverhältnisse übertragbar.[350] Sie schützt insbesondere vor überhöhten Vertriebskosten. Im Übrigen deutet sich ein kontrollfreier Raum an. Eine allgemeine Pflicht zu einer angemessenen Bepreisung der Verwaltertätigkeit besteht nicht. Folglich können Verwalter (ebenso wie Sparkassen mit ihren Kunden[351]) z.b. feste oder variable, höhere oder niedrigere Vergütungen grundsätzlich frei vereinbaren. Darin spiegelt sich erneut wider, dass Kollektivanlagenrecht eben nicht nur Anlegerschutzrecht, sondern auch ein Recht zur Förderung von Wettbewerb und Innovation unter den und auch zugunsten der Intermediäre ist. Soweit man eine Gebührenobergrenze wünscht, muss die Gesetzgebung tätig werden.

c) Gebührenbezogene Inhaltskontrolle

Dennoch ist nicht jedwede Gestaltung zulässig. Das Bestimmtheits- und Transparenzgebot gilt auch für Leistungsabreden (s.o.), zudem unterliegen Preisnebenabreden[352] und Zahlungsmodalitäten[353] durchaus der AGB-Inhaltskontrolle. So ist z.b. eine Gestaltung mit den Grundgedanken der gesetzlichen Regelung (§ 307 Abs. 2 Nr. 1 BGB) unvereinbar, die entgegen der Zweifelsfall-Regel des § 316 BGB die Bestimmung der Gegenleistung (Vergütung) in die Hände des Verwalters (als Leistenden) statt des Anlegers (als Leistungsempfänger) legt. Die Verwaltervergütung muss folglich von Anfang an so festgelegt sein, dass der Anleger ermitteln kann, welche Vergütung er schuldet; auch das ist keine nationale Besonderheit.[354]

Subsidiär[355] bleiben die allgemeinen Schranken der Sittenwidrigkeit (§ 138 Abs. 1 BGB), des Wuchertatbestands (§ 138 Abs. 2 BGB) und des Grundsatzes von Treu und Glauben (§ 242 BGB). Auf der Grundlage des § 138 Abs. 2 BGB wird man Extremgestaltungen selten begegnen können. Regelmäßig wird ein Nachweis des Ausbeutungsvorsatzes scheitern. Die für Kreditbeziehungen in der Rechtsprechung verbreitete Vorsatzvermutung bei einem objektiv sittenwidrigen Vertrag zwischen einem gewerblichen Kreditgeber und einem Ver-

---

[350] Vgl. VG Frankfurt a.M. vom 23.7.2009, Rn. 19 (entsprechende Anwendung des § 125 InvG auf Sparpläne, auf die das WpHG anwendbar ist).

[351] Vgl. BGHZ 158, 149 (Zinsanpassungsklausel), unter II.1. (die fragliche Klausel sah aber ein von der gesetzlichen Regelung abweichendes einseitiges Leistungsbestimmungsrecht vor und wurde deshalb aufgehoben); *Schimansky*, WM 2001, 1169, 1175.

[352] Vgl. zum einseitigen Leistungsbestimmungsrecht der anderen Vertragsseite z.B. BGHZ 158, 149 unter II.2. (Zinsanpassungsklausel); BGHZ 97, 212, 215 (Zinsänderungsklausel); BGHZ 118, 126, (höhere Überziehungszinsen), jeweils m.w.N.

[353] Vgl. BGH, NJW 2003, 1237f. (Pflicht zum Lastschriftverfahren unzulässig); BGH, NJW 1996, 988.

[354] Lux: Art. 13 Abs. 2 Bst. d, 90 OPC-G; Art. 12 Abs. 2 Bst. d FIS-G, wonach die Vergütung in den Vertragsbedingungen niederzulegen ist. Gem. Art. 6, 90 OPC-G und Art. 5 FIS-G dürfen Vergütungen aus dem Fondsvermögen nur in Höhe der Gebühren und Kosten entnommen werden, die in den Vertragsbedingungen niedergelegt sind.

[355] Palandt/*Heinrichs*, § 138 Rn. 16.

braucher-Kreditnehmer[356] ist nicht auf Anlageverhältnisse übertragbar. Anders als bei der Kreditvergabe geht es nicht um die Verwaltung eines Liquiditätsmangels, sondern der Verwendung eines Liquiditätsüberschusses. Niemand *muss* anlegen.

Schon eher wird man im Einzelfall eine Preisvereinbarung, die in besonders grobem Missverhältnis zur Gestaltung der Anlage steht, wegen Wucherähnlichkeit als objektiv sittenwidrig einstufen können. Als auffälliges Verhältnis von Leistung und Gegenleistung wird man z.b. die Vereinbarung einer 0%-Erfolgsgrenze, verbunden mit sehr kurzen Erfolgsintervallen bei börsengehandelten Anlagegegenständen und einer hohen Erfolgsbeteiligung ansehen dürfen. Ein grobes Missverhältnis wird man auch vermuten dürfen, wenn der *Wert* der Leistung doppelt so hoch ist wie der Wert der Gegenleistung bzw. wenn das Entgelt das 4-fache des *Marktüblichen* übersteigt.[357] Für die Bestimmung der zulässigen Höhe kommt es auf die konkrete Anlagestrategie an. Fällt der Wertnachweis allgemein schwer, dürfte das Marktübliche leichter zu ermitteln sein. So dürfte bei traditionellen („long-only") Aktienfonds eine 8%-Gebühr p.a., gemessen auf den Anlagezeitraum, bei Geldmarktfonds schon eine 3%-Gebühr angreifbar sein. Für komplexe Strategien mit Hebel- und Verschuldungseinsatz oder erheblichem Verwaltungsaufwand (Private Equity) sind höhere Gebühren nicht objektiv sittenwidrig. Bei der Berechnung der Verwaltergebühren (nicht aber des Marktüblichen) sind die Vertriebsprovisionen einzubeziehen, es sei denn, damit wurden an den Anleger erbrachte Leistungen vergütet[358] (z.B. Anlageberatung).

Der Verwalter kann sich zur Entlastung nicht darauf berufen, mehrere hundert andere Anleger hätten dieselben Konditionen akzeptiert.[359] Angesichts des gesetzlichen Bildes vom unerfahrenen, unkundigen und untätigen Privatanleger ist die in der Rechtsprechung anerkannte tatsächliche Vermutung einer verwerflichen Gesinnung[360] anzuwenden und deshalb zu vermuten, dass der Vertragsschluss auf der Ausnutzung der Unerfahrenheit und des Mangels an Urteilsvermögen der anderen Vertragsseite beruht. Doch ist wegen des erheblichen Eingriffs in die Privatautonomie mit dem Verdikt der Sittenwidrigkeit Zurückhaltung geboten. Nur wenn im Rahmen einer wertenden Gesamtbetrachtung unter keiner vertretbaren Perspektive bei gewöhnlichem Geschehensverlauf (Marktzyklik, Gewinnerwartung etc.) eine in dem geplanten Anlagezeitraum rentable Anlage vorstellbar ist, ist Sittenwidrigkeit gegeben. Die Beweislast für

---

[356] BGHZ 98, 174, 178 (betreffend § 138 Abs. 1 BGB; BGH, NJW 1995, 1019 (3.Ls.) (betreffend § 138 Abs. 1 BGB beim gewerblichen Mobilienleasing).
[357] Orientierung an KG, NJW-RR 1995, 1422 (für Werkverträge).
[358] Orientierung an BGH, NJW 1987, 181 (für Vermittlung eines Kredits).
[359] Orientierung an BGH, ZIP 2005, 1423 für Bauherrenmodell.
[360] Die Vermutung macht die Prüfung weiterer subjektiver Voraussetzungen der Sittenwidrigkeit entbehrlich, BGH, NJW 2002, 429, 429, 430ff. (str.).

diese Gesamtbetrachtung trägt derjenige, der sich auf die Sittenwidrigkeit beruft,[361] i.d.R. also der Anleger.

C. Änderung der Verwaltervergütung

Muss die Verwaltervergütung lückenlos spätestens mit Beginn der Anlagebeziehung festgesetzt und offengelegt sein, stellt sich die Frage, unter welchen Voraussetzungen diese nachträglich geändert werden kann. Das Bedürfnis für eine solche Änderung kann sich unter den Vorzeichen eines intensivierten Wettbewerbs in Form einer Preisreduzierung ergeben, z.B. um die Skalenökonomien aus einem Fondswachstum an die Anleger weiterzugeben. Andererseits kann der Verwalter eine Vergütungserhöhung durchsetzen wollen, z.B. weil er seine Marktstellung entsprechend stark einschätzt oder sich eine Strategie aufgrund geänderter gesetzlicher Rahmenbedingungen aufwendiger darstellt als ursprünglich kalkuliert. Der letztgenannte Fall ist z.B. denkbar, wenn neue Vorschriften ein aufwendigeres Risiko- und Liquiditätsmanagement in bislang wenig regulierten Bereichen erfordern.

I. Rechtsvergleichender Rundblick

Für die Änderung der Vergütung sind rechtsvergleichend vier Alternativen auszumachen: Dem Verwalter kann im Anlagevertrag eine einseitige Änderungsbefugnis eingeräumt werden, es kann die Zustimmung eines Repräsentativ-Organs einzuholen sein (Repräsentationsprinzip), die Anleger können über die Vergütungshöhe abstimmen (Mehrheitsprinzip) oder es ist die Zustimmung jedes einzelnen Anlegers einholen (Zustimmungsprinzip).

Das Repräsentationsprinzip findet sich im US-Recht in Form der Zustimmung des Board of Directors bzw. in wesentlichen Fällen der Mehrheit der unabhängigen Board-Mitglieder (*independent directors*) der Investment Company. Nach dem auf die Korporationsanalogie gegründeten US-Recht ist ohnedies jährlich die Verwaltervergütung anzupassen. Dabei tritt die Zustimmung des Board an die Stelle der bei Begründung des Vertrags erforderlichen Zustimmung der Anleger.[362] Das Board hat die Anlegerinteressen zu wahren. Diese sind bei einer Reduktion der Verwaltervergütung jedenfalls gewahrt. Eine auf externe Faktoren wie erhöhte regulatorische Kosten gestützte Preiserhöhung dürfte ebenfalls dem Anlegerinteresse entsprechen; denn die ganze Anlageorganisation inklusive Compliance, Risiko- und Liquiditätsmanagement wird im Interesse der Anleger betrieben. Mit dem Anlegerinteresse unvereinbar sind da-

---

[361] BGHZ 53, 369, 379; BGHZ 95, 81, 85 (aber keine allzu hohen Anforderungen, wenn Vertrauensverhältnis zwischen den Parteien besteht).
[362] Vgl. s. 15(a) ICA für die Begründung, s. 15(c) ICA für die Verlängerung des advisory contracts.

gegen Vergütungsänderungen, die auf eine Steigerung des Gewinns des Verwalters ausgerichtet sind. Im Einzelnen stellen sich schwierige Fragen: Liegt z.B. die Umstellung einer niedrigeren Grundvergütung mit höherem Ertragsanteil im Anlegerinteresse? Dies wird man nicht pauschal, sondern nur in Ansehung der konkreten Strategie beurteilen können. Prophetische Gaben sind weder bei Verwalter noch beim Board zu erwarten. Als Maßregel ist heranzuziehen, ob in einem repräsentativen Vergleichszeitraum die Gesamtkosten nicht höher als bisher sind. Sind die Kosten höher, muss das Board beweisen, dass die Mehrkosten durch eine bessere Anreizstruktur aufgefangen werden. Dies mag im Einzelfall gelingen, wenn die Wertentwicklung in starkem Maße von der Aktivität des Verwalters abhängig ist.

Nach Art. 5 Abs. 6 OGAW-RL bedürfen die ursprünglichen Fondsbedingungen sowie jede nachfolgende Änderung europaweit der Zustimmung der Aufsichtsbehörde. Für AIFs genügt gem. Art. 10 Abs. 1 AIFM-RL die Vorlage wesentlicher Änderungen bei der Aufsichtsbehörde.[363] Die *zivilrechtlichen* Anforderungen für Vertragsänderungen variieren dagegen innerhalb des EWR: Die englischen CIS-Rules etablieren rechtsformunabhängig für alle regulierten Fonds eine Mischung aus Mehrheits- und Zustimmungsprinzip. Jede wesentliche Änderung (*fundamental change*) bedarf gem. No. 4.3.5 COLL der vorherigen Zustimmung einer Versammlung der Anleger durch einen außerordentlichen Beschluss mit 75% der Fondsanteile (Mehrheitsprinzip). Zu den wesentlichen Änderungen zählt die Einführung einer neuen Vergütung oder eines neuen Aufwands.[364] Bedeutende Änderungen (*significant changes*) sind vor deren Vornahme fristgerecht anzuzeigen. Es handelt sich um Änderungen, weswegen Anleger üblicherweise die Partizipation an der Anlageorganisation überdenken. In diese Kategorie fällt gem. No. 4.3.6 (2) COLL jede Erhöhung einer Verwaltervergütung und jede wesentliche Erhöhung eines anderen Aufwands. Anschließend kann jeder Anleger seine Anteile zurückgeben (Variante des Zustimmungsprinzips). Für nicht regulierte CIS gilt die jeweilige rechtsformbezogene Regelung, für Investment Trust Companies also der Companies Act 2006. Im Fall der Börsennotierung verlangen die Listing Rules für bestimmte aktienbasierte und anreizorientierte Vergütungspläne eine Zustimmung des General Meeting.[365]

In Luxemburg müssen die Vertragsbedingungen die Voraussetzungen für die Änderung der Vertragsbedingungen eines OPCs oder FIS regeln.[366] Verwalter müssen bei OPCs prüfen, ob die Änderungen wesentlich sind. Könnte die Änderung dazu führen, dass der Anleger seine Investition überdenken könnte,

---

[363] Vgl. Art. 10 Abs. 1 AIFM-RL.

[364] No. 4.3.4. (2) COLL (any new type of payment). Explizit verweist No. 6.7.8 (1) COLL für Retail CIS auf No. 4.2.5 R und 4.3 COLL.

[365] Kritisch *Davies/Worthington*, S. 14–13 ff.

[366] Art. 13 Abs. 2 Bst. h und 90 des OPC-G; Art. 12 Abs. 2 Bst. h FIS-G.

muss diese mindestens einen Monat vorher angekündigt werden.[367] Ohne Sonderregelungen bleibt es bei der Bindung an den Vertrag. Für SICAVs und SICAFs gilt das rechtsformspezifische Gesellschaftsrecht. Die Voraussetzungen für Vertragsänderungen für liechtensteinische OGAW richten sich nach den vertraglich bzw. durch Satzung dafür bestimmten Voraussetzungen.[368] Werden keine abweichenden Regeln getroffen, gilt für den Investmentfonds allgemeines Vertragsrecht (ABGB von 1811), für die Kollektivtreuhänderschaft/den Unit Trust und die Investmentgesellschaft in Form der AG, SE oder Anstalt das PGR. Für die Änderung des Fonds- oder Treuhandvertrags ist dann nach Vertragsgrundsätzen die Zustimmung jedes Anlegers erforderlich (Zustimmungsprinzip). Bei der Investmentgesellschaft kann das vertretungsberechtigte Gesellschaftsorgan (i.d.R. der Verwaltungsrat) im Fall der externen Verwaltung den Verwaltungsvertrag mit Wirkung für die Investmentgesellschaft ändern. Im Fall der internen Verwaltung muss die Vergütung der Direktoren durch Beschluss der Generalversammlung angepasst werden (Mehrheitsprinzip).

Nach Schweizer Recht ist die Änderung des Fondsvertrags zu veröffentlichen. Jedem Anleger steht ein Kündigungsrecht zu. Ihm ist sein Anteil auszuzahlen, abzüglich im Fondsvertrag/-reglement aufgeführter Kommissionen und Kosten (Art. 80 KAG). Es handelt sich um eine Variante des Zustimmungsprinzips. Alternativ können Anleger binnen einer Frist von 30 Tagen Einwendungen erheben und ein überwiegendes, der Änderung entgegen stehendes Interesse geltend machen und beweisen. Die FINMA ermittelt dann von Amts wegen und trifft eine Entscheidung. Die Erhebung des Einwands verpflichtet den Anleger, seinen Anteil bis zur Entscheidung der FINMA zu behalten.[369]

II. Vergütungsänderung nach deutschem Recht

Zur Änderung der Verwaltervergütung sind nach deutschem Recht zwei Gestaltungen gangbar. Einerseits kann man die Vergütungsbedingungen unmittelbar zu ändern suchen. Andererseits mündet die Kündigung in einer Erhöhung der Vergütung, wenn das daran anschließende Angebot, die verwalteten Mittel (ggf. zu Vorzugskonditionen) in eine neue Anlage zu überführen, angenommen wird und bei der Neuanlage der Vergütungsanspruch entsprechend erhöht ist. Das gleiche Ergebnis wird im Fall der Verschmelzung auf eine Anlage mit erhöhtem Vergütungsanspruch erzielt, bei der den widersprechenden Anlegern ein Abfindungsanspruch gewährt wird (dazu unten, § 36.B.I.).

---

[367] Vgl. CSSF Circulaire 14/591.
[368] Art. 5 Abs. 3 Bst. g, 6 Abs. 3 Bst. g und 7 Abs. 3 Bst. g des UCITSG.
[369] BSK-KAG/*Bünzli/Winzeler*, Art. 27 KAG Rn. 5.

1. Vertragsmodell

Das Vertragsmodells beansprucht insbesondere bei Inv-Ges für die Vergütungsänderung Geltung: Wären die i.d.R. aus dem Umfeld des Verwalters oder des Initiators stammenden Gesellschaftsorgane einer Inv-Ges zuständig, droht ein In-sich-Geschäft zwischen Inv-Ges und Verwalter zulasten der Anleger. Die mit dem Vertragsmodell ansetzenden Schutzwirkungen des Anlagedreiecks müssen insbesondere in solchen Fällen gelten. Dies folgt aus §§ 162 Abs. 2 Nr. 11 bis 14, 266 Abs. 2 KAGB, wonach die Verwaltergebühren und Kosten Teil der Anlagebedingungen und damit Gegenstand der vertraglichen Regelung zwischen KVG und Anleger sein müssen. Mit Blick auf § 310 Abs. 1 BGB zulässig bleiben bei der qualifizierten Anlage Vertragsbedingungen, die einem von den Anlegern benannten Organ die Zuständigkeit für etwaige Vergütungsanpassungen übertragen.

2. Zustimmungsprinzip

Grundsätzlich gilt der vertragsrechtliche Grundsatz der Bindung beider Vertragsparteien an von ihnen getroffene Vereinbarungen.[370] Eine einmal getroffene Vereinbarung kann nur mit Zustimmung der Parteien geändert werden. Das Zustimmungsprinzip stellt das Individualinteresse jedes einzelnen Anlegers über das Verwalterinteresse an einer effizienten Anlageorganisation. Es ist die intensivste Form des Anlegerschutzes. Danach wären Mehrheitsbeschlüsse zur Vergütung unzulässige Verträge zulasten Dritter.

3. AGB-Änderungsvorbehalt?

Eine Vertragsänderung nach dem Zustimmungsprinzip ist aufwendig. Diesem Aufwand könnten die Geschäftsbesorger durch einen Änderungsvorbehalt in den ursprünglichen konstituierenden Dokumenten vorzubeugen suchen.[371]

Eingriffe in bestehende Vertragsverhältnisse müssen eng begrenzt sein, um den durch die Vertragsbindung bewirkten Anlegerschutz nicht auszuhebeln. Änderungen der Vergütungsstruktur betreffen das Äquivalenzverhältnis. Solche Änderungen sind besonders nachteilig und deshalb nur unter strengen Voraussetzungen zulässig.[372] Für Versicherungsverträge, die als Dauerschuldverhältnisse mit finanziellem Charakter Ähnlichkeiten zur Kollektivanlage aufweisen, hat der BGH[373] im Hinblick auf § 307 Abs. 1 BGB Änderungsvorbehalte nur in zwei Fällen anerkannt: Erstens in Bezug auf schwerwiegende, unvorhersehbare und nicht anders abwendbare Äquivalenzstörungen und zweitens, wenn nicht auf andere Weise zu füllende Vertragslücken vorliegen und

---

[370] Vgl. nur BGHZ 96, 206, 211.
[371] Vgl. dazu Weitnauer/*Silberberger*, § 267 Rn. 11.
[372] BGH, NJW 2008, 360 Rn. 21.
[373] BGHZ 141, 153 Rn. 10 f.

dadurch (z.b. nach Unwirksamkeitserklärung einer Klausel durch die Rechtsprechung) Schwierigkeiten bei der Durchführung des Vertrages auftreten. Der zweite Fall der Lückenfüllung ist bei Privatanlagen kaum denkbar, weil die Idealanlage als gesetzliches Leitbild zur Lückenfüllung heranzuziehen ist und verbleibende Restzweifel zulasten des Verwenders gehen (§ 305c Abs. 2 BGB). Zur ersten Fallgruppe zählt die Anpassung der Vergütung bei grundlegender Änderung des regulatorischen Umfelds in Bezug auf das Produkt. Vergütungsanpassungen sind aufgrund sog. Kostenelementeklauseln[374] zulässig, die Preisanpassungen wegen veränderter Kosten ermöglichen. Sie nehmen dem Verwender das Risiko langfristiger Kalkulation ab und schützen den Anleger, indem sie verhindern, dass der Verwender mögliche künftige Kostenerhöhungen vorsorglich schon bei Vertragsschluss durch Risikozuschläge aufzufangen sucht. Von ihnen geht grundsätzlich keine unangemessene Benachteiligung aus. Allerdings muss die Preisanpassung innerhalb der Argumentationslogik der Vergütungsgestaltung liegen. Wurde zuvor z.b. ein Intermediär speziell zu dem Zweck vergütet, die Kontrolle auszuüben, die nach einer Rechtsänderung allein der Aufsicht obliegt, ist dessen Vergütung bei der Berechnung der Preisanpassung in Abzug zu bringen. Hat man vorher mit einem professionellen Risikomanagement geworben, ist die nachträgliche gesetzliche Pflicht dazu kein Grund für eine Kostensteigerung. Werden bislang alle variablen Kosten separat in Form von Transaktionskosten berechnet, begründet deren Steigerung keine höhere Vergütung. Denn Kostenelementeklauseln sollen das Äquivalenzverhältnis zugunsten des Verwenders erhalten, nicht verbessern. Schon deshalb lässt sich bei der hierzulande verbreiteten Vergütungsstruktur selten eine Preiserhöhung mit Kostenelementeklauseln durchsetzen. Darüber hinaus bedarf der Änderungsvorbehalt einer hinreichend konkreten und bestimmten Ausgestaltung.[375] Der Anleger muss vorhersehen können, welche Vergütungsbestandteile ggf. Gegenstand einer Anpassung sind. Voraussetzung ist, dass die einzelnen Kostenelemente und deren Gewichtung bei der Kalkulation der Vergütungshöhe offengelegt werden, so dass der andere Vertragsteil die auf ihn zukommenden Preissteigerungen einschätzen kann.[376] Die erhebliche Konkretisierungslast der Klausel mit Blick auf § 307 Abs. 1 S. 2 BGB und die Beweislast für die Anpassung aufgrund einer Störung des Äquivalenzverhältnisses trägt der Geschäftsbesorger-Verwender, der sich darauf beruft.

Diese Rechtsprechung ist mit Blick auf § 307 Abs. 1 S. 1 BGB[377] um Fälle lediglich günstiger Abänderungen zu erweitern, weil günstige Änderungen den

---

[374] BGH, NJW 2008, 360 Rn. 10; BGH, NJW-RR 2005, 1717 (unter II.2.); BGH, NJW 2007, 1054, 1055 Rn. 20.

[375] Allgemein BGHZ 136, 394, 401 f.

[376] Vgl. dazu BGH, NJW 2008, 360 Rn. 10; BGH, NJW 2007, 1054, 1055 Rn. 23 f.

[377] § 308 Nr. 4 BGB ist auf die hier in Rede stehende Leistung des Anlegers nicht anwendbar. Die Rechtsprechung beschränkt die Heranziehung dieser Norm auf Leistungen des Ver-

Kunden nicht unangemessen benachteiligen.[378] Dies betrifft die Reduktion der Verwaltervergütung oder den Verzicht auf Rücknahmeabschläge, die allein dem Verwalter zugute kommen.[379] Von dem Grundsatz, wonach sich niemand etwas schenken lassen muss (§ 516 Abs. 1 BGB), darf aufgrund eines Änderungsvorbehalts abgewichen werden.

Die Vergütungsänderung mittels AGB-Änderungsvorbehalten beschränkt sich somit auf Fälle der Kostenanpassung und Preisreduzierung. Margenoptimierung etwa über die Anpassung an internationale Marktstandards ist auf diesem Wege nicht zu betreiben.[380]

4. Vertragsanpassung

Sofern kein Änderungsvorbehalt im Sinne einer Kostenelementeklausel vereinbart wird, mag im Einzelfall die Vertragsanpassung wegen Störung der Geschäftsgrundlage gem. § 313 Abs. 1 und 2 BGB zu dem gleichen Ergebnis führen. Allerdings dürfte, sofern wegen des Dauerschuldcharakters der Anlagebeziehung nicht ohnehin der Kündigung Vorrang einzuräumen ist, nur in außergewöhnlichen Fällen die für eine Vertragsanpassung erforderliche Gewichtigkeit gegeben sein, wonach das Festhalten am Vertrag im Rechtssinn unzumutbar sein muss. Dies lässt sich an Rechtsänderungen, die die Intermediärssphäre betreffen (z.B. Anforderungen an das Risikomanagement), belegen. Gesetzmäßiges Handeln ist Intermediärspflicht. Die Legalität ihres Handelns ist Teil der Risikosphäre der Intermediäre und berechtigt nicht zur Vertragsanpassung.

---

wenders und greift für Anpassungen der Leistungen des Kunden auf § 307 BGB (früher § 9 AGBG) zurück, vgl. BGH, NJW 2008, 360 Rn. 11 f. (Premiere); zur Anpassung des Darlehenszinses an kapitalmarktbedingte Refinanzierungskosten z.B. BGHZ 97, 212, 217; BGHZ 118, 126, 130 f. (Überziehungszins); BGH, WM 2000, 1141, 1142 f. (Zinsanpassung und Bürgschaft); zu Preis- und Tarifänderungsklauseln BGHZ 82, 21, 25 (Tagespreisklauseln bei KFZ-Kauf); BGHZ 90, 69, 72 f.; BGHZ 136, 394, 401 f. (Prämienanpassung bei Versicherungen aG). Die Frage kann aber letztlich dahinstehen. Denn die absoluten Klauselverbote sind nicht deckungsgleich mit dem möglichen Handlungsspielraum des Verwenders (BGHZ 141, 153 Rn. 14). So soll § 308 Nr. 4 BGB nur eine äußerste Grenze ziehen, aber nicht ausschließen, dass der Verwender aus anderen Gründen, insbesondere mit Blick auf § 307 Abs. 1 BGB hinter der in § 308 Nr. 4 BGB gesetzten Grenze zurückbleiben muss.

[378] Im Ergebnis ebenso Berger/*Schmitz*, § 41 InvG Rn. 14; gleiche Tendenz bei BT-Drs. 14/8017, S. 103 (die nachträgliche Einführung oder Erhöhung eines Rücknahmeabschlages bei bestehenden Sondervermögen entspricht nicht dem Anlegerinteresse und ist damit nicht genehmigungsfähig).

[379] Dagegen müssten auf Rücknahmeabschläge, die dem Fonds zugute kommen, alle Anleger verzichten, weil sich deren kollektiver Wert reduziert.

[380] I.E. ebenso Berger/*Köndgen*, § 29 InvG Rn. 5; *Einmahl*, ZIP 2002, 381, 387.

III. Kündigung und Neuanlage bei offenen Fonds

Für die Margenoptimierung muss der Initiator auf die Kündigung zurückgreifen. Dieses geht freilich mit der Möglichkeit eines Kundenverlustes einher. Es stellen sich dann die Fragen nach Kündigungsgrund, -frist und -folgen.

Kollektivanlagen können als Dauerschuldverhältnis immer aus wichtigem Grund gekündigt werden (§ 314 Abs. 1 BGB). Auf § 314 Abs. 1 BGB lässt sich freilich keine Margenoptimierung gründen: Störungen aus dem eigenen Risikobereich begründen grundsätzlich kein Kündigungsrecht, weil die Kündigung nicht die im Vertrag liegende Risikoverteilung beseitigen darf.[381] Zur eigenen Risikosphäre zählt das Rentabilitätsrisiko.

Im Verhältnis zu § 314 BGB, wo z.B. die Verschmelzung zweier Vertragspartner nicht zur Kündigung berechtigt,[382] großzügiger sind die gesetzlichen Kündigungsrechte des KAGB. Gem. § 99 Abs. 1 KAGB[383] darf die KVG mit einer gesetzlichen Mindestfrist von sechs Monaten die Verwaltung eines Publikumsfonds kündigen. Bei Spezialfonds ist eine kürzere Frist zulässig. Die Verfügungsmacht geht zunächst auf die Verwahrstelle über, die das Sondervermögen abzuwickeln oder mit Zustimmung der BaFin auf eine andere KVG zu übertragen hat (§ 100 KAGB).[384] Einen Kündigungsgrund braucht die KVG nur im Fall geschlossener Fonds (dazu sogleich). Bei offenen Fonds entspricht dem Leitbild der Idealanlage somit eine Herrschaft des Intermediärs über den Bestand des Anlageverhältnisses. Dies korrespondiert mit dem ebenfalls auf Flüchtigkeit abzielenden jederzeitigen Rücknahmeanspruch der Anleger offener Fonds gem. § 98 Abs. 1 S. 1 KAGB. Die offene Kollektivanlage erweist sich damit als Rechtsbeziehung flüchtiger Natur. Diese Großzügigkeit ist einerseits Ausdruck des Charakters der Kollektivanlage als entpersonalisierter Massendienstleistung, andererseits indiziert sie das Streben nach möglichst kosteneffizienten Größenordnungen. Mittels intensiver und plastischer Anlegerinformation – so hofft man[385] – soll sich die Kosteneffizienz in niedrigen Intermediärsvergütungen und damit Wohlfahrtsgewinnen fortsetzen.

Dafür muss die Entscheidungsfreiheit der Anleger erhalten werden, die andernfalls in der Anlage gefangen sind. Diese wird durch eine kostenfreie Abfindung zum Nettoinventarwert (= voller Zeitwert, ohne Abzug einer Rücknahmekommission) gesichert. Nur darum können die Anleger über ihr eingesetztes

---

[381] BGH, NJW 1996, 714 (Vereinbarkeit der Vermietung mit WEG-Gemeinschaftsordnung); für den Fall drohender Insolvenz BGH, NJW 2005, 1360, 1361 f.
[382] BGH, DB 2002, 1598 (Kündigung nur bei konkreter Gefährdung der Ansprüche des Verpächters).
[383] Die Vorschrift gilt gem. §§ 112 Abs. 1 S. 4, 129 Abs. 1 S. 5, 144 S. 4, 154 Abs. 1 S. 5 KAGB mit Modifikationen entsprechend für offene und geschlossene Fonds.
[384] Auf § 100 KAGB verweisen die §§ 112 Abs. 1 S. 5, 117 Abs. 8 S. 4, 129 Abs. 2 S. 1, 132 Abs. 7 S. 4, 144 S. 5 und 154 Abs. 2 KAGB.
[385] Vgl. 59. ErwGr der OGAW-RL zur wesentlichen Anlegerinformation.

Kapital frei von Kostenerwägungen neu verfügen. Den zugrundeliegenden Gedanken bestätigt ein Blick auf die Limitierung der Zillmerung gem. § 304 KAGB. Die Regelung, dass höchstens ein Drittel für die Deckung von Vertriebskosten verwendet werden darf, schützt neben dem Ertragsinteresse des langfristigen Anlegers auch dessen Bestandsinteresse und sichert die Entscheidungsfreiheit in Bezug auf künftige Vergütungsänderungen. Ohne die Regelung des § 304 KAGB gingen bei kurzer Anlagedauer die Vertriebsaufwendungen im Fall einer Verschmelzung oder Kündigung selbst bei Abfindung zum Nettoinventarwert verloren.

Diese Intention des KAGB ist genereller Natur und kann nach den bisherigen Erkenntnissen für alle offenen Anlageorganisationen fruchtbar gemacht werden: Die Kollektivanlagebeziehung ist dann flüchtiger Natur. In offenen Kollektivanlagen besteht kein dem Vertragsrecht entsprechender Bestandsschutz. Unter Einhaltung einer angemessenen Frist und im Gegenzug zur Auskehr des Nettoinventarwerts ist eine Kündigung des Anlageverhältnisses zulässig. Die ggf. angebotene Neuanlage muss dann nicht den Konditionen der vorherigen Anlage entsprechen. Diese Einsicht ist mit den bisherigen Erkenntnissen zur Anlegertypologie zu kombinieren: Während die Regelungen für Publikumsfonds strikt ausfallen, muss das Recht der qualifizierten Kollektivanlage (Spezialfonds) einer Vertragsgestaltung in Bezug auf die Kündigungsfristen zugänglich sein.

IV. Geschlossene Fonds

Die Interessen- und Normlage lässt sich auf geschlossene Fonds nicht Eins-zu-Eins übertragen. Einerseits darf die Kündigung nur aus wichtigem Grund erfolgen, andererseits muss die Kündigungsfrist die Illiquidität der Vermögensgegenstände angemessen berücksichtigen und bei Publikumsfonds zumindest sechs Monate betragen (§§ 144 S. 4, 154 Abs. 1 S. 5 KAGB). Nach den dargestellten grundsätzlichen Wertungen des Vertragsmodells stellt das Einnahmeninteresse des Verwalters allein keinen wichtigen Kündigungsgrund dar. Pacta sunt servanda. Möchte sich der Verwalter eine Änderungskündigung vorbehalten, könnte er dies mangels gesetzlichen mit einem vertraglichen Kündigungsrecht versuchen.[386] Dann müssen zur Vermeidung einer Umgehung der gesetzlichen Kündigungsschranken die o.g. Grundsätze zum AGB-Änderungsvorbehalt und zur Vertragsanpassung entsprechend herangezogen werden. Mit Blick auf die Verwaltergebühren kann ein vertragliches Kündigungsrecht also nur Bestand haben, wenn die detaillierten Anforderungen an den AGB-Änderungsvorbehalt und die Vertragsanpassung bereits im Zeitpunkt der Erstanlage

---

[386] Für die Zulässigkeit eines solchen vertraglichen Kündigungsrechts Weitnauer/*Silberberger*, § 144 Rn. 9.

eingehalten sind. In solchen Fällen haben die Anleger einer nachfolgenden Gebührenanpassung bereits mit Beginn der Vertragsbeziehung zugestimmt.

Die Sperrigkeit erklärt sich mit Blick auf die übliche, an der ökonomischen Nutzungsdauer und der steuerlichen Behandlung der Anlagegüter orientierten Laufzeitbegrenzung geschlossener Fonds. Anders als bei den beidseitig disponiblen offenen Fonds entsteht daraus die Erwartung der Anleger, dass die Konditionen für den vereinbarten Nutzungszeitraum unverändert bleiben. Dies ist nur billig, weil sich die Anleger selbst einer langfristigen Vermögensbindung unterwerfen und kein Rückgaberecht besteht.[387] Jedoch sind mangels gesetzlicher Laufzeitbegrenzung auch „ewige" Fonds zulässig. Zudem kann namentlich bei einer Gesetzesänderung die Gebührenanpassung für die Anleger die gegenüber der Insolvenz des Verwalters bessere Option sein.

Bei geschlossenen Publikumsfonds mit einer Vielzahl von Anlegern sind die Zustimmungserklärungen der Anleger aber aus tatsächlichen Gründen uneinbringlich. Es wird immer einige Anleger geben, die die Erklärung nicht beantworten, sei es aus Unwillen, Unvermögen, Nachlässig- oder Bequemlichkeit. Aus der fehlenden Zustimmungserklärung ist unter passiven Akteuren nicht immer auf eine Ablehnung zu schließen. Gleichzeitig soll die BaFin nicht über die Gebührenänderungen (erneut) zum Preisregulator werden. Die Gebührenhöhe ist ureigenster Bestandteil der Vertragsabrede zwischen Anleger und Verwalter. In diesem Dilemma statuiert § 267 Abs. 3 KAGB eine praktische Lösung, wonach die BaFin eine Kostenänderung nur genehmigen kann, wenn Anleger, die mindestens zwei Drittel des Zeichnungskapitals auf sich vereinigen, der Änderung binnen drei Monaten ab Zugang einer speziellen Anlegerinformation zustimmen. Dies hat mit dem korporationstypischen Mehrheitsprinzip nichts zu tun: Das Stimmrecht knüpft an den Anlagebetrag. Zudem findet keine Versammlung mit korporationstypischen Informations- und Beteiligungsrechten statt: Das KAGB sieht nicht vor, dass Stellungnahmen der Mitanleger anderen Anlegern zuzuleiten sind oder das Anleger über ein Rederecht etc. verfügen. Das Zustimmungsverfahren nach § 267 Abs. 3 KAGB bestätigt deshalb die Geltung des Vertragsprinzips auch in geschlossenen Inv-Ges. Konsequenterweise ist das Verfahren nach § 267 Abs. 3 KAGB in den Fällen des wirksamen AGB-Änderungsvorbehalts und der Vertragsanpassung (s.o.) entbehrlich: Dann haben die Anleger bereits zugestimmt, so dass nur eine Veröffentlichung gem. § 267 Abs. 4 KAGB veranlasst ist.

Bei geschlossenen Spezialfonds ermöglicht die Anlegerqualifikation mit Blick auf § 310 Abs. 1 BGB größeren Freiraum als die gesetzliche Pflichtregelung für geschlossene Publikums-AIF gem. § 267 Abs. 3 KAGB. So könnte sich der qualifizierte Anleger ex ante auch einer Gebührenanpassung unter laxeren Bedingungen oder dann unterwerfen, wenn eine solche Anpassung von be-

---

[387] BR-Drs. 791/12, S. 498.

stimmten Anker-Anlegern goutiert wird. Bei Fehlen einer vertraglichen Regelung ist am Zustimmungsprinzip festzuhalten: Auch kundige und aktive Anleger sollen ihre Angelegenheiten vorausschauend regeln.

§ 32 – Nebenpflichten der Intermediäre

Die Konkretisierung der Sorgfalts-, Loyalitäts- und Gleichbehandlungspflichten wirft zahlreiche Fragen auf.[388] Exemplarisch sollen im Folgenden der Umgang mit Interessenkollisionen, die Pflichtenkollision im Fall der Zuweisung von Anlagechancen bei Verwaltung mehrerer Fonds und die bedeutsamsten Gleichbehandlungsfragen behandelt werden.

A. Interessenkonflikte

Konflikte zwischen den Pflichten und den Eigeninteressen der Unternehmensgruppe des Verwalters (sog. Pflichten-Interessen-Konflikte oder Interessenkollision) können zulasten des Anlegers aufgelöst werden. Konflikte in diesem Sinne ruft gem. Art. 30 Bst. a und b AIFM-VO, § 3 KAVerOV einerseits jeder nicht nur unerhebliche Vorteil der KVG oder einer mit ihr rechtsgeschäftlich oder tatsächlich verbundenen Person hervor, der sich zum Nachteil der Kollektivanlage auswirkt. So kann das Wachstum des Fonds einen Konflikt zwischen Verwalter und Anlegern hervorrufen: Je größer der Fonds, umso höher die Verwaltervergütung. Wird der Fonds aber zu groß, kann er Anlagechancen eines kleinen Marktes nicht mehr optimal nutzen. Ein Fondswachstum über die natürliche Chancengrenze des relevanten Marktes hinaus schadet den Anlegern. Ebenso wirkt sich z.B. ein Geschäft der KVG zulasten der Kollektivanlage aus, wenn die Kollektivanlage ein identisches Geschäft kurz danach abschließt, weil die Preise zuvor durch das vorangegangene Geschäft beeinflusst wurden (*front running*). Loyalitätspflichten sollen solche Benachteiligungen vermeiden. Darüber hinaus soll die Loyalitätspflicht aber auch Urteilsbeeinträchtigungen ent-

---

[388] Abhandlungen zu den Sorgfalts- und Loyalitätspflichten des Vermögensverwalters und diesen im Regelfall gleichgestellten Pflichten zur Interessewahrung des Treuhänders sind Legion. Vgl. *Benicke*, S. 519 ff.; *Grundmann*, Treuhandvertrag, S. 363 ff.; *Hammen*, Gattungshandlungsschulden, S. 354 f.; *Hopt*, Kapitalanlegerschutz, S. 486 f.; *ders.*, ZGR 2004, 1; *Löhnig*, Treuhand, insbesondere Teile 3 bis 6; *Schwark*, Anlegerschutz, S. 403; *Sethe*, insbesondere S. 869 ff., 898 ff. Speziell für Fonds *Engert*, Kapitalmarkteffizienz, Kap. 13, S. 569 ff.; *Schäfer*, Fund Governance, S. 100 ff.; *Schelm*, S. 80 ff.; *Schmolke*, WM 2007, 1909. Aus anderen Rechtskreisen *Bines/Thel*, § 1.02 und § 1.03; *Conaglen*, Fiduciary Loyalty (2010); *Frankel*, Fiduciary Law (2008); *Nolan*, (2009) 68 Cambridge L. J. 293. Zur personellen Reichweite unter dem ICA vgl. *Geffen*, (2009) 16:2 und 16:3 Inv. Lawy., jeweils 1 f. Siehe zudem die Vielzahl an (quasi-)regulatorischen Maßnahmen, z.B. ICI, An Investment Company Director's Guide to Oversight of Codes of Ethics and Personal Investing (2000).

gegenwirken, die sich noch nicht realisiert haben, so z.B. wenn der Verwalter von Dritter Seite Zuwendungen für Leistungen erhält, die er für die Kollektivanlage erbringt und für die er deshalb bereits vergütet wurde (Art. 30 Bst. e AIFM-VO, § 3 KAVerOV).

Des Weiteren können Anleger durch widerstreitende, gegenüber mehreren divergierenden Anlegergruppen bestehende Rechtspflichten des Verwalters (sog. Pflichten-Pflichten-Konflikte oder Pflichtenkollision) geschädigt werden. Pflichtenkollisionen bestehen bei jeglichem Anreiz der KVG, die Interessen eines Fonds über die eines anderen Fonds zu stellen oder die identischen Interessen zweier Fonds zu vermischen.[389]

I. Grundsatz: Organisations- statt Ergebnisregulierung

Ausgehend von den Sorgfalts- und Loyalitätspflichten verausgabt sich das juristische Schrifttum unter Rezeption insbesondere des US-amerikanischen Gesellschafts-, Trust- und Geschäftsbesorgungsrechts mit stupendem Fleiß an der Ausarbeitung von Fallgruppen, in welchen Fällen welches Handeln geboten sei. Mit diesen Einzelfallkatalogen ist viel Papier bedruckt,[390] aber wenig gewonnen. Wie regelmäßig bei ethischen Maßstäben im Recht[391] variiert die Einschätzung, was ein relevanter Konflikt ist. Hat man sich darauf verständigt, lässt sich das Ergebnis mit so vagen und einander widerstreitenden Argumenten wie dem Kundeninteresse und dem legitimen Ertragsinteresse der beteiligten Geschäftsbesorger, dem Prioritäts- und dem Gleichheitsgrundsatz, der Einzelfallgerechtigkeit und Rechtssicherheit, dem Anleger- und Systemschutz etc. in jede beliebige Richtung drehen. Lässt sich in den allgemeinen Grenzen des Straf-, öffentlichen und Zivilrechts jedes Ergebnis rechtfertigen, ist die bislang gleichwohl im Schrifttum so nicht vertretene Schlussfolgerung konsequent, dass das Gesetz *kein Ergebnis* der Konfliktlösung oktroyiert. Nicht konkrete Ergebnisse, sondern Aufmerksamkeit, Beachtung und möglichst Vermeidung konflikträchtiger Situationen verlangt das Recht. Das konfliktorientierte Organisationsgebot substituiert die Konfliktlösung. Insoweit wandelt sich die Loyalitäts- in eine Organisationsanforderung, also eine Sorgfaltspflicht.

Wegen der verbreiteten Rezeption des angloamerikanischen Rechts als Substitut für gesetzgeberische Wertungen in der Frage der Interessenkonflikte ist die Wandlung von der Treu- zur Sorgfaltspflicht keine deutsche Rarität ist. So versagt die Pflicht eines Treupflichtigen zur Vermeidung von Interessenkonflikten auch nach dem englischen Common Law.[392] Es kann nur um die angemessene

---

[389] Fälle des Art. 17 Abs. 1 Bst. c, d Kommissions-RL 2010/43/EU; Art. 30 Bst. c, d AIFM-VO.

[390] Exemplarisch *Benicke*, S. 579–761; *Löhnig*, Treuhand, S. 289 bis 830 (!).

[391] Zur Loyalitäts- und Treupflicht *Martens*, ZGR 1979, 492, 495 ff.; *Zöllner*, Schranken, S. 335 ff.; *Conaglen*, Fiduciary Loyalty, S. 106 ff.

[392] *Kelly v Cooper* [1993] AC 205 (Grundstücksmakler handelt für Käufer und Erwerber

Verwaltung solcher Konflikte gehen; dafür sind Offenlegung und Zustimmung der Betroffenen die Instrumente.[393]

II. Pflichtentrias

Die Organisationspflicht lässt sich im Kontext der Kollektivanlage an der bank- und finanzmarktrechtlichen Sorgfaltspflicht zur Vermeidung von Interessenkonflikten belegen. An die Stelle eines Verbots von Interessenkonflikten – ein solches gibt es entgegen manchen unscharfen Stellungnahmen[394] nicht – tritt eine Pflichtentrias aus Vermeidung, Verwaltung und Offenlegung.[395]

1. Vermeidung

Interessenkonflikte sind zuvörderst zu vermeiden. So besteht ein Erwerbsverbot für eigene Fondsanteile für eigene Rechnung.[396] Des Weiteren ist die Übernahme der Anlageentscheidung durch den Verwahrer und die Übernahme der Verwahrung durch den Verwalter immer unzulässig (§§ 70 Abs. 1, 85 Abs. 4 KAGB), dahingehende Verträge sind nichtig. Durch die Übertragung der Kernaufgabe auf den jeweils anderen Teil würde das Anlagedreieck ad absurdum geführt. Die Organisationspflicht vermeidet den Konflikt, gleichzeitig als Verwalter Erwerbsverwaltung und als Verwahrer Substanzverwaltung (mit entsprechenden Kontrollpflichten) betreiben zu müssen. Sie setzt sich auf der Ebene der leitenden Angestellten fort: Geschäftsleiter, Prokuristen und Handlungsbevollmächtigte der KVG dürfen nicht gleichzeitig Angestellte der Verwahrstelle sein *et vice versa* (§§ 70 Abs. 4, 80 Abs. 5 KAGB).

Indes sind gesellschaftsrechtliche Verflechtungen zwischen KVG, Verwahrstelle und Finanzkonzernen zulässig. Dies ist nicht ausschließlich kritisch zu beurteilen.[397] Die Reputation, finanzielle Potenz und ökonomische Kompetenz des Mutterkonzerns kann sich für die Anleger als günstig erweisen, z.B. wenn die KVG aufgrund von Prospektmängeln Haftungsfälle verkraften oder bei Ausbleiben finanzieller Engagements einzelne Fonds schließen muss. Das deut-

---

des Nachbargrundstücks in deren Kenntnis; keine Treupflicht zur Offenlegung von Informationen an Käufer, die dem Erwerber des Nachbargrundstücks zum Nachteil gereicht hätten); *Clark Boyce v Mouat* [1994] 1 AC 428 (Anwalt handelt für Vater und Sohn in deren Kenntnis nach Rat, unabhängige Hilfe in Anspruch zu nehmen; darauf wird verzichtet; nach Schaden zulasten einer und zugunsten der anderen Seite wird kein Treupflichtverstoß festgestellt).

[393] *Spangler*, Private Investment Funds, Rn. 1.70 ff.; insbesondere unter Verweis auf das FSA-Handbuch, SYSC 10.1.8R und PRIN 1.1 (6) und (8).

[394] So BGH, NJW 2009, 1416, 1417.

[395] § 26 Abs. 2 Nr. 2 KAGB und § 172 Abs. 1 KAGB i.V.m. § 26 Abs. 8 KAGB i.V.m. § 3 KAVerOV i.Z.m. Art. 30 bis 37 AIFM-VO; Art. 12 Abs. 1 Bst. b OGAW-RL i.V.m. Art. 17 der Kommissions-RL 2010/43/EU; Art. 12 Abs. 1 Bst. d AIFM-RL. Ähnlich die Parallelvorschrift in § 31 Abs. 1 Nr. 2 WpHG; vgl. Dornseifer/*Zentis*, Art. 14 Rn. 17 ff.

[396] H.M., *Canaris*, Bankvertragsrecht, Rn. 2451; Berger/*Köndgen*, § 9 InvG Rn. 40.

[397] So aber *König*, Anlegerschutz, S. 72 ff., 86 ff.; Berger/*Köndgen*, § 9 InvG Rn. 24.

sche Recht sieht deshalb – wie viele anderen Rechtsordnungen und mittlerweile auch das US-Recht – von Beteiligungsschranken und Geschäftsverboten ab. Kehrseite ist die durch das Fundamentalprinzip begründete Rechtspflicht des Verwalters, dem faktischen Druck durch die Konzernmutter, schwergängige Aktien aus den Emissionsbanken zu zeichnen oder Stimmrechte im Sinne der Konzernmutter oder durch diese ausüben zu lassen, zu widerstehen.

Die Pflicht zur Vermeidung von Interessenkonflikten besteht indes nicht grenzenlos, sondern in angemessenem Umfang. So ist z.B. die Übernahme des Verwaltungsrechts mehrerer Kollektivanlagen vorbehaltlich anderer Verlautbarungen und Abreden nicht sorgfaltswidrig. Die Grenze dürfte erst in dem Extremfall überschritten sein, dass mehrere absolut identische Kollektivanlagen in einer Weise initiiert werden, wonach jede nachfolgende Entscheidung konfliktbehaftet sein muss. Ebenso ist der Erwerb eigener Fondsanteile dann kein Problem, wenn er beim Nebengeschäft der individuellen Vermögensverwaltung mit Zustimmung der Anleger erfolgt (§ 26 Abs. 4 KAGB).

2. Verwaltung

Bestehen innerhalb einer Verwalterorganisation[398] widerstreitende Interessen, muss der auf dem einzelnen Entscheidungsträger lastende Druck, im Interesse der Organisation oder bestimmter, als wichtig erachteter Kunden zu handeln, durch organisatorische Maßnahmen reduziert werden.[399] Zu diesem Zweck sind Grundsätze für das Konfliktmanagement festzulegen, nach denen zumindest definiert sein muss, wann ein Konflikt vorliegt und wie damit umzugehen ist.[400] Geschuldet sind Maßnahmen, die die Unabhängigkeit hinreichend gewährleisten. Die angemessenen Maßnahmen sind nicht im Detail festgelegt. Beispielhaft werden Informationsbarrieren innerhalb des Unternehmens (sog. Chinese Walls), eine gesonderte unternehmensinterne Aufsicht über konfliktträchtige Tätigkeiten (sog. Compliance) und eine Vergütungsorganisation genannt, die einen Zusammenhang zwischen der Vergütung des Entscheidungsträgers und bestimmten Entscheidungen in konfliktträchtigen Fragen vermeidet.[401] Speziell für die Anlageentscheidung sind konfliktträchtige Mehrfachtätigkeiten zu beschränken oder gesondert zu kontrollieren und ungebührliche Einflüsse zu vermeiden. Arten potenziell konfliktträchtiger Portfolioverwaltung, bei denen das Schädigungsrisiko für die Anleger erheblich ist, sind zu identifizieren und dokumentieren.[402] Sollten die (umfangreichen) Organisationsanforderungen im

---

[398] Dies muss nicht gleichbedeutend mit den Grenzen juristischer Personen sein; ein Verwalter kann sich über verschiedene juristische Personen hinweg organisieren.

[399] Nach Art. 33 Abs. 1 AIFM-VO ist die Unabhängigkeit der Entscheidungsträger zu sichern, soweit nach Größe der KVG und Konfliktrisiko geboten. Siehe für OGAW-KVG § 3 Abs. 1 KAVerOV.

[400] Art. 31 AIFM-VO, § 3 Abs. 1 KAVerOV.

[401] Art. 33 Abs. 2 AIFM-VO, § 3 KAVerOV; vgl. Dornseifer/*Zentis*, Art. 14 Rn. 25.

[402] Art. 33 Abs. 2 Bst. d, e und Art. 35 Abs. 1 AIFM-VO, § 3 KAVerOV.

Einzelfall nicht genügen, ist die Entscheidung der Geschäftsleitung oder der Compliance-Stelle des Verwalters einzuholen.[403] Spezielle Leitlinien müssen die Übereinstimmung der Stimmrechtsausübung aus Aktien des Anlagevermögens mit Anlagezielen und -politik der Kollektivanlage sicherstellen.[404]

3. Offenlegung und Zustimmung

Dritter Pflichtenaspekt ist die Offenlegung. Zu unterscheiden ist zwischen Information ex ante und ex post.

a) Offenlegung ex ante

Die Offenlegung ex ante zielt auf eine zumindest konkludente, wenn nicht sogar ausdrückliche Zustimmung der betroffenen Anleger. Das jüngere Schrifttum zur individuellen Vermögensverwaltung gibt sich in der Frage der Offenlegungspflichten großzügig. Eine ungefragte Pflicht zur Offenlegung von Interessenkonflikten gestützt auf § 666 BGB befürwortet *Hopt*.[405] *Löhnig* leitet auf der Grundlage eines auf Interessenvertretung ausgerichteten Treuhandrechts Hinweis- oder Auskunftspflichten aus der Pflicht des Kompetenztreuhänders zum mitdenkenden Gehorsam ab[406] und postuliert eine Offenlegungspflicht in Bezug auf alle Tatsachen, „soweit diese nach objektiven Kriterien die Gefahr von Pflichtverletzungen im Verhältnis von Treuhänder und Treugeber zur Folge haben."[407] Offenlegung sei immer geboten, wenn das Interesse des Treugebers zwangsläufig verletzt oder bedroht ist. Im Übrigen seien die Belange des Treuhänders zu berücksichtigen und die Benachrichtigungspflicht nach § 666, 1. Alt. BGB gegen die Geheimhaltungspflicht des Treuhänders im Verhältnis zu anderen Treugebern abzuwägen. *Benicke* sieht das Offenlegungsprinzip in Art. 18 Abs. 2 MiFID mit dem Zweck verankert, dass der Anleger Kontrolle und Überwachung gezielt einsetzen kann. Während ein Hinweis zur Ausübung der Kontrolle so konkret wie möglich sein müsse, sei ein Hinweis bei der Vermögensverwaltung jedoch unpraktikabel, gerade weil sich der Kunde nicht ständig um die Verwaltung kümmern wolle.[408]

Derartige Formulierungen gehen zu weit. Die zugrundeliegende Auslegung verteilt die an die Informationspflichten knüpfende Organisationslast einseitig auf die Geschäftsbesorger. So hat *Löhnig* mit seiner wenig rechtssicheren Eingrenzung insbesondere die Rechtsprechung zu Provisionszusagen im Blick,[409] deren Offenlegung innerhalb des Anlagedreiecks den eigenen Regeln des KAGB

---

[403] Art. 34 AIFM-VO, § 3 KAVerOV.

[404] Art. 36 Abs. 1 AIFMVO, § 3 KAVerOV.

[405] *Hopt*, ZGR 2004, 1, 51; noch zurückhaltender *ders.*, Kapitalanlegerschutz, S. 446 f., 487.

[406] *Löhnig*, S. 210, der dafür *Heck*, Schuldrecht, § 119,5 zitiert.

[407] *Löhnig*, Treuhand, S. 215 sowie S. 219.

[408] *Benicke*, S. 623 f.

[409] Vgl. *Löhnig*, Treuhand, S. 216, Fn. 219.

(vgl. § 165 Abs. 3 KAGB) folgt. Zudem orientieren sich die vorgezeichneten Stellungnahmen an der individuellen Anlagebeziehung, für die § 31 Abs. 1 Nr. 2 WpHG die Offenlegung als tauglichen Konfliktlösungsmechanismus definiert. Schon dort ist die Eignung zur Konflikt*lösung* äußerst fraglich, die Offenlegung bewirkt bestenfalls nur die bewusste Gefahrübernahme.[410] Ob die Gefahrübernahme durch von Gesetzes wegen unkundige Privatanleger sinnvoll ist, kann dahinstehen. Denn zu einer Individualkommunikation zwischen Privatanleger und Verwalter kommt es bei Kollektivanlagen nicht. Es kann allenfalls um sehr pauschale Hinweise in Fondsprospekten gehen, die schon deshalb keine Anpassung durch Wettbewerb unter den Anbietern initiieren, weil sich alle Anbieter ähnlicher Freistellungsklauseln bedienen.

In der Frage der Offenlegungspflicht stellt sich somit zumindest die Publikumsanlage als Sondermaterie gegenüber der individuellen Vermögensverwaltung dar. Dafür steht mit den investmentrechtlichen Spezialbestimmungen eine taugliche Basis für die Rechtsfortbildung bereit. Das KAGB statuiert Offenlegungspflichten für einige strukturelle Interessenkonflikte: Den Anlegern muss eine Kurzbeschreibung der Strategien zur Stimmrechtsausübung im Sinne von Anlageziel und -politik zur Verfügung gestellt werden. Nähere Angaben zu den aufgrund dieser Strategie getroffenen Maßnahmen sind (nur) auf Verlangen kostenfrei zur Verfügung zu stellen.[411] Zudem muss eine AIF-KVG, wenn die organisatorischen Maßnahmen der KVG zum Schutz der Anlegerinteressen nicht ausreichen, gem. § 27 Abs. 4 KAGB die allgemeine Art und Quelle von Interessenkonflikten vor Geschäftsabschluss offenlegen. Eine Offenlegung der (allgemeinen) Maßnahmen zur Vermeidung und Verwaltung von Interessenkonflikten wird ansonsten nicht ausdrücklich verlangt. Eine dahingehende Offenlegungspflicht ergibt sich jedoch aus § 666, 1. Alt. BGB: Ohne Kenntnis der allgemeinen Maßnahmen zur Konfliktbehandlung können Anleger nicht abschätzen, wie gravierend eine Abweichung sein muss, damit sie darüber informiert werden. Im Erst-Recht-Schluss zur Stimmrechtsausübung ist über die zur Prävention getroffenen Maßnahmen in Kurzform ungefragt, über Details auf Verlangen zu informieren.[412]

Die Offenlegung ex ante wird nur ausnahmsweise durch Zustimmungspflichten abgesichert. So darf gem. § 26 Abs. 4 KAGB eine KVG, die die individuelle Vermögensverwaltung auch für Kunden betreibt, Kundenvermögen in Anteile (anderer) von ihr verwalteter Fonds nur investieren, wenn die Anleger in allgemeiner Form – nämlich zu Beginn der Anlagebeziehung – zugestimmt haben. Dieser Rechtsgedanke ist erstens auf Transaktionen mehrerer Fonds

---

[410] *Sethe*, S. 799 f.
[411] Art. 37 Abs. 3 AIFM-VO, § 3 KAVerOV.
[412] Die Praxis entspricht dieser Vorgabe durch Darstellungen zur Compliance Policy, die auf der Internetseite des Geschäftsbesorgers oder im Prospekt abrufbar sind.

miteinander (Umschichtung zwischen Fonds),[413] zweitens die Investition eines Fonds in Anteile eines anderen Fonds und drittens Eigengeschäfte von Geschäftsleitern und Gesellschaftern der KVG entsprechend anzuwenden. Im ersten Fall substituiert die (generelle) Zustimmung die überkommene Auffassung, wonach in entsprechender Anwendung des § 181 BGB und der gesetzlichen Vertretung eines Mündels[414] dem Verwalter einer KVG die Befugnis abgesprochen wird, gleichzeitig für mehrere Sondervermögen zu handeln, mit der Folge, dass eine Investition in andere verwaltete Fonds grundsätzlich unwirksam ist.[415] Im zweiten Fall entschärft § 196 Abs. 2 KAGB den Interessenkonflikt, indem Ausgabeaufschläge und Rücknahmeabschläge innerhalb einer Fondsfamilie nicht berechnet werden dürfen. Dass dennoch eine Zustimmung analog § 26 Abs. 4 KAGB geboten ist, folgt aus dem größenbezogenen Vergütungsanreiz des Verwalters, der im Zweifel zu intra-familiären Anlagen verleitet. In allen Fällen, insbesondere aber im dritten Fall, muss hinzutreten, dass die Transaktionen zu Marktpreisen getätigt werden.[416] Dies ergibt sich freilich schon aus dem Gebot, Anlageentscheidungen nur an den Interessen der Anleger auszurichten.

b) Offenlegung ex post

Die Offenlegung ex post ermöglicht bei Bedarf Kontrolle und Sanktion. So ist offenzulegen, wenn die Konfliktorganisation unzureichend war.[417] Darunter wird man insbesondere zu fassen haben, dass ein Mitarbeiter Eigengeschäfte zu Vorzugs- statt Marktkonditionen abgeschlossen hat. Wie aus der entsprechenden Anwendung der Regeln zur Stimmrechtsausübung folgt, ist gem. § 666, 2. Alt. BGB ein Auskunftsanspruch in Bezug auf Details gegeben, wenn die Offenlegung zum Zweck von Kontrolle und Sanktion unzureichend ist. Ist schon über lediglich strukturelle Konflikte wie bei der Stimmrechtsausübung zu informieren, gilt dies erst Recht für eingetretene Konflikte. Die Effizienz einer solchen Regelung ist indes fraglich: Die Offenlegung eines Pflichtverstoßes wird der Verwalter mindestens ebenso scheuen wie seinen eigenen Interessen zuwiderlaufende Beschränkungen. Die Überprüfung der Offenlegungspflicht ist als Tätigkeitsfeld für Wirtschaftsprüfung und Aufsicht vorgezeichnet.

III. Absolute Grenzen

Eine Ausnahme von dem Grundsatz, dass die Geschäftsbesorger nur eine angemessene Konfliktbehandlung nach der Pflichtentrias aus Vermeidung, Verwal-

---

[413] Berger/*Köndgen*, § 9 InvG Rn. 41 (aber auf Grundlage des § 181 BGB statt Analogie zu § 9 Abs. 4 InvG).

[414] Vgl. BGHZ 21, 229, 234.

[415] Beckmann/*Beckmann*, § 40 InvG Rn. 32, der zudem einen Verstoß gegen § 9 Abs. 1 und Abs. 2 Nr. 2 InvG ausmacht; str., a.A. z.B. *Baur*, Investmentgesetz, § 6 KAGG Rn. 30.

[416] *Schmolke*, WM 2007, 1915.

[417] Art. 36 AIFM-VO, § 3 KAVerOV.

tung und Offenlegung schulden, gilt für Konflikte, bei denen Verwaltung oder Offenlegung des Konflikts keinen Schutz bewirken. In solchen Fällen besteht in Form eines Konfliktverbots eine absolute Grenze. Derartige Grenzen ergeben sich einerseits aus dem allgemeinen Recht. So ist eine strafbare Handlung (z.b. Unterschlagung) oder Insiderhandel ungeachtet einer eventuellen Offenlegung den Anlegern gegenüber untersagt.

Andererseits ergeben sich absolute Grenzen aus den Spezialwertungen der Anlagebeziehung. Dies gilt insbesondere für In-sich-Geschäfte, wenn die KVG zumindest auf einer Vertragsseite auf eigene Rechnung handelt. So untersagt das KAGB dem Geschäftsleitungs- und Aufsichtsorgan der Inv-AG[418] und Inv-KG[419] den Erwerb von Vermögensgegenständen im Eigentum der Inv-Ges und von Immobilien aus dem Vermögen der KVG oder eines verbundenen Unternehmens.[420] Beschränkungen bestehen gem. § 239 KAGB auch für den Erwerb von Immobilien durch die KVG, die zuvor dem Sondervermögen gehört haben oder wenn Immobilien an einen anderen, von der KVG verwalteten AIF übertragen werden. Eine weitere absolute Grenze setzt das Zuwendungsverbot gem. Art. 24 AIFM-VO (dazu bereits oben, § 31.A.II.2.).

IV. Insbesondere: Zuweisung von Geschäftschancen

Die Übernahme mehrerer Geschäftsbesorgungsverhältnisse durch Verwahrer und Verwalter ist die zulässige[421] Regel, nicht die zweifelhafte Ausnahme. Wie bei widerstreitenden, gegenüber mehreren divergierenden Anlegergruppen bestehenden Rechtspflichten (sog. Pflichten-Pflichten-Konflikte oder Pflichtenkollision) zu verfahren ist, lässt sich mittels der Loyalitätspflicht nicht auflösen: Die Befolgung der Pflicht im Verhältnis zu einer Kollektivanlage korrespondiert mit einer Verletzung gegenüber der anderen.

Trotz Beachtung des Vermeidungsgebots können sich die Pflichten gegenüber verschiedenen Fonds gegenläufig zueinander verhalten. So kann sich die Frage stellen, welchem von mehreren Fonds das – für alle Fonds zusammen zu kleine – „gute Investment" aus einer Aktienemission oder einem Blockhandel zugeteilt wird. Das Problem unterscheidet sich von der nur partiellen Ausführung einer gemeinsam erteilten und im Verhältnis zum Gesamtmarkt kleinen Order, die mit der Zuteilung pro rata zu einem gerechten Ergebnis geführt werden kann:[422] Die Aufnahme einer *zu kleinen* Allokation in ein Anlageportfolio

---

[418] §§ 119 Abs. 4, 147 Abs. 4 KAGB.
[419] §§ 128 Abs. 3, 153 Abs. 4 KAGB.
[420] § 239 Abs. 2 Bst. a, b KAGB.
[421] Vgl. § 92 Abs. 3 S. 1 KAGB. Zulässigkeitsvoraussetzung ist, dass sich die Bezeichnungen unterscheiden (§ 92 Abs. 3 S. 1 KAGB) und jeweils nicht irreführend sind (§ 4 Abs. 1 KAGB); die KVG muss auf Wahrheit und Klarheit achten, vgl. Beckmann/*Beckmann*, § 30 InvG Rn. 31; Emde/*Nietsch*, § 30 InvG Rn. 31 ff.
[422] Dafür auch Teil I.5. BVI-WVR; Beckmann/*Beckmann*, § 9 InvG Rn. 169.

ist ein Verstoß gegen die Sorgfaltspflicht, weil mit jeder Position Überwa-
chungs- und Informationsaufwand einhergeht, der den Verwalter von der Entdeckung anderer Geschäftschancen abhält, so dass – unabhängig von der Gebührenstruktur – eine zu kleine Position aus Sicht der Anleger ein Verlustge-
schäft bedeutet. Konflikte bestehen nur dann, wenn sich der Gegenstand in
mehrere Portfolios gleich gut einfügt.

Die Ansätze im Schrifttum zur individuellen Vermögensverwaltung und
Treuhand versagen in einem solchen Fall: Während in schuldrechtlichen Aus-
tauschverhältnissen außerhalb der Insolvenz kein Anlass zu Konfliktlösungsre-
geln besteht – grundsätzlich hat der erste Gläubiger, der vollstreckt, das Recht
gesichert (sog. *Präventionsprinzip*[423]) –, ist ein solcher Wettlauf im Kollektivanlagenrecht unpassend. Denn der Verwalter ist derjenige, der über den Ausgang
des Wettlaufs entscheidet. Aus dem gleichen Grund sind die *Geschäftschancen-*
lehre und das kommissionsrechtliche *Prioritätsprinzip*[424] unpassend. Das völlige *Untätigbleiben* im Konfliktfall liegt bei identifizierter Chance nicht im Anlegerinteresse.[425] Die *Offenlegung* des Konflikts gegenüber den Anlegern mag
ehrenhaft sein, beseitigt aber das schlechte Gefühl der Anleger nicht, weil die
Offenlegung des Konflikts nicht zu dessen Auflösung beiträgt.[426] Ein auf bestimmte Personen zugeschnittener Organisations- und Aufgabenbereich (*Chi-*
nese Walls) entwertet die Geschäftsorganisation des Verwalters und widerspricht wohl auch dem Anlegerinteresse, wonach mehrere Fonds zeitgleich von
einem guten Verwalter profitieren können, indem der Verwalter die Kosten für
den einzelnen Fonds reduziert. Ebenfalls keine Lösung bietet das *Gleichbe-*
handlungsgebot. Dessen vertraglicher Begründungsansatz trägt nur die Gleichbehandlung der Anleger *derselben* Kollektivanlage. Unter Anlegern verschiedener Fonds besteht keine Gleichbehandlungspflicht.[427] Zudem kommt man mit
dem Gleichbehandlungsgebot allenfalls zu dem verschwenderischen Ergebnis,
dass keiner der Fonds die Zuteilung erhält. Nicht auf ein Gleichbehandlungs-,
sondern allenfalls das Fairnessgebot gegenüber allen Marktteilnehmern zu stützen ist eine Analogie zur Verteilung einer unteilbaren Leistung bei der Auslo-
bung durch das Los (§ 659 Abs. 2 S. 2 BGB).[428] Eine solche Verteilung ist freilich

---

[423] *Löhnig*, Treuhand, S. 349 verweist auf *Regelsberger*, Pandekten, § 55: „Das Prinzip des
Zuvorkommens ist sozusagen die plumpste Lösung der Kollision".

[424] *K. Schmidt*, Handelsrecht, § 31 IV.1.a); *Hopt*, Kapitalanlegerschutz, S. 484 f.; *Sethe*,
S. 808 ff.; für Wertpapierdienstleistungsunternehmen Schwark/*Zimmer*/*Rothenhöfer*, § 31
WpHG Rn. 61.

[425] Ebenfalls kritisch *Sethe*, S. 811 f.

[426] Ebenroth/*Grundmann*, Bankrecht, Rn. VI 210.

[427] I.E. ebenso für mehrere Treugeber Ebenroth/*Grundmann*, Bankrecht, Rn. VI 228; für
mehrere Kunden eines Wertpapierdienstleistungsunternehmens Schwark/*Zimmer*/*Rothen-*
höfer, § 31 WpHG Rn. 62; a.A. *Sethe*, S. 802 ff. für individuelle Vermögensverwalter, wonach
sich der Verwalter mit Abschluss jedes Vertrags zur Gleichstellung mit anderen Kunden ver-
pflichte.

[428] Dafür *Löhnig*, Treuhand, S. 393.

schwer nachzuvollziehen und noch schwerer zu kontrollieren. Das Schrifttum sieht die Gefahr, dass bestimmte Anlegergruppen bevorzugt werden.[429] Der Branchenverband der Fonds-Industrie verlangt in seinen Wohlverhaltensregeln, dass die KVG die Zuteilung erworbener Gegenstände zu verschiedenen Fonds vorab festlegt.[430] Damit ist freilich nicht gesagt, welchen Regeln die Festlegung folgt. Auch eine solche ex ante-Zuteilung liegt in der Hand des Verwalters.

Alle vorgenannten Zuteilungsregeln überzeugen letztlich nicht. Die Loyalitätspflicht verbietet dem Verwalter eine Zuteilung der attraktiven Chance an sich selbst. Im Übrigen ist dem Verwalter selbst zu überlassen, wie er in diesem Fall verfährt, sofern er keine andere Zuteilungsmethode vertraglich zugesichert hat. Zulässige Erwägungen sind z.B., wie attraktive Gegenstände in der Vergangenheit verteilt wurden (welche Kollektivanlage hat in welcher Höhe schon profitiert?), wie sich die Gesamtergebnisse der Kollektivanlage im Verhältnis zum angestrebten Index verhalten (wo besteht Nachholbedarf) und wie die Zuteilung das Verwalter-Einkommen beeinflusst.

Insbesondere das letzte Kriterium wird im Schrifttum bislang nicht vertreten oder sogar explizit abgelehnt. Dafür spricht aber, dass attraktive Anlagechancen Ausdruck des Erfolgs der Gesamtorganisation des Verwalters sind. Auf effizienten Märkten sollte es preiswerte Angebote nicht geben, Marktpreise bewegen sich i.d.R. nahe am Erwartungswert des Vermögensgegenstandes. Ist ein Markt für große Transaktionen nicht aufnahmefähig, ersetzt ein Blockhandel zwischen Marktakteuren den Markt. In diesem Fall kann es zu geringfügigen Unterbewertungen, aus Sicht des Erwerbers also „guten Angeboten" kommen, deren guter Preis freilich dem Umstand geringerer Liquidität geschuldet ist. Dass ein Verwalter als potentieller Erwerber ggf. berücksichtigt oder nachgefragt wird, ist Resultat der Reputation seiner Geschäftsorganisation. Damit haben die Anleger nichts zu tun. Eine wie auch immer begründete – rechtlich induzierte – Verteilung dieses Erfolgs auf bestimmte Anleger geht fehl. Von der hier vertretenen Auffassung profitieren letztlich alle Anleger: Ein Verwalter wird regelmäßig eine zu einseitige Aufteilung schon deshalb vermeiden, weil dies seine Reputation und damit sein Geschäftskapital gefährdet. Rechtlicher Regeln bedarf es nicht.

---

[429] *Köndgen/Schmies* in Bankrechts-Handbuch, § 113 Rn. 47. Diese Gefahr hat jedoch nichts mit der Ausweitung der Geschäftstätigkeit gem. § 7 Abs. 2 InvG zu tun. Bereits vor der Zulassung der individuellen Vermögensverwaltung konnte man sog. „hot issues" in Spezialfonds oder solche Fonds verschieben, wo sich das Gebührenaufkommen z.B. aufgrund einer Gewinnbeteiligung positiv entwickelte.

[430] Teil I.5. der BVI-WVR.

B. Gleichbehandlungspflicht

Eng mit der Frage der Behandlung von Interessenkonflikten verknüpft und nach § 27 Abs. 1 Nr. 2 KAGB darunter zu subsumieren ist die Frage, wie mit verschiedenen parallelen Anlagebeziehungen zu verfahren ist. Den Anlegern wird im Verhältnis zu anderen Anlegern nicht die Vermeidung von Interessenkonflikten, sondern lediglich zugesagt, solche Konflikte innerhalb einer Kollektivanlage durch Gleichbehandlung aufzulösen.[431] Die Existenz der Gleichbehandlungspflicht belegt die Vorschrift des § 96 Abs. 1 und 2 KAGB: ohne unterliegende Gleichbehandlungspflicht bedarf es keiner Regelung, dass Anteilsklassen und Teilfonds mit verschiedenen Rechten ausgestattet sein können. Jenseits derselben Kollektivanlage – im Verhältnis zu anderen Kunden und Kollektivanlagen – verpflichtet sich der Verwalter nicht zur Gleichbehandlung; ihm obliegt ggf. die ordnungsgemäße Verwaltung von Interessenkonflikten, im Übrigen nur die allgemeine Pflicht zur Fairness gegenüber jedem Marktteilnehmer und zum Schutz der Marktintegrität.[432]

Ist die Grenze der Gleichbehandlungspflicht damit theoretisch bestimmt – es handelt sich um die Grenze der jeweiligen Anlageorganisation –, stellt sich die schwierige Frage, welche Teile des durch denselben Verwalter verwalteten Vermögens zu „einer" Kollektivanlage zählen.[433] Die Grenzlinie wird im Folgenden für die Ausgabe verschiedener Teilfonds, Anteilsklassen und die Gewährung bestimmter Privilegien bestimmt.

I. Teilfonds / Teilgesellschaftsvermögen

Teilfonds – bei offenen Inv-Ges spricht man von Teilgesellschaftsvermögen (TGV)[434] – sind mehrere Kollektivanlagen mit unterschiedlicher Anlagepolitik und folglich Vermögensgegenständen, die unter einem gemeinsamen organisatorischen Dach zusammengefasst sind (sog. Umbrella), aber im Hinblick auf den Anlageerfolg und haftungsrechtlich getrennt sind.

1. Zweck

Grundsätzlich müssen alle Anleger aufgrund der Gleichbehandlungspflicht des Verwalters zu gleichen Konditionen beteiligt werden (arg. ex § 96 Abs. 1 S. 3 KAGB). Daraus erwachsen Hürden für den nur von einem Teil der Anleger

---

[431] Vgl. Vierter Teil, § 26.C.II.

[432] Z.B. FSA-Handbuch, PRIN 1.1 (6) und (8); *Zetzsche*, Aktionärsinformation, S. 298 ff., leitet aus der Fairnesspflicht den Grundsatz der Informationsgleichbehandlung ab.

[433] Exemplarisch der englische Fall *Russell-Cooke Trust Company v. Prentis* et al., [2002] EWHC 2227 (Ch) ¶ 20, 49, wo Justice *Lindsay* aufgrund der Werbematerialien mind. fünf verschiedene Collective Investment Schemes lokalisiert.

[434] §§ 117, 132 KAGB, dazu *Eckhold*, ZGR 2007, 664; *Fischer/Friedrich*, ZBB 2013, 153 (160); *Zetzsche*, AG 2013, 613 (617); *Bäuml*, FR 2013, 640, 645 f.; *Westermann/Stöber*, § 54a Rn. 3170f ff.; *Wallach*, ZGR 2014, 289, 311 f.

gewünschten Wechsel der Anlagestrategie. Innerhalb der Anlage ist der Verwalter an seine Verwaltungs- und Gleichbehandlungspflicht gegenüber den anderen Anlegern gebunden. Dem Anleger bleibt nur ein Wechsel der Anlage.[435] Müssen Anleger für den Wechsel die gleichen Ausgabeaufschläge und Rücknahmeabschläge wie neu hinzutretende Anleger bezahlen, besteht keinerlei Anreiz, innerhalb derselben Fondsgruppe zu wechseln. Die Bildung eines gemeinsamen Schirms ermöglicht einen Kompromiss aus dem Anlegerinteresse an der Kosteneinsparung und dem Verwalterinteresse am Erhalt der Anlagebeziehung: Ohne die aufwendige und mit Rechtsfolgen verbundene Bildung separater Anteilsklassen speziell für wechselwillige Fondseigner kann der Anleger zwischen Fonds unterschiedlicher Anlagepolitik zu Vorzugskonditionen wechseln.[436] Als Risiken drohen intensivierte Interessenkonflikte in der Person des Verwalters. Denn ein Fondswachstum wird bei Umbrella-Fonds überwiegend mit Anlegern generiert, die sich ihrer Anlagestrategie unsicher sind und deshalb häufiger wechseln. Dann ist der Verwalter motiviert, die Wechselkosten zulasten anderer Anleger zu senken.[437]

2. Zulässigkeit und Gestaltung

Das US-Recht kennt mit den Series Companies oder Multiple Portfolio Companies[438] bereits seit Erlass des ICA eine solche Gestaltungsmöglichkeit. Mangels Geltung des Vertragsmodells erlangt diese ihre Attraktivität durch Vermeidung der Kosten für die Gründung einer separaten Investment Company; sie wird wegen der mit der Gesellschaftsform verbundenen komplexen Stimmrechtssituation regelmäßig als Trust organisiert.[439]

---

[435] Der Bedarf nach einem solchen Wechsel ist potenziell umso größer, je ausdifferenzierter das Angebot an Anlagestrategien ist. Infolgedessen wundert es nicht, dass Teilfonds erst nach Entwicklung eines gewissen Anlagespektrums (z.B. von Aktien- bis zu Geldmarktfonds) in den 1980er Jahren als Phänomen gehäuft auftreten, vgl. *Mazie/Peterson*, (2009) 16:2 The Inv. Lawy. 1, 2.

[436] BT-Drs. 15/1553, S. 86.

[437] Vgl. *Nanda/Wang/Zheng*, (2009) 18 J. Fin. Interm. 329. Die dortigen Ausführungen zu Anlageklassen mit unterschiedlichen Gebührenstrukturen sind auf Teilgesellschaftsvermögen einer Umbrella-Struktur übertragbar.

[438] S. 18(f)(2) ICA nimmt Series Companies von dem Verbot aus, grundsätzlich nur eine Art Wertpapiere zu begeben. Grundsätzlich ist jede einzelne Anteilsserie als separate Investment Company zu behandeln, die Vermögensgegenstände sind zu trennen und in der Insolvenz ist die Befriedigung der Anleger daraus zu sichern und ggf. die Zustimmung der Anleger dieser Serie einzuholen (Rule 18f-2[a]). Die Investment Company hat freilich nur ein Board of Directors, einen Wirtschaftsprüfer und einen Principal Underwriter. Diese werden von der Gesamtheit der Anleger gewählt. Die SEC kann eine Proportion vorgeben, mit welcher jede Serie im Board of Directors vertreten sein muss. In Fragen, die wirtschaftlich die einzelne Serie betreffen, werden die Anleger jeder Serie autonom behandelt (z.B. zur Bestellung des Investment Advisers gem. Rule 18f-2(c)(1), zur Anlagepolitik gem. Rule 18f-2(d)). Seit dem Jahr 1970 darf für einen Wechsel zwischen den Serien keine Wechselkommission mehr erhoben werden. Näher *Frankel/Schwing*, § 31.01[C].

[439] Für den Uniform Statutory Trust Entity Act *Rutledge/Habbart*, (2010) 65 Bus Lawy.

Die Furcht vor fondsinternen Interessenkonflikten hat die Zulässigkeit von Teilfonds hierzulande verzögert, aber letztlich nicht verhindert. Mit dem Inv-ModG 2003 wurde unter Rezeption luxemburgischen, britischen und irischen Rechts eine Regelung in § 34 Abs. 2 InvG zu Teilfonds eingefügt.[440] Die Regelungen zu Teilgesellschaftsvermögen von Inv-AG wurden mit dem InvÄndG 2007[441] und dem OGAW-IV-Umsetzungsgesetz 2011[442] weiter liberalisiert. Das KAGB erlaubt nun Teilgesellschaftsvermögen für alle offenen Fonds. Ausweislich § 117 Abs. 1 S. 2 KAGB bedarf weder die Auflegung noch die Auflösung von Teilgesellschaftsvermögen der Zustimmung der (mit unternehmerischen Aktionären besetzten) Hauptversammlung der Inv-AG. Dies ist für Inv-Ges Geschäftsführungsangelegenheit. Die Zustimmung der Haupt- bzw. Gesellschafterversammlung wird durch die statutarische Ermächtigung substituiert.[443] Darf die KVG schon mehrere Kollektivanlagen parallel verwalten (§ 92 Abs. 3 S. 1 KAGB), entstehen aus der Bildung von Teilfonds nur in geringfügigem Maße zusätzliche Gefahren. Diesen Gefahren wird mit der Pflicht begegnet, für jeden Teilfonds Anlagebedingungen nach der Vorgabe der Vertragsbedingungen für separate Fonds zu erstellen und diese im Fall von Publikumsfonds von der BaFin genehmigen zu lassen.[444]

Für Teilfonds gelten auf der Grundlage des Vertragsmodells die gleichen Voraussetzungen wie für neue Anteilsklassen: Die neue Einführung darf kein Vertrag zulasten Dritter, insbesondere anderer Anleger sein. Dies bestätigen §§ 96 Abs. 1 S. 3, 117 Abs. 4, 132 Abs. 2 KAGB, wonach die Kosten für die Einführung von Teilfonds zulasten der neuen Teilfonds gehen. Fraglich ist, in welcher Höhe die Kosten des konkreten Wechsels festzusetzen sind. Der Nutzen für Verwalter und wechselwillige Anleger ist umso größer, je niedriger die Wechselkosten sind. Man könnte bei der Preisfestsetzung die allen Anlegern eines Umbrella-Fonds gegebene Wechseloption berücksichtigen; dann dürfte man die Wechselkosten teilweise auf alle Anleger abwälzen und dadurch den Wechselpreis

---

1055, 1070ff.; für Delaware *Mazie/Peterson*, (2009) 16:2 The Inv. Lawy. 1, 2 ("the concept of a series being a segregated pool of assets and liabilities of the trust"). Die Gründung von Series Companies als LLC ist nach dem einschlägigen Modellgesetz unzulässig.

[440] BegrRegE, BT-Drs. 15/1553, S. 86. Dazu *Steck/Schmitz*, AG 2004, 658; *Lang*, WM 2004, 56. Lux: Das Gesetz regelt an verschiedenen Stellen nur, dass jeder Teilfonds einer Kollektivanlage gleich steht, vgl. Art. 40, 46 Abs. 1, 2. UA und Art. 57, 63, 65, OPC-G, Art. 71 Abs. 5 FIS-G sowie Art. 3 Abs. 2 und 5 SICAR-G; Details regelt das CSSF Circulaire 91/75. UK: No. 3.3 COLL (zu Units), betreffend sub-funds; FSA 2011/71. Das Schweizer Recht kennt seit dem Jahr 2006 eine vergleichbare Regelung in Art. 40 Abs. 4 KAG, wonach die SICAV verschiedene Aktienkategorien bilden darf; jede Aktienkategorie bildet ein Teilvermögen, dazu BASK-KAG/*Rayroux/Gerber*, Art. 40 Rn. 25 f.; siehe zudem den Überblick in *Zetzsche*, ZBB 2014, 29 f.

[441] Vgl. BegrRegE, BT-Drs. 16/5576, S. 68.

[442] Vgl. BegrRegE, BT-Drs. 17/4510, S. 80 f.

[443] §§ 117 Abs. 1 und 8, 132 Abs. 1 und 7 S. 1 KAGB; vgl. *Zetzsche*, AG 2013, 613, 617.

[444] §§ 96 Abs. 1 S. 3, 117 Abs. 5, 132 Abs. 2 KAGB (für TGV).

durch Quersubventionierung reduzieren. Alternativ ist auf die einzelne Anlagebeziehung zu rekurrieren. Die zweite Lösung entspricht dem Vertragsmodell der Kollektivanlage, wonach eine Rechtsbeziehung nur zwischen Anleger und Verwalter[445] und kein übergeordnetes Interesse an dem Gesamtbestand der Organisation besteht. Dieses Ergebnis bestätigen ein Blick in die Begründung zum InvÄndG[446] sowie § 96 Abs. 3 KAGB, wonach die Fonds vermögensrechtlich eigenständig sind, es also kein schutzwürdiges Gesamtinteresse am Wechsel gibt.[447] Die Rücknahmeabschläge müssen folglich so hoch bleiben, dass die in dem Teilfonds verbleibenden Anleger nicht mit den Kosten des Wechsels von einem Fonds in den anderen (z.B. aus der Auflösung von Vermögensgegenständen) belastet werden. Ebenso dürfen die Anleger des aufnehmenden Teilfonds nicht mit den Kosten des Aufbaus der Anlagebeziehung belastet werden. Niedrige Wechselgebühren lassen sich nur realisieren, indem der Verwalter die Vergütung von Vertriebsintermediären oder seinen Gewinn reduziert.

Die Fonds stehen einander zunächst wie fremde Fonds gegenüber: Jeder Teilfonds ist vermögens- und haftungsrechtlich sowie im Verhältnis zu Anlegern und Gläubigern eigenständig.[448] Der Wert jedes Fonds ist getrennt zu berechnen, die Anlagebedingungen sind separat genehmigungspflichtig. Ebenso wie für unterschiedliche Anteilsklassen (dazu sogleich) folgt daraus Informations-, Buchhaltungs- und Rechnungslegungsaufwand.[449]

3. Gemeinkosten bei der Inv-Ges?

Jenseits der Gemeinkosten ist der vermögens- und haftungsrechtlichen Trennung Rechnung zu tragen. Soweit sich die Teilfonds wie fremde Dritte gegenüber stehen, ist das Limit der Kollektivanlage erreicht. Es besteht kein Grund, das Handlungsermessen durch Gleichbehandlungsvorgaben einzuschränken. Dies gilt z.B. in Bezug auf Anlageentscheidungen. Dieser Gedanke lässt sich

---

[445] Explizit Berger/*Schmitz*, § 34 InvG Rn. 35.

[446] Vgl. BT-Drs. 16/5576, S. 68: „strenge vermögens- und haftungsrechtliche Separierung der Teilfonds nicht nur [Vf.: aber auch] im Verhältnis der Anleger untereinander".

[447] Gleichwohl mutet die Formulierung des § 96 Abs. 3 KAGB in mehrfacher Hinsicht merkwürdig an: Im Außenverhältnis haftet beim vertraglichen Fonds den Gläubigern nur die KVG. Die Gläubiger können aber den Ersatzanspruch der KVG gegen das Sondervermögen pfänden und sich überweisen lassen. Weil sich dieser nur auf den Teilfonds erstreckt, für den gehandelt wurde, ist § 96 Abs. 3 S. 3 KAGB bestenfalls deklaratorisch. § 96 Abs. 3 S. 4 KAGB ist insofern missverständlich, weil im Außenverhältnis jedenfalls die KVG die Verbindlichkeiten für Rechnung des Fonds begründet. Gemeint ist, dass sich die KVG nur aus dem Vermögen des Teilfonds befriedigen kann.

[448] Vgl. § 96 Abs. 3 KAGB und für TGV der Inv-AG § 117 Abs. 2 und 3 KAGB sowie der Inv-KG § 132 Abs. 1 KAGB. Für das US-Recht ebenso *Mazie/Peterson*, (2009) 16:2 The Inv. Lawy. 1, 3.

[449] §§ 96 Abs. 4, 162 Abs. 2 Nr. 9, 165 Abs. 2 Nr. 26 KAGB. Abweichend von Anteilsklassen bedarf es einer separaten Rechnungslegung für jeden Teilfonds, vgl. *Sedlmaier*, WM 2010, 1437, 1441. Zu Series Trusts nach dem Recht von Delaware *Mazie/Peterson*, (2009) 16:2 The Inv. Lawy. 1, 3.

dahingehend konkretisieren, dass die Gleichbehandlungspflicht mit der vermö-
gens- und haftungsrechtlichen Solidarität korrespondiert: Soweit eine gemeinsame Vermögensfolge zu erwarten ist, rechtfertigt sich die Verwalterbindung,
jenseits davon indes nicht.

a) Einstandspflicht der Teilgesellschaftsvermögen?

Nach h.L.[450] sind die Teilgesellschaftsvermögen einer Inv-Ges jedoch nicht
vollständig voneinander losgelöst. Es soll bei der gemeinschaftlichen Einstandspflicht für Sozialverbindlichkeiten bleiben. Sozialverbindlichkeiten entstehen
in Form von Vorstandsgehältern, Aufsichtsrat- /Beiratsvergütung, Kosten für
die Geschäftsorganisation und ggf. aus Deliktsansprüchen, die nicht einzelnen
Teilgesellschaftsvermögen zugeordnet, aber der Inv-Ges zugerechnet werden.

Diese Frage berührt einen Konflikt zwischen Gläubiger- und Unterneh-
merinteressen einerseits sowie Anlegerinteressen andererseits. Greift man im
Sinne eines Gläubigerschutzes auf die nach außen verkündete Rechtsform zu-
rück, führt dies nach § 108 Abs. 2 KAGB i.V.m. § 1 Abs. 1 S. 2 AktG bzw. §§ 124
Abs. 1 S. 2 KAGB i.V.m. §§ 124 ff. KAGB zu einer Einstandspflicht aller Teilver-
mögen für Gemeinkosten; damit erhöht sich die Haftungsmasse zugunsten der
Gläubiger, zugleich kann ein pflichtwidriger Vorstand von ihm verursachte
Schäden zunächst auf die Anleger abwälzen. §§ 108 Abs. 4, 124 Abs. 2, 140
Abs. 3, 149 Abs. 2 KAGB für die Vermögensordnung der Inv-Ges verweisen
nicht auf § 93 Abs. 2 KAGB, wonach die Anleger für Kosten der KG *nicht* einzustehen haben.[451] Eine Beteiligung an den Gemeinkosten bedeutet eine
Schlechterstellung der Anleger, die man dem auf Anlegerschutz und Wettbe-
werbsgleichheit bedachten Gesetzgeber nicht unterstellen möchte. Dieser Wertung lässt sich mit Blick auf die Abbedingung des § 23 Abs. 5 AktG zur Durchsetzung verhelfen, wonach auch die Einstandspflicht des § 1 Abs. 1 S. 2 AktG
implizit abbedungen sein kann.

Diese nach Auswertung aller gesetzlichen Grundlagen zu konstatierende
Pattsituation kann in beide Richtungen – pro Anleger- oder Unternehmer-/
Gläubigerschutz – aufgelöst werden. Die Anlegerdichotomie als Kernelement
der Idealanlage und die Möglichkeit, Unternehmeraktien an qualifizierte Anleger ohne Anzeigepflicht auszugeben – dies indiziert eine Nähebeziehung und
unternehmerische Mitverantwortung[452] –, sprechen für eine Differenzierung
nach dem Anlegerstatus.[453] Privatanleger-Aktien dürfen über die Verwaltervergütung hinaus mit Gemeinkosten nicht belastet werden. (Nur) In Höhe der

---

[450] *Fischer*, Inv-AG, S. 109 ff.; *Steck/Fischer*, ZBB 2009, 192 f.; Beckmann/*Hackländer*,
§ 100 InvG Rn. 4; Emde/*Dornseifer*, § 100 InvG Rn. 13.
[451] Siehe dazu *Wallach*, ZGR 2014, 289, 314.
[452] *Wallach*, Der Konzern 2007, 489.
[453] Vgl. zur Einschränkung des Gläubigerschutzes zugunsten des Anlegerschutzes *Zetzsche*, AG 2013, 613, 619.

Verwaltervergütung steht der Inv-Ges als Gläubiger ein Anspruch gegen das TGV zu. Gläubiger können nur diesen Vergütungsanspruch pfänden. Ist die Vergütung nicht prozentual festgelegt, zählt dazu der für die gewählte Organisation gewöhnliche Aufwand. Außergewöhnliche Ausgaben und deliktsrechtliche Ersatzansprüche gegen die Inv-Ges bleiben außen vor. Im Ergebnis steht der Privatanleger in dem TGV dem Anleger in einem vertraglichen Teilfonds gleich. Teilgesellschaftsvermögen mit Unternehmeraktien müssen dagegen für Sozialverbindlichkeiten der Inv-Ges einstehen.

b) Ausgestaltung

Für die Verteilung der – im Fall von Privatanlegern: nur der gewöhnlichen – Gemeinkosten gilt nicht die vertragliche Gleichbehandlungspflicht, weil jedes Teilgesellschaftsvermögen eine eigene Kollektivanlage ist. Jedoch folgt eine Gleichbehandlungspflicht vorbehaltlich einer abweichenden Regelung in Satzung oder Gesellschaftsvertrag aus § 53a AktG bzw. gesellschaftsvertraglichen Grundsätzen. Der Bezugspunkt der Gleichbehandlungspflicht ist indes nicht klar. Eine Zuordnung zu jedem TGV nach gleichen Teilen[454] entspricht zwar dem Rechtsgedanken des § 426 Abs. 1 BGB, belastet aber kleine – dies sind in der Regel neue – TGV über Gebühr. Konsequent dürften die Anleger die Investition in neue TGV scheuen, weil der Ertrag relativ schlechter ausfällt. Bei Zuordnung nach der Aktienanzahl entfällt auf jede Aktie der gleiche Haftungsanteil. Dies bevorzugt „schwere" Aktien, die tendenziell eher von qualifizierten Anlegern gehalten werden.[455] Richtigerweise muss die Relation der Anlagevolumina (Nettoinventarwerte) der TGV zueinander maßgeblich sein.[456]

II. Anteilsklassen

Bei Ausgabe verschiedener Anteilsklassen ist der mit einer identischen Anlagepolitik[457] verwaltete identische Vermögensstock, auf dem sich der gemeinsame Anlageerfolg gründet, Gegenstand unterschiedlicher Vereinbarungen.

1. Identische Bezugsgröße bei abweichenden Rahmenbedingungen

Die Vertragsbedingungen ein und derselben Kollektivanlage können in Abhängigkeit von der nachgefragten Anlagesumme, -währung, Haltedauer, Ertrags-

---

[454] Dafür *Wallach*, Der Konzern 2007, 487, 592.

[455] Darin sehen Berger/*Fischer/Steck*, § 100 InvG Rn. 15 einen Gleichbehandlungsverstoß.

[456] I.E. ebenso Berger/*Fischer/Steck*, § 100 InvG Rn. 15; *Steck/Fischer*, ZBB 2009, 192 f.; Emde/*Dornseifer*, § 100 InvG Rn. 13.

[457] Arg. Ex. § 96 Abs. 2 KAGB, wo als Teilsondervermögen Sondervermögen definiert werden, die sich zumindest hinsichtlich der Anlagepolitik unterscheiden. Vgl. BaFin, Fragenkatalog zu Anteilsklassen vom 6. November 2007, Ziffer I. 17., wonach die Einführung einer neuen Anteilsklasse keine Änderung der Anlagepolitik bereits bestehender Anteilsklassen bedeutet. Für Unzulässigkeit der Bildung von Anteilsklassen mit unterschiedlicher Anlagepolitik und Vermögensgegenständen auch Berger/*Schmitz*, § 34 InvG Rn. 7.

thesaurierung etc. unterschiedlich ausgestaltet werden. In Abhängigkeit von Komplexität, Kosten und Wettbewerb kann insbesondere die Verwaltervergütung schwanken. Je nach Variante des Anlagevertrags wird in Euro, Dollar oder Schweizer Franken abgerechnet, erhält der Anleger Zwischenausschüttungen oder nicht, ist die Mindestanlagesumme niedrig oder hoch, besteht ein tägliches, monatliches oder anderes Rückgaberecht etc. Allen Anteilsklassen wird dafür eine identische Anlageentscheidung zugrunde gelegt. Die Anlageentscheidung wird lediglich in einen unterschiedlichen Rechtsrahmen eingebettet.

Die abweichende Rahmengestaltung führt aus Sicht des Anlegers zu einer abweichenden Wertentwicklung des angelegten Betrags, jedoch bleibt die Bezugsgröße aller Vertragsverhältnisse gleich: Wer Thesaurierung präferiert, für den werden aus den Erträgen Anteile hinzuerworben. Wer geringere Kosten als ein anderer Anleger vereinbart hat, für den wird zur Deckung der Verwaltungsgebühren und -kosten ein geringerer Anteil an Anlagegegenständen veräußert. Bei hoher Mindestanlagesumme erhält der Vermögensstock mehr Kapital und im Gegenzug der Anleger mehr Anteile als bei geringer Anlagesumme. Bei einer Fremdwährungsklasse wird der Anteilswert des Vermögensstocks jeweils in die Fremdwährung umgerechnet. Hinzu können Kurssicherungsgeschäfte durch Anlagetechniken gem. § 197 Abs. 1 KAGB kommen, deren Wirkung und Kosten nur der jeweiligen Anteilsklasse zuzuordnen sind.[458] Im Fall längerer Rückgabebefristung hat der Verwalter länger Zeit, Vermögenswerte zu realisieren; die Liquidationskosten reduzieren sich.

Grafik: Anlageklassen

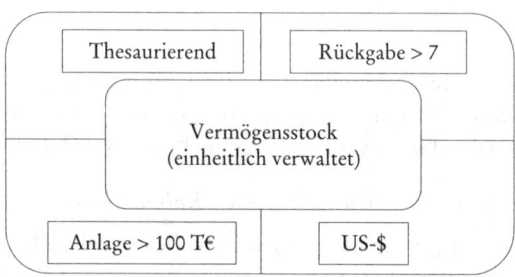

Auf Seiten des Verwalters vereinfacht die Ausgabe von Anteilsklassen die Geschäftsorganisation: Weniger Kollektivanlagen sind aufzulegen, weniger parallele Anlageentscheidungen zu organisieren, weniger Interessenkonflikte zu verwalten etc. Dies sollte sich in einem wettbewerbsgesteuerten Markt in niedrige-

---

[458] Emde/*Schott*, § 34 InvG Rn. 10; Berger/*Schmitz*, § 34 InvG Rn. 11. Vgl. dazu näher Ba-Fin, Fragenkatalog zu Anteilsklassen vom 6. November 2007, Ziffer II. Nr. 10 bis 12.

ren Kosten wiederspiegeln.[459] Die Charakteristik der Anteilsklasse bildet zudem spezifische Anlegerbedürfnisse ab.[460] Dem stehen auf der Soll-Seite intensivierte Interessenkonflikte gegenüber.[461] Insbesondere können Verwalter Kosten dorthin zuweisen, wo es ihnen zur Förderung ihres eigenen Geschäfts statt des Anlegererfolgs opportun erscheint. So ist eine stärkere Kostenweitergabe an Privatanleger denkbar, wodurch der *Verwalter* im wettbewerbsintensiven Markt um qualifizierte Anleger Vorteile auf Kosten der Privatanleger erlangt.

2. Investmentrechtliche Regelung

Auf der Grundlage der Korporationsanalogie müsste man der Bildung von Anteilsklassen kritisch gegenüber stehen: Das AktG ermächtigt zur Differenzierung nur in Bezug auf das Stimmrecht (§ 140 Abs. 1 AktG), als Kompensation ist ein Vorzug zu zahlen (§ 139 Abs. 1), also eine Differenzierung in Bezug auf die Gewinnverwendung geboten. Selbst wenn man eine Parallele zwischen Aktienklassen und Aktiengattungen zieht,[462] ist die Ausgabe von Vorzugsaktien auf die Hälfte des Grundkapitals beschränkt (§ 139 Abs. 2 AktG). Doch besteht für eine solche Strenge kein Anlass. Ratio der Limitierung, die z.B. dem US- und kanadischen Gesellschaftsrecht unbekannt ist, ist die Sicherung eines Mindestkapitaleinsatzes als Voraussetzung der Zuweisung von Herrschaftsrechten. Ohne korrespondierenden Kapitaleinsatz ist eine Verlust- und damit verantwortungslose Spekulation auf dem Rücken der Kapitalgeber möglich.

Derartige Erwägungen versagen, wo der Kapitaleinsatz per se ohne Herrschaftsrechte einhergeht. Auf der Grundlage der Vertragsanalogie ist die Gestaltung unterschiedlicher Anteilsklassen deshalb zulässig. Das Geschäftsbesorgungsrecht kennt jenseits des höchstpersönlichen Bereichs keine Gestaltungsgrenze. Dieses mit dem Bild der Idealanlage selbständig gewonnene Ergebnis bestätigt § 96 Abs. 1 KAGB. Danach können die Anteile an einem Sondervermögen u.a. hinsichtlich Ertragsverwendung, Ausgabeaufschlag, Rücknahmeabschlag, Anteilswährung, Verwaltervergütung und Mindestanlage verschieden ausgestaltet sein.[463] Anteile einer Klasse gewähren gleiche Aus-

---

[459] Vgl. BT-Drs. 14/8017, S. 103 (zu § 18 KAGG).

[460] Vgl. *Benzon v. Morgan Stanley Distributors, Inc.*, 420 F.3d 598, 606–07 (6th Cir. 2005): Class A-Shares mit volumenbezogen sinkendem Ausgabeaufschlag von 5,25% auf bis zu 0,25%, Class B-Shares mit abnehmendem Rücknahmeabschlag und Wegfall nach sechsjähriger Haltedauer, Class C-Shares mit Rücknahmeabschlag von 1%. Gegenstand der erfolglosen Klage war eine angeblich missverständliche Prospektdarstellung, wonach Class A-Shares günstiger als Class B- und C-Shares seien.

[461] *Adams/Mansi/Nishikawa*, Are Mutual Fund Fees Excessive (2010).

[462] *Fischer*, NZG 2007, 133, 134.

[463] Der Begriff „gleiche Rechte" wurde mit dem OGAW-IV-UmsG durch den Begriff Ausstattungsmerkmale ersetzt, um einen weiteren Gestaltungsspielraum zu gewähren. Schon zuvor war anerkannt, dass Rechte auch Pflichten sein können.

gestaltungsmerkmale (§ 96 Abs. 1 S. 2 KAGB), „Klasse" ist also die Summe der gleichförmig ausgestalteten Anlagebeziehungen.

Die Vorschrift gilt für die Inv-AG (§§ 108 Abs. 4, 140 Abs. 3 KAGB) und die Inv-KG (§§ 124 Abs. 2, 149 Abs. 2 KAGB) entsprechend. Sie ist das Ergebnis einer Rezeption luxemburgischen, englischen und irischen Rechts: Ausgehend von der korporationsähnlichen strengen Anteilsgleichheit wurde erstmals mit dem 4. FMFG im Jahr 2002 eine Klassendifferenzierung in Bezug auf exklusiv bestimmte Merkmale zulässig.[464] Mit dem InvÄndG wurde der Zusatz „insbesondere" eingefügt; der Katalog zulässiger Klassendifferenzierung wurde von einer Inhaltsbeschränkung zum Regelbeispiel.[465] Zugleich kam es nach liechtensteinischem und Schweizer Vorbild zur Differenzierung zwischen Unternehmeraktien (mit Stimmrecht) und Anlageaktien (ohne Stimmrecht), die – sofern kein separates Teilgesellschaftsvermögen dafür begründet wird – jeweils identisch am Anlageerfolg partizipieren und sich außer in Bezug auf das abweichende Stimmrecht nicht unterscheiden. Mit der Umsetzung der OGAW-RL im Jahr 2011 entfiel die Beschränkung auf Rechte, jetzt können alle Ausstattungsmerkmale variiert werden. Diese Entwicklung bestätigt erneut die Entscheidung gegen die Korporations- und für die Vertragsanalogie.

Mit der Klassenbildung verbunden sind gesteigerte Offenlegungspflichten aus § 666, 1. Alt. BGB: Generell ist darüber zu informieren, ob und unter welchen Voraussetzungen Anteile mit unterschiedlichen Rechten ausgegeben werden und wie sich der Anteilswert jeweils berechnet.[466] Im Turnus der gesetzlich gebotenen Anteilswertberechnung ist der Wert des einzelnen Anteils jeder Klasse zu jedem Bewertungstermin (jeweils separat) zu ermitteln und darüber Buch zu führen.[467] Die Pflicht zur separaten Berechnung besteht auch für qualifizierte Anlageklassen, weil qualifizierte Anleger in die einzelnen Transaktionen und Geschäfte, die für die Berechnung erforderlich sind, sowie deren Verhältnis zu anderen Anteilsklassen grundsätzlich keinen Einblick haben. Selbst mit Engagement und Aktivität könnten sie die Berechnung nicht selbst vornehmen. Konsequenz sind gesteigerte Anforderungen an die Buchhaltung und Rechnungslegung.[468]

---

[464] § 15 Abs. 1 Bst. m und §§ 18 Abs. 2, 19 Abs. 2 S. 3 a.E. KAGG, vgl. dazu BT-Drs. 14/8017, S. 103 ff.

[465] Vgl. BegrRegE, BT-Drs. 16/5576, S. 68.

[466] Vgl. § 162 Abs. 2 Nr. 9 KAGB (Vertragsbedingungen), § 165 Abs. 2 Nr. 27 KAGB (Prospekt).

[467] § 96 Abs. 1 S. 4 KAGB; s. zudem §§ 14 und 15 KARBV.

[468] Vgl. § 101 Abs. 1 Nr. 3 und § 166 Abs. 5 S. 5 bis 7 KAGB sowie §§ 14 und 15 KARBV. Näher Berger/*Schmitz*, § 34 InvG Rn. 19 ff. BT-Drs. 14/8017, S. 103: „Die Verschiedenheit der Anteilklassen erfordert im Interesse der Anleger eine sachgerechte Zuordnung und Abgrenzung der Vermögenswerte und Verbindlichkeiten sowie der Aufwendungen und Erträge, die zu den einzelnen Anteilklassen gehören."; Emde/*Schott*, § 34 InvG Rn. 21 ff.

3. Grenzen

Bei den Grenzen einer zulässigen Differenzierung nach Anteilsklassen zeigt sich das luxemburgische Recht zu vertraglichen Fonds (FCPs)[469] freizügig: Ein Anteil kann grundsätzlich rechtlich beliebig ausgestaltet werden. Untersagt ist nur die Zuweisung des Rechts, die Auflösung des Sondervermögens zu betreiben, und ein Entzug der Informationsrechte. In vermögensrechtlicher Hinsicht gibt es keine Schranken, z.B. können mit den Anteilen Mehrfach- und Vorzugsdividenden verbunden sein.[470] Die gemeinsame Bezugsgröße bleibt jedoch auch dann erhalten, wenn der Ertrag der einen Anteilsklasse durch den Mehrertrag der anderen beeinflusst wird. Für Publikumsfonds ergibt sich eine zusätzliche Grenze aus der Preisberechnungsvorschrift, wonach der Anteilswert dem Nettovermögenswert geteilt durch die Anzahl der Anteile entsprechen muss.[471] Dagegen kann gem. Art. 9 FIS-G bei Spezialfonds die Preisberechnung vom anteiligen Nettovermögenswert abweichen. Das britische Recht schränkt das Recht zur Schaffung von „classes of units" formal in doppelter Hinsicht ein (No. 3.3.5 (2) COLL). Die Teilhabe am Kapital und Ertrag sowie deren Verteilung muss identisch ausgestaltet sein, und die Auszahlung oder Akkumulation von Einkommen oder Kapital darf nicht nach Quelle und Form von der anderer *classes* verschieden sein. Letztlich handelt es sich jedoch nur um die Vorgabe, dass alle *classes* nach derselben Anlagepolitik verwaltet werden und auf denselben Vermögensstöck referenzieren. Dies folgt aus No. 3.3.5 (4) COLL, wo die üblichen Differenzierungen nach Ausschüttung, Gebühren, Währung, Hebelung / Hedging für zulässig erklärt werden. Allgemein prüft die FCA nur, ob sich ein Vorteil oder Recht der Klasse als Nachteil einer anderen darstellt,[472] also ein Vertrag zulasten Dritter gegeben ist.

Liberal stellt sich die dem Vertragsprinzip verpflichtete Lösung des liechtensteinischen Art. 5 Abs. 3 UCITSG und Art. 7 Abs. 3 AIFMG dar. Im Kern ebenfalls liberal ist das Schweizer Recht der Anteils- und Aktienklassen.[473] Eine

---

[469] Durch den Verweis auf das allgemeine Gesellschaftsrecht besteht geringerer Freiraum für SICAVs und SICAFs.

[470] *Kremer/Lebbe*, Rn. 5.45.

[471] Art. 9 Abs. 1, 90 OPC-G.

[472] No. 3.3.2 COLL (Guidance).

[473] Die Kriterienliste in Art. 40 KKV (Kostenstruktur, Referenzwährung, Währungsabsicherung, Ausschüttung/Thesaurierung, Mindestanlage oder Anlegerkreis) ist nicht abschließend, arg. ex. Art. 78 Abs. 4 KAG (Abweichung von Einzahlung in bar mit FINMA-Zustimmung möglich). Die Terminologie irritiert etwas: Das KAG unterscheidet zwischen Aktienkategorien (die Teilgesellschaftsvermögen bilden) und Anteils-/Aktienklassen, näher BSK-KAG/*Rayroux/Gerber*, Art. 40 Rn. 28 ff.; *Lezzi*, Rn. 211. Vgl. dazu Art. 40, 78 Abs. 3 und 4 KAG, Art. 35a Abs. 1 Bst. e, 40, 61, 107c KKV sowie Art. 81 Abs. 4 KKV-FINMA (Berechnung eines NAV pro Anteilsklasse). Bei der Schaffung und Zusammenlegung von Anteilsklassen ist die Zustimmung der FINMA und der Depotbank erforderlich. Die Durchführung des Verfahrens zur Änderung des Fondsvertrags nach Art. 27 KAG mit Einwendungsrecht der Anleger ist nur bei der Zusammenlegung von Anteilsklassen durchzuführen. An die

Schranke stellt jedoch das Schweizer Spezifikum der Einheitsaktie dar, wonach SICAV/SICAF-Aktionäre immer Stimmrecht haben. Für jede Aktienklasse ist ein NAV zu ermitteln (Art. 81 Abs. 4 KKV-FINMA). Alle Aktienklassen eines Teilvermögens bilden eine Haftungsgemeinschaft (Art. 61 Abs. 3 KKV). In den USA hat die SEC die Option zur Schaffung multipler Anteilsklassen (Multiple Share Class Structures) in den 1990er Jahren generell für offene und geschlossene Fonds anerkannt.[474] Entgegen dem Grundprinzip des US-Rechts gem. s. 18(i) ICA sind auch stimmrechtslose Anteilsklassen zulässig. Zulässigkeitsgrenze ist auch hier die Quersubventionierung der einen durch die andere Klasse.[475] Diskussionsgegenstand ist insbesondere die Zuweisung von Gemeinkosten der Investment Company an einzelne Anteilsklassen. Die einschlägige SEC-Rule unterstellt die Kostenzuweisung einem Fairness-Gebot. Über die Fairness entscheidet die Mehrheit der unabhängigen Direktoren.[476]

Auch das deutsche KAGB kennt keine explizite Grenze der Klassengestaltung (mehr).[477] Sie ist aus dem Leitbild der Idealanlage zu entwickeln. Ausgangspunkt ist nach dem Vertragsmodell das Verbot des Vertrags zulasten Dritter.[478] Dass die Inhaber anderer Anteilsklassen durch die Einführung einer neuen Klasse nicht benachteiligt werden dürfen, belegen die Gesetzesbegründung[479] und § 96 Abs. 1 S. 3 KAGB, wonach die Kosten für die Einrichtung einer neuen Klasse für bestehende Sondervermögen der neuen Klasse zuzuweisen sind. Konkret bedeutet dies: Die Relation jedes bereits angelegten Euro zum Vermögensstock darf durch die Einführung einer neuen Klasse nicht beeinträchtigt werden. Nur die relativ höhere respektive niedrige Anteilsausgabe bzw. -rücknahme erhält bei Klassenunterschieden in Bezug auf die Ertragsverwendung und die Verwaltervergütung die Anteilsrelation.

Stelle der Zustimmung der Depotbank tritt bei Aktienklassen die statutarische Ermächtigung, alternativ die Zustimmung der Generalversammlung. Alle Anteilsklassen / Aktienklassen eines Teilvermögens tragen das Risiko einer Klasse, wenn deren Verbindlichkeiten nicht aus der Quote der einen Klasse am Teilvermögen befriedigt werden können. Das Risiko einer solchen Einstandspflicht ist im Prospekt offenzulegen (Art. 61 Abs. 3 KKV).

[474] Rule 18f-3, eingefügt im Jahr 1995. Zuvor hatte es bereits einige SEC-Ausnahmen von s. 18(f), (i) ICA für solche Strukturen gegeben.

[475] *Frankel/Schwing*, § 31.01[C][5] und § 21.13[G].

[476] Rule 18f-3(c)(1)(v). Die Vorschrift nennt als Zulässigkeitsmethode die "settled-shares method" (nach der ausgegebenen Aktienanzahl) und die „simultaneous-equations method" (nach der Bewertung). Die Zuständigkeit des Board steht in der Kritik. Die American Bar Association hat eine Zuständigkeit der Wirtschaftsprüfer angeregt.

[477] Gem. § 96 Abs. 1 und 4 KAGB kann die BaFin auf dem Verordnungsweg nur die Buchhaltung, Rechnungslegung und Wertermittlung regeln.

[478] Vgl. BGHZ 58, 216, 220; BGHZ 61, 359, 361; BGHZ 78, 369, 374 f.; Grenze ist der Rechtsreflex, vgl. BGH, NJW 2004, 3326, 3327. S.a. *Martens* AcP 177 (1977), 116, 139.

[479] Vgl. BT-Drs. 14/8017, S. 103 (zu § 18 Abs. 2 KAGG): „Auf diesem Wege wird auch ausgeschlossen werden, dass Anteilsinhaber bestehender Sondervermögen durch die Einführung von Anteilklassen Nachteile erleiden."

Dann sind solche Varianten nur für Fonds des offenen Typs mit unbeschränkter Anteilsausgabe und -rücknahme ohne Zustimmung der betroffenen Anleger zulässig. Dies trifft für abweichende Regelungen zur Ertragsverwendung zu. Doch spricht aus rechtlicher Sicht nichts dagegen – ebenso wie die Ausgabeaufschläge und Rücknahmeabschläge, die bei Erwerb und Veräußerung bilateral berechnet werden – die Verwaltervergütung bilateral statt kollektiv zu regeln. Damit mögen allenfalls Rationalisierungsnachteile einhergehen. Andere Klassenunterschiede berühren diese Relation freilich nicht, so dass sie auch bei Fonds des geschlossenen Typs ohne bilaterale Ergänzungen zulässig sind. Dies betrifft z.B. Fremdwährungsklassen und Mindestzeichnungssummen. Nicht gegen das Verbot des Vertrags zulasten Dritter verstoßen für die *neue* Klasse nachteilige Regelungen, so z.B. wenn damit ein Verzicht auf Ertragszuweisungen zugunsten der existierenden Klasse einhergeht.[480] Dann erhöht sich der relative Anteil der alten Klasse am Sondervermögen – deren Inhaber erhalten mehr Anteile neu zugewiesen, als ihnen zustehen –, während sich der Anteil der neuen Klasse reduziert. Eine solche Gestaltung ist aufgrund der mutmaßlichen Zustimmung der Altanleger zulässig, doch dürfte es für solche per se unprofitablen Anteilsklassen wenige Interessenten geben.

Des Weiteren ist § 168 Abs. 1 KAGB zu beachten, wonach sich der Wert des Anteils aus der Teilung des Wertes des Sondervermögens durch die Zahl der in Verkehr gelangten Anteile ergeben muss. Dieses Proportionalitätsgebot ist auch für Spezialfonds zwingend: § 284 Abs. 2 KAGB räumt nur hinsichtlich der §§ 192 bis 211 und 218 bis 224 KAGB Vertragsfreiheit ein. Der Vorschrift liegt der Gedanke zugrunde, dass aus Gründen der Rechtsklarheit und zwecks Senkung der Transaktionskosten grundlegende Parameter wie die Anteilsbewertung der Vertragsfreiheit entzogen sein sollen. Für das Proportionalitätsgebot gibt es gute Gründe: Erstens ändert sich der Charakter der Kollektivanlage durch eine abweichende Anteilsrelation (als Folge einer abweichenden Bewertungsregel) grundlegend.[481] Wird – nach *Jörgens* – ursprünglich das alte Prinzip genossenschaftlicher Vereinigung der Schwachen auf die Vermögensanlage transferiert, mit der Folge gleichsam einer Effektenversicherung *auf Gegenseitigkeit*, hebt die differenzierende Bewertung die Gegenseitigkeitsstruktur auf. Die Inhaber einer Klasse werden zum Risikonehmer, welche die übrigen Anleger für ihre Rechnung gegen Effektenverluste versichern. Zu erwartende Folge wäre die Einflussnahme des Risikonehmers auf die Verwaltungstätigkeit. Statt einer auf Gleichbehandlung bedachten droht eine parteiische Auflösung von Interessenkonflikten zugunsten des Risikoträgers. Daraus erwachsen im Recht der Kollektivanlage, das keinerlei Mechanismen zum Ausgleich von Machtkon-

---

[480] Mit einem AGB-Änderungsvorbehalt gem. § 308 Nr. 4 BGB kann in diesem Fall die rechtliche Beschränkung überwunden werden, dass sich die Anleger der existierenden Klasse nichts schenken lassen müssen (arg. § 516 Abs. 1 BGB). Dazu unten § 36.A.I.

[481] *Jörgens*, Finanzielle Trustgesellschaften, S. 18.

flikten unter Anlegern kennt, besondere Gefahren. Die gesetzgeberische Intention des Proportionalitätsgebots ist zu respektieren. Dass es für qualifizierte Anleger auch anders geht, hat der Blick auf andere Rechtsordnungen gezeigt.

Schließlich gelten die allgemeinen Grenzen vertraglicher Gestaltung. Insbesondere sind die mit jeder Anteilsklasse verbundenen Rechte und Pflichten (§ 162 Abs. 2 Nr. 9 KAGB) entsprechend dem Maßstab des Bestimmtheitsgebots (§ 307 Abs. 3 S. 2 BGB) anzugeben. Dies sind zumindest die für die Anteilsklassen prägenden Eigenschaften und Merkmale.[482] Mit dem Transparenzgebot sind einseitige Leistungsbestimmungsrechte unvereinbar. Die aufsichtsrechtliche Entscheidung der BaFin, Anteilsklassen nicht zu genehmigen, bei denen die Ertragsverwendung in das Ermessen des Verwalters gestellt wird,[483] ist zivilrechtlich ebenso zu treffen.

III. Differenzierte Rechte

Verläuft die Grenze der Kollektivanlage und damit der Gleichbehandlungspflicht entlang der solidarischen Teilung von Erfolg und Misserfolg, stellt sich die Frage, ob und in welchem Umfang die Anleger auf Gleichbehandlung verzichten können oder ihnen der Anspruch auf Gleichbehandlung durch unterschiedlich ausgestaltete Anlageklassen und Teilfonds genommen werden kann.

1. Kosten?

Typischerweise werden die Kosten für qualifizierte Anteilsklassen und Teilfonds niedriger festgesetzt als die Kosten für Anteilsklassen und Teilfonds, deren Anteile Privatanleger halten. Dies ruft Probleme unter verschiedenen Blickwinkeln hervor.

In der Frage der Differenzierung gilt in Luxemburg, Liechtenstein und letztlich auch in England das Vertragsprinzip und damit das Verbot eines Vertrags zulasten Dritter. In diesen Grenzen ist eine Kostendifferenzierung nach Anteilsklassen indes zulässig und üblich. Nach Auffassung des Schweizer Bundesgerichts sind unterschiedliche Ausgabe- und Rücknahmepreise innerhalb einer Kollektivanlage indes wegen Verstoßes gegen die Gleichbehandlungspflicht verboten.[484] Dann stellt sich die Frage nach der Grenze einer Kollektivanlage. Das Schweizer KAG sieht die Möglichkeit vor, separate Anteilskategorien (oder Aktienkategorien) und Anteilsklassen (Aktienklassen) mit je abweichenden Rechten aufzulegen (s.o.). Jede Klasse ist insoweit eine Kollektivanlage (obwohl haftungsrechtlich keine Trennung aller Klassen einer Kategorie besteht). Im US-Recht wird die Frage mit Blick auf die Angemessenheit der Vergütung nach

---

[482] Aus aufsichtsrechtlicher Sicht ebenso BaFin, Fragenkatalog zu Anteilsklassen vom 6. November 2007, Ziffer I.7.
[483] Berger/*Schmitz*, § 34 InvG Rn. 9.
[484] BGE 132, 186, 190.

s. 36(b) ICA in dem vom Board der Investment Company abgeschlossenen Vertrag mit dem Investment Adviser diskutiert. Der US Supreme Court hat im Fall *Jones et al.* zwar keine Ungleichbehandlung von Anteilsklassen einer Investment Company durch den gleichen Verwalter goutiert, aber das *Gartenberg*-Urteil in zwei Aspekten bestätigt, die in diese Richtung gedeutet werden können. Danach muss es keine Gleichbehandlung zwischen dem Mutual Fund und anderen institutionellen Kunden (in der Sache ging es um einen Pensionsfonds) desselben Verwalters geben. In der gerichtseigenen Zusammenfassung wird diese Aussage dahingehend verallgemeinert, dass zwei Kunden nicht gleichbehandelt werden müssten. Damit stellt sich die Frage als solche, ob zwei Teilfonds oder Anteilsklassen zwei oder ein Kunde sind. Weil Kunde jeweils die Investment Company ist, wird man wohl auf einen Kunden erkennen müssen. Allerdings hat die SEC per Ausnahme ausdrücklich Series Companies und Multiple Class-Funds zugelassen, die u.a. abweichende Gebührenstrukturen für jede Series oder Class aufweisen können sollen. Eine Kostendifferenzierung ist deshalb grundsätzlich zulässig.

Nach dem Vertragsmodell ist allein maßgeblich, ob die Gebührenfestsetzung ein Vertrag zulasten Dritter ist. Das KAGB lässt eine Kostendifferenzierung in Bezug auf Anteilsklassen ausdrücklich zu,[485] dies muss erst Recht für Teilfonds gelten. Im Gegensatz zum US- und luxemburgischen Recht ist kein abstrakter Marktstandard heranzuziehen, sondern die konkrete Kostenbelastung innerhalb der Kollektivanlage zu prüfen. Allein maßgeblich ist, ob die Kosten für den qualifizierten Anleger noch so hoch sind, dass sie alle anfallenden Kosten der Vergütung und des Wechsels decken und deshalb die Verwaltertätigkeit und die Anlage nicht zum Teil von den höheren Gebühren der Privatanleger finanziert werden. Dabei sind alle Vorhalte- und sonstigen Kosten einzubeziehen. Des Weiteren ist zu berücksichtigen, dass der Anlagebetrag des qualifizierten Anlegers i.d.R. erheblich höher als der von Privatanlegern ist. Dies wirkt sich bei der Verwaltungsvergütung und den Transaktionskosten positiv aus, während ein erheblicher Mittelzu- und -abfluss insbesondere bei illiquiden Märkten zu stärkeren Kurssteigerungen bzw. -abschlägen als eine kleine Investition führt. Die Frage, ob differenzierende Kostenregelungen zulässig sind, ist damit Tatsachen-, nicht Rechtsfrage. Als grobe Linie wird man in sehr umsatzstarken und liquiden Märkten deutlich niedrigere Kosten für qualifizierte Anleger vertreten können, während in engen, illiquiden Märkten ein erheblicher Mittelzufluss auch zu höheren Suchkosten oder Preisreaktionen führt, so dass sich niedrigere Gebühren für qualifizierte Anleger deutlich schwieriger rechtfertigen lassen.

---

[485] § 96 Abs. 1 und 2 KAGB sowie Beckmann/*Beckmann*, § 43 InvG Rn. 77 f.

2. Anteilsrücknahme?

Des Weiteren könnte die Anteilsrücknahme differenziert gestaltet sein. So könnte man einzelnen Anteilsklassen oder Anlegern Vorzugsbedingungen oder abweichende Zeitpunkte für die Anteilsrücknahme einräumen. Denkbar sind mehrere Rückgabetermine täglich für qualifizierte Anleger oder eine spätere Orderschlusszeit.

Keine Bedenken bestehen bei je nach Anteilsklasse oder Teilgesellschaftsvermögen differenzierten Rückgabeterminen, soweit sichergestellt ist, dass die Rückgabe jeweils zum Markt- oder angemessenen Zeitwert (*fair value*) erfolgt. Aus allein unterschiedlichen Terminen entsteht dem jeweils Mithaftenden kein Vermögensnachteil.

Anderes gilt für abweichende Orderschlusszeiten, z.B. dass Privatanleger bis 17.00 Uhr, qualifizierte Anleger dagegen noch bis 18.00 Uhr Anteile erwerben oder zurückgeben können (Late Trading).[486] §§ 26 Abs. 6 S. 2, 172 Abs. 2 KAGB statuieren eine Pflicht zur Vermeidung der Zeitzonenarbitrage.[487] Damit soll der speziell für Master- und Feeder-OGAW geltende Art. 60 Abs. 2 OGAW-RL umgesetzt werden, wonach angemessene Maßnahmen zur Abstimmung der Zeitpläne zur Berechnung und Veröffentlichung des Nettoinventarwerts geboten sind, um das Market Timing zu verhindern. Indes ist das Verbot der „kurzfristigen, systematischen Spekulation mit Investmentanteilen" verfehlt, weil unter keinem herkömmlichen Verständnis Spekulation im Fall der Zeitzonen-Arbitrage gegeben ist.[488] Motiv des Late Trading und Market Timing ist der sichere Gewinn zulasten der Mitanleger aufgrund besserer Information. Es geht um Insiderhandel.

Damit ist noch nicht geklärt, was angemessene Maßnahmen gegen das Late Trading sind. Unzulässig ist die spätere Entgegennahme von Orders zu gleichen Kursen wie früher eingereichte Orders, denn mit späteren Orderschlusszeiten reduziert sich die Informationsunsicherheit. Zweifellos zulässig ist die Abweisung jeder Order nach einem gewissen Zeitpunkt oder die Abwicklung nicht zum nächsten, sondern zum übernächsten Kurs. Jedoch ist nichts dagegen einzuwenden, wenn für die jeweilige Order zum Markt- respektive fairen Wert ein zeitaktueller Anteilswert berechnet und der Anteil zu diesem Wert zurückgenommen wird. Dies enthebt die Verwalter der kundenunfreundlichen Pflicht zur Abweisung der Order, während Interessen der übrigen Anleger unberührt bleiben. Freilich setzt dies eine aufwendige Bewertung voraus, die insbesondere bei wesentlichen Ereignissen schwierig sein kann. Die Durchsetzung der Pflicht bedarf deshalb der besonderen Aufmerksamkeit der Aufsicht.

---

[486] Dazu Dritter Teil, § 16.C.III.4.
[487] Emde/*Steck*, § 9 InvG Rn. 71.
[488] Vgl. dazu Erster Teil, § 6.D.

Ebenfalls inakzeptabel ist eine Differenzierung bei der Kostenbelastung in dem Sinn, dass qualifizierten Anlegern Rücknahmeabschläge, die in das Fondsvermögen fließen, generell oder im Einzelfall erlassen[489] werden, um diese für die Anlage in den Fonds zu gewinnen. Vielmehr gilt für fondsbezogene Rücknahmeabschläge das Prinzip der Aufwandsproportionalität. Wer durch erhebliche Anteilsrückgaben dem Anlegerkollektiv (Fonds) erhebliche Kosten verursacht, muss aufwandsgerecht belastet werden. Der Grundsatz der Aufwandsproportionalität erzwingt nicht identische Rücknahmeabschläge für alle Anteilseigner. So wird die Anteilsrückgabe eines Privatanlegers i.d.R. kaum Handelsaufwand und Verwässerung nach sich ziehen, weil der absolute Betrag gering ist, während der sonstige Verwaltungsaufwand innerhalb der Fondsorganisation für eine kleine oder große Anteilsrückgabe identisch sein dürfte. Vor diesem Hintergrund ist eine fixe (statt proportionale) Gebühr zugunsten des Verwalters zzgl. einer aufwandsabhängigen Belastung mit Handelsgebühren und Verwässerungsausgleich zugunsten des Fondsvermögens die gerechteste Lösung. Zur Vermeidung von Zuordnungsschwierigkeiten ist jedoch auch eine auf die Anlegerdichotomie als rechtliches Unterscheidungskriterium rekurrierende, gröbere Kategorisierung zulässig, sofern nur der durch die Auflösung verursachte Aufwand durch den Rücknahmeabschlag gedeckt wird und nicht eine Anlegergruppe den durch die andere Gruppe verursachten Aufwand trägt.

3. Informationen?

Wegen der Gleichbehandlungspflicht des Verwalters ist innerhalb einer Anteilsklasse die informationelle Privilegierung eines Anlegers unzulässig. Insbesondere verstößt der an einzelne Anleger gerichtete Hinweis auf besondere Arbitrage-Gelegenheiten – wie im Zusammenhang mit dem Market Timing-Skandal geschehen[490] – gegen das Gleichbehandlungsgebot. Gegen einen an alle Anleger gerichteten Hinweis ist nichts zu erinnern.

Fraglich ist jedoch, ob man die Zuweisung von Informationsrechten als ein Merkmal verstehen darf, dass neben den „insbesondere" in § 96 Abs. 1 KAGB genannten Merkmalen einer Anteilsklasse oder einem Teilfonds zugewiesen und damit abweichend geregelt werden darf. Dafür darf sich die Regelung wiederum nicht als Vertrag zulasten der übrigen Anleger darstellen. Informationsaktien sind jedenfalls für börsennotierte AGs unzulässig.[491] Im Kollektivanlagenrecht gilt letztlich dasselbe. Dafür ist maßgeblich, dass sich der mit dem Informationsprivileg verbundene Vorteil zwangsläufig zum Nachteil der übrigen

[489] Vgl. dazu *Engert*, Kapitalmarkteffizienz, S. 563: Auch die Belastung der Anleger durch Ausgabeauf- und Rücknahmeabschläge ist uneinheitlich: Gelegentlich verzichten Verwalter auf ihnen zustehende Ausgabeaufschläge und Bestandsprovisionen.
[490] Dritter Teil, § 16.C.III.4.
[491] Detailliert *Zetzsche*, Aktionärsinformation, S. 318 m.w.N.; a.A. *Loges/Distler*, ZIP 2002, 467, 470 f.

Anleger auswirkt. Ein Informationsvorteil ist immer relativ. Wer über bessere oder frühere Informationen (und entsprechende Verarbeitungskapazitäten) verfügt, kann im *Verhältnis zu den übrigen Anlegern* bessere Entscheidungen treffen. Weil sich der Preis durch Angebot und Nachfrage reguliert, wirkt sich im Markt der Erwerb oder die Veräußerung des einen zum richtigen Zeitpunkt oder Preis als Nachteil desjenigen aus, der zu einem anderen Zeitpunkt oder Preis veräußert. Man denke an das Bonmot, das an der Börse verlorene Geld sei nicht weg, sondern (nur) bei Anderen.

Die vorgenannten Überlegungen beruhen alle auf Prämissen des Anteilshandels (ggf. in Form der Anteilsrückgabe), die so auch im Recht der börsennotierten AG gelten. Die im Aktienrecht zusätzlich geltenden Herrschaftserwägungen (vgl. § 131 Abs. 4 AktG) finden im Kollektivanlagenrecht keine Entsprechung. Folglich ist das aus allgemeinen Prinzipien entwickelte Verbot der Informationsanteile nur für solche Kollektivanlagen zu rechtfertigen, deren Anteile zeitnah zurückzugeben oder handelbar sind. Diese Wertung lässt sich in den unbestimmten Rechtsbegriff der Angemessenheit in § 26 Abs. 4 KAGB hineinlesen. Ist der Fondsanteil nicht zeitnah zurückzugeben oder handelbar, ist auch die Untätigkeit eine angemessene Maßnahme, weil kein Risiko einer kurzfristigen systematischen „Spekulation" besteht. Dies ist eine für Spezialfonds und bestimmte geschlossene Fonds bedeutsame Einschränkung. Der individuelle Informationsaustausch und die Absprache und Beratung mit den Anlegern bleibt bei diesen Fonds in den allgemeinen Grenzen des Insiderrechts und der Marktmanipulation zulässig.

4. Organbesetzung

Abschließend bleibt zu klären, ob auch in Bezug auf die Organbesetzung eine Gleichbehandlungspflicht besteht. Üblicherweise wird den ersten oder Anker-Anlegern ein Organsitz angeboten, welcher die Seriösität der Anlage signalisieren und weitere Anleger überzeugen soll.[492] Eine solche Praxis verstößt nicht gegen das Gleichbehandlungsgebot. Die Organbesetzung liegt außerhalb der vertraglichen Schutzsphäre, weil damit der Verwalter einen Teil seiner Geschäftsorganisation preisgibt. Ebenso, wie andere Anlagebeziehungen nicht behindern, dass der Verwalter aus seinem Vermögen Gebühren verschenkt, steht es ihm frei, einen Teil seines Einflusses mit anderen Anlegern zu teilen. Eine solche Anlegerbeteiligung dürfte noch mit den Anforderungen an die Unabhängigkeit gem. § 18 Abs. 3 S. 1 KAGB für die KVG oder selbstverwaltete InvGes respektive §§ 119 Abs. 3 S. 2, 153 Abs. 3 KAGB für die fremdverwaltete InvGes vereinbar sein.[493]

---

[492] Vgl. Weitnauer/*Swoboda*, § 26 Rn. 21.
[493] Näher *Zetzsche*, AG 2013, 621.

Zweites Kapitel

Stellung der Anleger

§ 33 – Mitteleinzahlung als Obliegenheit

Während Verwaltungsleistung und Verwaltervergütung im Synallagma stehen, gilt dies nicht für die Mitteleinzahlung. Im Übrigen ist in Bezug auf die Mitteleinzahlung zwischen dem originären und dem derivativen Anlageerwerb zu differenzieren. Beim derivativen Erwerb besteht keine Pflicht zur Zahlung der Anlagesumme an den Verwalter. Der Erwerber schuldet dem Veräußerer die Kaufpreissumme.[1] Der Verwalter hat ggf. einen Vergütungs- und Aufwendungsersatzanspruch gegen das Kollektivvermögen.[2] Beim originären Erwerb von der KVG verspricht der Anleger die erstmalige Mitteleinzahlung.

A. Keine Rechtspflicht

Dieses Versprechen wird teils als echte Rechtspflicht verstanden.[3] Infolgedessen soll es zum Abschluss von drei Verträgen kommen: dem Einzahlungsvertrag, mit der Gegenleistung der Entgegennahme des Ausgabepreises und Begebung eines Anteilsscheines, dem dinglichen Übereignungsgeschäft und dem Geschäftsbesorgungsvertrag über die Vermögensverwaltung. Für eine Dreiteilung besteht jedoch kein Anlass, eine Zweiteilung genügt: Der erste Vertrag entfällt bzw. dieser ist Teil der Geschäftsbesorgungsbeziehung. Ob der Anleger die mit Abschluss des Anlagevertrags versprochenen Mittel leistet, interessiert den Verwalter nur insoweit, als sich sein Kostenersatz- und Vergütungsanspruch durch den Wegfall des Ausgabeaufschlags und die Reduktion des verwalteten Gesamtvermögens reduziert. Im Übrigen hat der Verwalter – soweit die Mindestanlagesumme des Fonds erreicht ist – kein Eigeninteresse an der Mitteleinzahlung. Insbesondere gibt es wegen der auf Ebene des Verwalters und des Anlegers bestehenden Zweckfreiheit kein legitimes Interesse an einer bestimmten Zweckverfolgung. Die Einzahlung der Anlagesumme ist der nicht klagbare Vorschuss[4]

---

[1] § 433 Abs. 2 BGB, je nach Ausgestaltung der Kollektivanlage i.V.m. § 453 BGB.

[2] Aus § 675 Abs. 1 i.V.m. § 611 Abs. 1, 2. Alt., § 670 BGB bzw. § 93 Abs. 3 KAGB.

[3] *Reiss*, Pflichten, S. 123: Verpflichtungsvertrag zur Zahlung und Entgegennahme des Ausgabepreises.

[4] H.M., vgl. BGHZ 77, 60, 63; BGHZ 94, 330, 334; Palandt/*Sprau*, § 669 Rn. 1 (mit Einschränkung für entgeltliche Geschäftsbesorgung); a.A. Bamberger/Roth/*Fischer*, § 669 Rn. 3;

gem. §§ 675 Abs. 1, 669 BGB. Folglich ist die Mitteleinzahlung zunächst nur eine Obliegenheit. Der Anleger zahlt die Mittel im eigenen Interesse ein, um an den erhofften Wertsteigerungen der Anlagegegenstände zu partizipieren. Der Verwalter kann die Umsetzung der Anlagestrategie bis zum Erhalt des Vorschusses zurückstellen. Zahlt der Anleger nach Abschluss des Anlagevertrags die versprochenen Mittel nicht ein, schuldet er als Schadensersatz statt der Leistung die anteiligen Kosten und die Vergütung des Verwalters, nicht aber die Mitteleinzahlung.

B. Ausnahme: Anlagestrategie?

Das Vorgesagte gilt selbst dann, wenn der Anlagebetrag Teil eines Gesamtbetrags ist, der eine bestimmte Anlagestrategie ermöglichen soll, die nunmehr wegen der Nichteinzahlung des Betrags nicht zustande kommt.[5] Dem Verwalter ist aufgrund des Anlagecharakters der Rechtsbeziehung bekannt, dass der Anleger nicht an einer rechtlichen Verbindung mit anderen Anlegern interessiert ist. Die Anlagebeziehung bezieht sich jeweils nur auf den versprochenen Betrag. Das Einstandsrisiko seiner Anleger trägt der Verwalter. Abweichendes muss separat vereinbart werden, z.B. indem der Anleger eine Einzahlungs*garantie* gibt. In diesem Fall tritt neben die Anlagebeziehung, aus der kein Einzahlungsanspruch erwächst, ein Einzahlungsanspruch aus Garantievertrag. Einer Wertung der zum Anlagevertrag führenden Erklärung als Garantie stehen bei Publikumsanlagen die Hürden des § 308 Nr. 5 BGB entgegen. Bei qualifizierten Anlagen kann eine Einzahlungsgarantie auch durch Formvertrag vereinbart werden, aber nicht auf erstes Anfordern, weil dafür in der Anlagebeziehung kein dem Sicherungszweck vergleichbares Bedürfnis besteht. Denn der Verwalter kann mit der Verpflichtung abwarten, bis die zur Erfüllung der Verpflichtung eingezahlten Mittel bei ihm eingegangen sind.[6]

§ 34 – Anlegerrechte

A. Teilhabe- und Stimmrechte?

Wolfgang Zöllner ist die Einsicht zu verdanken, dass das Einstimmigkeits- oder Zustimmungsprinzip den Status Quo begünstigt, die Verfolgung des gemeinsamen Zwecks dagegen hemmt, und zwar in umso erheblicherer Weise, je grö-

---

für Geschäftsbesorgung auch Erman/*Ehman*, § 669 Rn. 4; MünchKomm-BGB/*Seiler*, § 669 Rn. 7.

[5] Beispiel: Zeichnung einer sehr groß gestückelten Anleihe, Finanzierung einzelner Großobjekte oder einer Stufe in einem Wachstumsplanung (staging) eines jungen Unternehmens.

[6] Vgl. BGH, NJW 2002, 3627 f. (Factoring); a.A. *Graf von Westphalen*, BB 2003, 116, 118 f.

ßer der Kreis der Zustimmungspflichtigen ist.[7] Was im Gesellschaftskontext bedenklich erscheinen muss, kann in der Anlageorganisation, die keinen gemeinsamen Zweck kennt und deren Binnenorganisation Vertragsgrundsätzen folgt, zu akzeptieren sein. Doch bedarf die aus der Dogmatik der Anlageorganisation gewonnene Leitrichtung einer Verprobung und Rückführung auf ihre systematische Basis. Zu diesem Zweck sind die Rechtsquellen auf Teilhaberechte der Anleger hin zu untersuchen (I.), sodann der Zweck des Stimmrechts in der Anlageorganisation zu diskutieren (II.) und anschließend Substitute zu erwägen (III.).

I. Einfluss als rechtsformbezogener Parameter

Teilhabe- und Stimmrechte gewähren die zu Anlagezwecken eingesetzten Rechtsformen im disparaten Umfang. Dabei ist grundsätzlich, aber nicht durchgängig eine Tendenz zu bemerken, den Anlegern von Inv-Ges ein Teilhabe- und Stimmrecht zu gewähren, wenn dies üblicherweise nach der unmodifizierten Gesellschaftsform der Fall wäre.

Bei der Inv-KG kommen den Anlegern immer die Rechte eines Kommanditisten zu.[8] Dies beinhaltet insbesondere eine ggf. indirekte Stimmbeteiligung über Beschlussgegenstände, die in die Rechtsstellung des Kommanditisten eingreifen, sowie Informations- und Kontrollrechte.[9] Kommanditisten der offenen Inv-KG haben zudem gem. § 132 Abs. 6 KAGB ein Stimmrecht, wenn ein Beschlussgegenstand die ganze KG betrifft, wie etwa deren Auflösung. Inhaber von Anteilen eines Investment-Sondervermögens und Anlageaktionäre der offenen Inv-AG haben trotz gelegentlichen anderslautenden Forderungen[10] kein Stimmrecht. Die Satzung kann gem. § 109 Abs. 3 S. 2 KAGB den Anlageaktionären ein Teilnahme- und Stimmrecht für die Hauptversammlung der Inv-AG einräumen. Von dieser Option macht die Praxis keinen Gebrauch. Bei offenen Spezial-Inv-AGs kann auf die Ausgabe von Anlageaktien verzichtet werden. Dann erhalten die Spezialfonds-Anleger Unternehmensaktien mit Stimmrecht (§ 109 Abs. 2 S. 3 KAGB). Für Aktionäre der geschlossenen Inv-AG bleibt es zunächst bei der aktienrechtlichen Ausgangslage, wonach Aktien Stimmrecht haben (§ 12 Abs. 1 S. 1 AktG i.V.m. § 140 Abs. 1 KAGB). Jedoch ist bei der Gestaltung von Vorzugsaktien an § 140 Abs. 2 KAGB zu denken, wonach die Inv-AG nicht der Satzungsstrenge gem. § 23 Abs. 5 AktG unterliegt. Anlage-Vorzugsaktien können deshalb entgegen § 139 AktG beliebig statutarisch ausgestaltet werden, also sowohl in beliebiger Höhe als auch ohne Vorzug.

---

[7] *Zöllner*, Schranken, S. 94.
[8] Vgl. §§ 127 Abs. 1 S. 2, 152 Abs. 1 KAGB.
[9] *Wallach*, ZGR 2014, 288, 304.
[10] Vgl. im Jahr 1959 *Baum*, Schutz des Investmentsparers, S. 162, mit Vorschlag zur Einführung einer Anlegerversammlung bei Kündigung des Verwaltungsrechts de lege ferenda.

Keine rechtsförmliche Begründung hat dagegen § 259 KAGB, wonach Publikumsanleger offener Immobilienfonds in allen Rechtsformen über ein Stimmrecht verfügen, wenn der Fonds die Anteilsrücknahme nachhaltig aussetzt.[11] Die Anleger können dann durch Mehrheitsbeschluss in die Veräußerung bestimmter Vermögensgegenstände einwilligen, auch wenn diese Veräußerung nicht zu angemessenen Bedingungen erfolgt. Bei Spezialfonds ist eine abweichende Regelung zulässig (§ 284 Abs. 2 KAGB). § 259 KAGB oktroyiert in Anlehnung an das SchVG eine Lösung für den ex origine unlösbaren Konflikt zwischen dem Liquiditäts- und dem Profitabilitätsinteresse der Anleger im Fall der Anteilsaussetzung. Die Mehrheit wird mit ihrer Präferenz für Liquidität gehört, auch wenn das Minderheitsinteresse an Profitabilität leidet. Das gleiche Ergebnis könnte der einzelne Anleger nur mit einer Wartefrist von 36 Monaten erreichen, vgl. § 257 Abs. 3 S. 3 KAGB. Dass keine Weisung analog § 47 GmbHG beabsichtigt ist, folgt aus § 259 Abs. 1 S. 3 KAGB, wonach ein die Veräußerung fordernder Anlegerbeschluss die KVG nicht zur Veräußerung verpflichtet. Die KVG darf sogar nicht veräußern, wenn sie der Auffassung ist, damit die Anleger zu schädigen (vgl. § 26 Abs. 2 Nr. 2 KAGB). Beschlussgegenstand ist eine Teilliquidation, also die Aufhebung des Kollektivs, in Bezug auf einzelne besonders schwer veräußerliche Gegenstände. Es geht dabei nicht um die korporationstypische Fortschreibung des endlos laufenden Gesellschaftsvertrags[12] durch Gesellschafterbeschluss, sondern um die Realisation des Rücknahmeanspruchs gem. § 98 Abs. 1 KAGB. Dies folgt einerseits aus dem Verweis für das Prozedere in § 259 Abs. 2 KAGB auf das SchVG, andererseits aus § 259 Abs. 3 KAGB, wonach eine Versammlung nur bei außerordentlichem Informationsbedarf erforderlich ist. Kein Stimmrecht, sondern eine Mindestannahmeschwelle im Sinne einer objektiven Wirksamkeitsbedingung für eine Vertragsänderung statuiert schließlich § 267 Abs. 3 KAGB für geschlossene Fonds, wonach bestimmte grundlegende Änderungen einer Zustimmung von 2/3 der Anleger benötigen (dazu bereits oben, § 31.C.IV.).

Jenseits des KAGB sind weitere Gestaltungen zu beobachten: Durch Treuhand-Konstruktion wird das prinzipiell bestehende Einstimmigkeitsprinzip der GbR ausgehöhlt. Der stille Beteiligte hat ohnedies kein Stimmrecht, gleiches gilt für Genussscheininhaber.[13] Die Anleihebedingungen können den Inhabern von Schuldverschreibungen ein Stimmrecht zur Änderung der Anleihebedingungen einräumen.[14] Über ein Stimmrecht verfügen jedoch gem. § 134 AktG die Stammaktionäre von Anlage- und REIT-AGs.

---

[11] Vgl. *Niewerth/Rybarz*, WM 2013, 1154; *Görke/Ruhl*, BKR 2013, 142.
[12] Vgl. *Easterbrook/Fishel*, S. 5, 66 ff.
[13] BGHZ 119, 305 (1. Ls.) – (Klöckner).
[14] Vgl. § 5 Abs. 1 S. 1 SchVG: „Die Anleihebedingungen können vorsehen, dass die Gläubiger derselben Anleihe nach Maßgabe dieses Abschnitts durch Mehrheitsbeschluss Änderungen der Anleihebedingungen zustimmen und zur Wahrnehmung ihrer Rechte einen gemein-

Der disparate Eindruck in Sachen Stimmrecht verfestigt sich bei einem Blick auf andere Rechtsordnungen: Das liechtensteinische UCITSG und AIFMG stellen die Frage des Stimmrechts für alle Formen der Kollektivanlagen zur Disposition der konstituierenden Dokumente.[15] In England müssen regulierte Fonds keine *jährliche* Anlegerversammlung abhalten.[16] Der Verwalter muss aber gem. COLL 4.3.4 im Abstimmungsweg die Einwilligung der Anleger für wesentliche Änderungen der konstituierenden Dokumente einholen. Anleger, die ein Zehntel des Wertes der Kollektivanlage repräsentieren, können die Durchführung einer Anlegerversammlung verlangen (COLL 4.4.2). Aktionäre britischer OEICs[17] und Investment Trusts[18] sind bei jährlichen Aktionärstreffen stimmberechtigt. Die Präsenz der *shareholders meetings* ist besorgniserregend niedrig.[19] Dies verwundert angesichts der von Investment Trust adressierten passiven Privatanleger nicht. Für unregulated CIS bleibt es bei den Regeln des Gesellschaftsrechts. Das Recht der Limited Partnership[20] orientiert sich an personengesellschaftsrechtlichen, das der Limited Liability Partnership[21] an körperschaftlichen Grundsätzen; abweichende Regelungen können jeweils im Ge-

---

samen Vertreter für alle Gläubiger bestellen können." Grundsätzlich genügt die einfache Mehrheit, für wesentliche Beschlussgegenstände (§ 5 Abs. 3 SchVG) die qualifizierte 75 %-Mehrheit. Dazu *Schlitt/Schäfer*, AG 2009, 480 f.; *Schmolke*, ZBB 2009, 8, 14 ff.

[15] Art. 5 Abs. 2 und 3, 6 Abs. 2 und 3, 7 Abs. 2 und 3 UCITSG; Art 7 Abs. 2 und 3, 8 Abs. 2 und 3, 9 Abs. 2 und 3 AIFMG

[16] *Macfarlanes*, A2.034.

[17] Nach No. 45 (3) (b) OEIC-Reg hat jeder Aktionär Stimmrecht. Gem. No. 37 OEIC-Reg ist jährlich ein General Meeting abzuhalten, dessen Beschlüsse die Gesellschaft im Außenverhältnis binden (No. 39 (2) OEIC-Reg).

[18] Für Investment Trusts in *company*-Form gilt s. 284 Companies Act 2006, der Stimm- und Teilhaberecht gewährt, soweit die Satzung den one share, one vote Grundsatz nicht ausschließt. Dazu *Davies*/Worthington, S. 411 ff. Nach No. 15.2.11 UKLA müssen zudem der Chairman und die Mehrheit des Board of Directors von Investmentfonds unabhängig sein. Nach No. 15.2.13A UKLA LR müssen sich die unabhängigen Board Mitglieder jährlich zur Wiederwahl durch die Aktionäre stellen. Die Änderung der Investment Policy, der Umwandlung und Abänderung von Anteilsklassen und andere material changes bedürfen ebenfalls der Zustimmung der jeweiligen Anleger, No. 15.4.76A, 10 UKLA LR.

[19] Manifest Information Services Ltd., Proxy Voting 2007 – A Pan-European Perspective, (2007).

[20] Gewöhnliche Geschäftsangelegenheiten werden von der Mehrheit der unbegrenzt haftenden General Partner entschieden (s. 6 (5) (a) LP Act 1907), während für außergewöhnliche Angelegenheiten vorbehaltlich anderer Regelungen im Gesellschaftsvertrag Einstimmigkeit erforderlich ist (s. 7 LP Act 1907, s. 19 PA 1890). Diese Regelungen sind dispositiv, der Gesellschaftsvertrag kann Abweichendes regeln.

[21] Die Mitgliederrechte bei der LLP werden primär durch den Gesellschaftsvertrag definiert (s. 5 (1) (a) LLP Act 2000). Falls der Vertrag keine Regelungen trifft, nimmt jedes Mitglied an der Geschäftsführung teil (s. 5 (1) (b) LLP Act 2000 i.V.m. Part VI., s. 7 (3) LLP Regulations, S.I. 2001/1090). Gewöhnliche Angelegenheiten können im Wege des Mehrheitsentscheids entschieden werden, die Abänderung des Geschäftsgegenstands bedarf der Zustimmung aller Gesellschafter. – Die Höhe des Stimmrechts richtet sich nach der Anteilshöhe, im Übrigen gelten körperschaftliche Grundsätze vgl. s. 5 (1) (b) LLP Act 2000 i.V.m. Part VI., s. 7 (4) LLP Regulations, S.I. 2001/1090.

sellschaftsvertrag getroffen werden. Nach den Sonder-Zulassungsregeln der UKLA („Premium Listing Rules") ist zumindest die Änderung der Anlagepolitik von *closed-ended investment funds* den Aktionären zur Abstimmung vorzulegen.

Das Stimmrecht in Frankreich, Luxemburg und der Schweiz ist grundsätzlich vergleichbar organisiert: Aktionäre luxemburgischer[22] und schweizerischer[23] SICAVs und SICAFs sowie der luxemburgischen SICAR in Form der *societé anonyme* (SA), societé en commandite par actions (SCA) und dem GmbH-Äquivalent SARL sind an den regelmäßig abzuhaltenden Aktionärstreffen teilnahme- und stimmberechtigt. Insbesondere im schweizerischen KAG gilt für Korporationsformen das Konzept der stimmberechtigten Einheitsaktie als Zeichen einer „Good Corporate Governance".[24] Kein Stimmrecht wird den Anlegern vertraglicher Fonds (OPC, Anlagefonds) gewährt. Nach luxemburgischen Recht können die Vertragsbedingungen Stimmrechte und beliebige andere Teilhaberechte gewähren.[25] Bei der Personengesellschaft ist das Stimmrecht Gestaltungsfrage: Nach dem gesetzlichen Mindestinhalt des Schweizer KKK-Vertrags gem. Art. 102 KAG steht dem Kommanditär kein Stimmrecht zu. Ein solches kann im Gesellschaftsvertrag vereinbart werden; im Übrigen ist der Kommanditär an der Geschäftsführung grundsätzlich nicht beteiligt.[26] Für die luxemburgische SICAR in Form der *société en commandite simple* (SCS, KG-Äquivalent) besteht ein Mitbestimmungsrecht entweder nach dem personengesellschaftsrechtlichen Zustimmungsprinzip oder, sofern der Gesellschaftsvertrag dies vorsieht,[27] nach dem Mehrheitsprinzip. Im zweiten Fall ist das Stimmrecht nicht abdingbar. Die eingeschränkte Gestaltungsfreiheit des KG-Rechts war neben der Annäherung an die anglo-amerikanische Gestaltungspraxis der Hintergrund der Einführung der SCSp in Art. 22–1 bis 22–9 des Gesellschaftsrechtsgesetzes von 1915 anlässlich der luxemburgischen Um-

---

[22] Nach Art. 25, 26 OPC-G (für SICAFs i.V.m. Art. 40 OPC-G) ist das allgemeine Aktienrecht anzuwenden. Nach Art. 67 (4) des Gesellschaftsrechtsgesetzes von 1915 sind Stammaktien die Regel. Art. 44 des AktG 1915 limitiert Aktien ohne Stimmrecht auf 50% des Kapitals und verlangt einen Dividendenvorzug. Beides ist für die SICAV nicht praktikabel (i.E. auch *Kremer/Lebbe*, Rn. 5.72). Dies belegt Annexe I, Schedule A, Nr. 1.10 OPC-G, wo für FCPs nur Informationen zu Stimmrechten mitzuteilen sind, *wenn solche existieren*, während zu SICAVs immer Stimmrechtsangaben zu machen sind („description du droit de vote des « porteurs de parts », s'il existe"). Für SCAs verweist Art. 103 auf Art. 67 (4) des Gesellschaftsrechtsgesetzes von 1915. Für SARL vgl. Art. 195 des Gesellschaftsrechtsgesetzes von 1915.

[23] Vgl. Art. 41, 47 Abs. 1 (SICAV) und Art. 113 (SICAF) KAG. Dazu *Heberlein*, SICAV und SICAF, S. 153; BSK-KAG/*Appenzeller*, Art. 113 Rn. 2; BSK-KAG/*Rayroux/Gerber*, Art. 41 Rn. 1.

[24] Botschaft KAG, S. 6421.

[25] Art. 8 Abs. 1, 90 OPC-G.

[26] Art. 99 KAG verweist auf Art. 598 ff. OR.

[27] Die Einführung von und die Anforderung an Mehrheitsbeschlüsse bei der SCS ist umstritten und gestaltet sich komplizierter als bei der deutschen KG, vgl. *Kremer/Lebbe*, 1. Aufl., Rn. 13.79 Fn. 66.

setzung der AIFM-RL, die auf größere Gestaltungsfreiheit im Gesellschaftsvertrag – auch in Bezug auf ausschließliche Rechte eines (internen oder externen) Verwalters –, eine fondstypische Rechtszuordnung und einen Verzicht auf
zwingende Informationsrechte setzt.[28]
US-Investmentanteile müssen gem. s. 18(i) ICA grundsätzlich mit gleichem
Stimmrecht ausgestattet sein. Der ICA schreibt ein Stimmrecht der Anleger in
bestimmten Fällen vor.[29] Die Zustimmung einer Mehrheit der Anleger ersetzt
dann die Willensäußerung der Mehrheit der unabhängigen Direktoren gem. s.
15(d) ICA zur Auswahl der Verwahrstelle. Die Korporations-Analogie mit
Stimm- und Teilhaberecht ist aber umstritten: So hielt bereits der Wharton Report aus dem Jahr 1962 das Anlegerstimmrecht mangels Kundigkeit und Koordination für ein untaugliches Anlegerschutzinstrument.[30] Nach Vorschlägen im
Schrifttum zur Abschaffung des Anlegerstimmrechts[31] regte die zuständige
Abteilung der SEC unter der Überschrift „Protecting Investors" den Verzicht
auf das Anlegerstimmrecht für Routine- und technische Angelegenheiten an,
hielt aber im Übrigen die Korporationsstruktur für „fundamentally sound"
und an der Abstimmung der Anleger über wesentliche Änderungen der Anlagepolitik fest.[32] Dagegen kann im Bereich nicht regulierter Fonds auf das
Stimmrecht weitgehend verzichtet werden.[33]

---

[28] Vgl. dazu Boyer/*Schleimer*, S. 9, 20 ff.; *Boyer*/Panichi, S. 63 ff.; Boyer/*Dumeson/Pogor-
zelski*, S. 79, 90.
[29] Die Anleger müssen die Direktoren oder Trustees wählen (s. 16(a), s. 2(a)(8), s. 2(a)(12)
ICA); Abschluss und Änderung des Vertrages zwischen Investment Company und Investment Adviser sowie grundsätzlich zwischen Investment Company und Wirtschaftsprüfer
bedürfen der Genehmigung der Anleger. Letzteres kann einem aus unabhängigen Direktoren
gewählten Rechnungslegungsausschuss übertragen werden (s. 15(a), s. 32(a)(2), (3) ICA i.V.m.
Rule 32a-4). Genehmigungspflichtig sind zudem Abweichungen von der vereinbarten Anlagepolitik, der Wechsel zwischen einem Fonds des offenen und geschlossenen Typs und die
Aufgabe der Eigenschaft als Investment Company (s. 13(a) ICA).
[30] Wharton Report (1962), S. 7 f., 65 ff. („Since mutual fund shareholders are buyers of investment services as well as owners, and frequently regard the former as the more important
aspect of their relationship with the mutual fund, the very concept of shareholder control
through the exercise of voting rights may be contrary to the realities of the mutual fund business.").
[31] *Phillips*, (1982) 37 Bus. Lawy. 903, 908; für Beibehaltung des Stimmrechts als theoretische Alternativoption *Schouten*, (2011) 109 Mich. L. Rev. First Impressions 86; siehe des Weiteren die Nachweise zur Diskussion über die Beibehaltung der Korporationsstrukturen oben,
Dritter Teil, § 16.C.III.2.
[32] SEC, Protecting Investors (1992), S. 264 f., 282 f., 288 f. Danach sollen die Abstimmung
über die Prüferauswahl, die ursprüngliche Benennung des Investment Advisers, das Recht
zur Kreditvergabe und der Portfoliokonzentration abgeschafft werden.
[33] § 1110 ULPA sieht kein regelmäßiges Stimmrecht vor; jedoch wird für Verschmelzungen
und Umwandlungen Einstimmigkeit verlangt, sofern nicht die Satzung dieses Erfordernis
durch die Zustimmung von Gesellschaftern ersetzt, die 2/3 der Gewinnrechte halten.

II. Stimmrecht und Anlagebeziehung

Lässt sich den maßgeblichen Rechtsquellen keine klare Linie entnehmen, ist ein Blick auf Zweck und Nutzen des Stimmrechts geboten.

1. Effizienz der Mitbestimmung?

So könnte man die rechtliche Disparität in Sachen Stimmrecht als Ausdruck der Ineffizienz der Anleger-Mitbestimmung werten. Die Schwächen von „Voice" (als Paradigma der Einflussnahme durch Anleger) sind hinlänglich bekannt.[34] Die bereits im unternehmerischen Kontext evidenten Mängel intensivieren sich im Anlagekontext,[35] weil die Anlagebeziehung typischerweise getrennt nach privaten und qualifizierten Anlegern ausgestaltet ist.

Treffen die zuvor erarbeiteten Prämissen der Anlegertypologie zu, dass Privatanleger tendenziell passiv, unkundig und risikoavers sind, sind Abstimmungsergebnisse bei Privatanlagen keine geeignete Legitimationsgrundlage. Diese Erkenntnis gibt wenig Anlass zur Freude: Die von den Protagonisten der Anlegerpassivität präferierte Substitution der Aktionärs- durch die Marktkontrolle[36] versagt im Anlagekontext, wenn und weil kein Sekundärmarkt gegeben ist[37] oder auf dem Markt für Publikumsfonds gleichfalls nur unkundige, untätige und risikoaverse Gestalten tätig sind. Die Untätigkeit der Primärebene überträgt sich dann über ineffiziente Märkte auf die Sekundärebene. Das Alternativargument eines Wettbewerbs unter den Anlageformen oder Anbietern[38] überzeugt für Privatanleger nicht, weil der Mangel an Aktivität und Kundigkeit einem *effizienten* Auswahlwettbewerb entgegensteht. Als positiv mag man zudem herausstellen, dass der Verzicht auf Einmischung der Anleger durch Stimm- und Teilhaberechte klare Verantwortlichkeiten schafft: Der Verwalter

---

[34] Vgl. aus ökonomischer Sicht zu den Problemen der Gruppenorganisation *Olson*, Collective Action, S. 33, 46 f.; *R. Hardin*, Collective Action, S. 60 f., S. 216 f.); *R. Axelrod*, The Evolution of Cooperation (1984); speziell zur AG *Großfeld*, Aktiengesellschaft, S. 19 f.; *Immenga*, Aktiengesellschaft, S. 7 ff.; *Kalss*, Anlegerinteressen, S. 343 ff.; *Wiethölter*, Interessen, S. 316 ff.; *Zetzsche*, Aktionärsinformation, S. 168 ff.; *ders.*, (2008) 8 JCLS 289 ff.

[35] Allgemein für Anlagebeziehungen *Assmann*, ZBB 1989, 49, 62; *Kalss*, Anlegerinteressen, S. 349 f.; für Investmentfonds *Engert*, Kapitalmarkteffizienz, Kap. 10; *Stephan*, Mediatisierter Aktienbesitz, S. 144, 148 f.; *Köndgen*, FS Nobel, S. 546 f.; *G. Roth*, Treuhandmodell, S. 183; für Publikumspersonengesellschaften *Reuter*, FS Mestmäcker, S. 271, 281 f.; *Schwark*, Anlegerschutz, S. 363.

[36] *Ekkenga*, Anlegerschutz, S. 30, 39, 60 ff.; *Mertens*, AG 1990, 49, 52 („wahre Aktionärsdemokratie findet auf dem Kapitalmarkt statt"); *Kübler*, FS Zöllner, S. 321; *Spindler*, ZGR 2000, 420, 439; aus wirtschaftswissenschaftlicher Sicht *Stephan*, Mediatisierter Aktienbesitz, S. 29, 37.

[37] So für den „Grauen Kapitalmarkt" *Kalss*, Anlegerinteressen, S. 51 ff., 341, 465 ff.

[38] *Hopt*, 51. DJT, G 38; *Reuter*, AG 1979, 328.

verantwortet das (positive und negative) Ergebnis. Dies setzt Reputationsmechanismen in Gang, die sich zugunsten der Anleger auswirken können.[39] Im Bereich der qualifizierten Anlage kann ein Stimmrecht indes funktionieren: Sind die betroffenen Anleger aktiv, kundig und können sie ggf. eine ihnen im Einzelfall nachteilige Entscheidung dank ihrer Risikotragfähigkeit hinnehmen, ist es denkbar, dass sie durch Koordination mit anderen Anlegern auf sinnvolle Abstimmungsergebnisse hinwirken. Die Funktionsfähigkeit des Stimmrechts ist allerdings auch im Bereich der qualifizierten Anlage keineswegs sicher. Dies wird maßgeblich von dem Anteil abhängen, den die spezifische Anlage am Gesamtportfolio des qualifizierten Anlegers ausmacht. Über je mehr Kollektivanlagen ein qualifizierter Anleger sein Vermögen streut, desto geringer ist der ökonomische Anreiz, sich bei Abstimmungen für ein sinnvolles Ergebnis einzusetzen. Interessiert sich aber niemand für ein sinnvolles Ergebnis, ist der Ausgang letztlich Zufall oder der Einflussnahme der Intermediäre überlassen. Die Fähigkeit qualifizierter Anleger, auf Anleger- statt Anlageebene zu diversifizieren, zieht somit die Effektivität des Stimmrechts in Zweifel. Es ist erhellend, dass ein Klientel, welches nach der gesetzlichen Vermutung keiner paternalistischen Zwangsbeglückung bedarf, bei Spezialfonds regelmäßig auf ein Stimmrecht verzichtet. An dessen Stelle tritt ein Anlageausschuss mit (nur) beratender und Aufsichtsfunktion.

2. Mehrheitsprinzip als Ordnungsmuster der Anlagebeziehung?

Rechtsprechung und Literatur[40] ordnen Stimm- und Teilhaberechte bekanntlich dem mitgliedschaftlichen Kernbereich zu: Gesellschafterbeschlüsse, die in unentziehbare Rechte (in den Kernbereich der mitgliedschaftsrechtlichen Position) eines Gesellschafters eingreifen, bedürfen grundsätzlich der Zustimmung jedes Gesellschafters.[41] Voraussetzung eines Mehrheitsbeschlusses über die Entziehung oder Einschränkung solcher Rechte ist zumindest eine antizipierte Zustimmung zum Eingriff in den individuell geschützten Rechtskreis durch klare Ermächtigung im Gesellschaftsvertrag. Darüber hinaus erkennt der BGH „schlechthin unverzichtbare Gesellschafterrechte" an, die selbst mit Zustimmung des Betroffenen nicht entzogen werden können.[42] Dabei geht es um In-

---

[39] Vgl. *Haar*, FS Emeritierung Hopt, S. 157 (für Venture Capital Fonds, bei denen die Limited Partner aber häufig qualifizierte Anleger sind).

[40] Für Teilnahmerecht: *Ebenroth/Goette*, § 119 Rn. 53; *Röttger*, Kernbereichslehre, S. 190 ff.; *K. Schmidt*, ZGR 2008, 1, 18; für Stimmrecht: BGH, NJW 1995, 194, 195; *Röttger*, Kernbereichslehre, S. 171 ff.; *K. Schmidt*, GesR, S. 472; *Wiedemann*, GesR II, S. 219 (Mitbestimmungsrecht, aber für Verzichtsoption auf das einfache Stimmrecht für Anlagegesellschafter auf S. 221).

[41] BGH, NJW 1995, 194, 195; BGH, NJW 1985, 974; BGH, NJW 1985, 972, 973; BGHZ 170, 283, 287; *K. Schmidt*, ZGR 2008, 1, 16 ff.

[42] BGHZ 170, 283, 288; *Ebenroth/Goette*, § 119 Rn. 53.

haltskontrolle als absolute Gestaltungsgrenze.[43] In welchen Fällen bei Publikums-Personengesellschaften ein Mehrheitsentscheid zulässig oder sogar geboten ist, ist letztlich unklar. Zwar bedarf ein Mehrheitsentscheid einer gesellschaftsvertraglichen Grundlage,[44] aber der BGH hat sich bei Publikumspersonengesellschaften vom Bestimmtheitsgrundsatz losgesagt.[45] Dies deutet die Literatur teils als Votum für ein Mehrheitsprinzip ex lege,[46] teils als Bekräftigung, dass die Mehrheitskompetenz nicht weiter als die ihm zugrundeliegende gesellschaftsvertragliche Ermächtigung reichen kann; im Wege der ergänzenden Vertragsauslegung komme man im Zweifel aber zur Zulässigkeit von Mehrheitsbeschlüssen, wenn eine Mehrheitsklausel im KG-Vertrag fehlen sollte.[47]

Auf der Grundlage des Vertragsmodells bedürfen beide Begründungsansätze einer Begradigung: Das Stimmrecht bedeutet mit Blick auf den einzelnen Anleger im Verhältnis zum Geschäftsbesorgungsrecht eine Schlechterstellung. Ist z.b. die Änderung der Anlagestrategie Gegenstand der Abstimmung, muss ein überstimmter Anleger hinnehmen, dass der ursprünglich geschlossene Geschäftsbesorgungsvertrag gegen seinen Willen abgeändert wird. Unabhängig von der Rechtsform treffen die mitgliedschaftlichen Parameter der Stimmrechtsbegründung auf die Kollektivanlage nicht zu. Statt dieser sind im Innenverhältnis solche des Geschäftsbesorgungsrechts anzulegen. Im Geschäftsbesorgungsrecht gibt es kein Stimmrecht. An dessen Stelle treten ggf. Weisungsrechte und Zustimmungspflichten des Geschäftsherrn.

III. Substitute

Trotz Verzicht auf das Stimmrecht darf jedoch nicht jegliche Flexibilität verlorengehen. Andernfalls verliert das Vertragsmodell für die Kollektivanlage per se an Überzeugungskraft, weil in langfristigen Schuldbeziehungen Anpassungs- und Korrekturbedarf auftreten kann. Dies provoziert die Frage nach tauglichen Substituten zum Mehrheitsprinzip.

---

[43] In diese Richtung sind wohl die Stellungnahmen zu verstehen, die jedem Mitglied – auch und gerade solchen in Anlagebeziehungen – zwingend Stimm-, Teilhabe- und Kontrollrechte einräumen, vgl. *U.H.Schneider*, ZHR 142 (1978), 228, 257f. (aber wenig deutlich für Stimmrecht).

[44] BGHZ 69, 160, 164ff.; BGHZ 71, 53, 57.

[45] BGHZ 71, 53, 58f. (Notwendigkeit, den Gesellschaftsvertrag durch Mehrheitsbeschluss ändern zu können, ist offensichtlich, weil eine geschlossene Beteiligung an den Gesellschafterversammlungen praktisch nicht erreichbar ist).

[46] *Baumbach/Hopt*, § 177a Rn. 69a; MünchKomm-BGB/*Schäfer*, § 709 Rn. 94.

[47] Insbesondere *K.Schmidt*, ZGR 2008, 12ff., der den Bestimmtheitsgrundsatz als „doppelte Banalität" versteht und in der Rechtsprechung zur Publikumsgesellschaft eine „großzügige Handhabung" desselben sieht); *Heinrichs*, Mehrheitsbeschlüsse bei Personengesellschaften, S. 53ff.

1. Änderungsvorbehalt

Mit dem VG Berlin zur Vertragsänderung bei Investment-Sondervermögen[48] ist bei der geschäftsbesorgungsrechtlichen Interessenwahrungspflicht anzusetzen. Danach darf der Verwalter die wesentlichen Vertragsbedingungen[49] nicht einseitig ändern, weil jeder einseitigen Vertragsänderung eine potentielle Gefährdung des Anlegerinteresses innewohnt. Eine Vertragsänderung ohne Zustimmung oder sogar gegen die Willensäußerung der einen Vertragsseite widerspricht Grundprinzipien des Vertragsrechts, wonach der Inhalt eines Vertrags vom übereinstimmenden Willen beider Parteien getragen sein soll.[50] Nur weil Einstimmigkeit bei Publikumsfonds ein unrealistisches Szenario ist und damit bei engherzigem Verständnis des Vertragsprinzips *jegliche* Flexibilität verloren ginge, sieht die bereits behandelte Vorschrift des § 267 Abs. 3 KAGB (oben § 31.C.IV.) einen Kompromiss aus behördlicher Genehmigung und Zwei-Drittel-Zustimmung vor. Die behördliche Genehmigung ist gleichsam für das fehlende Anlegerdrittel „gut". Darin ist aber keine grundsätzliche Abkehr vom Vertragsprinzip zu sehen: Für Spezialfonds bleibt es vorbehaltlich einer anderen Vertragsregelung beim Zustimmungsprinzip.

Eine Änderung des Anlagevertrags kann nur auf vertraglicher Basis herbeigeführt werden.[51] Zu diesem Zweck bedarf es eines aus zivilrechtlicher Sicht hinreichend bestimmten Änderungsvorbehalts.[52] Wie bereits zur Vergütungsanpassung dargestellt (oben § 31.C.II.2.), beschränkt der BGH[53] im Hinblick auf § 307 Abs. 1 BGB Änderungsvorbehalte auf schwerwiegende, unvorhersehbare und nicht anders abwendbare Äquivalenzstörungen und auf die Füllung nicht anders schließbarer Vertragslücken, die sich als Schwierigkeiten bei der Durchführung des Vertrages darstellen. Als noch zulässig wird man einen Vorbehalt erachten müssen, der die Art der Änderung in groben Zügen umschreibt und die Prüfung der Angemessenheit einer neutralen und fachkundigen Stelle

---

[48] VG Berlin, BKR 2003, 128 Rn. 6.

[49] Z.B. Änderung des offenen in den geschlossenen Typ, der geographischen Reichweite des Fonds, der industriespezifischen Beschränkung auf spezielle Titel.

[50] *Medicus*, AT, Rn. 356 f.; *Larenz/Wolf*, AT, § 29 Rn. 5.

[51] Vgl. BVerwG NJW 1968 S. 2258, 2259 (Krankenversicherungsvertrag); zum InvG Beckmann/*Beckmann*, § 43 InvG Rn. 109; Emde/*Rozok*, § 43 InvG Rn. 65.

[52] BGHZ 89, 206, 211; § 22 der Allgemeinen Vertragsbedingungen für richtlinienkonforme Sondervermögen (abgedruckt bei Beckmann/*Beckmann*, § 43 InvG Anh. 1) sieht zu diesem Zweck folgende Klausel vor: „Änderungen der Vertragsbedingungen, mit Ausnahme der Regelungen zu den Aufwendungen und den der Gesellschaft, der Depotbank und Dritten zustehenden Vergütungen, die zulasten des Sondervermögens gehen, bedürfen der vorherigen Genehmigung durch die Bundesanstalt. Soweit die Änderungen nach Satz 1 Anlagegrundsätze des Sondervermögens betreffen, bedürfen sie der vorherigen Zustimmung des Aufsichtsrates der Gesellschaft". Dazu *Reiss*, Pflichten, S. 121 („nicht unproblematisch," weil sich das Recht der KVG zur einseitigen Änderung nicht ausdrücklich ergibt.); Emde/*Rozok*, § 43 InvG Rn. 66; Weitnauer/*Polifke*, § 163 Rn. 12.

[53] BGHZ 141, 153 Rn. 10 f.

(z.B. der BaFin) überantwortet. Im Kern ist jedoch auch bei Existenz eines Änderungsvorbehalts daran festzuhalten, dass der Anlagevertrag kein dynamisches Vertragsverhältnis ist, dessen Inhalt der Verwalter gestalten kann. Der Anteilsinhaber darf grundsätzlich darauf vertrauen, dass die wesentlichen Vertragsbedingungen, zu denen er seine Anteile erworben hat, während der gesamten Dauer seines Anteilbesitzes unverändert gelten. Eine Ausnahme von diesem Grundsatz ist nur dann geboten, wenn die Vertragsbedingung eine Rechtsänderung abbildet, den Anleger begünstigt oder nicht berührt.[54]

2. Lösungsrecht bei wesentlichen Änderungen

Einer besonders strengen Prüfung muss die Änderung der Anlagestrategie und anderer wesentlicher Vertragsgrundlagen unterliegen. Eine Änderung ist aus der allein maßgeblichen Anlegersicht geboten, wenn damit einer Marktenge bei einem Spezialitätenfonds Rechnung getragen oder eine Unrentabilität des Fondsvermögens beseitigt werden soll. Der von *Beckmann*[55] weiter genannte Grund des Unterschreitens einer Untergrenze des Anlegervolumens muss im Vertrag bestimmt sein. Dann liegt die Deutung als auflösende Bedingung der Übernahme von Verwalterpflichten gem. § 158 Abs. 2 BGB nahe, mit der Folge einer Rückgewährspflicht des Anlagevermögens im Fall der Unterschreitung.

Die Änderung der Anlagegrundsätze ist nach Ansicht der Finanzmarktaufsicht,[56] die für offene Publikumsinvestmentvermögen in § 163 Abs. 3 KAGB aufgenommen wurde und damit für Investment-Sondervermögen und Inv-Ges gilt, nur zulässig, wenn die Änderung mit einer Frist von drei Monaten mitgeteilt und dem Anleger ein kostenloses Austrittsrecht oder ein kostenloser Wechsel in einen Fonds mit ähnlicher Strategie gewährt wird. Den gleichen Ansatz verfolgt § 181 Abs. 1 KAGB für die Fondsverschmelzung mit der Maßgabe, dass der Austritt zu den Auflösungskosten oder ein Umtausch in Anteile eines anderen Fonds mit ähnlicher Anlagestrategie ermöglicht wird. Ein Austrittsrecht bei geänderter oder abweichender Anlagepolitik ist mit der Vertragsdogmatik vereinbar: Ist die Anlagepolitik das wesentliche Moment für den Entschluss des Anlegers, unter Zahlung des Ausgabeaufschlags Gelder in ein bestimmtes Fondsvermögen einzulegen, stellt die Änderung der Anlagepolitik aus Sicht des Anlegers einen wichtigen Grund zur außerordentlichen Kündi-

---

[54] Ebenso VG Berlin, BKR 2003, 128 Rn. 7; Beckmann/*Beckmann*, § 43 InvG Rn. 113 ff.; diese Auffassung ist mit der zweiten von BGHZ 141, 153 Rn. 10 f. genannten Ausnahme vereinbar.

[55] Beckmann/*Beckmann*, § 43 InvG Rn. 115

[56] Vgl. Schreiben des Bundesaufsichtsamts für das Kreditwesen vom 20. Juli 1987, abgedruckt bei Beckmann, Ziffer 438 Nr. 44: „Die in den Vertragsbedingungen festgelegten Anlagegrundsätze sind das wesentliche Moment für den Entschluss des Anlegers, unter Zahlung des Ausgabeaufschlages Gelder in ein bestimmtes Fondsvermögen einzulegen. Er muss sich darauf verlassen können, dass dieses Anlagekonzept beibehalten wird, solange er in diesem Fonds investiert bleiben will."

gung des Anlage-Dauerschuldverhältnisses gem. § 314 Abs. 1 BGB dar. Die Kündigung begründet eine Pflicht des Geschäftsbesorgers gem. § 667 BGB zur Rückgewähr des Anlegerkapitals in Höhe des Nettoinventarwerts der betroffenen Fondsanteile.

Ist der Rückgewähranspruch nicht nur aus dem offenen Typ (vgl. § 98 Abs. 1 KAGB), sondern aus dem Geschäftsbesorgungsrecht ableitbar, spricht nach dem Vertragsmodell nichts dagegen, diesen Grundsatz auf Kollektivanlagen in anderer Organisations- und Rechtsform auszudehnen. Das KAGB ist einen Teil des Wegs bereits gegangen, indem es dem Inv-Kommanditisten immer ein Kündigungsrecht aus wichtigem Grund gewährt.[57] Ebenfalls gerechtfertigt ist die Ausdehnung auf andere wesentliche Vertragsänderungen. So dürfte die Person des Verwalters ebenfalls für die Anlageentscheidung erheblich sein. Deren Wechsel muss ebenso zur außerordentlichen Kündigung berechtigen wie der Wechsel der Anlagestrategie. Diese Erwägung deutet auf ein Prinzip entlang folgender Linie: Bei unwesentlichen Änderungen greift ggf. ein Änderungsvorbehalt, bei wesentlichen Änderungen – insbesondere der Änderung der Anlagestrategie und dem Verwalterwechsel – kommt es zum außerordentlichen Austrittsrecht zum Nettoinventarwert abzüglich der Auflösungskosten.

3. Abweichende Gestaltung für qualifizierte Anleger

Bei Anwendung des Geschäftsbesorgungsrechts sind die Anleger gegen nachträgliche Änderungen maximal geschützt. Gegen ihren ggf. vorab geäußerten Willen lassen sich wesentliche Vertragsänderungen bei laufender Anlagebeziehung nicht durchsetzen. Qualifizierte Anleger können auf den durch das vertragstypische Zustimmungserfordernis vermittelten Schutz verzichten.

Soweit ersichtlich nicht behandelt wird die Frage, ob qualifizierten Anlegern bei Beteiligung an einer Kollektivanlage *in Vertragsform* ein Stimmrecht gewährt werden kann. Es steht eine Abweichung vom anlegerschützenden Einstimmigkeits- und Zustimmungsprinzip in Rede. Jedoch begibt sich ein kundiger Anleger seiner Rechtsposition nur dann, wenn er meint, dafür eine bessere einzutauschen, z.B. weil er einem besonders kundigen Co-Investor vertraut. Dagegen ist nichts einzuwenden.

Die zweite, diffizile Frage lautet, inwieweit sich der Verwalter seines Verwaltungsrechts begeben kann, indem er die Anleger beteiligt. So soll nach der h.M.[58] die Einflussnahme über den Anlageausschuss auf eine beratende Funktion begrenzt sein. So pauschal ist dem nicht zu folgen. Es trifft zu, dass der

---

[57] Vgl. für die Inv-KG §§ 138 Abs. 1 S. 2, 3 und 161 Abs. 1 S. 2, 3 KAGB; *Wallach*, ZGR 2014, 288, 317; *Zetzsche*, AG 2013, 613, 625; *Westermann/Stöber,* § 54a Rn. 3169l bis 3169n.

[58] OLG Celle, WM 2009, 1652 (Altana) (deshalb keine Bindung der KAG an Empfehlung); eine nur beratende Funktion der Anlageausschüsse sieht das OLG Frankfurt a.M., NJW 1997, 745, 746 (deshalb sei Entsendung von Vertretern der Depotbank in Anlageausschuss zulässig); *Berger/Steck,* Vor §§ 91 bis 95 InvG Rn. 17.

Verwalter noch Verwalter bleiben muss, um die ihm obliegenden Pflichten sicherzustellen. Es spricht aber nichts dagegen, an die Anleger oder ein von Anlegern gewähltes Organ so viel Einfluss abzutreten, wie nach der Vorschrift des § 109 Abs. 1 KAGB Unternehmeraktionären zugestanden ist. Danach ist Einflussnahme möglich, sie begrenzt sich indes auf die Anlegerkompetenz zur Entscheidung über Grundsätzliches. Auch ist aus der Betonung der Kommanditistenstellung in § 127 Abs. 1 S. 2 und § 152 Abs. 1 KAGB abzuleiten, dass der Einfluss der Gesamtheit der Kommanditisten auf Grundlagenbeschlüsse der Inv-KG sowie die Informations- und Kontrollrechte der Kommanditisten in ihrer Gesamtheit als noch zulässige Gestaltung gelten müssen. Dann muss dies auch für die Übertragung dieser Rechte auf ein separates Organ gelten, gleich ob man dies Beirat oder Anlageausschuss nennt.

Nach diesen Grundsätzen obliegt die Stimmrechtsausübung in den Zielgesellschaften als Teil des Tagesgeschäfts immer dem Verwalter. Konsequent besteht auch bei Spezialfonds kein *rechtlicher* Einfluss des einzigen Anlegers auf die im Spezialfonds gehaltenen Aktien dahingehend, dass ihm die Aktien zuzurechnen sind. Wirtschaftliches Eigentum begründet allein keine Zurechnung. Der zusätzlich erforderliche *tatsächliche* Einfluss auf den Verwalter[59] ist aber regelmäßig gegeben.[60]

IV. Exit statt Voice

Die Ausgangsthese, wonach mangels gemeinsamen Zwecks kein Bedürfnis für die durch das Mehrheitsprinzip geförderte Flexibilität bestehen könnte, hat sich aufgrund der Bindung des Verwalters an die Anlagepolitik, den Wegfall eines rechtlich anerkennenswerten unternehmerischen Eigeninteresses der Organisation und die Substitution der Mitbestimmung durch Lösungsrechte bestätigt. Wenngleich manche Anlage-Rechtsformen Stimm- und Teilhaberechte für die Anleger mit sich bringen, kann dies mit Ausnahme der Inv-KG überall durch Gestaltung korrigiert werden. Davon macht die Praxis regen Gebrauch. Dahinter steht eine Einsicht. Flexibilität bedeutet nicht nur Chance, sondern gerade bei passiven Anlegern auch Gefahr. In dieser Gemengelage optiert das Gesetz grundsätzlich für die Perpetuierung des Status Quo. Es wird verhindert, dass

---

[59] I.E. ähnlich die in einigen Rechten verankerte Einschätzung, dass der Fonds statt die dahinterstehenden Anleger Kunde des Verwalters sei. So z.B. für England FSA, DP06/6, p. 18; *Spangler*, Private Investment Funds, Rn. 5.27; für USA insbesondere das Urteil in Sachen *Goldstein v. Securities and Exchange Commission*, 451 F.3d 873 (D.C. Cir. 2006).

[60] Deshalb ist dem OLG Stuttgart, NZG 2005, 432 (zur Anfechtungsbefugnis aus und Zurechnung von Aktien gem. § 28 WpHG, die in einem Spezialfonds gehalten werden) nur im Ergebnis zu folgen. Das Gericht stellt auf die Miteigentumslösung ab und rechnet Anteile des Fonds den Eigentümern nach Bruchteilen zu. In dem Fall kommt es zur Vollzurechnung, weil an dem Spezialfonds nur ein Anleger beteiligt war.

sich der passive Anleger nach langem Anlageschlummer in einer anderen als der gewählten Organisation wiederfindet.

Das Gesagte gilt mit der Modifikation, dass nur bei wichtigem Grund ein Austrittsrecht besteht, grundsätzlich auch für geschlossene Fonds. So wird bei der Inv-KG über die zwingende Anordnung außerordentlicher Kündigungsrechte dem Publikums-Inv-Kommanditisten die vertragstypische Kündigungsoption eingeräumt. Dann liegt eine Auslegung nahe, wonach die gegen den Willen des Kommanditisten verabschiedeten wesentlichen Änderungen i.S.v. § 267 Abs. 3 KAGB zugleich außerordentliche Kündigungsgründe gem. § 161 Abs. 2 KAGB darstellen. Für qualifizierte Anleger in geschlossenen Fonds, denen das Gesetz die Fähigkeit zur eigenen Gestaltung der Binnenbeziehung zubilligt, trifft § 273 KAGB keine Regelung, so dass bei Fehlen weiterer Regelungen vom vertraglichen Zustimmungsprinzip auszugehen ist. Dann besteht ohnedies ein außerordentliches Kündigungsrecht aus wichtigem Grund gem. § 314 BGB, die in § 138 Abs. 1 KAGB getroffene Regelung gem. § 138 Abs. 1 KAGB ist deklaratorisch. Sie erlangt bei abweichenden Regelungen konstitutive Wirkung. Der Verzicht auf ein außerordentliches Kündigungsrecht bei der Publikums-Inv-AG mit fixem Kapital erscheint dann zunächst als ein systemwidriges Versehen des Gesetzgebers: Das Mehrheitsprinzip („voice") ist angesichts der Anlegerpassivität zum Scheitern verurteilt, ein Austritt („exit") ausweislich des Gesetzeswortlauts nicht gewährt. Ohne Korrektur ist die Inv-AG mfK eine „Anlegerfalle." Allerdings verstieße es gegen das durch die zweite gesellschaftsrechtliche Richtlinie 2012/30/EU oktroyierte AG-Kapitalschutzsystem, wenn man die Privatanleger der geschlossenen Inv-AG durch Gewährung eines außerordentlichen Kündigungsrechts analog § 161 Abs. 2 KAGB i.V.m. § 267 Abs. 3 KAGB daraus befreien wollte. Für die geschlossene Inv-AG ist deshalb nach Substituten für die Kündigung mit Kapitalabzug zu suchen (dazu § 38.B.III.).

Für die übrigen Rechtsformen gilt: Auch ohne ausdrücklich gewährtes Austrittsrecht kann der Anleger gem. § 314 Abs. 1 BGB kündigen, wenn als Folge anderer, ggf. durch Abstimmung legitimierter Maßnahmen die Anlagestrategie geändert oder der Verwalter ausgewechselt wird. Nach dem Vorgesagten spricht nichts gegen eine Abstimmung *zur Vorbereitung* weiterer Maßnahmen, mit denen ein Austrittsrecht nach den herausgearbeiteten Bedingungen gem. § 314 Abs. 1 BGB verbunden ist.[61] In qualifizierten Anlagebeziehungen kann hingegen ein Stimmrecht oder eine dauerhafte Mitwirkung über den Anlageausschuss vertraglich vereinbart werden.

---

[61] Beispiel: Umwandlung mit der Rechtsfolge eines Abfindungsangebots gem. § 29 Abs. 1 UmwG.

B. Informationsrechte

I. Verzicht auf mitgliedschaftliche Konnotation

Ist für Verbände eine *optimale* Information erstrebenswert, gilt in Geschäftsbesorgungsverhältnissen das in § 666 BGB verankerte Prinzip *maximaler* Information des Geschäftsbesorgers gegenüber dem Geschäftsherrn.[62] Dieses kollidiert mit dem Interesse des Verwalters an einer Begrenzung seiner Organisation. So ist nach dem Vertragsmodell mit Informationsrechten keine mitgliedschaftliche Konnotation verbunden: Mangels Entscheidung der Anleger im Abstimmungsweg ist Informationszweck nicht die informierte Stimmrechtsausübung. Weder bei der Geltendmachung des Informationsrechts, noch der Verwendung der erhaltenen Informationen besteht eine Treubindung. Der Informationserteilung kommt auch keine Entlastungswirkung[63] für die Geschäftsbesorger zu. Rechtsfolge des Geschäftsbesorgungsverhältnisses ist lediglich eine egoistische Rechtszuständigkeit in Form der Ansprüche aus § 666 BGB. Kein maßgeblicher Zweck ist die Befähigung zur sachgerechten Anlageentscheidung. Diese für individuelle Geschäftsbesorgungsverhältnisse anerkannte Informationsaufgabe[64] entfällt bei Kollektivanlagen ebenso wie die Vorbereitung kompetenter Weisungen,[65] weil die Anlageentscheidung Verwalterdomäne ist. Der Informationszweck beschränkt sich auf die Kontrolle des Geschäftsbesorgers und die für die Beendigung der Anlage – durch Kündigung oder Übertragung – erforderliche Information.[66]

II. Individuelles Informationsrecht?

1. KAGB

Individuelle Informationsansprüche gegen den Verwalter sind somit nicht selbstverständlich. Eine Orientierung am KAGB führt nicht weiter. Die wohl h.M. aus Instanzgerichten[67] und einem Teil der Lehre[68] lehnt individuelle Infor-

---

[62] *Druey*, Information als Gegenstand des Rechts, S. 409 f.

[63] Vgl. §§ 120 Abs. 2 AktG, 46 Nr. 5 GmbHG.

[64] *Balzer*, Vermögensverwaltung, S. 123 ff.; *Löhnig*, Treuhand, S. 214; *Sethe*, S. 912 ff.; nach BGH, NJW 1994, 1861, 1862 muss ein Verwalter gem. § 666 BGB über Verluste informieren, um den Anleger in die Lage zu versetzen, einzugreifen, z.B. neue Weisungen zu erteilen oder die Verwaltung zu beenden; ebenso OLG Hamm WM 1996, 669, 670. Zurückhaltend *Benicke*, S. 519 ff., insbesondere 595 f.

[65] *Staudinger/Martinek*, § 666 BGB Rn. 5 f.

[66] *Kalss*, Anlegerinteressen, S. 253 f., 264 f.

[67] OLG Celle, WM 2003, 325, Rn. 3 (Vorinstanz zu BGH, NJW 2004, 3706): „Der Schutz der Kapitalanleger gegen Substanzverluste des zur Investition eingesetzten Kapitals sowie gegen Verfehlung ihrer Ertragsmaximierungsinteressen wird nicht dadurch bewirkt, dass dem Anleger detaillierte Informationsansprüche gegen die Investmentgesellschaft gewährt werden. § 24a KAGG sieht vielmehr (für inländische Gesellschaften) jährliche Rechenschaftsberichte mit einem Mindestinhalt vor, die vor ihrer Veröffentlichung durch einen Abschlussprüfer zu prüfen sind. Individuelle Informationsansprüche analog § 666 BGB sind daneben

mationsansprüche der Anleger gegen KVG und Verwahrstelle unter Hinweis auf die verdrängende Wirkung der investmentrechtlichen Pflichtpublizität[69] ab. Der Verwalter genüge allen Informationspflichten mit Erstellung und laufender Aktualisierung des Prospekts, der wesentlichen Anlegerinformation, den Vertragsbedingungen und den Jahres- und ggf. Halbjahresberichten, bei Übertragung oder Liquidation des Sondervermögens zudem Zwischen- oder Auflösungsberichten. Eine detaillierte Kontrolle obliege nur der unabhängigen Verwahrstelle. Die Wissenschaft befürwortet dagegen überwiegend einen (individuellen) Informationsanspruch aus § 666 BGB.[70] Diese investmentrechtliche Perspektive steht im Gegensatz zu der genuin gesellschaftsrechtlichen Blickweise der h.M. zu der (vor Inkrafttreten des KAGB unregulierten) Publikumspersonengesellschaft. Diese h.M. leitet aus der Mitgliedschaft Informationsansprüche selbst dann ab, wenn der Anleger in nur schuldrechtlicher Beziehung zu einem Treuhandkommanditisten steht.[71]

2. Andere Rechtsordnungen

Das individuelle Informationsbedürfnis ist in den Rechtsordnungen, die auf Anlegerbeschlüsse setzen,[72] sowie allgemein bei den Korporationsformen[73] reduziert, weil anlässlich der Anlegertreffen die Gelegenheit zur Frage besteht. Freilich ist die Durchsetzung und Effektivität des Fragerechts in diesen Rechts-

---

nicht gegeben."; OLG Frankfurt a.M. vom 29. März 2007, 26 U 46/06 (Toros vs. Universal) (mit Vorinstanz LG Frankfurt a.M. vom 02.10.2006, 2 – 19 O 110/06) (unv.); OLG Frankfurt, WM 1997, 364 Rn. 65 ff. sowie AG 1997, 422, 423 lehnen einen Informationsanspruch gegen die Depotbank ab; restriktiv auch VG Frankfurt a.M. vom 18.2.2009, 7 K 4170/07.F (Juris) (kein Informationsanspruch nach IFG in Bezug auf Liquidationsbericht eines aufgelösten Investmentfonds).

[68] *V. Berge und Herrendorf*, S. 94; *Grundmann*, Treuhandvertrag, S. 279 Fn. 189; *Hallas*, Prüfung, S. 52 (für Österreich); *König*, Anlegerschutz, S. 118 f. (mit Parallele zu missbräuchlichen Anfechtungsklagen); *G. Reuter*, Investmentfonds, S. 160 f.; *Wendt*, Treuhandverhältnisse, S. 60.

[69] Vgl. §§ 101 bis 107, 162 bis 167 sowie 266 bis 270 KAGB. Siehe zudem für Inv-Ges §§ 120–123, 135–137, 148, 158–160 KAGB.

[70] *V. Berge und Herrendorff*, S. 95; *Kalss*, Anlegerinteressen, S. 280 ff.; *Köndgen/Schmies* in Bankrechtshandbuch, § 113 Rn. 130 (gegen den Verwalter); *Weitnauer/Klusak*, § 78 Rn. 8; *Müller*, DB 1975, 486, 487; *Reiss*, Pflichten, S. 200 f.; *Thiel*, Schutz, S. 108; *F. Schäfer*, Anlegerschutz, S. 43 f., mit weiteren Nachweisen zum älteren Schrifttum; *L. Schäfer*, Fund Governance, S. 277 f. (soweit Informationsbedürfnis und erwarteter Nutzen die Kosten übersteigt); de lege ferenda auch *G. Roth*, Treuhandmodell, S. 331.

[71] Vgl. z.B. zum Auskunftsanspruch des mittelbar beteiligten Anlegers, der im Innenverhältnis einem unmittelbar beteiligten Gesellschafter gleichgestellt ist, über Namen und Anschriften der anderen mittelbaren und unmittelbaren Gesellschafter aus § 242 BGB gegen Mitgesellschafter BGHZ 196, 131; BGH, ZIP 2011, 322 Rn. 11; BGH, ZIP 2013, 619; BGH, DStR 2015, 528 Rn. 11 f. Zum gleichen Anspruch des unmittelbar Beteiligten aus § 161 HGB BGH vom 23.9.2014 – II ZR 374/13 (Juris), aus § 716 BGH, NJW 2010, 439.

[72] Vgl. für England No. 4.4 COLL.

[73] Vgl. für die luxemburgische SICAV *Kremer/Lebbe*, Rn. 5.61, 5.89 ff.; für die Schweizer SICAF Art. 697 OR.

ordnungen keineswegs gesichert: Auf gesellschaftsrechtlicher Grundlage besteht nach US-Recht und bei Anlagekorporationen kein Anspruch gegen den Investment Adviser und den Custodian, weil dessen Vertragspartner jeweils die Investment Company ist.

Für den Restbereich der vertraglichen Fonds ist keine einheitliche Linie auszumachen: Individuelle Auskunftsrechte sind kein Mindestinhalt des Verwaltungsreglements (règlement de gestion du fonds commun de placement) eines FCPs.[74] Die liechtensteinischen Fondsgesetze (UCITSG und AIFMG) überlassen den Umfang der individuellen Informationsrechte einer Regelung durch die konstituierenden Dokumente. Weil deren Gestaltung in der Hand der Initiatoren liegt, liegt die Annahme nahe, dass Individualansprüche nicht rechtlich eingeräumt, indes aus Gründen der Kundenfreundlichkeit in Grenzen freiwillig beantwortet werden. Nach schweizerischem Recht besteht ein weitreichendes individuelles Kontrollrecht gem. Art. 84 KAG gegenüber der Fondsleitung und dem Verwaltungsrecht der SICAV. Die Geltendmachung eines berechtigten Interesses ist nicht notwendig.[75] Das Individualrecht besteht neben den standardisierten Informationsrechten gem. Art. 89 bis 91 KAG und kann im Gegensatz zu einem ordinären Aktionärsrecht jederzeit und außerhalb der Generalversammlung geltend gemacht werden. Wird die gewünschte Auskunft, die sich auch auf die Ausübung von Gläubiger- und Mitgliedschaftsrechten beziehen kann, nicht ordnungsgemäß erteilt, kann bei Gericht eine Sonderprüfung veranlasst werden.[76] Die Kosten der Sonderprüfung trägt zunächst der Anleger, der im Fall unrechtmäßiger Verweigerung der Information von der Fondsleitung oder der SICAV Kostenersatz verlangen kann.[77] Auch für andere Rechtsformen wird ein Bedürfnis der Anleger auf Individualinformation anerkannt, so für Kommanditäre der KKK durch Einsichtsrecht und ein mindestens einmal vierteljährlich zu erfüllendes Auskunftsrecht gem. Art. 106 KAG.

3. Dynamisches Informationssystem

a) Informationstheoretischer Ausgangspunkt

Die Abmessung der Informationsrechte bedarf aus informationeller Sicht zunächst dreier Klarstellungen.

Erstens sind unbegrenzte Informationsansprüche in Massenverträgen mit dem berechtigten Interesse des Geschäftsbesorgers an einer kalkulierbaren Kostenstruktur unvereinbar. Es handelt sich dabei nicht nur um ein Interesse des Geschäftsbesorgers, sondern auch ein solches jeden einzelnen Anlegers: Das Risiko einer Kostensteigerung ins (theoretisch) Unendliche muss der Ge-

---

[74] Art. 13 und 90 OPC-G; Art. 17 FIS-G.
[75] BSK-KAG/*du Pasquier/Rayroux*, Art. 84 Rn. 1.
[76] Siehe auch *Lezzi*, Rn. 375.
[77] BSK-KAG/*du Pasquier/Rayroux*, Art. 84 Rn. 17.

schäftsbesorger in Form höherer Verwaltergebühren berücksichtigen. Allerdings besteht ein gewisser Zusammenhang zwischen den Informationsrechten und der Anlegertypologie des Gesetzes. Sind die Anleger überwiegend unkundig und passiv, wird es wenige Ansprüche geben, die nicht bereits mit Hinweis auf die und durch Vorlage der Pflichtpublizität erfüllt sind.[78] Damit reduziert sich einerseits das Risiko einer Kostensteigerung, andererseits wirft dies die Frage auf, warum das Gesetz unnütze Informationsrechte gewähren sollte.

Zweitens schließt die Einbindung eines Kontrollorgans – je nach Blickwinkel Verwalter oder Bewahrer – Informationsansprüche nicht aus. Eine *vollständige* und *endgültige* Substitution der Information durch Ansprüche eines anderen Geschäftsbesorgers ist dem Geschäftsbesorgungsrecht fremd. Jedenfalls bei wichtigem Grund besteht die Möglichkeit zur Rückholung delegierter Rechte.[79] Während des Bestehens der Arbeitsteilung ist im Einzelfall zu prüfen, welchem Kontrollzweck durch die Delegation Rechnung getragen wird. Nur insoweit lässt sich ein Ausschluss argumentativ auf die Substitution durch Aufsichts-/ Beirat und Verwahrstelle stützen.

Drittens ist das individuelle Informationsrecht gem. § 666 BGB keine Frage der Gleichbehandlungspflicht.[80] Die Gleichbehandlung gebietet lediglich, dass die Information an alle Anleger zu erteilen (also ihnen zu übersenden oder zu veröffentlichen) ist – Gleichbehandlung ist eine Frage des Erfüllungsmodus –, besagt aber nichts darüber, von wem die Informationsinitiative ausgeht. Diese kann auf eine gesetzliche Informationspflicht oder einen Individualanspruch zurückgehen.[81]

b) Informationstrias des Geschäftsbesorgungsrechts

Nach Vorgesagtem verbietet sich eine pauschale Zuweisung oder Verneinung von Informationsrechten nach einem Schwarz-Weiß-Schema, dass einseitig die Interessen der Geschäftsbesorger oder Anleger präferiert. Diese Einschätzung, die sich gegen die h.M. richtet, bestätigt nunmehr § 297 Abs. 10 KAGB, wonach, wenn ein Anleger dies wünscht, die KVG zusätzlich über die Anlagegrenzen des Risikomanagements des Investmentvermögens, die Risikomanagementmethoden und die jüngsten Entwicklungen bei den Risiken und Renditen der wichtigsten Kategorien von Anlageinstrumenten zu informieren hat.

Unter Berücksichtigung der bisherigen Erkenntnisse trifft ein an die jeweiligen Gegebenheiten angepasstes und in diesem Sinne dynamisches Informati-

---

[78] Zur präsumtiven Erfüllung von Informationsansprüchen *Zetzsche*, Aktionärsinformation, S. 262 ff.

[79] Nach h.M. ist § 671 Abs. 1 BGB bei einem Auftrag, an dem auch der Auftragnehmer ein Interesse hat, teleologisch zu reduzieren. Jedenfalls bei Vorliegen eines wichtigen Grundes bleibt das Widerrufsrecht des Auftraggebers bestehen. Vgl. MünchKomm-BGB/*Seiler*, § 671 Rn. 7; Staudinger/*Martinek*, § 671 Rn. 10.

[80] So aber *König*, Anlegerschutz, S. 120.

[81] Ausführlich *Zetzsche*, Aktionärsinformation, S. 264, 336, 341 f.

onssystem den Kern: Teil jeder Anlagebeziehung ist eine Informationstrias aus Primärmarkt- (Initialinformation), periodischer und anlassbezogener Information.[82] Zugleich gewährt §§ 675 Abs. 1, 666 BGB drei Ansprüche: Der Geschäftsbesorger ist verpflichtet, dem Geschäftsherrn die erforderlichen Nachrichten zu geben (1. Alt.), auf Verlangen Auskunft zu erteilen (2. Alt.) und nach der Ausführung des Auftrags Rechenschaft abzulegen (3. Alt.). Diese Ansprüche bestehen auf der Grundlage der hier präferierten Vertragsanalogie auch beim Kollektivanlagenvertrag.

Die „Erforderlichkeit" der ersten Alternative ist ein Hinweis auf eine Kosten und Nutzen abwägende Regelungstechnik, mithin auf optimale statt maximale Information. Entsprechend hängt die Intensität der Benachrichtigungspflicht von der Pflicht zur Interessenwahrung im Einzelfall ab.[83] Der Benachrichtigungspflicht entspricht der Intermediär zunächst durch eine zutreffende Initialinformation nach Maßgabe der gesetzlichen Vorschriften. Im Übrigen konkretisiert sich in dieser Vorschrift die Pflicht zur anlassbezogenen Information.

Die dritte Alternative (Rechenschaftspflicht) verpflichtet in verkehrsüblicher Weise dazu, die „wesentlichen Einzelheiten der Auftragsdurchführung dazulegen und dem Auftraggeber die notwendige Übersicht über die Art und Weise der Auftragsabwicklung zu verschaffen."[84] In Dauerschuldverhältnissen tritt an die Stelle einer Rechenschaft nach Auftragsdurchführung eine periodische Information.[85] Die allgemeine Rechenschaftspflicht gem. § 259 BGB konkretisiert sich im Bilanzrecht.[86] Soweit die Rechenschaftsvorlage nach Maßgabe der einschlägigen Vorschriften des KAGB bzw. des allgemeinen Bilanzrechts erstellt und abgelegt wird, genügt dies zugleich der Rechenschaftspflicht gem. § 666, 3. Alt. BGB.[87] An die Stelle der Belegpflicht (§ 259 Abs. 1 BGB a.E.) tritt indes eine Pflichtprüfung durch einen Abschlussprüfer, und zwar auch dann, wenn diese nach Maßgabe der §§ 316 ff. HGB nicht veranlasst ist. Dies ist Nebenfolge der Gleichbehandlungspflicht: Alternativ müsste der Geschäftsbesorger die Originalbelege gem. § 667, 2. Alt. BGB allen Anlegern aushändigen, was objektiv unmöglich ist.

Die Reichweite des ersten und dritten Anspruchs ist somit objektiv zu bestimmen, nur der zweite Anspruch richtet sich nach den subjektiven Vorstellungen und dem berechtigten Interesse des Geschäftsherrn.[88] Über den Anspruchs-

---

[82] *Kalss*, Anlegerinteressen, S. 251 f.

[83] *Löhnig*, Treuhand, S. 220.

[84] BGH, ZIP 1990, 48, 50.

[85] BGH, WM 1984, 1164 ff., 1165

[86] *Zetzsche*, Aktionärsinformation, S. 239; MünchKomm-BGB/*Krüger*, § 259 Rn. 22 („kein sachlicher Unterschied").

[87] A.A. wohl *Löhnig*, Treuhand, S. 235 f.

[88] MünchKomm-BGB/*Seiler* § 666 Rn. 6 f.; Erman/*Ehmann*, § 666 Rn. 25; für Treuhandverhältnis *Löhnig*, Treuhand, S. 231. Zur Unterscheidung zwischen Auskunft und Rechenschaft BGHZ 93, 329.

umfang entscheidet das, was in dem konkreten Geschäftsbesorgungsverhältnis üblich ist, was der Geschäftsherr erwarten und dem Geschäftsbesorger zugemutet werden darf.[89] Die Subjektivität des Auskunftsanspruchs resultiert freilich aus der Pflicht zur *persönlichen* Interessewahrung. Ist *persönliche* Interessewahrung – wie bei der Kollektivanlage – nicht geschuldet, muss sich die subjektive Komponente des Auskunftsanspruchs aus § 666, 2. Alt. BGB reduzieren und in Richtung eines objektiven Auskunftsstandards bewegen. Dann unterscheiden sich die erste und zweite Alternative des § 666 BGB nur in Bezug auf die Information*sinitiative*: Nach der ersten Alternative geht sie vom Intermediär aus, nach der zweiten vom Anleger. Anspruchsinhalt ist jeweils die objektiv erforderliche Information. Damit kommt man auf anderer dogmatischer Grundlage zu der Frage des Verhältnisses von Berichtspflicht (z.B. des Verwalters oder Vorstands) zum individuellen Auskunftsanspruch (z.B. des Anlegers oder Aktionärs).

Wie dazu an anderer Stelle ausgeführt wurde und hier nicht wiederholt werden soll, lässt sich das „Erforderliche" nicht abstrakt-generell konkretisieren. Dem Bilanzrecht ist die gesetzgeberische Vorstellung dessen zu entnehmen, was wesentlich ist.[90] Eine fondsgerechte Rechnungslegung entspricht regelmäßig allen drei Alternativen des § 666 BGB. Deshalb ist der Anspruch auf Verlangen gem. § 666, 2. Alt. BGB auf solche Auskünfte begrenzt, über die ein (ggf. zu aktualisierender) Prospekt und periodische Information nicht verlässlich informieren. Für Kollektivanlagen kann das infolge der §§ 101 bis 107, 162 bis 167 sowie 266 bis 270 KAGB gebotene Informationsniveau als Messlatte dienen, weil die Organisationsformen des KAGB Prototypen der Kollektivanlage sind. Aber der h.M. ist insoweit nicht zu folgen, als damit ein individuelles Informationsrecht *vollständig* ausgeschlossen sein soll: Der Auskunftsanspruch aus § 666, 2. Alt BGB ist nicht vollständig abdingbar; jedenfalls muss dem Geschäftsherrn bei Vorliegen von Verdachtsmomenten für treuwidriges Verhalten des Geschäftsbesorgers das Recht zur Nachfrage verbleiben.[91] Diese Auffassung ist auf die Situation im Anlagedreieck anzupassen. Der vorgenannten Situation einer Treuwidrigkeit entspricht im Anlagedreieck die Kollusion zwischen Bewahrer und Verwalter bzw. die offensichtliche Nichterfüllung der Kontrollaufgabe des einen in Bezug auf den anderen. In diesen Fällen kann sich

---

[89] BGHZ 41, 318, 321 (zu § 260 BGB betreffend Architekten); BGHZ 109, 260, 266 f. (betr. Rechtsanwalt).

[90] Vgl. *Zetzsche*, Aktionärsinformation, S. 218 ff., 228 f., 243 f.; *Noack/Zetzsche*, ZHR 170 (2006), 218; kritisch *Kersting*, ZGR 2007, 319.

[91] BGHZ 109, 260, 264 ff. (Schweigepflicht, Strafrecht); BGHZ 39, 87, 93 (Zeitablauf); ebenso grundsätzlich MünchKomm-BGB/*Seiler* § 666 Rn. 18 und Erman/*Ehmann*, § 666 Rn. 41 (jeweils mit Hinweis auf § 307 Abs. 2 BGB, 138 BGB, da die Rechenschaft zur „Natur" des Autrags gehöre); *Löhnig*, Treuhand, S. 231; Bamberger/Roth/*Fischer* § 666 Rn. 7; liberaler die frühere Rechtsprechung, vgl. BGHZ 10, 385 (für Verzicht); RGRK/*Steffen*, § 666 Rn. 17 (für Abdingbarkeit); offen gelassen von BGH, WM 1984, 1164, 1165.

der Anleger nicht mehr auf das System gegenseitiger Kontrolle im Anlagedreieck verlassen, so dass er seinen Interessen selbst nachgehen können muss. Das individuelle Informationsrecht gem. § 666, 2. Alt. BGB bemisst sich somit dynamisch in Abhängigkeit von Qualität, Umfang und Verlässlichkeit der offengelegten Informationen. Dabei definieren die §§ 101 bis 107, 162 bis 167 sowie 266 bis 270 KAGB den Maßstab von Erforderlichkeit und Verlässlichkeit der geschuldeten Information. Ein individuelles Informationsrecht gem. § 666, 2. Alt. BGB verbleibt jedem Anleger, soweit die Annahme gerechtfertigt ist, dass sich die im Anlagedreieck tätigen Geschäftsbesorger nicht wirksam gegenseitig kontrollieren. Diese Grundsätze gelten gleichermaßen für Individualansprüche gegen den Verwalter (KVG) und den Be-/Verwahrer.

III. Konsequenzen und Modifikationen

Es verbleiben die Fragen nach einer Hinweispflicht auf eigene Pflichtverletzungen des Intermediärs, des vertraglichen Gestaltungsspielraums und der Haftungsfreizeichnung.

1. Hinweispflicht auf Pflichtverletzungen?

Korrespondiert die Hinweispflicht auf fremde Pflichtverletzungen mit dem Umfang der Kontrollpflicht, resultiert daraus, soweit eine Kontrollpflicht besteht und die Pflichtverletzung nicht beseitigt werden kann, als milderes Mittel eine Hinweispflicht. Die Nachricht, dass der Intermediär seiner Kontrollpflicht nicht nachkommen konnte, ist zur Wahrung der Interessen des Geschäftsherrn i.S.v. § 666, 1. Alt. BGB „erforderlich". Der Einwand einer Substitution durch Publizität greift in diesem Fall nicht: Es handelt sich um anlassbezogene Information, die jenseits aller Berichts- und Bilanzpflichten geboten ist.[92] Zur Begründung kann die BGH-Rechtsprechung zur Haftung der Treuhandkommanditisten und Mittelverwendungskontrolleure fruchtbar gemacht werden.[93]

Die Lage ist weniger eindeutig in Bezug auf eigene Pflichtverletzungen des Intermediärs. Hier sind die vorvertraglichen Pflichten zur Information über Pflichten- und Interessenkollisionen zu unterscheiden von der in Rechtsprechung[94] und Schrifttum[95] vertretenen Pflicht zur Benachrichtigung über eigene Pflichtverletzungen. Ratio der Benachrichtigungspflicht ist vielfach die Verlegung des Verjährungsbeginns auf einen anderen, späteren Zeitpunkt bzw. die Herbeiführung einer abweichenden Verjährungsfrist. Bei Lichte betrachtet ist

---

[92] Der Punkt „Pflichtverletzungen eines anderen Intermediärs" ist in keinem Berichts- oder Bilanzschema zu finden. Die Hineininterpretation in „wesentliche Umstände für die Anleger" etc. wirkt künstlich und nimmt der Sonderbenachrichtigungspflicht ihre Hinweiswirkung.

[93] Vgl. die Nachweise in der Einleitung, § 1 A.III., E.II. und E.III.

[94] BGHZ 83, 17 (1. Ls.) und 21; BGHZ 94, 380, 384; BGHZ 114, 150 (Ls.) und 156ff.

[95] *Löhnig*, Treuhand, S. 215; *Hopt*, ZGR 2004, 1, 27f.

es eine Zumutung, den Intermediär auf dem Rechtsweg zur Selbstbeschuldigung zu zwingen. Sofern strafrechtliche Parameter einschlägig sind, ist ein Konflikt mit dem Verbot der Selbstbelastung gegeben. Insoweit muss es bei der Informationsinitiative des Anlegers bleiben: Die Intermediäre müssen auf Nachfrage über Pflichtverstöße Auskunft geben. Die entgegengesetzte Auffassung würde keine Besserstellung bedeuten, denn wer keine Skrupel hat, gegen Organisations- und Verhaltenspflichten zu verstoßen, den werden Wahrheitspflichten wenig schrecken. Dem Informationsanspruch bliebe allein die im Finanzmarktrecht häufig anzutreffende Funktion als Umwegregulierung: Der Vorsatz der Verschleierung ist leichter nachweisbar als der Vorsatz *in Bezug auf den Pflichtverstoß*. Der unerwünschten Folge, dass Kontrolleur und Kontrollierter zu Verschleierungszwecken kollusiv zusammenwirken, ist stattdessen durch eine interessengerechte Intermediärsorganisation, eine akzentuierte Organisationshaftung und eine sorgfältige Überwachung – direkt durch die Finanzmarktaufsicht, indirekt über Wirtschaftsprüfer – zu begegnen. Wie überall im Finanzmarktrecht gilt es, die seriösen von den unseriösen Akteuren zu trennen.

Die Richtigkeit dieser Einschätzung folgt aus einem Umkehrschluss zu §§ 78 Abs. 3, 89 Abs. 3 KAGB. Die Vorschrift verlangt von der KVG und ggf. der OGAW-Verwahrstelle bei Verletzung der Bewertungsvorschriften und Anlagegrenzen die Aufstellung eines Entschädigungsplans. In diesen Konstellationen, die typischerweise seitens des einzelnen Publikumsanlegers schwer zu liquidierende Streuschäden kleinen Ausmaßes nach sich ziehen, müssen die Intermediäre von sich aus die Pflichtverletzung einräumen und den Schaden beseitigen. Im Umkehrschluss besteht in anderen Fällen keine Pflicht zur Offenbarung einer eigenen Pflichtverletzung.

2. Vertragliche Erweiterung oder Reduktion?

Erweiterte Informationsrechte stellen die Anleger besser. Gegenüber dem soeben erarbeiteten Standard *reduzierte* Informationsrechte sind mit dem Leitbild gem. § 307 Abs. 2 Nr. 1 BGB unvereinbar. Weil die Information Anlegerschutz bezweckt, kann mit qualifizierten Anlegern ein Ausschluss vereinbart werden.[96] So kann es aus Sicht eines qualifizierten Anlegers sinnvoll sein, sich nur auf die geprüften Standardinformationen zu verlassen, insbesondere, wenn wegen weitreichender Diversifikation *auf Anlegerebene* kein ökonomisches Interesse an der Eindämmung unsystematischer Risiken wie Untreue etc. in einzelnen Kollektivanlagen besteht und mit der Reduzierung der Informationsansprüche eine Gebührenreduktion verbunden ist.

---

[96] Die hier vertretene Position liegt zwischen der von Soergel/*Beuthien*, § 666 Rn. 14 (für Dispositivität) und der restriktiven Position von *Löhnig*, Treuhand, S. 220 (kein Ausschluss).

3. Entlastungsklausel?

Ein Verwalter könnte sich von einer Entlastungsklausel eine Verbesserung der Rechtsstellung erhoffen, wonach binnen einer gewissen Frist die erteilte Information in Bezug auf einen zurückliegenden Zeitraum als ausreichend und die Rechenschaft damit gebilligt gilt.[97] Eine solche Klausel widerspricht dem Leitbild der Idealanlage und ist im Vertrag mit Privatanlegern unzulässig: Bei den nach der gesetzlichen Typologie passiven und unkundigen Anlegern hat Schweigen auf eine Rechenschaft keinen Erklärungsgehalt. § 308 Nr. 5 BGB lässt fingierte Erklärungen nur unter besonderen Voraussetzungen zu. Anderes gilt im unternehmerischen Verkehr,[98] also auch für die Vereinbarung einer Entlastungsklausel mit qualifizierten Anlegern. Unterstellt das Gesetz Aktivität und Kundigkeit, kann das Schweigen auf Rechenschaft konkludenter Verzicht, die spätere Rüge einer früheren Rechenschaft widersprüchliches Verhalten (§ 242 BGB) sein.

C. Bezugsrecht?

Ein Bezugsrecht ist dem Geschäftsbesorgungsrecht unbekannt. Solange kein Anleger durch die Anteilsausgabe im Verhältnis zu anderen Anlegern schlechter gestellt ist und deshalb die Gleichbehandlungspflicht verletzt wird, darf der Intermediär beliebig viele parallele Anlagebeziehungen eingehen.

Eine Schlechterstellung der Anleger ist damit nicht verbunden. Tragende Erwägungen für das Bezugsrecht sind bekanntlich der drohende Einfluss- und Wertverlust.[99] Beide Aspekte sind nach dem Vertragsmodell nicht relevant:[100] Wegen des Erfordernisses individueller Zustimmung jedes einzelnen Anlegers resultiert aus Kapitalmaßnahmen kein (relativer) Einflussverlust. Der *ökonomische* Wertverlust tritt nicht ein, wenn die neuen Anteile zum wahren, also dem Nettoinventarwert ausgegeben werden (arg. ex § 186 Abs. 3 S. 4 AktG). Eine Ausgabe zu diesem Wert gebieten die Bewertungsvorschriften des KAGB[101] sowie im Verhältnis zu anderen Anlegern die Gleichbehandlungspflicht. In Anlagebeziehungen sind auf Bezugsrechte ausgerichtete Vorschriften (insbesondere

---

[97] Für eine solche Wirkung des bankrechtlichen Kontoauszugs auf Ebene des Treuhandverhältnisses *Löhnig*, Treuhand, S. 243 ff.

[98] Schweigen als Erklärungsinhalt ist im kaufmännischen Verkehr üblich, vgl. § 362 HGB und die Lehre vom kaufmännischen Bestätigungsschreiben.

[99] Vgl. dazu BGHZ 71, 40, 46 f. (Kali/Salz), BGHZ 83, 319, 325 (Holzmann); BGHZ 136, 133 f. (Siemens/Nold); KK-AktG (2. Aufl.)/*Lutter*, § 186 Rn. 59 ff.; *Zöllner*, Schranken, S. 251 f.

[100] A.A. für Inv-AG Berger/*Fischer/Steck*, § 96 InvG Rn. 12: Kein Bezugsrecht im Rahmen des festgelegten Mindest- oder Höchstkapitals, bei Anhebung darüber hinaus aber Bezugsrecht der Altaktionäre, wenn durch Beschluss der stimmberechtigten Aktionäre diese Grenze angehoben wird. Differenziert bei unklaren Kriterien Weitnauer/*Lorenz*, § 115 Rn. 5 f.

[101] Vgl. §§ 168 f., 212, 217, 248 ff., 271 f., 278 f., 286 KAGB.

§ 186 Abs. 1 S. 1 AktG) teleologisch zu reduzieren.[102] Entsprechend räumt § 115 KAGB den Anlageaktionären ein Bezugsrecht nur in dem seltenen Fall ein, dass ihnen ein Stimmrecht zusteht.

§ 35 – Rechtsschutz

Die Rechtsschutzoptionen der Anleger sind jenseits der Prospekthaftungsklagen[103] wenig erschlossen. Dies verwundert, weil der Rechtsschutz über die wirksame Rechtsdurchsetzung im Anlagedreieck und damit über die Beantwortung der Untersuchungsfrage entscheidet, ob das Anlagedreieck aus Gründen seiner inhärenten Effizienz oder mangels wirksamer Rechtsschutzoptionen Gegenstand weniger Gerichtsverfahren ist. Im Fokus stehen die Aktivlegitimation, die zur Begründung zivilrechtlicher Ansprüche heranzuziehende Pflichtverletzung und das Zusammenwirken mit der öffentlich-rechtlichen Aufsicht.

A. Rechtsvergleichender Rundblick

Ein einleitender Blick auf andere Rechtsordnungen erschließt das Spektrum üblicher Gestaltungen.

I. Aktivlegitimation

Dabei gewähren einerseits Rechtsordnungen wie Liechtenstein und die Schweiz die zivilrechtliche Haftung der Intermediäre recht großzügig.

So können Anleger in Liechtenstein außer nach allgemeinem Vertragsrecht (ABGB) gem. Art. 24 UCITSG oder Art. 47 AIFMG gegen die KVG wegen Verletzung der Wohlverhaltens-, Organisations-, Delegations- und Risikomanagement-Vorschriften klagen. Insoweit ist die Beweislast für das Verschulden umgekehrt. Die Verwahrstelle haftet gem. Art. 35 Abs. 1 UCITSG, Art. 61 Abs. 1 AIFMG für die Verletzung ihrer Pflichten und zwar auch dann, wenn sie Aufgaben an Dritte übertragen hat; insoweit liegt die Beweislast für das Ver-

---

[102] I.E. auch *Baums/Kiem*, Inv-AG, S. 741, 747 f.; *Steck/Schmitz*, AG 2004, 658, 663.

[103] Vgl. dazu für Deutschland die Nachweise in der Einleitung, § 1 A.III., C.III., D.I. Vgl. für Liechtenstein Art. 24 Abs. 2 UCITSG und Art. 47 Abs. 2 AIFMG; für die Schweiz: Art. 145 f. KAG; für USA s. 11(a) und s. 12 (a)(2) SA 1933. Danach müssen Anleger bei einer fehlerhaften Veröffentlichung keinen Schaden nachweisen; dem Beklagten steht jedoch nach der Rechtsprechung des US Supreme Court eine loss causation-defence zur Seite, vgl. *Dura Pharmaceuticals, Inc. v. Broudo*, 544 U.S. 336 (2005). Diese greift immer bei offenen Fonds ein, weil nachweisbar ist, dass die Anteilspreise nicht infolge des schädigenden Ereignisses gefallen sind: Mangels Marktpreis kann dieser auch nicht fallen, vgl. *Geffen*, (2009) 37 Sec. Reg. L. J. 20; für ein weiteres Verständnis der Zentralbegriffe „value" (Wert) und „loss" (Verlust) im Dura-Test dagegen *Bullard*, (2007–2008) 76 U. Cin. L. Rev. 559 (mit Nachweisen zu untergerichtlichen Urteilen, die ebenso verfahren, in Fn. 58 ff.).

schulden beim Anleger. Das Schweizer Recht kennt den Erfüllungsanspruch nach allgemeinem Vertragsrecht (Art. 97 des Obligationenrechts),[104] speziell für offene Kollektivanlagen die auf Ersatz mittelbarer Schäden beschränkte Restitutionsklage nach Art. 85 KAG für die rechtswidrige Entnahme von Vermögensgegenständen, die Verantwortlichkeitsklage nach Art. 145 KAG gegen u.a. den Verwalter und Verwahrer und die Klage aus unerlaubter Handlung nach Art. 41 Abs. 1 des Obligationenrechts. Eine Verschuldensvermutung und eine verlängerte Verjährung (Art. 147 KAG) sind der Vorteil der KAG-Verantwortlichkeitsklage im Verhältnis zu den allgemeinen Deliktsansprüchen. Allerdings kann die Einstandspflicht für leichte Fahrlässigkeit grundsätzlich ausgeschlossen werden.[105] Aktivlegitimiert sind bei der Erfüllungs- und Restitutionsklage die formal im Zeitpunkt der Klageerhebung als Anleger auftretenden Personen, bei der Verantwortlichkeitsklage und bei Deliktsansprüchen grundsätzlich die Geschädigten.[106] Die Restitutions- und die Verantwortlichkeitsklage stehen, soweit es Ansprüche auf Ersatz mittelbarer Schäden angeht, im Verhältnis der Realkonkurrenz, für unmittelbare Anlegerschäden steht allein die Verantwortlichkeitsklage offen.[107] Die persönliche Einstandspflicht der Organmitglieder der Fondsleitung, der Verwahrstelle sowie der Verwaltungsräte von SICAF und SICAF richten sich nach allgemeinem Gesellschaftsrecht (Art. 145 Abs. 4, 5 KAG).

Dem stehen Rechtsordnungen gegenüber, in denen zivilrechtliche Ansprüche sehr verhalten gewährt werden. So besteht eine Aktivlegitimation (standing to sue, private right of action) von US-Anlegern wegen Treupflichtverstoß bei Festsetzung einer überhöhten Verwaltervergütung gem. s. 36(b) ICA. Diese Klageoption hat sich als wenig aussichtsreich erwiesen (näher bereits oben, § 31.B.I.). Andere Individualklagerechte werden seit einem Urteil des US Supreme Court zur Durchsetzung von Bundesgesetzen[108] überwiegend abgelehnt, und zwar entweder mangels seitens des Gesetzgebers eingeräumter Klagebefugnis[109] oder mangels eigenen Rechts, weil der Schaden bei der Investment

---

[104] BSK-KAG/*v.Planta/Bärtschi*, Art. 145 Rn. 8.

[105] BSK-KAG/*v.Planta/Bärtschi*, Art. 145 Rn. 4; s.a. Art. 100 Abs. 2 des Obligationenrechts.

[106] Im Fall der Verantwortlichkeitsklage ist die Aktivlegitimation auf die Anleger, die Gesellschaft (SICAV, SICAF, bei Anlagefonds die Fondsleitung) und die Gesellschaftsgläubiger beschränkt. Die Anleger müssen im Zeitpunkt des Schadenseintritts Anleger gewesen sein; BSK-KAG/*v.Planta/Bärtschi*, Art. 145 Rn. 28.

[107] BSK-KAG/*v.Planta/Bärtschi*, Art. 145 Rn. 30.

[108] *Alexander v. Sandoval*, 532 U.S. 275 (2001). Der Fall betrifft eine angebliche Diskriminierung durch Sprachvorgaben bei der Führerscheinprüfung.

[109] Zu s. 12(b), 12(d)(1),17(j), 22, 26(f), 27(i), 34(b), 36(a), 48(a) ICA und Rule 12b-1 zum SA 1933 vgl. z.B. *Bellikoff v. Eaton Vance Corp.*, 481 F.3d 110 (2d Cir. 2007); *Strigliabotti v. Franklin Res., Inc.*, 2005 WL 645529, 7 (N.D. Cal. Mar. 7, 2005) (zu überhöhten Verwaltergebühren kein Entscheidungsbedarf wegen Klagerecht aus s. 36 (b) ICA); *White v. Heartland High-Yield Mun. Bond Fund*, 237 F. Supp. 2d 982, 986 (E.D. Wis. 2002); *DH2, Inc. v.*

Company eingetreten sei.[110] Der eigene Rechtsbestand richtet sich insbesondere nach dem Inkorporationsstaat, wo sich Maryland als verwalterfreundlich positioniert.[111] In eine Klage aus abgeleitetem Recht (*derivative suit*) ist dagegen nach dem Korporationsmodell das Board of Directors eingebunden, das regelmäßig vom Investment Adviser ausgewählt wird und schon deshalb wenig Neigung zur Klage verspürt. Wenn die unabhängigen Direktoren in einem separaten Klage-Ausschuss prozedural ordnungsgemäß verfahren und eine Klageerhebung ablehnen, hat eine Derivatklage wenig Aussicht auf Erfolg.[112] Im Ergebnis nicht viel anders liegt es bei den Mitgliedern der Board of Directors resp. Board of Trustees der Investment Companies. Aus taktischen Gründen sind die Organmitglieder zwar häufig Adressaten von Haftungsklagen, weil nach dem Recht der US-Bundesstaaten ein Anlegerklagerecht z.B. wegen Verstoßes gegen die Organpflichten eröffnet ist und die persönliche Inanspruchnahme die Neigung des Boards zur Einigung mit den Klägern erhöht. Aber erfolgreiche Endurteile gegen die Direktoren sind nicht bekannt.[113] Ursächlich sind u.a. die Business Judgement Rule und die hohe Vergleichsquote. Größere Bedeutung erlangen die Direktoren in den mit der SEC ausgehandelten Vergleichen.[114]

In Luxemburg besteht eine Einstandspflicht für fehlerhafte Anlageverwaltung und Bewertungsfehler nach den allgemeinen zivilrechtlichen, sprich: vertraglichen Regeln. Die Einstandpflicht kann grundsätzlich vertraglich geregelt

---

Athanassiades, 359 F. Supp. 2d 708, 714–15 (N.D. Ill. 2005) (zu Verstoß gegen Bewertungs- und Berichtspflichten); *VC Draper Fisher Jurvetson Fund I, Inc. v. Millennium Partners, L.P.*, 260 F. Supp. 2d 616, 621–25 (S.D.N.Y. 2003) (zu Verstoß gegen antipyramiding provision gem. s. 12(d) ICA); *Olmsted v. Pruco Life Ins. Co.*, 283 F.3d 429, 432–33 (2d Cir. 2002). Ausnahmsweise abweichend *In re Nuveen Fund Litig.*, No. 94 C 360, 1996 WL 328006, 4 (N.D. Ill. June 11, 1996) (zu s. 33(b), 36(b), 36(a) ICA); *Northstar Financial Advisors, Inc. v. Schwab Investments*, 609 F.Supp.2d 938, 942 (N.D.Cal. 2009) (wegen unauthorisierter Änderung der Anlagestrategie entgegen s. 13(a) ICA; das Gericht hat die Klage dennoch abgewiesen, weil der Vermögensverwalter aus eigenem Recht statt der betroffenen Anleger geklagt hat).

[110] Ablehnung mangels *direct injury* zu s. 13(a)(3), 17(d), 17(e), 17(j), 18(f), 34(b), 36(a) ICA *In re Dreyfus Aggressive Growth Mut. Fund Litig.*, No. 98 Civ. 4318(HB), 2000 WL 10211, 4 (S.D.N.Y. Jan. 6, 2000); *Lapidus v. Hecht*, 232 F.3d 679, 684 (9th Cir. 2000), aber ausnahmsweise mit Klagezulassung nach s. 13(a)(2) and 13(a)(3)) ICA; *Rohrbaugh v. Inv. Co. Inst.*, No. Civ.A. 00–1237, 2002 WL 31100821, 6 (D.D.C. July 2, 2002) (in dem Fall wird die Industrievereinigung ICI als „affiliated person" von Investment Companies wegen Verstoßes gegen das Verbot gemeinsamer Transaktionen mit „affiliated persons" gem. s. 17(d), s. 36(b) ICA verklagt.

[111] Vgl. *Strougo v. Scudder, Stevens & Clark, Inc.*, 964 F.Supp 783, 790 (S.D.N.Y. 1997), wonach ein Anleger einer Maryland Investment Corporation nicht klagen kann „to recover damages for fraud, embezzlement, or other breach of trust which depreciated the capital stock."

[112] *Helm/Dodds/Geffen*, (2010) 17:7/8 Inv. L. 2, 6.

[113] Vgl. *Helm/Dodds/Geffen*, (2010) 17:7/8 Inv. L.S. 8 Fn. 3.

[114] Vgl. *In the Matter of Jon D. Hammes*, Rel. No. IC-26290 (Dec. 11, 2003) (zwar kein Schadensersatz, aber unabhängige Direktoren stimmen zu, per SEC order aus dem Amt zu scheiden.)

werden, jedoch müssen die Handelnden für die vorsätzliche Überschreitung der Anlagegrenzen und Bewertungsfehler stets einstehen. Zumindest der Promoter/ Initiator des Fonds haftet aufgrund einer Art professioneller Vertrauenshaftung.[115] Dieses vermeidet das Vorschicken eines finanziell gering ausgestatteten Verwalters. Anspruchsberechtigt ist der einzelne Anleger, wenn sich der Schaden in seinem Vermögen realisiert.[116] Schäden des Fonds sind über die Zuweisung des Schadens zum Fondsvermögen kompensiert.

II. Bündelinstitution

Der großzügigen Gewährung zivilrechtlicher Ansprüche stehen in der Schweiz und Liechtenstein wenig strikte Methoden zur Bündelung von Streuschäden gegenüber. Dies reduziert die Wahrscheinlichkeit der prozessualen Geltendmachung.

So ist nach liechtensteinischem Recht die KVG zwar berechtigt, Ansprüche gegen die Verwahrstelle neben den Anlegern oder an deren Stelle gerichtlich und außergerichtlich geltend zu machen. Allerdings muss der Anspruchsteller das Verschulden nachweisen.[117] Aus der allgemeinen Kontrollfunktion der Verwahrstelle ist eine Klagebefugnis zumindest für den Fall abzuleiten, dass eine der in Art. 33 UCITSG und Art. 59 AIFMG[118] genannten Pflichten seitens der KVG verletzt wurde. Allerdings werden sich KVG und Verwahrstelle eine Klage gegeneinander sorgsam überlegen, weil man meist auch in anderen Fonds zusammenarbeitet. In der Schweiz kann für Klagen auf Leistung an das Fondsvermögen ein Anlegervertreter auf Kosten des Fondsvermögens gerichtlich bestellt werden (Art. 86 Abs. 1, 5 KAG). Dies soll die häufig auftretenden Beweis- und Substantiierungsschwierigkeiten einzelner Anleger reduzieren.[119] Diese Option wird aber selten genutzt.[120] Die Klageerhebung durch den Anlegervertreter sperrt die Geltendmachung durch den einzelnen Anleger (Art. 86 Abs. 4 KAG) auf Leistung an das Fondsvermögen; anhängige Ansprüche sind zu sistieren. Nicht von der Sperre betroffen sind Klagen unmittelbar geschädigter Anleger auf Leistung an sie selbst.

Demgegenüber stehen im US-Recht verschiedene Bündelinstitutionen zur Verfügung. Die häufig diskutierte *class action* ist im Fondskontext wegen der Gerichtspraxis, den Schaden häufig dem Fonds zuzuordnen und damit das Klagerecht des einzelnen Anlegers zu entziehen (s. o.), eher selten aussichtsreich.

---

[115] *Kremer/Lebbe*, Rn. 4.08, 8.222.
[116] Vgl. die Fälle bei *Kremer/Lebbe*, Rn. 4.08, 8.221.
[117] Art. 35 Abs. 2 UCITSG; Art. 61 Abs. 4 AIFMG.
[118] Verletzung der gesetzlichen und vertraglichen Bestimmungen bei Anteilswertberechnung, Anteilsausgabe und -rücknahme sowie im Zahlungsverkehr; bei Vermögensübertragungen an das Fondsvermögen und bei der Ertragsverwendung durch die KVG.
[119] *Meier*, Anlegerschutz, S. 137.
[120] *Köndgen*, FS Nobel, S. 549 (bis 2005 noch niemals genutzt).

Des Weiteren obliegt grundsätzlich dem Board of Directors der Investment Company die Geltendmachung der Ansprüche des Fonds im Verhältnis zu den Intermediären. Die Direktoren sind jedoch wenig klagegeneigt, auch weil eine Inanspruchnahme zugleich einen Verstoß gegen Überwachungspflichten indizieren und damit Anlegerklagen gegen die Direktoren provozieren kann.

Für luxemburgische FCPs ist der jeweils andere Intermediär Bündelinstitution für Streuschäden. Wird nicht binnen drei Monaten nach einer förmlichen Aufforderung geklagt, können dies die Anleger selbst tun.[121] Das gleiche Recht soll Aktionären neben der Investmentgesellschaft[122] nicht zustehen. Hier soll die Investmentgesellschaft als Vertragspartner gegen die Depotbank klageberechtigt, ein Ersatz nur im gesellschaftsrechtlichen Innenverhältnis möglich sein.[123]

III. Einbindung der Aufsichtsbehörde

Die weitgehende Unwirksamkeit zivilrechtlicher Instrumente rechtfertigt im US-Recht die Durchsetzungsbefugnis der SEC nach s. 42 ICA, die zu Zivilstrafen und Ersatzpflichten führen kann. Die SEC-Zuständigkeit erstreckt sich auf alle Vorschriften des ICA und IAA. Ihre Durchsetzungskraft wird durch einen eigenen Untersuchungsapparat verstärkt. Damit ist die privatrechtliche Rechtsdurchsetzung weithin durch ein öffentlich-rechtliches Instrumentarium ersetzt, mit – aus Sicht der europäischen Rechtsordnungen eher ungewöhnlich – zivilrechtlichen Konsequenzen.

Ein Zivilklagerecht europäischer Aufsichtsbehörden ist nicht bekannt. Nach liechtensteinischem Recht ist die Aufsichtsbehörde (FMA) immerhin zur Vermeidung von Kollusion zwischen Verwalter und Depotbank in die Vergleichsfindung eingeschaltet. Sie darf auf Kosten der KVG auf Gerichtsverfahren durch Veröffentlichung hinweisen. Vergleiche zwischen KVG und Verwahrstelle sind zu veröffentlichen. Die FMA und die Anleger dürfen einen solchen Vergleich binnen sechs Monaten vor dem Landgericht anfechten (Art. 61 Abs. 3 S. 2 UCITSV).

Gemäß der Aufsichtspraxis[124] unterstützt die luxemburgische CSSF die Anspruchsdurchsetzung durch ein Korrekturplanverfahren. Danach ist der Verwalter kapitalmarktrechtlich zur Anzeige vorsätzlicher Überschreitungen der

---

[121] Für Verwalter gegen Depotbank vgl. Art. 19 Abs. 2, 124 OPC-G; Art. 17 Abs. 2 FIS-G.

[122] Art. 35 OPC-G: „Le dépositaire est responsable, selon le droit luxembourgeois, à l'égard de la société d'investissement et des porteurs de parts de tout préjudice subi par eux résultant de l'inexécution injustifiable ou de la mauvaise exécution de ses obligations." Nur die Aktionäre nennt sogar Art. 35 FIS-G.

[123] *Kremer/Lebbe*, Rn. 6.721.

[124] Die Einstandspflicht ist in einem Rundschreiben der CSSF zusammengefasst. CSSF Circulaire 02/77

Anlagegrenzen und wesentlicher Bewertungsfehler verpflichtet.[125] Für Gesamtschäden oberhalb von 25.000 € oder für Schäden pro Anleger von mind. 2.500 € muss ein Korrekturplan erstellt werden und unter Überwachung des Wirtschaftsprüfers abgewickelt werden. Die Anleger sind zu informieren. Die Kosten für den Korrekturplan dürfen nicht dem Fonds belastet werden. Unterhalb der Korrekturschwelle kann ein vereinfachtes Kompensationsverfahren stattfinden. Die CSSF ist zu informieren, über die Vorgänge ist im Jahresabschluss zu berichten.[126] Nach diesem Vorbild hat der deutsche Gesetzgeber das Entschädigungsverfahren gem. §§ 78 Abs. 3, 89 Abs. 3 KAGB gestaltet.

B. Aktivlegitimation

Die Rechtsform könnte beeinflussen, in welchen Fällen der Anleger gegen den Verwalter vorgehen kann. So besteht bei der AG keine unmittelbare Rechtsbeziehung zwischen Aktionär einerseits, Vorstand und Aufsichtsrat andererseits. Eine unmittelbare Klage aus der Mitgliedschaft ist nicht gegen die Organmitglieder, sondern nur die zwischen Mitglied und Organe geschaltete AG zu richten, die ihrerseits die Organe in Anspruch nehmen muss. Dagegen müsste bei Verletzung des Gesellschaftsvertrags einer Personengesellschaft[127] und der Vertragsbedingungen einer vertraglich organisierten Kollektivanlage regelmäßig ein eigener Anspruch des Gesellschafters / Anlegers gegeben sein. Allerdings ist auch dies nicht zweifelsfrei. So befürwortet ein Teil des Schrifttums für Personengesellschaften eine Anlehnung an das Recht der Beschlussanfechtung der Korporation z.B. in Bezug auf die Person des Beklagten.[128] Dann ist die Forderung konsequent, den Ersatzprozess statt gegen den Komplementär gegen die Gesellschaft zu richten und nur Binnenregress zu gewähren. Entsprechende Tendenzen zeigen sich im Investmentrecht, wo verschiedentlich ein Individualklagerecht der Anleger abgelehnt wird.[129] Dies indiziert grundsätzlichen Klä-

---

[125] Die Toleranzgrenze pro Bewertungsabweichung ist von der Anlagestrategie abhängig und beträgt zwischen 0,25% des NAV für Geldmarktfonds und 1% des NAV für Aktienfonds.

[126] CSSF Circulaire 02/77, sub I.3. a) und c).

[127] Vgl. z.B. OLG Stuttgart, 14 U 49/06, 28.3.2007 (Juris) Rn. 48 ff.: Aktivlegitimation des Treugebers gegen Komplementär *und* Treuhandkommanditisten.

[128] *K. Schmidt*, ZGR 2008, 1, 24.

[129] Zum InvG Beckmann/*Beckmann*, § 28 InvG Rn. 33 f. (mit Einschränkung betreffend Verwahrer), § 43 InvG Rn. 9 (bei Bruch der Vertragsbedingungen nur Klagerecht des Kollektivs); Emde/*Alfes*, § 28 InvG Rn. 34; zu § 12c KAGG *Canaris*, Bankvertragsrecht, Rn. 2437, 2482 (gegen Verwalter und Verwahrer); nur den Verwahrer betreffend OLG Frankfurt a.M., NJW 1997, 745 Rn. 62; OLG Frankfurt a.M. vom 26.10.2001, 16 U 90/99, S. 13 (unv.); offen gelassen von BGHZ 149, 33; a.A. Berger/*Köndgen*, § 28 InvG Rn. 16 f.; *Reiss*, Pflichten, S. 308 („keine actio pro socio im eigentlichen Sinn"); für Anwendung der §§ 420, 432 BGB (statt actio pro socio) *Ebner von Eschenbach*, S. 153 f. (mit Hinweis auf das Kapitalanlageverhältnis als einheitlichem Schuldverhältnis); *Gläbe*, Schutz der Zertifikatsinhaber, S. 177; wohl auch *Seegebarth*, Depotbank, S. 172 f. Für Individualansprüche Weitnauer/*Klusak*, § 78 Rn. 9, 12.

rungsbedarf zur Frage der Aktivlegitimation. Dabei ist zu unterschieden zwischen den Fragen, ob der Anleger klagen kann, an wen im Fall des Obsiegens zu leisten ist und in welchem Verhältnis Klagen des Anlegers im Verhältnis zu Klagen des Verwahrers oder Verwalters stehen.

I. Gegen Verwalter

1. Exklusive oder kumulative Repräsentation

Unstreitig ist der einzelne Anleger bei Pflichtverletzungen aktivlegitimiert, die sich nur in seinem Vermögen auswirken, z.B. wegen fehlerhafter Vertriebsinformation (Prospekthaftung etc.) oder bei Verweigerung der Anteilsrücknahme gegenüber einem einzelnen Anleger entgegen § 98 Abs. 1 KAGB.

Unklar ist die Aktivlegitimation für Schäden, die sich im Vermögen aller Anleger einer Kollektivanlage gleichzeitig auswirken.[130] Hier stellen sich die Alternativen individueller oder gebündelter – „kollektiver" – Rechtsverfolgung. Während die individuelle Rechtsverfolgung der Normalfall einer Sonderrechtsbeziehung ist, kennt das Gesetz eine Bündelung des Klagerechts bei einem Repräsentanten aus unterschiedlichen Motiven. Im Gesellschaftsrecht ist die Klagebündelung als Mittel zur Effizienzsteigerung verbreitet. So soll die Bündelung des Klagerechts beim AG-Aufsichtsrat die Kontrollfunktion gegenüber dem AG-Vorstand intensivieren. Der gemeinsame Vertreter aller Aktionäre gem. § 147 AktG dämmt von Individualinteressen motivierte Aktionärsklagen ein. Man kann diese Fälle als solche eines exklusiven Repräsentanten bezeichnen. Einen anderen Zweck verfolgt die Klagebündelung im Kapitalmarkt-, Wettbewerbs- und Kartellrecht.[131] In diesen Fällen ist eine private Rechtsverfolgung des Individuums gewünscht und zulässig, aber entweder erreicht der Schaden beim einzelnen Anleger (respektive Käufer, Kunde) einen so geringen Umfang, dass die Inkaufnahme des Risikos einer Rechtsverfolgung unwirtschaftlich erscheint, oder dem passiven und unkundigen Privatanleger (oder Verbraucher) fehlt das für eine erfolgreiche Klage erforderliche Wissen. Bei Streu- oder Massenschäden kennt das Zivilrecht[132] die Stellvertreterklage durch gesetzlichen Prozessstandschafter anstelle der Anleger.

Für die Kollektivanlage als Regelungsgefüge zwischen Vertrag und Korporation finden beide Motive – Effizienzsteigerung mit der Folge der exklusiven Repräsentanz oder Überwindung ökonomisch ungünstiger Klageanreize – einen fruchtbaren Boden. Allerdings wird nach hier vertretener Auffassung das

---

[130] Die Bezeichnung solcher Schäden als Kollektiv- oder Reflexschäden (vgl. *Wendt*, Treuhandverhältnisse, S. 75 mit Unterscheidung zwischen Individual- und Kollektivansprüchen) ist abzulehnen. Sie behauptet eine rechtliche Kategorie, die das Ergebnis damit verbundener Rechtsfragen determiniert.

[131] Vgl. *Reuschle*, WM 2004, 966; *Zimmer/Höft*, ZGR 2009, 662.

[132] Zum Gedanken der Gruppenvertretung im öffentlichen Recht *Zetzsche* in Towfigh et al., S. 178 ff.

Gesellschaftsrecht zugunsten des um kapitalmarktrechtliche Aspekte ergänzten Vertragsrechts zurückgedrängt. Damit liegt das kumulative Vertretermodell nahe. Ein Klagerecht des einzelnen Anlegers liegt auch in der Konsequenz des Anlagedreiecks. Danach schließt jeder Anleger einen Anlagevertrag mit dem Verwalter und einen Verwahrungsvertrag mit dem Verwahrer, aus dem nach allgemeinen Rechtsgrundsätzen die Aktivlegitimation im Fall der Pflichtverletzung erwächst, soweit die Vertragspflichten reichen (dazu sogleich). Die Aktivlegitimation des Anlegers ist genuine Konsequenz der anlagetypischen Dreiecksbeziehung. Dies unterscheidet die Anlageorganisation von der gesellschafts-, insbesondere der korporationsrechtlichen Ordnung. Ein Ausschluss ist auch dem Gesetz nicht zu entnehmen: Gem. § 78 Abs. 1 S. 2 bzw. § 89 Abs. 1 S. 2 KAGB schließt das Klagerecht der Verwahrstelle nach § 78 Abs. 1 S. 1 bzw. § 89 Abs. 1 S. 1 KAGB die Geltendmachung von Ansprüchen gegen die KVG durch die Anleger nicht aus. Gem. § 78 Abs. 2 S. 2 bzw. § 89 Abs. 2 S. 2 KAGB kann der Anleger trotz Klagerecht und -pflicht der KVG einen eigenen Schadensersatzanspruch gegen die Verwahrstelle geltend machen.

2. Individual- oder Kollektivanspruch?

Im Hinblick auf die Frage, ob die Klage auf Leistung an den Anleger oder an das Kollektiv (Gesellschaft, Sondervermögen etc.) zu richten ist, führt eine Orientierung an den §§ 78, 89 KAGB zu mehrdeutigen Ergebnissen. So ist umstritten, ob die Vorschrift des § 78 Abs. 1 S. 2 bzw. § 89 Abs. 1 S. 2 KAGB („die Anleger") jeden Anleger einzeln oder diesen analog §§ 432, 1011, 2039 BGB nur als Teil des Kollektivs anspricht. Nach der h.L. zu § 12 Abs. 2 S. 3 KAGG, die sich unter dem InvG und dem KAGB fortsetzt, sollte dem Anleger nur eine actio pro socio auf Leistung an das Kollektiv zustehen.[133] Diese h.L. beruft sich auf ein argumentum e contrario aus § 78 Abs. 2 S. 2 bzw. § 89 Abs. 2 S. 2 KAGB. Nach dieser Vorschrift kann der Anleger einen eigenen Schadensersatzanspruch gegen *die Verwahrstelle* geltend machen. In § 78 Abs. 1 S. 2 bzw. § 89 Abs. 1 S. 2 KAGB ist dagegen weiterhin die alte Formulierung des KAGG enthalten, wonach Ansprüche „durch die Anleger" geltend gemacht werden können; zugleich fehlt der Hinweis auf „eigene Schadensersatzansprüche".

Gegen die h.L. richtet sich namentlich *Köndgen*.[134] Den Gesetzesmaterialien zum InvG[135] sei kein Hinweis auf eine bewusste Differenzierung zu entneh-

---

[133] Zum KAGG: *Canaris*, Bankvertragsrecht, Rn. 2437; Brinkhaus/*Schödermeier/Baltzer*, § 12c KAGG Rn. 18; *Klenk*, Investmentanteil, S. 95 f. (analog § 1011 BGB); zum InvG: Beckmann/*Beckmann*, § 28 InvG Rn. 35; Emde/*Alfes*, § 28 InvG Rn. 34; *Baur/Ziegler*, Das Investmentgeschäft Rn. 9/650. I.E., bei anderer Begründung auch *Reiss*, Pflichten, S. 346 ff.

[134] Berger/*Köndgen*, § 28 InvG Rn. 17; *ders./Schmies* in Bankrechtshandbuch, § 113 Rn. 139; für Anwendung der §§ 420, 432 BGB (statt actio pro socio) *Ebner von Eschenbach*, S. 153; *Gläbe*, Schutz der Zertifikatsinhaber, S. 177; wohl auch *Seegebarth*, Depotbank, S. 172 f. Für Individualansprüche auch Weitnauer/*Klusak*, § 78 Rn. 9, 12.

[135] Vgl. BegrRegE, BT-Drs. 15/1553, S. 85.

men, für eine Differenzierung bestehe auch kein sachlicher Grund. Die h.L.
beruhe auf der irrigen Prämisse, der Schaden z.B. aus fehlerhafter Portfolioverwaltung entstehe „dem Sondervermögen", diesem könne aber mangels Rechtssubjektivität kein Schaden entstehen. Auch ein Verständnis des Schadens als
Folge der Mitberechtigung des Anlegers am Sondervermögen[136] führe nicht zu
einer actio pro socio. Denn die Mitberechtigung am Sondervermögen sei eine
Frage der dinglichen, die des Ersatzanspruchs eine solche der Vertragsebene.
Köndgen weist deshalb dem einzelnen Anteilsinhaber die Klage auf Leistung an
sich selbst zu.

Ausgangspunkt einer Stellungnahme muss wiederum das Vertragsmodell der
Kollektivanlage sein. Danach bestehen zwischen jedem Anleger und der KVG
jeweils einzelne Anlageverhältnisse und zwar auch im Fall der Inv-Ges.[137] Mit
Erfüllung der Ansprüche gegenüber dem einzelnen Anleger ist alles aus diesem
Schuldverhältnis Geschuldete getan und damit (insoweit) die *ganze* Leistung
erbracht. Zu einer Verbindung dieser Individualansprüche kommt es ausschließlich über den Gleichbehandlungsanspruch in Bezug auf die anderen Anleger derselben Kollektivanlage. Aus der Vereinbarung der Gleichbehandlung
kann die Vereinbarung einer unteilbaren Leistung gem. § 432 BGB[138] zu entnehmen sein. Die Anwendung des § 432 BGB auf das Verhältnis mehrerer Anleger
zum Verwalter ist kein Widerspruch zu der hier vertretenen Prämisse von dem
fehlenden Rechtsverhältnis zwischen den Anlegern und insbesondere der Ablehnung einer Bruchteilsgemeinschaft. § 432 BGB ist auch anzuwenden, wenn
mehrere Gläubiger eine unteilbare Leistung beanspruchen können, ohne dass
zwischen ihnen eine Bruchteils- oder Gesamthandsgemeinschaft besteht.[139]

Die Anwendbarkeit der §§ 420, 432 BGB führt zu einer Differenzierung zwischen Leistungs- und Ersatzansprüchen:[140] Für Leistungsansprüche bindet ein
Urteil den Verwalter auch im Verhältnis zu den anderen Anlegern, weil der
Verwalter allen Anlegern die gleiche Behandlung versprochen hat. Erwirkt ein
Anleger z.B. per einstweiliger Verfügung die Einhaltung der Anlagegrenzen,
führt die Gleichbehandlungspflicht zu einer Wirkung für und gegen alle Anleger. Nicht aus sachenrechtlichen Gründen, sondern aufgrund der *vertraglichen*,
allen Anlegern geschuldeten Gleichbehandlung ist die Anlageverwaltung unteilbar[141] und die *entsprechende* Anwendung des § 432 Abs. 1 BGB geboten.
Eine abweichende Behandlung einzelner Anleger würde dem Zweck der Kol-

---

[136] Dafür insbesondere *Canaris*, Bankvertragsrecht, Rn. 2437.
[137] Für diesen Fall differenziert *Wallach*, ZGR 2014, 314 (Haftung der KG).
[138] Zu dieser Möglichkeit *Hadding*, FS Canaris I, S. 379, 388.
[139] *Hadding*, FS Canaris I, S. 379, 388 f.; Palandt/*Grüneberg*, § 432 Rn. 7. Deshalb kann es
dahinstehen, ob zwischen der Mit- oder Gesamtleistungsgläubigerschaft nach § 432 BGB und
der Bruchteilsgemeinschaft dogmatische Unterschiede bestehen, die eine Vermischung nicht
ratsam erscheinen lassen, dazu *Hadding*, FS Canaris I, S. 379, 397 ff.
[140] Ebenso bereits für das KAGG *Gläbe*, Schutz des Zertifikatsinhaber, S. 177 f.
[141] Vgl. zur rechtlichen Unteilbarkeit BGHZ 51, 245, 247; BGHZ 94, 117; BGH, NJW-RR

lektivanlage widersprechen, durch gleichartige Behandlung einer Vielzahl von Anlegervermögen Kostenvorteile für alle Anleger zu generieren. Soweit es Ersatzansprüche angeht, geht es um eine Geldleistung. Geldleistungen sind nach den Kriterien der §§ 420, 432 BGB teilbar.[142] Bei Teilbarkeit der Leistung gem. § 420 BGB ist die h.L. mit *Köndgen* abzulehnen. Mangels Rechtsbeziehung unter den Anlegern[143] ist ein Klagerecht der Anleger „pro socio" systemwidrig; der Anleger ist nicht mit den übrigen Anlegern verbunden und will es auch nicht im Fall der Klageerhebung sein. Auch setzt sich nicht etwa eine Bruchteilsgemeinschaft in den Ersatzansprüchen fort,[144] weil eine solche unter den Anlegern nicht besteht.

Das Vertragsmodell vermeidet zahlreiche Schwierigkeiten der Gegenauffassung: So ist unklar, wie es bei einer Leistung an das Kollektiv zu einem Ausgleich zwischen den gegenwärtigen und den bereits ausgeschiedenen Anlegern kommt. Eine nachträgliche Erhöhung des Anteilswertes durch Einzahlung in das Kollektivvermögen hilft den ehemaligen Anlegern nicht. Die gegenwärtigen profitierten vom Schaden der ausgeschiedenen Anleger. Der Idealvertrag führt zu einem Klagerecht auf Leistung an den (jeweiligen) Anleger, nicht das Sondervermögen. Dagegen geht das Argument fehl, der einzelne Anlegerschaden sei marginal, weshalb nur eine actio pro socio hinreichende Anreize zur Klageerhebung setze. Die Bündelfunktion im Verhältnis zum Verwalter übt im Anlagedreieck nicht der einzelne Anleger, sondern der Verwahrer aus (vgl. § 78 Abs. 1 S. 1 bzw. § 89 Abs. 1 S. 1 KAGB). Soll das Verhältnis von Schaden zu Rechtsverfolgungskosten optimiert werden, können mehrere Anleger ihre Ansprüche durch Abtretung auf einen Treuhand-Kläger bündeln.[145] Dass es infolgedessen zu einer Mehrzahl von Klagen in gleicher Sache ohne Rechtskrafterstreckung kommen *kann*, ist hinzunehmen, doch ist dies ein theoretisches Problem: Die Verwahrstelle, die von einem erfolgreichen Ersatzprozess wegen Pflichtverletzung erfährt, ist gem. § 78 Abs. 1 Nr. 1 bzw. § 89 Abs. 1 Nr. 1 KAGB zur Geltendmachung der Ersatzansprüche der übrigen Anleger berechtigt und vorbehaltlich einer Verjährung auch verpflichtet, so dass es zur gebündelten Geltendmachung auf diesem Wege kommt.

2001, 369, 370; Palandt/*Heinrichs*, § 266 Rn. 3; kritisch *Hadding*, FS Canaris I, S. 379, 395 f. („Trick").

[142] BGHZ 90, 194, 196; *Hadding*, FS Canaris I, S. 379, 382 ff., 387 ff.

[143] Nach hier vertretener Auffassung (vgl. Vierter Teil, § 25) zielt eine etwaige dingliche Berechtigung der Anleger (vgl. § 92 Abs. 1 S. 1, 2. Alt. KAGB) nur auf die ökonomische Anteilswertsicherung. Dies gilt auch im Fall der Insolvenz des Verwalters. Die Bezeichnung als Miteigentum der Anleger ist Lippenbekenntnis mangels besserer Kategorie für die rechtliche Besonderheit der Verwalterstellung.

[144] So die Tendenz der Rechtsprechung, z.B. BGH, NJW 1984, 795 f. (für Schadensersatz wegen Nichterfüllung gem. § 326 Abs. 1 BGB a.F.); BGHZ 94, 117, 119 f. (für Gewährleistungsansprüche); BGH, MDR 1992, 1035 (Beschädigung in Bruchteilseigentum stehender Sache); OLG Düsseldorf, NJW-RR 1997, 604 (Versicherungssumme).

[145] Zutr. Berger/*Köndgen*, § 28 InvG Rn. 18.

3. Vorrangverhältnis der Intermediärsklage

Erhebt der Verwahrer Klage gegen den Verwalter, handelt er aufgrund einer vom Gesetz (§ 78 Abs. 1 Nr. 1 bzw. § 89 Abs. 1 Nr. 1 KAGB) erzwungenen Prozessstandschaft für alle Anleger.[146] Das Verhältnis der Repräsentanten- zur Individualklage ist aus den allgemeinen Grundsätzen zur Prozessstandschaft gem. §§ 59, 60 ZPO abzuleiten.

Der Verwahrer „vertritt" bei Klageerhebung alle nichtklagenden Anleger. Die Verwahrstelle, die grundsätzlich immer für alle Anleger handeln muss,[147] muss nicht immer für *alle* Anleger klagen. Soweit ein Anleger seine Rechte selbst wahrnehmen möchte, sind Anleger und Verwahrer Streitgenossen: Möchte ein Anleger nach Erhebung der Klage durch den Verwahrer selbst klagen, muss er in den Prozess in dem Stadium eintreten, in dem sich der Prozess im Zeitpunkt der Klageerhebung befindet. Soweit es Leistungsansprüche betrifft, besteht zwischen dem Verwahrer als Vertreter der übrigen Anleger und dem klagenden Anleger eine notwendige Streitgenossenschaft gem. § 62 Abs. 1 ZPO, weil eine gemeinsame Rechtsverfolgung notwendig ist.[148] Für Ersatzansprüche kann der Anleger dagegen ab dem Zeitpunkt des Eintritts in den Prozess über den ihn anteilig betreffenden Streitgegenstand verfügen, z.B. sich mit der KVG vergleichen. Klagt der einzelne Anleger zuerst, kann die Verwahrstelle bei Ersatzansprüchen auf Seiten des Anlegers beitreten; bei Leistungsansprüchen muss sie es wegen § 432 Abs. 1 BGB tun. Der Gerichtsstand etc. richtet sich nach der Klageerhebung durch den Anleger.

II. Gegen Verwahrer

Die Ergebnisse zur Klage gegen den Verwalter sind auf Ansprüche gegen den Verwahrer übertragbar. Als Konsequenz des vertraglichen Anlagedreiecks besteht ein Klagerecht des einzelnen Anlegers gegen den Verwahrer.[149] Soweit es die Leistungspflicht zur Überwachung und Verwahrung angeht, ist dieses gem. § 432 BGB auf Leistung an alle Gläubiger (Anleger) zu richten; soweit es Ersatz-

---

[146] Für gesetzliche Prozessstandschaft Beckmann/*Beckmann*, § 28 InvG Rn. 22; Berger/*Köndgen*, § 28 InvG Rn. 9; *Canaris*, Bankvertragsrecht, Rn. 2473; Weitnauer/*Klusak*, § 78 Rn. 9. Ob angesichts der Rückführung der Kollektivanlage auf das Vertragsmodell eine gewillkürte oder wegen der gesetzlichen Regelung in §§ 78, 89 KAGB eine gesetzliche Prozessstandschaft vorliegt, kann dahinstehen. Vgl. zu den identischen Rechtsfolgen MünchKomm-ZPO/*Gottwald*, § 325 Rn. 48 f. und 57.

[147] *Reiss*, Pflichten, S. 347.

[148] Zu den Voraussetzungen MünchKomm-ZPO/*Schultes*, § 62 Rn. 29.

[149] BGHZ 197, 75, wonach die Anleger Schadenersatzansprüche wegen Verletzung eines Mittelverwendungskontrollvertrags direkt geltend machen können, weil dieser u.a. ausschließlich in deren Interesse geschlossen wird. Der Zweck des Kontrollvertrags wäre verfehlt, wenn der Anleger oder sogar der Insolvenzverwalter Ersatzansprüche wegen Verletzung des zugunsten der Anleger geschlossenen Mittelverwendungsvertrags nur an den Fonds (die Gesellschaft) fordern könnte. Für KAGB Weitnauer/*Klusak*, § 78 Rn. 21.

ansprüche angeht, handelt es sich um ein Individualrecht gem. § 420 Abs. 1 BGB.

Jedenfalls für Ersatzansprüche findet dieses Ergebnis Bestätigung in § 78 Abs. 2 S. 2 bzw. § 89 Abs. 2 S. 2 KAGB, wonach der Anleger gegen die Verwahrstelle einen eigenen Schadensersatzanspruch geltend machen kann. Mit der Vorgängervorschrift im InvG[150] wurde die h.L. zu § 12c Abs. 2 KAGG überwunden, wonach der Anleger die Verwahrstelle nur auf Leistung in das Sondervermögen verklagen konnte.[151] Vor diesem Hintergrund ist die heute noch vertretene Auffassung, bei Schädigung wegen mangelhafter Verwahrung sei Schadensersatz *an das Sondervermögen* zu leisten,[152] überholt.

Die Vorschrift des § 78 Abs. 2 S. 2 bzw. § 89 Abs. 2 S. 2 KAGB, wonach Anleger eigene Schadensersatzansprüche geltend machen können, lässt Auslegungsspielraum im Hinblick auf die Frage, ob die Anleger durch Klage gegen den Verwahrer auch Leistungsansprüche geltend machen können. Dies ruft ein vielfältiges Meinungsbild hervor. So wird teils aus dem Wortlaut ein *argumentum e contrario*, teils ein Anlageranspruch gegen die Verwahrstelle auf Verwahrung und Überwachung aus § 76 Abs. 1 Nr. 2 bzw. § 83 Abs. 1 Nr. 2 KAGB abgeleitet, dessen Inhalt in Abhängigkeit von den Pflichten der §§ 72 bis 76 bzw. §§ 81 bis 85 KAGB differenziert ausgestaltet sei.[153] Eine dritte Auffassung versteht § 78 Abs. 2 S. 2 bzw. § 89 Abs. 2 S. 2 KAGB pars pro toto als Nennung des wichtigsten Falls.

Die komplexe Argumentation ist nach dem Vertragsmodell nicht veranlasst. Nicht das Klagerecht des Anlegers, sondern dessen Ausschluss muss danach gesetzlich geregelt werden, denn es handelt sich um die Ausnahme von der Regel, dass ein vertraglicher Gläubiger seine Rechte prozessual durchsetzen kann. Die Vorschrift des § 78 Abs. 2 S. 2 bzw. § 89 Abs. 2 S. 2 KAGB versteht sich nur vor dem Hintergrund der entgegenstehenden Lehre unter dem KAGG. Das Schweigen in Bezug auf Leistungsansprüche ist kontextbezogen als Regelung pars pro toto zu werten. Ein Leistungsanspruch scheitert nicht daran, dass die Verwahrstelle für bestimmte Pflichten (z.B. die Mitwirkung an Verfügungen über Grundstücke) nur Erfüllungsgehilfe ist.[154] Im Anlagedreieck erfüllt die Verwahrstelle in allen Fällen der §§ 72 bis 76 bzw. 81 bis 85 KAGB im Verhältnis zu den Anlegern auch eigene Pflichten.

---

[150] Vgl. BegrRegE BT-Drs. 15/1553, S. 85.

[151] Vgl. *Canaris*, Bankvertragsrecht, Rn. 2482; OLG Frankfurt a.M., NJW 1997, 745 (2. Ls.) Rn. 62; OLG Frankfurt a.M. vom 26.10.2001, 16 U 90/99, S. 13 (unv.); Beckmann/*Beckmann*, § 28 InvG Rn. 33 f. (mit Einschränkung, Rn. 38); offengelassen von BGHZ 149, 33.

[152] So *Höverkamp/Hugger*, FS Hopt, S. 2017 f.; *Reiss*, Pflichten, S. 308.

[153] *Reiss*, Pflichten, S. 343.

[154] Auf dieser Grundlage gegen Leistungsanspruch der Anleger auf Mitwirkung der Depotbank an Verfügungen *Wendt*, Treuhandverhältnisse, S. 66 f.

III. Gegen Mitanleger

Zwischen Anlegern derselben Kollektivanlage besteht keine Sonderrechtsbeziehung. So kann kein Mitanleger gegen einen qualifizierten Anleger vorgehen, der (in Übereinstimmung oder gegen die Vertragsbedingungen) seine Mittel abzieht und es in Folge dessen zu Nachteilen der übrigen Anleger kommt. Die Anleger können sich allenfalls an den Verwalter wenden, der sie benachteiligende Verträge mit dem qualifizierten Anleger geschlossen hat, oder gegen Verwalter und Verwahrer, weil diese ggf. einen vertragswidrigen Mittelabzug zugelassen haben. Nicht einschlägig ist auch die gesellschaftsrechtliche Dogmatik, wonach die Gesellschafter kraft Treupflicht zur Förderung der Gemeinschaftsinteressen verpflichtet sind.[155] Mangels Gemeinschaft unter den Anlegern verfangen auch Ansätze nicht, die die Treupflicht zum zwingenden Bestandteil jeder Gemeinschaftsethik erheben.[156]

Gleichwohl ist ein prozessuales Vorgehen gegen Mitanleger auf der Grundlage des GoA-, Bereicherungs- und Deliktsrechts möglich. So könnte man den Fall einordnen, dass ein Anleger bei Erwerb von einer zu niedrigen und bei Veräußerung von einer zu hohen Anteilsbewertung auf Kosten der übrigen Anleger profitiert hat.[157] Indes missachtete die Zuweisung eines Rückabwicklungsanspruchs der Anleger untereinander das Vertragsmodell, wonach es eine Rechts- und Leistungsbeziehung nur zwischen dem einzelnen Anleger und dem Verwalter gibt, dem die Anteilsbewertung obliegt. Gemäß dem Grundsatz, dass Bereicherungen grundsätzlich im Leistungsdreieck rückabzuwickeln sind, müssen sich die geschädigten Anleger an den Verwalter und dieser ggf. an seinen Anleger halten. Zudem ist nur eine solche Anspruchshierarchie angesichts der Vielzahl potenziell Beteiligter praktikabel. Anderes mag man mit qualifizierten Anlegern – nicht jedoch unter Privatanlegern (vgl. § 309 Nr. 10 BGB) – vertraglich vereinbaren.

C. Pflichtverletzung

Noch offen ist, welche Verletzung von Leistungs- und Schutzpflichten zu Ersatzansprüchen berechtigen.

I. Zivilrechtlicher Inhalt des Anlagedreiecks

Kraft seiner unmittelbaren Vertragsbeziehung zu Verwahrer und Verwalter kann der Anleger grundsätzlich alle Ansprüche gem. §§ 280 ff. BGB geltend ma-

---

[155] Statt vieler *Wiedemann*, GesR II, § 3 II 3 a) bb), S. 194.

[156] *A. Hueck*, Treuegedanke im modernen Privatrecht, S. 12 ff.; einschränkend *Lutter*, AcP 180 (1980), S. 84, 104.

[157] Vgl. für Luxemburg CSSF Circulaire 02/77, sub I.3 (b), aber im Ergebnis offengelassen. Für eine solche Inanspruchnahme *Kremer/Lebbe*, Rn. 8.227.

chen. Ansprüche aus Schutzpflichtverletzung wegen fehlerhafter Information ex ante (gleich ob aus § 311 Abs. 2 oder 3 BGB) sind ggf. durch spezialgesetzliche Prospekthaftungsansprüche verdrängt. Im Übrigen ist für Ansprüche wegen Leistungs- und Schutzpflichtverletzung gem. §§ 280 ff. BGB entscheidend, welche Pflichten Inhalt des Schuldverhältnisses sind. Den Gegensatz bilden Pflichten, die lediglich im öffentlichen Interesse bestehen, aber nicht Teil der zivilrechtlichen Anlagebeziehung sind.

Die Abgrenzung ist nicht deckungsgleich mit der Frage der zivilrechtlichen Drittwirkung gem. § 823 Abs. 2 BGB. Eine Wechselwirkung besteht, wo eine Pflicht Vertragsinhalt ist und die Anleger durch die günstige Beweislast (§ 280 Abs. 1 S. 2 BGB) und Gehilfenhaftung (§ 278 BGB) im Vertragsrecht besser gestellt sind. Deliktischen Ansprüchen kommt indes eine eigene Bedeutung zu, wenn der Handelnde nicht Vertragspartner ist (sondern ggf. dessen Geschäftsleiter) oder man eine vertragliche Pflicht verneint. So wird bank- und finanzmarktrechtlichen *Verhaltensregeln* die Schutzgesetzqualität wegen ihrer anlegerbezogenen Wirkung überwiegend zugesprochen,[158] während die h.M.[159] Organisationsgeboten die Drittwirkung abspricht.

Die Abgrenzungsfrage zwischen Pflichten des Anlageverhältnisses und lediglich öffentlich-rechtlichen Pflichten stellt sich im Geltungsbereich des KAGB in besonderem Maße, weil danach grundsätzlich alle Verwalter von Kollektivanlagen gem. §§ 17 ff. KAGB zulassungs-, zumindest aber gem. § 44 KAGB registrierungspflichtig sind. Die Abgrenzung ist in Ansehung jeder einzelnen Vorschrift vorzunehmen. Jenseits der dargestellten Primärpflichten – Verwalter: Anlageverwaltung im Rahmen der Anlagerichtlinien, Verwahrer: Verwahrung und Überwachung – und der wesentlichen Pflichten in Bezug auf Interessenkonflikte und Gleichbehandlung sind nur allgemeine Aussagen möglich. So bestehen die Mitteilungspflichten gegenüber Behörden sowie öffentlich-rechtliche Verfahrensvorschriften und Eingriffsbefugnisse i.d.R. im öffentlichen Interesse, während Individualrechte auf Information oder bei offenen Fonds das Rücknahmerecht (§ 98 Abs. 1 KAGB) Vertragsinhalt sind.

---

[158] Die h.M. zum InvG befürwortete die Schutzgesetzqualität z.B. für die Anlagebedingungen, die Verwaltungs- und Sorgfaltspflichten und die Pflicht zur Prospektaushändigung (§ 121 InvG), vgl. Hellner/Steuer/*Baur/Ziegler*, S. 7/647 und 9/499; Brinkhaus/*Schödermeier/Baltzer*, § 10 KAGG Rn. 9, 26; *Reiss*, Pflichten, S. 297; dies hat der XI. Zivilsenat offengelassen, BGHZ 170, 226 Rn. 15. Vgl. zu § 31 Abs. 1 Nr. 1 WpHG a.F.: BGHZ 147, 343, 348; § 31 Abs. 2 WpHG a.F.: BGHZ 160, 64; BGHZ 142, 356; Baumbach/*Hopt*, WpHG Rn. 8 ff.; *Hopt*, ZHR 159 (1989), 160 (zu § 32 WpHG a.F.); *Kumpan/Hellgardt*, DB 2006, 1714, 1716; Fuchs/*Fuchs*, WpHG, vor §§ 31 bis 37a Rn. 83; Assmann/Schneider/*Koller*, Vor § 31 Rn. 7; wohl auch *K. Schmidt*, FS Schwark, S. 768 f. (der nur Verhaltenspflichten erwähnt); *explizit abgelehnt* für § 32 Abs. 2 Nr. 1 WpHG a.F. BGHZ 175, 276 Rn. 18 ff.
[159] Vgl. zu § 9a InvG Berger/*Köndgen*, § 28 InvG Rn. 5; zum KAGB Möllers/Kloyer/*Möllers*, S. 247, 256. Zu §§ 25a KWG, 33 WpHG vgl. die Nachweise oben, § 30 Rn. 213.

Im Übrigen ist vieles umstritten und eine grundsätzliche Auseinandersetzung an dieser Stelle nicht sinnvoll: Nicht die Prinzipien der Kollektivanlage, sondern Einzelfragen stehen in Rede.[160] Die Untersuchung beschränkt sich deshalb auf die Überschreitung der Anlagegrenzen einer- und die defizitäre Anlageorganisation andererseits.

II. Überschreitung der Anlagegrenzen

Die Überschreitung der Anlagegrenzen ist Leistungspflichtverstoß. Die Mängelhaftung richtet sich nach §§ 675 Abs. 1, 611 Abs. 1, 281, 280 BGB.

1. Ansprüche aus §§ 280, 281 BGB

Für Schäden, die bereits eingetreten sind und sich nicht durch Nachbesserung beseitigen lassen, kann der Anleger gem. § 280 Abs. 1 BGB Ersatz verlangen. Voraussetzung ist neben einer Pflichtverletzung das Verschulden. Dieses ist gem. § 280 Abs. 1 S. 2 BGB zu vermuten, der Verwalter hat seine Schuldlosigkeit zu beweisen. Der Nachweis wird bei passiver Verletzung der Anlagegrenzen gelingen, i.e. wenn die Anlagegrenzen aufgrund von Wertverschiebungen im Portfolio ohne Zutun des Verwalters verletzt werden.

Der des Weiteren erforderliche Schaden[161] ist bei einer negativen Wertentwicklung des Portfolios jedenfalls gegeben, aber auch eine gute oder sogar im Verhältnis zu einem ordnungsgemäßen Vergleichsportfolio bessere Entwicklung kann mit einem Schaden verbunden sein. Denn mit einer abweichenden Portfoliostruktur geht eine andere Risikostruktur einher. Der höhere Ertrag kann lediglich das höhere Risiko abbilden. Dieses höhere Risiko kann Teil eines Schadens sein, der einen Ersatzanspruch begründet. Dies folgt aus dem speziellen Schadensbegriff der Rechtsprechung im Kapitalmarktkontext. Nach Ansicht des BGH kann sogar bei objektiver Werthaltigkeit von Leistung und Gegenleistung ein Vermögensschaden dadurch begründet sein, dass die Leistung für seine Zwecke nicht voll brauchbar ist, wenn er durch ein haftungsbegründendes Verhalten zum Abschluss eines Vertrags verleitet wird (sog. Eingehungsschaden).[162] Indes könnte man die Extension des Schadensbegriffs auf Fälle der Anlageberatung und -vermittlung beschränken. Jedoch folgt aus einem Erst-Recht-Schluss die Gleichbehandlung der kollektiven Anlageverwaltung: Wird schon der zu einer falschen Anlage *Verleitete* schadensrechtlich privilegiert, muss der Eingehungsschaden erst recht bei demjenigen genügen, auf

[160] So zählt z.B. Berger/*Köndgen*, § 28 InvG Rn. 5 die Publizitätspflichten der KAG gem. §§ 122 bis 124 InvG (jetzt §§ 298 bis 303 KAGB) nicht zum Vertragsinhalt, obwohl Publizität durchaus ein Anlegerschutzinstrument sein kann.
[161] Für individuelle Vermögensverwaltung detailliert *Benicke*, S. 830 ff.
[162] BGHZ 162, 306 Rn. 17; BGH, WM 1997, 2309, 2312

dessen anteilige Rechnung das Anlagegeschäft vorgenommen wird, weil er infolge der externen Verwaltung nicht eingreifen kann.

Zudem geht die Wiederherstellung eines ordnungsgemäßen Portfolios selbst mit Kosten einher. Der Verwalter hat eine etwaige Kosten- und Wertdifferenz aus der Nichteinhaltung der Anlagegrenzen im Verhältnis zu einem unter gleichen Prämissen verwalteten Portfolio, bei dem die Anlagegrenzen eingehalten wurden, zu ersetzen. Die Definition eines Vergleichsportfolios geht mit Schwierigkeiten einher: Sofern nicht der Ausnahmefall eines Indexfonds oder einer Objektgesellschaft gegeben ist, lassen sich innerhalb der Anlagegrenzen verschiedene Strategien realisieren. Eine Schadensschätzung analog § 287 ZPO anhand des vom Fonds angegebenen Vergleichsindex (*Benchmark*) und der Entwicklung anderer Fonds mit der vereinbarten Strategie führt zum zutreffenden Ergebnis. Trotz Geltendmachung des Schadens bleibt der Anlagevertrag zwischen dem Anleger und dem Verwalter bestehen (Schadensersatz neben der Leistung). Anderes gilt, wenn der Anleger zur Schadensminderung seine Anteile veräußert oder an den Verwalter zurückgibt. Soweit der Schaden noch nicht eingetreten ist – was nur ausnahmsweise der Fall ist (s.o.) –, stellt die Nichteinhaltung der Anlagegrenzen eine wesentliche Pflichtverletzung dar, die zum Schadensersatz *statt* der Leistung nach Ablauf einer Frist für die Wiederherstellung gem. § 281 Abs. 1 S. 1 BGB berechtigt.

Die teilweise Einhaltung der Anlagegrenzen (z.B. in Bezug auf bestimmte Vermögensgegenstände) bei gleichzeitiger Verletzung anderer Anlagegrenzen ist keine akzeptable Teilleistung i.S.v. § 281 Abs. 1 S. 2 BGB: Die Anlagegrenzen sollen eine Ausgewogenheit des Portfolios im Ganzen gewährleisten. An einer teilweisen Einhaltung hat der Anleger kein Interesse. Die Abweichung in Bezug auf einzelne Vermögensgegenstände ist bereits relevante Pflichtverletzung, weil die existierende von der vereinbarten Portfoliogewichtung abweicht. Inwiefern sich diese Beeinträchtigung der Ist- von der Soll-Beschaffenheit z.B. in Form einer schlechten Anlageentwicklung ausgewirkt hat, ist keine Frage des Anspruchsgrundes, sondern der Anspruchshöhe. Die Fristsetzung ist gem. § 281 Abs. 2 BGB entbehrlich. Dies gilt nicht nur, wenn der Mangel nicht behebbar ist, z.B. weil das zur Anlage überlassene Kapital unter Verstoß gegen die Anlagegrenzen langfristig gebunden ist, sondern immer, wenn die erste Überschreitung zu einem Schaden (in noch unklarer Höhe) führt.

Bei Gewährung des Erfüllungsschadens ist der Anleger so zu stellen, wie er bei rechtmäßiger Portfoliozusammensetzung gestanden hätte. Dies umfasst die Abbildung der hypothetischen Kursentwicklung, ggf. der Suchkosten (Anlageberatung) sowie das Mehrentgelt, das an einen neuen Verwalter mit der vereinbarten Strategie zu bezahlen ist. Der Anleger kann einerseits die Anteile an der Kollektivanlage behalten und verlangen, so gestellt zu werden, als ob der Verwalter ordnungsgemäß erfüllt hätte (kleiner Schadensersatz), andererseits kann er dem Verwalter die Anteile zur Verfügung stellen und Ersatz wegen Nichterfüllung des ganzen Vertrags verlangen (großer Schadensersatz). Die zweite Lösung empfiehlt sich, wenn der Verwalter finanziell potent und die Anlage selbst wertlos ist.

2. Deliktische Ansprüche

Die gesetzlichen und vertraglichen Anlagerestriktionen sind nach einhelliger Lehre zum InvG[163] drittschützende Vorschriften i.S.v. § 823 Abs. 2 BGB. Diese Wertung ist auf Kollektivanlagen inner- und außerhalb des KAGB zu übertragen. Zur Einhaltung verpflichtet ist die Geschäftsleitung des Verwalters. Über § 823 Abs. 2 BGB bzw. § 831 BGB i.V.m. der Anlagegrenze lassen sich in gewissen Grenzen die verantwortlichen Organmitglieder des Verwalters, Hinterleute und Auslagerungsunternehmen in Anspruch nehmen.

3. Geltendmachung

Die Geltendmachung erfolgt nach den oben erarbeiteten Grundsätzen: Ersatzansprüche bemessen sich in Ansehung jedes einzelnen Anlegers. Ersatz ist an die einzelnen Anleger zu leisten (kann aber ggf. gebündelt vom Verwahrer prozessual geltend gemacht werden).

Freilich scheitern Ersatzansprüche häufig, weil die Rechnungslegung die Aufdeckung verlustträchtiger Geschäfte verbirgt, so dass allenfalls der offensichtlichen Verletzung von Anlagegrenzen nachgegangen werden kann.[164] Eine Beweislastumkehr folgt zwar im Hinblick auf das Verschulden aus § 280 Abs. 1 S. 2 BGB. Aber die Notwendigkeit eines mitunter komplexen Nachweises der Pflichtverletzung bleibt bestehen. Nur im Hinblick auf die haftungsbegründende Kausalität hilft die für die Informationshaftung etablierte Vermutung aufklärungsgerechten Verhaltens. Man könnte dem Anleger mit allgemeinen Grundsätzen des Verbraucherschutzrechts helfen wollen, wonach eine Beweislastumkehr dann geboten ist, wenn die relevante Information nur im Wissens- und Organisationsbereich der anderen Vertragsseite verfügbar, für den Verbraucher indes unbedingt erforderlich ist.[165] Doch auch dann wird nur der Verschuldensnachweis begünstigt; insoweit folgt eine Beweislastumkehr in dem hier relevanten vertraglichen Bereich bereits aus § 280 Abs. 1 S. 2 BGB.

---

[163] Berger/*Köndgen*, § 28 InvG Rn. 5; Emde/*Alfes*, § 28 InvG Rn. 63 ff.; Hellner/Steuer/*Baur/Ziegler*, S. 7/647 und 9/499; Brinkhaus/*Schödermeier/Baltzer*, § 10 KAGG Rn. 9, 26; *Reiss*, Pflichten, S. 297; dies hat der XI. Zivilsenat offengelassen, BGHZ 170, 226 Rn. 15.

[164] *Köndgen/Schmies* in Bankrechtshandbuch, § 113 Rn. 137; BT-Drs. 17/4510, S. 67. Die Beispiele aus der individuellen Vermögensverwaltung belegen die Probleme: OLG Frankfurt a.M. vom 3.8.2006, 16 U 83/06, Rn. 26 f. (Juris) (kein Ersatzanspruch mangels Schlüssigkeit der Schadensberechnung); OLG Karlsruhe, WM 2001, 805 Rn. 57 f. (nur anteiliger Schaden anerkannt, Gericht belehrt über die Berechnung); OLG Düsseldorf, WM 2006, 1576 Rn. 10 ff. (Schadensberechnung durch Vergleich mit fiktivem Depot).

[165] Vgl. BGZ 51, 91 (Hühnerpest).

Hilfe leisten die § 78 Abs. 3 bzw. § 89 Abs 3 KAGB. Danach hat die KVG im
Fall der Verletzung von Anlagegrenzen (bei OGAW zusammen mit der Verwahrstelle) einen vom Wirtschaftsprüfer geprüften Entschädigungsplan vorzusehen. Die Pflicht dazu besteht auch ohne prozessuale Geltendmachung des
Anlegerschadens. Die Informationspflicht entspricht der Rechenschaft eines
getreuen Verwalters, die in dem speziellen Fall der Verletzung von Anlagegrenzen nicht bei eigenen Fehlern aufhört. Der (von der Gesetzesbegründung zu
eindimensional als aufsichtsrechtlich gekennzeichnete[166]) Entschädigungsplan
bedarf richtigerweise keiner Initialklage eines Anlegers, sondern ist auf Initiative der KVG zu erstellen, sobald diese die Anlagegrenzen verletzt. Verzichtet die
KVG pflichtwidrig auf die Aufstellung eines Entschädigungsplans (und erfahren die Anleger zufällig davon), versucht sie sich mit der Verwahrstelle an Ver-
schleierungen oder lässt der Plan offensichtliche Mängel erkennen, mag den
Anlegern im Übrigen mit einer Beweiserleichterung geholfen werden, wonach
der Verwalter die Rechtmäßigkeit seines Handelns im konkreten Fall zu belegen hat. Denn speziell für die Verletzung von Anlagegrenzen ist § 78 Abs. 3
bzw. § 89 Abs 3 KAGB die Intention zu entnehmen, dass die Geltendmachung
eines Anlegerschadens nicht an Beweisschwierigkeiten scheitern soll.

III. Defizitäres Anlagedreieck

Als Teil der allen Anlageorganisationen immanenten Sorgfaltspflicht zur Vermeidung von Interessenkonflikten wurde für Kollektivanlagen die Organisationsstruktur eines Anlagedreiecks erkannt. Diese Sorgfaltspflicht ist Teil der
vertraglichen Pflichten.[167] Dies bestätigt das hier vertretene Vertragsmodell der
Idealanlage: Nach *Kalss* kommt dem „schuldrechtlichen Vertretermodell" (gemeint ist die Bestellung von Beiräten und anderen Anlegerrepräsentanten wie
den Verwahrstellen) und dem „mitgliedschaftlichen Mehrheitsmodell" in Anlagebeziehungen wechselseitig Vorbildcharakter zu.[168] Die Rückführung der Kollektivanlage auf eine schuldrechtliche Austauschbeziehung spricht für das Vertretermodell. Damit ist aber noch nicht beantwortet, wie mit abweichend oder
defizitär gestalteten Anlagestrukturen zu verfahren ist. So kann eine KG unter
Missachtung der Organisationregel aus einem Kommanditisten und Komplementär und die GbR aus einem geschäftsführenden und im Übrigen unbeteilig-
ten Gesellschafter, die stille Gesellschaft nur aus dem Kaufmann und einer Vielzahl von stillen Gesellschaftern bestehen. In allen Fällen fehlt der Ver- und Bewahrer. Bereits oben (§ 30.B.III.) wurde gezeigt, dass die Sorgfaltspflichten
innerhalb des Anlagedreiecks nicht abbedungen werden können. Es bleibt die

---

[166] BT-Drs. 17/4510, S. 67.
[167] A.A. für Compliance-Vorschriften des WpHG Fuchs/*Fuchs* § 33 Rn. 188.
[168] *Kalss*, Anlegerinteressen, S. 450.

Frage nach den Konsequenzen der Missachtung einer solchen Organisationspflicht.

1. Unterlassung?

Der Verzicht auf eine Dreiecksstruktur stellt eine Pflichtverletzung dar, der eine schadensgleiche Vermögensgefährdung immanent ist. Möchte der Anleger am Anlageverhältnis festhalten, kann er gem. §§ 280 Abs. 1, 249 Abs. 1 BGB verlangen, so gestellt zu werden, als ob der zum Ersatz verpflichtende Umstand nicht eingetreten wäre. Dauert der Verstoß an, kann die Naturalrestitution die Bestellung eines Verwahrers umfassen. Im Ergebnis führt dies zu einem Unterlassungsanspruch auf der Grundlage des § 280 Abs. 1 BGB.[169] Ein darüber hinausgehender Restschaden (z.B. ein interessenwidriges Geschäft) ist auszugleichen.

Zu dem gleichen Ergebnis gelangt, wer den Organisationspflichten deliktsrechtliche Drittschutzqualität beimisst (dazu sogleich) aufgrund der in ständiger Rechtsprechung aus §§ 823, 1004 BGB abgeleiteten actio negatoria. Dafür genügt die unmittelbar drohende Gefährdung eines durch Schutzgesetz gem. § 823 Abs. 2 BGB geschützten Rechtsguts.[170] Der Verstoß ist gleichsam die intensivste Form der Gefährdung und begründet die widerlegbare Vermutung einer Wiederholungsgefahr.[171]

2. Vertragliche Haftung des Verwalters

Ist die Dreiecksstruktur unabdingbarer Teil der Idealanlage, liegt im Verzicht auf das Anlagedreieck ein Organisationsverschulden des Geschäftsbesorgers. Infolgedessen eingetretene Schäden sind gem. § 280 Abs. 1 BGB zu ersetzen. Weil ein Be- oder Verwahrer lediglich die Einhaltung von Gesetz und Vertragsbedingungen überwacht hätte, begrenzt sich der Schadensersatz auf solche Schäden, die bei Einhaltung des Gesetzes und der Vertragsbedingungen vermieden worden wären. Gem. § 280 Abs. 1 S. 2 BGB ist zu vermuten, dass der Verwalter die fehlende Bestellung eines Ver- und Bewahrers zu vertreten hat.

Darüber hinaus kann der Anleger ausnahmsweise jederzeit Schadensersatz statt der Leistung gem. §§ 241 Abs. 2, 282, 280 Abs. 1 BGB verlangen, weil eine gesetzeswidrige Anlagestruktur per se unzumutbar ist. Das zur Verletzung einer Leistungspflicht Gesagte gilt entsprechend.

3. Deliktische Haftung sonstiger Beteiligter?

An Schärfe gewinnt dieses Organisationsgebot, wenn es nicht nur vertragsrechtlicher, sondern auch deliktischer Natur ist. Dann ist insbesondere an eine

---

[169] Vgl. BGH, NJW 1995, 1284, 1285 (für andauernde Vertragsverletzung eines Dienstvertrags); OLG Hamburg, NJW 2005, 3003, 3004 (für Verstoß gegen Weiterverkaufsverbot).
[170] Palandt/*Sprau*, Einf vor § 823 Rn. 18 f.; Palandt/*Bassenge*, § 1004 Rn. 4
[171] BGH, WM 1994, 641.

deliktische Einstandspflicht sonstiger Beteiligter zu denken. So könnte man die *spiritus rectores* hinter der KVG in die Haftung nehmen. Die personelle Ausweitung auf Hinterleute wird für die Informationshaftung im Sinne eines effektiven Anlegerschutzes bejaht, weil es nur allzu leicht ist, eine finanziell schwach ausgestattete juristische Person den Anlegern gegenüber auftreten zu lassen.[172] Dies gilt nicht weniger für schwach *organisierte* Personen.

Dafür müssten die Organisationspflichten zivilrechtlichen Drittschutz i.S.d. § 823 Abs. 2 BGB gewähren. Für die gesetzlichen Organisationsgebote des Bank- und Finanzmarktrechts steht die h.L.[173] einer zivilrechtlichen Drittwirkung restriktiv gegenüber. Anders als die Verhaltensvorgaben sollen die Organisationsgebote das Verhältnis zwischen Finanzintermediär und Kunde nicht unmittelbar berühren. Nach der Gegenauffassung ist eine Schutzgesetzqualität allgemein[174] oder aufgrund einer Einzelbetrachtung[175] anzuerkennen. Die Rechtsprechung hat die Schutzgesetzqualität für Organisationsregeln des Bank-[176] und Finanzdienstleistungsrechts[177] ganz vereinzelt anerkannt. Die investmentrechtliche Spezialliteratur ist teils toleranter und sieht den Zweck der Organisationsanforderungen primär im Anlegerschutz,[178] teils zeigt sie sich ähnlich restriktiv wie die h.M. zum sonstigen Bank- und Finanzmarktrecht.[179]

Die h.M. zum Bank- und Finanzmarktrecht stützt sich auf einen logischen Dreiklang, wonach der Ausschluss der Staatshaftung z.B. in § 4 Abs. 4 FinDAG zugleich den Verzicht auf subjektiv-öffentliche Rechte und die Schutzgesetzeigenschaft i.S.v. § 823 Abs. 2 BGB bedinge. Diese Argumentationstrias setzt im ersten Schritt die in Art. 34 GG angesprochene „einem Dritten gegenüber obliegende Amtspflicht" gleich mit dem nach der Schutznormlehre[180] zu bestimmen-

---

[172] BGHZ 71, 284; *Assmann*, Prospekthaftung, S. 226 f., insbesondere 241 f.

[173] Vgl. die Nachweise oben § 30 Fn. 213.

[174] Auf europarechtlicher Grundlage Ebenroth/*Grundmann*, Teil VI Rn. 269.

[175] Für § 33 WpHG *Spindler/Kasten*, AG 2006, 785, 791; für wohlverhaltensorientierten Teil der Organisationspflichten *Fischbach*, Organisationspflichten, S. 198 und 211; *Scharpf*, Corporate Governance, S. 222; für Pflicht zur getrennten Vermögensverwahrung (§ 34a WpHG) Fuchs/*Fuchs* § 33 Rn. 186 und vor §§ 31 bis 37a Rn. 83; Assmann/Schneider/*Koller*, vor § 31 Rn. 7 und § 34a Rn. 2.

[176] Zu § 13 KWG: BGH, WM 1970, 633, 636 und BGH, WM 1971, 1330, 1332; zu § 18 KWG BGH, NJW 2002, 1211; zu §§ 32, 54 KWG BGHZ 125, 367, 379; BGH, WM 2005, 1217.

[177] § 34a WpHG: OLG Frankfurt a.M., AG 2006, 859, 860; zu §§ 8, 2 Nr. 2, 4 Bst. f AuslInvestmG a.F. BGH, ZIP 2004, 2095, 2099; § 89 BörsG: BGH, ZIP 1994, 1102; *explizit abgelehnt* für § 33 WpHG a.F. BGHZ 147, 343, 352; für § 34a WpHG BGHZ 186, 58 (Phönix Managed Account).

[178] Beckmann/*Beckmann*, § 9a InvG Rn. 2; wohl auch Brinkhaus/*Schödermeier/Baltzer*, § 10 KAGG Rn. 26, der die Drittschutzeigenschaft der §§ 8 ff. KAGG bejaht und die Pflicht zur sorgfältigen Organisation aus § 10 Abs. 1 KAGG ableitet.

[179] Berger/*Köndgen*, § 28 InvG Rn. 5 (zu § 9a InvG).

[180] BVerfGE 46, 214, 220 f. Rn. 23 f.; BVerfGE 51, 193, 212 Rn. 78 ff.; BVerfGE 57, 9, 26; aus der Literatur z.B. *Wahl/Schütz* in Schoch/Schmidt-Aßmann/Pietzner, VwGO, § 42 II Rn. 45 f. und vor § 42 II Rn. 94 ff.

den subjektiv-öffentlichen Recht. Diese Schlussfolgerung ist in einer Hinsicht berechtigt: Greift der Staat rechtswidrig in ein subjektiv-öffentliches Recht ein, verletzt er damit grundsätzlich zugleich eine drittschützende Amtspflicht.[181] Die umgekehrte Schlussfolgerung, mit jedem Vermögensschaden werde zugleich in ein subjektiv-öffentliches Recht eingegriffen, überzeugt nicht.

Der Gesetzgeber kann trotz drittgerichteter Amtspflicht die Haftung des Amtswalters in sachlich begründeten Fällen ausschließen.[182] Subjektiv-öffentliches Recht und Staatshaftung können entkoppelt werden. Erst recht gilt dieses für den zweiten Schritt der Argumentationskette, wonach die öffentlich-rechtliche Qualifikation Schlussfolgerungen für die privatrechtliche Einordnung gebieten soll. Nach der zutreffenden h.L. besteht keine Interdependenz zwischen der Qualifikation als subjektiv-öffentlichem Recht und der Schutzgesetzeigenschaft i.S.v. § 823 Abs. 2 BGB. Die mit ähnlichen Modi operierende öffentlich-rechtliche Schutznormtheorie stellt zwar eine Hilfe dar, letztlich muss die Schutzgesetzeigenschaft jedoch deliktsrechtsautonomen Wertungen entnommen werden.[183] Dafür ist maßgeblich, dass die Anerkennung der Schutzgesetzeigenschaft zu einer dem Deliktsrecht grundsätzlich fremden Fahrlässigkeitshaftung für Vermögensschäden führt (für vorsätzliches Handeln steht § 826 BGB zur Verfügung). Sofern sich dieser nicht schon aus Europarecht ergibt,[184] muss ein individueller Ersatzanspruch sub specie des haftungsrechtlichen Gesamtsystems tragbar und es denkbar erscheinen, dass der Gesetzgeber an die Verletzung des geschützten Interesses die deliktische Einstandspflicht mit allen damit zugunsten des Geschädigten gegebenen Beweiserleichterungen knüpfen wollte.[185] Die Schutzzwecklehre (Art. 34 GG), die Schutznormtheorie (§ 42 Abs. 2 VwGO) und die zur Identifizierung eines Schutzgesetzes gem. § 823 Abs. 2 BGB anzustellenden Überlegungen sind thematisch ähnliche, aber nicht identische Materien.

Ist die zivilrechtliche Schutzgesetzqualität von der öffentlich-rechtlichen Klagebefugnis getrennt, beeinflussen die erkannten Strukturen der Anlageorganisation die Antwort auf die Frage der Drittschutzqualität: Zwar spricht für einen Drittschutz der Organisationsvorgaben im Anlagedreieck, dass der Anlegerschutz der ursprüngliche Zweck und die Gleichstellung des Funktionsschutzes jüngeren Datums ist.[186] Aber wo eine Anlegergruppe die durch das Deliktsrecht begründete fahrlässige Einstandspflicht der Personen hinter Ver-

---

[181] Vgl. *Pietzcker*, AcP 132 (2007) 393, 417.

[182] Vgl. BVerfG, NVwZ 1983, 89; BVerfG, NVwZ 1991, 661 sowie oben III.2.a.

[183] MünchKomm-BGB/*Wagner* § 823 Rn. 330, 351.

[184] So liegt es z.B. im Kartellrecht bei Verstoß gegen das Kartellverbot, vgl. EuGH v. 20.9.2011, C-453/99 – Courage und Crehan; EuGH v. 13.7.2006, C-295/04 – Manfred; EuGH v. 5.6.2014, C-557/12 – Kane.

[185] BGHZ 66, 388, 390; BGHZ 84, 312, 314; BGH, NJW 2006, 2110, 2112 Rn. 17; BGHZ 175, 276 Rn. 18ff.

[186] Vgl. Dritter Teil, § 17.C.

walter und Verwahrer nicht benötigt, lässt sich diese auch nicht mit den maßgeblichen (s.o.) deliktsrechtsimmanenten Wertungen begründen. Dies betrifft
die Gruppe der qualifizierten Anleger: Solche Anleger können und müssen
nach hier vertretener Auffassung kundig, aktiv und engagiert sein. Ihnen muss
auffallen, dass der Verwalter unzureichend kapitalisiert ist, dass die Organisation der Kollektivanlage kein Anlagedreieck aufweist etc. Diese können sich
hinreichend durch Abstandnahme von der Anlage oder bei vertragswidrigem
Verhalten durch Unterlassungsansprüche schützen. Anders verhält es sich bei
den Privatanlegern. Bei gesetzestypischem Verhalten werden diese die Defizite
gar nicht oder zu spät erkennen. Insoweit reflektiert auch das Deliktsrecht die
Prämissen der Anlegertypologie, und nur insoweit ist eine deliktsrechtliche
Drittschutzqualität der Organisationsvorschriften im Anlagedreieck gerechtfertigt.

Drittes Kapitel

Änderung, Beendigung und Insolvenz

Stand bislang das Innenverhältnis des Anlagedreiecks im Mittelpunkt, das sich ausschließlich an vertraglichen Parametern orientiert, sind nunmehr die Abänderung und Beendigung der Anlagebeziehung sowie die Rechtsfolgen in der Insolvenz zu untersuchen. Diesen Situationen ist gemein, dass wegen Drittinteressen dem Vertragsmodell möglicherweise die Gefolgschaft zu verweigern ist.

§ 36 – Änderung des Anlagevertrags

Bislang wurde mit der Änderung der Verwaltervergütung (oben § 31.C.II.) ein Fall der Vertragsänderung herausgegriffen. Zudem wurde gezeigt, dass in Anlagebeziehungen Mehrheitsbeschlüsse grundsätzlich nicht opportun sind (oben § 34.A.). Stattdessen deutete sich die Beendigung der Anlagebeziehung und die Abfindung zum Liquidationswert als Substitut an. Dieser Andeutung ist nunmehr nachzugehen, indem mit der Änderung der Anlagestrategie (A.), Strukturmaßnahmen (B.) und dem Wechsel des Geschäftsbesorgers (C.) drei tiefgreifende Vertragsänderungen untersucht werden. Anschließend (D.) soll das zugrundeliegende Prinzip aufgezeigt werden.

A. Anlagestrategie

Ausgangspunkt für die Anlagetätigkeit des Verwalters ist der Grundsatz pacta sunt servanda. Der Verwalter kann sich nicht durch einseitige Erklärung von dem Anlagevertrag lösen oder diesen nach Belieben abändern. Mit Zustimmung der Anleger kann die Leistungspflicht dagegen angepasst werden.

I. AGB-Änderungsvorbehalt?

Auch in Bezug auf die Änderung der Anlagestrategie stellt sich die Frage, ob ein Änderungsvorbehalt in den konstituierenden Dokumenten wirksam ist. Ein solcher Änderungsvorbehalt ist bei Publikumsfonds an § 308 Nr. 4 BGB zu messen. Danach ist ein Recht zur Änderung oder Abweichung von der Leistung unwirksam, wenn nicht die Vereinbarung unter Berücksichtigung der Interessen des Verwenders für den anderen Vertragsteil zumutbar ist. Für die Än-

derung muss ein gewichtiger Grund gegeben sein. Die Rechtsprechung legt einen strengen Maßstab an,[1] der AGB-Verwender trägt die Beweislast für die
Zumutbarkeit.[2]

Die Alternative zur Vertragsänderung auf Grund eines Änderungsvorbehalts
ist die Kündigung durch den Verwalter mit anschließender Liquidation der Kollektivanlage, verbunden mit einem Angebot zur Neuanlage in einen Fonds mit
geänderter Anlagestrategie. Bei der Kündigung erhalten die Anleger den Nettoinventarwert abzüglich Auflösungskosten. Bei einem Änderungsvorbehalt
müsste dagegen der Anleger den Austritt betreiben. Bei Fonds des offenen Typs
werden dafür gelegentlich Rücknahmeabschläge berechnet. Bei geschlossenen
Fonds könnte der Anleger häufig einen Verlust erleiden; denn geschlossene
Fonds werden vielfach mit einem Abschlag zum Nettoinventarwert gehandelt,
der einige Prozent des verwalteten Vermögens ausmacht.[3] In beiden Fällen hat
er gegenüber dem anteiligen Nettoinventarwert einen Abschlag hinzunehmen.
Dieser Abschlag treibt die Anleger zum Verbleib in der Anlage. Davon profitiert
der Verwalter, der das im Kündigungsfall freigegebene Vermögen erst wieder
kostenintensiv einwerben müsste. Diese Situation modifiziert § 163 Abs. 3
KAGB. Danach muss die KVG bei einer Änderung der Anlagegrundsätze entweder einen kostenlosen Austritt ermöglichen oder einen kostenlosen Umtausch in eine Kollektivanlage anbieten, deren Anlagegrundsätze mit denen der
ursprünglichen Strategie vereinbar sind. Diese Austrittsrechte sind nach den
Vertragsgrundsätzen nicht veranlasst, wenn der Anleger bereits bei Beginn der
Anlagebeziehung mit der Anpassung rechnen kann. Dann ist die Änderung
gem. § 163 Abs. 3 KAGB mit den bisherigen Anlagegrundsätzen „vereinbar".
Der Umfang der Zulässigkeit eines Änderungsvorbehalts entscheidet dann über
die Verteilung des Risikos und der Kosten von Liquidation und Neuanlage. Auf
der Grundlage des strengen Maßstabs für AGB-Änderungsvorbehalte wird eine
Anpassung der Fondsbedingungen jedoch selten gelingen. Denn *jede* Grenzver-

---

[1] Vgl. BGHZ 158, 159 (Anpassung des von der Bank geschuldeten Zinses); BGH, NJW
2005, 3420 (Anpassung der Baustoffauswahl); BGH, NJW 2005, 3567 (Lieferung anderen
oder Nichtlieferung des bestellten Gegenstands); BGH, NJW 2008, 360 Rn. 20f. (Premiere);
BGH, NJW 2008, 365 Rn. 15f. (Anpassung DSL-Tarife); BGH, WM 2009, 1500 Rn. 23 ff.
(Anpassung Anleihebedingungen).

[2] *Palandt/Heinrichs*, § 308 Nr. 25 a.E.

[3] Die Ursache ist umstritten. Es lassen sich ca. 30 Erklärungsansätze (!) zur Lösung des
sog. *closed-end fund riddles* ausmachen. Die überzeugendsten Ansätze rekurrieren auf das
potentielle Verwaltungsrisiko (agency costs), antizipierte Steuerlasten und Bewertungs-
schwierigkeiten bei illiquiden Vermögensgegenständen. Vgl. dazu *Anderson*, (1986) J. Portf.
Man't 63; *Boudreaux*, (1973) 28 JF 515; *Burch/Emery/Fuerst*, (2003) 38 Fin. Rev. 515; *Brauer*,
(1984) 13 JFE 491; ders., (1988) 43 JF 113; *Brickley/Schallheim*, (1985) 20 JFQA 107; *De Long/
Shleifer*, (1992) 18:2 J. Portf. Man't 46; *Ferguson/Leitikow*, (2004) 39 Fin. Rev. 17; *Grullon/
Wang*, (2001) 10 JF Int. 171; *Malkiel*, (1977) 32 JF 847; *Richard/Fraser/Groth*, (1980) J. Portf.
Man't 50; speziell zu Hedgefonds *Ramadorai*, CEPR-DP 6877 (2008). *Morley*, (2014) 123 Yale
L.J. 1268 erklärt den Bewertungsabschlag mit dem Fehlen von Rückgaberechten im Vergleich
zu offenen Fonds.

schiebung des Verwalterermessens beeinflusst die Auswahl der Anlagegegenstände und führt zu Überprüfungs- und Anpassungsbedarf und damit zu Kosten, die der Anleger bei Fortsetzung der ursprünglichen Vereinbarung nicht zu tragen hätte. Dies gilt neben der Erweiterung auch für jede Reduzierung des Anlageermessens.[4] Ausnahmsweise sind AGB-Änderungsvorbehalte außer im marginalen Bereich[5] wirksam, wenn (1) das Konzept der Anlage oder (2) Rechtsänderungen eine Vertragsanpassung gebieten.

Bei der ersten Fallgruppe ändert sich der ursprüngliche Vertragsinhalt nicht; die Anpassung der Anlagestrategie sichert die Realisierung des ursprünglichen Willens der Vertragsparteien in einem veränderten Umfeld. So kann die Fortsetzung des ursprünglichen Anlagekonzepts bei steuerlich strukturierten oder Indexanlagen eine Anpassung erforderlich machen. Ein Indexfonds muss eine Anpassung an eine neue Indexzusammensetzung auch dann vornehmen können, wenn die Abbildung des Index die ursprünglichen Anlagegrenzen überschreitet. Wird laut ursprünglicher Vereinbarung eine bestimmte steuerliche Strategie verfolgt und ändern sich die dafür maßgeblichen Tatsachen, ohne dass der Verwalter diese beeinflussen kann,[6] ist eine Anpassung geboten, um die angestrebten Steuervorteile zu erhalten. Solche Änderungen sind grundsätzlich zumutbar.

Die zweite Fallgruppe – Anpassung an eine veränderte Rechtslage – setzt nach der Rechtsprechung[7] die Störung des Äquivalenzverhältnisses oder die Notwendigkeit zur Lückenfüllung voraus. Diese Voraussetzungen werden bei einer gesetzlichen oder richterlichen Abänderung der anlagespezifischen Weisungen regelmäßig gegeben sein. Entfällt eine bestimmte, z.B. weil zu hoch erachtete Beschränkung aus diesem Grund, wäre Rechtsfolge ohne die Lückenfüllung ein unbeschränktes Verwalterermessen. Ein solches Arrangement entspricht dem ursprünglichen Willen der Parteien in geringerem Maße als eine ggf. niedrigere Grenze. Hätten die Parteien eine unbeschränkte Verwalterbefugnis vereinbaren wollen, hätten sie dies von Anfang getan.

Bei Maßnahmen der Finanzmarktaufsicht ist zwischen allgemein gültigen und verwalterspezifischen Maßnahmen zu differenzieren. Gem. § 35 Abs. 4 S. 3 KAGB können einem Verwalter aus Gründen des Systemschutzes absolute Grenzen für die Ertragshebelung auferlegt werden.[8] Sofern andere Verwalter in vergleichbarer Situation die gleichen Grenzen zu beachten haben (allgemeine *Leverage*-Grenze), bildet eine Anpassung an diese Verschuldungsobergrenze die neue Rechtslage ab. Dagegen ist nichts zu erinnern. Wird dem Verwalter

---

[4] Beispiel: Vorher Aktien weltweit, nachher nur europäische Aktien.

[5] Beispiel: Nachkommastelle einer Anlagegrenze.

[6] Z.B. bei Private Equity- oder Venture Capital-Fonds wegen Anteilsverschiebungen auf der Ebene von Beteiligungen, über die keine Kontrolle ausgeübt wird.

[7] Vgl. zur Abänderung von Versicherungsbedingungen BGHZ 141, 153 Rn. 10.

[8] Vgl. Dornseifer/*Dornseifer*, Art. 25 Rn. 1 ff.

mangels hinreichendem Risikomanagement eine spezielle Verschuldungsgrenze auferlegt, berechtigt dies nicht zur Anpassung der Anlagestrategie. Er muss dann die Fonds, die er mangels Befugnis zur Verwaltung entsprechender Verschuldungsgrade nicht mehr vertragsgemäß verwalten kann, liquidieren oder auf andere Verwalter übertragen. Zudem schuldet der Verwalter den Anlegern Schadensersatz wegen nicht erbrachter Leistung gem. §§ 283 S. 2, 281 Abs. 1 S. 3 i.V.m. 275 Abs. 1, 1. Alt. BGB.

Großzügiger sind Änderungsvorbehalte bei qualifizierten Anlagen anzuerkennen. Die Rechtsprechung versteht die Bindung an die Leistungspflichten im Verkehr zwischen Unternehmern als wesentlichen Grundgedanken der gesetzlichen Regelung gem. § 307 Abs. 2 Nr. 1 BGB.[9] Änderungsvorbehalte können zur Anpassung an geänderte Verhältnisse zulässig sein, wenn sie insgesamt angemessen sind (arg. § 307 Abs. 2, 1. Hs. BGB). Die Angemessenheit muss ein weiterer Standard als der der Zumutbarkeit gem. § 308 Nr. 4 BGB sein, weil die Regelung des § 308 Nr. 4 BGB andernfalls wegen Identität mit oder sogar Vorrang des § 307 Abs. 2 BGB entbehrlich ist. Der BGH verlangt dafür neben einer hinreichenden Konkretisierung schwerwiegende Änderungsgründe sowie die Berücksichtigung der Interessen der anderen Vertragsseite. Keine Abweichung von dem Grundgedanken der gesetzlichen Regelung steht in Rede, wenn die Klausel die Vorschrift der § 315 BGB wiedergibt.[10] Man wird dazu solche Fällen zählen müssen, in denen von der mutmaßlichen Zustimmung eines objektiven, kundigen qualifizierten Investors auszugehen ist (§ 665 S. 1 BGB analog). Nach diesen Grundsätzen ist eine Anpassung jedenfalls zulässig, wenn die Voraussetzungen für eine Abweichung von der Anlagestrategie (dazu § 30.A.III.2.) dauerhaft gegeben sind.

II. Wegfall der Geschäftsgrundlage?

Die Vertragserfüllung kann durch *unvorhersehbare* Faktoren unmöglich werden. Diese Fälle sind im Fondsbereich aufgrund der gesetzlichen und Marktdynamik nicht ganz selten. So kann ein Fonds, der vorrangig in Verbriefungsprodukte investiert, keiner Geschäftätigkeit mehr nachgehen, wenn der Markt für Verbriefungsprodukte versiegt. Setzt eine Anlagestrategie auf Ausnutzung von Arbitragemöglichkeiten in einem illiquiden und intransparenten Handel mit Over-the-Counter-(OTC) Derivaten, erhofft man sich Gewinne wegen der besonderen Fähigkeiten des Anlageverwalters als Spezialist im OTC-Handel. Müssen nunmehr kraft Regulierung alle Transaktionen mit OTC-Derivaten offengelegt und über zentrale Gegenparteien abgewickelt werden,[11] entfällt die

---

[9] Vgl. zum Vertragshändlervertrag BGHZ 89, 206, 211; BGHZ 93, 29, 47; BGHZ 124, 351, 362.

[10] BGHZ 89, 206, 212; BGHZ 93, 29, 35; BGHZ 212, 351, 362 f.

[11] Dazu *Awrey*, (2010) 11 EBOR 155; vgl. nunmehr Art. 4 Abs. 1 EMIR.

Grundlage für den Erfolg der Strategie. Sie mag sich unter anderen Prämissen (verstärkter Einsatz mathematischer Modelle etc.) aufrechterhalten lassen. Dennoch hat sich die Anlagestrategie grundlegend verändert.

Sieht der ursprüngliche Vertrag keine Regelungen für den Wegfall, die Änderung oder das Fehlen bestimmter Umstände vor oder kann der Änderungsvorbehalt am Maßstab der §§ 308 Nr. 4, 307 Abs. 2 BGB nicht aufrechterhalten werden, ist an eine Vertragsanpassung nach den Vorschriften zum Wegfall der Geschäftsgrundlage (§ 313 BGB) zu denken. Zwar trägt auch bei der Vertragsanpassung nach § 313 BGB derjenige die Beweislast, der sich darauf beruft, aber der Bezugspunkt der Darlegungs- und Beweislast verändert sich. Muss bei Anpassung kraft AGB-Änderungsvorbehalt gem. § 308 Nr. 4 BGB die Zumutbarkeit für den anderen Vertragteil oder gem. § 307 Abs. 2 BGB die Angemessenheit der Anpassung bewiesen werden, muss der Verwalter neben der Änderung der objektiven Umstände (§ 313 Abs. 1 BGB) oder der Fehlerhaftigkeit der subjektiven Geschäftsgrundlage (§ 313 Abs. 2 BGB) nur die Unzumutbarkeit für sich selbst beweisen. Dies gelingt regelmäßig, weil der Verwalter ohne Vertragsanpassung entweder dauerhaft zur Nichtanlage verpflichtet ist oder sich bei Weiterverfolgung der Anlagestrategie auf dem Terrain der Illegalität bewegen müsste.

Voraussetzung einer solchen Vertragsanpassung ist freilich, dass der Verwalter nicht vorrangig zur Kündigung eines Dauerschuldverhältnisses nach § 314 BGB verpflichtet ist. Für das Kündigungsrecht ist die Zumutbarkeitsschwelle niedriger als für den Wegfall der Geschäftsgrundlage.[12] Kann sich der Verwalter auf § 313 BGB berufen, wird er erst Recht nach § 314 BGB kündigen können. Allerdings hat der Verwalter in die Geschäftsorganisation investiert und deshalb an der Erhaltung des Verwaltungsrechts und damit seiner Existenzgrundlage ein gesteigertes Interesse. Ob es zur Vertragsanpassung gem. § 313 BGB kommt, richtet sich nach dem Einzelfall: Lässt sich die Störung durch Anpassung des Vertrags an die geänderten Umstände ausgleichen und ist beiden Parteien die Fortsetzung des Vertrags zuzumuten, geht die Vertragsanpassung der Kündigung vor.[13]

Die Wirkung lässt sich an den Beispielen demonstrieren: Bei Regulierung des OTC-Marktes investiert der Anleger nach wie vor in OTC-Produkte. Ob der Verwalter hier noch Arbitragegewinne erzielen kann, richtet sich nach dessen Organisation und Infrastruktur. Kann er die ursprüngliche Strategie unter den geänderten Umständen mit hinreichender Ertrags-Risiko-Kosten-Relation verfolgen, ist eine Vertragsanpassung beiden Seiten zumutbar. Dann sind ggf. neue Entscheidungstechniken in die Anlagestrategie aufzunehmen. Bei Wegfall des relevanten Verbriefungsmarktes müsste der weggefallene durch einen völlig

---

[12] Bamberger/Roth/*Unberath*/*Lorenz*, § 314 Rn. 7.
[13] BGH, NJW 1958, 785 (Anpassung Pachtzins).

fremden Markt (z.B. Anlage in Aktien) substituiert werden. Die Anpassung führte zu einem Aliud der Anlagestrategie. Dies ist dem Anleger, der in Verbriefungsprodukte investieren möchte, nicht zumutbar.

B. Gesetzlich geregelte Strukturmaßnahmen

Als Alternative zur Änderung der Vertragsbedingungen kann die Kollektivanlage auf einen Fonds mit anderer Anlagestrategie übertragen werden. Das KAGB regelt drei Formen der Strukturmaßnahmen: Die Übertragung von Vermögensgegenständen („Verschmelzung"), die Einbindung in eine Master-Feeder-Struktur und die Auflösung und Verschmelzung von Teilfonds. Diese Vorschriften gelten für die Verschmelzung der Anlagevermögen. Bei Verschmelzung der Rechtsträger ist ggf. das UmwG heranzuziehen, vgl. §§ 191 Abs. 3, 281 Abs. 3 KAGB.

I. Verschmelzung

Die Zusammenlegung von Kollektivanlagen kann zu einer wünschenswerten Größenordnung der Fonds sowie zur Straffung der Produktpalette einer KVG führen.[14] Unter Wettbewerbsbedingungen bewirkt dies insgesamt niedrigere Fondsgebühren und damit einen volkswirtschaftlichem Wohlstandsgewinn.

1. Offene Fonds

§§ 181 bis 190, ggf. i.V.m. § 281 Abs. 1 S. 2 KAGB ermöglichen die Verschmelzung offener Fonds unabhängig davon, ob Sondervermögen, Inv-AG, Inv-KG, Teilfonds oder Teilgesellschaftsvermögen derselben oder einer anderen KVG oder Investmentgesellschaft betroffen sind.[15] Die Vorschriften können als allgemeiner Teil eines Rechts der Fondsverschmelzung verstanden werden. Danach erstellen die Vertretungsorgane der beteiligten Rechtsträger einen Verschmelzungsplan (§ 184 KAGB). Das Verschmelzungsverfahren sieht eine Verschmelzungsprüfung durch die Aufsichtsbehörde (§§ 182, 183 KAGB), die Verwahrstelle (§ 185 Abs. 1 KAGB) und, soweit es die Verschmelzungsrelation betrifft, ggf. zusätzlich des Abschlussprüfers (§ 185 Abs. 2 KAGB) vor. Jede Prüfung hat unterschiedliche Schwerpunkte: Die Behörde prüft, ob das Verfahren den §§ 183 bis 186 KAGB entspricht und die Anleger über die potenziellen Auswirkungen der geplanten Verschmelzung angemessen informiert werden (§ 182 Abs. 4 KAGB). Die Verwahrstelle prüft Verschmelzungsart und -termin sowie die Umtauschbedingungen auf Vereinbarkeit mit Gesetz und konstituierenden Dokumenten. Der Abschlussprüfer prüft das Umtauschverhältnis. Eine Prüfung einer vergleichbaren Anlagestrategie, der Zweckmäßig-

---

[14] BT-Drs. 14/8017, S. 104.
[15] Dazu *Zetzsche*, AG 2013, 613, 627; *Wallach*, ZGR 2014, 321.

keit der Verschmelzung, einer vergleichbaren Gebührenstruktur oder andere materielle Anlegerschutzaspekte sind nicht Gegenstand der Prüfung. Das Verschmelzungsverfahren setzt primär auf angemessene Anlegerinformation. Darüber hinaus besteht ein Rücknahmeanspruch zum Nettoinventarwert nach Abzug der Auflösungskosten und – soweit ein solches vorhanden ist – ein Umtauschanspruch in Anteile eines von derselben KVG oder einem verbundenen Unternehmen verwalteten Sondervermögens mit ähnlicher Anlagepolitik wie der des verschmolzenen Fonds (§ 187 Abs. 1 KAGB).[16] Aus vermögensrechtlicher Sicht sind die Anleger auf die gleiche Weise wie bei der Kündigung geschützt.

Nach §§ 181 bis 190 (i.V.m. 281) KAGB können jeweils Publikumsfonds und Spezialfonds miteinander verschmolzen werden. Eine Verschmelzung von Publikums- auf Spezialfonds et vice versa ist ausgeschlossen (§ 181 Abs. 1 S. 1, § 281 Abs. 1 S. 1 KAGB). OGAW und AIF dürfen verschmolzen werden, wenn das übernehmende oder neu gegründete Investmentvermögen auch ein OGAW ist (§ 181 Abs. 1 S. 2 KAGB). Bei der Verschmelzung von Spezialfonds tritt an die Stelle der Genehmigung durch die BaFin (§ 182 KAGB) und der Zustimmung der Depotbank (§ 185 Abs. 1 KAGB) die Zustimmung der qualifizierten Anleger (§ 281 Abs. 1 S. 3 KAGB). Umfangreiche Verschmelzungsinformationen sind bei Spezialfonds entbehrlich (§ 281 Abs. 1 Nr. 1 und 3 KAGB). Gem. § 281 Abs. 1 Nr. 2 KAGB weiterhin erforderlich ist die Prüfung des Umtauschverhältnisses durch den Abschlussprüfer. § 281 Abs. 1 KAGB verweist nicht auf § 187 KAGB zu den Anlegerrechten, so dass qualifizierte Anleger nach dem gesetzlichen Grundfall kein Rückgaberecht haben. Gegen ein vertraglich vereinbartes Rückgaberecht für diesen Fall ist nach dem Vertragsprinzip jedoch nichts einzuwenden. Wiederum zeigen sich weniger anlegerschützende Vorgaben für qualifizierte Anleger.

Gem. § 191 Abs. 3 bzw. § 281 Abs. 3 KAGB ist das UmwG auf die Verschmelzung einer offenen Inv-AG auf eine andere offene Inv-AG, auf ein anderes Teilgesellschaftsvermögen einer Inv-AG oder auf ein Spezialsondervermögen anwendbar, soweit sich aus den KAGB-Vorschriften zur Fondsverschmelzung und § 167 KAGB zur Informationsform nichts anderes ergibt. Der Verweis auf das UmwG sichert die notarielle Beurkundung des Verschmelzungsvertrags und die Eintragung der verschmolzenen Inv-AG in das Handelsregister.[17] § 191 Abs. 4 bzw. § 281 Abs. 4 KAGB limitieren das statutarische Zustimmungsquorum entsprechend Art. 44 OGAW-RL auf 75 %. Stimmberechtigt sind grds.

---

[16] Mit Wirksamkeit der Verschmelzung (§ 189 KAGB) werden alle Vermögensgegenstände und Verbindlichkeiten übertragen. Die Anleger werden Anleger der übernehmenden oder neu gegründeten Kollektivanlage, die übertragende Kollektivanlage erlischt (§ 190 KAGB). Unter prinzipiell den gleichen Voraussetzungen ist die grenzüberschreitende Verschmelzung von und mit EU-Investmentvermögen zulässig (§ 183 KAGB).

[17] BT-Drs. 17/4510, S. 139 f. (zu § 99 Abs. 6 InvG).

die stimmberechtigten Unternehmensaktien (§ 109 Abs. 2 KAGB).[18] Anlageaktien sind nach der gesetzlichen Ausgangslage stimmrechtslos. Deren Inhaber müssen der Verschmelzung nur zustimmen, wenn ihnen die Satzung ausnahmsweise ein Stimmrecht gewährt (§ 109 Abs. 3 KAGB). Auch für die Verschmelzung unter Beteiligung von Inv-AG gilt somit die für die Vertragsänderung ermittelte Kurzformel: Anlegerinformation und -austritt statt Mitbestimmung. § 281 Abs. 2 KAGB erstreckt das vertragsrechtliche „Verschmelzungs"-Verfahren auf die nur scheinbar mitgliedschaftliche Anlagebeziehung bei der Inv-AG. Dies bestätigt erneut die Richtigkeit des Vertragsmodells der Idealanlage auch für die korporative Organisationsform. Für die Inv-KG, für die das KAGB kein Sonderverschmelzungsrecht kennt,[19] ist eine analoge Anwendung geboten.

2. Exit statt Voice

Zwar geht die Initiative zur Verschmelzung typischerweise allein vom Verwalter aus, aber das kostenlose Austrittsrecht zum Nettoinventarwert gem. § 187 Abs. 1 KAGB lässt eine Umgehung des Kündigungsrechts – anders als beim AGB-Änderungsvorbehalt – nicht befürchten. Wegen der Exit-Option kann die investmentrechtliche „Verschmelzung" in den Kategorien des hier vertretenen rechtsgeschäftlichen Ansatzes als Kündigung des Anlagevertrags mit dem Angebot zur Neuanlage in einen Fonds mit gleicher oder abweichender Strategie gedeutet werden. Einzig die Initiativlast verschiebt sich: Bei einer Kündigung müsste der Anleger seinen Willen zum Fortbestehen des Anlagevertrags erklären (Kontinuitätslösung), bei der Verschmelzung muss er handeln, wenn er den Anlagevertrag nicht fortsetzen will (Widerspruchslösung). Hier deutet sich erneut der allgemeine Grundsatz an, wonach eine Änderung des Anlagevertrags nur zum Preis eines Austrittsrechts zum Nettoinventarwert abzüglich Auflösungskosten zu haben ist.

3. Übertragbarkeit auf geschlossene Fonds

Gegen die Übertragbarkeit dieser Grundsätze auf Kollektivanlagen des geschlossenen Typs könnte man einwenden, ein Austrittsrecht widerspreche dem Grundgedanken des geschlossenen Typs. Doch ist Grund des Austrittsrechts nicht der offene Typ des Fonds – dann genügt das reguläre Austrittsrecht zum Nettoinventarwert abzüglich Rücknahmeabschlag, das ja parallel fortbesteht (§ 98 Abs. 1 S. 1 KAGB) –, sondern die vom Verwalter initiierte Änderung des ursprünglichen Anlagevertrags.

Auch bei geschlossenen Fonds ist zu vermeiden, dass passive und unkundige Anleger in ein anderes Anlageverhältnis gezwungen werden. Dies kann ein fairer „Exit" gewährleisten. Sofern nicht, wie bei geschlossenen Fonds häufig,

---

[18] BT-Drs. 17/4510, S. 119 (zu § 40g InvG).
[19] *Zetzsche*, AG 2013, 613, 627; *Wallach*, ZGR 2014, 306.

schon kraft der Anlagestrategie eine Verschmelzung implizit ausgeschlossen ist, steht der Verwalter vor der Wahl, eine Abfindung zum Liquidationswert zu organisieren oder den Fonds zu liquidieren. In der Frage, wie das Austrittsrecht realisiert wird – ob durch Teilliquidation, Anteilsverkauf über die Börse oder Andienung des Anteils an im Auftrag des Verwalters handelnde Dritte –, besteht Freiraum. Kann er dies nicht gewährleisten, muss er auf die Maßnahmen, die seinen Interessen dient, verzichten.

Damit sind die Rechtsbeziehungen gegenüber den Anlegern sachgerecht geregelt. Zusätzlich sind ggf. rechtsformspezifische Instrumente zum Schutz der Gläubiger zu gewährleisten.[20] Jedoch sind insoweit keine überzogenen Anforderungen zu stellen, weil die Firmierung (§§ 146, 157 KAGB) auf die Sonderregeln für Inv-Ges hinweist.

II. Master-Feeder

Master-Feeder-Strukturen gem. § 1 Abs. 19 Nr. 11, 12 KAGB sind eine besonders intensive Form der Aufgabenübertragung.[21] In einer Kollektivanlage werden die Anlegermittel mit dem Zweck gebündelt, mindestens 85% des Kapitals zur Verwaltung auf einen anderen Fonds – den Master-Fonds – zu übertragen.

Grafik: Master-Feeder-Struktur

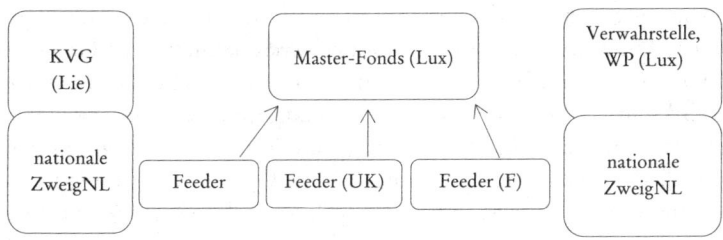

Eine Master-Feeder-Struktur ermöglicht Größenvorteile insbesondere für kleine Absatzmärkte: Anteile vieler kleiner, national strukturierter Fonds werden jeweils im Land des Feeder-Fonds vermarktet, die Kapitalia anschließend in dem Master-Fonds zusammengefasst und einheitlich verwaltet. I.d.R. gehören die KVG des Feeder- und des Master-Fonds zu derselben Finanzgruppe. Zur Kostensenkung versucht man, Verwahrstelle und Wirtschaftsprüfer für

---

[20] Vgl. für die Verschmelzung unter Beteiligung von Personengesellschaften z.B. die Anzeige für den Beginn der Nachhaftungsfrist nach § 45 UmwG.
[21] Vgl. Kapitel VIII (Art. 58 ff.) der OGAW-RL. Die Vorschriften sind nahezu wörtlich umgesetzt in §§ 171, 175 bis 180 KAGB; Lux: Chapitre 9 (Art. 77 bis 86) OPC-G und CSSF Regulation No. 10–05. („Structures maître-nourricier"); FL: Art. 60 ff. UCITSG und Art. 71 ff. UCITSV; UK: die Vorschriften sind über COLL verstreut, vgl. z.B. Nr. 4.3.11 ff. (zu significant changes).

alle Länder aus einem Finanzkonzern bzw. einer Prüfungsgesellschaft zu wählen.

1. Regelung des KAGB für Publikumsfonds

Nach den speziellen Produktbestimmungen (§§ 171 ff. KAGB) schließen KVG, Verwahrstelle und Abschlussprüfer von Master- und Feeder-Fonds jeweils eine Vereinbarung, sofern sie nicht dem gleichen Unternehmen angehören. Gegenstand der Vereinbarung sind u.a. die Anlagegrenzen sowie die Regeln betreffend Anteilsbewertung und Informationsaustausch (§ 175 KAGB). Soweit das Kapital an den Master-Fonds delegiert ist, reduzieren sich die Funktionen von Verwalter und Verwahrer des Feeder-Fonds. Das Verwaltungsrecht wird durch eine Überwachungspflicht substituiert (§ 176 Abs. 1 S. 1 KAGB). Dies folgt freilich schon aus der Kardinalpflicht der Beteiligten zum Handeln im Anlegerinteresse.

Die Kaskadenstruktur birgt Gefahrenpotential, insbesondere droht Kollusion zulasten der Anleger. Deshalb sind Ausgabeaufschläge und Rücknahmeabschläge im Verhältnis von Master und Feeder verboten, Provisionen dem Feeder-Fonds zuzuweisen (§ 176 Abs. 2 KAGB). Insofern ist eine geeignete Regelung zu Rückerstattungen des Master- an den Feederfonds zu treffen (§ 172 Abs. 1 KAGB) und offenzulegen (§ 165 Abs. 2 Nr. 25 KAGB). Geeignet sind derartige Regelungen, wenn sie Rückerstattungen dem Fondsvermögen zuweisen.

Vergleichbare Vorschriften bestehen nicht für die Festsetzung der regulären Verwaltergebühren, es kann zu einer Doppelvereinnahmung von Gebühren auf Ebene von Feeder und Master kommen. Dies ist eine Schutzlücke, doch setzt das KAGB – in Übereinstimmung mit dem zugrundeliegenden Europarecht – bei der Frage angemessener Gebühren grundsätzlich auf Anlegerinformation statt materieller Gebührenregulierung.[22] Diese Grundentscheidung und deren Fortsetzung in Fondskaskaden ist zu respektieren. Im Gegenzug bestehen intensivierte Informationspflichten.[23]

2. Einbindung in Master-Feeder

Eine der Fondsverschmelzung vergleichbare Regelung zeigt sich bei der erstmaligen Einbindung eines vorher autonom verwalteten Fonds in eine Master-Feeder-Struktur. Auch dieser Wechsel von der direkten zur indirekten Anlage zieht gem. § 180 Abs. 1 Nr. 4 KAGB ein Austrittsrecht zum Liquidationswert nach sich. Ratio ist der wesentliche Eingriff in den Anlagevertrag: Nunmehr können auf zwei Ebenen (Feeder und Master) Intermediärsvergütungen berechnet werden, zudem zieht die erstmalige Einbindung eine abweichende Anlagepolitik des Feeder-Fonds nach sich. Eine Vorgabe, dass die Strategie des Master-Fonds

---

[22] Vgl. zur Exzesskontrolle oben § 31.C.III.
[23] Vgl. zum Prospekt § 173 Abs. 1 Nr. 6 KAGB; zum Jahresbericht § 173 Abs. 4 KAGB.

der des vorherigen und zukünftigen Feeder-Fonds entsprechen muss, gibt es
nicht. Zu einer indirekten Bindung kommt es indes durch die von dem Verwalter des Feeders ggf. einzuhaltenden Anlagegrenzen. Der Feeder-Fonds darf nur
in Master-Fonds investieren, die diese Grenzen einhalten. Die Einhaltung dieser Grenzen hat die Feeder-KVG zu überwachen (§ 176 Abs. 1 KAGB).

3. *Verschmelzung, Spaltung und Abwicklung des Master-Fonds*

Im Fall der Verschmelzung oder Spaltung *des Masterfonds* ist der Feeder-Fonds
grundsätzlich abzuwickeln, die Fortsetzung des Feederfonds bedarf der Genehmigung der BaFin. Die Genehmigung ist u.a. zu erteilen, wenn der Masterfonds im Wesentlichen unverändert aus der Umstrukturierung hervorgeht
(§ 179 Abs. 2 Nr. 1 KAGB), aber auch bei wesentlicher Änderung (§ 179 Abs. 2
Nr. 2 KAGB) oder sogar bei Umwandlung des Feeders in ein inländisches Investmentvermögen, das kein Feederfonds ist (§ 179 Abs. 2 Nr. 4 KAGB). Zu suchen ist jeweils die Lösung, die „Transaktionskosten und andere negative Auswirkungen auf die Anleger des Feederfonds" vermeidet oder reduziert (§ 179
Abs. 7 a.E. KAGB). Dieses Gebot konkretisiert die allgemeine Pflicht zum
Handeln im Anlegerinteresse; auch ohne diese Konkretisierung wäre so zu verfahren.

Kommt es infolge der Umstrukturierung zum Wechsel des Masterfonds oder
ist dieser wesentlich verändert (Fälle des § 179 Abs. 2 Nr. 2 und 3 KAGB), besteht gem. § 180 Abs. 1 Nr. 4 KAGB ein Austrittsrecht zum Nettoinventarwert
abzüglich Auflösungskosten (Liquidationswert). Ist der Masterfonds übernehmendes Investmentvermögen und geht er im Wesentlichen unverändert aus
der Umstrukturierung hervor (Fall des § 179 Abs. 2 Nr. 1 KAGB), liegt kein
Wechsel des Masterfonds vor. Konsequent besteht nach dem am Beispiel der
Änderung der Anlagestrategie dargelegten Prinzip (vgl. § 36.A.) kein Austrittsrecht.

Ganz ähnlich bestimmen sich die Anlegerrechte im Fall der Abwicklung des
Masterfonds. Grundsätzlich ist der Feederfonds abzuwickeln, wenn der Masterfonds abgewickelt wird (§ 178 Abs. 2 S. 1 KAGB). Dann erhalten die Anleger
den Abwicklungserlös, der dem Nettoinventarwert abzüglich Auflösungskosten entspricht. Von dieser Regelung kann mit Genehmigung der Aufsichtsbehörde abgewichen werden. Genehmigt die BaFin die Fortsetzung mit einem
anderen Masterfonds, handelt es sich um einen Wechsel des Masterfonds, so
dass wieder gem. § 180 Abs. 1 Nr. 4 KAGB ein Austrittsrecht zum Nettoinventarwert abzüglich Auflösungskosten besteht.

Kein Austrittsrecht besteht, wenn der vormalige Feederfonds nunmehr als
regulärer Fonds tätig wird. Doch handelt es sich dabei um eine wesentliche Änderung der Anlagestrategie. Diese geht mit einem kostenlosen Umtauschrecht
gem. § 163 Abs. 3 KAGB in Anteile an Investmentvermögen mit vergleichbaren
Anlagegrundsätzen einher. Existieren solche nicht, bleibt nur die Kündigung,

mit der Folge (wiederum) des (kostenlosen) Ausscheidens zum Nettoinventarwert.

4. Spezialfonds

Das KAGB sperrt Master-Feeder-Kombinationen unter Beteiligung von Spezial- und Publikums-AIF (§ 171 Abs. 2 KAGB). Grund ist, dass Spezialfonds bei der Ausgestaltung von Master-Feeder-Kombinationen keinen Restriktionen unterworfen sind.[24] Qualifizierte Anleger benötigen den Zwangsschutz nicht und können Schutzinstrumente vertraglich vereinbaren.

III. Teilfonds/ Teilgesellschaftsvermögen und Umbrella-Konstruktion

Wie gezeigt, darf die Schaffung zusätzlicher Teilfonds oder Teilgesellschaftsvermögen[25] die Rechte der Anleger in existierenden Teilfonds nicht beeinträchtigen. Kommen weitere Teilfonds hinzu, ändern sich zwar die Vertragsbedingungen und das Prospekt,[26] aber es handelt sich nicht um eine Änderung der Anlagepolitik oder eine sonstige abfindungspflichtige Strukturmaßnahme. Die Auflösung ist dagegen ebenso wie die Verschmelzung von Teilfonds eine abfindungspflichtige Strukturmaßnahme. Bei entsprechender Satzungsregelung genügt zur Auflösung eines Teilgesellschaftsvermögens ein Vorstandsbeschluss mit Zustimmung des Aufsichtsrats oder der Depotbank (§ 117 Abs. 8 S. 1 bzw. § 132 Abs. 7 S. 1 KAGB). Die Vorschrift ist so zu verstehen, dass die Satzungsklausel *ein zusätzliches Zustimmungserfordernis* einführen kann; denn nach allgemeinem Vertragsrecht kann jede offene Kollektivanlage jederzeit vom Vorstand gekündigt werden. Ohne weitere Satzungsklausel bleibt es dabei. Die Auflösung wird binnen sechs Monaten nach Bekanntmachung wirksam. § 100 Abs. 1 und 2 KAGB gelten dann entsprechend.[27] Im Rahmen der Abwicklung erhalten die Anleger eine Abfindung zum Nettoinventarwert abzüglich der Auflösungskosten. Eine Übertragung auf eine andere KVG (entsprechend § 100 Abs. 3 KAGB) ist nicht vorgesehen, dazu kann es jedoch durch Ausübung eines Umtauschrechts im Rahmen der Liquidation kommen (näher sogleich).

IV. Zwischenergebnis

Als Zwischenergebnis ist festzuhalten, dass unabhängig von der gewählten Lösung mit allen gesetzlich geregelten Strukturmaßnahmen – Verschmelzung, Einbindung in Master-Feeder-Strukturen und Auflösung von Teilfonds – für Privatanleger eine Abfindung zum Nettoinventarwert abzüglich Auflösungskosten (Liquidationswert) einhergeht. Qualifizierte Anleger haben für ihren

[24] BT-Drs. 17/4510, S. 80.
[25] Dazu *Eckhold*, ZGR 2007, 664.
[26] Vgl. § 162 Abs. 2 Nr. 8 KAGB sowie § 165 Abs. 2 Nr. 26, 27 KAGB.
[27] § 117 Abs. 1 Hs. 2, Abs. 8 S. 1, 2, 4 bzw. § 132 Abs. 7 S. 1, 2, 4 KAGB.

Schutz regelmäßig selbst zu sorgen. Dies geschieht durch selbst zu gestaltende Vertragskonditionen oder Zustimmungserfordernisse.

C. Wechsel des Geschäftsbesorgers

Eine weitere wesentliche Änderung des Anlagevertrags ist der Wechsel von Verwalter und Verwahrer.

I. Verwalter

Zu einem Verwalterwechsel kann es durch willkürliche Entscheidung des Verwalters oder infolge eines Verlusts des Verwaltungsrechts kommen. Im ersten Fall „veräußert" der Verwalter das Verwaltungsrecht, z.B. weil der Bestand an Anlageverträgen mit dem Bestand eines anderen Verwalters zusammengefasst werden soll, um eine ökonomisch sinnvolle Verwaltung zu gewährleisten oder die Verwaltung bestimmter Anlagegegenstände zu beenden. Im zweiten Fall verliert der Verwalter das Verwaltungsrecht z.B. infolge Auflösung, mit der Eröffnung des Insolvenzverfahrens, deren Ablehnung mangels Masse oder kraft eines behördlichen Verfügungsverbots.[28]

Es stellt sich jeweils die Frage, wie mit dem Bestand an Anlageverträgen zu verfahren ist, je nach Wechselgrund aber aus verschiedenem Blickwinkel: So stellt sich beim willkürlichen Wechsel die Frage, ob eine solche „Veräußerung" ohne Mitwirkung der Anleger zulässig ist, welche Rechte daraus auf Anlegerseite entstehen und wem der wirtschaftliche Wert der Anlagebeziehung zusteht (i.e. der Erwartungswert aus den Verwaltervergütungen ad ultimo). Beim Verlust des Verwaltungsrechts tritt ein neuer Intermediär an die Stelle einer Person, die die Funktion nicht mehr ausüben kann. Hier stehen die Auswahl eines guten Verwalters und die Alternativrechte des Anlegers im Fokus.

1. Willkürlicher Wechsel

a) Kündigung des Anlagevertrags

Nach dem Vertragsmodell für die Binnenordnung der Kollektivanlage ist das Verwaltungsrecht über einen Fonds kein einheitlich abtretbares Recht. Der Verwalter ist Schuldner der Anlageverwaltung aus dem mit jedem einzelnen Anleger geschlossenen Anlagevertrag. Die Übertragung des Verwaltungsrechts bedarf als Schuldübernahme gem. § 415 Abs. 1 S. 1 BGB der Zustimmung des Gläubigers, also jedes einzelnen Anlegers. Der Anlagevertrag mit Anlegern, die nicht zustimmen, setzt sich mit dem alten Verwalter zu den alten Konditionen fort. Zu dem gleichen Ergebnis gelangt man für das Angebot eines Vertragsab-

---

[28] Vgl. § 99 Abs. 3 und 4 i.Vm. § 112 Abs. 1 S. 4, § 129 Abs. 1 S. 5, § 144 S. 4, § 154 Abs. 1 S. 5 KAGB.

schlusses mit einem anderen Verwalter, der mit der Aufhebung des bestehenden Anlagevertrags und der Übertragung der anteiligen Vermögensgegenstände auf den neuen Verwalter verbunden ist. Der Verwalter muss die Restverträge ggf. unter Berufung auf ein vertragliches oder außerordentliches Kündigungsrecht gem. § 314 Abs. 1 BGB kündigen.

Die Kündigungsfrist beträgt bei Publikumsfonds sechs Monate (§§ 99 Abs. 1, 117 Abs. 8 S. 2 bzw. 132 Abs. 7 S. 2 KAGB), bei offenen Spezialfonds kann vertraglich eine kürzere Frist vereinbart werden (§ 99 Abs. 1 S. 2 KAGB). Weil die Kündigungsfrist selbst bei Auflösung der KVG nicht verkürzt werden kann (arg. ex § 100 Abs. 2 KAGB), gilt sie für die ordentliche und außerordentliche Kündigung. Entsprechend muss die Wirksamkeit von Alternativen wie die Abspaltung eines Teils der KVG zur Aufnahme (§ 123 Abs. 2 Nr. 1 UmwG) mit anteiliger Bestandsübertragung auf eine andere KVG zu einem früheren Zeitpunkt ausgeschlossen sein. Die Kündigungsfrist für geschlossene Spezialfonds muss in einem angemessenen Verhältnis zum Liquidiationszeitraum stehen.[29] Dies ist eine allgemein gültige Ausprägung des Gebots zum Handeln im Anlegerinteresse und vertragliche Nebenpflicht bei allen KVG. Sollten die Anlagegegenstände überwiegend illiquid sein, könnten auch für Publikumsfonds die geforderten sechs Monate unzureichend sein.[30]

b) Abfindung zum Nettoinventarwert abzüglich Auflösungskosten

Gem. § 100 Abs. 1 und 2 KAGB führt die Kündigung des Verwaltungsverhältnisses zum Einrücken der Verwahrstelle in das Anlagevertragsverhältnis gegenüber dem Anleger.[31] Sofern die Verwahrstelle nicht gem. § 100 Abs. 3 KAGB eine andere KVG zum Verwalter bestellt (dazu sogleich), hat sie das Sondervermögen abzuwickeln. In diesem Fall erhalten die Anleger den Nettoinventarwert abzüglich der Auflösungskosten. Ebenso wie bei der Verschmelzung und Änderung der Anlagestrategie entfallen etwaige Rücknahmeabschläge. Die Vorschrift gilt entsprechend für Inv-Ges und führt dort zur Abwicklung eines Teilgesellschaftsvermögens durch die Verwahrstelle.[32] Zu dem gleichen Ergebnis gelangt man für Kollektivanlagen außerhalb des KAGB nach den für die Kündigung geltenden allgemeinen Grundsätzen (s.o.).

Alternativ zur Abwicklung kann die Verwahrstelle gem. § 100 Abs. 3 KAGB mit Genehmigung der BaFin eine neue KVG bestellen.[33] Die Inv-Ges kann das Einrücken der Depotbank in die Verwalterstellung verhindern, indem die zuvor extern verwaltete Inv-Ges sich mit Genehmigung der BaFin in eine von Vorstand und Aufsichtsrat intern verwaltete Inv-Ges umwandelt oder eine an-

---

[29] §§ 144 S. 4 Nr. 2, 154 Abs. 1 S. 5 Nr. 2 KAGB.
[30] *Zetzsche*, AG 2013, 613, 627.
[31] Zur unbestrittenen Rechtsnatur Weitnauer/*Anders*, § 100 Rn. 12 ff.
[32] §§ 112 Abs. 1 S. 5, 129 Abs. 2, 144 S. 5, 154 Abs. 2 KAGB; zu Modifikationen sogleich.
[33] § 100 Abs. 3 KAGB.

dere KVG als Verwalter bestellt. Dies setzt handlungsfähige Organe voraus. Diese Option kommt deshalb nicht in Betracht, wenn die KVG die Funktionen der Organe der Inv-Ges ausübt. In diesem Fall ist die Inv-Ges mit Kündigung bzw. Wegfall der KVG organlos.[34] Dann rückt die Verwahrstelle in ihrer Funktion als Bewahrer in die Verwalterstellung ein und kann die Abwicklung oder Neubestellung betreiben. Diese von der gerichtlichen Ersatzbestellung abweichende Regelung belegt erneut die Richtigkeit der erkannten Grundstrukturen von Anlagedreieck und Vertragsmodell.

2. Verlust des Verwaltungsrechts

Zu einem unfreiwilligen Verlust des Verwaltungsrechts kommt es im Fall der Auflösung und des Verlusts der Verfügungsbefugnis des Verwalters.

a) Gesetzlicher Beendigungsgrund, außerordentliche Kündigung durch Verwahrstelle

Für extern verwaltete Kollektivanlagen nach dem KAGB[35] erlischt mit der Auflösung auch der Anlagevertrag. Insoweit besteht kein Wahlrecht, z.B. eines Insolvenzverwalters nach § 103 Abs. 1 InsO. Neben der Insolvenzeröffnung, der Ablehnung des Insolvenzverfahrens mangels Masse (§ 26 InsO) und der Löschung wegen Vermögenslosigkeit (§ 394 FamFG) ist Auflösungsgrund[36] insbesondere die Abwicklungsanordnung der BaFin gem. § 38 Abs. 1 S. 1 KWG.[37] Wegen der rechtlichen Unfähigkeit des Verwalters, den Pflichten aus dem Vertragsverhältnis nachzukommen, besteht zudem ein fristloses außerordentliches Anlegerrecht zur Kündigung für den Fall der Anordnung eines allgemeinen Verfügungsverbots, z.B. vor Eröffnung des Insolvenzverfahrens gem. § 43 KAGB i.V.m. § 46b Abs. 1 KWG nach § 21 Abs. 2 Nr. 2 InsO oder §§ 41, 42 KAGB.

Die genannten Vorschriften lassen sich als Konkretisierung des außerordentlichen Kündigungsrechts nach § 314 Abs. 1 BGB in das Vertragsmodell einordnen. Das §§ 99, 100 KAGB zugrundeliegende Prinzip ist für die übrigen Rechts- und Organisationsformen zu übernehmen. Aus der Überwachungsfunktion des Verwahrers ist jedenfalls dessen Befugnis und ggf. sogar die Pflicht abzulei-

---

[34] Anders dagegen im Fall der personenidentischen Besetzung der Organe.

[35] Gem. §§ 112 Abs. 1 S. 4 und 5, 129 Abs. 1 S. 5, 144 S. 4 und 5 sowie 154 Abs. 1 S. 5, Abs. 2 KAGB sind §§ 99, 100 KAGB auf extern verwaltete Inv-Ges anwendbar, nicht aber auf intern verwaltete Inv-Ges. Hier kann der Vorstand das Amt niederlegen.

[36] Vgl. für Verwalter in Form der AG § 262 Abs. 1 AktG. Nicht maßgeblich ist, dass mit Eröffnung des Insolvenzverfahrens die Geschäftsleiter einer juristischen Person ihr Verfügungsrecht *in Bezug auf die Insolvenzmasse* an den Insolvenzverwalter verlieren (§§ 80, 81 InsO). Die Auflösung geht dem voraus, zumindest gehört das Anlagevermögen nicht zur Insolvenzmasse, vgl. unten § 37.A.

[37] Für Anlageverwalter gem. § 1 Abs. 1a Nr. 11 KWG gilt die Vorschrift unmittelbar, für KVG ist sie i.V.m. §§ 39 Abs. 3, 4 KAGB anzuwenden.

ten, die außerordentliche Kündigung ggf. im Namen und zum Schutz der Anleger auszusprechen (§ 99 Abs. 4 KAGB).

Eine gesetzliche Regelung zum Verlust des Verwaltungsrechts fehlt für intern verwaltete Inv-Ges. Dies verwundert nicht, weil intern verwaltete Inv-Ges eine Geschäftsführung haben und ohne eine solche nicht handlungsfähig sind. Mit Verlust des Verwaltungsrechts z.B. gem. § 39 KAGB ist die Auflösung veranlaßt. Die Abberufung der Geschäftsleiter wird deshalb regelmäßig bevorzugt, vgl. § 40 KAGB.

b) Abfindung zum anteiligen Nettoinventarwert

Die Rechtsfolgen einer Beendigung des Anlagevertrags wegen Verlust des Verwaltungsrechts entsprechen denen bei der Kündigung: Die Anleger scheiden zum Nettoinventarwert abzüglich Auflösungskosten aus. Die Erhebung von Rücknahmeabschlägen ist unzulässig, weil der Zweck des Rücknahmeabschlags, die Langfristigkeit der Investition zu sichern, durch Umstände auf Seiten des Verwalters unterlaufen wird. Dieses den Vorschriften zur Kündigung entnommene Ergebnis bestätigt § 100 Abs. 2 KAGB, wonach die Verwahrstelle das Sondervermögen abzuwickeln und an die Anleger zu verteilen hat. Dabei fallen keine Rücknahmeabschläge an. Die Abfindungshöhe entspricht wiederum dem Nettoinventarwert abzüglich Liquidationskosten. Die Liquidationskosten könnten indes höher als bei der Kündigung ausfallen, weil die Kollektivanlage als Ganzes zu liquidieren ist.

3. Bestellung einer anderen KVG

Das KAGB differenziert beim Übergang des Verwaltungsrechts nach der Anlegerqualifikation. Bei Publikumsfonds wirken zwar die Anleger nicht mit – § 415 BGB ist abbedungen –, es muss jedoch der Übergang des Verwaltungsrechts von der BaFin genehmigt werden.[38] Die Vorschrift erfasst die Kündigung des Anlagevertrags durch die KVG, die Auflösung der KVG oder die außerordentliche Kündigung durch die Verwahrstelle nach § 100 Abs. 1 KAGB. Die Regelung gilt entsprechend für extern verwaltete Inv-Ges[39] und ist wohl auch dann anzuwenden, wenn sich die Inv-Ges vor Übergang des Abwicklungsrechts auf die Verwahrstelle in eine intern verwaltete Inv-Ges umgewandelt oder eine neue KVG bestellt hat.

Für Spezialfonds ist die Genehmigung der BaFin entbehrlich, eine Anzeige genügt.[40] Die Genehmigung der BaFin substituiert also (erneut) die nach dem Vertragsmodell erforderliche Zustimmung der *Privat*anleger. Unkundige und

---

[38] § 100 Abs. 3 S. 1 KAGB; *Zetzsche*, AG 2013, 613, 627.

[39] §§ 112 Abs. 1 S. 5, 129 Abs. 2 S. 2, 144 S. 5, 154 Abs. 2 KAGB; zur Inv-KG *Wallach*, ZGR 2014, 288, 318; *Westermann/Stöber*, § 54a Rn. 3169p.

[40] § 100 Abs. 3 S. 4 sowie §§ 112 Abs. 1 Satz 5 Nr. 2, 129 Abs. 2 Satz 1, 144 Satz 5 Nr. 2, 154 Abs. 2 Nr. 1 KAGB.

untätige Privatanleger sind nach Auffassung des Gesetzgebers überfordert, die Entscheidung zwischen Liquidation und Bestellung eines neuen Verwalters zu treffen. Zudem wäre bei der Vielzahl passiver Anleger in Publikumsfonds die Zustimmung selten zu erlangen. Die BaFin-Genehmigung statt Anleger-Zustimmung schützt vor unsinnigen Liquidationen. Konsequent ist die Genehmigung zu erteilen, wenn die Anleger bei Liquidation schlechter stehen als bei Fortsetzung mit einem anderen Verwalter. Dies ist gegeben, wenn *infolge der Auflösung* Bewertungsverluste zu erwarten sind. Eine Anpassung überbewerteter Vermögensgegenstände berechtigt dagegen nicht zur Fortsetzung. Für qualifizierte Anleger hält man den behördlichen Schutz für verzichtbar. Die Vorschrift des § 100 Abs. 3 S. 4 KAGB lässt nur die Genehmigungspflicht entfallen, regelt aber nicht klar, ob die Vorschrift des § 415 BGB für Spezialfonds wieder anwendbar wird. Diese Frage ist zu bejahen: Spezialfonds sind i.d.R. von einer kleinen Zahl kundiger Anleger geprägt. Kommt es nicht zur Zustimmung aller qualifizierten Anleger, ist – weil jeweils einzelne Anlageverträge betroffen sind – das Anlageverhältnis mit den Anlegern fortzusetzen, die zugestimmt haben. Dies kann bei Unteilbarkeit der Gegenstände einen Fortsetzungszwang mit sich bringen.

II. „Verkauf" des Verwaltungsrechts?

Der Verwalter könnte für die Übertragung eines „Verwaltungsrechts" als Bündel einer Vielzahl identischer Verträge auf einen Erwerber eine Vergütung verlangen. Dies ruft die Frage hervor, wem der wirtschaftliche Wert aus dem Verwaltungsrecht zusteht.

1. US-Recht

Die einseitige Übertragung des Verwaltungsrechts ist nach dem ICA nicht zulässig. Gem. s. 15(c), (d) und (f) ICA vernichtet die vollständige Übertragung der Aufgaben auf einen Dritten (Substitution) den Verwaltungsvertrag mit dem ursprünglichen Investment Adviser. Der Erwerber benötigt für den neuen Vertrag die Zustimmung des Board, der Mehrheit der unabhängigen Direktoren und der Aktionäre.[41] Jedoch wird der Abschluss des Vertrags mit dem neuen Investment Adviser erheblich wahrscheinlicher, wenn der alte Adviser den Vertragsschluss in den Unterlagen für die Stimmrechtsausübung empfiehlt. Deshalb sind manche Adviser versucht, sich die Empfehlung des alten Advisers durch Zuwendungen zu sichern. Dann rückt die alte Regel des Trust Law in den Mittelpunkt, die den Verkauf einer Stellung eines Treupflichtigen mit dem Zweck der Gewinnerzielung untersagt.[42] Bis Anfang der 1970er Jahre galt der Grundsatz, dass Verwalter Vergütungen entgegen nehmen dürfen, solange den

---

[41] Dazu *Frankel/Schwing*, § 12.04 [C].
[42] *Essex Universal Corp. v. Yates*, 305 F.2d 572, 575 (2d Cir. 1962).

Treugebern kein Nachteil geschieht.[43] Im Fall *Rosenfeld v. Black*[44] entschied das Appellationsgericht für den 2nd Circuit aber, die Anleger müssten über den wirtschaftlichen Wert der Verwalterstellung eines Fonds klar und hinreichend informiert werden, damit deren Zustimmung zur Übertragung einen eventuellen Vorteil des Veräußerers erfasse. In dem Fall hatte eine anerkannte Investmentbank ihren Anteil an einer Fondstochter an eine andere KVG verkauft; sie empfahl gleichzeitig mit der Beendigung der Verwaltung den Anlegern die Wahl der neuen KVG zum Investment Adviser. Das Gericht hielt mangels hinreicher Information über den Verkaufspreis die Zustimmung zur Übertragung des Verwaltungsrechts für wirkungslos.

Daraufhin wurde der Transfer der Verwalterbeziehung in s. 15(f) ICA gesetzlich geregelt, dabei in Anknüpfung an die Rechtslage vor *Rosenfeld* das Nachteilsverbot in das Gesetz aufgenommen und auf verbundene Unternehmen erstreckt sowie quasi als ex post-Kontrolle gefordert, dass im Fall einer Übertragung des Verwaltungsrechts 75% der Mitglieder des Board für die kommenden drei Jahre von dem Veräußerer und dem Erwerber unabhängig sein müssen.[45]

2. Übertragbarkeit auf das deutsche Recht?

Die US-Situation ist auf das deutsche Recht nicht übertragbar. Nach deutschem Recht gilt die Vertrags-, im US-Recht die Korporationsanalogie. In Deutschland sind weder Anleger noch Unternehmensorgane an der Auswahl eines neuen Verwalters beteiligt. Aber entsprechende Fragestellungen gibt es dennoch: Darf sich der Verwalter den Vertragsbestand vergüten lassen und aufgrund der Vergütung (und nicht im Anlegerinteresse) die Verschmelzung betreiben? Darf er kündigen und gegen Entgelt den Neuabschluss mit einem bestimmten Verwalter empfehlen?

Es bereitet im deutschen Recht keine Mühe, ein dem US-Recht entsprechendes Nachteilsverbot (oder auch jegliches Verbot der Entgegennahme von Zahlungen) aus der Pflicht zum Handeln im Anlegerinteresse und der Konkretisierung der Schutzpflichten abzuleiten. Doch tritt damit die Emotion an die Stelle der Wertung des Gesetzes. Die Zulässigkeit könnte an der Vorgabe zur Behandlung von Interessenkonflikten zu messen sein. Danach besteht ein Verbot konfliktbehafteten Handelns nur in den gesetzlich benannten Ausnahmefällen, im

---

[43] Z.B. *Insuranshares Corp. v. Northern Fiscal Corp.*, 35 F. Supp. 22 (E.D. Pa. 1940), decision on damages, 42 F. Supp. 126 (E.D. Pa. 1941).

[44] *Rosenfeld v. Black*, 445 F.2d 1337 (2d Cir. 1971), *cert. dismissed*, 409 U.S. 802 (1972); *settlement approved*, 336 F. Supp. 84 (S.D.N.Y. 1972); anders noch *SEC v. Insurance Secs., Inc.*, 254 F.2d 642 (9th Cir. 1958) und *Kukman v. Baum*, 346 F. Supp. 55 (N.D. Ill. 1972), wonach ein Wertansatz oberhalb des Buchwertes des verwalteten Vermögens im Rahmen der Übertragung der Verwalter-Stellung keine Verletzung der Verwalter-Treupflicht darstellt.

[45] Vgl. s. 15(f) ICA. Zum Hintergrund *Frankel/Schwing*, § 12.04 [D].

Übrigen gilt die allgemeine Regel „Vermeiden – Verwalten – Verkünden" (oben § 32.A.II).

a) Zuwendungsverbot?

Als absolute Schranke kommt bei der Vergütung der Bestandsübertragung das Zuwendungsverbot in den Sinn. Während der Verwalterbeziehung ist die Annahme von Zuwendungen, die sich zulasten der Anleger auswirken, unzulässig. Die Ausnahmen vom Zuwendungsverbot liegen nicht vor: Die Zuwendung kommt weder der Kollektivanlage zugute, noch zielt die Zahlung auf eine Qualitätsverbesserung der Dienstleistung, noch handelt es sich um eine Gebühr, die die Durchführung der Dienstleistung erst ermöglicht und ihrer Art nach keine Interessenkonflikte hervorruft. Im Kern geht es um den Konflikt von Eigentumsrechten (an der KVG und deren Geschäftsbestand) mit Treupflichten aus der Verwalterbeziehung. Dieser Konflikt ist nicht mittels des Zuwendungsverbots aufzulösen: Das Zuwendungsverbot schützt nur die angemessene Interessenwahrung während des Bestehens des Verwaltungsrechts. In der besagten Konstellation geht es indes um das Risiko einer fehlerhaften oder befangenen Auswahl des *neuen* Verwalters. Diesem Risiko begegnet das Gesetz nicht mit dem Zuwendungsverbot, sondern mit dem Ausstiegsrecht zum Nettoinventarwert abzüglich der Liquidationskosten.

Dies folgt als argumentum e fortiori aus dem fondsspezifischen Verschmelzungsrecht: Während sich die Missbilligung des Fondshandels früher auf die strikten Regeln des § 14 KAGG a.F. und § 40 InvG a.F. stützen ließ – insbesondere soll die Zulassung von Fondsübertragungen durch das BAKred (und später die BaFin) auf wenige Sachverhalte beschränkt worden sein, um einem Handel mit Fonds entgegenzutreten[46] –, regelt das europäisch induzierte Verschmelzungsrecht der §§ 181 bis 190 KAGB die Voraussetzungen der Verschmelzung in einem abschließenden Katalog. Bei entsprechender Information ist die Verschmelzung unterschiedlicher Fonds mit verschiedensten Verwaltern zulässig (wenngleich wegen des zu erwartenden Abflusses an Anlegermitteln nicht sinnvoll). Nur die Oberkategorien OGAW/AIF, Publikums- und Spezialfonds behalten eine Bedeutung (§ 181 KAGB). Im Übrigen setzt das Verschmelzungsrecht auf angemessene Anlegerinformation und Austrittsoption zum Nettoinventarwert statt auf materielle Transaktionskontrolle. Ein Verbot des Fondshandels wird nicht ausdrücklich statuiert. Der „Fondshandel" – verstanden als die Abtretung des Verwaltungsrechts – kann im Sinne der Gesamtintention der OGAW IV-Maßnahmen zur Bildung effizienter Größen über die Grenzen der jeweiligen Fondsfamilie hinaus beitragen, indem der Erwerber

---

[46] *König*, Auflösung, S. 10. Nach Berger/*Schmitz*, § 40 InvG Rn. 6 war die Übertragung der Verwaltungszuständigkeit auf die Fälle des § 39 Abs. 3 InvG, also nach Verlust des Verwaltungsrechts beschränkt, so dass sich die Frage der Übertragbarkeit nicht stellt.

dem Verwalter des übertragenden Fonds seinen Gründungsaufwand ersetzt.[47] Eine qualitative Anforderung jenseits der ordnungsgemäßen Zulassung des Verwalters kennt das Gesetz nicht.

b) Vermeiden – Verwalten – Verkünden?

Dann könnte die allgemeine Regel für jeden Interessenkonflikt einschlägig sein, mit der Rechtsfolge einer Offenlegungspflicht entsprechend der US-Entscheidung *Rosenfeld v. Black*. Die Regel „Vermeiden – Verwalten – Verkünden" gilt nur, wenn zwei gesetzlich geschützte Interessen kollidieren. In der Frage des Übergangs der Verwalterbeziehung gewährt das Ausstiegsrecht hinreichenden Anlegerschutz. Für die Anwendbarkeit der allgemeinen Konfliktregel fehlt eine den Anlegern gegenüber bestehende Pflicht. Die Vergütung des Bestandswerts erweist sich damit als eine rechtlich nicht beengte Geschäftsentscheidung des Verwalters. Davon sind nur die Fälle auszunehmen, in denen es gerade durch die Kündigung des Verwalters zu einer Beeinträchtigung der Anlage kommt, weil nur der Verwalter die Anlagestrategie realisieren kann und die Strategie mit der Kündigung zum Scheitern verurteilt ist. Dann ist die Übertragung des Verwaltungsrechts nach allgemeinen Regeln ausgeschlossen.

Diese Entscheidung gegen weitere Erfordernisse lässt sich auch verfassungsrechtlich absichern: In der Vergütung für die Bestandsübertragung spiegelt sich der Wert der Geschäftsorganisation des Verwalters wieder, die zum verfassungsrechtlichen Eigentum (i.S.v. Vermögen) des Verwalters zählt. Der Eigentumsschutz des Verwalters findet seine Grenze in den kollidierenden Rechten Dritter, hier der Anleger in ihrem Interesse an Erhalt ihres (verfassungsrechtlichen) Eigentums in Form einer Forderung gegen den Verwalter (Anteilswert). Das Ausstiegsrecht zum Liquidationswert – dies entspricht dem „wahren" Wert der Anlage im Zeitpunkt der Wirksamkeit der Kündigung –, verbunden mit der obligatorischen Kündigungsfrist, sichert die Anleger in hinreichendem Umfang.

Für die hier vertretene Lösung, wonach die Vergütung der Bestandsübertragung uneingeschränkt zulässig und der Anlegerschutz durch das Austrittsrecht, die lange Kündigungsfrist und die Zulassung des Rechtsnachfolgers als Voraussetzung einer Übertragung gesichert ist, spricht schließlich die Rechtsklarheit: Wird eine Vergütung bezahlt, lässt sich schwer trennen, ob die Vergütung für die Empfehlung unter Beachtung oder Missachtung von Anlegerinteressen, Kostenersatz für den Wechsel der Verwalterbeziehung oder den Geschäftswert der KVG geleistet wird. Die Offenlegung der Vergütung mag man interessant finden. Aus Anlegersicht verwirrt sie eher, weil sie den Anlegern einen rechtli-

---

[47] Die Sachlage ist mit der Abtretung einzelner unprofitabler, gleichwohl werthaltiger Geschäftsteile eines operativen Unternehmens vergleichbar. Auch insoweit fördert ein flexibles Transaktionsrecht die Bildung effektiver Unternehmensgrößen. Vgl. dazu KK-UmwG/*Dauner-Lieb*, Einl. A Rn. 11; Lutter/Winter/*Lutter*, Einl. I Rn. 3.

chen Zusammenhang zwischen ihren persönlichen Rechten und der Zahlung suggeriert, der nicht besteht. Denn letztlich wird der Wert der Geschäftsorganisation des Verwalters vergütet, zu dem die Anleger nichts beigetragen haben.

III. Verwahrer

Ein Verwahrerwechsel lässt den Inhalt des Anlagevertrags unberührt, weil die Person des Verwahrers nicht zum Vertragsinhalt zählt, vgl. § 165 Abs. 2 Nr. 32 KAGB. Ein Verwahrerwechsel setzt jedoch die Kündigung bzw. Übertragung des Verwahrungsvertrags voraus.

1. Austauschbefugnis als Verwalterkompetenz

Nach hier vertretener Auffassung ist der Verwahrungsvertrag kein gesetzliches oder sui generis-Schuldverhältnis. Verwalter, Verwahrer und Anleger sind vielmehr in einem mehrseitigen Vertrag miteinander verbunden.[48] Ein Verwahrerwechsel bedarf somit einer rechtswirksamen Vertragsänderung im Verhältnis zum Verwalter und zum Anleger. Der Verwalter stimmt dem Wechsel bereits durch sein Verlangen konkludent zu. Zu klären bleibt die Rechtswirksamkeit im Verhältnis zu den Anlegern. Aber auch nach den Regeln des Vertrags zugunsten Dritter (§ 328 BGB), die nach einer Gegenansicht heran zu ziehen sind, kann der dem Dritten eingeräumte Verwahranspruch grundsätzlich nicht ohne dessen Zustimmung entzogen werden.[49] Dies gilt selbst dann, wenn man den Versprechensempfänger als „Gläubiger" gem. § 414 BGB begreift und mit der h.M.[50] einen Schuldnerwechsel durch Vertrag zwischen Gläubiger und Neuschuldner – ohne Mitwirkung des Altschuldners – befürwortet.

Zu differenzieren ist zwischen einem Verwahrerwechsel mit und ohne respektive gegen den Willen des Verwahrers. Im erstgenannten Fall ist § 415 BGB, im zweitgenannten Fall die Kündigung (§ 314 Abs. 1 BGB) einschlägig. In beiden Fällen ist fraglich, ob der Verwalter für die Anleger handeln, also die Kündigung des Altvertrags aussprechen und den neuen, ggf. den Übernahmevertrag für die Anleger abschließen darf. Die Befugnisse des Verwalters sind aus dem Idealbild des Anlagedreiecks abzuleiten. Danach muss einerseits ein Anlagedreieck bestehen, andererseits sind die Intermediäre zur gegenseitigen Überwachung und zum wechselseitigen Schutz der Anleger verpflichtet. Ausgeschlossen ist danach eine Aufhebungsbefugnis des Verwalters ohne korrespondierenden Neuabschluss eines Verwahrungsverhältnisses: Es muss immer einen Verwahrer geben.

---

[48] Vierter Teil, § 22.A.III.

[49] Dem Versprechensempfänger steht freilich das Anfechtungsrecht zu, weil insoweit der Schutz der Willensbildung zu gewährleisten ist. Vgl. Palandt/*Grüneberg*, § 328 Rn. 6.

[50] § 414 BGB ist nach h.M. ein Beispiel der Verfügung zugunsten eines Alt-Schuldners, die Schuldbefreiung tritt ohne Mitwirkung des Alt-Schuldners ein. Der Schuldner hat kein Zurückweisungsrecht, str. Vgl. Palandt/*Grüneberg*, § 414 Rn. 1.

Aber auch in Bezug auf die Austauschbefugnis sind Einschränkungen zugunsten der Anleger geboten: Ein *grundloser* Wechsel des Verwahrers ist kosten- und fehlerintensiv, zudem könnte sich der Verwalter bei einer unbeschränkten Austauschbefugnis eines wegen seiner Überwachungsintensität lästigen Verwahrers entledigen. Anderes gilt bei wichtigem Grund: So kann der Verwahrer gegen Gesetz oder Anlagevertrag verstoßen (z.B. durch Delegation an nicht hinreichend qualifizierte Dritte) oder in wirtschaftliche Schwierigkeiten geraten.[51] Denn an der Aufrechterhaltung der Verwahrung durch einen pflichtwidrig handelnden Verwahrer ist der Anleger nicht interessiert. Soweit die Anleger zur Vertragskündigung aus außerordentlichem Grund gem. § 314 Abs. 1 BGB berechtigt wären, übt der Verwalter kraft seiner Kontrollfunktion die Kompetenz anstelle der Anleger und ohne deren Zustimmung aus. Auch ist denkbar, dass der Verwahrer einer Reduzierung seines Vergütungsanspruchs trotz entsprechenden Wettbewerbsdrucks nicht zustimmen möchte. Eine zu kostenintensive Verwahrung widerspricht ebenso dem Anlegerinteresse. Möchte der Verwalter den Verwahrer aus Sicht der Anleger dagegen grundlos wechseln, z.B. nach Hinzuerwerb von Verwaltungsrechten alle Fonds bei einer Verwahrstelle verwalten lassen, benötigt er neben einem ggf. vertraglichen Kündigungsrecht die Zustimmung der Anleger. Diese kann zugleich mit dem Wechsel des Verwaltungsrechts eingeholt werden. Auch diese Differenzierung erhält durch die Anlegertypologie weitere Kontur: Soweit die kraft gesetzlicher Vermutung passiven Privatanleger betroffen sind, muss die BaFin gem. §§ 69 Abs. 1, 87 KAGB zustimmen; dies stellt das Handeln im Anlegerinteresse sicher. Qualifizierte Anleger müssen ihre Interessen selbst wahren.

Die Funktion des Verwalters nach dem zugrundeliegenden Geschäftsbesorgungsverhältnis und die Reichweite seiner Handlungsbefugnis im Verhältnis zur Verwahrstelle (arg. ex. §§ 168, 169 BGB) decken sich. Diese Kontrollbefugnis ist nicht Vollmacht im Rechtssinn. Anleger können diese Befugnis nicht widerrufen und *für ihre Anteile* abweichende Dispositionen, etwa eine separate Verwahrstellenlösung vereinbaren. Dies liefe der rechtlich gebotenen einheitlichen Verwaltung der Anlagegegenstände, mithin der Kollektivität der Anlageorganisation zuwider. Eher schon trifft der Vergleich mit den Organbefugnissen bei der Korporation zu: Aus der rechtlich erwünschten Gleichförmigkeit aller Anlagebeziehungen einer Kollektivanlage folgt, dass – soweit die Befugnisse des Verwalters reichen – die Befugnisse der Anleger durch diesen ausgeübt werden. Mit der Alleinbefugnis des Verwalters korrespondiert eine Pflicht. Kraft seiner Stellung im Anlagedreieck, die die Kontrolle des Verwahrers miterfasst, ist der Verwalter zur „Aufhebung" des Verwahrungsvertrags (durch

---

[51] Vgl. für beide Fälle §§ 69 Abs. 2 bzw. 87 KAGB, wonach die BaFin in diesen Fällen den Wechsel des Verwalters gebieten kann.

Kündigung) im Namen und mit Wirkung für den Anleger berechtigt und verpflichtet, wenn der Wechsel im Interesse und zum Schutz des Anlegers erfolgt.

2. Vertragliches Kündigungsrecht?

Ein Recht des Verwalters zur Kündigung des Verwahrvertrags im Interesse und
zum Schutz des Anlegers ist dem Idealvertrag immanent und bedarf keiner weiteren Regelung. Eines (transparent präsentierten) vertraglichen Kündigungsrechts bedarf es nur, soweit die Kündigungsgründe nicht zugleich außerordentliche Gründe gem. § 314 Abs. 1 BGB sind.[52] Eine vertragliche Regelung ist deshalb nur für den o.g. Fall der Kündigung mangels Preisreduktion des Verwalters
und die grundlose Kündigung z.B. zur Optimierung des eigenen Ertrags erforderlich. Dafür muss den Anlegern ein Zustimmungsrecht zum Verwalterwechsel eingeräumt werden, das sich nach Form und Frist an § 308 Nr. 5 BGB orientiert.

3. Austauschbefugnis vs. Austauschpflicht

Eine Pflicht der KVG zur außerordentlichen fristlosen Kündigung, verbunden
mit sofortiger Neubestellung eines anderen Verwahrers, besteht insbesondere,
wenn die Verwahrstelle die gesetzlichen Vorschriften nachhaltig verletzt, die
öffentlich-rechtliche Erlaubnis zum Betrieb des Einlagen- oder Depotgeschäfts
infolge Aufhebung oder Erlöschens verliert oder die Mindestkapitalausstattung
die gesetzliche Grenze unterschreitet (§§ 69 Abs. 4, 87 KAGB). Ohne sofortiges
Handeln der KVG drohen Gefahrenabwehrmaßnahmen gem. § 46 Abs. 1 KWG,
ggf. sogar die vollständige Schließung des Geschäftsbetriebs.

D. Strukturmaßnahmen im Anlagedreieck

Die vorgenannten Fälle einer Inhaltsänderung sind nicht abschließend. So findet sich z.B. in § 179 KAGB eine ausdrückliche Regelung zur Spaltung nur für
Master-Fonds. Zur Zusammenlegung von Anteilsklassen, zur Umwandlung
der internen in die externe Verwaltung, dem Umhängen von Anteilsklassen und
Teilfonds, die erstmalige Einbringung von Fonds in eine Umbrella-Struktur et
vice versa, sowie für Anlageorganisationen jenseits des KAGB fehlen Spezialregelungen. Ebenfalls könnte man durch Spaltung der KVG nach dem UmwG
einen Fondsbestand übertragen.[53] Diese und viele weitere denkbare Gestaltungen können erforderlich werden, um Marktgegebenheiten Rechnung zu tragen.
Das Gesetz bietet dafür keine Lösung an.

---

[52] Die Abbildung des Gesetzes (gleich ob transparent oder nicht) führt zur gleichen
Rechtslage wie die Nichtabbildung des Gesetzes im Vertragswerk (§ 306 Abs. 2 BGB), so dass
auf sämtliche gesetzesabbildenden Klauseln verzichtet werden kann.
[53] Auf diese (bislang nur theoretische) Möglichkeit verweist *König*, Auflösung, C.III.3.

Den bereits dargestellten Konstellationen sind allgemein gültige Prinzipien für die substantielle Änderung der Vertragsbeziehungen – hier sogenannte Strukturmaßnahmen – im Anlagedreieck zu entnehmen, auf die in solchen und anderen nicht geregelten Fällen der Inhaltsänderung zurückzugreifen ist.

I. Reduzierter Bestandsschutz

Im Vergleich zur Mitgliedschaft,[54] aber auch im Vergleich zu üblichen Dauerschuldverhältnissen, wo die Kündigung – soweit diese nicht vorbehalten ist – eines Grundes bedarf (§ 314 Abs. 1 BGB), ist der Anlagevertrag ein Rechtsverhältnis mit reduziertem Bestandsschutz: Eine Beendigung durch Kündigung oder eine Veränderung mit vergleichbaren Folgen wie bei der Beendigung ist (in den dargestellten Grenzen) bei Einhaltung einer angemessenen Kündigungsfrist ohne weiteren Kündigungsgrund zulässig und üblich. Als Leitlinie für die Angemessenheit der Kündigungsfrist ist vorbehaltlich von Sonderfällen (z.B. extrem illiquide Vermögensgegenstände) die für tiefgreifende Änderungen geltende Sechs-Monatsfrist der §§ 99 Abs. 1, 117 Abs. 8, 132 Abs. 7 KAGB heranzuziehen. Bei der offenen Inv-KG, die qualifizierten Anlegern vorbehalten ist, können die Anleger einer früheren Auflösung zustimmen. Diese Regelung gilt pars pro toto für alle Spezialfonds.[55] Grundsätzlich gibt es keinen Anspruch auf endlose Fortsetzung der Anlagebeziehung. Möchte sich der Anleger die Transaktionskosten sparen, die mit der Suche nach einer Neuanlage verbunden sind, muss er einen Fonds wählen, bei dem eine Änderung in dem für den Anleger wesentlichen Umfang vertraglich ausgeschlossen ist.

Die gleichen Grundsätze gelten prinzipiell für geschlossene Fonds. Auch in solchen Fonds kann der Anleger gegen Andienung des Liquidationswertes zum Ausscheiden gezwungen werden. Auf die Frage eines korrespondierenden Lösungsrechts ist zurückzukommen (vgl. § 38.B.III.).

Hinzu treten die gesellschaftsrechtlichen Gläubigerschutzbestimmungen (§ 191 Abs. 3, § 281 Abs. 3 KAGB), etwa für die Spaltung §§ 133, 134 UmwG. Diese Vorschriften bleiben von der Frage des Änderungsrechts im Verhältnis zu den Anlegern unberührt. Soweit keine gesetzlichen Bestimmungen Abweichendes gebieten, ist beiden gesetzlichen Anliegen – Anleger- und Gläubigerschutz – kumulativ zu entsprechen.

---

[54] Zwar sind befristete Gesellschaftsverhältnisse zulässig, aber unternehmenstragende Gesellschaften sind typischerweise unbefristet. Die Beendigung separater Mitgliedschaften ist mit besonderen Herausforderungen verbunden, vgl. zu Hinauskündigungsklauseln *Haar*, Personengesellschaft im Konzern, S. 483 ff. m.w.N. Für die Publikums-KG lehnt die Rechtsprechung selbst bei angemessener Abfindung eine Hinauskündigung ab, vgl. BGHZ 84, 11, 15 Rn. 26 f.; BGHZ 104, 50 Rn. 21 f.

[55] *Zetzsche*, AG 2013, 627.

II. Rechtsvergleichende Verprobung

Der zentralen These vom reduzierten Bestandsschutz steht eine rechtsvergleichende Bestätigung gut an. Mit Blick auf den europäischen Ursprung der §§ 181 ff. KAGB zur Fondsverschmelzung ist nur auf Besonderheiten der EWR-Rechtsordnungen einzugehen.

In Luxemburg gilt für die Verschmelzung und Spaltung von Kollektivanlagen in Gesellschaftsform grundsätzlich das Gesellschaftsgesetz von 1915,[56] für solche in Vertragsform die Bestimmungen in den Vertragsbedingungen und ergänzend das allgemeine Zivilrecht.[57] Über die OGAW-RL hinausgehende Spezialregelungen kennt das luxemburgische Recht zur Umwandlung von Fonds[58] und die Verschmelzung einzelner Anteilsklassen offener Fonds. Im zweiten Fall wird zwischen der Verschmelzung zweier Anteilsklassen desselben Fonds und der Verschmelzung von Klassen unterschiedlicher Fonds differenziert. Werden zwei Anteilsklassen desselben Fonds verschmolzen, steht den Anlegern nach Auffassung der luxemburgischen CSSF ein Recht zum Austritt zum Nettoinvestment binnen eines Monats nach Zugang der Verschmelzungsinformationen zu. Mit weiteren Kosten für den Austritt dürfen sie nicht belastet werden. Die Verschmelzungsinformation muss einen Vergleich enthalten, aus dem die Unterschiede zwischen den Fonds deutlich werden; dazu zählt auch ein Vergleich der Ausgabe-, Rücknahme- und Verwaltungsgebühren.[59] Bei Verschmelzung auf eine andere Kollektivanlage können die konstituierenden Dokumente eine Abstimmung der Anleger vorsehen. Die Wirkung der Abstimmung beschränkt sich auf eine Bindung der Anleger an ihr Abstimmungsverhalten. Dann ergeben sich drei Optionen: (1) Die Anleger stimmen zu oder dienen ihre Anteile nachträglich zum Umtausch an. Dann werden sie Anleger in der neuen Kollektivanlage. (2) Sie können den kostenfreien Rückkauf ihres Anteils zum Nettoinventarwert verlangen. (3) Die Anleger lehnen die Verschmelzung ab. Nun kann der Verwalter ohne Zustimmung die Anteilsklasse liquidieren oder die Anteilsklasse mit einer anderen Anteilsklasse *desselben* Fonds (falls vorhanden) verschmelzen. Wird die Kollektivanlage anschließend abgewickelt, partizipieren die Anleger am Liquidationswert pro rata.

In Liechtenstein sind alle Spaltungen und Verschmelzungen – gleich ob OGAW auf AIF oder AIF auf AIF – demselben Recht für Strukturmaßnahmen

---

[56] Art. 257 bis 308 des Gesellschaftsgesetzes von 1915.

[57] Dazu *Kremer/Lebbe*, Rn. 9.159 ff.; *Hoffmann/Jacobs*, in Arend/Mederbach, S. 162, 173 ff. (für FIS); ausnahmsweise kann eine Mehrheitsklausel und die Zustimmung eines Treffens der Anteilseigner in die Vertragsbedingungen eines FCPs aufgenommen werden.

[58] Dazu *Kremer/Lebbe*, Rn. 9.159 ff.; *Hoffmann/Jacobs*, in Arend/Mederbach, S. 162, 173 ff.

[59] Schreiben des Institute Monétaire Luxembourgeois (Vorgängerin der CSSF) vom 29. März 1993 zum Verfahren zur Schließung von Teilfonds eines Umbrella-Fonds. Dazu *Kremer/Lebbe*, Rn. 9.136.; *Hoffmann/Jacobs*, in Arend/Mederbach, S. 162, 179 ff.

unterstellt. Es gilt das europäische Verschmelzungsrecht unmittelbar oder in entsprechender Anwendung (Art. 49 UCITSG, Art. 78 ff. AIFMG). Erforderlich sind jeweils eine behördliche Genehmigung, eine Anlegerinformation, die Prüfung der Verschmelzungsrelation und ein Ausscheidensanspruch zum Nettoinventarwert. Die Kosten der Maßnahmen dürfen dem Fonds für verschmelzungsähnliche Maßnahmen nicht belastet werden.

Das Schweizer Recht geht ebenso wie Deutschland, Liechtenstein und Luxemburg vom Vertragsansatz aus. Danach muss jeder Anleger einer Änderung des Anlagevertrags zustimmen. Für die Verschmelzung (in Schweizer Diktion: Fusion oder Vereinigung) als Vertragsübernahme gem. Art. 176 des Obligationenrechts gilt dies ebenso.[60] Die damit entstehenden Hürden sind der Flexibilität abträglich. Das Schweizer KAG schafft Ausnahmen für offene Fonds; für geschlossene Fonds gilt weiterhin das Obligationenrecht, für SICAF und KKK zudem das Fusionsgesetz. Die Ausnahmen erfassen Vertragsänderungen, den Wechsel der KVG und „Umstrukturierungen".[61] Jeweils substituiert die Zustimmung der Aufsichtsbehörde die der Publikumsanleger zur Vertragsänderung.[62] Die FINMA prüft, ob die Änderung im Anlegerinteresse liegt,[63] z.B. ob die Anleger im Vergleich zu einer Liquidation des Fonds schlechter gestellt sind. Dabei ist das Interesse des Anlegers an der Fortführung des Fonds zu vermuten.[64] Die Anleger haben die Wahl zwischen Einwendungen und Ausscheiden nach regulären Konditionen (Art. 80 KAG). Über die Berechtigung der Einwendungen entscheidet die FINMA. Unter erleichterten Konditionen ist die aus Anlegersicht kostenfreie Verschmelzung von Kollektivanlagen / Teilvermögen mit grundsätzlich identischer Anlagepolitik zulässig, sofern der Fondsvertrag dies vorsieht und vorher wie nachher derselbe Verwalter tätig ist.[65] Die Schweizer Allgemeinnorm ist rechtstechnisch dem liechtensteinischen Art. 49 UCITSG nicht unähnlich, zieht aber abweichende Rechtsfolgen nach sich: Hier wie dort müssen Verwahrstelle und Aufsichtsbehörde die Einhaltung der gesetzlichen Vorschriften (z.B. die Zulassung des Übernehmers) prüfen und die Verschmelzungsabsicht unter Einhaltung einer Frist bekannt gemacht werden. An die Stelle des liechtensteinischen Austrittsrechts ohne Kostenbelastung tritt aber die FINMA-Prüfung und ein unqualifiziertes Ausscheidensrecht,[66] das bei offenen Fonds freilich ohnedies besteht. Der Anleger in Schweizer Fonds wird in seinem Vermögensbestand somit geringer geschützt als der in Liechtensteiner

---

[60] Zutr. BSK-KAG/*Abegglen*, Art. 34 Nr. 5.

[61] Art. 27, 34, 95 KAG. Siehe zudem die Ausführungsbestimmungen in Art. 41, 50, 114, 115 KKV.

[62] Auch bei der SICAV bedarf die Vermögensübertragung nicht der Zustimmung der Generalversammlung, vgl. BSK-KAG/*Staehelin/Bopp*, Art. 95 Rn. 29.

[63] Art. 27 KAG; BSK-KAG/*Bünzli/Winzeler*, Art. 27 Rn. 1, 3.

[64] Zutr. BSK-KAG/*Abegglen*, Art. 34 Nr. 16.

[65] S.a. Art. 35a Abs. 1 Bst. p und Art. 114 Abs. 1 KKV.

[66] Art. 42 i.V.m. Art. 80 KAG i.V.m. Art. 35a Abs. 1 Bst. j KKV.

Fonds, dafür erhält er eine materielle statt formelle Prüfung durch die Aufsichtsbehörde.

Das US-Recht kennt allgemeine Grundsätze für die Reorganisation (entspricht in etwa den Strukturmaßnahmen) von Investment Companies, welche neben das Organisationsrecht der Bundesstaaten treten. Danach muss die Mehrheit der Independent Directors grundsätzlich der Reorganisation zustimmen; Voraussetzung ist gem. s. 25(c) ICA die Angemessenheit und Fairness der Transaktion. Im Mittelpunkt stehen die Anteilsrelation und die Kosten für die Anleger. Sofern dies nicht bereits nach dem Organisationsrecht, z.B. dem maßgeblichen Gesellschaftsrecht erforderlich ist (Beispiel: Verschmelzung einer Korporation), müssen zudem die Anleger in bestimmten Fällen zustimmen, so z.B. bei einer Veränderung der Kapitalstruktur nach s. 18 ICA oder soweit es im Rahmen der Reorganisation zu einem Verwalterwechsel kommt (dazu oben, § 30.C.II.2.). Der SEC kommt in diesem Vorgang eine beratende Funktion zu, indem sie das Recht hat, dass ihre Stellungnahme an alle Anleger verbreitet wird. Sie kann zudem einen Antrag gem. s. 25(c) ICA bei Gericht auf Unzulässigkeit oder andere Maßnahmen (z.B. Neuermittlung der Anteilsrelation) stellen.

Trotz der Unterschiede im Detail bestätigt sich die These vom reduzierten Bestandsschutz auch aus rechtsvergleichender Perspektive. So sehen nahezu alle Rechtsordnungen Wege vor, die Einzelzustimmung der Anleger zu überwinden: Gemeinsamer Nenner ist die Zustimmung der Aufsichtsbehörde. Hinzu tritt in der Schweiz die behördliche Prüfung der Anlegerinteressen, in Luxemburg, Liechtenstein und für englische und französische Publikumsfonds das Ausscheiden zum Nettoinventarwert, in den USA die Zustimmung der Mehrheit der *indepent directors*. Eine Rechtsfortbildung auf der Grundlage des reduzierten Bestandsschutzes ist jedenfalls für offene Fonds solide fundiert. Die rechtsvergleichende Perspektive bestätigt zudem den Leitgedanken allgemeiner Grundsätze für alle Strukturmaßnahmen.

III. Bestandsinteresse des Verwalters vs. Ausstiegsinteresse des Anlegers

1. Wesentliche Änderung des Anlagevertrags

Nach den erkannten Grundzügen überwiegt das Ausstiegsinteresse des Anlegers das Bestandsinteresse des Verwalters, wenn das Verwaltungsverhältnis (der Anlagevertrag) in wesentlichen Punkten geändert werden soll. Wesentlich ist insbesondere die Änderung der Anlagepolitik (hierzu zählt die Einbindung in eine Master-Feeder-Struktur), die Erhöhung oder grundlegende Veränderung der Intermediärsvergütung und die Übertragung aller Vermögensgegenstände auf andere Kollektivanlagen. Wesentliche Änderung ist auch die Reduzierung der Intermediärsvergütung. Diese liegt aber im mutmaßlichen objektiven Anlegerinteresse und kann auf der Grundlage eines Änderungsvorbehalts in Kraft treten. Keine wesentliche Änderung ist die Ausgabe zusätzlicher Anteilsklassen, die Auflage neuer Teilgesellschaftsvermögen und die Einbindung von Teilfonds in eine Umbrella-Struktur.

2. Ausscheiden zum Liquidationswert

Rechtliche Konsequenz jeder wesentlichen Änderung (= Strukturmaßnahme) ist ein unabdingbares Ausstiegsrecht des Anlegers zum Nettoinventarwert abzüglich Auflösungskosten (Liquidationswert). In dem anteiligen Anspruch des Liquidationswerts spiegelt sich erneut die Logik der Kollektivanlage als zweckfreies Unternehmen wider: Wäre die Kollektivanlage eine unternehmerische Zweckeinheit, müsste die Sachgesamtheit auf Grund einer going concern-Prognose bewertet werden. Dies ist jedoch nicht der Fall. Weil sich jenseits einer langfristigen Zweckbindung Substanz- und Liquidationswert entsprechen, sind die Anlegerbedürfnisse mit dem anteiligen Liquidationswert hinreichend gewürdigt.

Das Lösungsrecht ist nicht gleichbedeutend mit Werterhalt. Bis dato eingetretene Verluste realisieren sich infolge des Austrittsrechts. So kann ein Aktienfonds gerade zu einem Zeitpunkt niedriger Aktienkurse, ein Immobilienfonds während einer Immobilienbaisse verschmolzen werden. Es dürfte sogar der ökonomischen Logik entsprechen, dass es in solchen Phasen vermehrt zu Verschmelzungen oder Strategieänderungen kommt, um sinnvolle Fondsgrößen zu erhalten. Möchte der Anleger solche Verluste vermeiden, muss er die Anlagebeziehung zu einem ihm günstigen Zeitpunkt beenden.

3. Passivitätsschutz

Daran knüpft die Frage an, ob für die Fortsetzung der Anlagebeziehung oder die Geltendmachung des Ausstiegsrechts aktives Handeln des Anlegers geboten ist. Je nach Zuweisung der Initiativlast ist bei passiven Anlegern mit einer überwiegenden Beendigung oder einer Fortsetzung des Anlageverhältnisses zu rechnen, und zwar unabhängig von der wirtschaftlichen Vernunft der betreffenden Entscheidung. Die Initiativlast ist Kriterium des Anlegerschutzes.

Eine Fortsetzung des Anlagevertrags ohne weiteres Zutun der (Privat-)Anleger lässt sich nach dem Vorbild der investmentrechtlichen Verschmelzung und Umstrukturierung rechtfertigen, wenn über die Änderungen sowie das Austrittsrecht zeitig und angemessen informiert wird und die Einhaltung der Fortsetzungskriterien einer formellen Prüfung (z.B. durch den Be-/Verwahrer, Abschlussprüfer oder die Aufsichtsbehörde) unterliegt. Ein solcher AGB-Änderungsvorbehalt entspricht dem Grundgedanken der gesetzlichen Regelung (§ 307 Abs. 2 BGB). Als Klausel in Gesellschaftsverträgen von Publikumspersonengesellschaften hält eine solche Regelung der von der Rechtsprechung praktizierten Gestaltungskontrolle stand.

4. Angemessenheits- / Inhaltskontrolle?

Den Spezialregelungen lassen sich keine Maßstäbe für eine Inhaltskontrolle entnehmen. Weder setzt § 99 Abs. 1 KAGB einen Kündigungsgrund voraus, noch enthält das Gesetz Vorgaben, wann eine investmentrechtliche Verschmelzung oder eine Master-Feeder-Struktur zulässig ist. Dies ruft die Frage hervor, ob die Gründe für derartige Maßnahmen ähnlich einer Inhaltskontrolle von Gesellschafterbeschlüssen[67] einer sachlichen Rechtfertigung unterliegen. So könnte man versucht sein, reguläre von rechtfertigungsbedürftigen Verschmelzungen zu unterscheiden. Diese Frage stellt sich insbesondere für Kollektivanlagen, die als Gesellschaften organisiert sind. Sie ist zu verneinen. Eine Inhaltskontrolle des Handelns einer Vertragspartei innerhalb der vertraglich gesetzten und der weiten, durch das Legalitätsgebot, die Sittenwidrigkeit (§ 138 BGB) und Treu und Glauben (§ 242 BGB) gesetzten Grenzen ist dem Vertragsrecht fremd. Die Inhaltskontrolle widerspricht zudem der Erkenntnis, dass die Kollektivanlage eine Veranstaltung des Initiators/Verwalters ist, der sich die Anleger für ihre Anlagezwecke – vorübergehend – bedienen. Eine Inhaltskontrolle ist auch volkswirtschaftlich nicht sinnvoll: Sie behindert den Verwalter in seiner Geschäftstätigkeit und steht Effizienzsteigerungen entgegen, die sich infolge Wettbewerbs langfristig in niedrigeren Verwaltungskosten niederschlagen sollen.

Auch die Anwendung der gesellschaftsrechtlichen Wertungsmuster führt i.E. zur Ablehnung der Inhaltskontrolle: Die Inhaltskontrolle von Gesellschafterbeschlüssen zielt auf Beschränkung der Mehrheitsmacht und ist rechtliche Konsequenz der Verbundenheit der Gesellschafter untereinander, die dem Stimmberechtigten Macht einräumt, in fremde Interessen einzugreifen.[68] Beide Regelungsmotive sind bei der Kollektivanlage unter Beteiligung von Privatanlegern nicht gegeben. Die Kollektivanlage ist ein Bündel autonomer, gleichwohl inhaltlich im Wesentlichen identischer Vertragsbeziehungen zum Verwalter. Eine Treubindung besteht nicht. Zudem kann wegen der vertragstypischen Zustimmungserfordernisse bei gleichzeitiger Ausstiegsoption kein Anleger einen anderen majorisieren. Die Mehrheitsmacht ist im Recht der Kollektivanlage kein Regelungsgrund.

Extremen Gestaltungen zulasten der Anleger ist mit § 138 Abs. 1 BGB[69] und den Erwägungen der Rechtsprechung zur Unzeit der Kündigung[70] zu begegnen. Dazu mag die Reorganisation in einem Zeitpunkt zählen, in dem der Liquidationswert gering, aber eine signifikante Steigerung in Kürze zu erwarten

---

[67] Vgl. für die AG BGHZ 71, 40 (Kali + Salz) zum Bezugsrechtsausschluss gem. § 186 Abs. 4 S. 2 AktG; für Überprüfung von Gesellschafterbeschlüssen und -handlungen am Maßstab der Zweckförderpflicht MünchKomm-BGB/*Schäfer*, § 705 Rn. 226 f.
[68] *Zöllner*, Schranken, S. 342 f.
[69] Zu Fallgruppen Palandt/*Heinrichs*, § 138 Rn. 91.
[70] Vgl. zur kurzfristigen Kündigung von Bankkonten BGH, WM 1977, 834 f.; BGH, WM 1985, 1136.

oder erhoffen ist.[71] Ebenso zählt dazu die Kündigung oder Reorganisation zur Übervorteilung oder bewußten Schädigung der Anleger.

Somit ist Kollektivanlage ein Rechtsverhältnis mit reduziertem *Bestands*schutz, bei vollwertigem *Substanz*schutz.

IV. Beispiel: Umtausch und Verschmelzung von Anteilsklassen

Die Wirksamkeit der Prinzipien soll abschließend am Beispiel des Umtauschs von Anteilsklassen belegt werden. Der Umtausch existierender in neu geschaffene Anteilsklassen ist weder Änderung der Anlagepolitik, noch Verschmelzung oder andere gesetzlich geregelte Strukturmaßnahme. Folglich soll die Zusammenlegung oder der Umtausch von Anteilsklassen nicht zulässig sein, während der Wechsel der Anteilsklassen der separaten Zustimmung jedes Anlegers bedürfe.[72] Diese Meinung ist mittels der offengelegten Prinzipien zu korrigieren: Danach genügt die zeitige und angemessene Information, verbunden mit einem Abfindungsangebot zum Liquidationswert. Ist ein Übergang ohne Zutun der Anleger beabsichtigt (Kontinuitätsprinzip), müssen die Umtauschvoraussetzungen und Anlegerinformationen zudem durch die Verwahrstelle und die BaFin geprüft werden.

Dass der automatische Umtausch nicht vorsätzlich die Anleger schädigen darf, folgt aus dem Gebot zum Handeln im Anlegerinteresse. Allerdings schweigt das Gesetz zu der Frage, wann ein Nachteil so erheblich ist, dass die Maßnahme nicht durchgeführt werden darf. Nachteile von gewissem Gewicht sind hinzunehmen. So ist z.B. die Aufgabe einer Währungsklasse (CHF), verbunden mit dem Umtausch in die Euro-Klasse, ein Nachteil für Anleger, die in CHF buchführen. Das Gesetz schützt nicht durch Inhaltskontrolle, sondern durch das Recht zur Beendigung der Anlagebeziehung. Sofern der Anleger das Lösungsrecht nicht nutzt, liegt dies in seiner eigenen Verantwortung.

§ 37 – Insolvenz

Verwalter und Anleger bedienen sich Rechtsformen, die dem Rechtsverkehr – insbesondere den Gläubigern – eine gewisse Haftungsverfassung signalisieren. Infolgedessen kann es zu einem Konflikt zwischen dem Verkehrsschutz und den aus dem Vertragsmodell abzuleitenden Rechtsfolgen kommen. Der Konflikt kulminiert in der Insolvenz eines der Beteiligten.

Klärungsbedürftig sind dann die Rechtsfolgen der Insolvenz von Verwalter (A.) und Verwahrer (B.) sowie die Einstandspflicht für die während der Anlage

---

[71] Beispiel: Explorationsfonds wird nach Tragung aller Kosten, aber kurz vor Bohrergebnissen gekündigt.

[72] Berger/*Schmitz*, § 34 InvG Rn. 18.

und in Erfüllung der Pflichten aus dem Anlagevertrag begründeten Verbindlichkeiten (C.).

A. Insolvenz des Verwalters: Asset Protection

Die Zuweisung der Gegenstände und Rechte zu einer Insolvenzmasse gem. § 35
Abs. 1 InsO entscheidet über die Zuordnung des Wertes der Anlagegegenstände
zu den Anlegern oder den (nach dem Vertragsmodell: sonstigen) Gläubigern des
Verwalters.

I. Vertrag: Schutz des Anlagewertes („Asset Protection")

Nach dem Vertragsmodell ist eine Insolvenz der *Kollektivanlage* nicht möglich,
weil es danach keine von dem Vermögen von Anleger und Verwalter unabhängige, insolvenzfähige Einheit gibt. So sind Anlage-Sondervermögen nach dem
KAGB nicht insolvenzfähig.[73] Zunächst scheint maßgeblich, ob die Vermögensgegenstände dem Verwalter übereignet wurden. Doch ruft der eine gesetzlich
geregelte Fall des KAGB daran Zweifel hervor. Die Insolvenzverhaftung ist hier
unabhängig von der dinglichen Konzeption des Sondervermögens nach dem
Miteigentums- (§ 92 Abs. 1, 2. Alt. KAGB) oder dem Treuhandmodell (§ 92
Abs. 1, 1. Alt. KAGB). Bei Letzterem ist die KVG formal Rechtsinhaber der
Gegenstände; dennoch haftet das Sondervermögen gem. §§ 93 Abs. 2 S. 1, 99
Abs. 3 S. 2 KAGB nicht für Verbindlichkeiten der KVG. Der Haftungsausschluss wird flankiert durch das investmentrechtliche Trennungs-, Verpflich-
tungs-, Belastungs- und Aufrechnungsverbot[74] und die Anordnung, dass die
KVG *mit eigenem Vermögen* für die ausstehenden Einlagen auf nicht voll eingezahlte Aktien einzustehen hat (§ 93 Abs. 7 KAGB). Die KVG erhält nur über
den Vergütungs- und Aufwendungsersatzanspruch Zugriff auf das (kollektive)
Anlegervermögen (§ 93 Abs. 3 KAGB). Ist das Anlagevermögen verbraucht,
fällt die KVG mit ihrem Ersatzanspruch schlicht aus.[75]

II. Investmentgesellschaft

Für selbst- und extern verwaltete Inv-Ges zieht die Insolvenz des Verwalters
unterschiedliche Rechtsfolgen nach sich.

1. Interne Verwaltung

Verwalter und Vermögensträger sind bei der intern verwalteten AG oder KG
deckungsgleich. Die Insolvenz des Verwalters bedeutet für die intern verwaltete

---

[73] Berger/*Schmitz*, § 31 InvG Rn. 25.
[74] §§ 92 Abs. 1 S. 2, 93 Abs. 2 S. 2, Abs. 3 bis 6 KAGB.
[75] Berger/*Schmitz*, § 31 InvG Rn. 16; Weitnauer/*Anders*, § 93 Rn. 7.

Gesellschaft die Auflösung. Dies ist nicht gleichbedeutend mit der Auflösung der Anlagevermögen.

a) Korporation

Zur Vermögensmasse der Inv-AG zählen alle Vermögensgegenstände im Eigentum der AG.[76] Wenn nur eine Aktiengattung ausgegeben wurde, decken sich das Haft- und das Anlagevermögen der Inv-AG.

Die aus Anlageaktien gebildeten Teilgesellschaftsvermögen einer offenen Inv-AG werden zunächst der Insolvenzmasse zugeordnet, jedoch in einem zweiten Schritt vermögens- und haftungsrechtlich separiert, vgl. § 117 Abs. 2 KAGB. Soweit die Separierung reicht, ist der Bestand des Anlegervermögens auch in der Insolvenz des Vermögensträgers geschützt. Bei Liquidation der Inv-AG sind die Gläubiger und Anleger des Teilgesellschaftsvermögens gegenüber den übrigen Massegläubigern privilegiert, weil nur sie aus dem Teilgesellschaftsvermögen befriedigt werden bzw. einen Liquidationsanspruch erhalten.

Die durch § 117 KAGB bewirkte Privilegierung der Teilgesellschaftsvermögen ist auf die Inv-AG mit fixem Kapital und Anlagekorporationen jenseits des KAGB nicht übertragbar. Statutarische Separierungen im Binnenverhältnis sind als im Außenverhältnis nicht wirksamer Vertrag zulasten der AG-Gläubiger ohne dahingehende gesetzliche Regelung nicht anzuerkennen.[77]

b) Personengesellschaft

Personenhandelsgesellschaften sind mangels abweichender Bestimmung im Gesellschaftsvertrag ohne den insolventen Gesellschafter fortzusetzen (§ 131 Abs. 3 Nr. 2 HGB). Diese Vorschrift ist für die Inv-KG nach §§ 125 Abs. 4, 150 Abs. 4 KAGB ebenso zwingend wie § 131 Abs. 3 Nr. 4 HGB, wonach ein Gesellschafter nach Kündigung durch den Privatgläubiger auszuscheiden hat, die KG aber fortgesetzt wird. Dies kann insbesondere den Verwalter als Komplementär oder Kommanditisten betreffen. Dabei ist unerheblich, ob die Insolvenz des Verwalters aus rechtsgeschäftlichen Gründen, etwa wegen Verbindlichkeiten aus der Verletzung von Verwalterpflichten, oder aus gesellschaftsrechtlichen Gründen, etwa infolge der Einstandspflicht eines Komplementärs gem. § 132 Abs. 5 KAGB herrührt. Die Rechtslage entspricht im Ergebnis der für Sondervermögen gem. § 99 Abs. 5 KAGB, obwohl §§ 129 Abs. 1 S. 5, 154 Abs. 1 S. 4 KAGB eben diese Vorschrift abbedingen.

---

[76] § 108 Abs. 2, 140 Abs. 1 KAGB i.V.m. § 1 Abs. 1 AktG. Gem. §§ 108 Abs. 4, 140 Abs. 3 KAGB ist die Vorschrift des § 92 KAGB, wonach das Vermögen im Treuhandeigentum der KVG oder im Miteigentum der Anleger steht, nicht auf die Inv-AG anzuwenden.

[77] Nach ganz h.M. bewirkt die Ausgabe sog. Tracking Stocks im Außenverhältnis keine Spaltung der Insolvenzmasse, vgl. *Thiel*, Spartenaktien, S. 209f.; *Tonner*, Tracking Stocks, S. 359f.

Das KAGB billigt die in der Praxis etablierte Differenzierung zwischen der nur haftenden Komplementärs-GmbH und einem nur geschäftsführenden Kommanditisten (zumeist ebenfalls GmbH) und privilegiert diese sogar haftungsrechtlich. Nur im Kontext der Haftung (und bei der Zustellung der Anklageschrift nach § 341 KAGB) wird der persönliche haftende, im Übrigen aber der *geschäftsführende* Gesellschafter in die Pflicht genommen.[78] Die damit verbundene Sicherung auch zugunsten der *Anleger* zeigt sich bei der offenen Inv-KG. Hier würden im Fall der Identität von Komplementär und Geschäftsführung Anlageverluste in einem Teilgesellschaftsvermögen die Auflösung der *Betriebs*organisation der ganzen Inv-KG erzwingen und damit auch die Anleger in anderen Teilgesellschaftsvermögen belasten. Folgerichtig unterscheiden §§ 131, 156 KAGB zwischen dem Kommanditanlagevermögen (§§ 131 Abs. 2, 156 Abs. 2 KAGB) und dem (Kommandit)-Betriebsvermögen.

Die Haftungstrennung ist auf zwei Arten zu realisieren: Man könnte § 132 Abs. 5 KAGB auf eine insolvenzrechtliche Verteilungsregel reduzieren, wonach der Komplementär und das überschuldete TGV Teil der Insolvenzmasse werden, die übrigen TGV aufzulösen und die Liquidationserlöse im Rahmen der abgesonderten Befriedigung an die beteiligten Anleger auszukehren sind. Vorzugswürdig ist ein aus den KAGB-Vorschriften zur externen Verwaltung abzuleitendes[79] investmentrechtliches Verständnis, wonach die Fortexistenz eines Investmentvermögens an die Existenz des Verwalters knüpft. Dafür kann neben den hier dargelegten Systemerwägungen zum Fondsrecht das Schweigen aufsichtsrechtlicher Vorschriften zum Austausch des nur-haftenden Komplementärs ins Feld geführt werden.[80] Dies ist (weitere) Folge der *Verwalter*regulierung des KAGB, die auf den *geschäftsführenden* Gesellschafter fokussiert.

Dann kommt es bei Trennung der persönlich unbeschränkt haftenden von den geschäftsführenden Gesellschaftern abweichend vom HGB[81] allenfalls bei Insolvenz der Geschäftsführungs- (Verwalter-) GmbH zur Vollbeendigung der KG und Liquidation aller Teilgesellschaftsvermögen. Die insolvente nur-Komplementärs-GmbH scheidet dagegen gem. § 125 Abs. 4 KAGB i.V.m. § 131 Abs. 3 Nr. 2 HGB aus, bei Fortbestand der KG mit den restlichen Teilgesellschaftsvermögen. Die Rechtslage unter dem KAGB ähnelt damit der bei Insolvenz einer „Stern-Komplementärin". Analog § 139 Abs. 3 HGB müssen die Kommanditisten binnen drei Monaten einen Fortsetzungsbeschluss fassen.[82] Dafür kann die Inv-KG einen neuen Komplementär einsetzen, die KG mit der bisherigen Ge-

---

[78] §§ 128 Abs. 1 S. 2, 131 Abs. 1, 153 Abs. 1, 156 Abs. 1 S. 2 KAGB.
[79] Vgl. §§ 99 Abs. 3 i.V.m. 112 Abs. 1 S. 4, 129 Abs. 1 S. 5, 144 S. 4, 154 Abs. 1 S. 5 KAGB.
[80] Die BaFin muss nur die Eigenmittelausstattung gem. §§ 130, 25 KAGB überwachen.
[81] Vgl. BGH, WM 2004, 1138; NZG 2004, 611; *Bork/Jacoby*, ZGR 2005, 611 (614); *Krings/Otte*, NZG 2012, 761 (765, m.w.N.).
[82] Vgl. zur HGB-KG *Bork/Jacoby*, ZGR 2005, 611; *Krings/Otte*, NZG 2012, 761 (763) unter Verweis auf BGHZ 113, 132.

schäftsführungs-GmbH als Komplementär fortgesetzt oder in eine Inv-AG umgewandelt werden. Diese Maßnahmen betreffen alle Anleger sämtlicher Teilgesellschaftsvermögen (§ 132 Abs. 6 KAGB), so dass diese grundsätzlich zu beteiligen sind. Zur Vermeidung von Obstruktionspotential und aufgrund des Fehlens stichhaltiger Einwände – der nur-Komplementär erfüllt ja keinerlei andere als die Haftungsfunktion! – kann und darf der Gesellschaftsvertrag einen Gesellschafterbeschluss auch für entbehrlich erklären.

Die Altverbindlichkeiten der KG, welche bei der zweigliedrigen HGB-KG die Sanierung behindern, sind als Folge des § 132 Abs. 5 KAGB in der Komplementärin und der gem. § 132 Abs. 1 Satz 2 bis 5 KAGB angeordneten Haftungsseparierung in der KG und ggf. dem überschuldeten TGV isoliert. Das Investmentrecht bedingt also nicht weniger als die handelsrechtliche Zentralnorm des § 124 HGB ab, wenn mehrere TGV gebildet sind! Bei unterschiedlicher Rechtstechnik entspricht das Ergebnis dem bei der offenen Inv-AG und insgesamt dem Korporationsleitbild.

2. Externe Verwaltung

Die externe Verwaltung ist eine spezifische Vertragsbeziehung zwischen KVG und extern verwalteter AG bzw. KG, so dass die vertragstypischen Rechtsfolgen eintreten: Bei der Bestellung eines Externen (Nicht-Gesellschafters)[83] zum Verwalter lässt dessen Insolvenz Vermögensbestand und Existenz rechtsfähiger Gesellschaften unberührt. Es kommt zur Kontinuität der Kollektivanlage trotz Verwalterinsolvenz. Dies gilt in allen Fällen extern verwalteter Gesellschaften, gleich ob es um eine Inv-AG oder Inv-KG nach dem KAGB, eine sonstige Anlage-AG oder Personengesellschaften geht, bei denen die Verwaltung an einen Externen ausgelagert wurde.

Die Gesellschafter können die Verwaltung übernehmen, eine neue KVG beauftragen oder die Gesellschaft auflösen. Auch Teilgesellschaftsvermögen bleiben bestehen und können (von einer anderen KVG) weiterhin verwaltet werden. In die Insolvenzmasse der KVG sind die dem Verwalter zustehenden Abfindungsguthaben (z.B. ausstehende Gewinnanteile, Vergütungen) aus dem Anlagevermögen zu leisten.

Die bestandsmäßige Abschirmung des Anlagevermögens von dem des Verwalters ist ein wesentliches Anlegerschutzinstrument. Sie ermöglicht den Anlegern einen Fortbestand ihrer Anlage, wo eine vorzeitige Liquidation zu Verlusten führt. Insoweit orientiert sich die Vermögensordnung der Idealanlage am Korporationsrecht, das den Fortbestand der Gesellschaft unabhängig von der Person sichert, die die Geschäfte leitet.

---

[83] Gem. §§ 112, 129, 144, 154 KAGB.

III. Absonderung statt Aussonderung

Kommt es zu einer haftungsrechtlichen Separation des Anlegervermögens, ist dessen Bestand von der Existenz und Handlungsfähigkeit des Verwalters losgelöst. Von Interesse ist dann der weitere Umgang mit dem Anlegervermögen.

1. Vertrag

Bei Treuhandverhältnissen besteht nach der Treuhandliteratur unter gewissen Voraussetzungen ein Aussonderungsanspruch am Treuhandvermögen.[84] Anderes gilt für Kollektivanlagen: Das KAGB gewährt keineswegs ein Aussonderungsrecht der „Anlegergemeinschaft". Die Anleger sind in keiner Form miteinander verbunden und wollen sich auch nicht bei Insolvenz des Verwalters nach Aussonderung in einer Zwangsgemeinschaft wiederfinden. Die Sinnlosigkeit einer Aussonderungslösung belegt die Kontrollüberlegung, dass sich für jede Aktie eine Bruchteilsgemeinschaft bilden müsste, mit ggf. jeweils abweichender Verwaltungsregelung für jede Aktie.

Andererseits führt die Verwalterinsolvenz die Anleger in eine prekäre Lage, weil die in der Person des Verwalters gebündelten Spezialkenntnisse für eine werterhaltende Liquidation entfallen. Dies betrifft insbesondere langfristig angelegte und schwer handelbare Vermögensgegenstände wie Immobilien, Schiffs- und Flugzeug- sowie nicht börsengehandelte Unternehmensbeteiligungen. Deshalb rückt, wenn gem. § 99 Abs. 3 S. 1 KAGB mit Insolvenzeröffnung das Verwaltungsrecht der KVG erlischt, die Verwahrstelle in die jeweilige Rechtsstellung der KVG (§ 100 Abs. 1 KAGB) mit der Maßgabe ein, das Sondervermögen entweder einem neuen Verwalter zu unterstellen oder es nach Abwicklung an die Anleger pro rata zu verteilen. Welche Alternative gewählt wird, ist nach Maßgabe der Anlegerinteressen zu entscheiden. Geht die Auflösung mit Wertabschlägen einher, spricht dies für die Übertragung auf eine neue KVG, die an die ursprüngliche Anlagestrategie gebunden ist. Die Verwahrstelle ist, weil sie damit die Anlegerinteressen wahrt, zur Zustimmung im Namen der Anleger berechtigt. Wird, z.B. weil Wertabschläge nicht zu erwarten sind, die Liquidation gewählt, steht die durch §§ 99, 100 KAGB geschaffene Situation der abgesonderten Befriedigung auf der Basis einer dinglichen Sicherung (§§ 50 bis 52 InsO) deutlich näher als der Aussonderung.

Im Rahmen der Liquidation sind Vergütungs- und Aufwendungsersatzansprüche der KVG einzubehalten und an die Insolvenzmasse abzuführen. Fehlt wegen Pflichtwidrigkeit des Verwalters ein Teil der Gegenstände (z.B. Grundstücke im Treuhandeigentum gem. § 249 KAGB), sind die Anleger in Höhe ihres Ersatzanspruchs[85] aus der Masse quotal zu befriedigen.

---

[84] Vgl. die Nachweise im Vierten Teil, § 25.C.I.2.
[85] Dabei wird es wegen §§ 75, 84 KAGB regelmäßig auch auf Seiten der Verwahrstelle bzw.

2. Investmentgesellschaft

Die externe Verwaltung ist insolvenzrechtlich nur eine besondere Ausprägung der vertraglichen Form.[86] Insoweit gilt das Gesagte.

Bei der intern verwalteten Inv-Ges kommt es zur Privilegierung der Anleger-vermögen nur, soweit eine haftungsrechtliche Separation anzuerkennen ist (Fall der §§ 117, 132 KAGB). Im Übrigen – also bei allen intern verwalteten Inv-Ges ohne TGV – bedeutet die Insolvenz die Vollliquidation der Inv-Ges. Weiterungen, die durchaus sinnvoll wären,[87] müssen durch Gesetzesänderung eingeführt werden.

3. Absonderung als korporativer Teil des Organisationsrechts

Die Absonderung unter Führung der auf Gesetzlichkeit bedachten Verwahr-stelle ist ein Kompromiss zwischen Anleger- und Gläubigerinteressen. Ohne jeglichen Schutz ist es um die Anleger im Insolvenzfall schlecht bestellt. Bei Aussonderung ohne professionelle Abwicklung an eine Vielzahl von Kleinanle-gern wäre es aus tatsächlichen Gründen mühsam, ausstehende Ansprüche des Verwalters zur Masse zu ziehen. Ob die gleiche Interessenlage in allen Treu-handverhältnissen oder auch nur für alle Fälle der Erwerbstreuhand gegeben ist – wie die Treuhandliteratur meint –, muss an dieser Stelle dahinstehen. Die be-sondere Interessenlage bei einer Vielzahl miteinander unverbundener Anleger (die nach dem Schrifttum „Treugeber" sind) rechtfertigt jedenfalls eine Abson-derung (statt nach der Treuhandliteratur: Aussonderung) auch in anderen Fäl-len, in denen eine Anlegervielzahl auf vertraglicher Grundlage organisiert ist und ein Verwalter von diesen eingebrachte Gegenstände verwaltet. Auf die ding-liche Qualifikation als Miteigentums- oder Treuhandlösung kommt es nicht an.

Ist außerhalb der Insolvenz keine Gemeinschaft gegeben, kommt es dann zu einer Gemeinschaft der Anleger als Gläubiger nur insoweit, als das Vermögen der jeweils vermögens- und haftungsrechtlich getrennten Kollektivanlage unter den Anlegern aufzuteilen ist und Gewinn und Verlust aus der Liquidation von diesen Anlegern gemeinsam – pro rata – getragen wird. Grund ist, dass der Ver-walter seiner Pflicht nicht entsprechen kann, alle Vertragspartner gleichzeitig auszuzahlen, weil der Wert der Summe der Anlageobjekte den Nominalwert der kumulierten Auszahlungsansprüche übersteigt. Indes: Bruchteilsgemein-schaften bilden sich auch jetzt nicht.

Die investmentrechtliche „Absonderungslösung" wird in Art. 31 des liech-tensteinischen UCITSG und Art. 56 AIFMG sowie Art. 35 des Schweizer KAG klar als solche bezeichnet und ergibt sich für Teilfonds (*compartiments multip-*

---

des Grundbuchamtes zu Unregelmäßigkeiten gekommen sein. Die anteilige Haftung anderer Beteiligter ist zu berücksichtigen.

[86] Vgl. §§ 112 Abs. 1 S. 4, 129 Abs. 1 S. 5, 144 Abs. 1 S. 4, 154 Abs. 1 S. 5 KAGB, die auf §§ 99, 100 KAGB verweisen. Dazu Westermann/*Stöber*, Rn. 3169o.

[87] *Zetzsche*, AG 2013, 613, 618; *Wallach*, ZGR 2014, 289, 319.

les) vorbehaltlich anderer Bestimmungen der konstituierenden Dokumente auch aus Art. 181 Abs. 5 des luxemburgischen OPC-G und Art. 71 Abs. 5 FIS-G. Sie bestätigt, dass sich die Vermögensordnung der Idealanlage an der Korporation orientiert: Trotz rechtstechnischer Unterschiede im Detail weist die investmentrechtliche Lösung Parallelen zur Liquidation einer Gesellschaft auf. Auch dort kommt es (nur) zur Befriedigung des Residualanspruchs, jedoch nicht zur Bildung neuer „Gemeinschaften" unter den Gesellschaften. Insoweit bestehen auch Parallelen zum angelsächsischen Trust.[88]

B. Insolvenz des Verwahrers

Das Depotgeschäft ist Verwahrung und Verwaltung *für andere* (§ 1 Abs. 1 S. 2 Nr. 5 KWG). Die Verwahrung läßt die Rechtsinhaberschaft des Hinterlegers unberührt.[89] Hinterleger ist der Verwalter, der für die Anleger handelt. Er fungiert als Bündelinstanz für die Anleger („das Kollektiv"). Der Auslieferungsanspruch des Hinterlegers gem. § 7 Abs. 1 DepotG setzt sich in einem Aussonderungsrecht (§ 47 InsO) fort.

Der Wechsel des Verwahrers lässt den Anlagevertrag zwischen Verwalter und Anleger unberührt (s.o., § 36.C.II.). Jedenfalls bei Insolvenz des Verwahrers *muss* es zu einem Wechsel kommen. Kraft fortbestehender Verwalterkompetenz ist der Verwalter zur Geltendmachung des Aussonderungsanspruchs, zur Auswahl eines neuen Verwahrers, zum Abschluss eines Verwahrungsvertrags mit Wirkung für die Anleger und zur Organisation der Vermögensübertragung auf den neuen Verwahrer berechtigt und verpflichtet. Für die Privatanleger prüft die Aufsicht, ob die Wahl des neuen Verwalters interessengerecht ist, bevor sie ihre Zustimmung zum Wechsel erteilt (§§ 69 Abs. 2, 89 KAGB). Handelt der Verwalter nicht, wird die BaFin mittels Selbstvornahme tätig (§ 69 Abs. 2 KAGB). Die Mitwirkung der qualifizierten Anleger kann die Zustimmung der Aufsicht substituieren.

C. Einstandspflicht der Anleger für Kollektivverbindlichkeiten?

In der Frage der persönlichen und unbeschränkten Haftung der Anleger einer als Personengesellschaft oder Vertrag organisierten Kollektivanlage stehen sich die rechtsformbezogene Position und die Korporationsanalogie gegenüber.

Mit der Korporationsanalogie geht eine auf das Gesellschaftsvermögen beschränkte Haftung aus § 1 Abs. 1 S. 2 AktG einher.[90] Entsprechend soll aus der Kollision von Anlage und Verkehrsschutz kein grundsätzliches Problem, eine

---

[88] *Hansmann/Mattei*, (1998) 73 N.Y.U.L. Rev. 434, 469 ff. (Vermögensordnung des Trust ist mit Korporation vergleichbar).

[89] *Gößmann/Klanten* in Bankrechtshandbuch, § 72 Rn. 118.

[90] Vgl. insbesondere *Wiedemann*, FS Priester, S. 864, wonach sich § 1 AktG auf alle KVG

intern gewollte Haftungsbeschränkung auch im Außenverhältnis wirksam sein. So sieht *Kalss* in der Risikobeschränkung auf die Einlage ein wesentliches Element der Anlageattraktivität.[91] *Jacobs*[92] betont die Korrelation aus fehlendem Einfluss und dem Wegfall der haftungsrechtlichen Verantwortung. *Wiedemann* hält die institutionelle Haftungsbeschränkung des Anlagegesellschafters – das Risiko entspricht dem Investment – für ein Institut, das Anlageorganisationen erst ermöglicht und deren Ausgestaltung zu den großen Entdeckungen des 19. Jahrhunderts gehört. Auf Zumutbarkeitserwägungen oder Vereinbarungen mit Gläubigern komme es nicht an.[93]

Nach der Rechtsform ist dagegen bei der Korporation (Anlage-, REIT- und Inv-AG) und den KG-Kommanditisten die Haftung auf die Einlage beschränkt, während bei vertraglichen Anlagen oder solchen in der Rechtsform der BGB-Gesellschaft oder OHG die Anleger grundsätzlich unbeschränkt und persönlich haften sollen.

In der Frage der Einstandspflicht der Anleger muss sich die Idealanlage bewähren. Danach ist zwischen Innen- und Außenrecht zu differenzieren. Im Innenrecht ist grundsätzlich das Geschäftsbesorgungsrecht, im Außenrecht die jeweils gewählte Rechtsform heranzuziehen. Doch dieser Ansatz stößt auf Schwierigkeiten, die daraus resultieren, dass gerade nicht einfach zu bestimmen ist, ob und in welchem Umfang eine gesellschaftsvertragliche Haftungsbeschränkung den Gesellschaftsgläubigern entgegen gehalten werden kann.

I. Rechtsvergleichender Rundblick

Insofern ist ein Blick auf andere Fondsjurisdiktionen illustrativ. Dabei ist dem Umstand, dass die Haftung bei ausländischen Korporationsformen auf die Einlage beschränkt ist,[94] ebensowenig Bedeutung zuzumessen wie der beschränkten Haftung der Genossen von Fonds in Form der *Industrial and Provident Societies*.[95] Wenn z.B. nach den Börsenregularien in London und Dublin börsennotierte Kollektivanlagen nur solche mit beschränkter Haftung sein können,[96] lässt sich dies ggf. mit dem Wertpapierhandel erklären, den eine anteilsbe-

---

(im weiteren Sinn) unabhängig von ihrer Rechtsform übertragen lässt, wenn die Anteile öffentlich angeboten werden.

[91] *Kalss*, Anlegerinteressen, S. 67 ff., 86.

[92] *Jacobs*, Atypische Außen-GbR, S. 181 ff.

[93] *Wiedemann*, GesR II, § 7 III 4, S. 662.

[94] Für England vgl. *Salomon v Salomon Co* [1897] A.C. 22, wonach ein Investment Trust (i.e. eine Anlage-Korporation) eine eigene juristische Person ist, die von den Personen ihrer Anteilseigner verschieden ist. Als Konsequenz beschränkt sich die Haftung der Aktionäre auf deren Einlage.

[95] Vgl. *Pennington*, Investor and the law, S. 82.

[96] London Stock Exchange, Listing Rules (Stand November 2014) – LR App 1.1.1. Die UK Listing Rules definieren „closed-ended investment fund" wie folgt: "an entity (a) Which is an undertaking *with limited liability*, including a company, a limited partnership, or limited lia-

zogene Haftung behindert. Für den Trust wird das gleiche Ergebnis jedoch auch erreicht, wenn die Anteile nicht börsengehandelt werden: Zwar sind Unit Trusts zunächst weder juristische Personen, noch gehen sie mit einer auf die Einlage beschränkten Haftung einher. Insbesondere kann ein Unit Holder dem Trustee gegenüber ersatzpflichtig sein,[97] z.B. wenn der Trust in teileingezahlte Aktien investiert. Aber nach dem COLL-Regelwerk der FCA ist eine Bestimmung in das Trust Deed (ebenso wie in den Gesellschaftsvertrag einer LP) aufzunehmen, wonach einem Anleger, der den Preis für seinen Anteil vollständig eingezahlt hat, keine zusätzliche Haftung auferlegt werden kann.[98] Dieser Klausel kommt Außenwirkung zu.[99] Für nicht zugelassene Unit Trusts, deren Anteile an qualifizierte Anleger vertrieben werden, sind abweichende Regelungen zulässig. Dann besteht eine Anlegerhaftung bei solchen Trusts, deren Natur eine Haftung gewöhnlich nach sich zieht.[100] Bei einem extern verwalteten Trust orientiert sich die Rechtslage an der Investment Trust Company, so dass es auch ohne expliziten Haftungsausschluss nicht zu einer persönlichen Haftung kommt.[101] Anders ist zu entscheiden, wenn eine kleine Anzahl Unit Holders an den Anlageentscheidungen aktiv mitwirkt oder diese selbst trifft.[102] Dann dürfte es sich freilich mangels externer Verwaltung nicht um eine Kollektivanlage handeln. Auch kann ein Unit Trust so strukturiert werden, dass der Verwalter alle Gesellschafter vertritt (mit der Folge einer „association" unter den Begünstigten[103]), doch hält das britische Schrifttum eine solche Gestaltung gerade wegen der dann eintretenden persönlichen Haftung für unwahrscheinlich.[104]

Auch bei der US-LP begründet die Haftungsbeschränkung der Limited Partner die Attraktivität des Investments für potenzielle Kapitalgeber.[105] Bei Unit Trusts kann mangels Außenauftritt der Begünstigten eine Haftung nur indirekt über den Wertersatzanspruch des Trustees begründet werden.[106] Eine Begren-

---

bility partnership; and …" (Hervorhebung durch Vf.). Irish Stock Exchange, Code of Listing Requirements and Procedures – Investment Funds, sub "Definitions": "Fund means an undertaking which is a company, unit trust, limited partnership or other entity with limited liability the objective of which is the collective investment of its capital."

[97] *Hardoon v. Belilios* [1901] A.C. 118, 123 f.; *JW Broomhead (Vic) Pty Ltd v JW Broomhead Pty Ltd* (1985) 9 A.C.L.R. 953.

[98] Vgl. COLL 3.2.4. (Matters which must be included in the instrument constituting the fund) und 3.2.6. (Unitholder's liability to pay).

[99] *Macfarlanes*, A2.021, A4.3290; *Day/Harris*, S. 107 f.

[100] *Wise v. Perpetual Trustee Co., Ltd.* [1903] A.C. 139, 142. Dazu *Spavold* (1991) 3 Bond L. Rev. 249, 270.

[101] *Day/Harris*, S. 108.

[102] *Spavold* (1991) 3 Bond L. Rev. 249, 270 f.

[103] *H.A.J. Ford*, (1960) 23 The Modern L. Rev. 129, 134 f.

[104] *Day/Harris*, S. 23 f.

[105] *Haar*, FS Emeritierung Hopt, S. 154; zur früheren „control rule" und deren Abschaffung unter dem Uniform Limited Parternship Act (2001) mit Ersetzung durch Rechtsscheinsgrundsätze oben Vierter Teil, § 19.A.II.2.b.

[106] Vgl. zum australischen Common Law *Spavold*, (1991) 3 Bond L. Rev. 249, 269 f.

zung des Ersatzanspruchs auf das Anlagevermögen in den Trust Instruments gehört zum Standardrepertoire US-amerikanischer Business Trusts.[107] Obwohl es nie zu einer Haftung gekommen ist, waren Zulässigkeit und Außenwirkung der Enthaftung bisweilen streitig. Die wichtigste Trust-Jurisdiktion im Bereich der Kollektivanlagen – der US-Bundesstaat Massachusetts, mit ca. 52% aller Trustfonds des offenen und ca. 67% des geschlossenen Typs – hält am Common Law fest. Der US-Bundesstaat Delaware, in dem im Jahr 2010 ca. 42% aller Trust-Kollektivanlagen des offenen Typs gegründet wurden,[108] hat sich für eine Klarstellung im Statutory Trust Law entschieden. Nach diesem Vorbild wurde eine Haftungsbeschränkung im Innenverhältnis mit Außenwirkung im *Uniform Statutory Trust Entity Act 2010*[109] anerkannt. Die gleichen, dem Trustrecht immanenten Imponderabilien bestanden bis zum Jahr 2011 in Liechtenstein. Dass eine Haftungsbeschränkung im Treuhandvertrag einer Kollektivtreuhänderschaft gegenüber Dritten anzuerkennen ist, stellen nunmehr das UCITSG und das AIFMG klar. Für die neu geschaffenen vertraglichen Fonds wurde eine entsprechende Regelung aufgenommen.[110]

Das luxemburgische, französische und schweizerische Recht lassen für diversifizierte oder öffentlich vertriebene Anlagen nur Gesellschaftsformen mit beschränkter Haftung zu.[111] Allerdings muss nicht immer die ganze Einlage vollständig eingezahlt sein.[112] Bei nicht-diversifizierten, nicht öffentlich-vertriebenen Anlagen ist eine Anlegerhaftung zulässiges Gestaltungsmerkmal.

Somit stellt sich die Rechtslage recht einheitlich dar. Für vertragliche Publikumsanlagen ist die Haftung überwiegend begrenzt, und zwar in Kontinentaleuropa kraft zwingenden Rechts, in den USA, Liechtenstein und England kraft Außenwirkung eines dispositiven Vertragsrechts. Für qualifizierte Anlagen kann in der Schweiz, England und Liechtenstein eine persönliche Haftung vereinbart werden. Theoretisch kann es gem. s. 2(a)(8) ICA auch US-Investment Companies in der Rechtsform der „partnership" geben, zudem können Private Funds in Rechtsformen mit unbeschränkter Anlegerhaftung organisiert sein. Von einer entsprechenden Praxis der individuellen steuerlichen Strukturierung

---

[107] *Jones/Moret/Storey*, (1988) 13 Delaw. J. Corp. L. 421, 441 f.

[108] Vgl. eine vom Investment Company Institut dem Vf. zur Verfügung gestellte Aufstellung (Zahlen für 2010).

[109] Vgl. *Rutledge/Habbart*, (2010) 65 Bus. Lawy. 1055.

[110] Art. 5 Abs. 5 und 6 sowie Art. 6 Abs. 1 UCITSG und Art. 7 Abs. 5 und 6 sowie Art. 8 Abs. 1 AIFMG.

[111] Frankreich: Art. 214.23 CMF begrenzt die Haftung auf den Anlagebetrag. Nach Art. L214–20 CMF sind die Regeln der *société de participation* nicht auf FCPs anzuwenden. Lux: Art. 5 OPC-G („ … pour le compte de propriétaires indivis qui ne sont engagés que jusqu'à concurrence de leur mise et "); Art. 4 FIS-G; Art. 1 Abs. 1 SICAR-G; CH: Art. 33 Abs. 2 KAG schließt die persönliche Haftung der Anleger aus.

[112] Art. 4 Abs. 1 SICAR-G (Lux): nur 5% der Einlage des einzelnen Gesellschafters ist sofort einzuzahlen.

von *partnerships* für kundige Anleger wird berichtet.[113] Die Grenze zwischen beschränkter und unbeschränkter Haftung verläuft somit entlang der Trennlinie der Anlegerqualifikation.

II. Rechtsökonomische Verprobung

Die anlagefördernde Wirkung der Haftungsbeschränkung ist unstreitig:[114] Eine Haftungsbeschränkung fördert die Fungibilität des Kapitalanteils. Sie erhöht die Bereitschaft, Kapital bereit zu stellen, zugleich aber auch die Risikobereitschaft. Die damit verbundene Gefahr des *moral hazard* rechtfertigt keinen gesetzgeberischen Eingriff, solange sich die Gläubiger selbst schützen können.

Interessen vertraglicher Gläubiger lassen sich durch private Arrangements wirksam schützen. Dies ist im Finanzmarktverkehr, der nur über professionelle Intermediäre – Banken, Broker, Börsen – stattfindet, möglich und üblich. So geht mit der Kredit- und der Hebelfinanzierung eine Margenverpflichtung (collateral) einher. Margenverpflichtungen mindern Risiken, die zum Missbrauch verleiten können. Schwierig gestaltet sich der Selbstschutz bei Verbindungen der Fonds mit Vertragspartnern außerhalb des Finanzmarktsektors, z.B. Bauhandwerkern oder nichtgewerblichen Mietern im Fall von Immobilienfonds. Im Extremfall stehen bei der Publikumsanlage auf beiden Seiten unerfahrene und unkundige Parteien – Verbraucher einerseits, Anleger andererseits –, mit dem Fondsverwalter als kundigem Akteur in der Mitte. Dann scheitert die vom modernen Verbraucherschutzrecht propagierte Differenzierung zwischen schutzbedürftigem Verbraucher und professionellem „Unternehmer". Der Anleger ist einfacher Gläubiger der Standarddienstleistung „kollektive Vermögensverwaltung". Das Argument, der Anleger habe sich seinen Verwalter ausgesucht und könne sich durch bessere Auswahl oder Einflussnahme auf den Verwalter eher schützen als der Gläubiger, überzeugt nicht. Dies gilt ebenso für den sonstigen Gläubiger, der sich seinen Vertragspartner aussucht. Der Verwalter wird von den Anlegern gerade nicht kontrolliert. Der nur auf eine kurzfristige Vertragsbeziehung ausgerichtete Gläubiger kann seine Interessen sogar besser wahren als der im Dauerschuldverhältnis gebundene Privatanleger, der bestenfalls von seinem Lösungsrecht Gebrauch machen kann. Dies unterscheidet zumindest den Privatanleger vom unternehmerischen Gesellschafter, der durch Einbindung in die Unternehmensorganisation oder Einflussrechte seine Interessen zu wahren weiß. Die Maxime des Gleichlaufs von Herrschaft und Haftung[115] lässt sich dann als „keine Haftung ohne Herrschaft" konkretisieren.

---

[113] *Ribstein*, (1994) 51 Wash. & Lee L. Rev. 807, 814.

[114] So sieht *Linhardt*, Investment Trusts, S. 29, in der Haftungsbeschränkung des *Limited Liability Act* die Initialzündung für Anlageorganisationen. Dies ist angesichts der historischen Präferenz für den Trust als Rechtsform zweifelhaft. Des Weiteren *Easterbrook/Fischel*, Economic Structure, S. 40 ff.

[115] Vgl. die Nachweise bei *Jacobs*, Atypische Außen-GbR, S. 85 ff.; *Simon/Zetzsche*, ZGR

Anderes gilt für die qualifizierte Anlage. Unterstellt das Recht Aktivität und Kundigkeit der qualifizierten Anleger, liegt – bei Hinwegdenken des Intermediärs – die vom Recht berufene Vertragsdisparität zwischen den Vertragsseiten vor. Rechtsökonomisch lässt sich somit eine Differenzierung in Abhängigkeit vom Anlegerstatus rechtfertigen. Die Disparität entfällt, wenn die Vertragspartner der Kollektivanlage Unternehmer gem. §§ 13, 14 BGB sind.

III. Haftungsbeschränkungen nach Anlagerechtsformen

Sowohl der Blick auf andere Rechtsordnungen, als auch die rechtsökonomischen Verprobungen indizieren eine Differenzierung zwischen qualifizierten und Privatanlegern. Ob diese mit den Grundprinzipien des Rechts der Kollektivanlage vereinbar sind, ist damit noch nicht belegt. Dies ist von besonderem Interesse, weil die hier erarbeiteten Prinzipien Intention und Struktur des Gesetzes verdeutlichen, aber nicht derogieren sollen.

1. Vertrag

a) Verwalter als Vertragspartner

Die Vertragsform bedingt aus rechtlicher Sicht ein Vorangehen des Verwalters:[116] Der Verwalter – nicht die Anleger – sind aus den Anlagegeschäften berechtigt und verpflichtet. Der Innenausgleich mit den Anlegern erfolgt über die Ansprüche auf Vorschuss (§ 699 BGB) und Aufwendungsersatz (§ 670 BGB). Damit stellt sich die Frage nach der Einstandspflicht des Anlegers als solche nach dem Umfang dessen, was er an Aufwand nach den Umständen für erforderlich halten darf (dazu sogleich).

Bei der individuellen Vermögensverwaltung überwiegt traditionell das Vertretungsmodell,[117] wonach der Verwalter die Anleger aus Geschäften im Rahmen der Vermögensverwaltung unmittelbar und persönlich verpflichtet. Dieses Modell hat sich bei Kollektivanlagen nicht durchgesetzt. Dafür mag es technische Gründe geben.[118] Nach dem Leitbild des KAGB ist das Vertretungsmodell

---

2010, 919 Fn. 1. Heute ist anerkannt, dass ein pauschaler Gleichlauf von Herrschaft und Haftung mangels Verankerung im Gesetz abzulehnen ist. Zur insbesondere in der Mitte des 20. Jahrhunderts geführten Diskussion instruktiv *J. Meyer*, Haftungsbeschränkung, S. 951 ff.; *A. Meyer*, Verbandsmitgliederhaftung, S. 104 ff.

[116] Dies ist unabhängig von der Miteigentums- oder Treuhandlösung nach § 93 KAGB. Der Unterschied ist nur terminologischer Natur. Anders dagegen das US-Recht. Dort kann die Haftung des Trustees (als Halter des Vermögens eines Business Trusts) auf das Trustvermögen beschränkt werden, vgl. *Jones/Moret/Storey*, Delaw. J. Corp. L. 13 (1988), 421, 443 f.

[117] Die Dominanz des Vertretungsmodells hat bei der individuellen Vermögensverwaltung einen aufsichtsrechtlichen Hintergrund. Vgl. *Sethe*, Anlegerschutz, S. 577 ff.

[118] Mit individueller Vertretungsmacht zwischen Verwalter und einzelnem Anleger lässt sich nur mit erheblichem Aufwand kollektives Vermögen bilden. Kommt es ausnahmsweise zur kollektiven Vermögensanlage im Wege der Vertretung, richtet sich die Verpflichtungsfähigkeit nach dem Umfang der Vertretungsmacht. Dann beschreibt ein evtl. Limit der Voll-

indes gem. § 93 Abs. 2 S. 2, 3 KAGB untersagt. Dieser Rechtsgedanke ist auf alle vertraglichen Kollektivanlagen zu übertragen.

b) Begrenzung auf Anlagebetrag

Welche Aufwendungen der Intermediär gem. § 670 BGB „den Umständen nach für erforderlich halten darf", richtet sich nach dem zugrundeliegenden Auftragsverhältnis. Die Höhe des Ersatzanspruchs bestimmt sich nach der pflichtgemäßen, subjektiv-objektiven ex ante Betrachtung des Geschäftsbesorgers.[119] Der Verwalter hat sich am Interesse des Auftraggebers zu orientieren und zu entscheiden, ob der Aufwand in einem vernünftigen Verhältnis zum angestrebten Erfolg steht.[120] Liegt danach ein Geschäft im typisierten Anlegerinteresse und im Rahmen der vereinbarten Risiko-Rendite-Relation, sind auch aus ex post-Sicht unnütze und verlustbringende[121] Aufwendungen zu ersetzen. Der Geschäftsherr trägt das Prognoserisiko für die Nützlichkeit der Aufwendung. So kann die Höhe des Aufwendungsersatzanspruchs den geleisteten Kapitalvorschuss (§ 669 BGB) respektive das „Gesellschaftsvermögen" übersteigen. Selbstredend wird kein pflichtgemäßer Verwalter eine Anlage tätigen, um Verluste zu erzielen, aber die Gewinnerzielung scheitert gelegentlich auch bei gebotener Sorgfalt. In der Frage, welche Risiken der Verwalter für die Anleger bei pflichtgemäßer Betrachtung begründen darf bzw. bei welcher Verlusthöhe der Ausstieg aus der Anlage gesucht werden muss, stehen sich als Extrempositionen die Pflicht zu jeglicher Verlustvermeidung und die Pflicht zu jeglicher Verlusthinnahme gegenüber.

Welche Vorgehensweise dem Anlegerinteresse entspricht, erschließt sich mit Blick auf das KAGB als Leitbild für Kollektivanlagen. Die KVG kann sich wegen ihrer Vergütungs- und Aufwendungsersatzansprüche nur aus dem Sondervermögen befriedigen, die Anleger haften ihr nicht persönlich (§ 93 Abs. 3 KAGB). Die Vorschrift schließt materiell die Haftung der und prozessual die Klag- und Vollstreckbarkeit des Anspruchs gegen die persönlichen Vermögen der Anleger aus.[122] Auch die Eingehung einer Verbindlichkeit zur Ausführung eines Auftrags kann Aufwendung i.S.v. § 670 BGB sein, mit der Folge eines Freistellungsanspruchs des Verwalters gem. § 257 BGB.[123] § 93 Abs. 3 KAGB begrenzt auch sonstige Ansprüche, u.a. aus § 257 BGB.[124] Dafür, dass es sich bei

---

macht zugleich den Maximalbetrag, für den der Anleger einsteht; für weitergehende Verpflichtungen muss der Verwalter als *falsus procurator* einstehen.

[119] RGZ 59, 207, 210; RGZ 149, 205, 207; MünchKomm-BGB/*Seiler*, § 670 BGB Rn. 9.

[120] Palandt/*Sprau*, § 670 Rn. 4.

[121] Gegen Beschränkung auf nutzbringende Aufwendungen auch BGH, NJW-RR 1994, 87.

[122] *Canaris*, Bankvertragsrecht, Rn. 2416; Berger/*Köndgen*, § 29 InvG Rn. 7; Emde/*Dreibus*, § 29 InvG Rn. 3.

[123] BGH, NJW 1989, 1920, 1922; RGZ 151, 93, 99 f.; BGH, NJW-RR 2005, 887, 890.

[124] Für völligen Ausschluss Berger/*Schmitz*, § 31 InvG Rn. 23. Es kann dahinstehen, ob

der Haftungsbeschränkung auf das Anlagevermögen um ein allgemeines Prinzip der Anlageorganisationen handelt, spricht auch § 5b des VermAnlG i.d.F.
des KleinanlegerschutzG. Danach darf eine öffentlich vertriebene, in der Regel
also eine an Privatanleger gerichtete Vermögensanlage keine Nachschusspflicht
über den Anlagebetrag hinaus vorsehen. Die Regelung ist gesetzgeberische
Konkretisierung eines Anlegerinteresses bei Kollektivanlagen, welche auch für
Fonds jenseits des KAGB gilt, gleich ob diese vertraglich, als Personengesellschaft oder in anderer Form (etwa als Genussschein-Modell) organisiert sind.

c) Abweichende Vereinbarung mit qualifizierten Anlegern

Die Vorschrift des § 93 Abs. 3 KAGB ist nach der einhelligen Lehre zum damaligen InvG[125] keiner vertraglichen Modifikation zugänglich. Die Vorschriften
zu Spezialfonds dispensieren nicht von § 93 KAGB. Etwas anders liegt die
Rechtslage außerhalb des KAGB: Das Nachschussverbot gem. § 5b VermAnlG
i.d.F. des KleinanlegerschutzG sieht zwar keine Ausnahmen für qualifizierte
Anleger vor, aber eine qualifizierte Anlage wird regelmäßig nicht öffentlich angeboten. Bei qualifizierten Anlagen ist der Anwendungsbereich gem. § 1 Abs. 1
VermAnlG also regelmäßig nicht eröffnet. Dies legt im Einklang mit den bisherigen Erkenntnissen eine differenzierte Stellungnahme nahe.

Eine formularvertragliche Haftungserweiterung im Anlagevertrag – dies ist
in der Publikumsanlage die einzig praktische Form – scheitert wegen Abweichung vom Leitbild der Idealanlage gem. § 93 Abs. 3 KAGB an § 307 Abs. 2 Nr. 1
BGB. Freilich können Privatanleger individualvertraglich weitere Verpflichtungen eingehen. Das Gesetz schützt vor Überrumpelung, entzieht aber nicht die
Geschäftsfähigkeit. Dann ist an den Nachweis des Individualvertrags die Anforderung zu stellen, dass die Verpflichtung nicht formell und materiell Teil des
Kollektivanlageverhältnisses ist. Ein solcher Nachweis wird beim Erstabschluss
von Publikums-Anlageverträgen aufgrund der Vertriebswege kaum jemals gelingen, möglicherweise aber für nachträglich begründete Verpflichtungen.

Anderes gilt für qualifizierte Anleger. Die Vorschrift des § 93 Abs. 3 KAGB,
wonach sich der Aufwendungsersatz auf das gemeinschaftliche Vermögen der
Anleger beschränkt, schützt nicht das Finanzystem – dieses wäre ohne Haftungsbeschränkung ggf. besser geschützt –, sondern die Anleger. Nur anlegerschützende Regelungen sind nach den hier gefundenen Prinzipien bei qualifizierten Anlagen einer vertraglichen Modifikation zugänglich, soweit sich ein
aktiver und kundiger Anleger vor den negativen Folgen schützen kann; dies ist
bei Vereinbarung einer der Höhe nach begrenzten Einstandspflicht anzunehmen. Rechtstechnisch geht es um eine teleologische Reduktion des § 93 Abs. 3

---

§ 31 Abs. 3 InvG die Vorschrift des § 257 BGB verdrängt (dafür Berger/*Schmitz*, § 31 InvG
Rn. 22) oder nur modifiziert (Beckmann/*Beckmann*, § 31 InvG Rn. 40).
[125] Berger/*Schmitz*, Vor §§ 30–45 InvG Rn. 5.

KAGB. Dafür spricht neben den dogmatischen und ökonomischen Erwägungen der Vergleich von § 93 Abs. 2 und 3 KAGB. Während nach § 93 Abs. 2 S. 3 KAGB eine Abweichung von Abs. 2 unwirksam ist, fehlt für § 93 Abs. 3 KAGB eine entsprechende Regelung. Die These von der Unabdingbarkeit ist im Wortlaut nicht angelegt. Ein Zwangsschutz qualifizierter Anleger ist sogar systemwidrig: Die Vermögensordnung der Kollektivanlage orientiert sich an Korporationsgrundsätzen. Vertraglich begründete Nebenabreden zu über die Einlagepflicht hinausgehenden Leistungen wie Darlehensgewährungen oder Verlustübernahmen sind selbst in dem auf Formenstrenge bedachten Aktienrecht zulässig.[126]

Mit der derart begründeten Differenzierung gelangt man zu dem gewünschten Ergebnis, dass der Verwalter zugunsten von Privatanlegern größere Vorsicht walten lässt, während er für qualifizierte Anleger größere Risiken eingehen kann. Weil jede Anlagebeziehung eine individuelle ist, ist innerhalb einer Kollektivanlage nicht zwingend eine einheitliche Linie geboten. So ist eine qualifizierte Anlageklasse denkbar, die mit einer Einstandspflicht über den Anlagebetrag einhergeht, während die Anlageklasse für Privatanleger darauf verzichtet. Fallen Verluste an, muss sich der Verwalter an die qualifizierten Anleger halten.

Die Richtigkeit dieser Linie bestätigt ein Blick auf die individuelle Vermögensverwaltung, bei der im Verlustfall eine Hinweispflicht besteht, damit der Geschäftsherr Weisungen erteilen kann.[127] Bekanntlich fehlt eine dem § 110 Abs. 1 HGB entsprechende Vorschrift im Recht der Geschäftsbesorgung. Jedoch sollen analog § 670 BGB solche Schäden des Treuhänders, in denen sich treuhandtypische Risiken realisiert haben, ersatzfähig sein. Die Rechtsprechung hat dabei die Geschäftsführung ohne Auftrag und die schadensgeneigte Tätigkeit im Blick.[128] Das dafür verbreitete Argument, bei Eigenwahrnehmung hätte sich das Risiko in der Person des Geschäftsherrn ebenfalls realisiert (Gleichlauf von Nutzen und Gefahr),[129] überzeugt bei Einschaltung eines Experten zur kundigen Interessenwahrung nicht. Vielfach wird der Experte eingeschaltet, um solche Verluste zu vermeiden. Zu diesem Ergebnis gelangt die durchaus prominent besetzte Gegenauffassung unter Hinweis auf (1) den Austauschcharakter der entgeltlichen Geschäftsbesorgung, wonach die Vergütung die Risikotragung kompensiert,[130] (2) das typisierte Interesse des Geschäfts-

---

[126] Unstr., vgl. BGH, AG 1970, 86; Hüffer/Koch, § 23 Rn. 45; Noack, NZG 2013, 281, 283.

[127] BGH, ZIP 1994, 693, 694.

[128] BGHZ 33, 251, 257 (GoA); BGHZ 38, 270, 277; Steindorff, FS Dölle, S. 273, 292; Erman/Ehmann, § 670 BGB Rn. 12 f., 23 ff.

[129] BGHZ 89, 153, 158; MünchKomm-BGB/Seiler, § 670 Rn. 16 f.; Genius, AcP 173 (1973), 481, 520 ff. (für Prinzip der Risikohaftung für schuldlose Schäden im Rahmen der Geschäftsbesorgung); Koller, Risikozurechnung, S. 95 f., 402 ff. (für Risikoprinzip, wonach beim Geschäftsbesorger einzig das allgemeine Lebensrisiko verbleibt); Löhnig, Treuhand, S. 285.

[130] Fitz, Risikozurechnung, S. 89 ff.

herrn, das sich in der Vertragsgestaltung abbilde,[131] (3) die Kompetenz und den Anreiz zur Risikovermeidung (Präventionsgedanke)[132] und (4) die Versicherbarkeit des Schadens.[133] Dies alles sind Aspekte, die auf die kollektive Anlageverwaltung übertragbar sind. Bei Privatanlegern ist zudem wegen deren Vielzahl völlig unklar ist, an wen der Hinweis zu richten, welche Weisung zu erwarten, wie bei unterschiedlichen Weisungen zu verfahren und wie mit den bis zum Eingang der Weisung entstandenen Verlusten umzugehen wäre. Ein Ausschluss des Haftungsrisikos liegt deshalb für Privatanleger nahe. Abweichendes mag für qualifizierte Anlagebeziehungen gelten, wo sich auch die Folgefragen vertraglich regeln lassen.

Schließlich: Bejaht man die Einstandspflicht der Privatanleger, führt dies nicht zu Rechtsfrieden, sondern zu Folgeprozessen gegen die Vertriebsintermediäre um die Frage, ob der Vertriebsintermediär auf die Risiken einer Verlusthaftung hingewiesen hat. Die hier vertretene Differenzierung zwischen privater und qualifizierter Kollektivanlage vermeidet aus volkswirtschaftlicher Sicht überflüssige Kosten und erhöht die Systemstabilität. Rechtliche Konsequenz ist die Herausbildung einer Zweiklassengesellschaft aus risikoaversen Privatanlegern und risikotragfähigen qualifizierten Anlegern. Ökonomisch zwingend ist dann eine Renditedifferenz: Wegen des geringeren Risikos muss die Ertragserwartung von Privatanlegern niedriger ausfallen als die qualifizierter Anleger. Dies muss nach den Erkenntnissen zur Anlegertypologie als gewünscht bezeichnet werden.

2. Stille Beteiligung, KG und AG

Aktionäre haften gem. § 1 Abs. 1 AktG begrenzt auf die Einlage. Bei der stillen Beteiligung ist gem. § 232 Abs. 1 S. 1 HGB die Verlusthaftung gleichfalls auf die Höhe des Einlagebetrags beschränkt. Trotz rechtstechnischer Unterschiede[134] gilt dies grundsätzlich ebenso für die Kommanditistenhaftung. Wenn die Leistung in Höhe des geschuldeten Wertes tatsächlich zugeführt wurde,[135] entfällt die Leistungspflicht ebenso wie bei vollständiger Leistung der Kapitaleinlage gegenüber der AG. Dieser Zustand wird für die Inv-KG durch das KAGB noch

---

[131] RGZ 94, 169 (im konkreten Fall aber bejaht); *K. Schmidt*, Handelsrecht, § 31 IV.3.b).

[132] *Rümelin*, AcP 88 (1898), 285, 314.

[133] *Koller*, Risikozurechnung, S. 403 f. (zum Verhältnis von Arbeitnehmer und Unternehmer).

[134] Es handelt sich dabei um eine „unmittelbare Haftung" gegenüber den Gläubigern. Soweit die Einlage vollständig geleistet ist, entfällt die Außenhaftung gegenüber dem Gläubiger. Nach Ansicht des BGH (NJW 1984, 2291) befreit die Leistung an den Gläubiger zwar nicht von der Pflicht zur Einlageleistung gegenüber der KG. Aber der Konnex lässt sich durch Aufrechnung gegenüber der KG mit dem Regressanspruch aus § 110 HGB herstellen, so dass das wirtschaftliche Ergebnis identisch ist mit der unmittelbaren Einlageleistung gegenüber der KG.

[135] BGHZ 95, 188, 197 Rn. 39 f.; BGHZ 109, 334 Rn. 9 f.

intensiviert. Die §127 Abs.1 Satz 2 bis 4 und §152 Abs.2 bis 4 KAGB bewirken eine weitgehende Haftungsbeschränkung zugunsten der Anleger. Nur im Fall der Einlagenrückgewähr droht noch eine Haftung; die Rückgewähr bedarf allerdings der Zustimmung der Anleger, vgl. §§127 Abs.2, 152 Abs.2 KAGB. Dies nähert das Recht der Inv-KG – systematisch stringent – §1 Abs.1 AktG an. Der Anlegerschutz verdrängt den Gläubigerschutz.[136] Wenn ein Teil der Lehre bei Rückzahlung trotz fehlender Zustimmung ein Wiederaufleben der Haftung aus §172 Abs.4 HGB befürwortet[137], erzwingt dies der Gesetzeswortlaut der §§127 Abs.2, 152 Abs.2 KAGB keineswegs. Diese Ansicht beruht auf der mit Anerkennung der Vertragsanalogie widerlegten Annahme, der Verwalter stehe dem Anleger kraft mitgliedschaftlicher Beziehung näher als dem Gläubiger und könne sich deshalb besser als der Gläubiger schützen. Die Haftung des Verwalters und der pflichtwidrig handelnden Personen ist im Fall der Insolvenz der Kollektivanlage angesichts der betroffenen Summen wirtschaftlich wenig aussichtsreich und hat zu der Einsicht geführt, dass im Anlagedreieck Prävention vor Kompensation zu gehen hat. Daran ist festzuhalten.

Fraglich ist, wie o.g. Differenzierung nach Anlegertypen mit dem gesetzlichen Ausschluss der Haftung gem. §§127 Abs.3, 152 Abs.3 KAGB vereinbar ist. Wird aus steuerlichen Gründen statt laufender Erträge die Einlage zurückgezahlt und damit die Haftung aus §172 Abs.4 HGB ausgelöst, wirkt das Zustimmungsmodell der §§127 Abs.2, 152 Abs.2 KAGB. Mit ausdrücklicher Zustimmung könnte der Anleger indes auch neue Verbindlichkeiten übernehmen. Das Zustimmungserfordernis genügt zudem für wirtschaftlich entsprechende Handlungen, etwa die nachträgliche Erhöhung der Haftsumme.[138]

Gemäß dem gesetzlichen Leitbild für Privat- und qualifizierte Anleger muss dann eine formularmäßige oder ex ante-Zustimmung eines Privatanlegers zur Haftungsübernahme unzulässig sein, während für qualifizierte Anleger großzügigere Standards gelten. So kann die Zustimmung für die offene Investment-KG, deren Anteile nur qualifizierte Anleger erwerben, bereits bei Gründung eingeholt werden. Auch im Übrigen kann die Finanzierung bei der Spezial-Inv-KG auf breitere Säulen gestellt werden. So ist nichts gegen eine Nebenabrede zur Übernahme weiterer Haftpflichten einzuwenden. Diese Abrede begründet dann nicht etwa eine gegenüber der gesetzlichen Regelung erweiterte Kommanditistenhaftung – dies verstieße gegen §§127 Abs.3 S.7 KAGB. Aber gegen eine ggf. auch formularmäßige Parallelverpflichtung auf separater vertraglicher Grundlage ist bei qualifizierten Anlegern nichts einzuwenden. Auch dürfte diesbezüglich so die Frage der gespaltenen Einlage zu be-

---

[136] Zur Inv-KG *Casper*, ZHR 179 (2015), 64f.; *Zetzsche*, AG 2013, 613, 623f.; *Möllers/Kloyer/Zetzsche*, S.157f.; *Westermann/Stöber*, §54a Rn.3169f ff.; *Wallach*, ZGR 2014, 315ff.; *Wiedemann*, NZG 2013, 1043.

[137] *Casper*, ZHR 179 (2015), 65; *Ebenroth/Strohn*, §172 Rn.21; *Freitag*, NZG 2013, 335.

[138] Ebenso *Casper*, ZHR 179 (2015), 65f.; a.A. *Ebenroth/Strohn*, §172 Rn.9.

antworten sind: Unabhängig von ihrer Bestimmtheit dürfte eine Regelung, wonach ein Einlageteil später zu einem vom Verwalter bestimmten Termin abgerufen werden kann, gegen die intendierte Haftungsbeschränkung verstoßen, weil die in der Regel auf die Krise verlagerte Terminierung den Privatanleger überraschen und in Nöte bringen kann. Insoweit sind nur echte Ratenzahlungen zulässig.[139] Für qualifizierte Anleger ist die (bei Venture Capital Fonds ganz übliche) Einlageleistung auf Abruf dagegen zulässig. Die gleichen Grundsätze gelten für das im KleinanlegerschutzG vorgesehene Verbot der Nachschusspflicht gem. § 5b VermAnlG. Schon der Name des Gesetzgebungsprojekts belegt, dass ein Zwangsschutz qualifizierter Anleger nicht intendiert ist. Solche Anlegen werden auch regelmäßig nicht öffentlich angeboten; sollte dies ausnahmsweise einmal der Fall sein, ist eine teleologische Reduktion des § 5b VermAnlG geboten.

3. Fonds-GbR und -OHG

Im Anwendungsbereich des KAGB ist die Haftung der Inv-Gesellschafter durch den Numerus Clausus der Rechtsformen beschränkt. Abschließend zu klären ist die jenseits des KAGB wichtige Einstandspflicht von Gesellschaftern einer Anlage-OHG und -GbR.

a) Fonds-GbR

Die Haftungsverfassung der BGB-Gesellschaft ist das Perpetuum Mobile der deutschen Gesellschaftsrechtsdogmatik. Die Fronten verlaufen zwischen der rechtsformbezogenen Betrachtung, die zu einer unbeschränkt-persönlichen Haftung aufgrund einer Mitvertretung der Gesellschaft oder akzessorischen Haftung für Gesellschaftsverbindlichkeiten analog § 128 Abs. 1 HGB gelangt, und denjenigen, die aufgrund des Anlegerschutzgedankens eine Haftungsbegrenzung befürworten. So hält *Haar* die Personengesellschaft mit nach Gesellschaftsvertrag beschränkter Haftung der Gesellschafter für einen unzulässigen Vertrag zulasten Dritter.[140] Nach *Wiedemann* ist dagegen „[e]in Kapitalsammelbecken … kein Fass ohne Boden.[141]

Die Anwendung des Investmentprinzips begegnet vor dem Hintergrund Bedenken, dass die persönliche Haftung der GbR-Gesellschafter verbreitet für ein funktionales Äquivalent zu den Kapitalaufbringungsregeln gehalten wird, welches die Kreditwürdigkeit der Personengesellschaft sichere.[142] Diese gene-

---

[139] Wie hier *Wiedemann*, NZG 2013, 1041, 1043; a.A. (für Zulässigkeit bei Erfüllung des Bestimmtheitsgrundsatzes und ausdrücklichen Prospekthinweises) *Casper*, ZHR 179 (2015), 65.

[140] *Haar*, Personengesellschaft im Konzern, S. 18 ff., 340 ff.

[141] *Wiedemann*, FS Priester, S. 863.

[142] BGHZ 36, 224, 227; BGHZ 154, 370, 373 („notwendiges Gegenstück für Fehlen jeglicher Kapitalerhaltungsregeln").

relle Betrachtung überzeugt nicht, weil grundsätzlich auch insolvente und kreditunwürdige Personen als GbR- oder OHG-Gesellschafter am geschäftlichen Verkehr teilnehmen können. Doch verdeutlicht sie die Notwendigkeit, aus der Vogelperspektive ermittelte Ergebnispostulate in der GbR-Dogmatik zu verankern.

Nach einem fast ein Jahrhundert[143] währenden Streit über die in den §§ 705 ff. BGB bekanntlich nicht geregelte[144] Haftungsverfassung der GbR hat sich die Rechtsprechung Anfang des 21. Jahrhunderts binnen fünf Jahren[145] von der Doppelverpflichtungslehre[146] ab- und sich einem „allgemeinen Grundsatz des bürgerlichen Rechts und Handelsrechts"[147] zugekehrt, als dessen Konsequenz „das Verhältnis zwischen der Verbindlichkeit der Gesellschaft und der Haftung des Gesellschafters derjenigen bei der OHG" entspricht.[148] Entgegen der heute h.L., die eine substantielle Analogie zu § 128 HGB vertritt,[149] hat sich der BGH für eine nur „instrumentelle Analogie"[150] entschieden. Mit der Anerkennung der Rechtsfähigkeit der Außen-GbR wenden sich die Entscheidungen zugleich

---

[143] Vgl. *Canaris*, ZGR 2004, 69, 70 („spektakulärste Rechtsfortbildung seit Inkrafttreten des BGB").

[144] Statt vieler *K.Schmidt*, GesR, § 60 III 2, S. 1790; *Wiedemann*, GesR I, § 5 IV 1 c), S. 284.

[145] BGHZ 142, 315 (9/1999) – Aufgabe der Doppelverpflichtungstheorie, Haftung nach Grundsatz der unbeschränkten Haftung; BGHZ 146, 341 (1/2001) – Grundsatz der unbeschränkten Haftung, Rechtsfolgen wie bei OHG (Akzessorietät); BGHZ 150, 1 (1/2002) – keine unbeschränkte Haftung bei geschlossenen Immobilienfonds; BGHZ 154, 88, 89 (2/2003) – § 31 BGB analog anwendbar, Einstandspflicht der G-ter für gesetzliche Verbindlichkeiten der Gesellschaft; BGHZ 154, 370 (4/2003) – Haftung des neu eintretenden G-ters für Altschulden, i.E. § 130 HGB analog; BGHZ 155, 205, 212 (6/2003) – Grundsatz der unbeschränkten Haftung ist auf gesetzliche Verbindlichkeiten anzuwenden (Bestätigung). Abweichend der IX. Zivilsenat, z.B. BGHZ 157, 361, 364; BGHZ 172, 169 Rn. 24 F. (Haftung der Gesellschafter für Scheinsollzins analog § 31 BGB).

[146] BGHZ 74, 230, 241 f.; BGHZ 79, 274, 277; BGHZ 116, 86, 88 f. (Fähigkeit, Gesellschafter zu sein, bejaht); BGHZ 117, 168, 174 f; BGH, ZIP 1998, 1291, 1292; BGHZ 136, 254, 258 (Scheckfähigkeit bejaht); aus dem Schrifttum insbesondere MünchKomm-BGB/*Ulmer*, 3. Aufl., § 714 Rn. 25 ff.; *Habersack*, BB 1999, 61; *Hommelhoff*, ZIP 1998, 8; *Wackerbarth*, ZGR 1999, 365; *Hadding*, FS Rittner, S. 133, 137 ff.

[147] BGHZ 142, 315, 319.

[148] BGHZ 146, 341 (3. Ls.); dazu *Armbrüster*, ZGR 2013, 366 ff. m.w.N.; nach BGH, WM 2011, 1658 (2. Ls.) steht der Grundsatz des Vertrauensschutzes der Haftung der Gesellschafer einer Fonds-GbR nicht entgegen, wenn die Anleger bei nur geringer Aufmerksamkeit erkennen konnten, dass der Fonds Fremdmittel einsetzt, für deren Rückzahlung sie nach dem Gesellschaftsvertrag haften.

[149] So schon früher *K. Schmidt*, GesR, § 60 III 2, S. 1790 ff.; *Dauner-Lieb*, DStR 1999, 1992; *Reiff*, Haftungsverfassungen, S. 220 ff., 288 ff., 302 ff.; *Mülbert*, AcP 199 (1999), 38, 67 f.; *Bälz*, FS Zöllner I, S. 35, 53 f.

[150] Vgl. *Canaris*, ZGR 2004, 69: Das Ergebnis lässt sich auch mit dem allgemeinen Rechtsprinzip begründen, wird aber zu Zwecken der Verdeutlichung auf eine Vorschrift gestützt, in der dieses Prinzip zum Ausdruck kommt. Zust. *A. Meyer*, Verbandsmitgliederhaftung, S. 198, 393 f.; die Reichweite der instrumentellen Analogie sehr sorgfältig auslotend *Geibel*, Treuhand, S. 333 ff.

gegen die – wohl der ursprünglichen gesetzlichen Konzeption entsprechende[151] – früher herrschende individualistische oder traditionelle Gesamthandslehre, wonach Kollektivorganisationen in Form der GbR die Rechtsfähigkeit zu versagen und der Fokus auf die Beteiligten zu richten gewesen ist.[152]

Auf der Grundlage der BGH-Rechtsprechung und herrschenden Lehre[153] sind Haftungsbeschränkungen analog § 128 S. 2 HGB durch einzelvertragliche Abrede mit den Gläubigern herbeizuführen. (Diese sind in der Praxis nicht zu erreichen.) Die angesichts der Vielgestaltigkeit der GbR als zu weit erachtete Gesellschafterhaftung wird allgemein auf Außen-GbR beschränkt. Ob nur Gesellschafter unternehmenstragender bzw. erwerbswirtschaftlicher GbR unbeschränkt haften sollen,[154] kann dahinstehen, weil die vermögensverwaltende GbR mit Blick auf das Wahlrecht gem. § 105 Abs. 2 HGB als erwerbswirtschaftlich anzusehen ist (wenn auch nach hier vertretener Auffassung nicht als unternehmenstragend). Prinzipiell bleiben zwei Wege zur Begründung einer beschränkten Gesellschafterhaftung.[155] Entweder postuliert man für bestimmte Unternehmensformen generelle Ausnahmen im Sinne einer institutionellen Haftungsbeschränkung.[156] In den BGH-Kategorien handelte es sich um eine Auslegung und Konkretisierung des Grundsatzes der unbeschränkten Gesellschafterhaftung, während es nach der Akzessorietätslehre um eine teleologische Reduktion der zu weit geratenen Analogie zu §§ 128 ff. HGB ginge. Oder man begründet Haftungsbeschränkungen entsprechend der Doppelverpflichtungslehre auf rechtsgeschäftlichem Weg, insbesondere indem man rechtsgeschäftlich begründete Verbindlichkeiten durch wirksam in den Vertrag einbezogene Formularvereinbarungen auf das im Kollektiv gebundene Vermögen

---

[151] These und Nachweis, dass nach der ursprünglichen Gesetzeskonzeption allein die Gesellschafter Zurechnungssubjekt sind, bei *Dauner-Lieb*, Unternehmen, S. 522 ff.; *dies.*, DStR 2001, 356; dafür auch *A. Meyer*, Verbandsmitgliederhaftung, S. 12 ff. m.w.N. zu den Quellen; dagegen *Wertenbruch*, Haftung, S. 34 ff.; 122 ff., 165 ff.

[152] Aus der Rechtsprechung BGHZ 23, 307, 313; BGHZ 56, 355, 358; aus der Literatur insbesondere *Zöllner*, FS Gernhuber, S. 563 ff.; *ders.*, FS Claussen, S. 423, 429 f.; *Flume*, Personengesellschaft, S. 55 f.; *G. Hueck*, FS Zöllner I, S. 275, 279 f.; siehe zudem die älteren Nachweise bei *A. Meyer*, Verbandsmitgliederhaftung, S. 179.

[153] So hat auch MünchKomm-BGB/*Ulmer*, 4. Aufl., § 714 Rn. 62 die Doppelverpflichtungslehre zugunsten der Akzessorietätslehre aufgegeben, weil sie den Rechtsrahmen der Praxis bestimmt.

[154] Dafür z.B. *Reiff*, Haftungsverfassungen, S. 308, 345 ff.; dagegen z.B. *Dauner-Lieb*, DStR 1999, 1992, 1994; MünchKomm-BGB/ *Schäfer*, § 714 Rn. 62.

[155] Sehr klar *Jacobs*, Atypische GbR, S. 39 ff.; grundsätzlich kritisch *Reiff*, ZGR 2003, 550, 564 unter Hinweis auf § 105 Abs. 2 HGB und die Möglichkeit, sich als KG zu konstituieren.

[156] *Jacobs*, Atypische GbR, S. 45 ff. und speziell aufgrund einer allgemeinen Interessenabwägung für Publikumspersonengesellschaften S. 173 ff., unter Rückführung auf ein *obiter dictum* in BGHZ 150, 1, 3. Ls. zur Bauherrengemeinschaft mit dogmatischer Verankerung in § 427 BGB (S. 73 ff.); *Wiedemann*, GesR II, § 7 III 4 b) bb), S. 662 ff. unter Rückführung auf die einflusslose Anlegerstellung; *Wolf*, WM 2000, 704, 708 f. (für Analogie zu Kommanditisten); dagegen *A. Meyer*, Verbandsmitgliederhaftung, S. 309 ff.

begrenzt.[157] Parallel dazu können GbR-„Geschäftsführer" die Anleger in Höhe der Quote persönlich vertreten und indirekt deren Haftung für Gesellschaftsschulden beschränken, indem sie (nur) quotale Verbindlichkeiten der Anleger persönlich begründen.[158] Der zweite Senat des BGH hat für Anlagegesellschafter eines offenen Immobilienfonds entschieden, dass ein solcher Haftungsausschluss nicht gegen § 307 Abs. 2 Nr. 1 BGB verstößt[159] und im Außenverhältnis wirksam ist.

Die Vertragsanalogie öffnet den Weg in die erste Richtung. Weil das GbR-Recht die Einstandspflicht der Gesellschafter gerade nicht regelt, kann man sich auf den rechtsformbezogenen Gläubigerschutz, der nach hier vertretener Auffassung die Vertragsanalogie begrenzt, nicht berufen. Die Prinzipien der kollektiven Vermögensanlage sind in ihrer Funktion als Leitlinie der Rechtsfortbildung gefragt.

Nach der Spezialregelung für die vertragliche (§ 93 Abs. 2 S. 2,3 KAGB) und die korporative Form (§§ 108 Abs. 2, 140 Abs. 1 KAGB i.V.m. § 1 Abs. 1 S. 2 AktG) ist die persönliche Haftung der Anleger ausgeschlossen. Gleiches gilt im Ergebnis gem. §§ 127 Abs. 1 Satz 2 bis 4, 152 Abs. 2 bis 4 KAGB für die Inv-KG. Bei Anwendung des zugrundeliegenden Prinzips kommt es zur Haftungsbeschränkung zugunsten von Privatanlegern einer Fonds-GbR. Der Rückgriff auf die Anlageprinzipien beseitigt eine Schwäche der institutionellen Lösung. Bislang konnte nicht überzeugend begründet werden, in welchen Fällen die umfassende Interessenabwägung eine institutionelle Beschränkung rechtfertigt. Zumindest für den Fall der Kollektivanlage kann diese Frage nunmehr beantwortet werden. Auch der Grundsatz, wonach Haftung grundsätzlich an Herrschaft knüpft, spricht gegen die Anlegerhaftung. Nach der Gegenposition müssten Privatanleger für die (Un)Taten des GbR-Geschäftsführers persönlich und unbeschränkt einstehen – § 31 BGB gilt ja nach Ansicht des BGH entsprechend! Mangels Kundigkeit, Aktivität und Einfluss können sie sich dieser Person aber nicht entledigen. Selbstschutz durch Anteilsveräußerung ist nach Schadenseintritt eine nur theoretische Option.

---

[157] Dafür i.E. *Canaris*, ZGR 2004, 69, 101 (für alle passiv Beteiligten); MünchKomm-BGB/*Schäfer*, § 714 Rn. 66; *Armbrüster*, ZGR 2005, 34, 45 f. (für Anleger infolge Auslegung einer Haftungsbeschränkungsklausel unter Berücksichtigung des Gesellschaftszwecks); dagegen *A. Meyer*, Verbandsmitgliederhaftung, S. 345 ff., 199.

[158] BGH, WM 2004, 372, 375; BGH, WM 2005, 1698, 1700; BGH, BB 2006, 234, 235; KG, ZIP 2009, 1118, 1119 f.; KG, NZG 2009, 299; OLG Frankfurt a.M., ZIP 2009, 1619; Die Schwierigkeiten liegen in den Details, insbesondere, in welchem Umfang Zahlungen auf die Verbindlichkeit der GbR den Gesellschaftern zu Gute kommt, dazu BGHZ 134, 224; KG, NZG 2009, 299; KG, ZIP 2009, 1118; OLG Frankfurt a.M., ZIP 2009, 1619; *Lehleiter/Hoppe*, BKR 2008, 323, 326; *Loddenkemper* ZFIR 2006, 707, 709 f.; *Klimke*, WM 2010, 492, 495 f.; *Westermann*, FS Krämer, S. 373, 377 ff.

[159] BGHZ 150, 1, 2. Ls. Darauf gründet *Klimke*, WM 2010, 492 die Annahme, quotale Haftungsbeschränkungen seien für Immobilienfonds leichter zu erreichen.

Die Gegenposition möchte einem unbefriedigenden *Anleger*schutz einen befriedigenden *Gläubiger*schutz gegenüber stellen. Mangels GbR-Publizität der Anlagebeziehung vermöge sich der Gläubiger nicht selbst zu schützen.[160] Doch verkennt diese Aussage, dass der Vertragsgläubiger sich ebenso selbst helfen kann, wie es dem Anlagegesellschafter zugemutet wird. Mit der hier dargelegten Vertragsanalogie entfällt nämlich das schon immer fragwürdige Argument der rechtlichen Nähe zwischen Verwalter und Anleger. Die Anleger sind mit dem Verwalter ebenso vertraglich verbunden wie der vertragliche Gläubiger oder jeder andere Zulieferer.

Handelt ein beaufsichtigter Verwalter für den Fonds, ist für den Verkehr offensichtlich,[161] dass der Verwalter nur das im Kollektiv gebundene Vermögen der Anleger verpflichtet. (Im Ergebnis zweifelhafte) Überlegungen zu einer Anlegerhaftung aus Rechtschein im Fall der Unerkennbarkeit[162] bedarf es nicht. Auch das Argument mangelnder Trennschärfe oder der Verweis auf § 105 Abs. 2 HGB überzeugen nicht.[163] Die Anwendung des hier vertretenen Grundsatzes ist so scharf wie die Fähigkeit, Kollektivanlagen als solche zu identifizieren. Der Verweis auf § 105 Abs. 2 HGB verfängt ebenfalls nicht. Solange man die Wahl einer GbR anstelle von OHG und KG anerkennt, sind auch für solche Fälle adäquate Regelungen vonnöten. Dies erkennt nunmehr § 5b VermAnlG an. Für die beteiligten Nicht-Anleger bleibt es bei den allgemeinen Vorschriften. Nicht in den Genuss des Haftungsprivilegs kommt, wer sich nicht wie ein Anleger verhält, z.B. weil er Kontrolle über den Verwalter ausübt oder für die Kollektivanlage geschäftsführungsbefugt ist. Somit kommt es zu einer Zweiteilung zwischen unbeschränkt haftenden Gründer-, Initiator- und Geschäftsführungs-Gesellschaftern und den Anlegern, die durch institutionelle Haftungsbeschränkung geschützt sind. Die aufgrund des Investmentprinzips gefundene Lösung verbindet Rechtssicherheit und materielle Gerechtigkeit.[164]

Zieht man für Anlage-GbR zur Lückenfüllung die §§ 93, 108, 127 Abs. 1 Satz 2 bis 4, 140, 152 Abs. 2 bis 4 KAGB sowie § 5b VermAnlG heran, kann darüber in dem gleichen Umfang wie über die Haftungsbeschränkung des § 93 Abs. 3 KAGB vertraglich disponiert, also auch mittels Formularvertrags mit qualifizierten Anlegern (z.B.) ein abstraktes Schuldversprechen vereinbart werden.[165]

---

[160] *Casper*, JZ 2002, 1112, 1119.

[161] Dafür *Reiff*, ZGR 2003, 550, 570; *Jacobs*, Atypische GbR, S. 103 ff.; *Wiedemann*, GesR II, § 7 III 4 b) bb), S. 662.

[162] *Jacobs*, Atypische GbR, S. 104.

[163] *Reiff*, ZGR 2003, 550, 564, 575.

[164] I.E. auch *Jacobs*, Atypische GbR, S. 190 ff. (auf der Grundlage einer KG-Analogie).

[165] Vgl. den vom IX. Zivilsenat entschiedenen Fall BGH, BB 2006, 234, bei dem der Verwalter im Namen der Gesellschafter eine quotale persönliche Einstandsverpflichtungen aufgrund einer Ermächtigung im Gesellschaftsvertrag erklärte. Das Urteil lässt sich nach der hier vertretenen Auffassung aufrechterhalten, indem man die Übernahme der quotalen Dar-

b) Fonds-OHG

Die Gesellschafter einer Fonds-OHG haften gem. § 128 S. 1 HGB für die Gesellschaftsverbindlichkeiten akzessorisch. Nach S. 2 der Vorschrift sind Vereinbarungen unter den Gesellschaftern Dritten gegenüber unwirksam. Haftungsausschlüsse müssten durch Abrede mit dem jeweiligen Gläubiger erreicht werden. Die nach den erarbeiteten Grundsätzen gebotene rechtsformbezogene
Perspektive führt zu einer persönlichen Haftung als OHG-Gesellschafter. Bei
öffentlich angebotenen Vermögensanlagen setzt jedoch das Nachschussverbot
des § 5b VermAnlG Schranken. Damit sind im Ergebnis Publikums-Kollektivanlagen in der Rechtsform der OHG unzulässig.

4. Treuhandbeteiligungen

Die h.L. spricht sich für eine Einstandspflicht des Anlegers für Gesellschaftsverbindlichkeiten auch dann aus, wenn die Beteiligung über einen Treuhänder
vermittelt wird, während der elfte Senat des BGH die Haftung des Treugebers
in einem Fall abgelehnt hat.[166] Das Treuhandverhältnis zum einzelnen Anlage-
gesellschafter ist freilich nichts anderes als eine Beteiligung in Vertragsform,
vermittelt durch den Treuhänder, der i.d.R. Verwahrungs- und Kontrollfunktionen ausübt. Eine Gesellschafterstellung nimmt der Anleger nicht ein, die Gesellschafterrechte sind koupiert.[167] Soweit es um Kollektivanlagen jenseits des
KAGB geht, ändert daran auch die rechtstechnische Gleichstellung von Treugeber und Kommanditisten durch § 152 Abs. 1 S. 2 bis 4 KAGB nichts.[168]

Für den vertraglich organisierten Fonds wurde herausgearbeitet, dass eine
Einstandspflicht für Verluste aus der Anlagetätigkeit nach der gesetzlichen Ausgangslage nicht besteht, diese aber mit qualifizierten Anlegern vereinbart werden kann. Entsprechendes gilt für die sog. „Treuhandbeteiligung“. Entsprechend muss der Treuhänder Verluste vermeiden oder selbst dafür einstehen.
Dies motiviert zu wünschenswerter Sorgfalt bei Vertragsanbahnung und Kontrolle während der Fondslaufzeit.

IV. Verlusthaftung

Bei Auflösung der Gesellschaft droht die Verlusthaftung der Gesellschafter
gem. § 730 BGB (ggf. i.V.m. § 105 Abs. 3 HGB). Wird eine Personengesellschaft
nicht rechtzeitig aufgelöst, ergibt sich bei der Auseinandersetzung statt eines
Guthabens (vgl. § 738 Abs. 1 S. 2, 3. Alt. BGB) ein Defizit; für das Defizit hat ein

---

lehensschuld als Teil der Einlageverpflichtung versteht. Dies entspräche der steuerlichen Logik des Anlagemodells.

[166] BGH, ZIP 2008, 2354; BGH, NZG 2009, 380; BGH, ZIP 2009, 1266; BGHZ 189, 45;
BGH, ZIP 2012, 1231.

[167] BGH, NZG 2013, 379; vgl. zu den Gestaltungsformen mittelbarer Beteiligung *Wagner*,
NJW 2013, 198, 199 ff.; *Wiedemann*, NZG 2013, 1041, 1044.

[168] Dazu *Wiedemann*, NZG 2013, 1044 f.

Personengesellschafter grundsätzlich pro rata aufzukommen.[169] Bei Insolvenz anderer Gesellschafter hat der Gesellschafter auch deren Anteil mitzutragen. Durch Ausscheiden ist eine Trennung von eingetretenen Verlusten also nicht möglich; dies käme einer Abwälzung entstandener Verluste auf die Mitgesellschafter gleich.

Die h.M. überträgt diese Regelung ohne Modifikationen auf Kollektivanlagen in Form einer Personengesellschaft: Der BGH hatte über den Sanierungsbeitrag der Gesellschafter einer Immobilienfonds-OHG zu entscheiden.[170] Im Fall sofortiger Auflösung hätten die Gesellschafter auf je 100 Euro geleisteter Einlage weitere 133 Euro (133%) leisten müssen. Nach dem Sanierungskonzept, das einen Teilschuldverzicht der Gläubiger enthielt, wurde von den Gesellschaftern je 100 Euro geleistete Einlage eine Nachzahlung von 60 Euro (60%) verlangt. Damit einher ging das Risiko weiterer Nachschüsse im Fall des Scheiterns der Sanierung, da die Fonds-OHG unter den Gesellschaftern fortbestand. Der negative Abfindungsanspruch wurde auf 120% festgelegt, bedeutete gegenüber der sofortigen Auflösung also eine Besserstellung. Einen Verbleib der Anleger ohne Beitrag in der Fonds-OHG unter Hinnahme der Verwässerung lehnte der BGH ab: Die sanierungswilligen Gesellschafter müssten dann neben ihrem eigenen negativen Abfindungssaldo zunächst den der übrigen Gesellschafter tilgen, bevor sie in die Gewinnzone kommen könnten. Eine Finanzierung der Schuldenfreiheit anderer Gesellschafter müssten die sanierungswilligen Gesellschafter nicht hinnehmen.[171] Für die sanierungsunwilligen Gesellschafter blieben einzig die Alternativen, zu einer Zuzahlung von 120 Euro je 100 Euro Einlage auszuscheiden oder für 60 Euro je 100 Euro Einlage OHG-Gesellschafter zu bleiben. Soweit der Anleger nicht schlechter gestellt sei als im Fall der Fonds-Insolvenz, bestünden gegen die Alternativen Sanierung oder Ausscheiden zum Stand des fiktiven Liquidationsguthabens keine Bedenken.[172] Dagegen richten sich durchaus prominente Stimmen, wonach der dissentierende Gesellschafter sich der Erhöhung des Kapitals nicht widersetzen könne, wohl allerdings der Verpflichtung, dazu beizutragen.[173]

Nach der Idealanlage gelten in Fragen des Gläubigerschutzes zwar grundsätzlich die rechtsformspezifischen Regeln, nur die Binnenbeziehung ist von der Vertragsanalogie geprägt. Davon unabhängig verhindern die spezialgesetzlichen Regeln der §§ 127 Abs. 3, 152 Abs. 3 KAGB sowie § 5b VermAnlG die

---

[169] Sog. negativer Abfindungsanspruch gem. § 739 BGB. Zur Einziehung vgl. *Grunewald*, VGR 2012, 31, 34 ff.

[170] BGHZ 183, 1.

[171] BGHZ 183, 1 Rn. 31.

[172] BGHZ 183, 1 Rn. 33. Zustimmend wohl die h.M., vgl. *Grunewald*, FS G.H. Roth, S. 187, 189; *Birker*, ZGR 2010, 147, 160; MünchKomm-BGB/*Schäfer*, § 735 Rn. 1 jeweils m.w.N.

[173] *K. Schmidt*, ZGR 2008, 1, 21; *Jungmann*, ZfIR 2007, 582, 583 (mit Konsequenz eines möglicherweise höheren Nachschusses); *Müller*, DB 2005, 95.

rechtsformspezifisch eigentlich veranlasste Nachschusspflicht. Sie statuieren ein Prinzip der begrenzten Anlegerhaftung, wo nach der Rechtsform eine Einstandspflicht geboten wäre, und bestätigen damit die hier dargelegte Erkenntnis, dass sich die Vermögensordnung der Kollektivanlage an der Korporation (§ 1 Abs. 1 AktG) orientieren soll. Anleger können deshalb jegliche Mitwirkung an der Sanierung verweigern. Im Ergebnis werden damit die Stimmen bestärkt, die bei der GbR die Geschäftsführungsbefugnis und den daraus erwachsenden Aufwendungsersatzanspruch auf solche Geschäfte begrenzen, die von dem Gesellschaftsvermögen voraussichtlich gedeckt sind.[174] Mangels irgendeiner Beziehung zueinander müssen die Anleger auch nicht ausscheiden. Durch den Sanierungsbeitrag anderer mag es dann zur Verwässerung bis fast auf Null kommen.[175] Realistisch ist freilich die Erwartung, dass der Verwalter Verluste bei Publikumsfonds von vornherein vermeidet, also weniger wagnis- und renditeorientiert Kredite zur Hebelfinanzierung einsetzt, während er mit qualifizierten Anlegern eine Verlusthaftung ex ante, ggf. auch durch Formularvertrag vereinbart.

§ 38 – Liquidation & Desinvestition

A. Liquidation

I. Auflösungsgrund und -frist

Auflösungsgrund kann bei Laufzeitfonds das Erreichen der vereinbarten Dauer, die Unmöglichkeit einer Fortsetzung der Anlagestrategie oder die fehlende Lukrativität des Fonds aus Sicht des Verwalters sein,[176] z.B. weil der Fonds für eine wirtschaftliche Verwaltung zu klein ist. In diesem Fall kann sich der Verwalter statt (z.B.) der Verschmelzung auf einen anderen Fonds, der Umwandlung in einen Feeder-Fonds oder der Bestandsübertragung auf einen anderen Verwalter für die Liquidation entscheiden. Zur Liquidation kann es schließlich kommen, wenn der Verwalter sein Verwaltungsrecht infolge Kündigung des Anlagevertrags durch den Anleger oder Entzug nach Wegfall der gesetzlichen Voraussetzungen (vgl. § 99 KAGB) einbüßt.

Eine ganz kurzfristige Kündigung ist unzulässig. Die Regelung des § 99 Abs. 1 KAGB, wonach zwischen Kündigung und Wirksamkeit mindestens ein sechs Monate umfassender Zeitraum liegen muss, gilt für alle Anlageorganisationen mit Ausnahme von Spezialsondervermögen (s.o.). Sie ist für dienstbezogene Dauerschuldverhältnisse auch allgemeiner Grundsatz (vgl. § 624 S. 2 BGB).

---

[174] Vgl. zur GbR BGH, NJW 1980, 339, 340; *Wertenbruch*, DStR 2007, 1680, 1683.
[175] I.E. wohl ebenso *Casper*, ZHR 179 (2015), 67.
[176] Vgl. *König*, Auflösung, B.I.

Die Pflicht des Verwalters zum Handeln im Anlegerinteresse gebietet den Verzicht auf die Ausgabe neuer Anteile, wenn die Kündigung beschlossen ist oder schon vorbereitet wird.[177] Andernfalls würde der Privatanleger mit den Vertriebskosten (z.B. einem Ausgabeaufschlag von ggf. 5%) belastet, die während einer kurzen Anlagedauer nicht durch den Anlageerfolg zu erwirtschaften sind.

II. Entsprechende Anwendung der §§ 264 ff. AktG

Für Sondervermögen, die Inv-AG (§§ 112 Abs. 1 S. 4, 144 S. 5 KAGB) sowie die Inv-KG (§§ 129 Abs. 2, 154 Abs. 2 KAGB) ist die Liquidationsregelung des § 100 Abs. 2 KAGB rudimentär. Danach hat die Verwahrstelle das Sondervermögen abzuwickeln und an die Anleger zu verteilen. Manche möchten die Vorschriften zur Bruchteilsgemeinschaft oder für BGB-Gesellschaften heranziehen.[178] Dagegen spricht formal, dass das BGB keine „Abwicklung", sondern nur die Aufhebung der Gemeinschaft (§§ 749 ff. BGB) bzw. die Auseinandersetzung (§§ 731 ff. BGB) kennt.[179] Schwerer wiegt, dass nach hier vertretener Auffassung zwischen den Anlegern weder eine Bruchteilsgemeinschaft, noch eine BGB-Gesellschaft gegeben ist. Orientiert sich die Vermögensordnung der Idealanlage am Recht der Aktiengesellschaft, liegt eine entsprechende Anwendung der §§ 264 ff. AktG nahe.[180] Bei den gesellschaftsrechtlich verfassten Kollektivanlagen gelten aufgrund der gläubigerschützenden und deshalb dem Vertragsansatz nicht zugänglichen Spezialregelungen[181] vergleichbare materielle Vorgaben (bei abweichender Zuständigkeitsregel).

III. Veräußerung und Auskehr

Die für die Abwicklung zuständige Person hat alle Vermögensgegenstände zu veräußern, Verbindlichkeiten zu begleichen und den Nettoinventarwert nach Auflösungskosten pro rata an die Anleger auszukehren.[182] Die Anleger haben einen individuellen Anspruch auf den anteiligen Liquidationserlös. Eine Verteilung *in natura* sehen die §§ 264 ff. AktG nicht vor. Sie ist ebenso nur mit Zustimmung des jeweiligen Anlegers zulässig[183] wie die Zuteilung von Anteilen eines

---

[177] Als Empfehlung auch *König*, Auflösung, A.

[178] Beckmann/*Beckmann*, § 39 InvG Rn. 14; Emde/*Gutsche*, § 39 InvG Rn. 10; *König*, Auflösung, B.III.1.

[179] Berger/*Schmitz*, § 39 InvG Rn. 11.

[180] I.E. auch Berger/ *Schmitz*, § 39 InvG Rn. 11. Dagegen mit einem vollständig eigenen Konzept Weitnauer/*Anders*, § 100 Rn. 28 ff., der sich in Zweifelsfällen auf die BaFin verlassen möchte (Rn. 30). Deren Meinung hat keine zivilrechtsgestaltende Wirkung!

[181] Vgl. für die AG §§ 264 ff. AktG, für die KG §§ 161 Abs. 2 i.V.m. 149 ff. HGB.

[182] Vgl. § 271 AktG (ggf. i.V.m. §§ 108 Abs. 2, 140 Abs. 2 KAGB), ebenso für die KG §§ 161 Abs. 2 i.V.m. 149, 155 HGB (ggf. i.V.m. §§ 124 Abs. 1 S. 1, 149 Abs. 1 HGB).

[183] Wie hier Berger/*Schmitz*, § 39 InvG Rn. 11; Beckmann/*Beckmann*, § 39 InvG Rn. 17; a.A. *Canaris*, Bankvertragsrecht, Rn. 2479; *Baur*, KAGG, § 14 Rn. 3.

anderen Fonds an Erfüllungs statt. Soweit es das Innenverhältnis betrifft, entsprechen die Rechtsfolgen der Liquidation denjenigen zur Vertragsänderung. Man kann die Liquidation als einen weiteren Fall der Vertragsänderung begreifen, womit sich die Überzeugungskraft der herausgearbeiteten Prinzipien erhöht.

Mit der Auflösung wandelt sich die Verwalteraufgabe von einer ertragsorientierten Vermögens- zu einer Abwicklungsverwaltung.[184] Bei offenen Kollektivanlagen nach dem KAGB ist die Anteilsausgabe- oder -rücknahme während der Abwicklung ausgeschlossen, weil der Rücknahmeanspruch nur gegenüber dem Verwalter (der KVG) besteht (§ 98 Abs. 1 KAGB) und die Verwahrstelle nur für Zwecke der Abwicklung an die Stelle der KVG tritt (§ 100 Abs. 2 KAGB). So erklärt sich auch der speziell für offene Immobilienfonds angeordnete Wegfall des Rückgabeanspruchs gem. § 258 Abs. 1 KAGB nach Kündigung durch die KVG. Im Übrigen ist nur die Liquidation offener Immobilienfonds gesetzlich geregelt. Diese Regelungen sind als Leitbild für entsprechende Regelungen in den konstituierenden Dokumenten anderer offener Fonds mit illiquiden Anlagen heranzuziehen.

Auf Vermögenserhalt ausgerichtete Geschäfte, z.B. für die Erhaltung von Immobilien, liegen im Rahmen der Geschäftsführungsbefugnis des Liquidators (§ 268 Abs. 1 S. 2 AktG). Die Vermögensgegenstände sind nicht erst-, sondern bestmöglich zu verwerten. Untergrenze sind grundsätzlich „angemessene Bedingungen" (vgl. § 258 Abs. 2 KAGB), i.e. ein Preis in der Nähe des Marktwerts. Wird dies nicht erreicht, sieht § 259 KAGB ausnahmsweise einen Anlegerbeschluss vor, um eine Veräußerung einer Immobilie unter Marktwert zu ermöglichen (s.o. § 34.A.). Zwischen dem Beginn der Auflösung und dem Ende der Abwicklung kann bei illiquiden Vermögensgegenständen (z.B. Immobilien) eine Zeit vergehen. Mit der Vermögensverteilung könnte erst begonnen werden, wenn die Verbindlichkeiten beglichen sind und ein Jahr ab dem Aufruf an die Gläubiger vergangen ist (§§ 271 Abs. 1, 272 Abs. 1 AktG). Sofern alle Gläubiger befriedigt werden können, besteht für weiteres Abwarten jedoch kein Bedarf. Dann kann entbehrliche Liquidität (z.B. aus der Veräußerung einer von mehreren Immobilien) unter Beachtung der Gleichbehandlungspflicht bereits vorläufig verteilt und auf den Liquidationsanspruch angerechnet werden (arg. ex § 155 Abs. 2 S. 1 HGB). Dies bestätigt § 258 Abs. 4 KAGB, wonach ein halbjährlicher Abschlag aus der überschüssigen Liquidität zu zahlen ist.

Mangels Geltung des Mitbestimmungsprinzips kommt ein Fortsetzungsbeschluss der Anleger (§ 274 AktG) bei Publikumsfonds nicht in Betracht. An die Stelle tritt die Übertragung des Verwaltungsrechts mit Zustimmung der BaFin auf einen anderen Verwalter (§ 100 Abs. 3 KAGB). Für die qualifizierte Anlage kann Abweichendes vereinbart werden.

---

[184] Vgl. zu diesen Kategorien Erster Teil, § 2.D.II.

B. Desinvestition

Die Desinvestition bezeichnet jede Form, sich von der Anlage zu lösen, sei es durch Austrittskündigung oder Anteilsübertragung.

Betreffend das Recht des Anlegers, sein Kapital abzuziehen (Ausscheidensanspruch) oder seinen Anteil auf einen anderen zu übertragen (Fungibilitätsanspruch) steht die rechtsformbezogene Position,[185] wonach eine fristlose Kündigung bei der KG die Ausnahme ist und im Regelfall nur die Auflösungsklage zur Verfügung steht,[186] einer materiellen, an der Korporationsanalogie orientierten Auffassung gegenüber. So verbinden *Reuter* und *Kalss* mit der Anlagebeziehung ein unabdingbares Lösungsrecht.[187] Dieses soll aus dem Anlegerschutzprinzip folgen und Korrelat zum verminderten Einflusspotential des Anlegers infolge eines Verzichts auf das Mitbestimmungsprinzip sein („Exit statt Einfluss"). Konsequent soll in Umkehrung des KG-Prinzips, wonach die Übertragung an die Zustimmung der Gesellschaft geknüpft ist und welches Ausdruck der persönlichen Bindung unter den Gesellschaftern ist, der Anteil an einer Publikums-KG immer übertragbar sein. Ein Fungibilitätsanspruch wird zudem mit Blick auf die Regelung der AG als (vermeintlicher) Urform der Anlagebeziehung behauptet, bei der die Fungibilität die Regel und die Ausnahme des § 68 Abs. 2 AktG eng auszulegen ist. *Wiedemann* kommt zu demselben Ergebnis durch Zuordnung des Lösungsrechts zu den mitgliedschaftlichen Grundrechten unter Berücksichtigung der Besonderheiten kapitalistischer Beteiligungen.[188] Diese Gemengelage ist mittels des Vertragsmodells aufzulösen.

I. Rechtsvergleichender Rundblick

Angesichts der offen zu Tage liegenden Dissonanz ist ein Blick auf den Umgang mit der Desinvestitionsfrage in anderen Rechtsordnungen instruktiv.

So müssen in England Kollektivanlagen entweder solche des offenen Typs sein oder als geschlossene Investment Trusts oder Single Property Schemes börsennotiert sein, um steuerlich förderfähig zu sein. Ebenso dürfen Genossen der Industrial and Provident Socities ihre Anteile übertragen; das Rückgaberecht für ihre Anteile darf nicht statutarisch ausgeschlossen werden.[189] Bei der Limited Partnership darf das Kapital nicht vor Beendigung der Partnership zurückgezahlt werden.[190] Aufnahme und Austritt von Limited Partners bedürfen der

---

[185] Baumbach/Hopt/*Roth*, Anh. § 177a Rn. 84 m.w.N. zur Rechtsprechung; vgl. statt vieler die Darstellung der Rechtslage und deren Entwicklung bei *Wawrzinek*, Unternehmensinterner Anlegerschutz, S. 229 ff.

[186] BGHZ 69, 160; BGH, NJW 1978, 376; BGH, NJW 1979, 765.

[187] *Reuter*, AG 1979, 324 und AcP 181 (1981), 8; *Kalss*, Anlegerinteressen, S. 450 ff.

[188] *Wiedemann*, GesR II, 4 III § 3.5., S. 265 ff., 272.

[189] *Pennington*, Investor and the law, S. 83.

[190] S. 4 (3) Limited Partnership Act 1907.

Zustimmung der General Partner.[191] Bei der LLP ist jedoch ein Austritt außer durch Vereinbarung durch einseitige Erklärung möglich.[192] Das englische Recht zeichnet sich somit eine gewisse Flexibilität aus.

Dagegen überwiegt in Luxemburg die rechtsformbezogene Betrachtung. Die Rechtsformen des luxemburgischen Gesellschaftsgesetzes von 1915 entsprechen grundsätzlich denen des deutschen Gesellschaftsrechts. Entsprechend bestehen Vinkulierungen[193] für die SARL (GmbH), SCS (KG), SCSp (Spezial-KG) oder die Genossenschaft in Form der SA. Die Übertragbarkeit von Anteilen an SCS (KG) und SCSp (Spezial-KG) unterliegt vertraglicher Regelung.[194] Die Übertragbarkeit unterliegt nach dem lichtensteinischen UCITSG und dem AIFMG rechtsformunabhängig für alle Anlageorganismen der Vertragsfreiheit. Dies gilt für die offene und die geschlossene Form.[195]

Bei den schweizerischen offenen Fonds sichert die Anteilsrücknahme das Lösungsrecht. Art. 40 Abs. 3 S. 1 KAG gebietet für die SICAV zusätzlich die freie Übertragbarkeit. Davon sind Ausnahmen anerkannt. So darf die Gesellschaft analog Art. 685b Abs. 5 OR aufgrund einer entsprechenden Satzungsklausel die Eintragung eines Erwerbers in das Aktienregister ohne Angabe von Gründen verweigern, wenn die Anteile zum Nettoinventarwert zurückgenommen werden. Das Rückgaberecht substituiert das Veräußerungsrecht. Des Weiteren kann für die Übertragung von Unternehmensaktien die Zustimmung des Verwaltungsrats analog Art. 685b OR einzuholen sein; dies rechtfertigt sich mit den gesetzlichen Zuverlässigkeitskriterien für unternehmerisch Beteiligte nach Art. 14 KAG. Schließlich kann sich der Anlegerkreis einer börsenfernen SICAV auf qualifizierte Anleger beschränken. In solchen Fällen gelten die KAG-Vorschriften nicht (Art. 2 Abs. 3 Bst. a KAG). Die Namensaktie einer SICAF kann vinkuliert sein (nicht aber die Inhaberaktie), wobei die Verweigerungsgründe in der Satzung zu nennen oder die Aktien zurückzukaufen sind (Art. 685b OR). Bei der KKK bedarf der Ein- und Austritt von Kommanditären eines Beschlusses der Gesellschafterversammlung oder der Mitwirkung des Komplementärs (Art. 105 Abs. 3 KAG). Ein freier Austritt ist nicht vorgesehen. Die Mitgliedschaft in der KKK ist qualifizierten Anlegern vorbehalten. Mit dem Ausscheiden einer geht ein Anspruch auf Abfindung, dessen Höhe gerichtlich überprüft werden kann (Art. 580 Abs. 2, 598 Abs. 2 OR). Nicht dem KAG, sondern den Börsenregeln unterstehen börsennotierte Investment-AGs. Bei diesen ist die Fungibilität ohnedies gegeben.

---

[191] S. 6 (6) (e) Limited Partnership Act 1907 (die Vorschrift betrifft nur die Aufnahme, muss aber für den Austritt entsprechend gelten).

[192] S. 4 (3) LLP Act 2000.

[193] Vgl. die Zusammenfasssungen bei *Kremer/Lebbe*, Rn. 13.75 f.; *Oostvogels*, SICAR, S. 13 ff.

[194] Art. 21 und Art. 22-7 Gesetz v. 10. August 1915 über Handelsgesellschaften.

[195] Vgl. Art. 5 Abs. 3, 6 Abs. 3, 7 Abs. 3 UCITSG; Art. 6 ff. AIFMG.

Nach US-Recht ist die Übertragbarkeit von Anteilen eine Frage des Rechts der Organisationsform und damit den US-Bundesstaaten vorbehalten. Gem. s. 22(f) ICA sind nur solche Beschränkungen zulässig, die in dem Gründungsantrag nach s. 8(f) ICA offengelegt oder von der SEC im Sinne aller Anleger für zulässig erklärt wurden. Die erste Ausnahme schützt das Vertriebssystem der Investment Companies,[196] von der zweiten wird nicht in erheblichem Umfang Gebrauch gemacht. In Ausübung der ersten Befugnis erklären die konstituierenden Dokumente der Investment Companies Anteilsverkäufe für zulässig, allerdings hat der Erwerber immer einen Ausgabeaufschlag zu zahlen. Der US Supreme Court hat entsprechende Vorgaben der National Association of Securities Dealers (NASD), denen die SEC nicht widersprochen hatte, trotz Bedenken im Hinblick auf den Kartelleinwand für rechtmäßig erklärt. Die Beschränkungen verhindern bei Fonds des offenen Typs einen Sekundärmarkt.[197]

II. Kapitalrückgewähr?

Die Kapitalrückgewähr ist Rechtsfolge einer „Kündigung" der Anlagebeziehung. Sie berührt Fragen des Gläubigerschutzes. Eine Ausdehnung des Rückgewähranspruchs über das gesetzliche geregelte Maß hinaus – z.B. in Bezug auf sog. geschlossene Fonds – lässt sich mit dem Vertragsmodell nicht begründen. Das Gesetz trifft dafür Regelungen in- und außerhalb des KAGB.

1. KAGB

Gem. § 98 KAGB besteht ein Rückgabeanspruch des einzelnen Anlegers eines offenen Fonds. Der Anspruch ist selbst bei Publikumsfonds in gewissen Grenzen einer vertraglichen Gestaltung zugänglich (§ 162 Abs. 2 Nr. 4 KAGB). Die nach Fondstypen differenzierende maximal zulässige Aussetzung der Anteilsrücknahme[198] ist als wesentlicher Gedanke der gesetzlichen Regelung gem. § 307 Abs. 2 Nr. 1 BGB für Fonds des offenen Typs heranzuziehen. Die Rücknahmeaussetzung muss im Anlegerinteresse liegen (§ 98 Abs. 2 S. 1 KAGB). Dann ist eine Interessenabwägung geboten, welcher der Gedanke der Konkordanz von Wirtschaftsgut und Kündigungsrecht zugrundeliegt. Wenn ein Wirtschaftsgut einen langen Anlagezyklus und der Fonds keine weiteren Reserven hat, vernichtet ein vorzeitiges Kündigungsrecht des einen den Wert anderer An-

---

[196] *Frankel/Schwing*, § 21.15.
[197] *United States v. National Assn. of Sec. Dealers, Inc.*, 422 U.S. 694 (1975).
[198] § 257 Abs. 1 bis 3 KAGB: längstens 36 Monate Jahre bei Immobilienfonds, jedoch wird ab einem Zeitraum von 12 Monaten ein Austrittsrecht zu reduziertem Marktpreis gewährt; § 223 Abs. 1 S. 1 KAGB: mindestens einmal jährlich, aber Kündigungsfrist von bis zu zwölf Monaten; § 227 Abs. 1 KAGB: mindestens quarteilsweise Rücknahme für Dach-Hedgefonds. Für OGAW wird ein zumindest 14-tägiges Rückgaberecht vertreten, vgl. § 98 Abs. 1 S. 1 KAGB. Bei Spezialfonds muss die Rücknahme mindestens alle zwei Jahre erfolgen (§ 98 Abs. 1 S. 2 KAGB).

leger, weil die Rückzahlung aus dem Fondsvermögen zu leisten ist. Den Konflikt suchen die Liquiditätsvorschriften für offene Immobilienfonds gem. §§ 253 ff. KAGB sowie die – systemfremde – Konfliktlösungsregel des § 259 KAGB aufzulösen.

Darüber hinaus belegen die *rechtsformbezogenen* Regeln der §§ 138 Abs. 1, 161 Abs. 2 KAGB für die Inv-KG den Vorrang des Anlegerschutzes vor dem Gläubigerschutz: Der Inv-Kommanditist kann immer aus wichtigem Grund kündigen und ausscheiden. Scheidet er während der Laufzeit aus, gilt die Abfindung nicht als Kapitalrückgewähr (§§ 133 Abs. 2, 152 Abs. 6 KAGB). Die qualifizierten Anleger einer offenen Inv-KG dürfen zudem vorbehaltlich einer Aussetzung der Anteilsrücknahme mindestens einmal jährlich kündigen und analog § 98 KAGB ausscheiden. Ausgenommen sind Rücknahmen, die das Gesellschaftsvermögen einer intern verwalteten KG unter die gesetzlich erforderlichen Mindesteigenmittel drücken, § 133 Abs. 1 KAGB. Insoweit hat sich die Position vom unabdingbaren Lösungsrecht[199] durchgesetzt.

§ 116 Abs. 1 KAGB trifft für die offene Inv-AG dieselbe Regelung wie § 133 Abs. 1 KAGB und verweist ebenfalls auf § 98 KAGB. Auf Kapitalrückgewähr abzielende Regelungen fehlen für die geschlossene Inv-AG. Insoweit ist eine Kapitalrückgewähr mit dem Kapitalschutzsystem der 2. gesellschaftsrechtlichen Richtlinie unvereinbar, deren Anwendungsbereich gem. Art. 1 Abs. 1 nur offene Inv-AG ausnimmt.

2. Treubindung unter den Anlegern?

Der Anspruch auf Kapitalrückgewähr beeinflusst die Anlageperspektive der Mitanleger. So kann durch die Anteilsrücknahme ein Veräußerungszwang in Bezug auf Gegenstände entstehen, die bei einem längeren Halten zu einem besseren Preis veräußert werden können. Dies ruft die Frage hervor, ob die Anleger bei Geltendmachung des Rückgabeanspruchs aufeinander Rücksicht zu nehmen haben. Auf der Grundlage der Korporationsanalogie müsste man eine (reduzierte) Treupflicht bejahen, wenn durch die Geltendmachung von Individualansprüchen die Werthaltigkeit der Mitgliedschaft der Mitanleger beeinträchtigt wird.[200] Ein identisches Ergebnis erzielt man mit *Geibels* Ansicht, wonach das Treuhandverhältnis zwischen Treugeber und Treuhänder eine Gesellschaft bürgerlichen Rechts ist; denn durch den Mittelabzug werden die Interessen des Verwalters als Mitgesellschafter beeinträchtigt, weil dieser auch anderen Treugebern verpflichtet ist.[201] Wer wie *Casper*[202] für die Inv-KG personengesellschaftsrechtliche Grundsätze zur Lückenfüllung heranzieht, muss gleichfalls zu einer Treubindung unter den Kommandit-Anlegern kommen. Allgemein

---

[199] Vgl. die Nachweise oben, § 38.B.
[200] BGHZ 129, 136 (1. Ls.) (Girmes).
[201] Arg. ex § 723 Abs. 2 BGB: keine Auflösungskündigung zur Unzeit.
[202] *Casper*, ZHR 179 (2015), 66, 76 f.

gesagt: Die rechtsformbezogene Position muss eine Rücksichtnahmepflicht bei den gesellschaftsrechtlichen Organisationen befürworten, bei den vertraglichen Fonds dagegen ablehnen.

Auf der Grundlage der für das Innenverhältnis maßgeblichen Vertragsanalogie ist eine Neuorientierung geboten. Anders als operativen Gesellschaften fehlt bei Anlage- und Inv-Ges der gemeinsame Zweck. Folglich kann es jenseits der weiten Grenzen der §§ 242, 826 BGB keine Zweckförderpflicht geben, die eine Rücksichtnahme auf die Interessen anderer gebietet. Die Anleger sind keine Interessengemeinschaft, sondern individuelle Vertragspartner einer Austauschbeziehung, die nur im Hinblick auf eine gleich gestaltete Gläubigerstellung in (indirekter) Rechtsbeziehung zueinander stehen. In den Worten der britischen *Chancery Division* des Jahres 1880: Die Fondsanleger sind nicht „in associati- on".[203] Dafür muss entgegen *Hellgardt* der gemeinsame Zweck nicht erst abbedungen werden,[204] diesen gibt es von Anfang an nicht. Auch *Wiedemann*s Position ist abzulehnen, wonach es auch in Anlagegesellschaften eine Treupflicht gibt, diese ihrem Inhalt nach aber modifiziert sei.[205] *Wiedemann* mag freilich zum identischen Ergebnis gelangen, wenn man das Recht zum Ausstieg für das Kernrecht des Anlagegesellschafters hält und dessen Ausübung von Treubindungen befreit.

Diese Auffassung bestätigen zwei Kontrollüberlegungen. Erstens ist eine Rücksichtnahmepflicht des einzelnen Anlegers für das KAGB zu verneinen. Die Fristen (z.B.) der §§ 257 bis 259 KAGB zur Aussetzung und Auflösung bei offenen Immobilienfonds sind bereits das Ergebnis einer Abwägung zwischen dem Bestands- und dem Rücknahmeinteresse. Der Verwalter kann die Rückzahlung lediglich für eine gewisse Zeit aussetzen (§ 98 KAGB), letztlich muss er dem Drängen der Anleger nach Rückzahlung aber doch nachkommen, sogar wenn dies die Mitanleger schädigt (vgl. § 257 Abs. 3 S. 3 KAGB). Zweitens können Verwalter und Anleger immer einen Fonds des geschlossenen Typs wählen, bei dem kein Rückgaberecht besteht. Für Einschränkungen des Rückgaberechts besteht kein Anlass.

III. Übertragbarkeit / Fungibilität?

Gleichwertigen Freiheitsschutz zur Kündigung gewährt die Anteilsübertragung, wenn der Markt angemessen tief, die Preisbildung fair und die Übertragbarkeit abgesichert ist.[206] Mangels Anspruch auf Kapitalrückgewähr kann „Kündigung" bei geschlossenen Fonds eigentlich nur die Übertragung des An-

---

[203] *Smith –v- Anderson* (1880) 15 Ch D 247: certificate holders are not „in assocation".

[204] Vgl. *Hellgardt*, FS Hopt, S. 765, der seine bejahende Ansicht auf Beispiele aus dem Bereich geschlossener Fonds stützt.

[205] *Wiedemann*, GesR II, 1 II § 1 d), S. 21.

[206] Vgl. *Wiedemann*, GesR II, 5 III § 3.5.c)bb), S. 273 m.w.N.

teils an einen Dritten sein (vgl. zu § 161 Abs. 2 KAGB sogleich). Der Verkauf über den Markt ist auch Alternative zum Rückgewähranspruch für Anteile an offenen Fonds, die die Anteilsrücknahme ausgesetzt haben oder bei denen der Rücknahmeabschlag höher als die Handelskommission ist. Die Anteilsveräußerung allein berührt den Bestand des Anlagegutes und damit eine evtl. Haftungsmasse zugunsten der Gläubiger nicht: Ob sich die Haftungsmasse reduziert, ist keine Frage der Anteilsübertragung, sondern der Nachschuss- und Nachhaftungspflicht des Ausscheidenden. Insoweit orientiert sich – anders als in der Frage der Kapitalrückgewähr – die Idealanlage am Vertragsrecht.[207]

Die Frage nach der Fungibilität stellt sich in zwei Dimensionen: Erstens in Bezug auf ein Recht auf Anteilsübertragung (Frage der Fungibilität i.e.S.), zweitens in Bezug auf ein Recht auf Wertsicherung bei der Übertragung (Frage der Bonität).

1. Fungibilität

Auf der Grundlage der Vertragsanalogie stellt sich die Frage nach der Übertragbarkeit als solche nach der Abtretung der Ansprüche des Anlegers aus der Anlagebeziehung.

a) Grundsatz: Kein Ausschluss der Übertragbarkeit

Gem. §§ 398, 399 BGB sind Ansprüche grundsätzlich abtretbar, es sei denn durch die Abtretung kommt es zur Inhaltsänderung des Schuldverhältnisses oder es wurde ein Abtretungsausschluss vereinbart.

Die erste Fallgruppe – Inhaltsänderung des Schuldverhältnisses – ist im Normalfall nicht gegeben. Der Anleger gibt nur Geld, dieses hat der Verwalter zu vermehren. Für wen er dies tut, ist grundsätzlich nicht von Belang.[208] Die Anlagebeziehung ist aber ein Geschäftsbesorgungsvertrag mit Dienstelementen. Gem. §§ 613 S. 2, 664 Abs. 2 BGB sind Ansprüche aus Dienstvertrag und Auftrag im Zweifel nicht übertragbar. Gründe für die Abtretungsausschlüsse sind die Höchstpersönlichkeit der Dienstbeziehung bzw. das häufig bestehende persönliche Vertrauen zwischen Auftraggeber und Auftragnehmer. Die Besonderheit der Kollektivanlagebeziehung besteht freilich in der Ersetzung der höchstpersönlichen durch eine typisierte Interessenwahrungspflicht des Verwalters, weil es keine persönliche Nähebeziehung zwischen Anleger und Verwalter gibt. Bezüglich der §§ 613 S. 2, 664 Abs. 2 BGB besteht gerade kein Zweifel. Nach

---

[207] Entsprechendes indiziert die Rechtsprechung zum Recht der Publikums-Personengesellschaft, vgl. BGH, WM 1978, 136, wonach die Gesellschaft selbst ermächtigt werden kann, Aufnahmeverträge mit weiteren Kommanditisten zu schließen, sowie BGH, WM 1976, 15, wonach die Beitrittserklärung allein durch den Komplementär im Namen der KG angenommen werden kann. Beides deutet auf das Vertragsmodell: Der Verwalter kann ohne Beteiligung der Anleger-Gesellschafter beliebig viele Verträge schließen.

[208] Der Inhalt des Schuldverhältnisses kann aber der Übertragung entgegenstehen, wenn an den Gesellschafterbestand besondere, z.B. steuerliche Folgen geknüpft sind.

dem Inhalt des Schuldverhältnisses ist eine Abtretung also möglich. Dieses Ergebnis wird dadurch bestätigt, dass in dem gesetzlich geregelten Fall der Fondsanlage die oktroyierte Verbriefungspflicht die Übertragbarkeit der Fondsanteile erleichtern soll, obwohl mit der Anteilsrückgabe eine Alternative bereit steht (vgl. § 95 Abs. 1 S. 1, Abs. 2 S. 1 KAGB).

Es bleibt nur die zweite Fallgruppe. Folglich muss ein Abtretungsverbot ausdrücklich vereinbart (§ 399, 2. Alt. BGB), andernfalls darf die Anlegerstellung beliebig übertragen werden. Damit bestätigt sich im Grundsatz die materielle, vom Anlagegedanken ausgehende Position mit der Einschränkung, dass die Übertragbarkeit vertraglich ausgeschlossen werden kann.

b) Grenzen der Vertragsgestaltung

Der Schuldner hat im Regelfall ein berechtigtes Interesse an der Vereinfachung der Vertragsabwicklung. Ein formularmäßiges Abtretungsverbot oder die Bindung an die Zustimmung der anderen Vertragseite verstoßen grundsätzlich weder gegen § 138 BGB noch § 307 BGB.[209] Diese für „normale" synallagmatische Verträge geltende Aussage muss für Anlagebeziehungen des geschlossenen Typs modifiziert werden. Beim geschlossenen Fonds übernimmt die Anteilsübertragung die Funktion der Kündigung. Zwischen der AGB-Rechtsprechung zur Kündigung und derjenigen zum Abtretungsausschluss bestehen Dissonanzen. So kann z.B. der formularvertragliche Ausschluss des Rechts zur ordentlichen Kündigung bei Dauerschuldverhältnissen durchaus gegen § 307 Abs. 2 BGB verstoßen.[210] Diese Dissonanzen gilt es zu harmonisieren.

Dabei bleibt ein Weg aufgrund der hier offengelegten Dogmatik versperrt: Schränkt man mit Blick auf die gesetzlich geregelte Form des geschlossenen Fonds – der AG und KG – die Vertragsfreiheit der Parteien unter Berufung auf § 307 Abs. 2 BGB in dem Sinne ein, dass man absolute Fungibilität forderte, bedient man sich der – für das Innenverhältnis abgelehnten – Korporationsanalogie. Auch würde man nur dem Wesen einer, aber nicht aller Formen der geschlossenen Fonds gerecht. Auf der Grundlage der Vertragsanalogie rechtfertigen die Grundsätze des Kündigungsrechts gegenüber einer unbeschränkten Abdingbarkeit i.S.v. § 399, 2. Alt. BGB zwei Qualifikationen.

Erstens wird mit dem Abtretungsausschluss funktional das bei Dauerschuldverhältnissen in seinem Kern nicht abdingbare[211] außerordentliche Kündigungsrecht ausgeschlossen. Eine Anteilsübertragung muss bei Vorliegen eines wichtigen Grundes immer zulässig sein (§§ 675 i.V.m. 626, § 314 Abs. 1, 2 BGB analog). Dies gilt insbesondere für die Inv-AG mit fixem Kapital analog, hat aber auch für die KG Bedeutung. Verletzt der Verwalter seine Pflichten, ist er

---

[209] BGHZ 51, 113 (Ls.); BGHZ 110, 241, 243; BGH, NJW 1997, 3434, 3435.
[210] OLG Stuttgart, OLGZ 1990, 249, 251.
[211] BGHZ 41, 104, 108; BGH, NJW 1986, 3134 Rn. 11 f. (AGB); BGH, WM 1973, 694 Rn. 12 (Individualvereinbarung).

insolvent oder gerät der Fonds in wirtschaftliche Schwierigkeiten, ist auf dieser Grundlage eine Abtretung des Anteils an einer Personengesellschaft unabhängig von der Vertragsgestaltung immer zulässig. Andererseits wäre der einflusslose (s.o.) Anleger in der Anlagebeziehung auf ewig gefangen, wenn er einem treulosen oder unfähigen Verwalter gegenübersteht. Ob die Veräußerung – wegen ggf. einer Anteilsabwertung oder der Nachzahlung ausstehender Einlagen (dazu sogleich) – wirtschaftlich sinnvoll ist, steht auf einem anderen Blatt. Die h.M. zur Publikums-KG kommt insoweit zu ganz ähnlichen Ergebnissen,[212] was als Bestätigung des Vertragsmodells zu verstehen ist.

Die zweite Qualifikation folgt aus den Vorschriften zur Kündigung unbefristeter Dauerschuldverhältnisse.[213] Als Folge der Vertragsanalogie ist die Kündigungsregelung zur BGB-Gesellschaft (§ 723 Abs. 1 S. 1 BGB) und damit das Verbot jeden Übertragungsausschlusses nicht einschlägig. Dies gilt im Ergebnis auch für § 309 Nr. 9 BGB. Danach ist die ursprüngliche Laufzeit eines Dauerschuldverhältnisses auf zwei Jahre begrenzt. Sie darf sich stillschweigend nur jeweils um maximal ein Jahr verlängern, eine Kündigung muss mit einer Frist von drei Monaten zum Vertragsende möglich sein. Eine abweichende Regelung in Formularverträgen mit Verbrauchern (i.e. Privatanleger) ist unzulässig. Jedoch ist die Vorschrift des § 309 Nr. 9 BGB auf typische Dauerschuldverhältnisse wie die Miete, den Franchisevertrag etc. entgegen seinem Wortlaut nicht anwendbar, weil das Gesetz hier andere Wirksamkeitszeiträume als § 309 Nr. 9 BGB voraussetzt.[214] Ein solches Dauerschuldverhältnis ist auch die Anlagebeziehung, auch hier entstehen während der Laufzeit ständig neue Leistungs-, Neben- und Schutzpflichten (im Rahmen der Verwaltung und Verwahrung). Auch die Anlagebeziehung ist durch seine zeitliche Dimension und *Essers* „ständige Pflichtenanspannung"[215] gekennzeichnet.

Die Rechtsprechung[216] wendet auf Dauerschuldverhältnisse für den Fall, dass die Kündigung *nicht* abbedungen ist, § 624 BGB entsprechend an, mit der Folge, dass nach fünf Jahren eine Kündigung mit einer Frist von sechs Monaten immer zulässig ist. Damit redet sie einer recht weiten Analogie das Wort: Statt auf befristete wird die Vorschrift auf unbefristete Dauerschuldverhältnisse angewendet; zudem wird § 624 BGB auf die andere Vertragsseite erstreckt, obwohl diese durch die lange Laufzeit in ihrer persönlichen Freiheit nicht eingeschränkt ist. Die von der Rechtsprechung befürwortete Einschränkung, dass § 624 BGB nur bei Ausschluss des ordentlichen Kündigungsrechts – im hiesigen Kontext also einem Abtretungsausschluss – entsprechend gelten soll, ist in der Vorschrift des

---

[212] Vgl. Baumbach/Hopt/*Roth*, Anh. § 177a Rn. 58, 69a.

[213] Vgl. § 624 BGB für den Dienstvertrag, § 544 BGB für die Miete, § 309 Nr. 9 BGB für alle Dauerschuldverhältnisse, § 723 Abs. 1 S. 1 BGB (GbR).

[214] BGH, NJW 1985, 2328; BGH, NJW 1993, 1133, 1134.

[215] *Esser/Schmidt*, SchuldR Bd. I, § 15 II, S. 259 f.

[216] BGH, NJW-RR 1993, 1460; OLG München, NJW-RR 1996, 561, 562 f.

§ 624 BGB dagegen nicht angelegt. Es handelt sich um einen weiteren (dritten) Analogieschritt. Dieser dritte Schritt ist verzichtbar. Bereits nach den ersten zwei Schritten ist bei unbefristeten Fonds eine Übertragung auf Dritte nach Ablauf von fünf Jahren mit einer Frist von 6 Monaten zulässig. Andere Abreden sind wegen Verstoßes gegen § 307 Abs. 2 BGB unwirksam.

2. Bonität

Ohne Werthaltigkeit ist der Anspruch auf Ausscheiden bloße Theorie. Soweit ein Lösungsrecht anzuerkennen ist, korrespondiert damit eine aus der Pflicht zur Interessewahrung abzuleitende Pflicht des Intermediärs, die Veräußerung auf Wunsch des Anlegers zu fördern, zumindest aber nicht zu behindern.[217] Dies betrifft einerseits die *Verität* des Anteilsrechts. Soweit möglich, sind Ansprüche auf Verlangen depotfähig zu gestalten (ggf. durch Verbriefung). Bei Verlust eines Anteilsscheins ist auf Kosten des Anlegers ein Aufgebotsverfahren durchzuführen, bei Beschädigung oder Verunstaltung ein neuer Anteilschein auszuhändigen (arg. ex § 168 Abs. 3, 4 und 7 KAGB). Die Inhaberschaft unverbriefter Rechte hat der Verwahrer zu bestätigen.

Andererseits ist die *Bonität* des Anteilsrechts zu erhalten. Das Lösungsrecht darf nicht durch Abfindungsklauseln unattraktiv gestaltet werden. Im Gegensatz zur Unternehmung, wo die Buchwertklausel den Fortbestand des Unternehmens im Fall des Kapitalabzugs sichern soll,[218] besteht mangels vereinbarten *Unternehmens*zwecks bei Kollektivanlagen kein rechtlich geschütztes Interesse am Erhalt eines Unternehmens. (Dies käme dem Interesse des Verwalters am Erhalt seiner eigenen Einnahmequelle gleich.) Strengere Regeln bleiben für die qualifizierte Anlage zulässig.

Das Lösungsrecht bleibt auch theoretisch, wenn dem Privatanleger die notwendige Information versagt oder deren Verwendung durch Geheimhaltungsvereinbarungen beschränkt wird; dann kann der Anleger nur einen Preis erzielen, zu dem er vernünftigerweise nicht veräußern wird. Die Details der Verwalterpflicht bestimmen sich in Abhängigkeit von dem für eine Veräußerung erforderlichen Bedarf. So sind z.B. Informationen zu den Vermögensgegenständen bei Fonds des offenen Typs zumindest für die Bewertung durch den Anleger, bei solchen des geschlossenen Typs zudem für die Überzeugung eines potentiellen Erwerbers von der Angemessenheit des Preises zum Kauf des Anteils erforderlich. Daraus folgt aber nicht, dass man bei offenen Fonds auf Publizität verzichten kann.[219] Das dann entstehende Nachfragemonopol des Verwalters ist

---

[217] *Kalss*, Anlegerinteressen, S. 257 ff., 268 ff., 458, sieht für alle Anlagebeziehungen eine Emittentenpflicht zur Sicherung des Lösungsrechts in Form von Informationspflichten, Verbriefung, Börsennotierung oder Blankoindossament.

[218] Vgl. zu Buchwertklauseln z.B. *Flume*, NJW 1979, 902; *Dauner-Lieb*, ZHR 158 (1994) 271; *Haar*, Personengesellschaft im Konzern, S. 497 ff.

[219] Enger *Kalss*, Anlegerinteressen, S. 265 ff. (Publizität nur bei geschlossenen Fonds).

nicht wünschenswert. Für alle, nicht nur geschlossene Kollektivanlagen geht mit dem Lösungsrecht die Intermediärspflicht zur Schaffung angemessener Publizität nicht nur im Hinblick auf eine Rechenschaft, sondern auch das Lösungsrecht einher. Diese Erkenntnis strahlt auf das Verständnis der zahlreichen Publizitätsvorschriften des KAGB und VermAnlG aus und verpflichtet zu Informationsinhalten, die beiden Zwecken entsprechen.

C. Belastungsverbot

Die Frage der Nachschusspflicht (i.w.S.) stellt sich insbesondere für Fonds in Form der GbR oder OHG. Gem. § 707 BGB (ggf. i.V.m. § 105 Abs. 3 HGB) müssen Gesellschafter keine weiteren, über die vereinbarten Beiträge hinausgehenden Beiträge leisten oder um Verluste geminderte Einlagekonten auffüllen. Dieses „Belastungsverbot"[220] ist ein Grundprinzip des Gesellschaftsrechts:[221] Ist das Gesellschaftsvermögen aufgebraucht, steht es den Gesellschaftern grundsätzlich frei, ob sie die Gesellschaft auflösen oder durch Übernahme weiterer Risiken ins Obligo gehen. Deshalb muss die Obergrenze des Einlagebetrags absolut bestimmt oder objektiv bestimmbar, zumindest aber von Faktoren unabhängig sein, die Resultat einer Geschäftsführungs- oder Mehrheitsentscheidung sind.[222] Eine allgemeine Pflicht zum Nachschuss, soweit die laufenden Einnahmen die laufenden Ausgaben nicht decken, ist mit diesen Anforderungen nicht vereinbar.[223] Im Anlagekontext bestätigt sich das Ergebnis des Belastungsverbots unter anderen dogmatischen Vorzeichen: Während im Verhältnis zu Dritten das Prinzip der beschränkten Anlegerhaftung (vgl. oben, § 37.C.) eine Mehrbelastung durch Haftung verhindert, wirkt das Belastungsverbot im Verhältnis zu anderen Anlage-Gesellschaftern einer Mehrbelastung durch Mehrheitsbeschluss entgegen. Das gleiche Ergebnis – kein Mehraufwand gegen den Willen des Anlegers – ergibt sich aus dem im Innenverhältnis maßgeblichen Geschäftsbesorgungsrecht, weil danach Mehrbelastungen jenseits eines berechtigten Aufwendungsersatzanspruchs nur mit Zustimmung des einzelnen Anlegers begründet werden.

Weiterungen der Beitragspflicht, die in Form einer Zustimmungspflicht zur Beitragserhöhung aus der Zweckförderpflicht gem. § 705 BGB oder der gesell-

---

[220] Der Begriff geht zurück auf *Wiedemann*, ZGR 1977, 690, 692.

[221] *Armbrüster*, ZGR 2009, 1, 27; *K. Schmidt*, ZGR 2008, 1, 19 f.; *C. Schubert*, WM 2008, 1197, 1198 f. (für e.V.); *Wiedemann*, ZGR 1977, 690, 692 („mitgliedschaftliches Grundrecht"); *ders.*, GesR II, S. 144; ebenso BGH, NZG 2007, 381 Rn. 12; NZG 2008, 65, 66 Rn. 18.; NZG 2008, 335 Rn. 5.

[222] BGHZ 132, 263, 268; BGH, NJW-RR 2005, 1347, 1348; BGH, NJW-RR 2006, 829 (2. Ls.); BGHZ 18, 864 f.; BGH, NZG 2008, 65 (Ls.); BGH, NZG 2008, 335 (Ls.); ausführlich *Schäfer* in Habersack, Anlegerschutz, S. 81, 83 f.

[223] BGH, ZIP 2006, 754 (3. Ls.); BGH, ZIP 2006, 562 (2. Ls.).

schaftsrechtlichen Treuepflicht[224] abgeleitet werden, sind im Anlagekontext nicht anzuerkennen. Dieses Ergebnis folgt entgegen der (i.E. ebenfalls restriktiven) Rechtsprechung[225] nicht aus der Nichterfüllung besonders strenger Maßstäbe, sondern ergibt sich unmittelbar aus der Vertragsanalogie, wonach im Innenverhältnis nur eine Beziehung zwischen dem einzelnen Anleger und dem Verwalter besteht: Weder wollen die Anleger einen gemeinsamen Zweck verfolgen – es besteht also keine Zweckförderpflicht –, noch besteht unter den Anlegern eine Treuebeziehung. In das so gezeichnete Gesamtbild fügen sich die Haftungsverbote in §§ 127 Abs. 3, 152 Abs. 3 KAGB sowie § 5b des VermAnlG nahtlos ein.

---

[224] *Armbrüster*, ZGR 2009, 1, 20 ff. (für den Fall, dass die Auflösung keine wirtschaftlich zweckmäßige Alternative darstellt, da er hierdurch stärker belastet werde); Staudinger/*Habermeier*, § 707 Rn. 5 (bei hohen Anforderungen); *Wagner*, WM 2006, 1273, 1275; Erman/ *H.P.Westermann*, § 707 Rn. 1 (bei entsprechender Grundlage im Gesellschaftsvertrag); a.A. (generell ablehnend) *Holler*, ZIP 2010, 1678, 1682 f.; *Müller*, DB 2005, 95 f.; *Wertenbruch*, DStR 2007, 1680, 1682 f.; *C.Schäfer*, in VGR 2007, S. 137, 148 f.

[225] Für Erhöhung des vereinbarten Beitrags, wenn dieser im Gesellschaftsinteresse und unter Berücksichtigung der schutzwürdigen Belange des Gesellschafters zumutbar ist, BGH, NJW-RR 2007, 1477, 1478 Rn. 7; dafür reicht die Tatsache, dass die Gesellschaft ansonsten aufgelöst werden muss, nicht aus, vgl. BGH, NZG 2007, 860; im Übrigen verlangt die st. Rspr. „besonders hohe Anforderungen", vgl. BGH, NJW-RR 2005, 1347, 1348; BGH, NZG 2007, 381 Rn. 14; befürwortend *K.Schmidt*, ZGR 2008, 21. Gegen eine Kapitalmaßnahme opponierende Gesellschafter sind jedenfalls dann nicht zum Ausscheiden verpflichtet, wenn ihr Anteil infolge der Sanierungsmaßnahme verwässert wird, BGH, ZIP 2011, 768; für eine Pflicht zum Ausscheiden, wenn der Kapitalanteil infolge der Sanierungsmaßnahme entfällt, aber *C. Schäfer*, Sanierung geschlossener Fonds, S. 86 ff.

Ergebnis und Ausblick

Abschließend sollen die Prinzipien der kollektiven Vermögensanlage als Leitlinie für die Rechtsanwendung unter Loslösung vom Einzelfall generalisiert und dann kursorisch die Konsequenzen für die unternehmerische Organisation hinterfragt werden (§ 39). Zum Abschluss wird geprüft, ob die eingangs gesteckten Untersuchungsziele erreicht wurden (§ 40).

§ 39 – Prinzipien der kollektiven Vermögensanlage

A. Binnenrecht (Fund Governance)

I. Anwendungsbereich

1. Definition

Die kollektive Vermögensanlage prägen die Anlage, das Vermögen, das Kollektiv und die Fremdverwaltung, woraus sich eine Definition mit acht Merkmalen ergibt. Kollektivanlage ist danach der (1) Einsatz von Vermögenswerten (2) für eine gewisse Dauer, (3) die mehrere Anleger bereitstellen, (4) zur planmäßigen Erzielung von Einnahmen oder Wertzuwachs. Die Einnahmen sollen (5) als Folge der Fremdverwaltung (6) für gemeinschaftliche Rechnung der Anleger (7) unter Ausnutzung der zukünftigen Wertentwicklung von Anlagegegenständen erzielt werden. (8) Mit der Einzahlung der Mittel durch die Anleger kommt es zu einem Wechsel in der rechtlichen Zuordnung der Vermögenswerte.

2. Abgrenzung

Während die individuelle Vermögensverwaltung für Rechnung des einzelnen Anlegers stattfindet und bei Insolvenz des Verwalters der jeweilige Vermögensteil des einzelnen Anlegers separat identifiziert werden kann, steht den Anlegern bei der kollektiven Vermögensanlage nur ein Anspruch pro rata an der Vermögensgesamtheit zu. Die Beteiligung der Anlegermehrzahl zeigt sich nicht immer auf der Fondsebene. So können Spezialfonds mit nur einem Anleger aufgelegt werden, wenn die wirtschaftliche Entwicklung der Anlagegegenstände einer Mehrzahl von Personen zugutekommt (sog. Destinatärtheorie, Transparenzhypothese) oder der Fonds nach seiner Rechtsstruktur für eine Anlegermehrzahl geeignet ist. Wegen der erheblichen Verbreitung von Ein-Personen-fonds verbietet sich eine Ausgrenzung anhand des Merkmals der Anlegermehr-zahl. Grauzonen im Verhältnis zur individuellen Vermögensverwaltung sind hinzunehmen. Zum Handel grenzt die planmäßige Dauer der Vermögensbin-dung ab. Zwar sollen und werden die Fondsanteile bei angemessener Wertstei-gerung auch veräußert bzw. dem Initiator zurückgegeben, aber schon wegen der Gebührenstruktur ist i.d.R. eine gewisse Anlagedauer Mindestvoraussetzung für eine ertragreiche Anlage.

Anlageorganismen kennzeichnet eine doppelte Zweckfreiheit, i.e. sowohl auf Ebene des Anlegers, wie auf Ebene des Kollektivs soll ausschließlich Geld ver-mehrt werden. In gesellschaftsrechtlichen Kategorien wird damit das Beteili-gungsmotiv bzw. der mittelbare zum *einzigen* Gesellschaftszweck. Beteili-gungsverwaltende Holding einer-, Private Equity- und Venture Capital-Fonds andererseits lassen sich anhand der abweichenden Zwecksetzung unterschieden. Bei der Versicherung trägt der Verwalter einen Risikoanteil, nicht so bei der Kollektivanlage die KVG. Die Anlage erfolgt dann nicht ausschließlich für ge-meinschaftliche Rechnung zur Erzielung von Einnahmen, sondern auch zur Absicherung dieses zusätzlichen Risikos. Die Altersversorgung ist zweckbezo-gen, erfüllt somit nicht das Kriterium der doppelten Zweckfreiheit. Über Kol-lektivanlagen kann aus Sicht des Anlegers Altersversorgung betrieben werden. Zum Glücksspiel grenzt der Grad des aleatorischen Elements ab. Im Kontext der Kollektivanlage beschreibt die Spekulation eine wagnisreiche Anlageform.

Keine Unterscheidungskraft kommt der Angebotsform (öffentliches Ange-bot?) sowie der Anlegerstruktur zu. Das Fondsrecht hat sich vom Publikums-zu einem allgemeinen Recht der Kollektivanlage entwickelt; es geht nicht mehr um Beteiligung der Kleinsparer, sondern um Vermögensorganisation einer In-dustriegesellschaft. Diese ist von einer Vielzahl an Anlagestufen gekennzeich-net (Anlagekaskade). Ebenfalls kein Differenzierungsmerkmal ist die Diversifi-kation. Es gibt auch konzentrierte Anlagestrategien in Fondsform, schon weil eine Risikostreuung auf der Ebene der Anleger statt des Fonds erfolgen kann.

3. Kollektive Vermögensanlage als eigenständige Rechtsmaterie

Die Eigenheiten der kollektiven Vermögensanlage erfordern speziell auf die wirtschaftliche Funktion zugeschnittene Rechtsgrundsätze und Prinzipien. Diesem Bedürfnis ist die hierzulande herrschende Meinung bislang unzurei-chend nachgekommen. Die wirtschaftliche Identität ruft Zweifel an einer allein auf die Rechtsform rekurrierenden Dogmatik hervor, während die Zweckfrei-heit die Korporationsanalogie in Zweifel zieht. Beide Ansätze lassen sich insbe-sondere mit Blick auf den materiellen Investmentfondsbegriff der AIFM-RL nicht aufrechterhalten.

Tiefere Ursache von Rechtsformbetrachtung und Korporationsanalogie ist ein rechtsvergleichend offengelegter Rückstand des deutschen Rechts. Das InvG als

Spezialgesetz für die kollektive Vermögensanlage war infolge des formellen Investmentbegriffs ein Torso. Ergänzungstatbestände wie die Anlageverwaltung gem. § 1 Abs. 1a Nr. 11 KWG suchten Lücken im Anlegerschutz aufsichtsrechtlich zu füllen. Grund des Rückstands waren – neben ethischen Bedenken gegen die Akkumulation und Vermehrung von Kapital aus sich selbst heraus – der Nachholbedarf bei der Bildung und Anlage privater Vermögen wegen einer lange Zeit allein staatlichen Altersversorgung. In Systemen mit privatrechtlich organisierter Altersversorgung steht mehr freies Kapital zur Verfügung, das Anlagemöglichkeiten sucht, so dass sich Eigenheiten und Gefahren der Kollektivanlage früher und deutlicher als rechtspolitisches Handlungsmotiv aufdrängen.

II. Strukturen

Das Recht der Anlageorganisationen prägt eine Regulierungstrias aus Vertriebs-, Produkt- und Verwalterregulierung. Es ist vollwertiges Kapitalmarktrecht.[1] Der traditionelle Fokus im Zivilrecht auf dem Vertriebsrecht verkennt die Bedeutung der Produkt- und Verwalterregulierung als Garanten für den dauerhaften Anlageerfolg. Für die Produkt- und Verwalterregulierung lassen sich gewisse Grundstrukturen nachweisen.

1. Kollektivanlage als Hybrid

a) Vertrags- statt Korporationsmodell

Nach ihrem Idealbild ist die Kollektivanlage ein Hybrid aus Korporation und Vertrag. Vertraglich geprägt soll das Innenverhältnis der Anleger zum Verwalter, zu den Mitanlegern und dem Verwahrer sein. Korporativ soll das Außenverhältnis sein, insbesondere die Vermögensbindung und -abschottung und das Verhältnis zu den Gläubigern. Insbesondere liegt es den Anlegern fern, sich zur Verfolgung eines gemeinsamen Zwecks zu verpflichten. Kollektivanlagen sind sternförmig mit einer Vielzahl von Anlegern abgeschlossene identische Geschäftsbesorgungsverträge. Diese vertragliche Basis der Kollektivanlage setzt sich im Innenverhältnis gegenüber der gewählten Gesellschaftsform durch. Die Vertragsanalogie ist auch keine Scheinerklärung in dem Sinne, dass man sämtliche Gesellschaften als Verträge verstehen kann. Durch die Grundierung der Anlagebeziehung in einem dienstorientierten Geschäftsbesorgungsverhältnis wird die Anlagedogmatik auf ihre historischen Wurzeln zurückgeführt und damit aus heutiger Sicht fortentwickelt: Anlage ist Dienstleistung, nicht Mitgliedschaft.

Ebenso wie im Ergebnis im schweizerischen, liechtensteinischen und US-Recht verdrängt der Anlagecharakter die rechtsförmliche Ausgestaltung der Anlageorganisation; insofern kann man von einem Primat der Substanz über

---

[1] Vgl. die Kriterien bei *Hopt*, ZHR 141 (177), S. 411 f.

die Form sprechen. Doch darf dies die unterschiedlichen Begründungsansätze nicht verdecken. Das Vertragsmodell stützt sich im Gegensatz zum Schweizer Recht sowie einem Teil des Schrifttums nicht auf den Anlegerschutz, sondern insbesondere auf die Erkenntnis, dass die in horizontaler Hinsicht an einer Anlagebeziehung Beteiligten keinen gemeinsamen Zweck verfolgen möchten. Die Rückführung auf vertragliche Grundsätze appliziert herkömmliches BGB-Vertragsrecht auf das Fondswesen. Diese Vertragsbasis des Fonds – der Fonds als standardisierte Dienstleistung – ist bislang durch eine einseitige, meist an Initiatorinteressen orientierte Kautelarpraxis und eine ebenso einseitig an Anlegerinteressen orientierte Rechtsprechung verdeckt worden.

Die Aufgabe der Korporations- zugunsten der Vertragsanalogie hat für das Innenverhältnis tiefgreifende Konsequenzen. So tritt das Anleger- an die Stelle eines „Unternehmensinteresses" bei der AG. Eine aus dem gemeinsamen Zweck abgeleitete Treupflicht besteht jenseits vertraglicher Vereinbarungen nicht. Die Vertragsanalogie ist zudem tauglicher Ansatz zur Lösung zahlreicher Streitfragen, die aus dem Konflikt der rechtsformbezogenen Position mit der Korporationsanalogie entstehen. So vermag sie die bislang schon befürwortete Inhaltskontrolle von Gesellschaftsverträgen von Publikumsgesellschaften stimmig zu erklären. Aufgrund der Einordnung als Vertrag ist die Inhaltskontrolle Rechtsfolge der mehrfachen Verwendung gleicher Vertragsbedingungen gegenüber einer Anlegermehrzahl.

b) *Geschäftsbesorgungs- vs. Korporationselemente*

Die Dienstleistung „kollektive Vermögensanlage" erbringt der Verwalter als Geschäftsbesorger für den einzelnen Anleger. Aus kosten- und steuerlichen Gründen – insbesondere wegen der mit der Anwendbarkeit des InvStG und entsprechender Fondsprivilegien im Ausland verbundenen Vorteile – erklärt sich der Anleger mit der Zusammenlegung seiner mit den Anlagen anderer Anleger im Zuge der Verwaltung einverstanden. Eine Beziehung der Anleger untereinander ist von niemandem gewollt. Auf Individualitäten kann bei der Abwicklung einer Vielzahl gleichförmiger Verträge nicht Rücksicht genommen werden. Die geschäftsbesorgungstypische höchstpersönliche Interessewahrung wird durch eine typisierte Interessewahrung im Sinne einer optimalen Rendite-Risiko-Relation substituiert.

Die vertragliche Erklärung der Anlageorganisation beschränkt sich nicht auf offene Fonds. Beim geschlossenen Fonds realisiert sich das Vertragsmodell jedoch in modifizierter Form. So substituiert das Recht zum Anteilsverkauf das bei offenen Fonds bestehende Austrittsrecht.

Eine vertragliche Erklärung der Anlageorganisation findet ihre Grenze im Vertrag zulasten Dritter. Der Rechtsformwahl muss im Außenverhältnis Wirkung zukommen, schon weil sich der Rechtsverkehr darauf verlässt. Der Vertragsansatz vermag eine gesetzliche Haftungsverfassung z.B. bei der OHG und in Bezug auf die haftungsrechtliche Separierung des auf eine einzelne Aktiengattung eingezahlten Vermögens bei der Anlage-AG nicht zu durchbrechen. Soweit an die Rechtsformwahl gläubigerschützende Vorschriften knüpfen, gelten diese weiterhin. Jedoch hat das Gesellschaftsrecht des KAGB den Bedürfnissen der Kollektivanlage weitgehend Rechnung getragen. Diese Regelungen sind als gesetzliches Leitbild im Rahmen der Inhaltskontrolle hervorzuziehen.

c) Qualifizierte vs. Privatanleger

Die Kontur des Anlagevertrags unterscheidet sich nach dem Status der beteiligten Anleger.

Die Differenzierung zwischen Privat-, semiprofessionellen und professionellen Anlegern setzt sich über den anerkannten Kreis des Informations- und Vertriebsrechts hinaus in das Organisationsrecht fort. Die Anlegerdifferenzierung zeigt sich in einer intensivierten Inhaltskontrolle zugunsten von Privatanlegern nach Maßgabe der §§ 307 ff. BGB. Soweit sich qualifizierte Anleger selber schützen können, ist die Inhaltskontrolle außer Kraft. Diese bei rechtem Verständnis in §§ 310 Abs. 1, 307 Abs. 2 BGB angelegte Wertung kann mittels der Statusdifferenzierung und dem Leitbild des KAGB rechtssicher praktiziert werden.

Die Anlegerdifferenzierung zeitigt zudem Konsequenzen für die Verwalterstellung. Dem qualifizierten Anleger wird Aktivität und Wissen unterstellt. Er kann sich im Verhältnis *zu seinen Anlegern* nicht auf Passivität und Unverständnis berufen. Die mit dem Status verknüpfte Verhaltenserwartung setzt sich in der Anlagekaskade fort.

2. Anlagedreieck

Grundsätzlich stehen Informationsansatz und Binnenorganisation zwar in einem Verhältnis praktischer Konkordanz respektive gegenseitiger Verstärkung: Wer etwas zu verbergen hat, wird neben einem Verhaltens- oder Organisationsdefizit in der Regel auch ein Informationsdefizit zu verantworten haben. Doch ist der Nutzen der Informationshaftung bei Kollektivanlagen beschränkt, weil sie *ex post* ansetzt. Die haftungsrechtliche Lösung befriedigt wegen der potenziell enormen Schäden nicht. Übersteigt die Haftsumme – wie regelmäßig – das Eigenkapital des Intermediärs, geht die Abschreckungswirkung von Ersatzpflichten ins Leere. Besondere Bedeutung kommt im Bereich der Kollektivanlage der Prävention durch Organisation, Information und Aufsicht zu. Anlageorganisationen sind deshalb in einem Dreieck aus Verwalter (KVG), Verwahrer (Verwahrstelle) und Anleger organisiert.

a) Gegenseitige Intermediärskontrolle

In diesem Anlagedreieck bestehen unmittelbare Ansprüche zwischen dem einzelnen Anleger, dem Verwalter und dem Verwahrer. Das Anlagedreieck tritt an die Stelle intrakorporativer Schutzmechanismen. Insbesondere sind Informations- und Stimmrecht im Anlagekontext wenig wirksam, weil der Anleger mit dem Tagesgeschäft entsprechend dem Wesen der Fremdverwaltung nichts zu tun haben möchte. An dessen Stelle nimmt ein kundiger und in die Geschäftsabläufe eingebundener Intermediär – die Verwahrstelle – die Kontrollaufgaben für den Anleger wahr. Deren wirtschaftliche Potenz sichert zugleich den Anreiz, ihren Kontrollaufgaben ordnungsgemäß nachzukommen: Im Fall der Haftung des Verwalters stellt sich immer zugleich die Frage nach einem Versagen des Verwahrers. Die finanziell geringe Leistungsfähigkeit des Verwalters richtet die Aufmerksamkeit der Geschädigten auf die „tiefen Taschen" der Verwahrstelle. Die derart sortierte Organisations- und Verhaltensordnung ermöglicht einen Mindestschutz während des Anlagezeitraums, so dass der Privatanleger – der gesetzlichen Vermutung entsprechend – während des ganzen Anlagezeitraums passiv bleiben kann.

Das Anlagedreieck lässt sich für alle Rechts- und Organisationsformen – auch jenseits des KAGB – nachweisen. Es ist Teil des wahren Vertragswillens der Anleger, dem die Rechtsprechung regelmäßig zur Durchsetzung verhilft.

Die natürliche Wirksamkeitsgrenze des Anlagedreiecks liegt in der Kollusion von Verwalter und Verwahrer. Ihr ist rechtlich durch eine im Verhältnis zur Normalsituation verbesserte Stellung des Anlegers gegenüber den Intermediären zu entsprechen.

b) *Präventions- und Kompensationsbefugnis des Intermediärs*

Mit der Präventionsbefugnis verknüpft ist das Recht zum Einschreiten gegen den jeweils anderen Intermediär. So hat der Verwahrer nicht nur, wie es der Informationsansatz gebietet, Anleger über Pflichtwidrigkeiten zu informieren, sondern bereits zuvor solche möglichst zu verhindern. Kann die Verwahrstelle ihre Funktionen nicht mehr ausüben, hat sie der Verwalter auszutauschen.

Sind Schäden eingetreten, steht in der Person des jeweils anderen Intermediärs ein Prozessstandschafter bereit, der die Ansprüche für die Anleger bündelt und damit die Erfüllung von Ersatzansprüchen bei Massenschäden wahrscheinlich werden lässt. Das Verhältnis von Individual- zu Kollektivanspruch richtet sich nach den §§ 420, 432 BGB. Soweit die Leistung wie etwa die Verwaltung des Anlagevermögens unteilbar ist, kommt es zur Anspruchs- und Klagebündelung nach § 432 BGB, im Übrigen bleibt es bei der Klagebefugnis des einzelnen Anlegers nach § 420 BGB. Dabei vertritt der Intermediär alle nichtklagenden Anleger. Soweit ein Anleger seine Rechte selbst wahrnehmen möchte, sind Anleger und Verwahrer Streitgenossen. Für Ersatzansprüche kann der Anleger ab dem Zeitpunkt des Eintritts in den Prozess über den ihn anteilig betreffenden Streitgegenstand verfügen, z.B. sich mit der KAG vergleichen. Klagt der einzelne Anleger zuerst, kann die Depotbank bei Ersatzansprüchen auf Seiten des Anlegers beitreten; bei Leistungsansprüchen muss sie dies wegen § 432 Abs. 1 BGB tun.

c) Beziehung und Ansprüche der Anleger untereinander

Anleger stehen zueinander in keiner Sonderrechtsbeziehung, aus der sie Ansprüche ableiten können. Es handelt sich lediglich um Kunden derselben Geschäftsbesorger, sie stehen nur über die Beziehung zum Verwalter und Verwahrer mittelbar in rechtsgeschäftlichem Kontakt. Ersatz- und sonstige Ansprüche sind jeweils im Leistungsdreieck rückabzuwickeln. Die Bezeichnung der Beziehung der Anleger untereinander als Miteigentum trifft nicht den Kern. Es fehlen die Eigentümerbefugnisse, zudem wird niemals Eigentum begründet. Die Rechtszuweisung des KAGB zu den Anlagegenständen ist eine spezielle Form des Eigentums.

d) Anleger- und Funktionsschutz

Das zwingende Recht der Kollektivanlage hat seinen Ursprung im Anlegerschutz. Heute bezweckt es Anleger- und Funktionsschutz. Die Förderung einer funktionierenden Anlageindustrie und der Systemschutz sind Ausprägungen des Funktionsschutzes.

Die Zweckdualität markiert die Grenze der Vertragsdispositionen. Der Funktionsschutz dient dem öffentlichen Interesse und ist indisponibel. Im Bereich des Anlegerschutzes kommt es auf das Schutzbedürfnis der Anleger an. Maßgeblich ist nicht die tatsächliche, sondern die nach dem Anlegerstatus typisierte Selbstschutzkapazität. Entsprechend der gesetzlichen Prämisse, wonach Privatanleger passiv, unkundig und risikoscheu sind, gilt die Zweckdualität aus Anleger- und Funktionsschutz für Publikumsanlagen uneingeschränkt. Dagegen rechtfertigt der Anlegerschutz für qualifizierte Anleger, die nach der gesetzlichen Vermutung aktiv, kundig und risikotragfähig sind, nur dort eine Grenze, wo sich diese trotz Aktivität und anlagespezifischen Kenntnissen nicht selbst schützen können.

III. Intermediäre

1. Hauptpflichten

Nach der Funktionszuweisung im Anlagedreieck schuldet der Verwalter die Anlageentscheidung als Kardinalpflicht, zudem die Administration und den Vertrieb. Die Anlageleitlinien richten sich nach den vertraglichen Absprachen, wie sie sich aus den konstituierenden Dokumenten und einschlägigen Vertriebsinformationen ergeben. Für die fehlerhafte Anlageentscheidung ist eine Verfahrens- statt Ergebnishaftung charakteristisch. Dem Verwahrer obliegen – bei Nuancen im Detail – die Ver- und Bewahrung der Anlagegegenstände. Leitmaxime der Hauptpflicht ist das Handeln im Anlegerinteresse. Eine Auslagerung an kundige Dritte ist zulässig, lässt aber die Haftung des Intermediärs unberührt. Die Haftung des Verwahrers lässt sich nicht auf die zutreffende Auswahl des Unter-Verwahrers beschränken, weil sich der Anleger auf die ordnungsgemäße Erfüllung respektive Überwachung durch den gewählten Intermediär verlässt.

Interessenkonflikte sind nicht aufzulösen oder zu vermeiden, vielmehr liegen diese aufgrund der Anlegervielzahl in der Natur der Sache. Intermediäre müssen sich so organisieren, dass die Anleger aus den Konflikten möglichst geringen Schaden erleiden. An die Stelle spezifischer Handlungs- treten Organisationsgebote.

2. Verwaltergebühren: Informationsprinzip

Das Fondsrecht setzt in der Frage der Angemessenheit der Gebühren grundsätzlich auf Anlegerinformation statt materieller Gebührenregulierung. Eine absolute Gebührengrenze setzt die Sittenwidrigkeit. Sittenwidrig ist eine Gebührenabrede mit Privatanlegern, wenn die Gebührenhöhe die Erreichung des Anlageziels (Kapitalerhalt oder Ertrag) unter keinem realistischem Ergebnisszenario als aussichtsreich erscheinen lässt (absoluter Standard) oder wenn ein Mehrfaches der marktüblichen Verwaltergebühren für den Fonds gleichen Typs verlangt wird (relativer Standard).

Das Informationsprinzip setzt sich bei den Strukturmaßnahmen fort, wird dort aber mit einem privilegierten Austrittsrecht kombiniert.

3. Gleichbehandlungspflicht

Im Verhältnis der Anleger zueinander hat der den Verwalter bindende Grundsatz der Anlegergleichbehandlung keinen mitgliedschaftlichen, sondern einen vertragsrechtlichen Geltungsgrund. Danach beansprucht jeder Anleger eines Fonds bzw. Teilfonds, ebenso wie andere Anleger desselben Fonds / Teilfonds behandelt zu werden. Anteilsklassen eines Fonds rechtfertigen keine Differenzierung im Verhältnis zu den übrigen Anlegern desselben Fonds. Unzulässig ist die Abwälzung von Gemeinkosten einer Klasse z.B. für professionelle Anleger auf die Privatanleger einer anderen Anlageklasse. Im Verhältnis verschiedener Teilvermögen ist ebenfalls Gleichbehandlung geschuldet.

Die Gleichbehandlungspflicht ist nicht grenzenlos. Weil jeder Anleger mit dem Verwalter einen eigenen Anlagevertrag schließt, kann jeder Anleger mit dem Verwalter (z.B.) eine individuelle Regelung in Bezug auf die Verwaltergebühren treffen.

IV. Anleger

1. Reduzierter Bestandsschutz

An die Stelle des korporativen Mehrheitsprinzips tritt das vertragsrechtliche Zustimmungsprinzip. Danach bedarf grundsätzlich jede Änderung des Anlagevertrags der Zustimmung beider Vertragsseiten. Änderungsvorbehalte sind nur in sehr geringem Umfang wirksam. Zur Erhaltung der Flexibilität und Praktikabilität des Fonds als Massenorganisation ist die Kontinuität der Anlagebeziehung reduziert. Beide Vertragsseiten können keine unendliche Anlagebeziehung beanspruchen. Im Vergleich zur Mitgliedschaft, aber auch im Vergleich zu üblichen Dauerschuldverhältnissen, wo die Kündigung – soweit diese nicht vorbehalten ist – eines Grundes bedarf (§ 314 Abs. 1 BGB), ist der Anlagevertrag ein Rechtsverhältnis mit reduziertem Bestandsschutz. Auch darin zeigt sich das Verständnis der Anlageorganisation als Standarddienstleistung des Verwalters, im Gegensatz zu einer eigentumsgleichen (mitgliedschaftlichen?) Rechtszuweisung.

Eine Beendigung durch Kündigung oder Veränderung – mit vergleichbaren Folgen wie bei Beendigung – *durch den Verwalter* ist bei Einhaltung einer angemessenen Frist ohne weiteren Grund in den dargestellten Grenzen zulässig. Als Leitlinie für die Angemessenheit der Kündigungsfrist auf Seiten des Verwalters ist die Sechs-Monatsfrist des § 99 Abs. 1 KAGB heranzuziehen. Die einseitige Kündigungsmöglichkeit erhält die Flexibilität zur Anpassung an neue Gegebenheiten und korrigiert die Folgen des vertragstypischen Zustimmungsprinzips. Nach diesen Grundsätzen lässt sich für alle Umstrukturierungen von Fonds eine Trias aus (1) angemessener Anlegerinformation, (2) einer Garantenfunktion von Verwahrer und Aufsichtsbehörde und (3) einem Ausscheidensanspruch zum Nettoinventarwert abzüglich Auflösungskosten herleiten.

Der reduzierte Bestandsschutz zeigt sich *auf Seiten der Anleger* in einem Lösungsrecht. Das Recht ist nicht nur, wie das Schrifttum meint, Anlegerschutzinstrument, sondern zugleich Element der „Flüchtigkeit" der Anlagebeziehung im Sinne einer erleichterten Aufhebbarkeit der Vertragsbeziehung auf beiden Seiten.

2. *Ausscheiden zum NAV abzüglich Liquidationskosten*

Das Lösungsrecht realisiert sich durch Übertragung des Anteils an Dritte oder Rückgabe des Anteils an den Verwalter. Auf die zweite Alternative besteht vor der Liquidation nur bei Fonds des offenen Typs ein vertraglicher Anspruch. Die erste Alternative ist bei geschlossenen Fonds zwingend. Der Vertrag hat entsprechende Regelungen vorzusehen, abweichende Regelungen für Privatanleger sind unwirksam.

Nur ein werthaltiges Austrittsrecht ist wirksames Substitut für die Mitbestimmung. Der Verwalter muss die Werthaltigkeit durch zutreffende Berechnung und Veröffentlichung des Nettoinventarwerts fördern. Die Werthaltigkeit kann durch Tatsachen außerhalb der individuellen Anlagebeziehung beeinträchtigt sein. So kann der Verwalter wegen massenhafter Rückgabe von Anteilen anderer Anleger zur Aussetzung der Anteilsrückgabe gezwungen oder der Marktpreis bei Veräußerung an Dritte durch mangelnde Nachfrage beeinflusst sein. Diese Faktoren liegen außerhalb der Einflusssphäre des Verwalters und sind diesem nicht zuzurechnen.

3. Auf den Anlagebetrag beschränkte Haftung

Aus dem Korporationsmodell, das für das Außenverhältnis zu Dritten heranzuziehen ist und ebenfalls im KAGB zum Ausdruck kommt, folgt für Publikumsanlagen ein Prinzip des auf den Anlagebetrag beschränkten Geldeinsatzes des Anlegers. Dieses Prinzip weist drei Ausprägungen auf. Erstens haftet der Eintretende nicht für Altschulden. Zweitens ist die Haftung der Anleger für neue Gesellschaftsverbindlichkeiten ausgeschlossen. Gläubiger, die mit einem Verwalter kontrahieren, wissen, dass dieser für Rechnung einer Anlageorganisation handelt. Drittens ist der Anleger zu Nachschüssen oder einer Pflichtteilnahme an einer Kapitalerhöhung nur verpflichtet, wenn dies im Voraus wirksam vereinbart wurde oder er einer nachträglichen Festsetzung zugestimmt hat. Eine solche Vereinbarung kann mit qualifizierten Anlegern auch durch Formularvertrag zustande kommen. Initiatoren („Verwalter") haften nach den allgemeinen Bestimmungen.

Wegen des Vertrags zulasten Dritter als Grenze des Vertragsprinzips setzen sich die bezeichneten Prinzipien nur dort durch, wo die gewählte Rechtsform nicht entgegensteht. Dies ist insbesondere bei der Anlage-OHG der Fall, wie sie z.B. im Familienkreis weiterhin zulässig ist. Beteiligen sich Anleger an einer OHG, durchbricht die gesetzliche Haftungsverfassung die vertraglich gewünschte Lösung. Für durch den Numerus Clausus des KAGB in ihrer Häufigkeit reduzierte Fonds-GbR fehlt eine gesetzliche Haftungsanordnung. Insofern ist mit der Sonderrechtsprechung des BGH für Immobilienfonds eine Wirkung von haftungsbeschränkenden Abreden zulasten der Gläubiger anzuerkennen. Derartige Haftungsschranken sind Teil des gesetzlichen Leitbilds des KAGB.

B. Außenrecht (Corporate Governance)

Diese Untersuchung beschränkt sich auf Anlageorganisationen. Die Themenstellung provoziert die Frage nach den Auswirkungen der erkannten Prinzipien auf die unternehmerische Organisation. Während die Details Spezialuntersuchungen vorbehalten sein müssen, mag das Transferpotential der Erkenntnisse als rechtspolitische Überlegung kurz angedeutet werden.[2]

---

[2] Dabei kann es nicht um einen vollständigen Erkenntnistransfer gehen, denn sonst gelangt man zu der auf den Anleger (statt die Anlageorganisation) fokussierten Position von *Hopt, Wiedemann* und *Kalss*. Es geht vielmehr darum, Erkenntnissplitter für den unternehmerischen Kontext fortzudenken.

I. Institutionalität und Außenrecht: Die Intermediärsstellung

So wurde als Trennlinie zwischen der Gesellschaft und der Kollektivanlage die Verfolgung eines gemeinsamen Zwecks durch die Gesellschafter herausgearbeitet. Alleiniges Kriterium der Kollektivanlage ist die Mehrung der Finanzmittel in den Grenzen der Anlagepolitik, während für die Unternehmung der gemeinsame Zweck im Sinne des gemeinsamen Betriebs eines Unternehmens maßgeblich ist. Aus dem gemeinsamen Zweck resultieren rechtliche Leitlinien, von denen Anlagegesellschaften befreit sind. So kann der gemeinsame Zweck rechtliche Leitlinie für die Prüfung von Vorstandsentscheidungen sein, er begrenzt die Vorstandsmacht und verpflichtet die Gesellschafter auf ein Verhalten, welches dem gemeinsamen Zweck nicht zuwiderläuft (Treupflicht).

Aus der Anerkennung dieser Kategorien im Außenverhältnis zwischen der Verwaltung des Fonds und der Ziel- oder Portfoliogesellschaft ergeben sich Konsequenzen. So kann der Austausch eines lediglich auf Gewinnmehrung abzielenden Gesellschafters (eines Fonds) durch einen anderen nicht gegen ein Wettbewerbsverbot verstoßen, weil keiner der beiden Gesellschafter ein von der Gewinnerzielung losgelöstes und potenziell mit dem Gesellschaftszweck kollidierendes Gesellschaftsinteresse verfolgt.[3] Es gibt keinen unternehmensbezogenen Grund, die Zustimmung zur Übertragung zu verweigern, wenn die Aktie von einem an einen anderen Anleger übertragen werden soll, der kein anderes als das Ertragsinteresse verfolgt.

II. Unternehmensrecht als Recht der Stellvertreter: Die Aktionärsstellung

Die Anlegerdichotomie aus unkundigem, passivem Privatanleger und kundigem, aktiven qualifizierten Anleger hat das Potenzial, das Kriterium der Börsennotierung (§ 3 Abs. 2 AktG) als rechtliches Unterscheidungsmerkmal für operative Unternehmen zu ersetzen. Während die Stellung des Unternehmers im Anlagekontext die Verwalter, Verwahrer oder dahinterstehenden Fondsinitiatoren übernehmen, ist die Anlegerdichotomie für operative Unternehmen um die Person des Unternehmers zu einer Trias zu erweitern. Dann ist die Anlageorganisation die Mittelverwendungsalternative, die passiven und unkundigen Anlegern hinreichenden Schutz gewährt. In einem Unternehmensrecht der Stellvertreter gehen Unternehmer und nach der gesetzlichen Vermutung kundige, aktive und risikoneutrale qualifizierte Anleger miteinander um. Für diesen Umgang gelten die Regeln des auf Geschwindigkeit, Transaktionssicherheit und Verlässlichkeit setzenden Handelsverkehrs. Vertragliche Abreden sollten die Parteiinteressen in gehobenem Maße widerspiegeln. Satzungsstrenge und Inhaltskontrolle sind zu reduzieren.

---

[3] Im Ergebnis zutreffend OLG Bremen, DStR 2007, 1267.

Spielen Privatanleger in einem Konzert der professionellen Akteure mit, obwohl ihnen weder Noten noch Instrument hinreichend vertraut sind, wundert nicht, dass die Harmonie gestört ist. Doch ist diesem Missstand nicht mit einem Neu-Arrangement der Symphonie, sondern der Herausnahme oder Übertönung (durch Missachtung) unpassender oder unfähiger Instrumentalisten zu begegnen. Die unternehmerische Beziehung ist auf Kenntnis und Aktivität der Beteiligten zugeschnitten. Eben diese Erwartung rechtfertigt die Verhaltenspflicht der professionellen Anleger gegenüber *ihren* Anlegern. Wer dieses Profil nicht erfüllt, kann nicht Zusatzrechte einfordern. Die Ansicht *Walther Rathenaus*, der kleine Aktionär sei ein fehlgeleiteter Verwalter seines Vermögens,[4] stammt aus einer Zeit, als Anlageorganisationen noch nicht existierten; auch war die Empfehlung, er solle in Staatsanleihen und Pfandbriefe investieren, angesichts des Inflationsrisikos unhaltbar und nachgerade ruinös. Heute ist sie mit dem Argument wieder vertretbar, dass den Privatanlegern Anlageorganisationen zur Verfügung stehen, deren Recht, Organisation und Aufsicht auf ihre Bedürfnisse zugeschnitten ist.

Bestätigt werden diejenigen, die einer Zuweisung von Einflussrechten an Publikumsanleger kritisch gegenüber stehen.[5] Statt einer Einheitsaktie sind für Publikums-AGs nach dem Grad der Anlegerprofessionalisierung eine Zweiteilung der Aktien und der Abschied von dem Grundsatz *one share, one vote* zu propagieren. Die mit Herrschaftsrechten verbundenen Aktien sind qualifizierten Anlegern vorzubehalten. Ihr anteiliger Wert am Grundkapital sollte zur Reduzierung der Verwaltungskosten tendenziell hoch angesetzt sein. Neu zu schaffen ist eine Aktiengattung mit reiner Kapitalbeteiligung. Die Vorzugsaktie des AktG kommt diesem Bild nahe, bringt aber Teilnahme- und prozessuale Rechte der Aktionäre mit sich. Diese Rechte sind in einem Konzept, wo den qualifizierten Anlegern die Kontrolle der Unternehmer obliegt, bestenfalls sinnlos, im schlechtesten Fall störend. In konsequenter Fortsetzung des Anlagegedankens ist die mit Vorzugsaktien verbundene Rechtsmacht auf Informationsrechte und eine Beteiligung am Kapitalstrom zu reduzieren. Ein Ertragsvorzug ist nicht erforderlich. Eine gleiche Ergebnisbeteiligung beider Aktiengattungen erfüllt auch den Zweck.

Jedoch ist eine Abstufung der Anteilsrechte in der Insolvenz anzustreben: Die Anlageaktionäre sollten bevorrechtigt, die Halter des Residualanspruchs sollten die Herrschaftsaktionäre, also die qualifizierten Anleger sein. So ist gewährleistet, dass diese ihre Kontrollfunktion zugunsten der im Rang über ih-

---

[4] *Rathenau*, Vom Aktienwesen, S. 33 („Die Aktie ist keine Kapitalanlage für den kleinen Sparer; der kleine Aktionär ist ein irregeführter Verwalter seines Vermögens, und es ist einem jeden zu wünschen, daß er sich ohne Verlust in kurzer Frist seines ungeeigneten Besitzes zu entledigen vermöchte")

[5] *Rathenau*, Vom Aktienwesen, S. 29 ff.; *Staake*, S. 111 ff.; *Mertens*, AG 1990, 49, 51 f.; *Stephan*, Mediatisierter Anteilsbesitz, S. 40 ff.

nen stehenden Publikumsanleger erfüllen. Das Kapital der Privatanleger bildet dann einen dem Fremdkapital vorgelagerten Puffer.

Ein institutionelles Investment in die passive Aktiengattung ist für eine effektive Marktpreisbildung erforderlich und muss deshalb zulässig sein. Durch gute Informationsverarbeitung, Arbitrage und Leerverkäufe werden bestimmte professionelle Anleger, insbesondere Hedgefonds, zum Ausgleich des Kursniveaus beider Aktiengattungen beitragen. Daraus erwachsen keine neuen Gefahren, weil mit der Inhaberschaft der passiven Gattung kein Einfluss einhergeht. Dagegen sollten die Regeln für die qualifizierte Gattung abweichend von § 23 Abs. 5 AktG privatautonom gesetzt werden können. In einem solchen Rahmen mögen Treuedividenden oder Mehrfachstimmrechte im Gegenzug für eine längere Halteverpflichtung vereinbart werden (wenig sinnvoll ist die Anknüpfung solcher Maßnahmen an eine lediglich tatsächlich längere Haltedauer.[6]) Damit schließt sich ein nahezu 500 Jahre währender Kreis: Eine solche Struktur mit einflusslosen, aber liquiden Bewindhebbers und einflussreichen, illiquiden Hauptpartizipanten (qualifizierte Anleger) und Direktoren (Unternehmer) wies auch die Niederländisch-Ostindische Kompagnie (VOC) auf, eine Gesellschaft mit immerhin 200 Jahren erfolgreicher Geschäftstätigkeit.

III. Fonds Governance vs. Corporate Governance: Die Stewardship-Debatte

Die vorgenannte Differenzierung ist nicht mit einem Transfer der Pflichtenstandards des Verwalters in der Anlagekaskade in das Außenverhältnis zu verwechseln. Das Gesetz vermutet, dass qualifizierte Anleger *im Verhältnis zu Privatanlegern* aktiv, kundig, risikoneutral und dem Anlegerinteresse verpflichtet sind, während die qualifizierte Anlagebeziehung auf Gleichordnung fußt. Es handelt sich um Pflichten *im Innenverhältnis*, also gegenüber den eigenen Anlegern. Doch lässt sich erwägen, ob aus diesem internen Anspruch Konsequenzen im Außenrecht, also im Verhältnis zur Portfoliogesellschaft zu ziehen sind. Solche Konsequenzen könnten in einer Verhaltenspflicht münden, wonach sich institutionelle Anleger auch im Verhältnis zur Portfoliogesellschaft aktiv und kundig engagieren, also das Unternehmensinteresse fördern und die Unternehmensführung überwachen müssen.[7] Auf Stereotypen reduziert, wünscht man sich freilich nicht den überforschen Hedgefonds- und Private Equity-Verwalter;

---

[6] Dafür aber Report of the Reflection Group On the Future of EU Company Law (April 2011), Nr. 3.1.3.

[7] Vgl. dazu Europäische Kommission, Vorschlag für eine Richtlinie zur Änderung der Richtlinie 2007/36/EG im Hinblick auf die Förderung der langfristigen Einbeziehung der Aktionäre ( ), COM/2014/0213 final; Report of the Reflection Group On the Future of EU Company Law (April 2011), Nr. 3.1.3; in die gleiche Richtung weist der Stewardship Code für institutionelle Investoren, vgl. Financial Reporting Council, The UK Stewardship Code (September 2012), auf den britische Vermögensverwalter im Rahmen einer *comply or explain*-Basis verpflichtet sind (Nr. 2.2.3 COBS, Teil des FCA-Handbuchs); dazu *MacNeil*, (2010) 5 Capital Market L.J. 419; *McKersie*, (2010) 5 Capital Markets L.J. 439; *Wittig* WM 2010, 2337,

es geht um die Aktivierung als Langfrist-Investoren vermuteter Verwalter von Pensionsfonds- und Kollektivanlagen.

Bereits die Tatsachenbasis einer Inpflichtnahme von Pensionsfonds ist zweifelhaft.[8] Aus aktienrechtlicher Sicht ist einerseits eine Beeinträchtigung der Arbeit des Aufsichtsrats als Überwachungsorgan zu befürchten. Eine solche Überwachungspflicht ist kraft der Organspaltung im zweigliedrigen System deutlicher ausgeprägt als in den eingliedrigen *Board of Directors* anglo-amerikanischen Typs. Andererseits ist eine Überwachungspflicht des professionellen Anlegers mit Blick auf § 57 Abs. 4 AktG zweifelhaft; der Aktionär hat mit der Leistung des Beitrags alles Erforderliche getan. Das zuletzt genannte Argument mag man mit Blick auf die Korrelation von Einfluss und Verantwortung überwinden. Jedoch beeinträchtigt der Transfer der Verwalterpflichten in die Corporate Governance auch das sorgfältig austarierte Gleichgewicht im Recht der Anlageorganisation, und zwar aus drei Gründen.

Erstens schwächt die Anerkennung von Überwachungspflichten der Verwalter gegenüber der Portfoliogesellschaft die Verantwortlichkeit gegenüber den Anlegern, die insbesondere gegenüber passiven und unkundigen Privatanlegern ohnedies nicht allzu stark ausgeprägt ist. „Niemand kann zwei Herren dienen. Entweder er wird den einen hassen und den andern lieben, oder er wird an dem einen anhängen und den andern verachten."[9] Allzu leicht lässt sich das Eigeninteresse des Managements als vermeintliches Unternehmensinteresse darstellen.[10]

Zweitens ist die Einbeziehung von Stakeholder-Interessen in den Pflichtenkreis des Verwalters nur soweit wünschenswert, wie damit das Anlegerinteresse gefördert wird. Solche Gewinne – und zwar weder aus Fondseinzel- noch Gesellschaftsperspektive – sind keineswegs selbstverständlich.[11] Die als *Wall-*

2342 f.; kritisch *Cheffins*, (2010) 73 Modern L. Rev. 985; *Fleischer*, ZGR 2011, 155, 163 f.; Birkmose/Zetzsche S. 337, 343 ff.; *Zetzsche*, NZG 2014, 1121, 1124 f.

[8] Die jährliche Portfolioumschlagrate der Mutual Funds hat sich seit den 1950er Jahre von 15% auf 100% erhöht. Wurde das Portfolio in den 1950er Jahren alle sieben Jahre durchgewechselt, geschieht dies heute binnen eines Jahres, vgl. *Bogle*, (2007–2008) 33 J. Corp. L. 31, 33. Von Langfristanlage kann nicht gesprochen werden. Dem steht ein mehrjähriger Anlagehorizont von Private Equity-Fonds gegenüber. Indexfonds und indexorientierte Fonds sind dagegen zur Langfristanlage verdammt. Sie können kraft Anlagepolitik nicht dauerhaft vom Index abweichen. Vgl. *Papaioannou/Park/Pihlman/van der Hoorn*, Procyclical Behavior of Institutional Investors During the Recent Financial Crisis: Causes, Impacts and Challenges, IMF Working Paper No. 13/193 (2013), S. 20 f.; *Isaksson/Çelik*, "Who Cares? Corporate Governance in Today's Equity Markets", OECD Corporate Governance Working Papers, 2013, No. 8, S. 27 ff.

[9] Matthäus 6, Vers 24.

[10] Birkmose/Zetzsche S. 337, 353.

[11] *Cheffins*, (2010) 73 Modern L. Rev. 985, 1025. Die empirischen Daten sind nicht eindeutig. Vgl. *Gillan/ Starks*, (2007) 19 J. Appl. Corp. Fin. 55, 67 (Überblick über die Literatur, wonach kein Effekt von Aktionärsaktivismus auszumachen ist) gegen *Becht et al.*, (2009) 22 Rev. Fin. St. 3093 (mit Nachweis von Outperformance bei einem aktivistischen Fonds).

Street-Rule bezeichnete Regel, bei Missständen statt einer Einflussnahme die Anteile zu veräußern, kann aus Anlegersicht die profitabelste Verhaltensweise sein. Instruktiv mag hier ein Blick auf die inhaltlich ähnliche US-Debatte sein: Diese wird unter der Prämisse einer intensivierten Verantwortlichkeit *gegenüber den Fondsanlegern* geführt.[12] Mit dem gleichen Blickwinkel reagieren die Regulierung und Branchenverbände auf die Diskussion um die vermeintlich „neue Eigentümerverantwortlichkeit" der Fonds gegenüber den Portfoliogesellschaften.[13] Folgt man dem, steht nur dort, wo der Fonds nicht ausscheiden kann und deshalb die Anleger mit Verlusten einer mangelhaften Überwachung belastet sind, die Fortentwicklung des *agency capitalism* zum *fiduciary capitalism* in Rede.

Jedoch sind Überwachungsgewinne Langfristvorteile; es ist ein reziprokes Verhältnis von Anteilsliquidität und Kontrolle zu konstatieren.[14] Nur für denjenigen, der nicht zu günstigen Kosten ausscheiden und so kurzfristige Erträge realisieren kann und nicht aus anderen Gründen Liquidität vorhalten muss, lohnt sich ein langfristiges Engagement. Das Rückgaberecht der Anleger offener Fonds, das die Fonds Governance stärkt, schwächt die Corporate Governance. Es zwingt die Verwalter offener Fonds, tendenziell größere Aktienanteile liquide zu halten. Möchte man das sorgfältige Gleichgewicht im Anlagedreieck nicht stören, ist an dieser Grundentscheidung nicht zu rütteln. Als Überwacher kommen somit allenfalls Verwalter geschlossener Fonds, Pensions- und Spezialfonds in Betracht.

Drittens ist die Passivität vieler institutioneller Investoren ökonomisch rational.[15] Insbesondere Indexfonds, die kraft ihrer Anlagestrategie Langfristanleger sind, konkurrieren über Kosten, weil die Portfolio*erträge* aller Fonds, die den gleichen Index abbilden, identisch sein müssen. Auch im Übrigen wird man Gewinne aus der Überwachungstätigkeit angesichts von Aktienportfolios mit bis zu 5.000 Titeln nicht ohne weiteres behaupten können.[16] Gewinne aus

---

[12] *Strine*, (2007–2008) 33 J. Corp. L. 1; *Bogle*, (2007–2008) 33 J. Corp. L. 31; *Bainbridge*, (2007–2008) 33 J. Corp. L. 21; *Gilson*, (2007–2008) 33 J. Corp. L. 47; *Ferlauto*, (2007–2008) 33 J. Corp. L. 41.

[13] Vgl. Art. 37 AIFM-VO; im Ergebnis ebenso IOSCO, CIS as Shareholders: Responsibilities and Disclosure (September 2003), S. 9; *Schäfer*, Fund Governance, S. 116 f., 128.

[14] Eingehend *Coffee*, (1991) 91 Colum. L. Rev. 1277.

[15] *Coffee*, (1991) 91 Colum. L. Rev. 1277, 1324 f.; *Schmolke*, ZGR 2007, 701, 719 f.; *Fleischer/ Strothotte*, AG 2011, 221. *Gilson/Kraakman*, (2014) 100 Va. L. Rev. 313, diagnostizieren eine regulatorische Überhöhung der Efficient Market Hypothesis (EMH) und fordern eine Wiederbesinnung auf die EMH als methodischen Ansatz zur Informationkostenmessung. S. auch *Dallas*, (2012) 37 J. Corp. L. 265, 278 f.; *Duruigbo*, (2012) 100 Ky. L. J. 531, 535 f., 570 f.; *Brauer*, (2013) 14 J. Bus., Econ. & Mgmt. 386, 387.

[16] *Coffee*, (1991) 91 Colum. L. Rev. 1277, 1318 f., 1324 f.; Idee von der Steuerung der Kontrolle durch Konzentration und Dekonzentration bereits bei *Stephan*, Mediatisierter Anteilsbesitz, S. 192 ff. (mit der Idee von Sozialfonds im öffentlichen Auftrag); kritisch zu Rentabilität und Nutzen z.B. *Wong*, (2010) JIBFL 406, 407; *Mendoza/Van der Elst/Vermeulen*, (2011) 7 South Car. J. Bus. L. 1.

Überwachungstätigkeit sind jedoch für sehr große Fondskomplexe wahrscheinlich, bei denen die Summe der Einzelportfolios mehrere Prozent der Stimmrechte ausmacht.[17] Zur Fruchtbarmachung dieser Vorteile müssen die Grenzen der Fonds Governance perforiert werden. So kann die rechtliche Grenze der einzelnen Kollektivanlage nicht aufrechterhalten werden, wenn alle Aktien einer Fondsfamilie zusammengefasst vertreten werden sollen. Nicht mehr das Interesse der fondsspezifischen Anlagestrategie, das durchaus auf fallende statt steigende Kurse gerichtet sein kann, sondern ein wie auch immer definiertes Gemeininteresse aller Fonds z.B. an steigenden Kursen setzt sich durch. Im Übrigen könnte es zur Trennung der Stimmrechtsausübung von der Anlageentscheidung kommen, weil die Anlageentscheidung fondspezifisch erfolgt. Wiederum ist ein Konflikt zwischen der Fonds Governance und der Corporate Governance zu konstatieren.

Stattdessen drängt sich die Zusammenführung von Handels- und Stimmrechtsentscheidung in der Form auf, dass Handel und Stimmabgabe komplementäre Alternativen desselben Wissensträgers sind.[18] Die Grundentscheidung zwischen „Exit" und „Voice"[19] darf nicht durch organisatorische oder rechtliche Hürden vorgeprägt sein. Solche hier nicht weiter zu vertiefende Hürden stellen die Gefahr einer gegenseitigen Zurechnung von Stimmen aktiver Investoren (*acting in concert*),[20] regulatorische Schranken für die wirksame Einflussnahme, wie z.B. die Begrenzung der Hauptversammlungszuständigkeit und die Regulierung von Stimmrechtsberatern[21] dar. Die Stewardship Debatte lässt sich nicht auf Fragen der Corporate Governance reduzieren. Die Einbeziehung der Fondsperspektive führt eher zur Ablehnung als zur Förderung einer aktiven Überwachungspflicht vis-a-vis den Portfoliogesellschaften.[22]

---

[17] *Bogle*, (2007–2008) 33 J. Corp. L. 31 f.

[18] Eine mögliche Praxis kann die Bildung von Proxy Voting Committees unter Beteiligung der Portfoliomanager sein, dazu *Schäfer*, Fund Governance, S. 128 f. Allerdings müssen für Fonds mit widerstreitenden Anlagestrategien separate Committees gebildet werden.

[19] Grundlegend *Hirschmann*, Exit, Voice and Loyalty (1970); aus neuerer Zeit *Admati/ Pfleiderer*, (2009) 22 Rev. Fin. St. 2645 (mit Nachweis, dass die Ausstiegsdrohung auch von Aktionären mit erheblichem Aktienanteil eingesetzt werden kann, aber nicht immer wünschenswerte Resultate erzielt); *Edmans/Manso*, (2011) 24:7 Rev. Fin. St. 2395 (zur Erhöhung des Drucks auf das Management durch Androhung der Veräußerung).

[20] Dazu KMRK/*Noack/Zetzsche*, § 30 WpÜG Rn. 19 ff. Für Abbau derartiger Hürden Report of the Reflection Group On the Future of EU Company Law (April 2011), Nr. 3.1.3.; *Zetzsche*, NZG 2014, 1121.

[21] Dazu *Fleischer*, ZGR 2011, 169; *Klöhn/Schwarz*, ZIP 2012, 149; *Zetzsche/Preiner*, AG 2014, 685.

[22] Vgl. auch *Melis*, The Institutional Investor Stewardship Myth, S. 380 ff.

§ 40 – Fazit

A. Verprobung der Untersuchungsziele

Eingangs wurden mit der Offenlegung der Strukturen und Prinzipien des Rechts der Kollektivanlagen, der Reichweite der Gestaltungsfreiheit und der Rechtsbeziehungen der Anleger unter- und zueinander drei Untersuchungsziele definiert.

Es konnte gezeigt werden, dass die kollektive Vermögensanlage nur eine Spezialform der individuellen Vermögensanlage ist. Das Kollektivelement wird durch verschiedene Rechtsformen für Personen- und Kapitalmehrheiten abgebildet. Mittels Einordnung in das Geschäftsbesorgungsrecht unter Berücksichtigung des KAGB als Spezialgesetz für Anlagebeziehungen können die wesentlichen Probleme, die sich aus dem Umstand einer Mehrzahl paralleler Anlagebeziehungen ergeben, befriedigend gelöst werden. Individual- und Kollektivanlage weisen jedoch einige Unterschiede auf. So steht das bei der Individualverwaltung übliche Vertretungsmodell für Kollektivanlagen nach hier vertretener Auffassung nicht zur Verfügung, die Treuhandlösung ist die einzig zulässige Organisationsform. In Bezug auf die Verwaltung für mehrere Kunden der gleichen Kollektivanlage gilt eine strenge Gleichbehandlungspflicht. Die allgemeinen Grundsätze zur Auflösung von Pflichtenkonflikten gelten nur im Verhältnis mehrerer Kollektivanlagen zueinander. Das erste Untersuchungsziel wurde erreicht.

Zum zweiten Untersuchungsziel – Abmessung der Gestaltungsfreiheit – konnte auf der Grundlage der Vertragsanalogie, mittels der Anlegerdichotomie und unter Heranziehung des KAGB als Leitbild der Umfang der Gestaltungsfreiheit aufgezeigt werden. Insbesondere liegt eine Orientierung am KAGB nicht nur inhaltlich näher als eine solche am AktG. Die gewonnene Flexibilität und Rechtsklarheit vermag auch die Wettbewerbsfähigkeit inländischer Fondsorganisationen zu fördern.

Schließlich wurde zu den Rechtsbeziehungen der Anleger unter- und zueinander festgestellt, dass diese in *keiner* Rechtsbeziehung miteinander stehen wollen. Diese sind nur über die Vertragsbeziehung zu den Geschäftsbesorgern miteinander verbunden. Sie befinden sich in einer Haftungsgemeinschaft lediglich in der Weise, dass sie gemeinsam die vom Verwalter produzierten Verluste tragen. Die Reflexwirkung aus dem jedem Anleger individuell zustehenden Gleichbehandlungsanspruch gegen den Verwalter stellt eine weitere Verbindungslinie zwischen den Anlegern dar.

Die wesentlichen Untersuchungsziele wurden somit erreicht.

B. Grenzen des Rechts

Damit kann nun über die eingangs aufgeworfene Frage räsoniert werden, ob strukturelle Defizite oder die grundsätzlichen Vorteile des KAGB die Ursache für den geringen Umfang der Gerichtspraxis zum KAGB und seinen Vorgängergesetzen sind. Eine einseitige Antwort drängt sich nicht auf. Eine Teilursache dürfte in der institutionellen Effizienz des Anlagedreiecks und der Einbindung überwachter Intermediäre in das Anlagedreieck liegen. Aufgrund gegenseitiger Überwachungspflichten kann der Verwalter bei sorglosem Handeln mit intensivierter Überwachung durch die Verwahrstelle rechnen, *et vice versa*. Anders als bei der Unternehmung, wo Privatpersonen mit tendenziell geringem Vermögen die Geschäfte führen und die D&O-Versicherung die reduzierte finanzielle Potenz substituiert, steht den Anlegern bei Pflichtverletzungen in Form der Verwahrstelle ein potenter Schuldner gegenüber. Diese Potenz initiiert auf Seiten des Haftungsadressaten erhöhte Sorgfalt. Den gleichen Rechtszustand erstreckt das KAGB auf geschlossene Fonds, so dass auch mit einem Transfer des Rechtschutzniveaus zu rechnen ist.

Zu großer Verlass auf die Schutzwirkung ist jedoch nicht gerechtfertigt: Erstens stehen die Intermediäre entweder in Konzern- und in regelmäßigen Vertragsbeziehungen, so dass eine Bereitschaft zur gutmütigen Behandlung von Fehlern, Verstößen und Interessenkonflikten nicht zu leugnen ist. Zweitens sind bei Massenschäden die Eigenmittel des Verwalters schnell aufgebraucht. Dies erhöht jedoch die Aufmerksamkeit der Verwahrstelle ex ante, weil sie weiß, dass ihre Haftfähigkeit durchaus in Anspruch genommen werden kann.

Der zuletzt genannte Aspekt weist auf die Grenzen der Wirksamkeit des Rechts. Der Schutz im Anlagedreieck versagt bei Kollusion von Verwahrer und Verwalter. Auch der Blick auf substituierende Instrumente rechtfertigt keine andere Einschätzung. Dass Ethik in ethisch homogenen Gesellschaften unvollständiges Recht in Bezug auf Regelinhalt und Sanktion substituieren kann, wurde ebenso aufgezeigt wie die Grenzen der Ethik auf grenzüberschreitenden respektive globalen Kapitalmärkten. Es bleibt die Erkenntnis, dass das Recht *immer* unvollständig ist. Entgegen den Modellannahmen des Ökonomen *Gary S. Becker*[23] zum Idealverhältnis von *crime and punishment* gibt es keinen vollständigen Abschreckungseffekt. Hier muss das Organisationsrecht durch Aufsicht, bei der qualifizierten Anlage durch Anlegeraktivität ergänzt werden.

Auch sind Anlagerisiken unvermeidbar. Dies gilt einerseits für das Risiko einer Fehlentscheidung im Einzelfall, etwa des falsch oder nicht beratenen Anlegers oder des glücklosen Verwalters. Andererseits bestehen allgemeine Marktrisiken. Anlagetätigkeit als Tätigkeit am Markt ist von diesem als Institution abhängig. Bricht ein Marktsegment nach euphorischer Preisbildung zusammen, trocknet es aus oder verschwindet es kraft regulatorischen Eingriffs, bewirkt

---

[23] Vgl. *Becker*, (1968) 76 J. Pol. Econ. 168.

das Anlageorganisationsrecht keinen Schutz. Es gilt *Ehrenbergs* Erkenntnis aus der Mitte des 19. Jahrhundert: Das Recht mag Schutz vor direkter Ausbeutung gewährleisten, vor Massenirrtümern schützt es nicht.[24]

Für die Effizienz des Anlageorganisationsrechts in seinen drei Funktionen – als Anlegerschutzinstrument, als Innovationsanreiz für die Intermediäre und als Verteilungsmodus für das knappe Gut des Kapitals – kommt es nicht zuletzt auf die handelnden Akteure an. In den Worten von *Karl Poppers* Technologie-Hypothese: „Institutionen sind wie Festungen: Sie müssen nach einem guten Plan entworfen *und* mit einer geeigneten Besatzung versehen sein."[25]

C. Idealanlage – Die Zukunft?

Angesichts der Rückführung der Idealanlage auf den Willen der Parteien bleibt zu guter Letzt die Frage, warum die Idealanlage nicht für alle Kollektivanlagen der Realität entspricht. Diese Frage lässt sich für die Gegenwart mit dem Hinweis auf ein rechts- statt unternehmensformbezogenes und zudem grenzüberschreitend nicht harmonisiertes Steuerrecht, dem Wettbewerb der Regelsetzer um die Fondsansiedlung, der tendenziell eher Initiatoreninteressen berücksichtigen wird, und der regulatorischen Arbitrage der Initiatoren auf der Suche nach einem ihnen günstigen Recht beantworten.

Indes muss fraglich bleiben, ob die Idealanlage jemals mehr als ein Leitbild sein wird. Obwohl die OGAW- und AIFM-RL deutliche Impulse gesetzt haben, bleiben die rechtstechnischen Hürden zur Vollendung des Vertragsansatzes für geschlossene Fonds in Gesellschaftsform und die beschränkte Anwendung des KAGB aufgrund des Unterschieds zwischen den Investmentvermögen gem. § 1 Abs. 1 KAGB und der Definition des Organismus für gemeinsame Anlagen. Insoweit ist die Idealanlage im Sinne der platonischen Ideenlehre durch den deutschen Idealismus zu interpretieren: Ein Idealzustand, dem nachzueifern sich empfiehlt, aber den das Abbild niemals erreichen kann. Die in dieser Untersuchung nachgewiesene Funktion als Leitlinie für die Rechtsauslegung, Rechtsfindung und Rechtsgestaltung bleibt davon unberührt.

---

[24] *Ehrenberg*, Fondsspekulation, S. 228.
[25] *Popper*, Das Elend des Historizismus, S. 61.

Abkürzungsverzeichnis

2. WiKG	Zweites Gesetz zur Bekämpfung der Wirtschaftskriminalität, BGBl. I (2002), 2010
4. FFG	Viertes Finanzmarktförderungsgesetz, BGBl. I (2002), 2010
ABA	American Bar Association
ABGB	Allgemeines Bürgerliches Gesetzbuch in Liechtenstein
ACD	Authorised Corporate Director
AEI	American Enterprise Institute for Public Policy Research
AFG	Schweizer Anlagefondsgesetz
AIC	The Association of Investment Companies
AIF	Alternative Investment Fund, Alternativer Investmentfonds
AIFM	Alternative Investment Fund Manager, Alternative Investmentfonds Manager
AIFMG	Gesetz über die Verwalter alternativer Investmentfonds in Liechtenstein
AIFMV	Verordnung über die Verwalter alternativer Investmentfonds in Liechtenstein
AIFM-DurchführungsVO I	Durchführungsverordnung (EU) Nr. 447/2013 der Kommission vom 15. Mai 2013 zur Festlegung des Verfahrens für AIFM, die beschließen, sich der Richtlinie 2011/61/EU des Europäischen Parlaments und des Rates zu unterwerfen, Abl. L 132/1 vom 16.5.2013
AIFM-DurchführungsVO II	Durchführungsverordnung (EU) Nr. 448/2013 der Kommission vom 15. Mai 2013 zur Festlegung eines Verfahrens für die Bestimmung des Referenzmitgliedstaats eines Nicht-EU-AIFM gemäß der Richtlinie 2011/61/EU des Europäischen Parlaments und des Rates, Abl. L 132/3 vom 16.5.2013
AIFM-RL	Richtlinie 2011/61/EU … vom 8. Juni 2011 über die Verwalter alternativer Investmentfonds (…), ABl. L 174/1 vom 1.7.2011
AIFM-StAnpG	Gesetz zur Anpassung des Investmentsteuergesetzes und anderer Gesetze an das AIFM-Umsetzungsgesetz (AIFM-Steuer-Anpassungsgesetz – AIFM-StAnpG), BGBl. I (2013), 4318

AIFM-UmsG	Gesetz zur Umsetzung der Richtlinie 2011/61/EU über die Verwalter alternativer Investmentfonds, BGBl. I (2013), 1981
AIFM-VO	Delegierte Verordnung (EU) Nr. 231/2013 der Kommission vom 19. Dezember 2012 zur Ergänzung der Richtlinie 2011/61/EU des Europäischen Parlaments und des Rates im Hinblick auf Ausnahmen, die Bedingungen für die Ausübung der Tätigkeit, Verwahrstellen, Hebelfinanzierung, Transparenz und Beaufsichtigung, ABl. L 83/1 vom 22.3.2013
AIMA	Alternative Investment Management Association
ALFI	Association of the Luxembourg Fund Industry
ALI	The American Law Institute
Anlage-AG	Anlage-Aktiengesellschaft
AuslInvestmG	Auslandinvestment-Gesetz
AUT	Authorised Unit Trust
BaFin	Bundesanstalt für Finanzdienstleistungsaufsicht
BAI	Bundesverband Alternative Investments e.V.
BAKred	Bundesaufsichtsamt für das Kreditwesen
Bilanz-RL	Richtlinie 2013/34/EU … vom 26. Juni 2013 über den Jahresabschluss, den konsolidierten Abschluss und damit verbundene Berichte von Unternehmen bestimmter Rechtsformen (…), ABl. L 182/19 vom 29.6.2013
BVI	Bundesverband Investment und Asset Management e.V.
BVI-WVR	BVI, Handeln im Interesse der Anleger, Regelbuch für Kapitalanlagegesellschaften – Wohlverhaltensregeln (September 2012)
CDO	Collateralized Debt Obligation
CESR	Committee of European Securities Regulators, Ausschuss der Europäischen Aufsichtsbehörden für das Wertpapierwesen
CIS	Collective Investment Schemes
CMF	Code monétaire et financier in Frankreich
COBS	Conduct of Business Sourcebook
COLL	Collective Investment Schemes Sourcebook
CRD IV-UmsG	Gesetz zur Umsetzung der Richtlinie 2013/36/EU über den Zugang zur Tätigkeit von Kreditinstituten und die Beaufsichtigung von Kreditinstituten und Wertpapierfirmen und zur Anpassung des Aufsichtsrechts an die Verordnung (EU) Nr. 575/2013 über Aufsichtsanforderungen an Kreditinstitute und Wertpapierfirmen, BGBl. I (2013), 3395
CRR	Verordnung (EU) Nr. 575/2013 … vom 26. Juni 2013 über Aufsichtsanforderungen an Kreditinstitute und Wertpapierfirmen (…), ABl. L 176/1 vom 27.6.3013
CSSF	Commission de Surveillance du Secteur Financier
CTF	Common Trust Fund

Definitions-RL	Richtlinie 2007/16/EG der Kommission vom 19. März 2007 zur Durchführung der Richtlinie 85/611/EWG des Rates zur Koordinierung der Rechts- und Verwaltungsvorschriften betreffend bestimmte Organismen für gemeinsame Anlagen in Wertpapieren (OGAW) im Hinblick auf die Erläuterung gewisser Definitionen, ABl L 79/11 vom 20.3.2007
DTI	Department of Trade and Industry
EAEG	Einlagensicherungs- und Anlegerentschädigungsgesetz
EBA	European Banking Authority, Europäische Bankaufsichtsbehörde
EIOPA	European Insurance and Occupational Pensions Authority, Europäische Aufsichtsbehörde für das Versicherungswesen und die betriebliche Altersversorgung
ELTIF	Europäischer langfristiger Investmentfonds gem. der ELTIF-VO (Entwurf)
ELTIF-VO	Entwurf einer Verordnung über europäische langfristige Investmentfonds, 2013/0214 (COD) idF vom 20.4.2015
EMIR	Verordnung (EU) Nr. 648/2012 … vom 4. Juli 2012 über OTC-Derivate, zentrale Gegenparteien und Transaktionsregister, ABl. L 201/1 vom 27.7.2012
ErwGr	Erwägungsgrund
ESMA	European Securities and Market Authority, Europäische Wertpapieraufsichtsbehörde
EuSEF	Europäischer Fonds für soziales Unternehmertum gem. der EuSEF-VO
EuSEF-VO	Verordnung (EU) Nr. 346/2013 … vom 17. April 2013 über Europäische Fonds für soziales Unternehmertum, ABl. L 115/18 vom 25.4.2013
EuVECA	Europäischer Risikokapitalfonds gem. der EuVeCA-VO
EuVECA-VO	Verordnung (EU) Nr. 345/2013 … vom 17. April 2013 über Europäische Risikokapitalfonds, ABl. L 115/1 vom 25.4.2013
FAIFs	Funds of Alternative Investment Funds
FCA	Financial Conduct Authority (UK)
FCP	Fonds commun de placement
FIA-G	Loi du 12 juillet relative aux gestionnaires de fonds d'investissement alternatifs et – portant transposition de la directive 2011/61/UE (…) in Luxemburg
FIS	Fonds d'investissement spécialisés, Spezialfonds
FIS-G	la loi du 13 février 2007 relative aux fonds d'investissements spécialisés
FRUG	Finanzmarktrichtlinie-Umsetzungsgesetz
FSA	Financial Services Authority
FSAP	Financial Services Action Plan
FSA 1986	Financial Services Act 1986

FSB	The Financial Stability Board
FSMA	s. FSMA 2000
FSMA 2000	Financial Services and Markets Act 2000 in England
FUND	Investment Funds Sourcebook
GD MARKT	Generaldirektion "Binnenmarkt und Dienstleistungen" der Europäischen Kommission
HFSB	Hedge Fund Standards Board
HFWG	Hedge Fund Working Group
HNWI	High Net Worth Individuals
IAA	Investment Adviser Act of 1940 (US-Verwalterregulierung)
ICA	Investment Company Act of 1940 (US-Produktregulierung und Regulierung für selbstverwaltete Investment Companies)
ICI	The Investment Company Institute
ICVC	Investment Company with Variable Capital
ImmoInvFG	Bundesgesetz über Immobilienfonds in Österreich
Insider-RL	Richtlinie 89/592 ... vom 13. November 1989 zur Koordinierung der Vorschriften betreffend Insider-Geschäfte, ABl. 334/30 vom 20.11.1989
InvFG	Bundesgesetz über Investmentfonds 2011 in Österreich
Inv-AG	Investmentaktiengesellschaft
Inv-AG mfK	Inv-AG mit fixem Kapital
Inv-AG mvK	Inv-AG mit veränderlichem Grundkapital
InvÄndG	Gesetz zur Änderung des Investmentgesetzes und zur Anpassung anderer Vorschriften, BGBl. I (2007), 389
InvG	Investmentgesetz
Inv-Ges	Investment Gesellschaften (Inv-AG & Inv-KG)
Inv-KG	Investment Kommanditgesellschaft
Inv-KG mfK	Inv-KG mit fixem Kapital
Inv-KG mvK	Inv-KG mit veränderlichem Grundkapital
InvModG	Gesetz zur Modernisierung des Investmentwesens und zur Besteuerung von Investmentvermögen, BGBl. I (2003), 2676
IORP	Institutions for Occupational Retirement Provision
IORP-RL	Richtlinie 2003/41/EG ... vom 3. Juni 2003 über die Tätigkeiten und die Beaufsichtigung von Einrichtungen der betrieblichen Altersversorgung, ABl. L 235/10 vom 23.9.2003
IOSCO	International Organization of Securities Commissions, Internationale Organisation der Wertpapieraufsichtsbehörden
KAG	Kollektivanlagengesetz (Schweiz)
KAGB	Kapitalanlagegesetzbuch
Kapitalgesellschaften & Co-RL	Richtlinie 90/605/EWG des Rates vom 8. November 1990 zur Änderung der Richtlinien 78/660/EWG und 83/349/EWG über den Jahresabschluss bzw. den

Marktmissbrauchs-RL 2003	Richtlinie 2003/6/EG ... vom 28. Januar 2003 über Insider-Geschäfte und Marktmanipulation (Marktmiss-brauch), ABl. L 96/16 vom 12.4.2003
Marktmissbrauchs-RL	Richtlinie 2014/57/EU ... EU vom 16. April 2014 über strafrechtliche Sanktionen bei Marktmanipulation (Marktmissbrauchsrichtlinie), ABl. L 173/179 vom 12.6.2014
Marktmissbrauchs-VO	Verordnung (EU) Nr. 596/2014 ... vom 16. April 2014 über Marktmissbrauch (Marktmissbrauchsverordnung) (...), ABl. L 173/1 vom 12.6.2014
MiFID	Richtlinie 2004/39/EG ... vom 21. April 2004 über Märkte für Finanzinstrumente (...), ABl. L 145/1 vom 30.4.2004
MiFID II	Richtlinie 2014/65/EU ... vom 15. Mai 2014 über Märkte für Finanzinstrumente (...), ABl. L 173/349 vom 12.06.2014
MiFID-Durchführungs-VO	Verordnung (EG) Nr. 1287/2006 der Kommision vom 10. August 2006 zur Durchführung der Richtlinie 2004/39/EG ... betreffend die Aufzeichnungspflichten für Wertpapierfirmen, die Meldung von Geschäften, die Markttransparenz, die Zulassung von Finanzinstrumenten zum Handel und bestimmte Begriffe im Sinne dieser Richtlinie, ABl. L 241/1 vom 2.9.2006
MiFID-Organisations-RL	Richtlinie 2006/73/EG der Kommission vom 10. August 2006 zur Durchführung der Richtlinie 2004/39/EG ... in Bezug auf die organisatorischen Anforderungen an Wertpapierfirmen und die Bedingungen für die Ausübung ihrer Tätigkeit sowie in Bezug auf die Definition bestimmter Begriffe für die Zwecke der genannten Richtlinie, ABl. L 241/26 vom 02.09.2006
MiFIR	Verordnung (EU) Nr. 600/2014 ... vom 15. Mai 2014 über Märkte für Finanzinstrumente (...), ABl. L 173/84 vom 12.06.2014
OECD	Organisation for Economic Co-operation and Development, Organisation für wirtschaftliche Zusammenarbeit und Entwicklung
OEE	Observatoire de l'Epargne Européenne
OEIC	Open-Ended Investment Company
OEIC Regulations	The Open-Ended Investment Companies Regulations (SI 2001/1228)
OGAW	Organismen für gemeinsame Anlagen in Wertpapieren
OGAW-RL	Richtlinie 2009/65/EG ... vom 13. Juli 2009 zur Koordinierung der Rechts- und Verwaltungsvorschriften betreffend bestimmte Organismen für gemeinsame Anlagen in Wertpapieren (OGAW), ABl. L 302/32 vom 17.11.2009 in der Fassung Richtlinie 2014/91/EU ... vom 23. Juli 2014 zur Änderung der Richtlinie 2009/65/EG zur Koordinierung der Rechts- und Verwaltungsvor-

schriften betreffend bestimmte Organismen für
gemeinsame Anlagen in Wertpapieren (OGAW) im
Hinblick auf die Aufgaben der Verwahrstelle, die
Vergütungspolitik und Sanktionen, ABl. L 257/186 vom
28.8.2014

OGAW I-RL	Richtlinie 85/611/EWG ... vom 20. Dezember 1985 zur Koordinierung der Rechts- und Verwaltungsvorschriften betreffend bestimmte Organismen für gemeinsame Anlagen in Wertpapieren (OGAW), ABl. L 375/3 vom 31.12.1985
OGAW II und III	Gesetzgebungspaket aus Produkt-RL und Verwalter-RL
OGAW IV-RL	Richtlinie 2009/65/EG ... vom 13. Juli 2009 zur Koordinierung der Rechts- und Verwaltungsvorschriften betreffend bestimmte Organismen für gemeinsame Anlagen in Wertpapieren (OGAW) (Neufassung), ABl. L 302/32 vom 17.11.2009
OGAW IV-UmsG	Gesetz zur Umsetzung der Richtlinie 2009/65/EG zur Koordinierung der Rechts- und Verwaltungsvorschriften betreffend bestimmte Organismen für gemeinsame Anlagen in Wertpapieren
OGAW V-RL	Richtlinie 2014/91/EU ... vom 23. Juli 2014 zur Änderung der Richtlinie 2009/65/EG zur Koordinierung der Rechts- und Verwaltungsvorschriften betreffend bestimmte Organismen für gemeinsame Anlagen in Wertpapieren (OGAW) im Hinblick auf die Aufgaben der Verwahrstelle, die Vergütungspolitik und Sanktionen, ABl. L 257/186 vom 28.8.2014
OPC	Organisme de Placement Collectif
OPC-G	Loi du 17 décembre 2010 concernant les organismes de placement collectif in Luxemburg
OPC-G 2002	Loi du 20 décembre 2002 concernant les organismes de placement collectif et modifiant la loi modifiée du 12 février in Luxemburg
OPCVM	Organisme de Placement Collectif en Valeurs Mobilières, s. OGAW
öAIFMG	Alternative Investmentfonds Manager-Gesetz in Österreich
Pensionsfonds-RL	s. IORP-RL
PF(I)A	Prevention of Fraud (Investments) Act of 1939 (USA)
PGR	Personen- und Gesellschaftsrecht in Liechtenstein
PRIIP	Packaged Retail Investment Products
PRIIP-VO	Verordnung (EU) Nr. 1286/2014 ... vom 26. November 2014 über Basisinformationsblätter für verpackte Anlageprodukte für Kleinanleger und Versicherungsanlageprodukte (PRIIP), ABl. 352/1 vom 9.12.2014
Produkt-RL	Richtlinie 2001/108/EG ... vom 21. Januar 2002 zur Änderung der Richtlinie 85/611/EWG des Rates zur

	Koordinierung der Rechts- und Verwaltungsvorschriften betreffend bestimmte Organismen für gemeinsame Anlagen in Wertpapieren (OGAW) hinsichtlich der Anlagen der OGAW, ABl. 41/35 vom 13.2.2002
Prospekt-RL	Richtlinie 2003/71/EG … vom 4. November 2003 betreffend den Prospekt, der beim öffentlichen Angebot von Wertpapieren oder bei deren Zulassung zum Handel zu veröffentlichen ist (…), ABl. L 345/64 vom 31.12.2003 in der Fassung Richtlinie 2014/51/EU … vom 16. April 2014 (…), ABl. L 153/1 vom 22.5.2014
Prospekt-VO	Verordnung (EG) Nr. 809/2004 der Kommission vom 29. April 2004 zur Umsetzung der Richtlinie 2003/71/ EG des Europäischen Parlaments und des Rates betreffend die in Prospekten enthaltenen Informationen sowie das Format, die Aufnahme von Informationen mittels Verweis und die Veröffentlichung solcher Prospekte und die Verbreitung von Wertung, ABl. L 149/1 vom 30.04.2004
PublG	Publizitätsgesetz vom 15. August 1969 (BGBl. S. 1189), das zuletzt durch Artikel 3 Absatz 3 des Gesetzes vom 4. Oktober 2013 (BGBl. I S. 3746) geändert worden ist
RAO	Regulated Activities Order
REIT-G	Gesetz über deutsche Immobilien-Akiengesellschaften mit börsennotierten Anteilen
Rom I	Verordnung (EG) Nr. 593/2008 … vom 17. Juni 2008 über das auf vertragliche Schuldverhältnisse anzuwendende Recht, ABl. L 177 vom 4.7.2008
Rom II	Verordnung (EG) Nr. 864/2007 … vom 11. Juli 2007 über das auf außervertragliche Schuldverhältnisse anzuwendende Recht, ABl. L 199 vom 31.7.2007
SA	Société anonyme
SA 1933	Securities Act of 1933 (USA)
SBIA	Small Business Investor Alliance
SBIC	Small Business Investment Company
SBIIA	Small Business Investment Incentive Act
SCA	La société en commandite par action
SchVG	Gesetz über Schuldverschreibungen aus Gesamtemission
SCS	La société en commandite simple
SCSp	La société en commandite spéciale
SEA	Securities Exchange Act of 1934 (USA)
SEC	United States Securities and Exchange Commission
SFA	Swiss Funds Association
SICAF	Société d'investissement à capital fixe
SICAR	Société d'Investissement en Capital à Risque
SICAR-G	Loi du 15 juin 2004 relative à la Société d'investissement en capital à risque (SICAR), in Luxemburg in der Fassung von 2008

SICAV	Société d'Investissement à Capital Variable (F), Società di Investimento a Capitale Variabile (I)
SolvV	Verordnung zur angemessenen Eigenmittelausstattung von Instituten, Institutsgruppen, Finanzholding-Gruppen und gemischten Finanzholding-Gruppen
Spaltungs-RL	Sechste Richtlinie 82/891/EWG des Rates vom 17. Dezember 1982 gemäß Artikel 54 Absatz 3 Buchstabe g) des Vertrages betreffend die Spaltung von Aktiengesellschaften, ABl. L 378/47 vom 31.12.1982
Transparenz-RL	Richtlinie 2004/109/EG … vom 15. Dezember 2004 zur Harmonisierung der Transparenzanforderungen in Bezug auf Informationen über Emittenten, deren Wertpapiere zum Handel auf einem geregelten Markt zugelassen sind (…), Abl. L 390/38 in der Fassung Richtlinie 2013/50/EU … vom 22. Oktober 2013 (…), ABl. L 294/13 vom 6.11.2013
TGV	Teilgesellschaftsvermögen
UCITS	Undertaking for Collective Investments in Transferable Securities, s. OGAW
UCITSG	Gesetz über bestimmte Organismen für gemeinsame Anlagen in Wertpapieren in Liechtenstein
UCITSG-E	Bericht und Antrag Nr. 26/2011 der Regierung an den Landtag des Fürstentums Liechtenstein betreffend die Schaffung eines Gesetzes über bestimmte Organismen für gemeinsame Anlagen in Wertpapieren (UCITSG) und die Abänderung weiterer Gesetze
UCITSV	Verordnung über bestimmte Organismen für gemeinsame Anlagen in Wertpapieren in Liechtenstein
UKLA	United Kingdom Listing Authority
UMIFA	Uniform Management of Institutional Funds Act
UmwG	Umwandlungsgesetz
Verbraucher-RL	Richtlinie 2011/83/EU … vom 25. Oktober 2011 über die Rechte der Verbraucher (…), ABl. L 304/64 vom 22.11.2011
VermVerkProspV	Verordnung über Vermögensanlagen-Verkaufsprospekte
Verschmelzungs-RL	Richtlinie 2005/56/EG … vom 26. Oktober 2005 über die Verschmelzung von Kapitalgesellschaften aus verschiedenen Mitgliedstaaten, L 310/1 vom 25.11.2005
Verwalter-RL	s. OGAW III
Vierte (Jahresabschluss-)RL	Vierte Richtlinie des Rates vom 25. Juli 1978 aufgrund von Artikel 54 Absatz 3 Buchstabe g) des Vertrages über den Jahresabschluß von Gesellschaften bestimmter Rechtsformen (78/660/EWG), ABl. L 222/11 vom 14.8.1978
Vorschlag Aktionärsrechte-RL	Europäische Kommission, Vorschlag für eine Richtlinie zur Änderung der RL 2007/36/EG im Hinblick auf die Förderung der langfristigen Einbeziehung der Aktionäre sowie der RL 2013/34/EU in Bezug auf bestimmte

	Elemente der Erklärung zur Unternehmensführung, COM (2014) 213 final vom 9.4.2014
WpDL-RL	Richtlinie 93/22/EWG … vom 10. Mai 1993 über Wertpapierdienstleistungen, ABl. L 141/27 vom 24.5.1993
WKB	Wagniskapitalbeteiligungsgesellschaften
WKBG	Gesetz zur Förderung von Wagniskapitalbeteiligungen
WPU	Wertpapierdienstleistungsunternehmen gem. § 2 Abs. 3, 3a WpHG
Zweigniederlassungs-RL	Elfte Richtlinie 89/666/EWG des Rates vom 21. Dezember 1989 über die Offenlegung von Zweigniederlassungen, die in einem Mitgliedstaat von Gesellschaften bestimmter Rechtsformen errichtet wurden, die dem Recht eines anderen Staates unterliegen, ABl. L 395/36 vom 30.12.1989

Literaturverzeichnis

Aalberts, Robert J./Poon, Percy S.: Derivatives and the Modern Prudent Investor Rule: Too Risky or Too Necessary?, 67 Ohio State L.J. (2006), S. 525

dies.: The Revised Prudent Investor Rule and the Modern Portfolio Theory: A New Direction for Fiduciaries, 34 American Business L.J. (1996), S. 39

Abbeglen, Sandro: Die adäquate Entschädigung des Vermögensverwalters unter besonderer Berücksichtigung der Anlagekosten im Verhältnis zur Anlageperformance, ZSR 2008, S. 41

Abromeit-Kremser, Bernd: Offene Immobilienfonds. Betriebswirtschaftliche Aspekte ihres Managements, Wien 1986

Achterberg, Erich: Schweizerische Investment-Trusts, ZfgKW 1950, S. 434

Ackermann, Carl/McEnally, Richard/Ravenscraft, David: The Performance of Hedge Funds: Risk, Returns, and Incentives, 54 J. Fin. (1999), S. 833

Adams, Andrew (Ed.): The Split Capital Investment Crisis, Chichester 2004

Adams, John C./Mansi, Sattar A./Nishikawa, Takeshi: Are Mutual Fund Fees Excessive, 36 J. Bank. Fin. (2012), S. 2245

Admati, Anat R./Pfleiderer, Paul/Zechner, Josef: Large Shareholder Activism, Risk Sharing, and Financial Market Equilibrium, 102 J. Pol. Econ. (1994), S. 1097

Admati, Anat R./Pfleiderer, Paul: The "Wall Street Walk" and Shareholder Activism: Exit as a Form of Voice, 22 RFS (2009), S. 2645

Admati, Anat/Hellwig, Martin: The Bankers' New Clothes. What's Wrong with Banking and What to Do about It, Princeton 2013

Agarwal, Vikas D./Boyson, Nicole M./Naik, Narayan Y.: Hedge Funds for Retail Investors? An Examination of Hedged Mutual Funds, 44 J. Fin. Quant. A. (2009), S. 273

Aggarwal, Reena/Klapper, Leora F./Wysocki, Peter D.: Portfolio Preferences of Foreign Institutional Investors, 29 J. Bank. Fin. (2005), S. 2919

Albach, Horst: Betriebswirtschaftslehre ohne Unternehmensethik!, ZfB 2005, S. 809

Albert, Miriam M.: The Howey Test Turns 64: Are the Courts Grading this Test on a Curve?, 2 Wm. & Mary Bus. L. Rev. (2011), S. 1

Alchian, Armen/Demsetz, Harold: Production, information costs, and economic organization, 62 American Econ. Rev. (1972), S. 777

Alexy, Robert: Begriff und Geltung des Rechts, Freiburg et al. 1992

Allen, Bradley D.: The Undefined Definition of a Security: Why Investment Contract is the Last Security Standing and a Proposal for the Adoption of a Contextual Analysis to Determine its Reach, bepress (2007)

Allen, Franklin/Gorton, Gary: Churning Bubbles, 60 Rev. Econ. St. (1993), S. 813

Allen, Franklin/Santomero, Anthony M.: The theory of financial intermediation, 21 J. Bank. Fin. (1998), S. 1461

dies.: What do financial intermediaries do?, 25 J. Bank. Fin. (2001), S. 271

Allen, Franklin: The Market for Information and the Origin of Financial Intermediation, 1 J. Fin. Interm. (1990), S. 3

Almazan, Andres/Brown, Keith C./Carlson, Murray/Chapman, David A.: Why constrain your mutual fund manager?, 73 J. Fin. Econ. (2004), S. 289

Alter, George/Riley, James C.: How to Bet on Lives: A Guide to Life Contingent Contracts in Early Modern Europe, 10 Research in Econ. History (1986), S. 1

Amonn, Kurt: Über die Eigentumsverhältnisse bei den schweizerischen Investmenttrusts, Bern 1965

Anderson, James M.: Rights and Obligations in the Mutual Fund: A Source of Law, 20 Vand. L. Rev. (1967), S. 1120

Anderson, Seth: Closed-end funds versus market efficiency, 13 J. Portf. Man't (1986), S. 63

Ang, James S./Chua, Jess H.: Mutual Funds: Different Strokes for Different Folks?, 8 J. Portfolio Management (1982), S. 43

Arai, Makoto/Kimura, Koichi: Financial Revolution and Trust Banks in Japan: Challenges in the Deregulation and Internalisation Process, 4 J. Int'l Tr. & Corp. Plan. (1995), S. 67

Aristoteles: Die Politik (von Frank Susemihl), Leipzig 1879

ders.: Nikomachische Ethik (von Eugen Rolfes), Projekt Gutenberg-DE, Leipzig 1911

Armbrüster, Christian: Auskunftsansprüche des Treugebers gegen Treuhänder und Fondsgesellschaft, in: Bengel, Manfred/Limmer, Peter/Reimann, Wolfgang (Hrsg.), Festschrift für Kanzleiter, Köln 2010, S. 31

ders.: Die Schranken der „unbeschränkten" persönlichen Gesellschafterhaftung in der BGB-Gesellschaft, ZGR 2005, S. 34

ders.: Die treuhänderische Beteiligung an Gesellschaften, Köln et al. 2001

ders.: Gesellschaftsrecht und Verbraucherschutz. Zum Widerruf von Fondsbeteiligungen, Berlin 2005

ders.: Grenzen der Gestaltungsfreiheit im Personengesellschaftsrecht, ZGR 2014, S. 333

ders.: Nachschusspflicht im Personengesellschaftsrecht, ZGR 2009, S. 1

Arnold, Arndt: Aktive Aktionäre – Fluch oder Segen für die Corporate Governance?, ZCG 2008, S. 221

Arnott, Robert D./Hsu, Jason/Moore, Philip: Fundamental Indexation, 61 Fin. Analysts Journal (2005), S. 83

Asmus, Wolfgang: Dogmengeschichtliche Grundlagen der Treuhand: eine Untersuchung zur romanistischen und germanistischen Treuhandlehre, Frankfurt a.M. 1977

Assfalg, Dieter: Wirtschaftliches Eigentum als Rechtsbegriff, NJW 1963, S. 1582

Assmann, Heinz-Dieter/Schneider, Uwe H. (Hrsg.): WpHG, 6. Aufl., Köln 2012

Assmann, Heinz-Dieter/Schütze, Carsten: Handbuch des Kapitalanlagerechts, 3. Aufl., München 2007

dies.: Handbuch des Kapitalanlegerrechts, 4. Aufl., München 2015

Assmann, Heinz-Dieter: Anleihebedingungen und AGB-Recht, WM 2005, S. 1053

ders.: Das Verhältnis von Aufsichtsrecht und Zivilrecht im Kapitalmarktrecht, in: Burgard, Ulrich/Hadding, Walther /Mülbert, Peter O./Nietsch, Michael/Welter, Reinhard (Hrsg.), Festschrift für U.H. Schneider, Köln 2011, S. 37

ders.: Harmonisierung des Kapitalmarkt- und Börsenrechts in der EG, in: Schriftenreihe der Bankrechtlichen Vereinigung, Deutsches und europäisches Bank- und Börsenrecht, Bankrechtstag 1993, Berlin et al. 1994, S. 61

ders.: Interessenskonflikte aufgrund von Zuwendungen, ZBB 2008, S. 21

ders.: Irrungen und Wirrungen im Recht der Termingeschäfte, ZIP 2001, S. 2061 *ders.*: Konzeptionelle Grundlagen des Anlegerschutzes, ZBB 1989, S. 49

ders.: Prospekthaftung, Köln 1985

Association Luxembourgoise des Juristes de Banque (ALJB): Droit bancaire et financier au Luxembourg – Recueil de doctrine en 5, 1re édition, Bruxelles 2004

Association Luxembourgoise des Juristes de Banque (ALJB): Les Fonds d'Investissement – Reglementation – Fiscalite – Evolution, Luxembourg 1988

Atack, Jeremy/Neal, Larry (Eds.): The Origins and Development of Financial Markets and Institutions: From the Seventeenth Century to the Present, Cambridge 2009

Athanassiou, Phoebus: Research Handbook on Hedge Funds, Private Equity and Alternative Investments, Cheltenham et al. 2012

Awrey, Dan/Blair, William/Kershaw, David: Between Law and Markets: Is there a Role for Culture and Ethics in Financial Regulation?, 38 Del. J. Corp. L. (2013), S. 198

Awrey, Dan: The Dynamics of OTC Derivatives Regulation: Bridging the Public-Private Divide, 11 EBOR (2010), S. 155

Bachmann, Carmen/Ernst, August: Besteuerung von Fonds – Gewerblichkeit, gewerbliche Prägung und Infizierung, Steuer & Studium 2005, S. 342

Bachmann, Carmen/Richter, Konrad: Kapital-Investitionsgesellschaften im Spannungsfeld zwischen InvStG und Hinzurechnungsbesteuerung, DB 2015, S. 274

Bachmann, Gregor: Abschaffung der HV, in: Altmeppen, Holger/Fitz, Hanns/Honsell, Heinrich (Hrsg.), Festschrift für Günther H. Roth, München 2011, S. 37

ders.: Private Ordnung, Tübingen 2006

Badrinath, S.G./Wahal, Sunil: Momentum Trading by Institutions, 57 J. Fin. (2002), S. 2449

Bähr, Gunne W.: Das Generalklausel- und Aufsichtssystem des VAG im Strukturwandel, Karlsruhe 2000

Bainbridge, Stephen M.: Abolishing LLC Veil Piercing, 1 U. Illinois L. Rev. (2005), S. 77

ders.: The Shared Interests of Managers and Labor in Corporate Governance: a Comment on Strine, 33 J. Corp. L. (2007–2008), S. 21

Ballerstedt, Kurt: Der gemeinsame Zweck als Grundbegriff des Rechts der Personalgesellschaften, JuS 1965, S. 253

ders.: Handlungsunwert oder Erfolgsunwert im Gesetz gegen Wettbewerbsbeschränkungen, in: Coing, Helmut/Kronstein, Heinrich/Mestmäcker, Ernst-Joachim (Hrsg.), Wirtschaftsordnung und Rechtsordnung : Festschrift zum 70. Geburtstag von Franz Böhm, Karlsruhe 1965, S. 179

Ballwieser, Wolfgang: Informations-GoB – auch im Lichte von IAS und US-GAAP, KoR 2002, S. 115

Bals, Werner: Die ökonomische Position von Anteilinhabern offener Immobilienfonds: eine Analyse, Frankfurt a.M. 1994

Baltzer, Christian: Verwaltung von Wertpapieren für institutionelle Anleger durch Spezialfonds, in: Horn, Norbert (Hrsg.), Europäisches Rechtsdenken in Geschichte und Gegenwart: Festschrift für Helmut Coing zum 70. Geburtstag, Band 2, München 1982, S. 3

Bälz, Ulrich: Organisationsvertrag und Gesamthand, in: Lieb, Manfred/Noack, Ulrich/Westermann, Harm P. (Hrsg.), Festschrift für Wolfgang Zöllner, Köln 1998, S. 35

ders.: Treuhandkommanditist, Treuhänder der Kommanditisten und Anlegerschutz – Für eine organschaftliche Publikumstreuhand, ZGR 1980, S. 1

Balzer, Peter: Vermögensverwaltung durch Kreditinstitute: eine Untersuchung der Rechtsbeziehung zwischen Kreditinstitut und Anleger bei der Verwaltung von Wertpapiervermögen, München 1999

Banks, James/Tetlow, Gemma/Wakefield, Matthew: Asset ownership, portfolios and retirement saving arrangements: past trends and prospects for the future – Prepared for the Financial Services Authority, Consumer Research 74, London 2008

Banks, R.C. I'Anson: Lindley and Banks on Partnership, 18th Ed., London 2002

Barattelli, Antonio/Arendt & Medernach (Eds.), Specialised Investment Funds, Luxemburg 2007,

Barber, Brad M./Odean, Terrance/Zheng, Lu: Out of Sight, Out of Mind: The Effects of Expenses on Mutual Fund Flows, 78 JB (2005), S. 2095

Bärenz, Uwe/Käpplinger, Sebastian: Anlageverwaltung als neuer KWG Erlaubnistatbestand, ZBB 2009, S. 277

Barocka, Egon: Investment-Sparen und Investment-Gesellschaften, Stuttgart 1956

Basedow, Jürgen: Das BGB im künftigen europäischen Privatrecht: Der hybride Kodex – Systemsuche zwischen nationaler Kodifikation und Rechtsangleichung, AcP 200 (2000), S. 446

Basile, Joseph J., Jr.: Limited Liability for Limited Partners: An Argument for the Abolition of the Control Rule, 38 Vand. Law. Rev. (1985), S. 1199

Bassen, Alexander: Institutionelle Investoren und Corporate Governance – Analyse der Einflussnahme unter besonderer Berücksichtigung börsennotierter Wachstumsunternehmen, Wiesbaden 2002

Baudouin-Bugnet, Pierre: Die Kapitalanlagegesellschaft in der französischen Gesetzgebung, AcP 152 (1952), S. 60

Bauer, Fritz: Die rechtliche Struktur der Truste, Mannheim et al. 1927

Bauer, Rob/Koedijk, Kees/Otten, Roger: International evidence on ethical mutual fund performance and investment style, 29 J. Bank. Fin. (2005), S. 1751

Baum, Günter: Schutz und Sicherung des Investmentsparers bei Kapitalanlagegesellschaften und Investment-Trusts, Diss. Mainz 1956

Baum, Harald/Fleckner, Andreas M./Hellgardt, Alexander/Roth, Markus (Hrsg.): Perspektiven des Wirtschaftsrechts. Deutsches, europäisches und internationales Handels-, Gesellschafts- und Kapitalmarktrecht. Beiträge für Klaus J. Hopt aus Anlass seiner Emeritierung, Berlin 2008

Baum, Harald: SchVG, Anleihebedingungen und AGB-Recht: Nach der Reform ist vor der Reform, in: Grundmann, Stefan/Haar, Brigitte/Merkt, Hanno/Mülbert, Peter O./Wellenhofer, Marina et al. (Hrsg.), Unternehmen, Markt und Verantwortung – Festschrift für Klaus J. Hopt zum 70. Geburtstag, Berlin 2010, S. 1595

Baumbach, Adolf/Hopt, Klaus J.: Handelsgesetzbuch, 36. Aufl., München 2014

Baumbach, Adolf/Hueck, Alfred: GmbHG – Gesetz betreffend die Gesellschaften mit beschränkter Haftung, 19. Aufl., München 2010

Bäuml, Swen O.: AIFM-Steueranpassungsgesetz: Die geplante Besteuerung von Investmentvermögen (Teil II), FR 2013, S. 746

ders.: Investmentvermögen im neuen Kapitalanlagegesetzbuch (Teil I), FR 2013, S. 640

Baumol, William J./Goldfield, Stephen M./Gordon, Lilli A./Koehn, Michael F.: The Economics of Mutual Fund Markets: Competition vs. Regulation, Boston 1990

Baumol, William Jack: Portfolio Theory: The Selection of Asset Combinations, New York 1970

Baums, Theodor/Hutter, Stephan (Hrsg.), Gedächtnisschrift für Michael Gruson, Berlin 2009

Baums, Theodor/Kiem, Roger: Die Investmentaktiengesellschaft mit veränderlichem Kapital, in: Häuser, Franz/Hammen, Horst/Hennrichs, Joachim/Steinbeck, Anja/Siebel, Ulf R./Welter, Reinhard (Hrsg.), Festschrift für Walther Hadding zum 70. Geburtstag, Berlin 2004, S. 741

Baums, Theodor/König, Markus: Universalbanken und Investmentfonds: Rechtstatsachen und aktuelle Reformfragen, in: Forster, Karl-Heinz/Grunewald, Barbara/Lutter, Marcus/Semler, Johannes (Hrsg.), Aktien- und Bilanzrecht: Festschrift für Bruno Kropff zum 72. Geburtstag, Düsseldorf 1997, S. 3

Baums, Theodor/Theissen, Erik: Banken, bankeigene Kapitalanlagegesellschaften und Aktienemissionen, ZBB 1999, S. 125

Baur, Jürgen (Hrsg.): Investmentgesetze – Gesetz über Kapitalanlagegesellschaften (KAGG) und Gesetz über den Vertrieb ausländischer Investmentanteile und über die Besteuerung der Erträge aus ausländischen Investmentanteilen (Auslandinvestment-Gesetz – AuslInvestmG), 2. Aufl., Berlin 1997

Baur, Jürgen/Tappen, Falko: Investmentgesetze, 3. Aufl., Berlin 2015

Baur, Jürgen: Das Investmentwesen in der Schweiz, Bank-Betrieb 1968, S. 370

Bebchuk, Lucian A.: The Case for Facilitating Competing Tender Offers: A Reply and Extension, 35 Stan. Law. Rev. (1982), S. 23

Beck, Heiko: Das Chamäleon Anlegerschutz oder "Worüber reden wir eigentlich?", in: Burgard, Ulrich/Hadding, Walther/Mülbert, Peter O./Nietsch, Michael/Welter, Reinhard (Hrsg.), Festschrift für U.H. Schneider, Köln 2011, S. 89

Becker, Gary: Crime and Punishment: An Economic Approach, 76 J. Political Economy (1968), S. 169

Becker, Rainer: Die fiducie von Québec und der Trust – Ein Vergleich mit verschiedenen Modellen fiduziarischer Rechtsfiguren im civil law, Tübingen 2007

Beckmann, Klaus/Scholtz, Rolf-Detlev/Vollmer, Lothar (Hrsg.): Investment – Handbuch für das gesamte Investmentwesen, Berlin 2009

Bednarz, Sebastian/Spindler, Gerald: Die Regulierung von Hedge Fonds im Kapitalmarkt- und Gesellschaftsrecht, Teil 1 / Die Rechtslage, Teil 2, WM 2006, S. 553 (Teil 1) und S. 601 (Teil 2)

Beer, Artur/Schäfer, Hans-Jürgen: Perspektiven für Geldmarktfonds, Stuttgart 1995

Behrens, Peter: Corporate Governance, in: Basedow, Jürgen/Hopt, Klaus J./Kötz, Hein (Hrsg.), Festschrift für Ulrich Drobnig zum siebzigsten Geburtstag, Frankfurt a.M. 1998, S. 491

Bencivenga, Valerie R./Smith, Bruce D.: Financial intermediation and endogenous growth, 58 Rev. Econ. Stud. (1991), S. 195

Benecke, Martina: Gesetzesumgehung im Zivilrecht, Tübingen 2004

Benicke, Christoph: Wertpapiervermögensverwaltung, Tübingen 2006

Bennebroek Gravenhorst, J. H./Destrée, C. C.: The AIFMD's Impact on Real Estate Funds (and its Dutch Implementation), in: The Alternative Investment Fund Managers Directive, S. 611

Bentham, Jeremy: An Introduction to the Principles of Morals and Legislation, 1909, Oxford 1789

Berger, Hanno/Steck, Kai-Uwe/Lübbehüsen, Dieter (Hrsg.): Investmentgesetz (InvG), Investmentsteuergesetz (InvStG), München 2010

Berger, Klaus Peter: Für eine Reform des AGB-Rechts im Unternehmerverkehr, NJW 2010, S. 465

Berghuis, Willem Hendrik: Onstaan en Ontwikkeling van de Nederlandse Beleggings-fondsen tot 1914, Assen 1967

Bergmann, Henning: Funktionsauslagerung bei Kreditinstituten, Berlin 2010

Bergstresser, Daniel/Chalmers, John M. R./Tufano, Peter: Assessing the costs and bene-fits of brokers in the mutual fund industry, 22 Rev. Fin. Stud. (2009), S. 4129

Berle, Adolf A. B./Means, Gardiner: The Modern Corporation and Private Property, New Brunswick et al. 1968

Berlin, Mittchell: Financial Intermediary Structure, in: Handbook of Financial Interme-diation and Banking, S. 97

Bernile, Gennaro/Cumming, Douglas/Lyandres, Evgeny: The size of venture capital and private equity fund portfolios, 13 J. Corporate Fin. (2007), S. 564

Bernstein, Herbert/Schultze-von-Lasaulx, Arnold: Gilt für Änderungen des Gesell-schaftsvertrags einer GmbH & Co. KG das Verbot des Selbstkontrahierens?, ZGR 1976, S. 33

Beuthien, Volker: Konzernbildung und Konzernleitung kraft Satzung, ZIP 1993, S. 1589

ders.: Treuhand an Gesellschaftsanteilen, ZGR 1974, S. 26

Beyer-Fehling, Hermann: Die zweite Novelle zum Investment-Gesetz, ZfgKW 1965, S. 128

Beyerle, Franz: Die Treuhand im Grundriss des deutschen Privatrechts, Weimar 1932

Bhattacharya, Sudipto/Thakor, Anjan V.: Contemporary Banking Theory, 3 J. Fin. In-term. (1993), S. 2

Bhattacharya, Utpal/Hackethal, Andreas/Kaesler, Simon/Loos, Benjamin/Meyer, Stef-fen: "Is Unbiased Financial Advice to Retail Investors Sufficient? Answers from a Large Field Study", 25 Rev. Fin. Stud. (2012), S. 975

Bibby, Peter/Marshall, Helen/Leonard, Christopher: EU proposes directive on alterna-tive investment fund managers, 10 J. Inv. Comp. (2009), S. 54

Bieder, Marcus: Gesellschaftsvertragliche Inhaltskontrolle und AGB-Recht, ZHR 174 (2010), S. 705

Billeter, Karl Gustav: Geschichte des Zinsfusses im griechisch-römischen Altertum bis auf Justinian, Leipzig 1898

Bilstein, Jürgen: Beteiligungs-Sondervermögen und Unternehmensbeteiligungsgesell-schaften, in: John, Gerd (Hrsg.), Besteuerung und Unternehmenspolitik – Festschrift für Günter Wöhe, München 1989, S. 51

Binder, Jens-Hinrich: Daytrading als Finanztermingeschäft i.S.d. § 2 Abs. 2a WpHG? – Tatbestandliche Unschärfen des Terminrechts als Einfallstor für eine rechtspolitische Grundsatzkontroverse zum kapitalmarktrechtlichen "Anlegerschutz durch Informa-tion", ZHR 169 (2005), S. 329

Bines, Harvey E./Thel, Steve: Investment Management Law and Regulation, 2nd Ed., New York 2004

dies.: Investment Management Arrangements and the Federal Securities Laws, 58 Ohio St. L.J. (1997–1998), S. 459

Bippus, Birgit Elsa: Einheitlichkeit der Mitgliedschaft und Selbständigkeit der Beteili-gung in der Personengesellschaft, AcP 195 (1995), S. 13

Birdthistle, William A./Henderson, M. Todd: Becoming the Fifth Branch, 99 Cornell Law Review (2012) 2013

Birdthistle, William A.: Breaking Bucks in Money Market Funds, 5 Wis. L. Rev. (2010), S. 1155

ders.: The Supreme Court's Theory of the Fund, 37 J. Corp. L. (2012), S. 771

ders.: Compensating power: An analysis of rents and rewards in the mutual fund industry, 80 Tul. Law. Rev. (2006), S. 1401

ders.: Investment Discipline: A Behavioral Approach to Mutual Fund Jurisprudence, 1 U. Ill. Law. Rev. (2010), S. 61

Bischoff, Jaques: Vertragsrisiko und clausula rebus sic stantibus, Zürich 1983

Bishop, Carter G.: Forgotten Trust: A Check-the-Box Achilles Heel, 43 Suffolk Law Rev. (2010), S. 529

Bitter, Georg: Rechtsträgerschaft für fremde Rechnung, Tübingen 2006

Bitz, Michael/Stark, Gunnar: Finanzdienstleistungen, 8. Aufl., München et al. 2008

Bitz, Michael: Erscheinungsformen und Funktionen von Finanzintermediären, WiSt 1989, S. 430

Black, Bernard S.: Agents Watching Agents: The Promise of Institutional Investor Voice, 39 U. California L. Rev. (1992), S. 811

ders.: Shareholder Passivity Re-examined, 89 Michigan L. Rev. (1990), S. 520

ders.: The Value of Institutional Investor Monitoring: The Empirical Evidence, 39 U. California L. Rev. (1991–1992), S. 896

Blackett-Ord, Mark: Partnership Law – The modern law of firms, limited partnerships and LLPs, 3rd Ed., Haywards Heath 2007

Blair, Michael/Walker, George/Purves, Robert (eds.): Financial Services Law, 2nd Ed., Oxford 2009

Blankenheim, Johannes: Die Umsetzung der OGAW-IV-Richtlinie in das Investmentgesetz, ZBB 2011, S. 344

Blaurock, Uwe/Bornkamm, Joachim/Kirchberg, Christian (Hrsg.): Festschrift für Achim Krämer, Berlin 2009

Blaurock, Uwe: Stille Publikumsgesellschaften im Rechte der Bankenaufsicht, in: Kübler, Friedrich (Hrsg.), Festschrift für Theodor Heinsius zum 65. Geburtstag, Berlin 1991, S. 33

ders.: Unterbeteiligung und Treuhand an Gesellschaftsanteilen. Formen mittelbarer Teilhabe an Gesellschaftsverhältnissen, Baden-Baden 1981

Bloch, Benjamin/von der Crone, Hans C.: Operative Gesellschaft oder kollektive Kapitalanlage? Entscheid des Schweizerischen Bundesgerichts 2C_571/2009 vom 5. November 2010 i.S. Eidgenössische Finanzmarktaufsicht gegen Dr. A. & Co VIII Sachwert-Beteiligung Kommanditgesellschaft, SZW/RSDA 2011, S. 214

Board of Governors of the Federal Reserve System: Federal Reserve Statistical Release – Flow of Funds Accounts of the United States, 2011

Boatright, John R.: Ethics in Finance, 2nd Ed., Oxford 2008

Bödecker, Carsten: Handbuch Investmentrecht, Bad Soden/Ts 2007

Bodie, Zvi/Kane, Alex/Marcus, Alan J.: Investments, 8th Ed., Boston 2009

Bodin, Jean: Les six livres de la republique, 2. réimpr. de l'Ed. de Paris 1583, Aalen 1977

Boesebeck, Ernst: Die „kapitalistische" Kommanditgesellschaft, Frankfurt a.M. 1938

Böger, Ole: System der vorteilsorientierten Haftung im Vertrag – Gewinnhaftung und verwandte Haftungsformen anhand von Treuhänder und Trustee, Tübingen 2009

Bogle, John C.: Common Sense on Mutual Funds: New Imperatives for the Intelligent Investor, 10th Anniversary Ed., New York 2010 *ders.*: Reflections on "toward common sense and common ground?", 33 J. Corp. L. (2007–2008), S. 31

Böhl, Meinrad: Das Christentum und der Geist des Kapitalismus – Die Auslegungsgeschichte des biblischen Talentegleichnisses, Köln et al. 2007

Böhme, Andreas: Die Vertretung der extern verwalteten Investmentkommanditgesellschaft, BB 2014, S. 2380

Böhmer, Martin: Die Vereinbarung eines gemeinsamen Zwecks bei der Gesellschaft bürgerlichen Rechts, JZ 1994, S. 982

Bohrer, Andreas: «Mission Impossible» im Kollektivanlagenrecht – Die Abgrenzung von kollektiven Kapitalanlagen und operativen Gesellschaften – Besprechung des Urteils 2C_571 / 2009 des schweizerischen Bundesgerichts vom 5. November 2010, GesKR 1/2011, S. 76

Böken, Arnd: Die Immobilien-GbR – Aktuelle Rechtsprechung zur Gesellschafterhaftung und zu Fondsbeteiligungen, DStR 2004, S. 558

Boldin, Michael/Cici, Gjergji: The index fund rationality paradox, 34 JBF (2010), S. 33

Bollen, Nicolas P. B./Pool, Veronika Krepely: Conditional Return Smoothing in the Hedge Funds Industry, 43 J. Fin. Quant. A. (2008), S. 267

dies.: Do Hedge Fund Managers Misreport Returns? Evidence from the Pooled Distribution, 65 J. Fin. (2010), S. 2257

Bollen, Nicolas P. B.: Mutual Fund Attributes and Investor Behavior, 42 J. Fin. Quant. A. (2007), S. 683

Bolton, Patrick/Freixas, Xavier/Shapiro, Joel: Conflicts of interest, information provision, and competition in the financial services industry, 85 J. Fin. Econ. (2007), S. 297

Bond, Philipp: Bank and Nonbank Financial Intermediation, 59 J. Fin. (2004), S. 2489

Bongaarts, Paul/Bouzoraa, Dali/Maisto, Guglielmo/Pelvang, Allan (Eds.): Investment funds – international guide to the taxation and regulation of mutual investment funds and their investors, Amsterdam 2006

Bonneau, Thierry: Les entreprises des États tiers et le marché européen bancaire et financier, 14:3 Revue de Droit Bancaire et Financier (2013), S. 23

ders.: Remède ou cancer?, 14:3 Revue de Droit Bancaire et Financier (2013), S. 1

Boos, Karl-Heinz/Fischer, Reinfrid/Schulte-Mattler, Hermann (Hrsg): Kreditwesengesetz, Kommentar zur KWG und Ausführungsvorschriften, 4. Aufl., München 2012

Bornemann, Alexander: Stille Publikumsgesellschaften im Spannungsfeld von Gesellschafts- und Bankaufsichtsrecht, ZHR 166 (2002), S. 211

Borsani, Christopher L.: A "Common" Problem: Examining the Need for Common Ground in the "Common enterprise" Element of the Howy Test, 10 Duq. Bus. L.J. (2008), S. 1

Bos, Sandra: „Uyt liefde tot malcander" Onderlinge hulpverlening binnen de Noord-Nederlandse gilden in internationaal perspectief (1570–1820), Amsterdam 1998

Bott, Gerhard: Der Treuhänder als Mitglied von Personengesellschaften, Hamburg 1959

Boudreaux, Kenneth J.: Discounts and Premiums on Closed-End Mutual Funds: A Study in Valuation, 28 J. Fin. (1973), S. 515

ders.: The Pricing of Mutual Fund Shares, 30 The Fin. Analysts Journal (1974), S. 26

Boveri, Ursula: Über die rechtliche Natur der Investment Trusts und die Rechtsstellung des Zertifikatsinhabers, Aarau 1945

Boyer, Christophe et al.: Les Commandites en Droit Luxembourgeois, Brüssel 2013 (zitiert als Boyer/*Verfasser*)

Brandeis, Louis D.: Other People's Money and How The Bankers Use It, New York 1914

Brauer, Gregory A.: Closed-end fund shares' abnormal returns and the information content of discounts and premiums, 43 J. Fin. (1988), S. 113

ders.: Open-ending closed-end funds, 13 J. Fin. Econ. (1984), S. 491

Brauer, Matthias: The effects of short-term and long-term oriented managerial behavior on medium-term financial performance, 14 J. Bus., Econ. & Mgmt. (2013), S. 386

Braun, Christian: Vom Wucherverbot zur Zinsanalyse (1150–1700), Winterthur 1994

Braun, Franz: Daytrading ist nicht gleich Daytrading. Besprechung der Urteile des BGH, BKR 2002, 179, und des OLG Karlsruhe, BKR 2002, 375, BKR 2002, S. 361

Brav, Alon/Jiang, Wei/Kim, Hyunseob: Hedge fund activism, in: Athanassiou, Research Handbook on Hedge Funds, Private Equity and Alternative Investments, S. 195

Braverman, Oded/Kandel, Shmuel/Avi, Wohl: The (Bad?) Timing of Mutual Fund Investors, Centre for Econ. Policy Research Discussion Paper No. 5243 9/2005

Brealey, Richard A./Myers, Stewart C.: Principles of Corporate Finance, 6th Ed., Boston 2000

Breitenfeld, Hubert: Kapitalanlagegesellschaft (Investment Trust) und Schachtelprivileg, Bankarchiv 1930, S. 134

Brewer III., Elijah: Small Business Investment Companies: Financial Characteristics and Investments, 33 J. Small Business Management (1995), S. 38

Brickley, James A./Schallheim, James S.: Lifting the Lid on Closed-end Investment Companies: A Case of Abnormal Returns, 20 J. Fin. and Quant. A. (1985), S. 107

Brinkhaus, Josef/Scherer, Peter (Hrsg.): KAGG – AuslInvestmG – Gesetz über Kapitalanlagegesellschaften – Auslandinvestment-Gesetz – Kommentar, München 2003

Brixner, Martin: Die Ausfinanzierung von Pensionsverpflichtungen aus finanzwirtschaftlicher Sicht, Wiesbaden 2007

Brock, William/Lakonishok, Josef/Le Baron, Blake: Simple Technical Trading rules and the Stochastic Properties of Stock Returns, 47 JF (1992), S. 1731

Brocker, Till/Klebeck, Ulf: Rückvergütungen an „unabhängige" Anlageberater und Haftung beteiligter Dritter – Zugleich Besprechung BGH v. 15.4.2010 – III ZR 196/09, ZIP 2010, S. 919 und S. 1369

Broermann, Bernard: Der Geltungsbereich der Investmentgesetzgebung, Berlin 1970

Brooks, John: The Go-Go-Years: The Drama and Crashing Finale of Wall Street's Bullish 60s, New York 1973

Brückner, Michael: Der versicherungsinterne Fonds als öffentlich vertriebener Investmentfonds, VW 2010, S. 133

Brunnermeier, Markus K./Nagel, Stefan: Hedge Funds and the Technology Bubble, 59 J. Fin. (2004), S. 2013

Bruppacher, Carl Rudolf: Investment Trusts, Zürich 1933

Buck-Heeb, Petra: Anlageberatung nach der MiFID II, ZBB 2014, S. 221

dies.: Verhaltenspflichten beim Vertrieb. Zwischen Paternalismus und Schutzlosigkeit der Anleger, ZHR 177 (2013), S. 310

Buckley, Susan L.: Teachings on Usury in Judaism, Christianity and Islam, Lewiston 2000

Bueren, Eckart: Der Rechtsnachfolgevermerk bei der Übertragung von Kommanditanteilen – aktuelle Probleme im Lichte einer 70-jährigen Geschichte, ZHR 178 (2014), S. 715

Bujotzek, Peter: Offene Immobilienfonds im Investmentsteuerrecht, Berlin 2007

Bullard, Mercer E.: Dura, Loss Causation, and Mutual Funds: A Requiem for Private Claims?, 76 U. Cin. L. Rev. (2007–2008), S. 559

ders..: Insider Trading in Mutual Funds, 84 Oregon L. Rev. (2005), S. 821

ders..: Regulating Hedge Fund Managers: The Investment Company Act as a Regulatory Screen, 13 Stan. J.L. Bus. & Fin. (2007–2008), S. 286

ders.: The Mutual Fund as a Firm: Frequent Trading, Fund Arbitrage and the SEC's Response to the Mutual Fund Scandal, 42 Hous. L. Rev. (2005–2006), S. 1271

ders.: The Fiduciary Study: A Triumph of Substance over Form?, 30 Rev. Banking & Fin. L. (2010–2011), S. 171

Bullock, Hugh: The Story of Investment Companies, New York 1959

Bülow, Peter: Verbraucher, Konsument und Kleinanleger, in: Habersack, Mathias/Joeres, Hans-Ulrich/Krämer, Achim (Hrsg.), Entwicklungslinien im Bank- und Kapitalmarktrecht – Festschrift für Gerd Nobbe, Köln 2009, S. 496

Bund, Heinrich: Die Kapitalanlage-Gesellschaft – Betriebswirtschaftliche Studien über den Investment Trust, Wien et al. 1938

Burch, Timothy R./Emery, Douglas R./Fuerst, Michael E.: What can "Nine Eleven" Tell Us about Closed-end Funds Discounts and Investor Sentiment?, 38 Fin. Rev. (2003), S. 515

Burgard, Ulrich/Heimann, Carsten: Das neue Kapitalanlagegesetzbuch, WM 2014, S. 821

Bürli-Borner, Sandra: Anlegerschutz bei kollektiven Kapitalanlagen in der Schweiz, Zürich 2003

Busch, D./van der Velden, J. W. P. M: Aansprakelijkheid en verhaal bij Fondsen voor Gemene Rekening, in: (2009) 1 TvFR, S. 299

Busch, Danny (Hrsg.): Onderneming en financieel toezicht, Deventer 2010

Bußalb, Jean-Pierre/Unzicker, Ferdinand: Auswirkungen der AIFM-Richtlinie auf geschlossene Fonds, BKR 2012, S. 309

Bußalb, Jean-Pierre/Vogel, Dennis: Das Gesetz über Vermögensanlagen – neue Regeln für geschlossene Fonds, WM 2012, S. 1416

Bußalb, Jean-Pierre: Die Kompetenzen der BaFin bei der Überwachung der Pflichten aus dem KAGB, in: Das neue Kapitalanlagegesetzbuch, S. 221

Bydlinski, Franz: Juristische Methodenlehre, Wien et al. 1991

ders.: System und Prinzipien des Privatrechts, Wien et al. 2006

Cahn, Andreas: Verwaltungsbefugnisse der Bundesanstalt für Finanzdienstleistungsaufsicht im Übernahmerecht und Rechtsschutz Betroffener, ZHR 167 (2003), S. 262

Câmara, Paulo: The AIFM's Governance and Remuneration Committees: The Impact of the AIFMD, in: The Alternative Investment Fund Managers Directive, S. 237

Camerer, Colin/Issacharoff, Samuel/Loewenstein, George/O'Donoghue, Ted/Rabin, Matthew: Regulation for Conservatives: Behavioral economics and the Case for „Asymmetric Paternalism", 151 U. Pa. L. Rev. (2002–2003), S. 1211

Cameron, Rondo E./Bovykin, Valeii I./Anan'ich, Boris V. (Hrsg.): International Banking 1870–1914, Oxford 1992

Campbell, Nicole/Müchler, Henny: Die Haftung der Verwaltungsgesellschaft einer fremdverwalteten Investmentaktiengesellschaft, ILF Working Paper Series No. 101 04/2009

Campbell, Nicole: Die neue Assetklasse „Infrastruktur-Sondervermögen" (Infrastrukturfonds) nach §§ 90a – f InvG, WM 2008, S. 1774

dies.: Modernisierung des Outsourcing-Regimes, ZBB 2008, S. 148

Canaris, Claus-Wilhelm/Heldrich, Andreas/Hopt, Klaus J./Roxin, Claus/Schmidt, Karsten (Hrsg.): 50 Jahre Bundesgerichtshof – Festgabe aus der Wissenschaft, Band II, München 2000

Canaris, Claus-Wilhelm: Bankvertragsrecht, 2. Aufl., Berlin et al. 1981

ders.: Bankvertragsrecht, 3. Aufl., Berlin et al. 1988

ders.: Die Übertragung des Regelungsmodells der §§ 125–130 HGB auf die Gesellschaft bürgerlichen Rechts als unzulässige Rechtsfortbildung contra legem, ZGR 2004, S. 1

ders.: Die Verdinglichung obligatorischer Rechte, in: Jakobs, Horst H./Knobbe-Keuk, Brigitte/Picker, Eduard/Wilhelm, Jan (Hrsg.), Festschrift für Werner Flume zum 70. Geburtstag, Band 2, Köln 1978, S. 372

ders.: Handelsrecht, 24. Aufl., München 2006

ders.: Systemdenken und Systembegriff, 2. Aufl., Berlin 1983

ders.: Verstöße gegen das verfassungsrechtliche Übermaßverbot im Recht der Geschäftsfähigkeit und im Schadensersatzrecht, JZ 1987, S. 993

Cardinale, Mirko: Corporate Pension Funding and Credit Spreads, 63 Fin. Analysts Journal (2007), S. 82

Carey, Philippe: Übermäßige Volatilität am Aktienmarkt: Erklärungsansätze auf der Grundlage verhaltenswissenschaftlich fundierter Erwartungsbildung, Köln 1996

Carlé, Thomas: Die Besteuerung von Kapitalerträgen nach dem Investmentsteuergesetz, DStZ 2004, S. 74

Carleton, Willard T./Nelson, James M./Weisbach, Michael S.: The Influence of Institutions on Corporate Governance through Private Negotiations: Evidence from TIAA-CREF, 53 J. Fin. (1998), S. 1335

Casper, Matthias: Islamische Aktienfonds – eine kapitalmarktrechtliche Herausforderung?, in: Burgard, Ulrich/Hadding, Walther/Mülbert, Peter O./Nietsch, Michael/Welter, Reinhard (Hrsg.), Festschrift für U.H. Schneider, Köln 2011, S. 229

ders.: Urteilsanmerkung zu BGH v. 21.1.2002, in: JZ 2002, S. 1112

Casper, Matthias: Die Investmentkommanditgesellschaft: große Schwester der Publikums-KG oder Kuckuckskind?, ZHR 179 (2015), S. 44

Centre National de la Recherche Scientifique (CNRS) (Hrsg.): Trésor de la Langue Française – Dictionnaire de la langue du XIXe et du XIXeu siècle (1789–1960), Paris 1980

Chalmers, John M.R./Edelen, Roger M./Kadlec, Gregory B.: On the Perils of Intermediaries Setting Securities Prices: The Mutual Fund Wild Card Option, 56 J. Fin. (2001), S. 2209

Charny, David: The New Formalism in Contract, 66 U. Chi. L. Rev. (1999), S. 842

Chartier, Yves: Les nouveaux fonds communs de placement, Commentaire du titre Ier de la loi no 79–594 du 13 juillet 1979 et ses textes d'application (1980) JCP, ed N, I, 3001, No. 26–28

Cheffins, Brian R.: Corporate Ownership and Control – British Business Transformed, Oxford 2008

ders.: The Stewardship Code's Achilles Heel, 73 Modern L. Rev. (2010), S. 985

Chen, Hsiu-Lang/Pennacchi, George G.: Does Prior Performance Affect a Mutual Fund's Choice of Risk? Theory and Further Empirical Evidence, 44 J. Fin. Quant. A. (2009), S. 745

Chen, Xia/Harford, Jarrad/Li, Kai: Monitoring: Which institutions matter?, 86 J. Fin. Econ. (2007), S. 279

Chen, Yong/Liang, Bing: Do Market Timing Hedge Funds Time the Market?, 42 J. Fin. Quant. A. (2007), S. 827

Chincarini, Ludwig: Hedge funds – an introduction, in: Athanassiou, Research Handbook on Hedge Funds, Private Equity and Alternative Investments, S. 13

Choi, James/Laibson, David/Madrian, Brigitte: Why does the law of one price fail? An experiment of Index Funds, 23 RFS (2010), S. 1405

Choi, Stephen J./Pritchard, Adam Christopher: Securities Regulation: Cases and Materials, 2nd Ed., 2007

Choi, Stephen/Kahan, Marcel: The Market Penalty for Mutual Fund Scandals, 87 Boston University L. Rev. (2007), S. 1021

Choi, Stephen: Regulating Issuers not Investors: A Market-Based Proposal", 88 Cal. L. Rev. (2000), S. 279

Christoffersen, Susan E. K.: Why do Money Fund Managers Voluntarily Waive Their Fees?, 56 JF (2001), S. 1117

Ciccotello, Conrad S./Edelen, Roger M./Greene, Jason T./Hodges, Charles W.: Trading at Stale Prices with Modern Technology: Policy Options for Mutual Funds in the Internet Age, 7 Va. J. L. & Tech. (2002), S. 6

Claessens, Stijn/Pozsar, Zoltan/Ratnovski, Lev/Singh, Manmohan: Shadow Banking: Economics and Policy, SDN/12/12 (2012), S. 15

Clark, Robert Charles: The Four Stages of Capitalism: Reflections on Investment Management. Treatises, 94 Harv. L. Rev. (1981), S. 561

ders.: The Regulation of Financial Holding Companies, 92 Harv. L. Rev. (1979), S. 787

ders.: The Soundness of Financial Intermediaries, 86 Yale L.J. (1976), S. 1

ders.: Vote Buying and Corporate Law, 29 Case West. Res. L. Rev. (1979), S. 776

Claßen, Robert: Besteuerung von Real Estate Investment Trusts (REITs), Diss. Hohenheim 2012.

Clemm, Hermann/Huber, Klaus: Die Prüfung von Spezialfonds, WPg 1989, S. 289

Clerc, Christophe/Deege, Jacques: Country Report: France, in: The Alternative Investment Fund Managers Directive, S. 723

dies.: The AIF Depositary's Liability for Lost Assets, in: The Alternative Investment Fund Managers Directive, S. 447

Clerc, Christophe: The AIFM's Duties upon the Acquisition of Non-listed Firms, in: The Alternative Investment Fund Managers Directive, S. 575

Clouth, Peter: Anlegerschutz. Grundlagen aus Sicht der Praxis, ZHR 177 (2013), S. 212

Coase, Ronald: The Nature of the Firm, 4 Economica (1937), S. 386

Coates IV, John C./Hubbard, R. Glenn: Competition in the Mutual Fund Industry: Evidence and Implications for Policy, 33 J. Corp. (2007), S. 151

Coates IV, John C.: The Downside of Judicial Restraint: The (Non-)Effect of Jones v. Harris, 6 Duke J. Const. L. & Pub. Pol'y (2010), S. 58

ders.: Do Norms Matter? A Cross-Country Evaluation, 149 U. Pa. L. Rev. (2001), S. 2151

Coffee, John C.: Liquidity Versus Control: The Institutional Investor as Corporate Monitor, 91 Colum. L. Rev. (1991), S. 1277

Coing, Helmut: Die Treuhand kraft privaten Rechtsgeschäfts, München 1973

ders.: Rechtsformen der privaten Vermögensverwaltung – Zugleich ein Beitrag zur Frage der Übernahme des Trustrechts, AcP 167 (1967), S. 99

ders.: Zur Auslegung der Verträge von Personengesellschaften, ZGR 1978, S. 659

Cole, G.D.H. (Ed.), Studies in capital and investment, London 1935

Cölle, Rudolf: Der Hausbesitzbrief, Treuhandkommanditgesellschaften mit breitem Anlegerkreis als Immobilienfonds, Köln 1968

Conaglen, Matthew: Fiduciary Loyalty – Protecting the Due Performance of Non-Fiduciary Duties, Oregon 2010

Conard, Alfred F.: Beyond Managerialism: Investor Capitalism, 22 U. Mich. J. Law Reform (1988), S. 117

Consbruch, Johannes: Investmentsparen gesetzlich geschützt, BB 1957, S. 337

Cooter, Robert/Eisenberg, Melvin A.: Fairness, Character, and Efficiency in Forms, 149 U. Pa. L. Rev. (2001), S. 1717

Corbisier, Isabelle: La réforme de la société en commandite par actions (SCA) et comparaison générale du régime des diverses commandites et de la SARL, in: Boyer, S. 94

Courvoisier, Matthias/Schmitz, Ronnie: Grenzfälle kollektiver Kapitalanlagen, SZW 2006, S. 407

Coval, Joshua D./Moskowitz, Tobias J.: Home Bias at Home: Local Equity Preference in Domestic Portfolios, 54 J. Fin. (1999), S. 2045

dies.: The Geography of Investment: Informed Trading and Asset Prices, 109 J. Pol. Econ. (2001), S. 811

Coval, Joshua D./Stafford, Erik: Asset fire sales (and purchases) in equity markets, 86 J. Fin. Econ. (2007), S. 479

Crane, Mark/Walker, John C.: Who Can Sue and Be Sued under Section 36(a) of the Investment Company Act of 1940, 32 Bus. Law. (1976–1977), S. 417

Cremers, Martijn/Driessen, Joost/Maenhout, Pascal/Weinbaum, David: Does Skin in the Game Matter? Director Incentives and Governance in the Mutual Fund Industry, 44 J. Fin. Quant. A. (2009), S. 1345

Crespi-Hohl, Irene: Neuere Tendenzen im Bereich der Verantwortlichkeit der Depotbank gegenüber ihrem Kunden bei Beizug eines externen Vermögensverwalters, Zürich 2003

Cressy, Robert/Munar, Federico/Malipiero, Alessandro: Playing to their strengths? Evidence that specialization in the private equity industry confers competitive advantage, 13 J. Corp. Fin. (2007), S. 647

Crezelius, Georg: Zur Thesauerierungsbegünstigung nach § 34a EStG, in: Kirchhof, Paul/Nieskens, Hans (Hrsg.), Festschrift für Wolfram Reiß zum 65. Geburtstag, Köln 2008, S. 399

Crystal, David (Hrsg.): The Cambridge Encyclopedia, 4th Ed., Cambridge 2000

Cumming, Douglas/Johan, Sofia: Is it the Law or the Lawyers? Investment Fund Covenants Across Countries, 12 Europ. Fin. Man't (2006), S. 535

Cumming, Douglas/Siegel, Donald S./Wright, Mike: Private equity, leveraged buyouts and governance, 13 J. Corp. Fin. (2007), S. 439

Cunningham, Lawrence A.: The Sarbanes Oxley Yawn: Heavy Rhetoric, Light Reform (And It Just Might Work), 36 Conn. L. Rev. (2003), S. 915

Cuny, Charles J./Talmor, Eli: A theory of private equity turnarounds, 13 J. Corp. Fin. (2007), S. 629

Curtis, Quinn/Morley, John D.: Taking Exit Rights Seriously: Why Governance and Fee Litigation Don't Work in Mutual Funds, 120 Yale L. J. (2010), S. 84

dies.: An Empirical Study of Mutual Fund Excessive Fee Litigation: Do the Merits Matter?, 30 J.L. Econ & Org. (2014), S. 275

dies.: The Flawed Mechanics of Mutual Fund Fee Litigation, 32 Yale J. on Reg. (2015), S. 1

Daeniker, Daniel: Das revidierte Anlagefondsgesetz im Europäischen Umfeld, SZW 1994, S. 273

Dai, Na: Does investor identity matter? An empirical examination of investments by venture capital funds and hedge funds in PIPEs, 13 J. Corp. Fin. (2007), S. 538

Dallas, Lynne L.: Short-Termism, The Financial Crisis, and Corporate Governance, 37 J. Corp. L. (2012), S. 265

Daniel, Kent/Grinblatt, Mark/Titman, Sheridan/Wermers, Russ: Measuring Mutual Fund Performance with Characteristic-Based Benchmarks, 52 J. Fin. (1997), S. 1035

Dass, Nishant/Massa, Massimo/Patgiri, Rajdeep: Mutual funds and bubbles: the surprising role of contractual incentives, 21 RFS (2008), S. 51

Dauner-Lieb, Barbara/Simon, Stefan (Hrsg.): Kölner Kommentar zum UmwG, Köln et al. 2009

Dauner-Lieb, Barbara: § 130 HGB: Weitere Rechtsfortbildung im Recht der BGB-Gesellschaft?, in: Habersack, Mathias/Hommelhoff, Peter/Hüffer, Uwe/Schmidt, Karsten (Hrsg.), Festschrift für Peter Ulmer zum 70. Geburtstag, Berlin 2003, S. 73

dies.: Abfindungsklauseln bei Personengesellschaften – Methodische Anmerkung zum Urteil des BGH vom 20.9.1993, ZHR 158 (1994), S. 271

dies.: Das Ende der BGB-Gesellschaft mit beschränktr Haftung – was nun?, DStR 1999, S. 1992

dies.: Ein neues Fundament für die BGB-Gesellschaft, DStR 2001, S. 356

dies.: Unternehmen in Sondervermögen, Tübingen 1998

dies.: Verbraucherschutz durch Ausbildung eines Sonderprivatsrechts für Verbraucher – Systemkonforme Weiterentwicklung oder Schrittmacher der Systemveränderung?, Berlin 1983

Dauses, Manfred A.: Handbuch des EU-Wirtschaftsrechts, München 2014

Davies, Paul/Worthington, Sarah: Gower & Davies Principles of Modern Company Law, 9th Ed., London 2012

Davis, Gerald F./Kim, E. Han: Business ties and proxy voting by mutual funds, 85 J. Fin. Econ. (2007), S. 552

Dawson, John P.: Judicial Revision of Frustrated Contracts: Germany / United States, 63 Boston U. L. Rev. (1983), S. 1039 and 63 Boston U. L. Rev. (1984), S. 1

Day, Martin J./Harris, Paul I.: Unit Trusts – The Law and Practice, London 1974

De Long, J. Bradford/Shleifer, Andrei: Closed-end funds discounts, 18 J. Portf. Man't (1992), S. 46

De Santis, Giorgio/Gerard, Bruno: International Asset Pricing and Portfolio Diversification with Time-Varying Risk, 52 J. Fin. (1997), S. 1881

Decker, Oliver: Segregation und Ausfallsrisiko nach EMIR und KAGB, BKR 2014, S. 397

DeFao, Michael E.: Securities Law – Finding Security in General Partnerships: Under What Circumstances Do General Partnerships Deserve Protection under the Federal Securities Laws, 27 Suffolk U. L. Rev. (1993), S. 310

Deidda, Luca/Fattouh, Bassam: Banks, financial markets and growth, 17 J. Fin. Interm. (2008), S. 6

Delaware: Delaware code annotated, Charlottesville 1975

Del Guercio, Diane/Dann, Larry Y./Partch, M. Megan: Governance and Boards of Directors in Closed-end Investment Companies, 69 J. Fin. Econ. (2003), S. 111

Del Guercio, Diane/Hawkins, Jennifer: The Motivation and Impact of Pension Fund Activism, 52 J. Fin. Econ. (1999), S. 293

Del Guercio, Diane/Tkac, Paula A.: Star Power: The Effect of Monrningstar Ratings on Mutual Fund Flow, 43 J. Fin. Quant. A. (2008), S. 907

dies.: The Determinants of the Flow of Funds of Managed Portfolios: Mutual Funds versus Pension Funds, 37 J. Fin. Quant. A. (2002), S. 523

Del Guercio, Diane: The distorting effect of the prudent-man laws on institutional equity investments, 31 J. Fin. Econ. (1996), S. 40

Deloitte and Touche LLP: Costing Intermediary Services – Financial Assessment of Investment Intermediaries – Report for the Financial Services Authority, London 2008

Delvaux, B.: Les sociétés d'investissement du type ouvert au Grand-Duché de Luxembourg, in: XVIII Pas lux (1961), S. 54

Demgensky, Sascha/Erm, Andreas: Der Begriff der Einlagen nach der 6. KWG-Novelle, WM 2001, S. 1445

Den Otter, Matthäus: Anlagefonds-Geschichten, (unveröffentlicht; liegt dem Verfasser vor)

ders.: Kollektivanlagerecht, in: SBT 2007 – Schweizerische Bankrechtstagung 2007: Anlagerecht, S. 15

Deppmeyer, Silke/Eßer, Martin: Das Finanzkomissionsgeschäft nach § 1 Abs. 1 Satz 2 Nr. 4 KWG – Ein Zwischenruf, BKR 2009, S. 230

Derungs, Corsin/Dobrauz, Günther: Tafeln zum Schweizer Kollektivanlagenrecht, Zürich et al. 2013

Deutschmann, Christoph: Finanzmarkt-Kapitalismus und Wachstumskrise, in: Windolf, Paul (Hrsg.), Finanzmarktkapitalismus, Sonderheft 45 der KZfSS, S. 58

Devlin, Patrick: The Enforcement of Morals, Oxford 1959

Dhenad, Kosrow: Efficient market hypothesis: another victim of the great recession, 27 J. Fin. Transformation (2009), S. 35

Dieterich, Niklas: Outsourcing bei Kapitalanlagegesellschaften, Frankfurt a.M. 2005

Dieu, Linh T.: How do Mutual Funds Transfer Scale Economies to Investors? Evidence from France, 34 RIBAF (2014), S. 66

Diver, Colin S.: The Optimal Precision of Administrative Rules, 93 Yale L.J. (1983), S. 65

Dobrauz, Günther/Wirth, Dieter: Vehikel für alternative Anlagen. Von Off- zu Onshore als Alternative für die Alternativen, ST, 12/8, 2012, S. 545

Dobrauz-Saldapenna, Guenther/Tettamanti, Claudio: Collective Investment Undertakings in Liechtenstein, in: The Alternative Investment Fund Managers Directive, S. 685

Dobrauz, Günther/Igel, Sabine: Liechtensteinisches Investmentrecht – Eine systematische Einführung, Zürich et al. 2015

Dobrauz-Saldapenna, Guenther: (Indirect) AIFMD Transposition into Swiss Law, in: The Alternative Investment Fund Managers Directive, S. 645

Dodd., E. Merrick: Investor protection by administrative agency: The United States Securities and Exchange Commission, 5 Modern L. Rev. (1942), S. 174

Dorner, Rudolf: Vermögensverwaltung durch Kreditinstitute, Frankfurt a.M. 1970

Dornseifer, Frank/Jesch, Thomas A./Klebeck, Ulf/Tollmann, Claus (Hrsg): AIFM-Richtlinie, Richtlinie 2011/61/EU über die Verwalter alternativer Investmentfonds mit Bezügen zum KAGB-E, München 2013

Dornseifer, Frank: Die Neugestaltung der Investmentaktiengesellschaft durch das Investmentänderungsgesetz, AG 2008, S. 54

ders.: Hedge Funds and Systemic Risk Reporting, in: The Alternative Investment Fund Managers Directive, S. 557

Dörr, Claus: Aktuelle Rechtsprechung des III. Zivilsenats zur Vermittlung geschlossener Fondsbeteiligungen, WM 2010, S. 533

Dow, James/Gorton, Gary: Noise Trading, Delegated Portfolio Management, and Economic Welfare, 105 J. Pol. Econ. (1997), S. 1024

Dreher, Meinrad: Das Finanzkommissionsgeschäft nach § 1 Abs. 1 Satz 2 Nr. 4 KWG, ZIP 2004, S. 2161

Drucker, Peter: The Unseen Revolution: How Pension Fund Socialism Came to America, New York 1976

Drüen, Klaus-Dieter: Die vermögensverwaltende Personenhandelsgesellschaft, Steuer & Studium 2004, S. 8

ders.: Rechtsformneutralität der Unternehmensbesteuerung als verfassungsrechtlicher Imperativ?, GmbHR 2008, S. 393

Drygala, Tim: Anwendbarkeit des AGB-Gesetzes auch auf Gesellschaftsverträge – eine Nebenwirkung der Richtlinie über missbräuchliche Klauseln in Verbraucherverträgen?, ZIP 1997, S. 968

Duchrow, Ulrich/Segbers, Franz (Hrsg.): Frieden mit dem Kapital? – Wider die Anpassung der evanglischen Kirche an die Macht der Wirtschaft, Oberursel 2008

Duchrow, Ulrich: Alternativen zur kapitalistischen Weltwirtschaft: Biblische Erinnerung und politische Ansätze zur Überwindung einer lebensbedrohenden Ökonomie, 2. Aufl., Mainz 1997

Dumas, Olivier/Sarailler, Antoine: Gestion de fonds étrangers en France: une clarification fiscale importante, 148 Banque & Droit (2013), S. 23

Dumeson, Giles/Pogorzelski Catherine: Les commandites dans le contexte des fonds d'investissement et gestionnaires réglementés : l'impact de la loi du 12 juillet 2013 sur les gestionnaires de fonds d'investissement alternatifs sur les lois sectorielles applicables aux SICAR et FIS, in: Boyer, S. 79

Duncan, Angus/Curtain, Edmond/Crosignani, Marco: Alternative regulation: the directive on alternative investment fund managers, 6 CMLJ (2011), S. 326

Dupont, Pierre-Emmanuel: La directive AIFM sur les gestionnaires de fonds d'investissement alternatifs, 12:5 Revue de Droit Bancaire et Financier (2011), S. 13

Duruigbo, Emeka: Tackling Shareholder Short-termism and Managerial Myopia, 100 Ky. L.J. (2012), S. 531

Easterbrook, Frank H./Fischel, Daniel R.: Auctions and Sunk Costs in Tender Offers, 35 Stan. L. Rev. (1982), S. 1

dies.: The Economic Structure of Corporate Law, Cambridge, MA 1991

Ebbing, Frank/Grüner, Michael: "Aus" für Venture Capital GbR? – Neue aufsichts- und haftungsrechtliche Probleme für Anlagegesellschaften in der Rechtsform einer GbR, NZG 2000, S. 327

Ebel, Wilhelm: Glücksvertrag und Versicherung, ZVersWiss 1962, S. 53

Ebenroth, Carsten T./Boujong, Karlheinz/Joost, Detlev/Strohn, Lutz (Hrsg.): Handelsgesetzbuch – Band 1 (§§ 1–342e), 3. Aufl., München 2014

Eberl-Borges, Christina: Die Leistungsverzögerung bei mehrseitigen Verträgen – zugleich eine Typenbildung mehrseitiger Verträge, AcP 203 (2003), 633

Eberstadt, Gerhard: Spezialfonds: eine optimale Form der Vermögensverwaltung – eine Betrachtung aus der Sicht der Kapitalanlagegesellschaften, LfK 1987, S. 400

Ebner von Eschenbach, Hans-Christoph Freiherr: Die Rechte des Anteilsinhabers nach dem Gesetz über Kapitalanlagegesellschaften, Diss. Erlangen 1959

Eckhold, Thomas: Struktur und Probleme des Aktienrechts der Investmentaktiengesellschaft unter Berücksichtigung des Entwurfs des Investmentänderungsgesetzes, ZGR 2007, S. 654

Eden, Siegfried: Treuhandschaft an Unternehmen und Unternehmensanteilen – Recht, Steuer, Betriebswirtschaft, 3. Aufl., Berlin 2007

Edmans, Alex/Manso, Gustavo: Governance Through Trading and Intervention: A Theory of Multiple Blockholders, 24 RFS (2011), S. 2395

Edwards, Franklin R.: Hedge Funds and the Collapse of Long-Term Capital Management, 13 J. Econ. Persp. (1999), S. 189

Eggen, Miriam/Staub, Christian: Kundensegmentierung – Panacea oder Abschied vom mündigen Anleger?, GesKR 1/2012, S. 55

Egger, J. G.: Kapitalanlage und Vermögensverwaltung, 2. Aufl., Tübingen 1939

Ehlermann, Christian/Schüppen, Matthias: Die neue Unternehmensbeteiligungsgesellschaft – Phönix aus der Asche?, ZIP 1998, S. 1513

Ehrenberg, Richard: Fondsspekulation und die Gesetzgebung, Berlin 1883

Ehrlich, Isaac/Posner, Richard A.: An Economic Analysis of Legal Rulemaking, 3 J. Leg. St. (1974), S. 257

Eidenmüller, Horst: Kapitalgesellschaftsrecht im Spiegel der Ökonomischen Theorie, in: Artibus Ingeuis, S. 35

ders.: Private Equity, Leverage und die Effizienz des Gläubigerschutzrechts, ZHR 171 (2007), S. 644

ders.: Regulierung von Finanzinvestoren, DStR 2007, S. 2116

ders.: Unternehmenssanierung zwischen Markt und Gesetz, Köln 1999

Einmahl, Matthias: Die Preispolitik großer deutscher Investmentfondsgesellschaften im Licht des AGB-Rechts, ZIP 2002, S. 381

Einsele, Dorothee: Intermediär-verwahrte Wertpapiere. Rechtsharmonisierung versus Systemneutralität, ZHR 177 (2013), S. 50

dies.: Grundsatzprobleme mediatisierter Vermögensbeteiligungen, AcP 214 (2014), S. 794

Eisenberg, Melvin A./Lehr, Dennis J.: An aspect of the emerging "federal corporaton law": directorial responsibility under the Investment Company Act of 1940, 20 Rutgers L. Rev. (1966), S. 181

Eisenberg, Melvin A.: Corporate Law and Social Norms, 99 Colum. L. Rev. (1999), S. 1253

Eisenhuth, Michèle/Keiser, Francine/Wigny, Jérôme: Eligible assets: an exciting evolution, in: ALFI 2008 (Ed.), ALFI 20th Anniversary Jubilee Report 1988–2008, S. 39

Ekkenga, Jens: Anlegerschutz, Rechnungslegung und Kapitalmarkt: eine vergleichende Studie zum europäischen, deutschen und britischen Bilanz-, Gesellschafts- und Kapitalmarktrecht, Tübingen 1998

ders.: Wertpapier-Bedingungen als Gegenstand richterlicher AGB-Kontrolle?, ZHR 160 (1996), S. 59

Ellenberger, Jürgen: MiFID FRUG: Was wird aus Bond?, in: Habersack, Mathias/Joeres, Hans-Ulrich/Krämer, Achim (Hrsg.): Entwicklungslinien im Bank- und Kapitalmarktrecht – Festschrift für Gerd Nobbe, Köln 2009, S. 523

Ellis, Charles D.: The Loser's Game, 31 Fin. Analysts Journal (1975), S. 19

Elser, Thomas/Stadler, Rainer: Einschneidende Änderungen der Investmentbesteuerung nach dem nunmehr in Kraft getretenen AIFM-Steuer-Anpassungsgesetz, DStR 2014, S. 233

Elsing, Siegfried H.: Erweitere Kommanditistenhaftung und atypische Kommanditgesellschaft. Zugleich ein Beitrag zur Lehre von der sogenannten unterkapitalisierten KG, Berlin 1977

Elsner, Ben: Das Recht der Wertpapier-Investmentunternehmen in den Ländern der Europäischen Gemeinschaften, Köln 1980

Elton, Edwin J./Gruber, Martin J./Blake, Christopher J.: Incentive Fees and Mutual Funds, 58 J. Fin. (2003), S. 779

Elvinger, André: Half a century of legal developments in the field of investment funds, a success story, in: ALFI 2008 (Ed.), ALFI 20th Anniversary Jubilee Report 1988–2008, S. 30

Elvinger, Jacques/Schmit, Isabelle M.: Les Sociétés de Gestion d'organismes de placement collectif en droit Luxembourgeois, in: ALJB, Droit bancaire et financier au Luxembourg (2004) – Vol. 4, S. 1495

Elvinger, Jaques: Innovation from past to present, in: ALFI 2008 (Ed.), ALFI 20th Anniversary Jubilee Report 1988–2008, S. 32

Emde, Thomas/Dornseifer, Frank/Dreibus, Alexandra/Hölscher, Luise (Hrsg): Investmentgesetz mit Bezügen zum Kapitalanlagegesetzbuch, München 2013

Emde, Thomas/Dreibus, Alexandra: Der Regierungsentwurf für ein Kapitalanlagegesetzbuch, BKR 2013, S. 89

Emenegger, Susanne (Hrsg.): SBT 2007 – Schweizerische Bankrechtstagung 2007: Anlagerecht, Basel 2007

Emenegger, Susanne: Anlagekosten: Retrozessionen im Lichte der bundesgerichtlichen Rechtsprechung, in: SBT 2007 – Schweizerische Bankrechtstagung 2007: Anlagerecht, S. 59

Engels, Wolfram (Hrsg.), Anlegerschutz und Vertrauensbildung an Finanzmärkten, Frankfurt 1992

Engert, Andreas: Die Regulierung der Vergütung von Fondsmanagern – zum Umgang mit Copy-paste-Gesetzgebung nach der Finanzkrise, ZBB 2014, S. 108

ders.: Hedgefonds als aktivistische Aktionäre, ZIP 2006, S. 2105

ders.: Kapitalanlagegesellschaften sind keine Banken: Die Ausgliederung der kollektiven Vermögensverwaltung aus dem Kreditwesengesetz, Der Konzern 2007, S. 477

ders.: Kapitalmarkteffizienz und Investmentrecht, Habilitationsschrift, unveröffentlicht 2009

Enriques, Luca: Conflicts of Interest in Investment Services: The Price and Uncertain Impact of MiFIDs Regulatory Framework, in: Investor Protection in Europe, S. 321

Erhardt, Ludwig/Müller-Armack, Alfred: Soziale Marktwirtschaft – Ordnung der Zukunft, Frankfurt a.M. et al. 1972

Erich, Franz: Investment Trusts, Diss. Köln 1929

Erne, Roland: Die Swapgeschäfte der Banken: eine rechtliche Betrachtung der Finanzswaps unter besonderer Berücksichtigung des deutschen Zivil-, Börsen-, Konkurs- und Aufsichtsrechts, Berlin 1992

Esser, Josef/Schmidt, Eike: Schuldrecht Band I, Allgemeiner Teil – Entstehung, Inhalt und Beendigung von Schuldverhältnissen, 8. Aufl., Heidelberg 2000

Esser, Josef: Werte als Grundlage der Rechtsanwendung. Werte und Wertewandel in der Gesetzesanwendung des Zivilrechts, Schriften der Evangelischen Akademie in Hessen und Nassau, Heft 68 (1966), S. 5

Eßer, Martin: Kollektive Anlagemodelle als Finanzportfolioverwaltung, WM 2008, S. 673

Esters, Ulrich: Die Haftung des privaten Depotverwalters, Frankfurt a.M. 1991

Etterer, Alexander/Schmitt, Hubert-Ralph/Wambach, Martin: Exchange Traded Funds, München 2004

Eucken, Walter: Kapitaltheoretische Untersuchungen. Mit einer Einleitung in die Sammlung: Was leistet die nationalökonomische Theorie?, 2. Aufl., Tübingen 1954

Evans, John L./Archer, Stephen N.: Diversification and the Reduction of Dispersion: An Empirical Analysis, 23 J. Fin. (1968), S. 761

Eyles, Uwe: Funktionsauslagerung (Outsourcing) bei Kredit- und Finanzdienstleistungsinstituten, WM 2000, S. 1217

Fachs, Martin: Vermögen und Vermögensverwaltung: ein Versuch zur Konstruktion des Vermögensbegriffs im heutigen Privatrecht, Jena 1911

Fagan, Mark/Frankel, Tamar: Trust and Honesty in the Real World – A Teaching Course in Law, Business and Public Policy, Anchorage, AK 2009

Fairfax, Lisa M.: The Model Business Corporation Act at Sixty: Shareholders and Their Influence, 74 Law & Contemp. Probs (2011), S. 19

Falkenstein, Eric G.: Preferences for Stock Characteristics As Revealed by Mutual Fund Portfolio Holdings, 51 J. Fin. (1996), S. 111

Fama, Eugene F./Jensen, Michael C.: Separation of Ownership and Control, 26 J. Law Econ. (1983), S. 301

Fama, Eugene F.: Agency Problems and the Theory of the Firm, 88 J. Pol. Econ. (1980), S. 288

ders.: Efficient Capital Markets: A Review of Theory and Empirical Work, 25 J. Fin. (1970), S. 383

ders.: The Behavior of Stock Market Prices, 38 J. Bus. (1965), S. 34

Farina, Richard H./Freeman, John P./Webster, James: The Mutual Fund Industry: A Legal Survey, 44 The Notre Dame Lawyer (1969), S. 732

Fastrich, Lorenz: Richtliche Inhaltskontrolle im Privatrecht, München 1992

Fehr, Ernst/Gintis, Herbert: Human Motivation and Social Cooperation: Experimental and Analytical Foundations, 33 Annu. Rev. Sociol. 43 (2009), S. 43

Fehr, Ernst/Klein, Alexander/Schmidt, Klaus M.: Fairness and Contract Design, 75 Econometrica (2007), S. 121

Fehrenbach, Thomas/Maetschke, Matthias: Zusätzliche Verwaltungsvergütung und AGB-rechtliche Transparenzkontrolle bei offenen Immobilienfonds, WM 2010, S. 1149

Feldbausch, Friedrich: Die Kapitalbeteiligungsgesellschaft, Frankfurt a.M. 1971

Feldhaus, Heiner-Georg/Veith, Amos (Hrsg.): Frankfurter Kommentar zu Private Equity – Darstellung der Grundlagen des Private-Equity-Geschäfts und Kommentierung des WKBG und des UBGG, Frankfurt a.M. 2009

Ferguson, Robert/Leistikow, Dean: Closed-end Fund Discounts and Expected Investment Performance, 39 The Fin. Rev. (2004), S. 179

Ferlauto, Rich: Commentary on Leo Strine's "toward common sense and common ground? Reflections on the shared interests of managers and labor in a more rational system of corporate governance", 33 J. Corp. L. (2007–2008), S. 41

Ferran, Eilis/Ho, Look Chon: Principles of Corporate Finance Law, 2nd E., Oxford 2014

Ferran, Eilis: Building an EU Securities Market, Cambridge 2004

dies.: Corporate Law, Codes and Social Norms – Finding the Right Regulatory Combination and Institutional Structure, 1 J. Corp. L. Stud. (2001), S. 381

dies.: After the crisis: the regulation of hedge funds and private equity in the EU, 12 EBOR (2011), S. 379

Ferrarini, Guido/Wymeersch, Eddy (Hrsg.): Investor Protection in Europe: Corporate Law Making, the Mifid and Beyond, Oxford 2006

Ferris, Stephen P./Yan, Xuemin (Sterling): Do independent directors and chairmen matter? The role of boards of directors in mutual fund governance, 13 J. Corp. Fin. (2007), S. 392

Fetzer, Joachim/Funk, Lothar/Herzog, Bodo/Wiemeyer, Joachim: Lehren aus der Finanzmarktkrise – Ein Comeback der Sozialen Marktwirtschaft, Konrad-Adenauer-Stiftung (Hrsg.), Berlin 2008

Fetzer, Joachim: Ist man hinterher immer klüger? Auf der Suche nach sozialethischen "Lehren" aus der Finanzmarktkrise, in: Lehren aus der Finanzmarktkrise – Ein Comeback der Sozialen Marktwirtschaft, S. 31

Fick, Heinrich: Über Begriff und Geschichte der Aktiengesellschaft, ZHR 5 (1862), S. 1

Fink, Matthew P.: The Rise of Mutual Funds: An Insider's View, New York 2008

Fisch, Jill E./Wilkinson-Ryan, Tess: Why Do Retail Investors Make Costly Mistakes? An Experiment on Mutual Fund Choice, 162 U. Pa. L. Rev. (2013–2014), S. 605

Fischbach, Natascha Elena: Organisationspflichten von Wertpapierdienstleistungsunternehmen nach § 33 Abs. 1 Nr. 1 WpHG, Hamburg 2000

Fischbach, Oskar: Treuhänder und Treuhandgeschäfte, Mannheim et al. 1912

Fischel, Daniel/Langbein, John: ERISA's Fundamental Contradiction: The Exclusive Benefit Rule, 55 U. Chicago L. Rev. (1988), S. 1105

Fischer, Carsten/Friedrich, Till: Investmentaktiengesellschaft und Investmentkommanditgesellschaft unter dem Kapitalanlagegesetzbuch, ZBB 2013, S. 153

Fischer, Carsten: Aktienklassen einer Investmentaktiengesellschaft, NZG 2007, S. 133

ders.: Die Investmentaktiengesellschaft aus aufsichtsrechtlicher und gesellschaftsrechtlicher Perspektive, Frankfurt a.M. 2008

Fischer, Lorenz/Koop, Jürgen/Müller, Horst: Zur Psychologie privater Aktionäre (3) – Merkmale unterschiedlicher Aktionärsgruppen, Sparkasse 3/94, S. 123

Fischer, Lorenz: Zwischen Gier und Ethik – Zur Konstitution neuer Ordnungsstrukturen am Kapitalmarkt, Wirtschaftspsychologie, Heft 4 (2003), S. 74

Fischer, Michael: Die Reform des Rechts der Unternehmensbeteiligungsgesellschaften, WM 2008, S. 857

Fischer, Peter: Gedankensplitter zu den Typen „Gewerbebetrieb" und „Vermögensverwaltung", DStR 2009, S. 398

Fischer, Philipp/Oliver, Hari: Illiquidité et insolvabilité des véhicules de placements collectifs suisses – aspects juridiques choisis, GesKR 4/2011, S. 498

Fischer, Robert: Gedanken über einen Minderheitenschutz bei den Personengesellschaften, in: Fischer, Robert/Möhring, Philipp/Westermann, Harry (Hrsg.), Wirtschaftsfragen der Gegenwart. Festschrift für Carl Hans Barz zum 65. Geburtstag, Berlin 1974, S. 33

Fischer, Thomas: Strafgesetzbuch, 58. Aufl., München 2011

Fisher, Jonathan/Bewsey, Jane/Waters, Malcom/Ovey, Elizabeth: The Law of Investor Protection, 2nd Ed., London 2003

Fitz, Hanns: Risikozurechnung bei Tätigkeit im fremden Interesse, Berlin 1985

Fleckner, Andreas: Antike Kapitalgesellschaften – Ein Beitrag zu den konzeptionellen und historischen Grundlagen der Aktiengesellschaft, Köln 2010

Fleischer, Holger/Hupka, Jan: Germany, in: Alternative Investment Fund Regulation, S. 183

Fleischer, Holger/Schmolke, Klaus U.: Klumpenrisiken im Bankaufsichts-, Investment- und Aktienrecht, ZHR 173 (2009), S. 649

Fleischer, Holger/Strothotte, Christian: Ein Stewardship Code für institutionelle Investoren: Wohlverhaltensregeln und Offenlegung der Abstimmungspolitik als Vorbild für Deutschland und Europa?, AG 2011, S. 221

Fleischer, Holger: Finanzinvestoren im ordnungspolitischen Gesamtgefüge von Aktien-, Bankaufsichts- und Kapitalmarktrecht, ZGR 2008, S. 185

Flume, Werner: Allgemeiner Teil des Bürgerlichen Rechts – Erster Band / Erster Teil: Die Personengesellschaft, Berlin et al. 1977

ders.: Die Abfindung nach der Buchwertklausel für den Gesellschafter minderen Rechts einer Personengesellschaft, NJW 1979, S. 802

Fock, Till (Hrsg.): Gesetz über Unternehmensbeteiligungsgesellschaften, Wagniskapitalbeteiligungsgesetz: UBGG – WKBG – Private Equity – Recht und Steuern des Kapitalbeteiligungsgeschäfts, 2. Aufl., München 2010

Fock, Till/Hartig, Helge: Ist die Investmentaktiengesellschaft überhaupt eine Aktiengesellschaft?, in: Wachter, Thomas (Hrsg.), Festschrift für Sebastian Spiegelberger zum 70. Geburtstag, Bonn 2009, S. 653

Fock, Till: Investmentbesteuerung im künftigen Recht, BB 2003, S. 1589

Fock, Till: Unternehmensbeteiligung: Die geplante Novelle des UBGG und ein Vergleich zum Statut der Luxemburger SICAR, DB 2006, 1542

Ford, H. A. J.: Unit Trusts, 23 Modern L. Rev. (1960), S. 129

Forde, Michael/Kennedy, Hugh: Company Law, Dublin 2008

Förster, Wolfgang/Hertrampf, Ute: Das Recht der Investmentfonds. Europarechtlicher Rahmen und nationale Gesetzgebung, 3. Aufl., Neuwied 2001

Fox, Justin: The Myth of the Rational Market – A History of Risk, Reward and Delusion on Wall Street, New York 2009

Fragos, Nikolaos: Das neue europäische und deutsche Investmentrecht – Die Änderungen in Folge der neuen OGAW-Richtlinie und des Investmentgesetzes, Frankfurt a.M. 2006

Frank, Vincent Carl: Zur Problematik der Investmenttrusts, Winterthur 1961

Frank, Mary M./Poterba, James M./Shackelford, Douglas M./Shoven, John B.: Copycat Funds: Information Disclosure Regulation and the Returns to Active Management in the Mutual Fund Industry, 47 Journal Of Law and Economics (2004), S. 515

Frankel, Tamar/Cunningham, Lawrence A.: The Mysterious Ways of Mutual Funds: Market Timing, 25 Annual Rev. of Banking & Fin. Law (2006), S. 236

Frankel, Tamar/Kirsch, Clifford E.: Investment Management Regulation, 3rd Ed., Anchorage, AK 2005

Frankel, Tamar/Schwing, Ann T.: Regulation of Money Managers: Mutual Funds and Advisers, 2nd Ed., Looseleaf, New York 2000

Frankel, Tamar: Fiduciary Law – Analysis, Definitions, Duties, Remedies over History and Cultures, Anchorage, AK 2008

dies.: Mutual fund advisers fees and executive compensation, 7 Int'l J. Discl. Gov. (2010), S. 1

dies.: Private Investment Funds: Hedge Funds' Regulation by Size, 39 Rutgers L.J. (2008), S. 657

dies.: The Delaware Business Trust Act Failure as the New Corporate Law, 23 Cardozo L. Rev. (2001), S. 325

dies.: The Regulation of Brokers, Dealers, Advisers and Financial Planners, 30 Rev. Banking & Fin. L. (2010–2011), S. 123

dies.: Trust and Honesty – America's Business Culture at a Crossroad, Oxford et al. 2006

dies.: Trust Honesty and Ethics in Business, Fin. & The Common Good/Bien Commun -No.31–32-II-III (2008), S. 87

Franz, Erich: Die Investment-Trusts, Köln 1929

Franz, Herrmann: Wirtschaftsethik: Ein Handbuch, Berlin 2009

Frase, Dick (Hrsg.): Law and Regulation of Investment Management, London 2004

Fraune, Christoph: Der Einfluss institutioneller Anleger in der Hauptversammlung, Köln et al. 1996

Freeman, John P./Brown, Stewart L./Pomerantz, Steve: Mutual Fund Advisory Fees: New Evidence and a Fair Fiduciary Duty Test, 61 Oklahoma L. Rev. (2008), S. 83

Freeman, John P./Brown, Stewart L.: Mutul fund advisory fees: The cost of conflicts of interest, 26 J. Corp. L. (2001), S. 709

Freeman, John P.: The Mutual Fund Distribution Expense Mess, 32 J. Corp. L. (2007), S. 739

Freitag, Robert: Die „Investmentkommanditgesellschaft" nach dem Regierungsentwurf für ein Kapitalanlagegesetzbuch, NZG 2013, S. 329

ders.: Neue Publizitätspflichten für institutionelle Anleger?, AG 2014, S. 647

ders.: Überfällige Konvergenz von privatem und öffentlichem Recht der Anlageberatung, ZBB 2014, S. 357

French, Kenneth R./Poterba, James M.: Investor Diversification and International Equity Markets, 81 American Econ. Rev. (1991), S. 222

Frese, Friedrich: Zur gemeinrechtlichen Lehre von der beauftragten Vermögensverwaltung und Willensvertretung, Rostock 1889

Freyer, Eckhard: Die Kapitalbeteiligungsgesellschaft als Mittel der Wirtschaftspolitik, Thun 1981

Frick, Roger/Zwiefelhöfer, Thomas: Unternehmensführung im Gewerbe- und Dienstleistungsbetrieb im Fürstentum Liechtenstein, 2. Aufl., Vaduz 2010

Fridson, Martin S.: Exactly What Do You Mean By Speculation, 20 J. Portf. Man't (1993), S. 29

Friedl, Sven: Das neue Wagniskapitalbeteiligungsgesetz (WKBG), WM 2009, S. 1828

Friedman, Milton: Capitalism and Freedom, 40th Anniversary Edition (2002), Chicago 1962

Friedmann, Alfred: Empfiehlt sich eine gesetzliche Regelung des Treuhänderverhältnisses?, Verhandlungen des 36. Deutschen Juristentages I/3 (1930), S. 806

Friedrich, Alain/Taisch, Franco: Hedge Fund Regulation – Quo Vadis?, SZW 2011, S. 149

Friend, Irwin/Brown, F.E./Herman, Edward S./Vickers, Douglas: A study of mutual funds – prepared for the SEC by the Wharton School of Finance and Commerce, Report of the House Committee on Interstate and Foreign Commerce, House Report N. 2274, 87th Congress, 2nd Session (1962), Washington, D.C. 1962

Friesen, Geoffrey C./Sapp, Travis R.A.: Mutual fund flows and investor returns: An empirical examination of fund investor timing ability, 31 J. Bank. Fin. (2007), S. 2796

Froot, Kenneth/Teo, Melvyn: Style Investing and Institutional Investors, 43 J. Fin. Quant. A. (2008), S. 883

Fuchita, Yasuyuki/Litan, Robert E.: Pooling Money – The Future of Mutual Funds, Baltimore, MD 2008

Fuchs, Andreas (Hrsg.): Wertpapierhandelsgesetz (WpHG), München 2009

Fuisting, Bernhard: Die Preußischen direkten Steuern – Vierter Band, Berlin 1902

Fulghieri, Paolo/Sevilir, Merih: Organization and Financing of Innovation, and the Choice between Corporate and Independent Venture Capital, 44 J. Fin. Quant. A. (2009), S. 1291

Fullerton, Kemper: Calvinism and Capitalism, 21 Harv. Theo. L. Rev. (1928), S. 163

Fung, William/Hsieh, David A.: A Primer on Hedge Funds, 6 J. Empir. Fin. (1999), S. 309

Gabbert, Dale: Hedge Funds, London 2008

Galbraith, John Kenneth: A Short History of Financial Euphoria, New York 1990

ders.: The Great Crash of 1929, Boston et al. 1929

Gallais-Hamonno, Georges: Les Sociétés d'Investissement à Capital Variable (SICAV), Paris 1970

ders.: Sicav et fonds communs de placement, les OPCVM en France, 2ⁿᵈ, Paris 1995

Garber, Peter M.: Famous First Bubbles, 4 J. Econ. Perspectives (1990), S. 35

ders.: Famous First Bubbles: The Fundamentals of Early Manias, Cambridge, MA 2000

ders.: Tulipmania, 97 J. Political Economy (1989), S. 535

Gaspar, José-Miguel/Massa, Massimo/Matos, Pedro: Favoritism in Mutual Fund Families? Evidence on Strategic Cross-Fund Subsidization, 61 J. Fin. (2006), S. 73

Gaul, Hans Friedhelm: Lex commissoria und Sicherungsübereignung – Zugleich ein Beitrag zum sogenannten Innenverhältnis bei der Sicherungsübereignung, AcP 168 (1968), S. 351

Geffen, David M./Fleming, Joseph R.: Dodd-Frank and Mutual Funds: Alternative Approaches to Systemic Risk, 5 Bloomberg Law Reports, No. 4 (2011)

Geffen, David M.: A Shaky Future For Securities Act Claims Against Mutual Funds, 37 Sec. Reg. L.J. (2009), S. 20

Geffen, David M.: Classifying Affiliates under the Investment Company Act, 16 Inv. Law. (2009), S. 1

Geffen, David M.: Identifying Downstream Affiliates under the Investment Company Act, 16 Inv. Law. (2009), S. 1

Geibel, Stefan: Treuhandrecht als Gesellschaftsrecht, Tübingen 2008

Geiger, Bruno: Der zivilrechtliche Schutz des Anlegers, Zürich 1971

Gelderblom, Oscar/Joost, Jonker: With a View to the hold: The emergence of institutional investors on the Amsterdam securities market during the seventeenth and eighteenth century, in: Atack, Jeremy/Neal, Larry (Eds.), The Origins and Development of Financial Markets and Institutions, Cambridge 2009, S. 71

Geman, Hélyette: Commodities and Commodity Derivatives: Modeling and Pricing for Agriculturals, Metals and Energy, Chichester 2007

Genius, Klaus: Risikohaftung des Geschäftsherrn, AcP 173 (1973), S. 481

Gericke, Karlheinz: Rechtsfragen zum Investmentsparen, DB 1959, S. 1276

Gerke, Wolfgang/Bank, Matthias: Finanzierung, 2. Aufl., Stuttgart 2003

Gerke, Wolfgang/Rapp, Heinz-Werner: Strukturelle Neugestaltung des deutschen Investmentrechts, ZBB 1992, S. 85

Gerke, Wolfgang: Kapitalbeteiligungsgesellschaften, ihre Problematik und ihre gesetzliche Regelung, Frankfurt a.M. et al. 1974

ders.: Kapitalmarkt ohne Moral? – Festvortrag zum dies academicus aus Anlass des 262. Jahrestages der Gründung der Friedrich-Alexander-Universität Erlangen-Nürnberg am 4. November 2005, Erlanger Universitätsreden Nr. 68/2006, 3. Folge, S. 1

ders.: Kapitalmärkte und Ethik – Ein Widerspruch, zfwu 6/1 (2005), S. 22

Gerlach, Heinz: Vertrauensschutz und Anlegerinteressen am ungeregelten Kapitalanlagenmarkt, in: Anlegerschutz und Vertrauensbildung an Finanzmärkten, S. 37

Gernhuber, Joachim: Die fiduziarische Treuhand, JuS 1988, S. 356

Gesellschaftsrechtliche Vereinigung (VGR) (Hrsg.): Gesellschaftsrecht in der Diskussion 2008, Köln 2009

Gesellschaftsrechtliche Vereinigung (VGR) (Hrsg.): Gesellschaftsrecht in der Diskussion 2011, Köln 2012

Geßler, Ernst: Das Recht der Investmentgesellschaften und ihrer Zertifikatsinhaber, WM 1957, Sonderbeilage Nr. 4, S. 10

Geßler, Ernst: Das Treuhandmodell des Investmentrechts – Eine Alternative zur Aktiengesellschaft? – Zugleich eine Besprechung des gleichnamigen Buchs von Günter H. Roth, ZGR 1977, S. 524

Getmansky, Mila/Lo, Andrew W./Makarov, Igor: An Econometric Model of Serial Correlation and Illiquidity in Hedge Fund Returns, 74 J. Fin. Econ. (2004), S. 529

Getzler, Joshua: Fiduciary investment in the shadow of financial crisis: Was Lord Eldon right?, 3 J. Equity (2009), S. 219

Getzler, Joshua: The Role of Security over Future and Circulating Capital: Evidence from the British Economy circa 1850–1920, in: Company Charges – Spectrum and Beyond, S. 227

Geuts, Matthias/Schubert, Leif: Folgen der Neudefinition geschlossener Fonds, WM 2014, S. 2154

Giannetti, Mariassunta/Koskinen, Yrjö: Investor Protection, Equity Returns, and Financial Globalization, 45 J. Fin. Quant. A. (2010), S. 135

Giannetti, Mariassunta/Simonov, Andrei: Which Investors Fear Expropriation? Evidence from Investors' Portfolio Choices, 61 J. Fin. (2006), S. 1507

Giesler, Stefan: Der Steuerberater als Verwahrstelle für AIF, DStR 2013, S. 1912

Gil-Bazo, Javier/Ruiz-Verdu, Pablo: Yet another puzzle?, The relation between price and performance in the mutual fund industry, 64 JF (2009), S. 2154

Gilles, Martin/Elsaesser, Georg/Schinke, Michael/Gindera, Thorsten: Rethinking the rules of asset allocation – Cross-asset strategies for 2010 and beyond, Düsseldorf 2010

Gilson, Ronald J./Kraakman, Reinier H.: Reinventing the Outside Director: An Agenda for Institutional Investors, 43 Stanford L. Rev. (1990), S. 863

dies.: The Mechanisms of Market Efficiency Twenty Years Later: The Hindsight Bias, 28 J. Corp. L. (2003), S. 215

dies.: The Mechanisms of Market Efficiency, 70 Va L. Rev. (1984), S. 549

dies.: Market Efficiency after the Financial Crisis: It's Still a Matter of Information Costs, 100 Va. L. Rev. (2014), 313

dies.: Investment Companies as Guardian Shareholders, 45 Stan. L. Rev. (1993), S. 985

Gilson, Ronald J.: Leo Strine's third way: responding to agency capitalism, 33 J. Corp. L. (2007–2008), S. 47

Gläbe, Rüdiger: Der Schutz der Zertifikats-Inhaber von Investmentgesellschaften, Meisenheim am Glan 1975

Glaser, Hans: Investmentgesellschaften mit Anlagefonds für Wertpapiere und Sachwerte, DB 1959, S. 1278

Glaser, Markus/Nöth, Markus/Weber, Martin: Behavioral Finance, Mannheim 2003

Glasgow, George: Glasgow's Guide to Investment Trust Companies, London 1939

ders.: The English Investment Trust Companies, New York 1931

ders.: The Scottish Investment Trust Companies, New York 1932

Glazer, Donald W.: A study of mutual fund complexes, 119 U. Penn. L. Rev. (1970), S. 205

Glick, L.A.: Mutual fund management fees: in search of a standard, 25 Bus. Law. (1970), S. 1471

Gmünder, Hubert: Überführung einer Schweizer Investmentgesellschaft in eine Lux. SICAV, GesKR 3/2012, S. 429

Goette, Wulf/Habersack, Matthias/Kalss, Susanne: Münchener Kommentar zum Aktiengesetz, 4. Aufl., München 2014

Goetzmann, William N./Massa, Massimo: Daily momentum and contrarian behavior of index fund managers, 37 J. Fin. Quant. A. (2002), S. 375

dies.: Index Funds and stock market Growth, 76 J. Bus. (2003), S. 1

Goetzmann, William N./Rouwenhorst, K. Geert (Hrsg.): The Origins of Value – The Financial Innovations That Created Modern Capital Markets, Oxford 2005

Goetzmann, William N./Rouwenhorst, K. Geert: The Origins of Mutual Funds, in: The Origins of Value – The Financial Innovations That Created Modern Capital Markets, S. 249

Goldgar, Anne: Tulipmania: Money, Honor, and Knowledge in the Dutch Golden Age, Chicago 2007

Goldschmidt, Ernst: Über die Voraussetzungen zur Errichtung von Investment Trusts (Kapitalverwaltungsgesellschaften) in Deutschland, BankArch. 1929, S. 38

Goldschmidt, Levin: De societate ex commandite, Halle 1851

ders.: Handbuch des Handelsrechts – Teile B und C der Neudruckauflage 1868 bis 1883, 2. Aufl., Stuttgart 1868

Goldschmidt, Rudolf F.: Investment Trusts in Deutschland, Mannheim et al. 1932

Goldsmith, Raymond W.: Financial Structure and Development, New Haven et al. 1969

Gompers, Paul A./Kovnera, Anna/Lerner, Josh/Scharfstein, David: Venture capital investment cycles: The impact of public markets, 87 J. Fin. Econ. (2008), S. 1

Gompers, Paul A./Metrick, Andrew: Institutional Investors and Equity Prices, 116 Quart. J. Econ. (2001), S. 229

Gompers, Paul/Ishii, Joy/Metrick, Andrew: Corporate Governance and Equity Prices, 118 Quart. J. Econ. (2003), S. 107

Gompers, Paul/Lerner, Josh: The Venture Capital Cycle, 2nd Ed., Boston 2006

Gondesen, Helge: Rechtssetzung durch die Exekutive im Investmentrecht – Die wesentlichen Elemente der Derivateverordnung der Bundesanstalt für Finanzdienstleistungsaufsicht vom 6. Februar 2004, WM 2005, S. 116

Gordon III, James D.: Common Enterprise and Multiple Investors: A Contractual Theory for Defining Investment Contracts and Notes, Colum. Bus. L. Rev. (1988), S. 635

Gordon, Jeffrey N.: The Puzzling Persistence of the Constrained Prudent Man Rule, 62 N.Y.U.L. Rev. (1987), S. 52

Goriaev, Alexei P./Palomino, Frédéric/Prat, Andrea: Mutual fund tournament: Risk taking incentives induced by ranking objectives, C.E.P.R. Discussion Papers (2001)

Görke, Oliver/Ruhl, Alexander: Neuregelung der offenen Immobilienfonds nach dem Regierungsentwurf des Kapitalanlagegesetzbuches: Bestandsaufnahme und erste Bewertung, BKR 2013, S. 142

Görres-Gesellschaft: Handbuch Wirtschaftsethik, Nachdruck 2009, Berlin 1999

Gottschalk, Eckart: Emissionsbedingungen und AGB-Recht, ZIP 2006, S. 1121

Götz, Ralf-Joachim: Institutionelle Bedingungen und Anlageverhalten der Lebensversicherungen auf dem Aktien- und Rentenmarkt, Frankfurt a.M. 1991

Graef, Andreas: Aufsicht über Hedgefonds im deutschen und amerikanischen Recht – Zugleich ein Beitrag zu den Einflüssen des Anlagemodells auf die Finanzmarktstabilität, Berlin 2008

Graf v. Westphalen, Friedrich: Wider einen Reformbedarf beim AGB-Recht im Unternehmerverkehr, NJW 2009, S. 2977

Graham, Benjamin/Dodd, David: Security Analysis: The Classic 1934 Edition, New York 1934

Granderath, Peter: Das Zweite Gesetz zur Bekämpfung der Wirtschaftskriminalität, DB 1986, Beilage Nr. 18, S. 1

Grashoff, Dietrich/Kleinmanns,Florian: Aktuelles Steuerrecht 2014, 10. Aufl., München 2014

Graulich, Wilhelm: Die Rechtsverhältnisse der Sondervermögen (Investmentfonds) nach dem Gesetz über Kapitalanlagegesellschaften im Vergleich zu den Rechtsverhältnissen anderer Sondervermögen des Privatrechts, Diss. Köln 1968

Grayson, Theodore J.: Investment Trusts. Their Origin, Development, and Operation, New York 1928

Grecu, A. Malkiel/Saha, B.G.: Why Do Hedge Funds Stop Reporting Their Performance?, 34 J. Port. Man't (2007), S. 119

Green, Stephen: Serving God? Serving Mammon? Christians and the Financial Markets, London 1996

Greenbaum, Stuart I./Thakor, Anjan V.: Contemporary Financial Intermediation, 2nd Ed., Burlington, MA et al. 2007

Greene, Edward F./Yeager, Brian A.: Sovereign wealth funds—a measured assessment, 3 Capital Markets L.J. (2008), S. 247

Greene, Lawrence M.: Fiduciary Standard of Conduct under the Investment Company Act of 1940, 28 George Washington L. Rev. (1959), S. 266

Greenwood, Jeremy/Jovanovic, Boyan: Financial development, growth and the distribution of income, 98 J. Polit. Econ. (1990), S. 1076

Greig, James: Country Report: United Kingdom, in: The Alternative Investment Fund Managers Directive, S. 697

Grell, Ole P./Cunningham, Andrew/Jütte, Robert: Health Care and Poor Relief in 18th and 19th Century Northern Europe., Aldershot 2002

Grell, Ole P./Cunningham, Andrew/Roeck, Bernd: Health Care and Poor Relief in 18th and 19th Century Southern Europe, Aldershot 2005

Grell, Ole P./Cunningham, Andrew: Health Care and Poor Relief in Protestant Europe 1500–1700, London et al. 1997

Grinstein, Yaniv/Michaely, Roni: Institutional Holdings and Payout Policy, 60 J. Fin. (2005), S. 1389

Groffen, C.J./Spoor, N.B./van der Velden, J.W.P.M.: Beleggingsinstellingen, in: Onderneming en financieel toezicht, S. 465

Groh, Manfred: Von Beteiligungshändlern und Unternehmensproduzenten – Anmerkung zum BFH-Urteil vom 25.7.2001 X R 55/97, DB 2001, S. 2276 und S. 2569

Gross, Norbert: Bankrecht vor dem Forum des Europäischen Gerichtshofs – gemieden, geliebt, gefürchtet?, in: Habersack, Mathias/Joeres, Hans-Ulrich/Krämer, Achim

(Hrsg.): Entwicklungslinien im Bank- und Kapitalmarktrecht – Festschrift für Gerd Nobbe, Köln 2009, S. 969

Großfeld, Bernhard/Ebke, Werner: Probleme der Unternehmensverfassung in rechtshistorischer und rechtsvergleichender Sicht (II), AG 1977, S. 57 und 92

Großfeld, Bernhard: Aktiengesellschaft, Unternehmensorganisation und Kleinaktionär, Tübingen 1967

ders.: Zivilrecht als Gestaltungsaufgabe, Karlsruhe 1977

Grossman, Sanford J./Stiglitz, Joseph E.: On the Impossibility of Informationally Efficient Markets, 70 Am. Econ. Rev. (1980), S. 393

Grote, Friedrich: Anlegerschutz bei der Publikums-KG durch Einrichtung eines Beirats, Berlin 1995

Gruber, Martin J.: Another Puzzle: The Growth in Actively Managed Mutual Funds, 51 J. Fin. (1996), S. 583

Grullon, Gustavo/Wang, F. Albert: Closed-End Fund Discounts with Informed Ownership Differential, 10 J. Fin. Interm. (2001), S. 171

Grundmann, Stefan/Riesenhuber, Karl (Hrsg.), Deutschsprachige Zivilrechtslehrer des 20. Jahrhunderts in Berichten ihrer Schüler, Band 2, Berlin 2007

Grundmann, Stefan: Der Treuhandvertrag – insbesondere die werbende Treuhand, München 1997

ders.: EG-Richtlinie und nationales Privatrecht, JZ 1996, S. 274

ders.: The Bankinter Case on MIFID Regulation and Contract Law, 9 ERCL (2013), S. 267

Grundmann-van de Krol, C. M.: Regulering beleggingsinstellingen en icbe's in de Wft, Den Haag 2013

Grunewald, Barbara: Die in § 23 AGBG vorgesehene Bereichsausnahme für Gesellschaftsrecht, in: Bierich, Marcus/Hommelhoff, Peter/Kropff, Bruno (Hrsg.), Festschrift für Johannes Semler zum 70. Geburtstag, Berlin 1993, S. 183

dies.: Gesellschafterpflichten in der überschuldeten Gesellschaft, in: Altmeppen, Holger/Fitz, Hanns/Honsell, Heinrich (Hrsg.), Festschrift für Günter H. Roth zum 70. Geburtstag, München 2011, S. 187

dies.: in: Habersack, Mathias/Hommelhoff, Peter (Hrsg.), Festschrift für Wulf Goette zum 65. Geburtstag, München 2011, S. 113

dies.: Liquidation von Personengesellschaften, in: Gesellschaftsrecht in der Diskussion 2011, S. 31

Gschoßmann, Bernhard: Rechtliche Grundlagen des Investmentgeschäfts, München 1996

Gstädtner, Thomas: Investmentbesteuerung im Vergleich – Die Besteuerung von Investitionen in Hedgefonds in Deutschland und im Vereinigten Königreich, Köln 2006

Gubler, Friedrich Traugott: Besteht in der Schweiz ein Bedürfnis nach Einführung des Instituts der angelsächsischen Treuhand (trust)?, Basel 1954

Guillot, Jean-Louis/Bérard, Pierre-Yves: La directive sur les gestionnaires de fonds d'investissement alternatifs, 746 Revue Banque (2012)

Gulinello, Christopher: Venture Capital Funds, Organizational Law, and Passive Investors, 70 Alb. L. Rev. (2006), S. 303

Gundlach, Freimut/Pamp, Rüdiger: Rechtsfragen zum Einwendungsdurchgriff bei indirekter kreditfinanzierter Fondsbeteiligung über einen Treuhänder, in: Habersack, Mathias/Joeres, Hans-Ulrich/Krämer, Achim (Hrsg.): Entwicklungslinien im Bank- und Kapitalmarktrecht – Festschrift für Gerd Nobbe, Köln 2009, S. 297

Gupta, Suresh/Venditti, Carmina: Smarter sourcing in a post-crisis environment, 27 J. Fin. Transformation (2009), S. 53

Gurley, John G./Shaw, Edward S.: Financial Institutions and Interrelationships – Financial Intermediaries and the Saving-Investment Process, 11 J. Fin. (1956), S. 257

Gustavus, Eckhart: Insichgeschäfte bei Amtsverwaltern, Diss. Heidelberg 1963

Gutenberg, Erich: Die Unternehmung als Gegenstand betriebswirtschaftlicher Theorie, Berlin et al. 1929

Gutzwiller, P. Christoph: Rechtsfragen der Vermögensverwaltung, Zürich 2008

Haack, Thilo: Unternehmensbeteiligungsgesellschaften, Berlin 2003

Haag, Maximilian/Veith, Amos: Das MoRaKG und seine Auswirkungen für Wagniskapital in Deutschland – oder was von einem Private-Equity-Gesetz geblieben ist, BB 2008, S. 1915

Haar, Brigitte: Anlegerschutz in geschlossenen Fonds – Kapitalmarkteffizienz, Behavioral Finance und Anlegerkoordination als Bausteine eines neuen Regulierungsparadigmas, in: Grundmann, Stefan/Haar, Brigitte/Merkt, Hanno/Mülbert, Peter O./Wellenhofer, Marina et al. (Hrsg.), Unternehmen, Markt und Verantwortung – Festschrift für Klaus J. Hopt zum 70. Geburtstag, Berlin 2010, S. 1865

dies.: Die Personengesellschaft im Konzern, Tübingen 2006

dies.: Gesellschaftsrechtsformen der Innovationsfinanzierung, in: Perspektiven des Wirtschaftsrechts: Deutsches, europäisches und internationales Handels-, Gesellschafts- und Kapitalmarktrecht, Beiträge für Klaus J. Hopt aus Anlass seiner Emeritierung, S. 141

Haas, Franz-Josef/Drüen, Klaus-Dieter: Die Bruchteilsgemeinschaft als steuerliche Mitunternehmerschaft, in: Hommelhoff, Peter/Rawert, Peter/Schmidt, Karsten (Hrsg.), Festschrift für Hans-Joachim Priester zum 70. Geburtstag, Köln 2007, S. 133

Haase, Florian F.: Die sog. Kontinuitätsprovision und ihre umsatzsteuerrechtliche Behandlung – Wirtschaftliche, rechtliche und dogmatische Grundlagen, Umsatzsteuer- und Verkehrssteuerrundschau, UVR 2005, S. 164

Habersack, Mathias: Haftung der Mitglieder einer GbR für Bürgschaftsverpflichtungen der Gesellschaft, BB 1999, S. 61

Hackemann, Tim/Sydow, Sabine: Richtungsentscheidung des EuGH in der Rs. C-6/12, P Oy für die Voraussetzungen der Einstufung einer Sanierungsklausel als staatliche Beihilfe; Auswirkungen auf die suspendierte deutsche Sanierungsklausel des § 8c Abs. 1a KStG, IStR 2013, S. 786

Hacker, Robert C./Rotunda, Ronald D.: SEC Registration of Private Investment Partnerships After Abrahamson v. Fleschner, 78 Colum. L. Rev. (1978), S. 1471

Hadding, Walther: Haftungsbeschränkung in der unternehmerisch tätigen Gesellschaft bürgerlichen Rechts, in: Löwisch, Manfred/Schmidt-Leithoff, Christian/Schmiedel, Burkhard (Hrsg.), Beiträge zum Handels- und Wirtschaftsrecht: Festschrift für Fritz Rittner zum 70. Geburtstag, München 1991, S. 133

ders.: Zu einer "Behaltensklausel" betreffend Vertriebsvergütungen an Wertpapierdienstleistungsunternehmen, in: Habersack, Mathias/Joeres, Hans-Ulrich/Krämer, Achim (Hrsg.): Entwicklungslinien im Bank- und Kapitalmarktrecht – Festschrift für Gerd Nobbe, Köln 2009, S. 565

ders.: Zur Abgrenzung von Gläubigermehrheiten und Bruchteilsgemeinschaften an einer Forderung, in: Heldrich, Andreas/Koller, Ingo/Prölss, Jürgen/Langenbucher, Katja/Grigoleit, Hans C./Hager, Johannes/Hey, Felix/Neuner, Jörg/Petersen, Jens/

Singer, Reinhard (Hrsg.), Festschrift für Claus-Wilhelm Canaris – Band I, München 2007, S. 379

Hagen, Bernd/Schmitt, Alexander: Steuerliche Aspekte von Hedgefonds, DStR 2004, S. 837

Hahne, Klaus D./Winkler, Jörg: Die umsatzsteuerliche Behandlung des Outsourcings von Portfolio-Management-Leistungen in der Fonds-Verwaltung, DStR 2003, S. 2005

Hahne, Klaus D.: Umsatzsteuerliche Behandlung sog. Kontinuitätsprovisionen im Vertrieb von Investmentfonds-Anteilen, UR 2004, S. 338

Haigh, Matthew/Hazelton, James: Financial Markets: A Tool for Social Responsibility?, 52 J. Business Ethics (2004), S. 59

Halbach, Edward C., Jr.: Trust Investment Law in the Third Restatement, 77 Iowa L. Rev. (1992), S. 1151

Hallas, Werner: Die Prüfung von Investmentfonds, Wien 1997

Haltiner, Eugen: Anlagegeschäfte: Aktuelle Regulierungsfragen, in: SBT 2007 – Schweizerische Bankrechtstagung 2007: Anlagerecht, S. 1

Hament, Joost S.: Hedge Funds and Private Equity Funds under Scrutiny in the Netherlands, 16 Maastricht J. European and Comparative Law (2009), S. 2

Hamermesh, Lawrence A.: An older, balder critique of "toward common sense and common ground?", 33 J. Corp. L. (2007–2008), S. 57

Hammen, Horst: Die Gattungshandlungsschulden. Inhalt der Schuld, Haftung und Haftungsbeschränkung bei fehlerhafter Leistung, dargestellt am Beispiel der Arbeitspflicht eines Arbeitnehmers und der Pflichten eines Vermögensverwalters, Frankfurt a.M. 1995

ders.: Genussscheinfinanzierte Geschäfte mit Finanzinstrumenten und Finanzkommissionsgeschäft nach § 1 Abs. 1 KWG, WM 2005, S. 813

Hammer, Markus: Ausschüttung aus einer "Black-Box", BB 2003, S. 1760

ders.: Spezialfonds im Steuerrecht aus Investorensicht, Frankfurt a.M. 2007

Hämmerle, Hermann: Empfiehlt sich eine gesetzliche Regelung des Treuhandverhältnisses?, Verhandlungen des 36. Deutschen Juristentages I/2 (1930), S. 632

Handelskammer Hamburg (Hrsg.), Die Hamburger Börse 1558–2008, Trends im Börsenwesen, Hamburg 2008

Hanke, Stefan: Überblick über die Prospekthaftung bei geschlossenen Fonds nach dem Inkrafttreten des KAGB, BKR 2014, S. 441

Hanne, Jürgen: Die zivilrechtliche und steuerrechtliche Stellung der Zertifikatinhaber bei geschlossenen Immobilienfonds in Form von Kommanditgesellschaften, Diss. Berlin 1971

Hansmann, Henry/Kraakman, Reinier H./Squire, Richard: Law and the Rise of the Firm, 119 Harv. L. Rev. (2006), S. 1358

dies.: The New Business Entities in Evolutionary Perspective, 5 U. Illinois L. Rev. (2005); 8 Europ. Bus. Org. L. Rev. (2007), S. 59

Hansmann, Henry/Mattei, Ugo: The Functions of Trust Law: A Comparative Legal and Economic Analysis, 73 N.Y.U.L. Rev. (1998), S. 434

Hanten, Matthias: Aufsichtsrechtliche Aspekte des Outsourcing bei Kapitalanlagegesellschaften, ZBB 2003, S. 291

Hardin, Russel: Collective Action, reprt. 1993, Baltimore et al. 1982

Harke, Jan Dirk: Societas als Geschäftsführung und das römische Obligationensystem, 73 Tijdschrift voor Rechtsgeschiedenis (2005), S. 43

Hart, H.L.A.: Law, Liberty and Morality, Stanford 1963

Hartmann-Wendels, Thomas/Pfingsten, Andreas/Weber, Martin: Bankbetriebslehre, 4. Aufl., Berlin et al. 2007

Hartrott, Sebastian: Die Abgrenzung des Gewerbebetriebs von der privaten Vermögensverwaltung, FR 2008, S. 1095

Hasenböhler, Franz (Hrsg.): Recht der kollektiven Kapitalanlagen unter Berücksichtigung der steuerlichen Aspekte, Zürich 2007

Häuselmann, Holger: Zur Bilanzierung von Investmentanteilen, insbesondere von Anteilen an Spezialfonds, BB 1992, S. 312

Haußmann, Fritz: Holdinggesellschaften, Investmenttrusts und verwandte Gebilde – eine handelsrechtliche Betrachtung, ZHR 96 (1931), S. 369 und ZHR 97 (1932), S. 1

Hawley, James P./Kamath, Shyam J./Williams, Andrew T. (Hrsg.): Corporate Governance Failures. The Role of Institutional Investors in the Global Financial Crisis, Philadelphia 2011

Hax, Karl: Kapitalbeteiligungsgesellschaften zur Finanzierung kleiner und mittlerer Unternehmen, Köln 1969

Hayek, Friedrich A.: Die Verfassung der Freiheit, 4. Aufl. 2005, Tübingen 1971

ders.: The Road to Serfdom – Text and Documents – The Definitive Edition, Edited by Bruce Caldwell, Chicago 2007

Hazen, Thomas Lee: Securities Regulation – Cases and Materials, 7th Ed., St. Paul, MN 2006

Hazen, Thomas Lee: Treatise on the Law of Securities Regulation – Volume 6 und 7, 6th Ed., St. Paul, MN 2009

Heberlein, Adrian: Die Investmentgesellschaft mit variablem Kapital (SICAV) und die Investmentgesellschaft mit festem Kapital (SICAF) im Vergleich, Zürich 2008

Heers, Jaques: Gênes au Xve siècle. Activité économique et problèmes sociaux, Paris 1961

Hehn, Elisabeth (Hrsg.): Asset Management in Kapitalanlage- und Versicherungsgesellschaften – Altervorsorge – Nachhaltige Investments – Rating, Wiesbaden 2002

Hehn, Elisabeth: Exchange Traded Funds – Structure, Regulation and Application of a New Fund Class, Heidelberg 2005

Heinrichs, Helmut: Die Entwicklung des Rechts der Allgemeinen Geschäftsbedingungen im Jahre 1993, NJW 1994, S. 1380

Heinrichs, Nils: Mehrheitsbeschlüsse bei Personengesellschaften, Berlin 2006

Heinze, Meinrad: Offenkundigkeitsprinzip bei der Publikumspersonengesellschaft – Besprechung der Entscheidung des BGH vom 4.3.1976, ZGR 1979, S. 106

Helios, Marcus/Löschinger, Andreas: Steuer- und aufsichtsrechtliche Praxisfragen bei der Restrukturierung und Auflösung von Investmentfonds und Investmentaktiengesellschaften, DB 2009, S. 1724

Helios, Marcus/Schmies, Christian: Ausländische Investmentanteile i.S.d. §2 Abs. 9 InvG, BB 2009, S. 1100

Hellgardt, Alexander: Abdingbarkeit der gesellschaftsrechtlichen Treupflicht, in: Grundmann, Stefan/Haar, Brigitte/Merkt, Hanno/Mülbert, Peter O./Wellenhofer, Marina et al. (Hrsg.), Unternehmen, Markt und Verantwortung – Festschrift für Klaus J. Hopt zum 70. Geburtstag, Berlin 2010, S. 765

ders.: Kapitalmarktdeliktsrecht, Tübingen 2008

Hellner, Thorwald/Steuer, Stephan: Bankrecht und Bankpraxis, Loseblatt-Kommentar, München 2014

Hellwege, Phillip: Allgemeine Geschäftsbedingungen, einseitig gestellte Vertragsbedingungen und die allgemeine Rechtsgeschäftslehre, Tübingen 2010

Hellwig, Martin: Finanzmarktregulierung – Welche Regelungen empfehlen sich für den deutschen und europäischen Finanzsektor? in: Deutscher Juristentag e.V. (Hrsg.), Verhandlungen des 68. Deutschen Juristentages, Berlin 2010, Band I: Gutachten / Teil E/F/G, Gutachten E

Helm, Robert W./Dodds, William K./Geffen, David M.: When a Fund is Sued: An Independent Director's Guide to Fund Litigation – Part 1 und 2, 17 Investm. Law. (2010), S. 1

Henderson, David: Misguided Virtue – False Notions of Corporate Social Responsibility, London 2001

Henderson, M. Todd: Justifying Jones, 77 U. Chic. L. Rev. (2010), S. 1027

Hengsbach, Friedhelm: Christliche Gesellschaftsethik in den Zeiten der Globalisierung, Darmstadt 2001

Henke, Stefan: Investmentfonds in der privaten und betrieblichen Altersversorgung, Baden-Baden 2004

Hennrichs, Joachim/Lehmann, Ulrike: Rechtsformneutralität der Unternehmensbesteuerung, StuW 2007, S. 16

Henssler, Martin: Risiko als Vertragsgegenstand, Tübingen 1994

ders.: Treuhandgeschäft – Dogmatik und Wirklichkeit, AcP 196 (1996), S. 37

Hereth, Michael: Alexis de Toqueville: Die „Sitten" und die Exportfähigkeit der Demokratie, 46 Politische Vierteljahresschrift (2005), S. 377

Herman, Edward S.: Lobell on the Wharton School Study of Mutual Funds: A Rebuttal, 49 Virginia L. Rev. (1963), S. 938

Hermann, Harald: Die Sachwalterhaftung vermögenssorgender Berufe, JZ 1983, S. 422

Hermanns, Marc: Die Investmentaktiengesellschaft nach dem Investmentmodernisierungsgesetz – eine neue Gesellschaftsform, ZIP 2004, S. 1297

Herms, Eilert: Die Wirtschaft des Menschen, Tübingen 2004

ders.: Normetablierung, Normbefolgung, Normbestimmung. Beobachtungen und Bemerkungen zu Karl Homanns These „Ökonomik – Fortsetzung der Ethik mit anderen Mitteln", zfwu 3/2 (2002), S. 137

Herresthal, Carsten: Die Pflicht zur Aufklärung über Rückvergütungen und die Folgen ihrer Verletzung, ZBB 2009, S. 348

ders.: Die Rechtsprechung zu Aufklärungspflichten bei Rückvergütungen auf dem Prüfstand des Europarechts, WM 2012, S. 2261

Hervey, Richard: An analysis of the Regulated Investment Company Modernization Act of 2010, 12 JOIC (2011), S. 51

Herzog, Cornelia/Derungs, Corsin: Die KAG-Teilrevision, ST 2012, S. 525

Herzog, Hansjorg: Spezialfonds – Wie lange wird dieses deutsche Sonderkonstrukt noch von Bedeutung sein?, ZfgKW 2004, S. 874

Heuermann, Bernd (Hrsg.): Blümich – Einkommensteuergesetz, Körperschaftsteuergesetz, Gewerbesteuergesetz – Loseblatt-Kommentar, 123. Aufl., München 2014

Hey, Friedrich E.F.: Anmerkung zu BFH vom 25.7.2001 – X R 55/97, BB 2002, S. 870

Hey, Johanna: Besteuerung von Einkommen – Aufgaben, Wirkungen und europäische Herausforderungen, JZ 2006, S. 851

Heymann, Ernst (Hrsg.): Handelsgesetzbuch (ohne Seerecht), 2. Aufl., Berlin et al. 1999

Hicks, John R.: Value and Capital – An Inquiry Into Some Fundamental Principles of Economic Theory, 2nd Ed., Oxford 1946

Hillman, Robert W.: The Bargain in the Firm: Partnership Law, Corporate Law, and Private Ordering Within Closely-Held Business Associations, U. Illinois L. Rev. (2005), S. 171

Hintze, John: Seeking Shelter, IDD Magazine 2008, S. 22

Hirschmann, Alfred: Exit, Voice and Loyalty: Responses to Decline in Firms, Organizations, and States, Cambridge, MA 1970

Hirshleifer, David: Investor Psychology and Asset Pricing, 56 J. Fin. (2001), S. 1533

ders.: Speculation and Equilibrium: Information, Risk, and Markets, 89 Q.J. Econ. (1975), S. 519

Hirte, Heribert: Die aktienrechtliche Satzungsstrenge: Kapitalmarktrecht und sonstige Legitimationen versus Gesellschaftsrecht, in: Gestaltungsfreiheit im Gesellschaftsrecht – Sonderband zum 25-jährigen Bestehen der ZGR, S. 61

Hodder, James E./Jackwerth, Jens Carsten: Incentive Contracts and Hedge Fund Management, 42 J. Fin. and Quant. A. (2007), S. 811

Hodgson, Richard B.: Grwoing pains: the SEC, public policy and the mutual funds, 2 Connecticut L. Rev. (1969), S. 319

Hoekstra, M.R.: Van bewaarder naar AIFMD depositary – Een inkijkje in de veranderende rol van de bewaarder bij beleggingsinstellingen, 10 TvFR (2012), S. 365

Hofmann, Achim: Die Rechtsstellung des Treuhänders in der kupierten Publikums-KG, Göttingen 1985

Holler, Lorenz: Sanierung aus wichtigem Grund – Neues zur mehrheitlichen Vertragsänderung und Beschlusskontrolle in (Publikums-)Personengesellschaften – Im Anschluss an BGH v. 10.10.2009 – II ZR 240/08, ZIP 2009, S. 2289 – Sanieren oder Ausscheiden, in: ZIP 2010, S. 1678

Hologan, Hermin/Masson, David: Les principes d'évaluation applicables aux gestionnaires de fonds alternatifs, 758 Revue Banque (2013)

Holschbach, Ulrich: Das Widerrufsrecht nach § 11 AuslandsinvestmG in seiner Anlegerschutzfunktion, Köln 1972

Holzborn, Timo (Hrsg.): Wertpapierprospektgesetz mit EU-Prospektverordnung und weiterführenden Vorschriften, 2. Aufl., Berlin 2014

Holzner, Florian: Private Equity, der Einsatz von Fremdkapital und Gläubigerschutz, Baden-Baden 2009

Homann, Karl/Koslowski, Peter/Lütge, Christoph (Hrsg.): Wirtschaftsethik der Globalisierung, Tübingen 2005

Homann, Karl: Die ethische Aufnahmefähigkeit der modernen Ökonomik, ZfB Sonderheft 1 (2007), S. 15

ders.: Ökonomik: Fortsetzung der Ethik mit anderen Mitteln, in: Artibus Ingenius, S. 85

Hommelhoff, Peter: Wider das Akzessorietätsdogma in der Gesellschaft bürgerlichen Rechts, ZIP 1998, S. 8

Hooghiemstra, S.N.: De AIFM-richtlijn en de aansprakelijkheid van de bewaarder, (2013) 6 TvFR, S. 178

ders.: Country Report: The Netherlands, in: Zetzsche, The Alternative Investment Fund Managers Directive, S. 661

ders.: Depositary Regulation, in: Zetzsche, The Alternative Investment Fund Managers Directive, S. 409

Hopt, Klaus J./Fleckner, Andreas: Entwicklung des Börsenrechts, in: Die Hamburger Börse 1558 – 2008, Trends im Börsenwesen, S. 249

Hopt, Klaus J./Wiedemann, Herbert: Großkommentar zum Aktiengesetz, 4. Aufl., Berlin et al. 1999

Hopt, Klaus J./Wymmersch, Eddy/Kanda, Hideki/Baum, Harald (Eds.), Corporate Governance in Context: Corporations, States, and Markets in Europe, Japan and the US, Oxford 2005

Hopt, Klaus J.: Änderungen von Anleihebedingungen – Schuldverschreibungsgesetz, § 796 BGB und AGBG, in: Bauer, Jürgen F. (Hrsg.), Festschrift für Ernst Steindorff zum 70. Geburtstag, Berlin 1990, S. 341

ders.: Der Kapitalanlegerschutz im Recht der Banken – Gesellschafts-, bank- und börsenrechtliche Anforderungen an das Beratungs- und Verwaltungsverhalten der Kreditinstitute, München 1975

ders.: Gestaltungsfreiheit im Gesellschaftsrecht in Europa – Generalbericht, in: Lutter/Wiedemann (Hrsg.), Gestaltungsfreiheit im Gesellschaftsrecht – Sonderband zum 25-jährigen Bestehen der ZGR, 1998, S. 123

ders.: Handelsgesellschaften ohne Gewerbe und Gewinnerzielungsabsicht? – Abgrenzungsprobleme zum handelsrechtlichen Gewerbebegriff, ZGR 1987, S. 145

ders.: Interessenwahrung und Interessenkonflikte im Aktien-, Bank- und Berufsrecht, ZGR 2004, S. 1

ders.: Inwieweit empfiehlt sich eine allgemeine gesetzliche Regelung des Anlegerschutzes?, Gutachten G, 51. Deutscher Juristentag, München 1976

ders.: Kapitalmarktrecht (mit Prospekthaftung) in der Rechtsprechung des Bundesgerichtshofs, in: 50 Jahre Bundesgerichtshof, Festgabe aus der Wissenschaft, Band II, S. 497

ders.: Vom Aktien- und Börsenrecht zum Kapitalmarktrecht? – Teil 2: Die deutsche Entwicklung im internationalen Vergleich, ZHR 141 (1977), S. 389

ders.: Zur Abberufung des GmbH-Geschäftsführers bei der GmbH & Co., insbesondere der Publikumskommanditgesellschaft, ZGR 1979, S. 1

Horan, Shelley: The Impact of the AIFMD on Ireland's Hedge Fund Industry, in: Zetzsche, The Alternative Investment Fund Managers Directive, S. 735

dies.: White Collar Crime, Money Laundering and Taxation: The AIFMD and Hedge Funds – An International and Irish Perspective, in: Zetzsche, The Alternative Investment Fund Managers Directive, S. 109

Horn, Norbert: Die Stellung der Anleihegläubiger nach neuem Schuldverschreibungsgesetz und allgemeinem Privatrecht im Licht aktueller Marktentwicklungen, ZHR 173 (2009), S. 12

Hößl, Wolfgang: Der Anlageerfolg aktiver Aktienfondsmanager. Eine empirische Untersuchung der Performance im Zulassungsraum Deutschland unter Berücksichtigung von Kapitalmarktanomalien, Anlageverhalten und statistischen Verzerrungen, Duisburg 2008

Houtzager, Dirk: Hollands Lijf- en Losrenteleningen voor 1672, Schiedam 1950

Höverkamp, Heike/Hugger, Günter: Die Reichweite der Haftung der Depotbanken vor dem Hintergrund des Madoff-Skandals, in: Grundmann, Stefan/Haar, Brigitte/Merkt, Hanno/Mülbert, Peter O./Wellenhofer, Marina et al. (Hrsg.), Unternehmen, Markt und Verantwortung – Festschrift für Klaus J. Hopt zum 70. Geburtstag, Berlin 2010, S. 2015

Hubbard, Glenn R./Koehn, Michael F./Ornstein, Stanley I./van Audenrode, Marc: Mutual Fund Industry: Competition and Investir Welfare, New York 2010

Huber, Ulrich: Betriebsführungsverträge zwischen selbständigen Unternehmen, ZHR 152 (1988), S. 1

Hübner, Jörg: "Macht euch Freunde mit dem ungerechten Mammon!": Grundsatzüberlegungen zu einer Ethik der Finanzmärkte, Stuttgart 2009

Hübner, Jürgen: Immobilienanlagen unter dem KAGB, in: WM 2014, S. 106

Hübner, Ulrich: Interessenkonflikt und Vertretungsmacht: eine Untersuchung zur funktionalen Präzisierung des § 181 BGB, München 1977

Hudson, Alastair: Open-ended investment companies, in: Palmer's Company Law, Pt. 5A

Hudson, Alastair: Securities Law, 2nd Ed., London 2013

ders.: The Law on Investment Entities, London 2000

Hueck, Alfred: Der Treuegedanke im modernen Privatrecht, Sitzungsberichte der Bayrischen Akademie der Wissenschaften, Philosophisch-historische Klasse, Jahrgang 1944/46, Heft 7, München 1947

Hueck, Götz: Der Grundsatz der gleichmäßign Behandlung im Privatrecht, München 1958

ders.: Drei Fragen zur Gesamthandsgesellschaft, in: Lieb, Manfred/Noack, Ulrich/ Westermann, Harm P. (Hrsg.), Festschrift für Wofgang Zöllner zum 70. Geburtstag, Köln 1998, S. 275

Hüffer, Uwe/Koch, Jens: Aktiengesetz, 11. Aufl., München 2014

Hüffer, Uwe: Der Aufsichtsrat in der Publikumsgesellschaft. Pflichten und Verantwortlichkeit der Aufsichtsratsmitglieder, ZGR 1980, S. 320

ders.: Die Publikumspersonengesellschaft und das Problem des Anlegerschutzes, JuS 1979, S. 457

Hügi, Bruno: Der amerikanische Investment Trust, Bern 1936

Hume, David: A Treatise on Human Nature, London 1740

Hunter, Greg: Anatomy of the 2008 financial crisis: an economic analysis postmortem, 27 J. Fin. Transformation (2009), S. 45

Hutson, Elaine: The early managed fund industry: Investment trusts in 19th century Britain, 14 Int'l Rev. of Fin. Analysis (2005), S. 439

Iannottaa, Giuliano/Navoneb, Marco: The cross-section of mutual fund fee dispersion, 36 J. Bank. Fin. (2012), S. 846

Immenga, Ulrich: Aktiengesellschaft, Aktionärsinteressen und institutionelle Anleger (Wiedergabe der nur unwesentlich erweiterten öffentlichen Antrittsvorlesung aus Anlaß der Habilitation gehalten am 9. Juli 1970 an der Universität Bielefeld), Tübingen 1971

ders.: Ordnungspolitische Möglichkeiten des Investmentprinzips – Aktienwesen, Mitbestimmung, Vermögenspolitik; Vorträge und Aufsätze / Walter Eucken Institut, 86, Tübingen 1982

Inglehart, Ronald/Baker, Wayne E.: Modernization, Cultural Change, and the Persistence of Traditional Values, 65 Am. Soc. Rev. (2000), S. 19

Ippolito, Richard A.: Consumer Reaction to measures of Poor Quality: Evidence from the Mutual Fund Industry, 35 J. Law & Econ. (1993), S. 45

Isaksson, Mats/Çelik, Serdar: "Who Cares? Corporate Governance in Today's Equity Markets", OECD Corporate Governance Working Papers, No. 8, OECD Publishing, 2013, S. 27

Ivković, Zoran/Sialm, Clemens/Weisbenner, Scott: Portfolio Concentration and the Performance of Individual Investors, 43 J. Fin. Quant. A. (2008), S. 613

J. von Staudinger: Kommentar zum Bürgerlichen Gesetzbuch mit Einführungsgesetz und Nebengesetzen, 13. Bearbeitung ff., 1993

Jackson, Benjamin F.: Danger Lurking in the Shadows: Why Regulators Lack the Authority to Effectively Fight Contagion in the Shadow Banking System, 127 Harv. L. Rev. (2013), S. 729

Jacobs, Jörn: Die institutionelle Haftungsbeschränkung bei atypischen Erscheinungsformen der Außen-GbR, Köln et al. 2007

ders.: Unbeschränkte Haftung der Kommanditisten vor Eintragung für gesetzliche Gesellschaftsverbindlichkeiten, DB 2005, S. 2227

Jacoby, Florian: Das private Amt, Tübingen 2007

Jäger, Axel: Venture Capital-Gesellschaften in Deutschland – Bestandsaufnahme und Perspektiven nach dem Dritten Finanzmarktförderungsgesetz, NZG 1998, S. 833

Jäger, Lars/Maas, Gero/Renz, Hartmut T.: Compliance bei geschlossenen Fonds – Ein Überblick, CZZ 2014, S. 63

Jähnichen, Traugott: Wirtschaftsethik. Konstellationen – Verantwortungsebenen – Handlungsfelder, Stuttgart 2008

Jakob, Wolfgang: Der Steuertatbestand im Grenzbereich zwischen privater Vermögensverwaltung und gewerblicher Tätigkeit, Festschrift für E. Schmidt, S. 115

Jarass, Lorenz/Obermair, Gustav M.: Steuerliche Aspekte von Private-Equity- und Hedge-Fonds unter Berücksichtigung der Unternehmenssteuerreform 2008, Düsseldorf 2007

Jaretzki, Alfred, Jr.: The Investment Company Act: Problems relating to investment advisory contracts, 45 Virginia L. Rev. (1959), S. 1023

ders.: Duties and responsibilities of directors of mutual funds, 29 Law & Contemp. Probl. (1964), S. 777

Jeffrey, Peter (Ed.): A Practitioner's Guide to Securitisation, Surrey 2006

Jendralski, Michael/Oehlenschläger, Detlef: Vermögensverwaltung und Vermögensbetreuung, Frankfurt a.M. 1992

Jenks, Leland H.: Capital Movement and Transportation: Britain and American Railway Development, 11 J. Econ. History (1951), S. 375

Jensen, Michael C./Meckling, William: Theory of the Firm: Managerial Behavior, Agency Costs and Ownership structure, 3 J. Fin. Econ. (1976), S. 305

Jensen, Michael C.: A Theory of the Firm – Governance, Residual Claims, and Organizational Forms, Cambridge, MA 2000

Jensen, Robert J.: Real estate investment trusts, 42 Southern California L. Rev. (1968), S. 70

Jesch, Thomas A./Geyer, Frank: Die Übergangsbestimmung der AIFM-Richtlinie, BKR 2014, S. 359

Jesch, Thomas A.: Private-Equity-Fonds – Strukturierung und Vertrieb unter dem KAGB, RdF 2014, S. 180

Jiang, George J./Yao, Tong/Yu, Tong: Do mutual funds time the market? Evidence from portfolio holdings, 86 J. Fin. Econ. (2007), S. 724

Johnson, Lyman: A Fresh Look at Director "Independence": Mutual Fund Fee Litigation and Gartenberg at Twenty-Five, 61 Vanderbilt L. Rev. 61 (2008), S. 497

Johnson, Woodrow T.: Predictable Investment Horizons and Wealth Transfers among Mutual Fund Shareholders, 59 J. Fin. (2005), S. 1979

Jonas, Hans: Das Prinzip Verantwortung: Versuch einer Ethik für die technologische Zivilisation, 5. Aufl., Frankfurt a.M. 1984

Jones, Sheldon A./Moret, Laura M./Storey, James M.: The Massachusetts Business Trust and Registered Investment Companies, 13 Del. J. Corp. L. (1988), S. 421

Jonker, Joost P. B./Sluyterman, Keetie E.: At home on the world markets: Dutch international trading companies from the 16th century until the present, Toronto 2001

Jörgens, Max: Finanzielle Trustgesellschaften, Unveränderter Nachdruck des 1902 erschienen Werkes (März 2009), Stuttgart, Berlin 1902

Josephson, Matthew: The robber barons: the great American capitalists; 1861 – 1901, New York 1934

Joussen, Edgar: Die Inhaltskontrolle von Wertpapierbedingungen nach dem AGBG, WM 1995, S. 1861

Juncker, Gast/Wigny, Jérôme: Nouvelles politiques et restrictions d'investissement pour les OPCVM, ALJB, Droit bancaire et financier au Luxembourg (2004) – Vol. 4, S. 1627

Jung, Matthias: Einkommensteuerliche Abgrenzung des gewerblichen Grundstückhandels, Berlin 1998

Jung, Peter: Der Unternehmergesellschafter als personaler Kern der rechtsfähigen Gesellschaft, Tübingen 2002

Junge, Werner: Das Unternehmensinteresse, Festschrift für Ernst Caemmerer, S. 547

Jungmann, Carsten: Anmerkung zu BGH, Urteil vom 19. März 2007 (II ZR 73/06), ZfIR 2007, S. 582

Junker, Klaus/Schlegelmilch, Klaus (Hrsg.): Die Kapitalbeteiligungsgesellschaft in Theorie und Praxis, Frankfurt a. M. 1976

Just, Robert: Die Kapitalanlage des Sparers und Kapitalisten, Zürich 1931

Jutz, Antoine: Les Unit Investment Trusts et les Investment Trust Funds: un Essai sur le placement collectif des capitaux en valeurs mobilières, Lausanne 1942

Jutzi, Thomas/Schären, Simon: Erfassung bewilligungspflichtiger Gruppensachverhalte in der Finanzmarktaufsicht, GesKR 3/2012, S. 411

Jutzi, Thomas: Das Übernahme- und Abtretungsverbot im Recht der kollektiven Kapitalanlagen, in: AJP 2012, S. 1136

ders.: Der öffentliche Vertrieb von kollektiven Kapitalanlagen – Illustration am Beispiel des vertraglichen Anlagefonds, Recht 29 (2011), S. 60

Kaal, Wulf A.: Hedge Fund Manager Registration Under the Dodd-Frank Act, 50 SD L. Rev. (2013)

ders.: Hedge Fund Regulation via Basel III, 44 Vand. J. Transnat'l L. (2011), S. 389

Kahan, Marcel/Kamar, Ehud: The Myth of State Competition in Corporate Law, 55 Stanf. L. Rev. (2002), S. 3

Kahan, Marcel/Rock, Edward: Hedge Funds in Corporate Governance and Corporate Control, 155 U. Penn. L. Rev. (2006), S. 1021

Kahlich, Wilhelm: Die Beteiligungsfinanzierung über Kapitalbeteiligungsgesellschaften, Bad Wörishofen 1971

Kahnemann, Daniel/Tversky, Amos: Prospect Theory: An Analysis of Decision under Risk, 47 Econometrica (1979), S. 263

Kaligin, Thomas: Judikatur des IX. Senats des BFH zu den geschlossenen Immobilienfonds, NJW 1994, S. 1456

Kallrath, Jürgen: Die Inhaltskontrolle der Wertpapierbedingungen von Wandel und Optionsanleihen, Gewinnschuldverschreibungen und Genußscheinen, Köln 1994

Kalss, Susanne: Amtshaftung – Ausufernde Absicherung der Anleger im österreichischen Kapitalmarktrecht, in: Windbichler, Christine/Grundmann, Stefan/Schwintowski, Thomas/Kirchner, Christian/Weber, Martin (Hrsg.), Unternehmensrecht zu

Beginn des 21. Jahrhunderts – Festschrift für Eberhard Schwark zum 70. Geburtstag, München 2009, S. 459

dies.: Anlegerinteressen – Der Anleger im Handlungsdreieck von Vertrag, Verband und Markt, Wien et al. 2001

dies.: Berichts- und Aktualisierungspflichten im Kapitalmarktrecht, in: Grundmann, Stefan/Haar, Brigitte/Merkt, Hanno/Mülbert, Peter O./Wellenhofer, Marina et al. (Hrsg.), Unternehmen, Markt und Verantwortung – Festschrift für Klaus J. Hopt zum 70. Geburtstag, Berlin 2010, S. 2061

Kamar, Ehud: Beyond Competition for Incorporations, 94 Geo. L.J. (2006), S. 1725

Kammel, Armin J./Thierrichter, Maria R.: Der Begriff des Sondervermögens vor einem investmentfondsrechtlichen Hintergrund, ÖBA 2011, S. 237

Kamptner, Isabella: Auswirkungen der AIFM-Richtlinie auf Spezialfonds, ÖBA 2013, S. 127

Kanda, Hideki: Intermediated Holding of Investment Securities in Japan, in: Grundmann, Stefan/Haar, Brigitte/Merkt, Hanno/Mülbert, Peter O./Wellenhofer, Marina et al. (Hrsg.), Unternehmen, Markt und Verantwortung – Festschrift für Klaus J. Hopt zum 70. Geburtstag, Berlin 2010, S. 3105

Kandlbinder, Hans Karl: Zum Stand der Dinge im Spezialfonds-Geschäft, ZfgKW 1991, S. 689

ders.: Der Spezialfonds als Instrument für das Vermögensgeschäft der Assekuranz, LfK 1987, S. 404

ders.: Der Spezialfonds im Zenit und vor einem neuen Lebenszyklus, ZfgKW 1999, S. 822

ders.: Die Spezialfonds-Entwicklung bleibt positiv, ZfgKW 1992, S. 687

ders.: Spezialfonds als Anlageinstrument – ein Leitfaden, Frankfurt a.M. 1991

Kapitza, Martin: Die Rechtsstellung des Treugebers in geschlossenen Immobilienfonds in der Form der kupierten Publikumskommanditgesellschaft, Berlin 1996

Kaplan, Paul D.: Why Fundamental Indexation Might – or Might Not – Work, 64 Fin. Analysts Journal (2008), S. 32

Kaplow, Louis: Rules versus Standards, 42 Duke L.J. (1992), S. 558

Karger, Alfred: Der erste deutsche Investment-Trust in der Praxis, DStZ 1930, S. 196

Karmel, Roberta S.: IOSCO's Response to the Financial Crisis, 37 J. Corp. L. (2012), S. 849

ders.: Reconciling Federal and State Interests in Securities Regulation in the United States and Europe, 28 Brooklyn J. Int. L. (2003), S. 495

ders.: Should a Duty to the Corporation be Imposed on Institutional Shareholders?, 60 Bus. Law (2004), S. 1

Kaserer, Christoph/Achleitner, Ann-Kristin/von Einem, Christoph/Schiereck, Dirk: Private Equity in Deutschland – Rahmenbedingungen, ökonomische Bedeutung und Handlungsempfehlungen; Forschungsgutachten für das Bundesministerium der Finanzen, 2007

Kasten, Roman A.: Das neue Kundenbild des § 31 a WpHG, BKR 2007, S. 261

ders.: Die Neuregelung der Explorations- und Informationspflichten von Wertpapierdienstleistern im Wertpapierhandelsgesetz, Berlin 2009

Katz, Avery Wiener: The Economics of Form and Substance in Contract Interpretation, 104 Colum. L. Rev. (2004), S. 496

Kaufman, Henry: Structural Changes in the Financial Markets: Economic and Policy Significance, Econ. Rev., Federal Reserve Bank of Kansas City (2nd Qu. 1994), S. 5

Kaufmann, George G./Scott, Kenneth E.: What Is Systemic Risk, and Do Bank Regulators Retard or Contribute to It?, 7 Independent Rev. (2003), S. 371

Kaufmann, George G.: Bank Failures, Systemic Risk, and Bank Regulation, 16 CATO J. (1996), S. 17

Kaul, Lothar: Das fiduziarische Rechtsgeschäft, Jena 1910

Kaune, Clemens R./Oulds, Mark K.: Das neue Investmentgesetz, ZBB 2004, S. 113

Kay, John: The Kay Review of UK Equity Markets and Long-Term Decision Making (2012), S. 29

Kaye, Joel: Economy and Nature in the Fourteenth Centure – Money, Market Exchange, and the Emergence of Scientific Thought, Cambridge 1998

Kayser, Joachim/Steinmüller, Jens: Die Besteuerung von Investmentfonds ab 2004, FR 2004, S. 137

Kellermann, Alfred: Zur Anwendung körperschaftsrechtlicher Grundsätze und Vorschriften auf die Publikums-Kommanditgesellschaft, in: Lutter, Marcus/Mertens, Hans-Joachim/Ulmer, Peter (Hrsg.): Festschrift für Walter Stimpel zum 68. Geburtstag, Berlin et al. 1985, S. 295

Kellermann, Wilfried: Der Zweck insbesondere der Gesellschaft bürgerlichen Rechts, Kiel 1988

Kempf, Arno/Tratz, Klaus: Die Novellierung des Investmentrechts 1994 nach dem zweiten Finanzmarktförderungsgesetz, Frankfurt a.M. 1994

Kerber, Markus/Hauptmann, Karlheinz: Die Bereitstellung von privatem Anlagekapital durch Kapitalbeteiligungsgesellschaften – Bestandsaufnahme de lege lata und Ausblick auf den gesetzgeberischen Handlungsbedarf, AG 1986, S. 244

Kerisit, Patrice/Dautriat, Matthieu: Rémunérations: les implications pratiques de la directive AIFM, 755 Revue Banque (2013)

Kerkvliet, Joyce: De gevolgen van de AIFM Richtlijn voor de Nederlandse private equity-industrie, 3 V&O (2011), S. 55

Kerr, Edmund H./Appelbaum, Alan: Inadvertent Investment Companies – Ten Years After, 25 Bus. Law. (1969–1970), S. 887

Kerr, Edmund H.: The Inadvertent Investment Company: Section 3(a)(3) of the Investment Company Act, 12 Stanford L. Rev. (1959), S. 29

Kerridge, Eric: Usury, Interest and the Reformation, Burlington, VT 2002

Kersting, Christian: Die aktienrechtliche Beschlussanfechtung wegen unrichtiger, unvollständiger oder verweigerter Erteilung von Informationen, ZGR 2007, S. 319

ders.: Die Dritthaftung für Informationen im Bürgerlichen Recht, München 2007

Kessler, Oliver/Heda, Klaudius: Wahrnehmung von Chancen als Glücksspiel? – Strukturierte Kapitalmarktprodukte mit "Sportkomponente", WM 2004, S. 1812

Kestler, Alexander/Benz, Claudia: Aktuelle Entwicklungen im Investmentrecht, BKR 2008, S. 404

Kettern, Bernd: Zur Ethik von Banken und Börsen, Die neue Ordnung 55 (2001), S. 16

Keynes, John Maynard: A Treatise on Money, New York 1930

ders.: Allgemeine Theorie der Beschäftigung, des Zinses und des Geldes, dt. Fassung von The General Theory of Employment, Interest and Money, übersetzt von F. Waeger, 6. Aufl. 1983 (unveränderter Nachdruck der ersten Aufl.), Berlin 1936

Khorana, Ajay/Servaes, Henri/Tufano, Peter: Mutual Fund Fees Around the World, 22 Rev. Fin. St. (2014), S. 1279

Khorana, Ajay/Servaes, Henri/Wedge, Lei: Portfolio manager ownership and fund performance, 85 J. Fin. Econ. (2007), S. 179

Khorana, Ajay/Servaes, Henri: The determinants of mutual fund starts, 12 RFS (1999), S. 1043

Khorana, Ajay/Tufano, Peter/Wedge, Lei: Board structure, mergers, and shareholder wealth: A study of the mutual fund industry, 85 J. Fin. Econ. (2007), S. 571

Kiethe, Kurt: Immobilienkapitalanlagen: Verjährung der Prospekthaftungsansprüche, BB 1999, S. 2253

Kilgus, Egon: Kapitalanlagegesellschaften-Investment Trusts, Berlin 1929

Kimbrough, R.T.: Massachusetts or business trusts, 156 Alabama L. Rev. (1945), S. 22

Kind, Sebastian/Oertel, Niko: Prospekthaftung geschäftsführender Kommanditisten eines Publikumsfonds, BKR 2009, S. 329

King, Robert G./Levine, Ross: Finance and Growth: Schumpeter Might be Right, 108 Quarterly J. Econ. (1993), S. 717

King, Rudolf C.: Real Estate Investment Trusts, offene und geschlossene deutsche Immobilienfonds, Diss. München 1999

Kirsch, Clifford E.: Investment adviser regulation: a step-by-step guide to compliance and the law, 3rd Ed., New York 2011

Kirsch, Clifford E.: Mutual fund regulation, 2nd Ed., New York 2011

Klausner, Michael: Institutional Shareholders' Split Personality on Corporate Governance: Active in Proxies, Passive in IPOs, 28 Directorship No. 1 (2002)

Klebeck, Ulf/Boxberger, Lutz: OGAW-Vergütungsregulierung, GWR 2014, S. 253

Klebeck, Ulf: Interplay between the AIFMD and the UCITSD, in: Zetzsche, The Alternative Investment Fund Managers Directive, S. 77

ders.: Liquidity Management and Side Pockets, in: Zetzsche, The Alternative Investment Fund Managers Directive, S. 253

Kleeberg, Jochen M./Schlenger, Christian (Hrsg.): Handbuch Spezialfonds – ein praktischer Leitfaden für institutionelle Anleger und Kapitalanlagegesellschaften, Bad Soden/Ts. 2005

Kleeis, Friedrich: Die Geschichte der sozialen Versicherung, Nachdruck (1981) herausgegeben von Dieter Dowe mit einer Einleitung von Florian Tennstedt, Berlin et al. 1928

Klemt, Felix: Richtungsentscheidung für Kompetenzen in Europa – lässt das Beihilfenrecht die Sanierungsklausel in § 8c Abs. 1a KStG zu?, DStR 2013, S. 1057

Klenk, Friedrich Ernst: Die rechtliche Behandlung des Investmentanteils unter Berücksichtigung der Anteilberechtigung des Investmentratensparers, Köln 1967

Kleutgens, Ingo/Geißler, Cornelia: Internationale Aspekte des Investmentsteuergesetzes auf der Grundlage des AIFM-Steueranpassungsgesetzes, IStR 2014, S. 280

Klimke, Dominik: Die quotale Haftung der Gesellschaft geschlossener Immobilienfonds für Gesellschaftsdarlehen, WM 2010, S. 492

Klingenbronn, Daniel: Produktintervention zugunsten des Anlegerschutzes – Zur Systematik innerhalb des Aufsichtsrechts, dem Anlegerleitbild und zivilrechtlichen Konsequenzen, WM 2015, § 316

Klöhn, Lars: Kapitalmarkt, Spekulation und Behavioral Finance: Eine interdisziplinäre und vergleichende Analyse zum Fluch und Segen der Spekulation und ihrer Regulierung durch Recht und Markt, Berlin 1996

ders.: Treuhandkonstruktionen in Publikums-Personengesellschaften, Gesellschaftsrecht in der Diskussion 2012, Jahrestagung der VGR, 2013, S. 143

Kloyer, Andreas: Der Anwendungsbereich des KAGB nach § 1 Abs. 1 des Gesetzes in der Beratungspraxis, in: Möllers/Kloyer, Das neue Kapitalanlagegesetzbuch, S. 97

ders.: Strukturierung von geschlossenen Fonds in Deutschland vor dem Hintergrund der Regelungen des KAGB, in: Möllers/Kloyer: Das neue Kapitalanlagegesetzbuch, S. 313

Kluge, Friedrich/Seebold, Elmar: Etymologisches Wörterbuch der deutschen Sprache, 24. Aufl. (elektr. Ausgabe), Berlin 2002

Knauder, Christian: Der Trennungsgrundsatz im österreichischen Investmentfondsrecht im Wandel der Zeit, ZFR 2013, S. 103

Knop, Lutz: Vermögensverwaltung im zweiten Jahr der MiFID, AG 2009, S. 357

Knops, Kai-Oliver: Bankenentgelte in der AGB-Kontrolle, ZBB 2010, S. 479

Kobabe, Rolf: Geschlossene Fonds in Deutschland nach den Regelungen des KAGB, in: Das neue Kapitalanlagegesetzbuch, S. 331

Kobbach, Jan/Anders, Dietmar: Umsetzung der AIFM-Richtlinie aus Sicht der Verwahrstellen, NZG 2012, S. 1170

Koch, Jens: § 311 Abs. 3 BGB als Grundlage einer vertrauensrechtlichen Auskunftshaftung, AcP 204 (2004), S. 59

ders.: Die Haftung des Mittelverwendungskontrolleurs, WM 2010, S. 1057

ders: Innenprovisionen und Rückvergütungen nach der Entscheidung des BGH vom 27.10.2009, BKR 2010, S. 177

Koch, Peter: Der Einfluss des westfälischen Friedens auf die Entwicklung des deutschen Versicherungswesens – eine kulturgeschichtliche Betrachtung, VW 1998, S. 1440

ders.: Zum Tontinengeschäft in versicherungshistorischer Sicht, VW 1995, S. 1640, wieder abgedruckt: Beiträge zur Geschichte des deutschen Versicherungswesens, Teil II, 2005, S. 27

Koch, Raphael: Die Neuordnung von Private Equity durch das KAGB, in: Möllers/Kloyer, Das neue Kapitalanlagegesetzbuch, S. 111

Koehler, Benedikt: Islamic Finance As A Progenitor Of Venture Capital, 29 Econ. Affairs (2009), S. 89

Kohl, Helmut/Kübler, Friedrich/Walz, Rainer/Wüstrich, Wolfgang: Abschreibungsgesellschaften, Kapitalmarkteffizienz und Publizitätszwang. Plädoyer für ein Vermögensanlagegesetz, ZHR 138 (1974), S. 1

Köhler, Helmut: Besitzschutz contra Eigentumsschutz bei Sachbeschädigung – LG Köln, NJW 1977, 810, JuS 1977, S. 652

Köhn, Kai: Der Betriebsführungsvertrag – Rechtliche Qualifikation und gesellschaftsrechtliche Wirksamkeitsvoraussetzungen, DK 2011, S. 530

Koller, Ingo/Roth, Wulf-Henning/Morck, Winfried: Kommentar zum HGB, 6. Aufl., München 2007

Koller, Ingo: Das Haftungsprivileg des Geschäftsbesorgers gem. §§ 664 Abs. 1 S. 2, 675 BGB, ZIP 1985, S. 1243

ders.: Risikozurechnung bei Vertragsstörungen in Austauschverträgen, München 1979

Köndgen, Johannes: Anmerkung zum Urteil des BGH vom 27.09.2011 (XI ZR 182/10, JZ 2012, 255), JZ 2012, S. 260

ders.: Corporate Governance in und durch Anlagefonds, in: Waldburger, Robert/Baer, Charlotte M./Nobel, Ursula/Bernet, Benno (Hrsg.), Festschrift für Peter Nobel zum 60. Geburtstag, Bern 2005, S. 529

ders.: Die Entwicklung des privaten Bankrechts in den Jahren 1992–1995, NJW 1996, S. 558

ders.: Selbstbindung ohne Vertrag, Tübingen 1981

König, Markus: Anlegerschutz im Investmentrecht, Wiesbaden 1998 *ders.*: Auflösung und Übertragung von Publikumsfonds in Deutschland, Arbeitspapiere des Instituts für Handels- und Wirtschaftsrecht, Arbeitspapier Nr. 77

Konzen, Horst: Fehlerhafte stille Beteiligungen an Kapitalanlagegesellschaften, in: Aderhold, Lutz/Grunewald, Barbara/Klingberg, Dietgard/Paefgen, Walter G. (Hrsg.): Festschrift für Harm Peter Westermann zum 70. Geburtstag, Köln 2009, S. 1133

Körber, Karl-Otto: Signore Tonti oder wer? Historische Anmerkungen zur Rentenversicherung, Versicherungswirtschaft 1995, S. 1102

Kort, Michael/Lehmann, Erik: Risikomanagement und Compliance im neuen KAGB – juristische und ökonomisch e Aspekte, in: Möllers/Kloyer, Das neue Kapitalanlagegesetzbuch, S. 197

Koslowski, Peter: Ethik der Banken – Folgerungen aus der Finanzmarktkrise, München 2009

ders.: Ethik der Banken und der Börse. Finanzinstitutionen, Finanzmärkte, Insiderhandel, Tübingen 1997

ders.: Prinzipien der Ethischen Ökonomie, Tübingen 1988

ders.: Welche Werte prägen den Kapitalmarkt? – Zur Ethik des Kapitalmarktes, in: Ethik für den Kapitalmarkt?, S. 37

Kosowskia, Robert/Naik, Narayan Y./Teo, Melvyn: Do hedge funds deliver alpha? A Bayesian and bootstrap analysis, 84 J. Fin. Econ. (2007), S. 229

Köster, Heiner: Der Schutz der Kapitalanleger im deutschen und amerikanischen Wertpapier-Investmentrecht, München 1974

Kostovetsky, Leonhard: Index Mutual Funds and Exchange-Traded Funds, 29 J. Portf. Man't (2003), S. 80

Kotter, Anne-Marie Mooney (Hrsg.): Banking & Corporate Financial Services, London et al. 2003

Kötz, Hein: Trust und Treuhand – Eine rechtsvergleichende Darstellung des anglo-amerikanischen trust und funktionsverwandter Institute des deutschen Rechts, Göttingen 1963

KPMG: Investmentrecht Deutschland – Luxemburg – Schweiz: Gesetzestexte und Verordnungen mit Erläuterungen einschließlich Investmentsteuergesetz (Stand 1. Januar 2008), Frankfurt a.M. 2008

Kraft, Alfons: Beendigung des Treuhandverhältnisses bei der treuhänderisch organisierten Publikums-KG – Besprechung der Entscheidung BGHZ 73, 294, ZGR 1979, S. 399

Krämer, Achim: Bankenhaftung im Bereich der Vermögensverwaltung, in: Habersack, Mathias/Joeres, Hans-Ulrich/Krämer, Achim (Hrsg.): Entwicklungslinien im Bank- und Kapitalmarktrecht – Festschrift für Gerd Nobbe, Köln 2009, S. 619

Kramer, Robert/Recknagel, Ralf: Die AIFM-Richtlinie – Neuer Rechtsrahmen für die Verwaltung alternativer Investmentfonds, DB 2011, S. 2077

Kremer, Claude/Lebbe, Isabelle: Collective Investment Schemes in Luxembourg – Law and Practice, Oxford 2009

Kremer, Claude/Lebbe, Isabelle: Collective Investment Schemes in Luxembourg – Law and Practice, 2nd Ed., Oxford 2014

Kremer, Claude/Lebbe, Isabelle: Organismes de placement collectif et véhicules d'investissement apparentés en droit luxembourgeois, 3e édition, Bruxelles, Louvain (BE) 2010

Krenzel, Joachim: Treuhand an Kommanditanteilen: Unter besonderer Berücksichtigung der Pflichtenbindung des Treuhänders in der kupierten Publikums-Kommanditgesellschaft, Frankfurt a.M. et al. 1991

Krieger, Albrecht: Empfiehlt sich eine gesetzliche Regelung der Publikums-KG?, in: Lutter, Marcus/Mertens, Hans-Joachim/Ulmer, Peter (Hrsg.): Festschrift für Walter Stimpel zum 68. Geburtstag, Berlin et al. 1985, S. 307

Kries, Helmut: Die Rechtsstellung des Erwerbers bei treuwidrigen Verfügungen eines Treuhänders, Diss. Freiburg i. Brsg. 1965

Krikorian, Betty Linn: Fiduciary Standards in Pension and Trust Fund Management, 2nd Ed., Salem, NH 1994

Krismanek, Markus/Kol, Sothearith: „Genussrechtefonds" aus Liechtenstein – Alternativer Investmentfonds für deutsche Anleger und Anbieter?, BB 2014, S. 153

Kristol, Irving: Spiritual Roots of Capitalism and Socialism, in: Capitalism and Socialism – A Theological Inquiry, S. 1

ders.: The Disaffection from Capitalism, in: Capitalism and Socialism – A Theological Inquiry, S. 15

Kropff, Bruno/Semler, Johannes (Hrsg.): Münchener Kommentar zum Aktiengesetz, 2. Aufl., München 2000

Krug, Anita K.: Institutionalization, Investment Adviser Regulation, and the Hedge Fund Problem, 63 Hastings L.J. (2011–2012), S. 1

dies.: Investment Company as Instrument: The Limitations of the Corporate Governance Regulatory Paradigm, 86 S. Cal. L. Rev. (2013), S. 263

dies.: Moving Beyond the Clamor for «Hedge Fund Regulation»: A Reconsideration of «Client» under the Investment Advisers Act of 1940, 55 Vill. L. Rev. (2010), S. 661

dies.: The Modern Corporation Magnified: Managerial Accountability in Financial-Services Holding Companies, 36 Seattle U.L. Rev. (2013), S. 821

Kruhme, Norbert: Die Immobilienfondsgesellschaften, ihre rechtliche Einordnung und das Erfordernis einer gesetzlichen Sonderregelung, Berlin 1966

Kruithof, Marc: Governance of Collective Investment Schemes (CIS): Structural Support for Loyalty to Investors, Fin. Law Institute Working Paper No. 2007–01

Kruppa, Wolfgang: Spezialfonds aus der Aufsicht entlassen?, ZfgKW 1991, S. 1142

Kübler, Friedrich: European Initiatives for the Regulation of Nonbank Financial Institutions, in: Grundmann, Stefan/Haar, Brigitte/Merkt, Hanno/Mülbert, Peter O./Wellenhofer, Marina et al. (Hrsg.), Unternehmen, Markt und Verantwortung – Festschrift für Klaus J. Hopt zum 70. Geburtstag, Berlin 2010, S. 2143

Kübler, Friedrich: Shareholder Value: Eine Herausforderung für das deutsche Recht?, in: Lieb, Manfred/Noack, Ulrich/Westermann, Harm P. (Hrsg.), Festschrift für Wofgang Zöllner zum 70. Geburtstag, Köln 1998, S. 321

Kugler, Stefan/Lochmann, René: Ausgewählte Rechtsfragen zum öffentlichen Vertrieb von Hedgefonds in Deutschland, BKR 2006, S. 41

Kühne, Andreas Otto/Eberhardt, Maxi: Erlaubnispflicht eines „Family Office" unter Berücksichtigung des neuen Finanzdienstleistungstatbestandes der Anlageverwaltung, BKR 2008, S. 122

Kühne, Armin/Schunk, Markus/Keller, Astrid: Schweizerisches Recht der kollektiven Kapitalanlagen – Praktischer Überblick und rechtliche Grundlagen, Zürich 2009

Kühne, Armin: Bewilligungspflicht gemäss Anlagefondsgesetz, Zürich 2002

Kulms, Rainer: 75 Jahre Liechtensteinische Treuhänderschaften – Die Artt. 897 ff. PgR im Lichte europäischer Grundsätze zum Trustrecht, ZEuP 2001, S. 653

Kümmerlein, Hartmut: Erscheinungsformen und Probleme der Verwaltungstreuhand bei Personenhandelsgesellschaften, Diss. Münster 1971

Kumpan, Christoph: Private Equity und der Schutz deutscher Unternehmen, AG 2007, S. 461

Kümpel, Siegfried/Wittig, Arne (Hrsg.): Bank- und Kapitalmarktrecht, 4. Aufl., Köln 2011

Kümpel, Siegfried: Zur Abgrenzung des Börsentermingeschäfts vom Zeitgeschäft am Beispiel der Effektenkommission für Auslandsbörsen, WM 1982, Sonderbeilage Nr. 6, S. 1

ders.: Zur Unanwendbarkeit der Informationspflichten des WpHG auf Direkt(Selbst)emissionen und Investmentgesellschaften, in: Damm, Reinhard/Heermann, Peter W./Veil, Rüdiger (Hrsg.), Festschrift für Thomas Raiser zum 70. Geburtstag, Berlin 2005, S. 699

Kuntz, Thilo: Informationsweitergabe durch die Geschäftsleiter beim Buyout unter Managementbeteiligung – Zugleich ein Beitrag zur Treubindung der Geschäftsleiter in Aktiengesellschaft und GmbH, Berlin 2009

Kunz, Peter V./Arter, Oliver/Jörg, Florian S. (Hrsg.): Entwicklungen im Gesellschaftsrecht IV, Bern 2009

Kunz, Peter V./Jörg, Florian S./Arter, Oliver (Hrsg.): Entwicklungen im Gesellschaftsrecht VII, Bern 2012

Kunz, Peter V.: Die neue Kommanditgesellschaft für kollektive Kapitalanlagen (KkK), in: Entwicklungen im Gesellschaftsrecht IV, S. 45

ders.: Eine etwas überraschende Wiederbelebung der Personengesellschaften durch die Schweizerische Nationalbank, Jusletter (ISSN 1424–7410), online: www.jusletter.ch, 15. Dezember 2008

ders.: Europa als ein Massstab für das schweizerische Wirtschaftsrecht? Rechtsvergleichende Fragestellungen zu einem "Weg nach Europa" anhand des neuen Kollektivanlagenrechts, in: Wiegand, Wolfgang/Koller, Thomas/Walter, Hans P. (Hrsg.), Tradition mit Weitsicht, Festschrift für Eugen Bucher zum 80. Geburtstag, Zürich et al. 2009, S. 455

ders.: Amerikanisierung, Europäisierung sowie Internationalisierung im schweizerischen (Wirtschafts-)Recht, recht 30 (2012), S. 37

ders.: Die wirtschaftsrechtliche Rechtsprechung des Bundesgerichts in den Jahren 2010/2011: Das Gesellschaftsrecht sowie Finanzmarktrecht, ZBJV 149 (2013), S. 99

ders.: Privatautonome Gestaltungsmöglichkeiten bei Personengesellschaften in der Schweiz, in: Entwicklungen im Gesellschaftsrecht VII, Bern 2012, S. 195

ders.: Rundflug über's schweizerische Gesellschaftsrecht, Bern 2012

Kuper, Magdalena: Die einschlägigen Rechtsquellen – die Level-2-Maßnahmen zur AIFM-Richtlinie, in: *Möllers/Kloyer*, Das neue Kapitalanlagegesetzbuch, S. 51

Kußmaul, Heinz/Kloster, Florian: Anteilsbegriff nach KAGB und InvStG im Spannungsfeld zwischen Aufsichts- und Steuerrecht, RdF 2014, S. 300

Laby, Arthur: SEC v. Capital Gains Research Bureau and the Investment Advisers Act of 1940, 91 B.U.L. Rev. (2011), S. 1051

ders.: Selling Advice and Creating Expectations: Why Brokers should be Fiduciaries, 87 Wash. L. Rev. (2012), S. 707

Lachgar, Karima: Le rôle du dépositaire dans l'ère AIFM: «business as usual» ou opportunité de différenciation?, 749 Revue Banque (2012)

Lacroix, Yves/Tristan, Laurent: Parties and service providers involved in specialized investment funds, in: Specialised Investment Funds, S. 54

Laffont, Jean-Jacques/Tirole, Jean: The Politics of Government Decision-Making: A Theory of Regulatory Capture, 106 Quart. J. of Econ. (1991), S. 1088

Lakonishok, Josef/Shleifer, Andrei/Vishny, Robert W.: The Impact of Institutional Trading on Stock Prices, 32 J. Fin. Econ. (1992), S. 23

Lal, Deepak: Reviving the Invisible Hand, Princeton 2006

Lammel, Siegbert: Die Haftung des Treuhänders aus Verwaltungsgeschäften: zur Dogmatik des "Verwaltungshandelns" im Privatrecht, Frankfurt a.M. 1972

Lamping, Elisabeth: Die vermögensverwaltende Personengesellschaft, Berlin 2003

Lang, Joachim: Steuergerechtigkeit und Globalisierung, in: Spindler, Wolfgang/Tipke, Klaus/Rödder, Thomas (Hrsg.), Steuerzentrierte Rechtsberatung: Festschrift für Harald Schaumburg, Köln 2009, S. 45

Lang, Norbert: Das Investmentgesetz – Kein großer Wurf, aber ein Schritt in die richtige Richtung, WM 2004, S. 53

ders.: Das neue Investmentgesetz und das fehlende Anlegerleitbild des Gesetzgebers, VuR (2004), S. 201

ders.: German alternative investment fund regulation – wrong answers to the wrong questions?, in: Athanassiou, Research Handbook on Hedge Funds, Private Equity and Alternative Investments, S. 379

Lang, Stephanie E./Röder, Klaus: Die Kosten des Indextrackings – Eine Fallstudie über den Exchange Traded Fund DAX, zfbf 60 (2008), S. 298

Lang, Stephanie E.: Exchange Traded Funds – Erfolgsgeschichte und Zukunftsaussichten – globaler Überblick und nationale Analyse der Struktur, Performance, steuerlichen Behandlung und Marktgegenbenheiten von ETFs, Duisburg 2009

Lang, Volker/Balzer, Peter: Anmerkung zu BGH, Urt. vom 20.01.2009 – XI ZR 510/07 – Kickback IV (Retrozessionen), ZIP 2009, S. 456

dies.: Die Rechtsprechung des XI. Zivilsenats zum Wertpapierhandelsrecht seit der Bond-Entscheidung. Eine Analyse der Folgerechtsprechung zu BGH, Urteil vom 6. Juli 1993 – XI ZR 12/93, in: Habersack, Mathias/Joeres, Hans-Ulrich/Krämer, Achim (Hrsg.): Entwicklungslinien im Bank- und Kapitalmarktrecht – Festschrift für Gerd Nobbe, Köln 2009, S. 639

Lang, Volker/Kühne, Andreas Otto: Anlegerschutz und Finanzkrise – noch mehr Regeln?, WM 2009, S. 1301

Lang, Volker: Informationspflichten bei Wertpapierdienstleistungen: Rechtliche Grundlagen, Typenspezifische Anforderungen, Haftung, München 2003

Langbein, John/Posner, Richard: Market Funds and Trust-Investment Law II, 1 American Bar Foundation Research Journal (1977), S. 1

dies.: Market Funds and Trust-Investment Law I, American Bar Foundation Research Journal (1976), S. 1

dies.: Social Investing and the Law of Trusts, 9 Michigan L. Rev. (1980), S. 72

dies. : The Revolution in Trust Investment Law, 62 American Bar Association Journal (1976), S. 887

Langbein, John: Mandatory Rules in the Law of Trusts, 98 Northwestern Univ. L. Rev. (2004), S. 1105

ders.: Questioning the Trust-Law Duty of Loyalty: Sole Interest or Best Interest?, 114 Yale L.J. (2005), S. 929

ders.: Reversing the Nondelegation Rule of Trust-Investment Law, 59 Missouri L. Rev. (1994), S. 105

ders.: The Contractarian Basis of the Law of Trusts, 105 Yale L.J. (1995), S. 625

ders.: The Rise of the Management Trust, 143 Trusts & Estates Magazine (2004), S. 52

ders.: The Secret Life of the Trust: The Trust as an Instrument of Commerce, 107 Yale L.J. (1997), S. 165

ders.: The Supreme Court Flunks Trusts, 1990 Supreme Court Rev. (1990), S. 207

ders.: The Uniform Prudent Investor Act and the Future of Trust Investing, 81 Iowa L. Rev. (1996), S. 641

ders.: Trust Law as Regulatory Law: The Unum/Provident Scandal and Judicial Review of Benefit Denials under ERISA, 10 Northwestern University L. Rev. (2007), S. 1315

ders.: What ERISA Means by "Equitable": The Supreme Court's Trail of Error in Russell, Mertens, and Great-West, 103 Columbia L. Rev. (2003), S. 1317

ders.: Why Did Trust Law Become Statute Law in the United States?, 58 Alabama L. Rev. (2007), S. 1069

Lange, Frank-Holger: Treuhandkonten in Zwangsvollstreckung und Insolvenz, NJW 2007, S. 2513

Langenbucher, Katja: Anlegerschutz – Ein Bericht zu theoretischen Prämissen und legislativen Instrumenten, ZHR 177 (2013), S. 679

dies.: Zur Auflösung von Systemspannungen zwischen Bankaufsichtsrecht und Privatrecht, in: Grundmann, Stefan/Haar, Brigitte/Merkt, Hanno/Mülbert, Peter O./Wellenhofer, Marina et al. (Hrsg.), Unternehmen, Markt und Verantwortung – Festschrift für Klaus J. Hopt zum 70. Geburtstag, Berlin 2010, S. 2175

Langevoort, Donald: The Human Nature of Corporate Boards: Law, Norms and the Unintended Consequences of Independence and Accountability, 89 Geo. L.J. (2001), S. 797

ders.: Lies Without Liars?, 90 Wash. U. L. Rev. (2013), S. 933

Larenz, Karl/Wolf, Manfred: Allgemeiner Teil des Bürgerlichen Gesetzbuches, 9. Aufl., München 2004

Larenz, Karl: Methodenlehre der Rechtswissenschaft, 6. Aufl., Berlin et al. 1991

Laske, Stephan: Unternehmensinteresse und Mitbestimmung, ZGR 1979, S. 173

Laura, Gonzalez/James, Christopher: Banks and bubbles: How good are bankers at spotting winners?, 86 J. Fin. Econ. (2007), S. 40

Laureyssens, Julienne: Le crédit industriel et la Société Générale des Pays-Bas pendant le régime hollandais (1815–1830), 3 Revue Belge d'histoire contemporaine – Belgisch Tijdschrift voor nieuwste geschiedenis (1972), S. 119

Laux, Manfred/Päsler, Rüdiger H.: Die deutschen Spezialfonds, Frankfurt a.M. 2001

dies.: Wertpapier-Investmentfonds, Frankfurt a.M. 1992

Laux, Manfred: Zur Umsetzung der Richtlinie zur Harmonisierung des europäischen Investmentrechts in das deutsche Investmentrecht, WM 1990, S. 1093

Lehleiter, Gunther/Hoppe, Christian: Der Umfang der akzessorischen Gesellschafterhaftung in Fällen quotaler Haftungsbegrenzung, BKR 2008, S. 323

Lehmann, Karl: Kommanditgesellschaften mit Anteilscheinen, Bank-Archiv XV 1915, S. 32

Leible, Stefan/Lehmann, Matthias (Hrsg.): Hedgefonds und Private Equity – Fluch oder Segen?, Jena 2009

Lenders, Rudolf: Treuhand am Gesellschaftsanteil: die Einbindung des Treugebers in das gesellschaftsrechtliche Organisationsgefüge, Frankfurt a.M. 2004

Lenkaitis, Karlheinz/Löwisch, Stephan: Zur Inhaltskontrolle von AGB im unternehmerischen Geschäftsverkehr: Ein Plädoyer für eine dogmatische Korrektur, ZIP 2009, S. 441

Leopold, Dieter: Die Geschichte der sozialen Versicherung, Sankt Augustin 1999

Leuering, Dieter/Zetzsche, Dirk: Die Reform des Schuldverschreibungs- und Anlageberatungsrechts – (Mehr) Verbraucherschutz im Finanzmarktrecht?, NJW 2009, S. 2856

Leuschner, Lars: AGB-Kontrolle im unternehmerischen Verkehr? – Zu den Grundlagen einer Reformdebatte, JZ 2010, S. 875

ders.: Gebotenheit und Grenzen der AGB-Kontrolle – Weshalb M&A-Verträge nicht der Inhaltskontrolle der §§ 305 ff. AGB unterliegen, AcP 207 (2007), S. 491

Leuz, Christian/Lins, Karl V./Warnock, Francis E.: Do Foreigners Invest Less in Poorly Governed Firms?, 22 Rev. of Fin. Studies (2009), S. 3245

Levine, Ross: Bank-based or market-based financial systems: Which is better?, 11 J. Finan. Interm. (2002), S. 398

Levmore, Saul: Uncorporations and the Delaware Strategy, 2005 U. Illinois L. Rev. (2005), S. 195

Lewellen, Wilbur G./Lease, Ronald C./Schlarbaum, Gary G.: Some Evidence on the Patterns and Causes of Mutual Fund Ownership, 30 J. Econ. Bus. (1977), S. 57

Lewis, Amanda/Pretorius, Rosali/Radmore, Emma: Outsourcing in the financial services sector, 106 C.O.B. (2013), S. 1

Leyens, Patrick: Aufsichtsrat: Terra incognita des englischen Gesellschaftsrechts?, in: Grundmann, Stefan/Haar, Brigitte/Merkt, Hanno/Mülbert, Peter O./Wellenhofer, Marina et al. (Hrsg.), Unternehmen, Markt und Verantwortung – Festschrift für Klaus J. Hopt zum 70. Geburtstag, Berlin 2010, S. 3135

Lezzi, Lukas: Regulierung und Aufsicht über kollektive Kapitalanlagen für alternative Anlagen, Zürich 2012

Lhabitant, Francois-Serge: Regulating private financial institutions: how to kill the goose that laid the golden eggs, 27 J. Fin. Transformation (2009), S. 49

Liang, Bing: Hedge Fund Returns: Auditing and Accuracy, 29 J. Portfolio Management (2003), S. 111

Licht, Amir N./Goldschmidt, Chanan/Schwartz, Shalom H.: Culture Rules: The Foundations of the Rule of Law and Other Norms of Governance, 35 J. Comp. Econ. (2007), S. 659

dies.: Culture, Law and Corporate Governance, 25 Int. Rev. L Econ. (2005), S. 229

Licht, Amir N.: Accountability and Corporate Governance, SSRN Working Paper (2002)

ders.: The Maximands of Corporate Governance: A Theory of Values and Cognitive Style, 29 Del. J. of Corp. L. (2004), S. 649

ders.: The Mother of All Path Dependencies: Toward a Cross-Cultural Theory of Corporate Governance Systems, 26 Del. J. Corp. L. (2001), S. 147

Lieb, Manfred: Sonderprivatrecht für Ungleichgewichtslagen, AcP 178 (1978), S. 196

Liebich, Dieter/Mathews, Kurt: Treuhand und Treuhänder in Recht und Wirtschaft, 2. Aufl., Berlin 1983

Liebich, Horst Dieter: Das deutsche Treuhandwesen und seine rechtlichen Grundlagen, Diss. Hamburg 1963

Liefmann, Robert: Beteiligungs- und Finanzierungsgesellschaften – Eine Studie über den Effektenkapitalismus, 5. Aufl., Jena 1931

Lindemann, Alexander/von der Planitz, Felix: Sale-and-Lease-Back-Geschäfte mit Immobilien- und Spezialfonds unter Berücksichtigung der Novellierung des Investmentrechts, FB 2008, S. 710

Lindemann, Alexander: Relocation to Liechtenstein's Investment Fund Centre under the new AIFM-legislation? – A Swiss & UK perspective, GesKR 1/2013, S. 58

Linhardt, Hanns: Die Britischen Investment Trusts, Berlin 1935

Link, Mathias/Reuter, Hans-Georg/Schmies, Christian: Zum Begriff des ausländischen Investmentanteils nach dem BMF-Schreiben v. 18.8.2009, FR 2010, S. 369

Lipton, Martin: The inconvenient truth about corporate governance: some thoughts on Vice-Chancellor Strine's essay, 33 J. Corp. L. (2007–2008), S. 63

Little, Ian Malcolm David: Ethics, Economics, and Politics – Principles of Public Politics, Oxford 2002

Livonius, Hilger von/Bernau, Timo: Der neue Tatbestand der "Anlageverwaltung" als erlaubnispflichtige Finanzdienstleistung, WM 2009, S. 1216

Livonius, Hilger von: Investmentrechtliche Rahmenbedingungen für Hedgefonds in Deutschland, WM 2004, S. 60

Ljungqvist, Alexander/Marston, Felicia/Starks, Laura T./Wie, Kelsey D./Yan, Hong: Conflicts of interest in sell-side research and the moderating role of institutional investors, 85 J. Fin. Econ. (2007), S. 420

Lo, Andrew W./Mamaysky, Harry/Wang, Jiang: Foundations of Technical Analysis: Computational Algorithms, Statistical Inference, and Empirical Implementation, 55 JF (2000), S. 1705

Lobell, Nathan: A critique on the Wharton report on mutual funds, 49 Vanderbilt L. Rev. (1963), S. 1

ders.: Rights and responsibilities in the mutual fund, 70 Yale L.J. (1961), S. 1258

ders.: The Mutual fund: a structural analysis, 47 Vanderbilt L. Rev. (1961), S. 181

Loddenkemper, Florian: Die quotale Haftung von Gesellschaftern geschlossener Immobilienfonds in der Rechtsform der GbR, ZfIR 2006, S. 707

Loff, Detmar/Klebeck, Ulf: Fundraising nach der AIFM-Richtlinie und Umsetzung in Deutschland durch das KAGB, BKR 2012, S. 353

Lofthouse, Stephen: When agents appoint principals, 20 The Company Lawyer (1999), S. 254

Loges, Rainer/Distler, Wolfram: Gestaltungsmöglichkeiten durch Aktiengattungen, ZIP 2002, S. 467

Lohmann, Burkhard/von Goldacker, Marcus/Mayta, Frank: Steuerliche Qualifikation ausländischer Private Equity Fonds, BB 2006, S. 2448

Lohmann, Friedrich: Zwischen Naturrecht und Partikularismus. Grundlegung christlicher Ethik mit Blick auf die Debatte um eine universale Begründbarkeit der Menschenrechte, Berlin et al. 2002

Löhnig, Martin: Treuhand – Interessenwahrnehmung und Interessenkonflikte, Tübingen 2006

Lohr, Jörg-Andreas: Aktuelles Beratungs-Know-how Besteuerung von Kapitalvermögen, DStR 2004, S. 442

Loipfinger, Stefan: Marktanalyse der Beteiligungsmodelle 2006 : geschlossene Immobilienfonds, Lebensversicherungsfonds, Schiffsbeteiligungen, New Energy Fonds, Medienfonds, Private Equity Publikumsfonds, Leasing- und Spezialfonds, Rosenheim 2006

Loitslberger, Erich: Die Umstrukturierung der Masseneinkommen von Arbeitseinkommen zu Kapitaleinkommen als betriebswirtschaftliche und gesellschaftspolitische Notwendigkeit, Der Gesellschafter 1991, S. 1

Lomnicka, Eva: Collective Investment Schemes, in : Financial Services Law (2nd Ed.), Chapter 17

Longstreth, Bevis: Modern Investment Management and the Prudent Man Rule, New York 1986

Lóránth, Gyöngyi/Sciubba, Emanuela: Relative Performance, Risk and Entry in the Mutual Fund Industry, 6 Topics in Econ. Analysis & Policy (2006), Article 19

Lorenzini, Frédéric: SICAV et FCP Apprenez à choisir les meilleurs : L'ABC de la gestion collective, 3e édition, 2007

Loritz, Karl-Georg/Uffmann, Katharina: Der Geltungsbereich des Kapitalanlagegesetzbuches (KAGB) und Investmentformen außerhalb desselben – Erste Überlegungen, auch zum Auslegungsschreiben der BaFin vom 14.6.2013, WM 2013, S. 2193

Loritz, Karl-Georg: Stille Beteiligungen und Einlagenbegriff im Kreditwesengesetz, ZIP 2001, S. 309

ders.: Vertragsfreiheit und Individualschutz im Gesellschaftsrecht, JZ 1986, S. 1073

Loss, Louis: Securities Regulation, 2nd Ed., Boston et al. 1961

Loss, Louis/Seligman, Joel/Paredes, Troy: Securities Regulation, 4th Ed., New York 2006

Loss, Louis/Seligman, Joel: Fundamentals of Securities Regulation, 6th Ed., New York 2011

Lötscher, Marcel/Bont, Patrick: Challenges from the Supervisor's Perspective, in: Zetzsche, The Alternative Investment Fund Managers Directive, S. 71

Lübbehüsen, Dieter/Schmitt, Rainer: Geplante Änderungen bei der Besteuerung der Investmentanlage nach dem Referentenentwurf zum neuen Investmentsteuergesetz, DB 2003, S. 1696

Luchsinger Gähwiler, Catrina/Schott, Ansgar: Flucht in ausländische Fonds? – Die Rechtslage in der Schweiz nach Inkrafttreten der AIFM-Richtlinie, in: Möllers/Kloyer, Das neue Kapitalanlagegesetzbuch, S. 269

Luchsinger-Gähwiler, Catrina: Die SICAF, Versuch einer Grenzziehung anhand der Immobiliengesellschaft, in: von der Crone, Hans C./Weber, Rolf H./Zäch, Roger/Zobl, Dieter (Hrsg.), Festschrift für Peter Forstmoser zum 60. Geburtstag, Zürich 2003, S. 281

Lüdicke, Jochen/Arndt, Jan-Holger (Hrsg.): Geschlossene Fonds, 6. Aufl., München 2013

Luggen, Peter: Die schweizerischen Immobilien Investment Trusts, Baden et al. 1955

Lupoi, Maurizio: Trusts – A comparative study, Cambridge 2000

Lütgerath, Henneke F.: Die Erweiterung des Anlagekataloges von Investmentgesellschaften, Baden-Baden 1984

Lutter, Marcus/Wiedemann, Herbert (Hrsg.): Gestaltungsfreiheit im Gesellschaftsrecht – Sonderband zum 25-jährigen Bestehen der ZGR, Berlin 1997

Lutter, Marcus (Hrsg.): Umwandlungsgesetz, 5. Aufl., Köln 2014

Lutter, Marcus: Theorie der Mitgliedschaft, AcP 180 (1980), S. 84

Lutz, Andreas: Marketing für Geldmarktfonds durch Fondsgesellschaften – eine industrieökonomische Untersuchung, Wiesbaden 1996

Lybecker, Martin E.: Bank-Sponsored Investment Management Services: A Legal History and Statutory Interpretative Analysis, 5 Securities Regulation L.J. (1977), Pt. 1: S. 110, Pt. 2: S. 195

Lyon, Andrew B.: Money Market Funds and Shareholder Dilution, 39 J. Fin. (1984), S. 1011

Macciarola, Michael C.: Abstinence in the Face of the Mutual Fund Debt Elixir: In Response to Professor John Morley, 31 Yale J. on Reg. (2013)

Macey, Jonathan R./Miller, Geoffrey P./Carnell, Richard Scott: Banking Law and Regulation, 3rd., New York 2002

Macey, Jonathan R.: The Regulation of Financial Intermediation, Toronto 1999

Macfarlanes LLP: Collectives Investment Schemes – The law and practice, London 2009

Macher, Heinz/Buchberger, Dieter/Kalss, Susanne/Oppitz, Martin (Hrsg.): Kommentar zum Investmentfondsgesetz, 2. Aufl., Wien et al. 2013

MacNeil, Iain: Activism and collaboration among shareholders in UK listed companies, 5 Capital Markets L.J. (2010), S. 419

ders.: Private equity: the UK regulatory response, 3 Capital Markets L.J. (2008), S. 18

Madaus, Stephan: Die Bruchteilsgemeinschaft als Gemeinschaft von Vollrechtsinhabern, AcP 212 (2012), S. 251

ders.: Die Bruchteilsgemeinschaft als Unternehmensträger, ZHR 178 (2014), S. 98

Magruder, Calvert: The position of shareholders in business trusts, 23 Columbia L. Rev. (1923), S. 423

Mahlmann, Matthias: Rechtsphilosophie und Rechtstheorie, Baden-Baden 2010

Mahoney, Paul G.: Is There a Cure for "Excessive" Trading?, 81 Va. L. Rev. (1995), S. 713

ders.: Manager-Investor Conflicts in Mutual Funds, 18 J. Econ. Perspectives (2004), S. 161

Maitland, Frederic: Trusts and Corporations, Grünhuts Zeitschrift 32 (1904), S. 65

Malkiel, Burton G.: A Random Walk Down Wall Street, 9th Ed., New York et al. 2009

ders.: The valuation of closed-end investment company shares, 32 JF (1977), S. 847

Mallaby, Sebastian: More Money Than God, New York 2010

Mallin, Chris: Trustees, Institutional Investors and Ultimate Beneficiaries, 12 Corporate Governance (2004), S. 239

Malmendier, Ulrike: Roman Shares, in: The Origins of Value – The Financial Innovations That Created Modern Capital Markets, S. 31

Manne, Henry G./Wallich, Henry C.: Modern Corporation and Social Responsibiliy, Washington, D.C. 1972

Mardini, Tarek/Veith, Amos: The growing importance of fund governance – ILPA principles and beyond, in: Financier Worldwide's Private Equity & Venture Capital, Ebook 2009

Markowitz, Harry M.: Markets and Morality, 18 J. Portf. Man't (1992), S. 84

ders.: Portfolio Selection, 7 J. Fin. (1952), S. 77

ders.: Portfolio Selection: Efficient Diversification of Investments, New York 1959

Markwardt, Manfred: Rechtsgeschäftliche Treuhandverhältnisse bei Personal-Handelsgesellschaften, Diss. Marburg 1973

Marsch-Barner, Reinhardt: Gesetz über Unternehmensbeteiligungsgesellschaften – eine Zwischenbilanz, ZGR 1990, S. 294

Martens, Klaus Peter: Das Bundesverfassungsgericht und das Gesellschaftsrecht, ZGR 1979, S. 492

ders.: Rechtsgeschäft und Drittinteressen, AcP 177 (1977), S. 116

Martini, Eberhard: Rechtliche Probleme eines Immobilienzertifikates, Stuttgart 1967

958 *Literaturverzeichnis*

Marwede, Jan: Die sechs goldenen Regeln der Bankenaufsicht, in: Lutter, Marcus/Sigle, Walter/Scholz, Manfred (Hrsg.), Festschrift für Martin Peltzer zum 70. Geburtstag, S. 301

Maryland: Michie's annotated code of the public general laws of Maryland, Charlottesville, 1974

Maseritz, Guy B.: The investment company: a study of influence and control in the major industrial corporations, 1 Boston College Industrial & Commerical L. Rev. (1969), S. 1

Mason, J.M.: Modeling Mutual Funds and Commercial Banks – A Comparative Analysis, 3 J. Bank. Fin. (1979), S. 347

Mason, Paul J./Roth, Stephen E.: SEC Regulation of Life Insurance Products – On the Brink of the Universal, 15 Connecticut L. Rev. (1983), S. 515

Massa, Massimo/Patgiri, Rajdeep: Incentives and mutual fund performance: higher performance or just higher risk taking?, 22 RFS (2009), S. 1777

Massa, Massimo: How do family strategies affect fund performance? When performance-maximization is not the only game in town, 67 J. Fin. Econ. (2003), S. 249

Massachusetts: Annotated laws of Massachusetts, containing all the laws of Massachusetts of a general and permanent nature, completely annotated by the editorial staff of the publisher, Charlottesville 1932

Masson, David: Enjeux et impacts de la délégation au sens de la directive AIFM, 753 Revue Banque (2012)

Masuch, Andreas: Anleihebedingungen und AGB-Gesetz – Die Bedeutung des AGB-Gesetzes für Emissionsbedingungen von Anleihen, Heidelberg 2001

Mathis, Klaus: Effizienz statt Gerechtigkeit?, 3. Aufl., Berlin 2009

Maulbetsch, Hans-Christoph: Beirat und Treuhand in der Publikumspersonengesellschaft, Bonn 1984

Maurer, Raimon/Somova, Barbara: Rethinking Retirement Income Strategies – How Can We Secure Better Outcomes for Future Retirees? – Report for EFAMA, Brussels 2009

Maurer, Raimond/Sebastian, Steffen: Immobilienfonds und Immobilienaktiengesellschaften als finanzwirtschaftliches Substitut für Immobiliendirektanlagen, ZfB 1999, Ergänzungsheft 3, S. 169

Maurer, Raimond: Kontrolle und Entlohnung von Spezialfonds als Instrument der Vermögensanlage von Versicherungsunternehmen, Karlsruhe 1996

Mauser, Johannes: Anlegerschutzlücken in den Investmentrichtlinien und den umsetzenden Inlandsgesetzen, Tübingen 1999

Mayen, Thomas: Anlegerschutz ist (auch) öffentliches Recht!, ZHR 179 (2015), S. 1

Mazie, Eric A./Peterson, Weston: Delaware Series Trusts—Separate but Not Equal, 16 The Investment Lawyer (2009), S. 1

McCahery, Joseph A./Timmerman, Levinus/Vermeulen, Erik P.M. (Hrsg.): Private Company Law Reform – International and European Perspectives, The Hague 2010

McCahery, Joseph A./Vermeulen, Erik P.M.: Limited Partnership Reform in the United Kingdom: A Competitive Venture Capital Oriented Business Form, 5 EBOR (2004), S. 61

dies.: Venture Capital Beyond the Financial Crisis: How Corporate Venturing Boosts New Entrepreneurial Clusters (and Assists Governments in Their Innovation Efforts), 5 Capital Markets L.J. (2010), S. 471

McCahery, Joseph A.: The New Company Law: What Matters in an Innovative Economy, in: Private Company Law Reform – International and European Perspectives, S. 71

McCann, Hilton: Offshore Finance, Cambridge 2006

McDonnel, Brett: Two Cheers for Corporate Law Federalism, 30 Iowa J. Corp. L. (2004), S. 99

McGowan, Peter/Everitt, Kimberly: New Requirements Imposed on the European Alternative Investment Funds Industry, 14 Bus. L. Int'l (2013), S. 105

McKendrick, Neil/Newlands, John: F & C. A history of Foreign & Colonial Investment Trust, London 1999

McKersie, Michael: The Stewardship Code and the pattern of engagement by institutional shareholders with listed companies, 5 Capital Markets L.J. (2010), S. 439

McVea, Harry: Hedge fund regulation, market discipline and the Hedge Fund Working Group, 4 Capital Markets L.J. (2009), S. 63

Meckenstock, Günter: Wirtschaftsethik, Berlin et al. 1997

Mehran, Hamid/Stulz, René M.: The economics of conflicts of interest in financial institutions, 85 J. Fin. Econ. (2007), S. 267

Meier, Andréa E.: Anlegerschutz im schweizerischen Anlagefondsrecht, Zürich 1993

Meller-Hannich, Caroline: Verbraucherschutz im Schuldvertragsrecht, Tübingen 2005

Mellert, Christopher: Venture Capital Beteiligungsverträge auf dem Prüfstand, NZG 2003, S. 1096

Menconi, Christopher D.: Operating company or investment company: what would a reasonable investor think?, 8 J. Investment Compliance (2007), S. 4

Mendoza, Jose Miguel/van der Elst, Christoph/Vermeulen, Erik P.M.: Entrepreneurship and Innovation, 7 South Carolina J Int'l Law Bus. (2011), S. 75

Menzel, Hans-Jürgen: Das neue Gesetz über Unternehmensbeteiligungsgesellschaften, WM 1987, S. 705

Merkt, Hanno: Fallen REIT-Aktiengesellschaften unter das KAGB?, BB 2013, S. 1986

ders.: Kapitalmarktrecht – Ursprünge, Genese, aktuelle Ausprägung, Herausforderungen, in: Grundmann, Stefan/Haar, Brigitte/Merkt, Hanno/Mülbert, Peter O./Wellenhofer, Marina et al. (Hrsg.), Unternehmen, Markt und Verantwortung – Festschrift für Klaus J. Hopt zum 70. Geburtstag, Berlin 2010, S. 2207

Mertens, Hans-Joachim: Der Aktionär als Wahrer des Rechts?, AG 1990, S. 49

ders.: Inwieweit empfiehlt sich eine allgemeine gesetzliche Regelung des Anlegerschutzes?, 51. Deutscher Juristentag 1976, Referat P 10

Mertes, Horst/Sradj, Martin: Steuerliche Aspekte des Investmentmodernisierungsgesetzes, DStR 2003, S. 1681

Metz, Rainer: Verbraucherschutz bei Finanzdienstleistungen: Ein neuer Akzent der Aufsicht gefordert?, in: Habersack, Mathias/Joeres, Hans-Ulrich/Krämer, Achim (Hrsg.): Entwicklungslinien im Bank- und Kapitalmarktrecht – Festschrift für Gerd Nobbe, Köln 2009, S. 883

Metzler, Ewald: Zur Substitution, insbesondere zu ihrer Abgrenzung von der Erfüllungsgehilfeneigenschaft, AcP 159 (1960/61), S. 143

Meucci, Attilio: Risk and Asset Allocation, Berlin et al. 2005

Meyer, André: Der Grundsatz der unbeschränkten Verbandsmitgliederhaftung, Köln et al. 2006

Meyer, Justus: Haftungsbeschränkungt im Recht der Handelsgesellschaften, Berlin et al. 2000

Meyer, Patrick K./Frigo, Patrick: Vertrieb von kollektiven Kapitalanlagen in der Schweiz, ST, S. 529

Meyer-Cording, Ulrich: Gute Sitten und ethischer Gehalt des Wettbewerbsrechts, JZ 1964, S. 273 und S. 310

ders.: Investment-Gesellschaften, ZHR 115 (1952), S. 65

Meyer-Lübke, Wilhelm: Romanisches etymologisches Wörterbuch, 7. Aufl., Heidelberg 2009

Micke: Wertpapiere als Betriebsgegenstände im Sinne des § 261 Z. 3 HGB, BankArch 1915, S. 175

Miethaner, Tobias: AGB-Kontrolle versus Individualvereinbarung, Tübingen 2010

Mill, John Stuart: On Liberty, London 1859

ders.: Utilitarism, London 1863

Miller, Gavin/Carlson, Robert E.: Recapture of brokerage commission by mutual funds, 46 New York University L. Rev. (1971), S. 35

Miller, Paul B.W./Bahnson, Paul R.: Perfect Storm Prompts Changes in Pension Accounting, 203.5 J. Accountancy (2007), S. 36

Mischo, Patrick: La mise en place d'un fonds de private equity sous forme de société en commandite : aspects fiscaux, in: Boyer, S. 31

Mitchell, Lawrence E.: Understanding Norms, 49 Univ. of Toronto L.J. (1999), S. 177

Miwa, Yoshiro/Ramseyer, J. Mark: Japanese industrial finance at the close of the 19th century: Trade credit and financial intermediation, 43 Explorations in Econ. History (2006), S. 94

Model, Paul/Loeb, Ernst: Die großen Berliner Effektenbanken, Jena 1896

Moffat, Graham: Trusts Law – Text and Materials, 5th Ed., Cambridge 2009

Moghaddam, F.M./Chrystal, D.S.: Revolutions, Samurai, and Reductions: The Paradoxes of Change and Continuity in Iran and Japan, 18 Political Psychology (1997), S. 355

Möllers, Thomas M.J./Hailer, Sabrina: Management- und Vertriebsvergütungen bei Alternativen Investmentfonds – Überlegungen zur Umsetzung der Vergütungsvorgaben der AIFM-RL in das deutsche Recht, ZBB 2012, S. 178

Möllers, Thomas M.J./Kloyer, Andreas (Hrsg.): Das neue Kapitalanlagegesetzbuch, München 2013

Möllers, Thomas M.J./Seidenschwann, Sabine: Das neue Kapitalanlagegesetzbuch (KAGB) – Großer Wurf oder historische Schule des 19. Jahrhunderts?, in: Möllers/Kloyer, Das neue Kapitalanlagegesetzbuch, S. 1

Möllers, Thomas M.J.: Das Haftungssystem nach dem KAGB, in: Möllers/Kloyer, Das neue Kapitalanlagegesetzbuch, S. 247

ders.: Anlegerschutz im System des Kapitalmarktrechts – Rechtsgrundlagen und Ausblicke, in: Grundmann, Stefan/Haar, Brigitte/Merkt, Hanno/Mülbert, Peter O./Wellenhofer, Marina et al. (Hrsg.), Unternehmen, Markt und Verantwortung – Festschrift für Klaus J. Hopt zum 70. Geburtstag, Berlin 2010, S. 2247

ders.: Kapitalmarkttauglichkeit des deutschen Gesellschaftsrechts, AG 1999, S. 433

Mollet, Walter: Schweizerische Investment-Trusts, Solothurn 1941

Moloney, Niamh: EC Securities Regulation, 2nd Ed., Oxford 2008

dies.: EC Securities Regulation, 3rd Ed., Oxford 2014

dies.: How to Protect Investors – Lessons from the EC and the UK, Cambridge 2010

dies.: The Investor Model Underlying the EU's Investor Protection Regime: Consumers or Investors?, 13 E.B.O.R. (2012), S. 169

Monaghan, Maura K.: Note: An uncommon State of Confusion: The Common Enterprise Element of Investment Contract Analysis, 63 Ford. L. Rev. (1995), S. 2135

Moodie, Grant/Ramsay, Ian Malcolm: Managed Investments – An Industry Report, Melbourne 2003

Moosmann, Kurt Jörg: Der angelsächsische Trust und die liechtensteinische Treuhänderschaft unter besonderer Berücksichtigung des wirtschaftlich Begünstigen, Zürich 1999

Mordaunt-Crook, Nicolas: La gestion d'actifs française aux portes de l'AIFM, 761 Revue Banque (2013)

Moritz, Joachim/Jesch, Thomas S. (Hrsg.): Frankfurter Kommentar zum Kapitalanlagerecht – Bd. 2: InvStG, Frankfurt am Main 2015

Morley, John D.: Collective Branding and the Origins of Investment Management Regulation, 6 Va. L. & Bus. Rev. (2011), S. 341

ders.: The Regulation of Mutual Fund Debt, 30 Yale J. on Reg. (2013), S. 343

ders.: The Separation of Funds and Managers: A Theory of Investment Fund Structure and Regulation, 123 Yale L.J. (2014), S. 1228

Morse, Geoffrey (Ed.): Palmer's Company Law: Annotated Guide to the Companies Act 2006, London 2007

Morse, Geoffrey/Davis, Paul/Fletcher, Ian F./Milman, David/Morris, Richard/Bennet, David A. (Hrsg.): Palmer's Limited Liability Partnership Law, London 2002

Möschel, Wernhard: Das Wirtschaftsrecht der Banken, Frankfurt a.M. 1972

Moskowitz, Tobias J./Vissing-Jorgensen, Annette: The Returns to Entrepreneurial Investment: A Private Equity Premium Puzzle?, 92 The American Econ. Rev. (2002), S. 745

Moskowitz, Tobias J.: Discussion of Mutual Fund Performance: An Empirical Decomposition into Stock-Picking Talent, Style, Transactions Costs, and Expenses, 55 J. Fin. (2000), S. 1695

Mössner, Jörg-Manfred: Typusbegriffe im Steuerrecht, in: Drenseck, Walter/Seer, Roman (Hrsg.), Festschrift für Heinrich Wilhelm Kruse zum 70. Geburtstag, Köln 2001, S. 161

Mrożek, Stanisław: Faenus. Studien zu Zinsproblemen zur Zeit des Prinzipats, Stuttgart 2001

Mueller, Reinhold C.: The Venetian Money Market. Banks, panics, and the public debt, 1200–1500 (Money and Banking in Medieval and Renaissance Venice, Vol 2), Baltimore et al. 1997

Mülbert, Peter O./Boehmer, Jörg: Ereignisbezogene Finanzprodukte – Zivil-, Kapitalmarkt-, Wertpapier-, Straf- und Öffentliches Recht, WM 2006, S. 941 und S. 985

Mülbert, Peter O.: Aktiengesellschaft, Unternehmensgruppe und Kapitalmarkt, 2. Aufl., München 1996

ders.: Anlegerschutz bei Zertifikaten – Beratungspflichten, Offenlegungspflichten bei Interessenkonflikten und die Änderungen durch das Finanzmarktrichtlinie-Umsetzungsgesetz (FRUG), WM 2007, S. 1149

ders.: Anlegerschutz und Finanzmarktregulierung – Grundlagen, ZHR 177 (2013), S. 160

ders.: Außengesellschaften – manchmal auch ein Verbraucher?, WM 2004, S. 905

ders.: Die rechtsfähige Personengesellschaft; Rechtsfähigkeit, akzessorische Mitgliederhaftung und das Umwandlungsrecht, AcP 199 (1999), S. 38

ders.: Shareholder Value aus rechtlicher Sicht, ZGR 1997, S. 129

Mülhaupt, Ludwig/Kandlbinder, Hans Karl (Hrsg.): Die deutschen Spezialfonds. Entwicklung, Aufgaben, Rechtsteilung, Frankfurt a.M. 1979

Müller, Gunter: Die Rechtsstellung der Depotbank im Investmentgeschäft nach deutschem und schweizerischem Recht, Benningen 1969

Müller, Jürg/Fischer, Helen: Corporate Governance im Fondsbereich, ST 2012, S. 556

Müller, Klaus J.: Nachschusspflicht der Gesellschafter einer KG und Ausschließung aus wichtigem Grund bei Verweigerung von Nachschüssen, DB 2005, S. 95

Müller, Klaus: Die Überwachung der Geschäftstätigkeit der Kapitalanlagegesellschaft durch die Depotbank, DB 1975, S. 485

Müller, Michael: Hedgefonds und Private Equity – Fluch oder Segen, BKR 2008, S. 351

Müller-Armack, Alfred: Genealogie der Sozialen Marktwirtschaft. Frühschriften und weiterführende Konzepte, 2. Aufl., Bern et al. 1981

ders.: Genealogie der Wirtschaftsstile. Die geistesgeschichtlichen Ursprünge der Staats- und Wirtschaftsformen bis zum Ausgang des 18. Jahrhunderts, Stuttgart 1941

Müller-Erzbach, Rudolf: Das Erfassen des Rechts aus den Elementen des Zusammenlebens, veranschaulicht im Gesellschaftsrecht, AcP 154 (1954), S. 316

Mundheim, Robert H.: Some thoughts on the duties and responsibilities of unaffiliated directors of mutual funds, 115 U. Penn. L. Rev. (1967), S. 1058

Münstermann, Jörg: Der Anlageerfolg von Spezialfonds: eine theoretische und empirische Analyse, Frankfurt a.M. 2000

N.N.: Conflict of Interest in the Allocation of Mutual Fund Brokerage Business, 80 Yale L.J. (1970–1971), S. 372

N.N.: Regulating Risk Taking by Mutual Funds, 82 Yale L.J. (1972–1973), S. 1305

Nachod, Walter: Treuhänder und Treuhandgesellschaften in Großbritannien, Amerika und Deutschland, Tübingen 1908

Nanda, Vikram K./Wang, Z. Jay/Zheng, Lu: The ABCs of Mutual Funds: On the Introduction of Multiple Share Classes, 18 J. Fin. Interm. (2009), S. 329

Natorp, Paul: Platos Ideenlehre – Eine Einführung in den Idealismus, 2. Aufl. (Nachdruck 2004), Hamburg 1922

Neal, Larry: The Rise of Financial Capitalism: International Capital Markets in the Age of Reason, Cambridge 1990

ders.: Venture Shares of the Dutch East India Company, in: The Origins of Value – The Financial Innovations That Created Modern Capital Markets, S. 165

Nell-Breuning, Oswald: Grundzüge der Börsenmoral, Freiburg 1928

Nelson, Paul: Capital Markets Law and Comliance – The Implications of MiFID, Cambridge 2008

Neudecker, Daniel: Die deutsche REIT-AG im Kreis der Immobilieninvestmentformen, Baden-Baden 2012

Neumann, Natalia/Crone, Hans C. von der: Herausgabepflicht für Bestandespflegekommissionen im Auftragsrecht, SZW 2013, S. 101

Nickel, Carsten: Der Vertrieb von Investmentanteilen nach dem Investmentgesetz, ZBB 2004, S. 197

Nicolussi, Julia: Country Report: Austria, in: Zetzsche, The Alternative Investment Fund Managers Directive, S. 673

Nieding, Klaus: Rechtliche Zulässigkeit der Umlage von steuergesetzlich bedingten Kosten auf Investmentfonds-Anleger, WM 1995, S. 965

Nietsch, Michael/Graef, Andreas: Aufsicht über Hedgefonds nach dem AIFM-Richtlinienvorschlag, ZBB 2010, S. 12

Niewerth, Johannes/Rybarz, Jonas C.: Änderung der Rahmenbedingungen für Immobilienfonds – das AIFM Umsetzungsgesetz und seine Folgen, WM 2013, S. 1154

Nitschke, Manfred: Die körperschaftlich strukturierte Personengesellschaft, Bielefeld 1970

Noack, Ulrich/Zetzsche, Dirk: Bankaktienrecht und Aktienbankrecht, in: Grundmann, Stefan/Haar, Brigitte/Merkt, Hanno/Mülbert, Peter O./Wellenhofer, Marina et al. (Hrsg.), Unternehmen, Markt und Verantwortung – Festschrift für Klaus J. Hopt zum 70. Geburtstag, Berlin 2010, S. 2283

dies.: Die Informationsanfechtung nach der Neufassung des § 243 Abs. 4 AktG, ZHR 170 (2006), S. 213

Noack, Ulrich/Zöllner, Wolfgang: Kölner Kommentar zum Aktiengesetz, 3. Aufl., Köln et al. 2003

Noack, Ulrich: Die organisierte Stimmrechtsvertretung auf Hauptversammlungen – insbesondere durch die Gesellschaft, in: Schneider, Uwe H./Hommelhoff, Peter/ Schmidt, Karsten (Hrsg.), Festschrift für Marcus Lutter zum 70. Geburtstag, Köln 2000, S. 1463

ders.: Satzungsändernde Verträge der Gesellschaft mit ihren Gesellschaftern, NZG 2013, S. 281

Nobel, Peter: Schweizerisches Finanzmarktrecht, 2. Aufl., Bern 2004

Nofsinger, John/Sias, Richard W.: Herding and Feedback Trading by Institutional and Individual Investors, 54 J. Fin. (1999), S. 2263

Nolan, Richard C.: Controlling Fiduciary Power, 68 Cambridge L.J. (2009), S. 293

ders.: Property in a Fund, 120 Law Quarterly Rev. (2004), S. 108

Noonan, John T., Jr.: The Scholastic Analysis of Usury, Cambridge, MA 1957

Nörr, Knut W.: Zur Entwicklung des Aktien- und Konzernrechts während der Weimarer Republik, ZHR 150 (1986), S. 155

North, Walter P.: A Brief History of Federal Investment Company Legislation, 44 Notre Dame Lawyer (1968–1969), S. 677

Novak, Michael: Capitalism and Socialism – A Theological Inquiry, Washington, D.C. 1979

Nußbaum, Arthur: Soziologische und rechtsvergleichende Aspekte des "trust", AcP 151 (1950–1951), S. 193

Nutt, William J.: A study of mutual fund independent directors, 120 U. Penn. L. Rev. (1971), S. 179

o.N.: Comments: Massachusetts trusts, 37 Yale L.J. (1928), S. 1103

o.N.: Mutual Funds and the investment advisory contract, 50 Vanderbilt University L. Rev. (1964), S. 141

o.N.: Note: Protecting Mutual Funds from Market-Timing Profiteers: Forward Pricing International Fund Shares, 56 Hastings L.J. (2005), S. 585

o.N.: Protecting the interests of mutual fund investors in sales of management corporation control, 68 Yale L.J. (1958), S. 113

o.N.: Regulation of investment companies, 88 U. Penn. L. Rev. (1940), S. 584

o.N.: The mutual fund and its management company: an analysis of business incest, 71 Yale L.J. (1961), S. 137

O'Connell, Paul G.J./Tep, Melvyn: Institutional Investors, Past Performance, and Dynamic Loss Aversion, 44 J. Fin. and Quant. A. (2009), S. 155

Oberholzer, Dominik: Die KAG-Revision – Was ändert sich beim Vertrieb von kollektiven Kapitalanlagen?, GesKR 4/2012, S. 580

Obermann, Achim/Brill, Michael/Heeren, Stefanie: Konsolidierungen in der Fondsindustrie – Eine Untersuchung der aufsichtsrechtlichen und steuerrechtlichen Behandlung der Verschmelzung von inländischen Sondervermögen und Investmentaktiengesellschaften, DStZ 2009, S. 152

Odersky, Walter: Gestaltungsfreiheit und gerichtliche Kontrolle, in: Gestaltungsfreiheit im Gesellschaftsrecht – Sonderband zum 25-jährigen Bestehen der ZGR, S. 103

Oestreicher, Andreas/Bause, Sebastian: Zur Diskussion der Besteuerung von Wertpapier-Publikumsfonds in Deutschland, StuW 2014, S. 159

Offner, Max: Die kapitalwirtschaftliche Funktion der Holdinggesellschaften und Investment-Trusts unter besonderer Berücksichtigung ihrer Besteuerung, Frankfurt a.M. 1933

Ohl, Karl: Die Rechtsbeziehungen innerhalb des Investment-Dreiecks, Berlin 1989

Oldenburg, Alexander: Ein Marktprozessansatz in der Analyse des Gesetzes über Kapitalanlagegesellschaften (KAGG) – insbesondere bei Publikums-Immobilienfonds, Diss. Berlin 1998

Olivier, Jacques/Tay, Anthony: Time-Varying Incentives in the Mutual Fund Industry, Centre for Econ. Policy Research Discussion Paper No. 6893 (2008)

Olsen, Robert A.: Behavioral Finance and Its Implications for Stock-Price Volatility, 54 Fin. Analysts Journal (1998), S. 10

Olson, John F.: Reflections on a visit to Leo Strine's Peaceable Kingdom, 33 J. Corp. L. (2007), S. 73

Olson, Mancur: The Logic of Collective Action: Public Goods and the Theory of Groups, 2nd Ed., Cambridge, MA et al. 1971

Onderka, Günther: Die neue Investmentgesetzgebung, BB 1969, S. 1018

Oostvogels, Stef/Pfister, François/Feyten, Frédéric: SICAR Luxembourg, Luxembourg 2009

Ott, Claus: Recht und Realität der Unternehmenskooperation. Ein Beitrag zur Theorie der juristischen Person, Tübingen 1977

Otterbach, Armin: Verwaltung und Besteuerung von Spezialfonds, Tübingen 2004

Otto, Harro: Strafrechtliche Aspekte der Anlageberatung, WM 1988, S. 729

Pabst, Fritz: Industriegesellschaften, Berlin 1921

Painter, Richard W.: Ethics in the Age of Un-incorporation: A Return to Ambiguity of Pre-Incorporation or an Opportunity to Contract for Clarity?, 2005 U. Ill. L. Rev. (2005), S. 49

Palandt, Otto: Bürgerliches Gesetzbuch, 73. Auflage, München 2014

Palmiter, Alan R./Cotter, James F./Thomas, Randall, S.: Dodd Frank Say on Pay: Will It Lead To A Greater Role for Shareholders in Corporate Governance?, 97 Cornall L. Rev. (2012), S. 1213

dies.: ISS Recommendations and Mutual Fund Voting on Proxy Proposals (Symposium Issue), 55 Villanova L. Rev. (2010), S. 1

dies.: The First Year of 'Say on Pay' Under Dodd-Frank: An Empirical Analysis and Look Forward, 81 Geo. Wash. L. Rev. (2013), S. 101

Palmiter, Alan R./Taha, Ahmed E.: Mutual Fund Investors: Divergent Profiles, 2008 Colum. Bus. L. Rev. (2008), S. 934

dies.: Mutual fund investors: sharp enough?, 24 J. Fin. Transformation (2008)

dies.: Mutual Fund Performance Ads: Inherently and Materially Misleading?, 46 Georgia L. Rev. (2012), S. 289

dies.: Performance Advertisements by Mutual Funds: Fundamentally Misleading?, Banking and Financial Services Policy Report (Aspen Publishers) (2012)

dies.: Star Creation: Incubation of Mutual Funds, 62 Vand. L. Rev. (2009), S. 1485

Palmiter, Alan R./Taha, Ahmed/Mercer, Molly: Worthless Warnings? Dicsclaimers in Mutual Fund Performance Ads, 7 J. Empirical Legal Studies (2010), S. 429

Palmiter, Alan R.: Mutual Fund Voting of Portfolio Shares: Why not Disclose, 23 Cardozo L. Rev. (2002), S. 1419

ders.: Pricing Disclosure: Crowdfundings Curious Conundrum, 7 Ohio State Entrepren. Bus. L.J. (2012), S. 374

ders.: The Mutual Fund Board: A Failed Experiment in Regulatory Outsourcing, 1 Brooklyn J. Corp. Fin. & Comm. Law (2006), S. 165

Palomino, Frederic/Uhlig, Harald: Should Smart Investors Buy Funds with High Returns in the Past?, 11 Rev. of Fin. (2007), S. 51

Panichi, Katia: Les Commandites : la liberté contractuelle et les mécanismes de sanctions, in: Boyer, S. 63

Papaioannou, Michael G./Park, Joonkyu/Pihlman, Jukka/van der Hoorn, Han: Procyclical Behavior of Institutional Investors During the Recent Financial Crisis: Causes, Impacts and Challenges, IMF Working Paper No. 13/193 (2013)

Parczyk, Wolfgang: Die tatbestandsmäßige Zuordnung von Lebenssachverhalten unter eine der sieben Einkunftsarten des geltenden Einkommensteuerrechts – ein Qualifikations-, kein Quantifizierungsproblem, StuW 1967, S. 724

Paredes, Troy A.: Hedge Funds and the SEC: Observations on the How and Why of Securities Regulation, Wash. Univ. in St. Louis, Sch. of Law, Working Paper No. 07–05–01 (2007)

Paredes, Troy A.: On the Decision to Regulate Hedge Funds: The SEC's Regulatory Philosophy, Style, and Mission, 5 Univ. Illinois L. Rev. (2006), S. 975

Park, James J.: The Competing Paradigms of Securities Regulation, 57 Duke L.J. (2007), S. 625

Partnoy, Frank: Why Markets Crash and What Law Can Do about It, 61 U. Pitt. L. Rev. (2000), S. 741

Partsch, Thibaut/Boyer, Christophe: La société en commandite simple – constitution et gouvernance, in: Boyer, Les Commandites en Droit Luxembourgeois, S. 139

Partsch, Thibaut/Havrenne, Ezéchiel: Implementation of the AIFMD in Luxembourg Law, in: Zetzsche, The Alternative Investment Fund Managers Directive, S. 653

Partsch, Thibaut/Mullmaier, Jérôme: Delegation under AIFMD, in: Zetzsche, The Alternative Investment Fund Managers Directive, S. 217

Parwada, Jerry T.: The Genesis of Home Bias? The Location and Portfolio Choices of Investment Company Start-Ups, 43 J. Fin. Quant. A. (2008), S. 245

Päsler, Manfred: Handbuch des Investmentsparens, Wiesbaden 1991

Passow-Utech, Doris: Verbilligter Erwerb von Fondsanteilen durch Mitarbeiter – Zugleich Besprechung des Erlasses des Hessischen Ministeriums der Finanzen vom 30.9.2008, S 2334 A – 110 – II 3b, DStR 2008, 2367, DStR 2008, S. 2353

Patz, Anika: Verkaufsprospektpflicht für offene inländische Investmentvermögen – De facto eine gesetzliche Prospektpflicht für offene Spezial-Investmentfonds aufgrund der Vertriebsvorschriften des KAGB –, BKR 2014, S. 271

Patzner, Andreas/Wiese, Frank: Neuordnung der Investmentbesteuerung bei der Umsetzung der AIFM-Richtlinie durch das AIFM-Steueranpassungsgesetz, IStR 2013, S. 73

Patzner, Andreas/Döser, Achim/Kempf, Ludger J.: Investmentrecht: Kapitalanlagege-setzbuch – Investmentsteuergesetz, Handkommentar, 2. Auflage, Baden-Baden 2015

Paul, Thomas: Das neue Recht der offenen Immobilienfonds, Arbeitspapier 2011

Payne, Jennifer/Getzler, Joshua (Hrsg.): Company Charges – Spectrum and Beyond, Oxford 2006

Payne, Jennifer: Directive 2011/61 on Alternative Investment Fund Managers, 12 E.B.O.R. (2011), S. 559

Pelzl, Wolfgang: Beurteilung von Geldmarktfonds, Frankfurt a.M. 1989

Pennington, Robert R.: The investor and the law, London 1968

ders.: The Law of the Investment Markets, Oxford 1990

Perdikas, Panagiotis: Die Entstehung der Versicherung im Mittelalter, Zeitschrift für die gesamte Versicherungswissenschaft (ZgVW) 1966, S. 425

Perkins, Edwin J.: Wall Street to Main Street – Charles Merrill and Middle-Class Inves-tors, Cambridge 1999

Persé, Hermann Josef: Die Partner-Investmentgesellschaft, Wiesbaden 1962

Peters, Freia: Treuhand und Unterbeteiligung an Gesellschaftsanteilen: eine verglei-chende Betrachtung für den Bereich des Gesellschaftsrechts, Frankfurt a.M. 2003

Pezzolo, Luciano: Bonds and Government Debt in Italian City-States, 1250–1650, in: The Origins of Value – The Financial Innovations That Created Modern Capital Mar-kets, S. 147

Pfannschmidt, Utz: Personelle Verflechtungen zwischen Depotbank und Investmentge-sellschaft in der Schweiz und ihre Beurteilung nach dem AuslInvestmentG, WM 1970, S. 922

Pfeiffer, Thomas: Vom kaufmännischen Verkehr zum Unternehmensverkehr – Die Än-derungen des AGB-Gesetzes durch das Handelsrechtsreformgesetz, NJW 1999, S. 169

ders.: Zum internationalen Anwendungsbereich des deutschen Kapitalmarktrechts, IPrax 2003, S. 233

Philipowski, Rüdiger: Verwaltung von Investmentfonds durch externe Dienstleister: umsatzsteuerfrei?, UR 2004, S. 501

ders.: Verwaltung von Investmentfonds und Auslagerung einzelner Verwaltungsleistun-gen – EuGH: Außenstehende können auch rein administrative Verwaltungsleistungen steuerfrei erbringen, DB 2006, S. 1235

Phillips, Richard M.: Deregulation Under the Investment Companies Act – A Reevalua-tion of the Corpoate Paraphernalia of Shareholder Voting and Boards of Directors, 37 The Business Lawyer (1982), S. 903

Pierlot, V./Benizri, Y.: A specialized investors fund?, in: Specialised Investment Funds, S. 24

Pietzcker, Jost: Rechtsprechungsbericht zur Staatshaftung, AÖR 132 (2007), S. 393

Pinkernell, Reimar: Einkünftezurechnung bei Personengesellschaften, Berlin 2001

Pistor, Katharina: Anlegerschutz im Binnenrecht hybrider Publikumsgesellschaften, in: Perspektiven des Wirtschaftsrechts. Deutsches, europäisches und internationales Handels-, Gesellschafts- und Kapitalmarktrecht. Beiträge für Klaus J. Hopt aus An-lass seiner Emeritierung, S. 481

ders.: Legal Ground Rules in Coordinated and Liberal Market Economies, in: Corpo-rate Governance in Context: Corporations, States, and Markets in Europe, Japan and the US, S. 249

Platon: Die Werke im vollständigen Text in deutscher Sprache. Übersetzung von Friedrich Ernst Daniel Schleiermacher, ergänzt durch Übersetzungen von Franz Susemihl et al., Edition Opera Platonis 2005

Platzek, H. J.: Spezialfonds – maßgeschneidertes Investmentprodukt für in- und ausländische Unternehmen, LfK 1991, S. 598

Plenge, Johann: Gründung und Geschichte des Crédit Mobilier, Nachdruck Glashütten im Ts. 1976, Tübingen 1903

Plum, Maria: Der fortschreitende Strukturwandel der Personalgesellschaft durch Vertragsgestaltung, in: von Caemmerer, Ernst (Hrsg.), Festschrift zum 100-jährigen Jubiläum des Deutschen Juristentages 1860–1960, Band II, Karlsruhe 1960, S. 137

Podewils, Max: Investmentgesellschaften in der Bundesrepublik Deutschland, Diss. Köln 1960

Poelzig, Dörte: Nachrangdarlehen als Kapitalanlage – Im „Bermuda-Dreieck" von Bankaufsichtsrecht, Kapitalmarktrecht und AGB-Recht, WM 2014, S. 918

Pohlmann, Petra: Rechtsschutz der Aktionäre der Zielgesellschaft im Wertpapiererwerbs- und Übernahmeverfahren, ZGR 2007, S. 1

Poitras, Geoffrey: The Early History of Financial Economics – From Commercial Arithmetic to Life Annuities and Joint Stocks, 1478–1776, Cheltenham 2000

Pöllath + Partner: Private Equity Fonds – Einkommensteuerliche Behandlung von Venture Capital und Private Equity Fonds – Abgrenzung der privaten Vermögensverwaltung vom Gewerbebetrieb, Baden Baden 2006

Pollock, Alex J.: Will the Real Shareholders Please stand up? Principals and agents in the Sarbanes-Oxley-Era, AEI Fin. Services Outlook (2007), S. 1

Popper, Karl: Das Elend des Historizismus, 7. Aufl., Tübingen 2003

Poschadel, Burkhard: Rentabilität und Risiko als Kriterien für die Bewertung der Managementleistung deutscher Investmentgesellschaften, methodische und empirische Aspekte der zweidimensionalen Leistungsbewertung, Berlin 1981

Poser, Norm S.: The Supreme Court's Janus Capital Case, 44 Rev. Sec. & Commodities Reg. (2011), S. 205

Posner, Eric A.: The Parol Evidence Rule, the Plain Meaning Rule, and The Principles of Contractual Interpretation, 146 U. Pa. L. Rev. (1998), S. 553

Posner, Richard A.: A Failure of Capitalism. The Crisis of '08 and the Descent into Depression, Cambridge, MA 2009

ders.: Utilitarianism, Economics, and Legal Theory, 8 J. Leg. Stud. (1979), S. 103

ders.: Wealth Maximization Revisited, 2 Notre Dame J. Law, Ethics, and Public Policy (1985), S. 85

Postert, Andreas: Der Anlagestil deutscher Aktienfonds – Eine portfoliobasierte Analyse mittels style-identifizierender Fundamentalfaktoren, Wiesbaden 2007

Poterba, James M.: Annuities in Early Modern Europe, in: The Origins of Value – The Financial Innovations That Created Modern Capital Markets, S. 207

Pötzsch, Thorsten: Das Dritte Finanzmarktförderungsgesetz, WM 1998, S. 958

Practising Law Institute (Hrsg.): Investment partnerships and "offshore" investment funds, New York 1969

Pratt, J. W./Zeckhauser, R. J. (Hrsg.): Principals and Agents: The Structure of Business, Cambridge, MA 1985

PriceWaterhouseCoopers: Kollektive Kapitalanlagen in der Schweiz, 2. Aufl., Zürich 2009

PriceWaterhouseCoopers: Vermögensverwaltung im Fürstentum Liechtenstein – Überblick und Regelungen, 1. Aufl., Zürich 2008

Primaczenko, Vladimir: Treuhänderische Vermögensverwaltung nach russischem Recht, Tübingen 2010

Procaccia, Uriel: Russian Culture, Property Rights and the Market Economy, Cambridge 2007

Pryor, John H.: The Origins of the Commenda Contract, 52 Speculum (1977), S. 5

Puel, Stéphane/Pince, Arnaud: L'impact d'AIFM sur les fonds français, 297 Revue Banque (2011), S. 20

Putnam, Robert D.: Making Democracy Work: Civic Traditions in Modern Italy, Princeton, NJ 1993

Pütz, Achim/Schmies, Christian: Die Umsetzung der neuen rechtlichen Rahmenbedingungen für Hedgefonds in der Praxis, BKR 2004, S. 51

Pye, Lucian W.: Introduction: The Elusive Concept of Culture and the Vivid Reality of Personality, in: Political Psychology: Cultural and Crosscultural Foundations, S. 18

Rabin, Matthew: A perspective on psychology and economics, 46 Eur. Econ. Rev. (2002), S. 657

Radbruch, Gustav: Gesetzliches Unrecht und übergesetzliches Recht, Süddeutsche Juristenzeitung 1946, S. 105

Raimondi, Christophe H. L.: Praxis zum Finanzmarktaufsichtsrecht – Dezember 2010 bis November 2011, GesKR 1/2012, S. 90

Raisch, Peter: Die Abgrenzung des Handelsrechts vom Bürgerlichen Recht als Kodifikationsproblem im 19. Jahrhundert, Stuttgart 1962

ders.: Die rechtsdogmatische Bedeutung der Abgrenzung von Handelsrecht und bürgerlichem Recht, JuS 1967, S. 533

ders.: Handels- oder Unternehmensrecht als Sonderprivatrecht?, ZHR 154 (1990), S. 567

ders.: Zum Begriff und zur Bedeutung des Unternehmensinteresses als Verhaltensmaxime von Vorstands- und Aufsichtsratsmitgliedern, in: Fischer, Robert/Gessler, Ernst/Schilling, Wolfgang (Hrsg.), Strukturen und Entwicklungen im Handels-, Gesellschafts- u. Wirtschaftsrecht. Festschrift für Wolfgang Hefermehl zum 70. Geburtstag, München 1995, S. 347

ders.: Zur Analogie handelsrechtlicher Normen, in: Lutter, Marcus/Mertens, Hans-Joachim/Ulmer, Peter (Hrsg.): Festschrift für Walter Stimpel zum 68. Geburtstag, Berlin et al. 1985, S. 29

Raiser, Ludwig: Der Gleichheitsgrundsatz im Privatrecht, ZHR 111 (1948), S. 75

Rajan, Raghuram G./Zingales, Luigi: Financial Dependence and Future Growth, 88 Am. Econ. Rev. (1998), S. 559

dies.: Saving Capitalism from the Capitalists, Princeton et al. 2004

Rajan, Raghuram G.: Fault Lines – How Hidden Fractures Still Threaten the World Economy, Princeton et al. 2010

Ramackers, Arnold: Investmentsteuerrecht. Besteuerung von Investmentfonds nach InvStG, Stuttgart 2008

Ramadorai, Tarun: The Secondary Market for Hedge Funds and the Closed-Hedge Fund Premium, Centre for Econ. Policy Research Discussion Paper No. 6877

Rao, Pavan Aiju: Die Verbesserung des Anlegerschutzes im Investmentrecht durch die Bildung von Risikoklassen, Frankfurt a.M. 1994

Rassi, Faouzi F.: Investment trusts' gestion et fiscalité. Étude comparée, Paris 1964

Rat der Evangelischen Kirche in Deutschland: Gerechte Teilhabe: Befähigung zu Eigenverantwortung und Solidarität, Gütersloh 2006

Rat der Evangelischen Kirche in Deutschland: Unternehmerisches Handeln in evangelischer Perspektive, Gütersloh 2008

Rathenau, Walter: Vom Aktienwesen, Berlin 1917

Rauscher, Anton (Hrsg.), Selbstinterese und Gemeinwohl – Beiträge zur Ordnung der Wirtschaftsgesellschaft, Berlin 1985

Rauscher, Anton: Katholische Soziallehre und liberale Wirtschaftsauffassung, in: Selbstinteresse und Gemeinwohl – Beiträge zur Ordnung der Wirtschaftsgesellschaft, S. 279

ders.: Kirche in der Welt – Beiträge zur christlichen Gesellschaftsverantwortung, 3. Band, Würzburg 1998

Raw, Charles/Page, Bruce/Hodson, Godfrey: Do You Sincerely Want To Be Rich?, Bernhard Cornfield and I.O.S.: An International Swindle, London 1971

Rawls, John: A Theory of Justice, Rev. Ed., Cambridge, MA 1990

Rehkugler, Heinz (Hrsg.): Die Immobilie als Kapitalmarktprodukt, München 2009

Reich, Norbert: Funktionsanalyse und Dogmatik bei der Sicherungsübereignung, AcP 169 (1969), S. 247

Reichel, Wolfgang: Die rechtliche Konstruktion des Immobilien-Investments, BB 1965, S. 1117

Reiff, Peter: Die Haftungsverfassungen nichtrechtsfähiger unternehmenstragender Verbände, Tübingen 2006

ders.: Die unbeschränkte Gesellschafterhaftung in der (Außen-)Gesellschaft bürgerlichen Rechts und ihre Ausnahmen, Besprechung des Urteils BGHZ 150, 1, ZGR 2003, S. 550

Reiner, Günter: Daytrading im Niemandsland zwischen Kassa- und Termingeschäft – Zugleich eine Besprechung zu BGH, Urt. v. 18.12.2001 – XI ZR 363/00, ZBB 2002, S. 211

ders.: Derivative Finanzinstrumente im Recht, Baden-Baden 2002

Reinhart, Carmen M./Rogoff, Kenneth S.: This Time is Different – Eight Centuries of Financial Folly, Princeton et al. 2009

Reiss, Malte: Pflichten der Kapitalanlagegesellschaft und der Depotbank gegenüber dem Anleger und die Rechte des Anlegers bei Pflichtverletzungen, Berlin 2006

Reisser, Thomas/Straub, Franco A.: Regulatorische Herausforderungen für Investmentgesellschaften, ST 2012, S. 566

Remien, Oliver: AGB-Gesetz und Richtlinie über mißbräuchliche Verbrauchervertragsklauseln in ihrem europäischen Umfeld, ZEuP 1994, S. 34

Renneboog, Luc/Simons, Tomas/Wright, Mike: Why do public firms go private in the UK? The impact of private equity investors, incentive realignment and undervaluation, 13 J. Corporate Fin. (2007), S. 591

Renshon, Stanley A./Duckitt, John (Eds.): Political Psychology: Cultural and Crosscultural Foundations, London et al. 2000

Reusch, Peter: Die stille Gesellschaft als Publikumspersonengesellschaft, Berlin 1989

Reuschle, Fabian: Möglichkeiten und Grenzen kollektiver Rechtsverfolgung – Zu den Defiziten im deutschen Prozessrecht, der Übertragbarkeit ausländischer Lösungen und den Grundzügen eines kollektiven Musterverfahrens, WM 2004, S. 966

Reuter, Dieter: Das Treuhandmodell des Investmentrechts – Eine Alternative zur Aktiengesellschaft? (Rezensionsabhandlung zur gleichnamigen Schrift von Günter H. Roth), ZHR 173 (1973), S. 404

ders.: Die Bestandssicherung von Unternehmen – ein Schlüssel zur Zukunft des Handelsgesellschaftsrechts, AcP 181 (1981), S. 8

ders.: Ein Plädoyer für das institutionelle Rechtsdenken, in: Immenga, Ulrich/Möschel, Wernhard/Reuter, Dieter (Hrsg.), Festschrift für Ernst-Joachim Mestmäcker zum 70. Geburtstag, Baden-Baden 1996, S. 271

ders.: Privatrechtliche Schranken der Perpetuierung von Unternehmen, Frankfurt a.M. 1973

ders.: Richterliche Kontrolle der Satzung von Publikums-Personengesellschaften?, AG 1979, S. 324

Reuter, Gerhard: Investmentfonds und die Rechtsstellung der Anteilinhaber, Frankfurt a.M. 1965

Rey, Alan (Hrsg.): Dictionnaire Historique de la Langue Française, petit format, Paris 1998

Reymann, Christoph: Das Sonderprivatrecht der Handels- und Verbraucherverträge – Einheit, Freiheit und Gleichheit, Tübingen 2009

Riassetto, Isabelle/Storck, Michel: OPCVM, Paris 2002

Ribstein, Larry E.: An Applied Theory of Limited Partnership, 37 Emory L.J. (1988), S. 835

ders.: Are Partners Fiduciaries?, 1 U. Ill. L. Rev. (2005), S. 209

ders.: The Evolving Partnership, in: Private Company Law Reform – International and European Perspectives, S. 23

ders.: The Rise of the Uncorporation, Oxford 2010

ders.: Form and Substance in the Definition of a „Security": The Case of Limited Liability Companies, 51 Wash. & Lee L. Rev. (1994), S. 807

Richard, R.M./Fraser, D.R./Groth, J.C.: Winning Strategies for closed-end funds, J. Portf. Man't (1980), S. 50

Ricke, Markus: Stichwort: Hedge Fonds, BKR 2004, S. 60

Riesenhuber, Karl: Anleger und Verbraucher, ZBB 2014, S. 134

Riley, James C.: International Government Finance and the Amsterdam Capital Market, 1740–1815, Cambridge et al. 1980

Rinsoz, Arthur: Zur Rechnungsführung der Investment-Trusts, Zürich 1952

Ritter, Carl: Aktiengesetz, Kommentar, 2. Aufl., Berlin et al. 1939

Ritter, Jay R./Zhang, Donghang: Affiliated mutual funds and the allocation of initial public offerings, 86 J. Fin. Econ. (2007), S. 337

Rittner, Fritz: Die werdende juristische Person – Untersuchungen zum Gesellschafts- und Unternehmensrecht, Tübingen 1973

Rivière, Anne: The Future of Hedge Fund Regulation: A comparative Approach, 10:Rich. J. Global L. & Bus. (2010–2011), S. 263

Robertson, Robert A.: Fund Governance – Legal Duties of Investment Companies Directors, Looseleaf, New York 2001

Robinson, Leland Rex: Investment Trust Organization and Management, 2nd Ed., New York 1929

Roblot, René: Les S.I.C.A.V. et les Fonds Communs de Placement, Paris 1990

Rock, Edward B./Wachter, Michael L.: Islands of Conscious Power: Law, Norms, and the Self-Governing Corporation, 149 U. Pa. L. Rev. (2001), S. 1619

Rock, Edward B.: The Logic and (Uncertain) Significance of Institutional Investor Activism, 79 Georgetown L.J. (1991), S. 445

Rodin, Andreas/Veith, Amos/Bärenz, Uwe: Einkommenssteuerliche Behandlung von Venture Capital und Private Equity Fonds – Abgrenzung der privaten Vermögensverwaltung vom Gewerbebetrieb, DB 2004, S. 103

Roe, Mark J.: A Political Theory of American Corporate Finance, 91 Columbia L. Rev. (1991), S. 10

ders.: Political Elements in the Creation of a Mutual Fund Industry, 139 U. Penn. L. Rev. (1991), S. 1469

ders.: Strong Managers – Weak Owners: The Political Roots of American Corporate Finance, 2nd Printing, Princeton, NJ 1996

Roegele, Elisabeth/Görke, Oliver: Novelle des Investmentgesetzes (InvG), BKR 2007, S. 393

Roesner, Günter: Möglichkeiten und Grenzen einer Verbesserung der Eigenkapitalausstattung kleiner und mittlerer Unternehmen mit Hilfe von erwerbswirtschaftlich ausgerichteten Kapitalbeteiligungsgesellschaften, Diss. Frankfurt a.M. 1968

Rogers, William P./Benedict, James N.: Money Market Mutual Fund Management Fees: How Much is Too Much?, 57 New York University L. Rev. (1982), S. 1059

Roggatz, Claus C.: Informationspflichten von Investmentgesellschaften – Analyse der gesetzlichen Publizitätsvorschriften zur Verbesserung der investmentrechtlichen Transparenz und des Anlegerschutzes, Frankfurt a.M. 2003

Röhl, Klaus F./Röhl, Hans Christian: Allgemeine Rechtslehre – ein Lehrbuch, 3. Aufl., Köln et al. 2008

Röhricht, Volker/Graf von Westphalen, Friedrich: HGB, 3. Aufl., Köln 2008

Roll, Hans-Joachim: Zur Haftung des Herausgebers eines Börsendienstes (Urteilsanmerkung), BB 1978, S. 982

Roll, Hans-Joachim: Vermögensverwaltung durch Kreditinstitute, Berlin 1983

Romano, Roberta: Less is More: Making Institutional Investor Activism A Valuable Mechanism of Corporate Governance, 18 Yale J. Reg. (2001), S. 174

Romer, Paul M.: Endogenous Technological Change, 98 J. Pol. Econ. (1990), S. 71

ders.: Increasing Returns and Long Run Growth, 94 J. Pol. Econ. (1986), S. 1002

Roos, Lothar: Stimmen der Kirche zur Wirtschaft, 2. Aufl., Köln 1986

Rose, Cvarol M.: Crystals and Mud in Property Law, 40 Stan. L. Rev. (1988), S. 577

Rosen, Kenneth/Katz, Larry: Money Market Mutual Funds: An Experiment in Ad Hoc Deregulation, 38 J. Fin. (1983), S. 1101

Rosenbalm, Wheeler A.: The Massachusetts trust, 31 Tennessee L. Rev. (1964), S. 471

Rosenblum, Robert H.: Investment Company Determination under the 1940 Act – Exemptions and Exceptions, 2nd Ed., Chicago 2003

Rosenheim, C.L./Merriman, C.O.: Unit Trusts and how they Work, London 1937

Rosenstiel, Frederich H.: Neue Blüte der Amerikanischen Investment-Trusts, ZfgKW 1950, S. 246

Ross, Stephen A./Westerfield, Randolph W./Jaffe, Jeffrey: Corporate Finance, 5th Ed., Boston et al. 1999

Rosset, Paul-René: Traité théorique et pratique des sociétés financières : holding companies et investment trusts, Paris 1935

Rosset, Reinhard: Der Begriff des Börsentermingeschäfts – Zugleich ein Beitrag für die Abschaffung von Termin- und Differenzeinwand, WM 1999, S. 574

Roth, Günter H.: Das Treuhandmodell des Investmentrechts, Frankfurt a.M. 1972

Roth, Markus: Private Altersvorsorge: Betriebsrentenrecht und individuelle Vorsorge, Tübingen 2009

Roth, Monika: Das Dreiecksverhältnis Kunde – Bank – Vermögensverwalter, Treue- und Sorgfaltspflichten in Anlageberatung und Vermögensverwaltung unter besonderer Berücksichtigung von Retrozessionen, Finder's Fees und andere Vorteile, Zürich 2007

Roth, Pirmin: Treuhandgesellschaften, ihre Geschäfte, Organisation und wirtschaftliche Bedeutung, Erlangen 1916

Roth, Wulf-Henning: Internationalprivatrechtliche Aspekte der Personengesellschaften, ZGR 2014, S. 168

Rottenberg, Alan W.: Developing Limits on Compensation of Mutual Fund Advisers, 7 Harv. Journal on Legislation (1970), S. 309

Rotter, Klaus: Neues Recht für geschlossene Fonds, in: Stärkung des Anlegerschutzes. Neuer Rechtsrahmen für Sanierungen, S. 55

Rottersman, Max/Zweig, Jason: An early history of mutual funds, 51 Friends of Fin. History (1994), S. 12

Rounds, Charles E./Dehio, Andreas: Publicly-Traded Open End Mutual Funds in Common Law and Civil Law Jurisdictions: A Comparison of Legal Structures, 3 New York University J. Law and Business (2007), S. 473

Rowland, Gregory S.: Designation of Asset Managers and Funds as Systemically Important Non-Bank Financial Institutions: Process and Industry: Part 1 of 2, The Investment Lawyer (2013), S. 1

ders.: Designation of Asset Managers and Funds as Systemically Important Non-Bank Financial Institutions: Process and Industry: Part 2 of 2, The Investment Lawyer (2013), S. 1

Ruhl, Alexander: Das Einlagengeschäft nach dem Kreditwesengesetz, Baden-Baden 2005

Rümelin, Gustav: Culpahaftung und Causalhaftung, AcP 88 (1898), S. 285

Rushdoony, Rousas John: The Institutes of Biblical Law – A Chalcedon Study with three appendices by Gary North, Nutley, NJ et al. 1973

Russen, Jonathan: Financial Services – Authorisation, Supervision, and Enforcment – A Litigator's Guide, Oxford 2006

Rüthers, Bernd/Fischer, Christian/Birk, Axel: Rechtstheorie – Begriff, Geltung und Anwendung des Rechts, 8. Aufl., München 2015

Rutledge, Thomas E./Habbart, Ellisa O.: The Uniform Statutory Trust Entity Act: A Review, 65 Bus. Law. (2010), S. 1055

Rüttimann, Dominik/Sprenger, Pascal: Fondsplatz Liechtenstein, ST 2012, S. 569

Sachs, Michael (Hrsg.): Grundgesetz, 7. Aufl., München 2014

Säcker, Franz J./Rixecker, Roland (Hrsg.): Münchener Kommentar zum Bürgerlichen Gesetzbuch: BGB, 6. Aufl., München 2012

Sagent, Mark A.: Competing Visions of the Corporation in Catholic Social Thought, 1 J. of Cath. Soc. Thought 2 (2004), S. 2

Saint Paul, Gilles: Technological choice, financial markets, and economic development, 36 Europ. Econ. Rev. (1992), S. 763

Sale, Hillary A.: Judging Heuristics, 35 U.C. Davis L. Rev. (2002), S. 962

Samuelson, Paul A.: Challenge to Judgment, 1 J. Portf. Man. (1975), S. 17

ders.: Proof that properly anticipated prices fluctuated randomly, 6 Ind. Man. Rev. (1965), S. 41

Samuelsson, Per: On the Evolution of Corporate Forms, 1 U. Illinois L. Rev. (2005), S. 15

Sandkühler, Hans Jörg (Hrsg.): Recht und Moral, Hamburg 2010

Sargent, Mark: Are Limited Liability Company Interests Securities?, 19 Pepp. L. Rev. (1992), S. 1069

Schaber, Mathias: Spezialfonds: Maßgeschneidertes Investmentprodukt oder ein Fall für das Gesetz zur Bekämpfung des Mißbrauchs und zur Bereinigung des Steuerrechts? DB 1994, S. 993

Schäcker, Hanns-Erhard: Entwicklung und System des Investmentsparens, Frankfurt a.M. 1961

Schaefer, Ernst: Das Handelsrechtsreformgesetz nach dem Abschluß des parlamentarischen Verfahrens, DB 1998, S. 1269

Schäfer, Carsten: Lehre vom fehlerhaften Verband, Tübingen 2002

ders.: Nachschusspflichten bei Personengesellschaften, Gesellschaftsrecht in der Diskussion 2007, S. 137

ders.: Sanierung geschlossener Fonds, in: Stärkung des Anlegerschutzes. Neuer Rechtsrahmen für Sanierungen, S. 81

ders.: Zu Fragen der Treugeberhaftung bei qualifizierten Treuhandbeteiligungen an Publikumspersonengesellschaften, ZHR 177 (2013), S. 619

ders.: Zur beschränkten Gesellschafterhaftung in der Publikums-GbR, in: Habersack, Mathias/Joeres, Hans-Ulrich/Krämer, Achim (Hrsg.): Entwicklungslinien im Bank- und Kapitalmarktrecht – Festschrift für Gerd Nobbe, Köln 2009, S. 909

Schäfer, Erich: Das Handelsrechtsreformgesetz nach dem Abschluß des parlamentarischen Verfahrens, DB 1998, S. 1269

Schäfer, Frank A./Schäfer, Ulrike: Anforderungen und Haftungsfragen bei PIBs, VIBs und KIIDs, ZBB 2013, S. 23

ders.: Anlegerschutz und die Sorgfalt eines ordentlichen Kaufmanns bei der Anlage der Sondervermögen durch Kapitalanlagegesellschaften: Unter besonderer Berücksichtigung der Theorien zur Aktienkursprognose und zur Zusammenstellung von Portefeuilles, Baden-Baden 1987

ders.: Anmerkung zu LG Frankfurt a.M. vom 22.11.2002, BKR 2003, S. 78

ders.: Die Pflicht zur Aufdeckung von Rückvergütungen und Innenprovisionen beim Vertrieb von Fonds in Rechtsprechung und Gesetzgebung, in: Habersack, Mathias/Joeres, Hans-Ulrich/Krämer, Achim (Hrsg.): Entwicklungslinien im Bank- und Kapitalmarktrecht – Festschrift für Gerd Nobbe, Köln 2009, S. 725

Schäfer, Lars: Corporate Governance bei Kapitalanlagegesellschaften – Fund Governance, Berlin 2009

Schaffelhuber, Kai A.: Regulierung des "Schattenbankensystems", GWR 2011, S. 488

Schalast, Christoph/Dornseifer, Frank/Hölscher, Luise (Hrsg.): Investmentgesetz (InvG), München 2011

Schanz, Georg: Der Einkommensbegriff des Einkommensteuergesetzes, Finanzarchiv 13 (1986), S. 1

Schanze, Erich: Anlegerschutz bei Aktienfonds: Das Indexfonds-Konzept, AG 1977, S. 102

Schären, Simon: Bewilligung und Genehmigung von Exchange Traded Funds (ETFs) gemäss Kollektivanlagengesetz (KAG), AJP 2012, S. 341

ders.: Das Bundesgericht konkretisiert den Begriff der öffentlichen Werbung im Sinne des KAG, GesKR 2/2011, S. 267

ders.: Privatrechtliche Einordnung von Vertriebsentschädigungen im Rahmen der Vermögensverwaltung durch Banken, GesKR 1/2013, S. 126

ders.: Unterstellungsfragen im Rahmen der Genehmigungs- und Bewilligungspflicht gemäss Kollektivanlagengesetz unter rechtsvergleichender Berücksichtigung des Rechts der EG, Luxemburgs und Liechtensteins, Zürich 2011

Schauer, Martin: Rechtspolitische Perspektiven im Recht der Personengesellschaften: das Beispiel Österreichs, ZGR 2014, S. 143

Schelm, Joachim: Sorgfalts- und Loyalitätspflichten im Investmentrecht. Eine rechtsvergleichende Untersuchung des Investmentrechts in den Vereinigten Staaten von Amerika und in Deutschland, Berlin 2008

Schenke, Wolf-Rüdiger/Ruthig, Josef: Amtshaftungsansprüche von Bankkunden bei der Verletzung staatlicher Bankenaufsichtspflichten, NJW 1994, S. 2324

Schenke, Wolf-Rüdiger: Schadensersatzansprüche des Versicherungsnehmers bei der Verletzung staatlicher Versicherungsaufsichtspflichten – Zur Frage der Drittgerichtetheit von Versicherungsaufsichtspflichten, Festschrift für Werner Lorenz, München 1994, S. 473

Scherer, Andreas G./Hütter, Gerhard/Maßmann, Lothar (Hrsg.): Ethik für den Kapitalmarkt? Orientierungen zwischen Regulierung und Laisser-faire, München 2003

Schewe, Dieter: Geschichte der sozialen und privaten Versicherung im Mittelalter in den Gilden Europas, Berlin 2000

Schiemann, Gottfried: Haftungsprobleme bei der Treuhand an Gesellschaftsanteilen, in: Lieb, Manfred/Noack, Ulrich/Westermann, Harm P. (Hrsg.), Festschrift für Wolfgang Zöllner, Köln 1998, S. 503

Schimansky, Herbert/Bunte, Hermann-Josef/Lwowski, Hans-Jürgen (Hrsg.): Bankrechts-Handbuch, 3. Aufl., München 2007

Schimansky, Herbert: Zinsanpassungsklauseln in AGB, WM 2001, S. 1169

Schindler, Alexander/Sillem, Nikolaus: Investmentmodernisierungsgesetz – Auswirkungen auf das institutionelle Asset Management, Kreditwesen 2004, S. 869

Schlaus, Wilhelm: Beratung durch Banken, Vermögensverwaltung, DB 1961, Beilage 19, S. 29

Schleiermacher, Friedrich D.E.: Über die Religion. Reden an die Gebildeten unter ihren Verächtern, Berlin et al. 1799

ders.: Über die Religion: Schriften, Predigten, Briefe, Frankfurt a.M. 2008

Schleimer, Pierre: Réflexions sur le régime patrimonial de la société en commandite spécial, in: Boyer, S. 9

Schless, Robert: Mittelbare Stellvertretung und Treuhand, Leipzig 1931

Schlitt, Michael/Schäfer, Susanne: Die Restrukturierung von Anleihen nach dem neuen Schuldverschreibungsgesetz, AG 2009, S. 477

Schlitt, Michael: Die Auswirkungen des Handelsrechtsreformgesetzes auf die Gestaltung von GmbH & Co. KG-Verträgen, NZG 1998, S. 580

ders.: Die Informationsrechte des stillen Gesellschafters in der typischen stillen Gesellschaft und in der stillen Publikumspersonengesellschaft, Berlin 1996

Schlosser, Hans: Außenwirkungen verfügungshindernder Abreden bei der rechtsgeschäftlichen Treuhand, NJW 1970, S. 681

Schlottmann, Dennis: Wegfall und Entmachtung des einzigen Komplementärs, Köln et al. 2009

Schmid, Fabian: Retrozessionen an externe Vermögensverwalter – Privatrechtliche Fragen, Zürich 2009

Schmidt, Christa Maria: Die Vertriebspublizität der Investmentgesellschaften und weitere gesetzlich vorgesehene Informationspflichten gegenüber Kapitalanlegern, München 1988

Schmidt, Detlef/Weidert, Stefan: Zur Verjährung von Prospekthaftungsansprüchen bei geschlossenen Immobilienfonds, DB 1998, S. 2309

Schmidt, Eike: Zur Dogmatik des § 278 BGB – zugleich einige kritische Bemerkungen zur geplanten Reform des § 831 BGB, AcP 170 (1970), S. 502

Schmidt, Harry: Stille Gesellschaft und AGB-Gesetz, ZHR 159 (1995), S. 734

Schmidt, Karsten (Hrsg.): Münchener Kommentar zum Handelsgesetzbuch, 3. Aufl., München 2010

Schmidt, Karsten/Lutter, Marcus (Hrsg.): Aktiengesetz, 2. Aufl., Köln 2010

Schmidt, Karsten: "Ehegatten-Miteigentum" oder "Eigenheim-Gesellschaft"? Rechtszuordnungsprobleme bei gemeinschaftlichem Grundeigentum, AcP 182 (1982), S. 481

ders.: Das Handelsrechtsreformgesetz, NJW 1998, S. 2161

ders.: Die GmbH-Beteiligung von Gesellschaften bürgerlichen Rechts als Publizitätsproblem, BB 1983, S. 1697

ders.: Die Kreditfunktion der stillen Einlage, ZHR 140 (1976), S. 475

ders.: Die obligatorische Gruppenvertretung im Recht der Personengesellschaft und der GmbH, ZHR 146 (1982), S. 525

ders.: Haftungskontinuität als untenehmensrechtliches Prinzip, ZHR 145 (1981), S. 2

ders.: Handelsrecht, 6. Aufl., Köln et al. 2014

ders.: Kommanditisteneinlage – Kapitalaufbringung und Kapitaleinlage in der KG, ZGR 1976, S. 307

ders.: Mehrheitsbeschlüsse im Personengesellschaftsrecht, ZGR 2008, S. 1

ders.: Sozialansprüche und actio pro socio bei der "GmbH & Still", in: Westermann, Harm Peter/Mock, Klaus (Hrsg.), Festschrift für Gerold Bezzenberger zum 70. Geburtstag, Berlin 2000, S. 401

Schmidt, Ludwig (Hrsg.): Einkommensteuergesetz (EStG), 28. Aufl., München 2009

Schmidt, Maike/Schrader, Julia: Leistungsversprechen und Leistungsbestimmrechte in Anleihebedingungen unter Berücksichtigung des neuen Schuldverschreibungsgesetzes, BKR 2009, S. 397

Schmidt, Reinhard H./Spindler, Gerald: Finanzinvestoren aus ökonomischer und juristischer Perspektive, Baden-Baden 2008

Schmidt, Reinhard: Präferenzbasierte Segmentierung von Fondskäufern -Verbesserung der Kundenorientierung im Fondsvertrieb, Wiesbaden 2006

Schmolke, Klaus Ulrich: Grenzen der Selbstbindung im Privatrecht, Tübingen 2014

ders.: Der gemeinsame Vertreter im Referentenentwurf eines Gesetzes zur Neuregelung des Schuldverschreibungsgesetzes – Bestellung, Befugnisse, Haftung, ZBB 2009, S. 8

ders.: Institutional Investors' Mandatory Voting Disclosure: The Proposal of the European Commission against the Background of the US Experience, 7 European Business Organization L. Rev. (2006), S. 767

ders.: Institutionelle Anleger und Corporate Governance – Traditionelle institutionelle Investoren vs. Hedgefonds, ZGR 2007, S. 701

ders.: Kostentransparenz im Investmentrecht und Behavioral Law & Economics, ZBB 2007, S. 454

ders.: Organwalterhaftung, Köln et al. 2004

ders.: Die Regelung von Interessenkonflikten im neuen Investmentrecht – Reformvorschläge im Lichte des Regierungsentwurfs zur Änderung des Investmentgesetzes, WM 2007, S. 1909

Schmoller, Gustav: Zur Social- und Gewerbepolitik der Gegenwart. Reden und Aufsätze, Leipzig 1890

Schnatmeyer, Susanne: Anwendbarkeit des Auslandinvestment-Gesetzes auf Asset-Backed-Securities, WM 1997, S. 1796

Schneider, Bernd: Geldmarktfonds, Nürnberg 1987

Schneider, Carl W.: The Elusive Definition of a Security — An Examination of the "Investment Contract" Concept and the Propriety of a Risk Capital Analysis Under Federal Law, 12 Tex. Tech. L. Rev. (1981), S. 911

Schneider, Herbert/Schneider, Uwe H.: Die Organisation der Gesellschafterversammlung bei Personengesellschaften, in: Hefermehl, Wolfgang (Hrsg.), Festschrift für Philipp Möhring zum 75. Geburtstag, München 1975, S. 271

Schneider, Joachim: Der Anwendungsbereich des neuen KAGB, in: Das neue Kapitalanlagegesetzbuch, S. 79

Schneider, Stephan: Gesellschafter-Stammpflichten bei Sanierungen, Köln 2014

Schneider, Uwe H./Burgard, Ulrich: Maßnahmen zur Verbesserung der Präsenz auf der Hauptversammlung einer Aktiengesellschaft -Überlegungen auf den Weg in den Pensionskassenkorporatismus, in: Beisse, Heinrich/Lutter, Marcus/Närger, Heribald (Hrsg.), Festschrift für Karl Beusch zum 68. Geburtstag, Berlin 1993, S. 783

Schneider, Uwe H.: Alternative Geldgeber oder Eigenkapitalräuber?, AG 2006, S. 577

ders.: Auf dem Weg in den Pensionskassenkorporatismus? Zehn Thesen zu den Auswirkungen der zunehmenden Beteiligung institutioneller Anleger an den Publikumsaktiengesellschaften, AG 1990, S. 317

ders.: Die Inhaltskontrolle von Gesellschaftsverträgen, ZGR 1978, S. 1

ders.: Ethik im Bank- und Kapitalmarktrecht, ZIP 2010, S. 601

ders.: Ist die Annahme von Gesellschafterdarlehen ein "erlaubnisbedürftiges Bankgeschäft"?, DB 1991, S. 1865

ders.: Kapitalmarktrecht – Principles-Based- oder Rules-Based Regulation?, Gedächtnisschrift für Michael Gruson, S. 369

ders.: Missbräuchliches Verhalten durch Private Equity, NZG 2007, S. 888

ders.: Sonderrecht für Publikumspersonengesellschaften. Überlegungen zum Anlegerschutz im Gesellschaftsrecht, ZHR 142 (1978), S. 228

Schnieders, Ferit: Haftungsfreiräume für unternehmerische Entscheidungen in Deutschland und Italien, Köln et al. 2009

Schnorr, Randolf: Die Gemeinschaft nach Bruchteilen (§§ 741–758 BGB), Tübingen 2004

ders.: Die steuerrechtliche Abgrenzung zwischen Gewerbebetrieb und Vermögensverwaltung, NJW 2004, S. 3214

Scholtens, Bert/Van Wensveen, Dick: A critique on the theory of financial intermediation, 24 J. Bank. Fin. (2000), S. 1243

Schön, Wolfgang: Die vermögensverwaltende Personengesellschaft – Ein Kind der HGB-Reform, DB 1998, S. 1169

ders.: Gibt es ein partiarisches Darlehen?, ZGR 1993, S. 210

Schönke/Schröder (Hrsg.): Strafgesetzbuch, 28. Aufl., München 2010

Schönle, Herbert: Die Unabhängigkeit der Revisionsstellen von Banken und Anlagefondsleitungen, Zürich 1974

Schouten, Michael C.: Why Governance Might Work in Mutual Funds, 109 Mich. L. Rev. First Impressions (2011), S. 86

Schröder, Oliver/Rahn, Alexander: Das KAGB und Private-Equity-Transaktionen – Pflichten für Manager von Private-Equity-Fonds und deren Verwahrstellen, GWR 2014, S. 49

Schroeter, Ulrich G.: Prospektpublizität bei Genussrechtsemissionen und aufsichtsbehördliche Altverfahren, WM 2014, S. 1163

ders.: Ratings – Bonitätsbeurteilungen durch Dritte im System des Finanzmarkt-, Gesellschafts- und Vertragsrechts, Tübingen 2014

Schubarth, Martin: Retrozession und Ungetreue Geschäftsbesorgung, in: SBT 2007 – Schweizerische Bankrechtstagung 2007: Anlagerecht, S. 169

Schubert, Claudia: Der außerordentliche Finanzbedarf des eingetragenen Vereins – Möglichkeiten und Grenzen seiner Finanzierung, WM 2008, S. 1197

Schubert, Werner/Hommelhoff, Peter: Hundert Jahre modernes Aktienrecht, Berlin et al. 1985

Schubert, Leif/Schuhmann, Alexander: Die Kategorie des Semiprofessionellen Anlegers nach dem Kapitalanlagegesetzbuch, BKR 2015, S. 45

Schultheiß, Tilman: Die Haftung von Verwahrstellen und externen Bewertern unter dem KAGB, WM 2015, S. 597

ders.: Dritthaftung von Wirtschaftsprüfern nach dem KAGB, BKR 2015, S. 133

Schultz, Oliver: Die Behebung einzelner Mängeln von Organisationsakten in Kapitalgesellschaften, Köln et al. 1997

Schultze, Alfred: Die langboradische Treuhand und ihre Umbildung zur Testamentsvollstreckung, Neudruck (1973), Aalen 1895

ders.: Treuhänder im geltenden bürgerlichen Recht, Jena 1901

Schultze, Oliver: Steuerfreiheit von Veräußerungsgewinnen bei Investmentfonds?, DStR 2004, S. 1475

Schulze-Osterloh, Joachim: Das Prinzip der gesamthänderischen Bindung, München 1972

ders.: Der gemeinsame Zweck der Personengesellschaften, Berlin et al. 1973

ders.: Die Verwaltung von eigenem Vermögen als Handelsgewerbe, in: Verein zur Förderung der Versicherungswissenschaft an den drei Berliner Universitäten (Hrsg.), Festschrift für Horst Baumann, Karlsruhe 1999, S. 325

Schummer, Laurent/ Steichen Alain: Société en commandite – Réflexion sur certaines obligations comptables, S. 165

Schumpeter, Joseph A.: The Theory of Economic Development: An Inquiry into Profits, Capital, Credit, Interest, and The Business Cycle, New Brunswick et al. 1911

Schünemann, Wolfgang B.: Rechtsnatur und Pflichtenstruktur des Versicherungsvertrages, JZ 1995, S. 430

Schürnbrand, Jan: Publikumspersonengesellschaften in Rechtsprechung und Literatur, ZGR 2014, S. 256

Schuster, Jaques Bergün: Die Anlagefonds in der Schweiz, Bern 1972

Schwabe, Henning/Brülin, Frank: SIF Hedge Funds – Opportunities to establish "unrestricted" Hedge Funds in a Regulated Environment, in: Specialised Investment Funds, S. 198

Schwarcz, Steven L.: Collapsing Corporate Structures: Resolving the Tension Between Form and Substance, 60 Bus. Law. (2004), S. 109

Schwarcz, Steven L.: Systemic Risk, 97 Georgetown L.J. (2008), S. 193

Schwark, Eberhard (Hrsg.): Kapitalmarktrechtskommentar, 3. Aufl., München 2004

Schwark, Eberhard/Zimmer, Daniel (Hrsg.): Kapitalmarktrechtskommentar, 4. Aufl., München 2010

Schwark, Eberhard: Anlegerschutz durch Wirtschaftsrecht, München 1979

ders.: Gesellschaftsrecht und Kapitalmarktrecht, in: Lutter, Marcus/Mertens, Hans-Joachim/Ulmer, Peter (Hrsg.): Festschrift für Walter Stimpel zum 68. Geburtstag, Berlin et al. 1985, S. 1104

ders.: Kapitalanlegerschutz im deutschen Gesellschaftsrecht, ZGR 1976, S. 271

ders.: Spekulation – Markt – Recht. Zur Neuregelung der Börsentermingeschäfte, in: Bauer, Jürgen F. (Hrsg.), Festschrift für Ernst Steindorff zum 70. Geburtstag, Berlin 1990, S. 473

Schwartz, Shalom H./Ros, Maria: Values in the West: A Theoretical and Empirical Challenge to the Individualism-Collectivism Cultural Dimension, 1 World Psychology (1995), S. 99

Schwartz, Shalom/Bardi, Anat/Bianchi, Gabriel: Value Adaptation to the Imposition and Collapse of Communist Regimes in East-Central Europe, in: Political Psychology: Cultural and Crosscultural Foundations, S. 217

Schwarz, Kyrill A.: Real Estate Investment Trusts – ausgewählte Rechtsfragen einer neuen Anlageform, JZ 2008, S. 550

Schwennicke, Andreas/Auerbach, Dirk (Hrsg.): KWG – Kreditwesengesetz – Kommentar, München 2009

SEC – Division of Investment Management: Protecting Investors: A Half Century of Investment Company Regulation, Washington, D.C. 1992

SEC: Abuses and deficiencies in the organization and operation of investment trusts and investment companies – SEC Study Pt. III, Washington, D.C. 1942

SEC: Economic Influence, Conclusions – SEC Study Pt. IV. und V., Washington, D.C. 1942

SEC: Statistical survey of investment trusts and investment companies – SEC Study Pt. II, Washington, D.C. 1939

SEC: The nature, classification, and origins of investment trusts and investment companies – SEC Study Pt. I, Washington, D.C. 1939

Sedlmaier, Holger: Die Investment-Rechnungslegungs- und Bewertungsverordnung – Überblick und kritische Würdigung, WM 2010, S. 1437

Seegebarth, Nils: Stellung und Haftung der Depotbank im Investment-Dreieck, Frankfurt a.M. 2004

Seibert, Ulrich: Ethik in der Wirtschaft und die Rolle der Politik, in: Sitter, Georg/Lutter, Marcus/Priester, Hans-Joachim/Schön, Wolfgang/Ulmer, Peter (Hrsg.), Festschrift für Karsten Schmidt zum 70. Geburtstag, Köln 2009, S. 1455

ders.: Gute Aktionäre – schlechte Aktionäre – Aktive Finanzinvestoren und Stimmrecht, in: Aderhold, Lutz/Grunewald, Barbara/Klingberg, Dietgard/Paefgen, Walter G. (Hrsg.), Festschrift für Harm-Peter Westermann zum 70. Geburtstag, Köln 2009, S. 1505

Seischab, Hans: Investment Trusts – Versuch einer Theorie und Systematik der Kapitalwertsicherungsbetriebe, Stuttgart 1931

Seligman, Joel: The Transformation of Wall Street, 3rd Ed., New York 2003

Semler, Johannes: Gedanken zur Bedeutung des Unternehmenszwecks, in: Grundmann, Stefan/Haar, Brigitte/Merkt, Hanno/Mülbert, Peter O./Wellenhofer, Marina et al.

(Hrsg.), Unternehmen, Markt und Verantwortung – Festschrift für Klaus J. Hopt zum 70. Geburtstag, Berlin 2010, S. 1391

Seretakis, Alexandros: A comparative Examination of Private Equity in the United States and Europe: Accounting for the Past and Predicting the Future of European Private Equity, 18 Fordham J. Corp. & Fin. L. (2012–2013), S. 613

Servien, Louis-Marc: Les fonds de placement collectif en Suisse (investment trusts), Diss. Lausanne 1958

Sester, Peter: Die Transparenzkontrolle von Anleihebedingungen nach Einführung des neuen Schuldverschreibungsrechts, AcP 209 (2009), S. 658

Sethe, Rolf: Anlegerschutz im Recht der Vermögensverwaltung, Köln 2005

ders.: Die Zulässigkeit von Zuwendungen bei Wertpapierdienstleistungen, in: Habersack, Mathias/Joeres, Hans-Ulrich/Krämer, Achim (Hrsg.): Entwicklungslinien im Bank- und Kapitalmarktrecht – Festschrift für Gerd Nobbe, Köln 2009, S. 769

ders.: Erweiterung der bank- und kapitalmarktrechtlichen Organisationspflichten um Reporting-Systeme, ZBB 2007, S. 421

ders.: Verbesserung des Anlegerschutzes? Eine kritische Würdigung des Diskussionsentwurfes für ein Anlegerstärkungs- und Funktionsverbesserungsgesetz, ZBB 2010, S. 265

Sharpe, William F.: Capital Asset Prices: A Theory of Market Equilibrium under Conditions of Risk, 19 J. Fin. (1964), S. 425

Sharpe, William F.: The Arithmetic of Active Management, 47 Fin. Analy. J. (1991), S. 7

Shatto, Gloria: Mutual Funds: Antithesis of a Gurley-Shaw Intermediary?, 51 Soc. Sc. Quart. (Southwestern Social Sciences Association) (1970), S. 165

Shleifer, Andrei: Inefficient Markets – An Introduction to Behavioral Finance, Oxford 2000

Shook, Jonathan E.: The Common Enterprise Test: Getting Horizontal or Going Vertical in Wals v. Fox Hills Development Corp., 30 Tulsa L.J. (1995), S. 726

Siara, Georg/Tormann, Wolfgang: Gesetz über die Kapitalanlagegesellschaften vom 16. April 1957, Frankfurt a.M. 1957

Siebeck, Georg (Hrsg.): Artibus Ingenius, Beiträge zur Theologie, Philosophie, Jurisprudenz und Ökonomik, Tübingen 2001

Siebert, Wolfgang: Das rechtsgeschäftliche Treuhandverhältnis: Ein dogmatischer und rechtsvergleichender Beitrag zum allgemeinen Treuhandrecht, 2. Aufl., Marburg 1933

Sieg, Raimund/Wendt, Janine: Anlegerschutz de luxe: BGH verlangt Aufklärung über Aussetzungsrisiko bei offenen Immobilienfonds, BKR 2014, S. 485

Siegel, Jeremy J.: Stocks for the Long Run, 3rd Ed., New York 2002

Siems, Mathias: Die Vermögensverwaltung im HGB – Gewerbebegriff und Vermögensverwaltungsgesellschaften, NZG 2001, S. 738

ders.: Kaufmannsbegriff und Rechtsfortbildung: die Transformation des deutschen Handelsrechts, 2. Aufl., München 2003

Siena, John: Depositary Liability – A Fine Mess and How to Get Out of It, in: Zetzsche, The Alternative Investment Fund Managers Directive, S. 455

Siering, Lea M./Izzo-Wagner, Anna L.: „Praktische Hürden" der EuVECA-Verordnung, BKR 2014, S. 242

Siering, Lea M./Izzo-Wagner, Anna L.: Die EuVECA-VO – eine Sackgasse der Verwaltungspraxis? – Die aktuelle Aufsichtspraxis als großes Problem für die Venture Capital Branche, BKR 2015, S. 101

Silver, Morris: Fiscalism in the Emergence and Extinction of Societates Publicanorum, 6 Pomoerium (2007–2008), S. 46

Simon, Stefan/Zetzsche, Dirk: Das Vollmachtstimmrecht von Banken und geschäftsmäßigen Vertretern (§ 135 AktG n.F.) im Spannungsfeld von Corporate Governance, Präsenzsicherung und prozeduraler Effizienz, ZGR 2010, S. 918

Simpson, John/Weiner, Edmund (Hrsg.): The Oxford English Dictionary, 2nd Ed., Oxford 1989

Sin, Kam F.: The Legal Nature of the Unit Trust, Oxford 1997

Siol, Joachim: Geschäftsbesorgung beim Erwerb von Anteilen einer Fonds-GbR und das Rechtsberatungsgesetz, in: Habersack, Mathias/Joeres, Hans-Ulrich/Krämer, Achim (Hrsg.): Entwicklungslinien im Bank- und Kapitalmarktrecht – Festschrift für Gerd Nobbe, Köln 2009, S. 927

Sip, Coen: Richtlijn inzake beheerders van alternatieve beleggingsfondsen. Gevolgen voor de private-equity industrie, TOP (2011), S. 78

Sirri, Erik R./Tufano, Peter: Costly search and mutual fund flows, 53 JF (1998), S. 1622

Sitkoff, Robert H.: Trust as "Uncorporation": A Research Agenda, 2005 U. Ill. L. Rev. (2005), S. 31

Slaughter, Joanna: Guide to Investment Trusts & Unit Trusts, London 1996

Slot, Brigitte: Iederren kapitalist. De ontwikkeling van het beleggingsfonds in Nederland gedurende de 20e eeuw, Amsterdam 2004

Smith, Adam: An Inquiry into the Nature and Causes of The Wealth of Nations, reprt. 1976, Chicago 1776

Smith, L.J. Morris: The Prevention of Fraud (Investments) Act 1939, London 1940

Smith, M. P.: Shareholder Activism by Institutional Investors: Evidence from CalPERS, 51 J. Fin. (1996), S. 227

Smits, R.K.T.J.: De AIFMD-bewaarder; praktische gevolgen voor Nederlandse beleggingsinstellingen, 11 V&O (2012), S. 200

Snelson, Sherri L.: How the UK is implementing the AIFM directive, in: Das neue Kapitalanlagegesetzbuch, S. 301

Soeffing, Matthias/Seitz, Georg: Gewerblicher Grundstückshandel: Private Vermögensverwaltung trotz Veräußerungsabsicht – Eine verfassungskonforme Auslegung des negativen Tatbestandsmerkmals des § 15 Abs. 2 EStG (Drei-Objekt-Grenze), DStR 2007, S. 1841

Söhner, Matthias: Neuer Rechtsrahmen für Private Equity – AIFM Umsetzungsgesetz, Aktienrechtsnovelle 2014 und weitere Vorschriften, WM 2014, S. 2110

Söhnlein, Dirk/Rieken, Sascha/Kaiser, Dieter G.: Asset Allocation, Risiko-Overlay und Manager-Selektion, Wiesbaden 2010

Söll, Helmut: Probleme bei der Vertragsgestaltung geschlossener Immobilienfonds in der Rechtsform der KG bzw. GmbH & Co. KG mit Treuhandkommanditisten, Köln 1989

Soltész, Ulrich/Mara, Hellstern: „Mittelbare Beihilfen" – Indirekte Begünstigungen im EU-Beihilferecht, EuZW 2013, S. 489

Sorgenfrei, Ulrich/Tischbirek, Wolfgang: Zur Situation von Immobilien-Spezialfonds nach dem Finanzmarktförderungsgesetz, Teil I und II, WM 1990, S. 1809

Spangler, Timothy: A Practitioner's Guide to Alternative Investment Funds, Surrey 2005

Spangler, Timothy: Investment Management – Law and Practice, Oxford 2010

Spangler, Timothy: The Law of Private Investment Funds, Oxford 2008

Spavold, Guy C.: The Unit Trust – A Comparison with the Corporation, 3 Bond L. Rev. (1991), S. 249

Speaker, Lawrence M.: The Investment Trust, Chicago et al. 1924

Speck, Beat D.: Privatplatzierungen im Schweizerischen Primärkapitalmarktrecht, Bern et al. 2009

Spindler, Gerald/Bednarz, Sebastian: Die Regulierung von Hedge Fonds im Kapitalmarkt- und Gesellschaftsrecht, WM 2006, S. 553 und 601

Spindler, Gerald/Kasten, Roman A.: Organisationsverpflichtungen nach der MiFID und ihre Umsetzung, AG 2006, S. 785

Spindler, Gerald/Tancredi, Sara: Die Richtlinie über Alternative Investmentfonds (AIFM–Richtlinie), WM 2011, S. 1393 und 1441

Spindler, Gerald: Compliance in der multinationalen Bankengruppe, WM 2008, S. 905

ders.: Internet und Corporate Governance – ein virtueller (T)Raum?: Zum Entwurf des NaStraG, ZGR 2000, S. 420

Spoerri, Robert: Der Investment Trust nach schweizerischem Recht, Basel 1958

Spooer, Frank C.: Risks at Sea: Amsterdam Insurance and Maritime Europe, 1766–1780, Cambridge et al. 1983

Staake, Marco: Ungeschriebene Hauptversammlungskompetenzen in börsennotierten und nicht börsennotierten Aktiengesellschaften, Köln et al. 2009

Stahl, Carolin: Information Overload am Kapitalmarkt, Augsburg 2012

Stampfli, Arthur: Schweizerische Investment-Trusts, Basel 1909

Starbatty, Joachim: Zum Zusammenhang von Ethik, Politik und Ökonomik bei Aristoteles, Ordo – Jahrbuch für die Ordnung von Wirtschaft und Gesellschaft, Band 57 (2005), S. 20

Statman, Meir: How Many Stocks Make a Diversified Portfolio, 22 J. Fin. Quant. A. (1987), S. 353

Steck, Kai-Uwe/Fischer, Carsten: Aktuelle Praxisfragen der Investmentaktiengesellschaft, ZBB 2009, S. 188

Steck, Kai-Uwe/Schmitz, Rainer: Die Investmentaktiengesellschaft mit veränderlichem und fixem Grundkapital, AG 2004, S. 658

Steck, Kai-Uwe: Regulierung von US-amerikanischen Investmentgesellschaften (Investment Companies). Unter besonderer Berücksichtigung des National Securities Markets Improvement Act of 1996 (NSMIA) und anderer aktueller Rechtsanpassungen, Frankfurt a.M. 2000

Stefanin, Giovanni/della Scala, Francesco: The Impact of the AIFMD on the Italian AIF Market, in: The Alternative Investment Fund Managers Directive, S. 635

Steffek, Felix: Änderungen von Anleihebedingungen nach dem Schuldverschreibungsgesetz, in: Grundmann, Stefan/Haar, Brigitte/Merkt, Hanno/Mülbert, Peter O./Wellenhofer, Marina et al. (Hrsg.), Unternehmen, Markt und Verantwortung – Festschrift für Klaus J. Hopt zum 70. Geburtstag, Berlin 2010, S. 2598

Steindorff, Ernst: Wertersatz für Schäden als Aufwendungsersatz im Arbeits- und Handelsrecht, in: Caemmerer, Ernst/Nickisch, Arthur/Zweigert, Konrad (Hrsg.), Festschrift für Hans Dölle, Tübingen 1963, S. 273

Steiner, William Howard: Investment Trusts – American Experience, New York 1929

Stevens, Paul S./Tyler, Craig S.: Mutual Funds, Investment Advisers, and the National Securities Markets Improvement Act, 52 Bus. Law. (1996), S. 419

Stier, Günther: Das sogenannte wirtschaftliche und formaljuristische Eigentum: zugleich ein Beitrag zur Treuhand als Gesetzgebungsgegenstand, Leipzig 1933

Stiglitz, Joseph E.: Symposion on Bubbles, J. Econ. Persp. 1990, S. 13

Stöber, Michael: Die Investment-KG, in: Handbuch Personengesellschaften, S. 3167

Stockmann, Frank/Zeller, Florian: Steuerliche Aspekte bei CDO-Transaktionen, BB 2007, S. 1249

Stoldt, Jürgen/Thiel, Lucien: Die IOS-Affäre, Forum Luxembourg 197 (2000), S. 38

Stolzenburg, Heinz-Dietrich: Zur Aufsicht über Wertpapier-Spezialfonds, ZfgKW 1985, S. 277

Stone, Christopher D.: Where The Law Ends, New York 1975

Stotz, Felix L.: Die Regulierung von Hedge Funds in der Schweiz, Bern et al. 2004

Stout, Lynn A.: Are Stock Markets Costly Casinos? Disagreement, Market Failure, and Securities Regulation, 81 Va. L. Rev. (1995), S. 611

Stout, Lynn A.: On the Nature of Corporations, U. Ill. L. Rev. (2005), S. 253

Stracca, Livio: Behavioral finance and asset prices: Where do we stand?, 25 J. Econ. Psychol. (2004), S. 373

Straumann, Daniel: Measuring the Quality of Hedge Fund Data, 12 J. Alternative Investments (2009), S. 26

Strenger, Christian/Zetzsche, Dirk A.: Corporate Governance, Cross-Border Voting and the (draft) Principles of the European Securities Law Legislation – Enhancing Investor Engagement Through Standardisation, JELS 2013, S. 503

Strenger, Christian/Zetzsche, Dirk A.: Institutionelle Anleger, Verbesserung der Corporate Governance und Erleichterung der grenzüberschreitenden Stimmrechtsausübung, AG 2013, S. 397

Striegel, Andreas/Wiesbrock, Michael R./Jesch, Thomas A. (Hrsg.): Kapitalbeteiligungsrecht: Kommentar zum Private-Equity-Recht: WKBG, UBGG, Risikobegrenzungsgesetz, Nebengesetze und AIFM-Richtlinie, Stuttgart 2009

Strine, Leo, Jr.: Toward Common Sense and Common Ground? Reflections on the Shared Interests of Managers and Labor in a More Rational System of Corporate Governance, 33 J. Corp. L. (2007), S. 1

Strobel, Lothar/Ullrich, Klaus: Zur Gesellschaftssteuerpflicht der GmbH & Co. KG bei Rücklagenbildungen von Gewinnen, ZGR 1976, S. 50

Strohn, Lutz: Anlegerschutz bei geschlossenen Immobilienfonds nach der Rechtsprechung des Bundesgerichtshofs, WM 2005, S. 1441

Stulz, René M.: Hedge Funds: Past, Present, and Future, 21 J. Econ. Persp. (2007), S. 175

ders.: On the Effects of Barriers to International Investments, 36 J. Fin. (1981), S. 923

Stupp, Matthias: Hybride Finanzierungsformen und Nachschusspflicht als Rettungsanker für Fonds-KGs? – Zugleich Anmerkung zu BGH-Urteil vom 19.10.2009 – II ZR 240/08, DB 2009, 2596, DB 2010, S. 489

Sustmann, Marco/Neuhaus, Martin/Wieland, Andreas: Die Zukunft des Unternehmensbeteiligungsgesellschaftsgesetzes (UBGG) vor dem Hintergrund der anstehenden Umsetzung der AIFM–Richtlinie, CFL 2/2012, S. 78

Sutz, Robert A.: Der Immobilien Investment Trust in der Schweiz, Winterthur 1957

Sylla, Richard: Comparing the UK und US financial systems, 1790–1830, in: The Origin and Development of Financial Markets and Institutions, From the Seventeenth Century to the Present, S. 209

ders.: Financial Systems and Economic Modernization, 62 J. Econ. Hist. (2002), S. 277

Szyszczak, Erika: Equality, Survivor's Benefits and Occupational Pension Schemes, 51 Modern L. Rev. (1988), S. 355

Tanega, Joseph: Securitisation Disclosures and Compliance under Basel II: Part I – A Risk-based Approach to Economic Substance Over Legal Form; Part II – Applications of the Risk Symmetry Principle to Economic Substance Over Legal Form, J. International Banking Law and Regulation (2005), S. 617, J.I.B. L. Rev. (2006), S. 1

Tat, Sara: Die Rechtssubjektivität und Haftung der Gesellschaft bürgerlichen Rechts in Deutschland und Frankreich, Diss. Münster 2003

Taub, Jennifer S.: Money Managers in the Middle: Seeing and Sanctionizing Political Spending after Citizens United, 15 N.Y.U.J. Legis. & Pub. Pol'y (2012), S. 443

Taub, Jennifer S.: The Sophisticated Investor and the Global Financial Crisis, in: Corporate governance failures, S. 188

Teichmann, Arndt: Die Gestaltungsfreiheit in Gesellschaftsverträgen, München 1970

Teichmann, Arndt: Die Personengesellschaft als Rechtsträger, AcP 179 (1979), S. 475

Teichmann, Christoph: Die Auslandsgesellschaft & Co., ZGR 2014, S. 220

Tettinger, Peter W.: Die fehlerhafte stille Gesellschaft – Zivilrechtlicher Anlegerschutz durch bankrechtliche Erlaubnisvorbehalte?, DStR 2006, S. 849 und S. 903

Teubner, Gunter: Unternehmensinteresse – das gesellschaftliche Interesse des Unternehmens »an sich«, ZHR 149 (1985), S. 470

Thaeter, Ralf/Guski, Roman: Shareholder Activism: Gesellschaftsrechtliche Schranken aktiven Aktionärsverhaltens, AG 2007, S. 301

Thakor, Anjan V./Boot, Arnoud W.A.: Handbook of Financial Intermediation and Banking, Amsterdam et al. 2008

Thaler, Richard: Toward a Positive Theory of Consumer Choice, 1 J. Econ. Behav. & Org. (1980), S. 39

Than, Jürgen: Die Umsetzung der Verhaltensnormen der §§ 31 ff. WpHG in den Kreditinstituten, in: BRV (Hrsg.), Das zweite Finanzmarktförderungsgesetz in der praktischen Umsetzung – Bankrechtstag 1995, S. 135

The American Law Institute (ALI) (Hrsg.): Restatement of the Law – Trusts, Vol. 3, as adopted and promulgated by the American Law Institute at Washington, D.C., May 18, 1990 (Prudent Investor Rule, §§ 90–92) at Philadelphia, Pennsylvania May 18, 2005 (Tables and Index), 3. Aufl., St. Paul, MN 2007

The Aspen Instititute Business & Society Program: Overcoming Short-termism: A Call for a More Responsible Approach to Investment and Business Management, online: http://www.aspeninstitute.org/publications/overcoming-short-termism-call-more-responsible-approach-investment-business-management

Thiel, Jürgen: Der Schutz der Anleger von Wertpapierfonds im deutschen und amerikanischen Recht, Frankfurt a.M. 1982

Thielemann, Ulrich/Weibler, Jürgen: Betriebswirtschaftslehre ohne Unternehmensethik? Vom Scheitern einer Ethik ohne Moral, ZfB 2007, S. 179

Thomas, Geraint/Hudson, Alastair: The Law of Trusts, Oxford 2004

Thomas, Randall S./Cotter, James F.: Shareholder proposals in the new millennium: Shareholder support, board response, and market reaction, 13 J. Corp. Fin. (2007), S. 368

Thömmes, Timo: Spezialfonds mit dem Anlageschwerpunkt Immobilien in Deutschland und Luxemburg – ein investmentrechtlicher und versicherungsaufsichtsrechtlicher Vergleich – Teil 1: Investmentrecht, Teil 2: Versicherungsaufsichtsrecht, ZfIR 2009, S. 550 und S. 578

Thompson, Guy Atwood: Business Trusts as Substitutes for Business Corporations: A Paper Read Before the Kansas City Bar Association, April 10, St. Louis 1920

Thum, Oliver/Timmreck, Christian/Keul, Thomas: Private Equity, München 2008

Tiedtke, Werner: Kostenrechtliche Behandlung von vermögensverwaltenden Gesellschaften (GbR und KG), in: Wachter, Thomas (Hrsg.), Festschrift für Sebastian Spiegelberger zum 70. Geburtstag, Bonn 2009, S. 1517

Tilp, Andreas W.: Anmerkung zu LG Frankfurt a.M. vom 20.12.2002 – Creativ-Fonds II, ZIP 2003, S. 306

Timmerbeil, Sven/Spachmüller, Demid: Anforderungen an das Risikomanagement nach der AIFM–Richtlinie, DB 2012, S. 1425

Tipke, Klaus/Lang, Joachim/Seer, Roman/Hey, Johanna/Reiß, Wolfgang: Steuerrecht, 21. Aufl., Köln 2013

Tobler, Adolf/Lommatzsch, Erhard: Altfranzösisches Wörterbuch, Wiesbaden 1960

Tolius, Richard B.: The Investment Compancy Act of 1940, 26 Cornell Law Quarterly (1940), S. 77

Tollmann, Claus: Der materielle Managerbegriff der AIFM-Richtlinie und des Kapitalanlagengesetzbuches: Konsequenzen für die Auslagerung und bestimmte Geschäftsmodelle, in: Möllers/Kloyer, Das neue Kapitalanlagegesetzbuch, S. 363

Töndury, J. Friedrich P.: Die Treuhand in rechtsvergleichender Darstellung, Zürich 1912

Tonino, J. C. A.: Vermogensscheiding in het wetsvoorstel ter implementatie van de AIFM-Richtlijn: nog steeds op zee, land in zicht?, 10 TvFR (2012), S. 352

Tormann, Wolfgang: Die Investmentgesellschaften, 5. Aufl., Frankfurt a.M. 1978

Traub, Gottfried: Ethik und Kapitalismus. Grundzüge einer Sozialethik, 2. Aufl., Heilbronn 1909

Treber, Jürgen: Der Kaufmann als Rechtsbegriff im Handels- und Verbraucherrecht, AcP 199 (1999), S. 525

Trueman, Brett: A Theory of Noise Trading in Securities Markets, 43 J. Fin. (1988), S. 83

Tübke, Axel. B.: Anlegerrisiko und Anlegerschutz bei Investmentgesellschaften, Diss. Berlin 1974

Tunkel, Daniel: Managed Funds, London 2001

Turner, Nicholas W.: Dodd-Frank and International Regulatory Convergence: The Case for Mutual Recognition, 57 N.Y.L. Sch. L. Rev. (2012–2013), S. 391

Twentieth Century Fund: Abuse on Wall Street: conflicts of interest in the securities markets: report to the Twentieth Century Fund Steering Committee on Conflicts of Interest in the Securities Markets, Westport, CT 1980

Uhlenbruck, Wilhelm: Abschreibungsgesellschaften : Anlegerprobleme bei Sanierung – Konkurs – Vergleich, Düsseldorf 1974

Ulmer, Peter: Das Recht der GmbH und GmbH & Co. KG nach 50 Jahren BGH-Rechtsprechung. Schwerpunkte – Desiderate – Rechtsgestaltung, in: 50 Jahre Bundesgerichtshof – Festgabe aus der Wissenschaft, Band II, S. 273

Ulmer, Peter: Die große, generationsübergreifende KG als besonderer Gesellschaftstyp, ZIP 2010, S. 549

Unzicker, Ferdinand: Zur Einordnung eines kollektiven Anlagemodells als erlaubnispflichtiges Finanzkommissionsgeschäft, Anmerkung zu BVerwG, Urt. v. 27.2.2008 – BVerwG 6 C 11.07 (6 C 12.07), ZIP 2008, S. 919

van Dam, Mark/Mullmaier, Jérôme: Impact of AIFMD on the Private Equity Industry, in: Zetzsche, The Alternative Investment Fund Managers Directive, S. 623

van de Mieroop, Marc: The Invention of Interest, in: The Origins of Value – The Financial Innovations That Created Modern Capital Markets, S. 17

van der Velden, J. W. P. M.: Babylonische bewaarders, 17 TvO (2009), S. 742

van der Velden, J. W. P. M: Beleggingsfondsen en civielrechtelijke praktijk, 17 TvO (2009), S. 18

van der Velden, Jan W. P. M.: Civielrechtelijke aspecten van fondsen voor gemene rekening, 16 Vastgoed Fiscaal & Civiel (2011), S. 6

van der Velden, Jan W.P.M.: Beleggingsfondsen naar burgerlijk recht, Deventer 2008

van Setten, Lodewijk D./Busch, Danny (Hrsg.): Alternative Investment Funds in Europe: Law and Practice, Oxford 2013

van Setten, Lodewijk D.: The Law of Institutional Investment Management, Oxford 2009

Vaughan, John W.: The Regulation of Unit Trusts, London et al. 1990

Veil, Rüdiger: Compliance-Organisationen in Wertpapierdienstleistungsunternehmen im Zeitalter der MiFiD, WM 2008, S. 1093

ders.: Vermögensverwaltung und Anlageberatung im neuen Wertpapierhandelsrecht – eine behutsame Reform der Wohlverhaltensregeln?, ZBB 2008, S. 34

Veith, Amos: Die Unternehmensbeteiligungsgesellschaft – Strukturalternative zur Vermeidung der Gewerbesteuer für Private Equity Fonds?, DB 2003, S. 1191

Veltmann, Till: Instrumente des Anlegerschutzes im Investmentrecht, Aachen 2007

Vermeulen, Erik P. M./Pereira Dias Nunes, Diogo: The European Venture Capital Cycle in the Post-AIFMD Era, in: Zetzsche, The Alternative Investment Fund Managers Directive, S. 593

Verse, Dirk A.: Organwalterhaftung und Gesetzesverstoß, ZHR 170 (2006), S. 398

Vestal, Allan W.: The Social-Welfare Based Limits on Private Ordering in Business Association Law, in: Private Company Law Reform – International and European Perspectives, S. 311

Viandier, A.: Les nouveaux fonds communs de placement, Rev. soc. (1980), S. 249

Viciano-Gofferje, Martin: Neue Transparenzanforderungen für Private Equity Fonds nach dem Kapitalanlagegesetzbuch, BB 2013, S. 2506

Viitala, Tomi: Taxation of Investment Funds in the European Union, Amsterdam 2005

Villafranco, William S.: The latest hedge trend: Fund of funds, 141 Trusts & Estates (2002), S. 30

Vincent, Frank: Zur Problematik von Investmenttrusts, Diss. Basel 1961

Voet van Vormizeele, Philipp: Die EG-kartellrechtliche Haftungszurechnung im Konzern im Widerstreit zu den nationalen Gesellschaftsrechtsordnungen, WuW 2010, S. 1008

Voge, Dirk: Zum Tatbestand der Anlageverwaltung im Sinne des § 1 Abs. 1a Satz 2 Nr. 11 KWG, WM 2010, S. 913

Vogelsang, Arnd: Investmentfonds für die private Altersvorsorge, Hamburg 2002

Voigt, Daniel: Die deutsche Umsetzung der AIFM-Richtlinie, in: Das neue Kapitalanlagegesetzbuch, S. 61

Voigt, Frederik/Busse, Ulrike: Die Übergangsvorschriften für geschlossene Fonds nach dem Regierungsentwurf zum AIFM-Umsetzungsgesetz, BKR 2013, S. 184

Volckens, Hans Volkert/Panzer, Andreas: Inhalt und Reichweite des Grundsatzes der Risikomischung im Hinblick auf die investmentrechtliche Qualifizierung ausländischer Immobilienvermögen, IStR 2005, S. 426

Volhard, Patricia/Jang Jin-Hyuk: Der Vertrieb alternativer Investmentofnds, DB 2013, S. 273

Volhard, Patricia/Kruschke, André: Zur geplanten Regulierung der Vergütungsstrukturen bei Private Equity Fonds durch die AIFM-RL, DB 2011, S. 2645

Volhard, Patricia/Wilkens, Sarah: Neue Entwicklungen zur Erlaubnispflicht für kollektive Anlagemodelle, DB 2008, S. 2411

Vollmer, Lothar: Die Unternehmensbeteiligungsgesellschaften nach der Reform des UBGG, ZBB 1998, S. 221

vom Berge und Herrendorff, Hans S.: Der Schutz des Investmentsparers, Diss. Köln 1962

von Boehm-Bezing, Philipp: Eigenkapital für nicht börsennotierte Unternehmen, Sternenfels et al. 1998

von Caemmerer, Ernst: Kapitalanlage- oder Investmentgesellschaften, JZ 1958, S. 41

von der Schulenburg, Johann-Matthias Graf: Versicherungsökonomik: Ein Leitfaden für Studium und Praxis, Karlsruhe 2005

von Gierke, Julius Karl Otto: Versicherungsrecht, Erste Hälfte, Stuttgart 1937

von Gierke, Otto: Der Entwurf des neuen Handelsrechts, ZHR 45 (1896), S. 441

von Gronau, Wolf-Dieter: Spezialfonds in der Bundesrepublik Deutschland, München 1985

von Pannwitz, Hans-Curt: Verfügungsmacht und Verfügungsbeschränkung der Kapitalanlagegesellschaft nach § 8 I und II KAGG, Diss. München 1961

von Schenck, Kersten: Die Tätigkeit deutscher Wertpapier-Investmentgesellschaften in den USA. Zugleich ein Beitrag zum Anlegerschutz in der Bundesrepublik Deutschland und in den USA, Berlin 1982

von Westphalen, Friedrich Graf: Ist das rechtliche Schicksal der auf "erstes Anfordern" zahlbar gestellten Bankgarantie besiegelt?, BB 2003, S. 116

Wackerbarth, Ulrich: Unternehmer, Verbraucher und die Rechtfertigung der Inhaltskontrolle vorformulierter Verträge, AcP 200 (2000), S. 45

ders.: Zur Rechtsscheinhaftung der Gesellschafter bürgerlichen Rechts am Beispiel einer Wechselverpflichtung, ZGR 1999, S. 365

Wagenvoort, Herrman: Tontines – een onderziek naae de geschiedenis van de lijfrenten bij wijze van tontine en de contracten van overleving in de republiek der verenidge nederlanden, Utrecht 1961

Wäger, Christoph: Auslagerung administrativer Aufgaben der Verwaltung von Sondervermögen durch Kapitalanlagegesellschaften, UR 2006, S. 359

ders.: Steuerfreie Finanz- und Vermittlungsumsätze i.S.v. § 4 Nr. 8 UStG, UR 2004, S. 602

Wagner, Klaus R./Heymann, Ekkehardt von: Umgang mit notleidenden geschlossenen Immobilienfonds, WM 2003, S. 2222 und S. 2257

Wagner, Klaus-R.: Aktuelle Fragen und Probleme bei Publikumspersonengesellschaften, NJW 2013, S. 198

ders.: Nachschusspflichten bei notleidenden geschlossenen GbR-Immobilienfonds, WM 2006, S. 1273

ders.: Geschlossene Fonds gemäß dem KAGB, ZfBR 2015, S. 113

Wagner, Markus/Schlömer, Verena/Zetzsche, Dirk A.: AIFMD vs. MiFID: Similarities and Differences, in: Zetzsche, The Alternative Investment Fund Managers Directive, S. 97

Wagner, Matthias: Investmentmodernisierungsgesetz – Überblick und Neuerungen für Immobilienfonds, ZfIR 2004, S. 399

Wagner, Robert E.: Mission Impossible: A Legislative Solution for Excessive Executive Compensation, 45 Conn. L. Rev. (2012), S. 549

Wagner, Siegfried: Die steuerlichen Wirkungen von privater Vermögensverwaltung und gewerblichem Wertpapierhandel, StuB 2009, S. 875

Wahal, Sunil/Wang, Albert (Yan): Competition among mutual funds, 99 JFE (2011), S. 40

Wakeman, Rali: ERISA's Duty of Diversification, 22 J. Pension Plannung & Compliance (1996), S. 67

Walker, Charles H.: Unincorporated Investment Trusts in the Nineteenth Century, 4 Econ. History (1940), S. 341

Walker, George/Purves, Robert/Blair, Michael (Hrsg.): Financial Services Law, Oxford 2014

Walker, Gregory: The Liability Insurance of the AIFM, in: Zetzsche, The Alternative Investment Fund Managers Directive, S. 199

Wallach, Edgar: Die Investmentaktiengesellschaft mit veränderlichem Kapital im Gewand des Investmentänderungsgesetzes 2007, Der Konzern 2007, S. 487

ders.: Die Regulierung von Personengesellschaften im Kapitalanlagegesetzbuch, ZGR 2014, S. 289

Wallat, Joachim: Einlagenbegriff des Kreditwesengesetzes, NJW 1995, S. 3236

Wallison, Peter J./Litan, Robert E.: Competitive Equity – A Better Way to Organize Mutual Funds, Washington, D.C. 2007

Walter, Gerhard: Das Unmittelbarkeitsprinzip bei der fiduziarischen Treuhand, Tübingen 1974

Walter, Helmut: Die Entwicklung der Investmentgesellschaften in der Bundesrepublik Deutschland, der Schweiz, den Niederlanden und den USA: Eine Untersuchung des Jahrzehnts 1950–1960 unter besonderer Berücksichtigung der Formen der Anlagevermögen, Diss. Freiburg 1961

Walter, Rolf: Wirtschaftsgeschichte, Köln 2000

Wandel, Eckhard: Banken und Versicherungen im 19. und 20. Jahrhundert, München 1998

Wapler, Friederike: Werte und Recht – Individualistische und kollektivistische Deutungen des Wertbegriffs im Neukantianismus, Baden-Baden 2007

Warburton, A. Joseph: Should mutual funds be corporations? A legal & econometric analysis, 33 J. Corp. L. (2008), S. 745

Watrin, Christoph/Wittkowski, Ansas/Pott, Christiane: Förderung von Wagniskapital im Visier des Gesetzgebers – Was erwartet Private Equity und Venture Capital Gesellschaften?, DB 2007, S. 1939, DB 2007, S. 1939

Wawrzinek, Wolfgang: Unternehmensinterner Anlegerschutz im Recht der Publikumspersonengesellschaften, Berlin 1987

Weber, Adolf: Depositenbanken und Spekulationsbanken, 4. Aufl., München et al. 1938

Weber, Christoph: Privatautonomie und Außeneinfluss im Gesellschaftsrecht, Tübingen 2000

Weber, Max: Die Protestantische Ethik und der Geist des Kapitalismus, erstmals im Jafféschen Archiv für Sozialwissenschaften und Sozialpolitik, Bände XX und XXI (1904–1905), zitiert aus Max Weber, Religion und Gesellschaft, Frankfurt a.M. 1904

ders.: Die technische Funktion des Terminhandels, DJZ 1896, S. 207

ders.: Zur Geschichte der Handelsgesellschaften im Mittelalter nach südeuropäischen Quellen, Stuttgart 1889

Weber, Rolf H./Wagner, Alexander F./Darbellay, Aline: Pension Fund Governance –
Eine rechtlich-ökonomische Analyse des Stiftungsrates und der Anreize in Pensionskassen, ST 2009, S. 54

Weber, Rolf H.: Anlageschäden, in: SBT 2007 – Schweizerische Bankrechtstagung 2007:
Anlagerecht, S. 129

Weber-Grellet, Heinrich: Der Typus des Typus, in: Budde, Wolfgang D./Moxter, Adolf/
Offerhaus, Klaus (Hrsg.), Handelsbilanzen und Steuerbilanzen: Festschrift zum 70.
Geburtstag von Prof. Dr.h.c. Heinrich Beisse, Düsseldorf 1997, S. 551

Wechsler, Ulrich: Immobilienfonds, Frankfurt a.M. 1968

Weigel, Hanns-Jürgen: Der Einfluß von Bewertungsvorschriften auf das Anlageverhalten in der deutschen Versicherungswirtschaft, Festschrift der Alten Leipziger Versicherung AG zum 175jährigen Jubiläum, Oberursel, Taunus 1994, S. 185

Weinberger, Friedrich Kurt: Amerikanische Management und Fixed Income Trusts,
Berlin 1933

Weingart, Sonja: Zur Leistungsfähigkeit von Finanzintermediären – Analyse unter besonderer Berücksichtigung der Zielsetzung des Gesetzes über Unternehmensbeteiligungsgesellschaften, Frankfurt a.M. 1994

Weiser, Benedikt/Jang, Jin-Hyuk: Die nationale Umsetzung der AIFM-Richtlinie und
ihre Auswirkungen auf die Fondsbranche in Deutschland, BB 2011, S. 1219

Weitnauer, Wolfgang/Boxberger, Lutz/Anders, Dietmar (Hrsg): Kommentar zum Kapitalanlagegesetzbuch und zur Verordnung über Europäische Risikokapitalfonds mit
Bezügen zum AIFM-StAnpG, München 2014

Weitnauer, Wolfgang: Der Beteiligungsvertrag, NZG 2001, S. 1065

ders.: Die AIFM–Richtlinie und ihre Umsetzung, BKR 2011, S. 143

ders.: Die Informationspflichten nach dem KAGB, in: Das neue Kapitalanlagegesetzbuch, S. 161

ders.: Die Verordnung über Europäische Risikokapitalfonds („EuVECA-VO"), GWR
2014, S. 139

ders.: Das Übernahmesonderrecht des KAGB und seine Auswirkungen auf die Private-
Equity-Branche, AG 2013, S. 672

Wendt, Peter: Treuhandverhältnisse nach dem Gesetz über Kapitalanlagegesellschaften,
Diss. Münster 1968

Wenninger, Thomas G.: Hedge Fonds im Spannungsfeld des Aktien- und Kapitalmarktrechts – Shareholder Activism und aktienrechtliche Corporate Governance, Baden-Baden 2009

Wentrup, Christian: Die Kontrolle von Hedgefonds, Berlin 2009

Werlen, Thomas: Konzeptionelle Grundlagen des schweizerischen Kapitalmarktrechts,
Zürich 1994

Wermers, Russ: Mutual Fund Performance: An Empirical Decomposition into Stock-Picking Talent, Style, Transaction Costs and Expenses, 55 J. Fin. (2000), S. 1655

Werner, Walther: Protecting the Mutual Fund Investor: The SEC Reports on the SEC,
68 Colum. L. Rev. (1968), S. 2

Wernicke, C.P.: Die Jahresabschlussprüfung bei Kapitalanlagegesellschaften, Diss.
München 1969

Wertenbruch, Johannes: Begründung von Nachschusspflichten in der Personengesellschaft, DStR 2007, S. 1680

ders.: Die Haftung von Gesellschaften und Gesellschaftsanteilen in der Zwangsvollstreckung, Köln 2000

Westermann, Harm P. (Hrsg.): Handbuch Personengesellschaften. Gesellschaftsrecht, Steuerrecht, Sozialversicherungsrecht, Verträge und Formulare, Köln 2014

Westermann, Harm P.: Der Bestimmtheitsgrundsatz im Sachen- und Gesellschaftsrecht: Rechtstechnisches Prinzip oder Instrument der Inhaltskontrolle von Vereinbarungen, in: Stathopoulos, Michael/Beys, Kostas/Philippos, Doris/Karakostas, Ioannis (Hrsg.), Festschrift für Apostolos Georgiades, Bern 2006, S. 465

ders.: Die grundsätzliche Bedeutung des Grundsatzes der Selbstorganschaft im Personengesellschaftsrecht, in: Schneider, Uwe H./Hommelhoff, Peter/Schmidt, Karsten (Hrsg.), Festschrift für Marcus Lutter zum 70. Geburtstag, Köln 2000, S. 955

ders.: Die Lehre von der fehlerhaften Gesellschaft bei Anlagegesellschaften des Personengesellschaftsrechts, VGR 2008, S. 145

ders.: Neues zur Risikolage der Anleger in geschlossenen Immobilienfonds, in: Blaurock, Uwe/Bornkamm, Joachim/Kirchberg, Christian (Hrsg.), Festschrift für Achim Krämer zum 70. Geburtstag, Berlin 2009, S. 373

ders.: Vertragsfreiheit und Typengesetzlichkeit im Recht der Personengesellschaften, Berlin et al. 1970

ders.: Die Gestaltungsfreiheit im Personengesellschaftsrecht in den Händen des Bundesgerichtshofs, in: 50 Jahre Bundesgerichtshof – Festgabe aus der Wissenschaft, Band II, S. 245

ders.: Kautelarjurisprudenz, Rechtsprechung und Gesetzgebung im Spannungsfeld zwischen Gesellschafts- und Wirtschaftsrecht, AcP 175 (1975), S. 375

ders.: Sonderprivatrechtliche Sozialmodelle und das allgemeine Privatrecht, AcP 178 (1978), S. 150

Whittaker, John/Machell, John: The Law of Limited Liability Partnerships, 3rd Ed., Haywards Heath 2009

Wiedemann, Herbert/Schmitz, Erich: Kapitalanlegerschutz bei unrichtiger oder unvollständiger Information – Besprechung der Entscheidungen BGHZ 71, 284 und BGHZ 72, 382, ZGR 1980, S. 128

Wiedemann, Herbert: Alte und neue Kommanditgesellschaften, NZG 2013, S. 1041

ders.: Besprechung der Entscheidung BGHZ 62, 216, ZGR 1975, S. 385

ders.: Der Kapitalanlegerschutz im deutschen Gesellschaftsrecht, BB 1975, S. 1591

ders.: Erfahrungen mit der Gestaltungsfreiheit im Gesellschaftsrecht, in: Gestaltungsfreiheit im Gesellschaftsrecht – Sonderband zum 25-jährigen Bestehen der ZGR, S. 5

ders.: Gesellschaftsrecht – Band II: Recht der Personengesellschaften, München 2004

ders.: Kapitalerhöhung in der Publikums-KG – Besprechung der Entscheidung BGHZ 66, 82, ZGR 1977, S. 690

ders.: Rechtsethische Maßstabe im Unternehmens- und Gesellschaftsrecht, ZGR 1980, S. 147

ders.: Stille Publikumsgesellschaften, WM 2014, S. 1985

ders.: Übertragung und Vererbung von Mitgliedschaftsrechten bei Handelsgesellschaften, München 1965

ders.: Zum gesellschaftsrechtlichen Anlegerschutz in Publikums-Personengesellschaften, in: Hommelhoff, Peter/Rawert, Peter/Schmidt, Karsten (Hrsg.), Festschrift für Hans-Joachim Priester zum 70. Geburtstag, Köln 2007, S. 857

Wiemeier, Joachim: Krise der Finanzwirtschaft – Krise der sozialen Marktwirtschaft? Sozialethische Überlegungen, in: Lehren aus der Finanzmarktkrise – Ein Comeback der Sozialen Marktwirtschaft, S. 21

Wiesner, Andreas: Exchange Traded Funds in Deutschland und Effekte der europäischen Finanzmarktintegration, Hamburg 2008

Wiethölter, Rudolf: Interessen und Organisation der Aktiengesellschaft im amerikanischen und deutschen Recht, Karlsruhe 1961

Wilderink, Wilhelm: Die Auflösung, die Übertragung und die Verschmelzung von Investmentfonds, Frankfurt a.M. 2003

Wilhelmi, Rüdiger/Bassler, Moritz: AIFMD, Systemic Risk and the Financial Crisis, in: Zetzsche, The Alternative Investment Fund Managers Directive, S. 21

Wilhelmi, Rüdiger: Möglichkeiten und Grenzen der wirtschaftsrechtlichen Regelung von Hedge-Fonds, WM 2008, S. 861

Wilkens, Marco/Rohleder, Martin: Die wirtschaftliche Bedeutung von Investmentfonds für Anleger, in: Das neue Kapitalanlagegesetzbuch, S. 21

Wilkins, Mira: The History of Foreign Investment in the United States to 1914, Cambridge, MA 1989

Williams, Francis: Insurance Companies and Investment Trusts, in: Studies in capital and investment, S. 139

Williamson, Oliver E.: Comparative Economic Organization: The Analysis of Discrete Structural Alternatives, 26 Admin. Sc. Quart. (1991), S. 269

ders.: The economic Institutions of Capitalism: Firms, Markets, Relational Contracting, New York 1985

Willis, Jane E.: Banks and Mutual Funds: A Functional Approach to Reform, 1995 Colum. Bus. L. Rev. (1995), S. 221

Windbichler, Christine: Eine Internationale Landkarte der Personengesellschaften (einschließlich juristische Personen und Gesamthand), ZGR 2014, S. 110

Windolf, Paul (Hrsg.): Finanzmarkt-Kapitalismus – Analysen zum Wandel von Produktionsregimen, Köln 2005

Windolf, Paul: Was ist Finanzmarkt-Kapitalismus?, in: Finanzmarkt-Kapitalismus – Analysen zum Wandel von Produktionsregimen, S. 20

Winter, Jaap: Editorial: Governance and the Crisis, 7 Europ. Comp. L. (2010), S. 140

Winzeler, Christoph/Rayroux, François/Bösch, René/Vogt, Peter/Watter, Rolf (Hrsg.): Basler Kommentar zum Kollektivanlagengesetz (KAG), Basel 2009

Wirth, Pierre-André/Erny, Dominik: Der Fondsplatz Liechtenstein im internationalen Vergleich mit der Schweiz und Luxemburg, Luzern 2010

Wirth, Thomas/Bögli, Christian/Valenti, Marco: Interne Organisation von Vermögensverwaltern kollektiver Kapitalanlagen, ST 2012, S. 560

Witte, Jürgen/Mehrbrey, Kim L.: Haftung für den Verkauf wertloser Zertifikate – der Fall Lehmann Brothers, ZIP 2009, S. 744

Wittig, Arne: Reform der Corporate Governance von Finanzinstituten als Reaktion auf die Finanzmarktkrise – Ein Überblick zu den aktuellen Überlegungen, WM 2010, S. 2337

Woidtke, Tracie: Agents watching agents?: evidence from pension fund ownership and firm value, 63 J. Fin. Econ. (2002), S. 99

Wolf, Frederik/Brielmaier Bernhard: Die neue Werbungskostenverteilung nach § 3 Abs. 3 InvStG: Fragestellungen bei offenen Immobilienfonds, DStR 2014, S. 1040

Wolf, Manfred: Bankaufsichtsrechtliche Erlaubnis für geschlossene und offene Fonds?, DB 2005, S. 1723

Wolf, Martin: Ausbau des Gläubigerschutzes statt Totalverbot der "GbR mit beschränkter Haftung", WM 2000, S. 704

Wolf, Stephan (Hrsg.): Der Trust – Einführung und Rechtslage in der Schweiz nach dem Inkrafttreten des Haager Trust-Übereinkommens, Bern 2008

Wolff, Hans-Jürgen: Der Treuhänderkommanditist, Köln 1966

Wolff, Manfred: Anlegerschutz durch Inhaltskontrolle von Emissionsbedingungen bei Kapitalmarkttiteln, in: Lieb, Manfred/Noack, Ulrich/Westermann, Harm P. (Hrsg.), Festschrift für Wolfgang Zöllner, Köln 1998, S. 651

Wollenhaupt, Markus/Beck, Rocco: Das neue Kapitalanlagegesetzbuch (KAGB) – Überblick über die Neuregelung des deutschen Investmentrechts nach der Umsetzung der AIFM-RL, DB 2013, S. 1950

Wong, Simon C. Y.: Why Stewardship is Proving Elusive for Institutional Invstors, 25 Butterworths J. Int'l Bank. Fin. Law (2010), S. 406

Working, Holbrooke: Futures Trading and Hedging, XLIII Am. Econ. Rev. (1953), S. 314

Wünsch, Georg: Evangelische Wirtschaftsethik, Tübingen 1927

Würdinger, Hans: Theorie der schlichten Interessengemeinschaft, Stuttgart 1934

Wurzer, Jürgen: Investmentfonds vs. Exchange Traded Funds – ein kritischer Leitfaden für den Privatanleger, Saarbrücken 2008

Wymeersch, Eddy (Hrsg.): Alternative Investment Fund Regulation, Alphen aan Rijn 2012

Wymmersch, Eddy: Some aspects of management fees of mutual funds, 17 Buffalo L. Rev. (1967), S. 747

Yan, Xuemin (Sterling): Liquidity, Investment Style, and the Relation between Fund Size and Fund Performance, 43 J. Fin. Quant. A. (2008), S. 741

Yanelle, Marie-Odile: The Strategic Analysis of Intermediation, 33 European Econ. Rev. (1989), S. 294

Zemke, Ingo: Die Unternehmensverfassung von Beteiligungskapitalgesellschaften, Wiesbaden 1995

Zemp, Rene: Immobilien-Spezialfonds – Eine Analyse von Einflussfaktoren der Portfolio Selektion auf Investoren- und Fondsebene, Diss. Leipzig 2007

Zetzsche, Dirk A. (Hrsg.): The Alternative Investment Fund Managers Directive. European Regulation of Alternative Investment Funds, Alphen aan den Rijn 2012

Zetzsche, Dirk A./Eckner, David: Investor Information, Disclosure and Transparency, in: Zetzsche, The Alternative Investment Fund Managers Directive, S. 333

dies.: Risk Management, in: Zetzsche, The Alternative Investment Fund Managers Directive, S. 265

dies.: Securitizations under AIFMD, in: Zetzsche, The Alternative Investment Fund Managers Directive, S. 527

Zetzsche, Dirk A./Litwin, Daniel: The AIFMD's Cross-Border Dimension and Third Country Rules – A Systematic Perspective, in: Zetzsche, The Alternative Investment Fund Managers Directive, S. 367

Zetzsche, Dirk A./Marte, Thomas: Kreditfonds zwischen Anleger- und Systemschutz, RdF 2015, S. 4

Zetzsche, Dirk A./Preiner, Christina D.: CSR and the AIFMD, in: Zetzsche, The Alternative Investment Fund Managers Directive, S. 137

dies.: Das liechtensteinische AIFM-Gesetz: Die erste Umsetzung der europäischen AIFM-Richtlinie, RiW 2013, S. 265

dies.: Was ist ein AIF?, WM 2013, S. 2101

Zetzsche, Dirk A.: (Prime) Brokerage under the AIFMD, in: Zetzsche, The Alternative Investment Fund Managers Directive, S. 489

ders.: Anteils- und Kontrollerwerb an Zielgesellschaften durch Verwalter alternativer Investmentfonds, NZG 2012, S. 1164

ders.: Investment Law as Financial Law: From Fund Governance over Market Governance to Stakeholder Governance?, in: Birkmose Hanne S./Neville, Mette/Sørensen, Karsten E., The European Financial Market in Transition, S. 337

ders.: Appointment, Authorization and Organization of the AIFM, in: The Alternative Investment Fund Managers Directive, S. 159

ders.: Beihilfe durch staatliche Kreditgewährung an die Entschädigungseinrichtung der Wertpapierhandelsunternehmen: Der Fall Phoenix, WuW 2014, S. 958

ders.: Die Irrelevanz und Konvergenz des Organisationsstatus von Investmentfonds, ZVglRWiss 111 (2012), S. 371

ders.: Grundprinzipien des KAGB, in: Möllers/Kloyer, Das neue Kapitalanlagegesetzbuch, München 2013, S. 131

ders.: Introduction: Overview, Regulatory History and Technique, Transition, in: Zetzsche, The Alternative Investment Fund Managers Directive, S. 1

ders.: Langfristigkeit im Aktienrecht – Der Vorschlag der Europäischen Kommission zur Reform der Aktionärsrechterichtlinie, NZG 2014, S. 1121

ders.: Scope of the AIFMD, in: Zetzsche, The Alternative Investment Fund Managers Directive, S. 39

ders.: The AIFMD and the Joint Principles of European Asset Management Law, in: Zetzsche, The Alternative Investment Fund Managers Directive, S. 747

ders.: Aktionärsinformation in der börsennotierten Aktiengesellschaft, Köln et al. 2006

ders.: An Ethical Theory of Corporate Governance History (Version 2007), SSRN Working Paper

ders.: Die Drittwirkung des Sicherungsvertrags beim Immobiliarkredithandel, AcP 209 (2009), S. 543

ders.: Die Europäische Regulierung von Hedgefonds und Private Equity – ein Zwischenstand, NZG 2009, S. 962

ders.: Fonds im Fokus: Europäische Entwicklungen im Recht der Finanzintermediäre, Der Konzern 2009, S. 147

ders.: Sicherung der Interessen der Wagniskapitalgeber, NZG 2002, S. 942

ders.: Zwischen Anlegerschutz und Standortwettbewerb: Das Investmentänderungsgesetz, ZBB 2007, S. 438

Zimmer, Daniel/Höft, Jan: „Private Enforcement" im öffentlichen Interesse? – Ansätze zur Effektivierung der Rechtsdurchsetzung bei Streu- und Massenschäden im Kapitalmarkt-, Wettbewerbs- und Kartellrecht, ZGR 2009, S. 662

Zimmermann, Salome: Die Haftung der Bank aus Verwaltungsauftrag, SJZ 1985, S. 137

Zingales, Luigi: What Determines the Value of Corporate Votes?, 105 Quarterly J. Harv. (1995), S. 1047

Zingel, Frank: Die Verpflichtung zur bestmöglichen Ausführung von Kundenaufträgen nach dem Finanzmarkt-Richtlinie-Umsetzungsgesetz, BKR 2007, S. 173

Zinkeisen, Klaus: Die erfolgsneutrale "Fusion" von Spezialfonds, DB 1996, S. 497

Zitzewitz, Eric: Who Cares About Shareholders? Arbitrage-Proofing Mutual Funds, 19 J. Law, Econ. and Organization (2003), S. 245

Zobl, Dieter: Der Vermögensverwaltungsauftrag der Banken unter besonderer Berücksichtigung von Interessenskonflikten, in: Forstmoser, Peter/Tercier, Pierre/Zäch, Roger (Hrsg.), Innominatverträge. Festgabe zum 60. Geburtstag von Walter R. Schluep, Zürich 1988, S. 319

Zöllner, Wolfgang/Noack, Ulrich: Wirtschaftsrecht und Grenzüberschreitung, in: Deutschsprachige Zivilrechtslehrer des 20. Jahrhunderts in Berichten ihrer Schüler, Band 2, S. 71

Zöllner, Wolfgang: Grundsatzüberlegungen zur umfassenden Umstrukturierbarkeit der Gesellschaftsformen nach dem Umwandlungsgesetz, in: Martens, Klaus P./Westermann, Harm P./Zöllner, Wolfgang (Hrsg.), Festschrift für Carsten Peter Claussen: Zum 70. Geburtstag, Köln et al. 1997, S. 423

ders.: Rechtssubjektivität von Personengesellschaften?, in: Lange, Hermann/Nörr, Knut W./Westermann, Harm P. (Hrsg.), Festschrift für Joachim Gernhuber zum 70. Geburtstag, Tübingen 1993, S. 563

ders.: Regelungsspielräume im Schuldvertragsrecht, AcP 196 (1996), S. 1

ders.: Schlusswort des Jubilars, AG 2009, S. 259

ders.: Schranken mitgliedschaftlicher Stimmrechtsmacht, München 1963

ders.: Wovon handelt das Handelsrecht?, ZGR 1983, S. 84

Zwiefelhöfer, Susanne: Das liechtensteinische Recht betreffend die Investmentunternehmen verglichen mit dem schweizerischen Anlagefondsrecht, Zürich 2003

Stichwortverzeichnis

Fondsbesteuerung s. Investmentsteuergesetz
Fondsgesellschaft s. Verwalter
Fondskategorien s. Anlagegenstand, s. Anlagestrategie
Freie Beteiligungsgesellschaft 330
Fremdverwaltung s. Verwalter
Fund Governance s. Anlagedreieck
Fund of funds (FoF) s. Anlagegegenstand
Fungibilität s. Fondsanteil, s. Anlagegegenstand
Funktionsschutz 14, 24, 118, 315 ff., 423 ff., 536 ff., 630, 809, 885
Funktionsschutz Sozialinteresse 14 ff., 24
Fusion s. Verschmelzung

Garantiefonds s. Anlagestrategie
Gebühren, Vertrieb s. Verwaltergebühren
Gebühren, Verwahrung s. Verwahrstelle
Gebühren, Verwaltung s. Verwaltergebühren
Gegenwartsethik s. Ethik
Geldmarktfonds s. Anlagegegenstand
Genossenschaft 37 f., 119, 300, 305, 338 f., 344, 562, 869
Genussschein 78 f., 88, 100, 112, 115, 202, 439, 768, 854
Geschäftsbesorger 2, 489, 570, 589, 594 ff., 635, 642, 652 f., 668, 732, 739, 742 ff., 780, 782 ff., 807, 811, 823 ff., 882 ff.
Geschäftsbesorgung 200, 567 ff., 577, 586, 637, 706, 855
Geschäftsbesorgungsrecht 36, 49, 331, 569 f., 587 ff., 597, 633, 646, 652 f., 669 f., 695, 739, 755, 774 ff., 783 ff., 895
Geschäftsbesorgungsvertrag 49 ff., 90, 432, 569 ff., 576, 579, 586, 639, 646, 688, 765, 774, 873
Geschäftschancen s. Verwalter
Geschlossene Investmentfonds
– Fixed Unit Investment Trusts (USA) 312
– Geschlossene Inv-AG 357, 377, 779, 871
– Geschlossene Inv-KG 98, 106
– Investmenttrust (UK) 295 ff., 308
– SICAF 133, 391, 422, 481
Gesellschaft bürgerlichen Rechts (GbR) 304, 557, 871

Gesellschaftsrecht 431 ff.
Gesellschaftszweck s. Anlage
Gewerbebegriff
– handelsrechtlicher 150 ff., 604
– steuerrechtlicher 153 ff., 157, 165
Gewerbebetrieb 151, 155 f., 159 f.
Gläubigerinteresse 485, 846
Gleichbehandlung 594 ff.
Gleichheitsgrundsatz 27, 739, 968
Glücksspiel s. Aleatorischer Vertrag
GmbH 437 ff.
GmbH & Co. KG 439 ff.
Grandfathering s. Bestandsschutz
grauer Kapitalmarkt 7, 30, 772

Haftung
– Schutzgesetz 807 ff.
– Verwahrer 538, 589, 674, 799
– Verwalter 807
Haftungsbeschränkung s. Anleger
Hebelfinanzierung s. Anlagestrategie
Hedgefonds s. Anlagestrategie
Holdinggesellschaft s. Anlage, Abgrenzung
Horizontal commonality-Test s. Security
Howey-Test s. Security

Idealvertrag 567, 571 f., 575 f., 584 ff., 614, 798
Illiquide Anlagen s. Anlagegegenstand
Immobilienfonds s. Anlagegegenstand
Inaktivität (shirking) 21
Indexfonds s. Anlagestrategie
Individualanlage s. Anlage, Abgrenzung
Individualethik s. Ethik
Individualschutz der Anleger s. Anlegerschutz
Individualverwaltung s. Anlage, Abgrenzung
Individuelle Vermögensverwaltung s. Anlage, Abgrenzung
Industrial and Provident Societies Act (UK) 300, 338
Industriebeteiligungsgesellschaft 301
Informationsasymmetrie s. Anlegerinformation
Informationsaufnahmekapazität s. Anleger

Jus Privatum

Beiträge zum Privatrecht – Alphabetische Übersicht

Escher-Weingart, Christina: Reform durch Deregulierung im Kapitalgesellschaftsrecht. 2001. *Band 49.*

Fischer, Christian: Topoi verdeckter Rechtsfortbildungen im Zivilrecht. 2007. *Band 123.*

Füller, Jens T.: Eigenständiges Sachenrecht. 2006. *Band 104.*

Gebauer, Martin: Hypothetische Kausalität und Haftungsgrund. 2007. *Band 127.*

Geibel, Stefan J.: Treuhandrecht als Gesellschaftsrecht. 2008. *Band 132.*

Giesen, Richard: Tarifvertragliche Rechtsgestaltung für den Betrieb. 2002. *Band 64.*

Gödicke, Patrick: Formularerklärungen in der Medizin. 2008. *Band 135.*

Götting, Horst-Peter: Persönlichkeitsrechte als Vermögensrechte. 1995. *Band 7.*

Gruber, Urs Peter: Methoden des internationalen Einheitsrechts. 2004. *Band 87.*

Gsell, Beate: Substanzverletzung und Herstellung. 2003. *Band 80.*

Haar, Brigitte: Die Personengesellschaft im Konzern. 2006. *Band 113.*

Habersack, Mathias: Die Mitgliedschaft – subjektives und ‚sonstiges‘ Recht. 1996. *Band 17.*

Haedicke, Maximilian: Rechtskauf und Rechtsmängelhaftung. 2003. *Band 77.*

Hähnchen, Susanne: Obliegenheiten und Nebenpflichten. 2010. *Band 146.*

Haertlein, Lutz: Exekutionsintervention und Haftung. 2008. *Band 131.*

Hanau, Hans: Der Grundsatz der Verhältnismäßigkeit als Schranke privater Gestaltungsmacht. 2004. *Band 89.*

Hassemer, Michael: Heteronomie und Relativität in Schuldverhältnissen. 2006. *Band 118.*

Hau, Wolfgang: Vertragsanpassung und Anpassungsvertrag. 2003. *Band 83.*

Heermann, Peter W.: Drittfinanzierte Erwerbsgeschäfte. 1998. *Band 24.*

Heinemann, Andreas: Immaterialgüterschutz in der Wettbewerbsordnung. 2002. *Band 65.*

Heinrich, Christian: Formale Freiheit und materielle Gerechtigkeit. 2000. *Band 47.*

Hellwege, Phillip: Allgemeine Geschäftsbedingungen, einseitig gestellte Vertragsbedingungen und die allgemeine Rechtsgeschäftslehre. 2010. *Band 148.*

Helms, Tobias: Gewinnherausgabe als haftungsrechtliches Problem. 2007. *Band 129.*

Henssler, Martin: Risiko als Vertragsgegenstand. 1994. *Band 6.*

Hergenröder, Curt Wolfgang: Zivilprozessuale Grundlagen richterlicher Rechtsfortbildung. 1995. *Band 12.*

Hess, Burkhard: Intertemporales Privatrecht. 1998. *Band 26.*

Hölzle, Gerrit: Verstrickung durch Desinformation. 2012. *Band 164.*

Hofer, Sibylle: Freiheit ohne Grenzen. 2001. *Band 53.*

Huber, Peter: Irrtumsanfechtung und Sachmängelhaftung. 2001. *Band 58.*

Jacobs, Matthias: Der Gegenstand des Feststellungsverfahrens. 2005. *Band 97.*

Jacoby, Florian: Das private Amt. 2007. *Band 117.*

Jakob, Dominique: Schutz der Stiftung. 2006. *Band 111.*

Jänich, Volker: Geistiges Eigentum – eine Komplementärerscheinung zum Sacheigentum? 2002. *Band 66.*

Janda, Constanze: Migranten im Sozialstaat. 2012. *Band 167.*

Jansen, Nils: Die Struktur des Haftungsrechts. 2003. *Band 76.*

Jung, Peter: Der Unternehmergesellschafter als personaler Kern der rechtsfähigen Gesellschaft. 2002. *Band 75.*

Junker, Abbo: Internationales Arbeitsrecht im Konzern. 1992. *Band 2.*

Kähler, Lorenz: Begriff und Rechtfertigung abdingbaren Rechts. 2012. *Band 165.*

Kaiser, Dagmar: Die Rückabwicklung gegenseitiger Verträge wegen Nicht- und Schlechterfüllung nach BGB. 2000. *Band 43.*

Katzenmeier, Christian: Arzthaftung. 2002. *Band 62.*

Kern, Christoph A.: Typizität als Strukturprinzip des Privatrechts. 2013. *Band 170.*

Kindler, Peter: Gesetzliche Zinsansprüche im Zivil- und Handelsrecht. 1996. *Band 16.*
Kleindiek, Detlef: Deliktshaftung und juristische Person. 1997. *Band 22.*
Kleinschmidt, Jens: Delegation von Privatautonomie auf Dritte. 2014. *Band 186.*
Klimke, Dominik: Die Vertragsübernahme. 2010. *Band 150.*
Kling, Michael: Sprachrisiken im Privatrechtsverkehr. 2008. *Band 140.*
Klöhn, Lars: Das System der aktien- und umwandlungsrechtlichen Abfindungs-
    ansprüche. 2009. *Band 143.*
Koch, Jens: Die Patronatserklärung. 2005. *Band 99.*
Koch, Raphael: Mitwirkungsverantwortung im Zivilprozess. 2013. *Band 174.*
Körber, Torsten: Grundfreiheiten und Privatrecht. 2004. *Band 93.*
Kolbe, Sebastian: Mitbestimmung und Demokratieprinzip. 2013. *Band 172.*
Koppenfels-Spies, Katharina von: Die cessio legis. 2004. *Band 106.*
Krause, Rüdiger: Mitarbeit in Unternehmen. 2002. *Band 70.*
Kreße, Bernhard: Die Auktion als Wettbewerbsverfahren. 2014. *Band 176.*
Kroppenberg, Inge: Privatautonomie von Todes wegen. 2008. *Band 130.*
Kumpan, Christoph: Der Interessenkonflikt im deutschen Privatrecht. 2014. *Band 183.*
Lakkis, Panajotta: Gestaltungsakte im internationalen Rechtsverkehr. 2007. *Band 128.*
Lehmann, Matthias: Finanzinstrumente. 2009. *Band 145.*
Leistner, Matthias: Richtiger Vertrag und lauterer Wettbewerb. 2007. *Band 119.*
Leuschner, Lars: Das Konzernrecht des Vereins. 2011. *Band 160.*
Lieder, Jan: Die rechtsgeschäftliche Sukzession. 2014. *Band 188.*
Lipp, Volker: Freiheit und Fürsorge: Der Mensch als Rechtsperson. 2000. *Band 42.*
Löhnig, Martin: Treuhand. 2006. *Band 109.*
Lohse, Andrea: Unternehmerisches Ermessen. 2005. *Band 100.*
Looschelders, Dirk: Die Mitverantwortlichkeit des Geschädigten im Privatrecht. 1999.
    Band 38.
Luttermann, Claus: Unternehmen, Kapital und Genußrechte. 1998. *Band 32.*
Madaus, Stephan: Der Insolvenzplan. 2011. *Band 157.*
Mäsch, Gerald: Chance und Schaden. 2004. *Band 92.*
Mankowski, Peter: Beseitigungsrechte. Anfechtung, Widerruf und verwandte Institu-
    te. 2003. *Band 81.*
Maultzsch, Felix: Streitentscheidung und Normbildung durch den Zivilprozess. 2010.
    Band 155.
McGuire, Mary-Rose: Die Lizenz. 2012. *Band 161.*
Meier, Sonja: Gesamtschulden. 2010. *Band 151.*
Meller-Hannich, Caroline: Verbraucherschutz im Schuldvertragsrecht. 2005.
    Band 101.
Merkt, Hanno: Unternehmenspublizität. 2001. *Band 51.*
Mock, Sebastian: Die Heilung fehlerhafter Rechtsgeschäfte. 2014. *Band 177.*
Möllers, Thomas M.J.: Rechtsgüterschutz im Umwelt- und Haftungsrecht. 1996.
    Band 18.
Möslein, Florian: Dispositives Recht. 2011. *Band 159.*
Muscheler, Karlheinz: Die Haftungsordnung der Testamentsvollstreckung. 1994.
    Band 5.
– Universalsukzession und Vonselbsterwerb. 2002. *Band 68.*
Nietsch, Michael: Freigabeverfahren. 2013. *Band 173.*
Oechsler, Jürgen: Gerechtigkeit im modernen Austauschvertrag. 1997. *Band 21.*
Oetker, Hartmut: Das Dauerschuldverhältnis und seine Beendigung. 1994. *Band 9.*
Ohly, Ansgar: „Volenti non fit iniuria" – Die Einwilligung im Privatrecht. 2002.
    Band 73.
Omlor, Sebastian: Geldprivatrecht. 2014. *Band 184.*

Oppermann, Bernd H.: Unterlassungsanspruch und materielle Gerechtigkeit im Wettbewerbsprozeß. 1993. *Band 3.*

Peifer, Karl-Nikolaus: Individualität im Zivilrecht. 2001. *Band 52.*

Peters, Frank: Der Entzug des Eigentums an beweglichen Sachen durch gutgläubigen Erwerb. 1991. *Band 1.*

Peukert, Alexander: Güterzuordnung als Rechtsprinzip. 2008. *Band 138.*

Piekenbrock, Andreas: Befristung, Verjährung, Verschweigung und Verwirkung. 2006. *Band 102.*

Podszun, Rupprecht: Wirtschaftsordnung durch Zivilgerichte. 2014. *Band 181.*

Preuß, Nicola: Zivilrechtspflege durch externe Funktionsträger. 2005. *Band 96.*

Raab, Thomas: Austauschverträge mit Drittbeteiligung. 1999. *Band 41.*

Rehberg, Markus: Das Rechtfertigungsprinzip. 2014. *Band 178.*

Reiff, Peter: Die Haftungsverfassungen nichtrechtsfähiger unternehmenstragender Verbände. 1996. *Band 19.*

Repgen, Tilman: Die soziale Aufgabe des Privatrechts. 2001. *Band 60.*

Reymann, Christoph: Das Sonderprivatrecht der Handels- und Verbraucherverträge. 2009. *Band 139.*

Riehm, Thomas: Der Grundsatz der Naturalerfüllung. 2015. *Band 191.*

Röthel, Anne: Normkonkretisierung im Privatrecht. 2004. *Band 91.*

Rohe, Mathias: Netzverträge. 1998. *Band 23.*

Sachsen Gessaphe, Karl August Prinz von: Der Betreuer als gesetzlicher Vertreter für eingeschränkt Selbstbestimmungsfähige. 1999. *Band 39.*

Sack, Rolf: Das Recht am Gewerbebetrieb. 2007. *Band 116.*

Saenger, Ingo: Einstweiliger Rechtsschutz und materiellrechtliche Selbsterfüllung. 1998. *Band 27.*

Sandmann, Bernd: Die Haftung von Arbeitnehmern, Geschäftsführern und leitenden Angestellten. 2001. *Band 50.*

Schäfer, Carsten: Die Lehre vom fehlerhaften Verband. 2002. *Band 69.*

Schaub, Renate: Sponsoring und andere Verträge zur Förderung überindividueller Zwecke. 2008. *Band 136.*

Schinkels, Boris: Normsatzstruktur des IPR. 2007. *Band 124.*

Schmidt, Jessica: Der Vertragsschluss. 2013. *Band 175.*

Schmolke, Klaus U.: Grenzen der Selbstbindung im Privatrecht. 2014. *Band 179.*

Schnorr, Randolf: Die Gemeinschaft nach Bruchteilen (§§ 741 – 758 BGB). 2004. *Band 88.*

Schroeter, Ulrich G.: Ratings – Bonitätsbeurteilungen durch Dritte im System des Finanzmarkt-, Gesellschafts- und Vertragsrechts. 2014. *Band 180.*

Schubel, Christian: Verbandssouveränität und Binnenorganisation der Handelsgesellschaften. 2003. *Band 84.*

Schubert, Claudia: Wiedergutmachung immaterieller Schäden im Privatrecht. 2013. *Band 171.*

Schürnbrand, Jan: Organschaft im Recht der privaten Verbände. 2007. *Band 125.*

Schulze, Götz: Die Naturalobligation. 2008. *Band 134.*

Schur, Wolfgang: Leistung und Sorgfalt. 2001. *Band 61.*

Schwab, Martin: Das Prozeßrecht gesellschaftsinterner Streitigkeiten. 2005. *Band 95.*

Schwarze, Roland: Vorvertragliche Verständigungspflichten. 2001. *Band 57.*

Schweizer, Mark: Beweiswürdigung und Beweismaß. 2015. *Band 189.*

Seiler, Wolfgang: Verbraucherschutz auf elektronischen Märkten. 2006. *Band 108.*

Servatius, Wolfgang: Gläubigereinfluss durch Covenants. 2008. *Band 137.*

Sieker, Susanne: Umgehungsgeschäfte. 2001. *Band 56.*

Sosnitza, Olaf: Besitz und Besitzschutz. 2003. *Band 85.*

Stadler, Astrid: Gestaltungsfreiheit und Verkehrsschutz durch Abstraktion. 1996. *Band 15.*

Stamm, Jürgen: Die Prinzipien und Grundstrukturen des Zwangsvollstreckungs-rechts. 2007. *Band 126.*

Stieper, Malte: Rechtfertigung, Rechtsnatur und Disponibilität der Schranken des Urheberrechts. 2009. *Band 144.*

Stoffels, Markus: Gesetzlich nicht geregelte Schuldverhältnisse. 2001. *Band 59.*

Stürner, Michael: Der Grundsatz der Verhältnismäßigkeit im Schuldvertragsrecht. 2010. *Band 153.*

Sutschet, Holger: Garantiehaftung und Verschuldenshaftung im gegenseitigen Vertrag. 2006. *Band 110.*

Taeger, Jürgen: Außervertragliche Haftung für fehlerhafte Computerprogramme. 1995. *Band 13.*

Tamm, Marina: Verbraucherschutzrecht. 2011. *Band 158.*

Thomas, Stefan: Die Haftungsfreistellung von Organmitgliedern. 2010. *Band 154.*

Tillmanns, Kerstin: Strukturfragen des Dienstvertrages. 2007. *Band 121.*

Tröger, Tobias: Arbeitsteilung und Vertrag. 2012. *Band 163.*

Trunk, Alexander: Internationales Insolvenzrecht. 1998. *Band 28.*

Uffmann, Katharina: Interim Management. 2015. *Band 190.*

Unberath, Hannes: Die Vertragsverletzung. 2007. *Band 120.*

Veil, Rüdiger: Unternehmensverträge. 2003. *Band 79.*

Verse, Dirk A.: Der Gleichbehandlungsgrundsatz im Recht der Kapitalgesellschaften. 2006. *Band 115.*

Wagner, Gerhard: Prozeßverträge. 1998. *Band 33.*

Waltermann, Raimund: Rechtsetzung durch Betriebsvereinbarung zwischen Privat-autonomie und Tarifautonomie. 1996. *Band 14.*

Weber, Christoph: Privatautonomie und Außeneinfluß im Gesellschaftsrecht. 2000. *Band 44.*

Weller, Marc-Philippe: Die Vertragstreue. 2009. *Band 142.*

Wendehorst, Christiane: Anspruch und Ausgleich. 1999. *Band 37.*

Wiebe, Andreas: Die elektronische Willenserklärung. 2002. *Band 72.*

Wielsch, Dan: Zugangsregeln. 2008. *Band 133.*

Wilhelmi, Rüdiger: Risikoschutz durch Privatrecht. 2009. *Band 141.*

Wimmer-Leonhardt, Susanne: Konzernhaftungsrecht. 2004. *Band 90.*

Würdinger, Markus: Insolvenzanfechtung im bargeldlosen Zahlungsverkehr. 2012. *Band 169.*

Würthwein, Susanne: Schadensersatz für Verlust der Nutzungsmöglichkeit einer Sache oder für entgangene Gebrauchsvorteile? 2001. *Band 48.*

Zech, Herbert: Information als Schutzgegenstand. 2012. *Band 166.*

Zetzsche, Dirk A.: Prinzipien der kollektiven Vermögensanlage. 2015. *Band 192.*

Zimmermann, Martin: Das Aktiendarlehen. 2014. *Band 187.*

Ein Gesamtverzeichnis der Reihe erhalten Sie gerne vom Verlag Mohr Siebeck, Postfach 2040, D–72010 Tübingen. Aktuelle Informationen im Internet unter www.mohr.de